Bülow/Artz
Verbraucherkreditrecht

Bülow/Artz

Verbraucherkreditrecht

Entgeltliche und unentgeltliche
Darlehen und Finanzierungshilfen
Verbraucher und Unternehmer
Widerruf und verbundene Geschäfte
Kreditvermittlung; IPR (Rom I-VO)
Mahnverfahren; Art. 17 EuGVVO

von

Prof. Dr. Dr. h. c. Peter Bülow
Universität Trier

Prof. Dr. Markus Artz
Universität Bielefeld

9. Auflage 2016

www.beck.de

ISBN 978 3 406 65613 2

© 2016 Verlag C. H. Beck oHG
Wilhelmstraße 9, 80801 München

Druck und Bindung: Beltz Bad Langensalza GmbH,
Neustädter Straße 1–4, 99947 Bad Langensalza

Satz: Druckerei C. H. Beck Nördlingen

Gedruckt auf säurefreiem, alterungsbeständigem Papier
(hergestellt aus chlorfrei gebleichtem Zellstoff)

Vorwort zur 9. Auflage

Sämtliche verbraucherkreditrechtlichen Vorschriften im BGB sind durch die Umsetzung der Wohnimmobilien-Verbraucherkreditrichtlinie 2014/17/EU zum 21.3.2016, teilweise tiefgreifend, geändert und ergänzt worden, hinzu kommen viele neue mit Buchstaben versehene Paragraphen, gleichermaßen in Art. 247 EGBGB, ergänzt um Art. 247a sowie neue Anlagen. Der Verbraucherkreditvertrag erscheint in den neuen Kategorien Allgemein- und Immobiliarkreditvertrag. Neu gestaltet ist auch das verbraucherkreditvertragliche Widerrufsrecht mit der Abkehr vom unbefristeten, ewigen Widerrufsrecht. Ein Paradigmenwechsel ist in der Einbeziehung unentgeltlicher Darlehen und Finanzierungshilfen zu sehen, auch in der Ausformung der Kreditwürdigkeitsprüfung. Das Informationsmodell ist beträchtlich erweitert, namentlich auch bei der Kreditvermittlung (2. Teil des Kommentars). Auswirkungen des neuen Rechts zeigen sich bis ins IPR (3. Teil) und etwa in Art. 17 EuGVVO (4. Teil). Darüber hinaus sind AGB-rechtliche Fragestellungen (Bearbeitungsgebühren, § 492 Rn. 122a bis 122g) und solche der Aufklärungspflichten (§ 498 Rn. 38 bis 45) kommentiert.

Das nach Umsetzung der Verbraucherrechte-Richtlinie 2014 neu geordnete und wiederum nach Umsetzung der Wohnimmobilien-Verbraucherkreditrichtlinie 2016 umgestaltete Normengefüge, dazu Weg weisende deutsche und europäische Gerichtsentscheidungen und Aufsätze, machten eine Neuauflage unumgänglich.

Rechtsprechung und Literatur sind auf dem Stand von Ende März/Anfang April 2016 mit Nachträgen während der Drucklegung.

Dank für tatkräftige Unterstützung gilt den Mitarbeiterinnen und Mitarbeitern am Bielefelder Lehrstuhl, namentlich *Julia Ludwigkeit*, *Marc Hartmann* und *Dennis Pielsticker* sowie *Julia Ellerbrok*, *Renate Karmyschew*, *Jonathan Engstler*, *Kevin Göldner*, *Uwe Martin* und *Matthias Newerla*.

Trier und Bielefeld, im Mai 2016
Peter Bülow
Markus Artz

peterbuelow@t-online.de
markus.artz@uni-bielefeld.de

Inhaltsübersicht

Vorwort V
Inhaltsübersicht VII
Inhaltsverzeichnis XI
Literaturverzeichnis XXIX
Abkürzungsverzeichnis XXXI

Einführung

1. Teil. Darlehen und Finanzierungshilfen, Widerruf und verbundene Geschäfte (§§ 491 bis 513, 355 bis 360, 13, 14 BGB)

Titel 3. Darlehensvertrag; Finanzierungshilfen und Ratenlieferungsverträge zwischen einem Unternehmer und einem Verbraucher

Untertitel 1. Darlehensvertrag

Kapitel 2. Besondere Vorschriften für Verbraucherdarlehensverträge

§ 491	Verbraucherdarlehensvertrag	41
§ 491a	Vorvertragliche Informationspflichten bei Verbraucherdarlehensverträgen	143
§ 492	Schriftform, Vertragsinhalt	191
§ 492a	Kopplungsgeschäfte bei Immobiliar-Verbraucherdarlehensverträgen	260
§ 492b	Zulässige Kopplungsgeschäfte	267
§ 493	Informationen während des Vertragsverhältnisses	273
§ 494	Rechtsfolgen von Formmängeln	282
§ 495	Widerrufsrecht	319
§ 496	Einwendungsverzicht, Wechsel- und Scheckverbot	517
§ 497	Verzug des Darlehensnehmers	532
§ 498	Gesamtfälligstellung bei Teilzahlungsdarlehen	565
§ 499	Kündigungsrecht des Darlehensgebers; Leistungsverweigerung	591
§ 500	Kündigungsrecht des Darlehensnehmers; vorzeitige Rückzahlung .	599
§ 501	Kostenermäßigung	606
§ 502	Vorfälligkeitsentschädigung	612
§ 503	Umwandlung bei Immobiliar-Verbraucherdarlehen in Fremdwährung	622

Inhaltsübersicht

§ 504	Eingeräumte Überziehungskredite	629
§ 504a	Beratungspflicht bei Inanspruchnahme der Überziehungsmöglichkeit	645
§ 505	Geduldete Überziehung	651
§ 505a	Pflicht zur Kreditwürdigkeitsprüfung bei Verbraucherdarlehensverträgen	659
§ 505b	Grundlage der Kreditwürdigkeitsprüfung bei Verbraucherdarlehensverträgen	665
§ 505c	Weitere Pflichten bei grundpfandrechtlich oder durch Reallast besicherten Immobiliar-Verbraucherdarlehensverträgen	669
§ 505d	Verstoß gegen die Pflicht zur Kreditwürdigkeitsprüfung	670

Untertitel 2. Finanzierungshilfen zwischen einem Unternehmer und einem Verbraucher

§ 506	Zahlungsaufschub, sonstige Finanzierungshilfe	675
§ 507	Teilzahlungsgeschäfte	736
§ 508	Rückgaberecht, Rücktritt bei Teilzahlungsgeschäften	750
§ 509	[aufgehoben]	771

Untertitel 3. Ratenlieferungsverträge zwischen einem Unternehmer und einem Verbraucher

§ 510	Ratenlieferungsverträge	771

Untertitel 4. Beratungsleistungen bei Immobiliar-Verbraucherdarlehensverträgen

§ 511	Beratungsleistungen bei Immobiliar-Verbraucherdarlehensverträgen	790

Untertitel 5. Unabdingbarkeit, Anwendung auf Existenzgründer

§ 512	Abweichende Vereinbarungen	795
§ 513	Anwendung auf Existenzgründer	805

Untertitel 6. Unentgeltliche Darlehensverträge und unentgeltliche Finanzierungshilfen zwischen einem Unternehmer und einem Verbraucher

§ 514	Unentgeltliche Darlehensverträge	814
§ 515	Unentgeltliche Finanzierungshilfen	826

Inhaltsübersicht

2. Teil. Darlehensvermittlung (§§ 655a bis 655e BGB)

Titel 10. Mäklervertrag

Untertitel 2. Vermittlung von Verbraucherdarlehensverträgen

§ 655a Darlehensvermittlungsvertrag	831
§ 655b Schriftform bei einem Vertrag mit einem Verbraucher	845
§ 655c Vergütung	851
§ 655d Nebenentgelte	860
§ 655e Abweichende Vereinbarungen, Anwendung auf Existenzgründer	865

3. Teil. Internationales Verbraucherkreditrecht (Rom I-VO, Art. 46b EGBGB, Art. 34 AEUV [vormals Art. 28 EGV], UN-Kaufrecht) ... 867

4. Teil. Verbraucherkredit-Mahnverfahren (§§ 688 bis 691 ZPO, weitere prozessuale Fragen, insbesondere Art. 17 EuGVVO) ... 883

Anhang ... 901

Sachverzeichnis ... 919

Inhaltsverzeichnis

	Seite
Vorwort	V
Inhaltsübersicht	VII
Literaturverzeichnis	XXIX
Abkürzungsverzeichnis	XXXI

Einführung

I. Entstehungsgeschichte	8
1. Verbraucherkreditrichtlinien und Verbraucherrechte-Richtlinie	8
2. Umsetzung der zweiten Verbraucherkreditrichtlinie 2008/48/EG und der WohnimmoRil 2014/17/EU in deutsches Recht	10
3. Umsetzung der ersten Verbraucherkreditrichtlinie 87/102/EWG in deutsches Recht	13
4. Neubestimmung aufgrund Umsetzung der Fernabsatzrichtlinie	15
5. Verbraucherkreditrecht nach der Schuldrechtsmodernisierung	15
6. Reform der Schuldrechtsmodernisierung im Zuge des OLGVertrÄndG	16
7. Finanzdienstleistungen im Fernabsatz	17
8. Neue Vorhaben: Verbraucherbauvertrag (§§ 650h bis 650n BGB-RefE)	18
II. Europäische Richtlinien und ihre Umsetzung	18
1. Richtlinienkonformität	18
2. Vollharmonisierung	21
III. Privatrechtliche Grundlagen	24
1. Sonderprivatrech	24
2. Kredit	25
3. Verbraucher und Unternehmer: Das rollenbezogene und kompensatorische Modell	25
4. Rechtsprechungsgrundsätze als gesetzliche Vorschriften und Neuerungen	31
5. Sittenwidriger Konsumentenkredit	31
IV. Zeitliche Anwendungsbereiche	32
1. Grundlagen	32
2. Zeitliche Geltung der durch die VerbrRechteRil eingeführten Vorschriften (Art. 229 § 32 EGBGB, Art. 15 VerbrRechteRil-UG)	34
3. Zeitliche Geltung der durch die Wohnimmobilien-Verbraucherkreditrichtlinie eingeführten Vorschriften (Art. 229 § 38 EGBGB, Art. 13 Wohnimmo-RL-UG)	36
V. Gang der Darstellung	39

1. Teil. Darlehen und Finanzierungshilfen, Widerruf und verbundene Geschäfte
(§§ 491 bis 513, 355 bis 360, 13, 14 BGB)

Titel 3. Darlehensvertrag; Finanzierungshilfen und Ratenlieferungsverträge zwischen einem Unternehmer und einem Verbraucher

Untertitel 1. Darlehensvertrag

Kapitel 2. Besondere Vorschriften für Verbraucherdarlehensverträge

§ 491 Verbraucherdarlehensvertrag	41
Vorbemerkung: Zu den Begrifflichkeiten	52

XI

Inhaltsverzeichnis

	Seite
A. Persönlicher Anwendungsbereich	53
I. Verbraucher und Unternehmer	53
II. Recht der Europäischen Union	56
III. Unternehmer als Kreditgeber (Darlehensgeber)	56
1. Die Begrifflichkeiten Kreditgeber und Darlehensgeber	56
2. Gewerbs- oder Berufsmäßigkeit	57
3. Öffentliche Hand	59
IV. Verbraucher als Kreditnehmer (Darlehensnehmer)	60
1. Natürliche Person	60
2. Insbesondere: Mehrheit von Verbrauchern	60
3. Gesellschaft bürgerlichen Rechts	63
4. Stellvertretung	68
5. Verwendungszweck	68
V. Rechtsnachfolge	81
1. Abtretung	82
2. Private Schuldübernahme	84
3. Vertragsübernahme	87
4. Erbfolge	91
B. Sachlicher Anwendungsbereich	93
I. Kreditvertrag als Oberbegriff	93
1. Systematischer Standort des Darlehens in der Verbraucher- und in der Wohnimmobilien-Kreditrichtlinie	93
2. Standort des Darlehens im Gesetz	94
3. Überlagerung durch Fernabsatzrecht	94
II. Verbraucherdarlehensverträge	95
1. Allgemein- und Immobiliar-Verbraucherdarlehensverträge	95
2. Entgeltlichkeit	103
3. Gelddarlehen	104
4. Gestaltungsformen des Darlehens	105
5. Kreditkarten	107
6. Krediteröffnungsvertrag	108
7. Keine Anwendung auf Sachdarlehen	108
8. Beweislast	108
III. Sicherungsgeschäfte, insbesondere Schuldbeitritt und Bürgschaft	109
1. Grundlagen	109
2. Bank als Bürgin	112
3. Schuldbeitritt zu einem Abzahlungskauf; Schuldbeitritt zu einem Verbraucherkreditgeschäft	113
4. Bürgschaft und Sicherungsvertrag	115
5. Hauptvertrag (gesicherter Vertrag) kein Verbraucherkreditvertrag (Einzelbetrachtung)	117
6. Exkurs: Schlüsselgewalt § 1357 BGB	118
7. Form und Heilung	119
IV. Gemischte Verträge	120
1. Fallgruppen	120
2. Mietvertragliche Elemente	121
3. Gemischter Verwendungszweck	122
V. Nachträgliche Veränderungen	125
1. Prolongation, Stillhalteabkommen	125
2. Änderung in einen neuen Vertrag, echte Abschnittsfinanzierung	127
3. Konditionenanpassung, unechte Abschnittsfinanzierung	127
C. Ausnahmen	129
I. Reichweite der Ausnahmen und Abgrenzungen	129
1. Unterschiedliche ratio legis für gänzlichen und teilweisen Ausschluss	129
2. Vertrags- und Geschäftsarten	130
3. Beweislast	131

Inhaltsverzeichnis

	Seite
II. Gänzliche Unanwendbarkeit (Vollausnahmen für Allgemein-Verbraucherkreditverträge, Abs. 2 Satz 2)	131
1. Bagatellgeschäfte (Nr. 1)	131
2. Sachpfandkredite (Nr. 2)	133
3. Kurzfristige und kostengünstige Darlehen (Nr. 3)	134
4. Arbeitgeberdarlehen (Nr. 4)	135
5. Günstige Darlehen im öffentlichen Interesse (Förderdarlehen, Nr. 5)	137
6. Immobiliar-Verbraucherdarlehensverträge (Nr. 6)	139
III. Vollausnahme für Immobiliar-Verbraucherdarlehensverträge (Abs. 3 Satz 2)	139
VI. Teilweise Unanwendbarkeit (Teilausnahmen, Abs. 4: Gerichtliches Protokoll oder Beschluss; Abs. 3 Satz 3: Immobiliar-Förderdarlehen)	139
1. Normstruktur von Abs. 4	139
2. Notwendige Angaben	140
3. Gerichtliches Protokoll und Beschluss	142
4. Insbesondere: verbundene Geschäfte	142
5. Immobiliarförderdarlehen nach Abs. 3 Satz 3	143
§ 491a Vorvertragliche Informationspflichten bei Verbraucherdarlehensverträgen	143
Vorbemerkung	175
A. Vorvertragliche Informationen beim Verbraucherdarlehensvertrag	176
I. Informationspflicht aus Art. 247 EGBGB	176
II. Vorvertragliche Information beim Allgemein-Verbraucherdarlehensvertrag	177
1. Form und Zeitpunkt der vorvertraglichen Information	177
2. Muster	177
3. Inhalt der vorvertraglichen Information	178
4. Zusätzliche Angaben bei Allgemein-Verbraucherdarlehensverträgen	180
III. Vorvertragliche Information beim Immobiliar-Verbraucherdarlehensvertrag	180
1. Angaben des Verbrauchers hinsichtlich der Kreditwürdigkeitsprüfung	180
2. Vorvertragliche Informationen hinsichtlich des Vertrags (ESIS-Merkblatt)	180
3. Weitere Informationen	182
4. Verhandlungsabbruch	182
IV. Vorvertragliche Informationen bei Umschuldung und Überziehung	182
V. Vorvertragliche Informationen bei Beratungsleistungen nach § 511	183
VI. Vorvertragliche Informationen bei Förderkrediten	183
VII. Besondere Kommunikationsmittel	183
VIII. Zusatzleistungen	184
B. Vertragsentwurf	184
C. Erläuterungspflicht	185
D. Werbung	188
E. Rechtsfolgen fehlender oder fehlerhafter vorvertraglicher Information; Divergenz zum Vertrag	189
§ 492 Schriftform, Vertragsinhalt	191
A. Verbraucherkreditrechtliche Formanforderungen	208
I. Schriftform, elektronische Form und Pflichtangaben	208
II. Art des Kreditvertrages	210
III. Freistellungen	211
IV. Heilung und schwebende Wirksamkeit	211
B. Gesetzliche Schriftform	212
I. Anwendungsregeln	212
1. Allgemeine Grundsätze	212

Inhaltsverzeichnis

	Seite
2. Zugangsverzicht	213
3. Blankoerklärung und Genehmigung	213
4. Internet, Telekommunikation	216
5. Erleichterte Formanforderungen im Verbraucherkreditrecht	217
II. Allgemeine Anforderungen an die gesetzliche Schriftform aus § 126 BGB	218
1. Unterschrift	218
2. Finanzdienstleistungen im Fernabsatz und außerhalb von Geschäftsräumen	219
3. Wesentlicher Vertragsinhalt; Nebenabreden	219
4. Einheitlichkeit der Urkunde	220
III. Sonderregelungen aus § 492 Abs. 1 Sätze 2 und 3, Abs. 3	221
1. Erleichterte Anforderungen	221
2. Aushändigung einer Abschrift	223
3. Tilgungsplan	224
IV. Vollmacht zum Abschluss eines Verbraucherdarlehensvertrages	225
1. Ausschluss von § 167 Abs. 2 BGB	225
2. Umfang der Formbedürftigkeit	225
3. Person des Vertreters; Darlehensgeber	226
4. Prozessvollmacht, notarielle Vollmacht	227
5. Rechtsfolgen	227
6. Finanzierungshilfen	231
C. Die Pflichtangaben	231
Vorbemerkung: keine Angabe des Verwendungszwecks; Konzeption der Vorschriften; Wettbewerbsrecht; Transparenzgebot	231
1. Name und Anschrift von Darlehensgeber und Darlehensnehmer	234
2. Art des Darlehens	235
3. Effektiver Jahreszins	235
4. Nettodarlehensbetrag, Höchstgrenze	237
5. Sollzinssatz	238
6. Vertragslaufzeit	239
7. Betrag, Zahl und Fälligkeit der einzelnen Teilzahlungen	239
8. Gesamtbetrag	240
9. Auszahlungsbedingungen	244
10. Sonstige Kosten	245
11. Verzugszins, Anpassung	251
12. Warnhinweis zu den Folgen ausbleibender Zahlungen	251
13. Widerrufsrecht	251
14. Recht zur vorzeitigen Rückzahlung und Vorfälligkeitsentschädigung	252
15. Zuständige Aufsichtsbehörde	253
16. Hinweis auf Anspruch auf Tilgungsplan	253
17. Verfahren bei Vertragskündigung	253
18. Sämtliche weitere Vertragsbedingungen	253
19. Notarkosten	254
20. Sicherheiten	254
21. Versicherungen	256
22. Außergerichtliches Beschwerde- und Rechtsbehelfsverfahren	256
23. Kontoführungsgebühren	257
24. Zusatzleistungen	257
25. Darlehensvermittler	257
26. Fremdwährungsdarlehen	257
D. Erklärungen nach Vertragsabschluss	258
E. Nachholung von vertraglichen Angaben	258
F. Index oder Referenzzinssatz	260
§ 492a Kopplungsgeschäfte bei Immobiliar-Verbraucherdarlehensverträgen	260
Vorbemerkung	262

Inhaltsverzeichnis

	Seite
I. Begriff des Kopplungsgeschäfts	262
1. Haupt- und Nebenleistung	262
2. Finanzprodukt und Finanzdienstleistung	263
3. Vertragsparteien: Verbraucher, Unternehmer, Dritte	263
4. Abhängigkeit	264
II. Rechtsfolgen	264
1. Teilwirksamkeit und Teilnichtigkeit	264
2. Beweislast	265
III. Wettbewerbsrecht	265
1. Unlauterkeitsrecht	266
2. Kartellrecht	266
IV. Basiskonto	267

§ 492b Zulässige Kopplungsgeschäfte ... 267

I. Überblick	268
II. Kopplungsgeschäfte mit Zweckabrede nach Abs. 1 Nr. 1 und 2 sowie Kreditverträge mit Wertbeteiligung nach Nr. 3	269
1. Vertragsparteien	269
2. Zweckabrede	269
3. Zahlungs- oder Sparkonto (Nr. 1)	270
4. Anlage- oder Rentenprodukt (Nr. 2)	271
5. Darlehensvertrag mit Wertbeteiligung	271
III. Kopplung mit Versicherungsvertrag (Abs. 2)	272
1. Kennzeichnung	272
2. Parteien des Versicherungsvertrags	272
3. Ersetzungsbefugnis	272
IV. Neue Produkte (Abs. 3)	273
V. Beweislast	273

§ 493 Informationen während des Vertragsverhältnisses ... 273

I. Einführung	278
II. Informationspflicht bei Ablauf der Zinsbindung (Abs. 1)	279
III. Informationspflicht bei nahendem Vertragsende (Abs. 2)	279
IV. Zinsanpassung (Abs. 3)	280
V. Fremdwährungskredit (Abs. 4)	281
VI. Vorzeitige Rückzahlung (Abs. 5)	281
VII. Abtretung (Abs. 6)	282

§ 494 Rechtsfolgen von Formmängeln ... 282

A. Nichtigkeit und Heilung	286
I. Sachlicher Anwendungsbereich	286
1. Formbedürftige Erklärung	286
2. Vollmacht	287
3. Interzession	287
4. Rechtsnachfolge	288
II. Rechtsfolgen des Formverstoßes	288
1. Verhältnis von § 494 Abs. 1 zu § 125 BGB	288
2. Wirksamkeit trotz Formverstoß bei Art. 247 §§ 7 und 8 EGBGB	289
3. Anwendbarkeit von § 139 BGB?	292
III. Erfüllung trotz Formwidrigkeit	294
1. Freiwillige Leistung des Darlehensgebers	294
2. Erfüllungsanspruch des Verbrauchers	295
IV. Andere Nichtigkeitsgründe	299
V. Ersatzansprüche aufgrund Formwidrigkeit	300
VI. Unrichtige Angaben	300
1. Das Problem der Nichtigkeit	300

XV

Inhaltsverzeichnis

	Seite
2. Umfang der Leistungspflichten	302
3. Ersatzansprüche aufgrund unrichtiger Angaben	303
B. Heilungstatbestände	303
I. Sanktionensystem	304
II. Voraussetzungen und Folgen der Heilung	305
1. Empfang, Inanspruchnahme, Dritte (Abs. 2 Satz 1)	305
2. Heilungsumfang	308
3. Abschrift des geheilten Vertrags (Abs. 7)	316
C. Effektiver Jahreszins (Abs. 3)	317
I. Fehlende Angabe	317
II. Zu niedrige Angabe	317
1. Absolute, nicht relative Verminderung	317
2. Absolute Zinsdifferenz	317
3. Verbundenes Geschäft	319
III. Zu hohe Angabe	319
§ 495 Widerrufsrecht	319
Einleitung: Widerruf und verbundene Geschäfte	339
1. Abschnitt Widerrufsrecht	340
A. Loslösung vom Vertrag: Widerrufsrecht	340
I. Widerruf und schwebende Wirksamkeit	341
1. Sofortige Vertragswirksamkeit, Erfüllungs- und Gewährleistungsansprüche	341
2. Rechtsnatur des Widerrufsrechts	342
3. Rechtsmissbrauch, Verwirkung?	345
4. Rechtsfolgen des erklärten und des unterlassenen Widerrufs	348
II. Rückgaberecht	349
III. Verhältnis zu anderen Vorschriften	349
1. Bereicherungsrecht, Rücktritt und Doppelwirkung	349
2. Andere Widerrufsrechte	350
3. Umdeutung	356
B. Ausübung des Widerrufsrechts	356
Vorbemerkung: Sitz der Materie	356
I. Erklärung	357
1. Allgemeine Grundsätze	357
2. Form der Erklärung	359
3. Zeitpunkt der Erklärung	360
II. Erklärender	361
1. Verbraucher	361
2. Mithaftende	361
3. Vertreter	362
4. Rechtsnachfolge	362
III. Widerrufsfristen und ihr Beginn	363
1. Gesetzliche Fristen	363
2. Fristbeginn	364
IV. Fristbeginn durch Pflichtangaben im Verbraucherdarlehensvertrag (§ 356b Abs. 1 BGB)	366
1. Fehlende und fehlerhafte Pflichtangaben	366
2. Inhalt und Rechtsnatur der Pflichtangaben nach Art. 247 § 6 Abs. 2 EGBGB (Widerrufsinformation); Anspruch des Verbrauchers	368
3. Zeitpunkt der Pflichtangaben	369
4. Adressat der Pflichtangaben, insbesondere nach Art. 247 § 6 Abs. 2 EGBGB und Rechtsfolgen isolierter Widerrufe	371
5. Form und Zugang	373
6. Formalien der Pflichtangaben nach Art. 247 § 6 Abs. 2 EGBGB	373

Inhaltsverzeichnis

	Seite
V. Fristbeginn durch Widerrufsbelehrung (§§ 356 Abs. 3, 356a Abs. 3 Satz 1 iVm 482, 356c Abs. 1, 356d, Art. 246 Abs. 3, 246a § 1 Abs. 2, § 4, Art. 246b § 1 Abs. 1 Nr. 12 EGBGB)	388
1. Sitz der Materie	388
2. Rechtsnatur der Widerrufsbelehrung; Anspruch des Verbrauchers	389
3. Zeitpunkt der Mitteilung	390
4. Adressat der Widerrufsbelehrung	391
5. Form und Zugang	393
6. Formalien der Widerrufsbelehrung Vorbemerkung: Musterbelehrung	394
7. Wettbewerbsrecht und Anwaltshaftung	400
VI. Widerrufsrecht bei fehlender Unterrichtung des Verbrauchers	401
1. Pflichtangaben im Verbraucherdarlehensvertrag nach Art. 247 § 6 Abs. 2 EGBGB	401
2. Widerrufsbelehrung bei verbundenen Verträgen nach § 358 Abs. 1	402
3. Erfüllungsverlangen des Verbrauchers trotz Nichtigkeit	402
VII. Fristbeginn durch Vertragsurkunde	403
VIII. Kein Fristbeginn durch Informationspflichten im Fernabsatz oder durch Wareneingang	404
IX. Fristende	405
1. Vollständige Pflichtangaben nach Art. 247 § 6 Abs. 2 EGBGB resp. ordnungsgemäße Widerrufsbelehrung	405
2. Fehlende oder insuffiziente Unterrichtung über das Widerrufsrecht, ewiges Widerrufsrecht und Erlöschen bei Immobiliar-Verbraucherkreditverträgen sowie bei Unentgeltlichkeit	406
3. Unterlassene Informationen bei Finanzdienstleistungen im Fernabsatz	407
4. Präklusion nach § 767 ZPO	407
X. Beweislast	408
1. Erfüllung	408
2. Widerruf	408
3. Exkurs: Streitwert	410
C. Ausnahmen (Umschuldung, Notar, Überziehungskredite, § 495 Abs. 2)	411
I. Umschuldung (§ 495 Abs. 2 Nr. 1)	411
II. Notarielle Beurkundung (§ 495 Abs. 2 Nr. 2)	412
III. Überziehungsdarlehen (§ 495 Abs. 2 Nr. 3)	412
1. Entbehrlichkeit des Widerrufsrechts	412
2. Finanzinstrumente	413
IV. Kompensation: Bedenkzeit für Immobiliar-Kreditverträge (§ 495 Abs. 3)	413
D. Abwicklung nach Widerruf (§§ 355 Abs. 3, 357a, 361 Abs. 1 BGB)	414
I. Grundlagen	414
II. Rückgewährschuldverhältnis zwischen Verbraucher und Unternehmer	416
1. Gemeinsame Regelungen	416
2. Einzelne Ansprüche des Verbrauchers gegen den Unternehmer	423
3. Einzelne Ansprüche des Unternehmers gegen den Verbraucher	425
4. Mithaftung	433
5. Beweislast	433
2. Abschnitt Verbundene Geschäfte	434
A. Grundlagen der Verbundfinanzierung durch Darlehen	434
I. Gefahr der Paritätsstörung durch Finanzierung	435
1. Rechtliche Trennung, aber wirtschaftliche Einheit	435
2. Störungsausgleich	437
II. Typologie	437
III. Anwendungsmodalitäten	438
1. Nichtigkeit eines der Geschäfte	438
2. Nachträgliche Drittfinanzierung	439
3. Ausschluss der Anwendbarkeit	440
4. Erweiterung der Anwendbarkeit	440

Inhaltsverzeichnis

	Seite
B. Voraussetzungen der Verbundenheit	441
I. Grundlagen	441
II. Zweckbindung	441
1. Tatsächliche Verwendung, entbehrliche Vereinbarung	442
2. Ganz oder teilweise; ausschließlich	442
3. Paritätische Gesamtschuld mit asymetrischer Zweckbindung	443
4. Insbesondere: Überziehungskredit, Restschuldversicherung	443
III. Wirtschaftliche Einheit	445
1. Begriff; Verbraucherhorizont	445
2. Unwiderlegliche Vermutungen	446
3. Verbindungselemente; Fallgruppen	447
4. Drei- und Zweipersonenverhältnis	450
5. Zusatzleistungen (Art. 247 § 8 EGBGB)	450
6. Besonderheiten für den finanzierten Grundstückserwerb (§ 358 Abs. 3 Satz 3)	451
IV. Erweiterung des Verbundreglements auf Gesellschaftsverträge, auf zusammenhängende Verträge (§ 360 BGB), auf Nicht-Verbraucherdarlehensverträge	455
1. Gesellschaftsbeitritt zu Kapitalanlage-/Steuerzwecken	455
2. Zusammenhängende Verträge (§ 360 BGB)	456
3. Darlehensverträge zwischen Unternehmer und Verbraucher, die keine Verbraucherdarlehensverträge sind (§ 491 Abs. 2 Satz 2, Abs. 3 Satz 3 BGB, unentgeltlicher Darlehensvertrag)	456
V. Teilweise oder ausgeschlossene Anwendbarkeit des Verbundreglements	457
1. Persönlicher Anwendungsbereich (gemischte Verwendung)	457
2. Zweckbindung	457
3. Spekulationsgeschäfte, §§ 358 Abs. 5, 359 Abs. 2, 1. Variante	458
4. Heilung eines Vollmachtsmangels	460
C. Widerrufserstreckung (§ 358 Abs. 1 und 2 BGB)	461
I. Finanzierung durch Darlehen	461
1. Widerruf des finanzierten Geschäfts, § 358 Abs. 1; Wahlrecht des Verbrauchers	461
2. Widerruf des Verbraucherdarlehensvertrags, § 358 Abs. 2; Wahlrecht des Verbrauchers	463
3. Widerruf von Darlehensvertrag und finanziertem Vertrag	464
II. Finanzierung durch Teilzahlungsabrede	464
III. Erweiterung der Widerrufserstreckung auf zusammenhängende Verträge (§ 360 BGB)	464
1. Kennzeichnung	464
2. Begriff des zusammenhängenden Vertrags	465
3. Darlehensvertrag als zusammenhängender Vertrag (§ 360 Abs. 2 Satz 2)	466
4. Rechtsfolgen	467
5. Versicherungsverträge § 9 Abs. 2 VVG	468
IV. Ausschluss der Widerrufserstreckung (isolierter Widerruf?)	469
V. Widerrufsbelehrung, Pflichtangaben nach Art. 247 § 12 EGBGB	469
1. Unwiderruflichkeit des finanzierten Vertrags (§ 358 Abs. 2)	470
2. Widerruflichkeit des finanzierten Vertrags (§ 358 Abs. 1)	472
D. Rückabwicklung nach Widerruf (§ 358 Abs. 4 BGB)	473
I. Erstreckung der Abwicklungsfolgen und Parteien des Rückgewährschuldverhältnisses	473
1. Abwicklung des widerrufenen und des nicht widerrufenen Vertrags	473
2. Unternehmer oder Darlehensgeber als Abwicklungspartei	474
II. Finanzierungskosten (§ 358 Abs. 4 Satz 4 BGB)	475
III. Abwicklungsverhältnis vor Zufluss (Valutierung, § 358 Abs. 4 Satz 5 BGB)	476
1. Maßgeblicher Zeitpunkt	476

Inhaltsverzeichnis

	Seite
2. Begriff des an den Unternehmer geflossenen Darlehens	476
3. Abwicklung zwischen Unternehmer und Verbraucher	478
IV. Abwicklungsverhältnis nach Zufluss	479
1. Ansprüche im Verhältnis Bank – Verbraucher	479
2. Ansprüche im Verhältnis Verbraucher – Unternehmer (Verkäufer)	483
3. Ansprüche im Verhältnis Bank – Unternehmer (Verkäufer)	483
V. Nichtige Verträge	486
1. Nichtigkeit beider Verträge	486
2. Nichtigkeit des finanzierten Vertrags, Wirksamkeit des Darlehensvertrags	488
3. Nichtigkeit des Darlehensvertrags, Wirksamkeit des finanzierten Vertrags	488
E. Einwendungsdurchgriff (§ 359 BGB)	489
I. Ausgangslage	490
1. Leistungsverweigerungsrecht	490
2. Subsidiarität und Richtlinienkonformität	491
3. Ansprüche gegen Dritte, deliktische Ansprüche	492
II. Wirkungsweise	492
1. Rechtsgestaltung des Verbrauchers gegenüber dem Unternehmer	493
2. Rechtsgestaltung des Verbrauchers gegenüber dem Darlehensgeber	493
3. Unwirksamkeit des finanzierten Geschäfts, Naturalobligationen	494
III. Kein Forderungsdurchgriff. Andere Ansprüche des Verbrauchers gegen den Darlehensgeber ohne Widerruf	494
1. Einwendungs- und Anspruchsdurchgriff	494
2. Verschulden bei Vertragsverhandlungen im verbundenen Geschäft durch Zurechnung auf den Darlehensgeber	497
3. Anspruch des Verbrauchers gegen die Bank aus Aufklärungspflichtverletzung bei institutionalisiertem Zusammenwirken sowie wegen unterlassener Widerrufsbelehrung	498
4. Schadensersatz durch Naturalrestitution	502
5. Anfechtung wegen arglistiger Täuschung	504
6. Beratungsvertrag, Immobilien, Beleihungsunterlagen	504
IV. Gestaltung des Einwendungsdurchgriffs	505
1. Ausgangslage	505
2. Mängelbedingter Rücktritt	505
3. Minderung oder Schadensersatz	507
4. Mängeleinrede	507
5. Sicherheiten	508
6. Insbesondere: Anlage- und Spekulationsgeschäfte	508
7. Produkthaftung	509
V. Bereicherungsrechtliche Rückforderung	510
1. Peremptorische Einrede	510
2. Dilatorische Einrede	512
VI. Ausnahmen	512
1. Völliger Ausschluss	513
2. Dilatorischer Ausschluss (Subsidiaritätsgrundsatz), § 359 Abs. 1 Satz 3	515
§ 496 Einwendungsverzicht, Wechsel- und Scheckverbot	517
Vorbemerkung	519
I. Schuldnerschutz bei Abtretung	519
1. Rechtsgeschäftlicher Übergang	519
2. Cessio legis	521
3. Anerkenntnis, Vollstreckungsunterwerfung	522
4. Unterrichtung über Abtretung (Abs. 2)	523
II. Begebung von Wechseln oder Schecks	524
1. Verbotsumfang	524

Inhaltsverzeichnis

	Seite
2. Herausgabeanspruch	526
3. Präklusion und Regress	527
4. Prozess aus Wechsel oder Scheck	528
5. Erfasste Ansprüche	529
6. Dritte	529
III. Erlaubte Begebung	530
1. Kreditgeber als Wechselgläubiger	530
2. Diskontierung/Refinanzierung	531
3. Wechsel über verbundene Geschäfte	531

§ 497 Verzug des Darlehensnehmers ... 532

Vorbemerkung: „Moderner Schuldturm" ... 536
- I. Anwendungsbereich ... 537
  - 1. Darlehensvertrag – Kreditvertrag ... 537
  - 2. Unternehmerische, insbesondere gewerbliche Kredite ... 538
  - 3. Sicherungsgeschäfte ... 538
  - 4. Kondiktionsverzug ... 538
  - 5. Vertragliche Regelungen ... 540
- II. Schadensberechnung (Abs. 1) ... 540
  - 1. Verzug ... 540
  - 2. Abstrakte Schadensberechnung ... 542
  - 3. Konkrete Schadensberechnung ... 547
  - 4. Andere Kreditverträge als Darlehensverträge ... 549
  - 5. Unentgeltliche Darlehen und Finanzierungshilfen ... 550
- III. Zinseszins (Absatz 2) ... 550
  - 1. Verzugsschaden und Zinseszinsverbot ... 550
  - 2. Kontenführung ... 552
  - 3. Immobiliardarlehensverträge ... 553
- IV. Tilgungsverrechnung (Absatz 3) ... 553
  - 1. Schuldturmproblematik durch Liquiditätsausgleich für den Gläubiger ... 553
  - 2. Rangverhältnisse ... 555
  - 3. Abweichende Tilgungsbestimmung des Verbrauchers ... 557
  - 4. Verjährung (§ 497 Abs. 3 Sätze 3 und 4) ... 557
  - 5. Tituierung von Zinsen ... 559
  - 6. Immobiliarkreditverträge (Absatz 4) ... 565
  - 7. Unentgeltliche Darlehen und Finanzierungshilfen ... 565

§ 498 Gesamtfälligstellung bei Teilzahlungsdarlehen ... 565
- I. Gesetzliches Kündigungsrecht des Darlehensgebers: Überblick, Anwendungsbereich und Abgrenzungen ... 568
- II. Teilzahlungskredite und tilgungsfreie Kredite ... 571
- III. Voraussetzungen der Gesamtfälligkeit ... 572
  - 1. Schuldnerverzug ... 572
  - 2. Mindestrückstand ... 573
- IV. Erklärungen des Kreditgebers ... 575
  - 1. Nachfrist und Androhung ... 575
  - 2. Kündigung ... 577
  - 3. Mithaftung (Gesamtschuld) ... 578
  - 4. Rechtsnachfolge ... 581
- V. Rechtsfolgen ... 581
- VI. Vergleichsgespräch ... 582
- VII. Exkurs: Aufklärung und Beratung bei Kapitalanlagen – ein kurzer Überblick ... 582
- VIII. Kostenermäßigung § 501 ... 591

§ 499 Kündigungsrecht des Darlehensgebers; Leistungsverweigerung ... 591

Vorbemerkung ... 593

Inhaltsverzeichnis

	Seite
I. Vereinbartes Kündigungsrecht des Darlehensgebers (Abs. 1)	593
1. Bestimmte Vertragslaufzeit	593
2. Unbestimmte Vertragslaufzeit	593
II. Verweigerung der Valutierung	594
1. Gesetzliches Leistungsverweigerungsrecht nach § 321 BGB	594
2. Vertragliches Leistungsverweigerungsrecht aus sachlichem Grund (Abs. 2)	595
III. Verweigerung der Valutierung ohne Vereinbarung eines Leistungsverweigerungsrechts	596
IV. Keine Anwendung von Abs. 1 und 2 auf Immobiliardarlehensverträge	597
V. Kündigung aufgrund Kreditwürdigkeitsprüfung (Abs. 3)	597
1. Kennzeichnung	597
2. Grundsatz: Bindung des Kreditgebers an den Vertrag	598
3. Ausnahme: unredliches Verhalten des Verbrauchers; relevante Informationen	598
4. Beweislast	599

§ 500 Kündigungsrecht des Darlehensnehmers; vorzeitige Rückzahlung ... 599

I. Gegenstand der Regelung	601
II. Gesetzliches Kündigungsrecht des Darlehensnehmers bei Allgemein-Verbraucherdarlehensverträgen (Abs. 1)	602
III. Vorzeitige Erfüllung (Abs. 2)	603
1. Anwendungsbereich und Voraussetzungen	603
2. Tatbestand der vorzeitigen Erfüllung	604
3. Immobiliar-Darlehensverträge	606
IV. Unanwendbarkeit	606

§ 501 Kostenermäßigung ... 606

I. Anwendungsbereich	608
II. Verminderung der Gesamtkosten	609
1. Tatbestand des Bezugs auf die Zeit nach der Fälligkeit oder der Erfüllung	609
2. Nur laufzeitabhängige Kosten	610
3. Tilgungsrecht aus § 271 Abs. 2 BGB – Laufzeitunabhängige Kosten	610
4. Gestaffelte Berechnung	611
5. Insbesondere: Leasing	612

§ 502 Vorfälligkeitsentschädigung ... 612

Vorbemerkung	615
I. Ratio legis: Zinserwartung und Aufopferungsentschädigung	615
II. Anspruchsvoraussetzungen dem Grunde nach	616
1. Vorzeitige Rückzahlung, Verhältnis zu § 490 Abs. 2 BGB und vertragliche Regelungen	616
2. Gebundener Sollzinssatz (§ 489 Abs. 5)	616
3. Zinsbindung im Zeitpunkt der Rückzahlung	617
III. Schadensberechnung	617
1. Angemessenheit	617
2. Unmittelbarkeit	619
3. Berechnungsarten	619
IV. Begrenzung der Schadenshöhe bei Allgemein-Verbraucherdarlehensverträgen (Abs. 3)	619
1. Relative Marge (1%, 0,5%)	619
2. Betrag der Sollzinsen	620
V. Ausschluss der Vorfälligkeitsentschädigung	620
1. Ausschluss nach Abs. 2	620
2. Ausschluss nach anderen Vorschriften	621

§ 503 Umwandlung bei Immobiliar-Verbraucherdarlehen in Fremdwährung ... 622

Vorbemerkung ... 623

Inhaltsverzeichnis

	Seite
I. Fremdwährungskredit	623
II. Begriff des Umwandlungsrechts	624
III. Voraussetzungen der Umwandlung (Abs. 1 Sätze 1 und 3)	624
1. Immobiliar-Verbraucherdarlehensvertrag in Fremdwährung	624
2. Vertragliche Abweichungen (Satz 3)	624
IV. Änderung des Wechselkurses um mehr als 20 Prozent (Abs. 1 Satz 2)	626
1. Gesetzlicher Regelfall	626
2. Gesetzlicher Ausnahmefall (§ 494 Abs. 6 Satz 3)	627
3. Vertragliche Abweichung nach § 512 Satz 1	627
V. Durchführung der Umwandlung (Abs. 2)	627
1. Tag der Umstellung und Wechselkurs (Satz 1)	628
2. Abweichende Vereinbarungen (Satz 2)	628
VI. Finanzierungshilfen	628
VII. IPR	628

§ 504 Eingeräumte Überziehungskredite   629

Vorbemerkung	633
I. Darlehensverträge mit Überziehungsmöglichkeit	633
1. Begriff	633
2. Arten	633
3. Reichweite der Freistellung	634
II. Persönlicher Anwendungsbereich	635
1. Verbraucher	635
2. Darlehensgeber	636
III. Eingeräumte Überziehungsmöglichkeit im Allgemeinen (Abs. 1)	637
1. Vertragsinhalt	637
2. Rechtsfolgen	637
IV. Eingeräumte Überziehungsmöglichkeit bei Allgemein-Verbraucherdarlehensverträgen mit Dreimonatsgrenze oder fristloser Kündigung (§ 504 Abs. 2 Satz 1)	639
1. Vertragsinhalt	639
2. Rechtsfolgen	640
V. Eingeräumte Überziehungsmöglichkeit mit besonderer Zinsvereinbarung (Abs. 2 Satz 2)	641
1. Vertragsinhalt	641
2. Rechtsfolgen	642
VI. Verletzung der Informationspflichten	643
VII. Exkurs: Zwangsvollstreckung in die Kreditlinie; Insolvenz; P-Konto	643

§ 504a Beratungspflicht bei Inanspruchnahme der Überziehungsmöglichkeit   645

I. Angebot einer Beratung	646
1. Nebenpflicht des Darlehensgebers	646
2. Form und Zeit des Angebots (Abs. 1 Satz 2)	647
3. Annahme durch den Verbraucher und Ablehnung	647
4. Wiederholung des Beratungsangebots (Abs. 3)	648
II. Voraussetzungen der Beratungspflicht (Abs. 1)	648
1. Zeitfaktor und Überziehungsbetrag (Satz 1)	648
2. Rechnungsabschluss (Satz 2)	649
III. Inhalt und Form der Beratung (Abs. 2)	649
1. Alternativen und Konsequenzen (Satz 1)	649
2. Form (Sätze 2, 3)	650
IV. Dokumentation	650
1. Angebot (Abs. 1 Satz 4)	650
2. Beratungsgespräch (Abs. 3 Satz 4)	650
V. Zeitliche Geltung	650

Inhaltsverzeichnis

	Seite
§ 505 Geduldete Überziehung	651
Vorbemerkung	653
I. Begriff der geduldeten Überziehung	653
II. Girovertraglich geduldete Überziehung	654
1. Grundlagen	654
2. Parteien: Unternehmer und Verbraucher	655
3. Insbesondere: Überweisung und Scheckeinlösung	655
III. Rechtsfolgen der girovertraglich geduldeten Überziehung	656
1. Pflichtangaben im Girovertrag	657
2. Mitteilung in regelmäßigen Zeitabständen	657
3. Erhebliche Überschreitung (Abs. 2)	657
4. Sanktionen (Abs. 3)	659
5. Unanwendbare und anwendbare Vorschriften (Abs. 4)	659
§ 505a Pflicht zur Kreditwürdigkeitsprüfung bei Verbraucherdarlehensverträgen	659
I. Einführung	661
II. Anwendungsbereich	662
III. Zivilrechtliche Prüfungspflicht	662
IV. Verbot des Vertragsschlusses	664
V. Aufstockung des Nettodarlehensbetrags	664
§ 505b Grundlage der Kreditwürdigkeitsprüfung bei Verbraucherdarlehensverträgen	665
I. Grundlage der Kreditwürdigkeitsprüfung	667
II. Allgemein-Verbraucherdarlehensvertrag	667
III. Immobiliar-Verbraucherdarlehensvertrag	668
IV. Datenschutz	669
§ 505c Weitere Pflichten bei grundpfandrechtlich oder durch Reallast besicherten Immobiliar-Verbraucherdarlehensverträgen	669
§ 505d Verstoß gegen die Pflicht zur Kreditwürdigkeitsprüfung	670
I. Kodifizierte Rechtsfolgen	671
II. Zinsermäßigung	672
III. Sonderkündigungsrecht	673
IV. Beweislast	673
V. Freistellung des Verbrauchers	674
VI. Falschangaben des Verbrauchers	674
VII. Ausschließliche Regelung	674

Untertitel 2. Finanzierungshilfen zwischen einem Unternehmer und einem Verbraucher

§ 506 Zahlungsaufschub, sonstige Finanzierungshilfe	675
A. Sachlicher Anwendungsbereich: Finanzierungshilfen	682
I. Kreditvertrag und Finanzierungshilfe	682
1. Die Systematik von Verbraucherkreditrichtlinie und Wohnimmobilien-Verbraucherkreditrichtlinie	682
2. Begriff der Finanzierungshilfe (Zahlungsaufschub und sonstige Finanzierungshilfe, § 506 Abs. 1, Allgemein- und Immobiliar-Finanzierungshilfe)	683
3. Überlagerung durch Fernabsatzrecht	691
4. Abgrenzung des Vertrags über einen Zahlungsaufschub (§ 506 Abs. 1) zum Teilzahlungsgeschäft (§ 506 Abs. 3)	692
5. Fallgruppen	692

Inhaltsverzeichnis

	Seite
II. Teilzahlungsgeschäfte (Abs. 3)	701
1. Anwendungsbereich	701
2. Bestimmtheit und Abgrenzung zu Abs. 1	701
3. Teilzahlungsgeschäft und Ratenzahlung	701
4. Dreimonategrenze	702
5. Vertragsarten	703
6. Vertragsänderung	703
7. Beweislast	703
III. Verträge mit Zahlungsaufschub (§ 506 Abs. 1), die keine Teilzahlungsgeschäfte sind (§ 506 Abs. 3)	703
1. Rahmenverträge des Handels	703
2. Immobiliar-Finanzierungshilfen	704
3. Entgeltliche Stundung einer Forderung	704
IV. Finanzierungsleasing (§ 506 Abs. 2 und Abs. 1)	705
1. Miete, Pacht, sog. Operating-Leasing	705
2. Finanzierungsleasing als eigenständige Finanzierungsform	706
B. Anwendbare und nicht anwendbare Vorschriften	715
I. Grundsatz: Entsprechende Anwendung verbraucherdarlehensrechtlicher Vorschriften	715
II. Anwendbare Vorschriften	715
1. §§ 358 bis 360 (verbundene und zusammenhängende Geschäfte)	715
2. § 491a (vorvertragliche Information)	719
3. § 492 (Vertragsform und Pflichtangaben)	721
4. §§ 492a und 492b (Koppelungsgeschäfte)	725
5. § 493 (Unterrichtung bei Abschnittsfinanzierung)	725
6. § 494 (Nichtigkeit und Heilung)	725
7. § 495 (Widerrufsrecht)	726
8. § 496 (Abtretung, Wechsel- und Scheckverbot)	727
9. § 497 (Verzug des Verbrauchers)	727
10. § 498 (Gesamtfälligkeitsstellung)	727
11. § 499 (Kündigungsrecht des Unternehmers, Leistungsverweigerungsrecht)	729
12. § 500 (Kündigungsrecht des Verbrauchers, vorzeitige Erfüllung)	729
13. § 501 (Kostenermäßigung)	730
14. § 502 (Vorfälligkeitsentschädigung)	730
15. § 503 (Fremdwährungskredit)	731
16. §§ 505a bis 505d (Kreditwürdigkeitsprüfung)	731
17. Anhang: § 675a BGB iVm Art. 247a EGBGB (Geschäftsbesorgungsvertrag)	731
III. Nicht anwendbare Vorschriften	732
1. § 492 Abs. 4 (Form der Vollmacht)	732
2. Vollausnahmen nach §§ 506 Abs. 4 Satz 1, 491 Abs. 2, Abs. 3 Satz 3	732
3. Teilausnahme nach §§ 506 Abs. 4 Satz 1, 491 Abs. 4 (Gerichtliches Protokoll)	735
4. Vorzeitige Erfüllung, Vorfälligkeitsentschädigung (§§ 500 Abs. 2, 502, 506 Abs. 2 Satz 2)	735

§ 507 Teilzahlungsgeschäfte

§ 507 Teilzahlungsgeschäfte	736
Vorbemerkung	738
I. Formprivileg für Fernabsatzverträge	739
1. Anwendungsbereich	739
2. Vertragsangebot des Verbrauchers aufgrund Verkaufsprospekts	739
3. Notwendige Angaben	740
4. Mitteilung des Vertragsinhalts auf einem dauerhaften Datenträger unverzüglich nach Vertragsabschluss	741

Inhaltsverzeichnis

	Seite
5. Rechtsfolgen	741
6. Wettbewerbsrecht	742
II. Nichtigkeit und Heilung (Absatz 2, Abs. 1 Satz 1)	742
1. Formverstoß und fehlende Angabe; anwendbar bleibende Regelungen aus § 494	742
2. Heilung durch Übergabe, Leistungserbringung	742
3. Heilungsumfang	744
III. Falsche Angabe des effektiven Jahreszinses (Abs. 2 Satz 5)	747
IV. Lieferung und Leistung nur gegen Teilzahlungen (Abs. 3)	749
1. Entbehrlichkeit der Angabe von Barzahlungspreis und effektivem Jahreszins (Satz 1)	749
2. Kostenermäßigung nach § 501 (Satz 2)	749
3. Keine Vorfälligkeitsentschädigung (Satz 3)	750
§ 508 Rücktritt bei Teilzahlungsgeschäften	750
Vorbemerkung	752
I. Voraussetzungen und Abgrenzung	752
1. Gesetzliches Rücktrittsrecht des Kreditgebers, Verhältnis zu anderen Vorschriften	752
2. Rücktritt und Kündigung	754
3. Ausübung des Rücktrittsrechts	754
4. Rücktritt des Verbrauchers	755
II. Rücktrittsfolgen	756
1. Grundlagen	756
2. Ansprüche des Kreditgebers	757
3. Ansprüche des Verbrauchers	759
4. Verjährung	760
5. Widerruf des Verbrauchers	761
III. Rücktrittsvermutung	762
1. Ausgangslage	762
2. Wiederansichnehmen	765
3. Rückabwicklung und Vereinbarung über gewöhnlichen Verkaufswert	768
4. Verbundene Geschäfte	769
§ 509 [aufgehoben]	771

Untertitel 3. Ratenlieferungsverträge zwischen einem Unternehmer und einem Verbraucher

§ 510 Ratenlieferungsverträge	771
I. Ratenlieferungsverträge als kreditähnliche Verträge	773
1. Ratio legis: Herstellung von Vertragsparität im Falle langfristiger Bindung	773
2. Europäisches Sekundärrecht	774
3. Voraussetzungen	774
4. Verbindung mit Finanzierungshilfe	776
5. Anwendbare Vorschriften	776
6. Nicht anwendbare Vorschriften	780
7. Anwendungsbereich	780
II. Die einzelnen Vertragsarten	782
1. Teillieferungsverträge (Nr. 1)	782
2. Sukzessivlieferungsverträge (Nr. 2)	783
3. Wiederkehrender Erwerb oder Bezug (Nr. 3)	786

Untertitel 4. Beratungsleistungen bei Immobiliar-Verbraucherdarlehensverträgen

§ 511 Beratungsleistungen bei Immobiliar-Verbraucherdarlehensverträgen	790
I. Einführung	793

Inhaltsverzeichnis

	Seite
II. Beratungsleistung und vorvertragliche Information	793
III. Grundlage der Beratungsleistung	794
IV. Inhalt und Form der Beratung	794

Untertitel 5. Unabdingbarkeit, Anwendung auf Existenzgründer

§ 512 Abweichende Vereinbarungen	795
I. Abweichende Vereinbarungen	796
1. Halbzwingende Geltung	796
2. Insbesondere: Verzug, Kündigung und Rücktritt, Ablösung	797
3. Einseitige Willenserklärungen	798
4. Rechtsfolgen	801
II. Abweichende Vertragsform	801
1. Begriff und Bedeutung	801
2. Methodik	802
3. Anwendungsfälle	802
4. Keine Umgehungstatbestände	804
§ 513 Anwendung auf Existenzgründer	805
Vorbemerkung	806
1. Begriff der Existenzgründung	808
2. Beweislast	811
3. Ratenlieferungsvertrag	811
4. Großkredite (75 000 €)	811

Untertitel 6. Unentgeltliche Darlehensverträge und unentgeltliche Finanzierungshilfen zwischen einem Unternehmer und einem Verbraucher

§ 514 Unentgeltliche Darlehensverträge	814
Vorbemerkungen	816
I. Unentgeltlichkeit in Verbraucherkreditrichtlinie und WohnimmoRil	817
II. Klassifizierung des unentgeltlichen Vertrags	817
III. Widerrufsrecht	818
1. Grundsatz und Ausnahmen (§§ 491 Abs. 2 Satz 2 Nr. 1, 312g, 495 Abs. 2 Nr. 1)	818
2. Widerrufsbelehrung (§ 514 Abs. 2 Sätze 3 und 4)	819
3. Beginn und Ende der Widerrufsfrist	822
4. Rückabwicklung nach Widerruf	823
IV. Entsprechende Anwendung verbraucherkreditrechtlicher Normen	823
1. Verzug, §§ 497 Abs. 1 und 3, 498	823
2. Kreditwürdigkeitsprüfung (§§ 505a–505c, 505d Abs. 2–4)	824
3. Verbundene Geschäfte (§§ 358 Abs. 1 und 2, 359)	825
4. Zusammenhängende Verträge (§ 360)	825
5. Keine Anwendung auf Existenzgründer (§ 513)	825
V. Abdingbarkeit	825
§ 515 Unentgeltliche Finanzierungshilfen	826
Vorbemerkung	826
I. Entsprechende Anwendung von §§ 497 Abs. 1 und 3, 498, 505a bis 505c, 505d Abs. 2–4	827
II. Entsprechende Anwendung von §§ 358 bis 360	827
III. Widerrufsrecht, § 514 Abs. 2	828
1. Verhältnis zu § 312g	828
2. Rückabwicklung nach Widerruf	828
IV. Abdingbarkeit	829

Inhaltsverzeichnis

2. Teil. Darlehensvermittlung (§§ 655a bis 655e BGB)

Titel 10. Mäklervertrag

Untertitel 2. Vermittlung von Verbraucherdarlehensverträgen und entgeltlichen Finanzierungshilfen

	Seite
§ 655a Darlehensvermittlungsvertrag	831
I. Darlehensvermittlung – Kreditvermittlung	835
1. Grundlagen	835
2. Anwendungsbereich	836
II. Informationspflichten nach § 655a Abs. 2 BGB	840
1. Vorvertragliche Informationspflichten aus Art. 247 § 13 Abs. 2 und § 13b EGBGB	841
2. Vorvertragliche Informationspflichten aus § 491a BGB	844
3. Werbung	845
§ 655b Schriftform bei einem Vertrag mit einem Verbraucher	845
I. Formvorschriften	846
1. Gesetzliche Schriftform	846
2. Kein Widerrufsrecht, verbundenes Geschäft, Direktvertrieb	847
3. Getrennte Vertragsurkunden	848
4. Aushändigungsanspruch	848
II. Vollmacht	848
III. Rechtsfolgen von Verstößen	849
1. Schriftform	849
2. Zusätzliche Angaben	849
3. Unrichtige Angaben	849
4. Bereicherungsausgleich	850
5. Vermittelter Darlehensvertrag	850
6. Wettbewerbsrecht	851
7. Ersatzansprüche	851
§ 655c Vergütung	851
I. Voraussetzungen des Provisionsanspruchs	852
1. Erfolgsabhängigkeit	852
2. Widerrufsrecht	853
3. Leistung des Darlehens	854
4. Kein Auskunftsanspruch	855
II. Umschuldung	855
1. Konditionenverschlechterung	856
2. Sittenwidrigkeit des Altdarlehens	856
3. Mehrere Altdarlehensverträge	858
4. Vorzeitige Ablösung und Zinsanpassung	858
5. Wissen	859
6. Berechnungsgrundlage (effektiver Jahreszins)	859
7. Ersatzansprüche aus der Verletzung von Aufklärungs- und Beratungspflichten	860
8. Wettbewerbsrecht	860
§ 655d Nebenentgelte	860
1. Vereinbarung	861
2. Gemeinkosten	861
3. Entstandene und erforderliche Auslagen	862
4. Höchstbetrag	863

Inhaltsverzeichnis

	Seite
5. Kondiktion	863
6. Einzelfälle	863
7. Beratungsleistungen	864
8. Wettbewerbsrecht	864
§ 655e Abweichende Vereinbarungen, Anwendung auf Existenzgründer ...	865

3. Teil. Internationales Verbraucherkreditrecht (Rom-I-VO, Art. 46b EGBGB, Art. 34 AEUV [vormals Art. 28 EGV], UN-Kaufrecht)

I. Freie Rechtswahl und engste Verbindung	869
II. Einschränkung der freien Rechtswahl	870
1. Binnensachverhalt und Binnenmarktsachverhalt gem. Art. 3 Abs. 3 und 4 Rom I	870
2. Verbraucherverträge nach Art. 6 Rom I	871
3. Sonderanknüpfung gem. Art. 9; Wirksamkeitsvoraussetzungen nach Art. 10 Rom I	875
4. Verhältnis zu Art. 46b EGBGB	878
III. Europäische Waren-, Dienstleistungs- und Kapitalverkehrsfreiheiten (Art. 34, 36, 56, 63 AEUV, vormals Art. 28, 30, 49, 56 EGV)	878
IV. Internationale Kaufverträge (UN-Kaufrecht, CISG)	879
1. Überschneidungen mit Verbraucherkreditrecht	879
2. Formerfordernis	880
3. Widerrufsrecht	880
4. Beweislast	881

4. Teil. Verbraucherkredit-Mahnverfahren (§§ 688 bis 691 ZPO, weitere prozessuale Fragen, insbesondere Art. 17 EuGVVO)

§ 688 ZPO Zulässigkeit	883
§ 690 ZPO Mahnantrag	883
§ 691 ZPO Zurückweisung des Mahnantrags	884
I. Einführung	887
1. Die Problematik der Schlüssigkeitsprüfung im Mahnverfahren	887
2. Einzelfragen	888
II. Statthaftigkeit des Mahnverfahrens	889
1. Absoluter Zinsunterschied	889
2. Angabepflicht nach §§ 492, 506 BGB	889
III. Mahnantrag	890
1. Notwendige Angaben	890
2. Angaben für die Tilgungsverrechnung	890
3. Angaben für den Zinsvergleich	891
4. Vordrucke	891
IV. Zurückweisung des Mahnantrags	891
1. Erkenntnisfindung des Gerichts	891
2. Fristunterbrechung, Verjährungshemmung (§ 691 Abs. 2 ZPO)	894
3. Beschwerde und Erinnerung	895
V. Exkurs: Gerichtsstand, Schiedsverfahren	895
1. Örtliche Zuständigkeit nach § 29c ZPO	895
2. Internationale Zuständigkeit nach Art. 17 EuGVVO	896
3. Schiedsvereinbarungen	900
Anhang	901
Sachverzeichnis	919

Literaturverzeichnis

Bamberger/Roth, Bürgerliches Gesetzbuch (Verbraucherkreditrecht bearbeitet von *C. Möller*, Widerrufsrecht bearbeitet von *Grothe*, §§ 13, 14 BGB bearbeitet von *Schmidt-Räntsch*), Kommentar, 3. Auflage 2012; Beck'scher Online-Kommentar BGB
Baumgärtel, Beweislastpraxis im Privatrecht, 1996
Baumgärtel/Laumen/Prütting (Hrsg.) Handbuch der Beweislast im Privatrecht, 3. Aufl., Grundlagen, 2016; §§ 13, 14 bearb. von *Kessen*, 2007; §§ 355–359 bearb. von *Eyinck*, 2008; §§ 481–507 bearb. von *Bülow*, 2009; Bd. 4 AbzG, 1. Aufl. 1988, bearb. von *Baumgärtel*
Bruchner/Ott/Wagner-Wieduwilt, Verbraucherkreditgesetz, Kommentar, 2. Aufl. 1994
Bühler, Brauerei- und Gaststättenrecht, 14. Aufl. 2014
Bülow, Recht der Kreditsicherheiten, 8. Aufl. 2012
ders., Sittenwidriger Konsumentenkredit, 3. Aufl. 1997
Bülow/Artz (Hrsg.), Handbuch Verbraucherprivatrecht, 2005
Claussen, Bank- und Börsenrecht 5. Aufl. 2014
Dauner-Lieb/Heidel/Ring (Hrsg.), Anwaltkommentar (Nomos-Kommentar) zum BGB; 3. Aufl. 2016 (Bd. 1); Sachenrecht 4. Aufl. 2016; Rom-Verordnungen 1. Aufl. 2014
Dauses (Hrsg.), Handbuch des EU-Wirtschaftsrechts (Verbraucherschutz bearbeitet von *Lecheler*), 38. Aufl. 2015, Loseblatt
Einsele, Bank- und Kapitalmarktrecht 3. Aufl. 2014
Erman, Bürgerliches Gesetzbuch (Verbraucherkreditrecht und Widerrufsrecht bearbeitet von *Saenger*), Kommentar, 14. Aufl. 2014
Gebauer/Wiedmann (Hrsg.), Zivilrecht unter europäischem Einfluss (Verbraucherkreditrecht bearbeitet von *Welter*), 2. Aufl. 2010
Gernhuber (Hrsg.), Handbuch des Schuldrechts, Bd. 2 Sukzessionen (bearbeitet von *Nörr/Scheying*), 2. Aufl. 1999; Bd. 10 Geld und Geldgeschäfte (bearbeitet von *Heermann*), 2003
Hailbronner/Wilms, Recht der Europäischen Union, Handbuch und Kommentar, Stand 2010
Hönn, Kompensation gestörter Vertragsparität, 1982
Jauernig (Hrsg.), Bürgerliches Gesetzbuch (Verbraucherkreditrecht bearbeitet von *Mansel*, Widerrufsrecht bearbeitet von *Stadler*, §§ 13 und 14 BGB bearbeitet von *Jauernig*), Kommentar, 16. Aufl. 2015
Josten, Kreditvertragsrecht, 2012
Langenbucher/Bliesener/Spindler, Bankrechts-Kommentar, 2. Aufl. 2016
Larenz, Lehrbuch des Schuldrechts, Bd. I Allgemeiner Teil, 14. Aufl. 1987; Bd. II Besonderer Teil, 1. Halbband, 13. Aufl. 1986
Larenz/Canaris, Lehrbuch des Schuldrechts, Bd. II Besonderer Teil, 2. Halbband, 13. Aufl. 1994
Larenz/Wolf/Neuner, Allgemeiner Teil des deutschen Bürgerlichen Rechts, 10. Aufl. 2012
Lwowski/Peters/Münscher, Verbraucherdarlehensrecht, 3. Aufl. 2008
Münchener Kommentar zum Bürgerlichen Gesetzbuch (Verbraucherkreditrecht bearbeitet von *Schürnbrand;* Widerrufsrecht bearbeitet von *Fritsche;* verbundene Geschäfte bearbeitet von *Habersack;* Rücktrittsrecht bearbeitet von *Gaier*), Kommentar, 7. Aufl. 2016
Münstermann/Hannes, Verbraucherkreditgesetz, Kommentar, 1991
Nobbe, Kommentar zum Kreditrecht, 2010
Palandt, Bürgerliches Gesetzbuch (Verbraucherkreditrecht bearbeitet von *Weidenkaff*, Widerrufsrecht bearbeitet von *Grüneberg*, §§ 13 und 14 BGB bearbeitet von *Ellenberger*), Kommentar, 75. Aufl. 2016
Prütting/Wegen/Weinreich (PWW), BGB, 11. Aufl. 2016 (Verbraucherkreditrecht bearb. von *Kessal-Wulf*)
Reich, Europäisches Verbraucherrecht, 4. Aufl. 2003

Literaturverzeichnis

Reifner, Handbuch des Kreditrechts: Verbraucherkredit und Realkredit, 2. Aufl. 2003,
Schimansky/Bunte/Lwowski (Hrsg.), Bankrechtshandbuch (Verbraucherkreditrecht bearbeitet von *Lwowski, Münscher, Peters),* 4. Aufl. 2011
Schmoeckel/Rückert/Zimmermann, Historisch-Kritischer Kommentar zum BGB – HKK (§§ 1–14 BGB bearbeitet von *Duve*), 2003
Schröter/Steuer/Weber (Hrsg.), Bankrecht und Bankpraxis – BuB (Verbraucherkreditrecht bearbeitet von *Gößmann*), Loseblattsammlung
Schulze ua, Handkommentar zum Bürgerlichen Gesetzbuch (Verbraucherkreditrecht bearbeitet von *Ebert,* Widerrufsrecht bearbeitet von *Schulze*), 8. Aufl. 2014
Schwintowski, Bankrecht, 4. Aufl. 2014 im Druck
Seibert, Handbuch zum Gesetz über Verbraucherkredite, zur Änderung der ZPO und anderer Gesetze, 1991
Soergel, Bürgerliches Gesetzbuch, Kommentar, Bd. 1 Allgemeiner Teil (§§ 13, 14 BGB bearbeitet von *Pfeiffer*), 13. Aufl. 2000 ff.; Verbraucherkredit Stand 2014 (bearbeitet von *Seifert)*
Staudinger, Bürgerliches Gesetzbuch, Kommentar (Verbraucherkreditrecht und Widerrufsrecht bearbeitet von *Kessal-Wulf,* 2012; Rücktrittsrecht bearbeitet von *Kaiser,* 2012; §§ 13 und 14 BGB bearbeitet von *Kannowski* 2013; Darlehensrecht bearbeitet von *Mülbert,* 2015; Kreditvermittlung bearbeitet von *Herresthal,* 2016)
v. Westphalen/Emmerich/v. Rottenburg, Verbraucherkreditgesetz, Kommentar, 2. Aufl. 1996
Wendehorst/Zöckling-Jud, Verbraucherkreditrecht, Wien 2010

Abkürzungsverzeichnis

aA	anderer Ansicht
aaO	am angegebenen Ort
abl.	ablehnend
ABlEG	Amtsblatt der Europäischen Gemeinschaften (Nummer, Seite und Erscheinungsdatum), bis 2003
ABlEU	Amtsblatt der Europäischen Union, ab 2004
Abs.	Absatz
Abschn.	Abschnitt
abw.	abweichend
AbzG	Abzahlungsgesetz vom 16.5.1894 (RGBl 450), aufgehoben am 1.1.1991 durch Art. 10 des Gesetzes über Verbraucherkredite, zur Änderung der Zivilprozeßordnung und anderer Gesetze vom 17.12.1990 (BGBl I, 2840)
AcP	Archiv für civilistische Praxis (Band [Jahrgang], Seite)
aE	am Ende
AEUV	Vertrag über die Arbeitsweise der Europäischen Union, Konsolidierte Fassung (ABlEU C 115/47 v. 9.5.2008) (vormals EGV, s. dort)
aF	alte Fassung
AfP	Zeitschrift für Medien- und Kommunikationsrecht (Jahr und Seite)
AG	Amtsgericht; Aktiengesellschaft; Die Aktiengesellschaft (Jahr und Seite)
AGB	Allgemeine Geschäftsbedingungen
AGB-Banken	Allgemeine Geschäftsbedingungen der (privaten) Banken idF vom 1.4.2002
AGB-Bundesbank	Allgemeine Geschäftsbedingungen der Deutschen Bundesbank idF vom 1.1.2005
AGBG	Gesetz zur Regelung des Rechts der Allgemeinen Geschäftsbedingungen idF vom 29.6.2000 (BGBl I, 946), aufgehoben am 1.1.2002 durch Art. 6 Nr. 4 SchRModG vom 26.11.2001 (BGBl I, 3187)
AGB-Postbank	Allgemeine Geschäftsbedingungen der Postbank vom 1.1.2005
AGB-Sparkassen	Allgemeine Geschäftsbedingungen der Sparkassen idF vom 1.4.2002
Alt.	Alternative
aM	andere(r) Meinung
Anh.	Anhang
Anm.	Anmerkung
AnwBl	Anwaltsblatt (Jahr und Seite)
ArbGG	Arbeitsgerichtsgesetz idF der Bekanntmachung vom 2.7.1979 (BGBl I, 853, 1036)zuletzt geändert am 31.8.2015 (BGBl I, 1474)
ArchBürgR	Archiv des Bürgerlichen Rechts (Band, Jahr und Seite)
Art.	Artikel
Aufl.	Auflage
Az.	Aktenzeichen
BAFin	Bundesanstalt für Finanzdienstleistungsaufsicht
BAG	Bundesarbeitsgericht
BAnz	Bundesanzeiger (Jahr, Nummer und Seite)

Abkürzungsverzeichnis

BauGB	Baugesetzbuch idF der Bekanntmachung vom 23.9.2004 (BGBl I, 2414), zuletzt geändert am 20.10.2015 (BGBl I, 1722)
BauR	Baurecht (Jahr und Seite)
BayObLG	Bayerisches Oberstes Landgericht (bis 2004)
BB	Betriebs-Berater (Jahr und Seite)
BBankG	Gesetz über die Deutsche Bundesbank idF der Bekanntmachung vom 22.10.1992 (BGBl I, 1782), zuletzt geändert am 4.7.2013 (BGBl I, 1981)
Bd.	Band
BDSG	Bundesdatenschutzgesetz idF vom 14.1.2003 (BGBl I, 66) zuletzt geändert am 25.2.2015 (BGBl I, 162)
Beil.	Beilage
Bem.	Bemerkung
betr.	betreffend
BeurkG	Beurkundungsgesetz vom 28.8.1969 (BGBl I, 1513), zuletzt geändert am 23.11.2015 (BGBl I, 2090)
BFH	Bundesfinanzhof
BFHE	Entscheidungen des Bundesfinanzhofes (Band und Seite)
BGB	Bürgerliches Gesetzbuch vom 18.8.1896 (RGBl 195) idF der Bekanntmachung vom 2.1.2002 (BGBl I, 42, 2909; BGBl I 2003, 738), zuletzt geändert am 11.3.2016 (BGBl I, 396)
BGB-InfoVO	Verordnung über Informations- und Nachweispflichten nach bürgerlichem Recht idF der Bekanntmachung vom 5.8.2002 (BGBl I, 3002), geändert am 17.1.2011 (BGBl I, 34)
BGBl	Bundesgesetzblatt, Teil (Jahr und Seite)
BGH	Bundesgerichtshof
BGHZ	Entscheidungen des Bundesgerichtshofs in Zivilsachen (Band und Seite); amtliche Sammlung
BKR	Zeitschrift für Bank- und Kapitalmarktrecht (Jahr und Seite)
BörsG	Börsengesetz idF der Bekanntmachung vom 16.7.2007 (BGBl I, 2010), zuletzt geändert am 20.11.2015 (BGBl I, 2029)
BR-Drucks.	Drucksache des deutschen Bundesrates (Nummer, Jahr und Seite)
BrV	Bankrechtliche Vereinigung
BSpKG	Gesetz über Bausparkassen idF der Bekanntmachung vom 15.2.1991 (BGBl I, 454), zuletzt geändert am 21.12.2015 (BGBl I, 2399)
Bspr.	Besprechung
BStBl	Bundessteuerblatt, Teil (Jahr und Seite)
BT-Drucks.	Drucksache des deutschen Bundestages (Legislaturperiode/ Nummer und Seite)
BuB	Bankrecht und Bankpraxis (Loseblattwerk), Herausgeber Hellner/Steuer/Gößmann
BUrlG	Mindesturlaubsgesetz für Arbeitnehmer vom 8.1.1963 (BGBl I, 2), zuletzt geändert am 20.4.2013 (BGBl I, 868)
BVerfG	Bundesverfassungsgericht
BVerfGE	Entscheidungen des Bundesverfassungsgerichts (Band und Seite)
bzw.	beziehungsweise
c.i.c.	culpa in contrahendo
CISG	Convention on Contracts for the International Sale of Goods vom 11.4.1980, UN-Kaufrecht, Wiener Übereinkommen über Verträge über den internationalen Warenkauf (BGBl II 1989, 588)
CR	Computer und Recht (Jahr und Seite)
DAR	Deutsches Autorecht (Jahr und Seite)
DB	Der Betrieb (Jahr und Seite)

Abkürzungsverzeichnis

ders.	derselbe
DGVZ	Deutsche Gerichtsvollzieherzeitung (Jahr und Seite)
dh	das heißt
Die Bank	Die Bank (Jahr und Seite)
dies.	dieselbe(n)
diff.	differenzierend
Diss.	Dissertation
DJT	Deutscher Juristentag
DNotZ	Deutsche Notar-Zeitschrift (Jahr und Seite)
DÖV	Die Öffentliche Verwaltung (Jahr und Seite)
DRiZ	Deutsche Richterzeitung (Jahr und Seite)
DStR	Deutsches Steuerrecht (Jahr und Seite)
DUD	Datenschutz und Datensicherheit (Jahr und Seite)
DVBl	Deutsches Verwaltungsblatt (Jahr und Seite)
DZWIR	Deutsche Zeitschrift für Wirtschaftsrecht (Jahr und Seite)
ebda.	ebenda
ec	eurocheque/Euroscheck
EG	Europäische Gemeinschaften
EGBGB	Einführungsgesetz zum Bürgerlichen Gesetzbuch idF der Bekanntmachung vom 21.9.1994 (BGBl I, 2494, ber. BGBl 1997 I, 1061), zuletzt geändert am 11.3.2016 (BGBl I, 396)
EGRiL	Richtlinie der Europäischen Gemeinschaft
EGV	Vertrag zur Gründung der Europäischen Gemeinschaft idF des Amsterdamer Vertrags vom 2.10.1997 (BGBl II 1998, 387, ber. BGBl II 1999, 416) zuletzt geändert am 24.12.2002 (ABlEG C 325); jetzt AEUV, s. dort
EGZPO	Einführungsgesetz zur Zivilprozessordnung vom 30.1.1877 (RGBl 244), zuletzt geändert am 19.2.2016 (BGBl I, 254)
Einf.	Einführung
Einl.	Einleitung
ELR	European Law Reporter (Jahr und Seite)
Entw.	Entwurf
Erl.	Erläuterungen
et al.	et alii (und andere)
etc.	et cetera
EU	Europäische Union
EuGH	Gerichtshof der Europäischen Gemeinschaften
EuGHE	Sammlung der Entscheidungen des EuGH (Jahr und Seite)
EuGVÜ	Übereinkommen der Europäischen Gemeinschaft über die gerichtliche Zuständigkeit und die Vollstreckung gerichtlicher Entscheidungen in Zivil- und Handelssachen vom 27.9.1968 (BGBl II, 774), ersetzt durch EuGVVO
EuGVVO	Verordnung (EU) Nr. 1215/2012 des Europäischen Parlaments und des Rates v. 12.12.2012 über die gerichtliche Zuständigkeit und die Anerkennung und Vollstreckung von Entscheidungen in Zivil- und Handelssachen (ABlEU L 351/1 v. 20.12.2012), zuletzt geändert am 26.11.2014 (ABlEU L 54/1 v. 25.2.2015)
EuZW	Europäische Zeitschrift für Wirtschaftsrecht (Jahr und Seite)
e. V.	eingetragener Verein
EWG	Europäische Wirtschaftsgemeinschaft
EWiR	Entscheidungen zum Wirtschaftsrecht (Entscheidungssammlung), mit Kennziffer
EWS	Europäisches Wirtschafts- und Steuerrecht (Jahr und Seite)
f./ff.	folgend/fortfolgend
FamFG	Gesetz über das Verfahren in Familiensachen und in den Angelegenheiten der freiwilligen Gerichtsbarkeit vom 17.12.2008

Abkürzungsverzeichnis

	(BGBl I, 2586, 2587), zuletzt geändert am 20.11.2015 (BGBl I, 2018) (früher FGG)
FamRZ	Zeitschrift für das gesamte Familienrecht (Jahr und Seite)
FernAbsÄndG	Gesetz zur Änderung der Vorschriften über Fernabsatzverträge bei Finanzdienstleistungen vom 2.12.2004 (BGBl I, 3102)
FernAG/FernAbsG	Fernabsatzgesetz vom 27.6.2000 (BGBl I, 897), aufgehoben am 1.1.2002 durch Art. 6 Nr. 7 SchRModG vom 26.11.2001 (BGBl I, 3187)
FernUSG	Gesetz zum Schutz der Teilnehmer am Fernunterricht idF der Bekanntmachung vom 4.12.2000 (BGBl I, 1670), zuletzt geändert am 20.9.2013 (BGBl I, 3642)
FLF	Finanzierung – Leasing – Factoring (Jahr und Seite)
Fn.	Fußnote
FuR	Familie und Recht (Jahr und Seite)
gem.	gemäß
GewO	Gewerbeordnung idF der Bekanntmachung vom 22.2.1999 (BGBl I, 202), zuletzt geändert am 11.3.2016 (BGBl I, 396)
GG	Grundgesetz für die Bundesrepublik Deutschland vom 23.5.1949 (BGBl I, 1), zuletzt geändert am 23.12.2014 (BGBl I, 2438)
ggf.	gegebenenfalls
gl. A.	gleicher Ansicht
GmbH	Gesellschaft mit beschränkter Haftung
GmbHG	Gesetz betreffend die Gesellschaften mit beschränkter Haftung vom 20.4.1892 (BGBl III, 4. Nr. 4123-1), zuletzt geändert am 22.12.2015 (BGBl I, 2565)
GmbHR	GmbH-Rundschau (Jahr und Seite)
GPR	Zeitschrift für Gemeinschaftsprivatrecht (Jahr und Seite)
Großkomm.	Großkommentar
GRUR	Gewerblicher Rechtsschutz und Urheberrecht (Jahr und Seite)
GRUR Int	Gewerblicher Rechtsschutz und Urheberrecht (Jahr und Seite) internationaler Teil (ab 1977 ff.)
GRUR-RR	Gewerblicher Rechtsschutz und Urheberrecht, Rechtsprechungs-Report (Jahr und Seite)
GWB	Gesetz über Wettbewerbsbeschränkungen idF der Bekanntmachung vom 26.6.2013 (BGBl I, 1750, 3245), zuletzt geändert am 17.2.2016 (BGBl I, 203)
Halbbd.	Halbband
Hb	Handbuch
HdWW	Handwörterbuch der Wirtschaftswissenschaften, 1977 ff. (Band und Seite)
HGB	Handelsgesetzbuch vom 10.5.1897 (RGBl I, 219), zuletzt geändert am 31.3.2016 (BGBl I, 518)
hL	herrschende Lehre
hM	herrschende Meinung
HRR	Höchstrichterliche Rechtsprechung (Jahr und Nummer)
Hrsg.	Herausgeber
HS.	Halbsatz
HWiG	Gesetz über den Widerruf von Haustürgeschäften und ähnlichen Geschäften idF der Bekanntmachung vom 29.6.2000 (BGBl I, 955), aufgehoben am 1.1.2002 durch Art. 6 Nr. 5 SchRModG vom 26.11.2001 (BGBl I, 3187)
idF	in der Fassung
idS	in diesem Sinne

Abkürzungsverzeichnis

InsO	Insolvenzordnung vom 5.10.1994 (BGBl I, 2866), zuletzt geändert am 20.11.2015 (BGBl I, 2010)
InvG	Investmentgesetz vom 15.12.2003 (BGBl I, 2676), zuletzt geändert am 11.7.2013 (BGBl I, 1981), aufgehoben am 22.7.2013 (BGBl I, 1981, 2149)
IPR	Internationales Privatrecht
IPRax	Praxis des Internationalen Privat- und Verfahrensrechts (Jahr und Seite)
IStR	Internationales Steuerrecht (Jahr und Seite)
iSv	im Sinne von
iVm	in Verbindung mit
JA	Juristische Arbeitsblätter (Jahr und Seite)
Jb.	Jahrbuch
JR	Juristische Rundschau (Jahr und Seite)
Jura	Juristische Ausbildung (Jahr und Seite)
JurA	Juristische Analysen (Jahr und Seite) bis 3/1971
JurBüro	Juristisches Büro (Jahr und Seite)
jurisPR-BKR	juris PraxisReport Bank- und Kapitalmarktrecht (Heftnummer/Jahr)
JuS	Juristische Schulung (Jahr und Seite)
JW	Juristische Wochenschrift (Jahr und Seite)
JZ	Juristenzeitung (Jahr und Seite)
KAGB	Kapitalanlagegesetzbuch v. 4.7.2013 (BGBl I, 1981), zuletzt geändert am 3.3.2016 (BGBl I, 348)
Kap.	Kapitel
KG	Kommanditgesellschaft; Kammergericht
KO	Konkursordnung vom 10.2.1877 (RGBl 351), aufgehoben m. W. v. 1.1.1999 gem. Art. 2 Nr. 4 iVm Art. 110 EGInsO vom 5.10.1994 (BGBl I, 2911)
Komm.	Kommentar
KreisG	Kreisgericht (neue Bundesländer, jetzt: Amtsgericht)
krit.	kritisch
KritJ	Kritische Justiz (Jahr und Seite)
KritV	Kritische Vierteljahresschrift für Gesetzgebung und Rechtswissenschaft (Jahr und Seite)
KTS	Zeitschrift für Konkurs-, Treuhand und Schiedsgerichtswesen (Jahr und Seite)
K & R	Kommunikation & Recht (Jahr und Seite)
KWG	Gesetz über das Kreditwesen idF der Bekanntmachung vom 9.9.1998 (BGBl I, 2776), zuletzt geändert am 11.3.2016 (BGBl I, 396)
LAG	Landesarbeitsgericht
lat.	lateinisch
LG	Landgericht
lit.	litera (Buchstabe)
LM	Lindenmaier-Möhring, Nachschlagewerk des Bundesgerichtshofs in Zivilsachen (Nummer und Paragraph)
LMK	Kommentierte BGH-Rechtsprechung Lindenmaier-Möhring (Jahr und Seite bzw. Nummer)
MaBV	Makler- und Bauträgerverordnung idF der Bekanntmachung vom 7.11.1990 (BGBl I, 2479), zuletzt geändert am 2.5.2012 (BGBl I, 1006)
maW	mit anderen Worten
MDR	Monatsschrift für deutsches Recht (Jahr und Seite)

Abkürzungsverzeichnis

MittBayNot	Mitteilungen der Bayerischen Notarkammer (Jahr und Seite)
MMR	Multimedia und Recht (Jahr und Seite)
Mot. I-V	Motive zu dem Entwurf eines Bürgerlichen Gesetzbuches für das Deutsche Reich (Erste Lesung) (Bd. I Allgemeiner Teil; Bd. II Recht der Schuldverhältnisse; Bd III Sachenrecht; Bd. IV Familienrecht; Bd. V Erbrecht)
Mugdan	Die gesamten Materialien zum Bürgerlichen Gesetzbuch für das deutsche Reich, 1899 (Nachdruck 1979)
MünchKomm	Münchener Kommentar
mwN	mit weiteren Nachweisen
nachf.	nachfolgend
NdsRPfl	Niedersächsische Rechtspflege (Jahr und Seite)
nF	neue Fassung
NJ	Neue Justiz (Jahr und Seite)
NJW	Neue Juristische Wochenschrift (Jahr und Seite)
NJW-RR	NJW-Rechtsprechungsreport (Jahr und Seite)
NJW-WettbR	NJW Entscheidungsdienst Wettbewerbsrecht (bis 2000; Jahr und Seite)
Nr.	Nummer
NVwZ	Neue Zeitschrift für Verwaltungsrecht (Jahr und Seite)
NZA	Neue Zeitschrift für Arbeitsrecht (Jahr und Seite)
NZM	Neue Zeitschrift für Miet- und Wohnungsrecht (Jahr und Seite)
NZV	Neue Zeitschrift für Verkehrsrecht (Jahr und Seite)
ÖBA	Österreichisches Bankarchiv (Jahr und Seite)
OFD	Oberfinanzdirektion
OGH	Oberster Gerichtshof der Republik Österreich
OHG	Offene Handelsgesellschaft
OLG	Oberlandesgericht
OLGVertrÄndG	Gesetz zur Änderung des Rechts der Vertretung durch Rechtsanwälte vor den Oberlandesgerichten vom 23.7.2002 (BGBl I, 2850)
OLGZ	Entscheidungen der Oberlandesgerichte in Zivilsachen (Jahr und Seite), amtliche Entscheidungssammlung
p. a.	per annum
PAngV	Preisangabenverordnung idF der Bekanntmachung vom 18.10.2002 (BGBl I, 4197), zuletzt geändert am 11.3.2016 (BGBl I, 396)
PfandBG	Pfandbriefgesetz vom 22.5.2005 (BGBl I, 1373), zuletzt geändert am 2.11.2015 (BGBl I, 1864)
PfandleihVO	PfandleiherVO, VO über den Geschäftsbetrieb der gewerblichen Pfandleiher v. 1.12.1961 i. d. F. der Bekanntmachung 1.6.1976 (BGBl I, 1334), zuletzt geändert am 6.5.2016 (BGBl I, 1056)
PreisKlG	Gesetz über das Verbot der Verwendung von Preisklauseln bei der Bestimmung einer Geldschuld (Preisklauselgesetz) vom 7.9.2007 (BGBl. I, 2246, 2247), zuletzt geändert am 29.7.2009 (BGBl. I, 2355)
ProdHaftG	Gesetz über die Haftung für fehlerhafte Produkte (Produkthaftungsgesetz) vom 15.12.1989 (BGBl I, 2198), zuletzt geändert am 31.8.2015 (BGBl I, 2674)
Prot. I-VI	Protokolle der Kommission für die zweite Lesung des Entwurfs des Bürgerlichen Gesetzbuches; s. auch Mot.
RabattG	Gesetz über Preisnachlässe vom 25.11.1933 (RGBl I, 1011) idF der Bekanntmachung vom 31.7.1986 (BGBl I, 1169), aufgehoben am 25.7.2001 durch Art. 1 des Gesetzes zur Aufhebung des

Abkürzungsverzeichnis

	Rabattgesetzes und zur Anpassung anderer Vorschriften vom 23.7.2001 (BGBl I, 1663)
RabelsZ	Rabels Zeitschrift für ausländisches und internationales Privatrecht (Band, Jahr und Seite)
RBerG	Rechtsberatungsgesetz vom 13.12.1935 (BGBl III, 303-12), aufgehoben am 1.7.2008 (BGBl I, 2840, 2860)
RDG	Rechtsdienstleistungsgesetz v 12.12.2007 (BGBl I, 2840), zuletzt geändert am 31.8.2015 (BGBl I, 1474)
RegE	Regierungsentwurf
resp.	respektive
RG	Reichsgericht
RGBl	Reichsgesetzblatt, Teil (Jahr und Seite)
RGRK-BGB	Das Bürgerliche Gesetzbuch mit besonderer Berücksichtigung der Rechtsprechung des Reichsgerichts und des Bundesgerichtshofs – Kommentar (Band und Seite)
RGZ	Amtliche Sammlung der Reichsgerichtsrechtsprechung in Zivilsachen (Band und Seite)
RIW	Recht der internationalen Wirtschaft (Jahr und Seite); Außenwirtschaftsdienst des Betriebsberaters (von 4.58 – 20.1975 AWD s. dort)
Rn.	Randnummer
Rom I-VO	VO (EG) Nr. 593/2008 des europäischen Parlaments und des Rates v. 17.6.2008 über das auf vertragliche Schuldverhältnisse anzuwendende Recht (ABlEU L 177/6 v. 4.7.2008)
Rom II-VO	VO (EG) Nr. 864/2007 des europäischen Parlaments und des Rates v. 11.7.2007 über das auf außervertragliche Schuldverhältnisse anzuwendende Recht (ABlEU L 199/40 v. 31.7.2007)
RPfl	Der deutsche Rechtspfleger (Jahr und Seite)
RpflBl	Rechtspflegerblatt (Jahr und Seite)
RPflG	Rechtspflegergesetz idF der Bekanntmachung vom 14.4.2013 (BGBl I, 778; BGBl I 2014, 46), zuletzt geändert am 4.4.2016 (BGBl I, 558)
RRa	Reiserecht aktuell (Jahr und Seite)
s.	siehe
S.	Seite
ScheckG	Scheckgesetz vom 14.8.1933 (RGBl I, 597), zuletzt geändert am 31.8.2015 (BGBl I, 1474)
SchRG	Gesetz über Rechte an eingetragenen Schiffen und Schiffsbauwerken idF vom 30.9.1992 (BGBl I, 1760), zuletzt geändert am 21.1.2013 (BGBl I, 91)
scil.	scilicet (nämlich)
SigG	Signaturgesetz vom 16.5.2001 (BGBl I, 876), zuletzt geändert am 7.8.2013 (BGBl I, 3154)
s. o.	siehe oben
sog.	so genannt
Sp.	Spalte
Sparkasse	Die Sparkasse (Band und Seite)
StB	Der Steuerberater (Jahr und Seite)
StGB	Strafgesetzbuch idF der Bekanntmachung vom 13.11.1998 (BGBl I, 3322), zuletzt geändert am 10.12.2015 (BGBl I, 2218)
str.	streitig
s. u.	siehe unten
TVG	Tarifvertragsgesetz idF der Bekanntmachung vom 25.8.1969 (BGBl I, 1323), zuletzt geändert am 3.7.2015 (BGBl I, 1130)

Abkürzungsverzeichnis

TzWrG	Gesetz über die Veräußerung von Teilzeitnutzungsrechten an Wohngebäuden (Teilzeit-Wohnrechtegesetz) idF vom 29.6.2000 (BGBl I, 957), aufgehoben am 1.1.2002 durch Art. 6 Nr. 6 SchRModG vom 26.11.2001 (BGBl I, 3187)
ua	unter anderem
UKlaG	Unterlassungsklagegesetz idF vom 27.8.2002 (BGBl I, 3422, 4346), zuletzt geändert am 11.4.2016 (BGBl I, 720)
UmwG	Umwandlungsgesetz vom 28.10.1994 (BGBl I, 3210, ber. BGBl I 1995, 428), zuletzt geändert am 24.4.2015 (BGBl I, 642)
UrhRG	Gesetz über Urheberrecht und verwandte Schutzrechte (Urheberrechtsgesetz) vom 9.9.1965 (BGBl I, 1273), zuletzt geändert am 4.4.2016 (BGBl I, 558)
usw	und so weiter
UWG	Gesetz gegen den unlauteren Wettbewerb idF der Neufassung vom 3.3.2010 (BGBl I, 254), zuletzt geändert am 17.2.2016 (BGBl I, 233)
v.	von
VerbrKrG	Gesetz über Verbraucherkredite zur Änderung der Zivilprozeßordnung und anderer Gesetze idF vom 29.6.2000 (BGBl I, 940), aufgehoben am 1.1.2002 durch Art. 6 Nr. 3 SchRModG vom 26.11.2001 (BGBl I, 3187)
VersR	Zeitschrift für Versicherungsrecht, Haftungs- und Schadensrecht (Jahr und Seite)
vgl.	vergleiche
VIZ	Zeitschrift für Vermögens- und Immobilienrecht (Jahr und Seite)
VKrRiLUG	Gesetz zur Umsetzung der Verbraucherkreditrichtlinie, des zivilrechtlichen Teils der Zahlungsdiensterichtlinie sowie zur Neuordnung der Vorschriften über das Widerrufs- und Rückgaberecht vom 29.7.2009, BGBl I, 2355, in Kraft seit 11.6.2010
VKrRiLUG-ÄndG	Gesetz zur Einführung einer Musterwiderrufsinformation für Verbraucherdarlehensverträge, zur Änderung der Vorschriften über das Widerrufsrecht bei Verbraucherdarlehensverträgen und zur Änderung des Darlehensvermittlungsrechts vom 24. Juli 2010 (BGBl I, 977), in Kraft seit 30.7.2010
VO	Verordnung
Vor., Vorbem.	Vorbemerkung
vorst.	vorstehend
VuR	Verbraucher und Recht (Jahr und Seite)
VVG	Versicherungsvertragsgesetz vom 23.11.2007 (BGBl I, 2631), zuletzt geändert am 19.2.2016 (BGBl I, 254)
VVG-Info	VVG-InformationspflichtenVO vom 18.12.2007 (BGBl I, 3004), zuletzt geändert am 1.4.2015 (BGBl I, 434)
VwVfG	Verwaltungsverfahrensgesetz idF der Bekanntmachung vom 23.1.2003 (BGBl I, 102), zuletzt geändert am 20.11.2015 (BGBl I, 2010)
WG	Wechselgesetz vom 21.6.1933 (RGBl I, 399), zuletzt geändert am 31.8.2015 (BGBl I, 1474)
WiB	Wirtschaftsrechtliche Beratung (Jahr und Seite)
WiRO	Wirtschaft und Recht in Osteuropa (Jahr und Seite)
WM	Wertpapiermitteilungen, Teil IV (Jahr und Seite)
WohnimmoRil	Richtlinie 2014/17/EU des Europäischen Parlaments und des Rates vom 4.2.2014 über Wohnimmobilienkreditverträge für

Abkürzungsverzeichnis

	Verbraucher und zur Änderung der Richtlinien 2008/48/EG und 2013/36/EU und der Verordnung (EU) Nr. 1093/2010 (ABlEU L 60/34 v. 28.2.2014)
WoVermittG	Gesetz zur Regelung der Wohnungsvermittlung vom 4.11.1971 (BGBl I, 1745, 1747), zuletzt geändert am 21.4.2015 (BGBl I, 610)
WpHG	Wertpapierhandelsgesetz idF der Bekanntmachung vom 9.9.1998 (BGBl I, 2708), zuletzt geändert am 31.3.2016 (BGBl I, 518)
WpÜG	Wertpapiererwerbs- und ÜbernahmeG vom 20.12.2001 (BGBl I, 3822), zuletzt geändert am 20.11.2015 (BGBl I, 2029)
WR	Wirtschaftsrecht (Jahr und Seite)
WRP	Wettbewerb in Recht und Praxis (Jahr und Seite)
WuB	Wirtschafts- und Bankrecht (Entscheidungssammlung mit Kennziffer)
ZAG	Zahlungsdiensteaufsichtsgesetz vom 25.6.2009 (BGBl I 1506, zuletzt geändert am 11.3.2016 (BGBl I, 396)
zB	zum Beispiel
ZBB	Zeitschrift für Bankrecht und Bankwirtschaft (Jahr und Seite)
ZEuP	Zeitschrift für Europäisches Privatrecht (Jahr und Seite)
ZfIR	Zeitschrift für Immobilienrecht (Jahr und Seite)
ZfPW	Zeitschrift für Privatrechtswissenschaft (Jahr, Seite)
ZfRV	Zeitschrift für Rechtsvergleichung (Jahr und Seite)
ZGR	Zeitschrift für Unternehmens- und Gesellschaftsrecht (Jahr und Seite)
ZGS	Zeitschrift für das gesamte Schuldrecht (Jahr und Seite)
ZHR	Zeitschrift für das gesamte Handels- und Wirtschaftsrecht, Band (Jahr und Seite)
ZIP	Zeitschrift für Wirtschaftsrecht und Insolvenzpraxis (Jahr und Seite)
ZIR	Zeitschrift für Immobilienrecht (Jahr und Seite)
ZJS	Zeitschrift für das juristische Studium (Jahr und Seite, Online-Zeitschrift)
ZKW	Zeitschrift für das gesamte Kreditwesen (Jahr und Seite)
ZMR	Zeitschrift für Miet- und Raumrecht (Jahr und Seite)
ZPO	Zivilprozessordnung idF der Bekanntmachung vom 5.12.2005 (BGBl I, 3202; BGBl I 2006, 431; BGBl I 2007, 1781), zuletzt geändert am 11.3.2016 (BGBl I, 3786)
ZRP	Zeitschrift für Rechtspolitik (Jahr und Seite)
ZugabeVO	Verordnung des Reichspräsidenten zum Schutze der Wirtschaft; Erster Teil: Zugabewesen (Zugabeverordnung) vom 9.3.1932 (RGBl I, 121), aufgehoben am 25.7.2002 durch Art. 1 des Gesetzes zur Aufhebung der Zugabeverordnung und zur Anpassung weiterer Rechtsvorschriften vom 23.7.2001 (BGBl I, 1661)
zust.	zustimmend
ZVersWiss	Zeitschrift für die gesamte Versicherungswissenschaft (Jahr und Seite)
ZVglRWiss	Zeitschrift für vergleichende Rechtswissenschaft (Band, Jahr und Seite)
ZZP	Zeitschrift für Zivilprozeß (Band [Jahr] und Seite)
zz.	zurzeit
zzgl.	zuzüglich

Einführung

Schrifttum: 1. Zur Wohnimmobilien-/Verbraucherkreditvertragsrichtlinie und ihrer Umsetzung: *Bülow,* Rechtsfragen des Immobiliar-Verbraucherkreditvertrags im neuen Recht, WM 2015, 1309; *Glöckner,* BGB-Novelle zur Reform des Bauvertragsrechts, VuR 2016, 123, 163; *König,* Änderungen durch die Richtlinie über Wohnimmobilienkreditverträge im deutschen Recht, WM 2013, 168; *Piekenbrock,* Die geplante Umsetzung der Wohnimmobilienkreditvertragsrichtlinie, GPR 2015, 26; *ders.,* Die Wohnimmobilienkreditvertragsrichtlinie, Schriftenreihe der Bankrechtlichen Vereinigung (BrV), Band 36, 2015, S. 131; *Rosenkranz,* Das Umsetzungsgesetz zur Wohnimmobilienkreditrichtlinie und die verbundenen Verträge, NJW 2016, 1473; *Schäfer,* Wohnimmobilienkreditrichtlinie – Geschichte und Umsetzung im Verbraucherdarlehensrecht, VuR 2014, 207; *Schürnbrand,* Die Richtlinie über Wohnimmobilienkreditverträge für Verbraucher, ZBB 2014, 168; *Servatius,* Aufklärungspflichten und verantwortungsvolle Kreditvergabe, ZfIR 2015, 178. **2. Zum Regierungsentwurf betr. Umsetzung der Verbraucherkreditrichtlinie 2008/48/EG:** *Ady/Paetz,* Die Umsetzung der Verbraucherkreditrichtlinie in deutsches Recht und besondere verbraucherpolitische Aspekte, WM 2009, 1061; *Bülow,* Neues Verbraucherkreditrecht in Etappen, NJW 2010, 1713; *Derleder,* Die vollharmonisierende Europäisierung des Rechts der Zahlungsdienste und des Verbraucherkreditrechts, NJW 2009, 3195; *Gsell/Schellhase,* Vollharmonisiertes Verbraucherkreditrecht – Ein Vorbild für die weitere europäische Angleichung des Verbrauchervertragsrechts? JZ 2009, 20; *Nobbe,* Neuregleungen im Verbraucherkreditrecht, WM 2011, 625; *Riehm/Schreindorfer,* Das Harmonisierungskonzept der neuen Verbraucherkreditrichtlinie, GPR 2008, 244; *Rott,* Die neue Verbraucherkredit-Richtlinie 2008/48/EG und ihre Auswirkungen auf das deutsche Recht, WM 2008, 1194; *Schürnbrand,* Die Neuregelung des Verbraucherdarlehensrechts, ZBB 2008, 383; *ders.,* Das neue Recht der Verbraucherkredite und der verbundenen Verträge, Schriftenreihe der Bankrechtlichen Vereinigung Bd. 30, 2010, S. 173. **3. Zur Verbraucherrechte-Richtlinie:** *Bülow,* Ein neugefasster § 13 BGB – überwiegende Zweckbestimmung, WM 2014, 1; *Grundmann,* Die EU-Verbraucherrechterichtlinie, JZ 2013, 53; *Gsell,* Verbraucherrealitäten und Verbraucherrecht im Wandel, JZ 2012, 809; *Hilbig-Lugani,* Neuerungen im Außergeschäftsraum- und Fernabsatzwiderrufsrecht, ZJS 2013, 441; *Janal,* Alles neu macht der Mai: Erneute Änderungen im Recht der Vertriebsformen, WM 2012, 2314; *Leier,* Die Rückabwicklung des widerrufenen Vertrags – Neuerungen durch das Gesetz zur Umsetzung der Verbraucherrechterichtlinie, VuR 2013, 457; *Popova,* Die Verbraucherrechterichtlinie – Einfluss auf das deutsche und europäische Rückabwicklungsrecht, ZJS 2013, 552; *Purnhagen,* Die Auswirkungen der neuen EU-Richtlinie auf das deutsche Verbraucherrecht, ZRP 2012, 36; *Wendehorst,* Das neue Gesetz zur Umsetzung der Verbraucherrechterichtlinie, NJW 2014, 577. **4. Zu den Regierungsentwürfen betr. Verbraucherkreditgesetz:** Bankenfachverband e. V. Stellungnahme zum Regierungs-Entwurf eines Gesetzes über Verbraucherkredite, zur Änderung der Zivilprozeßordnung und anderer Gesetze (BT-Drucks. 11/5462 v. 25.10.1989), FLF 1990, 31; *Emmerich,* Auswirkungen des Verbraucherkreditgesetzes auf die Kreditwirtschaft, FLF 1989, 168 und 206; *Gilles,* Auf dem Weg zu einem Verbraucherkreditgesetz, ZRP 1989, 299; *Mülbert,* Die EG-Richtlinie über den Verbraucherkredit und ihre Umsetzung durch das geplante Verbraucherkreditgesetz, WM 1990, 1357; *Ose,* Zum Entwurf eines Verbraucherkreditgesetzes, FLF 1990, 28; *Reifner,* Der Entwurf eines Verbraucherkreditgesetzes, VuR 1988, 183; *ders.,* Mündliche Ausführungen in der Anhörung des Rechtsausschusses, VuR 1990, 185; *Reinking/Bexen,* Der finanzierte Autokauf heute und in Zukunft. Der Gesetzesentwurf über Verbraucherkredite (VerbrKrG-Entw.) – ein kritischer Befund, DAR 1990, 289; *Schmelz/Klute,* Zum Gesetzentwurf für ein Verbraucherkreditgesetz, ZIP 1989, 1509; *Scholz,* Zum Entwurf eines Verbraucherkreditgesetzes, MDR 1989, 1054; *Steppeler,* Verbraucherschutz und Konsumentenkredit, Teil I: Überlegungen zum vorgesehenen Verbraucherkreditgesetz, Sparkasse 1989, 76; *Wagner-Wieduwilt,* Kritische Anmerkungen zum Regierungsentwurf eines Verbraucherkreditgesetzes, Die Bank 1989, 566; *ders.,* Verbraucherkreditgesetz begegnet Vorbehalten, Die Bank 1988, 685; *v. Westphalen,* Marginalien zum Verbraucherkreditgesetz, WM 1990, 624; Berichte in: DB 1989, 1714; VuR 1989, 241; ZIP 1989, A 140 Nr. 507.

5. **Zum Verbraucherkreditgesetz:** *Bankrechtliche Vereinigung,* Verbraucherkreditrecht, AGB-Gesetz und Kreditwirtschaft, 1991; *Bender,* Das Verbraucherkreditgesetz, VuR 1991, 197; *Brenner,* Das neue Verbraucherkreditgesetz, Deutsche Verwaltungspraxis 1991, 174; *Bülow,* Das neue Verbraucherkreditgesetz, NJW 1991, 129; *Canaris,* Hektik bei der Verabschiedung des Verbraucherkreditgesetzes und ihre Folgen, EuZW 1991, 257; *Driessen,* Verbraucherkreditgesetz, ZKW 1991, 202; *Emmerich,* Das Verbraucherkreditgesetz, JuS 1991, 705; *Errens,* Verbraucherkreditgesetz, AnwBl 1990, 78; *Funke,* Zum Verbraucherkreditgesetz, AnwBl 1992, 108; *Habersack,* Das neue Verbraucherkreditgesetz, WM 1991, 1449; *Heise,* Das Verbraucherkreditgesetz − Versuch einer ersten Bilanz, JA 1993, 65; *Helmrich,* Das Verbraucherkreditgesetz, AnwBl 1992, 103; *v. Heymann,* Zum neuen Verbraucherkreditgesetz, WM 1991, 1285; *Huff,* Das Verbraucherkreditgesetz − hektische Verabschiedung am Ende der Legislaturperiode, WM 1990, 1988; *Karollus,* Grundfälle zum Verbraucherkreditgesetz, JuS 1993, 651; *Medicus,* Das Verbraucherkreditgesetz, Jura 1991, 561; *Mertins,* Das Verbraucherkreditgesetz, Neue Justiz 1991, 254; *Reinking/Nießen,* Das Verbraucherkreditgesetz, ZIP 1991, 79; *dies.,* Problemschwerpunkte im Verbraucherkreditgesetz, ZIP 1991, 634; *Scholz,* Das Verbraucherkreditgesetz, DB 1991, 215; *ders.,* Verbraucherkreditgesetz: Ein erster Überblick, FLF 1991, 8; *ders.,* Verbraucherkreditgesetz: Eine kritische Betrachtung, FLF 1991, 47; *ders.,* Anmerkungen zum Verbraucherkreditgesetz, MDR 1991, 191; *ders.,* (Fast) 100 Jahre Abzahlungsgesetz, FLF 1994, 148; *Schwintowski,* Das neue Verbraucherkreditgesetz − sozialpolitische Instrumentierung des Privatrechts?, JA 1992, 33; *Steppeler,* Verbraucherkreditgesetz verabschiedet, Sparkasse 1990, 547; *Wagner-Wieduwilt,* Erfahrungen mit dem Verbraucherkreditgesetz, Die Bank 1992, 388.

6. **Europäisches Recht:** *Artz,* Die „vollständige Harmonisierung" des Europäischen Privatrechts, GPR 2009, 171; *ders.,* Integration verbraucherprivatrechtlicher Vorschriften in das BGB. Versuch einer Zwischenbilanz, Festschr. Müller-Graff 2015, S. 177; *Auer,* die primärrechtskonforme Auslegung, in: Neuner (Hrsg.), Grundrechte und Privatrecht aus rechtsvergleichender Sicht, 2007; *Bärenz,* Die Auslegung der überschießenden Umsetzung von Richtlinien am Beispiel des Gesetzes zur Modernisierung des Schuldrechts, DB 2003, 375; *Bogdandy,* Prinzipien der Rechtsfortbildung im europäischen Rechtsraum, NJW 2010, 1; *Bruns,* Zivilrichterliche Rechtsschöpfung und Gewaltenteilung, JZ 2014, 162; *Bülow,* Der Verbraucherbegriff des BGB − Missverständnisse zur Vollharmonisierung, WM 2006, 1513; *ders.,* Europäisches Sekundärrecht in den Privatrechten der Mitgliedstaaten, Festschr. Meinhard Schröder 2012, S. 109; *dies.,* Harmonisierter Bereich und Verbindlichkeit europäischer Rechtsakte, WM 2013, 245; *Bultmann,* Rechtsfortbildung von EG-Richtlinienrecht, JZ 2004, 1100; *Canaris,* Aspekte der europäischen Rechtsangleichung mit Hilfe von Richtlinien, in: Canaris/Zaccaria (Hrsg.), Die Umsetzung von zivilrechtlichen Richtlinien der Europäischen Gemeinschaft in Italien und Deutschland, 2002, S. 129; *Claßen,* Nichtumsetzung von Gemeinschaftsrichtlinien: von der unmittelbaren Wirkung bis zum Schadensersatzanspruch, 1999; *Dörr,* Neues zum unionsrechtlichen Staatshaftungsanspruch, NJW 2010, 961; *Drexl,* Die gemeinschaftsrechtliche Pflicht zur einheitlichen richtlinienkonformen Auslegung hybrider Rechtsnormen und deren Grenzen, Festschrift Heldrich 2005, S. 67; *Eidenmüller,* Liberaler Paternalismus, JZ 2011, 815; *Emmerich,* Die Verbraucherkreditrichtlinie und die nationalen Verbraucherkreditgesetze, FLF 1991, 140; *Emmerich/Doehner,* Maximalharmonisiertes Verbraucherkreditrecht und Binnenmarktkompetenz, Festschrift Derleder 2005, S. 367; *Grundmann,* Richtlinienkonforme Auslegung im Bereich des Privatrechts − insbesondere: Der Kanon der nationalen Auslegungsmethoden als Grenze?, ZEuP 1996, 399; *ders.,* Verbraucherrecht, Unternehmensrecht, Privatrecht − warum sind sich UN-Kaufrecht und EU-Kaufrechtsrichtlinie zu ähnlich?, AcP 202 (2002), 40; *Gsell/Herresthal,* (Hrsg.), Vollharmonisierung im Privatrecht − Die Konzeption der Richtlinie am Scheideweg?, 2009; *Habersack,* Haustürgeschäfterichtlinie und Realkreditverträge, WM 2000, 981; *Habersack/Chr. Mayer,* Die überschießende Umsetzung von Richtlinien, JZ 1999, 913; *Heiderhoff,* Gemeinschaftsprivatrecht, 2005;

dies., Der Widerruf von Haustürgeschäften nach der „Heiniger"-Entscheidung des EuGH, WM 2002, 253; *Heim,* Unmittelbare Wirkung von EG-Richtlinien im deutschen und französischen Recht am Beispiel des Umweltrechts, 1999; *Hergenröder,* Richtlinienwidriges Gesetz und richterliche Rechtsfortbildung, Festschrift Zöllner 1999, S. 1139; *Herresthal,* Die Grenzen der richtlinienkonformen Rechtsfortbildung im Kaufrecht, WM 2007, 1354; *ders.*, Die Regelungsdichte von (vollharmonisierenden) Richtlinien und die Konkretisierungskompetenz des EuGH, in: Gsell/Herresthal, S. 113; *ders.*, Richtlinien- und verfassungskonforme Auslegung im Privatrecht, JuS 2014, 289; *Herrmann/Michl,* Wirkungen von EU-Richtlinien, JuS 2009, 1065; *J. Hoffmann,* Der Verbraucherbegriff des BGB nach Umsetzung der Finanz-Fernabsatzrichtlinie, WM 2006, 560; *Hoffmann,* Die Reform der Verbraucherkredit-Richtlinie (87/102/EWG), 2007; *Honsell,* Der „effet utile" und der EuGH, Festschrift Krejci 2001, S. 1929; *Horn,* Zur Vereinheitlichung des europäischen Privatrechts, Festschrift Otte 2005, S. 135; *Hüttebräuker,* Die Entstehung der EG-Richtlinien über den Verbraucherkredit, Diss. Bonn 2000; *Husack,* Konsequenzen des Europäischen Binnenmarktes für das bundesdeutsche Kreditgeschäft, VuR 1989, 191; *Jarass/Beljin,* Unmittelbare Anwendung des EG-Rechts und EG-rechtskonforme Auslegung, JZ 2003, 768; *Jud/Wendehorst,* (Hrsg.) Neuordnung des Verbraucherprivatrechts in Europa? Zum Vorschlag einer Richtlinie über Rechte der Verbraucher, mit Beiträgen von *Stabentheiner, Oehler, Schmidt-Kessel, Dehn, Lukas, Schauer, Jud, Graf, Wendehorst,* Wien 2009; *Kirste,* Harter und weicher Paternalismus, JZ 2011, 805; *Knops,* Der Verbraucherkredit zwischen Privatautonomie und Maximalharmonisierung, Schriftenreihe der bankrechtlichen Vereinigung Bd. 30, 2010, S 195; *Kokott/Henze/Sobotta,* Die Pflicht zur Vorlage an den Europäischen Gerichtshof und die Folgen ihrer Verletzung, JZ 2006, 633; *Kokott,* JZ 2006, 633; *Lutter,* Zur überschießenden Umsetzung von Richtlinien der EU, Gedächtnisschrift Heinze 2005, S. 571; *Matusche,* EU-Verbraucherschutz und deutsches Bankvertragsrecht, 1997; *Patrick Meier/Felix Jocham,* Rechtsfortbildung – Methodischer Balanceakt zwischen Gewaltenteilung und materieller Gerechtigkeit, JuS 2016, 392; *Chr. Mayer/Schürnbrand,* Einheitlich oder gespalten? – Zur Auslegung nationalen Rechts bei überschießender Umsetzung von Richtlinien, JZ 2004, 545; *Meller-Hannich,* Verbraucherschutz durch Schuldvertragsrecht, 2005; *Merkt,* Europäische Rechtssetzung und strengeres autonomes Recht. Zur Auslegung von Gemeinschaftsnormen als Mindeststandards, RabelsZ 61 (1997), 646; *Michael/Payandeh,* Richtlinienkonforme Rechtsfortbildung zwischen Unionsrecht und Verfassungsrecht, NJW 2015, 2392; *Nettesheim,* Ersatzansprüche nach „Heiniger"?, Die Aufarbeitung mitgliedschaftlicher Vertragsverstöße im EU-Privatrecht, WM 2006, 457; *Niehoff,* EG-Regulierungen im Bereich des Bankvertragsrechts zum Schutz der Verbraucher, Sparkasse 1990, 278; *Nobbe,* Die neuere Rechtsprechung des Bundesgerichtshofs zu Kartenzahlungen, WM 2012, Sonderbeilage 2; *Paschke,* Europäisches Privatrecht, 1998; *Pfeiffer,* Verbraucherrecht mit vielen Säulen – Auf der Suche nach funktionsgerechten Konstruktionsprinzipien eines Rechtsgebiets, NLW 2012, 2609; *Pouliadis,* Die Bedeutung des Verbraucherschutzrechts im Kontext der Entwicklung eines europäischen Vertragsrechts, Festschrift Georgiades, Athen 2006, S. 889; *Reich,* Verbraucherpolitik und Verbraucherschutz im Vertrag von Amsterdam, VuR 1999, 3; *Reich/Micklitz,* Verbraucherschutzrecht in der Bundesrepublik Deutschland. Eine Studie im Auftrag der EG-Kommission, 1980; *dies.,* Europäisches Verbraucherrecht, 4. Aufl. 2003; *Reimer,* Richtlinienkonforme Rechtsanwendung: Spielräume und Bindungen nach mitgliedstaatlichem Recht, JZ 2015, 910; *Remien,* Zwingendes Vertragsrecht und Grundfreiheiten des EG-Vertrages, 2003; *ders.,* Einheit, Mehrstufigkeit und Flexibilität im europäischen Privat- und Wirtschaftsrecht, RabelsZ 62 (1998), 627; *Riehm,* Umsetzungsspielräume der Mitgliedstaaten bei vollharmonisierenden Richtlinien, in: Gsell/Herresthal, S. 83; *ders.,* Die überschießende Umsetzung vollharmonisierender EG-Richtlinien im Privatrecht, JZ 2006, 1035; *Riesenhuber,* Kein Zweifel für den Verbraucher, JZ 2005, 829; *Ritz* Harmonisierungsprobleme bei der Umsetzung der EG-Richtlinie 87/102 über den Verbraucherkredit, 1996; *Rösler,* Europäisches Konsumentenvertragsrecht, 2003; *ders.,* Auslegungsgrundsätze des Europäischen Verbraucherprivatrechts in Theorie und Praxis, RabelsZ 71 (2007), 495; *H. Roth,* EG-Richtlinien und Bürgerliches Recht, JZ 1999, 529; *W.-H. Roth,* Europäischer Verbraucherschutz und BGB, JZ 2001, 475; *Rüthers/Fischer/Birk,* Rechtstheorie, 6. Aufl. 2011; *Schinkels,* Der Kommissionsentwurf einer Verbraucherrechte-Richtlinie und seine Sprengkraft für § 355 BGB, JZ 2009, 774; ; *ders.,* Unbegrenzte richtlinienkonforme Rechtsfortbildung als Haftung Privater für Legislativunrecht? – Für ein subjektives Recht auf Transparenz, JZ 2011, 394; *Schirnding,* Zur Novellierung der EG-Verbraucherkreditrichtlinie, FLF 1996, 25; *Schneider/Troberg,* Finanzdienstleistungen im EG-Binnenmarkt: Sitzland- oder Gastlandrecht? Zum Verhältnis zwischen europäischem Bankenaufsichtsrecht, europäischem Bankvertragsrecht und Verbraucherschutzrecht, WM 1990, 165; *Scholz,* Schwerpunkte der EG-Verbraucherkreditrichtlinie – unter Berücksichtigung des geltenden deutschen Rechts, MDR 1988, 730; *ders.,* Überlegungen der EG zur Verschärfung des Verbraucherkreditrechts, EWS 1995, 357; *W. Schroeder,* Die Auslegung des EU-Rechts, JuS 2004, 180; *Schürnbrand,* Die Grenzen richtlinienkonformer Rechtsfortbildung im Privatrecht, JZ 2007, 910; *Schulte-Nölke,* Elf Amtssprachen, ein Recht? Folgen der Mehrsprachigkeit für die Auslegung von Verbraucherschutzrichtlinien, in: Reiner Schulze (Hrsg.), Auslegung europäischen Privatrechts und angeglichenen Rechts, 1999, S. 143; *Staudenmayer,* Europäisches Verbraucherschutzrecht nach Amsterdam – Stand und Perspektiven, RIW 1999, 733; *Tacou,* Verbraucherschutz auf hohem Niveau oder Mogelpackung? ZRP 2009, 140; *Teichmann,* Die „Europäisierung des Zivilrechts" und ihre Auswirkungen auf die Hermeneutik, Festgabe Zivilrechtslehrer 1934–1935, 1999, S. 629; *Tettinger,* Nichts Halbes und nichts Ganzes? Der Kommissionsvorschlag einer europäischen Richtlinie über Rechte des Verbrauchers, ZGS 2009, 106; *Tichy,* „Effet utile" – Phantom oder Selbstverständlichkeit in der Rechtsprechung des EuGH, Festschr. Müller-Graff 2015, S. 1112; *Vogel v.,* Verbrauchervertragsrecht und allgemeines Vertragsrecht, 2006; *M. Wolf,* Störungen des Binnenmarktes durch das Verbraucherkreditgesetz, Festschrift Heinsius 1991, S. 967; *Zippelius,* Probleme der Rechtsfortbildung, Festschr. Würtenberger 2013, S. 137.

7. Verbraucher und Verbraucherkredit: *Adomeit,* Die gestörte Vertragsparität – ein Trugbild, NJW 1994, 2467; *ders.,* Herbert Markuse, der Verbraucherschutz und das BGB, NJW 2004, 579 mit Erwiderung Derleder, NJW 2004, Heft 15, S. XVI; *Artz,* Der Verbraucher als Kreditnehmer, 2001; *Auge,* Entwicklungen auf dem Markt für Konsumkredite, FLF 1990, 490; Bankenfachverband Privater Konsumentenkredit und gewerblicher Ratenkredit 1989, FLF 1990, 91; *ders.,* Konsumenten- und gewerbliche Spezialkredite, privater Konsumentenkredit und gewerblicher Ratenkredit, FLF 1989, 84; *M. Becker,* Verbrauchervertrag und Allgemeines Privatrecht, in: Aufbruch nach Europa: 75 Jahre Max-Planck-Institut für Privatrecht, 2001, S. 85; *Blaurock,* Verbraucherkredit und Verbraucherleitbild in der europäischen Union, JZ 1999, 801; *Buck-Heeb,* Vom Kapitalanleger- zum Verbraucherschutzrecht, ZHR 176 (2012), 66; *Bülow,* Der Grundsatz pacta sunt servanda im europäischen Sekundärrecht, Festschrift Söllner 2000, S. 189; *ders.,* Verbraucher, Konsument und Kleinanleger (Privatkunde), Festschr. Nobbe 2009, S. 495; *ders.,* Gesetzeswortlaut und Rechtsanwendung – Beweislast für die Verbrauchereigenschaft, Subsidiarität des Einwendungsdurchgriffs, Gedächtnisschrift Manfred Wolf 2010; *ders.,* Der Begriff des Verbrauchers in europäischen Rechtsakten und im deutschen Recht, insbesondere bei den Zahlungsdiensten, Festschrift Müller-Graff 2015, S. 170; *Bülow/Artz,* Am Vorabend einer neuen Verbraucherkreditrichtlinie, WM 2005, 1153; *Busche,* Privatautonomie und Kontrahierungszwang, 1999; *Bydlinski,* System und Prinzipien des Privatrechts, 1996; *Canaris,* Schranken der Privatautonomie zum Schutze des Kreditnehmers, ZIP 1980, 709; *ders.,* Wandlungen des Schuldvertragsrechts – Tendenzen zu seiner „Materialisierung", AcP 200 (2000), 273; *ders.,* Die Bedeutung der iustitia distributiva im deutschen Vertragsrecht, Sitzungsberichte der Bayerischen Akademie der Wissenschaften, Philosophisch-historische Klasse, Jahrgang 1997, Heft 7, 1998; *Dauner-Lieb,* Verbraucherschutz durch Ausbildung eines Sonderprivatrechts für Verbraucher, 1983; *Deutsche Bundesbank,* Zur längerfristigen Entwicklung der Konsumentenkredite und der Verschuldung der privaten Haushalte, Monatsbericht April 1993, S. 19; *Dreher,* Der Verbraucher – Das Phantom in der opera des europäischen und deutschen Rechts?, JZ 1997, 167; *Drexl,* Die wirtschaftliche Selbstbestimmung des Verbrauchers: eine Studie zum Privat- und Wirtschaftsrecht unter Berücksichtigung gemeinschaftsrechtlicher Bezüge, 1998; *Eichenhofer,* Die sozialpolitische Inpflichtnahme von Privatrecht, JuS 1996, 857; *Emmerich,* Allgemeines Privatrecht, Ratenkredite und Verbraucherschutzpolitik, FLF 1988, 140; *Engel/Stark,* Verbraucherrecht ohne Verbraucher?, ZEuP 2015, 32; *Faber,* Elemente verschiedener Verbraucherbegriffe, ZEuP 1998, 854; *Fleischer,* Informationsasymmetrie im Vertragsrecht, 2001; *R. Gärtner,* Zum

Einführung

Standort des Verbraucherrechts, JZ 1992, 73; *Gilles,* Prozessuale Weiterungen des Verbraucherschutzes bei Kreditgeschäften, Festschrift Kitawaga 1992, S. 347; *Gröner/Köhler,* Verbraucherschutzrecht in der Marktwirtschaft, 1987; *Grundmann,* Privatautonomie im Binnenmarkt, JZ 2000, 1133; *Gundel,* Mehr Kredit und trotzdem reicher – Konsument und Konsumentenkredit haben sich verändert, FLF 1989, 86; *Hadding,* Welche Maßnahmen empfehlen sich zum Schutz des Verbrauchers auf dem Gebiet des Konsumentenkredits? Gutachten zum 53. Deutschen Juristentag, 1980; *Hart/Köck,* Zum Stand der Verbraucherrechtsentwicklung, ZRP 1991, 61; *Heckelmann,* Grenzlinien für den Käuferschutz beim Ratenkauf nach dem BGB und nach dem Abzahlungsgesetz – ein Beitrag zu den Auslegungsmaßstäben für das Abzahlungsgesetz, Festschrift Bärmann 1975, S. 427; *Höland,* Leitbilder des europäischen Verbraucherrechts, Festschrift Reich 1997, S. 195; *Hönn,* Kompensation gestörter Vertragsparität, 1982; *ders.,* Privatrechtlicher Verbraucherschutz und Sonderprivatrecht, KEIO Law Review 1990, 201; *ders.,* Der Schutz des Schwächeren in der Krise, Festschrift Kraft 1998, S. 251; *ders.,* Europarechtlich gesteuerter Verbraucherschutz und die Tendenz zur Materialisierung im nationalen Zivil- und Zivilprozessrecht, Festschrift Ishikawa 2001, S. 199; *Hommelhoff,* Verbraucherschutz im System des deutschen und europäischen Privatrechts, Schriftenreihe der juristischen Studiengesellschaft Karlsruhe, Heft 218, 1996; *Kilian,* Der Verbraucherbegriff in der europäischen Union, 1998; *Knobel,* Wandlungen im Verständnis der Vertragsfreiheit, 2000; *Knoche,* Verbraucherschutz wieder stärker gefragt, Sparkasse 1989, 280; *Kocher,* Was ist ein Verbrauchergeschäft? – Ungleichgewichte als Rechtsproblem am Beispiel der Bürgschaft, VuR 2000, 83; *Kötz,* Europäisches Vertragsrecht I, 1996; *Kreft,* Privatautonomie und persönliche Verschuldung, WM 1992, 1425; *Lauer,* Notleidender Kredit, 2. Aufl. 1992; *Leinweber,* Verbraucherverschuldung als Rechtsproblem, 1992; *Leisner,* Der mündige Verbraucher in der Rechtsprechung des EuGH, EuZW 1991, 498; *St. Lorenz,* Der Schutz vor dem unerwünschten Vertrag, 1997; *Medicus,* Abschied von der Privatautonomie im Privatrecht, Schriftenreihe der Juristischen Gesellschaft Köln, Band 17, 1994; *ders.,* Wer ist ein Verbraucher?, Festschrift Kitawaga 1992, S. 471; *ders.,* Schutzbedürfnisse (insbesondere der Verbraucherschutz) und das Privatrecht, JuS 1996, 761; *Patrick Meier,* Der Verbraucherbegriff nach Umsetzung der Verbraucherrechterichtlinie, JuS 2014, 777; *Meier/Wehlau,* Aspekte zum Schutz ungeübter Verbraucher, dargestellt am Beispiel von Geschäften mit Aussiedlern, VuR 1991, 141; *Mohr,* Der Begriff des Verbrauchers und seine Auswirkungen auf das neugeschaffene Kaufrecht und das Arbeitsrecht, AcP 204 (2004), 660; *Preis,* Der persönliche Anwendungsbereich der Sonderprivatrechte, ZHR 158 (1994), 567; *Reich,* Privatrecht und Verbraucherschutz in der Europäischen Union, Schriftenreihe Zentrum für europäisches Wirtschaftsrecht, Heft 45, 1994; *Reifner,* Tendenzen in der neueren Rechtsprechung zum Wucherkredit – Privilegierung besonders kostenintensiver Spezialkredite?, VuR 1989, 315; *ders.,* Verbraucherschutz und Kreditwirtschaft, Sparkasse 2000, 554; *Riesenhuber,* Kein Zweifel für den Verbraucher, JZ 2005, 829; *W.-H. Roth,* Europäisches Recht und nationales Recht, in: 50 Jahre Bundesgerichtshof, 2000, S. 847; *Sauer/Wittemann,* Einführung in das deutsche und europäische Verbraucherkreditrecht, Jura 2005, 8; *Scherer,* Zur Frage der Schutzgesetzqualität von §§ 1, 3 UWG für Verbraucher, WRP 1992, 607; *Schindler,* Das Zusammenspiel der Verbraucherschutzgesetze, 2003; *Schinkels,* Zu den Auswirkungen des Vollharmonisierungskonzepts der Richtlinie über den Fernabsatz von Finanzdienstleistungen auf nationale Umsetzungsspielräume, GPR 2005, 109; *E. Schmidt,* Inhaltskontrolle von Schuldverträgen, DRiZ 1991, 81; *K. Schmidt,* Verbraucherbegriff und Verbrauchervertrag – Grundlagen des § 13 BGB, JuS 2006, 1; *ders.,* „Unternehmer" – „Kaufmann" – „Verbraucher": Schnittstellen im „Sonderprivatrecht" und Friktionen zwischen §§ 13, 14 BGB und §§ 1 ff. HGB, BB 2005, 837; *Schnauder,* Der Kreditvertrag im Wandel der Zeit, WM 2014, 783; *Schuberth,* Der Konsumentenkredit im Spannungsfeld von Ersparnisbildung und Nachfrage, FLF 1991, 27; *Schünemann,* Mündigkeit versus Schutzbedürftigkeit, Festschrift Brandner 1996, S. 279; *Schürnbrand,* Weitere Konturierung des europäischen Verbraucherbegriffs, GPR 2016, 19; *Schwab/Hromek,* Alte Streitstände im neuen Verbraucherprivatrecht, JZ 2015, 271; *Steppeler,* Verbraucherschutz und Konsumentenkredite, Sparkasse 1989, 76, 133 und 180; *Teichmann,* Aufklärungs- und Schutzpflichten gegenüber Verbrauchern, Festschrift Kraft 1998, S. 629; *Ullmann,* Der Verbraucher – ein Hermaphrodit, GRUR 1991, 789; *Wackerbarth,* Unternehmer, Verbraucher und die Rechtfertigung der Inhaltskontrolle vorformulierter Verträge, AcP 200 (2000), 45; *H. P. Westermann*, Die Bedeutung der Privatautonomie im Recht des Konsumentenkredits, Festschrift Hermann Lange 1992, S. 995; *Weyer*, Handelsgeschäfte (§§ 343 ff. HGB) und Unternehmergeschäfte (§ 14 BGB), WM 2005, 490; *Wolf*, Störungen des Binnenmarktes durch das Verbraucherkreditgesetz, Festschrift Heinsius 1991, S. 967.

8. Zur Rechtslage in Mitgliedstaaten der EU und in der Schweiz: *Calais-Auloy et al.*, Consumer Legislation in France, A Study prepared for the EC Commission, 1981; *Fontaine/Bourgoignie*, Consumer Legislation in Belgium and Luxemburg, A Study prepared for the EC Commission, 1982; *Fröhlingsdorf*, Das neue spanische Verbraucherschutzgesetz, RIW 1985, 99; *Güney*, Die Umsetzung von Verbraucherschutz-Richtlinien in der Türkei, GPR 2006, 59; *Herrmann*, Der Verbraucherkreditvertrag: rechtsvergleichende Studie unter Einbeziehung des französischen, englischen und deutschen Rechts, 1996; *Hoffmann*, Grundzüge des belgischen Handels-, Gesellschafts- und Wirtschaftsrechts, 1996; *Hottenbacher*, Die Abwicklung des fehlgeschlagenen Abzahlungsgeschäfts, eine Darstellung des englischen Rechts, Diss. Regensburg 1975; *Hugger*, Neuer Überschuldungsschutz privater Darlehensnehmer in Frankreich, RIW 1990, 527; *Klotz*, Kreditvergabe durch deutsche Banken und Verbraucherschutz in Frankreich, RIW 1997, 197; *Mentis*, Das neue griechische Verbraucherkreditgesetz, Festschrift Fenge 1996, 289; *Meyer*, Das neue spanische Verbraucherkreditgesetz, RIW 1996, 299; *Micklitz/Reich*, Verbraucherschutz im Vertrag über die Europäische Union – Perspektiven für 1993, EuZW 1992, 593; *Moosmayer*, Das neue spanische Teilzahlungsrecht und seine Bedeutung für den Wirtschaftsverkehr, RIW 1999, 939; *Petsche/Schwahofer*, Ungarn: Gesetz über den Verbraucherschutz, WIRO 1998, 144; *Ploß*, Der Schutz des Käufers bei Abzahlungsgeschäften in Frankreich, Diss. Augsburg 1976; *Rehbinder*, Konsumentenschutz im schweizerischen Recht, RIW 1991, 97; *Reich/Micklitz*, Verbraucherschutzrecht in den EG-Staaten – Eine vergleichende Analyse. Eine Studie im Auftrag der EG-Kommission, 1979; *Schmidt-Tedd*, Kaufmann und Verbraucherschutz in der EG, 1987; *U. H. Schneider*, Europäische und internationale Harmonisierung des Bankvertragsrechts, NJW 1991, 1985; *Tescaro*, Das neue italienische „Verbrauchergesetzbuch", GPR 2006, 158; *Wiegand*, Neues Konsumentenkreditrecht in der Schweiz, WM 1995, 1477.

9. Zum Änderungsgesetz von 1993: *Bülow*, Änderung des Verbraucherkreditgesetzes durch das Bauhandwerkersicherungsgesetz, NJW 1993, 1617; *Drescher*, Die „Technische Novelle" des Verbraucherkreditgesetzes, WM 1993, 1445; *Scholz*, Erste Novellierung des Verbraucherkreditgesetzes, BB 1993, 1161; *v. Westphalen*, Änderung des Verbraucherkreditgesetzes, ZIP 1993, 476.

10. Zu den Änderungen aufgrund Umsetzung der Fernabsatzrichtlinie 2000: *Artz*, Hürden auf dem Weg zu einem Fernabsatzgesetz, VuR 1999, 393; *Bülow*, Unsinniges im Fernabsatz, ZIP 1999, 1283; *ders.*, Fernabsatzrichtlinie und Verbraucherkreditgesetz, DZWIR 1998, 89; *Bülow/Artz*, Fernabsatzverträge und Strukturen eines Verbraucherprivatrechts im BGB, NJW 2000, 2049; *Fuchs*, Das Fernabsatzgesetz im System des Verbraucherschutzrechts, ZIP 2000, 1273; *Gaertner/Gierschmann*, Das neue Fernabsatzgesetz, DB 2000, 1601; *Kamanabrou*, Die Umsetzung der Fernabsatzrichtlinie, WM 2000, 1417; *St. Lorenz*, Im BGB viel Neues: Die Umsetzung der Fernabsatzrichtlinie, JuS 2000, 833; *Reich/Micklitz*, Umsetzung der EG-Fernabsatzrichtlinie, BB 1999, 2093; *Tonner*, Das neue Fernabsatzgesetz – oder: System statt „Flickenteppich", BB 2000, 1413; *Vehslage*, Entwurf eines Fernabsatzgesetzes, DuD 1998, 639; *Waldenberger*, „Alles schwebend unwirksam" – Distanzgeschäfte nach dem Referentenentwurf eines Fernabsatzgesetzes, K&R 1999, 345; *Wendehorst*, Das neue Gesetz über Fernabsatzverträge und andere Fragen des Verbraucherrechts, DStR 2000, 1311.

11. Zum Verbraucherkreditrecht aufgrund Schuldrechtsmodernisierung: *Artz*, Neues Verbraucherkreditrecht im BGB, in: Jb.J. ZivRWiss. 2001, 227; *ders.*, Die Neuregelung des Widerrufsrechts bei Verbraucherverträgen, BKR 2002, 603; *Bülow*, Kreditvertrag und Verbraucherkreditrecht im BGB, in: Schulze/Schulte-Nölke (Hrsg.), Die Schuldrechtsreform vor dem Hintergrund des Gemeinschaftsrechts, 2001; *ders.*, Verbraucherkreditrecht im BGB, NJW 2002, 1145; *Dörner*, Die Integration des Verbraucherrechts in das BGB, in: Schulze/Schulte-Nölke, S. 177; *Dörrie*, Verbraucherdarlehen und Immobilienfi-

Einführung

nanzierung nach der Schuldrechtsmodernisierung, ZfIR 2002, 89; *Enders,* Neuerungen im Recht der Verbraucherdarlehensverträge, 2004; *Grundmann,* Darlehens- und Kreditrecht nach dem Schuldrechtsmodernisierungsgesetz, BKR 2001, 66; *Habersack,* Verbraucherkredit- und Haustürgeschäfte nach der Schuldrechtsmodernisierung, BKR 2001, 72; *Köndgen,* Modernisierung des Darlehensrechts: eine Fehlanzeige, in: Ernst/Zimmermann (Hrsg.), Zivilrechtswissenschaft und Schuldrechtsreform, 2001, S. 457; *ders.,* Darlehen, Kredit und finanzierte Geschäfte nach neuem Schuldrecht – Fortschritt oder Rückschritt?, WM 2001, 1637; *Ott,* Neues Werkvertrags- und Darlehensrecht, MDR 2002, 361; *Pfeiffer,* Die Integration von „Nebengesetzen" in das BGB, in: Ernst/Zimmermann, S. 481; *ders.,* Der Verbraucher nach § 13 BGB, in: Schulze/Schulte-Nölke, S. 133; *Reifner,* Schuldrechtsmodernisierungsgesetz und Verbraucherschutz bei Finanzdienstleistungen, ZBB 2001, 193; *Schmidt-Räntsch,* Gesetzliche Neuregelung des Widerrufsrechts bei Verbraucherverträgen, ZIP 2002, 1100; *Wilhelm,* Änderung der Schuldrechtsreform aufgrund der Haustürgeschäfterichtlinie und die Sprache des Gesetzgebers, DB 2002, 1307; *Wittig/Wittig,* Das neue Darlehensrecht im Überblick, WM 2002, 145.

11. Zum zeitlichen Anwendungsbereich: *Boecken,* Zur Beweislast für den zeitlichen Anwendungsbereich neuer Gesetzes, DB 1992, 461; *Bülow,* Neues Verbraucherkreditrecht in Etappen, NJW 2010, 1713; *Heinrich, Chr.,* Die Beweislast bei Rechtsgeschäften, 1996; *Omlor,* Das Erlöschen des „ewigen" Widerrufsrechts bei Immobiliar-Darlehensverträgen, NJW 2016, 1265; *Probst,* Geltungsbereichsprobleme des Gesetzes über den Widerruf von Haustürgeschäften, JR 1992, 133; *Rosenberg,* Die Beweislast, 5. Aufl. 1965.

Übersicht

	Rn.
I. Entstehungsgeschichte	2
1. Verbraucherkreditrichtlinien und Verbraucherrechte-Richtlinie	3
2. Umsetzung der zweiten Verbraucherkreditrichtlinie 2008/48/ EG und der Wohnimmobilien-Kreditvertragrichtlinie 2014/17/EU in deutsches Recht	7
a) Verbraucherkreditrichtlinie	7
b) Wohnimmobilien-Verbraucherkreditvertragsrichtlinie	13a
3. Umsetzung der ersten Verbraucherkreditrichtlinie 87/102/EWG in deutsches Recht	14
4. Neubestimmung aufgrund Umsetzung der Fernabsatzrichtlinie	17
5. Verbraucherkreditrecht nach der Schuldrechtsmodernisierung	19
6. Reform der Schuldrechtsmodernisierung im Zuge des OLG-VertrÄndG	23
7. Finanzdienstleistungen im Fernabsatz	26
8. Neue Vorhaben: Verbraucherbauvertrag (§§ 650h bis 650n BGB-RefE)	26a
II. Europäische Richtlinien und ihre Umsetzung	27
1. Richtlinienkonformität	27
a) Auslegung	27
b) Amtshaftung oder Rechtsfortbildung	30
2. Vollharmonisierung	32
a) Harmonisierter Bereich	32
b) Alternativregelungen	35
III. Privatrechtliche Grundlagen	36
1. Sonderprivatrecht	37
a) Begrifflichkeiten	37
aa) Formale, inhaltliche, persönliche Abgrenzung	38
bb) Befund	39
b) Systemimmanente Instrumentarien	40
2. Kredit	41
3. Verbraucher und Unternehmer: Das rollenbezogene und kompensatorische Modell	42
a) Grundlagen	42
b) Tatbestandsmerkmal „überwiegend"	48

Einf 1–3 Einführung

Rn.

4. Rechtsprechungsgrundsätze als gesetzliche Vorschriften und
   Neuerungen 51
5. Sittenwidriger Konsumentenkredit 52
IV. Zeitliche Anwendungsbereiche 53
   1. Grundlagen 53
      a) Die maßgebenden Zeiträume 53
      b) Die maßgebenden Zeitpunkte (Abschlusstatbestände) 55
      c) Beweislast für den Zeitpunkt des Abschlusstatbestandes 56
   2. Zeitliche Geltung der durch die Verbraucherrechte-Richtlinie
      eingeführten Vorschriften (Art. 229 § 32 EGBGB, Art. 15
      VerbrRechteRil-UG) 57
      a) Vertragsabschluss ab 13.6.2014 57
      b) Unbefristete Alt-Widerrufsrechte 58
      c) Insbesondere: Fernunterrichtsverträge 64
   3. Zeitlich Geltung der durch die Wohnimmobilien-
      Kreditvertragsrichtlinie eingeführten Vorschriften (Art. 229 § 38
      EGBGB, Art. 13 WohnimmoRil-UG) 65
      a) Vertragsschluss ab 21.3.2016 65
      b) Besonderheiten für eingeräumte und geduldete Überziehun-
         gen nach §§ 504, 505 BGB 66
      c) Besonderheiten für Beratungspflicht nach §§ 504a und 505
         Abs. 2 Satz 2 BGB 67
      d) Unbefristete Widerrufsrechte 68
      e) Insbesondere: Immobiliardarlehen zwischen 2002 und 2010
         (Art. 229 § 38 Abs. 3 Satz 1 EGBGB) 69
      f) Insbesondere: Immobiliardarlehen als Haustürgeschäft
         (Art. 229 § 38 Abs. 3 Satz 2 EGBGB) 70
V. Gang der Darstellung 71

1   Verbraucherkreditrecht als Teil eines Verbraucherprivatrechts gründet sich auf die Erkenntnis (→ Rn. 44), dass der Vertragsabschluss zwischen dem aus privater Motivation handelnden Verbraucher und dem professionell auftretenden Unternehmer die typisierte Gefahr einer Störung von Vertragsparität in sich trägt, die durch meist privilegierende Normen, namentlich diejenigen, die Verbraucherkreditrecht und begleitende Institutionen bilden, auszugleichen ist.

I. Entstehungsgeschichte

2   Die hier kommentierte Fassung des Gesetzes beruht auf der Wohnimmobilien-Verbraucherkreditvertragsrichtlinie 2014/17/EU vom 4.2.2014, die zu grundlegenden Neuerungen über den Immobiliarkredit hinaus und zu neuen Begrifflichkeiten führte (→ § 491 Rn. 96a). Sie vervollständigt die strukturellen Änderungen, namentlich zum Widerrufsrecht und seiner Abwicklung sowie zu den verbundenen Geschäften, welche die Verbraucherrechte-Richtlinie 2011/83/EU vom 25.10.2011 mit sich brachte und auch den Verbraucherkredit erfasst.

1. Verbraucherkreditrichtlinien und Verbraucherrechte-Richtlinie

3   Sonderregelungen für den Verbraucherkredit, wie sie Eingang in das Bürgerliche Gesetzbuch fanden, haben ihren Ursprung bereits im Abzahlungsgesetz (AbzG) vom 18.5.1894, das fast hundert Jahre später im Verbraucherkreditgesetz (VerbrKrG) aufging; dieses wiederum wurde im Zuge der Schuldrechtsmodernisierung in das BGB integriert. Die heutige Dogmatik des Verbraucherkredit-

Einführung 4, 5 **Einf**

rechts als Teilgebiet eines Verbraucherprivatrechts verwirklicht vor allem Vorgaben des europäischen Sekundärrechts. Nach Planungen in Gestalt eines Ersten Programms für eine Politik zum Schutz und zur Unterrichtung der Verbraucher vom 14.4.1975[1] und eines Zweiten Programms vom 19.5.1981, Tz. 28.1[2] (→ Rn. 44), hatte die Europäische Kommission am 27.3.1979 den „Vorschlag einer **Richtlinie des Rates zur Angleichung der Rechts- und Verwaltungsvorschriften der Mitgliedstaaten über den Verbraucherkredit**"[3] unterbreitet.[4] Dieser Vorschlag ging schließlich in der ersten Verbraucherkreditrichtlinie des Rates 87/102/EWG vom 22.12.1986[5] (mit **Änderungsrichtlinien** 90/88/EWG vom 22.2.1990[6] und 98/7/EG vom 16.2.1998[7] zu Fragen des effektiven Jahreszinses) auf. Transformationstermin war der 1.1.1990. Sie war bis zum 10.6.2010 in Kraft.

Diese Richtlinie gründete sich auf das Konzept der **Mindestharmonisierung,** indem sie den Mitgliedstaaten durch ihren Art. 15 erlaubte, weitergehende Vorschriften zum Schutz der Verbraucher aufrecht zu erhalten oder zu erlassen, soweit dadurch Übereinstimmung mit den Verpflichtungen aus dem EG-Vertrag gewährleistet ist (→ 3. Teil Rn. 22 ff.). Von der darin liegenden Option hatte der deutsche Gesetzgeber regen Gebrauch gemacht, namentlich in Gestalt des **Widerrufsrechts** (§§ 495, 355 BGB), das die Richtlinie nicht kannte, und des Verbraucherverzugs (§§ 497, 498 BGB), aber auch andere Mitgliedstaaten nutzten die Option. Die Europäische Kommission musste feststellen, dass die Rechtsvorschriften der Mitgliedstaaten über Verbraucherkredite sehr unterschiedlich waren[8] und dass die Verbraucherkreditrichtlinie 87/102/EWG im Übrigen den aktuellen Gegebenheiten des Marktes für Verbraucherkredite nicht mehr entsprach. Deshalb drängte sich für die Kommission eine Überarbeitung der Richtlinie auf, die dem Konzept der **Voll-(Maximal-)harmonisierung** folgen sollte. 4

Der Weg zur **zweiten Verbraucherkreditrichtlinie 2008/48/EG** des Europäischen Parlaments und des Rates vom 23.4.2008 über **Verbraucherkreditverträge** und zur Aufhebung der Richtlinie 87/102/EWG[9] gestaltete sich schwierig. Ein erster Vorschlag der Kommission vom 11.9.2002[10] wurde vom Rechtsausschuss des Europäischen Parlaments bereits nach erster Lesung zurück- 5

---

[1] ABlEG C 92, S. 1 vom 25.4.1975.
[2] ABlEG C 133, S. 1 vom 3.6.1981; *Hüttebräuker* Verbraucherkredit, S. 35 ff.
[3] ABlEG C 80, S. 4 vom 27.3.1979; zur Richtlinie 85/577 betr. Haustürgeschäfte (ABlEG L 372, S. 31 vom 31.12.1985) s. OLG Celle RIW 1991, 421; zur Frage der richtlinienkonformen Auslegung → 3. Teil Rn. 15.
[4] Erörtert auf dem 53. Deutschen Juristentag 1980, Hadding Gutachten S. 16, 346 und passim.
[5] Richtlinie des Rates 87/102/EWG vom 22.12.1986 zur Angleichung der Rechts- und Verwaltungsvorschriften der Mitgliedstaaten über den Verbraucherkredit, ABlEG L 42, S. 48 vom 12.2.1987.
[6] Richtlinie des Rates 90/88/EWG vom 22.2.1990 zur Änderung der Richtlinie 87/102/EWG zur Angleichung der Rechts- und Verwaltungsvorschriften der Mitgliedstaaten über den Verbraucherkredit, ABlEG L 61, S. 14 vom 10.3.1990.
[7] ABlEG L 101, S. 17 vom 1.4.1998.
[8] KOM (2002) 443 endg. vom 11.9.2002, S. 2.
[9] ABlEU L 133/66 vom 22.5.2008.
[10] KOM (2002) 443 endg. ABlEG C 331 vom 31.12.2008, Dokumentation in WM 2002, 2260.

gewiesen, ein Gegenvorschlag gemacht und eine Generalüberarbeitung gefordert.[11] Ein zweiter Vorschlag der Kommission vom 20.4.2004,[12] der noch die Problematik von Sicherungsgeschäften enthielt, setzte sich nicht durch und wurde durch einen dritten Vorschlag vom 7.10.2005[13] ersetzt, in dem Sicherungsverträge nicht mehr geregelt waren. Weitere Versionen folgten durch Ratsdokumente vom 16.5.2007 (9677/07) und vom 14.9.2007 (9948/07), bis die neue Verbraucherkreditrichtlinie verkündet werden konnte. Sie unterliegt dem Maximalstandard (Art. 22, → Rn. 32), lässt aber teilweise auch Alternativregelungen zu (vgl. insbesondere Art. 26). Sie spart den Immobiliarkredit aus (Art. 2 Abs. 2 lit. a und b); diesen regelt die WohnimmoRil 2014/17/EU vom 4.2.2014, wie ihr Name sagt,[14] für den Bereich der Wohnimmobilien (→ § 491 Rn. 96e).

6 Regelungsgegenstand der **Verbraucherrechte-Richtlinie 2011/83/EU** sind Haustür-(Außergeschäftsraum-)geschäfte und Fernabsatzgeschäfte, dazu der Verbrauchsgüterkauf und Klauselrecht, aber weder Verbraucherkredit- noch Finanzdienstleistungen-Fernabsatzrecht. Die Gesetzesverfasser haben sich bei der Umsetzung in deutsches Recht jedoch der Aufgabe gestellt und sie gemeistert, richtlinienspezifische Einzelregelungen, namentlich zum Widerrufsrecht und seinen Folgen, in ein stimmiges Gesamtkonzept verbraucherprivatrechtlicher Vorschriften zu überführen, das auch Finanzdienstleistungen und insbesondere den Verbraucherkredit erfasst. So sind Regelungen zum Widerrufsrecht in §§ 355 bis 356c BGB zusammengefasst, die Abwicklung in §§ 357 bis 357c, die Verbundregelungen in erweiterten §§ 358 bis 360 nebst übergreifenden Bestimmungen in § 361, ergänzt um die zahlreichen Einzelvorschriften in Art. 246 bis 246c EGBGB, welche europäische Richtlinien vorgeben. Die Neuerungen für den Verbraucherkredit liegen nur teilweise im Inhaltlichen, sodass Altbekanntes wieder erkennbar wird, aber nicht an gewohnter Stelle, sondern in neustrukturiertem dogmatischem Zusammenhang.

2. Umsetzung der zweiten Verbraucherkreditrichtlinie 2008/48/EG und der WohnimmoRil 2014/17/EU in deutsches Recht

7 a) **Verbraucherkreditrichtlinie.** Bereits am 17.6.2008 wurde im Bundesjustizministerium ein Referentenentwurf erarbeitet, der nicht nur der Umsetzung der Verbraucherkreditrichtlinie, sondern zugleich auch der Umsetzung der Zahlungsdienste-Richtlinie 2007/74/EG („SEPA-Richtlinie") diente. Der Referentenentwurf findet sich weitgehend im verabschiedeten Gesetz wieder. Die Umsetzung der Verbraucherkreditrichtlinie wurde zum Anlass genommen, auch die Vorschriften über Widerrufsrecht und verbundene Geschäfte zu überarbeiten und als wenig gelungen empfundene Vorschriften neu zu formulieren, zB §§ 500, 501 BGB aF, der Verbraucherdarlehensvertrag bekam ein eigenes Kapitel (→ Rn. 21). Vorschriften, die sich jenseits des harmonisierten Bereichs der Richtlinie befinden (→ Rn. 32), wurden beibehalten (zB zum persönlichen Anwendungsbereich betreffend Arbeitnehmer und Existenzgründer, §§ 13, 512, zum Verbraucherverzug §§ 497, 498), präzisiert (zB zum Immobiliardarlehens-

---

[11] *Bülow/Artz* WM 2005, 1153.
[12] KOM (2004) 747 = WM 2005, 1194.
[13] KOM (2005) 483, abgedruckt in *Bülow/Artz,* Verbraucherkreditrecht, 6. Auflage 2006, S. 675.
[14] *Bülow* WM 2015, 1309.

vertrag, § 503) oder neu begründet (zB Finanzierungsleasing nach § 506 Abs. 2 Nr. 3 nF). Um die umfangreichen Informations-, Unterrichtungs- und Belehrungspflichten der Richtlinie kodifikatorisch bewältigen zu können, wurde das EGBGB mit seinem Art. 247 mobilisiert. Im neuen Verbraucherkreditrecht gehört zu den Pflichtangaben auch die Unterrichtung über das, nunmehr von der Richtlinie aufgenommene, Widerrufsrecht (Art. 247 § 6 Abs. 2 EGBGB) mit der Folge, dass die fehlende Angabe hierüber zur Formnichtigkeit des Verbraucherkreditvertrags führt, während es für andere verbraucherrechtliche Verträge beim bisherigen Konzept einer außerhalb des Vertragstatbestandes mitzuteilenden Widerrufsbelehrung bleibt. Die Musterbelehrung wurde als Anlage 1 zum EGBGB in Gesetzesrang erhoben, was für eine Musterunterrichtung betreffend Verbraucherkreditverträge mit einem Änderungsgesetz (VKrRiLUG-ÄndG, → Rn. 11) nachgeholt wurde. Die Richtlinie regelt auch verbundene Geschäfte nebst Einwendungsdurchgriff, der gem. Art. 15 Abs. 2 dem Subsidiaritätsgrundsatz folgt; es treten Konformitätsprobleme auf (→ § 495 Rn. 247, 408). Die elektronische Form ist nicht mehr ausgeschlossen. Die Bagatellgrenze von 200 Euro wurde verschoben.

Der Referentenentwurf ging im Regierungsentwurf vom 5.11.2008 auf, welcher unter geringfügiger Befolgung von Änderungsvorschlägen des Bundesrates als Gesetz vom 29.9.2009 im Bundesgesetzblatt I Nr. 49, S. 2355 vom 3.8.2009 verkündet wurde. **8**

Der **Zeitpunkt des Inkrafttretens** stand vor einer sekundärrechtlichen Singularität. Für die Zahlungsdienstleistungs-Richtlinie war der 31.10.2009 vorgegeben. Dieses Datum war zunächst auch für den verbraucherkreditrechtlichen Teil des Umsetzungsgesetzes vorgesehen gewesen. Jedoch gibt Art. 27 Abs. 1 der Verbraucherkreditrichtlinie den 11.6.2010 als Umsetzungsdatum vor und bestimmt weiter: Die Mitgliedstaaten wenden die Umsetzungsvorschriften ab dem 11.6.2010 an. Zugleich wurde mit diesem Datum die alte Verbraucherkreditrichtlinie 87/102/EWG nach Art. 29 aufgehoben. Daraus folgt, dass die Richtlinie eine frühere Umsetzung nicht zuließ,[15] eine aus der Sicht des Binnenmarktes einleuchtende Regelung, um eine zeitliche Fragmentierung des Europäischen Verbraucherkreditrechts zu vermeiden. Die Umsetzung zum 31.10.2009 wäre also nicht richtlinienkonform gewesen und nicht lediglich unpraktikabel, wie der Bundesrat[16] meinte; die Verschiebung auf den 11.6.2010 wurde allerdings mit Zeitbedarf für die Umstellung auf die neuen Vorschriften begründet. **9**

Die VerbrRechteRil führt diese Art der zeitlichen Festlegung fort. Sie bestimmt in ihrem Art. 28 Abs. 1 Satz 1, dass die Mitgliedstaaten ihre Umsetzungsvorschriften bis zum 13.12.2013 erlassen – was für Deutschland durch Umsetzungsgesetz vom 20.9.2013[17] geschah –, in Satz 4 jedoch, dass die Mitgliedstaaten diese Maßnahmen – erst – ab dem 13.6.2014 anwenden sowie in Abs. 2, dass die Richtlinie für Verträge gilt, die nach dem 13.6.2014 geschlossen werden (→ Rn. 57). **10**

Mit dem Gesetz zur Einführung einer Musterinformation und zur erneuten Änderung einiger Vorschriften vom 24.7.2010 (VKrRiLUG-ÄndG) erhielt auch **11**

---

[15] EuGH v. 12.7.2012 – C-602/10, – *Volksbank Romania* –, Tz. 45–54, WM 2012, 2049 mit Rez. *Bülow* WM 2013, 245 (246).
[16] BT-Drucks. 16/11646, S. 287.
[17] BGBl. I, 3642.

die Pflichtangabe über das Widerrufsrecht nach Art. 247 § 6 Abs. 2 EGBGB ein Muster mit Gesetzesrang durch Anlage 6, jetzt 7, zum EGBGB. Zugleich wurde die Möglichkeit zur Nachholung fehlender Pflichtangaben durch § 492 Abs. 6 BGB nebst weiteren Änderungen eingeführt. Es gelang jedoch nicht, das Änderungsgesetz zeitgleich mit dem Umsetzungsgesetz am 11.6.2010 in Kraft treten zu lassen, sodass eine zeitliche Phase entstand, in der die Rechtslage nach dem Umsetzungsgesetz (VKrRiLUG) ohne die Änderungen galt, der sich die endgültige Phase mit der geänderten Rechtslage durch das Änderungsgesetz (VKrRiLUG-ÄndG) anschloss. Namentlich die Musterinformation durfte bis zum Inkrafttreten des Änderungsgesetzes, dem 30.7.2010 (BGBl. I Nr. 39 v. 29.7.2010, S. 977) nicht verwendet werden, weil diese die Änderungen schon einbezieht und vorher insuffizient war. In dieser Zwischenphase hatte der Kreditgeber die Unterrichtung selbst zu formulieren.[18]

12   Die **gesetzgeberischen Motive** zur Umsetzung der zweiten Verbraucherkreditrichtlinie finden sich in der BT-Drucks. 16/11643 vom 21.1.2009 = BR-Drucks. 848/08 mit der Stellungnahme des Bundesrates als Anlage 4 und der Gegenäußerung der Bundesregierung als Anlage 5 sowie in der BT-Drucks. 16/13669 vom 1.7.2009 und BR-Drucks. 639/09 vom 10.7.2009. Die Begründung des Gesetzentwurfs zum VKrRiLUG-ÄndG ist in BT-Drucks. 17/1394 = BR-Drucks. 157/10 vom 26.3.2010 enthalten.

13   Die gesetzgeberischen Motive zur Umsetzung der VerbrRechteRil mit ihrem Auswirkungen für den Verbraucherkredit haben ihren Ausgangspunkt im Referentenentwurf vom 18.12.2012, der in der BR-Drucks. 817/12 aufging und den Kern der Umsetzung bildet. Die Schlussfassung, die dem Umsetzungsgesetz entspricht, kann der Beschlussempfehlung des Rechtsausschusses vom 12.6.2013, BT-Drucks 17/13951, entnommen werden.

13a b) **Wohnimmobilien-Verbaucherkreditvertragsrichtlinie.** Die Verbraucherkreditrichtlinie gilt nicht für Immobiliarkredite, wie Art. 2 Abs. 2 lit. a und b bestimmt. Diese Kreditarten sind in der WohnimmoRil als eigenem europäischen Rechtsakt vorbehalten. Allerdings erfasst sie nicht sämtliche Immobiliarkredite, sondern beschränkt sich auf solche mit Wohnimmobilienbezug, wie die Auslegung ihres Art. 3 Abs. 1 lit. a sowie Art. 1 ergibt (→ § 491 Rn. 96e). Ungeregelt, also nicht in ihrem harmonisierten Bereich aufgenommen sind Kredite, die sich auf Gewerbeimmobilien oder andere beziehen oder etwa unbebaut sind und es bleiben sollen. Beide Richtlinien sind also nicht gänzlich komplementär[19] und nicht wortlautidentisch.[20] Das deutsche Recht nimmt sich dieses nicht harmonisierten Bereichs an und umfasst alle Arten von Immobiliarkrediten, sodass die Umsetzung beider Richtlinien zur Komplementarität geführt hat. Inhaltlich folgt die WohnimmoRil nicht wie die VerbrKrRil dem Vollharmonisierungskonzept, sondern kehrt gemäß Art. 2 Abs. 1 zur **Mindestharmonisierung,** ebenso wie die erste VerbrKrRil (→ Rn. 4), zurück.

13b Ziel der WohnimmoRil ist nicht nur die die Gewährleistung eines hohen Verbraucherschutzniveaus und die Schaffung eines Binnenmarkts für Immobiliarkredite, sondern als Lehre aus der weltweiten Finanzkrise von 2008 auch die Förde-

---

[18] *Bülow* NJW 2010, 1713.
[19] Entgegen *Piekenbrock,* BrV Bd. 36, 2015, S. 131 (143/144) und Fn. 78.
[20] So aber König WM 2013, 1689 (1690), obwohl die VerbrKrRil als Belastungsobjekt „unbewegliches Vermögen" nennt, die WohnimmoRil aber „Wohnimmobilien".

rung der Finanzstabilität (Erwägungsgründe 3 und 4), indem die Vergabe sog. *sub-prime*-Darlehen aufgehalten wird.[21] Die Instrumente der Richtlinie liegen in ihren Wohlverhaltensregeln nach Art. 7,[22] die von § 241 Abs. 2 BGB erfasst sind, der Kreditwürdigkeitsprüfung nach Art. 18 bis 20 (§§ 505a bis 505d BGB) und weiteren Regelungen wie Koppelungsgeschäfte nach Art. 12 (§§ 492a und 492b BGB), Fremdwährungskredite nach Art. 23 (§§ 503, 493 Abs. 4 BGB), Anforderungen an Kreditvermittler nach Art. 29 ff. (§§ 655a bis 655e), Standards für Beratungsdienstleistungen nach Art. 22 (§ 511 BGB). Ergänzend und außerhalb des geregelten Bereichs der Richtlinie findet sich die Beratungspflicht bei dauerhafter und erheblicher Kontoüberziehung nach § 504a BGB, zu erwähnen ist das Erlöschen des nicht in Gang gesetzten Widerrufsrechts nach § 356b Abs. 2 Satz 2 BGB.

Die in deutsches Recht umgesetzten Richtlinienvorschriften sind in das bestehende Verbraucherkreditrecht integriert worden, sodass sich die Notwendigkeit einer neuen Begrifflichkeit ergab, nämlich Allgemein-Verbraucherkreditverträge für Kredite aus der VerbrKrRil und Immobiliar-Verbraucherkreditverträge für die Kredite aus der WohnimmoRil. **13c**

Über den harmonisierten Bereich der Richtlinien hinaus wurden auch die Regelungen zu **unentgeltlichen** Darlehen und Finanzierungshilfen nach §§ 514, 515 aufgenommen; sie wurden erstmals einen Tag vor der Verabschiedung des Umsetzungsgesetzes im Bundestag präsentiert.[23] **13d**

Das WohnimmoRil-Umsetzungsgesetz trat Art. 42 der Richtlinie entsprechend am 21.3.2016 in Kraft, aber ohne den kodifikatorischen Vorlauf wie bei VerbrKrRil und VerbrRechte-Ril (→ Rn. 9, 10). Ein früherer Zeitpunkt des Inkrafttretens wäre gemäß Art. 42 Abs. 2 der Richtlinie ausgeschlossen gewesen. **13e**

Die gesetzgeberischen Motive zur Umsetzung der WohnimmoRil und zu Regelungen außerhalb ihres harmonisierten Bereichs, namentlich zu § 504a BGB, finden sich im RefE und im RegE, BT-Drucks. 18/5922. Sachverständigen-Anhörungen vor dem Rechtsausschuss des Bundestages fanden am 14.10.2015 und am 27.1.2016 statt. Empfehlungen des Bundesrates finden sich in BR-Drucks 359/1/2015, BT-Drucks. 18/7584. **13f**

3. Umsetzung der ersten Verbraucherkreditrichtlinie 87/102/EWG in deutsches Recht

Nach mehreren Referentenentwürfen[24] wurde im August 1989 ein Regierungsentwurf zu einem Verbraucherkreditgesetz verabschiedet,[25] der zahlreiche Änderungsvorschläge des Bundesrates erfuhr,[26] denen die Bundesregierung je- **14**

---

[21] Siehe *Deutsche Bundesbank*, Finanzstabilitätsbericht 2014, S. 61 ff.
[22] Verschont blieb die Rechtsanwendung von dem Passus, der Kreditgeber habe im besten Interesse des Verbrauchers zu handeln, womit das *do-ut-des*-Prinzip relativiert worden wäre und der Kreditgeber zum Geschäftsbesorger für die Vermögensinteressen des Verbrauchers geworden wäre, *Schürnbrand* ZBB 2014, 168 (173); es bleibt bei der Maxime der verantwortungsvollen Kreditvergabe, *Schäfer* VuR 2014, 207 (213/214).
[23] BT-Drucks. 18/7584 v. 17.2.2016.
[24] Referentenentwurf eines Verbraucherkreditgesetzes, ZIP 1988, 1215; zip-aktuell 1989, A 69 Nr. 254; *Bülow* Konsumentenkredit, 1. Aufl. 1989, S. 188 ff.
[25] RegE eines Gesetzes über Verbraucherkredite, zur Änderung der Zivilprozessordnung und anderer Gesetze, BT-Drucks. 11/5462 (BR-Drucks. 427/89).
[26] BT-Drucks. 11/5462, Anlage 2, S. 34 ff.

doch weitgehend widersprach.[27] Am 1.6.1990 fand in der 86. Sitzung des Rechtsausschusses des Deutschen Bundestages eine Anhörung statt, in der Sachverständige aus dem Bankenbereich, aus der Rechtswissenschaft und von Verbraucher- und Schuldnerberatungsstellen gegensätzliche Positionen einnahmen, sodass eine Verabschiedung in der 11. Legislaturperiode des Deutschen Bundestages fraglich erschien, aber es geschah: Am 30.10.1990 passierte das Verbraucherkreditgesetz in 2. und 3. Lesung den Bundestag,[28] den nahen Wahltermin vor Augen. Im Vergleich zu den Gesetzesentwürfen waren im fertigen Verbraucherkreditgesetz Verbraucherinteressen stärker berücksichtigt worden, indem die Änderungsvorschläge des Bundesrates nunmehr weitgehend übernommen worden waren.[29] Außerdem waren die Vorgaben der EG-Änderungsrichtlinie einzuarbeiten (→ Rn. 3 aE). Der Bundesrat stimmte in seiner Sitzung vom 14.12.1990 zu und das Gesetz konnte am 1.1.1991 in Kraft treten (die prozessualen Änderungen hinsichtlich des Mahnverfahrens galten aber erst ab 1.1.1992). Dieses Gesetz, nämlich das Gesetz über Verbraucherkredite, zur Änderung der Zivilprozessordnung und anderer Gesetze (VerbrKrG/ZPOuaÄndG[30]), war ein Artikelgesetz, dessen Artikel 1 das Verbraucherkreditgesetz mit seinen Paragraphen 1 bis 18 darstellte. Die Artikel 2 bis 8 widmeten sich der Änderung anderer Vorschriften nebst Übergangs- und Schlussvorschriften.

15 Die **gesetzgeberischen Motive** zum Verbraucherkreditgesetz sind formuliert in der Begründung zum Regierungsentwurf 1989, BT-Drucks. 11/5462, BR-Drucks. 427/89 vom 25.10.1989 und in der Begründung zum später verabschiedeten Gesetz in der BT-Drucks. 11/8274 vom 25.10.1990. Die Stellungnahmen der Sachverständigen, die in der Anhörung vor dem Rechtsausschuss am 1.6.1990 vorlagen, sind dem stenographischen Protokoll der 86. Sitzung des Rechtsausschuses zu entnehmen.[31]

16 Das Verbraucherkreditgesetz hatte die privatrechtliche Lage für Rechtsgeschäfte, sofern daran Verbraucher beteiligt sind, grundlegend neu gestaltet, aber auch eine Fülle von Zweifelsfragen und Auslegungsproblemen hervorgebracht. Gut zwei Jahre nach In-Kraft-Treten des Verbraucherkreditgesetzes nahmen die gesetzgebenden Körperschaften die Gelegenheit wahr, ein paar Fragen herauszugreifen und durch **Änderungsgesetz mit Wirkung ab 1.5.1993**[32] neu zu regeln.[33] Marginale Änderung brachte das Gesetz über die Veräußerung von Teilnutzungsrechten an Wohngebäuden (TzWrG, *jetzt*: §§ 481 bis 487 BGB) hervor, durch das § 7 Abs. 2 Satz 5 VerbrKrG mit Wirkung vom 1.1.1997 hinzugefügt wurde.

---

[27] BT-Drucks. 11/5462, Anlage 3, S. 47 ff.; s. die Synopse bei *Seibert* Handbuch, S. 149 ff.
[28] BAnz vom 14.11.1990, Nr. 212, S. 6066 zu XII.
[29] Beschlussempfehlung und Bericht des Rechtsausschusses zum RegE eines Gesetzes über Verbraucherkredite, zur Änderung der Zivilprozessordnung und anderer Gesetze, BT-Drucks. 11/8274, S. 22.
[30] Abkürzungsvorschlag in BGHZ 119, 283 (295).
[31] Dazu *Reifner* VuR 1990, 185.
[32] Gesetz zur Änderung des Bürgerlichen Gesetzbuchs (Bauhandwerkersicherung) und anderer Gesetze vom 27.4.1993, BGBl I, 509; *Bülow* NJW 1993, 1617; *v. Westphalen* ZIP 1993, 476.
[33] Die Materialien zum Änderungsgesetz, das als Art. 2 im Bauhandwerkersicherungsgesetz vom 27.4.1993 enthalten ist, finden sich in BT-Drucks. 12/1836, S. 13 ff. und in BT-Drucks. 12/4526, S. 12 ff. (Bericht des Rechtsausschusses) = ZIP 1993, 477.

4. Neubestimmung aufgrund Umsetzung der Fernabsatzrichtlinie

Die EG-Richtlinie über den Verbraucherschutz bei Vertragsabschlüssen im Fernabsatz vom 20.5.1997[34] (Vorgängerrichtlinie zur VerbrRechteRil, → Rn. 6) hatte nicht nur zu einem neuen Fernabsatzgesetz geführt,[35] sondern darüber hinaus zu einer Konsolidierung eines Verbraucherprivatrechts als Sonderbereich. Durch dieses Gesetz fanden nämlich mit Wirkung ab 1.10.2000, verbraucherprivatrechtliche Grundbegriffe Eingang in das BGB mit Geltungsanspruch für alle damaligen privatrechtlichen Sondergesetze wie Haustürgeschäftewiderrufsgesetz, Fernunterrichtsgesetz, Teilzeitwohnrechtegesetz, auch AGB-Gesetz und das neue Fernabsatzgesetz sowie eben das Verbraucherkreditgesetz. Verbraucher und Unternehmer waren Rechtsfiguren des BGB geworden, Widerrufs- und Rückgaberecht ergänzten die allgemeinen Vorschriften über den Rücktritt (§§ 13, 14, 361a, 361b BGB aF). Gänzlich umgestaltet wurde die dogmatische Konstruktion des Widerrufsrechts, indem anstelle des Konzepts der **schwebenden Unwirksamkeit** dasjenige der **schwebenden Wirksamkeit** eingeführt wurde, mit der Folge, dass der Vertrag mit formgerechtem Abschluss wirksam ist und Erfüllungsansprüche hervorbringt, aber wieder beseitigt werden kann; seit dieser Zeit begründet die Widerruflichkeit eine Rechtslage, wie sie auch für einen unter Rücktrittsvorbehalt stehenden Vertrag entsteht (→ § 495 Rn. 14). Dieses Modell hatte schon für Fernunterrichtsschutzgesetz, Kapitalanlagegesellschaftengesetz und Auslandinvestmentgesetz (später: Investmentgesetz[36] und jetzt KAGB, → § 495 Rn. 38) gegolten. 17

Die **gesetzgeberischen Motive** zu diesem Gesetz sind formuliert in BT-Drucks. 14/2658 (RegE); 14/2920 (Stellungnahme Bundesrat); 14/3195 (Rechtsausschuss); BR-Drucks. 237/2000 und BT-Drucks. 14/2527 (Vermittlungsausschuss). 18

5. Verbraucherkreditrecht nach der Schuldrechtsmodernisierung

Zu den Reformvorhaben im Zuge der Schuldrechtsmodernisierung gehörte auch die Integration privatrechtlicher Sondergesetze in das BGB,[37] zu denen neben dem AGB-Gesetz die verbraucherprivatrechtlichen Materien des HWiG, FernAG, TzWrG und eben des Verbraucherkreditgesetzes zählten.[38] Die Kodifikation gemeinsamer Grundsätze für alle verbraucherprivatrechtlichen Bereiche, die mit den bisher bestehenden Regelungen von §§ 361a und 361b BGB ihren Anfang genommen hatten (→ Rn. 17), wurde fortgeführt,[39] indem das System 19

---

[34] Richtlinie 97/7/EG des europäischen Parlamentes und des Rates, ABlEG L 144, S. 19 vom 4.6.1997.
[35] Gesetz über Fernabsatzverträge und andere Fragen des Verbraucherrechts sowie zur Umstellung von Vorschriften auf Euro vom 27.6.2000, BGBl I, 897, jetzt: §§ 312b bis 312d BGB.
[36] Dazu *Bülow* in Bülow/Artz, Handbuch Verbraucherprivatrecht, 7. Kap. Rn. 512 ff.
[37] BT-Drucks. 14/6040, S. 79; *Dörner* in Schulze/Schulte-Nölke, Schuldrechtsreform, S. 177; zu dogmatischen Problemlagen *Artz*, FS Müller-Graff 2015, S. 177.
[38] Das FernUSG ist nur teilweise verbraucherprivatrechtlicher Natur, indem Teilnehmer als Vertragspartner auch ein Unternehmer sein kann, zB als Arbeitgeber einen Fernunterrichtsvertrag für seine Arbeitnehmer abschließt (§ 328 BGB), → § 499 Rn. 45, *Bülow/Artz* NJW 2000, 2049 (2050 zu II. 2.) sowie Bülow/Artz/*Bülow*, Handbuch Verbraucherprivatrecht, 7. Kap. Rn. 492; zum KAGG und AuslInvG resp. InvG und KAGB → Rn. 17 aE.
[39] Befürwortend *W.-H. Roth* JZ 2001, 475 (487).

der verbundenen Geschäfte nebst Einwendungsdurchgriff, welches seinen traditionellen Standort im Verbraucherkreditrecht gehabt hatte, nämlich in Gestalt von § 9 VerbrKrG und auch schon als Umgehungstatbestand nach § 6 AbzG, Eingang in das Allgemeine Schuldrecht durch §§ 358, 359 BGB fand.

20 Die Entwicklung des Verbraucherkreditrechts in der Schuldrechtsmodernisierung bis zur dann geltenden Fassung ist wechselhaft gewesen. Im Referentenentwurf eines Schuldrechtsmodernisierungsgesetzes vom 4.8.2000, dem sogenannten Diskussionsentwurf, war versucht worden, in einem § 490 BGB-E den Darlehensvertrag als Typus des besonderen Schuldrechts und den Kreditvertrag, wie er durch die Verbraucherkreditrichtlinie bestimmt ist, zusammenzufassen. Dieses Vorhaben musste scheitern,[40] weil der sekundärrechtliche Begriff des Kreditvertrags gerade keinen Typus eines schuldrechtlichen Vertrags bezeichnet, sondern die besondere Ausgestaltung eines solchen Vertrags, die darin liegt, dass die vom Verbraucher zu erbringende Gegenleistung mit einer Finanzierungshilfe verbunden ist.

21 Das Anliegen, den Kreditvertrag in der Ausprägung eines Darlehens zusammen mit dem allgemeinen Darlehensrecht neu zu regeln – zur Vorbeugung der nicht näher begründeten vermeintlichen Gefahr, Verbraucherdarlehensrecht könne sich vom Darlehensvertragsrecht zwischen Unternehmern entfernen[41] – wurde in der sogenannten Konsolidierten Fassung vom 30.1.2001 in der Weise fortgeführt, dass der Begriff des Kreditvertrags aus der Verbraucherkreditrichtlinie als Begriff des neugestalteten Gesetzes aufgegeben wurde. Statt dessen wurden die Varianten des Kreditvertrags, nämlich Darlehen und Finanzierungshilfen – diese mit den Unterarten Zahlungsaufschub (im Allgemeinen und als Teilzahlungsgeschäft im Besonderen) und sonstige Finanzierungshilfe – in getrennte Untertitel eingestellt,[42] wie sie sich bis heute in den §§ 491 ff. und 506 ff. BGB finden, miteinander verknüpft durch Verweisungen.[43]

22 Diskussionsentwurf, Konsolidierte Fassung, Regierungsentwurf und schließlich die Gesetz gewordene Fassung sind nicht nur begleitet gewesen von umfassenden Diskussionsbeiträgen in der Literatur und sachverständigen Stellungnahmen in der Anhörung des Rechtsausschusses vom 2. und 4.7.2001, sondern auch von zwei wissenschaftlichen Symposien, nämlich am 17. und 18.11.2000 in Regensburg und am 22.1.2001 in Münster. Deren Anregungen standen die Gesetzesverfasser aufgeschlossen gegenüber. Die schriftlichen Fassungen der Tagungsbeiträge finden sich in Ernst/Zimmermann (Hrsg.), Zivilrechtswissenschaft und Schuldrechtsreform, 2001 und in Schulze/Schulte-Nölke (Hrsg.), Die Schuldrechtsreform vor dem Hintergrund des Gemeinschaftsrechts, 2001.

6. Reform der Schuldrechtsmodernisierung im Zuge des OLGVertrÄndG

23 Die Schuldrechtsmodernisierung war noch kein halbes Jahr alt, als der Bundestag die Änderung zahlreicher verbraucherprivatrechtlicher Regelungen beschloss.[44]

---

[40] Schulze/Schulte-Nölke/*Bülow*, Schuldrechtsreform, S. 153 (155).
[41] BT-Drucks. 14/6040, S. 252.
[42] BT-Drucks. 14/6040, 6857 und 7052.
[43] Krit. *Habersack* BKR 2001, 72 (73).
[44] BT-Drucks. 14/9266; Verkündung am 31.7.2002, BGBl. I, 2850 (2856 ff.); Vorschriftensynopse von *Schulte/Nölke/Börger* ZGS 2002, 323; zu den Neuerungen *Artz* BKR 2002, 603.

Anlass war das Urteil des EuGH vom 13.12.2001[45] in Sachen **Heininger vs. Bayerische Hypotheken- und Vereinsbank,** eine Entscheidung also, die bereits vor In-Kraft-Treten des Schuldrechtsmodernisierungsgesetzes ergangen war. Wie das Bundesministerium der Justiz in seiner Pressemitteilung Nr. 31/02 vom 5.6.2002, S. 2 zu 1. mit nicht verhohlenem Stolz vermerkt, war der Gesetzesentwurf zu den Änderungen schon vor dieser Entscheidung erarbeitet worden. Das heißt nichts anderes, als dass die Schuldrechtsmodernisierung in Kenntnis ihrer jedenfalls teilweisen Insuffizienz verabschiedet und in Kraft gesetzt worden war. Privatrecht war der Beliebigkeit gängiger Aktualitäten ausgesetzt gewesen.

Die Neuerungen standen im Dienst der Richtlinienkonformität (→ Rn. 27). Ausgangspunkt der Heininger-Entscheidung des EuGH vom 13.12.2001 war ein grundpfandrechtlich abgesichertes Verbraucherdarlehen zur Finanzierung eines Grundstücksgeschäfts (Immobilienkredit), das unter den situativen Voraussetzungen eines Haustürgeschäfts (§ 312 Abs. 1 BGB) zustande gekommen war. Art. 5 der Haustürgeschäfterichtlinie 85/577/EWG (Vorgängerin zur VerbrRechteRil, vorst. Rn. 6) räumte dem Verbraucher ein Widerrufsrecht ein, das, wenn die Widerrufsfrist nicht durch Widerrufsbelehrung in Lauf gesetzt worden war, nicht erlosch. Dagegen schrieben § 491 Abs. 3 Nr. 1 BGB aF den Ausschluss des Widerrufsrechts für Immobilienkreditverträge und § 312a BGB aF den Vorrang von Verbraucherkreditrecht gegenüber Haustürgeschäfterecht vor. Darüber hinaus bestimmte § 355 Abs. 3 Satz 1 BGB aF das Erlöschen des Widerrufsrechts nach sechs Monaten. Dieses Regelungsgefüge war nach der Entscheidung des EuGH vom 13.12.2001 mit der Haustürgeschäfterichtlinie nicht konform. Vielmehr ordnet Art. 5 der Richtlinie an, dass Haustürgeschäfte widerruflich sind, auch wenn sie zugleich die Voraussetzungen eines Immobilienkreditvertrags erfüllen. Außerdem war die Erlöschensregelung von § 355 Abs. 3 Satz 1 BGB nicht mit Art. 4 Satz 4 der Richtlinie (geeignete Maßnahmen bei fehlender Widerrufsbelehrung) vereinbar. Die Entscheidung hatte mithin unmittelbaren Bezug nur zum Recht der Haustürgeschäfte, aber nur mittelbaren zum Verbraucherkreditrecht.

Mit seinen Urteilen vom 9.4.2002[46] hatte der BGH eine Lösung erarbeitet, die in richtlinienkonformer Auslegung der damaligen Vorschrift von § 5 Abs. 2 HWiG (*später:* § 312a BGB aF) den Widerruf von Haustürgeschäften, die zugleich Verbraucherkreditgeschäfte sind, bei Nichtanwendung von § 355 Abs. 3 Satz 1 BGB aF, erlaubte. Mit den herkömmlichen methodischen Instrumentarien konnte mithin Richtlinienkonformität gewahrt werden.[47] Die Reform der Schuldrechtsmodernisierung wurde in Gestalt von Art. 25 des OLGVertrÄndG trotzdem vollzogen (zu den Geltungszeitpunkten Vorauflage – 7. Aufl. – Einf. Rn. 18).

7. Finanzdienstleistungen im Fernabsatz

Die Umsetzung der Richtlinie über den Fernabsatz von Finanzdienstleistungen 2002/65/EG vom 23.9.2002[48] durch das Fernabsatzänderungsgesetz vom

---

[45] WM 2001, 2434 = NJW 2002, 281.
[46] NJW 2002, 1881 mit Rezension *J. Hoffmann* ZIP 2002, 1066, Anm. *Ulmer* ZIP 2002, 1080, *N. Fischer* DB 2002, 1266 sowie *Schmidt-Räntsch* ZIP 2002, 1100; BGH ZIP 2002, 1083.
[47] … und die Bundesrepublik Deutschland vor Amtshaftungsansprüchen bewahrt werden, *Schmidt-Räntsch* ZIP 2002, 1100 (1102).
[48] ABlEG L 217/16 vom 9.10.2002.

2.12.2004[49] berührt den Verbraucherkredit eher marginal, weil das verbraucherkreditrechtliche Schriftformerfordernis (das auch durch die Richtlinie über den elektronischen Geschäftsverkehr 2000/31/EG unverändert geblieben war, Art. 1 Abs. 3 sowie 11. Erwägungsgrund) im Fernabsatz im Wesentlichen nur in einer Variante, nämlich dem Briefwechsel nach § 312c Abs. 2 (denkbar außerdem mittels Boten), gewahrt werden kann (→ § 492 Rn. 141). Im neuen Recht ist die elektronische Form nicht mehr ausgeschlossen.

8. Neue Vorhaben: Verbraucherbauvertrag (§§ 650h bis 650n BGB-RegE)

26a   Nach dem Regierungsentwurf vom 2.3.2016 soll, ohne vorgebende europäische Richtlinie, im Werkvertragsrecht der besondere Typus des Bauvertrags geregelt werden mit der Variante des Verbraucherbauvertrags nach § 650h BGB-RefE, der gemäß § 650k BGB-RefE widerruflich nach § 355 BGB sein soll (wenn nicht notariell beurkundet) und im Hinblick auf Abschlagszahlungen und ihrer Sicherung auch verbraucherkreditrechtliche Komponenten hat. Ergänzend zum Widerrufsrecht soll § 356d BGB-RefE Belehrung (nach Art. 246 Abs. 3 EGBGB), Frist und Erlöschen regeln, § 357d BGB-RegE eine Wertersatzpflicht nach Widerruf. Ein neuer Art. 249 EGBGB-RegE schreibt den Inhalt der obligatorischen Baubeschreibung vor (Bericht WM 2016, 672; *Glöckner* VuR 2016, 123, 163).

II. Europäische Richtlinien und ihre Umsetzung

1. Richtlinienkonformität

27   **a) Auslegung.** Die Mitgliedstaaten haben die Vertragspflicht, ihr nationales Recht so zu gestalten, dass es den Vorgaben der Richtlinie, namentlich dem mit ihr verfolgten – und primärrechtlich kompatiblen, insbesondere die Grundfreiheiten wahrenden[50] – Ziel, entspricht[51] *(effet utile, nützliche Wirksamkeit).* Wo im nationalen Recht Zweifel an der ordnungsgemäßen Übernahme bestehen, ist die nationale Norm wenn möglich so auszulegen, dass sie der Richtlinie konform und nicht ihr widersprechend angewandt wird,[52] was das richtige Verständnis der Richtlinie voraussetzt.[53] Zweifel sind im Wege der Vorlage des nationalen Gerichts an den EuGH im Vorabentscheidungsverfahren nach Art. 267 AEUV zu klären[54] (→ Rn. 32 a.E.). Einen Auslegungsgrundsatz „im Zweifel für den

---

[49] BGBl I, 3102.
[50] *Auer* in Grundrechte und Privatrecht, S. 27 (53).
[51] EuGH v. 6.10.1970 – C-9/70 – *Grad;* v. 4.7.2006 – C-212/04 – *Adelener* –, Tz. 109, NJW 2006, 2465; EuGH NJW 2001, 2244 mit Beispiel *Streinz* JuS 2001, 1113 und Komm. *Reich* EWiR Art. 4 RL 93/13/EWG 1/01, 969; *Tichy* FS Müller-Graff 2015, S. 1112; *Wolf* FS Heinsius, S. 967 (971); *Teichmann*, Festgabe Zivilrechtslehrer, S. 629 (632); krit. *Honsell* FS Krejci, S. 1929 (1933).
[52] EuGH NJW 2000, 2571 mit Rezension *Borges* NJW 2001, 2061 und Anm. *Summ* WuB IV F. – 1.01; EuGH NJW 2006, 2465 – *Adelener* –, Tz. 108; *W.-H. Roth* in: 50 Jahre Bundesgerichtshof, S. 847 (865); *W. Schroeder,* Die Auslegung des EU-Rechts, JuS 2004, 180.
[53] Dieses kann bereits bei der Amtssprache des Richtlinientextes beginnen, *Schulte-Nölke* in: Auslegung europäischen Privatrechts, S. 143.
[54] BVerfG v. 17.1.2013 – 1 BvR 121/11, ZIP 2013, 924 mit Komm. *Herresthal* EWiR § 264 HGB 1/13, 381; die Vorlagepflicht nach Art. 267 AEUV kann einen Revisions-

Verbraucher" gibt es in dieser Allgemeinheit nicht.[55] Umsetzungsdefizite bestanden zuvörderst dann, wenn der Mindeststandard der alten Verbraucherkreditrichtlinie (→ Rn. 4) durch die umsetzende Norm nicht erreicht war. Solche Umsetzungsdefizite bestanden hinsichtlich der Freistellung von der Pflicht, den effektiven Jahreszins anzugeben, im Falle eines gerichtlichen oder notariellen Protokolls nach § 491 Abs. 3 Nr. 1 BGB aF; hinsichtlich der vorzeitigen Zahlung auf den Teilzahlungskaufpreis wegen der gem. § 504 BGB aF vorgeschriebenen Vorlaufzeit von neun Monaten; hinsichtlich des Ausschlusses der vorzeitigen Kündigung eines Darlehens, das durch Schiffspfandrecht gesichert ist (Vorauflage – 6. Aufl. – § 504 aF, Rn. 30). Schon vor Inkrafttreten des Schuldrechtsmodernisierungsgesetzes stand fest, dass § 355 Abs. 3 Satz 1 BGB über das Erlöschen des Widerrufsrechts nach sechs Monaten jedenfalls nicht mit der Haustürgeschäfterichtlinie vereinbar war (→ Rn. 23). Defizitär erscheint die neue Vorschrift von § 360 Abs. 2 Satz 2 BGB insoweit, als der Einwendungsdurchgriff ausgeschlossen ist, den Art. 15 Abs. 2, wenn auch subsidiär, eröffnet (→ § 495 Rn. 346, 347, 408).

Eine richtlinienkonforme Auslegung scheitert wie jede andere Auslegung, **28** wenn die umgesetzte Norm – was seinerseits Ergebnis einer Auslegung ist[56] – klar und eindeutig ist und deshalb verschiedene Deutungen nicht möglich sind. Das war der Fall im Hinblick auf die Regelung von § 492 Abs. 1 Nr. 2 und Nr. 3 BGB aF (Angabe des Gesamtbetrags oder der Tilgungsmodalitäten), die hinter den Anforderungen von Art. 4 Abs. 2 lit. c der Haustürgeschäfterichtlinie 87/102/EWG zurückblieb.[57] Dieses Umsetzungsdefizit war durch richtlinienkonforme Auslegung nicht behebbar.

Die richtlinienkonforme Auslegung ist geboten, wo das Recht des Mitglied- **29** staats die Richtlinie umsetzt. Verlässt das nationale Recht den harmonisierten Bereich, ist es nicht gebunden, sodass auch für eine richtlinienkonforme Auslegung kein Raum ist. Als Folge dessen kann sich eine **gespaltene Auslegung** für umsetzendes nationales Recht und jenseits des harmonisierten Bereichs gestaltendes Recht ergeben.[58] So beschränkt sich die Auslegung der kaufrechtlichen Vorschrift über die Nacherfüllungsvariante „Lieferung einer mangelfreien Sache" in § 439 Abs. 1 BGB, nach der auch der Einbau der Ersatzsache vom Verkäufer geschuldet ist, auf den Verbrauchsgüterkauf (§ 474 BGB) und ist bei anderen Kaufgeschäften nicht anzulegen;[59] im Nicht-Geschäftsverkehr kann es für die

---

grund nach § 543 Abs. 2 Nr. 1 ZPO darstellen, ihre Nichtbeachtung einen Verstoß gegen Art. 101 Abs. 1 Satz 2 GG (gesetzlicher Richter), BVerfG v. 8.10.2015 – 1 BvR 1320/14 sowie *Pia Lange* JuS 2016, 50 (52 ff.); *Kokott* et al. JZ 2006, 633; *Bülow* WM 2013, 245 (248).

[55] So allerdings *Rösler* RabelsZ 71 (2007), 495 und *Rösler/Tonner* JZ 2006, 400 („in dubio pro consumatore"), dagegen zutr. *Riesenhuber* JZ 2005, 829; zudem bezieht sich die in-dubio-Formel auf eine Auslegungs-, sondern auf eine Beweisproblematik (hierzu unten § 491 Rn. 73), und dem lateinischen Wortschatz ist ein *consumator* fremd (wenn schon, dann *consumptor*), vom Inhaltlichen ganz zu schweigen.
[56] *Rüthers* NJW 2011, 1856; *Rüthers/Fischer/Birk*, Rechtstheorie, Rn. 733.
[57] BGH WM 2004, 2436 zu II. 2. b mit Anm. *Bülow* WuB I E 2-1.05.
[58] *Habersack* WM 2000, 981 (991); *Habersack/Mayer* WM 2002, 253 (257).
[59] BGH v. 17.10.2012 – VIII ZR 226/11, BGHZ 195, 135 = NJW 2013, 220 mit Anm. *Mörsdorf* JZ 2013, 191 und Komm. *Korte* EWiR § 439 BGB 1/13, 73; BGH v. 2.4.2014 – VIII ZR 46/13, Rn. 27, NJW 2014, 2183 mit Anm. *Witt* S. 2150; *Bülow* WM 2013, 245 (249).

Rechtzeitigkeit einer Überweisung gem. § 270 BGB bei dem Konzept der qualifizierten Schickschuld bleiben und braucht nicht die Gutschrift auf dem Gläubigerkonto Maß zu geben, wie es Art. 3 Abs. 1 lit. b der Zahlungsverzugs-Richtlinie 2011/7/EU für den Geschäftsverkehr vorsieht[60] (→ § 497 Rn. 23 aE). Dagegen bleibt die Ausübung von Optionen bei Richtlinien mit Mindeststandard (zB Art. 15 der ersten Verbraucherkreditrichtlinie, Art. 8 der früheren Haustürgeschäfte-Richtlinie[61]) oder bei Alternativregelungen vollharmonisierender Richtlinien (Art. 16 Abs. 4, 2. Var. zweite VerbrKrRil) ein Vollzug der Richtlinie, die für die Auslegung Maß gibt. Unberührt bleibt die Möglichkeit, nach dem gesetzgeberischen Willen[62] des Mitgliedstaats die richtlinienkonforme Auslegung für Vorschriften außerhalb von harmonisierten Bereichen walten zu lassen, gerade um eine gespaltene Auslegung zu vermeiden[63].

30 **b) Amtshaftung oder Rechtsfortbildung.** Fehlende Richtlinienkonformität begründet nach der Doktrin des EuGH, die insoweit auch durch Einfügung von Art. 169 AEUV (damals Art. 129a EGV) keine *Änderung* zugunsten von Verbrauchern erfahren hat,[64] im Allgemeinen[65] keine privatrechtlichen Ansprüche des Verbrauchers gegenüber dem Kreditgeber, sondern allenfalls Amtshaftungsansprüche gegenüber dem säumigen Mitgliedstaat[66] sowie den gemeinschaftsrechtlichen Staatshaftungsanspruch,[67] der sich auch aus Gerichtsentscheidungen – anders als § 839 Abs. 2 BGB – ergeben kann.[68]

31 Der BGH[69] beschränkt die Rechtsdurchsetzung des Verbrauchers aber nicht auf Amts- und Staatshaftungsansprüche, sondern begründet unmittelbare Ansprüche oder Einwendungen im Horizontalverhältnis, also gegenüber dem Unternehmer, die zur Rechtsanwendung *contra legem* führen kann,[70] unter den besonderen Voraussetzungen einer für die volle Wirksamkeit einer Richtlinie *(effet utile)* gewährleistenden **richterlichen Rechtsfortbildung.** Diese Art der Rechtsfortbildung verlässt die herkömmlichen Maximen der durch Veränderung der gesellschaftlichen Verhältnisse und Zeitenwende obsolet gewordenen, fortzubildenden Norm und des Rechtsgeltungswillens der Gemeinschaft für das gefundene Er-

---

[60] Offen BGH WM 2011, 285 Tz. 36, aA *Nobbe* WM 2012, Sonderbeilage 2, S. 21.
[61] BGH NJW 2002, 1881 zu II.3.
[62] Rechtsetzung als kollektiv intentionale Handlung, *Wischmeyer* JZ 2015, 957 (960).
[63] Vgl. BGH NJW 2002, 1881 (1883) – *Heininger;* BGH v. 17.10.2012 – VIII ZR 226/11, Rn. 20, BGHZ 195, 135 = NJW 2013, 220.
[64] EuGH NJW 1996, 1401 = El Corte Inglés – mit Komm. *Bülow* EWiR Art. 129a EGV 1/96, 599 und Anm. *Lurger* WuB I E 2.–1.96; *Claßen* Nichtumsetzung von Gemeinschaftsrichtlinien, S. 268.
[65] Vgl. im Besonderen EuGH EuZW 2001, 153 – Unilever Italia – mit Rezension *Gundel* EuZW 2001, 143; *Paschke,* Europäisches Privatrecht, S. 64 ff.; *Heim,* Unmittelbare Wirkung, S. 164 ff.; *Jarass/Beljin* JZ 2003, 768 (772).
[66] S. nur BGH WM 2004, 2436 zu II. 5. mit Anm. *Bülow* WuB I E 2. – § 4 VerbrKrG – 1.05; problematisch LG Berlin ZIP 2001, 1636 mit skeptischer Anm. *Hirte* S. 1638 und Komm. *Littbarski* EWiR Art. 249 EGV 1/02, 377; umfassend *Nettesheim* WM 2006, 457 sowie *Herrmann/Michl* JuS 2009, 1065 (1067).
[67] EuGH NJW 1992, 165 und 1996, 3141; *Dörr* WM 2010, 961.
[68] BGHZ 178, 51 = NJW 2008, 3558.
[69] V. 26.11.2008 – VIII ZR 200/05, Tz. 22 – 24 – *Quelle-,* NJW 2009, 427.
[70] BGH aaO Tz. 21; *Hergenröder* FS Zöllner, S. 1039 (1150), contra legem: S. 1154; *Bultmann* JZ 2004, 1100 (1105), skept. *Schürnbrand* JZ 2007, 910 (913 ff.); *Schinkels* JZ 2011, 394 (401), hinnehmend *Bruns* JZ 2014, 162 (170); *P. Meier/Jocham* JuS 2016, 392; abl. *Herresthal* JuS 2014, 289 (292/293).

gebnis,[71] des *tacitus consensus omnium*.[72] Die richtlinienverwirklichende Rechtsfortbildung schafft vielmehr privatrechtliche Beziehungen bereits bei neuen Gesetzen, wenn diese durch die Gerichte als planwidrig unvollständig angesehen werden. Die planwidrige Unvollständigkeit kann sich daraus ergeben, dass der Gesetzgeber in der Gesetzesbegründung ausdrücklich seine Absicht bekundete, eine richtlinienkonforme Regelung zu schaffen, ihm dies aber misslungen war.[73] Demgemäß war im Falle des Verbrauchsgüterkaufs trotz eindeutigem Gesetzeswortlaut ein Anspruch des Unternehmers auf Nutzungsersatz ausgeschlossen (jetzt § 474 Abs. 2 Satz 1 BGB). Ausgangspunkt dieser Art von richterlicher Rechtsfortbildung ist der durch den EuGH[74] entwickelte Grundsatz der unionsrechtskonformen Auslegung, der verlangt, dass die nationalen Gerichte unter Berücksichtigung des gesamten nationalen Rechts und unter Anwendung ihrer Auslegungsmethoden alles tun, was in ihrer Zuständigkeit liegt, um die volle Wirksamkeit einer Richtlinie zu gewährleisten und zu einem Ergebnis zu gelangen, das mit dem von der Richtlinie verfolgten Ziel übereinstimmt. Danach wären die deutschen Gerichte nicht verpflichtet gewesen, eine neue Kategorie der richterlichen Rechtsfortbildung aufzubauen, sondern hätten, da sie sich gehindert sahen, die richtlinienwidrige Norm anzuwenden,[75] auf Amts- und Staatshaftungsansprüche verweisen können. Durch diesen, freilich unbequemen, Weg wäre vermieden worden, dass die Rechtsprechung Gesetzgebungskompetenz für sich in Anspruch nimmt, und der Legislative wäre Gelegenheit gegeben worden, die planwidrige Unvollständigkeit selbst zu beheben[76] (→ § 495 Rn. 347).

2. Vollharmonisierung

a) Harmonisierter Bereich. Die zweite Verbraucherkreditrichtlinie 2008/48/EG folgt dem Konzept der Vollharmonisierung,[77] ebenso die VerbrRechteRil 2011/83/EU, → Rn. 6, in Art. 4). Gem. Art. 22 Abs. 1 VerbrKrRil dürfen die Mitgliedstaaten, soweit die Richtlinie harmonisierte Vorschriften enthält, keine Bestimmungen in ihrem innerstaatlichen Recht aufrechterhalten oder einführen, die von den Bestimmungen der Richtlinie abweichen. Demgegenüber kam das Mindestharmonisierungsprinzip der Vorgängerrichtlinie 87/102/EWG durch ihren Art. 15 zum Ausdruck, wonach die Mitgliedstaaten weitergehende Vorschriften zum Schutz der Verbraucher aufrechterhalten oder erlassen durften; sie dürfen es auch nach Art. 2 Abs. 1 WohnimmoRil, die wieder das Konzept der Mindestharmonisierung anwendet. Beide Konzepte bedeuten für die nationalen Gesetzgebungen zunächst, dass der vollständige Mindeststandard resp. der harmonisierte

---
[71] *Enneccerus/Nipperdey,* BGB AT, Band 1, § 39 I. (S. 264 ff.).
[72] *Zippelius* FS Würtenberger, S. 137 (143).
[73] BGH NJW 2009, 427/*Quelle* Tz. 25; EuGH NJW 2008, 1433.
[74] V. 4.7.2006 – C-212/04 – *Adelener* –, Tz. 111, NJW 2006, 2465; v. 30.4.2014 – C-26/13, Rn. 65, NJW 2014, 2335 – *Kasler* –; *Herresthal* JuS 2014, 289 (291).
[75] So BGH v. 21.5.2005 – I ZR 94/02 – *Konsumentenbefragung I* – zu II.3. (Eingangssatz), GRUR 2005, 1067 = WRP 2005, 1515; *Herresthal* WM 2007, 1354; Grenze der zulässigen richterlichen Rechtsfortbildung durch eindeutigen Gesetzeswortlaut: BVerfG NJW 2007, 2977, Tz. 91; 2012, 669 Tz. 56; *Michael/Payandeh* NJW 2015, 2392.
[76] *Reimer* JZ 2015, 910 (919).
[77] Skeptisch zur Rechtssetzungskompetenz der EU im Besonderen *Emmerich/Doehner* FS Derleder, S. 367 und im Allgemeinen *Canaris,* Umsetzung von zivilrechtlichen Richtlinien, S. 129 (136).

Standard umzusetzen ist.⁷⁸ Hierauf beschränken sich die Vertragspflichten des Mitgliedstaats. Was nicht zum Mindeststandard oder zum harmonisierten Standard gehört, ist durch die Richtlinie nicht geregelt und begründet aus ihr heraus keine gesetzgeberische Gestaltungspflicht, lässt den Mitgliedstaaten also freien Gestaltungsspielraum. Die Frage der Richtlinienkonformität (→ Rn. 27) stellt sich für solche nationalen Regelungen nicht, allenfalls die Frage der Übereinstimmung mit dem EU-Vertrag⁷⁹ und dem AEU-Vertrag. Das Vorabentscheidungsverfahren nach Art. 267 AEUV (→ Rn. 27) bleibt zulässig.⁸⁰ Um die gesetzgeberische Bindung an die Richtlinie festzustellen, ist deshalb der von ihr geregelte Bereich (**harmonisierter Bereich**), aus dem sich die harmonisierten Vorschriften iSv Art. 22 Abs. 1 der neuen Verbraucherkreditrichtlinie ergeben, abzugrenzen;⁸¹ nur diesseits dieser Grenze ist der Mitgliedstaat durch die Richtlinie gebunden.

33 Am Beispiel des persönlichen Anwendungsbereichs ergibt sich für den Harmonisierungsstandard, dass sich die von der Richtlinie festgelegte Regelung für den Begriff des Verbrauchers auf natürliche Personen erstreckt, die in ihrer Rolle als Partei eines Rechtsgeschäfts zu privaten Zwecken handeln. Die Richtlinie befasst sich nicht mit natürlichen Personen als Kontrahenten des Unternehmers, die zu gewerblichen Zwecken handeln, zB Kleinunternehmer⁸² oder zu arbeitnehmerbezogenen Zwecken⁸³ (→ § 491 Rn. 52), und nicht mit juristischen Personen, die, etwa als Idealverein, zu privaten Zwecken handeln.⁸⁴ Solche Personen befinden sich also jenseits des von der Richtlinie geregelten Bereichs und werden vom Maximalharmonisierungskonzept nicht berührt.⁸⁵ Die Mitgliedstaaten können deshalb bestimmen, dass Richtlinienregelungen auf solche Personen anwendbar sind; hierbei würde es sich nicht um eine Umsetzung der Richtlinie handeln. Deshalb konnte es auch unter der neuen Verbraucherkreditrichtlinie mit Maximalharmonisierungskonzept bei der Erstreckung des persönlichen Anwendungsbereichs auf Arbeitnehmer (§ 13 BGB) und Existenzgründer (§ 512 BGB) bleiben,⁸⁶ → § 491 Rn. 52.

---

⁷⁸ *Gsell/Schellhase* JZ 2009, 20 (22); Erwägungsgrund 14 zur WohnimmoRil.
⁷⁹ EuGH v. 12.7.2012 – C-602/10 –*Volksbank Romania* –, Tz. 62, WM 2012, 2049 mit Rez. *Bülow* WM 2013, 245.
⁸⁰ EuGH WM 2012, 2049, RN. 86,87 – *Volksbank Romania* – bei „klarem Interesse" an einheitlicher Auslegung einer Unionsnorm.
⁸¹ *Gsell/Schellhase* JZ 2009, 20; *Riehm/Schreindorfer* GPR 2008, 244; *Bülow* WM 2006, 1513; *Artz* GPR 2009, 171; *Riehm*, Umsetzungsspielräume, S. 78; *Knops* in Schriftenreihe der bankrechtlichen Vereinigung Bd. 30, 2010, S. 195 (212).
⁸² So der britische consumer-credit-act nach *Ritz*, Harmonisierungsprobleme, S. 26.
⁸³ *Schwab/Hromek* JZ 2015, 271 (272).
⁸⁴ *Pfeiffer* NJW 2012, 2609 (2611); *Bülow*, FS Meinhard Schröder, S. 109 (114).
⁸⁵ *Bülow* FS Derleder, S. 27 (30 f.); abwegig dagegen *Mohr* AcP 204 (2004), 660 (672), dies verkennend auch *J. Hoffmann* WM 2006, 560 (562 mit Fn. 17), zutreffend *Remien* RabelsZ 62 (1998), 627 (641) und *Merkt* RabelsZ 61 (1997), 647 (672) unter Mobilisierung des Subsidiaritätsprinzips. Deshalb wäre auch die Idee richtlinienkonform gewesen, den persönlichen Anwendungsbereich auf Kleingewerbetreibende zu erstrecken, BT-Drucks. 11/5462, S. 34, dazu *Kilian* Verbraucherbegriff, S. 101; *M. Becker* in: Aufbruch nach Europa, S. 85 (96). Ob eine Frage ist, ob in solchen Fällen ein Vorabentscheidungsverfahren nach Art. 267 AEUV zulässig ist (→ Rn. 32 a. E.), *Habersack/Chr. Mayer* JZ 1999, 913; *Lutter* GS Heinze, S. 571 (583); *Mayer/Schürnbrand* JZ 2004, 545; *Drexl* FS Heldrich, S. 67 (86); *Bärenz* DB 2003, 375; *Palandt/Sprau*, Rn. 44 vor § 1 BGB.
⁸⁶ *Bülow/Artz* WM 2005, 1153; anderes würde beispielsweise für Fristen gelten, *Schinkels* GPR 2005, 109 (112). Gleichermaßen ist eine Erweiterung des unlauterkeitsrechtli-

Einführung 34, 35 **Einf**

Aufgabe des Mitgliedstaats als gesetzgeberischer Umsetzer ist es zunächst, den 34 harmonisierten Bereich zu erkennen. Dieser ist in Art. 1 und Art. 2 Abs. 1 der Verbraucherkreditrichtlinie niedergelegt: bestimmte Aspekte über Verbraucherkreditverträge, die Richtlinie gilt für Kreditverträge. Im Näheren ist der harmonisierte Bereich durch die Begriffsbestimmungen in Art. 3 präzisiert und negativ abgegrenzt durch Art. 2 Abs. 2, wo bestimmt ist, wofür die Richtlinie nicht gilt. Im Weiteren ist durch Auslegung zu ermitteln, was diesseits oder jenseits des harmonisierten Bereichs liegt. Beispielsweise geht die Richtlinie von wirksamen Kreditverträgen aus; das Problem nichtiger, weil sittenverstoßender Konsumentenkredite (→ Rn. 52) wird von der Richtlinie nicht berührt, ebensowenig der Verbraucherverzug (allenfalls marginal durch Art. 10 Abs. 2 lit. l erfasst: Angabe des Verzugszinssatzes), sodass §§ 497, 498 BGB jenseits der Richtlinie stehen. Nicht verwirklicht wurde auch der Vorschlag zur Regelung von Sicherungsgeschäften (→ Rn. 5), sodass ein nationaler Gesetzgeber solche ganz oder teilweise einbeziehen könnte. Außerhalb des harmonisierten Bereichs stehen beispielsweise Finanzierungsleasingverträge mit Restwertgarantie, worauf die Vorschrift von § 506 Abs. 2 Satz 1 Nr. 3, Satz 2 BGB beruht. Dagegen folgt Art. 21 VerbrKrRil über Pflichten des Kreditvermittlers dem Mindeststandardprinzip.[87] Die WohnimmoRil regelt die Grundpfandbesicherung durch Wohnimmobilien, sodass gewerbliche und unbebaute Grundstücke außerhalb des harmonisierten Bereichs liegen[88], aber durch § 491 Abs. 3 Nr. 1 BGB erfasst sind (→ § 491 Rn. 96e). Da die WohnimmoRil ein Widerrufsrecht nicht vorschreibt (→ Rn. 35 a. E.), konnte die Erlöschensregelung von § 356b Abs. 2 Satz 2 BGB eingeführt werden (→ § 495 Rn. 164).

b) Alternativregelungen. Wo der harmonisierte Bereich feststeht, ist es in einigen Fällen der Richtliniengeber selbst, der vom Vollharmonisierungskonzept abweicht, indem den Mitgliedstaaten Optionen zu Alternativregelungen eingeräumt werden (vgl. Art. 26 VerbrKrRil). Die Alternativregelung kann darin liegen, dass ein Kreditvertrag von einzelnen Vorschriften der Richtlinie freigestellt werden darf, so Art. 2 Abs. 5 für Kreditverträge gemeinnütziger Organisationen (im deutschen Recht wurde davon kein Gebrauch gemacht), so Art. 2 Abs. 6 für Stundungsvereinbarungen (nicht in deutsches Recht übernommen), so Art. 4 Abs. 4 lit. c und Art. 6 Abs. 2 für die Entbehrlichkeit der Angabe des effektiven Jahreszinses bei Überziehungskrediten (nur teilweise in § 504 Abs. 2 BGB verwirklicht). Art. 16 Abs. 4 gestattet den Mitgliedstaaten Alternativregelungen zur Vorfälligkeitsentschädigung, wovon durch § 502 Abs. 1 Satz 1 BGB Gebrauch gemacht wurde (Liquidierung des entgangenen Gewinns). Hinzu kommt die Option zur Widerrufsfrist nach Art. 14 Abs. 2, außerdem zur Ausgestaltung des Einwendungsdurchgriffs nach Art. 15 Abs. 2 Satz 2 (→ § 495 Rn. 408) und zur Entbehrlichkeit des Widerrufsrechts bei notarieller Beurkundung nach Art. 14 Abs. 6 (→ § 495 Rn. 179). Ergänzend lässt Art. 23 VerbrKrRil besondere Sanktionen in den Rechtsordnungen der Mitgliedstaaten zu (→ § 502 Rn. 23). Die WohnimmoRil lässt durch Art. 14 Abs. 6 Widerrufsrecht oder Bedenkzeit oder beides zu; Letzteres macht sich § 495 Abs. 3 und Abs. 1 BGB zu eigen (→ § 495 Rn. 183a). 35

---

chen Verbraucherbegriffs (§ 2 Abs. 2 UWG) richtlinienkonform, BGH NJW 2011, 1237 Tz. 29.
[87] *Riehm/Schreindorfer* GPR 2008, 244 (248).
[88] *Bülow* WM 2015, 1309; BT-Drucks. 18/5922, S. 81.

III. Privatrechtliche Grundlagen

36 Verbraucherkreditrecht regelt Rechtsbeziehungen unter Privatrechtssubjekten. Soweit es selbst oder die verbraucherprivatrechtlichen Regelungen in §§ 13, 14, 312a, 355 bis 361 BGB keine Sondervorschriften als *leges speciales* aufstellen, gelten daher die **allgemeinen Bestimmungen des Privatrechts**. Die verbraucherkreditrechtlichen Sondervorschriften sind anwendbar auf Kreditverträge, deren Kreditnehmer ein Verbraucher und deren Kreditgeber ein Unternehmer ist.

1. Sonderprivatrecht

37 a) **Begrifflichkeiten.** Die Gesamtheit der verbraucherprivatrechtlichen Sondervorschriften ist ein Regelungswerk, das gemeinsamen Grundsätzen gehorcht. Ob man dieses Verbraucherprivatrecht als Sonderprivatrecht bezeichnen mag, ist umstritten; der Streit ist eher terminologischer Natur; Folgerungen für die Rechtsanwendung treten dadurch nicht ein. Eine klare Antwort wäre auffindbar, wenn Einigkeit über den Gehalt des Begriffs „Sonderprivatrecht" bestünde; das ist aber nicht ersichtlich.[89]

38 aa) **Formale, inhaltliche, persönliche Abgrenzung.** Eine äußerlich formale Abgrenzung könnte darin liegen, dass die im Allgemeinen anwendbaren Normen mit solchen in Beziehung gesetzt werden, die nur im Besonderen gelten. Mit einer solchen Abgrenzung wäre Verbraucherprivatrecht ein Sonderprivatrecht. Die allgemeinen Vorschriften namentlich zum Rechtsgeschäft werden durch besondere Vorschriften modifiziert für bestimmte Fälle, in denen Verbraucher und Unternehmer zusammentreffen. Eine inhaltliche materiale Abgrenzung dagegen fragt, ob Grundprinzipien des Privatrechts verändert werden; eben dies ist nicht der Fall, weil Grundprinzipien des Privatrechts gerade funktionsfähig gemacht werden sollen, nämlich Privatautonomie durch Kompensation von Ungleichgewichtslagen zu gewährleisten ist[90] (→ Rn. 42). In einer personalen Abgrenzung wäre zu fragen, ob die Sonderregelungen für jedermann oder ausschließlich für bestimmte Personen gelten. Danach wäre daran zu denken, Verbraucherprivatrecht nicht als Sonderprivatrecht anzusehen, weil jedermann auch Privatperson ist und in die Lage kommt, Verbraucher iSv § 13 BGB zu sein. Ebenso wenig wäre danach das Recht der Geschäftsunfähigen und beschränkt Geschäftsfähigen ein Sonderprivatrecht,[91] weil jedermann in seinem Leben Kind oder Minderjähriger ist. Die personale Ausschließlichkeit, wie sie dem nur, jedenfalls fast nur (teilweise Anwendung auf nicht-kaufmännische Kleingewerbetreibende: §§ 383 Abs. 2, 407 Abs. 3 Satz 2, 453 Abs. 3 Satz 2, 467 Abs. 3 Satz 2, 481 Abs. 3 Satz 2, 84 Abs. 4, 93 Abs. 3 HGB)[92] für Kaufleute geltenden Handelsrecht zukommt, das als klassisches Sonderprivatrecht angesehen wird,[93] kann für Verbraucherprivatrecht auf der anderen Seite[94] unter dem Aspekt

---

[89] Zutr. *K. Schmidt* BB 2005, 857.
[90] *Gärtner* BB 1995, 1753; Ernst/Zimmermann/*Pfeiffer*, Schuldrechtsreform, S. 481 (494); *Horn* FS Otte, S. 135 (140).
[91] Vgl. *Medicus* JuS 1996, 791; Staudinger/*Weick* § 13 BGB Rn. 41.
[92] *Bülow/Artz*, Handelsrecht, Rn. 81 ff.
[93] *Weyer* WM 2005, 490; *K. Schmidt* BB 2005, 837 und JuS 2006, 1.
[94] *Canaris* AcP 200 (2000), 273 (361).

bejaht werden, dass nicht der Verbraucher schlechthin Normadressat ist, sondern nur der mit einem Unternehmer zusammentreffende Verbraucher; die personale Verbindung macht das Besondere des verbraucherprivatrechtlichen Regelungsgefüges aus.

bb) Befund. Jedenfalls stellt Verbraucherprivatrecht ein Normengefüge dar, 39 das von der Dogmatik der sonst im Allgemeinen geltenden privatrechtlichen Normen abweicht und, darin eingebettet, ein besonderes Normengefüge mit filigranen Verästelungen bildet. In diesem zurückhaltenden Sinne kann Verbraucherprivatrecht als Sonderprivatrecht verstanden werden.

b) Systemimmanente Instrumentarien. Dagegen ist die Anwendung von 40 § 138 Abs. 1 BGB als allgemeine privatrechtliche Norm auf den wirtschaftlich Schwächeren, Rechtsunkundigen und Geschäftsungewandten, der gegenüber dem professionellen Anbieter nach Lage des Einzelfalls in eine Ausbeutungslage gerät, und die durchaus zu einem ebenfalls filigranen und verästelten Gefüge, namentlich zum sittenwidrigen Konsumentenkredit[95] und zur Bürgschaft[96] nahestehender Personen geführt hat, kein Fall eines Sonderprivatrechts, sondern eben die Subsumtion den allgemeinen Begriff der guten Sitten; die Apostrophierung als „Sonderprivatrecht" in diesem Zusammenhang[97] ist polemisch gemeint, nämlich die richtige Subsumtion in Frage stellend.

2. Kredit

Der Begriff des Kredits, wie er Art. 3 lit. c der Verbraucherkreditrichtlinie zu 41 entnehmen ist, von § 1 Abs. 2 VerbrKrG aufgegriffen wurde und §§ 491 und 506 BGB zugrunde liegt, ist weit gespannt. Er erfasst nicht nur das Darlehen iSv § 488 BGB, sondern darüber hinaus jedes dem Schuldner – entgeltlich – durch Vertrag eingeräumte Recht, die geschuldete Gegenleistung erst nach Vorleistung durch den Gläubiger zu erbringen. Vom Kreditbegriff erfasst sind damit Teilzahlungsgeschäfte, wie sie früher Gegenstand des Abzahlungsgesetzes gewesen waren, das weitgehend im neuen Verbraucherkreditrecht aufgegangen ist, darüber hinaus aber auch Ansprüche aus Werk-, Dienst-, Geschäftsbesorgungs- und anderen Verträgen, die früher nur marginal durch § 1b Abs. 4 AbzG erfasst gewesen waren.

3. Verbraucher und Unternehmer: Das rollenbezogene und kompensatorische Modell

a) Grundlagen. Der Begriff des Verbrauchers richtet sich, wie § 13 BGB zu 42 entnehmen ist, nach der Rolle, die eine natürliche Person bei Abschluss eines Rechtsgeschäfts einnimmt.[98] Die Rolle bestimmt sich nach dem Motiv ihres rechtsgeschäftlichen Handelns. Liegt das Motiv in der Erreichung eines privaten (oder nach § 13 resp. § 513 gleichgestellten) Zwecks, ist die Rolle der natürli-

---

[95] Im Einzelnen *Bülow*, Sittenwidriger Konsumentenkredit, Rn. 16 ff.
[96] Im Einzelnen *Bülow*, Recht der Kreditsicherheiten, Rn. 867 ff.
[97] *Dauner-Lieb* Verbraucherschutz, S. 109; vgl. auch treffend *Enders* Neuerungen, S. 94.
[98] *Engel/Stark* ZEuP 2015, 32 (35 ff.); nicht zur Kenntnis genommen von *Braun* JZ 2011, 703 (706): „Sonderrecht zugunsten geschäftsungewandter Kreise" und auch nicht von *Schnauder*, WM 2014, 783 (785): „... Verbraucher (als) eine neue Spezies Mensch"; unvereinbar mit § 13 BGB ist auch ein „Konzept des situativ schutzbedürftigen Verbrauchers", so aber *Dawirs* NJW 2016, 439 (443).

chen Person als Verbraucher eingenommen; liegt das Motiv der Kreditaufnahme in der Erreichung eines gewerblichen, geschäftlichen, handwerklichen[99] oder freiberuflichen Zwecks, tritt die natürliche Person in anderer Rolle auf und ist nicht Verbraucher. Demgemäß kann ein und dieselbe natürliche Person bei dem einen Rechtsgeschäft Verbraucher und Normadressat von Verbraucherprivatrecht sein, bei dem anderen Rechtsgeschäft nicht.[100] Dieses in Art. 3 lit. a Verbraucherkreditrichtlinie und in anderen Richtlinien angelegte Rollenkonzept zur Festlegung des persönlichen Anwendungsbereichs steht in Gegensatz zu einer statusbezogenen Festlegung, wie sie etwa dem Handelsrecht zugrunde liegt (→ Rn. 38) und den Betreiber eines Handelsgeschäfts iSv § 1 Abs. 2 HGB, den Kaufmann, zum Normadressaten bestimmt. Statusbezogen bestimmt sich auch der Begriff des Konsumenten als Darlehensnehmer, wenn die Vereinbarkeit des Darlehensvertrags mit den guten Sitten nach § 138 Abs. 1 BGB zu bewerten ist (→ Rn. 40 und → Rn. 52). Der Sittenverstoß hängt in diesem Problemfeld von der wirtschaftlich schwächeren Lage, Rechtsunkundigkeit und Geschäftsungewandtheit des Darlehensnehmers im konkreten Einzelfall ab.[101] Entsprechendes gilt für die einem Hauptschuldner nahestehende Person, die sich auf eine Bürgschaft einlässt. Eher statusbezogen, aber dogmatisch inhärent war auch der sich aus § 8 AbzG (Anhang 2, Ausschluss des im Handelsregister eingetragenen Kaufmanns) ergebende Normadressat gewesen. Im Wertpapierhandelsrecht ist der Privatkunde nach § 31a Abs. 3 WpHG, den die zugrundeliegende Finanzmarktrichtlinie 2004/39/EG (MiFID) in Art. 4 Abs. 1 Nr. 12 Kleinanleger nennt, statusbestimmt, nämlich durch sein finanzmarktbezogenes Wissen.[102]

43 Für den Verbraucherbegriff nach dem Rollenkonzept hat der ökonomische und intellektuelle Status dagegen keine Bedeutung, der Verbraucher kann seinem unternehmerischen Vertragskontrahenten insoweit überlegen sein[103]: „Consumers, by definition, include us all" *(John F. Kennedy).*[104] Es kommt für das Vertragsrecht auch nicht auf ein Verbraucherleitbild eines aufmerksamen, verständigen und mündigen Rechtsgenossen an, wie es in europarechtlicher Sicht dem Wettbewerbsrecht zugrunde liegt.[105]

---

[99] Erweiterung durch Art. 2 Nr. 1 VerbrRechteRil 2011/83/EU; Verwechselung durch *Purnhagen* ZRP 2012, 36 zu II.1.
[100] EuGH v. 3.9.2015 – C-110/14 –*Costea*– , Rn. 25, ZIP 2015, 1882 mit Anm. *Schürnbrand* GPR 2016, 19 und *Pfeiffer* LMK 2015, 372972.
[101] *Bülow* Konsumentenkredit, Rn. 296 ff. mwN; *Artz* in Derleder/Knops/Bamberger, Handbuch Bankrecht, § 32 Rn. 3; krit. *H. P. Westermann* FS Herrmann Lange, S. 995 (999); *Medicus,* Abschied von der Privatautonomie, S. 32; *Hönn* FS Kraft, S. 251 (259); *Schünemann* FS Brandner, S. 279 (290 ff.); zutreffend *Heiderhoff* Gemeinschaftsprivatrecht, S. 84: keine „soziale Gruppe"; *K. Schmidt* JuS 2006, 1; Staudinger/*Martinek* § 481 BGB Rn. 27; diese Differenzierung – Status oder Rolle – übersieht *Adomeit* NJW 1994, 2467 sowie 2004, 579 (581).
[102] *Bülow* FS Nobbe 2009, S. 494 (501); zust. *Buck-Heeb* ZHR 176 (2012), 66 (75).
[103] Eine eher terminologische Frage ist es, den in privater Rolle handelnden Vertragskontrahenten als Adressaten von Normen über den Schutz des Schwächeren zu sehen, so *Hönn* FS Ishikawa, S. 199 (204).
[104] *Engel/Stark* ZEuP 2015, 32; ebenso *Hufeld (BaFin),* VuR 2015, 401.
[105] *Dreher* JZ 1997, 167; *R. Gärtner* JZ 1992, 73 (78); *Preis* ZHR 158 (1994), 567 (596 ff.); *Eichenhofer* JuS 1996, 857 (860); *Bydlinski,* System und Prinzipien des Privatrechts, S. 735 ff.; *Hönn,* KEIO Law Review 1990, 201 (214 f.); *Hommelhoff,* Verbraucherschutz im System des deutschen und europäischen Privatrechts, S. 44; *Höland* FS Reich, S. 195 (212); *Dauses/Lecheler* EG-Wirtschaftsrecht, H. V. Rn. 34; *Kötz,* Europäisches Vertragsrecht I, S. 194; KG EuZW 1994, 514; EuGH NJW 1995, 3243 – Mars.

Einführung

Die Privilegierung des in privater Rolle handelnden Kontrahenten findet nur 44 und allenfalls statt in einer Vertragsabschlusssituation, in welcher der andere Kontrahent ebenfalls eine Rolle einnimmt, nämlich eine gegensätzliche, indem er in Ausübung seiner gewerblichen oder freiberuflichen Tätigkeit handelt und dadurch zum Unternehmer nach § 14 BGB wird. Aus diesen gegensätzlichen Rollen in der Vertragsabschlusssituation folgt die Gefahr einer **Störung der Vertragsparität,** die in bestimmten einzelnen und typisierten Lagen, und nur dann,[106] das gesetzgeberische Bedürfnis zu einem Ausgleich begründet[107] und legitimiert.[108] Hierin liegt die europäisch-sekundärrechtliche dogmatische Grundlegung, die im Ersten Programm der EWG für eine Politik zum Schutz und zur Unterrichtung der Verbraucher vom 14.4.1975 zum Ausdruck kommt: Der Verbraucher als „Teil eines Massenmarktes und das Ziel von Werbekampagnen und Pressionen durch mächtige, gutorganisierte Produktions- und Absatzsysteme" ist „nicht mehr voll in der Lage, als Marktteilnehmer seine Rolle eines Gleichgewichtselements zu spielen. In Folge der Entwicklung der Marktbedingungen (besteht) eine Tendenz zur Störung dieses Gleichgewichts zwischen Lieferant und Verbraucher zugunsten der Lieferanten".[109] Die zu befürchtende – und in Bezug auf den Binnenmarkt ordnungspolitisch unerwünschte, weil dessen Funktionieren störende[110] – Ungleichgewichtslage gründet sich also auf das Zusammentreffen des zu privaten Zwecken handelnden Kontrahenten mit dem professionellen Anbieter, dem Unternehmer (§ 14 BGB), der mit raffinierten Marketingmethoden und ausgeklügelten Vertragskonzepten an jenen herantritt; gerade auf die juristischen Implikationen ist der zu privaten Zwecken Handelnde aber typisierterweise nicht eingerichtet[111] und droht sie zu verkennen. Das liegt an der anderen Einstellung, Bereitschaft und praktischen Durchführbarkeit bei der Geschäftsanalyse im privaten Handeln im Vergleich zum beruflichen oder gewerblichen Handeln, wo die Analyse vorausgesetzt und gefordert werden kann;[112] man mag von wirtschaftlicher Zweckdivergenz der Vertragspartner sprechen.[113] Verbraucherprivatrecht und namentlich Verbraucherkreditrecht dient der Kompensation der so gestörten Vertragsparität. In dem Rollenkonzept wird die Kompensationsbedürftigkeit in **typisierter Weise** unterstellt, ohne – anders bei der Bewertung als Sittenverstoß nach § 138 BGB, → Rn. 43 – zu fragen, ob der privat handelnde Vertragskontrahent im konkreten Einzelfall schutzbedürftig ist[114]: Auch

---

[106] *Medicus FS* Kitawaga, S. 471 (486).
[107] *Hönn* Kompensation, S. 165; *Drexl* Selbstbestimmung, S. 303 ff., 322 ff.; *Knobel* Vertragsfreiheit, S. 129 ff.; *Wackerbarth* AcP 200 (2000), 45 (51); *Bülow FS* Söllner, S. 189; *Artz,* Verbraucher als Kreditnehmer, S. 35 ff.; skeptisch *Busche* Privatautonomie, S. 91; *St. Lorenz,* Unerwünschter Vertrag, S. 176.
[108] *Canaris* Iustitia distributiva, S. 128.
[109] ABlEG C 92, S. 1 vom 25.4.1975, Tz. 6/7, auch Zweites Programm vom 19.5.1981 ABlEG C 133, S. 1 vom 3.6.1981, Tz. 28.1.
[110] *Meller-Hannich* Verbraucherschutz, S. 67 ff.; *Pouliadis FS* Georgiades, S. 889 (890).
[111] Ähnlich *Teichmann FS* Kraft, S. 629 (634).
[112] *Bülow* in Bülow/Artz, Handbuch Verbraucherprivatrecht, 1. Kap. Rn. 1 ff.; *Remien* Grundfreiheiten, S. 336; dies diminuiert *Lorenz,* Unerwünschter Vertrag, S. 199.
[113] Schulze/Schulte-Nölke/*Pfeiffer,* Schuldrechtsreform, S. 133 (144); in diesem Sinne wohl auch EuGH v. 30.4.2014 – C-26/13, Rn. 40, NJW 2014, 2335 – *Kasler* –; v. 26.2.2015 – C-143713, Rn. 51, WM 2016, 14.
[114] EuGH v. 3.9.2015 – C-110/14 – *Costea* –, Rn. 21, ZIP 2015, 1881 mit Anm. *Pfeiffer* LMK 2015, 372972 und Komm. *Feldmann* EWiR 2015, 735: objektiver Charakter des

der auf Verbraucherprivatrecht spezialisierte Rechtsanwalt ist bei seinen privaten Einkäufen Verbraucher nach § 13 BGB und Normadressat verbraucherprivatrechtlicher, privilegierender Bestimmungen. Ebenso wenig ist zu fragen, ob es gegenüber einem solchen Verbraucher im konkreten Einzelfall der Unternehmer sein könnte, der die paritätsgestörte unterlegene Vertragspartei ist.

45 Die Gebotenheit der Kompensation von Paritätsstörungen ist nicht nur marktfunktional begründet,[115] sondern hat gleichermaßen das Ziel, eine abhanden gekommene Grundbedingung für das Funktionieren von Privatrecht wiederherzustellen, nämlich Privatautonomie in der Person beider Kontrahenten, Kreditnehmer und Kreditgeber resp. Verbraucher und Unternehmer. Freiheit im rechtsgeschäftlichen Handeln setzt annähernd gleiches Verhandlungsgleichgewicht der Kontrahenten voraus, sonst droht die Freiheit des einen zur Unfreiheit des ungleichgewichtigen Kontrahenten zu werden. Die rollenbezogene verbraucherprivatrechtliche Grundidee verwirklicht mithin ein elementares Wertungsprinzip des BGB,[116] das in einer hochentwickelten Marktwirtschaft durch einen formalen Ansatz nicht mehr durchsetzbar ist. Vielmehr versucht das Rollenkonzept materiale Privatautonomie zu gewährleisten; zugleich ist freilich zu beobachten, dass es ein sich kontinuierlich ausweitendes Normengefüge zwingenden Charakters schafft, das in fürsorglichem Rechtspaternalismus an seiner Stelle autonomie-einschränkend[117] wirken kann, zB einen gewünschten Vertrag wegen defizitärer Pflichtangaben scheitern lässt.

46 Dass Parteien eines Vertrags Verbraucher und Unternehmer sind, hat für sich allein lediglich im Hinblick auf die Regeln nach § 312a BGB verbraucherprivatrechtliche Relevanz. Es bleibt im Übrigen bei der Anwendung des für alle geltenden Privatrechts, wenn nicht ein verbraucherprivatrechtlicher Sondertatbestand durch das Gesetz erfüllt ist, also der Vertrag zB in einer Haustürsituation (außerhalb von Geschäftsräumen) oder im Fernabsatz geschlossen wurde oder Gegenstand des Vertrags ein Kredit nach §§ 491, 506 BGB oder ein Teilzeitwohnrecht nach § 481 BGB ist oder die Geltung von Allgemeinen Geschäftsbedingungen nach § 310 Abs. 3 BGB in Frage steht. §§ 13 und 14 BGB werden nur zusammen mit einem solchen Sondertatbestand virulent.[118] Kein Kompensationsbedürfnis besteht bei Rechtsgeschäften unter Verbrauchern (→ 4. Teil Rn. 45 aE) oder gar zwischen Unternehmern.[119]

47 Das kompensationsgeeignete Instrument sieht die Verbraucherkreditrichtlinie zuvörderst in der Verwirklichung des **Informationsmodells**[120] und nunmehr

---

Verbraucherbegriffs. Nicht ausgeschlossen ist die Unanwendbarkeit verbraucherprivatrechtlicer Ausgleichsregeln im Fall von Umgehungsgeschäften. OLG Düsseldorf NJW 2015, 2043 mit Anm. *Höpfner* S. 2045.
[115] *Bülow/Artz*, Verbraucherprivatrecht (Lehrbuch), Rn. 19.
[116] *Soergel/Wolf* Einleitung Rn. 20, 27; *Horn* FS Otte, S. 135 (140), deshalb kann entgegen *H. Roth* JZ 1999, 529 zu I. insoweit nicht von einem „Eingriff in die Privatautonomie" oder „Paternalismus", *Grundmann* AcP 202 (2002), 40 (65), die Rede sein.
[117] Vgl. *Kirste* JZ 2011, 805 (813); *Eidenmüller* JZ 2011, 815.
[118] Dem entspricht die nach *Medicus* FS Kitawaga, S. 471 (486), richtig gestellte Frage: Wer bedarf in welcher Situation eines besonderen Schutzes?, die keinen allgemeinen Grundsatz „im Zweifel für den Verbraucher" erlaubt, zutreffend *Riesenhuber* JZ 2005, 829 und vorst. → Rn. 27.
[119] Exemplarisch LG Frankfurt am Main WM 2015, 2044 betreffend AGB.
[120] *Grundmann* JZ 2000, 1133 (1137); *Grundmann* BKR 2001, 66 (67 f.); *Grundmann* AcP 202 (2002), 40 (66); *Reich* VuR 1999, 3 (5); *Staudenmayer* RIW 1999, 733 (737); *Fleischer*, Informationsasymmetrie, S. 571: „informationelle Unterlegenheit".

auch, im Gegensatz zur Vorgängerrichtlinie, in der relativierten Bindung des Verbrauchers an seine Willenserklärung durch das **Widerrufsrecht**.

Hat der ökonomische und intellektuelle Status der privat handelnden Vertragspartei auch keinerlei Bedeutung für den Verbraucherbegriff nach § 13 BGB und die zugrunde liegenden Richtlinien (→ Rn. 43), so ist es einem Gesetzgeber doch und natürlich unbenommen, Normen zum Schutz von Menschen in prekärer wirtschaftlicher Lage oder in typisierter Geschäftsungewandtheit zu erlassen. Aber solche Normadressaten stimmen nicht mit dem Begriff des Verbrauchers nach § 13 BGB überein; werden sie gleichwohl dem Verbraucherbegriff zugeordnet, kommen solche Schutznormen auch denjenigen unverdientermaßen zugute, die geschäftsgewandt und ökonomisch kraftvoll sind, z. B. Vorschriften über den Verzug nach §§ 497, 498 BGB. Die Normadressaten wären einem personalen Schutzregime zuzuweisen, das sich an die Doktrin zum Sittenverstoß nach § 138 BGB anlehnt (→ Rn. 42). 47a

b) Tatbestandsmerkmal „überwiegend". Nach § 13 BGB in der seit 13.6.2014 geltenden Fassung wird die negative Abgrenzung zur unternehmerischen Tätigkeit (→ § 491 Rn. 49) ergänzt um das Tatbestandsmerkmal „überwiegend". Nur bei überwiegender Zurechnung auf die nicht gewerbliche/berufliche, also private Tätigkeit befindet sich die natürliche Person in der Rolle als Verbraucher (also nicht bei gleichgewichtiger Zurechnung).[121] Die Gesetzesbegründung[122] verweist auf Erwägungsgrund 17 zur VerbrRechteRil, wo diese Auslegung angezeigt wird, ohne dass auch der Wortlaut von Art. 2 Nr. 1 über den Begriff des Verbrauchers um das Tatbestandsmerkmal ergänzt würde. Auch Art. 3 lit. a VerbrKrRil enthält es nicht und findet in deren Erwägungsgründen keine Erwähnung, sodass sich die Frage einer Divergenz zwischen VerbrRechteRil und VerbrKrRil und der Richtlinienkonformität von § 13 BGB mit der VerbrKrRil stellt. Jedoch erscheint § 13 BGB richtlinienkonform. Die Formulierungen des Verbraucherbegriffs in beiden Richtlinien nehmen vollharmonisierend die Verbraucherrolle an, wenn der Handlungszweck der natürlichen Person der unternehmerischen Tätigkeit nicht zugerechnet werden kann resp. außerhalb dieser Tätigkeit liegt. Wann die Zurechnung scheitert und die natürliche Person nicht als Verbraucher handelt, bestimmen die Richtlinienvorschriften nicht. Vielmehr ist die Zurechenbarkeit ein offener Rechtsbegriff, welcher der Auslegung bedarf. Diese Auslegung wird in Erwägungsgrund 17 der VerbrRechteRil und in Erwägungsgrund 12 der WohnimmoRil geleistet. Sie ist auf die VerbrKrRil, die Fernabsatz-Finanzdienstleistungen-Ril, die WohnimmoRil und andere Richtlinien infolge ihrer gleichsinnigen Wortlaute übertragbar. Namentlich auch der offene Rechtsbegriff der Zurechenbarkeit in Art. 3 lit. a VerbrKrRil wird auf diese Weise konkretisierend ausgelegt. Zutreffend bezeichnet die Gesetzesbegründung die Ergänzung des Wortlauts von § 13 BGB als – lediglich – Klarstellung. Zwar sind die Wortlaute von Art. 2 Nr. 1 VerbrRechteRil und Art. 3 lit. a VerbrKrRil und anderer Richtlinien nicht wortgleich: Während die VerbrKrRil ebenso wie § 13 BGB das Tatbestandsmerkmal der Zurechnung formuliert, nennt die VerbrRechteRil den Zweck, der außerhalb 48

---

[121] Insoweit bleibt § 13 BGB hinter der VerbrRechte-Ril (und auch der WohnimmoRil, Erwägungsgrund 12) zurück, wie *Patrick Meier* JuS 2014, 777, erkennt; *Bülow* FS Müller-Graff, S. 163.
[122] Beschlussempfehlung des Rechtsausschusses, BT-Drucks. 17/13951, S. 96.

der unternehmerischen Tätigkeit liegt. Inhaltlich bedeuten beide Formulierungen aber dasselbe, weshalb insoweit auch kein Anpassungsbedarf bei § 13 BGB bestand. Auch nach der VerbrKrRil und der WohnimmoRil kommt es also auf die überwiegende Zweckbestimmung an.[123]

49 Das Tatbestandsmerkmal „überwiegend" in § 13 BGB beseitigt die Unterschiede in den Lösungsansätzen, die in Literatur und Instanzrechtsprechung eingenommen worden waren, vom Ausschluss der Verbraucherqualifikation bei doppeltem Zweck[124] bis zur vollständigen Zurechnung zum Privatbereich[125] über Differenzierung nach Aufteilbarkeit der Valuta oder Verwendung des finanzierten Gegenstands[126] und ohne diese Differenzierung nach überwiegender Zurechnung[127] (womit die bis zur Schuldrechtsmodernisierung geltende Altregelung von § 609a Abs. 1 Nr. 2, 2. Hs. BGB wiederbelebt wurde, die seinerzeit zur Konfliktlösung herangezogen worden war)[128] oder Nutzbarmachung des Rechtsgedankens von § 344 HGB (Vermutung für das Handelsgeschäft).[129] Dagegen ist die natürliche Person im internationalen Prozessrecht nur dann als Verbraucher anzusehen, wenn der unternehmerische Zweck eine nur ganz untergeordnete Rolle spielt[130] (→ 4. Teil Rn. 44), während im materiellen Internationalen Privatrecht die Schwerpunktbetrachtung wie jetzt in § 13 BGB Maß gibt (unten 3. Teil Art. 6 Rom I-VO Rn. 9): Nicht internationales Prozessrecht strahlt auf materielles Recht aus, sondern es kommt auf das Überwiegen an, wie Erwägungsgrund 17 der VerbrRechteRil zu entnehmen ist. Problematisch ist die **zeitliche Geltung** des Tatbestandsmerkmals der überwiegend privaten Zweckbestimmung. Zunächst kommt der Geltungszeitpunkt 13.6.2014 in Betracht. Jedoch stellt die neuformulierte Vorschrift nur klar, was ohnehin schon anzunehmen war, nämlich aufgrund der Auslegung, die europäisches Sekundärrecht in Gestalt des Erwägungsgrundes 17 zur VerbrRechteRil anlegt. Deshalb erscheint derjenige Zeitpunkt als der richtige, in welchem Europäisches Parlament und Rat die Auslegung kundbar machten, nämlich am **25.10.2011,** dem Datum der Richtlinie, also nicht erst bei Inkrafttreten der VerbrRechteRil nach Art. 34 oder Veröffentlichung im ABlEU am 22.11.2011.

50 Der *Draft Common Frame of Reference* (**DCFR,** nicht aber das optionale *Common European Sales Law* **CESL** in Art. 2 lit. f)[131] kennt in Buch I-1:105 (1) ebenfalls das Tatbestandsmerkmal überwiegend („primarily") und stellt im dritten Abs. klar, dass die natürliche Person bei Verträgen mit doppeltem Zweck vollständig als Verbraucher anzusehen ist, wenn die Anwendung einer verbraucher-

---

[123] *Bülow* WM 2014, 1.
[124] Jauernig/*Mansel* § 13 BGB Rn. 3.
[125] *v. Westphalen*/Emmerich/v. Rottenburg § 1 VerbrKrG Rn. 3.
[126] *Artz,* Verbraucher als Kreditnehmer, S. 198 und → § 491 BGB Rn. 138, 139.
[127] AnwKomm/*Ring* § 13 BGB Rn. 31, Erman/*Saenger* § 13 BGB Rn. 17; OLG Celle NJW-RR 2004, 1645; OLG Bremen ZGS 2004, 304; OLG Naumburg WM 1998, 2158.
[128] So *Seibert* § 1 VerbrKrG Rn. 3; MüKoBGB/*Ulmer,* 4. Aufl. 2004, § 491 BGB Rn. 38; v. Westphalen/Emmerich/v. Rottenburg/*v. Westphalen,* § 1 VerbrKrG Rn. 50; OLG Naumburg NJW-RR 1998, 1351 mit Komm. *Reinking* EWiR § 1 VerbrKrG 2/98, 809 und Anm. *Drescher* WuB I E 2–4.98; dagegen *Münstermann/Hannes* § 1 VerbrKrG Rn. 37.
[129] Wolf/Lindacher/Pfeiffer/*Wolf,* AGB-Recht, Art. 2 RL Rn. 8.
[130] EuGH NJW 2005, 653 mit Komm. *Mankowski* EWiR Art. 13 EuGVÜ 1/05, 305 betr. den Gerichtsstand nach – jetzt – Art. 15 EuGGVO.
[131] *Stadler* AcP 212 (2012), 473 (488).

Einführung 51, 52 **Einf**

schützenden Norm in Frage steht, also nicht nur für den privaten Teil. Der Vertragskontrahent der natürlichen Person ist dementsprechend bei der Anwendung der Norm vollständig als Unternehmer zu behandeln, also wiederum nicht etwa nur für den privaten Teil (→ § 491 Rn. 134). Bei einem Verkäufer, etwa einem Freiberufler, der eine Sache teils privat, teils für seinen Beruf, vielleicht nur in geringem Umfang nutzt, könnte in Zweifel gezogen werden, ob er überhaupt noch in seiner Rolle als Unternehmer handelt und vielmehr selbst als Verbraucher anzusehen ist. Aber wenn er mit einem Verbraucher kontrahiert, bleibt er auch dann gem. Buch I-1:105 (3) Unternehmer.[132]

4. Rechtsprechungsgrundsätze als gesetzliche Vorschriften und Neuerungen

Einige **Institutionen des Abzahlungsrechts,** die durch Rechtsprechung 51 und Lehre herausgearbeitet worden waren, sind in Gesetzesform gegossen worden, so bereits in Gestalt von § 9 VerbrKrG das Recht des drittfinanzierten Geschäfts (jetzt §§ 358, 359), zugleich in Mobilisierung der Option aus Art. 15 Verbraucherkreditrichtlinie. Einige Regelungen waren gänzliche Neuerungen. Jenseits von relativierter Bindung an eigene rechtsgeschäftliche Erklärungen ist es ein nicht zu übersehendes Phänomen, dass Verbraucher langfristige Verbindlichkeiten eingehen, die sie, aus welchen Gründen auch immer (Arbeitgeberinsolvenz, Wirtschaftsrezession oder Überhitzung mit Zinsanstieg oder auch Unvernunft), nicht erfüllen können, sodass Verzug eintritt, der seinerseits immer neue Verbindlichkeiten gebiert und keine ökonomische Chance bietet, sich Schuldenfreiheit zu erwirtschaften. Man spricht vom **„modernen Schuldturm".** Den Verbraucher davon zu befreien versuchen Regelungen, die durch Verzug entstehende Ansprüche eindämmen (§§ 497, 498); diese Regelungen gehen über das kompensatorische Modell (→ Rn. 42) hinaus (→ Rn. 52). Auch der Schuldenvermehrung durch Kreditvermittlung will das Gesetz mit einigen Regeln entgegenwirken (§§ 655a bis 655e BGB).

5. Sittenwidriger Konsumentenkredit

Dagegen nimmt sich Verbraucherprivatrecht nicht der Wirksamkeit von Wil- 52 lenserklärungen überhaupt an (→ Rn. 34), sondern überlässt die Bewertung dieses Problems allgemeinen Vorschriften: Ob sich die Frage des Widerrufs einer Willenserklärung überhaupt stellt, weil der Kreditvertrag gegen die guten Sitten verstößt und die Vertragserklärung deshalb nichtig ist (→ § 495 Rn. 30: Doppelwirkung), richtet sich nach § 138 BGB und den dazu entwickelten Grundsätzen, wie sie Gegenstand der Rechtsprechung zum Konsumentenkredit sind; nur die in diesem Zusammenhang entwickelten Folgerungen für den Verzug sind nunmehr nach § 497 BGB zu beurteilen. Die von den Gesetzesverfassern in der Begründung zum Verbraucherkreditgesetz[133] formulierte Abstinenz in dieser

---

[132] Principles, Definitions and Model Rules of European Private Law, Full Edition, 2008, S. 94 zu D.; *Bülow* FS Müller-Graff, S. 170 (172).
[133] BT-Drucks. 11/5462, S. 16 zu IV. 2.; BT-Drucks. 11/8274, S. 23; s. auch *Bülow,* Sittenwidriger Konsumentenkredit, Rn. 5 ff., *E. Schmidt* DRiZ 1991, 81 (87); *Leinweber* Verbraucherverschuldung als Rechtsproblem, S. 218; aus der Rechtsprechung zuletzt BGH WM 2002, 955; in europäischer Sicht sind insoweit Maßnahmen ins Auge gefasst: Entschließung des Rates vom 26.11.2001 über den Verbraucherkredit und die Verschuldung der Verbraucher, AB1EG C 364, S. 1 vom 20.12.2002.

Frage ist zu begrüßen: Wie die filigrane höchstrichterliche Rechtsprechung, auch wenn man ihr nicht auf allen Wegen folgen sollte, zeigt, ist die Beurteilung von Sittenwidrigkeit und Vertragswirksamkeit von zahlreichen, sich vielfach an der aktuellen volkswirtschaftlichen Situation messenden Umständen abhängig, die sich einem starren Korsett entziehen; ein solches kann sich gerade gegen den Verbraucher richten, wo sich die flexible Anwendung einer Generalklausel zu seinen Gunsten geneigt hätte. Generalklauseln dürften unerlässlich und ihre Bewältigung durch die Rechtsprechung im Allgemeinen gesichert sein. Das umfassende Regelwerk der Rechtsprechung zum Konsumentenratenkredit bleibt also neben Verbraucherkreditrecht bestehen.

IV. Zeitliche Anwendungsbereiche

1. Grundlagen

53   **a) Die maßgebenden Zeiträume.** Kreditverhältnisse können längerfristig angelegt sein. Deshalb ist es denkbar, dass Darlehensverträge zu beurteilen sein können, die noch vor In-Kraft-Treten des Verbraucherkreditgesetzes am 1.1.1991 abgeschlossen worden waren. Angesichts der Unbefristetheit des Widerrufsrechts aufgrund von § 1b Abs. 2 AbzG (Anhang 2, und auch jetzt nach § 356b Abs. 2 Satz 1 BGB, → § 495 Rn. 164) können beispielsweise auch Bierlieferungsverträge aus dieser Zeit heute noch rechtlich virulent werden.[134] In der Folgezeit traten viele Änderungen ein (→ Rn. 14–26) bis hin zur Umsetzung der zweiten Verbraucherkreditrichtlinie (→ Rn. 7) und der Verbraucherrechte-Richtlinie (→ Rn. 6). Welcher Rechtsstand für einen Verbraucherkreditvertrag gilt, richtet sich nach dem Zeitpunkt seines Abschlusses (→ Rn. 55). Der zeitliche Anwendungsbereich von Verbraucherkreditrecht teilt sich danach in insgesamt neun Abschnitte ein, nämlich
– die Zeit bis zum In-Kraft-Treten des Verbraucherkreditgesetzes (31.12.1990),
– die Zeit des Verbraucherkreditgesetzes bis zu den Änderungen im Zuge des Fernabsatzgesetzes (1.1.1991 bis 30.9.2000),
– die Zeit bis zur Geltung des neuen Rechts durch die am 1.1.2002 eingetretene Schuldrechtsmodernisierung,
– die Zeit ab der Schuldrechtsmodernisierung (1.1.2002),
– die Zeit bis zu den Änderungen durch OLGVertrÄndG (ab 2.11.2002, für Haustürgeschäfte ab 1.2.2002, hierzu Voraufl. – 7. Aufl. – 5.Teil, Rn. 13, 14),
– den fernabsatzrechtlichen Neuerungen (ab 8.12.2004),
– die Zeit des VerbrKrRil-UG ab dem 11.6.2010; für diese Zeit kommt ein zusätzlicher Abschnitt hinzu, nämlich bis zum 29.7.2010, vor Inkrafttreten des VKrRiLUG-ÄndG am 30.7.2010 (→ Rn. 10), durch das eine Musterinformation nebst weiteren Neuerungen eingeführt wurde – es war nicht gelungen, auch insoweit den 11.6.2010 als Geltungszeitpunkt zu bewerkstelligen,[135]
– ab 4.8.2011 die Änderung von § 358 BGB in „Darlehensvertrag" statt „Verbraucherdarlehensvertrag" (→ § 495 Rn. 327),[136]

---

[134] S. zB BGH NJW 1997, 933.
[135] *Bülow* NJW 2010, 1713.
[136] BGH v. 30.9.2014 – XI ZR 168/13, NJW 2014, 3719 = WM 2014, 2091 mit Anm. *Bülow* WuB 2015, 7; BGBl. I, S. 1600, Nr. 41 v. 3.8.2011.

Einführung 54–56 **Einf**

– die Zeit ab dem 13.6.2014, der Umsetzung der VerbrRechteRil, und schließlich
– die Zeit ab dem 21.3.2016, der Umsetzung der Wohnimmobilien-Verbraucherkreditvertragsrichtlinie.

Den Übergang vom alten Recht zum seinerzeit neuen Verbraucherkreditrecht 54 bestimmen Art. 9 und 10 VerbrKrG/ZPOuaÄndG (→ Rn. 4), den durch das Fernabsatzgesetz bewirkten Übergang seinerzeit § 19 VerbrKrG, den durch das OLGVertrÄndG bewirkten Übergang Art. 229 § 9 EGBGB und die Geltungszeit des FernAbsÄndG Art. 229 § 11 EGBGB, den durch die Schuldrechtsmodernisierung bewirkten Übergang Art. 229 § 5 EGBGB, Art. 9 SchRModG und denjenigen des VerbrKrRil-UG Art. 229 § 22 EGBGB. Hinzu kommen marginale Änderungen während der Geltungszeit des Verbraucherkreditgesetzes (→ Rn. 6). Übergangsregelungen anlässlich der Umsetzung der VerbrRechteRil finden sich in Art. 229 § 32 EGBGB (→ Rn. 57).

b) Die maßgebende Zeitpunkte (Abschlusstatbestände). Nach welchen 55 Vorschriften ein Verbraucherkreditgeschäft zu beurteilen ist, richtet sich nach dem Zeitpunkt, in dem der Vertrag abgeschlossen wurde, resp., nach der allgemeiner gehaltenen Formulierung in Art. 229 § 5 Satz 1, 22 Abs. 2 EGBGB, nach dem Zeitpunkt der Entstehung des Schuldverhältnisses. Maßgebender Zeitpunkt ist also der Abschlusstatbestand, dh der Zeitpunkt des Zugangs übereinstimmender Willenserklärungen von Verbraucher und Unternehmer als Kreditgeber resp. Vermittler. Nicht kommt es also auf den Zugang bloß eines Vertragsangebots nur einer der Parteien, Verbraucher resp. Existenzgründer oder Unternehmer an, § 145 BGB; wurde das Vertragsangebot vor dem Stichtag abgegeben, aber erst danach angenommen, gilt neues Recht.[137] Liegt der Abschluss des Vertrags in der Zeit bis zum letzten Tag vor In-Kraft-Treten der neuen Vorschriften, 24.00 Uhr **(Altverträge),** sind die Vorschriften in der bis dahin geltenden Fassung anzuwenden; wurde der Vertrag danach abgeschlossen, gelten die neuen Vorschriften.

c) Beweislast für den Zeitpunkt des Abschlusstatbestandes. Beweisbedürftig ist im gegebenen Falle der Zeitpunkt des Abschlusstatbestandes. Umstritten ist, ob diejenige Partei, die sich auf den Abschlusstatbestand vor In-Kraft-Treten des Gesetzes beruft, hierfür die Beweislast trägt[138] und folglich ein *non liquet* zur Anwendung des neuen Gesetzes führt oder ob diejenige Partei, die sich auf die Anwendung des neuen Gesetzes beruft, also den Abschlusstatbestand nach In-Kraft-Treten des neuen Gesetzes behauptet, die Beweislast für den späteren Zeitpunkt trägt,[139] ein *non liquet* also nicht zur Anwendung des neuen Gesetzes führt. Die Antwort ist, dass es nach allgemeinen Grundsätzen[140] darauf ankommt, wer aus der früheren oder aus der neuen Rechtslage günstige Rechtsfolgen für sich selbst herleitet. Stützt sich der Verbraucher zB auf das nicht verfristete Widerrufsrecht, weil die Musterinformation noch nicht hätte eingesetzt werden dürfen (→ Rn. 54), trägt er die Beweislast für den Abschlusstatbestand vor dem 30.7.2010 (→ Rn. 11), sodass bei einem *non liquet* von der Ordnungsgemäßheit

---

[137] AnwKomm/*Budzikiewicz/Mansell* Art. 229 § 5 EGBGB Rn. 27.
[138] So *Fischer/Machunsky* § 9 HWiG Rn. 3; *Boecken* DB 1992, 461; *Probst* JR 1992, 133.
[139] So BGHZ 113, 222 (225 f.) = NJW 1991, 1052 mit Komm. *Pfeiffer* EWiR § 9 HWiG 1/91, 695 und Anm. *Buschbeck-Bülow* WuB IV E.–1.91; *Heinrich* Beweislast, S. 131.
[140] Normentheorie Rosenbergs, Die Beweislast, S. 98.

der Unterrichtung über das Widerrufsrecht auszugehen ist. Verlangt der Kreditgeber Wertersatz nach § 357a Abs. 3 Satz 4 iVm Abs. 2 Satz 4 BGB nach Maßgabe der vereinbarten Gegenleistung, macht der Verbraucher aber geltend, der vereinbarte Gesamtpreis sei unverhältnismäßig hoch und nach § 357 Abs. 2 Satz 5 der Marktpreis anzulegen (→ § 495 Rn. 227), trägt der Verbraucher die Beweislast für den Vertragsabschluss nach dem 12.6.2014, weil diese Regelung erst durch das VerbrRechteRil-UG eingeführt worden war.

2. Zeitliche Geltung der durch die VerbrRechteRil eingeführten Vorschriften (Art. 229 § 32 EGBGB, Art. 15 VerbrRechteRil-UG)

Art. 229 § 32 EGBGB

Übergangsvorschrift zum Gesetz zur Umsetzung der Verbraucherrechterichtlinie und zur Änderung des Gesetzes zur Regelung der Wohnungsvermittlung

(1) **Auf einen vor dem 13. Juni 2014 abgeschlossenen Verbrauchervertrag sind die Vorschriften dieses Gesetzes, des Bürgerlichen Gesetzbuchs, des Fernunterrichtsschutzgesetzes ... in der bis zu diesem Tag geltenden Fassung anzuwenden.**

(2) **Solange der Verbraucher bei einem Fernabsatzvertrag, der vor dem 13. Juni 2014 geschlossen wurde, nicht oder nicht entsprechend den zum Zeitpunkt des Vertragsschlusses geltenden gesetzlichen Anforderungen des Bürgerlichen Gesetzbuchs über sein Widerrufsrecht belehrt worden ist und solange das Widerrufsrecht aus diesem Grunde nicht erloschen ist, erlischt das Widerrufsrecht**
1. bei die Lieferung von Waren: zwölf Monate und 14 Tage nach Eingang der Waren beim Empfänger, jedoch nicht vor Ablauf des 27. Juni 2015,
2. bei der wiederkehrenden Lieferung gleichartiger Waren: zwölf Monate und 14 Tage nach Eingang der ersten Teillieferung, jedoch nicht vor Ablauf de 27. Juni 2015,
3. bei Dienstleistungen: mit Ablauf des 27. Juni 2015.

(3) **Solange der Verbraucher bei einem Haustürgeschäft, das vor dem 13. Juni 2014 geschlossen wurde, nicht oder nicht entsprechend den zum Zeitpunkt des Vertragsschlusses geltenden Anforderungen des Bürgerlichen Gesetzbuchs über sein Widerrufsrecht belehrt worden ist und solange das Widerrufsrecht aus diesem Grunde nicht erloschen ist, erlischt das Widerrufsrecht zwölf Monate und 14 Tage nach vollständiger Erbringung der beiderseitigen Leistungen aus dem Vertrag, nicht jedoch vor Ablauf des 27. Juni 2015.**

(4) ¹**Die Absätze 2 und 3 sind nicht anwendbar auf Verträge über Finanzdienstleistungen.** ²**Solange der Verbraucher bei einem Haustürgeschäft, durch das der Unternehmer dem Verbraucher eine entgeltliche Finanzierungshilfe gewährt und das vor dem 11. Juni 2010 geschlossen wurde, nicht oder nicht entsprechend den zum Zeitpunkt des Vertragsschlusses geltenden Anforderungen des Bürgerlichen Gesetzbuchs über sein Widerrufsrecht belehrt worden ist und solange das Widerrufsrecht aus diesem Grund nicht erloschen ist, erlischt das Widerrufsrecht zwölf Monate und 14 Tage nach vollständiger Erbringung der beiderseitigen Leistungen aus dem Vertrag, nicht jedoch vor Ablauf des 27. Juni 2015.**

Einführung   57–61   **Einf**

Art. 15 VerbrRechteRil-UG

Inkrafttreten

Dieses Gesetz tritt am 13. Juni 2014 in Kraft.

a) **Vertragsabschluss ab 13.6.2014.** Nach Art. 28 Abs. 2 VerbrRechteRil 57 gilt die Richtlinie für Verträge, die *nach* dem 13.6.2014 abgeschlossen wurden, was bedeuten würde, dass sie für Verträge, die *am* 13.6.2014 abgeschlossen wurden, nicht gälte. Andererseits bestimmt Art. 28 Abs. 1 Satz 4, dass die Mitgliedstaaten ihre Umsetzungsvorschriften ab dem 13.6.2014 anwenden, wie es auch Art. 15 VerbrRechteRil-UG vorsieht. Demgemäß sind nach Art. 229 § 32 Abs. 1 EGBGB die alten Vorschriften auf Verträge anzuwenden, die *vor* dem 13.6.2014 abgeschlossen worden waren. Nach der deutschen Regelung sind die neuen Vorschriften also auch auf solche **Verträge** anzuwenden, die **am 13.6.2014** – und natürlich danach – **abgeschlossen** wurden, und die Gesetzesverfasser gingen wohl als selbstverständlich davon aus, dass die europäischen Normgeber dies gemeint hatten.

b) **Unbefristete Alt-Widerrufsrechte.** Art. 229 § 32 Abs. 2 bis 4 EGBGB 58 bestimmt das Erlöschen alter Widerrufsrechte, die aufgrund der Altregelung von § 355 Abs. 4 Satz 3 BGB aF unbefristet – vorbehaltlich der Nachholung nach § 492 Abs. 6 (→ § 492 Rn. 155) – Bestand hatten, nämlich bei insuffizienter Widerrufsbelehrung.

Aufgrund der Neuregelungen nach Umsetzung der VerbrRechteRil erlöschen 59 Widerrufsrechte durch Zeitablauf, nämlich nach einem Jahr zuzüglich der Widerrufsfrist von 14 Tagen gem. §§ 356 Abs. 4, Abs. 5 und Abs. 3 Satz 2 sowie 356a Abs. 3 Satz 2 und 356c Abs. 2 Satz 2 (→ § 495 Rn. 165) mit Ausnahme von Finanzdienstleistungen (§ 356 Abs. 4 Satz 2 BGB). Diese Erlöschensregelungen werden gem. Art. 229 § 32 Abs. 2 EGBGB auf Alt-Widerrufsrechte aus Fernabsatzgeschäften und gem. § 32 Abs. 3 auf solche aus Haustürgeschäften, im Besonderen auf Haustürgeschäfte über eine entgeltliche Finanzierungshilfe gem. § 32 Abs. 4 Satz 2, übertragen.

Bei **Fernabsatzgeschäften** erlöschen Widerrufsrechte, die nach der vorange- 60 gangenen Rechtslage unbefristet entstanden waren (→ Rn. 58), nach zwölf Monaten und 14 Tagen. Der Beginn für diese Erlöschensfrist richtet sich nach den Vorschriften über den Beginn der Widerrufsfrist nach § 356 Abs. 2 Satz 1 BGB nF, für Dienstleistungen nach der neuen Vorschrift von § 355 Abs. 2 Satz 2 BGB. Die Erlöschensregelung gilt für Fernabsatzverträge, die vor dem 13.6.2014 abgeschlossen wurden, also für Altverträge. Der Fristbeginn, zB die Warenlieferung nach Art. 229 § 32 Abs. 2 Nr. 1 EGBGB iVm § 356 Abs. 2, kann und wird meistens *vor* dem 13.6.2014 liegen, sodass das Erlöschen vor dem 27.6.2015 (Inkrafttreten des neuen Rechts zuzüglich ein Jahr und 14 Tage) eintreten würde. Dies schließt das Gesetz aber aus, indem das Alt-Widerrufsrecht nicht vor dem 27.6.2015 erlischt. Es kann auch später erlöschen, wenn Warenlieferung oder Dienstleistung trotz Vertragsabschluss vor dem 13.6.2014 nach diesem Datum vonstatten gingen.

Bei **Haustürgeschäften** nach § 312 BGB aF hängt das Erlöschen gem. 61 Art. 229 § 32 Abs. 3 EGBGB von der vollständigen beiderseitigen Leistungserbringung ab. Diese Voraussetzung beruht einerseits darauf, dass die hierfür geltende Haustürgeschäfts-Richtlinie 85/577/EWG (Vorgängerrichtlinie zur Verbr-

RechteRil) eine Befristung des Widerrufsrechts nicht vorsieht[141] (→ Rn. 24), dieses aber voraussetzt, dass Verpflichtungen aus dem Vertrag bestehen; das ist im Falle beiderseitiger Erfüllung jedoch nicht mehr der Fall.[142] Deshalb kann das Erlöschen für diesen Fall bestimmt werden. Auch hier ist frühester Erlöschenszeitpunkt der 27.6.2015 (→ Rn. 60).

62 Bei **Haustürgeschäften,** deren Gegenstand eine **Finanzierungshilfe** nach § 506 BGB (vor dem 11.6.2010 §§ 499 bis 501 BGB aF) ist, tritt gem. Art. 229 § 32 Abs. 4 Satz 1 EGBGB und § 495 Abs. 2 Nr. 2 lit. b BGB aF kein Erlöschen bei insuffizienter Widerrufsinformation ein, weil die zweite VerbrKrRil 2008/48/EG ein solches Erlöschen nicht vorsieht. Vor dem 11.6.2010 galt jedoch noch die erste VerbrKrRil 87/102/EWG, die ein Widerrufsrecht nicht kannte (→ Rn. 4, 7). Deshalb konnte für solche Altverträge die Regelung von Art. 229 § 32 Abs. 3 (→ Rn. 61) übernommen werden.[143]

63 Für **Darlehensverträge,** die zugleich Haustürgeschäfte sind, bleibt es auch für Altverträge, die vor dem 11.6.2010 geschlossen wurden, bei der Unbefristetheit.

64 c) **Insbesondere: Fernunterrichtsverträge.** Auch ein Fernunterrichtsvertrag kann zugleich ein Haustürgeschäft sein, sodass bei insuffizienter Widerrufsbelehrung Art. 229 § 32 Abs. 3 EGBGB anwendbar ist. Ist der Vertrag zugleich ein Fernabsatzgeschäft, gilt § 32 Abs. 2. Der Fernunterrichtsvertrag braucht aber weder das eine noch das andere zu sein (wovon § 3 Abs. 2 FernUSG nF ausgeht, → § 506 Rn. 45), sodass nach § 4 Abs. 1 FernUSG aF bei insuffizienter Widerrufsbelehrung § 355 Abs. 4 Satz 3 BGB aF anwendbar ist, der Fernunterrichtsvertrag also unbefristet widerruflich ist (Gleiches gilt bis zum Zugang des ersten Fernlehrmaterials gem. § 4 Abs. 1 Satz 2 FernUSG aF). Für diesen Regelfall eines Fernunterrichtsvertrags enthält Art. 229 § 32 EGBGB keine Übergangsregelung, sodass es für Altverträge bei der Unbefristetheit bleibt (während sich für Neuverträge das Erlöschen nach § 4 Satz 2 FernUSG nF iVm § 356 BGB nF richtet, das Widerrufsrecht also gem. § 356 Abs. 3 Satz 2 resp. Abs. 4 BGB erlischt).

3. Zeitliche Geltung der durch die Wohnimmobilien-Verbraucherkreditrichtlinie eingeführten Vorschriften (Art. 229 § 38 EGBGB, Art. 13 WohnimmoRil-UG)

Art. 229 § 38 EGBGB

Übergangsvorschrift zum Gesetz zur Umsetzung der Wohnimmobilienkreditrichtlinie

(1) ¹Dieses Gesetz und das Bürgerliche Gesetzbuch jeweils in der bis zum 20. März 2016 geltenden Fassung sind vorbehaltlich des Absatzes 2 auf folgende Verträge anzuwenden, wenn sie vor dem 21. März 2016 abgeschlossen wurden:
1. Verbraucherdarlehensverträge und Verträge über entgeltliche Finanzierungshilfen,
2. Verträge über die Vermittlung von Verträgen gemäß Nummer 1.

---

[141] EuGH v. 13.12.2001 – C-481/99 – *Heininger* –, NJW 2002, 281 = WM 2001, 2434.
[142] EuGH v. 10.4.2008 – C-412/06 – *Hamilton* –, Tz. 41, NJW 2008, 1865.
[143] BT-Drucks. 17/13951, S. 104.

² Für Verbraucherdarlehensverträge gemäß § 504 des Bürgerlichen Gesetzbuchs ist der Zeitpunkt des Abschlusses des Vertrages maßgeblich, mit dem der Darlehensgeber dem Darlehensnehmer das Recht einräumt, sein laufendes Konto in bestimmter Höhe zu überziehen. ³ Für Verbraucherdarlehensverträge gemäß § 505 Absatz 1 des Bürgerlichen Gesetzbuchs ist der Zeitpunkt des Abschlusses des Vertrages maßgeblich, mit dem der Unternehmer mit dem Verbraucher ein Entgelt für den Fall vereinbart, dass er eine Überziehung seines laufenden Kontos duldet.

(2) Die §§ 504a und 505 Absatz 2 des Bürgerlichen Gesetzbuchs sind auf Verbraucherdarlehensverträge gemäß den §§ 504 und 505 des Bürgerlichen Gesetzbuchs auch dann anzuwenden, wenn diese Verträge vor dem 21. März 2016 abgeschlossen wurden.

Art. 13 WohnimmoRil-UG
Inkrafttreten
(1) Dieses Gesetz tritt am 21. März 2016 in Kraft.
...

a) Vertragsschluss ab 21.3.2016. Wurde der Kreditvertrag in der Zeit bis zum 20.3.2016 abgeschlossen, ist das BGB in alter Fassung anzuwenden, während die neuen, in deutsches Recht umgesetzten sowie die weitergehenden Vorschriften (wie z.B. § 504a) ab dem 21.3.2016 anzuwenden sind, wie Art. 42 Abs. 2 der WohnimmoRil zu entnehmen ist. Der Begriff „Vertragsschluss" erfasst auch den gescheiterten und zum nichtigen Vertrag nach § 494 Abs. 1 BGB führenden, sodass sich die Rechtsfolgen von Formmängeln nach der Fassung von § 494 richten, die nach Art. 13 WohnimmoRil-UG ab dem 21.3.2016 gilt. 65

b) Besonderheiten für eingeräumte und geduldete Überziehungen nach §§ 504, 505 BGB. Nach Art. 229 § 38 Abs. 1 Satz 2 EGBGB kommt es für das anwendbare Recht nicht auf den Zeitpunkt der Überziehung an, sondern auf den Vertrag, durch den die Fazilität eingeräumt wurde, also auf den Zeitpunkt der Rahmenvereinbarung. Liegt diese nach dem 20.3.2016, gilt neues Recht. Für die geduldete Überziehung nach § 505 kommt es auf den Zeitpunkt an, in dem die Entgeltvereinbarung getroffen worden war (→ § 505 Rn. 7). Gesetzgeberischer Grund hierfür ist, dass unterschiedliche Regelungen hinsichtlich der jeweiligen Überziehung und der zugrunde liegenden Rahmenvereinbarung verhindert werden sollen.¹⁴⁴ 66

c) Besonderheiten für Beratungspflichten nach §§ 504a und 505 Abs. 2 Satz 2. Anders als für die Rahmenvereinbarungen von §§ 504 und 505 (→ Rn. 66) kommt es für Beratungspflichten bei dauerhafter und erheblicher Überziehung nach Art. 229 § 38 Abs. 2 EGBGB nicht auf den Zeitpunkt an, in dem der Überziehungsvertrag geschossen wurde, sondern auf die relevante Überziehung. Die Relevanz kann sich nur nach den ab dem 21.3.2016 geltenden Vorschriften richten, sodass der Sechs-Monate-Zeitraum nach § 504a Abs. 1 Satz 1 BGB frühestens am 21.9.2016 erreicht sein kann (→ § 504a Rn. 10), der Drei-Monate-Zeitraum nach § 505 Abs. 2 Satz 2 frühestens am 22.6.2016 (→ § 505 Rn. 17a, 17d). 67

---

¹⁴⁴ BT-Drucks. 18/5922 (RegE), S. 116.

68 **d) Unbefristete Widerrufsrechte.** Das Erlöschen von Widerrufsrechten anlässlich der Umsetzung der VerbrRechteRil nach Art. 229 § 32 Abs. 2 und 3 EGBGB bezog sich nicht auf Verträge über Finanzdienstleistungen (→ Rn. 62, 63). Die Widerrufsrechte, bei denen die Widerrufsfrist wegen insuffizienter oder fehlender Widerrufsinformation nicht begonnen hatte, bleiben also bestehen. Sie sind typischerweise auch einer Verwirkung nicht zugänglich (→ § 495 Rn. 26a). Es sind also auch Widerrufsrechte bestehen geblieben, die für Immobiliardarlehensverträge iSv § 503 BGB aF gelten. Für Immobiliardarlehensverträge nach neuem Recht, das heißt mit Vertragsschluss ab dem 21.3.2016, tritt jedoch das Erlöschen nach der neuen Vorschrift von § 356b Abs. 2 Satz 2 BGB ein (*Omlor* NJW 2016, 1265). Alt- und Neuverträge entwickeln sich in dieser Frage unterschiedlich. Außerdem ist bei Altverträgen zu differenzieren (→ Rn. 69).

69 **e) Insbesondere: Immobiliardarlehen zwischen 2002 und 2010 (Art. 229 § 38 Abs. 3 Satz 1 EGBGB).** Gemäß Art. 229 § 38 Abs. 3 EGBGB erlöschen auch die Widerrufsrechte aus Altverträgen mit insuffizienter Widerrufsinformation, die zwischen dem 1.9.2002 und dem 10.6.2010 abgeschlossen worden waren, also vor Umsetzung der VerbrKrRil 2008/48/EG (→ Rn. 7, 53). Bis dahin galt auch für Verbraucherkreditgeschäfte das Regime der Widerrufsbelehrung (→ § 495 Rn. 112 ff.), während jetzt das Konzept der Widerrufsinformation als Pflichtangabe im Vertrag gilt (→ § 492 Rn. 131, § 495 Rn. 80 ff.). Die Grundlage für ein ewiges Widerrufsrecht entstand durch das OLG-VertretungsÄndG (→ Rn. 24), das von der BGB-InfoVO begleitet war; diese galt ab 1.9.2002. Mit der BGB-InfoVO wurde eine Musterbelehrung mit Gesetzlichkeitsfiktion geschaffen, welche freilich selbst insuffizient gewesen war, sodass unerfreuliche Problemlagen entstanden (→ § 495 Rn. 132, 140). Ewige Widerrufsrechte für Immobiliardarlehensverträge aus diesem Zeitraum erlöschen gemäß Art. 229 § 38 Abs. 3 Satz 1 EGBGB drei Monate nach Inkrafttreten des WohnimmoRil-UG also mit **Ablauf des 21.6.2016.** Das Erlöschen bezieht sich nur auf insuffiziente, nicht aber auf gänzlich fehlende Widerrufsbelehrungen,[145] weil insoweit die BGB-InfoVO nicht berührt ist.

70 **f) Insbesondere: Immobiliardarlehen als Haustürgeschäfte (Art. 229 § 38 Abs. 3 Satz 2 EGBGB).** Ist der Darlehensvertrag zugleich ein Haustürgeschäft nach § 312 BGB aF und Geltung der früheren, durch die Verbraucherrechte-Richtlinie abgelöste Haustürgeschäfte-Richtlinie 85/577/EWG, setzt das Erlöschen des Widerrufsrechts nach der *Hamilton*-Entscheidung des EuGH[146] voraus, dass die beiderseitigen Leistungen vollständig erbracht worden waren (→ Rn. 61). Das Widerrufsrecht müsste innerhalb eines Monats nach diesem Umstand ausgeübt werden. Das Erlöschen an dem durch Art. 229 § 38 Abs. 1 Satz 1 EGBGB bestimmten Zeitpunkt vom 21.6.2016 (→ Rn. 69) tritt demgemäß nur ein, wenn mit Ablauf des 21.5.2015 die beiderseitigen Leistungen erbracht worden waren. Liegt der Zeitpunkt der Leistungserbringung nach dem 21.5.2016, errechnet sich der Erlöschenszeitpunkt mit einem Monat, beginnend mit dem Tag der Erfüllung, wie Art. 229 § 38 Abs. 3 Satz 2 bestimmt.

---

[145] BT-Drucks. 18/7584 (Rechtsausschuss), S. 156.
[146] Vom 10.4.2008 – C-412/06, Rn. 42, 45, NJW 2008, 1865.

V. Gang der Darstellung

Mit der Schuldrechtsmodernisierung sind gemeinsame verbraucherprivatrechtliche Grundsätze, die vorher im Verbraucherkreditgesetz angesiedelt waren, herausgelöst und im Allgemeinen Teil sowie im Allgemeinen Schuldrecht des BGB niedergelegt worden. Randmaterien wie die Darlehensvermittlung wurden in einen anderen sachlichen Zusammenhang, hier in das Maklerrecht, ausgegliedert. Während sich das Verbraucherkreditrecht früher im Wesentlichen in einem einheitlichen Normengefüge, dem Verbraucherkreditgesetz, wiederfand, erfassen die neuen §§ 491 bis 512 BGB nur einen, wenn auch wesentlichen, Teil der Gesamtmaterie. Daraus ergibt sich die Gliederung dieses Kommentars zum Verbraucherkreditrecht in vier Teile: **71**

Der 1. Teil enthält den materiellrechtlichen Kern des Verbraucherkreditrechts, beschränkt sich aber nicht auf die Kommentierung von §§ 491 bis 512, sondern umfasst in verbraucherkreditrechtlicher Sicht auch vollständig die in §§ 355 bis 361 niedergelegten Bestimmungen über Widerruf und verbundene Geschäfte. Sie sind Teil der Kommentierung von § 495 BGB. **72**

Der 2. Teil widmet sich der Vermittlung von Verbraucherkreditverträgen und kommentiert die §§ 655a bis 655e BGB. **73**

Der 3. Teil enthält das Internationale Verbraucherkreditrecht, namentlich im Hinblick auf Art. 6 sowie Art. 9, 10 Rom I-VO und Art. 46b EGBGB, außerdem verbraucherkreditrechtliche Aspekte im UN-Kaufrecht und Rechtsfragen des AEUV. **74**

Im 4. Teil ist das Verbraucherkredit-Mahnverfahren nach §§ 688 bis 691 ZPO nebst zusammenhängenden prozessualen Fragen, insbesondere internationales Zivilprozessrecht in Gestalt von Art. 17 EuGVVO, Gegenstand der Kommentierung. **75**

1. Teil. Darlehen und Finanzierungshilfen, Widerruf und verbundene Geschäfte (§§ 491 bis 513, 355 bis 360, 13, 14 BGB)

Titel 3. Darlehensvertrag; Finanzierungshilfen und Ratenlieferungsverträge zwischen einem Unternehmer und einem Verbraucher

Untertitel 1. Darlehensvertrag

Kapitel 2. Besondere Vorschriften für Verbraucherdarlehensverträge

§ 491 Verbraucherdarlehensvertrag

(1) ¹Die Vorschriften dieses Kapitels gelten für Verbraucherdarlehensverträge, soweit nichts anderes bestimmt ist. ²Verbraucherdarlehensverträge sind Allgemein-Verbraucherdarlehensverträge und Immobiliar-Verbraucherdarlehensverträge.

(2) ¹Allgemein-Verbraucherdarlehensverträge sind entgeltliche Darlehensverträge zwischen einem Unternehmer als Darlehensgeber und einem Verbraucher als Darlehensnehmer. ²Keine Allgemein-Verbraucherdarlehensverträge sind Verträge,
1. bei denen der Nettodarlehensbetrag (Artikel 247 § 3 Abs. 2 des Einführungsgesetzes zum Bürgerlichen Gesetzbuche) weniger als 200 Euro beträgt,
2. bei denen sich die Haftung des Darlehensnehmers auf eine dem Darlehensgeber zum Pfand übergebene Sache beschränkt,
3. bei denen der Darlehensnehmer das Darlehen binnen drei Monaten zurückzuzahlen hat und nur geringe Kosten vereinbart sind,
4. die von Arbeitgebern mit ihren Arbeitnehmern als Nebenleistung zum Arbeitsvertrag zu einem niedrigeren als dem marktüblichen effektiven Jahreszins (§ 6 der Preisangabenverordnung) abgeschlossen werden und anderen Personen nicht angeboten werden,
5. die nur mit einem begrenzten Personenkreis auf Grund von Rechtsvorschriften in öffentlichem Interesse abgeschlossen werden, wenn im Vertrag für den Darlehensnehmer günstigere als marktübliche Bedingungen und höchstens der marktübliche Sollzinssatz vereinbart sind,
6. bei denen es sich um Immobiliar-Verbraucherdarlehensverträge gemäß Absatz 3 handelt.

(3) ¹Immobiliar-Verbraucherdarlehensverträge sind entgeltliche Darlehensverträge zwischen einem Unternehmer als Darlehensgeber und einem Verbraucher als Darlehensnehmer, die
1. durch ein Grundpfandrecht oder eine Reallast besichert sind oder
2. für den Erwerb oder die Erhaltung des Eigentumsrechts an Grundstücken, an bestehenden oder zu errichtenden Gebäuden oder für den Erwerb oder die Erhaltung von grundstücksgleichen Rechten bestimmt sind.

§ 491

1. Teil. Darlehen und Finanzhilfen

²Keine Immobiliar-Verbraucherdarlehensverträge sind Verträge gemäß Absatz 2 Satz 2 Nummer 4. ³Auf Immobiliar- Verbraucherdarlehensverträge gemäß Absatz 2 Satz 2 Nummer 5 ist nur § 491a Absatz 4 anwendbar.

(4) § 358 Abs. 2 und 4 und die §§ 491 bis 495 und 505a bis 505d sind nicht auf Darlehensverträge anzuwenden, die in ein nach den Vorschriften der Zivilprozessordnung errichtetes gerichtliches Protokoll aufgenommen oder durch einen gerichtlichen Beschluss über das Zustandekommen und den Inhalt eines zwischen den Parteien geschlossenen Vergleichs festgestellt sind, wenn in das Protokoll oder den Beschluss der Sollzinssatz, die bei Abschluss des Vertrags in Rechnung gestellten Kosten des Darlehens sowie die Voraussetzungen aufgenommen worden sind, unter denen der Sollzinssatz oder die Kosten angepasst werden können.

Vorgängervorschriften: § 1 Abs. 1 Satz 1, Abs. 2, § 3 VerbrKrG

Schrifttum: Zum Anwendungsbereich insgesamt: *Baltes,* Das AbzG in seinem sachlichen Anwendungsbereich als Verbraucherschutzgesetz, 1985; Bankenfachverband e. V. Stellungnahme zum Regierungs-Entwurf eines Gesetzes über Verbraucherkredite, zur Änderung der Zivilprozeßordnung und anderer Gesetze (BT-Drucks. 11/5462 v. 25.10.1989), FLF 1990, 31; *Böhner,* Schriftform und Widerrufsrecht bei Franchiseverträgen nach dem Verbraucherkreditgesetz, NJW 1992, 3135; *Bülow,* Kreditvertrag und Verbraucherkreditrecht im BGB, in: Schulze/Schulte-Nölke (Hrsg.), Die Schuldrechtsreform vor dem Hintergrund des Gemeinschaftsrecht, 2001, S. 153; *Enders,* Neuerungen im Recht der Verbraucherdarlehensverträge, 2004; *Etzkorn,* Allgemeine Geschäftsbedingungen für Inhaber von Kreditkarten, WM 1991, 1901; *Gilles,* Auf dem Weg zu einem Verbraucherkreditgesetz, ZRP 1989, 299; *Grimm,* Das neue Verbraucherkreditgesetz, 1993; *Chr. Heinrich,* Die Beweislast bei Rechtsgeschäften, 1996; *Kammel,* Der Anwendungsbereich des Verbraucherkreditgesetzes unter Beschränkung auf Kreditverträge, 1996; *Leverenz,* Die Gestaltungsrechte des Bürgerlichen Rechts, Jura 1996, 1; *Marschall v. Bieberstein,* Gutachten zur Reform des finanzierten Abzahlungskaufs, 1978; *Medicus,* Gedanken zum Anwendungsbereich des Abzahlungsgesetzes, Festschrift Karl Larenz, 1983, S. 411; *Michalski,* Das Verbraucherkreditgesetz, Jura 1997, 169; *Nees,* Der Kauf zum Kreditpreis (Finanzierungskauf), WRP 1988, 509; *Ose,* Zum Entwurf eines Verbraucherkreditgesetzes, FLF 1990, 28; *Reich,* Abzahlungsrecht und Verbraucherschutz, JZ 1975, 550; *Reinicke/Tiedtke,* Zweifelsfragen bei der Anwendung des Verbraucherkreditgesetzes, ZIP 1992, 217; *Reinking/ Nießen,* Problemschwerpunkte im Verbraucherkreditgesetz, ZIP 1991, 634; *Schmelz/Klute,* Zum Gesetzentwurf für ein neues Verbraucherkreditgesetz, ZIP 1991, 1509; *Schürnbrand,* Zwingender Verbraucherschutz und das Verbot unzulässiger Rechtsausübung, JZ 2009, 133; *E. Wolf,* Die Rechtsprechung des Bundesgerichtshofs zum Kaufrecht, WM 1998, Beil. 2.

Zum persönlichen Anwendungsbereich: *Artz,* Der Verbraucher als Kreditnehmer, 2001; *Broß,* Ausgewählte Probleme des Wettbewerbs der öffentlichen Hand, VerwArch 1996, 733; *ders.,* Überlegungen zum Wettbewerb der öffentlichen Hand, Festschrift Piper 1996, S. 107; *Buchner,* Das Recht der Arbeitnehmer, der Arbeitnehmerähnlichen und der Selbständigen – jedem das Gleiche oder jedem das Seine?, NZA Sonderheft 1999, S. 20; *Bülow,* Scheinselbständiger und Ich-AG als Verbraucher nach § 13 BGB?, Festschrift Derleder 2005, S. 27; *ders.,* Der Verbraucherbegriff des BGB – Missverständnisse zur Vollharmonisierung, WM 2006, 1513; *ders.,* Verbraucher, Konsument und Kleinanleger (Privatkunde), Festschrift Nobbe, 2009, S. 495; *ders.,* Gesetzeswortlaut und Rechtsanwendung – Beweislast für die Verbrauchereigenschaft, Subsidiarität des Einwendungsdurchgriffs, Gedächtnisschr. Manfred Wolf 2010, S. 3; *ders.,* Beweislast für die Verbrauchereigenschaft nach § 13 BGB, WM 2011, 1349; *ders.,* Harmonisierter Bereich und Verbindlichkeit europäischer Rechtsakte, WM 2013, 245; *ders.,* Ein neugefasster § 13 BGB – überwiegende Zweckbestimmung, WM 2014, 1; *Dauner-Lieb/Dötsch,* Ein „Kaufmann" als „Verbraucher"? – Zur Verbrauchereigenschaft des Personengesellschafters, DB 2003, 1666; *Debald,* Scheinselbständige – Verbraucher im Sinne des § 13 BGB?, 2005; *Denkinger,* Der Verbraucherbegriff, 2007; *Duve,* Verbraucherschutzrecht und Kodifikationsgedanke, Jura

Verbraucherdarlehensvertrag § 491

2002, 793; *Ebers,* Wer ist Verbraucher? – Neuere Entwicklungen in der Rechtsprechung des BGH und EuGH, VuR 2005, 361; *Enders,* Neuerungen im Recht der Verbraucherdarlehensverträge, 2004; *Flume,* Vom Beruf unserer Zeit für Gesetzgebung, ZIP 2000, 1427; *Gregor,* Der Unternehmerbegriff in den Verbraucherschutzrichtlinien und seine Umsetzung, GPR 2007, 73; *Halfmeier,* Widersprüchliches Verhalten als opt-out aus dem Europäischen Verbraucherschutzrecht?, GPR 2005, 184; *Henrici,* Der rechtliche Schutz für Scheinselbständige, 2002; *Herresthal,* Scheinunternehmer und Scheinverbraucher im BGB, JZ 2006, 695; *Hönn,* Kompensation gestörter Vertragsparität, 1982; *ders.,* Zum persönlichen Anwendungsbereich von Verbraucherschutznormen, Gedächtnisschrift für Dietrich Schultz 1987, S. 79; *ders.,* Entwicklungslinien des Vertragsrechts, JuS 1990, 953; *ders.,* Zu den „Besonderheiten" des Arbeitsrechts, ZfA 2003, 325; *Hoffmann,* Das Zusammentreffen von Handelskauf und Verbrauchsgüterkauf: Wertungswidersprüche und Korrekturbedarf, BB 2005, 2090; *J. Hoffmann,* Der Verbraucherbegriff des BGB nach Umsetzung der Finanz-Fernabsatzrichtlinie, WM 2006, 460; *Hopt,* Handelsgesellschaften ohne Gewerbe und Gewinnerzielungsabsicht?, ZGR 1987, 145; *Hromadka,* Arbeitnehmerähnliche Personen – Rechtsgeschichtliche, dogmatische und rechtspolitische Überlegungen, NZA 1997, 1249; *Hümmerich,* Der Verbraucher-Geschäftsführer – Das unbekannte Wesen, NZA 2006, 709; *Hüttebräuker,* Die Entstehung der EG-Richtlinien über den Verbraucherkredit, Diss. Bonn 2000; *Jacobs,* Der arbeitnehmerähnliche Scheinselbständige, ZIP 1999, 1549; *Jauernig,* Verbraucherschutz in Mischfällen, Festschrift Schlechtriem 2003, S. 569; *Kern,* Die Entwicklung des Verbraucherbegriffs, ZGS 2009, 456; *Kieselstein/Rückebeil,* Der Verbraucher im BGB, ZGS 2007, 54; *Kleindiek,* Unternehmensleiter als Verbraucher?, Festschrift Otte 2005, S. 185; *Kunkel,* Das Junge Konto – Minderjährigenschutz im Rahmen des Girovertrages, RPfl 1997, 1; *Kurz,* Ist der Mehrheitsgesellschafter und Alleingeschäftsführer einer GmbH „Verbraucher"?, NJW 1997, 1828; *Loacker,* Verbraucherverträge mit gemischter Zwecksetzung, JZ 2013, 234; *Mankowski,* Der Nachweis der Unternehmereigenschaft, VuR 2004, 79; *ders.,* „Gemischte Verträge" und der persönliche Anwendungsbereich des internationalen Verbraucherschutzrechts, IPrax 2005, 503; *Maschmann,* Arbeitsverträge und Verträge mit Scheinselbständigen, 2001; *Maume,* Der umgekehrte Verbrauchervertrag, NJW 2016, 1041; *Mohr,* Der Begriff des Verbrauchers und seine Auswirkungen auf das neugeschaffene Kaufrecht und das Arbeitsrecht, AcP 204 (2004), 660; *Mülbert,* Der (zukünftige) Gesellschafter – stets ein Verbraucher?, Festschrift Hadding 2004, S. 575; *Najdecki,* Rollenwechsel beim Verbrauchsgüterkauf, ZGS 2009, 155; *Neuvians,* Die arbeitnehmerähnliche Person, 2002; *Paulusch,* Höchstrichterliche Rechtsprechung zum Brauerei- und Gaststättenrecht, 7. Aufl. 1992; *Pense,* Kreditkartenbedingungen in den Grenzen des AGB-Gesetzes, 1998; *F. Peters,* Das Abzahlungsgesetz und der private Verkäufer, JZ 1986, 409; *Petersen,* Verbraucher und Unternehmer, Jura 2007, 905; *Pfeiffer,* Der Verbraucher nach § 13 BGB, in: Schulze/Schulte-Nölke (Hrsg.), Die Schuldrechtsreform vor dem Hintergrund des Gemeinschaftsrechts, 2001, S. 133; *Pfeiffer/Dauck,* BGH-Rechtsprechung aktuell: Verbraucherkreditgesetz, NJW 1997, 30; *F. Pfeiffer,* Der Schutz des (Klein-)Anlegers im Rahmen der Verhaltensregeln der §§ 31, 32 WpHG, Diss. Augsburg 1999; *Piekenbrock/Ludwig,* Zum deutschen und europäischen Verbraucherbegriff, GPR 2010, 114; *Reiserer,* Der GmbH-Geschäftsführer – ein Arbeitnehmer?, DStR 2000, 31; *Rieble/Klumpp,* Widerrufsrechte des Arbeitnehmer-Verbrauchers, ZIP 2002, 2153; *Riesenhuber/v. Vogel,* Der Aufhebungsvertrag als Haustürgeschäft?, NJW 2005, 3457; *dies.,* Sind Arbeitnehmer Verbraucher iSv § 13 BGB?, Jura 2006, 81; *Schlierbach/Püttner,* Das Sparkassenrecht in der Bundesrepublik Deutschland, 3. Aufl. 1994; *K. Schmidt,* „Unternehmer" – „Kaufmann" – „Verbraucher", BB 2005, 837; *ders.,* Verbraucherbegriff und Verbrauchervertrag, JuS 2006, 1; *Schnorr,* Die steuerrechtliche Abgrenzung zwischen Gewerbebetrieb und Vermögensverwaltung, NJW 2004, 3214; *Scholz,* Bedeutung und Umfang des persönlichen Regelungsbereichs für Verbraucherkreditbestimmungen, ZIP 1981, 1051; *ders.,* Grenzen der Anwendung des Verbraucherkreditgesetzes auf Existenzgründungskredite, DB 1993, 261; *Schürnbrand,* Zwingender Verbraucherschutz und das Verbot unzulässiger Rechtsausübung, JZ 2009, 133; *Stadler,* Anwendungsvoraussetzungen und Anwendungsbereich des *Common European Sales Law,* AcP 212 (2012), 473; *Ultsch,* Der einheitliche Verbraucherbegriff – §§ 13, 14 BGB: Nationale Vereinheitlichung im Lichte europäischer Vorgaben, 2006; *Vortmann,* Bankgeschäfte mit Minderjährigen, WM 1994, 965; *Wacker-*

§ 491   1. Teil. Darlehen und Finanzhilfen

barth, Zur Anwendung des Verbraucherkreditgesetzes auf die persönliche Mitverpflichtung des GmbH-Gesellschafters, DB 1998, 1950; *K.-R. Wagner,* Ausstieg aus fremdfinanzierten geschlossenen Immobilienfonds per HWiG, VerbrKrG, Anlageberatungshaftung und Prospekthaftung, NZG 2000, 169; *Wank,* Arbeitnehmer und Selbständige, 1988; *Chr. Weber,* Das aufgespaltene Arbeitsverhältnis, 1992; *Weyer,* Handelsgeschäfte (§§ 343 ff. HGB) und Unternehmergeschäfte (§ 14 BGB), WM 2005, 490; *Windel,* Die sorgeberechtigten Eltern in der Falle des Verbraucherschutzrechts, JuS 1996, 812.
 Siehe außerdem das Schrifttum zu § 507.
 Insbesondere: **Darlehen.** *Ady, Billing/Milsch,* Der Ratenkauf im Internet, NJW 2015, 2369; Die „unechte Abschnittsfinanzierung" nach der Umsetzung der Verbraucherkreditrichtlinie, WM 2010, 1305; *Bühler/Köndgen/Schmidt,* Schutz und Diskriminierung durch § 609a BGB, ZBB 1990, 49; *Bülow,* Beweislast bei der Kündigung eines Verbraucherdarlehens gem. §§ 609a Abs. 1 Nr. 2 BGB, 1 Abs. 1 Verbraucherkreditgesetz – Entwurf, NJW 1990, 2534; *ders.,* Rechtsfragen des Immobiliar-Verbraucherkreditvertrags im neuen Recht, WM 2015, 1309; *Coester-Waltjen,* Der Verbraucherdarlehnsvertrag, Jura 2002, 675; *Dörrie,* Der Verbraucherdarlehensvertrag im Fernabsatz, ZBB 2005, 121; *Etzkorn,* Rechtsfragen bei Zahlung mit Kreditkarte, Die Bank 1993, 28; *Grziwotz,* (Verbraucher-)Schutz vor dem Notar oder durch den Notar?, ZIP 2002, 2109; *Hammen,* Zinsobergrenzen im letzten „Reservat" des Faustpfandes, WM 1995, 185; *Häuser/Welter,* Neues Recht der Darlehenskündigung, NJW 1987, 17; *Heerstraßen,* Kreditkarten und Verbraucherkreditgesetz, Festschrift Merle 2000, S. 167; *Heider,* Der Ausschluss vorgeförderten Ausbildungsdarlehen aus dem Verbraucherkrditrecht, BKR 2014, 277; *Heise,* Verbraucherkredit und Geschäftskredit in der Insolvenz, 2001; *Herresthal,* Formanforderungen bei Änderungen eines Verbraucherdarlehens, BKR 2004, 479; *Hönn,* Verbraucherkreditrechtliche Probleme moderner Zahlungssysteme, ZBB 1991, 6; *Hopt/Mülbert,* Die Darlehenskündigung nach § 609a BGB – eine Bilanz der ersten drei Jahre, WM 1990, Beil. 3, S. 19; *Horn,* Kartellrechtliche Aspekte des Kreditkartengeschäfts, ZHR 157 (1993), 324; *Kind,* Börsen- und Finanztermingeschäfte – zur Neuregelung des Rechts der Termingeschäfte in den §§ 37 d ff. WpHG, 2004; *Koeppen,* Kreditkarten und Verbraucherkreditgesetz, FLF 1992, 86; *Meincke/Hingst,* Der Kreditbegriff im deutschen Recht, WM 2011, 633; *Metz,* Aktuelle Rechtsfragen der Kreditkartenpraxis, NJW 1991, 2804; *ders.,* Die Vorfälligkeitsentschädigung, ZBB 1994, 205; *Metz/Wenzel,* Vorfälligkeitsentschädigung: Entgelt für die Vertragsauflösung oder Schadensersatz, 1996; *Mülbert,* Das verzinsliche Darlehen, AcP 192 (1992), 447; *ders.,* Die Auswirkungen der Schuldrechtsmodernisierung im Recht des „bürgerlichen" Darlehensvertrages, WM 2002, 465; *Oechsler,* Der Mißbrauch abgeleiteter Nachfragemacht im Kreditkartengeschäft, ZHR 156 (1992), 330; *ders.,* Lauterkeitsrechtliche Aspekte umsatzabhängiger Entgeltgestaltung im Kreditkartengeschäft, WM 1993, 1945; *ders.,* Grundprobleme der Zivilrechtsdogmatik des Kreditkartengeschäfts, WM 2000, 1613; *Pfeiffer,* Kreditkartenvertrag, in: Vertragsrecht und AGB-Klauselwerke, 1995; *Pienkbrock,* Die geplante Umsetzung der Wohnimmobilienkreditvertragsrichtlinie, GPR 2015, 26; *ders.,* Die Wohnimmobilienkreditvertragsrichtlinie, BrV Bd. 35, 2015, S. 131; *Reifner,* Die Lebensversicherungshypothek als „wirtschaftliche Einheit", ZBB 1999, 349; *Riehm,* Das Ende der „Null-Prozent-Finanzierungen"? NJW 2014, 3692; *Schnauder,* Der Kreditvertrag im Wandel der Zeit, WM 2014, 783; *Schürnbrand,* „Nullprozent"-Finanzierung als Herausforderung für das Verbraucherkreditrecht, ZIP 2015, 249; *Streit,* Kartenzahlung und Verbraucherschuldung, 1990; *Stürner,* Der lediglich rechtliche Vorteil, AcP 173 (1973), 402; *Tepper,* Einige Bemerkungen zur Wirksamkeit von Haustürgeschäften im Kreditgewerbe, JR 1990, 356; *Tobias,* Der Konsumentenkredit im Kontokorrentverhältnis, 1990; *v. Usslar/v. Morgen,* Aktuelle Rechtsfragen der Kreditkartenpraxis, 1989; *Wacket,* Stundungen bei Verbraucherkreditverträgen, FLF 1992, 24; *Wagner-Wieduwilt,* Neue Rechtsprechung zum Kreditvertragsrecht, Die Bank 1990, 29; *Wahl,* Vario-, Scheckrahmen- und Idealkredit – zur rechtlichen Bewertung neuer Kreditformen, VuR 1987, 241.
 Insbesondere: Beteiligung Dritter, Stellvertretung, Mithaftung, Vertragsübernahme. *Artz,* Bürgschaft und Verbraucherkreditgesetz – Zur Anwendung des VerbrKrG auf Bürgschaften unter Berücksichtigung der höchstrichterlichen Rechtsprechung zum Schuldbeitritt, VuR 1997, 227; *Auer,* Kreditsicherheiten und Verbraucherschutz auf dem Prüfstand des Europarechts, ZBB 1999, 161; *Bartels,* Die Sicherungsgesamtschuld als ak-

Verbraucherdarlehensvertrag § 491

zessorische Kreditsicherheit?, JZ 2000, 608; *Brixius,* Verbraucherkreditrecht in Deutschland und Italien, 2001; *Bülow,* Verbraucherschutz mittels Vertragsübernahme?, WM 1995, 2089; *ders.,* Sicherungsgeschäfte als Haustür- oder Verbraucherkreditgeschäfte, NJW 1996, 2889; *ders.,* Rechtsnachfolge in Forderungen und Verbindlichkeiten aus Verbraucherkreditverträgen, ZIP 1997, 400; *ders.,* Der Grundsatz der Subsidiarität im Kreditsicherungsverhältnis, ZIP 1999, 985; *ders.,* Verbraucherkreditrichtlinie, Verbraucherbegriff und Bürgschaft, ZIP 1999, 1613; *Bunte,* Bürgschaften und Haustürwiderrufsgesetz, WM 1993, 877; *P. Bydlinski,* Die aktuelle höchstrichterliche Judikatur zum Bürgschaftsrecht in der Kritik, WM 1992, 1301; *Canaris,* Wandlungen des Schuldvertragsrechts – Tendenzen zu seiner „Materialisierung", AcP 200, 273; *Cebulla/Pützhoven,* Geschäfte nach dem Haustürwiderrufsgesetz und die Schlüsselgewalt des § 1357 I BGB, FamRZ 1996, 1124; *Drebes,* Sicherungsgeberschutz durch das Verbraucherkreditgesetz, DZWIR 1998, 75; *Edenfeld,* Offene Fragen des Beitritts zur Dauerschuld, JZ 1997, 1034; *G. Fischer,* Aktuelle höchstrichterliche Rechtsprechung zur Bürgschaft und zum Schuldbeitritt, WM 2001, 1049; *Gottwald,* Die Bürgschaft als Anwendungsfall von § 1 Abs. 1 Haustürwiderrufsgesetz?, BB 1992, 1296; *Grigoleit/Herresthal,* Die Schuldübernahme, Jura 2002, 393; *Hagena,* Drittschutz im Verbraucherkreditrecht, 1996; *Heeg,* Mithaftung des geschäftsführenden GmbH-Gesellschafters für Investitionszuschüsse, DB 2008, 391; *Heiderhoff,* Grundstrukturen des nationalen und europäischen Verbrauchervertragsrechts, 2004; *Heinrichsmeier,* Die Einbeziehung des Ehegatten in die Haftung für Geldkredite, 1993; *Herrmann,* Der Verbraucherkreditvertrag: rechtsvergleichende Studie unter Einbeziehung des französischen, englischen und deutschen Rechts, 1996; *Hoffmann,* Verbraucherwiderruf bei Stellvertretung, JZ 2012, 1156; *ders.,* Personalsicherheiten als Außergeschäftsraumverträge, ZIP 2015, 1365; *Holznagel,* Der Bürgschaftsvertrag im Anwendungsbereich des Verbraucherkreditgesetzes?, Jura 2000, 578; *dies.,* Das System des Bürgschutzes und die Auswirkungen der Schuldrechtsreform, VuR 2001, 428; *Kemper,* Verbraucherschutzinstrumente, 1994; *Kliffmüller,* Verbraucherschutz des Ehepartners bei Abzahlungsverträgen, FuR 1992, 138; *Klingsporn,* Zum Widerruf von Bürgschaftserklärungen bei Haustürgeschäften, NJW 1991, 2259; *ders.,* Die Bürgschaft als „Haustürgeschäft", WM 1993, 823; *Kobelt,* Verbrauchervertrag und Stellvertretung, 2010; *Kropf,* Anwendbarkeit des Fernabsatzrechts auf von Verbrauchern bestellte Kreditsicherheiten nach dem 13.6.2014?, WM 2015, 1699; *Krüger,* Sittenwidrige Mithaftung: Der Schlussstein in der Rechtsprechung des BGH, NJW 2009, 3408; *Kurz,* Schuldübernahme, Schuldbeitritt und das Verbraucherkreditgesetz, DNotZ 1997, 552; *Leverenz,* Gestaltungsrecht aus Übungen im Rahmen der Schlüsselgewalt, JR 1997, 45; *Lippmann,* Beiträge zur Theorie der Schuldübernahme des Bürgerlichen Gesetzbuchs, AcP 107 (1911), 1; *v. Loewenich,* § 312 Abs. 1 BGB und vom Verbraucher gestellte Bürgschaften sowie andere von Verbrauchern gestellte Sicherheiten, WM 2015, 113; *Lubitz,* Widerruf von Bürgschaftsverträgen nach § 1 HWiG, JA 1997, 166; *Madaus,* Mithaftung für die Darlehensrückzahlung – Schuldbeitritt oder Vertragspartnerschaft?, WM 2003, 1705; *Mankowski,* Je eine Widerrufserklärung für jeden Kreditnehmer!, Anmerkung zu LG Oldenburg, Urteil vom 18.8.1998, 1 S 90/98, WM 1998, 2241; *Martinek,* Derivativer und originärer Verbraucherschutz bei der Vertragsübernahme, JZ 2000, 551; *Masuch,* Stellvertretung beim Abschluss von Verbraucherverträgen, BB 2003, Beil. 6, S. 16; *Maume,* Der umgekehrte Verbrauchervertrag, NJW 2016, 1041; *Mayen,* Anwendbarkeit des HWiG und des VerbrKrG auf Bürgschaften, Festschrift Schimansky 1999, S. 415; *Patrick Meier,* Sind Bürgschaften wieder unwiderruflich? ZIP 2015, 1156; *Mohrhauser,* Der Fernabsatz von Finanzdienstleistungen an Verbraucher, 2006; *Omlor,* Die Forderungsgarantie und das europäische Verbraucherrecht, WM 2009, 54; *Müller,* „Tod" oder „Hypertrophie" des Verbraucherschutzes in Fällen des Schuldbeitritts geschäftsführender Gesellschafter einer GmbH?, Festschrift für Gerd Nobbe 2009, S. 415; *Pfeiffer,* Haustürwiderrufsgesetz und Bürgschaft, ZBB 1992, 1; *Rappenglitz,* Die Formbedürftigkeit der Vertragsübernahme, JA 2000, 472; *Reich,* Mithaftung und Bürgschaft in neuerer Rechtsprechung und Rechtspraxis zum Bankenkredit, VuR 1997, 187; *Reinicke/Tiedtke,* Formbedürftigkeit des Schuldbeitritts zu einem Kreditvertrag, WiB 1997, 449; *Röthel/Heßeler,* Vertragsübernahme und Verbraucherschutz – Bewährungsprobe für ein junges Rechtsinstitut, WM 2008, 1001; *Roth,* Bürgschaftsverträge und EG-Richtlinie über Haustürgeschäfte, ZIP 1996, 1285; *Schanbacher,* Zur Frage der Anwendbarkeit des Haustürwiderrufsgesetzes auf Bürgschaften,

§ 491
1. Teil. Darlehen und Finanzhilfen

NJW 1991, 3263; *ders.*, Geschäfte zur Deckung des Familienlebensbedarfs gem. § 1357 BGB und Verbraucherkreditgesetz, NJW 1994, 2335; *Schlachter,* Kreditmithaftung einkommensloser Angehöriger, BB 1993, 802; *Schmid-Burgk,* Die Anwendung des Verbraucherkreditgesetzes auf Kreditsicherheiten, DB 1997, 513; *M. Schmidt,* Die Anwendung der Schlüsselgewalt (§ 1357 Abs. 1 BGB) auf Ratenkreditverträge, FamRZ 1991, 629; *Schreindorfer,* Verbraucherschutz und Stellvertretung, 2012; *Schürnbrand,* Der Schuldbeitritt zwischen Gesamtschuld und Akzessorietät, 2003; *ders.,* Anwendbarkeit des Rechts der außerhalb von Geschäftsräumen geschlossener Verträge und des Fernabsatzrechts auf Kreditsicherheiten, WM 2014, 1157; *Schwab/Hromek,* Alte Streitstände im neuen Verbraucherprivatrecht, JZ 2015, 271; *Schwarz,* Bürgenschutz durch deutsches und europäisches Verbraucherschutzrecht, 2001; *Seidel/Brink,* Der zulässige Umfang der Verbürgung von Privatpersonen gegenüber Banken, DB 1997, 1961; *Sölter,* Kein Bürgschutz durch das Verbraucherkreditgesetz?, NJW 1998, 2192; *dies.,* Die Verbraucherbürgschaft, 2000; *Steinbeck-Menke,* Der sachliche und persönliche Anwendungsbereich des Verbraucherkreditgesetzes, in: Rostocker Schriften zum Bankrecht, Heft 4 1999, S. 29; *Steiner,* Haustürbürgschaft – Jetzt doch (europakonform) widerruflich?, ZKW 1993, 399; *Tiedtke,* Zur Rechtsprechung des Bundesgerichtshofs auf dem Gebiete des Kaufrechts, JZ 1997, 931; *Timmann,* Formerfordernisse und Informationspflichten bei Erteilung der Vollmacht, BB 2003, Beil. 6, S. 23; *Ulmer/Masuch,* Verbraucherkreditgesetz und Vertragsübernahme, JZ 1997, 654; *Ulmer/Timmann,* Zur Anwendbarkeit des Verbraucherkreditgesetzes auf die Mitverpflichtung Dritter, Festschrift Rowedder 1984, S. 503; *Vollmer,* Zur Anwendung des Verbraucherkreditgesetzes auf die Vertragsübernahme, WM 1999, 209; *Wagemann,* Die gestörte Vertragsübernahme, AcP 205 (2005), 547; *E. Wagner,* Form und Beschränkung der Vertragsübernahme sowie der Einwilligung hierzu, JuS 1997, 96; *Wassermann,* Zur Anwendbarkeit des Haustürwiderrufsgesetzes auf Bürgschaftsverträge, JuS 1992, 908; *Wenzel,* Bürgschaft als Haustürgeschäft, Die Bank 1993, 423; *ders.,* Keine Anwendung des HWiG auf Bürgschaften, NJW 1993, 2781; *Zahn,* Schuldbeitritt zum Leasingvertrag nach dem Verbraucherkreditgesetz, BB 1992, 1029; *Zöllner,* Die Bürgschaft des Nichtunternehmers, WM 2000, 1.

Insbesondere: Gesellschaft bürgerlichen Rechts/WEG. *Abramenko,* Die Eigentümergemeinschaft als Darlehensnehmerin, ZMR 2011, 173; *Armbrüster,* Die Schranken der „unbeschränkten" persönlichen Gesellschafterhaftung in der BGB-Gesellschaft, ZGR 2005, 34; *ders.,* Verbrauchereigenschaft der Wohnungseigentümergemeinschaft, ZWE 2007, 290; *Artz,* Der Verbraucher als Kreditnehmer, 2001; *Beuthien,* Zur Systemvergessenheit im deutschen Gesellschaftsrecht, JZ 2003, 969; *ders.,* Zur Grundlagengewissheit im deutschen Gesellschaftsrecht, NJW 2005, 855; *Böken,* Die Immobilien-GbR, DStR 2004, 558; *Bub,* Kreditaufnahme durch die Wohnungseigentümergemeinschaft, ZWE 2010, 246; *Bülow,* Subsidiarität und Akzessorietät bei § 129 HGB, Festschrift für Peter Kreutz 2010, S. 549; *Canaris,* Die Übertragung des Regelungsmodells der §§ 125–130 HGB auf die Gesellschaft bürgerlichen Rechts als unzulässige Rechtsfortbildung contra legem, ZGR 2004, 69; *Dauner-Lieb,* Ein neues Fundament für die BGB-Gesellschaft, DStR 2001, 356 (361); *Dörrie,* Kreditgeschäfte mit Grundbesitzgesellschaften bürgerlichen Rechts, ZfIR 2001, 1; *Düming,* Grundbuchfähigkeit der Gesellschaft bürgerlichen Rechts infolge Anerkennung ihrer Rechts- und Parteifähigkeit, RPfl 2002, 53; *Elßner/Schirmbacher,* Die Gesellschaft bürgerlichen Rechts als Verbraucher, VuR 2003, 247; *Elzer,* Kreditaufnahme durch den Verband der Wohnungseigentümergemeinschaft, NZM 2009, 57; *ders.,* Der Verband „Wohnungseigentümergemeinschaft" als Verbraucher, MietRB 2009, 308; *Habersack,* Die Haftungsverfassung der Gesellschaft Bürgerlichen Rechts, JuS 1993, 1; *ders.,* Haftung der Mitglieder einer GbR für Bürgschaftsverpflichtungen der Gesellschaften; zugleich ein Plädoyer für die Doppelverpflichtungslehre, BB 1999, 61; *ders.,* Die Anerkennung der Rechts- und Parteifähigkeit der GbR und der akzessorischen Gesellschafterhaftung durch den BGH, BB 2001, 477 (483); *Häublein,* Darlehensaufnahme durch die Gemeinschaft der Wohnungseigentümer als Maßnahme ordnungsgemäßer Verwaltung, ZWE 2015, 61; *Hadding,* Nochmals: Rechtsfähigkeit der Gesellschaft bürgerlichen Rechts und persönliches Verpflichtetsein ihrer Gesellschafter, Festschrift Raiser 2005, S. 129; *Heil,* Parteifähigkeit der GbR – der Durchbruch der Gruppenlehre?, NZG 2001, 300 (305); *Hügel/Elzer,* Zwei Jahre neues WEG – oder: Das Wohnungseigentum auf dem Weg vom Immobiliareigentum zur gesellschaftlichen Beteiligung? NZM 2009, 457; *Jauernig,* Zur

Verbraucherdarlehensvertrag § 491

Rechts- und Parteifähigkeit der Gesellschaft bürgerlichen Rechts, NJW 2001, 2231; *Kellermann*, Gesellschaft bürgerlichen Rechts: Rechtsfähigkeit, Parteifähigkeit, Haftung der Gesellschafter, Festschrift Wiedemann 2002, S. 1069; *Lang*, Zivilrecht vs. Steuerrecht: Zur Abgrenzung zwischen privater und gewerblicher Vermögensverwaltung bei der Immobilienverwaltenden GbR, ZfIR 2003, 2; *Langenbucher*, Rechtsprechung mit Wirkung für die Zukunft, JZ 2003, 1132; *Mülbert*, Außengesellschaften – manchmal ein Verbraucher?, WM 2004, 905; *ders.*, Der (zukünftige) Gesellschafter – stets ein Verbraucher?, Festschrift Hadding 2004, S. 575; *ders.*, Verbraucher kraft Organmitgliedschaft?, Festschrift Goette, 2011, S. 333; *Peifer*, Rechtsfähigkeit und Rechtssubjektivität der Gesamthand – die GbR als OHG?, NZG 2001, 296 (300); *Reiff*, Die Haftungsverfassung der GbR nach dem Urteil des BGH vom 27.9.1999 (II ZR 371/98), NZG 2000, 281; *ders.*, Die (Außen-)Gesellschaft bürgerlichen Rechts – niemals ein Verbraucher!, Festschrift Schirmer 2005, S. 501; *C. Schäfer*, Offene Fragen der Haftung des BGB-Gesellschafters, ZIP 2003, 1225; *F. Schmidt*, Verbraucherschutz im Gesellschaftsrecht, 2009; *K. Schmidt*, Die BGB-Außengesellschaft: rechts- und parteifähig, NJW 2001, 993; *ders.*, Die Gesellschafterhaftung bei der Gesellschaft bürgerlichen Rechts als gesetzliches Schuldverhältnis, NJW 2003, 1897; *ders.*, Die Arbeitsgemeinschaft im Baugewerbe: als OHG eintragungspflichtig oder eintragungsfähig?, DB 2003, 703; *ders.*, Verbraucherbegriff und Verbrauchervertrag, JuS 2006, 1; *Ulmer*, Die höchstrichterlich „enträtselte" Rechtsfähigkeit des bürgerlichen Rechts, NJW 2001, 585 (599); *ders.*, Die Haftungsverfassung der BGB-Gesellschaft, ZIP 2003, 1113; *Ulmer/Steffek*, Grundbuchfähigkeit einer rechts- und parteifähigen GbR, NJW 2002, 330; *Wagner*, Sind Kapitalanleger Verbraucher?, BKR 2003, 649; *Weick*, Neue Entwicklungen im Recht der juristischen Personen und sonstigen Personenvereinigungen, Gedächtnisschrift Heinze 2005, 1051; *Wertenbruch*, Die Parteifähigkeit der GbR – die Änderungen für die Gerichts- und Vollstreckungspraxis, NJW 2002, 324; *H. P. Westermann*, Erste Folgerungen aus der Anerkennung der Rechtsfähigkeit der BGB-Gesellschaft, NZG 2001, 289 (295); *Wössner*, Akzessorische Gesellschafterhaftung und „Vielgestaltigkeit" der Gesellschaft bürgerlichen Rechts – ein Widerspruch?, ZIP 2003, 1235; *Wunderlich*, Kreditnehmende Gesellschaften des bürgerlichen Rechts als Verbraucher?, BKR 2002, 304.

Zu den Ausnahmebereichen: *Bergerfurth*, Der Widerrufsvergleich und seine Risiken, NJW 1969, 1767; *Böhmer*, Grundlagen der bürgerlichen Rechtsordnung, Bd. II, 1951/52; *Bülow*, Änderung des Verbraucherkreditgesetzes durch das Bauhandwerkersicherungsgesetz, NJW 1993, 1617; *ders.*, Kennzeichnungsrecht und Produktwerbung. Handbuch der Kennzeichnungsvorschriften für Lebensmittel, Wein und andere alkoholische Getränke, Tabak, Arzneimittel und Kosmetika, 5 Bände, 1990 mit Nachtrag 1991; *Claussen*, Finanzierter Wertpapierkauf und Verbraucherkreditgesetz, NJW 1993, 564; *Diederichsen*, Der Schuldnerverzug („mora debitoris"), JuS 1985, 825; *Drescher*, Die „Technische Novelle" des Verbraucherkreditgesetzes, WM 1993, 1445; *Emmerich*, Auswirkungen des Verbraucherkreditgesetzes auf die Kreditwirtschaft, FLF 1989, 168; *Heider*, Der Ausschluss von geförderten Ausbildungsdarlehen aus dem Verbraucherkreditrecht, BKR 2014, 277; *Heinrich*, Die Beweislast bei Rechtsgeschäften, 1996; *Kliffmüller*, Verbraucherschutz des Ehepartners bei Abzahlungsgeschäften, FuR 1992, 178; *Kropf*, Der Auszahlungsabschlag bei Förderkrediten, BKR 2015, 60; *Lwowski*, Die Regelung von Existenzgründungsdarlehen im Verbraucherkreditgesetz, Schriftenreihe der Bankrechtlichen Vereinigung, Bd. 2, 1991, S. 49; *Metz*, Bankgeschäfte mit Jugendlichen, VuR 1993, 69; *Nees*, Der Kauf zum Kreditpreis (Finanzierungskauf), WRP 1988, 509; *Schmelz/Klute*, Zum Gesetzentwurf für ein Verbraucherkreditgesetz, ZIP 1989, 1509; *Scholz*, Anmerkungen zum Verbraucherkreditgesetz, MDR 1991, 191; *ders.*, Erste Novellierung des Verbraucherkreditgesetzes, BB 1993, 1161; *Seibert*, Das Verbraucherkreditgesetz, insbesondere die erfaßten Geschäfte aus dem Blickwinkel der Gesetzgebung, WM 1991, 1445; *Steppeler*, Verbraucherschutz und Konsumentenkredit, Teil I: Überlegungen zum vorgesehenen Verbraucherkreditgesetz, Sparkasse 1989, 76; *E. Ulmer*, Sinnzusammenhänge im modernen Wettbewerbsrecht, 1932; *Voit*, Teurer Widerruf eines billigen Darlehens?, JuS 1992, 491; *Zahn/Kock*, Die Emission von unverbrieften Schuldtiteln durch die Europäische Zentralbank, WM 1999, 1955.

Insbesondere: Kreditkarten. *Etzkorn*, Allgemeine Geschäftsbedingungen für Inhaber von Kreditkarten, WM 1991, 1901; *Metz*, Aktuelle Rechtsfragen der Kreditkartenpraxis, NJW 1991, 2804; *Oechsler*, Der Mißbrauch abgeleiteter Nachfragemacht im Kreditkarten-

§ 491   1. Teil. Darlehen und Finanzhilfen

geschäft, ZHR 156 (1992), 330; *Salje,* Wettbewerbsprobleme im Kreditkartengeschäft, WRP 1990, 807; *Seibert,* Verbraucherkreditgesetz und Kreditkarte, DB 1991, 429; *v. Usslar/v. Morgen,* Aktuelle Rechtsfragen der Kreditkarten-Praxis, 1989.

Übersicht

	Rn.
Materialien	
Verbraucherkreditrichtlinie Art. 2, 3, 22, 29	1
Wohnimmobilien – Verbraucherkreditverträge – Richtlinie Art. 3	2
Erster Vorschlag für eine neue Verbraucherkreditrichtlinie KOM (2002) 443 endgültig 2002/0222 (COD) S. 12	3
Begründung RegE zum Verbraucherkreditgesetz, BT-Drucks. 11/5462; S. 18 re. Sp.	4
Begründung RegE zum SchRModG, BT-Drucks. 14/6040, S. 252 f.	5
Begründung RegE zum Gesetz zur Umsetzung der Verbraucherkreditrichtlinie, BT-Drucks. 16/11643, S. 76	6
Kommentierung	
Vorbemerkung: Zu den Begrifflichkeiten	7
A. Persönlicher Anwendungsbereich	9
I. Verbraucher und Unternehmer	10
II. Recht der Europäischen Union	15
III. Unternehmer als Kreditgeber (Darlehensgeber)	16
1. Die Begrifflichkeiten Kreditgeber und Darlehensgeber	17
2. Gewerbs- oder Berufsmäßigkeit	18
3. Öffentliche Hand	21
IV. Verbraucher als Kreditnehmer (Darlehensnehmer)	22
1. Natürliche Person	23
2. Insbesondere: Mehrheit von Verbrauchern	25
3. Gesellschaft bürgerlichen Rechts	32
4. Stellvertretung	41
5. Verwendungszweck	42
a) Private Zweckbestimmung	46
aa) Konsumkredit	46
bb) Negative Abgrenzung: Gewerbliche oder freiberufliche Tätigkeit	49
cc) Insbesondere: Vermögensverwaltung	50
b) Zweckbestimmung für abhängige berufliche Tätigkeit (Arbeitnehmer, Geschäftsführer, arbeitnehmerähnliche Personen, Scheinselbständige)	52
c) Darlegungs- und Beweislast	59
aa) Verbraucher nach § 13 BGB, Existenzgründer nach § 513 BGB, Unternehmer nach § 14 BGB	60
bb) Zeitpunkt	64
cc) Privat handelnder Kaufmann	65
dd) Nachforschung von Amts wegen	66a
V. Rechtsnachfolge	67
1. Abtretung	69
2. Privative Schuldübernahme	72
3. Vertragsübernahme	79
a) Übernommener Vertrag und Vertragsübernahmevertrag	79
b) Auswechselung des Verbrauchers durch einen Gewerbetreibenden oder Freiberufler	83
c) Auswechselung der kreditgebenden Partei	85
4. Erbfolge	87
B. Sachlicher Anwendungsbereich	91
I. Kreditvertrag als Oberbegriff	92
1. Systematischer Standort des Darlehens in der Verbraucher- und der Wohnimmobilien-Kreditrichtlinie	92
2. Standort des Darlehens im Gesetz	93
3. Überlagerung durch Fernabsatzrecht	94

Verbraucherdarlehensvertrag § 491

	Rn.
II. Verbraucherdarlehensverträge	96
1. Allgemein- und Immobiliar-Verbraucherdarlehensverträge	96a
a) Kennzeichnung	96a
b) Rangordnung der Kreditarten	96b
c) Kriterien des Immobiliar-Darlehensvertrags: Grundstücksbezug (Besicherung oder Verwendungszweck)	96c
d) Bezug zu einer Wohnimmobilie nur nach der Richtlinie, nicht nach deutscher Umsetzung	96d
e) Besonderheiten des Immobiliar-Kreditvertrags	96g
f) Tatbestandsvoraussetzungen des Immobiliar-Kreditvertrags im Einzelnen	96h
g) Insbesondere: Reallast	96i
h) Insbesondere: Stundung einer bestehenden Forderung als Immobiliarkredit (§ 506 Abs. 1 Satz 3)	96j
2. Entgeltlichkeit	97
a) Ausgangspunkt	97
b) Insbesondere: Null-Prozent-Finanzierung (§§ 514, 515)	97a
3. Gelddarlehen	98
4. Gestaltungsformen des Darlehens	101
5. Kreditkarten	103
6. Krediteröffnungsvertrag	104
7. Keine Anwendung auf Sachdarlehen	105
8. Beweislast	106
III. Sicherungsgeschäfte, insbesondere Schuldbeitritt und Bürgschaft	107
1. Grundlagen	109
2. Bank als Bürgin	112
3. Schuldbeitritt zu einem Abzahlungskauf; Schuldbeitritt zu einem Verbraucherkreditgeschäft	115
4. Bürgschaft und Sicherungsvertrag	119
5. Hauptvertrag (gesicherter Vertrag) kein Verbraucherkreditvertrag (Einzelbetrachtung)	123
6. Exkurs: Schlüsselgewalt § 1357 BGB	124
7. Form und Heilung	125
IV. Gemischte Verträge	129
1. Fallgruppen	129
2. Mietvertragliche Elemente	132
3. Gemischter Verwendungszweck	134
a) Verbraucherdarlehensvertrag – unternehmerischer Darlehensvertrag	134
b) Allgemein- oder Immobiliar-Darlehensvertrag	137a
V. Nachträgliche Veränderungen	138
1. Prolongation, Stillhalteabkommen	139
2. Änderung in einen neuen Vertrag, echte Abschnittsfinanzierung	144
3. Konditionenanpassung, unechte Abschnittsfinanzierung	146
C. Ausnahmen	149
I. Reichweite der Ausnahmen und Abgrenzungen	149
1. Unterschiedliche ratio legis für gänzlichen und teilweisen Ausschluss	149
2. Vertrags- und Geschäftsarten	152
a) Allgemein-Verbraucherkreditverträge	152
b) Kreditvermittlungsverträge	153
c) Ratenlieferungsverträge	154
d) Haustürgeschäft	155
e) Fernabsatzgeschäft	156
3. Beweislast	157
II. Gänzliche Unanwendbarkeit (Vollausnahmen für Allgemein-Verbraucherkreditverträge, Abs. 2 Satz 2)	158
1. Bagatellgeschäfte (Nr. 1)	158
a) Darlehensverträge	159

§ 491   1   1. Teil. Darlehen und Finanzhilfen

	Rn.
b) Finanzierungshilfen, Immobiliar-Kreditverträge	162
c) Unentgeltliche Darlehen	162a
2. Sachpfandkredite (Nr. 2)	163
3. Kurzfristige und kostengünstige Darlehen (Nr. 3)	164
a) Dreimonatsgrenze	165
b) Geringe Kosten	167
4. Arbeitgeberdarlehen (Nr. 4)	168
a) Sachlicher Anwendungsbereich	168
b) Persönlicher Anwendungsbereich	169
aa) Arbeitgeber	169
bb) Verbraucher als Arbeitnehmer	170
cc) Vertragsbedingungen und Exklusivität	172
c) Marktüblichkeit	174
d) Beweislast	175
e) Immobiliar-Verbraucherkreditverträge	175a
5. Günstige Darlehen im öffentlichen Interesse (Nr. 5)	176
a) Kennzeichnung	176
b) Immobiliar-Verbraucherdarlehensveträge (§ 491 Abs. 3 Satz 3)	181a
6. Immobiliar-Verbraucherdarlehensverträge (Nr. 6)	181b
III. Vollausnahme für Immobiliar-Kreditverträge (§ 491 Abs. 3 Satz 2)	181c
IV. Teilweise Unanwendbarkeit (Teilausnahmen, Abs. 4: Gerichtliches Protokoll oder Beschluss; Abs. 3 Satz 3: Immobiliar-Förderdarlehen)	182
1. Normstruktur von Abs. 4	182
2. Notwendige Angaben	184
a) Sollzinssatz	185
b) Kosten des Darlehens	186
c) Anpassungsvoraussetzungen	187
3. Gerichtliches Protokoll und Beschluss	188
4. Insbesondere: verbundene Geschäfte	191
5. Immobiliar-Förderdarlehen nach Abs. 3 Satz 3	192

Materialien

Verbraucherkreditrichtlinie 2008/48/EG

Artikel 2

1   (1) Diese Richtlinie gilt für Kreditverträge.

(2) Diese Richtlinie gilt nicht für:
a) Kreditverträge, die entweder durch eine Hypothek oder eine vergleichbare Sicherheit, die in einem Mitgliedstaat gewöhnlich für unbewegliches Vermögen genutzt wird, oder durch ein Recht an unbeweglichem Vermögen gesichert sind,
b) Kreditverträge, die für den Erwerb oder die Erhaltung von Eigentumsrechten an einem Grundstück oder einem bestehenden oder geplanten Gebäude bestimmt sind,
c) Kreditverträge, bei denen der Gesamtkreditbetrag weniger als 200 EUR oder mehr als 75 000 EUR beträgt;
...
f) zins- und gebührenfreie Kreditverträge und Kreditverträge, nach denen der Kredit binnen drei Monaten zurückzuzahlen ist und bei denen nur geringe Kosten anfallen;
g) Verträge über Kredite, die Arbeitnehmern vom Arbeitgeber als Nebenleistung zinsfrei oder zu einem niedrigeren effektiven Jahreszins als dem marktüblichen gewährt werden und die nicht der breiten Öffentlichkeit angeboten werden;
...
i) Kreditverträge, die Ergebnis eines Vergleichs vor einem Richter oder einer anderen gesetzlich befugten Stelle sind;
j) Kreditverträge, die die unentgeltliche Stundung einer bestehenden Forderung zu Gegenstand haben;

Verbraucherdarlehensvertrag 2, 3 § 491

...

k) Kreditverträge, nach deren Abschluss der Verbraucher zur Hinterlegung eines Gegenstands als Sicherheit beim Kreditgeber verpflichtet ist und bei denen sich die Haftung des Verbrauchers ausschließlich auf diesen Pfandgegenstand beschränkt;
l) Kreditverträge, die Darlehen zum Gegenstand haben, die einem begrenzten Kundenkreis im Rahmen gesetzlicher Bestimmungen im Gemeinwohlinteresse gewährt werden, sei es zu einem niedrigeren als dem marktüblichen Zinssatz oder zinslos oder zu anderen, für den Verbraucher günstigeren als den marktüblichen Bedingungen und zu Zinssätzen, die nicht über den marktüblichen Zinssätzen liegen.

(2a) Ungeachtet des Absatzes 2 Buchstabe c gilt diese Richtlinie für unbesicherte Kreditverträge, die zum Zwecke der Renovierung einer Wohnimmobilie abgeschlossen werden und bei denen der Gesamtkreditbetrag mehr als 75 000 EUR beträgt.

Artikel 3

Für die Zwecke dieser Richtlinie bezeichnet der Ausdruck
a) „Verbraucher" eine natürliche Person, die bei den von dieser Richtlinie erfassten Geschäften zu einem Zweck handelt, der nicht ihrer beruflichen oder gewerblichen Tätigkeit zugerechnet werden kann;
b) „Kreditgeber" eine natürliche oder juristische Person, die in Ausübung ihrer gewerblichen oder beruflichen Tätigkeit einen Kredit gewährt oder zu gewähren verspricht;
c) „Kreditvertrag" einen Vertrag, bei dem ein Kreditgeber einem Verbraucher einen Kredit in Form eines Zahlungsaufschubs, eines Darlehens oder einer sonstigen ähnlichen Finanzierungshilfe gewährt oder zu gewähren verspricht; ausgenommen sind Verträge über die wiederkehrende Erbringung von Dienstleistungen oder über die Lieferung von Waren gleicher Art, bei denen der Verbraucher für die Dauer der Erbringung oder Lieferung Teilzahlungen für diese Dienstleistungen oder Waren leistet;

...

Artikel 22

(1) Soweit diese Richtlinie harmonisierte Vorschriften enthält, dürfen die Mitgliedstaaten keine Bestimmungen in ihrem innerstaatlichen Recht aufrechterhalten oder einführen, die von den Bestimmungen dieser Richtlinie abweichen.

...

Artikel 29

Die Richtlinie 87/102/EWG wird mit Wirkung vom 10. Mai 2010 aufgehoben.

Wohnimmobilien-Verbraucherkreditverträge-Richtlinie 2014/17/EU 2

Artikel 3

(1) Diese Richtlinie gilt für
a) Kreditverträge, die entweder durch eine Hypothek oder eine vergleichbare Sicherheit, die in einem Mitgliedstaat gewöhnlich für Wohnimmobilien genutzt wird, oder durch ein Recht an Wohnimmobilien besichert sind und
b) Kreditverträge, die für den Erwerb oder die Erhaltung von Eigentumsrechten an einem Grundstück oder einem bestehenden oder geplanten Gebäude bestimmt sind.

(2) Diese Richtlinie gilt nicht für

...

f) Kreditverträge, die die unentgeltliche Stundung einer bestehenden Forderung zum Gegenstand haben und nicht unter den Geltungsbereich von Absatz 1 Buchstabe a fallen.

...

Erster Vorschlag für eine neue Verbraucherkreditrichtlinie KOM (2002) 443 endgültig 2002/0222 (COD) S. 12:

Die vorliegende Richtlinie gilt nicht für den Fall, dass ein Arbeitgeber einem Arbeit- 3
nehmer im Einzelfall – also nicht im Rahmen seiner Hauptgeschäfts- oder -erwerbstätigkeit – einen Kredit oder einen Gehaltsvorschuss gewährt. Es gibt jedoch keinen Grund, den Mitgliedstaaten zu erlauben, aus dem Geltungsbereich der Richtlinie bestimmte Kreditformen herauszunehmen, die einer besonderen Kundschaft oder unter besonderen Um-

§ 491   4–7   1. Teil. Darlehen und Finanzhilfen

ständen zu ermäßigten Zinssätzen angeboten werden, soweit solche Kredite systematisch entweder den Mitgliedern einer eigens gegründeten Genossenschaft angeboten werden oder der Arbeitgeber zu diesem Zweck eine „Kreditabteilung" in seinem Unternehmen einrichtet. In diesen Fällen ist der Kredit mit derselben Vorsicht zu gewähren, wie sie die vorliegende Richtlinie vorschreibt, und es bestehen dieselben Informations-, Beratungs- und sonstigen Sorgfaltspflichten gegenüber dem Verbraucher.

Begründung RegE zum Verbraucherkreditgesetz, BT-Drucks. 11/5462, S. 18 re. Sp.

4   Die Ausnahme der Arbeitgeberdarlehen ... beruht auf Artikel 2 Abs. 2 der Richtlinie (jetzt: Art. 2 Abs. 2 lit. g). Die Einbeziehung solcher Darlehen in das Gesetz ist unter dem Gesichtspunkt des Verbraucherschutzes nicht erforderlich, da sie nicht öffentlich angeboten und in der Regel zu besonders günstigen Bedingungen gewährt werden. Durch den Wortlaut der Ausnahmeregelung ist sichergestellt, dass sie nur dann gilt, wenn die Zinsen und sonstigen Kosten im Einzelfall unter den marktüblichen Sätzen liegen. Im Streitfall ist diese Voraussetzung vom Arbeitgeber zu beweisen.

Begründung RegE zum SchRModG, BT-Drucks. 14/6040, S. 252 f.

5   Die Neuregelung des Darlehensrechts und die Integration des Verbraucherkreditgesetzes sind wie folgt strukturiert:
Der aus dem Verbraucherkreditgesetz bekannte Begriff des „Kredits", der als Oberbegriff für das Gelddarlehen, einen Zahlungsaufschub und sonstige Finanzierungshilfen diente, wird aufgegeben. Stattdessen werden die sich dahinter verbergenden unterschiedlichen Erscheinungsformen des Kredits, zu der nach der Begrifflichkeit des Verbraucherkreditgesetzes auch der Ratenlieferungsvertrag zählt, eigenständig geregelt. Der Titel 3 wird daher in die Untertitel Darlehensvertrag, Finanzierungshilfen und Ratenlieferungsverträge untergliedert:

Begründung RegE zum Gesetz zur Umsetzung der Verbraucherkreditrichtlinie, BT-Drucks. 16/11643, S. 76

6   Nummer 4 greift die Ausnahmetatbestände des Artikels 2 Abs. 2 Buchstabe g der Verbraucherkreditrichtlinie auf und entspricht vom Regelungsgehalt dem bislang gültigen § 491 Abs. 2 Nr. 2. Danach gelten die Verbraucherschutzvorschriften nicht für Verträge zwischen Arbeitgebern und ihren Arbeitnehmern, wenn diese gewisse Voraussetzungen erfüllen. Das Pronomen „ihre" verdeutlicht, dass zwischen Arbeitgebern und Arbeitnehmer ein Arbeitsvertrag bestehen muss. Voraussetzung ist, dass die Verträge anderen Personen nicht angeboten werden. Diese europarechtlich vorgegebene Beschränkung („nicht der breiten Öffentlichkeit") bedeutet, dass die typischen Arbeitgeberdarlehen in dieser Form und mit den ihnen eigenen Vertragsbedingungen nicht auch Personen angeboten werden, die außerhalb des Betriebs des Arbeitgebers stehen. Gewöhnliche Darlehensverträge von Kreditinstituten mit ihren Arbeitnehmern (zB Überziehungsmöglichkeiten) fallen deshalb nicht unter die Ausnahme. Ebenso sind Arbeitgeberdarlehen dann nicht von der Ausnahme umfasst, wenn der Arbeitgeber die Darlehen derart häufig vergibt, dass er bereits entsprechende Strukturen in seinem Betrieb angelegt hat, wie etwa eine „Kreditabteilung" (KOM [2002] 443, S. 12). Weitere Voraussetzung ist, dass die Darlehen als Nebenleistung zum Arbeitsvertrag gewährt werden, also ein innerer Zusammenhang zwischen Darlehen und Arbeitsvertrag besteht. Die Darlehen müssen außerdem günstiger sein als marktübliche Verträge. Der Preis wird durch den effektiven Jahreszins (§ 6 PAngV) ausgedrückt, weshalb sich die Günstigkeit aus einem Vergleich des tatsächlichen effektiven Jahreszins mit dem marktüblichen effektiven Jahreszins ergibt. Der marktübliche effektive Jahreszins wird in den Monatsberichten der Bundesbank veröffentlicht.

Kommentierung

Vorbemerkung: Zu den Begrifflichkeiten

7   § 491 Abs. 1 bestimmt den Anwendungsbereich von Verbraucherkreditrecht. Seine Regelungen sind nur anwendbar auf Verträge mit gesetzlich bestimmten

Merkmalen. Es muss sich, in den Worten von Art. 2 Abs. 1 VerbraucherkreditRil oder von Art. 4 Nr. 3 WohnimmoRil, um einen Kreditvertrag handeln, der ein Darlehensvertrag (§§ 491, 488) sein oder in der Gewährung eines Zahlungsaufschubs resp. einer sonstigen Finanzierungshilfe (§ 506) liegen kann, überlagert von der Kategorisierung in Allgemein- und Immobiliar-Kreditverträge (→ Rn. 96a). Die entscheidende persönliche Anwendungsvoraussetzung für die verbraucherprivatrechtlichen Sondervorschriften liegt darin, dass beide Parteien eines solchen Vertrages (sei er wirksam oder nicht, s. §§ 494, 507 Abs. 2) bestimmte persönliche Eigenschaften aufweisen, nämlich Verbraucher gemäß § 13 BGB als Kreditnehmer und Unternehmer gemäß § 14 BGB als Kreditgeber sind (sachlicher und persönlicher Anwendungsbereich). Auf der anderen Seite sind nach den Ausnahmevorschriften von § 491 Abs. 2 Satz 2, Abs. 3 Satz 3 bestimmte Verträge keine Verbraucherdarlehensverträge. Zum Ausgangsfall nimmt das Gesetz das Darlehen, weshalb § 491 Abs. 1 von Darlehensgeber und Darlehensnehmer spricht. Über die Verweisung in § 506 Abs. 1 gibt § 491 Abs. 1 auch für einen entgeltlichen Zahlungsaufschub und eine sonstige entgeltliche Finanzierungshilfe Maß, sodass im Allgemeinen von Kreditgeber und Kreditnehmer gesprochen werden kann. Besonderheiten gelten für den Kreditnehmer als Existenzgründer (§ 513).

Zwingende Anwendungsvoraussetzung von Verbraucherkreditrecht ist das **8** Aufeinandertreffen von Unternehmer und Verbraucher in den gesetzlich bestimmten Rollen (→ Einf. Rn. 42).[1] Fehlt es bei einer der Parteien an der entsprechenden Zweckbestimmung, sind nicht die verbraucherkreditrechtlichen Sonderregeln, sondern die allgemeinen Vorschriften anwendbar, sodass zB die Willenserklärung des Kreditnehmers ohne Widerrufsmöglichkeit (§ 495) verbindlich ist und den Kreditgeber keine gesetzlich bestimmten Informationspflichten treffen. Das gilt namentlich auch für Verträge, an denen auf beiden Seiten nur Verbraucher beteiligt sind (→ Rn. 19).

A. Persönlicher Anwendungsbereich

Parteien des Darlehensvertrages als besonderer Fall eines Kreditvertrages sind **9** auf der einen Seite derjenige, der den Kredit verschafft, also der unternehmerische Darlehensgeber als Kreditgeber, auf der anderen Seite derjenige, dem das Darlehen, der Kredit, gewährt wird, also der Kreditnehmer oder Darlehensnehmer als Verbraucher.

I. Verbraucher und Unternehmer

Was unter einem Unternehmer, der in seiner Eigenschaft als Darlehensgeber **10** den Vertrag abschließt, zu verstehen ist, bestimmt § 14 BGB, während der Begriff des Verbrauchers § 13 BGB zu entnehmen ist. Der Verbraucherbegriff des BGB hat im Zuge der Umsetzung der VerbrRechteRil eine Modifizierung erhalten. Fälle der sog. **gemischten Zweckbestimmung** finden nun ausdrücklich Berücksichtigung. Die maßgeblichen Vorschriften lauten:

---

[1] Das Problem des „umgekehrten Verbrauchervertrages" stellt sich hier nicht, *Maume* NJW 2016, 1041.

§ 13 BGB – Verbraucher
Verbraucher ist jede natürliche Person, die ein Rechtsgeschäft zu Zwecken abschließt, die überwiegend weder ihrer gewerblichen noch ihrer selbständigen beruflichen Tätigkeit zugerechnet werden können.

§ 14 BGB – Unternehmer
(1) Unternehmer ist eine natürliche oder juristische Person oder eine rechtsfähige Personengesellschaft, die bei Abschluss eines Rechtsgeschäfts in Ausübung ihrer gewerblichen oder selbständigen beruflichen Tätigkeit handelt.
(2) Eine rechtsfähige Personengesellschaft ist eine Personengesellschaft, die mit der Fähigkeit ausgestattet ist, Rechte zu erwerben und Verbindlichkeiten einzugehen.

11 Aus § 13 BGB ergibt sich, dass es **der Zweck des Vertrages** ist, der die natürliche Person zum **Verbraucher** macht. Die Privilegierung knüpft an die Rolle des Vertragspartners, nicht an dessen Status an[2] (näher → Rn. 42; ausführlich → Einf. Rn. 42), weshalb die Vorschrift zwar in den Allgemeinen Teil des BGB, eher aber in den Abschnitt über Rechtsgeschäfte hätte gestellt werden sollen.[3] Die Zuordnung des Vertragszwecks zum privaten Bereich begründet die Verbrauchereigenschaft, während der gewerbliche oder selbständig-berufliche Bereich im Allgemeinen keinen Zugang zu verbraucherprivatrechtlichen Sondernormen eröffnet. Im besonderen Fall des Verbraucherkredits – und nur in diesem[4] – ist aber auch der gewerblich resp. selbständig-beruflich Tätige teilweise erfasst, indem sich der persönliche Anwendungsbereich gem. § 513 auf Existenzgründer (näher → § 513 Rn. 5) erstreckt. Ein und dieselbe natürliche Person kann je nach dem Zweck, den sie mit dem Abschluss des Kreditvertrages erreichen will, das eine Mal Verbraucher, das andere Mal gewöhnlicher Vertragspartner sein, für den keine Sondernormen gelten (ausführlich → Einf. Rn. 42 ff.).[5] Zu denken ist etwa an die selbständige Rechtsanwältin, die sich von der Sparkasse am selben Tag ein Darlehen zum Erwerb einer neuen Computeranlage für die Kanzleiräume und ein weiteres Darlehen zur Finanzierung eines neuen Rennrads gewähren lässt.

12 Trotz der missverständlichen und auch bei Umsetzung der VerbrRechteRil erfolgten Ergänzung der Vorschrift nicht korrigierten Gesetzesformulierung,[6] nach der die Existenz eines gewerblichen oder freiberuflichen Tätigkeitsbereichs bei der betreffenden Person vorausgesetzt zu sein scheint, ist selbstverständlich auch und gerade diejenige natürliche Person Verbraucher, die überhaupt nicht gewerblich oder selbständig-beruflich tätig ist.[7] Auf der anderen Seite schließt § 241a BGB ein Rechtsgeschäft des Verbrauchers gerade aus und wird von

---

[2] *K. Schmidt* BB 2005, 837 (838); *K. Schmidt* JuS 2006, 1; *Soergel/Pfeiffer* § 13 BGB Rn. 27 ff.; *Bülow/Artz* Verbraucherprivatrecht, Rn. 7 ff.
[3] *Soergel/Pfeiffer* § 13 BGB Rn. 2.
[4] BGH NJW 2005, 1273 mit Anm. *Artz* LMK 2005, 82; *Micklitz* WuB IV A.–1.05 und Bspr. *Prasse* MDR 2005, 961; zust. auch *K. Schmidt* JuS 2006, 1 (5); differenzierend *Weyer* WM 2005, 490 (499).
[5] *K. Schmidt* JuS 2006, 1; *Medicus* Allgemeiner Teil des BGB, Rn. 15a, 1037a; *Gregor* GPR 2007, 73 (74).
[6] Der Gesetzentwurf der Bundesregierung (BT-Drucks. 14/2658, S. 6) wies diesen Fehler noch nicht auf. Es hieß zutreffend: „…: Zweck, der weder gewerblichen noch **einer** selbständigen beruflichen Tätigkeit zugerechnet werden kann."; die geltende Formulierung versucht hingegen Staudinger/*Kessal-Wulf* § 491 BGB Rn. 20 nutzbar zu machen.
[7] *Flume* ZIP 2000, 1427; Schulze/Schulte-Nölke/*Bülow*, S. 153 (162).

§ 661a BGB auch die sog. isolierte, nicht mit einem Vertragsangebot verbundene Gewinnzusage erfasst, bei der das Entstehen des Anspruchs nicht einmal von der Geschäftsfähigkeit des Empfängers abhängt.[8] Auch der Verweis auf § 13 BGB in § 2 Abs. 2 UWG überzeugt nicht, da dem Lauterkeitsrecht ein völlig anderer Verbraucherbegriff zugrunde liegt.[9]

Für den Begriff des **Unternehmers,**[10] der die Anwendbarkeit verbraucherprivatrechtlicher Normen mitbegründet, kommt es auf die Zuordnung des Vertragsabschlusses zur Gewerbe- oder Berufsausübung an. Der Abschluss des Vertrages muss in Ausübung der gewerblichen oder selbständig beruflichen, nicht zwingend primär der Kreditvergabe dienenden[11] Tätigkeit erfolgen. Kreditgeber im Sinne des Verbraucherkreditrechts ist daher nicht nur das **Kreditinstitut** iSd § 1 KWG, sondern jeder Unternehmer, der im Rahmen seiner professionellen Tätigkeit Kredit gewährt, was im Übrigen zunächst zu einem **Umsetzungsdefizit** des deutschen Rechts hinsichtlich der Verpflichtung zur Prüfung der Kreditwürdigkeit des Verbrauchers geführt hatte, da § 509 aF nur die entgeltliche Finanzierungshilfe und § 18 Abs. 2 KWG nur Kreditinstitute betraf, der Unternehmer, der nicht Kreditinstitut ist und ein „Geld"-darlehen gewährt, somit nicht erfasst war. Dies wurde nun durch die Einführung der §§ 505a ff. korrigiert. Sämtliche professionell handelnde Kreditgeber trifft nun die zivilrechtliche Pflicht zur Kreditwürdigkeitsprüfung. Ein und dieselbe Person ist wiederum Unternehmer, wenn sie in Ausübung dieser Tätigkeit handelt, aber gewöhnliche Vertragspartei, auf die die allgemeinen Vorschriften des bürgerlichen Rechts anwendbar sind, wenn sie außerhalb dessen, nämlich privat handelt und auf diese Weise selbst zum Verbraucher werden kann (→ Rn. 19). Eine andere Frage ist, ob bei einem Gewerbetreibenden oder Freiberufler die Vermutung für das Handeln in Ausübung dieser Tätigkeit streitet (→ Rn. 65). 13

Unternehmer ist auch und gerade sowie anders als im Falle des Verbrauchers (→ Rn. 23) die juristische Person, außerdem die rechtsfähige Personengesellschaft wie die Offene Handels-, Kommandit- oder Partnerschaftsgesellschaft. Der Begriff der Rechtsfähigkeit wurde der bisherigen Regelung über die Übertragbarkeit des Nießbrauchs in § 1059a Abs. 2 BGB entnommen.[12] Rechtsfähigkeit wird auch der Gesellschaft bürgerlichen Rechts zugesprochen,[13] so dass die selbständig beruflich oder gewerblich tätige bzw. unternehmenstragende GbR als Normadressat in Betracht kommt[14] (zur GbR als Verbraucher ausführlich → Rn. 32 ff.). 14

---

[8] Zutreffend Palandt/*Ellenberger* § 13 BGB Rn. 6; Palandt/*Sprau* § 661a BGB Rn. 2b; s. auch *Artz* in Bülow/Artz, Handbuch Verbraucherprivatrecht, 2. Kap. Rn. 82 ff.; *K. Schmidt* JuS 2006, 1 (3).
[9] *K. Schmidt* JuS 2006, 1; Köhler/Bornkamm/*Köhler* § 2 UWG Rn. 134 ff.
[10] Zur uneinheitlichen Verwendung des Unternehmerbegriffs im europäischen Sekundärrecht Staudinger/*Habermann* § 14 BGB Rn. 4 ff.; übergreifend zu unternehmerrechtlichen Sonderregelungen *Weyer* WM 2005, 490; zur Problematik des Arbeitnehmers als Unternehmer und Adressat verbraucherprivatrechtlicher Pflichten *Gregor* GPR 2007, 73.
[11] „Branchenfremdes Unternehmergeschäft": BGH WM 2009, 262 Tz. 17 mit Anm. *Bülow*, LMK 2009, 276 605; *Wolters* EWiR § 491 BGB 1/09, 293; *v. Westphalen* BB 2009, 740; bestätigt in BGH NJW 2011, 3435.
[12] BT-Drucks. 14/3195, S. 32.
[13] BGH NJW 2001, 1056.
[14] S. auch MüKoBGB/*Schürnbrand* § 491 BGB Rn. 6.

II. Recht der Europäischen Union

15 Die Verbraucherkreditrichtlinie definiert die Begrifflichkeiten des „Verbrauchers" und des „Kreditgebers" in Art. 3. Nach Maßgabe von Art. 3 lit. a ist Verbraucher „eine natürliche Person, die bei den von dieser Richtlinie erfassten Geschäften zu einem Zweck handelt, der nicht ihrer beruflichen oder gewerblichen Tätigkeit zugerechnet werden kann". Unter einem Kreditgeber versteht die Richtlinie nach lit. b „eine natürliche oder juristische Person, die in Ausübung ihrer gewerblichen oder beruflichen Tätigkeit einen Kredit gewährt oder zu gewähren verspricht". Ähnlich lauten im Übrigen die Definitionen von Verbraucher und Unternehmer in Art. 2 der VerbrRechteRil:
„Im Sinne dieser Richtlinie bezeichnen die Ausdrücke
1. „Verbraucher" jede natürliche Person, die bei von dieser Richtlinie erfassten Verträgen zu Zwecken handelt, die außerhalb ihrer gewerblichen, geschäftlichen, handwerklichen oder beruflichen Tätigkeit liegen;
2. „Unternehmer" jede natürliche oder juristische Person, unabhängig davon, ob letztere öffentlicher oder privater Natur ist, die bei von dieser Richtlinie erfassten Verträgen selbst oder durch eine andere Person, die in ihrem Namen oder Auftrag handelt, zu Zwecken tätig wird, die ihrer gewerblichen, geschäftlichen, handwerklichen oder beruflichen Tätigkeit zugerechnet werden können;"[15]

III. Unternehmer als Kreditgeber (Darlehensgeber)

16 Darlehensgeber ist ein Unternehmer, der den Kredit in der Form eines Darlehens (→ Rn. 92) gewährt.

1. Die Begrifflichkeiten Kreditgeber und Darlehensgeber

17 Der Terminus „Kreditgeber" nach Art. 3 lit. b der Verbraucherkreditrichtlinie ist der Obergriff für denjenigen Unternehmer, der dem Verbraucher ein Darlehen oder der ihm einen Zahlungsaufschub resp. eine sonstige ähnliche Finanzierungshilfe gewährt. Kreditgeber nach der Verbraucherkreditrichtlinie ist also sowohl der Darlehensgeber wie der Teilzahlungsverkäufer oder Finanzierungsleasinggeber (§ 506). Die Rechtsfigur des Kreditgebers bleibt deswegen als dogmatischer Ausgangsbegriff bestehen, auch wenn das Gesetz diese Begrifflichkeit aufgegeben hat (→ Rn. 5) und nun die Unterbegriffe Darlehensgeber (§ 491), der nicht notwendig ein Kreditinstitut sein muss,[16] und Unternehmer als Partei eines Vertrages über eine Finanzierungshilfe (§ 506) verwendet. Die persönlichen Merkmale des Unternehmers in beiden Unterbegriffen sind dieselben,[17] so dass

---

[15] S. dazu insb. die Beiträge in *Jud/Wendehorst*, Neuordnung des Verbraucherprivatrechts in Europa? und *Gsell/Herresthal*, Vollharmonisierung im Privatrecht sowie die Nachweise im Schrifttum zur Einführung unter 10. oben.
[16] BGH WM 2009, 262 mit Anm. *Bülow* LMK 2009, 276 605; *Wolters* EWiR § 491 BGB 1/09, 293; *Saenger/Oxe* WuB I E 2. § 491 BGB 1.09; *v. Westphalen* BB 2009, 740.
[17] *Bülow* LMK 2009, 276605.

Verbraucher und Unternehmer 18 § 491 (§ 14)

der persönliche Anwendungsbereich in Bezug auf den Unternehmer identisch für Darlehensgeber und denjenigen, der die Finanzierungshilfe gewährt, ist. Beide sind Kreditgeber. Der Kreditvermittler, den die neue Verbraucherkreditrichtlinie nun auch erfasst, ist Normadressat der besonderen Vorschriften von §§ 655a bis 655e (unten 2. Teil). Normadressat der Regelung zum Überziehungskredit (§§ 504 und 505) ist nun der Darlehensgeber resp. der Unternehmer in § 505 Abs. 1 Satz 1 (→ Rn. 20). Ratenlieferungsverträge nach § 510 werden von Unternehmern abgeschlossen.

2. Gewerbs- oder Berufsmäßigkeit

Kreditgewährende Vertragspartei ist beim Geldkredit der Darlehensgeber 18 (§ 488 Abs. 1 Satz 1 BGB) als Kreditgeber, beim Warenkredit der Verkäufer sowie beim Dienstleistungskredit der Unternehmer iSv § 631 BGB, der zur Dienstleistung Verpflichtete iSv § 611 BGB oder der Geschäftsbesorger iSv § 675 BGB. Der Kreditgeber kann natürliche oder juristische Person oder Personenverband wie OHG oder KG, aber auch gewerbliche, unternehmenstragende oder freiberufliche Gesellschaft bürgerlichen Rechts resp. Partnerschaftsgesellschaft sein, auch eine solche des öffentlichen Rechts oder eine privatrechtliche in öffentlich-rechtlicher Trägerschaft (näher → Rn. 21). Die Parteistellung in einem solchermaßen als Kreditvertrag qualifizierten Vertrag genügt allein für die Anwendbarkeit des Gesetzes jedoch nicht, vielmehr kommt die persönliche Eigenschaft der **Gewerbs- oder Berufsmäßigkeit** hinzu, die in der planmäßigen und auf Dauer angelegten selbständigen Tätigkeit unter Teilnahme am Wettbewerb besteht.[18] Der Kreditgeber muss den Kredit in Ausübung seiner gewerblichen oder beruflichen Tätigkeit gewähren (→ Rn. 13). Die Kreditgewährung braucht jedoch weder den eigentlichen Gegenstand dieser Tätigkeit darzustellen noch regelmäßig ausgeübt werden, sondern kann bei Gelegenheit dieser Tätigkeit auftreten, sofern nur ein sachlicher Zusammenhang damit besteht;[19] auch dann bedarf der Verbraucher – bei Entgeltlichkeit des Kredits, → Rn. 97 – der Kompensation potentiell gestörter Vertragsparität, ohne dass es auf Gewinnerzielungsabsicht gerade durch die Kreditgewährung ankommen könnte.[20] Deshalb ist das Verbraucherkreditrecht auch auf – entgeltliche – Zahlungserleichterungen, auf Honorarforderungen von Anwälten oder Ärzten oder auf Werklohnforderungen anwendbar. Weiterhin unterfällt bereits die erstmalige kommerzielle Kreditvergabe des Kreditgebers dem Reglement des Verbraucherkreditrechts.[21] Das Gesetz verfolgt den Zweck, Verbraucherschutz im Kreditrecht in einem weiten persönlichen Anwendungsbereich zu gewähren, so dass es allein auf die typisiert festzustellende Schutzbedürftigkeit des Kreditneh-

---

[18] BGH NJW 2002, 368 (369).
[19] BGH WM 2009, 262 Tz. 14, 19.
[20] BGH NJW 2003, 2742 (2743) zu II. 2c); NJW 2006, 2250 mit Anm. *Faust* LMK 2006, 185 484 (zum Kaufrecht); MüKoBGB/*Schürnbrand* § 491 BGB Rn. 6; Staudinger/ *Kessal-Wulf* § 491 BGB Rn. 4, 7, 10; Staudinger/*Habermann* § 14 BGB Rn. 38; *Soergel*/ *Pfeiffer* § 14 BGB Rn. 13; *Erman/Saenger* § 14 BGB Rn. 12; *Preis* ZHR 158 (1994), 567 (587); *Hopt* ZGR 1987, 145 (172 f.); *Seibert* WM 1991, 1445; *Seibert* § 1 VerbrKrG Rn. 1; *v. Westphalen/Emmerich/v. Rottenburg* § 1 VerbrKrG Rn. 9, 11; aA LG Frankfurt/Main NJW-RR 2004, 1208 sowie AG Bad Homburg NJW-RR 2004, 345 (Vorinstanz); OLG Düsseldorf NJW-RR 1996, 759.
[21] Ausdr. BGH WM 2009, 262 Tz. 18.

mers ankommt, die ua durch das professionelle Handeln des Kreditgebers begründet wird.[22]

19 Als Folge dessen ist die Anwendung der verbraucherkreditrechtlichen Sonderregeln, anders als nach der früheren Rechtslage des Abzahlungsgesetzes,[23] ausgeschlossen im **Privatbereich,** wo kreditgewährende Partei ebenso wie der Kreditnehmer Verbraucher ist, zB unter Verwandten, gleichgültig welche Kreditkonditionen vereinbart werden.[24] Dem privaten Bereich zugehörige Geschäfte juristischer Personen sind denkbar bei Idealvereinen iSv § 21 BGB. Ein Kreditvertrag wird aber auch dann nicht erfasst, wenn die Kreditgewährung zwar zu dem Gewerbe- oder Berufsbild des Kreditgebers gehört, dieser aber im konkreten Einzelfall nicht in Ausübung seines Gewerbes oder Berufs tätig wurde, sondern als Privatperson handelt, der Händler zB seinem Verwandten etwas auf verwandtschaftlicher Ebene verkauft (zur Beweislast ausführlich → Rn. 65).

20 Normadressaten des Verbraucherkreditrechts sind für Geldkredite vor allem, aber keineswegs nur, Banken, Sparkassen und Kreditgenossenschaften (Kreditinstitute iSv § 1 Abs. 1 KWG), im Übrigen Kaufleute, seien sie Ist- (§ 1 HGB) oder Kannkaufleute (§§ 2 und 3 HGB),[25] Handwerker, Dienstleister für den privaten Bereich, insbesondere auch Leasingunternehmen (→ § 506 Rn. 64 ff.) oder auch Unternehmensberater[26] für Existenzgründer (→ § 513 Rn. 5). Auf die Kaufmannseigenschaft oder Eintragung im Handelsregister kommt es nicht an. Sofern man auf einen im Handelsregister eingetragenen Unternehmer, dessen ist-kaufmännischer Gewerbebetrieb auf kleingewerblichen Zuschnitt herabgesunken war, § 5 HGB anwendet,[27] ist der Eingetragene (auch Fiktiv- oder Scheinkaufmann genannt, vgl. aber → Rn. 66) doch nicht Normadressat, wenn er überhaupt kein Gewerbe betreibt;[28] für das fehlende Gewerbe trägt er die Beweislast. Normadressat ist auch ein Kreditgeber, der verbotenerweise gewerblich oder beruflich Kredit gewährt, zB ohne Erlaubnis gem. § 32 KWG[29] Bankgeschäfte betreibt oder als Handwerker Dienstleistungskredit gibt, ohne ein Handwerk selbständig ausüben zu dürfen. Sofern der Verstoß gegen gewerberechtliche oder aufsichtsrechtliche Normen jedoch gem. § 134 BGB zur Nichtigkeit des Kreditvertrages führt (zu § 56 GewO → § 655a Rn. 2), entstehen nur bereicherungsrechtliche Ansprüche ohne die weiteren Rechtsfolgen von § 494 BGB (→ § 494 Rn. 43 ff.).

---

[22] BGH WM 2009, 262 Tz. 17, 19.
[23] BGHZ 114, 393 (396) mit krit. Anm. *Peters* JZ 1992, 99 und *Emmerich* WuB IV C.–1.91 sowie Komm. *Ose* EWiR § 1 AbzG 1/91, 729; LG Hamburg NJW 1983, 1743; Abstandszahlung zwischen privatem Vor- und Nachmieter: LG Berlin ZMR 1985, 303; *Peters* JZ 1986, 409; Parallele zur Relevanz des AGB-rechtlichen Transparenzgebots: KG WM 1991, 1250 zu 4. mit Anm. *Ringseisen* WuB I E 4.–14.91.
[24] BGH NJW 2003, 2742 (2744) zu II. 2.c. aa.
[25] *Hoffmann* BB 2005, 2090.
[26] OLG Celle BB 1996, 2219; Finanzierungsvermittler: BGH WM 2002, 125 zu II. 2.a. bb.
[27] *Lieb* NJW 1999, 35; aA *Treber* AcP 199 (1999), 525 (582 f.); *Bülow* Handelsrecht, Rn. 95 mwN.
[28] *V. Westphalen/Emmerich/v. Rottenburg* § 1 VerbrKrG Rn. 13; *Bülow* Handelsrecht, Rn. 18.
[29] Zur Behandlung von ausländischen Kreditinstituten aus EG-Mitgliedstaaten EuGH WM 1997, 1697 mit Anm. *M. Ulmer* WuB I L 6.–2.98.

3. Öffentliche Hand

Nicht Kreditgeber iSd Vorschrift ist die öffentliche Hand, sofern sie in Aus- 21
übung ihrer hoheitlichen Aufgabe handelt[30] (Beispiel: Stundung von Ansprüchen aus dem Steuerschuldverhältnis gem. §§ 222, 234 AO), wohl aber, wenn sie sich als Marktteilnehmer dem privaten Wettbewerb stellt, zB auf dem Markt für Gelddarlehen durch die Gestaltung der Zinskonditionen,[31] und privatrechtliche Verträge abschließt. Dies gilt auch, wenn die öffentliche Hand bei der Vergabe des Darlehens einen Dritten, etwa ein öffentlich-rechtliches oder privatrechtliches Kreditinstitut zwischenschaltet.[32] Die Beteiligung der öffentlichen Hand am privatwirtschaftlichen Wettbewerb begründet die Gewerblichkeit des Auftretens, handele sie erlaubt oder verstoße sie gegen öffentlich-rechtliche Normen.[33] Es kommt nicht darauf an, ob die öffentliche Hand durch ein Kreditinstitut iSv § 1 KWG tätig wird,[34] sofern der Darlehensnehmer nur ein Verbraucher iSv §§ 13, 491 Abs. 1 bzw. Existenzgründer nach § 513 BGB ist. Sofern die öffentliche Hand subventionierend auftritt (Beispiel: Wohnungsbauförderungsdarlehen[35]), fehlt es am Merkmal der gewerblichen Tätigkeit; § 491 Abs. 2 Nr. 5 kommt diesbezüglich nur klarstellende Funktion zu (→ Rn. 178; dort auch − → Rn. 176 ff. − eingehend zu der neugefassten Ausnahmevorschrift des § 491 Abs. 2 Nr. 5).[36] Fraglich ist, ob die öffentliche Hand Normadressat ist, wenn sie nicht einen privatrechtlichen Vertrag mit dem Verbraucher abschließt, sondern − atypischerweise − einen öffentlich-rechtlichen Vertrag, auf den gem. § 62 VwVfG die Bestimmungen des BGB subsidiär anwendbar sind. Die Anwendbarkeit des Verbraucherkredit-

---

[30] BGH NJW 2008, 1070 mit Komm. *Jungmann* EWiR § 491 BGB 1/08 und Bspr. *Heeg* DB 2008, 391; NJW 2003, 2742 (2743) zu II. 2.a.; *Soergel/Pfeiffer* § 14 BGB Rn. 18; MüKoBGB/*Schürnbrand* § 491 BGB Rn. 9: allenfalls subsidiäre Anwendung des § 491 Abs. 1 BGB analog § 62 VwVfG.
[31] Gl. A. Staudinger/*Kessal-Wulf* § 491 BGB Rn. 13; MüKoBGB/*Schürnbrand* § 491 BGB Rn. 9, der insoweit die Argumentation in NJW 1993, 1617/1618 *(Bülow)*, welcher sich *Drescher* WM 1993, 1445, *v. Westphalen/Emmerich/v. Rottenburg* § 3 VerbrKrG Rn. 16 anschließen, missversteht.
[32] Staudinger/*Kessal-Wulf* § 491 BGB Rn. 14; MüKoBGB/*Schürnbrand* § 491 BGB Rn. 9.
[33] Dazu BGH GRUR 1965, 373 zu II. 3.a.bb.; NJW 1973, 1371 zu 3.a.; OLG Düsseldorf WRP 1997, 42; *Broß* VerwArch. 1996, 731; *Broß* FS Piper, S. 107; Wettbewerber sind natürlich auch die öffentlich-rechtlichen Sparkassen unbeschadet der öffentlichen Aufgabe, die sie erfüllen, *Schlierbach/Püttner* Sparkassenrecht, S. 334.
[34] So aber *Münstermann/Hannes* § 1 VerbrKrG Rn. 13; die Deutsche Bundesbank kommt als Normadressat aus dem Grunde nicht in Betracht, weil sie das Direktgeschäft mit Privaten nicht betreibt, denkbar allenfalls als Auslandsgeschäft gem. § 19 Abs. 1 Nr. 8 BBankG iVm Art. 29 EGBGB, → 3. Teil Rn. 4 ff.
[35] *Seibert* § 1 VerbrKrG Rn. 1; *Seibert* WM 1991, 1445; *v. Westphalen/Emmerich/v. Rottenburg* § 1 VerbrKrG Rn. 6; öffentlich geförderter Existenzgründungsdarlehen: BGHZ 134, 42 mit Komm. *Hensen* EWiR § 5 AGBG 1/97, 49; WM 1997, 1010 mit Anm. *Richrath* WuB I F 1a.−3.97; OLG Jena OLG-NL 1996, 265; OLG Stuttgart DZWIR 1996, 421 mit Anm. *Schütze/Edelmann*; OLG Celle BB 1995, 219.
[36] AA für Anwendbarkeit des VerbrKrG in Altfällen vor Einführung des § 3 Abs. 1 Nr. 5 VerbrKrG (nun § 491 Abs. 2 Nr. 3) BGH NJW 2003, 2742 mit abl. Anm. *Bülow* WuB I E 2.−5.03 und Komm. *Drescher* EWiR § 3 VerbrKrG 1/04, 93; → Rn. 175 und → 5. Teil, Rn. 50 ff.; ebenso MüKoBGB/*Schürnbrand* § 491 BGB Rn. 8; Staudinger/*Kessal-Wulf* § 491 BGB Rn. 13, 15.

rechts würde auch hier an der fehlenden Gewerblichkeit des Handelns scheitern.[37]

IV. Verbraucher als Kreditnehmer (Darlehensnehmer)

22 Der Begriff des Verbrauchers knüpft einerseits an die Personenqualität des Darlehensnehmers und andererseits an den Verwendungszweck des Kredits in der Form eines Darlehens (→ Rn. 91), also ein sachliches Merkmal, an (s. zur – fehlenden – Bedeutung der individuellen Schutzbedürftigkeit des Kreditnehmers → Rn. 46).

1. Natürliche Person

23 Aus dem verbraucherprivatrechtlichen Selbstverständnis des Gesetzes folgt, dass der private Endverbraucher Prototyp des privilegierten Kreditnehmers ist. Denkbar wäre, hierzu auch juristische Personen zu zählen, soweit sie nicht beruflich oder gewerblich tätig sind, zB Idealvereine gem. § 21 BGB oder privatrechtliche Stiftungen gem. § 80 BGB; sie unterstellt das Verbraucherkreditrecht jedoch nicht seinem Schutz und folgt damit Art. 3 lit. a der Verbraucherkreditrichtlinie,[38] ohne an diese Vorgabe in der Weise gebunden zu sein, dass der persönliche Anwendungsbereich nicht hätte erweitert werden können, was auch unter Geltung des Vollharmonisierungsgrundsatzes Bestand hat (→ Einf. Rn. 32 ff.).[39] Immer wieder wurde in Erwägung gezogen, auch kleingewerblich tätigen juristischen Personen oder Personengesellschaften den Schutz des Verbraucherkreditrechts zukommen zu lassen. Die eindeutige Regelung des Gesetzes verschließt jedoch den Weg zu einer analogen Anwendung. Einbezogen sind allerdings nach § 513 und über die gemeinschaftsrechtlichen Vorgaben hinausgehend Existenzgründer.

24 Verbraucher als natürliche Person kann auch ein **Minderjähriger** sein, so dass der Darlehensvertrag nach § 108 BGB, ggf. iVm §§ 1643, 1822, 1829 BGB[40] schwebend unwirksam[41] und, wenn die danach erforderliche Genehmigung vom gesetzlichen Vertreter erteilt wurde, schwebend wirksam gem. §§ 495, 355 BGB ist.

2. Insbesondere: Mehrheit von Verbrauchern

25 Als Normadressaten kommen auch mehrere natürliche Personen in Betracht,[42] die als Gesamtschuldner den Kreditvertrag abschließen und mit der Kreditaufnahme einen verbraucherprivatrechtlichen Zweck verfolgen (→ Rn. 42).[43]

---

[37] AA Staudinger/*Kessal-Wulf* § 491 BGB Rn. 13, 15; *v. Westphalen/Emmerich/v. Rottenburg* § 1 VerbrKrG Rn. 7; wohl auch MüKoBGB/*Schürnbrand* § 491 BGB Rn. 9.
[38] Ebenso nach der Klauselrichtlinie 93/13/EWG vom 9.3.1993, EuGH NJW 2002, 205 Tz. 15, dazu *Mülbert* WM 2004, 905 (907); *Bork* Allgemeiner Teil, Rn. 167 aE; krit. de lege ferenda *Pfeiffer* in Schulze/Schulte-Nölke, Schuldrechtsreform, S. 133 (140); s. auch *Erman/Saenger* § 13 BGB Rn. 5.
[39] Richtlinie 2008/48/EG, Erwägungsgründe 9, 10; *Gsell/Schellhase* JZ 2009, 20; *Artz* GPR 2009, 171; *Riehm* in Gsell/Herresthal, Vollharmonisierung, 83.
[40] *Kunkel* RPfl 1997, 1 (2ff.).
[41] *Windel* JuS 1996, 812 (815).
[42] Trotz des scheinbar entgegenstehenden, im Singular gehaltenen Wortlauts von § 13 BGB, krit. *Flume* ZIP 2000, 1427 (1428).
[43] BGH NJW 2000, 3136; NJW 2002, 368 zu 1 b. bb. mit Anm. *Oechsler* LM Nr. 17 zu § 1 VerbrKrG, Bspr. *Emmerich* JuS 2002, 400 und Rezension *Wunderlich* BKR 2002, 304.

Abzugrenzen ist die gemeinsame Darlehensaufnahme von der Mitverpflich- 26
tung eines Dritten[44] (zu Bürgschaft und Schuldbeitritt → Rn. 107 ff.). Hier darf
das äußere Erscheinungsbild eines Darlehensvertrags mit mehreren Unterschriften auf der Darlehensnehmerseite nicht voreilig zu der Schlussfolgerung auf ein
gemeinschaftlich aufgenommenes Darlehen führen. Es bedarf einer Gesamtwürdigung aller Umstände des Einzelfalls, die auch den übereinstimmenden rechtsgeschäftlichen Willen der Parteien offenbaren kann, nur für einen der Unterzeichner eine Darlehensschuld, für den anderen eine Interzession zu begründen.
Der übereinstimmende Wille hat Vorrang vor dem Vertragswortlaut. Dieser kann
dahin gehen, dass alle auf der Darlehensnehmerseite beteiligten Personen Gläubiger und Schuldner des Darlehensvertrags sein sollen; der BGH spricht vom
„echten Mitdarlehensnehmer".[45] Möglich ist aber auch, dass nur die eine dieser
Personen Partei des Darlehensvertrages sein soll, während sich die andere nur
zum Zwecke der Sicherung beteiligt, also nicht Gläubiger sein soll, sondern nur
Schuldner für den Fall, dass der Darlehensnehmer seinen Verbindlichkeiten gegenüber dem Darlehensgeber nicht nachkommt. Im ersten Fall war eine gleichgründige, paritätische Gesamtschuld begründet worden; im zweiten Fall handelt
es sich um einen Sicherungsschuldbeitritt, der gemeinhin als Sicherungsgesamtschuld klassifiziert wird[46] (ausführlich → Rn. 115 ff.). **Mitdarlehensnehmer** ist
nach den vom BGH entwickelten Grundsätzen, wer ein eigenes Interesse an der
Kreditaufnahme hat und im Wesentlichen gleichberechtigt über die Auszahlung
resp. Verwendung der Darlehensvaluta mitentscheiden darf.[47] Kann der nach
§ 133 BGB maßgebliche übereinstimmende Wille festgestellt werden, ist die
Auslegung entgegen einem anders formulierten Wortlaut der Vereinbarung möglich. Bei einer Divergenz zwischen Wortlaut und der Suche nach dem wirklich
Gewollten können Indizien des konkreten Einzelfalls den richtigen Weg weisen.
Maßgeblich kann zB ein persönliches oder sachliches Interesse an der Darlehensaufnahme resp. dem Erwerb des finanzierten Guts sein. Der Kreditgeber
kann die bevorzugte Einordnung nicht durch die dahingehende Bezeichnung der
Person, etwa als „Mitdarlehensnehmer" erreichen; entscheidend ist die tatsächlich gewollte, sich aus dem Parteiwillen ergebende Rechtsfolge.

Verbraucherdarlehensrecht findet grundsätzlich auf beide Konstellationen An- 27
wendung (s. zum Schuldbeitritt → Rn. 115).[48] Völlig unterschiedliche Folgen
zeigen sich bei der verbraucherkreditrechtlich nicht einschlägigen Frage des
Sittenverstoßes (§ 138 BGB). Ob ein Darlehensvertrag gegen die guten Sitten
verstößt, richtet sich nach ganz anderen Kriterien als die Frage, ob ein Siche-

---

[44] BGH NJW 2009, 2671 mit Bspr. *Krüger* NJW 2009, 3408; BGH NJW 2009, 1494; BGH WM 2009, 262 Tz. 28 ff. mit Anm. *Bülow* LMK 2009, 276 605 und Komm. *Wolter* EWiR § 491 BGB 1/09, 293; BGH NJW 2005, 973 mit Anm. *Bülow* LMK 2005, 83; BGH NJW-RR 2004, 924 mit Komm. *Büchler* EWiR § 138 BGB 1/05, 101; Anm. *Haas* WuB I F 1c–2.04; *Heidrich* NJ 2004, 462; BGHZ 146, 37 = NJW 2001, 815 mit abl. Rez. *Bartels* WM 2002, 1905, Anm. *Bülow* LM Nr. 99 zu § 138 (Bb) BGB und *H. Roth* JZ 2001, 1059; NJW 2002, 744 mit Anm. *Bülow* LM Nr. 101 zu § 138 (Bb) BGB; NJW 2002, 2705 mit Komm. *Büchler* EWiR § 138 BGB 2/03, 99;OLG Karlsruhe WM 2013, 460; LG Nürnberg-Fürth WM 2009, 1939.
[45] NJW 2009, 2671 Tz. 15; 2005, 973 (974); s. auch *Madaus* WM 2004, 1705.
[46] *Ehmann* Die Gesamtschuld, 1972, S. 358; Neuansatz bei *Schürnbrand,* Der Schuldbeitritt zwischen Gesamtschuld und Akzessorietät, 2003, S. 194.
[47] BGH NJW 2009, 2671 Tz. 15; 1494, 645 Tz. 14.
[48] BGH WM 2009, 262 Tz. 24.

rungsschuldbeitritt, allgemeiner eine Interzession, der Wirksamkeitskontrolle standhält.[49]

28 Jedem einzelnen Kreditnehmer gegenüber ist im Fall gemeinsamer, gleichgründiger Darlehensaufnahme die qualifizierte Schriftform von § 492 zu wahren und eine Vertragsurkunde auszuhändigen (→ § 492 Rn. 28, 62). Insofern ist auch jeder einzelne Gesamtschuldner, auch wenn die Darlehensnehmer in häuslicher Gemeinschaft leben, über das Bestehen des Widerrufsrechts zu informieren,[50] Infolgedessen kann es zu unterschiedlichen Entwicklungen der einzelnen Verpflichtungen der Gesamtschuldner kommen. Gehen die nach neuem Recht im Vertragstext enthaltenen Widerrufsinformation den Kreditnehmern zu verschiedenen Zeitpunkten zu, so führt dies nach der geltenden Konzeption des Widerrufsrechts zwar nicht dazu, dass die einzelnen Vertragsverhältnisse zu unterschiedlichen Zeitpunkten wirksam werden, lässt aber den Schwebezustand, innerhalb dessen die Verbraucher den Vertrag widerrufen können, von divergierender Dauer sein (→ § 495 Rn. 17).[51] Da jeder einzelne Kreditnehmer separat von seinem Widerrufsrecht Gebrauch machen kann,[52] stellt sich die Frage, ob ein solcher Widerruf zur Gesamtnichtigkeit des Vertragsverhältnisses zwischen dem Kreditgeber und den Gesamtschuldnern führt. Dies hängt von der Ausgestaltung des Vertrages ab. Wurde vereinbart, dass nur allen Gesamtschuldnern gegenüber gemeinsam erfüllt werden kann, so erwächst zum einen die unwiderrufliche Leistungsverpflichtung des Kreditgebers erst, wenn keinem Verbraucher mehr ein Widerrufsrecht zusteht, die letzte Widerrufsfrist abgelaufen ist. Übt in einer solchen Konstellation ein Verbraucher den Widerruf aus, so führt dies zwingend zur Gesamtnichtigkeit des Vertrags.[53] Konnte hingegen an einen Kreditnehmer mit Erfüllungswirkung für alle Gesamtgläubiger geleistet werden, so ist im Falle des Einzelwiderrufs der Fortbestand des Vertrages unter Zuhilfenahme von § 139 BGB zu beurteilen. Ebenso differenzierend sind die Kündigungs- und Rücktrittsvoraussetzungen nach §§ 500 und 508 bei der gesamtschuldnerischen Kreditaufnahme mehrerer zu betrachten (→ § 498 Rn. 26 ff., → § 508 Rn. 8).

29 Normadressaten können gleichermaßen Erbengemeinschaften[54] oder eheliche Gütergemeinschaften sein, wobei dem gem. § 1357 BGB kraft Gesetz mitverpflichteten Ehepartner (**Schlüsselgewalt**) ein eigenes Widerrufsrecht[55] (→ Rn. 124).

30 Nach § 10 Abs. 6 Satz 1, 2 WEG kann die **Wohnungseigentümergemeinschaft,** ohne juristische Person zu sein, selbst Rechte erwerben und Pflichten eingehen und kommt somit, ähnlich der Gesellschaft bürgerlichen Rechts, als Normadressat in Betracht.[56] Dabei ist es zur Einordnung der WEG als Verbrau-

---

[49] BGH NJW 2009, 2671 Tz. 17 ff.
[50] MüKoBGB/*Schürnbrand* § 491 BGB Rn. 14; Staudinger/*Kessal-Wulf* § 491 BGB Rn. 20; aA hinsichtlich in häuslicher Gemeinschaft lebender Kreditnehmer OLG Hamm WM 2016, 116 (122); LG Oldenburg WM 1998, 2221, krit. resp. abl. dazu *Artz* EWiR § 7 VerbrKrG 3/98, 1149; *Kind* WuB I E 2.–1.99; *Mankowski* VuR 1999, 429.
[51] Ausführlich dazu *Artz*, Verbraucher als Kreditnehmer, S. 87 ff.
[52] AA OLG Karlsruhe WM 2016, 1036.
[53] *Artz*, Verbraucher als Kreditnehmer, S. 87.
[54] *Erman/Saenger* § 13 BGB Rn. 7.
[55] Ausführlich *Artz*, Verbraucher als Kreditnehmer, S. 94 ff.; Staudinger/*Kessal-Wulf* § 491 BGB Rn. 31.
[56] Nun BGH NJW 2015, 3651 und NJW 2012, 3719; vorher bereits OLG München NZM 2008, 894 (zum AGB-Recht); *Elzer* NZM 2009, 57 (60); *Elzer* MietRB 2009, 308;

cher notwendig, dass ihr zumindest eine natürliche Person angehört, die zu einem Zweck handelt, der sich unter § 13 subsumieren lässt.[57] Dabei handelt die WEG regelmäßig zum Zweck der privaten Vermögensverwaltung.[58]

Genießen einzelne der gleichgründig gesamtschuldnerisch verpflichteten Kreditnehmer (→ Rn. 115) den verbraucherkreditrechtlichen Schutz nicht, so schließt dies die Anwendung bezüglich der Gesamtschuldner, welche die persönlichen Merkmale erfüllen, nicht aus. Infolge der **Einzelbetrachtung** ist die Schutzbedürftigkeit jedes einzelnen Gesamtschuldners separat zu beurteilen.[59] Zu denken ist etwa an die gemeinsame Kreditaufnahme von Eheleuten, bei der das Darlehen der gewerblichen Tätigkeit des einen und dem privaten Bedarf des anderen zu Gute kommt;[60] ebenso, wenn der Geschäftsführer einer GmbH (s. aber → Rn. 54) mit dieser gemeinsam einen Darlehensvertrag abschließt;[61] weiterhin bei einem Finanzierungsleasingvertrag (→ § 506 Rn. 65) über ein Auto, das der eine Leasingnehmer privat, der andere freiberuflich nutzt.[62] Der Normadressat kann nicht dadurch schlechter gestellt werden, dass neben ihm weitere natürliche oder juristische Personen für eine Kreditaufnahme einzustehen haben, die nicht Verbraucher sind.

3. Gesellschaft bürgerlichen Rechts

Die Gesellschaft bürgerlichen Rechts (§ 705 BGB) ist rechts- und parteifähig,[63] kann somit Partei eines Darlehens- oder anderen Kreditvertrages werden und kommt daher grundsätzlich als **Normadressatin** in Betracht. Dass § 13 BGB die natürliche Person zum Gegenstand der Verbraucherdefinition macht, steht unter Berücksichtigung des Schutzzwecks des Verbraucherkreditrechts einer Einbeziehung mehrerer gesellschaftlich zu einer Gruppe verbundener natürlicher

---

Gottschalg NZM 2009, 217 (219); *Armbrüster* ZWE 2007, 290; *Bub* ZWE 2010, 246 (250); *Abramenko* ZMR 2011, 173; aA LG Rostock NZM 2007, 370; *Hügel/Elzer* NZM 2009, 457 (458 f.).
[57] BGH NJW 2015, 3228.
[58] BGH NJW 2015, 3228 Tz. 50.
[59] BGHZ 133, 71 mit Anm. *Wolf* LM Nr. 8 zu §§ 1, 6 VerbrKrG; *Kurz* WiB 1997, 807; *Bülow* EWiR § 6 VerbrKrG 2/97, 427; *Peters* WuB I E 2.–1.98; *Erman/Saenger* § 13 BGB Rn. 18; *Bamberger/Roth/Schmidt-Räntsch* § 13 BGB Rn. 8; nun auch MüKoBGB/*Schürnbrand* § 491 BGB Rn. 14; parallele Problematik beim Pfandrecht: BGH NJW 2006, 845 mit zust. Anm. *Bülow* LMK 2006, 171 869; *Enders* JZ 2006, 571; *Kulke* NJW 2006, 2223.
[60] So in OLG Karlsruhe WM 1999, 222 mit Anm. *Artz* EWiR § 4 VerbrKrG 4/99, 619; *Drescher* WuB I E 2.–1.99.
[61] Ausdrücklich bestätigt in BGH NJW 2006, 431 mit Anm. *Koller* LMK 2006, 169 682; s. auch BGH ZIP 1997, 642 zu 2.a. mit Komm. *Bülow* EWiR § 6 VerbrKrG 2/97, 427; aA OLG München EWiR § 1 VerbrKrG 1/2000, 503 (abl. *Balzer*); zum Finanzierungsleasing BGH NJW 2000, 3133 (3135 f.).
[62] OLG Celle NJW-RR 1997, 1144; OLG Düsseldorf WM 1997, 1719.
[63] BGH NJW 2001, 1056 mit Anm. *Dauner-Lieb* DStR 2001, 356; *Goette* DStR 2001, 310; *Habersack* BB 2001, 477; *Heil* NZG 2001, 300; *Peifer* NZG 2001, 296; *Reiff* VersR 2001, 515; *Römermann* DB 2001, 428; *Schemmann* DNotZ 2001, 244; *K. Schmidt* NJW 2001, 993; *Ulmer* ZIP 2001, 585; *H. P. Westermann* NZG 2001, 289; *Wiedemann* JZ 2001, 661. *Jauernig* ist der Hinweis darauf zu verdanken, dass es sich um ein Versäumnisurteil handelt, gegen das Einspruch eingelegt wurde, nach NJW 2001, 2231, s. den bestätigenden Beschluss vom 18.2.2002, NJW 2002, 1207; zur Rechts- und Parteifähigkeit der GbR auch *Wertenbruch* NJW 2002, 324; *Ulmer/Steffek* NJW 2002, 330; *Düming* RPfl 2002, 53; s. auch BGH WM 2002, 1929; krit. *Beuthien* NJW 2005, 855 (856).

Personen nicht entgegen.⁶⁴ Die Wertung der zum Verbraucherbegriff des vormaligen VerbKrG ergangenen grundsätzlichen Entscheidung des BGH ist auf § 13 BGB zu übertragen.⁶⁵

33 Die Anwendung verbraucherkredit- bzw. verbraucherprivatrechtlicher Vorschriften auf Verträge rechtsfähiger, private Zwecke verfolgender (Außen-)Gesellschaften bürgerlichen Rechts wird auch abgelehnt.⁶⁶ Teilweise hält man die Gesellschaft schlicht nicht für schutzwürdig. Gegen die Einbeziehung ideeller Gesellschaften wird darüber hinaus die Wertung des § 14 Abs. 2 BGB ins Feld geführt.⁶⁷ Der Gesetzgeber habe dem Verbraucherbegriff aus § 13 BGB den komplementären Begriff des Unternehmers aus § 14 BGB gegenübergestellt und in diesem neben der natürlichen und der juristischen Person auch die rechtsfähige Personengesellschaft genannt. Damit sei eindeutig zum Ausdruck gekommen, dass ein Verbraucher nur eine „echte" natürliche Person und eben nicht eine (Außen-)GbR sein könne. Es sei undenkbar, dass der Gesetzgeber unter der natürlichen Person in § 13 BGB etwas anderes verstehe als unter derjenigen in § 14 BGB.⁶⁸ Diese, im Grunde ausschließlich am Wortlaut des Gesetzes orientierte und wertende Gesichtspunkte außer Betracht lassende Auffassung vermag nicht zu überzeugen. Zunächst und insbesondere mangelt es an einer Stütze in den Gesetzesmaterialien zu der behaupteten bewussten Entscheidung des Gesetzgebers bei der Verabschiedung der §§ 13, 14 BGB. Diesen ist kein Hinweis darauf zu entnehmen, dass der Gesetzgeber die Begrifflichkeiten der natürlichen Person und rechtsfähigen Personengesellschaft in ein dem Begriffspaar von juristischer und natürlicher Person entsprechendes Verhältnis setzen wollte. Der Gesetzentwurf der Bundesregierung, der im Übrigen die missglückte und mangelhafte Formulierung des § 13 BGB noch nicht aufwies (→ Rn. 12), verortete die Definition von Unternehmer und Verbraucher noch in Abs. 3 des § 361a BGB, der Vorgängervorschrift des § 355 BGB.⁶⁹ Darin kommt die rechtsfähige Personengesellschaft nicht vor. Es ist von dem Verbraucher als natürlicher Person und dem Unternehmer als Person die Rede. Freilich hätte die Regelung des § 1059a Abs. 2 BGB daneben fortbestanden. Der Bundesrat hat dies in seiner Stellungnahme nicht moniert.⁷⁰ Die Einführung der §§ 13, 14 BGB geht auf einen

---

⁶⁴ BGHZ 149, 80 = NJW 2002, 368 mit Anm. *Artz* JZ 2002, 457; *Oechsler* LM § 1 VerbKrG Nr. 17; *Saenger/Betram* EWiR § 491 BGB 1/02, 93; *Tonner* WuB I E 2.–3.02; *Dörrie* ZfIR 2002, 26; Bspr. *Lang* ZfIR 2003, 2; *Schütt* MDR 2002, 224; dazu auch *Weick* GS Heinze, S. 1051 (1054).
⁶⁵ Palandt/*Ellenberger* § 13 BGB Rn. 2; MüKoBGB/*Schürnbrand* § 491 BGB Rn. 21, 16; MüKoBGB/*Franzen* § 481 BGB Rn. 21; Staudinger/*Martinek* § 481 BGB Rn. 23; Erman/*Saenger* § 13 BGB Rn. 6; Soergel/*Pfeiffer* § 13 BGB Rn. 48; Staudinger/*Kannowski* § 13 BGB Rn. 39; *Lwowski* in Schimansky/Bunte/Lwowski BankR-HdB, § 81 Rn. 4; iE auch *K. Schmidt* JuS 2006, 1 (5).
⁶⁶ So etwa von *Reiff* FS Schirmer, S. 501; *Mülbert* WM 2004, 905; *Jauernig* § 13 BGB Rn. 2; *Kessal-Wulf* GS Sonnenschein, S. 671; Staudinger/*Kessal-Wulf* § 491 BGB Rn. 24 ff.; *Krebs* DB 2002, 517; *Fehrenbacher/Herr* BB 2002, 1006; *Elßner/Schirmbacher* VuR 2003, 247; *Struck* MittBayNot 2003, 259 (260); *K. R. Wagner* BKR 2003, 649; wohl auch *Dauner-Lieb/Dötsch* DB 2003, 1666.
⁶⁷ Insbesondere von *Reiff* FS Schirmer, S. 501; ebenso *Fehrenbacher/Herr* BB 2002, 1006; *Mülbert* WM 2004, 905 (910); zur Inhaltsleere der Vorschrift *Beuthien* NJW 2005, 855 (856).
⁶⁸ *Reiff* FS Schirmer, S. 501 (508 f.).
⁶⁹ BT-Drucks. 14/2658, S. 6.
⁷⁰ BT-Drucks. 14/2920.

Hinweis aus einer Sachverständigenanhörung am 22.3.2000 zurück.[71] Insbesondere von *Heinrichs* wurde es begrüßt, die Begriffe des Unternehmers und Verbrauchers innerhalb des BGB zu definieren, jedoch angeregt, eine solche in dessen Allgemeinem Teil vorzunehmen.[72] Die Einordnung der Gesellschaft bürgerlichen Rechts wurde nicht diskutiert.[73] Durch die Platzierung des Begriffspaars im Allgemeinen Teil des BGB wurde schlicht die Aufhebung der Regelung des § 1059a BGB notwendig und man hat sie § 14 BGB angefügt (Abs. 2). Dass die rechtsfähige Personengesellschaft daraufhin in § 14 Abs. 1 BGB wiederkehrt findet ebenso wenig eine Begründung in den Gesetzgebungsmaterialien, einschließlich des Protokolls der maßgeblichen Ausschusssitzung, wie die vielfach zu Recht kritisierte Änderung des § 13 BGB („ihre" statt „eine") in diesem Stadium des Verfahrens. Von einer zweifelsfreien Klarstellung des Gesetzgebers zu sprechen, fällt daher schwer.[74] Es ist eher davon auszugehen, dass es dem Gesetzgeber angemessen erschien, angesichts der nicht in Zweifel zu ziehenden weit überwiegenden Anzahl wirtschaftlich tätiger oder unternehmenstragender Außengesellschaften die Definition beim Unternehmerbegriff zu verorten. Ein Unternehmer kann auch eine derartige Gesellschaft sein.[75] Darin erschöpft sich die Aussage des § 14 Abs. 2 BGB. Auf § 13 BGB wirkt sich dies nicht aus.

Da somit eine bewusste Entscheidung des Gesetzgebers nicht belegbar ist und jedenfalls mindestens ebenso viel dafür spricht, dass die möglichen Auswirkungen der Formulierung des § 14 BGB auf den damals geführten Streit über die Einbeziehung der GbR in den Anwendungsbereich des Verbraucherkreditrechts nicht berücksichtigt wurden, ist mit dem BGH[76] weiterhin auf den Schutzzweck der Regelung abzustellen, der es verbietet, einem Zusammenschluss mehrerer natürlicher Personen den Schutz nur deswegen zu verwehren, weil sie sich zu einer rechtsfähigen Personengesellschaft zusammengeschlossen haben.

Von der juristischen Person, die angesichts des eindeutigen Wortlauts als Normadressat ausscheidet, unterscheidet sich die rechtsfähige Gesellschaft bürgerlichen Rechts weiterhin dadurch, dass ihr keine rechtliche Selbständigkeit gegenüber ihren Gründern bzw. Gesellschaftern zukommt.[77] Die nun vollarmonisierende **Verbraucherkreditrichtlinie** steht einer Ausweitung des persönlichen Anwendungsbereichs durch den Gesetzgeber nicht im Wege (→ Einf. Rn. 32).

Es kommt im Ergebnis hinsichtlich der Anwendung von Verbraucherkreditrecht auf die GbR nicht darauf an, ob es sich um eine Innengesellschaft oder eine mit Rechtspersönlichkeit ausgestattete Außengesellschaft handelt.[78]

---

[71] Hinweis in BT-Drucks. 14/3195, S. 32.
[72] Protokoll der 47. Sitzung des Rechtsausschusses des Deutschen Bundestag, S. 10.
[73] Zum Verbraucherbegriff ist vielmehr zu lesen: „Da ändert sich nichts.", Stellungnahme des Sachverständigen *Heinrichs* S. 39; darüber hinaus widmen sich die den Verbraucherbegriff betreffenden Stellungnahmen vor allem der Einbeziehung Kleingewerbetreibender in den Anwendungsbereich, S. 31, 32, 34.
[74] Jedenfalls kann man mit derselben Argumentation von einer bewussten Änderung des § 13 BGB ausgehen.
[75] Es mag schließlich als weiteres gegen eine bewusste Entscheidung des Gesetzgebers zu werten sein, dass auch *Schmidt-Räntsch* in Bamberger/Roth, § 13 BGB Rn. 3 der GbR Verbraucherstatus zuerkennt.
[76] BGHZ 149, 80 = NJW 2002, 368.
[77] MüKoBGB/*Schürnbrand* § 491 BGB Rn. 16; s. insbesondere auch *Beuthien* NJW 2005, 855; dazu auch *Weick* GS Heinze, S. 1051.
[78] So zutreffend BGH WM 2001, 2379 (2380) zu II. 1.b. bb.

37 Entscheidendes Kriterium der Einbeziehung einer Kreditaufnahme seitens der Gesellschaft bürgerlichen Rechts ist die **Zweckbestimmung** des Kredits (→ Rn. 46), die mit dem Gesellschaftszweck korrespondiert.[79] Verfolgt die Gesellschaft einen wirtschaftlichen oder selbständig beruflichen Zweck, so scheidet sie als Normadressat per se aus.

38 In Folge dessen kann eine **Offene Handelsgesellschaft** im Regelfall von vornherein **nicht** Normadressatin sein.[80] Einen **Grenzfall** stellt die Personenhandelsgesellschaft dar, die keinen kaufmännischen Zweck verfolgt bzw. ein Gewerbe betreibt und von der Option aus § 2 HGB Gebrauch gemacht, sondern lediglich eigenes Vermögen verwaltet und bezüglich der nach **§ 105 Abs. 2 Alt. 2 HGB** die Entscheidung getroffen wurde, sich den Sonderregeln des HGB zu unterwerfen.[81] Für derartige Gesellschaften wird in Fortführung der höchstrichterlichen Rechtsprechung zur Gesellschaft bürgerlichen Rechts zum Teil die Anwendbarkeit verbraucherprivatrechtlicher Vorschriften befürwortet.[82] Jedoch bietet trotz der Ähnlichkeit der Schutzbedürftigkeit im Einzelfall der konstitutiv wirkende Entschluss, sich in das Handelsregister eintragen zu lassen, eine Rechtssicherheit vermittelnde Schnittstelle zwischen Verbraucher- und Unternehmereigenschaft. Sämtliche Personenhandelsgesellschaften unterfallen somit dem Verbraucherbegriff des § 13 BGB nicht und scheiden daher als Normadressat des Verbraucherkreditrechts aus. Entsprechendes gilt für die Partnerschaftsgesellschaft als Verbund von Freiberuflern.[83] Ist indes sowohl der Gesellschafts- als auch der Verwendungszweck des Kredits ein privater, so kommt die Gesellschaft bürgerlichen Rechts als Normadressat des Verbraucherprivatrechts in Betracht.[84] Normadressaten können demgemäß Bauherrengemeinschaften für Wohnungseigentum oder Ehegattengesellschaften sein.

39 Zuzustimmen ist dem XI. Zivilsenat des BGH in seiner Einschätzung, dass der Anwendbarkeit des Verbraucherkreditrechts auf die Gesellschaft bürgerlichen Rechts nicht entgegensteht, dass nach neuem Verständnis eine lediglich akzessorische persönliche Haftung der Gesellschafter entsprechend §§ 128 ff. HGB besteht.[85] Jedoch ergeben sich verbraucherkreditrechtliche Besonderheiten hinsichtlich der **Mitverpflichtung der Gesellschafter.** Ließe man auch die natürlichen Personen als Gesellschafter einer privaten Zwecken dienenden Gesellschaft bürgerlichen Rechts gesetzlich mithaften, hätte dies das Entstehen einer uneingeschränkten persönlichen Haftung des Verbrauchers für eine Kreditverbindlichkeit zur Folge, ohne dass diesem gegenüber die qualifizierte Schriftform des § 492 einzuhalten wäre resp. ein Widerrufsrecht des Verbrauchers bestünde.[86]

---

[79] So auch *Mülbert* WM 2004, 905 (911).
[80] *Soergel/Pfeiffer* § 13 BGB Rn. 47; MüKoBGB/*Schürnbrand* § 491 BGB Rn. 15; MüKoBGB/*Franzen* § 481 BGB Rn. 21; *Lang* ZfIR 2003, 2; dies übersehen *Bruchner/Ott/Wagner-Wieduwilt* § 1 VerbrKrG Rn. 24.
[81] Zu diesem Typus der Personenhandelsgesellschaft *K. Schmidt* DB 2003, 703; *Canaris* ZGR 2004, 69 (73 ff.).
[82] *Erman/Saenger* § 13 BGB Rn. 6 aE; nach *Mülbert* WM 2004, 905 (912) ist die Beschränkung auf die GbR in diesem Fall zutiefst willkürlich; auch *Fehrenbacher/Herr* BB 2002, 1006 (1008) hielten eine Übertragung auf die OHG für konsequent.
[83] Zutreffend *Gößmann* BuB 3/380.
[84] *Artz*, Verbraucher als Kreditnehmer, S. 112 f.
[85] BGH WM 2001, 2379 (2380) zu II. 1.b. dd.
[86] Dazu de lege ferenda *Artz* Verbraucher als Kreditnehmer, S. 138 ff.; *Artz* JZ 2002, 457; dies verkennt *Wunderlich* BKR 2002, 304 (308) völlig.

Dies ist mit dem Schutzzweck des Verbraucherkreditrechts nicht zu vereinbaren. Auf eine „Idealgesellschaft" ist die Akzessorietätstheorie nicht anwendbar.[87] Ein entsprechendes Ergebnis lässt sich auch gesellschaftsrechtlich begründen[88] und beansprucht Geltung nicht nur für das Verbraucherkreditrecht, sondern die rechtsgeschäftliche Verpflichtung von Idealgesellschaften im Allgemeinen.[89] Gleichfalls scheidet eine entsprechende Anwendung des § 128 Satz 2 HGB auf die nichtwirtschaftliche GbR aus.[90] Eine persönliche Mitverpflichtung eines Gesellschafters kann daher bei der Kreditaufnahme einer als Normadressat einzuordnenden Gesellschaft bürgerlichen Rechts weiterhin nur im Wege eines Schuldbeitritts (→ Rn. 115) des einzelnen Gesellschafters erfolgen, der den Anforderungen des § 492 genügen muss und widerruflich ist.[91] Ebenso ist – nach der Entscheidung des Gesetzgebers gegen die vormalige Rechtsprechung[92] – § 492 Abs. 4 Satz 1 bei der Vollmachterteilung an den handelnden Gesellschafter zu beachten.[93] Ist einer der Gesellschafter juristische Person, zB ein Idealverein, ist das Verbraucherkreditrecht nicht auf ihn, aber auf die anderen Gesellschafter anwendbar. Wegen der andersartigen Haftungsverfassung und organschaftlichen Organisation der WEG bedarf es der zweifachen Anwendung des Verbraucherkreditrechts dort nicht. Hier sind die Vorschriften allein gegenüber dem kreditnehmenden Verband zu wahren.[94]

Die Verbraucher bleiben auch dann natürliche Personen und Normadressaten, **40** wenn sie sich durch einen **nicht-rechtsfähigen Verein** (§ 54 BGB) organisiert haben[95] (zur Gründungsgesellschaft → § 513 Rn. 6).

---

[87] So auch ausdrücklich *Reiff* FS Schirmer, S. 501 (512 ff.); *Reiff.* NZG 2000, 281 (283); *Reiff* VersR 2001, 515 ff.; *Beuthien* JZ 2003, 969 (973).
[88] *Reiff* FS Schirmer, S. 501; *Mülbert* WM 2004, 905; *Beuthien* JZ 2003, 969; s. auch BGHZ 150, 1; zur Möglichkeit der Beschränkung der akzessorischen Haftung bei Ideal-Gesellschaften unter dem Gesichtspunkt des Gläubigerschutzes und der Zumutbarkeit der umfänglichen Haftung für die Gesellschafter *Reiff* ZGR 2003, 550 (571 ff.); *Armbrüster* ZGR 2005, 34 (45); *Langenbucher* JZ 2003, 1132 (1138); *K. Schmidt* NJW 2003, 1897 (1904); *Böken* DStR 2004, 558; *Hadding* WuB II J. § 705 BGB 4.02; *Hadding* FS Raiser, S. 129 (139); ebenso LG Gera EWiR § 705 BGB 5/03, 405 *(Bayer); Ulmer* ZIP 2003, 1113; *C. Schäfer* ZIP 2003, 1225 (1232); *Wössner* ZIP 2003, 1235; MüKoBGB/*Schäfer* § 714 BGB Rn. 58 ff.; *Erman/H. P. Westermann* § 714 BGB Rn. 19; krit. zur Einschränkung der akzessorischen Haftung hingegen Palandt/*Sprau* § 714 BGB Rn. 12.
[89] *Reiff* FS Schirmer, S. 501 (512 ff.); *Beuthien* JZ 2003, 969 (973 ff); *Bülow* FS Kreutz, S. 549 (554).
[90] *Beuthien* JZ 2003, 969 (975).
[91] *Habersack* JuS 1993, 1 (5); *Habersack* BB 1999, 61 (63); eingehend dazu *Bülow* FS Kreutz, S. 549 (553 ff.); insoweit iE jedenfalls für das Verbraucherkreditrecht übereinstimmend *Reiff* FS Schirmer, S. 501 (515); *Mülbert* WM 2004, 905 (914); ausdrücklich an der Geltung von § 492 BGB zweifelnd Palandt/*Sprau* § 714 BGB Rn. 12.
[92] BGH NJW 2001, 1931, 2963, 3479; vgl. ausdrücklich BT-Drucks. 14/7052, S. 201.
[93] De lege ferenda *Artz* Verbraucher als Kreditnehmer, S. 126 ff.
[94] Zutreffend *Häublein* ZWE 2015, 61 (68).
[95] *Artz* Verbraucher als Kreditnehmer, S. 153 ff.; Staudinger/*Kannowski* § 13 BGB Rn. 37; *Kern* ZGS 2009, 456 (458); aA Staudinger/*Kessal-Wulf* § 491 BGB Rn. 28; *Kammel* Anwendungsbereich, S. 178/179; aber der nichtrechtsfähige Verein ist definitionsgemäß nicht juristische Person trotz korporativen Charakters; kommunaler Zweckverband: BGHZ 146, 190 mit Anm. *Gramlich* WuB I E 1.–3.01, jedoch keine Privatheit des Handelns.

4. Stellvertretung

41 Bei der Einschaltung eines Stellvertreters kommt es hinsichtlich des abzuschließenden Geschäfts auf beiden Seiten (Unternehmer/Verbraucher) grundsätzlich auf die persönlichen Voraussetzungen des **Vertretenen** an (→ § 492 Rn. 56 ff.).[96] Der Vertreter selbst hat, so die Stellvertretung auf der Seite des Verbrauchers vorliegt, grundsätzlich kein Widerrufsrecht, kann aber bevollmächtigt werden, dasjenige des Vertretenen auszuüben.[97] Eine andere Frage ist die der Widerruflichkeit der Vollmachterteilung, welche die Rechtsprechung bislang ausdrücklich offengelassen hat.[98] Hält man den Widerruf der Vollmachterteilung für möglich, so stellt sich jedoch die Frage, wie dies mit der in § 357a BGB angeordneten Rechtsfolge zu vereinbaren ist.[99] Handelt der Vertreter ohne Vertretungsmacht und genehmigt der Vertretene nicht, so ist die Erklärung des Vertreters widerruflich, wenn er Verbraucher ist (→ § 495 Rn. 64).[100]

5. Verwendungszweck

42 Die natürliche Person als Darlehensnehmer, Waren- oder Dienstleistungskreditnehmer begründet noch nicht die Qualifikation als Verbraucher. Vielmehr wird die natürliche Person erst dadurch zum Verbraucher, dass der Abschluss des Kreditvertrags weder ihrer gewerblichen noch ihrer selbständigen beruflichen Tätigkeit zugerechnet werden kann (§ 13 BGB, → Rn. 11). Die Zurechnung folgt aus dem objektiv zu bestimmenden Zweck des Kredits, der nach dem Vertrag nicht für die gewerbliche oder freiberufliche Tätigkeit bestimmt sein darf.[101] Die Zweckbestimmung des Kredits macht den Kreditnehmer zum Verbraucher und damit zum Normadressaten des Gesetzes, oder sie belässt es bei den allgemeinen Vorschriften des Privatrechts. Positiv gewendet[102] wird die Verbrauchereigenschaft einer natürlichen Person gem. § 13 BGB begründet durch die Bestimmung des Kredits
- für private Zwecke (→ Rn. 46),
- für die abhängige berufliche Tätigkeit (→ Rn. 52) und – als verbraucherkreditrechtliche Besonderheit –
- für die Existenzgründung (→ § 513 Rn. 4).

---

[96] MüKoBGB/*Schürnbrand* § 491 BGB Rn. 13; *Erman/Saenger* § 13 BGB Rn. 11, § 491 BGB Rn. 22; Staudinger/*Kessal-Wulf* § 491 BGB Rn. 19; *Masuch* BB 2003, Beil. 6, S. 16 (17); *Gregor* GPR 2007, 73 (77); *Kobelt*, Verbrauchervertragsrecht und Stellvertretung, S. 109 ff.; *Schreindorfer*, Verbraucherschutz und Stellvertretung, S. 266 ff.; in außerordentlich selbstbewusster Diktion missversteht *Hoffmann*, der auf einen Mangel bei der Willensbildung des Stellvertreters abstellt und daher allein die Verbrauchereigenschaft des Vertreters für maßgeblich hält, Sinn und Zweck des verbraucherkreditrechtlichen Widerrufsrechts, JZ 2012, 1156, 1157 f.
[97] So auch *Kobelt*, Verbrauchervertragsrecht und Stellvertretung, S. 123.
[98] Etwa in BGH NJW 2000, 2268, 2269; s. dazu *Soergel/Pfeiffer* § 13 BGB Rn. 51; *Hoffmann* JZ 2012, 1156 (1161 ff.); eingehend *Kobelt*, Verbrauchervertragsrecht und Stellvertretung, S. 187 ff.
[99] Dazu *Oechsler* Schuldrecht, Rn. 370.
[100] *Erman/Saenger* § 13 BGB Rn. 11; aA *Kobelt*, Verbrauchervertragsrecht und Stellvertretung, S. 203 ff.
[101] OLG Karlsruhe DAR 2011, 706; KG MDR 2011, 590.
[102] Der zweite Vorschlagsentwurf zur Verbraucherkreditrichtlinie von 1975 sah noch eine Positivdefinition (nachf. Rn. 61) vor, Dok. KOM XI/204/75-D, *Hüttebräuker* Entstehung EG-Richtlinien, S. 91.

Dass erst eine solche Zweckbestimmung die Verbrauchereigenschaft ausmacht, bestimmt das Gesetz selbst nicht positiv. Das Tatbestandsmerkmal dieser Art der Verwendung des Kredites grenzt das Gesetz vielmehr negativ ab, indem die Zweckbestimmung für Gewerbe oder freien Beruf, soweit sie bereits ausgeübt werden, nicht die Verbrauchereigenschaft begründet. Alles, was diesem Bereich nicht zugerechnet werden kann, ist Ausgangspunkt für eine potentielle Störung der Vertragsparität, die Anlass für sonderprivatrechtliche Normen ist. **43**

Anders als früher nach § 1 Abs. 1 VerbrkrG kommt es für den Zweck des Rechtsgeschäfts nicht auf den Inhalt des Vertrags an. Der Zweck ist Motiv des rechtsgeschäftlichen Handelns, braucht aber nicht zum Vertragsinhalt erhoben zu werden. Vertragsinhalt ist zB der Kauf von Lampen,[103] der Verwendungszweck aber nur persönliches Motiv des Käufers. Dieser Zweck ist **objektiv,** gegebenenfalls durch Auslegung, zu bestimmen und gleichermaßen objektiv festzustellen, welcher Tätigkeit dieser Zweck zuzurechnen ist, der privaten/unselbständig beruflichen oder einer gewerblichen/freiberuflichen Tätigkeit.[104] Bei Zurechnung zur privaten/unselbständig beruflichen Tätigkeit ist die natürliche Person Verbraucher. Nach dem Wortlaut des § 13 BGB kommt es darauf an, welcher Tätigkeit der Zweck des Rechtsgeschäfts zugerechnet werden kann. Eine abweichende tatsächliche Verwendung ist unerheblich.[105] Der Kreditnehmer behält den einmal gewonnen Schutz des Verbraucherkreditrechts auch, wenn er die Valuta bzw. Sache später gewerblich nutzt.[106] Zu trennen ist von dieser Frage die Möglichkeit, den Verwendungszweck nachträglich durch **Änderungsvertrag** neu zu bestimmen (→ Rn. 138). Lässt sich der Inhalt des Vertrages insoweit aber nicht feststellen, kommt es auf die **Beweislast** an (→ Rn. 59). **44**

Täuscht der privat handelnde Kreditnehmer einen gewerblichen Verwendungszweck vor, sog. **Scheinunternehmer,** indem er wahrheitswidrig als Gewerbetreibender auftritt, ist zu differenzieren.[107] Handelt es sich bei der betreffenden natürlichen Person um einen potentiellen Unternehmer, existiert also eine gewerbliche oder selbständig berufliche Tätigkeit, der das Geschäft zugeordnet werden kann, so büßt die Person in Folge des professionellen Auftretens den Schutz des Verbraucherprivatrechts ein. Nimmt zB ein selbständiger Rechtsanwalt ein Darlehen auf, hinsichtlich dessen Verwendung er die Ausstattung seiner Kanzleiräume angibt, dessen Valuta in Wahrheit aber der Unterstützung eines Auslandsstudiums seiner Tochter dienen, so muss er sich als Unternehmer behandeln lassen und kann keinen Verbraucherschutz für das an sich privat motivierte Rechtsgeschäft beanspruchen. Anders gestaltet sich die Rechtslage bei einer natürlichen Person, die stets als Verbraucher handelt, also beispielsweise der Schülerin oder Studierenden. Ihr ist es verwehrt, auf zwingenden Verbraucherschutz zu verzichten. Insoweit geht mit verbraucherprivatrechtlichem Schutz ein **45**

---

[103] So in der Fallgestaltung BGH NJW 2009, 3780 mit Anm. *Artz* ZJS 2009, 719 und *Pfeiffer* LMK 2010, 296 275.
[104] BGH NJW 2008, 435 Tz. 6 mit Anm. *H. Schmidt* LMK 2008, 261536 und Komm. *Kulke* EWiR § 13 BGB 1/08, 485; zur objektiven Bestimmung des Verwendungszwecks s. auch *Pfeiffer* LMK 2010, 296275; *Schürnbrand* JZ 2009, 133 (136 f.).
[105] OLG Hamm BKR 2002, 93; OLG Düsseldorf ZGS 2006, 119 zu § 507 BGB.
[106] MüKoBGB/*Schürnbrand* § 491 BGB Rn. 27; Staudinger/*Kannowski* § 13 BGB Rn. 43; *Erman/Saenger* § 13 BGB Rn. 19.
[107] Eingehend *Herresthal* JZ 2006, 695; strenger, zugunsten zwingenden Verbraucherschutzes *Schürnbrand* JZ 2009, 133 (137).

Stück weit Entmündigung einher. Man kann sich nicht mit Erfolg als Unternehmer gerieren, sondern bleibt Verbraucher nach § 13 BGB. Hier kann sich allein die Frage der rechtsmissbräuchlichen Berufung auf verbraucherprivatrechtliche Sonderregeln stellen.[108]

46 a) **Private Zweckbestimmung. – aa) Konsumkredit.** Das Darlehen ist für private Zwecke bestimmt, wenn es nach der vertraglichen Vereinbarung der persönlichen Bedürfnisbefriedigung des Kreditnehmers dienen soll, also Konsumkredit,[109] dh dem Privatbereich zuzuordnen ist. Der verbraucherkreditrechtliche Schutz gilt dem privaten Endkonsumenten und deckt sich insoweit mit demjenigen für Haustür- und Fernabsatzgeschäfte, Verträge über die Einräumung von Teilzeitwohnrechten sowie Verbrauchsgüterkaufverträge.[110] Dagegen knüpft der persönliche Anwendungsbereich des Verbraucherprivatrechts nicht an die **individuelle Schutzbedürftigkeit** des Kreditnehmers im konkreten Einzelfall jedes Kreditvertrages an.[111] Der private Verwendungszweck ist vielmehr ein objektives und sachliches Merkmal (ausf. → Einf. Rn. 42).[112] Die verbraucherkreditrechtlichen Vorschriften sind deshalb anwendbar, auch wenn der privat handelnde Kreditnehmer sonst gewerblich, beruflich oder kaufmännisch tätig ist – sei er im Handels- oder Gewerberegister eingetragen oder nicht – und im konkreten Einzelfall mit Kreditgeschäften vertraut, zB Bankangestellter oder gar Bankier oder Rechtsanwalt ist,[113] und auch, wenn das Darlehen einem Geschäft dient, das sich typischerweise durch geschäftliche Erfahrenheit des Handelnden kennzeichnen mag, wie Darlehen zum Erwerb von Kapitalanlagen[114] (→ Rn. 50) oder in Zusammenhang mit einem Hausbau,[115] dies im Einzelfall aber nicht zutrifft. Die Vorschriften sind auf der anderen Seite nicht anwendbar, wenn der Kredit selbständigen (→ Rn. 56), gewerblichen oder beruflichen Zwecken dient, wie geschäftlich unerfahren der Kreditnehmer auch sein mag, wie das zB beim freiberuflich tätigen Arzt nicht untypisch sein mag,[116] und welcher Art das zu

---

[108] BGH NJW 2005, 1045 zu §§ 474ff. mit Anm. *Wertenbruch* LMK 2005, 49 und Bspr. *Halfmeier* GPR 2005, 184; *Herresthal* JZ 2006, 695 (703f.); *Najdecki* ZGS 2009, 155 (156); für Nichtanwendung der Sondervorschriften Staudinger/*Kessal-Wulf* § 491 BGB Rn. 43; *Soergel/Pfeiffer* § 13 BGB Rn. 28;. *Pfeiffer* LMK 2010, 296 275.
[109] *Reifner,* Handbuch des Kreditrechts, § 4 Rn. 3f., dazu *Bülow* WM 1992, 246; *Artz,* Verbraucher als Kreditnehmer, S. 158; *Hüttebräuker* Entstehung EG-Richtlinien, S. 91/92.
[110] BGH NJW 96, 3414 zu II. 2. mit Komm. *Koller* EWiR § 1 HWiG 7/96, 1091 und Anm. *Frings* WiB 1997, 146, zugleich Klarstellung zu BGH NJW 1993, 1594 zu III.b.aa. und 1996, 191 zu II. 2. BGHZ 131, 55.
[111] BGH WM 2007, 2392 Tz. 6 mit Anm. *H. Schmidt* LMK 2008, 261 536, *Kulke* EWiR § 13 BGB 1/08, 485; NJW-RR 2007, 1673 mit insoweit zust. Anm. *Bülow* WuB I E 2. § 1 VerbrKrG 1.08 zu I. 4; völlig andere Betrachtungsweise beim Konsumenten in § 138 BGB und beim Privatkunden nach § 31a Abs. 3 WpHG, dazu *Bülow* FS Nobbe, S. 495.
[112] Ausdr. auch EuGH v. 3.9.2015 – Costea –, ZIP 2015, 1882, Tz. 21 mit Bspr. *Schürnbrand* GPR 2016, 19 zur Klauselrichtlinie.
[113] BGH WM 2001, 2162 zu II. 1.a.aa.; OLG Düsseldorf WM 1989, 1051 mit Anm. *Hohmann* WuB I J 2.–14.89; EuGH ZIP 2015, 1882, Tz. 26.
[114] Anders aber im Rahmen von § 56 GewO BGHZ 71, 358; 93, 264; für das HWiG: *Gallois* BB 1990, 2062.
[115] Bauherr als Verbraucher: OLG Hamm VuR 1998, 355; zur Ausnahmevorschrift von Abs. 3 Nr. 1 Rn. 177.
[116] LG Frankfurt/Main NJW-RR 2004, 1208.

finanzierende Geschäft ist (Erwerb einer Kaffeemaschine oder eines Orientteppichs für das Büro). Auf die Einkommens- oder Vermögensverhältnisse des Kreditnehmers kommt es nicht an; auch der an kurzer Leine gehaltene Millionärssohn, der seine Ausschweifungen durch einen Kredit finanziert, ist als Verbraucher Schutzadressat des Gesetzes, der um seine Existenz bangende Krämer hingegen nicht.

Generalisierend schließt das Verbraucherkreditrecht einerseits von der priva- 47
ten Zweckbestimmung des Kredits und andererseits von der Kompliziertheit der Vertragsmaterie auf die Störung der Vertragsparität, die zugunsten der natürlichen Person, die Kreditnehmer ist, ausgeglichen werden soll[117] (→ Einf. Rn. 44). Anders als in den Ausgleichskonzepten von § 310 Abs. 3 Nr. 3 BGB[118] (Allgemeine Geschäftsbedingungen in Verbraucherverträgen), § 312b BGB (Außerhalb von Geschäftsräumen geschlossene Verträge) und § 312c (Fernabsatzverträge), ähnlich aber in § 481 BGB (Teilzeitwohnrechtevertrag) und § 474 BGB (Verbrauchsgüterkauf) spielen die Begleitumstände des Vertragsabschlusses keine Rolle. Anders als zur Bewertung des Transparenzgebotes im Recht der Allgemeinen Geschäftsbedingungen (§ 307 Abs. 1 Satz 2 BGB) und im UWG kommt es auch nicht auf die Erkenntnismöglichkeit eines Durchschnittsverbrauchers an.[119] Entgegengesetzt ist der Maßstab in § 56 Abs. 1 Nr. 6 GewO aF, in §§ 31, 32 WpHG[120] und in § 53 BörsG aF,[121] die sich auf die individuellen Erfahrungen des jeweiligen Vertragspartners stützen,[122] und bei der Feststellung des Verstoßes gegen die guten Sitten durch ausbeuterische Konsumentenkreditverträge gem. § 138 Abs. 1 BGB, die sich auf die wirtschaftlich schwächere Lage, Rechtsunkundigkeit und Geschäftsungewandtheit des jeweiligen Kreditnehmers gründet,[123] welche allerdings zulasten des Darlehensgebers vermutet wird.

Unabhängig von der Frage des persönlichen Anwendungsbereichs treffen den 48
Kreditgeber **Aufklärungspflichten** (→ § 498 Rn. 38 und nun va § 491a).

bb) Negative Abgrenzung: Gewerbliche oder freiberufliche Tätigkeit. 49
Der Kreditnehmer als natürliche Person hat nicht die Qualifikation eines Verbrauchers, wenn das Darlehen oder das kreditierte Gut für seine gewerbliche oder freiberufliche Tätigkeit bestimmt ist; diese Verwendung schließt die private Zweckbestimmung aus, wobei reine Vorbereitungshandlungen einer Existenz-

---

[117] *Hönn* GS Schultz, S. 79 (82 ff.); *Hönn* Kompensation, S. 165 sowie JuS 1990, 953.
[118] Treffend OLG Frankfurt NJW-RR 2001, 780 zu § 24a AGBG.
[119] BGHZ 112, 115 (118); 106, 42 (49); KG WM 1991, 1250 mit zust. Anm. *Ringseisen* WuB I E 4.–14.91.
[120] Informationspflicht nur nach dem Grad der Professionalität des Anlegers, *Kümpel* Bank- und Kapitalmarktrecht, Rn. 16.445 (S. 1907); *F. Pfeiffer*, Schutz des Anlegers, S. 87; BGH WM 2001, 1758 zu II. a. aa. (1).
[121] BGH NJW 1998, 2524 zu II. 1 b. aa. sowie 2673 mit Anm. *Schmidt-Lademann* LM Nr. 51 zu § 53 BörsG und krit. Rezension *Brandner* FS Schimansky, S. 581 (589); WM 1997, 309 mit Komm. *Schwintowski* EWiR § 53 BörsG 2/97, 71; 1990, 1874 mit Anm. *Schäfer/Mimberg* WuB I G 7.3.2000 (Wiederholungsunterrichtung); OLG Köln WM 97, 160.
[122] BGH NJW 2002, 62 zu II. 1 a. aa. (1); BGHZ 71, 358 und unten § 655a Rn. 15 ff.; BGHZ 93, 264; BGH EWiR § 276 BGB 13/01, 1087 *(Derleder);* OLG Hamm WM 1990, 426 mit Anm. *Bülow* WuB I E 1.–11.90; diese Sicht ist – entgegen LG Düsseldorf NJW-RR 89, 1341 – auch nicht auf das HWiG anwendbar.
[123] BGHZ 98, 174 (178 f.); BGH NJW 1987, 183 zu I. 2.; *Bülow* Konsumentenkredit, Rn. 296, 303, 317.

gründung dem privaten und nicht dem unternehmerischen bzw. eine wirtschaftliche Existenz begründenden Bereich (§ 513) zuzurechnen und daher als Verbrauchergeschäfte einzuordnen sind.[124] Die gewerbliche oder freiberufliche Tätigkeit kennzeichnet sich dadurch, dass sie sich geplant und auf Dauer äußerlich erkennbar auf dem Markt zeigt.[125] Dazu zählt auch die Tätigkeit der Landwirte, Handwerker, auch die nebenberufliche selbständige[126] und allemal die kleingewerbliche[127] und natürlich die kaufmännische[128] Tätigkeit. Unternehmer ist auch der **Treuhänder (Strohmann)**, der nicht zum Schein, sondern wirklich unternehmerisch handelt, um die mit dem Treugeber beabsichtigten, legitimen Zwecke verwirklichen zu können;[129] das unterscheidet ihn vom Scheinselbständigen (→ Rn. 56).

50   **cc) Insbesondere: Vermögensverwaltung.** Die Verwaltung des eigenen privaten Vermögens ist dann nicht gewerblicher Natur, wenn sie nicht nach außen gerichtet ist, dh sich nicht am Markt dem Wettbewerb stellt. Ein Kreditvertrag, der einer so gearteten Verwaltungstätigkeit zuzurechnen ist, ist deshalb ein Verbraucherkreditvertrag. Typischerweise liegt dies etwa vor bei der Kreditaufnahme durch eine Wohnungseigentümergemeinschaft.[130] Gewerblichkeit der Verwaltungstätigkeit ist dagegen anzunehmen, wenn der Kreditnehmer mit dem Kredit in Wettbewerb zu gewerblichen Anbietern tritt;[131] gedacht ist an die Darlehensaufnahme zum Zweck des Erwerbs von Mietwohnungen[132] oder der Errichtung und des Erwerbs weiterzuverkaufender Eigentumswohnungen oder anderer Immobilien oder auch der Fall der Errichtung eines Fabrikgebäudes auf Kredit, das der Kreditnehmer an eine von ihm beherrschte GmbH vermietet.[133] Das Auftreten eines solchen Vermögensverwalters am Markt ist nicht unterscheidbar von einem gewerblichen Vermieter oder Immobilienhändler. Als Folge dessen ist eine typisierte Störung der Vertragsparität (→ Einf. Rn. 44) bei der Ausübung solcher Art von Vermögensverwaltung nicht anzunehmen, vielmehr

---

[124] BGH NJW 2008, 435 Tz. 6 mit Anm. *H. Schmidt* LMK 2008, 261536 und Komm. *Kulke* EWiR § 13 BGB 1/08, 485 (Betriebswirtschaftliche und steuerliche Begutachtung der Situation eines Ehepaares durch einen Steuerberater im Vorfeld einer geplanten Existenzgründung).
[125] OLG Frankfurt NJW 2004, 3266 (3267).
[126] *v. Westphalen/Emmerich/v. Rottenburg* § 1 VerbrKrG Rn. 22; *Luwowski* Schriftenreihe Bankrechtliche Vereinigung, Bd. 2, S. 65.
[127] *Preis* ZHR 158 (1994), 567 (595); vgl. auch OLG Brandenburg NJW-RR 1999, 276 (277); Angebot einer Vielzahl neuer Produkte gleicher Art auf der Internetplattform ebay, OLG Hamm BeckRS 2013, 06548.
[128] *Treber* AcP 199 (1999), 525 (557).
[129] BGH NJW 2002, 2030 zu II. 1. mit Anm. *Bülow* WuB I E 2.–02.; Staudinger/ *Habermann* § 14 BGB Rn. 61; Staudinger/*Kessal-Wulf* § 491 BGB Rn. 33.
[130] BGH NJW 2015, 3228 Tz. 50.
[131] Ähnlich MüKoBGB/*Schürnbrand* § 491 BGB Rn. 18; Soergel/*Pfeiffer* § 13 BGB Rn. 32.
[132] OLG Frankfurt: 14 eigene Grundstücke mit mehr als 40 Wohnungen, ZMR 2004, 577.
[133] AA *v. Westphalen/Emmerich/v. Rottenburg* § 1 VerbrKrG Rn. 15; OLG Frankfurt DB 1982, 895; wie hier tendenziell BGH NJW 1981, 1665 zu 3.b.bb., der im Übrigen auf die Berufsmäßigkeit der Einnahmequelle durch die Vermögensverwaltung abstellt, *Hopt* ZGR 1987, 145 (160) mwN; in diese Richtung auch OLG Oldenburg WM 1997, 813 mit Anm. *Keßler* WuB I E 2.–1.97 und OLG München OLG-Report 1999, 361 mit Komm. *Balzer* EWiR § 1 VerbrKrG 1/2000, 503.

ist sie als gewerblich zu qualifizieren, so dass der Kreditnehmer nicht Verbraucher ist. Kredite zur Finanzierung von Kapitalanlagen auch und gerade spekulativer Art können gleichermaßen einen Umfang erreichen, dass sich die Tätigkeit des Anlegers als Teilnahme am allgemeinen Wirtschaftsverkehr darstellt; es ist eine Gesamtwürdigung vorzunehmen.[134] Indiziell kann die einkommensteuerrechtliche Abgrenzung von privater und gewerblicher Tätigkeit nach § 15 Abs. 2 EStG Anhaltspunkte liefern.[135]

In anderen Fällen sind solche Anlagegeschäfte, wenn sie mit einer Finanzierungshilfe verbunden werden, Verbraucherkreditgeschäfte unabhängig von der Höhe der verwalteten Werte.[136] Deshalb wäre an sich im gegebenen Falle auch § 358 Abs. 2 BGB anwendbar (→ § 495 Rn. 264). § 359a Abs. 3 BGB schließt allerdings die Anwendung von §§ 358 Abs. 2, 4 und 5 sowie 359 BGB auf Darlehensverträge aus, die der Finanzierung des Erwerbs von Finanzinstrumenten dienen. Dies ist Folge der Umsetzung von Art. 2 lit. h der neuen Verbraucherkreditrichtlinie. (→ § 495 Rn. 358). Bei Börsentermingeschäften ist der seine Ersparnisse oder seine Pension einsetzende Anleger nicht untypisch. Er ist Verbraucher nach § 13 BGB. Beim Erwerb von Gesellschafterstellungen kommt es darauf an, ob der Kreditnehmer unternehmerisch tätig zu werden gedenkt oder schon ist (→ § 513 Rn. 6) oder sich nur, wie etwa bei Publikumsgesellschaften, mit Kapital beteiligen will.[137] Gleiches gilt für die Teilnahme an einem Immobilienfonds.[138]

b) Zweckbestimmung für abhängige berufliche Tätigkeit (Arbeitnehmer, Geschäftsführer, arbeitnehmerähnliche Personen, Scheinselbständige). Die berufliche Zweckbestimmung des Kredits schließt die Qualifizierung des Kreditnehmers als Verbraucher nur aus, wenn er den Beruf selbständig ausübt, also den Kredit für sein freiberufliches Unternehmen verwendet. Der unselbständig-berufliche Zweck, den die natürliche Person mit dem Kredit verfolgt, begründet deshalb die Verbrauchereigenschaft,[139] so dass ein Arbeitnehmer bei einem Rechtsgeschäft, das seiner unselbständig-beruflichen Tätigkeit zuzurechnen ist, in seiner Rolle als Verbraucher nach § 13 BGB handelt. Insoweit, sowie in Bezug auf Existenzgründer (→ § 513 Rn. 12), geht das deutsche Recht

---

[134] Insofern übereinstimmend mit Staudinger/*Hopt/Mülbert* § 609a BGB Rn. 26 aE.
[135] Selbständige, nachhaltige Beteilung am allgemeinen Wirtschaftsverkehr in der Absicht, Gewinn zu erzielen, BFH (Gr. Sen.) BFHE 141, 405 (427 ff.); BFH NJW 2004, 3364 (3365); 2003, 2191; 2003, 1141; 2002, 1518; 1999, 1207; s. dazu *Schnorr* NJW 2004, 3214.
[136] BGH WM 2001, 2379 zu II. 2.a. mit Anm. *Oechsler* LM Nr. 17 zu § 1 VerbrKrG; OLG Frankfurt NJW 2004, 3266 (3267); *Schütt* MDR 2002, 224; *Dörrie* ZflR 2002, 26; *Saenger/Betram* EWiR § 491 BGB 1/02, 93; *Artz* JZ 2002, 457; *Artz*, Verbraucher als Kreditnehmer, S. 179.
[137] *Lwowski*, Schriftenreihe Bankrechtliche Vereinigung, Bd. 2, S. 60; *Vortmann* ZIP 1992, 229 (231); BGH WM 2000, 1799 zu II. 1. mit Anm. *Bülow/Artz* WuB I E 2.– 5.2000 sowie 2001, 2162 zu II. 1.a.aa.; auf die Geschäftsführungszuweisung stellt *Mülbert* FS Hadding, S. 575 (585 f.) ab.
[138] AA *K.-R. Wagner* NZG 2000, 169 (173), der allein auf den „privaten Endverbraucher" abstellt.
[139] *Bülow/Artz/Krebber*, Verbraucherprivatrecht in der Praxis, 3. Kap. Rn. 14; *Soergel/Pfeiffer* § 13 BGB Rn. 44; MüKoBGB/*Schürnbrand* § 491 BGB Rn. 17; *Artz*, Der Verbraucher als Kreditnehmer; S. 162, 165; Schminasky/Bunte/Lwowski BankR-HdB/ *Bruchner*, § 81 Rn. 7; *Faber* ZEuP 1998, 854 (870).

über den Begriff des Verbrauchers nach Art. 3 lit. a der Verbraucherkreditrichtlinie (→ Rn. 1) hinaus. Der erweiterte Verbraucherbegriff hält auch dem nun durch die Richtlinie verfolgten Maximalharmonisierungskonzept stand. Man mag von einer erweiternd überschießenden Umsetzung sprechen, die streng von dem durch die Vollharmonisierung untersagten Fall zu unterscheiden ist, dass innerhalb des Regelungsbereichs der Richtlinie intensiv überschießend, modifizierend umgesetzt wird (→ Einf. Rn. 32).[140] Der angestellte Rechtsanwalt, der sich zur Förderung seiner Arbeit die neueste Auflage des Staudinger bestellt und jede Teillieferung bezahlt (§ 510 Abs. 1 Nr. 1, → § 510 Rn. 36), ist demgemäß nach deutschem Recht Verbraucher, ebenso der Soldat, der seine Gala-Uniform in Raten abzahlt. Jedenfalls im Rahmen des Verbraucherkreditrechts ist es vor dem Hintergrund gemeinschaftsrechtlicher Umsetzungspflichten unschädlich, dass der Arbeitnehmer nach deutschem Recht nicht als unternehmerisch tätiger Kreditgeber in Betracht kommt. Tritt der Arbeitnehmer entsprechend auf, handelt er als Stellvertreter, so dass auf die Unternehmereigenschaft des Arbeitgebers als Normadressat und Vertragspartner/Kreditgeber abzustellen ist (→ Rn. 41).[141]

53 Vormals war umstritten, ob der Arbeitnehmer in seiner Rolle als Verbraucher nicht nur bei berufsbezogenen Geschäften mit Dritten, sondern auch bei Rechtsgeschäften mit seinem Arbeitgeber, also nicht nur im betriebsexternen,[142] sondern auch im betriebsinternen Rechtsverkehr handelt. Das galt nicht nur für Arbeitgeberdarlehen nach § 491 Abs. 2 Nr. 4 (→ Rn. 168), die weiterhin Verbraucherschutz genießen, sondern auch und insbesondere für arbeitsvertragsbezogene Rechtsgeschäfte wie Aufhebungs- oder Abfindungsverträge.[143] Da nach § 312 Abs. 1 BGB nun allerdings der Unternehmer die entgeltliche Leistung zu erbringen hat und dies beim Arbeitsvertrag nicht der Fall ist, hat sich das Problem nach nun geltendem Recht erledigt, so dass sich etwa die Frage des haustürgeschäftlichen Widerrufsrechts von Änderungsvereinbarungen über einen Arbeitsvertrag nicht mehr stellen.

54 Problematisch ist, ob der **Geschäftsführer einer GmbH** oder auch der Vorstand einer Aktiengesellschaft,[144] der in dieser Eigenschaft im eigenen Namen ein Rechtsgeschäft abschließt, Verbraucher ist, zB selbst einen Schuldbeitritt mit dem Gläubiger für einen Kredit vereinbart, den er im Namen der GmbH resp. AG eingegangen war. Nach höchstrichterlicher Rechtsprechung[145] ist ein derartiger

---

[140] Eingehend und überzeugend Gsell/Herresthal/Riehm, Vollharmonisierung, S. 83; Riehm JZ 2006, 1035 (1041); s. auch Gregor GPR 2007, 73 (74) sowie bereits Bülow WM 2013, 245 und WM 2006, 1513 gegen Hoffmann WM 2006, 560; nun auch Palandt/Ellenberger § 13 BGB Rn. 3.
[141] Eingehend zu dieser allgemeinen Problematik des Verbraucherprivatrechts Gregor GPR 2007, 73.
[142] Mankowski Beseitigungsrechte, S. 259.
[143] Für § 310 Abs. 3 BGB: BAG NJW 2005, 3305 zu V. mit zust. Komm. Junker EWiR § 310 BGB 1/05, 817; K. Schmidt JuS 2006, 1 (6); für sonstige Aufhebungsverträge Riesenhuber/v. Vogel NJW 2005, 3457; s. auch Kern ZGS 2009, 456 (458); zu der besonderen Problematik des Verhältnisses eines GmbH-Geschäftsführers zur Gesellschaft Hümmerich NZA 2006, 709.
[144] Dazu Mülbert FS Hadding, S. 575 (582 ff.); Mülbert FS Goette, S. 333 (336).
[145] BGH NJW-RR 2007, 1673 = WM 2007, 1833 mit Komm. Siller EWiR § 1 VerbrKrG 1/08, 31 und krit. Anm. Bülow WuB I E 2. § 1 VerbrKrG 1.08; NJW 2006, 431 mit Anm. Koller LMK 2006, 169682, abl. Tiedtke EWiR § 1 VerbrKrG 1/06, 319, Bspr. K. Schmidt JuS 2006, 463; BGHZ 144, 370 (380) = WM 2000, 1632 mit abl. Komm.

Schuldbeitritt zugleich ein Verbraucherkreditgeschäft (→ Rn. 115).[146] Die Sichtweise des BGH basiert auf der strikten Trennung von Gesellschafterstellung (Halten des Anteils als Kapitalanlage) und angestellter beruflicher Tätigkeit als Geschäftsführer.[147] Allerdings handelt der Geschäftsführer resp. Vorstand bei dem Kredit für die Kapitalgesellschaft, namentlich durch die Darlehensaufnahme, aufgrund seiner organschaftlichen Bestellung (vgl. §§ 38 Abs. 1 GmbHG, 84 AktG), trifft also selbst eine unternehmerische Entscheidung, die gewerbliche Tätigkeit isv § 13 BGB ist und die Verbrauchereigenschaft des Organs ausschließt.[148] Gleichermaßen handelt das Organ unternehmerisch bei der Entscheidung über Kreditsicherheiten, auch wenn es hierfür mit dem Gläubiger einen Interzessionsvertrag im eigenen Namen abschließt. Man mag zwar daran denken, dieses rechtsgeschäftliche Verhalten dem der organschaftlichen Bestellung zugrundeliegenden Anstellungsverhältnis zuzurechnen und aufgrund dessen rein arbeitnehmerbezogenes Handeln[149] anzunehmen sei. Aber eine derartig ausschließliche Zurechnung sprengt die ökonomische Einheit von Kredit und Kreditsicherheit. Vielmehr ist die Zurechnung der Interzession zum unternehmerischen organschaftlichen Handeln nicht nur möglich, sondern auch geboten, da eine potentielle Störung von Vertragsparität bei der Vereinbarung des Schuldbeitritts gerade nicht erkennbar ist. Richtigerweise ist das interzedierende Organ deshalb nicht als Verbraucher anzusehen,[150] gleichgültig, ob das Organ zugleich und vielleicht bestimmender Gesellschafter ist.[151] Die gleiche Wertung ist geboten, wenn das Organ nicht nur wie beim Schuldbeitritt Sicherungsgesamtschuldner ist, sondern selbst Mitdarlehensnehmer[152] in einer gleichgründigen Gesamtschuld.[153] Die natürliche Person, die zugleich Organ einer Kapitalgesellschaft ist, kann auf der

---

P. Bydlinski EWiR § 1 VerbrKrG 1/01, 139 und Anm. *Jendrek* WuB I E 2. – 5.2000 sowie *v. Rottenburg* LM Nr. 165 zu § 535 BGB; NJW 1997, 1442 mit Komm. *Vortmann* EWiR § 1 VerbrKrG 1/97, 621 und Anm. *Drescher* WuB I E 2.–1.97; WM 1996, 2156 zu II. 1 c. bb. mit skeptischer Anm. *Rehmann* DZWIR 1996, 459; OLG Schleswig WM 2003, 22; OLG Köln WM 2003, 1714; BB 1999, 2576 mit Komm. *v. Westphalen* EWiR § 7 VerbrKrG 1/2000, 409; *Wolf* WM 1998, Beil. 2, S. 19; Staudinger/*Kessal-Wulf* § 491 BGB Rn. 37; *Soergel/Pfeiffer* § 13 BGB Rn. 40; Staudinger/*Kannowski* § 13 BGB Rn. 33; krit. *Bungeroth* FS Schimansky, S. 279 (285 f.); aA (im Ergebnis wie hier) auch MüKoBGB/*Schürnbrand* § 491 BGB Rn. 24; *Mülbert* FS Goette, S. 333.

[146] Vor dem Hintergrund, dass nach höchstrichterlicher Rechtsprechung die Bürgschaft keinen verbraucherkreditrechtlichen Schutz genießt, gegen die Anwendung auf die Gesellschafterbürgschaft OLG Düsseldorf WM 2007, 2009; 2009, 847.

[147] *Mülbert* FS Hadding, S. 575 (578 f.).

[148] *Bülow* WuB I E. § 1 VerbrKrG 1.08.

[149] Dienstverhältnis des Geschäftsführers nach Lage des Einzelfalls als Arbeitsverhältnis: BAG NZA 1999, 987 mit Rezension *Reiserer* DStR 2000, 31; aA OLG Jena 7 U 913/00.

[150] Ebenso im Ergebnis *Müller* FS Nobbe, S. 415 (431 ff.); *Wackerbarth* DB 1998, 1950 (1953); *Kurz* NJW 1997, 1828; *Bülow* ZIP 1999, 1613 (1616); *Canaris* AcP 200 (2000), 273 (355, 359); *Hänlein* DB 2001, 1185 (1187); *Bungeroth* FS Schimansky, S. 279 ff.; *Kleindiek* FS Otte, S. 185; MüKoBGB/*Schürnbrand* § 491 BGB Rn. 24; *Tiedtke* EWiR § 1 VerbrKrG 1/06, 319 sowie OLG Oldenburg DB 2000, 1457 mit Anm. *Hanke* WuB I E 2-1.02 und OLG Köln BB 1996, 1524; für HWiG für AGBG: OLG Oldenburg WM 1994, 1327.

[151] Differenzierend *Mülbert* FS Hadding, S. 575 (581, 592).

[152] AA BGH NJW 1997, 1443 mit Komm. *Bülow* EWiR § 6 VerbrKrG 2/97, 427; für Leasingvertrag: BGH WM 2000, 1632.

[153] Diese Begrifflichkeit macht sich inzwischen auch BGH NJW 2000, 3496 zu II. 2. d. zu eigen.

§ 491 (§ 13) 55

anderen Seite aber auch ohne unternehmerische Zweckbestimmung rechtsgeschäftlich tätig werden und insoweit Verbraucher nach § 13 BGB sein, zB wenn der Geschäftsführer zur eigenen privaten Vermögensverwaltung (→ Rn. 50) Geschäftsanteile an seiner GmbH auf Kredit erwirbt.[154]

55 Aber auch die in §§ 12a TVG, 5 Abs. 1 Satz 2 ArbGG, 2 BUrlG, 1 Abs. 2 BeschäftigtenschutzG genannten **arbeitnehmerähnlichen Personen** sind vom Anwendungsbereich des Gesetzes nicht ausgenommen.[155] Ihre Tätigkeit beruht nicht auf einem Arbeitsvertrag, sondern sie handeln formal-rechtlich als selbständige Partei eines Werk-, Dienst-, Geschäftsbesorgungs- oder anderen Vertrags mit ihrem Auftraggeber. Deshalb sind sie zwar nicht persönlich abhängig, dh weisungsgebunden in Bezug auf die Arbeit selbst sowie in Bezug auf Zeit und Ort,[156] aber wirtschaftlich und faktisch von ihrem Auftraggeber in so hohem Grad,[157] dass sie ebenso wie ein Arbeitnehmer sozial schutzbedürftig sind[158] (vgl. § 12 Abs. 1 Nr. 1 TVG). Sind also nur formalrechtlich selbständig, aber wirtschaftlich unselbständig.[159] Prototyp ist etwa der Verkaufsfahrer, der aufgrund der Gestaltung seines Auftragsverhältnisses mit dem Vertragspartner diesem seine Arbeitszeit vollständig widmen muss, um den Vertrag erfüllen zu können, so dass ihm die Übernahme anderer Aufträge zwar gestattet, aber faktisch unmöglich ist, der die Arbeit aus tatsächlichen Gründen auch nicht auf eigene Mitarbeiter, wenn er sie denn hätte, delegieren könnte und er keine eigene Betriebsorganisation hat, sondern nur das Auto für die Verkaufsfahrten, das er aber von seinem Auftraggeber gemietet hat.[160] Deshalb bildet der Auftrag seine einzige Existenzgrundlage nicht anders als der Lohn eines Arbeitnehmers, woraus, stets nach Gesamtwürdigung aller Umstände und nicht nach starren Kriterien, die soziale Schutzbedürftigkeit wie bei einem Arbeitnehmer folgt. Für das Rechtsgeschäft, das ein Arbeitnehmerähnlicher abschließt und das seiner – wirtschaftlich – unselbständigen Tätigkeit zuzurechnen ist, folgt daraus ebenso wie bei einem Arbeitnehmer typisierterweise (→ Einf. Rn. 44) die Störung der Vertragsparität,[161] die im Falle eines Kreditvertrags nach Maßgabe von §§ 491 ff. zu kompensieren ist. Zu den arbeitnehmerähnlichen Personen zählen Heimarbeiter, Hausgewerbetreibende und Zwischenmeister nach dem Heimarbeitsgesetz oder nach Lage des Einzelfalls Einfirmenvertreter[162] (§ 92a HGB), Künstler, Schriftsteller, Journalisten,[163] Rundfunkmitarbeiter[164] (§ 12 Abs. 3 TVG) und sonstige Mitarbeiter im

---

[154] *v. Westphalen/Emmerich/v. Rottenburg* § 1 VerbrKrG Rn. 15.
[155] MüKoBGB/*Schürnbrand* § 491 BGB Rn. 40; *Soergel/Pfeiffer* § 13 BGB Rn. 45; *Artz* Der Verbraucher als Kreditnehmer, S. 162; Schimansky/Bunte/Lwowski BankR-HdB/ *Bruchner*, § 81 Rn. 7.
[156] Exemplarisch BAG AP § 611 BGB Nr. 1 Abhängigkeit – *Brox/Rüthers* Arbeitsrecht, 15. Aufl. 2002, Rn. 18; *Gamillscheg* Arbeitsrecht I, 8. Aufl. 2000, S. 161.
[157] Auf diesen Grad kommt es an, *Hopt* FS Medicus 1999, S. 235 (250).
[158] BAG NJW 1997, 2973 zu II. 5.b.; *Hromadka* NZA 1997, 1249 (1254).
[159] So die Begrifflichkeit in BGH NJW 1999, 648 zu II. 3.a.; krit. *Wank* Arbeitnehmer und Selbständige, S. 235 sowie DB 1992, 90; krit. hierzu wiederum *Buchner* NZA Sonderheft 1999, S. 20 (23).
[160] So die Fallgestaltung in BGH NJW 1999, 218 zu II. 2 b. aa. (Eismann).
[161] *Bülow* FS Derleder, S. 27 (29).
[162] BAG NJW 2005, 1146, nach Lage des Einzelfalls verneint AG Neumünster BB 1997, 1763.
[163] LG Dortmund EWiR § 141a AFG 1/97, 721 (Plagemann).
[164] BAG NJW 2005, 1741 zu 4.

Bereich der Medien, des Baugewerbes, des gewerblichen Güterverkehrs,[165] des Handels, der Fleischwirtschaft sowie der Gastronomie.[166] In bestimmten Fällen können auch Franchisenehmer[167] oder juristische Mitarbeiter in Anwalts- oder Steuerberaterkanzleien[168] arbeitnehmerähnlich sein.

Die gleiche Betrachtung ist geboten für das Problem der **Scheinselbständigkeit,** jedoch nur für den Fall, dass die scheinselbständige Person zugleich als Arbeitnehmerähnlicher oder gar als Arbeitnehmer zu qualifizieren ist. Das Phänomen der Scheinselbständigkeit war kein arbeitsrechtliches, sondern ein sozialversicherungsrechtliches Problem nach § 7 Abs. 4 SGB IV aF (Gemeinsame Vorschriften für die Sozialversicherung) in der Zeit von 1999 bis 2002 gewesen, durch welche eine Person zum Beschäftigten nach § 1 Abs. 1 SGB IV wurde; daran knüpfte sich die Beitragspflicht zu einem Versicherungszweig, gleichermaßen die Rentenversicherungspflicht für sog. arbeitnehmerähnliche Selbstständige nach § 2 Satz 1 Nr. 9 SGB VI (Gesetzliche Rentenversicherung) an.[169] Der sozialrechtliche Beschäftigte ist oft, aber nicht notwendigerweise zugleich arbeitnehmerähnliche Person (oder gar Arbeitnehmer), weil der Beschäftigtenbegriff Anknüpfungspunkt für die Beitragspflicht ist, die sich ihrerseits nicht notwendigerweise nach dem Arbeitnehmerbegriff ausrichtet;[170] so ist der Empfänger eines Existenzgründungszuschusses nach § 421l Abs. 1 Satz 1 SGB III (Arbeitsförderung, sog. **Ich-AG**), nach § 7 Abs. 4 SGB IV nF selbständig Tätiger, aber rentenversicherungspflichtig nach § 2 Satz 1 Nr. 10 SGB VI. Für die verbraucherprivatrechtlich entscheidende Frage der typisierterweise anzunehmenden Störung der Vertragsparität gibt der sozialversicherungsrechtliche Begriff eines Scheinselbständigen für sich allein also nichts her, wie andererseits auch Ich-AG und Arbeitnehmerähnlicher nach Lage des Einzelfalls kongruent sein können. Allein die arbeitsrechtliche Abgrenzung der arbeitnehmerähnlichen Person ist verbraucherprivatrechtlich relevant.

Schließt ein Arbeitnehmerähnlicher mit einer privat handelnden Person ein Rechtsgeschäft ab, zB der formal-selbständige Verkaufsfahrer für Tiefkühlkost mit einer Hausfrau an der Haustür, würde das Zusammentreffen zweier Verbraucher die Anwendbarkeit von Verbraucherprivatrecht an sich ausschließen, weil es für Geschäfte unter Verbrauchern nicht gilt. Jedoch handelt der Arbeitnehmerähnliche gegenüber seinem Auftraggeber und gegenüber seinem Abnehmer in

---

[165] LG München I BB 1997, 1762; Verkaufsfahrer: BAG ZIP 1997, 2208, verneint für Kurierdienstfahrer, BAG NJW 2002, 2125.
[166] BR-Drucks. 793/96, S. 6.
[167] BAG NJW 1997, 2973 („Eismann") mit Komm. *Reichold* EWiR § 5 ArbGG 3/97, 871 und Bspr. *Haager* NJW 1999, 2081; LAG Düsseldorf NJW 1988, 725 einerseits (Arbeiternehmereigenschaft bejaht), BAG BB 1990, 1064 mit Anm. *Skaupy;* LAG Rheinland-Pfalz BB 1996, 1890 andererseits, krit. *Hänlein* BB 2000, 374 (376); *Chr. Weber* Das aufgespaltene Arbeitsverhältnis, S. 114; *Herffert* Franchisenehmer, S. 505 ff.; salvatorische Vertragsklauseln für Selbständigkeit: *Flohr* WiB 1997, 281 (284 f.); im gegebenen Falle sind auch §§ 74 ff. HGB anwendbar, BGHZ 153, 223 = BGH NJW 2003, 1864, BAG ZIP 1997, 1601 mit Komm. *Bormann* EWiR § 74 HGB 2/97, 941.
[168] OLG Köln NJW-RR 1993, 1526.
[169] *Jacobs* ZIP 1999, 1549 (1552); *Debald* Scheinselbständige, S. 201; *Maschmann,* Arbeitsverträge und Verträge mit Selbständigen, S. 89; dies verkennt *Neuvians,* Die arbeitnehmerähnliche Person, S. 86.
[170] BSG in SozR 3–2400 § 7 SGB IV, S. 68 ff.; *Henrici,* Der rechtliche Schutz für Scheinselbständige, S. 201 ff.

verschiedenen Rollen, dort nämlich abhängig-beruflich, gegenüber der kaufenden Hausfrau aber selbständig.[171] Deshalb hat die Hausfrau das Widerrufsrecht aus § 312 BGB, eine Kaufpreisstundung durch den Arbeitnehmerähnlichen bedarf der Form nach § 502.

58   Anders war die Rechtslage nach § 609a Abs. 1 Nr. 2 BGB aF (jetzt § 489 Abs. 1 Nr. 2 BGB), dessen Anwendbarkeit auch bei unselbständiger beruflicher Tätigkeit und folglich auch für den Scheinselbständigen ausgeschlossen war.[172] Da es auf die individuelle Schutzbedürftigkeit nicht ankommt, ist auch der freischaffende Künstler oder Wissenschaftler von der Anwendung des Gesetzes bei entsprechender Zweckbestimmung des Kredits ausgenommen.[173] Selbständig kann auch eine nebenberufliche Tätigkeit sein.[174]

59   c) **Darlegungs- und Beweislast.** § 13 BGB ist Definitionsnorm für den Begriff des Verbrauchers,[175] ergänzt um den Existenzgründer nach § 513. Die Vorschrift enthält darüber hinaus Beweislastregelungen; Entsprechendes gilt für den Unternehmerbegriff nach § 14 BGB (→ Rn. 16 ff.).

60   **aa) Verbraucher nach § 13 BGB, Existenzgründer nach § 513 BGB, Unternehmer nach § 14 BGB.** Nach § 13 BGB gibt der Zweck des Rechtsgeschäfts einer natürlichen Person Maß, der weder ihrer gewerblichen noch ihrer selbständigen beruflichen Tätigkeit zugerechnet werden kann. Es ist zu unterscheiden, ob die natürliche Person als Vertragspartei neben ihrem privaten Tätigkeitsbereich auch gewerblich oder freiberuflich tätig ist.[176] Gibt es einen solchen gewerblichen/freiberuflichen Bereich nicht, trägt die natürliche Person, die verbraucherkreditrechtliche Ansprüche gegen den Unternehmer geltend macht (zB aus der Rückabwicklung nach Widerruf auf Rückgewähr des bereits geleisteten Kaufpreises, § 355 Abs. 3 BGB) oder sich gegen Ansprüche des Unternehmers mit dem Widerruf nach § 355 Abs. 1 BGB verteidigt, nach der allgemein anerkannten Normentheorie[177] die objektive Beweislast dafür, dass sie den Vertrag zu privatem Zweck abschloss,[178] was ihr im Allgemeinen keine Schwierigkeiten bereiten dürfte. Zweifel können aber nach Lage des Einzelfalls auftreten. Im Urteil des BGH vom 11.7.2007[179] ging es um eine Katzenhalterin, die mit einem gewerblichen Unternehmer einen Kaufvertrag über einen Kater abschloss, welcher

---

[171] *Bülow* FS Derleder, S. 27 (37).
[172] Staudinger/*Hopt/Mülbert* § 609a BGB Rn. 23; *Häuser/Welter* NJW 1987, 17 (20); *Bruchner/Ott/Wagner-Wieduwilt* § 1 VerbrKrG Rn. 26, 48.
[173] *v. Westphalen/Emmerich/v. Rottenburg* § 1 VerbrKrG Rn. 22; LG Rostock NJW-RR 1994, 1015 für § 6 HWiG mit im Übrigen freilich unhaltbarer Begründung.
[174] *Lwowski*, Schriftenreihe Bankrechtliche Vereinigung, Bd. 2, S. 65; Staudinger/*Habermann* § 14 BGB Rn. 47.
[175] Soergel/*Pfeiffer*, 13. Aufl. 2001, § 13 BGB Rn. 53; Staudinger/*Weick*, 2004, § 13 BGB Rn. 47, 67; die Beweislastregelung verkennt Staudinger/*Kannowski*, 2013, § 13 BGB Rn. 47, 67.
[176] *Bülow* GS Wolf 2010, S. 3 (6).
[177] *Rosenberg*, Die Beweislast, 5. Aufl. 1965, S. 5, 6, 12, 98; Baumgärtel/Laumen/Prütting/*Prütting*, Handbuch der Beweislast-Grundlagen, § 3 Rn. 10, § 5 Rn. 7, 20 und passim.
[178] BGH NJW 2007, 2619; OLG Celle NJW-RR 2004, 1645 (1655); LG Hof VuR 2004, 109 mit Anm. *Mankowski* VuR 2004, 79; Staudinger/*Kannowski* § 13 BGB Rn. 67; Erman/*Saenger* § 13 BGB Rn. 20, § 491 BGB Rn. 23; nun auch MüKoBGB/*Schürnbrand* § 491 BGB Rn. 11.
[179] NJW 2007, 2619 Tz. 13.

Verbraucher und Unternehmer   61   § 491 (§ 13)

sich als krank herausstellte. Die Katzenhalterin verkaufte über Jahre die Würfe ihrer Tiere; für die Frage, ob der Verkauf der kleinen Katzen privates Handeln war oder schon gewerblichen Charakter angenommen hatte, trägt die natürliche Person, hier die Katzenhalterin, die Beweislast; sie hat die Privatheit ihrer Tätigkeit zu beweisen. Dagegen hat der gewerbliche Verkäufer des Katers nicht etwa zu beweisen, dass die Tätigkeit unternehmerisch war. Entsprechendes gilt, wenn die natürliche Person einen arbeitnehmerbezogenen Vertrag (→ Rn. 52) abschloss. Hat die natürliche Person als Vertragspartei dagegen einen gewerblichen/freiberuflichen Tätigkeitsbereich, ist sie zB selbständige Rechtsanwältin, ist der Formulierung von § 13 BGB – in Übereinstimmung mit europäischem Sekundärrecht, zB Art. 3 lit. a Verbraucherkreditrichtlinie (→ Rn. 1) – eine Beweislastregelung zu entnehmen. Wenn nämlich die Zuordnung zum privaten oder zum gewerblichen/freiberuflichen Tätigkeitsbereich nicht festgestellt werden kann, also in dieser Frage ein *non liquet* entsteht, bedeutet die fehlende Feststellbarkeit nichts anderes, als dass der Zweck des Rechtsgeschäfts der unternehmerischen Tätigkeit nicht zugerechnet werden kann;[180] dies wäre nur der Fall, wenn die Zurechnung unstreitig oder bewiesen wäre, also positiv feststünde. Kauft also eine selbständige Rechtsanwältin, wie im Urteil des BGH vom 30.9.2009[181] Lampen und kann nicht festgestellt werden, ob die Lampen für ihre Privatwohnung oder für ihre Kanzlei bestimmt waren, geht der Zweifel, also das *non liquet*, zu Lasten des Unternehmers, der als Prozesspartei in diesem Punkt unterliegt.[182] Die natürliche Person (die Anwältin) ist als Verbraucherin anzusehen. Der Unternehmer kann nur gewinnen, wenn er den Beweis des Gegenteils (§ 292 ZPO) als Hauptbeweis (und nicht als Gegenbeweis) führt, also Tatsachen darlegt und beweist, aus denen sich die Zuordnung zum unternehmerischen Tätigkeitsbereich der natürlichen Person – als Rechtsfrage – ergibt, und auf diese Weise die Überzeugung des Gerichts nach § 286 Abs. 1 Satz 1 ZPO herbeiführt. Steht allerdings fest, dass die natürliche Person *auch* zu Zwecken handelte, die ihrem unternehmerischen Tätigkeitsbereich zuzurechnen sind, ist aber streitig, ob diese Zwecke **überwiegen,** ergibt sich das Gleiche (→ Einf. Rn. 48, 49 sowie → Rn. 134, 135): Bei einem *non liquet* kann die überwiegende Zurechnung nicht festgestellt werden, sodass die natürliche Person als Verbraucher zu betrachten ist (vgl. Erwägungsgrund 17 zur VerbrRechteRil 2011/83/EU) und der Unternehmer in diesem Punkt wiederum unterliegt.

Streitig kann auch sein, ob die natürliche Person neben ihrem privaten überhaupt einen unternehmerischen Tätigkeitsbereich hat, dem das Rechtsgeschäft zugerechnet werden könnte. Das ist aber Voraussetzung für einen Vertrag mit doppeltem Zweck und für die Anwendung des Tatbestandsmerkmals „überwiegend". Betreibt die natürliche Person beispielsweise als Hobby eine Katzenzucht, auf die sich das Rechtsgeschäft bezieht,[183] ist sie nicht Verbraucher, wenn das Hobby unternehmerischen Charakter angenommen hat und als Folge dessen ein

---

[180] Hieraus erklärt sich auch das Possessivpronomen „ihre" in § 13, was *Flume* ZIP 2000, 1427, in seiner sonst berechtigten Kritik, auch *Stadler* AcP 212 (2012), 473 (488, Fn. 67), übersieht.
[181] NJW 2009, 3780 Tz. 11 mit Anm. *Artz* ZJS 2009, 719, *Pfeiffer* LMK 2010, 296275, *Buchmann* K&R 2010, 37, Bespr. *Faust* JuS 2010, 254, *Piekenbrock/Ludwig* GPR 2010, 114 und Komm. *Böttcher* EWiR § 13 BGB 1/10, 107.
[182] *Bülow* WM 2011, 1349.
[183] So in BGH NJW 2007, 2619.

Bülow

unternehmerischer Tätigkeitsbereich besteht. In dieser Frage enthält § 13 BGB über die Normentheorie hinaus keine Beweislastregelung. Leitet die natürliche Person ihren Anspruch oder ihre Verteidigung aus verbraucherprivatrechtlichen Normen ab, trägt sie deshalb die Beweislast dafür, dass sie keinen unternehmerischen Tätigkeitsbereich hat, sondern lediglich ein privates Hobby betreibt. Bei einem *non liquet* kann die Privatheit des Hobbys nicht festgestellt werden, sodass die natürliche Person in diesem Punkt unterliegt. Nicht etwa hat der Unternehmer als gegnerische Prozesspartei zu beweisen, dass die natürliche Person unternehmerisch handelte.[184]

62 Im Falle des **Existenzgründers** nach § 513 gelten keine beweisrechtlichen Besonderheiten. Er muss uneingeschränkt darlegen und beweisen, dass der Kredit noch der Aufnahme einer gewerblichen oder freiberuflichen Tätigkeit diente und nicht deren Ausübung (→ § 513 Rn. 9).

63 Die Anwendung verbraucherprivatrechtlicher Normen setzt voraus, dass Vertragskontrahent des Verbrauchers ein **Unternehmer nach § 14 BGB** ist. Auch hierfür gelten keine beweisrechtlichen Besonderheiten, sodass der Verbraucher die Beweislast für die Unternehmereigenschaft trägt und bei einem *non liquet* in diesem Punkt unterliegt. Nach Lage des Einzelfalls können Beweisschwierigkeiten auftreten, zB bei einem sogenannten *power-seller,* der sich an Internet-Auktionen beteiligt und die Grenze zu unternehmerischem Handeln überschreitet. Da sich die Beweislastverteilung aus der Gesetzesformulierung ergibt, an die das Gericht gem. Art. 20 Abs. 3 GG gebunden ist, kommt eine Beweislastumkehr wegen Beweisschwierigkeiten im Einzelfall[185] nicht in Betracht.[186] Den Prozessgegner trifft aber die sekundäre Darlegungslast dahin, dass er substantiiert Tatsachen behauptet und nach Möglichkeit beweist, aus denen sich ergibt, dass sein Handeln die unternehmerische Grenze nicht überschritt. Dem Verbraucher obliegt es nun, die Behauptung des *power-sellers* zu widerlegen. Gelingt ihm das nicht und kommt es zum *non liquet,* unterliegt der Verbraucher in diesem Punkt.

64 **bb) Zeitpunkt.** Maßgebender und im gegebenen Falle zu beweisender Zeitpunkt für die Zweckbestimmung ist der des Vertragsschlusses (Annahme des Vertragsangebots) bzw. der Beitritt des Dritten (→ Rn. 115 ff.);[187] bestimmten die Parteien den Zweck, dessen Verwirklichung freilich, etwa bei einer Vermögensanlage, auch in der Zukunft liegen kann,[188] in diesem Zeitpunkt als privat, verwendet der Kreditnehmer den Kredit oder die erworbene Sache aber tatsächlich gewerblich, bleibt das Gesetz anwendbar.[189] Entsprechendes gilt, wenn gewerbliche Verwendung vereinbart war und der Kredit trotzdem zu privaten Zwecken verwendet wird: Das Gesetz ist nicht anwendbar. Maßgeblich ist der notfalls durch Auslegung zu ermittelnde, auch nur konkludent geäußerte übereinstim-

---

[184] BGH NJW 2007, 2619 Tz. 13; *Bülow* WM 2011, 1349 (1350).
[185] So OLG Koblenz WM 2006, 303 = NJW 2006, 1438; Vorinstanz LG Mainz NJW 2006, 783; *Szeny/Holthusen* NJW 2007, 2586; *Bülow* WM 2011, 1349 (1351).
[186] Baumgärtel/Laumen/Prütting/*Laumen,* Handbuch der Beweislast, Grundlagen, § 3 Rn. 62, § 15 Rn. 15; *Reinhardt* NJW 1994, 93 (97).
[187] MüKoBGB/*Schürnbrand* § 491 BGB Rn. 12; *Artz,* Verbraucher als Kreditnehmer, S. 160, 181 ff.
[188] *Mülbert* FS Hadding, S. 575 (591).
[189] BGH WM 2001, 2379 zu II. 2.b.bb.; OLG Düsseldorf WM 1997, 1719 mit insoweit zust. Anm. *v. Westphalen* EWiR § 535 BGB 1/98, 107.

mende Vertragswille der Parteien über den Verwendungszweck, s. aber zum vorgetäuschten Händlergeschäft → § 512 Rn. 18. Zur Frage der teilweise privaten und teilweise gewerblichen/beruflichen Verwendung (**gemischte Verwendung**) → Rn. 134. Eine formularmäßige Bestätigung des Verbrauchers – also auch des Existenzgründers – über den gewerblichen/beruflichen Verwendungszweck ist gem. § 309 Nr. 12 lit. b BGB unwirksam.[190]

cc) Privat handelnder Kaufmann. Verbraucher ist auch ein Kaufmann, der nicht in Ausübung seines Handelsgewerbes, sondern zu privatem Zweck handelt. Jedoch streitet die Vermutung aus § 344 Abs. 1 HGB für die Betriebszugehörigkeit; danach müsste der Kaufmann, um die Anwendung von Verbraucherkreditrecht zu erreichen, den Beweis des Gegenteils führen.[191] Dem steht jedoch Art. 3 lit. a VerbrKrRil entgegen, derzufolge ein *non liquet* über die Zurechnung des Geschäfts zum gewerblichen Tätigkeitsbereich zu Lasten des unternehmerischen Vertragspartners geht (→ Rn. 60); so formuliert es auch § 13 BGB. Der Unternehmer des mit dem privat handelnden Kaufmann abgeschlossenen Vertrags trägt die Beweislast der gewerblichen Zurechnung. Dem entgegen gesetzt würde nach § 344 Abs. 1 HGB das *non liquet* zur gewerblichen Zurechnung die Geltung der Betriebszugehörigkeit begründen mit der Folge, dass der Kaufmann, der privates Handeln behauptet, als Kaufmann und zugleich für den zu bewertenden Vertrag als Unternehmer nach § 14 BGB anzusehen wäre. In richtlinienkonformer restriktiver Auslegung ist § 344 Abs. 1 HGB demzufolge nicht anzuwenden, wenn die Verbrauchereigenschaft nach § 13 BGB festzustellen ist.[192] 65

Ist der Kreditnehmer nur **Scheinkaufmann** (Gestionskaufmann), trägt er gleichermaßen die Beweislast für die private Verwendung des Kredits. 66

dd) Nachforschung von Amts wegen. Es kann vorkommen, dass sich eine natürliche Person als Prozesspartei auf ihre Verbrauchereigenschaft berufen könnte, es aber, insbesondere aus rechtlicher Unkenntnis, nicht tut. Sofern davon abhängt, ob Normen des europäischen Unionsrechts anzuwenden sind, hat das nationale Gericht zu prüfen, ob die Partei als Verbraucher eingestuft werden kann. Diese Prüfung steht unter der Voraussetzung, dass das Gericht über die dafür nötigen rechtlichen und tatsächlichen Anhaltspunkte verfügt (zB aufgrund Parteivortrags beider Seiten) oder darüber aufgrund eines einfachen Auskunftsersuchens hin verfügen kann, zB gem. § 141 ZPO (Anordnung des persönlichen Erscheinens). Auf diese Weise wird der unionsrechtliche Grundsatz der Effektivität gewahrt.[193] 66a

V. Rechtsnachfolge

Dogmatische Problemlagen entstehen, wenn die Beteiligten des Kreditvertrags nach dem Zeitpunkt des Vertragsabschlusses, der für die verbraucherkreditrechtliche Qualifikation Maß gibt (→ Rn. 44, 64), wechseln. 67

---

[190] Zutreffend *v. Westphalen/Emmerich/v. Rottenburg* § 1 VerbrKrG Rn. 41, 42; *v. Westphalen* Leasingvertrag, Rn. 1680.
[191] LG Hof VuR 2004, 109 mit Anm. *Mankowski* VuR 2004, 79; diff. bzw. abl. *Soergel/Pfeiffer* § 13 BGB Rn. 54 f.; *Erman/Saenger* § 14 BGB Rn. 17; *Herresthal* JZ 2006, 695 (699).
[192] *Pfeiffer* NJW 1999, 169 (173/174); *Bülow* NJW 1990, 2534.
[193] EuGH v. 4.6.2015 – C-497/13 – *Faber* -, Rn. 37, 46, NJW 2015, 2237.

68 Forderungen aus Verbraucherkreditverträgen sind gem. § 398 BGB durch **Abtretung** übertragbar, was sowohl in § 496 Abs. 1 (→ § 496 Rn. 4) als auch in § 493 Abs. 4 vorausgesetzt ist.[194] Der Kreditgeber kann also (vorbehaltlich eines unter den Parteien vereinbarten Abtretungsverbots, § 399 BGB) seine im Allgemeinen (→ § 506 Rn. 19) auf die Leistung von Geld gerichtete Forderung abtreten, so dass ein Gläubigerwechsel stattfindet (→ Rn. 69). Der Kreditgeber bleibt aber Schuldner des Anspruchs auf Darlehensauszahlung, auf Lieferung oder Leistung. Der Verbraucher kann seinen Anspruch auf Darlehensauszahlung, auf Lieferung oder Leistung abtreten, bleibt aber Schuldner der Gegenleistung (→ Rn. 70). Ein Schuldnerwechsel kann durch **privative Schuldübernahme** gem. §§ 414 ff. BGB stattfinden, der den Zahlungsanspruch des Kreditgebers gegen den Verbraucher resp. den Anspruch des Verbrauchers gegen den Kreditgeber unberührt lässt (→ Rn. 72). Durch **Vertragsübernahme** kann die Stellung als Vertragspartei des Verbrauchers oder des Kreditgebers auf einen anderen übergehen (→ Rn. 79). Der **Erbe** des Kreditgebers oder Verbrauchers (§ 1922 BGB) braucht selbst nicht die persönlichen Qualifikationen des Erblassers zu erfüllen (→ Rn. 87). Problematisch ist, ob die verbraucherschützenden Elemente der Forderung, der Verbindlichkeit oder des Vertrages insgesamt im Falle der Übertragung auf den Rechtsnachfolger übergehen, namentlich dann, wenn der Rechtsnachfolger selbst nicht die persönlichen Voraussetzungen eines Kreditgebers oder eines Verbrauchers erfüllt.

1. Abtretung

69 Tritt der Kreditgeber seine **Forderung gegen den Verbraucher** ab, bleibt er als Zedent Vertragspartei und Schuldner des Verbrauchers, gem. § 265 Abs. 2 Satz 2 ZPO auch Prozesspartei.[195] War die Widerrufsfrist (§ 495 Abs. 1 iVm § 355 Abs. 2 Satz 3 BGB, → § 495 Rn. 154) noch nicht abgelaufen, bleibt der Zedent deshalb auch Adressat der Widerrufserklärung des Verbrauchers. Durch den Widerruf endet die Vertragswirksamkeit, so dass der Zessionar seine Gläubigerstellung verliert. Wird nicht widerrufen, bleibt der Verbraucher Schuldner des Zessionars. Der Zessionar kann seinerseits die persönlichen Voraussetzungen eines Kreditgebers erfüllen (→ Rn. 18), er kann aber auch ebenso wie der Verbraucher als Schuldner der Forderung zu privaten Zwecken handeln, so dass er selbst nicht, anders als der Zedent, unternehmerischer Kreditgeber iSv §§ 14, 491 Abs. 1 BGB ist. War der Vertrag wirksam geblieben, fragt sich, ob verbraucherschützende Normen im Zuge der Vertragsabwicklung, insbesondere § 497 bei Verzug des Verbrauchers, anwendbar bleiben. Die Antwort erschließt sich aus dem Wortlaut des Gesetzes: Für die Verzugsfolgen gem. § 497 kommt es darauf an, ob der Verzug mit Zahlungen aufgrund eines Kreditvertrages eintritt; dabei bleibt es auch nach einer Abtretung, so dass sowohl Zessionar wie Verbraucher an § 497 gebunden sind. Der Einwendungsdurchgriff aus § 359 BGB (→ § 495 Rn. 405) bleibt dem Verbraucher gem. § 404 BGB erhalten, ein mit dem Zedenten vereinbarter Verzicht darauf ist gem. § 496 Abs. 1 unwirksam (dort Rn. 5). Schwieriger ist die Frage der Kündigung gem. §§ 498 bzw. des Rücktritts nach 508 Abs. 2 zu beantworten. Wenn man einmal davon ausgeht, dass ein

---

[194] Zur grundsätzlichen Zulässigkeit der Abtretung von Forderungen aus einem Darlehensvertrag durch Bank und Sparkasse BGH NJW 2007, 2106; ZIP 2009, 2329.
[195] BGH NJW 1996, 2799 mit Rezension *K. Schmidt* JuS 1997, 107.

Kündigungsrecht auf den Zessionar übergeht,[196] der Zessionar aber nicht die persönlichen Voraussetzungen eines Kreditgebers iSv §§ 14, 491 Abs. 1 BGB erfüllt, mögen Zweifel auftreten, ob der Zessionar bei Ausübung des Kündigungs- bzw. Rücktrittsrechts an die besonderen Voraussetzungen aus §§ 498, 508 Abs. 2 gebunden ist; aber die Zweifel sind sogleich zerstreut, weil das Kündigungs- resp. Rücktrittsrecht nur so, wie es durch den zugrundeliegenden Vertrag ausgestaltet ist, übergehen kann. Der Zessionar bleibt deshalb an die Kündigungs- bzw. Rücktrittsvoraussetzungen von §§ 498, 508 Abs. 2 gebunden.[197] Die vorzeitige Zahlung des Verbrauchers gem. § 500 Abs. 2 knüpft an die Verbindlichkeit aus einem Kreditvertrag an, die durch die Abtretung unberührt bleibt; der Zessionar, erfülle er selbst die persönlichen Voraussetzungen eines Kreditgebers oder nicht, ist folglich an § 500 Abs. 2 gebunden. Gleichermaßen gründet sich das Wechsel- oder Scheckbegebungsverbot aus § 496 Abs. 2 (→ § 496 Rn. 18) auf Ansprüche aus einem Kreditvertrag, die ihre Rechtsnatur durch eine Abtretung nicht ändern.

Tritt der Verbraucher seine **Forderung gegen den Kreditgeber** auf Darlehensauszahlung, auf Lieferung oder Leistung ab, bleibt er als Zedent Vertragspartei, muss also die Gegenleistung erbringen: Das empfangene Darlehen nach Laufzeitende zurückzahlen, die Zinsen, den Kaufpreis, den Werk- oder Dienstlohn. Fragt man sich, ob das Widerrufsrecht durch die Abtretung auf den Zessionar übergegangen sein könnte – wie das für ein Rücktrittsrecht bejaht wird, → Rn. 69 –, so folgt die Antwort aus einer Betrachtung des Vertragsgegenstandes, auf den sich der Widerruf bezieht: Der Widerruf bewirkt, dass der Verbraucher seine Forderung verliert und seiner Verbindlichkeit ledig ist; die Forderung hat der Zessionar gerade erwerben wollen und müsste sich, wenn er wieder davon Abstand nehmen will, an seinen Vertragspartner, den Verbraucher als Zedenten, halten. Wenn man also an ein Widerrufsrecht des Zessionars denkt, wäre Bezugsort der zu widerrufenden Willenserklärung der der Abtretung zugrundeliegende schuldrechtliche Vertrag mit dem Verbraucher, aber nicht der Kreditvertrag mit dem Schuldner der abgetretenen Forderung, also dem Kreditgeber. Gegenüber dem Verbraucher als Zedenten besteht aber kein Widerrufsrecht. Es besteht nur in Bezug auf den zugrundeliegenden Kreditvertrag und die beim Verbraucher verbliebene Verbindlichkeit auf Darlehensrückzahlung, Zinsen, Kaufpreis, Werklohn, Dienstlohn. Diese Verbindlichkeit ist der Vertragsgegenstand, auf den sich der Widerruf bezieht. Deshalb ist der Verbraucher als Zedent nach wie vor zum Widerruf berechtigt,[198] gleich ob der Zessionar seinerseits die persönlichen Voraussetzungen eines Verbrauchers erfüllt oder nicht. Im Allgemeinen wird sich der Zedent aus seinen schuldrechtlichen Rechtsbeziehungen zum Zessionar, zB einem Forderungskaufvertrag (§ 453 BGB), aber schadensersatzpflichtig machen und ihm könnte im Wege der einstweiligen Verfügung die Ausübung des Widerrufsrechts verboten werden. Da der Widerruf im Übrigen den Fortbestand der abgetretenen Forderung aus dem Kreditvertrag verhindert, haftet der Verbraucher dem Zessionar aus §§ 453 Abs. 1, 433 Abs. 1

---

[196] Gernhuber/*Nörr*, Handbuch des Schuldrechts, Band 2, § 22 V 4 (S. 216); OLG Naumburg NJW-RR 2001, 423 mit Anm. *Schmid-Burgk* WuB I F 4.–1.01.
[197] Zust. MüKoBGB/*Schürnbrand* § 491 BGB Rn. 28.
[198] Im Ergebnis zutreffend LG Nürnberg-Fürth WM 2000, 2153 zu VII. 3.; zust. MüKoBGB/*Schürnbrand* § 491 BGB Rn. 28.

Artz

Satz 1 BGB. Es sind aber auch Fälle denkbar, in denen eine Haftung des Verbrauchers unter dem Gesichtspunkt verbotener Umgehung gem. § 512 Satz 2 ausscheidet, wenn der Kreditgeber als Schuldner der abgetretenen Forderung die Abtretung veranlasst hatte, um das Widerrufsrecht des Verbrauchers zu beeinträchtigen.

71 Verstreicht die Widerrufsfrist, ohne dass der Zedent (der Verbraucher) den Widerruf gegenüber dem Kreditgeber als Schuldner der abgetretenen Forderung erklärt hatte, stellen sich Probleme allenfalls bei Nichtigkeit des Kreditvertrags wegen Formmangels. Ist seine Heilung durch Leistung des Kreditgebers nach §§ 494 Abs. 2 oder 507 Abs. 2 zu beurteilen? Der nichtige Vertrag wird durch Leistung an den Verbraucher geheilt. Aufgrund der Abtretung muss der Kreditgeber an den Zessionar leisten. Ist der Zessionar selbst Verbraucher, steht der Anwendung von §§ 494, 507 nichts entgegen. Der Zessionar kann aber die Leistung des Kreditgebers für gewerbliche Zwecke verwenden wollen und erfüllt in diesem Falle deshalb selbst nicht die persönlichen Voraussetzungen eines Verbrauchers. Wollte man aus diesem Grunde daran denken, die Heilungsmöglichkeit nach §§ 494, 507 zu verneinen, entstünde überschießender Verbraucherschutz: Der Zedent als Verbraucher wäre aufgrund der Formnichtigkeit nicht Schuldner aus einem Kreditvertrag, wohl aber – vielleicht bereits befriedigter – Gläubiger des der Abtretung zugrundeliegenden obligatorischen Vertrages mit dem Zessionar, zB eines Forderungskaufvertrages, wenngleich wiederum mit der Gewährleistungshaftung aus §§ 453, 433 BGB belastet. Die Heilung würde den Verbraucher dagegen nicht belasten, weil die Widerrufsmöglichkeit dadurch unberührt bleibt (→ § 494 Rn. 31). Auf der anderen Seite würde die Formnichtigkeit eine überschießende Sanktion des Kreditgebers in dem Fall bedeuten, dass die Heilungsmöglichkeit aus Gründen entfällt, die außerhalb des Vertragsabschlusstatbestandes, eben in der davon gänzlich unabhängigen Abtretung, liegen. Die Heilung des formnichtigen Kreditvertrags tritt also durch Leistung an den Zessionar ein, auch wenn dieser nicht die persönlichen Voraussetzungen eines Verbrauchers erfüllt.

2. Privative Schuldübernahme

72 Während im Falle eines Schuldbeitritts, der kumulativen Schuldübernahme, die Verbindlichkeit der Vertragspartei bestehen bleibt und durch den Beitretenden als weiteren Schuldner verstärkt wird (näher → Rn. 115), endet die Schuldnerstellung der Vertragspartei durch die privative Schuldübernahme eines Dritten nach Maßgabe von §§ 414 ff. BGB. Das Ende der Schuldnerstellung berührt aber nicht die Gläubigerstellung in einem gegenseitigen Vertrag, so dass der Übernehmer keine Ansprüche auf Leistung gegen die andere Vertragspartei hat. Der bisherige Schuldner bleibt Vertragspartei, der Übernehmer wird nicht Vertragspartei. Das Gesetz sieht zwei Formen der privativen Schuldübernahme vor: Gem. § 414 BGB den Vertrag zwischen dem Gläubiger des bisherigen Schuldners und dem Dritten (Übernehmer) und gem. § 415 BGB den Vertrag zwischen dem bisherigen Schuldner und dem Übernehmer; in diesem Falle hängt die Wirksamkeit der Schuldübernahme von der Genehmigung des Gläubigers ab. Nach § 416 BGB gelten einige Besonderheiten, wenn im Zuge einer Grundstücksveräußerung hypothekengesicherte Verbindlichkeiten des Veräußerers vom Erwerber übernommen werden. Außerdem steht es allen Beteiligten frei, einen

Verbraucher und Unternehmer 73, 74 § 491

dreiseitigen Vertrag abzuschließen. Verbraucherkreditrechtlich zu betrachten sind zwei Verträge, nämlich der **zugrundeliegende Vertrag,** aus dem eine Schuld übernommen wird, und der **Schuldübernahmevertrag** selbst.

Übernimmt der Dritte die **Verbindlichkeit des Kreditgebers** auf Darlehensauszahlung, Lieferung oder Leistung gem. § 414 BGB durch **Vertrag mit dem Verbraucher** als Gläubiger, bleibt der Verbraucher dem bisherigen Schuldner, also dem Kreditgeber, zur Darlehensrückzahlung, zur Zahlung der Zinsen, des Kaufpreises, des Werk- oder Dienstlohnes verpflichtet. Verbraucherkreditrechtliche Besonderheiten treten nicht auf.[199] Der Verbraucher hat gegenüber dem bisherigen Schuldner, der als Kreditgeber sein Gläubiger geblieben ist, das Widerrufsrecht. Erfüllt der Dritte nicht die persönlichen Voraussetzungen eines unternehmerisch handelnden Kreditgebers, stellt sich das Problem der Anwendbarkeit von Verbraucherkreditrecht in Bezug auf den Schuldübernahmevertrag nicht, da der persönliche Anwendungsbereich nicht eröffnet ist und beide Parteien im Zweifel die Voraussetzungen eines Verbrauchers nach § 13 BGB erfüllen (→ Rn. 18). Wird die Verbindlichkeit, deren Gläubiger der Verbraucher ist, gem. § 415 BGB durch **Vertrag zwischen dem Kreditgeber und dem Dritten** übernommen und hat der Dritte seinerseits die persönliche Qualifikation eines Kreditgebers, kann Verbraucherkreditrecht schon aus diesem Grunde nicht anwendbar sein. Handelt der Übernehmer zu privaten Zwecken, ist Verbraucherkreditrecht ebenfalls nicht anwendbar, weil es nicht der Übernehmer ist, dem eine Finanzierungshilfe eingeräumt wird (zu diesem Begriff → § 506 Rn. 13 ff.), sondern der Verbraucher als verbleibende Partei des zugrundeliegenden Vertrages. 73

Übernimmt der Dritte die **Verbindlichkeit des Verbrauchers** auf Rückzahlung des Darlehens, auf Zahlung von Zinsen, Kaufpreis, Werklohn gem. § 414 BGB durch **Vertrag mit dem Kreditgeber** als Gläubiger, bleibt der Kreditgeber dem bisherigen Schuldner, also dem Verbraucher, zur Auszahlung des Darlehens resp. Belassung des Kapitals, zur Lieferung oder Leistung verpflichtet; der Verbraucher bleibt insoweit Gläubiger des Kreditgebers. Handelt der Dritte zu gewerblichen oder freiberuflichen Zwecken, ist er also selbst nicht Verbraucher, fehlt es in Bezug auf den Schuldübernahmevertrag am persönlichen Anwendungsbereich. Handelt der Dritte als natürliche Person zu privatem oder gleichgestelltem (→ Rn. 46) Zweck, erfüllt er also selbst die persönliche Qualifikation als Verbraucher und war die Widerrufsfrist aus dem zugrundeliegenden Vertrag noch nicht abgelaufen, fragt sich, ob mit der Schuldübernahme auch das Widerrufsrecht aus dem Kreditvertrag auf den Dritten übergegangen war, der Verbraucher; der nach wie vor Partei des Kreditvertrages ist, es also verloren hat. Das würde aber bedeuten, dass der Dritte in die noch bestehende Parteistellung des Verbrauchers eingreifen könnte. Diese Rechtswirkung hat eine Schuldübernahme aber nicht, so dass der Verbraucher sein Widerrufsrecht, unabhängig von der Personqualität des Übernehmenden, behält.[200] Wenn er es ausübt, ist die Schuldübernahme gegenstandslos geworden, gleichermaßen, wenn der zugrundeliegende Vertrag formnichtig gem. §§ 494 Abs. 1, 507 Abs. 2 Satz 1, 125 BGB war, so dass von vornherein keine zu übernehmende Schuld bestand. 74

---

[199] MüKoBGB/*Schürnbrand* § 491 BGB Rn. 29.
[200] MüKoBGB/*Schürnbrand* § 491 BGB Rn. 29; zur Parallele bei der Anfechtung *Wagemann* AcP 205 (2005), 547 (571 ff.).

Artz 85

75 Der **Dritte**, der ebenso wie der bisherige Schuldner Verbraucher ist, kann aber den neben dem zugrundeliegenden Kreditvertrag abgeschlossenen **Schuldübernahmevertrag** aus § 414 BGB mit dem Kreditgeber **widerrufen,** so dass der Verbraucher Schuldner bleibt. Unterlässt er den darauf bezogenen Widerruf und bleibt der Schuldübernahmevertrag wirksam, greift das Reglement von § 497 ein, wenn der Dritte mit der Erfüllung der übernommenen Verbindlichkeit in Verzug gerät. Die Kündigung durch den Kreditgeber richtet sich nach §§ 498, 508 Abs. 2. Auf eine vorzeitige Rückzahlung durch den Dritten ist § 500 anzuwenden. Bei der Übernahme der Verbindlichkeit aus einem verbundenen Geschäft hat der Dritte gem. § 417 BGB den Einwendungsdurchgriff aus § 359 BGB, vorausgesetzt allerdings, dass der Verbraucher als Partei des Kreditvertrages Gewährleistungsrechte geltend macht; der Übernehmer erlangt ebenso wenig wie das Widerrufsrecht die dem bisherigen Schuldner zugewiesenen Gestaltungsrechte. Indem der Übernehmer in die Verbindlichkeit, die mit der Finanzierungshilfe verknüpft ist, eintritt und diese im zugrundeliegenden Vertrag gegen Entgelt gewährt wurde, dürfte der Übernahmevertrag selbst Kreditvertrag und Verbraucherkreditrecht nicht lediglich analog anwendbar sein.[201] Ebenso wie im Falle von Schuldbeitritt und Bürgschaft (aber entgegen der Rechtsprechung des BGH, → Rn. 122) ist dem Tatbestandsmerkmal der Entgeltlichkeit (→ Rn. 97) mittelbar genügt, indem das Entgelt für die Finanzierungshilfe mit dem Verbraucher als bisherigem Schuldner vereinbart worden war. Als Kreditvertrag bedarf der Schuldübernahmevertrag deshalb auch der Form von § 492 BGB.[202] Konsequenterweise ist aber, wenn man lediglich von Analogie ausgeht, bei den Angabenkatalogen aus §§ 492 Abs. 2 iVm Art. 247 EGBGB eine Differenzierung zu erwägen,[203] ob einzelne Angaben für den Schuldübernahmevertrag entbehrlich sind, weil sie sich ausschließlich auf den Abschlusstatbestand des zugrundeliegenden Vertrages zwischen Kreditgeber und Verbraucher beziehen, nämlich Nettodarlehensbetrag resp. Barzahlungspreis (Art. 247 § 6 Abs. 1 iVm § 3 Abs. 1 Nr. 4, § 12 Abs. 1 Satz 2 Nr. 2 lit. a EGBGB), effektiver Jahreszins (§ 3 Abs. 1 Nr. 3) und Sicherheiten (§ 7 Nr. 2); freilich bedarf der Dritte auch dieser Angaben,[204] um das Risiko der Schuldübernahme richtig einschätzen zu können und die Entscheidungsfindung über einen Widerruf des Schuldübernahmevertrages anstellen zu können. Richtigerweise sind also alle Angaben zu machen.[205] Eine Heilung gem. § 494 Abs. 2 resp. § 507 Abs. 2 Sätze 2 bis 5 kommt nicht in Betracht, weil an den die Schuld übernehmenden Verbraucher gerade keine Leistung des Kreditgebers in Frage kommt.

76 Gleiche Grundsätze gelten, wenn unter allen Beteiligten ein **dreiseitiger** Schuldübernahmevertrag (→ Rn. 72) zustande kommt.

---

[201] AA MüKoBGB/*Schürnbrand* § 491 BGB Rn. 30; *Ulmer/Timmann* FS Rowedder, S. 503 (512).
[202] Gl. A. BGHZ 142, 23 für Vertragsübernahme, insoweit übereinstimmend mit *Ulmer/Timmann* FS Rowedder, S. 503 (521); MüKoBGB/*Schürnbrand* § 491 BGB Rn. 30.
[203] So folgerichtig *Ulmer/Timmann* FS Rowedder, S. 503 (520/521); offen BGH WM 1997, 158 zu II. 2.b.
[204] So auch *Grigoleit/Herresthal* Jura 2002, 393 (399); *Hagena*, Drittschutz im Verbraucherkreditrecht, 1996, S. 41; *Bülow* JZ 1997, 471.
[205] Gl. A. für Schuldbeitritt BGH WM 2000, 1799 zu II. 2.d. mit Anm. *Bülow/Artz* WuB I E 2.-5.2000 und Komm. *Vortmann* EWiR § 1 VerbrKrG 4/2000, 1031.

Übernimmt der Dritte die **Verbindlichkeit des Verbrauchers** auf Darlehensrückzahlung und Zahlung von Zinsen, Kaufpreis, Werk- oder Dienstlohn gem. § 415 BGB durch **Vertrag mit dem Verbraucher** als bisherigem Schuldner, bleibt das Vertragsverhältnis zwischen Kreditgeber und Verbraucher ebenfalls im Übrigen bestehen. Handelt der Übernehmer selbst zu gewerblichen oder freiberuflichen Zwecken, ist er nicht Normadressat; Verbraucherkreditrecht ist auf den Schuldübernahmevertrag also nicht anwendbar. Handelt der Übernehmer ebenso wie der Verbraucher als bisheriger Schuldner zu privatem oder gleichgestelltem Zweck, ist der Schuldübernahmevertrag beidseitig im privaten Bereich angesiedelt,[206] so dass es am persönlichen Anwendungsbereich fehlt und Verbraucherkreditrecht wiederum nicht anwendbar ist.[207]   **77**

Wird der Schuldübernahmevertrag gem. §§ 415, 416 BGB auch ohne Beteiligung des Kreditgebers als Gläubiger abgeschlossen, kann dieser den Vertragsschluss doch betreiben, also Verbraucher und Übernehmer zum Vertragsschluss veranlasst haben, um den konstruktiven Weg von § 414 BGB und die Anwendung von Verbraucherkreditrecht zu vermeiden. Durch eine solchermaßen nach Lage des Einzelfalles festzustellende Initiative des Kreditgebers kann der Tatbestand eines **Umgehungsgeschäftes** gem. § 512 Satz 2 erfüllt sein, durch den der Vertrag zwischen Übernehmer und Verbraucher so zu behandeln ist, als sei der Kreditgeber Partei des Übernahmevertrages.[208] Davon ist bei der Übernahme einer hypothekengesicherten Forderung nach § 416 BGB (→ Rn. 72) wohl meistens nicht auszugehen, so dass es bei der Unanwendbarkeit von Verbraucherkreditrecht bleibt.[209]   **78**

3. Vertragsübernahme

a) Übernommener Vertrag und Vertragsübernahmevertrag.
Aufgrund einer Vertragsübernahme findet ein Parteiwechsel statt, durch den ein Dritter im Falle eines Kreditvertrages vollständig die Stellung des Kreditgebers oder des Verbrauchers einnimmt. Der Dritte übernimmt nicht nur eine im Vertrag begründete Schuld oder eine Forderung, sondern wird anstelle des bisherigen Kreditgebers oder des Verbrauchers sowohl Gläubiger wie Schuldner, nicht nur hinsichtlich einer einzigen Forderung oder Verbindlichkeit aus dem Vertrag, sondern hinsichtlich sämtlicher einschließlich der Nebenpflichten. In einer Vertragsübernahme sind sowohl Abtretungen wie Schuldübernahmen enthalten.[210] Eine Vertragsübernahme kann nur durch Mitwirkung aller Beteiligter zustande kommen, dh entweder durch dreiseitigen Vertrag oder entsprechend § 415 BGB   **79**

---

[206] Ausgangspunkt hierfür ist die sog. Verfügungstheorie, nach der der Gläubiger mit seiner Genehmigung nicht am Schuldübernahmevertrag beteiligt ist, Mot. II, S. 144, bei *Mugdan* S. 79; geht man von einem dreiseitigen Vertrag aus, an dem der Gläubiger mit seiner Genehmigung beteiligt ist, s. zB *Lippman* AcP 107 (1911), 1 (72 ff., 98,) wäre allerdings die Problematik wie zu § 414 BGB eröffnet, *Ulmer/Timmann* FS Rowedder, S. 503 (513).
[207] *Ulmer/Timmann* FS Rowedder, S. 503 (520/521).
[208] *Ulmer/Timmann* FS Rowedder S. 503 (514); MüKoBGB/*Schürnbrand* § 491 BGB Rn. 30; Staudinger/*Kessal-Wulf* § 491 BGB Rn. 22; *Kurz* DNotZ 1997, 552 (563); *Grigoleit/Herresthal* Jura 2002, 393 (400).
[209] *Ulmer/Timmann* FS Rowedder S. 515; *Kurz* DNotZ 1997, 552 (564).
[210] Sie ist aber mehr als die Summe dieser Verfügungen, *Pöggeler* JA 1995, 641 (643); die übergebende Partei kann zugleich einen Schuldbeitritt für die Verbindlichkeit der übernehmenden Partei erklären (→ Rn. 122), *v. Westphalen* NJW 1997, 2905.

§ 491 80   1. Teil. Darlehen und Finanzhilfen

durch Vertrag zwischen Übernehmer und übergebender Partei und Genehmigung durch die nicht am Vertragsübernahmevertrag mitwirkende Partei,[211] wobei diese Genehmigung gem. § 182 Abs. 2 BGB nicht der Form des übernommenen Vertrages bedarf.[212] Es stehen nebeneinander der Vertragsübernahmevertrag und der Vertrag, in den der Dritte eintritt, also der übernommene Vertrag.[213] Der Übernahmevertrag bewirkt den Parteiaustausch und ist folglich zunächst ein Verfügungsvertrag. Er trägt darüber hinaus seinen Rechtsgrund in sich selbst, ist also, insoweit wie oft die Bürgschaft[214] und anders etwa als im Falle eines Handkaufs,[215] zugleich Verpflichtungs- und Erfüllungsvertrag. Deshalb (→ § 506 Rn. 23) kann Verbraucherkreditrecht sachlich anwendbar sein. Die Identität des übernommenen Vertrages bleibt auch nach einer Vertragsübernahme erhalten, zB gelten AGB fort.[216] Problematisch ist aber, ob trotz dieser Identität gerade im Falle von Verbraucherkreditverträgen inhaltliche Änderungen auftreten können (→ Rn. 83).

80 Was zunächst den **Übernahmevertrag** betrifft, treten gleiche Mechanismen zur Anwendung von Verbraucherkreditrecht wie im Falle einer privativen Schuldübernahme ein (→ Rn. 74). Der Vertragsübernahmevertrag ist selbst zugleich Kreditvertrag, wenn der Übernehmer, der in die Parteistellung des Verbrauchers eintritt, ebenfalls Verbraucher und der Kreditgeber auch Partei dieses, mithin dreiseitigen Vertrages ist.[217] Bei einem zweiseitigen Vertrag zwischen Übernehmer und Verbraucher, den der Kreditgeber noch genehmigen muss, fehlt es an den persönlichen Voraussetzungen eines Kreditvertrages, wenn nicht ein Umgehungstatbestand nach § 512 Satz 2 gegeben ist (→ Rn. 78).[218] Übernimmt der Dritte die Parteistellung des Kreditgebers und handelt er selbst gewerblich oder freiberuflich, ist Verbraucherkreditrecht durch den Übernahmevertrag nicht berührt; aber auch nicht, wenn ein privat Handelnder in die Parteistellung des Kreditgebers eintritt, weil Gegenstand eines solchen Übernahmevertrages nicht die Einräumung einer Finanzierungshilfe für den Übernehmer

---

[211] BGH WM 1997, 1102 zu II. 1. b.; WM 1996, 128 zu III. 2.a.; BGHZ 95, 88 (93; 94); 96 (302, 308).
[212] BGH WM 1996, 128 zu III. 2.b. mit krit. Rezension *E. Wagner* JuS 1997, 690 (693 f.); WM 1997, 36 zu II. 1.b.; abl. *Rappenglitz* JA 2000, 472 (475); zum Zustimmungserfordernis gem. § 81 Abs. 2 VertragsG DDR s. BGH NJW-RR 1997, 690. Die Anfechtung der Zustimmung ist sowohl gegenüber übergebender als auch übernehmender Partei zu erklären, BGH ZIP 1998, 391 mit Komm. *Gsell* EWiR § 123 BGB 1/98, 391.
[213] *Ulmer/Masuch* JZ 1997, 654 (657).
[214] *Bülow* Kreditsicherheiten, Rn. 834 ff.
[215] Insoweit abw. von *Ulmer/Masuch* JZ 1997, 654 (655).
[216] OLG Frankfurt NJW-RR 1996, 172, oder die Vertragsdauer bei Bierbezugsverträgen, *Paulusch,* Brauerei- und Gaststättenrecht, S. 59.
[217] Der übergebende Verbraucher muss mitwirken, → Rn. 88; *Martinek* JZ 2000, 551 (556); *Ulmer/Masuch* JZ 1997, 654 (658); *Bülow* ZIP 1997, 400 (403 f.); *Röthel/Heßeler* WM 2008, 1001 (1006), die allerdings fälschlich davon ausgehen, das verbraucherkreditrechtliche Widerrufsrecht habe seine Grundlage in der Richtlinie 87/102/EWG (1004 zu D. und 1006 zu 3.); BGHZ 142, 23 mit Anm. *Pfeiffer* LM Nr. 11/12 zu § 1 VerbrKrG, *Volmer* WuB I E 2.-2.99, Komm. *v. Westphalen* EWiR § 4 VerbrKrG 5/99, 761 und Bspr. *Emmerich* JuS 2000, 89, 129, 371 (378) mit Komm. *Bülow* EWiR § 7 VerbrKrG 1/95, 95, Anm. *Pfeiffer* LM Nr. 31 zu § 1b AbzG und Bspr. *Emmerich* JuS 1995, 1132; BGH NJW 1996, 2094 mit krit. Anm. *Wolf* LM Nr. 33 zu § 1b AbzG; BGH NJW 1991, 2903 zu II. 1.a. aa.
[218] Gegen diese Differenzierung *Röthel/Heßeler* WM 2008, 1001 (1003, 1006),

Verbraucher und Unternehmer   81–83 § 491

ist (→ Rn. 73). Tritt umgekehrt ein Gewerbetreibender in die Parteistellung eines die Finanzierungshilfe Versprechenden ein, der selbst privat gehandelt hatte, ist der übernommene Vertrag kein Kreditvertrag, weil sich zwei Privatpersonen gegenübergestanden hatten (→ Rn. 18 f.). Aber durch den Vertragsübernahmevertrag verspricht die neue und zugleich gewerbliche Partei die Finanzierungshilfe. Kam der Vertragsübernahmevertrag dreiseitig zustande, also unter Beteiligung des verbliebenen Verbrauchers, handelt es sich deshalb um einen Kreditvertrag. Bei einem zweiseitigen Vertrag unter den Kreditgebern nebst Genehmigung des Verbrauchers können nur Umgehungslagen nach § 512 Satz 2 (→ Rn. 78) zur Anwendung des Gesetzes führen.[219]

Die Ausgestaltung der Vertragspflichten im **übernommenen Vertrag** bleibt 81 unverändert, wenn der die Parteistellung des Kreditgebers übernehmende Dritte selbst die Qualifikation eines Kreditgebers erfüllt, also gewerblich oder freiberuflich handelt oder wenn der die Parteistellung des Verbrauchers übernehmende Dritte selbst Verbraucher ist, also als natürliche Person zu privatem oder gleichgestelltem Zweck handelt; auf ihn geht das Widerrufsrecht über.[220] Fraglich ist aber, ob eine Änderung eintritt, wenn der an die Stelle des Kreditgebers eintretende Dritte selbst Verbraucher ist oder der an die Stelle des Verbrauchers tretende Dritte selbst gewerblich oder freiberuflich handelt oder juristische Person ist.

Für den letztgenannten Fall hat der BGH entschieden,[221] dass ein übernom- 82 mener Kreditvertrag, der noch widerrufen werden konnte, durch den Parteiwechsel seine nur schwebende Wirksamkeit behalte. Daran knüpft sich die weitergehende Frage, ob trotz Eintritts eines Nichtverbrauchers in die Parteistellung des ausscheidenden Verbrauchers die übrigen verbraucherkreditrechtlichen Schutzbestimmungen fortgelten. Findet umgekehrt ein Parteiwechsel auf der Kreditgeberseite statt und handelt der eintretende Dritte privat, stehen sich jetzt zwei Verbraucher gegenüber; war der Vertrag ursprünglich zwischen zwei Verbrauchern abgeschlossen worden, so dass Verbraucherkreditrecht nicht anwendbar war (→ Rn. 19), und tritt anstelle des kreditgebenden Verbrauchers ein Gewerbetreibender oder Freiberufler an seine Stelle, stehen sich jetzt Parteien gegenüber, die beide die persönlichen Voraussetzungen von §§ 13, 14 BGB erfüllen. Es fragt sich, ob auch in diesen Konstellationen das Verbraucherkreditrecht fortgilt, resp. infolge der Vertragsübernahme anwendbar wird.

b) Auswechselung des Verbrauchers durch einen Gewerbetreibenden 83 **oder Freiberufler.** Bei einer Vertragsübernahme auf der Verbraucherseite und fehlender Verbraucherqualifikation des Dritten ist der Ansicht des BGH, die nur schwebende Wirksamkeit des Vertrages bei noch nicht abgelaufener Widerrufsfrist bestehe fort (→ Rn. 82), nicht zu folgen. Da das Widerrufsrecht an die persönliche Qualifikation als Verbraucher gebunden ist, kann es ebenso wenig wie höchstpersönliche Gestaltungsrechte (zB das Widerrufsrecht des Schenkers gem. § 530 BGB[222]) auf den Dritten, der diese Qualifikation nicht hat, übergehen.

---

[219] Oft wird es allerdings nicht der Kreditgeber, sondern der Altschuldner sein, der die Initiative ergreift, *Martinek* JZ 2000, 551 (558).
[220] So auch *Ulmer/Masuch* JZ 1997, 654 (661); OLG Düsseldorf NJW-RR 2001, 641.
[221] BGHZ 129, 371 (375) mit Komm. *Bülow* EWiR § 7 VerbrKrG 1/95, 927, Anm. *Pfeiffer* LM Nr. 31 zu § 1 AbzG, Bspr. *Emmerich* JuS 1995, 1132 sowie *Wolf* WM 1998, Beil. 2, S. 20; BGHZ 142, 23; BGH NJW 1996, 2094 zu II. 2.a.
[222] *Steinbeck* Die Übertragbarkeit von Gestaltungsrechten, 1994, S. 51 ff.; Staudinger/ *Chiusi* § 530 BGB Rn. 54; vgl. auch *Leverenz* Jura 1996, 1 (3/4); *Martinek* JZ 2000, 551 (560):

Beim Verbraucher als ursprünglichem Vertragspartner kann das Widerrufsrecht aber nicht verblieben sein, weil dieser aus dem Vertragsverhältnis vollständig ausgeschieden und in Bezug auf den – aus seiner Sicht – übergebenen Vertrag selbst nicht mehr die persönliche Qualifikation eines Verbrauchers hat. Der Kreditvertrag ist aber darauf angelegt, endgültig wirksam zu bleiben, wenn der Widerruf nicht ausgeübt wird. Kann das Widerrufsrecht nicht mehr ausgeübt werden, weil es niemanden mehr gibt, der dazu rechtlich in der Lage wäre, heißt dies anders gewendet, dass die Unwirksamkeit durch Erklärung eines Widerrufs nicht herbeigeführt werden kann. Folge kann nur sein, dass der übernommene Vertrag, der lediglich schwebend wirksam gewesen war, in demjenigen Zeitpunkt endgültig **wirksam** wird, in dem die Widerruflichkeit endet, also mit der Wirksamkeit der Vertragsübernahme.[223]

84 Indem der übernommene Vertrag zwar seine Identität behält, aber die besondere Qualifizierung eines Verbraucherkreditvertrages verliert, sind verbraucherschützende Normen des Gesetzes nicht anwendbar. War der Vertrag gem. § 494 Abs. 1 formnichtig gewesen und wird die Leistung dennoch an den Übernehmer erbracht, findet – anders als im Falle der bloßen Abtretung, → Rn. 71 – keine Heilung gem. § 494 Abs. 2 oder § 507 Abs. 2 Sätze 2 bis 5 statt, weil der Empfänger nicht Verbraucher ist, wie es die Heilungsvorschriften voraussetzen. Die Vertragsübernahme scheitert,[224] wenn nicht nach Lage des Einzelfalles in der Vertragsübernahme eine Bestätigung iSv § 141 BGB liegt, die die Kenntnis von der Nichtigkeit oder doch Zweifel an der Rechtsbeständigkeit des übernommenen Vertrages voraussetzt, oder gem. § 140 BGB eine Umdeutung der Vertragsübernahme in einen Neuabschluss des zugrundeliegenden Vertrages in Frage kommt.[225] Der Übernehmer hat im Falle eines verbundenen Geschäfts nicht den Einwendungsdurchgriff aus § 359 (→ § 495 Rn. 405 ff.). Die Verzugsfolgen richten sich nicht nach §§ 497, 498, 508 Abs. 2, sondern nach §§ 280 Abs. 2, 286 ff. BGB. Befand sich der Verbraucher allerdings schon im Zeitpunkt der Vertragsübernahme in Verzug, bleibt § 497 bis dahin anwendbar. Ein von den früheren Parteien vereinbarter und nach Maßgabe von § 496 Abs. 1 unwirksamer Einwendungsverzicht kann durch die Vertragsübernahme aber nicht aufleben und bleibt unwirksam (→ § 496 Rn. 4), ebenso wie gem. § 496 Abs. 3 Satz 1 die Verpflichtung, eine Wechselverbindlichkeit einzugehen (→ § 496 Rn. 18), oder gem. Satz 2, einen Sicherungsscheck entgegenzunehmen (→ § 496 Rn. 23). Der Herausgabeanspruch auf den dennoch begebenen Wechsel oder Scheck (Satz 3, → § 496 Rn. 26) und der Schadensersatzanspruch (Satz 4, → § 496 Rn. 28) steht dem Übernehmer zu, aber er hat die Ansprüche nach den Grundsätzen über die Drittschadensliquidation – da der Verbraucher und nicht der Übernehmer den Schaden bzw. den potentiellen Schaden aufgrund des

---

Kein derivatives Widerrufsrecht; aA *Bydlinski*, Die Übertragung von Gestaltungsrechten, Wien 1986, S. 205; offen BGH WM 1998, 461 zu 2.; OLG Naumburg WM 2000, 1710.

[223] *Bülow* WM 1995, 2089 (2091); im Ergebnis ebenso *Ulmer/Masuch* JZ 1997, 654 (660); MüKoBGB/*Schürnbrand* § 491 BGB Rn. 33; *Erman/Saenger* § 491 BGB Rn. 20; *Tiedtke* JZ 1997, 931 (940); *Martinek* JZ 2000, 551 (560); *Vollmer* WM 1999, 209 (210, 213); aA *Röthel/Heßeler* WM 2008, 1001 (1007), wiederum mit ausdrücklicher Bezugnahme auf ein – **nicht existierendes** – Widerrufsrecht in der Richtlinie 87/102/EWG (Fn. 88); Erman/*Röthel* Vor § 414 Rn. 10.

[224] *Gernhuber/Nörr* Sukzessionen, § 21 III. (S. 206); *Bülow* ZIP 1997, 400 (404).

[225] BGHZ 129, 371 (377).

begebenen Papiers hat – an den Verbraucher abzutreten, worin eine Rückabtretung liegt.²²⁶ Die Informationspflichten bei einem Überziehungskredit gem. § 503 (→ § 496 Rn. 26) bestehen gegenüber dem Übernehmer nicht mehr.

c) Auswechselung der kreditgebenden Partei. Eine Vertragsübernahme 85 auf der Seite des Kreditgebers kann in der Weise stattfinden, dass an die Stelle des Kreditgebers eine natürliche Person tritt, die zu privaten Zwecken handelt; aber auch in der Weise, dass der die Finanzierungshilfe versprechende Vertragsteil ein Verbraucher gewesen war und an seine Stelle eine gewerblich handelnde neue Partei tritt (→ Rn. 81). Im ersten Fall erfüllen die Parteien nach der Vertragsübernahme nicht mehr die persönlichen Voraussetzungen für die Anwendbarkeit von Verbraucherkreditrecht aus §§ 13, 491 Abs. 1, Abs. 2 Satz 1 BGB da sich jetzt zwei Verbraucher gegenüberstehen (→ Rn. 19). Aber der ursprüngliche Vertragsabschlusstatbestand hatte zur Anwendbarkeit von Verbraucherkreditrecht geführt; die spätere Vertragsübernahme unter Beteiligung des Verbrauchers ist eine nachträgliche Abweichung von den Vorschriften des Gesetzes, die gem. § 512 Satz 1 unwirksam ist, wenn sie dem Verbraucher zum Nachteil gereicht (→ § 512 Rn. 2, 3). Aufgrund dessen behält der Verbraucher seine Rechtsposition als ein solcher. Das gilt auch für den Verzug.

War der Vertrag ursprünglich **unter Verbrauchern** abgeschlossen worden 86 und tritt ein Gewerbetreibender oder Freiberufler an die Stelle derjenigen Partei, die die Finanzierungshilfe versprochen hatte, war Verbraucherkreditrecht nicht anwendbar (→ Rn. 19), so dass der Vertrag von Anfang an endgültig wirksam gewesen war. Er wird durch die Vertragsübernahme nicht nachträglich in den Zustand lediglich schwebender Wirksamkeit versetzt, so dass dem verbleibenden Verbraucher kein Widerrufsrecht erwachsen kann. Der danach wirksame Vertrag wird durch den Parteiwechsel nicht nachträglich zum Verbraucherkreditvertrag, aber die Rechtsstellung des verbleibenden Verbrauchers verschlechtert sich auch nicht gegenüber derjenigen Rechtsstellung, die er gegenüber seinem ursprünglichen Vertragspartner hatte, allerdings mit Ausnahme des Verzugseintritts: Zugunsten der neuen gewerblichen Partei kann die abstrakte Schadensberechnung gem. § 252 BGB in Frage kommen und der verbleibende Verbraucher vor weit höheren Belastungen als gegenüber den ursprünglichen Vertragspartner stehen (→ Rn. 85); die Schuldturmproblematik, die unter den ursprünglichen Parteien nicht aufgetreten wäre, kann virulent werden (→ § 497 Rn. 50). Dennoch erscheint die Verwandlung des ursprünglichen und übernommenen Vertrages in einen verbraucherprivatrechtlich relevanten Kreditvertrag nicht möglich. Etwas anderes gilt allenfalls, wenn der ursprüngliche Vertragsabschluss durch den kreditgebenden Verbraucher und die nachfolgende Vertragsübernahme durch den gewerblichen Vertragsübernehmer einem Plan des Übernehmers entsprachen, um eine Gesetzesumgehung zu bewirken mit der Folge, dass Verbraucherkreditrecht gem. § 512 Satz 2 anwendbar wäre. Im Übrigen beschränkt sich Verbraucherschutz auf den Vertragsübernahmevertrag (→ Rn. 80), der als Kreditvertrag der Form und der Aufklärung aus § 492 bedarf.

4. Erbfolge

Eine Rechtsnachfolge kann gem. § 1922 BGB auch durch den Tod einer der 87 Parteien des Kreditvertrages eintreten. **Stirbt der Verbraucher,** wird sein Erbe

---

²²⁶ *Bülow* WM 1995, 2089 (2092).

resp. die Erbengemeinschaft gem. § 1922 BGB Gläubiger der Forderung gegen den Kreditgeber auf Darlehensauszahlung, auf Leistung oder Lieferung. Der Erbe haftet gem. § 1967 BGB für die Verbindlichkeit des Verbraucher-Erblassers auf Rückzahlung des Darlehens und Zinsen, auf Kaufpreis, Werk- oder Dienstlohn. Es wäre daran zu denken, die Rechtsnachfolge durch Erbfall ebenso zu behandeln wie die Vertragsübernahme, so dass es auf die Verbraucherqualifikation des Erben ankäme und bei einer Mehrheit von Erben zu überlegen wäre, ob nur die Verbraucher-Erben das Widerrufsrecht aus §§ 495, 355 BGB haben (Verwaltungsmaßnahme gem. § 2038 Abs. 1 BGB). Jedoch hat die Gesamtrechtsnachfolge durch Erbfall ein anderes Wesen als die Einzelnachfolge durch Vertragsübernahme, welches die Rechtsnachfolge auch in das Widerrufsrecht unabhängig von der Verbraucherqualifikation des Erben fordert. Die erbrechtliche Universalrechtsnachfolge hat nämlich ua auch das Ziel der Abwicklung bestehender und gerade auch unvollkommener Rechtsstellungen mit der Folge, dass der Erbe beispielsweise das Widerrufsrecht gegenüber einer noch nicht zugegangenen, aber noch vom Erblasser abgegebenen Willenserklärung gem. § 130 Abs. 1 Satz 2 BGB[227] (→ § 495 Rn. 17) und anderer Gestaltungsrechte bis hin zur Anfechtung[228] hat. Die Grenze des Rechtsüberganges liegt bei höchstpersönlichen Rechten, dh solchen, die gerade an die Individualität des Erblassers gebunden sind, etwa einer privaten Schiedsrichterstellung oder einem Leistungsbestimmungsrecht gem. § 319 Abs. 2 BGB.[229] Auf der anderen Seite ist das als höchstpersönlich angesehene Widerrufsrecht des Schenkers wegen groben Undankes (→ Rn 92), wenn auch eingeschränkt, gem. § 530 Abs. 2 BGB vererblich, außerdem das Urheberpersönlichkeitsrecht (§ 28 Abs. 1 UrhRG), auch etwa der an die persönliche Verletzung gebundene Schmerzensgeldanspruch gem. §§ 823 Abs. 1, 253 Abs. 2 BGB. Wenn man sich unvererbliche Rechte wie den Nießbrauch (§ 1061 BGB) oder das unbefristete Vorkaufsrecht (§ 473 Satz 1 BGB) ansieht, so liegt die Unvererblichkeit nicht im höchstpersönlichen Wesen dieser Rechte, sondern in dem Bestreben, eine Perpetuierung der Belastung bis auf nachfolgende Generationen zu vermeiden, wie die Vererblichkeit des befristeten Vorkaufsrechtes gem. § 473 Satz 2 BGB zeigt. Was nun das Widerrufsrecht aus §§ 495, 355 BGB angeht, so ist es zwar an persönliche Voraussetzungen gebunden, aber gleichwohl nicht höchstpersönlicher Natur; es kann vielmehr jedem zustehen, der einer Gruppe von natürlichen Personen angehört, wie sie § 13 BGB bestimmt (→ Rn. 23 ff.). Man wird sagen können, dass die erbrechtliche Gesamtrechtsnachfolge sämtliche Rechtslagen des Erblassers erfasst, wenn nicht ausnahmsweise der Tod ein Erlöschen der Rechtsstellung erfordert, welches das Gesetz anordnen kann oder aus der besonderen Bindung an die Persönlichkeit des Erblassers folgt. Ein solcher Ausnahmetatbestand, der allein an die Verbraucherqualifikation anknüpft, ist für das Widerrufsrecht aus § 355 BGB nicht anzunehmen. Folglich kann der Erbe unabhängig von eigener Verbraucherqualifikation widerrufen. Das heißt aber auch, dass eine juristische Person, die Erbe geworden ist, das Widerrufsrecht hat.

88 Dagegen wird ein formnichtiger Vertrag **nicht** gem. § 494 Abs. 2 oder § 507 Abs. 2 Sätze 2 bis 5 geheilt, wenn der Kreditgeber die Leistung an den Erben

---

[227] Staudinger/*Marotzke* § 1922 BGB Rn. 306.
[228] BGH NJW 1951, 308.
[229] Staudinger/*Marotzke* § 1922 BGB Rn. 299.

erbringt, der selbst nicht die Verbraucherqualifikation aufweist. Ratio legis der Heilungsvorschriften ist es, den Verbraucher vor der bereicherungsrechtlichen Kondiktion der Leistung durch den Kreditgeber zu bewahren (→ § 494 Rn. 6). Dieses Schutzes bedarf nur derjenige Erbe, der selbst Verbraucher ist.

Stirbt der Kreditgeber, der natürliche Person ist, wird sein Erbe Gläubiger 89 der Forderung gegen den Verbraucher auf Darlehensrückzahlung und Zinsen, auf Kaufpreis-, Werk- oder Dienstlohnzahlung. Der Erbe haftet gem. § 1967 BGB für die Verbindlichkeit des Kreditgebers auf Auszahlung des Darlehens, auf Leistung oder Lieferung. Die Rechtsstellung des Verbrauchers wird durch den Erbfall ebenso wenig beeinträchtigt wie im Falle einer Vertragsübernahme (→ Rn. 85).[230] Aber der Erbe, der selbst nicht Gewerbetreibender ist, kann seinen nach dem Erbfall entstehenden Verzugsschaden nicht nach § 497 liquidieren, sondern nur nach § 286 iVm § 280 Abs. 2, besonders § 288 BGB[231] (→ Rn. 86).

Ist der Kreditgeber eine juristische Person oder eine Handelsgesellschaft, kann 90 Erlöschen durch **Umwandlung** zB im Wege der Verschmelzung eintreten, die gem. § 20 Abs. 1 Nr. 1 UmwG zu einer Gesamtrechtsnachfolge des übernehmenden Rechtsträgers führt. Die Rechtsstellung des Verbrauchers wird hierdurch ebenso wenig beeinträchtigt wie im Erbfall oder bei einer der Auflösung einer Gesellschaft folgenden Liquidation und deren Erlöschen (zB § 157 HGB) oder bei einer Löschung gem. § 394 FamFG.

B. Sachlicher Anwendungsbereich

Nicht alle Geschäfte, die Normadressaten (Abs. 1) miteinander eingehen, unterliegen den verbraucherkreditrechtlichen Bestimmungen des Gesetzes, sondern nur Verbraucherdarlehensverträge – in den Spielarten Allgemein-Verbraucherdarlehensverträge nach Abs. 2 Satz 1 und Immobiliar-Verbraucherdarlehensverträge nach Abs. 3 Satz 1 – und Verträge über Finanzierungshilfen iSv § 506, wiederum unterteilt nach Allgemein- und Immobiliar-Finanzierungshilfen. Einschränkungen folgen aus § 491 Abs. 2 Satz 2, Abs. 3 Sätze 3 und 4 und Abs. 4. Diese Vertragsarten werden in der Verbraucherkreditrichtlinie und in der WohnimmoRil als Kreditverträge bezeichnet. Darüber hinaus ist Verbraucherkreditrecht teilweise auf die Vertragsarten aus § 510 (Ratenlieferungsverträge) anwendbar. In den Bereich des Verbraucherkreditrechts im weiteren Sinne gehören auch Kreditvermittlungsverträge nach §§ 655a bis 655e BGB (→ 2. Teil). 91

I. Kreditvertrag als Oberbegriff

1. Systematischer Standort des Darlehens in der Verbraucher- und in der Wohnimmobilien-Kreditrichtlinie

Der sachliche Anwendungsbereich von Verbraucherkreditrecht wird durch den 92 Begriff des Kreditvertrags gem. Art. 3 lit. c Verbraucherkreditrichtlinie sowie gem. Art. 4 Nr. 3 WohnimmoRil bestimmt (→ Rn. 1, 2). Der Kreditvertrag ist danach nicht etwa mit dem Darlehensvertrag gleichgesetzt. Vielmehr bezeichnet

---

[230] Ebenso MüKoBGB/*Schürnbrand* § 491 BGB Rn. 40 aE.
[231] Vgl. zur Person des Geschädigten – Erblasser oder Erbe – BGH JZ 1962, 708.

der Begriff des Kreditvertrags neben dem Darlehensvertrag die besondere Ausgestaltung eines Schuldvertrags, die darin liegt, dass dem Verbraucher für die von ihm zu erbringende Gegenleistung eine Finanzierungshilfe gewährt wird. Der Begriff des Kreditvertrags überlagert also die gesetzlich ausgeformten Verträge des Besonderen Schuldrechts resp. Verträge sui generis, indem jeder Kaufvertrag, Werkvertrag, Maklervertrag,[232] Dienstvertrag, Geschäftsbesorgungsvertrag zum Kreditvertrag wird, wenn er mit einer Finanzierungshilfe verbunden und diese Finanzierungshilfe entgeltlich ist. Prototyp ist der Kaufvertrag mit Ratenzahlungsabrede,[233] für die ein Teilzahlungsaufschlag zu leisten ist. Der Darlehensvertrag ist ein Vertragstypus des Besonderen Schuldrechts, dessen Gegenstand selbst die Finanzierungshilfe enthält, nämlich gem. § 488 Abs. 1 Satz 1 die Verpflichtung des Darlehensgebers, dem Darlehensnehmer einen Geldbetrag zur Verfügung zu stellen, anders gewendet: die **Kapitalnutzung** zu ermöglichen. Das Darlehen ist mithin neben Zahlungsaufschub und sonstiger Finanzierungshilfe einer der Unterbegriffe zum Obergriff des Kreditvertrags.

92a Kreditverträge werden zwischen Unternehmer und Verbraucher, Kreditgeber und Kreditnehmer geschlossen, sind folglich Verbraucherverträge iSv § 310 Abs. 3 BGB und haben eine entgeltliche (→ Rn. 97) Leistung des Kreditgebers zum Gegenstand. Deshalb sind gemäß **§ 312 Abs. 1** die Vorschriften von § 312 Abs. 2 ff., 312a anwendbar, insbesondere § 312 Abs. 5 über Finanzdienstleistungen.

2. Standort des Darlehens im Gesetz

93 Das Verbraucherkreditrecht des BGB greift den Rechtsbegriff des Kreditvertrags nicht auf (→ Rn. 5), sondern regelt die Rechtsverhältnisse für das Darlehen und die Rechtsverhältnisse für andere Finanzierungshilfen in getrennten Untertiteln. Das Verbraucherdarlehen ist als Teil der Vorschriften über Darlehen im Untertitel 1, Kapitel 2, für Darlehensverträge erfasst. Die anderen Unterarten des Kreditvertrags sind im Untertitel 2 über Finanzierungshilfen (§§ 506 bis 508), ergänzt durch den Ratenlieferungsvertrag nach § 510 im Untertitel 3) enthalten. Die durch die Verbraucherkreditrichtlinie bestimmte Gemeinsamkeit der Rechtsregeln für Kreditverträge wird durch das Gesetz im Wege der Verweisung verwirklicht (→ § 506 Rn. 86). Im Zuge der Umsetzung der zweiten Verbraucherkreditrichtlinie 2008/48/EG wurde dem verbraucherkreditrechtlichen Darlehen ein eigenständiger Abschnitt im Gesetz gewidmet, nämlich das Kapitel 2 im Untertitel 1 über den Darlehensvertrag mit den Vorschriften von §§ 491 bis 505d). Der Verbraucherdarlehensvertrag teilt sich durch die Umsetzung der WohnimmoRiL in Allgemein-Verbraucherdarlehensverträge (Abs. 2 Satz 1) und Immobiliar-Verbraucherdarlehensverträge (Abs. 3 Satz 1).

3. Überlagerung durch Fernabsatzrecht

94 Ein Kreditvertrag kann zugleich die Voraussetzungen eines Fernabsatzgeschäfts nach weiterer Maßgabe von § 312c Abs. 1 BGB erfüllen (näher → § 495 Rn. 40),

---

[232] BGH NJW-RR 2013, 886; zum Maklervertrag als Fernabsatzvertrag BGH I ZR 30/15 und 68/15, Verhandlungstermin 7.7.2016.
[233] *Meincke/Hingst* WM 2011, 633 (635); nicht: Ratenzahlungsvereinbarung wegen Pflichteinlage, § 22 Abs. 4 Satz 2 GenG, BGH WM 2009, 1230.

sodass die Frage beantwortet werden muss, ob die fernabsatzrechtlichen oder die verbraucherkreditrechtlichen Regelungen des Gesetzes anwendbar sind. Die Antwort folgt aus der fernabsatzrechtlichen Behandlung von Finanzdienstleistungen. Nach § 312 Abs. 5 Satz 1 BGB sind Verbraucherkreditgeschäfte nach §§ 491 bis 509 zugleich Finanzdienstleistungen. Ausgangspunkt ist, dass die fernabsatzrechtlichen Informations- und Mitteilungspflichten aus § 312d Abs. 2 betreffend Finanzdienstleistungen auch für Verbraucherkreditgeschäfte gelten, mit Besonderheiten für den Fall mehrmaliger Vereinbarung gem. § 312 Abs. 5 Sätze 2 bis 4. Unberührt bleiben die verbraucherkreditrechtlichen Informationspflichten als vertragliche Wirksamkeitsvoraussetzungen nach §§ 492, 507 und Art. 247 EGBGB sowie die übrigen verbraucherkreditrechtlichen Sondervorschriften. Für das Widerrufsrecht waltet jedoch nicht Parallelität, sondern Spezialität: Das verbraucherkreditrechtliche Widerrufsrecht verdrängt gem. § 312g Abs. 3 das fernabsatzrechtliche (→ § 495 BGB Rn. 158). 95

Wenn der Darlehensvertrag jedoch gem. § 491 Abs. 2 Satz 2 kein Allgemein-Verbraucherdarlehensvertrag ist, zB als Bagatellfall nach Nr. 1 (→ Rn. 158), gibt es kein Widerrufsrecht nach § 495, wohl aber, zB als Ratenkauf im Internet, das fernabsatzrechtliche, nämlich nach § 312g BGB.[234] 95a

II. Verbraucherdarlehensverträge

Der sachliche Anwendungsbereich der verbraucherkreditrechtlichen Sonderbestimmungen über Gelddarlehen (→ Rn. 105) ist weitgehend identisch mit dem Begriff des allgemeinen Darlehensvertrags nach § 488 BGB und wird nur ergänzt um das Erfordernis der Entgeltlichkeit (→ Rn. 97). Zum Verbraucherdarlehensvertrag wird der Darlehensvertrag durch die Personen der Vertragsparteien, nämlich dem in der Rolle als Unternehmer handelnden Darlehensgeber (→ Rn. 20, typischer-, aber nicht notwendigerweise[235] ein Kreditinstitut: Private Bank, Sparkasse, Kreditgenossenschaft) und dem in der Rolle als Verbraucher handelnden Darlehensnehmer (§ 13 BGB, → Rn. 22 ff.), erweitert gem. § 513 um den Existenzgründer. Darlehen unter Verbrauchern sind niemals Verbraucherdarlehen (→ Rn. 7 aE und → Einf. Rn. 46). Die vertragstypischen Pflichten aus einem Darlehensvertrag sind der allgemeinen Vorschrift von § 488 BGB zu entnehmen: Der Darlehensgeber wird verpflichtet, dem Darlehensnehmer den vereinbarten Geldbetrag zur Verfügung zu stellen, zB zu überweisen, bar auszuzahlen oder vereinbarungsgemäß an einen von den Parteien bestimmten Dritten zu leisten. Der Darlehensnehmer ist zur Zinszahlung und zur Rückzahlung des Darlehens bei Fälligkeit verpflichtet. Ausnahmsweise sind die Sondervorschriften nicht oder nur teilweise oder modifiziert anwendbar, nämlich in den Fällen von § 491 Abs. 2 Satz 2 und Abs. 4 (→ Rn. 149 ff.), außerdem im Fall von Immobiliar-Verbraucherdarlehensverträgen nach § 491 Abs. 3 Sätze 3 und 4. 96

1. Allgemein- und Immobiliar-Verbraucherdarlehensverträge

a) **Kennzeichnung.** Verbraucherdarlehensverträge kennzeichnen sich durch seine Parteien, nämlich den Darlehensnehmer als Verbraucher nach § 13 BGB 96a

---

[234] Billing/Milsch NJW 2015, 2369 (2371).
[235] BGHZ 179, 126 = WM 2009, 662 = ZIP 2009, 261 = ZGS 2009, 139 mit Anm. Bülow LMK 2009, 276605 und Komm. Wolter EWiR § 491 BGB 1/09, 293.

§ 491   96b, 96c   1. Teil. Darlehen und Finanzhilfen

und den Darlehensgeber als Unternehmer (insbesondere Kreditinstitut) nach § 14 BGB (→ Rn. 96). Er kann gem. § 491 Abs. 1 Satz 2 Allgemein- oder Immobiliar-Verbraucherdarlehensvertrag sein (→ Rn. 96c), beide sind zugleich Verbraucherkreditverträge und in deren Begriffshierarchie eingebettet.

96b **b) Rangordnung der Kreditarten.** Die Verbraucherkreditrichtlinie gilt gem. Art. 2 Abs. 2 lit. a und b nicht für grundpfandrechtlich besicherte sowie grundstücks- und gebäudebezogene Kreditverträge (→ Rn. 1), sie sind von ihrem Anwendungsbereich, dem harmonisierten Bereich, ausgenommen. Aber sie bestimmen den Anwendungsbereich der Wohnimmobilien-Verbraucherkreditrichtlinie gem. Art. 3 Abs. 1 lit. a und b (→ Rn. 2). Daraus folgt eine neue Begriffshierarchie. Der Begriff des Kredits (Rn. 92) unterteilt sich in Kreditverträge nach der VerbrKrRil und in Kreditverträge nach der WohnimmoRil, in der Wortwahl von § 491 Abs. 1 Satz 2 und § 506 Abs. 1 Satz 2 in Allgemein-Kreditverträge und Immobiliar-Kreditverträge. Beide Kreditarten können Verbraucherdarlehensverträge (§ 491 Abs. 1 Satz 1) oder Finanzierungshilfen (§ 506 Abs. 1) sein. Es bilden sich demgemäß die Untergruppen Allgemein-Verbraucherdarlehensverträge (§ 491 Abs. 1 Satz 2) und Immobiliar-Verbraucherdarlehensverträge (§ 491 Abs. 3 Satz 1) sowie Allgemein-Finanzierungshilfen (§ 506 Abs. 1 Satz 1) und Immobiliar-Finanzierungshilfen (§ 506 Abs. 1 Satz 2). Der Zahlungsaufschub als Unterbegriff der Finanzierungshilfe unterteilt sich nochmals in Teilzahlungsgeschäfte (§ 506 Abs. 3) und Zahlungsaufschübe, die keine Teilzahlungsgeschäfte sind (→ § 506 Rn. 37); immobiliar-Teilzahlungsgeschäfte kommen aber allenfalls bei Fertighäusern (→ Rn. 96h) in Betracht, weil das Tatbestandsmerkmal der Lieferung in § 506 Abs. 3 bei einer Immobilie im Übrigen nicht erfüllbar ist (→ § 506 Rn. 63a); es verbleibt der Immobiliar-Zahlungsaufschub mit Grundpfand- oder Reallastsicherung resp. grundstücksbezogenem Verwendungszweck (→ Rn. 96c). Als sonstige Finanzierungshilfe iSv § 506 Abs. 1 wäre zwar an Immobilienleasing zu denken, doch kommt es als Verbrauchergeschäft wohl nicht vor und erfüllt zudem im Allgemeinen nicht die Tatbestandsvoraussetzung der Vollamortisation (→ § 506 Rn. 85a).[236]

96c **c) Kriterien des Immobiliar-Darlehensvertrags: Grundstücksbezug (Besicherung oder Verwendungszweck).** Verbraucherdarlehensverträge sind entgeltliche (→ Rn. 97) Darlehensverträge zwischen einem Unternehmer als Darlehensgeber und einem Verbraucher als Darlehensnehmer. Hierbei bewendet es sich für Allgemein-Verbraucherdarlehensverträge (§ 491 Abs. 2 Satz 1). Immobiliar-Verbraucherdarlehensverträge kennzeichnen sich gem. § 491 Abs. 3 Satz 1 durch ein zusätzliches Merkmal, nämlich die Grundstücksbezogenheit: Besicherung durch Grundpfandrecht oder Reallast (§ 491 Abs. 3 Nr. 1), ansonsten (§ 491 Abs. 3 Nr. 2) Bestimmung für Erwerb oder Erhaltung des Eigentums (resp. grundstücksgleicher Rechte, → Rn. 96h); mit „**Erhaltung**" ist ein Darlehen zur Abwendung des Eigentumsverlusts, insbesondere durch Zwangsvollstreckung, gemeint,[237] oder auch ein dementsprechendes Refinanzierungs-, Umschuldungsdarlehen (Erwägungsgrund 15 Wohnimmo-Ril).[238] Kein Immobiliardarlehen ist das unbesicherte Renovierungsdarlehen (Erwägungsgrund 18 Wohnimmo-Ril) oder das Darlehen zur Wertsteigerung einer Immobilie (Erwä-

---

[236] *Sobotka* BB 1992, 827 zu 1.; anders *in casu* BGH NJW-RR 2015, 615 Rn. 26, 32.
[237] BT-Drucks. 18/5922 (RegE), S. 81/82.
[238] *Schäfer* VuR 2014, 207 (212).

gungsgrund 14 Satz 3), sondern Allgemein-Verbraucherdarlehen, auch bei Überschreitung des Gesamtkreditbetrags von 75 000 € (Art. 2 Abs. 2a VerbrKrRil[239]). Natürlich bedürfen auch Darlehen nach § 491 Abs. 3 Nr. 2 der Sicherung; an ihrer Eingruppierung ändert sich durch die Vereinbarung über zu bestellende Personal- oder Mobiliar-Sicherheiten (zB Bürgschaft, Sicherungsübertragung, Garantie nach § 648a Abs. 2 BGB) nichts. Während es für den Fall der Besicherung nach § 491 Abs. 3 Nr. 1 auf den Verwendungszweck des Darlehens nicht ankommt (Finanzierung einer Urlaubsreise, besichertes Renovierungsdarlehen, s. Erwägungsgrund 15 letzter Halbsatz WohnimmoRil), auch nicht auf die Werthaltigkeit des Grundstücks im Verhältnis zum Darlehen, nicht auf Beleihungsgrenze und -wertermittlung nach §§ 14, 16 PfandbriefG (**anders** beim **Realkredit** iSv § 21 Abs. 3 Nr. 1 KWG), nicht auf das Tatbestandsmerkmal der Abhängigkeit nach der Vorgängervorschrift von § 503 BGB aF,[240] nicht auf Üblichkeit der Vertragsbedingungen, ist im Falle der nicht durch Grundpfandrecht oder Reallast besicherten Darlehen nach § 491 Abs. 3 Nr. 2 der **Verwendungszweck** (die Bestimmung für Erwerb oder Erhalt) das Kriterium für die Qualifizierung eines Verbraucherdarlehensvertrags als Immobiliar-Darlehensvertrag, auch im Fall von Art. 3 Abs. 2 lit. b WohnimmoRil (Arbeitgeberdarlehen, → Rn. 168). Die Zwischenfinanzierung von **Bauspardarlehen,** bei der gem. § 7 Abs. 3 bis 5 BSpG von der Gundpfandbesicherung abgesehen werden kann, begründet deshalb ohne Weiteres den Begriff des Immobiliardarlehens. Die Regelungen über Verbraucherkreditverträge gelten auch für Immobiliar-Kreditverträge, zB zum Widerrufsrecht nach § 495 Abs. 1, ergänzt und modifiziert durch besondere Regelungen, zB zur Bedenkzeit nach § 495 Abs. 3.

d) Bezug zu einer Wohnimmobilie nur nach der Richtlinie, nicht nach deutscher Umsetzung. Da Voraussetzung eines Immobiliar-Verbraucherdarlehensvertrags ein Verbraucher als Darlehensnehmer ist, also eine zu privatem Zweck handelnde natürliche Person (→ Rn. 42), wird die Immobilie, die den Grundstücksbezug begründet, typischerweise eine Wohnimmobilie sein, die durch den Kreditvertrag finanziert wird. In der Wohnimmo-Ril wird der Begriff der Wohnimmobilie nicht in den Definitionskatalog von Art. 4 aufgenommen, sondern wohl als bekannt und unproblematisch vorausgesetzt und in Erwägungsgrund 17, Art. 3 Abs. 3 lit.b beschrieben als Immobilie, die als Haus, Wohnung oder als sonstige Wohnstätte genutzt werden soll. Nun gibt es aber Fälle, in denen trotz der Verbrauchereigenschaft des Kreditnehmers das Grundstück keine Wohnimmobilie ist. So ist die private Vermögensverwaltung Verbrauchergeschäft (→ Rn. 50); der Verbraucher kann zur Kapitalanlage das Eigentum an einer gewerblichen Immobilie erwerben und diese mit einem Grundpfandrecht besichern wollen **(Fall 1a)** oder einen anderweitig gesicherten Kredit aufnehmen **(Fall 1b).** Ein durch ein Grundpfandrecht besicherter Darlehensvertrag nach § 491 Abs. 3 Nr. 1 kann der Grundkonstellation entsprechen, nach welcher der Verbraucher als Darlehensnehmer zugleich Besteller des Grundpfandrechts am zu erwerbenden Grundstück ist; nicht selten kommt aber die Interzession vor, bei der ein Dritter das Grundpfandrecht an seinem Grundstück für die Schuld des Darlehensnehmers bestellt, Darlehensnehmer als persönlicher Schuldner und

---
[239] Eingefügt aufgrund von Art. 46 WohnimmoRil, Erwägungsgrund 18; das deutsche Recht sieht eine Höchstgrenze nicht vor, → Rn. 98a.
[240] *Pfeiffer* ZBB 1996, 304; *Bülow* WM 2001, 2225.

§ 491 96d

Pfandbesteller also verschiedene Personen sind (s. zB § 1164 BGB; **Fall 2**). Das Grundstück des Dritten, des Interzessionars, kann Wohnimmobilie (**Fall 2a**) oder Gewerbeimmobilie oder vielleicht ein Wochenendgrundstück (ohne Haus) sein, **Fall 2b**. Zur Erhaltung des Eigentums (→ Rn. 96c) kann der Darlehensnehmer selbst oder wiederum ein Interzessionar ein Grundpfandrecht zur Sicherung des Erhaltungskredits bestellen und das belastete Grundstück braucht nicht das zu erhaltende zu sein und kann sich um eine Nicht-Wohnimmobilie handeln (**Fall 3**). Zu denken ist auch an einen Verbraucher, der als Ehegatte zur Stützung der ehelichen Lebensgemeinschaft (§ 1353 BGB) einen Hypothekarkredit an seinem Grundstück, sei es Wohnimmobilie oder nicht, aufnimmt, der dem Unternehmen des anderen Ehegatten zufließen soll (**Fall 4**). Die Frage ist, ob in solchen Fällen der Darlehensvertrag ein Immobiliar-Verbraucherdarlehenvertrag ist. Es liegt nahe, aufgrund des Regelungsgegenstandes der WohnimmoRil, bereits aufgrund ihres Namens, den Bezug zu einer Wohnimmobilie als überlagernde Tatbestandsvoraussetzung für den Immobiliar-Darlehensvertrag anzusehen, wenngleich Gründe der Finanzstabilität (Erwägungsgrund 3, → Einf. Rn. 13b) ein anderes Ergebnis nicht fernliegend erscheinen lassen. Der Wortlaut der WohnimmoRil für den besicherten Kreditvertrag in Art. 3 Abs. 1 lit. a bestätigt diese Sicht allerdings nicht ohne Weiteres, wenn die Rede ist von Kreditverträgen, „die ... durch eine Hypothek ..., die in einem Mitgliedstaat ... gewöhnlich für Wohnimmobilien genutzt wird, ... besichert sind". Hypotheken oder Grundschulden werden in Deutschland gleichermaßen für Wohnimmobilien wie für andere, insbesondere auch für gewerbliche Immobilien genutzt, sodass auch letztere Gegenstand eines Immobiliar-Darlehensvertrags sein könnten. Doch mag der Richtlinientext so zu verstehen sein, dass das Pfandobjekt eine Wohnimmobilie zu sein hat, um den finanzierenden Kreditvertrag als Immobiliar-Darlehensvertrag kategorisieren zu können. Für Kreditverträge ohne Pfandbelastung nach Art. 3 Abs. 1 lit.b ist ein solches Textverständnis dagegen schwieriger begründbar, wo sich der Tatbestand bezieht auf „Kreditverträge, die für den Erwerb ... von Eigentumsrechten an einem Grundstück oder einem ... Gebäude bestimmt sind". In dieser Variante nach lit. b fehlt ein Hinweis auf Grundstück oder Gebäude, das zugleich Wohnimmobilie zu sein hätte. Danach könnte die Finanzierung einer gewerblichen Immobilie für einen Verbraucher vom Begriff des Immobiliar-Darlehensvertrags erfasst sein.[241] Allerdings kommt auch Art. 1 WohnimmoRil Definitionscharakter zu, wo „mit Verbrauchern geschlossene grundpfandrechtlich besicherte Kreditverträge und andere Wohnimmobilienkreditverträge" angesprochen sind. Darin dürfte ein Vorgriff auf den Geltungsbereich der Richtlinie nach Art. 3 Abs. 1 lit. a und b liegen: Beide Arten werden als Wohnimmobilienkreditverträge bezeichnet, die grundpfandbesicherten sind die einen, die zweckbestimmten die anderen. Aus der Gesamtschau von Art. 1 mit Art 3 Abs. 1 dürfte sich also ergeben, dass beide Varianten von Kreditverträgen den Wohnimmobilienbezug aufweisen müssen, um als Immobiliardarlehensverträge angesehen werden zu können. Gestützt wird dieses Ergebnis durch weitere Richtlinienformulierungen: Erwägungsgrund 15, letzter Halbsatz schließt in den Geltungsbereich grundpfandbesicherte Renovierungsdarlehen ein

---

[241] So in der Tat *Piekenbrock* BrV Bd. 36, S. 131 (145): Geltung der WohnimmoRil auch für Erwerb eines vermieteten Geschäftsgebäudes; die Begründung zum RegE, S. 94, geht dagegen – wie hier – vom Wohnimmobilienbezug der Richtlnie aus.

(→ Rn. 96c), und zwar für Wohnimmobilien; die Option nach Art. 3 Abs. 3 lit. b und Erwägungsgrund 17, zu vermietende Wohnimmoblien vom Anwendungsbereich der Richtlinie auszunehmen, steht auf der Grundlage, dass Wohnimmobilien überhaupt Gegenstand des Kreditvertrags nach Art. 3 Abs. 1 lit.b sind. Als Folge dessen ist ein Kreditvertrag zwischen einem Verbraucher als Kreditnehmer und einem Unternehmer als Kreditgeber zum Erwerb einer Gewerbeimmobilie weder Gegenstand der VerbrKrRil (Art. 2 Abs. 2 lit. a und b) noch der WohnimmoRil. Beide Richtlinien sind also nicht gänzlich komplementär: Die VerbrKrRil schließt Kreditverträge über unbewegliches Vermögen aus, die WohnimmoRil erfasst nur unbewegliches Vermögen in Gestalt von Wohnimmobilien, sodass gewerbliche Immobilien ungeregelt bleiben.[242]

Die Umsetzung der WohnimmoRil in deutsches Recht geht dagegen über die sachliche Beschränkung auf Wohnimmobilien hinaus. Die Gesetzesformulierung von § 491 Abs. 3 Nr. 1 und 2 BGB umfasst jeglichen Immobilienbezug und ist, wie die Gesetzesbegründung hervorhebt,[243] so gemeint mit der Erwägung, dass Abgrenzungsschwierigkeiten bei gemischter Nutzung vermieden und Verbraucherschutz erhöht werde. Die fehlende Beschränkung auf Wohnimmobilien führt im deutschen Recht zu einer überschießenden (hierzu Erwägungsgrund 14), den harmonisierten Bereich der WohnimmoRil verlassenden Umsetzung. Als Folge dessen sind VerbrKrRil und die Umsetzung in deutsches Recht komplementär. Sollte sich Auslegungsbedarf ergeben, wird die Frage virulent, ob der überschießende Teil **richtlinienkonform** auszulegen ist oder ob eine **gespaltene Auslegung** für den umsetzenden Teil einerseits und den überschießenden Teil andererseits anzulegen ist.[244]

Für die vorgenannten Fallkonstellationen (→ Rn. 96d) bedeutet der Immobilienbezug Folgendes:

Nach der überschießenden Umsetzung in deutsches Recht (→ Rn. 96e) beschränkt sich der sachliche Anwendungsbereich nicht auf Wohnimmobilien, sondern erfasst alle, auch gewerbliche Immobilien. Deshalb ist in allen Fallgruppen ein Immobiliar-Verbraucherkreditvertrag zu subsumieren. Nach der WohnimmoRil, nach welcher der Wohnimmobilienbezug Anwendungsvoraussetzung ist, wäre dagegen zu differenzieren:

In **Fall 1** ist der Kreditvertrag sowohl in Variante a wie in Variante b kein Immobiliar-Verbraucherdarlehenvertrag.

In **Fall 2** ändert die Interzession nichts daran, dass der Kreditvertrag durch eine Wohnimmobilie als Pfandobjekt besichert ist (Var. a), nicht aber in Var. b. Der Interzessionar als Grundpfandrechtsbesteller kann selbst Verbraucher nach § 13 BGB sein. Denkbar ist aber auch, dass er, etwa als gewerblicher Vermieter, Unternehmer und die Interzession gewerblich motiviert ist. Dies ändert aber nichts daran, dass der Kreditvertrag mit dem Verbraucher als Kreditnehmer zustande kommt. Deshalb dürfte die fehlende Verbrauchereigenschaft des Interzes-

---

[242] Es besteht also nicht lediglich ein semantischer Unterschied, entgegen *Piekenbrock* BrV Band 36, S. 131 (143/144) mit Fußn. 78. Komplementär werden die Regelungsbereiche jedoch durch die überschießende Umsetzung in deutsches Recht, → Rn. 96e.
[243] BT-Drucks. 18/5922 (RegE), S. 81.
[244] BGH v. 17.10.2012 – VIII ZR 226/11, Rn. 22, BGHZ 195, 135 = NJW 2013, 220; BGH v. 2.4.2014 – VIII ZR 46/13, Rn. 27, NJW 2014, 2183 mit Rez. *Witt* S. 2156 betr. § 439 BGB, Aus- und Einbau, zust. *Bülow* WM 2013, 245 (249), aA *Nobbe* WM 2012, Sonderbeilage 2, S. 21 zu bb.

sionars an der Kategorisierung als Immobiliar-Kreditvertrag nichts ändern. Es stellt sich noch die weitere, von der Rechtsprechung[245] verneinte Frage, ob der Sicherungsvertrag (vorausgesetzt der Interzessionar und nicht der Darlehensnehmer ist dessen Partei[246]) seinerseits widerruflich nach § 495 ist (→ Rn. 122).

In **Fall 3** ist der Erhaltungskredit wegen der Besicherung durch Grundpfand nicht Gegenstand eines Kreditvertrags nach Art. 3 Abs. 1 lit. b, sondern allenfalls nach lit. a. Wenn das Grundstück als Pfandobjekt eine Wohnimmobilie ist, handelt es sich um einen Immobiliar-Verbraucherkreditvertrag, bei Belastung einer Nicht-Wohnimmobilie um einen Allgemein-Verbraucherkreditvertrag.

In **Fall 4** ist der Verwendungszweck des Kredits zwar gewerblicher Natur, aber den Kreditvertrag schließt der Ehegatte nicht aus gewerblichem, sondern aus privatem zweck ab und ist deshalb Verbraucher nach § 13 BGB. Der Kreditvertrag gehört zur Kategorie von Art. 3 Abs. 1 lit. a (Grundpfandbesicherung), wo es auf den Verwendungszweck des Kredits nicht ankommt. Wenn das Grundstück des Ehegatten eine Wohnimmobilie ist, handelt es sich um einen Immobiliardarlehensvertrag im Sinne der WohnimmoRil.

96g e) **Besonderheiten des Immobiliar-Kreditvertrags.** Sie liegen in Voraussetzungen und Rechtsfolgen in Folgendem:
– Arbeitgeber-Immobliliar-Kreditverträge sind freigestellt (§ 491 Abs. 3 Satz 2, → Rn. 175a),
– Förder-Immobiliardarlehensverträge[247] bedürfen nur der vorvertraglichen Information nach § 491a Abs. 4, wie § 491 Abs. 3 Satz 3 bestimmt,
– Besonderheiten der vorvertraglichen Information folgen im Übrigen aus § 491a Abs. 2 Satz 3, Abs. 3 Satz 3 BGB sowie im Einzelnen aus Art. 247 § 1 EGBGB, für den Vertragsinhalt aus Art. 247 § 6 Abs. 1 Satz 2, gegebenenfalls aus § 7 Abs. 2, für Zinsanpassungen aus § 15 Abs. 2 Satz 2, Abs. 3,
– Besonderheiten gelten für Koppelungsgeschäfte nach § 492a und § 492b und
– für Fremdwährungskredite gem. §§ 503 BGB n. F., 493 Abs. 4, Art. 247 § 7 Abs. 2 Nr. 2 EGBGB,
– die Widerrufsfrist beginnt gem. § 356b Abs. 2 Satz 2 auch dann, wenn Pflichtangaben nach § 492 Abs. 2 fehlen oder fehlerhaft sind; nur wenn die Information über das Widerrufsrecht fehlt oder fehlerhaft ist, beginnt die Frist erst mit der Nachholung nach § 492 Abs. 6; andernfalls entsteht kein ewiges Widerrufsrecht, sondern es erlischt nach einem Jahr und 14 Tagen, § 356b Abs. 2 Satz 4 (→ § 495 Rn. 78);
– dem Kreditnehmer ist gem. § 495 Abs. 3 eine Bedenkzeit einzuräumen (→ § 495 Rn. 183a),
– das Kündigungsrecht des Verbrauchers nach § 500 Abs. 1 besteht nicht,
– die vorzeitige Rückzahlung ist gem. § 500 Abs. 2 Satz 2 beschränkt und verpflichtet den Kreditgeber zur Information nach § 493 Abs. 5,
– der Verzugszinssatz beträgt 2,5 statt 5 Prozentpunkte p. a. über dem Basiszinssatz (§ 497 Abs. 4), der Referenzrückstand bei Kreditgeberkündigung wegen Verbraucherverzugs (§ 498 Abs. 1 Nr. 1 lit. b) beträgt 2,5% statt 5% des Nennbetrags,

---

[245] BGH WM 1997, 663 zu 3.
[246] Näher *Bülow* Recht der Kreditsicherheiten, Rn. 54 bis 56.
[247] Hierzu *Heider* BKR 2014, 277.

- die erheblich erweiterte Kreditwürdigkeitsprüfung im Vergleich zu den Vorgängerregelungen §§ 509 BGB aF, 18 Abs. 2 KWG aF ist nach Maßgabe von § 505b Abs. 2, § 505c, § 18a KWG nochmals qualifiziert,
- erfasst ist die unentgeltliche grundpfand- resp. reallastbesicherte Stundung einer Forderung (§ 506 Abs. 1 Satz 3 , → § 506 Rn. 63d, 63e),
- Beratungsleistungen sind dem besonderen Reglement nach § 511 BGB, Art. 247 § 18 EGBGB unterstellt,
- Entsprechendes gilt für die Kreditvermittlung gem. § 655a Abs. 3; besondere Mitteilungspflichten bestimmt Art. 247 § 13b EGBGB und
- hinzu kommt die Regelung von § 357a Abs. 3 Satz 2 über die Abwicklung nach Widerruf (→ § 495 Rn. 224) und von § 358 Abs. 3 Satz 3 über erhöhte Anforderungen an den Verbundtatbestand (→ § 495 Rn. 289 ff.).

f) Tatbestandsvoraussetzungen des Immobiliar-Kreditvertrags im Einzelnen. Das Tatbestandsmerkmal des **Eigentums** am Grundstück nach § 491 Abs. 3 Nr. 2 erfasst Allein- und Miteigentum sowie **Wohnungseigentum.** Als grundstücksgleiches Recht kommt insbesondere das **Erbbaurecht** in Betracht, aber auch fortbestehendes Gebäudeeigentum nach Maßgabe von Art. 231 § 5 Abs. 1 Satz 1, Art. 233 § 2 Abs. 1, 4 Abs. 1 EGBGB.[248] Rechte an Gebäuden jenseits des wesentlichen Betandteils eines Grunstücks nach § 94 Abs. 1 BGB, die das finanzierende Darlehen zum Immobiliardarlehen machen, können an **Fertighäusern** bestehen, die nicht oder noch nicht mit einem Grundstück verbunden sind, beispielsweise dann, wenn das dazugehörende Grundstück vom Verbraucher noch gesucht wird. Sofern der Verbraucher plant, das Fertighaus zu vorübergehenden Zweck als Scheinbestandteil mit einem Grundstück iSv § 95 Abs. 1 BGB zu verbinden, ist das Darlehen ebenso Immobiliardarlehen. Nicht Voraussetzung für den Tatbestand von § 491 Abs. 3 Nr. 2 ist, dass der geplante Erwerb tatsächlich stattfindet, gar bereits in die Wege geleitet wäre, vielmehr genügt es, den geplanten Erwerb resp. die Erhaltung (→ Rn. 96c) zu finanzieren. Dieser Zweck ist das Motiv des Vertragsabschlusses und braucht nicht in den Vertragstext aufgenommen zu werden; er muss **dem Kreditgeber bekannt** sein, um zB dessen Pflicht zur Verwendung des ESIS-Merkblatts nach Anlage 6, Art. 247 § 1 Abs. 2 EGBGB auszulösen. **Grundpfandrechte** nach § 491 Abs. 3 Nr. 1 sind Hypothek und Grundschuld sowie Rentenschuld nach § 1199 BGB, die in der Praxis aber kaum vorkommt und der Reallast weicht (→ Rn. 96i).

g) Insbesondere: Reallast. Zum harmonisierten Bereich der Wohn- 96i immoRil gehören gem. Art. 3 Abs. 1 lit. a auch Kreditverträge, die durch ein Recht an Wohnimmobilien besichert sind. Ein solches Recht ist die Reallast nach § 1105 BGB. Sie ist die dingliche Belastung eines Grundstücks mit dem Inhalt, dass an den Berechtigten wiederkehrende Leistungen aus dem Grundstück zu entrichten sind, was bedeutet, dass der Berechtigte die Leistungen notfalls im Wege der Immobiliarzwangsvollstreckung (§§ 864 ff. ZPO, 1107, 1147 BGB) durchsetzen kann.[249] Rechtlicher Grund der dinglichen Belastung (§ 812 BGB) kann jedes wirksame und erlaubte obligatorische Geschäft sein, nicht nur Altenteils- (vgl. Art. 96 EGBGB) oder Leibrentenverträge (§ 759 BGB), sondern auch Sicherungsverträge, mit denen Forderungen auf Darlehensrückzahlung ge-

---

[248] BT-Drucks. 18/5922 (RegE), S. 81.
[249] *Baur/Stürner*, Sachenrecht, 18. Aufl. 2009, § 35 Rn. 6.

§ 491   96i   1. Teil. Darlehen und Finanzhilfen

sichert werden sollen. Ist Sicherungsgeber ein Verbraucher und Sicherungsnehmer ein Unternehmer, insbesondere ein Kreditinstitut, ist der Darlehensvertrag ein Immobiliar-Verbraucherdarlehensvertrag nach § 491 Abs. 3 Nr. 1 und die Reallast zur Sicherung von Ratenkrediten geeignet. Die Reallast ist ein nichtakzessorisches, beschränktes dingliches Recht am Grundstück, welches nicht dem Darlehensnehmer zu gehören braucht (Interzession). Für die Reallast als solche, die gem. § 873 BGB durch dingliche Einigung und Eintragung im Grundbuch als Buchrecht entsteht, haftet das Grundstück (sog. Stammrecht) und nur dieses, nicht aber das sonstige Vermögen des Grundstückseigentümers. Diese Haftung kommt nur im Falle der Ablösung (siehe Art. 113 Satz 1 EGBGB – Landesrecht, zB Schleswig-Holsteinisches Gesetz betreffend die Ablösung der Reallasten) und bei Erlöschen durch Zuschlag gem. § 92 ZVG in Betracht.[250] Zu unterscheiden ist die Haftung von derjenigen für die einzelnen, fälligen Leistungen aus der Reallast nach § 1108 Abs. 1 BGB. Hierfür haftet der Eigentümer – anders als der mit einer Rentenschuld belastete Eigentümer – persönlich mit seinem gesamten Vermögen, wobei gem. § 1107 BGB die Hypothekenvorschriften für die Zinsen entsprechend anwendbar sind, zB § 1159 BGB (Abtretung nach § 398 BGB). Auch hierbei handelt es sich um eine dingliche Haftung des jeweiligen Eigentümers, die neben die schuldrechtliche aus dem Darlehensvertrag nach § 488 Abs. 1 Satz 2 tritt. § 1108 BGB hindert den Grundstückserwerb eines Minderjährigen gem. § 107 BGB.[251] Die Haftung nach § 1108 BGB richtet sich auch gegen einen Erwerber des Grundstücks, wenn die Einzelleistungen während des Zeitraums entstanden sind, in dem der Veräußerer Eigentümer gewesen war.[252] Alter und neuer Eigentümer haften als Gesamtschuldner.[253] Für die obligatorischen Ansprüche aus dem Darlehensvertrag haftet nur der Verbraucher, unbeschränkt mit seinem gesamten Vermögen, und gegebenenfalls haften dafür bestellte Sicherheiten, zB ein Bürge. Die Reallast kann durch Einigung nach § 873 BGB und Eintragung im Grundbuch übertragen werden, sodass der Erwerber neuer Gläubiger wird (vgl. §§ 493 Abs. 6, 496 Abs. 2). Sofern dem Grundstückseigentümer aus dem Sicherungsvertrag mit dem Zedenten (der Bank) Einreden zustehen (zB Stundung), liegt die **analoge Anwendung von § 1192 Abs. 1a BGB** nahe, sodass der neue Gläubiger gebunden bliebe, ein gutgläubig-einredefreier Erwerb iSv § 1157 Satz 2 BGB also ausgeschlossen wäre.[254] Wegen der wirtschaftlichen Austauschbarkeit von Sicherungs-Reallast und Rentenschuld einerseits (→ Rn. 96h) und der völligen Nichtbeachtung der Reallast in der Gesetzesbegründung zu § 1192 Abs. 1a BGB (RisikobegrenzungsG) andererseits sind gleiche Interessenlage und Gesetzeslücke als Grundvoraussetzungen der Analogie gegeben.[255]

---

[250] Die Reallast erlischt durch Ablösung, anders als die Rentenschuld gemäß § 1200 Abs. 2 BGB, die zur Eigentümergrundschuld wird, Anw- (NK-)Komm./*Reetz,* § 1105 BGB Rn. 17, und bei der die Ablösesumme – anders als bei der Reallast – gemäß § 1199 Abs. 2 bestimmt werden muss, BGH WM 1970, 92 zu II.1.; Verfall- und Ablöseklauseln dürften nicht dinglicher Inhalt der Reallast sein können, Palandt/*Bassenge,* § 1105 BGB Rn. 5.
[251] *Stürner,* AcP 173 (1973), 402 (430).
[252] BGH NJW 1990, 2380 zu 2.
[253] Anw-(NK-)Komm./*Reetz,* § 1105 BGB Rn. 69.
[254] *Bülow,* Kreditsicherheiten, Rn. 306a ff.
[255] AA OLG Frankfurt NJOZ 2013, 1402.

h) Insbesondere: Stundung einer bestehenden Forderung als Immo- 96j
biliarkredit (§ 506 Abs. 1 Satz 3). Ist das Immobiliardarlehen ganz oder teilweise gem. § 488 Abs. 1 Satz 2 zur Rückzahlung fällig, kann eine Stundung, eine Prolongation angezeigt sein. Im Allgemeinen begründet eine solche Stundung keinen Kreditvertrag, wenn sie unentgeltlich ist (→ Rn. 142, 97). Anderes gilt gem. Art. 3 Abs. 2 lit. f WohnimmoRil für grundpfand- oder reallastbesicherte Kreditverträge, bei denen die unentgeltliche Stundung in den Anwendungsbereich der Richtlinie fällt, also selbst einen Kreditvertrag darstellt. Die Umsetzung dieser Richtlinienvorgabe für den Fall der Besicherung liegt gem. § 506 Abs. 1 Satz 3 darin, dass die Entgeltlichkeit fingiert wird; näher → § 506 Rn. 63d.

2. Entgeltlichkeit

a) Ausgangspunkt. Elementare Voraussetzung der Anwendung von Verbrau- 97
cherkreditrecht ist die Entgeltlichkeit des Kredits.[256] Sie liegt bei einem Darlehen in der Verzinslichkeit, gleichermaßen in sonstigen, für die Kapitalnutzung aufzubringenden Gegenleistungen des Verbrauchers, zB sog. Antrags- oder Bearbeitungsgebühren und andere Einmalkosten oder auch einem Disagio (Damnum, → § 492 Rn. 106; zur AGB-rechtlichen Bewertung → § 492 Rn. 165). Aufgrund der Entgeltlichkeit ist der Verbraucherdarlehensvertrag ein gegenseitiger Vertrag iSv § 320 BGB und nicht Realvertrag, der erst durch die Hingabe der Valuta zustande käme.[257] Auf die Marktüblichkeit kommt es für die Entgeltlichkeit und damit für den Begriff des Verbraucherdarlehensvertrags nicht an,[258] wohl aber für die Ausnahmetatbestände von § 491 Abs. 2 Satz 2 Nr. 4 und 5 (→ Rn. 174, 180). Zum Begriff des Entgelts führen **nicht die unmittelbar mit der Besicherung (§ 491 Abs. 3 Nr. 1) verbundenen Kosten**, zB Gebühren des Grundbuchamts (Art. 3 Abs. 2 lit. c WohnimmoRil). Auf der anderen Seite wird die unentgeltliche Stundung einer Forderung als entgeltlich fingiert, wenn sie grundpfandrechtlich besichert ist (Art. 3 Abs. 2 lit. f WohnimmoRil, § 506 Abs. 1 Satz 3 → Rn. 96i), da der Verbraucher als Kreditnehmer auch in diesem Fall als schutzbedürftig erscheint.[259]

b) Insbesondere: Null-Prozent-Finanzierung (§§ 514, 515). Im Vertrieb 97a
von Waren und Dienstleistungen kommt es vor, dass dem Verbraucher eine Null-Prozent-Finanzierung angeboten wird,[260] durch die der Kaufpreis resp. Dienstlohn durch das Darlehen einer Bank finanziert wird und der Nettodarlehensbetrag, den der Verbraucher gem. § 488 Abs. 1 Satz 2 zurückzuzahlen hat, genau dem zwischen Verbraucher und Unternehmer vereinbarten Preis entspricht. Im Darlehensverhältnis zwischen Verbraucher und Bank wird demgemäß kein Entgelt durch den Verbraucher geschuldet. Diese Vertragskonstruktion hat zur Folge, dass der Darlehensvertrag für den Verbraucher unentgeltlich und folglich Verbraucherdarlehensrecht nicht anwendbar ist, sondern Gegenstand der Sonderre-

---
[256] Schulze/Schulte-Nölke/*Bülow*, Schuldrechtsreform, S. 153 (157).
[257] *Schnauder* WM 2014, 783 (785).
[258] MüKoBGB/*Schürnbrand* § 491 BGB Rn. 37.
[259] RegE S. 93.
[260] Hierbei in wettbewerbsrechtlicher Sicht gem. § 5a Abs. 3 Nr. 2 UWG Pflicht zur Angabe der finanzierenden Bank und ihrer Anschrift nach OLG Düsseldorf GRUR-RR 2015, 347.

gelungen von §§ 514, 515 ist, die sich außerhalb der harmonisierten Bereiche von VerbrKrRil und WohnimmoRil befinden (→ § 514 Rn. 2, 6). Anwendbar ist das Verbundreglement aus §§ 358, 359: Bei Mängeln der verkauften Sache hat der Verbraucher den Einwendungsdurchgriff im Verhältnis zum Darlehensrückzahlungsanspruch (→ § 495 Rn. 312).[261] Die Widerufserstreckung nach § 358 Abs. 1 findet auch bei Finanzierung durch unentgeltlichen Darlehensvertrag statt, die Widerrufserstreckung nach § 358 Abs. 2 bezieht sich auch auf einen unentgeltlichen Darlehensvertrag nach § 514 (→ § 495 Rn. 332a).

3. Gelddarlehen

98 Verträge über Gelddarlehen kennzeichnen sich dadurch, dass der Darlehensgeber dem Darlehensnehmer die **Nutzung von Kapital** in der Weise zu ermöglichen verspricht, dass er ihm die Valuta zur Verfügung stellt. Dies ist auch dann der Fall, wenn die Valuta vereinbarungsgemäß an einen **Dritten** fließt (näher → § 494 Rn. 56).[262] Dem Darlehensbegriff nach § 488 liegt demgemäß die Konstruktion des Konsensualvertrags als reinem Verpflichtungsgeschäft und nicht diejenige des Realvertrags zugrunde, der erst durch die Hingabe der Valuta wirksam zustande kommt.[263] Die **Beweislast** für die Hingabe des Darlehens als anspruchsbegründender Voraussetzung des Rückerstattungsanspruchs nach § 488 Abs. 1 Satz 2 trägt der Darlehensgeber (im Übrigen → Rn. 106).[264]

98a Eine **Höchstgrenze** von 75 000 €, wie sie Art. 2 Abs. 2 lit. c VerbrKrRil festlegt (→ Rn. 1), sieht das deutsche Recht nicht vor.[265] Der Begriff des Verbraucherdarlehensvertrags ist also auch dann erfüllt, wenn der Gesamtkreditbetrag über 75 000 € liegt. Solche Darlehensverträge liegen außerhalb des harmonisierten Bereichs der VerbrKrRil (→ Einf. Rn. 32), sodass insoweit keine Bindung der Mitgliedstaaten besteht. Auf der anderen Seite ist dadurch bereits Art. 2 Abs. 2a VerbrKrRil umgesetzt (→ Rn. 1), wo die Höchstgrenze für Renovierungsdarlehen aufgehoben ist.

99 Gelddarlehen in Gestalt eines Verbraucherdarlehens oder eines Darlehens nach § 491 Abs. 2 (→ Rn. 149 aE) ist auch der im Verbund mit einem Lieferungs- oder Dienstleistungsvertrag abgeschlossene Darlehensvertrag nach § 358 BGB, der zu weitergehenden Rechtsfolgen (Widerrufserstreckung, Einwendungsdurchgriff) als im isolierten Fall führt.

100 Ein Verbraucherdarlehensvertrag kann auch auf dem Wege eines **Vereinbarungsdarlehens** entstehen. Unberührt von der ersatzlosen Streichung von § 607 Abs. 2 BGB aF durch die Schuldrechtsreform steht es den Parteien kraft Privatautonomie frei,[266] dass aus anderem Grunde geschuldetes Geld durch Vereinba-

---

[261] BGH NJW 2014, 3719 = WM 2014, 2091 Rn. 10 mit Rez. *Gerd Müller* WM 2015, 697, Anm. *Bülow* WuB 2015, 7 und Komm. *Wolters* EWiR 2014, 733. Unlauterkeitsrechtlich bestehen die sich aus § 5a Abs. 2 und 3 UWG ergebenden Informationspflichten, OLG Düsseldorf WRP 2015, 899 Rn. 21 ff.
[262] In der Insolvenz des Darlehensnehmers gehört dessen dementsprechender Anspruch zur Masse, BGH v. 17.3.2011 – IX ZR 166/08, NJW-RR 2011, 988.
[263] Hierzu *Mülbert* AcP 192 (1992), 447 (504); MüKoBGB/*K. P. Berger* vor § 488 BGB Rn. 15; *Coester-Waltjen* Jura 2002, 675.
[264] BGHZ 147, 203 = BGH NJW 2001, 1035; LG Bayreuth NJW-RR 2002, 1423; *Bülow* in Baumgärtel/Laumen/Prütting, Handbuch der Beweislast, § 488 BGB Rn. 11.
[265] BT-Drucks. 16/11643, S. 120.
[266] AnwKomm/*Reiff* § 488 BGB Rn. 3; *Mülbert* WM 2002, 465 (468).

Verbraucherdarlehensverträge   101 § 491

rung nunmehr als Darlehen geschuldet werden soll. Die Umwandlungsvereinbarung kann **Schuldabänderung** sein (die frühere Schuld bleibt bestehen und wird nur inhaltlich modifiziert), **kausale oder abstrakte**[267] **Schuldumschaffung**, was durch Auslegung festzustellen sein kann.[268] In allen Fällen wird ein Darlehensvertrag begründet, sodass die verbraucherkreditrechtliche Form nach § 492 – auch im Fall der abstrakten Schuldumschaffung[269] – einzuhalten ist.

4. Gestaltungsformen des Darlehens

Unter Gelddarlehen sind namentlich **Ratendarlehen** (gleichbleibende Anteile von Kapital und Zinsen in jeder Rate[270]) sowie **Annuitätendarlehen** (veränderliche Anteile nach Maßgabe von § 367 Abs. 1 BGB, meist grundpfandbesicherte Darlehen) und solche zu verstehen, bei denen das Darlehen in einem einzigen Betrag zurückzuzahlen ist **(Festkredite)** einschließlich ihrer Prolongation (→ Rn. 142). Ein Festkredit kann so ausgestaltet sein, dass die Valuta durch eine sog. Ballon- oder Blockrate zurückzuführen sind, zB aus einer erwarteten Steuerrückerstattung oder Abfindung nach Beendigung der Wehrdienstzeit[271] oder durch die Leistung des Versicherers aus einer Kapitallebensversicherung. Auf eine solche Kopplung von Darlehen und **Kapitallebensversicherung**[272] – auch in Kombination mit einem Hypothekarkredit (Lebensversicherungshypothek[273]) – ist Verbraucherkreditrecht anwendbar, wobei es zu den Pflichtangaben gehört, die Summe aller Versicherungsprämien in den Gesamtbetrag nach § 492 Abs. 1, Art. 247 § 3 Abs. 2 Satz 1 EGBGB einzubeziehen (→ § 492 Rn. 108), nicht jedoch, wenn der Verbraucher an den Versicherer eine Einmalprämie zu leisten hat.[274] Zu den Geldkrediten gehören **Überziehungskredite** mit Sonderregelungen in §§ 504, 505 und Kontokorrentkredite, Dispositions-, Vario-, Scheckrahmen- und Idealkredite, bei denen der Kreditnehmer den Umfang des Kredits je nach Vertragsgestaltung mehr oder weniger selbst bestimmen kann.[275] Das **Forward-Darlehen** kenn-

101

---

[267] MüKoBGB/*Berger* § 488 BGB Rn. 22.
[268] RGZ 119, 21 (24); BGHZ 28, 164 (166f.) = NJW 1958, 2111; BGH WM 1972, 384 (386); NJW 1979, 426 (427); 1986, 2571.
[269] AA MüKoBGB/*Schürnbrand* § 491 BGB Rn. 41, weil typischerweise nicht Kreditzwecken dienend; aber es kommt darauf an, ob ein Darlehensvertrag begründet wird, wie hier *Münstermann/Hannes* § 1 VerbrKrG Rn. 68.
[270] BGHZ 91, 55 (58) = NJW 1984, 2161; *Bülow* Konsumentenkredit, Rn. 155 mwN.
[271] BGH NJW 1989, 829 mit Komm. *Reifner* EWiR § 138 BGB 5/89, 535; s. auch OLG Saarbrücken NJW-RR 2012, 742; *Bülow* Konsumentenkredit, Rn. 207; *Heise* Verbraucherkredit und Geschäftskredit, Rn. 199 ff.
[272] BGHZ 149, 302 = NJW 2002, 957 mit Anm. *Balzer* WuB I E 2.–2.02; NJW 1989, 1667 mit Komm. *Reifner* EWIR § 242 BGB 2/89, 449; OLG Karlsruhe WM 2001, 1561 mit Komm. *Mues* EWIR § 609 BGB 1/01, 311 und Anm. *Wulff* WuB I E 3.–4.01; NJW 2003, 2322 mit Komm. *F. Wagner* EWIR § 280 BGB 4/03, 899 und Anm. *van Gelder* WuB I E 1.–1. und 2.04; *Wagner-Wieduwilt*, Die Bank 1990, 29 (32); *Hennrichs* JuS 2002, 975; Aufklärungspflichten der Bank nur, wenn sie die Kopplung selbst vorschlägt, BGHZ 111, 117 (120) = WM 1990, 918; NJW 2003, 2529 zu II. 2.b.; NJW 2004, 154 mit Anm. *Bülow* WuB I E 2.–1.04.
[273] *Reifner* ZBB 1999, 349 (350) sowie VuR 2002, 367, dazu Empfehlung der EG-Kommission über Informationspflichten vom 1.3.2001, ZIP 2001, 135.
[274] BGH WM 2008, 681 Tz. 17.
[275] BGH NJW 1991, 832 mit Komm. *Taupitz* EWiR § 138 BGB 1/91, 225 und Bspr. *Emmerich* JuS 1991, 421; OLG Hamm NJW-RR 1988, 937 mit Komm. *Kilimann* EWiR § 138 BGB 9/88, 231; LG Hannover NJW-RR 1988, 625; *Bülow* Konsumentenkredit,

§ 491 102   1. Teil. Darlehen und Finanzhilfen

zeichnet sich durch einen späteren Zeitpunkt der Auszahlung; dadurch können gegenwärtig bestehende günstige Marktzinskonditionen ausgeschöpft werden.[276] Beim **Bauspardarlehen** geht ein Bausparvertrag voraus, durch den die Pflicht zur Einlagenleistung des bausparwilligen Verbrauchers und zugleich der Anspruch auf spätere Zuteilung des Bauspardarlehens begründet wird. Dieser Bauspardarlehensvertrag unterliegt den verbraucherdarlehensrechtlichen Maßgaben in Gestalt eines **Immobiliar-Verbraucherdarlehensvertrags** (→ Rn. 96b), unter anderem mit den typischerweise erhöhten Anforderungen an den Verbundtatbestand nach § 358 Abs. 3 Satz 3. Umstritten ist, ob auch der vorangehende Bausparvertrag als Verbraucherdarlehensvertrag anzusehen ist.[277] Das kann natürlich nicht im Hinblick auf den einlagebezogenen Teil gelten, wohl aber im Hinblick auf den zukünftig nach Zuteilung abzuschließenden Darlehensvertrag, über dessen Konditionen, zB den effektiven Jahreszins, der Verbraucher der Information in verbraucherkreditrechtlicher Form nach § 492 Abs. 2, Art. 247 § 1 Abs. 2 (vorbehaltlich Satz 4) EGBGB und des ESIS-Merkblatts zu 4. bedarf. Verbraucherdarlehensrecht ist anwendbar auf **Arbeitgeberdarlehen** zu marktüblichen Zinsen (Abs. 2 Nr. 4, Abs. 3 Satz 3 → Rn. 168); das nach §§ 115, 118 GewO aF früher geltende Verbot, seinen Arbeitnehmern Waren auf Kredit zu verkaufen, sog. Truckverbot,[278] gibt es nicht mehr. Dem Darlehensbegriff entsprechen der wechselrechtliche **Akzeptkredit**, der **Diskontkredit**,[279] der private Kredit gegen Verpfändung von Wertpapieren **(Lombardkredit)**, die im unechten Factoring liegende Darlehensgewährung, welche sich freilich kaum im privaten Bereich abspielt.[280] Dagegen bedeutet **Forfaitierung** Forderungskauf (§ 453 BGB) ohne Rückbelastungsmöglichkeit des Käufers; die Rechtsmängelhaftung des Verbrauchers aus § 435 BGB hat keinen Kapitalnutzungscharakter,[281] macht das Geschäft also nicht zum Darlehen. Im Übrigen kommt auch die Forfaitierung wohl nur im gewerblichen Verkehr vor. Wie sich der Darlehensgeber refinanziert, ist für die Anwendung von Verbraucherdarlehensrecht im Verhältnis zum Darlehensnehmer ohne Belang, sodass **Eurokredite** (Anbindung an Referenzzinssatz im Inter-Banken-Markt[282]) zugleich Verbraucherkredite sein können.[283]

102   Auf der anderen Seite scheitert die Anwendung des Gesetzes für ein **Mieterdarlehen** aus dem Grunde am persönlichen Anwendungsbereich, als der Mieter mangels gewerblicher Tätigkeit im Allgemeinen nicht die Qualifikation eines unternehmerischen Darlehensgebers erfüllt.[284] Ein **eigenkapitalersetzendes Gesellschafterdarlehen** (§ 39 Abs. 1 Nr. 5 InsO, früher §§ 30, 32a GmbHG)

Rn. 46, 47; *Wahl* VuR 1987, 241; *Tobias*, Der Konsumentenratenkredit im Kontokorrentverhältnis, S. 67 ff.; *Seibert* DB 1991, 429.

[276] *Peters/Wehrt* WM 2003, 1509.
[277] Abl. MüKoBGB/*Schürnbrand* § 491 BGB Rn. 49.
[278] BVerfG NJW 1992, 2143; *Münstermann/Hannes* § 1 VerbrKrG Rn. 65.
[279] Darlehenscharakter wegen des Rückbelastungsrechts der Bank gem. Nr. 15 AGB-Banken, *Bülow* WG, ScheckG, Art. 11 WG Rn. 29, Nr. 25 AGB-Sparkassen Rn. 4.
[280] BGHZ 82, 50 (61); *Bülow* Kreditsicherheiten, Rn. 1687; *Kayser* BuB, Rn. 13/42.
[281] Dagegen *v. Westphalen/Emmerich/v. Rottenburg* § 1 VerbrKrG Rn. 118, insoweit auch MüKoBGB/*Schürnbrand* § 506 BGB Rn. 32: Darlehensvertrag, soweit kreditvertragliche Elemente überwiegen.
[282] MüKoBGB/*K. P. Berger* § 488 BGB Rn. 171.
[283] MüKoBGB/*Schürnbrand* § 491 BGB Rn. 52.
[284] Das scheint *v. Westphalen*/Emmerich/v.Rottenburg § 1 VerbrKrG Rn. 137 zu übersehen.

hat in Wahrheit gesellschaftsvertraglichen Einlagencharakter (→ § 506 Rn. 23) und fällt schon deshalb nicht in den sachlichen Anwendungsbereich von Verbraucherdarlehensrecht. Andere Gesellschafterdarlehen werden nicht einer natürlichen Person, sondern einer GmbH oder Aktiengesellschaft gewährt, so dass es an der Verbrauchereigenschaft des Darlehensnehmers fehlt.[285] Gleiches gilt für die Problematik von Darlehen einer abhängigen Gesellschaft an ihren Aktionär im Aktienkonzern (sog. „upstream-Darlehen") als möglicherweise nachteiliges Geschäft isv § 311 AktG.[286]

5. Kreditkarten

Die Kapitalnutzung kann durch den Einsatz von Kreditkarten erreicht werden,[287] wenn das Kreditkartenunternehmen dem Verbraucher einen Kreditrahmen einräumt, den er durch den Einsatz der Karte beliebig ausschöpfen kann (sog. revolvierender Kredit[288]), wobei der Anwendung von Verbraucherkreditrecht freilich die Bagatellgrenze von Abs. 2 Nr. 1 (→ Rn. 158), die Dreimonategrenze nach Abs. 2 Nr. 3 (→ Rn. 165) und die gewerblich/freiberufliche Verwendung[289] entgegenstehen können. Kundenkarten zum Warenbezug können dagegen Finanzierungshilfen nach § 506 Abs. 1 sein (→ § 506 Rn. 63). Bei Abrechnung von Kreditkarten über Girokonten greift das Formprivileg aus § 504 nicht ein, sondern es bleibt bei den Formanforderungen nach § 492 (näher → § 504 Rn. 11).[290] Der Tatbestand des Darlehensvertrags ist dadurch erfüllt, dass dem Verbraucher mit jeder Kartennutzung der jeweilige Geldbetrag zur Verfügung gestellt wird, der an einen Dritten, nämlich das Vertragsunternehmen, fließt. Umstritten ist freilich, ob das Tatbestandsmerkmal der Entgeltlichkeit erfüllt ist (→ Rn. 97). Richtigerweise ist anzunehmen, dass die Entgeltlichkeit eines Kreditkartendarlehens in den Gebühren des Kreditkartenunternehmers liegt, die nicht nur seine Geschäftsbesorgung abdecken, sondern auch die hinausgeschobene Fälligkeit des aus dem Geschäftsbesorgungsverhältnis fließenden Aufwendungsersatzanspruchs gegenüber dem Verbraucher (§ 670 BGB) im Abrechnungszeitpunkt; für das Tatbestandsmerkmal der Entgeltlichkeit kommt es nicht darauf an, in welchem Verhältnis die Gebühren auf die Geschäftsbesorgung einerseits und die Kapitalnutzung andererseits verteilt werden, sondern auf die Entgeltlichkeit schlechthin.[291] Für die Anwendbarkeit von Verbraucherkredit-

---

[285] Auch dies scheint *v. Westphalen*/Emmerich/v.Rottenburg § 1 VerbrKrG Rn. 119 zu übersehen.
[286] BGH NJW 2009, 850 – MPS.
[287] *Metz* NJW 1991, 2804 (2811); *Etzkorn*, Die Bank 1993, 28; nicht nur für die Geschäftsbesorgung des Kreditkartenunternehmens, sondern auch für die hinausgeschobene Fälligkeit des Aufwendungsersatzanspruchs gegenüber dem Verbraucher (§ 670) im Abrechnungszeitpunkt.
[288] Staudinger/*Kessal-Wulf* § 506 BGB Rn. 22.
[289] *v Usslar/v. Morgen* Kreditkarten-Praxis, S. 73 ff.; *Pfeiffer* Kreditkartenvertrag, Rn. 42; *Streit* Kartenzahlung und Verbraucherverschuldung, S. 204; LG Rottweil NJW-RR 1994, 265 mit Anm. *Oechsler* WuB I E 2c.-4.94; ob es sich um eine Firmenkreditkarte handelt, braucht dafür nicht den Ausschlag zu geben, da es nur auf die private Verwendung ankommt, entgegen *Seibert* DB 1991, 429 (430).
[290] *Streit,* Kartenzahlung und Verbraucherverschuldung, S. 285; *Heerstraßen* FS Merle, S. 167 (170).
[291] *Metz* NJW 1991, 2804 (2811); *Streit* Kartenzahlung, S. 289; *Kienholz* Zahlung mit Kreditkarte, S. 131; aA *Seibert* DB 1991, 429 zu I. 1.; MüKoBGB/*Schürnbrand* § 499 BGB

§ 491   104–106   1. Teil. Darlehen und Finanzhilfen

recht spielt es auch keine Rolle, ob die Entgeltbestimmung des Kreditkartenunternehmens der Wirksamkeitskontrolle des AGB-Rechts standhält.[292]

6. Krediteröffnungsvertrag

104 Der Krediteröffnungsvertrag ist ein Rahmenvertrag, durch den sich der Darlehensgeber verpflichtet, dem Verbraucher zu den vereinbarten Bedingungen, insbesondere bis zum Kreditlimit, nach Abruf durch den Verbraucher das Darlehen zur Verfügung zu stellen.[293] Sofern dafür wie üblich Bereitstellungsprovision zu leisten ist, verspricht der Darlehensgeber die Darlehensgewährung gegen Entgelt, sodass es sich um einen Verbraucherdarlehensvertrag handelt (aber nicht um einen Überziehungskredit iSv § 504). Wenn nach dem Inhalt des Krediteröffnungsvertrags mit jedem Abruf ein neuer Darlehensvertrag zustande kommt, ist dieser seinerseits Verbraucherdarlehensvertrag und bedarf jedesmal der Form aus § 492. Ist es aber, wie im Falle des Kreditkartenvertrags (→ Rn. 103), Inhalt des Krediteröffnungsvertrags, dass es für die Inanspruchnahme des Darlehens nur noch des einseitigen Abrufs durch den Verbraucher bedarf, kommt kein erneuter Verbraucherdarlehensvertrag zustande.[294]

7. Keine Anwendung auf Sachdarlehen

105 Sachdarlehen sind, auch soweit der Verbraucher ein Entgelt schuldet (→ Rn. 97) – gleichgültig, wann es fällig ist – nicht mehr von Verbraucherkreditrecht erfasst, auch nicht zB Wertpapierdarlehen (Zurückerstattung von Aktien gleicher Art und Menge);[295] das Gesetz beschränkt sich auf Gelddarlehen.

8. Beweislast

106 Der Darlehensgeber, der Tilgung des Darlehens verlangt, trägt die objektive Beweislast dafür, dass der Darlehensvertrag wirksam abgeschlossen und die Valuta vertragsgemäß, zB an einen Dritten, ausgekehrt worden war.[296] Wer sich auf ver-

---

Rn. 18; *Koeppen* FLF 1992, 86 (87); *Pense* Kreditkartenbedingungen, S. 92; *Oechsler* WM 2000, 1613 (1621); zu einzelnen Kosten und Gebühren OLG Hamburg NJW 1991, 2841; LG Frankfurt/Main NJW 1991, 2842 (Cash-Gebühren), abl. dazu *Etzkorn* WM 1991, 1901 (1905); Kartellrechtliche Aspekte: *Oechsler* ZHR 156 (1992), 330; *Horn* ZHR 157 (1993), 324; *Hönn* ZBB 1991, 6; Lauterkeitsrecht: OLG München NJW-RR 1993, 624; OLG Hamm GRUR 1991, 856; KG NJW-RR 1992, 1194; WRP 1992, 649; Bargeldauszahlung für Eurochecks und Zugabe nach altem Recht: BGH NJW 1994, 388 (ja), KG WRP 1992, 108 (nein) sowie *Oechsler* WM 1993, 1945 (1946) f.; Rabattrecht nach alter Rechtslage: OLG Frankfurt WRP 1993, 330 mit Komm. *Knöpfle* EWiR § 1 RabattG 2/93, 605; NJW-RR 1993, 424 mit Komm. *Huff* EWiR § 1 RabattG 1/94, 87; OLG Stuttgart NJW-RR 1993, 424.
[292] Dazu AG Frankfurt am Main NJW-RR 1993, 1136.
[293] Staudinger/*Hopt/Mülbert* vor § 607 BGB Rn. 238, 259; *Canaris* Bankvertragsrecht, Rn. 1200.
[294] MüKoBGB/*Schürnbrand* § 491 BGB Rn. 39; ebenso für Kreditkartenvertrag *Pfeiffer* Rn. 44 (→ § 512 Rn. 21), dagegen aber *Streit*, Kartenzahlung und Verbraucherverschuldung, S. 300 ff.
[295] BGH WM 1963, 315; auch Übernahme einer Darlehensverbindlichkeit des Verkäufers, BGH WM 1993, 249 zu III. mit Anm. *Hönn* WuB IV C.–1.93; *Kümpel*, Bank- und Kapitalmarktrecht, Rn. 13.7 (S. 1789); *Mülbert* WM 2002, 465 (468).
[296] *Bülow* in Baumgärtel/Laumen/Prütting, Handbuch Beweislast, § 488 BGB Rn. 11; OLG Karlsruhe WM 2013, 843.

braucherdarlehensrechtliche Normen stützt, trägt für deren tatsächliche Voraussetzungen die Beweislast, typischerweise der Verbraucher als Darlehensnehmer. Hierzu gehört die Entgeltlichkeit des Darlehens, die sich aus der Vertragsurkunde ergibt. Wird die Urkunde aber von keiner der Parteien vorgelegt, obwohl die Formwahrung unstreitig ist, stellt die Verzinslichkeit gem. § 488 Abs. 2 den Regelfall dar,[297] sodass es der Darlehensgeber ist, der die Beweislast für Unentgeltlichkeit und Unverzinslichkeit trägt.[298] Zur Beweislast für die Ausnahmetatbestände → Rn. 157, zum persönlichen Anwendungsbereich → Rn. 59 ff.

III. Sicherungsgeschäfte, insbesondere Schuldbeitritt und Bürgschaft

In der umstrittenen Frage, ob Sicherungsgeschäfte, namentlich Bürgschaften, Kreditverträge darstellen oder doch die Vorschriften über Kreditverträge darauf analog anwendbar sind, hat der BGH einen gespaltenen Standpunkt eingenommen. Danach ist Verbraucherkreditrecht zwar auf einen Schuldbeitritt (→ Rn. 118), aber nicht auf eine Bürgschaft (→ Rn. 119) und nicht auf einen Sicherungsvertrag (→ Rn. 122) als obligatorischer Grundlage einer Realsicherheit (Sicherungsübereignung, Grundschuld) anwendbar. Richtigerweise ist eine unterschiedliche verbraucherkreditrechtliche Wertung aber nicht geboten. Als Folge dessen wäre allerdings daran zu denken, Verbraucherdarlehensrecht auch auf den Sicherungs-Schuldbeitritt nicht anzuwenden;[299] dem steht jedoch die Gesetzesgeschichte entgegen (→ Rn. 115). Auf der anderen Seite wendet der BGH zutreffenderweise Verbraucherdarlehensrecht auf den Sicherungs-Schuldbeitritt eines Verbrauchers auch dann an, wenn der Darlehensnehmer des zu sichernden Darlehens im Valutaverhältnis Unternehmer und nicht ebenfalls Verbraucher ist (Einzel- statt Gesamtbetrachtung, → Rn. 123). 107

In den ersten beiden Vorschlägen für die zweite Verbraucherkreditrichtlinie 2008/48/EG war vorgesehen gewesen (→ Einf. Rn. 5), Sicherungsgeschäfte in den sachlichen Anwendungsbereich einzubeziehen. Davon wurde später in der Richtlinie Abstand genommen, sodass Sicherungsgeschäfte nicht zum harmonisierten Bereich gehören und in den Rechtsordnungen der Mitgliedstaaten ohne Bindung an die Richtlinie verbraucherkreditrechtlichen Regelungen unterworfen werden können;[300] das gilt auch für Bürgschaft und Sicherungs-Schuldbeitritt als Außergeschäftsraum- oder Fernabsatzgeschäft, obwohl Vertragsinhalt nicht eine Leistung des Unternehmers an den Verbraucher ist (§ 312 Abs. 1 BGB), sondern umgekehrt eine Leistung des interzedierenden Verbrauchers an den Unternehmer (→ Rn. 110, 118). 108

1. Grundlagen

Das Problem wird nur virulent, wenn ein Dritter das Sicherungsgeschäft abschließt; sichert der Verbraucher selbst die gegen ihn gerichtete Forderung aus 109

---

[297] Vgl. für Darlehen im Allgemeinen OLG Oldenburg ZIP 2013, 1760.
[298] *Bülow*, Handbuch Beweislast, § 488 BGB Rn. 53; § 491 BGB Rn. 7.
[299] So *Schürnbrand* ZBB 2008, 383 (386); *Madaus*, Schuldbeitritt als Personalsicherheit, S. 167 ff., 184.
[300] *Bülow/Artz* WM 2005, 1153.

einem Kreditvertrag, zB durch eine Grundschuld, kann er seine auf den Kreditvertrag gerichtete Willenserklärung gem. §§ 495, 355 widerrufen, sodass die Grundschuld oder eine andere Realsicherheit zurückzugewähren ist.[301] Schließt aber ein Dritter das Sicherungsgeschäft ab – man spricht von **Interzession**[302] –, stellt sich die Frage, ob dieses Sicherungsgeschäft ein Kreditvertrag oder doch wie ein solcher zu behandeln ist, sodass namentlich ein Widerruf der auf den Abschluss des Sicherungsgeschäfts gerichteten Willenserklärung des Dritten, soweit er Verbraucher ist (→ Rn. 22), eröffnet wäre. Davon unberührt bleibt der Widerruf des zugrunde liegenden gesicherten Darlehensvertrages durch dessen Vertragspartei, einen Verbraucher als Hauptschuldner. Im Falle von Personalsicherheiten ist der Bürgschaftsvertrag, der Schuldbeitrittsvertrag, der Garantievertrag Gegenstand der Untersuchung. Im Falle von Realsicherheiten wie Grundpfandrechten (vgl. § 1143 BGB) oder der Sicherungstreuhand ist der dingliche Bestellungsakt, das Verfügungsgeschäft, nicht Kreditvertrag (→ § 506 Rn. 23), sondern allenfalls das den Rechtsgrund dafür bildende Verpflichtungsgeschäft, also der Sicherungsvertrag.[303] Scheitert das Sicherungsgeschäft, richtet sich der Bestand des zugrundeliegenden gesicherten Geschäfts, zB des Darlehensvertrags, nach der Vermutungsregel von § 139 BGB. Im Allgemeinen wird man wohl annehmen dürfen, dass das zugrundeliegende gesicherte Geschäft nach dem hypothetischen Willen der Parteien auch ohne das Sicherungsgeschäft zustande gekommen wäre, sodass es Bestand hat.

110 Eine Parallele findet die Problematik bei den Haustürgeschäften, wo nach kontroversen Entscheidungen des IX. Zivilsenats[304] (verneinend) und des XI. Zivilsenats[305] (bejahend) der EuGH auf Vorlage des IX. Senats[306] (Art. 267 AEUV, vormals 234 EGV) die Anwendbarkeit der Haustürgeschäfterichtlinie 85/577/EWG[307] als eine Vorgängerin der Verbraucherrechte-Richtlinie 2011/83/EU[308]

---

[301] *Bülow* Kreditsicherheiten, Rn. 69, 219, 1169.
[302] *Bülow* Kreditsicherheiten, Rn. 4.
[303] *Bülow* NJW 1996, 2889.
[304] BGHZ 113, 287 mit Anm. *Probst* JR 1992, 197; NJW 1991, 2905 mit abl. Anm. *Wassermann* JuS 1992, 908, Anm. *Medicus* EWiR § 1 HWiG 3/91, 693, *Pfeiffer* ZBB 1992, 1, *Bydlinski* WM 1992, 1301, *E. Wolff* WuB I F 1a.–15.91; *Gottwald* BB 1992, 1296.
[305] ZIP 2006, 363 mit. Rez. Zahn ZIP 2006, 1069; NJW 1993, 1594 mit Anm. *Schanbacher* DZWIR 1993, 337; *Thode* WuB I F 1a.–11.93 und *Medicus* EWiR § 1 HWiG 2/93, 791; NJW 1996, 55 mit Anm. *Wolf* LM Heft 2/1996 § 1 HWiG Nr. 18/19; *Schanbacher* WuB I F 3.–2.96 und *Huff* EWiR § 1 HWiG 3/95, 1107; NJW 1996, 191; OLG Düsseldorf NJW-RR 1991, 436; OLG Hamm WM 1995, 1872; KG WM 1996, 1279; OLG Köln NJW-RR 1994, 1538; unzutreffend OLG Köln BB 1996, 1524: Das HWiG sei nicht auf den Geschäftsführer einer GmbH anwendbar, → Rn. 67.
[306] NJW 1996, 930 mit Rezension *Baldus/Becker* ZEuP 1997, 875; offen NJW-RR 1997, 177.
[307] Vom 20.12.1985, ABlEG L 372, S. 31 vom 31.12.1985.
[308] Nach der Verbraucherrechte-Richtlinie hat sich das Problem erledigt, weil gem. Art. 2 Nr. 5, 6, in Vollzug durch § 312 Abs. 1 BGB, nur Verbraucherverträge (§ 310 Abs. 3 BGB) erfasst sind, die eine entgeltliche Leistung des Unternehmers zum Gegenstand haben, Sicherungsgeschäfte folglich außerhalb des harmonisierten Bereichs der Richtlinie liegen; das bedeutet zugleich, dass die Mitgliedstaaten Sicherungsgeschäfte einbeziehen dürfen (→ Einf. Rn. 32), *Bülow/Artz*, Verbraucherprivatrecht (Lehrbuch), Rn. 224, 326, und Raum für eine analoge Anwendung auf Sicherungsgeschäfte ist, da hinsichtlich dieser nach wie vor eine Lücke besteht, was *Lövenich* WM 2015, 113 (117), *Stackmann* NJW 2014, 2403 und *Kropf* WM 2015, 1699 übersehen; wie hier i. Erg. *Schürnbrand* WM 2014, 1157 (1161); *J. Hoffmann* ZIP 2015, 1365, auch *Schwab/Hromek* JZ

auf Bürgschaften für den Fall bejahte, dass sowohl Bürge wie Hauptschuldner Verbraucher sind (sog. Gesamtbetrachtung, → Rn. 123 sowie → § 495 Rn. 125, aber keine Anwendung der VerbrKrRil, → Rn. 122).[309] Diese Diskussion war durch das *Landgericht Kleve*[310] eröffnet worden, das sich auf eine Formulierung in den Erwägungsgründen der alten Haustürgeschäfterichtlinie stützte, wonach auch einseitige Verpflichtungserklärungen in den sachlichen Anwendungsbereich fallen. Infolgedessen sollen auch einseitig verpflichtende Verträge wie Bürgschaften oder Sicherungsverträge Haustürgeschäfte sein. Vielleicht hatten die Richtliniengeber mit „einseitigen Verpflichtungserklärungen" aber auch nur den noch nicht angenommenen Vertragsantrag iSv § 145 BGB gemeint (vgl. Art. 1 Abs. 4 Ril 85/577/EWG).[311] Jedenfalls enthält die Verbraucherkreditrichtlinie keine der alten Haustürgeschäfterichtlinie entsprechende Interpretationshilfe, lässt vielmehr Sicherungsverträge außerhalb ihres harmonisierten Bereichs zu.

Grundfall des Kreditvertrages, den die Verbraucherkreditrichtlinie als Obergriff für Darlehen und Finanzierungshilfe verwendet (→ Rn. 92), ist zweifellos der gegenseitige Vertrag, den das Gesetz mit dem Verbraucherdarlehensvertrag beispielhaft nennt und der mit dem Kaufvertrag Regelungsgegenstand des Abzahlungsgesetzes als Vorgängerregelung von Verbraucherkreditgesetz und von §§ 491 ff. war. Sicherungsgeschäfte sind dagegen keine Austauschverträge (→ § 506 Rn. 23), sondern unvollkommen zweiseitige resp. einseitig verpflichtende Verträge.[312] In der Krise des gesicherten Hauptvertrages, der meistens ein Austauschvertrag, zB ein verzinsliches Darlehen, ist, nimmt der Sicherungsgeber aber die Stelle des Hauptschuldners insoweit ein, als er mit seinem eigenen Vermögen oder doch mit dem Sicherungsgegenstand einsteht; der Kreditsicherungsvertrag baut auf dem gegenseitigen Vertrag auf, und die Frage ist, ob diese mittelbare Verbindung zum gesicherten Synallagma den Kreditsicherungsvertrag selbst zum Kreditvertrag macht oder zumindest eine analoge Anwendung geboten ist. Hierfür geben die jüngere Gesetzesgeschichte und die Rechtslage aus dem Abzahlungsgesetz Hinweise.

2015, 271 (274) und weitergehend *Patrick Meier* ZIP 2015, 1156 (1160), gleichermaßen *Maume* NJW 2016, 1041: Richtlinie erfasse alle Verbraucherverträge, die für den Verbraucher nicht allein rechtlich vorteilhaft sind, also auch Bürgschaften.
[309] EuGH NJW 1998, 1295 („Dietzinger"), insbesondere Tz. 19, 20 mit Rezensionen *Drexl* JZ 1998, 1046, *Reinicke/Tiedtke* ZIP 1998, 893, *Kröll* DZWIR 1998, 426, *P. Bydlinski/Klauninger* ZEuP 1998 und *Chr. Wolf* EWS 1998, 324, Anm. *U. Hoffmann* DZWIR 1998, 277, *Seidel* DB 1998, 671 und *Peters/Scharnewski* WuB IV D.-2.98 sowie Bspr. *Lubitz* JA 1998, 617; aA der *Generalanwalt* ZIP 1997, 627 mit Komm. *Pfeiffer* EWiR Art. 1 RL 85/877/EWG 1/97, 415; EuGH NJW 2000, 1323 – Berliner Kindl –; die Gesamtbetrachtung erklärt sich aus der Hinblick auf die Optionsklausel in Art. 8 der Haustürgeschäfterichtlinie engeren europarechtlichen Sichtweise mit ihrem weitgehenden Privatbezug, vgl. nachf. Rn. 124; *Bülow* GS *Wolf*, S. 3 (8), jetzt freilich in Frage gestellt durch Erwägungsgrund 17 zur VerbrRechteRil. („überwiegend") → Einf. Rn. 48; die Gesamtbetrachtung legt auch BAG NZA 2000, 940 mit Bspr. *Boemke* JuS 2001, 94 an.
[310] NJW 1993, 472 mit Rezension *Bunte* WM 1993, 877, *Beining* NJW 1994, 362, Anm. *Kappus* EuZW 1993, 168 und Komm. *Pfeiffer* EWiR § 1 HWiG 1/93, 273; abl. *Wenzel* NJW 1993, 2981 und Die Bank 1993, 423; zust. *Klingsporn* WM 1993, 829 (831 f.); *Steiner* ZKW 1993, 599; *Lubitz* JA 1997, 166 (169); *Soergel/M. Wolf* § 1 HWiG Rn. 7.
[311] *Roth* ZIP 1996, 1285 (1288).
[312] *Bülow* Kreditsicherheiten, Rn. 50.

2. Bank als Bürgin

112 In der Begründung zum Regierungsentwurf für ein Verbraucherkreditgesetz ist die Bankbürgschaft erwähnt und nicht als Kreditvertrag angesehen worden (BT-Dr. 11/5462, S. 17). Daraus den Schluss zu ziehen, der ausdrückliche Wille des Gesetzgebers stehe der Anwendung von Verbraucherkreditrecht auf Kreditsicherungsverträge entgegen,[313] ist jedoch voreilig. Die Frage, wie Interzessionen von Verbrauchern zu behandeln sind, ist durch die Gesetzesbegründung nämlich überhaupt nicht angesprochen. Die Rede ist dort vielmehr von der Bürgschaft, die eine Bank dem Kreditgeber gibt. Eine solche Bürgschaft fällt natürlich nicht in den persönlichen Anwendungsbereich von § 491 Abs. 1 resp. §§ 506 ff. BGB. In den persönlichen Anwendungsbereich fällt nur der zugrundeliegende Vertrag zwischen der Bank und dem Verbraucher, in dem sie sich verpflichtet, für Verbindlichkeiten des Verbrauchers Bürgschaften einzugehen, also der Avalvertrag. Dieser Vertrag bildet den Rechtsgrund im Deckungsverhältnis zwischen sich später verbürgender Bank und Verbraucher, und diesen Vertrag wird man in der Tat nicht als Kreditvertrag ansehen dürfen,[314] weil den Kredit nicht die Bank als Avalgeber gibt, sondern ein Kreditgeber des noch abzuschließenden Vertrages mit dem Verbraucher, und für diesen Vertrag wiederum erteilt die Bank als Avalgeberin dann die Bürgschaft. Die Problematik der Sicherungsverträge, namentlich Bürgschaften, liegt aber nicht im Deckungsverhältnis, sondern im Außenverhältnis zwischen sich verbürgendem Verbraucher und Kreditgeber. Hierzu äußert sich die Begründung zum Verbraucherkreditgesetz nicht. Das Problem ist dann allerdings in der 86. Sitzung des Rechtsausschusses, 11. Wahlperiode, kontrovers erörtert worden.[315] In der abschließenden Beschlussempfehlung und dem Bericht des Rechtsausschusses vom 25.10.1990[316] heißt es zwar, dass den Vorschlägen nicht zugestimmt werden könne, aber nur mangels nötiger Vorinformation und Aufklärung. Mit dieser resignativen Haltung aufgrund der in der Endphase entstandenen Eile im Gesetzgebungsverfahren (→ Einf. Rn. 14) dürfte nicht zugleich ein abschließendes Urteil über die Qualifizierung von Bürgschaften und anderen Sicherungsgeschäften als Kreditverträge resp. diesen gleich zu behandelnde Geschäfte getroffen, sondern eher die Unfähigkeit zur Urteilsbildung beklagt worden sein. Einer historischen und teleologischen Auslegung von Kreditsicherungsverträgen als Kreditverträge haben sich die Gesetzesverfasser nicht verschlossen.[317]

113 Man mag darüber streiten, ob aufgrund der 86. Sitzung des Rechtsausschusses nicht doch ein entgegenstehender Gesetzeswille anzunehmen sein mag.[318] Wenn dem so wäre, müsste allerdings zugleich von der Lückenhaftigkeit der gesetzgeberi-

---

[313] So noch MüKoBGB/*Ulmer* 3. Aufl. 1996, § 1 VerbrKrG Rn. 37; *Drescher* VerbrKrG, Rn. 36; *Kammel* Anwendungsbereich, S. 212; dagegen *Artz* VuR 1997, 227 (230); *Sölter* NJW 1998, 2192 (2193).
[314] Zutreffend MüKoBGB/*Schürnbrand* § 491 BGB Rn. 59; in diesem Punkt geht *v. Westphalen/Emmerich/v. Rottenburg* § 1 Rn. 103 noch weiter und wendet auf Avalkredite das Gesetz analog an.
[315] Stenographisches Protokoll der Sitzung vom 1.6.1990 (öffentliche Anhörung zum Gesetzentwurf), S. 2 bis 14 sowie S. 47.
[316] BT-Drucks. 11/8274, S. 31.
[317] Insoweit zutreffend *Canaris* AcP 200 (2000), 273 (358); *Schwarz* Bürgschutz, S. 140.
[318] *Reich* VuR 1997, 187 (194); *Mayen* FS Schimansky, S. 415 (429).

schen Vorstellungen ausgegangen werden. Es ist nämlich nicht erörtert und bedacht und mithin nicht in Frage gestellt worden, dass eine Form der Interzession, nämlich die Sicherungsgesamtschuld, nach ständiger höchstrichterlicher Rechtsprechung in den verbraucherprivatrechtlichen Anwendungsbereich fällt (→ Rn. 115). Da aber andere Interzessionsformen aus verbraucherkreditrechtlicher Sicht nicht anders als der Schuldbeitritt behandelt werden können (→ Rn. 119), ist der Rechtsanwender an einen solchen – unterstellten – Gesetzeswillen nicht gebunden.

Die Problematik liegt auch gar nicht in der Anwendung von Verbraucherkreditrecht auf Sicherungsgeschäfte, sondern in der weitergehenden Frage des *Gläubiger*schutzes für den Fall, dass die Sicherheit durch Widerruf wegfällt und der zugrundeliegende Kreditvertrag ungesichert bleibt.[319] Die Konsequenz, die für europäisches Sekundärrecht daraus erwogen, aber nicht aufrechterhalten worden war (→ Rn. 108), wäre die Anwendung zwar des Informationsmodells auf Sicherungsverträge, aber deren Unwiderruflichkeit in einer neuen Verbraucherkreditrichtlinie gewesen (→ Einf. Rn. 3).   **114**

3. Schuldbeitritt zu einem Abzahlungskauf; Schuldbeitritt zu einem Verbraucherkreditgeschäft

Der allgemeine Schutzstandard des Abzahlungsgesetzes war durch das nachfolgende Verbraucherkreditgesetz und seine spätere Integration in das BGB nicht etwa zu schmälern, sondern durch ersetzende Vorschriften im neuen Recht fortzuführen;[320] Abweichungen im Besonderen sind ausdrücklichen Vorschriften zu entnehmen. Deshalb ist die Rechtslage nach dem Abzahlungsgesetz heranzuziehen. Die Frage der Interzession für Verbindlichkeiten aus Abzahlungsgeschäften ist für den Typus einer Sicherungsgesamtschuld, dem Schuldbeitritt zum Zweck der Sicherung,[321] beantwortet worden.[322] Der Schuldbeitritt ist eine kautelarische Personalsicherheit, die sich vom gesetzlichen Typus der Bürgschaft dadurch unterscheidet, dass der beitretende Interzessionar nicht vollständig akzessorisch wie der Bürge gem. § 767 BGB haftet, sondern als Gesamtschuldner nur teilweise akzessorisch, nämlich gem. § 425 BGB nur hinsichtlich Erfüllung, Erlass und Verzug; während die Haftung im Übrigen abstrakt und nichtakzessorisch ist, insbesondere dem Beitretenden Einreden des Verbrauchers[323] als Hauptschuldner   **115**

---

[319] Bericht der Europäischen Kommission vom 11.5.1995, Tz. 345, → Einf. Rn. 22.
[320] → Rn. 4 sowie BT-Drucks. 11/5462, S. 33: (Die Regelungen des Abzahlungsgesetzes sind) „in angepasster Form in das Verbraucherkreditgesetz aufgenommen"; BGHZ 138, 321 (326) = NJW 1998, 1939 zu II. 2.b.
[321] Der Schuldbeitritt aus eigenem Interesse des Beitretenden lässt eine gleichgründige Gesamtschuld entstehen mit der Besonderheit, dass die Gemeinsamkeit des Versprechens (§ 427 BGB) nicht zeitgleich, sondern nachträglich herbeigeführt wird, *Erman/Ehmann* § 427 BGB Rn. 6, ohne dass der Begriff der Gleichstufigkeit hilfreich wäre, so auch *Bartels* JZ 2000, 608 (610); nur der Schuldbeitritt zum Sicherungszweck begründet die Sicherungsgesamtschuld, so im Ergebnis auch BGH NJW 2001, 815 zu II. A. 1. mit Anm. *Bülow* LM § 138 BGB (Bb) Nr. 99, Komm. *Tiedtke* EWiR § 138 BGB 1/01, 301 und Bspr. *Emmerich* JuS 2001, 606.
[322] BGHZ 109, 314 (317) = NJW 1990, 567 mit Anm. *Sternel* EWiR § 1c AbzG 1/90, 209; BGH NJW 1994, 1726 zu I. mit Anm. *Medicus* WuB IV C.–1.94 und Komm. *Honsell* EWiR § 138 BGB 5/94, 531; BGH NJW 1991, 2903 zu II. 1a.aa. mit Anm. *Thamm/Detzer* EWiR § 1c AbzG 2/91, 833; OLG Oldenburg MDR 1982, 756; *Paulusch* Brauerei- und Gaststättenrecht, S. 82.
[323] ZB Verjährung: BGH NJW 2001, 964 zu II. 2.b. mit Komm. *Foerste* EWiR § 31 BGB 1/01, 299; BGH EWiR § 196 BGB 2/2000, 511 *(Peters)*.

nicht zugute kommen (soweit sich aus dem Schuldverhältnis nicht ein anderes ergibt); für die Gesamtschuld fehlt also eine der Vorschrift von § 768 BGB entsprechende Regelung. Gemeinsam ist Bürgen und Beitretendem, dass sie anders als im Falle einer gleichgründigen Gesamtschuld, die auf demselben Rechtsgrund kraft gemeinsamen Versprechens beruht (§ 427 BGB),[324] nicht die Rechte aus dem gesicherten Vertrag haben, sondern nur haften; ihre Verbindlichkeiten beruhen auf verschiedenen Rechtsgründen, die durch den Sicherungszweck zur Gesamtschuld verbunden sind.[325]

116 Für Abzahlungsgeschäfte nach dem Abzahlungsgesetz ist ein eigenes Widerrufsrecht des Beitretenden anerkannt worden – wenn er denn in den persönlichen Anwendungsbereich nach dem damaligen § 8 AbzG fiel (→ vgl. Einf. Rn. 51)[326] –, mit der Begründung, dass die Schutzbedürftigkeit des Beitretenden keine andere sein könne als diejenige des ursprünglichen Schuldners.[327] Dieses Widerrufsrecht des Beitretenden besteht auch dann, wenn der Abzahlungskäufer den Abzahlungskaufvertrag selbst noch widerrufen kann, weil sich das Widerrufsrecht auf den Schuldbeitritt, dh den Interzessionsvertrag, bezieht und nicht auf den zugrundeliegenden gesicherten Abzahlungskaufvertrag. Entsprechendes gilt für eine privative Schuldübernahme (→ Rn. 72) und eine Vertragsübernahme (→ Rn. 79). Selbst dann, wenn der gesicherte Vertrag kein Abzahlungsgeschäft war, konnte der Beitretende in den Genuss der Schutzvorschriften des Abzahlungsgesetzes kommen. Beim finanzierten Abzahlungskauf nämlich war der Darlehensvertrag mit der drittfinanzierenden Bank nicht vom sachlichen Anwendungsbereich des Abzahlungsgesetzes erfasst. Der Beitretende konnte deshalb kein eigenes Widerrufsrecht haben (→ Rn. 123), aber gegen die Darlehensrückzahlungsforderung der Bank stand dem Beitretenden der aus § 6 AbzG (Umgehungsgeschäfte) entwickelte Einwendungsdurchgriff zu, wie er eine gesetzliche Regelung durch § 9 Abs. 3 VerbrKrG, jetzt § 359 Abs. 1 BGB (→ § 495 Rn. 405 ff.) erfahren hat. Im Übrigen ist nach der jetzigen Rechtslage ohnehin der Darlehensvertrag selbst widerruflich.

117 Für den Schuldbeitritt ist die aus dem Abzahlungsgesetz folgende Rechtslage also geklärt: Die Interzessionsform des Schuldbeitritts als Personalsicherheit war vollständig von den Schutzbestimmungen des Abzahlungsgesetzes erfasst.

118 Da das Verbraucherkreditgesetz und die verbraucherkreditrechtlichen Regelungen von §§ 491 ff. BGB den Schutzstandard des Abzahlungsgesetzes fortgeführt haben, ist der Schuldbeitritt eines Verbrauchers gleichermaßen den verbraucherkreditrechtlichen Regelungen unterworfen. Im Ergebnis folgt dem der BGH[328] durch einen Analogieschluss, da das Schutzbedürfnis des Beitretenden

---

[324] Ehmann, Die Gesamtschuld, S. 357 ff.; Erman/Ehmann § 427 BGB Rn. 14; die Geschäftsunfähigkeit eines Gesamtschuldners bewirkt auch die Nichtigkeit des Versprechens, das der andere Gesamtschuldner abgibt, Erman/Ehmann § 425 BGB Rn. 3, ohne dass § 139 BGB zu bemühen wäre, so aber: OLG Karlsruhe NJW-RR 1991, 947. Zur Vertragsauslegung als gleichgründige oder als Sicherungsgesamtschuld BGH NJW 2002, 744 mit Anm. Bülow LM Nr. 101 zu § 138 (Bb) BGB; BGHZ 146, 37 (41/42) mit Anm. Bülow LM Nr. 99 zu § 138 (Bb) BGB.
[325] Erman/Ehmann § 425 BGB Rn. 4, § 427 BGB Rn. 15.
[326] Also nicht bei einem Schuldbeitritt des Abzahlungsverkäufers für die Darlehensschuld des Käufers zur Finanzierung des Kaufpreises, BGH NJW 1993, 1912.
[327] BGHZ 109, 314 (317) = NJW 1990, 567; NJW 1994, 1276; 1991, 2903.
[328] Für § 491: BGH WM 2009, 262 Tz. 24 mit Anm. Bülow LMK 2009, 276 605; OLG Celle WM 2007, 1319 zu 4.c. betr. § 497 Abs. 3 Satz 3 (dort Rn. 69); für VerbrKrG: WM

nicht geringer, sondern eher größer als das des Kreditnehmers sei; der Beitretende erlange nämlich trotz voller Mitverpflichtung keine Rechte gegen den Kreditgeber, habe insbesondere keinen Anspruch auf Auszahlung des Kredits. Zu ergänzen ist, dass der beitretende Verbraucher bei Eintritt des Risikos, also in der Krise des Hauptschuldners, an dessen Stelle dem Kreditgeber gegenübertritt und deshalb verbraucherkreditrechtlich wie der Darlehensnehmer behandelt werden muss. Das Tatbestandsmerkmal der Entgeltlichkeit (→ Rn. 97) ist dadurch erfüllt, dass der Kreditvertrag, der durch den Schuldbeitritt gesichert wird, seinerseits entgeltlich ist. Dessen Entgeltlichkeit entfaltet gegenüber dem Interzessionar seine volle Wirkung, wenn der Sicherungsfall eintritt und der Interzessionar anstelle des Hauptschuldners leisten muss. Deshalb steht auch die Regelung von § 312 Abs. 1 BGB nicht entgegen, die für alle Verbraucherverträge (§ 310 Abs. 3 BGB), also auch Verbraucherkreditverträge, eine entgeltliche Leistung des Unternehmers voraussetzt. Auf einen Schuldbeitritt zu einem **Ratenlieferungsvertrag** sind die Rechtsfolgen von § 510 BGB auch für den beitretenden Verbraucher anwendbar.[329] Zur Problematik, ob der **Sicherungs-Schuldbeitritt des Geschäftsführers einer GmbH** oder des Vorstands einer Aktiengesellschaft für deren Verbindlichkeit als Verbraucherkreditgeschäft anzusehen ist, → Rn. 54.

4. Bürgschaft und Sicherungsvertrag

Was für die Interzessionsform des Schuldbeitritts gilt, müsste auch für die **Bürgschaft** Geltung beanspruchen. Es gibt keine nennenswerten Unterschiede in den Haftungsrisiken zwischen bürgendem Verbraucher und gesamtschuldnerisch Mithaftendem.[330] Bürgschaft und Schuldbeitritt sind gleichgeartete Eventualverbindlichkeiten.[331] Dass die Haftung des Bürgen dogmatisch anders begründet ist als diejenige des der Schuld Beitretenden – hier Verdoppelung der Hauptschuld im Valutaverhältnis, dort Begründung einer eigenen neuen Verbindlichkeit gegenüber dem Gläubiger im Außenverhältnis –, ändert nichts an der gleichartigen, verbraucherkreditrechtlich relevanten Last, die auf Bürgen wie

---

2006, 81; grundlegend NJW 1996, 2156 zu II. 1. (BGHZ 133, 71) mit zust. Komm. *Bülow* EWiR § 1 VerbrKrG 3/96, 814, Anm. *Pfeiffer* LM Nr. 5 zu § 1c AbzG, *Rebmann* DZWIR 1996, 459 und Bspr. *Emmerich* JuS 1996, 1035 und *Godefroid* BB 1997, Beil. 6, S. 19 (22); BB 1996, 2865 (BGHZ 133, 220) mit Anm. *Ungeheuer* LM Nr. 6 zu § 1 VerbrKrG und Komm. *Reifner/Trabhardt* EWiR § 7 VerbrKrG 2/96, 1097; NJW 1997, 654 = BGHZ 134, 94 mit Anm. *Bülow* JZ 1997, 471, *M. Wolf* LM Nr. 7 zu § 1 VerbrKrG, Komm. *Habersack* EWiR § 6 VerbrKrG 1/97, 237, Bspr. *Emmerich* JuS 1997, 469, Anm. *Hadding* WuB I E 2.–1.97 sowie Rezension *v. Westphalen* MDR 1997, 307 und *Reinicke/Tiedtke* WiB 1997, 449; WM 1997, 663 zu 2.; ZIP 1997, 1694 zu II. 2.a. mit Komm. *Heinrichs* EWiR § 4 VerbrKrG 1/97, 1047 von Anm. *Baumann* WuB I E 2.–1.98; WM 2001, 2162 zu II. 2.d.; OLG Stuttgart NJW 1994, 867; OLG Karlsruhe NJW 1340; gleichermaßen MüKoBGB/*Ulmer*, 4. Aufl. 2004, § 491 BGB Rn. 81, abl. jedoch MüKoBGB/*Schürnbrand*, § 491 BGB zu Rn. 58; *Heinrichsmeier*, Einbeziehung des Ehegatten, S. 103.
[329] BGHZ 109, 314 (317) = NJW 1990, 567 zu II. mit Komm. *Sternel* EWiR § 1c AbzG 1/90, 209; BGH NJW 1991, 2903 zu II. 1a.aa. mit Komm. *Thamm/Detzer* EWiR § 1c AbzG 2/91, 833.
[330] BGH NJW 1997, 2677 zu II. 2.
[331] *Bülow* ZIP 1999, 985; so auch BGH NJW 2000, 3496 zu II. 2.d. mit Anm. *Bülow/Artz* WuB I E 2–5.2000; *Mayen* FS Schimansky, S. 415 (428); *Fischer* WM 2001, 1049 (1050).

Beitretenden zukommt. Auch die einerseits akzessorische und – dispositiv – subsidiäre (§§ 771, 773, 770 Abs. 2 BGB),[332] andererseits die gesamtschuldnerische Haftung bei Bürgen und Beitretenden ändern daran nichts. Diese Abgrenzungsfragen spielen bei der Anwendung von § 766 BGB (Schriftform) eine entscheidende Rolle,[333] die hierbei dem Interzessionar zum Vorteil gereichen. Der verbraucherkreditrechtliche telos[334] mit seinen topoi – Information, Bedenkzeit, womit Vertragsparität erzielt werden soll (→ Einf. Rn. 44) – steht dagegen einer rechtlichen Schlechterstellung des Bürgen entgegen.[335] Aber: *Roma locuta, causa finita*, der BGH[336] verneint die Anwendbarkeit von Verbraucherkreditrecht auf die Bürgschaft eines Verbrauchers in ständiger Rechtsprechung, sodass es auch auf § 312 Abs. 1 BGB – entgeltliche Leistung des Unternehmers (→ Rn. 118 a. E.) – nicht mehr ankommt.

120 Vom Standpunkt des **europäischen Sekundärrechts** aus mag nichts dagegen zu erheben sein, mit dem *EuGH*[337] die Bürgschaft vom sachlichen Anwendungsbereich der VerbrKrRil auszunehmen. Aber das gilt in gleicher und folgerichtiger Weise für den Schuldbeitritt.[338] Im deutschen Recht würde Folgerichtigkeit die Einbeziehung der Bürgschaft heißen (→ Rn. 110).

121 Unberührt bleibt die Bewertung des Bürgschaftsvertrags als Verstoß gegen die guten Sitten nach § 138 BGB unter dem Gesichtspunkt der krassen ökonomischen Überforderung nahestehender Personen.[339] Diese Bewertung gibt auch dann Maß, wenn der Kreditgeber nicht zugleich Kreditinstitut iSv § 1 Abs. 1 KWG ist.[340] Ist der Bürgschaftsvertrag danach nichtig, stellt sich die Frage der Widerruflichkeit, die – wenn auch schwebende – Wirksamkeit des Vertrags voraussetzt, nur noch am Rande (→ § 495 Rn. 30).

---

[332] *Bülow* Kreditsicherheiten, Rn. 1000, 989.
[333] *Bülow* Kreditsicherheiten, Rn. 893, 1595.
[334] Diesen telos vernachlässigen *Reich* VuR 1997, 187 (190); *Schmid-Burgk* DB 1997, 513; *Seidel/Brink* DB 1997, 1961; *Kurz* DNotZ 1997, 552 (555).
[335] Insoweit übereinstimmend *Zöllner* WM 2000, 1 (3/4); *Canaris* AcP 2000, 273 (356); wie hier auch *Steinbeck/Menke* Anwendungsbereich, S. 38 f.; *Holznagel* Jura 2000, 578 (582); *Holznagel* VuR 2001, 428 (434 ff.).
[336] BGHZ 138, 321 mit abl. Anm. *Bülow* ZIP 1998, 1187, anders LG Neubrandenburg NJW 1997, 2826 mit abl. Anm. *Sonnenhol* WuB I F 1a.-12.97; LG Köln ZIP 1997, 2007 und WM 1998, 172 mit Anm. *Artz* VuR 1998, 45; LG Magdeburg NJW 1999, 3496; *Heiderhoff* Grundstrukturen, S. 418; *v. Westphalen/Emmerich/v. Rottenburg* § 1 VerbrKrG Rn. 81 für das deutsche Recht sowie im französischen Recht *Kemper* Verbraucherschutzinstrumente, S. 222; *Brixius* Verbraucherkreditrecht, S. 121; *Herrmann* Verbraucherkreditvertrag, S. 21; *Bülow* ZIP 1999, 1613; aA OLG Rostock WM 1998, 446; OLG Hamm WM 1998, 171; OLG Hamburg VuR 1999, 348; OLG Düsseldorf WM 1998, 169; OLG Stuttgart NJW 1997, 3450 (Revision BGHZ 138, 221); MüKoBGB/*Ulmer* § 491 BGB Rn. 83; Staudinger/*Kessal-Wulf* § 491 BGB Rn. 23; *Kammel* Anwendungsbereich, S. 212; *Schmid-Burgk* DB 1997, 513 (514); *Auer* ZBB 1999, 161 (168), aber **keine Finanzdienstleistung im Fernabsatz** nach § 312c BGB Abs. 1 iVm § 312 Abs. 5 Satz 1 BGB, welche die Dienst*berechtigung* des Verbrauchers voraussetzt, *Mohrhauser* Finanzdienstleistungen, S. 43; *Bülow/Artz*, Verbraucherprivatrecht (Lehrbuch), Rn. 439.
[337] NJW 2000, 1323 mit Rezension *Herr/Fliege* EWS 2001, 23; *Bülow* ZIP 1999, 1613 (1615); *Fischer* WM 2001, 1049 (1056).
[338] So EuGH obiter, NJW 2000, 1323 Tz. 15.
[339] Zu Sittenwidrigkeit gem. § 138 BGB BGH WM 2002, 125; NJW 2000, 1182; 2001, 816; *Bülow* Konsumentenkredit, Rn. 243 ff. und Kreditsicherheiten, Rn. 867 ff. m. umfangreichen w. N.
[340] BGH WM 2002, 125.

Sicherungsverträge als *causa* der Bestellung von Realsicherheiten 122
(→ Rn. 107) waren zunächst nur Gegenstand der Bewertung als Haustürgeschäfte (außerhalb von Geschäftsräumen) gewesen.[341] Die verbraucherkreditrechtliche Bewertung kann richtigerweise für den Fall einer Interzession durch einen Verbraucher, also der Sicherheitenbestellung für die Schuld eines Dritten, nicht anders als bei Schuldbeitritt und Bürgschaft aussehen (vorausgesetzt, der Interzessionar und nicht der Darlehensnehmer ist Partei des Sicherungsvertrags[342]). Aber auch hier entscheidet der BGH wie im Fall der Bürgschaft[343] (→ Rn. 119), wendet also Verbraucherkreditrecht nicht an Gleiche Überlegungen gelten für eine Forderungsgarantie und für eine Kautionsabrede zur Wechsel- oder Scheckbegebung;[344] letztere ist aber ohnehin gem. §§ 134, 496 Abs. 3 Satz 2 BGB (→ § 496 Rn. 24) nichtig.

5. Hauptvertrag (gesicherter Vertrag) kein Verbraucherkreditvertrag (Einzelbetrachtung)

Im Allgemeinen ist der Vertrag, dessen Verbindlichkeit durch die Interzession 123 gesichert werden soll, ein Verbraucherkreditvertrag auch im Hinblick auf den persönlichen Anwendungsbereich gem. §§ 13, 513, dh der gesicherte Vertrag ist für private und gleichgestellte Zwecke (→ Rn. 52, → § 513 Rn. 4) bestimmt, der Hauptschuldner seinerseits Verbraucher. Es gibt aber Fälle, in denen das Erfordernis des gesicherten Vertrages als Verbraucherkreditvertrag auch in persönlicher Hinsicht verzichtbar ist. Anwendungsfall ist die Mithaftung des selbst nicht gewerblich oder freiberuflich tätigen Ehegatten für den Geschäftskredit des anderen Ehegatten, aber auch des Gesellschafters, Prokuristen oder sonst abhängig Tätigen, der für sein Unternehmen interzediert. Der Wortlaut des §§ 13, 513 steht der Anwendung des Gesetzes nicht entgegen, weil nur solche natürliche Personen ausgeschlossen sind, die den Kredit für ihre – dh ihre eigene – gewerbliche oder selbständig berufliche Tätigkeit verwenden. Der Verbraucher als Mithaftender interzediert aber für fremde gewerbliche/freiberufliche Tätigkeit, eben die des Hauptschuldners. Anliegen des Gesetzes ist der Schutz vor den Gefahren eines Kredits im privaten oder gleichgestellten Bereich. Sofern der Interzessionar durch die Mithaftung allein private Ziele verfolgt und sich nicht das Gewerbe oder den Beruf des Hauptschuldners zu eigen macht, ist dem Gesetz ein Ausschluss seiner Anwendbarkeit nicht zu entnehmen, da Bezugsobjekt für die Anwendung verbraucherkreditrechtlicher Schutzvorschriften der Interzessionsvertrag selbst ist (→ Rn. 119), dh auf der Grundlage der Bewertung von Schuldbeitritten nach der Rechtsprechung zum Abzahlungsgesetz die Schutzvorschriften dem Interzessionar gerade unabhängig vom Schicksal des gesicherten Vertrages zukommen sollen, insbesondere unabhängig von der Ausübung des

---

[341] BGH NJW 2006, 845 = WM 2006, 377 Rn. 12 mit zust. Anm. *Bülow* LMK 2006, 171 869; zuvor BGH NJW 1996, 55 mit Anm. *Wolf* LM Nr. 18/19 zu § 1 HWiG, *Schanbacher* WuB I F 3.–2.96 und *Huff* EWiR, § 1 HWiG 3/95, 1107; NJW 1996, 191; *Schürnbrand* WM 2014, 1157 (1158); *Bülow* Kreditsicherheiten, Rn. 172, 1152; *Schürnbrand* WM 2014, 1157 (1158).
[342] Näher *Bülow* Kreditsicherheiten, Rn. 54 – 56.
[343] WM 1997, 663 zu 3. mit Komm. *Vortmann* EWiR § 1 VerbrKrG 1/97, 621 und Anm. *Drescher* WuB I E 2.–1.97; *Kurz* DNotZ 1997, 552 (558).
[344] Vgl. *Bülow* WG, ScheckG, Art. 11 WG Rn. 85; zur Forderungsgarantie *Omlor* WM 2009, 54 (59).

Widerrufs durch den Hauptschuldner. Man mag von fehlender Akzessorietät des verbraucherkreditrechtlichen Schutzschilds des Interzessionars von dem Schutzschild des Hauptschuldners sprechen; die Entfaltung des Schutzes für den Interzessionar ist folglich abstrakt von derjenigen des Hauptschuldners. Es kommt demgemäß nicht mehr darauf an, ob der gesicherte Vertrag seinerseits ein Verbraucherkreditvertrag in persönlicher Hinsicht ist, wenn nur der Interzessionar in privater (abhängig-beruflicher, existenzgründender) Zweckbestimmung – namentlich allein aus familiären Gründen – handelt. Der Satz, dass die Schutzbedürftigkeit des Interzessionars keine andere sein kann als die des ursprünglichen Schuldners (→ Rn. 116), ist noch zu kurz gegriffen. Die Schutzbedürftigkeit des Interzessionars kann nicht hinter derjenigen des ursprünglichen Schuldners zurückstehen, wohl aber weiter gehen. Richtigerweise ist der die Mithaftung begründende Vertrag deshalb auch dann wie ein Verbraucherkreditvertrag zu behandeln, wenn der gesicherte Vertrag, für dessen Erfüllung der Interzessionar einzustehen hat, kein Verbraucherkreditvertrag ist, aber in dessen sachlichen Anwendungsbereich fällt (entgeltlicher Kredit: Darlehen, Zahlungsaufschub oder sonstige Finanzierungshilfe) und wenn nur der Mithaftende, nicht aber der Hauptschuldner Verbraucher ist mit der Folge, dass der Kreditgeber in der Person des Hauptschuldners nicht an Verbraucherkreditrecht gebunden ist, wohl aber im Hinblick auf den Mithaftenden[345] (Einzelbetrachtung des Interzessionsvertrags, aber **nicht Gesamtbetrachtung** von Interzessions- und Hauptvertrag, → Rn. 110).[346] Dieser hat hinsichtlich der Interzession das Widerrufsrecht aus § 495; ob bei der Ausübung auch der Hauptvertrag hinfällig wird, richtet sich nach dem Rechtsgedanken von § 139 BGB (→ Rn. 109).

6. Exkurs: Schlüsselgewalt § 1357 BGB

124 Durch ein Verbraucherkreditgeschäft eines Ehegatten, das der angemessenen Deckung des Lebensbedarfs der Familie dient, wird gem. § 1357 Abs. 1 Satz 2 BGB auch der andere Ehegatte berechtigt und verpflichtet, obwohl dieser gerade nicht rechtsgeschäftlich tätig wird. Es entsteht kraft Gesetzes ein Gesamtschuldverhältnis, das gleichgründiger, paritätischer Natur ist und nicht lediglich Sicherungszwecken dient. Der Widerruf durch den handelnden Ehegatten kommt dem anderen Ehegatten zugute,[347] der aber auch selbst ebenso wie der handelnde Ehegatte das Widerrufsrecht erlangt.[348] Die Form aus § 492 ist auch gegenüber dem anderen Ehegatten zu wahren,[349] deren Fehlen aber nach § 494 geheilt wird, wenn der Unternehmer leistet (→ Rn. 128). Die Mithaftung ohne An-

---

[345] Zutreffend BGHZ 133, 71/76) = NJW 1996, 2156 = WM 1996, 1258 zu II. 1.c.; WM 1997, 710; ZIP 1997, 1694; OLG Karlsruhe WM 1997, 1340 zu III. 3.c.; *Zahn* DB 1992, 929 (1031); für GmbH-Geschäftsführer: *v. Westphalen* BB 1993, Beil. 8, S. 19 (20) sowie oben Rn. 67; aA für Bürgschaft BAG NJW 2000, 3299 zu I. 2.b.
[346] BGH WM 2007, 1209 Tz. 27; WM 2007, 1833 Tz. 13 mit Anm. *Bülow* WuB I E 2-1.08; NJW 2006, 845 = WM 2006, 377 Rn. 13 mit Anm. *Bülow* LMK 2006, 171869; WM 1997, 710 zu 2.a.; *Bülow/Artz* ZIP 1998, 629 (630).
[347] *M. Schmidt* FamRZ 1991, 629 (638); *Leverenz* JR 1997, 45 (47); *Cebulla/Pützhoven* FamRZ 1996, 1124 (1129).
[348] *Cebulla/Pützhoven* FamRZ 1996, 1124 (1129); Staudinger/*Kessal-Wulf* § 491 BGB Rn. 31; Erman/*Saenger* § 491 BGB Rn. 18.
[349] *Kliffmüller* FuR 1992, 138 (144); aA *Schanbacher* NJW 1997, 2335; Staudinger/*Kessal-Wulf* § 491 BGB Rn. 31.

wendung verbraucherkreditrechtlicher Bestimmungen allein aufgrund von § 1357 BGB tritt nur noch bei Bagatellgeschäften iSv § 491 Abs. 2 Nr. 1 (→ Rn. 158) und unter der Dreimonatsgrenze liegenden kostengünstigen Darlehen iSv Nr. 3 (→ Rn. 165) ein. Schließt der handelnde Ehegatte einen **Ratenlieferungsvertrag** als Bedarfsdeckungsgeschäft ab, sind die Rechtsfolgen von § 510 auf den anderen Ehegatten anwendbar (→ Rn. 118 aE).

7. Form und Heilung

Sind Interzessionsverträge mit Verbrauchern, nicht nur Schuldbeitritte, sondern auch alle anderen Arten, wie Kreditverträge zu behandeln (richtiger-, aber höchst umstrittenerweise, → Rn. 119), bedürfen sie gem. § 492 Abs. 1 der schriftlichen Form,[350] die, jedenfalls im Bankbereich, wohl allgemein eingehalten werden dürfte, so dass die Nichtigkeitsfolge aus §§ 125 BGB, 494 Abs. 1 (→ § 494 Rn. 13) nicht eintritt. Es sind aber auch die Angaben der Kataloge von § 492 Abs. 1, Art. 247 §§ 6 bis 13 EGBGB für die Interzession zu Darlehensverträgen[351] und von § 507 Abs. 2, Art. 247 §§ 6 bis 8, 12 und 13 EGBGB für die Interzession zu Teilzahlungsgeschäften zu machen,[352] deren Fehlen gem. §§ 494 Abs. 1, 2. Alt., 507 Abs. 2 Satz 1 (→ § 507 Rn. 19 ff.) ebenfalls zur Nichtigkeit des Interzessionsvertrages führt; im Falle der Bürgschaft (so sie denn entgegen höchstrichterlicher Rechtsprechung einbezogen wird) reicht die Schriftform von § 766 BGB demgemäß also nicht. Gerade der Interzessionar bedarf dieser Angaben, damit er den einem Verbraucher zukommenden Informationsstandard erhält, mit dem er beurteilen kann, wofür er haften soll. Auf der anderen Seite bedeutet die Gleichstellung einer Interzession mit einem Verbraucherkredit nicht notwendig die Anwendung sämtlicher verbraucherkreditrechtlicher Formvorschriften. Entsprechend der Regelung von § 766 BGB dürfte deshalb die Erklärung des Gläubigers, also des Darlehensgebers, formfrei sein,[353] sodass die Interzession ohne Unterschrift des Darlehensgebers wirksam begründet werden kann.

Fraglich ist, ob der nichtige Interzessionsvertrag gem. § 494 Abs. 2 ff. resp. § 507 Abs. 2 Satz 2 bis 4 heilbar ist, dh unter Minderung des Anspruchsumfangs auf der Seite des Kreditgebers wirksam wird (→ § 494 Rn. 44). Auf die Interzession übertragen würde Heilung bedeuten, dass die Haftung des Interzessionars eintritt, wenn der Kreditgeber an die Partei des gesicherten Vertrages, also Darle-

---

[350] BGH ZIP 1997, 1694 zu II. 2.b.; BGH WM 2006, 81 zu II. 4.

[351] Differenzierend *Kohte* in Kompaktkommentar Schuldrecht, § 491 BGB Rn. 29 für Schlüsselgewalt nach § 1367 BGB: wegen § 492 Abs. 4 nur für Darlehen, nicht für sonstige Finanzierungshilfen.

[352] Gl. A. BGH WM 2000, 1799 zu II. 2.d. mit Anm. *Bülow/Artz* WuB I E 2.–5.2000, *Heidenhain* LM Nr. 6 zu § 4 VerbrKrG, Komm. *Vortmann* EWiR § 1 VerbrKrG 4/2000, 1031 und Bspr. *Emmerich* JuS 2000, 1223, anders aber noch OLG Dresden NJW-RR 2000, 1305 zu 2.c.; MüKoBGB/*Schürnbrand* § 492 BGB Rn. 57; *Reinicke/Tiedtke* WiB 1997, 449 (452); *Edenfeld* JZ 1997, 1034 (1038); aA Ulmer/Timmann FS Roewedder, S. 503 (517): nur Angaben mit Warnfunktion (Gesamtbetrag Nr. 1 lit. b, Nr. 2 lit. b, Kosten, Nr. 1 lit. d, Nr. 2 lit. f, nicht Angaben betr. den Vertragsabschlusstatbestand (Nettokreditbetrag Nr. 1 lit. a resp. Barzahlungspreis, Nr. 2 lit. a) und effektiven Jahreszins (Nr. 1 lit. e, Nr. 2 lit. d), auch nicht Sicherungsgeschäfte (Nr. 1 lit. g, Nr. 2 lit. f); aA hierzu *Hagena* Drittschutz im Verbraucherkreditrecht, S. 41.

[353] Offen, aber wohl dazu neigend BGH WM 2011, 2355 Tz. 14 mit Anm. *Bülow* LMK 2012, 327127; *Bülow* Kreditsicherheiten, Rn. 1595.

§ 491 127–129   1. Teil. Darlehen und Finanzhilfen

hensnehmer oder Teilzahlungskäufer, leistet.[354] Der BGH[355] verneint die Anwendbarkeit für den Schuldbeitritt unter Hinweis auf die Materialien zu § 6 VerbrKrG, der Vorgängervorschrift zu § 494 (→ § 494 Rn. 2 sowie 27), wonach die Kondiktion des empfangenen Gegenstandes durch den Kreditgeber vermieden werden sollte, welcher der Interzessionar zweifellos nicht ausgesetzt ist. Danach bleibt es also bei der Nichtigkeit der Interzession. Würde das Heilungsreglement von § 494 Abs. 2 ff. dem entgegen auf die Interzession angewandt, ergäbe sich die Minderung des Anspruchsumfangs gegenüber dem Interzessionar auch dann, wenn die Formerfordernisse beim gesicherten, zugrundeliegenden Vertrag mit dem Hauptschuldner eingehalten worden sein sollten. Für akzessorische Sicherheiten wie die Bürgschaft würde dies zu einer Beschränkung der Akzessorietät auf den durch § 494 Abs. 2 resp. § 507 Abs. 2 begrenzten Umfang führen; bis zu dieser Grenze bliebe es, vergleichbar mit einer Höchstbetragsbürgschaft, bei der Akzessorietät. Eine solche Beschränkung der Haftung wäre bürgschafts- und akzessorietätskonform.

127 Die Heilung des Interzessionsvertrags nach § 494 BGB tritt jedenfalls ein, wenn die Valuta an den Interzessionar, den Verbraucher, und nicht an den Hauptschuldner ausgezahlt wurde.[356]

128 Für die Ehegattenhaftung kraft **Schlüsselgewalt** gem. § 1357 BGB (→ Rn. 124) gelten die auf die Sicherungsgesamtschuld bezogenen Regelungen nicht. Vielmehr entsteht eine paritätische Gesamtschuld, in der die Leistung an den handelnden Ehegatten der Familie und damit auch dem anderen Ehegatten zugute kommt. Dieser erlangt folglich den Vertragsgegenstand und wäre der Kondiktion ausgesetzt, die aber ausbleibt, wenn und weil Heilung eintritt.[357] Deshalb ist die Heilung nach § 494 Abs. 1 zu bejahen, wenn die Form nach § 492 BGB gegenüber dem anderen Ehegatten nicht gewahrt worden war. In anderen Fällen einer gleichgründigen Gesamtschuld (→ § 495 Rn. 268) braucht dem anderen Gesamtschuldner die Leistung an den ersten Gesamtschuldner dagegen nicht zugute zu kommen, sodass eine Kondiktion bei jenem nicht infrage kommt und deshalb Heilung nicht eintritt (→ § 494 Rn. 30 aE).[358]

IV. Gemischte Verträge

1. Fallgruppen

129 Ein Vertrag kann sich aus Elementen eines Verbraucherdarlehensvertrages (oder auch eines Ratenlieferungsvertrages iSv § 510[359]) und eines Vertrages, der nicht in den verbraucherkreditrechtlichen Anwendungsbereich fällt, zu-

---

[354] *Ulmer/Timmann* FS Rowedder, S. 503 (524).
[355] Zuletzt BGHZ 165, 43 (52) = NJW 2006, 43 = WM 2006, 81 zu II. 4.; WM 1997, 158 zu II. 2c.bb. mit Anm. *Bülow* JZ 1997, 471 und *v. Westphalen* DNotZ 1998, 33; ZIP 1997, 642 mit Komm. *Bülow* EWiR § 6 VerbrKrG 2/97, 427 und Anm. *B. Peters* WuB I E 2.–1.98; ZIP 1997, 1694 zu II. 2.c.; OLG Düsseldorf OLG Report 1997, 223; zust. *Artz* VuR 1997, 227 (232); *Edenfeld* JZ 1997, 1034 (1039); MüKoBGB/*Schürnbrand* § 494 BGB Rn. 20.
[356] BGH WM 2000, 1799 zu II. 3.
[357] Offen *Heinrichsmeier*, Einbeziehung des Ehegatten, S. 61, abl. *Kliffmüller* FuR 1992, 138 (144).
[358] *Derleder* NJW 1993, 2401 (2404/2405).
[359] BGH NJW-RR 1992, 593 zu III. 2.d.

sammensetzen. Eine zweite Fallgruppe der Typenmischung kann sich daraus ergeben, dass der Verwendungszweck des Darlehens (→ Rn. 46) teils privater, teils gewerblicher oder freiberuflicher Natur ist (nachf. Rn. 135) oder teilweise Existenzgründungszwecken (→ § 507 Rn. 4) oder abhängig-beruflichen Zwecken (→ Rn. 52) dient.

Ein gemischter Verwendungszweck kann sich auch daraus ergeben, dass mit der Valuta zum Teil allgemeiner Konsumbedarf gedeckt wird und sie zum anderen Teil für den Erwerb oder die Erhaltung grundstücksbezogenen Eigentums bestimmt ist, sodass sich die Frage stellt, ob der Darlehensvertrag ein Allgemein-Verbraucherdarlehensvertrag oder ein Immobiliar-Verbraucherdarlehensvertrag oder beides ist (→ Rn. 137a). **129a**

Weitere Fallgruppen konnten sich vor dem 1.11.2002 ergeben, die auf der Obliegenheit zur Rückzahlung des Darlehens aufgrund Widerrufs nach § 495 Abs. 2 aF gründeten. Schließlich kann die Typenmischung auch bei Teilzahlungsgeschäften nach § 506 Abs. 3 eintreten (→ Rn. 137). **130**

Die Typenmischung setzt einen einzigen Vertrag voraus. Werden mehrere, aber voneinander abhängige Verträge abgeschlossen, von denen der eine Kreditvertrag oder Ratenlieferungsvertrag ist – zB Franchisevertrag und Bezugsverpflichtung (→ § 506 Rn. 53),[360] Bezugsverpflichtung und Einzelkaufverträge[361] (→ § 510 Rn. 53) – und ist einer der Verträge, zB aufgrund Widerrufs, unwirksam, richtet sich der Bestand des anderen Vertrags nach dem Modell von § 139 BGB. **131**

2. Mietvertragliche Elemente

Nicht in den sachlichen Anwendungsbereich von Verbraucherkreditrecht fallen Mietverträge (→ § 506 Rn. 65). Ist ein Mietvertrag mit einem Darlehen verbunden oder sind mit ihrem Wert bezifferte Einrichtungsgegenstände vom Mieter zu übernehmen, deren Wert mit dem Mietzins, also ratenweise, verrechnet werden soll (1. Fallgruppe, → Rn. 129), untersteht der darlehens-, kauf- oder werkvertragliche Teil des Vertrages jedenfalls dann und schon der Doktrin des AbzG entsprechend verbraucherkreditrechtlichen Bestimmungen des Gesetzes, wenn das einheitliche Entgelt auf die einzelnen Vertragsteile aufgeschlüsselt werden kann.[362] Das ist zu bejahen, wenn die Parteien das Entgelt auf die einzelnen Vertragselemente verteilt haben, gleichgültig, ob die angegebenen Werte dem tatsächlichen Wertverhältnis entsprechen.[363] Ob der mietvertragliche Teil bei Widerruf des kreditrechtlichen Teils aufrechterhalten bleibt, richtet sich nach dem Rechtsgedanken von § 139 BGB.[364] **132**

Lässt sich das vom Verbraucher zu entrichtende Entgelt nicht auf die Vertragselemente aufschlüsseln, kann die Verbindung mit mietvertraglichen Elementen nichts daran ändern, dass auf den kreditvertraglichen Teil Verbraucherkreditrecht anwendbar ist und der mietvertragliche Teil unberührt bleibt.[365] Die fehlende **133**

---

[360] BGHZ 128, 156 (165 f.) – „Ceiling doctor".
[361] BGH NJW 1997, 933 zu II.A. 2.b. mit Anm. *Bülow* LM Nr. 85 zu § 139 BGB.
[362] BGH NJW 1983, 2027 zu II. 2.a.
[363] BGH NJW 1983, 2027 zu II. 2.b. aa.
[364] BGH NJW 1983, 2027 zu III. 5.; NJW 1984, 2292 = WM 1984, 1046 zu III.; NJW 1991, 105 zu II. 1.b.; OLG Nürnberg NZM 1998, 375 zu II.
[365] So schon für das AbzG MüKoBGB/*Ulmer* 2. Aufl. 1988, § 1b AbzG Rn. 19, anders für Unternehmenskaufverträge BGH NJW 1973, 2200 in Fortführung von RGZ 67, 3383 (3386); nach Einf. von § 1d Abs. 4 AbzG ging auch der BGH von grundsätzlicher Wider-

Aufschlüsselbarkeit mag allenfalls dazu führen, dass Ansprüche aus dem verbleibenden mietvertraglichen Teil umso eher der Gesamtnichtigkeit gem. § 139 BGB zu unterziehen sind. Ist davon nicht auszugehen, muss im Wege ergänzender Vertragsauslegung nach § 157 BGB ermittelt werden, wie die Parteien das Entgelt aufgeteilt hätten, wenn sie den Widerruf des kreditvertraglichen Teils bedacht hätten. Aus der Anwendung von Verbraucherkreditrecht folgt allerdings ein weiteres: Sind die Entgeltanteile nicht aufschlüsselbar, dürfte dies im Allgemeinen nichts anderes heißen, als dass es dem Vertrag und namentlich dem kreditvertraglichen Teil an der Schriftform mangelt (wenn auch im gegebenen Falle die mietvertragliche Schriftform nach § 550 BGB nicht eingehalten ist) oder doch die Angaben über Barzahlungspreis und Teilzahlungspreis, Nettodarlehensbetrag und Gesamtbetrag fehlen, sodass der Vertrag gem. § 494 Abs. 1, § 507 Abs. 2 Satz 1 nichtig ist und sich die Frage der Widerruflichkeit überhaupt erst stellt, wenn der Kreditgeber und Vermieter die kreditvertraglichen Leistungen erbracht hatte und deshalb Heilung eingetreten war (§§ 507 Abs. 2 Satz 2, 494 Abs. 2 Satz 1, → § 494 Rn. 31). Im Falle des Widerrufs und der Gesamtnichtigkeit gestaltet sich die Rückabwicklung teils nach §§ 357 ff. BGB, zum anderen Teil nach Bereicherungsrecht.[366] Bleibt der geheilte Vertrag mangels Widerrufs wirksam, richten sich die Verzugsfolgen teilweise nach § 497, zum anderen Teil nach allgemeinem Verzugsrecht; Entsprechendes gilt für Kündigung (§ 498) resp. Rücktritt (§ 508 BGB).

3. Gemischter Verwendungszweck

134 **a) Verbraucherdarlehensvertrag – unternehmerischer Darlehensvertrag.** Das Problem gemischter Verträge kann auch auftreten (→ Rn. 129, zweite Fallgruppe), wenn der Verwendungszweck für den Kredit teils privater und teils gewerblicher oder freiberuflicher (unternehmerischer) Natur ist. Soweit nach Ansicht des BGH Verbraucherkreditrecht auch im Falle wiederholter Existenzgründungen anwendbar ist (→ § 513 Rn. 7), kann die Mischung auch darin liegen, dass der Kredit teils für das zu errichtende Unternehmen, teils für den schon bestehenden Betrieb verwendet werden soll. Wird im Falle eines Darlehensvertrags die Valuta derart für unterschiedliche Zwecke verwendet, stand der rechtlichen Aufteilung des Vertrags ebenso wie in Fällen von Mietverträgen (→ Rn. 132) nach deutschem Recht[367] nichts entgegen;[368] das galt auch im Hinblick auf die Anwendung der Regeln über verbundene Geschäfte (→ § 495 Rn. 314). Die verbraucherdarlehensrechtliche Form nach § 492 war für den pri-

---

ruflichkeit des abzahlungsrechtlichen Vertragsteils aus, NJW 1983, 2027 zu II. 2.1.a.; BGHZ 78, 375 zu II. 1.a.; BGHZ 97, 351 (356); BGH NJW-RR 1992, 593 zu III. 2.1.c.; aA *Soergel/Hönn* 11. Aufl. 1986, § 1 AbzG Rn. 3.

[366] MüKoBGB/*Ulmer/Masuch* § 355 BGB Rn. 23; BGHZ 112, 288 (293).

[367] Anders der EuGH NJW 2005, 653 für Verbrauchergerichtsstand nach Art. 13 EuGVÜ (Art. 15 EuGVVO): nur ganz untergeordnete gewerbliche Teilverwendung schadet nicht; auf materielles deutsches Verbraucherkreditrecht nicht übertragbar *Mankowski* IPrax 2005, 509 (509); *Ebers* VuR 2005, 361 (365); s. auch Bülow/Artz/*Fischer*, Verbraucherprivatrecht, 17. Kap. Rn. 58 sowie → Einf. Rn. 48 und → 4. Teil Rn. 44.

[368] *Artz,* Verbraucher als Kreditnehmer, S. 197 ff., aA LG Essen WM 1997, 814 (816) wegen Schwierigkeiten bei der Aufschlüsselung, → Rn. 137; *Jauernig* FS Schlechtriem, S. 569 für AGB nach § 310 Abs. 3 BGB; Staudinger/*Kannowski* (2013), § 13 BGB Rn. 46 zu (7).

vaten Teil einzuhalten. Der Verbraucher konnte den privatbezogenen Teil des Vertrags widerrufen. War demgemäß der Darlehensvertrag teilweise unverbindlich, stritt nach dem Rechtsgedanken von § 139 BGB die Vermutung für die Gesamtnichtigkeit. Durch die Klarstellung des Verbraucherbegriffs nach § 13 BGB (→ Einf. Rn. 48) hat sich die Zuordnung des Rechtsgeschäfts jedoch verändert, indem es nunmehr (zum Zeitpunkt – ab 25.10.2011 – → Einf. Rn. 49) auf die **überwiegende** nicht-unternehmerische Zweckbestimmung ankommt. Demgemäß ist der gesamte Darlehensvertrag Verbrauchergeschäft und der Vertrag Verbraucherdarlehensvertrag nach § 491. Eine Aufteilung des Darlehensvertrags in einen Verbraucherdarlehensvertrag und einen unternehmerischen Darlehensvertrag ist ausgeschlossen (womit das Gesetz die vor der Schuldrechtsmodernisierung geltende Altregelung von § 609a Abs. 1 Nr. 2, 2. Hs. BGB wiederbelebt, die seinerzeit zur Konfliktlösung herangezogen worden war).[369] Zu fragen bleibt allerdings, wie zu verfahren ist, wenn der unternehmerische Zweck überwiegt und folglich ein aufteilbarer nicht-unternehmerischer Zweck des Darlehens verbleibt, sodass denkbar wäre, auf diesen Teil wie früher Verbraucherdarlehensrecht anzuwenden. Jedoch ist davon nicht auszugehen. Nach Erwägungsgrund 17 zur VerbrRechteRil 2011/83/EU, den sich die Gesetzesbegründung zu Eigen macht, ist die natürliche Person als Verbraucher zu betrachten, wenn der unternehmerische Zweck nicht überwiegt. Das bedeutet zugleich, dass die Person bei überwiegend unternehmerischem Zweck nicht als Verbraucher zu betrachten ist mit der Folge, dass der Vertrag kein Verbrauchergeschäft und § 491 nicht anwendbar ist, anders gewendet: dass bei Überwiegen des unternehmerischen Zwecks eine Störung von Vertragsparität, die zu kompensieren wäre (→ Einf. Rn. 44), nicht anzunehmen ist. Auch auf den nicht überwiegend privat-zweckbestimmten, wiewohl abgrenzbaren Teil des Darlehens ist folglich nicht Verbraucherdarlehensrecht anzuwenden.

Dient der durch das Darlehen finanzierte Gegenstand nach dem Inhalt des Vertrags teils privaten, teils gewerblich-freiberuflichen Zwecken – zB ein Auto – war bislang ebenfalls eine Aufteilung in verbraucherbezogene und unternehmerische Zweckbestimmung konstruierbar gewesen.[370] Eine solche Aufteilung ist nunmehr durch das Tatbestandsmerkmal „überwiegend" aber nicht mehr möglich. Nach § 13 BGB ist der gesamte Darlehensvertrag zugleich Verbraucherdarlehensvertrag nach § 491, wenn der finanzierte Gegenstand überwiegend (oder gleichgewichtig) nicht-unternehmerischen Zwecken dient, andernfalls ist der gesamte Darlehensvertrag, auch hinsichtlich des privatbestimmten Teils, kein Verbrauchergeschäft. **135**

Diese Folgerungen treten gleichermaßen für Allgemein-Verbraucherdarlehensverträge wie für Immobiliar-Verbraucherdarlehensverträge ein. Dient das Darlehen dem Erwerb von Grundeigentum, das teils für private Wohnzwecke und teils für unternehmerische Zwecke verwendet wird, kommt es gem. § 13 BGB auf die überwiegende private Zweckbestimmung an (→ Einf. Rn. 48), die den gesamten Darlehensvertrag zum Immobiliar-Verbraucherdarlehensvertrag **135a**

---

[369] So *Seibert* § 1 VerbrKrG Rn. 3; MüKoBGB/*Ulmer* 4. Aufl. 2004 § 491 BGB Rn. 38; *v. Westphalen*/Emmerich/v.Rottenburg, § 1 VerbrKrG Rn. 50; OLG Naumburg NJW-RR 1998, 1351 mit Komm. *Reinking* EWiR § 1 VerbrKrG 2/98, 809 und Anm. *Drescher* WuB I E 2–4.98; dagegen *Münstermann/Hannes* § 1 VerbrKrG Rn. 37.

[370] *Artz*, Verbraucher als Kreditnehmer, S. 197, aA MüKoBGB/*Schürnbrand* § 491 Rn. 21.

§ 491

macht. So bekräftigt es Erwägungsgrund 12 WohnimmoRil, dem Auslegungshinweis der VerbrRechteRil 2011/83/EU, Erwägungsgrund 17, folgend.

136 Die **Beweislast** für die private Verwendung trägt, wer sich auf die Anwendung verbraucherdarlehensrechtlicher Bestimmungen beruft; das wird meist der Verbraucher sein. Dieser Beweis ist im Allgemeinen unschwer zu führen (→ Rn. 60). Einen Grundsatz „*in dubio pro consumatore*"[371] gibt es also auch im Falle der Mischnutzung nicht (→ Einf. Rn. 27).[372] Hat die natürliche Person neben ihrem privaten einen unternehmerischen Tätigkeitsbereich, kann streitig sein, welchem Bereich das Rechtsgeschäft zuzurechnen ist. Ein *non liquet* in dieser Frage bedeutet, dass die Zurechnung zum unternehmerischen Bereich nicht festgestellt werden kann. Aus § 13 BGB folgt, dass die natürliche Person deshalb als Verbraucher anzusehen ist.[373] Steht fest, dass der Vertrag *auch* dem unternehmerischen Tätigkeitsbereich der natürlichen Person zuzurechnen ist, ergibt sich aber ein *non liquet* zum Tatbestandsmerkmal „überwiegend", kann das Überwiegen nicht festgestellt werden, sodass die natürliche Person wiederum als Verbraucher anzusehen ist und der Unternehmer als Prozesspartei in diesem Punkt unterliegt.[374]

137 Das Problem des gemischten Verwendungszwecks kann auch auftreten, wenn der Verkäufer der gemischt genutzten Sache, zB des privat und gewerblich genutzten Autos, einen **Zahlungsaufschub** auf den Kaufpreis gewährt, sodass ein Teilzahlungsgeschäft (vgl. § 506 Abs. 3) zustande kommt; hierzu → § 506 Rn. 24.

137a **b) Allgemein- oder Immobiliar-Verbraucherdarlehensvertrag.** Nimmt der Eigentümer einer Wohnimmobilie, die er überwiegend privat nutzt (→ Rn. 135a), ein grundpfandrechtlich unbesichertes Darlehen auf, das er zum Teil zur Abwendung einer Zwangsvollstreckung bestimmt und zum anderen Teil zur Renovierung seiner Immobilie (→ Rn. 96b), ist der Verwendungszweck teils grundstücksbezogen und teils allgemeiner Natur. Es stellt sich beispielsweise die Frage, ob und gegebenenfalls in welchem Umfang das ESIS-Merkblatt nach Art. 247 § 1 Abs. 2 und Anlage 6 EGBGB verwendet werden muss, was die Kategorisierung als Immobiliar-Darlehen voraussetzt. Das Tatbestandsmerkmal „überwiegend" aus § 13 BGB ist hierfür untauglich, weil es einen ganz anderen Konflikt, nämlich privat/unternehmerisch, löst. Der Darlehensvertrag kann vielmehr aufgeteilt werden (→ Rn. 134) in einen immobiliarbezogenen und in einen Allgemeinteil. Will der Verbraucher beispielsweise das Darlehen vorzeitig zurückzahlen, ist ihm das für den immobiliarbezogenen Teil bei gebundenem Sollzinssatz nur bei berechtigtem Interesse gem. § 500 Abs. 2 Satz 2 BGB möglich, für den Allgemeinteil dagegen ohne Weiteres; im gegebenen Falle bleibt er an den immobiliarbezogenen Teil gebunden und kann im Übrigen vorzeitig zurückzahlen. Denkt man sich einen mobiliarpfandrechtlich gesicherten Vertrag nach § 1204 BGB, würde es sich für den Allgemeinteil gemäß § 491 Abs. 2 Satz 2 Nr. 2 BGB nicht um einen Verbraucherdarlehensvertrag handeln, wohl aber für den immobiliarbezogenen

---

[371] Auch sprachlich falsch: Im Lateinischen gibt es entgegen *Tonner/Rösler* JZ 2006, 400 keinen „consumator" (allenfalls *consumptor*).
[372] Entgegen Staudinger/*Kessal-Wulf* § 491 BGB Rn. 34 und der Berufung auf *Reich*, Schriftenreihe bankrechtliche Vereinigung Band 2, 1990, S. 29 (35 unten), der sich aber mit der alten Rechtslage befasst.
[373] *Bülow* WM 2011, 1349.
[374] *Bülow* WM 2014, 1.

Teil, für den diese Ausnahme nicht gilt (→ Rn. 163), mit der Folge, dass nur dieser Teil der Form aus § 492 Abs. 1 BGB unterläge. Das ESIS-Merkblatt wäre nur für den immobiliarbezogenen Teil zu verwenden.[375]

V. Nachträgliche Veränderungen

Fraglich ist, ob und inwieweit verbraucherkreditrechtliche Vorschriften auf Änderungsvereinbarungen anwendbar sind, die sich auf einen zuvor wirksam abgeschlossenen Darlehensvertrag beziehen. Ist das Darlehen zur Rückerstattung fällig (§ 488 Abs. 1 Satz 2 BGB), können die Parteien den Fälligkeitszeitpunkt durch nachträgliche Vereinbarung hinausschieben (Prolongation, → Rn. 139). Es kann auch der Wille der Parteien sein, den alten Vertrag aufzuheben oder auslaufen zu lassen und durch einen neuen zu ersetzen (→ Rn. 144). Davon zu unterscheiden ist die Konditionenanpassung eines schon bestehenden Kreditvertrages (→ Rn. 146). **138**

1. Prolongation, Stillhalteabkommen

Im Falle einer Prolongation wird dem Darlehensnehmer ein neues Kapitalnutzungsrecht (→ Rn. 98) eingeräumt, das sich dem ursprünglich vereinbarten und auslaufenden Kapitalnutzungsrecht anschließt. Es könnte daran gedacht werden, dass aufgrund der darin liegenden Stundung der gesamte Vertrag den verbraucherkreditrechtlichen Bestimmungen des Gesetzes unterfällt, ein Darlehensnehmer also nunmehr den Darlehensvertrag widerrufen und gem. § 357a BGB zurückabwickeln könnte. Jedoch könnte dann der Darlehensgeber, der die Stundung verweigert, auf der Erfüllung des Vertrags bestehen, während derjenige Darlehensgeber, der sich auf die Stundung einlässt, dem Widerruf des Vertrags insgesamt ausgesetzt wäre, obwohl die Stundung doch typischerweise auf dem drohenden Unvermögen des Verbrauchers zur vertragsgemäßen Leistung und auf seiner, nicht des Darlehensgebers, Initiative zur Änderung der zunächst vereinbarten Finanzierung beruht.[376] Die Stundung lässt den ursprünglichen Vertrag bis auf die Frage der Fälligkeit ja auch unberührt. Nur die Prolongationsvereinbarung als solche ist demgemäß Verbraucherkreditvertrag, nach gängiger Doktrin[377] in Gestalt eines Zahlungsaufschubs als Finanzierungshilfe (→ § 506 Rn. 63d), bedarf gem. § 492 der Schriftform und kann widerrufen werden,[378] dh der Verbraucher kann in diesem Fall den Darlehensvertrag zu den ursprünglich abgeschlossenen Konditionen erfüllen. Bezieht sich die Stundungsvereinbarung auf ein Teilzahlungsgeschäft nach § 506 Abs. 3 BGB, ist ihr Gegenstand dennoch nicht die Lieferung einer bestimmten Sache, sodass zwar § 506 Abs. 1 nicht aber § 507[379] anwendbar ist (→ § 506 Rn. 26). **139**

Gleiche Grundsätze gelten bei nachträglicher **Drittfinanzierung**. Ist der Kaufpreis oder Werklohn fällig geworden und nimmt der Verbraucher, der nicht zahlen **140**

---

[375] *Bülow* WM 2015, 1309 (1312).
[376] So auch BGH v. 28.5.2013 – XI ZR 6/12, Tz. 27, WM 2013, 1314 mit Anm. *Bülow* LMK 2013, 350116.
[377] S. nur Stellungnahme des Bundesrats zum RegE, BR-Drucks. 359/1/15, S. 5 zu 3.
[378] LG Rottweil WM 1994, 1074 zu B. I. a.; MüKoBGB/*Schürnbrand* § 491 BGB Rn. 12; *Herresthal* BKR 2004, 479 (481).
[379] Gl. A. MüKoBGB/*Schürnbrand* § 506 BGB Rn. 12.

kann oder möchte, infolgedessen ein Darlehen auf, wird der Kauf- oder Werkvertrag nicht nachträglich zu einem mit dem Darlehensvertrag verbundenen Geschäft isv § 358. Der Widerruf des Darlehensvertrags hat auf den Kauf- oder Werkvertrag nicht die Wirkung gem. § 358 Abs. 2 (→ § 495 Rn. 332), dh der von Anfang an endgültig wirksame Vertrag fällt nicht nachträglich in einen Schwebezustand.[380]

141 Eine entgeltliche Stundungsvereinbarung hinsichtlich des nach **Verzugseintritt** geschuldeten Betrags ist über den Rahmen von § 497 Abs. 1 hinaus nicht wirksam möglich (→ § 497 Rn. 12); Gleiches gilt für Rückzahlungsvereinbarungen nach Kreditkündigung gem. § 498 (→ § 498 Rn. 4),[381] aber auch für ein Stillhalteabkommen (→ Rn. 143), soweit Verzug eingetreten war.

142 Die Qualifizierung der Prolongationsvereinbarung als Kreditvertrag setzt **Entgeltlichkeit** voraus (→ Rn. 97). Daran kann es fehlen, wenn die Konditionen für die Prolongation des Darlehens unverändert bleiben. Dem entspricht für den Fall eines nachträglichen Zahlungsaufschubs isv § 506 die Begründung zum VerbrKrG[382] (→ § 506 Rn. 2), wonach für diese nachträgliche Stundung kein eigenes Entgelt anfalle. Lediglich die unveränderten bisherigen Kosten für den Stundungszeitraum schuldet der Darlehensnehmer;[383] hiervon dürfte auch der Geltungsausschluss von Art. 2 Abs. 2 lit. j VerbrKrRl ausgehen, weil sonst bereits lit. f (zins- und gebührenfreie Verträge) erfüllt wäre (→ § 506 Rn. 63d). Gleichwohl kommt es darauf an, ob die ursprünglich vereinbarten Zinssätze auch für die Stundung gelten und anlässlich dieser oder nur für diese nicht verändert werden; in diesem Falle sind hinsichtlich der Stundung weder § 492 noch § 491a noch § 495 anwendbar, weil es insoweit am Kreditvertrag fehlt. Anderes gilt aber für grundpfandrechtlich besicherte Immobiliar-Verbraucherdarlehensverträge nach § 506 Abs. 1 Satz 3 BGB (→ Rn. 96i, → § 506 Rn. 63d). Bei variablen Zinsen darf die Anpassung nur dem ursprünglich vereinbarten Rahmen folgen, insbesondere nach Maßgabe von § 315 BGB.[384] Dagegen stellt die **Änderung des Sollzinssatzes** oder eine sonstige Änderung für die Zukunft einen formbedürftigen widerruflichen Änderungsvertrag dar (→ Rn. 147), bei rückwirkender Änderung kann von einem Neuabschluss des gesamten Kreditvertrags auszugehen sein (→ Rn. 144).

143 Die gleichen Grundsätze gelten für **Stillhalteabkommen** *(pactum de non petendo)*, durch die sich der Kreditgeber verpflichtet, seine Ansprüche nicht geltend zu machen, obwohl die anspruchsbegründenden Voraussetzungen erfüllt sind, und dem Verbraucher eine entsprechende Einrede erwachsen lassen.[385] Muss der Verbraucher für das Stillhalten des Kreditgebers ein besonderes Entgelt zahlen, ist das Abkommen ein Kreditvertrag; ändern sich die bisherigen Kreditkonditionen nicht, fehlt es an der Entgeltlichkeit.[386]

---

[380] Entgegen LG Trier NJW 1993, 2121 und LG Zweibrücken NJW 1995, 600 stellt sich deshalb nicht die Frage, ob der Widerruf rechtsmissbräuchlich ist.
[381] Das verkennt *Bruchner/Ott/Wagner-Wieduwilt* § 1 VerbrKrG Rn. 50, 52 f.
[382] BT-Drucks. 11/5462, S. 17.
[383] *Bankenfachverband* FLF 1990, 31 zu 1.b.; *Wackert* FLF 1992, 124 (125); *Münstermann/Hannes* § 1 VerbrKrG Rn. 69.
[384] *Bruchner/Ott/Wagner-Wieduwilt* § 1 VerbrKrG Rn. 49; *Bülow* Konsumentenkredit, Rn. 115 ff.; BGHZ 97, 212 (217).
[385] BGH NJW-RR 1989, 1048; MüKoBGB/*Schürnbrand* § 506 BGB Rn. 13.
[386] Zutreffend MüKoBGB/*Schürnbrand* § 506 BGB Rn. 13; Staudinger/*Kessal-Wulf* § 506 BGB Rn. 10; s. auch BGH NJW-RR 1989, 1048; BGHZ 20, 198 (205); 28, 45 (48); OLG Koblenz WM 1991, 1399 sowie BB 1993, 171.

2. Änderung in einen neuen Vertrag, echte Abschnittsfinanzierung

Der rechtsgeschäftliche Wille von Kreditgeber und Verbraucher braucht sich **144**
nicht in einer Vertragsänderung oder -ergänzung zu erschöpfen, sondern kann
darauf gerichtet sein, den bisherigen Vertrag aufzuheben und einen neuen Darlehensvertrag abzuschließen.[387] In diesem Fall unterliegt der neue Vertrag vollständig den verbraucherdarlehensrechtlichen Vorschriften, insbesondere der Form aus
§ 492 und dem Widerrufsrecht aus § 495 BGB. Bei Zweifeln ist der Wille der
Vertragsparteien nach §§ 133, 157 BGB durch Auslegung festzustellen. Anhaltspunkt für den Willen zur Begründung eines neuen Schuldverhältnisses mag nach
Lage des Einzelfalls sein, dass die Parteien anlässlich des Zahlungsaufschubs die
Bestellung von Sicherheiten (§ 492 Abs. 2, Art. 247 § 7 Nr. 2 EGBGB) vereinbaren. Dazu zählt auch die Änderung des Kreditrahmens bei Kontokorrentkrediten (→ Rn. 103).[388] Eine nachträgliche Stundung der bereits fällig gewordenen
oder demnächst fällig werdenden Verbindlichkeit des Verbrauchers aus einem
Kreditvertrag (→ Rn. 142) kann sich dann als Neubegründung des Schuldverhältnisses darstellen, wenn die Zinssätze rückwirkend auch für die Vergangenheit
bis zum Fälligkeitszeitpunkt geändert werden, sodass ein erneutes Widerrufsrecht
gem. § 495, gerechnet vom Zeitpunkt der Änderungsvereinbarung, hinsichtlich
des gesamten Kreditvertrages entsteht. In diesem Fall findet über die Kündigungsmöglichkeit gem. § 489 Abs. 1 Nr. 2 BGB hinaus eine sofortige Rückgängigmachung des Vertrages statt. Der abgelöste Vertrag kann, insbesondere im Fall
des unbefristeten, ewigen Widerrufsrechts (→ § 495 Rn. 164), seinerseits noch
widerruflich sein.[389]

Ein neuer Kreditvertrag wird auch in bestimmten Fällen der Abschnittsfinan- **145**
zierung begründet. Deckt sich die vereinbarte Laufzeit nicht mit dem noch fortbestehenden Kreditbedarf des Verbrauchers, kann dieser nach Laufzeitende das
Darlehen zurückzahlen und anderswo neue Mittel beschaffen. Wird stattdessen
für die Tilgung des noch offenen und zur Rückzahlung fälligen Darlehensrestes
ein neues Kapitalnutzungsrecht durch den bisherigen Kreditgeber eingeräumt
(**echte Abschnittsfinanzierung**), ist der dem neuen Abschnitt zugrundeliegende und ein neues Kapitalnutzungsrecht einräumende Vertrag selbst wiederum
formbedürftiger Kreditvertrag mit Widerrufsrecht[390] und bedarf erneuter vorvertraglicher Information nach § 491a BGB.[391] Der Unterschied zur gewöhnlichen
Prolongation ist darin zu sehen, dass die Parteien bei Vertragsabschluss bereits
vom fortbestehenden Kapitalnutzungsbedarf des Darlehensnehmers ausgehen.
Bei der Einteilung der Gesamtlaufzeit in Abschnitte kommt jedoch auch lediglich eine Konditionenanpassung in Betracht (→ Rn. 146).

3. Konditionenanpassung, unechte Abschnittsfinanzierung

Abschnittsfinanzierungen sind meistens so gestaltet, dass am Ende der vereinbar- **146**
ten Laufzeit das Darlehen getilgt ist, die Laufzeit aber in zeitliche Abschnitte aufge-

---

[387] BGH NJW 2006, 681 = WM 2006, 217 Rn. 11 mit Anm. *Bülow* WuB I E 2.–2006;
NJW 1992, 2283 zu II. 3. für § 566 BGB (jetzt § 550).
[388] *Seibert* DB 1991, 429 (431).
[389] Entgegen OLG Düsseldorf ZIP 2015, 1164 (nicht rechtskräftig).
[390] OLG Frankfurt WM 2007, 1176; OLG *München* WM 2001, 680 zu 2.; WM 2000,
1333 zu 2.a.; Bankrechtshandbuch/*Peters* § 81 Rn. 136.
[391] MüKoBGB/*Schürnbrand* § 492 BGB Rn. 11.

§ 491   147

teilt ist, für die bestimmte Konditionen gelten; die Konditionen sind für jeden Abschnitt auszuhandeln oder nach Maßgabe von § 315 BGB zu bestimmen. Beispiele sind mehrere Festzinsabschnitte oder ein Abschnitt mit variablen Zinsen, ein anderer mit festen Zinsen. In solchen Fällen sind im Darlehensvertrag, der das Kapitalnutzungsrecht für die Gesamtlaufzeit einräumt, gem. § 492 Abs. 2, Art. 247 § 3 Abs. 4 Satz 1 die Bedingungen anzugeben, unter denen der Sollzinssatz angepasst werden kann (→ § 492 Rn. 96) sowie ein fiktiver Gesamtbetrag[392] unter den Voraussetzungen von Art. 247 § 6 Abs. 3 EGBGB[393] (→ § 492 Rn. 114). Der dementsprechende Vollzug der Konditionenänderungen in den einzelnen Abschnitten stellt nicht etwa die erneute Einräumung des Kapitalnutzungsrechts dar, sondern setzt es voraus.[394] Deshalb bedarf die Konditionenanpassung nicht jedes Mal erneut der Angaben aus § 492, sondern die Konditionen können formlos[395] mit Wirksamkeit verändert werden[396] **(unechte Abschnittsfinanzierung),** erst recht natürlich bei Vertragsverlängerung zu unveränderten Konditionen.[397] Der Darlehensgeber hat den Darlehensnehmer nach Maßgabe von § 493 Abs. 1 zu unterrichten (→ § 493 Rn. 6). Der Verstoß hiergegen stellt eine Pflichtverletzung nach § 280 BGB dar, berührt aber die Wirksamkeit einer späteren Konditionenanpassung nicht. Der Verbraucher hat kein Widerrufsrecht.[398]

147 Etwas anderes wird allerdings zu gelten haben, wenn die Konditionsänderung nicht nach dem ursprünglichen Darlehensvertrag vollzogen wird, sondern wenn sich die Parteien auf neue Voraussetzungen einigen, unter denen die Konditionen verändert werden können. Beispiel ist, dass die Parteien im Darlehensvertrag Festzinsabschnitte vereinbart hatten, für einen späteren Abschnitt aber variable Zinsen zugrundelegen wollen oder umgekehrt,[399] oder dass ein fester Nominal-

---

[392] BGH v. 1.3.2011-XI ZR 135/10, WM 2011, 656; BGH v. 3.12.2010 – XI ZR 348/09, ZIP 2011, 1046.

[393] Diese Voraussetzungen sind nicht erfüllt, wenn die Tilgung in einem Abschnitt durch eine Einmalzahlung des Verbrauchers zu leisten ist, zB mittels Kapitallebensversicherung, für die eine Kapitalprämie zu zahlen ist, → § 492 Rn. 91 aE, BGH WM 2008, 681 Tz. 17 mit Komm. *Metz* EWiR § 4 VerbrKrG 1/08, 635.

[394] BGH v. 28.5.2013 – XI ZR 6/12, WM 2013, 1314 Tz. 23 mit Bspr. *Wiechers* WM 2014, 145 (150), Anm. *Bülow* LMK 2013, 350116 und Komm. *Wolters* EWiR § 495 BGB 1/13, 541; KG WM 2016, 213 = ZIP 2015, 2067 mit Komm. *Sambat* EWiR 2015, 721.

[395] AA *Bruchner/Ott/Wagner-Wieduwilt* § 4 VerbrKrG Rn. 128: Schriftform; MüKoBGB/*Schürnbrand* § 492 BGB Rn. 13; aber eine Anpassung als solche kein Kreditvertrag ist, bleibt auch § 492 Abs. 1 Satz 1 unanwendbar, so wohl auch *Erman/Saenger* § 492 BGB Rn. 7. Freilich wird Schriftlichkeit ubiquitär eingehalten.

[396] BGH WM 2004, 2306 zu II. 3. mit Anm. *Bülow* WuB I E 2. – § 494 BGB – 1.05; NJW 2004, 2820 mit Komm. *Medicus* EWiR § 9 VerbrKrG 2/04, 1055; NJW 1998, 602 mit Anm. *v. Westphalen* WuB I E 2.–2.98 und Komm. *Vortmann* EWiR § 4 VerbrKrG 1/98, 329; 1995, 527 (Nichtannahmebeschluss), abl. *Metz/Wenzel* Vorfälligkeitsentschädigung, Rn. 36; Vorinstanz OLG Hamburg NJW-RR 1994, 1011 mit Anm. *Bülow* EWiR § 4 VerbrKrG 2/94, 397; BGH WM 2005, 174 zu II. 1.b. mit Komm. *Reiff* EWiR § 312 BGB 2/05, 381; OLG Stuttgart WM 2003, 2234 mit Komm. *C. Steiner* EWiR § 4 VerbrKrG 1/04, 143; OLG München WM 2000, 1333 zu 2.a.; OLG Köln EWiR § 315 BGB 2/98, 1117 *(C. Steiner);* OLG Düsseldorf EWiR § 4 VerbrKrG 3/95, 713 *(v. Westphalen); Seibert* DB 1991, 429 (430); *Ady* WM 2010, 1305.

[397] EuGH EuZW 2004, 287 mit Komm. *Pamp* EWiR Art. 4 RiL 87/102/EWG 1/04, 937 sowie *Hakenberg/Seyr* ZEuP 2005, 832 (842).

[398] KG WM 2016, 213 zu II.2.a.

[399] BGH ZIP 1987, 1105 mit Komm. *v. Stebut* EWiR 1987, 871; zutreffend *Metz* ZBB 1994, 205 (207) Fn. 21; *Herresthal* BKR 2004, 479 (482).

Verbraucherdarlehensverträge   148, 149 § 491 (Ausnahmen)

zinssatz erhöht werden soll (→ Rn. 142 aE). In diesem Fall schließen die Parteien einen **Änderungsvertrag bezüglich der Voraussetzungen über die Konditionenanpassung** ab, der das zuvor vereinbarte Kapitalnutzungsrecht ändert und deshalb als solcher und isoliert – ebenso wie eine Prolongationsvereinbarung (→ Rn. 139) – ein formbedürftiger Kreditvertrag ist, ohne dass der gesamte Darlehensvertrag nochmals formbedürftig würde und mit diesem eine einheitliche Urkunde bilden müsste (→ § 492 Rn. 39). Lässt die Anpassungsabrede im ursprünglichen Kreditvertrag aber beide oder auch andere Varianten zu, legt sie sich also nicht fest, stellt die Konditionenanpassung keinen Änderungsvertrag dar und kann formlos vollzogen werden.[400]

Wenn einem Finanzierungsabschnitt veränderliche (variable) Zinsen zugrunde gelegt werden, kann der Darlehensgeber einseitig eine Anpassung bestimmen, wenn eine Anpassungsklausel wirksam Vertragsbestandteil geworden war[401] (→ § 493 Rn. 13). Die Konditionenanpassung wird erst wirksam, wenn der Darlehensgeber den Darlehensnehmer nach Maßgabe von **Art. 247 § 15 EGBGB** unterrichtet hat. Die Unterrichtung hat auf einem dauerhaften Datenträger nach §§ 126b Satz 2, 492 Abs. 5 BGB, Art. 11 Abs. 1 Verbraucherkreditrichtlinie zu erfolgen. Anzugeben sind der angepasste Sollzinssatz, die angepasste Höhe der Teilzahlungen und Zahl und Fälligkeit der Teilzahlungen, sofern diese sich ändern. Nicht mehr anzugeben ist aufgrund der Aufhebung von § 6 Abs. 6 PrAngVO der effektive Jahreszins. Geht die Anpassung auf die Änderung eines Referenzzinssatzes zurück, zB den Basiszinssatz nach § 247 BGB, können die Parteien einen anderen Wirksamkeitszeitpunkt nach näherer Maßgabe von Art. 247 § 15 Abs. 2 EGBGB vereinbaren.

148

C. Ausnahmen

I. Reichweite der Ausnahmen und Abgrenzungen

1. Unterschiedliche *ratio legis* für gänzlichen und teilweisen Ausschluss

Der durch § 491 Abs. 1 Satz 1 sowie §§ 506, 510, 655a BGB vorgegebene weite sachliche Anwendungsbereich von Verbraucherkreditrecht wird in teilweiser Übereinstimmung mit Art. 2 Abs. 2 Verbraucherkreditrichtlinie und Art. 3 Abs. 2 WohnimmoRil in den durch § 491 Abs. 2, Abs. 3 Satz 3 und Abs. 4 bestimmten Fallgruppen wieder zurückgenommen, teils durch vollständige (Abs. 2 Satz 2, Abs. 3 Satz 3), teils durch teilweise Freistellung (Abs. 4, Abs. 3 Satz 4). Die Richtlinien bestimmen, dass sich ihr eigener Geltungsbereich nicht auf diese Fallgruppen erstreckt, also der harmonisierte Bereich verlassen ist (Erwägungsgrund 14 WohnimmoRil, → Einf. Rn. 32). Den Mitgliedstaaten steht es also frei, die Fallgruppen ihren nationalen verbraucherkreditrechtlichen Regelungen zu unterwerfen. Im deutschen Recht kann deshalb der Sicherungs-Schuldbeitritt, mit dem sich die Richtlinien nicht befassen, den verbraucherkreditrechtlichen Regelungen unterworfen werden (→ Rn. 108). Zudem sind Darlehen zur Finanzierung von Finanzinstrumenten einbezogen (Art. 2 Abs. 2 lit. h

149

---

[400] So anscheinend die Vertragskonstellation in BGH NJW 1995, 527.
[401] MüKoBGB/*Schürnbrand* § 491a BGB Rn. 23; § 493 BGB Rn. 13.

Bülow 129

§ 491 (Ausnahmen) 150–153 1. Teil. Darlehen u. Finanzierungshilfen

VerbrKrRil), bei denen nur die Regelungen über verbundene Geschäfte eingeschränkt sind (§ 358 Abs. 5, → § 495 Rn. 260). Außerdem gibt es im deutschen Verbraucherkreditrecht keine Höchstgrenze (75 000 Euro nach lit. c, siehe lediglich § 494 Abs. 6 Satz 3, → Rn. 98a sowie § 494 Rn. 78). Auf der anderen Seite findet im Fall des **verbundenen Geschäfts** die Widerrufserstreckung nach Art. 15 Abs. 1 VerbrKrRil auf jegliche Darlehensverträge statt, schließt also solche nach § 491 Abs. 2 Satz 2 BGB ein. Als Folge dessen gilt § 358 Abs. 2 auch für solche Verträge und nicht nur für Verbraucherdarlehen (→ § 495 Rn. 312). Die WohnimmoRil enthält in Art. 3 Abs. 2 und Abs. 3 ganz andere und nur teilweise mit der VerbrKrRil übereinstimmende Anwendungsausschlüsse, die den Rechtsordnungen der Mitgliedstaaten gleichfalls die Einbeziehung von Sicherungsgeschäften erlauben oder etwa von Förderdarlehen nach § 491 Abs. 3 Satz 1 BGB sowie von Immobiliar-Überziehungskrediten mit Rückzahlung binnen eines Monats, siehe Art. 3 Abs. 3 lit. d WohnimmoRil[402], gleichermaßen Art. 2 Abs. 2 lit. e VerbrKrRil.

150 Den durch § 491 **Abs. 2 Satz 2** sowie **Abs. 3 Satz 3** und durch Verweis in § **506 Abs. 1 Satz 2 BGB** geregelten Fällen fehlt es an einer relevanten Störung der Vertragsparität zulasten des Verbrauchers als Kreditnehmer, sodass Kompensationsregelungen nicht geboten erscheinen (→ Einf. Rn. 44), vielmehr waltet das allgemeine Privatrecht. Die Relevanz wird im europäischen Sekundärrecht und diesem folgend in der Umsetzung durch deutsches Recht für Allgemein-Verbraucherdarlehensverträge und für Immobiliar-Verbraucherdarlehensverträge unterschiedlich gewertet, sodass Übereinstimmung lediglich bei Arbeitgeberkrediten besteht (§ 491 Abs. 2 Nr. 4, Abs. 3 Satz 2); in den übrigen Fällen von Abs. 2 ist das Recht der Immobiliar-Verbraucherverträge anwendbar, während der Vertrag kein Allgemein-Verbraucherdarlehensvertrag ist (zu Nr. 5 → Rn. 176 ff.). Der Gefahr von Übervorteilung und finanzieller Belastung des Verbrauchers bei mehreren unter der Bagatellgrenze abgeschlossenen Verträgen steht das Umgehungsverbot von § 512 Satz 2 entgegen (→ § 512 Rn. 24).

151 Im Fall von **Abs. 4 und Abs. 3 Satz 4** ist Verbraucherkreditrecht nur teilweise unanwendbar, aber nicht wegen mangelnder Schutzbedürftigkeit des Verbrauchers, sondern weil die ausgenommenen verbraucherkreditrechtlichen Bestimmungen für gerichtliches Protokoll und Vergleich nicht praktikabel sind,[403] anders gewendet zum Ausgleich gestörter Vertragsparität nicht geeignet sind.

2. Vertrags- und Geschäftsarten

152 a) Die Ausnahmeregelungen von Abs. 2 Satz 2 beziehen sich auf **Allgemein-Verbraucherdarlehensverträge,** gelten gem. § 506 Abs. 4 Satz 1 aber auch für Verträge über Finanzierungshilfen, namentlich Teilzahlungsgeschäfte (§ 506 Abs. 3), dh, in der Ausdrucksweise der Verbraucherkreditrichtlinie, für **Kreditverträge** (→ Rn. 16, 91). Sie beziehen sich aber **nicht** auf **Immobiliar-Verbraucherkreditverträge** (mit Ausnahme von Nr. 4 – Arbeitgeberkredite – und Teilausnahme von Nr. 5 – Förderdarlehen –).

153 b) **Kreditvermittlungsverträge** nach § 655a Abs. 1 BGB (→ 2. Teil § 655a Rn. 6) sind von der vollständigen Freistellung unter den weiteren Voraussetzun-

---

[402] RefE WohnimmoRil, S. 71.
[403] BT-Drucks. 11/5462, S. 18.

gen von Abs. 2 ebenso erfasst wie Kreditverträge, während sich die teilweise Unanwendbarkeit nach Abs. 3 nicht auf Darlehensvermittlungsverträge bezieht, gerichtliche Protokolle und Vergleiche also der vollen Form aus § 655b BGB bedürfen.

c) Für **Ratenlieferungsverträge** nach § 510 gelten die Ausnahmevorschriften in vollem Umfang, wie § 510 Abs. 3 Satz 1 BGB bestimmt (→ § 510 Rn. 30). **154**

d) Erfüllt ein Ausnahmegeschäft aus Abs. 2 Satz 2, das kein Allgemein-Verbraucherkreditgeschäft ist, zugleich die Tatbestandsvoraussetzungen eines **Haustürgeschäfts** (außerhalb von Geschäftsräumen), bleibt das Widerrufsrecht aus § 312g Abs. 1 BGB unberührt, sofern die Bagatellgrenze aus § 312 Abs. 2 Nr. 12 BGB (40 €) überschritten ist.[404] **155**

e) Ist der Kreditvertrag, auf den verbraucherkreditrechtliche Vorschriften gem. § 491 Abs. 2 Satz 2 nicht anwendbar sind, zugleich ein **Fernabsatzgeschäft** (→ § 495 Rn. 40), gelten allein die §§ 312c, 312d Abs. 2 BGB, Art. 246b EGBG; das Widerrufsrecht nach § 312g Abs. 1 wird nicht nach Abs. 3 verdrängt (→ Rn. 94). **156**

3. Beweislast

Die Ausnahmetatbestände hindern die an sich gegebene Anwendbarkeit von Verbraucherdarlehensrecht und sind als Gegennormen ausgestaltet, für deren tatsächliche Voraussetzungen derjenige die Beweislast trägt, der sich auf die Unanwendbarkeit verbraucherkreditrechtlicher Normen aufgrund einer Ausnahme beruft.[405] Hierfür kommt nur noch der Kreditgeber in Frage. **157**

II. Gänzliche Unanwendbarkeit (Vollausnahmen für Allgemein-Verbraucherkreditverträge, Abs. 2 Satz 2)

1. Bagatellgeschäfte (Nr. 1)

Bis zu einem vertragsgegenständlichen Betrag von 200 € ausschließlich ist Verbraucherdarlehensrecht nicht anwendbar. Seine Anwendung beginnt bei 200 € (anders die Vorgängerregelung). Der Bagatell-Darlehensvertrag ist kein Verbraucherdarlehensvertrag (→ § 495 Rn. 312), vielmehr gelten nur die allgemeinen darlehensrechtlichen Vorschriften von §§ 488 bis 490 BGB. Die Bagatellgrenze gilt sowohl für Darlehensverträge wie für Teilzahlungsgeschäfte (§ 506 Abs. 3) und Darlehensvermittlungsverträge (→ § 655a Rn. 20); sie ist auch beachtlich im Falle von Ratenlieferungsverträgen nach § 510 Abs. 1 Satz 2 (→ § 510 Rn. 30 und → Rn. 153).[406] Sie führt zur vollständigen Freistellung von verbrau- **158**

---

[404] *Münstermann/Hannes* § 3 VerbrKrG Rn. 145; OLG München WM 1997, 728 mit zust. Anm. *Schönfelder* WuB IV D.–3.99; wohl auch OLG Stuttgart WM 1999, 1419 mit Anm. *Schönfelder* WuB IV D.–4.99.
[405] *Heinrich* Beweislast, S. 131; *Bamberger/Roth/Möller/Wendehorst* § 491 BGB Rn. 27; *Erman/Saenger* § 491 BGB Rn. 37; MüKoBGB/*Schürnbrand* § 491 BGB Rn. 81; *Bülow* in Baumgärtel/Laumen/Prütting, Handbuch der Beweislast, § 491 BGB Rn. 9.
[406] BGHZ 128, 156 (164); OLG Karlsruhe WM 1993, 1130; OLG Köln BauR 1995, 709; LG München I NJW 1999, 2127 mit Komm. *Mankowski* EWiR § 7 VerbrKrG 1/99, 233.

§ 491 (Ausnahmen) 159, 160   1. Teil. Darlehen u. Finanzierungshilfen

cherdarlehensrechtlichen Vorschriften auch in Bezug auf Mithaftende wie im Falle eines Schuldbeitritts (→ Rn. 115) oder bei Ehegatten eines unter die Schlüsselgewalt gem. § 1357 BGB (→ Rn. 124) fallenden Geschäfts.[407]

159   a) **Darlehensverträge.** Im Falle von Darlehen kommt es nicht auf die Gesamtbelastung an, die bei 200 € oder darüber liegen kann, sondern auf den an den Verbraucher oder vereinbarungsgemäß an einen Dritten (zB an den Verkäufer im verbundenen Geschäft gem. § 358) auszuzahlenden Darlehensbetrag, also auf das, worauf der Darlehensnehmer tatsächlich Anspruch hat (Nettodarlehensbetrag iSv Art. 247 § 3 Abs. 2 Satz 2 EGBGB,[408] → § 492 Rn. 92). Im Falle einer Umschuldung – sei sie extern oder intern (→ § 655c Rn. 10) – zählt der Ablösungsbetrag zum Nettodarlehensbetrag.[409] Gebühren, Spesen, Disagio oder Vermittlerkosten,[410] die der Darlehensnehmer an die Bank zahlen muss, werden bei der Bagatellgrenze also nicht berücksichtigt; je höher diese Kosten sind und je näher sie den Darlehensvertrag an die Sittenwidrigkeitsgrenze bringen können, umso eher ist der Darlehensgeber von verbraucherkreditrechtlichen Belastungen befreit. Dagegen kommt es nicht darauf an, ob der Nettodarlehensbetrag auf einmal oder in Teilen – also seinerseits in Raten durch die Bank – ausgezahlt wird. Deshalb gibt bei einem Kontokorrentkredit die vereinbarte **Kreditlinie** Maß, die den Anspruch des Verbrauchers begründet,[411] nicht aber das, was der Verbraucher tatsächlich abruft.[412] Gleiches gilt für den Kredit, der mittels Kundenkarte genommen wird[413] (→ § 506 Rn. 63). Wird bei einheitlichen Kreditbedingungen das Darlehen rechtlich in mehrere einzelne Kreditverträge aufgeteilt, um zu erreichen, dass auf jeden Vertrag weniger als 200 € entfallen, kann der Tatbestand eines Umgehungsgeschäfts nach § 512 Satz 2 gegeben sein (→ § 512 Rn. 24).

160   Wird ein bestehender Kreditvertrag im Wege der Vertragsänderung **aufgestockt,** kommt es auf den Gesamtnettobetrag an; liegt er bei 200 € oder darüber, wird das Gesetz nachträglich anwendbar. Das gesamte Kreditverhältnis unterliegt zB der Schriftform und dem Widerruf. Dessen Fristbeginn richtet sich nach dem Abschluss desjenigen Vertrages, durch den das Gesetz anwendbar wird, also mit der Einigung über die Aufstockung. Liegt lediglich der Aufstockungsbetrag unter 200 €, ist das Gesetz auch im Hinblick auf diesen Aufstockungsbetrag anwendbar, der Vertrag bedarf also zB der Schriftform, weil es auf den Gesamtnettodarlehensbetrag ankommt.[414] Nach Lage des Einzelfalls kann es auch vorkommen, dass der Verbraucher unabhängig von einem bereits erhaltenen Darlehen ein

---

[407] *Kliffmüller* FuR 1992, 138; die Mithaftung eines Stellvertreters des Verbrauchers mittels AGB bedarf der ausdrücklichen und gesonderten Erklärung gem. § 309 Nr. 11 lit. a BGB, BGHZ 104, 233 (237 f.); BGH NJW 2001, 1683; OLG Brandenburg WM 2002, 71 mit Anm. *Bülow* WuB I F 1a–6.02.
[408] So auch *Münstermann/Hannes* § 3 VerbrKrG Rn. 143; *v. Westphalen/Emmerich/v. Rottenburg* § 3 VerbrKrG Rn. 2.
[409] *v. Westphalen/Emmerich/v. Rottenburg* § 3 VerbrKrG Rn. 4; MüKoBGB/*Schürnbrand* § 491 BGB Rn. 64.
[410] *v. Westphalen/Emmerich/v. Rottenburg* § 3 VerbrKrG Rn. 3.
[411] MüKoBGB/*Schürnbrand* § 491 BGB Rn. 65; Staudinger/*Kessal-Wulf* § 491 BGB Rn. 67.
[412] So aber *v. Westphalen/Emmerich/v. Rottenburg* § 3 VerbrKrG Rn. 9.
[413] *v. Usslar/v. Morgen* Kreditkartenpraxis, S. 75.
[414] In der Aufstockung liegt also entgegen Staudinger/*Kessal-Wulf* § 491 BGB Rn. 71 keine bloße Konditionenanpassung, → Rn. 150.

neues Darlehen aufnimmt und es an der Einheitlichkeit beider Kredite fehlt, vielmehr zwei voneinander unabhängige Verträge bestehen (→ Rn. 159 aE). In diesem Fall kann jeder selbständige Darlehensvertrag unter die Bagatellgrenze fallen, selbst wenn beide Darlehen in einheitlichen Raten zurückgezahlt werden.

Im Falle von Bagatell-Überziehungskrediten sind auch §§ 504, 505 nicht anwendbar.[415]

b) Finanzierungshilfen, Immobiliar-Kreditverträge. Die Bagatellgrenze von 200 € gilt auch für Finanzierungshilfen. §§ 506 bis 509 sind auf solche Geschäfte gem. § 506 Abs. 4 nicht anwendbar (→ § 506 Rn. 128 ff.). Sie gilt nicht für Immobiliar-Kreditverträge.

c) Unentgeltliche Kredite. Die Vollausnahme gilt gemäß §§ 514 Abs. 1 Satz 2, 515 auch für unentgeltliche Darlehen und Finanzierungshilfen; namentlich das Widerrufsrecht nach § 514 Abs. 2 ist ausgeschlossen.

2. Sachpfandkredite (Nr. 2)

Schon bislang bestand Einigkeit darüber,[416] dass Verbraucherkreditrecht auf Darlehensverträge mit Pfandleihern im Anwendungsbereich der PfandleihVO[417] als *lex specialis* nicht anwendbar ist. Dies bestimmt der Ausnahmetatbestand von Nr. 2 nunmehr ausdrücklich und folgt damit Art. 2 Abs. 2 lit. k der Verbraucherkreditrichtlinie. Pfandleiherdarlehen kennzeichnen sich gem. § 5 Abs. 1 Nr. 1 PfandleihVO dadurch, dass sich der Pfandleiher als Darlehensgeber wegen seiner Forderung auf Rückzahlung des Darlehens sowie auf Zahlung von Zinsen, Vergütung und Kosten nur aus dem Pfand befriedigen darf, wobei die wirksame Verpfändung einer beweglichen Sache nach § 1205 BGB vorausgesetzt ist.[418] Der in § 5 PfandleiherVO niedergelegte Grundsatz der reinen Sachhaftung bedeutet aber nicht, dass die persönliche Schuld des Darlehensnehmers und die Klagbarkeit der Ansprüche des Darlehensgebers ausgeschlossen wären. Vielmehr ist nur die Zwangsvollstreckung aus einem Leistungsurteil begrenzt auf die Verwertung des Pfandes.[419] Deshalb bleibt der Anspruch aus § 488 Abs. 1 Satz 2 BGB bestehen, wenn der Erlös aus der Pfandverwertung nicht ausreiche; eine Zahlung des Darlehensnehmers ist eine Leistung *cum causa*.[420] Darlehensnehmer kann auch ein Unternehmer sein, sodass Verbraucherkreditrecht bereits aus diesem Grunde unanwendbar ist.

Fraglich ist, ob die PfandleiherVO auch gegenüber **Immobiliar-Verbraucherdarlehensverträgen** als *lex specialis* anzusehen ist, wobei nur solche nach § 491 Abs. 3 Nr. 2 in Betracht kämen. Die WohnimmoRil enthält anders als die

---

[415] Zutreffend *v. Westphalen/Emmerich/Kessler* 1. Aufl. 1991, § 3 VerbrKrG Rn. 9; *Münstermann/Hannes* § 5 VerbrKrG Rn. 267.
[416] *Damrau* Pfandleiher VO, 2. Aufl. 2005, § 5 Rn. 44 ff.; *Hammen* WM 1995, 185; MüKoBGB/*Schürnbrand* § 491 BGB Rn. 66; *Münstermann/Hannes* § 1 VerbrKrG Rn. 14; OVG Münster WM 2002, 32.
[417] Verordnung über den Geschäftsbetrieb der gewerblichen Pfandleiher (PfandleiherVO) vom 1.2.1961 idF der Bekanntmachung vom 1.6.1976, BGBl I, 1334, zuletzt geändert am 14.11.2001 (BGBl. I, 3071).
[418] Keine Pfandleihe und ggf. Anwendung von Verbraucherkreditrecht bei Unterwerfung unter die sofortige Zwangsvollstreckung (§ 794 Abs. 1 Nr. 5 ZPO) und Sicherheitenbestellung, OLG Schleswig, Beschluss v. 5.9.2012 – 2 W 19/12, BeckRS 2012, 19440.
[419] *Damrau*, § 5 PfandleiherVO Rn. 8, 9.
[420] *Damrau*, § 5 PfandleiherVO Rn. 3, 7.

§ 491 (Ausnahmen) 164–167   1. Teil. Darlehen u. Finanzierungshilfen

VerbrKrRil keinen Anwendungsausschluss. Im Hinblick auf die Maxime der Finanzstabilität (→ Einf. Rn. 13b) mag die Gefahr nicht werthaltiger Mobiliarpfänder relevant und dem Wortlaut der WohnimmoRil entsprechend der Sachpfandkredit von ihrem Mindeststandard nach Art. 2 Abs. 1 erfasst sein. Demgemäß würde die Ausnahme für Sachpfandkredite **nicht** für Immobiliar-Verbraucherdarlehensverträge gelten, also Verbraucherkreditrecht anwendbar sein.

3. Kurzfristige und kostengünstige Darlehen (Nr. 3)

164 Die Unanwendbarkeit verbraucherdarlehensrechtlicher Vorschriften folgt nicht nur aus einem Bagatellkreditvolumen nach Nr. 1 (→ Rn. 158), sondern auch aus einer zeitlichen Bagatellgrenze von drei Monaten, jedoch abhängig von geringen Darlehenskosten, dh von einer Kostenbagatellgrenze. Früher gab es nur eine Dreimonategrenze bei Finanzierungshilfen (§ 499 Abs. 1 BGB aF), die hierfür jetzt nicht mehr gilt. Die Neuregelung beruht auf Art. 2 Abs. 2 lit. f der VerbrKrRil, sodass die Darlehen außerhalb ihres harmonisierten Bereichs angesiedelt sind.

165 a) **Dreimonategrenze.** Die Frist, durch die Verbraucherdarlehensrecht unanwendbar wird, beträgt drei Monate; jeder weitere Tag führt zur Anwendbarkeit. Für die Fristberechnung gelten §§ 188 Abs. 2 und 3, 186 BGB. Die Frist kann also im gegebenen Falle kürzer als 90 Tage sein. Bei Verlängerung der Darlehenslaufzeit (Prolongation, → Rn. 146) gilt der Ausnahmetatbestand nur, wenn die neue Gesamtlaufzeit nicht mehr als drei Monate beträgt.[421]

166 Fristbeginn ist der Zeitpunkt, in welchem das Darlehen dem Verbraucher als Darlehensnehmer zur Verfügung gestellt wurde (→ Rn. 98), nicht etwa der Zeitpunkt des Vertragsabschlusses. Dies folgt aus dem Tatbestandsmerkmal „zurückzuzahlen", das, ebenso wie die Rückzahlungspflichten nach § 488 Abs. 1 Satz 2 BGB, einen vorausgegangenen Empfang voraussetzt.

167 b) **Geringe Kosten.** Gesetz und Richtlinie bestimmen mit dem Begriff der geringen Kosten einen offenen Tatbestand, von dem unter anderem die Vertragswirksamkeit abhängt und der Rechtsunsicherheit hervorruft. Wichtiger Anwendungsbereich sind Kreditkarten, die trotz Gebühr freigestellt sein können. Eine der Höhe nach marktübliche Gebühr erfüllt, ohne dass es auf einen prozentualen Bezug zum kreditierten Betrag (Nettodarlehensbetrag, Art. 247 § 3 Abs. 2 Satz 2 EGBGB) ankäme, nicht die Geringfügigkeit. Zu berücksichtigen sind auch Kosten, die nicht in die Berechnung des effektiven Jahreszinses nach § 6 Abs. 4 PrAngVO einfließen, zB Verzugskosten. Hierbei kann es der Rechtssicherheit wegen nicht darauf ankommen, ob bei Vertragsschluss ein Verzug des Darlehensnehmers absehbar ist. Ist der Verzug sogar offensichtlich (so die Gesetzesbegründung[422]), dürfte ein Anwendungsfall von § 138 Abs. 1 oder sogar § 138 Abs. 2 BGB gegeben sein. Fehlt es an der Geringfügigkeit der Kosten, weil bei niedrigem Sollzins die Bearbeitungsgebühren hoch sind, dürfte der sich daraus ergebende effektive Jahreszins Maß geben. Gering sind die Kosten nur, wenn der effektive Jahreszins deutlich unter dem Marktzins (→ Rn. 174) liegt.

---
[421] insofern übereinstimmend *Soergel/Häuser* § 3 VerbrKrG Rn. 13; aA *von Westphalen/Emmerich/von Rottenburg* § 3 VerbrKrG Rn. 37: Trennung von ursprünglichem Darlehensvertrag und Stundungsabrede, für die die Dreimonategrenze gesondert zu berechnen sei.
[422] BT-Drucks. 16/11643, S. 76.

4. Arbeitgeberdarlehen (Nr. 4)

a) Sachlicher Anwendungsbereich. Kreditgewährungen eines Arbeitgebers an seinen Arbeitnehmer sind als Teilzahlungsgeschäfte und sonstige Finanzierungshilfen (Finanzierungsleasing) denkbar (→ § 506 Rn. 140), denen auch das sog. Truckverbot nicht mehr entgegensteht (→ Rn. 101). Die praktische Bedeutung liegt in Darlehen, zB einem Baukostenvorschuss;[423] hierzu gehört auch ein Vereinbarungsdarlehen (→ Rn. 100), das in der Umwandlung eines dem Arbeitgeber gegen den Arbeitnehmer zustehenden Schadensersatzanspruchs liegen kann.[424] Keine Darlehen sind Lohn- oder Gehaltsvorschüsse oder Gratifikationen mit Rückzahlungsklausel, wenn der Arbeitgeber ein Entgelt nicht verlangt,[425] → Rn. 97. Die von Nr. 4 erfassten Kreditgeschäfte stützen die Gesetzesverfasser auf Art. 2 Abs. 2 lit. g der Richtlinie (→ Rn. 171). 168

b) Persönlicher Anwendungsbereich. aa) Arbeitgeber. Arbeitgeberdarlehen sind an sich vom persönlichen Anwendungsbereich aus § 14 BGB erfasst,[426] da der Arbeitgeber als solcher in Ausübung seiner gewerblichen oder beruflichen Tätigkeit handelt. Ausnahmsweise ist das Gesetz aber nicht anwendbar, wenn entweder die Bagatellgrenze gem. Nr. 1 nicht erreicht ist oder wenn gem. Nr. 4 dem Verbraucher als Arbeitnehmer (→ Rn. 170) Zinsen exklusiv (→ Rn. 173) geboten werden, die unter den marktüblichen Sätzen liegen. 169

bb) Verbraucher als Arbeitnehmer. Darlehensnehmer ist der Arbeitnehmer des darlehensgewährenden Arbeitgebers. Voraussetzung des Ausnahmetatbestands ist ein wirksamer oder doch faktischer Arbeitsvertrag, dessen Nebenleistung das Darlehen ist. Normadressaten dürften auch arbeitnehmerähnliche Personen,[427] → Rn. 55, nicht aber selbständige Absatzmittler wie zB Franchisenehmer, → § 506 Rn. 53 (wenngleich sie als Existenzgründer einem Verbraucher gleichgestellt sein können, → § 513 Rn. 2). Mitarbeitende nahestehende Personen, insbesondere Ehegatten[428] sind nicht freigestellt, wenn ein Gefälligkeitsverhältnis und nicht ein – vielleicht konkludentes – Arbeitsverhältnis vorliegt, wohl aber leitende Angestellte.[429] Voraussetzung der Freistellung ist außerdem die Exklusivität (→ Rn. 173). 170

---

[423] LAG Köln NZA-RR 2001, 174.
[424] *v. Westphalen/Emmerich/v. Rottenburg* § 3 VerbrKrG Rn. 47: Fall eines Zahlungsaufschubs.
[425] *Münstermann/Hannes* § 3 VerbrKrG Rn. 155; *v. Westphalen/Emmerich/v. Rottenburg* § 3 VerbrKrG Rn. 46.
[426] Anwendbarkeit von §§ 305 ff. BGB, da die Bereichsausnahme von § 310 Abs. 4 nicht gilt: BAG NZA 1999, 1212 zu 2.b.; LAG Hamm WM 1994, 493 mit zust. Anm. *Walker* WuB IV B. – 1.94; zum rechtsschutzversicherungsrechtlichen Aspekt (§ 25 ARB) OLG Hamm NJW-RR 2000, 1558; eine Ausgleichsklausel in einem Aufhebungsvertrag erfasst das Darlehen idR nicht, BAG v. 19.1.2011 – 10 AZR 873/08, BeckRS 2011, 7398; kein Kündigungsgrund bei zweckwidriger Verwendung, LAG RP v. 7.11.2011 – 10 Sa 133/11; keine Kündigung wegen Beendigung des Arbeitsverhältnisses, BAG v. 12.12.2013 – 8 AZR 829/12.
[427] Zutreffend MüKoBGB/*Schürnbrand* § 491 BGB Rn. 69; Staudinger/*Kessal/Wulf* § 491 BGB Rn. 37, 79.
[428] *Bruchner/Ott/Wagner-Widuwilt* § 3 VerbrKrG Rn. 54, 55; aA Staudinger/*Kessal-Wolf* § 491 BGB Rn. 79.
[429] EuGH v. 11.11.2010 – C-232/09: Mitglied der Unternehmensleitung einer Kapitalgesellschaft.

§ 491 (Ausnahmen)   171–173   1. Teil. Darlehen u. Finanzierungshilfen

171 Der Arbeitnehmer schließt den Darlehensvertrag zu einem Zweck ab, der seiner abhängig-beruflichen Tätigkeit zuzurechnen ist, nämlich als Nebenleistung zum Arbeitsvertrag, sodass er gem. § 13 BGB zugleich Verbraucher ist (→ Rn. 52). Nach Art. 3 lit. a VerbrKrRil und auch sonst im europäischen Sekundärrecht verhindert dagegen ein beruflicher (nicht nur freiberuflicher, sondern auch abhängig-beruflicher) Bezug die Verbraucherqualifikation, sodass die Anwendung von Verbraucherkreditrecht danach ohnehin nicht gegeben ist. Jedoch dürfte der Begriff „Nebenleistung" in Art. 2 Abs. 2 lit. g der Richtlinie und in § 491 Abs. 2 Satz 2 Nr. 4 BGB nicht gleichbedeutend sein. In der Richtlinie dürfte ein Sachverhalt gemeint sein, der außerhalb des Arbeitsverhältnisses stattfindet, sodass der Darlehensnehmer als Verbraucher angesehen werden kann und Verbraucherkreditrecht an sich anwendbar wäre, aber ausgenommen ist. In § 491 Abs. 2 Nr. 4 BGB findet das Darlehensgeschäft dagegen innerhalb des Arbeitsverhältnisses statt, sodass der Darlehensnehmer als Arbeitnehmer Verbraucher ist und sich als solcher außerhalb des harmonisierten Bereichs der Richtlinie befindet (→ Rn. 52). Das bedeutet andererseits auch, dass Darlehensverträge, die außerhalb des Arbeitsverhältnisses abgeschlossen werden, im deutschen Recht vom Ausnahmetatbestand aus § 491 Abs. 2 Nr. 4 BGB nicht erfasst sind, also allgemeinen verbraucherdarlehensrechtlichen Vorschriften unterliegen. Dies ist richtlinienkonform, weil solche Darlehen gem. Art. 2 Abs. 2 lit. g der Richtlinie außerhalb des harmonisierten Bereichs liegen und von den Mitgliedstaaten frei geregelt werden können. Daraus folgt aber auch, dass sich der Ausnahmetatbestand für Arbeitnehmerkredite nicht auf Art. 2 Abs. 2 lit. g der Richtlinie stützt.

172 **cc) Vertragsbedingungen und Exklusivität.** Der Ausnahmetatbestand setzt voraus, dass der effektive Jahreszins (→ § 492 Rn. 79) für das Darlehen niedriger als der **marktübliche** (→ Rn. 174) ist. Werden aber solche marktüblichen oder gar höhere Zinssätze verlangt, ist auch ein Arbeitgeber gegenüber seinem Arbeitnehmer den verbraucherkreditrechtlichen Bestimmungen ausgesetzt, dieser hat zB das Widerrufsrecht aus §§ 495, 355 BGB. Soweit der Arbeitgeber aber unter der Grenze der Marktüblichkeit bleibt, kann er mit seinem Arbeitnehmer in unbeschränktem Umfang Kreditgeschäfte betreiben, ohne an die ihn belastenden verbraucherkreditrechtlichen Bestimmungen gebunden zu sein. Auf eine Gewinnerzielungsabsicht des Arbeitgebers kommt es nach Wortlaut und Vorstellungen des Gesetzesverfassers[430] nicht an.[431]

173 Auch die besseren als marktüblichen Konditionen begründen nicht den Ausnahmetatbestand, sondern den Anwendungsbereich verbraucherkreditrechtlicher Vorschriften, wenn diese Konditionen anderen Personen als den Arbeitnehmern ebenfalls angeboten werden oder, mit den Worten der Richtlinie, der breiten Öffentlichkeit zugänglich sind. Tatbestandsvoraussetzung ist mithin die **Exklusivität** der Arbeitnehmer als Darlehensnehmer. Entgegen der Entwurfsbegründung der Kommission vom 11.9.2002 (→ Rn. 5) und der darauf Bezug nehmenden Gesetzesbegründung kommt es nicht auf die Häufigkeit der Darlehensvergabe an, wenn nur die Exklusivität gewährleistet ist. Wird für die Kreditvergabe durch den Arbeitgeber eigens eine Genossenschaft gegründet, die nur Arbeitnehmer aufnimmt (Beispielsfall der Europäischen Kommission), kommt

---

[430] BT-Drucks. 11/5462, S. 17.
[431] Gl. A. MüKoBGB/*Schürnbrand* § 491 BGB Rn. 70; *v. Westphalen/Emmerich/v. Rottenburg* § 3 VerbrKrG Rn. 53; Staudinger/*Kessal-Wulf* § 491 BGB Rn. 80.

der Darlehensvertrag nicht mit dem Arbeitgeber, sondern mit der Genossenschaft zustande, sodass es trotz Exklusivität am Tatbestand der Nebenleistung des Arbeitgebers fehlen dürfte.

c) Marktüblichkeit. Was die marktüblichen Zinssätze sind, dürfte wie im vergleichbaren Fall des Konsumentenkredits den Monatsberichten der Bundesbank (Statistischer Teil, zu VI.5.b: Kredite an private Haushalte, Konsumentenkredite mit anfänglicher Zinsbindung[432]) zu entnehmen sein. Maß gibt nicht der Soll-(Nominal-)Zins, sondern der effektive Jahreszins. Aus dem im jeweiligen Darlehensvertrag vereinbarten Sollzins sind die Gesamtkosten des Darlehens nach Maßgabe von § 6 Abs. 3 PrAngVO, auf ein Jahr bezogen, auszurechnen; danach kann der effektive Jahreszins (E) nach der Formel   174

$$E = 24 \times 100 \times \frac{\text{Gesamtkosten}}{(\text{Laufzeit} +) \times \text{Kreditbetrag}}$$

ermittelt[433] und mit dem marktüblichen effektiven Jahreszins nach der Bundesbankstatistik verglichen werden.

d) Beweislast. Da die Vorschrift eine rechtshindernde Gegennorm ist, trägt der Arbeitgeber die Beweislast dafür, dass der Zinssatz, den er seinem Arbeitnehmer abverlangt, unter den marktüblichen Sätzen liegt. Macht der Arbeitnehmer als Darlehensnehmer danach von seinem Widerrufsrecht Gebrauch, hat er die Marktüblichkeit als eine den Widerruf begründende Tatsache nicht darzulegen und zu beweisen (→ Rn. 157), wohl aber die sonstigen Voraussetzungen des Widerrufsrechts wie zB die Fristwahrung gem. § 356b Abs. 1 (→ § 495 Rn. 171).   175

e) Immobiliar-Kreditverträge. Die Ausnahme gilt in Umsetzung von Art. 3 Abs. 2 lit. b WohnimmoRil auch für Immobiliar-Kreditverträge (→ Rn. 181a).   175a

5. Günstige Darlehen im öffentlichen Interesse (Förderdarlehen, Nr. 5)

a) Kennzeichnung. Keine auszugleichende Störung von Vertragsparität sehen Verbraucherkreditrichtlinie (Art. 2 Abs. 2 lit. l) und Gesetz für Förderdarlehen, soweit sie auf Rechtsvorschriften beruhen, die im öffentlichen Interesse liegen und soweit die Darlehen Günstigkeitskriterien (→ Rn. 181) erfüllen. Erfasst sind nicht nur Darlehen, bei denen Darlehensgeber eine öffentlich-rechtliche Anstalt ist (→ Rn. 178), sondern auch solche, bei denen eine gewerbliche Bank, zB die Hausbank des Verbrauchers, Vertragspartei ist. Das Erfordernis der Unmittelbarkeit nach der Vorgängerregelung von § 491 Abs. 2 Nr. 3 BGB aF gilt also nicht mehr.   176

Die Rechtsvorschriften im öffentlichen Interesse sind nicht nur, wie in der Vorgängerregelung, solche zur Förderung des Wohnungsbaus, sondern auch zu anderen Vorhaben wie die Berufsausbildung,[434] Energieeinsparung, Emissionsreduzierung und andere Rechtsvorschriften sowie auch Förderrichtlinien.   177

Soweit der Darlehensvertrag nicht durch eine gewerbliche Bank, sondern unmittelbar durch eine öffentlich-rechtliche Anstalt abgeschlossen wird, hat die   178

---

[432] LG Bonn BKR 2008, 78.
[433] *Bülow* Konsumentenkredit, Rn. 30.
[434] Zu Ausbildungsdarlehen ausführlich *Heider* BKR 2014, 277.

§ 491 (Ausnahmen) 179, 180   1. Teil. Darlehen u. Finanzierungshilfen

Regelung nur **klarstellende** Funktion.[435] Als unternehmerischer Darlehensgeber ist nämlich die öffentliche Hand nicht anzusehen, sofern sie in Ausübung ihrer hoheitlichen Aufgabe – einschließlich Leistungsverwaltung und Subventionierung[436] – handelt (→ Rn. 21). Hierzu gehört als hoheitliche Aufgabe auch die Förderung des Wohnungswesens und des Städtebaus; es fehlt an dem für die Gewerblichkeit erforderlichen Merkmal der Beteiligung am Wettbewerb auf dem Markt für Baudarlehen (dagegen kommt es[437] auf die fehlende Gewinnerzielungsabsicht nicht an,[438] → Rn. 18). So wurden unter der Geltung des II. Wohnungsbaugesetzes die Fördermittel durch öffentlich-rechtliche Akte, nämlich Bewilligungsbescheide gem. §§ 30, 42 ff. II. WoBauG[439] bzw. Haushaltszuwendungen gem. § 245 Abs. 11 BauGB iVm § 39 des – insoweit noch anzuwendenden – Städtebauförderungsgesetzes bzw. landesrechtlichen Vorschriften und iVm Art. 104a Abs. 4 GG vergeben. Die Fördermittel flossen sodann dem Bauwilligen durch privatrechtlichen Darlehensvertrag mit einer öffentlich-rechtlichen Kreditanstalt, zB einer Landesbank oder einer Wohnungsbauföderanstalt zu. Solche Darlehensverträge sind keine Verbraucherdarlehensverträge iSv § 491 Abs. 1, weil es am persönlichen Anwendungsbereich für den Darlehensgeber fehlt.[440] Diese Rechtslage will die Regelung in Nr. 5 klarstellen.[441]

179 Soweit Förderkredite aber nicht beschriebenen im Verfahren (insbesondere Bewilligungsbescheid) vergeben werden, kann es dennoch an der Gewerblichkeit des Handelns fehlen, sodass Verbraucherkreditrecht jenseits des Ausnahmetatbestands nicht anwendbar ist, weil der Darlehensgeber nicht zugleich die persönlichen Voraussetzungen eines Unternehmers als Kreditgebers nach § 14 BGB erfüllt. Nur wenn sich der öffentlich-rechtliche Darlehensgeber am Wettbewerb auf dem Markt für Baudarlehen beteiligt, ist Verbraucherkreditrecht anwendbar. Es stimmt also nicht, dass sämtliche öffentlichen Förderkredite, die nicht vom Anwendungsbereich aus Nr. 5 erfasst sind, in den Anwendungsbereich des Gesetzes fallen würden.[442]

180 Hinsichtlich der Vertragsbedingungen stellt der Ausnahmetatbestand zwei Voraussetzungen auf. Die Ausnahme gilt zunächst nur, wenn, wie üblich, der Darlehensvertrag zu Sollzinssätzen abgeschlossen wird, die nicht über den marktüblichen Zinsen liegen. Zweite Voraussetzung ist, dass die Vertragsbedingungen günstiger als

---

[435] BT-Drucks. 12/4526, S. 12; *Bülow* NJW 1993, 1617; *Bamberger/Roth/C. Möller* § 491 BGB Rn. 48.

[436] Hierzu BGH NJW 2003, 2451 mit Anm. *Wittkowski* LMK 2003, 162 und Komm. *Laves* EWiR § 818 BGB 1/03, 1021.

[437] Entgegen der Gesetzesbegründung zur Vorgängerregelung, BT-Drucks. 12/4526 S. 12 (Bauhandwerksicherungsgesetz).

[438] Insoweit übereinstimmend mit Staudinger/*Kessal-Wulf* § 491 BGB Rn. 83.

[439] Wohnungsbau- und Familienheimgesetz idF vom 14.8.1990, BGBl I, 1730, geändert durch WohnungbauförderungsG (WoFG) v. 6.6.1994, BGBl I, 1184, außer Kraft am 1.1.2002; der Widerruf des Bewilligungsbescheides keine Rückforderung nach § 49a VwVfG, BVerwG NJW 2006, 536. Zum Schadensersatzanspruch des Darlehensgebers bei Förderdarlehen, die zu Unrecht aufgrund falscher Angaben gewährt wurden (Darlehensgeber ist gem. § 249 BGB so zu stellen, als ob er das Darlehen nicht ausbezahlt hätte), BGH WM 2014, 2318 = NJW-RR 2015, 275 Rn. 25.

[440] Ebenso öffentlich-rechtlich vergebene Darlehen zur Förderung einer Ausbildungsmaßnahme, AG Rosenheim NJW-RR 2013, 1006.

[441] BT-Drucks. 12/1836, S. 14; in sich widersprüchlich die Gegenäußerung der Bundesregierung, S. 17, und → Rn. 48.

[442] So aber *v. Westphalen/Emmerich/v. Rottenburg* § 3 VerbrKrG Rn. 60; wie hier *Drescher* WM 1993, 1445.

Verbraucherdarlehensverträge 181–182 § 491 (Ausnahmen)

die marktüblichen sind. Die **Günstigkeit** kann sich aus niedrigerem als dem marktüblichen Sollzinssatz oder aus anderen Konditionen ergeben, zB tilgungsfreien Zeiten oder Verzicht auf Sicherheiten.[443] Auf der anderen Seite kann es an der Günstigkeit fehlen, weil gewerbliche Banken nicht wirksam **Bearbeitungsentgelte durch AGB** vereinbaren dürfen (→ § 492 Rn. 165). Für Förderkredite wird dagegen ein Auszahlungsabschlag für zulässig gehalten,[444] und in Bewilligungsbescheiden kann ein Verwaltungkostenbeitrag festgesetzt werden.[445] Hieran kann die Günstigkeit scheitern.

Fraglich ist, was passiert, wenn Darlehensgeber eine öffentlich-rechtliche Kreditanstalt ist und die Sollzinsen gleich hoch sind oder über den marktüblichen liegen, denkbar zB dann, wenn der Darlehensgeber auf eine kurz zuvor eingetretene Marktzinsänderung noch nicht reagiert hatte. Die Gewerblichkeit des Handelns begründet dies nicht (→ Rn. 178). Auch dann bleibt es also bei der Unanwendbarkeit des Gesetzes mangels persönlichen Anwendungsbereichs auf der Kreditgeberseite. 181

b) Immobiliar-Verbraucherdarlehensverträge (§ 491 Abs. 3 Satz 3). 181a
Gemäß Art. 3 Abs. 3 lit. c WohnimmoRil können die Mitgliedstaaten beschließen, die Richtlinie nicht auf Förderdarlehen mit Grundeigentumsbezug anzuwenden, aber angemessene alternative Regelungen einzuführen. Als Folge dessen unterliegt der gewerbliche Darlehensgeber der besonderen Informationspflicht nach § 491a Abs. 4 (→ § 491a Rn. 21j), während im Übrigen Verbraucherdarlehensrecht nicht anwendbar ist.

6. Immobiliar-Verbraucherdarlehensverträge (Nr. 6)

Dass Immobiliar-Verbraucherdarlehensverträge keine Allgemein-Verbraucherdarlehensverträge sind, folgt schon aus der Begrifflichkeit von Abs. 1 Satz 2 (→ Rn. 96a), die durch Nr. 6 wiederholt wird. 181b

III. Vollausnahme für Immobiliar-Verbraucherdarlehensverträge (Abs. 3 Satz 2)

In wörtlicher Übereinstimmung mit Art. 2 Abs. 2 lit. g VerbrKrRil bestimmt Art. 3 Abs. 2 lit. b WohnimmoRil ihre Nichtgeltung für Arbeitgeberkredite, die mithin außerhalb ihres harmonisierten Bereichs liegen. Den Mitgliedstaaten stünde es frei, Arbeitgeberkredite einzubeziehen (Erwägungsgrund 14 WohnimmoRil); aber hiervon macht das Gesetz keinen Gebrauch. Die Tatbestandsvoraussetzungen sind denen von Abs. 2 Satz 2 Nr. 3 gleich (→ Rn. 168 bis 175). 181c

VI. Teilweise Unanwendbarkeit (Teilausnahmen, Abs. 4: Gerichtliches Protokoll oder Beschluss; Abs. 3 Satz 3: Immobiliar-Förderdarlehen)

1. Normstruktur von Abs. 4

In einem Sonderfall von Verbraucherdarlehensverträgen in Gestalt von Allgemein- oder von Immobiliar-Darlehensverträgen (aber auch Verbraucherkredit- 182

---

[443] MüKoBGB/*Schürnbrand*, § 491 BGB Rn. 72.
[444] BGH v. 16.2.2016 – XI ZR 454/14, Rn. 19 ff., ZIP 2016, 810; *Kropf* BKR 2015, 60.
[445] VG Berlin v. 21.3.2015 – VG 7 K 400.14.

§ 491 (Ausnahmen) 183, 184 1. Teil. Darlehen u. Finanzierungshilfen

verträgen betreffend Finanzierungshilfen nach § 506 – Abs. 4 – sowie Ratenlieferungsverträgen, § 510 Abs. 3 Satz 1) sind §§ 358 Abs. 2 und Abs. 4 (verbundene Geschäfte), § 491a (vorvertragliche Information) und §§ 492 bis 495 (Form, Information, Heilung und Widerruf) nicht anwendbar, wohl aber die anderen Bestimmungen wie § 496 über die Abtretung und Zahlung mit Wechsel und Scheck, § 497 (Verbraucherverzug), § 498 (Gesamtfälligkeit) oder §§ 655a ff. über Darlehensvermittlungsverträge sowie § 358 Abs. 1 und 3 (dazu näher → Rn. 191). Weitere Regelungen über die teilweise Unanwendbarkeit verbraucherdarlehensrechtlicher Vorschriften sind §§ 497 Abs. 4, 498 Abs. 2, 500 Abs. 2 Satz 2 betreffend Immobiliardarlehensverträge und ergänzend § 357a Abs. 3 Sätze 2, 3 (→ § 495 Rn. 224) und Darlehensverträge zur Finanzierung des Erwerbs von Finanzinstrumenten, die durch § 358 Abs. 5 erfasst sind (→ § 495 Rn. 323). Es verbleibt für § 491 Abs. 4 das gerichtliche Protokoll oder der Vergleichsbeschluss nach § 278 Abs. 6 ZPO, in Übereinstimmung mit Art. 2 Abs. 2 lit. i VerbrKrRil und Art. 3 Abs. 2 lit. e WohnommoRil.

183 Teilweise unanwendbar, nämlich im Hinblick auf Form (§§ 492 bis 494), Widerrufsrecht (§§ 358, 495) und Kreditwürdigkeitsprüfung (§§ 505a bis 505d), ist das Gesetz auf Kreditverträge, die gerichtlich – auch durch ein **Schiedsgericht**[446] – protokolliert werden (**nicht: Darlehensvermittlungsverträge**, für die es bei der vollständigen Anwendung von §§ 655a bis 655e bleibt). Es kann sich um Darlehensverträge (Allgemein- oder Immobiliardarlehenssverträge), aber, wie § 506 Abs. 4 Satz 1 zu entnehmen ist, auch um Verträge über Finanzierungshilfen nach § 506 Abs. 1 und um Teilzahlungszahlungsgeschäfte (§ 506 Abs. 3 BGB) oder auch Ratenlieferungsverträge (§ 510 BGB) handeln. Ist der Kredit unentgeltlich, fehlt es von vornherein an der Anwendbarkeit von Verbraucherkreditrecht (→ Rn. 185). Die Freistellung tritt nicht allein dadurch ein, dass ein Gericht protokolliert, sondern der Vertrag muss drei notwendige Bestandteile enthalten (→ Rn. 184), ohne die das Gesetz in vollem Umfang anwendbar bleibt. Fehlt es daran, ist der Vertrag ohne Formwahrung nach § 492 deshalb nichtig, aber nach Maßgabe von § 494 heilbar (→ § 494 Rn. 55 ff.), und im Falle der Heilung hat der Verbraucher das Widerrufsrecht aus § 495,[447] auch wenn bei einem gerichtlichen Vergleich ein Widerrufsvorbehalt nicht aufgenommen worden war. Der Fortfall des Schriftformerfordernisses aus § 492 Abs. 1 Satz 1, welches durch die Protokollierung ersetzt wird, hat im Hinblick auf §§ 127a, 126 Abs. 4 BGB (Schriftformersatz durch Protokollierung) keine eigenständige Bedeutung. § 492 Abs. 3 Satz 1 (Aushändigung der Vertragsurkunde) ist entbehrlich, weil die Urkundenaushändigung durch §§ 299 ff. ZPO gewahrt ist. Anwendbar bleiben bei einem Protokoll, dessen Gegenstand ein Überziehungskredit ist, – im Gegensatz zur Vorgängerregelung – §§ 504, 505. Den Fortfall des Widerrufsrechts muss der Verbraucher im Prozess durch einen Widerrufsvorbehalt auszugleichen versuchen. Die Parteien haben es in der Hand, einen solchen Vorbehalt mit den Wirkungen von §§ 495, 355 Abs. 1 BGB zu vereinbaren.[448]

2. Notwendige Angaben

184 Die notwendigen, die Freistellung begründenden Angaben sowohl für gerichtlich protokollierte Verbraucherdarlehensverträge sind:

---

[446] MüKoBGB/*Schürnbrand* § 491 BGB Rn. 77.
[447] MüKoBGB/*Schürnbrand* § 491 BGB Rn. 80.
[448] *Bergerfurth* NJW 1969, 1797 (1799).

Verbraucherdarlehensverträge 185–187 § 491 (Ausnahmen)

a) Sollzinssatz. Es handelt sich um den in § 489 Abs. 5 genannten Zinssatz **185**
(→ § 492 Rn. 95), also den Nominal- oder Vertragszins, auf ein Jahr bezogen und
nicht um den effektiven Jahreszins gem. § 492 Abs. 2, Art. 247 § 6 Abs. 1 Nr. 1, § 3
Abs. 1 Nr. 3 EGBGB, dessen Errechnung Gericht und Parteien gerade erspart bleiben soll. Ob damit, wie es in der Gesetzesbegründung zum VerbrKrG heißt,[449] die
effektive Zinsbelastung zutreffend ausgedrückt wird, erscheint zwar ebenso zweifelhaft wie bei anderen Krediten, jedoch wird man die Angabe des Sollzinses als
nominellen Jahreszins aus der situativen Besonderheit eines Gerichtstermins noch
für tragbar halten können. Werden überhaupt keine Zinsen verlangt, kann es sich
wegen der Kosten (aber nicht der Verfahrenskosten, → Rn. 186) trotzdem um einen
Kreditvertrag handeln, sodass nach dem Wortlaut des Gesetzes zur Vermeidung der
Nichtigkeitsfolge der Jahreszins mit „Null" angegeben werden müsste; dies erscheint nach Sinn und Zweck des Verbraucherschutzes aber entbehrlich.

b) Kosten des Darlehens. Anzugeben sind diejenigen Kosten des Darlehens, **186**
die bei Abschluss des Vertrages in Rechnung gestellt werden. Gemeint sind die
in § 492 Abs. 2, Art. 247 § 6 Abs. 1 Nr. 1, § 3 Abs. 1 Nr. 10 EGBGB genannten
sonstigen Kosten des Darlehens, also Bearbeitungs- oder Antragsgebühren, Maklergebühren iSv § 655b (die bei gerichtlichem Protokoll kaum praktisch werden
können), ein Disagio,[450] Verzugskosten. Wer und zu welchem Anteil die Verfahrenskosten trägt, ist Gegenstand der Kostenregelung im Protokoll. Die Verfahrenskosten (Gerichts- und Anwaltskosten) wurden nicht bei Abschluss des Darlehensvertrags in Rechnung gestellt, der nur ihr Anlass ist, und sind deshalb nicht
Kosten des Darlehens im Sinne der Vorschrift. Sie begründen in diesem Rahmen
– anders als etwa im außergerichtlichen Vergleich – für sich allein nicht die Entgeltlichkeit des Darlehens iSv § 491 Abs. 1[451] (vgl. → Rn. 97). Wie aus Art. 247
§ 8 Abs. 1 EGBGB folgt, sehen das Gesetz und Art. 5 Abs. 1 lit. k der Verbraucherkreditlinie Restschuldversicherungsprämien (→ § 495 Rn. 270) als etwas
Eigenständiges im Verhältnis zu den Darlehenskosten an, sodass eine solche Prämie nicht in das Protokoll aufgenommen zu werden braucht[452] und es trotzdem
bei der Unanwendbarkeit der genannten Vorschriften bleibt, insbesondere die
Nichtigkeitsfolge aus § 494 Abs. 1 nicht eintritt.

c) Anpassungsvoraussetzungen. Sind Zinsen und Kosten nicht für die gesamte Laufzeit fest vereinbart, müssen die Voraussetzungen für Änderungen, **187**
wenn vereinbart durch einseitige Leistungsbestimmung nach § 315 BGB, angegeben werden (Art. 247 § 3 Abs. 4 EGBGB). Steht bei Aufnahme des Protokolls
fest, wann und in welchem Umfang Zinsen und Gebühren angepasst werden
können, genügt diese Angabe. Die Voraussetzungen für Anpassungen müssen
angegeben werden, wenn der Umfang der Anpassungsvoraussetzungen von zukünftigen Umständen abhängt, zB vom Basiszinssatz. Es genügt die Angabe, dass
der Sollzins zB 5 Prozentpunkte über dem jeweiligen Basiszins liegen soll, oder
es müsste heißen: „Der Kläger darf entsprechend höhere Zinsen verlangen, wenn
die EZB den Basiszinssatz erhöht".

---
[449] BT-Drucks. 11/5462, S. 18.
[450] *Bülow* Konsumentenkredit, Rn. 72 bis 75.
[451] LG Rottweil NJW 1994, 265 zu II. 1.a. mit zust. Anm. *Habersack* WuB I E 2c.–4.94.
[452] Staudinger/*Kessal-Wulf* § 491 BGB Rn. 88; krit. *Schmelz/Klute* ZIP 1989, 1509
(1518); aA MüKoBGB/*Schürnbrand* § 491 BGB Rn. 79 bei obligatorischer Restschuldversicherung; *v. Westphalen/Emmerich/v. Rottenburg* § 491 BGB Rn. 84.

3. Gerichtliches Protokoll und Beschluss

188 Die Vorschriften der ZPO, nach denen ein Protokoll aufgenommen wird, sind §§ 159 bis 165. Für die Protokollierung eines Kreditvertrages kommen danach in Betracht Anerkenntnis und Vergleich (§ 160 Abs. 3 Nr. 1 ZPO, auch im Rahmen der Bewilligung von Prozesskostenhilfe nach § 188 Abs. 1 Satz 3), aber etwa auch Klage- oder Rechtsmittelrücknahme oder -verzicht. Erkennt der Verbraucher als Beklagter einen Anspruch aus einem früher abgeschlossenen Kreditvertrag an, der nach Maßgabe von § 494 nichtig ist, bedarf das Protokoll der Angaben gem. Abs. 3 oder der Angaben gem. § 492 Abs. 2, Art. 247 § 6 EGBGB;[453] ebenso wie ein Anerkenntnis gem. § 138 BGB nichtig sein kann, tritt die Nichtigkeitsfolge auch gem. § 494 ein, wenn es an den dort genannten Angaben fehlt. Es bedarf also keiner Berufungseinlegung oder Restitutionsklage. Gegen die Vollstreckung aus dem Anerkenntnisurteil kann sich der Beklagte nach Maßgabe von § 826 BGB wehren. Insoweit ist die Rechtslage ebenso wie im Falle eines rechtskräftigen, aber materiell unrichtigen Vollstreckungsbescheids.[454]

189 Hauptanwendungsbereich sind aber nicht Anerkenntnisse, sondern **Vergleiche** iSv § 794 Abs. 1 Nr. 1 ZPO (gegebenenfalls verbunden mit einer vollstreckbaren Ausfertigung gem. § 794 Abs. 1 Nr. 5 ZPO) sowie Vergleiche im **Beschlussverfahren** nach § 278 Abs. 6 Satz 2 ZPO. Sie sind gem. § 494 nichtig, wenn die Formvorschriften aus § 491 Abs. 3 nicht eingehalten werden. Denkbar ist die Heilung eines Vergleichs nach Maßgabe von § 494 mit der Folge, dass er gem. §§ 495, 355 BGB vom Verbraucher widerrufen werden kann (→ Rn. 183).

190 Auf außergerichtliche Vergleiche erstreckt sich der Ausnahmetatbestand nicht, ebenso wenig auf Anwaltsvergleiche nach § 796a ZPO,[455] vielmehr ist das Gesetz in diesen Fällen vollständig anwendbar.[456] Die Übernahme von Vergleichskosten begründet in diesem Fall die Entgeltlichkeit des Kredits.[457] Auch für Vergleiche, die lediglich **notariell protokolliert** sind, bleibt es trotz der persönlichen Beratung bei Verbraucherverträgen nach § 17 Abs. 2a BeurkG[458] – entgegen der bis 10.6.2010 geltenden Vorgängerregelung – bei der vollständigen Anwendbarkeit verbraucherkreditrechtlicher Vorschriften.

4. Insbesondere: Verbundene Geschäfte

191 Anwendbar bleiben Absätze 1 und 3 von § 358. Ist also der protokollierte Darlehensvertrag mit einem finanzierten Vertrag verbunden, der selbst widerruflich ist, zB einem Fernunterrichtsvertrag, kann der Verbraucher das Widerrufsrecht nach Maßgabe von § 4 FernUSG ausüben und bringt dadurch den protokollierten Darlehensvertrag gem. § 358 Abs. 1 zu Fall (→ § 495 Rn. 326). Andererseits ist der Ausschluss von § 358 Abs. 2 obsolet, weil danach der wirk-

---

[453] AA Staudinger/*Kessal-Wulf* § 491 BGB Rn. 89.
[454] BGH NJW 1987, 3256 mit Komm. *Braun* EWiR § 826 BGB 4/87, 1085; *Bülow* Konsumentenkredit, Rn. 370 ff.
[455] Gl. A. Staudinger/*Kessal-Wulf* § 491 BGB Rn. 90.
[456] Keine Anwendung von § 492 BGB bei außergerichtlichem Vergleich zur Beilegung des Streits über die Wirksamkeit eines Verbraucherdarlehensvertrags, OLG Karlsruhe WM 2007, 290; in diesem Fall ist auch § 491 Abs. 3 nicht anwendbar.
[457] LG Rottweil NJW 1994, 265 mit zust. Anm. *Habersack* WuB I E 2c.–4.94 gegen *Mümmler* JurBüro 1992, 299; MüKoBGB/*Schürnbrand* § 491 BGB Rn. 76.
[458] *Grziwotz* ZIP 2002, 2109 (2112).

Vorvertragliche Informationspflichten § 491a

same Widerruf des Darlehensvertrags vorausgesetzt ist, dieser aber durch den Ausschluss von § 495 überhaupt nicht möglich ist. Insoweit ist auch der Ausschluss von § 358 Abs. 4 (Rückabwicklung) gegenstandslos. Dagegen bleibt § 358 Abs. 4 im Fall von § 358 Abs. 1 in teleologischer Reduktion anwendbar.

5. Immobiliarförderdarlehen nach Abs. 3 Satz 3

Nur zu geringem Teil, nämlich aufgrund von § 491a Abs. 4 (→ § 491a Rn. 21j) durch besondere vorvertragliche Informationspflichten, ist das Recht der Immobiliar-Verbraucherkreditverträge auf grundstücksbezogene Förderdarlehen anwendbar (→ Rn. 181a). Die übrigen Vorschriften über Immobiliar-Verbraucherdarlehensverträge (→ Rn. 96b) sind nicht anwendbar, vielmehr gelten die allgemeinen Vorschriften über Darlehensverträge nach §§ 488 bis 490 BGB sowie §§ 6, 6a bis 6c PAngVO. 192

§ 491a Vorvertragliche Informationspflichten bei Verbraucherdarlehensverträgen

(1) Der Darlehensgeber ist verpflichtet, den Darlehensnehmer nach Maßgabe des Artikels 247 des Einführungsgesetzes zum Bürgerlichen Gesetzbuche zu informieren.

(2) ¹Der Darlehensnehmer kann vom Darlehensgeber einen Entwurf des Verbraucherdarlehensvertrags verlangen. ²Dies gilt nicht, solange der Darlehensgeber zum Vertragsabschluss nicht bereit ist. ³Unterbreitet der Darlehensgeber bei einem Immobiliar-Verbraucherdarlehensvertrag dem Darlehensnehmer ein Angebot oder einen bindenden Vorschlag für bestimmte Vertragsbestimmungen, so muss er dem Darlehensnehmer anbieten, einen Vertragsentwurf auszuhändigen oder zu übermitteln; besteht kein Widerrufsrecht nach § 495, ist der Darlehensgeber dazu verpflichtet, dem Darlehensnehmer einen Vertragsentwurf auszuhändigen oder zu übermitteln.

(3) ¹Der Darlehensgeber ist verpflichtet, dem Darlehensnehmer vor Abschluss eines Verbraucherdarlehensvertrags angemessene Erläuterungen zu geben, damit der Darlehensnehmer in die Lage versetzt wird, zu beurteilen, ob der Vertrag dem von ihm verfolgten Zweck und seinen Vermögensverhältnissen gerecht wird. ²Hierzu sind gegebenenfalls die vorvertraglichen Informationen gemäß Absatz 1, die Hauptmerkmale der vom Darlehensgeber angebotenen Verträge sowie ihre vertragstypischen Auswirkungen auf den Darlehensnehmer, einschließlich der Folgen bei Zahlungsverzug, zu erläutern. ³Werden mit einem Immobiliar-Verbraucherdarlehensvertrag Finanzprodukte oder -dienstleistungen im Paket angeboten, so muss dem Darlehensnehmer erläutert werden, ob sie gesondert gekündigt werden können und welche Folgen die Kündigung hat.

(4) ¹Bei einem Immobiliar-Verbraucherdarlehensvertrag entsprechend § 491 Absatz 2 Satz 2 Nummer 5 ist der Darlehensgeber verpflichtet, den Darlehensnehmer rechtzeitig vor Abgabe von dessen Vertragserklärung auf einem dauerhaften Datenträger über die Merkmale gemäß den Abschnitten 3, 4 und 13 des in Artikel 247 § 1 Absatz 2 Satz 2 des Einführungsgesetzes zum Bürgerlichen Gesetzbuche genannten Musters zu informieren. ²Artikel 247 § 1 Absatz 2 Satz 6 des Einführungsgesetzes zum Bürgerlichen Gesetzbuche findet Anwendung.

§ 491a
1. Teil. Darlehen und Finanzierungshilfen

Schrifttum: *Ady/Paetz,* Die Umsetzung der Verbraucherkreditrichtlinie in deutsches Recht und besondere verbraucherpolitische Aspekte, WM 2009, 1061; *Barlitz,* Die Sanktionierung von Verstößen gegen die Erläuterungs- und Bonitätsprüfungspflicht im Verbraucherkreditrecht, WM 2016, 344; *Buck-Heeb,* Aufklärungs- und Beratungspflichten bei Kreditverträgen – Verschärfungen durch die EuGH-Rechtsprechung und die Wohnimmobilienkredit-Richtlinie, BKR 2015, 177; *Gessner,* Scoringabhängige Darlehensbepreisung und Werbung, VuR 2010, 363; *Herresthal,* Die Verpflichtung zur Bewertung der Kreditwürdigkeit und zur angemessenen Erläuterung nach der neuen Verbraucherkreditrichtlinie 2008/48/EG, WM 2009, 1174; *Hoffmann/Barlitz,* Erläuterungs- und Bonitätsprüfungspflicht im Verbraucherkreditrecht, WM 2014, 2297*Kulke,* Das Gesetz zur Umsetzung der Verbraucherkreditrichtlinie, des zivilrechtlichen Teils der Zahlungsdiensterichtlinie sowie zur Neuordnung der Vorschriften über das Widerrufs- und Rückgaberecht – Teil 2, VuR 2009, 373; *Metz,* Erläuterungspflichten im Verbraucherkreditrecht – Ein kritischer Überblick, WM 2012, 1990; *Nobbe,* Neuregelungen im Verbraucherkreditrecht, WM 2011, 625; *Peters,* Widerrufsbelehrungen und BGB-InfoV- Rechtsfort- oderverbildung?, WM 2014, 2145; *Schürnbrand,* Das neue Recht der Verbraucherkredite und der verbundenen Verträge, Schriftenreihe der Bankrechtlichen Vereinigung Band 30, 173; *ders.,* Gesetzliche Muster im Verbraucherschutzrecht, JZ 2015, 974; *Servatius,* Aufklärungspflichten und verantwortungsvolle Kreditvergabe, ZfIR 2015, 178; *Weyand,* Informationspflichten bei der Werbung für Verbraucherkredite, BKR 2012, 197.

Übersicht

	Rn.
Materialien	
Verbraucherkreditrichtlinie, Art. 4, 5	1
Wohnimmobilienkreditrichtlinie Art. 3, 10, 11, 14, 16	2
Artikel 247 EGBGB: Informationspflichten bei Verbraucherdarlehensverträgen, entgeltlichen Finanzierungshilfen und Darlehensvermittlungsverträgen	3
Gesetzestext Art. 247 §§ 1, 2, 3, 4, 5, 8, 11, 12, 13, 13a, 18 EGBGB Einführungsgesetz zum Bürgerlichen Gesetzbuch	
Anlage 4 (zu Art. 247 § 2)	4
Anlage 5 (zu Art. 247 § 2)	5
Anlage 6 (zu Art. 247 § 1 Abs. 2)	6
Bankendatenschutzgesetz § 29	7
Preisangabenverordnung § 6 a	8
Kommentierung	
Vorbemerkung	11
A. Vorvertragliche Informationen beim Verbraucherdarlehensvertrag	12
I. Informationspflicht aus Art. 247 EGBGB	12
II. Vorvertragliche Information beim Verbraucherdarlehensvertrag	13
1. Form und Zeitpunkt der vorvertraglichen Information	13
2. Muster	14
3. Inhalt der vorvertraglichen Information	16
4. Zusätzliche Angaben bei Allgemein-Verbraucherdarlehensverträgen	20
III. Vorvertragliche Informationen beim Immobilien-Verbraucherdarlehensvertrag	21a
1. Angaben des Verbrauchers hinsichtlich der Kreditwürdigkeitsprüfung	21a
2. Vorvertragliche Informationen hinsichtlich des Vertrags (ESIS-Merkblatt)	21b
3. Weitere Informationen	21f
4. Verhandlungsabbruch	21g
IV. Vorvertragliche Information bei Umschuldung und Überziehung	21h
V. Vorvertragliche Information bei Beratungsleistungen nach § 511	21i
VI. Vorvertragliche Information bei Förderkrediten	21j
VII. Besondere Kommunikationsmittel	22
VIII. Zusatzleistungen	24

Vorvertragliche Informationspflichten 1 § 491a

	Rn.
B. Vertragsentwurf	26
C. Erläuterungspflicht	29
D. Werbung	34
E. Rechtsfolgen fehlender oder fehlerhafter vorvertraglicher Information; Divergenz zum Vertrag	41

Materialien
Verbraucherkreditrichtlinie 2008/48/EG
Artikel 4 1

(1) Werden in der Werbung für Kreditverträge Zinssätze oder sonstige, auf die Kosten eines Kredits für den Verbraucher bezogene Zahlen genannt, so muss die Werbung die in diesem Artikel angegebenen Standardinformationen enthalten.

Diese Verpflichtung gilt nicht, wenn innerstaatliche Vorschriften verlangen, dass bei der Werbung für Kreditverträge, die keine Angaben über den Zinssatz oder Zahlenangaben über dem Verbraucher entstehende Kosten des Kredits im Sinne von Unterabsatz 1 enthält, der effektive Jahreszins anzugeben ist.

(2) Die Standardinformationen nennen folgende Elemente in klarer, prägnanter und auffallender Art und Weise anhand eines repräsentativen Beispiels:
a) fester oder variabler Sollzinssatz oder fester und variabler Sollzinssatz, zusammen mit Einzelheiten aller für den Verbraucher anfallenden, in die Gesamtkreditkosten einbezogenen Kosten;
b) Gesamtkreditbetrag;
c) effektiver Jahreszins; die Mitgliedstaaten können vorsehen, dass bei Kreditverträgen im Sinne des Artikels 2 Absatz 3 kein effektiver Jahreszins angegeben werden muss;
d) falls zutreffend, Laufzeit des Kreditvertrags;
e) im Falle eines Kredits in Form eines Zahlungsaufschubs für eine bestimmte Ware oder Dienstleistung, Barzahlungspreis und Betrag etwaiger Anzahlungen und
f) gegebenenfalls vom Verbraucher zu zahlender Gesamtbetrag sowie der Betrag der Teilzahlungen.

(3) Ist der Abschluss eines Vertrags über die Inanspruchnahme einer Nebenleistung, insbesondere eines Versicherungsvertrags, im Zusammenhang mit dem Kreditvertrag zwingende Voraussetzung dafür, dass der Kredit überhaupt oder nach den vorgesehenen Vertragsbedingungen gewährt wird, und können die Kosten der Nebenleistung nicht im Voraus bestimmt werden, so ist auf die Verpflichtung zum Abschluss jenes Vertrags ebenfalls in klarer, prägnanter Form an optisch hervorgehobener Stelle zusammen mit dem effektiven Jahreszinssatz hinzuweisen.

(4) Dieser Artikel gilt unbeschadet der Richtlinie 2005/29/EG.

Artikel 5

(1) Rechtzeitig bevor der Verbraucher durch einen Kreditvertrag oder ein Angebot gebunden ist, gibt der Kreditgeber und gegebenenfalls der Kreditvermittler dem Verbraucher auf der Grundlage der vom Kreditgeber angebotenen Kreditbedingungen und gegebenenfalls der vom Verbraucher geäußerten Präferenzen und vorgelegten Auskünfte die Information, die der Verbraucher benötigt, um verschiedene Angebote zu vergleichen und eine fundierte Entscheidung darüber zu treffen, ob er einen Kreditvertrag schließen will. Diese Informationen werden auf Papier oder einem anderen dauerhaften Datenträger mittels des Formulars „Europäische Standardinformationen für Verbraucherkredite" in Anhang II mitgeteilt. Die Informationspflichten des Kreditgebers nach diesem Absatz und nach Artikel 3 Absätze 1 und 2 der Richtlinie 2002/65/EG gelten als erfüllt, wenn er das Formular „Europäische Standardinformationen für Verbraucherkredite" vorgelegt hat.

Diese Informationen müssen Folgendes erläutern:
a) die Art des Kredits;
b) die Identität und die Anschrift des Kreditgebers sowie gegebenenfalls die Identität und die Anschrift des beteiligten Kreditvermittlers;
c) den Gesamtkreditbetrag und die Bedingungen für die Inanspruchnahme;

§ 491a 1

1. Teil. Darlehen und Finanzierungshilfen

d) die Laufzeit des Kreditvertrags;
e) bei Krediten in Form eines Zahlungsaufschubs für eine bestimmte Ware oder Dienstleistung und bei verbundenen Kreditverträgen die Ware oder die Dienstleistung und den Barzahlungspreis;
f) den Sollzinssatz, die Bedingungen für die Anwendung des Sollzinssatzes und, soweit vorhanden, Indizes oder Referenzzinssätze, die auf den anfänglichen Sollzinssatz Anwendung finden, ferner die Zeiträume, Bedingungen und die Art und Weise der Anpassung des Sollzinssatzes. Gelten unter bestimmten Umständen unterschiedliche Sollzinssätze, so sind die oben genannten Informationen für alle anzuwendenden Sollzinssätze zu erteilen;
g) den effektiven Jahreszins und den vom Verbraucher zu zahlenden Gesamtbetrag, erläutert durch ein repräsentatives Beispiel unter Angabe sämtlicher in die Berechnung des Jahreszinses einfließenden Annahmen; hat der Verbraucher dem Kreditgeber seine Wünsche in Bezug auf eines oder mehrere Elemente seines Kredits mitgeteilt, beispielsweise in Bezug auf die Laufzeit des Kreditvertrags oder den Gesamtkreditbetrag, so muss der Kreditgeber diese Elemente berücksichtigen; sofern ein Kreditvertrag unterschiedliche Verfahren der Inanspruchnahme mit jeweils unterschiedlichen Entgelten oder Sollzinssätzen vorsieht, und der Kreditgeber die Vermutung nach Anhang I Teil II Buchstabe b trifft, so weist er darauf hin, dass andere Mechanismen der Inanspruchnahme bei der Art des Kreditvertrags zu einem höheren effektiven Jahreszins führen können;
h) den Betrag, die Anzahl und die Periodizität der vom Verbraucher zu leistenden Zahlungen und gegebenenfalls die Reihenfolge, in der die Zahlungen auf verschiedene ausstehende Restbeträge, für die unterschiedliche Sollzinssätze gelten, zum Zwecke der Rückzahlung angerechnet werden;
i) gegebenenfalls die Entgelte für die Führung eines oder mehrerer Konten für die Buchung der Zahlungsvorgänge und der in Anspruch genommenen Kreditbeträge, es sei denn, die Eröffnung eines entsprechenden Kontos ist fakultativ, zusammen mit den Entgelten für die Verwendung eines Zahlungsmittels, mit dem sowohl Zahlungsvorgänge als auch Abhebungen getätigt werden können, sonstige Entgelte aufgrund des Kreditvertrags und die Bedingungen, unter denen diese Entgelte geändert werden können;
j) falls zutreffend, den Hinweis auf vom Verbraucher bei Abschluss des Kreditvertrags zu zahlende Notargebühren;
k) gegebenenfalls die Verpflichtung, einen mit dem Kreditvertrag zusammenhängenden Vertrag, insbesondere über eine Versicherung, abzuschließen, wenn der Abschluss eines solchen Vertrags Voraussetzung dafür ist, dass der Kredit überhaupt oder nach den vorgesehenen Vertragsbedingungen gewährt wird;
l) den anwendbaren Satz der Verzugszinsen und die Art und Weise seiner etwaigen Anpassung sowie gegebenenfalls anfallende Verzugskosten;
m) einen Warnhinweis zu den Folgen ausbleibender Zahlungen;
n) die gegebenenfalls verlangten Sicherheiten;
o) das Bestehen oder Nichtbestehen eines Widerrufsrechts;
p) das Recht auf vorzeitige Rückzahlung und gegebenenfalls die Informationen zum Anspruch des Kreditgebers auf Entschädigung sowie zur Art der Berechnung dieser Entschädigung gemäß Artikel 16;
q) das Recht des Verbrauchers auf unverzügliche und unentgeltliche Unterrichtung gemäß Artikel 9 Absatz 2 über das Ergebnis einer Datenbankabfrage zur Beurteilung der Kreditwürdigkeit;
r) das Recht des Verbrauchers, auf Verlangen unentgeltlich eine Kopie des Kreditvertragsentwurfs zu erhalten. Diese Bestimmung gilt nicht, wenn der Kreditgeber zum Zeitpunkt der Beantragung nicht zum Abschluss eines Kreditvertrags mit dem Verbraucher bereit ist und
s) gegebenenfalls den Zeitraum, während dessen der Kreditgeber an die vorvertraglichen Informationen gebunden ist.

Etwaige zusätzliche Informationen des Kreditgebers für den Verbraucher sind in einem gesonderten Dokument zu erteilen, das dem betreffenden Formular „Europäische Standardinformationen für Verbraucherkredite" beigefügt werden kann.

(2) Bei fernmündlicher Kommunikation im Sinne von Artikel 3 Absatz 3 der Richtlinie 2002/65/EG muss die nach Artikel 3 Absatz 3 Buchstabe b zweiter Gedankenstrich der genannten Richtlinie zu liefernde Beschreibung der Hauptmerkmale der Finanzdienstleistung jedoch zumindest die in Absatz 1 Buchstaben c, d, e, f und h des vorliegenden Artikels vorgesehenen Angaben und den anhand eines repräsentativen Beispiels erläuterten effektiven Jahreszins sowie den vom Verbraucher zu zahlenden Gesamtbetrag enthalten.

(3) Wurde der Vertrag auf Ersuchen des Verbrauchers mittels eines Fernkommunikationsmittels geschlossen, das die Erteilung der Informationen gemäß Absatz 1 nicht gestattet, insbesondere in dem in Absatz 2 genannten Fall, teilt der Kreditgeber dem Verbraucher unverzüglich nach Abschluss des Kreditvertrags die vollständigen vorvertraglichen Informationen mittels des Formulars für Europäische Standardinformationen für Verbraucherkredite mit.

(4) Auf Verlangen erhält der Verbraucher zusätzlich zu dem Formular „Europäische Standardinformationen für Verbraucherkredite" unentgeltlich eine Kopie des Kreditvertragsentwurfs. Diese Bestimmung gilt nicht, wenn der Kreditgeber zum Zeitpunkt der Beantragung nicht zum Abschluss eines Kreditvertrags mit dem Verbraucher bereit ist.

(5) Dienen bei einem Kreditvertrag vom Verbraucher geleistete Zahlungen nicht der unmittelbaren Tilgung seiner Schuld im Verhältnis zum Gesamtkreditbetrag, sondern der Bildung von Kapital innerhalb der Zeiträume und zu den Bedingungen, die im Kreditvertrag oder in einem Zusatzvertrag zum Kreditvertrag vorgesehen sind, so muss aus den nach Absatz 1 bereitgestellten vorvertraglichen Informationen klar und prägnant hervorgehen, dass der Kreditvertrag oder der Zusatzvertrag keine Garantie für die Rückzahlung des aufgrund des Kreditvertrags in Anspruch genommenen Gesamtbetrags vorsieht, es sei denn, eine solche Garantie wird gegeben.

(6) Die Mitgliedstaaten stellen sicher, dass Kreditgeber und gegebenenfalls Kreditvermittler dem Verbraucher angemessene Erläuterungen geben, gegebenenfalls durch Erläuterung der vorvertraglichen Informationen gemäß Absatz 1, der Hauptmerkmale der angebotenen Produkte und der möglichen spezifischen Auswirkungen der Produkte auf den Verbraucher, einschließlich der Konsequenzen bei Zahlungsverzug des Verbrauchers, damit der Verbraucher in die Lage versetzt wird, zu beurteilen, ob der Vertrag seinen Bedürfnissen und seiner finanziellen Situation gerecht wird. Die Mitgliedstaaten können die Art und Weise dieser Unterstützung sowie deren Umfang und die Frage, durch wen sie zu geben ist, den besonderen Umständen der Situation, in der Kreditvertrag angeboten wird, der Person, der er angeboten wird, und der Art des angebotenen Kredits anpassen.

Wohnimmobilienkreditrichtlinie 2014/17/EU
Artikel 3 Geltungsbereich

(5) Die Mitgliedstaaten, die die Möglichkeit gemäß Absatz 3 Buchstaben c oder e in Anspruch nehmen, stellen sicher, dass eine angemessene alternative Regelung angewandt wird, mit der sichergestellt wird, dass die Verbraucher in der vorvertraglichen Phase rechtzeitig über die Hauptmerkmale, Risiken und Kosten solcher Kreditverträge informiert werden und dass die Werbung für solche Kreditverträge den Kriterien der Redlichkeit und Eindeutigkeit genügt und nicht irreführend ist.

Artikel 10 Allgemeine Bestimmungen zu Werbung und Marketing

Unbeschadet der Richtlinie 2005/29/EG schreiben die Mitgliedstaaten vor, dass jegliche Kreditverträge betreffende Kommunikation für Werbe- und Marketingzwecke den Kriterien der Redlichkeit und Eindeutigkeit genügt und nicht irreführend ist. Insbesondere werden Formulierungen untersagt, die beim Verbraucher falsche Erwartungen in Bezug auf die Zugänglichkeit oder die Kosten eines Kredits wecken.

Artikel 11 Standardinformationen, die in die Werbung aufzunehmen sind

(1) Die Mitgliedstaaten stellen sicher, dass Werbung für Kreditverträge, in der Zinssätze oder sonstige auf die Kosten eines Kredits für den Verbraucher bezogene Zahlen genannt werden, die in diesem Artikel angegebenen Standardinformationen enthält.

Die Mitgliedstaaten können vorsehen, dass Unterabsatz 1 nicht gilt, wenn nationales Recht verlangt, dass bei der Werbung für Kreditverträge, die keine Angaben über den Zinssatz oder Zahlenangaben über dem Verbraucher entstehende Kosten des Kredits im Sinne von Unterabsatz 1 enthält, der effektive Jahreszins anzugeben ist.

(2) Die Standardinformationen nennen folgende Elemente in klarer, prägnanter und auffallender Art und Weise:
a) die Identität des Kreditgebers oder gegebenenfalls des Kreditvermittlers oder des benannten Vertreters,
b) gegebenenfalls den Hinweis, dass der Kreditvertrag durch eine Hypothek oder eine vergleichbare Sicherheit, die in einem Mitgliedstaat gewöhnlich für Wohnimmobilien genutzt wird, oder durch ein Recht an Wohnimmobilien gesichert wird,
c) Sollzinssatz und Angabe, ob es sich um einen festen oder einen variablen Zinssatz oder eine Kombination aus beiden handelt, sowie Einzelheiten aller für den Verbraucher anfallenden, in die Gesamtkreditkosten einbezogenen Kosten,
d) den Gesamtkreditbetrag,
e) den effektiven Jahreszins, der in der Werbung mindestens genauso hervorzuheben ist wie jeder Zinssatz,
f) gegebenenfalls die Laufzeit des Kreditvertrags,
g) gegebenenfalls die Höhe der Raten,
h) gegebenenfalls den vom Verbraucher zu zahlenden Gesamtbetrag,
i) gegebenenfalls die Anzahl der Raten,
j) gegebenenfalls einen Warnhinweis, dass sich mögliche Wechselkursschwankungen auf die Höhe des vom Verbraucher zu zahlenden Betrags auswirken könnten.

(3) Die in Absatz 2 aufgeführten Informationen mit Ausnahme der Angaben nach den Buchstaben a, b und j sind durch ein repräsentatives Beispiel zu veranschaulichen und richten sich durchweg nach diesem repräsentativen Beispiel. Die Mitgliedstaaten erlassen Kriterien für die Festlegung eines repräsentativen Beispiels.

(4) Ist der Abschluss eines Vertrags über die Inanspruchnahme einer Nebenleistung, insbesondere eines Versicherungsvertrags, zwingende Voraussetzung dafür, dass der Kredit überhaupt oder nach den vorgesehenen Vertragsbedingungen gewährt wird, und können die Kosten der Nebenleistung nicht im Voraus bestimmt werden, so ist auf die Verpflichtung zum Abschluss jenes Vertrags in klarer, prägnanter und auffallender Art und Weise zusammen mit dem effektiven Jahreszins hinzuweisen.

(5) Die Informationen nach den Absätzen 2 und 4 müssen gut lesbar bzw. akustisch gut verständlich sein – je nachdem, welches Medium für die Werbung verwendet wird.

(6) Die Mitgliedstaaten können die Aufnahme eines präzisen und verhältnismäßigen Warnhinweises hinsichtlich der mit Kreditverträgen verbundenen spezifischen Risiken vorschreiben. Sie teilen diese Anforderungen der Kommission unverzüglich mit.

(7) Dieser Artikel gilt unbeschadet der Richtlinie 2005/29/EG.

Artikel 14 Vorvertragliche Informationen

(1) Die Mitgliedstaaten stellen sicher, dass der Kreditgeber und gegebenenfalls der Kreditvermittler oder der benannte Vertreter dem Verbraucher auf ihn zugeschnittene Informationen erteilt, die er benötigt, um die auf dem Markt verfügbaren Kreditprodukte zu vergleichen, ihre jeweiligen Auswirkungen zu prüfen und eine fundierte Entscheidung über den Abschluss eines Kreditvertrags zu treffen; die Erteilung dieser Informationen erfolgt
a) unverzüglich, nachdem der Verbraucher die erforderlichen Angaben zu seinen Bedürfnissen, seiner finanziellen Situation und seinen Präferenzen gemäß Artikel 20 gemacht hat, und
b) rechtzeitig, bevor der Verbraucher durch einen Kreditvertrag oder ein Angebot gebunden ist.

(2) Die auf die Person zugeschnittenen Informationen gemäß Absatz 1 werden auf Papier oder einem anderen dauerhaften Datenträger mittels des ESIS-Merkblatts in Anhang II erteilt.

Vorvertragliche Informationspflichten 2 § 491a

(3) Die Mitgliedstaaten sorgen dafür, dass verbindliche Angebote, die der Kreditgeber dem Verbraucher vorlegt, auf Papier oder auf einem anderen dauerhaften Datenträger übermittelt werden und dass ihnen ein ESIS-Merkblatt beigefügt wird, wenn
a) dem Verbraucher zuvor noch kein ESIS-Merkblatt vorgelegt wurde oder
b) die Merkmale des Angebots von den Informationen abweichen, die im zuvor vorgelegten ESIS-Merkblatt enthalten sind.

(4) Die Mitgliedstaaten können vorsehen, dass das ESIS-Merkblatt vor der Vorlage eines für den Kreditgeber verbindlichen Angebots bereitgestellt werden muss. Wenn ein Mitgliedstaat dies vorsieht, so ist vorzuschreiben, dass das ESIS-Merkblatt nur unter der in Absatz 3 Buchstabe b genannten Voraussetzung erneut vorgelegt werden muss.

(5) Die Mitgliedstaaten, die vor 20. März 2014 ein Informationsblatt eingeführt haben, das vergleichbaren Informationsanforderungen genügt wie den in Anhang II aufgeführten, können dieses für die Zwecke dieses Artikels weiterhin bis 21. März 2019 benutzen.

(6) Die Mitgliedstaaten legen eine Frist von mindestens sieben Tagen fest, die dem Verbraucher ausreichend Zeit gibt, um die Angebote zu vergleichen, ihre Auswirkungen zu bewerten und eine fundierte Entscheidung zu treffen.
Die Mitgliedstaaten legen fest, dass es sich bei der Frist nach Unterabsatz 1 entweder um eine Bedenkzeit vor Abschluss des Kreditvertrags oder um einen Zeitraum handelt, in dem nach Abschluss des Kreditvertrags ein Widerrufsrecht besteht, oder beides.
Legt ein Mitgliedstaat eine Bedenkzeit vor dem Abschluss eines Kreditvertrags fest,
a) so bleibt das Angebot während dieses Zeitraums für den Kreditgeber verbindlich und
b) kann der Verbraucher das Angebot während dieses Zeitraums jederzeit annehmen.
Die Mitgliedstaaten können vorsehen, dass Verbraucher das Angebot während eines Zeitraums nicht annehmen können, der die ersten zehn Tage der Bedenkzeit nicht überschreiten darf.
Werden der Sollzinssatz oder andere für das Angebot maßgebliche Kosten auf Basis des Verkaufs zugrunde liegender Anleihen oder anderer langfristiger Finanzierungsinstrumente festgelegt, so können die Mitgliedstaaten vorsehen, dass der Sollzinssatz oder die anderen Kosten entsprechend dem Wert des zugrunde liegenden Wertpapiers oder des langfristigen Finanzierungsinstruments von den Angaben des Angebots abweichen können. Hat der Verbraucher ein Recht auf Widerruf gemäß Unterabsatz 2 des vorliegenden Absatzes, so kommt Artikel 6 der Richtlinie 2002/65/EG nicht zur Anwendung.

(7) Mit der Vorlage des ESIS-Merkblatts gelten die Anforderungen in Bezug auf die Unterrichtung des Verbrauchers vor Abschluss eines Fernabsatzvertrags gemäß Artikel 3 Absatz 1 der Richtlinie 2002/65/EG seitens des Kreditgebers und gegebenenfalls des Kreditvermittlers oder des benannten Vertreters als erfüllt; die Anforderungen des Artikels 5 Absatz 1 jener Richtlinie gelten nur dann als erfüllt, wenn das ESIS-Merkblatt zumindest vor Abschluss des Vertrags vorgelegt worden ist.

(8) Die Mitgliedstaaten nehmen keine Änderungen des Musters für das ESIS-Merkblatt vor, sofern dies nicht in Anhang II vorgesehen ist. Etwaige zusätzliche Informationen, die der Kreditgeber oder gegebenenfalls der Kreditvermittler oder der benannte Vertreter dem Verbraucher erteilt oder zu deren Erteilung er nach Maßgabe der nationalen Rechtsvorschriften verpflichtet ist, werden in einem gesonderten Dokument, das dem ESIS-Merkblatt beigefügt werden kann, mitgeteilt.

(9) Die Kommission wird ermächtigt, delegierte Rechtsakte gemäß Artikel 40 zur Änderung des Standardwortlauts in Teil A oder der Hinweise in Teil B des Anhangs II zu erlassen, um der Notwendigkeit von Informationen oder Warnhinweisen im Zusammenhang mit neuen Produkten, die vor dem 20. März 2014 noch nicht auf dem Markt waren, Rechnung zu tragen. Diese delegierten Rechtsakte dürfen Struktur und Format des ESIS-Merkblatts jedoch nicht verändern.

(10) Bei fernmündlicher Kommunikation gemäß Artikel 3 Absatz 3 der Richtlinie 2002/65/EG muss die nach Artikel 3 Absatz 3 Buchstabe b zweiter Gedankenstrich der genannten Richtlinie zu liefernde Beschreibung der Hauptmerkmale der Finanzdienstleistung zumindest die in Anhang II Teil A Abschnitte 3 bis 6 dieser Richtlinie vorgesehenen Angaben enthalten.

Artz

(11) Die Mitgliedstaaten stellen sicher, dass zumindest in Fällen, in denen kein Widerrufsrecht besteht, der Kreditgeber oder gegebenenfalls der Kreditvermittler oder der benannte Vertreter dem Verbraucher zum Zeitpunkt der Vorlage eines für den Kreditgeber verbindlichen Angebots eine Ausfertigung des Kreditvertragsentwurfs aushändigt. Besteht ein Widerrufsrecht, so stellen die Mitgliedstaaten sicher, dass der Kreditgeber oder gegebenenfalls der Kreditvermittler oder der benannte Vertreter anbietet, dem Verbraucher zum Zeitpunkt der Vorlage eines für den Kreditgeber verbindlichen Angebots eine Ausfertigung des Kreditvertragsentwurfs auszuhändigen.

Artikel 16 Angemessene Erläuterungen

(1) Die Mitgliedstaaten stellen sicher, dass Kreditgeber und gegebenenfalls Kreditvermittler oder benannte Vertreter dem Verbraucher angemessene Erläuterungen zu den angebotenen Kreditverträgen und etwaigen Nebenleistungen geben, damit der Verbraucher in die Lage versetzt wird, zu beurteilen, ob die vorgeschlagenen Kreditverträge und die Nebenleistungen seinen Bedürfnissen und seiner finanziellen Situation gerecht werden.

Die Erläuterungen beinhalten gegebenenfalls insbesondere Folgendes:
a) die vorvertraglichen Informationen gemäß
   i) Artikel 14 bei Kreditgebern,
   ii) den Artikeln 14 und 15 bei Kreditvermittlern oder benannten Vertretern,
b) die Hauptmerkmale der angebotenen Produkte,
c) die möglichen spezifischen Auswirkungen der angebotenen Produkte auf den Verbraucher, einschließlich der Konsequenzen bei Zahlungsverzug des Verbrauchers, und
d) wenn Nebenleistungen mit einem Kreditvertrag gebündelt werden, ob jeder einzelne Bestandteil des Pakets einzeln beendet werden kann, und welche Folgen dies für den Verbraucher hätte.

(2) Die Mitgliedstaaten können die Art und Weise der Erläuterungen nach Absatz 1 sowie deren Umfang und die Frage, durch wen sie zu geben ist, den Umständen der Situation, in der der Kreditvertrag angeboten wird, der Person, der er angeboten wird, und der Art des angebotenen Kredits anpassen.

3 Artikel 247 EGBGB: Informationspflichten bei Verbraucherdarlehensverträgen, entgeltlichen Finanzierungshilfen und Darlehensvermittlungsverträgen

§ 1 Vorvertragliche Informationen bei Immobiliar-Verbraucherdarlehensverträgen

(1) ¹Bei einem Immobiliar-Verbraucherdarlehensvertrag muss der Darlehensgeber dem Darlehensnehmer mitteilen, welche Informationen und Nachweise er innerhalb welchen Zeitraums von ihm benötigt, um eine ordnungsgemäße Kreditwürdigkeitsprüfung durchführen zu können. ²Er hat den Darlehensnehmer darauf hinzuweisen, dass eine Kreditwürdigkeitsprüfung für den Abschluss des Darlehensvertrags zwingend ist und nur durchgeführt werden kann, wenn die hierfür benötigten Informationen und Nachweise richtig sind und vollständig beigebracht werden.

(2) ¹Der Darlehensgeber muss dem Darlehensnehmer die vorvertraglichen Informationen in Textform übermitteln, und zwar unverzüglich nachdem er die Angaben gemäß Absatz 1 erhalten hat und rechtzeitig vor Abgabe der Vertragserklärung des Darlehensnehmers. ²Dafür muss der Darlehensgeber das entsprechend ausgefüllte Europäische Standardisierte Merkblatt gemäß dem Muster in Anlage 6 (ESIS-Merkblatt) verwenden. ³Der Darlehensgeber hat das ESIS-Merkblatt auch jedem Vertragsangebot und jedem Vertragsvorschlag, an dessen Bedingungen er sich bindet, beizufügen. ⁴Dies gilt nicht, wenn der Darlehensnehmer bereits ein Merkblatt erhalten hat, das über die speziellen Bedingungen des Vertragsangebots oder Vertragsvorschlags informiert. ⁵Jeder bindende Vertragsvorschlag ist dem Darlehensnehmer in Textform zur Verfügung zu stellen. ⁶Ist der Darlehensvertrag zugleich ein außerhalb von Geschäftsräumen geschlossener Vertrag oder ein Fernabsatzvertrag, gelten mit der Übermittlung des ESIS-Merkblatts auch die Anforderungen des § 312d Absatz 2 des Bürgerlichen Gesetzbuchs als erfüllt.

(3) ¹Weitere vorvertragliche Informationen sind, soweit nichts anderes bestimmt ist, in einem gesonderten Dokument zu erteilen, das dem ESIS-Merkblatt beigefügt werden

Vorvertragliche Informationspflichten 3 § 491a

kann. ²Die weiteren vorvertraglichen Informationen müssen auch einen deutlich gestalteten Hinweis darauf enthalten, dass der Darlehensgeber Forderungen aus dem Darlehensvertrag ohne Zustimmung des Darlehensnehmers abtreten und das Vertragsverhältnis auf einen Dritten übertragen darf, soweit nicht die Abtretung im Vertrag ausgeschlossen wird oder der Darlehensnehmer der Übertragung zustimmen muss.

(4) Wenn der Darlehensgeber entscheidet, den Darlehensvertrag nicht abzuschließen, muss er dies dem Darlehensnehmer unverzüglich mitteilen.

§ 2 Form, Zeitpunkt und Muster der vorvertraglichen Informationen bei Allgemein-Verbraucherdarlehensverträgen

(1) ¹Bei einem Allgemein-Verbraucherdarlehensvertrag muss der Darlehensgeber den Darlehensnehmer über die Einzelheiten nach den §§ 3 bis 5 und 8 bis 13 unterrichten, und zwar rechtzeitig vor Abgabe der Vertragserklärung des Darlehensnehmers. ²Die Unterrichtung erfolgt in Textform.

(2) Für die Unterrichtung nach Absatz 1 ist vorbehaltlich des Absatzes 3 die Europäische Standardinformation für Verbraucherkredite gemäß dem Muster in Anlage 4 zu verwenden.

(3) ¹Soll ein Allgemein-Verbraucherdarlehensvertrag gemäß § 495 Absatz 2 Nummer 1 oder § 504 Absatz 2 des Bürgerlichen Gesetzbuchs abgeschlossen werden, kann der Darlehensgeber zur Unterrichtung die Europäische Verbraucherkreditinformation gemäß dem Muster in Anlage 5 verwenden. ²Verwendet der Darlehensgeber das Muster nicht, hat er bei der Unterrichtung alle nach den §§ 3 bis 5 und 8 bis 13 erforderlichen Angaben gleichartig zu gestalten und hervorzuheben.

(4) ¹Die Verpflichtung zur Unterrichtung nach § 491a Abs. 1 des Bürgerlichen Gesetzbuchs gilt als erfüllt, wenn der Darlehensgeber dem Darlehensnehmer das ordnungsgemäß ausgefüllte Muster in Textform übermittelt hat. ²Ist der Darlehensvertrag zugleich ein Fernabsatzvertrag oder ein außerhalb von Geschäftsräumen geschlossener Vertrag, gelten mit der Übermittlung des entsprechenden ausgefüllten Musters auch die Anforderungen des § 312d Absatz 2 des Bürgerlichen Gesetzbuchs als erfüllt. ³Die in diesem Absatz genannten Verpflichtungen gelten bis 31. Dezember 2010 auch bei Übermittlung des Musters in den Anlagen 4 und 5 in der Fassung des Gesetzes zur Umsetzung der Verbraucherkreditrichtlinie, des zivilrechtlichen Teils der Zahlungsdiensterichtlinie sowie zur Neuordnung der Vorschriften über das Widerrufs- und Rückgaberecht vom 29. Juli 2009 (BGBl. I S. 2355) als erfüllt.

§ 3 Inhalt der vorvertraglichen Information bei Allgemein-Verbraucherdarlehensverträgen

(1) Die Unterrichtung vor Vertragsschluss muss folgende Informationen enthalten:
1. den Namen und die Anschrift des Darlehensgebers,
2. die Art des Darlehens,
3. den effektiven Jahreszins,
4. den Nettodarlehensbetrag,
5. den Sollzinssatz,
6. die Vertragslaufzeit,
7. Betrag, Zahl und Fälligkeit der einzelnen Teilzahlungen,
8. den Gesamtbetrag,
9. die Auszahlungsbedingungen,
10. alle sonstigen Kosten, insbesondere in Zusammenhang mit der Auszahlung oder der Verwendung eines Zahlungsauthentifizierungsinstruments, mit dem sowohl Zahlungsvorgänge als auch Abhebungen getätigt werden können, sowie die Bedingungen, unter denen die Kosten angepasst werden können,
11. den Verzugszinssatz und die Art und Weise seiner etwaigen Anpassung sowie gegebenenfalls anfallende Verzugskosten,
12. einen Warnhinweis zu den Folgen ausbleibender Zahlungen,
13. das Bestehen oder Nichtbestehen eines Widerrufsrechts,
14. das Recht des Darlehensnehmers, das Darlehen vorzeitig zurückzuzahlen,
15. die sich aus § 491a Abs. 2 des Bürgerlichen Gesetzbuchs ergebenden Rechte,
16. die sich aus § 29 Abs. 7 des Bundesdatenschutzgesetzes ergebenden Rechte.

§ 491a 3   1. Teil. Darlehen und Finanzierungshilfen

(2) ¹Gesamtbetrag ist die Summe aus Nettodarlehensbetrag und Gesamtkosten. Nettodarlehensbetrag ist der Höchstbetrag, auf den der Darlehensnehmer aufgrund des Darlehensvertrags Anspruch hat. ²Die Gesamtkosten und der effektive Jahreszins sind nach § 6 der Preisangabenverordnung zu berechnen.

(3) ¹Der Gesamtbetrag und der effektive Jahreszins sind anhand eines repräsentativen Beispiels zu erläutern. ²Dabei sind sämtliche in die Berechnung des effektiven Jahreszinses einfließenden Annahmen anzugeben und die vom Darlehensnehmer genannten Wünsche zu einzelnen Vertragsbedingungen zu berücksichtigen. ³Der Darlehensgeber hat darauf hinzuweisen, dass sich der effektive Jahreszins unter Umständen erhöht, wenn der Verbraucherdarlehensvertrag mehrere Auszahlungsmöglichkeiten mit unterschiedlichen Kosten oder Sollzinssätzen vorsieht und die Berechnung des effektiven Jahreszinses auf der Vermutung beruht, dass die für die Art des Darlehens übliche Auszahlungsmöglichkeit vereinbart werde.

(4) ¹Die Angabe zum Sollzinssatz muss die Bedingungen und den Zeitraum für seine Anwendung sowie die Art und Weise seiner Anpassung enthalten. ²Ist der Sollzinssatz von einem Index oder Referenzzinssatz abhängig, sind beide anzugeben. ³Sieht der Verbraucherdarlehensvertrag mehrere Sollzinssätze vor, sind die Angaben für alle Sollzinssätze zu erteilen. ⁴Sind im Fall des Satzes 3 Teilzahlungen vorgesehen, ist anzugeben, in welcher Reihenfolge die ausstehenden Forderungen des Darlehensgebers, für die unterschiedliche Sollzinssätze gelten, durch die Teilzahlungen getilgt werden.

§ 4 Weitere Angaben bei der vorvertraglichen Information bei Allgemein-Verbraucherdarlehensverträgen

(1) Die Unterrichtung muss bei Allgemein-Verbraucherdarlehensverträgen folgende Angaben enthalten, soweit sie für den in Betracht kommenden Vertragsabschluss erheblich sind:
1. einen Hinweis, dass der Darlehensnehmer infolge des Vertragsabschlusses Notarkosten zu tragen hat,
2. Sicherheiten, die der Darlehensgeber verlangt,
3. den Anspruch auf Vorfälligkeitsentschädigung und dessen Berechnungsmethode, soweit der Darlehensgeber diesen Anspruch geltend macht, falls der Darlehensnehmer das Darlehen vorzeitig zurückzahlt,
4. gegebenenfalls den Zeitraum, für den sich der Darlehensgeber an die übermittelten Informationen bindet.

(2) Weitere Hinweise des Darlehensgebers müssen räumlich getrennt von den Angaben nach Absatz 1 und nach den §§ 3 und 8 bis 13a übermittelt werden.

§ 5 Information bei besonderen Kommunikationsmitteln

(1) ¹Wählt der Darlehensnehmer für die Vertragsanbahnung bei Allgemein-Verbraucherdarlehensverträgen Kommunikationsmittel, die die Übermittlung der vorstehenden Informationen in der in § 2 vorgesehenen Form nicht gestatten, ist die vollständige Unterrichtung nach § 2 unverzüglich nachzuholen. ²Bei Telefongesprächen muss die Beschreibung der wesentlichen Merkmale nach Artikel 246 § 1 Abs. 1 Nr. 4 zumindest die Angaben in § 3 Abs. 1 Nr. 3 bis 9, Abs. 3 und 4 enthalten.

(2) Bei Telefongesprächen, die sich auf Immobiliar-Verbraucherdarlehensverträge beziehen, muss die Beschreibung der wesentlichen Merkmale nach Artikel 246b § 1 Absatz 1 Nummer 5 zumindest die Angaben nach Teil A Abschnitt 3 bis 6 des ESIS-Merkblatts gemäß dem Muster in Anlage 6 enthalten.

§ 8 Verträge mit Zusatzleistungen

(1) ¹Verlangt der Darlehensgeber zum Abschluss eines Allgemein-Verbraucherdarlehensvertrags, dass der Darlehensnehmer zusätzliche Leistungen des Darlehensgebers annimmt oder einen weiteren Vertrag abschließt, insbesondere einen Versicherungsvertrag oder Kontoführungsvertrag, hat der Darlehensgeber dies zusammen mit der vorvertraglichen Information anzugeben. ²In der vorvertraglichen Information sind Kontoführungsgebühren sowie die Bedingungen, unter denen sie angepasst werden können, anzugeben.

Vorvertragliche Informationspflichten 3 § 491a

(2) Werden im Zusammenhang mit einem Verbraucherdarlehensvertrag Kontoführungsgebühren erhoben, so sind diese sowie die Bedingungen, unter denen die Gebühren angepasst werden können, im Vertrag anzugeben.

(3) ¹Dienen die vom Darlehensnehmer geleisteten Zahlungen nicht der unmittelbaren Darlehenstilgung, sind die Zeiträume und Bedingungen für die Zahlung der Sollzinsen und der damit verbundenen wiederkehrenden und nicht wiederkehrenden Kosten im Verbraucherdarlehensvertrag aufzustellen. ²Verpflichtet sich der Darlehensnehmer mit dem Abschluss eines Verbraucherdarlehensvertrags auch zur Vermögensbildung, muss aus der vorvertraglichen Information und aus dem Verbraucherdarlehensvertrag klar und verständlich hervorgehen, dass weder die während der Vertragslaufzeit fälligen Zahlungsverpflichtungen noch die Ansprüche, die der Darlehensnehmer aus der Vermögensbildung erwirbt, die Tilgung des Darlehens gewährleisten, es sei denn, dies wird vertraglich vereinbart.

§ 10 Abweichende Mitteilungspflichten bei Überziehungsmöglichkeiten gemäß § 504 Abs. 2 des Bürgerlichen Gesetzbuchs

(1) Bei Überziehungsmöglichkeiten im Sinne des § 504 Abs. 2 des Bürgerlichen Gesetzbuchs sind abweichend von den §§ 3, 4 und 6 nur anzugeben:
1. in der vorvertraglichen Information
   a) die Angaben nach § 3 Absatz 1 Nummer 1 bis 6, 10, 11 und 16, Absatz 3 und 4 sowie gegebenenfalls nach § 4 Abs. 1 Nr. 4,
   b) die Bedingungen zur Beendigung des Darlehensverhältnisses und
   c) der Hinweis, dass der Darlehensnehmer jederzeit zur Rückzahlung des gesamten Darlehensbetrags aufgefordert werden kann, falls ein entsprechendes Kündigungsrecht für den Darlehensgeber vereinbart werden soll;
2. im Vertrag
   a) die Angaben nach § 6 Abs. 1 Nr. 1 in Verbindung mit § 3 Abs. 1 Nr. 1 bis 6, 9 und 10, Abs. 4,
   b) die Angaben nach § 6 Abs. 1 Nr. 2 und 5,
   c) die Gesamtkosten sowie
   d) gegebenenfalls der Hinweis nach Nummer 1 Buchstabe c.

(2) In den Fällen des § 5 Absatz 1 muss die Beschreibung der wesentlichen Merkmale nach Artikel 246b § 1 Absatz 1 Nummer 5 zumindest die Angaben nach § 3 Absatz 1 Nummer 3 bis 5, 10, Absatz 3 und 4 sowie nach Absatz 1 Nr. 1 Buchstabe c enthalten.

(3) Die Angabe des effektiven Jahreszinses ist entbehrlich, wenn der Darlehensgeber außer den Sollzinsen keine weiteren Kosten verlangt und die Sollzinsen nicht in kürzeren Zeiträumen als drei Monaten fällig werden.

§ 11 Abweichende Mitteilungspflichten bei Allgemein-Verbraucherdarlehensverträgen zur Umschuldung gemäß § 495 Absatz 2 Nummer 1 des Bürgerlichen Gesetzbuchs

(1) Bei Allgemein-Verbraucherdarlehensverträgen zur Umschuldung gemäß § 495 Absatz 2 Nummer 1 des Bürgerlichen Gesetzbuchs sind abweichend von den §§ 3, 4 und 6 nur anzugeben:
1. in der vorvertraglichen Information
   a) die Angaben nach § 3 Abs. 1 Nr. 1 bis 7, 10, 11, 14 und 16, Abs. 3 und 4,
   b) die Angaben nach § 4 Abs. 1 Nr. 3,
   c) die Angaben nach § 10 Abs. 1 Nr. 1 Buchstabe b sowie
   d) gegebenenfalls die Angaben nach § 4 Abs. 1 Nr. 4;
2. im Vertrag
   a) die Angaben nach § 6 Abs. 1 Nr. 1 in Verbindung mit § 3 Abs. 1 Nr. 1 bis 9, 11 und 14, Abs. 3 und 4 sowie
   b) die Angaben nach § 6 Abs. 1 Nr. 2 bis 4 und 6.

(2) In den Fällen des § 5 Absatz 1 muss die Beschreibung der wesentlichen Merkmale nach Artikel 246b § 1 Absatz 1 Nummer 5 zumindest die Angaben nach § 3 Abs. 1 Nr. 3 bis 6, 10 sowie Abs. 3 und 4 enthalten.

(3) Wird ein Verbraucherdarlehensvertrag gemäß § 495 Absatz 2 Nummer 1 des Bürgerlichen Gesetzbuchs als Überziehungsmöglichkeit im Sinne des § 504 Abs. 2 Satz 1 des Bürgerlichen Gesetzbuchs abgeschlossen, gilt § 10. Die Absätze 1 und 2 sind nicht anzuwenden.

§ 12 Verbundene Verträge und entgeltliche Finanzierungshilfen

(1) Die §§ 1 bis 11 gelten entsprechend für die in § 506 Absatz 1 des Bürgerlichen Gesetzbuchs bezeichneten Verträge über entgeltliche Finanzierungshilfen. Bei diesen Verträgen oder Verbraucherdarlehensverträgen, die mit einem anderen Vertrag gemäß § 358 des Bürgerlichen Gesetzbuchs verbunden sind oder in denen eine Ware oder Leistung gemäß § 360 Absatz 2 Satz 2 des Bürgerlichen Gesetzbuchs angegeben ist, muss enthalten:
1. die vorvertragliche Information, auch in den Fällen des § 5, den Gegenstand und den Barzahlungspreis,
2. der Vertrag
   a) den Gegenstand und den Barzahlungspreis sowie
   b) Informationen über die sich aus den §§ 358 und 359 oder § 360 des Bürgerlichen Gesetzbuchs ergebenden Rechte und über die Bedingungen für die Ausübung dieser Rechte.

Enthält der Verbraucherdarlehensvertrag eine Vertragsklausel in hervorgehobener und deutlich gestalteter Form, die bei Allgemein-Verbraucherdarlehensverträgen dem Muster in Anlage 7 und bei Immobiliar-Verbraucherdarlehensverträgen dem Muster in Anlage 8 entspricht, genügt diese Vertragsklausel bei verbundenen Verträgen sowie Geschäften gemäß § 360 Absatz 2 Satz 2 des Bürgerlichen Gesetzbuchs in den Satz 2 Nummer 2 Buchstabe b gestellten Anforderungen. Dies gilt bis zum Ablauf des 4. November 2011 auch bei entsprechender Verwendung dieses Musters in der Fassung des Gesetzes zur Einführung einer Musterwiderrufsinformation für Verbraucherdarlehensverträge, zur Änderung der Vorschriften über das Widerrufsrecht bei Verbraucherdarlehensverträgen und zur Änderung des Darlehensvermittlungsrechts vom 24. Juli 2010 (BGBl. I S. 977). Bei Verträgen über eine entgeltliche Finanzierungshilfe treten diese Rechtsfolgen nur ein, wenn die Informationen dem im Einzelfall vorliegenden Vertragstyp angepasst sind. Der Darlehensgeber darf unter Beachtung von Satz 3 in Format und Schriftgröße von dem Muster abweichen.

(2) Bei Verträgen gemäß § 506 Absatz 2 Satz 1 Nummer 3 des Bürgerlichen Gesetzbuchs sind die Angaben nach § 3 Abs. 1 Nr. 14, § 4 Abs. 1 Nr. 3 und § 7 Nummer 3 entbehrlich. § 14 Abs. 1 Satz 2 ist nicht anzuwenden. Hat der Unternehmer den Gegenstand für den Verbraucher erworben, tritt an die Stelle des Barzahlungspreises der Anschaffungspreis.

§ 13 Darlehensvermittler bei Verbraucherdarlehensverträgen

(1) Ist bei der Anbahnung oder beim Abschluss eines Verbraucherdarlehensvertrags oder eines Vertrags über eine entgeltliche Finanzierungshilfe ein Darlehensvermittler beteiligt, so ist der Vertragsinhalt nach § 6 Abs. 1 um den Namen und die Anschrift des beteiligten Darlehensvermittlers zu ergänzen. (...)

§ 13a Besondere Regelungen für Darlehensvermittler bei Allgemein-Verbraucherdarlehensverträgen

Ist bei der Anbahnung oder beim Abschluss eines Allgemein-Verbraucherdarlehensvertrags oder eines Vertrags über eine entsprechende entgeltliche Finanzierungshilfe ein Darlehensvermittler beteiligt, so sind die vorvertraglichen Informationen nach § 3 Absatz 1 Nummer 1 um den Namen und Anschrift des beteiligten Darlehensvermittlers zu ergänzen.

§ 18 Vorvertragliche Informationen bei Beratungsleistungen für Immobiliar-Verbraucherdarlehensverträge

(1) ¹Bevor der Darlehensgeber Beratungsleistungen für einen Immobiliar-Verbraucherdarlehensvertrag erbringt oder einen entsprechenden Beratungsvertrag schließt, hat er den Darlehensnehmer darüber zu informieren,

Vorvertragliche Informationspflichten 4 § 491a

1. wie hoch das Entgelt ist, sofern ein solches für die Beratungsleistungen verlangt wird,
2. ob der Darlehensgeber seiner Empfehlung
   a) nur oder im wesentlichen eigene Produkte zugrunde legt oder
   b) neben eigenen Produkten auch eine größere Anzahl von Produkten anderer Anbieter zugrunde legt.

[2] Lässt sich die Höhe des Entgelts nach Satz 1 Nummer 1 noch nicht bestimmen, ist über die Methode zu informieren, die für die Berechnung verwendet wird.

(2) Die Informationen sind auf einem dauerhaften Datenträger zu übermitteln; sie können in der gleichen Art und Weise wie weitere vorvertragliche Informationen gemäß § 1 Absatz 3 Satz 1 erteilt werden.

Einführungsgesetz zum Bürgerlichen Gesetzbuch

Anlage 4[1] (zu Artikel 247 § 2) 4

Europäische Standardinformationen für Verbraucherkredite

1. Name und Kontaktangaben des Kreditgebers/Kreditvermittlers

Kreditgeber	[Name]
Anschrift	[Ladungsfähige Anschrift für Kontakte des Verbrauchers]
Telefon[2]	
E-Mail[3]	
Fax[4]	
Internet-Adresse[5]	

(falls zutreffend)	
Kreditvermittler	[Name]
Anschrift	[Anschrift für Kontakte mit dem Verbraucher]
Telefon[6]	
E-Mail[7]	
Fax[8]	
Internet-Adresse[9]	

In allen Fällen, in denen „falls zutreffend" angegeben ist, muss der Kreditgeber das betreffende Kästchen ausfüllen, wenn die Information für den Kreditvertrag relevant ist, oder die betreffende Information bzw. die gesamte Zeile streichen, wenn die Information für die in Frage kommende Kreditart nicht relevant ist.

Die Vermerke in eckigen Klammern dienen zur Erläuterung und sind durch die entsprechenden Angaben zu ersetzen.

2. Beschreibung der wesentlichen Merkmale des Kredits

Kreditart	
Gesamtkreditbetrag	
Obergrenze oder Summe aller Beträge, die aufgrund des Kreditvertrags zur Verfügung gestellt wird	
Bedingungen für die Inanspruchnahme	
Gemeint ist, wie und wann Sie das Geld erhalten	
Laufzeit des Kreditvertrags	
Teilzahlungen und gegebenenfalls Reihenfolge, in der die Teilzahlungen angerechnet werden	Sie müssen folgende Zahlungen leisten: [Betrag, Anzahl und Periodizität der vom Verbraucher zu leistenden Zahlungen] Zinsen und/oder Kosten sind wie folgt zu entrichten:

Von Ihnen zu zahlender Gesamtbetrag Betrag des geliehenen Kapitals zuzüglich Zinsen und etwaiger Kosten im Zusammenhang mit Ihrem Kredit	[Summe des Gesamtkreditbetrags und der Gesamtkosten des Kredits]
(falls zutreffend) Der Kredit wird in Form eines Zahlungsaufschubs für eine Ware oder Dienstleistung gewährt oder ist mit der Lieferung bestimmter Waren oder der Erbringung einer Dienstleistung verbunden. Bezeichnung der Ware oder Dienstleistung Barzahlungspreis	
(falls zutreffend) Verlangte Sicherheiten Beschreibung der von Ihnen im Zusammenhang mit dem Kreditvertrag zu stellenden Sicherheiten	[Art der Sicherheiten]
(falls zutreffend) Zahlungen dienen nicht der unmittelbaren Kapitaltilgung	

3. Kreditkosten

Sollzinssatz oder gegebenenfalls die verschiedenen Sollzinssätze, die für den Kreditvertrag gelten	[% – gebunden oder – veränderlich (mit dem Index oder Referenzzinssatz für den anfänglichen Sollzinssatz) – Zeiträume]
Effektiver Jahreszins Gesamtkosten ausgedrückt als jährlicher Prozentsatz des Gesamtkreditbetrags Diese Angabe hilft Ihnen dabei, unterschiedliche Angebote zu vergleichen.	[% Repräsentatives Beispiel unter Angabe sämtlicher in die Berechnung des Jahreszinses einfließender Annahmen]
Ist – der Abschluss einer Kreditversicherung oder – die Inanspruchnahme einer anderen mit dem Kreditvertrag zusammenhängenden Nebenleistung zwingende Voraussetzung dafür, dass der Kredit überhaupt oder nach den vorgesehenen Vertragsbedingungen gewährt wird? Falls der Kreditgeber die Kosten dieser Dienstleistungen nicht kennt, sind sie nicht im effektiven Jahreszins enthalten.	Ja/Nein [Falls ja, Art der Versicherung:] Ja/Nein [Falls ja, Art der Nebenleistung:]
Kosten im Zusammenhang mit dem Kredit	
(falls zutreffend) Die Führung eines oder mehrerer Konten ist für die Buchung der Zahlungsvorgänge und der in Anspruch genommenen Kreditbeträge erforderlich.	
(falls zutreffend) Höhe der Kosten für die Verwendung eines bestimmten Zahlungsmittels (zB einer Kreditkarte)	

Vorvertragliche Informationspflichten 4 § 491a

(falls zutreffend) Sonstige Kosten im Zusammenhang mit dem Kreditvertrag	
(falls zutreffend) Bedingungen, unter denen die vorstehend genannten Kosten im Zusammenhang mit dem Kreditvertrag geändert werden können	
(falls zutreffend) Verpflichtung zur Zahlung von Notarkosten	
Kosten bei Zahlungsverzug Ausbleibende Zahlungen können schwerwiegende Folgen für Sie haben (z. B. Zwangsverkauf) und die Erlangung eines Kredits erschweren.	Bei Zahlungsverzug wird Ihnen [… (anwendbarer Zinssatz und Regelungen für seine Anpassung sowie gegebenenfalls Verzugskosten)] berechnet.

4. Andere wichtige rechtliche Aspekte

Widerrufsrecht Sie haben das Recht, innerhalb von 14 Kalendertagen den Kreditvertrag zu widerrufen.	Ja/Nein
Vorzeitige Rückzahlung Sie haben das Recht, den Kredit jederzeit ganz oder teilweise vorzeitig zurückzuzahlen.	
(falls zutreffend) Dem Kreditgeber steht bei vorzeitiger Rückzahlung eine Entschädigung zu	[Festlegung der Entschädigung (Berechnungsmethode) gemäß § 502 BGB]
Datenbankabfrage Der Kreditgeber muss Sie unverzüglich und unentgeltlich über das Ergebnis einer Datenbankabfrage unterrichten, wenn ein Kreditantrag aufgrund einer solchen Abfrage abgelehnt wird. Dies gilt nicht, wenn eine entsprechende Unterrichtung durch die Rechtsvorschriften der Europäischen Union untersagt ist oder den Zielen der öffentlichen Ordnung oder Sicherheit zuwiderläuft.	
Recht auf einen Kreditvertragsentwurf Sie haben das Recht, auf Verlangen unentgeltlich eine Kopie des Kreditvertragsentwurfs zu erhalten. Diese Bestimmung gilt nicht, wenn der Kreditgeber zum Zeitpunkt der Beantragung nicht zum Abschluss eines Kreditvertrags mit Ihnen bereit ist.	
(falls zutreffend) Zeitraum, während dessen der Kreditgeber an die vorvertraglichen Informationen gebunden ist	Diese Informationen gelten vom … bis …
(falls zutreffend)	

5. Zusätzliche Informationen beim Fernabsatz von Finanzdienstleistungen

a) zum Kreditgeber	
(falls zutreffend) Vertreter des Kreditgebers in dem Mitgliedstaat, in dem Sie Ihren Wohnsitz haben	[Name]
Anschrift	[Ladungsfähige Anschrift für Kontakte des Verbrauchers]
Telefon[10]	
E-Mail[11]	
Fax[12]	
Internet-Adresse[13]	
(falls zutreffend) Eintrag im Handelsregister	[Handelsregister, in das der Kreditgeber eingetragen ist, und seine Handelsregisternummer oder eine gleichwertige in diesem Register verwendete Kennung]
(falls zutreffend) Zuständige Aufsichtsbehörde	
b) zum Kreditvertrag	
(falls zutreffend) Ausübung des Widerrufsrechts	[Praktische Hinweise zur Ausübung des Widerrufsrechts, darunter Widerrufsfrist, Angabe der Anschrift, an die die Widerruferklärung zu senden ist, sowie Folgen bei Nichtausübung dieses Rechts]
(falls zutreffend) Recht, das der Kreditgeber der Aufnahme von Beziehungen zu Ihnen vor Abschluss des Kreditvertrags zugrunde legt	
(falls zutreffend) Klauseln über das auf den Kreditvertrag anwendbare Recht und/oder das zuständige Gericht	[Entsprechende Klauseln hier wiedergeben]
(falls zutreffend) Wahl der Sprache	Die Informationen und Vertragsbedingungen werden in [Angabe der Sprache] vorgelegt. Mit Ihrer Zustimmung werden wir während der Laufzeit des Kreditvertrags in [Angabe der Sprache(n)] mit Ihnen Kontakt halten.
c) zu den Rechtsmitteln	
Verfügbarkeit außergerichtlicher Beschwerde- und Rechtsbehelfsverfahren und Zugang dazu	[Angabe, ob der Verbraucher, der Vertragspartei eines Fernabsatzvertrags ist, Zugang zu einem außergerichtlichen Beschwerde- und Rechtsbehelfsverfahren hat, und gegebenenfalls die Voraussetzungen für diesen Zugang]

---

[1] Anl. 3 angef. mWv 11.6.2010 durch G v. 29.7.2009 (BGBl. I S. 2355); geänd. mWv 30.7.2010 durch G v. 24.7.2010 (BGBl. I S. 977); geänd. mWv 29.1.2013 durch G v. 23.1.2013 (BGBl. I S. 101); bish. Anl. 3 wird Anl. 4 und geänd. mWv 13.6.2014 durch G v. 20.9.2013 (BGBl. I S. 3642).

Vorvertragliche Informationspflichten   5   § 491a

² [Amtl. Anm.:] Freiwillige Angaben des Kreditgebers
³ [Amtl. Anm.:] Freiwillige Angaben des Kreditgebers
⁴ [Amtl. Anm.:] Freiwillige Angaben des Kreditgebers
⁵ [Amtl. Anm.:] Freiwillige Angaben des Kreditgebers
⁶ [Amtl. Anm.:] Freiwillige Angaben des Kreditgebers
⁷ [Amtl. Anm.:] Freiwillige Angaben des Kreditgebers
⁸ [Amtl. Anm.:] Freiwillige Angaben des Kreditgebers
⁹ [Amtl. Anm.:] Freiwillige Angaben des Kreditgebers
¹⁰ [Amtl. Anm.:] Freiwillige Angaben des Kreditgebers
¹¹ [Amtl. Anm.:] Freiwillige Angaben des Kreditgebers
¹² [Amtl. Anm.:] Freiwillige Angaben des Kreditgebers
¹³ [Amtl. Anm.:] Freiwillige Angaben des Kreditgebers

Anlage 5[1] (zu Artikel 247 § 2)

Europäische Verbraucherkreditinformationen bei
1. **Überziehungskrediten**
2. **Umschuldungen**

1. Name und Kontaktangaben des Kreditgebers/Kreditvermittlers

Kreditgeber	[Name]
Anschrift	[Ladungsfähige Anschrift für Kontakte des Verbrauchers]
Telefon[2]	
E-Mail[3]	
Fax[4]	
Internet-Adresse[5]	

(falls zutreffend) Kreditvermittler	[Name]
Anschrift	[Ladungsfähige Anschrift für Kontakte des Verbrauchers]
Telefon[6]	
E-Mail[7]	
Fax[8]	
Internet-Adresse[9]	

In allen Fällen, in denen „falls zutreffend" angegeben ist, muss der Kreditgeber das betreffende Kästchen ausfüllen, wenn die Information für den Kreditvertrag relevant ist, oder die betreffende Information bzw. die gesamte Zeile streichen, wenn die Information für die in Frage kommende Kreditart nicht relevant ist.

Die Vermerke in eckigen Klammern dienen zur Erläuterung und sind durch die entsprechenden Angaben zu ersetzen.

2. Beschreibung der wesentlichen Merkmale des Kredits

Kreditart
Gesamtkreditbetrag
Obergrenze oder Summe aller Beträge, die aufgrund des Kreditvertrags zur Verfügung gestellt wird
Laufzeit des Kreditvertrags
(falls zutreffend) Sie können jederzeit zur Rückzahlung des gesamten Kreditbetrags aufgefordert werden.

3. Kreditkosten

Sollzinssatz oder gegebenenfalls die verschiedenen Sollzinssätze, die für den Kreditvertrag gelten	[% – gebunden oder – veränderlich (mit dem Index oder Referenzzinssatz für den anfänglichen Sollzinssatz)
(falls zutreffend)	[%. Repräsentatives Beispiel unter Angabe sämtlicher in die Berechnung des Jahreszinses einfließender Annahmen]
Effektiver Jahreszins[10] Gesamtkosten ausgedrückt als jährlicher Prozentsatz des Gesamtkreditbetrags Diese Angabe hilft Ihnen dabei, unterschiedliche Angebote zu vergleichen.	
(falls zutreffend) Kosten	[Sämtliche vom Zeitpunkt des Vertragsabschlusses des Kreditvertrags an zu zahlende Kosten]
(falls zutreffend) Bedingungen, unter denen diese Kosten geändert werden können	
Kosten bei Zahlungsverzug	Bei Zahlungsverzug wird Ihnen [... (anwendbarer Zinssatz und Regelungen für seine Anpassung sowie gegebenenfalls Verzugskosten)] berechnet.

4. Andere wichtige rechtliche Aspekte

Beendigung des Kreditvertrags	[Bedingungen und Verfahren zur Beendigung des Kreditvertrags]
Datenbankabfrage Der Kreditgeber muss Sie unverzüglich und unentgeltlich über das Ergebnis einer Datenbankabfrage unterrichten, wenn ein Kreditantrag aufgrund einer solchen Abfrage abgelehnt wird. Dies gilt nicht, wenn eine entsprechende Unterrichtung durch die Rechtsvorschriften der Europäischen Union untersagt ist oder den Zielen der öffentlichen Ordnung oder Sicherheit zuwiderläuft.	
(falls zutreffend) Zeitraum, während dessen der Kreditgeber an die vorvertraglichen Informationen gebunden ist	Diese Informationen gelten vom ... bis ...
(falls zutreffend)	

5. Zusätzliche Informationen, die zu liefern sind, wenn die vorvertraglichen Informationen einen Verbraucherkredit für eine Umschuldung betreffen

Teilzahlungen und gegebenenfalls Reihenfolge, in der die Teilzahlungen angerechnet werden	Sie müssen folgende Zahlungen leisten: [Repräsentatives Beispiel für einen Ratenzahlungsplan unter Angabe des Betrags, der Anzahl und der Periodizität der vom Verbraucher zu leistenden Zahlungen]

Vorvertragliche Informationspflichten 5 § 491a

Von Ihnen zu zahlender Gesamtbetrag	
Vorzeitige Rückzahlung Sie haben das Recht, den Kredit jederzeit ganz oder teilweise vorzeitig zurückzuzahlen.	
(falls zutreffend) Dem Kreditgeber steht bei vorzeitiger Rückzahlung eine Entschädigung zu.	[Festlegung der Entschädigung (Berechnungsmethode) gemäß § 502 BGB]

6. Zusätzlich zu gebende Informationen beim Fernabsatz von Finanzdienstleistungen

a) zum Kreditgeber	
(falls zutreffend) Vertreter des Kreditgebers in dem Mitgliedstaat, in dem Sie Ihren Wohnsitz haben	[Name]
Anschrift	[Ladungsfähige Anschrift für Kontakte des Verbrauchers]
Telefon[11] E-Mail[12] Fax[13] Internet-Adresse[14]	
(falls zutreffend) Eintrag im Handelsregister	[Handelsregister, in das der Kreditgeber eingetragen ist, und seine Handelsregisternummer oder eine gleichwertige in diesem Register verwendete Kennung]
(falls zutreffend) zuständige Aufsichtsbehörde	
b) zum Kreditvertrag	
Widerrufsrecht Sie haben das Recht, innerhalb von 14 Kalendertagen den Kreditvertrag zu widerrufen.	Ja/Nein [Praktische Hinweise zur Ausübung des Widerrufsrechts, u.a. Anschrift, an die die Widerrufserklärung zu senden ist, sowie Folgen bei Nichtausübung dieses Rechts]
(falls zutreffend) Ausübung des Widerrufsrechts	
(falls zutreffend) Recht, das der Kreditgeber der Aufnahme von Beziehungen zu Ihnen vor Abschluss des Kreditvertrags zugrunde legt	
(falls zutreffend) Klauseln über das auf den Kreditvertrag anwendbare Recht und/oder das zuständige Gericht	[Entsprechende Klauseln hier wiedergeben]
(falls zutreffend)	

Artz

§ 491a 6   1. Teil. Darlehen und Finanzierungshilfen

Wahl der Sprache	Die Informationen und Vertragsbedingungen werden in [Angabe der Sprache] vorgelegt. Mit Ihrer Zustimmung werden wir während der Laufzeit des Kreditvertrags in [Angabe der Sprache(n)] mit Ihnen Kontakt halten.
c) zu den Rechtsmitteln	
Verfügbarkeit außergerichtlicher Beschwerde- und Rechtsbehelfsverfahren und Zugang zu ihnen	[Angabe, ob der Verbraucher, der Vertragspartei eines Fernabsatzvertrags ist, Zugang zu einem außergerichtlichen Beschwerde- und Rechtsbehelfsverfahren hat, und gegebenenfalls die Voraussetzungen für diesen Zugang]

[1] Anl. 4 angef. mWv 11.6.2010 durch G v. 29.7.2009 (BGBl. I S. 2355); geänd. mWv 30.7.2010 durch G v. 24.7.2010 (BGBl. I S. 977); geänd. mWv 29.1.2013 durch G v. 23.1.2013 (BGBl. I S. 101); bish. Anl. 4 wird Anl. 5 und geänd. mWv 13.6.2014 durch G v. 20.9.2013 (BGBl. I S. 3642).
[2] **[Amtl. Anm.:]** Freiwillige Angaben des Kreditgebers.
[3] **[Amtl. Anm.:]** Freiwillige Angaben des Kreditgebers.
[4] **[Amtl. Anm.:]** Freiwillige Angaben des Kreditgebers.
[5] **[Amtl. Anm.:]** Freiwillige Angaben des Kreditgebers.
[6] **[Amtl. Anm.:]** Freiwillige Angaben des Kreditgebers.
[7] **[Amtl. Anm.:]** Freiwillige Angaben des Kreditgebers.
[8] **[Amtl. Anm.:]** Freiwillige Angaben des Kreditgebers.
[9] **[Amtl. Anm.:]** Freiwillige Angaben des Kreditgebers.
[10] **[Amtl. Anm.:]** Bei Überziehungsmöglichkeiten nach § 504 Abs. 2 des Bürgerlichen Gesetzbuchs, bei denen der Kredit jederzeit vom Kreditgeber gekündigt werden kann oder binnen drei Monaten zurückgezahlt werden muss, muss der effektive Jahreszins nicht angegeben werden, wenn der Kreditgeber außer den Sollzinsen keine weiteren Kosten verlangt.
[11] **[Amtl. Anm.:]** Freiwillige Angaben des Kreditgebers.
[12] **[Amtl. Anm.:]** Freiwillige Angaben des Kreditgebers.
[13] **[Amtl. Anm.:]** Freiwillige Angaben des Kreditgebers.
[14] **[Amtl. Anm.:]** Freiwillige Angaben des Kreditgebers.

6 Anlage 6[1] (zu Artikel 247 § 1 Absatz 2)
Europäisches Standardisiertes Merkblatt (ESIS-Merkblatt)

Teil A

Das folgende Muster ist im selben Wortlaut in das ESIS-Merkblatt zu übernehmen. Text in eckigen Klammern ist durch die entsprechende Angabe zu ersetzen. Hinweise für den Kreditgeber oder gegebenenfalls den Kreditvermittler zum Ausfüllen des ESIS-Merkblatts finden sich in Teil B.

Bei Angaben, denen der Text „falls zutreffend" vorangestellt ist, hat der Kreditgeber die erforderlichen Angaben zu machen, wenn sie für den Kreditvertrag relevant sind. Ist die betreffende Information nicht relevant, ist die entsprechende Rubrik bzw. der gesamte Abschnitt vom Kreditgeber zu streichen (beispielsweise wenn der Abschnitt nicht anwendbar ist). Wird der gesamte Abschnitt gestrichen, ist die Nummerierung der einzelnen Abschnitte des ESIS-Merkblatts entsprechend anzupassen.

Die nachstehenden Informationen müssen in einem einzigen Dokument enthalten sein. Es ist eine gut lesbare Schriftgröße zu wählen. Zur Hervorhebung sind Fettdruck, Schattierung oder eine größere Schriftgröße zu verwenden. Sämtliche Warnhinweise sind optisch hervorzuheben.

Vorvertragliche Informationspflichten 6 § 491a

Muster für das ESIS-Merkblatt
(Vorbemerkungen)

Dieses Dokument wurde am [Datum] für [Name des Verbrauchers] erstellt. Das Dokument wurde auf der Grundlage der bereits von Ihnen gemachten Angaben sowie der aktuellen Bedingungen am Finanzmarkt erstellt.
Die nachstehenden Informationen bleiben bis [Gültigkeitsdatum] gültig, (falls zutreffend) mit Ausnahme des Zinssatzes und anderer Kosten. Danach können sie sich je nach Marktbedingungen ändern
(falls zutreffend) Die Ausfertigung dieses Dokuments begründet für [Name des Kreditgebers] keinerlei Verpflichtung zur Gewährung eines Kredits.

1. Kreditgeber

[Name]
[Telefon]
[Anschrift]
(Fakultativ) [E-Mail]
(Fakultativ) [Faxnummer]
(Fakultativ) [Internetadresse]
(Fakultativ) [Kontaktperson/-stelle]
(falls zutreffend, Informationen darüber, ob Beratungsdienstleistungen erbracht werden:) [Wir empfehlen nach Analyse Ihres Bedarfs und Ihrer Situation, dass Sie diesen Kredit aufnehmen. / Wir empfehlen Ihnen keinen bestimmten Kredit. Auf Grund Ihrer Antworten auf einige der Fragen erhalten Sie von uns jedoch Informationen zu diesem Kredit, damit Sie Ihre eigene Entscheidung treffen können.]

2. (falls zutreffend) Kreditvermittler

[Name]
[Telefon]
[Anschrift]
(Fakultativ) [E-Mail]
(Fakultativ) [Faxnummer]
(Fakultativ) [Internetadresse]
(Fakultativ) [Kontaktperson/-stelle]
(falls zutreffend, Informationen darüber, ob Beratungsdienstleistungen erbracht werden:) [Wir empfehlen nach Analyse Ihres Bedarfs und Ihrer Situation, dass Sie diesen Kredit aufnehmen. / Wir empfehlen Ihnen keinen bestimmten Kredit. Auf Grund Ihrer Antworten auf einige der Fragen erhalten Sie von uns jedoch Informationen zu diesem Kredit, damit Sie Ihre eigene Entscheidung treffen können.]
[Vergütung]

3. Hauptmerkmale des Kredits

Kreditbetrag und Währung: [Wert] [Währung]
(falls zutreffend) Dieser Kredit lautet nicht auf [Landeswährung des Kreditnehmers]
(falls zutreffend) Der Wert Ihres Kredits in [Landeswährung des Kreditnehmers] kann sich ändern.
(falls zutreffend) Wenn beispielsweise [Landeswährung des Kreditnehmers] gegenüber [Kreditwährung] um 20 % an Wert verliert, würde sich der Wert Ihres Kredits um [Betrag in der Landeswährung des Kreditnehmers] erhöhen. Allerdings könnte es sich auch um einen höheren Betrag handeln, falls [Landeswährung des Kreditnehmers] um mehr als 20 % an Wert verliert.
(falls zutreffend) Der Wert Ihres Kredits beläuft sich auf maximal [Betrag in der Landeswährung des Kreditnehmers].
(falls zutreffend) Sie erhalten einen Warnhinweis, falls der Kreditbetrag [Betrag in der Landeswährung des Kreditnehmers] erreicht. (falls zutreffend) Sie haben die Möglichkeit, [Recht auf Neuverhandlung eines Fremdwährungskreditvertrags oder Recht, den Kredit in [einschlägige Währung] umzuwandeln, und Bedingungen].

Laufzeit des Kredits: [Laufzeit]
[Kreditart]
[Art des anwendbaren Zinssatzes]
Zurückzuzahlender Gesamtbetrag:
Dies bedeutet, dass Sie [Betrag] je geliehene(n) [Währungseinheit] zurückzuzahlen haben.
(falls zutreffend) Bei dem gewährten Kredit/einem Teil des gewährten Kredits handelt es sich um einen endfälligen Kredit. Ihre Schuld nach Ablauf der Laufzeit des Kredits beträgt [Kreditbetrag nach Endfälligkeit].
(falls zutreffend) Für dieses Merkblatt zugrunde gelegter Schätzwert der Immobilie: [Betrag]
(falls zutreffend) Beleihungsgrenze (maximale Höhe des Kredits im Verhältnis zum Wert der Immobilie): [Verhältnis] oder Mindestwert der Immobilie als Voraussetzung für die Aufnahme eines Kredits in der angegebenen Höhe: [Betrag]
(falls zutreffend) [Sicherheit]

4. Zinssatz und andere Kosten

Der effektive Jahreszins entspricht den Gesamtkosten des Kredits, ausgedrückt als jährlicher Prozentsatz. Der effektive Jahreszins erleichtert den Vergleich verschiedener Angebote.
Der für Ihren Kredit geltende effektive Jahreszins beträgt [effektiver Jahreszins].
Er setzt sich zusammen aus:
Zinssatz: [Wert in Prozent oder, falls zutreffend, Angabe eines Referenzzinssatzes und Prozentwerts der Zinsmarge des Kreditgebers]
[sonstige Komponenten des effektiven Jahreszinses]
Einmalige Kosten:
(falls zutreffend) Für die Eintragung der Hypothek bzw. Grundschuld wird eine Gebühr fällig. [Gebühr, sofern bekannt, oder Grundlage für die Berechnung.]
Regelmäßig anfallende Kosten:
(falls zutreffend) Dieser effektive Jahreszins wird anhand des angenommenen Zinssatzes berechnet.
(falls zutreffend) Da es sich bei Ihrem Kredit [einem Teil Ihres Kredits] um einen Kredit mit variablem Zinssatz handelt, kann der tatsächliche effektive Jahreszins von dem angegebenen effektiven Jahreszins abweichen, falls sich Ihr Zinssatz ändert. Falls sich der Zinssatz beispielsweise auf [unter Teil B beschriebenes Szenario] erhöht, kann der effektive Jahreszins auf [Beispiel für den gemäß diesem Szenario fälligen effektiven Jahreszins] ansteigen.
(falls zutreffend) Beachten Sie bitte, dass bei der Berechnung dieses effektiven Jahreszinses davon ausgegangen wird, dass der Zinssatz während der gesamten Vertragslaufzeit auf dem für den Anfangszeitraum festgelegten Niveau bleibt.
(falls zutreffend) Die folgenden Kosten sind dem Kreditgeber nicht bekannt und sind daher im effektiven Jahreszins nicht enthalten: [Kosten]
(falls zutreffend) Für die Eintragung der Hypothek bzw. Grundschuld wird eine Gebühr fällig.
Bitte vergewissern Sie sich, dass Sie alle im Zusammenhang mit Ihrem Kredit anfallenden Kosten und Gebühren bedacht haben.

5. Häufigkeit und Anzahl der Ratenzahlungen

Häufigkeit der Ratenzahlungen: [Zahlungsintervall]
Anzahl der Zahlungen: [Anzahl]

6. Höhe der einzelnen Raten

[Betrag] [Währung]
Ihre Einkommenssituation kann sich ändern. Prüfen Sie bitte, ob Sie Ihre [Zahlungsintervall] Raten auch dann noch zahlen können, wenn sich Ihr Einkommen verringern sollte.
(falls zutreffend) Da es sich bei dem [gewährten Kredit/einem Teil des gewährten Kredits] um einen endfälligen Kredit handelt, müssen Sie eine gesonderte Regelung für die Tilgung der Schuld von [Kreditbetrag nach Endfälligkeit] nach Ablauf der Laufzeit des Kredits treffen. Berücksichtigen Sie dabei auch alle Zahlungen, die Sie zusätzlich zu der hier angegebenen Ratenhöhe leisten müssen.

Vorvertragliche Informationspflichten 6 § 491a

(falls zutreffend) Der Zinssatz dieses Kredits oder eines Teils davon kann sich ändern. Daher kann die Höhe Ihrer Raten steigen oder sinken. Falls sich der Zinssatz beispielsweise auf [unter Teil B beschriebenes Szenario] erhöht, können Ihre Ratenzahlungen auf [Angabe der Höhe der gemäß diesem Szenario fälligen Rate] ansteigen.
(falls zutreffend) Die Höhe der [Zahlungsintervall] in [Landeswährung des Kreditnehmers] fälligen Zahlungen kann sich ändern.
(falls zutreffend) Ihre pro [Zahlungsperiode] fälligen Zahlungen können sich auf [Höchstbetrag in der Landeswährung des Kreditnehmers] erhöhen.
(falls zutreffend) Wenn beispielsweise [Landeswährung des Kreditnehmers] gegenüber [Kreditwährung] um 20% an Wert verliert, müssten Sie pro [Zeitraum] [Betrag in der Landeswährung des Kreditnehmers] mehr zahlen. Ihre Zahlungen könnten auch um einen höheren Betrag ansteigen.
(falls zutreffend) Bei der Umrechnung Ihrer in [Kreditwährung] geleisteten Rückzahlungen in [Landeswährung des Kreditnehmers] wird der von [Name der den Wechselkurs veröffentlichenden Einrichtung] am [Datum] veröffentlichte oder auf der Grundlage von [Bezeichnung der Bezugsgrundlage oder der Berechnungsmethode] am [Datum] errechnete Wechselkurs zugrunde gelegt.
(falls zutreffend) [Spezifische Angaben zu verbundenen Sparprodukten und Krediten mit abgegrenztem Zins]

7. (falls zutreffend) Beispiel eines Tilgungsplans

Der folgenden Tabelle ist die Höhe des pro [Zahlungsintervall] zu zahlenden Betrags zu entnehmen.
Die Raten (Spalte [Nummer]) setzen sich aus zu zahlenden Zinsen (Spalte [Nummer]) und, falls zutreffend, zu zahlender Tilgung (Spalte [Nummer]) sowie, falls zutreffend, sonstigen Kosten (Spalte [Nummer]) zusammen. (falls zutreffend) Die in der Spalte „sonstige Kosten" angegebenen Kosten betreffen [Aufzählung der Kosten]. Das Restkapital (Spalte [Nummer]) ist der nach einer Ratenzahlung noch verbleibende zurückzuzahlende Kreditbetrag.
[Tabelle]

8. Zusätzliche Auflagen

Der Kreditnehmer muss folgende Auflagen erfüllen, um in den Genuss der im vorliegenden Dokument genannten Kreditkonditionen zu kommen.
[Auflagen]
(falls zutreffend) Beachten Sie bitte, dass sich die in diesem Dokument genannten Kreditkonditionen (einschließlich Zinssatz) ändern können, falls Sie diese Auflagen nicht erfüllen.
(falls zutreffend) Beachten Sie bitte die möglichen Konsequenzen einer späteren Kündigung der mit dem Kredit verbundenen Nebenleistungen:
[Konsequenzen]

9. Vorzeitige Rückzahlung

Sie können den Kredit ganz oder teilweise vorzeitig zurückzahlen.
(falls zutreffend) [Bedingungen]
(falls zutreffend) Ablösungsentschädigung: [Betrag oder, sofern keine Angabe möglich ist, Berechnungsmethode]
(falls zutreffend) Sollten Sie beschließen, den Kredit vorzeitig zurückzuzahlen, setzen Sie sich bitte mit uns in Verbindung, um die genaue Höhe der Ablösungsentschädigung zum betreffenden Zeitpunkt in Erfahrung zu bringen.

10. Flexible Merkmale

(falls zutreffend) [Information über Übertragbarkeit/Abtretung] Sie können den Kredit auf [einen anderen Kreditnehmer] [oder] [eine andere Immobilie] übertragen. [Bedingungen]
(falls zutreffend) Sie können den Kredit nicht auf [einen anderen Kreditnehmer] [oder] [eine andere Immobilie] übertragen.

(falls zutreffend) Zusätzliche Merkmale: [Erläuterung der in Teil B aufgelisteten zusätzlichen Merkmale und – fakultativ – aller weiteren Merkmale, die der Kreditgeber im Rahmen des Kreditvertrags anbietet und die nicht in den vorausgehenden Abschnitten genannt sind.]

11. Sonstige Rechte des Kreditnehmers

(falls zutreffend) Bevor Sie sich für die Aufnahme des Kredits entscheiden, haben Sie ab dem [Zeitpunkt, zu dem die Bedenkzeit beginnt] [Dauer der Bedenkzeit] Bedenkzeit.
(falls zutreffend) Sobald Sie den Kreditvertrag vom Kreditgeber erhalten haben, können Sie diesen nicht vor Ablauf einer Frist von [Zeitraum der Bedenkzeit] annehmen.
(falls zutreffend) Sie können während eines Zeitraums von [Dauer der Widerrufsfrist] ab [Zeitpunkt, zu dem die Widerruffrist beginnt] von Ihrem Widerrufsrecht Gebrauch machen. [Bedingungen] [Verfahren]
(falls zutreffend) Sie können Ihr Widerrufsrecht verlieren, wenn Sie innerhalb dieses Zeitraums eine Immobilie erwerben oder veräußern, die im Zusammenhang mit diesem Kreditvertrag steht.
(falls zutreffend) Sollten Sie beschließen, von Ihrem Recht auf Widerruf [des Kreditvertrags] Gebrauch zu machen, so prüfen Sie bitte, ob Sie durch andere [, in Abschnitt 8 genannte] Auflagen im Zusammenhang mit dem Kredit [einschließlich der mit dem Kredit verbundenen Nebenleistungen] weiter gebunden bleiben.

12. Beschwerden

Im Fall einer Beschwerde wenden Sie sich bitte an [interne Kontaktstelle und Informationsquelle zum weiteren Verfahren].
(falls zutreffend) Maximale Frist für die Bearbeitung der Beschwerde: [Zeitraum]
(falls zutreffend) Sollten wir die Beschwerde nicht intern zu Ihrer Zufriedenheit beilegen, so können Sie sich auch an [Name der externen Stelle für außergerichtliche Beschwerde- und Rechtsbehelfsverfahren] wenden
(falls zutreffend) oder Sie können weitere Informationen bei FIN-NET oder der entsprechenden Stelle in Ihrem eigenen Land erfragen.

13. Nichteinhaltung der aus dem Kreditvertrag erwachsenden Verpflichtungen: Konsequenzen für den Kreditnehmer

[Arten eines Verstoßes gegen die Verpflichtungen]
[finanzielle und/oder rechtliche Folgen]
Sollten Sie Schwierigkeiten haben, die [Zahlungsintervall] Zahlungen zu leisten, so nehmen Sie bitte umgehend Kontakt mit uns auf, damit nach möglichen Lösungen gesucht werden kann.
(falls zutreffend) Kommen Sie Ihren Zahlungsverpflichtungen nicht nach, kann als letztes Mittel Ihre Immobilie zwangsversteigert werden.

(falls zutreffend) 14. Zusätzliche Informationen

(falls zutreffend) [auf den Kreditvertrag anwendbares Recht]
(Sofern der Kreditgeber eine Sprache verwenden möchte, die sich von der Sprache des ESIS-Merkblatts unterscheidet:) Informationen und Vertragsbedingungen werden in [Angabe der Sprache] vorgelegt. Mit Ihrer Zustimmung werden wir während der Laufzeit des Kreditvertrags mit Ihnen in [Angabe der Sprache(n)] kommunizieren.
[Hinweis betreffend das Recht, dass der Kreditvertrag gegebenenfalls im Entwurf vorgelegt oder dies angeboten wird].

15. Aufsichtsbehörde

Die Aufsicht über diesen Kreditgeber obliegt: [Bezeichnung(en) und Internetadresse(n) der Aufsichtsbehörde(n)].
(falls zutreffend) Die Aufsicht über diesen Kreditvermittler obliegt: [Bezeichnung und Internetadresse der Aufsichtsbehörde].

Vorvertragliche Informationspflichten 6 § 491a

Teil B
Hinweise zum Ausfüllen des ESIS-Merkblatts
Beim Ausfüllen des ESIS-Merkblatts sind die folgenden Hinweise zu beachten:
Abschnitt „Vorbemerkungen"
Das Datum, bis zu dem die Angaben gelten, ist optisch angemessen hervorzuheben. Für die Zwecke dieses Abschnitts bezeichnet der Begriff „Gültigkeitsdatum" den Zeitraum, innerhalb dessen die im ESIS-Merkblatt enthaltenen Angaben, etwa der Sollzinssatz, unverändert bleiben und zur Anwendung kommen werden, falls der Kreditgeber beschließt, den Kredit innerhalb dieser Frist zu bewilligen. Hängt die Festlegung des anwendbaren Sollzinssatzes und anderer Kosten vom Ergebnis des Verkaufs zugrunde liegender Wertpapiere ab, so können der vertraglich vereinbarte Sollzinssatz und andere Kosten gegebenenfalls von diesen Angaben abweichen. Ausschließlich unter diesen Umständen ist auf die Tatsache, dass sich das Gültigkeitsdatum nicht auf den Sollzinssatz und andere Kosten bezieht, mit folgender Angabe hinzuweisen: „mit Ausnahme des Zinssatzes und anderer Kosten".

Abschnitt „1. Kreditgeber"
(1) Name, Telefonnummer und Anschrift des Kreditgebers müssen diejenigen Kontaktdaten sein, die der Verbraucher in der künftigen Kommunikation verwenden kann.
(2) Angaben zu E-Mail-Adresse, Faxnummer, Internetadresse und Kontaktperson oder -stelle sind fakultativ.
(3) ird der Kreditvertrag im Rahmen eines Fernabsatzgeschäfts gemäß § 312c des Bürgerlichen Gesetzbuchs angeboten, muss der Kreditgeber hier gegebenenfalls gemäß Artikel 246b § 1 Absatz 1 Nummer 3 und 4 des Einführungsgesetzes zum Bürgerlichen Gesetzbuche Namen und Anschrift seines Vertreters in dem Mitgliedstaat der Europäischen Union, in dem der Verbraucher seinen Wohnsitz hat, angeben. Die Angabe von Telefonnummer, E-Mail-Adresse und Internetadresse des Vertreters des Kreditgebers ist fakultativ.
(4) Kommt Abschnitt 2 nicht zur Anwendung, so unterrichtet der Kreditgeber unter Verwendung der Formulierungen in Teil A den Verbraucher darüber, ob und auf welcher Grundlage Beratungsdienstleistungen (Beratungsleistungen gemäß § 511 des Bürgerlichen Gesetzbuchs) erbracht werden.

(falls zutreffend) Abschnitt „2. Kreditvermittler"
Erhält der Verbraucher die Produktinformationen von einem Kreditvermittler, so erteilt dieser die folgenden Informationen:
(1) Name, Telefonnummer und Anschrift des Kreditvermittlers müssen diejenigen Kontaktdaten sein, die der Verbraucher in der künftigen Kommunikation verwenden kann.
(2) Angaben zu E-Mail-Adresse, Faxnummer, Internetadresse und Kontaktperson oder -stelle sind fakultativ.
(3) Der Kreditvermittler unterrichtet unter Verwendung der Formulierungen in Teil A den Verbraucher darüber, ob und auf welcher Grundlage Beratungsdienstleistungen (Beratungsleistungen gemäß § 511 des Bürgerlichen Gesetzbuchs) erbracht werden.
(4) Erläuterungen zur Art und Weise der Vergütung des Kreditvermittlers. Erhält dieser eine Provision vom Kreditgeber, so sind der Betrag und – sofern abweichend von der Angabe unter Abschnitt 1 – der Name des Kreditgebers anzugeben.

Abschnitt „3. Hauptmerkmale des Kredits"
(1) In diesem Abschnitt sind die Hauptmerkmale des Kredits, einschließlich des Wertes, der Währung und der potenziellen Risiken, die mit dem Sollzinssatz (darunter die unter Nummer 8 genannten Risiken) und der Amortisationsstruktur verbunden sind, klar darzulegen.
(2) Handelt es sich bei der Kreditwährung nicht um die Landeswährung des Verbrauchers, so weist der Kreditgeber darauf hin, dass der Verbraucher einen regelmäßigen Warnhinweis erhält, sobald der Wechselkurs um mehr als 20 % schwankt, und dass er das Recht hat, die Währung des Kreditvertrags in seine Landeswährung umzuwandeln. Er weist auch auf alle sonstigen Regelungen, die dem Verbraucher zur Begrenzung des Wechsel-

kursrisikos zur Verfügung stehen, hin. Ist im Kreditvertrag eine Bestimmung zur Begrenzung des Wechselkursrisikos vorgesehen, so gibt der Kreditgeber den Höchstbetrag an, den der Verbraucher gegebenenfalls zurückzuzahlen hat. Ist im Kreditvertrag keine Bestimmung vorgesehen, wonach das Wechselkursrisiko für den Verbraucher auf eine Wechselkursschwankung von weniger als 20% begrenzt wird, so gibt der Kreditgeber ein anschauliches Beispiel dafür, wie sich ein Kursverfall der Landeswährung des Verbrauchers von 20% gegenüber der Kreditwährung auf den Wert des Kredits auswirkt.
(3) Die Laufzeit des Kredits ist – je nach Relevanz – in Jahren oder Monaten auszudrücken. Kann sich die Kreditlaufzeit während der Geltungsdauer des Vertrags ändern, erläutert der Kreditgeber, wann und unter welchen Bedingungen dies möglich ist. Handelt es sich um einen unbefristeten Kredit, etwa für eine gesicherte Kreditkarte, so ist dies vom Kreditgeber klar anzugeben.
(4) Die Art des Kredits ist genau anzugeben (z.B. grundpfandrechtlich besicherter Kredit, wohnungswirtschaftlicher Kredit, gesicherte Kreditkarte). Bei der Beschreibung der Kreditart ist klar anzugeben, wie Kapital und Zinsen während der Laufzeit des Kredits zurückzuzahlen sind (d.h. die Amortisationsstruktur) und ob der Kreditvertrag auf einer Kapitalrückzahlung oder auf der Endfälligkeit basiert oder eine Mischung von beidem ist.
(5) Handelt es sich bei dem gewährten Kredit oder einem Teil davon um einen endfälligen Kredit, so ist ein diesbezüglicher eindeutiger Hinweis unter Verwendung der Formulierung in Teil A deutlich sichtbar am Ende dieses Abschnitts einzufügen.
(6) In der Rubrik [Art des anwendbaren Zinssatzes] ist anzugeben, ob der Sollzinssatz fest oder variabel ist, sowie gegebenenfalls die Zeiträume, für die der Zinssatz festgeschrieben ist, wie häufig der Zinssatz in der Folge überprüft wird und inwieweit die Variabilität des Sollzinssatzes nach oben oder nach unten hin begrenzt ist. Die Formel für die Überprüfung des Sollzinssatzes und ihrer einzelnen Bestandteile (z.B. Referenzzinssatz, Zinsmarge) ist zu erläutern. Der Kreditgeber hat anzugeben, etwa mittels einer Internetadresse, wo weitere Informationen zu den in der Formel zugrunde gelegten Indizes oder Zinssätzen zu finden sind, z.B. EURIBOR-Satz oder Referenzzinssatz der Zentralbank.
(7) Gelten unter bestimmten Umständen unterschiedliche Sollzinssätze, so sind diese Angaben für alle anzuwendenden Sollzinssätze zu machen.
(8) Der „zurückzuzahlende Gesamtbetrag" entspricht dem Gesamtbetrag, den der Verbraucher zu zahlen hat. Er wird dargestellt als die Summe aus Nettodarlehensbetrag und Gesamtkosten des Kredits für den Verbraucher. Ist der Sollzinssatz für die Laufzeit des Vertrags nicht festgelegt, so ist optisch hervorzuheben, dass dieser Betrag lediglich Beispielcharakter hat und insbesondere bei einer Veränderung des Sollzinssatzes variieren kann.
(9) Wird der Kredit durch eine Hypothek auf die Immobilie oder durch eine andere vergleichbare Sicherheit oder ein Recht an einer Immobilie gesichert, hat der Kreditgeber den Verbraucher darauf hinzuweisen. Der Kreditgeber hat gegebenenfalls den geschätzten Wert der Immobilie oder der sonstigen Sicherheiten zu nennen, die zur Erstellung dieses Merkblatts herangezogen wurden.
(10) Der Kreditgeber gibt gegebenenfalls Folgendes an:
a) die „Beleihungsgrenze" (maximale Höhe des Kredits im Verhältnis zum Wert der Immobilie), die das Verhältnis zwischen Kredithöhe und Objektwert angibt; neben der entsprechenden Angabe ist ein konkretes Zahlenbeispiel für die Ermittlung des Höchstbetrags zu nennen, der bei einem bestimmten Immobilienwert als Kredit aufgenommen werden kann oder
b) den „Mindestwert der Immobilie, den der Kreditgeber für die Vergabe eines Kredits in der angegebenen Höhe voraussetzt".
(11) Bei mehrteiligen Krediten (z.B. zum Teil mit festem und zum Teil mit variablem Zinssatz) muss dies aus den Angaben zur Art des Kredits hervorgehen und die vorgeschriebenen Informationen müssen für jeden Teil des Kredits angegeben werden.

Abschnitt „4. Zinssatz und andere Kosten"
(1) Der Begriff „Zinssatz" bezeichnet den Sollzinssatz oder die Sollzinssätze.
(2) Der Sollzinssatz ist als Prozentwert anzugeben. Handelt es sich um einen variablen Sollzinssatz auf Basis eines Referenzzinssatzes, so kann der Kreditgeber den Sollzins-

satz in Form eines Referenzzinssatzes und eines Prozentwerts seiner Zinsmarge angeben. Der Kreditgeber muss allerdings den am Tag der Ausstellung des ESIS-Merkblatts geltenden Wert des Referenzzinssatzes angeben. Im Falle eines variablen Sollzinssatzes ist Folgendes anzugeben:
a) die der Berechnung des effektiven Jahreszinses zugrunde gelegten Annahmen,
b) gegebenenfalls die geltenden Ober- und Untergrenzen sowie
c) ein Warnhinweis, dass sich die Variabilität negativ auf die tatsächliche Höhe des effektiven Jahreszinses auswirken könnte.

Der Warnhinweis hat in größerer Schrift deutlich sichtbar im Hauptteil des ESIS-Merkblatts zu erscheinen, damit die Aufmerksamkeit der Verbraucher darauf gelenkt wird. Der Warnhinweis ist durch ein anschauliches Beispiel zum effektiven Jahreszins zu ergänzen. Besteht eine Obergrenze für den Sollzinssatz, so basiert das Beispiel auf der Annahme, dass der Sollzinssatz bei frühestmöglicher Gelegenheit auf das höchste im Kreditvertrag vorgesehene Niveau ansteigt. Besteht keine Obergrenze, so bildet das Beispiel den effektiven Jahreszins beim höchsten Sollzinssatz der mindestens letzten 20 Jahre ab oder – falls die der Berechnung des Sollzinssatzes zugrunde liegenden Daten nur für einen Zeitraum von weniger als 20 Jahren vorliegen – des längsten Zeitraums, für den solche Daten vorliegen, und zwar ausgehend vom Höchststand des jeweiligen externen Referenzsatzes, der gegebenenfalls für die Berechnung des Sollzinssatzes herangezogen wurde oder vom Höchststand eines Benchmarkzinssatzes, der von einer zuständigen Behörde oder der Europäischen Bankenaufsichtsbehörde (EBA) festgesetzt wird, sofern der Kreditgeber keinen externen Referenzsatz verwendet. Diese Anforderung gilt nicht für Kreditverträge, bei denen für einen konkreten Anfangszeitraum von mindestens fünf Jahren ein fester Sollzinssatz vereinbart wurde, der anschließend nach Verhandlungen zwischen Kreditgeber und Verbraucher für einen weiteren Zeitraum festgeschrieben werden kann. Im Falle von Kreditverträgen, bei denen für einen konkreten Anfangszeitraum von mindestens fünf Jahren ein fester Sollzinssatz vereinbart wurde, der anschließend nach Verhandlungen zwischen Kreditgeber und Verbraucher für einen weiteren Zeitraum festgeschrieben werden kann, muss das Merkblatt einen Warnhinweis enthalten, dass der effektive Jahreszins auf der Grundlage des Sollzinssatzes für den Anfangszeitraum berechnet worden ist. Der Warnhinweis ist durch ein zusätzliches anschauliches Beispiel für den gemäß § 6 Absatz 2 bis 6 und 8 der Preisangabenverordnung errechneten effektiven Jahreszins zu ergänzen. Bei mehrteiligen Krediten (z.B. zugleich zum Teil mit festem und zum Teil mit variablem Zinssatz) sind die entsprechenden Informationen für jeden einzelnen Teil des Kredits zu erteilen.

(3) In der Rubrik „sonstige Komponenten des effektiven Jahreszinses" sind alle sonstigen im effektiven Jahreszins enthaltenen Kosten aufzuführen, einschließlich einmaliger Kosten – etwa Verwaltungsgebühren – sowie regelmäßige Kosten wie jährliche Verwaltungsgebühren. Der Kreditgeber listet die einzelnen Kosten nach Kategorien auf (einmalige Kosten, in den Raten enthaltene regelmäßig anfallende Kosten, in den Raten nicht enthaltene regelmäßig anfallende Kosten) und gibt die jeweiligen Beträge, den Zahlungsempfänger und den Zeitpunkt der Fälligkeit an. Dabei müssen die für Vertragsverletzungen anfallenden Kosten nicht enthalten sein. Ist die Höhe der Kosten nicht bekannt, so gibt der Kreditgeber, falls möglich, einen Näherungswert an; ist dies nicht möglich, so erläutert er, wie sich der Betrag berechnen wird, wobei ausdrücklich anzugeben ist, dass der genannte Betrag lediglich Hinweischarakter hat. Sind einzelne Kosten im effektiven Jahreszins nicht enthalten, weil sie dem Kreditgeber nicht bekannt sind, so ist dies optisch hervorzuheben.

Hat der Verbraucher dem Kreditgeber seine Wünsche in Bezug auf eines oder mehrere Elemente seines Kredits mitgeteilt, beispielsweise in Bezug auf die Laufzeit des Kreditvertrags oder den Gesamtkreditbetrag, so muss der Kreditgeber diese Elemente soweit möglich aufgreifen; sofern ein Kreditvertrag unterschiedliche Verfahren der Inanspruchnahme mit jeweils unterschiedlichen Gebühren oder Sollzinssätzen vorsieht und der Kreditgeber die Annahmen nach der Anlage zu § 6 der Preisangabenverordnung zugrunde legt, so weist er darauf hin, dass andere Mechanismen der Inanspruchnahme bei dieser Art des Kreditvertrags zu einem höheren effektiven Jahreszins führen können. Falls die Bedingungen für die Inanspruchnahme in die Berechnung des effektiven Jahreszinses einfließen, hebt der Kreditgeber die Gebühren optisch hervor, die mit anderen Mechanismen der Inanspruchnahme verbunden sein können, welche nicht notwendigerweise diejenigen sind, anhand deren der effektive Jahreszins berechnet worden ist.

(4) Fällt eine Gebühr für die Eintragung einer Hypothek oder vergleichbaren Sicherheit an, so ist diese zusammen mit dem Betrag (sofern bekannt) in diesem Abschnitt anzugeben oder – falls dies nicht möglich ist – ist die Grundlage für die Festsetzung dieses Betrags anzugeben. Ist die Gebühr bekannt und wurde sie in den effektiven Jahreszins eingerechnet, so sind das Anfallen der Gebühr und deren Höhe unter „einmalige Kosten" auszuweisen. Ist dem Kreditgeber die Gebühr nicht bekannt und wurde diese daher nicht in den effektiven Jahreszins eingerechnet, so muss in dem Anfallen einer Gebühr klar und deutlich in der Liste der dem Kreditgeber nicht bekannten Kosten aufgeführt werden. In beiden Fällen ist die Standardformulierung gemäß Teil A unter der entsprechenden Rubrik zu verwenden.

Abschnitt „5. Häufigkeit und Anzahl der Ratenzahlungen"

(1) Sind regelmäßige Zahlungen zu leisten, ist das Zahlungsintervall (z.B. monatlich) anzugeben. Sind Zahlungen in unregelmäßigen Abständen vorgesehen, ist dies dem Verbraucher klar zu erläutern.

(2) Es sind alle über die gesamte Kreditlaufzeit zu leistenden Zahlungen aufzuführen.

Abschnitt „6. Höhe der einzelnen Raten"

(1) Es ist klar anzugeben, in welcher Währung der Kredit bereitgestellt wird und die Raten gezahlt werden.

(2) Kann sich die Höhe der Raten während der Kreditlaufzeit ändern, hat der Kreditgeber anzugeben, für welchen Zeitraum die anfängliche Ratenhöhe unverändert bleibt und wann und wie häufig sie sich in der Folge ändern wird.

(3) Handelt es sich bei dem gewährten Kredit oder einem Teil davon um einen endfälligen Kredit, so ist ein diesbezüglicher eindeutiger Hinweis unter Verwendung der Formulierung in Teil A deutlich sichtbar am Ende dieses Abschnitts einzufügen. Muss der Verbraucher ein damit verbundenes Sparprodukt aufnehmen, um einen durch eine Hypothek oder eine vergleichbare Sicherheit gesicherten endfälligen Kredit zu erhalten, sind Betrag und Häufigkeit von Zahlungen für dieses Produkt anzugeben.

(4) Im Falle eines variablen Sollzinssatzes muss das Merkblatt einen diesbezüglichen Hinweis enthalten, wobei die Formulierung unter Teil A zu verwenden und ein anschauliches Beispiel für die maximale Zahlungsrate anzuführen ist. Besteht eine Obergrenze, so muss in dem Beispiel die Höhe der Raten aufgezeigt werden, die fällig sind, falls der Sollzinssatz die Obergrenze erreicht. Besteht keine Obergrenze, so bildet der ungünstigste denkbare Verlauf die Höhe der Ratenzahlungen beim höchsten Sollzinssatz der letzten 20 Jahre ab oder – falls die der Berechnung des Sollzinssatzes zugrunde liegenden Daten nur für einen Zeitraum von weniger als 20 Jahren vorliegen – des längsten Zeitraums, für den solche Daten vorliegen, und zwar ausgehend vom Höchststand des jeweiligen externen Referenzsatzes, der gegebenenfalls für die Berechnung des Sollzinssatzes herangezogen wurde oder vom Höchststand eines Benchmarkzinssatzes, der von einer zuständigen Behörde oder der EBA festgesetzt wird, sofern der Kreditgeber keinen externen Referenzsatz verwendet. Die Anforderung, ein anschauliches Beispiel anzuführen, gilt nicht für Kreditverträge, bei denen ein fester Sollzinssatz für einen konkreten Anfangszeitraum von mindestens fünf Jahren vereinbart wurde, der anschließend nach Verhandlungen zwischen Kreditgeber und Verbraucher für einen weiteren Zeitraum festgelegt werden kann. Bei mehrteiligen Krediten (d.h. zugleich zum Teil mit festem und zum Teil mit variablem Zinssatz) sind die entsprechenden Informationen für jeden einzelnen Teil des Kredits und für den Gesamtkredit anzugeben.

(5) (falls zutreffend) Wird der Kredit in einer anderen Währung als der Landeswährung des Verbrauchers bereitgestellt oder ist er auf eine andere Währung als die Landeswährung des Verbrauchers indexiert, verdeutlicht der Kreditgeber – unter Verwen-

dung der Formulierung unter Teil A – anhand eines Zahlenbeispiels, wie sich Änderungen des maßgeblichen Wechselkurses auf die Höhe der Raten auswirken können. Dieses Beispiel basiert auf einem Kursverlust der Landeswährung des Verbrauchers von 20 % und wird von einem Hinweis an hervorgehobener Stelle begleitet, dass die Raten um mehr als den in diesem Beispiel angenommenen Betrag steigen können. Besteht eine Obergrenze, die den Anstieg auf weniger als 20 % begrenzt, so ist stattdessen der Höchstwert der Zahlungen in der Landeswährung des Verbrauchers anzugeben und der Hinweis auf etwaige weitere Anstiege entfällt.

(6) Handelt es sich bei dem gesamten Kreditvertrag oder einem Teil davon um einen Kreditvertrag mit variablem Zinssatz und kommt ferner Nummer 5 zur Anwendung, so ist das Beispiel nach Nummer 4 auf der Grundlage der Ratenhöhe im Sinne von Nummer 1 anzugeben.

(7) Werden die Raten in einer anderen Währung als der Kreditwährung gezahlt oder hängt die Höhe der einzelnen in der Landeswährung des Verbrauchers ausgedrückten Raten von dem entsprechenden Betrag in einer anderen Währung ab, so sind in diesem Abschnitt der Termin, zu dem der anwendbare Wechselkurs berechnet wurde, sowie entweder der Wechselkurs oder die Grundlage für dessen Berechnung und die Häufigkeit der Anpassung desselben anzugeben. Gegebenenfalls ist dabei der Name der den Wechselkurs veröffentlichenden Einrichtung zu nennen.

(8) Handelt es sich um einen Kredit mit abgegrenztem Zins, bei dem der fällige Zins durch die Raten nicht vollständig zurückbezahlt und zum ausstehenden Gesamtkreditbetrag hinzuaddiert wird, so ist zu erläutern, wie und wann der abgegrenzte Zins als Barbetrag zu dem Kredit hinzuaddiert wird und wie sich dies auf die Restschuld des Verbrauchers auswirkt.

Abschnitt „7. Beispiel eines Tilgungsplans"

(1) Dieser Abschnitt ist aufzunehmen, falls es sich um einen Kredit mit abgegrenztem Zins handelt, bei dem der fällige Zins durch die Raten nicht vollständig zurückbezahlt und zum ausstehenden Gesamtkreditbetrag hinzuaddiert wird, oder falls der Sollzinssatz für die Laufzeit des Kreditvertrags festgeschrieben wird. Der Abschnitt ist ferner aufzunehmen, wenn im Kreditvertrag ein Zeitpunkt für die Rückzahlung des Kredits bestimmt werden soll. Soll im Kreditvertrag ein Zeitpunkt für die Rückzahlung des Kredits bestimmt werden, ist der Verbraucher darauf hinzuweisen, dass er vom Kreditgeber jederzeit einen Tilgungsplan nach Artikel 247 § 14 des Einführungsgesetzes zum Bürgerlichen Gesetzbuche verlangen kann.

(2) Kann der Sollzinssatz während der Kreditlaufzeit variieren, so muss der Kreditgeber nach Angabe des Sollzinssatzes den Zeitraum nennen, während dessen der Anfangszinssatz unverändert bleibt, wenn dieser bekannt ist.

(3) Die Tabelle in diesem Abschnitt muss folgende Spalten enthalten: „Rückzahlungsplan" (z.B. Monat 1, Monat 2, Monat 3), „Ratenhöhe", „pro Rate zu zahlende Zinsen", „sonstige in der Rate enthaltene Kosten" (falls zutreffend), „pro Rate zurückgezahltes Kapital" und „nach der jeweiligen Ratenzahlung noch zurückzuzahlendes Kapital".

(4) Für das erste Jahr der Rückzahlung sind für jede einzelne Ratenzahlung die betreffenden Angaben und für jede einzelne Spalte die Zwischensumme am Ende des ersten Jahres anzugeben. Für die Folgejahre können die Angaben auf Jahresbasis gemacht werden. Am Ende der Tabelle ist eine Reihe mit den Gesamtbeträgen für alle Spalten anzufügen. Die vom Verbraucher gezahlte Gesamtsumme der Spalte „Höhe der Ratenzahlung" ist optisch deutlich hervorzuheben und als solche darzustellen.

(5) Ist der Sollzinssatz Gegenstand einer Überprüfung und ist die Ratenhöhe nach einer solchen Überprüfung nicht bekannt, kann der Kreditgeber im Tilgungsplan für die gesamte Kreditlaufzeit dieselbe Ratenhöhe angeben. In diesem Fall macht der Kreditgeber den Verbraucher darauf aufmerksam, indem er den Unterschied zwischen bereits feststehenden Beträgen und hypothetischen Beträgen optisch verdeutlicht (z.B. durch Schriftgröße, Rahmen oder Schattierung). Außerdem ist in leicht verständlicher Form zu erläutern, für welche Zeiträume und aus welchen Gründen sich die in der Tabelle angegebenen Beträge ändern können.

Abschnitt „8. Zusätzliche Auflagen"

(1) Der Kreditgeber nennt in diesem Abschnitt die mit der Kreditvergabe verbundenen Auflagen, so die Auflage, die Immobilie zu versichern, eine Lebensversicherung abzuschließen, das Gehalt auf ein bei dem Kreditgeber geführtes Konto überweisen zu lassen oder ein anderes Produkt oder eine andere Dienstleistung zu erwerben. Für jede dieser Auflagen gibt der Kreditgeber an, wem gegenüber die Verpflichtung besteht und bis wann ihr nachzukommen ist.

(2) Der Kreditgeber gibt die Dauer der Auflage an, z.b. bis zum Ablauf des Kreditvertrags. Der Kreditgeber gibt für jede Verpflichtung die dem Verbraucher entstehenden Kosten an, die im effektiven Jahreszins nicht berücksichtigt wurden.

(3) Der Kreditgeber teilt mit, ob der Verbraucher zum Erwerb etwaiger Nebenleistungen verpflichtet ist, um den Kredit zu den genannten Bedingungen zu erhalten, und ob der Verbraucher gegebenenfalls verpflichtet ist, diese vom bevorzugten Anbieter des Kreditgebers zu erwerben oder ob er diese von einem anderen Anbieter seiner Wahl erwerben kann. Hängt eine solche Möglichkeit davon ab, dass die Nebenleistungen bestimmte Mindestmerkmale aufweisen, so sind diese in dieser Rubrik zu beschreiben.
Sofern der Kreditvertrag mit anderen Produkten gebündelt angeboten wird, nennt der Kreditgeber die wichtigsten Merkmale dieser anderen Produkte und gibt eindeutig an, ob der Verbraucher das Recht hat, den Kreditvertrag oder die an ihn geknüpften Produkte voneinander getrennt zu kündigen und zu welchen Bedingungen und mit welchen Folgen dies möglich ist sowie gegebenenfalls die möglichen Folgen der Kündigung der in Verbindung mit dem Kreditvertrag vorgeschriebenen Nebenleistungen.

Abschnitt „9. Vorzeitige Rückzahlung"

(1) Der Kreditgeber nennt die etwaigen Bedingungen für eine vorzeitige vollständige oder teilweise Rückzahlung des Kredits.

(2) In der Rubrik „Ablöseentschädigung" weist der Kreditgeber den Verbraucher auf die im Falle einer vorzeitigen Rückzahlung mögliche Vorfälligkeitsentschädigung hin und gibt sofern möglich deren Höhe an. Der Kreditgeber erläutert, wie die Vorfälligkeitsentschädigung berechnet wird, und gibt den potenziellen Höchstbetrag der Entschädigung an oder – falls dies nicht möglich ist – macht dem Verbraucher in einem anschaulichen Beispiel deutlich, wie hoch die Entschädigung bei Zugrundelegung unterschiedlicher möglicher Szenarien ausfällt.

Abschnitt „10. Flexible Merkmale"

(1) Gegebenenfalls erläutert der Kreditgeber die Möglichkeit und die Bedingungen für die Übertragung des Kredits auf einen anderen Kreditnehmer oder eine andere Immobilie.

(2) (falls zutreffend) Zusätzliche Merkmale: Wenn Produkte eines der unten unter Nummer 5 aufgelisteten Merkmale enthalten, muss dieser Abschnitt diese Merkmale auflisten und eine knappe Erläuterung der folgenden Punkte enthalten:
– die Bedingungen, unter denen der Verbraucher dieses Merkmal nutzen kann;
– jegliche mit dem Merkmal verbundenen Bedingungen;
– ob gewöhnlich mit dem Merkmal verbundene gesetzliche oder andere Schutzvorkehrungen für den Verbraucher wegfallen, wenn das Merkmal Bestandteil des durch eine Hypothek oder vergleichbare Sicherheit gesicherten Kredits ist, und
– die Firma, die das Merkmal anbietet (sofern mit dem Kreditgeber nicht identisch).

(3) Wenn das Merkmal zusätzliche Kredite umfasst, müssen dem Verbraucher in diesem Abschnitt die folgenden Punkte erläutert werden: der Gesamtkreditbetrag (einschließlich des Kredits, der durch die Hypothek oder vergleichbare Sicherheit gesichert ist); ob der zusätzliche Kredit besichert ist; die entsprechenden Sollzinssätze und ob er einer Regulierung unterliegt. Dieser zusätzliche Kreditbetrag ist entweder im Rahmen der ursprünglichen Kreditwürdigkeitsprüfung enthalten oder – wenn dies nicht der Fall ist – wird in diesem Abschnitt klargestellt, dass die Verfügbarkeit des zusätzlichen Betrags von einer weiteren Prüfung der Fähigkeit des Verbrauchers, den Kredit zurückzuzahlen, abhängt.

(4) Wenn das Merkmal einen Träger für Spareinlagen umfasst, sind die entsprechenden Zinssätze zu erläutern.

Vorvertragliche Informationspflichten 6 § 491a

(5) Die möglichen weiteren Merkmale sind:
- „Überzahlungen/Unterzahlungen" [es wird mehr oder weniger zurückgezahlt als die im Rahmen der Amortisationsstruktur vereinbarte normale Rate];
- „Zahlungsunterbrechungen" [Zeiträume, während denen der Verbraucher keine Zahlungen leisten muss];
- „Rückdarlehen" [Möglichkeit für den Verbraucher, Beträge, die bereits in Anspruch genommen und zurückbezahlt wurden, erneut aufzunehmen];
- „verfügbare zusätzliche Kreditaufnahme ohne weitere Genehmigung";
- „zusätzliche besicherte oder unbesicherte Kreditaufnahme [in Übereinstimmung mit Nummer 3 oben] „Kreditkarte";
- „damit verbundenes Girokonto" sowie
- „damit verbundenes Sparkonto".

(6) Der Kreditgeber kann alle weiteren Merkmale erläutern, die er als Teil des Kreditvertrags anbietet und die nicht in den vorausgehenden Abschnitten genannt sind.

Abschnitt „11. Sonstige Rechte des Kreditnehmers"

(1) Der Kreditgeber weist auf die bestehenden Rechte hin wie etwa ein Recht auf Widerruf oder Bedenkzeit oder gegebenenfalls andere Rechte wie etwa ein Recht auf Übertragbarkeit (einschließlich Abtretung), spezifiziert die Voraussetzungen für ihre Ausübung, die bei ihrer Ausübung vom Verbraucher einzuhaltenden Verfahren – unter anderem die Adresse, an die die Mitteilung über den Widerruf zu richten ist – sowie die entsprechenden Gebühren (falls zutreffend).

(2) Falls der Verbraucher ein Recht auf Bedenkzeit oder Widerruf hat, so wird deutlich darauf hingewiesen. Bei einem Widerrufsrecht nach § 495 des Bürgerlichen Gesetzbuchs kann für die Information zu dem „Zeitpunkt, zu dem die Frist beginnt", die Formulierung aus Satz 2 (gegebenenfalls mit Gestaltungshinweis [2]) des Musters in Anlage 8 zu Artikel 247 § 6 Absatz 2 und Artikel 247 § 12 Absatz 1 des Einführungsgesetzes zum Bürgerlichen Gesetzbuche verwandt werden.

(3) Wird der Kreditvertrag im Rahmen eines Fernabsatzgeschäfts angeboten und besteht kein Widerrufsrecht nach § 495 des Bürgerlichen Gesetzbuchs, ist der Verbraucher darüber zu unterrichten, ob er über ein Widerrufsrecht nach § 312g des Bürgerlichen Gesetzbuchs verfügt oder nicht. Im Falle des Bestehens eines solchen Widerrufsrechts ist der Verbraucher gemäß Artikel 246b § 1 Absatz 1 Satz 1 Nummer 12 des Einführungsgesetzes zum Bürgerlichen Gesetzbuche zu informieren. Für die Information zu dem „Zeitpunkt, zu dem die Frist beginnt", kann die Formulierung aus Satz 2 (gegebenenfalls mit Gestaltungshinweis [1]) des Musters in Anlage 3 zu Artikel 246b § 2 Absatz 3 des Einführungsgesetzes zum Bürgerlichen Gesetzbuche verwandt werden.

Abschnitt „12. Beschwerden"

(1) In diesem Abschnitt werden die interne Kontaktstelle [Bezeichnung der einschlägigen Abteilung] und ein Weg zur Kontaktaufnahme mit dieser Beschwerdestelle [Anschrift] oder [Telefonnummer] oder [eine Kontaktperson] [Kontaktangaben] sowie ein Link zu einem Beschwerdeverfahren auf der entsprechenden Seite einer Website oder ähnlichen Informationsquelle angegeben.

(2) Es wird der Name der externen Stelle für außergerichtliche Beschwerde- und Rechtsbehelfsverfahren angegeben und – falls die Nutzung des internen Beschwerdeverfahrens eine Voraussetzung für den Zugang zu dieser Stelle ist – wird unter Verwendung der Formulierung in Teil A auf diesen Umstand hingewiesen.

(3) Bei Kreditverträgen mit einem Verbraucher, der seinen Wohnsitz in einem anderen Mitgliedstaat hat, wird der Kreditgeber diesen auf das FIN-NET aufmerksam machen (http://ec.europa.eu/internal_market/fin-net/).

Abschnitt „13. Nichteinhaltung der aus dem Kreditvertrag erwachsenden Verpflichtungen: Konsequenzen für den Kreditnehmer"

(1) Kann die Nichteinhaltung einer aus dem Kredit erwachsenden Verpflichtung durch den Verbraucher für diesen finanzielle oder rechtliche Konsequenzen haben, erläutert der Kreditgeber in diesem Abschnitt die wichtigsten Fälle (z.B. Zahlungsverzug/Zahlungsausfall, Nichteinhaltung der in Abschnitt 8 – „Zusätzliche Auflagen" –

§ 491a 7   1. Teil. Darlehen und Finanzierungshilfen

genannten Verpflichtungen) und gibt an, wo weitere Informationen hierzu eingeholt werden können.

(2) Der Kreditgeber gibt für jeden dieser Fälle in klarer, leicht verständlicher Form an, welche Sanktionen oder Konsequenzen daraus erwachsen können. Hinweise auf schwerwiegende Konsequenzen sind optisch hervorzuheben.

(3) Kann die zur Besicherung des Kredits verwendete Immobilie an den Kreditgeber zurückgegeben oder übertragen werden, falls der Verbraucher seinen Verpflichtungen nicht nachkommt, so ist in diesem Abschnitt unter Verwendung der Formulierung in Teil A auf diesen Umstand hinzuweisen.

Abschnitt „14. Weitere Angaben"

(1) Im Falle von im Fernabsatz geschlossenen Verträgen enthält dieser Abschnitt sämtliche Angaben zu dem auf den Kreditvertrag anwendbaren Recht oder zur zuständigen Gerichtsbarkeit.

(2) Beabsichtigt der Kreditgeber, während der Vertragslaufzeit mit dem Verbraucher in einer anderen Sprache als der des ESIS-Merkblatts zu kommunizieren, wird dies ebenfalls erwähnt und die Sprache angegeben, in der kommuniziert werden soll. Die Verpflichtung zur vorvertraglichen Information bei Fernabsatzverträgen über die verwendete Sprache gemäß § 312d des Bürgerlichen Gesetzbuchs und Artikel 246b § 1 Absatz 1 Nummer 17 des Einführungsgesetzes zum Bürgerlichen Gesetzbuche bleibt hiervon unberührt.

(3) Der Kreditgeber oder der Kreditvermittler weisen auf das Recht des Verbrauchers hin, dass er gegebenenfalls zumindest zum Zeitpunkt der Vorlage eines für den Kreditgeber verbindlichen Angebots eine Ausfertigung des Kreditvertragsentwurfs erhält oder ihm dies angeboten wird.

Abschnitt „15. Aufsichtsbehörde"

Es sind die Behörden anzugeben, die für die Überwachung des vorvertraglichen Stadiums der Kreditvergabe zuständig sind.

---

[1] Anl. 6 neu gef. mWv 21.3.2016 durch G v. 11.3.2016 (BGBl. I S. 396).

7 Bundesdatenschutzgesetz

§ 29 Geschäftsmäßige Datenerhebung und -speicherung zum Zweck der Übermittlung

(1) Das geschäftsmäßige Erheben, Speichern, Verändern oder Nutzen personenbezogener Daten zum Zweck der Übermittlung, insbesondere wenn dies der Werbung, der Tätigkeit von Auskunfteien oder dem Adresshandel dient, ist zulässig, wenn

1. kein Grund zu der Annahme besteht, dass der Betroffene ein schutzwürdiges Interesse an dem Ausschluss der Erhebung, Speicherung oder Veränderung hat,
2. die Daten aus allgemein zugänglichen Quellen entnommen werden können oder die verantwortliche Stelle sie veröffentlichen dürfte, es sei denn, dass das schutzwürdige Interesse des Betroffenen an dem Ausschluss der Erhebung, Speicherung oder Veränderung offensichtlich überwiegt, oder
3. die Voraussetzungen des § 28a Abs. 1 oder Abs. 2 erfüllt sind; Daten im Sinne von § 28a Abs. 2 Satz 4 dürfen nicht erhoben oder gespeichert werden.

§ 28 Absatz 1 Satz 2 und Absatz 3 bis 3b ist anzuwenden.

(2) [1] Die Übermittlung im Rahmen der Zwecke nach Absatz 1 ist zulässig, wenn

1. der Dritte, dem die Daten übermittelt werden, ein berechtigtes Interesse an ihrer Kenntnis glaubhaft dargelegt hat und
2. kein Grund zu der Annahme besteht, dass der Betroffene ein schutzwürdiges Interesse an dem Ausschluss der Übermittlung hat.

[2] § 28 Absatz 3 bis 3b gilt entsprechend. [2] Bei der Übermittlung nach Satz 1 Nr. 1 sind die Gründe für das Vorliegen eines berechtigten Interesses und die Art und Weise ihrer glaubhaften Darlegung von der übermittelnden Stelle aufzuzeichnen. [3] Bei der Übermittlung im

Vorvertragliche Informationspflichten   8–11 § 491a

automatisierten Abrufverfahren obliegt die Aufzeichnungspflicht dem Dritten, dem die Daten übermittelt werden. ⁵Die übermittelnde Stelle hat Stichprobenverfahren nach § 10 Abs. 4 Satz 3 durchzuführen und dabei auch das Vorliegen eines berechtigten Interesses einzelfallbezogen festzustellen und zu überprüfen.

(3) ¹Die Aufnahme personenbezogener Daten in elektronische oder gedruckte Adress-, Rufnummern-, Branchen- oder vergleichbare Verzeichnisse hat zu unterbleiben, wenn der entgegenstehende Wille des Betroffenen aus dem zugrunde liegenden elektronischen oder gedruckten Verzeichnis oder Register ersichtlich ist. ²Der Empfänger der Daten hat sicherzustellen, dass Kennzeichnungen aus elektronischen oder gedruckten Verzeichnissen oder Registern bei der Übernahme in Verzeichnisse oder Register übernommen werden.

(4) Für die Verarbeitung oder Nutzung der übermittelten Daten gilt § 28 Abs. 4 und 5.

(5) § 28 Abs. 6 bis 9 gilt entsprechend.

(6) Eine Stelle, die geschäftsmäßig personenbezogene Daten, die zur Bewertung der Kreditwürdigkeit von Verbrauchern genutzt werden dürfen, zum Zweck der Übermittlung erhebt, speichert oder verändert, hat Auskunftsverlangen von Darlehensgebern aus anderen Mitgliedstaaten der Europäischen Union oder anderen Vertragsstaaten des Abkommens über den Europäischen Wirtschaftsraum genauso zu behandeln wie Auskunftsverlangen inländischer Darlehensgeber.

(7) ¹Wer den Abschluss eines Verbraucherdarlehensvertrags oder eines Vertrags über eine entgeltliche Finanzierungshilfe mit einem Verbraucher infolge einer Auskunft einer Stelle im Sinne des Absatzes 6 ablehnt, hat den Verbraucher unverzüglich hierüber sowie über die erhaltene Auskunft zu unterrichten. ²Die Unterrichtung unterbleibt, soweit hierdurch die öffentliche Sicherheit oder Ordnung gefährdet würde. § 6a bleibt unberührt.

Preisangabenverordnung   8
§ 6a Automatisierte Einzelentscheidung

(1) ¹Entscheidungen, die für den Betroffenen eine rechtliche Folge nach sich ziehen oder ihn erheblich beeinträchtigen, dürfen nicht ausschließlich auf eine automatisierte Verarbeitung personenbezogener Daten gestützt werden, die der Bewertung einzelner Persönlichkeitsmerkmale dienen. ²Eine ausschließlich auf eine automatisierte Verarbeitung gestützte Entscheidung liegt insbesondere dann vor, wenn keine inhaltliche Bewertung und darauf gestützte Entscheidung durch eine natürliche Person stattgefunden hat.

(2) Dies gilt nicht, wenn
1. die Entscheidung im Rahmen des Abschlusses oder der Erfüllung eines Vertragsverhältnisses oder eines sonstigen Rechtsverhältnisses ergeht und dem Begehren des Betroffenen stattgegeben wurde oder
2. die Wahrung der berechtigten Interessen des Betroffenen durch geeignete Maßnahmen gewährleistet ist und die verantwortliche Stelle dem Betroffenen die Tatsache des Vorliegens einer Entscheidung im Sinne des Absatzes 1 mitteilt sowie auf Verlangen die wesentlichen Gründe dieser Entscheidung mitteilt und erläutert.

(3) Das Recht des Betroffenen auf Auskunft nach den §§ 19 und 34 erstreckt sich auch auf den logischen Aufbau der automatisierten Verarbeitung der ihn betreffenden Daten.

derzeit unbesetzt   9, 10

Kommentierung

Vorbemerkung

Die Vorschrift wurde durch die Reform 2010 neu eingeführt und statuiert 11 umfangreiche vorvertragliche Informationspflichten, die der Darlehensgeber zu erfüllen hat. Die Einzelheiten des Inhalts der vorvertraglich zu erteilenden Informationen ergeben sich allerdings nicht aus § 491a unmittelbar, sondern sind zu finden in §§ 1 ff. von Art. 247 EGBGB. Im Zuge der neuerlichen Reform 2016 wurde die Regelung um vorvertragliche Informationspflichten bei Immobiliar-Verbraucherdarlehensverträgen ergänzt. Wesentlich ist die Einführung des zwingend zu verwendenden Europäischen Standardisierten Merkblatts (ESIS). Der neu eingeführte Abs. 4 betrifft Immobiliarförderkredite → Rn. 5). Umgesetzt wurde durch die Einführung dieser Pflichten Art. 5 der Verbraucherkreditrichtlinie sowie insbesondere 14 und 16 der Wohnimmobilienkreditrichtlinie. Neben der vorvertraglichen Information, den Pflichtangaben im Vertrag (§ 492) und den Informationspflichten während des laufenden Vertragsverhältnisses schreibt die Verbraucherkreditrichtlinie in Art. 4 sowie die Wohnimmobilienkreditrichtlinie in Art. 10 und 11 vor, dass auch in die Werbung für Kreditverträge bestimmte Informationen aufzunehmen sind. Die Umsetzung in das deutsche Recht erfolgte nicht im BGB, sondern in § 6a PAngV, der abschließend an dieser Stelle dargestellt wird (→ Rn. 34 ff.).

A. Vorvertragliche Informationen beim Verbraucherdarlehensvertrag

I. Informationspflicht aus Art. 247 EGBGB

12   Der Regelungsinhalt des § 491a Abs. 1, der durch die Reform 2016 allein eine redaktionelle Straffung erfahren hat und nun sowohl auf Allgemein- als auch auf Immobiliar-Verbraucherdarlehensverträge anwendbar ist, beschränkt sich darauf, festzustellen, dass den Darlehensgeber die **Pflicht** – nicht lediglich die Obliegenheit[1] – trifft, den Darlehensnehmer so zu unterrichten, wie es Art. 247 EGBGB vorsieht. Einzelheiten und Form der Unterrichtungspflicht ergeben sich unmittelbar aus Art. 247 EGBGB. Von Relevanz sind insoweit die §§ 1 bis 5 sowie § 8. Hinsichtlich der neu eingeführten Regelung zu Beratungsleistungen für Immobiliar-Verbraucherdarlehensverträge in § 511 finden sich vorvertragliche Informationspflichten in Art. 247 § 18 EGBGB. Umschuldungen und Überziehungskrediten nehmen sich § 2 Abs. 3 sowie §§ 10 und 11 an. Nach § 12 erstrecken sich die Informationspflichten auch auf verbundene Verträge und entgeltliche Finanzierungshilfen. Die Pflicht zur Unterrichtung iSd Abs. 1 beschränkt sich auf die Weitergabe der entsprechenden Information. Weitergehende Pflichten ergeben sich für den Unternehmer aus der Vorschrift nicht.[2]

12a   Zu unterscheiden gilt es hinsichtlich der vorvertraglichen Information nun streng zwischen Allgemein- und Immobiliar-Verbraucherdarlehensverträgen. Während sich die Anforderungen für Allgemein-Verbraucherdarlehensverträge nunmehr inhaltlich weitgehend unverändert aus Art. 247 § 2 EGBGB ergeben,

---

[1] Staudinger/*Kessal-Wulf* § 491a BGB Rn. 2.
[2] Anders *Kulke* VuR 2009, 373 (379); wie hier MüKoBGB/*Schürnbrand* § 491a BGB Rn. 4.

gibt für Immobiliar-Verbraucherdarlehensverträge Art. 247 § 1 EGBGB Maß. Ergänzt werden die jeweiligen Regelungen durch Muster, die der Darlehensgeber zu verwenden hat (→ Rn. 4, 5).

II. Vorvertragliche Information beim Allgemein-Verbraucherdarlehensvertrag

1. Form und Zeitpunkt der vorvertraglichen Information

Nach Maßgabe von Art. 247 § 2 EGBGB muss der Darlehensgeber den Verbraucher beim Allgemein-Verbraucherdarlehensvertrag in Textform und rechtzeitig vor der Abgabe der verbindlichen Vertragserklärung durch den Verbraucher unterrichten. Während der Begriff der Textform nicht erläuterungsbedürftig ist (§ 126b BGB), stellt sich die Frage, wann der Darlehensgeber rechtzeitig vor dem Vertragsabschluss, seit der Reform 2016 genauer, **vor der Abgabe der Vertragserklärung** durch den Verbraucher, unterrichtet hat. Abzustellen ist insofern auf die Umstände des Einzelfalls, wobei gewährleistet sein muss, dass der potentielle Darlehensnehmer die Möglichkeit hat, in Ruhe Kenntnis von den ihm vorzulegenden Informationen zu nehmen. Dazu ist es allerdings nicht notwendig, dass der an einem raschen Abschluss des Vertrags interessierte Verbraucher im Vorfeld des Vertragsschlusses mit den ihm zur Verfügung gestellten Informationen die Räumlichkeiten der Bank verlässt.[3] Hinreichend ist es, dass der Interessent die Unterlagen ungestört, das heißt in Abwesenheit des Darlehensgebers, eingehend zur Kenntnis nehmen und prüfen kann; es muss dem Verbraucher die Möglichkeit eingeräumt werden, die Geschäftsräume des Kreditgebers mit den in Textform zur Verfügung gestellten Informationen zu verlassen.[4] Insoweit wird das Merkmal der Rechtzeitigkeit durchaus auch beeinflusst von der konkreten Interessenlage des Verbrauchers, etwa an einer kurzfristigen Verfügbarkeit der Valuta. Wie lange er sich Zeit nimmt, liegt in seinem Ermessen.[5] Maßgeblich ist nunmehr richtigerweise nicht der Zeitpunkt des Vertragsschlusses als solcher sondern, derjenige, in dem der Verbraucher die ihn bindende Willenserklärung abgibt, wie § 2 Abs. 1 nun deutlich macht.

2. Muster

Die Anlage 4 zu Art. 247 § 2 EGBGB (→ Rn. 15) enthält für Allgemein-Verbraucherdarlehensverträge ein Muster namens „Europäische Standardinformationen für Verbraucherkredite". Dieses Muster hat der Darlehensgeber nach Maßgabe von § 2 Abs. 2 zum Zwecke der vorvertraglichen Information zu benutzen. Die Vorschrift gilt für Allgemein-Verbraucherdarlehensverträge iSd § 491 Abs. 2 und wird in § 12 für sonstige Finanzierungshilfen im Sinne des § 506 in Bezug genommen. Füllt der Darlehensgeber das Muster ordnungsgemäß aus und übermittelt es alsdann in Textform an den potentiellen Darlehensnehmer, kommt ihm die Fiktion nach § 2 Abs. 4 Satz 1 zu Gute, die bewirkt, dass er den vorvertraglichen Informationspflichten nachgekommen ist. Die Fiktion des Abs. 4

---

[3] AA Staudinger/*Kessal-Wulf* § 491a BGB Rn. 10.
[4] So auch Erman/Saenger § 491a BGB Rn. 8.
[5] *Nobbe* WM 2011, 625 (627).

wirkt allerdings nur, wenn der Darlehensgeber das Muster so ausfüllt, dass die materiell notwendigen Informationen aus Art. 247 §§ 3 ff. EGBGB enthalten sind. Art. 247 § 2 Abs. 4 Satz 2 EGBGB erweitert die Fiktion auf die Fälle, in denen auch fernabsatzrechtliche oder außergeschäftsraumvertragliche Informationspflichten nach § 312d Abs. 2 zu wahren sind.

14a Das Muster enthält einzelne Passagen, die seitens des Darlehensgebers nur auszufüllen sind, wenn die Angabe für den konkreten Vertrag einschlägig ist. Hinsichtlich des Umgangs mit solchen Passagen enthält das Muster einen einführenden Hinweis: „In allen Fällen, in denen „falls zutreffend" angegeben ist, muss der Kreditgeber das betreffende Kästchen ausfüllen, wenn die Information für den Kreditvertrag relevant ist, oder die betreffende Information bzw. die gesamte Zeile streichen, wenn die Information für die in Frage kommende Kreditart nicht relevant ist." In Übereinstimmung mit dem entsprechenden Hinweis im ESIS-Merkblatt besteht die Möglichkeit, gesamte Rubriken zu streichen. Fallen dadurch ganze Abschnitte weg, ist die Nummerierung anzupassen. Dies ist zulässig, obwohl dadurch die Vergleichbarkeit der Dokumente unterschiedlicher Anbieter beeinträchtigt wird.[6]

15 Das Muster ist abgedruckt unter → Rn. 4.

3. Inhalt der vorvertraglichen Information

16 Der Gegenstand der Informationen, die der Darlehensgeber dem Verbraucher vorvertraglich zur Verfügung zu stellen hat und die in dem Muster nach Anlage 4 zu Art. 247 § 2 EGBGB enthalten sind, ergibt sich aus Art. 247 § 3 Abs. 1 EGBGB. Die vorvertragliche Unterrichtung hat folgende Informationen zu enthalten:
1. den Namen und die Anschrift des Darlehensgebers, gegebenenfalls des Darlehensvermittlers nach § 13a,
2. die Art des Darlehens,
3. den effektiven Jahreszins,
4. den Nettodarlehensbetrag,
5. den Sollzinssatz,
6. die Vertragslaufzeit,
7. Betrag, Zahl und Fälligkeit der einzelnen Teilzahlungen,
8. den Gesamtbetrag,
9. die Auszahlungsbedingungen,
10. alle sonstigen Kosten, insbesondere in Zusammenhang mit der Auszahlung oder der Verwendung eines Zahlungsauthentifizierungsinstruments, mit dem sowohl Zahlungsvorgänge als auch Abhebungen getätigt werden können, sowie die Bedingungen, unter denen die Kosten angepasst werden können,
11. den Verzugszinssatz und die Art und Weise seiner etwaigen Anpassung sowie gegebenenfalls anfallende Verzugskosten,
12. einen Warnhinweis zu den Folgen ausbleibender Zahlungen,

---

[6] So auch *Schürnbrand* ZBB 2014, 168 (174).

Vorvertragliche Informationspflichten 17–19 § 491a

13. das Bestehen oder Nichtbestehen eines Widerrufsrechts,
14. das Recht des Darlehensnehmers, das Darlehen vorzeitig zurückzuzahlen,
15. die sich aus § 491a Abs. 2 des Bürgerlichen Gesetzbuchs ergebenden Rechte,
16. die sich aus § 29 Abs. 7 des Bundesdatenschutzgesetzes ergebenden Rechte.

Inhaltlich entsprechen die einzelnen Informationen weitgehend den Pflichtangaben im Vertrag. Um Doppelungen im Rahmen der Kommentierung zu vermeiden, finden sich zu den einzelnen Angaben aus Art. 247 § 3 Abs. 1 Nr. 1 bis 14 EGBGB **nähere Erläuterungen unter § 492 Rn. 72 ff.** 17

Darüber hinaus schreibt Art. 247 § 3 Abs. 1 Nr. 15 EGBGB vor, dass der Verbraucher vorvertraglich darüber aufgeklärt wird, dass er von dem Darlehensgeber die Aushändigung eines Entwurfs des Verbraucherdarlehensvertrags verlangen kann, wenn der Darlehensgeber zum Abschluss des Vertrags bereit ist. 17a

Schließlich bedarf es nach Art. 247 § 3 Abs. 1 Nr. 16 EGBGB der Aufklärung über die sich aus § 29 Abs. 7 des Bundesdatenschutzgesetzes ergebenden Rechte. § 29 Abs. 7 nimmt Bezug auf § 29 Abs. 6 und § 6a. Die Vorschriften sind abgedruckt → Rn. 7. 17b

Art. 247 § 3 Abs. 2 EGBGB enthält Definitionen zu den in Abs. 1 verwendeten Begriffen des Nettodarlehensbetrags, des **Gesamtbetrags,** des **Nettodarlehensbetrags** und der **Gesamtkosten.** Zu den diesbezüglichen Erläuterungen wird auf § 492 BGB Rn. 92, 102, 104 verwiesen. Entsprechendes gilt für die Angaben zum Sollzinssatz nach Art. 247 § 3 Abs. 4 EGBGB, → § 492 Rn. 95. 18

Nach Art. 247 § 3 Abs. 3 EGBGB hat der Darlehensgeber schließlich vorvertraglich den Gesamtbetrag des Darlehensvertrags und den maßgeblichen effektiven Jahreszins anhand eines **repräsentativen Beispiels** zu erläutern. Dadurch soll der Interessent in die Lage versetzt werden, die auf ihn durch die Kreditaufnahme zukommende Belastung realistisch einschätzen zu können. Bei der Erstellung des Beispiels sind die zu diesem Zeitpunkt und nach dem Stand der vorvertraglichen Verhandlungen bekannten individuellen Wünsche des Darlehensnehmers zu berücksichtigen. Liegt den Berechnungen eine Prognose zu Grunde, die von dem zukünftigen Verhalten des Darlehensnehmers beeinflusst ist, hat der Darlehensgeber von einem durchschnittlichen und zu erwartenden Verhalten des zukünftigen Darlehensnehmers auszugehen. Dadurch dass sich das repräsentative Beispiel an den dem Darlehensgeber bekannten individuellen Wünschen des Interessenten zu orientieren hat, unterscheidet es sich von dem ebenso in der Werbung zu bildenden Rechenbeispiel (→ Rn. 39). Sieht der angebotene Verbraucherdarlehensvertrag unterschiedliche Möglichkeiten der Auszahlung vor, die wiederum Einfluss auf die Höhe des effektiven Jahreszinses haben, ist der Darlehensnehmer nach Art. 247 § 3 Abs. 3 Satz 2 EGBGB auch darauf hinzuweisen. 19

4. Zusätzliche Angaben bei Allgemein-Verbraucherdarlehensverträgen

20 Soweit für den konkret angestrebten Allgemein-Verbraucherdarlehensvertrag erheblich, hat der Darlehensgeber nach Maßgabe von Art. 247 § 4 Abs. 1 EGBGB darüber zu unterrichten, dass er in Folge des Vertragsabschlusses **Notarkosten** zu tragen hat, ohne dass diesbezüglich die Angabe eines bestimmten Geldbetrags verlangt wird (Nr. 1), welche **Sicherheiten** verlangt werden, wobei der Begriff der Sicherheiten weit zu verstehen ist (Nr. 2), dass ein Anspruch auf **Vorfälligkeitsentschädigung** besteht, den der Darlehensgeber gewillt ist geltend zu machen, wenn der Darlehensnehmer das Darlehen frühzeitig zurückzahlt und wie dieser Anspruch berechnet wird (Nr. 3) und schließlich darüber, wie lange er sich an die **Informationen gebunden** fühlt (Nr. 4).

20a Soweit ein **Darlehensvermittler** beteiligt ist, hat der Darlehensgeber die Angaben in § 3 Abs. 1 Nr. 1 um dessen Namen zu ergänzen, was durch § 13a angeordnet wird.

21 Sollte der Darlehensgeber dem Verbraucher in einem Allgemein-Verbraucherdarlehensvertrag über das gesetzlich gebotene Maß noch zusätzliche Informationen zukommen lassen wollen, müssen diese nach Maßgabe von Art. 247 § 4 Abs. 2 EGBGB optisch und räumlich derart gestaltet sein, dass sie sich von den gesetzlich vorgeschriebenen Informationen absetzen. Der Verbraucher soll sich auf diesem Wege ein Bild davon machen können, welche Informationen ihm zwingend und freiwillig übermittelt worden sind.

III. Vorvertragliche Informationen beim Immobiliar-Verbraucherdarlehensvertrag

1. Angaben des Verbrauchers hinsichtlich der Kreditwürdigkeitsprüfung

21a Dem Abschluss eines Immobiliar-Verbraucherdarlehensvertrags vorgeschaltet ist nach §§ 505a ff. eine intensive **Prüfung der Kreditwürdigkeit** des Verbrauchers. Um diese ordnungsgemäß durchführen zu können benötigt der Darlehensgeber regelmäßig Informationen vom Verbraucher. Art. 247 § 1 Abs. 1 Satz 1 EGBGB verpflichtet den Darlehensgeber dazu, dem Verbraucher mitzuteilen, **welche** Informationen er **wann** zur Prüfung der Kreditwürdigkeit benötigt. Der Hinweis des Darlehensgebers kann auch mündlich erfolgen und ist nach Satz 2 mit dem Hinweis zu verbinden, dass die Kreditwürdigkeitsprüfung zwingend notwendig und nur auf Grundlage der vollständig beigebrachten Angaben durchzuführen ist. Der Hinweis hat dem Verbraucher vor Augen zu führen, dass die beigebrachten Informationen und Nachweise richtig sein müssen; dies kann auch standardisiert, zB. durch die Aushändigung eines Merkblatts erfolgen.

2. Vorvertragliche Informationen hinsichtlich des Vertrags (ESIS-Merkblatt)

21b Art. 247 § 2 EGBGB betrifft die vorvertraglichen Informationen bzgl des Immobiliar-Verbraucherdarlehensvertrags. Diesbezüglich hat der Darlehensgeber **zwingend** ein Muster zu benutzen, das als Europäisches standardisiertes „ESIS"-

Merkblatt bezeichnet wird und in Anlage 6 zum EGBGB zu finden ist (abgedruckt → Rn. 5). Der Darlehensgeber wahrt das vorgeschriebene Textformerfordernis ausschließlich, indem er dem Verbraucher das ausgefüllte ESIS-Merkblatt in einer den Voraussetzungen des § 126b BGB genügenden Form übermittelt. Aus dem Merkblatt ergeben sich auch die Informationen, die dem Verbraucher zwingend vorvertraglich zu erteilen sind. Hinsichtlich solcher Rubriken, die nicht bei allen Verträgen einschlägig sind, enthält das Merkblatt einen ausführlichen Bearbeitungshinweis: „Bei Angaben, denen der Text „falls zutreffend" vorangestellt ist, hat der Kreditgeber die erforderlichen Angaben zu machen, wenn sie für den Kreditvertrag relevant sind. Ist die betreffende Information nicht relevant, ist die entsprechende Rubrik bzw. der gesamte Abschnitt vom Kreditgeber zu streichen (beispielsweise wenn der Abschnitt nicht anwendbar ist). Wird der gesamte Abschnitt gestrichen, so ist die Nummerierung der einzelnen Abschnitte des ESIS-Merkblatts entsprechend anzupassen."

Hinsichtlich des **Zeitpunkts,** zu dem die Informationen dem Verbraucher zu erteilen sind, erfolgt eine **Anknüpfung in zwei Richtungen.** Es gibt zwei selbständige Bezugspunkte, nämlich die Beibringung sämtlicher benötigter Informationen durch den Verbraucher und die Abgabe der bindenden Vertragserklärung durch den Verbraucher. Zum einen hat der Darlehensgeber dem Verbraucher das Merkblatt unverzüglich zu übergeben, wenn er vom Verbraucher die notwendigen Informationen und Nachweise iSd Abs. 1 erlangt hat. Dadurch wird der Zeitpunkt der vorvertraglichen Information des Verbrauchers abgekoppelt von demjenigen des Vertragsabschlusses bzw. der Abgabe der Willenserklärung seitens des Verbrauchers. § 1 Abs. 2 Satz 1 räumt dem Verbraucher einen eigenständigen Anspruch auf Übermittlung des ESIS-Merkblatt unverzüglich nach dem Zeitpunkt ein, in dem der Verbraucher seinen Mitwirkungspflichten dadurch Genüge getan hat, dass er dem Darlehensgeber sämtliche benötigte Informationen richtig und vollständig überlassen hat. Verfügt der Darlehensgeber über sämtliche Angaben, hat er dem Verbraucher ohne schuldhaftes Zögern das Merkblatt zu überlassen, damit dieser tatsächlich einen Konditionenvergleich verschiedener Anbieter vornehmen kann. Darüber hinaus hat die Information rechtzeitig vor **Abgabe der bindenden Willenserklärung** durch den Verbraucher zu erfolgen. Dadurch kommt zum Ausdruck, dass maßgeblicher Zeitpunkt zu Recht nicht der Vertragsschluss im technischen Sinne sondern der Moment sein muss, in dem der Verbraucher das Geschehen dadurch aus der Hand gibt, dass er sich gem. § 145 BGB rechtlich an seinen Antrag bindet. Bevor der Verbraucher die entsprechende Willenserklärung abgibt, muss er sich in Ruhe mit den vorvertraglichen Informationen auseinandersetzen können.

Es soll gewährleistet werden, dass dem Verbraucher zu einem aktuellen und verbindlichen Vertragsangebot stets ein auf dieses konkrete Angebot zugeschnittenes ESIS-Merkblatt zur Verfügung steht. Daher ordnet Art. 247 § 1 Abs. 2 Satz 3 und 4 EGBGB an, dass der Darlehensgeber einem verbindlichen **Vertragsangebot** ein solches Informationsblatt in Textform beizufügen hat, es sei denn, dem Verbraucher liegt ein solches, die konkreten und aktuellen Konditionen enthaltendes, bereits vor. Erstreckt wird diese vorvertragliche Informationspflicht auf einen **Vertragsvorschlag** des Darlehensgebers, in dem zwar noch kein bindender Antrag iSd § 145 BGB liegt, an den sich der Darlehensgeber aber für eine Zeit lang bindet. Dies ist insbesondere relevant für die Höhe des Zinssatzes, zu dem der Darlehensgeber dem Verbraucher die Finanzierung anbietet. Der

§ 491a 21e–21h 1. Teil. Darlehen und Finanzierungshilfen

Verbraucher soll, ohne Gefahr zu laufen, die angebotenen Kreditkonditionen zu verlieren, in eine ernsthafte und gründliche Prüfung des Vorschlags einsteigen können. Derartige Vertragsvorschläge, an die sich der Darlehensgeber bindet, sind dem Verbraucher in **Textform** zu unterbreiten, was Satz 5 anordnet.

21e Art. 247 § 1 Abs. 2 Satz 6 EGBGB enthält eine Fiktion für die Fälle, in denen auch fernabsatzrechtliche oder außergeschäftsraumvertragliche Informationspflichten nach § 312d Abs. 2 zu wahren sind. Genügt der Darlehensgeber den Anforderungen des ESIS-Merkblatts, so sind auch derartige Informationspflichten kraft Gesetzes erfüllt.

3. Weitere Informationen

21f Der Wert der zwingenden Verwendung des ESIS-Merkblatts liegt für den Verbraucher vor allem darin, dass er verschiedene Vertragsangebote oder -vorschläge miteinander vergleichen kann, indem er die identisch strukturierten Dokumente nebeneinanderlegt und begutachtet. Entscheidet sich der Darlehensgeber dazu, vorvertraglich weitere Informationen zu erteilen oder ist er nach nationalem Recht dazu verpflichtet, so dürfen diese Informationen nicht in das vorstrukturierte ESIS-Merkblatt eingefügt werden, um eine einfache Vergleichbarkeit verschiedener Angebote nicht zu gefährden resp. zu erschweren. Daher ordnet Art. 247 § 1 Abs. 3 EGBGB an, dass solche weitergehenden Informationen in einem gesonderten Dokument zu erteilen und dem ESIS-Merkblatt beizufügen sind. Nach deutschem Recht besteht eine solche zusätzliche vorvertragliche Informationspflicht etwa bei Immobiliar-Verbraucherdarlehensverträgen dahingehend, ob die Abtretung der Darlehensforderung ohne Zustimmung des Verbrauchers möglich oder das Vertragsverhältnis auf einen Dritten übertragbar ist, worauf nun Abs. 3 Satz 2 hinweist (bislang Art. 247 § 9 Abs. 1 Satz 2 EGBGB). Diesbezüglich bedarf es eines deutlich gestalteten Hinweises in einem gesonderten Dokument. Werden besondere Kommunikationsmittel iSd § 5 verwendet, gelten für zusätzliche vorvertragliche Informationen wiederum Besonderheiten (→ Rn. 22).

4. Verhandlungsabbruch

21g Entschließt sich der Darlehensgeber im Rahmen der Vertragsverhandlungen oder nachdem ihm der Verbraucher bereits ein Vertragsangebot unterbreitet hat, mit dem Verbraucher keinen Vertrag zu schließen, so hat er ihm das ohne schuldhaftes Zögern mitzuteilen. Dies kann auch mündlich erfolgen.

IV. Vorvertragliche Informationen bei Umschuldung und Überziehung

21h Für die besonderen Vertragsgestaltungen der Umschuldung nach § 495 Abs. 2 Nr. 1 und der eingeräumten Überziehungsmöglichkeit nach § 504 Abs. 2 besteht die Möglichkeit auf ein separates Muster zurückzugreifen, Anlage 5 zum EGBGB (abgedruckt → Rn. 6). Allerdings besteht diesbezüglich keine Verwendungspflicht. Nutzt der Darlehensgeber das Muster nicht, so ordnet Art. 247 § 2 Abs. 3 Satz 2 EGBGB an, dass bei der Unterrichtung alle nach den §§ 3 bis 5 und 8 bis 13 erforderlichen Angaben gleichartig zu gestalten und hervorzuheben

Vorvertragliche Informationspflichten 21i–23 § 491a

sind. §§ 10 und 11 enthalten Besonderheiten zu den entsprechenden Informationspflichten.

V. Vorvertragliche Informationen bei Beratungsleistungen nach § 511

Seit der Umsetzung der Wohnimmobilienkreditrichtlinie regelt § 511 die Pflichten des Darlehensgebers bezüglich der Beratungsleistungen bei Immobiliar-Verbraucherdarlehensverträgen. Art. 247 § 18 EGBGB ergänzt die Vorschrift hinsichtlich vorvertraglicher Informationspflichten zu derartigen Beratungsleistungen (näher dazu § 511). 21i

VI. Vorvertragliche Informationen bei Förderkrediten

Mit der Umsetzung der Wohnimmobilienkreditrichtlinie neu eingeführt wurde in § 491a Abs. 4 eine vorvertragliche Informationspflicht für **Immobiliarförderkredite**, womit zB. KfW-Darlehen gemeint sind. Auch hier hat die Information nach Maßgabe von Abs. 4 Satz 1 rechtzeitig vor Abgabe der verbindlichen Willenserklärung des Verbrauchers auf einem dauerhaften Datenträger zu erfolgen. Die Definition des Gegenstands der Informationspflicht, durch die ein Mindeststandard gesetzt wird, über den der Darlehensgeber hinausgehen kann, erfolgt durch einen partiellen Verweis auf das ESIS-Merkblatt. In Bezug genommen werden die Abschnitte 3, 4 und 13 des Musters (abgedruckt → Rn. 5). Soweit auch Informationspflichten aus § 312d Abs. 2 BGB zu erfüllen sind, so kann dies, wie Abs. 4 Satz 2 bestimmt, geschehen, indem der Darlehensgeber das ESIS-Merkblatt vollständig ausfüllt und an den Verbraucher reicht. 21j

VII. Besondere Kommunikationsmittel

Art. 247 § 5 Abs. 1 EGBGB betrifft eine besondere Situation der Vertragsanbahnung. Es geht um den Fall, dass bei Allgemein-Verbraucherdarlehensverträgen die vorvertragliche Kommunikation unter Nutzung eines Kommunikationsmittels erfolgt, das es dem Darlehensgeber nicht erlaubt, den Informationspflichten aus § 3 in der dort vorgesehenen Form, also insbesondere der Textform nach § 2 Abs. 1, nachzukommen. In Frage kommt hinsichtlich des Kommunikationsmittels in erster Linie die fernmündliche Kommunikation per Telefon. § 5 Abs. 1 gestattet es in diesem Fall dem Darlehensgeber, die vollständige Unterrichtung des Verbrauchers unverzüglich nachzuholen. Wichtige Anwendungsvoraussetzung für die Erleichterung nach § 5 Abs. 1 ist es, dass der **Verbraucher** als Darlehensnehmer diesen Weg der Kommunikation **wählt**. Wenn § 5 Abs. 1 anordnet, dass die vorvertragliche Information unverzüglich nachgeholt werden kann, so kann dies auch noch nach Abschluss des Vertrages geschehen, was uU dann vorkommen mag, wenn der Darlehensnehmer besonders schnell über das Geld verfügen möchte. 22

Art. 247 § 5 Abs. 2 EGBGB enthält eine Sonderregelung für den telefonischen Kontakt bei der Vergabe von Immobiliar-Verbraucherdarlehensverträgen. Hier werden die kreditrechtlichen Informationspflichten von denjenigen des 23

Artz

Fernabsatz- und Außergeschäftsraumrechts für Finanzdienstleistungen überlagert. Art. 246b § 1 Abs. 1 Nr. 5 EGBGB verpflichtet den Unternehmer dazu, den Verbraucher rechtzeitig vor Abgabe von dessen auf den Abschluss des Vertrags gerichteten Willenserklärung klar und verständlich über die wesentlichen Merkmale der Ware bzw. Dienstleistung aufzuklären. Die Regelung des Art. 247 § 5 Abs. 2 EGBGB konkretisiert die Informationspflichten zu den wesentlichen Merkmalen des Darlehens und stellt fest, dass zumindest die Angaben nach Teil A Abschnitt 3 bis 6 des ESIS-Merkblatts gemäß dem Muster in Anlage 6 enthalten sein müssen. Gleichwohl hat der Darlehensgeber in diesem Fall die vollständigen Informationen nach § 1 Abs. 2 unverzüglich nachzuholen.

VIII. Zusatzleistungen

24 Die Regelung des Art. 247 § 8 Abs. 1 Satz 1 EGBGB sieht vor, dass der Darlehensgeber, soweit er den Abschluss des Allgemein-Verbraucherdarlehensvertrags von dem Abschluss eines weiteren Vertrags abhängig macht, darauf im Rahmen der vorvertraglichen Informationen hinzuweisen hat. Exemplarisch nennt das Gesetz den **Versicherungs-** und den **Kontoführungsvertrag,** wobei auch sonstige Vertragstypen in Betracht zu ziehen sind. Entsprechend anfallende Kontoführungsgebühren sind nach § 8 Abs. 1 Satz 2 ebenso anzugeben wie die Bedingungen der Konditionenanpassung.

24a Der neu eingeführte § 8 Abs. 2 betrifft Pflichtangaben zu Kontoführungsgebühren im Vertrag (→ § 492 Rn. 150).

25 In besonderen Vertragskonstellationen wird der Verbraucher nicht dazu verpflichtet, das zur Verfügung gestellte Darlehen sofort in Raten zurückzuzahlen. Vielmehr bildet der Verbraucher Vermögen, indem er zB einen **Sparvertrag** bedient. Zu einem bestimmten Zeitpunkt ist alsdann der gesamte offene Betrag zurückzuzahlen, wobei es vorkommen kann, dass das zwischenzeitlich angesparte Kapital nicht ausreicht, die offene Schuld zu tilgen. Der Verbraucher ist daher nach Maßgabe von Art. 247 § 8 Abs. 3 Satz 2 EGBGB vorvertraglich klar und verständlich darauf hinzuweisen, dass weder die während der Vertragslaufzeit fälligen Zahlungsverpflichtungen hinsichtlich des Sparvertrags noch die Ansprüche, die der Verbraucher aus der Vermögensbildung erwirbt, gewährleisten, dass das Darlehen am Ende getilgt werden kann. Dieses Hinweises bedarf es nicht, wenn der Vertragspartner des Vertrags betreffend die Vermögensbildung die Tilgung des Darlehens zu einem bestimmten Zeitpunkt garantiert. Abs. 3 findet Anwendung sowohl auf den Allgemein- als auch auf den Immobiliar-Verbraucherdarlehensvertrag.

B. Vertragsentwurf

26 Die weitreichenden vorvertraglichen Informationspflichten sollen nicht nur gewährleisten, dass sich der Verbraucher vor Abgabe der auf den Abschluss des Vertrags gerichteten Willenserklärung ein Bild von den Vertragsbedingungen und den im gegebenen Fall auf ihn zukommenden Verpflichtungen machen kann, sondern den Verbraucher auch in die Lage versetzen, Kreditbedingungen einzelner Unternehmer in Ruhe miteinander zu vergleichen. Aussagekräftig ist ein solcher Konditionenvergleich für den Verbraucher allerdings nur, wenn ihm nicht nur abstrakte

Informationen über die Bedingungen des einzelnen Anbieters vorliegen, sondern er auf seine Bedürfnisse und Verhältnisse zugeschnittene Informationen miteinander vergleichen kann. Zu diesem Zwecke steht dem Verbraucher nach § 491a Abs. 2 Satz 1 ein **Anspruch** auf Aushändigung eines Entwurfs des Darlehensvertrags in Textform[7] zu. Sowohl Satz 1 als auch Satz 2 finden Anwendung auf Allgemein- und Immobiliar-Verbraucherdarlehensverträge, während Satz 3 nur für den Immobiliar-Verbraucherdarlehensvertrag Relevanz besitzt. Der Entwurf enthält den Vertragsinhalt, wie ihn die Parteien zu vereinbaren beabsichtigen. Rechtstatsächlich handelt es sich im Verbraucherkreditrecht um einen Entwurf, in den der Verbraucher seine Wünsche eingebracht hat und der die Bedingungen enthält, zu denen sich der Kreditgeber zum Vertragsabschluss bereit erklärt.

Der Anspruch des Verbrauchers besteht unabhängig davon, ob der Unternehmer die vorvertraglichen Informationspflichten aus § 491a Abs. 1 erfüllt hat. Weiterhin hat der Darlehensgeber dem Verbraucher den Vertragsentwurf **kostenlos** zur Verfügung zu stellen.[8] 27

Der Darlehensgeber ist nach § 491a Abs. 2 Satz 2 nicht dazu verpflichtet, dem Verbraucher einen Vertragsentwurf zur Verfügung zu stellen, wenn bzw. solange er nicht zum Abschluss des Verbraucherdarlehensvertrags mit dieser Person bereit ist. Die Bereitschaft zum Vertragsabschluss kann insbesondere (noch) fehlen, wenn das Ergebnis einer Kreditwürdigkeitsprüfung noch aussteht. Der Anspruch auf Aushändigung des Entwurfs geht somit einher mit der Unterbreitung eines verbindlichen Angebots zum Vertragsabschluss durch den Darlehensgeber. 28

Durch die Umsetzung der Wohnimmobilienkreditrichtlinie neu eingeführt wurde § 491a Abs. 2 Satz 3. Der Anspruch auf Unterbreitung eines Vertragsentwurfs wird dadurch erweitert und vorverlagert. Es geht darum, dass schon während der Phase der Vertragsverhandlungen dem Verbraucher seitens des Darlehensgebers bestimmte Konditionen des Vertrags verbindlich angeboten werden. Diesbezüglich, das Gesetz spricht von einem „bindenden Vorschlag für bestimmte Vertragsbestimmungen", hat der Darlehensgeber dem Verbraucher das Angebot zu machen, einen Vertragsentwurf auszuhändigen oder zu übermitteln. 28a

Steht dem Verbraucher bei einem Immobiliar-Verbraucherdarlehensvertrag das Widerrufsrecht aus § 495 Abs. 1 nicht zu, räumt ihm § 495 Abs. 3 jedenfalls eine **Bedenkzeit von sieben Tagen** ein, während derer der Darlehensgeber an sein Angebot gebunden ist. Diese Bedenkzeit beginnt nach Maßgabe von § 495 Abs. 3 Satz 3 mit der Aushändigung des Vertragsangebots an den Verbraucher. Der Darlehensgeber wird durch § 491a Abs. 2 Satz 3 über die Vorgaben der Sätze 1 und 2 hinaus verpflichtet, dem Verbraucher in einem solchen Fall neben einem bindenden Konditionenangebot auch stets einen Vertragsentwurf auszuhändigen oder zu übermitteln, damit der Verbraucher die Bedenkzeit effektiv nutzen kann. 28b

C. Erläuterungspflicht

Neben die vorvertragliche Informationspflicht aus § 491a Abs. 1 tritt die ebenfalls durch die Reform 2010 neu normierte, produktbezogene,[9] vor- 29

---

[7] Staudinger/*Kessal-Wulf* § 491a BGB Rn. 26.
[8] MüKoBGB/*Schürnbrand* § 491a BGB Rn. 52.
[9] MüKoBGB/*Schürnbrand* § 491a BGB Rn. 57.

§ 491a   29a   1. Teil. Darlehen und Finanzierungshilfen

vertragliche Erläuterungspflicht aus Abs. 3. Der Unternehmer hat dem Verbraucher nach der Vorstellung des Gesetzgebers die Vertragsbedingungen **verständlich zu machen,** weshalb die Erläuterungspflicht bedeutend weiter geht als die Unterrichtungspflicht aus Abs. 1.[10] Die Erläuterungspflicht ist ein Überbleibsel des ursprünglich auf gemeinschaftsrechtlicher Ebene anvisierten und heftig kritisierten „Prinzips der verantwortlichen Kreditvergabe"[11] und das Ergebnis eines politischen Kompromisses.[12] Die ersten beiden Sätze des Abs. 3 finden Anwendung auf Allgemein- und Immobiliar-Verbraucherdarlehensverträge. Neu hinzugekommen ist 2016 Satz 3, der nur für den Immobiliar-Verbraucherkreditvertrag gilt. In engem funktionalem Zusammenhang steht und ergänzt wird die Regelung der Erläuterungspflicht aus Abs. 3 durch die Kreditwürdigkeitsprüfung in §§ 505a ff.[13] Zwar besteht keine Pflicht des Darlehensgebers, die Kreditwürdigkeitsprüfung zeitlich vor der Erläuterung durchzuführen. Die aus einer Kreditwürdigkeitsprüfung stammenden Erkenntnisse über den Verbraucher hat der Darlehensgeber einer späteren Erläuterung aber zu Grunde zu legen.[14] Aus ihr können sich wesentliche Hinweise auf den angemessenen Umfang der individuellen Erläuterung ergeben.[15] Ziel der Erläuterung ist es, den Verbraucher in die Lage zu versetzen, eigenverantwortlich beurteilen zu können, „ob der Vertrag dem von ihm verfolgten Zweck und seinen Vermögensverhältnissen gerecht wird".[16] Dogmatisch gesehen ist die Erläuterung daher zwar mehr als die bloße Überlassung vorvertraglicher Information, jedoch noch keine Beratung darüber, ob der abzuschließende Vertrag für den Verbraucher wirtschaftlich sinnvoll ist (→ Rn 30).[17] Sie ist bloße „Hilfe zur Selbsthilfe".[18]

29a   Der Umfang und die Intensität der Erläuterung haben sich an den individuellen Verhältnissen und Bedürfnissen des Darlehensnehmers auszurichten.[19] Maßgeblich sind einerseits **offenbar werdende** Probleme des **konkreten** Kunden, einzelne Vertragsbestandteile zu begreifen und andererseits der Grad der Komplexität des konkreten Darlehensvertrags.[20] Das bedeutet aber nicht, dass die Erläuterung stets individuell vorzunehmen wäre. Werden, etwa durch Rück- oder Anfragen des Kunden, keine Besonderheiten erkennbar, kann der Darlehensgeber die Erläuterung durch ein standardisiertes Muster unter Orientierung am Bild eines durchschnittlichen Verbrauchers vornehmen.[21] Geboten ist es aller-

---

[10] Eingehend und vehement *Metz* NJW 2012, 1990; ebenso *Kulke* VuR 2009, 373 (379).
[11] *Ady/Paetz* WM 2009, 1061 (1065).
[12] *Schürnbrand,* Schriftenreihe der Bankrechtlichen Vereinigung Bd. 30, S. 173 (180).
[13] Ausführlich zum Verhältnis der Reglements nach vormaligem Recht (§ 509 BGB a. F.) *Hoffmann/Barlitz* WM 2014, 2297 (2300).
[14] EuGH C-449/13- Tribunal d'instance d'Orléans, ZIP 2015, 65 Tz. 45; *Buck-Heeb* BKR 2015, 177 (182).
[15] *Hoffmann/Barlitz* WM 2014, 2297 (2303).
[16] *Ady/Paetz* WM 2009, 1061 (1066); MüKoBGB/*Schürnbrand* § 491a BGB Rn. 57; aA *Metz* NJW 2012, 1990 (1995): „Aufklärung"… „basierend auf einer Erkundung der finanziellen Situation und den Bedürfnissen".
[17] S. auch *Buck-Heeb* BKR 2015, 177 (178).
[18] BT-Drucks. 18/5922, S. 105.
[19] Ermann/*Saenger* § 491a BGB Rn. 49.
[20] Ähnlich *Schürnbrand,* Schriftenreihe der Bankrechtlichen Vereinigung Bd. 30, S. 173 (182); *Nobbe* WM 2011, 625 (629).
[21] MüKoBGB/*Schürnbrand* § 491a BGB Rn. 61; Staudinger/*Kessal-Wulf* § 491a BGB Rn. 27; *Buck-Heeb* BKR 2015, 177 (179); aA *Hoffmann/Bartlitz* WM 2014, 2297 (2302).

dings, dass der Darlehensgeber auf konkrete Fragen des Verbrauchers eingeht und sich vergewissert, ob Unklarheiten und Unsicherheiten behoben werden konnten. Nach Ansicht des Gesetzgebers soll der Darlehensgeber von Erläuterungen sogar gänzlich absehen können, wenn kein Zweifel daran besteht, dass der Darlehensnehmer die Informationen verstanden hat.[22] Festzuhalten ist jedenfalls, dass der Darlehensgeber die Erläuterung hinsichtlich Art und Weise sowie Umfang an der im Einzelfall geringeren Schutzbedürftigkeit des Verbrauchers, die etwa aus dessen Geschäftserfahrung folgen kann, ausrichten kann.[23] Soweit ihm keine außergewöhnlichen Verständnisprobleme des konkreten Vertragspartners bekannt sind und es sich nicht um einen in besonderem Maße komplexen Vertrag handelt, kann sich der Darlehensgeber an den Bedürfnissen eines durchschnittlichen Verbrauchers als Darlehensnehmer orientieren.[24] Komplexe Begriffe, zB der des effektiven Jahreszinses, des Nettodarlehensbetrags, der Vorfälligkeitsentschädigung oder der Restschuldversicherung, können erläuterungsbedürftig sein. Prinzipiell bedarf es eines persönlichen Gesprächs, bei dem sowohl ein Mitarbeiter des Darlehensgebers, als auch der Verbraucher körperlich anwesend ist, nicht, schließlich soll gerade die grenzüberschreitende Darlehensvergabe gefördert werden.[25] Die Erläuterung kann auch telefonisch oder etwa per E-Mail erfolgen.[26]

Gegenstand der **Erläuterung** ist indes nicht eine **Beratung** in der Weise, dass 30 den Darlehensgeber die Pflicht träfe, dem Verbraucher einen auf seine Bedürfnisse und finanziellen Umstände zugeschnittenen Vertrag zu entwickeln und anzubieten, wie sie nun etwa in § 511 zu finden ist. Die Erläuterung erfolgt insoweit rein produktbezogen.[27] Der Darlehensgeber muss dem Verbraucher diejenigen Fakten mitteilen, die für das Verständnis des Vertragsinhalts relevant sind. Ob der Abschluss des Vertrags für ihn wirtschaftlich sinnvoll ist, hat der Verbraucher auf der Grundlage von Information und Erläuterung eigenverantwortlich zu entscheiden[28] (→Rn 29). Echte Beratungspflichten, die die Bewertung der Tatsachen und möglicherweise die Empfehlung eines Produkts beinhalten, ergeben sich nur aus einem Beratungsvertrag. Ein solcher kann zwar auch konkludent geschlossen werden, im Zweifel will der Darlehensgeber jedoch nur seinen Erläuterungspflichten nachkommen, sodass hier Zurückhaltung geboten ist.[29] Nach Ansicht des Gesetzgebers kommt ein Beratungsvertrag jedoch bereits dann zustande, wenn die Gesamtwürdigung der Umstände ergibt, dass der Darlehensgeber Erklärungen über den Vertrag und dessen Eignung für den Darlehensnehmer zum Gegenstand vertraglicher Rechte und Pflichten macht.[30]

§ 491a Abs. 3 Satz 2 soll nach dem Willen des Gesetzgebers eine Konkretisie- 31 rung der Erläuterungspflicht beinhalten. Es fällt allerdings schwer, den konkreti-

---

[22] BT-Drucks. 16/11643, S. 79.
[23] *Hoffmann/Barlitz* WM 2014, 2297 (2298).
[24] Erman/*Saenger* § 491a BGB Rn. 48.
[25] Zutreffend *Hoffmann/Barlitz* WM 2014, 2297 (2298).
[26] S. auch BT-Drucks. 16/11643, S. 78f und 18/5922, S. 80.
[27] *Schürnbrand*, Schriftenreihe der Bankrechtlichen Vereinigung Bd. 30, S. 173 (181); MüKoBGB/*Schürnbrand* § 491a BGB Rn. 57; Staudinger/*Kessal-Wulf* § 491a BGB Rn. 27; *Nobbe* WM 2011, 625 (628); *Servatius* ZfIR 2015, 178 (182).
[28] MüKoBGB/*Schürnbrand* § 491a BGB Rn. 57; BT-Drucks. 16/11643, S. 78.
[29] Ebenso MüKoBGB/*Schürnbrand* § 491a BGB Rn. 56; *Buck-Heeb* BKR 2015, 177 (182); Ermann/*Saenger* § 491a BGB Rn. 49; zur Annahme eines konkludenten Beratungsvertrags *Mülbert/Wilhelm* WM 2009, 2241 (2252f).
[30] BT-Drucks. 18/5922, S. 105.

sierenden Gehalt der Regelung herauszuarbeiten. Dies liegt schon daran, dass zunächst sämtliche in § 491a Abs. 1 genannten und in Art. 247 EGBGB zu findenden vorvertraglichen Informationen in Bezug genommen werden. Es kann schlechterdings nicht angehen, dass der Darlehensgeber all diese Informationsposten zu erläutern hat. Ein Ausweg wird wohl über die Verwendung des Begriffs „gegebenenfalls" zu finden sein. Dadurch wird das zu Satz 1 beschriebene Bild bestätigt, dass der Darlehensgeber insoweit zur Erläuterung verpflichtet ist, wie bei dem konkreten Verbraucher im Hinblick auf den konkreten Vertragsentwurf Erklärungsbedarf besteht.[31]

32 Erläuterungsbedürftig können nach § 491a Abs. 3 Satz 2 insbesondere die **Hauptmerkmale** des Vertrags, insbesondere die zentralen Pflichten sein. Hiermit soll erreicht werden, dass der Verbraucher im gegebenen Fall Kenntnis davon erlangt, seinen Kreditbedarf in unterschiedlicher Weise befriedigen zu können, was der Fall ist, wenn der Darlehensgeber grundsätzlich Verträge unterschiedlicher Art anbietet. Hier hat ihn der Darlehensgeber auf die Vor- und Nachteile bestimmter Vertragstypen bzw. Gestaltungsformen hinzuweisen. Das Gesetz weist ausdrücklich darauf hin, dass dem Verbraucher die „vertragstypischen Auswirkungen", womit insbesondere die finanziellen Belastungen durch die Aufnahme des Darlehens gemeint sind, und die Folgen des Zahlungsverzugs zu erläutern sind. Besondere Erläuterungen können etwa notwendig sein bei Fremdwährungskrediten und deren Eigenart, dass Veränderungen des Wechselkurses Einfluss nehmen können auf die Belastung des Verbrauchers.[32] Vergleichbares gilt für die Relevanz nicht gebundener Sollzinssätze. Nicht zu prüfen und in die Erläuterung einzubeziehen hat der Darlehensgeber – jedenfalls in diesem Zusammenhang – die persönlichen finanziellen Verhältnisse des Verbrauchers.[33]

33 Ausdrücklich weist die Gesetzesbegründung darauf hin, dass die Kodifizierung einer Erläuterungspflicht in § 491a Abs. 3 nicht zur Folge hat, dass andere, insbesondere durch die Rechtsprechung entwickelte Aufklärungspflichten des Darlehensgebers nicht mehr bestünden.[34] Dies ist auch mit dem von der Verbraucherkreditrichtlinie im geregelten Bereich verfolgten Vollharmonisierungskonzept vereinbar.

33a Der 2016 neu eingeführte § 491a Abs. 3 Satz 3 betrifft Immobiliar-Verbraucherdarlehensverträge, bei denen gemeinsam mit dem Vertrag andere Produkte angeboten werden. Diesbezüglich ordnet Satz 3 eine separate Erläuterungspflicht betreffend die gesonderte Kündigung dieser Nebenleistungen an. Erläutert werden müssen in diesem Zuge auch die Rechtsfolgen der separaten Kündigung des verbundenen Produkts.

D. Werbung

34 Obwohl nicht in § 491a geregelt, gehört in den sachlichen Zusammenhang der vorvertraglichen Informationspflichten auch die Regelung des § 6a PAngV. Sowohl Art. 4 der Verbraucherkreditrichtlinie als auch Art. 10 und 11 der

---

[31] Vgl. BT-Drucks. 16/11643, S. 79.
[32] BT-Drucks. 18/5922, S. 80.
[33] Ebenso MüKoBGB/*Schürnbrand* § 491a BGB Rn. 58.
[34] So auch MüKoBGB/*Schürnbrand* § 491a BGB Rn. 55.

Wohnimmobilienkreditrichtlinie schreiben vor, dass in die Werbung für Kreditverträge, wenn in dieser Angaben über Zinssätze oder sonstige, auf die Kosten eines Kredits bezogene Zahlen gemacht werden, bestimmte Standardinformationen enthalten sein müssen. Im Rahmen der Reform 2016 wurde die PAngV an die Vorgaben der Wohnimmobilienkreditrichtlinie angepasst.

Der deutsche Gesetzgeber hat Art. 4 der Richtlinie in dem neu gefassten § 6a PAngV umgesetzt, der abgedruckt ist (→ Rn. 8). 35

Die Regelung des § 6a PAngV orientiert sich stark an den Vorgaben der Richtlinie. Abs. 1 bis 3 benennen die einzelnen in die Werbung aufzunehmenden Angaben. Die Verpflichtung trifft den Kreditgeber nur, wenn er in seine Werbung, die an Verbraucher gerichtet ist, Angaben über Zinssätze oder sonstige Kosten aufnimmt. Verzichtet die Bank auf die Werbung mit effektiven Zinssätzen oder sonstigen Zahlen, vermeidet sie Schwierigkeiten etwa bei der Bildung einer Beispielrechnung.[35] 36

Nach Maßgabe von § 6a Abs. 1 PAngV hat der Werbende den **Sollzinssatz**, den **Nettodarlehensbetrag** und den **effektiven Jahreszins** in transparenter und **auffallender** Art und Weise in den Werbetext aufzunehmen.[36] Hinsichtlich des Sollzinssatzes ist darauf hinzuweisen, ob dieser fest oder gebunden ist. Verhindert werden soll auf diesem Wege, dass der Werbende nur einen besonders günstigen Bestandteil der Gesamtbelastung des Verbrauchers herausstellt und andere Elemente verschweigt. 37

Abs. 2 nennt Einzelheiten, die in dem Fall schon in die Werbung aufzunehmen sind, dass sie aus Sicht des Unternehmers zur Voraussetzung des Vertragsabschlusses gemacht werden. Das Gesetz nennt zunächst die Vertragslaufzeit, die der Werbende anzugeben hat, wenn er etwa zur Vereinbarung eines bestimmten Zinssatzes nur bereit ist, wenn der Vertrag auf einen solchen Zeitraum ausgerichtet ist. Bezieht sich die Werbung konkret auf die Finanzierung einer bestimmten Sache oder Dienstleistung, sind diese, sowie der Barzahlungspreis und der Betrag der Anzahlung anzugeben. Soweit möglich, ist der Gesamtbetrag anzugeben. 38

Nach Abs. 3 hat der Werbende ein repräsentatives Rechenbeispiel in die Werbung aufzunehmen. Hier mag man sich fragen, wie die Bank in der Lage sein soll, eine entsprechende Prognose zu stellen und welche Kriterien Maß geben.[37] 39

Schließlich hat der Werbende im Zusammenhang mit der Angabe des effektiven Jahreszinses im gegebenen Fall ausdrücklich darauf hinzuweisen, dass er den Abschluss eines Zusatzvertrags verlangen wird, dessen Kosten aber noch nicht feststehen. 40

E. Rechtsfolgen fehlender oder fehlerhafter vorvertraglicher Information; Divergenz zum Vertrag

Unterlaufen dem Darlehensgeber Fehler bei der Wahrung der Informations- insbesondere der Erläuterungspflichten aus § 491a, kann dies, soweit er dies zu 41

---

[35] So auch *Nobbe* WM 2011, 625 (626); *Weyand* BKR 2012, 197.
[36] Nicht ausreichend ist die Angabe eines „ab-Werts", LG Stuttgart BKR 2012, 206 mit Bspr. *Weyand* BKR 2012, 197.
[37] Ebenso *Nobbe* WM 2011, 625 (626); *Gessner* VuR 2010, 363; zu den Formerfordernissen, die an das Beispiel zu stellen sind LG Stuttgart BKR 2012, 206 mit Bspr. *Weyand* BKR 2012, 197.

vertreten hat, Schadensersatzansprüche des Verbrauchers aus §§ 280 Abs. 1, 311 Abs. 2 BGB auslösen.[38] Anknüpfungspunkt ist das Informationsdefizit des Verbrauchers in Folge der unzureichenden Erläuterung.[39] Die Wirksamkeit des Darlehensvertrags ist von dem Verstoß gegen die vorvertraglichen Informationspflichten grundsätzlich nicht betroffen. Ebenso ist Zurückhaltung geboten, dem Verbraucher im Gewande eines Schadensersatzanspruchs einen Anspruch auf Vertragsaufhebung zuzubilligen. Diesbezüglich ist zu berücksichtigen, dass der Darlehensgeber nach § 492 Abs. 2 auch vertraglich umfangreiche Informationspflichten zu wahren hat und das Gesetz hinsichtlich auf dieser Ebene eintretender Verstöße ein feinmaschiges Rechtsfolgensystem bereitstellt (§§ 492, 494, Nichtigkeit und Heilung).[40] Zu berücksichtigen ist weiterhin, dass dem Verbraucher das Widerrufsrecht aus § 495 zusteht und auch diesbezüglich an fehlerhafte Aufklärung spezielle Rechtsfolgen, anders als im übrigen Verbraucherprivatrecht die der Vertragsnichtigkeit, geknüpft sind. Während der Verbraucher den Eintritt eines Schadens nachzuweisen hat, ist es ihm in der Regel unmöglich, den Beweis der Kausalität der Erläuterungspflichtverletzung für einen Schadenseintritt zu führen. Daher ist die Beweislast zu Lasten des Darlehensgebers umzukehren.[41] Dies legt auch die Entscheidung des EuGH vom 18.12.2014 nahe.[42] Der Darlehensgeber muss daher beweisen, dass der Verbraucher auch nach angemessener individueller Erläuterung den Vertrag zu den gegebenen Bedingungen geschlossen hätte.[43] Im Einzelfall schwierig zu ermitteln ist jedoch das erklärungsrichtige Verhalten des Darlehensnehmers.[44] Von der exakten Beantwortung der Frage, wie sich der Darlehensnehmer im Falle korrekter Erläuterung verhalten hätte hängt ab, ob die Verletzung der Erläuterungspflicht kausal für den Schaden ist.

41a Unklar ist, worin der dem Darlehensnehmer zu ersetzende Schaden besteht. Davon, dem Darlehensnehmer ein Vertragsauflösungsrecht zukommen zu lassen ist abzusehen (→ Rn. 41). Als ersetzbarer Schaden kommen die Kosten des Darlehens, etwa Zinsen und Bearbeitungsgebühren, als negatives Interesse in Betracht.[45] Der Darlehensnehmer ist so zu stellen wie er vermögensmäßig ohne den geschlossenen Vertrag stünde. Hätte er keinen Darlehensvertrag geschlossen, sind die bereits ausgezahlte Valuta vom Verbraucher ungekürzt zurückzuzahlen. Hätte er bei korrekter Erläuterung einen günstigeren Vertrag geschlossen, ist die Differenz auszugleichen.[46]

42 Sowohl § 491a als auch § 6a PAngV sind Marktverhaltensregelungen, so dass eine fehlerhafte Information als Verstoß gegen §§ 3, 4 Nr. 11 UWG eingeschätzt

---

[38] MüKoBGB/*Schürnbrand* § 491a BGB Rn. 6; *Hoffmann/Barlitz* WM 2014, 2297 (2301); *Buck-Heeb* BKR 2015, 177 (178); *Barlitz* WM 2016, 344 (348).
[39] Zutreffend und eingehend *Barlitz* WM 2016, 344 (348).
[40] Für einen Vorrang des § 494 BGB Staudinger/*Kessal-Wulf* § 491a BGB Rn. 29; großzügiger MüKoBGB/*Schürnbrand* § 491a BGB Rn. 6f., dort auch ausführlich zur Frage der Kausalität und Beweislast.
[41] *Barlitz* WM 2016, 344 (348); MüKoBGB/*Schürnbrand* § 491a BGB Rn. 8; 63; *Buck-Heeb* BKR 2015, 177 (181 f.).
[42] EuGH C-449/13 – Tribunal d'instance d'Orléans ZIP 2015, 65 Tz. 27.
[43] *Servatius* ZfIR 2015, 178 (183).
[44] *Barlitz* WM 2016, 344 (348 f.).
[45] *Servatius* ZfIR 2015, 178 (183); *Barlitz* WM 2016, 344 (349); MüKoBGB/*Schürnbrand* § 491a BGB Rn. 63.
[46] Staudinger/*Kessal-Wulf* § 491a BGB Rn. 31; *Servatius* ZfR 2015, 178 (183).

werden kann, was Ansprüche aus § 8 UWG, ggf. aus §§ 9, 10 UWG auslöst.[47]

Unterlassungsansprüche ergeben sich bei fehlender oder fehlerhafter Information aus § 2 Abs. 2 Nr. 1 UKlaG.

43

Schließlich kann es dazu kommen, dass die im nachfolgend abgeschlossenen Vertrag enthaltenen Konditionen von den an sich fehlerhaft erteilten vorvertraglichen Informationen zu Ungunsten des Verbrauchers abweichen. Bei solchen **divergierenden Vertragsbedingungen** trifft den Kreditgeber vor Abschluss des Vertrags eine **Aufklärungspflicht**. Er hat den Verbraucher unaufgefordert auf die zwischenzeitlich vorgenommenen Änderungen hinzuweisen. Unterlässt der Kreditgeber dies, macht er sich insoweit schadensersatzpflichtig, als der Verbraucher Anpassung des Vertrags an die vorvertraglich mitgeteilten Bedingungen verlangen kann. Zum gleichen Ergebnis kommt man über § 242 BGB, wonach sich der Unternehmer an den vorvertraglich gemachten Angaben festhalten lassen muss.[48] Auf die Gültigkeit später eintretender Abweichungen zu seinen Gunsten kann der Verbraucher hingegen vertrauen. Den Verbraucher trifft vor Abschluss des Vertrages keinerlei Obliegenheit, Vertragsinhalt und vorvertragliche Information miteinander zu vergleichen. Nimmt der Kreditgeber zwischenzeitlich Änderungen vor, ist allein er in der Pflicht.[49]

44

§ 492 Schriftform, Vertragsinhalt

(1) ¹Verbraucherdarlehensverträge sind, soweit nicht eine strengere Form vorgeschrieben ist, schriftlich abzuschließen. ²Der Schriftform ist genügt, wenn Antrag und Annahme durch die Vertragsparteien jeweils getrennt schriftlich erklärt werden. ³Die Erklärung des Darlehensgebers bedarf keiner Unterzeichnung, wenn sie mit Hilfe einer automatischen Einrichtung erstellt wird.

(2) Der Vertrag muss die für den Verbraucherdarlehensvertrag vorgeschriebenen Angaben nach Artikel 247 §§ 6 bis 13 des Einführungsgesetzes zum Bürgerlichen Gesetzbuche enthalten.

(3) ¹Nach Vertragsschluss stellt der Darlehensgeber dem Darlehensnehmer eine Abschrift des Vertrags zur Verfügung. ²Ist ein Zeitpunkt für die Rückzahlung des Darlehens bestimmt, kann der Darlehensnehmer vom Darlhensgeber jederzeit einen Tilgungsplan nach Artikel 247 § 14 des Einführungsgesetzes zum Bürgerlichen Gesetzbuche verlangen.

(4) ¹Die Absätze 1 und 2 gelten auch für die Vollmacht, die ein Darlehensnehmer zum Abschluss eines Verbraucherdarlehensvertrags erteilt. ²Satz 1 gilt nicht für die Prozessvollmacht und eine Vollmacht, die notariell beurkundet ist.

(5) Erklärungen des Darlehensgebers, die dem Darlehensnehmer gegenüber nach Vertragsabschluss abzugeben sind, müssen auf einem dauerhaften Datenträger erfolgen.

---

[47] Zust. MüKoBGB/*Schürnbrand* § 491a BGB Rn. 6; *Servatius* ZfR 2015, 178 (182); s. auch LG Stuttgart BKR 2012, 206 mit Bspr. *Weyand* BKR 2012, 197.
[48] So MüKoBGB/*Schürnbrand* § 491a BGB Rn. 9.
[49] Überzeugend MüKoBGB/*Schürnbrand* § 491a BGB Rn. 9; zurückhaltender Staudinger/*Kessal-Wulf* § 491a BGB Rn. 24.

§ 492
1. Teil. Darlehen und Finanzierungshilfen

(6) ¹Enthält der Vertrag die Angaben nach Absatz 2 nicht oder nicht vollständig, können sie nach wirksamem Vertragsschluss oder in den Fällen des § 494 Absatz 2 Satz 1 nach Gültigwerden des Vertrags auf einem dauerhaften Datenträger nachgeholt werden. ²Hat das Fehlen von Angaben nach Absatz 2 zu einer Änderung der Vertragsbedingungen gemäß § 494 Absatz 2 Satz 2 bis Absatz 6 geführt, kann die Nachholung der Angaben nur dadurch erfolgen, dass der Darlehensnehmer die nach § 494 Absatz 7 erforderliche Abschrift des Vertrags erhält. ³In den sonstigen Fällen muss der Darlehensnehmer spätestens im Zeitpunkt der Nachholung der Angaben eine der in § 356b Absatz 1 genannten Unterlagen erhalten. ⁴Mit der Nachholung der Angaben nach Absatz 2 ist der Darlehensnehmer auf einem dauerhaften Datenträger darauf hinzuweisen, dass die Widerrufsfrist von einem Monat nach Erhalt der nachgeholten Angaben beginnt.

(7) Die Vereinbarung eines veränderlichen Sollzinssatzes, der sich nach einem Index oder Referenzzinssatz richtet, ist nur wirksam, wenn der Index oder Referenzzinssatz objektiv, eindeutig bestimmt und für Darlehensgeber und Darlehensnehmer verfügbar und überprüfbar ist.

Vorgängervorschrift: § *4 Abs. 1 Nr. 2, Abs. 2 und 3 VerbrKrG*

Schrifttum: *Berger/Rübsamen,* Verfassungsrechtliche Grenzen der gerichtlichen Kontrolle von Klauseln über Bearbeitungsentgelte in Verbraucherkreditverträgen, WM 2011, 1877; *K. P. Berger,* Die Einbeziehung von AGB in B2 C-Verträge, ZGS 2004, 329; *Billing,* Zur AGB-rechtlichen Zulässigkeit eines Bearbeitungsentgelts bei Darlehensverträgen, WM 2013, 1777 und 1829; *Bohner,* Kapitallebensversicherung als Kosten einer Versicherung im Sinne von § 4 Abs. 1 Satz 4 Nr. 1f VerbrKrG?, WM 2001, 2227; *Brandmüller,* Grundschulddarlehen, 1993; *Bruchner,* Angabe des Gesamtbetrags nach § 4 Abs. 1 Satz 2 Nr. 1b VerbrKrG, WM 1993, 317; *ders.,* AGB-rechtliche Zulässigkeit von Zinsanpassungsklauseln, BKR 2001, 16; *Bruchner/Metz,* Variable Zinsklauseln, 2001; *Bülow,* Änderung des Verbraucherkreditgesetzes durch das Bauhandwerkersicherungsgesetz, NJW 1993, 1617; *Bülow/Artz,* Folgeprobleme der Anwendung des Verbraucherkreditgesetzes auf Schuldbeitritt und andere Interzessionen, ZIP 1998, 629; *Gehrlein,* Haftung nach Abbruch von Verhandlungen über formbedürftige Verträge, MDR 1998, 645; *Gilles,* Auf dem Weg zu einem Verbraucherkreditgesetz, ZRP 1989, 299; *Göhrmann,* Zur Verjährung des Anspruchs auf Rückerstattung von Bearbeitungsentgelten bei Darlehensverträgen, BKR 2013, 275; *Godefroid,* Zulässigkeit von Bearbeitungsgebühren bei Verbraucherratenkrediten, ZIP 2011, 947; *Habersack,* Drittfinanzierter Immobilien- und Beteiligungserwerb unter Geltung des § 9 VerbrKrG, ZHR 156 (1992), 45; *ders.,* Zinsänderungsklauseln im Lichte der AGBG und des VerbrKrG, WM 2001, 753; *Hagen* Formzwang, Formzweck, Formmangel und Rechtssicherheit, Festschrift Schippel 1996, S. 173; *Hemmerde/v. Rottenburg,* Die Angabe von Kosten einer Versicherung im Kreditvertrag nach § 4 Abs. 1 Satz 2 Nr. 1 des Verbraucherkreditgesetzes, WM 1993, 181; *Herresthal,* Formanforderungen bei Änderungen eines Verbraucherdarlehens, BKR 2004, 479; *Herrmann,* Kreditvertragsrecht und funktionsfähiger Wettbewerb, DZWIR 1993, 54; *v. Heymann,* Die Angabe des Gesamtbetrages aller Teilzahlungen „wenn möglich" nach § 4 Abs. 1 VerbrKrG, BB 1991, 1721; *ders.,* Zum neuen Verbraucherkreditgesetz, WM 1991, 1285; *Hoeren/Oberscheidt,* Verbraucherschutz im Internet, VuR 1999, 371; *Jost,* Neues zur Beurkundung von Verbraucherverträgen, ZGS 2002, 346; *Kind,* Die Grenzen des Verbraucherschutzes durch Information, 1998; *Knütel,* Der Skonto beim Abzahlungskauf, JR 1985, 353; *ders.,* Identische Preise im Abzahlungsrecht, ZIP 1985, 1122; *J. Koch,* Bearbeitungsentgelte im Kreditgeschäft – ein Blick nach vorn, WM 2016, 717; *Köhler,* Die Unterschrift als Rechtsproblem, Festschrift Schippel 1996, S. 209; *ders.,* Die Regelungen zur Angabe des effektiven Jahreszinses bei Immobilienkrediten: Mehr- oder weniger – Transparenz und Vergleichbarkeit von Kreditangeboten?, WM 2012, 149; *Köndgen/Busse,* Rechtsprechungsänderung zum Disagio: zivil- und steuerrechtliche Fragen zur Entgeltgestaltung beim Darlehen, ZBB 1990, 214;

Koller, Die Erstattung des Disagios bei vorzeitiger Rückzahlung subventionierter Kredite, DB 1992, 1125; *Lambsdorff*, Die Pflicht der Kreditinstitute zur Angabe von verdeckten Innenprovisionen, ZfIR 2003, 705; Maier, Verbraucherdarlehen: Verjährung des Anspruchs auf Rückzahlung der Bearbeitungsgebühr, VuR 2013, 397; *Mertens*, Die Reichweite gesetzlicher Vorschriften im BGB, JZ 2004, 431; *Metz*, Variable Zinsklauseln – Marktbedingte Unwirksamkeit versus kundenschützende Präzision, in: Hadding/Nobbe (Hrsg.), Bankrecht 2000, S. 183; *ders.*, Variable Zinsvereinbarungen bei Krediten und Geldanlagen, BKR 2001, 21; *Nobbe*, Zulässigkeit von Bankentgelten, WM 2008, 185; *Peters*, Die „novellierte" Gesamtbetragsangabepflicht nach dem Verbraucherkreditgesetz, WM 1994, 1405; *Piekenbrock/Ludwig*, Laufzeitunabhängige Bearbeitungsentgelte bei Verbraucherdarlehensverträgen aus deutscher und europäischer Sicht, WM 2012, 2349; *Placzek*, Neues zur Zulässigkeit eines Bearbeitungsentgelts in Verbraucherverträgen?, WM 2011, 1066; *Prass* Zeitanteilige Rückzahlung des Disagios (Agios) bei vorzeitiger Kündigung eines langfristigen Darlehens, BB 1981, 1058; *Reifner*, Bank- und Versicherungsgeschäfte, VuR 1988, 181; *ders.*, Die Anpassung variabler Zinssätze im Kreditverhältnis, JZ 1995, 866; *ders.*, Zinsberechnung im Recht, AcP 214 (2014), 695; *Reinicke/Tiedtke*, Zweifelsfragen bei der Anwendung des Verbraucherkreditgesetzes, ZIP 1992, 217; *Reinking/Nießen*, Das Verbraucherkreditgesetz, ZIP 1991, 79; *dies.*, Problemschwerpunkte im Verbraucherkreditgesetz, ZIP 1991, 634; *Schmelz/Klute*, Zum Gesetzentwurf für ein Verbraucherkreditgesetz, ZIP 1989, 1509; *U. H. Schneider*, Doppelte Preisauszeichnung bei Einführung des Euro?, DB 1997, 1265; *Scholz*, Erste Novellierung des Verbraucherkreditgesetzes, BB 1993, 1161; *Seibert*, Das Verbraucherkreditgesetz, insbesondere die erfaßten Geschäfte aus dem Blickwinkel der Gesetzgebung, WM 1991, 1445; *Simon*, Das neue Verbraucherkreditgesetz. Auswirkungen auf das Kreditgeschäft der Bausparkassen, Der langfristige Kredit 1991, 132; *Varadinek*, Gehört zur Erfüllung des Schriftformerfordernisses des § 566 BGB die feste körperliche Verbindung der Urkunde?, ZMR 1997, 562; *Wahl*, Vario-, Scheckrahmen- und Idealkredit – zur rechtlichen Bewertung neuer Kreditformen, VuR 1987, 291; *Weber*, Inhaltskontrolle von Bearbeitungsentgelten im Kreditgeschäft – von der Dogmatik zur Interessenlage und zurück, BKR 2013, 450; *v. Westphalen*, Verbraucherkreditgesetz und Gemeinschafts- recht, ZIP 1993, 93; *ders.*, Änderung des Verbraucherkreditgesetzes, ZIP 1993, 476; *ders.*, Leasing und Verbraucherkreditgesetz: Mithaftende GmbH-Geschäftsführer/Gesellschafter, BB 1993, Beil. 8, S. 19; *Wimmer*, Bearbeitungsentgelt bei Verbraucherdarlehen – eine betriebswirtschaftliche Analyse, WM 2012, 1841; *Zahn*, Die Stellung des Finanzierungsleasings im VerbrKrG – ein Verstoß gegen EG-Recht?, DB 1994, 617.

Insbesondere: Kommunikationssysteme. *Blaurock/Adam*, Elektronische Signatur und europäisches Privatrecht, ZEuP 2001, 93; *Bodeewes/Benzel*, Cash per Mausklick – Kreditvergleich online, FLF 2004, 118; *Brinkmann*, Vertragsrechtliche Probleme bei Warenbestellungen über Bildschirmtext, BB 1981, 1183; *Bröhl*, Rechtliche Rahmenbedingungen für neue Informations- und Kommunikationsdienste, CR 1997, 73; Bundesnotarkammer, Drittes Forum Elektronischer Rechtsverkehr am 13.3.1997 (Tagungsunterlagen); *Deville/Kalthegener*, Wege zum Handelsverkehr mit elektronischer Unterschrift, NJW-CoR 1997, 168; *Dörrie*, Der Verbraucherdarlehensvertrag im Fernabsatz, ZBB 2005, 121; *Ebnet*, Rechtsprobleme bei der Verwendung von Telefax, NJW 1992, 2985; *ders.*, Die Entwicklung des Telefax-Rechts seit 1992, JZ 1996, 507; *Einsele*, Formerfordernisse bei mehraktigen Rechtsgeschäften, DNotZ 1996, 834; *Engel/Maennel/Tettenborn*, Das neue Informations- und Kommunikationsdienste-Gesetz, CR 1997, 2981; *Ernst*, Verbraucherschutz-rechtliche Aspekte des Internets, VuR 1997, 259; *ders.*, Der Mausklick als Rechtsproblem – Willenserklärungen im Internet, NJW-CoR 1997, 165; *ders.*, Wirtschaftsrecht im Internet, BB 1997, 1057; *Felke*, Rechtsfragen des Kreditvertriebs über Internet, 2003; *Fringuelli/Wallhäuser*, Formerfordernisse beim Vertragsabschluss im Internet, CR 1999, 93; *Geis* Die digitale Signatur, NJW 1997, 3000; *Grigoleit*, Besondere Vertriebsformen im BGB, NJW 2002, 1151; *Held/Schulz*, Fernabsatz von Finanzdienstleistungen, BKR 2005, 270; *Heun*, Elektronisch erstellte oder übermittelte Dokumente und Schriftform, CR 1995, 2; *Kilian*, EG-Richtlinie über digitale Signaturen in Kraft, BB 2000, 733; *Köhler*, Abzahlungskauf und Bildschirmtext, CR 1986, 621; *ders.*, Die Rechte des Verbrauchers beim Teleshopping (TV-Shopping, Internet-Shopping), NJW 1998, 185; *Mallmann/*

§ 492
1. Teil. Darlehen und Finanzierungshilfen

Heinrich, Schriftform bei Geschäften im Internet, ZEuP 2000, 470; *Micklitz*, Verbraucherschutz und Bildschirmtext, NJW 1982, 263; *Nohadani*, Zugang und Schriftform beim Telefax, 1997; *Paefgen*, Rechtsgeschäfte mittels Bildschirmtext, AfP 1991, 365; *Pape*, Prozeßrechtliche Probleme bei der Verwendung von Telefax, NJW 1996, 417; *Roßnagel*, Auf dem Weg zu neuen Signaturregelungen, MMR 2000, 451; *ders.*, Das neue Recht elektronischer Signaturen, NJW 2001, 1817; *Scheuerer*, Die Willenserklärung im elektronischen Rechtsverkehr, Diss. Greifswald 1999; *Schindler*, Sicherheitsaspekte der elektronischen Unterschrift, K&R 1998, 433; *E. Schindler*, Das Zusammenspiel der Verbraucherschutzgesetze, 2003; *Schmittmann*, Telefaxübermittlung im Zivilrecht unter besonderer Berücksichtigung des Wettbewerbsrechts, 1999; *Schürmann*, Wohnraumkündigung per Telefax – formungültig und dennoch fristwahrend, NJW 1992, 3005; *Tschentscher*, Beweis und Schriftform bei Telefax-Dokumenten, CR 1991, 141; *Waldenberger*, Grenzen des Verbraucherschutzes bei Abschluß von Verträgen im Internet, BB 1996, 2365.

Insbesondere: Effektiver Jahreszins. *Bockholt*, EU-Effektivzins: Auswirkungen auf das Bankgeschäft, Die Bank 1997, 250; *Boest*, Die Neuregelung der Preisangabe für Kredite, NJW 1993, 40; *Bruchner*, AGB-rechtliche Zulässigkeit von Zinsanpassungsklauseln, BKR 2001, 16; *Bruchner/Metz*, Variable Zinsklauseln, 2001; *Bülow*, Neues Preisangabengesetz und Entwurf zu einer neuen Preisangabenverordnung, GRUR 1985, 254, 850; *Derleder*, Transparenz und Äquivalenz bei bankvertragsrechtlicher Zinsanpassung, WM 2001, 2029; *Dibbern*, Einheitliche Richtlinien für die Effektivzinsangabe, Die Bank 1992, 677; *Fleischer*, Vertragsabschlußbezogene Informationspflichten im Gemeinschaftsprivatrecht, ZEuP 2000, 172; *Gimbel/Boest*, Die Neue Preisangabenverordnung, 1985; *Langenbucher*, Vereinbarungen über den Zinssatz, BKR 2005, 134; *Metz*, Variable Zinsvereinbarungen bei Krediten und Geldanlagen, BKR 2001, 21; *Reifner*, die Anpassung variabler Zinssätze im Kreditverhältnis, JZ 1995, 866; *ders.*, Die Lebensversicherungshypothek als „wirtschaftliche Einheit", ZBB 1999, 349; *ders.*, Zinsberechnung im Recht, AcP 214 (2014), 695 (716); *Rink*, Effektiver Jahreszins – eine effektive Information?, VuR 2011, 12; *Schimansky*, Zinsanpassung im Aktivgeschäft, WM 2004, 1449; *Scholz*, Preisangabenverordnung für das Kreditgeschäft verändert, FLF 1992, 161; *Seckelmann*, Schulden (Zinsrückrechnung) nach dem Verbraucherkreditgesetz, VuR 1993, 212; *ders.*, „pacta sunt servanda" – nicht bei Zinssätzen?, BB 1996, 965; *ders.*, „Zins" und „Zinssatz" im Sinne der Sache, BB 1998, 57; *ders.* Zinsrechnung und Zinsrecht, ZVersWiss 2001, 23; *Sievi*, Effektiver Jahreszins: Zwei Berechnungsmethoden, FLF 1989, 8; *ders.* Effektiver Jahreszins: Neue EU-Norm, FLF 1997, 45; *Sievi/Gillardon/Sievi*, Effektivzinssätze für Ratenkredite, 2. Aufl. 1980; *Stephan/Langbein*, PAngVO 93 – Die neue Preisangabe-Verordnung, 2. Aufl. 1994; *Steppeler/Astfalk*, Preisrecht und Preisangaben in der Kreditwirtschaft, 1986; *Wimmer*, Die aktuelle und zukünftige Effektivangabenverpflichtung von Kreditinstituten, BB 1993, 950; *ders.*, Die neue Preisangabenverordnung, WM 2001, 447; *Wimmer/Stöckl-Pukall*, Geplante Änderungen bei der Effektivzinsberechnung, Die Bank 1996, 357; *dies.*, Die Preisangabenverordnung der Banken, 1998 mit Nachtrag 2000.

Insbesondere: Vollmacht. *Altmeppen*, Die Publikums-Fonds-Gesellschaft und das Rechtsberatungsgesetz, ZIP 2006, 1; *Bruchner*, Bankenhaftung bei fremdfinanziertem Immobilienerwerb, WM 1999, 825; *ders.*, Die Bankenhaftung bei vermittelten Immobilienkrediten, ZfIR 2000, 677; *Derleder*, Wirksamkeitserfordernisse an die vertragliche Mitverpflichtung von Ehegatten und anderen Familienangehörigen für Ratenkredite nach dem Verbraucherkreditgesetz, NJW 1993, 2401; *ders.*, Kapitalanlegerschutz durch verbraucherkreditrechtliche Formanforderung an die Vollmachten für Kapitalsammelgesellschaften, VuR 2000, 155; *ders.*, Verbrauchervollmachten bei der Beteiligung an Steuersparmodellen des Immobiliensektors, ZfIR 2002, 1; *Eckardt*, Verbraucherschutz und Repräsentationsprinzip, 2006; *Edelmann/Hertel*, Grenzen des Verbraucherschutzes und die Haftung der Bank bei Immobilienfinanzierung?, DStR 2000, 331; *Einsele*, Formbedürftigkeit des Auftrags/der Vollmacht zum Abschluß eines Ehevertrages, NJW 1998, 1206; *Ganter*, Unwirksamkeit der Vollmacht eines Geschäftsbesorgers wegen Verstoßes gegen das Rechtsberatungsgesetz?, WM 2001, 195; *Habersack*, Die Besorgung von Rechtsangelegenheiten durch beauftragte Geschäftsführer – kein Problem des RBerG?, BB 2005, 1695; *J. Hoffmann*, Rechtsscheinhaftung beim Widerruf notarieller Vollmachten, NJW 2001, 421; *ders.*, Notarielle Bevollmächtigung und Haustürwiderrufsgesetz, ZIP 1999, 1586; *Horn/Balzer*, Zur

Anwendbarkeit des Verbraucherkreditgesetzes auf Kreditvollmachten im Rahmen des Anlegerschutzrechts, WM 2000, 333; *Kandler*, Die Formbedürftigkeit von Vollmachten bei formgebundenen Geschäften, 2004; *Kobelt*, Verbrauchervertragsrecht und Stellvertretung, 2010; *Lang/Korsten*, Geschäftsbesorgung bei Steuersparmodellen, Rechtsberatungen und Grundgesetz, ZIP 2004, 432; *Lerch*, Beurkundung und formfreie Genehmigung, ZRP 1998, 347; *Löhnig*, Bedarf die Erteilung einer Vollmacht zum Abschluß eines Geschäfts nach dem VerbrKrG der Form des § 4 VerbrKrG?, VuR 1999, 147; *ders.*, Vollmachten bei kreditfinanzierten Immobilien-Anlagegeschäften, VIZ 2000, 645; *Martens*, Wer ist „Dritter"? – Zur Abgrenzung der §§ 123 I und II 1 BGB, JuS 2005, 887; *Masuch*, Vertretereinsatz beim Abschluss von Verbraucherkreditverträgen, ZIP 2001, 143; *Merkt*, Die dogmatische Zuordnung der Duldungsvollmacht zwischen Rechtsgeschäft und Rechtsscheintatbestand, AcP 204 (2004), 638; *Nittel*, Nichtigkeit von Geschäftsbesorgungsvollmachten, NJW 2002, 2599; *Peters*, Kreditvollmacht und Verbraucherkreditgesetz, Festschrift Schimansky 1999, S. 477; *Peters/Gröpper*, Wirksamkeitserfordernisse für Kreditvollmachten von Verbrauchern, WM 2001, 2199; *Rösler*, Formbedürftigkeit der Vollmacht, NJW 1999, 1150; *ders.*, Aktuelle Rechtsfragen zu Verbraucherkrediten, VuR 2000, 191; *v. Rottenburg*, Repräsentationsprinzip gegen Verbraucherschutz, WM 2001, 2194; *Sauer*, Form- und Inhaltsvoraussetzungen von Treuhandvollmachten zum Abschluss von Verbraucherkreditverträgen, BB 2000, 1793; *Schimansky*, Unerlaubte Rechtsberatung durch beauftragte Geschäftsführer einer Publikums-GbR?, WM 2005, 2209; *Schmidt-Morsbach/Dicks*, Die Anwendbarkeit des RberG auf den externen Geschäftsbesorger einer GbR, BKR 2005, 424; *Schreindorfer*, Verbraucherschutz und Stellvertretung, 2012; *Staudinger*, die Zukunft der „Schrottimmobilien", NJW 2005, 3521; *Ulmer*, Wirksamkeitserfordernisse für Verbrauchervollmachten beim kreditfinanzierten Immobilienerwerb über Treuhänder, BB 2001, 1365; *ders.*, Zur Anlegerhaftung in geschlossenen (Alt-)Immobilienfonds, ZIP 2005, 1341; *Vollmer*, Verbraucherkreditgesetz und Repräsentationsprinzip, ZfIR 1999, 891; *ders.*, Zur Formbedürftigkeit der Kreditvollmacht, MittBayNot 1999, 346; *Wurm*, Blanketterklärung und Rechtsscheinhaftung, JA 1986, 577; *St. Zimmermann*, Zur Form der Kreditvollmacht, Festschrift Schütze 2002, S. 1569.

Insbesondere: Immobiliardarlehen. *Beckers*, Die Schwierigkeiten des Hypothekarkredits mit dem Verbraucherkreditgesetz, Der langfristige Kredit 1991, 138; *Bruchner*, Zur Berechnung des Verzugszinses bei Realkrediten iSv § 3 Abs. 2 Nr. 2 VerbrKrG, WM 1992, 973; *ders.*, Bankenhaftung bei fremdfinanziertem Immobilienerwerb, WM 1999, 825; *ders.*, Der Immobilienkredit im Sinne des § 3 Abs. 2 Nr. 2 VerbrKrG, Festschrift Schimansky 1999, S. 263; *ders.*, Die Bankenhaftung bei vermittelten Immobilienkrediten, ZfIR 2000, 677; *Brüggemeier/Friele*, Allgemeine Bausparbedingungen und AGB-Gesetz, ZBB 1992, 137; *Bülow*, Grundstücke und Verbraucherkreditgesetz, ZfIR 1998, 181; *ders.*, Das Tatbestandsmerkmal der Abhängigkeit des Darlehens von der Grundpfandsicherung (§ 3 Abs. 2 Nr. 2 VerbrKrG/§ 491 Abs. 3 Nr. 1 BGB-RegE), WM 2001, 2225; *ders.*, Rechtsfragen des Immobiliar-Verbraucherkreditvertrags im neuen Recht, WM 2015, 1309; *Bülow/Artz*, Am Vorabend einer neuen Verbraucherkreditrichtlinie, WM 2005, 1153; *Dörrie*, Kreditgeschäfte mit Grundbesitzgesellschaften bürgerlichen Rechts, ZfIR 2001, 1; *Eckert*, Wucherähnliche Immobilienverträge, ZfIR 2001, 884; *Emmerich*, Auswirkungen des Verbraucherkreditgesetzes auf die Kreditwirtschaft, FLF 1987, 168; *Focken*, Das Pfandbriefdarlehen, ZKW 1992, 886; *Frisch*, Kreditfinanzierte Immobilienanlagen und Verbraucherschutz, VuR 1999, 432; *Gansel/Gängel/Huth*, Widerrufsbelehrungen in Verbraucherimmobiliendarlehensverträgen, NJ 2014, 230; *Habersack*, Haustürgeschäfterichtlinie und Realkreditverträge, WM 2000, 981; *Hök*, Hypothekarkredit und Verbraucherschutz, MDR 200, 613; *Knops/Stempel*, Die Kündigung gemäß § 609a Abs. 1 Nr. 2 BGB bei Ausfall der grundpfandrechtlichen Sicherung, ZfIR 2000, 769; *Kohte*, Forwardkredit und Verbraucherschutz, in: Bankrecht 2000, S. 213; *Laux*, Novelliertes Bausparkassenrecht – erweitertes Geschäftsfeld, Die Bank 1991, 564; *Nickolaus*, Bausparkgeschäft und Verbraucherkreditgesetz, Diss. Bielefeld 2000; *Nittel*, Anmerkungen zum Beschluß des BGH vom 5.2.02 – XI ZR 3, ZfIR 2002, 366; *Piekenbrock*, Die geplante Umsetzung der Wohnimmobilienkreditvertragsrichtlinie, GPR 2015, 26; *Pfeiffer*, Der Einwendungsdurchgriff beim Realkredit, ZBB 1996, 304; *Reifner*, Die Lebensversicherungshypothek als wirtschaftliche Einheit, ZBB 1999, 349; *Reiter/Metner/Müller*, „Marktüblichkeit" der Hypothekenzinsen

§ 492   1. Teil. Darlehen und Finanzierungshilfen

bei Verbraucherdarlehen, BKR 2002, 824; *Rösler*, Forward-Darlehen und Darlehen mit Zins-Cap, WM 2000, 1930; *Rösler/Wimmer*, Zahlungsverpflichtungen und Zahlungsströme bei vorzeitiger Beendigung von Darlehensverträgen, WM 2000, 164; *Rott*, Die neue Immobiliarkredit-Richtlinie 2014/17/EU und ihre Auswirkungen auf das deutsche Recht, BKR 2015, 8; *Schäfer*, Wohnimmobilienkreditrichtlinie, Geschichte und Umsetzung im Verbraucherdarlehensrecht, VuR 2014, 207; *Schoppmann*, Das Verbraucherkreditgesetz und seine Anwendbarkeit auf Förderdarlehen und Realkredite, Der langfristige Kredit 1991, 142; *Schürnbrand*, Die Richtlinie über Wohnimmobilienkreditverträge für Verbraucher, ZBB/JBB 2014, 168; *Seibert*, Das Verbraucherkreditgesetz, insbesondere die erfaßten Geschäfte aus dem Blickwinkel der Gesetzgebung, WM 1991, 1445; *Simon*, Das neue Verbraucherkreditgesetz. Auswirkungen auf das Kreditgeschäft der Bausparkassen, Der langfristige Kredit 1991, 132; *Steppeler*, Verbraucherschutz und Konsumentenkredit, Sparkasse 1989, 76; *Wagner-Wieduwilt*, Verzugsschadensberechnung – ein leidvolles Thema, Die Bank 1992, 521; *Wichmann/Knoblauch*, Das Verbraucherkreditgesetz – eine ungewollte Bürde des Realkredits, Der langfristige Kredit 1991, 148.

Übersicht

	Rn.
Materialien	1
§§ 6, 6b, 6c Preisangabenverordnung (PAngV)	1
Verbraucherkreditrichtlinie Art. 3, 10, 19	2
Wohnimmobilienkreditrichtlinie Art. 24	3
Gesetzestext Art. 247 §§ 3, 6, 7, 8, 14 EGBGB	4–9
Kommentierung	
A. Verbraucherkreditrechtliche Formanforderungen	10
I. Schriftform, elektronische Form und Pflichtangaben	10
II. Art des Kreditvertrages	14
a) Darlehensvertrag	14
b) Mithaftende Dritte, Schuld- und Vertragsübernahme	15
III. Freistellungen	16
IV. Heilung und schwebende Wirksamkeit	17
B. Gesetzliche Schriftform	18
I. Anwendungsregeln	18
1. Allgemeine Grundsätze	19
2. Zugangsverzicht	20
3. Blankoerklärung und Genehmigung	21
a) Ausgangslage	21
b) Formwahrende Ermächtigung, Genehmigung	23
c) Keine Zurechnung von Rechtsschein	25
d) Vollmachterteilung außerhalb von Geschäftsräumen	26
e) Rechtsmissbrauch	27
4. Internet, Telekommunikation	28
a) Schriftform	28
b) Elektronische Form	29
5. Erleichterte Formanforderungen im Verbraucherkreditrecht	31
II. Allgemeine Anforderungen an die gesetzliche Schriftform aus § 126 BGB	33
1. Unterschrift	33
2. Finanzdienstleistungen im Fernabsatz und außerhalb von Geschäftsräumen	34
3. Wesentlicher Vertragsinhalt; Nebenabreden	35
a) Vertragsbedingungen; Verwendungszweck	36
b) Allgemeine Geschäftsbedingungen	38
4. Einheitlichkeit der Urkunde	39
III. Sonderregelungen in § 492 Abs. 1 Sätze 2 und 3, Abs. 3	40
1. Erleichterte Anforderungen	40
a) Übereinstimmung mit § 126 BGB	41
b) Trennung von Antrag und Annahme	42

Schriftform, Vertragsinhalt § 492

	Rn.
c) Maschinelle Bearbeitung	44
d) Darlehensverträge und andere Kreditverträge	45
2. Aushändigung einer Abschrift	46
a) Kein Wirksamkeitserfordernis	46
b) Anspruch des Verbrauchers	48
c) Inhalt der Abschrift	51
d) Beweislast	53
3. Tilgungsplan	54
IV. Vollmacht zum Abschluss eines Verbraucherdarlehensvertrages	56
1. Ausschluss von § 167 Abs. 2 BGB	56
2. Umfang der Formbedürftigkeit	57
3. Person des Vertreters; Darlehensgeber	58
4. Prozessvollmacht, notarielle Vollmacht	60
5. Rechtsfolgen	62
a) Genehmigung und verbraucherdarlehensrechtliche Heilung	63
b) Gesetzwidrige Vollmachtserteilung und Heilung des Vollmachtsmangels	65
6. Finanzierungshilfen	71
C. Die Pflichtangaben	72
Vorbemerkung; keine Angabe des Verwendungszwecks; Konzeption der Vorschriften; Wettbewerbsrecht; Transparenzgebot	72
1. Name und Anschrift von Darlehensgeber und Darlehensnehmer	77
2. Art des Darlehens	78
3. Effektiver Jahreszins	79
a) Preisangabenverordnung	80
b) Angabe der Berechnungsgrundlage	81
c) Änderung preisbestimmender Faktoren (variabler Zinssatz)	89
d) Fehlende, falsche oder nichtssagende Angabe	90
e) Wettbewerbsrecht	91
4. Nettodarlehensbetrag, Höchstgrenze	92
5. Sollzinssatz	95
6. Vertragslaufzeit	97
7. Betrag, Zahl und Fälligkeit der einzelnen Teilzahlungen	98
8. Gesamtbetrag	102
a) Grundlagen	102
b) Nennbetrag	105
c) Zinsen, Provisionen, Steuern, Disagio, Kosten	106
d) Teil- und Einmalzahlungen	108
e) Kosten für Nebenleistungen	109
f) Feststehende und veränderliche Vertragsentwicklung	111
aa) Feststehende Bedingungen	112
bb) Höchstgrenze	113
cc) Veränderliche Bedingungen	115
9. Auszahlungsbedingungen	116
10. Sonstige Kosten	117
11. Verzugszins, Anpassung	128
12. Warnhinweis zu den Folgen ausbleibender Zahlungen	129
13. Widerrufsrecht	130
14. Recht zur vorzeitigen Rückzahlung und Vorfälligkeitsentschädigung	133
15. Zuständige Aufsichtsbehörde	135
16. Hinweis auf Anspruch auf Tilgungsplan	136
17. Verfahren bei Vertragskündigung	137
18. Sämtliche weitere Vertragsbedingungen	138
19. Notarkosten	139
20. Sicherheiten	140
a) AGB-Kreditinstitute, insbesondere Nachbesicherung; Übernahme	141
b) Kosten	144

§ 492   1   1. Teil. Darlehen und Finanzierungshilfen

	Rn.
21. Versicherungen	145
22. Außergerichtliches Beschwerde- und Rechtsbehelfsverfahren	149
23. Kontoführungsgebühren	150
24. Zusatzleistungen	151
25. Darlehensvermittler	153
D. Erklärungen nach Vertragsabschluss	154
E. Nachholung von vertraglichen Angaben	155

Materialien

Preisangabenverordnung (PAngV)

1 **§ 6^1 Verbraucherdarlehen**

(1) Wer Verbrauchern gewerbs- oder geschäftsmäßig oder wer ihnen regelmäßig in sonstiger Weise den Abschluss von Verbraucherdarlehen im Sinne des § 491 des Bürgerlichen Gesetzbuchs anbietet, hat als Preis die nach den Absätzen 2 bis 6 und 8 berechneten Gesamtkosten des Verbraucherdarlehens für den Verbraucher, ausgedrückt als jährlicher Prozentsatz des Nettodarlehensbetrags, soweit zutreffend, einschließlich der Kosten gemäß Absatz 3 Satz 2 Nummer 1, anzugeben und als effektiven Jahreszins zu bezeichnen.

(2) ^{1}Der anzugebende effektive Jahreszins gemäß Absatz 1 ist mit der in der Anlage angegebenen mathematischen Formel und nach den in der Anlage zugrunde gelegten Vorgehensweisen zu berechnen. ^{2}Bei der Berechnung des effektiven Jahreszinses wird von der Annahme ausgegangen, dass der Verbraucherdarlehensvertrag für den vereinbarten Zeitraum gilt und dass Darlehensgeber und Verbraucher ihren Verpflichtungen zu den im Verbraucherdarlehensvertrag niedergelegten Bedingungen und Terminen nachkommen.

(3) ^{1}In die Berechnung des anzugebenden effektiven Jahreszinses sind als Gesamtkosten die vom Verbraucher zu entrichtenden Zinsen und alle sonstigen Kosten einschließlich etwaiger Vermittlungskosten einzubeziehen, die der Verbraucher im Zusammenhang mit dem Verbraucherdarlehensvertrag zu entrichten hat und die dem Darlehensgeber bekannt sind. ^{2}Zu den sonstigen Kosten gehören:
1. Kosten für die Eröffnung und Führung eines spezifischen Kontos, Kosten für die Verwendung eines Zahlungsmittels, mit dem sowohl Geschäfte auf diesem Konto getätigt als auch Verbraucherdarlehensbeträge in Anspruch genommen werden können, sowie sonstige Kosten für Zahlungsgeschäfte, wenn die Eröffnung oder Führung eines Kontos Voraussetzung dafür ist, dass das Verbraucherdarlehen überhaupt oder nach den vorgesehenen Vertragsbedingungen gewährt wird;
2. Kosten für die Immobilienbewertung, sofern eine solche Bewertung für die Gewährung des Verbraucherdarlehens erforderlich ist.

(4) Nicht in die Berechnung der Gesamtkosten einzubeziehen sind, soweit zutreffend:
1. Kosten, die vom Verbraucher bei Nichterfüllung seiner Verpflichtungen aus dem Verbraucherdarlehensvertrag zu tragen sind;
2. Kosten für solche Versicherungen und für solche anderen Zusatzleistungen, die keine Voraussetzung für die Verbraucherdarlehensvergabe oder für die Verbraucherdarlehensvergabe zu den vorgesehenen Vertragsbedingungen sind;
3. Kosten mit Ausnahme des Kaufpreises, die vom Verbraucher beim Erwerb von Waren oder Dienstleistungen unabhängig davon zu tragen sind, ob es sich um ein Bar- oder Verbraucherdarlehensgeschäft handelt;
4. Gebühren für die Eintragung der Eigentumsübertragung oder der Übertragung eines grundstücksgleichen Rechts in das Grundbuch;
5. Notarkosten.

(5) ^{1}Ist eine Änderung des Zinssatzes oder sonstiger in die Berechnung des anzugebenden effektiven Jahreszinses einzubeziehender Kosten vorbehalten und ist ihre zahlenmäßige Bestimmung im Zeitpunkt der Berechnung des anzugebenden effektiven Jahreszinses nicht möglich, so wird bei der Berechnung von der Annahme ausgegangen, dass der Sollzinssatz und die sonstigen Kosten gemessen an der ursprünglichen Höhe fest bleiben und bis zum Ende des Verbraucherdarlehensvertrags gelten.

Schriftform, Vertragsinhalt 1 § 492

(6) Erforderlichenfalls ist bei der Berechnung des anzugebenden effektiven Jahreszinses von den in der Anlage niedergelegten Annahmen auszugehen.

(7) Ist der Abschluss eines Vertrags über die Inanspruchnahme einer Nebenleistung, insbesondere eines Versicherungsvertrags oder allgemein einer Mitgliedschaft, zwingende Voraussetzung dafür, dass das Verbraucherdarlehen überhaupt oder nach den vorgesehenen Vertragsbedingungen gewährt wird, und können die Kosten der Nebenleistung nicht im Voraus bestimmt werden, so ist in klarer, eindeutiger und auffallender Art und Weise darauf hinzuweisen,
1. dass eine Verpflichtung zum Abschluss des Vertrages über die Nebenleistung besteht und
2. wie hoch der effektive Jahreszins des Verbraucherdarlehens ist.

(8) [1] Bei Bauspardarlehen ist bei der Berechnung des anzugebenden effektiven Jahreszinses davon auszugehen, dass im Zeitpunkt der Verbraucherdarlehensauszahlung das vertragliche Mindestspartguthaben angespart ist. [2] Von der Abschlussgebühr ist im Zweifel lediglich der Teil zu berücksichtigen, der auf den Verbraucherdarlehensanteil der Bausparsumme entfällt. [3] Bei Verbraucherdarlehen, die der Vor- oder Zwischenfinanzierung von Leistungen einer Bausparkasse aus Bausparverträgen dienen und deren preisbestimmende Faktoren bis zur Zuteilung unveränderbar sind, ist als Laufzeit von den Zuteilungsfristen auszugehen, die sich aus der Zielbewertungszahl für Bausparverträge gleicher Art ergeben. [4] Bei vor- oder zwischenfinanzierten Bausparverträgen gemäß Satz 3 ist für das Gesamtprodukt aus Vor- oder Zwischenfinanzierungsdarlehen und Bausparvertrag der effektive Jahreszins für die Gesamtlaufzeit anzugeben.

---

[1] § 6 Abs. 1 Satz 1 geänd. mWv 8.7.2004 durch G v. 3.7.2004 (BGBl. I S. 1414); Abs. 1 bish. Satz 1 wird alleiniger Wortlaut und geänd., Satz 2 aufgeh., Abs. 2 Sätze 1 und 4 geänd., Abs. 3 neu gef., Abs. 4 geänd., Abs. 5 neu gef., Abs. 6 und 9 aufgeh. mWv 11.6.2010 durch G v. 29.7.2009 (BGBl. I S. 2355); Abs. 7 und 8 werden Abs. 6 und 7 mWv 30.7.2010 durch G v. 24.7.2010 (BGBl. I S. 977); Abs. 1 Satz 2 angef. mWv 1.1.2013 durch VO v. 1.8.2012 (BGBl. I S. 1706); Überschrift, Abs. 1 neu gef., Abs. 2 Satz 1 geänd., Satz 2 neu gef., Sätze 3–5 aufgeh., Abs. 3 neu gef., Abs. 4 eingef., bish. Abs. 4–7 werden Abs. 5–8, neue Abs. 5 und 6 geänd., neuer Abs. 7 neu gef., neuer Abs. 8 Satz 1 neu gef., Sätze 2 und 3 geänd., Satz 4 angef. mWv 21. 3. 2016 durch G v. 11.3.2016 (BGBl. I S. 396).

§ 6b[1] Überziehungsmöglichkeiten

Bei Überziehungsmöglichkeiten im Sinne des § 504 Abs. 2 des Bürgerlichen Gesetzbuchs hat der Darlehensgeber statt des effektiven Jahreszinses den Sollzinssatz pro Jahr und die Zinsbelastungsperiode anzugeben, wenn diese nicht kürzer als drei Monate ist und der Darlehensgeber außer den Sollzinsen keine weiteren Kosten verlangt.

---

[1] § 6b eingef. mWv 11.6.2010 durch G v. 29.7.2009 (BGBl. I S. 2355); geänd. mWv 21.3.2016 durch G v. 11.3.2016 (BGBl. I S. 396).

§ 6c[1] Entgeltliche Finanzierungshilfen

Die §§ 6 und 6a sind auf Verträge entsprechend anzuwenden, durch die ein Unternehmer einem Verbraucher einen entgeltlichen Zahlungsaufschub oder eine sonstige entgeltliche Finanzierungshilfe im Sinne des § 506 des Bürgerlichen Gesetzbuchs gewährt.

---

[1] § 6c eingef. mWv 21.3.2016 durch G v. 11.3.2016 (BGBl. I S. 396).

Anlage[1] (zu § 6 PAngV)
Berechnung des effektiven Jahreszinses

1. Grundgleichung zur Darstellung der Gleichheit zwischen Verbraucherdarlehens-Auszahlungsbeträgen einerseits und Rückzahlungen (Tilgung, Zinsen und Verbraucherdarlehenskosten) andererseits.

§ 492   1

1. Teil. Darlehen und Finanzierungshilfen

Die nachstehende Gleichung zur Ermittlung des effektiven Jahreszinses drückt auf jährlicher Basis die rechnerische Gleichheit zwischen der Summe der Gegenwartswerte der in Anspruch genommenen Verbraucherdarlehens-Auszahlungsbeträge einerseits und der Summe der Gegenwartswerte der Rückzahlungen (Tilgung, Zinsen und Verbraucherdarlehenskosten) andererseits aus:

$$\sum_{k=1}^{m} C_k \left(1+X\right)^{-t_k} = \sum_{l=1}^{m'} D_l \left(1+X\right)^{-s_l}$$

Hierbei ist
- X der effektive Jahreszins;
- m die laufende Nummer des letzten Verbraucherdarlehens-Auszahlungsbetrags;
- k die laufende Nummer eines Verbraucherdarlehens-Auszahlungsbetrags, wobei $1 \leq k \leq m$;
- Ck die Höhe des Verbraucherdarlehens-Auszahlungsbetrags mit der Nummer k;
- tk der in Jahren oder Jahresbruchteilen ausgedrückte Zeitraum zwischen der ersten Verbraucherdarlehensvergabe und dem Zeitpunkt der einzelnen nachfolgenden in Anspruch genommenen Verbraucherdarlehens-Auszahlungsbeträge, wobei $t_1 = 0$;
- m' die laufende Nummer der letzten Tilgungs-, Zins- oder Kostenzahlung;
- l die laufende Nummer einer Tilgungs-, Zins- oder Kostenzahlung;
- Dl der Betrag einer Tilgungs-, Zins- oder Kostenzahlung;
- sl der in Jahren oder Jahresbruchteilen ausgedrückte Zeitraum zwischen dem Zeitpunkt der Inanspruchnahme des ersten Verbraucherdarlehens-Auszahlungsbetrags und dem Zeitpunkt jeder einzelnen Tilgungs-, Zins- oder Kostenzahlung.

Anmerkungen:
a) Die von beiden Seiten zu unterschiedlichen Zeitpunkten gezahlten Beträge sind nicht notwendigerweise gleich groß und werden nicht notwendigerweise in gleichen Zeitabständen entrichtet.
b) Anfangszeitpunkt ist der Tag der Auszahlung des ersten Verbraucherdarlehensbetrags.
c) Der Zeitraum zwischen diesen Zeitpunkten wird in Jahren oder Jahresbruchteilen ausgedrückt. Zugrunde gelegt werden für ein Jahr 365 Tage (bzw. für ein Schaltjahr 366 Tage), 52 Wochen oder zwölf Standardmonate. Ein Standardmonat hat 30,41666 Tage (d.h. 365/12), unabhängig davon, ob es sich um ein Schaltjahr handelt oder nicht. Können die Zeiträume zwischen den in den Berechnungen verwendeten Zeitpunkten nicht als ganze Zahl von Wochen, Monaten oder Jahren ausgedrückt werden, so sind sie als ganze Zahl eines dieser Zeitabschnitte in Kombination mit einer Anzahl von Tagen auszudrücken. Bei der Verwendung von Tagen
  aa) werden alle Tage einschließlich Wochenenden und Feiertagen gezählt;
  bb) werden gleich lange Zeitabschnitte und dann Tage bis zur Inanspruchnahme des ersten Verbraucherdarlehensbetrags zurückgezählt;
  cc) wird die Länge des in Tagen bemessenen Zeitabschnitts ohne den ersten und einschließlich des letzten Tages berechnet und in Jahren ausgedrückt, indem dieser Zeitabschnitt durch die Anzahl von Tagen des gesamten Jahres (365 oder 366 Tage), zurückgezählt ab dem letzten Tag bis zum gleichen Tag des Vorjahres, geteilt wird.
d) Das Rechenergebnis wird auf zwei Dezimalstellen genau angegeben. Ist die Ziffer der dritten Dezimalstelle größer als oder gleich 5, so erhöht sich die Ziffer der zweiten Dezimalstelle um den Wert 1.
e) Mathematisch darstellen lässt sich diese Gleichung durch eine einzige Summation unter Verwendung des Faktors „Ströme" (Ak), die entweder positiv oder negativ sind, je nachdem, ob sie für Auszahlungen oder für Rückzahlungen innerhalb der Perioden 1 bis n, ausgedrückt in Jahren, stehen:

$$S = \sum_{k=1}^{n} A_k \left(1+X\right)^{-l_k.}$$

Schriftform, Vertragsinhalt 1 § 492

dabei ist S der Saldo der Gegenwartswerte aller „Ströme", deren Wert gleich Null sein muss, damit die Gleichheit zwischen den „Strömen" gewahrt bleibt.

2. Es gelten die folgenden zusätzlichen Annahmen für die Berechnung des effektiven Jahreszinses:

a) Ist dem Verbraucher nach dem Verbraucherdarlehensvertrag freigestellt, wann er das Verbraucherdarlehen in Anspruch nehmen will, so gilt das gesamte Verbraucherdarlehen als sofort in voller Höhe in Anspruch genommen.

b) Ist dem Verbraucher nach dem Verbraucherdarlehensvertrag generell freigestellt, wann er das Verbraucherdarlehen in Anspruch nehmen will, sind jedoch je nach Art der Inanspruchnahme Beschränkungen in Bezug auf Verbraucherdarlehensbetrag und Zeitraum vorgesehen, so gilt das gesamte Verbraucherdarlehen als zu dem im Verbraucherdarlehensvertrag vorgesehenen frühestmöglichen Zeitpunkt mit den entsprechenden Beschränkungen in Anspruch genommen.

c) Sieht der Verbraucherdarlehensvertrag verschiedene Arten der Inanspruchnahme mit unterschiedlichen Kosten oder Sollzinssätzen vor, so gilt das gesamte Verbraucherdarlehen als zu den höchsten Kosten und zum höchsten Sollzinssatz in Anspruch genommen, wie sie für die Kategorie von Geschäften gelten, die bei dieser Art von Verbraucherdarlehensverträgen am häufigsten vorkommt.

d) Bei einer Überziehungsmöglichkeit gilt das gesamte Verbraucherdarlehen als in voller Höhe und für die gesamte Laufzeit des Verbraucherdarlehensvertrags in Anspruch genommen. Ist die Dauer der Überziehungsmöglichkeit nicht bekannt, so ist bei der Berechnung des effektiven Jahreszinses von der Annahme auszugehen, dass die Laufzeit des Verbraucherdarlehensvertrags drei Monate beträgt.

e) Bei einem Überbrückungsdarlehen gilt das gesamte Verbraucherdarlehen als in voller Höhe und für die gesamte Laufzeit des Verbraucherdarlehensvertrags in Anspruch genommen. Ist die Laufzeit des Verbraucherdarlehensvertrags nicht bekannt, so wird bei der Berechnung des effektiven Jahreszinses von der Annahme ausgegangen, dass sie zwölf Monate beträgt.

f) Bei einem unbefristeten Verbraucherdarlehensvertrag, der weder eine Überziehungsmöglichkeit noch ein Überbrückungsdarlehen beinhaltet, wird angenommen, dass

aa) das Verbraucherdarlehen bei Immobiliar-Verbraucherdarlehensverträgen für einen Zeitraum von 20 Jahren ab der ersten Inanspruchnahme gewährt wird und dass mit der letzten Zahlung des Verbrauchers der Saldo, die Zinsen und etwaige sonstige Kosten ausgeglichen sind; bei Allgemein-Verbraucherdarlehensverträgen, die nicht für den Erwerb oder die Erhaltung von Rechten an Immobilien bestimmt sind oder bei denen das Verbraucherdarlehen im Rahmen von Debit-Karten mit Zahlungsaufschub oder Kreditkarten in Anspruch genommen wird, dieser Zeitraum ein Jahr beträgt und dass mit der letzten Zahlung des Verbrauchers der Saldo, die Zinsen und etwaige sonstige Kosten ausgeglichen sind;

bb) der Verbraucherdarlehensbetrag in gleich hohen monatlichen Zahlungen, beginnend einen Monat nach dem Zeitpunkt der ersten Inanspruchnahme, zurückgezahlt wird; muss der Verbraucherdarlehensbetrag jedoch vollständig, in Form einer einmaligen Zahlung, innerhalb jedes Zahlungszeitraums zurückgezahlt werden, so ist anzunehmen, dass spätere Inanspruchnahmen und Rückzahlungen des gesamten Verbraucherdarlehensbetrags durch den Verbraucher innerhalb eines Jahres stattfinden; Zinsen und sonstige Kosten werden entsprechend diesen Inanspruchnahmen und Tilgungszahlungen und nach den Bestimmungen des Verbraucherdarlehensvertrags festgelegt.

Als unbefristete Verbraucherdarlehensverträge gelten für die Zwecke dieses Buchstabens Verbraucherdarlehensverträge ohne feste Laufzeit, einschließlich solcher Verbraucherdarlehen, bei denen der Verbraucherdarlehensbetrag innerhalb oder nach Ablauf eines Zeitraums vollständig zurückgezahlt werden muss, dann aber erneut in Anspruch genommen werden kann.

g) Bei Verbraucherdarlehensverträgen, die weder Überziehungsmöglichkeiten beinhalten noch Überbrückungsdarlehen, Verbraucherdarlehensverträge mit Wertbeteiligung, Eventualverpflichtungen oder Garantien sind, und bei unbefristeten Verbrau-

§ 492 1   1. Teil. Darlehen und Finanzierungshilfen

cherdarlehensverträgen (siehe die Annahmen unter den Buchstaben d, e, f, l und m) gilt Folgendes:
  aa) Lassen sich der Zeitpunkt oder die Höhe einer vom Verbraucher zu leistenden Tilgungszahlung nicht feststellen, so ist anzunehmen, dass die Rückzahlung zu dem im Verbraucherdarlehensvertrag genannten frühestmöglichen Zeitpunkt und in der darin festgelegten geringsten Höhe erfolgt.
  bb) Lässt sich der Zeitraum zwischen der ersten Inanspruchnahme und der ersten vom Verbraucher zu leistenden Zahlung nicht feststellen, so wird der kürzestmögliche Zeitraum angenommen.
  cc) Ist der Zeitpunkt des Abschlusses des Verbraucherdarlehensvertrags nicht bekannt, so ist anzunehmen, dass das Verbraucherdarlehen erstmals zu dem Zeitpunkt in Anspruch genommen wurde, der sich aus dem kürzesten zeitlichen Abstand zwischen diesem Zeitpunkt und der Fälligkeit der ersten vom Verbraucher zu leistenden Zahlung ergibt.
h) Lassen sich der Zeitpunkt oder die Höhe einer vom Verbraucher zu leistenden Zahlung nicht anhand des Verbraucherdarlehensvertrags oder der Annahmen nach den Buchstaben d, e, f, g, l oder m feststellen, so ist anzunehmen, dass die Zahlung in Übereinstimmung mit den vom Darlehensgeber bestimmten Fristen und Bedingungen erfolgt und dass, falls diese nicht bekannt sind,
  aa) die Zinszahlungen zusammen mit den Tilgungszahlungen erfolgen,
  bb) Zahlungen für Kosten, die keine Zinsen sind und die als Einmalbetrag ausgedrückt sind, bei Abschluss des Verbraucherdarlehensvertrags erfolgen,
  cc) Zahlungen für Kosten, die keine Zinsen sind und die als Mehrfachzahlungen ausgedrückt sind, beginnend mit der ersten Tilgungszahlung in regelmäßigen Abständen erfolgen und es sich, falls die Höhe dieser Zahlungen nicht bekannt ist, um jeweils gleich hohe Beträge handelt,
  dd) mit der letzten Zahlung der Saldo, die Zinsen und etwaige sonstige Kosten ausgeglichen sind.
i) Ist keine Verbraucherdarlehensobergrenze vereinbart, ist anzunehmen, dass die Obergrenze des gewährten Verbraucherdarlehens 170 000 Euro beträgt. Bei Verbraucherdarlehensverträgen, die weder Eventualverpflichtungen noch Garantien sind und die nicht für den Erwerb oder die Erhaltung eines Rechts an Wohnimmobilien oder Grundstücken bestimmt sind, sowie bei Überziehungsmöglichkeiten, Debit-Karten mit Zahlungsaufschub oder Kreditkarten ist anzunehmen, dass die Obergrenze des gewährten Verbraucherdarlehens 1500 Euro beträgt.
j) Werden für einen begrenzten Zeitraum oder Betrag verschiedene Sollzinssätze und Kosten angeboten, so sind während der gesamten Laufzeit des Verbraucherdarlehensvertrags der höchste Sollzinssatz und die höchsten Kosten anzunehmen.
k) Bei Verbraucherdarlehensverträgen, bei denen für den Anfangszeitraum ein fester Sollzinssatz vereinbart wurde, nach dessen Ablauf ein neuer Sollzinssatz festgelegt wird, der anschließend in regelmäßigen Abständen nach einem vereinbarten Indikator oder einem internen Referenzzinssatz angepasst wird, wird bei der Berechnung des effektiven Jahreszinses von der Annahme ausgegangen, dass der Sollzinssatz ab dem Ende der Festzinsperiode dem Sollzinssatz entspricht, der sich aus dem Wert des vereinbarten Indikators oder des internen Referenzzinssatzes zum Zeitpunkt der Berechnung des effektiven Jahreszinses ergibt, die Höhe des festen Sollzinssatzes jedoch nicht unterschreitet.
l) Bei Eventualverpflichtungen oder Garantien wird angenommen, dass das gesamte Verbraucherdarlehen zum früheren der beiden folgenden Zeitpunkte als einmaliger Betrag vollständig in Anspruch genommen wird:
  aa) zum letztzulässigen Zeitpunkt nach dem Verbraucherdarlehensvertrag, welcher die potenzielle Quelle der Eventualverbindlichkeit oder Garantie ist, oder
  bb) bei einem Roll-over-Verbraucherdarlehensvertrag am Ende der ersten Zinsperiode vor der Erneuerung der Vereinbarung.
m) Bei Verbraucherdarlehensverträgen mit Wertbeteiligung wird angenommen, dass
  aa) die Zahlungen der Verbraucher zu den letzten nach dem Verbraucherdarlehensvertrag möglichen Zeitpunkten geleistet werden;

bb) die prozentuale Wertsteigerung der Immobilie, die die Sicherheit für den Vertrag darstellt, und ein in dem Vertrag genannter Inflationsindex ein Prozentsatz ist, der – je nachdem, welcher Satz höher ist – dem aktuellen Inflationsziel der Zentralbank oder der Höhe der Inflation in dem Mitgliedstaat, in dem die Immobilie belegen ist, zum Zeitpunkt des Abschlusses des Verbraucherdarlehensvertrags oder dem Wert 0 %, falls diese Prozentsätze negativ sind, entspricht.

[1] Anl. neu gef. mWv 21.3.2016 durch G v. 11.3.2016 (BGBl. I S. 396).

Verbraucherkreditrichtlinie 2008/48/EG
Artikel 3

Für die Zwecke dieser Richtlinie bezeichnet der Ausdruck
(...)
g) „Gesamtkosten des Kredits für den Verbraucher" sämtliche Kosten, einschließlich der Zinsen, Provisionen, Steuern und Kosten jeder Art – ausgenommen Notargebühren –, die der Verbraucher im Zusammenhang mit dem Kreditvertrag zu zahlen hat und die dem Kreditgeber bekannt sind; Kosten für Nebenleistungen im Zusammenhang mit dem Kreditvertrag, insbesondere Versicherungsprämien, sind ebenfalls enthalten, wenn der Abschluss des Vertrags über diese Nebenleistung eine zusätzliche zwingende Voraussetzung dafür ist, dass der Kredit überhaupt oder nach den vorgesehenen Vertragsbedingungen gewährt wird;
h) „vom Verbraucher zu zahlender Gesamtbetrag" die Summe des Gesamtkreditbetrags und der Gesamtkosten des Kredits für den Verbraucher;
i) „effektiver Jahreszins" die Gesamtkosten des Kredits für den Verbraucher, die als jährlicher Prozentsatz des Gesamtkreditbetrags ausgedrückt sind, soweit zutreffend einschließlich der Kosten gemäß Artikel 19 Absatz 2;
j) „Sollzinssatz" den als festen oder variablen periodischen Prozentsatz ausgedrückten Zinssatz, der auf jährlicher Basis auf die in Anspruch genommenen Kredit-Auszahlungsbeträge angewandt wird;
k) „fester Sollzinssatz" wenn der Kreditgeber und der Verbraucher im Kreditvertrag einen einzigen Sollzinssatz für die gesamte Laufzeit des Kreditvertrags oder mehrere Sollzinssätze für verschiedene Teilzeiträume der Gesamtlaufzeit vereinbaren, wobei ausschließlich ein bestimmter fester Prozentsatz zugrunde gelegt wird. Sind in dem Kreditvertrag nicht alle Sollzinssätze festgelegt, so gilt der Sollzinssatz nur für diejenigen Teilzeiträume der Gesamtlaufzeit als vereinbart, für die die Sollzinssätze ausschließlich durch einen bei Abschluss des Kreditvertrags vereinbarten bestimmten festen Prozentsatz festgelegt wurden;
l) „Gesamtkreditbetrag" die Obergrenze oder die Summe aller Beträge, die aufgrund eines Kreditvertrags zur Verfügung gestellt werden.

Artikel 10

(1) Kreditverträge werden auf Papier oder auf einem anderen dauerhaften Datenträger erstellt. Alle Vertragsparteien erhalten eine Ausfertigung des Kreditvertrags. Innerstaatliche Vorschriften über die Gültigkeit des Abschlusses von Kreditverträgen, die mit dem Gemeinschaftsrecht in Einklang stehen, bleiben unberührt.

(2) Im Kreditvertrag ist in klarer, prägnanter Form Folgendes anzugeben:
a) die Art des Kredits;
b) die Identitäten und Anschriften der Vertragsparteien sowie gegebenenfalls die Identität und die Anschrift des beteiligten Kreditvermittlers;
c) die Laufzeit des Kreditvertrags;
d) der Gesamtkreditbetrag und die Bedingungen für die Inanspruchnahme;
e) bei Krediten in Form eines Zahlungsaufschubs für eine bestimmte Ware oder Dienstleistung oder bei verbundenen Kreditverträgen die Ware oder die Dienstleistung und der Barzahlungspreis;
f) der Sollzinssatz, die Bedingungen für die Anwendung des Sollzinssatzes und, soweit vorhanden, Indizes oder Referenzzinssätze, die sich auf den anfänglichen Sollzinssatz bezie-

§ 492 2   1. Teil. Darlehen und Finanzierungshilfen

hen, ferner die Zeiträume, Bedingungen und die Art und Weise der Anpassung des Sollzinssatzes; gelten unter verschiedenen Umständen unterschiedliche Sollzinssätze, so sind die genannten Informationen für alle anzuwendenden Sollzinssätze zu erteilen;

g) der effektive Jahreszins und die Gesamtkosten des Kredites für den Verbraucher, berechnet zum Zeitpunkt des Abschlusses des Kreditvertrages; anzugeben sind alle in die Berechnung dieses Zinses einfließenden Annahmen.

h) der Betrag, die Anzahl und die Periodizität der vom Verbraucher zu leistenden Zahlungen und gegebenenfalls die Reihenfolge, in der für die Zahlungen auf verschiedene ausstehende Restbeträge, für die unterschiedliche Sollzinssätze gelten, zum Zwecke der Rückzahlung angerechnet werden;

i) im Falle der Darlehenstilgung bei einem Kreditvertrag mit fester Laufzeit das Recht des Verbrauchers auf Antrag kostenlos und zu jedem beliebigen Zeitpunkt während der Gesamtlaufzeit des Kreditvertrags eine Aufstellung in Form eines Tilgungsplans zu erhalten. Aus dem Tilgungsplan geht hervor, welche Zahlungen in welchen Zeitabständen zu leisten sind und welche Bedingungen für diese Zahlungen gelten; in dem Plan sind die einzelnen periodischen Rückzahlungen nach der Darlehenstilgung, den nach dem Sollzinssatz berechneten Zinsen und gegebenenfalls allen zusätzlichen Kosten aufzuschlüsseln; im Falle eines Kreditvertrags, bei dem kein fester Zinssatz vereinbart wurde oder die zusätzlichen Kosten geändert werden können, ist in dem Tilgungsplan in klarer und prägnanter Form anzugeben, dass die Daten im Tilgungsplan nur bis zur nächsten Änderung des Sollzinssatzes oder der zusätzlichen Kosten gemäß dem Kreditvertrag Gültigkeit haben;

j) ist die Zahlung von Entgelten und Zinsen ohne Kapitaltilgung vorgesehen, so ist eine Aufstellung der Zeiträume und Bedingungen für die Zahlung der Sollzinsen und der damit verbundenen wiederkehrenden und nicht wiederkehrenden Entgelte zu erstellen;

k) gegebenenfalls die Entgelte für die Führung eines oder mehrerer Konten für die Buchung der Zahlungsvorgänge und der in Anspruch genommenen Kreditbeträge, es sei denn, die Eröffnung eines Kontos ist fakultativ, zusammen mit den Entgelten für die Verwendung eines Zahlungsmittels, mit dem sowohl Zahlungsvorgänge als auch Abhebungen getätigt werden können, sonstige Entgelte aufgrund des Kreditvertrags und die Bedingungen, unter denen diese Entgelte geändert werden können;

l) der Satz der Verzugszinsen gemäß der zum Zeitpunkt des Abschlusses des Kreditvertrags geltenden Regelung und die Art und Weise seiner etwaigen Anpassung sowie gegebenenfalls anfallende Verzugskosten;

m) einen Warnhinweis zu den Folgen ausbleibender Zahlungen;

n) soweit zutreffend, ein Hinweis dass Notargebühren anfallen;

o) gegebenenfalls die verlangten Sicherheiten und Versicherungen;

p) das Bestehen oder Nichtbestehen eines Widerrufsrechts sowie die Frist und die anderen Modalitäten für die Ausübung des Widerrufsrechts, einschließlich der Angaben zu der Verpflichtung des Verbrauchers, das in Anspruch genommene Kapital zurückzuzahlen, zu den Zinsen gemäß Artikel 14 Absatz 3 Buchstabe b und zu der Höhe der Zinsen pro Tag;

q) Informationen über die aus Artikel 15 erwachsenden Rechte und über die Bedingungen für die Ausübung dieser Rechte;

r) das Recht auf vorzeitige Rückzahlung, das Verfahren bei vorzeitiger Rückzahlung und gegebenenfalls Informationen zum Anspruch des Kreditgebers auf Entschädigung sowie zur Art der Berechnung dieser Entschädigung;

s) die einzuhaltenden Modalitäten bei Ausübung des Rechts auf Kündigung des Kreditvertrags;

t) die Angabe, ob der Verbraucher Zugang zu einem außergerichtlichen Beschwerde- und Rechtsbehelfsverfahren hat, und gegebenenfalls die Voraussetzungen für diesen Zugang;

u) gegebenenfalls weitere Vertragsbedingungen;

v) gegebenenfalls der Name und die Anschrift der zuständigen Aufsichtsbehörde.

(3) Sofern Absatz 2 Buchstabe i Anwendung findet, stellt der Kreditgeber dem Verbraucher kostenlos und zu jedem beliebigen Zeitpunkt während der Gesamtlaufzeit des Kreditvertrages eine Aufstellung in Form eines Tilgungsplans zur Verfügung.

Schriftform, Vertragsinhalt **3 § 492**

(4) Dienen bei einem Kreditvertrag vom Verbraucher geleistete Zahlungen nicht der unmittelbaren Tilgung seiner Schuld im Verhältnis zum Gesamtkreditbetrag, sondern der Bildung von Kapital innerhalb der Zeiträume und zu den Bedingungen, die im Kreditvertrag oder in einem Zusatzvertrag zum Kreditvertrag vorgesehen sind, so muss aus den nach Absatz 2 bereitgestellten Informationen klar und prägnant hervorgehen, dass der Kreditvertrag oder der Zusatzvertrag keine Garantie für die Rückzahlung des aufgrund des Kreditvertrags in Anspruch genommenen Gesamtkreditbetrags vorsieht, es sei denn, eine solche Garantie wird gegeben. (...)

Artikel 19

(1) Der effektive Jahreszins, der auf Jahresbasis die Gleichheit zwischen den Gegenwartswerten der gesamten gegenwärtigen oder künftigen Verpflichtungen (in Anspruch genommene Kreditbeträge, Tilgungszahlungen und Entgelte) des Kreditgebers und des Verbrauchers herstellt, wird anhand der mathematischen Formel in Teil I des Anhangs I berechnet.

(2) Für die Berechnung des effektiven Jahreszinses sind die Gesamtkosten des Kredits für den Verbraucher maßgebend, mit Ausnahme der Kosten, die er bei Nichterfüllung einer seiner Verpflichtungen aus dem Kreditvertrag zu tragen hat, sowie der Kosten mit Ausnahme des Kaufpreises, die er beim Erwerb von Waren oder Dienstleistungen unabhängig davon zu tragen hat, ob es sich um ein Bar- oder ein Kreditgeschäft handelt. Die Kosten für die Führung eines Kontos, auf dem sowohl Zahlungen als auch in Anspruch genommene Kreditbeträge verbucht werden, die Kosten für die Verwendung eines Zahlungsmittels, mit dem sowohl Zahlungen getätigt als auch Kreditbeträge in Anspruch genommen werden können, sowie sonstige Kosten für Zahlungsgeschäfte werden als Gesamtkosten des Kredits für den Verbraucher berücksichtigt, es sei denn, die Eröffnung des Kontos ist fakultativ und die mit dem Konto verbundenen Kosten sind im Kreditvertrag oder in einem anderen mit dem Verbraucher geschlossenen Vertrag klar und getrennt ausgewiesen.

(3) Bei der Berechnung des effektiven Jahreszinses wird von der Annahme ausgegangen, dass der Kreditvertrag für den vereinbarten Zeitraum gilt und dass Kreditgeber und Verbraucher ihren Verpflichtungen unter den im Kreditvertrag niedergelegten Bedingungen und zu den dort niedergelegten Terminen nachkommen.

(4) In Kreditverträgen mit Klauseln, nach denen der Sollzinssatz und gegebenenfalls die Entgelte, die im effektiven Jahreszins enthalten sind, deren Quantifizierung zum Zeitpunkt seiner Berechnung aber nicht möglich ist, geändert werden können, wird bei der Berechnung des effektiven Jahreszinses von der Annahme ausgegangen, dass der Sollzinssatz und die sonstigen Kosten gemessen an der ursprünglichen Höhe fest bleiben und bis zum Ende des Kreditvertrags gelten.

(5) Erforderlichenfalls kann für die Berechnung des effektiven Jahreszinses von den in Anhang I genannten zusätzlichen Annahmen ausgegangen werden. Reichen die in diesem Artikel und in Teil II des Anhangs I genannten Annahmen für eine einheitliche Berechnung des effektiven Jahreszinses nicht aus oder sind sie nicht auf die wirtschaftliche Marktlage abgestimmt, so kann die Kommission die zur Berechnung des effektiven Jahreszinses erforderlichen zusätzlichen Annahmen festlegen oder die bestehenden Annahmen ändern. Diese Maßnahmen zur Änderung nicht wesentlicher Bestimmungen dieser Richtlinie werden nach dem Regelungsverfahren mit Kontrolle gemäß Artikel 25 Absatz 2 erlassen.

Wohnimmobilienkreditrichtlinie 2014/17/EU   **3**
Art. 24 Kreditverträge mit variablem Zinssatz

Handelt es sich bei dem Kreditvertrag um einen Kreditvertrag mit variablem Zinssatz, so stellen die Mitgliedstaaten sicher, dass:
a) etwaige Indizes oder Referenzzinssätze, die zur Berechnung des Sollzinssatzes herangezogen werden, klar, verfügbar, objektiv und von den Vertragsparteien des Kreditvertrages und den zuständigen Behörden überprüfbar sind, und
b) frühere Aufzeichnungen der Indizes zur Berechnung des Sollzinssatzes entweder von den Stellen, die diese Indizes zur Verfügung stellen, oder von den Kreditgebern aufbewahrt werden.

4–9 EGBGB

Art. 247 EGBGB

§ 3 Inhalt der vorvertraglichen Information bei Allgemein-Verbraucherdarlehensverträgen

(1) Die Unterrichtung vor Vertragsschluss muss folgende Informationen enthalten:
1. den Namen und die Anschrift des Darlehensgebers,
2. die Art des Darlehens,
3. den effektiven Jahreszins,
4. den Nettodarlehensbetrag,
5. den Sollzinssatz,
6. die Vertragslaufzeit,
7. Betrag, Zahl und Fälligkeit der einzelnen Teilzahlungen,
8. den Gesamtbetrag,
9. die Auszahlungsbedingungen,
10. alle sonstigen Kosten, insbesondere in Zusammenhang mit der Auszahlung oder der Verwendung eines Zahlungsauthentifizierungsinstruments, mit dem sowohl Zahlungsvorgänge als auch Abhebungen getätigt werden können, sowie die Bedingungen, unter denen die Kosten angepasst werden können,
11. den Verzugszinssatz und die Art und Weise seiner etwaigen Anpassung sowie gegebenenfalls anfallende Verzugskosten,
12. einen Warnhinweis zu den Folgen ausbleibender Zahlungen,
13. das Bestehen oder Nichtbestehen eines Widerrufsrechts,
14. das Recht des Darlehensnehmers, das Darlehen vorzeitig zurückzuzahlen,
(…)

(4) Die Angabe zum Sollzinssatz muss die Bedingungen und den Zeitraum für seine Anwendung sowie die Art und Weise seiner Anpassung enthalten. Ist der Sollzinssatz von einem Index oder Referenzzinssatz abhängig, sind diese anzugeben. Sieht der Verbraucherdarlehensvertrag mehrere Sollzinssätze vor, sind die Angaben für alle Sollzinssätze zu erteilen. Sind im Falle des Satzes 3 Teilzahlungen vorgesehen, ist anzugeben, in welcher Reihenfolge die ausstehenden Forderungen des Darlehensgebers, für die unterschiedliche Sollzinssätze gelten, durch die Teilzahlungen getilgt werden.

§ 5 Information bei besonderen Kommunikationsmitteln

(1) Wählt der Darlehensnehmer für die Vertragsanbahnung bei Allgemein-Verbraucherdarlehensverträgen Kommunikationsmittel, die die Übermittlung der vorstehenden Informationen in der in § 2 vorgesehenen Form nicht gestatten, ist die vollständige Unterrichtung nach § 2 unverzüglich nachzuholen. Bei Telefongesprächen muss die Beschreibung der wesentlichen Merkmale nach Artikel 246b § 1 Absatz 1 Nummer 5 zumindest die Angaben nach § 3 Abs. 1 Nr. 3 bis 9, Abs. 3 und 4 enthalten.

(2) Bei Telefongesprächen, die sich auf Immobiliar-Verbraucherdarlehensverträge beziehen, muss die Beschreibung der wesentlichen Merkmale nach Artikel 246b § 1 Absatz 1 Nummer 5 zumindest die Angaben nach Teil A Abschnitt 3 bis 6 des ESIS-Merkblatts gemäß dem Muster in Anlage 6 enthalten.

§ 6 Vertragsinhalt

(1) ¹Der Verbraucherdarlehensvertrag muss klar und verständlich folgende Angaben enthalten:
1. die in § 3 Abs. 1 Nr. 1 bis 14 und Abs. 4 genannten Angaben,
2. den Namen und die Anschrift des Darlehensnehmers,
3. die für den Darlehensgeber zuständige Aufsichtsbehörde,
4. einen Hinweis auf den Anspruch des Darlehensnehmers auf einen Tilgungsplan nach § 492 Abs. 3 Satz 2 des Bürgerlichen Gesetzbuchs,
5. das einzuhaltende Verfahren bei der Kündigung des Vertrags,
6. sämtliche weitere Vertragsbedingungen.
²Bei einem Immobiliar-Verbraucherdarlehensvertrag sind abweichend von Satz 1 Nummer 1 nur die in § 3 Absatz 1 Nummer 1 bis 7, 10 und 13 sowie Absatz 4 genannten An-

gaben zwingend. Abweichend von § 3 Absatz 1 Nummer 7 ist die Anzahl der Teilzahlungen nicht anzugeben, wenn die Laufzeit des Darlehensvertrags von dem Zeitpunkt der Zuteilung eines Bausparvertrags abhängt.

(2) ¹Besteht ein Widerrufsrecht nach § 495 des Bürgerlichen Gesetzbuchs, müssen im Vertrag Angaben zur Frist und zu anderen Umständen für die Erklärung des Widerrufs sowie ein Hinweis auf die Verpflichtung des Darlehensnehmers enthalten sein, ein bereits ausbezahltes Darlehen zurückzuzahlen und Zinsen zu vergüten. ²Der pro Tag zu zahlende Zinsbetrag ist anzugeben. ³Enthält der Verbraucherdarlehensvertrag eine Vertragsklausel in hervorgehobener und deutlich gestalteter Form, die bei Allgemein-Verbraucherdarlehensverträgen dem Muster in Anlage 7 und bei Immobiliar-Verbraucherdarlehensverträgen dem Muster in Anlage 8 entspricht, genügt diese Vertragsklausel den Anforderungen der Sätze 1 und 2. ⁴Dies gilt bis zum Ablauf des 4. November 2011 auch bei entsprechender Verwendung dieses Musters in der Fassung des Gesetzes zur Einführung einer Musterwiderrufsinformation für Verbraucherdarlehensverträge, zur Änderung der Vorschriften über das Widerrufsrecht bei Verbraucherdarlehensverträgen und zur Änderung des Darlehensvermittlungsrechts vom 24. Juli 2010 (BGBl. I S. 977). ⁵Der Darlehensgeber darf unter Beachtung von Satz 3 in Format und Schriftgröße jeweils von dem Muster abweichen.

(3) Die Angabe des Gesamtbetrags und des effektiven Jahreszinses hat unter Angabe der Annahmen zu erfolgen, die zum Zeitpunkt des Abschlusses des Vertrags bekannt sind und die in die Berechnung des effektiven Jahreszinses einfließen.

§ 7 Weitere Angaben im Vertrag

(1) Der Allgemein-Verbraucherdarlehensvertrag muss klar und verständlich folgende Angaben enthalten, soweit sie für den Vertrag bedeutsam sind:
1. einen Hinweis, dass der Darlehensnehmer Notarkosten zu tragen hat,
2. die vom Darlehensgeber verlangten Sicherheiten und Versicherungen, im Fall von entgeltlichen Finanzierungshilfen insbesondere einen Eigentumsvorbehalt,
3. die Berechnungsmethode des Anspruchs auf Vorfälligkeitsentschädigung, soweit der Darlehensgeber beabsichtigt, diesen Anspruch geltend zu machen, falls der Darlehensnehmer das Darlehen vorzeitig zurückzahlt,
4. den Zugang des Darlehensnehmers zu einem außergerichtlichen Beschwerde- und Rechtsbehelfsverfahren und gegebenenfalls die Voraussetzungen für diesen Zugang.

(2) Der Immobiliar-Verbraucherdarlehensvertrag muss folgende klar und verständlich formulierte weitere Angaben enthalten, soweit sie für den Vertrag bedeutsam sind:
1. die Voraussetzungen und die Berechnungsmethode für den Anspruch auf Vorfälligkeitsentschädigung, soweit der Darlehensgeber beabsichtigt, diesen Anspruch geltend zu machen, falls der Darlehensnehmer das Darlehen vorzeitig zurückzahlt, und auch sich aus § 493 Absatz 5 des Bürgerlichen Gesetzbuchs ergebenden Pflichten,
2. bei einem Immobiliar-Verbraucherdarlehensvertrag in Fremdwährung auch die sich aus den §§ 503 und 493 Absatz 4 des Bürgerlichen Gesetzbuchs ergebenden Rechte des Darlehensnehmers.

§ 8 Verträge mit Zusatzleistungen

(1) ¹Verlangt der Darlehensgeber zum Abschluss eines Allgemein-Verbraucherdarlehensvertrags, dass der Darlehensnehmer zusätzliche Leistungen des Darlehensgebers annimmt oder einen weiteren Vertrag abschließt, insbesondere einen Versicherungsvertrag oder Kontoführungsvertrag, hat der Darlehensgeber dies zusammen mit der vorvertraglichen Information anzugeben. ²In der vorvertraglichen Information sind Kontoführungsgebühren sowie die Bedingungen, unter denen sie angepasst werden können, anzugeben.

(2) Werden im Zusammenhang mit einem Verbraucherdarlehensvertrag Kontoführungsgebühren erhoben, so sind diese sowie die Bedingungen, unter denen die Gebühren angepasst werden können, im Vertrag anzugeben.

(3) ¹Dienen die vom Darlehensnehmer geleisteten Zahlungen nicht der unmittelbaren Darlehenstilgung, sind die Zeiträume und Bedingungen für die Zahlung der Sollzinsen und der damit verbundenen wiederkehrenden und nicht wiederkehrenden Kosten im Verbraucherdarlehensvertrag aufzustellen. ²Verpflichtet sich der Darlehensnehmer mit dem

Abschluss eines Verbraucherdarlehensvertrags auch zur Vermögensbildung, muss aus der vorvertraglichen Information und aus dem Verbraucherdarlehensvertrag klar und verständlich hervorgehen, dass weder die während der Vertragslaufzeit fälligen Zahlungsverpflichtungen noch die Ansprüche, die der Darlehensnehmer aus der Vermögensbildung erwirbt, die Tilgung des Darlehens gewährleisten, es sei denn, dies wird vertraglich vereinbart.

§ 13 Darlehensvermittler bei Verbraucherdarlehensverträgen

(1) Ist bei der Anbahnung oder beim Abschluss eines Verbraucherdarlehensvertrags oder eines Vertrags über eine entgeltliche Finanzierungshilfe ein Darlehensvermittler beteiligt, so ist der Vertragsinhalt nach § 6 Abs. 1 um den Namen und die Anschrift des beteiligten Darlehensvermittlers zu ergänzen. (...)

§ 14 Tilgungsplan

(1) ¹Verlangt der Darlehensnehmer nach § 492 Abs. 3 Satz 2 des Bürgerlichen Gesetzbuchs einen Tilgungsplan, muss aus diesem hervorgehen, welche Zahlungen in welchen Zeitabständen zu leisten sind und welche Bedingungen für diese Zahlungen gelten. ²Dabei ist aufzuschlüsseln, in welcher Höhe die Teilzahlungen auf das Darlehen, die nach dem Sollzinssatz berechneten Zinsen und die sonstigen Kosten angerechnet werden.

(2) Ist der Sollzinssatz nicht gebunden oder können die sonstigen Kosten angepasst werden, ist in dem Tilgungsplan in klarer und verständlicher Form anzugeben, dass die Daten des Tilgungsplans nur bis zur nächsten Anpassung des Sollzinssatzes oder der sonstigen Kosten gelten.

(3) ¹Der Tilgungsplan ist dem Darlehensnehmer auf einem dauerhaften Datenträger zur Verfügung zu stellen. ²Der Anspruch erlischt nicht, solange das Vertragsverhältnis besteht.

Kommentierung

A. Verbraucherkreditrechtliche Formanforderungen

I. Schriftform, elektronische Form und Pflichtangaben

10 Erfüllt ein Vertrag zwischen Unternehmer und Verbraucher die Voraussetzungen eines Verbraucherkreditgeschäfts nach Maßgabe von § 491 bzw. § 506, bedarf er zu seiner Wirksamkeit nicht nur der Schriftform (→ Rn. 18 ff.), sondern muss darüber hinaus im Einzelnen vorgeschriebene Pflichtangaben in der Vertragsurkunde enthalten (→ Rn. 72 ff.). Hierin liegt ein Kerninstrument zum Ausgleich potentiell gestörter Vertragsparität, nämlich die **Information des Verbrauchers** als zu privaten Zwecken handelnder natürlicher Person, mit der ihr das Wissen vergegenwärtigt werden soll, das der Darlehensgeber aufgrund der Professionalität seines Handelns typischerweise schon hat (→ Einf. Rn. 48). Ergänzt werden die vertraglichen Informationspflichten durch die vorvertraglichen Aufklärungs- und Erläuterungspflichten aus § 491a, die besonderen Regelungen für die Werbung in der Preisangabenverordnung und die Informationspflichten während des Vertragsverhältnisses aus § 493. Flankiert wird das Informationsmodell vor allem durch das Widerrufsrecht aus §§ 495 Abs. 1, 355 BGB (→ Rn. 130) sowie der Einräumung einer Bedenkzeit in § 495 Abs. 3 BGB. In rechtspolitischer Sicht ist die Effizienz dieses Ausgleichsmodells abhängig von der richtigen Auswahl der Pflichtangaben aus allen denkbaren Angaben, um eine Informationsüberlastung des Verbrauchers zu vermeiden, die, wiederum typisierterweise, kontraproduktiv wirken kann. Das ist der Fall, wenn die Überlastung zu einer – bewussten oder unbewussten – Verweigerung der Informationsaufnahme führt, vielleicht gerade aufgrund der Privatheit des Handelns, so dass die Vertragsparität gestört bleibt und die Information beim Adressaten nicht ankommt.[1] Angesichts der durch die Verpflichtung zur Umsetzung der zweiten Verbraucherkreditrichtlinie erfolgten erheblichen Ausweitung der vertraglichen Angaben, ist zu bezweifeln, ob insbesondere auf europäischer Ebene hinreichende Sensibilität für die Problematik der überschießenden Information vorhanden ist. Vielmehr scheint die Effektivität des Informationsmodells außer Frage zu stehen, was sich sowohl in der Richtlinie über Verbraucherrechte (2011/83/EU) als auch in der 2016 umgesetzten Wohnimmobilienkreditrichtlinie (2014/17/EU) widerspiegelt.[2] Freiwillige zusätzliche Angaben des Darlehensgebers können folglich geeignet sein, die Effizienz zu mindern. Daraus erklärt sich das Verbot, im Falle von § 492 Abs. 2 iVm Art. 247 § 6 Abs. 3 EGBGB, einen Gesamtbetrag anzugeben, wenn dessen Höhe nicht feststeht (→ Rn. 113).

Die Vorschrift orientiert sich unmittelbar an den Vorgaben von Art. 10 der **11** Verbraucherkreditrichtlinie. Nach Maßgabe von Art. 10 Abs. 1 muss der Kreditvertrag auf Papier oder einem anderen dauerhaften Datenträger erstellt werden, weshalb im deutschen Recht der Ausschluss der **elektronischen Form** (§ 492 Abs. 1 Satz 2 aF) nicht mehr besteht. Hinsichtlich der Rechtsfolgen eines Formverstoßes enthält die Verbraucherkreditrichtlinie keine Vorgaben, überlässt die Ausgestaltung des Sanktionssystems nach Art. 23 den Mitgliedstaaten und stellt in Art. 10 Abs. 1 Satz 3 fest, dass innerstaatliche Vorschriften über die Gültigkeit des Abschlusses von Kreditverträgen, die mit dem Gemeinschaftsrecht in Einklang stehen, unberührt bleiben. Bei Missachtung der Formanforderungen tritt die in § 125 BGB geregelte umfassende Nichtigkeitsfolge ein. Sie wird jedoch gem. § 494 durch die Möglichkeit der Heilung gemildert. Ist der Vertrag nicht nichtig, sondern schwebend wirksam (→ Rn. 17 und → § 495 Rn. 12), hat der Verbraucher das Widerrufsrecht aus §§ 495, 355 Abs. 1 BGB, nach dessen Ausübung die empfangenen Leistungen gem. § 357a BGB zurückzugewähren sind.

Für die Wahrung von Form- und Pflichtangaben hat der **Darlehensgeber** als **12** derjenige zu sorgen, der den Wissensvorsprung vor dem Verbraucher hat. Ihn trifft also die **Obliegenheit**, den Darlehensvertrag gesetzesgemäß zu formulieren und auszufertigen. In dieser Obliegenheit liegt zum einen der Grund für die Nachteile, die dem Darlehensgeber im Falle der Heilung nach § 494 Abs. 2 erwachsen und zum anderen dafür, dass er sich auf die Formnichtigkeit nicht berufen kann (näher → § 494 Rn. 33).

Die Vorschrift hat durch die Reform 2010 erhebliche strukturelle und inhaltli- **13** che Änderungen erfahren. Neben der Zulassung der elektronischen Form ist in erster Linie darauf hinzuweisen, dass die vom Darlehensgeber zu beachtenden **Pflichtangaben** seither nicht mehr in § 492 zu finden, sondern in erheblich ausgeweiteter Form in Art. 247 EGBGB, insbesondere § 6, verlagert sind, auf den § 492 Abs. 2 verweist (→ Rn. 72 ff.). Neu hinzugekommen ist im Zuge der Umsetzung der Verbraucherkreditrichtlinie II der Anspruch auf Aushändigung

---

[1] Richtungweisend *Kind* Grenzen des Verbraucherschutzes durch Information, S. 513; fragwürdig dagegen das Ziel „umfassender" Information nach *Soergel/Häuser* § 4 VerbrKrG Rn. 2; auch Staudinger/*Kessal-Wulf* Einl. zu §§ 491 ff. BGB Rn. 25, § 492 BGB Rn. 1.
[2] Kritisch zur jüngeren Entwicklung auf der Gemeinschaftsrechtsebene Gsell/Herresthal/*Artz*, Vollharmonisierung im Privatrecht, 2009, S. 209 (216).

§ 492 14, 15   1. Teil. Darlehen und Finanzierungshilfen

eines **Tilgungsplans** in § 492 Abs. 3 Satz 2 (→ Rn. 54). Für Immobiliar-Verbraucherdarlehensverträge gelten Besonderheiten, die sich wiederum aus Art. 247 § 6 und 7 EGBGB ergeben. Während durch das Korrekturgesetz von 2010 Abs. 6 neu eingeführt wurde (→ Rn. 155), kam 2016 Abs. 7 dazu (→ Rn. 165). Marginale Änderungen ergaben sich auch durch die Umsetzung der Richtlinie über Verbraucherrechte: Erklärungen, die nach Abschluss des Vertrags gegenüber dem Verbraucher abzugeben sind, müssen nach der neuen Regelung des § 492 Abs. 5 auf einem dauerhaften Datenträger erfolgen (→ Rn. 154).

II. Art des Kreditvertrages

14   a) **Darlehensvertrag.** Schriftform und Pflichtangaben nach § 492 sind vorgeschrieben für alle Arten von Darlehensverträgen, bei denen ein Unternehmer Darlehensgeber und ein Verbraucher Darlehensnehmer ist (→ § 491 Rn. 9). Besonderheiten gelten für Überziehungskredite iSv §§ 504, 505, Immobiliar-Verbraucherdarlehensverträge nach § 491 Abs. 3 und Umschuldungen nach § 495 Abs. 2 Nr. 1. Der Begriff des Darlehens ist derselbe wie nach § 488 (→ § 491 Rn. 96). § 491 ergänzt ihn jedoch um das Erfordernis der Entgeltlichkeit und unterscheidet grundsätzlich zwischen Allgemein-Verbraucherdarlehensverträgen und Immobiliar-Verbraucherdarlehensverträgen (→ § 491 Rn. 97). Die Formvorschriften sind sowohl für den ursprünglichen Vertragsabschluss wie für nachträgliche Änderungen, durch die ursprünglich vereinbarte Konditionen modifiziert werden und bei denen die Änderung entgeltlich ist, einzuhalten,[3] zB im Falle echter Abschnittsfinanzierung (→ § 491 Rn. 144). Hinzu kommt, dass Erklärungen des Darlehensgebers, die nach Abschluss des Vertrags gegenüber dem Darlehensnehmer abzugeben sind, nach Maßgabe von Abs. 5 auf einem dauerhaften Datenträger zu erfolgen haben. Formbedürftig ist auch ein Vereinbarungsdarlehen (→ § 491 Rn. 100) sowie bei gemischten Verträgen der verbraucherdarlehensrechtliche Teil (→ § 491 Rn. 129 ff.) und ein Vorvertrag.[4] Kraft Verweisung nach § 506 Abs. 1 gilt die Vorschrift von § 492, abgesehen von Abs. 4, auch für einen Zahlungsaufschub oder eine sonstige Finanzierungshilfe. Für Teilzahlungsgeschäfte gelten nach Maßgabe von § 506 Abs. 3 die Besonderheiten des § 507.

15   b) **Mithaftende Dritte, Schuld- und Vertragsübernahme.** Der Beitritt eines Verbrauchers zur Schuld eines anderen,[5] gleich ob der andere selbst ebenfalls Verbraucher ist, bedarf der Schriftform und aller Angaben nach § 492 Abs. 1 bis 3 (→ § 491 Rn. 125). Das gilt nicht nur für den Beitritt zur Begründung einer gleichgründigen, paritätischen Gesamtschuld (→ § 491 Rn. 25), sondern auch für den Beitritt zum Zweck der Sicherung des Darlehensrückzahlungs- und Zinsanspruchs des Darlehensgebers (§ 488 Abs. 1 Satz 2, Sicherungsgesamtschuld). Richtiger-, aber umstrittenerweise dürfte dies auch für andere Interzes-

---

[3] *Herresthal* BKR 2004, 479.
[4] *v. Westphalen/Emmerich/v. Rottenburg* § 4 VerbrKrG Rn. 16.
[5] BGH ZIP 2012, 18; WM 2000, 1799 mit Anm. *Bülow/Artz* WuB I E 2. – 5.2000, *Heidenhain* LM Nr. 6 zu § 4 VerbrKrG und Bspr. *Emmerich* JuS 2000, 1223; JuS 1997, 2000 zu II. 2.b. mit Anm. *Baumann* WuB I E 2.–1.98 und Komm. *Heinrichs* EWiR § 4 VerbrKrG 1/97, 1047; WM 1997, 158; ZIP 1997, 642; *Bülow/Artz* ZIP 1998, 629 (631).

sionsformen wie Bürgschaft und Sicherungsvertrag im Falle von Realsicherheiten anzunehmen sein (→ § 491 Rn. 119f.). Ein Ehegatte haftet kraft Schlüsselgewalt (§ 1357 BGB) nur, wenn auch ihm gegenüber die Form gewahrt ist, es sei denn, es handelt sich um ein Bagatellgeschäft iSv § 491 Abs. 2 Satz 2 Nr. 1 (→ § 491 Rn. 124).[6] Bei einer privativen Schuldübernahme kommt es darauf an, ob der Übernahmevertrag mit dem Gläubiger nach Maßgabe von § 414 BGB oder mit dem Verbraucher und nachfolgender Genehmigung durch den Darlehensgeber nach Maßgabe von § 415 BGB zustande kommt. Im Falle von § 414 BGB ist die Form von § 492 voll (nach aA nur teilweise hinsichtlich des Angabenkatalogs, → § 491 Rn. 74) einzuhalten. Im Falle von § 415 BGB ist Verbraucherkreditrecht – vorbehaltlich einer Umgehung (§ 512, → § 491 Rn. 78) – nicht anwendbar, weil beide Parteien des Übernahmevertrags Verbraucher sind (→ § 491 Rn. 77). Entsprechendes gilt für die Vertragsübernahme[7] (→ § 491 Rn. 80).

III. Freistellungen

Die Form- und Angabenvorschriften aus § 492 sind nicht anwendbar im Falle gerichtlicher Protokolle und Vergleiche iSd § 278 Abs. 6 ZPO, wie § 491 Abs. 4 bestimmt (→ § 491 Rn. 183). Notariell beurkundete Verträge unterliegen nach geltendem Recht den strengen Anforderungen des § 492, was durch die Vorgaben der Verbraucherkreditrichtlinie geboten ist. Eine Sonderregelung besteht diesbezüglich weiterhin in § 495 Abs. 2 Nr. 2 hinsichtlich des Widerrufsrechts, was Art. 14 Abs. 6 der Verbraucherkreditrichtlinie gestattet. Nicht anwendbar ist § 492 weiterhin auf die geduldete Überziehung nach § 505, was aus dessen Abs. 4 folgt. Besonderheiten im Hinblick auf § 492 gelten für **Überziehungskredite** nach § 504, **Immobiliar-Verbraucherdarlehensverträge** nach Art. 247 §§ 6 und 7 EGBGB und **Umschuldungen** nach § 495 Abs. 2 Nr. 1. Für **Teilzahlungsgeschäfte** nach § 506 Abs. 3 sind die Sonderregeln des § 507 zu beachten. Danach ist der Fernabsatzhandel unter den Voraussetzungen von § 507 Abs. 1 Satz 2 teilweise freigestellt. Darlehensvermittlungsverträge unterliegen den §§ 655a ff. BGB.

IV. Heilung und schwebende Wirksamkeit

Der Verbraucherdarlehensvertrag kommt gem. §§ 145 ff. BGB zustande durch schriftliche, übereinstimmende Willenserklärungen der Parteien. Ist der Vertrag wegen Formverstoßes gem. §§ 125, 494 Abs. 1 BGB (zum Verhältnis der beiden Vorschriften zueinander → § 494 Rn. 13) nichtig, wird der Mangel gem. § 494 Abs. 2 durch Darlehensempfang oder Inanspruchnahme des Darlehens geheilt (Parallelvorschrift für Teilzahlungsgeschäfte iSv § 506 Abs. 3 durch die Übergabe der Sache oder durch Leistungserbringung gem. § 507 Abs. 2 Satz 2); daneben

---

[6] Differenzierend *Kothe* in Kompaktkommentar Schuldrecht, § 491 BGB Rn. 29: nicht im Falle von Zahlungsaufschub und sonstiger Finanzierungshilfe im Hinblick auf den Regelungsgedanken von § 492 Abs. 4 (Vollmacht).
[7] BGHZ 142, 23 = NJW 1999, 2664 zu II. 4. 3.b. mit Anm. *Pfeiffer* LM Nr. 11/12 zu § 1 VerbrKrG, *Volmer* WuB I E 2.–2.99, Komm. *v. Westphalen* EWiR § 4 VerbrKrG 5/99, 761 und Bspr. *Emmerich* JuS 2000, 89.

§ 492 18, 19   1. Teil. Darlehen und Finanzierungshilfen

können dem Verbraucher aus der Formwidrigkeit Ansprüche wegen vorvertraglicher Pflichtverletzung (§ 311 Abs. 2 Nr. 1) erwachsen (→ § 494 Rn. 42). Auch nach Heilung ist die Willenserklärung des Verbrauchers jedoch gem. §§ 495, 355 BGB widerruflich und lediglich schwebend wirksam (Abs. 6). Erst mit Ausübung des Widerrufsrechts wird der Vertrag unwirksam, bei unterlassener Ausübung bleibt er, nunmehr endgültig, wirksam (→ § 495 Rn. 15, 21).

B. Gesetzliche Schriftform

I. Anwendungsregeln

18   § 492 Abs. 1 Satz 1 schreibt die schriftliche Form vor, so dass die allgemeinen Regeln über die **gesetzliche Schriftform** nach §§ 126, 125 BGB anwendbar sind, jedoch modifiziert durch verbraucherkreditrechtliche Besonderheiten. Auch der Abschluss des Vertrags in **elektronischer Form** ist möglich. Das gilt auch nach der Umsetzung der Wohnimmobilienkreditrichtlinie weiterhin für sämtliche Verbraucherdarlehensverträge, obwohl die Richtlinie die Schriftform für Immobiliar-Verbraucherdarlehen nicht verbindlich vorschreibt.[8]

1. Allgemeine Grundsätze

19   Das Schriftformerfordernis hat einerseits **Warnfunktion** für den Verbraucher, andererseits **Informationsfunktion** im Hinblick auf die Pflichtangaben, durch die ihm auch die Entscheidung über die Ausübung des Widerrufs erleichtert wird.[9] Dagegen liegt der Sinn der Schriftform nicht in der Beweissicherung; insofern ist Schriftform ebenso wenig wie bei anderen Verbraucherverträgen notwendig. Umstände außerhalb der Vertragsurkunde können deshalb zur Auslegung nur dann herangezogen werden, wenn sich in der Urkunde ein Hinweis auf sie findet.[10] Andererseits gilt die Vermutung der Vollständigkeit und Richtigkeit der Urkunde.[11] Das Schriftformerfordernis bezieht sich auf den Darlehensvertrag, dh nicht nur wie früher nach § 1a Abs. 1 Satz 1 AbzG auf die Willenserklärung des Verbrauchers (Käufers) oder seines Vertreters, sondern auch auf die Willenserklärung des Unternehmers als Darlehensgeber. Gem. § 416 ZPO begründet die Urkunde den Beweis, dass die in ihr enthaltenen Erklärungen von den Ausstellern (Darlehensgeber und Verbraucher) abgegeben sind. Ganz nach Lage des Einzelfalls kann der Darlehensvertrag mit einem Vertrag über die Übertragung oder den Erwerb eines Grundstücks derart zu einer Einheit verbunden sein, dass auch der Darlehensvertrag gem. § 311b Abs. 1 BGB notariell zu beurkunden ist.[12]

---

[8] *Piekenbrock* GPR 2015, 26, 34.
[9] BGHZ 62, 42 (46 f.).
[10] BGH NJW 1989, 1484 für Bürgschaft; *Bülow* Kreditsicherheiten, Rn. 896.
[11] BGH NJW 1999, 1702.
[12] BGH WM 1994, 1711 mit Komm. *Bülow* EWiR § 139 BGB, 2/94, 959; BGH NJW 1995, 2548 zu III. (Zahlung einer Abstandssumme); NJW 1994, 720 zu 1.; NJW 2000, 2100 (Kaufpreisverrechnungsabreden); ZIP 2000, 232 mit Komm. *Pohlmann* EWiR § 313 BGB 2/2000, 323 (Abgrenzung einseitige Abhängigkeit); OLG Hamm NJW-RR 1995, 1045 betr. Fertighausvertrag (→ § 506 Rn. 43 ff.); OLG Köln NJW-RR 1996, 1484.

2. Zugangsverzicht

Gem. § 151 Satz 1 BGB kann der Verbraucher auf den Zugang der schrift- 20
lichen Vertragsannahmeerklärung des Darlehensgebers, auch durch dessen Allgemeine Geschäftsbedingungen,[13] verzichten;[14] dem steht das Schriftformerfordernis nicht entgegen.[15] Zwar bleibt trotz des Verzichts der Anspruch des Verbrauchers auf Aushändigung einer Abschrift des Vertrags gem. § 492 Abs. 3 Satz 1 (→ Rn. 48) bestehen und beginnt nach weiterer Maßgabe von § 356b Abs. 1 BGB die Widerrufsfrist nicht (→ § 495 Rn. 154 und → Rn. 47), aber die Wirksamkeit des Darlehensvertrags im Übrigen wird dadurch nicht berührt, auch wenn der Kreditgeber die Aushändigung der Abschrift nicht beweisen kann.[16] Bedingen sich die Parteien eine Annahmefrist aus (§ 148 BGB), muss diese, soweit § 308 Nr. 1 BGB gilt, bei Meidung der Vermutung aus § 150 Abs. 1 BGB – Annahme als neuer Vertragsantrag bei voller Geltung des Schriftformerfordernisses, womit eine konkludente Annahme dieses neuen Antrags ausgeschlossen ist[17] – hinreichend bestimmt sein.

3. Blankoerklärung und Genehmigung

a) Ausgangslage. Gesetzliche Schriftform heißt ua auch eigenhändige Un- 21
terschrift resp. Signatur (→ Rn. 33) unter den Vertragstext. Für die zeitliche Reihenfolge von Unterschrift und Vertragstext kommt es zur Wahrung der Form im Allgemeinen aber nicht an. Der Erklärende kann seine Unterschrift auf einem leeren Stück Papier, also blanko, leisten und den Vertragstext später von einem anderen, zB dem Vertragspartner, niederlegen lassen. Hat die Schriftform allerdings Warnfunktion, kann die Blankoerklärung dieser Funktion nicht gerecht werden. Deshalb kann nach zutreffender Sicht[18] eine Bürgschaft nicht allein dadurch wirksam erteilt werden, dass der potentielle Bürge die Blankounterschrift leistet und einen anderen ermächtigt, die Urkunde zur Bürgschaftsurkunde zu

---

[13] Nach OLG Düsseldorf NJW-RR 2003, 126 allerdings nur dann, wenn sich der Darlehensgeber zugleich verpflichtet, den Verbraucher unverzüglich über die Annahme des Vertragsangebots oder dessen Verweigerung Mitteilung zu machen; wie hier: Staudinger/ *Kessal-Wulf* § 492 BGB Rn. 8
[14] Die Auslegung kann auch die Abgabe eines neuen Antrags durch den Darlehensgeber ergeben, BGHZ 160, 393 (397) = NJW 2004, 3699 mit Anm. *Schulte-Nölke* LMK 2005, 20.
[15] BGH WM 2004, 1381 mit Anm. *Bülow* LMK 2004, 161, *Artz* WuB IV A.–1.04 und Komm. *Armbrüster* EWiR § 131 BGB 1/04, 1071.
[16] *Seibert* DB 1991, 429 (430); *Schölermann/Schmid-Burgk* DB 1991, 1968 (1969); MüKoBGB/*Schürnbrand* § 492 BGB Rn. 21; jetzt auch *v. Westphalen/Emmerich/v. Rottenburg* § 4 VerbrKrG Rn. 37; zweifelnd *Münstermann/Hannes* § 4 VerbrKrG Rn. 193; AG Heilbronn VuR 1997, 237; zu den Verzichtsvoraussetzungen im Allgemeinen BGH NJW 1999, 1328 und 2179.
[17] BGH WM 2008, 967 Tz. 40; OLG München ZIP 2005, 160 mit skeptischem Komm. *M. Weber* EWiR § 6 VerbrKrG 1/05, 279; *Schölermann/Schmid-Burgk* DB 1991, 1968 (1969).
[18] BGH WM 2005, 1330 zu II. 5.; BGHZ 132, 199 (126) = NJW 1996, 1467 = WM 1996, 762 zu II. 2.c., d. mit teilweise zust. Rezension *Bülow* ZIP 1996, 1694 und Bspr. *K. Schmidt* JuS 1996, 864; BGH WM 1997, 909 zu II. mit Anm. *Bülow* WuB I F 1a.–10.97; gleichermaßen Versicherungsvertrag (§ 159 VVG), BGHZ 140, 167 (171) = NJW 1999, 950 = WM 1999, 916 zu II. 2.c.; andere Sicht beispielsweise für Schiedsvertrag: BGH NJW 1994, 2300; BB 1997, 2447.

vervollständigen. Diese Sicht gründet sich auf die Funktion der Schriftform und ist unabhängig von der Fremdnützigkeit der Bürgschaft.[19] Dagegen stehen der Wirksamkeit eines Blankowechsels oder -schecks (Art. 11 WG, 13 ScheckG) Gründe nicht entgegen, weil das wertpapierrechtliche Schriftformerfordernis nicht Warnfunktion hat, sondern der Umlauffähigkeit des Papiers dient und sie überhaupt erst ermöglicht. Wo die Funktion der Schriftform wie im Verbraucherkreditrecht zusätzlich auch der Information dient (→ Rn. 19), kann sie wiederum durch eine Blankounterschrift nicht erfüllt werden: Der Verbraucher bekommt die Informationen nicht zu Gesicht. Deshalb ist ein mit **Blankounterschrift des Verbrauchers** errichteter Verbraucherdarlehensvertrag gem. §§ 125, 494 Abs. 1, 1. Alt. BGB **nichtig**.[20] Dasselbe gilt im Hinblick auf § 492 Abs. 4 Satz 1 (→ Rn. 56 ff.) für blanko erteilte Vollmachten.

22 Dagegen hat die **Unterschrift des Darlehensgebers** weder Warn- noch Informationsfunktion, sondern allein Beweisfunktion und ist unter Umständen sogar entbehrlich (→ Rn. 44). Der Darlehensgeber kann seine Erklärung deshalb ohne weiteres blanko abgeben.

23 **b) Formwahrende Ermächtigung, Genehmigung.** Blankokreditverträge sind dadurch aber ebenso wenig ausgeschlossen wie Blankobürgschaften. Ein geschäftliches Bedürfnis an Blankoerklärungen kann durchaus bestehen. Es kann erfüllt werden, wenn der Informations- resp. Warnfunktion dennoch genügt wird. Dies kann dadurch geschehen, dass der Erklärende – Verbraucher resp. Bürge – die Ermächtigung an den anderen, die Urkunde zu vervollständigen, seinerseits in der Form und mit den Pflichtangaben aus § 492 Abs. 1 und 2 resp. in der Form von § 766 BGB erklärt. Blankounterschrift nebst formgerechter Ermächtigung ermöglichen den wirksamen Verbraucherdarlehensvertrag. Gleichermaßen kann der Verbraucher die Vervollständigung der Vertragsurkunde durch den anderen, sei er Dritter oder der Vertragspartner (Darlehensgeber), genehmigen. Trotz grundsätzlicher Formfreiheit der Genehmigung gem. § 182 Abs. 2 BGB[21] müsste im Falle von Verbraucherdarlehensverträgen von der Formbedürftigkeit der Genehmigung auszugehen sein, wobei in gleicher Weise wie bei vorheriger Ermächtigung der Informationsfunktion dadurch genügt werden könnte, dass der Verbraucher die inzwischen vollständige Vertragsurkunde nochmals unterschreibt. Jedoch dürfte der *BGH* mangels Sondervorschrift wie § 492 Abs. 4 Satz 1 für die Vollmacht von der Formfreiheit der Genehmigung ausgehen, so dass das Informationsmodell versagt.

24 Seine gegenteilige, die Vollmacht betreffende, aber auf die Genehmigung übertragbare Ansicht versieht der *BGH* mit der Einschränkung, dass die Formfreiheit nach §§ 167 Abs. 2, 182 Abs. 2 BGB **grundsätzlich** gelte,[22] ohne sich über die dadurch implizierten Ausnahmen zu erklären. Aus dem Gesamtzusammenhang der Entscheidungen könnte in Frage kommen, dass bei Weisungsab-

---

[19] Entgegen BGH NJW 2001, 1931 = WM 2001, 1024 zu II. 2.d. sowie 1663 zu II. 2.d.
[20] BGH WM 2005, 1330 zu II. 5. mit Anm. *Thode* WuB I E 2.–1.05 und Komm. *Hadding* EWiR § 652 BGB 1/06, 7; BGHZ 132, 119 = NJW 1996, 1467 = WM 1996, 762 zu II. 3. für Blankobürgschaft; OLG Frankfurt WM 1984, 771; *Erman/Saenger* § 492 BGB Rn. 5; MüKoBGB/*Schürnbrand* § 492 BGB Rn. 8; vgl. auch *Wurm* JA 1986, 577 (581).
[21] BGH WM 1997, 36 zu II. 1.b.; BGH 125, 218 = NJW 1994, 1344.
[22] NJW 2001, 1931 und WM 2001, 1663, jeweils im Leitsatz.

hängigkeit des Vertreters, die zur Zurechnung nach § 166 Abs. 2 BGB führt, resp. bei Weisungsabhängigkeit des *falsus procurators* oder anderen Dritten, Formbedürftigkeit – in welchem Umfang auch immer – anzunehmen sein könnte.[23] Dies könnte für Vollmachten Bedeutung gewinnen, die sich auf den Abschluss von Verträgen über Finanzierungshilfen nach § 506 beziehen, wo der Formzwang für die Vollmacht nicht gilt (→ Rn. 14), und für die Genehmigung, die sich auf eine von einem weisungsabhängigen Dritten vervollständigte Blankourkunde bezieht.

c) Keine Zurechnung von Rechtsschein. Eine Rechtsscheinhaftung des 25 Verbrauchers kommt bei Blankoerklärungen nicht in Betracht. In Bürgschaftsfällen bejaht der BGH[24] eine Rechtsscheinhaftung, wenn der Bürge die Blankourkunde ohne formgerechte Ermächtigung aus der Hand gibt. Ein Vertrauenstatbestand kann allerdings nicht bestehen, wenn der Gläubiger selbst als Vertragspartner des Bürgen zur Vervollständigung ermächtigt worden war. Davon abgesehen ist der vom Schutzbedürftigen gesetzte Rechtsschein aber darüber hinaus nicht zurechenbar, auch dann nicht, wenn der Ermächtigte trotz formgerechter Ermächtigung die Blanketturkunde abredewidrig vervollständigt.[25] Im Verbraucherdarlehensrecht ist es der Darlehensgeber, der die Vertragsurkunde errichtet (→ Rn. 12), so dass die Präsentation einer vollständigen Urkunde, die für den Darlehensgeber unerkannterweise bloß die Blankounterschrift des Verbrauchers trägt und die einen Vertrauenstatbestand auslösen könnte, tatsächlich in aller Regel nicht vorkommt. Wo doch, wird die Rechtsscheinhaftung an der Zurechenbarkeit scheitern.

d) Vollmachterteilung außerhalb von Geschäftsräumen. Ein vergleich- 26 barer Fall ist der, dass die Vollmacht außerhalb von Geschäftsräumen (§ 312b BGB) erteilt und später nach § 312g BGB widerrufen wurde.[26] Nach Ansicht des BGH[27] soll der gutgläubige Unternehmer als Vertragspartner auf die Wirksamkeit der Vollmacht nach dem Rechtsgedanken von §§ 172 Abs. 2, 173 BGB vertrauen dürfen, so dass der Verbraucher an den vom *falsus procurator* geschlossenen Vertrag gebunden ist (→ Rn. 64). Das Gleiche wäre nach dieser Sicht für eine in einer Haustürsituation erklärte, aber widerrufene Genehmigung der Blankourkunde anzunehmen. Bei Vertretung zu Finanztermingeschäften sind die

---

[23] Einleuchtend *Ulmer* BB 2001, 1365 (1372).
[24] BGHZ 132, 119 = WM 1996, 762 zu II. 5.
[25] *Bülow* ZIP 1996, 1694 (1696/1697).
[26] Nach der Lösung von *C. Möller* ZIP 2002, 333 (338) findet kein Widerruf der Vollmacht statt, wohl aber des Vertretergeschäfts (Rückgriff auf die Geschäftsherrentheorie zur Vollmacht); abl. *Masuch* BB 2003, Beil. 6, S. 16 (18).
[27] BGHZ 144, 223 = NJW 2000, 2268 mit skeptischer Anm. *Pfeiffer* LM Nr. 41 zu § 166 BGB und Komm. *Büchler* EWiR § 166 BGB 3/2000, 1097; WM 2004, 417 zu III. und 21 zu II. 2.d. mit Komm. *M. Lange* EWiR Art. 1 § 1 RBerG 2/04, 133; WM 2000, 1247 mit Anm. *Pfeiffer* LM aaO; Rezension *Kulke* ZBB 2000, 407, Anm. *Saenger* WuB IV D.–5.2000 und Komm. *Klaas* EWiR § 1 HWiG 3/2000, 871; ZIP 2000, 1158 mit Komm. *Frisch* EWiR § 166 BGB 2/2000, 705; OLG Stuttgart ZIP 2001, 285 mit Komm. *Kulke* EWiR § 1 HWG 2/01, 435; krit. *J. Hoffmann* NJW 2001, 421 sowie ZIP 1999, 1586 und *Lange/Frank* WM 2000, 2364 (2369); gleiche Problemlage bei einer gem. §§ 134 BGB, 1 RBerG nichtigen Vollmacht, *Ganter* WM 2001, 195 zu BGH WM 2000, 2443; für den Fall des beurkundungsbedürftigen Geschäfts: BGH NJW 2000, 2272 mit Anm. *K. W. Lange* WuB IV A.–1.2000; LG Stuttgart WM 2000, 1492 zust. Anm. *Hanke* WuB I E 2.–3.01.

§ 492 27, 28   1. Teil. Darlehen und Finanzierungshilfen

vorgeschriebenen Informationen gem. § 37 Abs. 3 WpHG dem Vertreter, nicht dem Verbraucher zu erteilen.[28]

27   **e) Rechtsmissbrauch.** Die Berufung auf den Formmangel kann **rechtsmissbräuchlich** sein, wenn die Partei über längere Zeit aus dem nichtigen Vertrag Vorteile gezogen hat und sich nunmehr ihrer eigenen Verpflichtung entziehen will.[29] Jenseits der Frage, ob die vor Verhandlungsungleichgewicht zu schützende natürliche Person als Verbraucher (→ Einf. Rn. 44) dem Einwand des Rechtsmissbrauchs bei Formmängeln überhaupt zugänglich ist (→ § 495 Rn. 153), treten die besonderen Voraussetzungen der Treuwidrigkeit in der Person des Verbrauchers nicht ein, weil der Vertrag bei Leistungserbringung durch den Darlehensgeber gem. § 494 Abs. 2, also bei Vorteilsziehung durch den Verbraucher, geheilt wird und es keine Berufung auf den Formmangel mehr gibt. Im Übrigen ist die Willenserklärung des Verbrauchers nach Heilung noch widerruflich (→ § 495 Rn. 17). Auf der anderen Seite können dem Verbraucher Schadensersatzansprüche gegen den Darlehensgeber erwachsen, wenn dieser den Vertragsabschluss als sicher darstellte und vorsätzlich pflichtwidrig die Vertragsverhandlungen abbrach.[30]

4. Internet, Telekommunikation

28   **a) Schriftform.** Gesetzliche Schriftform bedeutet in erster Linie Verkörperung der Willenserklärungen, typischerweise durch Papier, so dass eine Urkunde errichtet wird, außerdem eigenhändige Namensunterschrift des Erklärenden unter den verkörperten Erklärungstext, dh im Allgemeinen die Betätigung seiner Hand zur Ausführung von Schriftzeichen. Text und Unterschrift bilden die Originalurkunde. Die schriftformgebundene Erklärung wird mit Zugang wirksam, dh der Empfänger muss die Originalurkunde erhalten. Der Zugang einer Kopie der Originalurkunde genügt nicht, so dass die Übermittlung per **Telefax,** wie schon der Name sagt (facsimile), **nicht** genügt.[31] Es wäre allenfalls daran zu den-

---

[28] Anders nach der Vorgängerregelung § 53 Abs. 2 BörsenG aF: BGH WM 1996, 1260 (1262).
[29] BGHZ 26, 142 (153); BGH NJW 2004, 3330; BGHZ 132, 119 = WM 1996, 762 zu III. 1.a.; WM 1997, 909 zu III.; WM 2001, 2379 zu II. 3.; BGH NJW 1996, 1960; *Bülow* ZIP 1996, 1694 (1696); für unwirksame Vollmacht: BGH WM 2004, 21 mit Komm. *M. Lange* EWiR Art. 1 § 1 RBerG 2/04, 133; NJW 2004, 59.
[30] BGH WM 1996, 1728 mit Komm. *Medicus* EWiR § 125 BGB 1/96, 679; OLG Rostock EWiR § 276 BGB 2/03, 1071 *(Madaus); Gehrlein* MDR 1998, 445.
[31] BGH WM 2006, 217 = NJW 2006, 681 Rn. 13 mit Anm. *Bülow* WuB I E 2.–2006; WM 1997, 2000 zu II. 2.b. bb.; BGHZ 121, 224 mit Rezension *Bülow* ZeuP 1994, 493 und *Cordes* NJW 1993, 2427 sowie Komm. *Koziol* EWiR § 766 BGB 3/93, 561 für Bürgschaft, ebenso OGH ZeuP 1997, 1135 mit Rezension *P. Bydlinski;* OLG Celle ZMR 1996, 26 mit Komm. *Eckert* EWiR § 566 BGB 1/96, 161; *Ebnet* JZ 1996, 507 (512); *Schmittmann* Telefaxübermittlung, S. 21; *Nohadani* Telefax. S. 88, 95; zur anderen Beurteilung für Erklärungen gegenüber dem Gericht: BVerfG NJW 1996, 2857; BGH NJW 1998, 762 und 3649 mit Rezension *Schwachheim* NJW 1999, 621; NJW-RR 1997, 250; BGH NJW 1990, 188; NJW 1993, 1655, abgrenzend BGH NJW 1993, 1126 zu II. 2.a.; OLG München NJW 1992, 3042; umfassend *Pape* NJW 1996, 417; für Wahrung tarifvertraglicher Ausschlussfrist: *BAG* NJW 2001, 989; für Kündigung eines Werkvertrags: OLG Düsseldorf NJW 1992, 1050; für presserechtlichen Gegendarstellungsanspruch: OLG Stuttgart NJW-RR 1992, 730; für Urkundsprozess: OLG Köln NJW 1992, 1774 mit Bspr. *K. Schmidt* JuS 1992, 969; für Wohnraumkündigung: *Schürmann* NJW 1992, 3005; für

ken,[32] dem Empfänger den Einwand des Rechtsmissbrauchs zuzubilligen; aber das würde die Warn- und Informationsfunktion des Schriftformerfordernisses aus § 492 unterlaufen (→ Rn. 25, 27; eine andere Frage ist, ob der Verbraucher trotz Formnichtigkeit Erfüllungsansprüche haben kann, → § 494 Rn. 32).

b) Elektronische Form. Gem. § 126 Abs. 3 BGB kann die Schriftform 29 durch die elektronische Form ersetzt werden, wenn sich nicht aus dem Gesetz ein anderes ergibt. Zu den gesetzlichen Vorschriften, aus denen sich ein anderes ergab, gehörte lange Zeit § 4 VerbrKrG resp. § 492 Abs. 1 Satz 2, so dass die elektronische Form für den verbraucherrechtlichen Vertragsabschlusstatbestand keine Bedeutung erlangte, ein Verbraucherkreditvertrag in elektronischer Form vielmehr gem. §§ 494 Abs. 1, 125 BGB nichtig war. Dies hat sich zum 11. Juni 2010 **geändert**. § 492 Abs. 1 Satz 2 aF ist seinerzeit ersatzlos weggefallen. Veranlasst war die Änderung durch die Vorgaben der dem Prinzip der Vollharmonisierung verpflichteten Verbraucherkreditrichtlinie. Diese sieht in Art. 10 Abs. 1 Satz 1 vor, dass Kreditverträge auf Papier oder einem anderen dauerhaften Datenträger erstellt werden. Nach Abs. 1 Satz 3 bleiben zwar innerstaatliche Vorschriften, die die Gültigkeit des Vertrages betreffen, grundsätzlich unberührt. Diese müssen aber mit dem Gemeinschaftsrecht in Einklang stehen. Durch den Hinweis auf die Vereinbarkeit mit dem Gemeinschaftsrecht und den Verzicht der Verbraucherkreditrichtlinie, die Einhaltung der Schriftform vorzuschreiben, erlangt die Richtlinie über den elektronischen Geschäftsverkehr Bedeutung.

Nach Art. 9 Abs. 1 der **Richtlinie über den elektronischen Geschäfts-** 30 **verkehr** (sog. e-commerce-Richtlinie[33] vgl. auch deren 34. Erwägungsgrund) haben die Mitgliedstaaten sicherzustellen, dass der Vertragsabschluss auf elektronischem Wege möglich ist. Diese Richtlinie lässt jedoch durch ihren Art. 1 Abs. 3 das durch andere verbraucherschützende Rechtsakte errichtete Schutzniveau unberührt (vgl. 11. Erwägungsgrund). Die Verbraucherkreditrichtlinie II stellt aber, anders als Art. 4 Abs. 1 Satz 1 der Richtlinie 87/102/EWG, kein Schriftformerfordernis mehr auf, so dass die **elektronische Form** für Verbraucherkreditverträge vormals auszuschließen,[34] mittlerweile aber zuzulassen war.[35]

5. Erleichterte Formanforderungen im Verbraucherkreditrecht

Schriftformerfordernis gem. § 492 Abs. 1 Satz 1 bedeutet Anwendung von 31 §§ 126, 126a BGB. Indem das verbraucherkreditrechtliche Formerfordernis zwar Warn- und Informationsfunktion, aber nicht Beweissicherungsfunktion hat (→ Rn. 19), geht das Reglement aus § 126 BGB jedoch teilweise über das verfolgte Ziel hinaus. Deshalb erlauben § 492 Abs. 1 Sätze 2 und 3 im Vergleich zu § 126 BGB Erleichterungen (→ Rn. 40 ff.).

Mahnung: OLG Köln NJW 1990, 1608; für Rechnungsstellung (§ 14 UStG): *OFD Frankfurt* und *OFD Münster* DB 1992, 2114; für wettbewerbsrechtliche Unterwerfung: KG WRP 1992, 716; abl. für Vollmacht im Hinblick auf § 174 BGB: OLG Hamm CR 1992, 276; Rechtsscheinhaftung: OLG Oldenburg NJW 1993, 1400 sowie LG Ravensburg CR 1992, 472.
[32] *Ebnet* NJW 1992, 2985 (2990); *Tschentscher* CR 1991, 141 (144).
[33] 2000/31/EG vom 8.6.2000, ABlEG L 178, S. 1 = NJW 2000, Beil. Heft 36, S. 3.
[34] BT-Drucks. 14/4987, S. 27; zweifelnd aber *Felke* Kreditvertrieb, S. 215.
[35] BT-Drucks. 16/11643, S. 79 zu Nr. 22a; *Gebauer/Wiedmann* Kap. 12 Rn. 65, 68.

32 Die Einhaltung der Bestimmungen aus § 126 BGB genügt als strengere Form allemal dem Schriftformerfordernis für Darlehens- und andere Kreditverträge.

II. Allgemeine Anforderungen an die gesetzliche Schriftform aus § 126 BGB

1. Unterschrift

33 Der Inhalt des Darlehensvertrags ist in einer Urkunde niederzulegen, die von allen Ausstellern,[36] natürlich auch vom Darlehensgeber,[37] gem. § 126 Abs. 1 BGB eigenhändig (auch durch Vertreter, → Rn. 56, ggf. durch alle Gesamtvertretungsberechtigten[38]) durch Namensunterschrift, mittels notariell beglaubigten Handzeichens oder durch qualifizierte elektronische Signatur zu unterschreiben ist. Die Unterzeichnung auf einem elektronischen Schreibtablett wahrt die Schriftform nicht.[39] Die Unterschrift muss den Vertragstext räumlich abschließen, so dass der Wille zur hierauf gerichteten Bezugnahme erkennbar ist. Deshalb genügt im Allgemeinen[40] eine Über- oder Oberschrift nicht.[41] Gem. § 126 Abs. 2 Satz 1 BGB müssen alle Parteien auf derselben Urkunde unterzeichnen (s. aber → Rn. 39, 41 ff.). Werden allerdings mehrere gleichlautende Urkunden errichtet, genügt gem. § 126 Abs. 2 Satz 2 BGB die Unterschrift jeweils der einen Partei (ggf. einer Mehrheit von Personen) auf der für die andere Partei bestimmten Urkunde; entsprechendes gilt nach Maßgabe von § 126a Abs. 2 BGB für die elektronische Form. Dieses Verfahren setzt einen abgeschlossenen Vertragstatbestand voraus, so dass ein bloßes unterschriebenes Vertragsangebot, das die andere Partei durch ihre Unterschrift auf einer anderen Urkunde annimmt, dem Verfahren nach § 126 Abs. 2 Satz 2 BGB nicht genügt, also die Vertragsschriftform nicht wahrt. Ein solches Verfahren ist aber nach § 492 Abs. 1 Satz 2 zulässig (→ Rn. 42). Von der Namensunterschrift, die den verbindlichen rechtsgeschäftlichen Willen beurkundet, ist das bloße Handzeichen (Paraphe) zu unterscheiden, mit dem gerade die Vorläufigkeit deutlich gemacht werden soll. Es wahrt die Schriftform nicht (nur im Falle der notariellen Beglaubigung), insbesondere nicht bloße Anfangsbuchstaben. Die Unterschriftsqualität kann aber, ebenso wenig wie in der wechselrechtlichen Parallele,[42] nicht an Unleserlichkeit oder Verkürzung der Unterschrift scheitern.[43] Die **Blankounterschrift** des Verbrauchers genügt dem Schriftformerfordernis nicht (→ Rn. 21); dagegen bestehen an der Wirksamkeit einer Blankounterschrift des Darlehensgebers keine Bedenken (→ Rn. 22).

---

[36] ZB sämtliche Mitgliedern einer Erbengemeinschaft, BGH NJW 2002, 3389 zu II. 5., oder BGB-Gesellschaft, BAG NJW 2005, 2572.
[37] OLG Rostock ZIP 2005, 1835 mit Komm. *Saenger/Zurlinden* EWiR § 4 VerbrKrG 2/05, 873.
[38] BGH NJW 2003, 3053 mit Komm. *Moeser* EWiR § 550 BGB 1/04, 13.
[39] OLG München BKR 2012, 289 mit Anm. *Roßnagel* NJW 2012, 3586.
[40] Nach Lage des Einzelfalls im Falle von Testamenten (§ 2247 BGB): OLG Celle NJW 1996, 2938.
[41] BGHZ 113, 51 (53) für § 440 Abs. 2 ZPO, krit. *Köhler* FS Schippel, S. 209 (219).
[42] *Bülow* WG, ScheckG, AGB, Art. 1 WG Rn. 40.
[43] Gl. A. *Köhler* FS Schippel, S. 209 (215); OLG Köln NJW-RR 2005, 1252.

2. Finanzdienstleistungen im Fernabsatz und außerhalb von Geschäftsräumen

Keine Voraussetzung der Formwahrung ist die gleichzeitige Anwesenheit beider Parteien bei der Unterzeichnung; sie wird nur im Verfahren nach § 126 Abs. 2 Satz 2 BGB (→ Rn. 33) faktisch Funktionsbedingung sein und ist im Übrigen allein bei der Auflassung gem. § 925 Abs. 1 Satz 1 BGB vorgeschrieben. Dem Schriftformerfordernis ist demgemäß genügt, wenn die Vertragsurkunde von der einen Partei zur anderen und wieder zurückgeschickt wird, also durch Briefwechsel, denkbar auch mittels Boten,[44] nach neuem Recht auch unter Zuhilfenahme elektronischer Medien. Unter den weiteren Voraussetzungen von § 312c BGB kann demgemäß ein Verbraucherdarlehensvertrag im Fernabsatz zustande kommen.[45] Bei einem Darlehen (nicht: Sicherungsgeschäft *des Verbrauchers*, → § 491 Rn. 119 aE) handelt es sich zugleich um eine Finanzdienstleistung nach § 312 Abs. 5 BGB, so dass die verbraucherkreditrechtlichen Formanforderungen von den fernabsatzrechtlichen Unterrichtungspflichten nach § 312d Abs. 2 BGB iVm Art. 246b EGBGB überlagert werden können. Bedient sich der Darlehensgeber bei einem Allgemein-Verbraucherdarlehensvertrag allerdings zur vorvertraglichen Information des **Musters** aus Art. 247 § 2 Abs. 4 Satz 1 EGBGB, bestimmt Satz 2 dieses Absatzes, dass auf diesem Wege auch den fernabsatzrechtlichen Informationspflichten genügt wird. Seit der Umsetzung der Verbraucherrechterichtlinie bestehen auch bei außerhalb von Geschäftsräumen geschlossenen Verträgen derartige Informationspflichten. Die **Fiktion** des Abs. 4 Satz 2 wurde daher auf solche Geschäfte erstreckt. Für Immobiliar-Verbraucherdarlehensverträge findet sich die entsprechende Regelung in Art. 247 § 1 Abs. 2 Satz 6 EGBGB. Schließlich findet § 312f BGB nach Maßgabe von dessen Abs. 4 keine Anwendung.

3. Wesentlicher Vertragsinhalt; Nebenabreden

Art. 247 § 6 Abs. 1 Satz 1 Nr. 6 EGBGB schreibt eindeutig vor, dass sämtliche weiteren Vertragsbedingungen -**Nebenabreden**- klar und verständlich in die Vertragsurkunde aufzunehmen sind. Somit können entgegen früherer Rechtlage[46] auch unwesentliche Nebenabreden nicht mehr formlos getroffen werden. Formlos vereinbarte Nebenabreden sind gem. § 125 BGB nichtig;[47] der Verbraucher kann Erfüllung des Darlehensvertrages im Übrigen verlangen, der entgegen der allgemeinen Vermutungsregel aus § 139 BGB nicht seinerseits nichtig wird (im einzelnen → § 494 Rn. 14, 36).

---

[44] BGHZ 160, 393 (399) = NJW 2004, 3699 mit Anm. *Schulte-Nölke* LMK 2005, 20; MüKoBGB/*Wendehorst* § 312b BGB (3. Ergänzungslieferung Februar 2006), Rn. 50).
[45] *Dörrie* ZBB 2005, 121 (125); *Schindler* Zusammenspiel, S. 58; dies vernachlässigen *Held/Schulz* BKR 2005, 270 (274).
[46] BGH NJW 1967, 1128; NJW 2001, 292 zu I. 3.; OLG München NJW-RR 1996, 654 zu 4. (betr. § 566 BGB); RGRK-BGB/*Krüger-Nieland,* § 125 Rn. 40; für § 311b Abs. 1 BGB (früher § 313): BGH ZIP 2001, 883 mit Komm. *Grziwotz* EWiR § 313 BGB 2/01, 569.
[47] BGH NJW 1994, 720 zu 1.; zB Bearbeitungsgebühr, die auch geschuldet sein soll, wenn der Verbraucher vom Vertrag Abstand nimmt: AG Frankfurt/Main VuR 1995, 115 oder die Leistung nicht an den Verbraucher, sondern an einen Dritten erfolgt, → § 495 Rn. 155.

36 **a) Vertragsbedingungen; Verwendungszweck.** Bei Allgemein-Verbraucherdarlehensverträgen decken sich im Allgemeinen die wesentlichen Vertragsbedingungen mit den Pflichtangaben aus Abs. 2 iVm Art. 247 § 6 Abs. 1 Satz 1 Nr. 1 bis 5 EGBGB. In modifiziertem Umfang gilt dies nach § 6 Abs. 1 Satz 2 auch für Immobiliar-Verbraucherdarlehensverträge. Weitergehender Vertragsinhalt wird oft Gegenstand von Allgemeinen Geschäftsbedingungen sein (→ Rn. 38).

37 Dagegen gehört der **Verwendungszweck nicht** zum Vertragsinhalt, sondern ist nur Motiv für den Vertragsabschluss, wenngleich vom privaten Verwendungszweck die Anwendbarkeit von Verbraucherdarlehensrecht und weitergehend auch die Qualifikation als Allgemein- oder Immobiliar-Verbraucherdarlehensvertrag abhängt (→ § 491 Rn. 42 ff.).

38 **b) Allgemeine Geschäftsbedingungen.** Einzubeziehende AGB müssen in vollem Wortlaut aufgenommen werden, ein bloßer Hinweis gem. § 305 Abs. 2 Nr. 1 BGB in der Urkunde genügt der Schriftform nicht. Das gilt auch, wenn wegen bereits bestehender Geschäftsverbindung (§ 305 Abs. 3 BGB) die AGB an sich schon Geltung beanspruchen könnten – diese Geltung beruht gerade nicht auf der Sicherstellung von Information und Warnung durch Schriftform, weil der Verbraucher vom Inhalt der AGB keine Kenntnis genommen zu haben braucht.[48] Dies gilt umso mehr für Vertragsbedingungen, die entgegen § 305 Abs. 1 Satz 1 BGB nur zur einmaligen Verwendung bestimmt sind[49] und auf die gem. § 310 Abs. 3 Nr. 2 BGB im Falle von Verbraucherverträgen die Vorschriften von §§ 305c Abs. 2, 306 und 307 bis 309 BGB sowie Art. 46b EGBGB anwendbar sind.

4. Einheitlichkeit der Urkunde

39 Weitere Voraussetzung und Ausgangspunkt nach § 126 BGB ist, dass der gesamte formbedürftige Vertrag einschließlich AGB und Widerrufsbelehrung, s. nun § 356b Abs. 1 BGB, in einer einzigen Urkunde enthalten ist.[50] Wird der bereits abgeschlossene Darlehensvertrag allerdings nur ergänzt oder geändert, genügt die Bezugnahme auf den ursprünglichen Vertrag.[51] Mehrere Blätter müssen – im Allgemeinen spätestens im Zeitpunkt der Unterschrift[52] – körperlich verbunden[53] oder die Zusammengehörigkeit auf andere Weise erkennbar ge-

---

[48] Das verkennen *Münstermann/Hannes* § 4 VerbrKrG Rn. 198; *Bruchner/Ott/Wagner-Wieduwilt* § 4 VerbrKrG Rn. 16; wie; Staudinger/*Kessal-Wulf* § 492 Rn. 14; *K. P. Berger* ZGS 2004, 329.
[49] BGH NJW 1997, 135 zu I. 2. b.
[50] BGHZ 40, 255 (263); 50, 39 (42); 116, 77 (80) mit Komm. *Geimer* EWiR § 38 ZPO 2/92, 203; BGH NJW 1992, 2283 zu II. 1; deshalb keine Formwahrung bei Annahme unter Änderungen nach § 150 Abs. 2 BGB, BGH NJW 2001, 221 mit Komm. *Eckert* EWiR § 126 BGB 1/01, 101 (→ Rn. 20).
[51] BGH WRP 1997, 555 – Magic Print –; BGHZ 119, 112 (116) – betr. § 34 GWB; BGH NJW 1998, 58 zu II. 2. = BGHZ 136, 357 mit Komm. *Eckert* EWiR § 566 BGB 1/97, 1121 und Bspr. *Emmerich* JuS 1998, 266; NJW 1998, 62; NJW 1992, 2283 zu II. 1. (betr. § 566 BGB); NJW-RR 2000, 744; BGHZ 52, 25 (29); RGZ 136, 422 (425); LG Mannheim NJW-RR 2004, 803; gleichermaßen im Falle der Bestätigung nach § 141 BGB, BGH NJW 1999, 2513 zu III. 2 b. bb. mit Komm. *Armbrüster* EWiR § 141 BGB 1/99, 1157; *Varadinek* ZMR 1997, 562.
[52] *Schölermann/Schmid-Burgk* DB 1991, 1968.
[53] ZB auch durch Anösung, *v. Rottenburg* WM 1992, 719.

macht werden;[54] insoweit gilt für die verbraucherkreditrechtliche Form nichts anderes als für die mietrechtliche nach § 550 BGB.[55] Gem. § 126 Abs. 2 Satz 2 BGB können auch mehrere gleichlautende Urkunden aufgenommen werden, wobei jede dieser Urkunden den vorgenannten Erfordernissen entsprechen muss[56] (→ Rn. 33), aber nur eine Unterschrift, nämlich die der anderen Vertragspartei, trägt. Die gem. § 492 Abs. 2 notwendigen Angaben müssen zusammenhängend, an einer für den Leser nicht zu übersehenden Stelle und in einer klaren, auch für einen geschäftsungewandten Verbraucher verständlichen Fassung gemacht werden.[57]

III. Sonderregelungen aus § 492 Abs. 1 Sätze 2 und 3, Abs. 3

1. Erleichterte Anforderungen

Auch soweit Verbraucherdarlehensrecht Erleichterungen an die Schriftform gewährt (→ Rn. 31), bleiben einige allgemeine Anforderungen verbindlich. 40

a) Übereinstimmung mit § 126 BGB. Sofern der Darlehensgeber nicht gem. § 492 Abs. 1 Satz 3 (→ Rn. 44) der Notwendigkeit einer Unterzeichnung enthoben ist, gelten für seine Unterschrift und in jedem Falle für die Unterschrift des Verbrauchers die allgemeinen Grundsätze (→ Rn. 33). Der wesentliche Vertragsinhalt muss sowohl in der Erklärung des Darlehensgebers wie in der Erklärung des Verbrauchers niedergelegt sein (→ Rn. 35), einschließlich Allgemeiner Geschäftsbedingungen (→ Rn. 38). Für jede dieser Erklärungen gilt jeweils der Grundsatz der Einheitlichkeit der Urkunde insoweit, als mehrere Blätter miteinander verbunden sein müssen; im Übrigen muss der Vertrag im Ganzen gerade nicht in einer einzigen Urkunde enthalten sein (→ Rn. 42). 41

b) Trennung von Antrag und Annahme. Der Grundsatz der Einheitlichkeit der Urkunde schließt gem. § 126 Abs. 2 Satz 2 BGB nicht aus, dass über den Vertrag zwei Urkunden erstellt werden (→ 39), mag auch dieser Weg[58] un- 42

---

[54] BGH NJW 2003, 1248; BGHZ 142, 158 (161) = NJW 1999, 2591 mit Komm. *Emde* EWiR § 566 BGB 2/99, 777; BGHZ 136, 357 = NJW 1998, 58; BGHZ 50, 39 (42); BGH NJW 1999, 1104 mit Anm. *Peters* WuB IV. A. – 1.99 und Komm. *Eckert* EWiR § 566 BGB 1/99, 347; WM 1999, 2088; WM 2000, 354; OLG Karlsruhe NJW-RR 2004, 1497; KG BB 1997, 2074 mit zust. Anm. *Nettesheim* und NZM 1998, 369; OLG Stuttgart NJW-RR 1996, 10; OLG Jena NZM 1999, 906 betr. Mietvertrag (§ 566 BGB); OLG München NJW-RR 1996, 654; OLG Brandenburg VuR 2000, 356; eher erleichterte Anforderungen sind an die Schriftform nach § 34 GWB aF – Kontrollfunktion für Kartellbehörden – zu stellen, BGH NJW 1997, 2182 – Kölsch-Vertrag – mit Anm. *Emmerich* LM Nr. 31 zu § 34 GWB; NJW-RR 1997, 1537 – Sprengwirkung –; mindestens gegenseitige Bezugnahme bei mehreren Blättern: BGHZ 119, 112 – Änderungsvertrag –; BGH WRP 1997, 555 – Magic Print – mit Komm. *U. Schmidt* EWiR § 34 GWB 1/97, 605; dagegen LG Bremen WM 1995, 155 („überflüssige Förmelei") mit Anm. *Kessler* WuB I E 2.–2.95 und Komm. *Vortmann* § 4 VerbrKrG 1/95, 93.
[55] Zutreffend *Wenzel* WuB IV A.–1.2000 zu 3. (BGH WM 1999, 2088).
[56] *Schölermann/Schmid-Burgk* DB 1991, 1968 (1969).
[57] BGHZ 62, 42 (47).
[58] Darlehensgeber und Verbraucher müssen also entgegen der Gesetzesbegründung (BT-Drucks. 12/4526, S. 13 f.) und *v. Westphalen* ZIP 1993, 476 die Urkunde nicht notwendig hin- und herschicken.

vertretbar hohen Verwaltungsaufwand bedeuten. Um dem abzuhelfen, erlaubt § 492 Abs. 1 Satz 2, dass Antrag und Annahme (§ 145 BGB) in getrennten Urkunden niedergelegt werden, was dem Verfahren nach § 126 Abs. 2 Satz 2 BGB nicht genügen würde (→ Rn. 33). Die Verbraucherkreditrichtlinie verzichtet ausdrücklich auf eine Regelung zum Vertragsschlusstatbestand und überlässt es den Mitgliedstaaten entsprechende Rechtsvorschriften zum Abschluss des Vertrags zu erlassen resp. beizubehalten (Erwägungsgrund Nr. 30, Art. 10 Abs. 1 Satz 3).

43 Sowohl Antrag wie Annahme müssen den wesentlichen Vertragsinhalt aufweisen, also das, was dem rechtsgeschäftlichen Willen beider Parteien entspricht (→ Rn. 35 f.). Nach früher geltendem Recht bestand eine Verknüpfung von Pflichtangabenkatalog und der Erklärung des Verbrauchers, so dass einzelne Angaben nicht in der Erklärung des Darlehensgebers enthalten sein mussten. Antrag und Annahme mussten folglich nicht deckungsgleich sein.[59] Dies hat sich durch die Reform 2010 geändert. Bezugspunkt der Pflichtangaben aus § 492 Abs. 2 iVm Art. 247 EGBGB ist nun der **Vertrag**.[60] Gleichgültig ist, von wem der Antrag ausgeht. Im Allgemeinen wird der Darlehensgeber die Vertragserklärung des Verbrauchers in doppelter Ausfertigung vorbereiten und diesem zur Unterschrift zugleich mit seiner eigenen Vertragserklärung aushändigen oder ihm zusenden und eine unterschriebene Ausfertigung einbehalten oder sich zurücksenden lassen; der Verwaltungsaufwand kann also immer noch beträchtlich sein.

44 **c) Maschinelle Bearbeitung.** Die Informations- und Warnfunktion für den Verbraucher (→ Rn. 19) erfordert nicht die eigenhändige Unterschrift des Darlehensgebers bzw. eines dazu Bevollmächtigten (→ Rn. 22). Insofern erschien die Altvorschrift in § 1a Abs. 1 Satz 1 AbzG konsequenter, wonach nur die Willenserklärung des Käufers der Schriftform bedurfte; jedoch schrieb Art. 4 Abs. 1 Satz 1 der Richtlinie 87/102/EWG (→ Rn. 4) Schriftform für den Kreditvertrag im Ganzen vor. Eine entsprechend strenge Regelung enthält die neue Verbraucherkreditrichtlinie nicht. Nach Art. 10 Abs. 1 Satz 1 werden Kreditverträge auf Papier oder einem anderen dauerhaften Datenträger erstellt. Wie ein solches abgeschwächtes Schriftformerfordernis ausgestaltet ist, steht weiterhin der Regelung nach nationalem Recht frei, Art. 10 Abs. 1 Satz 3. Demgemäß erlaubt § 492 Abs. 1 Satz 3 in Abweichung zu § 126 Abs. 2 Satz 1 BGB, dass die Unterschrift des Kreditgebers entbehrlich sein kann. Das gilt jedoch nur dann, wenn dessen Erklärung mit Hilfe einer automatischen Einrichtung hergestellt wird, insbesondere mittels Computerausdrucks. Bei herkömmlicher, individueller Herstellung bleibt es beim Unterschriftserfordernis für den Darlehensgeber. Das gilt auch bei Verwendung von Formularen, in welche die jeweiligen Daten des Verbraucherdarlehensvertrags individuell und nicht automatisiert eingesetzt werden; in diesem Falle bedeutet die Unterschrift keinen nennenswerten höheren Verwaltungsaufwand. Die Regelung stützt einmal mehr die Zulässigkeit einer Blankounterschrift durch den Darlehensgeber (→ Rn. 22). Sofern wegen maschineller Bearbeitung gar keine Unterschrift des Darlehensgebers nötig ist, genügt andererseits eine bloße Paraphe (→ Rn. 33). Ein Verbraucher, der sich auf die

---

[59] *Bülow* NJW 1993, 1617; das verkennt *v. Westphalen* ZIP 1993, 476.
[60] Bezugnehmend auf den Wortlaut der Verbraucherkreditrichtlinie auch Staudinger/*Kessal-Wulf* § 492 BGB Rn. 27.

Formnichtigkeit wegen fehlender, trotz der Regelung in Satz 3 notwendiger Unterschrift beruft, handelt im Allgemeinen nicht rechtsmissbräuchlich (zum umgekehrten Fall → § 494 Rn. 32).

d) Darlehensverträge und andere Kreditverträge. Die Erleichterungen der Schriftformerfordernisse im Vergleich zu § 126 BGB sind auf das Darlehensgeschäft zugeschnitten (→ Rn. 16). Sie sind aber nicht auf dieses beschränkt, sondern gelten gleichermaßen für Teilzahlungsgeschäfte iSv §§ 506 Abs. 3, 507 und andere Finanzierungshilfen nach § 506. 45

2. Aushändigung einer Abschrift

a) Kein Wirksamkeitserfordernis. Gem. § 492 Abs. 3 Satz 1 hat der Darlehensgeber dem Verbraucher eine **Abschrift des Vertrags** zur Verfügung zu stellen, also in verkörperter Form zu überlassen. Damit kommt das Gesetz den Vorgaben von Art. 10 Abs. 1 Satz 2 der Verbraucherkreditrichtlinie nach (Ausfertigung des Kreditvertrags). Nach dem Wortlaut der Richtlinie hätte geregelt werden müssen, dass alle Vertragsparteien eine Vertragsausfertigung erhalten. Der Gesetzgeber hat die Regelung in Anknüpfung an das bisher geltende Recht auf den Anspruch des Darlehensnehmers auf Zurverfügungstellung einer Abschrift mit dem Hinweis beschränkt, dass der Darlehensgeber bzw. Darlehensvermittler selbständig dafür Sorge trägt, das Original oder eine Abschrift aufzubewahren.[61] Darin ist kein Defizit der Transformation zu sehen. Der Darlehensgeber kann statt einer Abschrift das Original aushändigen, wahlweise eine Durchschrift oder Kopie, Telefax, Computerausdruck, aber auch eine handschriftliche Wiedergabe, jede Art der Vervielfältigung. Dies erfüllt zugleich die Anforderungen an die Textform nach § 126b BGB. Ebenso ausreichend ist die Übermittlung per E-Mail, soweit gewährleistet ist, dass der Verbraucher den Text speichern oder ausdrucken kann.[62] 46

Die Überlassung ist nicht Voraussetzung des Vertragsabschlusstatbestands, wohl aber für den Beginn der Widerrufsfrist (→ § 495 Rn. 68). Für den Fristbeginn ist nach Maßgabe von **§ 356b Abs. 1 BGB** erforderlich, dass dem Verbraucher die Abschrift zur Verfügung gestellt wurde, wobei es insoweit nicht erforderlich ist, dass eine Abschrift des Vertrags dem Verbraucher zur Verfügung gestellt wird, sondern die Überlassung des schriftlichen **Antrags des Verbrauchers** (→ Rn. 42) genügt (§ 356b Abs. 1 BGB, → § 495 Rn. 154). Die Belehrung berührt das endgültige Zustandekommen des Darlehensvertrags insoweit, als sie den Lauf der Widerrufsfrist beeinflusst (→ Rn. 17). Regelungen zur Nachholung von Angaben enthält, differenzierend zwischen Allgemein- und Immobiliar-Verbraucherdarlehensverträgen, § 356b Abs. 2 BGB. 47

b) Anspruch des Verbrauchers. Der Verbraucher hat gegen den Darlehensgeber Anspruch auf Überlassung der Vertragsabschrift.[63] Nach geltendem Recht erfasst dieser Anspruch auch die Information über das Widerrufsrecht. Der Anspruch ist gem. § 271 BGB mit Vertragsabschluss fällig und kann den Ansprüchen des Kreditgebers gem. § 273 BGB zurückbehaltend entgegengesetzt werden. Dies setzt aber voraus, dass die Vertragserklärungen überhaupt als Urkunden 48

---

[61] BT-Drucks. 16/1643, S. 80 zu Nr. 22b).
[62] BT-Drucks. 16/1643, S. 80 zu Nr. 22b).
[63] Gl. A. MüKoBGB/*Schürnbrand* § 492 BGB Rn. 39.

erstellt wurden. Fehlt es daran und ist der Vertrag nichtig, besteht ein Aushändigungsanspruch ebenso wenig wie ein Erfüllungsanspruch.

49 Wird der nichtige Vertrag gem. § 494 Abs. 2 geheilt, besteht ein Anspruch des Verbrauchers auf nachträgliche Herstellung und Aushändigung der Urkunde, was sich aus **§ 494 Abs. 7** ergibt (→ § 494 Rn. 84).

50 Ist die Widerrufsfrist noch nicht abgelaufen, so dass der Vertrag, wenn auch nur schwebend, wirksam ist (→ § 495 Rn. 14), kann der Verbraucher nicht nur die Auszahlung des Darlehens vor Ablauf der Widerrufsfrist verlangen, sondern auch die Aushändigung der Vertragserklärungen, wodurch der Fristenlauf in Gang gesetzt wird (→ § 495 Rn. 154). Im Fall verbundener Geschäfte hat nicht der Verkäufer, sondern der Finanzierer in seiner Kreditvertragserklärung die Angaben zu machen und die Urkunden auszuhändigen[64] (→ § 495 Rn. 351).

51 c) **Inhalt der Abschrift.** Zu überlassen ist eine Abschrift des kompletten Vertrags. Wurde dieser in elektronischer Form geschlossen, so bedarf auch die Abschrift nur dieser Form.[65] Die Verbraucherkreditrichtlinie spricht in Art. 10 Abs. 1 Satz 3 von einer „Ausfertigung des Kreditvertrags", die die Vertragsparteien erhalten. Den Vorgaben genügt das deutsche Recht, wenn es verlangt, dass dem Verbraucher eine Abschrift des Vertrags zur Verfügung gestellt wird.

52 Vormals umstrittene Fragen der Divergenz von überlassenen Schriftstücken und unterzeichneter Originalurkunde stellen sich nicht mehr. Es ist eine Abschrift des Vertrags zur Verfügung zu stellen. Ob der **Verwendungszweck** des Darlehens angegeben ist, hängt insoweit von der Ausgestaltung des Vertrags ab.

53 d) **Beweislast.** Die Beweislast dafür, dass die gebotene (→ Rn. 51) Abschrift ausgehändigt wurde, trägt der Darlehensgeber, so dass im Hinblick auf eine Verfristung insoweit von der Wirksamkeit des Widerrufs auszugehen ist, wenn der Verbraucher behauptet oder sich aus seinem Vortrag ergibt, dass er die Abschrift und mit ihr die Widerrufsbelehrung (→ § 495 Rn. 131) nicht erhalten habe.[66] Die Beweislast trägt der Darlehensgeber auch, wenn der Verbraucher sein Zurückbehaltungsrecht geltend macht (→ Rn. 48).[67] Jedoch ist der Darlehensgeber insoweit von der Beweislast befreit, als der Verbraucher gem. § 151 Satz 1 BGB auf den Zugang der Annahmeerklärung durch den Darlehensgeber verzichtet (→ Rn. 19 aE).

3. Tilgungsplan

54 Einen Tilgungsplan hat der Darlehensgeber dem Darlehensnehmer nicht stets zu erstellen und zu überlassen. Bei einem Darlehensvertrag mit bestimmter Laufzeit steht dem Darlehensnehmer aber ein Anspruch auf Überlassung eines solchen Tilgungsplans auf einem dauerhaften Datenträger zu. Neben der gesetzlichen Regelung in § 492 Abs. 3 Satz 2 hat ein Hinweis auf den Anspruch des Darlehensnehmers im Vertrag zu erfolgen, was sich aus Art. 247 § 6 Abs. 1 Satz 1 Nr. 4 EGBGB ergibt. Der Inhalt des nach den Vorgaben von Art. 10

---

[64] BGHZ 91, 338 (340).
[65] MüKoBGB/*Schürnbrand* § 492 Rn. 41.
[66] BT-Drucks. 14/7052, S. 195.
[67] *Baumgärtel* Beweislast, § 1a AbzG Rn. 8.

Abs. 3 der Verbraucherkreditrichtlinie zur Verfügung zu stellenden Tilgungsplans wird konkretisiert in Art. 247 § 14 EGBGB. Den Anspruch kann der Verbraucher **jederzeit,** auch nach Vertragsabschluss, geltend machen und er ist vom Darlehensgeber kostenlos und in Textform zu erfüllen.

Aus dem Tilgungsplan muss nach Maßgabe von Art. 247 § 14 EGBGB hervorgehen, welche Zahlungen zu welchen Zeitpunkten zu leisten sind und welche Zahlungsbedingungen es zu beachten gilt. Dies dient der Information des Verbrauchers und vereinfacht die Zuordnung von Leistungen im Streitfall.[68] Aufzuschlüsseln hat der Darlehensgeber, in welchem Ausmaß die Zahlungen jeweils auf das Darlehen, die Zinsen und die Kosten Anrechnung finden. Besteht nach dem Vertrag die Möglichkeit der späteren Anpassung von Zinsen und Kosten, so hat der Darlehensgeber den Verbraucher in dem Tilgungsplan deutlich darauf hinzuweisen, dass der Plan nur bis zur nächsten Anpassung des Sollzinssatzes oder der sonstigen Kosten gilt. 55

IV. Vollmacht zum Abschluss eines Verbraucherdarlehensvertrages

1. Ausschluss von § 167 Abs. 2 BGB

Im Verbraucherprivatrecht und namentlich im Verbraucherdarlehensrecht erleidet der Verbraucher keine grundsätzliche Einschränkung in seiner rechtsgeschäftlichen Freiheit, sich bei der Abgabe seiner Willenserklärungen vertreten zu lassen. Die Verbraucherkreditrichtlinie enthält keine Regelungen zur Vertretung des Verbrauchers, jedoch könnte sich die Warn- und Informationsfunktion der Schriftform (→ Rn. 19) nicht verwirklichen, wenn nicht gewährleistet ist, dass die notwendigen Informationen den Verbraucher als vertretene Vertragspartei erreichen. Dieser Fall würde durch die Anwendung von § 167 Abs. 2 BGB eintreten, wonach die Vollmacht nicht der Form des vom Verbraucher abzuschließenden Geschäfts bedarf. Die Informationen müssten danach nämlich nur dem Vertreter, aber nicht dem Verbraucher als vertretenem gegenüber abgegeben werden. Indem die Vollmacht – sei sie widerruflich oder unwiderruflich[69] – nach § 492 Abs. 4 der Form des Verbraucherdarlehensvertrags unterstellt wird, ist sichergestellt, dass die Informationen den Verbraucher selbst erreichen (→ Rn. 23). 56

2. Umfang der Formbedürftigkeit

Die Formbedürftigkeit bezieht sich auf die Schriftform schlechthin und auf die Pflichtangaben aus § 492 Abs. 2 iVm Art. 247 EGBGB. Da es sich bei der Vollmacht allerdings um eine einseitige Willenserklärung handelt, sind die vertragsbezogenen verbraucherkreditrechtlichen Sonderregelungen von Abs. 1 Sätze 2 und 3 (→ Rn. 40 ff.) obsolet. Hinzu kommt, dass es nach der Neuformulierung von § 492 Abs. 2 einer teleologischen Reduktion bedarf. Während nach § 492 57

---

[68] MüKoBGB/*Schürnbrand* § 492 BGB Rn. 42.
[69] *Habersack* in Schriftenreihe der BrV, Heft 20, S. 3 (25); hiernach differenzierend zur früheren Rechtslage OLG Frankfurt WM 2003, 223.

Abs. 1 Satz 5 BGB aF Bezugspunkt der Pflichtangaben die vom Darlehensnehmer zu unterzeichnende Vertragserklärung war, bezieht sich § 492 Abs. 2 nun auf den Vertrag. Der Verweis von Abs. 4 Satz 1 auf Abs. 2 kann allerdings nur so verstanden werden, dass Bezugspunkt weiterhin die vom Verbraucher abzugebende Erklärung ist, da der Vertrag gerade erst unter Zuhilfenahme des Stellvertreters zu Stande kommen soll. Will der Darlehensgeber den Vertragsschluss erreichen, ist er gehalten, schon im Vorfeld die notwendigen Angaben, insbesondere auch die Kongruenz von Vertragszins und effektivem Jahreszins (→ § 494 Rn. 85 ff.), bereitzustellen. Kongruenz zwischen dem Inhalt der Vollmacht und dem Inhalt des Hauptvertrags muss bestehen, wenn nicht der Vertragsschluss ohne Vertretungsmacht eintreten soll. Die formwahrende Vollmacht setzt also voraus, dass der Inhalt des vom Vertreter abzuschließenden Darlehensvertrags in allen Einzelheiten,[70] nach neuem Recht einschließlich sämtlicher Nebenabreden (Art. 247 § 6 Abs. 1 Satz 1 Nr. 6 EGBGB), so weit feststeht, wie die Informations- und Warnfunktion des Formerfordernisses reicht. Der Vertreter kann demgemäß einen eigenen rechtsgeschäftlichen Willen nur dann bilden, wenn er dem vertretenen Verbraucher **günstigere Bedingungen** als in der Vollmacht niedergelegt, mit dem Darlehensgeber vereinbart.[71] Von diesem Fall abgesehen kann ein Vertreter den Vertrag nicht sogleich aufgrund der von ihm ausgehandelten Bedingungen abschließen, sondern muss dem Verbraucher das Verhandlungsergebnis präsentieren und sich eine dementsprechende formwahrende Vollmacht erteilen lassen, mit der anschließend der Darlehensvertrag zustande kommen kann. Änderungen des Vertragsentwurfs in der Verhandlungsphase bedürfen entsprechender Neuerteilung der Vollmacht durch den Vertreter. Jede neu erteilte Vollmacht bedarf der vollständigen Angaben nach Maßgabe von § 492 Abs. 1 und 2. Freilich braucht der Darlehensgeber nach Maßgabe von §§ 147, 148 BGB nicht mehr gebunden zu sein, so dass der Vertragsabschluss doch noch scheitert. Die Umständlichkeit des Verfahrens ist der Preis für die Wahrung der Informations- und Warnfunktion. Sie beschränkt die Rechtsmacht des Verbrauchers, eine über die formwahrende Niederlegung hinausgehende Vollmacht wirksam zu erteilen, bestimmt also den Umfang der Vollmacht. Innerhalb dieses Umfangs bleibt die Geltung des vertretungsrechtlichen Repräsentationsgedankens unangetastet.[72]

3. Person des Vertreters; Darlehensgeber

58   Der Formzwang gilt gleichgültig, ob der Vertreter selbst Verbraucher oder seinerseits Unternehmer ist. Gerade auf professionelle Anlageberater ist die Formbedürftigkeit der Vollmacht ausgerichtet (→ Rn. 23).

59   Für die Vollmachtserteilung des Darlehensgebers bleibt es allein bei § 167 Abs. 2 BGB, für die Genehmigung bei § 182 Abs. 2 BGB. Die Vertretungsmacht seiner Hilfspersonen kann sich bei Verkäufen nach § 56 HGB richten.

---

[70] Nur für diesen Fall wie hier Staudinger/*Kessal-Wulf* § 492 BGB Rn. 16.
[71] Gl. A. MüKoBGB/*Schürnbrand* § 492 BGB Rn. 48.
[72] Entgegen *Horn/Balzer* WM 2000, 333 (338/339, 341); *Masuch* ZIP 2000, 143 (149); *Vollmer* ZfIR 1999, 891; BGH NJW 2001, 1931 zu II. 2.c.aa. und WM 2001, 1663 zu II. 1.a.; OLG Frankfurt WM 2001, 353 mit abl. Anm. *Bülow* WuB I E 2.–4.2001 und Komm. *Sauer* EWiR § 4 VerbrKrG 3/2000, 1175.

4. Prozessvollmacht, notarielle Vollmacht

Nach § 492 Abs. 4 Satz 2 genügt für Prozessvollmachten nach § 80 Abs. 1 **60** ZPO die einfache Schriftform, so dass insbesondere Prozessvergleiche nicht behindert werden. Diese sind ihrerseits nicht nach § 492 formbedürftig, wie § 491 Abs. 3 bestimmt (→ § 491 Rn. 183 ff.). Prozessvollmacht ist auch diejenige Vollmacht, die zur **Unterwerfung des Verbrauchers unter die sofortige Zwangsvollstreckung** nach § 794 Abs. 1 Nr. 5 ZPO ermächtigt.[73] Sie unterliegt also nicht der verbraucherdarlehensrechtlichen Form nach § 492 Abs. 4 BGB, sondern lediglich der Schriftform nach § 80 ZPO[74] (zur Nichtigkeit nach § 134 BGB und Heilung des Vollmachtsmangels → Rn. 65).

Der verbraucherdarlehensrechtlichen Form bedarf es auch nicht bei **notari-** **61** **eller Beurkundung** der Vollmacht (→ Rn. 24). Danach sind die Pflichtangaben entbehrlich, doch hat der Notar die besonderen Belehrungspflichten bei Verbrauchergeschäften nach **§ 17 Abs. 2a BeurkG** einzuhalten, die auch für die Vollmachterteilung gelten.[75] Bei enger wirtschaftlicher Bindung des Notars an die Darlehensgeberseite resp. an die Seite Dritter, namentlich der Initiatoren und Vertreiber finanzierter Fondsbeteiligungen (→ § 495 Rn. 309), mögen Zweifel an der Effektivität des mittels der Regelung von § 492 Abs. 4 verfolgten Regelungsziels angebracht sein. Lösungen könnten nach Lage des Einzelfalls in der Mobilisierung von Umgehungstatbeständen nach § 512 Satz 2 zu finden sein.[76]

5. Rechtsfolgen

Die formwidrige Vollmacht ist gem. § 494 Abs. 1 nichtig, so dass der Bevoll- **62** mächtigte *falsus procurator* ist.

a) Genehmigung und verbraucherdarlehensrechtliche Heilung. Die **63** Wirksamkeit des vom *falsus procurator* für den Verbraucher abgeschlossenen Darlehensvertrags hängt gem. § 177 Abs. 1 BGB von der Genehmigung des Verbrauchers ab. Die Wirksamkeit tritt ein, wenn der *falsus procurator* den Darlehensvertrag formgerecht nach § 492 Abs. 1 oder formwidrig abgeschlossen hatte, also auch bei doppelter Formwidrigkeit bezüglich Vollmacht und Verbraucherdarlehensvertrag selbst. Diese Genehmigung des Verbrauchers dürfte richtiger-, aber umstrittenerweise[77] ihrerseits trotz der Regelung von § 182 Abs. 2 BGB als formbedürftig nach § 492 Abs. 4 anzusehen sein (→ Rn. 23), so dass konkludentes Verhalten des Verbrauchers nicht zur Vertragswirksamkeit führt. Ein solches würde im Übrigen Kenntnis des Verbrauchers von der Nichtigkeit seiner Erklärung voraussetzen, die in aller Regel im Hinblick auf Verstöße gegen Rechtsbe-

---
[73] BGH WM 2003, 914.
[74] BGH NJW 2004, 844 mit abl. Rezension G. *Vollkommer* NJW 2004, 818, Komm. *Josuig* EWiR § 794 ZPO 1/04, 151 und Anm. *R. Koch* WuB IV E.–1.04; BGH WM 2004, 922 zu II. 3 c.bb. mit Anm. *van Look* WuB IV A.–1.04; OLG Brandenburg WM 2002, 2197.
[75] MüKoBGB/*Schürnbrand* § 492 BGB Rn. 53.
[76] MüKoBGB/*Schürnbrand* § 492 BGB Rn. 54.
[77] AA Staudinger/*Kessal-Wulf* § 492 BGB Rn. 16; *M. Roth* WM 2003, 2356 (2359); *Timmann* BB 2003, Beil. 6, S. 23 (30).

§ 492 64, 65   1. Teil. Darlehen und Finanzierungshilfen

ratungsvorschriften nicht anzunehmen ist.[78] Die Form ist gewahrt, wenn der Verbraucher die vom *falsus procurator* unterzeichnete formgerechte Vertragsurkunde nochmals unterschreibt.[79]

64 **Heilung** des vom *falsus procurator* formgerecht oder formwidrig (→ Rn. 63) abgeschlossenen Darlehensvertrags nach § 494 Abs. 2 Satz 1 tritt ein, wenn der Verbraucher das Darlehen trotz des unwirksamen Vertrags empfängt oder in Anspruch nimmt (→ § 494 Rn. 9). Darin liegt aber keine Genehmigung des Vertretergeschäfts nach § 177 BGB,[80] die – von ihrer Formbedürftigkeit abgesehen (→ Rn. 62) – nicht zur Verminderung des Anspruchsumfangs nach § 494 führen würde. Der geheilte Vertrag ist nach § 495 widerruflich, also nur schwebend wirksam (§ 355 Abs. 1 Satz 1 BGB). Heilender Empfang liegt im Allgemeinen auch darin, dass der Darlehensgeber die Valuta vereinbarungsgemäß an einen **Dritten** leistet.[81]

65 **b) Gesetzwidrige Vollmachtserteilung und Heilung des Vollmachtsmangels.** Die Wirksamkeit der formgerechten Verbrauchervollmacht setzt den im Übrigen rechtsgeschäftlich wirksamen Willen des Verbrauchers voraus. Hieran kann es fehlen, wenn die Vollmachtserteilung (§ 167 Abs. 1 BGB) des Verbrauchers wegen Gesetzwidrigkeit nach § 134 BGB nichtig ist. Diese Fälle treten namentlich bei Vollmachtserteilungen im Rahmen finanzierter Fondsbeteiligungen auf, wo durch den Fondsbetreiber oder mit ihm verbundene Personen, etwa Vermittler, umfassende Geschäftsbesorgungsverträge mit dem beitrittswilligen Verbraucher abgeschlossen werden, die oft[82] wegen Verstoßes gegen Rechtsberatungsvorschriften von § 134 BGB erfasst sind.[83] Ist der Geschäftsbesorgungsvertrag demgemäß nach § 134 BGB nichtig,[84] erstreckt sich die Nichtigkeit auch auf eine in Zusammenhang damit erteilte Vollmacht.[85] Der Geschäftsbesorger,

---

[78] BGH NJW 2004, 2736 zu I. 1.c.; NJW 2004, 2745 zu B.II. 2.c.; BGHZ 47, 341 (351) = NJW 1967, 1711; OLG Karlsruhe ZIP 2004, 2423 mit Komm. *Barnert* EWiR § 242 BGB 4/05, 457; *Arnold/Gehrenbeck* VuR 2004, 41 (42).
[79] Gl. A. MüKoBGB/*Schürnbrand* § 492 BGB Rn. 50; nach LG Karlsruhe ZIP 2004, 2423 mit Komm. *Barnert* EWiR § 242 BGB 4/05, 457 in diesem Fall treuwidrige Berufung auf Formmangel.
[80] Entgegen BT-Drucks. 14/7052, S. 202.
[81] BGHZ 167, 252; MüKoBGB/*Schürnbrand* § 492 BGB Rn. 51.
[82] Nicht: Auftrag zur Erledigung von Geschäftsführungsaufgaben einer Personengesellschaft, BGH WM 2005, 1698 zu II. 3. a., dezidiert abl. *Habersack* BB 2005, 1695 und *Ulmer* ZIP 2005, 1341 sowie *Schmidt-Morsbach/Dicks* BKR 2005, 424, vermittelnd *Altmeppen* ZIP 2006, 1 (3 ff.), verteidigend *Schimansky* WM 2005, 2209; so auch schon *Lang/Korsten* ZIP 2004, 932 (936).
[83] Seit 2008 RDG.
[84] BGH NJW 2002, 66 zu II. 2 b. bb. mit Komm. *Allmendinger* EWiR Art. 1 § 1 RBerG 1/02, 121 und *Maaß* WuB VIII D.–2.02; ZIP 2001, 1990; LG Göttingen ZfIR 2004, 189; *Nittel* NJW 2002, 2599; *Gutmann* ZBB 2003, 424; krit. *Peters/Bräuninger* WM 2004, 2294 (2303 ff.).
[85] BGH NJW 2005, 786 zu II. 1.b.; NJW 2004, 922 zu II. 2.; NJW 2004, 417 zu II. 5.; NJW 2004, 154 mit Anm. *Bülow* WuB I E. 2. – 1.04 und *Mues* EWiR § 6 VerbrKrG 1/04, 255; WM 2004, 21 mit Anm. *Münscher* WuB VIII D.–2.04; NJW 2004, 59 mit Bspr. *Lorenz* JuS 2004, 468 und Anm. *Hertel* WuB VIII D.–1.04; NJW 2004, 62 mit Anm. *Hertel* aaO; NJW 2004, 2090; NJW-RR 2004, 1275 zu II. 3.; BGHZ 154, 283 = 2003, 1594 mit Komm. *Derleder* EWiR Art. 1 § 1 RBerG 4/03, 597 und BGH NJW 2003, 2088 mit Komm. *Frisch* EWiR 6/03, 1049 sowie 2091 mit Anm. *Wolf* LMK 2003, 138 und Komm. *Allmendinger* EWiR Art. 1 § 1 RBerG 8/03, 1103 sowie BGHZ 153, 214 = WM 2003, 247 mit Anm. *Zeller* LMK 2003, 81 und *Wertenbruch* WuB VIII D. – 4.03; kein

der als Vertreter des Verbrauchers für diesen einen Verbraucherdarlehensvertrag abschließt, handelt folglich als *falsus procurator*, so dass ein Vertragsverhältnis zwischen dem Kreditinstitut als Darlehensgeber und dem Verbraucher als Darlehensnehmer trotz formgerechter Vollmachtsurkunde nicht zustande kommt.

In Betracht kommt jedoch, dass **Heilung** des Vollmachtsmangels nach §§ 172 Abs. 2, 173 BGB resp. nach darüber hinausgehenden Grundsätzen der Rechtsscheinhaftung eintritt, so dass der Verbraucherdarlehensvertrag zwischen Darlehensgeber und Verbraucher doch noch zustande kommt. Die Heilung nach §§ 172 Abs. 2, 173 BGB setzt die Errichtung einer Vollmachtsurkunde des Verbrauchers voraus, die der Geschäftsbesorger als vermeintlicher Vertreter dem Darlehensgeber vorlegt und Gutgläubigkeit des Darlehensgebers voraussetzt. Zunächst ist § 172 Abs. 2 BGB über seinen Wortlaut hinaus auch dann anwendbar, wenn die Vollmacht von Anfang an nicht wirksam erteilt worden war.[86] Heilung kann nur eintreten, wenn eine formgerechte Urkunde nach § 492 Abs. 4 Satz 1 oder eine notarielle Urkunde (§ 492 Abs. 4 Satz 2) vorgelegt wurde. Die Gutgläubigkeit des Darlehensgebers bezieht sich auf die Wirksamkeit der Vollmachtserteilung, also auf eine Rechtsfrage, nicht lediglich auf die tatsächlichen Umstände der Vollmachtserteilung.[87] Deshalb ist der Darlehensgeber gutgläubig, wenn er die Nichtigkeit nach § 134 BGB wegen Verstoßes gegen Rechtsberatungsvorschriften nicht kannte und auch nicht fahrlässig verkannte,[88] sich also in einem Rechtsirrtum befand. In der Tat konnte von einer so begründeten Gutgläubigkeit in Altfällen ausgegangen werden. Den vor dem Jahr 2000 ergangenen Entscheidungen des BGH war die Nichtigkeitsfolge von Vollmachten wegen Verstoßes gegen Rechtsberatungsvorschriften nämlich noch nicht zu entnehmen gewesen.[89] In solchen Altfällen konnte deshalb von der Gültigkeit der Vollmacht und folglich von einem wirksamen Verbraucherdarlehensvertrag ausgegangen werden.[90] Unter der Geltung von § 492 Abs. 4, also seit dem 1.1.2002, hatte sich die Rechtsprechung zur Nichtigkeit von Geschäftsbesorgungsvollmachten nach § 134 BGB iVm dem damaligen Art. 1 § 1 RBerG aber bereits gefestigt, so dass ein Darlehensgeber fahrlässig handelte, wenn er an die Wirksamkeit der Vollmacht glaubte. Unter diesem Gesichtspunkt kommt eine Heilung des Vollmachtsmangels deshalb nicht mehr in Betracht.

Ein Umstand, der gegen die Gutgläubigkeit des Darlehensgebers im Übrigen sprechen kann, ist eine Vertragskonstellation, in welcher der Geschäftsbesorger und der Verbraucher die Errichtung einer notariellen Urkunde vereinbaren, dem dies wissenden Darlehensgeber aber nur eine vorweg erteilte privatschriftliche Urkunde vorgelegt wurde.[91]

Verstoß, wenn Rechtsberatung nur Nebenzweck: OLG Karlsruhe WM 2003, 1223 mit Anm. *M. Roth* WuB I G 5.–10.03; *Reithmann* ZflR 2004, 275 (276).
[86] BGH NJW 1985, 730 zu 3.a.; RGZ 108, 125 (127).
[87] BGH WM 2003, 1710; WM 2004, 417 zu III. 1. sowie 1127 und 1221; WM 2005, 72; BGH XI ZR 375/04 und 84/05 vom 15.11.2005.
[88] BGH WM 2005, 327 und 828 = NJW 2005, 1576.
[89] So BGH WM 2005, 327 zu II. 2 b.bb. (2), 329 = NJW 2005, 1190; WM 2005, 1520 zu II. 2 b.bb. (2), S. 1522 mit Anm. *Münscher* BKR 2005, 500 und Komm. *Frisch* EWiR § 167 BGB 1/06, 39.
[90] BGH WM 2005, 327; WM 2005, 828 zu B. II. 4.b.; NJW 2005, 821 und 2983 II. 2 b.bb. (V. Zivilsenat); OLG München WM 2005, 800; LG Stuttgart WM 2006, 127 mit Anm. *Bülow* WuB I E 2.–2006.
[91] BGHZ 159, 294 = NJW 2004, 2736 (2738) = WM 2004, 1529 zu I. 1 b.bb. (1); umgekehrt OLG Düsseldorf WM 2005, 881: notarielle Ausfertigung heilt.

§ 492 68–70   1. Teil. Darlehen und Finanzierungshilfen

68 Jenseits der Kenntnis des Vollmachtsmangels wegen Verstoßes gegen Rechtsberatungsvorschriften stellt sich die weitergehende Frage, ob eine Heilung dann nicht in Betracht kommt, wenn der Darlehensvertrag und der dadurch finanzierte Beitritt des Verbrauchers zu einem Fonds ein **verbundenes Geschäft** nach § 358 Abs. 3 BGB bilden. Diesen Standpunkt nahm der II. Zivilsenat des BGH ein,[92] weil in einer solchen Konstellation der Darlehensgeber nicht als Dritter, der redlich ist, angesehen werden könne. Dieser Einschränkung sind der XI. Zivilsenat[93] und – diesem folgend – der V. Zivilsenat[94] dezidiert entgegengetreten, so dass die Rechtsprechung insoweit kontrovers und ungeklärt war. In Folge der nun bestehenden ausschließlichen Zuständigkeit des XI. Zivilsenats hat sich dieser Konflikt in dessen Sinne erledigt.[95]

69 Ein Erteilungsmangel einer **Prozessvollmacht** einschließlich einer Vollmacht zur Unterwerfung unter die sofortige Zwangsvollstreckung (→ Rn. 60), der ebenfalls in der Gesetzeswidrigkeit nach § 134 BGB und Rechtsberatungsvorschriften liegen kann,[96] ist nicht nach den materiell rechtlichen Vorschriften von §§ 171 bis 173 BGB heilbar, vielmehr gelten allein die eigenständigen prozessualen Regeln nach §§ 80, 88, 89 ZPO.[97] Allerdings kann die Berufung des Verbrauchers auf den Vollmachtsmangel nach § 242 BGB treuwidrig sein, wenn der Darlehensvertrag wirksam war und sich der Verbraucher dort zur Unterwerfung verpflichtet hatte, die durch die unwirksame Vollmacht vollzogen worden war,[98] oder wenn sich diese Pflicht aus einem Gesellschaftsvertrag ergibt.[99]

70 Scheitert für Neufälle demgemäß eine Heilung des in § 134 BGB liegenden Vollmachtsmangels, kommt eine Zurechnung der Vollmachtswirkung auf den Verbraucher nach den Grundsätzen einer Rechtsscheinvollmacht unter der Geltung von § 492 Abs. 4 Satz 1 nicht mehr in Betracht. An sich kann die Wirkung einer wirksamen Vollmacht eintreten, wenn der Vertretene, hier der Verbraucher, es wissentlich und in der Regel über einen längeren Zeitraum geschehen lässt, dass der falsus procurator für ihn auftritt und der Geschäftspartner, also der Darlehensgeber, darauf das Vertrauen gründet und gründen darf, dass eine Vollmacht

---

[92] BGHZ 159, 294 = NJW 2004, 2736 = WM 2004, 1529 zu I. 1. b. aa.
[93] NJW 2005, 2985 zu III. 1.b. mit Anm. *Armbrüster/Stöbener* LMK 2006, 164, 663; WM 2005, 327 zu II. 2 b. bb. (2) = NJW 2005, 1190 mit Anm. *Bülow* WuB I E. 2.–3.05 und Komm. *Madaus* EWiR Art. 1 § 1 RBerG 3/05, 365; NJW 2005, 664 = WM 2005, 127 zu B. II. 2 a. cc. (1) mit Anm. *Jungmann* WuB IV A.–1.03; WM 2005, 72 zu II. 1 b. cc. (S. 75) mit Komm. *Tiedtke* EWiR § 171 BGB 1/05, 415 = NJW 2005, 668; WM 2005, 1520 zu II. 1.b.; auch IV. Zivilsenat, WM 2004, 922 mit Anm. *van Look* WuB IV A.–1.04 sowie instruktiv LG Hamburg WM 2005, 1026 mit Anm. *Bülow* WuB I E 2.–3.05.
[94] NJW 2005, 2983 = WM 2005, 1764 zu II. 2. b. bb. (2); NJW-RR 2005, 1418 zu II. 2.a.
[95] BGHZ 167, 252.
[96] BGHZ 154, 283 (285) = WM 2003, 914 zu II. 2.b.; BGH WM 2003, 2372 zu II. 2. und 2375 zu II. 2.; WM 2004, 922 zu II. 3. mit Anm. *van Look* WuB IV A.–1.04.
[97] BGHZ 154, 283 (286) = WM 2003, 914 zu II. 3.; WM 2005, 828 zu II. 3.a.; LG Bonn VuR 2005, 296.
[98] BGH NJW 2004, 62 mit abl. Komm. *Kulke* EWiR § 242 BGB 2/04, 423; NJW 2004, 839 mit Komm. *Mues* EWiR § 172 BGB 1/04, 421 sowie Anm. *Basty* LMK 2003, 106; *Wölfel* JuS 2002, 936.
[99] BGH WM 2005, 1698 zu II. 3.e. mit Komm. *Aigner* EWiR § 242 BGB 3/05, 417 und abl. Rezension *Habersack* BB 2005, 1695; sehr krit. *Ulmer* ZIP 2005, 1341 (1344).

wirklich besteht, wobei es aber nicht ausreicht,[100] dass der Verbraucher Bankformulare unterschreibt oder auch die Abtretung von Ansprüchen aus einer Kapitallebensversicherung erklärt. Ein solches Vertrauen kann aber von vornherein nur bei formgerechter Vollmachtsurkunde schutzfähig sein, so dass ohne Urkundenvorlage eine Rechtsscheinzurechnung nicht eintreten kann. Dies ist aber in Altfällen vor dem 1.1.2002 möglich.

6. Finanzierungshilfen

Der Formzwang für die Vollmacht gilt nur im Hinblick auf abzuschließende 71
Verbraucherdarlehensverträge, aber nicht für Finanzierungshilfen und Teilzahlungsgeschäfte nach §§ 506, 507, was § 506 Abs. 1 Satz 1 zu entnehmen ist und nach § 506 Abs. 1 Satz 2 auch für Immobiliar-Verbraucherdarlehensverträge gilt.

C. Die Pflichtangaben

Vorbemerkung: keine Angabe des Verwendungszwecks; Konzeption der Vorschriften; Wettbewerbsrecht; Transparenzgebot

Schriftformerfordernis bedeutet die Notwendigkeit, den wesentlichen Ver- 72
tragsinhalt niederzulegen. Soweit sich dieser mit den Pflichtangaben deckt, ist die danach vorgeschriebene Art und Weise der Niederlegung einzuhalten, wie es den Pflichtangaben entspricht. **Keiner Angabe** bedarf der **Vertrags- und Verwendungszweck** (→ Rn. 37, 52), obwohl dieser gem. § 13 BGB resp. § 513 über die Anwendbarkeit von Verbraucherkreditrecht überhaupt entscheiden kann (→ § 491 Rn. 42 ff.). Folglich ist nicht sichergestellt, dass bereits bei der Darlehensgewährung Klarheit über die Zweckbestimmung – durch schriftliche Angaben – geschaffen wird, weil die fehlende Angabe des Vertragszwecks immerhin für den Darlehensgeber noch die – vielleicht vorprozessuale – Möglichkeit zur Argumentation offen hält, Verbraucherdarlehensrecht sei nicht anwendbar. Der Vertragszweck gehört gerade auch nicht zu dem gem. § 126 BGB anzugebenden Inhalt des Vertrages (→ Rn. 37), sondern ist dessen Handlungsmotiv.

Im Zuge der Umsetzung der Verbraucherkreditrichtlinie II wurde das Regle- 73
ment zu den Pflichtangaben aus § 492 vollkommen neu konzipiert. Während § 492 Abs. 1 Satz 5 aF die zu berücksichtigenden Pflichtangaben bereithielt, beschränkt sich § 492 Abs. 2 nun auf einen Verweis auf Art. 247 §§ 6 bis 13 EGBGB. Für den Verbraucherdarlehensvertrag als solchen erlangt allerdings nur der Verweis auf die §§ 6 bis 8 sowie 14, teilweise differenziert nach Allgemein- und Immobiliar-Verbraucherdarlehensvertrag, Bedeutung. Die weiteren in Bezug genommenen Regelungen gelten für besondere Vertragstypen und werden im

---

[100] BGH WM 2005, 786 zu II. 2 b. bb. mit Komm. *Kleine-Cosack* EWiR Art. 1 § 1 RBerG 4/05, 515 = NJW 2005, 1488; BGHZ 159, 294 = NJW 2004, 2736 zu I. 1 b. bb. (2), 2738; Abgrenzung OLG Frankfurt NJW-RR 2005, 1514; OLG Celle WM 2005, 691; OLG Karlsruhe WM 2004, 1135 mit Anm. *Schönfelder* WuB VIII D.–5.04.

§ 492 73a–73d   1. Teil. Darlehen und Finanzierungshilfen

Rahmen dieser Kommentierung auch dort dargestellt. Ursprünglich verwies der neu formulierte § 492 Abs. 2 im Allgemeinen auf die §§ 6 bis 13 des Art. 247 EGBGB. Durch die geringfügige Ergänzung der Vorschrift im Zuge des **VKrRiLUG-ÄndG,** die in der Bezugnahme auf die für den Verbraucherdarlehensvertrag vorgeschriebenen Angaben besteht, wird klargestellt, dass der Verweis auf die Pflichtangaben nicht umfänglich zu verstehen ist, sondern es der Differenzierung hinsichtlich des jeweiligen Typs eines Verbraucherkreditvertrags bedarf. Der Vertrag hat nur die Angaben zu enthalten, die für den jeweiligen Verbraucherkreditvertrag vorgesehen sind.[101] Art. 247 § 6 Abs. 1 Satz 2 EGBGB zählt nun eindeutig und abschließend auf, welche Angaben bei einem **Immobiliar-Verbraucherdarlehensvertrag** zwingend zu erfolgen haben. Im Einzelnen handelt es sich bei den weiteren, hier nicht darzustellenden Pflichtangaben um folgende Vorschriften:

73a
– § 10 enthält eine Sonderregelung für Überziehungskreditverträge iSd § 504 Abs. 2 (→ § 504 Rn. 33),
– § 11 betrifft Mitteilungspflichten bei Allgemein-Verbraucherdarlehensverträgen zur Umschuldung gem. § 495 Abs. 2 Nr. 1 (→ § 495 Rn. 178),
– § 12 bestimmt die zu beachtenden Pflichtangaben bei verbundenen Verträgen und entgeltlichen Finanzierungshilfen (→ § 506 Rn. 100 ff.),
– §§ 13, 13a und 13b gelten für Darlehensvermittler (→ § 655a Rn. 21 ff.).

73b   Der Vertrag hat nach Art. 247 § 6 EGBGB folgende, in verschiedenen Regelungen des Art. 247 EGBGB aufgelistete Pflichtangaben zu enthalten.

73c   Art. 247 § 6 Abs. 1 Satz 1 iVm. § 3 Abs. 1 EGBGB

1. den Namen und die Anschrift des Darlehensgebers, ggf. des Darlehensvermittlers (→ Rn. 77),
2. die Art des Darlehens (→ Rn. 78),
3. den effektiven Jahreszins (→ Rn. 79 ff.),
4. den Nettodarlehensbetrag (→ Rn. 92 ff.),
5. den Sollzinssatz (→ Rn. 95),
6. die Vertragslaufzeit (→ Rn. 97),
7. Betrag, Zahl und Fälligkeit der einzelnen Teilzahlungen (→ Rn. 98 ff.),
8. den Gesamtbetrag (→ Rn. 102 ff.),
9. die Auszahlungsbedingungen (→ Rn. 116),
10. alle sonstigen Kosten, insbesondere in Zusammenhang mit der Auszahlung oder der Verwendung eines Zahlungsauthentifizierungsinstruments, mit dem sowohl Zahlungsvorgänge als auch Abhebungen getätigt werden können, sowie die Bedingungen, unter denen die Kosten angepasst werden können (→ Rn. 117, 124, 144),
11. den Verzugszinssatz und die Art und Weise seiner etwaigen Anpassung sowie gegebenenfalls anfallende Verzugskosten (→ Rn. 128),
12. einen Warnhinweis zu den Folgen ausbleibender Zahlungen (→ Rn. 129),
13. das Bestehen oder Nichtbestehen eines Widerrufsrechts (→ Rn. 130),
14. das Recht des Darlehensnehmers, das Darlehen vorzeitig zurückzuzahlen (→ Rn. 133),

73d   Art. 247 § 6 Abs. 3

Bei Allgemein-Verbraucherdarlehensverträgen hat die Angabe des Gesamtbetrags und des effektiven Jahreszinses unter Angabe der Annahmen zu erfolgen, die zum Zeitpunkt des Abschlusses des Vertrags bekannt sind und die in die Berechnung des effektiven Jahreszinses einfließen (→ Rn. 103).

---

[101] BT-Drucks. 17/1394, S. 14 zu 4a.

Schriftform, Vertragsinhalt 73e–73i § 492

Art. 247 § 6 Abs. 1 Satz 2 EGBGB 73e

Bei einem Immobiliar-Verbraucherdarlehensvertrag sind abweichend von Satz 1 nur die in § 3 Absatz 1 Nummer 1 bis 7, 10 und 13 sowie Absatz 4 genannten Angaben zwingend. Abweichend von § 3 Absatz 1 Nummer 7 ist die Anzahl der Teilzahlungen nicht anzugeben, wenn die Laufzeit des Darlehensvertrags von dem Zeitpunkt der Zuteilung eines Bausparvertrags abhängt. (→ Rn. 99a)

Art. 247 § 3 Abs. 4 EGBGB 73f

(4) Die Angabe zum Sollzinssatz muss die Bedingungen und den Zeitraum für seine Anwendung sowie die Art und Weise seiner Anpassung enthalten. Ist der Sollzinssatz von einem Index oder Referenzzinssatz abhängig, sind diese anzugeben. Sieht der Verbraucherdarlehensvertrag mehrere Sollzinssätze vor, sind die Angaben für alle Sollzinssätze zu erteilen. Sind im Fall des Satzes 3 Teilzahlungen vorgesehen, ist anzugeben, in welcher Reihenfolge die ausstehenden Forderungen des Darlehensgebers, für die unterschiedliche Sollzinssätze gelten, durch die Teilzahlungen getilgt werden (→ Rn. 95).

Art. 247 § 6 Abs. 1 Satz 1 EGBGB 73g

1. (s. o.),
2. den Namen und die Anschrift des Darlehensnehmers (→ Rn. 77),
3. die für den Darlehensgeber zuständige Aufsichtsbehörde (→ Rn. 135),
4. einen Hinweis auf den Anspruch des Darlehensnehmers auf einen Tilgungsplan nach § 492 Abs. 3 Satz 2 des Bürgerlichen Gesetzbuchs (→ Rn. 136),
5. das einzuhaltende Verfahren bei der Kündigung des Vertrags (→ Rn. 137),
6. sämtliche weitere Vertragsbedingungen (→ Rn. 138).

Art. 247 § 7 EGBGB 73h

(1) Der Allgemein-Verbraucherdarlehensvertrag muss klar und verständlich folgende Angaben enthalten, soweit sie für den Vertrag bedeutsam sind:
1. einen Hinweis, dass der Darlehensnehmer Notarkosten zu tragen hat (→ Rn. 139),
2. die vom Darlehensgeber verlangten Sicherheiten und Versicherungen, im Fall von entgeltlichen Finanzierungshilfen insbesondere einen Eigentumsvorbehalt (→ Rn. 123, 140 ff., 145),
3. die Berechnungsmethode des Anspruchs auf Vorfälligkeitsentschädigung, soweit der Darlehensgeber beabsichtigt, diesen Anspruch geltend zu machen, falls der Darlehensnehmer das Darlehen vorzeitig zurückzahlt (→ Rn. 134),
4. den Zugang des Darlehensnehmers zu einem außergerichtlichen Beschwerde- und Rechtsbehelfsverfahren und gegebenenfalls die Voraussetzungen für diesen Zugang (→ Rn. 149).

(2) Der Immobiliar-Verbraucherdarlehensvertrag muss folgende klar und verständlich formulierte weitere Angaben enthalten, soweit sie für den Vertrag bedeutsam sind:
1. die Voraussetzungen und die Berechnungsmethode für den Anspruch auf Vorfälligkeitsentschädigung, soweit der Darlehensgeber beabsichtigt, diesen Anspruch geltend zu machen, falls der Darlehensnehmer das Darlehen vorzeitig zurückzahlt, und die sich aus § 439 Absatz 5 des Bürgerlichen Gesetzbuchs ergebenden Rechte (→ Rn. 134a?),
2. bei einem Immobiliar-Verbraucherdarlehensvertrag in Fremdwährung auch die sich aus den §§ 503 und 439 Absatz 4 des Bürgerlichen Gesetzbuchs ergebenden Rechte (→ Rn. 153a).

Art. 247 § 8 EGBGB 73i

(1) Verlangt der Darlehensgeber zum Abschluss eines Allgemein-Verbraucherdarlehensvertrags, dass der Darlehensnehmer zusätzliche Leistungen des Darlehensgebers annimmt oder einen weiteren Vertrag abschließt, insbesondere einen Versicherungsvertrag oder Kontoführungsvertrag, hat der Darlehensgeber dies zusammen mit der vorvertraglichen Information anzugeben. In der vorvertraglichen Information sind Kontoführungsgebühren sowie die Bedingungen, unter denen sie angepasst werden können, anzugeben (→ § 491a Rn. 24).

(2) Werden im Zusammenhang mit einem Verbraucherdarlehensvertrag Kontoführungsgebühren erhoben, so sind diese sowie die Bedingungen, unter denen die Gebühren angepasst werden können, im Vertrag anzugeben (→ Rn. 150).

(3) Dienen die vom Darlehensnehmer geleisteten Zahlungen nicht der unmittelbaren Darlehenstilgung, sind die Zeiträume und Bedingungen für die Zahlung der Sollzinsen und der damit verbundenen wiederkehrenden und nicht wiederkehrenden Kosten im Verbraucherdarlehensvertrag aufzustellen. Verpflichtet sich der Darlehensnehmer mit dem Abschluss eines Verbraucherdarlehensvertrags auch zur Vermögensbildung, muss aus der vorvertraglichen Information und aus dem Verbraucherdarlehensvertrag klar und verständlich hervorgehen, dass weder die während der Vertragslaufzeit fälligen Zahlungsverpflichtungen noch die Ansprüche, die der Darlehensnehmer aus der Vermögensbildung erwirbt, die Tilgung des Darlehens gewährleisten, es sei denn, dies wird vertraglich vereinbart (→ Rn. 515, 152).

73j Art. 247 § 13 Abs. 1 EGBGB
(1) Ist bei der Anbahnung oder beim Abschluss eines Verbraucherdarlehensvertrags oder eines Vertrags über eine entgeltliche Finanzierungshilfe ein Darlehensvermittler beteiligt, so ist der Vertragsinhalt nach § 6 Abs. 1 um den Namen und die Anschrift des beteiligten Darlehensvermittlers zu ergänzen (Rn. 153).

74 Die Vorschriften über Pflichtangaben haben auch den Zweck, das Marktverhalten von Darlehensgebern, nicht nur im Interesse der Verbraucher als Vertragspartner, sondern auch im Interesse der Mitbewerber, zu regeln; Gleiches gilt für Informationspflichten im Fernabsatz (→ Rn. 34). Die Missachtung der Vorschriften stellt daher eine unlautere Wettbewerbshandlung dar und ist unzulässig,[102] wenn die Erheblichkeitsschwelle nach §§ 3, 4 Nr. 11 UWG betreten ist.[103]

75 **Geldbeträge** sind in der vom Darlehensgeber geschuldeten Währung zu beziffern, früher nicht notwendig in Deutscher Mark und jetzt auch nicht notwendig in Euro.

76 Eingangs ordnet Art. 247 § 6 Abs. 1 an, dass im Verbraucherdarlehensvertrag die Pflichtangaben klar und verständlich zu erfolgen haben. Damit wird ein verbraucherkreditrechtliches **Transparenzgebot** statuiert. Es wird der Eingangssatz von Art. 10 Abs. 2 der Verbraucherkreditrichtlinie und Art. 13 Abs. 1 der Wohnimmobilienkreditrichtlinie umgesetzt, wonach die Angaben in klarer, prägnanter Form zu erfolgen haben. Gleiches gilt für Art. 247 § 7 Abs. 1 und 2 EGBGB.

1. Name und Anschrift von Darlehensgeber und Darlehensnehmer

77 Art. 247 § 6 Abs. 1 Satz 1 Nr. 1 iVm § 3 Abs. 1 Nr. 1 und § 6 Abs. 1 Satz 1 Nr. 2 EGBGB bestimmt, dass der Vertrag den Namen und die Anschrift der Vertragsparteien, also von Darlehensgeber und -nehmer enthalten muss; anwendbar nach § 6 Abs. 1 Satz 2 auch auf Immobiliar-Verbraucherdarlehensverträge. Was unter dem Namen zu verstehen ist, ergibt sich aus § 12 BGB, wobei auch die Firma des Darlehensgebers nach § 17 HGB einen solchen Namen darstellt. Hinsichtlich der Anschrift der Vertragsparteien bedarf es der Angabe einer Postadresse, an die Schriftverkehr zugestellt werden kann. Die Angabe einer virtuellen

---

[102] Zur Angabe eines zu geringen Effektivzinses EuGH EuZW 2012, 302 (Jana Pereničová ua/SOS financ spol. s r. o.).
[103] OLG Karlsruhe GRUR 2002, 730; LG Frankfurt/Main NJW-RR 2002, 1468; LG Hannover WRP 2005, 1303 für § 4 BGB-InfVO (Reiserecht); im Grundsätzlichen BGH GRUR 2002, 825; LG Würzburg WRP 2006, 497 zu § 312c BGB.

Schriftform, Vertragsinhalt 78, 79 § 492

Adresse, zB einer E-Mail-Adresse, reicht nicht aus.[104] Ist ein Darlehensvermittler beteiligt, bedarf es nach Maßgabe von Art. 247 § 13 Abs. 1 ebenso der Angabe von dessen Namen und Anschrift. Das Fehlen der Angaben führt zur Nichtigkeit des Vertrags nach Maßgabe von § 494 Abs. 1.

2. Art des Darlehens

Nach Art. 247 § 6 Abs. 1 Satz 1 Nr. 1 iVm § 3 Abs. 1 Nr. 2 EGBGB bedarf 78 es in dem Vertrag der Angabe der Darlehensart (gem. § 6 Abs. 1 Satz 2 auch in Immobiliar-Verbraucherdarlehensverträgen). Durch die Bezeichnung der Darlehensart wird der Verbraucher zunächst darüber informiert, dass es sich bei dem Vertrag um einen Vertrag über ein „Gelddarlehen" und nicht um eine sonstige Finanzierungshilfe handelt. Er erhält eine schlagwortartige Beschreibung des Produkts.[105] Darüber hinaus hat der Darlehensgeber deutlich zu machen, dass es sich um eine besondere Form des Darlehens handelt, etwa ein Immobiliar-Verbraucherdarlehen oder einen Überziehungskredit. Soweit derartige, gesetzlich geregelte Sonderformen aber nicht vorliegen, genügt der Darlehensgeber seiner Informationspflicht, wenn er den Vertrag als „Verbraucherdarlehensvertrag" bezeichnet. Die Angabe der „Art des Darlehens" kann sich auch auf die nähere Ausgestaltung des Vertrags beziehen, so, „zB ein befristetes oder unbefristetes Darlehen mit regelmäßiger Tilgung oder Tilgung am Ende der Laufzeit".[106] Notwendig und hinreichend ist die Bezeichnung der Vertragsart in Abgrenzung zu den übrigen gesetzlich bestimmten Kreditformen. Fehlt die Angabe, führt dies zur Vertragsnichtigkeit nach § 494 Abs. 1.

3. Effektiver Jahreszins

Im Vertrag muss gem. Art. 247 § 6 Abs. 1 Satz 1 Nr. 1 iVm § 3 Abs. 1 Nr. 3 79 EGBGB der effektive Jahreszins angegeben werden. Dies gilt gem. § 6 Abs. 1 Satz 2 in gleicher Weise für Immobiliar-Verbraucherdarlehensverträge. Im Allgemeinen schuldet der Verbraucher nicht nur den Nominalzins als Gegenleistung für die Möglichkeit der Kapitalnutzung (bzw. für die Stundung des Kauf- oder Leistungspreises), berechnet nach Bruchteilen von Kapital oder Preis, sondern außerdem einmalig zu entrichtende Kosten (→ Rn. 121) wie Antrags- oder Bearbeitungsgebühren, Vermittlungskosten. Auch sie sind nichts anderes als eine Vergütung für die Kapitalüberlassung oder für die Stundung. Solche Kosten lassen sich gleichermaßen als Bruchteil von Kapital oder Preis ausrechnen. Auf ein Jahr bezogen ergeben sie zusammen mit dem Nominalzins die tatsächliche Belastung des Verbrauchers, die prozentual ausgedrückte Gegenleistung. Sie ist der effektive Jahreszins, also die in einem Vomhundertsatz des Nettodarlehensbetrags (§ 3 Nr. 4, → Rn. 92 resp. des Barzahlungspreises, §§ 506, 507, Art. 247 § 12 EGBGB) anzugebende Gesamtbelastung pro Jahr. In der Vertragsanbahnungsphase und im Hinblick auf einen Widerruf dient die Angabe des effektiven Jahres-

---
[104] BT-Drucks. 16/11643, S. 123 zu § 3 Abs. 1; MüKoBGB/*Schürnbrand* § 491a BGB Rn. 19.
[105] MüKoBGB/*Schürnbrand* § 491a BGB Rn. 20; Staudinger/*Kessal-Wulf* § 491a BGB Rn. 19.
[106] BT-Drucks. 16/11643, S. 123 zu § 3 Abs. 1; s. auch MüKoBGB/*Schürnbrand* § 491a BGB Rn. 20.

zinses der Vergleichbarkeit des zentralen Entscheidungsparameters, nämlich des tatsächlichen Preises für die Kapitalnutzung.[107]

80   a) **Preisangabenverordnung.** Es gibt verschiedene finanzmathematische Methoden, den effektiven Jahreszins zu berechnen.[108] Das Verbraucherkreditrecht verweist dynamisch auf diejenige finanzmathematische Methode, die § 6 PAngV (→ Rn. 85) zugrunde liegt, Art. 247 § 3 Abs. 2 Satz 2 EGBGB, sodass dem Verbraucher aufgrund der gleichbleibenden Berechnungsmethode vor und bei Abschluss des Vertrags der Vergleich mit anderen Produkten erleichtert wird (→ Rn. 8).[109]

81   b) **Angabe der Berechnungsgrundlage.** Bei Allgemein-Verbraucherdarlehensverträgen ist nach Art. 247 § 3 Abs. 3 EGBGB anzugeben, welche zum Zeitpunkt des Vertragsschlusses bekannten Annahmen der Berechnung des effektiven Jahreszinses zu Grunde lagen.

82–88   nicht belegt

89   c) **Änderung preisbestimmender Faktoren (variabler Zinssatz).** Bei Darlehensverträgen mit variablen Konditionen ist der anfängliche effektive Jahreszins anzugeben, bei dem die im Zeitpunkt des Vertragsabschlusses vereinbarten Konditionen zugrunde gelegt werden.[110] Die Pflicht zur Kennzeichnung als „anfänglicher effektiver Jahreszins" ist entfallen.[111] Weitergehender Angaben bedarf es im Vertrag nicht mehr. Hinweise auf die Änderung unterworfener preisbestimmender Faktoren haben allerdings im vorvertraglichen Bereich zu erfolgen, Art. 247 § 3 Abs. 3 EGBGB.

90   d) **Fehlende, falsche oder nichtssagende Angabe.** Fehlt die Angabe des effektiven Jahreszinses, ist der Kreditvertrag gem. § 494 Abs. 1 nichtig, aber gem. Absatz 2 Satz 2 heilbar (→ § 494 Rn. 62). Der Verbraucher schuldet demgemäß nur den gesetzlichen Zinssatz von 4%; dies bezieht sich auch auf ein Disagio.[112] Ist der effektive Jahreszins aber falsch angegeben, ist der Vertrag wirksam. Bei zu hoher Angabe treten keine Rechtsfolgen ein, bei zu niedriger Angabe wird der Nominalzins der Falschangabe entsprechend in der absoluten Zinsdifferenz, nicht etwa nur in der relativen, gem. § 494 Abs. 3 herabgesetzt (→ § 444 Rn. 86 ff.). Eine **Zinsanpassungsklausel,** aus der die Änderungsvoraussetzungen nicht nachvollziehbar sind, ist als nichtssagende Klausel wie eine fehlende zu behandeln mit der Folge, dass der Vertrag zwar wirksam ist, Zinsänderungen zum Nachteil des Verbrauchers aber gem. § 494 Abs. 4 Satz 2 (→ § 494 Rn. 74) nicht bestimmt werden können.[113] Eine Zinsanpassungsklausel, die der Bank ein einseitiges Preisänderungsrecht einräumt, ohne die Änderungsvoraussetzungen transparent darzulegen, kann bereits wegen eines Verstoßes gegen § 307 Abs. 1, Abs. 2 Nr. 1 BGB unwirksam sein.[114]

---

[107] *Fleischer* ZEuP 2000, 772 (788); *Soergel/Häuser* § 4 VerbrKrG Rn. 2; *Wimmer/Rösler* BKR 2011/6 (7).
[108] Ausführlich zur Zinsberechnung im Recht *Reifner* AcP 214 (2014), 696, zum effektiven Jahreszins insbes. 716 ff.
[109] Staudinger/*Kessal-Wulf* § 492 BGB Rn. 55, 60.
[110] Eingehend zu dieser Problematik bei langfristigen Immobilienkrediten *Köhler* WM 2012, 149.
[111] MüKoBGB/*Schürnbrand* § 491a BGB Rn. 22.
[112] BGH WM 2000, 1243 mit Anm. *Kessal-Wulf* LM Nr. 4 zu § 6 VerbrKrG und *Wenzel* WuB I E 3.–5.2000 sowie Komm. *Wehrt* EWiR § 6 VerbrKrG 1/2000, 791.
[113] *Derleder* WM 2001, 2029 (2038); *Schimansky* WM 2003, 1449 (1453).
[114] BGH NJW 2009, 2051; Staudinger/*Kessal-Wulf* § 491a BGB Rn. 16.

e) **Wettbewerbsrecht.** Die PAngV gehört zu den Vorschriften, die auch dazu 91
bestimmt sind, im Interesse der Marktteilnehmer das Marktverhalten zu regeln.
Der Verstoß stellt daher eine unlautere Wettbewerbshandlung nach §§ 3, 4
Nr. 11 UWG dar, soweit die Erheblichkeitsschwelle erreicht ist (→ Rn. 74) und
begründet den Unterlassungsanspruch nach § 8 Abs. 1 UWG.[115] Der Preisangabepflicht aus § 6 PAngV unterliegt auch ein Händler, der die Finanzierung zu vermitteln verspricht,[116] aber nicht ein Handelsunternehmen, das mit der Finanzierung wirbt, diese aber gar nicht selbst besorgt; das gilt selbst dann, wenn die Werbung des Handelsunternehmens insoweit irreführt (§ 5 UWG).[117]

4. Nettodarlehensbetrag, Höchstgrenze

Nach Maßgabe von Art. 247 § 6 Abs. 1 Satz 1 Nr. 1 iVm § 3 Abs. 1 Nr. 4 92
EGBGB ist der Nettodarlehensbetrag im Vertrag anzugeben (gem. § 6 Abs. 1
Satz 2 zwingend auch im Immobiliar-Verbraucherdarlehensvertrag). Umgesetzt
wird dadurch Art. 10 Abs. 2 lit. d 1. Alt. der Verbraucherkreditrichtlinie. Die
Richtlinie spricht von „Gesamtkreditbetrag". Die Transformation des ebenso in
Art. 10 Abs. 2d) der Richtlinie zu findenden Hinweises auf die „Bedingungen
für die Inanspruchnahme" findet sich, anwendbar nur auf Allgemein-Verbraucherdarlehensverträge, in Art. 247 § 6 Abs. 1 Satz 1 Nr. 1 iVm § 3
Abs. 1 Nr. 9 (→ Rn. 116) unter „Auszahlungsbedingungen". Nettodarlehensbetrag ist nach der nun in Art. 247 § 3 Abs. 2 Satz 2 EGBGB zu findenden
Legaldefinition der Höchstbetrag, auf den der Darlehensnehmer aufgrund des
Darlehensvertrags Anspruch hat (Grundlage: Art. 3 lit. l der Verbraucherkreditrichtlinie). Es handelt sich um denjenigen Betrag, der dem Darlehensnehmer
(Verbraucher) tatsächlich ausgezahlt, verrechnet (zB mit der Restschuld eines
Vorkredits, interne Umschuldung)[118] oder der vereinbarungsgemäß an einen
Dritten geleistet wird, insbesondere bei Ablösung eines Kredits bei einer anderen
Bank (externe Umschuldung). Verringert sich die tatsächlich geleistete Valuta um
ein Disagio[119] (→ Rn. 106) oder um Einmalkosten wie Bearbeitungsgebühren,
ist der Nettodarlehensbetrag der um diese Positionen verringerte Betrag; sie sind
außerdem bei der Berechnung des effektiven Jahreszinses zu berücksichtigen
(→ Rn. 79).

Fraglich ist, ob verrechnete **Kosten für Versicherungen** abzuziehen sind. 93
Wenn nicht, würde der Informationswert des Nettodarlehensbetrags für den

---

[115] Zur Angabe eines zu geringen Effektivzinses EuGH EuZW 2012, 302 (Jana Pereničová ua/SOS financ spol. s r. o.).
[116] BGH WRP 1994, 177 zu II. mit Anm. *Piltz* WiB 1994, 204; NJW-RR 1992, 1394 zu II. 1.b. mit Komm. *Bülow* EWiR § 4 PAngVO 2/92, 1223; BGHZ 108, 39 (40); LG Frankfurt/Main WRP 1997, 1126.
[117] BGH NJW 1994, 584; NJW-RR 1992, 1394 mit Komm. *Bülow* EWiR § 4 PAngVO 2/92, 1223; BB 1993, 24; OLG Frankfurt NJW-RR 1994, 104 mit Komm. *Reichhold* EWiR § 1 RabG 3/93, 919; unzulässig: „Effektivzins", BGH NJW 1996, 1759 mit Anm. *Münstermann* WuB V E.–1.96; offen „eff. Jahreszins": OLG Stuttgart EWiR § 339 BGB 1/93, 861 *(Ahrens);* OLG Hamburg GRUR 1990, 631.
[118] *Bülow* Konsumentenkredit, Rn. 163 ff.; Derleder/Knops/Bamberger/*Artz*, § 26 Rn. 28 ff.
[119] BGHZ 81, 124; BGH WM 1981, 838; WM 1989, 1011 mit Anm. *Weber* WuB I E IV.–6.89 und Komm. *Vortmann* EWiR § 607 BGB 1/89, 753; OLG Hamm WM 1990, 426 mit Anm. *Bülow* WuB I D 1.–11.90.

Verbraucher eingeschränkt, weil ihm weniger ausgezahlt würde als angegeben. Jedoch ist der Nettodarlehensbetrag auch Tatbestandsmerkmal für die Berechnung des effektiven Jahreszinses gem. Art. 247 § 3 Abs. 2 Satz 2 iVm § 6 PAngV (→ Rn. 79 ff.). Danach sind Kosten für Versicherungen nur in den dort genannten Fällen einzubeziehen (§ 6 Abs. 3 Nr. 4 PAngVO). Der verbraucherkreditrechtliche topos Information und die Finanzmathematik stimmen nicht überein. Der Einklang ist dadurch herzustellen, dass bei der Angabe des Nettodarlehensbetrags nach Art. 247 § 6 Abs. 1 Satz 1 Nr. 1 iVm § 3 Abs. 1 Nr. 4 EGBGB die Information Vorrang hat, also auch die Kosten für Versicherungen abzuziehen sind, wenn die dementsprechenden Beträge nicht an den Verbraucher ausgezahlt werden. Bei der Berechnung des effektiven Jahreszinses ist ein anderer, nämlich finanzmathematischer Begriff des Nettobetrags zugrunde zu legen.

94 Ist dem Darlehensnehmer das Recht eingeräumt, einen Kreditrahmen auszuschöpfen, steht bis zu dessen endgültiger Bestimmung nicht fest, wie hoch der Nettodarlehensbetrag sein wird (Kontokorrentkredit, auch Kreditkartenkredit,[120] → § 491 Rn. 103). Im Zeitpunkt des Vertragsabschlusses kann dieser Betrag deshalb nicht angegeben werden. Stattdessen ist die **Höchstgrenze,** also das Ausmaß des Kreditrahmens anzugeben. Höchstgrenzen sind anzugeben bei sog. „Dispositions-Vario-Krediten", „Scheckrahmen-" oder „Idealkrediten",[121] bei denen der Darlehensnehmer meist freilich kein Wahlrecht hat, sondern vom Einverständnis des Darlehensgebers abhängig ist.[122] Sie sind in aller Regel zugleich Konsumentenratenkredite und folgen der dazu entwickelten Kasuistik nach § 138 BGB.[123] Die Vereinbarung eines Kreditrahmens macht die Angabe des Gesamtbetrags entbehrlich (→ Rn. 111). Fehlt die Angabe, führt dies zur Nichtigkeit nach § 494 Abs. 1. Hinsichtlich der Heilung nach Maßgabe von § 494 Abs. 2 Satz 2 bedarf es der Orientierung an dem empfangenen Betrag resp. der Inanspruchnahme durch den Darlehensnehmer.

5. Sollzinssatz

95 Art. 247 § 6 Abs. 1 Satz 1 Nr. 1 iVm § 3 Abs. 1 Nr. 5 EGBGB dient der Umsetzung von Art. 10 Abs. 2 lit. f der Verbraucherkreditrichtlinie. Hinzu kommt Art. 247 § 6 Abs. 1 Nr. 1 iVm § 3 Abs. 4 EGBGB. Beide gelten gem. § 6 Abs. 1 Satz 2 auch für Immobiliar-Verbraucherdarlehensverträge. Eine Definition des Begriffs „Sollzinssatz" findet sich in Art. 3 lit. j der Verbraucherkreditrichtlinie und wird durch § 489 Abs. 5 BGB transformiert.[124] Danach handelt es sich um den als festen oder variablen periodischen Prozentsatz ausgedrückten Zinssatz, der auf jährlicher Basis auf die in Anspruch genommenen Kredit-Auszahlungsbeträge angewandt wird. Daher hat, anders als nach vormals geltendem Recht, der Darlehensgeber nun zwingend den Jahreszeitraum in Bezug zu nehmen.[125]

---

[120] *Seibert* DB 1991, 429 (431); *Metz* NJW 1991, 2804 (2811); *Heerstraßen* FS Merle, S. 167 (170).
[121] *Wahl* VuR 1987, 241; BGH BB 1991, 263; OLG Hamm NJW-RR 1988, 937 mit Komm. *Kilimann* EWiR § 138 BGB 9/88, 231.
[122] LG Dortmund NJW 1988, 269 mit Komm. *Wacket* EWiR § 138 BGB 4/88, 123; LG Hannover NJW-RR 1988, 625.
[123] *Bülow* Konsumentenkredit, Rn. 46, 47.
[124] MüKoBGB/*Berger* § 489 BGB Rn. 22.
[125] Gl. A. Staudinger/*Kessal-Wulf* § 492 BGB Rn. 48; ausführlich zur Berechnung *Reifner,* AcP 214 (2014), 695 (729 ff.).

Schriftform, Vertragsinhalt 96–99a § 492

Nach Maßgabe von Art. 247 § 6 Abs. 1 Satz 1 Nr. 1 iVm § 3 Abs. 4 EGBGB 96
muss die Angabe des Sollzinssatzes die Bedingungen und den Zeitraum für seine
Anwendung sowie die Art und Weise seiner Anpassung enthalten. Die Unterrichtung des Verbrauchers bei Zinsanpassungen betrifft auch Art. 247 § 15. Soweit der Sollzinssatz von einem Index oder Referenzzinssatz (§ 675g Abs. 3
Satz 2 BGB) abhängig ist, sind diese anzugeben. Sieht der Darlehensvertrag mehrere Sollzinssätze vor, so sind die Angaben für alle Sollzinssätze zu erteilen. Fehlt
die Angabe, hat dies die Nichtigkeit nach § 494 Abs. 1 zur Folge. Wird der Vertrag geheilt, kommt es gem. § 494 Abs. 4 Satz 2 zur Ermäßigung (→ § 494
Rn. 74).

6. Vertragslaufzeit

Nach Art. 247 § 6 Abs. 1 Nr. 1 iVm § 3 Abs. 1 Nr. 6 EGBGB bedarf es so- 97
wohl bei Allgemein- als auch bei Immobiliar-Verbraucherdarlehensverträgen der
Angabe der Vertragslaufzeit. Gemeinschaftsrechtliche Grundlage dafür ist Art. 10
Abs. 2 lit. c. Die Angabepflicht hinsichtlich der Vertragslaufzeit ist durch die Reform 2010 hinzugekommen. Besteht eine bestimmte Vertragslaufzeit nicht, hat
der Darlehensgeber an dieser Stelle zu vermerken, dass es sich um einen unbefristeten Vertrag handelt.[126] Mangelt es an entsprechenden Angaben, führt dies
nach § 494 Abs. 1 zur Vertragsnichtigkeit. Im Falle der Heilung gem. § 494
Abs. 2 Satz 1 ist der Vertrag nach Maßgabe von § 494 Abs. 6 Satz 1 stets kündbar.

7. Betrag, Zahl und Fälligkeit der einzelnen Teilzahlungen

Art. 247 § 6 Abs. 1 Satz 1 Nr. 1 iVm § 3 Abs. 1 Nr. 7 EGBGB dient der Um- 98
setzung von Art. 10 Abs. 2 lit. h der Verbraucherkreditrichtlinie. Die Formulierung der Neuregelung orientiert sich an § 502 Abs. 1 Satz 1 Nr. 3 aF. Diesbezüglich gelten nach Maßgabe von Art. 247 § 6 Abs. 1 Satz 3 Besonderheiten für
Immobiliar-Verbraucherdarlehensverträge (→ Rn. 99a).

In die Vertragsurkunde ist ein Teilzahlungsplan aufzunehmen, der die geschul- 99
deten Raten nach Betrag, Anzahl und Fälligkeit nennt. Die einzelnen Raten sind
in ihrer absoluten Höhe auszurechnen, damit der Verbraucher die Belastung erkennen kann, ohne selbst Berechnungen anstellen zu müssen; deshalb genügt die
Angabe der Raten in Bruchteilen des Teilzahlungspreises nicht dem Schriftformerfordernis,[127] ebenso wenig die Aufgliederung der einzelnen Raten in ihre Bestandteile ohne Nennung der Summe, also der jeweiligen Gesamtrate. Für die
Angabe der Fälligkeit iSd Periodizität der Zahlungen genügt die kalendarische
Bestimmbarkeit.[128] Auch hier führt die fehlende Angabe zur Vertragsnichtigkeit
nach § 494 Abs. 1. Im Falle der Heilung nach § 494 Abs. 2 bedarf es der Neuberechnung.

Art. 247 § 6 Abs. 1 Satz 3 bestimmt für Immobiliar-Verbraucherdarlehens- 99a
verträge, dass abweichend von § 3 Abs. 1 Nr. 7 die Anzahl der Teilzahlungen

---

[126] BT-Drucks. 16/11 643, S. 124.
[127] MüKoBGB/*Habersack* § 502 BGB Rn. 9; *Münstermann/Hannes* § 4 VerbrKrG
Rn. 238.
[128] MüKoBGB/*Schürnbrand* § 491a BGB Rn. 27; Staudinger/*Kessal-Wulf* § 491a BGB
Rn. 17.

nicht anzugeben ist, wenn die Laufzeit des Darlehensvertrags von dem Zeitpunkt der Zuteilung eines Bausparvertrags abhängt.

100 Flankiert wird die Regelung des Art. 247 § 6 Abs. 1 Satz 1 Nr. 1 iVm § 3 Abs. 1 Nr. 7 EGBGB von Art. 247 § 3 Abs. 4 Satz 4 EGBGB, die auch von § 6 Abs. 1 Satz 1 Nr. 1 und Satz 2 in Bezug genommen wird. Danach ist in dem Fall, dass der Vertrag mehrere Sollzinssätze vorsieht, anzugeben, in welcher Reihenfolge die ausstehenden Forderungen des Darlehensgebers, für die unterschiedlichen Sollzinssätze gelten, durch die Teilzahlungen getilgt werden.

101 Zu beachten ist, dass der Verbraucher darüber hinaus nach § 492 Abs. 3 Satz 2 jederzeit einen Tilgungsplan nach Art. 247 § 14 EGBGB verlangen kann, wenn ein Zeitpunkt für die Rückzahlung des Darlehens bestimmt ist (→ Rn. 54).

8. Gesamtbetrag

102 **a) Grundlagen.** Der Vergleich zwischen dem, was der Verbraucher tatsächlich als Darlehen erhält und dem, was er dafür an den Darlehensgeber zahlen muss, wird durch die Angabe des Gesamtbetrages aller von ihm zu erbringenden Leistungen ermöglicht. Die Differenz zwischen Gesamtbetrag und Nettodarlehensbetrag entspricht der absoluten Höhe der vom Verbraucher zu erbringenden Gegenleistung und weitergehenden Kosten für das Darlehen (während dem Verbraucher die Beurteilung der relativen Belastung durch die Angabe des effektiven Jahreszinses, → Rn. 79 ff., ermöglicht wird). Die Pflicht zur Angabe ergibt sich aus Art. 247 § 6 Abs. 1 Satz 1 Nr. 1 iVm § 3 Abs. 1 Nr. 8 EGBGB und betrifft somit gem. Art. 247 § 6 Abs. 1 Satz 2 EGBGB nur Allgemein-Verbraucherdarlehensverträge. Sie besteht auch bei der sogenannten unechten Abschnittsfinanzierung.[129] Zu beachten ist weiterhin Art. 247 § 6 Abs. 3 EGBGB (→ Rn. 103).

103 Der Begriff des Gesamtbetrags hat eine **Definition** in Art. 247 § 3 Abs. 2 Satz 1 EGBGB gefunden. Danach besteht er in der Summe aus dem Nettodarlehensbetrag und den Gesamtkosten. Die Angabepflicht beschränkt sich auf die Summe sämtlicher Teilzahlungen, also auf einen einzigen Betrag, erstreckt sich aber nicht auf Anzahl, zeitliche Abstände oder Zeitpunkte der Teilzahlungen. Die Summe aller Kosten muss nicht gesondert angegeben werden, das Gesetz sieht lediglich ihre Einzelnennung vor.[130] Eine entsprechende gemeinschaftsrechtliche Vorgabe enthält Art. 3 lit. h der Verbraucherkreditrichtlinie. Nach Art. 247 § 6 Abs. 3 EGBGB ist anzugeben, welche zum Zeitpunkt des Vertragsschlusses bekannten Annahmen der Berechnung des effektiven Jahreszinses zu Grunde lagen.

104 Einzuberechnen sind die Gesamtkosten des Kredits. Was unter Gesamtkosten zu verstehen ist, ergibt sich aus der Definition in Art. 3 lit. g der Verbraucherkreditrichtlinie, der auch § 6 Abs. 3 PAngV zugrunde liegt (→ Rn. 8).

Anzugeben sind nur Beträge, die bei ordnungsgemäßer Vertragsabwicklung entstehen, folglich **nicht** ein etwa vom Verbraucher zu ersetzender **Verzugsschaden** (→ § 497 Rn. 23), wohl aber die gem. Art. 247 § 3 Abs. 1 Nr. 10 EGBGB (→ Rn. 117) und Art. 247 § 7 Abs. 1 Nr. 2 EGBGB (→ Rn. 145) geschuldeten Beträge. Sie müssen im Zusammenhang mit dem Darlehensvertrag zu zahlen sein, dieser muss jedoch nicht der Rechtsgrund für die Zahlungspflicht

---

[129] BGH WM 2011, 656.
[130] Staudinger/*Kessal-Wulf* § 492 BGB Rn. 35.

sein.[131] **Nicht** anzugeben ist eine etwaige **Vorfälligkeitsentschädigung**[132] für den Fall, dass der Verbraucher ein Darlehen vorzeitig zurückzahlen will, § 502. Es kommt auf die gem. Erwägungsgrund 20 der Verbraucherkreditrichtlinie objektiv zu bestimmende Kenntnis des Darlehensgebers von den Kosten an. Hierbei sind Anforderungen, die an die berufliche Sorgfalt zu stellen sind, zu berücksichtigen.[133]

b) Nennbetrag. Nicht separat anzugeben ist der Nennbetrag, das ist der gesamte kreditierte Betrag, der sich aus Nettodarlehensbetrag (→ Rn. 92 ff.) und sonstigen Kosten, soweit auch sie finanziert werden, zusammensetzt, also die Zinsen nicht erfasst. Der Begriff des Nennbetrages ist Gegenstand von § 498 Abs. 1 Nr. 1b), dort Rn. 17.

c) Zinsen, Provisionen, Steuern, Disagio, Kosten. Die Zinsen sind in den Gesamtbetrag einzubeziehen, dazu sämtliche Kosten wie etwa die Vermittlungsprovision[134] (→ 2. Teil § 655c Rn. 3) und Antrags- oder Bearbeitungsgebühren (→ Rn. 121 f.) sowie Steuern. Anfallende Notargebühren sind nach der zwingenden Vorgabe von Art. 3 lit. g der Verbraucherkreditrichtlinie nicht Teil der Gesamtkosten (zu den Kosten für Nebenleistungen → Rn. 109 f.).

Zu den Zinsen zählt meist auch ein **Disagio**. Ein Disagio ist ein laufzeitabhängiges Entgelt, indem es dem Darlehensnehmer die Wahl lässt, bei geringerem Auszahlungsbetrag niedrigere laufende Zinsen oder bei höherem Auszahlungsbetrag, also niedrigem Disagio, höhere Zinsen zu zahlen. Demgemäß ist das Disagio als Zins anzusehen und wäre nicht in den Nennbetrag, dessen Angabe nicht vorgeschrieben ist (→ Rn. 105), einzubeziehen, wohl aber als Zins in den Gesamtbetrag. Keinen Zinscharakter hat das Disagio dagegen, wenn es einmalig und endgültig berechnet wird und auch für den Fall vorzeitiger Darlehensbeendigung ungeteilt dem Kreditgeber verbleibt.[135] Davon ist im Allgemeinen nicht auszuge-

---

[131] BT-Drucks. 16/11643, S. 141; MüKoBGB/*Schürnbrand* § 491a BGB Rn. 29.
[132] BGH WM 1997, 2353 mit Anm. *v. Westphalen* WuB I E 2.–2.98 und Komm. *Vortmann* EWiR § 4 VerbrKrG 1/98, 329.
[133] BT- Drucks. 16/11643, S. 141.
[134] LG Nürnberg-Fürth WM 2000, 2153.
[135] BGHZ 111, 287 = NJW 1990, 2250 mit krit. Stellungnahme *Köndgen/Busse* ZBB 1990, 214 und Komm. *H. P. Westermann* EWiR § 608 BGB 1/90, 767; BGH NJW 1996, 3337 = BGHZ 133, 355 mit Komm. *Reifner* EWiR § 609a BGB 2/96, 1113, Anm. *Koller* LM Nr. 18 zu § 157 BGB sowie *Einsele* JZ 1997, 514 und Bspr. *K. Schmidt* JuS 97, 270; BGH NJW 1998, 495 zu II. 1.a.aa.; BGH NJW 1994, 47 mit Komm. *v. Stebut* EWiR § 607 BGB 1/94, 29 und Anm. *v. d. Seipen* WiB 1994, 82; BGHZ 133, 355; BGH NJW 1992, 2285 mit Komm. *Alisch* EWiR § 607 BGB 4/92, 659; BGH WM 1989, 1011 zu II. 1. b. mit Komm. *Vortmann* EWiR § 607 BGB 1/89, 753; BGHZ 81, 124 (126 f.); BGH WM 1981, 838; OLG Hamm ZIP 1991, 1571 mit Komm. *Busse* EWiR § 608 BGB 1/92, 25 (Vorinstanz zu BGH NJW 1992, 2285); OLG Köln NJW-RR 1992, 375 mit Komm. *Koller* EWiR § 608 BGB 2/92, 27 sowie OLG Köln NJW-RR 1993, 27 zu § 609a BGB (*Reifner*); OLG Köln NJW-RR 1992, 681 mit Anm. *v. Rottenburg* WuB I E 4.–7.92 OLG Köln NJW-RR 1992, 682; AG Aachen NJW-RR 1992, 944; *v. Westphalen/Emmerich/v. Rottenburg* § 4 VerbrKrG Rn. 105; zum Verzicht des Darlehensnehmers auf Erstattung: BGH NJW 1994, 390 mit Anm. *v. d. Seipen* WiB 1994, 160 und Komm. *Wenzel* EWiR § 157 BGB 1/94, 25; zum Verjährungsbeginn erst mit Beendigung des Kreditverhältnisses und zur Verjährungsfrist BGH NJW 1993, 3257 mit Rezension *Hoeren* NJW 1994, 26 und Komm. *C. Steiner* EWiR § 197 BGB 3/93, 1161; OLG Hamm ZIP 1992, 1359 mit Komm. *v. Feldmann* EWiR § 197 BGB 1/93, 469 sowie OLG Hamm NJW-RR 1993, 370 mit Komm. *Heinrichs* EWiR § 197 BGB 1/93, 229; LG Bielefeld WM 1993, 457; LG Dortmund WM 1993, 457.

hen, so dass es konkreter Anhaltspunkte bedarf, ob das Disagio in voller Höhe für den Darlehensnehmer verloren ist.[136] Solche Anhaltspunkte können darin liegen, dass das Disagio die Kosten für die Kapitalbeschaffung decken soll.[137] Auch in diesem Falle ist das Disagio dem Gesamtbetrag hinzuzurechnen,[138] aber nicht als Zinsen, sondern als „sonstige Kosten".

108 **d) Teil- und Einmalzahlungen.** Art. 247 § 6 Abs. 1 Satz 1 Nr. 1 iVm § 3 Abs. 1 Nr. 8 EGBGB bestimmt ausschließlich für Allgemein-Verbraucherdarlehensverträge in Anlehnung an die Vorgaben der Verbraucherkreditrichtlinie, dass in dem Vertrag stets der Gesamtbetrag anzugeben ist (→ Rn. 102). Dies ist somit nun auch der Fall, wenn der Verbraucher bei Vertragsende einen einzigen Betrag zu leisten hat, der das Darlehen selbst und die Zinsen enthält. Der Angabe des Gesamtbetrags bedarf es deshalb nun auch bei einem **Festkredit** ohne Verpflichtung zu laufenden Zinszahlungen oder auch zu Einmalzahlungen (→ Rn. 121) während der Vertragslaufzeit, obwohl in diesem Fall der Gesamtbetrag bereits feststeht, weil er im endfälligen Betrag (Darlehen, Zinsen, Kosten) liegt.[139]

109 **e) Kosten für Nebenleistungen.** Kosten für einen in enger Verbindung mit dem Darlehensvertrag abgeschlossenen zusätzlichen Vertrag, zum Beispiel einen **Kapitallebensversicherungsvertrag, Bausparvertrag, Ansparvertrag** oder dergleichen, die vom Verbraucher zu erbringen sind, haben in den Gesamtbetrag einzufließen, wenn der Abschluss des Vertrags über diese Nebenleistung eine zusätzliche zwingende Voraussetzung dafür ist, dass das Darlehen überhaupt oder nach den vorgesehenen Vertragsbedingungen gewährt wird.

110 Die Angabepflicht ist in der Weise zu erfüllen, dass sämtliche Versicherungs- resp. Bausparprämien über die gesamte Laufzeit des Darlehens zu addieren sind, im Falle der Abschnittsfinanzierung (→ Rn. 115) über sämtliche Abschnitte. Nach Maßgabe von § 6 Abs. Nr. 2 PAngV kommt es zu einem Gleichlauf von Angabepflicht im Rahmen des Gesamtbetrags und Berücksichtigung der Prämien für eine Kapitallebensversicherung in der Berechnung des effektiven Jahreszinses.[140] Auch hier sind die Versicherungskosten zu berücksichtigen, wenn der Abschluss des Versicherungsvertrags Voraussetzung für die Darlehensvergabe bzw. den Vertragsabschluss zu den entsprechenden Bedingungen war. Auf die Bezeichnung „Gesamtbetrag" kommt es nicht an; weist beispielsweise der Darlehensgeber lediglich die Addition von Nettodarlehensbetrag und Disagio als „Ge-

---

[136] BGHZ 111, 287 (288); BGH NJW 1992, 2285 zu II. 2.a. mit Komm. *Alisch* EWiR § 607 BGB 4/92, 659 für zinsverbilligte Kredite aus öffentlichen Förderungsprogrammen, die in Existenzgründungsfällen (→ § 507 Rn. 5) für das Verbraucherkreditrecht in Frage kommen; aA *Koller* DB 1992, 1125 (1129); *Prass* BB 1981, 1420.
[137] OLG Hamm NJW 1990, 426 zu 3 mit Anm. *Bülow* WuB I E 1.–11.90.
[138] Offen BGH WM 2000, 1243 zu II. 1 b.bb. (1) (a) mit Anm. *Kessal-Wulf* LM Nr. 4 zu § 6 VerbrKrG und *Wenzel* WuB I E 3.–5.2000 sowie Komm. *Wehrt* EWiR § 6 VerbrKrG 1/2000, 791.
[139] BGH ZIP 2011, 702; Staudinger/*Kessal-Wulf* § 492 BGB Rn. 40; anders zum vormals geltenden Recht BGH WM 2008, 681 mit Anm. *Büchel/Günther* WuB I E 2.–1.08.
[140] Zum früheren Recht BGH NJW 2005, 985 = WM 2005, 415 zu II. 2.a. mit krit. Rezension *Reifner* WM 2005, 1825 sowie *Habersack* WM 2006, 353, Anm. *Büchel/Günther* WuB I E 2.–3.05 und Komm. *Metz* EWiR § 4 VerbrKrG 1/06, 31; LG Bonn ZIP 2004, 2276 mit Komm. *Wolf* EWiR § 4 VerbrKrG 1/05, 233.

samtbetrag" aus, handelt es sich nicht bloß um eine fehlerhafte Angabe (→ Rn. 114), sondern der Gesamtbetrag ist mit der Nichtigkeitsfolge von § 494 Abs. 1 überhaupt nicht angegeben.

f) Feststehende und veränderliche Vertragsentwicklung. Nach den Bedingungen des abzuschließenden Darlehensvertrags kann die Höhe des Gesamtbetrags im Zeitpunkt des Vertragsabschlusses feststehen (→ Rn. 112), die Höhe kann aber auch lediglich nach einer Höchstgrenze bestimmbar sein (→ Rn. 113), oder die Höhe kann sich nach veränderlichen Vertragsbedingungen richten (→ Rn. 115). 111

aa) Feststehende Bedingungen. Der Gesamtbetrag kann problemlos angegeben werden, wenn er bei Abschluss des Darlehensvertrags für die gesamte Laufzeit der Höhe nach feststeht. Das ist zum einen bei unveränderlichen Konditionen und zum anderen dann der Fall, wenn die Höhe des gewährten und in Anspruch genommenen Darlehens sowie sein Zeitpunkt bei Vertragsschluss feststehen. Darin liegen dann die maßgeblichen Annahmen im Zeitpunkt des Vertragsabschlusses nach Art. 247 § 6 Abs. 3 EGBGB. 112

bb) Höchstgrenze. Nicht möglich ist die Angabe des Gesamtbetrags dagegen bei Vertragsgestaltungen wie im Falle von Rahmen- und Kontokorrentkrediten, Valutierung in Teilbeträgen, insbesondere aufgrund Abrufs durch den Verbraucher, oder wenn der Zeitpunkt der Inanspruchnahme erst später bestimmt wird (zB Baudarlehen mit Fälligkeit nach Baufortschritten,[141] → Rn. 94) – die Höhe der vom Verbraucher aufzubringenden Gesamtleistung hängt von Umständen ab, die sich erst in der Zukunft ergeben, ohne bei Vertragsabschluss schon bestimmt zu sein, wenngleich sie bestimmbar sein mögen. Diese fehlende Bestimmtheit tritt nicht nur bei Vereinbarung revolvierender Inanspruchnahme ein,[142] sondern auch dann, wenn der Verbraucher das Darlehen nur einmalig abrufen darf, wie dies bei sog. Idealkrediten der Fall ist;[143] es reicht bereits ein offener Zeitpunkt der Inanspruchnahme, der die Zinsbelastung und damit die Höhe des Gesamtbetrags beeinflusst. Keine Rolle spielt es, ob die Konditionen variabel sind. Fehlt es an der Bestimmtheit, also an genau bezifferbaren Leistungen an den Verbraucher, dh Nettodarlehensbeträgen (→ Rn. 92), resp. bezifferbaren Zinsleistungen durch den Verbraucher im Zeitpunkt des Vertragsabschlusses, steht der Gesamtbetrag nicht fest und kann deshalb nicht exakt angegeben werden. Insbesondere ist auch kein geschätzter und wahrscheinlicher Betrag anzugeben. Derartige Schätzungen wirken eher irreführend und im Hinblick auf die Verbraucherinformation kontraproduktiv (→ Rn. 10). Weder die Verbraucherkreditrichtlinie noch das transformierte Verbraucherkreditrecht verlangen eine entsprechende Schätzung. Vielmehr kommt es entscheidend darauf an, dass die Angabe des Gesamtbetrags unter Angabe der Annahmen erfolgt, die zum Zeitpunkt des Vertragsabschlusses bekannt sind, Art. 247 § 6 Abs. 3 EGBGB. Daraus folgt für die vorliegende Fallkonstellation, dass der Darlehensgeber den Gesamtbetrag nicht anzugeben aber ausdrücklich darauf hinzuweisen hat, aus welchem Grund die Angabe unterbleibt. 113

---

[141] *v. Heymann* BB 1991, 1721 (1722); *Seibert* DB 1991, 429 (431); natürlich auch keine Anwendung von § 494 Abs. 2, so aber LG Heidelberg NJW-RR 2002, 350.
[142] So aber *v. Westphalen/Emmerich/v. Rottenburg* § 4 VerbrKrG Rn. 82; Staudinger/ *Kessal-Wulf* § 492 BGB Rn. 41.
[143] BGH NJW 1991, 832 zu II. 1.b.

114 Die Entbehrlichkeit der Angabe des Gesamtbetrags bei fehlender Bestimmtheit beruht auf dem Gedanken, eine Irreführung des Verbrauchers zu vermeiden. Freilich stellt ein dennoch angegebener Gesamtbetrag keinen der in § 494 genannten Nichtigkeitsgründe dar, und der Verbraucher schuldet nach Darlehensempfang auch nicht etwa lediglich Zinsen nach dem gesetzlichen Zinssatz gem. § 494 Abs. 2 Satz 2 (→ § 494 Rn. 62), wenn nur Teilangaben zum Gesamtbetrag möglich wären, diese aber nicht gemacht werden; die Angabepflicht bezieht sich nur auf die vollständig machbare Angabe des Gesamtbetrags. Im Übrigen haben fehlerhafte Angaben zum Gesamtbetrag keine verbraucherdarlehensrechtlichen Folgen (gem. § 494 Abs. 1 und Abs. 2 Satz 2 nur die gänzlich fehlende Angabe, → § 494 Rn. 44 sowie → Rn. 110). Es kommen allenfalls Ansprüche wegen vorvertraglicher Pflichtverletzung (§ 311 Abs. 2 Nr. 1 BGB) in Betracht. Die Gesetzesmaterialien zum Verbraucherkreditgesetz halten im Falle eines Darlehensvertrags mit veränderlichen Bedingungen einen optisch hervorgehobenen Hinweis für erforderlich, dass sich die Höhe der Anfangsbelastung ändern kann. Daran ist auch nach geltendem Recht festzuhalten (→ Rn. 113 aE). Fehlt ein solcher Hinweis, ist die Wirksamkeit des Darlehensvertrags aber wiederum nicht berührt.

115 cc) **Veränderliche Bedingungen.** Nicht entbehrlich, sondern vorgeschrieben ist die Angabe des Gesamtbetrags im Falle von Verträgen mit veränderlichen Bedingungen. Solche Darlehensverträge kennzeichnen sich dadurch, dass der in Anspruch genommene Darlehensbetrag und der Zeitpunkt im Gegensatz zur vorstehend dargestellten Fallgestaltung (→ Rn. 112) feststehen, aber sich insbesondere der Vertragszins nach den ständigen Veränderungen des Marktes richtet oder nur für einen bestimmten Zeitraum innerhalb der Vertragslaufzeit (unechte Abschnittsfinanzierung, → § 491 Rn. 146) fest vereinbart wurde.[144] In diesem Fall ist ein **fiktiver Gesamtbetrag** anhand des im Zeitpunkt des Vertragsabschlusses geltenden Zinssatzes hochzurechnen.[145] Bezieht sich der im Vertrag angegebene Gesamtbetrag auf den Zeitraum bis zum Ende der Zinsbindung, obwohl für den Kreditvertrag eine längere Vertragslaufzeit vereinbart wurde, so fehlt es an der notwendigen Angabe. Sie ist nicht etwa nur unvollständig.[146] Wiederum sind die zu Grunde liegenden Annahmen anzugeben, Art. 247 § 6 Abs. 3 EGBGB.

9. Auszahlungsbedingungen

116 In Erweiterung der vormals notwendigen Pflichtangaben bestimmt Art. 247 § 6 Abs. 1 Satz 1 Nr. 1 iVm § 3 Abs. 1 Nr. 9 EGBGB, dass in dem Vertrag anzugeben ist, unter welchen Bedingungen die Auszahlung des Darlehens erfolgt. Dies dient der Umsetzung von Art. 10 Abs. 2 lit. d 2. Alt. der Verbraucherkreditrichtlinie und gilt gem. § 6 Abs. 1 Satz 2 nur für Allgemein-Verbraucherdarlehensverträge. Einer Angabe bedarf es nur, wenn besondere Bedingungen für die Auszahlung des Darlehens bestehen. Ausweislich der Gesetzesbegründung wird etwa an den Fall gedacht, dass das Darlehen einem Dritten ausgezahlt und der Darlehensnehmer im Gegenzug von einer Verbindlichkeit befreit

---

[144] BGH WM 2011, 656; OLG Köln EWiR § 315 BGB 2/98, 1117 *(C. Steiner)*.
[145] BGH NJW 2009, 2046 Tz. 10 mit Komm. *Gladenbeck* EWiR § 6 VerbrKrG 1/09, 425, 2006, 1788 Tz. 25, 2004, 2820.
[146] OLG Brandenburg WM 2007, 826.

wird.[147] Fehlt die notwendige Angabe, führt dies zur Nichtigkeit des Vertrags nach § 494 Abs. 1.

10. Sonstige Kosten

Anzugeben sind nach Art. 247 § 6 Abs. 1 Satz 1 Nr. 1 iVm § 3 Abs. 1 Nr. 10 **117** EGBGB alle sonstigen Kosten, die aufgrund der Kreditaufnahme entstehen. Auch in Immobiliar-Verbraucherdarlehensverträgen muss diese Angabe gem. § 6 Abs. 1 Satz 2 enthalten sein. Das Gesetz weist insbesondere auf die Kosten hin, die in Zusammenhang mit der Auszahlung oder der Verwendung eines Zahlungsauthentifizierungsinstruments, mit dem sowohl Zahlungsvorgänge als auch Abhebungen getätigt werden können, entstehen. Anzugeben sind auch die Bedingungen, unter denen die Kosten angepasst werden können, § 494 Abs. 4 Satz 2.

Im Vergleich zum vormals geltenden Recht hat die Pflicht zur Angabe sonsti- **118** ger Kosten an Bedeutung verloren. Dies findet seine Ursache darin, dass hinsichtlich zahlreicher Einzelposten der Kreditkosten sowohl die Verbraucherkreditrichtlinie als auch Art. 247 EGBGB spezielle Regelungen bereithält.

Neben der Funktion als Auffangtatbestand für „alle sonstige Kosten" kommt **119** der Angabepflicht aus Art. 247 § 6 Abs. 1 Satz 1 Nr. 1 iVm § 3 Abs. 1 Nr. 10 EGBGB insbesondere die Aufgabe zu, den Verbraucher über die Kosten zu informieren, die durch die Führung eines oder mehrerer Konten anfallen. Gerade solche Kontoführungs- oder Überweisungsgebühren waren indes nicht Gegenstand der Vorgängervorschrift des § 492 Abs. 1 Satz 5 Nr. 4 aF. Insbesondere kommt es entgegen früher geltenden Rechts nicht mehr darauf an, ob die anzugebenden Kosten in die Berechnung des effektiven Jahreszinses einfließen.[148]

Zentrale Bedeutung kommt somit Kosten zu, die im Zusammenhang mit der **120** **Kontoführung,** der Auszahlung und der Vornahme von **Überweisungen** anfallen. Die Definition des Begriffs eines Zahlungsauthentifizierungsinstruments findet sich in § 1 Abs. 5 des Gesetz über die Beaufsichtigung von Zahlungsdiensten (Zahlungsdiensteaufsichtsgesetz – ZAG): „Ein Zahlungsauthentifizierungsinstrument ist jedes personalisierte Instrument oder Verfahren, das zwischen dem Zahlungsdienstnutzer und dem Zahlungsdienstleister für die Erteilung von Zahlungsaufträgen vereinbart wird und das vom Zahlungsdienstnutzer eingesetzt wird, um einen Zahlungsauftrag zu erteilen."

Neben den Kosten betreffend die Kontoführung im weiteren Sinne bedarf es **121** der Angabe weiterer **Einmalkosten,** wie Bearbeitungs-, Antrags- und Abschlussgebühren sowie ein etwaiges Aufgeld,[149] Geldbeschaffungskosten[150] oder Spesen,[151] die Notar- und Gerichtsgebühren für die Eintragung von Grundpfandrechten[152] und die vorausgehenden Schätzkosten zur Ermittlung des Beleihungswerts,[153] Kosten eines abstrakten Schuldanerkenntnisses, von dessen Ertei-

---

[147] BT-Drucks. 16/11643, S. 124.
[148] Wie hier Staudinger/*Kessal-Wulf* § 492 BGB Rn. 50; aA MüKoBGB/*Schürnbrand* § 491a BGB Rn. 33.
[149] BGH WM 1997, 663 zu 2.
[150] BGH WM 2004, 2306 zu II.2 b. aa. mit Anm. *Bülow* WuB I E 2. – § 494 BGB – 1.05.
[151] BT-Drucks. 11/5462, S. 20.
[152] AA *Brandmüller* Grundschulddarlehen, S. 37, der verkennt, dass die Information nicht allein dem Vergleich mit anderen Anbietern dient.
[153] OLG Zweibrücken WM 2000, 2150 (2152).

§ 492   122, 122a   1. Teil. Darlehen und Finanzierungshilfen

lung die Darlehensgewährung abhängig gemacht wird,[154] Kosten für die Freigabe von Sicherheiten. Dagegen sind Kosten nicht anzugeben, die unabhängig von der Darlehensgewährung entstehen wie Notar- und Grundbuchkosten für den Grundstückserwerb oder Schätzkosten für den mit dem Darlehen zu erwerbenden Gegenstand zur Bemessung des Kaufpreises.[155]

122 Zu der Frage, ob **Bearbeitungsgebühren** in Verbraucherkreditverträgen der AGB-rechtlichen Inhaltskontrolle unterliegen und ggf. einer solchen standhalten hatte sich ein veritabler Streit in der Instanzrechtsprechung und im Schrifttum entwickelt.[156]

122a 2014 hat der XI. Zivilsenat des BGH Stellung zu zentralen Fragen der Zulässigkeit von Bankentgelten bezogen.[157] Gegenstand der ersten Entscheidung war eine Klausel über ein einmaliges Bearbeitungsentgelt iHv 1 % des Nettokreditbetrages, welches die Bank auf Privatkredite erhob. Zunächst hatte der BGH darüber zu entscheiden, ob ein Bearbeitungsentgelt überhaupt der Inhaltskontrolle unterliegt, oder dieser als Bestandteil der Gegenleistungspflicht nach § 307 Abs. 3 S. 1 BGB entzogen ist. Sitz der Materie ist § 488 Abs. 1 S. 2 BGB. Danach ist allein der vom Darlehensnehmer zu zahlende Zins Gegenleistung für die Zurverfügungstellung des Darlehens.[158] Durch entsprechende Preisgestaltung – z.B. durch Angabe eines Pauschalpreises, oder Aufteilung des Entgelts in mehrere Preisbestandteile – kann die Bank die Gegenstände der Hauptleistungspflicht

---

[154] OLG Köln EWiR § 138 BGB 6/92, 847 *(v. Stebut)*.

[155] Allerdings kann die Kostenüberwälzung auf den Verbraucher gegen das AGBG verstoßen, LG Stuttgart WM 1991, 1220 mit Anm. *Beckers* WuB I E 4.–13.91.

[156] OLG Frankfurt aM BeckRS 2012, 09048; OLG Karlsruhe BeckRS 2011, 10434; OLG Hamm BeckRS 2011, 08607; OLG Düsseldorf BeckRS 2011, 27230; OLG Zweibrücken BeckRS 2011, 20832; OLG Celle BeckRS 2012, 09580; OLG Dresden WM 2011, 2320; OLG Bamberg WM 2010, 2072; LG Stuttgart ZIP 2014, 18 mit Anm. *Toussaint* EWiR 2014, 101; LG Frankfurt aM WM 2013, 1987 mit Anm. *Kropf* WuB IV C. 1307 BGB 3.14; LG Berlin BKR 2013, 383; m. Anm. *Schultheiß* WuB IV.C. § 307 BGB 11.13; LG Bonn WM 2013, 1942; AG Frankfurt aM BKR 2013, 502; AG Bonn BKR 2013, 423; AG Neumünster BKR 2013, 466; *Schmieder* WM 2011, 2358; *Nobbe* WM 2008, 185 (193); iE kritisch *Weber* BKR 2013, 450; ebenso krit. zu LG Bonn, AG Düsseldorf u. AG München *Nobbe* WuB IV C. § 307 BGB 2.14; **gegen die Anwendbarkeit der Inhaltskontrolle** LG München I ZIP 2014, 20 mit Anm. *Rollberg* EWiR 2014, 103; AG Düsseldorf BKR 2013, 500; AG Marienberg WM 2013, 1357 mit Anm. *Schultheiß* WuB I E 1.–1.13; *Godefroid* ZIP 2011, 947; *Placzek* WM 2011, 1066; *Berger/Rübsamen* WM 2011, 1877; *Piekenbrock/Ludwig* WM 2012, 2349; *Billing* WM 2013, 1777 und 1829; für eine **Vorlagepflicht** an den EuGH *Kropf/Habl* BKR 2013, 103 (108); zur **Verjährung** etwaiger Rückzahlungsansprüche *Maier* VuR 2013, 397; *Göhrmann* BKR 2013, 275; Sonderfall des „Individual-Kredits" in LG Stuttgart BKR 2016, 74.

[157] Im Folgenden werden die Urteile BGH Urt. v. 13.5.2014 – XI ZR 405/12 = NJW 2014, 2420, XI ZR 170/13 = NJW-RR 2014, 1133; BGH Urt. v. 28.10.2014 – XI ZR 17/14 = BKR 2015, 26, XI ZR 348/13 = NJW 2014, 3713 dargestellt (besprochen bei *Piekenbrock* ZBB/JBB 2015, 13; *Schwab* JuS 2015, 168; *Wiechers* WM 2015, 457); Zur Unwirksamkeit von unterschiedslos erhobenen Bearbeitungsgebühren für sämtliche Buchungen, BGH Urt. v. 27.1.2015 – XI ZR 174/13 = NJW 2015, 1440; BGH Urt. v. 28.7.2015 – XI ZR 434/14 = NJW 2015, 3025; Zur Unwirksamkeit eines Entgelts für die Führung eines Darlehenskontos, BGH Urt. v. 7.6.2011 – XI ZR 388/10 = NJW 2011, 2640; zur Wirksamkeit von Kostenabreden für Sondertilgungen und Teilleistungen bzw. vertragl. Verrechnungen im Unternehmern. *J. Koch* WM 2016, 717 (718 ff.); LG Braunschweig BKR 2016, 77; LG Itzehoe BKR 2016, 109; LG Hamburg BKR 2016, 106; aA allerdings LG Magdeburg BKR 2016, 159; zur abweichenden Rechtslage in Österreich OGH WM 2016, 1080.

[158] BGH NJW 2014, 2420 Tz. 32 f.

Schriftform, Vertragsinhalt 122b, 122c § 492

des Verbrauchers zwar grundsätzlich frei bestimmen.[159] Prägendes Merkmal der Gegenleistung für das Darlehen ist jedoch dessen **Abhängigkeit von der Laufzeit**.[160] Ein einmaliges Bearbeitungsentgelt wird aber gerade laufzeitunabhängig erhoben und kann demnach nicht als Teil der kontrollfreien Preishauptabrede gelten. Etwas anderes ergibt sich auch nicht daraus, so der BGH, dass an einigen Stellen des Gesetzes[161] neben den Zinsen der Begriff „Kosten" genannt wird. Sinn und Zweck dieser Vorschriften ist es nach Auffassung des BGH, dem Verbraucher die von ihm zu tragende Gesamtbelastung transparent vor Augen zu führen. Keine Aussage treffen die Normen hingegen darüber, welche Kosten zur Hauptleistungspflicht des Verbrauchers zählen.[162] Letztlich ergibt sich die Kontrollfähigkeit der Klausel auch daraus, dass das Bearbeitungsentgelt keine Kosten abdeckt, die eine etwaige Sonderleistung der Bank darstellen. Mit der Bonitätsprüfung erfüllt die Bank lediglich ihr obliegende Pflichten.[163] Auch die Ausfertigung des Vertrages sowie Kosten für die Betreuung des Kunden erfolgen im eigenen Vermögensinteresse oder kraft vertraglicher Treuepflichten.[164]

Die Unwirksamkeit einer solchen Klausel ergibt sich sodann aus § 307 Abs. 1 S. 1, Abs. 2 Nr. 1 BGB. Der BGH stützt seine Begründung wiederum auf die Laufzeitabhängigkeit der Darlehensvergütung und erklärt das Bearbeitungsentgelt für mit dem gesetzlichen Leitbild des § 488 Abs. 1 S. 2 BGB unvereinbar.[165] Die kurze Erwähnung von Bearbeitungsgebühren in den Materialien[166] zur Umsetzung der Verbraucherkreditrichtlinie kann nicht auf eine Billigung derartiger Entgelte durch den Gesetzgeber schließen lassen.[167] Vielmehr deutet der neu eingeführte § 312a Abs. 3 BGB auf eine Verschärfung der Voraussetzungen für die Vereinbarung zusätzlicher Entgelte neben der geschuldeten Hauptleistung hin.[168]   122b

Es schließt sich die praktisch bedeutsame Frage an, ob und inwieweit bereits geleistete Entgelte **zurückgefordert** werden können. Seit den Urteilen des BGH vom 28.10.2014[169] herrscht auch diesbezüglich Klarheit:[170] Anspruchsgrundlage für etwaige Rückforderungen ist § 812 Abs. 1 BGB.[171] Der für die   122c

---

[159] BGH NJW 2014, 2420 Tz. 42; Zur verfassungsrechtlichen Dimension *Berger/Rübsamen* WM 2011, 1877.
[160] BGH NJW 2014, 2420 Tz. 43.
[161] Siehe z. B. Art. 247 § 3 Abs. 1 Nr. 10, Abs. 2 Satz 3 EGBG iVm PAngV, §§ 491, 491a Abs. 1, § 492 Abs. 2 BGB iVm Art. 247 §§ 6 bis 13 EGBGB, § 494 Abs. 4 S. 1, § 501 BGB sowie § 505 BGB iVm 247 § 17 EGBGB (zukünftig a. F.?).
[162] BGH NJW 2014, 2420 Tz. 34 ff.
[163] BGH NJW 2014, 2420 Tz. 52.
[164] BGH NJW 2014, 2420 Tz. 53 ff.
[165] BGH NJW 2014, 2420 Tz. 67 ff.; sowie insbesondere Tz. 68 wonach laufzeitunabhängige Entgelte nicht per se unwirksam sind.
[166] BT-Drucks. 16/11643 S. 76.
[167] BGH NJW 2014, 2420 Tz. 70.
[168] BGH NJW 2014, 2420 Tz. 72.
[169] BGH, Urt. v. 28.10.2014 – XI ZR 348/13 = BGH NJW 2014, 3713 = WM 2014, 2261 = JR 2015, 581 und BGH Urt. v. 28.10.2014 – XI ZR 17/14.
[170] Streit bestand hinsichtlich der Anspruchsgrundlage für die Rückforderung des Bearbeitungsentgelts und wann der entsprechende Anspruch verjährt.
[171] BGH NJW 2014, 3713 = WM 2014, 2261 = JR 2015, 581; BGH, Urt. v. 28.10.2014 – XI ZR 17/14; nach aA soll ein einbehaltenes Bearbeitungsentgelt wegen der fehlenden Aufrechnungsmöglichkeit seitens der Bank dazu führen, dass der Anspruch des Darlehnsnehmers auf Valutierung des Darlehens gem. § 488 Abs. 1 S. 1 BGB mit Auszah-

Frage nach der Durchsetzbarkeit des Anspruchs resp. der Verjährung gem. § 199 Abs. 1 Nr. 1 BGB (mit)entscheidende Umstand, wann ein solcher Anspruch entsteht, kann nicht einheitlich für sämtliche unterschiedliche Vertragskonstruktionen beantworten werden. Es ist im Einzelfall zu prüfen, wann und wie das Bearbeitungsentgelt durch Leistung erlangt wurde, was letztlich auf zwei Arten möglich ist.[172]

122d Sofern das Bearbeitungsentgelt – wie es regelmäßig der Fall sein wird – mitkreditiert, dh mitfinanziert wird, leistet der Darlehensnehmer es – vorbehaltlich anderslautender Vereinbarungen – im Zeitpunkt der Valutierung des Darlehens in voller Höhe, indem die Bank einen Betrag in der Höhe des Bearbeitungsentgelts (vereinbarungsgemäß) einbehält. Der Anspruch entsteht hier mit der Valutierung des Darlehens.[173]

122e Für den Fall, dass das Bearbeitungsentgelt nicht Bestandteil des Darlehensnennbetrages ist, sondern in den zurückzuzahlenden Gesamtbetrag, dh den Bruttodarlehensbetrag eingerechnet ist, ist es bis zu den Fälligkeitsterminen der einzelnen Raten gestundet und wird mit den einzelnen Raten anteilig erbracht. Der Darlehensnehmer leistet das Entgelt somit in Teilen zu unterschiedlichen Zeitpunkten entsprechend dem Verhältnis der Tilgung zum Gesamtbetrag, so dass mehrere Ansprüche aus § 812 Abs. 1 S. 1 BGB zu unterschiedlichen Zeitpunkten entstehen; alle jedoch zeitlich später als im ersten Fall.[174]

122f Ist der Anspruch entstanden, beginnt die Verjährung gem. § 199 Abs. 1 BGB mit dem Schluss des Jahres, in dem der Gläubiger Kenntnis von den anspruchsbegründenden Umständen sowie der Person des Schuldners erlangt hat. Grundsätzlich nicht von Bedeutung für den Verjährungsbeginn ist, ob der Bereicherungsgläubiger aus den ihm erkennbaren Umständen den richtigen rechtlichen Schluss zieht, mithin ob er weiß, einen Anspruch gegen den Bereicherungsschuldner zu haben.[175] Ausreichend ist, dass er Kenntnis oder grob fahrlässige Unkenntnis von den anspruchsbegründenden Umständen – hier der Leistung und den Tatsachen die den Rechtsgrund entfallen lassen – hat.[176] Für Bear-

---

lung des Nettokreditbetrages noch nicht vollständig erfüllt wurde, mit der Folge, dass § 488 Abs. 1 S. 1 BGB als Anspruchsgrundlage für den Betrag iHd Bearbeitungsentgelts heranzuziehen ist, vgl. *Bartlitz* ZBB 2014, 233 (234); ders BKR 2015 1 (2); *Dorst* VuR 2014, 342 (343).

[172] Ist keine ausdrückliche Regelung getroffen, so ist durch Auslegung des Darlehensvertrags und der darin enthaltenen Darlehensberechnung zu ermitteln nach welcher der dargestellten Arten das Bearbeitungsentgelt geleistet wurde, vgl .BGH NJW 2014, 3713 Tz. 22 ff.

[173] Der BGH nimmt in einem solchen Fall eine „interne Verrechnung" zur Verkürzung der Leistungswege an und entscheidet sich damit gegen die zuvor von Literatur und den Instanzgerichten vertretenen unterschiedlichsten Auffassungen, vgl. BGH NJW 2014, 3713 Tz. 24.

[174] BGH NJW 2014, 3713 Tz. 28.

[175] Infolge des Urteils BGH NJW 2014, 3713 kritisch hierzu *Bitter* JZ 2015, 170 (174), der für die Verjährung im Allg. schlussfolgert, dass der Anwendungsbereich der dreijährigen Regelverjährung (§ 195 BGB) zu stark beschränkt werde, sofern sowohl bei klarer wie auch unklarer Rechtslage die Verjährung mangels Zumutbarkeit der Klageerhebung hinausgeschoben sein soll und dadurch für den Beginn der Verjährung faktisch das Erfordernis der tatsächlichen Kenntnis der Rechtslage konstituiert wird.

[176] BGH NJW 2014, 3713 Tz. 35; BGH NJW-RR 2008. 1237; BGH NJW 2008, 1729 Tz. 26; MüKoBGB/*Schwab* § 812 Rn. 422; Staudinger/*Peters/Jacoby* § 199 Rn. 62; *Peters* JR 2015, 589 (590), beschreibt es als die rechtliche Würdigung in der Laiensphäre und

beitungsentgelte, die vor Ablauf des Jahres 2011 geleistet wurden,[177] gilt es zu beachten, dass die kenntnisabhängige Verjährung der auf sie gerichteten Bereicherungsansprüche mangels vorheriger Zumutbarkeit der Klageerhebung nicht vor Ende des Jahres 2011 zu laufen begann,[178] sie jedoch nunmehr – Bereicherungsansprüche verjähren nach der Regelverjährung des § 195 BGB nach 3 Jahren[179] – bei Vorliegen der subjektiven Voraussetzungen des § 199 Abs. 1 BGB zum 31.12.2014 verjährt sind. Ansprüche auf Rückzahlung eines Bearbeitungsentgelts sowie Nutzungsersatz (§ 818 Abs. 1 BGB) sind in folgenden Konstellationen demnach nicht verjährt und für Rechtsanwender in der Praxis zu beachten: Fälle der Mitfinanzierung des Bearbeitungsentgelts, sofern das Darlehen vor weniger als 3 Kalenderjahren valutiert wurde sowie Fälle der anteiligen Zahlung des Bearbeitungsentgelts zusammen mit den Raten, sofern die betreffende Zahlung vor weniger als 3 Kalenderjahren erfolgt ist.[180]

Für Bankkunden, die ihre Ansprüche infolge der Verjährung nicht mehr durchsetzen können, bleiben uU die Aufrechnung und ein Anspruch auf Information über den tatsächlichen Umfang ihrer Verbindlichkeiten.[181]

Die Kosten einer **Restschuld- oder sonstigen Versicherung** sind nach nun geltendem Recht nicht mehr gesondert, sondern innerhalb der sonstigen Kosten anzugeben. Die Regelung des Art. 247 § 7 Abs. 1 Nr. 2 EGBGB (→ Rn. 145) betrifft allein die Angabe der vom Darlehensgeber geforderten Sicherheit als solcher; beide Kostenarten sind in den Gesamtbetrag (→ Rn. 104) einzubeziehen.

Die **Restschuldversicherung** kommt beiden Parteien zugute,[182] so dass es zweifelhaft sein mag, ob die Kosten der Versicherung als Kosten des Darlehens

---

weist zu Recht kritisch darauf hin, dass hinsichtlich des anspruchsbegründenden Merkmals der „Rechtsgrundlosigkeit" fragwürdig erscheint, woher der Bankkunde – insbesondere aufgrund der bis zu den beiden Urteilen des BGH v. 13.5.2014 (XI ZR 405/12 und XI ZR 170/13) entgegenstehenden Rechtsprechung des selbigen Gerichts – auch nur grob fahrlässige Kenntnis über die Rechtsgrundlosigkeit der Zahlung jener Entgelte haben sollte.

[177] Unabhängig davon wann und auf welche Art und Weise von den beiden dargestellten Möglichkeiten sie gezahlt wurden. Zeitliche Grenze ist die kenntnisunabhängige Verjährung von 10 Jahren gem. § 199 Abs. IV BGB.

[178] Der BGH sieht die Zumutbarkeit der Klageerhebung als übergreifende Voraussetzung für den Verjährungsbeginn und verneint eine solche im Falle entgegenstehender höchstrichterlicher Rechtsprechung, solange sich noch keine abweichende gefestigte oberlandesgerichtliche Rechtsprechung herausgebildet hat, vgl. BGH NJW 2014, 3713 Tz. 44; *Bülow* LMK 2015, 365722 begründet das Erfordernis dieser Voraussetzung mit dem „enteignungsähnlichen Charakter" der Verjährung; krit. dazu Staudinger/*Peters/Jacoby* § 199 BGB Rn. 62; *Peters* JR 2015, 589 (590); *Singbartl* EWiR 2015, 33 (34), der es für „dogmatisch-systematisch stringenter" erachtet von einer Hemmung der Verjährung in analoger Anwendung der §§ 203 ff. BGB zu sprechen; *Müller-Christmann* jurisPR-BKR 2/2015 Anm. 2; *Bitter* JZ 2015, 170 (174); *Bitter/Alles* NJW 2011, 2081.

[179] BGH NJW 2014, 3713 Tz. 35; BGH NJW-RR 2008. 1237; BGH NJW 2008, 1729 Tz. 26; MüKoBGB/*Schwab* § 812 BGB Rn. 422.

[180] Irrelevant ist bei zu Grunde liegen dieser Zahlungsmodalität, wann der Darlehensvertrag abgeschlossen wurde; missverständlich insoweit die Einleitung der Urteilsbesprechung von *Kirga* VuR 2015, 145, der in den weiteren Ausführungen die Entscheidung des BGH aber richtig darstellt. Es kann auch dazu kommen, dass Teile des Rückerstattungsanspruchs verjährt sind, wohingegen andere Teile unverjährt sind, so auch *Schröder* jurisPR-BKR 12/2014 Anm. 2.

[181] Vgl. dazu ausführlich *Bartlitz* BKR 2015, 1 (4).

[182] OLG Rostock NJW-RR 2005, 1416.

§ 492 125, 126   1. Teil. Darlehen und Finanzierungshilfen

iSv Art. 247 § 3 Nr. 10 EGBGB anzusehen sind. In seiner Rechtsprechung zur Sittenwidrigkeit von Konsumentenratenkreditverträgen nach § 138 BGB schlägt der BGH beim Vergleich zwischen effektivem Jahreszins und Marktzins die Restschuldversicherungsprämie weder dem Vertragszins noch dem Marktzins zu, sondern bezieht sie in die Berechnung überhaupt nicht ein.[183] Die Zweifel räumt das Gesetz aus, indem es bestimmt, dass es alle sonstigen Kosten sind. Die vom Darlehensnehmer (Verbraucher) zu zahlende Einmalprämie ist jedenfalls anzugeben, unabhängig vom Problem der Einbeziehung in den Effektivzins.[184] Durch § 6 Abs. 4 Nr. 2 PAngV (→ Rn. 88) ist nunmehr bestimmt, wann Restschuldversicherungen in die Effektivzinsberechnung einzubeziehen sind. Trägt der Darlehensgeber ganz oder teilweise die Kosten der Versicherung, bedarf es insoweit keiner Angabe. Von dem anzugebenden Nettodarlehensbetrag als auszuzahlendem Betrag sind zu verrechnende Kosten für Restschuldversicherungen richtiger-, aber umstrittenerweise (→ Rn. 93) abzuziehen, auch wenn sie nicht in die Berechnung des effektiven Jahreszinses einfließen.[185] Daraus ergibt sich, dass der Nettodarlehensbetrag als finanzmathematischer Ausgangspunkt zur Berechnung des effektiven Jahreszinses nicht identisch mit demjenigen nach Art. 247 § 3 Nr. 4 EGBGB ist.

125 Anders als bei Restschuldversicherungen wird bei **Lebensversicherungen** nicht lediglich eine Einmalprämie geschuldet, sondern laufende Zahlungen. Steht die Höhe der Prämien nicht fest, genügt es, die Berechnungsbedingungen anzugeben. Ansonsten ist der Gesamtbetrag sämtlicher Prämien zu nennen.[186] Kapitallebensversicherungen werden im Zusammenhang mit Festkrediten abgeschlossen. Sie können im Hinblick auf den Darlehensvertrag sittenwidrigkeitsrelevant sein.[187] Der anzugebende Betrag erstreckt sich auf die Summe sämtlicher Prämien während der Laufzeit zuzüglich Bearbeitungs- und sonstiger Kosten.[188]

126 Die verschiedenen Kostenarten sind aufzuschlüsseln und im Einzelnen zu bezeichnen. Es ist also eine Trennung nach der Art der Kosten notwendig, um eine hinreichende Transparenz der Kostenstruktur für den Verbraucher herzustellen.[189] Zusammenfassungen (Angabe der Kostensumme) sind nicht erlaubt. Geschieht das doch, liegt die **Sanktion** in § 494 Abs. 2 Satz 3 (→ § 494 Rn. 65), so dass der Verbraucher nur aufgeschlüsselte, jedoch zusammengefasste Kosten überhaupt nicht schuldet.

---

[183] BGH WM 1988, 647 mit Komm. *Emmerich* EWiR § 138 BGB 11/88, 431, anders noch BGHZ 80, 153 (170); Derleder/Knops/Bamberger/*Artz*, § 26 Rn. 10; *Bülow* Konsumentenkredit, Rn. 77 bis 87.

[184] *v. Westphalen/Emmerich/v. Rottenburg* § 4 VerbrKrG Rn. 135; *Lwowski/Peters/Gößmann* VerbrKrG, S. 128; Staudinger/*Kessal-Wulf* § 492 BGB Rn. 51; damit präjudiziert das Gesetz entgegen *Schmelz/Klute* ZIP 1989, 1509 (1518) und *Reifner* VuR 1988, 185 nicht die Diskussion; zur Restschuldversicherung im Übrigen OLG Oldenburg NJW-RR 1996, 1054; OLG Frankfurt NJW-RR 1991, 606; OLG Hamm NJW 1991, 1118 und OLG Hamm NJW-RR 1992, 1058; LG Nürnberg-Fürth WM 2004, 2438.

[185] AA MüKoBGB/*Schürnbrand* § 491a BGB Rn. 31.

[186] BGH NJW 2005, 985 = WM 2005, 417 zu II. 2.a. mit Anm. *Büchel/Günther* WuB I E 2.–23.05 und Komm. *Metz* EWiR § 4 VerbrKrG 1/06, 31; *v. Westphalen/Emmerich/ v. Rottenburg* § 4 VerbrKrG Rn. 137.

[187] *Bülow* Konsumentenkredit, Rn. 88 bis 107.

[188] OLG Frankfurt BKR 2002, 271; *Lwowski/Peters/Gößmann* VerbrKrG, S. 129; aA *Bohner* WM 2001, 2227 (2229).

[189] So die Stellungnahme des Bundesrats, BT-Drucks. 11/5462, S. 42.

Die Kosten sind der Höhe nach zu beziffern. Steht die Höhe bei Vertragsab- 127
schluss ausnahmsweise nicht fest, sind die Kosten – im Einzelnen bezeichnet –
nur dem Grunde nach anzugeben. Nicht anzugeben ist eine fiktive, geschätzte
Höhe. Es gelten die gleichen Erwägungen wie zur Entbehrlichkeit der Angabe des Gesamtbetrags, wenn dieser bei Vertragsabschluss nicht bestimmt ist
(→ Rn. 111). Sofern durch zusätzliche Hinweise eine Irreführung des Verbrauchers vermieden wird, darf ein geschätzter Betrag deshalb angegeben werden
(→ Rn. 10). Die Sanktion aus § 494 Abs. 2 Satz 3 tritt nur ein, wenn Kosten
überhaupt nicht angegeben werden (→ § 494 Rn. 65), nicht aber bei fehlerhafter Angabe (→ § 494 Rn. 44).

11. Verzugszins, Anpassung

Nach Art. 247 § 6 Abs. 1 Satz 1 Nr. 1 iVm § 3 Abs. 1 Nr. 11 EGBGB haben 128
in Allgemein-Verbraucherdarlehensverträgen Pflichtangaben dazu zu erfolgen, in
welcher Höhe der Verzugszins anfällt und welche weiteren Kosten auf den Verbraucher dadurch zukommen können, dass er mit der Erfüllung seiner vertraglichen Pflichten in Verzug gerät. Dies gilt gem. § 6 Abs. 1 Satz 2 nicht für Immobiliar-Verbraucherdarlehensverträge. Es erfolgt durch die Statuierung dieser
neuen Pflichtangabe die Umsetzung von Art. 10 Abs. 2 lit. l der Verbraucherkreditrichtlinie. Nicht ausreichend ist die aus § 497 Abs. 1 Satz 1 iVm § 288 Abs. 1
Satz 2 BGB geläufige Aussage, der Verzugszins betrage „fünf Prozentpunkte über
dem Basiszinssatz", vielmehr ist die Angabe einer absoluten Zahl notwendig.[190]
Des Weiteren ist anzugeben, in welcher Form der Verzugszinssatz angepasst werden kann. Fehlende Angaben führen zur Vertragsnichtigkeit nach § 494 Abs. 1.

12. Warnhinweis zu den Folgen ausbleibender Zahlungen

Art. 10 Abs. 2 lit. m der Verbraucherkreditrichtlinie verlangt, dass der Ver- 129
braucher vor den Folgen ausbleibender Zahlungen gewarnt wird. Art. 247 § 6
Abs. 1 Satz 1 Nr. 1 iVm § 3 Abs. 1 Nr. 12 EGBGB kommt dieser Vorgabe für
Allgemein-Verbraucherdarlehensverträgen nach. Die Regelung gilt gem. § 6
Abs. 1 Satz 2 nicht für Immobiliar-Verbraucherdarlehensverträge. Das Muster zu
Europäischen Standardinformationen für Verbraucherkredite (Anlage 4 zu
Art. 247 § 2 EGBGB) enthält eine Formulierung für diesen Warnhinweis folgenden Inhalts: „Ausbleibende Zahlungen können schwerwiegende Folgen für
Sie haben (zB Zwangsverkauf) und die Erlangung eines Kredits erschweren."
Fehlt der Hinweis, führt dies zur Nichtigkeit nach § 494 Abs. 1.

13. Widerrufsrecht

Über das Bestehen oder Nichtbestehen des verbraucherkreditrechtlichen Wi- 130
derrufsrechts sowie die Frist und die Modalitäten seiner Ausübung ist nach
Art. 247 § 6 Abs. 1 Satz 1 Nr. 1 iVm § 3 Abs. 1 Nr. 13 EGBGB im Rahmen des
Verbraucherdarlehensvertrags zu belehren. Dies gilt gem. § 6 Abs. 1 Satz 2 auch
für Immobiliar-Verbraucherdarlehensverträge. Die mit der Umsetzung der Verbraucherkreditrichtlinie II erfolgte Ausgestaltung der Widerrufsbelehrung als
Pflichtangabe des Vertrags und nicht als zusätzliche, neben dem formgebundenen
Vertrag bestehende Belehrungspflicht, hatte weitreichende Konsequenzen. An

---

[190] MüKoBGB/*Schürnbrand* § 491a BGB Rn. 35; aA *Nobbe/Müller-Christmann* Rn. 7.

erster Stelle ist festzuhalten, dass die fehlende Widerrufsbelehrung zur Vertragsnichtigkeit führt und nicht nur den Zeitpunkt des Fristbeginns verschiebt (ausführlich zu den Konsequenzen der Aufnahme der Widerrufsbelehrung in den Katalog der Pflichtangaben → § 495 Rn. 149 ff.). Der Gesetzgeber sah sich zu dieser Regelungstechnik durch Art. 10 Abs. 2 lit. p gezwungen.

131 Art. 247 § 6 Abs. 2 EGBGB ergänzt die Regelung zu den Pflichtangaben hinsichtlich des verbraucherkreditrechtlichen Widerrufsrechts. Danach müssen im Vertrag, wenn ein Widerrufsrecht nach § 495 besteht, Angaben zur Frist und anderen Umständen für die Erklärung des Widerrufs gemacht werden. Darüber hinaus ist darauf hinzuweisen, dass ein bereits ausbezahltes Darlehen zurückzuzahlen und Zinsen zu vergüten sind, wobei nach § 6 Abs. 2 Satz 2 EGBGB der pro Tag zu zahlende Zinsbetrag anzugeben ist. Die Einzelheiten zu den Pflichtangaben betreffend das verbraucherkreditrechtliche Widerrufsrecht sind ausführlich erläutert unter § 495 Rn. 76 ff. Den Anforderungen der Sätze 1 und 2 ist genügt, wenn der Unternehmer in hervorgehobener und deutlich gestalteter Form in einem Allgemein-Verbraucherdarlehensvertrag eine dem Muster in Anlage 7 bzw. bei einem Immobiliar-Verbraucherdarlehensvertrag eine dem Muster in Anlage 8 entsprechende Klausel verwendet, was § 6 Abs. 2 Satz 3 feststellt. Der Darlehensgeber darf nach Maßgabe von § 6 Abs. 2 Satz 5 unter Beachtung von Satz 3 in Format und Schriftgröße von dem Muster abweichen.[191]

132 Die Muster-Widerrufsinformationen nebst Gestaltungshinweisen sind abgedruckt bei → § 495 Rn. 92.

14. Recht zur vorzeitigen Rückzahlung und Vorfälligkeitsentschädigung

133 Gem. § 500 Abs. 2 Satz 1 kann der Verbraucher seine Verbindlichkeiten aus einem Allgemein-Verbraucherdarlehensvertrag jederzeit ganz oder teilweise vorzeitig erfüllen. Nach Maßgabe von Art. 247 § 6 Abs. 1 Satz 1 Nr. 1 iVm § 3 Abs. 1 Nr. 14 EGBGB ist der Darlehensnehmer auf dieses Recht hinzuweisen. Umgesetzt wird dadurch Art. 10 Abs. 2 lit. r der Verbraucherkreditrichtlinie. Fehlt die vertragliche Pflichtangabe, führt dies zur Vertragsnichtigkeit nach § 494 Abs. 1.

134 Dem Darlehensgeber steht im Falle der vorzeitigen Rückzahlung ein Anspruch auf Vorfälligkeitsentschädigung nach § 502 Abs. 1 zu. Art. 247 § 7 Abs. 1 Nr. 3 EGBGB verpflichtet den Darlehensgeber zur Angabe der Berechnungsmethode der Höhe des Anspruchs auf Vorfälligkeitsentschädigung. Die Angabepflicht hat der Darlehensgeber nur zu erfüllen, wenn er beabsichtigt, diesen Anspruch im Falle der vorzeitigen Rückzahlung geltend zu machen. Auch dadurch kommt der Gesetzgeber der Pflicht zur Umsetzung von Art. 10 Abs. 2 lit. r der Verbraucherkreditrichtlinie nach. Fehlt die Erläuterung der Berechnungsmethode oder ist sie unzureichend, ist der Anspruch des Darlehensnehmers aus § 502 Abs. 1 nach Maßgabe von § 502 Abs. 2 Nr. 2 ausgeschlossen.[192]

134a Für Immobiliar-Verbraucherdarlehensverträge bestimmt Art. 247 § 7 Abs. 2 Nr. 1 EGBGB, dass der Vertrag, soweit von Relevanz, klar und verständlich formulierte Angaben zu enthalten hat, unter welchen Voraussetzungen dem Darle-

---

[191] Ausführlich zu den Anforderungen an die formale Gestaltung der Widerrufsinformation *Gansel/Gängel/Huth* NJ 2014, 203 (232).
[192] Zur AGB-Kontrolle einer entsprechenden Entgeltregelung OLG Frankfurt WM 2013, 1351 mit Anm. *Jungmann* WuB IV C. § 307 BGB 1.14.

hensgeber ein Anspruch auf Vorfälligkeitsentschädigung zusteht und nach welcher Methode dieser berechnet wird. Auch bei Immobiliar-Verbraucherdarlehensverträgen trifft den Darlehensgeber diese Pflicht nur, soweit er beabsichtigt, diesen Anspruch geltend zu machen, falls der Darlehensnehmer das Darlehen vorzeitig zurückzahlt. Schließlich bedarf es im Vertrag eines Hinweises auf die neu ins Gesetz gekommene Informationspflicht aus § 493 Abs. 5 (→ § 493 Rn. 11 f.).

15. Zuständige Aufsichtsbehörde

In Umsetzung von Art. 10 Abs. 2 lit. v der Verbraucherkreditrichtlinie hat der Darlehensgeber nach Art. 247 § 6 Abs. 1 Satz 1 Nr. 3 EGBGB anzugeben, welche Aufsichtsbehörde für ihn zuständig ist. Diese Angabepflicht gilt auch für Immobiliar-Verbraucherdarlehensverträge, da die Sätze 2 und 3 keine Modifizierungen enthalten. Fehlt die Angabe, ist der Vertrag nichtig, § 494 Abs. 1. 135

16. Hinweis auf Anspruch auf Tilgungsplan

§ 492 Abs. 3 Satz 2 räumt dem Verbraucher einen Anspruch auf Aushändigung eines Tilgungsplans auf einem dauerhaften Datenträger ein. Nach Art. 247 § 6 Abs. 1 Satz 1 Nr. 4 EGBGB hat der Darlehensgeber den Verbraucher auf diesen Anspruch hinzuweisen. Dies gilt für Allgemein- und Immobiliar-Verbraucherdarlehensverträge. Damit wird Art. 10 Abs. 2 lit. i umgesetzt. Nicht notwendig ist eine Erläuterung des Inhalts des Tilgungsplans.[193] Der gesetzlich vorgeschriebene Inhalt des Tilgungsplans ergibt sich aus Art. 247 § 14 EGBGB (→ Rn. 54). Auch hier führt das Ausbleiben des Hinweises zur Vertragsnichtigkeit nach § 494 Abs. 1. 136

17. Verfahren bei Vertragskündigung

Das Verbraucherkreditrecht widmet sich in § 499 und § 500, jeweils differenziert nach Allgemein- und Immobiliar-Verbraucherdarlehensverträgen, den Vertragskündigungsrechten von Darlehensgeber und Darlehensnehmer. Diese werden ergänzt durch die allgemeine Regelung des § 314 BGB. Nach Art. 247 § 6 Abs. 1 Satz 1 Nr. 5 EGBGB, der Art. 10 Abs. 2 lit. s der Verbraucherkreditrichtlinie umsetzt, ist dem Verbraucher in Allgemein- und Immobiliar-Verbraucherdarlehensverträgen zu erläutern, unter welchen Bedingungen und nach welchem Verfahren das Vertragsverhältnis durch ihn bzw. den Darlehensgeber gekündigt werden kann.[194] Auch hier führt die mangelnde Information zur Vertragsnichtigkeit nach Maßgabe von § 494 Abs. 1. 137

18. Sämtliche weitere Vertragsbedingungen

Seit der Reform 2010 hat man hinsichtlich der Formbedürftigkeit von vertraglichen Nebenabreden zwischen wesentlichen und unwesentlichen Vertragsbedingungen nicht mehr unterscheiden. Nach dem eindeutigen Wortlaut des 138

---

[193] MüKoBGB/*Schürnbrand* § 492 BGB Rn. 26.
[194] Wie hier: Staudinger/*Kessal-Wulf* § 492 BGB Rn. 46; aA MüKoBGB/*Schürnbrand* § 492 BGB Rn. 27, der aus Wortlaut und systematischer Umgebung des Art. 10 Abs. 2 lit. s Verbraucherkreditrichtlinie herleitet, es könne nur das Kündigungsrecht des Darlehensnehmers gemeint sein.

§ 492 139–141   1. Teil. Darlehen und Finanzierungshilfen

Art. 247 § 6 Abs. 1 Satz 1 Nr. 6 EGBGB trifft den Darlehensgeber, sowohl bei Allgemein-, als auch bei Immobiliarverbraucherdarlehen die Pflicht, sämtliche Vereinbarungen, die in den Vertrag einbezogen werden sollen, in den Vertragstext aufzunehmen. Einer Differenzierung zwischen wesentlichen und unwesentlichen Nebenabreden bedarf es nach neuem Recht nicht mehr (→ Rn. 35 und → § 494 Rn. 14). Möchte der Darlehensgeber seine AGB in den Vertrag einbeziehen, muss er sie dem Vertragstext hinzufügen.

19. Notarkosten

139   Soweit für den Vertrag von Bedeutung, hat der Darlehensgeber eines Allgemein-Verbraucherdarlehens einen Hinweis darauf aufzunehmen, dass der Darlehensnehmer Notarkosten zu tragen hat, wie Art. 247 § 7 Abs. Nr. 1 EGBGB bestimmt. Einer exakten zahlenmäßigen Angabe bedarf es regelmäßig nicht.[195] Umgesetzt wird dadurch Art. 10 Abs. 2 lit. n der Verbraucherkreditrichtlinie. Hinsichtlich des Fehlens der Angabe sieht das Gesetz keine Rechtsfolge vor.

20. Sicherheiten

140   Sofern sich der Darlehensnehmer auf Verlangen des Darlehensgebers verpflichtet, für das Darlehen Sicherheiten zu bestellen, die Parteien neben dem Allgemein-Verbraucherdarlehensvertrag also auch einen schuldrechtlichen Sicherungsvertrag abschließen,[196] bedarf auch dieser nach Maßgabe von Art. 247 § 7 Abs. 1 Nr. 2 EGBGB insoweit der Schriftform, als die zu bestellende – ggf. die bereits bestellte, → Rn. 141 – Sicherheit (Grundpfandrecht, Bürgschaft, Sicherungstreuhand – zB in der Form einer Lohnabtretung[197] –, Garantie; unzulässig aber ein Sicherungswechsel oder -scheck, § 496 Abs. 2, → § 496 Rn. 18) anzugeben ist. Die verlangten Sicherungsrechte müssen aufgezählt werden. Bei fehlender Angabe, aber Heilung des Darlehensvertrags, hat der Unternehmer gem. § 494 Abs. 6 Satz 2 keinen Anspruch auf die Sicherheit (→ § 494 Rn. 77),[198] ist also verpflichtet, das Darlehen ungesichert auszureichen (zur Frage der Kondizierbarkeit einer bereits bestellten Sicherheit → § 494 BGB Rn. 77). Der dingliche Bestellungsakt ist dagegen nicht Gegenstand des Darlehensvertrages und der Vertragsurkunde, kann also ggf. formlos abgeschlossen werden.[199] Wird keine Sicherungsabrede getroffen, bedarf es keiner Angabe, also auch nicht der negativen, dass Sicherheiten nicht zu bestellen seien.

141   **a) AGB-Kreditinstitute, insbesondere Nachbesicherung; Übernahme.** Die Parteien können bereits in Geschäftsverbindung stehen und zu früherer Zeit

---

[195] Staudinger/*Kessal-Wulf* § 492 Rn. 72.
[196] BGH WM 2002, 536 zu II. 2.b.; *Bülow* Kreditsicherheiten, Rn. 49ff.; Lohnabtretungsklausel: OLG Frankfurt BB 1986, 2089; unzutreffend *Vortmann* § 4 VerbrKrG Rn. 29, der entgegen dem Gesetzeswortlaut von „bestellten" Sicherheiten ausgeht.
[197] Hierfür sind auch und gerade in Verbraucherkreditverträgen bei Meidung der Unwirksamkeit nach § 306 BGB umfassende Verwertungsregelungen aufzunehmen, BGHZ 95, 149; LG Bielefeld VuR 1999, 151; *Bülow* Kreditsicherheiten, Rn. 1128.
[198] BGH NJW 2008, 3208 Tz. 12 mit Komm. *Gladenbeck* EWiR § 4 VerbrKrG 1/08, 703 und Bspr. *Zimmer* NJW 2008, 3185.
[199] Entgegen der Meinung des II. Zivilsenats des BGH auch die dingliche Einigung nach § 873 BGB bei der Grundpfandrechtsbestellung, BGH NJW 2004, 2736 = WM 2004, 1529 zu I. 1.b., dagegen IX. Zivilsenat NJW 2005, 664 = WM 2005, 127 zu II. 2 a. cc. (1) (a).

Sicherheiten bestellt haben, die durch Austausch der zu sichernden Forderung das neue Darlehen sichern sollen, zB durch Verwendung einer nicht mehr valutierten Grundschuld[200] (entsprechende Allgemeine Geschäftsbedingungen halten der Wirksamkeitskontrolle stand[201]). In diesem Fall ist anzugeben, dass die Sicherheit bestehen bleibt. War ein Grundpfandrecht bereits anlässlich einer vorangegangenen Zwischenfinanzierung bestellt worden und wird es für die Endfinanzierung übernommen, ist es hierbei anzugeben.

Für die bereits bestehende Geschäftsverbindung zwischen Darlehensgeber und Verbraucher kann ein Pfandrecht an eingebrachten Gegenständen gem. Nr. 14 AGB-Banken, 22 AGB-Sparkassen, 15 AGB-Postbank iVm §§ 1204ff., 1273 BGB[202] bestehen. Die pfandbelasteten Gegenstände können in die Haftung für das Verbraucherdarlehen genommen werden. Wirksamkeitsvoraussetzung hierfür ist jedoch, dass die Gegenstände einzeln bezeichnet werden. Deshalb genügt die schlichte Einbeziehung der AGB-Kreditinstitute in den Allgemein-Verbraucherdarlehensvertrag den Anforderungen an Art. 247 § 7 Abs. 1 Nr. 2 EGBGB nicht, so dass die Gegenstände zwar für andere Forderungen des Darlehensgebers, aber gem. § 494 Abs. 6 Satz 3 (→ § 494 Rn. 76) nur dann für die Forderung des Darlehensgebers aus dem Verbraucherdarlehensvertrag haften,[203] wenn der Nettodarlehensbetrag 75 000 € übersteigt (→ § 494 Rn. 78). Gleichermaßen ist bei einer schon bestehenden weiten Sicherungszweckerklärung[204] jede der einbezogenen Sicherheiten zu bezeichnen,[205] um die Haftung für die Forderung aus dem Verbraucherdarlehen begründen zu können. Der gem. Nr. 13 AGB-Banken, 22 AGB-Sparkassen, 15 AGB-Postbank bestehende Anspruch auf **Nachbesicherung** kann ebenfalls nur dann wirksam in den Darlehensvertrag einbezogen werden, wenn die später zu bestellenden Sicherheiten im Darlehensvertrag bereits einzeln benannt werden.

Wird den Anforderungen nicht genügt, hat der Darlehensgeber keinen Anspruch auf die Bestellung der Sicherheiten. Die Sicherungsabrede ist allerdings gem. § 494 Abs. 6 Satz 3 (→ § 494 Rn. 78) dennoch verbindlich, wenn der Nettodarlehensbetrag 75 000 € übersteigt. Demgemäß formuliert Nr. 13 Abs. 2 AGB-Banken, dass im Falle von Verbraucherdarlehensverträgen der Nachbesicherungsanspruch bei dieser Überschreitung auch dann besteht, wenn der Kreditvertrag keine oder keine abschließenden Angaben über Sicherheiten enthält.[206]

b) Kosten. Die Kosten für die Bestellung der Sicherheit sind nach Art. 247 § 6 Abs. 1 Satz 1 Nr. 1 iVm § 3 Nr. 10 EGBGB (→ Rn. 121) anzugeben und in den Gesamtbetrag (→ Rn. 103) einzubeziehen. Werden sie in der Weise verrechnet, dass sie den auszuzahlenden Darlehensbetrag mindern, sind sie bei der Angabe des Nettodarlehensbetrags abzuziehen (→ Rn. 92) und nun auch in die Berechnung des effektiven Jahreszinses einzubeziehen.

---

[200] BGHZ 83, 56; BGH NJW 1987, 1637.
[201] BGH NJW 1987, 319 und BGH NJW 1987, 946 mit Komm. *Reimer* EWiR § 242 BGB 5/87, 343.
[202] AnwKomm/*Bülow* § 1205 BGB Rn. 17; Staudinger/*Kessal-Wulf* § 492 Rn. 73.
[203] MüKoBGB/*Schürnbrand* § 492 BGB Rn. 31; anders *Lwowski/Peters/Gößmann* VerbrKrG, S. 130/131.
[204] *Bülow* Kreditsicherheiten, Rn. 161.
[205] Gl. A. *Bruchner/Ott/Wagner-Wieduwilt* § 4 VerbrKrG Rn. 73; aA *Münstermann/ Hannes* § 4 VerbrKrG Rn. 228 bis 230.
[206] *Lwowski/Peters/Gößmann* VerbrKrG, S. 130.

21. Versicherungen

145 Vielfach verlangt der Darlehensgeber im Zusammenhang mit der Kreditvergabe den Abschluss eines Versicherungsvertrags. Art. 247 Abs. 1 § 7 Nr. 2 EGBGB ordnet an, dass im gegebenen Fall eine entsprechende Angabe im Vertrag zu erfolgen hat. Umgesetzt wird dadurch Art. 10 Abs. 2 lit. o der Verbraucherkreditrichtlinie. Mangelt es an der Angabe, steht dem Darlehensgeber der entsprechende Anspruch nicht zu. Die Nichtigkeitsfolge aus § 494 Abs. 1 kommt hier nicht zur Anwendung. Relevant ist im Zusammenhang mit dem Abschluss eines Verbraucherdarlehensvertrags vor allem der Abschluss von Restschuld- und Lebensversicherungen. In Betracht kommen aber auch andere Versicherungsverträge. Anders als nach vormals geltendem Verbraucherkreditrecht bedarf es nicht mehr der separaten Angabe der Versicherungskosten. Diese werden vielmehr innerhalb der allgemeinen Vertragskosten, Art. 247 § 6 Abs. 1 Satz 1 Nr. 1 iVm § 3 Nr. 10 EGBGB angegeben und dort als Versicherungskosten ausgewiesen (→ Rn. 123).

146 Die **Restschuldversicherung** sichert gegen das Risiko, dass der Verbraucher das Darlehen nicht zurückzahlen kann, indem das Versicherungsunternehmen den offenen Rest der Darlehensschuld an den Darlehensgeber zahlt und dadurch den Darlehensnehmer befreit (§ 267 BGB).

147 **Lebensversicherungen,** von denen die Darlehensgewährung abhängt, können sonstige Risikolebensversicherungen sein. Sie kommen für Rahmen- und Dispositionskredite in Betracht.

148 **Andere Versicherungen** können solche sein, die sich auf ein Sicherungsobjekt, also zB das zur Sicherheit übereignete Kraftfahrzeug,[207] beziehen. Jedenfalls muss die Versicherung im Zusammenhang mit dem Kreditvertrag abgeschlossen werden, dh gerade für die Kreditierung kausal sein. Bei einem Darlehen zum Zwecke des Autokaufs ist eine Vollkaskoversicherung deshalb nur dann anzugeben, wenn der Kreditgeber davon die Darlehensgewährung abhängig macht.[208] Insoweit fließt der an sich nicht anzugebende Verwendungszweck (→ Rn. 72) in den Pflichtangabenkatalog ein. Versicherungen, die unabhängig davon ohnehin abgeschlossen werden, sind nicht anzugeben, zB bei finanzierten Pauschalreisen eine Reiserücktrittsversicherung, soweit sie nicht gerade vom Finanzierer verlangt wird.[209]

22. Außergerichtliches Beschwerde- und Rechtsbehelfsverfahren

149 Soweit ein außergerichtliches Beschwerde- und Rechtsbehelfsverfahren für Streitigkeiten aus einem Allgemein-Verbraucherdarlehensvertrag besteht, ist der Verbraucher in Umsetzung von Art. 10 Abs. 2 lit. t nach Art. 247 § 7 Abs. 1 Nr. 4 EGBGB auf dessen Bestehen und die Voraussetzungen des Zugangs hinzuweisen. Die Formulierung bezieht sich auf Verfahren, in denen der Verbrau-

---

[207] Zutreffend *Münstermann/Hannes* § 4 VerbrKrG Rn. 226; *Hemmerde/v. Rottenburg* WM 1993, 181 (185 f.); jedenfalls bezüglich einer sonst nicht abgeschlossenen Vollkaskoversicherung, *Reinking/Nießen* ZIP 1991, 634 (635) und ZIP 1991, 79 (82).
[208] *Slama* FLF 1993, 33 (90); *v. Westphalen/Emmerich/v. Rottenburg* § 4 VerbrKrG Rn. 142.
[209] *Münstermann/Hannes* § 4 VerbrKrG Rn. 226; umfassend *Hemmerde/v. Rottenburg* WM 1993, 181.

cher aktivlegitimiert sein kann und die eine gewisse Formalisierung erreicht haben.[210]

23. Kontoführungsgebühren

Verlangt der Darlehensgeber, dass der Darlehensnehmer zusätzlich zum Darlehensvertrag einen Kontoführungsvertrag abschließt, so sind in den Vertrag nach Maßgabe von Art. 247 § 8 Abs. 2 EGBGB die Kontoführungsgebühren und die Bedingungen aufzunehmen, unter denen sie angepasst werden können. Dies dient der Umsetzung von Art. 10 Abs. 2 lit. k der Verbraucherkreditrichtlinie. Erfolgt die Angabe nicht, wird der Verbraucher von der Zahlung befreit. § 494 Abs. 1 kommt nicht zur Anwendung. 150

24. Zusatzleistungen

Art. 247 § 8 Abs. 3 Satz 1 EGBGB betrifft den besonderen Fall, in welchem dem Darlehensnehmer das Darlehen ausgezahlt wird, von ihm erfolgende Zahlungen aber nicht unmittelbar der Tilgung der Darlehensschuld dienen, sondern Vermögen aufgebaut wird. Der Darlehensnehmer bedient mit seinen laufenden Zahlungen allein die Zinsschuld. In dieser Konstellation sind nach § 8 Abs. 3 Satz 1 in dem Vertrag Angaben dazu zu machen, in welchen Zeiträumen und unter welchen Bedingungen die Sollzinsen zu bedienen sind und welche Kosten anfallen. Mangelt es an der vertraglichen Angabe, entfällt der Anspruch des Darlehensgebers. 151

Art. 247 § 8 Abs. 3 Satz 2 EGBGB betrifft wiederum eine besondere Konstellation des Falls von Satz 1 (→ Rn. 151). Der Verbraucher verpflichtet sich neben der Rückzahlung des Darlehens auch zum Aufbau von Vermögen. Seine regelmäßigen Zahlungen kommen alsdann zunächst dem Vermögensaufbau zu Gute, bevor aus dem Angesparten die Rückzahlungsforderung aus dem Darlehensvertrag beglichen wird. Hier ist der Verbraucher als Darlehensnehmer im Vertrag darauf hinzuweisen, dass das angesparte Kapital nicht unbedingt ausreichend sein wird, die Darlehensforderung am Ende zu tilgen und die einzelnen gezahlten Raten nicht der Tilgung der offenen Darlehensforderung, sondern dem Vermögensaufbau dienen. Eines entsprechenden Hinweises bedarf es nicht, wenn derjenige, dem das Sparkapital zufließt, die Erfüllung der Rückzahlungsverpflichtung zum Vertragsende garantiert. 152

25. Darlehensvermittler

Kommt es bei der Anbahnung oder dem Abschluss eines Verbraucherdarlehensvertrag zum Einsatz eines Darlehensvermittlers, so sind nach Maßgabe von Art. 247 § 13 Abs. 1 EGBGB der Name und die Anschrift des Vermittlers in den Vertrag aufzunehmen. § 13a statuiert eine dementsprechende vorvertragliche Pflicht. 153

26. Fremdwährungsdarlehen

Für Immobiliar-Verbraucherdarlehensverträge in Fremdwährung bestimmt Art. 247 § 7 Abs. 2 Nr. 2 EGBGB, dass der Vertrag einen Hinweis auf die sich 153a

---

[210] MüKoBGB/*Schürnbrand* § 492 BGB Rn. 32.

§ 492 154–158 1. Teil. Darlehen und Finanzierungshilfen

aus §§ 503 und 493 Abs. 4 BGB ergebenden Rechte enthalten muss. Dabei geht es einmal um das Recht auf Umwandlung des Verbrauchers (§ 503) und zum anderen um die Informationspflicht des Darlehensgebers bei erheblichen Veränderungen des Wechselkurses (§ 493 Abs. 4).

D. Erklärungen nach Vertragsabschluss

154 Sämtliche Erklärungen, die der Darlehensgeber nach Vertragsabschluss gegenüber dem Darlehensnehmer abgibt, haben nach **§ 492 Abs. 5** auf einem dauerhaften Datenträger zu erfolgen. Der Begriff der **Erklärung** ist weit auszulegen, so dass sämtliche Mitteilungen, die rechtsgeschäftlich relevant sind, erfasst werden.[211] Betroffen können insbesondere Informationen zur Abwicklung des Vertrags, zB Mahnungen, Fristsetzungen, sein. Werden allerdings ein neues Kapitalnutzungsrecht eingeräumt oder die Vertragsbedingungen in anderer Form geändert, ist das Schriftformerfordernis aus § 492 Abs. 1 zu wahren.[212] Betroffen von Abs. 5 sind wiederum weiterhin insbesondere die Informationen aus § 493.

E. Nachholung von vertraglichen Angaben

155 Die Regelung des § 492 Abs. 6 räumt dem Darlehensgeber die Möglichkeit ein, zunächst im Vertrag fehlende oder unvollständig vorhandene Pflichtangaben auf einem dauerhaften Datenträger nachzuholen. Nach nun geltendem Recht ergibt sich **nicht mehr** aus §§ 494 Abs. 7 Satz 2 iVm 495, sondern aus dem neu eingeführten § 356b Abs. 2 und 3 BGB, dass es dem Darlehensgeber auf diesem Wege ermöglicht wird, den Beginn der Widerrufsfrist, der von der vollständigen Information des Verbrauchers abhängt, nachträglich auszulösen.

156 Diese Möglichkeit ist in der Verbraucherkreditrichtlinie zwar nicht vorgesehen, sie verbietet sie andererseits aber nicht ausdrücklich. Das Ingangsetzen der Widerrufsfrist durch die Erteilung sämtlicher Informationen wird im Richtlinientext nicht an eine spezielle Form der Informationen gebunden.[213]

157 Die Vorschrift betrifft den Sonderfall, dass der Vertrag trotz des Fehlens von Pflichtangaben abweichend von der Anordnung in § 494 Abs. 1 nicht nichtig sondern **wirksam** ist. In Betracht kommen zwei Konstellationen: Einerseits führt das Fehlen einiger Pflichtangaben, Art. 247 §§ 7 und 8 EGBGB nicht zur Nichtigkeit des Vertrags und andererseits kommt es nach § 494 Abs. 2 Satz 1 zur Heilung des Vertrags zu gesetzlich bestimmten Bedingungen. Jeweils ist aber der Beginn der Widerrufsfrist abhängig von der **vollständigen Information** des Verbrauchers, so dass der Vertrag zunächst widerruflich wirksam wird, ohne dass die Widerrufsfrist zu laufen begonnen hat.

158 Bestünde die Möglichkeit der Nachholung vertraglicher Pflichtangaben nicht, führte dies zur grundsätzlichen Widerruflichkeit des Vertrags während der ge-

---

[211] MüKoBGB/*Schürnbrand* § 492 BGB Rn. 56.
[212] Zutreffend Staudinger/*Kessal-Wulf* § 492 Rn. 7; MüKoBGB/*Schürnbrand* § 492 BGB Rn. 11.
[213] BT- Drucks. 17/1394, S. 15; MüKoBGB/*Schürnbrand* § 492 BGB Rn. 59.

samten Laufzeit (sog. ewiges Widerrufsrecht). Selbst die vollständige Erfüllung der beiderseitigen Pflichten beendete die Widerruflichkeit nicht. Eine dem § 356 Abs. 3 Satz 2 BGB entsprechende Vorschrift existiert für das Widerrufsrecht aus § 495 nicht. Ließe man die Nachholung der fehlenden Angaben durch den Darlehensgeber nicht zu, bliebe ihm allein der Neuabschluss des Vertrags unter Beachtung aller Angabepflichten, an dem allerdings der Darlehensnehmer im Falle der Heilung nach § 494 Abs. 2 zu günstigen gesetzlichen Bedingungen in der Regel kein Interesse haben wird. Im Fall der Nachholung von Angaben nach Abs. 6 bleibt es nach Maßgabe von § 356b Abs. 2 Satz 2 BGB dabei, dass sich die Widerrufsfrist auf **einen Monat** verlängert.

Die Nachholung von zunächst fehlenden Informationen kann nicht zur Vertragsänderung **zu Lasten** des Verbrauchers führen. Exemplarisch seien § 494 Abs. 6 Satz 2 und § 502 Abs. 2 Nr. 2 genannt. Fehlen in dem ursprünglichen Vertrag Angaben zur Bestellung von Sicherheiten oder der Berechnung einer Vorfälligkeitsentschädigung, so geht der Darlehensgeber eines entsprechenden Anspruchs verlustig. Die Nachholung entsprechender Angaben führte nicht etwa dazu, dass der Anspruch auf Bestellung einer Sicherheit resp. Zahlung einer Vorfälligkeitsentschädigung entsteht. Da eine derartige Nachholung keine Auswirkungen auf das Vertragsverhältnis hätte, ist sie von der Regelung des Abs. 6 Satz 1 grundsätzlich nicht erfasst. Nachholbar sind nur Informationen, die für das Vertragsverhältnis noch relevant sind.[214] Zu beachten ist hinsichtlich der Sicherheiten insoweit die Ausnahmevorschrift des § 494 Abs. 6 Satz 2, 2. Halbsatz, wonach bei Großkrediten der Anspruch auf die Bestellung einer Sicherheit auch im Falle des geheilten Vertrags besteht (→ § 494 Rn. 78). Hier bedarf es zur Auslösung der Widerrufsfrist der Information. Fehlen die notwendigen Angaben zum Umwandlungsrecht bei Immobiliar-Verbraucherkreditverträgen aus § 493 Abs. 4, so kann das Umwandlungsrecht jederzeit ausgeübt werden, was sich nun aus § 494 Abs. 6 Satz 3 ergibt.

Bei der Nachholung von Informationen wird die Widerrufsfrist gem. § 356b Abs. 2 Satz 2 BGB auf einen Monat verlängert, worauf der Verbraucher nach § 492 Abs. 6 Satz 4 auf einem dauerhaften Datenträger ausdrücklich hinzuweisen ist.[215] Diese Form gilt nach Satz 1 auch für die nachgeholte Information über das Widerrufsrecht selbst.

Im Einzelnen stellt **Abs. 6 Satz 1** fest, dass im Falle des **wirksamen Vertrags** fehlende oder unvollständige Pflichtangaben durch einseitige Erklärung des Darlehensgebers nachgeholt werden können. Die Mitteilung hat auf einem dauerhaften Datenträger zu erfolgen. Das Schriftformerfordernis aus Abs. 1 kommt angesichts des wirksamen Vertrags nicht zur Anwendung. Nachholbar sind allerdings nur solche Informationen, die noch Relevanz für den konkreten Vertrag haben (→ Rn. 159).

Abs. 6 Satz 2 betrifft nur die Fälle der Heilung des Vertrags nach § 494 Abs. 2 Satz 2 bis Abs. 6, in denen das Gesetz anordnet, dass der Vertrag in Folge des Empfangs des Darlehens durch den Verbraucher bzw. die Inanspruchnahme zu bestimmten Bedingungen gültig wird. In diesen Fällen kann die Information nur in der Art und Weise nachgeholt werden, dass dem Verbraucher nach Maß-

---

[214] BT-Drucks. 17/1394, S. 16 zu Nr. 4b.
[215] Zur europarechtlichen Zulässigkeit der verlängerten Widerrufsfrist *Wendehorst* ZEuP 2011, 263 (279).

gabe von § 494 Abs. 7 eine Abschrift des Vertrags, die die gesetzlich angeordneten Änderungen enthält, zur Verfügung gestellt wird. Die Widerrufsfrist, die auch in diesem Fall einen Monat beträgt, was nunmehr aus § 356b Abs. 2 Satz 2 BGB folgt, beginnt hier mit Erhalt der Vertragsabschrift, was sich nun aus der neuen Vorschrift des § 356b Abs. 3 BGB ergibt.

163 Führt die Nachholung der zunächst fehlenden Information abweichend von Abs. 6 Satz 2 bzw. § 494 Abs. 2 Satz 2 bis Abs. 6 nicht zu einer Änderung des Vertragsinhalts, ist **Abs. 6 Satz 3** anwendbar, wonach dem Verbraucher zur Ingangsetzung der verlängerten Widerrufsfrist spätestens im Zeitpunkt der Nachholung eine Vertragsurkunde, der schriftliche Antrag des Verbrauchers oder eine Abschrift der Vertragsurkunde oder des Antrags (§ 356b Abs. 1) zur Verfügung gestellt worden ist. Liegt dem Verbraucher im Zeitpunkt der Nachholung bereits eine entsprechende Unterlage des ursprünglichen Vertrags vor, genügt die Nachholung auf einem dauerhaften Datenträger, um den Beginn der Widerrufsfrist auszulösen.

164 Die **Widerrufsfrist** verlängert sich in beiden Fällen der nachgeholten Information auf einen Monat, was nun in **§ 356b Abs. 2 Satz 2 BGB** geregelt ist. Auf diese Verlängerung der Widerrufsfrist hat der Darlehensgeber den Darlehensnehmer im Zuge der Nachholung der fehlenden oder unvollständigen Information ausdrücklich und auf einem dauerhaften Datenträger hinzuweisen, wie **Abs. 6 Satz 4** bestimmt. Die Erfüllung der Hinweispflicht nach Abs. 6 Satz 4 bedingt den Beginn der Widerrufsfrist nicht. Es handelt sich um eine vertragliche Nebenpflicht des Darlehensgebers.[216] Allerdings kann es bei Ausbleiben des Hinweises **treuwidrig** sein, wenn sich der Darlehensgeber auf den Ablauf der Frist beruft.[217]

F. Index oder Referenzzinssatz

165 Der 2016 neu eingeführte Abs. 7 dient der Umsetzung von Art. 24a der Wohnimmobilienkreditrichtlinie, gilt aber für sämtliche Verbraucherkreditverträge. Festgestellt wird durch die Vorschrift, dass in dem Fall der Orientierung des veränderlichen Sollzinssatzes an einem externen Wert, zB dem EURIBOR, ein solcher Index oder Referenzzinssatz objektiv und eindeutig bestimmt und verfügbar sein muss, so dass die Parteien die entsprechenden Konditionenveränderungen nachprüfen können.

§ 492a Kopplungsgeschäfte bei Immobiliar-Verbraucherdarlehensverträgen

(1) ¹Der Darlehensgeber darf den Abschluss eines Immobiliar-Verbraucherdarlehensvertrags unbeschadet des § 492b nicht davon abhängig machen, dass der Darlehensnehmer oder ein Dritter weitere Finanzprodukte oder -dienstleistungen erwirbt (Kopplungsgeschäft). ²Ist der Darlehensge-

---

[216] BT-Drucks. 17/1394, S. 18.
[217] So Staudinger/*Kessal-Wulf*, § 492 Rn. 85; MüKoBGB/*Schürnbrand* § 492 BGB Rn. 66.

ber zum Abschluss des Immobiliar-Verbraucherdarlehensvertrags bereit, ohne dass der Verbraucher weitere Finanzprodukte oder -dienstleistungen erwirbt, liegt ein Kopplungsgeschäft auch dann nicht vor, wenn die Bedingungen für den Immobiliar-Verbraucherdarlehensvertrag von denen abweichen, zu denen er zusammen mit den weiteren Finanzprodukten oder -dienstleistungen angeboten wird.

(2) Soweit ein Kopplungsgeschäft unzulässig ist, sind die mit dem Immobiliar-Verbraucherdarlehensvertrag gekoppelten Geschäfte nichtig; die Wirksamkeit des Immobiliar-Verbraucherdarlehensvertrags bleibt davon unberührt.

Schrifttum: *Piekenbrock,* Die geplante Umsetzung der Wohnimmobilienkreditvertragsrichtlinie, GPR 2015, 26; *Schürnbrand,* Die Richtlinie über Wohnimmobilienkreditverträge für Verbraucher, ZBB 2014, 168.

Übersicht

	Rn.
Materialien	
Wohnimmobilien-Kreditvertragsrichtlinie 2014/17/EU	
Art. 4 Nr. 25, 26, 27	1
Art. 12	2
Vorbemerkung	3
I. Begriff des Kopplungsgeschäfts	4
1. Haupt- und Nebenleistung	5
2. Finanzprodukt und Finanzdienstleistung	7
3. Vertragsparteien: Unternehmer, Verbraucher, Dritte	8
4. Abhängigkeit	10
II. Rechtsfolgen	
1. Teilwirksamkeit und Teilnichtigkeit	12
2. Beweislast	15
III. Wettbewerbsrecht	16
1. Unlauterkeitsrecht	17
2. Kartellrecht	19
IV. Basiskonto	20

Materialien

Wohnimmobilien-Kreditvertragsrichtlinie 2014/17/EU

Artikel 4 Begriffsbestimmungen 1

Für die Zwecke dieser Richtlinie bezeichnet der Ausdruck
... 25. „Kreditvertrag mit Wertbeteiligung" einen Kreditvertrag, bei dem das zurückzuzahlende Kapital auf einem vertraglich festgelegten Prozentsatz des Werts der Immobilie zum Zeitpunkt der Rückzahlung oder Rückzahlungen des Kapitals beruht;
26. „Kopplungsgeschäft" das Angebot oder den Abschluss eines Kreditvertrags in einem Paket gemeinsam mit anderen gesonderten Finanzprodukten oder -dienstleistungen, bei dem der Kreditvertrag nicht separat von dem Verbraucher abgeschlossen werden kann;
27. „Bündelungsgeschäft" das Angebot oder den Abschluss eines Kreditvertrags in einem Paket gemeinsam mit anderen gesonderten Finanzprodukten oder -dienstleistungen, bei dem der Kreditvertrag separat von dem Verbraucher abgeschlossen werden kann, jedoch nicht zwangsläufig zu den gleichen Bedingungen, zu denen er mit den Nebenleistungen gebündelt angeboten wird ...

Artikel 12 Kopplungs- und Bündelungsgeschäfte 2

(1) Die Mitgliedstaaten erlauben Bündelungsgeschäfte, untersagen jedoch Kopplungsgeschäfte ...

Vorbemerkung

3 Das grundsätzliche Verbot von Kopplungsgeschäften nach § 492a mit Ausnahmen nach Maßgabe von § 492b gilt nur für Immobiliar-Verbraucherdarlehensverträge iSv § 491 Abs. 3 sowie für Immobiliar-Finanzierungshilfen gemäß § 506 Abs. 1 Satz 2 (→ § 506 Rn. 12b), nicht aber für Allgemein-Verbraucherkreditverträge nach §§ 491 Abs. 2 Satz 1, 506 Abs. 1 Satz 1.[1] Die Kopplung liegt darin, dass der Verbraucher mit dem Unternehmer nicht nur einen Kreditvertrag abschließt, der ihn im Falle des Darlehens zur Zins- und Rückzahlung gemäß § 488 Abs. 1 Satz 2 verpflichtet, sondern außerdem zu weiteren Leistungen, zB ein Rentenprodukt zu erwerben oder einen Versicherungsvertrag abzuschließen. Wenn der Kreditgeber den Kreditvertrag nur dann abzuschließen bereit ist, wenn sich der Verbraucher zu weiteren Leistungen verpflichtet, handelt es sich um ein Kopplungsgeschäft. Steht es dem Verbraucher frei, den Kreditvertrag abzuschließen, ohne sich zu den weiteren Leistungen zu verpflichten, handelt es sich gemäß § 492a Abs. 1 Satz 2 um ein erlaubtes Bündelungsgeschäft (→ Rn. 1). Das gilt auch dann, wenn sich die Konditionen des Kreditvertrags ohne die Verpflichtung zu den weiteren Leistungen für den Verbraucher verschlechtern, zum Beispiel der Sollzinssatz höher ist. Das grundsätzliche Verbot stützt sich, wie Erwägungsgrund 24 WohnimmoRil zu entnehmen ist, darauf, dass sich die Kopplung nachteilig auf die Mobilität der Verbraucher und ihre Fähigkeit auswirken könnte, sachkundige Entscheidungen zu treffen und Verbraucher zu Kreditvertragsabschlüssen veranlasst werden, die möglicherweise nicht in ihrem besten Interesse sind.

I. Begriff des Kopplungsgeschäfts

4 Das Koppelungsgeschäft setzt eine Vertragsverknüpfung zwischen dem Kredit (Darlehen, Finanzierungshilfe) und mindestens einer weiteren Leistung (Finanzprodukt, Finanzdienstleistung) voraus (→ Rn. 3).

1. Haupt- und Nebenleistung

5 Kredit und Finanzprodukt oder -dienstleistung stehen im Verhältnis von Haupt- und Nebenleistung. Hauptleistung ist der Immobiliar-Verbraucherdarlehensvertrag, sei es durch grundpfandrechtliche Besicherung nach § 491 Abs. 3 Nr. 1 oder durch den Zweck des Darlehens zu Erwerb oder zur Erhaltung des Eigentums nach Nr. 2. Finanzprodukt resp. Finanzdienstleistung sind die Nebenleistungen zum Kredit. Immanente Voraussetzung des Kopplungsgeschäfts ist, dass die Finanzierung des Kreditobjekts auch ohne die Nebenleistung durchführbar und sinnvoll ist, der Kreditvertrag also auch, mit den Worten von Art. 4 Nr. 25 WohnimmoRil, separat abgeschlossen werden könnte. Wo dies nicht der Fall ist, die Nebenleistung also fester Bestandteil des Kredits ist wie bei einem Immobiliar-Überziehungskredit (Erwägungsgrund 25), wo ein zu überziehendes Konto vorhanden sein muss, ist die Kopplung zulässig. In anderen, den Regelfällen, greift die Unzulässigkeitsfolge nach § 492a Abs. 1 Satz 1, Abs. 2 ein

---

[1] Skeptisch zu diesem Konzept *Schürnbrand* ZBB 2014, 168 (176).

(→ Rn. 12), also die Wirksamkeit des Kreditvertrags und die Nichtigkeit betreffend den Vertrag über Finanzprodukt oder -dienstleistung.

Haupt- und Nebenleistung, Kredit und Finanzprodukt resp. -dienstleistung **6** können in einen einzigen, einen einheitlichen Vertrag niedergelegt werden, der für den Kreditteil wirksam, im Übrigen nichtig ist. Es können aber auch mehrere – separate – Verträge abgeschlossen werden, Kreditvertrag und Finanzprodukt oder -dienstleistungsvertrag und für jeden von letzteren einen gemeinsamen Vertrag oder gesonderte Verträge. Die Aufspaltung der verknüpften Verträge ist namentlich dann geboten, wenn auf Seiten des Verbrauchers ein Dritter handelt (→ Rn. 8) oder auch dann, wenn Anbieter von Finanzprodukt oder -dienstleistung nicht zugleich der Kreditgeber ist (→ Rn. 8). Der Kreditvertrag ist wirksam, die Verträge über Nebenleistungen sind nichtig.

2. Finanzprodukt und Finanzdienstleistung

Das Kopplungsverbot greift nur ein, wenn, so die Gesetzesbegründung,[2] die **7** Nebenleistung Finanzprodukt oder Finanzdienstleistung ist. Mit Finanzprodukten sind Instrumente zur Geldanlage gemeint wie Spar- und Festgeldkonten, Aktien, verzinsliche Wertpapiere wie Pfandbriefe, m. a. W. Finanzinstrumente nach § 1 Abs. 11 KWG, zB auch hochspekulative Derivate iSv § 2 Abs. 2 WpHG. Der Begriff der Finanzdienstleistung ist in § 312 Abs. 5 Satz 1 BGB definiert, die Gesetzesbegründung verweist auf § 1 Abs. 1a KWG. Erfasst sind Bankdienstleistungen, zu denen das Kreditgeschäft gehört und namentlich auch Versicherungsleistungen, zB eine Restschuldversicherung. Finanzprodukte stellen sich als Objekte von Finanzdienstleistungen dar, die, zB als Wertpapiere, erwerbbar sind, während eine Dienstleistung Gegenstand eines schuldrechtlichen Anspruchs ist. Wird der Immobiliar-Kreditvertrag mit einer anders gearteten Nebenleistung gekoppelt, zB mit einem Wartungsvertrag für die Heizungsanlage oder mit einem Hausmeistervertrag, ist § 492a nicht anwendbar, der Vertrag über die Nebenleistung ist wirksam.

3. Vertragsparteien: Verbraucher, Unternehmer, Dritte

Parteien des Kreditvertrags sind der Unternehmer als Kredit-, namentlich als **8** Darlehensgeber und der Verbraucher als Kredit- resp. Darlehensnehmer. Bei einem einheitlichen Vertrag (→ Rn. 6) sind Verbraucher und Unternehmer typischerweise zugleich Parteien in Bezug auf die Nebenleistungen. Denkbar ist aber auch, dass sich der Verbraucher im einheitlichen Vertrag verpflichtet, einen Dritten mit dem Vertrag über die Nebenleistung zu beauftragen, also im Deckungsverhältnis, und der Dritte dem nachkommt durch einen Vertragsabschluss mit dem Unternehmer, also im Außenverhältnis. Gegenstand des Vertrags mit dem Dritten kann beispielsweise der Erwerb eines Finanzprodukts sein (→ Rn. 7). Dessen Veräußerer kann auch hier ein Dritter, etwa ein Tochterunternehmen des Kreditgebers sein, sodass bei der Nebenleistung nur Dritte als Vertragsparteien beteiligt sind, aber weder der Kredit gebende Unternehmer noch der Verbraucher. Gleiches kann eintreten, wenn über die Nebenleistungen getrennte Verträge abgeschlossen werden sollen. In all diesen Vertragskonstruktionen ist der Tatbestand der verbotenen Kopplung erfüllt, wenn der Unternehmer den

---

[2] BT-Drucks. 18/5922 (RegE), S. 86.

Abschluss des Kreditvertrags von der Einbeziehung der Nebenleistungen (bei einheitlichem Vertrag) oder vom Abschluss des gesonderten Vertrags über die Nebenleistung abhängig macht und kein Ausnahmetatbestand nach § 492b gegeben ist.

9 Für den Verbotstatbestand spielt es keine Rolle, ob der Dritte zugleich Familienangehöriger des Verbrauchers ist, wohl aber für die Ausnahmetatbestände von § 492b Abs. 1 (→ dort Rn. 2).

4. Abhängigkeit

10 Die Kopplung als Tatbestandsmerkmal setzt voraus, dass der Unternehmer und Kreditgeber den Abschluss des Immobiliar-Verbraucherkreditvertrags vom Erwerb des Finanzprodukts resp. vom Abschluss des Finanzdienstleistungsvertrags, bei dem der Verbraucher Dienstberechtigter (oder Besteller bei werkvertraglichem Zuschnitt) und der Unternehmer Dienstverpflichteter ist, abhängig macht. Gleiches gilt bei Dritten als Vertragsparteien (→ Rn. 8). Die Abhängigkeit ist eine **rechtliche,** indem, mit den Worten von Art. 4 Nr. 26 WohnimmoRil (→ Rn. 1), der Kreditvertrag nicht **separat** vom Verbraucher abgeschlossen werden kann (zur faktischen Abhängigkeit → Rn. 11). Die Abhängigkeit kann darin liegen, dass der Abschluss des Kreditvertrags unter die aufschiebende Bedingung des Abschlusses der Verträge über die Nebenleistungen nach § 158 Abs. 1 BGB gestellt wird, sei es mit dem Verbraucher oder dem Dritten. Bei einem einheitlichen Vertrag kann der Unternehmer schlicht sein Vertragsangebot zurückhalten, also noch nicht abgeben, bis der Verbraucher seinerseits seine Vertragsunterschrift leistet, also dadurch der den Kreditvertrag Anbietende wird. Der Unternehmer kann auch so vorgehen, zunächst nur einen vorvertraglichen Entwurf vorzulegen. Bei getrennten Verträgen kann die Kopplung gleichermaßen dadurch herbeigeführt werden, dass der Unternehmer das Vertragsangebot für den Kreditvertrag erst abgibt, wenn die Verträge über die Nebenleistung, sei es mit dem Verbraucher oder Dritten und auf der Gegenseite vielleicht mit einem Tochterunternehmen (→ Rn. 9), zustande kamen. Mit einer so gestalteten Kopplung sind die Verträge über die Nebenleistungen gemäß Abs. 2 nichtig, gleich, ob der Kreditvertrag noch abgeschlossen wird (→ Rn. 12).

11 Eine **faktische Abhängigkeit** kann dadurch eintreten, dass der Unternehmer die Konditionen des Kreditvertrags ohne Nebenleistungen (→ Rn. 3) so ungünstig gestaltet, dass dem Verbraucher der Vertragsabschluss über die Nebenleistung vorteilhafter erscheint. Rechtlich ist der isolierte Abschluss des Kreditvertrags, auf den es ankommt (→ Rn. 10), in diesem Fall gleichwohl möglich und folglich eine erlaubte Bündelung anzunehmen. Zu denken ist aber an einen Kartellrechtsverstoß (→ Rn. 19).

II. Rechtsfolgen

1. Teilwirksamkeit und Teilnichtigkeit

12 Während im Allgemeinen die Teilnichtigkeit gemäß dem in § 139 BGB verkörperten Rechtsgedanken zur Nichtigkeit des gesamten Rechtsgeschäfts führt, vorbehaltlich anderen hypothetischen Parteiwillens, bestimmt § 492a Abs. 2, 1. Halbs. die Restgültigkeit in Bezug auf den Kreditvertrag zu den vereinbarten Konditio-

nen,[3] während die Verträge über die Nebenleistungen nichtig sind. Diese Rechtsfolgen treten unabhängig vom Parteiwillen ein, also auch wenn der Fall eintreten sollte, dass Verbraucher oder Dritter am Vertrag über die Nebenleistungen festhalten möchten; es müsste erneut ein Vertrag abgeschlossen oder der nichtige gemäß § 141 BGB bestätigt werden, der dadurch vom wirksamen Kreditvertrag entkoppelt würde.

Bleibt es bei der Nichtigkeit und waren bereits Leistungen ausgetauscht worden, fehlte es hierfür an der *causa*, sodass die Leistungskondiktion gemäß § 812 Abs. 1 Satz 1 gegeben ist. Der Rückforderungsanspruch des Unternehmers und Kreditgebers, der dem Verbraucher oder dem Dritten (→ Rn. 9) vielleicht Wertpapiere geliefert hatte, könnte allerdings gemäß § 817 Satz 2 ausgeschlossen sein, weil der Unternehmer mit dem Vertragsabschluss über die Leistung gegen das gesetzliche Verbot (§ 134 BGB)[4] aus § 492a Abs. 1 Satz 1 verstößt. 13

Kann der Verbraucher den Immobiliar-Kreditvertrag mit dem Kreditgeber auch isoliert, separat (→ Rn. 10), ohne die angebotene Nebenleistung abschließen, handelt es sich um ein erlaubtes Bündelungsgeschäft (→ Rn. 3) mit der Folge, dass ein gleichwohl abgeschlossener Vertrag über die Nebenleistung, sei es in einem einheitlichen Vertrag (→ Rn. 5) oder in einem gesonderten Vertrag, wirksam ist. Wenn sich der Verbraucher entschließt, nur den Kreditvertrag abzuschließen und dafür schlechtere Konditionen in Kauf nimmt, kann allerdings ganz nach Lage des Einzelfalls die Nichtigkeit wegen Sittenverstoßes nach § 138 Abs. 1 BGB unter dem Gesichtspunkt des Ausbeutungsmissbrauchs, ua im Hinblick auf die Sollzinsen am Maßstab des Doppelten,[5] anzunehmen sein. 14

2. Beweislast

Sollte sich ein *non liquet* zur Möglichkeit für den Verbraucher ergeben, den Kreditvertrag separat abschließen zu können, trägt der kondizierende Verbraucher die Beweislast für Tatsachen, welche die Abhängigkeit (→ Rn. 10) begründen. Macht der Unternehmer Ansprüche gegen den Verbraucher im Hinblick auf Nebenleistungen geltend, ist Voraussetzung entweder ein Bündelungsgeschäft (→ Rn. 14), sodass der Unternehmer die Beweislast für Tatsachen trägt, welche die Möglichkeit begründen, den Kreditvertrag separat abzuschließen, also für die fehlende Abhängigkeit; bei einem *non liquet* unterliegt der Unternehmer in diesem Punkt; oder Voraussetzung ist ein zulässiges Kopplungsgeschäft nach § 492b (→ § 492b Rn. 15). 15

III. Wettbewerbsrecht

Kopplungsangebote können unter dem Gesichtspunkt unlauteren Wettbewerbs virulent sein. Außerdem stellt sich die Frage der missbräuchlichen Ausnutzung einer marktbeherrschenden Stellung als Wettbewerbsbeschränkung. 16

---

[3] HKK/*Dorn*, § 139 BGB Rn. 7.
[4] BT-Drucks. 18/5922 (RegE), S. 86/87, *de lege ferenda* krit. Piekenbrock GPR 2015, 26 (33).
[5] Überschreitung des Vertragszinses gegenüber dem Marktzins um 100%, BGHZ 80, 152; 128, 255 mit Anm. *Bülow* JZ 1995, 623 sowie *Bülow*, Sittenwidriger Konsumentenkredit, 3. Aufl. 1997, Rn. 33 ff., oder absolute Überschreitung um 12%, BGHZ 110, 336.

1. Unlauterkeitsrecht

17 Während Kopplungsgeschäfte in unterschiedlicher Ausprägung früher den Tatbestand einer gegen die guten Sitten verstoßenden Handlung zu Zwecken des Wettbewerbs nach § 1 UWG aF darstellen konnten, sind sie als solche nach neuem Recht und jenseits von § 492a Abs. 1 Satz 1 BGB nicht als unlauter anzusehen und folglich mangels Anwendbarkeit von § 3 Abs. 1 UWG zulässig,[6] der Richtlinie 2005/29/EG über unlautere Geschäftspraktiken (UGP-Richtlinie) folgend. Nur wenn ganz nach Lage des Einzelfalls das Kopplungs- oder Bündelungsgeschäft mit einer Irreführung nach § 5 resp. § 5a UWG verbunden ist oder etwa mit einem Verstoß gegen die PrAngVO,[7] kann sich unter diesen Gesichtspunkten die Unlauterkeit ergeben und den Unterlassungsanspruch nach § 8 Abs. 1 UWG begründen, der allerdings nicht dem Verbraucher, sondern Mitbewerbern und Institutionen nach § 8 Abs. 3 zustehen würde, unter den Voraussetzungen von § 9 UWG auch Schadensersatzansprüche. Im Übrigen lässt die UGP-Richtlinie gemäß Art. 3 Abs. 9 nationale Regelungen über Kopplungsgeschäfte zu, wenn sie sich auf Finanzdienstleistungen und Immobilien beziehen, zB im belgischen Recht.[8]

18 Sofern der potentielle Kreditgeber jedoch gegenüber potentiellen Verbrauchern (§ 2 Abs. 2 UWG) mit Kopplungsangeboten wirbt, die nach § 492a Abs. 1 Satz 1 BGB verboten sind, kommt ein Wettbewerbsverstoß in Betracht. Zu denken ist an den Rechtsbruchtatbestand nach § 3a UWG. Diese Regelung hat aber keine Entsprechung in der UGP-Richtlinie und ist deshalb nur anwendbar, wenn die Richtlinie nach Maßgabe ihres Art. 3 Abs. 3 (Gesundheits- und Sicherheitsaspekte) oder Abs. 8 (reglementierte Berufe) nicht gilt. Für Bankgeschäfte gibt es keine Geltungsausnahme. Aber gemäß § 3 Abs. 2 UWG in Vollzug von Art. 5 Abs. 2 lit. a UGP-Richtlinie können geschäftliche Handlungen unlauter und damit unzulässig sein, wenn sie nicht der für den Unternehmer verbindlichen unternehmerischen Sorgfalt (§ 2 Abs. 1 Nr. 7 UWG) entsprechen. Dies ist bei einer Werbung, die § 492a Abs. 1 Satz 1 BGB missachtet, ohne Weiteres anzunehmen. Voraussetzung ist außerdem, dass die Kopplung geeignet ist, das wirtschaftliche Verhalten des Verbrauchers spürbar zu beeinflussen. Diese Eignung liegt darin, dass sich Verbraucher auf die Kopplung einlassen könnten und sie trotz der Nichtigkeitsfolge tatsächlich vollziehen, vielleicht ohne jemals Kenntnis von der Unzulässigkeit zu erlangen. Darin liegt, vergleichbar mit der Tatbestandsgruppe der Verwendung unwirksamer AGB,[9] der Wettbewerbsverstoß.

2. Kartellrecht

19 Unter dem Gesichtspunkt der missbräuchlichen Ausnutzung einer marktbeherrschenden Stellung nach § 19 Abs. 1 GWB können Kopplungsgeschäfte zwar

---

[6] BGHZ 151, 84 (88) = GRUR 2002, 976 – *Koppelungsangebote I.*
[7] OLG Celle NJW-RR 2015, 604.
[8] EuGH WM 2013, 2145 sowie EuZW 2013, 464 mit Bspr. *v. Bonin/Glos* WM 2014, 1653 (1657).
[9] BGH v. 31.3.2010 – I ZR 34/08, NJW 2011, 76 = WM 2010, 2094 – *Gewährleistungsausschluss im Internet* – mit Rez. *Köhler* GRUR 2010, 1047, Anm. *Ohly* LMK 2011, 312950, BSpr. *Emmerich* JuS 2011, 753, gestützt auf § 4 Nr. 11 UWG aF im Hinblick auf die Verbrauchsgüterkaufrichtlinie 1999/44/EG, Rn. 16 des Urteils.

verboten sein, jedoch nur in Ausnahmefällen. Grundsätzlich, so der BGH,[10] steht es einem Unternehmer frei, seine Waren und Dienstleistungen mit anderen Waren oder Dienstleistungen abzugeben. Nur die Kopplung mit branchenfremden Produkten kann, in Übereinstimmung mit Art. 101 Abs. 1 lit. e, Art. 102 Satz 2 lit. d AEUV, missbräuchlich sein, wenn das marktbeherrschende Unternehmen dadurch seine Macht auf andere Märkte, auf denen es nicht beherrschend ist, ausdehnt. Bezogen auf § 492a BGB heißt dies, dass nur Kopplungen außerhalb dieser Vorschrift relevant sein könnten, da das Verbot nur der Kopplung mit Finanzprodukten und -dienstleistungen gilt, also brancheneigenen Produkten. Eine kartellrechtliche Relevanz von § 492a BGB ist also nicht ersichtlich, zumal auf dem Kreditsektor die marktbeherrschende Stellung eines Anbieters im Privatkundengeschäft nicht erkennbar ist.[11]

IV. Basiskonto

Jenseits eines Kredits bestimmt die Zahlungskontenrichtlinie 2014/92/EU vom 23.7.2014[12] (vgl. auch → § 504 Rn. 45 aE) für Basiskonten (Zahlungskonten mit grundlegenden Funktionen) in Art. 16 Abs. 9, dass der Zugang zu einem solchen Konto nicht vom Erwerb zusätzlicher Dienste abhängig gemacht werden darf. § 32 Abs. 2 ZahlungskontenG (ZKG → § 504 Rn. 45) sieht vor, dass die Vereinbarung zusätzlicher Dienstleistungen zum Abschluss des Basiskontovertrags (§ 31 ZKG) unzulässig ist. Nur basiskontobezogene Dienstleistungen können gemäß § 39 ZKG wirksam vereinbart werden, zB die Erstreckung auf den Scheckverkehr oder eine Überziehungsmöglichkeit nach § 504 BGB. Aber auch solche Vereinbarungen dürfen nicht zur Bedingung für den Vertragsabschluss über das Basiskonto gemacht werden, wohl aber können die Parteien insoweit andere Bedingungen vereinbaren. Auch steht es den Parteien frei, den Erwerb jeglicher Finanzprodukte und -dienstleistungen zu vereinbaren, ohne einen Bezug zum Basiskonto herzustellen (→ Rn. 10). 20

§ 492b Zulässige Kopplungsgeschäfte

(1) Ein Kopplungsgeschäft ist zulässig, wenn der Darlehensgeber den Abschluss eines Immobiliar-Verbraucherdarlehensvertrags davon abhängig macht, dass der Darlehensnehmer, ein Familienangehöriger des Darlehensnehmers oder beide zusammen

1. ein Zahlungs- oder ein Sparkonto eröffnen, dessen einziger Zweck die Ansammlung von Kapital ist, um
   a) das Immobiliar-Verbraucherdarlehen zurückzuzahlen oder zu bedienen,
   b) die erforderlichen Mittel für die Gewährung des Darlehens bereitzustellen oder
   c) als zusätzliche Sicherheit für den Darlehensgeber für den Fall eines Zahlungsausfalls zu dienen;

---

[10] Vom 30.3.2004 – KZR 1/03 zu II.5.b., BGHZ 158, 334 = WRP 2004, 1181 (1183).
[11] Übereinstimmend *Piekenbrock* GPR 2015, 26 (33).
[12] ABl. EU L 257/214 v. 28.8.2014.

2. ein Anlageprodukt oder ein privates Rentenprodukt erwerben oder behalten, das
   a) in erster Linie als Ruhestandseinkommen dient und
   b) bei Zahlungsausfall als zusätzliche Sicherheit für den Darlehensgeber dient oder das der Ansammlung von Kapital dient, um damit das Immobiliar-Verbraucherdarlehen zurückzuzahlen oder zu bedienen oder um damit die erforderlichen Mittel für die Gewährung des Darlehens bereitzustellen;
3. einen weiteren Darlehensvertrag abschließen, bei dem das zurückzuzahlende Kapital auf einem vertraglich festgelegten Prozentsatz des Werts der Immobilie beruht, die diese zum Zeitpunkt der Rückzahlung oder Rückzahlungen des Kapitals (Darlehensvertrag mit Wertbeteiligung) hat.

(2) Ein Kopplungsgeschäft ist zulässig, wenn der Darlehensgeber den Abschluss eines Immobiliar-Verbraucherdarlehensvertrags davon abhängig macht, dass der Darlehensnehmer im Zusammenhang mit dem Immobiliar-Verbraucherdarlehensvertrag eine einschlägige Versicherung abschließt und dem Darlehensnehmer gestattet ist, diese Versicherung auch bei einem anderen als bei dem vom Darlehensgeber bevorzugten Anbieter abzuschließen.

(3) Ein Kopplungsgeschäft ist zulässig, wenn die für den Darlehensgeber zuständige Aufsichtsbehörde die weiteren Finanzprodukte oder -dienstleistungen sowie deren Kopplung mit dem Immobiliar-Verbraucherdarlehensvertrag genehmigt hat.

Inhaltsübersicht

	Rn.
I. Überblick	1
II. Kopplungsgeschäfte mit Zweckabrede nach Abs. 1 Nr. 1 und 2 sowie Kreditverträge mit Wertbeteiligung	
1. Vertragsparteien	2
2. Zweckabrede	3
3. Zahlungs- oder Sparkonto (Nr. 1)	5
4. Anlage- oder Rentenprodukt (Nr. 2)	8
5. Darlehensverträge mit Wertbeteiligung (Nr. 3)	10
III. Kopplung mit Versicherungsvertrag (Abs. 2)	11
1. Kennzeichnung	11
2. Parteien des Versicherungsvertrags	12
3. Ersetzungsbefugnis	13
IV. Neue Produkte (Abs. 3)	14
V. Beweislast	15

I. Überblick

1 Die Vorschrift stellt den abschließenden Katalog (s. aber → Rn. 10) der Ausnahmen vom grundsätzlichen Verbot der Kopplungsgeschäfte dar (→ § 492a Rn. 3). Die genannten Kopplungsgeschäfte sind vom Verbot aus § 492a Abs. 1 Satz 1 freigestellt, der Kreditgeber darf den Abschluss des Immobiliar-Kreditvertrags von den Nebenleistungen abhängig machen (→ § 492a Rn. 10). **Abs. 1** regelt die Kopplung mit **Zahlungs-** und Sparkonten, die beim Kreditgeber geführt werden **(Nr. 1)** und die Kopplung mit Anlage- oder Rentenprodukten **(Nr. 2),** sofern durch eine Zweckabrede ein Immobilienbezug hergestellt wird.

Nr. 3 erfasst den Sonderfall des Kreditvertrags mit Wertbeteiligung. **Abs.** 2 erlaubt die Kopplung mit bestimmten Versicherungen, verbunden mit einer Ersetzungsbefugnis für den Verbraucher. **Abs.** 3 bestimmt die Genehmigungsfähigkeit neuartiger Kopplungsgeschäfte.

II. Kopplungsgeschäfte mit Zweckabrede nach Abs. 1 Nr. 1 und 2 sowie Kreditverträge mit Wertbeteiligung nach Nr. 3

1. Vertragsparteien

Gemeinsam ist den Kopplungsvarianten von Abs. 1, dass Vertragspartner des Kreditgebers nicht nur der Verbraucher als Kreditnehmer, sondern auch ein Dritter, nämlich ein **Familienangehöriger** des Kreditnehmers, sein kann. Ein Dritter, der nicht zugleich Familienangehöriger ist, kann die Zulässigkeit des Kopplungsgeschäfts nicht bewirken. Vielmehr knüpfen die Ausnahmen nach Abs. 1 Nr. 1 und 2 an ein soziales Näheverhältnis zum Kreditnehmer, nämlich Ehe und gleichgestellte Verbindung, Verwandtschaft und Schwägerschaft nach §§ 1589, 1590 BGB.[1] Demgemäß sind juristische Personen, vielleicht karitative Vereine ebenso wie nicht-rechtsfähige Zusammenschlüsse, nicht tauglich, um ein Kopplungsgeschäft als zulässig anzusehen. Typischerweise werden die Familienangehörigen zugleich zu privatem Zweck handeln und bei dem gekoppelten Vertrag über die Nebenleistung in der Rolle als Verbraucher nach § 13 BGB tätig werden (→ Einf. Rn. 42). Denkbar ist allerdings aber auch, dass der Familienangehörige aus gewerblichem Zweck handelt, zB seine Bereitschaft zum Vertragsabschluss mit dem Kreditgeber von der Stundung eines vom Kreditnehmer gewährten Darlehens für den vom Familienangehörigen geführten Gewerbebetrieb abhängig macht oder vom Warenbezug. Solche, im Deckungsverhältnis von Kreditnehmer und Familienangehörigem begründete Zwecke beeinträchtigen die Freistellungstauglichkeit aber nach dem Gesetz nicht, sodass es auch auf eine Kenntnis des Kreditgebers nicht ankommt.

2. Zweckabrede

Nebenleistungsgeschäfte führen in den Fällen von Abs. 1 Nr. 1 und 2 nur dann zur Freistellung, wenn sie mindestens einem der im Gesetz bestimmten, vertraglich bindenden Zwecken dienen, die Finanzprodukte resp. -dienstleistungen und Immobiliar-Darlehensvertrag miteinander verbinden. Diese Zwecke sind
– Ansammlung von Kapital,
– Zusammenlegung finanzieller Mittel und
– zusätzliche Sicherheit.
Sie stehen ihrerseits untereinander in einem Abhängigkeitsverhältnis (→ Rn. 5, 6)

Die Zweckabrede braucht nicht notwendigerweise ausdrücklich getroffen zu werden, sondern kann sich aus den Umständen, der Art der Finanzdienstleistung ergeben, zB bei einem Bausparvertrag. Die Zweckabrede muss auch bei Konkludenz klar und für Dritte erkennbar sein,[2] zB der Rentenzweck bei einer Riester-

---
[1] BT-Druck, 18/5922 (RegE), S. 87.
[2] BT-Drucks. 18/5922 (RegE), S. 87.

oder Rürup-(Basis-)Rente; zur Beweislast → Rn. 15. Nicht ausreichend zur Freistellung ist der lediglich innere Wille, sich an den Zweck zu binden, zB bei einem Immobilienfonds, den der Anleger zur Alterssicherung zu verwenden gedenkt. In der Regel wird sich die Zweckabrede aus dem ESIS-Merkblatt nach Art. 247 § 1 Abs. 2 iVm Anlage 6 EGBGB, Abschnitt „8. Zusätzliche Auflagen", insb. zu (3), ergeben.

3. Zahlungs- oder Sparkonto (Nr. 1)

5   Der potentielle Darlehensgeber kann mit Wirksamkeit (→ Rn. 1) den Abschluss des Immobiliar-Darlehensvertrags davon abhängig machen (→ § 492a Rn. 10), dass die Parteien – Darlehensgeber, Verbraucher als Darlehensnehmer resp. ein Dritter, dieser allein oder zusammen mit dem Verbraucher – einen Kontoführungsvertrag abschließen, durch den ein Zahlungs- oder Sparkonto eröffnet wird. Die Freistellung tritt nur ein, wenn das Konto zweckgebunden ist, nämlich der Ansammlung von Kapital dient und wenn dieser Zweck der **einzige** ist. Das Konto darf also nicht weiteren Zwecken dienen, zB als Giro- oder Tagesgeldkonto. Die Ansammlung von Kapital ist aber nicht Selbstzweck, sondern muss nach dem Inhalt des Kontoführungsvertrags ihrerseits einem der in Abs. 1 Nr. 1 lit. a bis c genannten Zwecken dienen (→ Rn. 6). Zu denken ist an eine Vereinbarung, nach welcher der Verbraucher oder ein Dritter monatliche Zahlungen auf das Zahlungskonto zu leisten hat, die der Darlehensgeber mittels Einziehungsermächtigung zur Tilgung fälliger Darlehensraten abrufen darf, während Verbraucher oder Dritter über ein entstandenes Guthaben der Zweckabrede entsprechend nicht verfügen dürfen (vgl. § 137 BGB). Das Konto kann ein Treuhandkonto sein, dessen Inhaber der Darlehensgeber ist; dieser darf nur der Zweckabrede entsprechend über ein Guthaben verfügen. Eine solche Treuhandabrede würde dem Verbraucher oder dem Dritten in der Zwangsvollstreckung gegen den Darlehensgeber die Drittwiderspruchsklage nach § 771 ZPO eröffnen. Beispiel eines zweckgebundenen Sparkontos ist das für einen Bausparvertrag eröffnete.

6   Die Ansammlung von Kapital führt gemäß lit a bis lit. c in drei Fällen zur Freistellung, nämlich wenn
– das angesammelte Kapital der Darlehensrückzahlung nach § 488 Abs. 1 Satz 2 BGB, insbesondere der Ratenzahlung dient (lit. a), oder
– der Aufbringung eines Eigenanteils am gesamten Kapitalbedarf durch den Darlehensnehmer, um das Darlehen zu erhalten (lit. b) oder
– als zusätzliche Sicherheit, falls der Verbraucher als Darlehensnehmer mit fälligen Zahlungen, zB Tilgungsraten, gemäß § 286 BGB in Verzug geraten sollte.

7   Andere Zwecke sind nicht freistellungstauglich, zB die Vermögensbildung, auch wenn es sich lediglich um einen weiteren Zweck handeln sollte. Die Bereitstellung erforderlicher Mittel nach **lit. b** (→ Rn. 3) ist eine Variante des Ansammlungszwecks, der namentlich dadurch erfüllt werden kann, dass finanzielle Mittel des Verbrauchers oder Familienangehöriger auf dem eröffneten Konto gebündelt werden. Die Gesetzesbegründung[3] nennt eine Vertragskonstellation, nach welcher der Darlehensgeber verlangen kann, dass Geldeinlagen bei anderen Kreditinstituten auf das Zahlungs- oder Sparkonto, das beim Darlehensgeber

---

[3] BT-Drucks. 18/5922 (RegE), S. 88.

geführt wird, übertragen werden. Der Sicherungszweck nach **lit. c** knüpft an einen denkbaren Zahlungsverzug des Darlehensnehmers, was in tatsächlicher Hinsicht voraussetzt, dass er selbst die notwendigen finanziellen Mittel nicht hat. Deshalb geht es in der Regel um die Kapitalansammlung durch Familienangehörige, zB durch die Eltern des Darlehensnehmers, die sich gegenüber dem Darlehensgeber verpflichten, ein Sparkonto zur Sicherheit zu eröffnen. Eine derartige Kopplung ist freistellungstauglich.

4. Anlage- oder Rentenprodukt (Nr. 2)

Freistellungstauglich können Anlage- oder private Rentenprodukte sein. Voraussetzung ist zunächst der Zweck des Produkts, als Ruhestandseinkommen zu dienen, zB die Beteiligung an einem Investmentfonds, sofern dieser Zweck Gegenstand des Vertrags über den Anteilserwerb ist (→ Rn. 4) oder, bei einem geschlossenen Fonds, des Gesellschaftsvertrags; außerdem Wohn-Riestersparverträge und andere Riester- und Rürupenten, auch in Gestalt eines Banksparvertrags. Der Rentenzweck braucht, anders als nach Nr. 1 (→ Rn. 5), nicht der ausschließliche zu sein, muss aber den Hauptzweck bilden, was durch das Tatbestandsmerkmal „in erster Linie" zum Ausdruck kommt. Daneben kann insbesondere der Vermögensbildungszweck das Ziel sein. 8

Die Kopplung kann darin liegen, dass sich Verbraucher oder Familienangehöriger verpflichten, ein solches Produkt zu erwerben oder, wenn sie es schon haben, für die Dauer des Immobiliar-Darlehensvertrags zu behalten. Das so bestimmte Produkt führt zur Freistellung, wenn es mindestens einem der immobiliarbezogenen Zwecke dient, nämlich gemäß lit. b dem Kapitalansammlungszweck, dem Bündelungszweck oder dem Sicherungszweck bei Zahlungsausfall (→ Rn. 6). 9

5. Darlehensvertrag mit Wertbeteiligung

Unabhängig von einer Zweckabrede (→ Rn. 3) ist die Kopplung des Darlehensvertrags an eine Vereinbarung freigestellt, nach welcher der Darlehensrückzahlungsanspruch des Darlehensgebers verändert wird. Der Anspruch, sei er auf den gesamten Darlehensbetrag gerichtet oder auf Raten, richtet sich nämlich nicht nach dem Betrag der ausgekehrten Valuta resp. dem Gesamtdarlehensbetrag, sondern nach dem Wert der finanzierten Wohnimmobilie im Zeitpunkt der Fälligkeit und nach vereinbartem Prozentsatz. Darin liegt eine Abkehr vom Nominalismusprinzip, indem der Darlehensgeber an der Wertentwicklung der Immobilie teil hat und eine Wertsicherung stattfindet, die sich an den Marktverhältnissen im Zeitpunkt der Fälligkeit orientiert. Es handelt sich um eine Art Spannungsklausel,[4] die die Anforderungen an das Preisklauselgesetz zu erfüllen hat. Die grundsätzliche Zulässigkeit folgt aus § 5 PrKlG für den Geld- und Kapitalverkehr, wobei gemäß § 2 Abs. 1 Nr. 2, Abs. 3 PrKlG im Falle von §§ 491 und 506 BGB keine der Vertragsparteien unangemessen benachteiligt werden darf, nämlich ein Wertanstieg, nicht aber ein Wertrückgang berücksichtigt würde oder nur eine der Vertragsparteien Anpassung verlangen könnte oder die Wertveränderung unverhältnismäßig wäre. Sinkt der Wert der Immobilie, was auf dem Markt durchaus vorkommt (eine Stromtrasse oder ein Flughafen werden in 10

---

[4] Staudinger/*K. Schmidt*, vor §§ 244 ff. BGB Rn. D 245.

der Nähe gebaut), braucht der Verbraucher also nur unter Nominalwert mit Erfüllungswirkung zu leisten. Die sich aus § 2 PrKlG ergebende Einschränkung entspricht der Definitionsnorm aus Art. 4 Nr. 27 WohnimmoRil, die an den Wert der Immobilie knüpft, was einen Wertverlust einschließt. Wie die Gesetzesbegründung vermerkt,[5] kommt diese Vertragsart primär in Großbritannien vor, während ein Anwendungsbereich in Deutschland nicht ersichtlich sei. Im Binnenmarkt mag ein derartiges Darlehensvertragsangebot einer britischen Bank in Deutschland denkbar sein.

III. Kopplung mit Versicherungsvertrag (Abs. 2)

1. Kennzeichnung

11   Freigestellt ist die Kopplung des Kreditvertrags mit einem Versicherungsvertrag, sofern die Versicherung einschlägig ist, das heißt die Rückzahlung des Darlehens sichert oder, so formuliert es Erwägungsgrund 15 WohnimmoRil, „der Wert der Sicherheit besichert wird", gemeint ist die grundpfandbesicherte Immobilie oder das finanzierte Grundstück iSv § 491 Abs. 3 Nr. 2 (→ § 491 Rn. 96b). Einschlägig sind in Bezug auf den Rückzahlungsanspruch nach § 488 Abs. 1 Satz 2 Kreditversicherungen (Kreditausfallversicherung, Restschuldversicherung), auch Lebensversicherungen, bei denen der Anspruch auf die Versicherungsleistung sicherungshalber an den Darlehensgeber abgetreten wird, und in Bezug auf die Erhaltung des Grundstücks als Sicherheit Feuer- und Wohngebäudeversicherungen. Die Kopplung des Darlehensvertrags an den Abschluss eines Versicherungsvertrags ist im ESIS-Merkblatt Abschnitt „8. Zusätzliche Auflagen", Absatz 1, zu nennen.

2. Parteien des Versicherungsvertrags

12   Parteien sind der Versicherer und der Verbraucher als Versicherungsnehmer. Nicht freigestellt sind anders als nach Abs. 1 Verträge mit Familienangehörigen (→ Rn. 2). Im Falle der Interzession, der Grundpfandbesicherung durch das Grundstück eines Dritten (→ § 491 Rn. 96d), dürfte eine teleologische Erweiterung dahin geboten sein, dass der Interzessionar als Grundstückseigentümer den Versicherungsvertrag abschließt und die freigestellte Kopplung darin liegt, dass sich der Verbraucher als Darlehensnehmer verpflichtet, den Interzessionar im Deckungsverhältnis zum Abschluss des Gebäude- und Feuerversicherungsvertrags zu bewegen. Denkbar ist auch ein Versicherungsvertrag zwischen Darlehensnehmer und Versicherer zugunsten des Interzessionars gemäß § 328 BGB.

3. Ersetzungsbefugnis

13   Der Darlehensgeber kann die Kopplung so gestalten, dass er das Angebot resp. den Vorschlag für einen einschlägigen Versicherungsvertrag eines bestimmten Versicherers, des von ihm bevorzugten Anbieters, dem Darlehensnehmer vorschlägt, der den so vorgeschlagenen Vertrag abschließt. Die Kopplung ist aber nur dann zulässig, wenn der Darlehensgeber dem Verbraucher nachlässt, den Versicherungsvertrag auch mit einem anderen Anbieter, also dem vom Verbrau-

---

[5] BT-Drucks. 18/5922 (RegE), S. 88.

cher bevorzugten, abzuschließen. Die vom Darlehensgeber gestattete Ersetzung ist freistellungstauglich, wenn eine gleichwertige Versicherung (Art. 2 Abs. 4 WohnimmoRil: eine gleichwertige Garantieleistung) nachgelassen wird, d. h. nicht notwendige Deckungsgleichheit von Eintritts- und Leistungsvoraussetzungen, aber die Versicherungssumme muss mindestens so hoch wie in der zu ersetzenden Versicherung sein und das versicherte Risiko mindestens den gleichen Umfang haben. Der Darlehensgeber darf den Abschluss des Darlehensvertrags vom Abschluss eines solchen ersetzenden Versicherungsvertrags abhängig machen (→ § 492a Rn. 10).

IV. Neue Produkte (Abs. 3)

Die Optionen von Art. 12 Abs. 2 WohnimmoRil beruhen auf dem gesetzgeberischen Erkenntnisstand bei Inkrafttreten, gemäß Art. 49 zwanzig Tage nach Veröffentlichung im Amtsblatt vom 28.2.2014, also dem 20. März 2014. Die Erarbeitung neuer Produkte in der Folgezeit mag erwartbar sein, die als Kopplungen einen klaren Nutzen für die Verbraucher bieten (so Art. 12 Abs. 3, → Rn. 2). Solche nach Inkrafttreten der WohnimmoRil am Markt entwickelten Kopplungsprodukte werden nicht blockiert, sondern sind genehmigungsfähig durch die zuständige Aufsichtsbehörde. Voraussetzung der Genehmigung ist, dass die neuen Produkte nicht separat erhältlich sind, also außerhalb der Immobiliar-Verbraucherdarlehensverträge gekoppelt werden resp. noch nicht am Markt eingeführt sind. 14

V. Beweislast

Sind Tatsachen streitig, aus denen sich ergeben soll, dass ein zulässiges Kopplungsgeschäft abgeschlossen wurde, zB ob eine Zweckabrede getroffen worden war (→ Rn. 4) oder etwa die Beteiligung an einem Investmentfonds in erster Linie der Vermögensbildung oder als Ruhestandseinkommen dient (→ Rn. 8), gilt Folgendes:
Grundnorm ist § 492a, wonach Kopplungsgeschäfte unzulässig und die gekoppelten Geschäfte nach § 492a Abs. 2 nichtig sind (dort → § 492a Rn. 15). Gegennorm ist § 492b, aus der sich die ausnahmsweise Zulässigkeit ergibt. Für die tatsächlichen Voraussetzungen von § 492b trägt deshalb der Kreditgeber, der Ansprüche aus dem gekoppelten Geschäft erhebt, die Beweislast, sodass ein *non liquet* zu seinen Lasten geht und er in diesem Punkt unterliegt. Denkbar ist aber auch, dass der Verbraucher Leistungen des Kreditgebers aus dem gekoppelten Geschäft beansprucht, zB eine Kontoeröffnung nach § 492b Abs. 1 Nr. 1 verlangt. In einem solchen Fall geht das *non liquet* zulasten des Verbrauchers. 15

§ 493 Informationen während des Vertragsverhältnisses

(1) ¹Ist in einem Verbraucherdarlehensvertrag der Sollzinssatz gebunden und endet die Sollzinsbindung vor der für die Rückzahlung bestimmten Zeit, unterrichtet der Darlehensgeber den Darlehensnehmer spätestens drei Monate vor Ende der Sollzinsbindung darüber, ob er zu einer neuen Sollzinsbindungsabrede bereit ist. ²Erklärt sich der Darlehensgeber hierzu be-

reit, muss die Unterrichtung den zum Zeitpunkt der Unterrichtung vom Darlehensgeber angebotenen Sollzinssatz enthalten.

(2) ¹Der Darlehensgeber unterrichtet den Darlehensnehmer spätestens drei Monate vor Beendigung eines Verbraucherdarlehensvertrags darüber, ob er zur Fortführung des Darlehensverhältnisses bereit ist. ²Erklärt sich der Darlehensgeber zur Fortführung bereit, muss die Unterrichtung die zum Zeitpunkt der Unterrichtung gültigen Pflichtangaben gemäß § 491a Abs. 1 enthalten.

(3) ¹Die Anpassung des Sollzinssatzes eines Verbraucherdarlehensvertrags mit veränderlichem Sollzinssatz wird erst wirksam, nachdem der Darlehensgeber den Darlehensnehmer über die Einzelheiten unterrichtet hat, die sich aus Artikel 247 § 15 des Einführungsgesetzes zum Bürgerlichen Gesetzbuche ergeben. ²Abweichende Vereinbarungen über die Wirksamkeit sind im Rahmen des Artikels 247 § 15 Absätze 2 und 3 des Einführungsgesetzes zum Bürgerlichen Gesetzbuche zulässig.

(4) Bei einem Vertrag über ein Immobiliar-Verbraucherdarlehen in Fremdwährung gemäß § 503 Absatz 1 Satz 1, auch in Verbindung mit Satz 3, hat der Darlehensgeber den Darlehensnehmer unverzüglich zu informieren, wenn der Wert des noch zu zahlenden Restbetrags oder der Wert der regelmäßigen Raten in der Landeswährung des Darlehensnehmers um mehr als 20 Prozent gegenüber dem Wert steigt, der bei Zugrundelegung des Wechselkurses bei Vertragsabschluss gegeben wäre. Die Information
1. ist auf einem dauerhaften Datenträger zu übermitteln,
2. hat die Angabe über die Veränderung des Restbetrags in der Landeswährung des Darlehensnehmers zu enthalten,
3. hat den Hinweis auf die Möglichkeit einer Währungsumstellung aufgrund § 503 und die hierfür geltenden Bedingungen und gegebenenfalls die Erläuterung weiterer Möglichkeiten zur Begrenzung des Wechselkursrisikos zu enthalten und
4. ist so lange in regelmäßigen Abständen zu erteilen, bis die Differenz von 20 Prozent wieder unterschritten wird.

Die Sätze 1 und 2 sind entsprechend anzuwenden, wenn ein Immobiliar-Verbraucherdarlehensvertrag in der Währung des Mitgliedstaats der Europäischen Union, in dem der Darlehensnehmer bei Vertragsschluss seinen Wohnsitz hat, geschlossen wurde, und der Darlehensnehmer zum Zeitpunkt der maßgeblichen Kreditwürdigkeitsprüfung in einer anderen Währung überwiegend sein Einkommen bezieht oder Vermögenswerte hält, aus denen das Darlehen zurückgezahlt werden soll.

(5) Wenn der Darlehensnehmer eines Immobiliar-Verbraucherdarlehensvertrags dem Darlehensgeber mitteilt, dass er eine vorzeitige Rückzahlung des Darlehens beabsichtigt, ist der Darlehensgeber verpflichtet, ihm unverzüglich die für die Prüfung dieser Möglichkeit erforderlichen Informationen auf einem dauerhaften Datenträger zu übermitteln. Diese Informationen müssen insbesondere folgende Angaben enthalten:
1. Auskunft über die Zulässigkeit der vorzeitigen Rückzahlung,
2. im Fall der Zulässigkeit die Höhe des zurückzuzahlenden Betrags und
3. gegebenenfalls die Höhe einer Vorfälligkeitsentschädigung.

Soweit sich die Informationen auf Annahmen stützen, müssen diese nachvollziehbar und sachlich gerechtfertigt sein und als solche dem Darlehensnehmer gegenüber offengelegt werden.

Informationen während des Vertragsverhältnisses 1 § 493

(6) **Wurden Forderungen aus dem Darlehensvertrag abgetreten, treffen die Pflichten aus den Absätzen 1 bis 5 auch den neuen Gläubiger, wenn nicht der bisherige Darlehensgeber mit dem neuen Gläubiger vereinbart hat, dass im Verhältnis zum Darlehensnehmer weiterhin allein der bisherige Darlehensgeber auftritt.**

Vorgängervorschrift: § 492a BGB aF

Schrifttum: *Artz,* Neue verbraucherkreditrechtliche Informationspflichten durch das Risikobegrenzungsgesetz, ZGS 2009, 23; *Blechinger,* Aktuelle Probleme von Immobilienkrediten – Vollstreckungs- und Zessionsszenarien mit Ausblicken auf das Risikobegrenzungsgesetz, ZGS 2009, 59; *Bredow/Vogel,* Kreditverkäufe in der Praxis – Missbrauchsfälle und aktuelle Reformansätze, BKR 2008, 271; *Clemente,* Neuerungen im Immobiliardarlehens- und Sicherungsrecht, ZfIR 2008, 589; *Derleder,* Das Outsourcing notleidender Bankkredite und seine rechtlichen Grenzen, VuR 2007, 81; *Dörrie,* Immobilienfinanzierungen und Verkauf von Kreditforderungen nach Inkrafttreten des Risikobegrenzungsgesetzes, ZBB 2008, 292; *Hey,* Neues zur Sicherungsgrundschuld und Darlehen im BGB – Gefahren für Darlehensnehmer bei Kreditverkäufen?, Jura 2008, 721; *Knops,* Neuregelungen zum Kredithandel durch das Risikobegrenzungsgesetz: Kein großer Wurf, VuR 2009, 286; *Ra. Koch,* Der Schutz des Eigenheims vor den Finanzinvestoren – Die Neuregelungen zur Verbesserung des Schuldner- und Verbraucherschutzes bei der Abtretung und beim Verkauf von Krediten auf dem Prüfstand, ZBB 2008, 232; *Ro. Koch,* Abtretbarkeit von Darlehensforderungen im Lichte des AGB-Rechts; BKR 2006, 182; *Lehmann,* Die Änderungen im Darlehens- und Grundschuldrecht durch das Risikobegrenzungsgesetz, ZGS 2009, 214; *Redeker,* Verstoß gegen die vorvertragliche Aufklärungspflicht aus § 492 Abs. 1a Satz 3 BGB – Möglichkeit zur Auflösung des Darlehensvertrages bei sinkenden Zinsen?, ZGS 2009, 254; *Reifner,* Der Verkauf notleidender Verbraucherdarlehen, BKR 2008, 142; *Schürnbrand,* Gestaltungsrechte als Verfügungsgegenstand, AcP 204 (2004), 177; *Vorwerk,* Schutz in der Finanzmarktkrise – Welche Rechte hat der Verbraucher?, NJW 2009, 1777; *Zimmermann,* Geierfonds erwerben ungekündigte Darlehensverträge und Grundschulden ohne fiduziarische Zweckbindung – Zur Rechtslage nicht notleidender Kreditengagements im Dreieck Kunde/Investor/Hausbank, BKR 2008, 95.

Übersicht

	Rn.
Materialien	
Verbraucherkreditrichtlinie Art. 11, 17	1
Wohnimmobilienkreditrichtlinie Art. 23, 25, 27	2
EGBGB § 15	2a
Kommentierung	
I. Einführung	3
II. Informationspflicht bei Ablauf der Zinsbindung (Abs. 1)	4
III. Informationspflicht bei nahendem Vertragsende (Abs. 2)	8
IV. Zinsanpassung (Abs. 3)	10
V. Fremdwährungskredit (Abs. 4)	11a
VI. Vorzeitige Rückzahlung (Abs. 5)	11f
VII. Abtretung (Abs. 6)	12

Materialien
Verbraucherkreditrichtlinie 2008/48/EG 1

Artikel 11

(1) Gegebenenfalls ist der Verbraucher über eine Änderung des Sollzinssatzes auf Papier oder einem anderen dauerhaften Datenträger zu informieren, bevor die Änderung wirksam wird. Dabei ist der Betrag der nach dem Wirksamwerden des neuen Sollzinssatzes zu

leistenden Zahlungen anzugeben; ändern sich die Anzahl oder die Periodizität der zu leistenden Zahlungen, so sind auch hierzu Einzelheiten anzugeben.

(2) Die Vertragsparteien können jedoch in dem Kreditvertrag vereinbaren, dass die Information nach Absatz 1 dem Verbraucher in regelmäßigen Abständen erteilt wird, wenn die Änderung des Sollzinssatzes auf eine Änderung eines Referenzzinssatzes zurückgeht, der neue Referenzzinssatz auf geeigneten Wegen öffentlich zugänglich gemacht wird und die Information über den neuen Referenzzinssatz außerdem in den Geschäftsräumen des Kreditgebers eingesehen werden kann.

Artikel 17

(...)
(2) Der Verbraucher ist über die Abtretung gemäß Absatz 1 zu unterrichten, es sei denn, der ursprüngliche Kreditgeber tritt mit dem Einverständnis des Zessionars dem Verbraucher gegenüber nach wie vor als Kreditgeber auf.

2 Wohnimmobilienkreditrichtlinie 2014/17/EU

Artikel 23 Fremdwährungskredite

(1) Die Mitgliedstaaten stellen sicher, dass für den Fall, dass sich ein Kreditvertrag auf einen Fremdwährungskredit bezieht, zum Zeitpunkt des Abschlusses des Kreditvertrags ein geeigneter Regelungsrahmen existiert, mit dem zumindest gewährleistet wird,
a) dass der Verbraucher unter festgelegten Bedingungen das Recht hat, den Kreditvertrag auf eine alternative Währung umzustellen, oder
b) dass andere Vorkehrungen getroffen wurden, um das für den Verbraucher im Rahmen des Kreditvertrags bestehende Wechselkursrisiko zu begrenzen.

(2) Die in Absatz 1 Buchstabe a genannte alternative Währung ist entweder
a) die Währung, in der der Verbraucher überwiegend sein Einkommen bezieht oder Vermögenswerte hält, aus denen der Kredit zurückgezahlt werden soll, wie zum Zeitpunkt der jüngsten Kreditwürdigkeitsprüfung, die im Zusammenhang mit dem Kreditvertrag durchgeführt wurde, angegeben, oder
b) die Währung des Mitgliedstaats, in welchem der Verbraucher seinen Wohnsitz hat oder in welchem er bei Abschluss des Kreditvertrags seinen Wohnsitz hatte. Die Mitgliedstaaten können festlegen, ob dem Verbraucher die beiden in Unterabsatz 1 Buchstaben a und b genannten Wahlmöglichkeiten oder nur eine zur Verfügung stehen, oder sie können es den Kreditgebern bei der Festlegung überlassen, ob dem Verbraucher beide der in Unterabsatz 1 Buchstaben a und b genannten Wahlmöglichkeiten oder nur eine von diesen zur Verfügung steht.

(3) Hat der Verbraucher das Recht, den Kreditvertrag gemäß Absatz 1 Buchstabe a auf eine alternative Währung umzustellen, so stellt der Mitgliedstaat sicher, dass der für die Umstellung verwendete Wechselkurs dem am Tag des Antrags auf Umstellung geltenden Marktwechselkurs entspricht, sofern im Kreditvertrag nichts anderes festgelegt ist.

(4) Die Mitgliedstaaten stellen sicher, dass der Kreditgeber einen Verbraucher, der einen Fremdwährungskredit aufgenommen hat, auf Papier oder auf einem anderen dauerhaften Datenträger regelmäßig zumindest dann warnt, wenn der Wert des vom Verbraucher noch zu zahlenden Gesamtbetrags oder der regelmäßigen Raten um mehr als 20% von dem Wert abweicht, er gegeben wäre, wenn der Wechselkurs zwischen der Währung des Kreditvertrags und der Währung des Mitgliedstaats zum Zeitpunkt des Abschlusses des Kreditvertrags angewandt würde. Mit dieser Warnung wird der Verbraucher über einen Anstieg des vom Verbraucher zu zahlenden Gesamtbetrags sowie gegebenenfalls über sein Recht auf Umstellung in eine andere Währung und die hierfür geltenden Bedingungen informiert, und es werden andere anwendbare Mechanismen erläutert, um das Wechselkursrisiko für den Verbraucher zu begrenzen.

(5) Die Mitgliedstaaten können weitere Regelungen für Fremdwährungskredite festlegen, sofern diese keine rückwirkende Geltung haben.

(6) Der Verbraucher wird im ESIS-Merkblatt und im Kreditvertrag über die nach diesem Artikel geltenden Regelungen unterrichtet. Ist im Kreditvertrag keine Bestimmung

vorgesehen, wonach das Wechselkursrisiko für den Verbraucher auf eine Wechselkursschwankung von weniger als 20% begrenzt wird, so ist im ESIS-Merkblatt ein Beispiel anzugeben, das die Auswirkungen einer Wechselkursschwankung von 20% deutlich macht

Artikel 25 Vorzeitige Rückzahlung

(1) Die Mitgliedstaaten stellen sicher, dass die Verbraucher das Recht haben, ihre Verbindlichkeiten aus einem Kreditvertrag vollständig oder teilweise vor Ablauf des Vertrags zu erfüllen. In solchen Fällen hat der Verbraucher das Recht auf Ermäßigung der Gesamtkosten des Kredits für den Verbraucher, die sich nach den Zinsen und den Kosten für die verbleibende Laufzeit des Vertrags richtet.

(2) Die Mitgliedstaaten können die Ausübung des in Absatz 1 genannten Rechts an bestimmte Bedingungen knüpfen. Solche Bedingungen können die zeitliche Begrenzung der Ausübung dieses Rechts, eine je nach Art des Sollzinssatzes oder je nach Zeitpunkt, zu dem der Verbraucher das Recht ausübt, unter schiedliche Behandlung oder Beschränkungen hinsichtlich der Umstände, unter denen dieses Recht ausgeübt werden kann, beinhalten.

(3) Die Mitgliedstaaten können vorsehen, dass der Kreditgeber, sofern gerechtfertigt, eine angemessene und objektive Entschädigung für die möglicherweise entstandenen, unmittelbar mit der vorzeitigen Rückzahlung des Kredits zusammenhängen den Kosten verlangen kann; sie verhängen jedoch keine Vertragsstrafen gegen den Verbraucher. Hierbei darf die Entschädigung den finanziellen Verlust des Kreditgebers nicht überschreiten. Vorbehaltlich dieser Voraussetzungen können die Mitgliedstaaten vorsehen, dass die Entschädigung einen bestimmten Umfang nicht überschreiten darf oder nur für eine bestimmte Zeitspanne zulässig ist.

(4) Beabsichtigt ein Verbraucher, seine Verbindlichkeiten aus einem Kreditvertrag vor Ablauf des Vertrags zu erfüllen, so erteilt der Kreditgeber dem Verbraucher unverzüglich nach Eingang des Antrags die für die Prüfung dieser Möglichkeit erforderlichen Informationen auf Papier oder einem anderen dauerhaften Datenträger. Diese Informationen müssen mindestens eine Quantifizierung der Auswirkungen der Erfüllung der Verbindlichkeiten vor Ablauf des Kreditvertrags für den Verbraucher enthalten sowie etwaige herangezogene Annahmen klar angeben. Alle herangezogenen Annahmen müssen vernünftig und zu rechtfertigen sein.

(5) Fällt die vorzeitige Rückzahlung in einen Zeitraum, für den ein fester Sollzinssatz vereinbart wurde, können die Mitgliedstaaten die Möglichkeit der Ausübung des Rechts nach Absatz 1 an die Voraussetzung knüpfen, dass aufseiten des Verbrauchers ein berechtigtes Interesse vorliegt.

Art. 27 Angaben zu Änderungen des Sollzinssatzes

(1) Die Mitgliedstaaten stellen sicher, dass der Kreditgeber den Verbraucher über eine Änderung des Sollzinssatzes auf Papier oder einem anderen dauerhaften Datenträger informiert, bevor die Änderung wirksam wird. Dabei ist mindestens der Betrag der nach dem Wirksamwerden des neuen Sollzinssatzes zu leistenden Zahlungen anzugeben; ändern sich die Anzahl oder die Periodizität der zu leistenden Zahlungen, so sind auch hierzu Einzelheiten anzugeben.

(2) Die Mitgliedstaaten können den Vertragsparteien jedoch erlauben, in dem Kreditvertrag zu vereinbaren, dass die Information nach Absatz 1 dem Verbraucher in regelmäßigen Abständen erteilt wird, wenn die Änderung des Sollzinssatzes mit einer Änderung eines Referenzzinssatzes zusammenhängt, der neue Referenzzinssatz auf geeigneten Wegen öffentlich zugänglich gemacht wird und die Information über den neuen Referenzzinssatz in den Geschäftsräumen des Kreditgebers eingesehen werden kann und dem betroffenen Verbraucher zusammen mit dem Betrag der neuen regelmäßigen Raten mitgeteilt wird.

(3) Der Kreditgeber kann die Verbraucher – soweit dies nach nationalem Recht vor dem 20. März 2014 zulässig war – weiterhin in regelmäßigen Abständen informieren, wenn die Änderung des Sollzinssatzes nicht mit einer Änderung eines Referenzzinssatzes zusammenhängt.

(4) Werden Änderungen des Sollzinssatzes im Wege der Versteigerung auf den Kapitalmärkten festgelegt und ist es dem Kreditgeber daher nicht möglich, den Verbraucher vor dem Wirksamwerden einer Änderung von dieser in Kenntnis zu setzen, informiert er den Verbraucher rechtzeitig vor der Versteigerung auf Papier oder auf einem anderen dauerhaften Datenträger über das bevorstehende Verfahren und weist daraufhin, wie sich dieses auf den Sollzinssatz auswirken könnte.

2a EGBGB
§ 15 Unterrichtungen bei Zinsanpassungen

(1) Eine Zinsanpassung in einem Verbraucherdarlehensvertrag oder einem Vertrag über eine entgeltliche Finanzierungshilfe wird erst wirksam, nachdem der Darlehensgeber den Darlehensnehmer über
1. den angepassten Sollzinssatz,
2. die angepasste Höhe der Teilzahlungen und
3. die Zahl und die Fälligkeit der Teilzahlungen, sofern sich diese ändern, unterrichtet hat.

(2) Geht die Anpassung des Sollzinssatzes auf die Änderung eines Referenzzinssatzes zurück, können die Vertragsparteien einen von Absatz 1 abweichenden Zeitpunkt für die Wirksamkeit der Zinsanpassung vereinbaren. In diesen Fällen muss der Vertrag eine Pflicht des Darlehensgebers vorsehen, den Darlehensnehmer nach Absatz 1 in regelmäßigen Zeitabständen zu unterrichten. Bei einem Immobiliar-Verbraucherdarlehensvertrag muss der Vertrag ferner die Pflicht vorsehen, auch über den neuen Referenzzinssatz zu unterrichten. Außerdem muss der Darlehensnehmer die Höhe des Referenzzinssatzes in den Geschäftsräumen des Darlehensgebers einsehen können.

(3) Werden bei einem Immobiliar-Verbraucherdarlehensvertrag Änderungen des Sollzinssatzes im Wege der Versteigerung auf den Kapitalmärkten festgelegt und kann der Darlehensgeber den Darlehensnehmer daher nicht vor dem Wirksamwerden der Änderung über diese in Kenntnis setzen, so hat der Darlehensgeber den Darlehensnehmer abweichend von Absatz 1 rechtzeitig vor der Versteigerung über das bevorstehende Verfahren zu unterrichten und darauf hinzuweisen, wie sich die Versteigerung auf den Sollzinssatz auswirken könnte.

Kommentierung

I. Einführung

3 Die Vorschrift enthält verschiedene Unterrichtungspflichten des Darlehensgebers während des bestehenden Vertragsverhältnisses. Die einzelnen Informationspflichten haben jeweils einen eigenen Bezugspunkt im laufenden Vertrag und sind unterschiedlichen Ursprungs. Abs. 1, 2 und 6 stammen aus dem am 12.8.2008 in Kraft getretenen Risikobegrenzungsgesetz und waren vormals in § 492a BGB zu finden. Abs. 1 betrifft die unechte, Abs. 2 die echte Abschnittsfinanzierung.[1] In Abs. 3 ist eine mit der Umsetzung der zweiten Verbraucherkreditrichtlinie eingeführte Vorschrift zur Zinsanpassung finden, durch die deren Art. 11 transformiert wird. Mit der Umsetzung der Wohnimmobilienkreditrichtlinie sind Abs. 4 und 5 neu eingeführt worden. Sie betreffen den Fremdwährungskredit einerseits und die vorzeitige Rückzahlung durch den Verbraucher andererseits. Durch Abs. 6 werden die Pflichten bei der offenen Abtretung auf den Zessionar erstreckt.

---

[1] Zu den Begrifflichkeiten *Clemente* ZflR 2008, 589 (593); s. auch MüKoBGB/*Schürnbrand* § 493 BGB Rn. 3.

II. Informationspflicht bei Ablauf der Zinsbindung (Abs. 1)

Vereinbaren die Parteien bei einem **befristeten Darlehensvertrag** die **Bindung an einen Sollzinssatz** für einen bestimmten Zeitraum und endet dieser Zeitraum vor dem für die Rückzahlung des Darlehens festgelegten Zeitpunkt, stellt sich dem Verbraucher die Frage, ob er das Vertragsverhältnis zu neuen Konditionen mit dem Darlehensgeber fortsetzen möchte oder in Erwägung zieht, vorzeitig zu tilgen, wozu er stets berechtigt ist (§ 500 BGB), und die Finanzierung anderweitig zu bewerkstelligen. Die Entscheidung zur Umschuldung kann der Verbraucher allerdings nur fällen, wenn ihm ein gewisser Zeitraum zur Überlegung zur Verfügung steht und er bereits Kenntnis von den Bedingungen hat, die ihm der Darlehensgeber für die Zukunft anzubieten bereit ist. Dies soll dadurch gewährleistet werden, dass der Darlehensgeber dem Verbraucher zu bestimmten Zeitpunkten Informationen erteilt. 4

Drei Monate vor Ende der Zinsbindung hat die Information darüber zu erfolgen, ob der Darlehensgeber zum Abschluss einer weiteren Zinsbindungsvereinbarung bereit ist. Im gegebenen Fall hat der Darlehensgeber dem Verbraucher den zu diesem Zeitpunkt angebotenen Sollzinssatz mitzuteilen. Die Unterrichtung des Verbrauchers über den aktuellen Sollzinssatz führt nicht zu einer Bindung des Darlehensgebers in der Form, dass er die Vertragsanpassung zu diesem Zins durchzuführen hätte. Der Darlehensgeber ist nicht verpflichtet, drei Monate vor Ablauf der Periode ein bindendes Angebot zu unterbreiten.[2] 5

Ein Verstoß des Darlehensgebers gegen die Informationspflicht stellt eine Pflichtverletzung des Unternehmers dar und zieht einen Schadensersatzanspruch nach § 280 Abs. 1 BGB nach sich.[3] 6

Unionsrechtlich bestehen **Zweifel** daran, eine solche Informationspflicht während des Vertragsverhältnisses einführen zu dürfen. Die Information des Verbrauchers gehört zum Kern des geregelten Bereichs der Richtlinie. Für diesen Regelungsbereich gilt allerdings das Prinzip **der vollständigen Harmonisierung,** nach dem auch den Verbraucher begünstigende Vorschriften im nationalen Recht nicht geschaffen werden dürfen. Zwar enthält sich die Richtlinie einer Aussage zu eben einer solchen Informationspflicht. Dies bindet aber den nationalen Gesetzgeber in negativer Hinsicht. Mit anderen Worten: Werden die Informationspflichten in der Richtlinie vollharmonisierend geregelt und fehlt eine entsprechende Unterrichtungspflicht, kommt dem der Regelungsgehalt zu, dass der Darlehensgeber durch das nationale Recht nicht mit einer solchen Pflicht belastet werden kann, um das Ziel der vollständigen Harmonisierung nicht zu gefährden.[4] 7

III. Informationspflicht bei nahendem Vertragsende (Abs. 2)

Ähnlich der Informationspflicht aus Abs. 1 trifft den Darlehensgeber die Pflicht, den Verbraucher beim befristeten Darlehensvertrag spätestens drei Mona- 8

---

[2] Kritisch *Clemente* ZfIR 2008, 589 (593); wie hier MüKoBGB/*Schürnbrand* § 493 BGB Rn. 4 aE; Staudinger/*Kessal-Wulf* § 493 BGB Rn. 2; Erman/*Saenger* § 493 BGB Rn. 5 f.
[3] Ebenso MüKoBGB/*Schürnbrand* § 493 BGB Rn. 5.
[4] Dem ausdrücklich folgend Erman/*Saenger* § 493 BGB Rn. 2; sehr kritisch auch MüKoBGB/*Schürnbrand* § 493 BGB Rn. 2; aA BT-Drucks. 16/11 643, S. 80 zu Nr. 23; *Ady/Paetz* WM 2009, 1061 (1062).

te vor Vertragsende darüber in Kenntnis zu setzen, ob er zu einer Verlängerung des Vertragsverhältnisses bereit ist. Gegebenenfalls hat der Unternehmer bereits im Zeitpunkt der Unterrichtung die vorvertraglichen Informationspflichten aus § 491a BGB zu wahren. Auch hier führt die Missachtung der Unterrichtungspflicht zu einem Schadensersatzanspruch des Verbrauchers aus § 280 Abs. 1 BGB.

9 Hinsichtlich der Zweifel an der Vereinbarkeit der für das deutsche Recht eingeführten Informationspflicht mit den Vorgaben der Richtlinie ist auf die Ausführungen zu Abs. 1, → Rn. 7, zu verweisen.

IV. Zinsanpassung (Abs. 3)

10 § 493 Abs. 3 BGB dient der Umsetzung von Art. 11 der Verbraucherkreditrichtlinie. Anwendung findet die Regelung auf Verträge mit veränderlichem Zins, bei denen dem Darlehensgeber nach der vertraglichen Vereinbarung wirksam ein einseitiges Zinsanpassungsrecht eingeräumt wurde.[5] Dieses Zinsanpassungsrecht muss der Darlehensgeber unter Wahrung der in § 492 Abs. 5 BGB vorgesehenen Form, auf einem dauerhaften Datenträger, dem Verbraucher gegenüber ausüben.

11 Die zusätzliche, durch Abs. 3 bestimmte Wirksamkeitsvoraussetzung besteht darin, dass dem Verbraucher die Informationen aus Art. 247 § 15 Abs. 1 EGBGB erteilt wurden. Erst dann wird die Zinsanpassung wirksam. Unterbleibt die vorgesehene Unterrichtung, tritt die Zinsänderung nicht ein. Der Wortlaut des § 15 ist abgedruckt → Rn. 2a.

11a Nach Maßgabe von § 493 Abs. 3 Satz 2 sind abweichende Vereinbarungen im Rahmen der Voraussetzungen von § 15 Abs. 2 und 3 zulässig.

11b Ergibt sich, so § 15 Abs. 2, die Zinsänderung auf Grund der Orientierung an einem Referenzzinssatz, kann die Vertragsänderung auf vereinfachtem Wege und schon vor der entsprechenden konkreten Information wirksam erfolgen. Dies ist allerdings nur möglich, wenn der Vertrag zuvor vorsieht, dass der Darlehensgeber den Darlehensnehmer **regelmäßig** über die Angaben aus Abs. 1, also den angepassten Zinssatz, die angepasste Höhe der Teilzahlungen und ggf. die aktualisierte Zahl und Fälligkeit der Teilzahlungen unterrichtet. Weiterhin muss es dem Verbraucher bei Allgemein-Verbraucherdarlehensverträgen ermöglicht werden, den in Bezug genommenen Referenzwert in den Geschäftsräumen des Darlehensgebers einzusehen. Im Fall eines Immobiliar-Verbraucherdarlehensvertrag ist auch dieser Referenzzinssatz dem Verbraucher mitzuteilen.

11c Eine neue und nur für Immobiliar-Verbraucherdarlehensverträge geltende Ausnahmeregelung findet sich nun in § 15 Abs. 3. Sie beruht auf Art. 27 Abs. 4 der Wohnimmobilienkreditrichtlinie und betrifft ein Zinsfindungsverfahren, das in Deutschland unüblich ist. Der maßgebliche Zins ergibt sich dabei aus dem Ergebnis einer Versteigerung auf den Kapitalmärkten. In einem solchen Fall kann der Darlehensgeber nicht über die Zinshöhe bzw. den Referenzwert zu informieren, da er ihm der Zinssatz nicht bekannt ist. In Textform hat der Darlehensgeber dann aber rechtzeitig vor dem Beginn der Versteigerung über den Umstand zu informieren, dass eine solche stattfindet, die Einfluss auf den Zinssatz

---

[5] MüKoBGB/*Schürnbrand* § 493 BGB Rn. 6.

haben kann. Die Unterrichtung erfasst auch die Aufklärung darüber, in welcher Form sich das Versteigerungsverfahren auf den maßgeblichen Zinssatz auswirken könnte.

V. Fremdwährungskredit (Abs. 4)

Der 2016 neu eingeführte Abs. 4 betrifft eine Informationspflicht, die nur für den Immobiliar-Verbraucherdarlehensvertrag Relevanz hat. Betroffen sind Fremdwährungsdarlehen im Sinne des § 503 Abs. 1. Geregelt sind zwei unterschiedliche Fälle. Hier aktualisiert sich eine vertragliche Informationspflicht des Darlehensgebers zum einen nach Satz 1, wenn sich auf Grund von Schwankungen des Wechselkurses die Belastung des Verbrauchers erheblich erhöht. Der Schwellenwert liegt bei 20 %. Bezugspunkt ist die verbleibende Gesamtbelastung oder Wert einer regelmäßigen Ratenzahlung. Zum anderen muss der Darlehensgeber nach Maßgabe von Satz 3 aktiv werden, wenn zwar der Darlehensvertrag in der Währung des Wohnortes des Verbrauchers geschlossen wurde, Grundlage der Kreditwürdigkeitsprüfung aber Angaben über ein Einkommen des Verbrauchers bildeten, das dieser in einer anderen Währung erlangt. Entsprechendes gilt für Vermögenswerte, die in einer anderen Währung bestehen und der Rückzahlung des Darlehens dienen sollen. Auch hier gibt die Schwelle von 20 % Maß. Stellt der Darlehensgeber eine solche dem Verbraucher schädliche Entwicklung im Rahmen seiner Überwachung fest, hat er den Verbraucher unverzüglich zu warnen. 11d

Den Inhalt der warnenden Information legt § 493 Abs. 4 Satz 2 fest. Sie hat auf einem dauerhaften Datenträger zu erfolgen, die Änderung des vom Verbraucher zu zahlenden Restbetrags, also des zu diesem Zeitpunkt noch offenen Gesamtbetrags, in dessen Landeswährung zu enthalten und auf die Möglichkeit der Währungsumstellung in die Landeswährung bzw., soweit im Vertrag vorgesehen, die Währung, in der der Verbraucher sein Einkommen bezieht, nach § 503 zu verweisen. Dem Verbraucher ist weiterhin zu erläutern, wie er das Wechselkursrisiko begrenzen kann. Die Warnung muss so lange in **regelmäßigen Abständen** wiederholt werden, wie die Schwelle von 20 % nicht unterschritten wird, um dem Verbraucher die bestehenden Gefahren vor Augen zu führen und ihn ggf. dazu zu veranlassen, aktiv zu werden. Nach der Gesetzesbegründung dürfte es ausreichen, wenn der die Entwicklung überwachende Darlehensgeber quartalsweise informiert. Jedenfalls reicht eine monatliche Warnung aus.[6] 11e

VI. Vorzeitige Rückzahlung (Abs. 5)

Auch der 2016 neu eingeführte Abs. 5 findet nur Anwendung auf Immobiliar-Verbraucherdarlehensverträge. Sobald der Verbraucher dem Darlehensgeber mitteilt, das Darlehen vorzeitig zurückzahlen zu wollen, was auch mündlich geschehen kann, hat ihm der Darlehensgeber nach Maßgabe von Abs. 5 Satz 1 unverzüglich die Informationen zukommen zu lassen, die dieser benötigt, um zu überprüfen, ob eine solche vorzeitige Rückzahlung in seinem Fall und aus seiner Sicht rentabel ist. Die Information hat auf einem dauerhaften Datenträger zu 11f

---

[6] BT-Drucks. 18/5922, S. 86.

erfolgen. **Mindestvoraussetzungen** zum Inhalt und Gegenstand der Information enthält Abs. 5 Satz 2. Dem Verbraucher muss daher unverzüglich mitgeteilt werden, ob die vorzeitige Rückzahlung in seinem Fall überhaupt zulässig ist, welchen Betrag er ggf. zurückzuzahlen hätte und auf welche Höhe sich eine zu zahlende Vorfälligkeitsentschädigung beläuft. Schließlich hat der Darlehensgeber dem Verbraucher nach Abs. 5 Satz 3 zu erläutern, auf Grund welcher Annahmen die Berechnung der etwaigen Zahlungspflichten, also des Restbetrags und der Vorfälligkeitsentschädigung, erfolgt ist.

VII. Abtretung (Abs. 6)

12 Wie bereits durch das Risikobegrenzungsgesetz eingeführt, erstreckt sich die Unterrichtungspflicht, nunmehr durch die neuen Pflichten erweitert, aus Abs. 1 bis 5 während des Vertragsverhältnisses im Falle der **offenen Zession** auf den Zessionar. Auch der Zessionar hat vor Ablauf der Zinsbindung bzw. bei nahendem Vertragsende den Verbraucher darüber zu informieren, ob und zu welchen Konditionen er zu einer Fortführung des Vertragsverhältnisses bereit ist.[7] Die neuen Informationspflichten zum Fremdwährungskredit und zur vorzeitigen Rückzahlung treffen ebenfalls den Zessionar.

13 Die Unterrichtungspflicht nach Abs. 3 kann kumulativ den Zessionar treffen, da nach § 404 BGB Leistungsbestimmungsrechte mit auf den neuen Gläubiger übergehen.[8]

14 Unterbleibt eine Unterrichtung seitens des Forderungsinhabers, entsteht der Schadensersatzanspruch des Verbrauchers mangels Schuldverhältnisses zwischen Zessionar und Verbraucher unter dem Gesichtspunkt, dass der Zessionar die ihn treffende Pflicht zur Unterrichtung aus § 493 BGB nicht erfüllt hat.[9]

§ 494 Rechtsfolgen von Formmängeln

(1) **Der Verbraucherdarlehensvertrag und die auf Abschluss eines solchen Vertrags vom Verbraucher erteilte Vollmacht sind nichtig, wenn die Schriftform insgesamt nicht eingehalten ist oder wenn eine der in Artikel 247 §§ 6 und 10 bis 13 des Einführungsgesetzes zum Bürgerlichen Gesetzbuche für den Verbraucherdarlehensvertrag vorgeschriebenen Angaben fehlt.**

(2) ¹Ungeachtet eines Mangels nach Absatz 1 wird der Verbraucherdarlehensvertrag gültig, soweit der Darlehensnehmer das Darlehen empfängt oder in Anspruch nimmt. ²Jedoch ermäßigt sich der dem Verbraucherdarlehensvertrag zugrunde gelegte Sollzinssatz auf den gesetzlichen Zinssatz, wenn die Angabe des Sollzinssatzes, des effektiven Jahreszinses oder des Gesamtbetrags fehlt.

(3) **Ist der effektive Jahreszins zu niedrig angegeben, so vermindert sich der dem Verbraucherdarlehensvertrag zugrunde gelegte Sollzinssatz um den Prozentsatz, um den der effektive Jahreszins zu niedrig angegeben ist.**

---

[7] Kritisch dazu *Dörrie* ZBB 2008, 292 (298).
[8] Staudinger/*Busche* § 404 Rn. 35; *Schürnbrand* AcP 204 (2004), 177 (181).
[9] So auch MüKoBGB/*Schürnbrand* § 493 BGB Rn. 10; Staudinger/*Kessal-Wulf* § 493 BGB Rn. 6.

Rechtsfolgen von Formmängeln § 494

(4) ¹Nicht angegebenen Kosten werden vom Darlehensnehmer nicht geschuldet. ²Ist im Vertrag nicht angegeben, unter welchen Voraussetzungen Kosten oder Zinsen angepasst werden können, so entfällt die Möglichkeit, diese zum Nachteil des Darlehensnehmers anzupassen.

(5) Wurden Teilzahlungen vereinbart, ist deren Höhe vom Darlehensgeber unter Berücksichtigung der verminderten Zinsen oder Kosten neu zu berechnen.

(6) ¹Fehlen im Vertrag Angaben zur Laufzeit oder zum Kündigungsrecht, ist der Darlehensnehmer jederzeit zur Kündigung berechtigt. ²Fehlen Angaben zu Sicherheiten, so können Sicherheiten nicht gefordert werden; dies gilt nicht bei Allgemein-Verbraucherdarlehensverträgen, wenn der Nettodarlehensbetrag 75 000 Euro übersteigt. ³Fehlen Angaben zum Umwandlungsrecht bei Immobiliar-Verbraucherdarlehen in Fremdwährung, so kann das Umwandlungsrecht jederzeit ausgeübt werden.

(7) Der Darlehensgeber stellt dem Darlehensnehmer eine Abschrift des Vertrags zur Verfügung, in der die Vertragsänderungen berücksichtigt sind, die sich aus den Absätzen 2 bis 6 ergeben.

Vorgängervorschriften: §§ 1a Abs. 2 AbzG, 6 VerbrKrG

Schrifttum: *Armbrüster,* Treuwidrigkeit der Berufung auf Formmängel, NJW 2007, 3317; *Beckmann,* Nichtigkeit und Personenschutz, 1998; *Binder/Ettensberger,* „Automatischer" Negativzins bei darlehensvertraglicher Zinsänderungsklausel im Niedrigzinsbereich?, WM 2015, 2069; *Brinkmann,* Bewirkt § 6 Abs. 4 des Verbraucherkreditgesetzes, dass der Kreditgeber an einer zu niedrigen Effektivzinsangabe festgehalten werden kann?, BB 1991, 1947; *Bülow,* Rechtsnachfolge in Forderungen und Verbindlichkeiten aus Verbraucherkreditverträgen, ZIP 1997, 400; *ders.,* Kreditvertrag und Verbraucherkreditrecht im BGB, in Schulze/Schulte-Nölke (Hrsg.): Die Schuldrechtsreform vor dem Hintergrund des Gemeinschaftsrechts, 2001, S. 153; *Bülow/Artz,* Folgeprobleme der Anwendung des Verbraucherkreditgesetzes auf Schuldbeitritt und andere Interzessionen, ZIP 1998, 629; *Cahn,* Zum Begriff der Nichtigkeit im Bürgerlichen Recht, JZ 1997, 8; *Danwerth,* Der gesetzliche Zins als Geschenk des Himmels – Die Sanktionswirkung des § 494 Abs. 2 Satz 2 BGB in der Niedrigzinsphase –, WM 2015, 1604; *Emmerich,* Auswirkungen des Verbraucherkreditgesetzes auf die Kreditwirtschaft, FLF 1989, 168; *Gerlach,* Änderung des Abzahlungsgesetzes, NJW 1969, 1939; *Gilles,* Auf dem Weg zu einem Verbraucherkreditgesetz, ZRP 1989, 299; *Habersack,* Zinsänderungsklauseln im Lichte des AGBG und des VerbrKrG, WM 2001, 753; *Harke,* Formzweck und Heilungsziel, WM 2004, 357; *Heiss,* Formmängel und ihre Sanktionen, 1999; *Jost,* Die Dogmatik des Sicherungsvertrags, 2012; *Kohte,* Unwirksame Bestätigung eines wucherähnlichen Kreditvertrages – BGH NJW 1982, 1981, JuS 1984, 509; *Lieser/Bott/Grathwohl,* Das Abzahlungsrecht in der Reform, DB 1971, 905; *Musielak,* Der Irrtum über die Rechtsfolgen einer Willenserklärung, JZ 2014, 64; *Oepen* Zur Dogmatik des § 139 BGB, 2000; *Pickert,* Das Widerrufsrecht nach dem Verbraucherkreditgesetz, 1995; *Piekenbrock,* Das AGB-Pfandrecht in der Klauselkontrolle, WM 2009, 49; *Pohlmann,* Die Heilung formnichtiger Verpflichtungsgeschäfte durch Erfüllung, 1992; *M. Roth,* Heilung und Wirksamwerden von mit formnichtiger Vollmacht geschlossenen Verbraucherdarlehensverträgen, WM 2003, 2356; *Rüßmann,* Ungereimtes bei den Rechtsfolgen fehlender und falscher Effektivzinsangabe beim Verbraucherkreditgesetz, Festschrift Jahr 1993, S. 367; *Schmelz/Klute,* Zum Gesetzentwurf für ein Verbraucherkreditgesetz, ZIP 1989, 1509; *Zimmer,* Zwangsvollstreckungsunterwerfung ohne Sicherungsabrede? NJW 2008, 3185; *Zitzewitz* Ist bei der Sittenwidrigkeitsprüfung eines Verbraucherkreditvertrages zur Feststellung eines „auffälligen Missverhältnisses" die Absenkung des Nominalzinses nach § 6 VerbrKrG zu berücksichtigen?, VuR 1998, 149.

§ 494
1. Teil. Darlehen und Finanzierungshilfen

Übersicht

	Rn.
Materialien	
Verbraucherkreditrichtlinie Erwägungsgrund 30	1
Begründung RegE zu § 6 VerBrKrG, BT-Drucks. 11/5462, S. 21	2
Begründung RegE zu § 494 BGB nF, BT-Drucks. 16/11643	4
Kommentierung	
A. Nichtigkeit und Heilung	5
I. Sachlicher Anwendungsbereich	7
1. Formbedürftige Erklärung	7
2. Vollmacht	8
3. Interzession	11
4. Rechtsnachfolge	12
II. Rechtsfolgen des Formverstoßes	13
1. Verhältnis von § 494 Abs. 1 zu § 125 BGB	13
2. Wirksamkeit trotz Formverstoß bei Art. 247 §§ 7 und 8 EGBGB	16
3. Anwendbarkeit von § 139 BGB?	23
a) Ausgangspunkt: Gesamtnichtigkeit	23
b) Formwidrige Sicherungsabrede	24
c) Formwidrige Nebenabreden	26
d) Formwidrige Interzession; gleichgründige Gesamtschuld, Schlüsselgewalt	27
III. Erfüllung trotz Formwidrigkeit	29
1. Freiwillige Leistung des Darlehensgebers	29
a) Einverständnis des Verbrauchers	29
b) Gesamtschuld	30
c) Widerrufsrecht	31
2. Erfüllungsanspruch des Verbrauchers	32
a) Formnichtigkeit des gesamten Darlehensvertrags; Rechtsmissbrauch	32
b) Formnichtigkeit von Nebenabreden bei Formwahrung im Übrigen	36
aa) Teilnichtigkeit zulasten des Darlehensgebers	36
bb) Gesamtnichtigkeit zugunsten des Verbrauchers (Wahlrecht für den Verbraucher)	37
c) Gegenleistungspflicht des Verbrauchers	38
d) Gesamtschuld	39
aa) Gleichgründige, paritätische Gesamtschuld	39
bb) Sicherungsgesamtschuld	40
IV. Andere Nichtigkeitsgründe	41
V. Ersatzansprüche aufgrund Formwidrigkeit	42
VI. Unrichtige Angaben	44
1. Das Problem der Nichtigkeit	44
a) Keine Nichtigkeitsfolge aufgrund Verbraucherkreditrechts	44
b) Unrichtige Angabe zum Widerrufsrecht	46
c) Nichtigkeit nach allgemeinen privatrechtlichen Grundsätzen	47
2. Umfang der Leistungspflichten	48
3. Ersatzansprüche aufgrund unrichtiger Angaben	49
B. Heilungstatbestände	50
I. Sanktionensystem	51
II. Voraussetzungen und Folgen der Heilung	55
1. Empfang, Inanspruchnahme, Dritte (Abs. 2 Satz 1)	55
2. Heilungsumfang	60
a) Sollzinsen, Gesamtbetrag, Nettodarlehensbetrag (Abs. 2)	62
b) Kosten (Abs. 4 Satz 1)	65
c) Raten (Abs. 5)	71

	Rn.
d) Anpassung von Zinsen und Kosten (Abs. 4 Satz 2)	74
e) Sicherheiten (Abs. 6 Sätze 2 und 3)	76
aa) keine Heilung	76
bb) Obergrenze 75 000 Euro bei Allgemein-Verbraucherdarlehensverträgen	78
f) Laufzeit und Kündigungsrecht (Abs. 6 Satz 1)	81
g) Umwandlungsrecht bei Fremdwährungsdarlehen (Abs. 6 Satz 3)	81a
h) Widerrufsrecht	82
3. Abschrift des geheilten Vertrags (Abs. 7) und Monatsfrist	84
C. Effektiver Jahreszins (Abs. 3)	85
I. Fehlende Angabe	85
II. Zu niedrige Angabe	86
1. Absolute, nicht relative Verminderung	86
2. Absolute Zinsdifferenz	87
a) Berechnung	87
b) Gesetzeskorrektur durch den Gesetzesanwender?	88
3. Verbundenes Geschäft	89
III. Zu hohe Angabe	90

Materialien

Verbraucherkreditrichtlinie 2008/48/EG

Erwägungsgrund 30

Diese Richtlinie regelt nicht Aspekte des Vertragsrechts, die die Wirksamkeit von Kreditverträgen betreffen. Daher können die Mitgliedstaaten in diesem Bereich mit dem Gemeinschaftsrecht in Einklang stehende innerstaatliche Bestimmungen beibehalten oder einführen. **1**

Begründung RegE zu § 6 VerbrKrG, BT-Drucks. 11/5462, S. 21

Die Nichtbeachtung der Formvorschrift oder wichtiger Mindestangaben, aus denen sich die Kreditfolgelast ergibt, führt grundsätzlich zur Nichtigkeit des Kreditvertrages. Kommt es gleichwohl zur Auszahlung des Darlehensbetrages (Lieferung der Ware), werden die Rechtsfolgen im Interesse des Verbraucherschutzes differenziert … . Hierbei ist sowohl dem Interesse des Kreditnehmers, der sich auf die Nutzung des Kapitals eingestellt hat, und dem Interesse des Kreditgebers an dem Erhalt von Zinsen und sonstigen Kreditkosten angemessen Rechnung zu tragen. Eine Rückabwicklung nach den Vorschriften des Bürgerlichen Gesetzbuchs würde den Verbraucher einem Bereicherungsanspruch des Kreditgebers aussetzen und ihn zur sofortigen Rückzahlung verpflichten, § 812 Abs. 1 Satz 1 BGB. Eine Lösung nach dem Modell der Abzahlungsnovelle vom 1. September 1969 (§ 1a Abs. 3 AbzG) würde andererseits dazu führen, dass der Kreditnehmer das Darlehenskapital bis zum Ablauf der vereinbarten Darlehenszeit zinslos behalten dürfte. Beide Lösungen vernachlässigen jeweils schutzwürdige Belange einer Vertragspartei. … **2**

Absatz 4 enthält eine Sanktion für den Fall, dass die für den Verbraucher besonders wichtige Angabe des effektiven Jahreszinses abweichend von der tatsächlichen Belastung zu niedrig angegeben ist. Der Kreditgeber soll dann an dem von ihm zu niedrig angegebenen Effektivzins festgehalten werden. Dies geschieht, indem der Nominalzins um die Differenz zwischen dem richtigen und dem zu niedrig angegebenen Effektivzins vermindert wird; bei variablem Zinssatz ist eine spätere Zinsanpassung auf der Basis des verminderten Nominalzinses vorzunehmen. **3**

Begründung RegE zu § 494 nF, BT-Drucks. 16/11643

S. 83: Zu Absatz 7 (Anspruch auf veränderte Abschrift) **4**

Nach Absatz 7 ist der Darlehensgeber verpflichtet, dem Darlehensnehmer eine neue Vertragsabschrift mit dem veränderten Inhalt zu überlassen. Die Vorschrift ist § 492 Abs. 3 nachgebildet und ergänzt die Verpflichtung zur Überlassung einer Vertragsabschrift konsequent. Bisher ist in der Rechtslehre strittig, ob diese Verpflichtung besteht (dafür Staudin-

§ 494 5-7   1. Teil. Darlehen und Finanzierungshilfen

ger/Kessal-Wulf, BGB Neubearbeitung 2004, § 494, Rn 25i aE: Bülow/Artz, Verbraucherkreditrecht, 6. Auflage 2006, § 494, Rn. 47). Folgte man der letztgenannten Ansicht, würde der Darlehensnehmer die tatsächliche Höhe seiner Schuld nicht zwangsläufig erfahren. Deshalb ist eine gesetzliche Klarstellung angezeigt.

Kommentierung

A. Nichtigkeit und Heilung

5   Die Vorschrift bestimmt die Sanktionen für Verstöße gegen die Formvorschrift von § 492 BGB (→ § 492 Rn. 12), die in grundsätzlicher Nichtigkeit des Verbraucherdarlehensvertrags, sei es **Allgemein-** oder **Immobilar-** Verbraucherdarlehensvertrag, liegt, dh der Willenserklärungen von Darlehensgeber wie Verbraucher, jedoch mit weitreichender Heilungsmöglichkeit nach Absatz 2 sowie der Sonderregelung bei falscher Angabe des effektiven Jahreszinses gem. Absatz 3. Auch die formwidrige Vollmacht (§ 492 Abs. 4) ist nichtig (→ Rn. 8).

6   Fragen der Vertragswirksamkeit sind nicht Gegenstand des harmonisierten Bereichs nach Art. 22 Abs. 1 der Verbraucherkreditrichtlinie (→ Einf. Rn. 32 und → Rn. 1), sodass die Mitgliedstaaten insoweit nicht gebunden sind. Die Vorschrift führt mit ihrer Heilungsmöglichkeit die Tradition von § 1a Abs. 3 AbzG (Anhang 2) fort, nach welcher der Verbraucher vor der Kondiktion durch den Kreditgeber geschützt werden soll,[1] die zur sofortigen Rückzahlungspflicht führen würde (→ Rn. 2).

I. Sachlicher Anwendungsbereich

1. Formbedürftige Erklärung

7   Die Nichtigkeit wegen Formverstoßes setzt denknotwendig voraus, dass der Darlehensvertrag nach Maßgabe von § 492 Abs. 1 formbedürftig ist. Wirksam sind danach schriftformfreie gerichtliche Protokolle resp. Beschlüsse nach § 491 Abs. 3 (→ § 491 Rn. 183) und Überziehungskredite nach §§ 504, 505. Die Nichtigkeit formwidriger Ratenlieferungsverträge iSv § 510 richtet sich allein nach § 125 BGB ohne Heilungsmöglichkeit. Weder § 492 noch § 494 sind anwendbar auf die Ausnahmetatbestände von § 491 Abs. 2.[2] Kein Verbraucherdarlehensvertrag und deshalb nicht formbedürftig ist die Konditionenanpassung in Vollzug eines bereits abgeschlossenen Darlehensvertrages (→ § 491 Rn. 146).

---

[1] BGH NJW 1997, 654 zu II. 2 b. bb. mit Anm. *Bülow* JZ 1997, 471, *Wolf* LM Nr. 7 zu § 1 VerbrKrG, *v. Westphalen* MDR 1997, 228 und *Hadding* WuB I E 2.-1.97, Komm. *Habersack* EWiR § 6 VerbrKrG 1/97, 237 und Bspr. *Emmerich* JuS 1997, 469 sowie Rezension *Reinicke/Tiedtke* WiB 1997, 449; BGH NJW 1997, 1443 mit Komm. *Bülow* EWiR § 6 VerbrKrG 2/97, 427; WM 1997, 2000 zu II. 2.c.; OLG Karlsruhe WM 1997, 1340 zu IV. 3.

[2] Beispielsfall OLG Köln WM 1999, 1003 zu 4.

2. Vollmacht

Nichtig ist auch die formwidrig erteilte Vollmacht des Verbrauchers (→ § 492 **8** Rn. 56), sodass der in dieser Weise Bevollmächtigte in Wahrheit *falsus procurator* ist. Jedoch bezieht sich der Heilungstatbestand nur auf den Darlehensvertrag und nicht auf die Vollmacht. Die ausgeschlossene Heilungsmöglichkeit für die Vollmacht wird damit begründet,[3] dass andernfalls Heilung einträte, wenn sich der *falsus procurator* das Darlehen als Empfangsbote auszahlen ließe. Es bleibt daher bei der allgemeinen Vorschrift von § 177 Abs. 1 BGB, nach welcher der Verbraucher als Vertretener die Wirksamkeit des Darlehensvertrages durch seine Genehmigung herbeiführen kann.[4] Nicht beantwortet wird hierdurch die Frage, welcher Form die Genehmigung nach § 177 Abs. 1 BGB bedarf. Richtigerweise dürfte, um die Informationsfunktion der verbraucherkreditrechtlichen Form nicht leer laufen zu lassen, anzunehmen sein, dass die Anwendung von § 182 Abs. 2 BGB ausgeschlossen und die Genehmigung formbedürftig ist, wobei jedoch die Unterschrift des Verbrauchers unter die bereits vom *falsus procurator* unterzeichnete Vertragsurkunde genügt (→ § 492 Rn. 23). Ist der Darlehensvertrag auf diese Weise gem. § 184 Abs. 1 rückwirkend wirksam geworden, stellt sich das Problem der Heilung nicht mehr.

Kommt es nicht zur Genehmigung, sondern empfängt der Verbraucher das **9** Darlehen trotz Unwirksamkeit des Darlehensvertrags aufgrund formwidriger Vollmacht, tritt Heilung nach § 494 Abs. 2 Satz 1 genauso ein, wie wenn der Verbraucher selbst einen formwidrigen Vertrag abgeschlossen hätte. Es bedarf also keines besonderen, auf die Vollmacht bezogenen Heilungstatbestandes. Vielmehr erstreckt sich der allgemeine Heilungstatbestand sowohl auf den vom Verbraucher selbst formwidrig abgeschlossenen Darlehensvertrag wie auf den vom *falsus procurator* kraft formwidriger Vollmacht für den Verbraucher abgeschlossenen Vertrag. Nicht zutreffend erscheint die in den Materialien[5] angedachte Lösung, im Darlehensempfang liege die konkludente Genehmigung des Vertrags. Die Genehmigung würde den vom *falsus procurator* abgeschlossenen Vertrag in vollem Umfang wirksam machen, während die Heilung zur Verminderung der Ansprüche führt, die der Darlehensgeber gegenüber dem Verbraucher hat (→ Rn. 51).

Die Heilung tritt auch im Falle der **doppelten Formwidrigkeit** ein, also bei **10** Missachtung der Vollmachtsform und der Vertragsform, die vom Darlehensgeber gegenüber dem Vertreter einzuhalten ist (→ § 492 Rn. 56).

3. Interzession

Den verbraucherdarlehensrechtlichen Formvorschriften unterliegt auch der **11** **Sicherungs-Schuldbeitritt** eines Verbrauchers für die Verbindlichkeit eines anderen, sei dieser selbst Verbraucher oder nicht (Interzession, → § 491 Rn. 118). Bei Missachtung der Form ist der Interzessionsvertrag nichtig (→ § 491 Rn. 125). Jedoch tritt nach Ansicht des BGH Heilung nicht dadurch ein, dass der Darlehensgeber die Leistung an den Hauptschuldner erbringt, weil es im Verhältnis zwischen Darlehensgeber und Interzessionar zu einem Kondik-

---

[3] BT-Drucks. 14/7052, S. 202 zur Schuldrechtsmodernisierung.
[4] AnwKomm/*Reiff* (1. Aufl.) § 494 BGB Rn. 15 sowie → Rn. 4; *M. Roth* WM 2003, 2356 (2359).
[5] BT-Drucks. 14/7052, S. 202.

§ 494 12, 13   1. Teil. Darlehen und Finanzierungshilfen

tionsverhältnis nicht kommt,[6] dessen Vermeidung aber *ratio legis* ist[7] (→ Rn. 2 und → § 491 Rn. 126). Leistet der Darlehensgeber aber nicht an den Darlehensnehmer, sondern an den beitretenden Verbraucher, tritt Heilung ein[8] (→ § 491 Rn. 127).

4. Rechtsnachfolge

12   Die Rechtsnachfolge in Forderungen und Verbindlichkeiten aus Verbraucherdarlehensverträgen (→ § 491 Rn. 68 ff.) kann sich auf Form und Heilung wie folgt auswirken: Tritt der Verbraucher seine Forderung gegen den Darlehensgeber ab, ist § 494 in vollem Umfang auch dann anwendbar, wenn der Zessionar nicht Verbraucher ist (→ § 491 Rn. 82). Eine privative Schuldübernahme kann so aussehen, dass ein Dritter die Verbindlichkeit des Verbrauchers gegenüber dem Darlehensgeber durch Vertrag mit diesem gem. § 414 BGB übernimmt (zB Kaufpreiszahlung). Der Darlehensgeber bleibt dem Verbraucher trotzdem verpflichtet, sodass eine Leistung an den Übernehmer nicht in Frage steht und folglich auch nicht eine Heilung des Schuldübernahmevertrages (→ § 491 Rn. 74 aE). Im Falle einer Vertragsübernahme, durch die die Parteistellung des Verbrauchers von einem Dritten eingenommen wird, der selbst nicht Verbraucher ist, kommt die Heilung nicht in Betracht (→ § 491 Rn. 73). Ist der Übernehmer aber seinerseits Verbraucher, tritt Heilung gem. § 492 Abs. 2 resp. § 507 Abs. 2 Satz 2 BGB ein.[9] Keine Heilung tritt gegenüber demjenigen Erben des Verbrauchers ein, der selbst nicht Verbraucher ist (→ § 491 Rn. 88).

II. Rechtsfolgen des Formverstoßes

1. Verhältnis von § 494 Abs. 1 zu § 125 BGB

13   Durch § 492 BGB ist für Verbraucherdarlehensverträge die Schriftform gesetzlich vorgeschrieben (gleichermaßen für Teilzahlungsgeschäfte nach § 506 Abs. 1), sodass der Mangel der Form bereits gem. § 125 Satz 1 BGB zur Nichtigkeit des Rechtsgeschäfts, also der Willenserklärungen von Darlehensgeber und Verbraucher, führt. Diese Rechtsfolge wiederholt § 494 Abs. 1 (ebenso wie § 507 Abs. 2 Satz 1) in seiner ersten Alternative für den Fall, dass die Schriftform insgesamt nicht eingehalten ist, der Darlehensvertrag also entweder mündlich oder konkludent oder aber zwar schriftlich, aber ohne Beachtung der weiteren Erfordernisse von § 126 BGB abgeschlossen wurde, zB eine Unterschrift fehlt oder es an der körperlichen Verbindung mehrerer Blätter mangelt (→ § 492 Rn. 19 ff.). Der formwidrige Darlehensvertrag ist auch nicht lediglich schwebend wirksam wie der noch widerrufliche Vertrag (→ § 495 Rn. 17).[10] Die Nichtigkeit erstreckt sich auf den Darlehensvertrag insgesamt, nicht etwa nur wie im Fall der AGB-

---

[6] Hierzu beispielsweise BGH WM 2005, 327 zu II. 3.; BGH WM 2006, 81 zu II. 4.
[7] BGH NJW 2000, 3496 mit Anm. *Bülow/Artz* WuB I E 2.–5.2000 und Bspr. *Emmerich* JuS 2000, 1223; *Bülow/Artz* ZIP 1998, 629 (631).
[8] BGH WM 2000, 1799 zu II. 3.
[9] BGHZ 129, 371 (380).
[10] Das verkennt OLG Köln ZIP 1994, 776 zu I. 2.b. mit Komm. *Ose* EWiR § 1 VerbrKrG 2/94, 613; *Bruchner/Ott/Wagner-Wieduwilt* § 3 VerbrKrG Rn. 2.

Regelung von § 306 Abs. 1 BGB auf den Vertragsteil, der Zahlungsaufschub oder sonstige Finanzierungshilfe enthält.[11]

Entspricht eine vereinbarte **Nebenabrede** nicht der Schriftform, kommt es nicht mehr darauf an, ob es sich um eine wesentliche oder um eine unwesentliche Nebenabrede handelt (→ § 492 Rn. 35): Nach § 492 Abs. 1 BGB iVm Art. 247 § 6 Abs. 1 Nr. 5 EGBGB in Vollzug von Art. 10 Abs. 2 lit. u der VerbrKrRil bedürfen sämtliche Vertragsbedingungen der Schriftform. Im letztgenannten Fall stellt sich das Problem der Anwendung des Rechtsgedankens von § 139 BGB (→ Rn. 26). Das gilt auch für Nebenabreden nach Art. 247 § 7 EGBGB, zB Sicherheiten betreffend (→ Rn. 76) und nach § 8 über Zusatzleistungen, zB eine Restschuldversicherung. Jedoch führt in den Fällen von § 7 und § 8 der Formverstoß nicht zur Nichtigkeit des Darlehensvertrags (→ Rn. 16), wohl aber im Falle sonstiger Nebenabreden. 14

In seiner zweiten Alternative geht § 494 Abs. 1 (ebenso § 507 Abs. 2 Satz 1) über die Rechtsfolgen von § 125 BGB hinaus, indem die Nichtigkeit bei teilweisem Verstoß gegen das Schriftformerfordernis angeordnet wird, wenn Angaben aus den Katalogen von §§ 492 Abs. 2, 507 Abs. 2 iVm Art. 247 EGBGB fehlen, auch wenn sie überhaupt nicht Bestandteil der rechtsgeschäftlichen Übereinkunft sind. So ist der effektive Jahreszins eine finanzmathematische Folge aus Sollzins und sonstigen Kosten im Verhältnis zum Nettodarlehensbetrag (→ § 492 Rn. 79), aber als solcher nicht notwendig Gegenstand des rechtsgeschäftlichen Willens; Entsprechendes gilt für den Gesamtbetrag. Die Nichtigkeit tritt also auch dann ein, wenn der Darlehensvertrag zwar schriftformgemäß abgefasst wurde, aber auch nur eine der Angaben aus §§ 492, 507 iVm Art. 247 EGBGB (Ausnahme: §§ 7 und 8, → Rn. 16) fehlt, dh nicht in die Vertragsurkunde aufgenommen wurde. Man mag § 494 Abs. 1 als *lex specialis* zu § 125 BGB ansehen.[12] 15

2. Wirksamkeit trotz Formverstoß bei Art. 247 §§ 7 und 8 EGBGB

Vertrag und Vollmacht sind, wie aus § 494 Abs. 1 folgt, wirksam, auch wenn eine der in Art. 247 §§ 7 und 8 EGBGB vorgeschriebenen Angaben fehlt. Diese Vorschriften sehen zusätzliche Angaben vor, insbesondere dann, wenn vertragsgemäß weitere Ansprüche des Darlehensgebers (resp. des Unternehmers nach § 506 Abs. 1) begründet werden sollen. 16

Der **Allgemein-Verbraucherdarlehensvertrg** ist also wirksam trotz fehlender Angabe von Notarkosten, die der Verbraucher tragen soll (Art. 247 § 7 Abs. 1 Nr. 1 EGBGB), trotz fehlender Angaben über zu stellende Sicherheiten (Sicherungsvertrag) und Versicherungen (§ 7 Abs. 1 Nr. 2), trotz fehlender Angaben zu einer vom Verbraucher geschuldeten Vorfälligkeitsentschädigung (§ 7 Abs. 1 Nr. 3), trotz fehlender Angaben über Zusatzleistungen nach § 8, die im Übrigen Gegenstand der Regelung von § 360 BGB ist (→ § 495 Rn. 339). Der Darlehensgeber hat aus den formwidrig nach Art. 247 §§ 7, 8 EGBGB vereinbarten Absprachen keine Ansprüche gegen den Verbraucher mit Ausnahme von Sicherheiten im Fall von § 494 Abs. 6 Satz 3 (Nettodarlehensbetrag über 75 000 Euro, → Rn. 78). Fehlt die Angabe zu einer außergerichtlichen Streitbeilegungsstelle (§ 7 Abs. 1 Nr. 4) ist der Verbraucherdarlehensvertrag wirksam, und der Verbraucher hat trotzdem Zugang hierzu. 17

---

[11] So aber fälschlich *Fischer* MDR 1994, 1063 (1065).
[12] MüKoBGB/*Schürnbrand* § 494 BGB Rn. 14.

§ 494 18, 18a   1. Teil. Darlehen und Finanzierungshilfen

18 Bleibt der Verbraucherdarlehensvertrag demnach wirksam, ist eine andere Frage, ob auch die Nebenabreden nach Art. 247 §§ 7 oder 8 EGBGB wirksam sind. Es ist zu unterscheiden: § 7 Abs. 1 Nr. 1 (Notarkosten) und Nr. 4 (Streitbeilegung) begründen Angaben rein deklaratorischer Natur, da der Notar und nicht der Darlehensgläubiger des Kostenanspruchs gegen den Verbraucher ist; Nr. 4 betrifft keinen rechtsgeschäftlichen Sachverhalt. Zwar hemmen auch diese Angaben, wenn sie fehlen oder fehlerhaft sind, gem. § 356b Abs. 1 BGB den Beginn der Widerrufsfrist (→ § 495 Rn. 76), sie können aber im Verfahren nach § 492 Abs. 6 BGB nachgeholt werden (→ § 495 Rn. 86). § 7 Abs. 1 Nr. 2 und Nr. 3 betreffen dagegen Ansprüche des Darlehensgebers gegen den Verbraucher. § 7 Nr. 2 gilt zunächst den vom Darlehensgeber verlangten **Sicherheiten**. Das Verlangen ist rechtsgeschäftlicher Natur und begründet durch die Angabe im Vertrag und durch die Annahme des Verbrauchers den Anspruch des Darlehensgebers. Dieser Anspruch richtet sich auf den Vollzug des Sicherungsgeschäfts, zB den Abschluss eines Bürgschaftsvertrags nach § 765 BGB durch einen Dritten oder die Bestellung einer Mobiliarsicherheit nach §§ 929, 398 BGB, sei es durch den Darlehensnehmer selbst oder durch einen Interzessionar; dieser Vollzug ist nicht Gegenstand des Allgemein-Verbraucherdarlehensvertrags und von § 7 Abs. 1 Nr. 2, sondern Gegenstand ist lediglich die Verpflichtung hierzu. Die vertragliche Pflicht zur Sicherheitenbestellung wird im **Sicherungsvertrag** begründet und ist deren *causa*, sodass typischerweise (aber nicht notwendigerweise) das Verlangen des Darlehensgebers und dessen Annahme durch den Verbraucher zugleich den Abschluss des Sicherungsvertrages darstellt.[13] Fehlt die Angabe, hat der Darlehensgeber sein Verlangen nicht in Schriftform erklärt und der Verbraucher es nicht dementsprechend angenommen, sodass gem. § 494 Abs. 6 Satz 2 BGB kein Anspruch auf Sicherheitenbestellung entstanden ist.[14] Das gilt allerdings nicht, wenn der Nettodarlehensbetrag die Grenze von 75 000 € übersteigt, wie § 494 Abs. 6 Satz 3 bestimmt, was bedeutet, dass bei Großkrediten der Schriftformverstoß sanktionslos bleibt → Rn. 78). In anderen Fällen zeigt sich, dass der obligatorische Sicherungsvertrag im Rahmen von Allgemein-Verbraucherdarlehensverträgen insoweit schriftformgebunden ist, was das Verlangen des Darlehensgebers nach Art. 247 § 7 Abs. 1 Nr. 2 EGBGB betrifft (wie sich auch die Schriftform nach § 766 Satz 1 BGB nur auf die Erklärung des Bürgen, aber nicht der anderen Partei, hier des Gläubigers, bezieht). Fehlt es daran, hat der Darlehensgeber gem. § 494 Abs. 6 Satz 2, 2. Hs. keinen Anspruch auf die Sicherheit, was seinen Grund darin hat, dass kein Sicherungsvertrag besteht. Der Sicherungsvertrag besteht nicht, weil der Darlehensgeber sein Verlangen nach § 7 Abs. 1 Nr. 2 nicht in gehöriger Form erklärt hatte. Daraus folgt, dass die Schriftform durch das Gesetz für das Verlangen des Darlehensgebers vorgeschrieben ist mit der in § 125 BGB bestimmten Folge. Der Sicherungsvertrag ist formnichtig.

18a Nr. 7 Abs. 1 Nr. 2 gilt nicht für **Immobiliar-Verbraucherdarlehensverträge**. Sicherheiten prägen aber die Art des Darlehens iSv Art. 247 § 3 Abs. 1 Nr. 2, § 6 Abs. 1 Satz 2 EGBGB für den Fall des grundpfandbesicherten Darlehens nach § 491 Abs. 3 Nr. 1 BGB. Nach Teil B zum ESIS-Merkblatt, Abschnitt 3 Hauptmerkmale des Kredits (4) soll „grundpfandbesicherter Kredit"

---

[13] Skept. *Jost* Sicherungsvertrag, S. 68 ff.
[14] BT-Drucks. 16/11643, S. 219; BR-Drucks. 157/10, S. 21.

angegeben werden. Die fehlende Angabe bewirkt gemäß § 494 die Nichtigkeit des Immobiliar-Verbraucherdarlehensvertrags, da sich diese Angabepflicht nicht aus Art. 247 § 7 EGBGB, sondern aus § 6 ergibt. Bei Immobiliar-Darlehensverträgen nach § 491 Abs. 3 Nr. 2 EGBGB (→ § 491 Rn. 96b), wo es mangels Grundpfandbesicherung auf den Verwendungszweck, den Wohnimmobilienbezug ankommt, kann eine Besicherung, zB durch Personal- oder Mobiliarsicherheiten, der Art des Kredits nicht entnommen werden, sodass die fehlende Angabe nicht als Verstoß gegen Art. 247 § 3 Abs. 1 Nr. 2, § 6 Abs. 1 Satz 2 EGBGB anzusehen ist. Art. 247 § 7 Abs. 2, der weitere verpflichtende Angaben bei Immobiliar-Darlehensverträgen bestimmt, erfasst anders als § 7 Abs. 1 Nr. 2 Sicherheiten nicht. Mangels Angabepflicht kann der Darlehensgeber deshalb die Sicherheit verlangen, auch wenn sie im Vertrag nicht angegeben ist, aber formlos vereinbart worden war.

Nach § 7 Abs. 1 Nr. 2 sind auch die vom Darlehensgeber verlangten **Versicherungen** anzugeben, was bedeutet, dass der Verbraucher und Darlehensnehmer den Versicherungsvertrag mit dem Versicherer abzuschließen hat. Insoweit wiederholt Art. 247 § 8 Abs. 1 EGBGB, was schon durch § 7 Abs. 1 Nr. 2 bestimmt ist. Ohne Angabe im Darlehensvertrag hat der Darlehensgeber keinen Anspruch gegen den Verbraucher, zB auf Abschluss einer Restschuldversicherung (→ § 495 Rn. 270). **19**

Art. 247 § 7 Abs. 1 Nr. 3 EGBGB betrifft die Berechnung einer **Vorfälligkeitsentschädigung** nach § 502 BGB. Fehlt eine solche Angabe, entfällt zugleich der Anspruch des Darlehensgebers auf die Vorfälligkeitsentschädigung, wie § 502 Abs. 2 Nr. 2 bestimmt (→ § 502 Rn. 20). **20**

Art. 247 § 8 Abs. 1 EGBGB betrifft neben Versicherungen (→ Rn. 19) auch **Kontoführungsverträge**, auf deren Abschluss der Darlehensgeber bei fehlender Angabe keinen Anspruch hat. Fehlen Angaben zu Kontoführungsgebühren (§ 8 Abs. 2), werden solche vom Verbraucher gem. § 494 Abs. 4 Satz 1 nicht geschuldet (→ Rn. 65). **21**

Im Falle von **mittelbaren Zahlungen des Verbrauchers** nach § 8 Abs. 3, zB auf eine Kapitallebensversicherung, deren Kapital zur Darlehensrückzahlung verwendet werden soll (→ Rn. 68), beeinflusst die fehlende Angabe im Darlehensvertrag nicht die Wirksamkeit dieser Vereinbarung. Die fehlende Aufstellung bezüglich Zinsen und Kosten führt bei letzteren gem. § 494 Abs. 4 Satz 1 zum Ausschluss eines Anspruchs gegenüber dem Verbraucher. Hinsichtlich der Zinsen tritt die Rechtsfolge von § 494 Abs. 4 Satz 2 ein, die eine Anpassung zum Nachteil des Verbrauchers ausschließt (→ Rn. 74). Die Hinweispflicht bei einem zusätzlichen Sparvertrag nach § 8 Abs. 3 Satz 2, bei dem das gebildete Vermögen zur Darlehenstilgung verwendet wird, ist deklaratorischer Natur und lässt die Wirksamkeit der Vereinbarung und des Darlehensvertrags unberührt. Zu denken ist an einen Anspruch des Verbrauchers gegen den Darlehensgeber aus Pflichtverletzung nach § 280 BGB, da der Verbraucher Anspruch auf den Hinweis hat, der in klarer und verständlicher Form zu machen ist (→ § 491a Rn. 25). **22**

Bei **Immobiliar-Verbraucherdarlehensverträgen** richtet sich die Pflicht zu weiteren als in Art. 247 § 6 Abs. 1 Satz 2 EGBGB geforderten Angaben nach § 7 Abs. 2. Nr. 1 betrifft die Vorfälligkeitsentschädigung nach § 502 BGB. Angaben dazu hat der Darlehnsgeber nur zu machen, wenn er ihre Geltendmachung beabsichtigt. Unterbleibt die Angabe, kann er den Anspruch nicht mit Erfolg geltend **22a**

3. Anwendbarkeit von § 139 BGB?

23 **a) Ausgangspunkt: Gesamtnichtigkeit.** Fraglich ist, inwieweit der in der allgemeinen Vorschrift von § 139 BGB verkörperte Rechtsgedanke über eine mögliche **Teilnichtigkeit** des Rechtsgeschäfts anwendbar ist. Danach ist, wenn lediglich ein Teil eines Rechtsgeschäfts nichtig ist, von der Gesamtnichtigkeit des Rechtsgeschäfts auszugehen; nur ausnahmsweise hat der formwirksame Teil des Rechtsgeschäfts Bestand, wenn der hypothetische Wille der Parteien dahin geht, dass der formwirksame Teil auch ohne den nichtigen Teil vorgenommen sein würde. Grundvoraussetzung der Anwendung von § 139 BGB ist die Teilbarkeit des Geschäfts.[15] Die in § 494 Abs. 1 angeordnete Nichtigkeit ist aber vollständig, sodass eine teilweise Aufrechterhaltung des Verbraucherdarlehensvertrags nach Maßgabe von § 139 BGB nicht in Frage kommt.[16] Deshalb würde auch eine salvatorische Klausel, die den Vertrag teilweise aufrechterhalten soll, leer laufen.[17] Jedoch kommt anderes für die Angabe zu bestellender Sicherheiten und für Nebenabreden in Betracht (→ Rn. 24). Außerdem bleibt es bei § 139 BGB, wenn die Nichtigkeit nicht aus §§ 494 Abs. 1, 507 Abs. 2 Satz 1 folgt, sondern auf anderen Gründen (→ Rn. 41) beruht. Anwendungsfeld von § 139 BGB im Verbraucherkreditrecht ist im Übrigen vor allem der gemischte Vertrag (→ § 491 Rn. 129 ff.).

24 **b) Formwidrige Sicherungsabrede.** Besonderheiten gelten, wenn die zu bestellenden Sicherheiten nicht angegeben sind (→ Rn. 18): Fehlen sonst keine notwendigen Angaben und ist die gesetzliche Schriftform nach §§ 126 BGB, 492 Abs. 1 beachtet, tritt nach § 494 Abs. 1 (auch nach § 506 Abs. 1 iVm § 494 Abs. 6) keine Nichtigkeit ein, vielmehr ist der Darlehensvertrag wirksam. Jedoch ist der Sicherungsvertrag als obligatorische Grundlage *(causa)* der Sicherheitenbestellung gem. § 125 BGB nichtig, sodass an sich Raum für eine Beurteilung der Wirksamkeit des Darlehensvertrags nach § 139 BGB wäre. Danach könnte sich der Darlehensgeber auf den – durchaus nach objektiven Kriterien nachvollziehbaren – Standpunkt stellen, dass er ohne Sicherheit das Darlehen nicht gewährt hätte, mit anderen Worten nicht anzunehmen wäre, dass der Darlehensvertrag auch ohne Abschluss des Sicherungsvertrags vorgenommen worden wäre, sodass gem. § 139 BGB von der Nichtigkeit des Darlehensvertrags auszugehen wäre. Einer solchen Sicht stehen § 494 Abs. 6 (ebenso wenig § 506 Abs. 1 iVm § 494 Abs. 6 bei Teilzahlungsgeschäften), wonach die vereinbarten Sicherheiten vom Darlehensgeber nicht gefordert werden können, keineswegs, jedenfalls nicht unmittelbar, entgegen,[18] weil sich die Regelungen nur auf den Heilungstatbe-

---

[15] Keine Anwendung von § 139 BGB bei zwei Darlehensverträgen, von denen der eine formnichtig und der andere geheilt ist, OLG Frankfurt WM 2007, 1969 = ZIP 2007, 1745 mit Komm. S. *Weber* EWiR § 199 BGB 2/07, 739.
[16] HK/*Dorn* § 139 BGB Rn. 12.
[17] BGH NJW 2003, 347 „Tennishallenpacht" unter Aufgabe von BGH NJW 1994, 1651 „Pronuptia II" mit Rezension *Strohe* NJW 2003, 1780, *Bunte* GRUR 2004, 301, *Prasse* ZGS 2004, 141, Bspr. *Emmerich* JuS 2003, 497 und Komm. *Drexl* EWiR § 139 BGB 1/03, 311; zur salvatorischen Erhaltungsklausel BGH NJW 2010, 1660 Tz. 8.
[18] So aber *Münstermann/Hannes* § 6 VerbrKrG Rn. 291.

Rechtsfolgen von Formmängeln   25–27   § 494

stand von § 494 Abs. 2 Satz 1 (entsprechend § 506 Abs. 1) beziehen, aber nicht auf die Vorfrage, ob der Verbraucherdarlehensvertrag jenseits von § 494 Abs. 1 (resp. § 507 Abs. 2 Satz 1) gem. § 139 BGB nichtig ist. Bei Annahme einer auf § 139 BGB gegründeten Gesamtnichtigkeit brauchte der Darlehensgeber die versprochene kreditierte Leistung nicht zu erbringen; täte er es freilich dennoch, wäre die Heilung des Darlehensvertrags in analoger Anwendung von § 494 Abs. 2 Satz 1 (resp. von § 507 Abs. 2 Satz 2) anzunehmen, die direkt nicht gelten würden, weil sie gerade die Nichtigkeit nach § 494 Abs. 1 (§ 507 Abs. 2 Satz 1) voraussetzen.

Jedoch liegt die den Darlehensgeber belastende Sanktion (→ Rn. 2) gerade   25
darin, dass er die Leistung aus dem geheilten Darlehensvertrag ohne Sicherheit erbringen muss; könnte er die Nichtigkeit des Darlehensvertrags aufgrund von § 139 BGB geltend machen, bliebe die Missachtung der Form sanktionslos. § 139 BGB ist also auch im Hinblick auf Sicherheiten **nicht anwendbar**, Gesamtnichtigkeit tritt nicht ein. Zur Kondiktion bestellter Sicherheiten → Rn. 77.

c) Formwidrige Nebenabreden. Die Frage der Gesamtnichtigkeit we-   26
gen Teilnichtigkeit einzelner Abreden stellt sich auch, wenn Nebenabreden (→ Rn. 14) nichtig sind. Die Wirksamkeit oder Nichtigkeit des Rechtsgeschäfts im Übrigen richtet sich gem. § 139 BGB nach dem hypothetischen Parteiwillen; daraus könnte sich die Gesamtnichtigkeit des Darlehensvertrags wegen Teilnichtigkeit im Hinblick auf die Nebenabrede jenseits von §§ 494 Abs. 1 (§ 507 Abs. 2 Satz 1, hier gem. Art. 247 §§ 7, 8 EGBGB, → Rn. 16 ff.) ergeben. Jedoch ist aufgrund des einzig verbraucherschützenden Zwecks der Form die Berufung des Darlehensgebers auf die Nichtigkeit des gesamten Geschäfts nach Maßgabe von § 139 BGB auch insoweit (→ Rn. 25) ausgeschlossen. Ebenso wie der Verbraucher trotz Formnichtigkeit des Darlehensvertrags insgesamt die Erfüllung des Vertrags verlangen kann (→ Rn. 32), ist er dazu auch bei Formnichtigkeit nur einer Nebenabrede befugt. Auf der anderen Seite darf sich der Verbraucher anders als der Darlehensgeber auf die Nichtigkeit des gesamten Darlehensvertrags stützen, wenn denn die Voraussetzungen von § 139 BGB erfüllt sind (→ Rn. 37).

d) Formwidrige Interzession; gleichgründige Gesamtschuld, Schlüs-   27
selgewalt. Dagegen bleibt es bei der grundsätzlichen Anwendbarkeit von § 139 BGB, wenn auf der Verbraucherseite des Kreditvertrags **mehrere Personen** (gleichgründige oder Sicherungsgesamtschuld, Bürgschaft, Sicherungsvertrag, → § 491 Rn. 107 ff., → § 492 Rn. 15) stehen und der Vertrag zwar im Verhältnis zu einer Person formwirksam zustande kam, gegenüber der anderen Person mit der Nichtigkeitsfolge aus § 494 Abs. 1 aber nicht (→ § 491 Rn. 115).[19] Ob der Darlehensvertrag gegenüber der ersten Person wirksam ist, richtet sich also nach hypothetischem Parteiwillen, verbunden mit Beweislastverteilung und der Möglichkeit einer salvatorischen Klausel (→ Rn. 23). Die Beweislastregelung von § 139 BGB liegt darin, dass die Partei, die sich auf Teilwirksamkeit des Geschäfts beruft, diejenigen Umstände darzulegen und zu beweisen hat, aus denen sich statt Gesamtnichtigkeit die teilweise Aufrechterhaltung des Geschäfts ergeben soll. Bei einem *non liquet* bleibt es Gesamtnichtigkeit,[20] die durch eine salva-

---

[19] Zur abw. früheren Rechtslage nach dem Abzahlungsgesetz: BGH NJW 1987, 2076 mit Komm. H. P. *Westermann* EWiR § 765 BGB 4/87, 577.
[20] *Baumgärtel/Laumen* Handbuch der Beweislast, § 139 BGB Rn. 1; *Oepen* Zur Dogmatik des § 139 BGB, S. 28; BGH NJW-RR 1997, 684 mit Anm. *Bülow* LM Nr. 86

§ 494 28–30   1. Teil. Darlehen und Finanzierungshilfen

torische Klausel überwunden werden kann; zur Frage der Heilung → Rn. 30. Gleiches gilt für die Ehegattenmithaftung kraft Schlüsselgewalt gem. § 1357 BGB (→ § 491 Rn. 124, 128). Ein anderer Fall ist der, dass die Verpflichtung zur Bestellung einer Sicherheit entgegen § 492 Abs. 2 (resp. § 506 Abs. 1 iVm Art. 247 § 7 Nr. 2 EGBGB) nicht angegeben wurde: Dann hat der Darlehensgeber darauf keinen Anspruch und § 139 BGB ist nicht anwendbar (→ Rn. 25 und → Rn. 36).

28 Ist der Darlehensvertrag nichtig, weil eine der Pflichtangaben fehlt, ist die zu bestellende Sicherheit aber zutreffend angegeben, dürfte davon auszugehen sein, dass der Darlehensgeber im Falle der Heilung des Darlehensvertrags Anspruch auf Bestellung der Sicherheit hat und dass gesicherte Forderung die im Umfang verminderte nach § 494 Abs. 2 (resp. § 507 Abs. 2 Satz 4) ist.[21]

III. Erfüllung trotz Formwidrigkeit

1. Freiwillige Leistung des Darlehensgebers

29 **a) Einverständnis des Verbrauchers.** Erbringt der Darlehensgeber im Einverständnis mit dem Verbraucher trotz Nichtigkeit des Darlehensvertrags die versprochene Leistung, wird der nichtige Darlehensvertrag gem. § 494 Abs. 2 Satz 1 (dementsprechend gem. § 507 Abs. 2 Satz 2) geheilt; der Verbraucher schuldet also nur die Gegenleistung in dort festgelegtem, vermindertem Umfang, gleichgültig, was die Parteien formwidrig vereinbart hatten. Das Einverständnis des Verbrauchers ist elementare Voraussetzung der Heilung, weil es sonst in der Willkür des Darlehensgebers läge, sich über die Nichtigkeit des Darlehensvertrags durch Leistung hinwegzusetzen (→ Rn. 55 ff., → § 507 Rn. 20 ff.). Dieses Einverständnis dürfte in aller Regel im – wenn auch gescheiterten – Vertragsabschlussstatbestand liegen. Aber der Verbraucher kommt nicht etwa in Annahmeverzug (§ 293 BGB), wenn er das Darlehen zurückweist; in diesem Fall entsteht wegen der dennoch ausgebrachten Valuta ein Konditionsverhältnis (→ Rn. 2). Auf die Kenntnis einer oder beider Parteien vom Formmangel kommt es nicht an (→ Rn. 54).

30 **b) Gesamtschuld.** Im Falle einer durch den Kreditvertrag begründeten paritätischen, gleichgründigen Gesamtschuld (→ § 491 Rn. 115) tritt, wenn nach dem Rechtsgedanken von § 139 BGB von der Nichtigkeit im Verhältnis zu beiden Gesamtschuldnern auszugehen ist, die Heilungswirkung aus § 494 Abs. 2 (entsprechend aus § 507 Abs. 2) auch im Verhältnis zur anderen Person ein, wenn beide Gesamtschuldner gegenseitig zur Entgegennahme befugt sind wie typischerweise Ehegatten oder bei vertragsgemäßer Leistung an einen Dritten. Die vertragsgemäße Entgegennahme der Leistung durch den einen Gesamtschuldner wird dem anderen Gesamtschuldner zugerechnet. Darin liegt das Einverständnis des Verbrauchers als Grundvoraussetzung der Heilungswirkung (→ Rn. 29). Sofern der andere Gesamtschuldner bei der Leistungserbringung aber übergangen wurde und eine Kondiktion in seiner Person ausscheidet

---

zu § 139 BGB; WM 2000, 1403 zu II. 3.; BGHZ 128, 156 (165/166) = NJW 1995, 721.
[21] Parallele bei der Sicherung der Bereicherungsforderung, BGH NJW 1987, 2076 zu II. 5.; *Bülow* Kreditsicherheiten, Rn. 966.

(zB vertragswidrige Überweisung auf ein Konto eines Ehegatten, über das nur dieser verfügen kann), tritt Heilung ebenso wenig wie in Interzessionsfällen (→ Rn. 11) ein. Es kann aufgrund von § 139 BGB aber auch davon auszugehen sein, dass der Darlehensvertrag gegenüber dem einen Gesamtschuldner wirksam, dem anderen gegenüber aber nichtig ist. Leistet in dieser Fallkonstellation der Darlehensgeber vertragsgemäß an den ersten Gesamtschuldner, fragt sich, ob diese Leistung zugleich Heilungswirkung gegenüber dem anderen hat. Folge davon wäre, dass die beiden gleichgründigen Gesamtschuldner ihre Gegenleistung in unterschiedlicher Höhe schuldeten, nämlich der eine nach den Vereinbarungen des Vertrages, der andere nach dem reduzierten gesetzlichen Umfang von § 494 Abs. 2 (resp. von § 507 Abs. 2, → Rn. 51). Jedoch fehlt es in dieser Fallkonstellation an einer Grundvoraussetzung der Heilung, nämlich der Freiwilligkeit des Darlehensgeberhandelns; dieser ist vielmehr kraft wirksamen Darlehensvertrags zur Leistung an den ersten Gesamtschuldner verpflichtet. Diese Leistung wirkt sich im Verhältnis zum anderen Gesamtschuldner nicht aus, wenn sich das rechtliche Schicksal seines Vertrags nach § 139 BGB gerade anders gestaltet als im Falle des ersten Gesamtschuldners. Es tritt also keine Heilung in Bezug auf die formnichtige Gesamtschuld ein. Anderes gilt für die Ehegattenmithaftung kraft Schlüsselgewalt gem. § 1357 BGB (→ § 491 Rn. 128). Zur Leistung an den Hauptschuldner im Falle einer Sicherungsgesamtschuld (Schuldbeitritt) s. vorst. Rn. 11, zur Leistung gegen den Willen des Darlehensgebers → Rn. 39.

c) Widerrufsrecht. Die Heilung tritt ein, wie das Gesetz Maß gibt, dh verbunden mit dem Widerrufsrecht des Verbrauchers gem. §§ 495, 355 BGB. Das Zustandekommen des Vertrags durch Leistung des Darlehensgebers begründet also die nur schwebende Wirksamkeit des Vertrags[22] (→ § 495 Rn. 17). Der Beginn der Widerrufsfrist richtet sich nach dem Verfahren der Nachholung gem. § 492 Abs. 6 (→ § 492 Rn. 155 und → § 495 Rn. 86). Es kommt darauf an, ob die Heilung zu Vertragsänderungen führt. Ist dies nicht der Fall (zB keine Angabe des Nettodarlehenbetrags), kann die Nachholung auf einem dauerhaften Datenträger nach § 492 Abs. 6 Satz 1 stattfinden, wodurch die Widerrufsfrist gem. § 356b Abs. 2 Satz 1 beginnt, vorausgesetzt, der Verbraucher hatte die Vertragsurkunde erhalten. Die Frist verlängert sich gem. Satz 2 auf einen Monat. Auf diese Umstände ist der Verbraucher gem. § 492 Abs. 6 Satz 4 hinzuweisen. Wenn die Heilung zu Vertragsänderungen führt, zB bei fehlendem Gesamtbetrag (→ Rn. 62), ist dem Verbraucher gem. § 494 Abs. 7 eine angepasste Vertragsabschrift zur Verfügung zu stellen (→ Rn. 84). Mit Erhalt dieser Abschrift beginnt gem. § 356b Abs. 3 iVm § 492 Abs. 6 Satz 2 die Widerrufsfrist.

2. Erfüllungsanspruch des Verbrauchers

a) Formnichtigkeit des gesamten Darlehensvertrags; Rechtsmissbrauch. Erbringt der Darlehensgeber die Leistung aufgrund der Nichtigkeit des Darlehensvertrages nicht, fragt sich, ob der Verbraucher trotz der Nichtigkeit Erfüllung verlangen, sich mit anderen Worten über die Formnichtigkeit hinwegsetzen kann. Nach der hierzu für § 125 BGB geltenden Doktrin besteht ein derartiger

---

[22] BGH NJW 1984, 2292 zu II. 3.a.; LG Zweibrücken NJW-RR 1990, 1336; *Soergel/Hönn* § 1a AbzG Rn. 22; MüKoBGB/*Schürnbrand* § 494 BGB Rn. 7, 25; Staudinger/*Kessal-Wulf* § 494 BGB Rn. 19; *Pickert* Widerrufsrecht, S. 136.

Erfüllungsanspruch, um die Nichtigkeitsfolge nicht leer laufen zu lassen, unter dem Gesichtspunkt der missbräuchlichen Rechtsausübung in der Ausprägung *venire contra factum proprium* (§ 242 BGB) nur dann, wenn, so die immer wieder in der Rechtsprechung auftauchende Formulierung, das Festhalten an den Nichtigkeitsfolgen zu einem schlechthin untragbaren Ergebnis für denjenigen Vertragspartner führen würde, dem der Erfüllungsanspruch versagt wird[23] (→ § 492 Rn. 27). Diese Untragbarkeit des Ergebnisses wird in Fällen von Verbraucherdarlehensverträgen nur in Ausnahmefällen anzunehmen sein. Trotzdem ist ein Erfüllungsanspruch des Verbrauchers richtigerweise bei Formnichtigkeit, die aufgrund vom Darlehensgeber zu verantwortender Unterlassung der Einhaltung verbraucherdarlehensrechtlicher Formvorschriften eingetreten ist, zu bejahen und der Einwand der Formnichtigkeit durch den Darlehensgeber zu verneinen, auch wenn die Versagung des Erfüllungsanspruchs tragbar wäre. Dies ergibt sich aus folgendem:

33 Bezugspunkt für das Erfordernis des sonst schlechthin untragbaren Ergebnisses sind Formvorschriften, die entweder gleichermaßen im Interesse beider Parteien Geltung beanspruchen oder, wie § 311b BGB, darüber hinaus auch im öffentlichen Interesse liegen oder zwar nur dem Interesse einer der Parteien dienen, aber, wie § 766 BGB für die Bürgschaft, nicht Gegenstand beiderseitiger Leistungspflichten sind, sodass sich die Frage nach Erfüllungsansprüchen des durch die Formvorschrift Geschützten nicht stellt. Die Formvorschrift aus § 492 liegt dagegen ausschließlich im Interesse einer der Vertragsparteien, eben des Verbrauchers (→ § 492 Rn. 5), und der Vertrag ist ein gegenseitiger. Bliebe es bei der Anspruchslosigkeit als Nichtigkeitsfolge, würde die angestrebte verbraucherprivatrechtliche Privilegierung ins Gegenteil verkehrt, weil dem Verbraucher allein aus dem Grunde Ansprüche vorenthalten würden und der Darlehensgeber keine Leistung erbringen müsste, dass die Form, für deren Einhaltung der Darlehensgeber selbst verantwortlich ist, nicht gewahrt wurde. Deshalb ist schon im Hinblick auf § 1a AbzG (→ Anhang 2) die zutreffende Ansicht vertreten worden, dass der Abzahlungskäufer Erfüllungsansprüche nach Maßgabe des nichtigerweise geschlossenen Abzahlungskaufs hat, dagegen der Verkäufer weder Abnahme noch Kaufpreiszahlung verlangen kann.[24] Allerdings hat sich die Rechtslage im Vergleich zur Altvorschrift von § 1a Abs. 1 Satz 1 AbzG insoweit verändert, als gem. § 492 Abs. 1 Satz 1 auch die Vertragserklärung des Darlehensgebers der Schriftform unterliegt, während sie früher formfrei wirksam, also an sich zum wirksamen Vertragsschluss geeignet war trotz Vertragswidrigkeit durch Formwidrigkeit in der Person des Abzahlungsverkäufers. An der ausschließlich dem Schutz des Verbrauchers dienenden Form ändert dies aber nichts. Auch im Hinblick auf § 494 Abs. 1 (gleichermaßen § 507 Abs. 2 Satz 1) ist also davon auszugehen, dass der Verbraucher trotz Formwidrigkeit vom Darlehensgeber Leistung nach Maßgabe des formwidrigen Vertragsschlusses verlangen kann, während sich der Darlehensgeber rechtsmissbräuchlich verhält, wenn er sich auf den Formmangel beruft.[25]

---

[23] BGHZ 12, 286 (304); 16, 334 (337); 20, 338 (344); 23, 249 (254); 29, 6 (10); 48, 396 (398); BGH WM 2001, 2379 zu II. 3.; NJW 2004, 3330 zu II.3.b; *Armbrüster* NJW 2007, 3317.
[24] MüKoBGB/*Ulmer* § 1a AbzG Rn. 25; normzweckgerechte Rechtsfolge nach *Cahn* JZ 1997, 8 (16) sowie *Beckmann*, Nichtigkeit und Personenschutz, S. 409 ff.: personalistisch orientierte Nichtigkeit.
[25] MüKoBGB/*Schürnbrand* § 492 BGB Rn. 23; § 494 BGB Rn. 14; MüKoBGB/ *Förschler* § 125 BGB Rn. 68; *Flume* Allgemeiner Teil, Bd. II, § 15 III. 4 c.ee. (S. 285);

Kehrseite der Rechtsmissbräuchlichkeit dieses Verhaltens nach § 242 BGB ist 34
das Vertrauen des Verbrauchers auf die Verbindlichkeit der formwidrig abgegebenen Willenserklärung. Wo das Vertrauen fehlt, bestehen Erfüllungsansprüche ebenso wenig wie solche aus *culpa in contrahendo* gem. § 311 Abs. 2 Nr. 1 BGB. Wenn der Verbraucher die Formwidrigkeit deshalb von Anfang an erkennt, vielleicht den Darlehensgeber vergeblich zur Formwahrung anhält, sich also nicht in Irrtum über die Verbindlichkeit des Vertrags befindet,[26] kann er nicht mit Erfüllungsansprüchen rechnen. Deshalb ist in diesem Fall der vom Darlehensgeber erhobene Einwand der Formnichtigkeit begründet.[27] Fahrlässige Unkenntnis kann den Anspruch des Verbrauchers dagegen nicht beeinträchtigen.[28] Fehlt es aufgrund Kenntnis der Formnichtigkeit bereits am Willen, eine Rechtsfolge herbeizuführen, scheitert zugleich der Vertragsabschlusstatbestand.

Nach dem Konzept der schwebenden Wirksamkeit ist wiederum nicht fraglich, 35
ob das Erfüllungsverlangen des Verbrauchers trotz Formnichtigkeit vom **Widerrufsrecht** aus §§ 495, 355 Abs. 1 BGB überlagert ist, gleich ob eine Widerrufsbelehrung erteilt worden war (→ § 495 Rn. 153).

**b) Formnichtigkeit von Nebenabreden bei Formwahrung im Übri- 36
gen. – aa) Teilnichtigkeit zulasten des Darlehensgebers.** Aus dem ausschließlich verbraucherschützenden Zweck der Schriftform und der Verantwortlichkeit des Darlehensgebers für ihre Einhaltung folgt eine vom allgemeinen Falle des Formmangels abweichende Konsequenz im Hinblick auf **Nebenabreden** (→ Rn. 24 und 26): Ist bei einer gewollten Sicherheitenbestellung die Form von §§ 492 Abs. 2, 506 Abs. 1, Art. 247 § 7 Nr. 2 EGBGB nicht gewahrt, hat der Darlehensgeber keinen Anspruch auf Sicherheitenbestellung (→ Rn. 25). Jedoch ist der Darlehensvertrag im Übrigen wirksam, ohne dass § 139 BGB anwendbar wäre. Beide Parteien sind in diesem Falle an den Darlehensvertrag gebunden, aber der Anspruch des Darlehensgebers ist ungesichert. Sind andere Nebenabreden wegen Formwidrigkeit unwirksam, bleibt der Darlehensvertrag gleichermaßen im Übrigen wirksam, wird also nicht nach Maßgabe von § 139 BGB von der Nichtigkeit der Nebenabrede erfasst (→ Rn. 26), sodass der Verbraucher Erfüllung nach Maßgabe des wirksamen Darlehensvertrags verlangen kann. Sofern durch die Nichtigkeit der Nebenabrede Lücken auch im Hinblick auf den sonst aufrechterhaltbaren Kreditvertrag entstehen, sind diese durch ergänzende Vertragsauslegung gem. §§ 157, 133 BGB zu schließen.[29]

**bb) Gesamtnichtigkeit zugunsten des Verbrauchers (Wahlrecht für 37
den Verbraucher).** Fraglich ist, ob der Darlehensvertrag auch dann aufrechtzuerhalten ist, wenn nicht anzunehmen ist, dass ihn der Verbraucher auch ohne die formnichtige Nebenabrede abgeschlossen hätte, aufgrund der in § 139 BGB lie-

---

v. Westphalen/Emmerich/v. Rottenburg § 6 VerbrKrG Rn. 14; Staudinger/*Kessal-Wulf* § 494 BGB Rn. 11; aA *Soergel/Hönn* § 1a AbzG Rn. 21; *Erman/Weitnauer/Klingsporn* § 1a AbzG Rn. 14; wohl auch *Kessler* in BGB-RGRK, § 1a AbzG Rn. 9; *Münstermann/Hannes* § 6 VerbrKrG Rn. 288; offen *Seibert* § 6 VerbrKrG Rn. 1.
[26] RGZ 117, 121 (124).
[27] Zutreffend *Vortmann* § 6 VerbrKrG Rn. 7; Staudinger/*Kessal-Wulf* § 494 BGB Rn. 11; OLG Dresden ZIP 2001, 604 mit Komm. *Kröll* EWiR § 607 BGB 1/01, 611.
[28] Problematisch das *obiter dictum* in BGH WM 2004, 2436 zu II. 3.a. mit insoweit krit. Anm. *Bülow* WuB I E 2. § 4 VerbrKrG 1.05 hinsichtlich formloser Information des Darlehensgeber („Informationsblatt").
[29] Zutreffend MüKoBGB/*Schürnbrand* § 494 BGB Rn. 15.

genden Vermutung also von Gesamtnichtigkeit und nicht von Teilnichtigkeit auszugehen wäre. Aus dem verbraucherschützenden Ausgangspunkt folgt, dass sich die Nichtanwendbarkeit von § 139 BGB, also die Aufrechterhaltung des Darlehensvertrages, nicht zum Nachteil des Verbrauchers wenden darf. Ist nach allgemeiner Betrachtungsweise bei Zugrundelegung des hypothetischen Parteiwillens an sich gem. § 139 BGB von der Nichtigkeit auch des Darlehensvertrages wegen Nichtigkeit der Nebenabrede auszugehen, hat der Verbraucher zwar das Recht, dennoch am Darlehensvertrag unter Ausschluss der Nebenabrede festzuhalten, also vom Darlehensgeber Leistung zu verlangen (→ Rn. 33). Er kann es aber auch bei der Nichtigkeit aus § 139 BGB, sofern deren Voraussetzungen nach Lage des Einzelfalls erfüllt sind, bewenden lassen, kann sich also gegenüber dem Darlehensgeber auf die Gesamtnichtigkeit berufen, ohne sich seinerseits rechtsmissbräuchlich zu verhalten (→ Rn. 32). Ist zB im Falle eines Finanzierungsleasingvertrags eine Kaufoption des Verbrauchers, die eine wesentliche Nebenabrede darstellt (→ § 492 Rn. 36), formwidrig vereinbart worden, kann der Verbraucher Erfüllung des Leasingvertrags ohne Kaufoption verlangen, aber er kann sich auch auf die Formwidrigkeit berufen und die Durchführung des Vertrags insgesamt verweigern, wenn er den Vertrag ohne die Option nicht abgeschlossen hätte.

38 **c) Gegenleistungspflicht des Verbrauchers.** Tritt nicht Heilung durch freiwillige Leistung des Darlehensgebers und einverständliche Annahme durch den Verbraucher ein, sondern setzt sich auf die Formnichtigkeit berufenden Darlehensgebers durch, begründet diese Leistungserbringung des Darlehensgebers, der sich auf die Formnichtigkeit berufen möchte, keinen Heilungstatbestand iSv § 494 Abs. 2, sondern der Darlehensvertrag bleibt nichtig; nur darf sich der Darlehensgeber auf die Formnichtigkeit nicht berufen, sodass der Vertrag zugunsten des Verbrauchers wie ein wirksamer behandelt wird. Deshalb bestimmt sich der Umfang der vom Verbraucher zu erbringenden Gegenleistung nicht nach dem reduzierten Maß von § 494 Abs. 2 bis 6 (entsprechend § 506 Abs. 1 iVm § 507 Abs. 2 Sätze 3, 4, → Rn. 29). Die beiderseitigen Leistungspflichten richten sich vielmehr nach dem Umfang des formwidrig vereinbarten Vertrages.[30] Das Widerrufsrecht des Verbrauchers bleibt unberührt (→ Rn. 28, 24 und → § 495 Rn. 153).

39 **d) Gesamtschuld. – aa) Gleichgründige, paritätische Gesamtschuld.** Verlangt einer der Gesamtschuldner vom Darlehensgeber trotz Formnichtigkeit Erfüllung, kann es nicht zur Heilung im Verhältnis zum anderen Gesamtschuldner kommen, weil es gerade diesem gegenüber an der Freiwilligkeit des Darlehensgeberhandelns als Grundvoraussetzung der Heilung fehlt (→ Rn. 30). Noch weniger kann der andere Gesamtschuldner trotz Vertragsnichtigkeit, auf die er sich berufen möchte, durch das Verhalten seines Gesamtschuldnerkollegen zur vollen Gegenleistung (→ Rn. 38) verpflichtet werden. Vielmehr hat das Erfüllungsverlangen des einen Gesamtschuldners Einzelwirkung nach § 425 Abs. 1 BGB[31] und verpflichtet den anderen Gesamtschuldner nicht. Dem Darlehensgeber entgeht dadurch ein Schuldner; man mag daran denken, ihm aufgrund des-

---

[30] MüKoBGB/*Schürnbrand* § 492 BGB Rn. 23; § 494 BGB Rn. 15; Staudinger/*Kessal-Wulf* § 494 BGB Rn. 11, dagegen *Lieser/Bott/Grathwohl* DB 1971, 901 (905 f.): Anspruch auf Abschluss eines formgültigen Vertrags, nach neuer Rechtslage nicht mehr möglich.

[31] Staudinger/*Kessal-Wulf* § 494 BGB Rn. 15.

sen ein Leistungsverweigerungsrecht gegenüber dem Erfüllungsanspruch des ersten Gesamtschuldners zuzuerkennen. Aber die Formwidrigkeit ist dem Darlehensgeber zuzurechnen; nach der durch § 494 Abs. 6 (→ Rn. 24) zum Ausdruck kommenden Wertung wird dem Darlehensgeber der Verlust eines Mithaftenden zugemutet.

bb) Sicherungsgesamtschuld. Ist der Schuldbeitrittsvertrag wirksam, der zu **40** sichernde Hauptvertrag aber nichtig und verlangt der Hauptschuldner trotzdem vom Darlehensgeber Erfüllung, richtet sich die Haftung des Sicherungsgesamtschuldners nach der Auslegung des Schuldbeitrittvertrags. Gleichermaßen wie im Falle einer Bürgschaft[32] ist durch Auslegung zu ermitteln, ob die gesicherte Forderung nur eine solche aus von Anfang an wirksamem oder doch geheiltem (→ Rn. 28) Darlehensvertrag sein sollte oder auch eine solche aus Erfüllungsverlangen trotz Formnichtigkeit.

IV. Andere Nichtigkeitsgründe

Beruht die Nichtigkeit auf anderen Gründen,[33] zB gem. § 138 Abs. 1 BGB auf **41** den Grundsätzen über Konsumentenratenkredite, wegen Verstoßes gegen das frühere kartellrechtliche Formgebot aus § 34 GWB aF[34] oder wegen Dissenses gem. §§ 154, 155 BGB, gibt es keine Heilungsmöglichkeit nach § 494, allenfalls gem. § 141 BGB, wenn die Nichtigkeitsgründe im Zeitpunkt der Bestätigung entfallen sind[35] oder durch Schuldanerkenntnis. Außerdem ist in diesen Fällen § 139 BGB uneingeschränkt anwendbar[36] (anders → Rn. 23). Trotz Nichtigkeit erbrachte Leistungen unterliegen der Kondiktion gem. §§ 812 ff. BGB. Entsprechendes gilt für Nichtigkeit durch Anfechtung (§§ 119 ff., 142, 144 BGB). Allerdings ist die **Anfechtung** bei der Angabe eines falschen effektiven Jahreszinses (→ Rn. 85) **nicht** aus dem Grunde möglich, dass sich der Darlehensgeber über die Rechtsfolgen aus § 494 Abs. 3 irrte,[37] ebenso wenig wegen Irrtums über die Folgen eines Heilungstatbestands (→ Rn. 54, → § 507 Rn. 22), die in der Anspruchsminderung liegen (→ § 507 Rn. 22, 29 ff. sowie → Rn. 60 ff.).[38]

---

[32] Bürgschaft für die Bereicherungsforderung bei nichtigem Hauptvertrag?, *Bülow* Kreditsicherheiten, Rn. 966.
[33] Keine Gesetzwidrigkeit nach § 134 BGB bei Verstoß gegen das Kreditaufnahmeverbot für Krankenkassen gem. §§ 220 Abs. 1 Satz 1, 222 SGB V, LG Düsseldorf WM 2006, 2000 mit Komm. *Schwintek* EWiR § 488 BGB 1/07, 39.
[34] BGH NJW-RR 1997, 1537 zu II. 1.b. für Lizenzvertrag; NJW 1993, 64 zu II. 1.b. für Bierlieferungsvertrag, unten § 505 Rn. 48, mit Komm. *v. Berg-Grünenwald* EWiR § 34 GWB 2/92, 1101; BGHZ 119, 112; OLG Frankfurt WM 1984, 1009; LG Berlin NJWE-WettbR 1996, 191 sowie oben § 492 Rn. 32 aE.
[35] BGH WM 1999, 2513 zu III. mit Komm. *Armbrüster* EWiR § 141 BGB, 3/99, 1157; NJW 1982, 1981; BGH NJW 1988, 1781 zu II. 2.b. mit Bspr. *Emmerich* JuS 1989, 60 und Komm. *Sonnenschein* EWiR § 313 BGB 2/88, 759; *Kohte* JuS 1984, 509, 512; OLG Koblenz ZIP 1984, 568; OLG Hamburg BB 1986, 348 mit Komm. *Hannes* EWiR § 138 BGB 5/86, 447.
[36] BGHZ 119, 112 (116), ohne § 139 BGB zu benennen; LG Berlin NJWE-WettbR 1996, 191.
[37] *Musielak* JZ 2014, 64; *Brinkmann* BB 1991, 1947 (1950).
[38] Staudinger/*Kessal-Wulf* § 494 BGB Rn. 18; MüKoBGB/*Schürnbrand* § 494 BGB Rn. 16.

V. Ersatzansprüche aufgrund Formwidrigkeit

42 Kommt es nicht zur Heilung des nichtigen Vertrags, empfängt der Verbraucher das Darlehen also nicht und nimmt er es nicht in Anspruch (→ Rn. 55), kann der Verbraucher Schadensersatz wegen Verschuldens bei Vertragsverhandlungen (*culpa in contrahendo*, § 311 Abs. 2 Nr. 1 iVm § 280 Abs. 1 BGB), also Ersatz seines negativen Interesses verlangen, wenn der Darlehensgeber bei der Missachtung der Formvorschriften schuldhaft handelte. Ansprüche aus *culpa in contrahendo* sind durch die Heilbarkeit der Formnichtigkeit nicht gesperrt.[39] Dem Verbraucher kann Rechtsmissbrauch keinesfalls etwa aus dem Grunde vorgeworfen werden, dass er die Heilung vereitelt, wenn er die Sache oder Leistung nicht annimmt. Voraussetzung des Anspruchs ist jedoch, dass er auf die Formwirksamkeit des Vertrags vertraut hatte (→ Rn. 34). Sein Schaden kann in vergeblichen Aufwendungen im Hinblick auf den scheinbar wirksamen Vertrag liegen. Scheitert dagegen der Vertrag, obwohl der Kreditgeber alles seinerseits Erforderliche getan hatte, der Verbraucher aber die Unterschrift verweigert, fehlt es am Verschulden des Kreditgebers. Hinzu kommen deliktische Ansprüche gegen den Darlehensgeber gem. § 823 Abs. 2 BGB, da die Formvorschriften Schutzgesetze zugunsten des Verbrauchers sind,[40] gem. § 826 BGB sowie gem. §§ 8 Abs. 1, 9 UWG von den gem. § 8 Abs. 3 UWG aktiv Legitimierten bei fehlender Angabe des effektiven Jahreszinses (→ § 492 Rn. 91) oder fehlender Unterrichtung über das Widerrufsrecht (→ § 495 Rn. 147) im Hinblick auf §§ 3, 4 Nr. 11 UWG, Art. 6 Abs. 1 UGP-Richtlinie 2005/29/EG.[41] Auf der anderen Seite können dem Darlehensgeber nach Lage des Einzelfalls Ansprüche aus *c.i.c.* gegen den Verbraucher erwachsen (→ § 507 Rn. 26).

43 Der Verbraucher hat zwar ein Wahlrecht zwischen Erfüllung trotz Formwidrigkeit (→ Rn. 37) und Ersatzansprüchen, kann aber nicht beides kumulativ beanspruchen, insbesondere nicht Schadensersatz insoweit, als sich seine Gegenleistung nicht auf den Umfang von § 494 Abs. 2 (entsprechend von §§ 506 Abs. 1, 507 Abs. 2 Sätze 3, 4) reduziert (→ Rn. 38).

VI. Unrichtige Angaben

1. Das Problem der Nichtigkeit

44 **a) Keine Nichtigkeitsfolge aufgrund Verbraucherkreditrechts.** Fraglich ist, ob die Wirksamkeit des Darlehensvertrags oder die aus ihm fließenden Leistungspflichten berührt werden, wenn vorgeschriebene Angaben nach § 492 (resp. nach § 506 Abs. 1) iVm Art. 247 EGBGB zwar gemacht werden, die Angaben aber unrichtig sind oder auch gegen das AGB-rechtliche Transparenzgebot,

---

[39] So aber *Schmelz/Klute* ZIP 1989, 1509 (1515), insbesondere Fn. 68; wie hier MüKoBGB/*Schürnbrand* § 494 BGB Rn. 8; *Gilles* ZRP 1989, 299 (305 zu b aE); *Vortmann* § 6 VerbrKrG Rn. 11; grundlegend *Flume* Allgemeiner Teil, Bd. II, § 15 III. 4 c.dd. (S. 283 f.); vgl. auch BGH MDR 2000, 1247 mit Anm. *Hager* LM Nr. 159 zu § 276 BGB betr. fehlender behördlicher Genehmigung.
[40] *Gilles* ZRP 1989, 299 (305).
[41] EuGH v. 15.3.2012 – C-453/10, WM 2012, 2046.

§ 307 Abs. 1 Satz 2 BGB, verstoßen[42] (→ Rn. 65 aE). Unrichtig ist eine Angabe, wenn sie von der Vereinbarung zwischen Darlehensgeber und Verbraucher abweicht. Soweit eine Angabe nicht Gegenstand der rechtsgeschäftlichen Übereinstimmung ist, sondern, wie im Falle des Gesamtbetrags gem. § 492 Abs. 2, Art. 247 § 6 Abs. 1 Nr. 1, § 3 Abs. 2 Satz 1 EGBGB (→ § 492 Rn. 102) denkbar (→ Rn. 15), jenseits davon im Darlehensvertrag aufgeführt werden muss, ist sie doch eine Schlussfolgerung aus dem an anderer Stelle Vereinbarten. So setzt sich der Gesamtbetrag aus vereinbarten Sollzinsen und Kosten sowie dem Nettodarlehensbetrag (Art. 247 § 3 Abs. 2 Satz 2 EGBGB) zusammen. Der Gesamtbetrag ist unrichtig angegeben, wenn er diese vereinbarten Positionen nicht richtig zusammenrechnet. Nach dem Wortlaut von §§ 494 Abs. 1, 507 Abs. 2 Satz 1, die eine fehlende Angabe voraussetzen, würde die Nichtigkeitsfolge wegen einer unrichtigen Angabe nicht eintreten, anders als in der früheren Vorschrift von § 1a Abs. 3 Satz 1 AbzG, nach der der Vertrag nicht zustande kam, wenn die Willenserklärung des Käufers nicht den Anforderungen an die vorgeschriebenen Angaben entsprach, dh auch bei falschen Angaben. Der Tatbestand unrichtiger Angaben wurde dagegen in § 494 Abs. 3 (auch in § 507 Abs. 2 Satz 5) einer Sonderregelung, beschränkt auf den effektiven Jahreszins, zugeführt. Schon dieser systematische Zusammenhang spricht für eine andere Beurteilung als nach dem früheren Abzahlungsgesetz; hinzu kommt, dass hinsichtlich der Heilung eine neue Kompromisslösung gefunden werden sollte (→ Rn. 2). Unrichtige Angaben führen demgemäß im Allgemeinen nicht zur Nichtigkeit.[43]

Fraglich ist allerdings, ob in Ausnahmefällen nicht nur die fehlende, sondern **45** auch die falsche Angabe zur Nichtigkeit des Darlehensvertrags führt, etwa bei erheblicher Abweichung vom wirklich Vereinbarten und bei grober Unrichtigkeit ohne Informationsgehalt.[44] Die Frage ist zu verneinen, weil die Konfliktlösung nicht in der Nichtigkeit liegt, sondern sich aus dem Umfang der Leistungspflichten ergibt, der sich seinerseits an der gegenseitigen Abhängigkeit der einzelnen Angaben ausrichtet (→ Rn. 48); sie liegt außerdem in Ersatzansprüchen des Verbrauchers (→ Rn. 49).

b) Unrichtige Angaben zum Widerrufsrecht. Bei Verbraucherdarlehens- **46** verträgen treten gem. § 356b Abs. 1 BGB an die Stelle der Widerrufsbelehrung, zB nach Art. 246 Abs. 3 EGBGB, die Pflichtangaben nach Art. 247 § 6 Abs. 2 EGBGB. Sie setzen sich zusammen aus Angaben zur Widerrufsfrist und anderen Umständen für die Erklärung des Widerrufs (→ § 495 Rn. 96) sowie den Angaben zur Rückabwicklung nach § 357a BGB. Fehlt eine dieser Angaben, tritt die Nichtigkeitsfolge von § 494 Abs. 1 ein. Sind alle Angaben gemacht, aber eine oder mehrere unrichtig oder auch gegen das Erfordernis der Klarheit und Ver-

---

[42] ZB im Falle von Zinsänderungsklauseln, oben § 492 Rn. 90; *Habersack* WM 2001, 753 (760/761).
[43] Ebenso BGH WM 2004, 417 zu II. 2.b.; WM 2003, 1710 zu II. 2. mit Anm. *Mankowski* WuB I E 2.–2.03 und *St. Lorenz* LMK 2003, 179; WM 2003, 2328 zu II. 3. mit Anm. *Bülow* WuB I E 2.–1.04, *Pfeiffer* LMK 2004, 17 und Komm. *Mues* EWiR § 6 VerbrKrG 1/04, 255; MüKoBGB/*Schürnbrand* § 494 BGB Rn. 12; *Soergel/Häuser* § 6 VerbrKrG Rn. 7; unklar *Münstermann/Hannes* § 6 VerbrKrG Rn. 321; aA hinsichtlich des Gesamtbetrags (§ 4 Abs. 1 Nr. 1 lit. b VerbrKrG, sodann § 492 Abs. 1 Nr. 2 BGB, jetzt § 492 Abs. 2 iVm Art. 247 § 6 Abs. 1 Nr. 1, § 3 Abs. 2 Satz 1 EGBGB, dort Rn. 87) *Bruchner/Ott/Wagner-Wieduwilt* § 6 VerbrKrG Rn. 11.
[44] So MüKoBGB/*Schürnbrand* § 494 BGB Rn. 12.

§ 494 47, 48　　　　　　　　　　　1. Teil. Darlehen und Finanzierungshilfen

ständlichkeit (Art. 247 § 6 Abs. 1 EGBGB) verstoßend, beginnt die Widerrufsfrist gem. § 356b Abs. 1 nicht, tritt also das unbefristete Widerrufsrecht ein (→ § 495 Rn. 164), aber die Wirksamkeit des Vertrags wird nicht berührt. Zur Pflichtangabe von Art. 247 § 6 Abs. 2 im Falle der Heilung → Rn. 83.

47　**c) Nichtigkeit nach allgemeinen privatrechtlichen Grundsätzen.** Tritt bei Unrichtigkeit von Pflichtangaben nach § 492 Abs. 2 (gleichermaßen nach §§ 506 Abs. 1, 507 Abs. 2) auch keine besondere verbraucherkreditrechtliche Nichtigkeitsfolge ein, kann sich die Nichtigkeit des Darlehensvertrags doch aus allgemeinen Grundsätzen ergeben. Entsprechen Pflichtangaben dem übereinstimmenden rechtsgeschäftlichen Willen, ist ein nichtiges Scheingeschäft nach § 117 BGB anzunehmen, wenn beide Parteien bewusst etwas anderes als wirklich vereinbart in die Vertragsurkunde aufnehmen. Der nichtige Vertrag ist der Heilung zugänglich. Dagegen ist der Darlehensvertrag trotz Falschangaben nach dem wirklich Vereinbarten wirksam, wenn der Tatbestand der *falsa demonstratio* erfüllt ist. Nichtigkeit kann anzunehmen sein, wenn die Falschangabe Ausdruck eines versteckten Dissenses nach § 155 BGB ist.[45] Macht der Darlehensgeber eine Pflichtangabe, die nicht den Vereinbarungen entspricht, ist zwar der Wille beider Parteien insoweit nicht formgemäß wiedergegeben; trotzdem tritt Formnichtigkeit nach § 125 BGB nicht ein, sondern die Konfliktslösung ist im Umfang der Leistungspflichten (→ Rn. 48) zu suchen, der sich aus der Abhängigkeit der Pflichtangaben untereinander ergibt (→ Rn. 45). Sollte der Darlehensgeber allerdings mehrere, voneinander abhängige Pflichtangaben entgegen dem wirklich Vereinbarten in der Weise falsch angegeben haben, dass sie untereinander korrespondieren, steht der Anwendung von § 125 BGB nichts entgegen, sodass die Nichtigkeitsfolge eintritt.

2. Umfang der Leistungspflichten

48　Mit der im Allgemeinen anzunehmenden Vertragswirksamkeit (→ Rn. 45) ist noch nicht geklärt, ob die Leistungspflichten durch unrichtige Angaben verändert werden. Liegt die Unrichtigkeit darin, dass zu wenig angegeben wurde, fragt sich, ob der Verbraucher in dem geringeren Umfang schuldet; ist zu viel angegeben, wäre daran zu denken, ob der Darlehensgeber die höhere Leistung verlangen kann. Zunächst spricht die schriftliche Niederlegung für einen entsprechenden Parteiwillen, sodass die von der schriftlichen Angabe abweichende Vereinbarung unstreitig oder bewiesen sein muss, wobei nach allgemeinen Grundsätzen diejenige Partei die Beweislast trägt, die die für sich selbst günstigere Rechtsfolge erstrebt.[46] Ist danach von der Unrichtigkeit auszugehen, können sich Angaben im Vertrag widersprechen: War ein anderer Sollzins als angegeben vereinbart oder andere Kosten (§ 492 Abs. 2 iVm Art. 247 § 3 Abs. 1 Nr. 10 EGBGB), besteht keine Kongruenz zum effektiven Jahreszins (Art. 247 § 3 Abs. 1 Nr. 3 EGBGB); ist dessen richtige Angabe unterstellt, bleibt kein Raum, den Sollzins als in derjenigen Höhe geschuldet anzusehen, wie er tatsächlich angegeben ist. Sind Kosten niedriger als vereinbart angegeben, werden die wirklich vereinbarten Kosten geschuldet. Steht dagegen nicht fest, dass die Angabe des effektiven Jahreszinses richtig ist, muss die Rechtsfolge der Sonderregelung von

---

[45] Staudinger/*Kessal-Wulf* § 494 BGB Rn. 7.
[46] Staudinger/*Kessal-Wulf*, § 494 BGB Rn. 7 aE.

Absatz 3 entnommen werden (→ Rn. 85 ff.). Ist der Nettodarlehensbetrag (Art. 247 § 3 Abs. 2 Satz 2 EGBGB) der wirklichen Vereinbarung zuwider zu hoch angegeben, steht aber fest, dass der effektive Jahreszins Gegenstand der rechtsgeschäftlichen Übereinstimmung ist (→ Rn. 15) und auch der Vereinbarung entspricht, wirkt sich dessen richtige Angabe auch auf die Höhe des richtigen, wenngleich im Vertrag falsch angegebenen Nettodarlehensbetrags aus, sodass wiederum keine Anpassung der Leistungspflichten an die tatsächliche Angabe, aber abweichend von der wirklichen Vereinbarung, stattfinden kann. Vielmehr richten sich die Leistungspflichten nach dem, was die Parteien wirklich vereinbart hatten, aber nicht nach der unrichtigen Angabe. Eine irgendwie geartete analoge Anwendung der Heilungsvorschrift von § 494 Abs. 2 Satz 2, Absätze 4 bis 6 (oder im Falle von § 507 Abs. 2) hinsichtlich des Umfangs der Leistungspflichten bei unrichtiger Angabe erscheint dagegen nicht durchführbar.

3. Ersatzansprüche aufgrund unrichtiger Angaben

Wird der Vertragsinhalt durch unrichtige Angaben auch nicht beeinflusst (vom Fall der Anwendung von § 125 BGB, → Rn. 47 aE, abgesehen), kann die unrichtige Angabe doch den Tatbestand des Verschuldens bei Vertragsschluss durch den Darlehensgeber begründen, die zur Pflichtverletzung im zustande gekommenen Vertrag nach § 280 Abs. 1 BGB wird, wobei an ein Mitverschulden (§ 254 BGB) zu denken ist, wenn die Unrichtigkeit fahrlässig verkannt wurde. Demgemäß kann der Darlehensgeber verpflichtet sein, die Differenz zwischen wirklich vereinbartem und davon abweichend angegebenem Nettodarlehensbetrag (§ 492 Abs. 2 iVm Art. 247 § 3 Abs. 1 Nr. 4, Abs. 2 Satz 2 EGBGB), auf den es dem Verbraucher ankommt, zu leisten. Auch kann die unrichtige Angabe im Darlehensvertrag die Anfechtung begründen. Die planmäßige Falschangabe durch den Darlehensgeber in den von ihm abgeschlossenen Darlehensverträgen kann wettbewerbsrechtliche Unterlassungsansprüche für Konkurrenten und Verbände (§ 8 Abs. 3 UWG) aus §§ 3, 4 Nr. 11 UWG begründen (→ Rn. 42; → § 492 Rn. 91 sowie → § 495 Rn. 147).

B. Heilungstatbestände

Nach der Formulierung von §§ 494 Abs. 2 Satz 1, 507 Abs. 2 Satz 2 wird der Vertrag durch Leistung des Darlehensgebers gültig, wohingegen in der früheren Vorschrift von § 1a Abs. 3 Satz 1 AbzG bestimmt war, dass der Vertrag mit Übergabe der Kaufsache zustande kommt. Während demgemäß fraglich sein mochte, ob darin eine fiktive Neuvornahme liegen könnte,[47] steht für das Verbraucherkreditrecht fest, dass wie im Falle der Heilung gem. §§ 311b Abs. 1 Satz 2, 518 Abs. 2, 766 Satz 3 BGB oder § 15 Abs. 4 Satz 2 GmbHG von einer Wirksamkeitsvoraussetzung auszugehen ist, die den im Übrigen bereits vollständig vorliegenden Vertrag abschließt.[48] Im Falle der Formwidrigkeit ist der Abschlusstatbestand folglich mehraktig. Wirksamkeitszeitpunkt ist die Leistungsbe-

---

[47] *Weick* BB 1971, 317 (319).
[48] *Pickert* Widerrufsrecht, S. 136; MüKoBGB/*Schürnbrand* § 494 BGB Rn. 16; das gilt jenseits der unterschiedlichen Konvaleszenzzwecke der einzelnen Vorschriften, hierzu *Harke* WM 2004, 357 (359).

wirkung durch den Darlehensgeber, die zugleich Voraussetzung für den Fristbeginn des Verbraucher-Widerrufsrechts (→ Rn. 31) ist. Heilung tritt also mit Wirkung **ex nunc** ein. Die formnichtige **Vollmacht** des Verbrauchers ist **nicht** heilbar (→ Rn. 8).

I. Sanktionensystem

51 Die Heilung tritt nicht in dem vertraglich gewollten Umfang ein, sondern mit dem in Absätzen 2, 4 bis 6 bestimmten reduzierten gesetzlichen Umfang. In der Anspruchsminderung liegt die Sanktion gegen den Darlehensgeber, der für die Einhaltung der Form nicht sorgte, obwohl er dafür sorgen sollte[49] (→ § 492 Rn. 6 sowie → Rn. 2). Fehlen mehrere Angaben, zB bei einem mündlichen Vertrag, kumuliert sich die Verminderung des Anspruchsumfangs zulasten des Darlehensgebers.[50] Fehlen auf der anderen Seite nur einige Angaben, während andere formwirksam in den Vertrag aufgenommen wurden, kann die richtige Angabe dennoch unverbindlich sein (→ Rn. 62). Heilung bedeutet nicht, dass der Darlehensvertrag mit dem formwidrigen, aber dennoch dem übereinstimmenden Willen der Parteien entsprechenden Inhalt verbindlich würde;[51] vielmehr wird als Sanktion ein Vertragsinhalt verbindlich, der sich gerade unabhängig vom rechtsgeschäftlichen Willen der Parteien bemisst.[52] Haben sich die Parteien über eine Modalität, die durch Pflichtangaben zu bezeichnen und zum Vertragsgegenstand zu machen gewesen wäre, nicht geeinigt, liegt ein Dissens, offen oder verdeckt, vor (§§ 154, 155 BGB); man denke nur an fehlende Übereinstimmung beim Sollzins. Der Vertrag scheitert in diesem Fall nicht nur an der Form, sodass eine Heilung nach § 494 ausscheidet[53] (→ Rn. 41).

52 Aber nicht jeder geheilte Formverstoß führt zur Anspruchsminderung. Dies gilt zunächst für einige Pflichtangaben, die nicht sanktionsbewehrt sind (näher → Rn. 61 sowie → § 507 Rn. 28). Fraglich ist, inwieweit dies auch gilt, wenn die Schriftform als solche nicht gewahrt ist. Trotz Mangel der Schriftform kann eine Vertragsurkunde mit allen Pflichtangaben errichtet worden sein, zB bei fehlender Unterschrift des Verbrauchers oder bei fehlender formgerechter Vertragsannahme durch den Kreditgeber (→ § 492 Rn. 56).[54] Heilung tritt ein nach § 494 Abs. 2 Satz 1 (entsprechend nach § 507 Abs. 2 Sätze 2 bis 4). Ob sich die Ansprüche des Darlehensgebers vermindern, richtet sich danach, ob eine Pflichtangabe fehlt. Das ist nicht der Fall; die Angabe wurde unterstelltermaßen gemacht, wenn auch nicht den Anforderungen an die Form nach § 126 BGB entsprechend. Eine diesbezügliche Sanktion gegenüber dem Kreditgeber ist dem Gesetz – entgegen der alten Rechtslage nach § 1a Abs. 3 Satz 2 AbzG

---

[49] *Heiss* Formmängel, S. 286.
[50] MüKoBGB/*Schürnbrand* § 494 BGB Rn. 26.
[51] So aber *Drescher* Bankenpraxis, Rn. 155.
[52] Dies verkennt gründlich *Zitzewitz* VuR 1998, 149 (150).
[53] Staudinger/*Kessal-Wulf* § 494 BGB Rn. 18; MüKoBGB/*Schürnbrand* § 494 BGB Rn. 8.
[54] So in der Fallkonstellation BGH NJW 2006, 681 = WM 2006, 217 mit Anm. *Bülow* WuB I E 2. – 2006; *Müller* BB 2006, 685; OLG München ZIP 2005, 160 mit Komm. M. *Weber* EWiR § 6 VerbrKrG aF 1/05, 279; AG Heilbronn VuR 1997, 237. Schriftlichkeit bei § 23 Abs. 1 Satz 4 FamFG durch ausgedruckte e-mails: OLG Karlsruhe NJW 2012, 1823.

(→ Anhang 2) – nicht zu entnehmen. Ihrer bedarf es auch nicht, weil die gescheiterte schriftliche Form ihre Informationsfunktion dennoch erfüllen konnte. Die in der errichteten Vertragsurkunde gemachte Pflichtangabe kann nicht als fehlend angesehen werden,[55] sodass Rechtsfolge des Heilungstatbestands nur die Heilung in vollem Anspruchsumfang sein kann; dies ist richtlinienkonform, weil Art. 10 Abs. 1 Satz 1 der Verbraucherkreditrichtlinie (→ § 492 Rn. 4) lediglich verlangt, dass Kreditverträge auf Papier oder dauerhaftem Datenträger erstellt werden, aber nicht Schriftform iSv § 126 BGB.[56]

Umgekehrt kumuliert die Anspruchsminderung vollständig, wenn der Vertrag nur mündlich abgeschlossen worden war.[57] Da eine vom Verbraucher erteilte **Vollmacht** formbedürftig (→ § 492 Rn. 71) und der vom Vertreter für den Verbraucher ohne formwahrende Vollmacht abgeschlossene Darlehensvertrag unwirksam ist, konnte die Einhaltung der Schriftform gegenüber dem Vertreter gerade nicht die Informationsfunktion erfüllen. Es tritt deshalb wie bei mündlichem Vertragsabschluss volle Anspruchsminderung ein.[58] 53

Das Bewusstsein der Formnichtigkeit bei einer der Parteien oder gar beider ist nicht Voraussetzung der Heilung, sodass auch die Anfechtung wegen Irrtums über die Rechtfolgen eines Heilungstatbestands gem. § 119 Abs. 1 (zB auch Übergabe der Sache, → § 507 Rn. 22) nicht möglich ist.[59] Zur Beweislast → § 507 Rn. 24. 54

II. Voraussetzungen und Folgen der Heilung

1. Empfang, Inanspruchnahme, Dritte (Abs. 2 Satz 1)

Für Verbraucherdarlehensverträge bestimmt Absatz 2 Satz 1 die Voraussetzungen für die Heilung, die darin liegen, dass der Verbraucher das Darlehen empfängt, obwohl die Bank als Darlehensgeber keinen Anspruch auf Abnahme hat, oder dass der Verbraucher den Kredit in Anspruch nimmt. Unter **Empfang** kann nur diejenige Einräumung der Kapitalnutzung verstanden werden, insbesondere die Gutschrift auf dem Verbraucherkonto, mit der der Verbraucher einverstanden ist, sonst hätte es die Bank in der Hand, sich durch die Überweisung über die Nichtigkeit des Vertrags einseitig hinwegzusetzen. Deshalb darf der Verbraucher die Erfüllungshandlung des Darlehensgebers zurückweisen[60] (→ Rn. 29). Konkludentes Einverständnis des Verbrauchers dürfte in aller Regel zu unterstellen sein; es liegt namentlich darin, dass er über den überwiesenen 55

---

[55] So aber *v. Westphalen/Emmerich/v. Rottenburg* § 6 VerbrKrG Rn. 21, gleichermaßen AG Heilbronn VuR 1997, 237.
[56] BGHZ 165, 213 = NJW 2006, 681 = WM 2006, 217 Rn. 13 mit Anm. *Bülow* WuB I E 2.–2006, *Müller* BB 2006, 685; insoweit zutreffend *Drescher* Bankenpraxis, Rn. 155, wohl auch Staudinger/*Kessal-Wulf* § 494 BGB Rn. 25 aE; MüKoBGB/*Schürnbrand* § 494 BGB Rn. 26; aA OLG Karlsruhe NJW-RR 2004, 1497.
[57] Staudinger/*Kessal-Wulf* § 494 BGB Rn. 25; *v. Westphalen/Emmerich/v. Rottenburg* § 6 VerbrKrG Rn. 72; OLG Karlsruhe NJW-RR 2004, 1497.
[58] OLG Karlsruhe WM 2000, 1996 zu II. 6. mit abl. Anm. *Peters/Riechert* WuB I E 2.–6.2000; LG Chemnitz WM 1999, 1010 mit Komm. *P. Bydlinski* EWiR § 4 VerbrKrG 2/99, 473.
[59] MüKoBGB/*Schürnbrand* § 494 BGB Rn. 16; Staudinger/*Kessal-Wulf* § 494 BGB Rn. 18.
[60] MüKoBGB/*Schürnbrand* § 494 BGB Rn. 22.

§ 494

Betrag verfügt oder bar angebotenes Geld annimmt, einen Scheck einlöst. Entsprechendes gilt für die absprachegemäße Verrechnung mit schon bestehenden Ansprüchen des Darlehensgebers, zB bei interner Umschuldung (→ § 655c Rn. 10); zur Leistung an einen Dritten, → Rn. 56. Hatte der Verbraucher die vermeintliche Forderung aus dem Darlehensvertrag abgetreten, tritt Heilung ein, wenn der Darlehensgeber an den Zessionar leistet[61] (→ § 491 Rn. 71). Kein heilender Empfang ist die Auskehrung der Valuta an einen Treuhänder, der dem Darlehensgeber und nicht dem Verbraucher zuzurechnen ist („verlängerter Arm des Darlehensgebers",[62] → Rn. 56). Für die Frage der Konkludenz kann es richtiger-, aber umstrittenerweise im Falle der **Scheckzahlung** nicht auf den scheckrechtlichen Begriff der Einlösung[63] ankommen; entscheidend ist der Zeitpunkt der Hingabe des Schecks an den Verbraucher und die gewollte Entgegennahme durch ihn. Schon hierin liegt sein Einverständnis, die Darlehensvaluta zu nutzen. Dafür ist es bedeutungslos, dass Schecks im Zweifel erfüllungshalber nach § 364 Abs. 2 BGB begeben werden.[64] Die Grundsätze zur schenkrechtlichen Heilung nach § 518 Abs. 2 BGB[65] können auf § 494 Abs. 2 nicht übertragen werden, weil es dort darauf ankommt, dass sich der Schenker des geschenkten Gegenstandes vollständig entledigt. Erst recht begründete die Entgegennahme eines garantierten Euroschecks (bis Ende 2001) den Tatbestand des Empfangs. Nach allgemeinen Regeln liegt in bloßer Untätigkeit, also fehlender Reaktion auf die Gutschrift, insbesondere Schweigen, kein Einverständnis, sodass die Heilungswirkung nicht eintritt. Widerspricht der Verbraucher der Gutschrift, verfügt er aber trotzdem über sie, wird sein Verhalten im Allgemeinen zwar als widersprüchlich zu werten sein, begründet aber keine Heilung: Die Widersprüchlichkeit mag den zuvor erklärten Widerspruch aufheben, in der Aufhebung des Widerspruchs liegt aber dennoch kein Einverständnis, welches positiv feststehen muss.

56 Problematisch ist, ob auch die **Leistung an einen Dritten** einen heilenden Empfang darstellen kann. Ausgangspunkt ist, dass die vertragsgemäße Auszahlung der Valuta nicht an den Verbraucher als Darlehensnehmer, sondern mit Erfüllungswirkung nach §§ 362 Abs. 2, 185 BGB an einen anderen[66] den Begriff des Empfangs erfüllt, zB bei entsprechender Zahlungsanweisung des Darlehensnehmers, bei externer Umschuldung (→ § 655c Rn. 10) oder bei Leistung an einen von mehreren Gesamtgläubigern (§ 428 BGB), die zugleich im Gegenseitigkeitsverhältnis paritätische (gleichgründige) Gesamtschuldner sind (→ Rn. 30; zur Sicherungsgesamtschuld → Rn. 11). Ein Empfang durch den Verbraucher kommt auch in Betracht, wenn die Valuta an einen Dritten gelangt, der sie für den Verbraucher verwendet, zB an einen Darlehensvermittler oder Treuhänder übergibt, der damit Verbindlichkeiten des Verbrauchers erfüllt,[67] oder durch Hin-

---

[61] Bülow ZIP 1997, 400 (401); gl. A. Staudinger/Kessal-Wulf § 494 BGB Rn. 20 aE.
[62] BGHZ 152, 331 (336) = NJW 2003, 422 = WM 2002, 2501 zu III. 1.b. aa.; LG Frankfurt am Main WM 2000, 301 (304).
[63] Also der Ausführung der im Scheck liegenden Anweisung durch die bezogene Bank, Bülow WG, ScheckG, AGB, Art. 28 ScheckG Rn. 16.
[64] Anders aber Staudinger/Kessal-Wulf § 494 BGB Rn. 20; OLG Zweibrücken WM 2000, 2150 (2152).
[65] BGH NJW 1975, 1881 zu 2.
[66] BGHZ 152, 331 (336) = NJW 2003, 422 = WM 2002, 2501 zu III. 1.b. aa.
[67] BGH WM 2010, 1399 Tz. 25 mit Anm. Bülow WuB; v. Westphalen/Emmerich/v. Rottenburg § 7 VerbrKrG Rn. 76.

terlegung bei einem Notar.[68] Ob eine solche Leistung den Tatbestand eines Darlehensempfangs erfüllt, hängt von der Auslegung des Darlehensvertrags ab. Ist der Dritte als Empfangsbote des Verbrauchers anzusehen, hat dieser das Darlehen empfangen mit der Folge, dass er das Insolvenz- resp. Veruntreuungsrisiko beim Dritten trägt. Hält der Dritte die Valuta für den Darlehensgeber[69] (→ Rn. 55), empfängt der Verbraucher das Darlehen erst dadurch, dass der Dritte es an ihn auskehrt. Demgemäß kann also die Heilung durch Empfang eintreten. Die Leistung an einen Dritten kann aber auch darin liegen, dass der Darlehensgeber im **verbundenen Geschäft** nach § 358 Abs. 3 die Valuta vereinbarungsgemäß an die Vertragspartei des finanzierten Vertrags auskehrt, zB an den Verkäufer oder an die Fondsgesellschaft, welcher der Verbraucher beigetreten ist.[70] Die frühere abweichende Ansicht des II. Zivilsenats des BGH,[71] nach der in diesem Fall ein heilender Empfang nicht stattfinde[72] und es bei der Nichtigkeit nach § 494 Abs. 1 bleibe, wird nach der Zuständigkeitsverteilung auf den XI. Zivilsenat (Pressemitteilung des BGH Nr. 62/2006 → § 495 Rn. 419) nicht mehr befolgt.

Der Verbraucher nimmt das Darlehen **in Anspruch**, wenn er von sich aus 57 dessen Auszahlung, zB die Gutschrift nach Maßgabe des scheinbar formwirksamen Vertrags, verlangt, und der Darlehensgeber diesem Begehren freiwillig folgt (→ Rn. 29). Der Darlehensvertrag kommt in diesem Fall durch Heilung zustande, bevor der Verbraucher die Möglichkeit der Kapitalnutzung hat. Der Tatbestand der Inanspruchnahme kommt auch in Betracht im Falle von Rahmendarlehensverträgen durch einen Abruf des Verbrauchers.[73] Zieht der Verbraucher hierbei einen Scheck auf den Darlehensgeber, der zugleich Kreditinstitut ist, kann allein darin noch nicht die heilende Inanspruchnahme des Darlehens liegen, sondern erst dann, wenn das Kreditinstitut den Scheck einzulösen gedenkt, zB durch Belastung des Aussteller-(Verbraucher-)kontos oder auch durch eine Bezahltmeldung nach Nr. 9 Abs. 2 Satz 3 AGB-Banken[74] (→ § 495 Rn. 370, 383). Deshalb begründet anders als im Falle des Scheckempfangs durch den Verbraucher (→ Rn. 55) die bloße Scheckbegebung durch ihn den Heilungstatbestand nicht. Auch führt die Kontoüberziehung gem. § 504 aus dem Grunde nicht zu einem Haftungstatbestand, dass mangels Formbedürftigkeit ohnehin keine Nichtigkeit gem. Absatz 1 eintreten kann.

Bei einer entgeltlichen **Prolongation** (→ § 491 Rn. 142) sind die Valuta 58 schon geflossen, sodass die Heilung mit dem formwidrigen Vertragsschluss zusammenfällt.[75]

---

[68] Vgl. BGHZ 145, 44 (49f.); BGH NJW 2002, 59; 1998, 3200 zu II. 1. mit Anm. *Bülow* WuB I E 1.–8.98; WM 1997, 1152 zu II. 3.; NJW 1996, 1289; BGH ZIP 2006, 846 Tz. 15.
[69] BGHZ 152, 331 = NJW 2003, 422.
[70] BGH WM 2008, 292 (XI. Zivilsenat).
[71] BGHZ 159, 294 = NJW 2004, 2736 = WM 2004, 1529 zu I. 2. b mit unzutreffender Berufung auf BGHZ 152 = NJW 2003, 422 = WM 2002, 2509 zu III.1.b sowie BGHZ 133, 254 = NJW 1996, 3414 = WM 1996, 2100 zu II. 4.; LG Essen VuR 2006, 20.
[72] AA BGH WM 2008, 292 mit Komm. *V. Lang* EWiR § 779 BGB 1/08, 241; BGHZ 165, 213 = NJW 2006, 681 Tz. 18 mit Komm. *Medicus* EWiR § 6 VerbrKrG 1/06, 283 und Anm. *Bülow* WuB I E2-1.06 (XI. ZS); KG WM 2005, 2218 zu II. 2.b.; Staudinger/*Kessal-Wulf* 494 BGB Rn. 20; MüKoBGB/*Schürnbrand* § 494 BGB Rn. 21.
[73] Staudinger/*Kessal-Wulf* § 494 BGB Rn. 21.
[74] BGH NJW 1997, 2112 mit Anm. *Bülow* WuB I A 2.–1.97.
[75] BGHZ 165, 213 (218) = WM 2006, 217 = NJW 2006, 681 Tz. 18 mit Komm. *Medicus* EWiR § 6 VerbrKrG 1/06, 283, Anm. *Bülow* WuB I E 2.–2006 und *Müller* BB 2006,

§ 494 59–62   1. Teil. Darlehen und Finanzierungshilfen

59   Heilung durch Darlehensempfang oder Inanspruchnahme des Darlehens tritt auch ein bei Unwirksamkeit des Vertrags aufgrund gem. § 492 Abs. 4 formwidriger **Vollmacht** (→ Rn. 8, 10). Wird die Valuta an den vollmachtlosen Vertreter ausgekehrt, tritt Heilung erst dann ein, wenn diese an den Verbraucher mit dessen Einverständnis (→ Rn. 55) gelangt oder über sie nach dessen Weisung disponiert wird.[76]

2. Heilungsumfang

60   Im Falle von Verbraucherdarlehensverträgen tritt Heilung im verminderten Anspruchsumfang (→ Rn. 51) nur ein, **soweit** der Verbraucher das Darlehen empfängt und es in Anspruch nimmt, aber nicht darüber hinaus. Beschränkt sich das Empfangene oder Beanspruchte nur auf einen Teil des nichtigerweise Vereinbarten, tritt wegen des Restes keine Heilung ein. Der Darlehensgeber kann insoweit nicht Erfüllung verlangen, der Verbraucher nur zu den vereinbarten Konditionen, nicht aber im reduzierten Umfang von Absatz 2 (→ Rn. 29). Erbringt der Darlehensgeber später noch Teilleistungen, tritt sukzessive Heilung des Darlehensvertrags ein.

61   Auswirkungen auf den Anspruchsumfang haben nur die fehlenden Angaben über Sollzins, effektiven Jahreszins und Gesamtbetrag (§ 494 Abs. 2 Satz 2 BGB, Art. 247 § 3 Abs. 1 Nr. 5, 3 und 8 EGBGB), Kosten und deren Anpassung (Abs. 4, Art. 247 § 3 Abs. 1 Nr. 10 EGBGB), Laufzeit und Kündigungsrecht (Abs. 6 Satz 1, Art. 247 § 3 Abs. 1 Nr. 6, § 6 Abs. 1 Nr. 5 EGBGB) sowie Sicherheiten (Abs. 6 Sätze 2 und 3, Art. 247 § 7 Nr. 2 EGBGB). Keine Auswirkungen auf den Umfang der Darlehensgeberansprüche haben die übrigen Pflichtangaben aus Art. 247 § 6 Abs. 1 EGBGB, namentlich zum Nettodarlehensbetrag (Art. 247 § 3 Abs. 1 Nr. 4, Abs. 2 Satz 2 EGBGB), zum Tilgungsplan (§ 492 Abs. 3 Satz 2, Art. 247 § 14 EGBGB, → § 492 Rn. 136 und → Rn. 73), zu Zusatzvereinbarungen nach Art. 247 §§ 7 und 8 EGBGB (→ Rn. 18) sowie in bestimmten Fällen des Mangels der Schriftform als solcher (→ Rn. 52).

62   **a) Sollzinsen, Gesamtbetrag, Nettodarlehensbetrag (Abs. 2).** Der Darlehensvertrag kann trotz Einhaltung der Schriftform nichtig sein, wenn vorgeschriebene Angaben ganz oder teilweise fehlen. Ist der Sollzinssatz gem. § 492 Abs. 2, Art. 247 § 3 Abs. 1 Nr. 5 EGBGB angegeben, der Vertrag aber wegen anderer Formverstöße trotzdem nichtig, werden Zinsen zu diesem Satz auch bei Heilung geschuldet (sofern außerdem der effektive Jahreszins und der Gesamtbetrag gem. § 492 Abs. 2, Art. 247 § 3 Abs. 1 Nr. 3 und 8 EGBGB angegeben sind). Die nur teilweise Erfüllung der Formvorschriften führt also zur Verbindlichkeit derjenigen Angaben, die tatsächlich gemacht wurden. Ist der effektive Jahreszins fälschlich zu niedrig angegeben, gilt § 494 Abs. 3 (→ Rn. 85 ff.). Ist aber ein Zinssatz überhaupt nicht[77] oder alleine, dh ohne den effektiven Jahreszins oder den Gesamtbetrag, angegeben,[78] führt diese Angabe auch bei Heilung

---
685; BGH ZIP 2006, 846 Tz. 12 mit Komm. *Grziwotz* EWiR § 3 HWiG 1/06, 369; *Drescher* Bankenpraxis, Rn. 155; MüKoBGB/*Schürnbrand* § 494 BGB Rn. 24.
[76] MüKoBGB/*Schürnbrand* § 494 Rn. 17.
[77] ZB weil die Parteien irrtümlich von der Formfreiheit nach § 504 (→ § 504 Rn. 11) ausgingen, LG Berlin WM 1999, 2157 mit Anm. *Welter/Schön* WuB I E 2.–1.2000.
[78] Insoweit (→ § 492 Rn. 88) zutreffend AG Grevesmühlen WM 1994, 299; AG Heilbronn VuR 1997, 237.

nicht zur Verbindlichkeit, sondern die Schuld ermäßigt sich auf den **gesetzlichen Zinssatz,** das sind 4% *per annum* (p.a.) gem. § 246 BGB[79] für die gesamte Laufzeit (der Zinssatz von 5% bei beiderseitigen Handelsgeschäften gem. § 352 HGB kommt bei Existenzgründungen in Betracht, → § 512 Rn. 5). Bei einer **unechten Abschnittsfinanzierung** (→ § 491 Rn. 146) tritt die Ermäßigung also nicht nur für den ersten Abschnitt, sondern für alle geplanten Abschnitte ein.[80] Die richtige Angabe des Sollzinssatzes begründet im Falle der Heilung also nur Verbindlichkeit, wenn zugleich der effektive Jahreszins und der Gesamtbetrag angegeben sind. Ist der effektive Jahreszins zwar angegeben, aber zu niedrig, bleibt es bei der Verminderung des zutreffend angegebenen Sollzinses nach Maßgabe von Absatz 3 (→ Rn. 87). Lag der – nichtigerweise vereinbarte – Sollzins unter dem gesetzlichen Zins, kommt eine Reduzierung nicht in Betracht (arg. § 507 Abs. 2 Satz 3, → § 507 Rn. 30), sodass die fehlende Angabe sanktionslos bleibt;[81] zu erwägen ist eine analoge Anwendung von § 494 Abs. 3 (→ Rn. 86ff.),[82] ohne dass aber Minuszinsen zu vergüten wären.[83] Ein **Disagio** mit Zinscharakter (→ § 492 Rn. 107, → Rn. 65 aE) wird nicht geschuldet, soweit es den gesetzlichen Zinssatz überschreitet. War es mit dem Darlehensauszahlungsanspruch verrechnet worden, unterliegt es der Kondiktion durch den Verbraucher. Die Verrechnung erfüllt das Tatbestandsmerkmal des Empfangs[84] (→ Rn. 55). Zur **Neuberechnung** von Teilzahlungen → Rn. 71.

Darlehensverträge können aus Abschnitten mit festem und variablem Zins bestehen, sodass dementsprechend der effektive Jahreszins anzugeben ist. Bezieht sich die Angabe nur auf einen der Abschnitte, besteht der verminderte Anspruch auf den gesetzlichen Zinssatz nur hinsichtlich des anderen Abschnitts. Zur Anpassung von Zinsen → Rn. 74. **63**

Ist der Darlehensvertrag nichtig, weil der **Nettodarlehensbetrag** (§ 492 Abs. 2, Art. 247 § 3 Abs. 1 Nr. 4, Abs. 2 Satz 2 EGBGB) nicht angegeben wurde, ändert sich der Leistungsumfang nicht; Heilung tritt ein, soweit das Darlehen ausgezahlt wird (→ Rn. 51), und die Konditionen richten sich nach den sonst gemachten Angaben bzw. nach § 494 Abs. 2 Satz 2 (ggf. gesetzlicher Zinssatz, → Rn. 62). **64**

b) Kosten (Abs. 4 Satz 1). Gem. § 492 Abs. 2, Art. 247 § 3 Abs. 1 Nr. 10 EGBGB sind auch alle sonstigen Kosten anzugeben (so § 492 Rn. 102). Sie sind zu unterscheiden von Kosten, die durch **Zusatzleistungen** nach Art. 247 § 8 **65**

---

[79] Beispielsfall OLG Dresden WM 2001, 1854 zu II. 2.b.aa., cc. mit Komm. *Mues* EWiR § 29 ZPO 1/01, 887; das OLG Celle NJW-RR 1995, 1133 mit Anm. *Niebling* WiB 1995, 722 überträgt diese Rechtsfolge auf intransparente Zinsklauseln, die gem. § 9 AGBG, resp. § 307 Abs. 1 Satz 2 BGB, unwirksam sind.
[80] BGH WM 2006, 1243 mit Anm. *Bülow* WuB I E2–2.06; WM 2004, 2306 zu II. 3. mit Anm. *Bülow* WuB I E 2. – § 494 BGB – 1.05 und Komm. *C. Steiner* EWiR § 4 VerbrKrG aF 1/05, 47.
[81] Zutreffend MüKoBGB/*Schürnbrand* § 494 BGB Rn. 29: Der gesetzliche Zinssatz ist im Allgemeinen ein Mindestsatz, kein Höchstsatz wie bei Abzahlungsgeschäften.
[82] *Danwerth* WM 2015, 1604 (1609f.).
[83] *Danwerth* WM 2015, 1604 (1610f.).
[84] BGH WM 2000, 1243 mit Anm. *Kessal-Wulf* LM Nr. 4 zu § 6 VerbrKrG, *Wenzel* WuB I E 3.–5.2000 und Komm. *Wehrt* EWiR § 6 VerbrKrG 1/2000, 791; Vorinstanz OLG Frankfurt OLGR 1999, 312 mit Komm. *Kessal-Wulf* EWiR § 4 VerbrKrG 2/2000, 407; LG Mannheim BB 1999, 2049; LG Köln ZIP 2000, 2161 mit Komm. *Kessal-Wulf* EWiR § 7 VerbrKrG 1/01, 189; Staudinger/*Kessal-Wulf* § 494 BGB Rn. 20.

§ 494   66, 67   1. Teil. Darlehen und Finanzierungshilfen

EGBGB entstehen (→ Rn. 16), zB für Kontoführung (→ Rn. 69) oder Restschuldversicherung (→ Rn. 67). Die fehlende Angabe von Kosten nach Art. 247 § 3 Abs. 1 Nr. 10 EGBGB führt zur Nichtigkeit des Verbraucherdarlehensvertrags, die fehlende Angabe nach § 8 Abs. 1 nicht. In beiden Fällen tritt aber die Rechtsfolge von § 494 Abs. 4 Satz 1 ein, wonach nicht angegebene Kosten nicht geschuldet werden. Werden solche Kosten formwidrig, dh ohne Angabe, vereinbart, hat der Darlehensgeber darauf auch bei Heilung des Vertrags keinen Anspruch (§ 494 Abs. 4 Satz 1). Werden die Kosten nur teilweise nicht formgerecht angegeben, schuldet der Verbraucher diejenigen Kosten, die formgerecht angegeben worden waren. Sofern der Darlehensgeber Kosten, auf die er keinen Anspruch hat, bei Auszahlung des Darlehens dennoch einbehält, bleibt der Erfüllungsanspruch des Verbrauchers auf die Differenz zu den einbehaltenen Kosten bestehen. Tatsächlich geleistete Kosten kann der Verbraucher vom Darlehensgeber kondizieren und mit diesem Anspruch aufrechnen.[85] Anderes gilt für Prämien, die vom Verbraucher auf eine Kapitallebensversicherung zu erbringen sind (→ Rn. 68). Ein Disagio, das keinen Zinscharakter hat (→ Rn. 62 aE), ist bei den Kosten anzugeben (→ § 492 Rn. 107). Jenseits von § 492 Abs. 4 Satz 1 hat der Darlehensgeber keinen Anspruch auf Erstattung von Kosten, die unter Verstoß gegen § 307 durch **Allgemeine Geschäftsbedingung** geltend gemacht werden.[86]

66 Nicht mehr anzugeben sind **Vermittlungskosten,** da es sich nicht um „Entgelte aufgrund des Kreditvertrags" iSv Art. 5 Abs. 1 lit. i VerbrKrRil handelt. Insoweit kann keine Nichtigkeit des Darlehensvertrags eintreten, sodass sich die Frage der Heilung nicht stellt. Ist daneben der Darlehensvermittlungsvertrag mit dem Vermittler formgerecht gem. § 655b Abs. 1 zustande gekommen, schuldet der Verbraucher dem Vermittler die Provision.

67 Nicht mehr anzugeben sind auch die Kosten einer **Restschuldversicherung,** wohl aber die Verpflichtung des Darlehensnehmers zu deren Abschluss, § 492 Abs. 2, Art. 247 § 8 Abs. 1 Satz 1 EGBGB. Die fehlende Angabe führt nicht zur Formnichtigkeit des Verbraucherdarlehensvertrags (→ Rn. 16), begründet aber auch keinen Anspruch gegen den Darlehensnehmer. Hinsichtlich der Kosten einer Restschuldversicherung besteht gem. Art. 247 § 8 Abs. 1 Satz 1 EGBGB zwar keine Angabepflicht, aber der Darlehensgeber darf die Kosten ausweisen. Dies ist wiederum Voraussetzung dafür, dass der Darlehensnehmer diese Kosten schuldet. Ohne Angabe der Kosten entsteht also kein Anspruch darauf. In einem solchen Fall kann der Darlehensgeber als Vertreter des Versicherers den Versicherungsvertrag mit dem Verbraucher gem. § 164 Abs. 1 BGB wirksam zustande bringen, sodass der Verbraucher zwar Anspruch auf Versicherungsschutz hat, die Prämie aber trotzdem nicht schuldet. Das Versicherungsunternehmen muss sein Recht bei der Bank wegen Verletzung des zwischen beiden bestehenden Auftragsverhältnisses suchen. Jedenfalls schuldet der Verbraucher die Kosten der Versicherung nicht, und dies kann nicht nur im Verhältnis zur Bank, sondern muss

---

[85] Zutreffend *Piekenbrock* WM 2009, 49 (53/54); Staudinger/*Kessal-Wulf* § 494 BGB Rn. 30; *v. Rottenburg* WuB I G 5.–11.01 zu I. (betr. OLG München WM 2001, 1215).
[86] BGH v. 8.5.2012 – XI ZR 61/11, NJW 2012, 2337 = ZIP 2012, 1224 mit Anm. *Hub. Schmidt* LMK 2012, 336112 und Komm. *Derleder* EWiR Nr. 18 AGB-Sp 1/12, 401; BGH v. 8.5.2012 – XI ZR 437/11, WM 2012, 1344 mit Komm. *Bunte* EWiR § 307 BGB 4/12, 473 betr. Nr. 18 AGB-Sp; BGH v. 22.5.2012 – XI ZR 290/11, WM 2012, 1385 = ZIP 2012, 1337 betr. Lastschrift-AGB Sp.

auch im Verhältnis zum Versicherungsunternehmen gelten.[87] Der Gesetzeszweck kann nicht lediglich durch einen Freistellungsanspruch des Verbrauchers gegen den Darlehensgeber verwirklicht werden.[88] Eine andere Frage ist, ob der Darlehensgeber gegen den Verbraucher Anspruch auf Abschluss eines Versicherungsvertrags mit einem Versicherer hat. Dies ist nicht der Fall (→ Rn. 19).

Im Falle der Kombination des Darlehens mit einer **Kapitallebensversicherung** bei Abtretung der Versicherungssumme an den Darlehensgeber handelt es sich um einen Festkredit, der sich aber für den Darlehensnehmer in gleicher Weise wie ein Teilzahlungsdarlehen auswirkt, sodass die Summe der Versicherungsprämien, die der Verbraucher über die gesamte Laufzeit des Versicherungsverhältnisses an den Versicherer zu leisten hat, in den Gesamtbetrag nach § 492 Abs. 2 Satz 1, Art. 247 § 3 Abs. 1 Nr. 8, Abs. 2 Satz 1 EGBGB aufzunehmen ist (→ § 492 Rn. 110). Fehlt es daran und ist der Darlehensvertrag nichtig, wird er aber geheilt, hat der Verbraucher keinen Anspruch gegen den Darlehensgeber auf Erstattung bereits geleisteter Prämien oder auf Freistellung gegenüber dem Versicherer, was letztendlich nichts anderes bedeuten würde, als dass der Darlehensgeber das ausgereichte Darlehen selbst tilgen müsste. Der Verbraucher als Darlehensnehmer und Versicherungsnehmer schuldet also unverändert die Zahlung der Prämien an den Versicherer.[89] Anderes gilt für sonstige Kosten (→ Rn. 65). 68

Keine Kosten aufgrund des Kreditvertrags, sondern aufgrund von Zusatzleistungen sind **Kontoführungsgebühren,** die aber trotzdem gem. Art. 247 § 8 Abs. 2 EBGB anzugeben sind, außerdem die Anpassungsbedingungen. Die fehlende Angabe führt nicht zur Nichtigkeit des Verbraucherdarlehensvertrags (→ Rn. 21), begründet aber auch keinen Anspruch des Darlehensgebers gegen den Darlehensnehmer. Kommt es trotzdem zum Abschluss des Kontoführungsvertrags, schuldet der Darlehensnehmer gem. § 494 Abs. 4 Satz 1 hierfür keine Kosten. 69

Kosten in Zusammenhang mit der **Auszahlung** oder der Verwendung eines **Zahlungsauthentifizierungsinstruments** (§ 675j Abs. 1 Satz 4 BGB) sind Gegenstand der Angabepflicht nach Art. 247 § 3 Abs. 1 Nr. 10 EGBGB, sodass die fehlende Angabe zur Nichtigkeit führt und auch bei Heilung keinen Anspruch des Darlehensgebers gem. § 494 Abs. 4 Satz 1 begründet. 70

c) **Raten (Abs. 5).** Heilung des Darlehensvertrags bedeutet, dass die zunächst in nichtiger Weise vereinbarte Fälligkeit bestehen bleibt. Im Falle des Ratenkredits braucht der Verbraucher deshalb nur zu den in Aussicht genommenen Zeitpunkten des Zahlungsplans zu leisten. Da sich aber nach Maßgabe von Absatz 2 Satz 2, Abs. 4 die Gesamtbelastung vermindert, werden auch die einzelnen Raten niedriger als ursprünglich vorgesehen; nicht etwa muss der Verbraucher die Raten in alter Höhe, aber über verkürzten Zeitraum leisten. Daraus folgt, dass der Darlehensgeber[90] die Raten der Höhe nach neu gem. Absatz 5 berechnen muss. Die- 71

---

[87] Man wird davon auszugehen haben, dass der Versicherer dem Kreditinstitut hinsichtlich der Prämie Einziehungsermächtigung erteilt – s. *Bülow* Kreditsicherheiten, Rn. 1448 ff. – mit der Folge, dass nur das Kreditinstitut und nicht der Versicherer Leistung verlangen kann; dies ist dem Kreditinstitut jedoch gem. Absatz 4 Satz 1 verwehrt.
[88] So der Vorschlag von Staudinger/*Kessal-Wulf* § 494 BGB Rn. 30.
[89] BGH WM 2005, 415 zu II. 2. b. mit Anm. *Büchel/Günther* WuB I E 2.–3.05 und Komm. *Metz* EWiR § 4 VerbrKrG 1/06, 31.
[90] So schon die Vorgängerregelung § 494 Abs. 2 Satz 2 BGB aF; Staudinger/*Kessal-Wulf* § 494 BGB Rn. 31; tendenziell auch *v. Westphalen/Emmerich/v. Rottenburg* § 6 VerbrKrG Rn. 32; vgl. auch LG Bremen WM 1995, 155.

se **Neuberechnung** gilt ab Wirksamwerden des Darlehensvertrags, also dem Heilungstatbestand;[91] Leistungen, die der Verbraucher aufgrund des ursprünglichen, formnichtigen Tilgungsplans erbracht hatte, können deshalb durch ihn kondizierbar sein,[92] namentlich in der Vergangenheit überbezahlte Zinsen, wozu auch ein Disagio mit Zinscharakter (→ § 492 Rn. 107) gehört (§ 812 Abs. 1 Satz 1, 1. Alt. BGB).[93] Dies gilt auch für so ausgestaltete Einmalentgelte (→ § 492 Rn. 121), die als laufzeitabhängiger Ausgleich anzusehen sind.[94] Neu zu berechnen ist die Höhe der Teilzahlungen. Dagegen ist der Darlehensgeber nicht verpflichtet, die jeweilige Zins- und Tilgungsanteile in den Raten aufzuschlüsseln, womit dem Verbraucher eine Tatsachengrundlage für geltend zu machende Bereicherungsansprüche zur Verfügung gestellt würde. Aber hierfür fehlt es an einer Rechtsgrundlage.[95] Der Verbraucher kann aber gem. § 492 Abs. 2 Satz 2 vom Darlehensgeber einen Tilgungsplan nach Art. 247 § 14 EGBGB verlangen (→ § 492 Rn. 136). Den Parteien steht es frei, eine neue Vereinbarung zu treffen, die den neu eingetretenen Umständen angepasst ist.

72 Fraglich ist, ob der Verbraucher als Darlehensnehmer statt Neuberechnung der Teilzahlungen auch Anspruch auf Ratenzahlung in alter Höhe, aber bei verkürzter Laufzeit hat, was die Zinsbelastung insgesamt nochmals verkürzen würde und zur Verrechnung zu viel gezahlter Zinsen als Tilgung führen könnte.[96] Ein solches **Wahlrecht** des Verbrauchers **verneint** jedoch der BGH,[97] weil die Tilgungszeitpunkte kraft Heilung vertraglich feststehen und ein dementsprechendes Zinsinteresse der Bank begründe, außerdem die Verrechnung an der Fälligkeit der Tilgungszeitpunkte scheitere (anders aber bei Kondiktion wegen Nichtigkeit des Darlehensvertrags, → § 495 Rn. 403).

73 Durch die Neuberechnung wird die Vereinbarung gem. § 492 Abs. 2, Art. 247 § 3 Abs. 1 Nr. 7 EGBGB über Art und Weise der Rückzahlung des Darlehens insoweit hinfällig, sodass ein Tilgungsplan allenfalls hinsichtlich der Fälligkeitszeitpunkte bestehen bleibt. Verstöße gegen diese Vorschrift allein bewirken aber im Falle der Heilung keine Sanktionen, zB falsch ausgerechnete

---

[91] BGH WM 2009, 542 = ZIP 2009, 559 Tz. 32 mit Komm. *Haertlein/Thümmler* EWiR § 494 BGB 1/09, 295 und Anm. *Wolters* BKR 2009, 197; vgl. OLG Hamm jurisPR-BKR 8/2010 Nr. 4 und Anm. *Müller-Christmann*.
[92] BGH WM 2009, 506 = ZIP 2009, 509 = ZGS 2009, 149; aA Staudinger/*Kessal-Wulf* § 494 BGB Rn. 31; *Vortmann* § 6 VerbrKrG Rn. 20.
[93] BGH WM 2004, 2306 zu II. 2.a. mit Anm. *Bülow* WuB I E 2.–1.05; WM 2004, 1542 zu II. 3.; BGHZ 149, 80 (89) = WM 2001, 2379 zu II. 4. mit Anm. *Artz* JZ 2002, 457 (459); BGHZ 149, 302 (310) = WM 2002, 380; für die Kondiktion gilt die regelmäßige Verjährungsfrist von §§ 195, 199 Abs. 1 BGB, BGH WM 2009, 542 Tz. 33.
[94] ZB Geldbeschaffungskosten als Ausgleich für niedrigeren Nominalzinssatz, BGH WM 2004, 2306 zu II. 2.a. mit Anm. *Bülow* WuB I E 2.–1.05.
[95] BGH WM 2006, 1243 mit Anm. *Bülow* WuB I E 2–2.06 und Komm. *Wolters* EWiR § 6 VerbrKrG 1/07, 643 sowie Rez. *W. Schmitz* NJW 2007, 332.
[96] MüKoBGB/*Schürnbrand* § 494 BGB Rn. 32, aA OLG Stuttgart WM 2007, 2281 mit Komm. *Bellut* EWiR § 6 VerbrKrG 2/07, 761, Voraufl. (6. Aufl) Rn. 62 aE
[97] BGHZ 179, 260 = NJW 2009, 2046 = WM 2009, 506 = ZIP 2009, 507 = ZGS 2009, 149 = BKR 2009, 244 mit zustimmendem Komm. *Gladenbeck* EWiR § 6 VerbrKrG 1/09, 425; bestätigt in BGH WM 2010, 1399 = ZIP 2010, 1536 mit Anm. *Bülow* WuB I G 5–6.10; ebenso bereits OLG Stuttgart WM 2007, 2281 mit Komm. *Bellut* EWiR § 6 VerbrKrG 2/07, 761, zust. MüKoBGB/*Schürnbrand* § 494 BGB Rn. 42 wegen des konkretisierenden Tatbestandsmerkmals „Höhe" der Teilzahlungen, im Gegensatz zur Vorgängerregelung (bis 9.6.2010) und § 6 Abs. 2 Satz 4 VerbrKrG.

Raten (→ Rn. 48) oder das gänzliche Fehlen des Tilgungsplans. Bis zu einer Neuberechnung, auf die der Verbraucher Anspruch hat, kann er nach weiterer Maßgabe von § 273 BGB die Leistung zurückbehaltend verweigern.[98] Die **Verjährung** des Anspruchs auf Neuberechnung beginnt nicht vor Beendigung des Darlehensverhältnisses, unabhängig von der Verjährung von Bereicherungsansprüchen wegen überbezahlter Zinsen (→ Rn. 71) nach § 199 Abs. 1 BGB.[99]

d) Anpassung von Zinsen und Kosten (Abs. 4 Satz 2). Gem. § 492 **74** Abs. 2, Art. 247 § 3 Abs. 4 Satz 1 sowie § 3 Abs. 1 Nr. 10, gleichermaßen gem. § 8 Abs. 2 Satz 1 (→ Rn. 22) EGBGB sind die Voraussetzungen anzugeben, unter denen Sollzinsen und Kosten angepasst werden können, nämlich durch einseitige Leistungsbestimmung nach § 315 BGB (→ § 492 Rn. 96). Fehlt es an diesen Angaben, darf der Darlehensgeber Zinsen und Kosten gem. Absatz 4 Satz 2 nicht zum Nachteil des Verbrauchers anpassen, muss zB trotz Erhöhung des Marktzinses den ursprünglich vereinbarten Sollzinssatz beibehalten. Ist der Anpassungsvorbehalt zwar vereinbart, aber zunächst formwidrig (zB mündlich oder nur in Textform), ist der Darlehensgeber im Falle der Heilung insoweit daran gebunden, als sich die Änderung zugunsten des Verbrauchers auswirkt; das Anpassungsrecht des Darlehensgebers entfällt nur insoweit, als es sich **zum Nachteil des Verbrauchers** auswirken würde und wird zur Anpassungspflicht zugunsten des Verbrauchers. Es ist also zB ein niedrigerer Zinssatz anzusetzen, ohne dass der Darlehensgeber die Möglichkeit hätte, im gegebenen Falle später wieder einen höheren Zinssatz zugrunde zu legen. Auf diese Weise kann sich die Zinsschuld auf den niedrigsten Satz begrenzen, der während der Vertragslaufzeit zu berechnen war, nicht jedoch auf Negativzinsen.[100]

Formlos wirksam ist die **Durchführung** der Anpassungen, deren Voraus- **75** setzungen im Darlehensvertrag angegeben worden waren, zB eine Zinsanpassung gem. § 315 BGB.

e) Sicherheiten (Abs. 6 Satz 2). – aa) keine Heilung. Werden bei einem **76** Allgemein-Verbraucherdarlehensvertrag Sicherheiten, die der Darlehensgeber verlangt, nicht angegeben, wird die Wirksamkeit des Darlehensvertrags nicht berührt (→ Rn. 18). Richtigerweise ist jedoch anzunehmen, dass der Sicherungsvertrag selbst gem. § 125 BGB nichtig ist, sodass der Darlehensgeber nicht Bestellung der Sicherheit verlangen kann. Es findet keine Heilung statt (→ Rn. 78), § 139 BGB ist nicht anwendbar (→ Rn. 36). Ist der Sicherungsvertrag formwirksam zustande gekommen, der Darlehensvertrag aber nicht, hat der Darlehensgeber gleichermaßen keinen Anspruch auf Sicherheitenbestellung, da immanente Voraussetzung dafür ist, dass der zu sichernde Anspruch überhaupt entstanden ist oder entstehen wird (vgl. auch § 1163 Abs. 1 Satz 1 BGB);[101] die dennoch bestellte Sicherheit ist zurückzugewähren bzw. entsteht nicht im Falle der Akzessorietät. War eine Bürgschaft bestellt worden, hat der Darlehensgeber die Bürgschaftsurkunde an den Bürgen herauszugeben.[102]

---

[98] BGHZ 149, 302 = NJW 2002, 957 (960); MüKoBGB/*Schürnbrand* § 494 BGB Rn. 41.
[99] BGH WM 2009, 542 Tz. 33 sowie NJW 2012, 917 Tz. 15; *Müller-Christmann* in Anm. zu OLG Hamm jurisPR-BKR 8/2010, Nr. 4 zu C.
[100] *Binder/Ettensberger* WM 2015, 2069 (2072).
[101] *Bülow* Kreditsicherheiten, Rn. 54, 159.
[102] BGH NJW 1989, 1482; *Bülow* Kreditsicherheiten, Rn. 950.

77 Bei Heilung des Darlehensvertrags hat der Darlehensgeber Anspruch auf Bestellung, wenn der Sicherungsvertrag trotz der ursprünglichen Nichtigkeit des Darlehensvertrages im Übrigen wirksam zustande gekommen sein sollte, zB isoliert schriftlich und den Anforderungen an § 492 Abs. 2, Art. 247 § 7 Abs. 1 Nr. 2 EGBGB entsprechend abgeschlossen wurde (→ Rn. 28). War der Sicherungsvertrag aber formunwirksam, hat der Darlehensgeber auch bei Heilung des Darlehensvertrags keinen Anspruch auf Bestellung, wie § 494 Abs. 6 Satz 2 klarstellt. Einer bereits bestellten Sicherheit fehlt es infolgedessen auch bei Heilung an einer *causa*, eben dem Sicherungsvertrag, sodass richtigerweise anzunehmen ist, dass die Sicherheit gem. § 812 BGB herauszugeben sei.[103] Eine Ausnahme macht der BGH für ein vom Verbraucher bestelltes **Schuldversprechen** nach § 780 BGB, weil dessen *causa* nicht ein Sicherungsvertrag, sondern die Darlehensforderung sei.[104]

77a Bei einem **Immobiliar-Verbraucherdarlehensvertrag** sieht das Gesetz keine gesonderte Pflicht zur Angabe von verlangten Sicherheiten vor (näher → Rn. 18a).

78 **bb) Obergrenze 75 000 Euro bei Allgemein-Verbraucherdarlehensvertrag.** Trotz formnichtigem Sicherungsvertrag hat der Darlehensgeber bei Wirksamkeit des Allgemein-Verbraucherdarlehensvertrags Anspruch auf Bestellung der Sicherheit, wenn der Nettodarlehensbetrag iSv Art. 247 § 3 Abs. 2 Satz 2 EGBGB (→ § 492 Rn. 92) die Obergrenze von 75 000 € übersteigt. Durch § 494 Abs. 6 Satz 2, 2.Halbsatz wird punktuell von der in Art. 2 Abs. 2 lit. c Verbraucherkreditrichtlinie vorgesehenen Obergrenze Gebrauch gemacht, die im Gesetz sonst aus Gründen des Verbraucherschutzes nur im Falle von § 512 eine Rolle spielt (→ § 513 Rn. 11). Bei einer Größenordnung von über 75 000 € sei eine flexible Handhabung der Sicherheiten üblich, die den Bedürfnissen der Vertragsparteien entspreche (Gesetzesbegründung zu § 3 VerbrKrG[105]). Das mag in dem in der Gesetzesbegründung genannten Beispiel einer Sicherheit durch ein Wertpapierdepot in Ansehung fallender Kurse zutreffen. Mit solchen Erwägungen weicht das Gesetz jedoch vom verbraucherprivatrechtlichen Grundkonzept ab, nach welchem die persönlichen Verhältnisse des Verbrauchers im Einzelfall für die Anwendung des Gesetzes keine Bedeutung haben (→ § 491 Rn. 46), es auf die Kompensationsbedürftigkeit im konkreten Einzelfall oder nach der Art des finanzierten Geschäfts also nicht ankommt. Bei Darlehen aufgrund dieser Größenordnung eine potentielle Störung der Vertragsparität (→ Einf. Rn. 44) anders als sonst auszuschließen und den Verbraucher entgegen allgemeiner Regel, wie sie dem Gesetz zugrunde liegt, an eine formwidrige Sicherungsabrede zu binden, obwohl ihn die Höhe des Darlehens gerade besonderen Gefahren aussetzt, erscheint wertungswidersprüchlich. Für **Immobiliar-Verbraucherdarlehensverträge** gilt die Obergrenze **nicht**.

79 Ist der Sicherungsvertrag gem. § 125 BGB nichtig (→ Rn. 76, 18), wird er bei einem Nettodarlehensbetrag von über 75 000 € aber dennoch verbindlich,

---

[103] Gl. A. *Seibert* § 6 VerbrKrG Rn. 8; MüKoBGB/*Schürnbrand* § 494 BGB Rn. 39; OLG Hamm WM 2009, 1839; *Pieckenbrock* WM 2009, 49 (53/54); offen BGH WM 2002, 380 zu II. 1.; aA OLG Dresden WM 2001, 1854 zu II. 1.b. mit zust. Komm. *Mues* EWiR § 29 ZPO 1/01, 887; *v. Westphalen/Emmerich/v. Rottenburg* § 6 VerbrKrG Rn. 41; Staudinger/*Kessal-Wulf* § 494 BGB Rn. 33.
[104] BGH NJW 2008, 3208 = WM 2008, 1679 = ZIP 2008, 1669 mit Komm. *Gladenbeck* EWiR § 4 VerbrKrG 1/08, 703; kritisch *Zimmer* NJW 2008, 3185.
[105] BT-Drucks. 11/5462, S. 19.

liegt darin seine Heilung durch Darlehensempfang oder Inanspruchnahme ebenso wie im Falle des Darlehensvertrags selbst. Danach besteht Konvergenz zwischen zu sicherndem Anspruch und zu bestellender Sicherheit.

Der Nettodarlehensbetrag ist dem zunächst nichtigen, dann aber geheilten 80 Darlehensvertrag zu entnehmen, nicht etwa dem empfangenen resp. in Anspruch genommenen Betrag, der den Heilungstatbestand begründet.

f) Laufzeit und Kündigungsrecht (Abs. 6 Satz 1). Gem. § 492 Abs. 2, 81 Art. 247 § 3 Nr. 6 EGBGB ist die Vertragslaufzeit anzugeben, gem. § 6 Abs. 1 Nr. 5 das einzuhaltende Verfahren bei der Kündigung des Vertrages. Fehlt eine dieser Angaben, tritt Nichtigkeit gem. § 494 Abs. 1 mit Heilungsmöglichkeit nach § 494 Abs. 2 Satz 1 ein. Die Nichtigkeitsfolge bezieht sich auf alle erforderlichen Angaben zum Verfahren bei der Kündigung, sodass es nicht genügt, die Angabe auf die Existenz der Kündigungsrechte zu beschränken. Tritt Heilung ein, erwächst dem Verbraucher als Darlehensnehmer ein jederzeitiges, also fristloses Kündigungsrecht. Der Darlehensgeber kann im Fall einer bestimmten Vertragslaufzeit nach § 499 Abs. 1 BGB aber nicht seinerseits ordentlich kündigen (→ § 499 Rn. 4), da der Darlehensvertrag ein befristeter bleibt.[106] Ein vertragliches Kündigungsrecht, zB nach § 499 Abs. 1, braucht nicht vereinbart zu sein; anzugeben sind aber jedenfalls gesetzliche Kündigungsrechte, bei unbefristeten Verträgen nach § 500 Abs. 1, im Übrigen nach § 498 bei Verzug, nach § 314 aus wichtigem Grund. Die Angabepflicht entsteht unabhängig von der Person des Kündigungsberechtigten, Darlehensgeber oder Verbraucher als Darlehensnehmer. Die Angabe zur Laufzeit liegt im gegebenen Falle darin, dass der Darlehensvertrag unbefristet ist.

g) Umwandlungsrecht bei Fremdwährungsdarlehen (Abs. 6 Satz 3). 81a Bei einem Fremdwährungsdarlehen nach § 503 ist gemäß Art. 247 § 7 Abs. 2 Nr. 2 EGBGB auf die sich aus §§ 503 und 493 Abs. 4 ergebenden Rechte hinzuweisen. Fehlen diese Hinweise, ist der Vertrag wirksam (→ Rn. 16 ff.). Die fehlende oder fehlerhafte Angabe zum Umwandlungsrecht nach § 503 Abs. 1 Satz 2 hat aber zur Folge, dass der Verbraucher, der vom Umwandlungsrecht Gebrauch machen will, nicht abwarten muss, bis sich die Wechselkursverhältnisse zu seinem Nachteil um mehr als 20% verändern (→ § 503 Rn. 12). Vielmehr besteht das Umwandlungsrecht jederzeit, dh schon dann, wenn die Zwanzigprozentmarke nicht erreicht ist, es ist hiervon entkoppelt.[107] Es bleibt aber bei der Grundvoraussetzung, dass sich die Wechselkursverhältnisse überhaupt zum Nachteil des Verbrauchers verändert haben; sind sie gleich geblieben oder haben sie sich gar zum Vorteil für den Verbraucher verändert, hat der Verbraucher auch bei fehlender oder fehlerhafter Angabe im Vertrag kein Umwandlungsrecht. Eine fehlerhafte Angabe kann beispielsweise darin liegen, dass nach Erreichen der Zwanzigprozentmarke noch eine Wartefrist einzuhalten sei (näher → § 503 Rn. 14, 17). Enthält der Vertrag Angaben zu Gunsten des Verbrauchers, zB eine niedrigere als die Zwanzigprozentmarke, kann das Umwandlungsrecht bei Erreichen der niedrigeren Marke beantragt werden, aber nicht jederzeit. Im Falle einer auf das Einkommen des Verbrauchers bezogenen Alternativregelung nach § 503 Abs. 1 Satz 3 kann das so gestaltete Umwandlungsrecht jederzeit ausgeübt werden. Im Darlehensvertrag sind auch Angaben zur Hinweispflicht des Darle-

---

[106] MüKoBGB/*Schürnbrand* § 494 BGB Rn. 5.
[107] So Begründung RegE S. 107.

hensgebers bei Erreichen der Zwanzigprozentmarke gem. § 493 Abs. 4 Satz 1 (→ § 493 Rn. 11d) zu machen. Fehlt diese Angabe, entsteht keine spezifische Sanktion, aber der Darlehensgeber ist dem Verbraucher nach Maßgabe von §§ 280 Abs. 1, 249 BGB zum Schadensersatz verpflichtet. Ein Schaden dürfte dem Verbraucher in aller Regel nicht entstehen, wenn der Darlehensgeber den Verbraucher bei Erreichen der Zwanzigprozentmarke warnt, obwohl die diesbezügliche Angabe im Vertrag fehlt oder fehlerhaft ist (fehlerhaft beispielsweise eine Angabe im Vertrag, die Warnung sei innerhalb von zehn Tagen – statt unverzüglich – abzugeben).

82 **h) Widerrufsrecht.** Zu den Pflichtangaben nach Art. 247 §§ 6 und 10 bis 13 EGBGB gehören auch die Angaben über das Widerrufsrecht nach § 6 Abs. 2, die an die Stelle der Widerrufsbelehrung bei anderen Verbraucherverträgen treten. Fehlen Angaben, die nach Art. 247 § 6 Abs. 2 EGBGB zu machen sind, tritt gem. § 494 Abs. 1 Formnichtigkeit ein.

83 Der geheilte Verbraucherdarlehensvertrag ist seinerseits widerruflich (→ Rn. 31). Der Fristbeginn für den Widerruf ist kumulativ markiert durch den Heilungstatbestand (→ Rn. 55) und durch die Angaben nach Art. 247 § 6 Abs. 2 EGBGB. Wurden diese Angaben bereits in formnichtigem Vertrag gemacht, können sie den Fristbeginn nach der Heilung nicht mehr zutreffend bestimmen, weil die zur Verfügung gestellte ursprüngliche Vertragsurkunde wegen ihrer Insuffizienz diese Funktion nicht erfüllt. Deshalb ist im Falle von **Allgemein-Verbraucherdarlehenverträgen** bei Meidung des unbefristeten Widerrufsrechts aufgrund von § 356b Abs. 1 BGB, bezogen auf den geheilten Vertrag, der Heilungstatbestand mit den geänderten Angaben zum Widerrufsrecht nach Art. 247 § 6 Abs. 2 EGBGB zu verbinden, nämlich mit der Abschrift nach § 494 Abs. 7 (→ Rn. 84 und → Rn. 46). Dies gilt auch für den Fall, dass mit der Heilung Vertragsänderungen eingetreten sind (§ 492 Abs. 6 Satz 2). Die Widerrufsfrist beginnt gem. § 356b Abs. 3, wenn der Verbraucher diese Abschrift erhalten hat. Bei **Immobiliar-Verbraucherdarlehensverträgen** beginnt die Frist durch die fehlerfreie Widerrufsinformation nach Anlage 8 zum EGBGB oder durch frei formulierte, ordnungsgemäße Unterrichtung, wie § 356b Abs. 2 Satz 2 BGB zu entnehmen ist. Sind keine Änderungen in den Vertragsbedingungen eingetreten (fehlender oder fehlerhafter Nettodarlehensbetrag, → Rn. 64), kann die Angabe gem. § 492 Abs. 6 Satz 1 auf einem dauerhaften Datenträger nachgeholt werden. Dadurch beginnt in diesem Fall die Widerrufsfrist.[108] Sie beträgt gem. § 356b Abs. 2 Satz 2 **einen Monat,** worauf der Verbraucher gem. § 492 Abs. 6 Satz 4 hinzuweisen ist (→ § 495 Rn. 86). Dieser Hinweis ist aber nicht Voraussetzung für den Fristbeginn. Die Angaben zur Widerrufsfrist nach § 494 Abs. 7 auf der Abschrift könnten bei Allgemein-Verbraucherdarlehensverträgen lauten: „Die Widerrufsfrist beträgt einen Monat und beginnt, wenn der Darlehensnehmer diese Abschrift (*scil.:* gem. § 494 Abs. 7) erhalten hat." Bei Immobiliar-Verbraucherdarlehensverträgen hat die Abschrift keinen Einfluss auf den Fristbeginn.

3. Abschrift des geheilten Vertrags (Abs. 7)

84 Folge des Formverstoßes ist, dass der Verbraucher über den Umfang seiner Verbindlichkeit, der sich aus der Heilung ergeben kann, nicht oder unzureichend

---

[108] Zutr. OLG München ZIP 2012, 1280.

informiert ist. Sofern deshalb durch die Heilung Vertragsänderungen eintreten, hat der Verbraucher gem. § 494 Abs. 7 Anspruch auf die Aushändigung einer angepassten Vertragsurkunde. Erst wenn der Verbraucher diese Abschrift erhalten hat, beginnt gem. § 356b Abs. 3 die Widerrufsfrist für den geheilten Vertrag (→ Rn. 83).

C. Effektiver Jahreszins (Abs. 3)

I. Fehlende Angabe

Ist der effektive Jahreszins überhaupt nicht angegeben, ist der Darlehensvertrag nichtig;[109] wird er geheilt, schuldet der Verbraucher gem. § 494 den gesetzlichen Zinssatz (→ Rn. 62). Entsprechendes gilt für Teilzahlungsgeschäfte hinsichtlich Teilzahlungspreis und effektivem Jahreszins gem. § 507 Abs. 2 Satz 5. **85**

II. Zu niedrige Angabe

1. Absolute, nicht relative Verminderung

Ist der effektive Jahreszins zwar angegeben, aber zu niedrig, sodass das Darlehen günstiger scheint als es ist, bleibt der Vertrag von vornherein wirksam: Die Nichtigkeitsfolge tritt nur bei fehlender Angabe ein. Der Verbraucher ist also zur Abnahme des Darlehens verpflichtet. Jedoch tritt eine Modifizierung des Vertragsinhalts dahin ein, dass der Darlehensgeber an dem zu niedrig angegebenen Effektivzins festgehalten wird. Dies geschieht bei Darlehen dadurch, dass sich der Sollzins (Vertragszins) um denselben Prozentsatz wie die Differenz zwischen wirklichem und falsch angegebenem effektiven Jahreszins vermindert. Bei Teilzahlungsgeschäften ist Bezugsgegenstand der Änderung der Gesamtbetrag (Teilzahlungspreis), der sich um diesen Prozentsatz vermindert (§ 507 Abs. 2 Satz 5, → § 507 Rn. 37). Die Berechnung ist also bei Verbraucherdarlehen (§ 491) und bei Teilzahlungsgeschäften (§ 506 Abs. 3) unterschiedlich. **86**

2. Absolute Zinsdifferenz

a) Berechnung. Bei Verbraucherdarlehen verringert sich der Sollzinssatz (Nominal-, Vertragszins) um denselben absoluten Prozentbetrag, welcher der Differenz zwischen wirklichem und fälschlich angegebenem Effektivzinssatz entspricht, also um die absolute Zinsdifferenz.[110] Ist zB der Effektivzinssatz statt richtig mit 18% zu niedrig mit 8% angegeben, schuldet der Verbraucher nur noch einen Sollzins, der um 10 Prozentpunkte niedriger als der vereinbarte ist.[111] Da der Effektivzinssatz faktisch immer höher als der Sollzinssatz ist, wirkt sich die **87**

---

[109] Beispielsfall LG Göttingen NJW-RR 1993, 181 mit Komm. *Dörner* EWiR § 1 VerbrKrG 1/92, 1133; vgl. auch AG Krefeld NJW-RR 1995, 55; OLG Celle NJW-RR 1995, 1133 mit Anm. *Niebling* WiB 1995, 722.
[110] Zweifelnd allerdings MüKoBGB/*Schürnbrand*, § 494 BGB Rn. 33.
[111] LG Stuttgart NJW 1993, 208 zu 2.c. mit abl. Komm. *Reifner* EWiR § 11 VerbrKrG 1/92, 1135 sowie Anm. *Habersack* WuB I E 2b.–2.93.

§ 494 88

Reduzierung bei diesem relativ umfangreicher aus als beim Effektivzins. Der Sollzinssatz kann dadurch unter die Grenze des gesetzlichen Zinssatzes von 4%,[112] auf Null oder sogar unter Null sinken. Auf der anderen Seite kann folgende Wirkung eintreten: Der aufgrund von Absatz 3 reduzierte Sollzins ist zusammen mit den zu berücksichtigenden Kosten des Darlehens wiederum auf einen Effektivzins hochzurechnen. Wegen der relativ stärkeren Auswirkung der absoluten Zinsdifferenz zwischen falschem und wirklichem Effektivzins ergibt die Rechnung, dass sich der nunmehr neu ausgerechnete, dem reduzierten Sollzins entsprechende Effektivzins als niedriger erweist als der tatsächlich falsch angegebene Effektivzins,[113] der Verbraucher also in den Genuss eines ungeahnten Vorteils gelangt. Bei variablen Zinsen sind die späteren Anpassungen in der vereinbarten relativen Höhe, aber auf der Basis des reduzierten Sollzinses, der sich nach dem falsch angegebenen ursprünglichen effektiven Jahreszins richtet, vorzunehmen.

88 **b) Gesetzeskorrektur durch den Gesetzesanwender?** Fraglich ist, ob diese Ergebnisse korrekturbedürftig sind, weil die Sanktion Ausmaße erreichen kann, die von den Gesetzesverfassern der inhaltlich gleichen Regelung von § 6 Abs. 4 VerbrKrG möglicherweise nicht überschaut worden waren.[114] Dafür mag sprechen, dass die Gesetzesbegründung zum VerbrKrG als Vorgängerregelung (→ Rn. 3) die nach Lage des Einzelfalls eintretenden weitreichenden Rechtsfolgen (→ Rn. 87) nicht problematisiert. Einleuchtend wäre die Berechnung nach dem tatsächlich zu niedrig angegebenen effektiven Jahreszins.[115] Jedoch ist es kein gesetzgeberisches Versehen, dass die Sanktion beim besonders wichtig erachteten effektiven Jahreszins besonders streng sein soll und dass das Maß der absolute Zinsunterschied und nicht lediglich die Relation unter den Zinsangaben (nominal und effektiv) ist.[116] *De lege lata,*[117] namentlich nach der Aufrechterhaltung der Gesetzesformulierung bei Umsetzung der neuen Verbraucherkreditrichtlinie, danach der Verbraucher-Rechterichtlinie sowie vorher durch die Schuldrechtsmodernisierung und trotz Konfrontation mit der Problematik,[118] erscheint die Regelung von Absatz 3 deshalb verbindlich.[119] Das gilt auch in Fällen, in denen der Sollzinssatz unter 4% sinkt. Zwar hat der Darlehensgeber im Falle der Heilung wegen gänzlich unterlassener Angabe des Effektivzinses Anspruch auf den gesetzlichen Zinssatz

---

[112] Dagegen MüKoBGB/*Schürnbrand* § 494 Rn. 34: Anwendung von § 494 Abs. 2 Satz 2 (→ Rn. 62), aber diese Vorschrift bezieht sich gerade nicht auf die falsche, sondern auf die fehlende Angabe.
[113] Beispiel von *Brinkmann* BB 1991, 1947 (1948): Sollzins 6,6% p. a., Kosten 2%, effektiver Jahreszins bei Laufzeit von 36 Monaten 14,25%; falsche Angabe: 13,53%, Differenz 0,72%. Vom Vertragszins sind 0,72% abzuziehen, so dass 6,6% ./. 0,72% 5,88% verbleiben. Berechnet man zusammen mit den Kosten auf der Basis dieses reduzierten Sollzinses den nunmehr ergebenden effektiven Jahreszins, so kommt man auf 12,82%, obwohl – zu niedrig – 13,53% angegeben waren; krit. Staudinger/*Blaschczok* § 246 BGB Rn. 96.
[114] So die sorgsame Analyse des vom Gesetzgeber Gesagten und des von ihm Gewollten bei *Rüßmann* FS Jahr, S. 367 (389 ff.).
[115] *Rüßmann* FS Jahr, S. 394.
[116] Zutreffend *Brinkmann* BB 1991, 1947 (1949); *v. Westphalen/Emmerich/v. Rottenburg* § 6 VerbrKrG Rn. 66.
[117] Staudinger/*Kessal-Wulf* § 494 BGB Rn. 37.
[118] *Bülow* in Schulze/Schulte-Nölke, Die Schuldrechtsreform vor dem Hintergrund des Gemeinschaftsrechts, S. 153 (163).
[119] Zust. *Danwerth* WM 2015, 1604 (1610).

(→ Rn. 62), aber zur Heilung und damit zu Ansprüchen des Darlehensgebers braucht es im Falle der Formnichtigkeit überhaupt nicht zu kommen; die lediglich falsche Angabe lässt die Wirksamkeit des Vertrages dagegen unberührt. Die falsche Angabe kann für den Verbraucher gefährlicher sein als die fehlende Angabe, weil er bei Preisvergleichen in die Irre geführt wird. Es kann folglich nicht davon ausgegangen werden, dass das Gesetz dem Darlehensgeber einen Mindestzinssatz in Höhe des gesetzlichen Zinssatzes in jedem Falle garantiert.[120] Wird die Nullgrenze unterschritten, sodass Negativzinsen entstehen, können sie auf diejenigen Kosten, die in die Berechnung des effektiven Jahreszinses einfließen, angerechnet werden, bis sie aufgezehrt sind.[121] Natürlich kann die falsche Angabe nicht in eine Zahlungspflicht des Darlehensgebers an den Verbraucher umschlagen. Allemal schuldet der Verbraucher Rückzahlung des Empfangenen.

3. Verbundenes Geschäft

Dient das Verbraucherdarlehen der Finanzierung eines Kaufs, sodass beide Geschäfte nach § 358 Abs. 3 BGB miteinander verbunden sind, richtet sich der Kaufpreis nach dem neu berechneten Gesamtbetrag (§ 492 Abs. 2 BGB, Art. 247 § 3 Abs. 2 Satz 1 EGBGB); näher → § 507 BGB Rn. 39. **89**

III. Zu hohe Angabe

Ist der effektive Jahreszins zu hoch angegeben, ist das Darlehen für den Verbraucher in Wahrheit günstiger als es erscheint. Die falsche Angabe hat keine Rechtsfolgen. Der Vertrag ist wirksam, der Verbraucher schuldet Rückzahlung in den vereinbarten Raten zum Sollzins.[122] **90**

§ 495 Widerrufsrecht

(1) Dem Darlehensnehmer steht bei einem Verbraucherdarlehensvertrag ein Widerrufsrecht nach § 355 zu.

(2) Ein Widerrufsrecht besteht nicht bei Darlehensverträgen,
1. die einen Darlehensvertrag, zu dessen Kündigung der Darlehensgeber wegen Zahlungsverzugs des Darlehensnehmers berechtigt ist, durch Rückzahlungsvereinbarungen ergänzen oder ersetzen, wenn dadurch ein gerichtliches Verfahren vermieden wird und wenn der Gesamtbetrag (Artikel 247 § 3 des Einführungsgesetzes zum Bürgerlichen Gesetzbuche) geringer ist als die Restschuld des ursprünglichen Vertrags.
2. die notariell zu beurkunden sind, wenn der Notar bestätigt, dass die Rechte des Darlehensnehmers aus den §§ 491a und 492 gewahrt sind, oder
3. die § 504 Abs. 2 oder § 505 entsprechen.

Vorgängervorschriften: § 7 VerbrKrG (§§ 8 Abs. 2, 9 VerbrKrG)

---

[120] So aber *Seibert* § 6 VerbrKrG Rn. 11; *Münstermann/Hannes* § 6 VerbrKrG Rn. 323; *Bruchner/Ott/Wagner-Wieduwilt* § 6 VerbrKrG Rn. 51; *MüKoBGB/Ulmer* § 494 BGB Rn. 38; *v. Westphalen/Emmerich/v. Rottenburg* § 6 VerbrKrG Rn. 67; *Staudinger/Kessal-Wulf* § 494 BGB Rn. 39.
[121] *Brinkmann* BB 1991, 1947 (1949).
[122] Ebenso wie die Altregelung, *MüKoBGB/Ulmer* 2. Aufl. 1988, § 1a AbzG Rn. 19a.

§ 495 1. Teil. Darlehen und Finanzierungshilfen

Schrifttum: 1. Abschnitt: Widerrufsrecht und Abwicklung. *Abram,* Schriftformprobleme bei versicherungsvertraglichen Belehrungen und Gestaltungsrechten im Internet, NVersZ 2000, 551; *Albers-Frenzel,* Die Mithaftung naher Angehöriger für Kredite des Hauptschuldners, 1996; *Allgaier,* Zur Anwendbarkeit des Prima-facie-Beweises beim bestrittenen Zugang oder Nichtzugang einer Briefsendung, VersR 1992, 1070; *Arnold,* Verbraucherschutz im Internet, CR 1997, 526; *Artz,* Wirklich kein Umsetzungsbedarf bei Art. 7 Abs. 1 Fernabsatzrichtlinie?, VuR 1999, 249; *ders.,* Der Verbraucher als Kreditnehmer, 2001; *ders.,* Neues Verbraucherkreditrecht im BGB, Jb.J. ZivRWiss. 2001, S. 227; *ders.,* Die Neuregelung des Widerrufsrechts bei Verbraucherverträgen, BKR 2002, 603; *Bangha-Szabo,* Die rechtsgeschäftliche Unübertragbarkeit des Verbraucherwiderrufsrechts, 2012; *Bankenfachverband,* Stellungnahme zum Regierungsentwurf eines Gesetzes über Verbraucherkredite, zur Änderung der Zivilprozessordnung und anderer Gesetze (BT-Drucks. 11/5462 v. 25.10.1989), FLF 1990, 31; *Berens,* Fremdbestimmung des Konsumenten bei der Vertragsanbahnung, insbesondere durch Irreführung, 1998; *Berger, C.* Die Neuregelung des verbraucherrechtlichen Widerrufsrechts, Jura 2001, 289; *Boemke,* Das Widerrufsrecht im allgemeinen Verbraucherschutzrecht und seine Ausübung in der Zwangsvollstreckung, AcP 197 (1997), 161; *Brause,* Zugang kaufmännischer Schreiben in Handelssachen, NJW 1989, 2520; *Brexel,* Zugang verkörperter Willenserklärungen, 1998; *Bruns,* Zivilrechtliche Rechtsschöpfung und Gewaltenteilung, JZ 2004, 162; *Büdenbender,* Rückgewähransprüche im Bürgerlichen Recht, JuS 1998, 227; *Bülow,* Harmonisierter Bereich und Verbindlichkeit europäischer Rechtsakte, WM 2013, 245; *ders.,* Europäisches Sekundärrecht in den Privatrechten der Mitgliedstaaten, Festschr. Meinhard Schröder 2012, S. 109; *ders.,* Der Grundsatz *pacta sunt servanda* im europäischen Sekundärrecht, Festschrift Söllner 2000, S. 189; *ders.,* Unsinniges im Fernabsatz, ZIP 1999, 1293; *ders.,* Grundfragen der Erfüllung und ihrer Surrogate, JuS 1991, 529; *ders.,* Widerruf und Anwendung der Vorschriften über den Rücktritt, WM 2001, 2361; *ders.,* WG, ScheckG, AGB, Kommentar, 4. Aufl. 2013; *ders.,* Neues Verbraucherkreditrecht in Etappen, NJW 2010, 1713; *Bülow/Artz,* Folgeprobleme der Anwendung des Verbraucherkreditgesetzes auf Schuldbeitritt und andere Interzessionen, ZIP 1998, 629; *dies.,* Fernabsatzverträge und Strukturen eines Verbraucherprivatrechts im BGB, NJW 2000, 2049; *Bungeroth,* Schutz vor dem Verbraucherschutz?, Festschrift Schimansky 1999, S. 279; *Cebulla/Pützhoven,* Geschäfte nach dem Haustürwiderrufsgesetz und die Schlüsselgewalt des § 1357 I BGB, FamRZ 1996, 1124; *Claussen,* Finanzierter Wertpapierkauf und Verbrauchermitverpflichtung, NJW 1993, 564; *Derleder,* Wirksamkeitsanforderungen an die vertragliche Mitverpflichtung von Ehegatten und anderen Familienangehörigen für Ratenkredite nach dem Verbraucherkreditgesetz, NJW 1993, 2401; *Döhmel,* Der Leistungsort bei Rückabwicklung von Verträgen, 1997; *Dominicus,* Schutz des Verbrauchers vor irreführender Werbung – Bedeutung und Reichweite des wettbewerbsrechtlichen Rücktrittsrechts (§ 13a UWG), 1990; *Dörner/Hoffmann,* Der Abschluss von Versicherungsverträgen nach § 5a VVG, NJW 1996, 153; *Dübbers/Kim,* Post Express – Der neue Kurierservice der Post aus juristischer Sicht, NJW 1998, 2265; *Dürrschmidt,* Werbung und Verbrauchergarantien, 1997; *Eichel,* Schadensersatzhaftung im Falle fehlerhafter Widerrufsbelehrung in Verbraucherdarlehensverträgen, ZfPW 2016, 52; *Emmerich,* Auswirkungen des Verbraucherkreditgesetzes auf die Kreditwirtschaft, FLF 1989, 168; *Ebnet,* Widerruf und Widerrufsbelehrung, NJW 2011, 1029; *Emde/Dreibus,* Der Regierungsentwurf für ein Kapitalanlagegesetzbuch, BKR 2013, 89; *Emmerich,* Auswirkungen des Verbraucherkreditgesetzes auf die Kreditwirtschaft, FLF 1989. 168; *Ernst, St.,* Verbraucherschutzrechtliche Aspekte des Internets, VuR 1997, 259; *Ernst, W.* Gestaltungsrechte im Vollstreckungsverfahren, NJW 1986, 401; *Fischer,* Das verbraucherschützende Widerrufsrecht und die Schuldrechtsreform, DB 2002, 253; *Fleischer, N.* Der Gerichtsstand des gemeinsamen Erfüllungsortes im deutschen Recht, Diss. Bonn 1997; *Freitag,* Die Beendigung des Darlehensvertrages nach dem Schuldrechtsmodernisierungsgesetz, WM 2001, 2370; *Fuchs,* Zur Disponibilität gesetzlicher Widerrufsrechte im Privatrecht, AcP 196 (1996), 313; *Gaier,* Das Rücktritts(folgen)recht nach dem Schuldrechtsmodernisierungsgesetz, WM 2002, 1; *Gaul,* Die Ausübung privater Gestaltungsrechte nach rechtskräftigem Vertragsabschluss – ein altes und beim „verbraucherschützenden" Widerrufsrecht erneut aktuell gewordenes Thema, Gedächtnisschrift für Brigitte Knobbe-Keuck 1997; *Gernhuber,* Verbraucherschutz durch Rechte zum Widerruf von Willenserklärungen, WM 97, 1797; *Gessner,* Widerrufsrecht und Widerrufsbelehrung im deutschen und europäischen Verbraucherrecht, 2009; *Giese,* Wichtige Änderungen des Abzahlungsgesetzes, BB 1974, 722; *Giesen,* Höhe des Wertersatzes nach Rücktritt und Widerruf, Gedächtnisschrift Heinze 2005, S. 233; *Giesler,* Die Rückabwicklung gescheiterter Franchiseverhältnisse, WM 2001, 1441; *Godefroid,* Leasing und Verbraucherkreditgesetz – Eine Zwischenbilanz, BB 1994, Beil. 6, S. 14; *Gösele,* Erfüllung und Verzug bei Banküberweisungen, Festschr. *Nobbe,* 2009, S. 75; *Grigoleit,* Besondere Vertriebsformen im BGB, NJW 2002, 1151; *Habermeier,* Zur Übung – Bürgerliches Recht, JuS 1994, L 36; *Habersack/Mayer,* Der Widerruf von Haustürgeschäften nach der „Heininger"-Entscheidung des EuGH, WM 2002, 253; *Hadding,* Zur Rückabwicklung nach einem verbraucherschützenden Widerruf der Vertragserklärung, Festschrift Brandner 1996, S. 207; *Hager, J.,* Das geplante Recht des Rücktritts und des Widerrufs, in: Ernst/Zimmermann (Hrsg.), Zivilrechtswissenschaft und Schuldrechtsreform, 2001, S. 429; *Härting,* Das Widerrufsrecht des Verbrauchers nach § 3 FernAbsG, VuR 2001, 11; *Häsemeyer,* Das Vertragsangebot als Teil des Vertrages, Festschrift Jayme 2005, S. 1434; *Häublein,* Erlöschen von verbraucherschützenden Widerrufsrechten nach beiderseits vollständiger Leistungserbringung?, ZIP 2008, 25; *Heinrichs,* Das Widerrufsrecht nach der Fernabsatz-Richtlinie 97/7/EG, Festschrift Medicus 1999, S. 177; *ders.,* Schadensersatzansprüche wegen Pflichtverletzung gegen den nach § 346 BGB zur Rückgewähr verpflichteten Schuldner, Liber amicorum Eike Schmidt, 2005, S. 159; *Herresthal,* Das Ende der Geldschuld als sog. qualifizierte Schickschuld, ZGS 2008, 259; *Herwig,* Zugang und Zustellung in elektronischen Medien, MMR 2001, 145; *Hilbig-Lugani,* Neuerungen im Außergeschäftsraum- und Fernabsatzwiderrufsrecht, ZJS 2013, 441; *Hölldampf/Suchowerskyi,* Kein Anspruch des Darlehensnehmers auf Nutzungsentschädigung bei Widerruf eines Verbraucherdarlehensvertrages, WM 2015, 999; *Hohmeister,* Zustellung von Willenserklärungen durch Einschreibesendungen oder Gerichtsvollzieher?, JA 1999, 260; *Jan Felix Hoffmann,* Verbraucherwiderruf bei Stellvertretung, JZ 2012, 1156; *Jochen Hoffmann/Schneider,* Die Rücksendung der Ware als Widerrufserklärung, NJW 2015, 2529; *Holschbach,* Rechtsfragen um das Widerrufsrecht nach § 1b AbzG, NJW 1975, 1109; *Janal,* Alles neu macht der Mai: Erneute Änderung im Recht der besonderen Vertriebsformen, WM 2012, 2314; *dies.,* Der Beginn der Widerrufsfrist im neuen Fernabsatzrecht, WM 2015, 43; *Kaiser,* Rechtsanwendungsprobleme und Auslegungsfragen beim Widerrufsrecht für Vertragsabschlüsse anläßlich von Freizeitveranstaltungen im Sinne des Haustürwiderrufsgesetzes (HWiG), WRP 1989, 222; *Kiefer,* Gewährleistungsrecht ohne Vertrag?, NJW 1989, 3120; *Kim/Dübbers,* Rechtliche Probleme bei Einwurf- und Übergabeeinschreiben, NJW 2001, 65; *Kipp,* Über Doppelwirkungen im Recht, Festschrift v. Martitz 1911, S. 211; *Kliffmüller,* Verbraucherschutz des Ehepartners bei Abzahlungsverträgen, FuR 1992, 138; *Klingsporn,* Die Bürgschaft als „Haustürgeschäft", WM 1993, 829; *Klocke,* Die Rückgewähr vor Ort bei dualer Vertriebsstruktur im Versandhandel, VuR 2013, 377; *ders.,* Die Auswirkung der unterbliebenen Beifügung des Widerufsformulars auf den Beginn der Widerrufsfrist, VuR 2015, 293; *Knops,* Darlehenswiderruf bei Mehrheit von Kreditnehmern, Kreditverträgen und Widerrufsrechten, WM 2015, 2015; *Knütel,* Widerruf und Widerrufsbelehrung in § 1b AbzG, AcP 185 (1985), 309; *Knuth,* Das neue Widerrufsrecht 2010 – ein Weg zu mehr Rechtssicherheit? ZGS 2010, 253; *ders.,* Der Leistungsort bei Rückgewährschuldverhältnissen, Festschrift Heinrichs 1998, S. 367; *Kolbe,* Geschuldete Information als Willenserklärung? JZ 2013, 441; *Köndgen,* Gefahrtragung und Verzug bei Zahlungsschulden – Neues vom EuGH? Festschr. K. Schmidt 2009, S. 909; *Kohler,* Rücktrittsrechtliche Ersatzansprüche für notwendige Verwendungen – Haftungsgrenzen und Systemfragen, JZ 2013, 171; Das Rücktrittsrecht in der Reform, JZ 2001, 325; *ders.,* Der Leistungsort bei Rückgewährschuldverhältnissen, Festschrift Heinrichs 1998, S. 367; *v. Koppenfels,* Das Widerrufsrecht bei Verbraucherverträgen im BGB – eine Untersuchung des § 355 Abs. 1 BGB-RegE, WM 2001, 1360; *Korch,* Die 40-Euro-Mahnpauschale beim Verbrauchervertrag, NJW 2015, 2212; *Kronke,* Electronic Commerce und Europäisches Verbrauchervertrags-IPR. Zur Umsetzung der Fernabsatzrichtlinie, RIW 1996, 985; *Krois/Lindner,* Die rechtliche Behandlung von Hinsendekosten nach Widerruf und Rücktritt, WM 2011, 442; *Kropf,* Widerrufsbelehrungen in Verbraucherdarlehensverträgen – eine Absage an den „Widerrufs-Joker", WM 2013, 2250; *Kruse,* Verletzung verbraucherschutzrechtlicher Belehrungs-

§ 495   1. Teil. Darlehen und Finanzierungshilfen

pflichten als Wettbewerbsverstoß, WRP 2001, 1132; *Lechner,* Zur Beibehaltung des ewigen Widerrufsrechts für Finanzdienstleistungen, WM 2015, 2165; *Leier,* Die Rückabwicklung des widerrufenen Vertrags – Neuerungen durch das Gesetz zur Umsetzung der Verbraucherrechterichtlinie, VuR 2013, 457; *Lorenz, St.,* Die Lösung vom Vertrag, insbesondere Rücktritt und Widerruf, in: Schulze/Schulte-Nölke, Die Schuldrechtsreform vor dem Hintergrund des Gemeinschaftsrechts, 2001, S. 329; *Löwe,* Neuerungen im Abzahlungsrecht, NJW 1974, 2257; *Mankowski,* Beseitigungsrechte, 2003; *ders.,* Schwebende Wirksamkeit unter § 361a BGB, WM 2001, 793 und 833; *ders.,* Verbraucherschutzrechtliche Widerrufsbelehrung und Sprachrisiko, VuR 2001, 359; *ders.,* Widerrufsrecht und Rückgaberecht, in: Schulze/Schulte-Nölke, Die Schuldrechtsreform vor dem Hintergrund des Gemeinschaftsrechts, 2001, S. 329; *ders.,* Die gemeinschaftsrechtliche Kontrolle von Erlöschenstatbeständen für verbraucherschützende Widerrufsrechte, JZ 2008, 1141; *Martis,* Das Widerrufsrecht nach § 7 VerbrKrG, MDR 1998, 1260; *Martis/Meinhof,* Widerrufsrecht bei Verbraucherverträgen, MDR 2004, 4; *Masuch,* Vertretereinsatz beim Abschluss von Verbraucherkreditverträgen, ZIP 2001, 143; *Medicus,* „Geld muss man haben" – Unvermögen und Schuldnerverzug bei Geldmangel, AcP 188 (1988), 498; *Metz,* Aktuelle Rechtsfragen der Kreditkartenpraxis, NJW 1991, 2804; *Mrosk,* Der Nachweis des Zugangs von Willenserklärungen im Rechtsverkehr, NJW 2013, 1481; *Müller/Fuchs,* Rechtsfolgen des Widerrufs von Verbraucherdarlehensverträgen – mehr als eine „Rechenaufgabe", WM 2015, 1094; *Neuvians/Mensler,* Die Kündigung durch Einschreiben nach Einführung der neuen Briefzusatzleistungen, BB 1998, 1206; *Niewerth/Rybarz,* Änderung der Rahmenbedingungen für Immobilienfonds – das AFIM-Umsetzungsgesetz und seine Folgen, WM 2013, 1154; *Oellers,* Doppelwirkungen im Recht?, AcP 169 (1969), 67; *Ollmann,* Die schwebende Unwirksamkeit des Verbraucherkreditvertrages, WM 1992, 2005; *Peters, B.* Leasing und Verbraucherkreditgesetz, WM 1992, 1797; *ders.,* Das Widerrufsrecht nach dem VerbrKrG, DZWIR 1994, 353; *ders.,* Zwei unterschiedliche Widerrufsbelehrungen für ein und denselben Personalkreditvertrag?, WM 2005, 456; *Pfeiffer/Dauck,* BGH-Rechtsprechung aktuell: Verbraucherkreditgesetz, NJW 1997, 30; *Pick,* Zur neuen Verzugsregelung für Geldforderungen, ZfIR 2000, 333; *Pickert,* Das Widerrufsrecht nach dem Verbraucherkreditgesetz, 1995; *Piekenbrock/Rodi,* Die Rechtsfolgen des Widerrufs von Verbraucherdarlehensverträgen unter besonderer Berücksichtigung der Wertersatzes für die Kapitalüberlassung, WM 2015, 1085; *Popova,* Die Verbraucherrichtlinie – Einfluss auf das deutsche und europäische Rückabwicklungsrecht, ZJS 2013, 552; *Raisch,* Sind die Rechtsfolgen der Rückabwicklung nach dem Abzahlungsgesetz für den Käufer günstiger als die Rücktrittsregelung des BGB?, Festschrift Friedrich Weber 1983, S. 337; *Ramrath,* Die Geltendmachung der Unwirksamkeit von Gestaltungserklärungen, JR 1993, 301; *Reich,* Die neue Richtlinie 97/7/EG über den Verbraucherschutz bei Vertragsabschlüssen im Fernabsatz, EuZW 1997, 581; *Reich/Micklitz,* Umsetzung der EG-Fernabsatzrichtlinie, BB 1999, 2093; *Reichert,* Der Zugangsnachweis beim Einwurf-Einschreiben, NJW 2001, 2523; *Reiner,* Der verbraucherschützende Widerruf im Recht der Willenserklärungen, AcP 203 (2003), 1; *Reinicke/Tiedtke,* Zweifelsfragen bei der Anwendung des Verbraucherkreditgesetzes, ZIP 1992, 217; *Reinking/Nießen,* Das Verbraucherkreditgesetz, ZIP 1991, 79; *Reiter/Plumridge,* Das neue Investmentgesetz, Teil I WM 2012, 347, Teil II S. 388; *Reihmann,* Erfüllungswirkung bei Kaufpreiszahlung auf Notaranderkonto, NJW 1996, 3327; *Rohlfing,* Präklusion des erstmals in der Berufungsinstanz ausgeübten Widerrufsrechts? NJW 2010, 1787; *Rott,* „Heininger" und die Folgen für das Widerrufsrecht, VuR 2002, 49; *Sack,* Die wettbewerbsrechtliche Relevanz der Widerrufsbelehrung im Sinne des Abzahlungsgesetzes und des Haustürgeschäftewiderrufsgesetzes, BB 1987, 1048; *Saenger/Gregoritza,* Der Beweiswert des Einwurf-Einschreibens im Prozess, JuS 2001, 899; *Schäfer, Chr.,* Zum Rechtsinstitut der schwebenden Wirksamkeit, Jura 2004, 793; *Schärtl,* Der verbraucherschützende Widerruf bei außerhalb von Geschäftsräumen geschlossenen Verträgen und Fernabsatzverträgen, JuS 2014, 577; *Schanbacher,* Geschäfte zur Deckung des Familienlebensbedarfs gem. § 1357 BGB und Verbraucherkreditgesetz, NJW 1994, 2335; *Schaumburg,* § 3 AbzG – Einrederecht oder Anspruchsbeschränkung?, JR 1975, 446; *Scherer/Mayer,* Insolvenz des Leasingnehmers und Wirksamkeit von Kreditsicherheiten im Lichte des Verbraucherkreditgesetzes, BB 1998, 2169; *Schinkels,* Die Wertersatzverpflichtung des Verbrauchers bei Widerruf von Fernabsatzverträgen – Rechtsfortbildungsvorschläge, ZGS 2005, 179;

Widerrufsrecht **§ 495**

Schmelz/Klute, Zum Gesetzentwurf für ein Verbraucherkreditgesetz, ZIP 1989, 1509; *Schmid-Burgk/Schölermann,* Probleme bei der Anwendung des Verbraucherkreditgesetzes auf Leasingverträge, BB 1991, 566; *Schmidlin,* Der Rücktritt vom Vertrag, Festschrift Mayer-Mali 2002, S. 677; *Schmidt, K.* Verbraucherschützende Widerrufsrechte als Grundlage der Vollstreckungsgegenklage nach neuem Recht, JuS 2000, 1096; *Schmidt, M.,* Die Anwendung der Schlüsselgewalt (§ 1367 Abs. 1 BGB) auf Ratenkaufverträge, FamRZ 1991, 629; *Schmidt-Kessel,* Die gesetzliche Ausweitung der Widerrufsrechte nach Heininger, ZGS 2002, 311; *Schmidt-Kessel/Gläser,* Zur Wirksamkeit der Musterwiderrufsbelehrung nach der BGB-InfoV, WM 2014, 965; *Schmidt-Kessel/St. Schäfer,* Wie flexibel ist die Musterwiderrufsbelehrung? WM 2013, 2241; *Schnauder,* Die Rückabwicklung eines Realkreditvertrags nach Verbraucherwiderruf, NJW 2015, 2689; *Schreindorfer,* Verbraucherschutz und Stellvertretung, 2011; *Schürnbrand,* Zwingender Verbraucherschutz und das Verbot unzulässiger Rechtsausübung, JZ 2009, 133; *ders.,* Gesetzliche Muster im Verbraucherschutzrecht, JZ 2015, 974; *Martin Schwab,* Geldschulden als Bringschulden?, NJW 2011, 2833; *Schwab/Hromek,* Alte Streitstände im neuen Verbraucherprivatrecht, JZ 2015, 271; *Seibert,* Handbuch zum Gesetz über Verbraucherkredite, zur Änderung der Zivilprozessordnung und anderer Gesetze, 1991; *ders.,* Verbraucherkreditgesetz und Kreditkarte, DB 1991, 429; *Servais,* Rechtsfolgen des Widerrufs eines Verbraucherdarlehens, NJW 2014, 3748; *Sparmann,* Das Widerrufsrecht im Fernabsatz als Kauf auf Probe, 2010; *Stackmann,* Böses Erwachen – die gesetzliche Haftung für Kapitalanlagen, NJW 2013, 1985; *Stauder,* Das Widerrufsrecht des Käufers beim finanzierten Abzahlungsgeschäft, Festschrift Friedrich Wilhelm Bosch 1976, S. 983; *Staudinger,* Der Widerruf bei Haustürgeschäften: eine unendliche Geschichte?, NJW 2002, 653; *ders.,* Präklusion von Gestaltungsrechten, Festschrift Kollhosser 2005, S. 347; *Tebben,* Das schwebend unwirksame Insichgeschäft und seine Genehmigung, DNotZ 2005, 173; *Teske,* Neue Widerrufsrechte beim Abschluss von Versicherungs- und Verbraucherkreditverträgen, NJW 1991, 2793; *Timmerbeil,* Der neue § 355 III – ein Schnellschuss des Gesetzgebers?, NJW 2003, 569; *Ulmer/Masuch,* Verbraucherkreditgesetz und Vertragsübernahme, JZ 1997, 654; *Ulmer/Timmann,* Zur Anwendung des Verbraucherkreditgesetzes auf die Mitverpflichtung Dritter, Festschrift Rowedder 1994, S. 503; *Ultsch,* Zivilrechtliche Probleme elektronischer Erklärungen, DZWIR 1997, 466; *Voit,* Teurer Widerruf eines billigen Darlehens?, JuS 1993, 491; *Waldenberger,* „Alles schwebend unwirksam" – Distanzgeschäfte nach dem Referentenentwurf eines Fernabsatzgesetzes, K&R 1999, 345; *Wassermann,* Grundfälle zum Recht der Haustürgeschäfte, 1. Teil: Einführung, 2. Teil: Der Anwendungsbereich des Gesetzes, JuS 1990, 548 und 723; *Weber, R.,* Der problematische Zugang von Einschreibesendungen, JA 1998, 593; *Wehrt,* Die Rückabwicklung des widerrufenen Immobiliardarlehens, WM 2016, 389; *Werner/Machunsky,* Kommentar zum Haustürwiderrufsgesetz, 1990; *v. Westphalen,* Die Übernahme des notleidenden Leasingvertrags, NJW 1997, 2905; *Windel,* Die sorgeberechtigten Eltern in der Falle des Verbraucherschutzrechts, JuS 1996, 812; *Würdinger,* Doppelwirkungen im Zivilrecht, JuS 2011, 769; *Zahn,* Leasingvertrag und Widerrufsbelehrung nach dem Verbraucherkreditgesetz, DB 1991, 687.

Insbesondere: Bedenkzeit. *Piekenbrock,* Die Wohnimmobilienverbraucherkreditvertragsrichtlinie, Schriftenreihe der Bankrechtlichen Vereinigung (BrV), Band 36, 215, S. 131; *ders.,* Die geplante Umsetzung der Wohnimmobilienkreditvertragsrichtlinie, GPR 2015, 26.

Insbesondere: Verwirkung. *Borowski,* Der Widerruf eines Verbraucherkredits – Gestaltungsmöglichkeiten des Verbrauchers im Kredit- und Kapitalanlagerecht, BKR 2014, 361; *Bülow,* Die Verwirkung des Widerrufsrechts, insbesondere beim Verbraucherkredit, in zivilrechtlicher Doktrin, WM 2015, 1829; *Dawirs,* Widerrufsrecht bei Verbraucherdarlehen – Ausschluss auch bei laufenden Verträgen und Sonderwissen des Darlehensnehmers?, NJW 2016, 439; *Duchstein,* Die Verwirkung des Widerrufsrechts bei Verbraucherdarlehen, NJW 2015, 1409; *Gansel/Huth/Knorr,* Zur Verwirkung von Verbraucherschutzrechten am Beispiel des Widerrufs von Immobiliardarlehensverträgen, BKR 2014, 353; *Gsell,* Europäischer oder nationaler oder systematischer Verbraucherschutz? – Defizite sachlicher Normlegitimation bei überschießender Richtlinien-Umsetzung am Beispiel des „ewigen" Rechts zum Widerruf von Immobiliarkreditverträgen, Festschr. Müller-Graff 2015, S. 183; *Habersack/Schürnbrand,* Verwirkung des Widerrufsrechts aus einem Verbraucherdarlehens-

§ 495
1. Teil. Darlehen und Finanzierungshilfen

vertrag bei fehlerhafter Widerrufsbelehrung, ZIP 2014, 749; *Hölldampf,* Rechtsmissbräuchliche Ausübung des Verbraucherwiderrufsrechts durch den Darlehensnehmer, WM 2015, 1659; *Kropf,* Widerrufsbelehrungen in Verbraucherdarlehensverträgen – Absage an den „Widerrufs-Joker", WM 2013, 2250; *Müggenborg/Horbach,* Die Verwirkung des Widerrufsrechts bei Immobiliardarlehen, NJW 2015, 2145; *Peters,* Widerrufsbelehrungen und BGB-InfoV, WM 2014, 2196; *Rehmke/Tiffe,* Widerruf von Immobiliardarlehen, VuR 2014, 135; *Scholz/Schmidt/Ditè,* Die Notwendigkeit einer zeitlichen Begrenzung des ewigen Widerrufsrechts, ZIP 2015, 605; *Wahlers,* „Ewiges" Widerrufsrecht bei Verbraucherdarlehensverträgen? WM 2015, 1043.

2. Abschnitt: Verbundene Geschäfte. *Bankenfachverband,* Stellungnahme zum Regierungs-Entwurf eines Gesetzes über Verbraucherkredite, zur Änderung der Zivilprozeßordnung und anderer Gesetze (BT-Drucks. 11/5462 v. 25.10.1989), FLF 1990, 31; *Becker,* Beschränkung des Widerrufs auf den Darlehensvertrag bei verbundenen Verbraucherkreditgeschäften?, ZBB 1992, 214; *Bischoff,* Das Widerrufsrecht nach § 1b AbzG und seine Anwendungsprobleme beim finanzierten Abzahlungskauf, Diss. Köln 1977; *Böhner,* Schriftform und Widerrufsrecht bei Franchiseverträgen nach dem Verbraucherkreditgesetz, NJW 1992, 3135; *Bruchner,* Bankenhaftung bei fremdfinanziertem Immobilienerwerb, WM 1999, 825; *Canaris,* Gesamtunwirksamkeit und Teilgültigkeit rechtsgeschäftlicher Regelungen, Festschrift Steindorff 1991, S. 518; *ders.,* Der Bereicherungsausgleich im Dreipersonenverhältnis, Festschrift Larenz 1973, S. 799; *Claussen,* Finanzierter Wertpapierkauf und Verbraucherkreditgesetz, NJW 1993, 564; *Coester,* Verbraucherschutz bei drittfinanzierten Geschäften (§ 9 VerbrKrG), Jura 1992, 617; *Compensis/Reiserer,* Partnerschaftsvermittlung und Verbraucherkreditgesetz, BB 1991, 2457; *Daum,* Der Bundesgerichtshof zum finanzierten Abzahlungskauf, NJW 1968, 372; *Dauner-Lieb,* Verbraucherschutz bei verbundenen Geschäften (§ 9 VerbrKrG), WM 1991, Beil. 6; *Emmerich,* Auswirkungen des Verbraucherkreditgesetzes auf die Kreditwirtschaft, FLF 1989, 168; *ders.,* Der finanzierte Abzahlungskauf, JuS 1971, 273; *ders.,* Verbundene Geschäfte im Verbraucherkreditgesetz, Schriftenreihe der bankrechtlichen Vereinigung, Bd. 2, 1991, S. 67; *Esser,* Das Verhältnis von Kaufvertrag und Darlehensvertrag beim B-Geschäft des finanzierten Teilzahlungsgeschäfts, Festschrift Eduard Kern 1968, S. 87; *Franz,* Zur subjektiven Komponente der wirtschaftlichen Einheit bei drittfinanzierten Geschäften, FLF 1997, 17; *Fuchs,* Zum Einwendungs- und Rückforderungsdurchgriff bei verbundenen Geschäften, AcP 199 (1999), 306; *Göhrmann,* Verbraucherdarlehen: Kein Verbundgeschäft bei Versicherungsnehmerstellung des Kreditinstituts, BKR 2014, 409; *Grunewald,* Vertragsverbindungen, JuS 2010, 93; *Habersack,* Drittfinanzierter Immobilien- und Beteiligungserwerb unter Geltung des § 9 VerbrKrG, ZHR 156 (1992), 45; *ders.,* Verbundene Geschäfte bei der Finanzierung von Immobilienanlagen, in: Bankrecht 2000, S. 235; *ders.,* Verbraucher- und Haustürgeschäfte nach der Schuldrechtsmodernisierung, BKR 2001, 72; *Hadding,* Zur Rückabwicklung nach einem verbraucherschützenden Widerruf der Vertragserklärung, Festschrift Brandner 1996, S. 207; *Heermann,* Verbundene Geschäfte im Sinne des § 9 Abs. 1 VerbrKrG, AcP 2000, 1; *ders.,* Drittfinanzierte Erwerbsgeschäfte: Entwicklung der Rechtsfigur des trilateralen Synallagmas, 1998; *v. Heymann,* Bankenhaftung bei Immobilienanlagen, 10. Aufl. 1997; *Horn,* Zur Haftung der Banken bei der Kreditfinanzierung von Vermögensanlagen, Festschrift Claussen 1997, S. 469; *Kienholz,* Die Zahlung mit Kreditkarte im Nah- und Fernabsatz, 2000; *Koeppen,* Kreditkarten und Verbraucherkreditgesetz, FLF 1992, 86; *Langenbucher,* Die Risikozuordnung im bargeldlosen Zahlungsverkehr, 2001; *Lehmann,* Genetischer Zusammenhang von verbundenem Kauf- und Darlehensgeschäft des § 9 Abs. 1 S. 1, S. 2 Verbraucherkreditgesetz, 1996; *Lieser/Bott/Grathwohl,* Das Abzahlungsrecht in der Reform, DB 1971, 901; *Marschall v. Bieberstein,* Der finanzierte Abzahlungskauf, 1980; *Metz,* Aktuelle Rechtsfragen der Kreditkartenpraxis, NJW 1991, 2804; *Mülbert/Wilhelm,* Rechtsfragen der Kombination von Verbraucherdarlehen und Restschuldversicherung, WM 2009, 2241; *Nöcker,* Finanzierter Abzahlungskauf und Betrugstatbestand, DB 1972, 370; *Nüssgens,* Zum Verhältnis zwischen § 138 Abs. 1 BGB und den Regelungen im Bereich des sog. Konsumentenkredits (finanzierter Abzahlungskauf), Festschrift Winfried Werner 1984, S. 591; *Pechtold,* Der Tatbestand des verbundenen Geschäfts zwischen normierter Rechtsprechung und Regelungskonzeption und des § 9 VerbrKrG, Diss. Mainz 2000; *Pense,* Kreditkartenbedingungen in den Grenzen des AGB-Gesetzes, 1998; *Peters,*

Widerrufsrecht   § 495

B., Das Widerrufsrecht nach dem Verbraucherkreditgesetz, DZWIR 1994, 333; *Pfeiffer*, Der Einwendungsdurchgriff beim Realkredit, ZBB 1996, 304; *Reinicke/Tiedtke*, Zweifelsfragen bei der Anwendung des Verbraucherkreditgesetzes, ZIP 1992, 217; *Reinking/Bexen*, Der finanzierte Autokauf heute und in Zukunft. Der Gesetzesentwurf über Verbraucherkredite (VerbrKrG-Entw.) – ein kritischer Befund, DAR 1990, 289; *Reinking/Nießen*, Das Verbraucherkreditgesetz, ZIP 1991, 79; *dies.*, Problemschwerpunkte im Verbraucherkreditgesetz, ZIP 1991, 634; *Roth*, Zur gerichtlichen Inhaltskontrolle von Finanzierungsleasing-Verträgen, ZHR 190 (1990), 292; *Sänger/Wigand*, Darlehensvertrag und Restschuldversicherung als verbundene Geschäfte isd § 358 Abs. 3 BGB – Oder was dient hier eigentlich wem?, ZGS 2009, 447; *Schlosser*, Der finanzierte Abzahlungskauf, Jura 1985, 89; *Scholz*, Zum Entwurf eines Verbraucherkreditgesetzes, MDR 1989, 1054; *Schürnbrand*, Das neue Recht der Verbraucherkredite und der verbundenen Geschäfte, in: Schriftenreihe der bankrechtlichen Vereinigung, Bd. 30, 2010, S. 143; *ders.*, Darlehensvertrag und Restschuldversicherungsvertrag als verbundene Geschäfte, ZBB 2010, 123; *ders.*, Reichweite des Widerrufsdurchgriffs bei Darlehensverträgen mit Restschuldversicherung, BKR 2011, 309; *M.Schwab*, Der verbraucherschützende Widerruf und seine Folgen für die Rückabwicklung des Vertrags, JZ 2015, 644; *Seibert*, Verbraucherkreditgesetz und Kreditkarte, DB 1991, 429; *Staudinger*, Das Zusammenspiel von HaustürWG, VerbrKrG, TzWrG und AGBG bei verbundfinanzierten Time-sharing-Verträgen im Binnenmarkt, RIW 1999, 915; *Strack*, Die Anwendung des Abzahlungsgesetzes auf Finanzierungsinstitute und ihre Auswirkungen, Diss. Köln 1960; *Streit*, Kartenzahlung und Verbraucherverschuldung aus rechtlicher Sicht, 1997; *Tröster*, Verbundene Geschäfte, 2001; *Ulmer, P.*, Offene Fragen zu § 139 BGB, Festschrift Steindorff 1990, S. 799; *Ulrici*, Geschäftsähnliche Handlungen, NJW 2003, 2053; *Vollkommer*, Der Schutz des Käufers beim B-Geschäft des „finanzierten Abzahlungskaufs", Festschrift Larenz 1973, S. 703; *Volmer*, Für die Notarpraxis relevante Neuerungen im Recht des Verbraucherkredits, DNotZ 2010, 591; *Vortmann*, Fallen Effektenlombardkredite unter das Verbraucherkreditgesetz?, NJW 1992, 1865; *ders.*, Aufklärungs- und Beratungspflichten der Banken, 5. Aufl. 1998; *Weber*, Die Problematik des finanzierten Abzahlungskaufs, ZRP 1982, 305; *Wendt/Lorscheid-Kratz*, Das Widerrufsrecht bei „zusammenhängenden Verträgen", BB 2013, 2425; *Westermann, H.-P.*, Gesellschaftsbeitritt als Verbrauchergeschäft?, ZIP 2002, 189 und 240; *Wienands*, Der private Unterrichtsvertrag, 1996; *Zimmer*, Die Werbung mit oder Gewährung von Niedrigzinssätzen beim „B-Geschäft" – ein Verstoß gegen § 1 VWG, die Zugabeverordnung, das Rabattgesetz oder § 15 GWB?, ZHR 157 (1993), 400.

Insbesondere: Einwendungsdurchgriff. *Abeltshauser*, Der Einwendungsdurchgriff zwischen Rechtsgeschäftslehre und Vertrauenshaftung, ZIP 1990, 693; *Bartels*, Grenzen der Rechtsfortbildung im verbundenen Geschäft, WM 2007, 237; *Baudenbacher*, Einwendungsdurchgriff beim finanzierten Immobilienerwerb?, JZ 1985, 661; *Baur*, Rückzahlungsanspruch des Abzahlungskäufers gegen die Finanzierungsbank bei nicht ordnungsgemäßer Leistung durch den Verkäufer: NJW 1975, 2008; *Böckmann*, Die Praxis des Einwendungsdurchgriffs beim isolierten Bankdarlehen, 1985; *Brors*, Die Bestimmung des Nacherfüllungsorts vor dem Hintergrund der Verbrauchsgüterkaufrichtlinie, NJW 2013, 3329; *Bülow*, Gesetzeswortlaut und Rechtsanwendung – Beweislast für die Verbrauchereigenschaft, Subsidiarität des Einwendungsdurchgriffs, Gedächtnisschr. Manfred Wolf 2010; *Bydlinski, P.*, Der Drittfinanzierer als Anlageberater?, ÖBA 1995, 23; *Denck*, Der Rückforderungsdurchgriff beim finanzierten Abzahlungskauf, MDR 1980, 709; *Dürbeck*, Der Einwendungsdurchgriff gem. § 9 Abs. 3 Verbraucherkreditgesetz, 1994; *Franz*, Der Einwendungsdurchgriff gem. § 9 Abs. 3 Verbraucherkreditgesetz, 1996; *Füller*, Die bereicherungsrechtliche Rückabwicklung verbundener Geschäfte im Sinne des § 9 Abs. 1 VerbrKrG, DZWIR 2000, 409; *ders.*, Der Einwendungsdurchgriff im Verbraucherkreditrecht, ZBB 2001, 157; *Gilles*, Der sog. Einwendungsdurchgriff bei finanzierten Umsatz- und Dienstleistungsgeschäften als rechtspolitisches und methodisches Problem, JZ 1975, 305; *Goebbels*, Der Rückforderungsdurchgriff des Verbrauchers im Rahmen der Rückabwicklung verbundener Geschäfte im Sinne des § 9 Verbraucherkreditgesetz, Diss. Bonn 2000; *Gundlach*, Konsumentenkredit und Einwendungsdurchgriff, 1979; *Hadding*, Einwendungsdurchgriff bei Zahlung mittels Universalkreditkarte?, in: Bankrecht 2000, 51; *v. Heymann*, Bankenhaftung bei Immobilienanlagen: Neueste Rechtsprechung, BB 2000,

§ 495
1. Teil. Darlehen und Finanzierungshilfen

1149; *v. Hoyningen-Huene*, Die unerfreuliche Partnerschaftsvermittlung, JuS 1995, 41; *Kiefer*, Gewährleistungsrechte ohne Vertrag? Zu den Gewährleistungsansprüchen des nichtbelehrten Abzahlungskäufers, NJW 1989, 3120; *Knauth*, Einwendungsdurchgriff bei finanzierten Rechtsgeschäften, Die Bank 1982, 31; *Larenz*, Das Zurückbehaltungsrecht im dreiseitigen Rechtsverhältnis, zur Rechtslage des Käufers beim „finanzierten Ratenkauf", Festschrift Michaelis 1992, S. 193; *Pietzcker*, Die Rückabwicklung der verbundenen Geschäfte beim Einwendungsdurchgriff nach dem Verbraucherkreditgesetz, 1994; *Rehberg*, Der Rückforderungsdurchgriff als Instrument des Verbraucherschutzes beim drittfinanzierten Abzahlungskauf, Diss. Mainz 1990; *Schmidt, Chr.*, Der Einfluß europäischer Richtlinien auf das innerstaatliche Privatrecht am Beispiel des Einwendungsdurchgriffs bei verbundenen Geschäften, 1997; *Staudinger*, Der „Rückforderungsdurchgriff" bei drittfinanzierten Time-Sharing-Verträgen, NZM 2000, 689; *Vollkommer*, Zum Rückforderungsdurchgriff bei verbundenen Geschäften, Festschrift Merz 1992, S. 595; *ders.*, Finanzierungskosten und Wandlung des verbundfinanzierten Kaufvertrages, Festschrift Henckel 1995, S. 895; *Wolf/Großerichter*, Rückabwicklung fehlgeschlagener finanzierter Immobilien-Anlagegeschäfte (Teil 1), ZflR 2005, 1, (Teil 2), ZflR 2005, 41.

Insbesondere: Finanzierte Vermögensanlagen. *Ahr*, „Schrottimmobilien": Widersprüche in der Rechtsprechung, VuR 2007, 339; *Althammer*, Der Widerruf notariell beurkundeter Fondsbeitritte und die Modalitäten der Rückabwicklung, BKR 2003, 280; *Altmeppen*, Die Publikums-Fonds-Gesellschaft und das Rechtsberatungsgesetz, ZIP 2006, 1; *Armbrüster*, Gesellschaftsrecht und Verbraucherschutz – Zum Widerruf von Fondsbeteiligungen, 2005; *ders.*, Kapitalanleger als Verbraucher? Zur Reichweite des europäischen Verbraucherschutzrechts, ZIP 2006, 406; *ders.*, Haftung des Treugebers für Gesellschaftsschulden bei fehlerhaftem Fondsbeitritt, NJW 2009, 2167; *Artz/Balzer*, Verbrauchekredite, insbesondere für Immobilienanlagen, WM 2005, 1451; *Bälz*, Fondsgesellschaft der Anleger versus Anlegerschutz?, Festschrift Raiser 2005, S. 615; *Barnert*, Die kreditgebende Bank in der Rechtsprechung des BGH zur Projektbeteiligungs- und Immobilienfinanzierung, WM 2004, 2002; *Bertram*, Die Anwendung des Einwendungsdurchgriffs gem. § 359 BGB auf den Beitritt zu einer Publikumsgesellschaft, 2004; *Besch/Keine*, Zur Verjährung von Ansprüchen fehlerhaft beratener Immobilienfondsanleger, ZflR 2004, 624; *Bülow*, Einwendungsdurchgriff und Rückforderungsdurchgriff in neuer Sicht, WM 2004, 1257; *Bungeroth*, Die Rückabwicklung nach dem HWiG widerrufener Immobiliarkredite, WM 2004, 1505; *Bussmann*, Bankenhaftung – Die Verjährung der Ansprüche geschlossener Immobilienfonds, MDR 2005, 1392; *Dietel*, Aufklärungspflichten bei der Vermittlung von Verbraucherdarlehen, 2009; *Derleder*, Bankschaden und Bankrecht, NJW 2003, 2064; *ders.*, Der Verbraucherschutz für Schrottimmobilienerwerber und die Umsetzung der europarechtlichen Widerrufsregelungen, ZBB 2006, 375; *ders.*, Trennungsprinzip und Täuschungsabwehr – Die neue Linie des Bundesgerichtshofs gegenüber dem finanzierten Immobilienfondsanteilserwerb, ZflR 2006, 489; *ders.*, Bremer Entwurf eines Gesetzes zum Schutz von Immobilienkreditnehmern (Immobilienkreditnehmerschutzgesetz), VuR 2008, 241; *Doehner/Hoffmann, J.*, Kreditfinanzierter Fondsbeitritt und Anlegerschutz, ZIP 2004, 1884; *Dorka/Losert*, Garantiehaftung des Treuhänders nach § 179 Abs. 2 BGB bei Verstoß der Vollmacht gegen das Rechtsberatungsgesetz?, DStR 2005, 1145; *Drasdo*, Vermietungspoolpraxis, NJW-Spezial 2014, 545; *Edelmann*, Grenzen der Rechtsfortbildung und des Verbraucherschutzes bei Immobiliarkapitalanlagen, BKR 2005, 394; *Einsele*, Der Anlegerschutz beim finanzierten Immobilien- und Beteiligungserwerb, Gedächtnisschrift Jörn Eckert 2008, S. 176; *Fischer, N.*, Direktvertrieb und Rückabwicklung kreditfinanzierter Fondsbeteiligungen und der „Krieg der Senate", VuR 2005, 241; *ders.*, Gemeinschaftsrechtskonforme Rückabwicklung von Haustür-„Schrottimmobilien"-Geschäften, DB 2005, 2507; *ders.*, Der EuGH als Schlichter im „Krieg der Senate"?, VuR 2006, 53; *ders.*, Ende der Rechtsprechungsdivergenz? – Entwicklung der jüngsten BGH-Judikatur zur Rückabwicklung von „Schrottimmobilien"-Geschäften, DB 2006, 1415; *ders.*, Entwicklung der Rechtsprechung bei kreditfinanzierten Immobiliengeschäften (Teil I), DB 2009, 1802; *ders.*, Schadensersatzhaftung wegen Aufklärungspflichtverletzung bei realkreditfinanzierten Immobilien(fonds)geschäften, VuR 2007, 321; *Franzen*, „Heininger" und die Folgen: ein Lehrstück zum Gemeinschaftsprivatrecht, JZ 2003, 321; *Freitag*, Neuer Wein in alten Schläuchen: Die Haftung von Kreditinstituten wegen unterbliebener Widerrufsbelehrung nach Art. 4 Satz 3 der Haustürwiderrufsrichtlinie, WM 2006, 61; *Frings,* Verbesserter Verbraucherschutz bei kreditfinanzierten Immobiliengeschäften, VuR 2004, 404; *Fritsche,* Die jüngste Rechtsprechung zum fremdfinanzierten Erwerb von Immobilien und Fondsanteilen, NJ 2006, 344; *Fuellmich/Friedrich,* Die Rechtsfolgen des Widerrufs „drückervermittelter Schrottimmobilienfinanzierungen", VuR 2007, 331; *Gehrlein,* Anlegerschutz bei stillen Beteiligungen – Abschied von der fehlerhaften Gesellschaft?, WM 2005, 1489; *Gödicke,* Die methodischen Grenzen der richtlinienkonformen Auslegung im bürgerlichen Recht, WM 2008, 1621; *Gutmann,* Immobilienanlagen, Rechtsberatungsgesetz und die Vollmachten der Geschäftsbesorger, ZBB 2003, 424; *Habersack,* Finanzierter Grundstücks- und Anteilserwerb im Wandel – Geklärtes und Ungeklärtes nach den Urteilen des XI. Zivilsenats des BGH vom 25.4. und 16.5.2006, BKR 2006, 305; *ders.,* Die Besorgung von Rechtsangelegenheiten durch beauftragte Geschäftsführer – kein Problem des RBerG?, BB 2005, 1695; *Häublein,* Die „neue" Rechtsprechung des Bundesgerichtshofs zur Risikozuweisung beim finanzierten Immobilienerwerb – eine kritische Analyse, ZfIR 2006, 601; *Hahn/Brockmann,* Das Haustürwiderrufsrecht bei finanzierten Immobilienanlagen auf dem Weg zu einem wirksamen Verbraucherschutzrecht?, VuR 2004, 207; *Hammen,* Widerruf eines Beitritts zu einem geschlossenen Immobilienfonds und Art. 5 Abs. 2 der EG-Haustürgeschäfterichtlinie, WM 2008, 233; *Heine,* Schrottimmobilien – eine unendliche Geschichte?, ELR 2006, 435; *Hellgardt/Majer,* Die Auswirkungen nichtiger Grundverhältnisse auf die Vollmacht, WM 2004, 2380; *Herdegen,* Richtlinienkonforme Auslegung im Bankrecht: Schranken nach Europa- und Verfassungsrecht, WM 2005, 1921; *Hertel/Edelmann,* Immobilienfinanzierung und Verbraucherschutz, 2007; *Hofmann* Die Belehrungspflichten bei kreditfinanzierten Anlagemodellen: Die neue BGH-Rechtsprechung zu institutionalisiertem Zusammenwirken, WM 2006, 1847; *ders.,* Aufklärungspflichten des Kreditinstituts beim vollfinanzierten Immobilienerwerb durch mittellose Kleinverdiener („Schrottimmobilien-Fälle"), ZIP 2005, 688; *ders.,* Verbundene Geschäfte auch beim Realkredit: Die Auswirkungen der EuGH-Urteile „Schulte/Badenia" und „Crailsheimer Volksbank", BKR 2005, 487; *Hoppe/Linz,* Die Bemessung des realisierten Risikos bei „Schrottimmobilien", ZBB 2006, 24; *Jork/Engel,* Konsequenzen der Rechtsprechung des II. Zivilsenats des BGH zu darlehensfinanzierten Kapitalanlagen in geschlossenen Immobilienfonds, BKR 2005, 3; *Jungmann,* Zukunft der Schrottimmobilienfälle und Schrottimmobilienfälle in der Zukunft, WM 2006, 2193; *Kahl/Essig,* Staatshaftung der Bundesrepublik Deutschland in den Fällen sog. „Schrottimmobilien", WM 2007, 525; *Käseberg/Richter,* Haustürwiderrufsrichtlinie und „Schrottimmobilien" – Die Urteile in Sachen Schulte und Crailsheimer Volksbank, EuZW 2006, 46; *Knops,* Der Widerruf haustürvermittelter Bauträgerfinanzierungen, VuR 2004, 397; *ders.,* Die Schlussanträge des Generalanwalts in EuGH-Verfahren „Crailsheimer Volksbank", Rs. 229/04 – ein Missverständnis mit Folgen?, VuR 2005, 251; *ders.,* Die Rückabwicklung gescheiterter, an der Haustür vermittelter Bauträgerfinanzierungen, Festschrift Derleder 2005, S. 383; *ders.,* Die bereicherungsrechtliche Rückabwicklung von Bauträgerfinanzierungen bei widerrufener Auszahlungsanweisung nach dem HWiG, BKR 2005, 59; *ders.,* Der Widerruf von Krediten zum Immobilienerwerb nach der Richtlinie 85/577/EWG und dem Haustürwiderrufsgesetz, WM 2006, 70; *ders.,* Zwei Lösungsvorschläge zur Malaise haustürvermittelter Immobilienfinanzierungen, VuR 2007, 371; *ders.,* Die Berücksichtigung von Steuervorteilen bei der Rückabwicklung fehlgeschlagener Kapitalanlagen, WM 2015, 993; *ders./Kulke,* Die Umsetzung der EuGH-Urteile Crailsheimer Volksbank und Schulte für die Abwicklung an der Haustür vermittelter Finanzierungen von Anlagen in Immobilien und Immobilienfonds, VuR 2006, 90, 127 und 186; *Kulke,* Schadensersatzansprüche überrumpelter Immobilienerwerber, ZfIR 2007, 171; *Lang,* Institutionelles Zusammenwirken zwischen Bank und Vermittler/Verkäufer bei finanzierten Immobilieneinlagen – Konkretisierung der Aufklärungspflicht, WM 2007, 1728; *ders./Rösler,* Schadensersatz nach fehlerhafter Widerrufsbelehrung?, WM 2006, 513; *Laumen,* die „Beweiserleichterung bis zur Beweislastumkehr" – ein beweisrechtliches Phänomen, NJW 2002, 3739; *Lechner,* Der EuGH und die „Schrottimmobilien" – Sind Änderungen in der BGH-Rechtsprechung zu erwarten?, NZM 2005, 921; *Lehleiter/Hoppe,* Anlegerhaftung bei Objektfinanzierungen in geschlossenen Immobilienfonds, WM 2005, 2213; *Lenenbach,* Verbraucherschutzrechtliche Rückabwicklung eines kreditfinanzierten, fehlerhaften Beitritts zu einer Publikumsper-

§ 495
1. Teil. Darlehen und Finanzierungshilfen

sonengesellschaft, WM 2004, 501; *Limbach,* Schulte und Crailsheimer Volksbank: Die Haftung des Unternehmers bei Nichtbelehrung der Widerrufsbelehrungspflicht, ZGS 2006, 66; *Loritz/Wagner,* Zur Anrechnung von Steuervorteilen bei der „Rückabwicklung" von Beteiligungen an geschlossenen Immobilienfonds, ZfIR 2003, 753; *Maier,* Haustürwiderruf einer Immobilienfonds-Beteiligung im Lichte der EG-Haustürgeschäfterichtlinie, VuR 2010, 163; *ders.,* Der Überrumpelungsschutz des nicht belehrten Verbrauchers in der aktuellen Schrottimmobilien-Rechtsprechung des Bundesgerichtshos; WM 2008, 1630; *Mayen,* Finanzierte Immobiliengeschäfte in der aktuellen höchstrichterlichen Rechtsprechung, in: Schriftenreihe der Bankrechtlichen Vereinigung, Bd. 29, 2009, S. 11; *Medicus,* Zur Kausalität bei Ersatzansprüchen wegen Nichtbelehrung über den verbraucherschützenden Widerruf, Festschr. Richardi 2007, S. 1133; *Meyer/Klessinger,* „Prozessfinanzierung im Kapitalanlagerecht? – Zugleich Besprechung des BGH Entscheidung vom 9.11.2007 (AZ.: V ZR 25/07 = WM 2008, 82 ff.), BKR 2008, 220; *Möller/Lutz,* Rückabwicklung von Darlehensverträgen und verbundenen Anlagefondsbeitritten, VuR 2005, 81; *Möllers/Grassl,* Zur Europarechtswidrigkeit der Schrottimmobilien-Rechtsprechung des XI. Senates, VuR 2010, 3; *Mülbert/Hoger,* „Schrottimmobilien" als fortfressender Mangel, WM 2004, 2281; *Müller-Graff,* Rechtliche Auswirkungen einer laufenden Geschäftsverbindung, 1974; *Müller-Ibold/Käseberg,* Zinsen nach Darlehenswiderruf beim Haustürgeschäft, WM 2005, 1592; *Nettesheim* Ersatzansprüche nach „Heininger"? Die Aufarbeitung mitgliedstaatlicher Vertragsverstöße im EU-Privatrecht, WM 2006, 457; *Nittel,* Am Anfang war das verbundene Geschäft, NJW 2004, 2712; *Nobbe,* Rechtsprechung des BGH zu fehlgeschlagenen Immobilienfinanzierungen, WM 2007, Sonderbeilage zu Heft 47; *Ott,* Der Ausstieg aus Immobilienfondsbeteiligungen nach neuer Rechtsprechung – Hoffnung für Kapitalanleger, DStR 2003, 2026; *ders.,* Verbraucherschutz auf dem grauen Kapitalmarkt, Festschrift Raiser 2005, S. 723; *Paal,* Verbraucherschutz und kreditfinanzierte Immobilieninvestitionen im Lichte der aktuellen Rechtsprechung, JuS 2006, 775; *Pap,* Haftungsfragen bei geschlossenen Fonds, BKR 2008, 367; *Peters/Bräuninger,* Immobilienkapitalanlagen, Darlehensvollmachten und das Rechtsberatungsgesetz, WM 2004, 2294; *Peters/Ivanova,* „Heininger" und die Personalkredite, WM 2003, 55; *Piekenbrock,* Haustürwiderruf und Vertragsreue, WM 2006, 466; *ders.,* Kreditfinanzierte Kapitalanlagen in Immobilien durch einen Treuhänder, JuS 2006, 679; *Reich,* Heininger und das Europäische Privatrecht, Festschrift Derleder 2005, S. 127; *Prütting,* Gegenwartsprobleme der Beweislast, 1983; *Reich/Rörig,* Die Urteile des EuGH in den Rechtssachen C-350/03 (Schulte) und C-229/04 (Crailsheimer Volksbank eG) – VuR 2005, 419 und 423, VuR 2005, 452; *Reifner,* „Wirtschaftliche Betrachtungsweise" und verbundenes Geschäft – ein Beitrag zur Dogmatik der §§ 506 S. 2, 358 BGB, Festschrift Derleder 2005, S. 489; *Reinhardt,* Die Umkehr der Beweislast aus verfassungsrechtlicher Sicht, NJW 1994, 93; *Reiter/Methner,* Perspektiven beim „Immobilienwiderruf" – Anmerkung zu den Schlussanträgen des Generalanwalts Philippe Léger, Rs. C-229/04, VuR 2005, 281; *dies.,* Praxisnahe Rechtsfortbildung des BGH bei kreditfinanzierten Kapitalanlagen, VuR 2004, 365; *Rösler,* Finanzierung und Erwerb von Immobilien als verbundenes Geschäft – Versuch einer Konkretisierung des § 358 Abs. 3 Satz 3 BGB, Festschrift Thode 2005, S. 673; *ders./Sauer,* Vertrieb von Immobilienkapitalanlagen: Zurechnung einer Haustürsituation bei der Mitwirkung Dritter, ZfIR 2006, 666; *Röthel,* Mit Richterkunst zu Richtlinienkonformität: Schrottimmobilien vor dem XI. Zivilsenat des BGH, GPR 2006, 184; *Rott,* Duldungsvollmacht bei Verstoß gegen das Rechtsberatungsgesetz?, NJW 2004, 2794; *ders.,* Ein teurer Widerruf! – Besprechung von OGH, Urteil vom 27.9.2005 – 1 Ob 110/05s; *Sauer,* Die Rechtsprechung nach den EuGH-Entscheidungen vom 25.10.2005, BKR 2006, 96; *ders.,* Bundesgerichtshof bestätigt Rechtsprechung zum Haustürwiderruf bei finanzierten Immobilienkäufen, BB 2006, 1581; *ders./Wittemann,* Die neuere Rechtsprechung zu steuerbegünstigenden Immobilienfinanzierungen, BKR 2008, 1; *Schäfer, C.* Revolutionäres aus Karlsruhe zum finanzierten Fondsbeitritt – Einwendungs- und Rückforderungsdurchgriff des Immobilienfonds-Anlegers, DStR 2004, 1611; *ders.,* Anlegerschutz durch Rückforderungsdurchgriff beim finanzierten Fondsbeitritt – eine Zwischenbilanz, BKR 2005, 98; *Schimansky,* Unerlaubte Rechtsberatung durch beauftragte Geschäftsführer einer Publikums-GbR?, WM 2005, 2209; *Schmidt,* Die Rechtsstellung des Verbrauchers bei Mängeln fremdfinanzierter Immobilienkapitalanlagen („Schrottimmobilien"), 2009; *Schmidt-Mors-*

bach/Dicks, Die Anwendbarkeit des RBerG auf den externen Geschäftsbesorger einer GbR, BKR 2005, 424; *Schmidt-Räntsch*, Die aktuelle Rechtslage bei sog. Schrottimmobilien, MDR 2005, 6; *Schnauder*, Sorgfalts- und Aufklärungspflichten im Kreditgeschäft, JZ 2007, 1009; *Schneider*, Immobilienfondsbeteiligungen in der Rückabwicklung, 2009; *Schoppmeyer*, Ausgewählte Probleme der Schrottimmobilien in der instanzgerichtlichen Rechtsprechung, WM 2009, 10; *Schubert*, Die Lehre von der fehlerhaften Gesellschaft und das Haustürwiderrufsrecht, WM 2006, 1328 *Schwab, M.* Einwendungsdurchgriff bei kreditfinanziertem Erwerb einer Gesellschaftsbeteiligung, ZGR 2004, 861; *Schwintowski*, Heininger und die Folgen, Festschrift Kümpel 2003, S. 501; *ders.*, Schrottimmobilien – alles doch noch ungeklärt?, VuR 2006, 5; *ders.*, Aktuelle Verjährungsfragen aus dem Bank- und Kapitalmarktrecht, BKR 2009, 89; *Seidel*, Aktuelle Probleme der Treuhändervollmacht beim Immobilien-Strukturvertrieb, WM 2006, 1614; *Siegmann*, Zur Stellung der Kreditinstitute nach der Finanzierung strukturvertriebener Immobilienkapitalanlagen – Ein Kurzüberblick über die Rechtsprechung des Bundesgerichtshofs, VuR 2007, 368; *Singer*, Widerrufsdurchgriff bei Realkreditverträgen? – Zu den Folgen der „Heininger"-Entscheidungen des EuGH und BGH für das deutsche Verbraucherkreditrecht, DZWIR 2003, 221; *Späth*, „Schrottimmobilien": Droht der Bundesrepublik Deutschland die Staatshaftung?, ZfIR 2007, 568; *Staudinger*, Der Widerruf bei Haustürgeschäften: eine mündliche Geschichte, NJW 2002, 653; *ders.*, Die Zukunft der „Schrottimmobilien" nach den EuGH-Entscheidungen vom 25.10.2005, NJW 2005, 3521; *Strohn*, Anlegerschutz bei geschlossenen Immobilienfonds nach der Rechtsprechung des Bundesgerichtshofs, WM 2005, 1441; *Thume/Edelmann*, Keine Pflicht zur systemwidrigen richtlinienkonformen Rechtsfortbildung, BKR 2005, 477; *Tonner/Tonner*, Risikofreistellung bei fehlender Widerrufsbelehrung im Darlehensvertrag, WM 2006, 505; *Ulmer*, Zur Anlegerhaftung in geschlossenen (Alt-)Immobilienfonds, ZIP 2005, 1341; *Wagner*, Zivilrechtliche Folgen für ausstiegswillige Anleger notleidender geschlossener Immobilienfonds, WM 2004, 2240; *ders.*, Not leidende geschlossene GbR-Immobilienfonds: Gesellschaftsrechtliche Folgen für ausgeschiedene und verbliebene Anleger, ZfIR 2005, 605; *Wagner*, Bewertungsfragen bei Immobilien-Kapitalanlagen durch Beteiligungen an (steuerorientierten) geschlossenen Immobilienfonds, WM 2008, 1053; *ders./Loritz*, Verfassungsrechtliche Einordnung der kapitalanlagenrechtlichen Rechtsprechung des BGH zum RBerG, WM 2005, 1249; *von Weschpfennig*, Der Widerruf der Beteiligung an einem Immobilienfonds – Anwendbarkeit der Grundsätze des fehlerhaften Gesellschaftsbeitritts?, BKR 2009, 99; *Wielsch*, Rückabwicklung widerruflicher Realkredite im Finanzierungsverbund, ZBB 2006, 16; *Wolf, M./Großerichter*, Ergebnis als Methode der Bankenhaftung?, WM 2004, 1993; *dies.*, Rückabwicklung fehlgeschlagener finanzierter Immobilien-Anlagegeschäfte nach neuester Rechtsprechung (Teil 1), ZfIR 2005, 1, (Teil 2), ZfIR 2005, 41.

Übersicht

	Rn.
Materialien	
Verbraucherkreditrichtlinie Erwägungsgründe	1
Verbraucherkreditrichtlinie Art. 3, 10	2
Verbraucherkreditrichtlinie Art. 14	3
Verbraucherkreditrichtlinie Art. 15	4
Verbraucherrechterichtlinie Art. 9, 11, 12, 15	5
Wohnimmobilien-Verbraucherkreditvertragsrichtlinie Art. 14	8a
Begründung RegE zum FernAbsG, BT-Drucks. 14/2658, S. 42	9
Begründung RegE zum VerbrRechteRiL-UmsetzungsG, BR-Drucks. 817/12, S. 96	10
Rechtsausschuss, BT-Drucks. 17/13951, S. 112, zu § 360 Abs. 2 Satz 2 .	11
Kommentierung	
Einleitung: Widerruf und verbundene Geschäfte	12
1. Abschnitt Widerrufsrecht	13
A. Loslösung vom Vertrag: Widerrufsrecht	15
I. Widerruf und schwebende Wirksamkeit, Text § 355 Abs. 1 Satz 1 BGB	16

§ 495 1. Teil. Darlehen und Finanzierungshilfen

	Rn.
1. Sofortige Vertragswirksamkeit, Erfüllungs- und Gewährleistungsansprüche	17
2. Rechtsnatur des Widerrufsrechts	21
3. Rechtsmissbrauch, Verwirkung?	25
4. Rechtsfolgen des erklärten und des unterlassenen Widerrufs	27
II. Rückgaberecht	28
III. Verhältnis zu anderen Vorschriften	29
1. Bereicherungsrecht, Rücktritt und Doppelwirkung	29
2. Andere Widerrufsrechte	32
a) Fernunterricht	33
b) Versicherungen	34
c) Investmentanteile	38
d) Außerhalb von Geschäftsräumen geschlossene Verträge (Haustürgeschäfte)	39
e) Fernabsatzgeschäfte	40
aa) Teilzahlungsgeschäfte im Fernabsatz	41
bb) Finanzdienstleistungen im Fernabsatz	42
cc) Versicherungsverträge im Fernabsatz	43
f) Teilzeit-Wohnrechte	44
g) Verträge über unentgeltliche Darlehen und Finanzierungshilfen	45a
h) Gemischte Verträge	56
i) Vertraglich vereinbartes Widerrufsrecht	47
3. Umdeutung	50
B. Ausübung des Widerrufsrechts	51
Vorbemerkung: Sitz der Materie, Text § 355 Abs. 1 Sätze 2, 3, Abs. 2, § 356b BGB	51
I. Erklärung	53
1. Allgemeine Grundsätze	53
2. Form der Erklärung	57
a) Keine Begründung	57
b) Formfreiheit, Nachweismöglichkeit	58
3. Zeitpunkt der Erklärung	60
II. Erklärender	62
1. Verbraucher	62
2. Mithaftende	63
3. Vertreter	64
4. Rechtsnachfolge	66
III. Widerrufsfristen und ihr Beginn	67
1. Gesetzliche Fristen	67
2. Fristbeginn	68
a) Widerruf vor Fristbeginn	68
b) Beginn durch Vertragsschluss und Besonderheiten der Vertragsart	69
c) Fristbeginn bei Verbraucherkreditverträgen; Nachholung	73
d) Halbzwingende Geltung	75
IV. Fristbeginn durch Pflichtangaben im Verbraucherdarlehensvertrag (§ 356b Abs. 1 BGB)	76
1. Fehlende und fehlerhafte Pflichtangaben	77
a) Befund	77
b) Ewiges Widerrufsrecht, Erlöschen bei Immobilar-Kreditverträgen, Nachholung	78
2. Inhalt und Rechtsnatur der Pflichtangaben nach Art. 247 § 6 Abs. 2 EGBGB (Widerrufsinformation); Anspruch des Verbrauchers; Text Art. 247 § 6 Abs. 2 Sätze 1 und 2, § 12 Abs. 1 Satz 1 EGBGB	80
3. Zeitpunkt der Pflichtangaben	84
a) Vertragsschluss	84
b) Nachholung gem. § 492 Abs. 6	86

	Rn.
4. Adressat der Pflichtangaben, insbesondere nach Art. 247 § 6 Abs. 2 EGBGB und Rechtsfolgen isolierter Widerrufe	88
5. Form und Zugang	91
6. Formalien der Pflichtangaben nach Art. 247 § 6 Abs. 2 EGBGB	92
Text Anlage 7 zum EGBGB	92
a) Vorbemerkung: Muster-Widerrufsinformation	92
b) Frei formulierte Widerrufsinformation	96
aa) Inhaltliche Verdeutlichung: klar und verständlich	98
bb) Fristbeginn und Fristwahrung	101
cc) Widerrufsempfänger	103
dd) Hinweis auf Rückabwicklung; Zinsen pro Tag	105
ee) Verbundene Geschäfte	107
ff) Unterrichtung über das Widerrufsrecht bei Finanzierungshilfen nach § 506 BGB	109
gg) Nichtbestehen eines Widerrufsrechts (Art. 10 Abs. 2 lit. p Verbraucherkreditrichtlinie und § 495 Abs. 3 BGB)	111
V. Fristbeginn durch Widerrufsbelehrung (§§ 356 Abs. 3, 356a Abs. 3 Satz 1 iVm § 482, 356c Abs. 1, Art. 246 Abs. 3, 246a § 1 Abs. 2, § 4, Art. 246b § 1 Abs. 1 Nr. 12 EGBGB)	112
1. Sitz der Materie	113
2. Rechtsnatur der Widerrufsbelehrung; Anspruch des Verbrauchers	116
3. Zeitpunkt der Mitteilung	118
a) Im Allgemeinen; Minderjährigkeit	118
b) Nachbelehrung	119
4. Adressat der Widerrufsbelehrung	121
5. Form und Zugang	129
6. Formalien der Widerrufsbelehrung	132
Vorbemerkung: Musterbelehrung	132
a) Deutliche Gestaltung	134
b) Inhaltliche Verdeutlichung	137
c) Widerrufsformular	139
d) Hinweis auf Fristbeginn	140
e) Rechtsfolgen des Widerrufs	141
f) Verbundenes Geschäft und Fernunterricht	143
7. Wettbewerbsrecht und Anwaltshaftung	147
VI. Widerrufsrecht bei fehlender Unterrichtung des Verbrauchers ..	149
1. Pflichtangaben im Verbraucherdarlehensvertrag nach Art. 247 § 6 Abs. 2 EGBGB	149
2. Widerrufsbelehrung bei verbundenen Verträgen nach § 358 Abs. 1	150
a) Wirksamer finanzierter Vertrag	151
b) Formnichtiger finanzierter Vertrag	152
3. Erfüllungsverlangen des Verbrauchers trotz Nichtigkeit	153
VII. Fristbeginn durch Vertragsurkunde	154
VIII. Kein Fristbeginn durch Informationspflichten im Fernabsatz oder Wareneingang	158
IX. Fristende	160
1. Vollständige Pflichtangaben nach Art. 247 § 6 Abs. 2 EGBGB resp. ordnungsgemäße Widerrufsbelehrung	160
a) Fristen; nachträgliche Belehrung	160
b) Berechnung, Absendung, Zugang	161
2. Fehlende oder insuffiziente Unterrichtung über das Widerrufsrecht, ewiges Widerrufsrecht und Erlöschen bei Immobiliar-Verbraucherkreditverträgen sowie bei Unentgeltlichkeit	164
3. Unterlassene Informationen bei Finanzdienstleistungen im Fernabsatz	167
4. Präklusion § 767 ZPO	168

§ 495   1. Teil. Darlehen und Finanzierungshilfen

	Rn.
X. Beweislast	169
1. Erfüllung	169
2. Widerruf	170
a) Fristbeginn	171
b) Absendung und Zugang des Widerrufs	174
c) Erklärungsinhalt	176
3. Exkurs: Streitwert	176a
C. Ausnahmen (Umschuldung, Notar, Überziehungskredite, § 495 Abs. 2) und Kompensation (Abs. 3)	177
I. Umschuldung (§ 495 Abs. 2 Nr. 1)	177
II. Notarielle Beurkundung (§ 495 Abs. 2 Nr. 2)	179
III. Überziehungsdarlehen (§ 495 Abs. 2 Nr. 3)	181
1. Entbehrlichkeit des Widerrufsrechts	181
2. Finanzinstrumente	183
IV. Kompensation: Bedenkzeit für Immobiliar-Kreditverträge (§ 495 Abs. 3)	183a
D. Abwicklung nach Widerruf (§§ 355 Abs. 3, 357a, 361 Abs. 1 BGB)	184
I. Grundlagen	184
Text § 355 Abs. 3, § 357a, § 361 Abs. 1 BGB	184
II. Rückgewährschuldverhältnis zwischen Verbraucher und Unternehmer	188
1. Gemeinsame Regelungen	188
a) Mehrheit von Verbrauchern	189
b) Verzug (§§ 355 Abs. 3 Satz 2, 357a Abs. 1 BGB)	190
c) Keine Zug-um-Zug-Leistung	191
d) Leistungsort (Geld, Rücksendung)	192
aa) Ansprüche auf Geld	192
bb) Ansprüche auf Sachen	192
e) Pflicht zur Rückgewähr durch Rücksendung, Kosten und Gefahr	198
f) Verjährung	208
g) Verhältnis zu anderen Vorschriften (§ 361 Abs. 1 BGB)	209
aa) Weitere Ansprüche gegen den Verbraucher	209
bb) Rücktritt des Unternehmers (§ 508 BGB)	213
cc) Kreditvertrag als Nebenleistung	214
2. Einzelne Ansprüche des Verbrauchers gegen den Unternehmer	215
a) Rückgewähr	215
b) Kein Wertersatz	217
c) Verwendungs- und Aufwendungsersatz	218
d) Rückgewähr von Sicherheiten	219
3. Einzelne Ansprüche des Unternehmers gegen den Verbraucher	220
a) Rückgewähr	221
aa) Darlehen	222
bb) Sachen	223
b) Nutzungsentschädigung	224
c) Wertersatz	226
aa) für Wertverlust (§§ 357a Abs. 3 Satz 4, Abs. 2, 357 Abs. 7 BGB); Prüfung	226
bb) Wertersatz für Leistungen (§ 357 Abs. 8)	236
cc) Insbesondere: Ausnahmen nach § 506 Abs. 4 BGB	242
dd) Digitale Inhalte	243
d) „Aufwendungsersatz", § 357a Abs. 3 Satz 5 BGB	244
4. Mithaftung	245
5. Beweislast	246
2. Abschnitt: Verbundene Geschäfte	247
A. Grundlagen der Verbundfinanzierung durch Darlehen	248
Text § 358 BGB	248
I. Gefahr der Paritätsstörung durch Finanzierung	249

		Rn.
1. Rechtliche Trennung, aber wirtschaftliche Einheit		249
2. Störungsausgleich		250
II. Typologie		251
III. Anwendungsmodalitäten		254
1. Nichtigkeit eines der Geschäfte		254
a) Sittenwidrigkeit und Scheitern des Darlehensvertrags		255
b) Anfechtung des Darlehensvertrags		256
c) Anhang: Verjährung		257
2. Nachträgliche Drittfinanzierung		258
3. Ausschluss der Anwendbarkeit		260
4. Erweiterung der Anwendbarkeit		261
B. Voraussetzungen der Verbundenheit		263
I. Grundlagen		263
II. Zweckbindung		265
1. Tatsächliche Verwendung, entbehrliche Vereinbarung		266
2. ganz oder teilweise; ausschließlich		267
3. Paritätische Gesamtschuld mit asymetrischer Zweckbindung		268
4. Insbesondere: Überziehungskredit, Restschuldversicherung		269
III. Wirtschaftliche Einheit		272
1. Begriff; Verbraucherhorizont		272
2. Unwiderlegliche Vermutungen		275
a) Unternehmer als Darlehensgeber, Mitwirkung des Unternehmers (§ 358 Abs. 3 Satz 2)		275
b) Grundstücksgeschäfte (§ 358 Abs. 3 Satz 3)		277
c) Angabe des Vertragsgegenstands aus dem finanzierten Vertrag im Darlehensvertrag (zusammenhängender Vertrag, § 360 Abs. 2 Satz 2)		278
3. Verbindungselemente; Fallgruppen		279
4. Drei- und Zweipersonenverhältnis		287
5. Zusatzleistungen (Art. 247 § 8 EGBGB)		288
6. Besonderheiten für den finanzierten Grundstückserwerb (§ 358 Abs. 3 Satz 3)		289
a) Ratio legis		290
b) Voraussetzungen		291
aa) Zweckbindung		291
bb) Art des Darlehensvertrags (Immobiliardarlehensvertrag?)		292
cc) Grundstücksgleiche Rechte		246
c) Wirtschaftliche Einheit		294
aa) Rollenverhalten des Darlehensgebers		297
bb) Verschaffung durch den Darlehensgeber		298
cc) Förderung des Erwerbs		299
dd) Lösung der wirtschaftlichen Einheit durch Information?		303
ee) Maßgeblicher Zeitpunkt		304
ff) Beweislast und Auskunft		305
d) Rechtsfolgen; Notar		307
IV. Erweiterung des Verbundreglements auf Gesellschaftsverträge, auf zusammenhängende Verträge (§ 360 BGB), auf Nicht-Verbraucherdarlehensverträge		309
1. Gesellschaftsbeitritt zu Kapitalanlage-/Steuerzwecken		309
2. Zusammenhängende Verträge (§ 360 BGB)		311
3. Darlehensverträge zwischen Unternehmer und Verbraucher, die keine Verbraucherdarlehensverträge sind (§ 491 Abs. 2 Satz 2, Abs. 3 Satz 3 BGB), unentgeltliche Darlehensverträge		312
V. Teilweise oder ausgeschlossene Anwendbarkeit des Verbundreglements		313
1. Persönlicher Anwendungsbereich (gemischte Verwendung)		314
2. Zweckbindung		315
a) Widerruf des Darlehensvertrags nach § 358 Abs. 2		315
b) Widerruf des finanzierten Vertrags nach § 358 Abs. 1		317

§ 495   1. Teil. Darlehen und Finanzierungshilfen

	Rn.
3. Spekulationsgeschäfte, §§ 358 Abs. 5, 359 Abs. 2, 1. Var.	318
a) Grundlagen	319
b) Finanzinstrumente gem. § 1 Abs. 11 KWG	323
4. Heilung eines Vollmachtsmangels	324
C. Widerrufserstreckung (§ 358 Abs. 1 und 2 BGB)	325
I. Finanzierung durch Darlehen	325
1. Widerruf des finanzierten Vertrags, § 358 Abs. 1; Wahlrecht des Verbrauchers	326
2. Widerruf des Verbraucherdarlehensvertrags, § 358 Abs. 2; Wahlrecht des Verbrauchers	332
3. Widerruf von Darlehensvertrag und finanziertem Vertrag	337
II. Finanzierung durch Teilzahlungsabrede	338
III. Erweiterung der Widerrufserstreckung auf zusammenhängende Verträge (§ 360 BGB)	339
1. Kennzeichnung	339
2. Begriff des zusammenhängenden Vertrags	340
3. Darlehensvertrag als zusammenhängender Vertrag (§ 360 Abs. 2 Satz 2)	343
4. Rechtsfolgen	344
a) Rückabwicklung	344
b) Einwendungsdurchgriff	345
5. Versicherungsverträge § 9 Abs. 2 VVG	348
IV. Ausschluss der Widerrufserstreckung (isolierter Widerruf?)	349
V. Widerrufsbelehrung, Pflichtangaben nach Art. 247 § 12 EGBGB	350
1. Unwiderruflichkeit des finanzierten Vertrags (§ 358 Abs. 2)	351
a) Unterrichtung im Darlehensvertrag resp. in Textform	353
b) Belehrung im Kauf- oder Leistungsvertrag	354
c) Mitverpflichtung	355
d) Finanzierungsleasing	356
e) Sonstige Belehrungen	357
f) Spekulationsgeschäfte (Finanzinstrumente)	358
2. Widerruflichkeit des finanzierten Vertrags (§ 358 Abs. 1)	359
D. Rückabwicklung nach Widerruf (§ 358 Abs. 4 BGB)	360
I. Erstreckung der Abwicklungsfolgen und Parteien des Rückgewährschuldverhältnisses	361
1. Abwicklung des widerrufenen und des nicht widerrufenen Vertrags	361
2. Unternehmer oder Darlehensgeber als Abwicklungspartei	365
II. Finanzierungskosten (§ 358 Abs. 4 Satz 2 BGB)	366
III. Abwicklungsverhältnis vor Zufluss (Valutierung, § 358 Abs. 4 Satz 5 BGB)	368
1. Maßgeblicher Zeitpunkt	369
2. Begriff des an den Unternehmer geflossenen Darlehens	370
a) Zahlungswege	371
b) Modalitäten, teilweiser Zufluss, Weiterleitung durch Verbraucher	372
3. Abwicklung zwischen Unternehmer und Verbraucher	374
IV. Abwicklungsverhältnis nach Zufluss	375
1. Ansprüche im Verhältnis Bank – Verbraucher	376
a) Rechtsfolgen des Widerrufs; Forderungsdurchgriff; Gesellschaftsbeitritt	376
b) Wahlrecht des Verbrauchers: Inanspruchnahme des Verkäufers?	381
c) Weitergehende Ansprüche	384
2. Ansprüche im Verhältnis Verbraucher – Unternehmer (Verkäufer)	385
3. Ansprüche im Verhältnis Bank – Unternehmer (Verkäufer)	386
a) Regress des Darlehensgebers, Bereicherungsrecht	387
b) Interzession des Unternehmers (Verkäufers) für die Darlehensschuld des Verbrauchers	392

	Rn.
c) Erstattung an den Verkäufer, Sicherungsrechte	393
V. Nichtige Verträge	397
1. Nichtigkeit beider Verträge	398
2. Nichtigkeit des finanzierten Vertrags, Wirksamkeit des Darlehensvertrags	402
3. Nichtigkeit des Darlehensvertrags, Wirksamkeit des finanzierten Vertrags	403
E. Einwendungsdurchgriff (§ 359 BGB)	405
Text § 359 BGB	405
I. Ausgangslage	406
1. Leistungsverweigerungsrecht	406
2. Subsidiarität und Richtlinienkonformität	408
3. Ansprüche gegen Dritte, deliktische Ansprüche	410
II. Wirkungsweise	412
1. Rechtsgestaltung des Verbrauchers gegenüber dem Unternehmer	413
2. Rechtsgestaltung des Verbrauchers gegenüber dem Darlehensgeber	414
a) Die Sichtweise zum finanzierten Fondsbeitritt durch den II. Zivilsenat des BGH	415
b) Subsidiarität nach der Verbraucherkreditrichtlinie	416
3. Unwirksamkeit des finanzierten Geschäfts, Naturalobligationen	417
III. Kein Forderungsdurchgriff. Andere Ansprüche des Verbrauchers gegen den Darlehensgeber ohne Widerruf	418
1. Einwendungs- und Anspruchsdurchgriff	418
a) Ausgangslage	418
b) Zur dogmatischen Begründung eines verbraucherprivatrechtlichen Forderungsdurchgriffs	420
2. Verschulden bei Vertragsverhandlungen im verbundenen Geschäft durch Zurechnung auf den Darlehensgeber	421
3. Anspruch des Verbrauchers gegen die Bank aus Aufklärungspflichtverletzung bei institutionalisiertem Zusammenwirken sowie wegen unterlassener Widerrufsbelehrung	424
4. Schadensersatz durch Naturalrestitution	433
a) Berechnung	433
b) Verjährung	435
5. Anfechtung wegen arglistiger Täuschung	436
6. Beratungsvertrag, Immobilien, Beleihungsunterlagen	438
IV. Gestaltung des Einwendungsdurchgriffs	440
1. Ausgangslage	440
2. Mängelbedingter Rücktritt	441
3. Minderung oder Schadensersatz	446
4. Mängeleinrede	447
5. Sicherheiten	448
a) Akzessorische Sicherheiten	448
b) Nichtakzessorische Sicherheiten	449
6. Insbesondere: Anlage- und Spekulationsgeschäfte	450
7. Produkthaftung	453
V. Bereicherungsrechtliche Rückforderung	454
1. Peremptorische Einrede	455
a) condictio indebiti nach § 813 Abs. 1 Satz 1 BGB	455
aa) Dauernde Einrede aufgrund von § 359 BGB	456
bb) Bestehendes Leistungsverweigerungsrecht im Zeitpunkt der Leistung	457
b) Weitere Folgerungen für die Rückabwicklung	458
2. Dilatorische Einrede	460
VI. Ausnahmen	461
1. Völliger Ausschluss	462
a) Bagatellen, § 359 Abs. 2, 2. Var. BGB	462
b) Finanzinstrumente (§ 359 Abs. 2, 1. Var. BGB)	464

	Rn.
c) Nachträgliche Änderung des finanzierten Vertrags, § 359 Abs. 1 Satz 2	465
aa) Dreipersonenverhältnis	466
bb) Unternehmeridentität	467
2. Dilatorischer Ausschluss (Subsidiaritätsgrundsatz), § 359 Abs. 1 Satz 3	468
a) Mehrere Gewährleistungsrechte	469
b) Fehlschlagen	470
c) Aliud	472

Materialien
Verbraucherkreditrichtlinie 2008/48/EG
Erwägungsgründe

1   (10) ... Ferner könnten die Mitgliedstaaten die Bestimmungen dieser Richtlinie auch auf verbundene Kredite anwenden, die nicht unter die Begriffsbestimmung dieser Richtlinie für verbundene Kreditverträge fallen. Somit könnten die Vorschriften für verbundene Kreditverträge auf Kreditverträge angewendet werden, die nur zum Teil der Finanzierung eines Kauf- oder Dienstleistungsvertrags dienen.

(14) Durch Grundpfandrechte gesicherte Kreditverträge sollten vom Geltungsbereich dieser Richtlinie ausgeschlossen sein ...

(37) Bei verbundenen Kreditverträgen stehen der Erwerb einer Ware oder einer Dienstleistung mit dem zu diesem Zwecke abgeschlossenen Kreditvertrag in einem gegenseitigen Anhängigkeitsverhältnis. Übt der Verbraucher sein Recht auf Widerruf vom Kaufvertrag nach dem Gemeinschaftsrecht aus, so sollte er auch nicht mehr an den damit verbundenen Kreditvertrag gebunden sein. Dies sollte nicht die innerstaatlichen Rechtsvorschriften für verbundene Kreditverträge in den Fällen berühren, in denen ein Kaufvertrag hinfällig geworden ist oder in denen der Verbraucher sein Widerrufsrecht nach innerstaatlichem Recht ausgeübt hat. Ferner sollte dies auch nicht die dem Verbraucher im Rahmen der innerstaatlichen Vorschriften eingeräumten Rechte berühren, wonach zwischen dem Verbraucher und einem Warenlieferanten oder Dienstleistungserbringer weder eine Verpflichtung eingegangen noch eine Zahlung geleistet werden darf, solange der Verbraucher den Kreditvertrag, mit dem der Erwerb der betreffenden Waren oder Dienstleistungen finanziert werden soll, nicht unterzeichnet hat.

(38) Unter bestimmten Bedingungen sollte der Verbraucher die Möglichkeit haben, bei Problemen im Zusammenhang mit dem Kaufvertrag Rechte gegenüber dem Kreditgeber geltend zu machen. Die Mitgliedstaaten sollten jedoch festlegen, in welchem Umfang und unter welchen Bedingungen der Verbraucher seine Rechte gegenüber dem Lieferanten geltend machen muss, insbesondere indem er Klage gegen den Lieferanten erhebt, bevor er diese gegenüber dem Kreditgeber geltend machen kann. Diese Richtlinie sollte nicht dazu führen, dass Verbraucher der Rechte verlustig gehen, die ihnen die innerstaatlichen Rechtsvorschriften über die gesamtschuldnerische Haftung des Verkäufers oder Dienstleistungserbringers und des Kreditgebers einräumen.

Artikel 3

2   Für die Zwecke der Richtlinie bestimmt der Ausdruck
...
(n) „verbundener Kreditvertrag" einen Kreditvertrag, bei dem
i) der betreffende Kredit ausschließlich der Finanzierung eines Vertrags über Lieferung bestimmter Waren oder die Erbringung einer bestimmten Dienstleistung dient und
ii) diese beiden Verträge objektiv betrachtet eine wirtschaftliche Einheit bilden; von einer wirtschaftlichen Einheit ist auszugehen, wenn der Warenlieferant oder der Dienstleistungserbringer den Kredit zugunsten des Verbrauchers finanziert oder wenn sich der Kreditgeber im Falle der Finanzierung durch einen Dritten bei der Vorbereitung oder dem Abschluss des Kreditvertrags der Mitwirkung des Warenlieferanten oder des Dienstleistungserbringers bedient oder wenn im Kreditvertrag ausdrücklich die spezifischen Waren oder die Erbringung einer spezifischen Dienstleistung angegeben sind.

Artikel 10

...

(2) Im Kreditvertrag ist in klarer, prägnanter Form Folgendes anzugeben:

...

(p) das Bestehen oder Nichtbestehen eines Widerrufsrechts sowie die Frist und die anderen Modalitäten für die Ausübung des Widerrufsrechts, einschließlich der Angaben zu der Verpflichtung des Verbrauchers, das in Anspruch genommene Kapital zurückzuzahlen, den Zinsen gemäß Artikel 14 Absatz 3 Buchstabe b und der Höhe der Zinsen pro Tag;

...

Artikel 14

(1) Der Verbraucher kann innerhalb von vierzehn Kalendertagen ohne Angabe von Gründen den Kreditvertrag widerrufen.

Diese Widerrufsfrist beginnt
a) entweder am Tag des Abschlusses des Kreditvertrags oder
b) an dem Tag, an dem der Verbraucher die Vertragsbedingungen und die Informationen gemäß Artikel 10 erhält, sofern dieser nach dem in Buchstabe a des vorliegenden Unterabsatzes genannten Datum liegt.

(2) Sofern bei verbundenen Kreditverträgen nach der Begriffsbestimmung in Artikel 3 Buchstabe n das bei Inkrafttreten der Richtlinie geltende innerstaatliche Recht bereits vorsieht, dass die Mittel dem Verbraucher nicht vor Ablauf einer speziellen Frist bereitgestellt werden dürfen, können die Mitgliedstaaten ausnahmsweise vorsehen, dass die in Absatz 1 genannte Frist auf ausdrücklichen Wunsch des Verbrauchers auf diese spezielle Frist verkürzt werden kann.

(3) Übt der Verbraucher sein Widerrufsrecht aus, so
a) erklärt er den Widerruf, um diesen vor Ablauf der in Absatz 1 genannten Frist wirksam werden zu lassen, gegenüber dem Kreditgeber entsprechend den Informationen, die der Kreditgeber ihm gemäß Artikel 10 Absatz 2 Buchstabe p gegeben hat, in einer Weise, die einen Nachweis nach Maßgabe des innerstaatlichen Rechts ermöglicht. Die Widerrufsfrist gilt als gewahrt, wenn diese Mitteilung, sofern sie auf Papier oder einem anderen dauerhaften Datenträger erfolgt, der dem Kreditgeber zur Verfügung steht und zu dem er Zugang hat, vor Fristablauf abgesandt wird, und
b) zahlt er dem Kreditgeber unverzüglich, spätestens jedoch binnen 30 Kalendertagen nach Absendung der Widerrufserklärung an den Kreditgeber das Darlehen einschließlich der ab dem Zeitpunkt der Inanspruchnahme des Kredits bis zum Zeitpunkt der Rückzahlung des Darlehens aufgelaufenen Zinsen zurück. Die Zinsen sind auf der Grundlage des vereinbarten Sollzinssatzes zu berechnen. Der Kreditgeber hat im Falle des Widerrufs keinen Anspruch auf Ausnahme weitere vom Verbraucher zu leistende Entschädigungen, mit Ausnahme von Entschädigungen für Entgelte, die der Kreditgeber an Behörden entrichtet hat und nicht zurückverlangen kann.

(4) Wird eine Nebenleistung im Zusammenhang mit dem Kreditvertrag vom Kreditgeber oder von einem Dritten aufgrund einer Vereinbarung zwischen dem Dritten und dem Kreditgeber erbracht, so ist der Verbraucher nicht mehr an die Vereinbarung über die Nebenleistung gebunden, wenn er sein Recht auf Widerruf vom Kreditvertrag gemäß diesem Artikel ausübt.

(5) Verfügt der Verbraucher über ein Widerrufsrecht gemäß den Absätzen 1, 3 und 4, so finden Artikel 6 und 7 der Richtlinie 2002/65/EG und Artikel 5 der Richtlinie 85/577/EWG des Rates vom 20. Dezember 1985 betreffend den Verbraucherschutz im Falle von außerhalb von Geschäftsräumen geschlossenen Verträgen keine Anwendung.

(6) Die Mitgliedstaaten können vorsehen, dass die Absätze 1 bis 4 nicht für Kreditverträge gelten, die nach geltenden Rechtsvorschriften unter Mitwirkung eines Notars geschlossen werden müssen, sofern der Notar bestätigt, dass die Rechte des Verbrauchers gemäß den Artikeln 5 und 10 gewahrt sind.

(7) Dieser Artikel berührt nicht innerstaatliche Rechtsvorschriften, die eine Frist vorsehen, innerhalb derer die Ausführung des Vertrags nicht beginnen kann.

Artikel 15

4 (1) Hat der Verbraucher ein Recht auf Widerruf von einem Vertrag über die Lieferung von Waren oder die Erbringung von Dienstleistungen ausgeübt, das auf Gemeinschaftsrecht beruht, so ist er an einem damit verbundenen Kreditvertrag nicht mehr gebunden.

(2) Werden die unter einen verbundenen Kreditvertrag fallenden Waren oder Dienstleistungen nicht oder nur teilweise geliefert oder entsprechen sie nicht dem Warenlieferungs- oder Dienstleistungsvertrag, so kann der Verbraucher Rechte gegen den Kreditgeber geltend machen, wenn er nach den geltenden Rechtsvorschriften oder den Bestimmungen des Warenlieferungs- oder Dienstleistungsvertrags seine Rechte gegen den Lieferanten oder den Dienstleistungserbringer geltend gemacht hat, diese aber nicht durchsetzen konnte. Die Mitgliedstaaten bestimmen, in welchem Maße und unter welchen Bedingungen diese Rechtsmittel ausgeübt werden können.

(3) Dieser Artikel gilt unbeschadet innerstaatlicher Rechtsvorschriften, nach denen ein Kreditgeber gegenüber jeglichen Ansprüchen, die der Verbraucher gegen den Lieferanten bzw. Dienstleistungserbringer haben könnte, als Gesamtschuldner verpflichtet ist, wenn der Erwerb von Waren oder Dienstleistungen vom Lieferanten über einen Kreditvertrag finanziert wird.

5 **Verbraucherrechte-Richtlinie 2011/83/EU**

Artikel 9

Widerrufsrecht

(1) Sofern nicht eine der Ausnahmen gemäß Artikel 16 Anwendung findet, steht dem Verbraucher eine Frist von 14 Tagen zu, in der er einen Fernabsatz- oder einen außerhalb von Geschäftsräumen geschlossenen Vertrag ohne Angabe von Gründen und ohne andere Kosten als in Artikel 13 Absatz 2 und Artikel 14 vorgesehen widerrufen kann.

6 *Artikel 11*

Ausübung des Widerrufsrechts

(1) Der Verbraucher informiert den Unternehmer vor Ablauf der Widerrufsfrist über seinen Entschluss, den Vertrag zu widerrufen. Der Verbraucher kann zu diesem Zweck entweder
a) das Muster-Widerrufformular des Anhangs I Teil B verwenden oder
b) eine entsprechende Erklärung in beliebiger anderer Form abgeben, aus der sein Entschluss zum Widerruf des Vertrags eindeutig hervorgeht.

7 *Artikel 12*

Wirkungen des Widerrufs

Mit der Ausübung des Widerrufsrechts enden die Verpflichtungen der Vertragsparteien …

8 *Artikel 15*

Wirkungen der Ausübung des Widerrufsrechts auf akzessorische Verträge

(1) Unbeschadet des Artikels 15 der Richtlinie 2008/48/EG … über Verbraucherkreditverträge werden, wenn der Verbraucher sein Recht auf Widerruf eines im Fernabsatz oder außerhalb von Geschäftsräumen geschlossenen Vertrags gemäß den Artikeln 9 bis 14 dieser Richtlinie ausübt, auch alle akzessorischen Verträge automatisch beendet, ohne dass den Verbraucher dafür Kosten entstehen dürfen, außer solchen, die gemäß Artikel 13 Absatz 2 und Artikel 14 dieser Richtlinie vorgesehen sind.

Wohnimmobilien-Verbraucherkreditvertragsrichtlinie 2014/17/EU

8a *Artikel 14*

Vorvertragliche Informationen

(6) Die Mitgliedstaaten legen eine Frist von mindestens sieben Tagen fest, die dem Verbraucher ausreichend Zeit gibt, um die Angebote zu vergleichen, ihre Auswirkungen zu bewerten und eine fundierte Entscheidung zu treffen.

Widerrufsrecht 9–12 § 495 (§ 355)

Die Mitgliedstaaten legen fest, dass es sich bei der Frist nach Unterabsatz 1 entweder um eine Bedenkzeit vor Abschluss des Kreditvertrags oder um einen Zeitraum handelt, in dem nach Abschluss des Kreditvertrags ein Widerrufsrecht besteht, oder beides.
Legt ein Mitgliedstaat eine Bedenkzeit vor dem Abschluss eines Kreditvertrags fest, a) so bleibt das Angebot während dieses Zeitraums für den Kreditgeber verbindlich und b) kann der Verbraucher das Angebot während dieses Zeitraums jederzeit annehmen.
Die Mitgliedstaaten können vorsehen, dass Verbraucher das Angebot während eines Zeitraums nicht annehmen können, der die ersten zehn Tage der Bedenkzeit nicht überschreiten darf.
...

Begründung RegE zum FernAbsG, BT-Drucks. 14/2658, S. 42

Es war zunächst erwogen worden, das Widerrufsrecht für Fernabsatzverträge in die vorhandenen Konstruktionsmuster anzupassen: Fernunterrichtsverträge sollten dem Muster des Fernunterrichtsgesetzes, Teilzeit-Wohnrechteverträge dem Muster des Teilzeit-Wohnrechtegesetzes und alle Übrigen dem mehrheitlich gebräuchlichen Muster des Gesetzes über den Widerruf von Haustürgeschäften und anderen Geschäften folgen. Dieses Modell hat Kritik erfahren. Es ist die Ansicht vertreten worden, das Widerrufsrecht müsse bzw. solle als Rücktrittsrecht ausgestaltet werden (*Heinrichs* Festschrift für Medicus, S. 177 ff.; *Bülow* ZIP 1999, 1293 ff.). ... **9**

Begründung RegE zum VerbrRechteRil-UmsetzungsG, BR-Druck. 817/12, S. 96 **10**

Änderung des Untertitels 2 in Buch 2 Abschnitt 3 Tiel 5: Der Untertitel enthält die grundlegenden Bestimmungen zum Widerrufsrecht sowie zu den Widerrufsfolgen bei Verbraucherverträgen. Aufgrund der Vorgaben der Richtlinie ist der Untertitel insgesamt neu zu fassen und an die Richtlinie anzupassen. So muss das bisher anstelle des Widerrufsrechts mögliche Rückgaberecht entfallen, da dieses in der Richtlinie nicht vorgesehen ist. Der Untertitel enthält die grundsätzlich abschließenden Regelungen zur Rückabwicklung des widerrufenen Vertrags; eine Bezugnahme auf die Rücktrittsregelungen entfällt. § 355 BGB normiert die alle Verbraucherverträge betreffenden Regelungen zum Widerrufsrecht. Ihm folgen mit den §§ 356 bis 356c bzw. den §§ 357 bis 357c Sonderregelungen für die Widerrufsfrist bzw. die Rechtsfolgen nach Widerruf im Hinblick auf einzelne Verbraucherverträge des BGB. Die bislang bei den einzelnen Vertragstypen normierten Regelungen werden nun an einer zentralen Stelle zusammengefasst ...

Rechtsausschuss, BT-Drucks. 17/13951, S. 112, zu § 360 Abs. 2 Satz 2: ... Nach **11**
Art. 15 Absatz 2 der Verbraucherkreditrichtlinie können die Mitgliedstaaten bestimmen, unter welchen Bedingungen der Einwendungsdurchgriff ausgeübt werden kann. Hiervon ist auch der vollständige Ausschluss des Einwendungsdurchgriffs umfasst. Auch die Entstehungsgeschichte der Vorschrift spricht für eine solche Auslegung. Der Einwendungsdurchgriff bei „angegebenen Verträgen" beruht auf einem Vorschlag des Europäischen Parlaments. Hiernach sollte die Voraussetzung, dass der betreffende Kredit ausschließlich der Finanzierung eines Vertrags über die Lieferung bestimmter Waren oder der Erbringung bestimmter Dienstleistungen dient, aus Gründen der Rechtssicherheit weiter eingeschränkt werden. Der Rat hat diese Einschränkung zunächst abgelehnt. Im Zuge der Trilogverhandlungen ist diese Passage dann eingefügt worden, jedoch nicht als Einschränkung, sondern als weiterer eigenständiger Grundfall für eine wirtschaftliche Einheit. Aus der intendierten Einschränkung ist damit eine sachlich nicht angebrachte Ausdehnung des verbundenen Geschäfts geworden, ohne dass dies erkennbar gewollt gewesen sein ...

Kommentierung

Einleitung: Widerruf und verbundene Geschäfte

Die verbraucherkreditrechtliche Widerrufsvorschrift von § 495 BGB füllt die **12**
Blankettnorm von § 355 Abs. 1 BGB aus. Die Rechtsfolgen des Widerrufs richten sich nach §§ 355 Abs. 3, 357a Abs. 1, 3 und 4 BGB. Diese Vorschriften sind zur

vollständigen Erfassung des Widerrufsreglements aus verbraucherkreditrechtlicher Sicht mit zu erörtern. Zur vollständigen Erfassung gehören außerdem Voraussetzungen und Rechtsfolgen des Widerrufs für den Fall des verbundenen Geschäfts, das seinen traditionellen Standort mit § 9 VerbrKrG gerade im Verbraucherkreditrecht hatte. Eingebunden in die Kommentierung zu § 495 BGB ist als Folge dessen das Widerrufsrecht aus § 495 mit §§ 355, 356b iVm Art. 247 § 6 Abs. 2, § 12 EGBGB und 357a BGB in einem Ersten Abschnitt und das System der verbundenen Geschäfte aus § 358 BGB einschließlich des Einwendungsdurchgriffs nach § 359 BGB und der zusammenhängenden Verträge nach § 360 sowie Probleme gescheiterter Vermögensanlagen in einem Zweiten Abschnitt.

1. Abschnitt
Widerrufsrecht

13   Das verbraucherkreditrechtliche Widerrufsrecht führt die Tradition von § 1b AbzG fort, die durch die zweite Verbraucherkreditrichtlinie 2008/48/EG (→ Einf. Rn. 7) – im Gegensatz zu ihrer Vorgängerin 87/102/EWG – in Art. 14 (→ Rn. 3) aufgegriffen wurde.

14   Die dogmatische Konstruktion des Widerrufsrechts war im Zuge der Umsetzung der Fernabsatzrichtlinie grundlegend neu gestaltet worden. Während nach § 7 Abs. 1 VerbrKrG die auf den Abschluss des Kreditvertrages gerichtete Willenserklärung des Verbrauchers erst wirksam wurde, wenn der Verbraucher sie nicht rechtzeitig widerrief, der Vertrag bis dahin also schwebend unwirksam war, folgt die seit dem 1.10.2000 geltende Regelung (→ Einf. Rn. 17) dem Konzept der schwebenden Wirksamkeit. Danach ist der Verbraucher an seine Willenserklärung nicht mehr gebunden, wenn er sie fristgerecht widerruft. Dieses so konzipierte Widerrufsrecht ist in § 355 Abs. 1 BGB niedergelegt. Die Vorschrift selbst räumt dem Verbraucher das Widerrufsrecht allerdings nicht ein, sondern ist eine Blankettnorm, die erst durch besondere Vorschriften aufzufüllen ist. Eine solche besondere Vorschrift ist für Verbraucherdarlehen § 495, für Finanzierungshilfen der Verweis in § 506 Abs. 1 BGB.

A. Loslösung vom Vertrag: Widerrufsrecht

15   Während die Formvorschrift aus § 492 BGB Warn- und Informationsfunktion hat, den Verbraucher also bei seiner Entscheidung unterstützen will, ob er sich überhaupt auf das Kreditgeschäft einlässt, soll ihm das Widerrufsrecht die Möglichkeit geben, sich darüber hinaus und nachträglich vom Vertrag loszusagen zu können. Der Verbraucher erhält angesichts der Kompliziertheit der Vertragsmaterie die Möglichkeit, die wirtschaftliche Bedeutung und die Schwierigkeiten des Geschäfts noch nach Vertragsschluss auszuloten, um erst dann seine endgültige Entscheidung zu treffen, oder anders gewendet: Es werden durch Information und Einräumung einer Überlegungsfrist potenzielle Störungen von Vertragsparität kompensiert und dadurch die Voraussetzungen für eine selbstverantwortliche Entscheidung,[1] für die Ausübung von Privatautonomie überhaupt,[2] geschaffen.

---

[1] So treffend *Fuchs* AcP 196 (1996), 313 (351); *Artz* Verbraucher als Kreditnehmer, S. 58 ff.; skeptisch *Bungeroth* FS Schimansky, S. 279 (290: Ersatzlose Streichung de lege ferenda).
[2] *Bülow* FS Söllner, S. 189 (190).

I. Widerruf und schwebende Wirksamkeit

Dem Verbraucher als Partei eines Kreditvertrags steht ein Widerrufsrecht nach § 355 BGB zu. § 495 Abs. 1 BGB füllt die in § 355 liegende Blankettnorm (→ Rn. 14) aus. Das Widerrufsrecht setzt voraus, dass der Vertrag, dessen Verbindlichkeit beendet werden kann, in den persönlichen und sachlichen Anwendungsbereich von §§ 491 Abs. 1 (→ § 495 Rn. 37, 101), 506 Abs. 1 (→ § 506 Rn. 113) resp. § 513 fällt und dass der Vertrag formwirksam nach § 492 iVm Art. 247 EGBGB zustande gekommen (→ § 492 Rn. 17) oder doch nach § 494 geheilt worden war (→ § 494 Rn. 31). Widerruflich sind seit dem 2.11.2002 auch Immobiliar-Kreditverträge. Ausgeschlossen ist das Widerrufsrecht dagegen für Umschuldungs- und Überziehungskredite nach § 495 Abs. 2 Nr. 1 und 3 (→ Rn. 177 ff.), wobei im Falle von Immobiliar-Kreditverträgen an die Stelle des Widerrufsrechts die **Bedenkzeit** nach § 495 Abs. 3 tritt (→ Rn. 183a). Begriff und Wesen des Widerrufsrechts folgen aus

§ 355 Abs. 1 Satz 1 BGB
Wird einem Verbraucher durch Gesetz ein Widerrufsrecht nach dieser Vorschrift eingeräumt, so sind der Verbraucher und der Unternehmer an ihre auf den Abschluss des Vertrags gerichteten Willenserklärungen nicht mehr gebunden, wenn der Verbraucher seine Willenserklärung fristgerecht widerrufen hat.

1. Sofortige Vertragswirksamkeit, Erfüllungs- und Gewährleistungsansprüche

Anders als nach dem früher geltenden Konzept der schwebenden Unwirksamkeit (→ Rn. 14) ist der Verbraucherdarlehensvertrag sofort wirksam, wenn die Form nach § 492 gewahrt oder doch Heilung nach § 494 Abs. 2 eingetreten ist. Sowohl die Willenserklärung des Darlehensgebers wie die Willenserklärung des Verbrauchers sind verbindlich. Allerdings endet die Verbindlichkeit der beiderseitigen Willenserklärungen, wenn der Verbraucher rechtzeitig widerruft. Bis zum Ablauf der Widerrufsfrist (→ Rn. 160 ff.) befindet sich der Vertrag deshalb, bildlich gesprochen, in der Schwebe, an den sich die Unwirksamkeit der Vertragserklärungen und damit des Darlehensvertrags anschließen kann. Der Vertrag kann als schwebend wirksam beschrieben[3] werden, und er wird durch fristgerechten Widerruf endgültig und unheilbar unwirksam. Er könnte nur durch Neuvornahme wieder zustandekommen. Waren vor dem Widerruf bereits Leistungen erbracht worden oder werden solche trotz Widerrufs noch erbracht, sind sie nach Maßgabe von §§ 355 Abs. 3, 357a BGB zurückzugewähren (→ Rn. 184 ff.).

Aus der Wirksamkeit des Vertrags, die erst nachträglich durch Widerruf wegfallen kann, folgt, dass daraus im Zweifel (§ 271 Abs. 1 BGB) sofort Erfüllungsansprüche entstehen, sowohl für Darlehensgeber wie für Verbraucher, die ggf. gem. § 320 BGB Zug um Zug zu befriedigen sind. Diese Folgerung aus der schwebenden Wirksamkeit des Vertrages ist überhaupt gesetzgeberischer Anlass für den Wechsel vom Konzept der schwebenden Unwirksamkeit gewesen, weil Art. 7 Fernabsatzrichtlinie (→ Rn. 14) Erfüllungsansprüche vorschreibt, die bei

---

[3] Um mehr als eine Beschreibung handelt es sich nicht, so dass Schlussfolgerungen, die sich um ein „Rechtsinstitut der schwebenden Wirksamkeit" ranken (zB auf Rückwirkung), *Chr. Schäfer* Jura 2004, 793 (797), von vornherein scheitern.

§ 495 (§ 355) 19–21   1. Teil. Darlehen und Finanzierungshilfen

schwebender Unwirksamkeit nicht begründbar gewesen wären.[4] Der Verbraucher hat also Anspruch auf Darlehensauszahlung und im gegebenen Falle auf Schadensersatz statt der Leistung.[5]

19   Sofern zu erwägen sein sollte, dem Verbraucher im Hinblick auf die an den Darlehensgeber zu erbringende Leistung, also das Kapitalnutzungsentgelt als Preis, eine dilatorische **Einrede der Widerruflichkeit** zuzubilligen,[6] solange die Widerrufsfrist noch nicht abgelaufen ist, sind deren Voraussetzungen in Bezug auf einen Kreditvertrag **nicht** erfüllt. Die Einrede kann nämlich überhaupt nur dann in Betracht kommen, wenn die Leistung des Unternehmers den Zweck hat, dem Verbraucher die Prüfung der bestellten Sache, der Dienst- oder Werkleistung zu ermöglichen, wodurch er die Entscheidungsgrundlage über die Wahrnehmung seines Widerrufsrechts erlangt, wie etwa im Falle eines Fernabsatzgeschäfts oder eines Fernunterrichtsvertrages. Das Widerrufsrecht, das sich auf einen Kreditvertrag bezieht, hat dagegen den Zweck, die Vertragsbedingungen analysieren zu können, die dem Verbraucher aufgrund der ausgehändigten Vertragsabschrift (→ § 492 Abs. 3 Satz 1 Rn. 46) unabhängig von der Leistung des Unternehmers mitgeteilt worden sind.[7]

Diese Leistung ist dem Verbraucher von Anfang an bekannt und bedarf keiner Prüfung; die Prüfung gilt allein den Vertragsbedingungen. Deshalb wäre beispielsweise eine vereinbarte Antragsgebühr vom Verbraucher sofort (§ 271 Abs. 1 BGB) zu erbringen.

20   Gegenstand des Widerrufs ist die auf den Abschluss des Darlehensvertrages (resp. eines Schuldbeitrittsvertrages, → Rn. 63) gerichtete Willenserklärung des Verbrauchers. Die Erteilung einer Kreditvollmacht, mittels derer der Bevollmächtigte den Darlehensvertrag im Namen des Verbrauchers noch abschließen soll, ist deshalb – jenseits der Frage ihrer Formbedürftigkeit (→ § 492 Rn. 67 ff.) – nicht nach § 495 Abs. 1 BGB widerruflich,[8] sondern erst die vom Vertreter im Namen des Verbrauchers gegenüber dem Darlehensgeber abgegebene Vertragserklärung. Widerrufsberechtigt ist der Verbraucher, nicht der Vertreter, wenn diesem nicht auch Vollmacht zum Widerruf erteilt worden war. Nach früherem Recht konnte sich allerdings die Widerruflichkeit der in einer Haustürsituation erteilten Vollmacht nach § 312 BGB aF in Fällen ergeben, in denen das verbraucherdarlehensrechtliche Widerrufsrecht ausgeschlossen war (→ Voraufl. – 7. Aufl. – § 492 BGB Rn. 74).

2. Rechtsnatur des Widerrufsrechts

21   Der Widerruf des Verbrauchers ändert die Rechtslage. Der bis dahin wirksame Vertrag fällt in seiner bisherigen Gestalt weg, indem der Verbraucher und der

---

[4] *Bülow* ZIP 1999, 1293; *Artz* VuR 1999, 249; *Reich/Micklitz* BB 1999, 2093 (2094); *Waldenberger* K&R 1999, 345 (349); *Heinrichs* FS Medicus, S. 177 (190).

[5] Entgegengesetzt bei schwebender Unwirksamkeit: BGHZ 131, 82 (84); 119, 283 (298 ff.) mit Komm. *Berg-Grünenwald* EWiR § 34 GWB 2/92, 1101; BGH NJW 1996, 2367 zu II. 3. a.; *Ollmann* WM 1992, 2005 (2007); *Fuchs* AcP 196 (1996), 313 (345/346); *Bülow* FS Söllner, S. 189 (191).

[6] *Gernhuber* WM 1998, 1797 (1804).

[7] Nicht differenzierend *Larenz/Wolf* § 39 Rn. 28; Palandt/*Grüneberg* § 355 BGB Rn. 4; AnwKomm/*Ring* § 355 BGB Rn. 21; wie hier MüKoBGB/*Schürnbrand* § 491 BGB Rn. 1.

[8] Zutreffend *Masuch* ZIP 2001, 143 (147).

Widerrufsrecht 22, 23 § 495 (§ 355)

Unternehmer an ihre Vertragserklärungen nicht mehr gebunden sind. Ohne Bindung gibt es keinen dieser Gestalt entsprechenden Vertrag, an die Stelle des Vertrags tritt das Rückabwicklungsverhältnis nach §§ 355 Abs. 3, 357 ff. BGB. Hatte der Verbraucher ein Vertragsangebot nach § 145 BGB abgegeben, das der Darlehensgeber noch nicht angenommen hatte, endet die Bindung an den Antrag (während das Vertragsangebot, das dem Darlehensgeber noch nicht zugegangen war, jenseits von § 355 nach der allgemeinen Regel von § 130 Abs. 1 Satz 2 BGB widerrufen werden kann;[9] keine Bindung begründet die *invitatio ad offerendum* des Verbrauchers[10]). Aus diesen Wirkungen des Widerrufs folgt, dass es sich beim Widerrufsrecht um ein **Gestaltungsrecht** handelt, dessen Ausübung eine rechtsvernichtende Einwendung des Verbrauchers begründet. Die auf der Grundlage der schwebenden Unwirksamkeit nach § 7 Abs. 1 VerbrKrG aF erörterten Zweifel[11] an der Qualität des Widerrufsrechts als Gestaltungsrecht sind durch das Konzept der schwebenden Wirksamkeit obsolet geworden.

Die Wirkung des ausgeübten Gestaltungsrechts entspricht zunächst dem Modell der auflösenden Bedingung nach § 158 Abs. 2 BGB.[12] Indem die Rechtsbedingung von der Willkür einer der Vertragsparteien, nämlich des Verbrauchers, abhängt, kann dessen Verhalten zutreffend[13] als gesetzliche Potestativ-(Wollens-)bedingung, also als **auflösende Rechtsbedingung,** charakterisiert werden, wie dies auch für den insoweit vergleichbaren Kauf auf Probe (§ 454 Abs. 1 Satz 2 BGB) gilt. Daraus folgt zugleich, dass die Wirkung des Widerrufs ex nunc, nicht ex tunc eintritt. Die **Nichtausübung** des Widerrufsrechts innerhalb der Frist entspricht dem Ausfall der auflösenden Rechtsbedingung, sodass der Kreditvertrag endgültig wirksam bleibt. Im Unterschied zum Modell der auflösenden Rechtsbedingung fällt der Vertrag durch den Widerruf aber nicht weg, sondern setzt sich als Abwicklungsverhältnis nach §§ 355 Abs. 3, 357 ff. BGB fort. 22

Nach der in den Materialien zum Ausdruck gekommenen gesetzgeberischen Vorstellung (→ Rn. 9) stehe der Zustand der schwebenden Wirksamkeit (→ Rn. 17) im Gegensatz zu einer Rücktrittslage, Widerrufsrecht und Rücktrittsrecht seien folglich verschiedenartige Gestaltungsrechte. Dem ist nicht zu folgen. Der Unterschied mag zwar dadurch in Betracht zu ziehen sein, dass der Widerruf nach dem Modell der auflösenden Rechtsbedingung den zunächst wirksam zustande gekommenen Vertrag *ex nunc*[14] beseitigt, während nach hM[15] 23

---

[9] *Häsemeyer* FS Jayme, S. 1435 (1444).
[10] Vgl. AG Butzbach VuR 2003, 34; Abgrenzung zum Verzicht nach § 151 BGB (oben § 492 Rn. 35): BGHZ 160, 393 (396) = NJW 2004, 3699 mit krit. Anm. *Schulte-Nölke* LMK 2005, 20.
[11] BGHZ 135, 82 zu II. 1.; krit. *Gernhuber* WM 1998, 1797 (1801), *Mankowski* WM 2001, 793 (800 f.); resümierend *v. Koppenfels* WM 2001, 1360 (1362); *Berger* Jura 2001, 289 (291 f.); *Erman/Saenger* § 355 Rn. 5.
[12] Wir verdanken es der Belehrung von *Gernhuber* WM 1998, 1797 (1804), dass es sich bei der Ausübung des Widerrufs natürlich nicht um eine echte auflösende Bedingung, sondern um eine Rechtsbedingung handelt.
[13] *Certa* Widerruf, S. 119 ff.; *Sparmann,* Kauf auf Probe, S. 241 ff., auch *Knütel* AcP 185 (1985), 309 (315) sowie – obiter dictum bei Erörterung des TzWrG (→ Rn. 66) – auch *Martinek* NJW 1997, 1393 (1396).
[14] Deshalb kommt ein gesetzlicher Verweis auf § 142 BGB nicht in Betracht, was *Härting* VuR 2001, 11 übersieht.
[15] Nach alter Lehre und Rechtsprechung führt der Rücktritt dagegen zur rückwirkenden Aufhebung des Vertragsverhältnisses (ex tunc), RGZ 50, 255 (266); 75, 199 (201);

§ 495 (§ 355) 24   1. Teil. Darlehen und Finanzierungshilfen

der Rücktritt den Vertrag aufrechterhält, ihm aber ein neues Ziel, nämlich die Rückabwicklung anstelle der Leistungsbewirkung, gibt.[16] Es mag deshalb zu erwägen sein, das Rückabwicklungsverhältnis, das aufgrund vertragsbeseitigenden Widerrufs anstelle des Vertrags entsteht, als besonders ausgestaltetes Bereicherungsverhältnis und lex specialis zu §§ 812 ff. BGB anzusehen, so der BGH,[17] wenngleich die Wirkung *ex nunc* dem Rücktritt und nicht der Kondiktion entspricht. Bezogen auf die gegenseitigen Leistungspflichten besteht der Zustand schwebender Wirksamkeit jedoch gleichermaßen in einem unter Rücktrittsvorbehalt stehenden Vertrag. Mit der Rücktrittserklärung erlöschen die Leistungspflichten ebenso wie sie durch den Widerruf erlöschen; hierin liegt die sog. dingliche Wirkung des Rücktritts.[18] Das durch den Widerruf entstehende Rückabwicklungsverhältnis nach § 355 Abs. 3 Satz 1 BGB entspricht demjenigen aus § 346 Abs. 1 über den Rücktritt[19] und richtet sich nach Bereicherungsrecht,[20] namentlich eine Beschränkung auf die vorhandene Bereicherung (§ 818 Abs. 3 BGB) gibt es nicht; weitergehende Ansprüche, gerade auch aus Kondiktion, sind gem. §§ 357a Abs. 4, 357 Abs. 10 BGB ausgeschlossen (→ Rn. 209). Abweichungen von Rücktrittsvorschriften sind durch §§ 357 ff. BGB besonders bestimmt. Der Wegfall des Kreditvertrags nach dem Modell der auflösenden Bedingung hat für die Rechtsvorschriften, welche die Rückabwicklung regeln, also keine Bedeutung. Die mit dem Widerruf verbundene schwebende Wirksamkeit stellt deshalb keine eigenständige dogmatische Kategorie dar. Es zeigt sich vielmehr, dass die Umschreibung der Widerrufslage mit schwebender Wirksamkeit auch auf eine Rücktrittslage zutrifft. Als Folge dessen ist das Widerrufsrecht als ein in Voraussetzungen und Folgen besonders ausgestaltetes *ex nunc* entstehendes **gesetzliches Rücktrittsrecht** zu begreifen. Da die Bindungen der Parteien an ihre Vertragserklärungen enden, gilt dies auch für das Einverständnis des Verbrauchers zur **Einbeziehung der AGB** des Unternehmers nach § 305 Abs. 2 BGB. Für das Rückabwicklungsverhältnis gelten also keine AGB, sondern es gilt das Gesetz.

24 Seiner Natur als Gestaltungsrecht entsprechend ist die Ausübung des Widerrufsrechts **bedingungsfeindlich.**[21] Eine nur **teilweise** Ausübung, etwa beschränkt auf einen Teil der Darlehensvaluta, kommt **nicht** in Betracht. Denkbar

---

Enneccerus/Nipperdey AT BGB, § 194 III. 2. (S. 1189); *Schmidlin* FS Mayer-Maly, S. 677 (685) sodass das Rückabwicklungsverhältnis als nichts anderes als ein Bereicherungsverhältnis zu begreifen war.
[16] BT-Drucks. 14/6040, S. 191; Staudinger/*Kaiser* vor § 346 BGB Rn. 67; *Ehmann/Sutschet*, Modernisiertes Schuldrecht, S. 135; BGH ZGS 2008, 101 Tz. 10; NJW 1998, 3268 zu III. 1.a. mit zust. Anm. *Otto* LM Nr. 44 zu § 286 BGB.
[17] BGHZ 131, 82 (87), auf der Grundlage des Konzepts der schwebenden *Un*wirksamkeit (vorst. Rn. 14), mit Anm. *Gottwald/Honold* JZ 1996, 577, Komm. *Ernst* EWiR § 1 HWiG 4/96, 515 und Rezension *Wichard* JuS 1998, 112.
[18] *Ehmann/Sutschet* Modernisiertes Schuldrecht, S. 135.
[19] Die seit dem 13.6.2014 nicht mehr bestehende Bezugnahme auf die Rücktrittsvorschriften und die abschließenden Regelungen zur Rückabwicklung des widerrufenen Vertrags haben allein Praktikabilitätsgründe, lassen aber nicht etwa einen Paradigmenwechsel erkennen, s. BR-Drucks.817/12, S. 53, 97.
[20] Das bedeutet natürlich keinen Schluss von der Rechtsfolgenseite auf die Rechtsnatur, gegen *Mankowski* Beseitigungsrechte, S. 53; *Reiner* AcP 203 (2003), 1 (30), sondern bestätigt die zuvor gefundene Analyse.
[21] Für Kündigung: *BAG* NJW 2001, 3355.

ist jedoch ein **hilfsweise** erklärter Widerruf nach hauptsächlich geltend gemachten anderen rechtsvernichtenden oder auch rechtshindernden (zB § 138 BGB) Einwendungen, wie dies auch für die Eventualaufrechnung gilt.[22] Im Falle eines gemischten Vertrages, also mit doppeltem Zweck ohne Überwiegen des unternehmerischen Anteils (→ Einf. Rn. 48 und → § 491 Rn. 134, 135), bezieht sich der Widerruf auf den gesamten Vertrag; im Falle eines Darlehens, das nur teilweise der Finanzierung eines Kauf- oder Leistungsvertrags dient, ist das durch § 358 Abs. 2 bestimmte Widerrufsrecht ebenfalls unteilbar (→ Rn. 315). Jedoch ist eine dem Verbraucher zum Vorteil gereichende Vereinbarung über die Zulässigkeit eines teilweisen Widerrufs im Hinblick auf § 511 Satz 1 wirksam (→ § 511 Rn. 3).[23]

3. Rechtsmissbrauch, Verwirkung?

Das Gesetz legt den Widerruf in die Willkür des Verbrauchers, welcher der Darlehensgeber auf der anderen Seite ausgeliefert ist. Weil dem so ist, kommt der Einwand des **Rechtsmissbrauchs** im Allgemeinen **nicht** in Betracht[24] (→ Rn. 153) und ebenso wenig ein Schadensersatzanspruch des Darlehensgebers gegen den Verbraucher unter dem Gesichtspunkt des Verschuldens bei Vertragsschluss (**c.i.c.**, § 311 Abs. 2 Nr. 1 BGB).[25] Im Besonderen mag an einen Rechtsmissbrauch in Fällen zu denken sein, in denen Verbraucher eine Vielzahl von Fernabsatz- und Außergeschäftsraumgeschäften über ein einziges zu erwerbendes Gut abschließen und bereits bei der Bestellung und nicht erst nachträglich den Entschluss gefasst haben, alle Geschäfte bis auf eines zu widerrufen;[26] oder bei Widerruf des Erwerbs einer spekulativen und risikobehafteten Anlage, nachdem sie sich aus steuerlicher Sicht als nicht so erfolgreich wie gewünscht erwies und wofür Mängel der Widerrufsunterrichtung irrelevant gewesen waren;[27] oder wenn der Verbraucher erklärt, vom Widerruf gegen einen Preisnachlass abzusehen.[28] Bei der nachträglichen Finanzierung eines bereits zuvor wirksam abgeschlossenen Kauf- oder Leistungsvertrags durch einen Dritten treten die Rechtsfolgen von § 358 Abs. 2 nicht ein (näher → § 491 Rn. 140), sodass ein Rechtsmissbrauch nicht bemüht zu werden braucht.[29]

Da der Widerruf die Rechtslage gestaltet, indem der Darlehensvertrag endgültig seine Wirksamkeit verliert, ist er selbst nicht widerruflich oder sonst aufhebbar, sodass der Darlehensvertrag unwirksam bleibt. Die Parteien können die Wirkung des Darlehensvertrags nur dadurch herbeiführen, dass sie ihn erneut in

---

[22] MüKoBGB/*Fritsche* § 355 BGB Rn. 41.
[23] Zutreffend *Münstermann/Hannes* § 7 VerbrKrG Rn. 339; *Bruchner/Ott/Wagner-Wieduwilt* § 7 VerbrKrG Rn. 12.
[24] BGH v. 16.3.2016 – VIII ZR 146/15, Rn. 16, 21; *Schürnbrand* JZ 2009, 133 (137); OLG Frankfurt WM 2002, 545 (548); OLG Hamm ZIP 1992, 1224; LG Stuttgart NJW-RR 2015, 1266 zu I.1.a.ff): der gegenüber einem Rücktritt denkbare tu-quoque-Einwand, BGH NJW 1999, 352 zu II. 3.a., ist nicht erheblich; *Timmerbeil* NJW 2003, 569 (570). Unzutreffend LG Schwerin v. 31.3.2015 – 1 O 252/14: Treuwidrigkeit bei bestätigter Maklercourtage und Offenkundigkeit der Provisionspflicht.
[25] BGH ZIP 1995, 1813 zu II. 3.
[26] MüKoBGB/*Fritsche*, § 356 BGB Rn. 35.
[27] So die Fallgestaltung in BGH v. 1.12.2015 – XI ZR 180/15.
[28] BGH v. 16.3.2016 – VIII ZR 146/15.
[29] So aber LG Trier NJW 1993, 2121; LG Zweibrücken NJW 1995, 600.

§ 495 (§ 355) 26a 1. Teil. Darlehen und Finanzierungshilfen

der Form von § 492 abschließen (→ Rn. 17), sodass er wiederum zunächst schwebend wirksam zustande kommt und erst bei Ausbleiben des Widerrufs endgültig wirksam wird.[30] Auf der anderen Seite kann der Widerruf nach allgemeinen rechtsgeschäftlichen Grundsätzen, zB wegen Willensmängeln,[31] unwirksam sein und der Darlehensvertrag folglich wirksam bleiben. Darauf kann sich auch der Verbraucher berufen.[32]

26a Fraglich ist, ob das Widerrufsrecht, namentlich das aufgrund fehlender oder fehlerhafter Widerrufsinformation oder Pflichtangaben im Vertrag gemäß § 356b Abs. 1, 492 Abs. 2 BGB, Art. 247 §§ 6 Abs. 2, 12 EGBGB unbefristete, ewige Widerrufsrecht (→ Rn. 164, 165), der **Verwirkung** unterliegen kann. Dies ist im Allgemeinen nicht anzunehmen. Die Verwirkung ist nach herkömmlicher Doktrin ein durch Treu und Glauben gemäß § 242 BGB bestimmtes Rechtsinstitut. Die Verletzung von Treu und Glauben liegt in der illoyalen Verspätung der Rechtsausübung durch den Berechtigten,[33] hier des Verbrauchers bei der Erklärung des Widerrufs. Die Verletzung ist objektiv zu bestimmen, sodass es auf die subjektive Willensrichtung des Berechtigten nicht ankommt,[34] auch nicht auf seine Kenntnis, hier von seinem fortbestehenden Widerrufsrecht.[35] Die Verspätung fußt auf einem Zeitmoment, also auf einem Zeitraum, in dem der Berechtigte untätig blieb,[36] und auf einem Umstandsmoment, nämlich der Unzumutbarkeit der Leistung durch den Verpflichteten (dem Unternehmer, der Bank), der sich – nach rein objektiven Kriterien – darauf einrichten durfte, der berechtigte Verbraucher werde sein Recht, den Widerruf, nicht mehr ausüben,[37] wobei beide Momente in Wechselwirkung stehen. Das **Zeitmoment** kann gerade bei Krediten zu vielen Jahren und Jahrzehnten führen, sodass auch die Ausübung erst im Prozess im Rahmen von Treu und Glauben liegt[38] und gesetzgeberischem Willen entspricht.[39] Vertreten wird je-

---

[30] OLG Zweibrücken NJW 1994, 203.
[31] *Windel* JuS 1996, 812 (814).
[32] *Ramrath* JR 1993, 309.
[33] BGHZ 25, 47 = NJW 1957, 1358; Jauernig/*Mansel* § 242 BGB Rn. 53; Palandt/*Grüneberg* § 242 BGB Rn. 87.
[34] Grundlegend BGHZ 25, 47 (52).
[35] So bereits RGZ 134, 38 (41); krit. *Bülow* WM 2015, 1829, aA auch Jauernig/*Mansel* § 242 BGB Rn. 60 sowie *Dawirs* NJW 2016, 439 (442f.); wohl auch BGH NJW 2006, 499 Rn. 25; BAG NJW 1978, 723 zu III.3. für Kündigungsrecht; für Patentverletzung BGHZ 147, 217 (222) = WRP 2001, 46 zu II.2.; für prozessuales Beschwerderecht BGH MDR 2011, 62; für den Fall, dass die fehlende Kenntnis auf dem unredlichen Verhalten des Verpflichteten beruht: BGHZ 25, 47 (53) = NJW 1957, 1358
[36] Zweifelhaft bereits, ob bloße Untätigkeit den Verlust der Rechtsausübung begründen kann (was in wirtschaftlicher Sicht einer Enteignung nahe kommt, BGH NJW 2007, 2183 Rn. 9 für Vindikation), wo doch der Verbraucher durch Willenserklärung gemäß §§ 312k Abs. 1 Satz 1, 487, 512 Satz 1 BGB, 10 FernUSG, 18 VVG, 305 Abs. 5 KAGB nicht verzichten kann, *Rehmke/Tiffe* VuR 2014, 135 (141).
[37] Besonderheiten gelten für Unterlassungsansprüche wegen Patentverletzung, wo sich der Verpflichtete einen wertvollen Besitzstand erarbeitet haben muss, BGHZ 147, 217 = WRP 2001, 416 zu II.2.
[38] Zur Verwirkung vor Ablauf der Verjährungsfrist BAG NJW 2015, 2061 Rn. 26; BGH WM 2014, 905 Rn. 14; OLG Düsseldorf NJW 2014, 1599 zu 2. mit krit. Komm. *Homberger* EWiR 2015, 537 sowie NJW-RR 2016, 85; OLG Nürnberg WM 2014, 1953 (1955); RGRK-BGB-*Alff*, 12. Aufl. 1976, § 242 BGB Rn. 136.
[39] *Gsell*, Festschr. Müller-Graff 2015, S. 173; *Gansel/Huth/Knorr* BKR 2014, 353 (360); *Müggenborg/Horbach* NJW 2015, 2145 (2148); OLG Hamm NJW-RR 2016, 494; LG Stuttgart NJW-RR 2015, 1266 zu I.1.a)gg).

doch,[40] dass im Falle einer im Kern richtigen, nämlich über die zeitliche Begrenzung des Widerrufsrechts auf 14 Tage zutreffend hinweisenden Unterrichtung über das Widerrufsrecht und nur an eher nebensächlichen Mängeln leidenden Information das Zeitmoment zu reduzieren sei, nämlich nur wenig die gesetzliche Frist überschreitend. Aber eine solche Unterrichtung ist auch im Kern gerade nicht zutreffend, weil das Gesetz bei jeglicher Insuffizienz die Befristung aufhebt, die Annahme einer Frist wenig länger als 14 Tage also falsch ist. Im Übrigen kann der Unternehmer den Zeitrahmen jederzeit begrenzen[41] durch **Nachbelehrung** etwa im Fall von § 312g BGB (→ Rn. 120) oder **Nachholung** im Fall von Krediten nach Maßgabe von § 492 Abs. 6 (→ Rn. 76). Mit dem **Umstandsmoment** wird gefragt, ob dem verpflichteten Unternehmer, der Bank, die geschuldete Leistung (namentlich die aus § 357a Abs. 3 folgenden Ansprüche, → Rn. 188ff.) durch die verspätete Widerrufserklärung unzumutbar ist, der Verpflichtete sich also darauf einrichten durfte, solchen Ansprüchen nicht mehr ausgesetzt zu sein. Dieses Vertrauen muss nach Treu und Glauben, also nach rein objektiven Gesichtspunkten, schützenswert sein. Das wiederum ist zu verneinen, wenn der Verpflichtete das ausgedehnte Zeitmoment selbst bewirkt hatte. Eben dies ist der Fall durch die insuffiziente Unterrichtung über das Widerspruchsrecht nach § 5a VVG aF[42] (→ Rn. 35a) oder über das Widerrufsrecht nach § 355 BGB;[43] was auch für die im Kern zutreffende Unterrichtung über das Widerrufsrecht gilt. Das Umstandsmoment wirkt sich auch dann nicht salvatorisch für den Unternehmer aus, wenn er davon ausgehen muss, dass der zum Widerruf berechtigte Verbraucher von seinem Widerrufsrecht nichts weiß,[44] was nach Lage des Einzelfalls angesichts der Kompliziertheit der Materie, die sogar den professionell handelnden Unternehmer überforderte, oft anzunehmen ist.

---

[40] So *Habersack/Schürnbrand* ZIP 2014, 749 (755); *Peters* WM 2014, 2145 (2152); abl. OLG Karlsruhe ZIP 2015, 1011 (1013 zu 2.) sowie *Borowski* BKR 2014, 361 (364/365).
[41] Dem kann sich ein Unternehmer entgegen OLG Köln WM 2012, 1532 zu II.3.b.cc., zust. *Scholz/Schmidt/Dité* ZIP 2015, 605 (616), insoweit krit. *Habersack/Schürnbrand* ZIP 2014, 749 (756 zu 3.) nicht dadurch entziehen, dass es sich im Massengeschäft um „eine überzogene Anforderung" handele: Die organisatorischen Voraussetzungen zu schaffen obliegt dem Unternehmer.
[42] BGH NJW 2014, 2646 = WM 2014, 1030 Rn. 39 und EuGH v. 19.12.2013 – C-209/12, NJW 2014, 452 Rn. 30 – *Endress* –; BGH v. 29.7.2015 – IV ZR 94/14, NJW 2015, 3582; Abgrenzung BGH WM 2014, 1575, Rn. 36 sowie NJW 2015, 2733 (Widerrufsbelehrung nicht insuffizient wegen Wortwahl „Textform"); OLG Bremen NJW-RR 2016, 410; OLG Karlsruhe v. 19.1.2016 – 12 U 116/15; Rückabwicklung nach Bereicherungsrecht: BGH WM 2015, 1614 mit Komm. *Theewen* EWiR 2015, 637 und WM 2015, 1618 mit Anm. *Dörner* WuB 2016, 29 sowie WM 2015, 2311 = NJW 2016, 1388 mit Rez. Heyerz NJW 2016, 1357; keine Enreicherung wegen Abschluss- und Verwaltungskosten: OLG Hamm NJW 2015, 3109 = BeckRS 2015, 11449; Beginn der Verjährungsfrist (§ 199 Abs. 1 BGB) mit Ausübung des Widerspruchsrechts, BGH v. 8.4.2015 – IV ZR 103/15, NJW 2015, 1818 = WM 2015, 865 mit Komm *Wolters* EWiR 2015, 609.
[43] BGH ZIP 2004, 2319 zu II.7.; BGH NJW-RR 2007, 257 Rn. 26; BGH NJW 2003, 2529 zu II. 1.a.; BGHZ 97, 123 = NJW 1986, 1679 zu II.4. (1681); OLG Frankfurt ZIP 2016, 409 (412) mit Komm. *Bartlitz* EWiR 2016, 225 sowie OLG Frankfurt ZIP 2016, 413; OLG Hamm ZIP 2015, 1113 mit abl. Komm. *Homberger* EWiR 2015, 435; LG Ulm VuR 2014, 314. Die gleiche Lage entsteht bei Verwendung unwirksamer AGB durch den Unternehmer, BGH NJW 2008, 2254 Rn. 23; Palandt/*Grüneberg* § 242 BGB Rn. 107.
[44] BGH NJW 2000, 140 zu II.4.; BAG NJW 2001, 2907 zu I.2.; *Rehmke/Tiffe* VuR 2014, 135 (141).

§ 495 (§ 355)   27   1. Teil. Darlehen und Finanzierungshilfen

Weist andererseits der aktive Verbraucher[45] auf sein unbefristetes Widerrufsrecht hin, ohne es schon auszuüben, streitet das Zeitmoment nicht mehr für den Unternehmer, weil der Verbraucher nicht mehr untätig ist.[46] Kein dem Unternehmer zu Hilfe kommender Umstand ist es, wenn der Widerruf erst erklärt wird, nachdem das Kreditgeschäft vollzogen, insbesondere die Valuta ausgekehrt und der Rückzahlungsanspruch der Bank aus § 488 Abs. 1 Satz 2 BGB vom Verbraucher erfüllt worden war[47] oder auch Prolongationsverhandlungen geführt wurden.[48] Es liegt nahe, dass der Unternehmer auf das Stillhalten des Verbrauchers vertraut, aber es bleibt dabei, dass dieses Vertrauen nicht schützenswert ist, weil der Unternehmer die Unbefristetheit des Widerrufsrechts selbst herbeigeführt hatte. Die vollständige beiderseitige Erfüllung lässt das Widerrufsrecht nur in den Außergeschäftsraum- und Fernabsatzfällen von §§ 356 Abs. 4 Sätze 1 und 2, Abs. 5 sowie im Fall von § 8 Abs. 3 Satz 2 VVG erlöschen, während die dem entsprechende verbraucherkreditrechtliche Vorschrift von § 7 Abs. 2 Satz 3 VerbrKrG nicht in die Schuldrechtsmodernisierung übernommen wurde (Vorauflage – 4. Aufl. 2001 – § 7 VerbrKrG Rn. 159). Kein relevanter Umstand sind auch die handelsrechtlichen Aufbewahrungsvorschriften von § 257 HGB (zehn Jahre),[49] weil sie den Kaufmann nicht hindern, einschlägige Unterlagen, gerade im Hinblick auf ewige Widerrufsrechte, länger aufzubewahren. Im Allgemeinen (im Besonderen → Rn. 25) ist das unbefristete Widerrufsrecht des Verbrauchers **nicht verwirkt.** Der Kreditvertrag wird nicht endgültig wirksam, bis der Verbraucher den Widerruf erklärt.[50]

4. Rechtsfolgen des erklärten und des unterlassenen Widerrufs

27   Erklärt der Verbraucher den Widerruf fristgerecht, richten sich die Rechtsfolgen nach §§ 355 Abs. 3, 357 ff. BGB (→ Rn. 184 ff.). Unterlässt der Verbraucher den Widerruf oder erklärt er ihn verspätet, wird der Darlehensvertrag endgültig wirksam und verlässt mit Fristablauf den Schwebezustand (→ Rn. 17). Die Vertragsparteien dürfen beiderseitige Leistungen mit Rechtsgrund behalten. Namentlich für ein vor Ablauf der Widerrufsfrist ausgezahltes Darlehen hat der Darlehensgeber von Anfang an Anspruch auf den Vertragszins.

---

[45] *Tiffe* VuR 2015, 201.
[46] BGHZ 132, 84 = NJW 1996, 1756 zu III.; BGH NJW 1980, 880 I. 2. b.dd, auch BGH NJW-RR 2015, 781 Rn. 12; AnwKomm/*Krebs* § 242 BGB Rn. 108.
[47] Abgelöste Darlehen waren auch Gegenstand des Rechtsstreits BGH XI ZR 154/14, der durch Rücknahme der Revision durch die Kläger als Verbraucher nicht durch ein Urteil, das die Verwirkung problematisiert hätte, beendet werden konnte; wie man hört (beck-aktuell v. 22.6.2015), soll die beklagte Bank den Klägern ein lukratives Angebot für die Rücknahme gemacht haben, weil ein verbraucherfreundliches Urteil befürchtet wurde, gleichermaßen in Sachen XI ZR 180/15 sowie bei Aufhebungsvertrag XI ZR 478/15 und OLG Hamm v. 4.11.2015 – 31 U 64/15. Dagegen hält das OLG Düsseldorf ZIP 2015, 1164, zust. *Kropf* WM 2013, 2250 (2254) das abgelöste Darlehen für widerruflich, wie BGH aber OLG Frankfurt NJW-RR 2015, 1460 = VuR 2015, 457 mit Anm. *Arne Maier* S. 461, OLG Hamm ZIP 2015, 1113 mit abl. Komm. *Homberger* EWiR 2015, 435, LG Wiesbaden EWiR 2015, 235 (*Korff*) sowie *Duchstein* NJW 2015, 1409 (1410) und dezidiert LG Stuttgart NJW-RR 2015, 1266 zu I.1.a)gg), → § 491 Rn. 144.
[48] *Habersack/Schürnbrand* ZIP 2014, 749 (755); *Wahlers* WM 2015, 1043 (1046); *Kropf* WM 2013, 2250 (2254); *Hölldampf* WM 2014, 1659 (1665); OLG Köln WM 2012, 1423 zu II.3.b.; LG Bonn WM 2015, 377.
[49] So OLG Köln 2012, 1532 (1534 zu II.3.a. dd.).
[50] Ebenso aufgrund von § 8 Abs. 2 VVG, EuGH NJW 2014, 452 – *Endress* –, und § 305 Abs. 2 Satz 2 KAGB.

II. Rückgaberecht

Das Rechtsinstitut des Rückgaberechts nach § 356 BGB aF wurde mit dem 13. Juni 2014 aufgegeben. **28**

III. Verhältnis zu anderen Vorschriften

1. Bereicherungsrecht, Rücktritt und Doppelwirkung

Das Widerrufsrecht bezieht sich auf Darlehensverträge (§ 491), soweit das Gesetz nach Maßgabe von § 491 Abs. 2 überhaupt und in Bezug auf das Widerrufsrecht (→ § 491 Abs. 3 Rn. 182) anwendbar ist, und auf Finanzierungshilfen (§ 506 Abs. 1), nicht dagegen auf Darlehensvermittlungsverträge iSv § 655a (→ § 655b Rn. 2). **29**

Der Verbraucher ist auch während des Schwebezustandes (→ Rn. 17) nicht gehindert, unter den weiteren Voraussetzungen von §§ 119 ff. BGB die **Anfechtung** wegen Irrtums resp. Drohung zu erklären. Diese Möglichkeit besteht auch bei Formnichtigkeit nach § 494 Abs. 1 wie überhaupt die Nichtigkeit eines Rechtsgeschäfts seiner Anfechtung nicht entgegensteht.[51] Die Anfechtung hat zur Folge, dass ein Kondiktionsverhältnis gem. §§ 142, 812 BGB entsteht, nicht aber das Rückabwicklungsverhältnis gem. §§ 357 ff. (→ Rn. 184 ff.). Die Leistungskondiktion wird auch bei Nichtigkeit des Vertrags wegen Sittenverstoßes gem. § 138 BGB oder Gesetzesverstoßes nach § 134 ausgelöst (zB Verstoß gegen das SchwarzarbeitsG[52]), wobei der Anspruch des Verbrauchers als Käufer an der Kondiktionssperre von § 817 Satz 2 scheitert, wenn diesem (und nur dann), wie zB beim Kauf eines Radarwarngeräts, gleichfalls ein Gesetzes- oder Sittenverstoß zur Last fällt.[53] Jedoch hat der Verbraucher **trotz Nichtigkeit** seiner Willenserklärung das **Widerrufsrecht,** welches bei Vertragswirksamkeit entstünde, zB nach §§ 495, 312 g BGB.[54] Die Kondiktionssperre von § 817 Satz 2 ist bei Aus- **30**

---

[51] *Kipp* FS v. Martitz, S. 211; *v. Westphalen/Emmerich/v. Rottenburg* § 7 VerbrKrG Rn. 13 für den Fall der Sittenwidrigkeit; *Würdinger* JZ 2011, 769 (772); aA *Oellers* AcP 169 (1969), 67; OLG Düsseldorf BKR 2012, 240 mit Anm. *Schewe* S. 242.

[52] BGH v. 1.8.2013 – VII ZR 6/13, NJW 2013, 3167 = WM 2013, 2803 mit Rez. *Lorenz* NJW 2013, 3132 BSpr. *Mäsch* JuS 2013, 355, Anm. *Spickhoff/Franke* JZ 2014, 465, Anm. *Güngör* ZJS 2013, 619 und Komm. *Schwenker* EWiR 2014, 249: keine Mängelansprüche des Verbrauchers als Besteller; BGH v. 10.4.2014 – VIII ZR 241/13, NJW 2014, 1805 = WM 2014, 1643 mit Rez. *Stamm* NJW 2014, 2145, Anm. *Heinze* LMK 2014, 360329, Komm. *Korff* EWiR 2014, 587 und BSpr. *Mäsch* JuS 2014, 1123; BGH v. 11.6.2015 – VII ZR 216/14, Rn. 15, NJW 2015, 2406 = WM 2016, 375 mit Anm. *Stamm* LMK 2015, 373990, *Singbartel/Rübbeck* ZJS 2016, 87, Komm. *Schwenker* EWiR 2015, 607 und BSpr. *Mäsch* JuS 2015, 1038; keine Rückzahlung von Werklohn; OLG Schleswig ZIP 2013, 1920 mit Komm. *Schaper* EWiR 2014, 43: weder Zahlungs- noch Wertersatzansprüche. Beweislast für Schwarzarbeitsabrede, wer sich darauf beruft: OLG Köln v. 9.2.2015 – 34 Wx 43/15 und v. 22.4.2015, NJW 2015, 2045; bei nachträglicher Schwarzgeldabrede Nichtigkeit des gesamten Vertrags, OLG Stuttgart v. 10.11.2015 – 10 U 14/15, NJW 2016, 1394.

[53] BGH NJW 2005, 1490 zu II.2.

[54] BGHZ 185, 235 = NJW 2010, 610 = ZIP 2010, 136 mit Rez. *Skamel* ZGS 2010, 106, *Würdinger* JuS 2011, 76 und *Ludwig* ZGS 2010, 490, Anm. *M. Möller* NJW 2010, 612, *Schinkels* LMK 2010, 298105, *Petersen* JZ 2010, 315, *Faust* JuS 2010, 442 und *Klinck* ZJS

übung des Widerrufsrechts auf die Ansprüche aus §§ 357 ff. nicht anwendbar. Dem Widerruf steht auch im Allgemeinen nicht die Verwirkung nach § 242 BGB entgegen (→ Rn. 48).[55] Der Verbraucher hat demgemäß ein **Wahlrecht** unter den Rechtsbehelfen, das angezeigt ist, wenn er trotz Nichtigkeit seinerseits schon geleistet hatte (auf der anderen Seite stünde dem Verbraucher, wenn eine aufgrund nichtigen Werkvertrags nach § 134 BGB/§ 1 SchwarzarbeitsG erbrachte Leistung drittfinanziert worden war, nicht der Einwendungsdurchgriff nach § 359 Abs. 1 BGB zu, da er keine Mängelansprüche hat[56]).

31 Das Widerrufsrecht kann auch mit einem allgemeinen **Rücktrittsrecht** konkurrieren. So kann der Verbraucher im Falle eines Teilzahlungsgeschäfts nach § 506 Abs. 3 bei Mängeln der gekauften Sache gem. § 437 Nr. 2 BGB[57] oder aufgrund vertraglicher Vereinbarung zurücktreten. Der Verbraucher kann aber auch, soweit die Widerrufsfrist gewahrt ist, widerrufen. War der Darlehensvertrag durch Ablauf der Widerrufsfrist endgültig wirksam geworden, bleibt es bei den allgemeinen Rechtsfolgen. Für das Rücktrittsrecht des Verkäufers aus §§ 449 Abs. 1, 323 BGB (Eigentumsvorbehalt) oder in sonstigen Fällen, in denen er eine gelieferte Sache wieder an sich nimmt, gilt § 508 Satz 5 BGB (→ § 508 Rn. 75 ff.). Unberührt bleiben auch Ansprüche aus *culpa in contrahendo* nach § 311 Abs. 2 Nr. 1 BGB, die sich auch auf die Verletzung von Formvorschriften gem. §§ 492 BGB gründen können (→ § 494 Rn. 42), sowie aus unerlaubter Handlung.

2. Andere Widerrufsrechte

32 Richtliniengestützte Widerrufsrechte finden sich in § 312g BGB für außerhalb von Geschäftsräumen geschlossene Verträge (im Folgenden *pars pro toto:* Haustürgeschäfte) und für Fernabsatzgeschäfte mit Besonderheiten für Finanzdienstleistungen sowie in § 485 für Teilzeitwohnrechteerwerbe. Richtlinienunabhängige Widerrufsrechte sind das Widerrufsrecht für Fernunterrichtsverträge nach § 4 FernUSG, für Versicherungsverträge nach § 8 VVG und für den Kauf von Investmentanteilen nach § 305 KAGB.

33 **a) Fernunterricht.** Der Fernunterrichtsvertrag (§ 2 FernUSG, Anhang 3) ist nach Maßgabe von § 355 BGB widerruflich, wie § 4 Satz 1 FernUSG bestimmt. Wird die Vergütung entgeltlich gegen Teilzahlungen erbracht, ist der Fernunterrichtsvertrag zugleich ein Teilzahlungsgeschäft nach § 506 Abs. 3 BGB, sodass ua die Pflichtangaben nach Art. 247 §§ 6, 12 und 13 EGBGB zu machen sind. Wie § 9 FernUSG iVm § 356b Abs. 1 BGB bestimmt, beginnt die Widerrufsfrist für den Fernunterrichtsvertrag in diesem Fall erst mit Aushändigung einer Abschrift, welche die verbraucherkreditrechtlichen Pflichtangaben enthält. Der Teilnehmer am Fernunterricht (§ 2 Abs. 1 FernUSG) kann die Vergütung auch durch ein zu diesem Zweck aufgenommenes Darlehen finanzieren. In diesem Fall gilt die Regelung von § 358 BGB entsprechend, dh der Widerruf des Fernunterrichtsvertrags bringt gem. § 358 Abs. 1 auch den Darlehensvertrag zu Fall, was § 4 Satz 3

2010, 246 sowie Komm. *Kulke* EWiR § 355 BGB 3/10, 413; MüKoBGB/*Fritsche*, § 355 BGB Rn. 39; *Flume* Allgemeiner Teil, Bd. II, § 31, 6 (S. 566); *Seibert* § 7 VerbrKrG Rn. 8 sowie 4. Aufl. § 7 VerbrKrG Rn. 51.
[55] *Schürnbrand* JZ 2009, 133 (138).
[56] Vgl. BGH NJW 2013, 3167 Tz. 27; *Lorenz* NJW 2013, 3132 (3134).
[57] LG Bonn BB 1993, 1319, vgl. auch OLG Stuttgart NJW-RR 1999, 1576.

FernUSG klarstellend[58] bekräftigt. Allerdings braucht der Teilnehmer iSv § 2 Abs. 1 FernUSG nicht notwendig zugleich Verbraucher nach § 13 BGB zu sein, zB im Falle eines selbständigen Rechtsanwalts in einem Weiterbildungslehrgang oder eines Arbeitgebers, der den Fernunterrichtsvertrag gem. § 328 BGB zugunsten seiner Mitarbeiter abschließt.[59] In solchen Fällen fehlt es bereits am persönlichen Anwendungsbereich für ein Widerrufsrecht nach § 355 BGB. Es handelt sich bei § 4 Satz 1 FernUSG um eine Rechtsgrundverweisung.

b) Versicherungen. Versicherungsverträge sind nicht vom verbraucherkreditrechtlichen sachlichen Anwendungsbereich erfasst, namentlich sind die Prämienzahlungen keine Teilzahlungen iSv § 506 Abs. 3 BGB (→ § 506 Rn. 39), aber es gilt das besondere Widerrufsrecht aus §§ 8 Abs. 1, 152 VVG (Anhang 4), das ebenso dem Konzept der schwebenden Wirksamkeit folgt wie dasjenige für Kreditverträge (→ Rn. 17) und das nicht nur Verbrauchern, sondern jedem Versicherungsnehmer zusteht, → Rn. 34[60] Gegenstand des Widerrufs ist die Vertragserklärung des Verbrauchers (Angebot oder Annahme des Versicherer-Angebots, § 145 BGB, Vertragsänderungen,[61] → § 491 Rn. 138). Die Widerrufsfrist beträgt 14 Tage, bei Lebens- oder Altersvorsorgeversicherungen gem. § 152 Abs. 1 VVG dreißig Tage. Fristbeginn ist der Vertragsschluss. Außerdem müssen die vorvertraglichen Informationen nach § 7 Abs. 1 VVG iVm der VVG-InfoVO mitgeteilt und eine Widerrufsbelehrung (§ 8 Abs. 2 Nr. 2 VVG) zur Verfügung gestellt worden sein[62] und nicht erst bei Annahme des Versicherers durch Überlassung der Police,[63] wofür der Versicherer die Beweislast trägt (§ 8 Abs. 2 Satz 2). Zur Fristwahrung genügt die Absendung des Widerrufs (§ 8 Abs. 1 Satz 2, 2. Halbsatz). Die vollständige beiderseitige Vertragserfüllung führt gem. § 8 Abs. 3 Satz 2 VVG zum Erlöschen des Widerrufsrechts (vgl. auch die Altregelungen von § 7 Abs. 3 Satz 3 VerbrKrG und § 8 Abs. 4 VVG aF[64] sowie § 356 Abs. 4 BGB, → Rn. 165). Kein Widerrufsrecht besteht bei vorläufiger Deckung (§§ 8 Abs. 3 Nr. 2, 49 VVG[65]) sowie bei Laufzeiten von weniger als einem Monat, § 8 Abs. 3 Nr. 1.

Die Rückabwicklung nach Widerruf bezieht sich gem. § 9 Abs. 1 VVG auf Erstattung der Prämien, die auf die Zeit nach Widerrufszugang entfallen, wenn der Versicherungsnehmer vom Versicherer ordnungsgemäß belehrt worden war (Anhang 4; ähnlich § 357 Abs. 8 Satz 2 BGB iVm Art. 246a § 1 Abs. 2 Nr. 3 EGBGB, → Rn. 236; zu § 9 Abs. 2 VVG – zusammenhängende Verträge – → Rn. 348). Andernfalls hat der Versicherer zusätzlich die für das erste Jahr des 35

---

[58] BT-Drucks.817/12, S. 131.
[59] *Bülow* in Handbuch Verbraucherprivatrecht, 7. Kap. Rn. 492.
[60] *Bülow/Artz,* Verbraucherprivatrecht, Rn. 330.
[61] BGH v. 12.9.2012 – IV ZR 258/11, NJW 2013, 57 Tz. 8.
[62] BGH VersR 2015, 829.
[63] Früheres Policenmodell, BGH v. 16.7.2014 – IV ZR 73/13, Rn. 14, NJW 2014, 2723 = WM 2014, 1575 mit Rez. *Brömmelmeyer* VuR 2014, 447, Anm. *Reiff* LMK 2014, 363530 und *Ruttmann/Schwintowski* VuR 2014, 468; BGH v. 7.5.2014 – IV ZR 76/13, NJW 2014, 2646 mit Rez. *Heyers* NJW 2014, 2619.
[64] BGH v. 16.10.2013 – IV ZR 52/12, ZIP 2014, 732.
[65] *Langheid* NJW 2007, 3665 (3670). Bei Pflichtkrankenversicherung (§ 193 III VVG) Abhängigkeit von Anschlussversicherung (§ 205 Abs. 6 VVG analog?), bejahend LG Berlin NJW-RR 2014, 297, für den Fall der Kündigung nach § 19 VI VVG abl. LG Dortmund NJW-RR 2014, 299.

Versicherungsschutzes gezahlten Prämien zu erstatten. Bei Lebensversicherungen gibt der Rückkaufswert nach § 169 VVG Maß.[66] Durch den Widerruf scheitert der Versicherungsvertrag insgesamt[67] und endet die Bindung an einen zusammenhängenden Vertrag (vgl. auch § 360 Abs. 2 BGB, → Rn. 339) nach näherer Maßgabe von § 9 Abs. 2 VVG.

35a   Die Rückabwicklung aufgrund des bis 2007 geltenden Widerspruchsrechts nach § 5a VVG aF, das bei insuffizienter Information als ewiges Gestaltungrecht fortbestehen kann (→ Rn. 26c), richtet sich nach Bereicherungsrecht.[68] Ausgangspunkt ist der Anspruch des Versicherungsnehmers auf den Rückkaufswert (§ 169 VVG). Hierauf muss er sich den Wert des in der Vergangenheit bestanden habenden Versicherungsschutzes anrechnen lassen, außerdem Kapitalertragsteuer und Solidaritätszuschlag, die der Versicherer abgeführt hatte, nicht aber Abschluss- und Verwaltungskosten, auch wenn der Versicherer insoweit nicht mehr bereichert ist; dieser trägt entgegen § 818 Abs. 3 BGB das Entreicherungsrisiko. Gemäß § 818 Abs. 1 hat der Versicherungsnehmer auch Anspruch auf Herausgabe von Nutzungen, die der Versicherer gezogen hatte.[69]

36   Normadressaten sind nicht nur Verbraucher nach § 13 BGB, sondern alle Versicherungsnehmer.

37   Zur Streitbeilegung bei Versicherungsverträgen mit Verbrauchern können Schlichtungsstellen eingerichtet werden (§ 214 VVG). Im Streitfall gilt ab 1.1.2008[70] der besondere Versicherungsnehmer-**Gerichtsstand** von § 215 VVG.[71]

38   c) **Investmentanteile.** In Fortführung von § 23 KAGG und § 11 AuslInvG sowie § 126 InvG bestimmt § 305 KAGB[72] (Anhang 5) ein Widerrufsrecht für den Käufer von Anteilen an einem offenen Investmentvermögen, das nicht auf § 355 BGB verweist, sondern eine eigenständige Regelung in Voraussetzungen und Rechtsfolgen (§ 305 Abs. 4 KAGB) enthält (→ Rn. 165). Sofern vereinbart ist, dass der Käufer den Kaufpreis in Teilzahlungen gegen Teilzahlungsentgelt erbringen kann, sind nicht §§ 506 Abs. 3, 495 BGB anwendbar, sondern allein § 305 KAGB. Normadressat ist gem. § 305 Abs. 3 Nr. 1 KAGB der Verbraucher iSv § 13 BGB; ein Existenzgründer nach § 512 BGB ist folglich nicht Normad-

---

[66] BGH v. 11.9.2013 – IV ZR 17/13, NJW 2013, 3240 = WM 2013, 1939 mit Anm. *Armbrüster* NJW 2013, 3243; BGH v. 11.9.2013 – IV ZR 114/13; BGH v. 25.7.2012 – IV ZR 201/10, NJW 2012, 3023; § 169 VVG steht der Vereinbarung einer Vermittlungsprovision durch den Versicherungsvertreter nicht entgegen, BGH v. 5.6.2014 – III ZR 557/13, NJW 2014, 2782.
[67] Also nicht Geltung des um die Verbraucherinformation geminderten Rumpfvertrages, *Dörner/Hoffmann* NJW 1996, 153 (157); *Gernhuber* WM 1998, 1797 (1805); *Kühnle* Bindung, S. 124; vgl. auch OLG Düsseldorf NVersZ 2001, 156; im Übrigen *Bülow* in Bülow/Artz, Handbuch Verbraucherprivatrecht, 7 . Kap. Rn. 501.
[68] BGH v. 7.5.2014 – IV ZR 76/11, Rn. 39, NJW 2014, 2646 = WM 2014, 1030 und EuGH v. 19.12.2013 – C-209/12 – *Endress* –, Rn. 30, NJW 2014, 452 zur LebensversicherungsRil 90/619/EWG.
[69] BGH v. 29 7.2015 – IV ZR 384/14 und 448/14.
[70] OLG Nürnberg, Beschluss v. 2.3.2010 – 8W 353/10.
[71] LG Stuttgart NJW-RR 2014, 213; LG Hamburg VersR 2013, 482; LG Saarbrücken NJW-RR 2011, 1600; LG Fulda VersR 2010, 481; bei Abtretung nicht für Zessionar: AG Kiel, Beschluss v. 7.9.2010 – 108 C 320/10.
[72] *Emde/Dreibus* BKR 2013, 89 (98); *Niewerth/Rybarz* WM 2013, 1134; *Stackmann* NJW 2013, 1985; *Breilnin/Fuchs* WM 2013, 1437 (1440, Bericht Bankrechtstag).

ressat. Bei Finanzierung des Kaufpreises durch ein Verbraucherdarlehen beseitigt bei wirtschaftlicher Einheit nach § 358 Abs. 3 BGB der Widerruf nach § 305 KAGB die Bindung an den Darlehensvertrag.

d) Außerhalb von Geschäftsräumen geschlossene Verträge (Haustürgeschäfte). Der nicht in einem Geschäftsraum des Darlehensgebers (§ 312b Abs. 1 BGB) abgeschlossene Verbraucherdarlehensvertrag resp. das vom Verbraucher abgegebene Vertragsangebot ist nicht nach § 312g Abs. 1 BGB widerruflich, wie § 312 g Abs. 3 bestimmt. Die Widerruflichkeit richtet sich vielmehr nach §§ 495, 356b BGB. Gleiches gilt für den Kauf von Investmentanteilen nach § 305 KAGB (→ Rn. 38). 39

e) Fernabsatzgeschäfte. Verbraucherkredit und Fernabsatz können in zwei Konstellationen zusammentreffen, nämlich durch Teilzahlungsabrede bezüglich der vom Verbraucher geschuldeten Gegenleistung, zB des Kaufpreises, oder durch Darlehensfinanzierung, sowie durch die Qualifizierung des Geschäftsgegenstandes als Finanzdienstleistung. Hinzu kommen Besonderheiten für Versicherungsgeschäfte im Fernabsatz. 40

aa) Teilzahlungsgeschäfte im Fernabsatz. Wird ein Vertrag unter ausschließlicher Verwendung von Fernkommunikationsmitteln abgeschlossen, ist der Vertrag zugleich ein Fernabsatzgeschäft nach § 312 c Abs. 1 BGB, das nach Maßgabe von §§ 312g, 355 BGB widerruflich ist. Wird der Vertrag durch eine Teilzahlungsabrede nach § 506 Abs. 3 überlagert, der Kaufpreis oder Werklohn also entgeltlich gestundet, folgt die Widerruflichkeit auch aus §§ 506 Abs. 1, 495 BGB. Nach § 312 g Abs. 3 hat das Widerrufsrecht aus §§ 495, 356b BGB Vorrang, das fernabsatzrechtliche ist subsidiär.[73] Der Fristbeginn richtet sich also nach § 356b Abs. 1, nicht nach § 356 Abs. 3 (Unterrichtung nach Art. 246a § 1 Abs. 2 EGBGB), bei Verbrauchsgüterkauf nicht nach Wareneingang gem. § 356 Abs. 2 Nr. 1 lit. a BGB (dies wäre nicht mit Art. 14 Abs. 1 VerbrKrRil vereinbar, wo der Fristbeginn abschließend geregelt wird). Für die Finanzierung durch Darlehen im verbundenen Geschäft gilt § 358 Abs. 1 BGB (→ Rn. 359; zur Unterrichtung über das Widerrufsrecht im Darlehensvertrag → Rn. 107). 41

bb) Finanzdienstleistungen im Fernabsatz. Finanzdienstleistung ist gem. § 312 Abs. 5 Satz 1 BGB auch die Kreditgewährung. Verbraucherdarlehensverträge im Fernabsatz kommen wegen des Schriftformerfordernisses aus § 492 allerdings nur durch Briefwechsel (§ 312 c Abs. 2) oder elektronische Form nach § 126a BGB in Betracht (→ § 492 Rn. 34). Das verbraucherdarlehensrechtliche Widerrufsrecht aus § 495 hat gem. § 312 g Abs. 3 Vorrang, sodass sich der Fristbeginn wiederum nach § 356b Abs. 1 und nicht nach § 356 Abs. 3 BGB (Unterrichtung nach Art. 246b § 2 Abs. 1 EGBGB) richtet. 42

cc) Versicherungsverträge im Fernabsatz. Fernabsatzverträge über Versicherungen mit Verbrauchern sind dem allgemeinen Fernabsatzrecht gem. § 312 Abs. 6 BGB weitgehend entzogen. Auch in Fernabsatzfällen sind gem. § 7 Abs. 1 Satz 1 VVG die Vertragsbestimmungen und Allgemeinen Versicherungsbedingungen in Textform (§ 126b BGB) mitzuteilen. Wenn das Kommunikationsmittel (zB Telefon) die Information vor Vertragsschluss nicht gestattet, sind gem. § 7 Abs. 1 Satz 3, 2. Halbsatz VVG diese Informationen unverzüglich nach Vertragsschluss nachzuholen. Während der Vertragslaufzeit hat der Versicherungs- 43

---

[73] *Schärtl* JuS 2014, 577 (579).

§ 495 (§ 355) 44–45a   1. Teil. Darlehen und Finanzierungshilfen

nehmer Anspruch auf Mitteilung in einer Urkunde (§ 7 Abs. 4 VVG). Weitergehende Informationspflichten, insbesondere betreffend den elektronischen Geschäftsverkehr nach § 312e BGB, bleiben unberührt, wie aus § 8 Abs. 4 VVG folgt.

44 **f) Teilzeit-Wohnrechte.** Dem Verbraucher steht gem. § 485 BGB das Widerrufsrecht nach §§ 355, 356a BGB, Art. 242 § 2 EGBGB mit zahlreichen Besonderheiten zu. Wird der Preis in einer Weise gestundet, dass der Erwerbsvertrag zugleich ein Teilzahlungsgeschäft nach § 506 Abs. 3 ist, fragt sich, ob sich das Widerrufsrecht nach § 485 oder nach § 495 BGB richtet. Eine gesetzliche Regelung, die § 312g Abs. 3 entspräche (→ Rn. 42) fehlt. Die Überlagerungsproblematik wurde früher durch §§ 8 Abs. 2 und 7 Abs. 4 Satz 2 VerbrKrG erfasst, wonach Verbraucherkreditrecht Nachrang hatte. Hieran sollte durch die Schuldrechtsmodernisierung an sich nichts geändert werden.[74] Gestützt wurde der Nachrang von Verbraucherkreditrecht durch die Altregelung von § 358 Abs. 2 Satz 2 BGB aF für den Fall der Finanzierung des Preises durch Verbraucherdarlehen, wonach der Darlehensvertrag seine Widerruflichkeit verlor, wenn der finanzierte Vertrag, hier der Teilzeitwohnrechtevertrag, nach § 358 Abs. 1 widerruflich war. Jedoch lässt Art. 14 VerbrKrRil den Verlust des verbraucherkreditrechtlichen Widerrufsrechts nicht zu, was zur Streichung der Altregelung von § 358 Abs. 2 Satz 2 führte.[75] Der Verbraucher hat nunmehr die Wahl, ob er den finanzierten Vertrag mit der Folge der Widerrufserstreckung nach § 358 Abs. 1 widerruft oder den Verbraucherdarlehensvertrag mit der Widerrufserstreckung nach § 358 Abs. 2 (→ Rn. 332). Für den Teilzeitwohnrechtevertrag mit Teilzahlungsabrede nach § 506 Abs. 3 BGB, also nur einem und nicht zwei miteinander verbundenen Verträgen nach § 358, dürfte demgemäß davon auszugehen sein, dass zwar nicht die Widerrufsrechte nach §§ 485 und 495 selbständig nebeneinander anwendbar sind,[76] aber deren Voraussetzungen kumulativ erfüllt sein müssen, insbesondere der Beginn der Widerrufsfrist sowohl die Voraussetzungen von § 356a Abs. 1, 2 als auch von § 356b Abs. 1 nebst Möglichkeit der Nachholung nach Abs. 2, § 492 Abs. 6 BGB zu erfüllen hat. Liegt ein Verbund durch finanzierten Vertrag (Teilzeitwohnrechtevertrag) und Finanzierungsvertrag (Verbraucherdarlehensvertrag) vor, sind § 358 Abs. 1 oder Abs. 2 unmittelbar anwendbar.

45 Parteien sind Verbraucher und Unternehmer nach §§ 13, 14 BGB (→ § 491 Rn. 38). Nicht erfasst sind Existenzgründer (→ § 512 Rn. 5), aber entgegen der früheren Rechtslage (wenn auch kaum vorkommend) abhängig-beruflich Handelnde (→ § 491 Rn. 52). Sekundärrechtliche Grundlage ist die Richtlinie 2008/122/EG.

45a **g) Verträge über unentgeltliche Darlehen und Finanzierungshilfen.** Richtlinienabhängiges Verbraucherkreditrecht setzt Entgeltlichkeit voraus (→ § 491 Rn. 97, aber → § 506 Rn. 63c), sodass sich unentgeltliche Darlehen und Finanzierungshilfen außerhalb der harmonisierten Bereiche von VerbrKrRil und WohnimmoRil befinden. Verbrauchekreditrecht und namentlich § 495 ist nicht anwendbar. Jedoch wird ein Widerrufsrecht nach § 355 durch § 514 Abs. 2 begründet. Der Beginn der Widerrufsfrist wird gemäß § 356d Satz 1 durch Wi-

---

[74] BT-Drucks. 14/6040, S. 201.
[75] BT-Drucks.17/1394 = BR-Drucks.157/10, S. 15.
[76] So aber MüKoBGB/*Franzen*, § 485 BGB Rn. 4.

derrufsbelehrung nach Maßgabe von Art. 246 Abs. 3 EGBGB begründet, bei Fehlen oder Fehlerhaftigkeit erlischt das Widerrufsrecht gemäß Satz 2 nach einem Jahr und 14 Tagen. Ein Muster mit Gesetzlichkeitsfiktion wird durch Anlage 9 zum EGBGB bereit gestellt (→ § 514 Rn. 12).

h) Gemischte Verträge. Ist ein Vertrag nur teilweise verbraucherkreditrechtlichen Regelungen unterworfen, nämlich bei mietvertraglichen Elementen (→ § 491 Rn. 132), bezieht sich das Widerrufsrecht nur auf diesen Teil; das Schicksal des verbleibenden Teils richtet sich nach dem Rechtsgedanken von § 139 BGB.[77] 46

i) Vertraglich vereinbartes Widerrufsrecht. Die Vertragsfreiheit lässt es zu, dass die Parteien, wo kein gesetzliches Widerrufsrecht besteht (zB bei fehlender Verbrauchereigenschaft nach § 13 BGB,[78] vor dem 1.5.2013 für Kostenausgleichsvereinbarung nach § 169 Abs. 5 VVG,[79] → Rn. 35), ein Recht zum Widerruf durch eine der Parteien begründen wie auch ein Rücktrittsrecht vertraglich vereinbart werden kann.[80] Voraussetzung ist ein dementsprechender rechtsgeschäftlicher Wille der Parteien, der bei Zweifeln nach allgemeinen Regeln gem. §§ 133, 157 BGB festzustellen ist.[81] Wo ein solcher Wille zu bejahen ist, stellt sich die weitere Frage, ob das vertraglich vereinbarte Widerrufsrecht in Voraussetzungen und Rechtsfolgen den gesetzlichen Bestimmungen entsprechen soll oder ganz oder teilweise vertragliche Regelungen gelten sollen. 47

Beschränkt sich das Handeln des Unternehmers auf die Erteilung einer Widerrufsbelehrung nach Vorgaben des Gesetzes (zB Musterbelehrung nach Anlage 1 oder 3 oder Widerrufsformular nach Anlage 2 zum EGBGB), obwohl ein gesetzliches Widerrufsrecht nicht besteht, ist im Allgemeinen – vorbehaltlich besonderer Umstände des konkreten Einzelfalls – nicht von der Begründung eines vertraglichen Widerrufsrechts auszugehen. Die Widerrufsbelehrung ist Wissenserklärung ohne rechtsgeschäftlichen Gehalt (→ Rn. 116). Aus der Sicht der anderen Vertragspartei, die Maß gibt, soll die Erklärung nur für den Fall Bedeutung haben, dass ein gesetzliches Widerrufsrecht besteht, aber darüber hinaus[82] nicht die Einräumung eines rechtsgeschäftlichen Widerrufsrecht darstellen.[83] Wenn die Widerrufsbelehrung zugleich die Qualität einer **Allgemeinen Geschäftsbedingung** des Unternehmers nach § 305 BGB aufweist[84] (→ Rn. 116), ist allerdings nicht der individuelle rechtsgeschäftliche Wille der Vertragsparteien nach §§ 133, 157 BGB zu erforschen, sondern es ist eine objektive Auslegung anzuwenden und zu fragen, ob die Widerrufsbelehrung mehr- 48

---

[77] BGH WM 1984, 1046 zu III.; LG Berlin NJW-RR 1994, 692 für Franchise.
[78] LG Rottweil, zitiert nach *Ebnet* NJW 2011, 1079 Fn. 7.
[79] BGH v. 12.3.2014 – IV ZR 295/13 WM 2014, 662 mit Anm. *Bülow* WuB IV F-1.14, jetzt § 9 Abs. 2 VVG.
[80] Vgl. BGH v. 22.5.2012, II ZR 233/10, WM 2012, 1620 Tz. 15; v. 22.5.2012. II ZR 14/10, Tz. 30, NJW 2013, 155.
[81] Dezidiert hierzu BGH v. 16.10.2012 – X ZR 37/12, Tz. 18, WM 2013, 2386.
[82] Die Qualifizierung als Wissenserklärung hindert also nicht die rechtsgeschäftliche Einräumung, was *Ebnet* NJW 2011, 1029 (1030) übersieht; zutr. *Kolbe* JZ 2013, 441 (443).
[83] BGH v. 22.5.2012, II ZR 233/10, WM 2012, 1620 Tz. 20ff.; v. 6.11.2011, XI ZR 401/10, NJW 2012, 1066 Tz. 26 mit Komm. *Vortmann* EWiR § 355 BGB 1/12, 195 und Anm. *Ring* LMK 2012, 329794; OLG Nürnberg WM 2011, 114 = BKR 2011, 63 mit Komm. *Lindner* EWiR § 355 BGB 1/11, 43.
[84] BGH NJW 2012, 1066 = WM 2012, 262 Tz. 22; *Kolbe* JZ 2013, 441 (446); *Bühler,* Brauerei- und Gaststättenrecht, Rn. 2.1261 (5.389).

deutig war und die Unklarheitenregel von § 305c Abs. 2 BGB eingreift.[85] Vom fehlenden rechtsgeschäftlichen Einräumungswillen ist auch dann auszugehen, wenn der Unternehmer eine Nachbelehrung erteilt (→ Rn. 120), obwohl dies nicht geboten war, weil die Erstbelehrung keinen formalen Mangel aufgewiesen hatte. Dies gilt auch dann, wenn die – überflüssige – Nachbelehrung ihrerseits insuffizient war.[86]

49 Ergibt die Auslegung nach Lage des Einzelfalls aber, dass die nicht gebotene Widerrufsbelehrung vom rechtsgeschäftlichen Willen des Unternehmers getragen ist, dem Vertragspartner die Einräumung eines vertraglichen Widerrufsrechts anzubieten und dieser das Angebot annimmt[87] (zB nach § 151 BGB), stellt sich die Frage, ob die Ausübung dieses Widerrufsrechts an die Regeln des gesetzlichen Widerrufsrechts gebunden ist, insbesondere der Fristbeginn von einer ordnungsgemäßen Widerrufsbelehrung (→ Rn. 132 ff.) abhängt. Auch dies können die Parteien vereinbaren. zB „nach den gesetzlichen Vorgaben".[88] Wo solche konkreten Anhaltspunkte fehlen, ist hiervon aber nicht auszugehen, sondern anzunehmen, dass die *in casu* erteilte, wenngleich für ein gesetzliches Widerrufsrecht insuffiziente Widerrufsbelehrung, den Fristbeginn markiert.[89]

3. Umdeutung

50 Liegen die Voraussetzungen eines Darlehensvertrags gem. § 491 und damit eines Widerrufsrechts aus § 495 nicht vor, kann ein erklärter Widerruf nach Lage des Einzelfalls in einen gewöhnlichen Rücktritt[90] oder in eine Kündigung[91] umzudeuten sein. Liegt der Erklärung ein Darlehensvertrag zugrunde, besteht aber, zB wegen Fristablaufs oder bei Ausnahmetatbestand iSv § 491 Abs. 2 Nr. 1 (→ § 491 Rn. 183) oder bei einem Überziehungskredit nach §§ 504, 505 (→ Rn. 181), kein Widerrufsrecht, ist an eine Umdeutung der Widerrufserklärung als Anfechtung oder als Kündigung gem. § 500 BGB zu denken. Zur Auslegung der Verbrauchererklärung → Rn. 54.

B. Ausübung des Widerrufsrechts

Vorbemerkung: Sitz der Materie

51 Das Widerrufsrecht ist ein fristgebundenes Gestaltungsrecht (→ Rn. 21). Die Modalitäten der fristgerechten Ausübung bestimmt für den **allgemeinen Fall**

---

[85] BGH v. 28.5.2013-XI ZR 6/12, WM 2013, 1314 Tz. 36 mit Anm. *Bülow* LMK 2013, 350116; NJW 2012, 1066 Tz. 23; Wolf/*Lindacher*/Pfeiffer, AGB-Recht, § 305c BGB Rn. 129.
[86] BGH NJW 2012, 1066 Tz. 26.
[87] So wohl OLG Nürnberg WM 2012, 650 = BKR 2012, 76; Entsprechendes soll nach OLG Frankfurt WRP 2015, 877 bei Verlängerung der Widerrufsfrist gelten.
[88] OLG Frankfurt ZIP 2011, 2016 = ZGS 2011, 469.
[89] BGH v. 22.5.2012, II ZR 14/10, NJW 2013, 155 Tz. 36; BGH v. 22.5.2012, II ZR 88/11, WM 2012, 1479 = ZIP 2012, 1509 = NJW 2013, 159 (Leitsatz); BGH WM 1982, 1027.
[90] BGHZ 87, 113 (120 f.); zur Kündigung auch OLG Frankfurt ZIP 1993, 665 mit Komm. *Huff* EWiR § 9 AGBG 8/93, 319; OLG Köln WM 1993, 369; Widerruf des Geschäftsbesorgungsverhältnisses: AG München NJW-RR 1993, 626.
[91]

Widerrufsrecht **52, 53 § 495 (§ 355)**

§ 355 Abs. 1 Sätze 2,3, Abs. 2 BGB

(1) ... Der Widerruf erfolgt durch Erklärung gegenüber dem Unternehmer. Aus der Erklärung muss der Entschluss des Verbrauchers zum Widerruf des Vertrags eindeutig hervorgehen. Der Widerruf muss keine Begründung enthalten. Zur Fristwahrung genügt die rechtzeitige Absendung des Widerrufs.

(2) Die Widerrufsfrist beträgt 14 Tage. Sie beginnt mit Vertragsschluss, soweit nichts anderes bestimmt ist.

Für den besonderen Fall eines Verbraucherdarlehensvertrags ergänzt § 356b BGB, was nach § 355 Abs. 2 Satz 2 anders bestimmt ist:

(1) Die Widerrufsfrist beginnt auch nicht, bevor der Darlehensgeber dem Darlehensnehmer eine für diesen bestimmte Vertragsurkunde, den schriftlichen Antrag des Darlehensnehmers oder eine Abschrift der Vertragsurkunde oder seines Antrags zur Verfügung gestellt hat.

(2) ¹Enthält bei einem Allgemein-Verbraucherdarlehensvertrag die dem Darlehensnehmer nach Absatz 1 zur Verfügung gestellte Urkunde die Pflichtangaben nach § 492 Absatz 2 nicht, beginnt die Frist erst mit Nachholung dieser Angaben gemäß § 492 Absatz 6. ²Enthält bei einem Immobiliar-Verbraucherdarlehensvertrag die dem Darlehensnehmer nach Absatz 1 zur Verfügung gestellte Urkude die Pflichtangaben zum Widerrufsrecht nach § 492 Absatz 2 in Verbindung mit Artikel 247 § 6 Absatz 2 des Einführungsgesetzes zum Bürgerlichen Gesetzbuch nicht, beginnt die Frist erst mit Nachholung dieser Angaben gemäß § 492 Absatz 6. ³In den Fällen der Sätze 1 und 2 beträgt die Widerrufsfrist einen Monat. ⁴Das Widerrufsrecht bei einem Immobiliar-Verbraucherdarlehensvertrag erlischt spätestes zwölf Monate und 14 Tage nach dem Vertragsschluss oder nach dem in Absatz 1 genannten Zeitpunkt, wenn dieser nach dem Vertragsschluss liegt.

(3) Die Widerrufsfrist beginnt im Falle des § 494 Absatz 7 bei einem Allgemein-Verbraucherdarlehensvertrag erst, wenn der Darlehensnehmer die dort bezeichnete Abschrift des Vertrages erhalten hat.

Ausgangsfall ist, dass es der Verbraucher als Vertragspartei oder als den Vertragsabschluss Antragender (§ 145 BGB) ist, der vom Widerrufsrecht Gebrauch macht (→ Rn. 62). Im Besonderen kann der Widerruf von einem Mithaftenden (→ Rn. 63) oder einem Rechtsnachfolger (→ Rn. 66) erklärt werden; Besonderes gilt auch für Stellvertreter (→ Rn. 64). Eigenständige Regularien gelten schließlich für den Widerruf im verbundenen Geschäft nach § 358 BGB (→ Rn. 107, 143). **52**

I. Erklärung

1. Allgemeine Grundsätze

Der Widerruf als Gestaltungsrecht wird durch einseitige empfangsbedürftige Willenserklärung des Verbrauchers (resp. anderer Berechtigter, → Rn. 62) ausgeübt, die mit **Zugang** wirksam wird (→ Rn. 163). Der Widerruf beseitigt die Bindung an die Vertragserklärung des Verbrauchers (§ 145 BGB), ohne dass der Vertrag schon zustande gekommen sein müsste, also auch wenn der Unternehmer seine Erklärung noch nicht abgegeben hatte (vgl. zB § 148 BGB); war dies aber wie typischerweise der Fall gewesen, ist auch der Unternehmer an seine Vertragserklärung nicht mehr gebunden (§ 355 Abs. 1 Satz 1, → Rn. 17). Der Widerruf beseitigt die Bindung auch dann, wenn der Vertrag formnichtig gewe- **53**

§ 495 (§ 355) 54, 55   1. Teil. Darlehen und Finanzierungshilfen

sen, aber gem. § 494 Abs. 2 durch Darlehenserbringung geheilt worden war (→ Rn. 31). Empfänger der Widerrufserklärung ist gem. § 355 Abs. 1 Satz 2 der Darlehensgeber, der hierfür einen Empfangsboten oder Empfangsvertreter bestellen kann (→ Rn. 103).

54 Die Willenserklärung des Verbrauchers entfaltet ihre Gestaltungswirkung gem. § 355 Abs. 1 Satz 3 nur, wenn aus ihr **eindeutig** der Entschluss des Verbrauchers zum Widerruf hervorgeht. Die Gesetzesformulierung geht auf Art. 11 Abs. 1 lit. b VerbrRechteRil zurück und meint, wie Erwägungsgrund 44 zu entnehmen ist, Unmissverständlichkeit, womit die kommentarlose Rücksendung erhaltener Ware als wirksamer Widerruf ausgeschlossen werden soll. Wenngleich Eindeutigkeit im Allgemeinen die Möglichkeit der **Auslegung** ausschließt, die eben Mehrdeutigkeit voraussetzt (→ Einf. Rn. 28), ist die Gesetzesformulierung so doch nicht gemeint, wie auch der weitere Wortlaut der Norm mit dem Verb „hervorgeht" zeigt. Die Erklärung des Verbrauchers ist also auslegungsfähig, solange sie nicht missverständlich ist. Genau betrachtet wäre eigentlich auch die Verbrauchererklärung, den Entschluss gefasst zu haben, missverständlich, weil einem Entschluss erst noch die Tat (hier: der Widerruf) folgt; indessen formulieren so Gesetz und Richtlinie, sodass die Erklärung auszulegen ist als: ich widerrufe. Die **Rücksendung** der Ware, vielleicht nach einem Teilzahlungskauf (§ 506 Abs. 3 BGB), ist nur dann als Widerruf auszulegen, wenn sie von einer deutlichen Erklärung, auch konkludent[92] begleitet ist,[93] so Erwägungsgrund 44 VerbrRechteRil; die Rücksendung kann aber auch als Geltendmachung von Mängeln auszulegen sein[94] oder den Zweck der Reparatur haben. Im letzten Fall fehlt es bereits am Erklärungsbewusstsein; es kann sich dann das Problem stellen, ob der Unternehmer die Rücksendung dennoch als Erklärung des Widerrufs auffassen durfte und auffasste und ob der Verbraucher wegen seines fehlenden Erklärungsbewusstseins zur Anfechtung nach § 119 BGB (Inhaltsirrtum) berechtigt ist.[95] Die Formulierung der Widerrufserklärung spielt eine nur untergeordnete Rolle.[96] Als Widerruf sind nach Lage des Einzelfalls beispielsweise angesehen worden die Formulierungen „(sofortige) Kündigung",[97] „Stornierung",[98] „Rücktritt, Widerspruch gegen Mahnbescheid",[99] „Erklärung der Verteidigungsbereitschaft iSv § 276 Abs. 1 Satz 1 ZPO".[100]

55 Eindeutigkeit ist im Falle von Haustür- und Fernabsatzgeschäften jenseits von Finanzdienstleistungen gewahrt, wenn der Verbraucher das **Muster für das Widerrufsformular** gem. Anlage 2 zum EGBGB verwendet, über das der Unternehmer gem. Art. 246a § 1 Abs. 2 Nr. 1 EGBGB zu informieren hat.[101] Es spricht nichts dagegen, dieses Formular, einem Kreditgeschäft angepasst, auch für den Widerruf von Verbraucherdarlehensverträgen oder Finanzierungshilfen

---

[92] Hoffmann/Schneider NJW 2015, 2529.
[93] Dies scheint Janal WM 2012, 2314 (2320 zu 4.), zu übersehen; AG Bad Segeberg NJW-RR 2015, 921 zu I. 2.b.
[94] BR-Drucks.817/12, S. 98.
[95] BGHZ 91, 324 = NJW 1984, 2279; 109, 171 = NJW 1990, 457.
[96] BGHZ 129, 371 (381) = NJW 1995, 2290.
[97] BGH NJW 1980, 320; KG WM 2001, 1859; OLG Köln BB 1996, 2061.
[98] OLG Hamm NJW-RR 1994, 1437.
[99] BGH NJW 1996, 2156 zu II. 2. und 2865 zu II. 3.a. aa.
[100] OLG Karlsruhe WM 1997, 1340 zu III. 5.a.; Peters DZWIR 1994, 353 (355).
[101] Aber keine Pflicht oder Obliegenheit zur Verwendung, sodass die Gesetzlichkeitsfiktion (→ Rn. 132) unberührt bleibt, entgegen Klocke VuR 2015, 293 (298).

(§ 506 BGB), außerdem bei Verträgen über Finanzdienstleistungen, zu verwenden.

Kommt in Betracht, dass sich der Widerruf auf voneinander getrennte Verträge 56 beziehen könnte – zB auf einen Vertragsübernahmevertrag oder auf den übernommenen Vertrag, auf einen Schuldbeitrittsvertrag oder auf den Vertrag, dem beigetreten werden soll (→ § 491 Rn. 72, 79), auf den Darlehensvertrag oder auf den mit diesem verbundenen Kaufvertrag[102] (hierzu aber → Rn. 330, 333) –, ist durch Auslegung gem. §§ 133, 157 BGB zu ermitteln, ob sich der Widerruf nur auf einen oder alle in Betracht kommenden Verträge bezieht. Bei einem gemischten Vertrag, der nur teilweise in den sachlichen Anwendungsbereich von Verbraucherkreditrecht fällt, bezieht sich der Widerruf nur darauf (→ § 491 Rn. 129).

2. Form der Erklärung

a) **Keine Begründung.** Der Widerruf muss, wie § 355 Abs. 1 Satz 2 be- 57 stimmt, keine Begründung enthalten, damit der Verbraucher unbelastet über die Lösung von seiner Willenserklärung entscheiden kann.[103] Die Erklärung muss aber erkennen lassen, auf welchen Vertrag sie sich bezieht (→ Rn. 56).

b) **Formfreiheit, Nachweismöglichkeit.** Die Widerrufserklärung ist seit 58 dem 13.6.2012 nicht mehr formgebunden, bedarf also auch nicht der Textform nach § 126b BGB, die aber natürlich ausreicht und die VerbrRechteRil (Erwägungsgrund 44, letzter Satz) und Gesetzesbegründung empfehlen.[104] Während allerdings nach Art. 11 Abs. 1 lit. b VerbrRechteRil die Erklärung in beliebiger Form abgegeben werden kann und folglich auch eine **mündliche Erklärung,** zB durch Telefonanruf, genügt[105] (so Erwägungsgrund 44), verlangt Art. 14 Abs. 3 lit. a Satz 2 VerbrKrRil (ebenso Art. 6 Abs. 6 Satz 1 Fernabsatz-Finanzdienstleistungenril 2002/65/EG) die Erklärung in einer Weise, die einen Nachweis ermöglicht. Diese Nachweismöglichkeit ist indessen prozessual zu verstehen, sodass Freibeweis und Strengbeweis mit seinen Beweismitteln (§§ 371 ff. ZPO) ausgeschöpft werden können. Auch Verbraucherkreditverträge sind demgemäß durch mündliche Erklärung wirksam widerrufbar. Als Folge dessen erscheint die bis zum 12.6.2014 geltende Altregelung von § 355 Abs. 1 Satz 2 BGB aF, wonach Textform für die Widerrufserklärung vorgeschrieben war, nicht mit VerbrKrRil und Fernabsatz-FinanzdienstleistungenRil konform (dagegen bedarf der Widerruf nach § 8 Abs. 1 VVG – → Rn. 270 – der Textform).

Allemal ist die Nachweismöglichkeit gewahrt, wenn die Erklärung im Termin 59 zur mündlichen Verhandlung abgegeben und in die Sitzungsniederschrift aufgenommen[106] oder in einem dem Gericht übergebenen und vom Darlehensgeber

---

[102] OLG Dresden ZIP 2000, 362 zu I. 3.a. mit Komm. *Pfeiffer* EWiR § 3 VerbrKrG 2/2000, 505.
[103] BGH v. 26.3.2016 – VIII ZR 146/15, Rn. 20; MüKoBGB/*Fritsche* § 355 BGB Rn. 41; es bedarf auch keiner zusätzlichen Stornierungsbestätigung, AG München v. 20.3.2014 – 261 C 3733/14.
[104] BR-Drucks. 817/12, S. 97; dies scheint *Hilbig-Lugani* ZJS 2013, 441 (545) zu übersehen.
[105] BR-Drucks.817/12, S. 135; auf der anderen Seite kann der Unternehmer nicht vorschreiben, dass der Widerruf telefonisch, etwa nach Maßgabe von § 312a Abs. 5 BGB, zu erklären sei, was LG Hamburg GRUR-RR 2016, 127 zu übersehen scheint.
[106] BGHZ 94, 226 (230) = NJW 1985, 1544 mit Komm. *v. Westphalen* EWiR § 6 AbzG 3/85, 321; BGH NJW 1984, 1755 zu I. 2 b.bb. mit Anm. *F. Peters* JZ 1984, 750; OLG Frankfurt NJW-RR 1992, 2111 f.; OLG Hamm VuR 1998, 355 zu 2.

(bzw. seinem Prozessbevollmächtigten) zur Kenntnis genommenen Schriftsatz abgegeben wird,[107] auch durch Telegramm oder Telefax.[108]

3. Zeitpunkt der Erklärung

60 Der vom Verbraucher wirksam erklärte Widerruf führt zur endgültigen Unwirksamkeit des Vertrages (→ Rn. 27), wenn die Erklärung fristgerecht abgegeben worden war, also vor dem Ende der Widerrufsfrist (→ Rn. 160 ff.), deren Beginn durch Vertragsschluss und Überlassung einer Vertragsurkunde markiert ist (§ 356b Abs. 1, → Rn. 70). Der Verbraucher kann sein Vertragsangebot aber schon abgegeben haben, ohne dass es schon zum Vertragsschluss gekommen sein müsste, nämlich bei noch ausstehender Vertragserklärung des Unternehmers; nach beiderseitigen Vertragserklärungen kann es noch an der Überlassung der Vertragsurkunde fehlen, sodass die Widerrufsfrist noch nicht beginnt. Es stellt sich die Frage, ob der Verbraucher in solchen Fällen schon vor Beginn der Widerrufsfrist wirksam widerrufen kann oder ob er den Beginn der Widerrufsfrist abwarten muss und der vorher erklärte Widerruf keine Rechtswirkung entfalten würde; vielmehr wäre der Verbraucher gehalten, den Widerruf nach Eintritt des Fristbeginns zu wiederholen. Richtigerweise ist anzunehmen, dass der Verbraucher schon **vor Vertragsschluss** und vor Information über das Widerrufsrecht den Widerruf seines Vertragsangebots **wirksam** erklären kann, also auch dann, wenn dieses Vertragsangebot des Verbrauchers vom Unternehmer noch nicht angenommen worden war.[109] Während die Verbraucherkreditrichtlinie zu dieser Frage nichts regelt, bestimmt Art 12 lit. b VerbrRechteRiL, dass mit dem Widerruf die Verpflichtungen der Parteien enden, sofern der Verbraucher dazu ein Angebot abgegeben hat. Der Vertragsschluss ist danach also nicht Voraussetzung für die Wirksamkeit des Widerrufs (→ Rn. 151). Diese Sichtweise der VerbrRechteRiL ist verallgemeinerungsfähig, da es auf den freien Entschluss des Verbrauchers ankommt, die Bindung an seine Willenserklärung zu beenden, ohne dass die Anerkennung dieses Entschlusses zu relativieren sein könnte, wenn die Information über das Widerrufsrecht noch aussteht. Im letzten Fall zeigt sich *ex post,* dass die Entschlussfassung ohne Information getroffen werden konnte. Der Lauf der Widerrufsfrist und die Berechnung des Beginns hat also nur Bedeutung, um den letztmöglichen Zeitpunkt des Widerrufs festzulegen, aber nicht für die Frage des frühesten Zeitpunkts für den Widerruf.

61 Hatte der Verbraucher seine Vertragserklärung zwar abgegeben, war sie dem Unternehmer aber noch nicht zugegangen, kann der Verbraucher bereits nach der allgemeinen Regel von § 130 Abs. 1 Satz 2 BGB widerrufen.

---

[107] BGHZ 109, 314 (320) = NJW 1990, 567 mit Komm. *Sternel* EWiR § 1c AbzG 1/90, 209 und mit Anm. *Moritz* WuB IV C.–2.90; zur Sprache: AG Kirchhain VuR 1989, 21 f.; BGHZ 87, 112 (114) betr. AGB.
[108] Zum Zugang eines Telefax OLG Rostock BauR 1998, 336 (338); *Ultsch* DZWIR 1997, 466 (468).
[109] So BGH NJW 2010, 3503 Tz. 16 mit BSpr. *Artz* ZGS 2010, 498, Anm. *Witt* LMK 2010, 310709 und Komm. *Böttcher* EWiR § 312 BGB aF 1/11, 39 für den Fall, dass eine Widerrufsbelehrung erteilt worden war; MüKoBGB/*Masuch* § 355 BGB Rn. 21.

II. Erklärender

1. Verbraucher

Das Widerrufsrecht hat der Verbraucher (resp. mehrere Verbraucher als Mitdarlehensnehmer,[110] → § 491 Rn. 26) als Partei des von ihm mit dem Unternehmer abgeschlossenen resp. angebahnten Vertrags.   62

2. Mithaftende

Ein Sicherungsgesamtschuldner[111] oder ein sonst für den Darlehensvertrag neben dem Verbraucher Mithaftender (zB kraft Schlüsselgewalt[112] gem. § 1357 Abs. 1 BGB oder als Bürge, sehr str., → § 491 Rn. 119, 124), der nicht Partei des Darlehensvertrags ist, hat selbst und für sich allein das Widerrufsrecht[113] (zu den Pflichtangaben über das Widerrufsrecht → Rn. 76; zur Widerrufsbelehrung → Rn. 112) und nicht etwa nur alle Gesamtschuldner gemeinsam[114] (→ Rn. 189), wenn er die persönlichen Voraussetzungen eines Verbrauchers gem. §§ 13, 491 Abs. 1 erfüllt, also natürliche Person ist und nicht überwiegend gewerblich oder freiberuflich handelt (jedoch ist der Existenzgründer erfasst, → § 512 Rn. 5). Gegenstand des Widerrufs ist der Schuldbeitrittsvertrag (→ § 491 Rn. 107). Ob der Vertrag mit dem anderen Gesamtschuldner, der nicht widerruft, bestehen bleibt, richtet sich nach dem Rechtsgedanken von § 139 BGB mit der Folge, dass die Vermutung für die Unwirksamkeit des gesamten Darlehensvertrags streitet (→ § 494 Rn. 23). Eine salvatorische Klausel kann die Vermutung umkehren.[115] Sofern Gesamtnichtigkeit eintritt, richtet sich die Rückabwicklung gegenüber allen Beteiligten, die Verbraucher sind, nach §§ 357 ff. BGB (→ Rn. 184), nicht etwa nur gegenüber dem Widerrufenden. Weist der andere Gesamtschuldner aber nicht die Verbraucherqualifikation auf, entsteht ihm gegenüber ein gewöhnliches Kondiktionsverhältnis. Entsprechendes gilt für die gleichgründige Gesamtschuld, anderes aber für die eheliche Schlüsselgewalt (§ 1357 BGB): Das Vertragsverhältnis mit dem handelnden Ehegatten bleibt durch den Widerruf des anderen Ehegatten unberührt (→ Rn. 90).   63

---

[110] *Knops* WM 2015, 2025 (2028).
[111] BGHZ 133, 71 (78) = NJW 1996, 2156 und 220 (224) = NJW 1996, 2865; OLG Karlsruhe WM 1997, 1340; OLG Köln BB 1999, 2576 mit Komm. *v. Westphalen* EWiR § 7 VerbrKrG 1/2000, 409.
[112] *Kliffmüller* FuR 1992, 138 (145); *Cebulla/Pützhoven* FamRZ 1996, 1124 (1127); *M. Schmidt* FamRZ 1991, 629 (638).
[113] BGH NJW 1996, 2156 zu II. 2.; anders nach früherer Rechtslage, wo der Darlehensvertrag nicht widerruflich war: BGHZ 91, 37 (44); BGHZ 109, 314 (318) = NJW 1990, 567 mit Komm. *Sternel* EWiR § 1c AbzG 1/90, 209 und mit Anm. *Moritz* WuB IV C.-2.90; BGH NJW 1993, 1912 zu II. 3. mit Komm. *Ose* EWiR § 157 BGB 1/93, 747; OLG Düsseldorf WM 1989, 1805 zu IV. mit Anm. *Ringeisen* WuB I E 2c.-1.90; wohl aber Schuldbeitritt zum Kauf- oder Leistungsvertrag: BGHZ 109, 314 (318) = NJW 1990, 567; BGH NJW-RR 1993, 243 zu B. I. 1.b. aa.; *Stauder* FS Bosch, S. 983 (994 ff.).
[114] *Ulmer/Timmann* FS Rowedder, S. 525; *Bülow/Artz* ZIP 1998, 629 (632); *Lwowski/Peters* FS Nobbe, S. 369 (380 f.); aA OLG Karlsruhe ZIP 2016, 460 mit Komm. *Sambat* EWiR 2016, 193. Umgekehrt sind die Voraussetzungen der Gesamtfälligkeit gegenüber jedem Gesamtschuldner herbeizuführen, unten § 498 Rn. 31 ff.
[115] BGH NJW-RR 1997, 684 mit Anm. *Bülow* LM Nr. 86 zu § 139 BGB.

3. Vertreter

64 Gibt ein Vertreter für den Verbraucher die auf den Abschluss des Darlehensvertrags mit dem Darlehensgeber gerichtete Willenserklärung ab, steht dem Verbraucher das Widerrufsrecht zu. Es kommt nicht darauf an, ob der Vertreter seinerseits Verbraucher ist.[116] Die Vollmacht für einen Verbraucherdarlehensvertrag ist an die verbraucherkreditrechtliche Form gebunden, wie § 492 Abs. 4 bestimmt (→ § 492 Rn. 56 ff.). Für die Frage, ob situationsgebundene Voraussetzungen eines Widerrufsrechts erfüllt sind, kommt es nach dem Konzept von § 166 Abs. 1 BGB im Allgemeinen auf die Person des Vertreters und nicht des vertretenen Verbrauchers an (→ Rn. 435). Deshalb ist ein Widerrufsgrund gegeben, wenn der Vertreter in einer Haustürsituation nach § 312b Abs. 1 gewesen ist, sodass der Verbraucher widerrufen kann;[117] Entsprechendes gilt für ein Fernabsatzgeschäft nach § 312 c BGB, das für einen Verbraucherdarlehensvertrag als Finanzdienstleistung in Frage kommt (→ Rn. 42). Handelt ein *falsus procurator*, hat dieser selbst das Widerrufsrecht und kann es seiner Inanspruchnahme durch den Darlehensgeber nach § 179 BGB entgegensetzen (vorausgesetzt natürlich, dass der *falsus procurator* selbst Verbraucher iSv § 13 BGB resp. Existenzgründer, § 512, ist[118] und nicht unternehmerischer Geschäftsbesorger[119]). Umgekehrt ist dem Unternehmer die von dessen Verhandlungsführer geschaffene verbraucherprivatrechtlich relevante Situation zuzurechnen, ohne dass es darauf ankäme, ob der Unternehmer wusste oder hätte wissen können, dass der Vertrag außerhalb von Geschäftsräumen abgeschlossen worden war.[120]

65 Ist der Verbraucher **minderjährig**, scheitert der Vertrag gem. § 108 BGB bei verweigerter Genehmigung der gesetzlichen Vertreter (§ 1629 BGB), sodass sich die Frage eines Widerrufs nicht mehr stellt. Genehmigen die gesetzlichen Vertreter den Kreditvertrag, tritt der Minderjährige in die sich aus § 355 Abs. 1 BGB ergebende schwebende Wirksamkeit (→ Rn. 17) ein. Der Minderjährige als Vertragspartei hat das Widerrufsrecht bei vorheriger Zustimmung (Einwilligung) der gesetzlichen Vertreter; die nachträgliche Zustimmung (Genehmigung) führt gem. § 111 BGB nicht zur Wirksamkeit des Widerrufs. Aber die gesetzlichen Vertreter haben selbst das Widerrufsrecht; die Widerrufsfrist beginnt mit Belehrung ihnen gegenüber,[121] bei Verbraucherkreditverträgen dadurch, dass ihnen der Darlehensgeber eine Vertragsurkunde mit den Pflichtangaben nach Art. 247 § 6 Abs. 2 EGBGB zur Verfügung stellt (→ Rn. 87).

4. Rechtsnachfolge

66 Die **Abtretung** berührt das Widerrufsrecht wie folgt: Der Zessionar des Verbrauchers hat kein Widerrufsrecht (→ § 491 Rn. 70), sondern es bleibt beim

---

[116] AA *Schreindorfer*, Verbraucherschutz und Stellvertretung, S. 311.
[117] OLG Dresden WM 2003, 1802 mit Anm. *K. W. Lange* WuB I G 5.–13.03.
[118] BGH NJW-RR 1991, 1074; AG Hamburg BB 1988, 869 mit Anm. *Teske* sowie Anm. *Knauth* WuB IV E.–3.89; *Pfeiffer/Dauck* NJW 1997, 30 (31); *J. F. Hoffmann* JZ 2012, 1156 (1164).
[119] BGH ZIP 2012, 363.
[120] EuGH NJW 2005, 3555; BGH NJW 2006, 497; anders früher BGH WM 2004, 521 zu II.1.b; WM 2003, 61 zu II.3.b; NJW 2003, 1390 zu II.2.c; WM 1990, 479: Anwendung des Rechtsgedankens von § 123 Abs. 2 Satz 1 BGB.
[121] *Windel* JuS 1996, 812 (815/816).

zedierenden Verbraucher. Der Verbraucher behält das Widerrufsrecht auch, wenn der Darlehensgeber seine Forderung gegen den Verbraucher aus dem Darlehensvertrag abtritt (→ § 491 Rn. 69). Bezieht sich eine **privative Schuldübernahme,** vollzogen nach § 414 BGB oder nach § 415, auf die Verbindlichkeit des Darlehensgebers, behält der Verbraucher ebenfalls sein Widerrufsrecht (→ § 491 Rn. 85). Bezieht sich eine privative Schuldübernahme, die gem. § 414 BGB durch Vertrag zwischen Darlehensgeber und dem Dritten vollzogen wird, auf die Verbindlichkeit des Verbrauchers, bleibt sein Widerrufsrecht gleichermaßen unberührt. Außerdem kann der Schuldübernahmevertrag selbst widerruflich sein, wenn der Dritte als Vertragspartei des Darlehensgebers seinerseits Verbraucher ist. Für das Widerrufsrecht des Verbrauchers ändert sich nichts, wenn er selbst die Schuldübernahme mit dem Dritten vereinbart und der Darlehensgeber als Gläubiger genehmigt (→ § 491 Rn. 87). Jedoch ist in diesem Falle der Schuldübernahmevertrag selbst nicht widerruflich, wenn nicht ein Umgehungstatbestand (§ 511 Satz 2) anzunehmen ist. Gleiches gilt bei hypothekengesicherter Forderung (§ 416 BGB, → § 491 Rn. 86). Bei einer **Vertragsübernahme,** durch die der Verbraucher als Partei des Darlehensvertrages ausgewechselt wird, verliert der scheidende Verbraucher das Widerrufsrecht an den Übernehmenden.[122] Erfüllt der Übernehmer aber selbst nicht die persönliche Qualifikation eines Verbrauchers gem. § 13, ist das Schicksal des Widerrufsrechts problematisch. Richtigerweise, aber entgegen der vom BGH vertretenden Ansicht (→ § 491 Rn. 83) ist anzunehmen, dass niemand mehr das Widerrufsrecht ausüben kann und der Vertrag wirksam bleibt. Der Vertragsübernahmevertrag selbst ist nicht widerruflich, wenn er der Konstruktion von § 415 BGB entsprechend zwischen scheidendem und übernehmendem Verbraucher abgeschlossen wurde (→ § 491 Rn. 80). Widerruflich ist er, wenn der Übernehmer Verbraucher und sein Vertragspartner entsprechend § 414 BGB der Darlehensgeber ist. Wird bei einer Vertragsübernahme die Partei des Darlehensgebers durch einen Dritten ausgewechselt, der selbst Verbraucher ist, bleibt der als Darlehensvertragspartei verbleibende Verbraucher zum Widerruf berechtigt (→ § 491 Rn. 85). Tritt ein Übernehmer mit der persönlichen Qualifikation eines Kreditgebers an die Stelle einer kreditgebenden Partei, die selbst zu privaten Zwecken gehandelt hatte, entsteht kein Widerrufsrecht (→ § 491 Rn. 86). Der **Erbe** des Verbrauchers erlangt das Widerrufsrecht auch, wenn er selbst nicht Verbraucher ist (→ § 491 Rn. 87). Bei der Gesamtrechtsnachfolge in die Stellung des Darlehensgebers bleibt das Widerrufsrecht unberührt. Entsprechendes gilt für die Umwandlung, zB die Verschmelzung nach § 20 Abs. 1 Satz 1 UmwG (→ § 491 BGB Rn. 90).

III. Widerrufsfristen und ihr Beginn

1. Gesetzliche Fristen

Die Frist zum Widerruf der auf den Abschluss des Kreditvertrags gerichteten Willenserklärung des Verbrauchers beträgt gem. § 355 Abs. 2 Satz 1 BGB **14 Tage,** im Fall der Nachholung der Belehrung gem. § 492 Abs. 6 (→ Rn. 73, 86, 120) **einen Monat,** wie § 356b Abs. 2 Satz 3 BGB bestimmt. Diese Frist beginnt erst, wenn der Verbraucher die Abschrift mit den Vertragsänderungen nach § 494 Abs. 7 erhalten hatte (§ 356b Abs. 3), jedoch nur, wenn es sich um

---

[122] AA *Bangha-Szabo* Unübertragbarkeit, S. 304.

einen Allgemein-Verbraucherkreditvertrag (§ 491 Abs. 2 Satz 1) handelt. Bei Immobiliar-Verbraucherkreditverträgen beginnt die Widerrufsfrist früher, nämlich mit der fehlerfreien Widerrufsinformation nach Anlage 8 zum EGBGB. Der Widerruf entfaltet seine Wirkung, die den Schwebezustand beendende endgültige Unwirksamkeit (→ Rn. 27), wenn er spätestens am letzten Tag der Frist abgesandt wurde (§ 355 Abs. 3 Satz 5) und frühestens, wenn der Verbraucher seine eigene Vertragserklärung abgegeben hatte (→ Rn. 60).

2. Fristbeginn

68 a) **Widerruf vor Fristbeginn.** Es ist zu unterscheiden zwischen dem Beginn der Frist von 14 Tagen, durch den die Verfristung des Widerrufs berechnet werden kann, und dem frühest möglichen Zeitpunkt für die Erklärung des Widerrufs. Dieser Zeitpunkt kann vor dem Beginn der Widerrufsfrist liegen, nämlich nach Abgabe der Erklärung des Verbrauchers (→ Rn. 67, 60). Der Zeitraum für einen wirksamen Widerruf kann die Widerrufsfrist von 14 Tagen also überschreiten.

69 b) **Beginn durch Vertragsschluss und Besonderheiten der Vertragsart.** Wann die Widerrufsfrist beginnt, mit der ihr Ende berechnet werden kann, ist für die Arten widerruflicher Verbraucherverträge unterschiedlich geregelt und hängt von mehreren Umständen ab. Gemeinsam ist ihnen gem. § 355 Abs. 2 Satz 2 als erster Umstand der Vertragsschluss. Für **Verbraucherdarlehensverträge** und, aufgrund der Verweisung in § 506 Abs. 1 BGB, für Verträge über **Finanzierungshilfen,** kommt als weiterer Umstand gem. § 356b Abs. 1 hinzu, dass der Unternehmer dem Verbraucher eine **Vertragsurkunde** (oder ein gleichgestelltes Dokument) zur Verfügung stellt, welche die Pflichtangaben nach § 492 Abs. 2 BGB iVm Art. 247 §§ 6 bis 13 EGBGB zutreffend und ordnungsgemäß (→ Rn. 77ff.) enthält. Hierzu gehört auch die **Unterrichtung über das Widerrufsrecht** nach Art. 247 § 6 Abs. 2 und gegebenenfalls bei verbundenem Geschäft nach § 12 Abs. 1. Anders als die Widerrufsbelehrung (→ Rn. 91) sind die Pflichtangaben zum Widerruf bei Verbraucherkreditverträgen Teil des Vertragsabschlusstatbestands.

70 Sind die Angaben nach Art. 247 § 6 Abs. 1 EGBGB gemacht, aber unrichtig resp. dem Klarheits- und Verständlichkeitsgebot nach dieser Vorschrift nicht genügend (→ Rn. 98), beginnt die Widerrufsfrist nicht, wie aus § 356b Abs. 1 folgt. Mangels Beginns endet die Frist auch nicht,[123] sodass ein **unbefristetes Widerrufsrecht** entsteht (→ Rn. 165). Jedoch kann die Widerrufsfrist durch Nachholung fehlender oder fehlerhafter Angaben gem. § 492 Abs. 6 BGB (→ § 492 Rn. 155 und → Rn. 73, 86) in Gang gesetzt werden, fehlende Angaben führen zur Vertragsnichtigkeit nach § 494 Abs. 1 (→ § 494 Rn. 82).

71 Für Verträge, die außerhalb von Geschäftsräumen geschlossen werden (*pars pro toto* Haustürgeschäfte) und für **Fernabsatzgeschäfte,** für Fernunterrichtsverträge, für Verträge über Teilzeit-Wohnrechte, für den Kauf von Investmentanteilen hängt der Fristbeginn von der Erteilung einer Widerrufsbelehrung ab (→ Rn. 113).

72 In einem weiteren Sonderfall, nämlich bei Abschluss des **Verbraucherkreditvertrags im Fernabsatz** (→ § 492 Rn. 49), ist der Fristbeginn durch einen

---

[123] BR-Drucks. 157/10, S. 18.

dritten Umstand markiert, der in der Erfüllung der Informationspflichten nach § 312d Abs. 2 BGB, Art. 246b §§ 1 und 2 EGBGB liegt (→ Rn. 158). Bei einem Ratenkauf im Internet, der zugleich verbraucherkreditrechtlicher Bagatellfall nach § 491 Abs. 2 Satz 2 Nr. 1 (→ § 491 Rn. 158) ist, entsteht lediglich das Widerrufsrecht nach § 312g Abs. 1, während das verbraucherkreditrechtliche aus § 495 ausscheidet (→ § 491 Rn. 95a).

c) Fristbeginn bei Verbraucherkreditverträgen; Nachholung. Der Fristbeginn setzt voraus, dass der Darlehensvertrag, wenn auch nur schwebend wirksam, zustande gekommen war, wie § 355 Abs. 2 Satz 2 **(Vertragsschluss)** festlegt. Macht der Darlehensgeber die Angaben zum Widerrufsrecht vorher, zB vor der Vertragsannahmeerklärung des Verbrauchers (§ 145 BGB), beginnt die Frist nicht.[124] Der Zugang der vollständigen Vertragsurkunde, also mit den Pflichtangaben nach Art. 247 § 6 Abs. 1 Satz 1 (für Allgemein-Verbraucherkreditverträge) resp. Satz 2 (für Immobiliar-Verbraucherkreditverträge) EGBGB, ohne die Vertragserklärungen beider Parteien reicht also nicht; zur verfrühten Widerrufsbelehrung → Rn. 118, zur verfrühten Angabe nach Art. 247 § 6 Abs. 2 EGBGB → Rn. 84. 73

Im Falle eines gem. § 494 Abs. 1 BGB formnichtigen Darlehensvertrags beginnt die Widerrufsfrist frühestens mit dem Zeitpunkt der Darlehensauszahlung, die gem. § 494 Abs. 2 Satz 1 (dort Rn. 55) zur Heilung führt. Kumulativ ist der Beginn der Widerrufsfrist von der **Nachholung** fehlender oder fehlerhafter Pflichtangaben nach Maßgabe von § 492 Abs. 6 abhängig (→ Rn. 147 und → Rn. 86). Wenn die Heilung zu Veränderungen in den Vertragsbedingungen führt (→ § 494 Rn. 60ff.), stellt der Darlehensgeber dem Verbraucher gem. 494 Abs. 7 eine angepasste Vertragsabschrift zur Verfügung (→ Rn. 84), wodurch gem. § 356b Abs. 3 die Widerrufsfrist beginnt, die sich gem. § 356b Abs. 2 Satz 3 auf **einen Monat** im Falle von **Allgemein-Verbraucherkreditverträgen** verlängert (diese Regelung befindet sich außerhalb des harmonisierten Bereichs der VerbrKrRil, die sich der Frage der Nachholung nicht befasst). Wenn die Heilung des formnichtigen Vertrags nicht zu einer Änderung der Vertragsbedingungen führt (zB fehlende Angabe des Nettokreditbetrags, → § 494 Rn. 64), bewendet es gem. § 492 Abs. 6 Satz 1 bei der Nachholung auf einem dauerhaften Datenträger; die Widerrufsfrist beginnt mit dieser Nachholung. Auch in diesem Fall beträgt die Widerrufsfrist gem. § 356b Abs. 2 Satz 3 einen Monat. In beiden Fällen ist der Verbraucher auf einem dauerhaften Datenträger auf den Fristbeginn und die Fristdauer gem. § 492 Abs. 6 Satz 4 hinzuweisen. Dieser Hinweis wiederum ist aber nicht Voraussetzung für den Fristbeginn nach § 356b Abs. 2 Satz 1 und Abs. 3, sondern vertragliche Nebenpflicht,[125] er ist auch keine Pflichtinformation nach Art. 247 § 3 EGBGB. Außerdem ist in der angepassten Vertragsurkunde nach § 494 Abs. 7 auch die Unterrichtung über das Widerrufsrecht nach Art. 247 § 6 Abs. 2 EGBGB richtig zu stellen. Hatte der Darlehensgeber allerdings das Muster für eine Widerrufsinformation gem. Anlage 7 zum EGBGB verwendet, kann es hierbei bleiben, da nach diesem Muster über die angepasste Abschrift nach § 494 Abs. 7 nicht zu informieren ist. Im Falle von **Immobiliar-Verbraucherkreditverträgen** beginnt die Widerrufsfrist 74

---

[124] BGH NJW 2002, 3396 zu II. 3.b.bb.; OLG Karlsruhe ZGS 2006, 399; AG Remscheid NJW-RR 2001, 777; *Godefroid* BB 1994, Beil. 6, S. 18; *Groß* FLF 1993, 132.
[125] MüKoBGB/*Schürnbrand*, § 494 BGB Rn. 44.

§ 495 (§§ 355, 356b)   74a–77   1. Teil. Darlehen und Finanzierungshilfen

gemäß § 356b Abs. 2 Satz 2 mit der fehlerfreien Widerrufsinformation nach Anlage 8 zum EGBGB.

74a Bei nichtigem und auch nicht geheiltem Darlehensvertrag, aus dem der Verbraucher dennoch Erfüllung verlangt (→ § 494 Rn. 32), beginnt die Frist nach Beendigung des Abschlusstatbestandes und Mitteilung der Pflichtangaben nach Art. 247 § 6 Abs. 1 EGBGB, sofern diese trotz Vertragsnichtigkeit vom Darlehensgeber gemacht oder nachgeholt wurden (→ Rn. 153). Bei Vertragsabschluss durch einen vollmachtslosen Vertreter beginnt die Frist erst mit der Genehmigung des Verbrauchers gem. § 177 BGB (näher → Rn. 128).[126] Bei einem Kauf auf Probe nach § 454 BGB beginnt die Frist nicht vor Ablauf der Billigungsfrist (§ 455 BGB).[127] Zur Nachbelehrung bei Verbraucherverträgen mit Widerrufsbelehrung → Rn. 120.

75 **d) Halbzwingende Geltung.** Eine **Vereinbarung** zwischen Darlehensgeber und Verbraucher zur Verkürzung der Frist würde zum Nachteil des Verbrauchers von Absatz 1 abweichen und wäre gem. § 361 Satz 1 BGB unwirksam.[128] Eine Fristverlängerung würde dem Verbraucher dagegen zum Vorteil gereichen, ist also wirksam möglich.[129] Eine solche Vereinbarung kann bei Abschluss des Kreditvertrags, aber auch nachträglich getroffen werden, zB wenn sich unter den Parteien Streit abzeichnet und vielleicht durch die Verlängerung beigelegt werden kann (allerdings kann § 495 Abs. 2 Nr. 1 BGB – Rückzahlungsvereinbarung – anwendbar sein, → Rn. 177).

IV. Fristbeginn durch Pflichtangaben im Verbraucherdarlehensvertrag (§ 356b Abs. 1 BGB)

76 Abweichend von widerrufsbewehrten Verträgen im Allgemeinen wird der Beginn der Widerrufsfrist bei Verbraucherdarlehensverträgen und anderen Kreditverträgen (§ 506 Abs. 1) nicht durch eine Widerrufsbelehrung bestimmt (→ Rn. 112 ff.), sondern gem. § 356b Abs. 1 iVm § 492 Abs. 2 BGB an deren Stelle durch die Pflichtangaben nach Art. 247 §§ 6 bis 13 EGBGB. Der Fristbeginn bezieht sich auf sämtliche dieser Pflichtangaben, nicht etwa nur auf die Unterrichtung über das Widerrufsrecht nach Art. 247 § 6 Abs. 2.

1. Fehlende und fehlerhafte Pflichtangaben

77 **a) Befund.** Die Widerrufsfrist wird nicht in Gang gesetzt, wenn auch nur eine der Pflichtangaben fehlt, zB zur Möglichkeit eines außergerichtlichen Beschwerdeverfahrens (Art. 247 § 7 Nr. 4 EGBGB)[130] oder zur Unterrichtung über das Widerrufsrecht (Art. 247 § 6 Abs. 2 EGBGB). Richtigerweise ist darüber hinaus anzunehmen, dass die Widerrufsfrist auch nicht beginnt, wenn die Angabe zwar gemacht wurde, aber fehlerhaft ist,[131] zB durch eine insuffiziente

---

[126] BGHZ 129, 371 (382) mit Komm. *Bülow* EWiR § 7 VerbrKrG 1/95, 923 und Bspr. *Emmerich* JuS 1995, 1132.
[127] BGH NJW-RR 2004, 1058 mit Anm. *Schulte-Nölke* LMK 2004, 138.
[128] LG Fulda NJW-RR 1987, 1460.
[129] ZB Fristbeginn mit Auslieferung der Ware, LG Arnsberg WRP 2004, 704.
[130] Hierzu BT-Drucks. 157/10, S. 18; instruktiv zu diesem Verfahren EuGH WM 2012, 2049 – Volksbank Romania – mit Rez. *Bülow* WM 2012, 245.
[131] EuGH v. 10.4.2008 – C-412/06, Rn. 35, NJW 2008, 1865 – *Hamilton* –; Schlussanträge Generalanwalt v. 21.11.2007, ZIP 2007, 2306, Rn. 19.

Widerrufsinformation (näher → Rn. 92 ff.). Eine fehlerhafte Pflichtangabe führt zwar nicht zur Vertragsnichtigkeit nach § 494 Abs. 1 BGB (→ Rn. 44), verhindert aber den Fristbeginn. Dies folgt aus dem Wortlaut von Art. 14 Abs. 1 lit. b VerbrKrRil (nach dem Vorbild von Art. 6 Abs. 1 Fernabsatz-Finanzdienstleistungen-Ril 2002/65/EG)[132] sowie von § 356b Abs. 1 und 2 BGB, wonach der Fristbeginn davon abhängt, dass der Verbraucher die Informationen nach Art. 10 der Richtlinie bzw. nach Art. 247 EGBGB erhält; eine fehlerhafte Information, zB eine insuffiziente Unterrichtung über das Widerrufsrecht, ist keine diesen Vorschriften genügende Information. Das folgt auch aus der *ratio legis,* nach der das Informationsmodell bei fehlerhafter Angabe nicht zur Kompensation gestörter Vertragsparität führt (→ Einf. Rn. 44), sondern diese durch Desinformation eher noch verstärkt.[133] Die umfangreiche Rechtsprechung zur insuffizienten und deshalb nicht fristauslösenden Widerrufsbelehrung resp. -information ist deshalb in vielen Teilen, aber nicht vollständig (→ Rn. 137 ff.), anwendbar.

b) Ewiges Widerrufsrecht, Erlöschen bei Immobiliar-Kreditverträgen, Nachholung. Die Folgen der fehlenden oder fehlerhaften Pflichtangaben für den Widerruf sind bei Allgemein-Verbraucherkreditverträgen und bei Immobiliar-Verbraucherkreditverträgen unterschiedlich geregelt. Folge bei einem **Allgemein-**Verbraucherkreditvertrag ist, dass das Widerrufsrecht mangels Beginns auch nicht enden kann und folglich unbefristet und allenfalls bis zur Grenze der Verwirkung besteht und noch nach Jahren, zB im Prozess, geltend gemacht werden kann (→ Rn. 26a). Für das verbraucherkreditrechtliche Widerrufsrecht gibt es im Falle von Allgemein-Verbraucherkreditverträgen auch keinen Erlöschenstatbestand, anders als für Fernabsatz- und Haustürgeschäfte (§ 356 Abs. 3 Satz 2 BGB), Teilzeit-Wohnrechte-Geschäfte (§ 356a Abs. 3 Satz 2), unentgeltliche Kredite (§ 356d Satz 2) und Ratenlieferungsverträge (§§ 510, 356c Abs. 2 Satz 2) und auch anders für **Immobiliar-Verbraucherkreditverträge,** wo das Widerrufsrecht ebenfalls, nämlich gemäß § 356b Abs. 2 Satz 4, nach einem Jahr und 14 Tagen erlischt. Fristbeginn hierfür ist der Vertragsschluss oder die Überlassung der Vertragsurkunde an den Verbraucher, wobei es auf den späteren Zeitpunkt ankommt.[134] Wenn Pflichtangaben, die Art. 247 § 6 Abs. 1 Satz 2 und Abs. 2 (Widerrufsinformation) EGBGB zu entnehmen sind, fehlen oder fehlerhaft sind, ist zu unterscheiden: Ist die Widerrufsinformation ordnungsgemäß angegeben, fehlen aber die Angaben nach § 6 Abs. 1 Satz 2 oder sind sie nicht ordnungsgemäß, beginnt die Widerrufsfrist trotzdem. Insofern ist die Insuffizienz der Angaben nach Satz 2 also unschädlich. Fehlt aber die Widerrufsinformation nach Abs. 2 oder ist sie nicht ordnungsgemäß, beginnt die Widerrufsfrist nicht. Sie endet mit Erlöschen des Widerrufsrechts nach § 356b Abs. 2 Satz 4, wenn der Kreditgeber nicht zur Nachholung der Widerrufsinformation nach § 492 Abs. 2 schreitet (→ § 492 Rn. 147 sowie → Rn. 86). Mit der nachgeholten, zur Verfügung gestellten Widerrufsinformation beginnt die Widerrufsfrist, ohne dass es der Überlassung einer Vertragsabschrift nach § 494 Abs. 7 bedürfte (dieser bedarf es im Hinblick auf die Frist nur bei Allgemein-Verbraucherkreditverträgen, → § 494 Rn. 83). Fehlende Pflichtangaben (Art. 247

---

[132] Vgl. *Lechner* WM 2015, 2165 (2173).
[133] Im Ergebnis ebenso EuGH NJW 2008, 1865 Tz. 35 – Hamilton –; MüKoBGB/*Schürnbrand,* § 495 BGB Rn. 10.
[134] Begründung RegE, S. 91.

§ 6 Abs. 1 Satz 2 EGBGB) führen bei Immobiliar-Verbraucherkreditverträgen zu den Konditionenveränderungen nach § 494 (→ Rn. 62, 83) und als Verletzung von Vertragspflichten zum Anspruch des Verbrauchers gegen den Kreditgeber nach §§ 280 Abs. 1, 249 ff. BGB.[135] Werden Pflichtangaben nach näherer Maßgabe von § 492 Abs. 6 BGB mit ihren unterschiedlichen Folgen und Wirkungen bei Allgemein- und Immobiliar-Verbraucherkreditverträgen **nachgeholt** und wird die Widerrufsfrist in Gang gesetzt, verlängert sie sich auf **einen Monat**, wie § 356b Abs. 2 Satz 3 bestimmt.

79 Die Regelung über die Nachholung ist europarechtskonform, weil weder die VerbrKrRil noch die Wohnimmo-Ril hierzu etwas bestimmen und mithin deren harmonisierte Bereiche verlassen sind.[136] Deshalb kann auch die Widerrufsfrist für diesen Fall auf einen Monat verlängert werden.

79a Das unbefristete Widerrufsrecht bei Allgemein-Verbraucherkreditverträgen folgt dem verbraucherprivatrechtlichen Grundprinzip der Kompensation gestörter Vertragsparität (→ Einf. Rn. 44) insofern, als die Vertragsabschlussphase so lange als noch nicht beendet angesehen werden mag, wie die vorgeschriebenen Informationen noch nicht erteilt sind.[137] Zudem mag über das Grundprinzip hinaus und den Verbraucherbegriff nach § 13 BGB verlassend der Schutz geschäftsungewandter und vielleicht in prekärer wirtschaftlicher Lage befindlicher Personen (→ Einf. Rn. 47a) als gesetzgeberische Motivation für das fehlende Erlöschen dienen.

2. Inhalt und Rechtsnatur der Pflichtangaben nach Art. 247 § 6 Abs. 2 EGBGB (Widerrufsinformation); Anspruch des Verbrauchers

80 Sitz der Materie über die Pflichtangaben zum Widerrufsrecht bei Verbraucherkreditverträgen sind Art. 247 § 6 Abs. 2 Sätze 1 und 2 und § 12 Abs. 1 EGBGB:

Art. 247 § 6 Abs. 2 Sätze 1 und 2 EGBGB

Besteht ein Widerrufsrecht nach § 495 des Bürgerlichen Gesetzbuchs, müssen im Vertrag Angaben zur Frist und anderen Umständen für die Erklärung des Widerrufs sowie ein Hinweis auf die Verpflichtung des Darlehensnehmers enthalten sein, ein bereits ausbezahltes Darlehen zurückzuzahlen und Zinsen zu vergüten. Der pro Tag zu zahlende Zinsbetrag ist anzugeben.

Art. 247 § 12 Abs. 1 Satz 1

Die §§ 1 bis 11 gelten entsprechend für die in § 506 Absatz 1 des Bürgerlichen Gesetzbuchs bezeichneten Verträge über entgeltliche Finanzierungshilfen.

81 Die Aufzählung in Art. 247 § 6 Abs. 2 EGBGB über die vorgeschriebenen Angaben zur Widerrufsinformation zeigt, dass der Darlehensgeber nicht nur über das Widerrufsrecht selbst, sondern mehr Angaben zu machen hat, nämlich auch zur Widerrufsfrist, zu den Umständen für die Erklärung nach § 355 Abs. 1 Sätze 2 bis 5 BGB und zur Rückabwicklung nach § 357a nebst Verzinslichkeit der erhaltenen Valuta. Neben den Pflichtangaben nach Art. 247 § 6 Abs. 2 hat der Darlehensgeber nach §§ 3 Abs. 1 Nr. 13, 6 Abs. 1 Nr. 1 die Information über

---

[135] BT-Drucks. 18/5922 (RegE), S. 91.
[136] Andeutungsweise BR-Drucks. 157/10, S. 18; näher *Bülow* WM 2013, 245.
[137] *Bülow*, Stelungnahme zur Anhörung vor dem Rechtsausschuss des Deutsche Bundestages am 14.10.2015, Archiv der Stellungnahmen unter www.bundestag.de.

das Bestehen oder Nichtbestehen eines Widerrufsrechts zu geben. Sekundärrechtliche Grundlage ist Art. 10 Abs. 2 lit. p der Verbraucherkreditrichtlinie, wonach das Bestehen oder Nichtbestehen eines Widerrufsrechts nebst bestimmten ergänzenden Angaben im Kreditvertrag anzugeben ist. Diese Regelung ist Teil des harmonisierten Bereichs nach Art. 22 Abs. 1 der Richtlinie, der in den nationalen Rechtsordnungen unabdingbar ist, also insbesondere auch nicht zum Schutz von Verbrauchern erweitert werden darf. Aus dem Blickwinkel des Binnenmarkts darf sich ein Anbieter grenzüberschreitender Kredite darauf verlassen, keinen weitergehenden Angabepflichten ausgesetzt zu sein.

Anders als die Widerrufsbelehrung (→ Rn. 116) sind die Pflichtangaben Teil des Vertragsabschlusstatbestands, stellen aber nur eine Mitteilung des Darlehensgebers über die Modalitäten des Widerrufsrechts, also über die Rechtslage dar. Diese Mitteilung ist deshalb ebenso wenig wie die Widerrufsbelehrung und wie meist auch die Angabe des effektiven Jahreszinses oder des Gesamtbetrags (→ § 494 Rn. 15) keine Äußerung rechtsgeschäftlichen Willens, sondern Wissenserklärung, die als geschäftsähnliche Handlung zusammen mit der Vertragserklärung des Darlehensgebers zugeht. **82**

Ebenso wie der Verbraucher Anspruch auf Erteilung einer Widerrufsbelehrung hat (→ Rn. 117), ist der Darlehensgeber gem. § 492 Abs. 3 Satz 1 verpflichtet, eine Vertragsurkunde zur Verfügung zu stellen (Art. 10 Abs. 1 Satz 2 Verbraucherkreditrichtlinie); da diese auch die Pflichtangaben zum Widerrufsrecht enthält, folgt daraus der Anspruch des Verbrauchers. Bei Fehlen oder Fehlerhaftigkeit von Pflichtangaben hat der Verbraucher Anspruch auf **Schadensersatz** gemäß § 280 Abs. 1 BGB.[138] **83**

3. Zeitpunkt der Pflichtangaben

a) Vertragsschluss. Zwar bestimmt § 355 Abs. 2 Satz 2, dass die Widerrufsfrist erst mit Vertragsschluss beginnt, doch bleibt dadurch offen, wann die Angaben zum Widerrufsrecht zu machen sind. Nach gefestigter Rechtsprechung[139] darf eine Widerrufsbelehrung bei Meidung ihrer Insuffizienz (mit der Folge, dass die Widerrufsfrist nicht beginnt) **nicht verfrüht** erteilt werden. Frühester Zeitpunkt ist die Abgabe (nicht der Zugang) der Vertragserklärung des Verbrauchers, der schriftliche Antrag nach § 356b Abs. 1, die er durch seine Unterschrift zum Ausdruck bringt. Stellt also der Darlehensgeber eine Ausfertigung des vollständigen Vertrages, das heißt einschließlich der Angaben zum Widerrufsrecht nach Art. 247 § 6 Abs. 2, dem Darlehensnehmer zur Verfügung, sind diese Angaben bei der Unterschrift des Verbrauchers gegenwärtig. Gleiches gilt, wenn der Darlehensgeber die Vertragsausfertigung bereits mit seiner Vertragserklärung durch Unterschrift oder automatischer Einrichtung (§ 492 Abs. 1 Satz 4, dort Rn. 44) versehen hatte. Dagegen genügt die vorvertragliche Information nach § 491a Abs. 1 BGB, Art. 247 § 3 Abs. 1 Nr. 13 EGBGB nicht. **84**

Durch die Einbeziehung in die vertraglichen Pflichtangaben ist auch gewährleistet, dass die Unterrichtung über das Widerrufsrecht bei Vertragsschluss, dem nach § 355 Abs. 2 Satz 2 maßgeblichen Zeitpunkt gemacht wird. Wenn die Ver- **85**

---
[138] Näher *Eichel* ZfPW 2016, 52.
[139] BGH NJW 2002, 3396 zu II.3.b.bb = WM 2002, 1989; NJW 2009, 3572 = WM 2009, 932 = ZIP 2009, 952 mit Anm. *Bülow* LMK 2009, 284333 und Komm. *Madaus* EWiR § 355 BGB 1/09, 371.

§ 495 (§ 355, Art. 247 §§ 6, 12)

tragsurkunde später zur Verfügung gestellt wird, beginnt die Frist gem. § 356b Abs. 1 mit diesem Tag.

86 **b) Nachholung gem. § 492 Abs. 6 BGB.** Nach § 492 Abs. 6 ist die Möglichkeit der Nachholung fehlender oder fehlerhafter Pflichtangaben eröffnet (→ § 492 Rn. 155 und → Rn. 74). Führt das Fehlen zur Nichtigkeit nach § 494 Abs. 1 und tritt Heilung ein, die **eine Vertragsänderung** bewirkt, ist § 494 Abs. 7 anwendbar (→ § 494 Rn. 84). Der Darlehensgeber ist also verpflichtet, dem Verbraucher eine Vertragsurkunde zur Verfügung zu stellen, welche die Vertragsänderungen berücksichtigt. Erst wenn der Verbraucher diese Vertragsabschrift erhalten hat, beginnt gem. § 356b Abs. 3 die Widerrufsfrist. Wenn **keine Änderung** eintritt oder der Vertrag trotz Fehlen wirksam ist (Art. 247 §§ 7 und 8 EGBGB, → § 494 Rn. 16, 17, s. § 492 Abs. 6 Satz 3), ist keine Vertragsabschrift nach § 494 Abs. 7 zur Verfügung zu stellen. **Zwei Fälle** sind denkbar:

Hatte der Verbraucher bereits eine Vertragsurkunde, bei der die Pflichtangabe fehlte oder fehlerhaft war, erhalten, beginnt die Widerrufsfrist mit dem Tag der Nachholung auf einem dauerhaften Datenträger (§ 356b Abs. 2 Satz 1). Hatte der Verbraucher noch keine Abschrift erhalten, beginnt die Frist gem. § 492 Abs. 6 Satz 3 iVm § 356b Abs. 2 Satz 1 mit dem Tag, an dem der Verbraucher sowohl die Abschrift des ursprünglichen, also insuffizient mit Angaben versehenen Vertrags erhält als auch die nachgeholten Pflichtangaben auf einem dauerhaften Datenträger (→ § 492 Rn. 163). Beides muss der Verbraucher gem. § 492 Abs. 6 Satz 3 im selben Zeitpunkt erhalten, wofür derselbe Tag ausreichen dürfte. Spätestens in demjenigen Zeitpunkt, in dem der Verbraucher die nachgeholten Angaben auf einem dauerhaften Datenträger erhält, muss er auch die Vertragsabschrift erhalten haben. Andernfalls, bei späterer Überlassung der Vertragsabschrift, wäre es für den Verbraucher unklar, wann der Lauf der Widerrufsfrist beginnt.[140] Erteilt also der Darlehensgeber zuerst die nachzuholenden Angaben und danach, am nächsten Tag oder später, die Vertragsabschrift, wird die Widerrufsfrist nicht in Gang gesetzt, sodass ein unbefristetes Widerrufsrecht besteht.[141] Sowohl in der ersten wie in der zweiten Fallvariante muss der Darlehensgeber deutlich machen, auf welchen Vertrag sich die Nachholung bezieht, was sich von selbst ergeben, aber zweifelhaft sein kann, wenn der Verbraucher die Abschrift des ursprünglichen Vertrags bereits erhalten hatte und erst längere Zeit später die Angaben auf einem dauerhaften Datenträger nachgeholt werden oder wenn die Parteien mehrere Verträge abgeschlossen hatten. Es gelten dieselben Grundsätze wie zur Nachbelehrung (→ Rn. 120). Wenn die Widerrufsfrist durch ordnungsgemäße Nachholung in Gang gesetzt worden war, beträgt sie gem. § 356b Abs. 2 Satz 2 **einen Monat** (vgl. § 188 Abs. 2 BGB), auch im Fall fehlender oder fehlerhafter Widerrufsinformation nach Art. 247 § 6 Abs. 2 EGBGB. Zur Beweislast → Rn. 173.

87 Schließt ein **minderjähriger Darlehensnehmer** den Vertrag ohne vorherige Zustimmung seiner gesetzlichen Vertreter ab, tritt mit deren Genehmigung rückwirkend Vertragswirksamkeit ein (§§ 108, 184 BGB, → Rn. 65). Das Widerrufsrecht üben die gesetzlichen Vertreter aus, sodass im Zeitpunkt der Genehmigung die Widerrufsfrist schon abgelaufen sein könnte. Um das Recht des Minderjährigen zu wahren, erscheint es deshalb unerlässlich, den Fristbeginn

---

[140] BR-Drucks. 157/10, S. 23.
[141] MüKoBGB/*Schürnbrand* § 492 BGB Rn. 61.

jenseits der Rückwirkung aus § 184 Abs. 1 BGB auf den Zugang der Genehmigungserklärung (§ 182 Abs. 1 BGB) zu verlagern. Dadurch werden die Pflichtangaben nach Art. 247 § 6 Abs. 2 EGBGB, die sich auf den Vertragsschlusszeitpunkt mit dem Minderjährigen beziehen, aber unrichtig, mit der Folge, dass dem gesetzlichen Vertreter gegenüber die zutreffenden Pflichtangaben zu machen sind. Da eine isolierte Widerrufsbelehrung bei Verbraucherkreditverträgen durch das Gesetz nicht vorgesehen ist, hat der Darlehensgeber, um die Widerrufsfrist in Gang zu setzen, dem gesetzlichen Vertreter eine Vertragsurkunde mit der zutreffenden Angabe zum Zeitpunkt (Zugang der Genehmigungserklärung durch den gesetzlichen Vertreter) nach Art. 247 § 6 Abs. 2 EGBGB zur Verfügung zu stellen.

4. Adressat der Pflichtangaben, insbesondere nach Art. 247 § 6 Abs. 2 EGBGB und Rechtsfolgen isolierter Widerrufe

Die Pflichtangaben sind im Verbraucherdarlehensvertrag, schriftlich oder in elektronischer Form nach § 126a BGB, gegenüber dem Verbraucher als Darlehensnehmer und Vertragspartei zu machen. Auf der Darlehensnehmerseite können nun mehrere Personen beteiligt sein.

Im Falle einer **gleichgründigen, paritätischen Gesamtschuld,** typischerweise bei einem Ehegattendarlehen, ist jedem Gesamtschuldner eine Vertragsurkunde zur Verfügung zu stellen (→ § 492 Rn. 15), welche die Pflichtangaben einschließlich derjenigen zum Widerrufsrecht enthalten muss. Im Falle einer **Sicherungsgesamtschuld (Schuldbeitritt)** als Interzession unterliegt der Schuldbeitrittsvertrag zwischen Darlehensgeber und Beitretendem der Form aus § 492 BGB. Gleiches gilt, wenn der Schuldbeitritt zusammen mit dem Verbraucherdarlehensvertrag erklärt wird. Voraussetzung ist, dass der Beitretende Verbraucher nach § 13 BGB ist. Wenn der Hauptschuldner nicht die Verbraucherqualifikation aufweist, handelt es sich bei zu sicherndem Hauptvertrag zwar nicht um einen Verbraucherdarlehensvertrag, aber der Schuldbeitritt eines Verbrauchers ist trotzdem formbedürftig (Einzelbetrachtung, → § 491 Rn. 127). Auf diese Weise erhält der Verbraucher als Interzessionar die Pflichtangaben über das Widerrufsrecht. Richtigerweise ist auch die Haftung des anderen Ehegatten als Gesamtschuldner kraft **ehegüterrechtlicher Schlüsselgewalt** von der Formwahrung nach § 492 BGB abhängig, sodass dem Ehegatten die Pflichtangaben nach Art. 247 § 6 Abs. 2 EGBGB mitgeteilt werden (→ § 491 Rn. 129). Abweichend von der herrschenden Meinung dürften auch **Bürgschaften und Sicherungsverträge** der verbraucherdarlehensrechtlichen Form unterliegen (→ § 491 Rn. 123 ff.), sodass die Pflichtangaben den Interzessionar erreichen. Bei einer **Vertragsübernahme** ist zwischen dem übernommenen Vertrag und dem Übernahmevertrag zu unterscheiden. Ist der Übernehmer Verbraucher und der Übertragende Darlehensgeber, bedarf der Übernahmevertrag der Form aus § 492, sodass die Pflichtangaben nach Art. 247 § 6 Abs. 2 EGBGB den Verbraucher erreichen.[142] War der zu übernehmende Vertrag noch widerruflich, soll das Widerrufsrecht nach Ansicht des BGH[143] auf den Übernehmer übergehen, auch

---

[142] BGHZ 129, 371 (380/381) = NJW 1995, 2290 mit Komm. *Bülow* EWiR § 7 VerbrKrG 1/95, 927 und Bspr. *Emmerich* JuS 1995, 1132; *Ulmer/Masuch* JZ 1997, 654 (661).

[143] BGHZ 129, 371 (376); BGH NJW 1996, 2094 zu II. 2.a. mit abl. Anm. *Wolf* LM Nr. 33 zu § 1 AbzG.

§ 495 (§ 355, Art. 247 §§ 6, 12)

wenn er selbst nicht Verbraucher ist (→ § 491 Rn. 92). Zur Verbindung mit einem Schuldbeitritt → Rn. 97 aE. War der Verbraucherdarlehensvertrag von einem **Vertreter ohne Vertretungsmacht** abgeschlossen worden, ist richtiger-, aber umstrittenerweise anzunehmen, dass die Genehmigung nach § 177 BGB in Ausnahme zu § 182 Abs. 2 BGB der verbraucherdarlehensrechtlichen Form bedarf (→ § 492 Rn. 23). Auf diese Weise wird der genehmigende Verbraucher Adressat der Pflichtangaben zum Widerrufsrecht gem. Art. 247 § 6 Abs. 2 EGBGB, welche – zusammen mit den anderen Pflichtangaben – die Widerrufsfrist in Gang setzen.

90 Da der Verbraucher als Darlehensnehmer und ein Dritter resp. paritätischer Gesamtschuldner jeder für sich das Widerrufsrecht haben, können bei den Beteiligten unterschiedliche Rechtszustände eintreten, nämlich endgültige Wirksamkeit bei Fristablauf oder endgültige Unwirksamkeit bei Widerruf oder schwebende Wirksamkeit bis Fristablauf. Die **Rechtsfolgen isolierter Widerrufe** resp. deren Unterlassung stellen sich wie folgt dar: Bei einer **gleichgründigen, paritätischen Gesamtschuld** kann der Fall eintreten, dass die Vertragsurkunde mit den Pflichtangaben nach Art. 247 § 6 Abs. 2 den Gesamtschuldnern an verschiedenen Tagen zur Verfügung gestellt wird. Dadurch kann sich ergeben, dass für jeden Gesamtschuldner andere Fristen laufen und folglich in der Person des einen Gesamtschuldners der Darlehensvertrag nur schwebend wirksam ist, während er beim anderen mangels Widerrufs endgültig wirksam geworden war. Das ändert nichts daran, dass beide gesamtschuldnerischen Verbraucher Erfüllungsansprüche haben. Es kommt nicht in Betracht, dass der Darlehensgeber von seiner Leistungspflicht befreit würde, weil einer der Verbraucher noch widerrufen könnte. Bei einer **Sicherungsgesamtschuld** und Widerruf des Schuldbeitrittsvertrags durch den Beitretenden, aber abgelaufener Frist gegenüber dem Hauptschuldner hängt die Wirksamkeit des Hauptvertrages nach dem Regelungskonzept von § 139 BGB davon ab, ob dieser Vertrag auch ohne den Schuldbeitritt abgeschlossen worden wäre. War der Schuldbeitritt zu einem Darlehensvertrag allerdings entgegen § 492 Abs. 2 Satz 1, Art. 247 § 7 Nr. 2 EGBGB (→ § 492 Rn. 140) nicht im Hauptvertrag angegeben worden, ist der Hauptvertrag jenseits von § 139 BGB nach weiterer Maßgabe von § 494 Abs. 6 Satz 2 wirksam (→ § 494 Rn. 36, 76). Ist der Hauptvertrag unwirksam, fehlt es an einer Schuld, für der Beitretende haften könnte. Der Nichtigkeitsgrund des Verstoßes gegen die guten Sitten kann sich gem. § 138 Abs. 1 BGB nach allgemeinen Grundsätzen[144] gerade gegen den Schuldbeitritt richten und den Hauptvertrag unberührt lassen. Ein Schuldbeitritt kann mit einer Vertragsübernahme (→ Rn. 89) verbunden sein, wenn der übergebende Verbraucher der Verbindlichkeit der neuen, übernehmenden Partei beitritt, wie dies im Leasinggeschäft vorkommt.[145] Für diesen Schuldbeitritt sind alle Formalien einschließlich der Pflichtangaben nach Art. 247 § 6 Abs. 2 EGBGB einzuhalten. Widerruft der kraft **Schlüsselgewalt** gesamtschuldnerisch haftende Ehegatte isoliert, wird nicht nach Maßgabe von § 139 BGB von der Nichtigkeit des Kreditvertrags bei Nichteintritt der Haftung aus Schlüsselgewalt ausgegangen werden können, weil es sich jenseits der vertraglichen Vereinbarung um eine gesetzliche Mithaftung

---

[144] S. nur BGH NJW 1997, 1773; *Bülow* Kreditsicherheiten, Rn. 1592, 867 ff. mwN; *Albers-Frenzel* Mithaftung, S. 217.
[145] *v. Westphalen* NJW 1997, 2905 (2906).

5. Form und Zugang

Als Teil des Vertragstatbestands ergibt sich für die Pflichtangaben zum Widerrufsrecht nach Art. 247 § 6 Abs. 2 EGBGB die Vertragsform, also Schriftlichkeit resp. elektronische Form nach § 126a BGB. Letztere ermöglicht – neben dem Briefwechsel, § 312b Abs. 2, → Rn. 158 – den Abschluss eines Verbraucherdarlehensvertrags im Fernabsatz. Der Zugang der Pflichtangaben zum Widerrufsrecht liegt im Zugang der Vertragsurkunde.

6. Formalien der Pflichtangaben nach Art. 247 § 6 Abs. 2 EGBGB

a) **Vorbemerkung: Muster-Widerrufsinformation.** Während bei außerhalb von Geschäftsräumen geschlossenen Verträgen und bei Fernabsatzverträgen außerhalb von Finanzdienstleistungen eine Widerrufsbelehrung zu erteilen ist, für die ein europaweit verbindliches Muster Gegenstand der VerbrRechteRil 2011/83/EU ist (Anhang I. A.), umgesetzt durch Anlage 1 zum EGBGB, fehlt eine solche Vorgabe für Verbraucherkreditgeschäfte (ebenso für Finanzdienstleistungen im Fernabsatz). Es steht den Mitgliedstaaten frei, derartige Muster zu erarbeiten, was in Gestalt von Anlage 7 zum EGBGB für Allgemein-Verbraucherkreditverträge und in Gestalt von Anlage 8 für Immobiliar-Verbraucherkreditverträge (Anlage 3 für Finanzdienstleistungen im Fernabsatz) geschehen ist:

Anlage 7[1,2] **zum EGBGB**
(zu Artikel 247 § 6 Absatz 2 und § 12 Absatz 1)

Muster für eine Widerrufsinformation für Allgemein-Verbraucherdarlehensverträge

---

Widerrufsinformation

Widerrufsrecht

Der Darlehensnehmer* kann seine Vertragserklärung innerhalb von 14 Tagen ohne Angabe von Gründen widerrufen. Die Frist beginnt nach Abschluss des Vertrags, aber erst, nachdem der Darlehensnehmer alle Pflichtangaben nach § 492 Absatz 2 BGB (zB Angabe zur Art des Darlehens, Angabe zum Nettodarlehensbetrag, Angabe zur Vertragslaufzeit) erhalten hat. Der Darlehensnehmer hat alle Pflichtangaben erhalten, wenn sie in der für den Darlehensnehmer bestimmten Ausfertigung seines Antrags oder in der für den Darlehensnehmer bestimmten Ausfertigung der Vertragsurkunde oder in einer für den Darlehensnehmer bestimmten Abschrift seines Antrags oder der Vertragsurkunde enthalten sind und dem Darlehensnehmer eine solche Unterlage zur Verfügung gestellt worden ist. Über in den Vertragstext nicht aufgenommene Pflichtangaben kann der Darlehensnehmer nachträglich auf einem dauerhaften Datenträger informiert werden; die Widerrufsfrist beträgt dann einen Monat. Der Darlehensnehmer ist mit den nachgeholten Pflichtangaben nochmals auf

den Beginn der Widerrufsfrist hinzuweisen. Zur Wahrung der Widerrufsfrist genügt die rechtzeitige Absendung des Widerrufs, wenn die Erklärung auf einem dauerhaften Datenträger (zB Brief, Telefax, E-Mail) erfolgt. Der Widerruf ist zu richten an: [1]
[2]
[2a]
[2b]
[2c]

Widerrufsfolgen

Soweit das Darlehen bereits ausbezahlt wurde, hat es der Darlehensnehmer spätestens innerhalb von 30 Tagen zurückzuzahlen und für den Zeitraum zwischen der Auszahlung und der Rückzahlung des Darlehens den vereinbarten Sollzins zu entrichten. Die Frist beginnt mit der Absendung der Widerrufserklärung. Für den Zeitraum zwischen Auszahlung und Rückzahlung ist bei vollständiger Inspruchnahme des Darlehens pro Tag ein Zinsbetrag in Höhe von [3] Euro zu zahlen. Dieser Betrag verringert sich entsprechend, wenn das Darlehen nur teilweise in Anspruch genommen wurde. [4]
[5]
[5a]
[5b]
[5c]
[5d]
[5e]
[5f]
[5g]

Anlage 8 zum EGBGB
(zu Artikel 247 § 6 Absatz 2 und § 12 Absatz 1)

Muster für eine Widerrufsinformation für Immobiliar-Verbraucherdarlehensverträge

Widerrufsinformation

Widerrufsrecht

Der Darlehensnehmer* kann seine Vertragserklärung innerhalb von 14 Tagen ohne Angabe von Gründen widerrufen. Die Frist beginnt nach Abschluss des Vertrags, aber erst, nachdem der Darlehensnehmer diese Widerrufsinformation erhalten hat. Der Derlehensnehmer hat diese Widerufsinformation erhalten, wenn sie in der für den Darlehensnehmer bestimmten Ausfertigung seines Antrags oder in der für den Darlehensnehmer bestimmten Ausfertigung der Vertragsurkunde oder in einer für den Darlehensnehmer bestimmten Abschrift seines Antrags oder der Vertragsurkunde enthalten ist und dem Darlehensneh-

mer eine solche Unterlage zur Verfügung gestellt worden ist. Über eine in den Vertragstext nicht aufgenommene Angabe zum Widerrufsrecht kann der Darlehensnehmer nachträglich auf einem dauerhaften Datenträger informiert werden; die Widerrufsfrist beträgt dann einen Monat. Der Darlehensnehmer ist mit der nachgeholten Widerrufsinformation nochmals auf den Beginn der Widerrufsfrist hinzuweisen. Zur Wahrung der Widerrufsfrist genügt die rechtzeitige Absendung des Widerrufs, wenn die Erklärung auf einem dauerhaften Datenträger (zB Brief, Telefax, E-Mail) erfolgt. Der Widerruf ist zu richten an:
[1]

Information über das Erlöschen des Widerrufrechts

Das Widerrufsrecht erlischt spätestens zwölf Monate und 14 Tage nach dem Zeitpunkt des Vertragsschlusses oder, sofern dieser Zeitpunkt nach dem Vertragsschluss liegt, dem Zeitpunkt zu dem dem Darlehensnehmer eine für ihn bestimmte Ausfertigung oder Abschrift seines Antrags oder der Vertragsurkunde zur Verfügung gestellt worden ist. Das Widerrufsrecht erlischt auch dann,wenn die Widerrufsinformation oder die Angaben hierzu im Vertrag fehlerhaft waren oder ganz unterblieben sind.
[2]
[2a]
[2b]
[2c]

Widerrufsfolgen

Der Darlehensnehmer hat innerhalb von 30 Tagen das Darlehen, soweit es bereits ausbezahlt wurde, zurückzuzahlen und für den Zeitraum zwischen der Auszahlung und der Rückzahlung des Darlehens den vereinbarten Sollzins zu entrichten. Die Frist beginnt mit der Absendung der Widerrufserklärung. Für den Zeitruam zwischen Auszahlung und Rückzahlung ist bei vollständiger Inanspruchnahme des Darlehens pro Tag ein Zinsbetrag in Höhe von [3] Euro zu zahlen. Dieser Betrag verringert sich entsprechend, wenn das Darlehen nur teilweise in Anspruch genommen wurde. Wenn der Darlehensnehmer nachweist, dass der Wert seines Gebrauchsvorteils niedriger war las der Vertragszins, muss er nur den niedrigeren Betrag zahlen. Dies kann z.B. in Betracht kommen, wenn der marktübliche Zins gernger war als der Vertragszins. [4]
[5]
[5a]
[5b]
[5c]
[5d]
[5e]
[5f]
[5g]

§ 495 (§ 355, Art. 247 §§ 6, 12) 92

Gestaltungshinweise:

[1] Hier sind einzufügen: Name/Firma und ladungsfähige Anschrift des Widerrufsadressaten. Zusätzlich können angegeben werden: Telefaxnummer, E-Mail-Adresse und/oder, wenn der Darlehensnehmer eine Bestätigung seiner Widerrufserklärung an den Darlehensgeber erhält, auch eine Internet-Adresse.

[2] Bei Anwendung der Gestaltungshinweise [2a], [2b] oder [2c] ist hier folgende Unterüberschrift einzufügen:
„Besonderheiten bei weiteren Verträgen".

[2a] Bei einem verbundenen Vertrag nach § 358BGB ist hier einzufügen:
a) wenn der Vertrag nicht den Erwerb von Finanzinstrumenten zum Gegenstand hat:
„– Widerruft der Darlehensnehmer diesen Darlehensvertrag, so ist er auch an den [einsetzen: Bezeichnung des verbundenen Vertrags] (im Folgenden: verbundener Vertrag)** nicht mehr gebunden.
– Steht dem Darlehensnehmer in Bezug auf den [einsetzen***: verbundenen Vertrag] ein Widerrufsrecht zu, so ist er mit wirksamem Widerruf des [einsetzen***: verbundenen Vertrags] auch an den Darlehensvertrag nicht mehr gebunden. Für die Rechtsfolgen des Widerrufs sind die in dem [einsetzen***: verbundenen Vertrag] getroffenen Regelungen und die hierfür erteilte Widerrufsbelehrung maßgeblich."
b) wenn der Vertrag den Erwerb von Finanzinstrumenten zum Gegenstand hat:
„– Widerruft der Darlehensnehmer den [einsetzen: Bezeichnung des verbundenen Vertrags], so ist er auch an den Darlehensvertrag nicht mehr gebunden."

[2b] Bei einem Geschäft, dessen Vertragsgegenstand (die Leistung des Unternehmers) in dem Verbraucherdarlehensvertrag genau angegeben ist und das nicht gleichzeitig die Voraussetzungen eines verbundenen Vertrags gemäß § 358BGB erfüllt, obwohl das Darlehen ausschließlich zu dessen Finanzierung dient (angegebenes Geschäft gemäß § 360 Absatz 2 Satz 2 BGB), ist hier Folgendes einzufügen:
„– Steht dem Darlehensnehmer in Bezug auf das [einsetzen: Bezeichnung des im Darlehensvertrag angegebenen Geschäfts] (im Folgenden: angegebenes Geschäft)** ein Widerrufsrecht zu, so ist er mit wirksamem Widerruf des angegebenen Geschäfts auch an diesen Darlehensvertrag nicht mehr gebunden."

[2c] Bei einem mit einem Verbraucherdarlehensvertrag zusammenhängenden Vertrag (§ 360BGB), der nicht gleichzeitig die Voraussetzungen eines verbundenen Vertrags gemäß § 358BGB erfüllt, kann hier Folgendes eingefügt werden:
„– Steht dem Darlehensnehmer in Bezug auf diesen Darlehensvertrag ein Widerrufsrecht zu, so ist er mit wirksamem Widerruf des Darlehensvertrags auch an den [einsetzen: Bezeichnung des mit dem Darlehensvertrag zusammenhängenden Vertrags] (im Folgenden: zusammenhängender Vertrag)** nicht mehr gebunden."

[3] Hier ist der genaue Zinsbetrag in Euro pro Tag einzufügen. Centbeträge sind als Dezimalstellen anzugeben.

[4] Erbringt der Darlehensgeber gegenüber öffentlichen Stellen Aufwendungen gemäß § 357a Absatz 3 Satz 4 BGB und will er sich für den Fall des Widerrufs die Geltendmachung dieses Anspruchs vorbehalten, ist hier Folgendes einzufügen:

„– Der Darlehensnehmer hat dem Darlehensgeber auch die Aufwendungen zu ersetzen, die der Darlehensgeber gegenüber öffentlichen Stellen erbracht hat und nicht zurückverlangen kann."

[5] Bei Anwendung der Gestaltungshinweise [6a], [6b], [6c], [6d], [6e], [6f] oder [6g] ist hier als Unterüberschrift einzufügen:

„Besonderheiten bei weiteren Verträgen".

Dies gilt nicht, wenn bei einer entgeltlichen Finanzierungshilfe ausschließlich der Hinweis [6d] verwandt wird und weitere Verträge nicht vorliegen. Liegen mehrere weitere Verträge nebeneinander vor, kann im Folgenden die Unterrichtung gemäß den anwendbaren Gestaltungshinweisen auch durch eine entsprechende, jeweils auf den konkreten Vertrag bezogene, wiederholte Nennung der Hinweise erfolgen.

[5a] Bei einem verbundenen Vertrag nach § 358 BGB, der nicht den Erwerb von Finanzinstrumenten zum Gegenstand hat, ist hier Folgendes einzufügen:

„– Steht dem Darlehensnehmer in Bezug auf [einsetzen***: den verbundenen Vertrag] ein Widerrufsrecht zu, sind im Falle des wirksamen Widerrufs [einsetzen***: des verbundenen Vertrags] Ansprüche des Darlehensgebers auf Zahlung von Zinsen und Kosten aus der Rückabwicklung des Darlehensvertrags gegen den Darlehensnehmer ausgeschlossen."

[5b] Bei einem verbundenen Vertrag nach § 358 BGB, der nicht den Erwerb von Finanzinstrumenten zum Gegenstand hat, oder bei einem zusammenhängenden Vertrag, wenn von Gestaltungshinweis [2c] Gebrauch gemacht wurde, ist hier Folgendes einzufügen:

„– Ist der Darlehensnehmer aufgrund des Widerrufs dieses Darlehensvertrags an [einsetzen***: den verbundenen Vertrag und/oder den zusammenhängenden Vertrag] nicht mehr gebunden, sind insoweit die beiderseits empfangenen Leistungen zurückzugewähren."

[5c] Bei einem verbundenen Vertrag nach § 358 BGB über die Überlassung einer Sache oder bei einem zusammenhängenden Vertrag, gerichtet auf die Überlassung einer Sache, wenn von Gestaltungshinweis [2c] Gebrauch gemacht wurde, ist hier nachstehender Unterabsatz einzufügen:

„– Der Darlehensnehmer ist nicht verpflichtet, die Sache zurückzusenden, wenn der an [einsetzen***: dem verbundenen Vertrag oder dem zusammenhängenden Vertrag] beteiligte Unternehmer angeboten hat, die Sachen abzuholen. Grundsätzlich trägt der Darlehensnehmer die unmittelbaren Kosten der Rücksendung der Waren. Dies gilt nicht, wenn der an [einsetzen***: dem verbundenen Vertrag oder dem zusammenhängenden Vertrag] beteiligte Unternehmer sich bereit erklärt hat, diese Kosten zu tragen, oder er es unterlassen hat, den Verbraucher über die Pflicht, die unmittelbaren Kosten der Rücksendung zu tragen, zu unterrichten. Bei außerhalb von Geschäftsräumen geschlossenen Verträgen, bei denen die Waren zum Zeitpunkt des Vertragsschlusses zur Wohnung des Verbrauchers geliefert worden sind, ist der Unternehmer verpflichtet, die Waren auf eigene Kosten abzuholen, wenn die Waren so beschaffen sind, dass sie nicht per Post zurückgesandt werden können."

Der Unterabsatz kann wie folgt ergänzt werden:
„Wenn der Darlehensnehmer die aufgrund [einsetzen***: des verbundenen Vertrags oder des zusammenhängenden Vertrags] überlassene Sache nicht oder teilweise nicht oder nur in verschlechtertem Zustand zurückgewähren kann, hat er insoweit Wertersatz zu leisten. Dies kommt allerdings nur in Betracht, wenn der Wertverlust auf einen Umgang mit den Waren zurückzuführen ist, der zur Prüfung der Beschaffenheit, der Eigenschaften und der Funktionsweise der Waren nicht notwendig war."

[5d] Bei einem Vertrag über eine entgeltliche Finanzierungshilfe gilt Folgendes:
a) Ist Vertragsgegenstand die Überlassung einer Sache mit Ausnahme der Lieferung von Wasser, Gas oder Strom, die nicht in einem begrenzten Volumen oder in einer bestimmten Menge zum Verkauf angeboten werden, sind hier die konkreten Hinweise entsprechend Gestaltungshinweis [5] Buchstabe a und b der Anlage 1 zu Artikel 246a § 1 Absatz 2 Satz 2 EGBGB zu geben.
Diese können durch die konkreten Hinweise entsprechend Gestaltungshinweis [5] Buchstabe c der Anlage 1 zu Artikel 246a § 1 Absatz 2 Satz 2 EGBGB ergänzt werden.
b) Ist Vertragsgegenstand die Erbringung einer Finanzdienstleistung, kann hier folgender Hinweis gegeben werden:
„Der Darlehensnehmer ist zur Zahlung von Wertersatz für die bis zum Widerruf erbrachte Dienstleistung verpflichtet, wenn er ausdrücklich zugestimmt hat, dass vor dem Ende der Widerrufsfrist mit der Ausführung der Gegenleistung begonnen wird. Besteht eine Verpflichtung zur Zahlung von Wertersatz, kann dies dazu führen, dass der Darlehensnehmer die vertraglichen Zahlungsverpflichtungen für den Zeitraum bis zum Widerruf dennoch erfüllen muss."
c) Ist Vertragsgegenstand die Erbringung einer Dienstleistung, die nicht in der Überlassung einer Sache gemäß Buchstabe a oder in einer Finanzdienstleistung besteht, oder die Lieferung von Wasser, Gas oder Strom, wenn sie nicht in einem begrenzten Volumen oder in einer bestimmten Menge zum Verkauf angeboten werden, oder die Lieferung von Fernwärme, können hier die konkreten Hinweise entsprechend Gestaltungshinweis [6] der Anlage 1 zu Artikel 246a § 1 Absatz 2 Satz 2 EGBGB gegeben werden.
d) Ist Vertragsgegenstand die Lieferung von nicht auf einem körperlichen Datenträger befindlichen digitalen Inhalten, kann hier folgender Hinweis gegeben werden:
„Der Darlehensnehmer ist zur Zahlung von Wertersatz für die bis zum Widerruf gelieferten digitalen Inhalte verpflichtet, wenn er ausdrücklich zugestimmt hat, dass vor dem Ende der Widerrufsfrist mit der Lieferung der digitalen Inhalte begonnen wird."

[5e] Bei einem angegebenen Geschäft nach § 360 Absatz 2 Satz 2 BGB ist hier Folgendes einzufügen:
„– Ist der Darlehensnehmer aufgrund des Widerrufs des [einsetzen:*** angegebenen Geschäfts] an den Darlehensvertrag nicht mehr gebunden, führt das hinsichtlich des Darlehensvertrags zu den gleichen Folgen, die eintreten würden, wenn der Darlehensvertrag selbst widerrufen worden wäre (vgl. oben unter „Widerrufsfolgen")."

[5f] Bei einem verbundenen Vertrag nach § 358 BGB, der nicht den Erwerb von Finanzinstrumenten zum Gegenstand hat, ist hier Folgendes einzufügen:
„– Wenn der Darlehensnehmer infolge des Widerrufs des Darlehensvertrags nicht mehr an den weiteren Vertrag gebunden ist oder infolge des Widerrufs des weiteren Vertrags nicht mehr an den Darlehensvertrag gebunden ist, gilt ergänzend Folgendes: Ist das Darlehen bei Wirksamwerden des Widerrufs dem Vertragspartner des Darlehensnehmers aus [einsetzen***: dem verbundenen Vertrag] bereits zugeflossen, tritt der Darlehensgeber im Verhältnis zum Darlehensnehmer hinsichtlich der Rechtsfolgen des Widerrufs in die Rechte und Pflichten des Vertragspartners aus dem weiteren Vertrag ein."
Dieser Hinweis entfällt, wenn der Darlehensgeber zugleich Vertragspartner des Darlehensnehmers aus dem weiteren Vertrag ist.

[5g] Bei einem verbundenen Vertrag nach § 358 BGB, der nicht den Erwerb von Finanzinstrumenten zum Gegenstand hat, sind hier folgende Überschrift und folgender Hinweis einzufügen:
„Einwendungen bei verbundenen Verträgen"
„Der Darlehensnehmer kann die Rückzahlung des Darlehens verweigern, soweit ihn Einwendungen berechtigen würden, seine Leistung gegenüber dem Vertragspartner aus dem verbundenen Vertrag zu verweigern. Dies gilt nicht, wenn das finanzierte Entgelt weniger als 200 Euro beträgt oder wenn der Rechtsgrund für die Einwendung auf einer Vereinbarung beruht, die zwischen dem Darlehensnehmer und dem anderen Vertragspartner nach dem Abschluss des Darlehensvertrags getroffen wurde. Kann der Darlehensnehmer von dem anderen Vertragspartner Nacherfüllung verlangen, so kann er die Rückzahlung des Darlehens erst verweigern, wenn die Nacherfüllung fehlgeschlagen ist."
Dieser Hinweis und die Überschrift können entfallen, wenn der Darlehensgeber weiß, dass das finanzierte Entgelt weniger als 200 Euro beträgt.
– * Die Vertragsparteien können auch direkt angesprochen werden (zB „Sie", „Wir"). Es kann auch die weibliche Form der jeweiligen Bezeichnung und/oder die genaue Bezeichnung der Vertragsparteien verwendet werden. Es können auch die Bezeichnungen „Kreditnehmer" und „Kreditgeber" verwendet werden. Bei entgeltlichen Finanzierungshilfen sind die Bezeichnungen entsprechend anzupassen, beispielsweise mit „Leasinggeber" und „Leasingnehmer". Die weitergehende Anpassungspflicht für entgeltliche Finanzierungshilfen gemäß Artikel 247 § 12 Absatz 1 Satz 5 EGBGB bleibt unberührt.
– ** Dieser Klammerzusatz entfällt bei durchgängiger genauer Bezeichnung des Vertrags/Geschäfts.
– *** Die Bezugnahme auf den betreffenden Vertrag/auf das betreffende Geschäft kann nach erstmaliger genauer Bezeichnung im Weiteren durch Verwendung der allgemeinen Bezeichnung des jeweiligen Vertrags/Geschäfts (verbundener Vertrag, angegebenes Geschäft, zusammenhängender Vertrag) erfolgen.

---

[1] Bish. Anl. 6 wird Anl. 7 und neu gef. mWv 13.6.2014 durch G v. 20.9.2013 (BGBl. I S. 3642).
[2] Im BGBl. I sind die hier in eckigen Klammern wiedergegebenen Bezugnahmen auf die Gestaltungshinweise als geschlossene Kästchen dargestellt.

§ 495 (§ 355, Art. 247 §§ 6, 12) 93–95 1. Teil.

Kommentierung

93 Diese Muster für eine Widerrufsinformation nach Anlage 7 resp. Anlage 8 zum EGBGB sind – ebenso wie die Musterwiderrufsbelehrungen nach Anlagen 1 und 3 – mit **Gesetzlichkeitsfiktion** (→ Rn. 132) ausgestattet, wie Art. 247 § 6 Abs. 2, 12 Abs. 1 Satz 3 EGBGB bestimmen (gleichermaßen Art. 246a § 1 Abs. 2, 246b § 2 Abs. 3 EGBGB). Die Gesetzlichkeitsfiktion setzt aber nicht nur die wortgetreue Übernahme eines Musters als Pflichtangaben, ohne eigene inhaltliche Bearbeitung des Musters (näher → Rn. 132),[146] voraus,[147] sondern auch eine besondere Art der Darstellung, nämlich **hervorgehoben und in deutlich gestalteter Form** (wobei in Format und Schriftgröße vom Muster abgewichen werden darf, Art. 247 § 6 Abs. 2 Satz 5 EGBGB; anders bei frei formulierter Widerrufsinformation, → Rn. 98).[148] Dies entspricht für die Widerrufsinformation der Maxime deutlicher Gestaltung, wie sie früher nach § 360 Abs. 1 BGB aF allgemein galt und jetzt nur noch nach Art. 246 Abs. 3 EGBGB (→ Rn. 133) einzuhalten ist. Dem Unternehmer steht es frei, dieses Muster zu verwenden. Verwendet er es nicht oder nur teilweise, riskiert er die Insuffizienz seiner Unterrichtung über das Widerrufsrecht mit der Folge, dass die Widerrufsfrist gem. § 356b Abs. 1 nicht beginnt und – vorbehaltlich der Nachholung nach § 492 Abs. 6 (→ Rn. 74, 86) – auch nicht endet (→ Rn. 95). Ob die Unterrichtung über das Widerrufsrecht ordnungsgemäß ist, richtet sich nach Art. 247 §§ 6 und 12 EGBGB, nicht aber nach dem Muster; erst wenn aus diesem Fehler oder Fehlerhaftigkeit folgen, stellt sich die Frage nach der Gesetzlichkeitsfiktion, wenn das Muster selbst fehlerhaft sein sollte.[149]

94 Bei einem Kreditvertrag in Gestalt einer **Finanzierungshilfe** gem. § 506 Abs. 1 BGB kann das Muster ebenfalls verwendet werden, jedoch tritt die Gesetzlichkeitsfiktion nur ein, wenn die Informationen dem im Einzelfall vorliegenden Vertragstyp angepasst sind, wie Art. 247 § 12 Abs. 1 Satz 4 EGBGB bestimmt. Für diese Anpassung gibt es kein Muster, vielmehr ist die Formulierung dem Unternehmer ohne Gesetzlichkeitsfiktion überlassen (→ § 506 Rn. 114).

95 Die **zeitliche Geltung** der Widerrufsinformation für Allgemein-Verbraucherkreditverträge mit ihrer Gesetzlichkeitsfiktion stimmt nicht mit derjenigen des Verbraucherkreditrichtlinie-Umsetzungsgesetzes (VKrRilUG) überein (→ Einf. Rn. 11). Während nämlich das Umsetzungsgesetz richtliniengemäß am 11.6. 2010 in Kraft trat, war die Widerrufsinformation (damals als Anlage 6) Gegenstand eines Änderungsgesetzes (VKrRilUG-ÄndG), in Kraft **seit dem 30.7. 2010**. Für die Zeit zwischen dem 11.6. und dem 29.7.2010 gab es kein Muster für die Widerrufsinformation und folglich keine Gesetzlichkeitsfiktion. Für diesen Zeitraum war die Musterinformation auch insuffizient, weil sie Änderungen durch das VKrRilUG-ÄndG aufnahm (Möglichkeit der Nachholung unterbliebener Pflichtangaben nach § 492 Abs. 6, → § 492 Rn. 147 sowie → § 495 Rn. 85 und → § 494 Rn. 83; Aufhebung von § 358 Abs. 2 Sätze 2 und 3,

---

[146] BGH v. 18.3.2014 – II ZR 109/13, NJW 2014, 2022; BGH XI ZR 549/14 und 101/15, Verhandlungstermin am 23.2.2016.
[147] Skept. aber *Schmidt-Kessel/St. Schäfer* WM 2013, 2241 (2244).
[148] OLG Stuttgart WM 2016, 263.
[149] OLG München WM 2016, 123 = ZIP 2015, 2410 mit Anm. *Bülow* WuB 2016, 207 und Komm. *Sommermeyer/Podewils* EWiR 2016, 131; aA LG Stuttgart v. 26.4.2016 – 21 O 219/15.

→ Rn. 267a, hierzu Gestaltungshinweis 8a des Musters, jetzt 5a, und → Rn. 132), durfte so wie vorliegend also zwischen dem 11.6. und dem 29.7.2010 nicht verwendet werden.[150] Das Muster der Widerrufsinformation für Immobiliar-Verbraucherdarlehensverträge ist zusammen mit dem WohnimmoRil-UG **seit dem 21.3.2016** in Kraft.

b) Frei formulierte Widerrufsinformation. Verwendet der Kreditgeber das Muster für die Widerrufsinformation nicht, gelten für die Art und Weise der Pflichtangaben zum Widerrufsrecht zunächst die allgemeinen Regeln für alle Pflichtangaben nach Art. 247 § 6 Abs. 1 EGBGB. Im Besonderen sind die Angaben gem. Art. 247 § 6 Abs. 2 EGBGB zu machen und für verbundene Verträge nach § 12 Abs. 1 Nr. 2 lit. b. Demgemäß müssen die Pflichtangaben
– klar und verständlich sein (Art. 247 § 6 Abs. 1, Eingangssatz) und
– die Widerrufsfrist von 14 Tagen nach § 355 Abs. 2 Satz 1, namentlich den Fristbeginn, sowie
– Umstände für die Erklärung des Widerrufs nennen (Art. 247 § 6 Abs. 2 Satz 1), also
– Hinweis auf das Recht zum Widerruf,
– Entbehrlichkeit einer Begründung,
– Widerrufsempfänger,
– Hinweis auf den Beginn der Widerrufsfrist, auch für den Fall der Nachholung (§ 492 Abs. 6), gegebenenfalls Fristwahrung durch rechtzeitige Absendung;
– Hinweis auf die Verpflichtung zur Rückzahlung bereits ausbezahlter Valuta nebst Zinsen (§ 357a Abs. 1 BGB) sowie die hierbei geltenden Fristen und Angabe des pro Tag zu zahlenden Zinsbetrages.

Sind die Pflichtangaben danach insuffizient, zB missverständlich, beginnt die Widerrufsfrist nicht (→ Rn. 77). Kausalität zwischen der Insuffizienz und der unterlassenen Erklärung des Widerrufs durch den Verbraucher braucht nicht festgestellt zu werden, sie wird vielmehr als unwiderleglich vermutet anzusehen sein.[151] Anders als für den Sonderfall der Widerrufsbelehrung nach Art. 246 Abs. 3 EGBGB, Eingangssatz iVm §§ 514 Abs. 2 Satz 3, 510 BGB, macht das Gesetz keine Vorschriften zur äußerlichen Gestaltung der Pflichtangaben.

aa) Inhaltliche Verdeutlichung: klar und verständlich. Die Pflichtangaben sind nach dem Eingangssatz von Art. 247 § 6 Abs. 1 EGBGB klar und verständlich zu machen (Art. 10 Abs. 2, Eingangssatz der VerbrKrRil: klar und prägnant). Die Gesetzesbegründung beschreibt dieses Gebot damit, dass die Angaben aus sich heraus auch für den Darlehensnehmer verständlich sein sollen.[152] Es bestehen keine substanziellen Unterschiede zu den herkömmlichen Begrifflichkeiten (§ 360 Abs. 1 BGB aF) zur Widerrufsbelehrung, nach der dem Verbraucher seine wesentlichen Rechte deutlich zu machen sind (so noch jetzt die Formulierung in Art. 246 Abs. 3 EGBGB). Deshalb kann insoweit die Rechtsprechung zur Widerrufsbelehrung auch für die Pflichtangaben zum Widerrufsrecht herangezogen werden (→ Rn. 137 ff.). Dagegen wird für Art. 247 § 6

---

[150] *Bülow* NJW 2010, 1713.
[151] BGH NJW 2009, 3020 = WM 2009, 1497 Rn. 25.
[152] BT-Drucks. 16/11643, S. 215; kein Verstoß durch Überschrift „Verbraucher haben das folgende Widerrufsrecht", BGH v. 9.11.2011 – I ZR 123/10, WM 2012, 913 = ZIP 2011, 981 oder Verwendung des Begriffs „Textform", BGH v. 10.6.2015 – IV ZR 105/13, NJW 2015, 2733 (zu § 5a VVG a. F.).

§ 495 (§ 355, Art. 247 §§ 6, 12) 99–101

EGBGB nicht mehr[153] die Maxime einer deutlichen Gestaltung dahin gehend aufrechterhalten, dass sich die Widerrufsbelehrung in ihrer äußerlichen Gestaltung aus dem gesamten Vertragstext deutlich hervorheben solle,[154] sondern lediglich Lesbarkeit dh eine ausreichende Schriftgröße, ist zu gewährleisten (s. auch Art. 246a § 4 Abs. 2 Satz 2 EGBGB). Die diesbezügliche frühere Rechtsprechung zur deutlichen Gestaltung ist also nur noch für den Sonderfall von Art. 247 § 6 Abs. 2 Satz 2 (→ Rn. 93) und von Art. 246 Abs. 3 EGBGB iVm § 510 BGB einschlägig.

99 Gegenstand der äußerlich deutlichen Gestaltung war auch gewesen,[155] dass die Widerrufsbelehrung keine **anderen Erklärungen** enthalten darf (so § 2 Satz 3 HWiG). Nunmehr ist die Widerrufsinformation aber nur noch eine im Katalog der Pflichtangaben, ohne dass Gesetz und Verbraucherkreditrichtlinie eine Hervorhebung vorsähen. Das Verbot zusätzlicher Erklärungen kann daher nur noch insoweit fortgelten, als nach Lage des Einzelfalls Klarheit und Verständlichkeit beeinträchtigt werden.

100 Aus dem Verständlichkeitsgebot folgt aber auch für die Pflichtangaben zum Widerrufsrecht, dass diese in **deutscher Sprache** verfasst sind oder doch in der Verhandlungssprache, derer der Verbraucher mächtig ist.

101 **bb) Fristbeginn und Fristwahrung.** Bei den in Rn. 96 aufgeführten Angaben treten in der Rechtspraxis häufig Schwierigkeiten zur richtigen Formulierung des Fristbeginns auf. Kumulative Voraussetzungen des Fristbeginns sind Vertragsschluss und Vertragsurkunde (→ Rn. 70), wobei der Verbraucher nicht vor Abgabe seiner Vertragserklärung durch die Pflichtangaben zu belehren ist (→ Rn. 84). Durch die Einbeziehung der Widerrufsinformation als Pflichtangabe in die Vertragsurkunde (Ein-Urkunden-Modell) ist aber gewährleistet, dass die Belehrung im Zeitpunkt dieser Willenserklärung noch gegenwärtig ist (→ Rn. 85). Demgemäß ist die Verständlichkeit nicht gewahrt durch die Formulierung: „Der Lauf der Frist beginnt einen Tag, nachdem dem Darlehensnehmer die Belehrung mitgeteilt und eine Vertragsurkunde oder der schriftliche Darlehensantrag zur Verfügung gestellt wurde", weil danach der Fristbeginn *vor* der Vertragserklärung des Verbrauchers liegen könnte.[156] Insuffizient ist auch die Formulierung, die Frist beginne frühestens mit Erhalt der Belehrung[157] (obwohl

---

[153] BGH v. 23.2.2016 – XI ZR 549/14 und 101/15, WM 2016, 706 = ZIP 2016, 856; unzutreffend LG Berlin WRP 2016, 533.
[154] BGH NJW 1987, 125 zu I.2.a. mit Komm. *Teske* EWiR § 1b AbzG 1/86, 947 sowie WM 2001, 1683 zu II.1.; OLG Frankfurt WM 2016, 258.
[155] BGH WM 2011, 655 mit Anm. *Bülow* LMK 2011, 318836; BGH NJW-RR 2011, 403 mit Anm. *Bülow* LMK 2011, 313356; NJW 2010, 989 Tz. 23 (betr. Rückgabebelehrung *ebay*) mit Rez. *Härting/Schulze* ZGS 2010, 168 und Anm. *Buchmann* K&R 2010, 181; BGH NJW 2009, 3579 = WM 2009, 932 Tz. 18 mit Anm. *Bülow* LMK 2009, 284233 und Komm. *Madaus* EWiR § 355 BGB 1/09, 371; BGH WM 2009, 350 = ZIP 2009, 362 mit Komm. *Corzelius* EWiR § 2 HWiG 1/09, 243; BGH WM 2002, 1989 = NJW 2002, 3396; zulässige Überschrift zur Widerrufsbelehrung: BGH NJW 2012, 1814 = GRUR 2012, 643.
[156] BGH NJW 2009, 3572 = WM 2009, 932 Tz. 16 mit Anm. *Bülow* LMK 2009, 284233.
[157] BGH v. 19.7.2012 – III ZR 252/11, NJW 2012, 3428 = WM 2012, 1668 mit Anm. *Bülow* LMK 2012, 318473; NZG 2012. 427 Tz. 15; NJW 2011, 1061 Tz. 12; ZIP 2011, 572 Tz. 14; NJW 2010, 989 Tz. 13, 15; OLG Hamm NJW-RR 2010, 700; OLG Schleswig ZGS 2007, 158.

früher in § 14 BGB-InfoVO so formuliert, → Rn. 140) oder die Widerrufsfrist beginne erst mit Eingang der vom Darlehensnehmer unterzeichneten Vertragsurkunde bei der Bank.[158] Dagegen sah der BGH als verständlich an die Formulierung, dass die Widerrufsfrist frühestens beginne, „wenn Ihnen diese Belehrung über Ihr Widerrufsrecht ausgehändigt worden ist, jedoch nicht, bevor Sie die von uns gegengezeichnete Ausfertigung des Darlehensvertrags erhalten haben",[159] betreffend einen Haustürwiderruf, wobei für einen Verbraucherdarlehensvertrag ergänzt werden müsste, dass der Verbraucher seine Vertragserklärung abgegeben hatte, da es auf den Vertragsschluss ankommt. Die Schwierigkeit einer verständlichen Formulierung liegt darin, dass der Vertragsschluss vom Zugang der beiderseitigen Vertragserklärungen abhängt, dieser Zeitpunkt aber, wenn der Vertrag nicht in persönlicher Anwesenheit beider Parteien geschlossen wird, nicht feststeht. Eine klare und verständliche Pflichtangabe zum Fristbeginn könnte für den Fall der postalischen Korrespondenz der Parteien lauten: „Die Frist für die Ausübung des Widerrufsrechts beginnt, wenn der Darlehensnehmer die bereits vom Darlehensgeber unterschriebene Vertragsurkunde unterschreibt und diese Vertragsurkunde dem Darlehensgeber zugeht. Als Datum des Zugangs gilt der 3. Werktag nach Absendung der Vertragsurkunde durch den Darlehensnehmer." Bei gleichzeitiger Anwesenheit der Parteien, zB in Geschäftsräumen eines Kreditinstituts, könnte formuliert werden: „Die Widerrufsfrist beginnt, wenn sowohl Darlehensgeber wie Darlehensnehmer die Vertragsurkunde in gleichzeitiger Anwesenheit unterschrieben haben."

Gem. § 355 Abs. 1 Satz 5 genügt zur Fristwahrung die **rechtzeitige Absendung**. Fehlt diese Angabe, ist der Verbraucherdarlehensvertrag gem. § 494 Abs. 1 nichtig, aber heilbar (→ Rn. 70). Eine unklare und nicht hinreichend verständliche Angabe dagegen führt zum unbefristeten Widerrufsrecht aufgrund von § 356b Abs. 1, zB durch die Formulierung: „Zur Fristwahrung genügt die rechtzeitige Absendung des Widerrufs (Datum des Poststempels),"[160] weil Absendungstag und Stempelungstag nicht identisch zu sein brauchen. Es kommt nicht auf die Wortwahl „Absendung" an, missverständlich ist aber der Begriff „Einsendung"[161] oder der Hinweis, der Widerruf sei „binnen Zweiwochenfrist" an den Widerrufsempfänger abzusenden".[162]

cc) Widerrufsempfänger. Zwar genügt zur Fristwahrung die rechtzeitige Absendung, aber die Erklärung des Verbrauchers, soweit verkörpert oder elektronisch abgegeben (→ Rn. 58), muss dem Darlehensgeber **zugehen** und wird mit diesem Zeitpunkt wirksam (→ Rn. 163); ohne Zugang treten auch bei rechtzeitiger Absendung keine Widerrufsfolgen ein. Maß gibt der tatsächliche Zugang, nicht eine davon abweichende Erklärung des Verbrauchers, wann der Widerruf wirksam werden solle.[163] Das **Risiko des Zugangs** trägt nach allge-

---

[158] BGH WM 2009, 1028 = ZIP 2009, 1054 mit Anm. *Witt* LMK 2009, 288211.
[159] BGH WM 2009, 350 = ZIP 2009, 362 = NJW-RR 2009, 709 (XI. Zivilsenat) mit abl. Komm. *Corzelius* EWiR § 2 HWiG 1/09, 243, anders der VIII. Zivilsenat ZGS 2010, 130 mit zust. Komm. *Corzelius* EWiR § 355 BGB 2/10, 209 und zust. Rez. *Härting/Schätzle* ZGS 2010, 168.
[160] OLG Oldenburg NJW 2006, 3076.
[161] LG Stuttgart NJW 1995, 667.
[162] BGH NJW 1996, 64 zu II. c.
[163] BGH ZIP NJW 1990, 320 zu II. 2. mit Komm. *Lehmann* EWiR § 1 AbzG 1/90, 105 und mit Anm. *Hoeren* JZ 1990, 239 und *v. Westphalen* WuB IV C.-2.90.

§ 495 (§ 355, Art. 247 §§ 6, 12) 104

meinen Regeln[164] der Verbraucher (→ Rn. 162). Um die Gefahr, dass der vom Verbraucher abgesandte Widerruf den Darlehensgeber nicht erreichen könnte, zu verringern, hat der Darlehensgeber Name und Anschrift des Widerrufsempfängers (also desjenigen, gegenüber dem der Widerruf zu erklären ist, vgl. auch Anm. 1 der Musterinformation, → Rn. 93 und → Rn. 137) in der Unterrichtung anzugeben. Die bloße Angabe des Postfachs[165] genügt. Für Verbraucherdarlehensverträge, bei denen das Ein-Urkunden-Modell waltet (→ Rn. 70), reicht es, wenn die Anschrift im Vertragsrubrum steht, in den Pflichtangaben selbst aber nur der Name des Darlehensgebers.[166] Widerrufsempfänger wird in der Regel der Darlehensgeber selbst oder eine seiner Filialen sein.[167] Das gilt auch, wenn ein Verbraucher die Schuld aus einem Darlehensvertrag sicherungshalber übernimmt (→ Rn. 66).

104 Es steht dem Darlehensgeber aber frei, jeden beliebigen **Dritten** als Empfangsperson, also als Boten oder Vertreter, zu bestellen, an den der Widerruf zu richten ist. Widerruft der Darlehensgeber die Botenmacht der Empfangsperson oder ist die Bestellung zum Boten unwirksam, wahrt der Zugang bei der vom Darlehensgeber benannten Empfangsperson dennoch die Widerrufsfrist, weil der Darlehensgeber den von ihm verursachten **Rechtsschein** gegen sich gelten lassen muss. Auf der anderen Seite steht es im betriebswirtschaftlichen Belieben des Darlehensgebers, wie er die Abwicklung von Darlehensverträgen organisiert und dabei die Empfangszuständigkeit für Widerrufe bestimmt, zB auch durch die Privatanschrift des Geschäftsführers der Darlehensgeber-GmbH,[168] und der Privatautonomie sind bei dieser Bestimmung keine Grenzen gesetzt. Der Verbraucher muss deshalb die Empfangszuständigkeit beachten; richtet er den Widerruf an einen anderen, zB an die Konzernzentrale oder die Hauptverwaltung des Darlehensgebers, ist der Widerruf nicht wirksam zugegangen. Der Darlehensgeber würde sich aber rechtsmissbräuchlich verhalten, wenn er sich auf die falsche Adressierung des Widerrufs beruft, obwohl er ihn zur Kenntnis genommen hatte oder ohne Weiteres hätte zur Kenntnis nehmen können. Betriebsinterne Kommunikationswege gehen mit Blick auf die Fristdauer allerdings zulasten des Verbrauchers.

---

[164] AA *Reinicke/Tiedtke* ZIP 1992, 217 (219); argumentum e contrario durch § 4 Abs. 1 Satz 3 FernUSG aF, wo eine Umkehr der Beweislast ausdrücklich angeordnet wurde, ob Lehrmaterial einging; diese Bestimmung wurde durch die Neuregelung aber gerade nicht übernommen; wie hier im Ergebnis *Baumgärtel* Beweislast, § 1b AbzG Rn. 3–6.
[165] BGH v. 25.1.2012 – VIII ZR 95/11, NJW 2012, 1065 = WM 2012, 561 = ZIP 2012, 531 für Fernabsatz; BGH NJW 2002, 2391 = WM 2002, 1352 mit Komm. *Mankowski* EWiR § 355 BGB 1/02, 701 und Anm. *Schirmbacher* VuR 2002, 339 zur BGB-InfoVO (1.11.2002 – 10.6.2010); OLG Koblenz NJW 2006, 919 mit Komm. *Moseschus* EWiR § 355 BGB 1/06, 451 sowie NJW 2005, 3430; OLG Stuttgart NJW-RR 2001, 424; OLG Saarbrücken NJW-RR 2014, 152 Rn. 49; LG Kassel WM 2007, 499; anders im Sonderfall von Art. 246 Abs. 3 Nr. 3 EGBGB, vgl. nachf. → Rn. 115 („ladungsfähige Anschrift"), OLG Koblenz NJW 2006, 919: volle Postanschrift; Staudinger/*Kaiser* Art. 245 EGBGB Rn. 10. Ort und Postleitzahl, die dem Unternehmer als Großempfänger zugeordnet ist, genügt, OLG Frankfurt ZIP 2015, 484 (Leitsatz); nach LG Bochum GRUR-RR 2015, 70 seien, wenn vorhanden, Telefon- und Faxnummer sowie e-mail-Adresse gemäß Musterbelehrung Anl.1 zu Art. 246a § 1 Abs. 2 Satz 2 EGBGB anzugeben.
[166] OLG Frankfurt WRP 1989, 174 (176) zu 3.
[167] Vgl. zum Widerruf eines Prozessvergleichs sowohl gegenüber Gericht wie Gegner BGH NJW 2005, 3576 mit Bspr. *K. Schmidt* JuS 2006, 188.
[168] BGH NJW 2003, 3270.

dd) Hinweis auf Rückabwicklung; Zinsbetrag pro Tag. Der wirksame 105 Widerruf überführt den Darlehensvertrag gem. §§ 355 Abs. 3, 357a Abs. 3 in ein Rückabwicklungsverhältnis, das seinem Wesen nach ein Rücktrittsverhältnis ebenso wie nach § 346 BGB ist (→ Rn. 23). Danach sind die empfangenen Leistungen zurückzugewähren, ein bereits ausgezahltes Darlehen ist zurückzuzahlen, worauf hinzuweisen ist (→ Rn. 222). § 357a Abs. 1 bestimmt hierfür eine Höchstfrist von dreißig Tagen, die gem. § 355 Abs. 3 Satz 2 für den Verbraucher im Hinblick auf die Valuta mit der Abgabe der Widerrufserklärung (nicht erst mit ihrem Zugang) beginnt. Gem. § 357a Abs. 3 Satz 1 ist für den Zeitraum zwischen Auszahlung und Rückzahlung, Art. 14 Abs. 3 lit. b VerbrKrRil entsprechend, vom Verbraucher der vereinbarte Sollzins (vgl. § 489 Abs. 5 BGB) zu zahlen. Der Darlehensgeber hat gem. Art. 247 § 6 Abs. 2 Satz 2 EGBGB den pro Tag zu zahlenden Zinsbetrag anzugeben. Bei Angabe der Zinsen als Tagespreis dürfte von einem Jahr mit 365 Tagen auszugehen sein, ein eventuelles Schaltjahr also nicht berücksichtigt werden müssen, wohl aber dürfen. Art. 247 § 6 Abs. 2 EGBGB und Art. 10 Abs. 2 lit. p iVm Art. 14 Abs. 3 lit. b der Richtlinie schreiben nicht vor, dass der Betrag der empfangenen Valuta angegeben werden müsste. Demgemäß könnte die Pflichtangabe lauten: „War das Darlehen bereits ausgezahlt worden, ist es an den Darlehensgeber zurückzuzahlen und mit *(Sollzinssatz)* zu verzinsen. Pro Tag sind ... Euro Zinsen zu zahlen". Besonderheiten zur Verzinsung gelten für Immobiliardarlehensverträge, die von der VerbrKrRiL nicht geregelt werden (→ § 503 Rn. 4). Deshalb bestimmt § 357a Abs. 3 Sätze 2 und 3 eine Abweichung von Art. 14 Abs. 3 lit. b VerbrKrRiL, wonach nicht der Sollzins geschuldet ist, wenn der Wert des Gebrauchsvorteils (§ 100 BGB) für den Verbraucher niedriger, die Valuta zB auf einem zinslosen Girokonto gebucht war (ebenso § 346 Abs. 2 Satz 2, 2.Halbsatz); hierfür trägt der Verbraucher die Beweislast und hierauf ist hinzuweisen (s. Gestaltungshinweis 4 zur Anlage 7 zum EGBGB).

Eine Kreditgewährung, die eine Finanzdienstleistung nach § 312 Abs. 5 Satz 1 106 BGB darstellt, kann auch in einem Zahlungsaufschub oder einer sonstigen **Finanzierungshilfe** nach § 506 BGB, zB durch ein Teilzahlungsgeschäft nach § 506 Abs. 3, liegen. In diesem Fall bestimmt § 357a Abs. 3 Satz 4 die Rechtsfolgen durch einen Verweis auf § 357 Abs. 5 bis 8; einen Formulierungsvorschlag macht Gestaltungshinweis 5d Anlage 7 zum EGBGB (näher → Rn. 203) durch Verweis auf Anlage 1, dort Gestaltungshinweis 5.[169] Die VerbrKrRiL enthält hierzu keine Regelung, sodass sich die Wertersatzfrage außerhalb des harmonisierten Bereichs befindet.[170] Im Übrigen gilt Art. 247 § 6 Abs. 2 EGBGB entsprechend, wie § 12 Abs. 1 Satz 1 EGBGB bestimmt (→ Rn. 109).

ee) Verbundene Geschäfte. Im Falle des Verbundes von Verbraucherdar- 107 lehensvertrag als Finanzierungsvertrag und einem Kauf- oder Leistungsvertrag als finanziertem Vertrag bestimmt Art. 247 § 12 Abs. 1 Nr. 2 lit. b EGBGB, dass der Verbraucherdarlehensvertrag Informationen über die sich aus den §§ 358 und 359 oder 360 BGB ergebenden Rechte und über die Bedingungen für die Ausübung dieser Rechte enthalten muss. Diese Informationspflicht des Darlehensgebers gilt sowohl in der Konstellation von § 358 Abs. 1 (→ Rn. 326), in welcher

---

[169] Zu § 312 Abs. 2 Satz 2 BGB aF BGH v. 22.5.2012 – II ZR 1/11, ZIP 2012, 1710 = NJW-RR 2012, 1197.
[170] Hierzu *Bülow* WM 2013, 245 (249).

§ 495 (§ 355, Art. 247 §§ 6, 12)

der finanzierte Vertrag widerruflich ist (zB als Fernabsatzgeschäft nach § 312g, als Fernunterrichtsgeschäft nach §§ 4, 9 FernUSG, → Rn. 124, als Versicherungsgeschäft nach § 8 Abs. 1 VVG, → Rn. 270) als auch in der Konstellation von § 358 Abs. 2 (→ Rn. 332), wo der finanzierte Vertrag nicht widerruflich ist (zB Kaufvertrag im stationären Handel), sondern nur der Verbraucherdarlehensvertrag. Zu unterrichten ist im Verbraucherdarlehensvertrag über die Rechtsfolgen der Widerrufserstreckung, auch im Fall eines zusammenhängenden Vertrages nach § 360 (→ Rn. 339; s. Gestaltungshinweise 5a bis 5c, 5e, 5f zu Anlage 7 zum EGBGB). Außerdem hat der Darlehensgeber über die Einwendungsdurchgriff nach § 359 BGB zu unterrichten (s. Gestaltungshinweis 5g). Bei der Formulierung der Pflichtangaben muss der unzutreffende Eindruck vermieden werden, der Verbraucher könne sich zwar vom finanzierten Vertrag lösen, bleibe aber an den Darlehensvertrag gebunden.[171] Im Fall von **§ 8 VVG** (zB Finanzierung einer Restschuldversicherung,[172] → Rn. 270) bleibt der Darlehensvertrag widerruflich (näher → Rn. 328), sodass formuliert werden könnte: „... Der Widerruf des Darlehensvertrages beseitigt auch die Bindung an den Versicherungsvertrag ...". Als suffizient wurden Formulierungen wie „bei Widerruf des Darlehensvertrags wird auch der verbundene Kaufvertrag nicht wirksam"[173] oder „im Falle des Widerrufs kommen auch die finanzierten verbundenen Geschäfte nicht wirksam zustande"[174] oder „im Falle des Widerrufs des Darlehensvertrags kommt auch der Beitritt (*scil*.: zur Gesellschaft) nicht wirksam zustande"[175] bezeichnet.

107a Dem Darlehensgeber steht es frei, vorsorgliche, inhaltlich zutreffende Informationen über einen Verbund zu erteilen, auch wenn *in casu* kein verbundenes Geschäft gegeben ist.[176]

108 In der Konstellation von § 358 Abs. 1 hat der Verbraucher die Wahl, welchen Vertrag er widerruft, Verbraucherdarlehensvertrag oder finanzierten Vertrag (→ Rn. 330). Nicht nur der Darlehensgeber, sondern auch der Unternehmer des finanzierten Vertrags hat über das jeweilige Widerrufsrecht zu informieren. Bei Fernabsatz- und Haustürgeschäften außerhalb von Finanzdienstleistungen richtet sich die Informationspflicht nach Art. 246a § 1 Abs. 2 EGBGB, ebenso bei Fernunterrichtsverträgen nach § 3 Abs. 2 FernUSG. Eine Informationspflicht im Hinblick auf den Verbund besteht für den Unternehmer danach **nicht** (→ Rn. 144, 359). Ist Gegenstand des finanzierten Haustür- oder Fernabsatzvertrags aber eine Finanzdienstleistung, erfasst die Informationspflicht gem. Art. 246b § 1 Abs. 1 Nr. 12 EGBGB auch den Verbund (→ Rn. 145, 359) und den zusammenhängenden Vertrag (Gestaltungshinweise 5 und 6 zu Anlage 3 zum EGBGB).

---

[171] BGH NJW 2009, 3020 = WM 2009, 1497 = ZGS 2009, 422 Tz. 18.
[172] BGH NJW 2010, 531 = WM 2010, 166 Rz. 39 mit Anm. *Bülow* LMK 2010, 298835.
[173] BGH NJW 2008, 1728 = WM 2008, 823 mit Komm. *Rösler* EWiR § 2 HWiG 3/08, 563.
[174] BGH WM 2009, 65 = ZIP 2009, 64 mit Komm. *Hoffmann-Theinert* EWiR § 2 HWiG 3/09, 309; KG WM 2008, 401 mit Komm. *Hoppe* EWiR § 2 HWiG 2/08, 207.
[175] OLG Frankfurt WM 2007, 2151 mit Komm. *S. Weber* EWiR § 2 HWiG 1/08, 141.
[176] OLG München WM 2016, 123 = ZIP 2015, 2410 mit Anm. *Bülow* WuB 2016, 207: Sammelbelehrung, kein Verstoß gegen Deutlichkeitsgebot.

ff) Unterrichtung über das Widerrufsrecht bei Finanzierungshilfen nach § 506 BGB. Das verbraucherkreditvertragliche Widerrufsrecht gilt nicht nur für Darlehensverträge, sondern auch für Verträge über Finanzierungshilfen gem. § 506 Abs. 1, zB für Teilzahlungsgeschäfte über Waren oder Dienstleistungen (§ 506 Abs. 3). Für die Widerrufsinformation bestimmt Art. 247 § 12 Abs. 1 Satz 1 EGBGB die entsprechende Anwendung von § 6 Abs. 2. Im Vertrag über die Finanzierungshilfe sind gem. Art. 247 § 12 Abs. 1 Nr. 2 lit. a EGBGB der Gegenstand (Ware, Dienstleistung, Leasinggut) und der Barzahlungspreis (§ 506 Abs. 4 Satz 2, → § 506 Rn. 105) anzugeben. Im Hinblick auf das Muster für eine Widerrufsinformation (→ Rn. 94) bestimmt § 12 Abs. 1 Satz 1 Satz 5, dass die Gesetzlichkeitsfiktion nur eintritt, wenn die Informationen dem im Einzelfall vorliegenden Vertragstyp angepasst sind, zB statt Darlehensgeber und -nehmer Teilzahlungsverkäufer und -käufer, Leasinggeber und -nehmer (auch in den Fällen von § 506 Abs. 2, → § 506 Rn. 81 bis 85). Bei den Widerrufsfolgen (→ Rn. 106) ist statt des zurückzuzahlenden Darlehens die zurückzugebende Ware resp. das Leasinggut anzugeben. Statt der pro Tag anfallenden Sollzinsen ist die täglich anfallende Leasingrate zu nennen. Im Falle der Widerrufsinformation nach Anlage 7 zum EGBGB kann nur auf diese Weise die Gesetzlichkeitsfiktion gewahrt werden[177] (→ § 506 Rn. 114).

Nach Art. 247 § 12 Abs. 1 Nr. 2 lit. b EGBGB ist im gegebenen Falle auch über Inhalt und Folgen eines **Verbundes** nach §§ 358 und 359 oder 360 BGB zu unterrichten, selten, aber denkbar bei einer Restschuldversicherung, die für Teilzahlungsraten abgeschlossen wird. Im Übrigen ist ein Verbund bei Finanzierungshilfen nur ausnahmsweise konstruierbar, weil nur ein einziger Vertrag abgeschlossen wird (→ § 506 Rn. 88). Das gilt im Allgemeinen auch für Leasingverträge, im Besonderen kann aber in der Konstellation eines sog. Bestelleintritts, der sich auf den Kauf des Leasingguts und die Finanzierung durch Leasing bezieht, ein Verbund ergeben, gleichermaßen bei Kauf eines Mobiltelefons und Finanzierung durch Mobilfunkvertrag (→ § 506 Rn. 91). Demgemäß sind die Angaben zum Verbund im Teilzahlungsvertrag, Leasingvertrag resp. Mobilfunkvertrag zu machen.

gg) Nichtbestehen eines Widerrufsrechts (Art. 10 Abs. 2 lit. p Verbraucherkreditrichtlinie und § 495 Abs. 2 BGB). Die Vorschriften der Richtlinie begründen die Pflicht, das Nichtbestehen eines Widerrufsrechts anzugeben, sodass sich die Frage stellt, ob diese Angaben in den Fällen des nicht bestehenden Widerrufsrechts nach § 495 Abs. 2 zu machen sind (→ Rn. 177ff.). § 495 Abs. 2 Nr. 1 stützt sich jedoch auf Art. 2 Abs. 6 der Richtlinie betreffend Stundungs- und Rückzahlungsmodalitäten, wonach Art. 10 Abs. 2 lit. p nicht anwendbar ist. Entsprechendes gilt für Überziehungsdarlehen nach Nr. 3 iVm Art. 2 Abs. 3 der Richtlinie. Danach besteht also keine Angabepflicht. Jedoch bleibt gem. Art. 14 Abs. 6 der Richtlinie betreffend die notarielle Mitwirkung die Angabepflicht von Art. 10 Abs. 2 lit. p erhalten, sodass der Notar über das nicht bestehende Widerrufsrecht unterrichten müsste, wenn es denn für § 495 Abs. 2 Nr. 3 im deutschen Recht einen Anwendungsbereich gäbe (siehe freilich → Rn. 179).

---

[177] BR-Drucks. 157/10, S. 37.

V. Fristbeginn durch Widerrufsbelehrung
(§§ 356 Abs. 3, 356a Abs. 3 Satz 1 iVm 482, 356c Abs. 1, 356d, Art. 246 Abs. 3, 246a § 1 Abs. 2, § 4, Art. 246b § 1 Abs. 1 Nr. 12 EGBGB)

112 Während im Falle von Verbraucherdarlehensverträgen der Fristbeginn durch Pflichtangaben im Vertrag bestimmt wird (→ Rn. 76 bis 111), ist im Allgemeinen bei widerrufsbewehrten Verträgen die Erteilung einer Widerrufsbelehrung fristbestimmender Umstand, die nicht Teil des Vertragsabschlusstatbestands ist (→ Rn. 116). Die Widerruflichkeit solcher Verträge gewinnt für Verbraucherdarlehensverträge im Falle verbundener Geschäfte Bedeutung, wenn der Vertrag durch Darlehen finanziert wird und der Widerruf des finanzierten Vertrags gem. § 358 Abs. 1 die Bindung an den Verbraucherdarlehensvertrag beseitigt (→ Rn. 107 und → Rn. 359).

1. Sitz der Materie

113 Der Beginn der Frist von 14 Tagen nach § 355 Abs. 2 (→ Rn. 76) liegt darin, dass der Unternehmer als Vertragspartei dem richtigen Adressaten (→ Rn. 121) nicht nur in den gegebenen Fällen (Kreditverträge, Teilzeitwohnrechte, kreditierter Fernunterricht) eine Vertragsurkunde (→ Rn. 154), sondern auch eine ordnungsgemäße (→ Rn. 132) Belehrung zur Verfügung stellt. Die Anforderungen an die Ordnungsgemäßheit einer Widerrufsbelehrung sind nicht durch eine zentrale Norm geregelt, sondern sie sind den besonderen Vorschriften für die einzelnen widerruflichen Vertragsarten zu entnehmen, nämlich für außerhalb von Geschäftsräumen abgeschlossene Verträge (*pars pro toto:* Haustürgeschäfte) und Fernabsatzgeschäfte im Allgemeinen durch Art. 246a § 1 Abs. 2, § 4 EGBGB, für derartige Geschäfte über Finanzdienstleistungen im Besonderen durch Art. 246b § 1 Abs. 1 Nr. 12 EGBGB, für Teilzeitwohnrechte durch Art. 242 § 2 EGBGB, für Fernunterrichtsverträge durch § 3 Abs. 2 FernUSG iVm Art. 246a EGBGB, für unentgeltliche Darlehen nach § 514 BGB und für Ratenlieferungsverträge nach § 510 BGB durch Art. 246 Abs. 3 EGBGB.

114 Die Widerrufsbelehrung ist nach diesen Vorschriften nur eine aus den Katalogen der Informationen aus Art. 246a oder 246b resp. 246 EGBGB und in diesen Katalogen nicht in besonderer Weise hervorgehoben, was sich auf ihre äußere Gestaltung auswirkt (→ Rn. 134). In der Rechtswirkung unterscheidet sich die Widerrufsbelehrung von den anderen Informationen insofern, als ihr Fehlen oder ihre Fehlerhaftigkeit den Beginn der Widerrufsfrist hindert, was bei den anderen Informationen im Allgemeinen nicht der Fall ist. Das gilt allerdings wiederum nicht für Finanzdienstleistungen und Teilzeitwohnrechte, wo gem. § 356 Abs. 3 resp. § 356a Abs. 2 Satz 1 iVm Art. 246b § 2 Abs. 1 resp. Art. 242 § 1 Abs. 2 EGBGB das Fehlen oder die Fehlerhaftigkeit auch der anderen Informationen die Fristhemmung bewirken, also in gleicher Weise wie bei der Widerrufsbelehrung.

115 Gemeinsam ist den Regelungen (mit Ausnahme von Art. 246 Abs. 3 EGBGB), dass über die Bedingungen, die Fristen und das Verfahren für die Ausübung des Widerrufsrechts, dh über die Einzelheiten der Ausübung, zu informieren ist (→ Rn. 137, Art. 246a § 1 Abs. 2 Nr. 1, Art. 246b § 1 Abs. 1 Nr. 12

sowie Abs. 2 Nr. 5 EGBGB) und dass der Widerrufsempfänger (→ Rn. 103, 104) anzugeben ist (Art. 246b S 1 Abs. 1 Nr. 12 EGBGB, Muster für die Widerrufsbelehrung nach Anlage 1 zum EGBGB, Gestaltungshinweis 2, Anlage 3 Gestaltungshinweis 2, Muster Widerrufsformular nach Anlage 2). Die Informationen sind **klar und verständlich** zu machen (Art. 246a § 4 Abs. 1, Art. 246b § 1 Abs. 1, Eingangssatz EGBGB, Erwägungsgrund 34 zur VerbrRechteRil 2011/83/EU). Bei Übermittlung auf dauerhaftem Datenträger ist **Lesbarkeit** (→ Rn. 136) zu gewährleisten. Soweit aber Art. 246 Abs. 3 EGBGB anwendbar ist, nämlich bei unentgeltlichen Darlehensverträgen nach § 514 und bei Ratenlieferungsverträgen nach § 510 BGB (sowie im Fall von Investmentanteilen, → Rn. 38, § 305 Abs. 2 Satz 2 KAGB), wird die Altregelung von § 360 Abs. 1 BGB aF fortgeführt, wonach die Widerrufsbelehrung äußerlich deutlich zu gestalten ist und inhaltlich die Rechte des Verbrauchers deutlich zu machen sind. Zudem ist hierbei Textform nach § 126b BGB vorgeschrieben, während das Gesetz in anderen Fällen **keine Formanforderungen** stellt (Art. 11 Abs. 1 lit. b VerbrRechteRil: „Erklärung in beliebiger Form", → Rn. 58). Nur im Falle von Finanzdienstleistungen einschließlich Verbraucherkrediten muss ein Nachweis der Widerrufserklärung möglich sein.

2. Rechtsnatur der Widerrufsbelehrung; Anspruch des Verbrauchers

Die Widerrufsbelehrung bei anderen als Verbraucherdarlehensverträgen und Kreditverträgen nach § 506 Abs. 1 ist eine Mitteilung des Unternehmers als Vertragspartei an den Verbraucher über das gesetzliche Widerrufsrecht, der Unternehmer klärt den Verbraucher also über die Rechtslage auf. Daraus folgt, dass die Widerrufsbelehrung nicht Teil des Vertragsabschlusstatbestands und keine Äußerung rechtsgeschäftlichen Willens ist. Vielmehr kommt der Vertrag unabhängig von der Belehrung, wenn auch nur schwebend wirksam, zustande. Die Belehrung ist eine zusätzliche Mitteilung, die als **geschäftsähnliche Handlung**[178] neben den Vertragsabschluss tritt, auf die, was Abgabe und Zugang betrifft,[179] die Vorschriften über Willenserklärungen entsprechend anwendbar sind, auch kann sie zugleich Allgemeine Geschäftsbedingung nach § 305 BGB sein.[180] Eine vom Unternehmer rechtsirrtümlich, weil über ein durch Gesetz überhaupt nicht eingeräumtes Widerrufsrecht belehrende und erteilte Mitteilung hat keine Rechtswirkung,[181] begründet also nicht die bloß schwebende Wirksamkeit seiner Erklärung (→ Rn. 17); der Verbraucher bleibt vielmehr gebunden (anders nur, wenn von einem vertraglich vereinbarten Widerrufsrecht nach Lage des Einzelfalls auszugehen ist, → Rn. 47). Die Widerrufsbelehrung begründet auch nicht die Entstehung des Widerrufsrechts, die vielmehr im Vertragsschluss resp. dem Vertragsantrag des Verbrauchers (§ 145 BGB) liegt; sie beeinflusst nur sein Erlöschen, indem von ihrer Mitteilung die Fristberechnung abhängt (→ Rn. 67). Der Vertrag ist also auch ohne Widerrufsbelehrung wirksam. Zwar sind die Informationen einschließlich der Widerrufsbelehrung gem. Art. 246a § 4 Abs. 1, Art. 246b § 1 Abs. 1 EGBGB dem Verbraucher bereits vor Abgabe von dessen Vertragserklärung zur Verfügung zu stellen; geschieht dies aber nicht, kommt der Vertrag

---

[178] *Windel* JuS 1996, 812 (815).
[179] *Ulrici* NJW 2003, 2053 (2055).
[180] BGH v. 6.12.2011, XI ZR 401/10, NJW 2012, 1066 Tz. 26.
[181] OLG München WM 2003, 1324 mit Anm. *Münscher* WuB I E 1.–5.03.

trotzdem zustande. Die Widerrufsbelehrung kann noch nach Vertragsschluss im Wege der Nachbelehrung (→ Rn. 120) mitgeteilt werden.

117 Fraglich war vor dem 13.6.2014 (Umsetzung der VerbrRechteRil, → Einf. Rn. 6) gewesen, ob der Verbraucher **Anspruch** auf Erteilung der Widerrufsbelehrung gegen den Unternehmer hat oder ob der Unternehmer mit der Erteilung nur eine **Obliegenheit** erfüllt, deren Vernachlässigung ihm Nachteile bereitet – nämlich in Bezug auf den Fristenlauf, → Rn. 164 –, aber die nicht erzwungen werden kann. Von einer Rechtspflicht war schon früher für den Fall des Haustürgeschäfts-Widerrufs nach der Vorgängerrichtlinie 85/577/EWG auszugehen;[182] dieses Konzept wird von der VerbrRechteRil fortgeführt, nach der eine Informationspflicht (Art. 6 Abs. 4) begründet wird. Dementsprechend formulieren Art. 246 Abs. 3, 246a § 1 Abs. 2, 246b § 1 Abs. 1, Eingangssatz EGBGB, dass der Unternehmer zur Information über das Widerrufsrecht verpflichtet ist („der Unternehmer muss ..."), sodass der Verbraucher gegen den Unternehmer Anspruch auf die Widerrufsbelehrung hat. Hiervon ist auch für die Widerrufsinformation als Pflichtangabe auch bei Verbraucherkreditverträgen auszugehen (→ Rn. 83). Die Widerrufsbelehrung ist dem Verbraucher vor Abgabe von dessen Vertragserklärung zur Verfügung zu stellen mit der Folge, dass Ansprüche aus *culpa in contrahendo (c.i.c.)* denkbar sind. Danach trägt der Unternehmer und nicht der Verbraucher die Risiken aus dem Geschäft, dass bei ordnungsgemäßer Belehrung widerrufen worden wäre. Ein daraus abzuleitender Schadensersatzanspruch[183] ist nicht nur verschuldensabhängig (§ 276 Abs. 1 BGB), sondern setzt auch Kausalität zwischen unterlassener Belehrung und Schaden voraus (→ Rn. 432).[184]

3. Zeitpunkt der Mitteilung

118 a) **Im Allgemeinen.** Die Widerrufsbelehrung gehört nicht zum Vertragsabschlusstatbestand. Sie ist vielmehr gem. Art. 246 Abs. 1, 246a § 4 Abs. 1, 246b § 1, Eingangssatz EGBGB dem Verbraucher vor Abgabe von dessen Vertragserklärung zur Verfügung zu stellen. Geschieht dies nicht, wird die Wirksamkeit der Vertragsschlusses zwar nicht berührt, aber die Widerrufsfrist wird nicht in Gang gesetzt, wie §§ 356 Abs. 3, 356a Abs. 3 Satz 1, 356c Abs. 1, 4 FernUSG bestimmen. Aber der Unternehmer kann eine Nachbelehrung (→ Rn. 120) zur Verfügung stellen. Auf der anderen Seite kommt der Unternehmer seiner Informationspflicht nicht durch eine **verfrühte** Widerrufsbelehrung nach, bei der ein zeitlicher Zusammenhang mit der abzugebenden Vertragserklärung des Verbrauchers fehlt, zB in der Phase der *invitatio ad offerendum* oder in der Werbephase. In diesen Fällen besteht das Risiko, dass der Verbraucher die Widerrufsbelehrung im Laufe der Zeit vergisst,[185] sodass die verfrühte Belehrung insuffizient ist und die Widerrufsfrist nicht in Gang setzt.

---

[182] EuGH NJW 2005, 3551 – *Schulte/Badenia;* NJW 2005, 3355 – *Crailsheimer Volksbank* –; BGH WM 2007, 200 mit Anm. *Bülow* WuB I G 5-2.07.
[183] Näher *Eichel* ZfPW 2016, 52.
[184] BGHZ 168, 1 = NJW 2006, 2099 Tz. 38; NJW 2007, 364 Tz. 15; BGH NJW 2008, 1585 Tz. 18; *Medicus* FS Richardi 2007, S. 1133; *Bülow/Artz,* Verbraucherprivatrecht (Lehrbuch), Rn. 137.
[185] BGH NJW 2002, 3396 zu II.3.b.bb; NJW 2009, 3572 = WM 2009, 1989 mit Anm. *Bülow* LMK 2009, 284233; OLG Karlsruhe ZGS 2006, 399; AG Remscheid NJW-RR 2001, 777; nach der Rechtslage seit dem 13.6.2014 ist die Widerrufsbelehrung entgegen

Ist der Verbraucher **minderjährig,** beginnt die Widerrufsfrist weder mit dem 119
Wirksamwerden der Genehmigungserklärung (§ 108 BGB) und noch weniger –
trotz Rückwirkung der Genehmigung gem. § 184 Abs. 1 BGB – mit der Erklärung
des Minderjährigen, sondern erst mit Erteilung der Widerrufsbelehrung an die gesetzlichen Vertreter[186] (→ Rn. 87; zum Adressaten der Belehrung → Rn. 127).

b) Nachbelehrung. Fehlt die Widerrufsbelehrung oder ist sie fehlerhaft, so- 120
dass die Widerrufsfrist nicht beginnt, bleibt der Vertrag so lange widerruflich, bis
das Widerrufsrecht erlischt, nämlich nach zwölf Monaten und 14 Tagen nach
Maßgabe von §§ 356 Abs. 3 Satz 2, 356a Abs. 3 Satz 2, 356c Abs. 2 BGB, 356d
Satz 2, 4 FernUSG (nicht aber bei Verträgen über Finanzdienstleistungen, § 356
Abs. 3 Satz 3: ewiges Widerrufsrecht). Der Unternehmer kann die Widerrufsfrist
aber in Gang setzen, indem er nachträglich eine ordnungsgemäße Widerrufsbelehrung, die Nachbelehrung, erteilt. Ist die Nachbelehrung wiederum fehlerhaft,
bleibt es bei der Fristhemmung. Die Nachbelehrung muss also klar und verständlich sein und die vorgeschriebenen Angaben enthalten (→ Rn. 133). Zur inhaltlichen Verdeutlichung gehört darüber hinaus die Mitteilung, auf welchen mit dem
Verbraucher geschlossenen Vertrag sich die Nachbelehrung bezieht. Das bereitet
keine Probleme, wenn unter den Parteien nur ein einziges Vertragsverhältnis
besteht. Es können aber mehrere Verträge abgeschlossen worden sein, zB der
ursprüngliche Vertrag und ein Änderungsvertrag oder Prolongationsvertrag. In
solchen Fällen ist die Nachbelehrung insuffizient und hebt die Hemmung der
Widerrufsfrist nicht auf, wenn der Unternehmer nicht klar macht, dass sich die
Nachbelehrung im gegebenen Falle sowohl auf den ursprünglichen wie auf den
nachfolgenden Vertrag bezieht.[187] Ist die Nachbelehrung danach ordnungsgemäß,
beginnt die **Widerrufsfrist von 14 Tagen** (nicht wie vor dem 14.6.2014 von
einem Monat). Wenn sich der Unternehmer irrt und eine Nachbelehrung nicht
erforderlich war (zB Widerrufsausschluss nach § 313g Abs. 2 BGB), stellt sich die
– im Allgemeinen zu verneinende – Frage, ob darin die Begründung eines vertraglichen Widerrufsrechts (→ Rn. 47) liegt.[188]

4. Adressat der Widerrufsbelehrung

Die Belehrung ist gem. Artt. 246a § 1 Abs. 2, 246b § 1 Abs. 1 Nr. 12, 246 121
Abs. 3 EGBGB, § 3 Abs. 2 FernUSG dem Verbraucher als Partei des Vertrags zur
Verfügung zu stellen. Problematisch ist, wem die Belehrung zu erteilen ist, wenn
auf der Seite des Verbrauchers mehrere Personen beteiligt sind.

Im Falle der **gleichgründigen Gesamtschuld,** zB eines von Ehegatten ge- 122
schlossenen Teilzeit-Wohnrechtegeschäfts nach § 481 BGB, ist nicht nur jedem
Gesamtschuldner gegenüber die Form zu wahren und eine Vertragsurkunde auszuhändigen (§ 484 Abs. 2 und → Rn. 154), sondern auch die Widerrufsbeleh-

---

diesen Urteilen aber nicht allein aus dem Grunde insuffizient, dass sie vor Wirksamwerden
der Vertragserklärung des Verbrauchers erteilt wurde.
[186] *Windel* JuS 1996, 812 (815).
[187] BGH WM 2011, 23 = ZIP 2011, 16 mit Anm. *Bülow* LMK 2011, 313356 und
Komm. *Häuser* EWiR § 355 BGB 2/11, 369; BGH v. 15.2.2011, XI ZR 148/10 (Beschluss), WM 2011, 655 = ZIP 2011, 704 mit Anm. *Bülow* LMK 2011, 318836; WM
2011, 1799 = ZIP 2011, 1858 Tz. 30 mit Komm. *Theewen* EWiR § 355 BGB 6/11, 805;
OLG Jena ZIP 2011, 1063 mit Komm. *Podewils* EWiR § 355 BGB 5/11, 485.
[188] BGH NJW 2012, 1066 mit Komm. *Vortmann* EWiR § 355 BGB 1/12, 195 und
Anm. *Ring* LMK 2012, 329794.

rung mitzuteilen.[189] Es sprechen keine verbraucherprivatrechtlichen Besonderheiten dagegen, dass die Widerrufsbelehrung für beide Verbraucher durch ein einziges Formular erteilt wird, das von beiden entgegengenommen wird.[190] Bei getrennten Belehrungsurkunden resp. anderen Datenträgern kann sich allerdings ergeben, dass für jeden Gesamtschuldner andere Fristen laufen; hierzu → Rn. 90.

123 Im Falle einer Sicherungsgesamtschuld (**Schuldbeitritt**) wird das Gesamtschuldverhältnis entweder dadurch begründet, dass Unternehmer und beitretender Verbraucher nachträglich einen Schuldbeitrittsvertrag abschließen oder dass der Verbraucher den Schuldbeitritt zusammen mit dem Abschluss des Hauptvertrags erklärt. In beiden Fällen bedarf der Schuldbeitritt zu seiner Wirksamkeit nicht nur der Formwahrung,[191] soweit für den Hauptvertrag vorgeschrieben (zB § 484 BGB), sondern dem beitretenden Verbraucher ist auch eine ordnungsgemäße Widerrufsbelehrung zu erteilen; soweit auch[192] der Hauptschuldner Verbraucher ist (→ § 491 Rn. 123), neben diesem[193] und, da verschiedene Verträge Gegenstand des Widerrufs sind (Schuldbeitrittsvertrag, Hauptvertrag), auf getrennten Urkunden (→ Rn. 122; zur Anwendung von § 139 BGB → Rn. 90).

124 Gründet sich die Gesamtschuld auf die ehegüterrechtliche **Schlüsselgewalt** gem. § 1357 BGB, die dem mithaftenden Ehegatten ein eigenes Widerrufsrecht eröffnet (→ § 491 Rn. 124), ist folgerichtigerweise auch dem anderen Ehegatten eine Widerrufsbelehrung zu erteilen.[194]

125 Lieferungs- und Dienstleistungsverträge, die zugleich Haustür- oder Fernabsatzgeschäfte sind, erstrecken sich auch auf **Bürgschaften und Sicherungsverträge** mit Widerrufsrecht nach § 312g Abs. 1 (→ § 491 Rn. 110).[195] Adressat der Widerrufsbelehrung ist der Bürge[196] oder der Sicherungsgeber.

126 Zur **Vertragsübernahme** → Rn. 89.

127 Schließt ein **Minderjähriger** den widerruflichen Vertrag mit dem Unternehmer ab (→ Rn. 119) und genehmigt der gesetzliche Vertreter (→ Rn. 65), wird der Vertrag rückwirkend (§ 184 BGB), wenn auch nur schwebend wirksam, bezogen auf den Zeitpunkt der Vertragserklärung durch den Minderjähri-

---

[189] LG Oldenburg WM 1998, 2241 mit Rezension *Mankowski* VuR 1999, 429 und Anm. *Kind* WuB I E 2.–1.99; *Bülow/Artz* ZIP 1998, 629 (632).

[190] LG Oldenburg WM 1998, 2241 mit skept. Komm. *Artz* EWiR § 7 VerbrKG 3/98, 1149 und abl. Anm. *Kind* WuB I E 2.–1.99; *Heinrichsmeier* Einbeziehung des Ehegatten, S. 104; *Bruchner/Ott/Wagner-Wieduwilt* § 7 VerbrKrG Rn. 29.

[191] Anwendung von § 766 BGB (Formbedürftigkeit nur der Erklärung des beitretenden Verbrauchers)? Andeutungsweise BGH WM 2011, 2355 = ZIP 2012, 18 mit Anm. *Bülow* LMK 2012, 327127.

[192] Unzutreffend LG Essen NJW-RR 1998, 1526, wo der Hauptschuldner als GmbH nicht Verbraucher war.

[193] BGHZ 109, 314 (317); BGH NJW 1996, 2865 zu II. 3. mit Anm. *Seeker* WiB 1996, 1127, *Kohler* WuB I E 2.–1.97, *Ungeheuer* LM Nr. 6 zu § 1 VerbrKrG und Komm. *Reifner* EWiR § 7 VerbrKrG 2/96, 1097; BGH NJW 1996, 2367 zu II. 3. mit Anm. *Wolf* LM Nr. 153 zu § 535 BGB und Komm. *Dauner-Lieb* EWiR 1/96, 907 zu § 7 VerbrKrG; OLG Stuttgart NJW-RR 1993, 1394 zu II. 2.; *Heinrichsmeier* Einbeziehung des Ehegatten, S. 104; *Derleder* NJW 1993, 2401 (2405); *Scherer/Mayer* BB 1998, 2169 (2174); *Martis/Meinhof* MDR 2004, 4 (6).

[194] *Kliffmüller* VuR 1992, 138 (145); aA jedoch, trotz Bejahung des Widerrufsrechts, *Cebulla/Pützhoven* FamRZ 1996, 1124 (1130) sowie – konsequenterweise bei Verneinung des Widerrufsrechts – *Schanbacher* NJW 1994, 2335 (2337).

[195] EuGH NJW 1998, 1295 – Dietzinger –.

[196] *Klingsporn* WM 1993, 829 (833).

gen. Der Widerruf ist eine einseitige Willenserklärung (→ Rn. 21) und, durch den Minderjährigen erklärt, unwirksam und gem. § 111 BGB auch nicht genehmigungsfähig. Das Widerrufsrecht üben die gesetzlichen Vertreter aus, denen gegenüber die Widerrufsbelehrung zu erteilen ist (zur Pflichtangabe bei Kreditverträgen → Rn. 87). Eine gegenüber dem Minderjährigen erteilte Belehrung genügt nicht, auch wenn die gesetzlichen Vertreter davon Kenntnis erlangen.[197]

Einer den Fristbeginn markierenden Widerrufsbelehrung bedarf es auch, wenn der Vertrag von einem **falsus procurator** des Verbrauchers abgeschlossen wurde und der Verbraucher genehmigt (→ Rn. 89),[198] denkbar auch im Falle eines unwirksamen Insichgeschäfts nach § 181 BGB.[199] Adressat der Widerrufsbelehrung ist in diesen Fällen der Verbraucher als Vertragspartei. **128**

5. Form und Zugang

Die Form der Widerrufsbelehrung als Teil der dem Verbraucher vor Abgabe seiner Vertragserklärung zur Verfügung zu stellenden Informationen ist nicht einheitlich geregelt. Im allgemeinen Fall von Fernabsatz- sowie von Fernunterrichtsgeschäften nach Art. 246a § 4 Abs. 1 EGBGB, § 3 Abs. 2 FernUSG ist keine Form, auch nicht Textform nach § 126b BGB, vorgeschrieben (aber natürlich ausreichend).[200] Im Fall von Haustürgeschäften sind die Informationen jedoch auf Papier (also nicht notwendig in Schriftform nach § 126 BGB) zur Verfügung zu stellen, wie Art. 246a § 4 Abs. 2 Satz 1 EGBGB bestimmt. Bei Verträgen über Finanzdienstleistungen schreibt Art. 246b § 2 Abs. 1 EGBGB vor, dass die Informationen einschließlich Widerrufsbelehrung nach § 1 Abs. 1 Nr. 12 auf einem dauerhaften Datenträger mitzuteilen sind. Im Fall von Art. 246 Abs. 3 EGBGB (anwendbar bei Ratenlieferungsverträgen nach § 510 BGB) ist Textform nach § 126b BGB vorgeschrieben (dauerhafter Datenträger). Informationen auf einem dauerhaften Datenträger müssen **lesbar** sein, sodass die nur mündliche Mitteilung auf Ton- oder Videoband nicht genügt. Die elektronische Übermittlung in Dateiformaten gewährleistet aus diesem Grunde die Lesbarkeit dann nicht, wenn der Verbraucher die Daten nicht problemlos konvertieren kann. Soweit das Gesetz aber keine Formanforderungen vorsieht, genügt beispielsweise die Mitteilung auf ein von vornherein flüchtiges Speichermedium wie den Arbeitsspeicher eines Computers, der beim Abschalten gelöscht wird. **129**

Jenseits dieser Regelungen kann der Unternehmer seiner Informationspflicht dadurch nachkommen, dass er das **Muster nach Anlage 1** (Art. 246a § 1 Abs. 2 Satz 2 EGBGB) resp. **Anlage 3** (Art. 246b § 2 Abs. 3 EGBGB) verwendet; diese Anlagen sind mit Gesetzlichkeitsfiktion (→ Rn. 132) ausgestattet. **130**

Der **Zugang der Belehrung** setzt voraus, dass der Verbraucher zu erkennen gegeben hat, über diejenigen Empfangsvorrichtungen zu verfügen, die der Abgabe der Belehrung durch den Unternehmer entspricht. Der Verbraucher muss also über den geeigneten Bildschirm resp. ein Display verfügen, wenn die Belehrung durch **131**

---

[197] *Windel* JuS 1996, 812 (815/816).
[198] Vgl. BGHZ 129, 371 (382) = NJW 1995, 2290 mit Komm. *Bülow* EWiR § 7 VerbrKrG 1/95, 927 und Bspr. *Emmerich* JuS 1995, 1132.
[199] *Tebben* DNotZ 2005, 173.
[200] Deshalb genügt entgegen früherer Rechtslage – BGH v. 15.5.2014 – III ZR 368/13, Rn. 22 ff., NJW 2014, 2857 mit Anm. *Thüsing* S. 2861 und *Ernst* LMK 2014, 362890 – die bloße **Abrufbarkeit** auf einer gewöhnlichen Webseite; s. auch OLG Köln NJW-RR 2015, 1453.

§ 495 (§ 355, Art. 246–246b) 132

E-Mail mitgeteilt wird. Im Übrigen setzt der Zugang voraus, dass dem Verbraucher die Kenntnisnahme möglich und nach der Verkehrsanschauung zu erwarten ist,[201] also zB kein Zugang einer E-Mail um 23.45 Uhr, sondern erst am nächsten Tag.[202]

6. Formalien der Widerrufsbelehrung
Vorbemerkung: Musterbelehrung

132 Die Widerrufsfrist beginnt nur, wenn die dem Verbraucher mitgeteilte Belehrung kumulativ bestimmte Voraussetzungen erfüllt; eine unzureichende Belehrung hat keinerlei über eine ganz fehlende (dh auch: nicht zugegangene, → Rn. 131, → 164) Belehrung hinausgehende Wirkung, wobei Kausalität zwischen der Insuffizienz und dem unterlassenen Widerruf hierfür ohne Bedeutung ist.[203] Die Einhaltung dieser Voraussetzungen kann auch einen gutwilligen Darlehensgeber überfordern, sodass er Gefahr läuft, im Schwebezustand zu bleiben. Der Normgeber hilft ihm: Nach Anlage 1 zu Art. 246a § 1 Abs. 2 und Anlage 3 zu Art. 246b § 2 Abs. 3 EGBGB wurden Muster für die Widerrufsbelehrung erarbeitet, die der Unternehmer nicht verwenden muss, aber der Ordnungsgemäßheit seiner Belehrung sicher sein kann, wenn er es tut.[204] Die Vorschriften bestimmen nämlich, dass der Unternehmer seine Informationspflichten erfüllen kann, wenn er das einschlägige Muster verwendet. Diese Regelung begründet, wenn sich herausstellen sollte, dass das Muster in einzelnen Punkten insuffizient sein sollte, eine **Gesetzlichkeitsfiktion**.[205] Verwendet der Unternehmer das Muster jedoch mit eigenen inhaltlichen **Abweichungen** oder wendet er die Gestaltungshinweise des Musters nicht richtig an,[206] tritt die Gesetzlichkeitsfiktion nicht ein. Die Widerrufsfrist beginnt in diesem Fall nur, wenn trotz der Abweichungen alle Anforderungen an eine ordnungsgemäße Belehrung erfüllt sind (→ Rn. 133). Dies gilt selbst dann, wenn sich die Abweichung zugunsten des Verbrauchers auswirkt, der Fristbeginn beispielsweise noch vom Zugang weiterer Unterlagen abhängig gemacht wird.[207] Beschränkt sich die Abweichung jedoch auf die Korrektur eines Fehlers im Muster (→ Rn. 140: „frühestens"), bleibt es bei der Gesetzlichkeitsfiktion.[208] Gleiches ist bei geringfügigen, formalen Abweichungen anzunehmen: „Frist" statt „Widerrufsfrist" oder „wir" statt „Darlehensgeber"[209] oder Formulierung in ich-Form.[210]

---

[201] Zutreffend Staudinger/*Kaiser* § 355 BGB Rn. 41, 43.
[202] Für Schriftstück: BGH NJW 2008, 843 mit Bspr. *Faust* JuS 2008, 651.
[203] BGH NJW 2009, 3020 Tz. 25.
[204] OLG Karlsruhe WM 2014, 2162; OLG Saarbrücken NJW-RR 2014, 1521; OLG Hamburg WM 2015, 1987; LG Bonn WM 2015, 1988.
[205] *Schürnbrand* ZBB 2008, 383 (387).
[206] OLG Hamm ZIP 2015, 1113.
[207] BGH v. 18.3.2014 – II ZR 109/13, Rn. 18, NJW 2014, 2022 = WM 2014, 887 mit Rez. *Peters* WM 2014, 2145 und Anm. WuB IV.D-1.14 sowie *Ring* LMK 2014, 358902 und krit. Komm. *Corzelius* EWiR 2014, 449, OLG Nürnberg ZIP 2016, 564.
[208] BGHZ 194, 238 = NJW 2012, 3298 Rn. 9.
[209] OLG Frankfurt ZIP 2016, 409 und 413 sowie WM 2014, 1860 (1862) mit Komm. *Homberger* EWiR 2015, 67 und WM 2015, 1985 mit Anm. *Peters* WuB 2016, 1; OLG Stuttgart WM 2015, 1148 mit Anm. *Peters* WuB 2015, 492; OLG Hamburg WM 2014, 994 betr. fehlende Angabe „Ort, Datum, Unterschriftsleiste"; LG Heidelberg NJW 2015, 1462 Rn. 24, rigide aber OLG Braunschweig BKR 2016, 18 (22); *Schürnbrand*, JZ 2015, 974 (980).
[210] OLG Hamm WM 2015, 1007; OLG Frankfurt WM 2015, 920.

Verwendet der Darlehensgeber die Musterwiderrufsbelehrung nicht, kann sich 133
der Fristbeginn nur auf eine Widerrufsbelehrung gründen, die den Anforderungen an Artt. 246a resp. 246b, im Falle des Widerrufs nach § 510 BGB (Ratenlieferungsvertrag) 246 Abs. 3 EGBGB genügt, also
– äußerlich deutlich gestaltet ist (Art. 246 Abs. 3, Eingangssatz EGBGB, → Rn. 134),
– klar und verständlich ist, was ebenfalls die Darstellung der Informationen,[211] aber vor allem inhaltlich die Verdeutlichung der Rechtslage betrifft (Art. 246a § 4 Abs. 1, 246b § 1 Abs. 1, 246 Abs. 3 Satz 2 EGBGB), und auf die Modalitäten der Widerrufserklärung des Verbrauchers nach § 355 Abs. 1 Satz 2 bis 4 BGB, Artt. 246a § 1 Abs. 2 Nr. 1, 246b Abs. 1 Nr. 12, 246 Abs. 3 Nr. 1 und 2, 4 EGBGB hinweist (→ Rn. 137),
– namentlich auf den Fristbeginn → Rn. 140) und auf das Widerrufsformular nach Anlage 2 zum EGBGB (→ Rn. 139),
– den Widerrufsempfänger nennt Art. 246 Abs. 3 Nr. 3 EGBGB, → Rn. 115, 103, 104) und
– im Falle eines verbundenen Geschäfts auf die dadurch entstehende Besonderheiten nach Art. 246b § 1 Abs. 1 Nr. 12 iVm Anlage 3, Gestaltungshinweis 5 EGBGB hinweist (→ Rn. 144).

a) Deutliche Gestaltung. Das Erfordernis der deutlichen Gestaltung wird 134
nur noch durch Art. 246 Abs. 3 Satz 2 EGBGB für den Sonderfall von unentgeltichen Darlehen und Finanzierungshilfen (§ 514 Abs. 2 Satz 3), Ratenlieferungsverträgen sowie dem Erwerb von Investmentanteilen (→ Rn. 38) aufgestellt. Gemeint ist die äußerliche Aufmachung der Widerrufsbelehrung, durch die der Verbraucher auf sein Widerrufsrecht unübersehbar hingewiesen wird in der Weise, dass sich die Belehrung aus dem Text der Vertragsurkunde deutlich hervorhebt[212] (Drucktechnik, Farbe, Größe → Rn. 93). In den Fällen von Artt.246a und 246b EGBGB ist die Widerrufsbelehrung dagegen nur eine neben anderen Informationen im Katalog der Pflichtangaben ohne besondere Hervorhebung. Sie muss nur klar und verständlich gestaltet sein (→ Rn. 137), also insbesondere einen ausreichenden, die Lesbarkeit gewährleistenden Schriftgrad aufweisen. Der klaren und verständlichen Gestaltung dürfte nicht entgegen stehen, dass die Widerrufsbelehrung – entgegen früherer Doktrin[213] – noch **andere Erklärungen** enthält,[214] da die Informationenkataloge ohnehin eine Vielzahl anderer Erklärungen darstellen. Aus dem Gebot der klaren und verständlichen Darstellung folgt aber, dass die Widerrufsbelehrung in **deutscher Sprache** oder doch in der Verhandlungssprache, derer der Verbraucher mächtig ist, erteilt wird.[215, 216]

---

[211] BR-Drucks. 817/12, S. 124.
[212] BGH NJW 1987, 125 zu I.2.a. mit Komm. *Teske* EWiR § 1b AbzG 1/86, 947 sowie WM 2001, 1683 zu II.1; 2003, 204 mit Anm. *Hönn* WuB IV A.–2.03; 1996, 1149 mit Anm. *Hönn* WuB I E 2–3.96; NJW 1990, 368 zu II.1.a. cc.; BGHZ 126, 56 (61); neuerdings LG Ulm v. 17.7.2013 – 33/13 KfH.
[213] BGH WM 2011, 261 = ZIP 2011, 319 Tz. 15, 16 mit Anm. *Bülow* WuB I G 5-1.11; NJW-RR 2011, 403 mit Anm. *Bülow* LMK 2011, 313356; WM 2009, 350 mit Komm. *Corzelius* EWiR § 2 HWiG 1/09, 243 und bereits zu § 1 Abs. 2 AbzG BGH WM 1986, 1062; NJW 1993, 2868 zu II.1. mit Anm. *Klingsporn* WuB IV C.–1.94.
[214] Beispiel: OLG Hamburg ZGS 2007, 270.
[215] LG Köln WM 2002, 1928.
[216] BGH NJW 2007, 1946 = WM 2007, 1115 = ZIP 2007, 1067 = BB 2007, 1296 mit Komm. *U. Franz* EWiR § 312 2/07, 455.

135 Eine **AGB-Klausel,** die die Bestätigung einer Widerrufsbelehrung enthält, ist gem. § 309 Nr. 12b BGB unwirksam.[217]

136 Wählt der Darlehensgeber elektronische Kommunikationsmittel aus, um dem Verbraucher die Belehrung zur Verfügung zu stellen, ist Klarheit und Verständlichkeit auf dem Bildschirm, zu der namentlich die Lesbarkeit gehört, zu gewährleisten.[218]

137 **b) Inhaltliche Verdeutlichung.** Der mit dem Widerrufsrecht bezweckte Schutz des Verbrauchers erfordert eine umfassende, unmissverständliche und für den Verbraucher eindeutige Belehrung,[219] sie hat klar und verständlich zu sein.[220] Notwendiger Inhalt der Belehrung ist die Unterrichtung durch den Unternehmer über das dem Verbraucher gem. § 355 Abs. 1 BGB zustehende Widerrufsrecht (nicht genügend: „100%-Geld-Zurück-Garantie innerhalb 30 Tagen"[221]), dh auch über
– dessen Dauer von 14 Tagen, im gegebenen Falle das Erlöschen bei vollständiger Erfüllung einer Finanzdienstleistung nach Maßgabe von § 357 Abs. 4 Satz 2 BGB (Muster Widerrufsbelehrung Anlage 3 zum EGBGB),
– im Fall von § 510 BGB iVm Art. 246 Abs. 3 Nr. 2 EGBGB Ausübung des Widerrufsrechts durch Erklärung[222] (aber nicht Belehrung über den Begriff „Textform" nach § 126b BGB[223]),
– das Widerrufsformular (→ Rn. 140),
– die fehlende Notwendigkeit einer Begründung des Widerrufs, aber die Notwendigkeit einer eindeutigen Erklärung (§ 355 Abs. 1 Satz 3 BGB),
– die Fristwahrung durch rechtzeitige Absendung,[224]
– den Widerrufsempfänger (hierzu im Einzelnen → Rn. 103, 104) und
– die Rechtsfolgen des Widerrufs (Artt. 246a § 1 Abs. 2 Nr. 2 und 3, 246b § 1 Abs. 1 Nr. 12, Abs. 2 Nr. 5 EGBGB.

138 Fehlt es an der Angabe zur Rechtzeitigkeit durch Absendung, beginnt die Frist selbst dann nicht, wenn der Darlehensgeber eine dreiwöchige Widerrufsfrist einräumt.[225] Zwar kann die Belehrung auch dann ordnungsgemäß sein, wenn der

---

[217] OLG Naumburg VuR 1995, 42; OLG Koblenz NJW-RR 1993, 1078 zu II. 1.b. aa; vgl. auch BGHZ 119, 282 (287).
[218] *Ernst* VuR 1997, 259 (261); insoweit überholt LG München *I* NJW 1999, 2127 mit Komm. *Mankowski* EWiR § 7 VerbrKrG 1/99, 233.
[219] BGH NJW 2009, 3572 = WM 2009, 932 = ZIP 2009, 952 = ZGS 2009, 333 Tz. 14 mit Anm. *Bülow* LMK 2009, 284233 und Komm. *Madaus* § 355 BGB 1/09, 371.
[220] Dem genügt eine Überschrift: „Verbraucher haben das folgende Widerrufsrecht", auch wenn der Rechtsbegriff „Verbraucher" nicht erläutert wird, BGH v. 9.11.2011, I ZR 123/10, NJW 2012, 1814 = WM 2012, 93 mit Komm. *Corzelius* EWiR § 312c BGB 1/12, 551.
[221] OLG Köln NJW 2001, 1288.
[222] OLG Braunschweig WM 2000, 814; OLG Celle WM 2000, 816 mit Komm. *Frisch* EWiR § 7 VerbrKrG 4/2000, 599 und zu beiden Entscheidungen zust. Anm. *Mankowski* WuB I E 2.–2.2000.
[223] BGH v. 10.5.2015 – IV ZR 105/13, WM 2015, 1271 für § 5a VVG a. F.; OLG München NJW-RR 2005, 573.
[224] BGH NJW-RR 1990, 561 mit Komm. *Nieder* EWiR § 1 UWG 6/90, 505; BGH NJW-RR 1993, 562 zu II. 2.; MüKoBGB/*Ulmer* § 1b AbzG Rn. 31; *Münstermann/ Hannes* § 7 VerbrKrG Rn. 351; nach OLG Oldenburg NJW 2006, 3076 ist Klammerzusatz „Datum des Poststempels" missverständlich.
[225] LG Mannheim WRP 1985, 723; die Fristverlängerung ist ohnehin nur vertraglich, nicht durch einseitige Gewährung des Kreditgebers, möglich, → Rn. 55, jedoch wäre die Berufung auf den Fristablauf rechtsmissbräuchlich.

Darlehensgeber nicht das Wort „Absendung" wählt. Unzureichend sind aber missverständliche Begriffe wie „Einsendung",[226] gleichermaßen der bloße Hinweis, das Widerrufschreiben sei „binnen Zweiwochenfrist an den Widerrufsempfänger abzusenden".[227]

c) Widerrufsformular. Bei Haustür- und Fernabsatzgeschäften (aber nicht solchen über Finanzdienstleistungen) sowie bei Fernunterrichtsverträgen ist der Verbraucher gem. Art. 246a § 1 Abs. 2 Satz 1 Nr. 1 EGBGB, § 3 Abs. 2 FernUSG darüber zu informieren, dass er für seinen Widerruf das Formular der Anlage 2 zum EGBGB verwenden kann. **139**

d) Hinweis auf Fristbeginn. Die Widerrufsfrist beginnt gem. § 355 Abs. 2 Satz 2 BGB mit Vertragsschluss, sofern in diesem Zeitpunkt dem Verbraucher die Widerrufsbelehrung bereits zugegangen war, aber nicht verfrüht (→ Rn. 118), andernfalls trotz Vertragsschluss gem. § 356 Abs. 3 erst mit diesem Zugang. In Finanzdienstleistungsfällen bezieht sich der Zugang nicht nur auf die Widerrufsbelehrung, sondern auch auf sämtliche andere Informationen nach Art. 246b § 2 Abs. 1 EGBGB. Hierauf ist in der Belehrung hinzuweisen. Die Angabe über den Fristbeginn setzt zwar nicht voraus,[228] dass ein Datum angegeben wird, aber der Unternehmer muss zutreffend und unzweideutig, dh insbesondere: widerspruchsfrei,[229] das Ereignis benennen, das den Fristbeginn auslöst, nämlich Vertragsschluss nebst Belehrung resp. vollständige Informationen. Insuffizient ist ein Hinweis, der beim Verbraucher den Eindruck erweckt, bereits das Vertragsangebot des Unternehmers markiere den Fristbeginn.[230] Unklar und deshalb insuffizient ist die Information, die Widerrufsfrist beginne **„frühestens"** mit Erhalt der Belehrung,[231] suffizient aber „nach" Erhalt.[232] Unzureichend ist die Formulierung „ab heute",[233] gleichermaßen, weil missverständlich, der Zusatz „falls nicht zu einem früheren Zeitpunkt belehrt wurde".[234] Jedoch steht es dem Dar- **140**

---

[226] LG Stuttgart NJW 1995, 667.
[227] BGH NJW 1996, 1964 zu 2.c.
[228] AA allerdings OLG Koblenz NJW 1994, 2099 mit zust. Anm. *Hönn* WuB I E 2.–1.95; andererseits genügt entgegen OLG Karlsruhe VuR 1999, 61 die – richtige – Datumsangabe.
[229] BGH WM 2005, 1160 mit krit. Anm. *Lange/Pyschny* WuB IV D.–4.05: Fristbeginn durch Unterzeichnung der Vertragserklärung (Verbraucher, Unternehmer?) und durch Aushändigung der Widerrufsbelehrung (für HWiG); OLG Koblenz NJW-RR 1998, 1525: Fristbeginn Aushändigung der Vertragsurkunde resp. Genehmigung des Vertrags; OLG Schleswig WM 2000, 1940.
[230] BGHZ 180, 123 = NJW 2009, 3572, Tz. 16 mit Anm. *Bülow* LMK 2009, 284233.
[231] BGH v. 15.8.2012-VIII ZR 378/11, NJW 2012, 3298 = WM 2012, 1887 mit Komm. *Hoeren* EWiR § 355 BGB 2/12, 789, Anm. *Witt* NJW 2012, 3300 und *Ring* LMK 2012, 340104; BGH v. 19.7.2012 – III ZR 252/11, NJW 2012, 3428 = WM 2012, 1668 mit Anm. *Bülow* LMK 2012, 338473 und BSpr. *D. Fischer* NJW 2012, 3283 (3284); BGH v. 1.12.2010 – VIII ZR 82/10, NJW 2011, 1061 = WM 2011, 86 mit Komm. *Hoeren* EWiR § 312d BGB 2/11, 177; insuffizient, aber mit Gesetzlichkeitsfiktion (→ Rn. 107) auch nach früherem § 14 Abs. 1 InfoVO, BGH v. 28.6.2011 – XI ZR 349/10, WM 2012, 1799 mit krit. Rez. *Piekenbrock/Ludwig* WM 2012, 1409; OLG Frankfurt WM 2014, 2362; OLG Hamburg WM 2015, 1987 mit Anm. *Lerch* WuB 2016, 40; OLG Bamberg WM 2013, 927. Zur wirksamen Ermächtigung für die BGB-InfoVO *Schmidt-Kessel* WM 2014, 965.
[232] BGH v. 11.2.2015 – IV ZR 311/13, NJW-RR 2015, 655.
[233] LG Hamburg VuR 1999, 47.
[234] OLG Frankfurt NJW-RR 1993, 177.

§ 495 (§ 355, Art. 246–246b) 141

lehensgeber im Hinblick auf § 312j Satz 1 BGB frei, einen späteren Zeitpunkt für den Fristbeginn zu benennen.[235] Als dem Deutlichkeitsgebot widersprechend und folglich insuffizient wurde die Formulierung angesehen, die Widerrufsfrist beginne nicht, „bevor die auf Abschluss des Vertrages gerichtete Willenserklärung vom Auftraggeber (gemeint: Verbraucher) abgegeben wurde",[236] insuffizient auch „der Lauf der Frist beginnt 1 Tag, nachdem dem Verbraucher diese Belehrung mitgeteilt und eine Vertragsurkunde zur Verfügung gestellt wurde"[237] oder der Fristbeginn liege im Eingang der vom Verbraucher unterzeichneten Vertragsurkunde,[238] ordnungsgemäß dagegen die Formulierung „die Frist beginnt frühestens, wenn die Belehrung ausgehändigt ist, jedoch nicht, bevor der Verbraucher die vom Unternehmer gegengezeichnete Ausfertigung des Vertrags erhielt"[239] oder „Der Lauf der Frist beim Widerruf beginnt an dem Tag, nachdem mir ein Exemplar dieser Widerrufsbelehrung und eine Vertragsurkunde … zur Verügung gestellt wurden"[240] oder die Widerrufsbelehrung in ich-Form.[241] Die Belehrung widerspricht dem Gesetz, ist deshalb nicht ordnungsgemäß und setzt die Widerrufsfrist nicht in Lauf, wenn dem Verbraucher für die Erklärung des Widerrufs ein eingeschriebener Brief abverlangt wird.[242]

141 **e) Rechtsfolgen des Widerrufs.** Nicht einheitlich durch das Gesetz geregelt ist die Information über die Widerrufsfolgen, die im Fall von Art. 246 Abs. 3 EGBGB iVm §§ 510 BGB, 305 KAGB überhaupt nicht vorgesehen ist, für Fernabsatz- und Haustürgeschäfte außerhalb von Finanzdienstleistungen nur hinsichtlich Kosten für die Rücksendung (§ 357 Abs. 6 BGB) und Kosten bei Dienstleistungen und gleichgestellten Leistungen (Wasser, Strom etc., § 357 Abs. 8 BGB) gem. Art. 246a § 1 Abs. 2 Nr. 2 und 3 EGBGB, nach dem Muster für die Widerrufsbelehrung nach Anlage 1 zum EGBGB außerdem zur Rückerstattung von Zahlungen, die der Verbraucher an den Unternehmer geleistet hatte. Bei Verträgen über Finanzdienstleistungen ist gem. Art. 246b § 1 Abs. 1 Nr. 12 EGBGB über die Rechtsfolgen des Widerrufs zu informieren, dh umfassend, und im Besonderen über die Höhe des Wertersatzes für die bereits erbrachten Dienstleistungen nach näherer Maßgabe von § 357a Abs. 2 BGB. Das gilt auch im Fall von Telefongesprächen gem. Art. 246b § 1 Abs. 2 Nr. 5 EGBGB. Außerdem ist zu informieren, wie die Musterbelehrung Anlage 3 zum EGBGB ergibt, über die Rückgewähr empfangener Leistungen binnen dreißig Tagen (§ 357a Abs. 1 BGB) sowie über den Fristbeginn hierfür nach § 355 Abs. 3 Satz 2 BGB. Schließlich ist im gegebenen Falle über die Folgen eines Verbundes

---

[235] OLG Köln NJW-RR 2001, 425: Erhalt der Ware.
[236] BGH NJW 2002, 3396 = WM 2002, 1989; AG Remscheid NJW-RR 2001, 777.
[237] BGH NJW 2009, 3572 = WM 2009, 932 = ZIP 2009, 952 mit Anm. *Derleder* JZ 2009, 1117, *Bülow* LMK 2009, 284233 und Komm. *Madaus* EWiR § 355 BGB 1/07, 371; für § 5a VVG a. F. OLG Hamm BeckRS 2015, 11449; OLG Koblenz Beschl. v. 18.6.2015 – 10 U 41/15.
[238] BGH WM 2009, 1021 = ZIP 2009, 1054 = ZGS 2009, 328 mit Komm. *Arne Maier* EWiR § 1 HWiG 2/09, 511.
[239] BGH WM 2009, 350 = ZIP 2009, 362 = NJW-RR 2009, 709 mit Komm. *Corzelius* EWiR § 2 HWiG 1/09, 243.
[240] OLG Celle ZIP 2014, 2073 = WM 2014, 1421 mit Komm. *Homberger* EWiR 2014, 671 für Verbraucherdarlehensvertrag vor dem 11.6.2010.
[241] OLG Frankfurt WM 2014, 920.
[242] OLG Zweibrücken NJW 1994, 203.

iSv § 358 BGB (→ Rn. 143) zu informieren. Für **Fernunterrichtsverträge** gilt § 246a EGBGB (→ Rn. 146).

Die weniger umfassenden Informationspflichten bei Verträgen außerhalb von Finanzdienstleistungen bedeuten nicht, dass der Unternehmer an weiteren Informationen gehindert wäre. Er darf beispielsweise fakultativ über die Rückgewährpflicht binnen 14 Tagen nach § 357 Abs. 1 BGB unterrichten. Dieser fakultative Hinweis kann jedoch zur Insuffizienz der Widerrufsbelehrung mit der Folge fehlenden Fristbeginns nach § 356 Abs. 3 BGB führen, wenn der Unternehmer den Hinweis auf die Pflichten des Verbrauchers beschränkt und sich zu dessen Rechten verschweigt.[243]

f) Verbundenes Geschäft und Fernunterricht. Wird der Vertrag durch Darlehen finanziert und bilden beide eine wirtschaftliche Einheit iSv § 358 Abs. 3, tritt bei Unwiderruflichkeit des finanzierten Vertrages der Mechanismus von § 358 Abs. 2 ein, sodass der gem. Art. 247 § 12 Abs. 1 Satz 2 lit. b EGBGB vorgeschriebene Hinweis im Darlehensvertrag, verbunden mit den Pflichtangaben nach Art. 247 § 6 Abs. 2 EGBGB, zu machen ist (im Einzelnen → Rn. 107). Ist der unwiderrufliche finanzierte Vertrag ein Fernabsatz- oder Haustürgeschäft, hat der Unternehmer gem. Art. 246a § 1 Abs. 3 Nr. 1 EGBGB über das Nichtbestehen des Widerrufsrechts nach § 312g Abs. 2 BGB zu informieren.[244]

Ist der finanzierte Vertrag widerruflich, zB als Fernabsatzvertrag, beseitigt dessen Widerruf auch die Bindung an den Darlehensvertrag nach Maßgabe von § 358 Abs. 1 (→ Rn. 326). Eine Informationspflicht des Unternehmers, der Partei des finanzierten Vertrags mit dem Verbraucher ist, läge nahe, insbesondere dann, wenn Kauf- und Darlehensvertrag zu verschiedenen Zeitpunkten abgeschlossen wurden.[245] So galt es bis zum 12.6.2014 auch durch die Altregelung von § 358 Abs. 5 BGB aF.[246] Für Fernabsatz- und Haustürgeschäfte außerhalb von Finanzdienstleistungen findet sich diese Information aber nicht im Katalog von Art. 6 Abs. 1 VerbRRechteRiL, insbesondere nicht nach lit. h sowie Art. 246a § 1 Abs. 2 Nr. 1 EGBGB. Deshalb ist diese Information nur als fakultative Angabe möglich, freilich riskant, weil die Gefahr der insuffizienten Formulierung besteht (→ Rn. 142). Fakultativ könnte sich der Unternehmer des finanzierten Vertrags der Mitwirkung des Darlehensgebers insoweit bedienen, als der Darlehensvertrag bei den Pflichtangaben nach Art. 247 § 6 Abs. 2, § 12 Abs. 1 Satz 2 lit. b EGBGB (näher → Rn. 107) zugleich die Angaben nach § 358 Abs. 1 BGB enthält;[247] dieses Verfahren ist aber nur effizient, wenn im finanzierten Vertrag eine deutliche Bezugnahme enthalten ist, die wiederum nur fakultativ sein kann (→ Rn. 359). Der Hinweis im finanzierten Vertrag könnte ebenso wie die Pflichtangaben im Darlehensvertrag formuliert werden (→ Rn. 107).

---

[243] BGH WM 2012, 1623 mit Komm. *Keil* EWiR (§ 360 BGB 1/12, 755; NJW 2007, 1946 = WM 2007, 1115 mit Anm. *Habersack* JZ 2007, 847, *Kulke* ZflR 2007, 577, *Faustmann* ZGS 2007, 251 und Komm. *Franz* EWiR § 312 BGB 2/07, 455. AA *Janal* VuR 2015, 43 (47): Fristwahrung, aber Verlust von Ansprüchen des Unternehmers.
[244] Hierzu BGH v. 7.6.2011 – I ZR 17/10, WM 2012, 221 = GRUR 2012, 188 Tz. 37.
[245] BGH NJW 1984, 2292 zu II.3.b. cc.
[246] BGH WM 2009, 65 = ZIP 2009, 64 mit Komm. *Hoffmann-Theinert* EWiR § 2 HWiG 3/09, 309.
[247] MüKoBGB/*Habersack* § 358 BGB Rn. 68.

Diese Formulierung wäre also sowohl in der Widerrufsbelehrung nach § 358 Abs. 1 wie im Darlehensvertrag bei den Pflichtangaben nach Art. 247 § 6 Abs. 2, § 12 Abs. 1 lit. b EGBGB zu machen, vorbehaltlich der Bezugnahme. Fakultativ wären auch Angaben über die Rechtsfolgen nach § 358 Abs. 4 (Darlehensgeber als Rückabwicklungspartei nach Valutazufluss).

145 Sind Gegenstand es finanzierten Vertrags **Finanzdienstleistungen,** ist gem. Art. 246b Abs. 1 Nr. 12 EGBGB über die Rechtsfolgen vollständig zu informieren, was nach Anlage 3 zum EGBGB, Gestaltungshinweis 5, auch die Unterrichtung über den Verbund sowie über die Rückabwicklungsmodalitäten nach § 358 Abs. 4 BGB umfasst. Den Anforderungen an Art. 3 Abs. 1 Nr. 3 lit. a Finanzdienstleistungen-FernabsatzRil 2002/65/EG dürfte auch durch einen deutlichen Hinweis auf die Pflichtangaben im Finanzierungsvertrag (Darlehensvertrag) genügt sein, der in diesem Fall aber obligatorisch und nicht nur fakultativ ist.

146 Auf den **Fernunterrichtsvertrag,** der zugleich Fernabsatz- oder Haustürgeschäft ist, sind die dafür geltenden Regeln nach Art. 246a BGB anwendbar. Ist der Fernunterrichtsvertrag nicht zugleich ein solches Geschäft, gilt das Gleiche, da § 3 Abs. 2 FernUSG auf § 312d BGB und Art. 246a EGBGB verweist. Im Falle der Finanzierung durch Darlehen nach § 9 FernUSG trifft den Fernunterricht-Unternehmer also keine Informationspflicht über den Verbund (→ Rn. 144), aber die Information ist fakultativ.

7. Wettbewerbsrecht und Anwaltshaftung

147 In wettbewerbsrechtlicher Sicht verletzt ein Darlehensgeber, der keine oder eine fehlerhafte Widerrufsbelehrung mitteilt, eine gesetzliche Vorschrift, die auch dazu bestimmt ist, im Interesse der Marktteilnehmer das Marktverhalten zu regeln, sodass, die Erheblichkeitsschwelle nach § 3 Abs. 1 UWG vorausgesetzt, die Unterlassung gem. § 4 Nr. 11 oder § 3 Abs. 2 Satz 1 UWG iVm Art. 7 Abs. 1 lit.e sowie Art. 5 Abs. 2 lit. a (berufliche Sorgfalt) UGP-Ril 2005/29/EG unlauter ist[248] und wettbewerbsrechtliche Ansprüche nach § 8 Abs. 1 UWG begrün-

---

[248] BGH WRP 2011, 868; 2010, 1143; BGH v. 29.4.2010 – I ZR 66/08, NJW 2010, 3566 mit Anm. *Ernst* LMK 2010, 310982; v. 7.6.2011 – I ZR 17/10, WM 2012, 221 = GRUR 2012, 188; BGH WM 2002, 1352; NJW 1987, 125 – Widerrufsbelehrung bei Teilzahlungskauf – mit Komm. *Teske* EWiR § 1b AbzG 1/86, 947; BGH NJW 1987, 124 – Zeitungsbestellkarte – mit Komm. *Berg* EWiR § 1 AbzG 1/86, 1049; BGH NJW 1990, 3144 – Orderkarte – mit Komm. *Ose* EWiR § 1c AbzG 3/90, 937; BGH NJW-RR 1990, 1011 – Sprachkurs – mit Komm. *Teske* EWiR § 1c AbzG 2/90, 625; BGH NJW 1996, 457 – Ausbildungsvertrag – mit Komm. *Bülow* EWiR § 1 VerbrKrG 1/96, 91, Anm. *Pfeiffer* LM Nr. 3 zu § 1 VerbrKrG und Bspr. *Emmerich* JuS 1996, 460; OLG Köln NJW 2007, 3647 (3649); OLG Hamm ZGS 2010, 330 zu II. 3.b.; LG Bochum GRUR-RR 2015, 70; LG Hamm NJW 2005, 2319 mit Komm. *Mankowski* EWiR § 312c BGB 1/05, 589; OLG Hamburg GRUR 1979, 475; OLG Stuttgart NJW-RR 1989, 956 und 1144 mit Komm. *H. Schmidt* EWiR § 3 AGBG 2/89, 1047; NJW 1992, 53 zu 4.; ZIP 1993, 1570 mit Komm. *Teske* EWiR § 1 UWG 17/93, 1121; KG NJW-RR 1987, 116; OLG Köln NJW 2001, 1288; LG Bochum GRUR-RR 2016, 70; LG Koblenz VuR 1998, 266 (268); LG Berlin NJW-RR 1992, 678 mit Komm. *Vortmann* EWiR § 7 VerbrKrG 1/92, 197; LG München *I* ZIP 1994, 1191 mit Komm. *Teske* EWiR 1/94, 893 zu § 5 HWiG; *Sack* BB 1987, 1048; *Baumbach/Hefermehl* § 1 UWG Rn. 21; *Gutachterausschuss für Wettbewerbsfragen* Gutachten 4/97, WRP 1998, 533 (534); zum Widerrufsrecht nach § 1 HWiG: BGHZ 109, 127 (130) mit Anm. *Reifner* VuR 1990, 70 und Komm. *Martinek* EWiR § 535 BGB 1/90, 137; BGH WRP 1997, 441 – Haustürgeschäft II – mit Komm. *Ulrich* § 13 UWG 3/97, 377; OLG Dresden VuR 1999, 364; OLG-NL 1998, 26; OLG Hamburg NJW-RR

det, die von den nach § 8 Abs. 3 UWG Aktivlegitimierten, wozu nicht der einzelne Verbraucher gehört, durchgesetzt werden können (→ § 492 Rn. 74). Daneben können unvollständige oder falsche Belehrungen (zB Fristbeginn durch vorvertragliche Information,[249] → Rn. 68, Leugnung des Widerrufsrechts wider besseres Wissen[250]) irreführende Werbung iSv §§ 5 resp. 5a UWG darstellen[251] (zum Gesamtbetrag → § 492 Rn. 111). Dagegen liegt, vorbehaltlich eines Verstoßes nach § 3 Abs. 3, Anhang Nr. 26 UWG Unlauterkeit nicht darin, dass Kunden, die widerrufen haben, aufgesucht und nach den Gründen für diesen Widerruf befragt werden (sog. Nachbearbeitung, Nachfassen).[252]
Ein Rechtsanwalt, der Darlehensgeber oder Verbraucher über einen Darlehensvertrag berät, sei es gerichtlich oder außergerichtlich, muss seine Beratung auf das Widerrufsrecht erstrecken, um eine Schadensersatzhaftung wegen Pflichtverletzung zu vermeiden.[253] Auf der anderen Seite bleibt es beim Unterlassungs- und Beseitigungsanspruch nach § 8 Abs. 1 UWG, auch wenn sich der Wettbewerber aufgrund anwaltlichen Rats im Irrtum über die Unlauterkeit seiner geschäftlichen Handlung befand.[254]

VI. Widerrufsrecht bei fehlender Unterrichtung des Verbrauchers

1. Pflichtangaben im Verbraucherdarlehensvertrag nach Art. 247 § 6 Abs. 2 EGBGB

Die Pflichtangaben zum Widerrufsrecht und seine Umstände nebst Hinweis zur Rückzahlungsverpflichtung gehören zum Vertragstatbestand des Verbraucherdarlehensvertrags resp. Finanzierungshilfevertrags, deren Fehlen die rechtshindernde Einwendung der Formnichtigkeit gem. § 494 Abs. 1 begründet (→ § 494 Rn. 82). Die Nichtigkeitsfolge tritt bereits ein, wenn eine der nach Art. 247 §§ 6 und 10 bis 13 EGBGB zu machenden Angaben, insbesondere nach § 6 Abs. 2, fehlt (→ § 494 Rn. 46). Sind alle Angaben gemacht, eine oder mehrere aber unrichtig oder nicht klar und verständlich, tritt zwar die Nichtigkeitsfolge nicht ein (→ Rn. 77, § 494 Rn. 44), aber der Vertrag ist nur schwebend wirksam, da die Widerrufsfrist gem. § 356b Abs. 1, Abs. 2 Satz 1 BGB nicht beginnt (→ Rn. 70), das Widerrufsrecht also unbefristet ist, jedoch vorbe-

---
1989, 1521; OLG Karlsruhe WRP 1990, 55; OLG Stuttgart NJW-RR 1995, 114 mit Anm. *Büser* WiB 1994, 961; LG Stuttgart VuR 1987, 101; LG Köln VuR 1997, 288; *Kaiser* WRP 1989, 222; zum Widerrufsrecht nach § 3 FernAG (jetzt § 312d BGB): LG Duisburg WRP 2001, 981; LG München II WRP 2001, 326; zum Widerrufsrecht nach § 8 VVG BGH WM 1996, 643 und 646 mit Komm. *Littbarski* EWiR § 8 VVG 1/96, 231; OLG Stuttgart NJW-RR 1994, 1187; OLG Nürnberg NJW-RR 1995, 161; *Kruse* WRP 2001, 1132; fehlender Sicherungsschein nach § 651k BGB: BGH WRP 2000, 633.
[249] OLG Hamm v. 14.5.2009 – 4 U 16/09.
[250] KG GRUR-RR 2015, 83 (85) = WRP 2014, 1071 Rn. 30 ff.
[251] BGH NJW-RR 1990, 561 – Abrufcoupon – mit Komm. *Nieder* EWiR § 1 UWG 6/90, 505; BGH BB 1990, 878; KG VuR 1992, 222 für HWiG; zweifelhaft LG Hamburg VuR 1998, 67.
[252] BGH NJW 1994, 1071 zu II. 3. mit Komm. *Paefgen* EWiR § 1 UWG 8/94, 389.
[253] BGH AnwBl 1993, 35; NJW-RR 1993, 243 mit Komm. *Borgmann* EWiR § 675 BGB 1/93, 31.
[254] EuGH v. 18.6.2013 – C-681/11 für Kartellvesrtoß.

§ 495 (§§ 355, 356b Art. 247 §§ 6, 12)

haltlich einer Nachholung nach § 492 Abs. 6 BGB (→ Rn. 86) und vorbehaltlich des Erlöschens im Fall von Immobiliar-Verbraucherkreditverträgen nach § 356b Abs. 2 Satz 4. Der gem. § 494 Abs. 2 Satz 1 geheilte Vertrag ist seinerseits nur schwebend wirksam (→ § 494 Rn. 31). Die Pflichtangaben über das Widerrufsrecht, bezogen auf den geheilten Vertrag, können in der gem. § 494 Abs. 7 zur Verfügung zu stellenden Abschrift gemacht werden (§ 492 Abs. 6 Satz 2 BGB) resp. mit der Nachholung auf einem dauerhaften Datenträger (§§ 492 Abs. 6 Satz 1, 356b Abs. 2 Satz 1) oder in der erst später zur Verfügung gestellten Vertragsurkunde nach § 356b Abs. 1 (→ Rn. 78, 86); andernfalls ist der geheilte Vertrag unbefristet widerruflich (→ § 494 Rn. 83).

2. Widerrufsbelehrung bei verbundenen Verträgen nach § 358 Abs. 1

150 In widerrufsbewehrten Verträgen, die keine Verbraucherkreditverträge sind, gehört die Mitteilung einer Widerrufsbelehrung nicht zu den Wirksamkeitsvoraussetzungen.[255] Vielmehr kommt der Vertrag, dh der finanzierte Vertrag, auch ohne Widerrufsbelehrung wirksam, wenn auch nur schwebend, zustande. Die den Schwebezustand beendende Ausübung oder Nichtausübung des Widerrufsrechts (→ Rn. 17) setzt die Rechtzeitigkeit des Widerrufs resp. Fristablauf voraus, die ihrerseits von Fristberechnungen abhängen. Diese Frist beginnt ua (→ Rn. 154, 158) mit der Erteilung einer ordnungsgemäßen Belehrung über das Widerrufsrecht durch den Unternehmer des finanzierten Vertrags (→ Rn. 112ff.).

Bei fehlender Belehrung gestalten sich die Rechte des Verbrauchers wie folgt:

151 a) **Wirksamer finanzierter Vertrag.** Für die Wirksamkeit des Widerrufs kommt es nicht darauf an, ob die Widerrufsfrist (→ Rn. 67) bereits in Gang gesetzt wurde; schon vor Fristbeginn ist das Interesse des Verbrauchers schützenswert, den Schwebezustand zu beenden.[256] Der Verbraucher kann deshalb wirksam widerrufen und die Rechtsfolge von § 358 Abs. 1 auslösen, auch wenn die Widerrufsbelehrung nicht erteilt ist, darüber hinaus schon dann, wenn er seine auf den Vertragsschluss gerichtete Willenserklärung abgegeben hat, der Darlehensgeber sie aber noch nicht angenommen hatte (→ Rn. 68).[257] Im Übrigen führt die fehlende Belehrung zum unbefristeten Widerrufsrecht nach § 356b Abs. 1 (→ Rn. 70, 149). Der Verbraucher kann gem. § 361 Abs. 2 Satz 1 BGB auf sein Widerrufsrecht **nicht** wirksam **verzichten** (→ § 512 Rn. 11).

152 b) **Formnichtiger finanzierter Vertrag.** Im Falle finanzierter Teilzeitwohnrechte-Verträge ist die Form nach § 484 BGB, im Falle finanzierter Fernunterrichtsverträge nach § 3 FernUSG zu wahren. Der Formverstoß führt zur Nichtigkeit nach § 125 BGB. Trotzdem besteht das Widerrufsrecht (→ Rn. 30).

3. Erfüllungsverlangen des Verbrauchers trotz Nichtigkeit

153 Besteht der Verbraucher auf Erfüllung, obwohl der Vertrag wegen Formmangels nichtig ist (→ Rn. 152), kann sich der Darlehensgeber auf die Formnichtigkeit des Darlehensvertrags im Allgemeinen nicht berufen, muss also erfüllen (näher → § 494 Rn. 33). Ebenso wenig kann sich der Unternehmer des finan-

---

[255] Missverständlich OLG Düsseldorf NJW-RR 1995, 747 zu I. 2.b. aa.; OLG Köln ZIP 1994, 776 zu I. 2.b.
[256] *Windel* JuS 1996, 812 (814).
[257] MüKoBGB/*Fritsche* § 355 BGB Rn. 24 ; *Vortmann* § 7 VerbrKrG Rn. 5.

zierten Teilzeit-Wohnrechtevertrags oder Fernunterrichtsvertrags auf die Formnichtigkeit berufen. Aber es entspricht dem mit dem Widerrufsrecht verwirklichten Schutz des Verbrauchers, über die Tragweite des Geschäfts ungestört Überlegungen anzustellen (→ Rn. 15), auch im Falle des Erfüllungsverlangens (→ § 494 Rn. 38). Nach Lage des Einzelfalls kann allerdings der Ausnahmetatbestand des **Rechtsmissbrauchs** (→ Rn. 25) durch widersprüchliches Verhalten *(venire contra factum proprium)* anzunehmen sein. Ist demgemäß im Allgemeinen das Widerrufsrecht – mit den Rechtsfolgen aus §§ 357 ff. – auch bei formnichtigem Darlehensvertrag oder finanziertem Vertrag zu bejahen (→ Rn. 30),[258] stellt sich die Frage seiner **Dauer**. Mangels Heilung ist die Anwendung von § 492 Abs. 6 (Nachholung von Pflichtangaben) nicht möglich, die Antwort vielmehr in § 242 BGB zu suchen. Im gegebenen Falle kann entsprechend § 356b Abs. 1 die Überlassung einer – notwendigerweise insuffizienten – Vertragsurkunde oder einer Widerrufsinformation nach Art. 247 § 6 Abs. 2 EGBGB nebst Erfüllungshandlung des Unternehmers (Darlehensauszahlung, Warenlieferung) den Fristbeginn markieren mit der Folge, dass es jetzt der Verbraucher ist, der sich treuwidrig verhält, wenn er aufgrund der so zu berechnenden Widerrufsfrist noch nach deren Ablauf widerruft. Demgemäß dürfte auf der Grundlage von § 242 BGB kein ewiges, unbefristetes Widerrufsrecht (→ Rn. 70) entstehen. Andererseits geht die Schutzbedürftigkeit des Verbrauchers nicht so weit, dass er an sein eigenes Erfüllungsverlangen nicht gebunden wäre. Er muss also die einmal verlangte Leistung oder Sache abnehmen. Widerruft er aber vor Inanspruchnahme oder Darlehensempfang, braucht er natürlich nicht abzunehmen.

VII. Fristbeginn durch Vertragsurkunde

Im Falle bestimmter Verbraucherverträge, die schriftlich abzuschließen sind, beginnt die Widerrufsfrist nicht, bevor dem Verbraucher auch eine Vertragsurkunde, der schriftliche Antrag des Verbrauchers[259] oder eine Abschrift der Vertragsurkunde oder des Antrags zur Verfügung gestellt wird. Diese Verträge sind Verbraucherkreditverträge nach §§ 492 Abs. 1, 506 Abs. 1 BGB, Teilzeit-Wohnrechteverträge nach § 484 BGB und Fernunterrichtsverträge nach § 3 Abs. 1 FernUSG, wenn der Fernunterricht gegen Teilzahlungen erbracht wird, wie aus § 9 FernUSG hervorgeht. Ratenlieferungsverträge bedürfen zwar der schriftlichen Form gem. § 510 Abs. 1 BGB ebenso wie nicht kreditierte Fernunterrichtsverträge nach § 3 Abs. 1 FernUSG, aber die Widerrufsfrist beginnt auch ohne dass dem Verbraucher die Vertragsurkunde zur Verfügung gestellt worden wäre, also lediglich aufgrund Widerrufsbelehrung, so § 356c Abs. 1 BGB, Art. 246 Abs. 3 EGBGB, § 4 FernUSG. Für **Verbraucherdarlehensverträge** bestimmt § 356b Abs. 1 BGB den Fristbeginn durch Überlassung der Vertragsurkunde, die gem. Art. 247 § 6 Abs. 2 EGBGB auch die Unterrichtung über das Widerrufsrecht enthält (→ Rn. 76, 92). Bei Teilzeit-Wohnrechteverträgen folgt der Fristbeginn durch Vertragsurkunde aus § 356a Abs. 1 Satz 2 BGB, für kreditierte Fernunterrichtsverträge aus § 9 FernUSG iVm § 356b Abs. 1 BGB. Letzt-

---

[258] BGH NJW 2010, 610 = ZIP 2010, 136; *Vortmann* § 7 VerbrKrG Rn. 5, 8.
[259] OLG Frankfurt BKR 2012, 243: Fristbeginn auch, wenn der Verbraucher die Abschrift nicht unterzeichnete, abw. OLG Köln WM 2012, 1532.

§ 495 (§§ 355, 356b Art. 247 §§ 6, 12) 155–159

genannte Vorschrift ist im Übrigen auch anwendbar bei der Gewährung eines **Zahlungsaufschubs** nach § 506 Abs. 1, für **Teilzahlungsgeschäfte** nach §§ 506 Abs. 3, 507, für sonstige Finanzierungshilfen, insbesondere **Finanzierungsleasingverträge** nach § 506 Abs. 1, 2 BGB iVm Art. 247 § 12 EGBGB.

155 Der Verbraucher hat gegen den Unternehmer **Anspruch** auf Überlassung der Vertragsurkunde oder der gleichgestellten Dokumente (→ § 492 Rn. 48). Der Fristbeginn hängt also im allgemeinen Fall von schriftformgebundenen widerrufsbewehrten Verträgen nicht nur von der Erteilung der Widerrufsbelehrung nach Artt. 246a § 1 Abs. 2, 246b § 1 Abs. 1 Nr. 12, 246 Abs. 3 EGBGB ab, sondern außerdem auch von der Wiedergabe des Vertragsinhalts. Letzteres folgt aus der Natur der Sache, weil die dem Verbraucher eingeräumte Überlegungsfrist nur wahrgenommen werden kann, wenn der Bezugsgegenstand der Überlegung, eben der schriftformgebundene Verbrauchervertrag, vorliegt. Im besonderen Fall von Verbraucherkreditverträgen ist durch die Einbeziehung der Unterrichtung über das Widerrufsrecht nach Art. 247 § 6 Abs. 2 EGBGB in den Katalog der Pflichtangaben des Vertrags (Ein-Urkunden-Modell) gewährleistet, dass Vertragsurkunde und Pflichtangaben zum Widerrufsrecht zusammen und gleichzeitig zur Verfügung gestellt werden.

156 Der Vertragsinhalt ist dem Verbraucher in verkörperter Form zur Verfügung zu stellen, was zugleich der Textform nach § 126b BGB genügt. Die unkörperliche Wiedergabe nach § 126b BGB beispielsweise durch e-mail erfüllt dagegen die Anforderungen an den Fristbeginn nicht.

157 War der Darlehensvertrag formnichtig abgeschlossen worden, wurde er aber durch Leistungserbringung gem. § 494 Abs. 2 **geheilt**, setzt der Fristbeginn die zutreffenden Pflichtangaben über das Widerrufsrecht nach Art. 247 § 6 Abs. 2 EGBGB voraus, die in der gem. § 494 Abs. 7 zur Verfügung zu stellenden angepassten Vertragsurkunde resp. auf dauerhaftem Datenträger gemacht werden können (→ Rn. 149 und → § 494 Rn. 82, 84); zur Nachholung → Rn. 74, 86.

VIII. Kein Fristbeginn durch Informationspflichten im Fernabsatz oder durch Wareneingang

158 Die Schriftform eines Verbraucherdarlehensvertrags kann auch im Fernabsatz gewahrt werden, nämlich durch Briefwechsel nach § 312 c Abs. 2 BGB resp. durch elektronische Form nach § 126a BGB. Der Darlehensvertrag als Finanzdienstleistung im Fernabsatz (§ 312 Abs. 5 Satz 1) unterliegt zwar auch den Informationspflichten nach § 312 d Abs. 2 BGB, Art. 246b § 1 und 2 EGBGB. Gem. § 312g Abs. 3 BGB richtet sich das Widerrufsrecht aber allein nach § 495, sodass die Informationspflichten nach Art. 246b EGBGB nicht zu beachten sind; es kommt vielmehr nur auf die verbraucherkreditrechtlichen Pflichtangaben nach Art. 247 EGBGB an.

159 Bei Teilzahlungsgeschäften über Waren nach § 506 Abs. 3 BGB ist der Fristbeginn nicht vom Wareneingang[260] abhängig, da die dementsprechende Regelung von § 356 Abs. 1 Nr. 1 BGB nicht auf Kreditverträge (wohl aber auf Ratenlieferungsverträge, §§ 356c Abs. 2 Satz 1, 510) anwendbar ist.

---

[260] Kein Wareneingang bei Ablieferung an Nachbarn, AG Winsen NJW-RR 2013, 252.

IX. Fristende

1. Vollständige Pflichtangaben nach Art. 247 § 6 Abs. 2 EGBGB resp. ordnungsgemäße Widerrufsbelehrung

a) Fristen; nachträgliche Belehrung. Die Widerrufsfrist endet gem. § 355 Abs. 1 Satz 1, Abs. 2 Satz 1 nach 14 Tagen oder einem Monat gem. § 356b Abs. 2 Satz 2 iVm § 492 Abs. 6 (Nachholung), nachdem die Pflichtangaben aus Art. 247 § 6 Abs. 2 EGBGB gegenüber dem Verbraucher als Darlehensnehmer gemacht wurden. Bei widerrufsbewehrten Verträgen endet die Frist im Fall von §§ 356 Abs. 3, 356c Abs. 1 von der Mitteilung der Belehrung an gerechnet (→ Rn. 112), im Fall von Finanzdienstleistungen nach § 356 Abs. 3 endet sie nach 14 Tagen ab vollständiger Information nach Art. 246b § 2 Abs. 1 EGBGB. 160

b) Berechnung, Absendung, Zugang. Die Berechnung richtet sich nach §§ 187 Abs. 1, 188 Abs. 2 BGB: Die Frist endet um 24.00 Uhr des gleichnamigen Wochentags, an dem sie begann. Ist der letzte Tag ein Feiertag, endet die Frist gem. § 193 BGB[261] am nächsten Werktag. Der Fristbeginn kann aber auch auf einen Samstag oder Sonntag fallen, insbesondere wenn dem Verbraucher die Vertragsurkunde resp. die Widerrufsbelehrung, die die Frist in Gang setzt (→ Rn. 112), mit der Post oder sonstwie zugestellt wurde; auch dann endet die Frist erst am nächsten Werktag. Nach dem Rechtsgedanken von § 206 BGB ist anzunehmen, dass die Frist gehemmt ist, solange der Verbraucher an der Erklärung des Widerrufs (§§ 355 Abs. 1 Satz 2 BGB) wegen höherer Gewalt gehindert ist. 161

Während es gem. § 130 BGB für die Rechtzeitigkeit von Willenserklärungen im Allgemeinen auf den Zugang beim Erklärungsempfänger, also dem Darlehensgeber, ankommt, genügt für den Widerruf gem. § 355 Abs. 1 Satz 5 die **Absendung** innerhalb der Frist, also bis 24.00 Uhr (ebenso § 121 Abs. 1 Satz 2 BGB für die Anfechtung). Der Unternehmer trägt also das Verzögerungs-, dagegen nicht das Transportrisiko. Geht der rechtzeitig abgesandte Widerruf verloren, ist richtigerweise davon auszugehen,[262] dass der Verbraucher die Absendung auch noch nach Ablauf der Widerrufsfrist wiederholen kann: Damit fängt er das Transportrisiko auf, die erneute Verzögerung ist unschädlich. 162

Kommt es für die Rechtzeitigkeit des Widerrufs auch auf die Absendung an, tritt die Wirksamkeit des Widerrufs doch erst mit **Zugang** ein, sodass trotz rechtzeitig abgesandten aber verlorengegangenen Widerrufs der Vertrag endgültig wirksam bleibt. Auf der anderen Seite hat es auf den rechtzeitigen Zugang des Widerrufs keinen Einfluss, dass der Verbraucher erklärt, der Widerruf solle erst zu einem späteren Zeitpunkt wirksam werden. Vielmehr bestimmt das Gesetz diesen Zeitpunkt mit dem Zugang der Erklärung.[263] 163

---

[261] Die Vorschrift ist gerade für den Widerruf anwendbar, nur nicht für Kündigungsfristen, BGH NJW 2005, 1354 mit Anm. *Artz* LMK 2005, 85.
[262] MüKoBGB/*Fritsche* § 355 BGB Rn. 48; OLG Dresden ZIP 2000, 362 mit Anm. *Pfeiffer* EWiR § 7 VerbrKrG 2/2000, 505; aA wohl *Münstermann/Hannes* § 7 VerbrKrG Rn. 343.
[263] BGH NJW 1990, 320 zu II. 2.

§ 495 (§§ 355, 356b Art. 247 §§ 6, 12) 164–166　　1. Teil.

2. Fehlende oder insuffiziente Unterrichtung über das Widerrufsrecht, ewiges Widerrufsrecht und Erlöschen bei Immobiliar-Verbraucherkreditverträgen sowie bei Unentgeltlichkeit

164 Wurden die Pflichtangaben nach Art. 247 § 6 Abs. 2 EGBGB nicht gemacht, ist der Verbraucherdarlehensvertrag gem. § 494 Abs. 2 Satz 1 nichtig (ebenso der Vertrag über die Finanzierungshilfe gem. § 506 Abs. 1 resp. § 507 Abs. 2 Satz 1 BGB), aber heilbar (→ § 494 Rn. 82). Sind die Pflichtangaben gemacht, aber unrichtig oder sonst fehlerhaft (unklar, unverständlich, → Rn. 134 und → § 494 Rn. 46), gilt für Kreditverträge die Regelung von § 356b Abs. 2 Satz 1, § 506 Abs. 1 BGB. Danach ist zu unterscheiden zwischen **Allgemein- und Immobiliar-Verbraucherkreditverträgen.** Bei Allgemein-Verbraucherkreditverträgen beginnt die Widerrufsfrist nicht, wenn die fehlende oder fehlerhafte Pflichtangabe nicht nachgeholt wird. Bei Immobiliar-Verbraucherkreditverträgen beschränkt sich die Nachholung auf die Angaben zum Widerrufsrecht nach Art. 247 § 6 Abs. 2 EGBGB, um die Widerrufsfrist in Gang zu setzen. Auf der anderen Seite bestimmt das Gesetz für Allgemein-Verbraucherkreditverträge nicht ein Erlöschen durch Zeitablauf, sodass ein unbefristetes, ewiges Widerrufsrecht entsteht, das allenfalls bis zur Grenze der Verwirkung (§ 242 BGB, → Rn. 26a) zu beliebigem Zeitpunkt ausgeübt werden kann, zB erst im Prozess. Der Darlehensgeber kann den Fristbeginn aber im Verfahren der Nachholung nach § 492 Abs. 6 BGB herbeiführen und als Folge dessen auch das Fristende, das gem. § 356b Abs. 2 Satz 3 nach einem Monat eintritt (→ Rn. 86). Bei Immobiliar-Verbraucherkreditverträgen tritt dagegen das Erlöschen des Widerrufsrechts nach einem Jahr und 14 Tagen gemäß § 356b Abs. 2 Satz 4 ein (→ Rn. 78), wenn nicht vorher eine Nachholung nach §§ 356 Abs. 2 Satz 2, 492 Abs. 6 stattfand. Gleiches gilt für **unentgeltliche** Darlehen gemäß §§ 514 Abs. 2, 356b Satz 2.

165 Keinen Erlöschenstatbestand kennen auch Verträge über Finanzdienstleistungen gem. § 356 Abs. 3 Satz 3 BGB und Verträge über den Erwerb von Investmentanteilen (§ 305 KAGB, → Rn. 38, Anhang 5) sowie Versicherungsverträge[264] (Anhang 4). Dagegen erlischt das Widerrufsrecht für außerhalb von Geschäftsräumen und im Fernabsatz geschlossene Verträge ebenfalls nach zwölf Monaten und 14 Tagen gem. § 356 Abs. 3 Satz 2, ebenso bei Fernunterrichtsverträgen nach § 4 FernUSG. Hinzu kommen die Erlöschenstatbestände bei Dienstleistungen gem. § 356 Abs. 4 und bei digitalen Inhalten nach § 356 Abs. 5. Auch das Widerrufsrecht für Teilzeit-Wohnrechteverträge erlischt gem. § 356a Abs. 3 Satz 2 nach zwölf Monaten und 14 Tagen, bei Mängeln vorvertraglicher Pflichten nach drei Monaten und 14 Tagen (§ 356a Abs. 2 Satz 2). Nach zwölf Monaten und 14 Tagen erlischt gem. § 356c Abs. 2 Satz 2 das auf Ratenlieferungsverträge (§ 510 BGB) bezogene Widerrufsrecht.

166 Zur Unterrichtung bei zusammenhängenden Verträgen nach § 360 → Rn. 339 aE, 343 aE; zum Erlöschen von Alt-Widerrufsrechten, die aufgrund von § 355 Abs. 4 Satz 3 resp. § 495 Abs. 2 Nr. 2 lit. b BGB aF unbefristet Bestand hatten, → Einf. Rn. 58 ff. (Art. 229 § 32 Abs. 2 bis 4 EGBGB).

---

[264] EuGH v. 19.12.2013 – C-209/12, Rn. 26, NJW 2014, 452 – *Endress* – betr. das frühere sog. Policenmodell (→ Rn. 35a).

3. Unterlassene Informationen bei Finanzdienstleistungen im Fernabsatz

Sofern ein Darlehensvertrag im Fernabsatz zustande kommt, hat der Darlehensgeber dem Verbraucher die vorgeschriebenen Informationen nach § 312 d Abs. 2 BGB iVm Art. 246b EGBGB BGB zur Verfügung zu stellen (→ Rn. 42, 158). Eine insuffiziente Information hat jedoch keinen Einfluss auf das Widerrufsrecht, da gem. § 312g Abs. 3 BGB das verbraucherkreditrechtliche Widerrufsrecht Vorrang hat. 167

4. Präklusion nach § 767 ZPO

Fraglich ist, ob der Verbraucher die Vollstreckungsabwehrklage aus § 767 ZPO resp. § 796 ZPO auf einen nach Schluss der mündlichen Verhandlung erklärten Widerruf stützen oder ihn erstmals in der Berufungsinstanz ausüben kann, was im Falle des nicht erloschenen Widerrufsrechts (→ Rn. 164) praktische Bedeutung gewinnen mag. An der Qualität des Widerrufsrechts als Gestaltungsrecht kann, da seine Ausübung den Zustand schwebender Wirksamkeit in denjenigen endgültiger Unwirksamkeit verwandelt, kein Zweifel mehr bestehen (→ Rn. 21).[265] Es bleibt nur noch zu fragen, ob der Widerruf schon in der letzten mündlichen Verhandlung hätte erklärt werden sollen,[266] da das Widerrufsrecht schon mit Vertragsschluss entstanden war. Die Antwort hat sich an dem besonderen disparitätsausgleichenden Zweck des Widerrufsrechts zu messen, welcher ua auch darin liegt, eine zeitliche Ausschöpfung der Widerrufsfrist zu gewährleisten,[267] gerade auch da, wo der Verbraucher über sein Widerrufsrecht nicht belehrt worden war. Richtigerweise[268] und anders als im sonst vergleichbaren Fall der Aufrechnung,[269] aber ebenso wie im Falle der arglistigen Täuschung[270] scheitert die Vollstreckungsabwehrklage jedenfalls bei fehlender Kenntnis des Verbrauchers von seinem Widerrufsrecht mangels ordnungsgemäßer Pflichtangaben resp. Widerrufsbelehrung deshalb nicht (→ 4. Teil Rn. 18). Der Verbraucher ist nicht auf die rechtskraftdurchbrechende Klage nach § 826 BGB angewiesen.[271] 168

---

[265] Anders noch nach der bis 2000 geltenden Konstruktion der schwebenden *Un*wirksamkeit, s. *Bülow/Artz*, Verbraucherkreditrecht, 7. Aufl.2011, 5.Teil Rn. 46.

[266] So BGHZ 131, 82 = NJW 1996, 97 mit abl. Anm. *Gottwald/Honold* JZ 1996, 577 und Rezension *Wichard* JuS 1998, 112.

[267] OLG Karlsruhe WM 1990, 1723 mit Anm. *Bülow* WuB IV C.–4.90; OLG Stuttgart NJW 1994, 1225; *Gaul* GS Knobbe-Keuk, S. 135 (157); *C. Berger* Jura 2001, 289 (292); aA *Boemke* AcP 197 (1997), 161 (185).

[268] *Staudinger* FS Kollhosser, S. 347 (358); so jetzt auch *Schmidt* JuS 2000, 1096 (1099) sowie *Ertl* NJW 2000, Heft 47, S. XXVIII; *Mankowski* WM 2001, 793 (801); für Berufungsinstanz: *Rohlfing* NJW 2010, 1787.

[269] BGH WM 2005, 1966 mit Bspr. *Deubner* JuS 2005, 1085 (1088) und *K. Schmidt* JuS 2005, 1129; BGHZ 24, 27= NJW 1957, 986; 34, 274 (278); 42, 37 (39); bejaht für mietvertragliches Optionsrecht: BGHZ 94, 29 (34) mit Komm. *Eckert* EWiR § 535 BGB 4/85, 367; dagegen kommt es für § 91a ZPO wiederum auf den Zeitpunkt der Aufrechnungserklärung an, BGH NJW 2003, 3134.

[270] *Ernst* NJW 1986, 401(404/405); *Rimmelspacher* JuS 2004, 2203.

[271] BGHZ 101, 380; 112, 54; *Bülow* Konsumentenkredit, Rn. 373 ff.

§ 495 (§§ 355, 356b Art. 247 §§ 6, 12) 169–171 1. Teil.

X. Beweislast

1. Erfüllung

169 Verlangt der Darlehensgeber vom Verbraucher Erfüllung des Darlehensvertrags, also Tilgung sowie Zinsen und andere Kapitalnutzungsentgelte, trägt er die Beweislast für die den formwahrenden Abschluss des Darlehensvertrags, insbesondere auch für die Vollständigkeit der Pflichtangaben nach § 492 Abs. 2 BGB, Art. 247 §§ 6 bis 13 EGBGB (für die Informationspflichten bei Fernabsatz- und Haustürgeschäften gilt das Gleiche gem. § 312j Abs. 2 BGB). Verlangt der Verbraucher Erfüllung, ist Anspruchsvoraussetzung an sich zwar ein formwirksamer Darlehensvertrag, aber er hat den Erfüllungsanspruch auch dann, wenn der Darlehensgeber die Form nicht eingehalten hatte (→ § 494 Rn. 33 und → 153). Der Verbraucher hat deshalb nur diejenigen Tatsachen darzulegen und gegebenenfalls zu beweisen, welche die Erklärung der Willensübereinstimmung begründen. Verlangt der Darlehensgeber vom Verbraucher Stellung von **Sicherheiten,** hat er den formgerechten Abschluss des Sicherungsvertrages zu beweisen (→ § 492 Rn. 140).

2. Widerruf

170 Der Widerruf begründet eine rechtsvernichtende Einwendung, die von Amts wegen zu beachten ist. Für deren tatsächlichen Voraussetzungen, zB den die **Verbrauchereigenschaft** begründenden Verwendungszweck des Darlehens (§ 13 BGB), trägt der Verbraucher die Beweislast (näher → § 491 Rn. 59, 60).

171 a) **Fristbeginn.** Auch die tatsächlichen Voraussetzungen für den Fristenlauf, namentlich den Zeitpunkt des Vertragsschlusses, und für den **Zugang** als solchen (→ Rn. 163), hat, wenn streitig, nach allgemeinen Regeln der Verbraucher zu beweisen.[272] Jedoch bestimmt § 361 Abs. 3 BGB eine **Umkehr der Beweislast** für den Fristbeginn, sodass der Unternehmer die Last des Beweises für die diesbezüglichen Tatsachen trägt, also auch dafür, dass und wann er den Verbraucher ordnungsgemäß belehrt hatte.[273] Die Beweislast bezieht sich bei verkörperten Widerrufsbelehrungen (→ Rn. 129) auf deren Zugang, während sich der Verbraucher darauf beschränken kann, den Zugang der Belehrung (gleichermaßen eine persönliche Aushändigung) zu bestreiten.[274] Der Beweis der Absendung genügt, anders als für den Widerruf des Verbrauchers (→ Rn. 162), nicht.[275] Ein sog. Übergabe-**Einschreiben** geht mit Aushändigung zu, ein sog. Einwurf-Einschreiben mit Einwurf in den Briefkasten.[276] Umstritten ist, ob mit dem Be-

---

[272] BGHZ 113, 222 (225) = NJW 1991, 1052.
[273] EuGH v. 18.12.2014 – C-449/13 – *CA Consumer France* –, ZIP 2015, 65 mit krit. Komm. *Herresthal* EWiR 2015, 97 und BSpr. *Bonin/Glos* WM 2015, 2257 (2262); *Mankowski* VuR 2001, 359 (368).
[274] BVerfG NJW 1991, 2757; 1992, 2217; OLG Dresden ZIP 2000, 362 mit zust. Komm. *Pfeiffer* EWiR § 7 VerbrKrG 2/2000, 505; *Allgaier* VersR 1992, 1070; skept. *Brause* NJW 1989, 2520; im Rahmen von § 93 ZPO (sofortiges Anerkenntnis) Risikozuweisung auf Absender für wettbewerbsrechtlich Abmahnung: OLG Karlsruhe WRP 1003, 42.
[275] BGH WM 1996, 1146 zu II.2.
[276] BGHZ 137, 205 mit Anm. *Singer* LM Nr. 27 zu § 130 BGB, Rezension *Franzen* JuS 1999, 429 und Komm. *Medicus* EWiR § 130 BGB 1/98, 199; *BAG* BB 1997, 2058; *VG Frankfurt/Main* NJW 1997, 3329; *Mrosk* NJW 2013, 1481 (1483); *Dübbers* NJW 1997,

weis der Absendung eines Einwurf-Einschreibens *prima facie* auch der Beweis für den Zugang geführt ist;[277] der Beweis kann durch Auskunft der Post erreicht werden. Ist der Zugang der Vertragsurkunde einschließlich Widerrufsinformation überhaupt bewiesen oder unstreitig, obliegt dem Darlehensgeber außerdem der Beweis des Zeitpunkts für den Zugang; in solchen Fällen verbleibt beim Darlehensgeber mithin der Beweis der Verfristung des Widerrufs. Streiten die Parteien also über die Frage, ob der Darlehensvertrag durch wirksamen Widerruf endgültig unwirksam geworden ist, hat der Darlehensgeber zu beweisen, dass die Vertragsurkunde länger als zwei Wochen resp. einen Monat vor Zugang des Widerrufs beim Verbraucher zugegangen war.

Der Verbraucher wird nach allgemeinen Regeln behandelt, als wäre ihm die Vertragsurkunde zugegangen, wenn er selbst den **Zugang vereitelt,** nicht aber, wenn er auf die Annahmeverweigerung seines Empfangsboten keinen Einfluss genommen hatte.[278]

Eine Verfristung des Widerrufs tritt nicht ein, wenn **Pflichtangaben** in der Vertragsurkunde **fehlerhaft** waren (→ Rn. 77). Hierbei treten Beweisschwierigkeiten nicht auf, weil die schlüssige Behauptung der Fehlerhaftigkeit die Vorlage der Vertragsurkunde voraussetzt. Steht danach die Fehlerhaftigkeit fest, behauptet der Darlehensgeber aber die Nachholung im Verfahren nach § 492 Abs. 6 BGB (→ Rn. 86) und den Beginn der Monatsfrist aus § 356b Abs. 2 Satz 2, gilt Folgendes: Ausgangsnorm ist § 356b Abs. 1, wonach die Widerrufsfrist nicht beginnt. Die Nachholung nach § 492 Abs. 6, auf die sich der Darlehensgeber stützt, ist die Gegennorm, für deren tatsächliche Voraussetzungen er die Beweislast trägt. Bei einem *non liquet* über die Nachholung unterliegt der Darlehensgeber in diesem Punkt.

b) Absendung und Zugang des Widerrufs. Beim Beweis zulasten des Verbrauchers bleibt es für die Einhaltung der ab Mitteilung der Widerrufsbelehrung zu berechnenden Widerrufsfrist (→ Rn. 161). Da die Frist gem. § 355 Abs. 1 Satz 5 BGB durch rechtzeitige Absendung des Widerrufs gewahrt wird, hat der Verbraucher nur diese Tatsache, aber nicht den Zugang beim Unternehmer innerhalb der Zwei-Wochenfrist zu beweisen.

Ist streitig, ob der rechtzeitig abgesandte Widerruf dem Darlehensgeber überhaupt zugegangen ist (→ Rn. 163), trägt der Verbraucher hierfür nach allgemeiner Regel die Beweislast, da es sich um eine einwendungsbegründende Tatsache handelt. Der Beweis der Absendung ist in aller Regel durch einen Poststempel geführt (so gibt es in großen Städten Postämter mit Nachtöffnung); freilich ist der Briefumschlag mit Stempel nicht im Besitz des Verbrauchers. Jedoch hat der Verbraucher, wenn nicht aus § 810 BGB, so doch aus § 242 BGB ein Einsichtsrecht,[279] vorausgesetzt, der Darlehensgeber hat den Briefumschlag noch. Die Absendung kann aber schon früher liegen, also vor Stempelung, nämlich mit der Übergabe des Widerrufs an eine Transportperson, wofür es genügt, dass der Wi-

---

2503; *Dübbers* JA 1998, 911; *Kim/Dübbers* NJ 2001, 65; *Saenger/Gregoritza* JuS 2001, 899 (900); *Neuvians/Mensler* BB 1998, 1206; *R. Weber* JA 1998, 593 (598).

[277] Bejahend AG Paderborn NJW 2000, 3722f.; verneinend LG Potsdam NJW 2000, 3722 mit krit. Rezension *Reichert* NJW 2001, 2523.

[278] BAG NJW 1993, 1093 mit Komm. *Hromada* EWiR § 130 BGB 1/93, 121; LAG Hamm MDR 1993, 658 mit Komm. *Linke* EWiR § 130 BGB 2/93, 547.

[279] BGH NJW-RR 1992, 1072 zu III. 3.c. mit Komm. *Pfeiffer* EWiR § 810 BGB 1/92, 1185; *Bülow* Konsumentenkredit, Rn. 434.

derruf in den Briefkasten der Post geworfen wurde; insoweit wäre der Zeugenbeweis gegeben. Der Einwurf in den Hausbriefkasten des Darlehensgebers durch den Verbraucher (oder einen Beauftragten) stellt den Zugang dar, sobald der Darlehensgeber von dem Inhalt seines Briefkastens bei gewöhnlichem Geschäftslauf Kenntnis nehmen kann (→ Rn. 131). Die Frist wird aber schon mit dem Einwurf gewahrt (→ Rn. 174). Im gegebenen Falle müsste also der Einwurf vor Ablauf der Absendungsfrist bewiesen werden.

176 c) **Erklärungsinhalt.** Problematisch ist es, wenn sich der Streit der Parteien nicht auf den Zeitpunkt der Absendung bezieht, sondern auf den Inhalt der abgesandten Erklärung – der Darlehensgeber bestreitet, dass es sich bei der Erklärung um einen Widerruf und nicht um irgendeine andere Mitteilung des Verbrauchers gehandelt hatte. Ausgangspunkt ist, dass jede Partei die Beweislast für den Inhalt der von ihr abgegebenen Erklärung trägt.[280] Da der Fristbeginn jedoch von der Absendung gerade einer Widerrufserklärung und nicht irgendeiner anderen Mitteilung abhängt, gehört der Inhalt zu den Voraussetzungen, die den Fristbeginn begründen. Deshalb dürfte anzunehmen sein, dass sich die Beweislastumkehr aus § 361 Abs. 3 auch auf den Inhalt der Verbrauchererklärung bezieht. Den ihn entlastenden Beweis des Gegenteils kann der Darlehensgeber auch leichter führen als der Verbraucher den auf Bestreiten des Darlehensgebers zu erbringenden Beweis, was der Darlehensgeber erhalten hatte; einen solchen Beweis könnte der Verbraucher zB nicht dadurch führen, dass er eine Kopie des von ihm bestrittenermaßen abgesandten Schreibens vorlegt.[281] Der Darlehensgeber ist dagegen im Allgemeinen ohne Weiteres in der Lage, das Original des Schreibens, das er erhalten hatte, vorzulegen.

3. Exkurs: Streitwert

176a Bei einer Klage auf Feststellung der Unwirksamkeit eines Darlehensvertrages aufgrund Widerrufs richtet sich der Streitwert nicht nach dem Gesamtbetrag oder dem Nettodarlehensbetrag[282] des Darlehens oder der offenen Valuta und auch nicht nach der Differenz zwischen den Vertragszinsen und den Marktzinsen, bezogen auf die tatsächliche Vertragslaufzeit,[283] und nicht nach den bis zum Ablauf einer vereinbarten Zinsbindung noch zu entrichtenden Zinsen zu bemessen oder nach dem Wert der noch offenen Darlehensverindlichkeit,[284] sondern gemäß dem Beschluss des BGH vom 12.1.2016 – XI ZR 366/15, WM 2016, 454 mit krit. Anm. *N. Schneider* NJW-Spezial 2016/251 und Anm. *Arne Maier* VuR 2016, 186 (Erledigung der Hauptsache aufgrund Einigung) – nach den

---

[280] BT-Drucks. 14/7052, S. 195 re. Sp.; Palandt/*Grüneberg* § 355 BGB Rn. 23; Parallele zum Inhalt eines verloren gegangenen Pakets/Transportcontainers: BGH v. 13.9.2012 – I ZR 14/11, NJW-RR 2013, 813.

[281] Insoweit mag sich die Zustellung durch Gerichtsvollzieher empfehlen, *Hohmeister* JA 1999, 260.

[282] So aber OLG Hamburg Beschl. v. 17.7.2015 – 6 W 25/15.

[283] LG Hamburg v. 21.6.2015 – 325 O 299/14, BeckRS 2015, 07089.

[284] OLG Stuttgart, Beschluss v. 30.4.2015 – 6 W 25/15; OLG Karlsruhe WM 2015, 2088 = ZIP 2015, 2017 mit Anm. *Arne Maier* VuR 2016, 25; OLG Saarbrücken v. 22.10.205 – 4 W 10/15: wirtschaftliches Interesse des Darlehensnehmers (§ 3 ZPO); ebenso BGH Beschl. v. 17.11.2015 – II ZB 28/14 für Auskunftsklage, WM 2016, 75 = ZIP 2016, 70; OLG Hamburg v. 17.7.2015 – 6 W 25/15: Nettodarlehensbetrag; zum Ganzen *Arne Maier* VuR 2016, 9 ff. .

Leistungen, die der Kläger, typischerweise der Verbraucher, gemäß §§ 357 ff. BGB beanpruchen zu können glaubt (Rn. 6, 13 ff. des Beschlusses).

C. Ausnahmen (Umschuldung, Notar, Überziehungskredite, § 495 Abs. 2)

I. Umschuldung (§ 495 Abs. 2 Nr. 1)

Wird der Verbraucherdarlehensvertrag durch einen anderen ersetzt oder wird er nachträglich ergänzt, unterliegen Ersetzung resp. Ergänzung nicht nur der Form aus § 492 (→ Rn. 178), sondern auch dem Widerrufsrecht. Dieses entfällt jedoch unter den Voraussetzungen von § 495 Abs. 2 Nr. 1, um eine schnelle Regelung zu fördern, die durch den Schwebezustand aufgrund Widerrufsrechts behindert würde. Folge des ausgeschlossenen Widerrufsrechts ist, dass im ersetzenden oder ergänzenden Vertrag keine Pflichtangaben zum Widerrufsrecht, auch nicht zu dessen Nichtbestehen, zu machen sind (näher → Rn. 111). Die Voraussetzungen, die den ergänzenden oder ersetzenden Vertrag zu einem unwiderruflichen Umschuldungsvertrag machen, sind 177

– ein nach Maßgabe von § 498 vom Darlehensgeber kündbarer (aber nicht gekündigter) Verbraucherdarlehensvertrag, der ersetzt oder ergänzt werden soll,
– Ursächlichkeit des ersetzenden oder ergänzenden Vertrags für die Vermeidung eines Gerichtsverfahrens, jedenfalls für den Zeitpunkt der Umschuldung, und
– reale Minderbelastung des Verbrauchers als Darlehensnehmer, indem die Restschuld aus dem ursprünglichen (dem ersetzten oder ergänzten) Vertrag höher ist als der Gesamtbetrag (→ § 492 Rn. 102) des neuen (ersetzenden oder ergänzenden) Vertrags ist; es ist also ein Vergleich zwischen den beiden Größen anzustellen, bei Gleichheit bleibt es beim Widerrufsrecht.[285] Für die Unwiderruflichkeit kommt es nicht darauf an, ob der Verbraucher hinsichtlich anderer Vertragsbedingungen besser oder schlechter steht (so die zugrundeliegende Öffnungsklausel in Art. 2 Abs. 6 lit. b Verbraucherkreditrichtlinie).[286]
Nicht Voraussetzung ist eine Prognose über das zukünftige Rückzahlungsverhalten des Darlehensnehmers, auch nicht über Reaktionen des Darlehensgebers bei erneutem Verzug.

Im Falle eines unentgeltlichen Umschuldungsdarlehens ist auch das Widerrufsrecht nach § 514 ausgeschlossen (→ § 514 Abs. 2 Satz 2, → § 514 Rn. 10). 177a

Erfüllt der Umschuldungsvertrag die Voraussetzungen der Unwiderruflichkeit, bleibt es zwar bei der Schriftform nach § 492 Abs. 1 (ersatzweise der elektronischen Form), aber die Pflichtangaben sind nach **Art. 247 § 11 Abs. 1 Nr. 2 EGBGB** vereinfacht, auch die vorvertragliche Information (§ 491a Abs. 1) nach Art. 247 § 11 Abs. 1 Nr. 1 EGBGB. Bei Abwicklung als Überziehungskredit nach näherer Maßgabe von § 504 Abs. 2 Satz 1 (→ § 504 Rn. 35) bewendet es bei den Pflichtangaben nach Art. 247 § 10 Abs. 1 und 2, wie Art. 247 § 11 Abs. 3 bestimmt. 178

---

[285] BT-Drucks. 16/11643, S. 135.
[286] BR-Drucks. 848/08, Anlage 5 S. 6 = BT-Drucks. 16/11643, S. 293 (Gegenäußerung der Bundesregierung).

§ 495 179–181　　　1. Teil. Darlehen und Finanzierungshilfen

II. Notarielle Beurkundung (§ 495 Abs. 2 Nr. 2)

179　Kein Widerrufsrecht besteht bei notariell beurkundeten Verträgen, jedoch – entsprechend der Öffnungsklausel von Art. 14 Abs. 6 VerbrKrRil – nur unter zwei Voraussetzungen, nämlich dass
– die notarielle Beurkundung, wie in § 128 BGB vorausgesetzt, durch das Gesetz vorgeschrieben ist und dass
– der Notar die Rechtswahrung aus § 491a und § 492 bestätigt.
Es genügt also nicht – anders als im Ausnahmetatbestand von § 491 Abs. 3 Nr. 1 in der bis zum 10.6.2010 geltenden Fassung (→ § 491 Rn. 184) – die notarielle Beurkundung schlechthin, die auch einem Darlehensvertrag fakultativ zuteil werden kann, sondern die Anordnung durch das Gesetz. Dieses sieht die notarielle Beurkundung im Darlehensrecht nicht vor, auch nicht für Immobiliar-Verbraucherdarlehensverträge nach § 491 Abs. 3 Nr. 2 und auch nicht für die Bestellung eines Grundpfandrechts, für welche die schlichte Einigung nach § 873 Abs. 1 genügt.[287] Im Darlehensrecht hat die Ausnahmevorschrift folglich keinen Anwendungsbereich. Auch wenn ein Darlehensvertrag mit einem beurkundungsbedürftigen Vertrag gekoppelt ist, zB nach § 311b Abs. 1 BGB, ist seine Beurkundung doch fakultativ. Auch die Unterwerfung unter die sofortige Zwangsvollstreckung nach § 794 Abs. 1 Nr. 5 ZPO macht den zugrundeliegenden Darlehensvertrag nicht beurkundungspflichtig, sondern setzt ihn voraus; die Urkunde ist eine einseitige Erklärung des Schuldners, aber selbst kein Kreditvertrag.[288] Die öffentliche Beglaubigung nach § 129 BGB bezieht sich nicht auf Verträge, sondern nur auf einseitige Erklärungen (zB §§ 19, 29 GBO).

179a　Jedoch ist ein Anwendungsbereich der Regelung denkbar bei einer Immobiliar-Finanzierungshilfe nach § 506 Abs. 1 Satz 2, zB einem Grundstückskaufvertrag mit Ratenzahlungsvereinbarung gegen Entgelt (→ § 506 Rn. 42, 63a). In diesem Fall ist dem Verbraucher anstelle des Widerrufsrechts eine Bedenkzeit nach § 495 Abs. 3 einzuräumen (→ Rn. 183a).

180　Soweit sich demgemäß ein Anwendungsbereich ergibt, ist durch den Notar auf das Nichtbestehen des Widerrufsrechts hinzuweisen (→ Rn. 111). Der Vertrag wäre endgültig und nicht lediglich schwebend wirksam.

III. Überziehungsdarlehen (§ 495 Abs. 2 Nr. 3)

1. Entbehrlichkeit des Widerrufsrechts

181　Eine durch Verbraucherdarlehensvertrag **eingeräumte Überziehungsmöglichkeit** iSv § 504 Abs. 1 kann so ausgestaltet sein, dass nach der Auszahlung die Laufzeit höchstens drei Monate beträgt oder die Überziehung nach Aufforderung durch den Darlehensgeber zurückzuführen ist (der Darlehensgeber also fristlos kündigen kann). Für solche Fälle bestimmt § 504 Abs. 2 in Vollzug von Art. 2 Abs. 3 Verbraucherkreditrichtlinie, dass § 495 nicht anwendbar ist, also

---

[287] Übersehen von BGH – II. ZS – NJW 2004, 2736 = WM 2004, 1529 zu I.2.b, richtig gestellt durch BGH – XI. ZS – NJW 2005, 664 = WM 2005, 127 zu B.II.2.a.cc (1) (a) = BGHZ 161, 15 (27).
[288] AA MüKoBGB/*Schürnbrand* § 495 BGB Rn. 18.

kein Widerrufsrecht besteht (→ § 504 Rn. 39). Diese Regelung wiederholt § 495 Abs. 2 Nr. 3. In anderen Fällen von Darlehen, auch wenn sie Überziehungskredite sind, aber nicht die weiteren Voraussetzungen von § 504 Abs. 2 Satz 1 erfüllen, bleibt es jedoch bei der allgemeinen Regel des Widerrufsrechts von § 355 Abs. 1, auch dann, wenn der Verbraucher jederzeit fristlos kündigen kann. Im Falle einer **geduldeten entgeltlichen Überziehung** bestimmt § 505 Abs. 4 die Unanwendbarkeit von § 495. Auch diese Regelung wiederholt § 495 Abs. 3 Nr. 3.

Der Darlehensgeber braucht auf das Nichtbestehen des Widerrufsrechts nicht hinzuweisen, da Art. 10 Abs. 2 lit. p gem. Art. 2 Abs. 6 Satz 1 der VerbrKrRil nicht anwendbar ist (→ Rn. 111). Fehlende Widerruflichkeit bedeutet endgültige und nicht nur schwebende Wirksamkeit der Überziehungsvereinbarung. **182**

2. Finanzinstrumente

Die Anwendung von §§ 504 und 505 setzt die freie Verfügbarkeit durch den Verbraucher voraus. Werden über das Kontokorrentkonto **Spekulationsgeschäfte** finanziert (→ Rn. 318), folgt daraus eine Zweckbindung, durch die sowohl das Formprivileg aus § 504 Abs. 2 Satz 2 (→ § 504 Rn. 27) und § 504 Abs. 4 (→ § 504 Rn. 18) entfällt wie das Widerrufsprivileg aus § 495 Abs. 3 Nr. 3. **183**

IV. Kompensation: Bedenkzeit für Immobiliar-Kreditverträge (§ 495 Abs. 3)

Die WohnimmoRil schreibt für Immobiliar-Verbraucherkreditverträge wahlweise ein Widerrufsrecht, eine Bedenkzeit oder beides vor (Erwägungsgrund 23, Art. 14 Abs. 6, → Rn. 8a), lässt aber anders als die VerbrKrRil (→ Rn. 177, 179, 181) die sofortige und endgültige Wirksamkeit des Kreditvertrags mit Vertragsschluss nicht zu. Deshalb war für die Fälle von § 495 Abs. 2 eine gesetzgeberische Wahl zu treffen, die in der Bedenkzeit für Immobiliar-Kreditverträge nach § 495 Abs. 3 Satz 1 liegt. Die Bedenkzeit ist so gestaltet, dass der Kreditgeber dem Verbraucher ein bindendes Vertragsangebot (§ 145 BGB) macht, das der Verbraucher innerhalb von zumindest sieben Tagen annehmen kann, sodass der Vertrag zustandekommt. Nach Fristablauf ist der Kreditgeber nicht mehr an sein Angebot gebunden. Die **Beweislast** für die Rechtzeitigkeit der Annahme trägt, wer den Vertragsschluss behauptet und daraus Rechtsfolgen ableitet, BGH v. 24.2.2016 – XII ZR 5/15. Dieses Verfahren entspricht der Regelung von § 148 BGB. Im Falle der Verfristung kann der Kreditgeber sein Angebot erneut machen, wobei wiederum eine Bedenkzeit von mindestens sieben Tagen einzuräumen ist. Der Kreditgeber kann eine längere Frist bestimmen, er kann die Frist auch nachträglich verlängern, auch konkludent,[289] aber die längere Frist nicht wieder verkürzen. Die Fristeinräumung ist eine einseitige empfangsbedürftige Willenserklärung, die aber einvernehmlich zustandekommen kann. Eine kürzere Frist als sieben Tage kann der Kreditgeber nicht einräumen, da in der Regelung von § 495 Abs. 3 Satz 1 ein dementsprechendes gesetzliches Verbot nach § 134 BGB liegt. Demgemäß ist die Einräumung einer kürzeren Frist nichtig. Zu den- **183a**

---

[289] OLG Hamm NJW 1976, 1212 zu I.2.b.

ken ist an eine richtlinienkonforme Auslegung von § 150 Abs. 1 dahin, dass eine Annahmeerklärung des Verbrauchers innerhalb von sieben Tagen nicht als neuer Antrag gilt, sondern den Vertragsschluss begründet. Im Übrigen stellt die Fristeinräumung von sieben Tagen eine gesetzliche Pflicht des Kreditgebers dar, sodass der Verbraucher Anspruch auf Schadensersatz nach § 280 Abs. 1 BGB hat, zB wegen schlechterer Konditionen eines alternativen Vertragsschlusses.

183b Die Frist beginnt gemäß § 495 Abs. 3 Satz 2 mit der Aushändigung des Vertragsangebots (§ 492 Abs. 1) an den Verbraucher. Der Tag der Aushändigung wird gemäß § 187 Abs. 1 BGB nicht mitgerechnet, sodass der nächste Tag der erste Tag der Frist ist und diese folglich mit Ablauf des Wochentages endet, der dem Tag der Aushändigung entspricht.

183c Die praktische Relevanz der Regelung dürfte im Umschuldungsdarlehen nach Nr. 1 liegen,[290] am Rande auch in Immobiliar-Finanzierungshilfen (→ Rn. 179a).

D. Abwicklung nach Widerruf (§§ 355 Abs. 3, 357a, 361 Abs. 1 BGB)

I. Grundlagen

184 Hat der Verbraucher nach Maßgabe von §§ 355, 495 BGB wirksam widerrufen, scheitert das Zustandekommen des Vertrags endgültig, indem der Verbraucher an seine Vertragserklärung und gleichermaßen der Unternehmer nicht mehr gebunden ist (→ Rn. 17). Soweit bereits etwas geleistet worden war, findet eine Auseinandersetzung statt. Die Abwicklung bestimmt sich für Verbraucherkreditverträge nach

§ 355 Abs. 3 BGB – Widerrufsrecht bei Verbraucherverträgen

(3) [1]Im Fall des Widerrufs sind die empfangenen Leistungen unverzüglich zurückzugewähren. [2]Bestimmt das Gesetz eine Höchstfrist für die Rückgewähr, so beginnt diese für den Unternehmer mit dem Zugang und für den Verbraucher mit der Abgabe der Widerrufserklärung. [3]Ein Verbraucher wahrt diese Frist durch rechtzeitige Absendung. [4]Der Unternehmer trägt bei Widerruf die Gefahr der Rücksendung der Waren.

§ 357a BGB – Rechtsfolgen des Widerrufs von Verträgen über Finanzdienstleistungen

(1) Die empfangenen Leistungen sind spätestens nach 30 Tagen zurückzugewähren.

(2) [1]Im Falle des Widerrufs von außerhalb von Geschäftsräumen geschlossenen Verträgen oder Fernabsatzverträgen über Finanzdienstleistungen ist der Verbraucher zur Zahlung von Wertersatz für die vom Unternehmer bis zum Widerruf erbrachte Dienstleistung verpflichtet, wenn er
1. vor Abgabe seiner Vertragserklärung auf diese Rechtsfolge hingewiesen worden ist und
2. ausdrücklich zugestimmt hat, dass der Unternehmer vor Ende der Widerrufsfrist mit der Ausführung der Dienstleistung beginnt.
[2]Im Falle des Widerrufs von Verträgen über eine entgeltliche Finanzierungshilfe, die von der Ausnahme des § 506 Absatz 4 erfasst sind, gilt auch § 357 Ab-

---

[290] BT-Drucks. 18/5922 (RegE), S. 92.

Aktuell im Zahlungsverkehr, Kredit- und Kapitalmarktrecht.

Jetzt testen:
3 Monate kostenlos

Für Rechtsberatung, Rechtsg

Ihr monatlicher Input

Die BKR versorgt Sie mit allen praxisrelevanten Informationen aus

- Bankrecht
- Börsenrecht
- Aufsichtsrecht
- Kapitalmarktrecht
- Kapitalanlage, Asset-Management, Investment-Banking sowie dem kapitalmarktbezogenen Gesellschaftsrecht.

BKR · Zeitschrift für Bank- und Kapitalmarktrecht

16. Jahrgang 2016. Erscheint monatlich.

Test: 3 Monate kostenlos!

Sie erhalten die BKR im Abonnement, falls Sie nicht bis 1 Woche nach Erhalt des letzten Gratis-Heftes abbestellen. Abonnement: € 399,– jährlich.

Abbestellung bis 6 Wochen vor Jahresende. Preis jeweils inkl. MwSt., zzgl. Vertriebs-/Direktbeorderungsgebühren (€ 12,–/€ 2,80) € 14,80. Einzelheft € 39,–.

www.bkr.beck.de

taltung und Prozessführung.

Entscheidend mehr Rechtsprechung

Die BKR liefert die wesentliche **Rechtsprechung** aus dem Bereich des Bank- und Kapitalmarktrechts, **voll zitierfähig im Volltext**, gerade auch die **unterinstanzliche Rechtsprechung**. Bei der Bewertung der Entscheidungen helfen Ihnen kompetente Anmerkungen.

Kurz und kompetent

Die Beiträge sind **prägnant, klar strukturiert und mit informativen Einleitungen** versehen. Berichtsaufsätze erschließen bankrechtliche Themengebiete und benachbarte Gebiete (Immobilienrecht aus Bankensicht, Insolvenz- und Vollstreckungsrecht, erbrechtliche Fallgestaltungen in der Bankrechtspraxis und europarechtliche Bezüge des Bank- und Kapitalmarktrechts).

Das Plus für Bankpraxis und Unternehmensberatung

Die BKR bietet bankrechtlich relevantes **betriebswirtschaftliches Know-how** für Vertragsgestaltung, Beratung und Prozessführung.
Aufsätze aus dem Investment Banking, dem Bereich Mergers & Acquisitions und zu strukturierten Finanzierungsformen zeigen neue Wege für die Bankpraxis sowie für die Beratung mittelständischer Unternehmer, die zunehmend von bank- und kapitalmarktrechtlichen Fragestellungen betroffen sind, auf.

ZUR BESTELLUNG BITTE ABTRENNEN

Name/Vorname

Straße

PLZ/Ort

E-Mail/Kundennummer

307600

☐ Ja, ich will die BKR gratis testen!

Ich erhalte die BKR 3 Monate kostenlos. Danach bekomme ich BKR im Abonnement, falls ich nicht bis 1 Woche nach Erhalt des letzten Gratis-Heftes abbestelle.
Abonnement: € 399,– jährlich
Abbestellung bis 6 Wochen vor Jahresende.
Preis jeweils inkl. MwSt., zzgl. Vertriebs-/Direktbeorderungsgebühren (€ 12,–/€ 2,80) € 14,80 jährlich.

✘

Datum/Unterschrift

Bitte bestellen Sie bei Ihrer Buchhandlung oder bei:
VERLAG C.H.BECK · 80791 MÜNCHEN
Telefon (089)38189-750 · Fax: (089)38189-402
E-Mail: bestellung@beck.de · **beck-shop.de/go/BKR**

ANTWORT

Bitte mit
Postkartenporto
freimachen

satz 5 bis 8 entsprechend. ³Ist Gegenstand des Vertrags über die entgeltliche Finanzierungshilfe die Lieferung von nicht auf einem körperlichen Datenträger befindlichen digitalen Inhalten, hat der Verbraucher Wertersatz für die bis zum Widerruf gelieferten digitalen Inhalte zu leisten, wenn er
1. vor Abgabe seiner Vertragserklärung auf diese Rechtsfolge hingewiesen worden ist und
2. ausdrücklich zugestimmt hat, dass der Unternehmer vor Ende der Widerrufsfrist mit der Lieferung der digitalen Inhalte beginnt.

⁴Ist im Vertrag eine Gegenleistung bestimmt, ist sie bei der Berechnung des Wertersatzes zu Grunde zu legen. ⁵Ist der vereinbarte Gesamtpreis unverhältnismäßig hoch, ist der Wertersatz auf der Grundlage des Marktwerts der erbrachten Leistung zu berechnen.

(3) ¹Im Falle des Widerrufs von Verbraucherdarlehensverträgen hat der Darlehensnehmer für den Zeitraum zwischen der Auszahlung und der Rückzahlung des Darlehens den vereinbarten Sollzins zu entrichten. ²Bei einem Immobiliar-Verbraucherdarlehen kann nachgewiesen werden, dass der Wert des Gebrauchsvorteils niedriger war als der vereinbarte Sollzins. ³In diesem Fall ist nur der niedrigere Betrag geschuldet. ⁴Im Falle des Widerrufs von Verträgen über eine entgeltliche Finanzierungshilfe, die nicht von der Ausnahme des § 506 Absatz 4 erfasst sind, gilt auch Absatz 2 entsprechend mit der Maßgabe, dass an die Stelle der Unterrichtung über das Widerrufsrecht die Pflichtangaben nach Artikel 247 § 12 Absatz 1 in Verbindung mit § 6 Absatz 2 des Einführungsgesetzes zum Bürgerlichen Gesetzbuche, die das Widerrufsrecht betreffen, treten. ⁵Darüber hinaus hat der Darlehensnehmer dem Darlehensgeber nur die Aufwendungen zu ersetzen, die der Darlehensgeber gegenüber öffentlichen Stellen erbracht hat und nicht zurückverlangen kann.

§ 361 Abs. 1 – Weitere Ansprüche

Über die Vorschriften dieses Unterabschnitts hinaus bestehen keine weiteren Ansprüche gegen den Verbraucher infolge des Widerrufs.

Nach der ab dem 13.6.2014 geltenden Gesetzesfassung findet ein Verweis auf die Vorschriften über den Rücktritt nach §§ 346 ff. BGB nicht mehr statt, sondern die Abwicklung nach Widerruf wird eigenständig und abschließend geregelt (→ Rn. 10). Dies ist den umfänglichen Einzelregelungen nach Artt. 13 und 14 der VerbrRechteRil 2011/83/EU geschuldet, ändert aber nichts daran, dass das Widerrufsrecht seinem Wesen und seiner Grundnorm nach – Rückgewähr der empfangenen Leistungen, § 355 Abs. 3 Satz 1 und § 346 Abs. 1 – ein besonders ausgestaltetes gesetzliches Rücktrittsrecht ist (→ Rn. 23). 185

Anspruchsgrundlage für die Rückgewährverpflichtungen von Unternehmer und Verbraucher ist § 355 Abs. 3 Satz 1, für Kreditverträge modifiziert durch § 357a Abs. 1 (→ Rn. 190). Noch nicht erfüllte Leistungspflichten erlöschen (sog. dingliche Wirkung des Rücktritts, → Rn. 23). Ein Anspruch auf Nutzungsersatz in Gestalt von Gebrauchsvorteilen (§ 100 BGB) wie gem. § 346 Abs. 1 besteht bei Darlehen in Gestalt des Sollzinses nach § 357a Abs. 3 Satz 1 (→ Rn. 224), bei Finanzierungshilfen in Gestalt der Differenz zwischen Gesamtpreis und Barzahlungspreis (→ Rn. 225). Der Wertersatz folgt nicht dem Konzept von § 346 Abs. 2 und Abs. 3, sondern den besonderen Einzelregelungen von § 357 Abs. 7 und Abs. 8 (→ Rn. 236 ff.), die teils den Vollharmonisierungsgrundsatz von VerbrRechteRil und VerbrKrRil verwirklichen, teils nicht harmonisierte Freiräume nutzen (→ Rn. 190). Außerdem hat der Unternehmer Anspruch auf Ersatz bestimmter Aufwendungen (→ Rn. 244). 186

§ 495 (§§ 355 Abs. 3, 357a, 357) 187–190

187 Besonders ausgestaltet ist die Rückabwicklung im verbundenen Geschäft nach § 358 BGB (im Einzelnen → Rn. 360 ff.) Nach Lage des Einzelfalls kann der Verbraucher Ansprüche aus institutionalisiertem Zusammenwirken zwischen Darlehensgeber und Unternehmer, insbesondere bei Kapitalanlagen, haben, namentlich auch dann, wenn ein Widerrufsrecht nicht besteht (→ Rn. 424 ff.).

II. Rückgewährschuldverhältnis zwischen Verbraucher und Unternehmer

1. Gemeinsame Regelungen

188 Die durch den Widerruf ausgelösten Rückgewähransprüche richten sich nach §§ 355 Abs. 3, 357a BGB. Die Darlegung im Prozess setzt nach allgemeinen Regeln nicht voraus, dass die Partei, die als Folge des Widerrufs Ansprüche durchsetzen will, den rechtlichen Gesichtspunkt bezeichnet, auf den sie ihren Klageantrag stützt. Sie braucht nur einen Sachverhalt vorzutragen, der unter die gesetzlichen Tatbestände von §§ 355 Abs. 3, 357a subsumierbar ist. Die Subsumtion ist Sache des Gerichts.[291]

189 **a) Mehrheit von Verbrauchern.** Auf der Verbraucherseite können mehrere Personen stehen, zB Ehegatten oder die Partei des Kreditvertrags und ihr Sicherungsgeber (→ Rn. 63). Zwar bestimmt § 351 BGB die Unteilbarkeit des Rücktrittsrechts, was bedeuten würde, dass bei einer Mehrheit von Verbrauchern auf einer Vertragsseite nur alle Verbraucher gemeinsam widerrufen könnten. Jedem einzelnen Verbraucher steht aber gem. §§ 495 Abs. 1, 355 BGB das Widerrufsrecht zu, was bedeutet, dass der eine Verbraucher sein Widerrufsrecht ohne Rücksicht auf den anderen auszuüben berechtigt ist, also ein isolierter Widerruf wirksam erklärt werden kann.[292] Der Rechtsgedanke von § 351 BGB ist auf den Widerruf also nicht übertragbar.[293] Der Fortbestand des Vertragsverhältnisses mit dem verbleibenden, nicht widerrufenden Verbraucher richtet sich nach dem in § 139 BGB (Teilnichtigkeit) zum Ausdruck gekommenen Reglement.[294] Dies gilt auch, wenn mehrere Verbraucher zu verschiedenen Zeitpunkten widerrufen und der eine der Widerrufe verfristet ist.

190 **b) Verzug (§§ 355 Abs. 3 Satz 2, 357a Abs. 1 BGB).** Nach § 355 Abs. 3 Satz 1 sind die empfangenen Leistungen unverzüglich, ohne schuldhaftes Zögern (§ 121 BGB), zurückzugewähren. Jedoch bestimmt § 357a Abs. 1 eine Höchstfrist für die Rückgewähr, nämlich dreißig Tage. Für den Verzug bedarf es deshalb gem. § 286 Abs. 2 Nr. 2 BGB keiner Mahnung, da die Leistung nach dem Kalender bestimmt ist. Soweit der Verzug des Unternehmers mit Rückgewährpflichten in Frage steht, beginnt die Dreißigtagefrist mit dem Zugang der Widerrufserklärung des Verbrauchers resp. der Rücksendung der vertragsgegenständlichen Ware nebst deutlicher Erklärung (→ Rn. 54). Soweit der Verzug des Verbrauchers in Frage steht, beginnt die Frist bereits mit der Abgabe seiner Erklärung; diesen Zeitpunkt kennt der Verbraucher und kann die Frist von dreißig

---

[291] BGH NJW 2003, 1390 zu III. mit Anm. *Mankowski* WuB IV D.–6.03.
[292] So auch MüKoBGB/*Fritsche* § 355 BGB Rn. 30 ; anders dezidiert Staudinger/*Kaiser* § 355 BGB Rn. 43 (Stand November 2011).
[293] *Bülow* WM 2000, 2361.
[294] *Bülow/Artz* ZIP 1998, 629 (632).

Tagen nach dem Kalender sowie gem. § 188 Abs. 2 BGB (→ Rn. 161) berechnen. Die Mahnpauschale von 40 € aus § 288 Abs. 5 BGB schuldet der Unternehmer dem Verbraucher nicht, weil die Rückgewähransprüche keine Entgeltforderungen sind (in synallagmatischem Bezug stehende Forderungen für erbrachte oder zu erbringende Leistungen[295]).

c) Keine Zug-um-Zug-Leistung. Wenngleich die beiderseitigen Rückgewährpflichten das ursprüngliche Synallagma fortsetzen, sind sie nicht Zug um Zug zu erfüllen. § 348 BGB ist für das Widerrufsschuldverhältnis nicht anwendbar.[296] Deshalb tritt der Verzug des einen Widerrufsschuldners ein ohne Rücksicht auf die Pflichterfüllung des anderen Widerrufsschuldners. Unberührt bleibt für beide Parteien die Möglichkeit der **Aufrechnung** sowie der Geltendmachung des Zurückbehaltungsrechts nach § 273 Abs. 1 (mit Abwendungsbefugnis durch Sicherheitsleistung nach Abs. 3). **Besonderheiten** gelten in zwei Fällen: Bei Verbrauchsgüterkäufen nach § 474 BGB, die zugleich Fernabsatz- oder Haustürgeschäfte sind (§§ 312c, 312b BGB), kann der Unternehmer die Rückzahlung des Kaufpreises gem. § 357 Abs. 4 verweigern, bis er die Ware zurückerhalten oder der Verbraucher die Absendung nachgewiesen hat; der Verbraucher ist insoweit also vorleistungspflichtig und hat kein Zurückbehaltungsrecht nach § 273[297] (Rückausnahme: Angebot des Unternehmers gem. § 357 Abs. 5, die Ware abzuholen, → Rn. 198). Für Teilzahlungsgeschäfte nach § 506 Abs. 3 als Finanzdienstleistungen ist § 357 Abs. 4 nicht anwendbar. Der andere Fall tritt ein, wenn der Verbraucher Anspruch auf Vorschuss für die Kosten der Rücksendung hat (→ Rn. 206).

d) Leistungsort (Geld, Rücksendung). Wo die Rückgewährpflichten zu erfüllen sind, richtet sich nach den allgemeinen Vorschriften von §§ 269, 270 BGB, die auch den Gerichtsstand nach § 29 ZPO bestimmen.[298]

aa) Ansprüche auf Geld. Der Anspruch des Verbrauchers auf Rückzahlung geleisteter Kaufpreis- oder Werklohnzahlungen nach § 506 Abs. 3, des Darlehensgebers auf Darlehensrückzahlung und Sollzins nach § 357a Abs. 1, Abs. 3 Satz 1, auf Wertersatz nach § 357a Abs. 3 Satz 4 iVm Abs. 2, 357 Abs. 7 resp. Abs. 8 sowie auf Aufwendungsersatz nach § 357a Abs. 3 Satz 5 ist auf die Zahlung von Geld gerichtet.

Geld ist nach Maßgabe von § 270 BGB zu übermitteln, also durch Überweisung oder Scheckbegebung, oder es ist bar zu zahlen, wobei der Empfänger das Verzögerungsrisiko, aber nicht das Verlustrisiko trägt (qualifizierte Schickschuld;[299] Erfül-

---

[295] BGH NJW 2010, 1872 Rn. 22; *Korch* NJW 2015, 2212 (2214); anders nach § 357 Abs. 1 Satz 2 BGB **aF,** Jauernig/*Mansel* § 286 BGB Rn. 337.
[296] BR-Drucks. 817/12, S. 107; BGH NJW 2015, 3441, Rn. 7 mit Anm. *Klein.*
[297] OLG Düsseldorf NJW-RR 2015, 877 Rn. 82.
[298] BGH NJW 2004, 54 mit BSpr. *Deubner* JuS 2004, 203, Rez. *Balthasar* JuS 2004, 571, Anm. *Patzina* LMK 2004, 120 und Komm. *Jungk* EWiR § 29 ZPO 1/04, 517; BGH NJW-RR 2004, 932; AG Bergisch-Gladbach ZGS 2009, 431; OLG Hamburg NJW_RR 2003, 1705 für anwaltliche Honorarklage, gegenteilig OLG Stuttgart NJW-RR 2003, 1706; nach OLG Hamm BeckRS 2015, 18649 mit krit. Komm. *Kliebisch* EWiR 2016, 17 einheitlicher Gerichtsstand für Rückabwicklung bei Rücktritt aufgrund von § 348 BGB.
[299] Anders allerdings im Geltungsbereich der Richtlinie 2011/7/EU zur Bekämpfung von Zahlungsverzug im Geschäftsverkehr, wo es für Schuldnerverzögerungen des Unternehmers nach Art. 3 Abs. 1 lit. b darauf ankommt, dass der Gläubiger den geschuldeten Betrag erhalten hat (modifizierte Bringschuld?), EuGH NJW 2008, 465 mit Bespr. *Faust* JuS 2009, 81; *Herresthal* ZGS 2008, 259; *Gösele* FS Nobbe 2009, S. 75; *Bülow/Artz,* Handels-

§ 495 (§§ 355 Abs. 3, 357a, 357)

lungsort bleibt, § 270 Abs. 4, der Sitz des Schuldners). Allerdings sind andere Übermittlungen als Barzahlung eine Leistung an Erfüllungs Statt, die der Gläubiger zurückweisen kann (vgl. § 364 BGB), wenn sich sein Einverständnis nicht zB daraus ergibt, dass auf Geschäftsbriefbögen Bankkonten angegeben sind oder der Käufer den Kaufpreis zuvor per Überweisung oder Scheck bezahlt hatte.[300]

195   **bb) Ansprüche auf Sachen (Rücksendung).** Der Leistungsort für die vom Verbraucher zurückzugewährende Sache ergibt sich aus der grundsätzlich dem Verbraucher gem. § 357a Abs. 3 Satz 4 iVm § 357 Abs. 5 BGB auferlegten Pflicht zur Rücksendung der Sache. Leistungsort für die Rücksendung ist gem. § 269 Abs. 1 BGB der Wohnort des Verbrauchers.[301] Die Sache ist in dem Zustand zurückzugeben, in dem sie sich befindet; die Verschlechterung im Vergleich zum Zeitpunkt des Empfangs kann die Pflicht zum Wertersatz begründen (→ Rn. 226). Die Gefahr der Rücksendung trägt gem. § 355 Abs. 3 Satz 4 jedoch der Unternehmer (→ Rn. 207). Wurde die verkaufte Sache nicht vom Verkäufer, sondern direkt vom Hersteller an den Verbraucher geliefert, dürfte der Verkäufer als Unternehmer verlangen können, dass die Sache dem Hersteller ausgehändigt wird. Der Leistungsort bleibt dadurch unberührt.

196   Gibt der Verbraucher die Sache im Laden des Unternehmers, wo sie ihm übergeben worden war, zurück (→ Rn. 199) oder bietet der Unternehmer gem. § 357 Abs. 5 an, die Sache abzuholen oder ist der Unternehmer gem. § 357 Abs. 6 Satz 3 (→ Rn. 201) zur Abholung verpflichtet, ist Leistungsort der Laden resp. die Wohnung.

197   War der Widerruf gem. § 355 Abs. 1 Satz 2 BGB durch Rücksendung der Sache nebst deutlicher Erklärung ausgeübt worden (→ Rn. 54), ist die Rückabwicklung bezüglich der erhaltenen Sache erledigt. Sie bezieht sich nur noch auf Geldansprüche (→ Rn. 193).

Die Rückgewährpflicht kann sich auch auf Sachen beziehen, die nicht der Verbraucher, sondern der Unternehmer in Gewahrsam hat (→ Rn. 219). Leistungsort ist in diesem Fall derjenige Ort, wo sich die Sache bestimmungsgemäß befindet (→ Rn. 195), also gem. § 269 Abs. 2 BGB der Ort der gewerblichen Niederlassung des Unternehmers. Dieser Ort ist zugleich der vertragliche Empfangsort.[302] Eine Versendungspflicht zulasten des Unternehmers besteht nicht;[303] es handelt sich um eine Holschuld. Dieser Leistungsort bestimmt gem. § 29 ZPO auch die örtliche Zuständigkeit. Die **Zwangsvollstreckung** richtet sich nach § 883 ZPO (Herausgabevollstreckung).[304]

---

recht, 7. Auflage 2015, Rn. 392; krit. *Martin Schwab* NJW 2011, 2833 und *Köndgen* FS K. Schmidt 2009, S. 909. Erstreckung auf Privatverkehr? So *Nobbe* WM 2012, Sonderbeilage 2, S. 21, dagegen *Bülow* WM 2013, 245 (249).

[300] *Bülow* JuS 1991, 529 (534); RGZ 134, 73 (76).
[301] Insoweit übereinstimmend MüKoBGB/*Fritsche* § 355 BGB Rn. 59 sowie MüKoBGB/*Krüger* § 269 BGB Rn. 48; ebenso *Hadding* FS Brandner, S. 217 f.; krit. dazu *v. Westphalen/Emmerich/v. Rottenburg* § 7 VerbrKrG Rn. 94; OLG Hamm BeckRS 2015, 18649 mit krit. Komm. *Klibisch* EWiR 2016, 17; LG Kleve NJW-RR 2003, 196.
[302] BGH NJW 2003, 3341 zu II. 3.b.; *Köhler* FS Heinrichs, S. 367 (377); *Fleischer* Erfüllungsort, S. 99; *Döhmel* Leistungsort, S. 207; aA AG Raststatt NJW-RR 2003, 199.
[303] Vgl. BGH NJW 2003, 3341 mit Anm. *Oechsler* LMK 2003, 204, Bspr. *Emmerich* JuS 2004, 77 und Komm. *St. Lorenz* EWiR § 269 BGB 1/04, 9.
[304] BGH Beschl. v. 7.1.2016 – I ZB 110/14, WM 2016, 360 mit BSpr. *K. Schmidt* JuS 2016, 466.

e) Pflicht zur Rückgewähr durch Rücksendung, Kosten und Gefahr.

198 Gegenstand einer Finanzierungshilfe kann eine Sache sein, insbesondere bei Teilzahlungsgeschäften nach § 506 Abs. 3 oder in Leasingfällen nach § 506 Abs. 1 (→ § 506 Rn. 67) und gleichgestellten Formen nach § 506 Abs. 2 (→ § 506 Rn. 81). Die Frage der Rücksendung ergibt sich aus dem Verweis auf § 357 Abs. 5 in § 357a Abs. 3 Satz 4. In § 357 Abs. 5 ist der Fall geregelt, dass der Unternehmer (Kreditgeber) angeboten hat, die Waren abzuholen.[305] Als Folge dessen ist der Verbraucher nicht verpflichtet, die empfangenen Waren zurückzusenden. Daraus ergibt sich zugleich die grundsätzliche **Rücksendungspflicht des Verbrauchers**, nämlich bei fehlendem Angebot des Unternehmers. Der Verbraucher ist anders als im Fall von § 357 Abs. 4 nicht vorleistungspflichtig (→ Rn. 191).

199 Rücksendung bedeutet im Allgemeinen, die Sache in ein Paket zu verpacken und einem Paketdienst zu übergeben. Der Verbraucher kann den Transport aber auch selbst durchführen und die Sache beim Unternehmer, typischerweise in einer Paketannahmestelle von dessen Betrieb oder im Laden vor Ort, der neben dem Versandgeschäft betrieben wird,[306] abliefern. Seiner Vertragspflicht kommt der Verbraucher nach, wenn die Ware durch den Unternehmer, im Allgemeinen durch eine Empfangsperson, entgegengenommen wird. War die Sache im Laden des Verkäufers übergeben worden, kann sie dort zurückgegeben und der zuvor gezahlte Kaufpreis in Empfang genommen werden; zum Leistungsort → Rn. 196.

200 Wenn der Unternehmer trotz seines Angebots, die Sache gem. § 357 Abs. 5 abzuholen, dem nicht nachkommt, verletzt er seine Vertragspflicht, sodass der Verbraucher im Verfahren nach § 281 Abs. 1 BGB die Kosten der nunmehr von ihm durchgeführten Rücksendung verlangen kann.

201 Die Rücksendungspflicht des Verbrauchers besteht auch, wenn die Ware nicht postversandfähig ist, zB bei einem Kühlschrank; es ist ein Frachtunternehmen zu beauftragen. Ist das Kreditgeschäft, insbesondere als Teilzahlungsgeschäft nach § 506 Abs. 3 BGB, jedoch zugleich ein Haustürgeschäft (§ 312b, außerhalb von Geschäftsräumen), gilt die Sonderregelung von §§ 357a Abs. 3 Satz 4, Abs. 2, 357 Abs. 6 Satz 3. Danach ist der Unternehmer (Kreditgeber) zur Abholung auf eigenen Kosten verpflichtet, wenn die Ware zuvor bei Vertragsschluss zur Wohnung des Verbrauchers geliefert worden war, also bei Übergabe in der klassischen Haustürsituation.[307]

202 Die durch den Widerruf ausgelöste Pflicht zur Rückgewähr begründet zugleich die immanente Pflicht, den **Gebrauch der Sache einzustellen**.[308] Innerhalb der Höchstfrist von dreißig Tagen nach § 357a Abs. 1 (→ Rn. 221, 223) hat der Verbraucher mit der gelieferten Sache sorgsam umzugehen, um sie unversehrt zurückgeben zu können, gegebenenfalls Sicherungsmaßnahmen zu treffen (zB gegen Korrosion,[309] ein Pferd bewegen). Gerade auch den bestimmungsmäßen Gebrauch (vgl. § 346 Abs. 2 Nr. 3 BGB) hat er einzustellen. Deshalb begründet ein dadurch eintretender merkantiler Minderwert (→ Rn. 229) nach Maßgabe von § 280 Abs. 1 BGB einen Schadensersatzanspruch des Unternehmers (→ Rn. 234).

---

[305] Hierzu OLG Düsseldorf NJW-RR 2015, 875.
[306] Duale Vertriebsstruktur, *Klocke* VuR 2013, 377 (379).
[307] BR-Drucks. 817/12, S. 103.
[308] Staudinger/*Kaiser*, § 346 BGB Rn. 281, 286; § 357 BGB Rn. 55, 43.
[309] BGH NJW-RR 1993, 626 zu II. 4.

203 Anders als in der Zeit bis zum 12.6.2014 (§ 357 Abs. 2 Satz 2 BGB aF) trägt der Verbraucher grundsätzlich die **unmittelbare Kosten der Rücksendung,** dh das Porto (nicht zB Mehrkosten durch Sondertarife für Eil- und Wertsendung, wohl auch nicht die Kosten der Verpackung), bei fehlender Postversandfähigkeit (→ Rn. 201) die Frachtkosten. Voraussetzung ist gem. §§ 357a Abs. 3 Satz 4, 357 Abs. 6 Nr. 2, dass der Verbraucher vom Unternehmer über die Kostenpflicht unterrichtet worden war, nämlich in der Widerrufsinformation nach Art. 247 §§ 6 Abs. 2, 12 Abs. 1, s. Gestaltungshinweis 6d der Anlage 7 zum EGBGB. Ist dies nicht der Fall, dh auch bei erteilter, aber fehlerhafter Information (→ Rn. 77), trägt der Unternehmer die Kosten der Rücksendung. Der Unternehmer trägt die Kosten auch, wenn er sich bereiterklärt hat, diese Kosten zu tragen; diese Selbstverständlichkeit bekräftigt § 357 Asbs.6 Nr. 1. Die Bereitschaft kann durch Allgemeine Geschäftsbedingung erklärt werden.[310]

204 Die Kostenpflicht des Verbrauchers bezieht sich nur auf die Rücksendung infolge des Widerrufs; die Pflicht erstreckt sich nicht auf die Kosten der Rücksendung, deren Grund darin liegt, dass die gelieferte Sache nicht der bestellten entspricht **(aliud-Lieferung).** Der Verbraucher darf die Ware in diesem Fall unfrei zurücksenden oder auf der Abholung durch den Unternehmer bestehen; es handelt sich nicht um eine unbestellte Leistung nach § 241a BGB.[311]

205 Die **Hinsendekosten** dürften Teil der nach § 355 Abs. 3 Satz 1 BGB durch den Unternehmer zurückzugewährenden Leistung des Verbrauchers als Preisbestandteil sein (→ Rn. 215), während umgekehrt ein Wertersatzanspruch des Unternehmers (Verkäufers) gegen den Verbraucher ausscheidet;[312] die Frage wurde dem EuGH vorgelegt,[313] der entschied, dass die Hinsendekosten dem Verbraucher nicht auferlegt werden dürfen;[314] dem entspricht die Regelung von § 357 Abs. 2 Satz 1 BGB.

206 Soweit der Verbraucher gem. § 357 Abs. 6 Sätze 2, 3 BGB nicht zur Kostentragung verpflichtet ist, dürfte er der Regelung von § 669 BGB entsprechend Anspruch auf Vorschuss gegen den Unternehmer haben mit der Folge, dass er die Rücksendung verweigern kann, bis der Vorschuss vom Unternehmer an ihn geleistet wurde.[315] Diese Vorschusspflicht steht nicht im Synallagma der Rückgewährpflichten, sodass der Ausschluss von § 348 BGB (→ Rn. 191) dem Leistungsverweigerungsrecht des Verbrauchers nicht entgegensteht.

207 Gemäß § 355 Abs. 3 Satz 4 trägt der Unternehmer bei Widerruf die **Gefahr der Rücksendung** der Waren. Treten also Untergang oder Verschlechterung der Sache bei der Rücksendung auf, ohne dass eine der Parteien, Verbraucher oder Unternehmer, dies zu vertreten hätten, hat der Unternehmer keinen An-

---

[310] Hierzu auch OLG Brandenburg NJW-RR 2011, 481.
[311] *Artz* in Bülow/Artz, Verbraucherprivatrecht, Rn. 521.
[312] *Braun* ZGS 2008, 129 (132).
[313] BGH NJW 2009, 66 = WM 2009, 130 = ZIP 2008, 2367 = ZGS 2009, 41 mit Bspr. *Faust* JuS 2009, 180 und Anm. *Wendehorst* LMK 2009, 277236 und *Buchmann* K&R 2009, 42 sowie Komm. *Ring* EWiR § 312d 1/09, 107; wie hier im Ergebnis Schlussantrag des Generalanwalts EuGH v. 28.1.2010, ZGS 2010, 122; im Übrigen bereits OLG Nürnberg NJW-RR 2005, 1581; OLG Karlsruhe WM 2008, 419.
[314] EuGH NJW 2010, 1941 = ZIP 2010, 839 = ZGS 2010, 268 mit Rez. *Grohmann/Gruschinske* ZGS 2010, 250, Anm. *Gsell* ZJS 2010, 438 und *Schinkels* LMK 2010, 303287, Bspr. *Faust* JuS 2010, 640 und Komm. *Ring* EWiR § 312d BGB 2/10, 385. Vollzug im deutschen Recht durch BGH NJW 2010, 2651 = ZIP 2010, 1498.
[315] *Bülow/Artz* NJW 2000, 2049 (2050), aA Palandt/*Grüneberg,* § 357 BGB nF Rn. 7.

spruch auf Wertersatz nach §§ 357 Abs. 7, 357a Abs. 3 Satz 4 gegen den Verbraucher. Dies gilt auch, wenn der Verbraucher den Transport selbst durchführt (→ Rn. 199), wenngleich Verschlechterung oder Untergang in diesem Fall meist auf Vertretenmüssen des Verbrauchers beruhen dürften. Als Folge dessen würde der Verbraucher nach allgemeiner Regel von § 280 BGB (einschließlich Beweislastumkehr nach Abs. 1 Satz 2), gegebenenfalls iVm § 311 Abs. 2 BGB, haften.

f) Verjährung. Für die Ansprüche des Verbrauchers gelten keine Besonderheiten, sodass die Verjährungsfrist gem. § 195 BGB drei Jahre beträgt. Gleiches gilt für die Ansprüche des Unternehmers, auch wenn er Kaufmann oder sonst Gewerbetreibender (Unternehmer) ist.[316] Soweit der Anspruch auf Rückgabe des vom Unternehmer geleisteten Gegenstandes mit § 985 BGB konkurriert, verjährt dieser Anspruch gem. § 197 Abs. 1 Nr. 1 BGB in 30 Jahren.[317] Für den Verjährungsbeginn geben die objektiven und subjektiven Voraussetzungen nach § 199 Abs. 1 Maß (die Ansprüche entstehen erst mit wirksamer Erklärung des Widerrufs), für das Verjährungsende die Zehn-Jahresfrist von § 199 Abs. 4 BGB. Für Aufrechnung und Zurückbehaltung (→ Rn. 191) gilt § 215 BGB,[318] wobei im Falle verzinslicher Darlehen die Fälligkeit erst bei vereinbartem Laufzeitende, Kündigung oder Widerruf eintritt[319] und wobei nicht Voraussetzung ist, dass sich der Berechtigte auf sein Recht in unverjährter Zeit berufen hatte.[320]

g) Verhältnis zu anderen Vorschriften (§ 361 Abs. 1 BGB). aa) Weitere Ansprüche gegen den Verbraucher. Aufgrund der Vorschrift von § 361 Abs. 1 BGB sind weitere Ansprüche gegen den Verbraucher infolge des Widerrufs ausgeschlossen (verdrängende Konkurrenz). Anders als die bis zum 12.6.2014 geltende Vorgängervorschrift von § 357 Abs. 4 BGB aF bezieht sich der Ausschluss nur auf Ansprüche gegen den Verbraucher, während dieser nicht gehindert ist, weitere Ansprüche als die in § 357a genannten **gegen den Unternehmer (Darlehensgeber)** zu erheben.[321] Zu denken ist an Ansprüche wegen Pflichtverletzung nach § 280 BGB, gegebenenfalls aus *culpa in contrahendo*, wenn der Vertrag mangels Annahme des Angebots seitens des Verbrauchers noch nicht zustande gekommen war (→ Rn. 60), wegen fehlender oder fehlerhafter Widerrufsinformation sowie aus Delikt und ungerechtfertigter Bereicherung; Letzteres ist denkbar wegen Aufwendungen des Verbrauchers für die zurückzugewährende Sache, um die der Unternehmer bereichert ist (so für den Rücktritt § 347 Abs. 2 Satz 2 BGB, → Rn. 218). Unberührt bleiben natürlich auch Ansprüche gegen den Unternehmer, die nicht infolge des Widerrufs, sondern unabhängig davon bestehen, zB aus der Verletzung von Aufklärungspflichten.

Da sich der Ausschluss nur auf weitere Ansprüche gegen den Verbraucher bezieht, bleiben Ansprüche unberührt, die sich aus dem Rückgewährschuldverhältnis selbst ergeben, nämlich auf der Verletzung von Rückgewährpflichten beruhen (Art. 14 Abs. 5 und Erwägungsgrund 48 VerbrRechteRil sowie Art. 14

---

[316] Anders früher nach § 196 Abs. 1 Nr. 1, Abs. 2 BGB aF (bis zur Schuldrechtsmodernisierung), BGHZ 58, 121 (123f.).
[317] MüKoBGB/*Fritsche* § 355 BGB Rn. 30.
[318] BGH v. 5.11.2015 – VII ZR 144/14, NJW 2016, 52 mit Anm. *Gerner* LMK 2016, 375140.
[319] BGH NJW 2012, 445 = WM 2012, 28 Rn. 11.
[320] BGH NJW 2016, 52 Rn. 12.
[321] So bereits in teleologischer Reduktion der Vorgängervorschrift MüKoBGB/*Fritsche* § 357 BGB Rn. 63, 66, abl. aber Staudinger/*Kaiser* § 357 BGB Rn. 98.

§ 495 (§§ 355 Abs. 3, 357a, 357)

Abs. 3 lit. b Satz 3 VerbrKrRil, → Rn. 3). Deshalb kann der Verbraucher wegen Verzugs mit der Rückgewähr nach §§ 280 Abs. 2, 286 BGB auf Schadensersatz in Anspruch genommen werden (→ Rn. 190) oder wegen zu vertretender Unmöglichkeit der Rückgewähr nach §§ 283, 275, zB bei Zerstörung der Sache nach Widerrufserklärung oder wegen Verschlechterung aufgrund bestimmungsgemäßen Gebrauchs, den der Verbraucher nach Abgabe der Widerrufserklärung vornimmt (→ Rn. 202, während der Gebrauch davor lediglich die Wertersatzpflicht nach § 357 Abs. 7 begründet, → Rn. 226, soweit zur Prüfung nicht notwendig, → Rn. 229). In diesen Fällen endet die Beschränkung des Anspruchs auf das Erfüllungsinteresse (→ Rn. 227), sodass auch der Ausgleich entgangenen Gewinns gem. §§ 249, 252 BGB denkbar ist. Außerdem bleibt im Hinblick auf Rückgewährpflichten der Anspruch auf das **Surrogat** nach § 285 BGB unberührt, zB aufgrund Versicherungsleistung oder durch andere Dritte (zB Verkauf und Veräußerung durch den Verbraucher im Hinblick auf den Kaufpreis),[322] gegebenenfalls anzurechnen auf einen Wertersatzanspruch entsprechend § 285 Abs. 2 BGB.[323]

211 Ausgeschlossen sind nur Ansprüche gegen den Verbraucher infolge des Widerrufs. Bestehen Ansprüche jenseits des Widerrufs, sind sie nicht ausgeschlossen, zB wegen Verletzung von Schutzpflichten gegenüber dem Unternehmer.[324]

212 Ausgeschlossene Ansprüche sind solche auf Ausgleich entgangenen Gewinns jenseits der in → Rn. 210 genannten Fälle,[325] wegen Verschleißes[326] oder aus § 823 BGB[327] (soweit das Delikt Folge des Widerrufs ist), nicht jedoch aus vorsätzlicher sittenwidriger Schädigung gem. § 826 BGB.[328] Der Ausschluss bezieht sich auch auf Bereicherungsansprüche.[329] Eine Überlassungsvergütung als Nutzungsersatz in Gestalt von Gebrauchsvorteilen (§ 100 BGB, → Rn. 224) kann der Unternehmer ebenso wenig verlangen wie Demontage- oder Rücktransportkosten,[330] schon gar nicht eine Entschädigung wegen der Erklärung des Widerrufs (s. Art. 14 Abs. 3 lit. b Satz 3 VerbrKrRil, → Rn. 3).[331] Ein Partnerschaftsvermittlungsunternehmen hat nicht zusätzlich einen Vergütungsanspruch für bereits fertig gestellte Leistungen.[332] Vom Ersatz der Wertminderung, die durch bestimmungsgemäßen Gebrauch entstand (→ Rn. 229), ist der Verbraucher aber nicht mehr befreit,[333] wie § 357 Abs. 7 Nr. 1 iVm § 357a Abs. 3 Satz 4 BGB zu entnehmen ist. Auf der anderen Seite kann der Unternehmer die Erfüllung seiner Rückgewährpflichten nicht aus dem Grunde verweigern, dass der

---

[322] MüKoBGB/*Fritsche* § 361 BGB Rn. 5.
[323] Staudinger/*Kaiser* § 357 BGB Rn. 58.
[324] BR-Drucks. 817/12, S. 105.
[325] OLG Koblenz NJW-RR 1989, 112 II. 5. mit Komm. *v. Westphalen* EWiR § 6 AbzG 2/89, 625; NJW-RR 1991, 1142.
[326] BGH WM 1983, 317 zu 3.b.
[327] Unzutreffend deshalb LG Osnabrück NJW-RR 1998, 1436: Wertersatz nach § 346 Abs. 2 Nr. 1 BGB (jetzt § 357 Abs. 7), nicht nach § 823.
[328] Staudinger/*Kaiser* § 357 BGB Rn. 64; *Kessler* in RGRK-BGB, § 1d AbzG Rn. 6; Soergel/*Hönn* § 1d AbzG Rn. 6.
[329] BT-Drucks. 14/2658, S. 47; BR-Drucks. 817/12, S. 105.
[330] BGH WM 1983, 317 zu 3. b.
[331] LG Düsseldorf WRP 2004, 262.
[332] OLG Hamburg WRP 1990, 353.
[333] Zur Rechtslage vor der Schuldrechtsmodernisierung BGH NJW 1990, 321 zu II. 2. mit Komm. *Lehmann* EWiR § 1 AbzG 1/90, 105.

Verbraucher die ihn treffenden Pflichten nicht erfüllt hat: § 348 BGB ist nicht anwendbar (→ Rn. 191).

bb) Rücktritt des Unternehmers (§ 508 BGB). Tritt der Unternehmer 213 zurück, richtet sich die Abwicklung gem. § 508 Satz 1 BGB[334] allein nach den Rücktrittsvorschriften der §§ 346 ff. BGB (→ § 508 Rn. 11). Hatte der Unternehmer die Sache wieder an sich genommen iSv § 508 Satz 4 BGB (→ § 508 Rn. 29, früher § 5 AbzG) und erklärt der Verbraucher nunmehr wirksam den Widerruf, bleibt es ebenfalls bei den allgemeinen Bestimmungen von §§ 346 ff. BGB (→ § 508 Rn. 27).[335] Jenseits eines Widerrufsrechts kann auch dem **Verbraucher** ein **Rücktrittsrecht** zustehen[336], zB gemäß § 437 Nr. 2 BGB, sodass sich die Abwicklung nach §§ 346 ff. BGB richtet (→ Rn. 192).

cc) Kreditvertrag als Nebenleistung. Ein Verbraucherkreditvertrag 214 (→ § 491 Rn. 91) kann mit einem anderen Vertrag, der diese Qualifikation nicht aufweist, verknüpft sein, zB ein Franchise-Rahmenvertrag mit einem Vertrag über die kreditierte Warenerstausstattung (→ § 506 Rn. 53, umgekehrter Fall zum Zusatzvertrag als Nebenleistung nach Art. 247 § 8 EGBGB und § 360 Abs. 2 Satz 1 BGB, wo Ausgangsvertrag der Kreditvertrag ist; hier ist der Kreditvertrag die Nebenleistung). Wird letzterer wirksam gem. § 495 Abs. 1 BGB widerrufen, richtet sich der Bestand des anderen Vertrages, hier des Franchisevertrags, nach § 139 BGB; ist der andere Vertrag danach nichtig, bestimmt sich dessen Rückabwicklung nach Bereicherungsrecht und nicht wie im Falle des Kreditvertrags nach § 357a BGB,[337] wobei eine bereicherungsrechtliche Saldierung ausnahmsweise nicht stattfindet.[338] Gleiches gilt für eine Bezugsverpflichtung iSv § 510 Abs. 1 Nr. 3 BGB und dem daraufhin abgeschlossenen einzelnen Kaufvertrag[339] (→ § 510 Rn. 54). Beide Verträge sind also nach unterschiedlichen Vorschriften abzuwickeln.

2. Einzelne Ansprüche des Verbrauchers gegen den Unternehmer

a) Rückgewähr. Der Verbraucher hat gegen den Unternehmer gem. § 355 215 Abs. 3 Satz 1 BGB Anspruch auf Rückgewähr von Geldleistungen, die er zur Erfüllung des widerrufenen Vertrags an den Unternehmer erbracht hatte (während er selbst das erhaltene Darlehen zurückzuzahlen hat,[340] → Rn. 222). Bei Darlehen hat er Anspruch auf den Geldwert[341] seiner eventuell geleisteten Zinsvorauszahlungen (während er seinerseits den Sollzins nach § 357a Abs. 3 Satz 1

---

[334] Früher § 13 VerbrKrG resp. § 2 AbzG, dazu *Raisch* FS Weber, S. 337.
[335] Anders vor der Schuldrechtsmodernisierung, BGH NJW-RR 1990, 368 zu II. 1 a. dd. mit Komm. *Teske* EWiR § 1b AbzG 1/90, 313: Anwendung von § 3 HWiG resp. § 361a Abs. 2 BGB.
[336] OLG Düsseldorf NJW 2015, 1831; einheitlicher Gerichtsstand (§ 29 ZPO) für Rückabwicklung? OLG Hamm BeckRS 2015, 18649 mit krit. Komm. *Kliebisch* EWiR 2016, 17.
[337] BGHZ 128, 156 (165/166) mit Anm. *Pfeiffer* LM Nr. 1/2 zu § 1 VerbrKrG, Anm. *Drescher* WuB I E 2.–2.95, Bspr. *Emmerich* JuS 1985, 461 und Komm. *Schwintowski* EWiR § 1 VerbrKrG 1/95, 201 sowie *Pfeiffer* NJW 1997, 30 (33) – „Ceiling doctor" – BGH NJW 1991, 105 zu II. 1 a. bb. mit zust. Komm. *Martinek* EWiR § 812 BGB 1/91, 255.
[338] *Giesler* WM 2001, 1441 (1442).
[339] BGH NJW 1997, 933 zu II. A. 2.b. mit Anm. *Bülow* LM Nr. 85 zu § 139 BGB.
[340] OLG Stuttgart ZIP 2015, 2211 zu III.b)ee) mit Komm. *Piekenbrock* EWiR 2016, 65.
[341] BGH v. 5.10.2005 – VIII ZR 382/04, NJW 2006, 211 Tz. 25.

§ 495 (§§ 355 Abs. 3, 357a, 357) 216–218 1. Teil.

BGB schuldet, → Rn. 224) oder einer eventuell geleisteten Vorfälligkeitsentschädigung.[342] Bei Teilzahlungsgeschäften auf bereits erbrachte Vergütungsanteile, bei Leasingverträgen auf geleistete Leasingraten. § 357a Abs. 1 bestimmt für die Rückzahlung eine **Höchstfrist von dreißig Tagen,** sodass gem. §§ 286, 280 Abs. 2, 288 Abs. 1 BGB Verzug ohne Mahnung eintritt (→ Rn. 190) und der Unternehmer Verzugszinsen schuldet. Sie beziehen sich auf den gesamten zurückzuzahlenden Betrag einschließlich des Betrags der Zinsen;[343] dies ist kein Fall von § 289 Satz 1, der für laufende Zinsen gilt. Die Frist von dreißig Tagen beginnt gem. § 355 Abs. 3 Satz 2 mit dem Zugang der Widerrufserklärung beim Unternehmer (→ Rn. 190). Für die Rechtzeitigkeit der Zahlung gilt § 270 BGB (→ Rn. 194), nicht aber – wie im unternehmerischen Verkehr – die Zahlungsverzugsrichtlinie 2011/7/EU (→ Rn. 222).

216 Der Unternehmer kann mit etwaigen Ansprüchen auf Wertersatz (→ Rn. 236) gegen Zahlungsansprüche des Verbrauchers **aufrechnen** (→ Rn. 191). Hatte der Unternehmer für seine Ansprüche aus dem Kreditvertrag **Wechsel** genommen (näher → § 496 Rn. 18), darf er sie nicht zur Realisierung von Wertersatzansprüchen verwenden; das wäre nur bei entsprechender Vereinbarung möglich.[344]

217 **b) Kein Wertersatz.** Anders als in der Zeit bis zum 12.6.2014 durch Anwendung von §§ 346 Abs. 2 Nr. 1, 100 BGB[345] hat der Verbraucher gegen den Darlehensgeber oder den die Finanzierungshilfe leistenden Unternehmer keinen Anspruch auf Ersatz der Gebrauchsvorteile, die in dem gezahlten Geld liegen. Ein Anspruch wegen gezogener Nutzungen nach §§ 818 Abs. 1, 812 Abs. 1 BGB scheitert, weil der Unternehmer das Geld des Verbrauchers *cum causa*, nämlich aufgrund des noch nicht widerrufenen Vertrages, erlangte. Umgekehrt schuldet der Verbraucher dem Darlehensgeber für erhaltene Darlehensvaluta den Sollzins (§ 357a Abs. 3 Satz 1, → Rn. 224), dem Teilzahlungsverkäufer (§ 506 Abs. 3) die Differenz zwischen Gesamtkosten und Barzahlungspreis (→ Rn. 225).

218 **c) Verwendungs- und Aufwendungsersatz.** Anders als in Zeit bis zum 12.6.2014 ist die Rücktrittsvorschrift von § 347 BGB nicht mehr anwendbar, sodass ein Anspruch wegen Ersatzes notwendiger Verwendungen auf die zurückzugewährende Sache auf § 347 Abs. 2 Satz 1 gestützt werden kann. Jedoch kann der Unternehmer wegen notwendiger, aber auch wegen lediglich nützlicher Verwendungen und wegen Luxusaufwendungen ungerechtfertigt bereichert sein[346] (→ Rn. 209), nämlich im Wege der Nichtleistungs-(Verwendungs-)Kondiktion auf Kosten des Verbrauchers. Macht der Verbraucher allerdings nach Rechtshängigkeit des ihm gegenüber bestehenden Anspruchs auf Rückgewähr

---

[342] OLG Hamm ZIP 2015, 1113.
[343] LG Stuttgart ZIP 2015, 2211 zu III.3.b).
[344] BGH NJW 1988, 1021 zu 3. mit Komm. *Knütel* EWiR § 1b AbzG 1/88, 209; gleichermaßen zur Klageänderung OLG Düsseldorf WM 1989, 1051.
[345] BGHZ 152, 331 = NJW 2003, 422 zu III. 1.a.; BGH v. 10.3.2009 – XI ZR 33/08, Rn. 29, BGHZ 180, 123 = WM 2009, 932; BGH v. 22.9.2015 – XI ZR 116/15, ZIP 2016, 109 mit krit. Anm. *Feldhusen* VuR 2016, 20, aA OLG Stuttgart WM 2016, 127 und ZIP 2016, 110 sowie ZIP 2015, 2211; OLG Köln BKR 2013, 465 zu 4.; *Schnauder* NJW 2015, 2689 (2693); krit. zur alten Rechtslage *Hölldampf/Suchowerskyi* WM 2015, 999; *Müller/Fuchs* WM 2015, 1094 (1099): Nutzungsersatz lediglich aus Netto-Zinsmarge der Bank (Berücksichtigung z.B. von Refinanzierungskosten); OLG Stuttgart ZIP 2015, 2211 zu III.3.c).
[346] *Kohler* JZ 2013, 171.

nach § 355 Abs. 3 BGB notwendige Verwendungen, greift die allgemeine Regel von § 292 Abs. 2 BGB mit ihrem Verweis auf das Eigentümer-Besitzer-Verhältnis, hier auf § 994 Abs. 2 BGB, ein, sodass sich die Ersatzpflicht nach den Vorschriften über die Geschäftsführung ohne Auftrag (§§ 683 Satz 1, 670 BGB) richtet.[347] Der Unternehmer schuldet auch nicht den Ausgleich einer aufgedrängten Bereicherung. Im Übrigen setzt die Bereicherung des Unternehmers (Kreditgebers) voraus, dass der Verbraucher die Sache herausgegeben hatte (so auch § 347 Abs. 2 Satz 1 für den Rücktritt); hierfür trägt der Verbraucher die **Beweislast**.

d) Rückgewähr von Sicherheiten. Ob Sicherheiten, die der Verbraucher vereinbarungsgemäß bestellt hatte, zurückzugewähren sind (zum Leistungsort → Rn. 192), richtet sich nach dem Sicherungszweck: Ist dem Sicherungsvertrag zu entnehmen, dass der Sicherungsgegenstand auch Ansprüche des Unternehmers für den Fall des Widerrufs sichern sollte (→ Rn. 245), ist der Sicherungszweck noch nicht erledigt und die Sicherheit nicht zurückzugewähren.[348] Bezog sich der Sicherungszweck, wohl eher ausnahmsweise,[349] lediglich auf die Ansprüche des Unternehmers für den Fall des endgültigen Wirksambleibens des Vertrags, ist die Sicherheit zurückzugewähren.[350] Im Falle eines Eigentumsvorbehalts ist die Lage umgekehrt: Das Besitzrecht des Verbrauchers fällt durch den Widerruf weg (§ 986 Abs. 1 BGB), sodass er der Vindikation des Vorbehalts-Unternehmers ausgesetzt ist.

3. Einzelne Ansprüche des Unternehmers gegen den Verbraucher

Auch die Ansprüche des Unternehmers als Darlehensgeber oder als Finanzierungshilfe Leistender richten sich nach §§ 355 Abs. 3, 357a BGB ohne Verweis auf die Vorschriften über den Rücktritt unter Ausschluss weiterer Ansprüche gem. § 361 Abs. 1 BGB (→ Rn. 209).

a) Rückgewähr. Der Unternehmer hat gegen den Verbraucher Anspruch auf Rückgewähr der empfangenen Leistungen spätestens nach dreißig Tagen gem. § 357a Abs. 1.

aa) Darlehen. Der Verbraucher hat das Darlehen, soweit es valutiert, an den Unternehmer als Darlehensgeber zurückzuzahlen. Für die Rechtzeitigkeit der Zahlung gilt § 270 BGB (→ Rn. 194), nicht Art. 3 Abs. 1 lit. b Zahlungsverzugsrichtlinie 2011/7/EU, wonach es auf den Zeitpunkt der Gutschrift auf dem Konto des Darlehensgebers ankommt. Wird die Frist überschritten, gerät der Verbraucher gem. § 286 Abs. 2 Nr. 1 BGB ohne Mahnung in Verzug. Er schuldet gem. § 288 Abs. 1 den Verzugszins, nicht aber den Vertragszins, unter Anwendung von § 497 BGB (→ § 497 Rn. 42). Dies bedeutet, dass der Verbraucher entgegen § 289 Satz 1 Verzugszinsen nicht nur auf das Kapital, sondern auch auf rückständige Vertragszinsen schuldet. Der gem. §§ 289 Satz 2, 252 im Allgemeinen geschuldete Wiederanlagezins ist gem. § 497 Abs. 2 Satz 2 in der Höhe auf den gesetzlichen Zinssatz nach § 246 BGB beschränkt.

---

[347] *Gaier* WM 2002, 1(7); *Kohler* JZ 2001, 325 (335); AnwKomm/*Hager* § 347 BGB Rn. 9.
[348] BGH NJW 2003, 885 zu III. 2.; LG Stuttgart BKR 2002, 954 zu II.2.; LG Bremen WM 2002, 1450 (1455).
[349] BGH NJW 2004, 158 zu III. 1.b. mit Komm. *Weber* EWiR § 3 HWiG 1/04, 343.
[350] Zutr. v. Westphalen/*Emmerich*/v. Rottenburg, § 7 VerbrKrG Rn. 117.

§ 495 (§§ 355 Abs. 3, 357a, 357) 223, 224

223 **bb) Sachen.** Im Falle von Finanzierungshilfen nach § 506 BGB, die sich auf Sachen beziehen, zB bei einem Teilzahlungsgeschäft nach § 506 Abs. 3 oder einem Leasinggeschäft nach § 506 Abs. 1 oder Abs. 2, hat der Unternehmer gegen den Verbraucher im Allgemeinen Anspruch auf Rücksendung (→ Rn. 198) auf Kosten des Verbrauchers (→ Rn. 203), wobei der Verbraucher die Frist von dreißig Tagen gem. § 355 Abs. 3 Satz 3 wahrt, wenn er die Ware resp. das Leasinggut rechtzeitig absendet, also dem Paketversender übergibt oder, bei Selbsttransport durch den Verbraucher (→ Rn. 199), hiermit beginnt.

224 **b) Nutzungsentschädigung.** Ein allgemeiner Anspruch auf Entschädigung für die Nutzung des Vertragsgegenstands, wie er sich bis zum 12.6.2014 aus §§ 346 Abs. 1, 100 BGB (Gebrauchsvorteil) ergab, besteht nicht mehr. Im besonderen Fall des **Darlehens** hat der Darlehensgeber gegen den Verbraucher[351] gem. § 357a Abs. 3 Satz 1 jedoch Anspruch auf den Vertragszins (Sollzins, § 489 Abs. 5 BGB) für die Zeit zwischen Auszahlung (Valutierung)[352] und Rückzahlung des Darlehens, gegebenenfalls bis Verzugseintritt (→ Rn. 222). Das gilt auch dann, wenn der Wert der Nutzungsmöglichkeit für den Verbraucher niedriger war. Diese Regelung, die sich im Vergleich zu den Rechtsfolgen eines Rücktritts nach § 346 Abs. 2 Satz 2 BGB zulasten des Verbrauchers auswirkt, beruht auf der vollharmonisierenden Vorschrift von Art. 14 Abs. 3 lit. b Satz 3 VerbrKrRil. Nicht zum harmonisierten Bereich gehören nach Art. 2 Abs. 2 lit. a und lit.b VerbrKrRil jedoch **Immobiliar-Verbraucherdarlehensverträge,** die den harmonisierten Bereich der WohnimmoRil bilden. Diese sieht keine Regelungen über Widerrufsfolgen vor, legt insoweit also auch keinen Mindeststandard (Art. 2 Abs. 1) fest. Deshalb konnte die Sondervorschrift von § 357a Abs. 3 Satz 2 beibehalten werden. Sie bezieht sich auf Immobiliar-Verbraucherdarlehensverträge, sodass die Besicherung mit einem Grundpfandrecht nicht notwendige Voraussetzung ist[353] (§ 491 Abs. 3 Nr. 2). Demgemäß schuldet der Verbraucher bei Immobiliar-Verbraucherdarlehensverträgen gem. § 357a Abs. 3 Satz 3, soweit gegeben, einen niedrigeren Wert des Gebrauchsvorteils und nicht den Sollzins.[354] Dieser niedrigere Wert entspricht entweder dem Marktzins, der den Monatsberichten der Deutschen Bundesbank, Statistischer Teil, IV. 5. Zinssätze deutscher Banken, entnommen werden kann, oder einem noch darunter liegenden Zins, wenn der Verbraucher nachweisen kann, dass er das Geld anderweitig zu einem noch niedrigeren Zins als dem Marktzins hätte erlangen können,[355] wobei es auf den Zeitpunkt des Vertragsabschlusses ankommt.[356] Der Wert des Gebrauchsvorteils richtet sich aber nicht nach dem individuellen Wert für den Verbraucher, sodass es keine Rolle spielt, ob die Valuta auf einem zinslosen Girokonto gebucht war. Der Verbraucher trägt für den niedrigeren Wert die **Beweislast,** da es sich insoweit um eine Gegennorm handelt.

---

[351] Nicht jedoch der Darlehensnehmer gegen den Darlehensgeber, LG Bonn WM 2015, 1988 mit Komm. *Homberger* EWiR 2015, 755; *Wehrt* WM 2016, 389.
[352] *Müller/Fuchs* WM 2015, 1094 (1096).
[353] BT-Drucks. 18/5922 (RegE), S. 92.
[354] BGH NJW 2003, 422 zu III. 1.a, b cc. mit Komm. *Häuser* EWiR § 3 HWiG 1/03, 423 und Anm. *Schimmel/Buhlmann* LMK 2003, 88 sowie *Edelmann* WuB IV. D.–1.03.
[355] Staudinger/*Kaiser* § 346 BGB Rn. 110; AnwKomm/*Hager* § 346 BGB Rn. 48; BGH v. 18.1.2011 – XI ZR 356/09, WM 2011, 451 Tz. 26.
[356] AA *Servais* NJW 2014, 3748 (3745): Marktzinsveränderungen während der Rückabwicklungsphase.

Abwickl. n. Widerruf 224a–227   § 495 (§§ 355 Abs. 3, 357a, 357)

Besonderheiten können sich durch die Vereinbarung eines Zeitraums ergeben, **224a** innerhalb dessen die Sollzinsen fest und nicht variabel sind. Typischerweise sind die Sollzinsen bei längerer **Zinsbindung** höher als bei kürzerer. Widerruft der Verbraucher vor dem Ende der Zinsbindungsfrist – denkbar bei ewigem Widerrufsrecht wegen fehlerhafter Angaben, → Rn. 164 –, schuldet er nur Sollzinsen, die für eine kürzere Zinsbindung vereinbart worden wären, also für die faktische Überlassungsdauer.[357] Sofern jedoch für die kürzere Zinsbindung höhere Sollzinsen vereinbart worden wären, bleibt es gemäß § 357a Abs. 3 Satz 1 beim Sollzins des widerrufenen Vertrags.

Im Falle von **Finanzierungshilfen** ist § 357a Abs. 3 gem. § 506 Abs. 1 ent- **225** sprechend anwendbar. Das bedeutet nach der Gesetzesbegründung,[358] dass dem Sollzins bei Darlehen derjenige Gebrauchsvorteil entspricht, der in der Stundung des Kaufpreises liegt. Der Verbraucher hat danach die Differenz zwischen den Gesamtkosten und dem Barzahlungspreis ohne Finanzierung an den Unternehmer herauszugeben. Wenn die Nutzungsüberlassung Hauptpflicht des Unternehmers war, so im Fall von Finanzierungsleasing (während Mietverträge nicht den Begriff der Finanzierungshilfe erfüllen, → § 506 Rn. 41), hat der Verbraucher Wertersatz nach § 357 Abs. 7 BGB zu leisten (→ Rn. 228), bei Finanzierungshilfen für Dienstleistungen nach § 357 Abs. 8 (→ Rn. 236).

c) Wertersatz. aa) für Wertverlust (§§ 357a Abs. 3 Satz 4, Abs. 2, 357 226 Abs. 7 BGB); Prüfung. Anders als bis zum 12.6.2014 ist das rücktrittsrechtliche Wertersatzregime von § 346 Abs. 2 resp. Abs. 3 BGB auf die Rückabwicklung infolge Widerrufs nicht mehr anwendbar. Vielmehr geben die Einzelregelungen von §§ 357ff. BGB Maß. Für **Darlehen** beschränkt sich der Wertersatzanspruch des Darlehensgebers auf die Entrichtung des Sollzinses nach § 357a Abs. 3 Sätze 1 und 2 (→ Rn. 224). Für **Finanzierungshilfen** verweist § 357a Abs. 3 Satz 4 iVm Abs. 2 auf die fernabsatz- und haustürgeschäftliche Regelung von § 357 Abs. 7. Die VerbrKrRil bestimmt über den Wertersatz bei Finanzierungshilfen nichts, sondern in Art. 14 Abs. 3 lit. b lediglich bei Darlehen, sodass keine Harmonisierung besteht und die Mitgliedstaaten nicht gebunden sind. Es steht ihnen frei, fernabsatz- und haustürgeschäftliche Regelungen für Finanzierungshilfen zu übernehmen.[359] Das **Verhältnis von § 357a Abs. 3 Satz 4 zu Abs. 2** mit seiner Anknüpfung an § 506 Abs. 4 erklärt sich aus Folgendem: Finanzierungshilfen, die von den Ausnahmetatbeständen von § 506 Abs. 4 erfasst sind, zB Bagatelldarlehen nach § 491 Abs. 2 Satz 2 Nr. 1 (→ § 491 Rn. 158), sind gemäß § 312g Abs. 1 widerruflich, wenn sie zugleich Außergeschäftsraum- oder Fernabsatzgeschäfte sind. Außerhalb von § 506 Abs. 4 sind Finanzierungshilfen nach § 495 widerruflich. Dieses Widerrufsrecht verdrängt gemäß § 312g Abs. 3 dasjenige aus § 312g Abs. 1 (→ Rn. 39). Indem § 357a Abs. 3 Satz 4 auf Abs. 2 verweist, ergibt sich, dass die Widerrufsfolgen für Finanzdienstleistungen (zu denen auch Darlehen und Finanzierungshilfen gehören) gleich sind, folge das Widerrufsrecht aus § 312g Abs. 1 oder aus § 495.

Die Wertersatzregelung von § 357 Abs. 7, die an die Stelle der entsprechenden **227** Anwendung von § 346 Abs. 2 Nr. 3 BGB getreten ist, geht von einem Verbrauchsgüterkauf, der Warenlieferung, aus. Die entsprechende Anwendung auf

---
[357] *Piekenbrock/Rodi* WM 2015, 1085 (1090, 1092).
[358] Beschlussempfehlung des Rechtsausschusses, BT-Drucks.17/13951, S. 103.
[359] Hierzu *Bülow* WM 2013, 245 (249); BR-Drucks. 817/12, S. 106.

Finanzierungshilfen nach § 357a Abs. 3 Satz 4, Abs. 2 bezieht sich auf Teilzahlungsgeschäfte nach § 506 Abs. 3, Leasinggeschäfte nach § 506 Abs. 1 und Abs. 2 und andere Formen der Finanzierungshilfe (→ § 506 Rn. 63), soweit Vertragsgegenstand Waren, also bewegliche Sachen sind. Für den Begriff des Wertverlusts nimmt das Gesetz keine Beschränkung vor, er kann vollständig oder begrenzt sein, also den Untergang der Sache oder ihre Verschlechterung bedeuten.[360] Wie der danach eingetretene Wertverlust zu bemessen ist, folgt aus dem Verweis in § 357a Abs. 3 Satz 4 auf Absatz 2 derselben Vorschrift, wo in Satz 4 die Gegenleistung als Maß des Wertersatzes bestimmt wird, verbunden mit der Möglichkeit, bei unverhältnismäßig hohem Preis den Marktwert zugrundezulegen. Das Maß der Gegenleistung bringt die gesetzgeberische Wertung zum Ausdruck, dass der Rücktritts- resp. Widerrufsberechtigte nicht stärker belastet werden soll als bei planmäßiger Durchführung des Vertrags. Deshalb sind die Ansprüche des Unternehmers auf sein **Erfüllungsinteresse begrenzt.**[361] Zugleich eröffnet die Vorschrift die Möglichkeit, den Marktwert anstelle des vereinbarten Preises zum Maß zu nehmen. Dieser Marktwert ist der objektive, nämlich von der Vereinbarung der Parteien unabhängige Wert. Der objektive Wert als Maß des Wertersatzes entspricht gesetzgeberischem Willen bei der Schuldrechtsreform,[362] wie ihn der BGH[363] herausarbeitete und wonach in einschränkender Auslegung von § 346 Abs. 2 Satz 2 die Gegenleistung nur dann anzulegen ist, wenn sie den objektiven Wert unterschreitet. Für Kreditverträge in Gestalt von Finanzierungshilfen kann diese Auslegung auch für § 357a Abs. 2 Satz 4 aufrechterhalten werden, weil die VerbrKrRil hierzu nichts regelt. Was die Parallelbestimmungen in § 357 Abs. 8 und § 357a Abs. 2 angeht, sind dagegen VerbrRechteRil und Fernabsatz-FinanzdienstleistungenRil Grundlage; Art 14 Abs. 3 Satz 3 VerbrRechteRil formuliert die Maßgeblichkeit des Marktpreises, wenn der vereinbarte Preis „überhöht" ist, was nach der Gesetzesbegründung zu § 357 Abs. 8 gleichbedeutend mit der Formulierung sei, dass der Preis „unverhältnismäßig hoch" ist.[364] Nimmt man hierbei den Marktpreis als Vergleichsmaß, ist der vereinbarte Preis bereits dann überhöht, wenn er über dem Marktpreis liegt, sodass auch die neuen Vorschriften von §§ 357 Abs. 8 Satz 5 und 357a Abs. 2 Satz 4 im Sinne der Rechtsprechung des BGH auslegbar erscheinen. Danach bildet der Marktpreis die Obergrenze für die Berechnung des Wertersatzes (→ Rn. 240).

228 Im Falle von **Finanzierungsleasingverträgen** verkörpert die Leasingrate den anteiligen Substanzverzehr, der zur Amortisation führt (→ § 506 Rn. 68). Substanzverzehr bedeutet zugleich Wertverlust, sodass die Leasingrate – gegebenen-

---

[360] *Bartholomä* NJW 2012, 1761 (1763).
[361] Staudinger/*Kessal-Wulf* § 495 BGB Rn. 65.
[362] BT-Drucks. 11/5462, S 21.
[363] V. 19.7.2012 – III ZR 252/11, NJW 2012, 3428 = WM 2012, 1668 Tz. 21, 22 mit Anm. *Bülow* LMK 2012, 338473 und BSpr. *D. Fischer* NJW 2012, 3283 (3284); BGH v. 17.1.2013 – III ZR 145/12, NJW-RR 2013, 885 Tz. 14; BGH v. 15.4.2010 – III ZR 218/09, BGHZ 185, 192 = NJW 2010, 2868 Tz. 23 ff. für Haustürgeschäfte (*in casu* Partnerschaftsvermittlungsvertrag) mit Anm. *Gutzeit* NJW 2010, 2872, *G. Schulze* LMK 2010, 304280, BSpr. *Faust* JuS 2010, 915 und zust. Komm. *Derleder* EWiR § 357 BGB 1/10, 349; *Arnold/Dötsch* NJW 2003, 187; aA *Giesen* GS Heinze, S. 233 (238); BGH (VIII. Zivilsenat) NJW 2009, 1068 = ZIP 2009, 94 mit abl. Rez. *Fest* ZGS 2009, 126, Anm. *Gsell* LMK 2009, 276149, BSpr. *Faust* JuS 2009, 271 und Komm. *Theis* EWiR § 346 BGB 1/09, 663.
[364] BR-Drucks. 817/12, S. 104.

falls anteilig für die Zeit der Nutzung des Leasingguts – als Maß des Wertersatzes geeignet ist.

Der Anspruch des Unternehmers gegen den Verbraucher bezieht sich nicht auf Ersatz des Wertverlusts der trotz Widerruf gelieferten Sache schlechthin, sondern nimmt denjenigen Wertverlust aus, der, wie aus der negativen Formulierung von § 357 Abs. 7 Nr. 1 folgt, zur **Prüfung** der Beschaffenheit, der Eigenschaften und der Funktionsweise der gelieferten Sache (der Ware) notwendig war (der bis zum 12.6.2014 geltenden Regelung von § 346 Abs. 2 Nr. 3 iVm § 357 Abs. 3 Satz 1 BGB aF entsprechend). Dadurch ist zugleich bestimmt, dass der Verbraucher denjenigen Wertverlust zu ersetzen hat, der durch die bestimmungsgemäße Ingebrauchnahme entstanden ist (und über die Prüfung hinaus geht und den im allgemeinen Falle des Rücktritts der Rücktrittsgläubiger – Verkäufer, Kreditgeber – gem. § 346 Abs. 2 Nr. 3 BGB trägt). Es handelt sich um eine Form des merkantilen Minderwerts, der schlicht dadurch entsteht, dass die Sache vom Rücktrittsberechtigten benutzt worden war. Die bloße Benutzung führt dazu, dass es sich nicht mehr um eine neue, sondern eben um eine gebrauchte Sache handelt. Dies mindert, auch wenn die Sache völlig unversehrt ist, den Marktwert. Der Verbraucher als Widerrufsberechtigter ist demgemäß gegenüber einem Rücktrittsberechtigten depriviligiert. 229

Die Prüfung der Sache als Teil des bestimmungsgemäßen Gebrauchs begründet keine Wertersatzpflicht des Verbrauchers, weil die Entscheidung darüber, ob widerrufen werden soll oder nicht, ohne eine solche Prüfung nicht zu treffen ist. Andererseits bedeutet Prüfung die Beschränkung auf das Notwendige; der Verbraucher soll mit den Waren „nur so umgehen und sie nur so in Augenschein nehmen, wie er das in einem Geschäft dürfte"(Erwägungsgrund 47 zur VerbrRechteRil), was für einen Teilzahlungskauf, der in einem Laden zustandekommt, heißen würde, dass dort die abschließende Prüfung stattfände. Ist die Sache beispielsweise ein Auto, darf der Verbraucher sanktionslos eine Probefahrt machen, aber nicht die Erstzulassung auf sich selbst bewirken; das Kleidungsstück darf er aus der Verpackung nehmen und anprobieren, aber nicht für längere Zeit anziehen; das Buch aufschlagen und durchblättern, aber nicht durchlesen,[365] allgemein die Sachen während der Widerrufsfrist mit der gebührenden Sorgfalt behandeln und in Augenschein nehmen (Erwägungsgrund 47 zur VerbrRechteRil). Die **Beweislast** für einen Umgang mit der Sache, die zur Prüfung nicht notwendig war, trägt der Unternehmer (→ Rn. 246). 230

Die Beschränkung auf das Notwendige, welche die Prüfung ausmacht, kann, je nach der Art der Waren, zu unterschiedlichen Wertverlusten führen, die der Unternehmer zu tragen und der Verbraucher nicht zu ersetzen hat. Ist Vertragsgegenstand ein **Wasserbett,** ist eine hinreichende Prüfung nur dadurch geboten, die Matratze mit Wasser zu befüllen. Dass die Ware aufgrund der Befüllung unverkäuflich wird, liegt im Risikobereich des Verkäufers als Unternehmer.[366] 231

Die Wertersatzpflicht jenseits der Prüfung trifft den Verbraucher nicht unvorbereitet. Die Wertersatzpflicht tritt nämlich nur ein, wenn der Unternehmer den Verbraucher in der Widerrufsinformation nach Art. 247 §§ 6 Abs. 2, 12 Abs. 1 232

---

[365] Vgl. BT-Drucks. 14/6040, S. 200.
[366] BGH v. 3.11.2010 – VIII ZR 337/09, NJW 2011, 56 = WM 2011, 422 mit Rez. Frölisch NJW 2011, 30, BSpr. Faust JuS 2011, 259, Anm. Schinkels LMK 2011, 312903 und Komm. Derleder EWiR § 312d BGB 1/11, 41.

§ 495 (§§ 355 Abs. 3, 357a, 357) 233–236

EGBGB hierauf hingewiesen hatte (hierzu Gestaltungshinweis 6d zu Anlage 7 iVm Gestaltungshinweis 5c der Anlage 1 zum EGBGB: „Sie müssen für einen etwaigen Wertverlust der Waren nur aufkommen, wenn dieser Wertverlust auf einen zur Prüfung der Beschaffenheit, Eigenschaften und Funktionsweise der Waren nicht notwenigen Umgang mit ihnen zurückzuführen ist.").

233 In diesem Hinweis liegt eine besondere, zur Widerrufsbelehrung nach § 355 Abs. 3 Satz 1 BGB resp. im Falle eines Teilzahlungsgeschäfts zu den Pflichtangaben nach Art. 247 § 6 Abs. 2 EGBGB, § 507 Abs. 2 hinzukommende Belehrung,[367] die auf Fristen und Entstehung des Widerrufsrechts keinen Einfluss hat, sondern nur die Abwicklung nach Widerruf berührt.

234 Die Wertersatzpflicht, welchen Umfangs auch immer, ist keine Schadensersatzpflicht nach § 249 BGB; ihr Maß ist vielmehr die **Gegenleistung** (→ Rn. 227), zB der – bei Mangelhaftigkeit nach § 441 BGB zu mindernde (→ Rn. 446) – Kaufpreis, im gegebenen Falle begrenzt auf den Marktpreis als objektivem Wert.[368] Nur Wertersatz und nicht vollen **Schadensersatz** schuldet der Verbraucher allerdings **nur bis zur Erklärung** seines Widerrufs. Von da ab liegt im Gebrauch, der die Sache verschlechtert, eine Pflichtverletzung nach §§ 357 Abs. 7 Nr. 1, 280 Abs. 1, 241 Abs. 2 BGB[369] (→ Rn. 202), sodass Schadensersatz zu leisten ist und die Begrenzung auf das Erfüllungsinteresse (→ Rn. 227) wegfällt. Diese Schadensersatzpflicht entsteht infolge des Widerrufs und ist deshalb nicht nach § 361 Abs. 1 ausgeschlossen (→ Rn. 210). Da es auf das Wissen des Verbrauchers, gleichermaßen eines anderen Rückgewährsschuldners, ankommt, nicht mehr zum Gebrauch der Sache befugt zu sein, dürfte es richtigerweise auch nicht auf den Zugang des Widerrufs ankommen, sondern auf seine Absendung.[370]

235 Auch bei fehlender Kenntnis von seinem Widerrufsrecht (→ Rn. 232) kann der Verbraucher aus anderen Gründen damit zu rechnen haben, die Sache zurückgeben zu müssen, nämlich im Falle des **Eigentumsvorbehalts** und Rücktritt des Verkäufers (§ 449 Abs. 2 BGB). Daraus folgt die Pflicht zur pfleglichen Behandlung des Vorbehaltsguts.[371] Unter den Voraussetzungen der Pflichtverletzung nach § 280 Abs. 1 BGB kann der Unternehmer deshalb im Falle des Eigentumsvorbehalts vollen Ausgleich der gem. §§ 276, 278 BGB zu vertretenden Wertminderung verlangen, was keinen weiteren Anspruch infolge des Widerrufs iSv § 361 Abs. 1 darstellt (→ Rn. 210). Kommt der Unternehmer mit der Rücknahme der Sache in Annahmeverzug, hat der Verbraucher gem. § 300 Abs. 1 BGB nur Vorsatz und grobe Fahrlässigkeit zu vertreten.

236 **bb) Wertersatz für Leistungen (§ 357 Abs. 8).** Ist Gegenstand des Vertrags nicht eine vom Unternehmer zu liefernde Sache, sondern eine Dienst-, Werk- oder sonstige Leistung (→ § 506 Rn. 23), ist die Rückgewähr durch den

---

[367] BGH NJW 2010, 989 Tz. 35 *(ebay)* mit Rez. *Härting/Schätzle* ZGS 2010, 168 und Anm. *Buchmann* K&R 2010, 181.
[368] *Arnold/Dötsch* NJW 2003, 187 und BGH (III. Zivilsenat) WM 2010, 980 = ZIP 2010, 1084 Tz. 24–29 für Haustürgeschäfte (in casu Partnerschaftsvermittlungsvertrag) mit Anm. G. *Schulze* LMK 2010, 304280 und zust. Komm. *Derleder* EWiR § 357 BGB 1/10, 349; BGH NJW 2012, 3428 = WM 2012, 1668 mit Anm. *Bülow* LMK 2012, 338473.
[369] BT-Drucks. 14/6040, S. 195; *Arnold* ZGS 2003, 427 (432).
[370] AA BGH NJW 1990, 320.
[371] *Bülow* Kreditsicherheiten, Rn. 755.

Abwickl. n. Widerruf **237, 238** § 495 (§§ 355 Abs. 3, 357a, 357)

Verbraucher nach der Natur des Erlangten ausgeschlossen (so § 346 Abs. 2 Nr. 1 für den Rücktritt). Stattdessen schuldet der Verbraucher Wertersatz nach näherer Maßgabe von § 357 Abs. 8 in entsprechender Anwendung auf Finanzierungshilfen nach § 357a Abs. 3 Satz 4, Abs. 2 BGB. Die Wertersatzpflicht tritt, wie es Art. 14 Abs. 3 VerbrRechteRil vorschreibt, nicht schlechthin ein, sondern in einem dreistufigen Verfahren:
Am Anfang steht der Wunsch des Verbrauchers, dass mit der Leistung des Unternehmers vor Ablauf der Widerrufsfrist begonnen wird. Diesen Wunsch teilt er dem Unternehmer mit, der daraufhin den Verbraucher auffordert, ein entsprechendes ausdrückliches Verlangen zu erklären (Art. 7 Abs. 3, Art. 8 VerbrRechteRil). Wenn der Verbraucher diese Erklärung abgibt und der Unternehmer die vereinbarte Leistung erbringt, sind die Voraussetzungen für einen Wertersatzanspruch des Unternehmers aber immer noch nicht erfüllt. Vielmehr ist weitere Voraussetzung nach § 357 Abs. 8 Satz 2, dass der Unternehmer den Verbraucher in der Widerrufsbelehrung nach Art. 247 §§ 6 Abs. 2, 12 Abs. 1 EGBGB über die Wertersatzpflicht informiert. Diese Information könnte entsprechend Gestaltungshinweis 6 für Anlage 1 zum EGBGB lauten:
„Haben Sie verlangt, dass die Dienstleistung während der Widerrufsfrist beginnen soll, so haben Sie uns einen angemessenen Betrag zu zahlen, der dem Anteil der bis zu dem Zeitpunkt, zu dem Sie uns von der Ausübung des Widerrufsrechts hinsichtlich dieses Vertrags unterrichten, bereits erbrachten Dienstleistungen im Vergleich zum Gesamtumfang der im Vertrag vorgesehenen Dienstleistungen entspricht."

Eine **Form** für die genannten Erklärungen von Verbraucher und Unternehmer schreibt das Gesetz **nicht** vor. Nur für den Fall, dass die Finanzierungshilfe nach § 506 zugleich ein Haustürgeschäft (außerhalb von Geschäftsräumen) nach § 312b BGB ist, muss das Verlangen des Verbrauchers auf einem dauerhaften Datenträger (§ 126b Satz 2 BGB) übermittelt werden (§ 357 Abs. 8 Satz 3). **237**

Die Höhe des Wertersatzanspruchs ist in zweifacher Weise begrenzt. Zunächst schuldet der Verbraucher naturgemäß nur anteiligen Dienst- oder Werklohn für die Zeit bis zum Widerruf und nicht für die gesamte in Aussicht genommene Zeit.[372] Maßgebender Zeitpunkt ist der Zugang der Widerrufserklärung beim Unternehmer (Art. 14 Abs. 3 Satz 1 VerbrRechteRil: Unterrichtung durch den Verbraucher). Für die Zeit danach ist eine Rechtsgrundlage für noch zu leistende Dienste gem. § 355 Abs. 1 Satz 1 BGB entfallen[373] (→ Rn. 17, 22), sodass der Verbraucher dem Unternehmer nichts schuldet. Der Verbraucher darf Dienste nicht mehr in Anspruch nehmen. Soweit der Verbraucher demgemäß Wertersatz schuldet, ist aufgrund des abschließenden Charakters der Rückabwicklung (§ 361 Abs. 1 BGB) für eine Anwendung von § 818 Abs. 3 BGB kein Raum (→ Rn. 211), sodass der Anspruch des Unternehmers nicht auf eine noch vorhandene Bereicherung des Verbrauchers beschränkt ist.[374] **238**

---

[372] LG Hamburg GRUR-RR 2015, 71 mit Anm. *Fluhme* VuR 2015, 438 (betr. online-Partnerbörse).
[373] BT-Drucks. 14/6040, S. 194.
[374] So aber noch *Wassermann* JuS 1990, 723 (727); Staudinger/*Kessal-Wulf* § 7 VerbrKrG Rn. 76; OLG Hamburg NJW-RR 1992, 506; 1989, 1521 zu I. b. aa. – Revision nicht angenommen, NJW-RR 1992, 128; OLG Düsseldorf BB 1991, 2471. Wie hier im Ergebnis für Darlehen (§ 819 BGB) BGH NJW 1999, 1636 zu II. 2.; LG Arnsberg NJW-RR 1992, 692 f.; Staudinger/*Kaiser* § 357 BGB Rn. 13.

§ 495 (§§ 355 Abs. 3, 357a, 357)

239 Insbesondere **Werkleistungen** (§ 506 BGB) können mit der Lieferung einer Sache oder mit einem Verarbeitungserwerb gem. § 950 BGB verbunden sein. Der Anspruch des Unternehmers ist auch in diesem Fall auf Rückgabe der Sache, soweit sie nicht Bestandteil einer anderen Sache geworden ist, gerichtet. In ihr ist zugleich in aller Regel der Wert der Werkleistung verkörpert, sodass der Verbraucher über die Herausgabe hinaus nichts schuldet. Nach Lage des Einzelfalls können unabhängig von der Lieferung der Sache Leistungen erbracht worden sein, zB die Lieferung eines Gasboilers nebst Streichen der Wände; hierfür ist die übliche Vergütung zu leisten.

240 Der Preis der anteiligen Dienst- oder Werkleistung richtet sich dem rücktrittsrechtlichen Konzept (§ 346 Abs. 2 Satz 2 BGB) entsprechend nach der Gegenleistung, also dem vereinbarten Preis im Kredit- (Finanzierungshilfe-)Vertrag gem. § 357 Abs. 8 Satz 4 BGB. Dieser Preis ist als Pflichtangabe und Gesamtpreis im schriftlichen Vertrag gem. Art. 247 § 6 Abs. 1 iVm § 3 Abs. 1 Nr. 8 EGBGB anzugeben, außerdem der Barzahlungspreis (→ § 506 Rn. 105) gem. § 12 Abs. 1 Nr. 2 lit. a. Die Höhe des Gesamtpreises kann also nicht streitig werden. Der die Gegenleistung verkörpernde Gesamtpreis verringert sich gem. § 357 Abs. 8 Satz 5 auf den Marktpreis als objektivem Wert, wenn der vereinbarte Preis unverhältnismäßig hoch war. Diese Formulierung hat, wie in der Gesetzesbegründung klar gestellt,[375] dieselbe Bedeutung wie der in Art. 14 Abs. 3 Satz 3 VerbrRechteRil verwendete Begriff „überhöht". Legt man diesen Begriff im Sinne einer den Marktpreis übersteigenden Höhe aus (→ Rn. 227), gibt für den Wertersatz der vereinbarte Preis nur Maß, wenn er niedriger als der Marktpreis ist oder diesem entspricht. In dieser Auslegung bleibt es bei der Rechtsprechung des BGH,[376] wonach der objektive Wert (Marktpreis) zugrundezulegen ist, wenn nicht der vereinbarte Preis darunter liegt, der Marktpreis also die Obergrenze bildet.

241 **Finanzierungsleasing** bedeutet Überlassung des Leasingguts und erfüllt nicht den Begriff der Dienstleistung, sodass nicht Wertersatz nach § 357 Abs. 8 zu leisten, wohl aber der Wertverlust nach § 357 Abs. 7 in Gestalt der Leasingrate auszugleichen ist (→ Rn. 228).

242 cc) **Insbesondere: Ausnahmen nach § 506 Abs. 4 BGB.** Verbraucherkreditrecht ist auf die von § 506 Abs. 4 erfassten Verträge nicht anwendbar, insbesondere nicht in Bagatellfällen eines Nettodarlehensbetrags oder Barzahlungspreises resp. Anschaffungspreises. Solche Verträge sind aber Finanzdienstleistungen gem. Art. 2 lit. b Fernabsatz-Finanzdienstleistungen-Richtlinie 2002/65/EG sowie nach § 312 Abs. 5 Satz 1 BGB und werden deshalb in die Abwicklungsregelung einbezogen, wenn der Vertrag im Fernabsatz oder außerhalb von Geschäftsräumen des Unternehmers geschlossen worden war. Das Erlöschen des Widerrufsrechts im Falle beiderseitiger Erfüllung richtet sich nach § 356 Abs. 4 Satz 2 und nicht nach § 356 Abs. 5 BGB.[377] Für die Rückabwicklung ist § 357 Abs. 5 bis 8 anwendbar (→ Rn. 225), wie § 357a Abs. 2 Satz 2 zu entnehmen ist.

243 dd) **Digitale Inhalte.** Gegenstand eines Vertrages in den Vertriebsformen von §§ 312b oder 312c BGB können digitale Inhalte als solche sein, also, in der

---

[375] BR-Drucks. 817/12, S. 105.
[376] V. 19.7.2012 III ZR 252/10, NJW 2012, 3428 Tz. 22 mit Anm. *Bülow* LMK 2012, 338473; v. 17.1.2013 – III ZR 145/12, NJW-RR 2013, 885 Tz. 15.
[377] Gesetzesbegründung BR-Drucks. 817/12, S. 111.

Definition von Art. 2 Nr. 11 VerbrRechteRil Daten, die in digitaler Form hergestellt und bereit gestellt werden, ohne sich auf einem körperlichen Datenträger zu befinden. Das Widerrufsrecht des Verbrauchers erlischt unter den weiteren Voraussetzungen von § 356 Abs. 5, wenn der Unternehmer bereits mit der Ausführung des Vertrags begonnen hat. Ist der Vertrag aber zugleich ein Vertrag über eine Finanzierungshilfe (zB als Teilzahlungsgeschäft nach § 506 Abs. 3 BGB), ist § 356 Abs. 4 Satz 2 anwendbar, wonach das Widerrufsrecht erst nach vollständiger Erfüllung erlischt. Der Unternehmer kann in diesem Falle also dem Widerrufsrecht ausgesetzt sein mit der Folge des Wertersatzanspruchs nach § 357a Abs. 2 Satz 3 unter den weiteren dort genannten Voraussetzungen nach Nr. 1 und 2 (rechtzeitiger Hinweis durch den Unternehmer, ausdrückliche Zustimmung des Verbrauchers).

d) „Aufwendungsersatz", § 357a Abs. 3 Satz 5 BGB. Der Unternehmer **244** kann vom Verbraucher Ersatz für Aufwendungen verlangen, die er an Behörden (öffentliche Stellen) entrichtet hatte und nicht zurückverlangen kann, wie Art. 14 Abs. 3 lit. b Satz 3 VerbrKrRil vorgibt. Das Tatbestandsmerkmal „Aufwendungen", das die Richtlinie nicht verwendet, entspricht nicht dem Begriff des freiwilligen Vermögensopfers wie gem. §§ 256, 670 BGB,[378] sondern meint Entgelte für behördliche Leistungen. Darunter können Notarkosten oder an Einwohnermeldeämter oder Kraftfahrzeugzulassungsstellen zu zahlende Kosten fallen, nicht aber solche für Anfragen an private Auskunfteien.[379] Dieser Aufwendungsersatzanspruch besteht auch bei grundpfandrechtlich gesicherten Darlehen, obwohl die Richtlinie gem. Art. 2 Abs. 2 lit. a hierfür nicht gilt (→ § 503 Rn. 36).

4. Mithaftung

Ist ein Dritter der Schuld des Verbrauchers wirksam (→ § 491 Rn. 125) beige- **245** treten, hat er sich verpflichtet, eine Realsicherheit zu stellen oder hat er gebürgt (→ § 491 Rn. 123 f.), richtet sich die Frage, ob er auch für die Rückabwicklungsansprüche einzustehen hat, nach allgemeinen Grundsätzen. Der Interzessionsvertrag ist deshalb auszulegen und wie im vergleichbaren Problem der Haftungserstreckung auf Bereicherungsansprüche im Fall der Nichtigkeit des der Hauptschuld zugrunde liegenden Rechtsgeschäfts[380] zu fragen, ob sich die Einstandspflicht auch darauf bezieht oder nur auf die Verbindlichkeit aus dem nicht widerrufenen Verbrauchervertrag.

5. Beweislast

Der Unternehmer trägt die Beweislast für diejenigen Tatsachen, die seine **246** Rückgewähransprüche nach § 355 Abs. 1 Satz 1 BGB begründen, gleichermaßen der Verbraucher für die gegen den Unternehmer zustehenden Ansprüche. Hat der Verbraucher statt Herausgabe Wertersatz zu leisten, trägt der Unternehmer für die tatsächlichen Voraussetzungen der Tatbestände von §§ 357a Abs. 3 Satz 4, 357 Abs. 7 resp. 8 BGB die Beweislast,[381] also für Verschlechterung, die

---

[378] Zutr. MüKoBGB/*Schürnbrand* § 495 BGB Rn. 14.
[379] BT-Drucks. 16/11643, S. 135.
[380] *Bülow* Kreditsicherheiten, Rn. 966.
[381] *Eyinck* in Baumgärtel/Laumen/Prütting, Handbuch der Beweislast, § 346 BGB Rn. 7.

zu einem Wertverlust in beanspruchter Höhe führt, oder für den Untergang der Sache. Die Gegenleistung als Maß des Wertverlusts ergibt sich aus der Pflichtangabe im Vertrag (→ Rn. 240), gleichermaßen der Sollzins (→ Rn. 224). Der Unternehmer trägt auch die Beweislast für den Hinweis nach § 357 Abs. 7 Nr. 2. Anders als nach der bis zum 3.8.2011 geltenden[382] Regelung von § 357 Abs. 3 Satz 3 BGB aF („dies ... gilt nicht") findet hinsichtlich des Wertverlusts jenseits der Prüfungsnotwendigkeit nach § 357 Abs. 7 Nr. 1 BGB nF (→ Rn. 229) keine Beweislastumkehr auf den Verbraucher mehr statt, sondern der Unternehmer trägt die Beweislast auch dafür, dass der Wertverlust auf einem Umgang des Verbrauchers mit der Sache zurückzuführen ist, der zur Prüfung nicht notwendig war.[383] Hierbei kann dem Unternehmer die Beweisführung *prima facie* erleichtert sein.[384]

2. Abschnitt
Verbundene Geschäfte

247   In besonderer Weise gestalten sich Voraussetzungen und Folgen des Widerrufsrechts für den Fall verbundener Geschäfte, die nicht nur, der verbraucherkreditrechtlichen Tradition von §§ 9 VerbrKrG und 6 AbzG entsprechend, bei der Finanzierung von Teilzahlungsgeschäften, sondern auch bei der Finanzierung anderer verbraucherprivatrechtlich geregelter Geschäfte auftreten und deshalb nach der Schuldrechtsmodernisierung von den zentralen Vorschriften der §§ 358, 359 BGB erfasst sind, ergänzt um die Problematik zusammenhängender Verträge nach § 360 BGB.

A. Grundlagen der Verbundfinanzierung durch Darlehen

248   Die Verzahnung eines zu finanzierenden Geschäfts mit einem Darlehen bestimmt in Fortführung von § 9 VerbrKrG und der abzahlungsrechtlichen Tradition die Vorschrift von

§ 358 BGB – Mit dem widerrufenen Vertrag verbundener Vertrag

(1) Hat der Verbraucher seine auf den Abschluss eines Vertrags über die Lieferung einer Ware oder die Erbringung einer anderen Leistung durch einen Unternehmer gerichtete Willenserklärung wirksam widerrufen, so ist er auch an seine auf den Abschluss eines mit diesem Vertrag verbundenen Darlehensvertrags gerichtete Willenserklärung nicht mehr gebunden.

(2) Hat der Verbraucher seine auf den Abschluss eines Darlehensvertrags gerichtete Willenserklärung auf Grund des § 495 Absatz 1 oder des § 514 Absatz 2 Satz 1 wirksam widerrufen, so ist er auch nicht mehr an diejenige Willenserklärung gebunden, die auf den Abschluss eines mit diesem Darlehensvertrag verbundenen Vertrags über die Lieferung einer Ware oder die Erbringung einer anderen Leistung gerichtet ist.

---

[382] Gesetz v. 27.7.2011, in Kraft ab 4.8.2011, BGBl. I, 1600, in Reaktion auf das Urteil des EuGH v. 3.9.2009, NJW 2009, 3015, Tz. 27.
[383] *Bartholomä* NJW 2012, 1761 (1763); Staudinger/*Kaiser* § 357 BGB Rn. 102.
[384] BT-Drucks. 17/5097, S. 15: Widerruf betrifft ein Kommunionskleid nach dem Weißen Sonntag: erster Anschein, dass es getragen und nicht bloß anprobiert worden war.

(3) ¹Ein Vertrag über die Lieferung einer Ware oder die Erbringung einer anderen Leistung und ein Darlehensvertrag nach den Absätzen 1 oder 2 sind verbunden, wenn das Darlehen ganz oder teilweise der Finanzierung des anderen Vertrags dient und beide Verträge eine wirtschaftliche Einheit bilden. ²Eine wirtschaftliche Einheit ist insbesondere anzunehmen, wenn der Unternehmer selbst die Gegenleistung des Verbrauchers finanziert, oder im Fall der Finanzierung durch einen Dritten, wenn sich der Darlehensgeber bei der Vorbereitung oder dem Abschluss des Darlehensvertrags der Mitwirkung des Unternehmers bedient. ³Bei einem finanzierten Erwerb eines Grundstücks oder eines grundstücksgleichen Rechts ist eine wirtschaftliche Einheit nur anzunehmen, wenn der Darlehensgeber selbst dem Verbraucher das Grundstück oder das grundstücksgleiche Recht verschafft oder wenn er über die Zurverfügungstellung von Darlehen hinaus den Erwerb des Grundstücks oder grundstücksgleichen Rechts durch Zusammenwirken mit dem Unternehmer fördert, indem er sich dessen Veräußerungsinteressen ganz oder teilweise zu Eigen macht, bei der Planung, Werbung oder Durchführung des Projekts Funktionen des Veräußerers übernimmt oder den Veräußerer einseitig begünstigt.

(4) ¹Auf die Rückabwicklung des verbundenen Vertrags sind unabhängig von der Vertriebsform § 355 Absatz 3 und, je nach der Art des verbundenen Vertrags, die §§ 357 bis 357b entsprechend anzuwenden. ²Ist der verbundene Vertrag ein Vertrag über die Lieferung von nicht auf einem körperlichen Datenträger befindlichen digitalen Inhalten und hat der Unternehmer dem Verbraucher eine Abschrift oder Bestätigung des Vertrags nach § 312f zur Verfügung gestellt, hat der Verbraucher abweichend von § 357 Absatz 9 unter den Voraussetzungen des § 356 Absatz 5 zweiter und dritter Halbsatz Wertersatz für die bis zum Widerruf gelieferten digitalen Inhalte zu leisten. ³Ist der verbundene Vertrag ein im Fernabsatz oder außerhalb von Geschäftsräumen geschlossener Ratenlieferungsvertrag, ist neben § 355 Absatz 3 auch § 357 entsprechend anzuwenden; im Übrigen gelten für verbundene Ratenlieferungsverträge § 355 Abs. 3 und § 357c entsprechend. ⁴Im Falle des Absatzes 1 sind jedoch Ansprüche auf Zahlung von Zinsen und Kosten aus der Rückabwicklung des Darlehensvertrags gegen den Verbraucher ausgeschlossen. ⁵Der Darlehensgeber tritt im Verhältnis zum Verbraucher hinsichtlich der Rechtsfolgen des Widerrufs in die Rechte und Pflichten des Unternehmers aus dem verbundenen Vertrag ein, wenn das Darlehen dem Unternehmer bei Wirksamwerden des Widerrufs bereits zugeflossen ist.

(5) Die Absätze 2 und 4 sind nicht anzuwenden auf Darlehensverträge, die der Finanzierung des Erwerbs von Finanzinstrumenten diesen.

I. Gefahr der Paritätsstörung durch Finanzierung

1. Rechtliche Trennung, aber wirtschaftliche Einheit

Ausgangslage des Widerrufsrechts ist, dass ein bilaterales Vertragsverhältnis zwischen Verbraucher und Unternehmer entsteht und kraft verbraucherprivatrechtlicher Sondervorschriften dieser Vertrag mit einem Widerrufsrecht des Verbrauchers bewehrt ist. Es kann aber auch sein, dass eine dritte Person mit diesem Vertrag in Berührung kommt, indem sie ihrerseits mit dem Verbraucher einen Vertrag abschließt. Paradigmatischer Fall ist der finanzierte Abzahlungskauf, bei dem der Verbraucher beim Unternehmer eine Sache kauft, sich das Geld für den Kaufpreis aber bei einer Bank beschafft, indem er einen Darlehensvertrag mit ihr abschließt. Typischerweise wird der Darlehensvertrag mit der Maßgabe abgeschlossen, dass die Bank den Kaufpreis, die Valuta, nicht an ihren Darlehensnehmer, den Verbraucher, auszahlt, sondern unmittelbar an den Verkäufer und auf diese Weise, durch Leistung an einen Dritten, den Geldbetrag nach § 488 Abs. 1 Satz 1 BGB zur Verfügung stellt. Angenommen, der Verbraucher beschafft sich das Geld für den Kaufpreis durch den Darlehensvertrag auf eigene Faust, ergibt sich folgende Rechtslage: Der Kaufvertrag ist nicht widerruflich, sondern nur der Darlehensvertrag nach § 495 BGB. Widerruft der Verbraucher den Darlehensvertrag, muss er die Valuta an die Bank zurückzahlen, bekommt sie aber natürlich nicht vom Verkäufer, dessen Kaufpreisanspruch der Verbraucher erfüllt hatte. Der Verbraucher muss sich die zurückzuerstattende Valuta also anderswo besorgen; der Widerruf des Darlehensvertrags nutzt ihm im Hinblick auf die Bindung an den Kaufvertrag nichts. Widerruft der Verbraucher den Darlehensvertrag auf der anderen Seite nicht, kann der Fall eintreten, dass die gekaufte Sache mangelhaft ist und der Verbraucher vielleicht nach Maßgabe von §§ 437 Nr. 2, 441 BGB mindern kann. Das nützt ihm wenig, wenn er das Darlehen ungemindert an die Bank zurückzahlen muss (§ 488 Abs. 1 Satz 2 BGB). Die isolierten Abschlüsse des Kaufvertrags als finanziertem Geschäft und des Darlehensvertrags als Finanzierungsvertrag können für den Verbraucher also gefährlich werden. Eine Störung von Vertragsparität zwischen Verbraucher und Verkäufer ist im Hinblick auf die Finanzierung des Kaufpreises nicht ersichtlich; wenn sich der Verbraucher den Kaufpreis auf eigene Faust beschafft, gibt es hierfür gerade kein Vertragsverhältnis mit dem Verkäufer. Die verbraucherprivatrechtliche Erfassung des Darlehensvertrages durch §§ 491 ff. BGB ergreift aber nicht den Kaufvertrag. Es verwirklicht sich ein hinzunehmendes Risiko aus der Teilnahme am Rechtsverkehr. Eine Ungleichgewichtslage, deren Ausgleich das Gesetz herbeiführt, kann jedoch dann eintreten, wenn der Verbraucher nicht aus eigenem Antrieb den finanzierten Vertrag und den Finanzierungsvertrag isoliert abschließt, sondern wenn Verkäufer und Bank in der Weise zusammenwirken, dass die Verträge aus der Sicht des Verbrauchers nicht isoliert, sondern als wirtschaftliche Einheit erscheinen. Die Finanzierung des Kaufpreises durch einen einheitlichen und einzigen Vertrag ist ganz einfach dadurch erreichbar, dass der Verkäufer den Kaufpreis stundet, vielleicht auf mehrere Fälligkeitszeitpunkte verteilt, und für die Stundung ein Entgelt verlangt, also nichts anderes als Zinsen für die hinausgeschobene Fälligkeit. Ein so gestalteter Kaufvertrag gegen Raten-(Teil)-zahlungen ist ein Teilzahlungsgeschäft nach §§ 506 Abs. 3, 507 BGB, das umfassenden verbraucherprivatrechtlichen Sonderregelungen unterliegt, also der Gefahr nicht hinnehmbarer Störung von Vertragsparität begegnet und durch Information (§§ 491a, 493, 507 Abs. 2 BGB und auch § 6a PAngV) und Widerrufsrecht (§§ 506 Abs. 1, 495 BGB) mit Kompensationsinstrumentarien bewehrt ist. Diese Kompensation greift nicht ein, wenn finanzierter Vertrag und Finanzierungsvertrag isoliert, also als **rechtlich selbstständige Verträge** abgeschlossen werden. Bilden sie aber eine **wirtschaftliche Einheit,** werden die beiden Verträge insoweit auch als rechtliche Einheit behandelt, wie es zur Kompensation erforderlich erscheint. Als Folge dessen wird das **Risiko aus der Aufspaltung** des wirtschaftlich einheitlichen Geschäfts in zwei rechtlich getrennte Verträge auf den Darlehensgeber als Finanzierer verlagert. Diese Trennung ist Ausgangspunkt der gesetzlichen Regelung; der dagegen im Schrifttum vertretenen Einheitstheorie[385] folgt das Gesetz nicht.

---

[385] Dazu MüKoBGB/*Westermann* 2. Aufl. 1988, § 6 AbzG Rn. 23; *Fuchs* AcP 199 (1999), 305 (315 f.); *Schmelz/Klute/Bender,* Der Verbraucherkredit, Rn. 582; *Dauner-Lieb*

2. Störungsausgleich

Das Kompensationsmodell führt zu dem Ziel, dass bestimmte Veränderungen 250
des einen Vertrags auch den anderen Vertrag ergreifen. Die Veränderungen können darin liegen, dass einer der beiden Verträge widerrufen wird und dadurch auch die Bindung an den anderen Vertrag endet (**Widerrufserstreckung**) oder dass gegen den finanzierten Vertrag, zB den Kaufvertrag, Einwände entstanden sind, die auch gegenüber dem Finanzierungsvertrag, dem Darlehensvertrag, erheblich sind (**Einwendungsdurchgriff**). Die wechselseitigen Wirkungen treten ein, wenn beide Verträge miteinander verbunden sind. Dagegen sehen die Vorschriften über verbundene Verträge nicht vor, dass der Verbraucher darüber hinaus auch Ansprüche gegen den Verkäufer beim Darlehensgeber erheben könnte (**kein Forderungsdurchgriff**).

II. Typologie

Es werden drei Arten des verbundenen Geschäfts unterschieden, nämlich das 251
A-, B- und C-Geschäft, wobei es sich aber nicht etwa um einen abschließenden Katalog handelt. Praktiziert wird vor allem das **B-Geschäft:** Im Zusammenhang mit dem Kaufvertrag wird der Darlehensvertrag abgeschlossen, durch den die Valuta an den Verkäufer zur Tilgung des vom Verbraucher geschuldeten Kaufpreises fließen, sei es, dass er bereits bei Vertragsabschluss den gesamten Kaufpreis erhält, sei es, dass ihm das Finanzierungsinstitut die vereinbarten Raten zu den vereinbarten Fälligkeiten zahlt. Ob dem Finanzierungsinstitut die gekaufte Sache zur Sicherheit übereignet wird oder der Verkäufer bzw. Leistungserbringer für den Verbraucher bürgt oder sonst wie interzediert, gibt für die Anwendung von Schutzvorschriften zugunsten des Verbrauchers nicht den Ausschlag (→ Rn. 315). Oft liegt dem Zusammenwirken von Verkäufer und Finanzierungsinstitut ein Rahmenvertrag zugrunde, notwendig ist aber auch das nicht.

Das seltenere **A-Geschäft** kennzeichnet sich dadurch, dass der Verbraucher 252
bei einem Finanzierungsinstitut, zB mittels Kreditkarte, Zahlungszusagen erhält, durch die er Kauf- und andere Leistungsverträge finanzieren kann. Abgesichert wird die Finanzierung dadurch, dass sich potentielle Verkäufer (oder Leistungserbringer) verpflichten, auf die Zahlungszusage des Finanzierungsinstituts Verträge abzuschließen, also durch Rahmenvertrag zwischen diesem und dem Finanzierungsinstitut. Im Gegensatz zur gewöhnlichen Finanzierung mittels Kreditkarten[386] ist das A-Geschäft dadurch geprägt, dass sich die Zahlungszusage des Finanzierungsinstituts auf einen bestimmten Kauf (oder ein Leistungsgeschäft) bezieht und dafür in der Regel auch Sicherheiten bestellt werden, der Käufer die Zahlungszusage also nicht nach seinem Belieben einsetzen darf.

Grundlage des **C-Geschäfts** ist eine dem B-Geschäft gleiche Konstruktion mit 253
der Besonderheit, dass Wechsel begeben werden, die der Verkäufer (Unternehmer) zugunsten des Finanzierungsinstituts ausstellt und die der Käufer (Verbraucher) akzeptiert; das C-Geschäft ist durch die Regelung in § 496 Abs. 3 BGB weitgehend, aber wohl nicht völlig ausgeschlossen (→ § 496 Rn. 18, 34 ff.).

WM 1991, Beil. 6, S. 5; *Marschall v. Bieberstein* Abzahlungskauf, S. 45; *Heermann* AcP 200 (2000), 1 (16).
[386] Keine Anwendung auch auf Kaufscheine nach KG MDR 1985, 500.

III. Anwendungsmodalitäten

1. Nichtigkeit eines der Geschäfte

254 Die Widerrufserstreckung setzt die lediglich schwebende Wirksamkeit der beiden miteinander verbundenen Geschäfte voraus.

255 **a) Sittenwidrigkeit und Scheitern des Darlehensvertrags.** Für den Fall, dass der Darlehensvertrag nichtig ist, zB gem. § 138 Abs. 1 BGB nach den Grundsätzen über sittenwidrige Konsumentenkreditverträge, trifft § 358 Abs. 2 BGB keine Regelung; es bleibt bei den allgemeinen Bestimmungen, insbesondere der Kondiktion. Es kann vorkommen, dass der Abschluss des Darlehensvertrags scheitert, obwohl der Abschlusstatbestand in Bezug auf den Kaufvertrag schon vollzogen war. Der Kaufvertrag war schwebend wirksam zustande gekommen, der im Ausbleiben eines Widerrufs des Darlehensvertrags zu sehende Ausfall einer auflösenden Rechtsbedingung (→ Rn. 22) kann aber nicht mehr eintreten. Folge ist, dass aufgrund eines von vornherein fehlenden wirksamen Darlehensvertrags der Kaufvertrag ebenso wie bei Widerruf des Darlehensvertrags zu behandeln ist, also von Anfang an wirkungslos bleibt[387] (→ Rn. 30).

256 **b) Anfechtung des Darlehensvertrags.** In der Situation von § 358 Abs. 3 Satz 2 BGB, der Mitwirkung des Verkäufers beim Abschluss des Kreditvertrags (→ Rn. 279), kann es sein, dass der Verkäufer im Hinblick auf den Darlehensvertrag gegenüber dem Verbraucher eine arglistige Täuschung verübt, sodass unbeschadet des Widerrufsrechts die Frage einer Anfechtung des Darlehensvertrags wegen arglistiger Täuschung gem. § 123 BGB im Raum steht (→ Rn. 436). Allerdings setzt die Anfechtung gem. § 123 Abs. 2 BGB im Falle der Täuschung durch einen Dritten voraus, dass die Bank als Darlehensgeberin die Täuschung kannte oder fahrlässigerweise nicht kannte. Die Anfechtungsmöglichkeit des Getäuschten ist durch § 123 Abs. 2 Satz 1 BGB also eingeschränkt. Die Verbundenheit von Kauf- und Darlehensvertrag bewirkt jedoch, dass der Verkäufer nicht als Dritter iSv § 123 Abs. 2 Satz 1 BGB anzusehen ist, sondern in die Organisation der Bank integriert ist, sodass sich die Bank stets die Täuschung zurechnen lassen muss[388] (→ Rn. 426, 421). Gleiches gilt, wenn der vor Ort tätige Vermittler redlich war, die vorsätzlich falschen Angaben aber von einer Vertriebsgesellschaft stammen, die mit der Bank im Verbund steht und für die der Vermittler handelt.[389]

257 **c) Anhang: Verjährung.** Aus der Verbundenheit der Geschäfte folgt, dass Ansprüche gegen den Verbraucher in denselben Fristen verjähren, die anwendbar wären, wenn er ausschließlich mit dem Verkäufer oder Leistungserbringer kont-

---

[387] Ähnlich BGH WM 1990, 1241 zu II. 3.b.; LG Gießen NJW-RR 1997, 1081; MüKoBGB/*Habersack* § 359 BGB Rn. 30.
[388] BGHZ 20, 36; 33, 302 (309); 47, 224 (230); 167, 239 = NJW 2006, 1955 Tz. 29; BGH WM 2008, 1596; NJW 1978, 2144 zu I. 3.b.; Abgrenzung BGH BB 1979, 597; OLG Brandenburg WM 2010, 115 zu II. 3.c; MüKoBGB/*Habersack* § 359 BGB Rn. 33; aA *Dauner-Lieb* WM 1991, Beil. 6, S. 29. Gleiche Beurteilung für Hersteller- und Händlerleasing: LG Frankfurt am Main BB 1985, 757 mit Komm. *v. Westphalen* EWiR § 123 Abs. 2 BGB 1/85, 249.
[389] BGH WM 2009, 1274 und 2366 Tz. 14 und 30; NJW 2010, 602 = WM 2010, 34 = ZIP 2010, 70 Tz. 23/24 mit Anm. *Bülow* WuB IV D–1.10.

rahiert hätte. Der Darlehensrückzahlungsanspruch (§ 488 Abs. 1 Satz 2 BGB) verjährt deshalb in den Fristen, die für den Kaufvertrag gelten,[390] auch wenn für den Darlehensrückzahlungsanspruch andere Tatbestände der Hemmung und des Neubeginns der Verjährung eingetreten sein sollten resp. die Verjährung zu unterschiedlichen Zeitpunkten beginnt; zur Auswirkung auf den Einwendungsdurchgriff → Rn. 409 aE.

2. Nachträgliche Drittfinanzierung

Meist werden Kauf- und Darlehensvertrag zeitgleich abgeschlossen. Das ist zwar Indiz für die wirtschaftliche Einheit,[391] jedoch nicht notwendiges Kriterium. Die Parteien des Kaufvertrags (resp. Werk-, Dienst-, Geschäftsbesorgungsvertrags) können auch zunächst ein Bargeschäft vereinbaren und später eine Finanzierungsabrede treffen[392] mit der Folge, dass die Regeln über Verbraucherkreditgeschäfte anwendbar sind. Das gilt für Finanzierungshilfen, § 506 Abs. 1 (→ § 491 Rn. 139f.), des Verkäufers selbst wie für die Einschaltung eines Drittfinanzierers, sodass die Verträge nach § 358 Abs. 3 verbunden sind. Unerheblich ist, ob die nachträgliche Finanzierungsabrede vor oder nach Übergabe der Sache getroffen wurde.[393] Umgekehrt können die Parteien zunächst ein Teilzahlungsgeschäft vereinbaren und es nachträglich in ein Bargeschäft umwandeln, zB dadurch, dass sich der Käufer den zur Kaufpreiszahlung erforderlichen Kredit nunmehr auf eigene Faust beschaffen will (also kein verbundenes Geschäft begründet wird): In diesem Fall ist Verbraucherkreditrecht insgesamt nicht anwendbar,[394] weil der Verkäufer oder Leistungserbringer nichts kreditiert (→ § 506 Rn. 26).

Problematisch ist allerdings, wie sich die Vertragsänderung auf das Widerrufsrecht auswirkt. Im Falle der Umwandlung eines Kreditgeschäfts in ein Bargeschäft kann davon ausgegangen werden, dass mit dem Wegfall der Finanzierungshilfe endgültige Wirksamkeit des zuvor nur schwebend wirksamen Vertrags eintritt. Hatten die Parteien aber zunächst ein Bargeschäft abgeschlossen, war der erst später finanzierte Kauf- oder Leistungsvertrag nach allgemeinen Regeln wirksam geworden und hatte beiderseitige Erfüllungsansprüche begründet. Dieser wirksame Vertrag kann nicht ohne Weiteres in einen Schwebezustand versetzt werden.[395] Denkbar wäre nur, dass die nachträgliche Finanzierungsabrede so auszulegen ist, dass die Parteien den zunächst abgeschlossenen Kauf- oder Leistungsvertrag wieder aufheben und als verbundenen Kauf- oder Leistungsvertrag neu begründen (→ § 491 Rn. 139). Wenn davon nicht auszugehen ist, kommt die Widerrufserstreckung aus § 358 Abs. 2 BGB nicht in Betracht, wohl aber der Einwendungsdurchgriff gem. § 359 Abs. 1 BGB.

---

[390] Zutreffend MüKoBGB/*Habersack* § 359 BGB Rn. 42; BGHZ 149, 43 = NJW 2002, 137; OLG Frankfurt ZIP 2014, 168; OLG Stuttgart NJW-RR 2002, 856 mit Komm. *Mues* EWiR § 9 VerbrKrG 5/01, 783 *(Mues);* LG Gera BB 1999, 2215.
[391] BGH NJW 1979, 163 zu II. 1.; NJW-RR 1993, 226 mit Komm. *Knöpfle* EWiR § 3 UWG 1/93, 185 und → Rn. 272.
[392] BGHZ 91, 9 (13); LG Trier NJW 1993, 2121; LG Zweibrücken NJW 1995, 600; nach *Heermann* AcP 200 (2000), 1 (37) jedoch nur bei Direktvalutierung an den Verkäufer; *Heermann,* Drittfinanzierte Erwerbsgeschäfte, S. 50ff., 148.
[393] Offen, aber mit zustimmender Tendenz, BGHZ 91, 9 (13); BGH WM 1985, 358 zu II. 1.; MüKoBGB/*Habersack* § 358 BGB Rn. 33.
[394] BGH WM 1985, 358.
[395] Gl. A. *Habersack* DStR 1994, 1853 (1858); MüKoBGB/*Habersack* § 358 BGB Rn. 34.

3. Ausschluss der Anwendbarkeit

260 Kein Widerrufsrecht besteht und § 358 Abs. 1 BGB ist nicht anwendbar auf die in § 491 Abs. 2 Satz 2 BGB aufgezählten Vertragskonstellationen, namentlich bei Finanzierungsdarlehen bis zur Bagatellgrenze von 200 € (Nr. 1), in Existenzgründungsfällen bei Übersteigen einer Höchstgrenze von 75 000 € (→ § 512 Rn. 11). Jedoch sind unentgeltliche Darlehensverträge erfasst (→ Rn. 312). Für Immobiliardarlehensverträge gelten dagegen keine Besonderheiten hinsichtlich Widerruf und Verbundgeschäft (→ Rn. 292). Der teilweise Ausschluss des Gesetzes nach § 491 Abs. 4 BGB bezieht sich auf gerichtliche Protokolle bezüglich des Widerrufs (→ § 491 Rn. 191), derjenige nach §§ 358 Abs. 5, 359 Abs. 2 bezüglich Widerruf und Einwendungsdurchgriff auf Spekulationsgeschäfte (→ Rn. 318), derjenige nach § 359 Abs. 2, 2.Var. bezüglich des Einwendungsdurchgriffs auf Bagatellgeschäfte (→ Rn. 462). Dem Widerruf des Ratenlieferungsvertrags (§ 510) folgt die Unwirksamkeit des Darlehensvertrags gem. § 358 Abs. 1. Kein Fall der Drittfinanzierung ist die Vertragsmischung, zB eines Vertrags zum fortlaufenden Bezug von Lehrmaterial mit einem Unterrichtsvertrag, sodass für die Anwendung von § 358 BGB kein Raum ist.[396]

4. Erweiterung der Anwendbarkeit

261 Die früher nur für den Verbraucherkredit und jetzt für das Verbraucherprivatrecht insgesamt niedergelegten Grundsätze zum verbundenen Geschäft sind Ausdruck eines darüber hinausgehenden Rechtsgedankens. Das Reglement aus §§ 358, 359 BGB kann daher auf Willenserklärungen außerhalb des sachlichen, persönlichen und zeitlichen Anwendungsbereichs von Verbraucherprivatrecht übertragbar sein.[397] Ist das finanzierte Geschäft mit einem vor In-Kraft-Treten des Verbraucherkreditgesetzes abgeschlossenen Darlehensvertrag zu einer wirtschaftlichen Einheit verbunden, der gem. § 1 HWiG widerrufen werden konnte, führt der Widerruf zur Unwirksamkeit des finanzierten Geschäfts;[398] für Neuverträge hatte das VerbrKrG gem. § 5 Abs. 2 HWiG und hat nunmehr Verbraucherkreditrecht gem. § 312g Abs. 3 BGB Vorrang.[399] Denkbar ist der Einwendungsdurchgriff auch im Falle von drittfinanzierten Geschäften unter Gewerbetreibenden oder Freiberuflern,[400] vice versa im Falle eines unter Verbrauchern abzuschließenden und zu finanzierenden Geschäfts (→ § 491 Rn. 47).

262 Erweiterungen der Anwendbarkeit bestimmt das Gesetz außerdem für die Fälle von § 360 Abs. 2 Satz 2 (Angaben aus dem finanzierten Vertrag im Finanzierungsvertrag, → Rn. 278) und Abs. 1 (nicht mitfinanzierte Zusatzleistungen, → Rn. 339).

---

[396] *Wienands* Unterrichtsvertrag, S. 102.
[397] BGH NJW 1992, 2560 zu B. I. 3.b. mit Komm. *Teske* EWiR § 607 BGB 5/92, 763; NJW 1984, 2816 zu II. 5.b. bb.; *Reifner* FS Derleder, S. 489 (505).
[398] So bereits BGHZ 133, 254 (259) – Securenta III – mit zust. Anm. *Pfeiffer* LM Nr. 27 zu § 1 HWiG, Komm. *Koller* EWiR § 1 HWiG 7/96, 1091, Bspr. *Emmerich* JuS 1997, 275, Anm. *Rebmann* DZWIR 1997, 151 und Anm. *Frings* WiB 1997, 148; BGH WM 1996, 2103 zu II. 4 – Securenta IV –.
[399] BGH ZIP 1999, 103 mit Komm. *Eckert* EWiR § 5 HWiG 1/99, 129; abw. *Habersack* Bankrecht 2000, S. 235 (252).
[400] *Emmerich* in Schriftenreihe der Bankrechtlichen Vereinigung, Band 2, S. 67 (73).

B. Voraussetzungen der Verbundenheit

I. Grundlagen

Der Widerruf des einen Vertrags ergreift auch den anderen Vertrag, und es findet ein Einwendungsdurchgriff von dem einen auf den anderen Vertrag statt, wenn beide miteinander verbunden sind. Die Verbindung steht gemäß § 358 Abs. 3 Satz 1 unter zwei Voraussetzungen, nämlich dass 263
– das Darlehen ganz oder teilweise der Finanzierung der vom Verbraucher zu erbringenden Gegenleistung dient (**Zweckbindung**) und
– beide Verträge, Kauf- bzw. Leistungsvertrag und Darlehensvertrag, als **wirtschaftliche Einheit** anzusehen sind.

Diese Voraussetzungen sind **objektiv** festzustellen (näher → Rn. 278), und sie 264 sind, wie auch sonst im Verbraucherprivatrecht, unabhängig von der individuellen Schutzbedürftigkeit des Verbrauchers (→ § 491 Rn. 46), insbesondere von Aufklärung über das Aufspaltungsrisiko oder Fehlvorstellungen des Verbrauchers.[401] Der finanzierte Immobilienerwerb (→ Rn. 289 ff.), die finanzierte Beteiligung an Abschreibungs-Fondsgesellschaften (→ Rn. 309), der finanzierte Wertpapierkauf können Gegenstand eines Verbundgeschäfts nach § 358 Abs. 2 BGB sein.[402] Eine andere Frage ist, ob der besondere Wagnis- und Risikocharakter des finanzierten Geschäfts eine Einwendung dagegen überhaupt zulässt (→ Rn. 452). Außerdem kann der Finanzierer, wenn nicht über das Aufspaltungsrisiko, so doch über andere Umstände aufklärungspflichtig sein, namentlich bei konkretem Wissensvorsprung und institutionalisiertem Zusammenwirken im sog. Strukturvertrieb (→ Rn. 424) oder auch über die Gefahren einer falschen Empfangsbestätigung (→ Rn. 357). Dadurch können Schadensersatzansprüche wegen *culpa in contrahendo* oder Pflichtverletzung im Vertrag (c.i.c., §§ 311 Abs. 2, 280 BGB), ggf. gem. § 254 BGB gemindert, ausgelöst werden.[403]

II. Zweckbindung

Voraussetzung der Verbundenheit ist zunächst die Abhängigkeit des einen von 265 dem anderen Vertrag, die darin liegt, dass das Darlehen der Finanzierung des anderen Vertrags **dient,** wie es Art. 3 lit. n i) VerbrKrRil formuliert, das Darlehen also zweckgebunden ist, anders gewendet: dass beide Verträge im Verhältnis von finanziertem Vertrag und Finanzierungsvertrag, dem Darlehensvertrag, stehen. Die zweite Voraussetzung liegt in der wirtschaftlichen Einheit beider Verträge (→ Rn. 272 ff.).

---

[401] So aber noch zu § 6 Abs. AbzG BGHZ 47, 202 (212); Einwendungsdurchgriff nach Lage des Einzelfalls verneint: OLG Köln WM 1997, 197 (200) mit Komm. *Hirth* EWiR § 607 BGB 2/94, 31; LG Braunschweig WM 1997, 111 zu A. 7.; LG Saarbrücken EWiR § 607 BGB 3/94, 645 *(C. Steiner).*
[402] *Habersack* ZHR 156 (1992), 45 (57 f.); *Dauner-Lieb* WM 1991, Beil. 6, S. 17; *Emmerich,* Schriftenreihe der Bankrechtlichen Vereinigung, S. 73; *v. Westphalen/Emmerich/v. Rottenburg* § 9 VerbrKrG Rn. 48; *Baudenbacher* JZ 1985, 661, (667).
[403] BGHZ 33, 293 (296).

1. Tatsächliche Verwendung, entbehrliche Vereinbarung

266 Das Darlehen dient der Finanzierung des Kauf- oder Leistungsvertrags, dh des „anderen Vertrages" iSv § 358 Abs. 3 Satz 1 BGB, wenn die Darlehensvaluta für die Tilgung der vom Verbraucher zu erbringenden Gegenleistung aus dem Kauf- oder Leistungsvertrag verwendet werden. Es kommt also auf die tatsächliche Zweckbindung der Valuta an (Finalnexus[404]). Dagegen setzt das Tatbestandsmerkmal der Zweckbindung nach VerbrKrRil und § 358 Abs. 3 Satz 1 **nicht** eine dementsprechende **Vereinbarung** der Parteien voraus.[405] Eine solche Vereinbarung ist vielmehr lediglich eines von vielen denkbaren Verbindungselementen (→ Rn. 279), mit denen das Tatbestandsmerkmal der wirtschaftlichen Einheit begründet werden kann. Auch ohne eine solche Vereinbarung kann also das Tatbestandsmerkmal eines verbundenen Geschäfts gegeben sein. Noch weniger braucht die Zweckbindung als rechtliche Voraussetzung für die Wirksamkeit des Darlehensvertrags, etwa als Bedingung iSv § 158 BGB, ausgestaltet zu sein. Eine Vereinbarung, nach welcher der Verbraucher über die Valuta nicht frei verfügen darf, stellt nur eine alternative Gestaltung zur Begründung der wirtschaftlichen Einheit dar;[406] der Verwendungszweck braucht noch nicht einmal genannt zu werden.[407] Auf der anderen Seite würde eine gänzlich freie Verfügung durch den Verbraucher über die Valuta nicht nur eine rechtliche, sondern auch wirtschaftliche Trennung der Verträge bedeuten, sodass eine Paritätsstörung nicht anzunehmen und der Begriff des verbundenen Geschäfts nicht erfüllt ist. Die Finanzierung des Kaufpreises (der Vergütung) oder anderer Gegenleistung muss wirtschaftlicher Grund für den Abschluss des Darlehensvertrags sein (zur teilweisen Zweckbindung → Rn. 315).[408] Hierfür ist nicht notwendige Voraussetzung, dass die Valuta vom Darlehensgeber unmittelbar an den Verkäufer (oder an die sonstige Partei des finanzierten Geschäfts) geleistet wird.[409]

2. Ganz oder teilweise; ausschließlich

267 Das Tatbestandsmerkmal der Zweckbindung ist erfüllt, wenn das Darlehen ganz oder teilweise der Finanzierung des anderen, des finanzierten Vertrags, zB eines Verbrauchsgüterkaufs, dient. Die VerbrKrRil formuliert in Art. 3 lit. n) ii), dass der Kredit *ausschließlich* der Finanzierung eines Lieferungs- oder Dienstleitungsvertrags dient. Mit dem Begriff „ausschließlich" ist jedoch lediglich gemeint,[410] dass die Darlehensvaluta, und sei es nur zum Teil, vom Verbraucher nicht für andere Zwecke verwendet werden darf. Deshalb ist Ausschließlichkeit nicht nur gewahrt, wenn der Nettodarlehensbetrag (Art. 247 § 3 Abs. 1 Nr. 4,

---

[404] *Gernhuber* FS Larenz, S. 455 (472 f.).
[405] MüKoBGB/*Habersack* § 358 BGB Rn. 31, dem folgend Staudinger/*Kaiser* § 358 Rn. 24.
[406] BGH NJW 1989, 163 zu 1.; OLG Düsseldorf NJW 1997, 2056 zu B. I. 3.; *Lieser/Bott/Grathwohl* DB 1971, 901 (902): bloße Verwendungsabsicht.
[407] BGH WM 1983, 212 zu 1.a.
[408] BGH NJW 1983, 2250 zu II. 2.
[409] So aber *Heermann* AcP 200 (2000), 1 (36); *Heermann,* Handbuch des Schuldrechts, § 24 Rn. 10; *Heermann,* Drittfinanzierte Erwerbsgeschäfte, S. 50 ff., 148 sowie *Tröster,* Verbundene Geschäfte, S. 135 aufgrund von § 348 BGB; wie hier MüKoBGB/*Habersack* § 358 BGB Rn. 49.
[410] Dies scheint *Löwenich* WM 2015, 113 (118) zu übersehen.

Abs. 2 Satz 2 EGBGB, → § 492 Rn. 92) zur Finanzierung der Lieferung oder Leistung verwendet wird, sondern auch dann, wenn
– (1) die Valuta zur vollständigen Finanzierung nicht ausreicht, der Verbraucher vielmehr den Rest durch Eigenleistung aufbringt, oder
– (2) die Valuta mehreren Zwecken dient, zB ein Teil (und insoweit ausschließlich) der Finanzierung eines Kaufpreises, ein weiterer Teil der Finanzierung einer Nebenleistung (zB einer Versicherungsprämie, → Rn. 270) und vielleicht ein letzter Teil frei verfügbar ist.

In der zweiten Variante gibt es für den frei verfügbaren Teil kein verbundenes Geschäft. Der Verbraucher kann den Darlehensvertrag gem. § 495 nur ungeteilt widerrufen (→ Rn. 24), sodass die Bindung an die finanzierten Verträge (Kaufvertrag, Versicherungsvertrag) gem. § 358 Abs. 2 endet. Dagegen führt der Widerruf des Versicherungsvertrags gem. § 358 Abs. 1 nur zur Unverbindlichkeit des Darlehensvertrags bezüglich des Teils der Valuta, der der Finanzierung der Prämie dient (im Einzelnen → Rn. 270).

3. Paritätische Gesamtschuld mit asymetrischer Zweckbindung

Partei eines Darlehensvertrags als Darlehensnehmer kann eine Mehrheit von Verbrauchern, zB Ehegatten, sein (→ Rn. 189). Die Darlehensnehmer sind gleichgründige, paritätische Gesamtschuldner und zugleich Gläubiger des Darlehensgebers, anders als im Falle der Sicherungsgesamtschuld, wo der beitretende Verbraucher nur haftet (→ § 491 Rn. 119). Es kann vorkommen, dass die Valuta der Finanzierung eines anderen Geschäfts, zB eines Verbrauchsgüterkaufs im Fernabsatz, dient, dass aber nur einer der Darlehensnehmer zugleich Partei des finanzierten Geschäfts ist und deshalb allein das Widerrufsrecht aus § 312g Abs. 1 BGB hat. Übt er es aus, endet seine Bindung an den Darlehensvertrag gem. § 358 Abs. 1. Jenseits der Frage, ob auch in der Person des anderen gesamtschuldnerischen Darlehensnehmers nach dem Rechtsgedanken von § 139 BGB die Bindung an den Darlehensvertrag endet, könnte dieser bei Verfristung seines eigenen, darlehensbezogenen Widerrufsrechts Zins- und Tilgungsleistungen gegenüber dem Darlehensgeber nach § 359 Abs. 1 verweigern. Allerdings wirken gem. § 425 Abs. 1 BGB Tatsachen wie der Widerruf des finanzierten Geschäfts nur für und gegen denjenigen Gesamtschuldner, in dessen Person sie eintreten, also die Partei des finanzierten Geschäfts. Diese Auslegungsregel gilt jedoch nur, soweit sich aus dem Schuldverhältnis nicht ein anderes ergibt. Eben dies ist aber der Fall, wenn der gesamtschuldnerische Darlehensnehmer ein Verbraucher nach § 13 BGB ist.[411] Er kann gegen den Anspruch der Bank aus § 488 Abs. 1 Satz 2 BGB also gem. § 359 Abs. 1 die Unwirksamkeit des finanzierten Vertrags einwenden.

4. Insbesondere: Überziehungskredit, Restschuldversicherung

Da die freie Verwendung immanente Voraussetzung des Formprivilegs für Überziehungskredite gem. §§ 504, 505 BGB ist (→ § 504 Rn. 11 f.), können

---

[411] In Fortführung von BGHZ 91, 37 (44 f.) zum AbzahlungsG; gl. A. MüKoBGB/*Habersack* § 359 BGB Rn. 54 und für Finanzierungsleasing *Zahn* DB 1992, 1029 (1031); anders aber bei fehlender Verbrauchereigenschaft, OLG Köln NJW-RR 1989, 49 mit Anm. *Emmerich* WuB I J 2–3.89; *Edenfeld* JZ 1997, 1034 (1039); *Bülow*, Recht der Kreditsicherheiten, Rn. 1600.

§ 495 (§ 358 Abs. 3) 1. Teil. Darlehen u. Finanzierungshilfen

verbundene Geschäfte, die sich durch die Zweckbindung kennzeichnen, auf laufendem Konto nur bei Einhaltung der Formvorschriften von § 492 BGB (→ § 492 Rn. 64) abgewickelt werden, zB im Falle von Effektengeschäften (→ Rn. 318).

270 Wird zusammen mit dem Darlehensvertrag ein Vertrag über eine **Restschuldversicherung** zwischen Verbraucher und Versicherer[412] abgeschlossen, die durch das Darlehen mitfinanziert wird, besteht die Zweckbindung, nämlich hinsichtlich des Aufstockungsbetrags; insoweit dient das Darlehen der Finanzierung der Versicherungsprämie, während der Rest dem primären Zweck, zB der Kaufpreisfinanzierung, dient[413] (→ Rn. 267). Die Zweckbindung kann auch nicht aus dem Grunde verneint werden, dass hinsichtlich der Versicherung nur ein sekundärer Zweck erfüllt werde.[414] Der Widerruf des Versicherungsvertrags durch den Verbraucher nach § 8 Abs. 1 VVG (Anhang 4) bringt deshalb den Darlehensvertrag nach der § 358 Abs. 1 BGB entsprechenden Regelung in § 9 Abs. 2 VVG zu Fall,[415] jedenfalls soweit der Darlehensvertrag der Finanzierung der Versicherungsprämie dient. Der Widerruf des Darlehensvertrags beseitigt die Bindung an den Versicherungsvertrag gem. § 358 Abs. 2. Der Verbraucher hat die **Wahl,** welchen der Verträge er widerruft (→ Rn. 333; bei einem Widerrufsausschluss nach § 8 Abs. 3 Nr. 2 VVG entfällt die Wahl, sodass nur der Darlehensvertrag widerruflich bleibt;[416] zum zusammenhängenden Vertrag → Rn. 339). Wählt der Verbraucher den Widerruf des Darlehensvertrags, endet die Bindung an diesen vollständig und löst die Rückabwicklung nach § 358 Abs. 4 aus (→ Rn. 360 ff.). Wählt er den Widerruf des Versicherungsvertrags nach § 8 Abs. 1 VVG, kann die Reichweite der Widerrufserstreckung allerdings problematisch sein. Wenn der Darlehensgeber den Abschluss des Versicherungsvertrags zwingend als Bedingung für die Gewährung des Darlehens vorschreibt (so für die Berechnung des effektiven Jahreszinses nach § 6 Abs. 3 Nr. 5 PrAngVO), das Darlehen sonst also nicht gewährt worden wäre,[417] würde ihm der ver-

---

[412] Nicht: Versicherungsvertrag zwischen Bank und Verbraucher (Gruppenversicherung), entgegen LG Rottweil EWiR § 358 BGB 1/12, 475 *(Homberger),* zutr. dagegen LG Hamburg WM 2010, 2080, in diesem Fall ist die Prämie bloßer Rückabwicklungsposten nach § 355 Abs. 3 Satz 1 BGB. Ebenfalls nicht: Versicherungsvertrag zwischen Bank und Versicherer (im Auftrag des Verbrauchers), *Göhrmann* BKR 2014, 309; OLG Karlsruhe WM 2014, 2162 zu II.1.a., aA OLG Frankfurt ZIP 2014, 365. AGB-rechtliche Kontrolle Art. 4 Abs. 2 KlauselRl 93/13/EWG: EuGH NJW 2015, 1811 mit Rez. *Armbrüster* NJW 2015, 1788.
[413] BGHZ 184, 1 = NJW 2010, 531 = WM 2010, 166 = ZIP 2010, 230 mit Rez. *Schürnbrand* ZBB 2010, 123 und *Knops* ZIP 2010, 1265, Anm. *Bülow* LMK 2009, 298835, *Geist/Tyzak* BB 2010, 462 und Komm. *D. Schulz* EWiR § 358 BGB 1/10, 351; OLG Düsseldorf WM 2015, 718; LG Bremen WM 2009, 2215.
[414] So bereits OLG Köln WM 2009, 793 und OLG Oldenburg WM 2009, 796 mit abl. Rez. *Sänger/Wigand* ZGS 2009, 447, abl. Anm. *Bülow* WuB IE 2.-1.09 und abl. Komm. *Fliegner/Fehst* EWiR § 358 BGB 1/09, 231 sowie Anm. *Patrick Schmidt* BKR 2009, 119; zust. *Freitag* ZIP 2009, 1297 und *Mülbert/Wilhelm* WM 2009, 2241; gleichermaßen OLG Celle WM 2009, 1600 = ZIP 2009, 1755 und AG Siegburg NJW-RR 2010 1069; offen OLG Stuttgart WM 2009, 1361.
[415] *Schürnbrand* BKR 2011, 309 (311); BGHZ 184, 1 = NJW 2010, 531 Tz. 37: § 8 VVG ist auf § 358 anwendbar.
[416] MüKoBGB/*Habersack* § 358 BGB Rn. 12 aE.
[417] BGH WM 2012, 30 = ZIP 2012, 67 mit Anm. *M. Ahrens* LMK 2012, 334798, Komm. *Metz* EWiR § 138 BGB 1/12, 101; die Prämie fließt nicht in die Sittenwidrigkeitsbewertung ein, BGH NJW 1988, 1661; *Bülow,* Sittenwidriger Konsumentenkredit, Rn. 82.

bleibende Rumpfdarlehensvertrag ohne Sicherung aufgezwungen, was ihm nicht aufgebürdet werden dürfte, vielmehr entsprechend dem Rechtsgedanken von § 139 BGB davon auszugehen ist, dass der Darlehensvertrag ohne Versicherungsvertrag nicht abgeschlossen worden wäre.[418] Deshalb ergreift die Widerrufserstreckung nach §§ 358 Abs. 1 BGB, 9 Abs. 2 VVG in diesem Fall den gesamten Darlehensvertrag und mit ihm etwaige weitere verbundene Verträge. Ist dem Verbraucher der Abschluss des Versicherungsvertrages aber freigestellt, beschränkt sich die Widerrufserstreckung auf den Anteil der Valuta, der auf die Prämie entfällt und dementsprechend die Rückabwicklung nach § 358 Abs. 4 Satz 2.[419] Im Übrigen bleibt der Darlehensvertrag also verbindlich.

Keine Zweckbindung besteht in dem Finanzierungsmodell, bei dem eine **271 Kapitallebensversicherung** abgeschlossen wird, um später einen Festkredit abzulösen. Hier fließt keine Valuta an den Versicherer.[420] Werden allerdings die Versicherungsprämien mitfinanziert, zB bei einer Einmalprämie,[421] ist die Zweckbindung zu bejahen. Besteht kein Verbund nach § 358 Abs. 3, wird es sich doch um einen zusammenhängenden Vertrag handeln (→ Rn. 342), sodass eine Widerrufserstreckung nach § 360 Abs. 1 Satz 1 stattfindet (→ Rn. 339).

III. Wirtschaftliche Einheit

1. Begriff; Verbraucherhorizont

Das Tatbestandsmerkmal der wirtschaftlichen Einheit hat seinen Ausgangs- **272** punkt in der rechtlichen Trennung von Darlehensvertrag und finanziertem Vertrag, die dem Verbraucher aber nicht deutlich wird, sich ihm der Darlehensvertrag vielmehr als Teilstück eines einheitlichen Geschäfts darstellt. Das kompensatorische Modell soll verhindern, dass der Verbraucher durch die Aufspaltung des Geschäfts in getrennten Kauf- (Leistungs-)vertrag einerseits und Darlehensvertrag andererseits schlechter stehen könnte, als wenn der Verkäufer selbst die Gegenleistung gestundet und dadurch Kredit gewährt hätte. Die Rechtsfolgen richten sich demgemäß nicht nach der rechtlichen Trennung, sondern nach der wirtschaftlichen Einheit.

Die wirtschaftliche Einheit besteht, wenn sich der Darlehensvertrag als Teil- **273** stück eines einheitlichen Teilzahlungsgeschäfts oder anderen finanzierten Geschäfts darstellt, beide Verträge also derart innerlich miteinander verbunden sind, dass keiner ohne den anderen abgeschlossen worden wäre.[422] Wann sich die

---

[418] *Schürnbrand* BKR 2011, 309 (313).
[419] BGH NJW 2011, 1063 Tz. 27; MüKoBGB/*Habersack* § 358 BGB Rn. 75, 78.
[420] BGH v. 5.5.2015 – XI ZR 406/13, Rn. 21, WM 2015, 1332 = NJW 2015, 2414 mit Anm. *Bülow* WuB 2015, 495 und *Beining* VuR 2015, 386; *v. Westphalen/Emmerich/ v. Rottenburg* § 9 VerbrKrG Rn. 73; MüKoBGB/*Habersack* § 358 BGB Rn. 13.
[421] Vgl. BGH WM 2008, 681.
[422] BGH NJW 2011, 1063 = WM 2011, 451 Tz. 20 mit Komm. *Madaus* EWiR § 358 BGB 1/11, 275; BGHZ 184, 1 = NJW 2010, 531 Tz. 30, 33; NJW 1996, 3414 zu II. e. – Securenta III – mit Anm. *Pfeiffer* LM Nr. 27 zu § 1 HWiG, Komm. *Koller* EWiR § 1 HWiG 7/96, 1096, Bspr. *Emmerich* JuS 1997, 275, Anm. *Rebmann* DZWIR 1997, 151 und Anm. *Frings* WiB 1997, 148; BGH WM 1996, 203 zu II. 4. – Securenta IV –; BGHZ 47, 241 und 253; 3, 257; 22, 90; 83, 301; 91, 9; BGH WM 1980, 159; NJW 1983, 2250; WM 1985, 358; BB 1988, 2129; NJW 1992, 2560 zu B. I. 3 b. aa. mit Komm. *Teske* EWiR § 607 BGB 5/92, 763; OLG Düsseldorf WM 2015, 718 zu II.1.a. aa.; OLG Bran-

rechtlich selbständigen Verträge als wirtschaftliche Einheit darstellen, hängt von der konkreten Ausgestaltung im Einzelfall ab,[423] von einer hinreichenden Anzahl von Verbindungselementen,[424] eine miteinander verknüpfte Kette von Leistungspflichten.[425] Maß der Beurteilung des Einzelfalls ist der Verständnishorizont eines vernünftigen typisierten Verbrauchers („Durchschnittsverbraucher"), nicht die Auffassungsgabe gerade desjenigen Verbrauchers, der die Verträge abschloss. Es findet also eine **Objektivierung der subjektiven Vorstellungen** statt.[426] Keinesfalls schadet allein die Kenntnis des Verbrauchers von der tatsächlichen rechtlichen Trennung beider Verträge.[427] Auf der anderen Seite haben Kreditgeber oder Verkäufer die Möglichkeit, durch individuelle Hinweise den zunächst entstandenen Eindruck der wirtschaftlichen Einheit zu beseitigen.[428]

274 Die wertende Gesamtbetrachtung der Einzelelemente durch den vernünftigen typisierten Verbraucher begründet ein bewegliches System,[429] das den Begriff der wirtschaftlichen Einheit ausfüllt. Es wird ergänzt durch die beispielhaft genannten Tatbestände von § 358 Abs. 3 Satz 2, welche die unwiderlegliche Vermutung der wirtschaftlichen Einheit begründen (gleich → Rn. 275).

2. Unwiderlegliche Vermutungen

275 a) **Unternehmer als Darlehensgeber, Mitwirkung des Unternehmers (§ 358 Abs. 3 Satz 2).** Die wirtschaftliche Einheit nach § 358 Abs. 3 Satz 1 ist anzunehmen, wird also unwiderleglich vermutet,[430] bei Finanzierung durch den Unternehmer selbst (→ Rn. 287) und bei Mitwirkung des Unternehmers bei der Darlehensvergabe. In diesen beiden Fällen ist die wirtschaftliche Einheit also anzunehmen, auch wenn andere Umstände bei wertender Gesamtbetrachtung dagegen sprechen sollten. Auf der anderen Seite begründen Umstände jenseits der Mitwirkung und der Selbstfinanzierung keine unwiderleglichen Vermutungen, auch wenn sie noch so indiziellen Charakter haben; sie fließen vielmehr in die Gesamtbetrachtung nach § 358 Abs. 3 Satz 1 ein und sind dort widerlegbar.[431]

---

denburg BKR 2012, 115 Tz. 157 (sic!); OLG Hamm WM 1985, 1100 mit Anm. *Koller* WuB VI C.–2.85.
[423] BGHZ 47, 253 (256).
[424] BGH NJW 1989, 163.
[425] *Heermann* AcP 200 (2000), 1 (36), der freilich einen Anspruch des Verkäufers auf Direktvalutierung (nachf. Rn. 263) für unentbehrlich hält, *Heermann*, Drittfinanzierte Erwerbsgeschäfte, S. 50 ff., (148) sowie *Füller* DZWIR 2000, 409 (414); gleichermaßen *Tröster*, Verbundene Geschäfte, S. 135, wonach es auf eine synallagmatische Verknüpfung aufgrund Forderungsrechts des Verkäufers nach § 328 BGB ankommen soll.
[426] *Reifner* FS Derleder, S. 489 (505); skeptisch *Franz* FLF 1997, 17 (22): rein objektive Betrachtung, gleichermaßen *Pechtold*, Tatbestand des verbundenen Geschäfts, S. 149 f.
[427] *Reinicke/Tiedtke* ZIP 1992 , 217 (222).
[428] BGH NJW 1992, 2560 zu B. I. 3 b. cc. mit Komm. *Teske* EWiR § 607 BGB 5/92, 763.
[429] MüKoBGB/*Habersack* § 358 BGB Rn. 37.
[430] BGHZ 167, 252 = NJW 2006, 1788 = WM 2006, 1003 Tz. 14; BGH WM 2008, 967 Tz. 22; NJW 2008, 845 = WM 2008, 244 Tz. 21 mit Anm. *Bülow* WuB I E 2-1.08 und Komm. *Madaus* EWiR § 813 BGB 1/08, 365; NJW 2007, 1456 Tz. 19; BGH NJW 2003, 2821 zu II. 2.b. mit Anm. *Bülow* LMK 2003, 221, krit. *Wallner* BKR 2003, 799 und *Strube* BKR 2003, 802; BGH WM 2003, 2232 zu B. II. 2 b.bb. mit Anm. *Arnold* BKR 2003, 895 betr. § 9 VerbrKrG; OLG Frankfurt ZGS 2007, 329 (Bericht); unentschieden *Tönner* BKR 2002, 856 (860).
[431] BGH WM 2008, 967 Tz. 24.

276 Der Mitwirkungstatbestand ist erfüllt, wenn der Darlehensvertrag nicht aufgrund eigener Initiative des Darlehensnehmers zustande kommt, sondern weil der Verkäufer resp. dessen Vertriebsbeauftragter dem Verbraucher zugleich mit dem Kauf- oder sonst zu finanzierenden Vertrag einen Darlehensantrag des Finanzierungsinstituts, insbesondere einer Bank, Sparkasse oder Volksbank, vorgelegt hat, das sich zuvor dem Verkäufer gegenüber zur Finanzierung bereit erklärt hatte.[432] Die Mitwirkung des Verkäufers oder sonstigen Unternehmers des finanzierten Geschäfts beruht demgemäß auf dem Zusammenwirken mit dem Darlehensgeber, sodass sich dieser des Unternehmers bedient, wie es § 358 Abs. 3 Satz 2 formuliert. Dies setzt positive Kenntnisse der Bank als Darlehensgeberin von der Mitwirkung des Verkäufers resp. nach Lage des Einzelfalls eines für sie tätigen Vermittlers, der mit dem Verkäufer zusammenwirkt, voraus.[433]

277 **b) Grundstücksgeschäfte (§ 358 Abs. 3 Satz 3).** Die eingeschränkten Voraussetzungen für die Begründung der wirtschaftlichen Einheit bei Grundstücksgeschäften (Verschaffungs- und Fördertatbestand, → Rn. 298, 299) begründen, wenn sie denn vorliegen, die Annahme wirtschaftlicher Einheit, wie § 358 Abs. 3 Satz 3 bestimmt, sodass diese ebenfalls unwiderleglich vermutet werden (→ Rn. 295).

278 **c) Angabe des Vertragsgegenstands aus dem finanzierten Vertrag im Darlehensvertrag (zusammenhängender Vertrag, § 360 Abs. 2 Satz 2).** Eine unwiderlegliche Vermutung der wirtschaftlichen Einheit stellt auch Art. 3 lit. n ii) VerbrKrRil für den Fall auf, dass die zu finanzierende Leistung im Verbraucherdarlehensvertrag ausdrücklich angegeben ist mit der Folge, dass gem. Art. 15 Abs. 1 der Widerruf des finanzierten Vertrags die Bindung an den Darlehensvertrag beendet. Dadurch kann der Verbundtatbestand nach allgemeinen Grundsätzen gem. § 358 Abs. 3 Satz 1 BGB, also widerleglich, erfüllt sein. Ist dies nach Lage des Einzelfalls nicht anzunehmen, beendet der Widerruf des finanzierten Vertrags gleichwohl die Bindung an den Verbraucherdarlehensvertrag, weil letzterer in diesem Fall ein zusammenhängender Vertrag nach § 360 Abs. 2 Satz 2 BGB ist, dessen Bindung nach § 360 Abs. 1 Satz 1 endet (näher → Rn. 11 und → Rn. 343).

3. Verbindungselemente; Fallgruppen

279 Indiz für die wirtschaftliche Einheit in wertender Gesamtbetrachtung sind insbesondere (aber nicht notwendig)[434] ständige **Geschäftsbeziehungen** zwischen Finanzierungsinstitut und Verkäufer (Leistungserbringer), vielleicht, aber nicht notwendig durch eine Rahmenvereinbarung geregelt, sowie die vom Verkäufer ausgehende Finanzierungsinitiative. Es kommt darauf an, ob Finanzierungsinstitut und Verkäufer dem Verbraucher praktisch – wenn auch nicht rechtlich – als Einheit erscheinen.[435] Die Regelungen zum verbundenen Geschäft sind deshalb auch anwendbar, wenn die Verbindung zwischen Verkäufer und Finanzierungsinstitut nur locker, vielleicht nur einmalig und gelegentlich war, aber der Verbraucher von der wirtschaftlichen Einheit ausgehen durfte. Anhaltspunkte für eine danach anzu-

---

[432] So BGH NJW 2008, 845 Tz. 21; 2007, 3200 = WM 2007, 1456 Tz. 19; BGHZ 167, 252 (257) = NJW 2006, 1788 Tz. 14.
[433] BGH NJW 2007, 3200 Tz. 20.
[434] BGH NJW 1983, 2250 zu I. 2; OLG Oldenburg WM 2009, 1835.
[435] BGH WM 1971, 1265 zu II. 3.; BGHZ 47, 233 (237f.); *Dauner-Lieb* WM 1991, Beil. 6, S. 13.

nehmende Einheit sind, dass Kaufvertrag und Darlehensvertrag zeit- und ortsgleich, zB im Geschäftslokal des Verkäufers, abgeschlossen wurden.[436] Als Beispielsfall nennt das Gesetz in Satz 2 die Mitwirkung des Verkäufers bei Abschluss des Vertrags, insbesondere dadurch, dass der Antrag auf Abschluss des Darlehensvertrags beim Verkäufer unterschrieben wird und von ihm die Finanzierungsinitiative ausging, wodurch die wirtschaftliche Einheit unwiderleglich vermutet wird (→ Rn. 275). Der Verkäufer resp. die sonstige unternehmerische Partei des finanzierten Geschäfts fördert den Abschluss des Darlehensvertrages (**arbeitsteiliges Zusammenwirken** zwischen Verkäufer und Darlehensgeber[437]). Aber die Initiative kann auch vom Darlehensgeber ausgehen: Er tritt zunächst als **Makler** auf und finanziert sodann das vermittelte Geschäft. Umgekehrt kann der Verkäufer als Makler für den Darlehensvertrag auftreten. Im Übrigen kommt es bei Einschaltung eines Kreditvermittlers darauf an, ob er für den Verbraucher erkennbar selbständig handelt oder sein Handeln entweder Bank oder Verkäufer zuzurechnen ist und deshalb ein Verbindungselement darstellen kann.[438] Wird die Maklerprovision mitfinanziert, können Darlehensvermittlungsvertrag und Darlehensvertrag ein verbundenes Geschäft bilden (→ Rn. 288 und → 2. Teil § 655b Rn. 2).

280 Nicht entscheidend ist, ob ein Verkäufer dem Verbraucher die Wahl lässt, auch von der Finanzierung abzusehen, Finanzierungsalternativen anbietet, zum Vertragsabschluss auch dann bereit ist, wenn der mit ihm zusammenarbeitende Finanzierer nicht eingeschaltet wird[439] oder ob die Darlehensvaluta vom Kreditinstitut unmittelbar an den Verkäufer oder an den Verbraucher zur Weiterleitung an den Verkäufer fließt.[440] Indizwirkung, aber auch nicht mehr (→ Rn. 266), hat, dass die Parteien des Darlehensvertrags eine **Zweckabrede** treffen, nach welcher die freie Verfügung über die Valuta ausgeschlossen ist, diese vielmehr zur Tilgung der vom Verbraucher zu erbringenden Gegenleistung aus dem finanzierten Vertrag zu verwenden ist.[441]

281 Indizwirkung hat auch, dass die Sache dem Darlehensgeber zur **Sicherheit** übereignet wird; allerdings ist dies nicht umgekehrt Voraussetzung für die Qualifizierung als verbundenes Geschäft.[442] Eine wirtschaftliche Einheit ist anzunehmen, wenn zum Zwecke der **Baufinanzierung** ein Treuhandkonto eröffnet wird, welches ausschließlich hierfür verwendet werden darf,[443] gleichermaßen bei der Finanzierung von Kapitalanlagen zum Zwecke der Altersversorgung („Null-

---

[436] BGH NJW 2010, 531 Tz. 31; OLG Köln NJW-RR 1995, 1008 mit Komm. *Dauner-Lieb* EWiR § 9 VerbrKrG 1/95, 305.
[437] BGHZ 131, 66 (70) = NJW 1995, 3386; *Dauner-Lieb* WM 1991, Beil. 6, S. 14; MüKoBGB/*Habersack* § 358 BGB Rn. 38; *Bruchner/Ott/Wagner-Wieduwilt* § 9 VerbrKrG Rn. 49.
[438] OLG Düsseldorf NJW 1997, 2056; MüKoBGB/*Habersack* § 358 BGB Rn. 44.
[439] BGH WM 1990, 1234 zu II. 2. mit Komm. *Vortmann* EWiR § 607 BGB 6/90, 671 und Anm. *Emmerich* WuB IV C.-2.90.
[440] Dagegen liegt in der Direktvalutierung nach *Heermann* AcP 200 (2000), 1 (36) das Wesensmerkmal des verbundenen Geschäfts, ebenso *Heermann*, Drittfinanzierte Erwerbsgeschäfte, S. 50 ff., 148 sowie *Tröster*, Verbundene Geschäfte, S. 135 aufgrund von § 328 BGB.
[441] BGH NJW 2010, 531 Tz. 31; NJW 1989, 163 zu 1.; OLG Düsseldorf NJW 1997, 2056 zu B. I. 3.; Staudinger/*Kessal-Wulf* § 358 BGB Rn. 26; MüKoBGB/*Habersack* § 358 BGB Rn. 47 bis 49.
[442] BGH WM 1980, 159 zu I. 3. gegen BGHZ 47, 253 (255); BGH NJW 1989, 163 zu II. 1.; OLG Stuttgart BB 1978, 472.
[443] BGH NJW 1984, 2816 zu II. 5.b. aa.

Verbundene Geschäfte　　　　　　282–285　§ 495 (§ 358 Abs. 3)

Einsatz-Vorsorge-Programm").[444] Auf der anderen Seite können Darlehensgeber und Verkäufer ständige Geschäftsbeziehungen im Hinblick auf Teilzahlungsgeschäfte pflegen, ohne dass dies für den Verbraucher erkennbar wäre; dann liegt kein verbundenes Geschäft vor.

Indizwirkung hat, dass im Falle des **Autokaufs** die Valuta an den Verkäufer 282 Zug um Zug gegen Sicherungsübereignung (→ Rn. 281) oder bloße Übergabe des Kraftfahrzeugbriefs an das Finanzierungsinstitut gezahlt wurden,[445] insbesondere wenn der Verkäufer oder Leistungserbringer von der Bank einen Scheck über den Gegenstand des Geschäfts erhält; oder dass die Gültigkeit eines **Inventarkaufvertrags** von der Sicherstellung der Kaufpreisfinanzierung durch eine entsprechende Vereinbarung mit einer Bank abhängen solle.[446] Bei einem **Franchise-Vertrag**, durch den sich der Franchise-Nehmer unter anderem zum Warenbezug verpflichtet (→ § 510 Rn. 57) und die zu zahlenden Kaufpreise von einer Bank finanzieren lässt, ist von einem verbundenen Geschäft auszugehen, wenn das Darlehen, wie in diesen Fällen typisch, als Existenzgründungsdarlehen iSv §§ 491, 512 BGB (→ § 512 Rn. 5) gewährt wurde.[447]

Leasingverträge (unten § 506 Rn. 67) können verbundene Geschäfte sein, 283 wenn eine Bank dem Verbraucher die Leasingraten finanziert; meist schließt der Verbraucher als Leasingnehmer allerdings nur den Leasingvertrag mit dem Leasinggeber und nicht außerdem einen Darlehensvertrag mit einem Kreditinstitut ab.[448] Ein verbundenes Geschäft im Verhältnis Leasinggeber und Lieferant einerseits sowie Verbraucher andererseits kann im Falle des Bestelleintritts (→ § 506 Rn. 91) anzunehmen sein sowie im Verhältnis Mobilfunkvertrag und Kaufvertrag über das Mobiltelefon (→ § 506 Rn. 91).

Finanziert ein Prinzipal seinem **Handelsvertreter** den Erwerb eines Ge- 284 schäftsautos, das für die Vertretertätigkeit eingesetzt wird, kann darin ein verbundenes Geschäft liegen,[449] sofern es sich um einen Existenzgründungsfall handelt. Im Allgemeinen kommt es auf ein wirtschaftliches Interesse des Darlehensgebers am Kaufgeschäft als solchem nicht an.[450]

Die Verbindungselemente, die eine wirtschaftliche Einheit ausmachen, können 285 auch durch die Ausgabe einer **Kreditkarte** herbeigeführt werden. Voraussetzung ist, dass sich Kreditkartenunternehmen und Verkäufer aus der objektivierten Sicht des Verbrauchers als eine einzige Person darstellen, insbesondere also das durch Kreditkarte gewährte Darlehen zweckgebunden ist (→ Rn. 227). Richtigerweise wird es danach im Allgemeinen an der Verbundenheit der Geschäfte fehlen bei Universalkreditkarten, die den Charakter eines allgemeinen Zahlungsmittels haben,[451] nicht dagegen bei Kundenkreditkarten, die den Einkauf

---

[444] BGH NJW 1992, 2560 zu B.I. 3.b.bb., cc. mit Komm. *Teske* EWiR § 607 BGB 5/92, 763.
[445] BGH NJW 1983, 2250 zu II. 2.
[446] BGH NJW 1989, 163 zu II. 1.
[447] OLG Schleswig NJW 1988, 3024; *Böhner* NJW 1992, 3135 (3137).
[448] *B. Peters* WM 1992, 1797, 1804; *Reinicke/Tiedtke* ZIP 1992, 217 (227); *Zahn* DB 1991, 81, 83 und 687 (688); *Slama* WM 1991, 569 (572); typischerweise liegt jedoch in den Leasingraten selbst schon die Finanzierung, und der Leasingnehmer mag sich um eine Rückfinanzierung sorgen, an der der Leasinggeber jedoch nicht beteiligt ist.
[449] BGH NJW 1954, 185.
[450] BGHZ 47, 253 (258) in Abgrenzung zu BGH NJW 1954, 185.
[451] *Hadding* in Bankrecht 2000, S. 51 (55); *Seibert* DB 1991, 429 (431); *Langenbucher* Risikozuordnung, S. 280 f., 296; *Vortmann* § 9 VerbrKrG Rn. 6; MüKoBGB/*Habersack* § 9

nur bei einem bestimmten Unternehmen oder Konzern, zB einer Warenhauskette, erlauben und sich auf deren Warenangebot beschränken. Der Eindruck der Verbundenheit kann durch Werbung beeinflusst werden und nach Lage des Einzelfalls auch bei Universalkundenkarten eintreten.

286 Die Finanzierung der Provision aus einem **Darlehensvermittlungsvertrag** (§ 655a BGB, → 2. Teil § 655a Rn. 18) im Rahmen des vermittelten Darlehens ist nicht untypisch. Ebenso wie der Darlehensvermittler selbst seine Provision gegenüber dem Verbraucher gegen zusätzliches Entgelt stunden kann und diesem Fall, dass der – für sich selbst nicht widerrufliche (→ § 655b BGB Rn. 2) – Darlehensvermittlungsvertrag zum Kreditvertrag iSv § 506 BGB wird, kann auch das Reglement von §§ 358 Abs. 2, 359 Abs. 1 BGB eingreifen.[452] Entsprechendes gilt für einen **Restschuldversicherungsvertrag**, nicht aber für eine Kapitallebensversicherung, die der Darlehensablösung dient (→ Rn. 271).

4. Drei- und Zweipersonenverhältnis

287 Im klassischen Fall des verbundenen Geschäfts sind drei Personen beteiligt, nämlich Verbraucher, Verkäufer und Bank als Darlehensgeber. Aber auch und erst recht, wenn der Verkäufer selbst das Darlehen zur Finanzierung des Kaufpreises gewährt und demgemäß zwei isolierte Verträge mit dem Verbraucher abschließt, ist die Verbindung der beiden isolierten Verträge gegeben, wie gem. § 358 Abs. 3 Satz 2 unwiderleglich zu vermuten ist (→ Rn. 275), außerdem in den Tatbeständen von § 358 Abs. 3 Satz 3 (→ Rn. 294 ff.). Auch der Darlehensgeber kann sowohl Partei des Darlehensvertrags wie Partei des finanzierten Geschäfts sein, zB wenn der Verbraucher Sicherungsgut, das ein Kreditinstitut zu verwerten hat, kauft und sich von demselben Kreditinstitut finanzieren lässt oder das Kreditinstitut das von ihm selbst besorgte Wertpapiergeschäft finanziert; im letzten Fall greift allerdings die Ausnahmevorschrift von §§ 358 Abs. 5, 359 Abs. 2 ein (→ Rn. 318).

5. Zusatzleistungen (Art. 247 § 8 EGBGB)

288 Im Zusammenhang mit dem Darlehensvertrag können weitere Verträge abgeschlossen werden, paradigmatischer Fall ist die Restschuldversicherung (→ Rn. 270), die keinen Verbund mit dem Darlehensvertrag bildet, wenn die Prämie nicht mitfinanziert, sondern vom Verbraucher aus eigenen Mitteln aufgebracht wird; aber sie steht doch in einer wirtschaftlichen Verbindung mit dem Darlehensvertrag. Der Widerruf des Darlehensvertrags nach § 495 ergreift den Versicherungsvertrag, wenn er zusammenhängender Vertrag nach § 360 BGB ist. Das setzt einen dementsprechenden Vertrag zwischen Darlehensgeber und Verbraucher (Rahmenvertrag) voraus (→ Rn. 342); sofern es daran fehlt, scheitert ein Widerruf nach § 360 Abs. 1 Satz 1 BGB. Aber der Versicherungsvertrag ist seinerseits nach § 8 Abs. 1 VVG widerruflich, wodurch eine Widerrufserstreckung nach § 358 Abs. 1 – mangels Verbund – nicht stattfindet. Der Darlehens-

---

VerbrKrG Rn. 35; *Pense* Kreditkartenbedingungen, S. 95; *Koeppen* FLF 1992, 86 (90 f.); *Kienholz*, Zahlung mit Kreditkarte, S. 132; aA *Heerstraßen* FS Merle, S. 167 (176); *Streit* Kartenzahlung, S. 330 ff.; *Metz* NJW 1991, 2804 (2812) mit an sich zutreffendem Hinweis auf die Materialien, die aber von der Möglichkeit der Verbundenheit gerade ausgehen. Eine Zweckbindung verneint sogar bei Kaufscheinen KG MDR 1985, 500.
[452] *Habersack* DStR 1994, 1353.

vertrag bleibt in diesem Fall also verbindlich. Der Vertrag über eine Zusatzleistung nach Art. 247 § 8 EGBGB setzt – anders als der zusammenhängende Vertrag – voraus, dass der Darlehensgeber den Abschluss verlangt, sodass im Beispiel der Restschuldversicherung nur eine obligatorische (→ Rn. 270) erfasst ist. Dies kann nach dem Rechtsgedanken von § 139 BGB zur Unverbindlichkeit des Verbraucherdarlehensvertrages insgesamt führen. Bei einer fakultativen Versicherung, also jenseits von Art. 247 § 8 Abs. 1 EGBGB, kann trotz Widerruf des Darlehensvertrags der Fall eintreten, dass der Verbraucher an den Versicherungsvertrag gebunden bleibt (kein Verbund, kein zusammenhängender Vertrag mangels Rahmenvertrag, Verstreichen der Widerrufsfrist nach § 8 Abs. 1 VVG).

6. Besonderheiten für den finanzierten Grundstückserwerb (§ 358 Abs. 3 Satz 3)

289 Ist das finanzierte Geschäft ein Grundstücksgeschäft, erweitert das Gesetz die Anforderungen an die wirtschaftliche Einheit, schränkt also die Annahme eines verbundenen Geschäfts ein. Namentlich greift die unwiderlegliche Vermutung aus § 358 Abs. 3 Satz 2 nicht ein, nach welcher die wirtschaftliche Einheit bereits dann anzunehmen ist, wenn der Verkäufer den Abschluss des Darlehensvertrags im Zuge der Verhandlungen über das finanzierte Geschäft fördert (→ Rn. 279).

290 **a) Ratio legis.** Die gesetzgeberischen Überlegungen[453] fußen auf der so erkannten besonderen Situation von Kreditinstituten, die sich mit der Immobilienfinanzierung befassen. Diese Kreditinstitute seien typischerweise auf eine irgendwie geartete Mitwirkung der Grundstücksverkäufer angewiesen, zumal sie oft keine oder nur wenige Filialen hätten. Das Verbundgeschäft mit seinen weitreichenden Lasten, namentlich im Hinblick auf die Abwicklung nach § 358 Abs. 4 Satz 5 und den Einwendungsdurchgriff nach § 359 Abs. 1, wären der Regel- und nicht der Sonderfall; dies ermangele innerer Rechtfertigung. Infolge dessen tritt an sich am Maß von § 358 Abs. 3 Satz 2 gegebener Verbraucherschutz zurück. Das deutsche Recht ist hierbei nicht an die Verbraucherkreditrichtlinie gebunden, weil der finanzierte Grundstückserwerb gem. Art. 2 lit. b außerhalb des harmonisierten Bereichs liegt.

291 **b) Voraussetzungen. aa) Zweckbindung.** Besonderheiten gelten nur für das Tatbestandsmerkmal der wirtschaftlichen Einheit, während die Zweckbindung als Verbundvoraussetzung (→ Rn. 265) unberührt bleibt. Das Verbraucherdarlehen muss also der Finanzierung des Grundstückserwerbs dienen.

292 **bb) Art des Darlehensvertrags (Immobiliardarlehensvertrag).** Die Frage, ob der finanzierende Verbraucherdarlehensvertrag zugleich ein Immobiliar-Darlehensvertrag sein muss, die nach vorangegangener Rechtslage zu verneinen war,[454] hat sich durch die Umsetzung der WohnimmoRiL erledigt. Nach § 491 Abs. 3 Nr. 2 ist Immobiliardarlehen nämlich auch ein nicht grundpfandrechtlich besichertes Darlenen, wenn es Bezug zum Grundstückserwerb hat (→ § 491 Rn. 96b). Dadurch unterscheidet es sich von der früheren Rechtslage nach § 503 Abs. 1 BGB aF; nunmehr folgt die Kategorisierung als Immobiliardarlehen von selbst.

---

[453] BT-Drucks. 14/9266 S. 46 zum OLGVertÄndG.
[454] Vorauflage (8. Aufl.2014) und Palandt/*Grüneberg*, 74. Aufl. 2014, § 358 BGB Rn. 14.

293 cc) **Grundstücksgleiche Rechte.** Gegenstand des Erwerbs als finanziertem Geschäft ist ein Grundstück im herkömmlichen Sinne, während unter grundstücksgleichen Rechten vor allem Wohnungseigentum, Erbbaurechte oder Teilzeitwohnrechte[455] zu verstehen sind, nicht aber Dienstbarkeiten und andere dingliche Belastungen des Grundstücks[456] oder die Beteiligung an einer Grundstücksgesellschaft oder an einem Immobilienfonds,[457] schon gar nicht Fertighausverträge.[458]

294 c) **Wirtschaftliche Einheit.** Bei der Immobilienfinanzierung ist die wirtschaftliche Einheit nur nach den Kriterien von § 358 Abs. 3 Satz 3 anzunehmen, sodass bei deren Fehlen ein Verbundgeschäft gerade auch dann nicht gegeben ist, wenn die Voraussetzungen von § 358 Abs. 3 Satz 2 vorliegen.

295 Sind die besonderen Kriterien erfüllt, wird die wirtschaftliche Einheit unwiderleglich vermutet (→ Rn. 277).

296 Das Rollenkonzept für Grundstücksverbundgeschäfte hat Auswirkungen über seinen eigentlichen Anwendungsbereich hinaus. Es kann nämlich eine der Fallgruppen begründen, in denen ein Kreditinstitut ausnahmsweise Aufklärungspflichten gegenüber dem Darlehensnehmer hat (→ Rn. 300), insbesondere wenn dieser zugleich Anleger ist (→ § 498 Rn. 39). Deshalb hat das Kreditinstitut den Verbraucher als Darlehensnehmer hinreichend zu informieren (→ Rn. 303). Das Kreditinstitut haftet aus Pflichtverletzung nach § 280 BGB für unrichtige Angaben des Verkäufers, Vermittlers, Vertreibers oder Fondsinitiators, auch wenn ihm *in concreto* die Unrichtigkeit nicht bekannt gewesen sein sollte.[459]

297 aa) **Rollenverhalten des Darlehensgebers.** Ausgangspunkt der Privilegierung des Kreditinstituts im Vergleich zu den allgemeinen Voraussetzungen des Verbunds ist das arbeitsteilige Zusammenwirken des Verkäufers und des Kreditinstituts, das durch die vom Verkäufer ausgehende Finanzierungsinitiative gekennzeichnet ist (→ Rn. 279); der Darlehensgeber nimmt bei Abschluss des finanzierten Geschäfts im allgemeinen Fall also eine passive Rolle ein. Diese Art der Arbeitsteilung genügt im Immobiliengeschäft nicht (→ Rn. 290), sondern das Verbundgeschäft setzt voraus, dass der Darlehensgeber die Rolle des Verkäufers übernimmt oder mitübernimmt. Dem geben beide Fallgruppen von § 358 Abs. 3 Satz 3 Ausdruck, nämlich die Verschaffung des Grundstücks durch den Darlehensgeber selbst oder die Förderung des Grundstückserwerbs durch Zusammenwirken mit dem Verkäufer, wobei das Gesetz drei konkretisierende Unterfallgruppen aufstellt. Während das erste Kriterium dem allgemeinen Verbundkonzept des objektivierten Verbraucherverständnisses entspricht (→ Rn. 273), ist das Kriterium des Förderns nur aus unternehmensinternen Umständen zwischen Verkäufer und Darlehensgeber zu erschließen und für den Verbraucher typischerweise nicht erkennbar. Mit dem Tatbestandsmerkmal des Förderns wird folglich das Konzept des Verständnishorizonts in der Person des Verbrauchers verlassen.[460]

298 bb) **Verschaffung durch den Darlehensgeber.** Der Verschaffenstatbestand nach Satz 3 ist zunächst dann erfüllt, wenn der Darlehensgeber selbst Eigentümer

---

[455] MüKoBGB/*Habersack* § 358 BGB Rn. 51; *Vollmer* DNotZ 2010, 591 (594).
[456] Staudinger/*Kessal-Wulf* § 358 BGB Rn. 51.
[457] BGH WM 2005, 843.
[458] *Lang* ZBB 2002, 457 (472), vgl. hierzu auch OLG Koblenz BauR 2004, 1951.
[459] Zutr. *Einsele* GS Eckert 2008, S. 176 (193).
[460] BR-Drucks. 503/1/02, S. 8; *Tonner* BKR 2002, 856 (861).

der Immobilie ist, was namentlich vorkommt, wenn der Darlehensgeber das Objekt im Zuge einer Sicherheitenverwertung oder einer Sanierung erworben hatte. In diesem Fall ist der Darlehensgeber zugleich Partei des dinglichen Geschäfts nach §§ 925, 873 BGB resp. §§ 4 WEG, 11 ErbbauVO. Der Verschaffenstatbestand ist aber auch und gerade dann erfüllt, wenn der Darlehensgeber nicht Grundstückseigentümer ist, aber den Erwerb vom Eigentümer initiiert, gleichsam als Anbieter auftritt. Das ist beispielsweise der Fall, wenn das Grundstück einer vom Darlehensgeber abhängigen und weisungsunterworfenen Tochtergesellschaft gehört[461] oder wenn ein Sicherungsgeber die Weisung befolgt, um weiteren Kredit zu bekommen oder bereits empfangenen weiter nutzen zu dürfen, also der Darlehenskündigung zu entgehen. Die Maklertätigkeit für sich allein dürfte den Verschaffenstatbestand nicht begründen, da der Makler definitionsgemäß gerade die Verschaffung durch einen anderen, den Grundstückseigentümer, vorbereitet[462] (→ Rn. 279); aber nach Lage des Einzelfalls kann die Maklertätigkeit den Tatbestand des Förderns, → Rn. 299, begründen.

cc) Förderung des Erwerbs. Der Verbundtatbestand wird in seiner zweiten Alternative nur durch ein qualifiziertes Fördern begründet, während die Förderung, die bereits darin liegt, dass der Darlehensgeber den Erwerb durch das Darlehen finanziert, zwar im allgemeinen Fall nach § 358 Abs. 3 Satz 3 genügen kann, aber im Fall des Grundstückserwerbs zur inneren Rechtfertigung des Verbundes nicht ausreicht, anders gewendet das Aufspaltungsrisiko beim Verbraucher belassen kann. Insoweit überschreitet der Darlehensgeber die von ihm zu erwartende Rolle nämlich nicht, so dass es am Anknüpfungspunkt für den Verbund fehlt (→ Rn. 297). Keine Rollenüberschreitung dürfte in der Darlehensgewährung sowohl an den Veräußerer, insbesondere zur Errichtung der Immobilie, wie später an den Verbraucher als Erwerber liegen.[463] Qualifiziertes Fördern verwirklicht sich durch drei Fallgruppen, nämlich
– Veräußerungsinteresse des Unternehmers zu Eigen machen,
– Funktionen des Veräußerers übernehmen oder
– den Veräußerer einseitig begünstigen,
stets im Zusammenwirken mit dem Unternehmer, also in dessen Einvernehmen,[464] sodass einseitiges Fördern nicht genügt. 299

Die erste Fallgruppe korrespondiert mit den Aufklärungspflichten, die ein Darlehensgeber ausnahmsweise gegenüber dem Verbraucher haben kann (→ § 498 Rn. 38), ist auf solche Konstellationen aber nicht beschränkt;[465] ein Verbundgeschäft kann danach anzunehmen sein, wenn eine Aufklärungspflicht noch nicht zu bejahen wäre. Ob sich der Darlehensgeber das Interesse des Veräußerers **zu Eigen** macht, ist ein unternehmensinterner Vorgang, der dem Verbraucher typischerweise nicht erkennbar ist (→ Rn. 297). 300

Die **Funktionsübernahme** bezieht sich auf Projektplanung, Werbung und Projektdurchführung, wobei diese Fallgruppe noch am ehesten dem herkömmlichen Konzept des Verständnishorizonts von angesprochenen Verbrauchern entsprechen kann (→ Rn. 297, 273). Denkbar sind Fälle, in denen ein Baupro- 301

---

[461] *Lang* ZBB 2002, 457 (472).
[462] *Lang* ZBB 2002, 457 (472).
[463] *Lang* ZBB 2002, 457 (474).
[464] MüKoBGB/*Habersack* § 358 Rn. 55.
[465] MüKoBGB/*Habersack* § 358 Rn. 53; *Tonner* BKR 2002, 656 (661).

jekt nach den Möglichkeiten marktgerechter Darlehensvergabe an Verbraucher ausgerichtet wird, gemeinsame Anzeigenschaltungen mit dem Bauträger,[466] vorbereitender Verkauf (vgl. § 311b Abs. 1 BGB) am Bankschalter. Es findet auch insoweit (→ Rn. 273) eine wertende Gesamtwürdigung statt, die sich am Anknüpfungspunkt der Rollenüberschreitung misst.

302 Als **einseitige Begünstigung des Veräußerers** wird es angesehen, wenn der Darlehensgeber dem Verbraucher Zinskonditionen anbietet, die günstiger als die Marktkonditionen sind, sofern der Veräußerer diese Konditionenverbesserung subventioniert.[467]

303 dd) **Lösung der wirtschaftlichen Einheit durch Information?** Der Gesichtspunkt der Rollenüberschreitung des Darlehensgebers ist ein objektives Kriterium, das nach gesetzgeberischer Absicht der Annahme eines Verbundes die innere Rechtfertigung verleiht (→ Rn. 290), also den Verbraucher vom Aufspaltungsrisiko befreit. Dieser Gesichtspunkt knüpft anders als im allgemeinen Fall von § 358 Abs. 3 Satz 2 nicht am – wenn auch seinerseits objektivierten, → Rn. 273 – Verständnishorizont des Verbrauchers an. Deshalb dürfte der Verbund nicht durch Information gegenüber dem Verbraucher vermeidbar sein.[468] Es bleibt beim Verbund, wenn der Darlehensgeber den Verbraucher beispielsweise darüber informiert, sich das Interesse des Veräußerers zu Eigen gemacht zu haben.

304 ee) **Maßgeblicher Zeitpunkt.** Ob der Darlehensvertrag mit dem Erwerbsgeschäft eine wirtschaftliche Einheit bildet, richtet sich nach dem Zeitpunkt, in dem der Darlehensvertrag abgeschlossen wurde. Macht sich der Darlehensgeber Veräußerungsinteressen erst nachträglich zu Eigen, zB durch Sanierung eines zu scheitern drohenden Projekts, wird der Darlehensvertrag nicht nachträglich zum Verbundgeschäft.[469]

305 ff) **Beweislast und Auskunft.** Die Beweislast für diejenigen Tatsachen, welche die zusätzlichen Kriterien des Verbunds nach § 358 Abs. 3 Satz 3 begründen, trägt nach den Grundsätzen der Normentheorie im Beweisrecht, wer darauf seine Verteidigung stützt, also der Verbraucher. Danach kann die Verteidigung, da es sich gerade um unternehmensinterne Vorgänge handelt, vereitelt werden. Sofern der Verbraucher aber Tatsachen vorträgt, die den Schluss auf die wirtschaftliche Einheit nach § 358 Abs. 3 Satz 3 erlauben, dürfte die Nebenpflicht des Darlehensgebers aus dem Darlehensvertrag anzunehmen sein, dem Verbraucher Auskunft über solche Vorgänge zu erteilen. Der Auskunftsanspruch kann sich nur auf Vorgänge beziehen, die nach § 358 Abs. 3 Satz 3 relevant sind. Sie sind so genau zu bezeichnen, dass ein unzulässiger Ausforschungsbeweis vermieden wird.

306 Ist der Beweis eines Verbundgeschäfts nach der allgemeinen Regel von § 358 Abs. 3 Satz 2 geführt oder besteht insoweit kein Streit, ist aber der Zweck der Finanzierung, also der Grundstückserwerb, streitig (→ Rn. 292), trägt der Darlehensgeber hierfür die Beweislast, da er sich auf eine Gegennorm in Gestalt von § 358 Abs. 3 Satz 3 beruft.

---

[466] *Lang* ZBB 2002, 457 (473).
[467] *Becker* BKR 2002, 931 (935); *Lang* ZBB 2002, 457 (473).
[468] So aber *Lang* ZBB 2002, 457 (477).
[469] Zutreffend *Lang* ZBB 2002, 457 (473).

d) Rechtsfolgen; Notar.

Ist der Darlehensvertrag nach diesen Kriterien – also eher ausnahmsweise[470] – mit dem Grundstückskaufvertrag verbunden, treten die Abwicklungsfolgen nach § 358 Abs. 4 ein. Nach Valutierung und Widerruf ist die Immobilie deshalb gem. § 358 Abs. 4 Satz 5 an den Darlehensgeber, also an die Bank und nicht an den Verkäufer herauszugeben (→ Rn. 376). Der Verbraucher ist gem. § 358 Abs. 2 an seine den Kauf über die Immobilie betreffende Willenserklärung nicht mehr gebunden.[471] Da der Grundstückskaufvertrag, vom Sonderfall des Teilzeitwohnrechtes abgesehen (→ Rn. 293), nicht widerruflich ist, kommt die Konstellation von § 358 Abs. 1 (→ Rn. 325) im Allgemeinen nicht in Betracht.[472]

Im Vorfeld der notariellen Beurkundung nach § 311b Abs. 1 BGB ist der **Notar** (und nicht der Verkäufer) gem. § 17 Abs. 2a Satz 2 Nr. 2 BeurkG[473] verpflichtet, dem Verbraucher den Text des Rechtsgeschäfts zwei Wochen vor dem Beurkundungstermin zur Verfügung zu stellen. Dadurch erhält der Verbraucher Bedenkzeit über den Vertragsabschluss, und es werden Beweisschwierigkeiten über den rechtzeitigen Zugang vermieden. Der Notar verletzt im gegebenen Falle seine Amtspflicht nach § 19 BNotO und haftet auf Schadensersatz.[474]

IV. Erweiterung des Verbundreglements auf Gesellschaftsverträge, auf zusammenhängende Verträge (§ 360 BGB), auf Nicht-Verbraucherdarlehensverträge

1. Gesellschaftsbeitritt zu Kapitalanlage-/Steuerzwecken

Nach § 358 Abs. 3 Satz 1 ist der finanzierte Vertrag ein Vertrag über die Lieferung einer Ware oder die Erbringung einer anderen Leistung, während ein Gesellschaftsvertrag durch die Erreichung eines gemeinsamen Zwecks geprägt ist. Der finanzierte Beitritt zu einer Gesellschaft – Personen- oder Kapitalgesellschaft, Genossenschaft – liegt deshalb an sich nicht im Anwendungsbereich des Verbundreglements. Jedoch ist eine Gleichstellung geboten, wenn der Beitritt Kapitalanlage- resp. Steuerzwecken dient; der Verbraucher bedarf des Schutzes vor der rechtlichen Aufspaltung des wirtschaftlich einheitlichen Geschäfts in Finanzierungsvertrag (Verbraucherdarlehensvertrag) und finanzierten Vertrag.[475] Durch den wirksam erklärten Widerruf des Darlehensvertrags scheidet der Verbraucher mit Wirkung *ex nunc* aus der Gesellschaft aus mit der Folge eines Anspruchs des

---

[470] BGH WM 2002, 481 und 2409 mit Anm. *Rohe* WuB IV D.–1.03; OLG Hamm WM 2003, 1809.

[471] Vgl. BGH WM 2002, 1181 zu III.

[472] *Vollmer* DNotZ 2010, 591 (594); deshalb erübrigen sich auch Überlegungen zur teleologischen Reduktion von § 359a Abs. 1 BGB aF (jetzt § 360).

[473] BGBl. 2013 I, S. 2378.

[474] BGH v. 25.6.2015 – III ZR 292/14, NJW 2015, 2646 = WM 2015, 1911 mit Rez. *J. Weber* NJW 2015, 2619, Anm. *Ganter* WuB 2016, 60 und Komm. *C. Crämer* EWiR 2015, 511; BGH v. 24.11.2014 – NotSt(Brfg) 3/14, WM 2015, 889 Rn. 18 f.; BGH v. 7.2.2013-III ZR 121/12, NJW 2013, 1451 = WM 2014, 288 mit BSpr. *Terner* NJW 2013, 1404, *Hager/Müller-Teckhof* NJW 2013, 1917 (1923) sowie NJW 2015, 1857 (1862/1863) und Komm. *Bambring* EWiR § 17 BeurkG 1/13, 335.

[475] BGH v. 1.3.2011 – II ZR 297/08, NJW 2011, 2198 = WM 2011, 829 Tz. 12, 13, 22 mit Komm. *Derleder* EWiR § 358 BGB 2/11, 305 und Anm. *Ring* LMK 2011, 318886; BGHZ 180, 123 = NJW 2009, 3572; OLG Hamm ZIP 2010, 1685.

Verbrauchers gegen die Gesellschaft auf sein Auseinandersetzungsguthaben. Gegen den Darlehensgeber hat der Verbraucher Anspruch auf Rückzahlung geleisteter Tilgungs- und Zinszahlungen Zug um Zug gegen Abtretung des Anteils an der Gesellschaft in Gestalt des Anspruchs auf das Auseinandersetzungsguthaben (→ Rn. 433).

310 Allerdings braucht der Auseinandersetzungsanspruch nicht werthaltig, sondern kann negativ sein und eine Zahlungsverpflichtung des Verbrauchers nach § 739 BGB begründen;[476] dem steht europäisches Sekundärrecht nicht entgegen.[477] In diesem Fall gibt es keinen abzutretenden Anspruch des Verbrauchers. Jedoch dürfte aus dem Verbundtatbestand die Nebenpflicht von Gesellschaft und Darlehensgeber gegenüber dem Verbraucher folgen, eine Schuldübernahme nach § 414 BGB zu vollziehen resp. die Genehmigung nach § 415 zu erteilen; der Darlehensgeber hat den Verbraucher gem. §§ 415 Abs. 3, 329 BGB freizustellen (→ Rn. 433).[478]

2. Zusammenhängende Verträge (§ 360 BGB)

311 Die Erweiterung des Verbundreglements auf Konstellationen, in denen ein Verbund nicht festzustellen ist, nämlich auf zusammenhängende Verträge nach § 360, beschränkt sich auf die Widerrufserstreckung, erfasst aber nicht den Einwendungsdurchgriff (§ 359) und wird im Abschnitt über die Widerrufserstreckung kommentiert (→ Rn. 339).

3. Darlehensverträge zwischen Unternehmer und Verbraucher, die keine Verbraucherdarlehensverträge sind (§ 491 Abs. 2 Satz 2, Abs. 3 Satz 3 BGB, unentgeltlicher Darlehensvertrag)

312 Der Widerruf des finanzierten Vertrags (→ Rn 317, 325) erstreckt sich gem. § 358 Abs. 1 auf den verbundenen Verbraucherdarlehensvertrag. Aber es gibt Darlehensverträge zwischen Unternehmer und Verbraucher, die nicht zugleich Verbraucherdarlehensverträge sind, nämlich aufgrund der Vollausnahmen von § 491 Abs. 2 Satz 2, Abs. 3 Satz 3 (→ § 491 Rn. 158 ff.), zB bestimmte Arbeitgeberdarlehen (→ § 491 Rn. 168, 175a) oder Bagatelldarlehen (§ 491 Abs. 2 Satz 2 Nr. 1 und 3, → § 491 Rn. 159, 164). Auch solche Verträge können der Finanzierung eines Kauf- oder Leistungsvertrags dienen und mit diesem eine wirtschaftliche Einheit bilden. Sie unterliegen dem Widerrufsdurchgriff gem. Art. 15 Abs. 1 VerbrKrRil (früher Art. 6 Abs. 4 Fernabsatzrichtlinie) mit der Folge, dass § 358 Abs. 1 die Widerrufserstreckung nicht nur auf Verbraucherdarlehensverträge, sondern auf Darlehensverträge zwischen Unternehmer und Verbraucher schlechthin bestimmt, also auch auf solche nach § 491 Abs. 2 Satz 2, Abs. 3 Satz 3. Diese Erweiterung beschränkt sich nicht auf Fernabsatz- und Haustürgeschäfte, sondern gilt für alle widerruflichen finanzierten Verträge.[479] Anwendbar sind auch die Rückabwicklungsvorschriften von § 358 Abs. 4, wobei

---

[476] BGH NJW 2010, 3096 = WM 2010, 1492 mit Komm. *Podewils* EWiR § 739 BGB 1/10, 561; BGH WM 2010, 1555 mit Komm. *H. P. Westermann* EWiR § 705 BGB 2/10, 705; BGH ZIP 2010, 2497.
[477] EuGH NJW 2010, 1511 zur alten Haustürgeschäfte-Richtlinie 85/577/EWG mit Rez. *Kliebisch* JuS 2010, 958; *M. Schwab* JZ 2015, 644 (652).
[478] BGH v. 1.2.2012 – VIII ZR 107/10, NJW 2012, 1718.
[479] BT-Drucks. 17/ 5097, S. 24.

Satz 4 (Kosten, → Rn. 366) ebenfalls auf Art. 15 VerbrKrRil beruht, aber für alle widerruflichen Verträge gilt, sowie der Einwendungsdurchgriff nach § 359. Außerdem sind auch **unentgeltliche Darlehensverträge**, die gemäß § 491 Abs. 1 keine Verbraucherdarlehensverträge sind, entgegen der bis zum 3.8.2011 geltenden Rechtslage verbundtauglich[480] (→ § 491 Rn. 97a). Der Verbraucher als Darlehensnehmer eines zinslosen Darlehens kann also bei Mängeln des finanzierten Gegenstandes die Rückzahlung verweigern (→ Rn. 406). Dies gilt auch dann, wenn die Bank aufgrund Vereinbarung mit dem Unternehmer des finanzierten Vertrags nicht den gesamten Nettodarlehensbetrag auskehrt, sondern weniger. Darin liegt eine Art Zinszuschuss des Unternehmers an die Bank im Rahmen einer sog. „Nullprozent-Finanzierung", die den Verbundtatbestand nicht berührt (näher → § 491 Rn. 97a, → § 514 Rn. 3, 4).

V. Teilweise oder ausgeschlossene Anwendbarkeit des Verbundreglements

Das Problem einer **teilweisen** Anwendbarkeit der Bestimmungen über verbundene Geschäfte kann sich in zweifacher Weise stellen. Es kann die Konstellation eintreten, dass 313
- der Darlehensvertrag teilweise nicht unter den persönlichen Anwendungsbereich von Verbraucherkreditrecht fällt (→ Rn. 314) oder
- sich die Zweckbestimmung des Darlehens (→ Rn. 227) nur teilweise auf die vom Verbraucher zu erbringende Gegenleistung bezieht (→ Rn. 315 ff.).

Ausgeschlossen ist die Anwendbarkeit, wenn es sich um die Finanzierung des Erwerbs von Finanzinstrumenten handelt, §§ 358 Abs. 5, 359 Abs. 2, 1.Var. (→ Rn. 265 ff.).

1. Persönlicher Anwendungsbereich (gemischte Verwendung)

Der Darlehensvertrag unterliegt dem Widerrufsrecht aus § 495 BGB nur bei privater oder gleichgestellter Verwendung, wie § 13 BGB zu entnehmen ist (→ § 491 Rn. 47, 52). Dient das Darlehen teils gewerblich-beruflichen, teils privaten Zwecken (gemischte Verwendung, → § 491 Rn. 134), kommt es auf die überwiegende Zweckbestimmung an. Anders als nach früherer Doktrin (zum maßgeblichen Zeitpunkt 25.10.2011 → Einf. Rn. 49) ist der Vertrag nicht nach privaten und unternehmerischen Zwecken aufzuteilen, sondern er ist bei überwiegender privater Zweckbestimmung vollständig Verbrauchergeschäft, andernfalls verbraucherprivatrechtlichen Regelungen entzogen (→ § 491 Rn. 134, 135). Deshalb kommt auch das Verbundreglement nur vollständig oder gar nicht in Betracht, nicht mehr aber eine Aufteilung. 314

2. Zweckbindung

a) Widerruf des Darlehensvertrags nach § 358 Abs. 2. Voraussetzung eines verbundenen Geschäfts ist die Verwendung des Darlehens für die vom Ver- 315

---

[480] BGH v. 30.9.2014 – XI ZR 168/13, Rn. 10, NJW 2014, 3719 = WM 2014, 2097 mit Rez. *Gerd Müller* WM 2015, 697, Anm. *Bülow* WuB 2015, 7, *Arne Maier* VuR 2015, 182 und Komm. *Wolters* EWiR 2014, 733.

braucher zu erbringende Gegenleistung (→ Rn. 265). Der Darlehensbetrag kann höher als die zu finanzierende Gegenleistung sein. Der Verbraucher kann die Valuta also teilweise für die Gegenleistung, teilweise frei verwenden wollen. Der Widerruf des Darlehensvertrags führt unter den Voraussetzungen von § 358 Abs. 2 BGB ohne Weiteres zur endgültigen Unwirksamkeit des Kauf- oder Leistungsvertrags. Eine Beschränkung des Widerrufs auf denjenigen Teil des Darlehensvertrags, der der Finanzierung der Gegenleistung diente, ist nicht möglich;[481] das Widerrufsrecht ist unteilbar (→ Rn. 24).

316 Ist umgekehrt der Darlehensbetrag niedriger als der Kaufpreis, zahlt der Verbraucher also den Rest aus eigenen Mitteln in bar (anders gewendet: wird nur der Restkaufpreis finanziert), erstreckt sich das Widerrufsrecht aus § 358 Abs. 2 BGB ebenfalls auf den gesamten Kaufvertrag, soweit die Voraussetzungen nach Absatz 3, die wirtschaftliche Einheit, erfüllt sind; für die Anwendung des Gesetzes kommt es nicht darauf an, in welcher Höhe der Kaufpreis finanziert wird (gerade Fälle der Anzahlung und Zahlung des Restes in Raten sind erfasst, wobei der Vertrag auch dann Kreditvertrag iSv § 506 ist, wenn außer der Anzahlung nur noch eine einzige Rate zu zahlen ist, → § 506 Rn. 28).

317 **b) Widerruf des finanzierten Vertrags nach § 358 Abs. 1.** Ist der finanzierte Vertrag widerruflich, zB als Restschuldversicherungsvertrag (→ Rn. 270) nach § 8 Abs. 1 VVG, und ist der Darlehensbetrag höher als die finanzierte Gegenleistung (wie stets im genannten Beispiel, → Rn. 315), erstreckt sich der Widerruf des finanzierten Vertrags gem. § 358 Abs. 1 auf den verbundenen Darlehensvertrag. Dieser Widerruf bringt den Darlehensvertrag aber nur teilweise zu Fall, nämlich nur in Höhe des Anteils, welcher der Finanzierung des widerrufenen Vertrags dient. Nur insoweit nämlich besteht der Verbund zwischen finanziertem Vertrag und Darlehensvertrag. Im Übrigen bleibt der Darlehensvertrag wirksam und unterliegt insoweit dem Widerrufsrecht nach §§ 495, 355 jenseits der Verbundregelung.[482]

3. Spekulationsgeschäfte, §§ 358 Abs. 5, 359 Abs. 2, 1. Variante

318 Nicht nur teilweise, sondern weitgehend unanwendbar ist das Verbundreglement auf die Finanzierung des Erwerbs von Finanzinstrumenten. In diesen Fällen würde der Automatismus der Unwirksamkeit des zugrundeliegenden Geschäfts durch den Widerruf des Darlehensvertrages gem. § 358 Abs. 2 BGB (→ Rn. 325) nämlich zu dem Ergebnis führen, dass der Verbraucher auf Risiko der Bank spekulieren könnte. Dem tragen §§ 358 Abs. 5, 359 Abs. 2, 1. Var. BGB Rechnung, indem die Anwendung der Widerrufserstreckung nach § 358 Abs. 2 und die Abwicklung nach Abs. 4 auf derartige Spekulationsgeschäfte ausgeschlossen sind und ein Einwendungsdurchgriff nach § 359 Abs. 1 (→ Rn. 464) nicht stattfindet. Deren Abwicklung über ein Kontokorrentkonto mit eingeräumter **Überziehungsmöglichkeit** begründet aufgrund der Zweckbindung der für Spekulationszwecke zur Verfügung gestellten Valuta richtiger-, aber umstrittenerweise nicht den Genuss des Formprivilegs aus § 504 Abs. 2 Satz 2 BGB (→ § 504 Rn. 13) und dem folgend nicht des Widerrufsprivilegs aus § 495

---

[481] Gl. A. MüKoBGB/*Habersack* § 358 BGB Rn. 74.
[482] *Bülow* WuB IE2 – 1.09 zu III. in Anm. zu OLG Köln und OLG Oldenburg WM 2009, 793 und 796; MüKoBGB/*Habersack* § 358 BGB Rn. 75; *Schürnbrand* BKR 2011, 309, (312).

Verbundene Geschäfte **319–321** **§ 495 (§ 358 Abs. 5, 359 Abs. 2)**

Abs. 2 Nr. 3 (→ Rn. 181). Anwendbar bleibt **§ 358 Abs. 1** (→ Rn. 326). Erwirbt der Verbraucher also Finanzinstrumente als Finanzdienstleistung im Fernabsatz (§§ 312c Abs. 1 Satz 2, 312 Abs. 5 Satz 1), zB aufgrund telefonischer Akquisition, bewirkt der Widerruf des Erwerbsgeschäfts nach § 312 g Abs. 1 (wenn das Widerrufsrecht nicht nach § 356 Abs. 4 Satz 2 – vollständige Vertragserfüllung vor Ausübung des Widerrufsrechts – erloschen ist) das Ende der Bindung an den Darlehensvertrag. Beim Erwerb von Investmentanteilen (§ 1 Abs. 11 Nr. 4 KWG) beendet der Widerruf nach § 305 KAGB (Anhang 5) die Bindung an den Darlehensvertrag.

a) Grundlagen. Derartige Spekulationsgeschäfte in Gestalt des Erwerbs von **319** Finanzinstrumenten können Gegenstand von Verbraucherkreditverträgen sein. Einerseits kommt es dafür nicht auf die individuelle Schutzbedürftigkeit und insbesondere nicht auf die Vermögensverhältnisse des Darlehensnehmers an, andererseits ist die private Vermögensverwaltung ein Verwendungszweck, der im Allgemeinen nicht gewerblicher oder beruflicher Natur ist, sodass der Verbraucherbegriff in der Person des Kreditnehmers erfüllt sein kann (→ § 491 Rn. 46, 50). Der kreditierte Vertrag über ein Spekulationsgeschäft kann in zwei Formen auftreten. Es kann sich um eine Finanzierungshilfe iSv § 506 handeln, wenn der Verkäufer für den Kaufpreis einen Zahlungsaufschub einräumt. Beschafft sich der spekulationswillige Verbraucher die Mittel durch Darlehensaufnahme, ist es dieser Darlehensvertrag, der Kreditvertrag in der Ausprägung eines Verbraucherdarlehensvertrages ist. Der kreditierte Spekulationsvertrag selbst resp. der Darlehensvertrag, durch den die Mittel für die Spekulation beschafft werden, sind gem. §§ 495, 355 BGB widerruflich, auch dann, wenn das Darlehen mittels einer Kontoüberziehung gewährt wird (→ § 504 Rn. 12 sowie → Rn. 181). Daran ändert die in § 358 Abs. 5 bestimmte Ausnahme nichts.

Spekulationsgeschäft und Darlehensvertrag können eine wirtschaftliche Einheit iSv § 358 Abs. 3 bilden (→ Rn. 272). Dies gilt auch und erst recht dann, **320** wenn Personenidentität von Darlehensgeber und dem zur Durchführung der Spekulation Beauftragten besteht (§ 358 Abs. 3 Satz 2, 1. Alt.), wie das im Bankgeschäft ein alltäglicher Fall ist (→ Rn. 287). Die danach an sich gebotene Anwendung der Grundsätze über verbundene Geschäfte würde bedeuten, dass der spekulierende Verbraucher nicht nur den Darlehensvertrag gem. § 495 Abs. 1 widerrufen kann (→ Rn. 315), sondern er würde dadurch zugleich nach Maßgabe von § 358 Abs. 2 das Spekulationsgeschäft zu Fall bringen. Innerhalb der Zweiwochenfrist aus §§ 495, 355 Abs. 2 Satz 1 BGB könnte der Verbraucher also, wenn sich abzeichnet, dass seine Spekulation nicht aufgeht, durch Widerruf des Finanzierungsgeschäfts die bis dahin nur schwebende Wirksamkeit des finanzierten Spekulationsgeschäfts zur endgültigen Unwirksamkeit machen (→ Rn. 15, 27) und in dieser Weise auf Risiko der Bank spekulieren. Das schließt § 358 Abs. 5 aus, indem § 358 Abs. 2 auf verbundene Spekulationsgeschäfte nicht anwendbar ist.

Folge der Unanwendbarkeit von § 358 ist, dass zwar der Darlehensvertrag widerruflich bleibt, das Spekulationsgeschäft aber sofort endgültig wirksam und **321** nicht lediglich schwebend wirksam ist, sodass beiderseitige Erfüllungsansprüche bzw. Ansprüche statt der Leistung entstehen und bestehen bleiben, vorausgesetzt, dass das Geschäft nicht aus anderen Gründen, zB gem. § 138 BGB, nichtig ist. Nach weiterer Maßgabe des jeweiligen Spekulationsgeschäfts kann sich der Verbraucher aber wieder von dem Spekulationsobjekt zum Tageskurs trennen. Unanwendbar ist gem. § 359 Abs. 2, 1.Var. auch § 359, sodass der Verbraucher Einwendungen gegen das Spekulationsgeschäft, einschließlich dessen Nichtigkeit oder Unverbindlichkeit, dem Darlehensrückzahlungsanspruch nicht entgegensetzen kann (→ Rn. 455). Obsolet ist § 358 Abs. 4 zur Rückabwicklung (→ Rn. 360).

322 Denkbar ist, dass der Verbraucher als Darlehensnehmer Gegenansprüche hat, wenn zugleich ein Beratungsvertrag abgeschlossen wurde und der Darlehensgeber seine Beratungspflicht verletzt (→ Rn. 438 und → § 498 Rn. 38). Ein Beratungsvertrag kann stillschweigend zustande kommen, wenn ein Kunde an ein Kreditinstitut mit dem Wunsch herantritt, einen Geldbetrag anzulegen, und das Kreditinstitut sich auf diesen Wunsch beratend einlässt.[483] Ein Beratungsvertrag ist aber bei einem gezielten Auftrag zum Kauf bestimmter Wertpapiere im Allgemeinen zu verneinen.[484]

323 **b) Finanzinstrumente gem. § 1 Abs. 11 KWG.** Was Finanzinstrumente sind, ist nach der Gesetzesbegründung[485] der Begriffsbestimmung von § 1 Abs. 11 KWG zu entnehmen, weil es bereits die Einheit der Rechtsordnung gebiete, denselben Rechtsbegriff in allen Gesetzen gleichermaßen zu verwenden. Allerdings wird der Begriff der Finanzinstrumente auch in § 2 Abs. 2b WpHG bestimmt, erstreckt sich dort aber anders als in § 1 Abs. 11 Satz 1 KWG nicht auf Devisen und Rechnungseinheiten, die nur bei Derivaten vorkommen (§ 2 Abs. 2 Nr. 1 lit. b WpHG), während Rechte auf Zeichnung von Wertpapieren zwar Finanzinstrumente nach WpHG, aber nicht nach KWG sind. Maß gibt also § 1 Abs. 11 KWG, wonach Finanzinstrumente auch Wertpapiere sind, über die keine Urkunden ausgestellt sind (ebenso § 2 Abs. 1 Satz 1 WpHG), sodass die Streitfrage im früheren Recht zu § 491 Abs. 3 Nr. 2 BGB aF entschieden ist, ob bloße Wertrechte wie Bundesschatzbriefe und andere verbriefte Optionen[486] erfasst sind: Sie sind Finanzinstrumente und der Anwendung des Verbundreglements entzogen. Auch Termingeschäfte sind als Derivate gem. § 1 Abs. 11 Satz 1 Nr. 1, 2 und 5 KWG einbezogen, außerdem in- und ausländische Aktien, Industrieobligationen, Hypotheken- und Pfandbriefe, Investmentanteile, Schatzanweisungen und -wechsel. §§ 358, 359 bleiben jedoch anwendbar auf die Finanzierung von Kommanditanteilen an Publikumsgesellschaften oder sonstigen Anteilen an Personengesellschaften zum Zwecke der Vermögensanlage (→ § 491 Rn. 50), die keine Finanzinstrumente sind; soweit in diesen Fällen die Spekulation überhaupt Handlungsmotiv des Verbrauchers ist, fehlt es auch hier an ihrer Kurzfristigkeit.

4. Heilung eines Vollmachtsmangels

324 Zur Kontroverse in der Rechtsprechung, ob die Heilung nach §§ 171, 172 BGB eintreten kann, → § 492 Rn. 66.

---

[483] BGHZ 123, 126 (128); BGH WM 1997, 662 mit Komm. *Jaskulla* EWiR § 276 BGB 2/97, 443.
[484] BGH WM 1996, 906; LG Braunschweig WM 1997, 111 (115) zu 6 mit Anm. *Ott* WuB I G 1.–10.97.
[485] BT-Drucks. 16/11643 S. 116, 289.
[486] Vgl. hierzu *VG Frankfurt* WM 1999, 1320 mit Anm. *Einsele* WuB I G 3.–1.99.

C. Widerrufserstreckung (§ 358 Abs. 1 und 2 BGB)

I. Finanzierung durch Darlehen

Ist der Darlehensvertrag mit dem zu finanzierenden Vertrag, der nicht nur 325
Kauf-, sondern auch Werk-, Dienst-, Geschäftsbesorgungs- oder anderer schuldrechtlicher Austauschvertrag, aber auch Gesellschaftsvertrag (→ Rn. 309) sein kann, verbunden, gestaltet sich die Ausübung des Widerrufsrechts unterschiedlich. Ausgangspunkt ist, dass der zwischen Verbraucher und Unternehmer geschlossene Verbraucherdarlehensvertrag nach § 495 BGB oder der unentgeltliche Darlehensvertrag nach § 514 Abs. 2 widerruflich ist. Der zu finanzierende Vertrag kann selbst ebenfalls zu den widerruflichen Verträgen gehören oder nach allgemeiner Regel verbindlich, also unwiderruflich sein. Ist beispielsweise der finanzierte Kauf zugleich ein Fernabsatzgeschäft iSv § 312c BGB, unterliegt dieser Fernkauf dem Widerrufsrecht nach § 312g BGB. Auch braucht es sich bei dem Darlehensvertrag nicht um einen Verbraucherdarlehensvertrag zum handeln, nämlich außer bei Unentgeltlichkeit in den Tatbeständen von § 491 Abs. 2 Satz 2 BGB (→ Rn. 312 und → § 491 Rn. 158ff.). Daraus können sich folgende Konstellationen ergeben:
– sowohl finanzierter Vertrag wie Darlehensvertrag sind widerruflich (1),
– der finanzierte Vertrag ist widerruflich, nicht aber der Darlehensvertrag (2),
– der finanzierte Vertrag ist nicht widerruflich, wohl aber der Verbraucherdarlehensvertrag (3),
– der finanzierte Vertrag ist nicht widerruflich und auch der Darlehensvertrag nicht (4).
Ziel des Verbundreglements ist es, die Verbindlichkeit des gesamten, wirtschaftlich einheitlichen Geschäfts durch einen einzigen Widerruf des Verbrauchers zu beenden, also auf die rechtlich getrennten Verträge zu erstrecken und sie einheitlich abzuwickeln, maW den Widerrufsdurchgriff zu bewirken. Dies geschieht durch § 358 Abs. 1 und Abs. 2.

1. Widerruf des finanzierten Geschäfts, § 358 Abs. 1; Wahlrecht des Verbrauchers

Der finanzierte Lieferungs- oder Leistungsvertrag kann als Fernabsatz- oder 326
Haustürgeschäft (§ 312g), Teilzeitwohnrechte-Geschäft (§ 485), Ratenlieferungsgeschäft (§ 510), Fernunterrichtsgeschäft (§ 4 FernUSG) gem. § 355 Abs. 1 widerruflich sein. Der wirksame Widerruf des finanzierten Geschäfts beseitigt nicht nur dessen Bindung, sondern erstreckt sich auch auf das Finanzierungsgeschäft, den Darlehensvertrag, außerdem auf zusammenhängende Verträge nach § 360 (→ Rn. 339). Dadurch wird, dem Konzept von Art. 15 Abs. 1 VerbrKrRil entsprechend, das wirtschaftlich einheitliche Gesamtgeschäft einheitlich beendet.

In der Regel ist der Darlehensvertrag zugleich ein Verbraucherdarlehensver- 327
trag nach § 491 Abs. 1 BGB, der seinerseits gem. § 495 widerruflich ist. Die Bindung an den Verbraucherdarlehensvertrag endet, obwohl er nicht widerrufen worden war; durch den Widerruf des finanzierten Geschäfts wird der Verbraucherdarlehensvertrag behandelt, als wäre er selbst widerrufen worden. Gleiches gilt für unentgeltliche Darlehensverträge gemäß § 514. Der Widerrufsdurchgriff

findet aber auch dann statt, wenn der Darlehensvertrag gem. § 491 Abs. 2 Satz 2 nicht zugleich Verbraucherdarlehensvertrag (→ Rn. 312) und folglich nicht widerruflich ist (→ Rn. 266, Konstellation 2). Grundvoraussetzung ist gem. § 491 Abs. 1 auch in diesem Fall, dass der Darlehensgeber Unternehmer ist; ein Darlehensvertrag als Finanzierungsvertrag, bei dem Darlehensgeber ein anderer Verbraucher ist, also ein Darlehensvertrag unter Verbrauchern, begründet mangels gestörter Vertragsparität kein Verbundgeschäft nach § 358 (→ Einf. Rn. 46).

328 Die Widerrufsrechte für Versicherungsverträge nach § 8 Abs. 1 VVG und für Investmentgeschäfte nach § 305 KAGB (→ Rn. 318 aE) sind autonom und ohne Verknüpfung mit § 355 BGB geregelt. Die Anwendung von § 358 Abs. 1 wird dadurch nicht in Frage gestellt. Die Verknüpfung mit § 355 hatte lediglich für die früher geltende Fiktion der richtigen Widerrufserklärung nach § 358 Abs. 2 Sätze 2 und 3 BGB aF. Bedeutung gehabt, diese Fiktion war aber mit Wirkung vom 30.7.2010 aufgehoben worden (VKrRiLUG-ÄndG, → Einf. Rn. 11 und Vorauflage – 7. Aufl. – § 495 Rn. 267 bis 267b). Für den Widerruf des Versicherungsvertrags gilt die § 358 Abs. 1 BGB entsprechende Regelung von § 9 Abs. 2 VVG (→ Rn. 348).

329 Das Darlehen kann der Finanzierung des Lieferungs- oder Leistungsvertrags **ganz oder teilweise** dienen (→ Rn. 267), aber es kann auch den Zweck haben, mehrere Unternehmerleistungen zu finanzieren und vielleicht teilweise nicht zweckgebunden zu sein. Paradigmatischer Fall ist die Restschuldversicherung. Dient das Darlehen teilweise Zwecken, die kein Widerrufsrecht hervorbringen, und teilweise der Finanzierung der Prämie, bezieht sich das Widerrufsrecht aus § 8 Abs. 1 VVG nur auf den Versicherungsvertrag, nicht aber auf den Rest. Der Darlehensvertrag ist deshalb nur insoweit entschädigungsfrei[487] (§ 358 Abs. 4 Satz 4, → Rn. 366) abzuwickeln, als er der Finanzierung der Prämie diente, behält aber im Übrigen seine Verbindlichkeit.[488]

330 In der Konstellation von § 358 Abs. 1 sind meistens finanzierter Vertrag und Darlehensvertrag (nämlich als Verbraucherdarlehensvertrag nach § 495) widerruflich. Von welchem Widerrufsrecht der Verbraucher Gebrauch macht, unterliegt seiner **Wahl**. Im Falle der teilweisen Finanzierung (→ Rn. 329) kann er den Widerruf des finanzierten Vertrags wählen, wenn er die Valuta im Übrigen in Anspruch nehmen will (→ Rn. 317). Auch brauchen die Fristen für den Widerruf des finanzierten Vertrags und des Darlehensvertrags nicht zu korrespondieren, namentlich dann, wenn beide Verträge nicht zeitgleich abgeschlossen worden waren oder wenn die Widerrufsinformation für den Darlehensvertrag fehlerhaft war und deshalb nach § 492 Abs. 6 BGB nachgeholt wurde mit der Folge, dass sich die Widerrufsfrist gem. § 356b Abs. 2 Satz 2 BGB auf einen Monat verlängert. Ist demgemäß der Widerruf für den finanzierten Vertrag verfristet, kann der Verbraucher den Darlehensvertrag mit noch laufender Frist widerrufen und den Widerrufsdurchgriff auf den finanzierten Vertrag nach § 358 Abs. 2 bewirken.

331 Es kann vorkommen, dass der Verbraucher den finanzierten Vertrag widerruft und an dessen Unternehmer richtet, obwohl ein Widerrufsrecht hierfür überhaupt nicht besteht. In diesem Fall kann die Widerrufserklärung auslegbar sein als Widerruf des Darlehensvertrags, der dem Darlehensgeber zugeht, wenn der Unternehmer die Erklärung an ihn weiterleitet. Insoweit dürfte eine vertragliche

---

[487] BGH v. 18.11.2011 – XI ZR 356/09, NJW 2011, 1063 = WM 2011, 451 Tz. 27.
[488] MüKoBGB/*Habersack* § 358 BGB Rn. 75; *Schürnbrand* BKR 2011, 309 (312).

Nebenpflicht des Unternehmers gegenüber dem Verbraucher zur Weiterleitung anzunehmen sein mit der Folge eines Anspruchs aus § 280 BGB im gegebenen Fall (nicht aber aus *culpa in contrahendo*[489]). Umgekehrt kann der Widerruf des Darlehensvertrags als Widerruf des finanzierten Vertrags auszulegen sein, wenn dieser widerruflich ist (zB erkennbarer Wille des Verbrauchers, nur einen Restschuldversicherungsvertrag zu beenden, → Rn. 270).

2. Widerruf des Verbraucherdarlehensvertrags, § 358 Abs. 2; Wahlrecht des Verbrauchers

Der Widerruf des Verbraucherdarlehensvertrags beendet die Bindung an den verbundenen und finanzierten Lieferungs- oder Leistungsvertrag resp. Gesellschaftsvertrag (→ Rn. 309). Der finanzierte Vertrag wird unverbindlich, als wäre er und nicht nur der Darlehensvertrag widerrufen worden. Gleichgültig ist, ob der finanzierte Vertrag seinerseits mit einem Widerrufsrecht bewehrt war und die Möglichkeit bestanden hätte, ihn nach Maßgabe von § 358 Abs. 1 zu widerrufen. 332

Der Widerruf ist unteilbar (→ Rn. 24) und ergreift den Verbraucherdarlehensvertrag vollständig, nicht etwa nur im Umfang des finanzierten Vertrags, wenn der Nettodarlehensvertrag den Preis aus dem finanzierten Vertrag überstieg (Teilbetrag zur freien Verfügung oder zur Finanzierung einer anderen Leistung). Anders als im Verfahren nach § 358 Abs. 1 (→ Rn. 329) ist es nicht möglich, den Darlehensvertrag teilweise aufrechtzuerhalten.[490] Im gegebenen Falle, nämlich bei Widerruflichkeit des finanzierten Vertrags, hat der Verbraucher die **Wahl** auf das Verfahren nach § 358 Abs. 1 (→ Rn. 330). 333

Dient der Verbraucherdarlehensvertrag der Finanzierung von **Finanzinstrumenten**, findet gem. § 358 Abs. 5 ein Widerrufsdurchgriff nicht statt, um die Spekulation des Verbrauchers auf Risiko der Bank zu vermeiden (→ Rn. 318). Der Verbraucherdarlehensvertrag wird durch den Widerruf nach § 495 zwar unverbindlich, aber der finanzierte Vertrag behält seine Verbindlichkeit. Im Falle des Erwerbs von Investmentanteilen ist allerdings auch der finanzierte Vertrag gem. § 305 KAGB widerruflich (→ Rn. 38). 334

Die VerbrKrRil sieht zwar für das Verhältnis von finanziertem Vertrag und Finanzierungsvertrag (Darlehensvertrag) das Verfahren nach § 358 Abs. 1 vor (→ Rn. 326), nicht aber dasjenige nach § 358 Abs. 2. Insoweit ist, wie auch Erwägungsgrund 37, Satz 3, zu entnehmen ist, der harmonisierte Bereich verlassen, sodass die nationalen Rechtsordnungen nicht gebunden sind (→ Einf. Rn. 32 ff.). Dem Durchgriffsmodell von § 358 Abs. 2 entspricht Art. 14 Abs. 4 der Richtlinie über Nebenleistungen, umgesetzt durch § 360 BGB. 335

Wenn der Darlehensvertrag in den Ausnahmebereich von § 491 Abs. 2 fällt, ist er kein Verbraucherdarlehensvertrag und nicht nach § 495 widerruflich. Deshalb kann auch keine Widerrufserstreckung nach § 358 Abs. 2 stattfinden, wohl aber nach § 358 Abs. 1, wenn der finanzierte Vertrag mit einem Widerrufsrecht ausgestattet ist (→ Rn. 325, Konstellation 2 sowie Rn. 327). Ist dies nicht der Fall, bleibt das gesamte verbundene Geschäft verbindlich (→ Rn. 325, Konstellation 4). 336

Kein Verbraucherdarlehensvertrag ist auch der **unentgeltliche** Darlehensvertrag. Er ist jedoch gemäß § 514 Abs. 2 mit einem Widerrufsrecht ausgestattet 336a

---

[489] So Staudinger/*Kessal-Wulf* § 358 BGB Rn. 57.
[490] MüKoBGB/*Habersack* § 358 BGB Rn. 74.

3. Widerruf von Darlehensvertrag und finanziertem Vertrag

337 Die Verfahrensweisen von § 358 Abs. 1 und Abs. 2 stehen nicht alternativ nebeneinander, sondern können kumulieren, indem der Verbraucher sowohl den Verbraucherdarlehensvertrag als auch den finanzierten Vertrag widerruft. Auf diese Weise kann der Verbraucher Zweifeln über die Widerruflichkeit begegnen. Die Abwicklung der widerrufenen Verträge richtet sich nach § 358 Abs. 4 Satz 5 (→ Rn. 367).

II. Finanzierung durch Teilzahlungsabrede

338 Ungeregelt durch § 358 BGB bleibt eine weitere Problematik, die sich aus der Anwendung zweier unterschiedlicher Widerrufsrechte ergibt. § 358 Abs. 1 befasst sich mit der mehrfachen Widerruflichkeit zweier rechtlich – aber nicht wirtschaftlich – isolierter Verträge. Die Frage, welches Widerrufsrecht gilt, kann sich aber auch dann stellen, wenn nur ein einziger Vertrag abgeschlossen wurde, zB der Kaufpreis für eine im Fernabsatz gekaufte Sache in Teilzahlungen erbracht werden kann oder der Preis für den Erwerb eines Teilzeitwohnrechts oder der Preis für eine in einer Haustürsituation nach § 312b Abs. 1 gekaufte Sache. Aufgrund der Teilzahlungsabrede sind die Verträge nicht nur Fernabsatz-, Teilzeitwohnrechte- oder Haustürgeschäfte, sondern zugleich Teilzahlungsgeschäfte nach § 506 Abs. 3 BGB. Gilt das Widerrufsrecht nach §§ 506 Abs. 1, 495 oder nach §§ 312g Abs. 1, oder 485? Für Haustürgeschäfte- und Fernabsatzgeschäfte bestimmt § 312g Abs. 3 den Vorrang des teilzahlungsrechtlichen Widerrufsrechts, welches das Widerrufsrecht nach § 312g Abs. 1 verdrängt (ebenso im gegebenen Falle das Widerrufsrecht bei Qualifizierung des Vertrags als Ratenlieferungsvertrag nach § 510 BGB). Bei Teilzeitwohnrechten setzt der Beginn der Widerrufsfrist sowohl die Tatbestände von § 356b Abs. 1 als auch von § 356a Abs. 1 und 2 voraus (→ Rn. 44). Jenseits einer Finanzierung bestimmt § 312g Abs. 3 bei Erwerb von Investmentanteilen außerhalb von Geschäftsräumen (sog. Haustürgeschäfte) den Vorrang von § 305 KAGB (→ Rn. 38).

III. Erweiterung der Widerrufserstreckung auf zusammenhängende Verträge (§ 360 BGB)

1. Kennzeichnung

339 Nach § 360 Abs. 1 Satz 1 findet eine Widerrufserstreckung unabhängig von einem Verbund statt (bis zum 12.6.2014: § 359a Abs. 2 BGB aF). Macht der Verbraucher von einem gesetzlichen Widerrufsrecht (→ Rn. 47), das sich nach § 355 BGB richtet,[491] Gebrauch, zB nach § 312g Abs. 1, erstreckt sich der Wi-

---

[491] So h. M., *Wendt/Lorscheid-Kratz* BB 2013, 2434 (2435); MüKoBGB/*Habersack* § 360 BGB Rn. 8; danach keine Anwendung bei Widerruf nach §§ 8 VVG, 305 KAGB (→ Rn. 328).

derruf auf einen zusammenhängenden Vertrag, indem auch die Bindung an diesen Vertrag endet. Das gilt unabhängig davon, ob der zusammenhängende Vertrag (in der Terminologie von Art. 15 VerbrRechteRil: der akzessorische Vertrag) seinerseits widerruflich ist, zB nach § 8 Abs. 1 VVG. Mit einem Verbraucherdarlehensvertrag zusammenhängende Verträge sind Versicherungs-, insbesondere Restschuldversicherungsverträge, ein Kontoführungsvertrag, ein Vertrag über eine Zahlungskarte gemeint, die zugleich Verträge über Zusatzleistungen nach Art. 247 § 8 EGBGB sein können. Werden die Leistungen aus solchen Verträgen durch das Darlehen mitfinanziert, ist im Allgemeinen ein Verbund nach § 358 Abs. 3 Satz 1 gegeben (→ Rn. 270). Es kann aber vorkommen, dass eine solche Mitfinanzierung nicht stattfindet, sondern insofern ein Bargeschäft vereinbart wird (der Verbraucher zahlt die Prämie aus eigenen Mitteln). In diesem Fall scheidet mangels Finanzierung ein Verbundgeschäft aus, gleichermaßen, wenn nach Lage des Einzelfalls eine wirtschaftliche Einheit nach § 358 Abs. 3 Satz 1 zu verneinen ist (in diesem Fall kann ein Darlehensvertrag der mit einem zB Fernabsatzvertrag zusammenhängende Vertrag sein, → Rn. 343) oder wenn ein Festdarlehen durch die Leistung aus einer Kapitallebensversicherung zu tilgen ist (→ Rn. 271). Trotzdem findet bei Widerruf des Darlehensvertrags nach § 495 eine Widerrufserstreckung gem. § 360 Abs. 1 Satz 1 in gleicher Weise wie nach § 358 Abs. 2 (sowie Abwicklung nach § 360 Abs. 1 Satz 2 in gleicher Weise wie nach § 358 Abs. 4) statt, wie Art. 14 Abs. 4 VerbrKrRil vorgibt (→ Rn. 3). Dagegen lässt ein Widerruf des zusammenhängenden Vertrags, zB nach § 8 Abs. 1 VVG, den Darlehensvertrag unberührt (hierzu näher → Rn. 270); anders, wenn ein Verbraucherdarlehensvertrag selbst zusammenhängender Vertrag nach Maßgabe von § 360 Abs. 2 Satz 2 ist (→ Rn. 343). Wird ein **Immobiliengeschäft** durch Darlehen finanziert, dürfte die Anwendung von § 360 ausscheiden, um die besondere Konzeption von § 358 Abs. 3 Satz 3 (→ Rn. 289–308) nicht zu unterlaufen:[492] Eine **Belehrung** über die Widerrufserstreckung auf den zusammenhängenden Vertrag im Verbraucherdarlehensvertrag ist gemäß Anlage 7 zum EGBGB, Gestaltungshinweis 2c, fakultativ, führt aber bei fehlerhafter Anwendung zum unbefristeten, ewigen Widerrufsrecht (→ Rn. 164). Im Anwendungsbereich von Art. 246b EGBGB (Fernabsatz von Finanzdienstleistungen) ist eine Belehrung vorgeschrieben, wie sich aus Anlage 3, Gestaltungshinweis 7, ergibt. Bei Fehlen oder Fehlerhaftigkeit entsteht gemäß § 356 Abs. 3 Satz 3 BGB ein unbefristetes, ewiges Widerrufsrecht bezüglich des Hauptvertrags (→ Rn. 165).

2. Begriff des zusammenhängenden Vertrags

Was ein zusammenhängender Vertrag ist, folgt aus der Legaldefinition von **340** § 360 Abs. 2 Satz 1. Voraussetzungen sind
– ein Bezug zu dem widerrufenen Vertrag
– der Verbraucher als Partei des zusammenhängenden Vertrags[493] und
– Leistung durch
  – den Unternehmer des widerrufenen Vertrags (Darlehensgeber) oder

---

[492] MüKoBGB/*Habersack* § 360 BGB Rn. 5; Palandt/*Grüneberg* § 360 BGB Rn. 3 aE.
[493] Deshalb kein zusammenhängender Vertrag, wenn Parteien des Unternehmer des zusammenhängenden Vertrags und der Dritte sind, z.B. Versicherungsvertrag zwischen Unternehmer und Versicherer, OLG Karlsruhe WM 2014, 2162 zu II.1.a.

– Dritten aufgrund Vereinbarung mit dem Unternehmer des widerrufenen Vertrags.

341 Der Bezug zum widerrufenen Vertrag, namentlich die Nebenleistung zum Darlehensvertrag nach Art. 14 Abs. 4 VerbrKrRil, setzt eine kausale Verknüpfung mit diesem voraus, ohne das der Darlehensgeber den Vertragsabschluss, wie gem. Art. 247 § 8 Abs. 1 EGBGB (→ § 494 Rn. 21), verlangen müsste, sodass obligatorische wie fakultative Restschuldversicherungsverträge (→ Rn. 270) erfasst sind.[494] Bei einem Kaufvertrag mit Leasingfinanzierungsklausel (→ § 506 Rn. 91, 92) ist der Leasingvertrag der mit dem Kaufvertrag zusammenhängende Vertrag; der Kaufvertrag ist aber nicht widerruflich, sodass es eine Widerrufserstreckung nicht geben kann.

342 Der zusammenhängende Vertrag, insbesondere als Nebenleistung zum Darlehensvertrag iSv Art. 14 Abs. 4 VerbrKrRil, zB in Gestalt eines Girovertrags (Zahlungsdiensterahmenvertrag § 675f Abs. 2 BGB), kann unter Verbraucher und Darlehensgeber abgeschlossen werden. Partei kann auch ein Dritter sein, zB ein Versicherer, der mit dem Verbraucher einen Restschuldversicherungsvertrag abschließt. Der Tatbestand eines zusammenhängenden Vertrags nach § 360 Abs. 2 Satz 1 ist dadurch allein aber noch nicht erfüllt. Vielmehr ist eine weitere diesbezügliche **Vereinbarung zwischen Darlehensgeber und dem Dritten,** hier dem Versicherer, Voraussetzung für den Zusammenhang, zB ein Rahmenvertrag. Ohne eine derartige Vereinbarung bleibt es bei der Bindung an den Vertrag zwischen Verbraucher und Drittem, wobei offen bleibt, wie der Verbraucher von dem Rahmenvertrag Kenntnis erlangt. Die Widerrufsinformation nach Anlage 7 zum EGBGB sieht eine diesbezügliche Information nicht vor (nur zu § 360 Abs. 2 Satz 2, Gestaltungshinweis 6e und nur andeutungsweise Anlage 3, Gestaltungshinweis 6, betreffend Finanzdienstleistungen im Fernabsatz und Art. 6 Abs. 7 Satz 2 Fernabsatz-FinanzdienstleistungenRil).

3. Darlehensvertrag als zusammenhängender Vertrag (§ 360 Abs. 2 Satz 2)

343 Der Verbraucherdarlehensvertrag kann, gleichermaßen ein unentgeltlicher Darlehensvertrag nach § 514 (→ § 514 Rn. 24, § 515 Rn. 9), der widerrufene Vertrag, aber er kann auch der zusammenhängende Vertrag sein, der seine Verbindlichkeit verliert (→ Rn. 339). Im Fall von § 360 Abs. 2 Satz 2 ist der Darlehensvertrag auch dann zusammenhängender Vertrag, wenn er es nach Satz 1 nicht wäre. Ausgangsvoraussetzung ist zuvörderst, dass im Darlehensvertrag die zu finanzierende Leistung aus dem widerrufenen Vertrag genau angegeben ist, Art. 3 lit. n ii VerbrKrRil (und der Vorgängerregelung von § 359a Abs. 1 BGB aF) entsprechend. Sodann genügt nicht der bloße Bezug zum widerrufenen Vertrag (zB einem Fernabsatzvertrag), sondern Voraussetzung ist eine Zweckbindung dahin, dass der Darlehensvertrag der Finanzierung des widerrufenen Vertrags dient. Hierbei muss die Valuta ausschließlich der Finanzierung dienen, dh ganz oder teilweise nicht für andere Zwecke verwendet werden dürfen (näher → Rn. 267). Sind diese Voraussetzungen erfüllt, ist der Darlehensvertrag zusammenhängender Vertrag, ohne dass eine Rahmenvereinbarung zwischen dem Unternehmer des widerrufenen Vertrags und dem Darlehensgeber (→ Rn. 342) getroffen worden sein müsste. Eine Pflicht zur **Belehrung** über die Widerrufserstreckung im Verbraucherdarlehensvertrag folgt

---

[494] Staudinger/*Kessal-Wulf* § 359a BGB Rn. 4.

aus Anlage 7 zum EGBGB, Gestaltungshinweis 7. Bei Fehlen oder Fehlerhaftigkeit entsteht ein unbefristetes, ewiges Widerrufsrecht (→ Rn. 164). Bei Immobiliengeschäften scheidet mangels ihrer Widerruflichkeit[495] eine Anwendung von § 360 Abs. 2 Satz 2 aus (→ Rn. 339 aE). Die Pflicht zur **Belehrung** über die Widerrufserstreckung im Verbraucherdarlehensvertrag folgt aus Anlage 7 zum EGBGB, Gestaltungshinweis 2.b). Bei Fehlen oder Fehlerhaftigkeit entsteht ein unbefristetes, ewiges Widerrufsrecht (→ Rn. 164).

4. Rechtsfolgen

a) **Rückabwicklung.** Die Widerrufserstreckung führt zur Rückabwicklung nach § 355 Abs. 3 BGB (→ Rn. 188 ff.). Im Übrigen ist § 358 Abs. 4 Satz 1 bis 3 entsprechend anzuwenden, wo auf die für den widerrufenen Vertrag geltende Abwicklungsregelung verwiesen wird. Bei einem Vertrag über Waren oder Dienstleistungen ist § 357 heranzuziehen (→ Rn. 226), bei Finanzdienstleistungen § 357a, im Falle eines Verbraucherdarlehensvertrags als zusammenhängendem Vertrag (→ Rn. 243) § 357a Abs. 3 iVm Abs. 2, § 357 Abs. 5 bis 8 (→ Rn. 236 ff.), bei Teilzeitwohnrechten § 357b sowie § 360 Abs. 1 Satz 3, bei Ratenlieferungsverträgen (§ 510 BGB) gem. § 358 Abs. 4 Satz 3 die Vorschrift von § 357c BGB. Nicht anwendbar sind § 358 Abs. 4 Sätze 4 und 5, sodass die Rückabwicklung im jeweiligen Leistungsverhältnis stattfindet[496], nicht aber eine Konzentration auf den Darlehensgeber (→ Rn. 376).

b) **Einwendungsdurchgriff.** Ein Verbraucherdarlehensvertrag, in welchem die zu finanzierende Leistung genau angegeben ist, begründet gem. Art. 3 lit. n ii) VerbrKrRil die wirtschaftliche Einheit und den Verbund mit der Folge (→ Rn. 246), dass nicht nur Art. 15 Abs. 1 VerbrKrRil über die Widerrufserstreckung anwendbar ist, sondern auch Art. 15 Abs. 2 Satz 1 über den Einwendungsdurchgriff, dessen Maß und Bedingungen die Mitgliedstaaten gem. Art. 15 Abs. 2 Satz 2 bestimmen können. Aber diese Vorschrift erlaubt den Mitgliedstaaten nicht, den Einwendungsdurchgriff ganz auszuschließen.[497] Eben dies geschieht aber durch § 360, wo der Einwendungsdurchgriff nicht vorkommt. Die Gesetzesbegründung[498] nennt den Fall, dass sich der Verbraucher erst nach Auszahlung des Darlehens für den Unternehmer entscheidet, bei dem er den genau angegebenen und durch den Darlehensvertrag finanzierten Gegenstand erwirbt. Hier sei ein Einwendungsdurchgriff nicht sachgerecht.

Diese Begründung erscheint nachvollziehbar und dem Richtlinienkonzept überlegen, entspricht aber nicht der Sicht nach Art. 3 lit. n sowie aus Art. 15 Abs. 2 VerbrKrRil (→ Rn. 4). Die erstgenannte Richtlinienvorschrift folgt zunächst der Definition aus § 358 Abs. 3 Satz 2, wie die Gesetzesbegründung, aaO, vermerkt. Danach ist von wirtschaftlicher Einheit bei Selbstfinanzierung und Mitwirkung (→ Rn. 275) auszugehen, also von unwiderleglichen Vermutungen. Diese Tatbestände sind gleichwertig und ohne Einschränkung durch einen dritten Tatbestand erweitert. Es ist nach der Richtlinie nämlich „von einer wirtschaftlichen Einheit ... auszugehen, ... wenn im Kreditvertrag ausdrücklich die spezifischen Waren oder

---

[495] MüKoBGB/*Habersack*, § 360 BGB Rn. 9.
[496] MüKoBGB/*Habersack*, § 360 BGB Rn. 21.
[497] Ignoriert in BR-Drucks. 817/12, S. 111.
[498] Bereits in BT-Drucks.16/11643 = BR-Drucks. 848/08, S. 116 zum VKrRilUG; wiederholt in BR-Drucks. 817/12, S. 110/111 zur VerbrRechteRil.

die Erbringung einer spezifischen Dienstleistung angegeben sind." Nach der Richtlinie begründet also auch der Angabetatbestand die unwiderlegliche Vermutung (→ Rn. 275); ebenso wie beispielsweise der Mitwirkungstatbestand in einer Gesamtbetrachtung nach § 358 Abs. 3 Satz 1 am Ende doch noch zu einer Verneinung der wirtschaftlichen Einheit führen könnte und dennoch eben diese wirtschaftliche Einheit unwiderleglich zu vermuten wäre, ist nach Art. 3 lit. n ii die wirtschaftliche Einheit aufgrund des Angabetatbestands unwiderleglich zu vermuten, also auch in dem Beispiel, das die Gesetzesbegründung nennt. Begründet aber der Angabetatbestand die wirtschaftliche Einheit und damit den Verbund, ist nicht nur Art. 15 Abs. 1 VerbrKrRil über die Widerrufserstreckung nach dem Konzept von § 358 Abs. 1 BGB anwendbar, sondern auch der Einwendungsdurchgriff nach Art. 15 Abs. 2 (freilich subsidiär, hierzu näher → Rn. 408, 468). Keine Abweichung erlaubt Art. 15 Abs. 2 Satz 2 VerbrKrRil (s. bereits → Rn. 278), wonach die Mitgliedstaaten bestimmen, in welchem Maße und unter welchen Bedingungen der Einwendungsdurchgriff ausgeübt werden kann. Diese Klausel erlaubt nicht den vollständigen Ausschluss[499] (→ Rn. 11), sondern lediglich Maß und Bedingung. Insoweit erscheint die Vorschrift von § 360 Abs. 2 Satz 2 BGB, unbeschadet ihres eingeschränkten Anwendungsbereichs (→ Rn. 347) defizitär und nicht richtlinienkonform.[500]

347 Allerdings ist an eine analoge Anwendung von § 359 im Fall von § 360 Abs. 2 Satz 2 BGB im Wege der richtlinienkonformen Rechtsfortbildung nach Maßgabe der im Urteil des BGH vom 26.11.2008 – **Quelle** –[501] gefundenen Maximen zu denken. Danach ist eine planwidrige Regelungslücke anzunehmen, Gesetzgeber eine richtlinienkonforme Regelung im nationalen Recht aufzustellen glaubte, diese Auffassung sich aber als fehlerhaft erweist.[502] Hiervon ist auszugehen (→ Rn. 346). Die Lücke könnte, folgt man der Dogmatik des BGH, durch teilweise Analogie von § 359 BGB geschlossen werden, nämlich nur insoweit, als der Einwendungsdurchgriff gem. Art. 15 Abs. 2 VerbrKrRil subsidiär gegenüber Ansprüchen des Verbrauchers gegen den Unternehmer des finanzierten Vertrags ist. Mit dieser Art der Lückenschließung übernehmen allerdings Gerichte Gesetzgebungsaufgaben gegen den – wenn auch als fehlerhaft erkannten – gesetzgeberischen aktuellen Willen der Legislative, deren Aufgabe auch Fehlerkorrekturen sind. Deshalb erscheint die Dogmatik des BGH fragwürdig und die Grenzen erlaubter Rechtsfortbildung überschreitend. Stattdessen wäre der Ausgleich in Amtshaftungsansprüchen (→ Einf. Rn. 30) zu suchen.

5. Versicherungsverträge § 9 Abs. 2 VVG

348 Für das Verhältnis von Haupt- und Zusatzversicherungsvertrag oder beispielsweise einer Kostenausgleichsvereinbarung nach § 169 VVG enthält § 9 Abs. 2

---

[499] Dies leugnet betr. die VerbrRechteRil der Rechtsausschuss ohne jegliche Begründung, BT-Drucks. 17/12637, S. 125 sowie → Rn. 11; der Rechtsausschuss scheint ein Redaktionsversehen anzunehmen.
[500] Gl. A. MüKoBGB/*Habersack* § 359a BGB Rn. 11; *Bülow* FS Meinhard Schröder 2012, S. 109 (122 f.); *Schürnbrand* ZBB 2010, 123 (127).
[501] BGHZ 179, 27 = NJW 2009, 427 = WM 2009, 316, zust. *Pfeiffer* NJW 2009, 412 sowie bereits *Herresthal* WM 2007, 1354, abl. *Schürnbrand* JZ 2009, 910, *Gsell* JZ 2009, 522 und *Grosche/Höft* NJOZ 2009, 2294; offen *Bruns* JZ 2014, (170).
[502] Zutr. *Schürnbrand* Schriftenreihe BrV 2010 (Bd. 30), S. 173 (191) sowie ZBB 2010, 123 (127), aber in krit. Distanz zum Konzept des BGH.

VVG seit dem 1.5.2013 eine gleichgeartete, sprachlich kongruente Regelung, nach welcher der Versicherungsnehmer (→ Rn. 34) an den Vertrag über die Zusatzvereinbarung nicht mehr gebunden ist, wenn er den Widerruf des Hauptversicherungsvertrages erklärt. Vor dem 1.5.2013 konnte eine solche Rechtsfolge vertraglich, auch durch AGB, herbeigeführt werden.[503]

IV. Ausschluss der Widerrufserstreckung (isolierter Widerruf?)

Gem. § 361 Abs. 1 BGB darf von den Vorschriften von § 358 Abs. 1 und Abs. 2 nicht zum Nachteil des Verbrauchers abgewichen werden. Die Widerrufserstreckung dient dem Schutz des Verbrauchers, mit dem die Gefahr einer Paritätsstörung durch die Verbundenheit der Geschäfte kompensiert werden soll (→ Rn. 250), sodass ein vertraglicher Ausschluss unwirksam ist. Es kann jedoch der Fall eintreten, dass der Verbraucher zwar am finanzierten Vertrag festhalten, aber den Darlehensvertrag widerrufen möchte, vielleicht weil er seinen Kapitalbedarf inzwischen anderweitig decken kann und sich die Finanzierungskosten sparen möchte. Fraglich ist, ob der Verbraucher den Darlehensvertrag isoliert ohne Erstreckung auf den finanzierten Vertrag widerrufen kann, namentlich dann, wenn nach Lage des Einzelfalls ein Neuabschluss des – zunächst – wirksamen finanzierten Vertrags nicht in Betracht kommt, etwa dadurch, dass der Unternehmer ein günstigeres Ersatzgeschäft in Aussicht hat. Während die Möglichkeit eines isolierten Widerrufs unter der früheren Dogmatik des Verbraucherkreditgesetzes richtigerweise zu bejahen war,[504] ergibt sich für die gegenwärtige Rechtslage Folgendes:

349

Die Möglichkeit eines isolierten Widerrufs, der zum Ausschluss der Widerrufserstreckung führt, würde sich auf die fehlende Schutzbedürftigkeit des Verbrauchers aufgrund fehlender Paritätsstörung im konkreten Einzelfall stützen. Das verbraucherprivatrechtliche Konzept der Kompensation gestörter Vertragsparität knüpft aber gerade nicht an den konkreten Einzelfall an, sondern ist marktfunktional bestimmt und richtet sich an typisierten Ungleichgewichtslagen aus (→ Einf. Rn. 44), die beispielsweise auch einen Verzicht des in Parität mit dem Unternehmer stehenden einzelnen Verbrauchers auf das Widerrufsrecht ausschließt (→ § 511 Rn. 12); Maß gibt nach § 361 Abs. 1 allein der rechtliche Nachteil, der nicht durch wirtschaftliche Vorteile für den einzelnen Verbraucher kompensiert wird. Deshalb erscheint ein isolierter Widerruf des Darlehensvertrags unter Ausschluss der Widerrufserstreckung schwerlich gangbar.[505]

V. Widerrufsbelehrung, Pflichtangaben nach Art. 247 § 12 EGBGB

Bei verbundenen Geschäften ist der Verbraucher umso mehr auf eine informative Widerrufsbelehrung angewiesen. Folgerichtig bestimmt das Gesetz durch Art. 247 § 12 Abs. 1 Nr. 2 lit. b EGBGB, dass die Widerrufsbelehrung auf die besonderen Mechanismen nach Absätzen 1 oder 2 hinweisen muss (→ Rn. 325).

350

---

[503] BGH v. 12.9.2014 – IV ZR 295/13, WM 2014, 662 = NJW 2014, 1658 mit Anm. *Bülow* WuB IV F-1.14; BGH v. 14.5.2014 – IV ZA 5/14 (Beschluss), WM 2014, 1447.
[504] Vorauflage (4. Auflage) § 9 VerbrKrG Rn. 53.
[505] AA *Pfeiffer* ZGS 2008, 409 und Palandt/*Grüneberg*, § 358 BGB Rn. 8.

1. Unwiderruflichkeit des finanzierten Vertrags (§ 358 Abs. 2)

351 Unterliegt der Kauf- oder Leistungsvertrag nicht selbst dem fernabsatzrechtlichen oder haustürgeschäfterechtlichen Widerrufsrecht resp. ist er kein Teilzeitwohnrechtevertrag und kein Versicherungsvertrag (→ Rn. 270), sodass § 358 Abs. 1 BGB nicht zur Anwendung kommt, kann sich der Widerruf des Verbrauchers nur gegen seine auf den Abschluss des Verbraucherdarlehensvertrags resp. des unentgeltlichen Darlehensvertrags (§ 514, → § 514 Rn. 21) gerichtete Willenserklärung (§ 355 Abs. 1 BGB) richten. Voraussetzung ist demgemäß, dass der Darlehensvertrag widerruflich ist und nicht ein Widerrufsausschluss nach § 491 Abs. 2 Satz 2 oder Abs. 4 oder § 495 Abs. 2 oder § 514 Abs. 1 Satz 2 BGB besteht; in diesen Fällen ist auch das finanzierte Geschäft endgültig wirksam (→ Rn. 336). Keine Widerrufserstreckung findet in den Fällen von **Spekulationsgeschäften** nach § 358 Abs. 5 statt, wo trotz Widerruf des Darlehensvertrags das finanzierte Spekulationsgeschäft endgültig wirksam bleibt (→ Rn. 318 ff.).

352 Auch bei verbundenen Geschäften beträgt die Frist für den Widerruf des Darlehensvertrags gem. §§ 495 Abs. 1, 355 Abs. 2 BGB 14 Tage. Die Frist beginnt gem. § 356b Abs. 1 BGB, sobald der Vertrag abgeschlossen ist und der Darlehensgeber dem Verbraucher eine Abschrift der Vertragsurkunde mit den Angaben nach Art. 247 § 6 Abs. 2 und § 12 Abs. 1 Nr. 2 lit. b EGBGB zur Verfügung stellte (→ Rn. 70, 96). Bei unentgeltlichem Darlehensvertrag nach § 514 hängt der Beginn der Widerrufsfrist von der Unterrichtung nach Art. 246 Abs. 3 EGBGB ab (§ 356d Satz 1, → § 514 Rn. 11). Adressat des Widerrufs ist der Darlehensgeber, nicht etwa der Unternehmer als Partei des finanzierten Geschäfts.

353 **a) Unterrichtung im Darlehensvertrag resp. in Textform.** Die **Pflichtangaben** über das Widerrufsrecht, die im Verbraucherdarlehensvertrag vom Darlehensgeber zu machen sind,[506] müssen gem. Art. 247 § 12 Abs. 1 Nr. 2 lit. b EGBGB den Hinweis enthalten, dass sich der Widerruf des Darlehensvertrags auch auf den finanzierten Kauf- oder Leistungsvertrag bezieht,[507] im gegebenen Falle auf einen zusammenhängenden Vertrag nach § 360 BGB (→ Rn. 339 sowie → Rn. 107, außerdem → Rn. 143 ff.; zum Sonderfall eines finanzierten Fernunterrichtsvertrags → Rn. 146 und → § 506 Rn. 49), näher Gestaltungshinweis bei Anlage 7 zum EGBGB Nr. 6a, 6c, 6f, zum Einwendungsdurchgriff Nr. 6g. Unzureichend ist die Formulierung, der Widerruf des Darlehensvertrags habe die Unwirksamkeit weiterer mitfinanzierter Verträge zur Folge; vielmehr muss gerade der finanzierte Vertrag benannt werden.[508] Genügt die Belehrung aus solchen oder anderen Gründen nicht den gesetzlichen Anforderungen, be-

---

[506] BGHZ 91, 338 (340) = NJW 1984, 2291; BGH WM 1987, 365 zu II. 1. c.
[507] BGHZ 91, 9 (15 f.) = NJW 1984, 1755; BGHZ 91, 338 (340) = NJW 1984, 2292 zu II.3.b.bb; BGH WM 1987, 365 zu II. 1.c. mit Komm. *Löwe* EWiR § 1b AbzG 1/87, 309; OLG Schleswig WM 2000, 1940 mit Anm. *Vollmer* WuB I E 2.–1.01; OLG Celle NdsRPfl 1988, 29 sowie WM 2000, 816 mit Anm. *Mankowski* WuB I E 2.–2.2000; OLG Düsseldorf WM 1989, 1805 zu IV.; NJW 1993, 741 mit Komm. *Vortmann* EWiR § 9 VerbrKrG 1/93187; OLG Karlsruhe NJW 1990, 2474 zu II. 1.; OLG Hamm WM 1991, 2040 zu II. 1.b. mit Anm. *Hönn* WuB IV C.–1.92; OLG Köln BB 1993, 324; OLG Frankfurt NJW-RR 1993, 880.
[508] OLG Düsseldorf WM 1993, 1179 mit zust. Anm. *Peters* WuB I E 2c.–1.93; OLG Frankfurt NJW-RR 1993, 880.

ginnt die Widerrufsfrist gem. § 356b Abs. 1 BGB nicht, und das Widerrufsrecht bleibt unbefristet bestehen (→ Rn. 70, 164). Das gilt auch dann, wenn die Bank den unbestimmten Rechtsbegriff der wirtschaftlichen Einheit verkannte und glaubte, die Pflichtangaben nicht nach Maßgabe von Art. 247 § 12 Abs. 1 Nr. 2 lit. b EGBGB machen zu müssen, sondern die einfache Unterrichtung genüge. Jedenfalls unzulässig und nicht ordnungsgemäß ist eine alternative Belehrung, die die Unsicherheit über die Rechtslage auf den Verbraucher abwälzen würde.[509] Bei **unentgeltlichem Darlehensvertrag** nach § 514 ist eine außerhalb des Vertragsschlusstatbestands stehende Widerrufsbelehrung (→ Rn. 113, 116) in **Textform** gemäß Art. 246 Abs. 3 EGBGB zu erteilen (→ § 514 Rn. 11).

b) Belehrung im Kauf- oder Leistungsvertrag. Der finanzierte Kauf- oder Leistungsvertrag bedarf keiner Widerrufsbelehrung. Ort der Unterrichtung über das Widerrufsrecht nach Art. 247 § 6 Abs. 2, § 12 Abs. 1 Nr. 2 lit. b EGBGB ist vielmehr der Darlehensvertrag.[510] Entgegen früherer Rechtslage reicht es auch nicht aus, wenn die Belehrung nur im finanzierten Vertrag,[511] aber nicht im Darlehensvertrag mittels der Pflichtangaben enthalten ist. Dieser bedarf zwingend – bei Meidung der Vertragsnichtigkeit, → § 494 Rn. 15 – der Pflichtangaben. Die trotzdem erteilte Belehrung im Kauf- oder Leistungsvertrag ist also entbehrlich, aber auch nicht ausreichend. Sollten beide Verträge die Belehrung resp. die Pflichtangaben enthalten und ist die Belehrung im finanzierten Vertrag unvollständig, während die Pflichtangaben im Darlehensvertrag ordnungsgemäß sind, ist der Verbraucher über die wirkliche Rechtslage aufgeklärt, nämlich mit Widerruf des Darlehensvertrags gemäß § 358 Abs. 2 BGB auch den Kauf- oder Leistungsvertrag hinfällig machen zu können, sodass die Widerrufsfrist in Gang gesetzt wird. Es handelt sich hierbei um eine Ergänzung der unvollständigen Widerrufsbelehrung im finanzierten Vertrag durch den Darlehensvertrag. Widersprechen sich Widerrufsbelehrung und Pflichtangaben, ist das Funktionieren des Informationsmodells zwar gefährdet; gleichwohl beginnt die Widerrufsfrist für den Verbraucherdarlehensvertrag, wenn die dort vorausgesetzten Informationen ordnungsgemäß erteilt worden waren, wie Art. 14 Abs. 1 Satz 2 VerbrKrRil bestimmt.[512] Entgegen früherer Rechtslage kann, da die Pflichtangaben über das Widerrufsrecht zum Vertragstatbestand gehören, deren Unvollständigkeit auch nicht durch richtigstellende Mitteilungen in einer Widerrufsbelehrung beim finanzierten Vertrag kompensiert werden. Dies gilt auch dann, wenn die Pflichtangaben zwar vollständig, aber insuffizient sind, zB das Klarheitsgebot (→ Rn. 98) nicht erfüllen (→ § 494 Rn. 46). Eine **Pflichtenteilung** bei Widerrufsbelehrung und Pflichtangaben unter Darlehensgeber und Unternehmer des finanzierten Vertrags kann das Deutlichkeitsgebot gegenüber dem Verbraucher **nicht** erfüllen.[513]

c) Mitverpflichtung. Im Falle des Sicherungs-Schuldbeitritts eines Verbrauchers zum Darlehensvertrag oder einer anderen Interzession kann der Ver-

---

[509] Zutreffend *Dauner-Lieb* WM 1991, Beil. 6, S. 19; auch *Lieb* WM 1991, 1533 (1536); MüKoBGB/*Habersack* § 358 BGB Rn. 70; *Bruchner/Ott/Wagner-Wieduwilt* § 9 VerbrKrG Rn. 66.
[510] BGHZ 91, 338 zu § 6 AbzG = NJW 1984, 2291.
[511] BGHZ 91, 338 = NJW 1984, 2292 II. 3.a.
[512] Anders zur früheren Rechtslage OLG Schleswig WM 2000, 1940; MüKoBGB/ *Habersack* § 358 BGB Rn. 70 aE.
[513] BGH 2009, 3020 = WM 2009, 1497 = ZGS 2009, 422 Tz. 23/24 mit Komm. *Breig* EWiR § 355 BGB 1/10, 175.

braucher seine auf den Beitritt gerichtete Willenserklärung gem. § 495 BGB widerrufen und ist dementsprechend, nicht aber nach Art. 247 § 12 Abs. 1 Nr. 2 lit. b EGBGB, zu belehren (→ Rn. 122 ff.). Auf den Verbund erstreckt sich die Belehrung nur, wenn der Verbraucher auch für den finanzierten Vertrag mithaftet.[514]

356 **d) Finanzierungsleasing.** Leasingverträge sind nur ausnahmsweise mit dem Kaufvertrag über das Leasinggut zu einer wirtschaftlichen Einheit verbunden, nämlich im Falle des Bestelleintritts und im Falle des sale-and-lease-back-Verfahrens (→ § 506 Rn. 75). Nur in diesen Fällen führt der Widerruf des Finanzierungsleasingvertrags als Verbraucherkreditgeschäft (→ § 506 Rn. 67) zur endgültigen Unwirksamkeit des Kaufvertrags (→ § 506 Rn. 91). Folglich ist der Verbraucher als Leasingnehmer vom Leasinggeber als Kreditgeber darüber zu belehren, dass der Widerruf der auf den Abschluss des Leasingvertrags gerichteten Willenserklärung des Verbraucher auch die Unwirksamkeit des Kaufvertrags über das Leasinggut zur Folge hat (→ Rn. 110).[515] Entsprechendes gilt für den Kauf eines Mobiltelefons und Finanzierung durch **Mobilfunkvertrag** (→ Rn. 91).

357 **e) Sonstige Belehrungen.** Unberührt bleiben Aufklärungspflichten der Bank als vertragliche Nebenpflichten (→ § 498 Rn. 43). So muss die Bank den geschäftlich unerfahrenen Käufer vor der Gefahr warnen, die in der Erteilung einer Empfangsbescheinigung vor Erhalt der Ware liegt.[516]

358 **f) Spekulationsgeschäfte (Finanzinstrumente).** Dient der finanzierte Vertrag dem Erwerb von Finanzinstrumenten und wird der Erwerb durch ein Verbraucherdarlehen finanziert, finden gem. § 358 Abs. 5 BGB weder Widerrufserstreckung nach § 358 Abs. 2 noch Einwendungsdurchgriff (§ 359 Abs. 2, 1. Var. BGB) statt. Vielmehr ist der finanzierte Vertrag – vorbehaltlich eines Widerrufsrechts nach § 305 KAGB bei Erwerb von Investmentanteilen (→ Rn. 38) – endgültig und nicht nur schwebend wirksam, während der Darlehensvertrag nach der allgemeinen Regel von § 495 BGB widerruflich ist (→ Rn. 318 ff.).

2. Widerruflichkeit des finanzierten Vertrags (§ 358 Abs. 1)

359 Ist der finanzierte Vertrag selbst widerruflich, nämlich nach §§ 312g, 485, 510 BGB, 4 FernUSG oder 8 VVG (→ Rn. 270), hat der Verbraucher die Wahl, ob er von diesem Widerrufsrecht Gebrauch macht mit der Folge, dass der Darlehensvertrag (also auch ein solcher nach § 491 Abs. 2 Satz 2, → Rn. 327 oder nach § 514, → § 514 Rn. 22) seine Verbindlichkeit nach § 358 Abs. 1 BGB verliert. Der Widerrufsdurchgriff nach § 358 Abs. 1 ändert nichts an der Unterrichtungspflicht durch den Darlehensgeber im Verbraucherdarlehensvertrag nach Art. 247 § 12 Abs. 1 Nr. 2 lit. b EGBGB (→ Rn. 101) resp. im unentgeltlichen Darlehensvertrag nach Art 246 Abs. 3 EGBGB (→ Rn. 113, 115). Im Falle eines bloßen Darlehensvertrags nach § 491 Abs. 2 Satz 2 gibt es dagegen keine Informationspflicht, auch nicht über das Nichtbestehen eines Widerrufsrechts, bezogen auf den Darlehensvertrag, da Art. 10 Abs. 2 lit. p VerbrKrRil (vgl. → Rn. 111) nicht anwendbar ist (Art. 2 Abs. 2 lit. c VerbrKrRil). Die Informa-

---

[514] MüKoBGB/*Habersack* § 358 BGB Rn. 76.
[515] B. Peters DZWIR 1994, 353 (361); *Pickert* Widerrufsrecht, S. 172.
[516] BGHZ 33, 293 (296); BGH NJW 1992, 2560 zu B.I. 3. mit Komm. *Teske* EWiR § 607 BGB 5/92, 763; MüKoBGB/*Habersack* 359 BGB Rn. 23.

tionspflichten bezüglich des finanzierten Vertrags richten sich nach den für diesen aufgestellten Anforderungen: Für Fernabsatz- und Haustürgeschäfte (außerhalb von Finanzdienstleistungen, aber Fernunterrichtsverträge eingeschlossen) gilt Art. 246a § 1 Abs. 2 Nr. 1 EGBGB, wonach nicht auf Verbund und zusammenhängende Verträge hinzuweisen ist. Bei Finanzdienstleistungen ist gem. Art. 246b § 1 Abs. 1 Nr. 12 EGBGB umfassend zu informieren, was, unter Zugrundelegung von Anlage 3 zum EGBGB, Gestaltungshinweise 5 und 6, bedeutet, auch auf Verbund und zusammenhängende Verträge hinzuweisen ist. Bei Ratenlieferungsverträgen ist Art. 246 Abs. 3 EGBGB eine Pflicht zum Hinweis auf den Verbund nicht zu entnehmen, ebenso wenig bei Versicherungsverträgen nach § 8 VVG. Der Hinweis ist in diesen Fällen fakultativ, verbunden mit dem Risiko der Insuffizienz, welche die gesamte Widerrufsbelehrung ergreifen kann und den Beginn der Widerrufsfrist hindert.

D. Rückabwicklung nach Widerruf (§ 358 Abs. 4 BGB)

Erklärt der Verbraucher wirksam, insbesondere fristgerecht, den Widerruf, wird gem. § 355 Abs. 3 Satz 1 BGB ein Rückabwicklungsverhältnis ausgelöst, wonach insbesondere die empfangenen Leistungen an den Kreditgeber resp. Verbraucher zurückzugewähren sind. Da beim verbundenen Geschäft drei Personen, nämlich Kredit-(Darlehens-)geber, Verkäufer/Leistungserbringer und Verbraucher, auftreten, sind §§ 357 ff. BGB, für Verbraucherkredite § 357a, mit ihren Regelungen eines Zwei-Personen-Verhältnisses nicht ohne Weiteres anwendbar. Dieses Problem löst die Vorschrift von § 358 Abs. 4 Satz 5 BGB und bestimmt, mit wem der Verbraucher die Rückabwicklung durchführen kann, also mit dem Darlehensgeber oder dem Unternehmer als Partei des finanzierten Vertrags, zB dem Verkäufer oder Fondsbetreiber oder Grundstücksveräußerer (§ 358 Abs. 3 Satz 3, → Rn. 289) oder mit beiden. Unterbleibt ein Widerruf, sodass die Geschäfte endgültig wirksam werden, kann der Verbraucher gegenüber dem Darlehensrückzahlungsanspruch der Bank aus § 488 Abs. 1 Satz 2 BGB der Einwendungsdurchgriff nach § 359 Abs. 1 eröffnet sein (→ Rn. 405 ff.). Darüber hinaus kann der Verbraucher aber **nicht** Ansprüche gegenüber dem Unternehmer beim Darlehensgeber (Bank) im Wege des **Forderungsdurchgriffs** in entsprechender Anwendung von § 358 Abs. 4 Satz 5 liquidieren (→ Rn. 418).

I. Erstreckung der Abwicklungsfolgen und Parteien des Rückgewährschuldverhältnisses

1. Abwicklung des widerrufenen und des nicht widerrufenen Vertrags

In den Fällen von § 358 Abs. 1 und Abs. 2 wird einer der miteinander verbundenen Verträge widerrufen, während gegenüber dem anderen kein Widerruf erklärt wird. Aber es findet eine Erstreckung der Widerrufsfolgen auf den nicht widerrufenen Vertrag statt, indem der Widerruf des einen Vertrags auf den anderen durchgreift (Widerrufserstreckung aufgrund Widerrufsdurchgriffs). Für die Abwicklung des widerrufenen Vertrags gelten keine Besonderheiten, im Fall von § 358 Abs. 2 ist also der Verbraucherdarlehensvertrag gem. §§ 355 Abs. 3, 357a

§ 495 (§ 358 Abs. 4) 362–365 1. Teil. Darlehen u. Finanzierungshilfen

BGB abzuwickeln (→ Rn. 184 ff.). Auf den nicht widerrufenen anderen Vertrag sind die Vorschriften anzuwenden, die gelten würden, wenn dieser andere Vertrag widerrufen worden wäre, also je nach der Art des verbundenen Vertrags §§ 357 bis 357b (so § 358 Abs. 4 Satz 1) oder § 357c (§ 358 Abs. 4 Satz 3). Ist der andere Vertrag widerruflich (wenngleich von diesem Widerrufsrecht kein Gebrauch gemacht worden war), sind die einschlägigen Vorschriften neben § 355 Abs. 3 bei Fernabsatz- und Haustürgeschäften § 357 (mit Sonderregelungen bei Verträgen über digitale Inhalte nach § 358 Abs. 4 Satz 2), bei finanzierten Finanzdienstleistungen § 357a, bei Teilzeitwohnrechtgeschäften § 357b, bei Ratenlieferungsverträgen § 357c, bei Fernunterrichtsverträgen gem. § 4 FernUSG wiederum § 357, bei Versicherungsverträgen § 9 VVG (während die Finanzierung von Investmentanteilen die Anwendung von § 358 Abs. 4 ausschließt, so Abs. 5, → Rn. 318). Ist der andere Vertrag nicht widerruflich, zB bei einem Verbrauchsgüterkauf im stationären Handel, dürfte § 357 die hypothetisch anwendbare Rückabwicklungsnorm sein, wobei statt der Rücksendung nach § 357 Abs. 5 die gelieferte Sache vom Verbraucher selbst zurückgebracht werden kann (→ Rn. 199).

362 Bei Widerruf des finanzierten Vertrags nach § 358 Abs. 1 ist der nicht widerrufene Verbraucherdarlehensvertrag nach §§ 355 Abs. 3, 357a Abs. 1, Abs. 3 abzuwickeln. Ist der Darlehensvertrag kein Verbraucherdarlehensvertrag, nämlich im Fall von § 491 Abs. 2 BGB (→ Rn. 327, 336, 312) ist hypothetische Abwicklungsnorm ebenfalls § 357a iVm § 355 Abs. 3.

363 Was Verträge über **digitale Inhalte** betrifft, bedeutet die Sonderregelung von § 358 Abs. 4 Satz 2 Folgendes:[517] Nach § 357 Abs. 9 hat der Verbraucher bei solchen Verträgen im Falle des Widerrufs keinen Wertersatz zu leisten. Der Vertrag über digitale Inhalte verliert aber seine Widerruflichkeit unter den Voraussetzungen von § 356 Abs. 5 (ausdrückliche Zustimmung zur Ausführung des Vertrags vor Ablauf der Widerrufsfrist, Bestätigung nach § 312f). Im Falle des verbundenen Geschäfts und Widerruf des Darlehensvertrags nach § 358 Abs. 1 ist der Vertrag über digitale Inhalte trotz seiner Widerruflichkeit rückabzuwickeln. Hierbei würde es nicht sachgerecht erscheinen, wenn der Verbraucher trotz seiner ausdrücklichen Zustimmung sowie Bestätigung keinerlei Wertersatz zu leisten hätte.

364 Die Sonderregelung für **Ratenlieferungsverträge** nach § 358 Abs. 4 Satz 3 stellt klar, dass § 357 anwendbar ist, wenn der Vertrag zugleich ein Fernabsatz- oder Haustürgeschäft ist. Außerdem bleibt es bei der Rückgewährpflicht nach § 355 Abs. 3 und der grundsätzlichen Kostentragungspflicht des Verbrauchers für die Rücksendung (→ Rn. 203) nach § 357c.

2. Unternehmer oder Darlehensgeber als Abwicklungspartei

365 Mit wem sich der Verbraucher nach erklärtem Widerruf auseinandersetzt, hängt davon ab, wo sich die Darlehensvaluta bei Wirksamkeit des Widerrufs – also im Zeitpunkt des Zugangs der Widerrufserklärung (→ Rn. 163) – befand. Hatte der Darlehensgeber noch nicht gezahlt, war die Valuta also noch nicht zugeflossen, findet die Rückabwicklung zwischen Verbraucher und Unternehmer des finanzierten Vertrags (zB Kaufvertrag) statt (→ Rn. 368). Hatte der Darlehensgeber die Valuta aber bereits an den Verkäufer erbracht, wird der Darlehensgeber gem. § 358 Abs. 4 Satz 5 BGB Partei des Abwicklungsverhältnisses

---
[517] BT-Drucks. 17/13951, S. 104; *Leier* VuR 2013, 457 (463).

mit dem Verbraucher. Der Darlehensgeber tritt beispielsweise in die Gläubigerstellung auf Rückgewähr der gekauften Sache oder auf Rückzahlung einer vom Verbraucher an den Verkäufer geleisteten Anzahlung ein (→ Rn. 377). Gleiches gilt, wenn der Darlehensgeber das Darlehen nicht an den Verkäufer, sondern an den Verbraucher ausgekehrt hatte, der es an den Verkäufer weiterleitet (→ Rn. 373). Durch den Eintritt des Darlehensgebers in die Rechte und Pflichten des Unternehmers wird der Verbraucher vor den Folgen einer Aufspaltung des Rückabwicklungsverhältnisses geschützt.[518] Die sich so ergebende Gläubigerstellung hängt von der Tatsache und dem Zeitpunkt des Zuflusses ab, welche allerdings unsicher sein können (→ Rn. 370 und 381). Wie sich der Darlehensgeber anschließend mit dem Verkäufer auseinandersetzt, regelt § 358 BGB nicht; beide sind auf vertragliche Ansprüche, zB aus einer Rahmenvereinbarung, angewiesen, bei deren Fehlen auf Ansprüche aus ungerechtfertigter Bereicherung oder aus Geschäftsführung ohne Auftrag (→ Rn. 386).

II. Finanzierungskosten (§ 358 Abs. 4 Satz 4 BGB)

Unabhängig vom Zufluss (→ Rn. 365, → Rn. 371) gestaltet das Gesetz allerdings die Rückabwicklung bereits vom Verbraucher gezahlter Finanzierungskosten für den Fall, dass der finanzierte Vertrag, zB als Fernabsatzvertrag, widerruflich ist und der Widerruf auch die Bindung an den Darlehensvertrag nach § 358 Abs. 1 beendet (→ Rn. 325, 359). Gem. § 358 Abs. 4 Satz 2 BGB sind nämlich Ansprüche auf Zahlung von Zinsen (nicht: Verzugszinsen[519]) und Kosten aus der Rückgewährung des Darlehensvertrags ausgeschlossen oder, mit der Formulierung von Art. 6 Abs. 4 Satz 4 der alten Fernabsatzrichtlinie 97/7EG: Der Darlehensvertrag ist entschädigungsfrei aufzulösen (Art. 15 VerbrRechteRil: „... ohne dass dem Verbraucher dafür Kosten entstehen dürfen"). Dieser Vorgabe folgt die Regelung[520] und beschränkt sich auf die Konstellation von § 358 Abs. 1. Ist der finanzierte Vertrag selbst nämlich nicht widerruflich, sondern allein der Darlehensvertrag nach dem Mechanismus von § 358 Abs. 2 (→ Rn. 351), können Zinsen und Kosten nach allgemeinen Regeln (→ Rn. 224) vom Verbraucher geschuldet sein.

Wenn das Darlehen **teilweise** der Finanzierung des gem. § 358 Abs. 1 widerrufenen Vertrags dient und zum restlichen Teil anderen Zwecken, bleibt der Darlehensvertrag insoweit bestehen (→ Rn. 329). Der Verbraucher kann aber zugleich und kumulativ auch den Darlehensvertrag widerrufen (→ Rn. 337). In diesem Fall sind Ansprüche auf Darlehenszinsen und Kosten nur bezüglich desjenigen Darlehensteils ausgeschlossen, welcher den finanzierten und widerrufenen Vertrag betraf. Für den restlichen Teil schuldet der Verbraucher den Sollzins nach § 357a Abs. 3[521] (→ Rn. 224), außerdem im gegebenen Falle die anteilige Versicherungsprämie nach näherer Maßgabe von § 9 VVG.[522]

---

[518] BGH v. 18.11.2011 – XI ZR 356/09, NJW 2011, 1063 = WM 2011, 451 Tz. 25.
[519] Staudinger/*Kessal-Wulf* § 358 BGB Rn. 64.
[520] BT-Drucks. 14/6040, S. 201; früher §§ 4 Abs. 1 Satz 3, 2. HS. FernAbsG und § 6 Abs. 1 Satz 3, 2. HS. TzWrG.
[521] BGH v. 18.1.2011 – XI ZR 356/09, NJW 2011, 1063 = WM 2011, 451 Tz. 27 mit Komm. *Madaus* EWiR § 358 BGB 1/11, 275.
[522] Vgl. *Madaus* EWiR § 358 BGB 1/11, 275 zu 3.

III. Abwicklungsverhältnis vor Zufluss (Valutierung, § 358 Abs. 4 Satz 5 BGB)

368 Drei Phasen sind zu unterscheiden: Hatte der Darlehensgeber bis zum Widerruf noch nichts gezahlt, gibt es im Verhältnis Darlehensgeber und Verbraucher nichts abzuwickeln, sondern nur im Verhältnis Unternehmer des finanzierten Vertrags und Verbraucher. Hatte der Darlehensgeber an den Verbraucher geleistet, dieser die Valuta aber noch nicht an den Unternehmer weitergeleitet, ist der Nettodarlehensbetrag dem Unternehmer des finanzierten Vertrags (Verkäufer oder Leistungserbringer) noch nicht zugeflossen (→ Rn. 373), sodass die Rückabwicklung bilateral zwischen ihm und dem Verbraucher einerseits und dem Darlehensgeber andererseits stattfindet, also eine Aufspaltung der Rückgewährverhältnisse entsteht. Erst in der dritten Phase, dem Zufluss des Darlehens beim Unternehmer, entsteht die Konzentration der Abwicklung beim Darlehensgeber.

1. Maßgeblicher Zeitpunkt

369 Bis zum Eintritt der dritten Phase bleibt es bei der Aufspaltung der Rückgewährverhältnisse. Maßgeblicher Zeitpunkt ist die Wirksamkeit des Widerrufs, also der Zugang an den Widerrufsadressaten (→ Rn. 53, 163). Die Auszahlung an den Verkäufer oder Leistungserbringer nach Absendung des Widerrufs (§ 355 Abs. 1 Satz 5 BGB), aber vor Zugang, stellt bereits den Zufluss iSv § 358 Abs. 4 Satz 5 BGB dar,[523] sodass die Rückabwicklung zwischen ihm und der Bank stattfindet (→ Rn. 386 ff.).

2. Begriff des an den Unternehmer geflossenen Darlehens

370 Zugeflossen ist dem Unternehmer die Valuta mit der Folge, dass die Aufspaltung der Rückgewährverhältnisse endet, wenn der Nettodarlehensbetrag endgültig in das Vermögen des Unternehmers gelangt ist, also eine Vermögensverschiebung vom finanzierenden Darlehensgeber zu ihm (oder auch vom Verbraucher zu ihm, → Rn. 373) stattgefunden hatte.

371 **a) Zahlungswege.** Die Vermögensverschiebung tritt ein, wenn der Nettodarlehensbetrag vom Darlehensgeber bar ausgezahlt, dem Konto des Unternehmers (Verkäufers) gutgeschrieben oder wenn er verrechnet wurde.[524] Gutschrift bedeutet nicht notwendig die Durchführung der Buchung auf dem Konto des Verkäufers. Vielmehr kommt es auf den Zeitpunkt an, in dem der Verkäufer gegenüber seiner kontoführenden Bank aus dem Girovertrag Anspruch auf Gutschrift hat, der gem. § 675t BGB entsteht, wenn der Überweisungsbetrag bei der kontoführenden Bank eingetroffen ist; auf eine davon etwa abweichende Wertstellung kommt es nicht an.[525] Die Hingabe eines Schecks stellt noch keinen Zufluss dar,

---

[523] BGHZ 131, 66 (75) = NJW 1995, 3386; MüKoBGB/*Habersack* § 358 BGB Rn. 83.
[524] BGHZ 131, 66 (75) = NJW 1995, 3386 mit insoweit zust. Anm. *Bülow* JZ 1996, 475; vom verbraucherkreditrechtlichen Zufluss ist die Frage der Rechtzeitigkeit der Zahlung, zB einer Versicherungsprämie (§ 39 VVG), zu unterscheiden, BGHZ 44, 178.
[525] BGHZ 135, 316 = NJW 1997, 2042 mit Komm. *Bülow* EWiR Nr. 12 AGB-Banken 1/97, 723; ZIP 1997, 1540 mit Komm. *Huber* EWiR Nr. 12 AGB-Banken 2/97, 913; *Wand* BuB, Rn. 18/79.

weil ein **Scheck** in aller Regel nur erfüllungshalber gem. § 364 Abs. 2 BGB hereingenommen wird. Der Zufluss liegt vielmehr erst in seiner Einlösung, die im Allgemeinen in der Belastung des Ausstellerkontos, das bei der bezogenen Bank geführt wird, liegt. Daraus können Probleme zur Frage entstehen, ob und wann die Vermögensverschiebung, also der Zufluss, vollzogen ist. Wird der Scheck eingereicht und der Scheckbetrag auf dem Konto des Verkäufers als Scheckeinreicher verbucht, handelt es sich bei dieser Buchung lediglich um eine Vorbehaltsbuchung iSv Nr. 9 Abs. 1 AGB-Banken und -Sparkassen, Nr. 9 Abs. 2 AGB-Postbank,[526] die erst endgültig wird, wenn der Scheck bei der Ausstellerbank eingelöst wurde und wenn der Scheckbetrag (Gegenwert) bei der kontoführenden Bank des Unternehmers (Verkäufers) eintrifft. Treten diese beiden Voraussetzungen nicht ein, wird die Buchung wieder rückgängig gemacht. Mit der Vorbehaltsbuchung ist der Tatbestand des Zuflusses also noch nicht erfüllt. In den allgemeinen, störungsfreien Fällen wird die Buchung mit der Einlösung endgültig. Die Einlösung ist allerdings ein Vorgang, der sich nicht bei der kontoführenden Bank des Verkäufers, sondern bei der Bank des Scheckausstellers abspielt. Gem. Nr. 9 Abs. 2 AGB-Banken und -Sparkassen, Nr. 10 Abs. 1 AGB-Postbank sind Schecks eingelöst, wenn die Belastungsbuchung auf dem Konto des Scheckausstellers nicht nach zwei Bankarbeitstagen rückgängig gemacht wird. Dies sind interne Vorgänge bei der Ausstellerbank, über deren Zeitpunkte weder die kontoführende Bank des Verkäufers als Inkassobank noch der Verkäufer selbst informiert werden. Außerdem besteht die Möglichkeit, dass die Ausstellerbank jenseits der Buchung die Einlösung auf andere Weise vollzieht, zB durch eine sog. Bezahltmeldung gem. Nr. 9 Abs. 2 Satz 3 AGB-Banken, Nr. 9 Abs. 2 Satz 2 AGB-Sparkassen, Nr. 9 Abs. 3 Satz 1 AGB-Postbank, die zu ihrer Wirksamkeit nicht notwendig des Zugangs bei der Inkassobank bedarf.[527] Der Zeitpunkt der Einlösung und folglich der Zeitpunkt des Zuflusses kann also bereits für die Inkassobank, den Verkäufer und noch mehr für den Verbraucher unsicher sein. Aber selbst wenn der Zeitpunkt der Einlösung feststeht, braucht die Vermögensverschiebung und mithin der Zufluss noch nicht stattgefunden zu haben. Die Endgültigkeit der Eingangsbuchung in Bezug auf den Scheckbetrag hängt nämlich nicht nur von der Einlösung des Schecks, sondern auch von dem Eingang des Scheckbetrags bei der Inkassobank ab. Alltäglicher Fall der Einlösungsbuchung bei der Ausstellerbank und dennoch ausbleibenden Gegenwerts bei der Inkassobank ist, dass der Aussteller den Scheck gem. Art. 32 ScheckG widerruft (sog. Schecksperre). Ein solcher Widerruf verhindert Vermögensverschiebung und Zufluss des Nettokreditbetrags trotz Buchung auf dem Verkäuferkonto und auf dem Ausstellerkonto (zu den Auswirkungen näher → Rn. 383).

b) Modalitäten, teilweiser Zufluss, Weiterleitung durch Verbraucher. 372 Inhalt des Darlehensvertrags zwischen Verbraucher und Darlehensgeber ist typischerweise, dass der Nettodarlehensbetrag nicht an den Verbraucher als Darlehensnehmer, sondern an einen Dritten, nämlich den unternehmerischen Verkäufer oder sonstigen Vertragspartner des Verbrauchers, fließt. Der Nettodarlehensbetrag entspricht, wenn der Verkäufer den gesamten Kaufpreis von der Bank

---

[526] *Bülow* WG, ScheckG, Nr. 9 AGB-Sparkassen Rn. 3.
[527] BGH NJW 1997, 2112 mit Anm. *Bülow* WuB I A 2.–1.97; für Überweisung: BGH NJW 2005, 1771 = WM 2005, 1019 mit Anm. *Woldter* WuB I D 1.–2.05.

§ 495 (§ 358 Abs. 4) 373, 374 1. Teil. Darlehen u. Finanzierungshilfen

erhält, dem Barzahlungspreis iSv § 507 Abs. 2 Satz 3 BGB, Art. 247 § 12 Abs. 1 Nr. 2 lit. a EGBGB (→ § 492 Rn. 92, → § 506 Rn. 105); hatte der Verbraucher selbst bereits eine Anzahlung aus eigenen Mitteln geleistet, entspricht der Nettodarlehensbetrag dem Restpreis. Nach Lage des Einzelfalls kann es auch sein, dass der Verkäufer erst eine Anzahlung vom Darlehensgeber erhalten hatte, der Rest des Darlehens also noch offen ist. Folglich hatte der Verkäufer nicht den gesamten Nettodarlehensbetrag erhalten. Auch in diesem Falle tritt der Darlehensgeber in die Rechtsfolgen des Widerrufs ein, sodass der Verbraucher nicht darauf verwiesen ist, die Anzahlung an den Darlehensgeber zu erstatten und seinerseits einen entsprechenden Anspruch gegen den Verkäufer durchsetzen zu müssen.[528] Der Verbraucher hatte selbst von der Bank nichts erhalten und ist deshalb nicht Adressat der Rückgewähr. Auch bei **teilweisem** Valutazufluss ist § 358 Abs. 4 Satz 5 BGB also anwendbar, sodass die Rückabwicklung vollständig im Verhältnis zwischen Bank und Verbraucher stattfinden kann.

373 Ist der Nettodarlehensbetrag – ganz oder teilweise – dem Verkäufer nicht direkt von der Bank, sondern mittelbar über den Verbraucher zugeflossen und handelt es sich gleichwohl um ein verbundenes Geschäft, tritt der Darlehensgeber ebenfalls an die Stelle des Unternehmers. Der Zufluss hat in diesem Fall stattgefunden, wenn der Unternehmer die Valuta vom Verbraucher erhalten hatte.[529] Die Verbindung der Geschäfte iSv § 358 Abs. 3 BGB ist es, die eine Kompensation potentiell gestörter Vertragsparität notwendig macht und dem Verbraucher die Anspruchsdurchsetzung gegenüber verschiedenen Personen ersparen soll. Auf den Zahlungsweg kann es dann nicht mehr ankommen, sodass die Durchsetzung der Rückzahlung auch in diesem Fall Sache der Bank und nicht des Verbrauchers ist.

3. Abwicklung zwischen Unternehmer und Verbraucher

374 Ohne den Zufluss ist der Verbraucher verpflichtet, dem Unternehmer als Verkäufer oder Leistungserbringer den Vertragsgegenstand gem. § 355 Abs. 3 Satz 1 BGB herauszugeben (→ Rn. 223) oder Wertersatz zu leisten (→ Rn. 226) und ihm im gegebenen Falle Aufwendungen zu ersetzen (→ Rn. 218). Der Verbraucher kann Bereicherungsansprüche haben. Vom Darlehensgeber (Bank) hatte der Verbraucher in aller Regel nichts erhalten und muss deshalb auch nichts an sie leisten. Allerdings kann ein verbundenes Geschäft iSv § 358 Abs. 3 BGB nach Lage des Einzelfalls auch dann anzunehmen sein, wenn die Bank die Valuta nicht direkt an den Verkäufer oder Leistungserbringer zahlt, sondern an den Verbraucher zur Verwendung als Kaufpreis oder Vergütung. In diesem Fall ist dem Verkäufer oder Leistungserbringer der Nettodarlehensbetrag erst dann zugeflossen, wenn der Verbraucher die Valuta weiterleitet (→ Rn. 368 und → Rn. 373), sodass § 358 Abs. 4 Satz 5 BGB ab diesem Zeitpunkt anwendbar ist (Abwicklung zwischen Verkäufer und Darlehensgeber, → Rn. 375). Ist der Nettodarlehensbetrag erst teilweise zugeflossen, zB nur eine Anzahlung, gilt das Gleiche in Bezug auf den zugeflossenen Betrag (→ Rn. 372). Hat der Verbraucher die Valuta aber

---

[528] BGHZ 91, 9 (18) = NJW 1984, 1755; BGH NJW 2009, 3572 = WM 2009, 932 mit Anm. *Derleder* JZ 2009, 1117, *Bülow* LMK 2009, 284233 und Komm. *Madaus* EWiR § 355 BGB 1/09, 371.

[529] Im Ergebnis ebenso MüKoBGB/*Habersack* § 358 BGB Rn. 81, 83, offen Staudinger/*Kessal-Wulf* § 358 BGB Rn. 66.

noch, schuldet er gem. §§ 357a Abs. 1, 355 Abs. 3 Satz 1 Abs. 1 BGB Rückzahlung an die Bank.

IV. Abwicklungsverhältnis nach Zufluss

Hat der Unternehmer (Verkäufer bzw. Leistungserbringer) das Darlehen, dh den Nettodarlehensbetrag erhalten (→ Rn. 370), findet eine Rückabwicklung im Verhältnis zwischen Verbraucher und Verkäufer (Leistungserbringer) – vorbehaltlich eines Wahlrechts, → Rn. 381 – nicht mehr statt, sondern der Darlehensgeber, in der Regel ein Kreditinstitut (Bank, Sparkasse, Kreditgenossenschaft) nimmt die Stelle des Verkäufers ein (→ Rn. 376 ff.) und muss sein Recht hinsichtlich der Valuta beim Verkäufer suchen (→ Rn. 386 ff.). 375

1. Ansprüche im Verhältnis Bank – Verbraucher

a) Rechtsfolgen des Widerrufs; Forderungsdurchgriff; Gesellschaftsbeitritt. Der Darlehensgeber tritt hinsichtlich der Rechtsfolgen des Widerrufs in die Rechte und Pflichten des Unternehmers ein, zB Verkäufers. Der Darlehensgeber gerät in eine Dreifachrolle, indem er Abwicklungspartei für sich selbst und Abwicklungspartei für den Unternehmer ist und außerdem Rechte des Verbrauchers gegenüber dem Unternehmer wahrnimmt.[530] Diese Rechtsfolgen sind den Regelungen von §§ 355 Abs. 3, 357 ff. zu entnehmen (→ Rn. 184 ff.). Darlehensgeber und Verbraucher sind Gläubiger und Schuldner des Rückabwicklungsverhältnisses; sie können gegenseitige Forderungen haben. Für den Fall des Widerrufs, und nur dann, findet also im Hinblick auf Forderungen des Verbrauchers gegen den Unternehmer ein Forderungsdurchgriff auf den Darlehensgeber statt (→ Rn. 360 aE). 376

Nicht der Verkäufer, sondern der Darlehensgeber kann demzufolge vom Verbraucher Rückgabe der Sache, die ggf. durch den Darlehensgeber abzuholen ist (→ Rn. 197 aE), oder Wertersatz oder auch Aufwendungsersatz nach § 357a Abs. 3 Satz 5 (→ Rn. 244) verlangen. Der Darlehensgeber kann auf der anderen Seite mit der Rücknahme in Annahmeverzug gem. § 293 BGB geraten.[531] Dem Darlehensgeber obliegt es, die Sache zum Zwecke ihrer Auseinandersetzung mit dem Verkäufer oder Leistungserbringer aufzubewahren und zu lagern.[532] Verwendungsersatz aus ungerechtfertigter Bereicherung (→ Rn. 218) kann der Verbraucher vom Darlehensgeber verlangen, dieser muss Regress beim Verkäufer nehmen. Aber auch, wenn der Verbraucher eine **Anzahlung** aus eigenen Mitteln an den Verkäufer oder Leistungserbringer geleistet hatte, kann er Rückgewähr gem. §§ 355 Abs. 3 Satz 1 BGB von der Bank verlangen.[533] Dagegen kann der Verbraucher natürlich nichts verlangen, was nicht er, sondern die Bank geleistet hatte, zB die Prämie für eine Restschuldversicherung an den Versicherer (→ Rn. 270).[534] 377

---

[530] Staudinger/*Kessal-Wulf* § 358 BGB Rn. 69; keine Anwendung auf gewährleistungsrechtliches Rückabwicklungsverhältnis nach Rücktritt wegen Sachmängeln (§§ 437 Nr. 2, 346 ff.), BGH v. 1.7.2015 – VIII ZR 226/17, Rn. 17–19, NJW 2015, 3455 mit Anm. *Riehm* LMK 2016, 376039.
[531] OLG Düsseldorf WM 1993, 1179 zu II.
[532] *Scholz* MDR 1989, 1054 (1057).
[533] *Emmerich* FLF 1989, 168 (172); MüKoBGB/*Habersack* § 358 BGB Rn. 87.
[534] OLG Stuttgart WM 2009, 1361 = ZIP 2009, 1757; OLG Schleswig WM 2009, 1606.

378 Dagegen kann die Bank vom Verbraucher nicht Rückzahlung der von ihr an den Verkäufer (Leistungserbringer) geleisteten Zahlungen, die ausgekehrte Valuta, verlangen (→ Rn. 386); die Folge hiervon wäre nämlich notwendigerweise, dass der vom Verbraucher an den Unternehmer gezahlte Preis von diesem an jenen, den Verbraucher, zurückzuzahlen wäre. Der Verbraucher soll durch die Regelung von § 358 Abs. 4 Satz 5 aber gerade von der Aufspaltung der Rückabwicklung, nämlich sowohl gegenüber Unternehmer wie Darlehensgeber, geschützt werden.[535] Es findet also eine Verrechnung des Anspruchs gegen den Unternehmer auf Rückzahlung des Preises, der durch die Valuta beglichen worden war, und dem Anspruch der Bank auf Darlehensrückzahlung statt.[536] Auf der anderen Seite kann der Verbraucher von der Bank Rückzahlung von Beträgen verlangen, die er bereits an die Bank in Erfüllung ihres vermeintlichen Darlehensrückzahlungsanspruchs erbracht hatte.[537] Der Verbraucher muss sich jedoch nach Lage des Einzelfalls diejenigen Vorteile anrechnen lassen, die er trotz und aufgrund des Widerrufs des Geschäfts erzielt hatte.[538]

379 War durch den Verbraucherdarlehensvertrag der **Beitritt des Verbrauchers zu einer Gesellschaft** aus Gründen der Kapitalanlage resp. der Steuerminderung finanziert worden (→ Rn. 309), wäre es die Gesellschaft, die den Preis für den Beitritt, den sie in Gestalt der Darlehensvaluta erhielt, zurückzuerstatten hätte. Auf der anderen Seite kann die Gesellschaft Anspruch auf Rückgewähr der von ihr erbrachten Leistung haben; diese lag in der Mitgliedschaft des Verbrauchers, die sich durch seinen aus dem Widerruf ergebenden Ausscheiden aus der Gesellschaft in der Gestalt seines Anspruchs auf das Auseinandersetzungsguthaben, die Abfindung, wiederfindet. Diesen Anspruch hatte der Verbraucher an den Darlehensgeber (Zug um Zug gegen Rückzahlung von Tilgungs- und Zinsleistungen) abgetreten. Die Verrechnung (→ Rn. 378) findet dergestalt statt, dass der Darlehensgeber den Abfindungsanspruch seinerseits, nunmehr als Zedent, an die Gesellschaft abtritt und dafür die Valuta zurückerhält. Der Abfindungsanspruch, den die Gesellschaft als Zessionarin erhielt, erlischt durch Konfusion.[539]

380 Einwendungen des Verbrauchers gegen den Verkäufer aus dem finanzierten Vertrag und die Frage eines Forderungsdurchgriff jenseits der Widerrufsabwicklung (→ Rn. 418 ff.) sind Gegenstand der Regelung von § 359 Abs. 1 über den Einwendungsdurchgriff gegen den Darlehensgeber.

381 b) Wahlrecht des Verbrauchers: Inanspruchnahme des Verkäufers? Problematisch ist, ob der Verbraucher die ihm zustehenden Rückgewähransprüche nicht nur gegenüber der Bank geltend machen kann, sondern muss, also ein Wechsel in der Schuldnerstellung stattfindet. Dies wäre anzunehmen, wenn in § 358 Abs. 4 Satz 3 BGB eine **gesetzliche privative Schuldübernahme** zu sehen wäre (vgl. § 414 BGB) als Teil einer gesetzlichen Vertragsübernahme, da der Darlehensgeber auch Gläubiger von Ansprüchen gegen den Verbraucher aus dem Rückabwicklungsverhältnis ist (→ Rn. 377). Bei dieser Sicht ist die Bank

---

[535] BGHZ 131, 66 (73) = NJW 1995, 3386; BGHZ 91, 9 (18) = NJW 1984, 1755; BGH NJW 1996, 3414 zu II.4.; 1980, 938 zu I. 7.; NJW 1978, 1970 zu III.; NJW 1978, 2144 zu II.; NJW 1979, 1593 zu II. 3f.; OLG Stuttgart WM 1999, 2310 (2315); *Dauner-Lieb* WM 1991, Beil. 6, S. 21.
[536] BGH NJW 2011, 1063 Tz. 25.
[537] BGH NJW 1979, 1597 zu III.; NJW 1980, 1155 zu 7.
[538] BGH NJW 1979, 1597 zu III. 1.b., c.
[539] MüKoBGB/*Habersack* § 358 BGB Rn. 85, 90.

ausschließlich Partei des Rückabwicklungsverhältnisses mit dem Verbraucher, der folglich keinerlei Ansprüche gegenüber dem Verkäufer hat. Dies ist der Rechtsstandpunkt des BGH.[540]

Der Zweck des Gesetzes, den Verbraucher vor der Aufspaltung des Rückabwicklungsverhältnisses gegenüber verschiedenen Personen zu bewahren, fordert die ausschließliche Zuständigkeit des Darlehensgebers jedoch nicht; vielmehr kann es nach Lage des Einzelfalls eine Erleichterung der Verhältnisse darstellen, wenn sich der Verbraucher unmittelbar an den Verkäufer halten kann oder er seine irrtümlich dem Verkäufer, vielleicht in Unkenntnis der Rechtslage, erbrachte und vom Verkäufer geforderte Leistung (zB Aufwendungsersatz) nicht von diesem wieder zurückfordern muss, um sie der Bank erbringen zu können (→ Rn. 397). Der Schutz vor dem Aufspaltungsrisiko steht dem Recht des Verbrauchers nicht entgegen, sich wegen seiner eigenen Ansprüche **wahlweise** an Verkäufer oder Bank halten zu können, wobei der eine mit befreiender Wirkung für den anderen leistet. Beide sind im Verhältnis zum Verbraucher bei der Rückabwicklung demgemäß Gesamtschuldner. In der Regelung von § 358 Abs. 4 Satz 5 BGB ist also richtigerweise eine **gesetzliche kumulative Schuldübernahme (Schuldbeitritt)** zu sehen, sodass die Bank nicht an die Stelle des Verbrauchers tritt, wie es § 358 Abs. 4 Satz 5 ja auch nicht formuliert,[541] sondern *neben* den Verkäufer in dessen Rechte und Pflichten. Mit dieser Auslegung ist der halbzwingende Charakter der Vorschrift unangetastet. Der Verbraucher kann demgemäß eigene Verbindlichkeiten aus der Rückabwicklung mit befreiender Wirkung entweder an Verkäufer oder Bank erbringen mit der Folge, dass der Verkäufer in Annahmeverzug mit Wirkung auch gegenüber der Bank gem. § 424 BGB geraten kann. Da der Verbraucher aber nicht verpflichtet, sondern nur berechtigt ist, an den Verkäufer zu leisten, wäre die Klage des Verkäufers unbegründet, wohl aber die Klage der Bank begründet. Entgegen der Ansicht des BGH (→ Rn. 381) trifft es deshalb nicht zu, dass bei Bejahung eines Wahlrechts dem Verkäufer dessen Rechte gegenüber dem Verbraucher weiter zustehen müssten. Im Einzelfall kann die Leistungsverweigerung durch den Verbraucher allerdings rechtsmissbräuchlich sein, wenn er dem Verkäufer gegenüber seine Leistungsbereitschaft erklärt hatte.

Ein Wahlrecht des Verbrauchers gleicht die Unsicherheit aus, die durch das Erfordernis des Valutazuflusses (→ Rn. 368) entsteht. Der Verbraucher, der sich fragt, ob er Verkäufer oder Darlehensgeber in Anspruch nimmt, muss seine Entscheidung von der Kenntnis über den Zufluss und dessen Zeitpunkt abhängig machen. Es handelt sich um interne Vorgänge bei Verkäufer einerseits und Darlehensgeber andererseits – hier nämlich um den Zeitpunkt des Zugangs der Widerrufserklärung des Verbrauchers (→ Rn. 281) –, die der Verbraucher nicht kennt. Der BGH verweist den Verbraucher auf einen **Auskunftsanspruch** gegen den Darlehensgeber aus dem Rückabwicklungsverhältnis.[542] Aber die Tat-

---

[540] BGH WM 2009, 933 = ZIP 2009, 952 Tz. 26 mit insoweit krit. Anm. *Bülow* LMK 2009, 284233; BGHZ 131, 66 (73) = NJW 1995, 3386 mit abl. Anm. *Bülow* JZ 1996, 475 und Komm. EWiR § 9 VerbrKrG 2/95, 1227 sowie Anm. *Vortmann* WuB I E 2.–1.96, zust. Anm. *Habersack* LM Nr. 1/2 zu § 9 VerbrKrG und Bspr. *Emmerich* JuS 1996, 269; OLG Schleswig WM 2000, 1940; OLG Düsseldorf NJW 1997, 2056 zu II. 1.; MüKoBGB/*Habersack* § 358 BGB Rn. 85; *Coester* Jura 1992, 617 (621); *Hadding* FS Brandner, S. 216.
[541] So aber BGHZ 131, 66 (73).
[542] BGHZ 131, 66 (73) = NJW 1995, 3386.

§ 495 (§ 358 Abs. 4) 384

sache des Zuflusses bedarf daneben einer Auskunft des Verkäufers, im gegebenen Falle also zweier Auskunftsklagen. Den Verbraucher darauf zu verweisen, steht der Kompensationsbedürftigkeit aufgrund der Situation privaten Handelns, deren Wahrung Anliegen von Verbraucherkreditrecht ist (→ Einf. Rn. 44), entgegen. In Problemfällen zudem, die im Zuge einer Scheckzahlung entstehen können (→ Rn. 370), brauchen Darlehensgeber oder Verkäufer noch nicht einmal imstande zu sein, Auskunft über den entscheidenden und maßgeblichen Zeitpunkt des Zuflusses zu erteilen, noch nicht einmal die kontoführende Bank des Verkäufers, sondern nach Lage des Einzelfalls nur die Ausstellerbank. Gegenüber diesen anderen, am Zahlungsverkehr beteiligten Banken hat der Verbraucher zweifellos keinen Auskunftsanspruch. Der Verbraucher ist nach Sicht des BGH, dh, bei Verneinung eines Wahlrechts, nicht dagegen geschützt, mit seiner Klage gegen den Darlehensgeber abgewiesen zu werden, weil trotz erteilter Auskunft über Buchungsvorgänge dennoch kein Zufluss stattgefunden hatte, *vice versa* mit einer Klage gegen den Verkäufer, wenn beispielsweise von der Ausstellerbank eine Bezahltmeldung abgesandt (so Nr. 9 Abs. 2 Satz 3 AGB-Banken)[543] worden war.

384 c) **Weitergehende Ansprüche.** Problematisch ist, ob sich der Eintritt des Darlehensgebers in die Rechte und Pflichten des Unternehmers aus dem verbundenen Vertrag auch auf Schadensersatz- und Aufwendungsersatzansprüche des Verbrauchers aufgrund der Leistung auf den finanzierten Vertrag, zB Kaufvertrag, erstreckt, zB nach §§ 437 Nr. 3, 280 BGB oder § 1 ProdHaftG. Dies ist im Allgemeinen zu verneinen, weil es sich nicht um Rechtsfolgen des Widerrufs handelt – so die Gesetzesformulierung –, sondern um Rechtsfolgen, die unabhängig davon bestehen.[544] Allerdings hatte der II. Zivilsenat des *BGH* in seinem Urteil vom 21.7.2003[545] dem Verbraucher in analoger Anwendung von § 358 Abs. 4 Satz 3 (jetzt Satz 5) einen Rückforderungsdurchgriff zuerkannt, auch und gerade dann, wenn ein wirksamer Widerruf nicht erklärt worden war. Dieser Rückforderungsdurchgriff bezog sich auf solche Ansprüche, darüber hinaus sogar auf Ansprüche, die nicht im finanzierten Vertrag, sondern in daneben bestehenden Rechtsverhältnissen begründet waren, zB deliktische Ansprüche gegen Initiatoren und Betreiber von Anlagefonds-Gesellschaften, denen der Verbraucher mit Hilfe der Darlehensfinanzierung beigetreten war (→ Rn. 410, 452).[546] Folgerichtigerweise wäre die Erstreckung im unmittelbaren Anwendungsbereich von § 358 Abs. 4 Satz 3 (jetzt Satz 5) BGB ebenfalls zu bejahen gewesen. Einen Forderungsdurchgriff ohne Widerruf lässt das Gesetz jedoch nicht zu (→ Rn. 419), sodass solche Ansprüche im Allgemeinen (zu Sonderfällen, insbesondere bei institutionalisiertem Zusammenwirken, → Rn. 420) auch in der Rückabwicklung nach Widerruf gem. § 358 Abs. 4 Satz 5 nicht liquidiert werden können.

---

[543] BGH NJW 1997, 2112 mit Anm. *Bülow* WuB I A 2.–1. 97 zu 2. b.
[544] Ausschluss von Ansprüchen auf Ersatz von Begleitschäden, die sich aus Mängeln der Kaufsache ergeben: Begründung zum Verbraucherkreditgesetz, BT-Drucks. 11/5462, S. 24; BGHZ 46, 238; BGH NJW 1986, 2307 mit Komm. *Schlechtriem* EWiR § 635 BGB 2/86, 775; MüKoBGB/*Habersack* § 359 BGB Rn. 24.
[545] BGHZ 156, 46 = NJW 2003, 2824 mit krit. Anm. *Bülow* LMK 2003, 221 zu 2.b.
[546] Anders noch BGH NJW 1973, 1275; OLG Koblenz WM 2003, 1811 mit Komm. *v. Westphalen* EWiR § 9 VerbrKrG 1/04, 33; abl. MüKoBGB/*Habersack* § 359 BGB Rn. 24 und insoweit *C. Schäfer* BKR 2005, 98 (103) sowie *Ott* FS Raiser, S. 723 (748).

2. Ansprüche im Verhältnis Verbraucher – Unternehmer (Verkäufer)

Ansprüche aus der Rückabwicklung des Kauf- oder Leistungsvertrages, die Rechtsfolgen des Widerrufs darstellen, sind nicht im Verhältnis von Verbraucher und Verkäufer, sondern können im Verhältnis Verbraucher – Darlehensgeber abgewickelt werden. Richtigerweise, aber entgegen der Ansicht des BGH (→ Rn. 381), wäre dem Verbraucher die Wahl zuzubilligen, Leistungen aus der Rückabwicklung auch an den Verkäufer mit befreiender Wirkung gegenüber dem Darlehensgeber zu erbringen oder Leistung vom Verkäufer zu verlangen, der damit den Darlehensgeber befreit (→ Rn. 375, 382). 385

3. Ansprüche im Verhältnis Bank – Unternehmer (Verkäufer)

Der gegen den Verbraucher gerichtete Hauptanspruch, den der Darlehensgeber in seiner Dreifachrolle (→ Rn. 376) anstelle des Unternehmers geltend macht, geht auf Rückgabe des empfangenen Gegenstandes, nicht aber auf Rückzahlung des Darlehens (→ Rn. 378),[547] sei es direkt an den unternehmerischen Verkäufer (Leistungserbringer) geflossen oder zunächst an den Verbraucher zur Weiterleitung an den Verkäufer (→ Rn. 373). Wegen des Darlehens muss der Darlehensgeber sein Recht vielmehr beim Verkäufer suchen und andererseits die von ihm durchgesetzten Ansprüche des Verkäufers gegen den Verbraucher, zB auf Wertersatz (→ Rn. 377), weitergeben (→ Rn. 390). 386

a) Regress des Darlehensgebers, Bereicherungsrecht. Allerdings enthält § 358 Abs. 4 Satz 5 BGB keine Anspruchsgrundlagen für den Regress des Darlehensgebers, solche folgen vielmehr allgemeinen Regeln. Besteht zwischen Bank und Verkäufer eine Rahmenvereinbarung oder eine Vereinbarung für den konkreten Finanzierungsfall, wird sich daraus meist ein vertraglicher Anspruch ergeben. Jedoch ist ein Vertrag zwischen Bank und Verkäufer nicht Voraussetzung für den Begriff des verbundenen Geschäfts (→ Rn. 313), sodass ohne einen solchen Vertrag allenfalls Ansprüche aus *culpa in contrahendo* §§ 311 Abs. 2 Nr. 1, 280 BGB denkbar sind und im Übrigen nur Ansprüche aus ungerechtfertigter Bereicherung in Frage kommen (Leistungskondiktion § 812 Abs. 1 Satz 1), die unter dem Vorbehalt der noch vorhandenen Bereicherung gem. § 818 Abs. 3 BGB stehen. Da sowohl Kauf- oder Leistungsvertrag als finanzierter Vertrag wie auch der Darlehensvertrag zunächst nur schwebend wirksam sind und durch den Widerruf des Darlehensvertrags endgültig unwirksam werden, ist der Tatbestand eines bereicherungsrechtlichen **Doppelmangels** – im Valutaverhältnis zwischen Verbraucher und Verkäufer sowie im Deckungsverhältnis zwischen Verbraucher und Bank – erfüllt, mit der Folge, dass die im Darlehensvertrag liegende Weisung des Verbrauchers an die Bank, die Valuta an den Verkäufer (Leistungserbringer) zu zahlen, mangels Vertragswirksamkeit des Rechtsgrundes entbehrt. Deshalb ist die Zahlung der Bank an den Verkäufer nicht dem Verbraucher – als Leistung der Bank an ihn – zuzurechnen, sondern es findet eine Direktkondiktion zwischen Bank und Verkäufer hinsichtlich der geflossenen Valuta sowie einer etwaigen Anzahlung (→ Rn. 376) statt[548] (→ Rn. 377). 387

---

[547] BGH NJW 2011, 1063 Tz. 25 aE; BGHZ 91, 9 (18) = NJW 1984, 1755.
[548] BGHZ 91, 9 (19) = NJW 1984, 1755; BGH NJW 1980, 938 zu I. 7.; 1993, 1912 zu II. 4. mit Komm. *Ose* EWiR § 157 BGB 1/93, 747; OLG Karlsruhe NJW-RR 2005, 201 und 1088; OLG Celle NJW 1992, 3178 mit Bspr. *K. Schmidt* JuS 1993, 162; Staudin-

§ 495 (§ 358 Abs. 4) 388–392 1. Teil. Darlehen u. Finanzierungshilfen

388 Hinsichtlich der Ansprüche des Verbrauchers (Anzahlung, Aufwendungsersatz, → Rn. 376), die die Bank befriedigt hatte, kommt eine Geschäftsführung der Bank für den Verkäufer ohne Auftrag gem. §§ 677, 683 BGB in Betracht. Die Bank handelt im Interesse des Verkäufers und im Allgemeinen dessen Willen entsprechend. Nach Lage des Einzelfalls dürften die Voraussetzungen von § 679 BGB (Unbeachtlichkeit entgegenstehenden Willens des Geschäftsherrn – Verkäufers – wegen öffentlichen Interesses) allerdings nicht erfüllt sein. Interessen der Allgemeinheit sind nicht berührt. Daran kann der Regress scheitern. Ein Korrektiv könnte allenfalls in der Bewertung als unzulässige Rechtsausübung durch den Verkäufer zu suchen sein (§ 242 BGB).

389 Ansprüche aus Begleitschäden (→ Rn. 384) braucht der Darlehensgeber allenfalls gegen Abtretung durch den Verbraucher zu erfüllen. War die Abtretung zwischen Verbraucher und Darlehensgeber vollzogen worden, kann der Darlehensgeber als Zessionar beim Unternehmer Regress nehmen.

390 Mit diesen Maßgaben kann der Darlehensgeber vom Verkäufer verlangen: Die an ihn geflossene Valuta, ggf. eine an den Verbraucher zurückerstattete Anzahlung oder den an den Verbraucher geleisteten Aufwendungsersatz. Sofern dem Darlehensgeber Lagerkosten hinsichtlich der in Empfang genommenen Sachen entstehen, kommen ebenfalls Ansprüche gem. §§ 812, 677, 683 BGB in Betracht. Mangels vertraglicher Grundlage richtet sich eine Verzinsung nur nach Verzugsregeln (§§ 286 ff. BGB, nicht nach § 497 BGB).

391 Zur Rückabwicklung der Beteiligung eines Verbrauchers an einer Gesellschaft zu Kapitalanlage- oder Steuerzwecken → Rn. 379.

392 **b) Interzession des Unternehmers (Verkäufers) für die Darlehensschuld des Verbrauchers.** Besonderheiten gelten für den Fall, dass sich der unternehmerische Verkäufer resp. Leistungserbringer gegenüber dem Darlehensgeber verpflichtet, für die Darlehensschuld des Verbrauchers einzustehen (→ Rn. 448). Eine derartige Interzession kann von einer Rahmenvereinbarung zwischen Darlehensgeber und Verkäufer begleitet sein (→ Rn. 387). Notwendig ist das aber nicht, sodass sie auch isoliert begründet werden kann. Dem Interzessionsvertrag ist, ggf. durch Auslegung, zu entnehmen, wie weit die Einstandspflicht des Verkäufers als Interzessionar reicht. Im Falle der Bürgschaft folgt aus der Akzessorietät (§ 767 BGB), dass der Verkäufer aufgrund des endgültig unwirksam gewordenen Darlehensvertrags nicht auf Rückzahlung aus § 488 Abs. 1 Satz 2 BGB haftet; allerdings kann der Bürgschaftsvertrag so auszulegen sein, dass sich die Einstandspflicht des bürgenden Verkäufers auch auf den Rückabwicklungsanspruch aus §§ 358 Abs. 4, 357ff. BGB beziehen soll.[549] Im Falle einer Garantie des Verkäufers ist aufgrund der Nichtakzessorietät der Haftung[550] im Allgemeinen davon auszugehen, dass der Verkäufer gerade auch bei Widerruf des Verbrauchers einstehen soll. Gegenstand der Interzession des Verkäufers kann

ger/*Kessal-Wulf* § 358 BGB Rn. 71; andere Begründung MüKoBGB/*Habersack* § 358 BGB Rn. 89 und skept. Staudinger/*Kessal-Wulf* Rn. 69: Analoge Anwendung von § 358 Abs. 4 Satz 5 BGB dergestalt, dass die Bank im Verhältnis zum Verkäufer in die Rolle des Verbrauchers einrückt; nach *Pickert* Widerrufsrecht, S. 167 folgt die Direktkondiktion aus dem Wegfall der Auszahlungsanweisung des Verbrauchers aufgrund des Widerrufs, gleichermaßen *Seidel* JZ 2005, 497 (502).

[549] Gleiche Problematik zur Erstreckung der Einstandspflicht auf Bereicherungsansprüche, *Bülow* Kreditsicherheiten, Rn. 966.

[550] *Bülow* Kreditsicherheiten, Rn. 1552.

auch eine Schuldmitübernahme (Sicherungs-Schuldbeitritt) sein, die eine gesamtschuldnerische Haftung begründet. Wählen Darlehensgeber und Verkäufer diese Interzessionsform, sind die Erwägungen zur Gleichbehandlung von Bürgschaft und Schuldmitübernahme, sofern der Verbraucher Interzessionar ist, nicht einschlägig (→ § 491 Rn. 119), da beide Parteien Unternehmer nach § 14 BGB sind. Vielmehr ist mangels ausdrücklicher Regelung durch Auslegung gem. § 157 BGB festzustellen, wie sich der Widerruf des Darlehensvertrages durch den Verbraucher auf die Mithaftung des Verkäufers auswirkt. Die beiderseitigen Interessen von Darlehensgeber und Verkäufer berücksichtigend, ist dem BGH[551] darin zu folgen, dass der Darlehensgeber gegen den mithaftenden Verkäufer Anspruch auf Zahlung des Nettodarlehensbetrages (§ 492 Abs. 2 BGB, Art. 247 § 6 Abs. 1 Nr. 1, § 3 Abs. 2 Satz 2 EGBGB) nebst marktüblichen Zinsen für den tatsächlichen Zeitraum der Kapitalüberlassung, ggf. nebst Verzugszinsen und Zug um Zug gegen Rückgabe von Sicherheiten (→ Rn. 394) hat, aber nicht Anspruch auf volle Erfüllung, dh insbesondere nicht auf den Vertragszins für die volle geplante Vertragszeit.

c) Erstattung an den Verkäufer, Sicherungsrechte. Die Ansprüche des Verkäufers aus der Rückabwicklung nach Maßgabe von §§ 355 Abs. 3, 357a BGB (Rn. 220 und 390) gegen den Darlehensgeber können sich gleichermaßen (→ Rn. 387) auf einen Vertrag mit der Bank gründen, sonst auf ungerechtfertigte Bereicherung – wobei im Falle beiderseitiger Bereicherungsansprüche die Saldotheorie nicht anwendbar ist, da die Ansprüche aus verschiedenen Rechtsgründen, aber nicht aus einem gegenseitigen Vertrag herrühren – oder gem. §§ 681 Satz 2, 667 BGB aus Geschäftsführung ohne Auftrag. 393

Was die vom Verbraucher an den Darlehensgeber zurückgegebene Sache betrifft (→ Rn. 377), kann der Verkäufer Eigentümer geblieben sein (§ 449 BGB: Eigentumsvorbehalt) und vom Darlehensgeber vindizieren (§ 985 BGB). Oft wird die verkaufte Sache dem Darlehensgeber **zur Sicherheit** übereignet (→ Rn. 281). Die Rückabwicklung liegt darin, dass das Eigentum gem. § 929 BGB vom Darlehensgeber auf den Verkäufer zu übertragen ist, allerdings erst dann, wenn der Darlehensgeber die Valuta vom Verkäufer zurückerhielt (→ Rn. 386): Bis dahin besteht der Sicherungszweck fort, der auch im Verhältnis zum Verkäufer fortwirkt. Es ist nämlich typischerweise Inhalt des Sicherungsvertrags – sei es mit dem Verkäufer oder mit dem Verbraucher –, dass auch Ansprüche des Darlehensgebers gegen den Verkäufer gesichert sein sollen. 394

War die Sache untergegangen, schuldet der Verbraucher als Rücktrittsschuldner gem. §§ 357a Abs. 3 Satz 4, Abs. 2 iVm 357 Abs. 7 BGB Wertersatz (→ Rn. 226ff.). Fraglich ist, wer das Risiko des **Untergangs,** gleichermaßen der Verschlechterung oder der anderweitigen Unmöglichkeit der Herausgabe im Verhältnis Darlehensgeber – Verkäufer trägt. Der Ansicht ist zu folgen,[552] dass es auf die ordnungsgemäße Widerrufsbelehrung ankommt: Wurde sie erteilt, ist dem Verkäufer das Risiko zugewiesen, sodass er zurückzahlen muss, ohne die 395

---

[551] BGH NJW 1993, 1912 zu II. 4. mit Komm. *Ose* EWiR § 157 BGB 1/93, 747 und Anm. *v. Rottenburg* WuB IVc.-4.93; gleichgültig ist, ob Bank oder Verkäufer die Widerrufsbelehrung erteilten; verwendet die Bank jedoch schuldhaft fehlerhafte Formulare, können dem Verkäufer Gegenansprüche aus c.i.c. oder Pflichtverletzung erwachsen, BGH aaO zu 6.
[552] MüKoBGB/*Habersack* § 358 BGB Rn. 91.

Sache zurückzuerhalten. Andernfalls trägt der Darlehensgeber das Risiko, hat also keinen Anspruch gegen den Verkäufer.

396 Wegen der beiderseitigen Ansprüche können Darlehensgeber und Verkäufer aufrechnen bzw. gem. § 273 BGB **zurückbehalten**. Die Konnexität der Ansprüche ist aufgrund der Verbindung der Geschäfte gemäß § 358 Abs. 3 BGB gegeben. Hatte der Verbraucher die Sache an den Verkäufer zurückgegeben, entgeht dem Darlehensgeber allerdings ein Zurückbehaltungsobjekt. Dies ist hinzunehmen, weil es bei der Zulässigkeit einer Direktabwicklung zwischen Verbraucher und Verkäufer um Verbraucherschutz, nicht um Bankenschutz geht.

V. Nichtige Verträge

397 Ausgangspunkt der Doktrin vom verbundenen Geschäft ist die rechtliche Trennung von Darlehensvertrag einerseits und Kauf- oder Leistungsvertrag andererseits. Danach kann der eine Vertrag wirksam, der andere nichtig sein; die Unwirksamkeit beider Verträge kann sich bei Annahme einer Geschäftseinheit aus dem Rechtsgedanken von § 139 BGB ergeben. Die Lösung der sich daraus für die Rückabwicklung ergebenden Probleme hat davon auszugehen, dass der Verbraucher bei Nichtigkeit der Verträge durch die Anwendung von Bereicherungsrecht nicht schlechter dastehen darf als im Falle eines zunächst schwebend wirksam zustande gekommenen, aber widerrufenen Vertrags[553] (zur Frage des Einwendungsdurchgriffs bei Nichtigkeit → Rn. 417).

1. Nichtigkeit beider Verträge

398 Sind sowohl Darlehensvertrag wie Kauf- oder Leistungsvertrag nichtig, liegt ein bereicherungsrechtlicher **Doppelmangel** vor, der in allgemeinen Fällen zur zweifachen Kondiktion im Deckungsverhältnis (Verbraucher und Darlehensgeber) einerseits und **Valutaverhältnis** (Verbraucher und Verkäufer) andererseits führen würde (→ Rn. 387). Die Verbundenheit der Geschäfte iSv § 358 Abs. 3 BGB führt aber dazu, dass der Darlehensgeber den Verbraucher wegen der Valuta allenfalls insoweit in Anspruch nehmen kann, als dieser selbst Bereicherungsansprüche gegen den Verkäufer (Kaufpreis in Gestalt des Valutazuflusses) hat.[554] Dem wird dadurch Rechnung getragen, dass der Darlehensgeber gegen den Verbraucher Anspruch auf **Abtretung** der diesem zustehenden Bereicherungsansprüche gegen den Verkäufer hat, soweit sie auf dem Darlehen beruhen (→ Rn. 458, Kondiktion der Kondiktion). Nach Vollzug der Abtretung kann der Darlehensgeber vom Verkäufer Rückzahlung der Valuta verlangen, die an diesen geflossen waren und um die er noch bereichert ist (§ 818 Abs. 3 BGB). Gegen den Verbraucher hat der Darlehensgeber keine Bereicherungsansprüche; dieser kann vielmehr vom Darlehensgeber Rückzahlung der an diesen geleisteten Raten verlangen, außerdem nach hier vertretener, aber entgegen der Ansicht des BGH (→ Rn. 381), wahlweise eine etwa an den Verkäufer geleistete Anzahlung:[555] Wäre er insoweit auf die Geltendmachung allein beim Verkäufer als Leistungsempfänger verwiesen, wäre

---

[553] BGH NJW 1980, 2301 zu III. 2.; *Seidel* JZ 2005, 497 (503).
[554] BGHZ 71, 358 zu III.; BGH NJW 1978, 2144 zu II.; NJW 1979, 1593 zu III. 3 f.; NJW 1980, 1155 zu 7.; *Esser* FS Kern, S. 110; *Canaris* FS Larenz, S. 840; *Seidel* JZ 2005, 497 (502); aA *Larenz* FS Michaelis, S. 205; *Vollkommer* FS Larenz, S. 709; krit. *Füller* DZWIR 2000, 409 (412).
[555] AA MüKoBGB/*Habersack* § 359 BGB Rn. 58.

seine Rechtsstellung gegenüber einem widerrufenen Vertrag, nämlich im Hinblick auf § 358 Abs. 4 Satz 5 BGB, verschlechtert (→ Rn. 377).

Im Hinblick auf den Beginn der **Verjährung** gemäß § 199 Abs. 1 Nr. 2 ist dem Darlehensgeber die Klage gegen den Verkäufer erst dann zumutbar, wenn die Rückzahlungsverpflichtung gegenüber dem Verbraucher feststeht.[556] **398a**

Bereicherungsansprüche des Verkäufers gegen den Verbraucher, zB auf den herauszugebenden Leistungsgegenstand, sind bei diesem einzufordern. Daraus folgt, dass der Verkäufer, der vom Darlehensgeber aus dem abgetretenen Bereicherungsanspruch des Verbrauchers in Anspruch genommen wird, seine eigenen Bereicherungsansprüche (→ Rn. 398) gegen den Verbraucher einredeweise gem. §§ 404, 273 BGB dem Darlehensgeber entgegensetzen kann. Entsprechend § 358 Abs. 4 Satz 5 BGB kann der Verbraucher die Sache nach seiner Wahl auch beim Darlehensgeber abliefern (→ Rn. 381). **399**

Wurde die Sache, die Gegenstand des nichtigen Kauf- oder Leistungsvertrags war, dem Darlehensgeber **zur Sicherheit** übereignet, ist das dingliche Übertragungsgeschäft, dessen obligatorische Grundlage der Sicherungsvertrag ist, im Allgemeinen trotz Nichtigkeit der obligatorischen Verträge wirksam, sodass der Darlehensgeber Eigentümer wurde. Aufgrund der Nichtigkeit des Darlehensvertrags ist der Sicherungszweck jedoch weggefallen – eine Erstreckung des Sicherungszwecks auf die abzutretenden Bereicherungsansprüche, → Rn. 398, ist aber immerhin denkbar – mit der Folge, dass im Allgemeinen aus dem noch wirksamen Sicherungsvertrag (→ § 492 Rn. 140) oder wiederum aus Kondiktion der Verbraucher gegen den Darlehensgeber Anspruch auf Rückübereignung hat. Da der Verkäufer seinerseits gegen den Verbraucher Anspruch auf Rückgewähr der Sache wegen der vorausgesetzten Nichtigkeit des finanzierten Vertrags (zB Kaufvertrags) hat (§ 812 BGB), kann er diesen Rückgewähranspruch gem. §§ 404, 273 BGB dem Darlehensgeber entgegensetzen, an den die Bereicherungsansprüche des Verbrauchers abgetreten worden waren. Sofern nicht der Verbraucher, sondern der Verkäufer selbst Partei des Sicherungsvertrags ist,[557] steht ihm der Rückübertragungsanspruch unmittelbar gegen die Bank zu. **400**

Bei einem finanzierten Beitritt des Verbrauchers zu einem Fonds als Gesellschafter kann es vorkommen, dass sowohl Darlehensvertrag wie Beitritt nach § 134 BGB wegen nichtiger, gegen rechtsberatungs- resp. rechtsdienstleistungsrechtliche Vorschriften verstoßender Vollmachten[558] (→ § 492 Rn. 65) unwirksam sind. Der Verbraucher als Anleger haftet lediglich auf Übertragung des – nach den Grundsätzen über fehlerhafte Gesellschaften entstandenen – Gesellschaftsanteils auf die Bank (→ Rn. 404, 433 und → Rn. 310), die den Verbraucher ihrerseits nicht wegen der an die Gesellschaft geflossenen Valuta gem. §§ 128, 130 HGB (analog) in Anspruch nehmen kann.[559] **401**

---

[556] BGH v. 13.1.2015 – XI ZR 303/12, Rn. 38, 42, NJW 2015, 1948 mit Anm. *Arne Maier* VuR 2015, 224; zur Unzumutbarkeit bei unklarer Rechtslage BGH v. 28.10.2014 – VI ZR 348/13, NJW 2014, 3713 = WM 2014, 2261 mit Anm. *Bülow* LMK 2014, 365722; *Harnos* WM 2015, 1658.
[557] S. dazu BGH WM 1969, 209; 1989, 210 mit Anm. *Bülow* WuB I F 3.–6.89; *Bülow*, Kreditsicherheiten, Rn. 127, 994.
[558] Bei Missbrauch einer erteilten Generalvollmacht entsteht dagegen keine fehlerhafte Gesellschaft, sondern eine Scheingesellschaft, aber der Bevollmächtigte kann nach § 826 BGB haften, BGH v. 13.9.2011 – VI ZR 229/09, WM 2011, 1995 = ZIP 20111, 2005.
[559] OLG Karlsruhe ZIP 2007, 1049 mit Komm. *S. Weber/Bulach* EWiR § 242 BGB 1/07, 617.

§ 495 (§ 812)

2. Nichtigkeit des finanzierten Vertrags, Wirksamkeit des Darlehensvertrags

402 Ist der Kaufvertrag nichtig, schuldet der Verbraucher den Kaufpreis nicht. Daraus erwächst dem Verbraucher eine rechtshindernde Einwendung, die er in unmittelbarer Anwendung von § 359 BGB dem Darlehensgeber entgegensetzen kann[560] (→ Rn. 417). Bereits an den Darlehensgeber geleistete Raten kann der Verbraucher gem. § 813 Abs. 1 Satz 1 BGB (Erfüllung, obwohl Einrede besteht, → Rn. 455) trotz Wirksamkeit des Darlehensvertrags kondizieren.[561] Demgegenüber hat der Darlehensgeber gegen den Verbraucher Anspruch auf Abtretung der Bereicherungsansprüche gegen den Verkäufer aus der Nichtigkeit des Kaufvertrags; dieser Anspruch dürfte sich aus darlehensvertraglicher Nebenpflicht (§ 242 BGB) ergeben.[562] Der Verkäufer hat Anspruch auf Rückgabe der Sache, den er dem Darlehensgeber zurückbehaltend entgegensetzen kann (→ Rn. 400). Meistens wird sich bei Anwendung des Rechtsgedankens von § 139 BGB ergeben, dass auch der Darlehensvertrag unwirksam ist. Andernfalls kann der Verbraucher den Darlehensvertrag widerrufen, sodass sich die Abwicklung unmittelbar nach § 358 Abs. 4 Satz 5 BGB richtet.

3. Nichtigkeit des Darlehensvertrags, Wirksamkeit des finanzierten Vertrags

403 Der Darlehensvertrag kann wegen Formverstoßes und mangels Heilung nach § 494 Abs. 1 (→ § 494 Rn. 56) oder etwa unter dem Gesichtspunkt der sittenwidrigen Ausbeutung gem. § 138 Abs. 1 BGB oder der Gesetzwidrigkeit (→ Rn. 30) nichtig sein oder mangels wirksamer Vertretung scheitern,[563] zB bei nichtiger Vollmacht nach § 134 BGB (→ § 492 Rn. 65), ohne dass die Wirksamkeit des Kauf- oder Leistungsvertrags davon berührt sein müsste. In diesem Fall schuldet der Verbraucher den Kauf- oder Leistungspreis. Die bereicherungsrechtliche Abwicklung des nichtigen Darlehensvertrags beschränkt sich darauf, dass der Verbraucher von seiner Verbindlichkeit aus dem Kauf- oder Leistungsvertrag durch Zahlung des Darlehensgebers an den Verkäufer/Leistungserbringer befreit worden war,[564] dh, da der Verkäufer im Falle des verbundenen Geschäfts lediglich Anspruch auf den Barzahlungspreis hat, in dieser Höhe. Unabhängig von der Anwendbarkeit von § 817 Satz 2 BGB[565] folgt aus der Verbundenheit der Geschäfte iSv § 358 Abs. 3 BGB, dass der Verbraucher **im Ausgangspunkt** die Bereicherungsschuld gegenüber dem Darlehensgeber, der an den Verkäufer geleistet hatte, in der Abfolge des nichtigerweise vereinbarten Ratenplans erbringen darf, wahlweise mit entsprechend niedrigeren Raten oder mit gleich hohen,

---

[560] So auch schon zur früheren Rechtslage, BGH NJW 1980, 1155 zu 7.
[561] Zutreffend MüKoBGB/*Habersack* § 359 BGB Rn. 66.
[562] Offen BGH NJW 2008, 845 = WM 2008, 244 Rn. 39 mit Anm. *Bülow* WuB I E 2-1.06.
[563] BGH v. 17.1.2012 – XI ZR 457/10, ZIP 2012, 363
[564] BGH NJW 1980, 2301 zu III. 1.
[565] BGH NJW 1986, 1017 zu III. 2.a.; BGHZ 91, 55 (58 zu 3.a.); hierzu auch BGH v. 11.6.2015 – VII ZR 216/14, Rn. 15, NJW 2015, 2406 = WM 2016, 375 – keine Rückzahlung von Werklohn bei Schwarzarbeit; BGH v. 10.4.2014 – VIII ZR 241/13, Rn. 18, NJW 2014, 1805 = WM 2014, 1643 – kein Wertsatz bei Schwarzarbeit, → Rn. 30; *Bülow* Konsumentenkredit, Rn. 329.

aber entsprechend weniger Raten, wobei die Bedenken des BGH gegen das Wahlrecht (→ § 494 Rn. 72) wegen des Zinsinteresses der Bank[566] bei Nichtigkeit des Darlehensvertrags nicht greifen. Soweit der Verbraucher aus dem wirksamen Kaufvertrag Gewährleistungsansprüche hat, ist auch bei Nichtigkeit des Darlehensvertrags § 359 BGB (Einwendungsgriff gegenüber dem Darlehensgeber, bezogen auf dessen Bereicherungsansprüche) anwendbar (→ Rn. 406 ff.).

Jedoch **verlässt** der II. Zivilsenat des BGH, jedenfalls bei der Finanzierung 404 von Kapitalanlagemodellen, **diesen bereicherungsrechtlichen Ausgangspunkt**, nach der die Leistung des Darlehensgebers in dem von ihm ausgekehrten Darlehen liegt, das die zweckgerichtete, rechtsgrundbezogene Zuwendung des Darlehensgebers darstellt.[567] Nach Ansicht des II. Zivilsenats folgt aus der Verbundenheit von Darlehensvertrag und finanziertem Geschäft vielmehr, dass der Verbraucher nur eine einheitliche Leistung erhalten hatte, nämlich die Beteiligung nach Maßgabe des jeweiligen Anlagemodells (zB die Gesellschafterstellung in einer Fondsgesellschaft). Diese Leistung, also beispielsweise der Fondsanteil, ist danach Gegenstand der Kondiktion.[568] Deshalb hat der Verbraucher die Kapitalanlage auf den Darlehensgeber zu übertragen, braucht aber das Darlehen nicht zurückzuerstatten und kann seinerseits bereits erbrachte Vertragszinsen, ggf. Tilgungen auf das Darlehen, vom Darlehensgeber kondizieren.

E. Einwendungsdurchgriff (§ 359 BGB)

In Fortführung, aber auch Modifikation der Rechtsprechung zur Altregelung 405 von § 6 AbzG[569] sowie in nahezu wörtlicher (vgl. allerdings → Rn. 467, 469) Übernahme von § 9 Abs. 3 VerbrKrG und in Umsetzung von Art. 15 Abs. 2 Verbraucherkreditrichtlinie (→ Rn. 4, → Rn. 468) räumt § 359 Abs. 1 BGB dem Verbraucher das – unverzichtbare, § 361 Abs. 2 Satz 1 BGB (→ § 511 Rn. 10) – Recht ein, Einwendungen aus dem Kauf- oder Leistungsvertrag, dh dem verbundenen, finanzierten Vertrag, den Ansprüchen des Darlehensgebers, meist einem Kreditinstitut, einer Bank, entgegenzusetzen. Die Ansprüche der Bank gehen auf Rückzahlung des an den Verbraucher oder Leistungserbringer gezahlten Betrags zuzüglich Zinsen und anderer vertraglicher Leistungen, in aller Regel auf Teilzahlungen. Die Erfüllung dieser Ansprüche kann der Verbraucher verweigern. Die Vorschrift lautet:

§ 359 BGB – Einwendungen bei verbundenen Verträgen

(1) ¹**Der Verbraucher kann die Rückzahlung des Darlehens verweigern, soweit Einwendungen aus dem verbundenen Vertrag ihn gegenüber dem Unternehmer,**

---

[566] BGH NJW 2009, 2046 Tz. 34.
[567] BGHZ 40, 272 (277) = WM 1964, 85.
[568] BGHZ 159, 294 (309) = NJW 2004, 2736 = WM 2004, 1529 zu I. 3. (II. Zivilsenat); BGH WM 2004, 1536 – II ZR 407/02 – zu I. 3. (S. 1541); WM 2005, 1408 zu I. 2. mit krit. Anm. *Hadding* WuB I E 2. – § 9 VerbrKrG – 1.05 zu C. sowie ansatzweise *Schmidt-Räntsch* MDR 2005, 6 (12); wie BGH MüKoBGB/*Habersack* § 359 BGB Rn. 65.
[569] Dazu umfassend *Abeltshauser* ZIP 1990, 693; zu Franchise-Verträgen: OLG Schleswig NJW 1988, 3024 und *Böhner* NJW 1992, 3135 (3137); wegen der Unabdingbarkeit gem. § 511 BGB (früher § 18 VerbrKrG, § 506 BGB aF) braucht nicht mehr § 307 BGB (früher § 9 AGBG) bemüht zu werden, so aber *Vortmann* § 9 VerbrKrG Rn. 39.

§ 495 (§ 359 Abs. 1) 1. Teil. Darlehen u. Finanzierungshilfen

mit dem er den verbundenen Vertrag geschlossen hat, zur Verweigerung seiner Leistung berechtigen würden. ²Dies gilt nicht bei Einwendungen, die auf einer Vertragsänderung beruhen, welche zwischen diesem Unternehmer und dem Verbraucher nach Abschluss des Darlehensvertrags vereinbart wurden. ³Kann der Verbraucher Nacherfüllung verlangen, so kann er die Rückzahlung des Darlehens erst verweigern, wenn die Nacherfüllung fehlgeschlagen ist.

(2) Absatz 1 ist nicht anzuwenden auf Darlehensverträge, die der Finanzierung des Erwerbs von Finanzinstrumenten dienen, oder wenn das finanzierte Entgelt weniger als 200 Euro beträgt.

I. Ausgangslage

1. Leistungsverweigerungsrecht

406 Hatte der Verbraucher von seinem Widerrufsrecht keinen Gebrauch gemacht, kann er im verbundenen Geschäft doch die Rückzahlung des Darlehens verweigern, soweit er gegenüber dem Gläubiger aus dem finanzierten Vertrag, zB einem Kaufvertrag, zur Leistungsverweigerung berechtigt wäre. Das Leistungsverweigerungsrecht ist nur hypothetisch, weil der Gläubiger des finanzierten Vertrags, zB ein Verkäufer, schon befriedigt ist, indem er den Kaufpreis durch die Darlehensauszahlung erhalten hatte; aber wäre der Kaufpreis noch offen, könnte der Verbraucher dessen Leistung verweigern. In gleicher Weise kann er die Darlehensrückzahlung verweigern. Einwände gegen den finanzierten Vertrag greifen also auf den Finanzierungsvertrag, den Darlehensvertrag, durch, obwohl gegen diesen Vertrag unmittelbar keine Einwände bestehen. Das gilt auch für einen unentgeltlichen Darlehensvertrag (§ 514, dort → Rn. 23) und für einen solchen, der gemäß § 491 Abs. 2 Satz 2 kein Verbraucherdarlehensvertrag ist (→ Rn. 312). Auf diese Weise wird der Verbraucher davor geschützt, das Darlehen in voller Höhe zurückzahlen zu müssen, obwohl er den Preis für die Leistung des Unternehmers aus dem finanzierten Vertrag nicht oder doch nicht voll zu erbringen hätte, namentlich bei Mängeln der erworbenen Sache oder der empfangenen Leistung, einschließlich aliud- oder Mindermengenlieferung (§ 434 Abs. 4 BGB). Neben Mängelansprüchen aus dem finanzierten Vertrag[570] (Rücktritt, Minderung – → Rn. 428, 446 –, Schadensersatz, Nacherfüllung, Aufwendungsersatz, §§ 437, 634 BGB) kommen Einwände wegen Nichterfüllung durch den Unternehmer (§ 320 BGB) oder von diesem zu vertretener Unmöglichkeit (§§ 275, 283 BGB) oder wegen Verletzung von Nebenpflichten wie Aufklärungspflichten (§ 280 BGB)[571] oder des Integritätsinteresses (§ 241 Abs. 2 BGB) sowie deliktische Ansprüche (→ Rn. 411), aber auch rechtshindernde Einwendungen, zB nach §§ 138, 134 BGB, außerdem konnexe Gegenansprüche nach § 273 BGB in Betracht. Tritt der Darlehensgeber seinen Darlehensrückzahlungsanspruch aus § 488 Abs. 1 Satz 2 BGB ab, bleibt dem Verbraucher der Einwendungsdurchgriff gegen den Zessionar gem. § 404 BGB erhalten (→ § 496 Rn. 4, 7).

407 Zum Leistungsverweigerungsrecht eines Gesamtschuldners, der nicht Partei des finanzierten Vertrags ist, → Rn. 268.

---

[570] Keine Mängelansprüche, wenn der Vertrag wegen Verstoßes gegen das SchwarzarbeitsG gem. § 134 BGB nichtig war (vorst. Rn. 30), BGH v. 1.8.2013 – VII ZR 6/13, Tz. 27, NJW 2013, 3167 = WM 2013, 2803 mit Rez. *Lorenz* NJW 2013, 3132.
[571] OLG München ZIP 2003, 336.

2. Subsidiarität und Richtlinienkonformität

Nach dem durch das Verbraucherkreditrichtlinie-Umsetzungsgesetz unberührt gelassenen Konzept von § 359 kann der Darlehensgeber dem Verbraucher gegenüber nicht replizieren, dieser müsse zunächst die Durchsetzung seiner Ansprüche beim Unternehmer des finanzierten Vertrags versuchen; der Subsidiaritätsgrundsatz ist nur im Fall von § 359 Abs. 1 Satz 3 BGB (Nacherfüllung) verwirklicht (→ Rn. 468). Allerdings bestimmt Art. 15 Abs. 2 Satz 1 der Richtlinie die Subsidiarität des Einwendungsdurchgriffs, der nur erheblich ist, wenn der Verbraucher seine Rechte gegen den Unternehmer geltend gemacht hatte, diese aber nicht durchsetzen konnte (→ Rn. 4). Die Richtlinienkonformität der weitergehenden deutschen Regelung festzustellen ist nicht unproblematisch. Es ist daran zu denken, sie aus dem harmonisierten Bereich der Vorschrift herzuleiten. Nach deutschem Recht ist der Einwendungsdurchgriff jedenfalls und auch dann erheblich, wenn der Verbraucher seine Rechte geltend gemacht hatte, aber nicht durchsetzen konnte. Damit wurde dem harmonisierten Gehalt von Art. 15 Abs. 2 der Richtlinie Rechnung getragen. Der weitergehenden Erheblichkeit des Einwendungsdurchgriffs auch dann, wenn der Verbraucher seine Rechte nicht geltend gemacht hatte oder sie nicht durchzusetzen gedachte, wäre bei dieser Sicht als jenseits des harmonisierten Bereichs angesiedelt (→ Einführung Rn. 32) und von der Richtlinie als nicht erfasst anzusehen, sodass die Richtlinie insoweit nicht berührt wäre. Wenn demgegenüber der Subsidiaritätsgrundsatz als Teil des harmonisierten Bereichs angesehen werden müsste, ist für die Konformitätsprüfung des Konzepts von § 359 die Öffnungsklausel von Art. 15 Abs. 2 Satz 2 der Richtlinie heranzuziehen. Danach bestimmen die Mitgliedstaaten, in welchem Maße und unter welchen Bedingungen Rechte aus dem finanzierten Vertrag gegenüber dem Finanzierungsvertrag ausgeübt werden können. Wie Erwägungsgrund 38 klarstellt (→ Rn. 1) liegt demgemäß eine Klage des Verbrauchers gegen den Unternehmer des finanzierten Vertrags nur fakultativ im harmonisierten Bereich. Es genügt auch eine nationale Regelung, nach welcher der Verbraucher sein Recht gegenüber dem Unternehmer lediglich außerprozessual geltend macht, zB die Einrede erhebt, und der Unternehmer daraufhin untätig bleibt. Bei dieser Sicht wäre bei der Anwendung von § 359 BGB lediglich zu der früheren Auslegung der Vorschrift zurückzukehren, dass der Verbraucher erst Gestaltungsrechte gegenüber dem Unternehmer geltend zu machen hat, ehe er die Einrede aus § 359 gegenüber dem Darlehensgeber erhebt (→ Rn. 413), nicht aber ohne ein solches vorheriges Vorgehen die Leistung gegenüber dem Darlehensgeber verweigern kann (→ Rn. 414 bis 416). Damit wäre die Richtlinienkonformität gewahrt.[572]

Unberührt bleibt die Replik des Darlehensgebers, Mängelansprüche gegen den Verkäufer seien gem. §§ 438, 634a BGB verjährt. Bezieht sich die **Verjährung** gem. §§ 195, 199 Abs. 1 Nr. 1 BGB auf den Kaufpreis-/Gegenleistungsanspruch[573] (→ Rn. 257) – denkbar für den Fall, dass die Darlehensvaluta an den

---

[572] *Bülow* GS Wolf 2010, S. 3 (10).
[573] BGHZ 149, 43 = NJW 2002, 137 mit Anm. *Mankowski* WuB I E 2.–1.02 und Komm. *Metz/Jaquemoth* EWiR § 196 BGB o. F. 1/02, 273; Komm. *Metz* EWiR § 196 BGB aF 1/02, 273 und Bspr. *Emmerich* JuS 2002, 297; BGH WM 2004, 2203 zu III. 2.a. mit Komm. *v. Lang* EWiR § 196 BGB aF 1/04, 1209 und Anm. *Klassen* BKR 2005, 107 und *Edelmann* WuB I E 2.–2.05.

Verbraucher gezahlt wurde (→ Rn. 267 ae) –, kann der Verbraucher auch diese Einrede dem Darlehensrückzahlungsanspruch[574] entgegensetzen, für den die Verjährungsfrist erst zu einem späteren, nämlich dem vereinbarten Fälligkeitszeitpunkt beginnt.

3. Ansprüche gegen Dritte, deliktische Ansprüche

410 Ausgeschlossen sind nach der Formulierung von § 359 Abs. 1 Satz 1 Einwände aus Rechtsverhältnissen, die nicht **aus dem verbundenen Vertrag** entstanden sind, zB **gegen Dritte** aus Delikt[575] oder Ansprüche gegen Dritte aus anderen gesetzlichen Schuldverhältnissen, zB aus *culpa in contrahendo* nach § 311 Abs. 2 Nr. 1 BGB. Nach der früheren Rechtsprechung des II. Zivilsenats des BGH konnten, jedenfalls bei finanzierten Kapitalanlageformen, aber auch deliktische Ansprüche gegen Dritte dem Darlehensgeber als Einrede entgegengesetzt werden, zB gegen Initiatoren und Prospektverantwortliche nach §§ 823 Abs. 2 BGB, 264a StGB[576] oder sogar nach § 826 BGB.[577] Der II. Zivilsenat hält an dieser Rechtsprechung aber nicht mehr fest, der XI. Zivilsenat verneint die Erstreckung auf solche Ansprüche gegen Dritte.[578] Eine Anrufung des Großen Senats für Zivilsachen nach § 132 Abs. 2 GVG konnte unterbleiben.[579]

411 Deliktische Ansprüche gegen den Unternehmer, die mit dem verbundenen Vertrag zusammenhängen und geeignet sind, die Finanzierung zu beeinflussen,[580] also Konnexität und Finanzierungszusammenhang aufweisen, können dagegen den Einwendungsdurchgriff begründen.

II. Wirkungsweise

412 Der Einwand gegen den finanzierten Vertrag wird zur Einrede gegen den Finanzierungsvertrag, deren Erhebung im Belieben des Verbrauchers steht. Erhebt der Verbraucher die Einrede gegenüber dem Darlehensgeber nicht, ist er zur ungeschmälerten Rückzahlung des Darlehens verpflichtet; der Einwendungsdurchgriff ist also nicht von Amts wegen zu berücksichtigen.

---

[574] Früher: Verjährungsfrist für Ratenkredite vier Jahre, LG Gera BB 1999, 2215; *Füller* ZBB 2001, 157 (162/163).
[575] BGH NJW 1973, 1275; OLG Koblenz WM 2003, 1811 mit Komm. *v. Westphalen* EWiR § 9 VerbrKrG 1/04, 33 und Anm. *Trinkaus* WuB I E 2.–1.04; MüKoBGB/*Habersack* § 359 BGB Rn. 24.
[576] BGHZ 159, 280 = NJW 2004, 2731 = WM 2004, 1521; BGHZ 159, 294 = NJW 2004, 2736 = WM 2004, 1529; BGH WM 2005, 295 mit Komm. *Joswig* EWiR § 9 VerbrKrG 1/05, 585; KG WM 2005, 2218 zu III. 3. (S. 2225 f.) mit Komm. *Voß* EWiR § 9 VerbrKrG 1/06, 93; *Strohn* WM 2005, 1441 (1445); abl. OLG Schleswig WM 2005, 1173 mit wiederum abl. Anm. *K. P. Berger/Ueding* WuB I E 2. - § 9 VerbrKrG - 4.05; *Mülbert/Hoger* WM 2004, 2281; *C. Schäfer* BKR 2005, 98 (103); *Hadding* WuB I E 2. - § 9 VerbrKrG - 1.05 zu A; anders der nunmehr allein zuständige XI. Zivilsenat, Pressemitteilung des BGH Nr. 62/2006 zu 1.
[577] Hierzu BGH v. 20.11.2012 - VI ZR 268/11, NJW-RR 2013, 550.
[578] BGHZ 167, 239 (250) = NJW 2006, 1955 Rn. 28; BGHZ 167, 223 = NJW 2006, 1952 sowie 1957 mit Komm. *Aigner* EWiR § 3 VerbrKrG 5/06, 475; BGH NJW 2007, 357, 361, 364, 2407 Tz. 11; 2008, 845 Tz. 30.
[579] BGH (II. Senat) WM 2005, 845 zu I. 1.b.cc und (XI. Senat) WM 2005, 127 zu B. ii. a. cc.(1).
[580] Staudinger/*Kessal-Wulf* § 359 BGB Rn. 8.

1. Rechtsgestaltung des Verbrauchers gegenüber dem Unternehmer

Fraglich ist, welche Voraussetzungen an die Erheblichkeit der Einrede gegenüber dem Darlehensgeber aus dem finanzierten Geschäft mit dem Unternehmer nach § 359 BGB zu stellen sind. Im Ausgangspunkt wäre die Einrede des Verbrauchers im Verhältnis zum Darlehensgeber nicht schon erheblich, wenn gegen den finanzierten Vertrag ein Einwand besteht, also im Verhältnis des Verbrauchers gegenüber dem Unternehmer; vielmehr müssten alle Voraussetzungen erfüllt sein, die den Verbraucher gegenüber dem Unternehmer des finanzierten Vertrags zur Verweigerung seiner Leistung berechtigen würden. Gründet sich also der Einwand auf ein Gestaltungsrecht, wozu auch die Einrede gehört, müsste der Verbraucher diese Einrede auch gegenüber dem Unternehmer des finanzierten Vertrags erhoben oder ein sonstiges Gestaltungsrecht, zB den Rücktritt, gegenüber dem Unternehmer erklärt haben (§ 349 BGB). Die bloße Gestaltungslage (Anfechtbarkeit, aber noch keine erklärte Anfechtung, § 143 BGB; Aufrechenbarkeit, aber noch keine Aufrechnungserklärung, § 388 BGB) im Verhältnis zum Unternehmer des finanzierten Vertrags würde im Ausgangspunkt also keine Einrede gegen den Darlehensgeber nach § 359 Abs. 1 BGB begründen.[581]

2. Rechtsgestaltung des Verbrauchers gegenüber dem Darlehensgeber

Die Frage ist, ob die Besonderheiten des Verbundreglements ein anderes in der Weise erlauben, dass nicht nur die Rechtsgestaltung gegenüber dem Unternehmer, sondern auch ihre Ausübung gegenüber dem Darlehensgeber genügt. Sie hätte zur Folge, dass der Unternehmer von der Rechtsgestaltung, zB dem Rücktritt, zunächst nichts erfährt, sondern typischerweise erst dann, wenn er vom Darlehensgeber in Regress genommen wird.

a) Die Sichtweise zum finanzierten Fondsbeitritt durch den II. Zivilsenat des BGH.
Die Rechtsausübung gegenüber dem Darlehensgeber und nicht nur gegenüber dem Unternehmer lässt der BGH in seinem Urteil vom 21.7.2003[582] in der Tat genügen, wenn sich die Einwendung aus dem finanzierten Geschäft nach **gesellschaftsrechtlichen Regeln** richtet. In dieser Frage hat ein Wandel der Rechtsprechung stattgefunden. Im Falle einer finanzierten Kapitalanlage durch Beteiligung an einem Fonds in der Rechtsform einer Gesellschaft bürgerlichen Rechts (§ 705 BGB) hatte der XI. Zivilsenat (Bankrechtssenat) noch entschieden, dass Einwände aus der Fehlerhaftigkeit eines Beitritts, zB wegen arglistiger Täuschung (§ 123 BGB), nur dann gegenüber dem finanzierenden Darlehensgeber erhoben werden können, wenn der Verbraucher seine Mitgliedschaft in der Gesellschaft bürgerlichen Rechts nach den Grundsätzen über die fehlerhafte Gesellschaft gegenüber der Fondsgesellschaft gekündigt hatte.[583] Dies

---

[581] Zutr. MüKoBGB/*Habersack* § 359 BGB Rn. 37; Staudinger/*Kessal-Wulf* § 359 BGB Rn. 15.
[582] BGHZ 156, 46 (53) = NJW 2003, 2821 zu II. 2 c.cc. mit Rezensionen *Hahn/Brockmann* VuR 2004, 173, *Bülow* WM 2004, 1257, *J. Lang* ZflR 2003, 852, *Lenenbach* WM 2004, 501, Anm. *Bülow* LMK 2003, 221, *C. Schäfer* JZ 2004, 258, *Wallner* BKR 2003, 799, *Strube* BKR 2003, 802, *Hoppe* BB 2003, 2092, *Fischer* DB 2003, 2059, Komm. *Tiedtke* EWiR § 705 BGB 1/04, 177 und Bspr. *Emmerich* JuS 2003, 1230; abl. MüKoBGB/*Habersack* § 359 BGB Rn. 17, 38, 41.
[583] BGH NJW 2000, 3558; WM 2000, 1687; JZ 2002, 247 mit Anm. *C. Schäfer*; Soergel/*Häuser* § 9 VerbrKrG Rn. 92; *Füller* ZBB 2001, 157 (162); *Bertram* Einwendungsdurchgriff, S. 172.

§ 495 (§ 359 Abs. 1) 416–418 1. Teil. Darlehen u. Finanzierungshilfen

entspricht der vorst. (→ Rn. 406) erörterten Ausgangslage. Seit seinem Urteil vom 21.7.2003[584] stellt der II. Zivilsenat (Gesellschaftsrechtssenat) jedoch fest, dass die Wirkung des Einwendungsdurchgriffs auch ohne Kündigung gegenüber der Gesellschaft eintritt. Es genügt danach, dass der getäuschte Anleger und Verbraucher (lediglich) dem Darlehensgeber mitteilt, er sei durch Täuschung zum Erwerb der Beteiligung veranlasst worden, und ihm die Übernahme seines Gesellschaftsanteils anbietet. Der XI. Zivilsenat hält an seiner früheren Ansicht nicht fest.[585]

416 **b) Subsidiarität nach der Verbraucherkreditrichtlinie.** Die Rechtsprechung des II. Zivilsenats ist mit dem Subsidiaritätsgrundsatz nach Art. 15 Abs. 1 VerbrKrRil nicht vereinbar (→ Rn. 413). Mindestvoraussetzung ist danach nämlich gerade (→ Rn. 408), dass der Verbraucher seine Rechte gegen den Unternehmer des finanzieren Geschäfts geltend gemacht, also eine Kündigung der Mitgliedschaft gegenüber der Gesellschaft erklärt hatte, wie dies der Rechtsprechung der XI. Zivilsenats entsprochen hatte (→ Rn. 415). Jenseits der Frage, ob die Sichtweise des II. Zivilsenats in der Sache gerechtfertigt ist und ob die danach eintretenden Rechtsfolgen auch außerhalb gesellschaftsrechtlicher Verhältnisse eintreten würden[586] (hierzu ausführlich Vorauflage – 7. Aufl. – § 495 Rn. 323 bis 329), ist der Einwendungsdurchgriff richtliniengemäß nicht erheblich, wenn es an der Rechtsausübung im Verhältnis Verbraucher – Unternehmer fehlt.

3. Unwirksamkeit des finanzierten Geschäfts, Naturalobligationen

417 Die Einwendung gegen den finanzierten Vertrag kann rechtshindernder Art sein, nämlich bei Nichtigkeit dieses Vertrages, zB wegen erklärter Anfechtung oder bei Sittenwidrigkeit,[587] sodass zwischen Verbraucher und Unternehmer des finanzierten Vertrags ein bereicherungsrechtliches Abwicklungsverhältnis entsteht. In diesem Fall bedeutet Einwendungsdurchgriff, dass der Verbraucher den bereicherungsrechtlichen Anspruch gegen den Unternehmer des finanzierten Vertrags dem Darlehensrückzahlungsanspruch des Darlehensgebers zurückbehaltend nach § 273 BGB entgegensetzen kann (→ Rn. 402). Im Falle einer Naturalobligation kann die fehlende Durchsetzbarkeit dem Darlehensrückzahlungsanspruch entgegengesetzt werden, zB bei finanzierten Partnerschaftsvermittlungsverträgen (§ 656 Abs. 1 BGB).

III. Kein Forderungsdurchgriff. Andere Ansprüche des Verbrauchers gegen den Darlehensgeber ohne Widerruf

1. Einwendungs- und Anspruchsdurchgriff

418 **a) Ausgangslage.** Sind die Voraussetzungen der Leistungsverweigerung im Verhältnis zwischen Verbraucher und Unternehmer des finanzierten Vertrags (Ver-

---

[584] BGHZ 156, 46 (53) = NJW 2003, 2821 zu II. 2.c. cc., bestätigt in den Urteilen des II. Zivilsenats WM 2004, 1518 zu I. 3.a., BGHZ 159, 280 = WM 2004, 1521 = NJW 2004, 2731 zu II. 2.d., NJW 2004, 2742 = WM 2004, 1525 zu 2., BGHZ 159, 294 = NJW 2004, 2736 = WM 2004, 1529 zu II. 1.b.; abl. Staudinger/*Kessal-Wulf* § 359 BGB Rn. 15; *Hadding* WuB I E 2. – § 9 VerbrKrG – 1.05 zu D.
[585] NJW 2003, 2821 zu II. 2 c. cc. aE.
[586] *Bülow* WM 2004, 1257.
[587] BGH NJW 1980, 1155.

käufer, Leistungserbringer, Fondsgesellschaft) erfüllt (→ Rn. 413), kann der Verbraucher auch im Verhältnis zum Darlehensgeber und im selben Umfang den Anspruch auf Darlehensrückzahlung (§ 488 Abs. 1 Satz 2 BGB) verweigern. Darin liegt der Einwendungsdurchgriff. Fraglich ist gewesen, ob der Verbraucher darüber hinaus gegenüber dem Darlehensgeber die Erfüllung von Forderungen verlangen kann, die er gegenüber dem Unternehmer aus dem finanzierten Geschäft hat, und diese Forderungen mit dem Darlehensrückzahlungsanspruch aus § 488 Abs. 1 Satz 2 verrechnen darf, zB nach mängelbedingtem Rücktritt gem. §§ 437 Nr. 2, 634 Nr. 3 BGB, auf Rückgewähr einer Anzahlung auf den vereinbarten Preis oder wegen Aufwendungsersatzes oder Schadensersatzes. Fraglich ist außerdem, ob der Verbraucher Tilgungs- und Zinsleistungen auf das Darlehen zurückfordern darf, wenn Einwendungen gegen das finanzierte Geschäft bestanden hatten (→ Rn. 441, 442). Schließlich ist fraglich, ob der Verbraucher gegenüber dem Darlehensgeber nicht nur Ansprüche gegen den Unternehmer, sondern sogar Ansprüche gegen Dritte geltend machen kann. Die Frage ist mit anderen Worten, ob dem Einwendungsdurchgriff auch ein Anspruchsdurchgriff des Verbrauchers gegenüber dem Darlehensgeber zur Seite steht. Einen Forderungsdurchgriff hatte der II. Zivilsenat des BGH seit seinem Urteil vom 21.7.2003[588] (→ Rn. 415) bejaht, nachdem die Frage in Schrifttum und in der instanzgerichtlichen Rechtsprechung kontrovers und überwiegend ablehnend diskutiert worden war.[589] Die Regelung von § 358 Abs. 4 Satz 5 BGB über den Widerruf, nach welcher der Darlehensgeber an die Stelle des Unternehmers aus dem finanzierten Vertrag in das Abwicklungsverhältnis eintritt (→ Rn. 376), war der Rechtsprechung des II. Zivilsenats gemäß auf den Einwendungsdurchgriff zu übertragen; hierfür bestehe „ein unabweisbares Bedürfnis".[590] Dabei kommt es für das Rechtsverhältnis zwischen Verbraucher und Darlehensgeber, der in die Rechtsstellung des Unternehmers eintritt, zuvörderst darauf an, ob das Darlehen dem Unternehmer entsprechend § 358 Abs. 4 Satz 5 BGB bereits zugeflossen war (→ Rn. 370). Ist das der Fall, kommt es danach weiter darauf an, ob sich der finanzierte Vertrag in ein Rückabwicklungsverhältnis verwandelt hatte, also durch Rücktritt oder Kündigung, oder ob der finanzierte Vertrag aufrechterhalten bleibt, aber Ansprüche des Verbrauchers gegen den Unternehmer entstanden waren, zB auf Schadensersatz statt der Leistung oder Aufwendungsersatz nach §§ 437 Nr. 3, 634 Nr. 4 iVm §§ 281, 284 BGB.

Die aus all dem Folgenden komplizierten Anwendungsprobleme[591] stellen sich in der Rechtspraxis jedoch nicht mehr, seit Streitfälle aus Verbundfinanzierungen in der Geschäftsverteilung des BGH seit April 2006 allein dem XI. Zivilsenat zugewiesen sind und dieser einen aus verbundrechtlichen Regelungen hergelei-

---

[588] BGHZ 156, 46 (54 f.) = NJW 2003, 2821 zu II. 3. mit krit. Anm. *Bülow* LMK 2003, 221, bestätigt in WM 2004, 1518 zu I. 3.c., 1521 zu II. 2.c., 1525 zu 2., 1527 zu I. 4., 1529 zu I. 3. und II. 1.c., 1536 zu II. 2. mit Komm. *Häublein* EWiR § 9 VerbrKrG 2/04, 945 = NJW 2004, 2731, 2736, 2742, 3322; WM 2005, 843 zu II. 2. mit Anm. *Schönfelder* WuB I E 2. – § 3 VerbrKrG – 1.05 und Komm. *Mues* EWiR § 3 VerbrKrG 2/05, 617; zust. OLG Dresden WM 2005, 1792 (1796); OLG Stuttgart ZIP 2008, 1570 mit Komm. *Aigner* EWiR § 2 HWiG 1/09, 207.
[589] Abl. Staudinger/*Kessal-Wulf* § 359 BGB Rn. 33; *Wolf/Großerichter* ZfIR 2005, 1, 41 (46: „*contra legem*"); MüKoBGB/*Habersack* § 359 BGB Rn. 75 mit umfangreichen weiteren Nachweisen; *Bartels* WM 2007, 237; eine analoge Anwendung befürworten *C. Schäfer* BKR 2005, 98 (100); *Ott* FS Raiser, S. 723 (745 ff.).
[590] BGHZ 156, 46 (55) = NJW 2003, 2821 zu II. 3.a. aa.
[591] Vorauflage, 6. Auflage, § 495 Rn. 332–345.

teten **Forderungsdurchgriff verneint**[592] (→ Rn. 410) und lediglich bei Nichtigkeit des finanzierten Vertrags einen bereicherungsrechtliche Rückforderung gem. § 813 Abs. 1 BGB bejaht,[593] die sich auf Ansprüche gegen den Darlehensgeber, nicht aber gegen den Unternehmer bezieht (näher → Rn. 455). Eine Analogie zu § 358 Abs. 4 Satz 5 kommt auch dann nicht in Betracht, wenn ein Bereicherungsanspruch aus § 813 BGB *in casu* scheitert.[594] Jenseits der Verbundvorschriften bejaht der XI. Zivilsenat aber die Durchsetzung von Ansprüchen aus Aufklärungspflichtverletzungen des Darlehensgebers unter erleichterten Voraussetzungen nach den Grundsätzen über **institutionalisiertes Zusammenwirken** (→ Rn. 424). Außerdem kann durch Zurechnung von Täuschungshandlungen durch Vermittler und Verkäufer von Anlageprodukten auf den Darlehensgeber die Anfechtung des Darlehensvertrags gem. § 123 BGB begründet sein (→ Rn. 421). Bilden Anlagegeschäft und Darlehensvertrag ein verbundenes Geschäft nach § 358 Abs. 3 Sätze 1 und 2, bei Immobilien unter den qualifizierten Voraussetzungen von § 358 Abs. 3 Satz 3 (→ Rn. 294 ff.), können dem Verbraucher als getäuschtem Anleger Ansprüche aus *culpa in contrahendo* erwachsen. Der Verbraucher kann, **zusammengefasst,** gegenüber dem Darlehensgeber aus § 359 Abs. 1 nicht geltend machen Ansprüche gegen den Unternehmer und erst recht nicht Ansprüche gegen Dritte (→ Rn. 410). Er kann aber unter den Voraussetzungen von § 813 BGB Bereicherungsansprüche gegen den Darlehensgeber haben (→ Rn 454) und unter den Voraussetzungen institutionalisierten Zusammenwirkens Schadensersatzansprüche gegen den Darlehensgeber aus Aufklärungspflichtverletzung (→ Rn. 424).

420 **b) Zur dogmatischen Begründung eines verbraucherprivatrechtlichen Forderungsdurchgriffs.** Ausgangspunkt ist, dass es für einen Anspruch des Verbrauchers gegen den Darlehensgeber auf Erfüllung von Forderungen, die er gegen den Unternehmer hat, einer positiven Regelung bedarf, die das Gesetz nur für den Fall des Widerrufs in Gestalt von § 358 Abs. 4 Satz 5 aufstellt. Für den Fall des unterlassenen Widerrufs sieht der II. Zivilsenat in § 359 Abs. 1 Satz 1 BGB eine „offene Vorschrift, durch die der Gesetzgeber die Frage des Rückforderungsdurchgriffs bewusst Rechtsprechung und Lehre überlassen hat"[595] und begründet diese Sicht mit der Entstehungsgeschichte der Norm: In der Begründung des Referentenentwurfs zum Verbraucherkreditgesetz sei der Forderungsdurchgriff noch ausdrücklich abgelehnt,[596] die entsprechende Passage im Regierungsentwurf aber gestrichen worden. Allerdings war der Regierungsentwurf seinerzeit neu formuliert und aufgebaut worden, wobei über den Forderungsdurchgriff in der Tat kein Wort mehr verloren wurde. Aber daraus ist bewusstes Streichen nur schwerlich nachvollziehbar. Vielmehr erläutert der Regierungsentwurf das, was geregelt wurde, nämlich den Einwendungsdurchgriff,

---

[592] BGH WM 2011, 261 mit Anm. *Bülow* WuB I G 5-4.11; BGHZ 174, 334 = NJW 2008, 845 mit Anm. *Bülow* WuB I E 2-1.08; BGH NJW 2008, 2912 = WM 2008, 1596 Tz. 19.
[593] BGH WM 2008, 244 = NJW 2008, 845 Tz. 30; der II. Zivilsenat hält seine frühere Ansicht nicht mehr aufrecht, BGH WM 2009, 2673 Tz. 58.
[594] BGH NJW 2010, 596 = WM 2009, 2366 = ZIP 2009, 2430 = ZGS 2010, 30 Tz. 53.
[595] BGHZ 156, 46 = NJW 2003, 2821 zu II. 3.a. aa.
[596] Abgedruckt bei *Bülow*, Sittenwidriger Konsumentenkredit, in der 1. Auflage 1989, S. 243.

während es an einer positiven Regelung des Forderungsdurchgriffs fehlt. Für eine Analogie ist weder die Gesetzeslücke, vielmehr im Gegenteil die Absicht einer vollständigen Regelung erkennbar, noch die vergleichbare Lage, da der Einwendungsdurchgriff den unterbliebenen Widerruf voraussetzt, der im Falle von § 358 Abs. 4 Satz 5 gerade erklärt worden sein muss. Insoweit setzte der II. Zivilsenat Recht, legte aber bestehendes Recht nicht lediglich aus. Das Gesetz eröffnet also nur einen Einwendungsdurchgriff, nicht aber einen Forderungsdurchgriff.

2. Verschulden bei Vertragsverhandlungen im verbundenen Geschäft durch Zurechnung auf den Darlehensgeber

Ist der Verbraucher vom Verkäufer/Vermittler/Vertreiber eines Anlageobjekts **421** oder durch eingeschaltete Vertriebsgesellschaft[597] arglistig getäuscht worden (zB über verdeckte Innenprovisionen,[598] → § 498 Rn. 42), stellt sich die Frage der Anfechtung des Darlehensvertrags nach § 123 BGB (hierzu → Rn. 436). Unterbleibt die Anfechtung, zB wegen Versäumung der Anfechtungsfrist nach § 124 BGB oder weil der Verbraucher zwar das Anlagegeschäft, aber nicht auch den Darlehensvertrag angefochten hatte oder es trotz Täuschung ausnahmsweise an der Arglist fehlt,[599] gilt Folgendes: Durch die Täuschung bei Abschluss des Anlagegeschäfts als finanziertem Geschäft ist der Tatbestand des Verschuldens bei Vertragsschluss erfüllt, der aufgrund der Verbundenheit auf den Darlehensvertrag durchschlägt, nämlich dadurch, dass die vorsätzliche Täuschung von Verkäufer/Vertreiber dem Kreditinstitut zugerechnet wird. Die Zurechnung ergibt sich nach dem anwendbaren Rechtsgedanken von § 123 Abs. 2 Satz 1 BGB daraus, dass es auf die Kenntnis des Kreditinstituts nicht ankommt, weil der Verkäufer/Vertreiber aufgrund der Verbundenheit der Geschäfte nicht als Dritter anzusehen ist.[600] Als Folge dessen kann der Verbraucher den entstandenen Schaden nach § 249 BGB beim Darlehensgeber liquidieren (→ Rn. 433). Die **Beweislast** für das vorsätzliche Verhalten des Verkäufers/Vertreibers trägt der klagende Anleger, da § 280 Abs. 1 Satz 2 BGB nicht anwendbar ist.[601] Handelt ein Vertreter des Darlehensgebers, findet eine Wissenszurechnung nach Maßgabe von § 166 Abs. 1 BGB statt.[602]

Handelt die Vertriebsperson nicht vorsätzlich, sondern ist ihr lediglich eine **422** fahrlässige Aufklärungspflichtverletzung vorzuwerfen, findet eine Zurechnung auf den Darlehensgeber nicht statt. Es haftet allein die Vertriebsperson, weil nur sie das Verhandlungsvertrauen des erwerbswilligen Verbrauchers in Anspruch genommen hatte.[603]

---

[597] BGH NJW 2010, 596 = WM 2009, 2366 = ZIP 2009, 2430 Tz. 30; WM 2009, 1028 Tz. 38; NJW 2010, 602 = WM 2010, 34 = ZIP 2010, 70 Tz. 24 mit Anm. *Bülow* WuB IV G–1.10.
[598] BGHZ 186, 96 = WM 2010, 1451; BVerfG WM 2013, 15 mit Anm. *Bülow* WuB I G 5-1.13.
[599] BGH NJW 1998, 302 = WM 1997, 2309 zu II. 2.a. bb.
[600] So bereits MüKoBGB/*Habersack* § 359 BGB Rn. 37; ihm folgend BGHZ 167, 239 = NJW 2006, 1955 Rn. 30; BGH v. 19.10.2010 – XI ZR 376/09, WM 2010, 2304 = ZIP 2010, 2394 Tz. 13.
[601] BGH NJW 2008, 2912 = WM 2008, 1596 = ZIP 2008, 1673 Tz. 23.
[602] Jedoch treuwidrige Berufung hierauf, wenn der Vertreter sein Wissen gegenüber seinem Geschäftsherrn (Darlehensgeber) verschweigt und der Anleger dies wusste oder damit rechnen musste, BGH v. 19.3.2013 – XI ZR 46/11, WM 2013, 924 = ZIP 2013, 1063 mit Komm. *Deiß* EWiR § 166 BGB 1/13, 437.
[603] BGH WM 2010, 2304 Tz. 16.

§ 495 (§ 359 Abs. 1) 423–426   1. Teil. Darlehen u. Finanzierungshilfen

423 Ein Einwendungsdurchgriff nach § 359 Abs. 1 würde voraussetzen, dass sich die Einwendung, die sich auf das Verhalten der Vertriebsperson gründet, gegen den Unternehmer des finanzierten Geschäfts richtet, also gegen die das Anlageobjekt verkörpernde Fondsgesellschaft. Diese haftet aber wiederum nur bei vorsätzlichem Verhalten der Vertriebsperson. Deshalb scheitert auch der Einwendungsdurchgriff bei lediglich fahrlässigem Verhalten der Vertriebsperson (→ Rn. 450).

3. Anspruch des Verbrauchers gegen die Bank aus Aufklärungspflichtverletzung bei institutionalisiertem Zusammenwirken sowie wegen unterlassener Widerrufsbelehrung

424 Ist der Tatbestand des Verbundes zwischen Darlehensvertrag und Anlagegeschäft nicht erfüllt oder fehlt es an einer Zurechnungsmöglichkeit (→ Rn. 431), stellt sich die Frage, ob Ansprüche des Verbrauchers gegen den Darlehensgeber mit allgemeinen schuldrechtlichen Normen herzuleiten sind. Einen solchen Weg findet der XI. Zivilsenat in den Grundsätzen über Aufklärungspflichten von Kreditinstituten bei der Darlehensvergabe, die unabhängig vom Tatbestand eines verbundenen Geschäfts nach § 358 Abs. 3 Sätze 1 und 2, aber meistens faktisch damit kongruent sind,[604] nämlich insbesondere, aber darauf nicht beschränkt, in Fällen des sogenannten Strukturvertriebs von Immobilien und anderen Kapitalanlagen. Grundsatz ist, dass ein Kreditinstitut als Darlehensgeber über die vorvertraglichen Informationspflichten von § 491a BGB hinaus keine Aufklärungspflichten in Bezug auf den Verwendungszweck des Darlehens, namentlich nicht über Rentabilitätsfragen des finanzierten Objekts hat (vorbehaltlich eines Beratungsvertrags, → Rn. 438). Ausnahmsweise entstehen Aufklärungspflichten aber bei (→ § 498 Rn. 39)
– Überschreitung der Rolle als Darlehensgeber,
– Schaffung eines besonderen Gefährdungstatbestands,
– schwerwiegenden Interessenkonflikten,
– Abschluss eines Beratungsvertrags zwischen Darlehensgeber und Darlehensnehmer oder
– konkretem Wissensvorsprung im Hinblick auf besondere Risiken des zu finanzierenden Vorhabens, die der Darlehensgeber erkennen kann.

425 Dieser letztgenannte Ausnahmetatbestand ist Gegenstand der Grundsätze über Aufklärungspflichten aus institutionalisiertem Zusammenwirken, die in einer beweisrechtlichen Regelung liegen. Im Allgemeinen gelten für die Ausnahmetatbestände die Regeln der Normentheorie, wonach der Bankkunde, der Ansprüche aus Aufklärungspflichtverletzung geltend macht, die objektive Beweislast für sämtliche Tatsachen trägt, die den Anspruch begründen, also insbesondere auch das Bestehen des konkreten Wissensvorsprungs, wobei der Beweis nach allgemeinen Regeln zur Überzeugung des Gerichts nach § 286 Abs. 1 Satz 1 ZPO zu führen ist.

426 In Fällen des institutionalisierten Zusammenwirkens zwischen Bank und Verkäufer, Vertreiber oder Vermittler des finanzierten Objekts (Immobilie, Fondsbeteiligung) wird der konkrete Wissensvorsprung jedoch vermutet, wenn
– das Angebot zur Finanzierung durch den mit dem Darlehensgeber abzuschließenden Darlehensvertrag vom Verkäufer/Vertreiber oder Vermittler ausging, dh nicht auf der Initiative des Anlegers beruhte, und

---

[604] Zutr. *Einsele* GS Eckert 2008, S. 176 (193).

– die Unrichtigkeit der Angaben von Verkäufer/Vertreiber oder Vermittler gegenüber dem Anleger für den Darlehensgeber evident ist.

Unter diesen Voraussetzungen (→ Rn. 428 ff.) wird der konkrete Wissensvorsprung über das zu finanzierende Objekt, der die Pflicht zur Aufklärung durch Richtigstellen der Angaben auslöst, vermutet, weil sich aufdrängt, der Darlehensgeber habe sich der Kenntnis von der Unrichtigkeit, insbesondere einer arglistigen Täuschung geradezu verschlossen.[605] Der Darlehensgeber kann versuchen, die Vermutung durch von ihm angetretene Beweise zu widerlegen.[606] Es bleibt bei der Beweislast des Anlegers für den Tatbestand des institutionalisierten Zusammenwirkens, für das Finanzierungsangebot des Verkäufers, für die Unrichtigkeit von dessen Angaben und im gegebenen Falle von einer arglistigen Täuschung[607] sowie für die Evidenz dieser Unrichtigkeit (→ Rn. 430); ob der Darlehensgeber die Unrichtigkeit im konkreten Fall erkennen konnte, ist Gegenstand seines Gegenbeweises.[608]

Die dogmatische Struktur der Vermutungsregelung bedarf der näheren Betrachtung, die nach Lage des prozessualen Einzelfalls entscheidungserheblich sein kann. Man mag bei der vom XI. Zivilsenat des BGH aufgestellten Vermutung an eine gesetzliche Vermutung denken, die eine Umkehr der objektiven Beweislast bedeuten würde. Die objektive Beweislast ist allerdings normativer Art und kann durch ein Gericht nicht ohne Weiteres geändert werden (Art. 20 Abs. 3 GG),[609] sondern allenfalls unter den besonderen Voraussetzungen einer richterlichen Rechtsfortbildung (→ Einf. Rn. 31), auch kann für Auslegung und Analogie Raum sein. Hierum dürfte es dem XI. Senat nicht gegangen sein, vielmehr bezieht sich die Vermutung auf die Beweisführungslast (subjektive Beweislast), also die Last einer Prozesspartei, durch eigenes Tätigwerden (Beweisanträge, Benennung von Beweismitteln) den Beweis einer streitigen Tatsache zu führen, um den Prozessverlust zu vermeiden.[610] Auf die Führung des Beweises, hier also auf den Wissensvorsprung der Bank, bezieht sich die Vermutung. Die Voraussetzungen für diese Vermutung hat der Gläubiger, also in der Regel der klagende Anleger, zu beweisen; es bleibt also bei der ihn treffenden objektiven Beweislast. Diese Voraussetzungen sind (→ Rn. 426) das institutionalisierte Zusammenwirken, Finanzierungsangebot durch den Verkäufer/Vertreiber, Unrichtigkeit von dessen Angaben und schließlich deren Evidenz. Sind diese Tatsachen vom Anleger bewiesen, ist der Hauptbeweis geführt, also der Beweis der beweisbelasteten Partei (des Anlegers) für das Tatbestandsmerkmal des Wissensvorsprungs. Diese Vermutung ist widerleglich, dh die Bank als Schuldnerin kann Beweis gegen den Wissensvorsprung antreten. Man könnte daran denken, in diesem die Vermutung widerlegenden Beweis den Beweis

---

[605] BGHZ 168, 1 = NJW 2006, 2099 = WM 2006, 1194 Tz. 52 mit Anm. *Bülow* WuB I G 5–6.06; BGH v. 29.6.2010 XI ZR 104/08, BGHZ 186, 96 = WM 2010, 1451 Tz. 12, 20 mit Anm. *Bülow* LMK 2010, 308107, *Hertel* jurisPR-BKR 8/2010, Anm. 1, Bspr. *Wiechers* WM 2013, 341 (343) und Komm. *N. Michel* EWiR § 276 BGB aF 1/10, 667; BGH v. 11.1.2011 – XI ZR 220/08, WM 2011, 309 = ZIP 2011, 368.
[606] BGHZ 168, 1 Tz. 51 bis 55.
[607] Hierzu exemplarisch OLG Karlsruhe WM 2013, 641.
[608] BGH v. 21.9.2010 – XI ZR 232/09, WM 2010, 2069 = ZIP 2010, 2140 mit Komm. *Theewen* EWiR § 280 BGB 20/10, 729.
[609] *BVerfGE* 52, 131 (147) = NJW 1979, 1925; *Reinhardt* NJW 1994, 293.
[610] Baumgärtel/Laumen/Prütting/*Laumen*, Handbuch Beweislast, Grundlagen, 3. Aufl. 2016, § 3 Rn. 32.

des Gegenteils zu sehen, wie ihn § 292 ZPO nennt. Aber der Beweis des Gegenteils bezieht sich auf die Umkehr der objektiven Beweislast, wie zB im Fall von § 932 BGB und ist Hauptbeweis, durch den die für den Beweisbelasteten drohende Rechtsfolge abgewendet wird, zB der Eigentumsverlust beim Erwerb vom Nichtberechtigten.[611] Eine Umkehr der objektiven Beweislast ist in der Vermutung des Wissensvorsprungs aber gerade nicht zu sehen. Die Widerlegung der Vermutung des Wissensvorsprungs durch den Darlehensgeber geschieht deshalb **nicht** durch den **Beweis des Gegenteils**, sondern durch **Gegenbeweis**. In die Verlegenheit, einen Gegenbeweis zu führen, kommt die Partei, wenn der Hauptbeweis durch die andere Partei bereits geführt ist und die Überzeugung des Gerichts[612] vom Bestehen der Tatsachen, die ein Tatbestandsmerkmal ausfüllen, gem. § 286 Abs. 1 Satz 1 ZPO herbeigeführt hat; das Ziel des Gegenbeweises ist es, das Gericht in seiner Überzeugung zu erschüttern, aber nicht, wie beim Beweis des Gegenteils als Hauptbeweis, die Überzeugung herbeizuführen. Diese Last, durch einen Gegenbeweis den Prozess doch noch zu gewinnen, wird als **konkrete Beweisführungslast** bezeichnet.[613] Während die abstrakte Beweisführungslast der objektiven Beweislast am Beginn des Prozesses entspricht, kann die konkrete Beweisführungslast im Laufe des Prozesses, wie *Baumgärtel/Laumen* es ausdrücken,[614] hin- und herpendeln, also auch die Gebotenheit eines Beweisantrags im Laufe des Prozesses entstehen (was im Prozessalltag faktisch zu Problemen führt, wenn das Gericht von der Zurückweisungsmöglichkeit nach § 296 Abs. 2 ZPO munteren Gebrauch macht). Signifikantes Beispiel aus der konkreten Beweisführungslast ist der *prima-facie*-Beweis. Die unterschiedlichen Folgen von Gegenbeweis und Beweis des Gegenteils zeigen sich bei einem *non liquet*.[615] Ist die objektive Beweislast umgekehrt und gelingt der Beweis des Gegenteils nicht, gewinnt die andere Partei den Prozess. Ergibt sich aufgrund des geführten Gegenbeweises ein *non liquet*, verliert die beweisbelastete Partei. In der Fallgruppe des institutionalisierten Zusammenwirkens würde ein *non liquet*, das der von der Bank geführte Gegenbeweis bewirkt hat, bedeuten, dass der konkrete Wissensvorsprung nicht angenommen werden kann, und der Anleger würde den Prozess in diesem Punkt verlieren. Würde es sich bei der Widerlegung der Vermutung aber um eine Umkehr der objektiven Beweislast und bei dem Beweis der Bank um den Beweis des Gegenteils handeln, würde die Bank bei einem *non liquet* verlieren. Aber hiervon ist nicht auszugehen. Der Gegenbeweis kann vom Darlehensgeber beispielsweise dadurch angetreten werden, dass zwar die Unrichtigkeit einer Angabe zugestanden wird, aber Tatsachen unter Beweis gestellt werden, aus denen sich ergibt, dass der Darlehensgeber deren Evidenz nicht erkannte, dh von der noch tragbaren Unrichtigkeit der Angaben ausgegangen war.[616]

428 Die Vermutung des konkreten Wissensvorsprungs, der die Pflicht zur Richtigstellung der falschen Angaben des Verkäufers/Vertreibers/Vermittlers, der Ver-

---

[611] *Laumen* NJW 2002, 3739 (3741).
[612] Hierzu instruktiv KG WM 2011, 1433.
[613] *Prütting*, Gegenwartsprobleme der Beweislast, S. 7 ff., 29 f.; Baumgärtel/Laumen/ Prütting/*Laumen*, Beweislast, § 3 Rn. 32.
[614] Baumgärtel/Laumen/Prütting/*Baumgärtel/Laumen* § 3 Rn. 41, 42.
[615] *Laumen* NJW 2002, 3739 (3742) und BGH-Report 2007, 267 (268).
[616] BGH WM 2010, 2069 = ZIP 2010, 2140; 2008, 1394 Tz. 23; BGHZ 168, 1 = NJW 2006, 2099 Tz. 55 mit Anm. *Bülow* WuB I G 5–6.06: Evidenz bei objektiv grob falscher Darstellung; OLG Schleswig WM 2010, 258.

triebsgesellschaft (→ Rn. 421) durch den Darlehensgeber auslöst, setzt den Tatbestand des institutionalisierten Zusammenwirkens, des Finanzierungsangebots durch den Verkäufer, der Unrichtigkeit von dessen Angaben und deren Evidenz voraus. Das institutionalisierte Zusammenwirken zwischen Kreditinstitut und Darlehensgeber und Vermarkter des Anlageobjekts wiederum setzt voraus, dass ständige Geschäftsbeziehungen unter den Beteiligten begründet worden waren. Diese Geschäftsbeziehungen können in einer Vertriebsvereinbarung, in konkreten Vertriebsabsprachen oder in einem Rahmenvertrag liegen. Sie können sich daraus ergeben, dass die Bank dem Geschäftspartner Büroräume überlässt oder daraus, dass Verkäufer/Vertreiber Formulare der Bank für den Darlehensvertrag mit dem Anleger verwendeten und die Bank dies nicht beanstandete. Das institutionalisierte Zusammenwirken ist auch dann anzunehmen, wenn der Verkäufer/Vertreiber dem Kreditinstitut wiederholt Finanzierungen desselben Objekts vermittelt hatte.[617] Für diese Tatsachen trägt der Verbraucher als Anleger die objektive Beweislast.

Außer dem Tatbestand des institutionalisierten Zusammenwirkens setzt die **429** Vermutung des konkreten Wissensvorsprungs voraus, dass die **Finanzierung** durch den Darlehensvertrag mit dem Kreditinstitut **durch den Verkäufer/Vertreiber angeboten** wurde, aber nicht aufgrund eigener Initiative des Anlegers zustandekam. Dieser Tatbestand ist erfüllt, wenn dem Anleger ein Darlehensantrag des Kreditinstituts vorgelegt wurde, das sich zuvor gegenüber Verkäufer/Vertreiber zur Finanzierung bereit erklärt hatte. Dieses Tatbestandsmerkmal ist auch dann erfüllt, wenn der Darlehensantrag des Kreditinstituts von einem Finanzierungsvermittler ausgeht, den der Verkäufer/Vertreiber benannt hatte.[618]

Die letzte Voraussetzung der Vermutung eines konkreten Wissensvorsprungs **430** ist zweigliedrig, setzt nämlich zunächst die **Unrichtigkeit** der Angabe des Verkäufers/Vertreibers voraus, darüber hinaus aber auch die **objektive**[619] **Evidenz** dieser Unrichtigkeit. Macht das Kreditinstitut beispielsweise den Abschluss des Darlehensvertrags mit dem Anleger, der Wohnungseigentum erwerben will, vom Beitritt zu einer Mieteinnahmegemeinschaft (sog. **Miet-Pool**[620]) abhängig und stellt der Verkäufer/Vertreiber dem Anleger unzutreffende Mieteinnahmen in Aussicht, haftet das Kreditinstitut erst dann aus Aufklärungsverschulden, wenn die Überhöhung evident ist. In Sonderfällen, nämlich bei einem betrügerischen Miet-Pool[621] kann zudem die Tatbestandsgruppe eines besonderen Gefährdungstatbestands (→ Rn. 424) erfüllt sein, die ihrerseits eine Aufklärungspflicht voraussetzt.[622]

Bilden Anlagegeschäft und Darlehensvertrag ein **verbundenes Geschäft** nach **431** § 358 Abs. 3 Sätze 1, 2, bei Immobilienerwerb und unter den besonderen Voraussetzungen von § 358 Abs. 3 Satz 3 (→ Rn. 297), können die Voraussetzungen des Einwendungsdurchgriffs nach § 359 Abs. 1 erfüllt sein, indem Ansprüche

---

[617] BGHZ 168, 1 = NJW 2006, 2099 = WM 2009, 1194 Tz. 53.
[618] BGHZ 168, 1 Tz. 54.
[619] BGH v. 21.9.2010 – XI ZR 232/09, WM 2010, 2069 = ZIP 2010, 2140 mit Komm. *Theewen* EWiR § 280 BGB 20/10, 729.
[620] *Drasdo*, NJW-Spezial 2014, 545.
[621] § 263 StGB, BGH NJW 2009, 2396 = ZIP 2009, 723 mit Komm. *Frisch* EWiR § 263 StGB 1/09, 355.
[622] BGH WM 2007, 174 und 876 mit Anm. *Bülow* WuB I G 5–9.08; WM 2008, 1260 und 971.

gegen Verkäufer/Vertreiber des Anlageobjekts dem Kreditinstitut entgegengesetzt werden mit der Folge, dass der anlegende Verbraucher die Leistung auf Ansprüche des Kreditinstituts wegen Zinsen und Tilgung verweigern kann (für den Fall einer Gesellschaftsbeteiligung → Rn. 450). Es kann aber vorkommen, dass Verkäufer/Vertreiber redlich waren und die Arglist von Initiatoren des Anlagegeschäfts, von Prospektverantwortlichen oder Gründungsgesellschaftern ausging, die selbst nicht Parteien des finanzierten Anlagegeschäfts sind, sondern Dritte. Sie stehen mangels Finanzierungszusammenhangs außerhalb des Verbundes.[623] Ein Einwendungsdurchgriff wegen Ansprüchen gegen diesen Personenkreis kommt deshalb nicht in Betracht, ebenso wenig eine Zurechnung ihres Verhaltens auf das Kreditinstitut (→ Rn. 421). Jedoch kann der Tatbestand des institutionalisierten Zusammenwirkens auch mit diesem Personenkreis bestehen, zB wenn das Kreditinstitut ihnen Darlehensvertragsformulare überließ, die die Verkäufer dann beim Anleger einsetzten (→ Rn. 428). Auf diese Weise kann der Anleger zu Schadensersatzansprüchen gegen das Kreditinstitut kommen.

432 Im Verbund finanzierter Anlagegeschäfte (aber auch jenseits solcher Geschäfte) kann es vorkommen, dass es Unternehmer (zB eine Fondsgesellschaft) resp. Darlehensgeber versäumen, den Verbraucher als Anleger über sein Widerrufsrecht zu belehren. Die **unterbliebene Widerrufsbelehrung** ist Grundlage eines Pflichtverstoßes, weil der Verbraucher Anspruch auf Belehrung hat[624] (→ Rn. 117). Dieser vorvertragliche oder vertragliche Pflichtverstoß begründet den Anspruch des Verbrauchers auf Schadensersatz (§ 249 BGB) nach § 280 Abs. 1 BGB.[625] Bei Scheitern der Kapitalanlage hätte der Verbraucher, so der EuGH, den Schaden vermieden, wenn er über sein Widerrufsrecht belehrt worden wäre und er fristgemäß widerrufen hätte. Im Falle des Verbundes findet eine Widerrufserstreckung nach § 358 Abs. 2 statt (→ Rn. 332), durch die das Anlagegeschäft seine Bindung verliert. Daraus folgt die **Kausalität** von Pflichtverletzung und Schaden. Fehlt es am Verbund, zB bei Anlage in Immobilien nach näherer Maßgabe von § 358 Abs. 2 Satz 3 (→ Rn. 289–307), kann es dagegen an der Kausalität fehlen, wenn das Immobiliengeschäft bereits bindend abgeschlossen worden war und erst danach, der Typik entsprechend, der Darlehensvertrag abgeschlossen wurde.[626]

4. Schadensersatz durch Naturalrestitution

433 **a) Berechnung.** Sind die anspruchsbegründenden Voraussetzungen eines Schadensersatzanspruchs des Anlegers gegen das Kreditinstitut wegen Aufklärungspflichtverletzung aus *culpa in contrahendo* (→ Rn. 421) oder aus Vertrag erfüllt, ist der Anleger gem. § 249 BGB nach den Grundsätzen der Naturalrestitution so zu stellen, wie er stünde, wenn das Kreditinstitut seiner Aufklärungs-, dh Richtigstellungspflicht (→ Rn. 426) genügt hätte oder wenn ihr das Verschulden

---

[623] BGH NJW 2007, 1127 = WM 2007, 200 Tz. 22 mit Anm. *Bülow* WuB I G 5-2.07; WM 2007, 1367 mit Anm. *Bülow* WuB I E 2–2.07.
[624] EuGH v. 25.10.2005, C-350/07 Schulte, NJW 2005, 3551 = WM 2005, 2079 Tz. 94 ff.; v. 25.10.2005, C-229/04 Crailsheimer Volksbank, NJW 2005, 3555 = WM 2006, 2086 Tz. 48 für das Widerrufsrecht aus Art. 4 der alten Haustürgeschäfte-Richtlinie 85/577/EWG.
[625] Im Einzelnen *Eichel* ZfPW 2016, 52 (59 ff.).
[626] So die Konstellation in BGHZ 168, 1 = NJW 2006, 2099 Tz. 38 nach dem früheren HWiG sowie Vorauflage – 6. Aufl. – Rn. 396 ff.

Einwendungsdurchgriff 434, 435 § 495 (§ 359 Abs. 1)

bei Vertragsverhandlungen nicht zur Last zu legen wäre. Im Allgemeinen ist davon auszugehen, dass der Anleger das Anlageobjekt bei gehöriger Aufklärung oder ohne Verschulden des Kreditinstituts nicht erworben und den Darlehensvertrag nicht abgeschlossen hätte (**Vermutung aufklärungsrichtigen Verhaltens**, näher → § 498 Rn. 43). Der Anleger braucht das Darlehen demgemäß nicht zurückzuzahlen, kann vielmehr Rückzahlung von Tilgungs- und Zinsleistungen – abzüglich etwaiger Erträge aus dem Anlageobjekt[627] sowie verbliebener Steuervorteile[628]– vom Kreditinstitut verlangen, Zug um Zug gegen Übertragung des Anlageobjekts auf das Kreditinstitut, das diesen Gegenanspruch geltend zu machen hat.[629] Ist das Anlageobjekt die Beteiligung an einer Gesellschaft, zB einem Fonds, ist der aufgrund Anfechtung wegen arglistiger Täuschung und Kündigung der Gesellschafterstellung entstehende Abfindungsanspruch gegen die Gesellschaft nach den Grundsätzen über **fehlerhafte Gesellschaften** (→ Rn. 401, 309) an das Kreditinstitut auf dessen Verlangen abzutreten.[630] Das gilt auch bei einer mittelbaren Fondsbeteiligung aufgrund Treuhandvertrags.[631]

Besonderheiten gelten für den Fall, dass der Anleger über Einnahmen aus einem Miet-Pool getäuscht wird (→ Rn. 430). Die Naturalrestitution geht auf Ersatz der Mehrkosten oder Mindereinnahmen, die sich aus der Beteiligung an der Mieteinnahmengemeinschaft ergeben, aber nicht auf Rückabwicklung sämtlicher Verträge.[632]

b) Verjährung. Die Verjährungsfrist von drei Jahren[633] hängt gem. § 195 Abs. 1 Nr. 2 BGB auch von der Kenntnis (resp. grob fahrlässigen Unkenntnis) des Gläubigers, hier des Verbrauchers als Anleger, von den anspruchsbegründenden Tatsachen und von der Person des Schuldners ab. Die objektive Beweislast für die Kenntnis, welche die Einrede der Verjährung auszuschließen geeignet ist, trägt der Schuldner, hier die Bank, dh von den Tatsachen, welche den Tatbestand des institutionalisierten Zusammenwirkens begründen. Ist dieser Beweis der Tatsachenkenntnis geführt, ist es Gegenstand der richterlichen Beweiswürdigung nach § 286 ZPO, ob der Anleger die Schlussfolgerung auf die Bank als Schuld-

---

[627] Aber grundsätzlich keine Anrechnung von Steuervorteilen, BGH v. 1.3.2011 – XI ZR 96/09, WM 2011, 741.
[628] Im Einzelnen *Knops* WM 2015, 993.
[629] BGHZ 168, 1 = NJW 2006, 2099 Rn. 61; BGH WM 2009, 540; BGH v. 18.1.2011 – VI ZR 325/09, ZGS 2011, 187 Rn. 11; BGHZ 180, 123 = NJW 2009, 3572; OLG Braunschweig BKR 2016, 18 (24). Deshalb ist das Mahnverfahren nicht statthaft (Gegenleistung § 688 Abs. 2 Nr. 2 ZPO), OLG Stuttgart WM 2014, 1998.
[630] BGHZ 156, 46 (53) = NJW 2003, 2821 (II. Zivilsenat) mit Anm. *Bülow* LMK 2003, 221; BGHZ 168, 1 = NJW 2006, 2099 Tz. 28; BGH NJW 2008, 2912 = WM 2008, 1596 = ZIP 2008, 1673 Rn. 19; europarechtskonform: EuGH NJW 2010, 1511 = WM 2010, 862 = ZIP 2010, 772 mit Anm. *Habersack* S. 775, Rez. *K. Beck* ZGS 2010, 212, BSpr. *K. Schmidt* JuS 2010, 642, Anm. *Miras* NJW 2010, 1513, *Riesenhuber* LMK 2010, 303284 und Komm. *Mock* EWiR § 705 BGB 1/10, 281; Vollzug im deutschen Recht durch BGH ZIP 2010, 1540; *M. Schwab* JZ 2015, 644 (652).
[631] BGH v. 10.7.2012 – XI ZR 272/10, NJW 2012, 2951 = WM 2012, 1589 mit Komm. *Deblitz* EWiR § 274 BGB 1/12, 751.
[632] BGH WM 2007, 876 Tz. 21 mit Anm. *Bülow* WuB I G 5–8.07; BGH NJW 2008, 2572 = WM 2008, 1394 mit Anm. *Bülow* WuB I G 9–08.
[633] Die nach früherem Recht kurze Verjährungsfrist von § 197 BGB aF gilt nicht für Ansprüche aus c.i.c., auch wenn sie auf Ratenrückzahlung gerichtet sind, BGH NJW 2010, 596 = WM 2009, 2366 Tz. 42 ff.

§ 495 (§ 359 Abs. 1) 436–438   1. Teil. Darlehen u. Finanzierungshilfen

nerin der Aufklärungspflicht zog.[634] Daraus folgt, dass der für den Verjährungsbeginn notwendige Beweis noch nicht allein durch die Tatsache geführt ist, die den Schluss auf die arglistige Täuschung des Verkäufers/Vertreibers begründet.[635] Der Anleger als Gläubiger kann die Beweiswürdigung durch Befolgung seiner sekundären Darlegungs- und Beweislast zu beeinflussen versuchen,[636] zB durch den Vortrag, was er zur Ermittlung der Person des Schuldners (der Bank) unternommen hatte. Wurde der Verbraucher als Anleger vertreten (§ 164 BGB, → Rn. 64), ist ihm die Kenntnis des Vertreters nicht gemäß § 166 Abs. 1 im Rahmen von § 195 Abs. 1 Nr. 2 zuzurechnen.[637]

5. Anfechtung wegen arglistiger Täuschung

436 Die arglistige Täuschung im Zusammenhang mit dem Abschluss des finanzierten Geschäfts kann auch die Anfechtung des Darlehensvertrags nach § 123 BGB begründen[638] (→ Rn. 421). Voraussetzung ist zunächst die Kausalität der Täuschung für den Abschluss des Darlehensvertrags, von der regelmäßig auszugehen ist, wenn und weil beide Geschäfte eine wirtschaftliche Einheit bilden. Die Zurechnung des Verhaltens beim finanzierten Geschäft tritt unabhängig von der Kenntnis des Kreditinstituts hierüber ein, weil die diesbezügliche Einschränkung in § 123 Abs. 2 Satz 1 BGB nicht eintritt, vielmehr ist der Unternehmer des finanzierten Geschäfts (Verkäufer/Vertreiber) nicht Dritter im Sinne dieser Vorschrift (→ Rn. 256). Das Verhalten des Unternehmers wird als das Verhalten des Kreditinstituts selbst bewertet.[639] Folglich hat das Kreditinstitut bei rechtzeitig (§ 124 BGB) erklärter Anfechtung des Darlehensvertrags keine vertraglichen Ansprüche daraus (→ Rn. 398).

437 Die **Beweislast** für die arglistige Täuschung trägt der klagende Anleger; § 280 Abs. 1 Satz 2 BGB ist hierauf nicht anwendbar.[640]

6. Beratungsvertrag, Immobilien, Beleihungsunterlagen

438 Nach Lage des Einzelfalls kann ein Beratungsvertrag zwischen Darlehensgeber und Anleger, typischerweise stillschweigend,[641] zustandekommen, wenn Gegenstand des rechtsgeschäftlichen Kontakts nicht nur das Darlehen, sondern auch die Suche nach einem zu finanzierenden Anlageobjekt ist (→ Rn. 322), zB eines

---

[634] BGH BB 1988, 437 zu b; BGH v. 25.1.2011 – XI ZR 106/06, WM 2011, 735; KG WM 2010, 253; Baumgärtel/Laumen/Prütting/*Kessens*, Beweislast, § 199 BGB Rn. 1.
[635] BGHZ 179, 260 = WM 2009, 506 Tz. 47; BGH NJW 2008, 2576 = WM 2008, 1346 Tz. 32 mit Anm. *Hönn* WuB I G 5-2.09; KG WM 2010, 253; Abgrenzung zum allgemeinen Fall (reine Tatsachenkenntnis) BGH WM 2010, 1399 Tz. 12 mit Anm. *Bülow* WuB.
[636] BGH NJW 2008, 2576 Tz. 33; OLG Hamm WM 2008, 2363 (2373) mit Anm. *Bülow* WuB I G 5–7.09; BGHZ 91, 243 (260) = NJW 1984, 2216 (diese Passage dort aber nicht abgedruckt).
[637] BGH v. 23.1.2014 – III ZR 436/12, Rn. 15, 16, WM 2014, 900.
[638] Nicht notwendig zugleich betrugsrelevantes Verhalten nach § 263 StGB, BGH v. 20.5.2015 – 5 StR 547/14, NJW 2015, 2826.
[639] BGHZ 167, 239 = NJW 2009, 1955 Tz. 29; BGH WM 2010, 2304 = ZIP 2010, 2394 Tz. 17 mit komm. *Derleder* EWiR § 278 BGB 1/11, 7.
[640] BGH NJW 2008, 2912 = WM 2008, 1506 = ZIP 2008, 1673 Tz. 23.
[641] BGH NJW 2009, 1141 mit Bspr. *Faust* JuS 2009, 566; Derleder/Knops/Bamberger/*Bamberger*, Handbuch Bankrecht, § 50 Rn. 23.

Grundstücks oder grundstücksgleichen Rechts.[642] Bei Verletzung der Beratungspflicht entstehen unmittelbare Schadensersatzansprüche zwischen Kreditinstitut und Anleger nach § 280 sowie nach Maßgabe von § 281.[643] Als Nebenleistung können solche Pflichten auch aufgrund einer Geschäftsverbindung entstehen,[644] zB wenn der Verbraucher häufig Anlagegeschäfte von seiner Hausbank finanzieren lässt. Ist ein finanziertes Immobiliengeschäft unter den qualifizierten Voraussetzungen von § 358 Abs. 3 Satz 3 mit dem Darlehensvertrag verbunden, weil das Kreditinstitut zugleich in die Rolle des Verkäufers eintritt, folgt daraus eine Aufklärungspflicht des Kreditinstituts gegenüber dem Verbraucher als Darlehensnehmer (→ Rn. 296).

Kreditinstitute pflegen **Beleihungsunterlagen** zum Wert des finanzierten Objekts zu erstellen. Diese Unterlagen dienen bankinternen Zwecken, sodass aus ihnen keine Aufklärungspflichten abgeleitet werden können.[645] Eine Aufklärungspflicht entsteht erst, wenn sich aus den Bankunterlagen eine sittenwidrige Übervorteilung des Darlehensnehmers durch den Verkäufer ergibt.

IV. Gestaltung des Einwendungsdurchgriffs

1. Ausgangslage

Jenseits von Zahlungs- und Ausgleichsansprüchen aus Aufklärungsverschulden, c. i. c. oder Kondiktion (→ Rn. 421 ff., → Rn. 455) kann der Verbraucher die Leistung gegenüber dem Darlehensgeber auf Rückzahlung des Darlehens und Zinsen verweigern, soweit das Leistungsverweigerungsrecht reicht. Aber Zahlungsansprüche im Verbund hat er nur gegenüber dem Unternehmer als Partei des finanzierten Vertrags, zB dem Verkäufer. Hauptanwendungsfall des Einwendungsdurchgriffs sind Mängelansprüche aus dem finanzierten Vertrag, namentlich nach Kauf- oder Werkvertragsrecht.

2. Mängelbedingter Rücktritt

Ist die Sache mangelhaft, kann der Verbraucher als Käufer den Rücktritt erklären und vom Verkäufer bzw. Leistungserbringer gem. §§ 437 Nr. 2, 440, 346, 634 Nr. 2, 636 Abs. 4 BGB nach Fehlschlagen der Nacherfüllung (→ Rn. 468) Rückzahlung des bereits erbrachten Preises, der dem vom Darlehensgeber ausgekehrten Nettodarlehensbetrag resp. Barzahlungspreis entspricht (→ Rn. 385 und → Rn. 443), verlangen. Diesen Anspruch hat nicht etwa der Darlehensgeber, weil dieser trotz seiner Zahlungen nicht Partei des Gewährleistungsverhältnisses ist. Auf der anderen Seite brauchte der Verbraucher das Darlehen nicht zurückzuzahlen. Deshalb steht dem Darlehensgeber der Betrag des Preises, den der Verbraucher vom Unternehmer erlangt hatte, zu. Dem Darlehensvertrag wird als Folge dessen die Nebenpflicht des Verbrauchers zu entnehmen sein, die vom

---

[642] BGH WM 2009, 2303 = ZIP 2009, 2377; WM 2008, 89, 1798 und 1837, jeweils Rn. 8; BGH NJW 2008, 649 = WM 2008, 350 (Miet-Pool); WM 2008, 1394 Tz. 7.
[643] *Tonner* in Derleder/Knops/Bamberger, Handbuch Bankrecht, § 4 Rn. 5.
[644] *Müller-Graff*, Rechtliche Auswirkungen laufender Geschäftsverbindungen, 1974, S. 217; Derleder/Knops/Bamberger/*Bülow*, Handbuch Bankrecht, § 1 Rn. 20.
[645] BGH WM 2007, 876 Tz. 40 mit Anm. *Bülow* WuB I G 5–8.07; WM 2008, 1394 Tz. 41 mit Anm. *Bülow* WuB I G 5–9.08. Aber Vorlage gemäß § 142 Abs. 1 ZPO nach OLG Frankfurt NJW-RR 2014, 877.

§ 495 (§ 359 Abs. 1) 442–444   1. Teil. Darlehen u. Finanzierungshilfen

Verkäufer zurückerhaltene Valuta an den Darlehensgeber weiterzuleiten bzw. im Vorfeld dazu in die Abtretung einzuwilligen. Auch steht es dem Darlehensgeber frei, schon im Darlehensvertrag mit dem Verbraucher die Abtretung solcher Ansprüche zu vereinbaren. Es ginge aber zu weit, den Verbraucher im Prozess gegen den Verkäufer auf Leistung an den Darlehensgeber zu verpflichten.[646] Im Übrigen steht dem Verkäufer die Valuta nicht zu, sodass der Darlehensgeber ihm gegenüber Ansprüche aus Eingriffskondiktion haben kann.

442   Im Einzelnen ist der vom Unternehmer an den Verbraucher gezahlte und an den Darlehensgeber weiterzuleitende Betrag zu kürzen um eine etwa vom Verbraucher aus eigenen Mitteln geleistete **Anzahlung,** außerdem um etwa bereits an den Darlehensgeber erbrachte Zins- und Tilgungsleistungen.[647] Wenn und soweit der Darlehensgeber allerdings vom Unternehmer im Wege der Kondiktion (→ Rn. 387) Darlehensvaluta erhalten hatte, ist er es, der an den Verbraucher weiterzuleiten hat, nämlich den Betrag, der den etwaigen Tilgungsleistungen des Verbrauchers entspricht. Insoweit ist es der Verbraucher, der im Vorfeld Anspruch gegen den Darlehensgeber auf Abtretung von Bereicherungsansprüchen gegen den Unternehmer hat.

443   Was der Verbraucher vom Verkäufer zurückerhält und an die Bank weiterzuleiten hat, ist der dem Nettodarlehensbetrag entsprechende **Barzahlungspreis** (Art. 247 § 12 Abs. 1 Nr. 2 lit. b EGBGB), während Zinsen und Kosten im Zuge der Verbundfinanzierung vom Verbraucher an die Bank zu leisten sind, nämlich als Teil der Raten. Umstritten ist, ob der Verbraucher Anspruch auf Erstattung der bis zum Rücktritt entstandenen **Kreditkosten** hat (vgl. für den Fall des Widerrufs nach § 358 Abs. 1 → Rn. 366). Soweit der Verbraucher, wie im Falle eines Ratenkredits, mit in jeder Rate gleichen Zins- und Tilgungsanteilen,[648] bereits Vorausleistungen auf die Zinsen erbracht hatte (→ Rn. 378), hat er gegen den Darlehensgeber Anspruch auf Rückzahlung. Soweit es dagegen um Zinsen und Kreditkosten für den Zeitraum zwischen Auszahlung an den Verkäufer und Rücktritt geht, hatte der Verbraucher das Darlehen vertragsgemäß in Anspruch genommen, sodass diesbezügliche Zinsen und Kosten richtiger-, aber umstrittenerweise[649] von ihm zu tragen sind.

444   Der Unternehmer als Verkäufer hat gegen den Verbraucher aufgrund des Rücktritts Anspruch auf **Rückübereignung der Sache** (wenn er selber unter Eigentumsvorbehalt beliefert worden war: auf Rückübereignung an seinen Lieferanten). Der Verbraucher ist freilich nicht Eigentümer, wenn die Sache dem Darlehensgeber zur **Sicherung** seines Darlehensrückzahlungsanspruchs aus § 488 Abs. 1 Satz 2 übereignet worden war. In diesem Fall gilt: Erstreckt sich der Sicherungszweck auch auf den Anspruch des Darlehensgebers auf Weiterleitung der vom Verkäufer an den Verbraucher zurückgezahlten Valuta (→ Rn. 441), behält der Darlehensgeber das Sicherungseigentum, bis dieser Anspruch erfüllt ist, indem er seine Valuta vom Verbraucher erhält. Erst danach ist er zur Freigabe

---

[646] So die Erwägung von *Dauner-Lieb* WM 1991, Beil. 6, S. 27; AG Münsingen CR 1993, 502 zu I. 2.
[647] Staudinger/*Kessal-Wulf* § 359 BGB Rn. 34.
[648] *Bülow* Konsumentenkredit, Rn. 155.
[649] LG Hagen NJW-RR 1994, 1260 mit Komm. *Brink* EWiR § 9 VerbrKrG 1/94, 713; LG Bonn NJW-RR 1993, 1269; aA *Vollkommer* FS Henckel, S. 902, ihm folgend OLG Düsseldorf NJW-RR 1996, 1265 mit Bspr. *Emmerich* JuS 1997, 172; OLG Düsseldorf NJW 1997, 2056 zu III. 3.

verpflichtet, dh zur Rückübereignung an den Verbraucher (denkbar nach Lage des Einzelfalls auch direkt an den Verkäufer, → Rn. 400) oder zur Zustimmung in die Rückübereignung durch den Verbraucher an den Verkäufer gem. § 185 BGB (darüber hinaus kommt eine auflösend bedingte Sicherungsübereignung in Frage). Aber die Parteien können sich auch auf Direktübereignung zwischen Darlehensgeber und Verkäufer einigen. Erstreckt sich der Sicherungszweck nicht auf diese Ansprüche, ist der Darlehensgeber zwar sogleich zur Freigabe verpflichtet, also insbesondere zur Zustimmung in die Übereignung an den Verkäufer durch den Verbraucher, aber der Darlehensgeber kann diese Verbindlichkeit bis zur Erfüllung ihres Anspruchs auf Leistung der Valuta gem. § 273 BGB zurückbehalten. Den sicherungsrechtlichen Anspruch auf Rückübertragung des Eigentums am Sicherungsgut muss der Verkäufer als Partei des Sicherungsvertrages geltend machen, wobei der Sicherungsvertrag oft den Inhalt haben wird, dass die Sache auch der Sicherung von Regressansprüchen des Darlehensgebers gegen den Verkäufer dient (→ Rn. 394), sodass der Darlehensgeber zur Rückübereignung an den Verkäufer erst verpflichtet ist, wenn seine Ansprüche befriedigt sind. Bleibt der Kaufvertrag wie zB im Falle der Minderung bestehen, hat der Darlehensgeber keinen Herausgabeanspruch (§ 986 BGB: Recht zum Besitz des Verbrauchers als Käufer).

Aufgrund des Rücktritts erlöschen die beiderseitigen Leistungspflichten aus **445** dem Kaufvertrag, während der Verbraucherdarlehensvertrag fortbesteht. Verlangt die Bank vom Verbraucher Tilgung des Darlehens, kann der Verbraucher die Leistung gem. § 359 Abs. 1 Satz 1 verweigern (→ Rn. 406), nach Rücktritt erbrachte Tilgungszahlungen kann der Verbraucher nach § 813 Abs. 1 BGB kondizieren (→ Rn. 455).

3. Minderung oder Schadensersatz

Im Falle der Minderung (§ 441 BGB) und der Geltendmachung von Scha- **446** densersatz- oder Aufwendungsersatzansprüchen gem. §§ 437 Nr. 3, 634 Nr. 3 BGB geht die Einwendung dahin, dass die Ratenhöhe aufgrund des geminderten Nettokreditbetrags neu zu berechnen ist, sodass sich der Betrag der Einwendung auf die Dauer des Darlehensvertrags verteilt. Dagegen dürfte ein Wahlrecht des Verbrauchers dahin, dass sich die Anzahl der Raten bei unveränderter Höhe verringert, nach Ablehnung des insoweit gleichgelagerten naheliegenden Wahlrechts im Fall von § 494 Abs. 5 (→ § 494 Rn. 72) durch den BGH[650] nicht mehr durchsetzbar sein.

4. Mängeleinrede

Wenn der Verbraucher lediglich die Gewährleistungseinrede aus §§ 320, 433 **447** Abs. 1 Satz 2, 633 Abs. 1 BGB erhebt und dem Darlehensrückzahlungsanspruch der Bank entgegensetzt, aber sein Gestaltungsrecht aus der Gewährleistung nicht ausübt, ist § 350 BGB (Aufforderung unter Fristsetzung zur Erklärung, ob der Käufer zurücktritt)[651] nicht anwendbar, weil es sich nicht um ein vertragliches Rücktrittsrecht handelt. Eine entsprechende Regelung für den mängelbedingten Rücktritt gibt es seit der Schuldrechtsmodernisierung (früher § 466 BGB aF) nicht mehr.

---

[650] NJW 2009, 2046.
[651] *v. Westphalen/Emmerich/v. Rottenburg* § 9 VerbrKrG Rn. 141.

5. Sicherheiten

448 **a) Akzessorische Sicherheiten.** War der Rückzahlungsanspruch der Bank gegenüber dem Verbraucher durch **Bürgschaft** gesichert – wobei Bürge auch der Verkäufer oder Leistungserbringer sein kann[652] (→ Rn. 392) –, wirkt sich der Einwand aus dem Kauf- oder Leistungsvertrag gem. § 767 BGB unmittelbar auf die Bürgenverbindlichkeit aus (zum Widerrufsrecht für Bürgen oder der Schuld Beitretendem → § 491 Rn. 119). Erhebt der Verbraucher die ihm gem. § 359 Satz 1 zustehenden Einwendungen nicht, kann sie der Bürge im Hinblick auf die Bürgenverbindlichkeit gem. § 768 Abs. 1 BGB geltend machen.[653] Entsprechendes gilt für andere akzessorische Sicherheiten.

449 **b) Nichtakzessorische Sicherheiten.** Bei einem **Schuldbeitritt** (→ § 491 Rn. 115) ist Ausgangspunkt nach § 425 Abs. 1 BGB, dass Einwendungen nur für und gegen denjenigen Gesamtschuldner wirken, in dessen Person sie eintreten. Das würde bedeuten, dass dem Sicherungsgesamtschuldner der Einwendungsdurchgriff nicht zugute käme. Jedoch gilt die Beschränkung aus § 425 Abs. 1 BGB nur, soweit sich aus dem Schuldverhältnis nicht ein anderes ergibt. Eben dieses ist aufgrund der Verbundenheit der Geschäfte anzunehmen, sodass der Einwendungsdurchgriff auch dem Sicherungsgesamtschuldner zusteht.[654] Zur Sicherungsübereignung → Rn. 444.

6. Insbesondere: Anlage- und Spekulationsgeschäfte

450 Der Beitritt des Verbrauchers, der zu Steuer- resp. Kapitalanlagezwecken handelt, zu einer Gesellschaft (→ Rn. 309) kann von Aufklärungsverschulden der Vertriebspersonen in der Vertragsanbahnungsphase, sogar von arglistiger Täuschung begleitet sein und zu Schadensersatzansprüchen des Verbrauchers gegen den Darlehensgeber (→ Rn. 421) und zur Anfechtung des Darlehensvertrages führen (→ Rn. 436). Darüber hinaus kann der Einwendungsdurchgriff nach § 359 Abs. 1, der sich gegen den Darlehensrückzahlungs- und Zinsanspruch des Darlehensgebers richtet, begründet sein. Er setzt voraus, dass der Verbraucher zur Leistungsverweigerung gegenüber der Gesellschaft berechtigt wäre, hätte diese nicht bereits den Betrag des Preises für den Beitritt vom Darlehensgeber erhalten. Die Frage ist also, ob das Verhalten der Vertriebsperson einen Anspruch des Verbrauchers gegen die Gesellschaft begründet, der ihn zur Leistungsverweigerung dieser gegenüber berechtigen würde. Das ist bei einer vorsätzlichen, gar arglistigen Täuschung der Vertriebsperson der Fall, die zur fristlosen Kündigung der Fondsbeteiligung berechtigt[655] mit der Folge, dass für den Verbraucher ein Auseinandersetzungs- (Abfindungs-)Guthaben entsteht und den Einwendungsdurchgriff begründet[656] (dagegen wäre der Einwendungsdurchgriff im Fall der im Soll stehenden Beteiligung, → Rn. 310, nicht begründet). Bei lediglich fahrlässiger Aufklärungspflichtverlet-

---

[652] BGH NJW 1987, 2076 mit Komm. *Westermann* EWiR § 765 BGB 4/87, 577 und Anm. *Emmerich* WuB I E 2c.-4.87; der Verkäufer als Gesamtschuldner hat jedoch kein Widerrufsrecht, BGH WM 1984, 1309.
[653] BGH WM 1980, 327 zu 6.
[654] *v. Westphalen/Emmerich/v. Rottenburg* § 9 VerbrKrG Rn. 199; *Franz* Einwendungsdurchgriff, S. 157.
[655] BGHZ 156, 46 (53) = NJW 2003, 2821 mit Anm. *Bülow* LMK 2003, 221.
[656] BGH v. 19.10.2010 – XI ZR 376/09, BGHZ 167, 239 = WM 2010, 2304 Tz. 15, 17.

zung der Vertriebsperson haftet dagegen nur diese (→ Rn. 422) und es entsteht kein Kündigungsrecht des Verbrauchers als Anlage-Gesellschafter, mithin ist der Einwendungsdurchgriff in diesem Fall nicht gegeben.

Täuschendes Verhalten kann auch von Gründungsgesellschaftern, Fondsinitiatoren, maßgeblichen Betreibern, Managern und Prospektherausgebern (oder deren Untervermittlern[657]) ausgehen, wodurch vor allem deliktische Ansprüche nach § 823 Abs. 2 BGB iVm 264a StGB, § 826 BGB[658] entstehen können. Solche Ansprüche gegen Dritte begründen aber nicht Einwendungen gegen den Unternehmer iSv. § 359 Abs. 1 (→ Rn. 410, 431) resp. gegen die gleichgestellte (→ Rn. 309) Gesellschaft, sodass ein Einwendungsdurchgriff insoweit nicht stattfindet.[659] Die deliktischen Ansprüche gegen diese Personen scheitern oft und typischerweise in ihrer Durchsetzung, doch trägt der Verbraucher und nicht der Darlehensgeber das darin liegende Insolvenzrisiko.

In Fällen des spekulativen oder des Steuerersparnis dienenden drittfinanzierten Immobilien- oder Beteiligungserwerbs dürfte dem Verbraucher allerdings von vornherein keine Einwendung erwachsen, wenn sich lediglich der Wagnis- oder Risikocharakter des Geschäfts verwirklicht, sodass es auch zum Einwendungsdurchgriff nicht kommt.[660] Auf der anderen Seite kann der Darlehensgeber selbst aufklärungspflichtig sein[661] (→ § 498 Rn. 38), namentlich in Fällen institutionalisierten Zusammenwirkens (→ Rn. 424 ff.).

7. Produkthaftung

Nach der Formulierung von § 359 Abs. 1 Satz 1 BGB ist Voraussetzung für die Erheblichkeit des Einwendungsdurchgriffs, dass die Einwendung aus dem verbundenen, dem finanzierten Vertrag, zB Kauf- oder Werkvertrag, herrührt, wozu auch Ansprüche auf Ersatz von Schäden aus Pflichtverletzung zählen (→ Rn. 384). Was den verschuldensunabhängigen Anspruch aus Produkthaftung nach § 1 Abs. 1 ProdHaftG angeht, ist dieser deliktisch begründet. Jedoch ist es das Anliegen der Gesetzesverfasser, den Verbraucher ebenso zu stellen, wie wenn er es nur mit einem Kontrahenten, dem Verkäufer oder Leistungserbringer, zu tun hätte, und eine Aufspaltung der Rechtsverhältnisse aus dem wirtschaftlich einheitlichen Geschäft zu vermeiden. Auch Ansprüche aus Produkthaftung entspringen dieser wirtschaftlichen Einheit, sodass sie den Einwand gegenüber der Bank begründen. Gleiches gilt für andere konnexe Deliktsansprüche, die gegen den Unternehmer des verbundenen, finanzierten Vertrags bestehen (→ Rn. 411).

---

[657] BGH 2012, 1298 mit Komm. *Bürk* EWiR § 278 BGB 2/12, 685; BGH v. 11.7.2012 – IV ZR 164/11, WM 2012, 1582 mit Komm. *Podewils* § 280 BGB 12/12, 687.
[658] Exemplarisch BGH WM 2012, 2377; BGH v. 14.5.2012 – II ZR 69/12, NJW-RR 2013, 550 Tz. 25; zur konkreten Kausalität BGH v. 4.6.2013 – VI ZR 288/12, NJW-RR 2013, 448.
[659] BGHZ 167, 239 Tz. 28 (XI. Zivilsenat), anders noch BGHZ 159, 280 (II. Senat).
[660] *Habersack* ZHR 156 (1992), 45 (57, 59 f.); LG Heidelberg EWiR § 4 VerbrKrG 3/99, 573 *(Streit)*.
[661] Vgl. OLG Köln WM 1994, 197 mit Komm. *Hirth* § 607 BGB 2/94, 31; LG Saarbrücken EWiR § 607 BGB 3/94, 645 *(C. Steiner);* LG Bochum EWiR § 3 VerbrKr 1/96, 475 *(Pfeiffer);* LG Braunschweig WM 1997, 111 (115) mit Anm. *Ott* WuB I G 1.–10.97; zur Feststellung eines Beratungsvertrags BGH WM 1996, 906; krit. zum „Drittfinanzierer als Anlageberater" *P. Bydlinski* ÖBA 1995, 23 und Anm. zu *OGH* ÖBA 1993, 908, 911.

V. Bereicherungsrechtliche Rückforderung

454 Jenseits der Frage eines verbraucherprivatrechtlichen Forderungsdurchgriffs (→ Rn. 418, 419) stehen dogmatische Überlegungen, Rückfordrungsansprüche des Verbrauchers gegen den Darlehensgeber in bestimmten bereicherungsrechtlichen Lagen zu bejahen.

1. Peremptorische Einrede

455 a) *Condictio indebiti* nach § 813 Abs. 1 Satz 1 BGB. Ein Rückforderungsanspruch aus Kondiktion kann unter den Voraussetzungen von § 813 Abs. 1 Satz 1 BGB begründet sein. Danach kann der Verbraucher das zum Zwecke der Erfüllung des Darlehensvertrags Geleistete vom Darlehensgeber zurückfordern, wenn dem Darlehensrückzahlungsanspruch eine peremptorische Einrede entgegensteht.

456 aa) Dauernde Einrede aufgrund von § 359 Abs. 1 BGB. Eine derartige peremptorische Einrede kann aufgrund des verbraucherprivatrechtlichen Einwendungsdurchgriffs begründet sein. Es ist also zu fragen, ob dem Verbraucher aufgrund seines Rechtsverhältnisses mit dem Unternehmer des finanzierten Vertrags, zB des Verkäufers, das Recht zustand, die Darlehensrückzahlung auf Dauer zu verweigern. Ist diese Frage zu bejahen, kann der Verbraucher vom Darlehensgeber bereits zum Zwecke der Tilgung des Darlehens erbrachte Leistungen gem. § 813 Abs. 1 Satz 1 BGB zurückfordern oder die Leistung von vornherein verweigern.[662] Das ist der Fall, wenn der finanzierte Vertrag nichtig war, diesen zB die rechtshindernde Einwendung aus § 138 oder aus § 134 BGB (→ Rn. 30) entgegenstand oder die fehlende Vertretungsmacht, insbesondere aufgrund Verstoßes gegen Rechtsberatungs- resp. Rechtsdienstleistungsvorschriften (→ § 492 Rn. 65). Erbrachte der Verbraucher trotz der Nichtigkeit des finanzierten Vertrags, zB Kaufvertrags, Tilgungsleistungen auf das Darlehen, hatte dieser Leistung die aufgrund von § 359 Abs. 1 Satz 1 BGB zu erhebende Einrede entgegengestanden, die peremptorisch ist. Der Verbraucher leistete, obwohl er nicht schuldete. Deshalb sind diese Leistungen gem. § 813 Abs. 1 Satz 1 BGB gegenüber dem Darlehensgeber kondizierbar, sodass die Nichtigkeit des finanzierten Vertrags einen Zahlungsanspruch aus dem Darlehensvertrag begründet.[663] Die gleiche Rechtsfolge tritt ein, wenn der Verbraucher wirksam vom Kaufvertrag zurückgetreten ist (→ Rn. 460), wodurch seine ursprüngliche Leistungspflicht, die Kaufpreiszahlung, erloschen ist (dingliche Wirkung des Rücktritts, → Rn. 36). Der Bereicherungsanspruch in Gestalt der *condictio indebiti* ist neben dem Einwendungsdurchgriff aus § 359 anwendbar, da dieser keine abschließende Regelung darstellt.[664] Eine solche bestimmt das Gesetz gem. § 361 Abs. 1 nur für den

---

[662] OLG Dresden WM 2001, 136 mit zust. Rezension *Staudinger* NZM 2000, 689 und Anm. *van Look* WuB I E 2.–01 sowie Komm. *Kessal-Wulf* EWiR § 9 VerbrKrG 2/2000, 251, ebenso Vorinstanz LG Leipzig NZM 1999, 725 (727); OLG Stuttgart WM 2001, 1667; offen BGH WM 2000, 1685.
[663] So nunmehr auch BGHZ 174, 334 = NJW 2008, 845 Tz. 31 mit Anm. *Bülow* WuB I E 2-1.08; BGHZ 183, 112 = NJW 2010, 596 Tz. 49 mit Anm. *Lechner* NJW 2010, 601; BGH v. 7.10.2010 – XI ZR 53/08, Tz. 20, WM 2011, 261 mit Anm. *Bülow* WuB I G 5-1.11 und Komm. *Nietsch* EWiR § 813 BGB 1/11, 309.
[664] BGH NJW 2008, 845 Tz. 30.

Fall, dass der Verbraucher von seinem Widerrufsrecht Gebrauch gemacht hatte; der Einwendungsdurchgriff waltet dagegen für den Fall des nicht ausgeübten Widerrufsrechts.

bb) Bestehendes Leistungsverweigerungsrecht im Zeitpunkt der Leistung. Die Kondiktion richtet sich auf das trotz peremtorisch belastetem Anspruch Geleistete. Daraus folgt, dass bereits im Zeitpunkt der Leistung die Einrede bestehen muss. Ist das finanzierte Geschäft der **Beitritt zu einer Gesellschaft,** entfalten rechtshindernde Einwendungen ihre Wirkung nicht wie im Allgemeinen *ex tunc,* sondern nach den Grundsätzen zur fehlerhaften Gesellschaft *ex nunc* in der Weise, dass der Gesellschafter ein außerordentliches Kündigungsrecht hat, vorausgesetzt, dass die Gesellschaft trotz der Fehlerhaftigkeit in Vollzug gesetzt worden war. Da Kündigung Wirkung *ex nunc* bedeutet, stand der kreditfinanzierten Leistung der Einlage aber noch keine Einrede entgegen, als die Valuta von der finanzierenden Bank an die Gesellschaft ausgekehrt wurde. Vielmehr leistete der Verbraucher *cum causa* auf eine bestehende und nicht peremtorisch belastete Schuld. Aufgrund der Kündigung hätte der Verbraucher zu gegebener Zeit – soweit entstanden (→ Rn. 310) – Anspruch auf sein Auseinandersetzungsguthaben, das seinerseits auf der Leistung der geschuldeten Einlage als Abwicklungsposten beruht. Für einen Einwendungsdurchgriff, der einen Forderungsdurchgriff begründen könnte, ist, europarechtlich abgesichert,[665] kein Raum.[666]

b) Weitere Folgerungen für die Rückabwicklung. Der Verbraucher hat durch die *condictio indebiti* Ausgleich erlangt, aber der Unternehmer ist noch im Genuss des Vermögensvorteils geblieben, der durch den Zufluss der Valuta auf den Kaufpreis oder Werklohn, den dieser nicht zu beanspruchen hatte, entstanden war; dieser Zufluss entspricht in aller Regel dem Nettodarlehensbetrag iSv § 492 Abs. 2, Art. 247 § 3 Abs. 1 Nr. 4, Abs. 2 Satz 2 EGBGB. Den Ausgleich unter Bank und Unternehmer regelt § 359 nicht. Ausgangspunkt ist, dass die rechtshindernde Einwendung gegen den Anspruch aus dem finanzierten Geschäft zu einem Bereicherungsverhältnis zwischen Verbraucher und Unternehmer führt. Da der Verbraucher bereits Ausgleich vom Darlehensgeber erlangt, liegt der sich anschließende Ausgleich zwischen Bank und Unternehmer darin, der Bank die Bereicherungsansprüche des Verbrauchers im Umfang des Darlehens zu übertragen. Der Verbraucher ist also zur Abtretung seiner Bereicherungsansprüche gegen den Unternehmer an die Bank verpflichtet; diese Verpflichtung dürfte darlehensvertragliche Nebenpflicht aus § 242 BGB sein (→ Rn. 402). Hatte der Verbraucher dem Unternehmer eine Anzahlung aus eigenen Mitteln geleistet, erstreckt sich die Abtretungpflicht darauf natürlich nicht. Der Unternehmer wiederum hat seinerseits Bereicherungsansprüche gegen den Verbraucher, zB auf Rückgabe der Sache, die Gegenstand des unwirksamen Kaufvertrags war. Diese Ansprüche kann er der Bank gem. §§ 404, 273 BGB entgegenhalten.[667] War die Bank allerdings Sicherungseigentümerin der Sache geworden, löst die fehlende Rückzahlungsverpflichtung des Verbrauchers

---

[665] EuGH v. 15.4.2010 – C-251/08, WM 2010, 882 Rn. 35 ff., 50.
[666] BGH v. 7.12.2010 – XI ZR 53/08, Tz. 24, WM 2011, 261 mit Anm. *Bülow* WuB I G 5-1.11 und Komm. *Nietsch* EWiR § 813 BGB 1/11, 309.
[667] MüKoBGB/*Habersack* § 359 BGB Rn. 67; gegenteilig Staudinger/*Kessal-Wulf* § 359 BGB Rn. 34; offen BGH NJW 2008, 845 Tz. 39, 41.

§ 495 (§ 359 Abs. 2) 459–461   1. Teil. Darlehen u. Finanzierungshilfen

den Sicherungsfall aus, sodass sein Recht zum Besitz endet und die Bank Herausgabe der finanzierten Sache nach § 985 BGB verlangen kann (→ Rn. 400).

459   Dem Bereicherungsanspruch des Verbrauchers aus § 813 BGB steht also der darlehensvertragliche Anspruch der Bank auf Abtretung entgegen. Diesen Anspruch muss die Bank als **Zurückbehaltungsrecht** nach § 273 BGB geltend machen, er ist nicht etwa von Amts wegen zu berücksichtigen.[668]

2. Dilatorische Einrede

460   Eine Kondiktion des nicht Geschuldeten ist dagegen ausgeschlossen, wenn der Verbraucher gegen den Verkäufer/Leistungserbringer nur dilatorische Einreden hatte, zB wegen nicht erfüllten Vertrages nach § 320 BGB, etwa wegen Mangelhaftigkeit der verkauften Sache (§ 433 Abs. 1 Satz 2 BGB) oder des Werks (§ 633 Abs. 1 BGB) oder aufgrund anderweitiger zeitweiliger Zurückbehaltung nach § 273 BGB. Tritt der Verbraucher vom finanzierten Vertrag nach §§ 437 Nr. 2, 634 Nr. 3 BGB zurück, hat er zwar gegen den Verkäufer/Leisungserbringer gem. § 346 Abs. 1 BGB Anspruch auf Rückgewähr der empfangenen Leistungen, aber dieser Anspruch ist an die Rechtsgestaltung gebunden, die in der Erklärung des Rücktritts liegt. Vorher bestand nur eine dilatorische, aber keine peremtorische Einrede.[669] Tilgungsleistungen, die der Verbraucher vor der Erklärung des Rücktritts an den Darlehensgeber erbracht hatte, waren deshalb nicht mit einer dauernden Einrede behaftet gewesen. Als Folge dessen besteht ein Rückforderungsanspruch zunächst nur, wenn der Verbraucher noch nach der Rücktrittserklärung Tilgungsleistungen an den Darlehensgeber erbringt; allerdings kann dieser Rückforderungsanspruch nach § 814 BGB[670] – Leistung trotz Wissen um die fehlende Verpflichtung zur Leistung – ausgeschlossen sein. Der Verbraucher kann gegenüber dem Darlehensgeber Tilgungsleistungen von vornherein gem. § 359 Abs. 1 Satz 1 verweigern. Der Rückforderungsanspruch dürfte auch auf die Zeit vor der Rücktrittserklärung erstreckbar sein, in welcher der Mangel, der den späteren Rücktritt begründet hatte, vom Verbraucher entdeckt worden war.[671] Hat der Verbraucher gegen den Verkäufer unter dem Gesichtspunkt der *culpa in contrahendo* (§ 311 Abs. 2 Nr. 1 BGB), zB wegen Verletzung von vorvertraglichen Aufklärungspflichten durch den Verkäufer/Leistungserbringer (→ Rn. 421), Anspruch auf Vertragsaufhebung, tritt Rückwirkung ein, sodass der Anspruch aus § 813 BGB begründet ist.[672]

VI. Ausnahmen

461   Einwendungen aus dem Kauf- oder Leistungsvertrag sind im Verhältnis zum Darlehensgeber unerheblich in Bagatellfällen nach § 359 Abs. 2, 2. Var., bei nachträglicher Vertragsänderung und bei noch möglicher Nacherfüllung, sodass der Einwendungsdurchgriff in den Fällen von § 359 Abs. 1 Sätze 2 und 3 BGB, teils gänzlich, teils nur zeitweilig versagt.

---

[668] BGH NJW 2008, 845 Tz. 40.
[669] OLG Naumburg NJW 2013, 3455; MüKoBGB/*Habersack* § 359 BGB Rn. 75.
[670] BGH v. 13.5.2014 – XI ZR 170/13, Rn. 108 ff., WM 2014, 1325; OLG Karlsruhe WM 2015, 1712 zu II.2.
[671] So *Larenz/Canaris* Schuldrecht II/2, § 68 I 5a (S. 157).
[672] *Füller* ZBB 2001, 157 (169); *Larenz/Canaris* Schuldrecht II/2, § 68 I 5a (S. 157).

1. Völliger Ausschluss

a) Bagatellen, § 359 Abs. 2, 2.Var. BGB. Gem. § 491 Abs. 2 Nr. 1 BGB ist **462** Verbraucherkreditrecht bis zu einer Bagatellgrenze des Nettodarlehensbetrags (→ § 492 Rn. 92) von weniger als 200 € insgesamt nicht anwendbar, einschließlich der Vorschriften von §§ 358 und 359 über verbundene Geschäfte. § 359 Abs. 2, 2.Var. BGB geht darüber hinaus, indem der Einwendungsdurchgriff auch dann ausgeschlossen ist, wenn der Nettodarlehensbetrag zwar bei 200 € liegt oder darüber, das finanzierte Entgelt (→ Rn. 463) aber trotzdem 200 € nicht erreicht. Hierzu kann es kommen, wenn der Darlehensvertrag mit mehreren Kauf- oder Leistungsverträgen verbunden ist und insgesamt 200 € oder mehr finanziert werden, die einzelnen Kaufverträge oder auch nur ein einziger von ihnen aber nicht, wie das bei Rahmendarlehensverträgen des Handels, insbesondere mittels Kundenkarten (→ § 506 Rn. 63) vorkommt.[673] Insoweit ist der einzelne Kaufvertrag also isoliert zu betrachten und festzustellen, ob das finanzierte Entgelt für den einzelnen Kaufvertrag den Betrag von 200 € erreicht; in diesem Fall ist der Einwendungsdurchgriff gegeben. Für den nächsten mitfinanzierten Kaufvertrag versagt der Einwendungsdurchgriff dagegen, wenn 200 € nicht erreicht werden, sodass der Verbraucher sein Recht, bezogen auf diesen Kaufvertrag, nur beim Unternehmer, dem Verkäufer/Leistungserbringer, suchen kann, den Darlehensvertrag aber erfüllen muss. Es kann – entgegen der Gesetzesbegründung[674] – nicht darauf ankommen, dass sämtliche finanzierte Verträge unter 200 € liegen.[675] Während sich der Nettodarlehensbetrag in § 492 Abs. 2 BGB, Art. 247 § 3 Abs. 2 Satz 2 EGBGB auf den Darlehensvertrag als Finanzierungsvertrag bezieht, misst sich das finanzierte Entgelt in § 359 Abs. 2 BGB am Kauf- oder Leistungsvertrag als finanziertem Vertrag.

Das „**finanzierte Entgelt**" ist der gesamte für den einzelnen Kauf- oder **463** Leistungsvertrag finanzierte Betrag, im gegebenen Falle also nicht nur der Barzahlungspreis iSv Art. 247 § 12 Abs. 1 Nr. 2 lit. a EGBG (→ § 506 Rn. 105), sondern auch Einmalkosten wie zB Bearbeitungsgebühren. Der Preis zuzüglich solcher Kosten muss weniger als 200 € betragen, damit der Ausnahmetatbestand erfüllt ist. Deshalb kann nach Lage des Einzelfalls der Barzahlungspreis unter 200 € liegen, der Einwendungsdurchgriff aber trotzdem anwendbar sein. Maß der Ausnahme ist also nicht der Preis schlechthin, sondern der Nennbetrag (→ § 492 Rn. 105).[676] Umgehungstatbestände durch Aufteilung und Stückelung des Kaufpreises werden durch § 361 Abs. 2 Satz 2 aufgefangen. Die Berechnung der Bagatellgrenze verdeutlicht folgendes **Beispiel:** Rahmenkreditvertrag über nominal 1000 €, Bearbeitungsgebühr 100 €; der Verbraucher darf über 900 € verfügen, die den Nettodarlehensbetrag (Art. 247 § 3 Abs. 2 Satz 2 EGBGB) ausmachen. Der Verbraucher kauft für 190 € ein und erhebt

---

[673] Die Gesetzesbegründung zur Vorgängervorschrift § 9 Abs. 3 VerbrKrG, BT-Drucks. 11/5462, S. 24, li. Sp., spricht von Kreditkartenkonten mit echtem Kreditcharakter; in diesen Fällen wird aber gerade nicht eine bestimmte Ware oder Leistung finanziert, unten § 506 Rn. 65, sodass es von vornherein am Verbund fehlt, zutr. *Mustermann/Hannes* VerbrKrG, Rn. 541.
[674] BT-Drucks. 11/5462 S. 24 re. Sp., richtig aber der maßgebliche Referent im Gesetzgebungsverfahren *Seibert*, Handbuch zum VerbrKrG, § 9 Rn. 13; zutr. v. Westphalen/ Emmerich/v. Rottenburg/*Emmerich*, § 9 VerbrKrG Rn. 150.
[675] So aber Staudinger/*Kessal-Wulf* § 359a BGB Rn. 8.
[676] *Seibert* § 9 VerbrKrG Rn. 13.

§ 495 (§ 359 Abs. 2) 464–466   1. Teil. Darlehen u. Finanzierungshilfen

gegen den Darlehensgeber Einwendungen wegen Mangelhaftigkeit der gekauften Sache. Nach § 491 Abs. 2 Nr. 1 BGB ist die Anwendung von §§ 358, 359 BGB nicht ausgeschlossen, weil der Nettodarlehensbetrag über 200 € liegt, nämlich 900 € beträgt. Für die Anwendung von § 359 kommt es aber auf die Höhe des finanzierten Entgelts an. Es beträgt 190 € zuzüglich anteiliger Bearbeitungskosten von 10% des Nennbetrags (1000 €), also 19 €, insgesamt 209 €. § 359 ist anwendbar. Beträgt der Kaufpreis 180 €, beläuft sich das finanzierte Entgelt auf 18 € zuzüglich 180 € = 198 €. § 358 ist anwendbar, nicht aber § 359 BGB.

464   **b) Finanzinstrumente (§ 359 Abs. 2, 1.Var. BGB).** Ein Einwendungsdurchgriff findet nicht statt, wenn der Darlehensvertrag der Finanzierung von Finanzinstrumenten dient (→ Rn. 265e), wie auch die Widerrufserstreckung nach § 358 Abs. 2 ausgeschlossen ist (§ 358 Abs. 5, → Rn. 318). Einwendungen gegen Ansprüche des Unternehmers als Partei des Erwerbsgeschäfts über Finanzinstrumente, zB einen Wertpapierhändler (Wertpapierdienstleister, § 2 Abs. 3 WpHG), können dem Anspruch des Darlehensgebers auf Tilgung und Zinsen nicht entgegengesetzt werden, zB wegen Verletzung von Verhaltensregeln nach § 31 WpHG gegenüber dem Verbraucher als Privatkunden[677] (§ 31a Abs. 3 WpHG) oder wegen Verstoßes gegen Prospektpflichten (§ 22 WpPG).

465   **c) Nachträgliche Änderung des finanzierten Vertrags § 359 Abs. 1 Satz 2.** Der Verbraucher kann auch solche Einwände nicht gegen den Darlehensvertrag, sei er Verbraucherdarlehensvertrag (§ 491 Abs. 1) oder unentgeltlicher Darlehensvertrag (§ 514), erheben, die auf einer nachträglichen Änderung des finanzierten Vertrags beruhen.

466   **aa) Dreipersonenverhältnis.** Vereinbaren Unternehmer des finanzierten Vertrags, zB Kaufvertrags, und Verbraucher, als Beispiel genommen, nachträglich eine Kaufpreisreduzierung, muss der Verbraucher doch die vollen Raten an den Darlehensgeber zahlen und vom Verkäufer Rückzahlung der Kaufpreisdifferenz verlangen. Dadurch billigt das Gesetz dem Darlehensgeber zu, das Kreditrisiko im Zeitpunkt des Vertragsabschlusses abschätzen zu können, soweit es durch die Einwendungslage gestaltet wird. Deshalb braucht sich der Darlehensgeber Einwendungen nur so weit gefallen zu lassen, wie sie dem Inhalt des Kauf- oder Leistungsvertrags in dem Zeitpunkt entsprechen, in dem der Darlehensvertrag abgeschlossen wurde (vgl. auch § 767 Abs. 1 Sätze 2 und 3 BGB); auf den Zeitpunkt der Auszahlung kommt es also nicht an. Keine Vertragsänderung stellt eine Veränderung dar, die ihren Grund im Kauf- oder Leistungsvertrag nach seinem ursprünglichen Inhalt hat, nämlich die Vollziehung der Minderung gem. §§ 437 Nr. 2, 634 Nr. 2 BGB, weil sie auf Fehlern beruht, deren Beurteilung sich nach dem ursprünglichen Vertragsinhalt richtet. Treffen die Parteien aber nach Abschluss des Kaufvertrags eine weitergehende Beschaffenheitsvereinbarung gem. § 434 Abs. 1 Satz 1 BGB, die Mängelansprüche auslöst, ist der Ausnahmetatbestand erfüllt, eine Einwendung aus fehlender Beschaffenheit also gegenüber dem Darlehensgeber unerheblich. Sofern der Verkäufer oder Leistungserbringer nachträglich ein Anerkenntnis im Hinblick auf Gewährleistungsansprüche abgibt, zB durch wiederholte Nachbesserungsversuche,[678] ist der Darlehensgeber nur insoweit gebunden, als wirklich Gewährleistungsansprüche aufgrund des ursprüngli-

---

[677] Zur Abgrenzung beider Rechtsfiguren *Bülow* FS Nobbe 2009, 495.
[678] BGH NJW-RR 1994, 373 zu I. 2.b.

chen Vertragsinhalts bestehen; der Verbraucher trägt gegenüber dem Darlehensgeber trotz des Anerkenntnisses also die **Beweislast** für den Mangel.

bb) Unternehmeridentität. Der Ausnahmetatbestand gilt auch für den Fall, dass der Verkäufer zugleich der Darlehensgeber ist (Unternehmeridentität, → Rn. 287).[679] Die nachträgliche Vertragsänderung durch den Unternehmer in seiner Eigenschaft als Verkäufer bewahrt ihn also vor dem Einwendungsdurchgriff in seiner Eigenschaft als Darlehensgeber. Der Gerechtigkeitsgehalt dieser Variante ist nicht erkennbar.[680]   **467**

2. Dilatorischer Ausschluss (Subsidiaritätsgrundsatz), § 359 Abs. 1 Satz 3

Gründet sich der Einwand gegen den finanzierten Vertrag auf Gewährleistung der Mangelfreiheit und hat der Verbraucher aufgrund dessen Anspruch auf Nacherfüllung nach §§ 437 Nr. 1, 439 resp. §§ 634 Nr. 1, 635 BGB,[681] muss der Verbraucher gem. § 359 Abs. 1 Satz 3 BGB diesen Anspruch beim Unternehmer des finanzierten Vertrags zunächst durchzusetzen versuchen und kann diesen Gewährleistungsanspruch dem Darlehensrückzahlungsanspruch noch nicht entgegensetzen. Erst wenn die Nacherfüllung fehlgeschlagen ist, steht dem Verbraucher der Einwendungsdurchgriff zu; dieser ist Art. 15 Abs. 2 VerbrKrRil entsprechend gegenüber der Nacherfüllung also subsidiär (→ Rn. 408). Dadurch kann der Fall eintreten, dass der Verbraucher das Darlehen schon zurückgezahlt hat, ehe ihm die Einwendung gegen den Darlehensgeber aufgrund des Fehlschlagens erwächst; der Einwendungsdurchgriff geht in diesem Fall also ins Leere.   **468**

a) Mehrere Gewährleistungsrechte. Die Subsidiarität des Einwendungsdurchgriffs gilt auch dann, wenn der Verbraucher neben der Nacherfüllung noch andere Gewährleistungsansprüche hat. Die Gewährleistungsvorschriften sind dispositiv, auch im Verbrauchsgüterkaufrecht, soweit die Abweichung dem Verbraucher zum Vorteil gereicht, wie § 475 Abs. 1 BGB zu entnehmen ist. Dadurch kann der Verbraucher vertraglich befugt sein, zurückzutreten oder Schadensersatz zu verlangen, ohne zuvor Nacherfüllung geltend gemacht zu haben; auch § 281 Abs. 1 Satz 1 BGB ist dispositiv. Ist dem Verbraucher demgemäß ein Wahlrecht unter mehreren Gewährleistungsansprüchen eingeräumt, ist er doch imstande, auch Nacherfüllung zu verlangen. Bereits dies begründet die Subsidiarität des Einwendungsdurchgriffs, die erst endet, wenn die Nacherfüllung fehlgeschlagen ist (→ Rn. 470). Nach dem Wortlaut der bis zur Schuldrechtsmodernisierung geltenden Vorgängerregelung von § 9 Abs. 3 Satz 3 VerbrKrG war es allerdings darauf angekommen, ob der Verbraucher tatsächlich Nachbesserung oder Ersatzlieferung verlangte. Er konnte also sogleich aus Rücktritt, Minderung, Schadensersatz herrührende Rechte als Einwendung gegenüber dem Darlehensgeber erheben (→ Rn. 468), wenn er nicht Nachbesserung oder Ersatzlieferung wählte.   **469**

---

[679] BT-Drucks. 14/6857, S. 24 zu Nr. 83 (Stellungnahme Bundesrat) und S. 58 (Gegenäußerung der Bundesregierung).
[680] Zutreffend *Habersack* BKR 2001, 72 (76/77); MüKoBGB/*Habersack* § 359 Rn. 47.
[681] Erfüllungsort für die Nacherfüllung ist der Wohnsitz/die Niederlassung des Verkäufers/Unternehmers, BGH v. 13.4.2011 – VIII ZR 220/10, NJW 2011, 2278 = WM 2011, 1616 mit Rez. Staudinger/*Artz* NJW 2011, 3121; *Ludwig* ZGS 2011, 544 und *Ringe* NJW 2012, 3393; aA *Brors* NJW 2013, 3329: Ort, an dem die Kaufsache bestimmungsgemäß befindet.

§ 495 (§ 359 Abs. 2)   470, 471   1. Teil. Darlehen u. Finanzierungshilfen

Nach der Neuformulierung von § 359 Abs. 1 Satz 3 BGB scheitert der Einwendungsdurchgriff wegen Subsidiarität dagegen bereits dann, wenn der Verbraucher Nacherfüllung **verlangen kann,** also auch im Falle eines Wahlrechts.[682] Ein solches Wahlrecht besteht zwar aufgrund von § 281 Abs. 1 Satz 1 BGB nicht, aber auch diese Vorschrift ist, wie ausgeführt, dispositiv, soweit von ihr zum Vorteil des Verbrauchers abgewichen wird (§ 475 Abs. 1 Satz 1); das ist der Fall, wenn der Unternehmer ein Wahlrecht einräumt. In einem solchen Fall kann der Verbraucher im Falle eines verbundenen Geschäfts trotzdem nicht mehr sogleich aus Rücktritt, Minderung, Schadensersatz herrührende Rechte als Einwendung gegenüber dem Darlehensgeber erheben, wenn er nicht die Nacherfüllung wählen will. Es handelt sich entgegen der Gesetzesbegründung[683] nicht lediglich um eine im Wesentlichen „wörtliche Übernahme" von § 9 Abs. 3 Satz 3 VerbrKrG.

470   **b) Fehlschlagen.** Der Begriff des Fehlschlagens ist § 309 Nr. 8 b. bb BGB sowie § 440 BGB zu entnehmen:[684] Unmöglichkeit der Nachbesserung,[685] ihre ernsthafte und endgültige Verweigerung durch den Verkäufer[686] oder vergeblicher Versuch des Verbrauchers, unzumutbare Verzögerung,[687] dh wenn eine angemessene Frist verstrichen ist (auf eine Fristsetzung durch den Verbraucher wie gem. § 323 Abs. 1 BGB kommt es aber nicht an).[688] Vorbehaltlich anderer Beurteilung des Einzelfalls[689] ist es dem Verbraucher zumutbar, dem Verkäufer/Leistungserbringer zwei Nachbesserungsversuche (bzw. Lieferung einer mangelfreien Sache) zu gestatten.[690]

471   Sind Mangelbeseitigung oder Ersatzlieferung danach fehlgeschlagen, wofür der Verbraucher als Käufer die **Beweislast** trägt[691] (wobei die **Beweisführung erleichtert** ist, indem der Käufer im Allgemeinen nur nachweisen muss, dass das von ihm gerügte Mangelsymptom weiterhin auftritt[692]), erwachsen dem Verbraucher entsprechend dem Reglement von § 309 Nr. 8 b. bb BGB[693] von diesem

---

[682] Gl. A. MüKoBGB/*Habersack* § 359 BGB Rn. 50; Staudinger/*Kessal-Wulf* § 359 BGB Rn. 5.
[683] BT-Drucks. 14/6040, S. 201.
[684] BT-Drucks. 11/5462, S. 23.
[685] BGH NJW 1981, 1501; WM 1979, 489.
[686] ZB durch das Verlangen, einen Reparaturauftrag zu unterzeichnen, OLG Köln NJW-RR 1986, 151.
[687] BGHZ 93, 62 mit Komm. *v. Westphalen* EWiR § 9 Abs. 2 Nr. 2 AGBG 1/85, 11.
[688] OLG Nürnberg OLGZ 83, 78.
[689] BGH v. 15.4.2015 – VIII ZR 80/14, Rn. 22, ZIP 2015, 1594; OLG Hamm v. 28.2.2013 – 21 U 86/12: vier Versuche.
[690] BGH NJW 1998, 677 zu II. 2 b.cc. und 679 zu II. 2.a.; OLG Koblenz ZGS 2010, 378; OLG Hamburg VersR 1983, 741; OLG Frankfurt DB 1983, 637; OLG Köln NJW 1987, 2520 und BB 1992, 2317; *Füller* ZBB 2001, 157 (165).
[691] BGH NJW 2009, 1341 mit Komm. *Bruns* EWiR § 440 BGB 1/09, 435.
[692] BGH v. 9.3.2011 – VIII ZR 266/09, NJW 2011, 1664 = WM 2011, 1244 mit Anm. *Kleinhenz* NJW 2011, 1665 und BSpr. *Artz* ZGS 2011, 227; ist aber streitig, ob der Mangel auf einem Produktfehler beruht oder auf unsachgemäßer Behandlung durch den Käufer, nachdem er die Sache wieder übernommen hatte, geht ein *non liquet* zulasten des Käufers, da er die objektive Beweislast für den Produktfehler trägt, die Beweiserleichterung hierfür also nicht greift.
[693] BGH NJW 1998, 679 zu II. 2.a. sowie 677 zu II. 2.b. bb.; NJW 1994, 1004 zu II. 1.a.; LG Offenburg EWiR § 11 AGBG 2/97, 727 *(H. P. Westermann);* kein gänzlicher Ausschluss von Rücktritt und Minderung auch im kaufmännischen Verkehr: BGH NJW 1991, 2630.

Zeitpunkt an[694] die allgemeinen Mängelrechte. Nunmehr kann der Verbraucher die Gewährleistung dem Darlehensrückzahlungsanspruch aus § 488 Abs. 1 Satz 2 BGB entgegensetzen. Allerdings ist es denkbar, dass **durch Individualvertrag** dem Käufer, wenn er Existenzgründer (§ 512) ist (sodass er zwar Adressat von §§ 491 ff., nicht aber von § 475 BGB ist), ausschließlich das Recht auf Nachbesserung oder Ersatzlieferung eingeräumt wurde, andere Gewährleistungsrechte aber weder daneben bestehen noch aufleben; nur im Wege von Allgemeinen Geschäftsbedingungen kann dies nicht vereinbart werden. Ist ein derartiger Ausschluss wirksam vereinbart, wirkt er auch gegenüber dem Darlehensgeber: Das verbundene Geschäft eröffnet dem Verbraucher nicht mehr Rechte, als wenn er es ausschließlich mit dem Verkäufer oder Leistungserbringer zu tun hätte. Insoweit besteht also Akzessorietät zwischen Gewährleistungsrecht gegenüber dem Verkäufer und Einwendung gegenüber dem Darlehensgeber mit der Folge, dass der Käufer in diesem Fall seine Einwendung dem Darlehensgeber gegenüber nicht erheben kann.

c) **Aliud.** Der Subsidiaritätsgrundsatz gilt bei Geltendmachung einer Ersatzlieferung nur, wenn sie ihren Grund in der Mangelhaftigkeit des Vertragsgegenstandes hat. Hierzu gehört nach § 434 Abs. 3 BGB auch die Aliud-Lieferung, sodass entgegen der Rechtslage vor dem 1.1.2002 keine Besonderheiten mehr gelten, der Einwendungsdurchgriff also vom Fehlschlagen der Nacherfüllung abhängig ist. Früher konnte der Verbraucher als Käufer im Falle der Aliud-Lieferung vertragsgemäße Leistung verlangen und gegenüber dem Vergütungsanspruch unter den Voraussetzungen von §§ 320, 321 BGB die Einrede des nichterfüllten Vertrags erheben und die Gegenleistung verweigern. Diese Einrede konnte der Verbraucher gem. § 9 Abs. 3 Satz 1 VerbrKrG von Anfang an auch dem Darlehensrückzahlungsanspruch entgegensetzen; der Verbraucher musste nicht abwarten, bis er einen vertragsgemäßen Gegenstand erhielt.

472

§ 496 Einwendungsverzicht, Wechsel- und Scheckverbot

(1) **Eine Vereinbarung, durch die der Darlehensnehmer auf das Recht verzichtet, Einwendungen, die ihm gegenüber dem Darlehensgeber zustehen, gemäß § 404 einem Abtretungsgläubiger entgegenzusetzen oder eine ihm gegen den Darlehensgeber zustehende Forderung gemäß § 406 auch dem Abtretungsgläubiger gegenüber aufzurechnen, ist unwirksam.**

(2) ¹Wird eine Forderung des Darlehensgebers aus einem Verbraucherdarlehensvertrag an einen Dritten abgetreten oder findet in der Person des Darlehensgebers ein Wechsel statt, ist der Darlehensnehmer unverzüglich darüber sowie über die Kontaktdaten des neuen Gläubigers nach Art. 246b § 1 Absatz 1 Nr. 1, 3 und 4 des Einführungsgesetzes zum Bürgerlichen Gesetzbuche zu unterrichten. ²Die Unterrichtung ist bei Abtretungen entbehrlich, wenn der bisherige Darlehensgeber mit dem neuen Gläubiger vereinbart hat, dass im Verhältnis zum Darlehensnehmer weiterhin allein der bisherige Darlehensgeber auftritt. ³Fallen die Voraussetzungen des Satzes 2 fort, ist die Unterrichtung unverzüglich nachzuholen.

(3) ¹Der Darlehensnehmer darf nicht verpflichtet werden, für die Ansprüche des Darlehensgebers aus dem Verbraucherdarlehensvertrag eine Wechselverbindlichkeit einzugehen. ²Der Darlehensgeber darf vom Darle-

---

[694] MüKoBGB/*Habersack* § 359 BGB Rn. 53.

§ 496
1. Teil. Darlehen und Finanzierungshilfen

hensnehmer zur Sicherung seiner Ansprüche aus dem Verbraucherdarlehensvertrag einen Scheck nicht entgegennehmen. ³Der Darlehensnehmer kann vom Darlehensgeber jederzeit die Herausgabe eines Wechsels oder Schecks, der entgegen Satz 1 oder 2 begeben worden ist, verlangen. ⁴Der Darlehensgeber haftet für jeden Schaden, der dem Darlehensnehmer aus einer solchen Wechsel- oder Scheckbegebung entsteht.

Vorgängervorschrift: § 10 VerbrKrG

Schrifttum: *Artz,* Neue verbraucherkreditrechtliche Informationspflichten durch das Risikobegrenzungsgesetz, ZGS 2009, 23; *Baumbach/Hefermehl/Casper,* Wechselgesetz Scheckgesetz Recht der kartengestützten Zahlungen, 23. Aufl. 2008; *Benöhr,* Einredeverzicht des Drittschuldners?, NJW 1976, 174; *Bredow/Vogel,* Kreditverkäufe in der Praxis – Missbrauchsfälle und aktuelle Reformansätze, BKR 2008, 271; *Bülow,* Grundlagen der Erfüllung und ihrer Surrogate, JuS 1991, 529; *ders.,* WG, ScheckG, AGB, 5. Aufl. 2013; *Langenbucher,* Kredithandel nach dem Risikobegrenzungsgesetz, NJW 2008, 3169; *Marburger,* Sicherungszession und Schuldbestätigung, DB 1973, 2125; *Müller, G.* Auswirkungen des Verbraucherkreditgesetzes auf das Wechsel- und Scheckrecht, WM 1991, 1781; *Reinicke,* Wechsel und Abzahlungsgeschäft, DB 1959, 1103; *Reinicke/Tiedtke,* Zweifelsfragen bei der Anwendung des Verbraucherkreditgesetzes, ZIP 1992, 217; *Schimansky,* Verkauf von Kreditforderungen und Unterwerfung unter die sofortige Zwangsvollstreckung, WM 2008, 1049; *Scharpf,* Risiken des Handels mit notleidenden Krediten, NJW 2009, 3476; *Schmelz/Klute,* Zum Gesetzentwurf für ein Verbraucherkreditgesetz, ZIP 1989, 1509; *Vollkommer, G.* Zwangsvollstreckungsunterwerfung des Verbrauchers bei Immobiliardarlehensverträgen?, NJW 2004, 818; *Welter,* Vom Wechsel auf Leipziger Messen zum Wechselverbot im Verbraucherkreditrecht, in Festschrift der Juristenfakultät zum 600jährigen Bestehen der Universität Leipzig, 2009, S. 389.

Übersicht

	Rn.
Materialien	
Verbraucherkreditrichtlinie Art. 17	1
Begründung RegE zum VerbrKrG, BT-Drucks. 11/5462, S. 24f.	2
Kommentierung	
Vorbemerkung	3
I. Schuldnerschutz bei Abtretung	4
1. Rechtsgeschäftlicher Übergang	4
2. Cessio legis	8
3. Anerkenntnis, Vollstreckungsunterwerfung	10
4. Unterrichtung über Abtretung (Abs. 2)	11
a) Verpflichteter	11
b) Alleiniges Auftreten des Zedenten	13
c) Inhalt und Form der Unterrichtung	15
d) Unterrichtung nach § 493 Abs. 4 BGB	17
II. Begebung von Wechseln oder Schecks	18
1. Verbotsumfang	18
a) Verpflichtung – Wahlrecht des Verbrauchers	21
b) Insbesondere: Sicherungsscheck	23
c) Nichtigkeit der Zweckvereinbarung – Wirksamkeit des Begebungsvertrags	24
2. Herausgabeanspruch	26
3. Präklusion und Regress	28
4. Prozess aus Wechsel oder Scheck	30
5. Erfasste Ansprüche	32
6. Dritte	33
III. Erlaubte Begebung	34
1. Kreditgeber als Wechselgläubiger	35
2. Diskontierung/Refinanzierung	39
3. Wechsel über verbundene Geschäfte	40

Einwendungsverzicht, Wechsel- und Scheckverbot 1–4 **§ 496**

Materialien
Verbraucherkreditrichtlinie 2008/48/EG
Artikel 17

(1) Werden die Ansprüche des Kreditgebers aus einem Kreditvertrag oder der Kredit- 1
vertrag selbst an einen Dritten abgetreten, so kann der Verbraucher dem neuen Gläubiger
gegenüber die Einreden geltend machen, die ihm gegen den ursprünglichen Kreditgeber
zustanden, und zwar einschließlich der Aufrechnung von Gegenforderungen, soweit dies
in dem betreffenden Mitgliedstaat zulässig ist.

(2) Der Verbraucher ist über die Abtretung gemäß Absatz 1 zu unterrichten, es sei denn,
der ursprüngliche Kreditgeber tritt mit dem Einverständnis des Zessionars dem Verbraucher gegenüber nach wie vor als Kreditgeber auf.

Begründung RegE zum VerbrKrG, BT-Drucks. 11/5462, S. 24 f.

Die Wechsel- und Scheckverbote in Absatz 2 Sätze 1 und 2 stellen eine konsequente Wei- 2
terführung des Grundgedankens aus Absatz 1 dar, der dem Schuldner Einwendungen aus dem
Kreditvertrag erhalten will. Artikel 10 der Richtlinie *(87/102/EWG)* schreibt vor, bei Wechsel- und Scheckbegebung durch den Verbraucher im Zusammenhang mit einer Kreditaufnahme einen „ausreichenden Schutz sicherzustellen". Dabei geht es um die Gefahr, dass der
Verbraucher vom Kreditgeber oder einem anderen Inhaber des Wechsels oder Schecks im
Urkundenprozess in Anspruch genommen wird und in diesem Verfahren die Einwendungen
aus dem Grundgeschäft nicht erheben kann. Mindestens aber kehrt sich die Beweislast um mit
der Folge, dass der Verbraucher beweisen muss, dass ein Rechtsgrund für die geltend gemachte
Wechsel- und Scheckforderung nicht vorhanden ist. Ein angemessener Schutz gegen diese
Nachteile ist wegen der fehlenden Akzessorietät zwischen dem Scheck- und Wechselbegebungsvertrag und dem Grundgeschäft sowie wegen der Verkehrsfähigkeit der Inhaberpapiere
(Artikel 17 Wechselgesetz, Artikel 22 Scheckgesetz) nur in der Weise zu verwirklichen, dass es
dem Kreditgeber versagt wird, den Verbraucher zur Eingehung einer Wechselverbindlichkeit
für die Ansprüche des Kreditgebers aus dem Kreditvertrag zu verpflichten. ...

Kommentierung

Vorbemerkung

Die Vorschrift regelt heterogene (allerdings → Rn. 2) Sachverhalte von unter- 3
schiedlicher praktischer Bedeutung. In Absätzen 1 und 2 geht es um Zessionsfälle, Absatz 3 macht das sogenannte C-Geschäft im Abzahlungsrecht (→ § 495
Rn. 253) weitgehend unzulässig. Nicht anwendbar ist die Vorschrift auf Ratenlieferungsverträge iSv § 510 BGB, wohl aber auf Finanzierungshilfen nach § 506
und auch auf die typischen **Dreimonatsakzepte** (soweit zugelassen, → Rn. 21),
nachdem die Dreimonatsgrenze der Vorgängerregelung von § 499 Abs. 1 BGB
aF[1] weggefallen ist und mit ihr Zweifel[2] an der Anwendung. Die Vorschrift gilt
sowohl für Allgemein- wie für Immobiliar-Kreditverträge und für Darlehen und
Fianzierungshilfen (→ § 506 Rn. 116).

I. Schuldnerschutz bei Abtretung

1. Rechtsgeschäftlicher Übergang

Der Verbraucher als Schuldner des Kaufpreis- oder Vergütungsanspruchs resp. 4
Darlehensrückzahlungsanspruchs kann, wenn ihm nicht die Vereinbarung eines

---

[1] Vorauflage (6. Aufl.) § 499 BGB (aF) Rn. 102.
[2] *G. Müller* WM 1991, 1781 (1783).

§ 496   5   1. Teil. Darlehen und Finanzierungshilfen

Abtretungsverbots nach § 399 BGB gelingt (auch im Handelsverkehr, wenn der Darlehensnehmer als Existenzgründer zugleich Kaufmann ist, § 354a Abs. 2 HGB), nicht verhindern, dass der Darlehensgeber seine Ansprüche gegen ihn ohne seine Mitwirkung an einen Zessionar abtritt[3] (→ § 491 Rn. 69); Forderungsverkauf und Abtretung sind ein wichtiges Refinanzierungsinstrument von Kreditinstituten.[4] Der Missbrauchsgefahr versucht das Gesetz an seiner Stelle durch die Unterrichtungspflicht von § 496 Abs. 2 (→ Rn. 11) zu begegnen. Dafür gewährt das Gesetz dem Schuldner in §§ 404, 406 bis 411 BGB Schutz: Die Forderung geht gem. § 404 BGB nur mit den Einwendungen behaftet auf den Zessionar über, die der Verbraucher gegenüber dem Zedenten (Darlehensgeber) hatte. Leistungen an den Zedenten und Erfüllung bewirkende Rechtsgeschäfte wie die Aufrechnung gegenüber dem Zedenten haben gem. § 407 BGB befreiende Wirkung, wenn der Schuldner die Abtretung nicht kennt. Gem. § 406 BGB ist die Aufrechnung gegenüber dem Zessionar auch noch bei Kenntnis der Abtretung möglich. Während § 407 BGB als grundlegende Wertentscheidung, als „unerlässlicher Schutz des Schuldners"[5] richtigerweise als zwingend anzusehen ist,[6] kann § 404 BGB abbedungen werden und, wie die Aufrechnung selbst ausgeschlossen werden kann,[7] ist auch die Erhaltung des Aufrechnungsrechts gem. § 406 BGB nicht zwingend. Ein Verzicht des Schuldners auf diese Einwendungslage kann durch Vertrag mit dem Zedenten,[8] das wäre der Darlehensgeber, mit dem Zessionar (Abtretungsgläubiger in der Formulierung von Absatz 1) oder mit beiden durch dreiseitigen Vertrag vereinbart werden (zB durch die Erklärung, der Schuldner erkenne die Forderung als deklaratorisches Schuldanerkenntnis[9] oder als Wissenserklärung an[10]). Solchen Vereinbarungen stehen allgemein und nach Lage des Einzelfalls allenfalls §§ 307 Abs. 2 Nr. 1, 138 BGB entgegen.

5   Sofern es jedoch um die Abtretung einer Forderung aus einem Kreditvertrag (Verbraucherdarlehensvertrag, Finanzierungshilfe, Finanzierungsleasing, Teilzahlungsgeschäft, §§ 491, 506, 507 BGB) durch den Kreditgeber geht – Kaufpreis-, Vergütungs-, Darlehensrückzahlungsanspruch, aber auch Ansprüche aus

---

[3] BGHZ 171, 180 = NJW 2007, 2106 = ZIP 2007, 619; BGH NJW 2010, 2041 Tz. 31; OLG München ZIP 2008, 498 (nicht rkr.) mit Komm. *Schall* EWiR § 404 BGB 1/08, 173; OLG Schleswig BKR 2008, 25 im Hinblick auf die Kapitalverkehrsfreiheit nach Art. 56 Abs. 1 EGV. § 203 Abs. 2 Satz 1 Nr. 1 StGB steht nicht entgegen, BGH NJW 2010, 361 = WM 2009, 2307 = ZiP 2009, 2329 mit Komm. *Krüger* EWiR § 203 StGB 1/10, 97; keine Nichtigkeit nach § 134 BGB bei Abtretung von Darlehensforderungen an Nicht-Bank trotz § 32 Abs. 1 Satz 1 KWG: BGH v. 19.4.2011 – XI ZR 256/10, WM 2011, 1168 = ZIP 2011, 1195 mit Komm. *Dietmar Schulz* EWiR § 398 BGB 1/11, 521; OLG Frankfurt BKR 2011, 330 mit Rez. *A. Teichmann* WM 2011, 1908; *Nobbe* WM 2005, 1537; gegen Wirksamkeit mit Ausnahme besonderer Fälle *Rögner* NJW 2004, 3230; *Koch* BKR 2006, 182; BGH NJW 2007, 2106; BGH ZIP 2009, 2329; OLG Karlsruhe BKR 2011, 324 = WM 2011, 2244. § 402 BGB steht nicht entgegen: BGH NJW 2010, 2041, Tz. 31; OLG Frankfurt ZIP 2011, 1905; OLG Saarbrücken BKR 2011, 24 mit Komm. *Schmid/Riedl* EWiR § 402 BGB 1/11, 265; aA Cranshaw/Henkel BKR 2011, 45; *Cahn/Reinecke* WM 2008, 2291; *Gralka* NJW 2009, 2587; *Schall* WM 2011, 2249; *Frentzel/Jobst* JURA 2010, 342; *Mues/Jaeger* BKR 2010, 453. *Bruchner* BKR 2004, 394; *Bütter/Tonner* ZBB 2005, 165; *Baums/Siegel* FS Ulmer, 2003, 9; *Hammen* BKR 2006, 6; R. *Koch* BKR 2006, 182; Reifner JZ 2006, 1111; Reich NJW 2006, 3005; *Klüver* BKR 2008, 239; *Stemper* NJW 2010, 1402; *Stamm* NJW 2010, 2419. In Rspr. und Lit. als „Subprime-Krise" apostrophiert *Teichmann* BKR 2008, 1; *Stürner* ZHR 173 (2009), 363; *Rözel-Bütter-Tonner* BKR 2009, 213. OLG Hamm ZIP 2011, 1003 mit Komm. *Schall* EWiR § 307 BGB 2/11, 325; OLG Frankfurt BKR 2011, 330 mit Rez. *A. Teichmann* WM 2011, 1908; OLG Frankfurt BKR 2011, 326 mit Komm. *Schilder* EWiR § 398 BGB 2/11, 567; OLG München WM 2011, 361; OLG Schleswig WM 2010, 1125; OLG Düsseldorf WM 2011, 832; OLG Frankfurt BKR 2011, 205; LG Frankfurt ZIP 2011, 1905; OLG Koblenz WM 2011, 1556; OLG Koblenz WM 2012, 560; OLG Köln WM 2012, 562; OLG Schleswig WM 2010, 1125; BGH NJW 2007, 2106; BGH NJW 2007, 2106; OLG Köln WM 2011, 64 mit Rez. *Klüver* WM 2011, 684; BGH v. 27.2.2007 – XI ZR 195/05, BGHZ 171, 180; BGH v. 19.4.2011 – XI ZR 256/10, NJW-RR 2011, 1487. Zu einer Schadensersatzpflicht wegen der Verletzung (nach-)vertraglicher Pflichten des Kreditgebers bei der Abtretung einer Kreditforderung vgl. BGH v. 27.2.2007 – XI ZR 195/05, BGHZ 171, 180 = NJW 2007, 2106; OLG Schleswig BKR 2008, 25; *Bütter/Tonner* BKR 2005, 344. – BGH NJW 2011, 3085; OLG Frankfurt BKR 2011, 326.
[4] *Bredow/Vogel* BKR 2008, 271 (272); krit. *Scharpf* NJW 2009, 3476.
[5] Motive zum BGB II, S. 132, bei *Mugdan* Die gesamten Materialien zum Bürgerlichen Gesetzbuch, 1899, S. 73.
[6] Gl. A. MüKoBGB/*Schürnbrand* § 496 BGB Rn. 8; aA Staudinger/*Kaduk*, 12. Aufl. 1990, § 407 BGB Rn. 91 unter unzutreffendem Verweis auf RGZ 117, 123, wo § 407 BGB nicht erörtert wird.
[7] *Bülow* JuS 1991, 529 (536).
[8] RGZ 71, 30 (32).
[9] BGH NJW 1970, 321 zu II. 4.; ausnahmsweise abstraktes Schuldanerkenntnis: RGZ 83, 184 (187).
[10] Stets Wissenserklärung: *Marburger* DB 1973, 2125 (2130); *Benöhr* NJW 1976, 174 (175) zu § 840 ZPO sowie BGHZ 69, 328.

§§ 357 ff. BGB –, ist die Vereinbarung eines Einwendungs- oder Aufrechnungsverzichts unwirksam, sodass der Verbraucher bis zur Grenze des Rechtsmissbrauchs Einwendungen erheben[11] und die Aufrechnung mit rechtsvernichtender Wirkung gem. § 389 BGB erklären kann. Die Unwirksamkeit gilt für Vereinbarungen, also Verzichtsverträge sowohl mit dem Kreditgeber als Zedenten wie mit dem Zessionar. Über den Wortlaut der Vorschrift hinaus ist aus denselben Erwägungen, wie sie für die Unabdingbarkeitsvorschrift von § 512 Satz 1 BGB gelten (→ § 512 Rn. 9), auch ein **einseitiger Verzicht** des Verbrauchers unwirksam.[12] Sofern man § 407 BGB nicht als zwingend ansehen will (→ Rn. 4), liegt eine analoge Anwendung, insbesondere auch im Hinblick auf Art. 17 Abs. 1 VerbrKrRil (→ Rn. 1), nahe;[13] dort ist nämlich die Aufrechnung, die Anwendungsfall von § 407 Abs. 1 BGB ist, genannt.

In Fällen der Absatzfinanzierung, wie sie im Verbraucherkredit vorkommt,[14] tritt der Verkäufer, der zugleich Darlehensnehmer ist, seine Kaufpreisforderung gegen den Verbraucher an die Bank zum Zwecke der Sicherung ab. Die Kaufpreisforderung kann mit einem Zahlungsaufschub verbunden sein, sodass ein Einwendungsverzicht des Verbrauchers nach §§ 506 Abs. 1, 496 Abs. 1 BGB unwirksam ist. Jedoch pflegt eine derartige Abtretung dem Verbraucher gegenüber offen gelegt zu werden,[15] sodass sich dieser ohnehin nicht auf die befreiende Wirkung von § 407 BGB berufen könnte.

Tritt im **verbundenen Geschäft** die Bank ihren Darlehensrückzahlungsanspruch ab, bezieht sich die Unwirksamkeitsfolge im Verhältnis zum Zessionar auch auf Einwendungen aus § 359 Abs. 1 Satz 1 BGB (→ § 495 Rn. 408 aE). Im Verhältnis zwischen Verbraucher und finanzierendem Kreditinstitut (Bank) würde die Unwirksamkeit eines Verzichts auf Einwendungen, die sich aus Verbraucherkreditrecht ergeben, schon aus der allgemeinen Regel von § 361 Abs. 2 Satz 2 BGB folgen (→ § 512 Rn. 8). Im Übrigen erstreckt sich der Schutz durch das Verbot des Einwendungsverzichts gerade auch auf Fälle, in denen nicht vom Tatbestand des verbundenen Geschäfts auszugehen ist.[16]

2. Cessio legis

Gleichgültig ist, ob der Forderungsübergang rechtsgeschäftlicher (§ 398 BGB) oder gesetzlicher (§ 412 BGB) Natur ist. Auch in Bezug auf den letzten Fall ist ein Verzicht des Verbrauchers als Darlehensnehmer also unwirksam. Beim Forderungsübergang auf den leistenden **Bürgen** des Verbrauchers nach § 774 Abs. 1 BGB[17] ist fraglich, ob ein Verzicht des Bürgen gegenüber dem Gläubiger auf die Einreden aus §§ 768 Abs. 1, 770 BGB wirksam ist; § 496 Abs. 1 BGB ist nicht unmittelbar anwendbar, weil der Verzicht nicht vom Verbraucher als Darlehensnehmer und Hauptschuldner erklärt wird. Der Verzicht des Bürgen wirkt sich

---

[11] BGH NJW 1983, 1903 zu III. 1.
[12] Gl. A. MüKoBGB/*Schürnbrand* § 496 BGB Rn. 10.
[13] MüKoBGB/*Schürnbrand* § 496 BGB Rn. 8; Staudinger/*Kessal-Wulf* § 496 BGB Rn. 10; AnwKomm/*Reiff* § 496 BGB Rn. 2.
[14] Staudinger/*Hopt/Mülbert* vor § 607 BGB Rn. 596.
[15] So Staudinger/*Kessal-Wulf* § 496 BGB Rn. 4, 10; MüKoBGB/*Schürnbrand* § 496 BGB Rn. 8.
[16] MüKoBGB/*Schürnbrand* § 496 BGB Rn. 1.
[17] Hierzu OLG Schleswig NJW 1988, 3024; *Bruchner/Ott/Wagner-Wieduwilt* § 10 VerbrKrG Rn. 15.

aber auf dessen Regress beim Verbraucher aus. Dieser kann gegenüber dem Bürgen als Legalzessionar allerdings Einwendungen gegen den Zedenten (zB Bank) gem. § 412, 404 BGB erheben, sodass eine analoge Anwendung von § 496 Abs. 1 auf einen solchen Bürgenverzicht, der im Allgemeinen sogar durch Formular möglich ist,[18] insoweit nicht geboten erscheint. Entsprechendes gilt für den Verzicht des Gesamtschuldners eines Verbrauchers auf die Einwände aus §§ 422 bis 424 BGB im Hinblick auf den Regress nach § 426 Abs. 2 BGB. Jedoch steht in Anspruchskonkurrenz zum Regress nach § 774 Abs. 1 BGB auch der in aller Regel bestehende Aufwendungsersatzanspruch nach § 670 BGB aus dem Deckungsverhältnis zwischen Bürgen und Verbraucher als Hauptschuldner; insoweit trifft der Verzicht des Bürgen den Verbraucher als Hauptschuldner, sodass der Verzicht des Bürgen im Bürgschaftsvertrag mit dem Gläubiger in analoger Anwendung von § 496 Abs. 1 unwirksam ist.[19] Auf die Verbrauchereigenschaft von Bürge oder Mithaftendem (→ § 491 BGB Rn. 119) kann es hierbei nicht ankommen. Wo der Verzicht aber nicht Einwendungen des Darlehensnehmers schmälert, ist § 496 Abs. 1 BGB nicht analog anwendbar, zB bei einem Verzicht auf eigene Einwendungen des Bürgen gegen den Gläubiger wie die Aufrechnung mit Gegenansprüchen des Bürgen.[20]

9 Erhebliche praktische Bedeutung beim Abschluss von Kreditverträgen haben derartige Verzichte nicht, am ehesten noch dann, wenn sie im Zuge einer späteren Abtretung herbeizuführen versucht werden,[21] bei Abtretung im Rahmen einer Factoring-Finanzierung des Kreditgebers sowie im Falle einer Absatzfinanzierung, ohne dass ein verbundenes Geschäft anzunehmen wäre (→ Rn. 7 aE);[22] zur analogen Anwendung von § 508 Satz 5 BGB in diesem Fall (Wiederansichnehmen der gelieferten Sache) → § 508 Rn. 55.

3. Anerkenntnis, Vollstreckungsunterwerfung

10 Unwirksam ist nur der Einwendungsverzicht, nicht die Erschwerung der Durchsetzung von Einwendungen. Der Verbraucher kann sich deshalb, jedenfalls durch Individualvertrag,[23] verpflichten, über Verbindlichkeiten aus Kreditverträgen nach Maßgabe von §§ 780, 781 BGB Schuldversprechen oder Schuldanerkenntnisse einzugehen und sich auf eine notarielle Urkunde iSv § 794 Abs. 1 Nr. 5 ZPO einzulassen;[24] allerdings wird eine analoge Anwendung von § 496 Abs. 3 BGB auf diesen Fall vertreten.[25] Bei notarieller Urkunde muss der Ver-

---

[18] BGH WM 2002, 1179.
[19] MüKoBGB/*Schürnbrand* § 496 BGB Rn. 11; Staudinger/*Kessal-Wulf* § 496 BGB Rn. 5.
[20] MüKoBGB/*Schürnbrand* § 496 BGB Rn. 11; *Bülow* Kreditsicherheiten, Rn. 1012.
[21] Mit dem Zessionar vor Abtretung: BGH BB 1964, 1396.
[22] *Bruchner/Ott/Wagner-Wieduwilt* § 10 VerbrKrG Rn. 6, 7.
[23] Eine Beweislastumkehr verstößt gegen § 309 Nr. 12 BGB, auch – aber str. – durch Vollstreckungsunterwerfung; *Bülow* Kreditsicherheiten, Rn. 195; *Stürner* JZ 1977, 431 und 639; aA jedoch BGHZ 99, 274 (284f.) und BGH NJW 2004, 59 zu II. 3.b; kein Verstoß gegen § 307 durch deklaratorisches Schuldanerkenntnis mit Einwendungsverzicht, BGH NJW 2003, 2386.
[24] Gesetzesbegründung, BT-Drucks. 11/8274, S. 22; krit. freilich *Schimansky* WM 2008, 1049.
[25] Aber wo ist die Gesetzeslücke? AnwKomm/*Reiff* § 496 BGB Rn. 4; *Bruchner/Ott/Wagner-Wieduwilt* § 10 VerbrKrG Rn. 23; *v. Westphalen/Emmerich/v. Rottenburg* § 10 VerbrKrG Rn. 5; *Vollkommer* NJW 2004, 818; **aA** BGH NJW 2005, 1576 = WM 2005, 828 zu

braucher Einwendungen durch Vollstreckungsgegenklage gem. §§ 767, 796 ZPO erheben. Gegebenenfalls dürfte er auch in diesem Verfahren noch den Widerruf erklären können (→ § 495 Rn. 168 und → 4. Teil Rn. 18).[26]

4. Unterrichtung über Abtretung (Abs. 2)

a) Verpflichteter. Die Abtretung ist gem. § 398 BGB ein formfreier Verfügungsvertrag zwischen Zedent und Zessionar, dessen Wirksamkeit von Unterrichtung des Forderungsschuldners, geschweige denn von seiner Mitwirkung, unabhängig ist. Daran ändert die Unterrichtungspflicht nach § 496 Abs. 2 nichts. Jedoch stellt die unterbliebene Unterrichtung eine Pflichtverletzung dar, aufgrund derer der Verbraucher einen darauf beruhenden Schaden gem. §§ 280 Abs. 1, 249 BGB liquidieren kann. **11**

Die Vorschrift bestimmt nicht, wer zu unterrichten hat.[27] Da es sich um eine auf dem Darlehensvertrag beruhende, gesetzliche Pflicht handelt (freilich soll es sich nach der Gesetzesbegründung[28] um eine vertragliche Verpflichtung handeln) und die Bank als Zedentin Vertragspartei bleibt, ist sie Schuldnerin der Unterrichtungspflicht, bei Forderungsübergang im Wege der Vertragsübernahme (welcher der Schuldner zustimmen muss, → § 491 Rn. 79) der Übernehmer, bei einer Umwandlung der übernehmende Rechtsträger, im Erbfall der Erbe. Jedoch sind abweichende Vereinbarungen möglich, sodass die Unterrichtungspflicht wirksam auf den Zessionar übertragen werden kann.[29] Eine solche Vereinbarung wird zwischen Zedent und Zessionar resp. Übertragendem und Übernehmer getroffen, aber nicht mit dem Verbraucher. Die Sanktion liegt im Schadensersatzanspruch des Verbrauchers wegen Pflichtverletzung nach § 280 BGB gegenüber seinem Vertragspartner, der Bank als Zedentin[30] resp. gegenüber dem Übertragenden. Die **Beweislast** für die abweichende Vereinbarung trägt der auf Schadensersatz in Anspruch genommene Zedent,[31] was nichts daran ändert, dass er gegenüber dem Verbraucher Schuldner der Unterrichtungspflicht bleibt. Er kann sich aber auf diese Weise zB gegen einen Verzug verteidigen, § 286 Abs. 4 BGB. **12**

b) Alleiniges Auftreten des Zedenten. Die Abtretung kann mit der schuldrechtlichen Abrede verbunden werden, die Gläubigerstellung gegenüber dem Schuldner nicht zu offenbaren, insbesondere die Forderung nicht einzuziehen. Vielmehr wird typischerweise dem Zedenten als Nichtgläubiger eine Einziehungsermächtigung vom Zessionar erteilt, sodass der Zedent die Forderung im eigenen Namen einziehen kann. So pflegt bei der Sicherungsabtretung verfahren zu werden, wo der Zessionar die Abtretung gegenüber dem Schuldner erst offenbart, wenn der Sicherungsfall eingetreten ist (insbesondere Verzug des **13**

II. 3 b. aa. (2) mit Anm. *M. Roth* WuB I G 5.–9.05; OLG Hamm WM 2005, 846 zu II. 1.b. mit Anm. *Artz* WuB I E 2.–1.05; KG WM 2005, 596 mit Anm. *M. Roth* WuB IV D.–5.05; MüKoBGB/*Schürnbrand* § 496 BGB Rn. 9.
[26] Vgl. für Vollstreckungsbescheid OLG Karlsruhe WM 1990, 1723 mit Anm. *Bülow* WuB IV C.–4.90; aA OLG Hamm NJW 1993, 140 mit abl. Anm. *Ernst* EWiR § 1b AbzG 1/92, 937.
[27] *Artz* ZGS 2009, 23 (27).
[28] BT-Drucks. 16/9821, S. 15.
[29] *Langenbucher* NJW 2008, 3169 (3171).
[30] MüKoBGB/*Schürnbrand* § 496 BGB Rn. 16.
[31] Baumgärtel/Laumen/Prütting/*Bülow*, § 496 BGB Rn. 3.

Zedenten als Kreditschuldner und Sicherungsgeber mit der gesicherten Forderung gegenüber dem Zessionar). Tritt der Sicherungsfall nicht ein, weil sich der Verbraucher als Schuldner vertragstreu verhalten hatte, wird die Sicherungsabtretung nicht offengelegt. Dabei bleibt es nach § 496 Abs. 2 Satz 2, sodass die Unterrichtungspflicht nicht entsteht. Dies ist erst dann der Fall, wenn die Voraussetzungen von Satz 2 fortfallen, wie Satz 3 formuliert.

14 Fraglich ist, was damit gemeint ist. Die Vereinbarung nach Satz 2 ist bei einer Sicherungsabtretung Teil des Sicherungsvertrags zwischen Zedent als Kreditschuldner und Zessionar als Kreditgläubiger. Dieser Sicherungsvertrag bleibt unberührt, wenn der Sicherungsfall eingetreten ist, fällt also nicht fort. Der Sicherungsfall bedeutet auch noch nicht notwendig, dass der Zessionar von seinem Recht zur Offenlegung tatsächlich Gebrauch macht. Maßgeblicher Umstand und Zeitpunkt dürfte diese Offenlegung gegenüber dem Darlehensnehmer als Schuldner der abgetretenen Forderung sein,[32] die sogleich mit dem Unterrichtungserfordernis nach Satz 1 verbunden werden kann, sonst ist die Unterrichtung unverzüglich nachzuholen.

15 **c) Inhalt und Form der Unterrichtung.** Der Verbraucher ist über den Gläubigerwechsel zu unterrichten. Dessen Zeitpunkt unterliegt nicht der Unterrichtungspflicht, ebenso wenig die Umstände der Abtretung (Forderungskauf, Umwandlung). Für die Kontaktdaten des Zessionars verweist das Gesetz auf Art. 246b § 1 Nr. 1, 3 und 4 EGBGB (Identität, Vertreter, Anschrift).

16 Für die Form der Unterrichtung gilt § 492 Abs. 5, sie muss also auf einem dauerhaften Datenträger erfolgen.[33] Der Zedent resp. Zessionar hat **unverzüglich** nach Vollendung der Abtretung darüber zu unterrichten, dh durch Absendung spätestens am nächsten Tag, was im Hinblick auf die Sanktion (→ Rn. 12) kaum eine praktische Rolle spielen dürfte.

17 **d) Unterrichtung nach § 493 Abs. 4 BGB.** Die Abtretung des Anspruchs auf Rückzahlung des Darlehens nach § 488 Abs. 1 Satz 2 BGB bedeutet nicht, dass der Zessionar Partei des Darlehensvertrags mit dem Verbraucher würde. Deshalb bleibt der Zedent Schuldner der Unterrichtungspflicht nach § 493 Abs. 1 bis 3 (Zinsbindung und -anpassung[34]). Zusätzlich hat der Zessionar gem. § 493 Abs. 4 zu unterrichten, wobei es sich hierbei um eine gesetzliche Pflicht handelt.[35]

II. Begebung von Wechseln oder Schecks

1. Verbotsumfang

18 Während nach alter Rechtslage unter Geltung des Abzahlungsgesetzes der Finanzierung von Teilzahlungsgeschäften durch Wechsel als solcher keine rechtlichen Bedenken entgegengesetzt wurden (sog. C-Geschäft, → § 495 Rn. 253)[36]

---

[32] Gl. A. MüKoBGB/*Schürnbrand* § 496 BGB Rn. 17.
[33] MüKoBGB/*Schürnbrand* § 496 BGB Rn. 17.
[34] BT-Drucks. 16/9821, S. 20 zu Nr. 4.
[35] *Artz* ZGS 2009, 23 (27).
[36] BGH WM 1980, 547; BGHZ 15, 171 und 241; BGHZ 51, 69; BGHZ 43, 258; BGH NJW 1974, 747; WM 1971, 1264 und 1265; BGH WM 1969, 211; 1956, 315; 1963, 1276; 1959, 532; 1986, 3197; OLG Bremen NJW 1952, 347; OLG Frankfurt WM 1986, 382; OLG Hamm WM 1985, 1100 mit Anm. *Koller* WuB IV C.–2.85; *Reinicke* DB 1959, 1103.

und auch die neue Verbraucherkreditrichtlinie 2008/48/EG keine Einschränkungen mehr enthält, diese Frage also außerhalb ihres harmonisierten Bereichs angesiedelt ist,[37] bleibt es beim Wechsel- und Scheckverbot nach § 496 Abs. 3, das auf Art. 10 der alten Richtlinie 87/102/EWG beruht. Allerdings gilt das Verbot nicht umfassend, nämlich für Schecks nur bei sicherungshalber begebenen; erlaubt ist aber die Entgegennahme von Schecks durch den Darlehensgeber zahlungshalber,[38] denkbar auch durch Indossierung eines Orderschecks (Art. 14 ScheckG).

Bei Wechseln kommt es auf die Art der eingegangenen Verbindlichkeit nicht an: Das Verbot erstreckt sich sowohl auf Akzept (Art. 28 WG) wie Ausstellung (Art. 9 WG), denkbar auch Indossierung (Art. 15 WG) sowie Wechselbürgschaft (Art. 30 WG, → Rn. 33), welche sekundäre Verbindlichkeiten begründen. **19**

Die praktische Bedeutung ist mit dem Rückzug des Wechsels als Kredit-, Zahlungs- und Sicherungsform auf den Märkten geschwunden.[39] **20**

a) Verpflichtung – Wahlrecht des Verbrauchers. Das Wechselverbot gilt, wie Absatz 3 Satz 1 bestimmt, für den Fall, dass der Verbraucher zur Eingehung der Wechselverbindlichkeit verpflichtet wird, also sich auf einen so gestalteten Kreditvertrag oder eine nachträgliche Änderung einlässt. Es ist aber denkbar, dass der Verbraucher, der vielleicht in Verzug zu geraten droht, von sich aus anbietet, dass ihm die Leistung durch Wechselhingabe nachgelassen werde, und der Kreditgeber ihm freistellt, durch Wechsel oder auf andere Weise zu leisten. In diesem Fall ist der Verbraucher nicht verpflichtet worden, die Wechselverbindlichkeit einzugehen, sondern er kann bei Fälligkeit auch auf andere Weise leisten. Lässt sich der Kreditgeber aber darauf ein, dass der Verbraucher nur noch durch Wechsel, aber nicht durch Barzahlung oder auf andere Weise leisten darf, ist der Verbraucher dazu verpflichtet, und es gilt das Wechselverbot gem. Absatz 3. Sofern es danach keine Verpflichtung, sondern nur ein Wahlrecht gibt, ist eine Ausdehnung des Verbots, das über den Wortlaut von § 496 Abs. 3 hinausgeht, entgegen hM[40] nicht geboten, weil der Schutz des Verbrauchers immer noch besser gewährleistet ist, indem er den Verzug vermeidet, wenn auch um den Preis drohenden Einwendungsverlustes gem. Art. 17 WG für den Fall, dass der Wechsel an einen gutgläubigen Dritten übertragen wurde. Insoweit bietet die bisherige Rechtsprechung ein hinreichendes Schutzinstrumentarium. Das Wechselverbot gilt in solchen Fällen richtiger-, aber umstrittenerweise also nicht, sodass es bei den hierfür zum Abzahlungsgesetz entwickelten Grundsätzen bleibt. **21**

Gilt das Wechselverbot in solchen Ausnahmefällen nicht, ist dennoch eine andere Beurteilung für den Fall geboten, dass der Kreditvertrag gem. § 494 Abs. 1 nichtig und auch nicht geheilt war. Das Tilgungsangebot des Verbrauchers ist in diesem Fall nach näherer Maßgabe von § 139 BGB unwirksam. **22**

b) Insbesondere: Sicherungsscheck. Dagegen kommt es für die Entgegennahme eines Sicherungsschecks gem. Absatz 3 Satz 2 (→ Rn. 18) nicht darauf an, ob der Verbraucher von sich aus initiativ wurde: Ein Scheck ist unabhängig von zugrundeliegenden schuldrechtlichen Absprachen, von Fälligkeitsangaben **23**

---

[37] Wohl übersehen von *Welter* FS Leipziger Juristenfakultät, S. 407.
[38] OLG Düsseldorf MDR 1994, 459 zu 1.
[39] Vgl. *Baumbach/Hefermehl/Casper*, Einl. WG Rn. 69, 70; *Bülow* Einf. WG Rn. 17.
[40] *G. Müller* WM 1981, 1781 (1784f.); MüKoBGB/*Schürnbrand* § 496 BGB Rn. 21; *Reinicke/Tiedtke* ZIP 1992, 217 (223).

§ 496 24–26   1. Teil. Darlehen und Finanzierungshilfen

auf dem Scheck (Art. 28 Abs. 1 Satz 2 ScheckG) und vom angegebenen Ausstellungsdatum (Art. 28 Abs. 2 ScheckG) bei Vorlegung (Sicht) zahlbar, sodass auch eine Vordatierung die jederzeitige Präsentation nicht hindert;[41] das Scheckgesetz will die Verwendung von Schecks zu anderen als Zahlungszwecken gerade verhindern. Der Verbraucher ist deshalb vor der Gefahr zu schützen, dass er auf den sicherungshalber begebenen Scheck vor der geplanten Zeit zahlen muss und sich auf scheckrechtswidrige Begebungen einlässt. Tut er das freilich dennoch, ist der Scheck wirksam begeben, sodass die vorgenannten Rechtsfolgen eintreten können und bei Weiterbegebung des Schecks durch den Darlehensgeber Einwendungen gegenüber dem Scheckerwerber gem. Art. 22 ScheckG präkludiert sein können (→ Rn. 20).

24   **c) Nichtigkeit der Zweckvereinbarung – Wirksamkeit des Begebungsvertrags.** Wird entgegen § 496 Abs. 3 BGB eine Verpflichtung des Verbrauchers begründet, eine Wechselverbindlichkeit zur Erfüllung der Verbindlichkeit aus dem Darlehensvertrag einzugehen (Zweckvereinbarung),[42] verstoßen die Parteien gegen ein gesetzliches Verbot, sodass ihre Willenserklärungen gem. § 134 BGB nichtig sind[43] (→ § 491 Rn. 122 aE). Es ist dann eine Frage des Einzelfalls, ob der Darlehensvertrag im Übrigen nach dem Rechtsgedanken von § 139 BGB aufrechtzuerhalten oder insgesamt nichtig ist.[44] Im Allgemeinen dürfte die Tilgungsform untergeordnete Bedeutung haben und folglich anzunehmen sein, dass der Darlehensvertrag mit der Maßgabe wirksam bleibt, dass der Verbraucher bei Fälligkeit in bar oder durch Scheck zahlen kann.

25   Das Verbot bezieht sich nur auf die Verpflichtung, eine Wechselverbindlichkeit einzugehen, nicht aber auf die Eingehung der Wechselverbindlichkeit selbst, also den Vollzug, der sich durch die Abstraktion vom Kausalverhältnis kennzeichnet. Der wertpapierrechtliche **Begebungsvertrag**[45] ist also wirksam (gleichermaßen bei Begebung eines Schecks sicherungshalber, → Rn. 23) und begründet die wechsel- oder scheckrechtliche Gläubigerstellung des Inhabers. Dagegen ist die obligatorische Zweckvereinbarung mit dem Inhalt, Wechselhingabe und -einlösung sollten die Verbindlichkeit aus dem Grundverhältnis – hier dem Darlehensvertrag – erfüllen, gem. §§ 134, 496 Abs. 2, 499 bis 501 BGB nichtig, sodass der Wechsel (entsprechend ein Scheck) gem. §§ 812, 818 BGB vom Verbraucher kondiziert werden kann. Außerdem hat er den Herausgabeanspruch aus Absatz 2 Satz 3 (→ Rn. 26).

2. Herausgabeanspruch

26   Dem Darlehensgeber, der Inhaber der Wechsel- bzw. Scheckrechte und zugleich Eigentümer der Urkunde ist (→ Rn. 24), kann nach allgemeinen wertpapierrechtlichen Regeln nicht nur der fehlende obligatorische Rechtsgrund

---

[41] *Bülow* WG, ScheckG, Art. 29 ScheckG Rn. 5.
[42] *Bülow* WG, ScheckG, Art. 17 WG Rn. 66.
[43] Gl. A. *G. Müller* WM 1991, 1781 (1786).
[44] *G. Müller* WM 1991, 1781 (1787); aA MüKoBGB/*Schürnbrand* § 496 BGB Rn. 20; Staudinger/*Kessal-Wulf* § 496 BGB Rn. 30; *Reinicke/Tiedtke* ZIP 1992, 217 (222).
[45] *Bülow* WG, ScheckG, AGB, Einf. WG Rn. 7; allerdings kann sich die Sittenwidrigkeit des Handelns nach Lage des Einzelfalls ohne spezifische verbraucherkreditrechtliche Konstellationen auch auf den Begebungsvertrag beziehen, *Bruchner/Ott/Wagner-Wieduwilt* § 10 VerbrKrG Rn. 32; *v. Westphalen/Emmerich/v. Rottenburg* § 10 VerbrKrG Rn. 35.

einredeweise entgegengesetzt werden,[46] sondern der Verbraucher kann darüber hinaus gem. Abs. 3 Satz 3 Herausgabe des Papiers, also der Wechsel- oder Scheckurkunde, verlangen und den Darlehensgeber auch dadurch an der Durchsetzung des Anspruchs hindern (vgl. Art. 38 WG, 28 ScheckG, → Rn. 30). Herausgabe bedeutet nicht nur Besitz-, sondern auch Eigentumsverschaffung, durch die der Verbraucher in den Stand gesetzt wird, das Papier vernichten zu können. Die Eigentumsverschaffung kann jenseits wechselrechtlicher Übertragungsformen nach § 929 BGB stattfinden.

Den Herausgabeanspruch kann der Verbraucher jederzeit und selbständig, nicht etwa nur einredeweise bei Inanspruchnahme aus dem Papier durch den Darlehensgeber, geltend machen. Allerdings trägt der Verbraucher die **Beweislast** für die tatsächlichen Voraussetzungen seines Herausgabeanspruchs, die sich in aller Regel nicht aus der Wechsel- oder Scheckurkunde ergeben. Dagegen kann der Darlehensgeber den Herausgabeanspruch des Verbrauchers nicht dadurch unterlaufen, dass er Ansprüche aus dem Darlehensvertrag (→ Rn. 26) oder andere konnexe Gegenansprüche zurückbehaltend entgegensetzt (§ 273 Abs. 1 BGB: aus Gründen des Verbraucherkreditrechts ergibt sich „ein anderes"[47], anders im Falle erlaubter Begebung (→ Rn. 36). Der Herausgabeanspruch erstreckt sich auch auf eine Diskontbank, die Abzahlungsgeschäfte des Kreditgebers finanziert[48] (→ Rn. 39).

3. Präklusion und Regress

Überträgt der Darlehensgeber den entgegen den Verboten aus Absatz 3 Satz 1 oder 2 begebenen Wechsel oder Scheck weiter, sind Einwendungen aus dem Rechtsverhältnis zwischen Verbraucher und Kreditgeber nach Maßgabe von Art. 17 WG, 22 ScheckG auch in Bezug auf den Herausgabeanspruch (→ Rn. 26) präkludiert, können dem Wertpapiergläubiger also nicht entgegengesetzt werden, wenn der Erwerber im Hinblick auf diese Einwendungen gutgläubig ist (→ Rn. 39; gleichermaßen im Falle nichturkundlicher Gültigkeitseinwendungen, zB aus §§ 138 Abs. 2 oder 656 BGB). Der Verbraucher kann also dem Wertpapierinhaber gegenüber verpflichtet sein, die Wechsel- oder Scheckforderung zu tilgen, obwohl er Einwendungen aus dem Kreditvertrag, zB aufgrund ausgeübten Widerrufs oder im Fall eines Teilzahlungsgeschäfts (§ 506 Abs. 3), wegen Gewährleistung oder auch gem. § 496 Abs. 3 Satz 3 auf Herausgabe des Wertpapiers, im Verhältnis zum Kreditgeber hat. Zum Ausgleich haftet der Kreditgeber dem Verbraucher gem. Absatz 3 Satz 4 **verschuldensunabhängig** für den **Schaden,** der aus einer gesetzwidrigen Begebung entsteht. Es ist also, gegebenenfalls im Regressprozess zwischen Verbraucher und Kreditgeber, festzustellen, in welcher Höhe der Verbraucher die Leistung aus dem Wertpapier hätte verweigern können, wenn er nicht aus dem Wertpapier, sondern aus der Grundforderung, also aus dem Kreditvertrag, in Anspruch genommen worden wäre. Hätte der Verbraucher danach, zB wegen einer Minderung nach Maßgabe von § 441 BGB, nicht leisten müssen, war er aber auch insoweit zur Leistung auf das Wertpapier verpflichtet, kann er beim Kreditgeber in dieser Höhe Regress

---

[46] *Bülow* WG, ScheckG, Art. 17 WG Rn. 71.
[47] Staudinger/*Kessal-Wulf* § 496 BGB Rn. 31; zutreffend auch MüKoBGB/*Schürnbrand* § 496 BGB Rn. 31.
[48] Zutreffend MüKoBGB/*Schürnbrand* § 496 BGB Rn. 32.

nehmen. Schon vor Inanspruchnahme und tatsächlicher Zahlung kann der Verbraucher vom Kreditgeber **Freistellung** verlangen. Darüber hinaus kann ein Schaden des Verbrauchers darin liegen, dass er sich auf einen Prozess mit dem Wertpapierinhaber einließ und Prozesskosten zu leisten hat, vielleicht Protest-, Benachrichtigungs-, Provisionskosten (Art. 48 Abs. 1 Nr. 4 WG) oder dass er Verzugsschäden ersetzen muss. Zwar muss sich der Verbraucher gem. § 254 BGB eigenes **Mitverschulden** bei der Entstehung des Schadens oder bei seiner Abwendung anrechnen lassen, aber er hat gegenüber dem Kreditgeber nicht die Pflicht, abermals ein Darlehen aufzunehmen, um Prozess oder Verzug abzuwenden oder auch nur den Schaden zunächst aus eigenen Mitteln zu finanzieren.[49] Entscheidet sich der Verbraucher zur Darlehensaufnahme, hat er dem Kreditgeber Gelegenheit zu geben, die Kreditkosten durch Vorschusszahlung abzuwenden,[50] im Übrigen liegt der Schaden des Verbrauchers in den Finanzierungskosten. Der Kreditgeber kann mit Ansprüchen, die er gegenüber dem Verbraucher aus der Grundforderung hat (→ Rn. 36), aufrechnen.

29 Da der Begebungsvertrag wirksam ist, werden Kreditgeber oder Erwerber des Papiers materiell legitimierte Inhaber. Zwar ist die bezogene Bank gem. Art. 4 ScheckG zur Einlösung des Schecks nicht verpflichtet, kann aber mit befreiender Wirkung im Verhältnis zum Verbraucher als Aussteller leisten. Der Verbraucher kann den Scheck aber gem. Art. 32 ScheckG, Nr. 5 Scheckbedingungen widerrufen, sodass die Bank zur Beachtung der **Schecksperre** verpflichtet ist.[51] Wird der Verbraucher im Wechselrücklauf in Anspruch genommen (Art. 47 WG), kann er diejenigen Einwendungen erheben, die ihm gerade gegen den Wechselinhaber zustehen.[52]

4. Prozess aus Wechsel oder Scheck

30 Ist der Darlehens- oder sonstige Kreditgeber noch Inhaber des Wechsels oder Schecks, braucht sich der Verbraucher auf die Wertpapierforderung überhaupt nicht einzulassen, hat vielmehr jederzeit Anspruch auf Herausgabe des Papiers – auch im Falle des noch nicht fälligen Wechsels, Art. 33 WG –, sodass dieses dem Verbraucher nicht mehr zum Zwecke der Geltendmachung vorgelegt werden kann (Art. 38 WG). Diesen Anspruch kann der Verbraucher dem Kreditgeber auch gegenüber der Wertpapierforderung geltend machen (§ 273 BGB). Kann der Verbraucher den Beweis für die Voraussetzungen seines Herausgabeanspruchs nicht mit den Mitteln des Wechsel- oder Scheckprozesses führen (Urkunden oder Parteivernehmung, § 595 Abs. 2 ZPO), ergeht im Urkunden-, Wechsel- bzw. Scheckprozess gegen ihn gem. § 599 ZPO Vorbehaltsurteil, das gem. § 708 Nr. 4 ZPO ohne Sicherheitsleistung vorläufig vollstreckbar ist, sodass der Verbraucher sein Recht im Nachverfahren suchen muss. Die Vollstreckung aus dem Vorbehaltsurteil führt zur Schadensersatzpflicht des Kreditgebers nach §§ 600 Abs. 2, 302 Abs. 4 Sätze 3 und 4 ZPO. Steht der Herausgabeanspruch aber fest, muss der Verbraucher auf Wechsel oder Scheck auch nicht den Betrag leisten, der dem einwendungsfreien Betrag aus dem Grundgeschäft, dem Darlehens-

---

[49] BGH NJW 1989, 291 zu II. 3. mit Komm. *Grunsky* EWiR § 254 BGB 1/88, 1167.
[50] BGHZ 61, 348 (350); wohl auch OLG Düsseldorf NJW 1969, 2051.
[51] BGHZ 104, 374 (382) mit Komm. *Hadding* EWiR Art. 3 ScheckG 2/88, 1025; *Bülow* WG, ScheckG, Nr. 5 Scheckbedingungen Rn. 1 mwN.
[52] *Bülow* WG, ScheckG, Art. 47 WG Rn. 12.

oder sonstigen Kreditvertrag, entspricht. Der Verbraucher verhält sich **nicht** seinerseits **rechtsmissbräuchlich,** wenn er volle Klageabweisung aus Wechsel oder Scheck verlangt, obwohl er aus dem Kreditvertrag etwas schuldet: Absatz 3 stellt eine Sanktion für gesetzwidrige Wertpapierbegebung dar und soll den Kreditgeber gerade auch daran hindern, sich aus dem Wertpapier mit den erleichterten Mitteln des Wechsel- oder Scheckprozesses einen Titel zu verschaffen. Die Einwendung des Verbrauchers aus § 496 Abs. 3 Satz 3 ist allenfalls dann unerheblich, wenn der Kreditgeber die Wertpapierforderung im gewöhnlichen Prozess geltend macht, in dem er zugleich auch die Grundforderung aus dem Kreditvertrag hätte geltend machen können, seine Klage darauf aber nicht stützt, in diesem Falle seinen Anspruch aber ganz oder teilweise hätte durchsetzen können. Auch das ist aber nur denkbar, wenn die Überzeugung des Gerichts feststeht, dass der Verbraucher keine Einwendungen hat; lässt sich der Verbraucher nicht weiter ein und verlangt lediglich Herausgabe des Wertpapiers, ist die Klage aus Wechsel oder Scheck unbegründet. Stützt der Kreditgeber seine Klage nachträglich auf das Grundgeschäft,[53] muss dem Verbraucher in analoger Anwendung von § 93 ZPO die Möglichkeit des sofortigen Anerkenntnisses unter Verwahrung gegen die Kostentragungslast zugebilligt werden.

Der **Gerichtsstand** für Klagen aus Wechseln und Schecks richtet sich nach §§ 13, 38, 603 Abs. 1, 605a ZPO. Dagegen wurden die Altvorschriften von §§ 6a und 6b AbzG über den Gerichtsstand des Käuferwohnsitzes auch bei Klagen des Käufers[54] (zB Herausgabe des Wechsels) nicht in das Gesetz übernommen; nur für Haustürgeschäfte (Vertragsschluss außerhalb von Geschäftsräumen, § 312b BGB) gilt der besondere Gerichtsstand von § 29c ZPO, in grenzüberschreitenden Sachverhalten die internationale Zuständigkeit am Wohnsitzgericht des Verbrauchers nach Art. 15 EuGVVO (→ 4.Teil Rn. 44).[55]

5. Erfasste Ansprüche

Das Wechsel- und Scheckverbot bezieht sich auf jegliche Ansprüche, die dem Kreditgeber aus dem Kreditvertrag und aus dem Gesetz gegen den Verbraucher zustehen: auf die Gegenleistung, auch auf fällige oder zukünftig fällige Raten, auf Wertersatz oder Nutzungsentschädigung gem. §§ 357a Abs. 3 BGB (→ § 495 Rn. 224, 226), auch zur Sicherung des Anspruchs auf Herausgabe der Sache im Falle von Widerruf oder Rücktritt, wegen Verzugs aus §§ 497, 498, auf Ansprüche aufgrund Rücktritts gem. § 508 BGB; der Kreditgeber darf vom Verbraucher auch bei vorzeitiger Rückzahlung gem. § 501 keinen Wechsel oder Sicherheitsleistung durch Scheck verlangen, ebenso wenig, um Ansprüche aus Schuldanerkenntnissen (→ Rn. 10) durchzusetzen.

6. Dritte

Geht ein Dritter für den Verbraucher eine Wechsel- oder Scheckverbindlichkeit ein – sei es als Wechsel- oder Scheckbürge, Art. 30 WG,[56] Art. 25 ScheckG,

---

[53] Zu §§ 263, 264 ZPO (Sachdienlichkeit) BGH WM 1994, 455; *Bülow* WG ScheckG Art. 17 WG Rn. 135.
[54] Vgl. BGHZ 62, 110; G. *Müller* WM 1991, 1781 (1790).
[55] *Bülow/Artz/Fischer,* Handbuch Verbraucherprivatrecht, 17. Kapitel Rn. 57 ff.
[56] Hierzu OLG München ZIP 2004, 991 mit Komm. *Keil* EWiR Art. 47 WG 1/04, 515.

§ 496 34–37   1. Teil. Darlehen und Finanzierungshilfen

sei es im Wege der Begebung für einen Drittschuldner durch Akzept oder Ausstellung[57] –, ist § 496 anwendbar, sofern der Verpflichtete seinerseits Verbraucher iSv § 13 BGB ist; es gelten die gleichen Grundsätze wie zum Sicherungs-Schuldbeitritt (→ § 491 Rn. 115, 122 ae).[58]

III. Erlaubte Begebung

34   Liegen die Voraussetzungen des Wechselverbots nicht vor, weil der Verbraucher nicht vom Darlehens- oder sonstigen Kreditgeber zur Eingehung der Wechselverbindlichkeit verpflichtet wurde, sondern selbst und von sich aus die Leistung durch Wechsel anbot und die Wahl hat, auch auf andere Weise zu erfüllen, gelten – richtiger-, aber umstrittenerweise (→ Rn. 21) – die schon zum Abzahlungsgesetz entwickelten Grundsätze,[59] freilich heutzutage mit weit geringerer praktischer Bedeutung (→ Rn. 20).

1. Kreditgeber als Wechselgläubiger

35   Ist der Kreditvertrag aufgrund Formverstoßes gem. §§ 494 Abs. 1, 506 Abs. 1, 507 Abs. 2 Satz 1 nichtig oder schuldet der Verbraucher gem. § 507 Abs. 2 Satz 3 nur den Barzahlungspreis oder doch nicht den vollen Gesamtbetrag (Teilzahlungspreis, → § 507 Rn. 27 ff.), kann er diesen Umstand gegen den Wechselanspruch des Kreditgebers jenseits von Art. 17 WG einwenden,[60] muss die Wechselsumme also nicht in voller Höhe erfüllen (vgl. zur Abgrenzung bei gesetzwidriger Begebung, → Rn. 28). Allerdings trägt der Verbraucher die Darlegungs- und **Beweislast** (→ Rn. 27). Das gilt selbst dann, wenn der Kreditgeber im Nachverfahren Zwischenfeststellungsklage auf Wirksamkeit des Kausalverhältnisses erhebt (§ 256 Abs. 2 ZPO), weil die Beweislastverteilung keine andere als im Hauptsacheverfahren (Wechselanspruch) sein kann.[61]

36   Im Falle des Widerrufs waren Ansprüche auf den Kaufpreis oder die Vergütung weggefallen, sodass auch die Wechselforderung unbegründet ist; der Kreditgeber kann seine aufgrund des Widerrufs entstehenden Ansprüche (zB Wertersatz, §§ 357a Abs. 3, Abs. 2, 357 Abs. 8 BGB, → § 495 Rn. 226) zwar den Ansprüchen des Verbrauchers aufrechnungsweise oder zurückbehaltend entgegensetzen (§§ 389, 273 BGB, → Rn. 28 aE), darf aber nicht Tilgung der Wechselforderung verlangen.[62]

37   Sichert der Wechsel den sich aus §§ 498 Abs. 1, 506 Abs. 1 BGB ergebenden Betrag einer **Gesamtfälligkeitsstellung,** kann der Verbraucher die persönliche Einwendung iSv Art. 17 WG mit der Begründung erheben, die Voraussetzungen für die Gesamtfälligkeit – zB Nachfristsetzung gem. §§ 498 Satz 1 Nr. 2 BGB – seien nicht erfüllt;[63] nach allgemeinen Regeln kann der Verbraucher gegenüber

---
[57] *Bülow* WG, ScheckG, Art. 19 WG Rn. 16.
[58] Gl. A. *G. Müller* WM 1991, 1781 (1785); *Reinicke/Tiedtke* ZIP 1992, 217 (222).
[59] *Bülow* WG, ScheckG, Art. 17 WG Rn. 105 ff.
[60] BGH NJW 1986, 3197 mit Bspr. *Emmerich* JuS 1987, 240 und Komm. *v. Westphalen* EWiR § 1a AbzG 1/86, 945.
[61] BGH NJW 1994, 1353 II. zu 2 b. bb. mit Rezension *Bülow* NJW 1998, 3454.
[62] OLG Zweibrücken NJW 1967, 1472; offen BGHZ 51, 69 (75) zu III.; *G. Müller* WM 1991, 1781 (1788).
[63] BGH WM 1956, 315.

dem Kreditgeber Ansprüche aus dem Kreditvertrag nämlich auch dann erheben, wenn der Kreditgeber Wechselansprüche geltend macht (Art. 17 WG).[64] Vom Einzelfall hängt es dann ab, ob angenommen werden kann, dass der Verbraucher den Wechsel im Falle unbegründeter Gesamtfälligkeitsstellung zugleich für die noch offenen Raten begeben hatte und die Wechselforderung wenigstens insoweit (dh, nur in der dem Verfall des Wechsels entsprechenden Fälligkeit dieser Raten) begründet ist; insoweit trägt der Kreditgeber die Darlegungs- und Beweislast.[65] Entsprechendes gilt, wenn der Verbraucher einen Wechsel für die Raten begeben hatte, der Verkäufer aber zurücktritt und Ansprüche gem. § 508 BGB geltend macht.[66] Keinesfalls bedarf es umgekehrt einer Vereinbarung, mit der ausgeschlossen wird, dass Wechsel für Ansprüche wegen Rücktritts verwendet werden, die für Kaufpreisraten begeben worden waren: Auch ohne eine derartige Vereinbarung kann es der Vertragswille der Parteien sein, dass der Wechsel nur der Tilgung des Kaufpreises und nicht anderen Zwecken dienen soll[67] (→ Rn. 24). Diese Grundsätze gelten auch im Falle der **Rücktrittsfiktion** gem. § 508 Satz 4 BGB[68] (→ Rn. 29 f.).

Der Verbraucher kann mehrere Wechsel mit Verfallzeiten anbieten, die den **38** Fälligkeiten der Raten entsprechen oder einen einzelnen Wechsel über die gesamte Gegenleistung mit Verfall bei der letzten Rate (bei früherem Verfall läge ein Verstoß gegen § 498 Abs. 1 Satz 1 BGB vor, → Rn. 37);[69] in diesem Falle würde es sich um einen Kautionswechsel handeln (zum Verbot von Kautionsschecks → Rn. 18).

2. Diskontierung/Refinanzierung

Gibt der Verkäufer/Leistungserbringer Wechsel zum Diskont, sind Einwen- **39** dungen des Verbrauchers gem. Art. 17 WG nur bei Redlichkeit der Diskontbank als neuer Wechselinhaberin präkludiert. An der Gutgläubigkeit kann es fehlen, wenn die Bank dem Verkäufer Diskontkredit gerade zum Zwecke der Durchführung von Abzahlungsgeschäften gewährt; dann kommt es noch nicht einmal darauf an, ob die Diskontbank die einzelnen Einwendungen kennt,[70] zB den Rücktritt nach Maßgabe von § 508 Satz 4 BGB. Das gilt auch im Verhältnis des Verbrauchers zur Refinanzierungsbank, die von der Erstbank finanzierte Wechsel erwirbt, sofern das Refinanzierungsgeschäft abzahlungsbezogen ist.[71]

3. Wechsel über verbundene Geschäfte

Bietet der Verbraucher der finanzierenden Bank wahlweise (→ Rn. 21) Wech- **40** sel an, kann er Einwendungen nach Maßgabe von § 359 Abs. 1 (→ § 495 Rn. 408 aE) auch im Hinblick auf die Wechselforderung als persönliche Ein-

---

[64] BGH WM 1971, 1264.
[65] *G. Müller* WM 1991, 1781 (1789).
[66] BGH WM 1958, 777; 1959, 532; 1969, 211; *Reinicke* DB 1959, 1103.
[67] BGHZ 51, 69 (73 ff.); BGH BB 1988, 583 zu 3. mit Komm. *Knütel* EWiR § 1b AbzG 1/88, 209; BGH DB 1957, 19.
[68] BGHZ 45, 111; 57, 112; BGH BB 1988, 2129.
[69] BGH WM 1956, 315 zu I.
[70] BGH WM 1956, 315; OLG Frankfurt WM 1986, 382 mit Anm. *Häuser* WuB I D 4.-2.86; BGH WM 1971, 1265; *G. Müller* WM 1991, 1781 (1789).
[71] BGHZ 43, 258; MüKoBGB/*Schürnbrand* § 496 BGB Rn. 26.

§ 497   1. Teil. Darlehen und Finanzierungshilfen

wendung iSv Art. 17 WG erheben. Sofern die Bank, zB aufgrund Widerrufs, keine Ansprüche gegen den Verbraucher hat, kann dieser von ihr Herausgabe des Wechsels verlangen;[72] das gilt auch dann, wenn nicht die Bank, sondern der Verkäufer Aussteller des Wechsels ist.

§ 497 Verzug des Darlehensnehmers

(1) [1]Soweit der Darlehensnehmer mit Zahlungen, die er auf Grund des Verbraucherdarlehensvertrags schuldet, in Verzug kommt, hat er den geschuldeten Betrag nach § 288 Abs. 1 zu verzinsen [2]Im Einzelfall kann der Darlehensgeber einen höheren oder der Darlehensnehmer einen niedrigeren Schaden nachweisen.

(2) [1]Die nach Eintritt des Verzugs anfallenden Zinsen sind auf einem gesonderten Konto zu verbuchen und dürfen nicht in ein Kontokorrent mit dem geschuldeten Betrag oder anderen Forderungen des Darlehensgebers eingestellt werden. [2]Hinsichtlich dieser Zinsen gilt § 289 Satz 2 mit der Maßgabe, dass der Darlehensgeber Schadensersatz nur bis zur Höhe des gesetzlichen Zinssatzes (§ 246) verlangen kann.

(3) [1]Zahlungen des Darlehensnehmers, die zur Tilgung der gesamten fälligen Schuld nicht ausreichen, werden abweichend von § 367 Abs. 1 zunächst auf die Kosten der Rechtsverfolgung, dann auf den übrigen geschuldeten Betrag (Absatz 1) und zuletzt auf die Zinsen (Absatz 2) angerechnet. [2]Der Darlehensgeber darf Teilzahlungen nicht zurückweisen. [3]Die Verjährung der Ansprüche auf Darlehensrückzahlung und Zinsen ist vom Eintritt des Verzugs nach Absatz 1 an bis zu ihrer Feststellung in einer in § 197 Abs. 1 Nr. 3 bis 5 bezeichneten Art gehemmt, jedoch nicht länger als zehn Jahre von ihrer Entstehung an. [4]Auf die Ansprüche auf Zinsen findet § 197 Abs. 2 keine Anwendung. [5]Die Sätze 1 bis 4 finden keine Anwendung, soweit Zahlungen auf Vollstreckungstitel geleistet werden, deren Hauptforderung auf Zinsen lautet.

(4) [1]Bei Immobiliar-Verbraucherdarlehensverträgen beträgt der Verzugszinssatz abweichend von Absatz 1 für das Jahr 2,5 Prozentpunkte über dem Basiszinssatz. [2]Die Absätze 2 und 3 Satz 1, 2, 4 und 5 sind auf Immobiliar-Verbraucherdarlehensverträge nicht anzuwenden.

Vorgängervorschrift: § 11 VerbrKrG

Schrifttum: *Aleth,* Die Geltendmachung und Beitreibung von Verzugszinsen aus Verbraucherkrediten, 1994; *Basedow,* Die Aufgabe der Verzugszinsen in Recht und Wirtschaft, ZHR 143 (1979), 317; *ders.,* Verzugszinsen und Diskontsatz, ZRP 1980, 215; *J. Becker,* „Negativzinsen" von Zinsgleitklauseln …? WM 2013, 1736; *Beyer, D.* Entwicklungstendenzen im Leasingrecht – Dargestellt anhand der Rechtsprechung des Bundesgerichtshofes, DRiZ 1999, 234; *Bruchner,* Fehlvorstellungen des Gesetzgebers beim Regelverzugszins für Immobilienkredite, Festschrift Kümpel 2003, S. 65; *Bucher,* Verzugsauslösende Mahnung: Warum Voraussetzung der Fälligkeit der Forderung?, Festschrift Schütze 1999, S. 163; *Bülow,* Sittenwidriger Konsumentenkredit im Verzug, NJW 1992, 2049; *ders.,* Die Schuldturmproblematik aus der Sicht des Verbraucherkreditgesetzes, Schriftenreihe der Bankrechtlichen Vereinigung, Bd. 3, 1993, S. 135; *ders.,* Verzugsschadensberechnung mit 5% über dem jeweiligen Bundesbankdiskontsatz, ZIP 1996, 8; *Bülow/Artz,* Folgeprobleme der Anwendung des Verbraucherkreditgesetzes auf Schuldbeitritt und andere Interzessionen, ZIP 1998, 629; *Casper,* Vorformulierte Verzugszinspauschalierung durch Diskontsatz-

---

[72] BGH WM 1962, 761; *G. Müller* WM 1991, 1781 (1790).

Verzug des Darlehensnehmers § 497

verweis, NJW 1997, 240; *Coen,* Der negative Basiszinssatz nach § 247 BGB, NJW 2012, 3329; *Derleder/Kurabulut,* Schuldnerverzug und Zurückbehaltungsrechte des Allgemeinen Schuldrechts, JuS 2014, 102; *Emmerich,* Auswirkungen des Verbraucherkreditgesetzes auf die Kreditwirtschaft, FLF 1989, 168 und 206; *Führ,* Prozent oder Prozentpunkte, JuS 2005, 1095; *Gruber,* Der Zinsanspruch beim gekündigten Geschäftsdarlehen, NJW 1992, 2274; *Hafke,* Währungsunion und Internet im aktuellen Rechtsinteresse, WM 1997, 1729; *Hartmann,* Prozente und Prozentpunkte beim Klageantrag auf Verzugszinsen, NJW 2004, 1358; *Kanzler,* Verbraucherkreditgesetz: eine ökonomische Analyse, 1996; *Kindler,* Gesetzliche Zinsansprüche im Zivil- und Handelsrecht, 1996; *Klein, D.* Verzug mit Ratenkreditzahlungen, 1995; *Bernd Lorenz,* Schuldnerverzug und wirksame Mahnung des Gläubigers, ZGS 2011, 111; *Mankowski,* Schuldnerverzug und Gläubigerspekulation, WM 2009, 921; *Medicus,* „Geld muss man haben", AcP 188 (1989), 489; *Meyer-Cording,* Nochmals: Der Zinsanspruch beim gekündigten Geschäftsdarlehen, NJW 1993, 114; *Müller, S.* AGB-rechtliche Zulässigkeit von Diskontsatz-Verzugsklauseln, NJW 1996, 1520; *Münzberg,* Rechtsbehelfe nach Absinken rechtskräftig titulierter Verzugszinssätze – BGHZ 100, 211, JuS 1988, 345; *ders.,* Fehler in § 11 Verbraucherkreditgesetz?, WM 1991, 170; *Peters, F.* Der Zinssatz des § 288 I 1 BGB, ZRP 1980, 90; *Petershagen,* Der neue Basiszinssatz des BGB – eine kleine Lösung in der großen Schuldrechtsreform, NJW 2002, 1455; *Pick,* Zur neuen Verzugsregelung für Geldforderungen, ZflR 2000, 333; *Pressmar,* Zum Inhalt einer Mahnung, JA 1999, 593; *Reifner,* Anmerkungen zur Geschichte des Zinseszinsverbots – vom antikapitalistischen Zinsverbot zum Verbraucherschutzprinzip in der Marktwirtschaft, VuR 1992, 1; *ders.,* Das Zinseszinsverbot im Verbraucherkredit, NJW 1992, 337; *Schäfer, Chr.* Der Zins im Bereicherungsrecht, 2002; *Schmidt, K.* Kontokorrentkredit, Zinseszins und Verbraucherschutz, Festschrift Claussen 1997, S. 483; *Schmitz, R.* Der variable gesetzliche Zinssatz, DZWIR 1992, 387; *Schweizer,* Bürgenhaftung für Darlehenszinsen, MDR 1994, 752; *Steiner,* Zum Spannungsverhältnis zwischen Geld und Recht: Eine Analyse am Beispiel des Verzugszinses, Festschrift Giger 1989, S. 655; *Valcarcel,* Verjährung des Anspruchs auf Verzugsschaden, NJW 1995, 640; *Weber, R.* Hauptforderung und Verzugszinsen: eine einheitliche Forderung oder selbständig iSv § 266 BGB?, MDR 1992, 828; *Wessels,* Zinsrecht in Deutschland und England, 1992.

Insbesondere: Schadensberechnung. *Beining,* Verzugszinsen von Verzugszinsen?, NJW 1993, 544; *Bruchner,* Die abstrakte Berechnung des Verzugsschadens bei gekündigten Krediten auf der Basis marktüblicher Brutto-Sollzinsen, ZHR 153 (1989), 101; *ders.,* Zur Berechnung des Verzugsschadens bei Realkrediten iSv § 3 Abs. 2 Nr. 2 Verbraucherkreditgesetz, WM 1992, 973; *Emmerich,* Die Verzugsschadensproblematik bei Ratenkrediten, Festschrift Giger 1989, S. 173; *ders.,* Zum Verzug bei Ratenkreditverträgen, WM 1984, 929; *Fergen,* Der Nachweis des weitergehenden Zinsschadens gem. § 288 Abs. 2 BGB, 1994; *Gösele,* Erfüllung und Verzug bei Banküberweisung, in: Festschr. Nobbe 2009, S. 75; *Gotthardt,* Zur Bemessung des nach dem gewöhnlichen Lauf der Dinge zu erwartenden Schadens einer Bank beim Verzug eines Kreditschuldners, WM 1987, 1381; *Herresthal,* Richtlinien- und verfassungskonforme Auslegung im Privatrecht JuS 2014, 289; *Honsell,* Der Verzugsschaden bei der Geldschuld, Festschrift Hermann Lange 1992, S. 509; *Huhs,* Wie werden die Grundsätze des Bundesgerichtshofs im Urteil vom 28.4.1988 zum Verzögerungsschaden bei Krediten in der Gerichtspraxis umgesetzt?, VuR 1990, 67; *Kindler,* Die neue höchstrichterliche Rechtsprechung zum Ersatz entgangener Anlagezinsen im Verzug, WM 1997, 2017; *Lieb,* Personalkosten als Schaden, Festschrift Steindorff 1990, S. 705; *Nasall,* Vertraglicher Zins und Verzugsschaden, WM 1989, 705; *Reifner,* Schuldrechtsmodernisierungsgesetz und Verbraucherschutz bei Finanzdienstleistungen, ZBB 2001, 193; *Stengel,* Zinsen von Verzugszinsen als Schadensersatz, MDR 1993, 509; *Ungewitter,* § 11 VerbrKrG als Vorschrift über den objektiven Schaden, JZ 1994, 701; *Vogler,* Die Ansprüche der Bank bei Kündigung des Darlehensvertrages wegen Zahlungsverzugs, 1992; *Wagner-Wieduwilt,* Verzugsschadensberechnung – ein leidvolles Thema, Die Bank 1992, 521; *Ralph Weber,* Nowendigkeit einer Randkorrektur bei der Anwendung des § 288 I BGB, Gedächtnisschrift Eckert 2008, S. 961.

Insbesondere: Tilgungsverrechnung. *Aleth,* Die Geltendmachung und Beitreibung von Verzugszinsen aus Verbraucherkrediten, 1994; *Becker-Eberhard,* Zur Möglichkeit der Anpassung rechtskräftig titulierter Verzugsschadenszinsen aus § 286 Abs. 1 BGB an ein

Bülow 533

§ 497　　　　　　　　　　1. Teil. Darlehen und Finanzierungshilfen

verändertes Zinsniveau, DZWIR 1993, 183; *Braun,* Tilgungsregelung und Zwangsvollstreckung – zum Entwurf eines Verbraucherkreditgesetzes, DGVZ 1990, 129; *ders.,* Eine prozessuale Neuerung im kommenden Verbraucherkreditgesetz, WM 1990, 1359; *ders.,* Prozessuale Schwierigkeiten im Umgang mit § 11 Abs. 3 VerbrKrG, WM 1991, 165; *ders.,* Die Titulierung von Verzugszinsen nach Verbraucherkreditgesetz, eine Erwiderung auf Wolfgang Münzberg – WM 1991, 170, WM 1991, 1325; *ders.,* Zinstitel und Abänderungsklage, ZZP 108 (1995), 318; *Budzikiewicz,* Die Verjährung im neuen Darlehensrecht, WM 2003, 264; *Bülow,* Zum aktuellen Stand der Schuldturmpoblematik, insbesondere bei Anwendung von § 11 Abs. 3 Verbraucherkreditgesetz, WM 1992, 1009; *Cartono/Edelmann,* Verjährung der Rückabwicklungsansprüche bei Darlehensverträgen nach Widerruf gemäß dem Haustürwiderrufsgesetz, WM 2004, 775; *Frühauf,* Die Grenzen des Zinsurteils, 1997; *ders.,* Zinsprognose und zivil- richterliche Verantwortung, NJW 1999, 1217; *Grunwaldt,* Sittenwidriger Ratenkreditvertrag: kurze Verjährung und vertragsgemäße Verrechnung der Zinsen, MDR 1995, 125; *Münzberg,* Fehler in § 11 Verbraucherkreditgesetz?, WM 1991, 170; *Ricken,* Die Verjährung titulierter Zinsansprüche, NJW 1999, 1146; *Tischendorf,* Die Schuldtilgung nach den §§ 366, 367 BGB, 1993.

Übersicht

	Rn.
Materialien	
Begründung RegE zu § 11 VerbrKrG, BT-Drucks. 11/5462, S. 25 ff.	1
Kommentierung	
Vorbemerkung: „Moderner Schuldturm"	8
I. Anwendungsbereich	12
1. Darlehensvertrag – Kreditvertrag	12
2. Unternehmerische, insbesondere gewerbliche Kredite	14
3. Sicherungsgeschäfte	15
4. Konditionsverzug	16
5. Vertragliche Regelungen	19
II. Schadensberechnung (Abs. 1)	21
1. Verzug	22
2. Abstrakte Schadensberechnung	24
a) Allgemeine Grundsätze aus § 252 BGB (Wiederanlagezins)	25
b) Besondere Grundsätze aus § 497 Abs. 1: B + 5 vorbehaltlich anderen konkret berechneten Schadens	27
c) Insbesondere: Immobiliar-Darlehensverträge (§ 497 Abs. 4)	30a
d) Geschuldeter Betrag (Kapital und Vertrags-(Soll-)zinsen)	31
e) Keine Vertrags-(Soll-)zinsen	33
f) Anspruch und Durchsetzung	35
3. Konkrete Schadensberechnung	36
a) Darlehensgeber (Kreditgeber)	37
b) Verbraucher	39
c) Kreditgeberkündigung wegen Verbraucherverzugs (Vorfälligkeitsentschädigung?)	39a
4. Andere Kreditverträge als Darlehensverträge	40
5. Unentgeltliche Darlehen und Finanzierunshilfen	40a
III. Zinseszins (Abs. 2)	41
1. Verzugsschaden und Zinseszinsverbot	41
a) Verzug mit dem Verzugsschaden	42
b) Begriff der Zinsen	45
c) Höchstsatz	46
2. Kontenführung	47
a) Transparenz	47
b) Anspruch des Verbrauchers	48
3. Immobiliardarlehensverträge	49
IV. Tilgungsverrechnung (Abs. 3)	50
1. Schuldturmproblematik durch Liquiditätsausgleich für den Gläubiger	50

Verzug des Darlehensnehmers 1–4 § 497

	Rn.
2. Rangverhältnisse	52
a) Der zweite Rang: geschuldeter Betrag	52
b) Der erste Rang: Rechtsverfolgungskosten	53
c) Der dritte Rang: Zinsen	55
3. Abweichende Tilgungsbestimmung des Verbrauchers	56
4. Verjährung (§ 497 Abs. 3 Sätze 3 und 4)	57
a) Darlehensrückerstattung und Vertrags-(Soll-)zinsen	58
b) Verzugszinsen	61
5. Titulierung von Zinsen	63
a) Einklang von Vollstreckungsrecht und materiellem Recht	63
b) Untauglichkeit der gesetzlichen Ausnahmeregelung	65
c) Klagevorgehen	67
d) Unrechtmäßige Verzugszinstitel – Zurückweisung von Teilzahlungen, kurze Verjährung	68
aa) Isolierte Zinstitel, insbesondere Verjährung	69
bb) Gesamttitel, insbesondere teilweise Titulierung	71
6. Immobiliarkreditverträge (Abs. 4)	75
7. Unentgeltliche Darlehen und Finanzierungshilfen	76

Materialien
Begründung RegE zu § 11 VerbrKrG, BT-Drucks. 11/5462, S. 25 ff.

Die Vorschrift greift die Verzugszinsproblematik als mitursächlichen Faktor für die ständig ansteigende Verschuldung von Verbraucherhaushalten in sogenannten „dauernden Zwangskreditverhältnissen" auf, in der Öffentlichkeit unter dem Stichwort „moderner Schuldturm" charakterisiert. Anliegen der Regelung ist nicht nur, einen angemessenen Ausgleich zwischen Kreditgebern und säumigen Verbrauchern zu gewährleisten, sondern auch, die entstandene Rechtsunsicherheit bei der Bestimmung der zulässigen Verzugszinsen im Bereich der Verbraucherkredite zu beseitigen. **1**

Der auf 5% über dem jeweiligen Bundesbankdiskontsatz festgelegte Verzugszins soll die gewöhnlich anfallenden Refinanzierungskosten (Bundesbankdiskontsatz zuzüglich 3%) sowie den Bearbeitungsaufwand der Bank (weitere 2%) ausgleichen. Den Refinanzierungsbedarf decken die Kreditinstitute in der Regel durch Gelder der Nichtbanken, am Geldmarkt oder bei der Deutschen Bundesbank. Die Refinanzierungskosten variieren je nach Kreditinstitut und Refinanzierungsart. Für den kurzfristigen Bedarf kann von dem Zins für Dreimonatsgelder im Interbankengeschäft als einem repräsentativen Satz ausgegangen werden. Ein langjähriger Vergleich der Zinsen für Dreimonatsgelder mit dem Bundesbankdiskontsatz aus den Jahren 1971 bis Mai 1986 lässt erkennen, dass die Refinanzierungsgelder durchschnittlich ca. 2% über dem Diskontsatz lagen und nur kurzfristig in Hochzinsphasen wesentlich abwichen. Selbst unter Berücksichtigung geldpolitischer Unwägbarkeiten bei der Festsetzung des Diskontsatzes und der Erkenntnis, dass die Liquidität am Bankgeldmarkt auch von anderen währungspolitischen Steuerungsmitteln wie zB den Wertpapierpensionsgeschäften, dem Lombardkredit und Mindestreservevorschriften abhängig ist, ist der Refinanzierungsanteil mit dem jeweiligen Bundesbankdiskontsatz zuzüglich 3% pro Jahr großzügig bemessen. **2**

Neben den Refinanzierungskosten entstehen für Kredite im Zahlungsverzug jedoch auch Kosten im technisch-organisatorischen Bereich, die ebenfalls auszugleichen sind. Dieser Verwaltungsaufwand wurde mit einem Zinsaufschlag von 2% pro Jahr angemessen dem Pauschalzins zugerechnet. ... **3**

Absatz 2 Satz 2 beschränkt den Ersatz des Verzugsschadens wegen rückständiger Zinsen, die nach Eintritt des Verzugs angefallen sind, auf den gesetzlichen Zinssatz (§ 246 BGB). Zwar sieht das bisher geltende Recht in § 289 Satz 1 BGB weitergehend sogar vor, dass „von Zinsen Verzugszinsen nicht zu entrichten sind". In der Bankpraxis kommt das geltende Zinseszinsverbot nach § 289 Satz 1 BGB jedoch nicht zum Tragen, weil auf die Zinsforderung Verzugsschadensersatz gemäß § 289 Satz 2 BGB gefordert und die Zinsberechnung und Belastung im Wege der Saldierung durchgeführt wird. Die rein wirtschaftliche Betrachtungsweise, nach der auch ein Zinsrückstand Verluste des Gläubigers herbeiführen und deshalb einen Zinsanspruch begründen kann, soll jedoch aus sozialen Gründen **4**

§ 497 5–8　　　1. Teil. Darlehen und Finanzierungshilfen

zur Schuldnerentlastung für den Bereich der Verbraucherkredite nur eingeschränkt Platz greifen. Den Kreditgebern wird damit ein Beitrag zur Lösung der Schuldturmproblematik auferlegt. Die vorgeschlagene geringe Einschränkung der Gläubigerrechte erhält ihren vollen Sinn im Zusammenwirken mit der ebenfalls vorgeschlagenen Änderung der Tilgungsanrechnung nach Absatz 3. Wenn auf diese Weise ein Anreiz für den überschuldeten Verbraucher geschaffen wird, weitere Zahlungen zu leisten, kommt dies auch dem Kreditgeber zugute. Die Verluste aus längerfristig notleidenden Krediten können in Wertberichtigungen steuerlich entlastend eingestellt werden, wodurch das Ausmaß der Zinseinbußen der Kreditgeber deutlich relativiert wird.

5　　Absatz 2 Satz 1 schreibt zur Absicherung der in Satz 2 vorgeschlagenen Einschränkung von Zinseszinsen vor, dass der geschuldete Betrag und die darauf anfallenden Verzugszinsen in voneinander getrennt zu haltenden Konten einzustellen sind. Die Möglichkeit der periodischen Einstellung von Zinsschulden in ein Kontokorrent nach § 355 HGB wird insoweit ausgeschlossen. ...

6　　Nach Absatz 3 Satz 1 wird die Anrechnungsfolge für Teilleistungen im Verzug des Verbrauchers abweichend von § 367 Abs. 1 BGB in der Weise geregelt, dass Zahlungen erst auf die Kosten der Rechtsverfolgung, dann auf den geschuldeten Betrag und erst zuletzt auf die nach Eintritt des Verzugs angefallenen Zinsen angerechnet werden. Die vorrangige Kostentilgung gemäß § 367 Abs. 1 BGB bleibt zugunsten des Kreditgebers erhalten, um einen schnellen Ersatz dieser Fremdauslagen zu gewährleisten. Zur Klarstellung, dass nicht die sog. Kreditkosten gemeint sind, werden jene als Kosten der Rechtsverfolgung bezeichnet. Durch die veränderte Tilgungsverrechnung soll der Schuldner die Chance und den Anreiz erhalten, den vor ihm liegenden Schuldenberg durch primäre Tilgung der Hauptforderung allmählich abzubauen. Ein entlastender Effekt ergibt sich für den überschuldeten Kreditnehmer hieraus allerdings nur deshalb, weil in Absatz 2 Satz 2 für die Verzinsung der Zinsforderung ein niedrigerer Satz als der übliche Verzugszins gewählt wurde. Durch die Änderung der Anrechnung kann der Schuldner unmittelbar erkennen, dass sein Leistungsbemühen honoriert wird und zum tatsächlichen Abtrag der Schuld führt. Seine Erfüllungsleistung lohnt sich damit auch wieder für den Schuldner, der sich nicht mehr nur machtlos dem Anstieg der Zinsen gegenübersieht.

7　　Um den Kreditgeber vor einer unangemessenen Benachteiligung zu bewahren, muss die kurze Verjährungsfrist für Zinsen für diesen Bereich aufgehoben werden (Absatz 3 Satz 3).

Kommentierung

Vorbemerkung: „Moderner Schuldturm"

8　　Ohne Vorgabe der früheren und der geltenden Verbraucherkreditrichtlinie gestaltet das Gesetz den Verbraucherverzug durch § 497 und durch § 498 in besonderer Weise. Der Verzug setzt einen in der Vergangenheit abgeschlossenen Vertrag voraus, sodass die Kompensation von Paritätsstörungen (→ Einf. Rn. 44) nicht das Regelungsziel sein kann. Es liegt vielmehr in der Milderung derjenigen Rechtsfolgen, die der Verzug, also die vom Verbraucher zu vertretene (§ 286 Abs. 4 BGB) Leistungsstörung, hervorbringt, und damit im Schutz des leistungsschwachen Verbrauchers. Die Vorschriften haben ihren Ursprung teils im früheren Abzahlungsrecht (§ 4 Abs. 2 AbzG, Gesamtfälligkeit), teils in der Diskussion über den „modernen Schuldturm" (→ Rn. 1, → Rn. 50), die sich ihrerseits auf die Rechtsprechung zum sittenwidrigen Konsumentenkredit (→ Einf. Rn. 52) gründet. Mit dem Konzept und der Rechtsfigur des Verbrauchers nach § 13 BGB, die sich nicht an den Status eines sozial Schwachen knüpft (→ Einf. Rn. 42), stehen diese Regelungen nicht im Einklang. Sie begünstigen vielmehr in gleicher Weise auch den sozial Starken, der in dieser Frage dem Unternehmer nach § 14 BGB, der durch die Sondervorschriften *vice versa* eine nachteilige Rechtsstellung erlangt, nicht nachzustehen braucht.

Die Vorschrift enthält weitreichende Modifikationen des Schadensersatzrechts, 9
des Rechts des Verzugs sowie der Erfüllung im Falle eines Kreditvertrages und geht über den Regelungsbereich des alten Abzahlungsgesetzes weit hinaus. Zugleich ist die frühere Rechtsprechung des BGH zur Verzugsschadensproblematik bei Konsumentenkrediten,[1] die sich auf die allgemeinen Vorschriften des BGB zu gründen hatte, weitgehend obsolet geworden.

An der Konformität mit der früheren Verbraucherkreditrichtlinie 87/102/ 10
EWG bestanden keine Zweifel, als es sich um eine weitergehende Vorschrift iSv Art. 15 der früheren Richtlinie handelte. Die neue Verbraucherkreditrichtlinie 2008/48/EG ist nicht berührt, weil sich der Verzug des Verbrauchers jenseits ihres harmonisierten Bereichs befindet (→ Einf. Rn. 32). Für den Zahlungsverzug im Geschäftsverkehr gilt dagegen die Richtlinie 2011/7/EU vom 16.2.2011.

Bezüglich der Höhe des Verzugszinses nimmt § 497 Abs. 1 keine Sonderstel- 11
lung mehr ein, als der Regelverzugszinssatz nach § 288 Abs. 1 Satz 2 BGB nunmehr demjenigen der Vorgängervorschrift von § 11 Abs. 1 VerbrKrG entspricht, wo der Satz von 5 Prozentpunkten über dem Diskontsatz (D + 5) erstmals eingeführt worden war.

I. Anwendungsbereich

1. Darlehensvertrag – Kreditvertrag

Die Vorschrift bezieht sich auf wirksame oder doch gem. § 494 geheilte Ver- 12
braucherdarlehensverträge sowie aufgrund des Verweises in § 506 Abs. 1 Satz 1 auf Verträge über Finanzierungshilfen, namentlich Finanzierungsleasingverträge und Teilzahlungsgeschäfte wie kreditierte Werk-, Dienst-, Geschäftsbesorgungs- und andere Verträge (→ § 506 Rn. 11), teilweise (Abs. 1 und 3) auch auf unentgeltliche Verträge nach §§ 514, 515. Gegenstand der Vorschriften sind in der Terminologie der Verbraucherkreditrichtlinie also Kreditverträge (→ § 491 Rn. 92 und → § 506 Rn. 9), soweit nicht ein Ausnahmetatbestand gegeben ist; zu denken ist vor allem an **Immobiliardarlehensverträge** nach § 491 Abs. 3 (→ Rn. 75, 29) und an die gänzliche Freistellung in den Konstellationen von § 491 Abs. 2 Satz 2 (→ § 491 Rn. 158 ff.). Für **Ratenlieferungsverträge** iSv § 510 wird § 497 nicht für anwendbar erklärt.

Im Falle von **Überziehungsdarlehen** kann der Verbraucher sowohl bei vor- 13
heriger Einräumung eines Kreditlimits nach § 504 (→ § 504 Rn. 18) wie im Falle der Duldung nach § 505 (→ § 505 Rn. 3) mit der vertragsgemäßen Rückführung in Verzug geraten und schuldet statt Überziehungszinsen Ersatz des Verzugsschadens (→ Rn. 33). Fehlt es aber am Tatbestand der Duldung, ist der Verzugsschaden mangels Kreditvertrags nach allgemeinen Vorschriften (→ Rn. 17) zu liquidieren.[2] Die Vorschrift gilt sowohl für den Fall, dass das Kreditverhältnis

---

[1] BGHZ 104, 337 = NJW 1988, 1967 mit Komm. *Rümker* EWiR § 286 BGB 2/88, 657; BGH WM 1988, 1044 mit Komm. *v. Stebhut* EWiR § 286 BGB 3/88, 869; *Bülow* Konsumentenkredit, Rn. 494 ff.; *Steiner* FS Geiger, S. 655; *Honsell* FS Lange, S. 509 (511).
[2] MüKoBGB/*Schürnbrand* § 497 BGB Rn. 4.

2. Unternehmerische, insbesondere gewerbliche Kredite

14   Aufgrund ihres verbraucherprivilegierenden Charakters kommt die analoge Anwendung der Norm auf Verzugsschuldner, die nicht Verbraucher sind, sondern gewerblich oder freiberuflich handeln, nicht in Betracht, vielmehr bleibt es beim Regelverzug von 9 Prozentpunkten über dem Basiszinssatz nach § 288 Abs. 2[3] und bei den allgemeinen Normen zur Tilgungsverrechnung gem. § 367 BGB (→ Rn. 50 ff.) oder zum Verzug mit dem Verzugsschaden (→ Rn. 42).

3. Sicherungsgeschäfte

15   Soweit Bürgschaft oder Schuldbeitritt als Kreditvertrag zu behandeln sind (im Einzelnen → § 491 Rn. 115), ist § 497 BGB auf den Verzug des Interzessionars anwendbar.[4] Für den Verzug des Verbrauchers als Hauptschuldner haftet der Bürge gem. § 767 Abs. 1 Satz 2 BGB.[5] Umgekehrt ist der durch den Verzug des Bürgen dem Gläubiger entstehende Schaden nicht Gegenstand des Bürgenregresses nach §§ 774, 670 BGB.[6] Gerät auf der anderen Seite der Verbraucher mit der Regressverbindlichkeit gegenüber dem Bürgen in Verzug, bleibt deren Eigenschaft als Verbindlichkeit aufgrund des Verbraucherdarlehensvertrages im Sinne der Vorschrift erhalten, sodass § 497 BGB anwendbar ist. Für die Tilgungsreihenfolge aus Absatz 3 (→ Rn. 50 ff.) gilt, dass Teilleistungen des Bürgen an den Kreditgeber dementsprechend und nicht nach § 367 BGB zu verrechnen sind und dass diese Tilgungsreihenfolge auch im Regress des Bürgen, sei es gem. § 774 BGB oder aus § 670 BGB, dem Verbraucher als Darlehensnehmer erhalten bleibt.[7] Für den der Schuld Beitretenden gilt § 425 BGB. Ausgangspunkt ist also, dass der Verzug des einen Gesamtschuldners nicht für den anderen wirkt, soweit sich nicht aus dem Schuldverhältnis ein anderes ergibt. Eben dieses wird bei einer Sicherungsgesamtschuld aber anzunehmen sein, da Sicherungszweck die Bewahrung des Gläubigers vor den Folgen der Krise des Hauptschuldners, hier des Verbrauchers ist. Der Regress des Beitretenden gründet sich auf *cessio legis* nach § 426 Abs. 2 BGB und auf Ausgleich gem. § 426 Abs. 1 BGB, wobei sich aus dem Sicherungscharakter des Schuldverhältnisses im Allgemeinen ergibt, dass der Hauptschuldner im Innenverhältnis die ganze Last trägt.[8] § 497 BGB ist also in gleicher Weise wie im Bürgenregress anwendbar.

4. Kondiktionsverzug

16   § 497 BGB setzt einen wirksamen Kredit-, insbesondere Darlehensvertrag voraus und trifft keine Regelung für den Fall, dass der Vertrag, insbesondere aufgrund

---

[3] Selbstverständlich darf sich der Darlehensgeber mit 5 Prozentpunkten begnügen, Staudinger/*Kessal-Wulf* § 497 BGB Rn. 7.
[4] BGH NJW 2000, 658 zu V mit Anm. *Pfeiffer* LM Nr. 32 zu § 9 (Bm) AGBG und Komm. *Blaurock* EWiR § 9 AGBG 5/2000, 205; *Bülow/Artz* ZIP 1998, 629 (634).
[5] OLG Hamm VuR 1999, 16 zu 5.
[6] *Schweizer* MDR 1994, 752 (754); MüKoBGB/*Schürnbrand* § 497 BGB Rn. 20.
[7] *Aleth* Verzugszinsen, S. 32 f.; v. Westphalen/Emmerich/v. Rottenburg/*Emmerich* § 11 VerbrKrG Rn. 25.
[8] *Bülow* Kreditsicherheiten, Rn. 1580.

von § 138 Abs. 1 oder § 134 BGB[9] nichtig ist, der Verbraucher also lediglich Leistungen im Bereicherungsausgleich schuldet, nicht aber vertragliche Leistungen. Bei Nichtigkeit des Kredit-, insbesondere Darlehensvertrages schuldet der Verbraucher zwar keine Vertrags-(Soll-)zinsen, hat aber den empfangenen Nettodarlehensbetrag gem. § 812 Abs. 1 BGB herauszugeben. Im Falle der Nichtigkeit wegen Sittenwidrigkeit oder wegen Gesetzeswidrigkeit folgt aus § 817 Satz 2 BGB, dass die Schuld nicht sofort zu ihrem Gesamtbetrag fällig ist, sondern in Raten nach Maßgabe des nichtigerweise vereinbarten Tilgungsplans.[10] Diese Raten verringern sich in der Höhe der in ihnen enthaltenen vertraglichen Leistungen, also um die Zinsanteile, wobei die Auslegung des Ratendarlehensvertrags ergibt, dass, anders als bei Annuitätendarlehen, jede Rate einen gleichbleibenden Zinsanteil enthält.[11] Soweit der Verbraucher bereits Raten in vereinbarter Höhe aufgrund vermeintlicher Vertragsschuld geleistet hatte, kann er seinerseits vom Darlehensgeber diese Anteile der Raten kondizieren; dieser gegen den Darlehensgeber gerichtete Bereicherungsanspruch ist sofort und in voller Höhe fällig.[12] Die gegenseitigen Bereicherungsansprüche sind, soweit sie fällig sind, der Aufrechnung zugänglich. Der Verbraucher kann die Aufrechnung gem. § 396 Abs. 1 BGB[13] auch noch mit solchen rechtsgrundlosen, durch die früher geleisteten Raten erbrachten Leistungen erklären, die bereits verjährt sind, wobei der BGH in bedenklicher Argumentation[14] zulasten des Verbrauchers in Altfällen die kurze Verjährungsfrist aus § 197 BGB aF (vier Jahre) anwandte.[15] Soweit der Verbraucher aufgrund dessen noch Bereicherungsausgleich schuldet, kann er auch mit dieser Bereicherungsschuld nach Maßgabe von §§ 286 ff. BGB in Verzug geraten.[16]

Gem. §§ 818 Abs. 4, 819 Abs. 1 BGB wären die **allgemeinen Vorschriften,** also das Verzugsrecht aus §§ 280 Abs. 2, 286 ff. BGB anwendbar, insbesondere §§ 288, 289 BGB,[17] die für den Fall wirksamer Darlehensverträge durch § 497 BGB gerade zugunsten des Verbrauchers verändert worden sind (→ Rn. 25). Da im Falle des Konditionsverzugs die durch § 497 BGB zu mildernde Schuldturmproblematik gleichermaßen wie im Falle wirksamer Kreditverträge eintritt, ist von der Notwendigkeit einer **analogen Anwendung von § 497 BGB** auf nichtige Kreditverträge auszugehen.[18] Gleiches ist anzunehmen nach **Widerruf** und Verzug des Verbrauchers mit Rückgewährpflichten nach §§ 357a, 357 BGB[19] (→ § 495 Rn. 190).

---

[9] Verstoß gegen Rechtsberatungs-/dienstleistungsvorschriften: BGH ZfIR 2008, 716 mit Komm. *Podewils* EWiR § 812 BGB 1/09, 15.
[10] RGZ 161, 52 (57); *Chr. Schäfer,* Der Zins im Bereicherungsrecht, S. 139.
[11] BGHZ 91, 55 (58) = NJW 1984, 2161 zu II. 3. mwN.
[12] BGH WM 1986, 1017 zu III. 2.a. mit Komm. *Bunte* EWiR § 138 BGB 7/86, 863; WM 1987, 101; BGHZ 51, 55 (58).
[13] BGH WM 1986, 1519 zu III mit Komm. *Köndgen* EWiR § 138 BGB 1/87, 17; BGH NJW 2009, 1071 = WM 2009, 379.
[14] *Bülow* Konsumentenkredit, Rn. 355 ff.
[15] BGHZ 98, 174 (180) = NJW 1986, 2564.
[16] Beispielsfall BGH NJW-RR 1989, 622 zu II. 3.c. mit Komm. *Braun* EWiR § 826 BGB 5/89, 249; NJW 1979, 2089 zu 7.
[17] *RG* JW 25, 465 zu 1. mit Anm. *Locher;* BGH NJW 1983, 1420 zu V. 2. und 2692 zu III. 1.
[18] Im Einzelnen *Bülow* NJW 1992, 2049; gl. A. *v. Westphalen/Emmerich/v. Rottenburg* § 11 VerbrKrG Rn. 23; MüKoBGB/*Schürnbrand* § 497 BGB Rn. 6.
[19] OLG Köln BKR 2013, 465 zu 7.; Erman/*Saenger* § 497 BGB Rn. 8.

5. Vertragliche Regelungen

19 Gem. § 512 Satz 1 BGB ist eine von § 497 BGB zum Nachteil des Verbrauchers abweichende Vereinbarung unwirksam. Verzugszinspauschalen sind deshalb nicht nur an § 309 Nr. 5 lit. a BGB zu messen,[20] sondern auch an § 497 BGB. Auf die Bezeichnung kommt es nicht an, sodass auf den Darlehensrückzahlungsanspruch bezogene Fälligkeitszinsen in Wahrheit Verzugszinsen sein können.[21] Der Abschluss eines neuen Kreditvertrages, durch den der notleidende Kredit umgeschuldet wird, ist zwar keine vertragliche Abweichung nach § 512 Satz 1 BGB,[22] kann aber eine Umgehung von § 497 Abs. 2 iSv § 512 Satz 2 BGB darstellen, wenn auf diese Weise ein höherer Verzugsschaden liquidiert würde. Die Verzugsfolgen können nicht im Wege einseitiger Rücknahme der Mahnung durch den Kreditgeber beseitigt werden,[23] um vertragliche Ansprüche wiederaufleben zu lassen; einer dahingehenden Vereinbarung steht wiederum § 512 Satz 2 BGB entgegen.[24] Im Rahmen der Gesamtwürdigung nach § 138 Abs. 1 BGB kann eine gegen § 497 BGB verstoßende Verzugsregelung die Sittenwidrigkeit des Kreditvertrags mitbegründen.[25]

20 Im gewerblichen Bereich (→ Rn. 14) ist eine an § 497 Abs. 1 BGB ausgerichtete Vereinbarung über die Zinshöhe, zB bezüglich Fälligkeitszinsen, im Hinblick auf § 307 Abs. 2 Nr. 1 BGB wirksam.[26]

II. Schadensberechnung (Abs. 1)

21 Die Modifikation des allgemeinen Schadensersatzrechts durch § 497 Abs. 1 liegt darin, dass die abstrakte Schadensberechnung, wie sie § 252 Satz 2 BGB ermöglicht, im Falle von Kreditverträgen eingeschränkt wird, soweit der Verbraucher in Verzug gerät (→ Rn. 27). Ihre besondere Bedeutung hat die Vorschrift im Recht der Gelddarlehen, gilt aber gleichermaßen bei anderen Kreditverträgen, insbesondere bei Teilzahlungsgeschäften iSv § 506 Abs. 3 und verbundenen Geschäften iSv § 358 Abs. 3 BGB, wo sie wiederum bankrechtlichen Bezug hat. Es bleibt bei den allgemeinen Bestimmungen bei Verzug des Kreditgebers, bei Verzug des Verbrauchers als Gläubiger (Annahmeverzug § 293 BGB) und bei Schadensersatzansprüchen, die nicht auf Verzug beruhen, beispielsweise wegen *culpa in contrahendo* gem. § 311 Abs. 2 Nr. 1 BGB auf Seiten des Verbrauchers (falsche Angaben zur Kreditwürdigkeit) oder des Kreditgebers (Verletzung von Beratungspflichten, → § 498 Rn. 38).

1. Verzug

22 Die Verzugsvoraussetzungen richten sich nach §§ 286 ff.[27] BGB. Da die Fälligkeit von Leistungen auf Kreditverträge, insbesondere bei Teilzahlungsgeschäften,

---

[20] OLG Hamburg NJW 1991, 2841 betr. Kreditkartenunternehmen; OLG Hamm OLG-Report 1993, 49 mit Komm. *Thamm/Detzer* EWiR § 24 AGBG 1/93, 525.
[21] BGH NJW 1992, 2625 zu II. 2.b. mit Komm. *Medicus* EWiR § 157 BGB 1/92, 1057; NJW 1998, 991 mit Anm. *Bülow* WuB IV.C.–5.98.
[22] MüKoBGB/*Schürnbrand* § 497 BGB Rn. 19.
[23] BGH JZ 1987, 50.
[24] Das dürften *Münstermann/Hannes* § 11 VerbrKrG Rn. 592 übersehen.
[25] BGH NJW-RR 1989, 1320 zu II. 2.b.; *Bülow* Konsumentenkredit, Rn. 143 ff.
[26] BGH BB 2000, 1262 zu 2.c. cc.; vgl. auch NJW 2000, 71.
[27] Verzugsausschluss durch unverschuldeten Rechtsirrtum: BGH NJW 1951, 398 und 758; 1972, 1945; BAG NZA 1993, 500; an den strenge Maßstäbe anzulegen sind: BGH

Verzug des Darlehensnehmers – Schadensberechnung   23   § 497

in aller Regel nach dem Kalender bestimmt ist, tritt gem. § 286 Abs. 2 Nr. 1 BGB Verzug durch Zeitablauf[28] ein. Ist für die Leistung nach Lage des Einzelfalls nicht eine Zeit nach dem Kalender bestimmt, kommt der Verbraucher als Schuldner gem. § 286 Abs. 3 Satz 1 BGB dreißig Tage nach Fälligkeit und Zugang einer Rechnung oder einer gleichwertigen Zahlungsaufstellung in Verzug, sofern diese einen entsprechenden Hinweis erhält, § 286 Abs. 3 Satz 1, 2. HS. BGB.[29] Die Zahlungsaufstellung wird im Allgemeinen in der auszuhändigenden (§ 492 Abs. 3 BGB, → § 492 Rn. 47) Vertragsurkunde liegen. In anderen Fällen bedarf es stets einer Mahnung oder Klageerhebung, die allerdings ihrerseits keine Mahnung darstellt, wenn der Kreditgeber eine unverhältnismäßig hohe Zuvielforderung rechtshängig macht.[30] Mahnt der Gläubiger weniger an, als ihm zusteht, kommt der Schuldner nur insoweit in Verzug.[31] Der Begriff der Mahnung setzt eine der Höhe nach bestimmte und eindeutige Leistungsaufforderung voraus.[32] Fälligstellung und Mahnung können auch im Rahmen von § 497 miteinander verbunden werden.[33]

Nach § 286 Abs. 2 Nr. 3 BGB kommt der Schuldner ohne Mahnung in Verzug, wenn er die fällige Leistung ernsthaft und endgültig verweigert;[34] diese Mitteilung hat keine Rückwirkung.[35] Verweigert er die Leistung aber aufgrund einer ihm zustehenden[36] Einrede (zB → Rn. 48), darf er dies und kommt folglich nicht in Verzug; der einmal eingetretene Verzug endet mit Erhebung der Einrede[37] (für Finanzierungshilfen → § 506 Rn. 136 sowie → Rn. 12). Gleiches gilt, wenn der Gläubiger eine notwendige Mitwirkung unterlassen hat.[38] Für die Rechtzeitigkeit der durch den Verbraucher erbrachten Zahlungsschuld als Übermittlungsschuld kommt es gem. §§ 270 Abs. 4, 269 Abs. 1 BGB, anders als   23

NJW 2001, 3114 zu II. 3.d. (betr. Zurückbehaltungsrecht); Verschulden (§ 286 Abs. 4) wegen falscher Angabe der Kontonummer: AG Potsdam NJW-RR 2000, 890; skeptisch zur Voraussetzung der Fälligkeit: *Bucher* FS Schütze, S. 163 (173).
[28] § 193 BGB – Sonnabend/Samstag – ist anwendbar, BGH NJW 2007, 1581 mit Bspr. *Faust* JuS 2007, 964 und Komm. *Schroeder* EWiR § 193 BGB 1/07, 515.
[29] BGH NJW 2008, 370 mit Bespr. *Faust* JuS 2008, 373.
[30] BGH NJW 2006, 769 Tz. 24 und 3271 Tz. 16 = WM 2006, 2011 mit Bspr. *Emmerich* JuS 2007, 79; BGHZ 146, 24 (35) = NJW 2001, 822; NJW 1999, 3115; ZIP 1991, 89 zu III. mit Komm. *Bülow* EWiR § 1191 BGB 2/91, 151; diff. OLG Zweibrücken WM 1996, 621; *Münstermann/Hannes* § 11 VerbrKrG Rn. 590; *Pressmar* JA 1999, 593.
[31] BGH NJW 1982, 1983 zu B. 1.; *Bruckner/Ott/Wagner-Wieduwilt* § 11 VerbrKrG Rn. 38.
[32] BGH NJW 1996, 1058; 1998, 2132; OLG Hamm NJW-RR 1997, 962; vgl. auch OLG Köln NZBau 2000, 78; LG Ansbach NJW-RR 1997, 1479; *Bernd Lorenz* ZGS 2011, 111.
[33] BGH v. 13.7.2010 – XI ZR 27/10, NJW 2010, 2940 = WM 2010, 1596 Tz. 15.
[34] Hierzu BGH WM 2014, 2005.
[35] BGH NJW 1985, 486 zu III. 2.b. bb.; WM 1993, 1557 zu 2.b.
[36] Der Irrtum über ein in Wahrheit nicht zustehende Einrede, zB ein Zurückbehaltungsrecht, beseitigt in aller Regel nicht das Verzugsverschulden nach § 286 Abs. 4 BGB, BGH NJW 2001, 3114 zu II. 3.d.
[37] BGHZ 104, 6 (11) mit Komm. *Emmerich* EWiR § 558 BGB 1/88, 561; BGHZ 48, 229; BGH WM 1996, 1590 zu II. 2.b. bb.; WiB 1996, 643 mit Anm. *Imping*; in den Fällen von §§ 821 und 853 sowie § 320 BGB tritt Verzug auch dann nicht ein, wenn der Schuldner die Einrede nicht erhebt, OLG Frankfurt NJW 1993, 2674; OLG Düsseldorf NZV 1995, 20; *Derleder/Karabulut* JuS 2014, 102; *Bülow* Kreditsicherheiten, Rn. 1162.
[38] BGH NJW 1996, 1745 zu I. 2.b. bb.

§ 497 24, 25   1. Teil. Darlehen und Finanzierungshilfen

im geschäftlichen Verkehr gemäß Zahlungsverzugsrichtlinie 2011/7/EU,[39] auf die Vornahme der Leistungshandlung, insbesondere die Erteilung eines Überweisungsauftrags und nicht erst auf den Zeitpunkt der Gutschrift an; tritt danach kein Verzug ein, schuldet der Verbraucher den Vertragszins.[40]

2. Abstrakte Schadensberechnung

24   Ist der Verbraucher danach in Verzug, leistet er insbesondere die geschuldeten Raten nicht vertragsgemäß, kann der Kredit-, insbesondere Darlehensgeber als Gläubiger seinen Schaden konkret nach Maßgabe von § 249 BGB oder abstrakt berechnen.

25   **a) Allgemeine Grundsätze aus § 252 BGB (Wiederanlagezins).** Die Zulässigkeit der abstrakten Schadensberechnung unterliegt allerdings im Allgemeinen Schranken; die in ihr liegenden Darlegungs- und Beweiserleichterungen nach §§ 287 ZPO, 252 Satz 2 BGB[41] kommen nämlich nicht jedermann zugute, sondern nur, wenn „einem Kaufmann ein Geschäft vereitelt worden ist, welches *das* typische Handelsgeschäft seines Handelsgewerbes ist, dessen Abschluss dem regelmäßigen Verlauf seines Gewerbes entspricht und das einen typischen Gewinn abwirft".[42] Unter diesen Voraussetzungen kann der Kreditgeber hinsichtlich des vom Verbraucher vorenthaltenen Kapitals gem. § 288 Abs. 4 BGB und hinsichtlich der vorenthaltenen Vertragszinsen, aber auch hinsichtlich der inzwischen aufgelaufenen und ebenfalls vorenthaltenen Verzugszinsen gem. § 289 Satz 2 BGB als Schaden denjenigen Zins verlangen, der am Markt für entgangene Anlagegeschäfte erzielbar gewesen wäre (Wiederanlagezins als **marktüblicher Bruttosollzins**); welche entgangenen Anlagegeschäfte das sind, richtet sich nach der spezifischen Geschäftsstruktur des Kreditinstituts, dh nach dem Anteil der verschiedenen Kreditarten an seinem gesamten Aktivgeschäftsvolumen; danach ist bei Obliegenheit zu voller Offenlegung der Geschäftsstruktur des Kreditinstituts ein Durchschnittszinssatz auszurechnen, der der Verzugsschadensberechnung zugrunde zu legen ist.[43] Das Kreditinstitut kann die ihm danach obliegende pro-

---

[39] EuGH NJW 2008, 1935 mit Bespr. *Faust* JuS 2008, 81; OLG Köln ZGS 2007, 74 mit Rezension *Herresthal*, S. 48; *Gösele* FS Nobbe, S. 75 (81) zur Vorgängerrichtlinie 2000/35/EG; *Bülow* WM 2013, 245 (249); dagegen aber OLG Karlsruhe WM 2014, 1422 (1424) und *Herresthal* JuS 2014, 289 (295), *Nobbe* WM 2012, Sonderbeilage 2, S. 21: allgemeine Anwendung, auch im Privatrechtsverkehr.

[40] Zutreffend *Münstermann/Hannes* § 11 VerbrKrG Rn. 589.

[41] BGH NJW 2012, 2266 Tz. 13 mit Komm. *Simon* EWiR § 252 BGB 1/12, 507; BGH NJW 2002, 2553 und 2556 mit Anm. *Schimmel/Buhlmann* LM Nr. 86 zu § 252 BGB 1/02, 650; BGH NJW 2005, 3348 zu II. 2.c; WM 2006, 544 = NJW-RR 2006, 243 Rn. 9.

[42] BGHZ 62, 103 (106 – Hervorhebung durch BGH) = NJW 1974, 895; gleichermaßen BGHZ 29, 393 (400) sowie BGH NJW 1998, 1635 zu II. 2.c. mit Komm. *Grunsky* EWiR § 252 BGB 1/98, 393; 1999, 136; Hypothekenbanken bei Nichtabnahme: NJW 1991, 1817 zu 2.a. mit Komm. *Derleder* EWiR § 326 BGB 1/91, 443; BGH WM 1990, 174 mit Komm. *Vortmann* EWiR § 607 BGB 1/90, 141; OLG München WM 1989, 1244 mit Anm. *v. Rottenburg* WuB I E 1.–11.89; WM 1997, 1700; *Emmerich* WM 1984, 949 (952); krit. *Gotthardt* WM 1987, 1381; für den Schaden des Verbrauchers als Anleger OLG Frankfurt WM 2014, 1177; für den Verlust der Arbeitskraft BGH v. 12.1.2016 – VI ZR 491/14, Rn. 17.

[43] BGHZ 104, 337 (345) = NJW 1988, 1967 mit Komm. *Rümker* EWiR § 286 BGB 2/88, 657; BGHZ 62, 103 (108) = OLG Düsseldorf ZIP 1987, 1379 mit Komm. *Bülow* EWiR § 286 BGB 3/87, 1067; zum Zinsbeginn BGHZ 115, 307 (309) mit Komm. *Keller*

zessuale Darlegungslast nur dadurch mildern, dass es den entgangenen Gewinn nur für diejenige Geschäftsart verlangt, die den geringsten Gewinn abwirft.[44] Ohne diese Darlegung bleibt es beim Zinssatz nach § 288 Abs. 1 Satz 2 BGB (B + 5). Einen alternativen Geschäftsabschluss in einer Geschäftssparte, die einen höheren Gewinn erbringt als es dem Durchschnittszinssatz entspricht, kann das Kreditinstitut nur mittels konkreter Schadensberechnung geltend machen (→ Rn. 37). Im Übrigen kann der Schaden nicht zu einem Teil abstrakt — sei es gem. § 252 BGB, sei es gem. § 497 BGB —, zum anderen Teil konkret berechnet werden. Insbesondere können neben dem abstrakt berechneten Schaden nicht diejenigen Kosten berechnet werden, die entstehen, um das gestörte Kreditverhältnis mit dem Schädiger weiterzubearbeiten, also die fortdauernden Aufwendungen des gestörten Kredits. Das widerspräche nämlich der in § 249 BGB verkörperten Differenzhypothese: Ohne den Verzug wären keine fortdauernden Aufwendungen für den gestörten Kredit entstanden, dafür aber gerade diejenigen Gewinne, die mit der abstrakten Schadensberechnung geltend gemacht werden. Derselbe Schaden würde also in dieser Weise kumulativ sowohl abstrakt wie konkret berechnet werden. Deshalb können neben dem entgangenen Gewinn auch nicht Mahnkosten verlangt werden,[45] ebenso wenig einmalige, aufgrund des Verzugs entstandene Aufwendungen wie zB Kosten, die aufgrund der Realisierung von Sicherheiten aufzubringen waren[46] oder Aufwendungen für die getrennte Kontenführung nach § 497 Abs. 2 (→ Rn. 47). Der Marktzins gibt Maß für den Verzugsschaden.

Die **Verteidigung des Verzugsschuldners** liegt nach den allgemeinen Grundsätzen zur abstrakten Schadensberechnung (zu den besonderen aus § 497 Abs. 1 gleich → Rn. 27) im Bestreiten der Ausgangs- und Anknüpfungstatsachen,[47] also solchen, aus denen sich ergibt, wie sich der Gewinn des Kreditgebers ohne den Verzug des Verbrauchers entwickelt hätte (zB die typische Geschäftsstruktur eines Kreditinstituts, → Rn. 25); er kann den Beweis des Gegenteils führen, dass nämlich unter den konkret gegebenen Umständen die vom Verzugsgläubiger beanspruchte, an sich mögliche Wiederanlage nicht durchführbar gewesen wäre, zB weil dieser sich in Liquidation befand.[48] Aber der Schuldner kann nicht einwenden, das an sich mögliche Ersatzgeschäft wäre tatsächlich nicht durchgeführt worden. Dieser Einwand gründet sich nämlich auf eine konkrete

---

EWiR § 252 BGB 1/91, 1169; *Bülow* Konsumentenkredit, Rn. 494 ff.; *Huhs* VuR 1990, 67; krit. *Bruchner* ZHR 153 (1989), 101, 106 f.; *Nasall* WM 1989, 705; *Vogler,* Ansprüche der Bank, S. 187; privater Anleger: BGH NJW 2002, 2553 und 2556; NJW 1992, 1223 zu 4.b. und → Rn. 33; nach allgemeinen Regeln ist der Zeugenbeweis zulässig, BGH WM 1997, 224 zu II.
[44] BGHZ 104, 337 (348) mit Komm. *Rümker* EWiR § 286 BGB 2/88, 657; BGHZ 115, 268 (272).
[45] BGH NJW 1988, 1971 = WM 1988, 1044 zu III. mit Komm. *v. Stebut* EWiR § 286 BGB 3/88, 869; OLG Karlsruhe BKR 2014, 113 = VuR 2014, 142; ; LG Stuttgart NJW 1993, 208 zu 2.a. mit Komm. *Reifner* EWiR § 11 VerbrKrG 1/92, 1135 und Anm. *Habersack* WuB I E 2b.–2.93.
[46] *Bruchner* WuB I E 1.–12.88 zu BGH WM 1988, 1044.
[47] BGH NJW 1996, 311 zu 2.; 1995, 1023 zu II. 1.a.; 1988, 3016; hierzu auch BGH NJW 2012, 2267 Tz. 9 und BAG v. 26.9.2012 – 10 AZR 370/10, NJW 2013, 331; OLG Hamm WM 1985, 1493.
[48] BGHZ 104, 337 (348) mit Komm. BGH WM 2001, 2010 zu II. 1.a.; OLG Hamm WM 1995, 153 zu 2.

§ 497 27–30　　　　　　　　　　1. Teil. Darlehen und Finanzierungshilfen

Schadensberechnung, auf die sich der Gläubiger gerade nicht einzulassen braucht (→ Rn. 39).

27 **b) Besondere Grundsätze aus § 497 Abs. 1: B + 5 vorbehaltlich anderen konkret berechneten Schadens.** Von diesem allgemeinen Konzept der abstrakten Schadensberechnung weicht die verbraucherkreditrechtliche Schadensberechnung ab. Ihr Ausgangspunkt ist zwar die allgemeine Regelung von § 288 Abs. 1 BGB, jedoch
– unter Ausschluss der abstrakten Schadensberechnung nach Maßgabe von §§ 252, 288 Abs. 4, namentlich kein Anspruch auf Wiederanlagezins (→ Rn. 30);
– in Abweichung vom Zinseszinsverbot aus § 289 Satz 1 BGB (→ Rn. 31);
– in Beschränkung des Schadensersatzanspruchs nach § 289 Satz 2 auf den gesetzlichen Zinssatz (§ 497 Abs. 2 Satz 2, → Rn. 42) und schließlich
– mit der Besonderheit, dass der Verbraucher einen niedrigeren konkreten Schaden einwenden kann (→ Rn. 39), während die Möglichkeit konkreter Schadensberechnung durch den Kreditgeber allgemeinen Grundsätzen entspricht (→ Rn. 37)

28　Der jeweilige Basiszinssatz ist derjenige, der im Zeitpunkt der Verzugszinsberechnung gilt, er kann sich also während der Verzugszeit ändern; des Verfahrens nach § 323 ZPO bedarf es nicht.[49]

29　Ab Verzugseintritt ist der geschuldete Betrag (→ Rn. 31) gem. § 288 Abs. 1 Satz 2 BGB mit 5 Prozentpunkten[50] über dem Basiszinssatz zu verzinsen (bei Immobiliardarlehensverträgen gem. § 497 Abs. 4 mit 2,5 Prozentpunkten, → Rn. 30a). Dieser Basiszinssatz ist als Steuermittel der Europäischen Zentralbank[51] der Hauptrefinanzierungszinssatz, nämlich für die Drei-Monats-Tender. Der Basiszinssatz wird in den Monatsberichten der Deutschen Bundesbank (Statistischer Teil, VI. 2.) sowie gem. § 247 Abs. 2 BGB im Bundesanzeiger veröffentlicht. Der Basiszinssatz verändert sich zu den in § 247 Abs. 1 Satz 1 genannten Stichtagen gem. § 247 Abs. 1 Sätze 2 und 3 BGB um die Prozentpunkte, um welche sich der Hauptrefinanzierungszinssatz der Europäischen Zentralbank vor dem Stichtag verändert hatte. Folglich brauchen Basiszinssatz und Hauptrefinanzierungszinssatz nicht immer deckungsgleich zu sein. Ist der Basiszinssatz, wie Mitte 2013, negativ (Monatsbericht der Deutschen Bundesbank August 2013), sinkt der Verzugszinssatz unter fünf Prozentpunkte.[52]

30　Der Verzugsschadensberechnung nach § 497 Abs. 1 liegt ein Modell der abstrakten Schadensberechnung in der Weise zugrunde, als pauschal 3% an Refinanzierungskosten und 2% an erhöhten Verwaltungsaufwendungen abgedeckt werden sollen (→ Rn. 2). Zugleich ist durch diese, halbzwingend geltende (§ 512 Satz 1) Art der Schadensberechnung die gem. § 252 Satz 2 BGB weitergehende Liquidierung des Verzugsschadens, durch die der Wiederanlagezins das

---

[49] *Münstermann/Hannes* § 11 VerbrKrG Rn. 593; MüKoBGB/*Schürnbrand* § 497 BGB Rn. 13; vgl. auch *Frühauf* NJW 1999, 1217.
[50] Das dürfte in aller Regel gemeint sein, wenn „5% über dem Basiszinssatz" tenoriert oder beantragt werden, BGH v. 7.2.2013 – VII ZB 2/12, WM 2013, 509 Tz. 12; OLG Hamm NJW 2005, 2238; *Hartmann* NJW 2004, 1358; *Führ* JuS 2005, 1095.
[51] Dokumentation WM 1997, 1596 sowie BR-Drucks. 725/97, S. 69; BGH WM 2000, 1685 zu IV.; *Kindler* Zinsansprüche, S. 343 f.; *Westermann* referiert von *Hafke* WM 1997, 1729 (1730); *Petershagen* NJW 2002, 1455.
[52] *Coen* NJW 2012, 3329 (3332) sowie *J. Becker* WM 2013, 1736.

Maß bildet (→ Rn. 25), ausgeschlossen.⁵³ Insoweit leistet die Regelung einen Beitrag zur Bekämpfung des modernen Schuldturms (→ Rn. 1). Ebenso wie im allgemeinen Fall von § 288 Abs. 1 ist der Verzugszins geschuldet, ohne dass es auf die Ausgangs- und Anknüpfungstatsachen der abstrakten Schadensberechnung ankäme und ohne dass der Verbraucher seine Verteidigung auf ihr Bestreiten stützen könnte (→ Rn. 26). Nur eine konkrete Schadensberechnung kann zu einer Verminderung des Anspruchs führen (→ Rn. 39).

c) Insbesondere: Immobiliar-Darlehensverträge (Abs. 4). Die Schadensberechnung mit Basiszinssatz zuzüglich 5% erschien aus gesetzgeberischer Sicht aufgrund der Besonderheiten des Realkreditgeschäfts für den Darlehensgeber zu günstig,⁵⁴ sodass statt B+5 gemäß § 497 Abs. 4 lediglich 2,5% anzulegen sind.⁵⁵ Freilich kann sich auch diese Art der Schadensberechnung von der zu erwartenden Wahrscheinlichkeit nach § 252 BGB entfernen, wenn man die Erhebung Durchschnittszinssätze für Wohnungsbaukredite durch die Deutsche Bundesbank heranzieht. So betrug der Basiszinssatz beispielsweise im September 2001 3,62%, mithin der Verzugszinssatz nach § 497 Abs. 1 Satz 2 BGB 6,12%. Der durchschnittliche Vertragszins lag dagegen bei 5,62%, der günstigste bei 5,06%; im August 2008 lag der Effektivzins für Wohnungsbaukredite mit einer Laufzeit von über fünf Jahren bei 5,06%, der Basiszinssatz betrug 3,19%, sodass sich Verzugszinssatz auf 5,69% belief. Die Verzugsschadensberechnung beschert dem Immobiliarkreditgeber mithin typischerweise – anders in der Niedrigzinsphase 2013/2014/2015 mit negativem Basiszinssatz – einen höheren Verzugszins als es dem Vertragszins entspricht⁵⁶ und kehrt folglich das verbraucherschützende, nämlich schuldturmvermeidende Konzept der Schadensberechnung (→ Rn. 8) um. An der Verbindlichkeit der gesetzlichen Regelung ändert sich dadurch nichts.

d) Geschuldeter Betrag (Kapital und Vertrags-(Soll)-zinsen). Bezugsbetrag für den Verzugszinssatz ist der geschuldete Betrag, also insbesondere die fällige, aber trotz Mahnung oder kalendermäßiger Bestimmung nicht gezahlte Rate (→ Rn. 35 und → Rn. 63ff.). In ihr sind Zinsen, nämlich die Vertragszinsen (Sollzinsen nach § 489 Abs. 5), enthalten, sodass insoweit entgegen § 289 Satz 1 BGB eine Zinseszinsberechnung stattfindet (→ Rn. 41). Geschuldet ist der Betrag nur, wenn er fällig war. Daraus folgt, dass das Darlehenskapital resp. der Restkaufpreis nur dann in voller Höhe den geschuldeten Betrag darstellt, wenn die Voraussetzungen der Gesamtfälligkeitsstellung gem. § 498 BGB, einer wirksamen Kündigung (→ § 498 Rn. 6) oder der Kündigung des Darlehensnehmers nach § 500 Abs. 1 BGB und außerdem auch diesbezüglich die Voraussetzungen des Verzugs erfüllt sind (→ Rn. 22). Vertragszinsen sind nur insoweit Teil des geschuldeten

---

⁵³ OLG Karlsruhe ZIP 2016, 663 zu B. II.; OLG Zweibrücken WM 2001, 24 zu 3; krit. R. *Weber* GS Eckert, S. 961; *Mankowski* WM 2009, 921; so auch BGH im Verfahren XI ZR 512/11, das durch Anerkenntnis der bekl. Bank endete, Vorinstanz OLG Frankfurt WM 2012, 2280 sowie ZIP 2011, 1303 mit Komm. *Schelske* EWiR § 280 BGB 15/11, 553.
⁵⁴ BT-Drucks. 11/5462, S. 18 zum VerbrKrG; BT-Drucks. 14/6040, S. 256 zur Schuldrechtsmodernisierung; BGH NJW-RR 1969, 1274 zu II.2.a. mit Komm. *Pfeiffer* EWiR § 11 VerbrKrG 1/2000, 53.
⁵⁵ Im Rahmen von §§ 287 ZPO, 252 Satz 2 BGB auch für Altfälle vor der Schuldrechtsmodernisierung: OLG Schleswig BKR 2002, 885 mit Komm. *Kröll/Mallmann* EWiR § 497 BGB 1/02, 853.
⁵⁶ Zutreffend *Reifner* ZBB 2001, 193 (199), auch *Wehrt* WM 2016, 389 (397); gegenteilig *Bruchner* FS Kümpel, S. 65 (73).

Betrags, als sie bis zum Verzugseintritt fällig gewesen waren; nach Verzugseintritt können nicht mehr Vertragszinsen verlangt werden (→ Rn. 33), sondern nur noch der Verzugsschaden aus § 497 Abs. 1 BGB. Soweit der Verbraucher mit aufgelaufenen Verzugszinsen wiederum in Verzug gerät, richtet sich der insoweit entstehende und zu ersetzende Verzugsschaden nach § 497 Abs. 2 Satz 2 BGB (gesetzlicher Zinssatz, → Rn. 41). Der geschuldete Betrag, die Bezugsgröße für die abstrakte Schadensberechnung (B + 5) gem. Absatz 1, setzt sich also zusammen aus dem bis zum Verzugseintritt zur Rückzahlung fälligen Nettodarlehensbetrag (zB eine vereinbarte Rate, § 492 Abs. 2 BGB, Art. 247 § 6 Abs. 1 Nr. 1, § 3 Abs. 2 Satz 2 EGBGB, → § 492 Rn. 92) und den bis zu diesem Zeitpunkt entstandenen Vertragszinsen. Verzugszinsen und Verzugsschaden sind Gegenstand von § 497 Abs. 2 BGB (→ Rn. 41), aber nicht Bestandteil des geschuldeten Betrages. Dagegen sind andere Schadensersatzansprüche, die nicht auf Verzug beruhen, zB aus *culpa in contrahendo* (§ 311 Abs. 2 Nr. 1) oder Bereicherungsansprüche wegen Überzahlungen des Kreditgebers oder Ansprüche auf Schadens- oder Nutzungsersatz gem. § 357a BGB (→ § 495 Rn. 210),[57] § 508 Sätze 2, 3 BGB (→ § 508 Rn. 15), aber auch verzugsbedingte Rechtsverfolgungskosten, in den geschuldeten Betrag einzustellen, sofern auch insoweit die Verzugsvoraussetzungen erfüllt sind. Aber nach allgemeinen Grundsätzen der abstrakten Schadensberechnung (→ Rn. 24) können Mahn- oder Kündigungsgebühren[58] nicht gefordert werden. Zum geschuldeten Betrag im Falle von Finanzierungsleasing → § 506 Rn. 124.

32 Oft werden im Darlehensgeschäft dem Verbraucher Kredit-/Antrags-/Bearbeitungsgebühren berechnet (zur AGB-rechtlichen Unwirksamkeit → § 492 Rn. 165), die Gegenleistung für die Kapitalnutzung und damit Zinsen sind[59] und auch in die Feststellung des effektiven Jahreszinses einbezogen werden müssen (→ § 492 Rn. 79). Werden diese Gebühren mitfinanziert (→ § 498 Rn. 17), werden sie mit jeder Rate anteilig – zusammen mit einem entsprechenden Kapitalanteil – fällig.[60] Die Anteile, die demgemäß bei Verzugseintritt noch nicht fällig waren, sind Vertragszinsen und können für die Zukunft nicht mehr durch den Kreditgeber verlangt werden, sondern nur noch die gesetzlichen Zinsen gem. Absatz 1. Derartige Gebühren kann der Kreditgeber folglich nicht in voller Höhe fordern; wurden sie bereits vom Verbraucher voll erbracht, sind sie vom Kreditgeber anteilig zurückzuerstatten, weil es am Rechtsgrund, dem vertraglichen Anspruch, fehlt (§ 812 BGB).

33 **e) Keine Vertrags-(Soll-)zinsen.** Verzugszinsenpauschale (B + 5) ohne Rücksicht auf den tatsächlich entstandenen Verzugsschaden bedeutet, dass der Kreditgeber vom Zeitpunkt des Verzugseintritts an, also für die Zukunft, den vereinbarten Vertragszins nicht mehr fordern darf[61] (→ Rn. 31) und ebenso wenig eine Vorfälligkeitsentschädigung (→ Rn. 39a). Deshalb kann die Situation eintreten, dass der Verbraucher nach Verzugseintritt weniger Zinszahlungen leisten muss als vertraglich vorgesehen, also besser dasteht als der Verbraucher, der sich vertragstreu verhält; das Gesetz nimmt das in Kauf.[62]

---

[57] MüKoBGB/*Schürnbrand* § 497 BGB Rn. 9.
[58] LG Kiel WM 2000, 2042 (2047).
[59] BGH NJW 1980, 2076 zu II. 1.
[60] BGHZ 91, 55 (58) = NJW 1984, 2161; BGH WM 1987, 101 mit Komm. *Knütel* EWiR 1986, 1181; *Bülow* Konsumentenkredit, Rn. 155.
[61] BGH WM 1986, 8 zu III. 2. mit Komm. *Hadding* EWiR § 286 BGB 1/86, 125; LG Nürnberg-Fürth WM 1997, 1143 mit Anm. *Burghardt* WuB I E 1.–7.97.
[62] BGH v. 19.1.2016 – XI ZR 103/15, NJW 2016, 1379 = WM 2016, 687.

Dieses Ergebnis kann durch Vertragsgestaltungen relativiert werden, nach denen die Fälligkeit der Raten nicht bei Vertragsschluss nach dem Kalender festgelegt wird, sondern auf Anforderung des Kreditgebers (zB durch Übersendung eines Kontoauszugs) zu bestimmen ist; der Kreditgeber hat es dann in der Hand, den Zeitpunkt des Verzugs durch eine Mahnung festzulegen. Im Übrigen bewirkt der Verzug, dass unter den weiteren Voraussetzungen von § 498 BGB (→ § 498 Rn. 11) die Kündigung möglich ist. 34

f) Anspruch und Durchsetzung. Der Verbraucher schuldet den Ersatz des mit B + 5 pauschalierten Schadens mit jedem Teil des geschuldeten Betrags, mit dem er in Verzug geraten war, insbesondere mit einzelnen Raten. Aus den Besonderheiten der verbraucherkreditrechtlichen Tilgungsreihenfolge gem. § 497 Abs. 3 Satz 1 BGB und Unvereinbarkeitslagen mit Vollstreckungsrecht folgt jedoch richtigerweise, dass der Verzugsschaden erst dann tituliert werden darf, wenn der gesamte geschuldete Betrag getilgt ist (näher → Rn. 63 ff.). Die einzelne Rate darf deshalb nur ohne Verzugszinsen rechtshängig gemacht werden, während für die Verzugszinsen die Klage auf wiederkehrende Leistungen nach § 258 ZPO gegeben ist (→ Rn. 67). Ist der gesamte geschuldete Betrag getilgt, geht der Klageantrag auf Verurteilung zur Zahlung von 5 Prozentpunkten über dem jeweiligen Basiszinssatz der EZB aus dem – vormals[63] – geschuldeten Betrag,[64] gestaffelt nach den Verzugszeitpunkten. 35

3. Konkrete Schadensberechnung

Der Kreditgeber ist an die Art abstrakter Schadensberechnung, wie sie durch § 497 Abs. 1 Satz 1 BGB bestimmt wird, nicht gebunden, der Verbraucher braucht sie nicht hinzunehmen. Beide können vielmehr aufgrund der Sonderregelung von § 497 Abs. 1 Satz 2 BGB auf eine ihnen günstigere konkrete Schadensberechnung zurückgreifen, ohne dass Beweiserleichterungen nach §§ 252 Satz 2 BGB, 287 ZPO gälten, hierbei ua auch Mahn- und Kündigungskosten liquidieren (→ Rn. 25, 31).[65] 36

a) Darlehensgeber (Kreditgeber). Ist der Kreditgeber ein Kreditinstitut, kann der Fall eintreten, dass es ohne die Vorenthaltung des geschuldeten Betrags (→ Rn. 31) durch den Verbraucher ein Geschäft in einem Anlagezweig hätte abschließen können, das eine höhere Rendite abgeworfen hätte, als es dem pauschalierten Zinssatz aus § 497 Abs. 1 Satz 1 BGB entspricht. Die Bank kann das entgangene Geschäft nach potentiellem Vertragspartner und Vertragsbedingungen benennen. Ein alternativer Geschäftsabschluss kann aber auch sicher sein, wenn ein Vertragspartner noch nicht gefunden ist, aber gefunden worden wäre, die Nachfrage nach Anlagegeschäften mit der geschädigten Bank also ihr Geschäftsvolumen überstieg oder doch ausfüllte; dann kann die konkrete Schadensberechnung mit den Besonderheiten der Geschäftsstruktur der geschädigten Bank begründet werden.[66] Berechnet der Kreditgeber den entgangenen Gewinn 37

---

[63] Der Anspruch bezieht sich also auf Zeiten, in denen die Hauptschuld noch nicht getilgt war; deren früheres Bestehen für die Zinsschuld als Nebenschuld ist also gegeben, BGHZ 15, 87 (89).
[64] *Kindler* Zinsansprüche, S. 333 f.; MüKoBGB/*Schürnbrand* § 497 BGB Rn. 13.
[65] AG Brandenburg NJW 2007, 2268.
[66] BGHZ 104, 337 (349) = NJW 1988, 1967 zu IV. 3. mit Komm. *Rümker* EWiR § 286 BGB 2/88, 657; vgl. auch BGHZ 61, 346 (349 f.); *Steiner* FS Geiger, S. 655; *Honsell*

auf diese Weise konkret, kann auch Ersatz der fortdauernden Aufwendungen des gestörten Kredits verlangt werden (→ Rn. 25), allerdings nur teilweise: In den konkret berechneten Sollzinsen, also dem entgangenen Umsatz der Bank, sind auch Kostenanteile enthalten; die Bank kann nur geltend machen, dass ihre tatsächlichen Kosten (Refinanzierungskosten, Verwaltungskosten, Risikoprämie) höher seien als der in den Zinsen enthaltene Anteil und sie kann nur diese Differenz unter voller Darlegungs- und Beweislast fordern,[67] auch im Mahnverfahren (→ 4. Teil Rn. 21).[68] Ersatzfähig sind nur solche Aufwendungen, die das, was der Geschäftsverkehr als übliche persönliche Bemühung bei der Rechtswahrung ansieht, übersteigen, also nicht Personalkosten als allgemeine Verwaltungskosten.[69]

38 Für die konkrete Schadensberechnung anstelle der pauschalierenden abstrakten nach Maßgabe von § 497 Abs. 1 BGB ist die Rechtsprechung des BGH zum Konsumentenratenkredit auch für Verbraucherkredite anwendbar.[70]

39 **b) Verbraucher.** Der Verbraucher als Schuldner braucht sich auf die pauschalierte abstrakte Schadensberechnung gemäß § 497 Abs. 1 Satz 1 BGB nicht einzulassen, sondern kann darlegen und beweisen, dass der konkrete, dem Kreditgeber entstandene Schaden niedriger ist, als es 5 Prozentpunkten über dem jeweiligen Basiszinssatz entspricht. Das ist eine Gestaltungsmöglichkeit des Schuldners, die es im allgemeinen Schadensersatzrecht gerade nicht gibt: Liegen die Voraussetzungen der abstrakten Schadensberechnung vor, kann der Schuldner nicht geltend machen, im konkreten Fall wäre es zu einem Ersatzgeschäft nicht gekommen oder der Gläubiger habe das Ersatzgeschäft tatsächlich nicht durchgeführt und dadurch Aufwendungen erspart.[71] Durch die Bestimmung von § 497 Abs. 1 BGB kann der Schuldner (der Verbraucher) dem Kreditgeber (der Bank) die konkrete Schadensberechnung, die freilich der Verbraucher durchzuführen, also darzulegen und bei Bestreiten zu beweisen hat, aufzwingen. Danach kann der Verbraucher den Nachweis dahin führen, dass sich der Kreditgeber für die Refinanzierung entschieden hatte und das Ersatzgeschäft damit erfüllte, sodass der Schaden der Bank auch nur in den tatsächlichen Refinanzierungskosten lag oder dass die Bank aus einem infolge des Verzugs abgeschlossenen Neugeschäfts einen höheren Gewinn erzielt und folglich keinen Schaden erlitten hatte.[72] Der Verbraucher kann auch nachweisen, dass die Bank überhaupt kein Ersatzgeschäft vornahm und auch nicht hätte vornehmen können, zB wegen eines allgemeinen Nachfragerückgangs bei den in Frage kommenden Ersatzgeschäften, denkbar bei

---

FS Lange, S. 509 (511); *Gößmann* BuB, Rn. 3/509; konkrete Schadensberechnung statt Nichtabnahmeentschädigung sowie Schadensminderungspflicht durch Akzeptierung eines Ersatzkreditnehmers: BGH WM 1990, 174 mit Komm. *Vortmann* EWiR § 607 BGB 1/90, 141.
[67] BGHZ 104, 337 (349 zu IV. 3., letzter Satz) = NJW 1988, 1967; BGH NJW 1991, 1817 zu 2 a.aa. (einschließlich Risikoprämie) mit Komm. *Derleder* EWiR § 326 BGB 1/91, 443; MüKoBGB/*Schürnbrand* § 497 BGB Rn. 16.
[68] AG Hagen NJW-RR 1995, 320 mit Anm. *v. Rottenburg* WuB I E 2.–1.95 und Komm. *Vortmann* EWiR § 11 VerbrKrG 1/95, 405.
[69] BGHZ 75, 230 (233); BGHZ 66, 112 (116); krit. *Lieb* FS Steindorff, S. 705 (720 ff.).
[70] *Bülow* Konsumentenkredit, Rn. 508 ff.; zu den Begriffen Konsument – Verbraucher, ders. NJW 1992, 2049 zu I.
[71] BGHZ 104, 337 (348 f.) = NJW 1988, 1967 zu IV. 2. mit Komm. *Rümker* EWiR § 286 BGB 2/88, 657.
[72] Vgl. OLG München WM 1997, 1750.

Spezialbanken für Konsumentenkredite oder vielleicht auch wegen eines Ansehensverlusts bei dem geschädigten Kreditgeber, etwa durch Presseberichte.[73] Die praktischen Schwierigkeiten für den Verbraucher liegen auf der Hand. Bedeutung hat die konkrete Schadensberechnung eher gegenüber Waren- und Dienstleistungskreditgebern (→ Rn. 40).[74]

c) Kreditgeberkündigung wegen Verbraucherverzugs (Vorfälligkeitsentschädigung?). § 497 Abs. 1 befasst sich mit dem Fortbestand des Kreditvertrags trotz Zahlungsverzug des Verbrauchers. Der Verzug kann aber auch die Kündigung des Vertrags durch den Kreditgeber rechtfertigen, was zur Folge hat, dass die Zinserwartung des Kreditgebers nicht eintritt und als Folge dessen zu fragen ist, ob der Kreditgeber gemäß § 280 Abs. 2 BGB eine Vorfälligkeitsentschädigung als Ersatz seines Nichterfüllungsschadens (Auflösungsschaden) verlangen kann.[75] Jedoch erkennt der BGH[76] in § 497 Abs. 1 eine Sperrwirkung dahin, dass die Liquidierung des Vertragszinses ausgeschlossen ist (→ Rn. 33); die Vorfälligkeitsentschädigung beruht aber gerade auf dem Vertragszins. Deshalb hat der Kreditgeber nach Kündigung wegen Zahlungsverzugs keinen Anspruch auf Vorfälligkeitsentschädigung. 39a

4. Andere Kreditverträge als Darlehensverträge

Liegt der Kredit in einer Finanzierungshilfe nach § 506 BGB, kann ein Verkäufer oder Leistungserbringer den fälligen Teilzahlungspreis resp. Werklohn als geschuldeten Betrag (→ Rn. 31) abstrakt mit B + 5 verzinsen. Die konkrete Schadensberechnung kann darin liegen, dass durch die Vorenthaltung der geschuldeten Gegenleistung Waren oder Materialen nicht eingekauft werden konnten, mit denen ein Ersatzgeschäft hätte gemacht werden können. Das gilt allerdings nur, wenn die üblicherweise dem Kreditgeber zur Verfügung stehenden liquiden Mittel ausgeschöpft waren; trat diese Situation ein, ist der Kreditgeber im Hinblick auf § 254 BGB nicht gehalten, sich darüber hinaus liquide Mittel zu beschaffen (→ § 496 Rn. 28 aE).[77] Nimmt der Kreditgeber ein Darlehen auf, um den durch den Verzug entstandenen Liquiditätsengpass zu überbrücken, kann er die dadurch entstehenden Kosten im Wege der konkreten Schadensberechnung geltend machen, wenn der Darlehensvertrag die Rückführung der Valuta mit dem vom Verbraucher geschuldeten Betrag zulässt.[78] Der Verbraucher kann insoweit also nicht Mitverschulden einwenden, aber nachweisen, dass Ersatzgeschäfte, zB wegen Nachfragerückgangs im Allgemeinen oder gerade beim Verkäufer oder Leistungserbringer, nicht möglich gewesen wären oder nur zu ungünstigeren Bedingungen hätten abgeschlossen werden können. Für unentgeltliche Finanzierungshilfen (§ 515) gilt Entsprechendes (→ § 40a). 40

---

[73] BGHZ 104, 337 (351).
[74] *v. Westphalen/Emmerich/v. Rottenburg* § 11 VerbrKrG Rn. 43; *D. Klein* Verzug, S. 172 f.
[75] So OLG Schleswig ZIP 2015, 1817 mit Komm. *Wahlers* EWiR 2015, 689; OLG Stuttgart ZIP 2015, 1009 (1011); OLG München WM 2014, 1341; LG Mainz BeckRS 2015, 09874.
[76] V. 19.1.2016 – XI ZR 103/15, NJW 2016, 1379 = WM 2016, 687.
[77] Tut er das aber, muss er zumutbare Möglichkeiten ausschöpfen, seinen Kreditbedarf billig zu decken, OLG Karlsruhe WM 1991, 777 mit Anm. *Hein* WuB I E 1.–10.91.
[78] MüKoBGB/*Schürnbrand* § 497 BGB Rn. 16.

§ 497 40a–43   1. Teil. Darlehen und Finanzierungshilfen

5. Unentgeltliche Darlehen und Finanzierungshilfen

40a § 497 Abs. 1 ist gemäß § 514 Abs. 1 Satz 1 entsprechend anwendbar, wenn der Verbraucher als Darlehensnehmer mit der fälligen Rückzahlung des unentgeltlichen Darlehens in Verzug gerät (→ § 514 Rn. 16 bis 18). Das gilt gemäß § 515 auch für unentgeltliche Finanzierungshilfen, also insbesondere bei Teilzahlungsgeschäften (§ 506 Abs. 3) ohne Teilzahlungszuschlag („Null-Prozent-Finanzierung") oder Null-Leasing (→ § 506 Rn. 75).

III. Zinseszins (Absatz 2)

1. Verzugsschaden und Zinseszinsverbot

41 § 497 Abs. 2 BGB schränkt das Recht des Darlehensgebers resp. sonstigen Kreditgebers (§ 506 Abs. 1), Zinseszinsen zu verlangen, ein, schließt es aber nicht aus.

42 a) **Verzug mit dem Verzugsschaden.** Zwar bestimmt § 289 Satz 1 BGB, dass von Vertragszinsen Verzugszinsen nicht zu entrichten sind, ordnet also ein Zinseszinsverbot[79] an (die im Voraus getroffene Vereinbarung über Zinsen auf Vertragszinsen können nur ein Kreditinstitut sowie kaufmännische Kontokorrentparteien[80] wirksam eingehen, §§ 248 Abs. 2 BGB, 355 HGB). Dieses Zinseszinsverbot bezieht sich jedoch nur auf den Verzinsungsanspruch aus § 288 Abs. 1 Satz 1 BGB, schließt also den Anspruch auf Verzugszinsen für vorenthaltene Vertragszinsen oder für Verzugszinsen, mit deren Zahlung der Schuldner wiederum in Verzug geriet, aus, berührt aber nicht die Geltendmachung eines Verzugsschadens, der darin liegt, dass dem Kreditgeber nicht nur der Hauptbetrag, sondern auch die Verzugszinsen vorenthalten werden, die er wie die anderen zu fordernden Beträge hätte anlegen können (→ Rn. 25). Insoweit kann ein Gläubiger gem. § 289 Satz 2 BGB den gesamten ihm entstandenen Verzugsschaden liquidieren, der sich im ökonomischen Ergebnis ebenso darstellt, als würde der Kreditgeber Zinseszinsen fordern.

43 Diesen auf die Vorenthaltung von Zinsen bezogenen Anspruch des Kreditgebers auf Schadensersatz schränkt § 497 Abs. 2 Satz 2 BGB ein, indem der Kreditgeber Schadensersatz von höchstens 4% auf die Verzugszinsen gem. § 246 BGB, ggf. – in Existenzgründungsfällen denkbar, → § 512 Rn. 4 – auch 5% gem. § 352 HGB,[81] verlangen kann (nicht aber Fälligkeitszinsen gem. § 353

---

[79] BGH NJW 1993, 1260 mit Komm. *Habersack* EWiR § 286 BGB 1/93, 349 und Rezension *Stengel* MDR 1993, 505 sowie krit. *Beining* NJW 1993, 544; *Reifner* NJW 1992, 337 (342) und VuR 1992, 1; *K. Schmidt* FS Claussen, S. 483 (497); *Bülow* WM 1992, 1009 (1011); *Bülow*, Schriftenreihe der Bankrechtlichen Vereinigung, Bd. 3, S. 135; OLG Schleswig WM 1993, 15 (17) mit Komm. *Schwintowski* EWiR § 767 BGB 1/93, 365; Verjährung (→ Rn. 68 gem. § 197 BGB: BGH NJW 1993, 1384 mit Komm. *v. Feldmann* EWiR § 197 BGB 2/93, 439; OLG Celle MDR 1994, 157; nicht anwendbar auf Erbbauzinsen: BGH NJW-RR 1992, 591 zu 2.; öffentliche Hand als Gläubiger: *Schön* NJW 1993, 961 (965 ff.).

[80] *K. Schmidt* FS Claussen, S. 483 (497).

[81] Mit dem Klammerzusatz in § 497 Abs. 2 Satz 2 „(§ 246)" ist keine inhaltliche Veränderung gegenüber der Vorgängerregelung von § 11 Abs. 2 VerbrKrG verbunden (→ Rn. 13), deshalb ist ein „kategorischer Ausschluss" (AnwKomm/*Reiff* § 497 BGB Rn. 9) von § 352 HGB nicht erkennbar; andererseits ist die Anwendung auf bloß gewerb-

HGB, die gerade verzugsunabhängig sind), mag der dem Kreditgeber wirklich entstandene Schaden (entgangener Wiederanlagezins) auch noch so hoch sein. Darin liegt eine soziale Umverteilung zur Bekämpfung der Schuldturmproblematik, die dem System des Schadensersatzrechts, ja dem Zivilrecht überhaupt, zwar fremd ist; allerdings ist es auch gerade dieses System, das an seiner Stelle diese Problematik mitverursacht. Im Hinblick auf die Eigentumsgarantie ist dieses „gewisse Opfer",[82] das der Kreditwirtschaft abverlangt wird, durch die Sozialbindung des Eigentums gem. Art. 14 Abs. 2 GG gedeckt; das Opfer ist ja seinerseits unmittelbare Folge der vorangegangenen besonderen Gewinnmöglichkeiten im Verbraucherkreditgeschäft und es wird durch eine entgegengesetzte Umverteilung durch das Steuerrecht, nämlich Wertberichtigungsmöglichkeiten (so die Begründung zu § 11 VerbrKrG, → Rn. 4), gemildert.

Mit den nicht gezahlten Verzugszinsen und dem Verzugsschaden gerät der Verbraucher wiederum nur in Verzug, wenn auch insoweit die Verzugsvoraussetzungen erfüllt sind (→ Rn. 22); im Allgemeinen führt deshalb kein Weg am Erfordernis der **Mahnung** vorbei. Sie kann sich nur auf fällige, dh bereits entstandene Ansprüche aus Verzug, nicht auf erst zukünftig entstehende, beziehen und kann deshalb auch nicht im Voraus erteilt werden. **44**

b) Begriff der Zinsen. Gegenstand der Sonderregelung von Absatz 2 sind Zinsen, die nach Eintritt des Verzugs anfallen. Hierbei handelt es sich nicht um Vertrags-(Soll-)zinsen, da solche nach Verzugseintritt gem. Absatz 1 nicht mehr verlangt werden können (→ Rn. 33), sondern um die Verzugszinsen aus Absatz 1 (B + 5). Diese stellen den aufgrund von § 280 Abs. 2 BGB zu ersetzenden und in besonderer Weise abstrakt berechneten Schaden dar; um die Begrenzung dieses, sich zu perpetuieren drohenden und in den Schuldturm weisenden Schadens geht es der Vorschrift von § 497 BGB. Deshalb kann es für die Anwendung von Absatz 2 nicht darauf ankommen, ob sich der Verzugsschaden durch relative Vomhundertsätze vom geschuldeten Betrag beziffert oder sich in einem festen Betrag darstellt. Vom Zinsbegriff in Absatz 2 sind deshalb auch Verzugsschäden erfasst, die sich aus konkreter Schadensberechnung ergeben, seien es Marktzinsen oder feste Beträge, gleichermaßen in der Vergangenheit aufgelaufene Beträge, die ihrerseits noch nicht die Verzugsvoraussetzungen erfüllt hatten (→ Rn. 42). Allein der Verzugsschadenscharakter gibt Maß.[83] Der Zinsbegriff ist also weit zu fassen.[84] Sollte der Kreditgeber dagegen Schadensersatzansprüche aus anderem Rechtsgrund gegenüber dem Verbraucher haben, zB aus anderweitiger Pflichtverletzung nach § 280 Abs. 1 BGB, bleibt es bei der allgemeinen Regel von Absatz 1. Ein derartiger Schadensersatzanspruch wäre also mit B + 5 zu verzinsen (sofern auch insoweit die Verzugsvoraussetzungen erfüllt sind) und nicht mit 4 % gem. Absatz 2; gerät der Verbraucher auch mit diesen Ansprüchen wiederum in Verzug, richtet sich die Verzinsung aber nach Absatz 2 Satz 2. **45**

c) Höchstsatz. Der gesetzliche Zinssatz nach §§ 246, 497 Abs. 2 Satz 2 ist der Höchstsatz, bis zu dem der Kreditgeber Schadensersatz verlangen kann, nicht aber zugleich der Mindestsatz. Ist aufgrund der Marktlage die Wiederanlage- **46**

---

liche Existenzgründer (MüKoBGB/*Schürnbrand* § 497 BGB Rn. 23 iVm § 494 BGB Rn. 28) nicht möglich, sondern nur auf kaufmännische.
[82] So BR-Drucks. 427/89, S. 30.
[83] Zweifelnd *Münzberg* WM 1991, 170 (172).
[84] Zutreffend MüKoBGB/*Schürnbrand* § 497 BGB Rn. 21.

§ 497 1. Teil. Darlehen und Finanzierungshilfen

möglichkeit auch bezüglich der Verzugszinsen nur in einer Weise gegeben, dass nur niedrigere Zinssätze erwirtschaftet werden können, hat der Kreditgeber auch nur einen entsprechend geringeren Anspruch.[85] Zur Berechnung dieses Schadens gelten, anders als im Falle von Absatz 1, keine Besonderheiten.[86] Der Kreditgeber kann seinen Schaden also abstrakt berechnen, ohne dass der Verbraucher, anders als nach § 497 Abs. 1 Satz 2, die Möglichkeit hätte, einen niedrigeren konkreten Schaden nachzuweisen (→ Rn. 51), oder er kann ihn konkret berechnen. In jedem Falle ist der Schadensanspruch wegen vorenthaltener Verzugszinsen in Höhe des gesetzlichen Zinssatzes nur dann schlüssig dargetan, wenn der Kreditgeber substantiiert darlegt (und ggf. beweist), dass sein Schaden ebenso hoch ist, wie es dem gesetzlichen Zinssatz entspricht oder höher. Das Gericht kann nach Maßgabe von § 287 ZPO schätzen. Zur richtigen Darlegung gehört auch die getrennte Kontenführung gem. Absatz 2 Satz 1 (→ Rn. 48).

2. Kontenführung

47 **a) Transparenz.** Obwohl den Kreditgeber die Darlegungslast für seinen Schadensersatzanspruch trifft, mag in der Berechnungspraxis, auch im Prozess, nicht selten der Fall eintreten, dass, vor allem in langdauernden Kreditverhältnissen, eine Vielzahl von Buchungen und Saldierungen den Charakter als Schadensersatz aus § 289 Satz 2 BGB verschleiert, sodass Zinseszinsberechnungen – gewollt oder nicht – untergeschoben werden, die den gesetzlichen Zinssatz überschreiten. Dieser Gefahr begegnet die Kontierungsvorschrift von Absatz 2 Satz 1, nach der kein einheitliches Konto für den Verbraucher geführt werden darf, auf dem sämtliche Schadens-, Rückzahlungs-, Rechtsverfolgungs- und Aufwandspositionen verbucht werden. Vielmehr sind mindestens zwei Konten zu führen, nämlich ein Zinskonto und ein Konto für die übrigen Positionen („Leistungsrückstandskonto"[87] oder „Verzugsschadenskonto"[88]). Durch die gesonderte Kontoführung ist eine höhere Transparenz der Zinsberechnungen erreichbar und die Verschleierung verbotswidriger Zinseszinsen eher vermeidbar. Auch dürfen Saldi des Zinskontos nicht in ein **Kontokorrent** (§ 355 HGB[89]) eingestellt werden, weil die damit verbundene Saldierung wiederum Verschleierungseffekte haben könnte. Jedoch darf jedes Konto für sich als Kontokorrent geführt und die Feststellungsabrede getroffen werden, durch die sich die Schuld auf die beiden abstrakten Schuldsalden konzentriert.[90] Die Feststellung ist ein abstraktes Schuldanerkenntnis iSv § 781 BGB, dem durch das Verbraucherkreditrecht keine Wirk-

---

[85] BGH v. 24.4.2012 – XI ZR 360/11, Tz. 18, NJW 2012, 2266; Palandt/*Weidenkaff* § 497 BGB Rn. 8.
[86] Zutreffend *Bruchner/Ott/Wagner-Wieduwilt* § 11 VerbrKrG Rn. 47; *D. Klein* Verzug, S. 187; aA *Erman/Saenger* § 497 BGB Rn. 30: entsprechende Anwendung von Absatz 1, ebenso MüKo/*Schürnbrand* § 497 BGB Rn. 24.
[87] *Gößmann* BuB, Rn. 3/511.
[88] *Bruchner/Ott/Wagner-Wieduwilt* § 11 VerbrKrG Rn. 67ff.; BankR-HdB/*Jungmann*, § 81 Rn. 708: zusätzliches Unterkonto „weiterer Verzugsschaden 4%", vorst. Rn. 55.
[89] Zur Anwendung unter Nicht-Kaufleuten BGH NJW 1985, 2699 mit Komm. *Köndgen* EWiR § 259 BGB 2/85, 741; außerdem BGH ZIP 1986, 1171 zu IV. 3.; WM 1987, 897 mit Komm. *Koller* EWiR § 607 BGB 3/87, 765; BGH ZIP 1991, 89 zu III. mit Komm. *Bülow* EWiR § 1191 BGB 2/91, 151; *K. Schmidt* FS Claussen, S. 483 (497).
[90] BGHZ 26, 142 (150); BGH NJW 1985, 3010 mit Komm. *Canaris* EWiR § 355 HGB 3/85, 597.

samkeitshürden entgegenstehen (→ § 496 Rn. 10). Der Aufwand für die erweiterte Kontenführung ist Verzugsfolge, sodass der Kreditgeber dafür keine besonderen, über die abstrakte Schadensberechnung hinausgehenden Entgelte verlangen kann.[91]

b) Anspruch des Verbrauchers. Da die ordnungsgemäße Kontoführung mit mindestens zwei Konten eine entscheidende Informationsmöglichkeit des Verbrauchers über seine Verbindlichkeiten darstellt, hat er Anspruch darauf, den er ggf. im Wege des Zurückbehaltungsrechts gem. § 273 BGB geltend machen kann. Während des Zeitraums, in dem der Verbraucher sein Zurückbehaltungsrecht berechtigterweise ausübt, ist auch der Verzug des Verbrauchers angehalten (→ Rn. 23), sodass er für diesen Zeitraum weder Verzugszinsen gem. Absatz 1 noch Verzugszinsschadensersatz gem. Absatz 2 Satz 2 schuldet (der Schadensersatzanspruch des Kreditgebers besteht aber hinsichtlich derjenigen Verzugszinsen, die vorher entstanden sind); auf der anderen Seite lebt der Anspruch auf Vertragszinsen nicht wieder auf (→ Rn. 31, 33). Die Kontoführung ist mithin nicht lediglich eine Obliegenheit des Kreditgebers, bringt ihm darüber hinaus aber Rechtsnachteile insoweit, als das Gebot und das Verbot von Satz 2 missachtende Kontoführungen keine ordnungsgemäße Abrechnung darstellen, die ihrerseits Voraussetzung für die Schlüssigkeit des Anspruchs aus dem Kreditvertrag ist. Selbst wenn der Kreditgeber insgesamt keinen höheren Schaden geltend macht, als ihn Absatz 1 und Absatz 2 Satz 2 zulassen, ist die Klage doch unbegründet, wenn der Kreditgeber nicht darlegt, das gesonderte Zinskonto zu führen oder wenn er im Kontokorrent saldiert hat; weder Verbraucher noch Gericht brauchen und sollen sich auf andersgeartete Abrechnungen einlassen. Freilich gehört nach allgemeinen Regeln zur Schlüssigkeit der Klage nicht die Vorlegung der Konten, sondern nur der Vortrag, dass die Konten der Regelung von Absatz 2 Satz 1 entsprechend geführt worden seien.

3. Immobiliardarlehensverträge

Gerät der Verbraucher mit seinen Verbindlichkeiten aus einem Immobiliardarlehensvertrag (§ 491 Abs. 3 BGB) in Verzug, ist § 497 Abs. 2 BGB nicht anwendbar, wie Abs. 4 bestimmt (→ Rn. 75). Der Darlehensgeber kann bei Verzug des Verbrauchers mit Verzugszinsen den marktüblichen Bruttosollzins als entgangene Wiederanlage liquidieren (→ Rn. 25, 43) und er braucht nicht getrennte Konten zu führen.

IV. Tilgungsverrechnung (Absatz 3)

1. Schuldturmproblematik durch Liquiditätsausgleich für den Gläubiger

Typisch für die Situation des Schuldnerverzugs ist, dass der Schuldner nicht nur im Zeitpunkt der Fälligkeit die geschuldete Leistung vorenthält, sondern sie auch danach nicht in voller Höhe erbringen kann, vielmehr allenfalls Teilleistungen, ggf. durch Zwangsvollstreckung, zB im Wege der Lohn- oder Gehaltspfän-

---

[91] *Erman/Saenger* § 497 BGB Rn. 25; *Vortmann* § 11 VerbrKrG Rn. 21; *v. Westphalen/Emmerich/v. Rottenburg* § 11 VerbrKrG Rn. 55.

dung. Da der Schuldner nicht nur die Hauptleistung (zB das Darlehenskapital, den Kaufpreis im Falle einer Finanzierungshilfe), sondern auch Zinsen – seien es bis zu Verzugseintritt aufgelaufene Vertrags-(Soll-)zinsen oder Verzugszinsen aus Absatz 1 – und ggf. Rechtsverfolgungskosten schuldet, stellt sich die Frage, auf welche dieser Verbindlichkeiten Teilleistungen zu verrechnen sind. An sich gilt gem. § 366 BGB der Grundsatz,[92] dass es auf die Tilgungsbestimmung des Schuldners ankommt. Für das Verhältnis von Hauptleistung, Zinsen und Kosten trifft jedoch das Gesetz durch § 367 BGB eine Tilgungsbestimmung, die vor einer abweichenden Tilgungsbestimmung des Schuldners Vorrang hat (§ 367 Abs. 2 BGB, → Rn. 56): Die Teilleistungen werden zunächst auf die Kosten, dann auf die Zinsen und zuletzt auf die Hauptforderung angerechnet. Der Sinn dieser Regelung liegt in einem Ausgleich für den durch § 289 Satz 1 BGB niedergelegten Grundsatz, dass von Vertragszinsen Verzugszinsen nicht zu entrichten sind (→ Rn. 42), sodass der Gläubiger, der nicht einen gem. § 289 Satz 2 BGB liquidierbaren Schaden erleidet, für die vorenthaltenen Verzugszinsen zunächst keinen Ausgleich erhält. Da aber durch eine nicht ausreichende Leistung gem. § 367 Abs. 1 BGB die Hauptschuld ungetilgt bleibt, verzinst sie sich weiter, sodass der Gläubiger Anspruch auf diese immer wieder neu entstehenden Zinsen behält. Dieser Liquiditätsausgleich für den Gläubiger kann auf der anderen Seite zu einer fortwährenden Belastung des Schuldners führen: Seine Teilleistungen tilgen zwar die Nebenverbindlichkeiten, aber die bestehen bleibende Hauptverbindlichkeit gebiert ständig neue Zinsen und trotz lebenslanger (vgl. § 212 Abs. 1 Nr. 2 BGB) Kahlpfändung kann es sein, dass der Schuldner an immer derselben Hauptforderung hängen bleibt. Das ist eine wichtige Mitursache für bisweilen an Verelendung heranreichende Verschuldung; man spricht vom „modernen Schuldturm".[93] Hieraus versucht die Regelung von § 497 Abs. 3 Satz 1 den Schuldner zu befreien,[94] indem in der Reihenfolge Kosten – Hauptschuld – Zinsen (und nicht gem. § 367 BGB[95] in der Reihenfolge Kosten – Zinsen – Hauptschuld) zu tilgen ist. Allerdings würde diese Art der Tilgungsverrechnung nichts nützen, wenn die danach stehen bleibenden Verzugszinsen ihrerseits als Schadensersatz gem. § 289 Satz 2 BGB in selber Höhe wie die Hauptschuld verzinslich wären, wie dies im Allgemeinen bei Gelddarlehen der Fall ist; die Verrechnungsreihenfolge hat Entlastungseffekt für den Schuldner nur iVm Absatz 2 Satz 2, wonach der Schadensersatzanspruch aus § 289 Satz 2 BGB auf die Höhe der gesetzlichen Zinsen beschränkt ist (→ Rn. 43). Der Schuldner hat also,

---

[92] Nicht: In der Zwangsvollstreckung, BGH NJW 1999, 1704 mit Bspr. *K. Schmidt* JuS 1999, 1020 und Anm. *Escher-Weingart* WuB IV A.–1.99; keine Abbedingung durch AGB: BGH ZfIR 1999, 433 mit Komm. *Derleder* EWiR § 9 AGBG 2/2000, 57.

[93] *De With/Noack* ZRP 1984, 1 unter Verweis auf Rolf Bender, Vors. Richter des 6. Zivilsenats am OLG Stuttgart, der das Problembewusstsein zum sittenwidrigen Konsumentenkredit maßgeblich gefördert hat.

[94] Vorgänger war eine Bundesratsinitiative Hamburgs, BR-Drucks. 346/84.

[95] Auch die in § 12 ZVG und im früheren § 48 KO genannten Tilgungsreihenfolgen sind derogiert, *Seibert* § 11 VerbrKrG Rn. 14; MüKoBGB/*Schürnbrand* § 497 BGB Rn. 26; *Bruchner/Ott/Wagner-Wieduwilt* § 11 VerbrKrG Rn. 52; für § 50 Abs. 1 InsO erklären aus den Gesetzesmaterialien für selbstverständlich: BT-Drucks. 12/7302, S. 160 zu § 57 des Regierungsentwurfs sowie BGH v. 17.2.2011 – IX ZR 83/10, WM 2011, 561 mit Komm. *Flitsch* EWiR § 50 InsO 2/11, 321, Vorinstanz OLG Frankfurt ZIP 2010, 2256 mit Komm. *Kremer* EWiR § 50 InsO 1/11, 21; Anwendung auf Teilzahlungen vor Geltung des VerbrKrG: OLG Köln EWiR § 286 BGB 2/93, 351 *(Wehrt)*.

nachdem er die Rechtsverfolgungskosten getilgt hat, die Chance, die Hauptforderung zu verringern und insoweit die neuerliche Entstehung von Verzugszinsen in Höhe von fünf Prozentpunkten über dem Basiszinssatz zu verhindern, während sich die stehen bleibenden Verzugszinsen nur mit 4% (§ 246 BGB), in Sonderfällen mit 5% (§ 352 HGB, → § 513 Rn. 5) verzinsen, was einen Anreiz für Tilgungsanstrengungen bieten und Resignationserscheinungen beim Schuldner zurückdrängen mag. Flankierend hebt Absatz 3 **Satz 2** die dem Gläubiger gem. § 266 BGB eingeräumte Befugnis auf, Teilleistungen zurückzuweisen,[96] sodass ein Gläubiger damit nicht auf Erträgnisquellen durch vollleistungsunfähige Schuldner spekulieren kann. Unberührt durch § 497 Abs. 3 bleibt die Vorschrift von § 366 BGB zur Tilgungsbestimmung von Teilleistungen aus mehreren, rechtlich voneinander unabhängigen Schuldverhältnissen.[97] Sofern der Schuldner die Verbindlichkeit gem. § 271 Abs. 2 BGB schon vor Fälligkeit tilgen darf (im Allgemeinen nicht bei Gelddarlehen, → § 501 Rn. 6, 11), ist § 367 BGB nicht anwendbar (der Schuldner hat nichts zu entrichten im Sinne dieser Vorschrift)[98] und ebenso wenig § 497 BGB; der Schuldner muss in diesem Fall die Tilgungswirkung bestimmen, sofern sich der Gläubiger auf die Teilleistung überhaupt einlässt, da in diesem Fall auch § 266 BGB unberührt bleibt.

Damit der Kredit-, insbesondere Darlehensgeber andererseits nicht zusehen 51 muss, dass der stehen bleibende Darlehensbetrag und der Zinsbetrag verjähren, tritt Hemmung nach näherer Maßgabe von § 497 Abs. 3 Satz 3 BGB ein (→ Rn. 57 ff.).[99] Letzteres gilt **auch für Immobiliar-Darlehensverträge** (Abs. 4, → Rn. 75), bei denen auf der anderen Seite § 266 (kein Recht zu Teilleistungen) anwendbar bleibt.

2. Rangverhältnisse

a) Der zweite Rang: geschuldeter Betrag. Der **Hauptleistung** in der 52 Terminologie von § 367 Abs. 1 BGB entspricht zunächst der in § 497 Abs. 3 Satz 1 BGB genannte übrige geschuldete Betrag. Dieser setzt sich zusammen aus der Hauptforderung, dem gemäß § 488 Abs. 1 Satz 2 zurückzuzahlenden Darlehen resp. dem Gesamtbetrag bei einem Teilzahlungsgeschäft nach § 506 Abs. 3 (Teilzahlungspreis, → § 506 Rn. 100), soweit fällig, sowie im gegebenen Falle Rückabwicklungsansprüchen nach §§ 355 Abs. 3 Satz 1, 357a.[100] Hinzu kommen aber auch andere Leistungen, die fällig waren, also insbesondere Rückstände an Vertragszinsen, die sich bis zum Verzugseintritt angesammelt hatten; auch sie werden ja gem. Absatz 1 mit 5 Prozentpunkten über dem Basiszinssatz (→ Rn. 29) verzinst (→ Rn. 25). Die Tilgungsverrechnung im zweiten Rang (nach den Rechtsverfolgungskosten, → Rn. 53) bezieht sich also auf denjenigen gesamten, berechtigterweise vom Kreditgeber beanspruchten Schuldsaldo, der im Zeitpunkt des Verzugseintritts entstanden war, das ist der schon in Absatz 1 ge-

---

[96] *Weber* MDR 1992, 828 f.; LG Rottweil NJW 2003, 3139.
[97] MüKoBGB/*Schürnbrand* § 497 BGB Rn. 30; *Bülow* WM 1992, 1009 f.; *Bülow*, Schriftenreihe der Bankrechtlichen Vereinigung, Bd. 3, S. 135 (138); Auswirkungen für Sicherungsgeber: BGH WM 1993, 1078 mit Komm. *Steiner* EWiR § 366 BGB 1/93, 653; NJW 1997, 2514 zu II. 2.c.
[98] Das übersehen *Bruchner/Ott/Wagner-Wieduwilt* § 11 VerbrKrG Rn. 52; *Seibert* § 11 VerbrKrG Rn. 13.
[99] *Cartano/Edelmann* WM 2004, 775.
[100] MüKo/*Schürnbrand* § 497 BGB Rn. 10.

§ 497 53–55

nannte geschuldete Betrag (→ Rn. 31). Innerhalb des nach Maßgabe von Absatz 1 geschuldeten Betrages trifft das Gesetz keine Sonderregelung, bestimmt also nicht, ob vom geschuldeten Betrag erst der Anteil an rückständigen Zinsen oder der Anteil am Kapital/Barzahlungspreis getilgt wird. Zu denken wäre an eine anteilige Tilgungsverrechnung auf Kapital und Kosten, wie sie vereinbarungsgemäßen Leistungen des Verbrauchers zugrunde liegt;[101] auf vertragswidrige Teilzahlungen ist eine derartige Anrechnung aber nicht anwendbar. Vielmehr bleibt es insoweit bei der allgemeinen Regel von § 367 Abs. 2 BGB, sodass der Verbraucher vom geschuldeten Betrag zunächst vollständig den Zinsanteil und sodann das Kapital/den Teilzahlungspreis tilgt. Das kann für die Verjährung Bedeutung haben (→ Rn. 62).

53 **b) Der erste Rang: Rechtsverfolgungskosten.** Rechtsverfolgungskosten sind Aufwendungen für das Erkenntnisverfahren und für die Zwangsvollstreckung, die der Kreditgeber in aller Regel bereits verauslagt hatte und an deren vorrangiger Rückerstattung er anerkennenswertes Interesse hat (→ Rn. 6). Die Gesetzesverfasser vermeiden den schlichten Begriff „Kosten" wie in § 367 Abs. 1 BGB, um Verwechslungen vorzubeugen: Mit „Kosten" werden gelegentlich auch Entgelte für die Kapitalüberlassung bezeichnet („Kreditkosten"), die in Wahrheit Zinscharakter haben und aufgrund Verzugs nach Maßgabe von Absatz 1 zu verzinsen sind, also ebenfalls zweiten Rang haben (wären sie erst in der Zukunft fällig geworden, fallen sie als Vertragszins weg und an ihre Stelle treten die gesetzlichen Zinsen nach Absatz 1 auf die Restschuld, → Rn. 31).

54 Im Übrigen sind die Rechtsverfolgungskosten ihrerseits nur nach allgemeinen Regeln sowie nach Absatz 1 verzinslich: Da insoweit § 286 Abs. 2 Nr. 1 BGB (Zeitbestimmung nach Kalender) nicht anwendbar ist, kommt der Verbraucher erst durch Mahnung in Verzug, danach tritt Verzinsung wie für die Restschuld ein. Die Mahnung liegt nicht in der Zustellung des Kostenfestsetzungsbeschlusses, weil die Zustellung vom Gericht besorgt wird und nicht als Handlung des Kreditgebers als Kläger bzw. Antragsteller angesehen werden kann. Der Gerichtsvollzieher handelt dagegen als Beauftragter des Kreditgebers, sodass seine Zahlungsaufforderung hinsichtlich der Rechtsverfolgungskosten als Mahnung anzusehen ist. Es gibt also Zeiträume, in denen die Rechtsverfolgungskosten nicht nach Absatz 1, sondern allenfalls nach § 104 Abs. 1 Satz 2 ZPO mit vier Prozentpunkten zu verzinsen sind (das wird in der Begründung zum VerbrKrG verkannt, → Rn. 6).

55 **c) Der dritte Rang: Zinsen.** Die drittrangigen Zinsen sind die gesetzlichen Verzugszinsen, die gem. Absatz 2 gesondert zu verbuchen sind (zum Zinsbegriff → Rn. 45) und die ihrerseits höchstens mit 4 (ggf. 5) Prozent zu verzinsen sind (→ Rn. 43). Für das Verhältnis der Verzugszinsen nach § 497 Abs. 1 BGB in Höhe von B + 5 zu den auf diese Weise anfallenden Verzugszinsen nach Absatz 2 Satz 2 ist zuerst auf die Zinsen nach Absatz 1 anzurechnen, damit darauf Verzugs-(Soll-)zinsen erst gar nicht anfallen.[102] Nicht zum dritten Rang gehören aber die Vertragszinsen, die im „geschuldeten Betrag" gem. Absatz 1 enthalten sind und zweiten Rang haben; ihre Zuführung in den dritten Rang wäre sinnlos, weil sie genauso wie die Hauptforderung gem. Absatz 1 verzinst werden.

---

[101] BGHZ 91, 55 (58); *Bülow* Konsumentenkredit, Rn. 29, 155.
[102] MüKoBGB/*Schürnbrand* § 497 BGB Rn. 29; *Münstermann/Hannes* § 11 VerbrKrG Rn. 620; *Lwowski/Peters/Gößmann* VerbrKrG, S. 252.

3. Abweichende Tilgungsbestimmung des Verbrauchers

Während § 367 BGB abdingbar ist,[103] darf von der Tilgungsverrechnung gem. § 497 Abs. 3 BGB nicht zum Nachteil des Verbrauchers abgewichen werden (§ 512 Satz 1 BGB, → § 512 Rn. 8). Fraglich ist aber, ob es dem Verbraucher freisteht, gem. § 367 Abs. 2 BGB eine andere einseitige Tilgungsbestimmung abzugeben, an die der Kreditgeber gebunden wäre, wenn er die Leistung nicht gem. § 367 Abs. 2 BGB ablehnt.[104] Jedoch handelt es sich bei der Tilgungsverrechnung um eine elementare Schutzvorschrift, die ebenso wenig wie der Widerruf nach § 495 BGB durch den Verbraucher selbst derogierbar ist, sei es durch Vertrag oder durch einseitige Erklärung (näher → § 512 Rn. 9). Zwar könnte der Verbraucher auf diese Weise vorrangig auf die Hauptschuld sogar vor den Rechtsverfolgungskosten leisten. Aber die Gefährdung des Verbrauchers liegt in folgendem: Lehnt der Kreditgeber ab, kommt er nicht in Annahmeverzug, müsste die empfangene Leistung aber als ungerechtfertigte Bereicherung gem. § 812 Abs. 1 BGB an den Verbraucher zurückgeben. Er könnte aber mit einer offenen Forderung gegen diesen Bereicherungsanspruch aufrechnen, wobei sich wiederum die Frage stellt, welche seiner Forderungen er hierfür verwendet. Nunmehr gilt die Aufrechnungsreihenfolge von § 396 Abs. 1 BGB; der Kreditgeber wäre also demgemäß zur Tilgungsbestimmung befugt und könnte mit seiner Zinsforderung statt mit der Hauptforderung aufrechnen, immerhin nunmehr verbunden mit einem Widerspruchsrecht des Verbrauchers gem. § 396 Abs. 1 Satz 2 BGB.[105] Für eine Übertragung von § 497 Abs. 3 BGB auf Aufrechnungslagen gem. § 396 BGB ist kein Raum, weil sich der Verbraucher dieser selbst aussetzte; auch § 396 Abs. 2 BGB gibt dafür keinen Anhalt, weil der Kreditgeber als aufrechnender Teil keine Zinsen und Kosten schuldet, sondern umgekehrt der Verbraucher. Darin liegt die Gefahr einer anderweitigen Anrechnungsbestimmung gem. § 367 Abs. 2 BGB durch den Verbraucher. Sie kann allenfalls dann als wirksam angesehen werden, wenn sie zu seinen Gunsten von § 497 Abs. 3 Satz 1 BGB abweicht (Austausch der ersten beiden Ränge, → Rn. 52f.) und der Kreditgeber nicht ablehnt.

4. Verjährung (§ 497 Abs. 3 Sätze 3 und 4)

Die von § 367 Abs. 1 BGB abweichende Tilgungsverrechnung kann dazu führen, dass Jahre und Jahrzehnte vergehen, ehe eine Leistung des Verbrauchers den geschuldeten Betrag, also Hauptleistung und Vertragszinsen (→ Rn. 52) und die Verzugszinsen zu tilgen geeignet ist, sodass die Ansprüche des Kreditgebers zu verjähren drohen. Dieser Gefahr begegnen § 497 Abs. 3 Sätze 3 und 4 BGB.

a) **Darlehensrückerstattung und Vertrags-(Soll-)zinsen.** Die im **geschuldeten Betrag** enthaltenen Ansprüche auf Rückerstattung des Darlehens

---
[103] Jauernig/*Stürner* § 367 BGB Rn. 1 ; AGB-rechtliche Grenzen: BGHZ 91, 55 (58); *Bülow* Konsumentenkredit, Rn. 158; *Tischendorf* Schuldtilgung, S. 50 ff.

[104] Verneinend MüKoBGB/*Schürnbrand* § 497 BGB Rn. 31; bejahend *Münstermann/ Hannes* § 11 VerbrKrG Rn. 626; *v. Westphalen/Emmerich/v. Rottenburg* § 11 VerbrKrG Rn. 64 sowie Vorauf. (4. Aufl.) § 11 VerbrKrG Rn. 46.

[105] Hierzu BGH NJW 2009, 1071 = WM 2009, 374; der Widerspruch würde ins Leere gehen, wenn man sich auf den Standpunkt stellt, dass der Zinsanspruch weniger sicher iSv § 366 Abs. 2 BGB ist, weil seine Titulierung nur schwer möglich ist, → Rn. 74ff.; vgl. auch *Grunwaldt* MDR 1995, 125 (127); *Tischendorf* Schuldtilgung, S. 65 ff.

und auf Zahlung der Vertragszinsen gem. § 488 Abs. 1 Satz 2 BGB unterliegen der Regelverjährung von drei Jahren nach § 195 BGB seit Fälligkeit und Kenntnis (§ 199 Abs. 1 Nr. 1 und 2 BGB), sodass der Kreditgeber bei nicht ausreichenden Tilgungsleistungen des Verbrauchers gehalten wäre, seine unstreitigen Forderungen rechtzeitig zu titulieren.[106] Zur Vermeidung dessen ist gem. § 497 Abs. 3 Satz 3 BGB die Verjährung von Darlehensrückzahlungsanspruch und Anspruch auf Vertragszinsen gehemmt, ohne dass verjährungshemmende Maßnahmen wie eine Klageerhebung nach § 204 Abs. 1 Nr. 1 BGB zu ergreifen wären[107] und ohne dass der Kreditgeber den Verbraucher während des Hemmungszeitraums an den Fortbestand der offenen Forderung erinnern müsste;[108] dies gilt, wie § 497 Abs. 4 (→ Rn. 75) zu entnehmen ist, auch für Immobiliar-Kreditverträge. Voraussetzung der Hemmung (§ 209 BGB) ist nach § 497 Abs. 3 Satz 1 BGB die nicht ausreichende Zahlung des Verbrauchers; die Hemmung bezieht sich also auf den nicht durch Erfüllung erloschenen Teil der Forderungen des Kreditgebers.

59   Die Hemmung **beginnt** mit dem Verzug des Verbrauchers[109] (→ Rn. 22), sodass die Verjährung im Zeitraum zwischen Fälligkeit und Verzug weiterläuft (freilich können Fälligstellung und Mahnung miteinander verbunden werden,[110] → Rn. 23). Die Hemmung nach § 497 Abs. 3 Satz 3 BGB **endet** mit ihrer Feststellung nach § 197 Abs. 1 Nr. 3 bis 5 BGB, insbesondere durch Eintritt der Rechtskraft des gegen den Verbraucher erwirkten Urteils oder Beurkundung nach § 794 Abs. 1 Nr. 5 ZPO; danach beginnt die Verjährungsfrist von 30 Jahren gem. § 197 Abs. 1 BGB. Die verbraucherkreditrechtliche Hemmung nach Satz 3 wird im Fall der Klageerhebung gem. § 204 Abs. 1 Nr. 1 BGB durch die allgemeine Rechtsverfolgungshemmung aufgrund Klageerhebung abgelöst.

60   Der **Hemmungszeitraum** beträgt, der Regelung von § 199 Abs. 3 Nr. 1 BGB folgend, höchstens zehn Jahre ohne Rücksicht auf die Laufzeit des Darlehensverhältnisses. Bei längerfristigen Darlehen bleibt es deshalb bei der im Gesetzgebungsverfahren (→ Rn. 58) als unerwünscht erachteten Notwendigkeit zu verjährungshemmenden Maßnahmen des Kreditgebers, die Vertragsparteien und die Gerichte belasten. Der Zeitraum zwischen Klageerhebung und Eintritt der formellen Rechtskraft verkürzt den Hemmungszeitraum von zehn Jahren im Hinblick auf § 204 Abs. 1 BGB aber nicht (→ Rn. 59).

61   **b) Verzugszinsen.** Die von § 367 Abs. 1 BGB abweichende Tilgungsverrechnung lässt Teilleistungen des Verbrauchers erst an letzter Stelle (→ Rn. 55) auf die Verzugszinsen rechtsvernichtend nach § 362 BGB einwirken, sodass die Verjährungsgefahr hierfür am größten ist, sich nämlich gem. § 195 BGB drei Jahre nach Verzugseintritt verwirklichen kann. Das gilt gem. § 197 Abs. 2 BGB (regelmäßig wiederkehrende Leistungen) sogar dann, wenn der Anspruch auf

---

[106] BR-Drucks. 338/01, S. 70.
[107] Anwendbar auch auf Schulbeitritt eines Verbrauchers, OLG Celle WM 2007, 1319 zu 4.c. bb.
[108] OLG Nürnberg WM 2014, 1953 (1955) = BKR 2014, 427.
[109] Nach Art. 229 § 6 EGBGB auch bei Verzug vor dem 1.1.2002, BGH WM 2007, 987 mit Komm. *Reinking* EWiR Art. 229 EGBGB 2/07, 399; OLG Celle WM 2007, 1328; OLG Karlsruhe ZGS 2007, 274.
[110] BGH NJW 2010, 2940 = WM 2010, 1596 Tz. 15 mit Komm. *Deblitz* EWiR § 497 BGB 1/10, 733.

Zinsen tituliert ist, die erst in der Zukunft entstehen[111] (dagegen bleibt es im Falle der Titulierung bereits in der Vergangenheit entstandener Zinsen bei der 30-jährigen Verjährungsfrist gem. § 197 Abs. 1 Nr. 3 BGB; sind im selben Titel sowohl rückständige wie zukünftige Zinsen tituliert, gelten jeweils § 197 Abs. 1 oder Abs. 2 BGB). Damit der Kreditgeber nicht zusehen muss, dass seine Zinsansprüche trotz Verbraucherleistung und vielleicht trotz aller Vollstreckungsanstrengungen verjähren, wird § 197 Abs. 2 BGB durch § 497 Abs. 3 **Satz 4** BGB für Allgemein-Kreditverträge unanwendbar erklärt[112] (nicht für Immobiliar-Kreditverträge, → Rn. 75), sodass es bei der Verjährungsfrist von 30 Jahren bleibt. Ist allerdings die Forderung auf den geschuldeten Betrag verjährt, gilt dies gem. § 217 BGB auch für den Anspruch auf den Verzugsschaden.[113]

Fraglich ist, auf welche Zinsansprüche sich die Verjährungsausnahme bezieht. 62 Nach Ansicht des BGH[114] erfasst die Hemmung den gesamten geschuldeten Betrag (Tilgungsanteil, Sollzinsen) sowie Verzugszinsen. Dem ist nicht zuzustimmen: Hinsichtlich der Zinsanteile bleibt es bei der Tilgungsverrechnung gem. § 367 Abs. 1 BGB, die Vertrags-(Soll-)zinsen werden also innerhalb des zweiten Rangs (→ Rn. 52) zuerst und nicht wie Verzugszinsen zuletzt getilgt. Folglich besteht kein Grund für eine Sonderbehandlung des Kreditgebers hinsichtlich der Verjährung von Vertragsansprüchen. Die Verwendung des bestimmten Artikels in Absatz 3 Satz 4 („auf die Ansprüche auf Zinsen") ist daher richtigerweise so zu verstehen, dass nicht Zinsansprüche des Kreditgebers schlechthin, sondern nur solche gemeint sind, die der besonderen Tilgungsverrechnung gem. Satz 1 unterliegen, nämlich Verzugszinsen nach Absatz 1. Daraus würde folgen, dass der Verbraucher Verzugszinsen aus Absatz 1 nicht mehr auf den verjährten Teil der Restschuld (Vertrags-(Soll-)zinsen) zu entrichten brauchte. Anders sieht es jedoch der BGH.

5. Titulierung von Zinsen

a) Einklang von Vollstreckungsrecht und materiellem Recht. Nimmt 63 man den schlichten Wortlaut von § 497 Abs. 3 Satz 5 BGB, hat es den Anschein, als könne sich der Kreditgeber von den Lasten der Tilgungsverrechnung leicht befreien, indem er einen selbständigen Titel über die ihm gemäß § 497 Abs. 1 BGB zustehenden Zinsen erwirkt: Für diesen Fall sollen die Sätze 1 bis 4 des Absatzes 3 nicht anwendbar sein, was bedeuten würde, dass die Leistung auf einen solchen Zinstitel im Wege der Zwangsvollstreckung oder auch freiwillig als Leistung auf die titulierten Zinsen anzusehen ist, auch wenn die Hauptforderung (oder Rechtsverfolgungskosten) noch ganz oder teilweise offen ist.

Die Gesetzesverfasser glaubten, mit dieser Ausnahmeregelung Einklang von 64 Prinzipien des Vollstreckungsrechts und des materiellen Rechts zu gewährleisten:[115] Besteht ein isolierter Zinstitel und bliebe es bei der Tilgungsverrechnung

---

[111] Vgl. *Ricken* NJW 1999, 1146 (1147); *Budzikiewicz* WM 2003, 264 (272).
[112] „Trostpflaster", *Emmerich* FLF 1989, 168, 206 (208); § 197 BGB gilt auch für Verzugszinsen, die als Schadensersatz geltend gemacht werden (→ Rn. 54), BGH NJW 1993, 1384 mit Komm. *v. Feldmann* EWiR § 197 BGB 2/93, 439; OLG Celle MDR 1994, 157.
[113] Neubeginn der Verjährung des Anspruchs auf die Hauptforderung ergreift auch die Nebenforderung, zutreffend *Valcàrcal* NJW 1995, 640 gegen OLG Köln NJW 1994, 2160.
[114] V. 5.4.2011 – XI ZR 201/09, Tz. 22, NJW 2011, 1870 = WM 2011, 973 mit Komm. *Saenger* EWiR § 497 BGB 1/11, 373; OLG Celle ZIP 2011, 70; MüKoBGB/*Schürnbrand* § 497 BGB Rn. 33.
[115] S. die brillante Analyse von *Braun* DGVZ 1990, 129 sowie WM 1990, 1359.

nach Satz 1, so wäre daran zu denken, dass der Vollstreckungserlös aus diesem Titel auf die Hauptforderung und nicht auf die titulierten Zinsen anzurechnen wäre. Aber dann würde sich der Vollstreckungszugriff nicht nach dem Titel, sondern nach dem außerprozessual festzustellenden Umfang der Hauptforderung bestimmen, das hieße für die Vollstreckung: nach der im Vollstreckungsauftrag vom Gläubiger (Kreditgeber) aufgestellten Behauptung gegenüber dem Gerichtsvollzieher; ggf. müsste der Schuldner (Verbraucher) dagegen Vollstreckungsgegenklage erheben (§ 767 ZPO). Der Grundsatz, nach dem nur wegen der titulierten Forderung selbst vollstreckt werden darf, der Umfang der Zwangsvollstreckung sich also nach der Titulierung richtet, wäre für Verbraucherkredite aufgehoben. Ein anderer Lösungsweg hätte darin liegen können, die isolierte Titulierung von Zinsen im Falle von Verbraucherkrediten zu unterbinden, vielleicht als Umgehungstatbestand iSv § 512 Satz 2 BGB anzusehen. Aber dieser Weg wäre jedenfalls dann nicht gangbar gewesen, wenn die Hauptforderung bereits getilgt gewesen und nur noch die Zinsforderung offen wäre. Die isolierte Klage auf die Zinsen wäre also nicht auszuschließen gewesen und im Zinsprozess hätte die Frage, ob die Hauptforderung noch besteht, zum Gegenstand des Erkenntnisverfahrens gemacht werden müssen, ggf. mit entsprechender Beweiserhebung. Da das Erlöschen der Hauptforderung anspruchsbegründende Voraussetzung für den Zinsanspruch im Prozess zur Erlangung des Zinstitels gewesen wäre, hätte die **Beweislast** hierfür entgegen § 362 Abs. 1 BGB dem **Kreditgeber** als Gläubiger und nicht dem Verbraucher als Schuldner obliegen.[116] Allerdings würde einem Kreditinstitut ein solcher Beweis durch Offenlegung der Kontenführung auch nicht schwer fallen, dem Verbraucher dagegen durchaus die Behauptung, mehr zu schulden als von seinem eigenen Gläubiger vorgetragen; davon abgesehen wird dem Verbraucher ein substantiiertes Bestreiten meist kaum möglich sein. Das Gesetz geht diesen Weg nicht, sondern scheint bei isolierter Zinstitulierung auf den Schutz des Verbrauchers zu verzichten; es scheint bei den allgemeinen Regeln aus § 367 BGB zu bleiben. Der Kreditgeber, der die vorrangige Verrechnung auf Zinsen erreichen will, müsste die Zinsen also nur isoliert titulieren und die Erfahrung hätte lehren müssen, ob die Hoffnung der Verfasser des VerbrKrG, keinen Anreiz für ein solches Verfahren geben zu wollen,[117] nicht ein frommer Wunsch gewesen wäre.

65   b) **Untauglichkeit der gesetzlichen Ausnahmeregelung.** § 497 Abs. 3 Satz 5 BGB ist nur anwendbar, wenn die Hauptforderung des Titels auf Zinsen lautet, nicht aber, wenn die Zinsen Nebenforderungen sind, also in dem alltäglichen Fall, dass eine oder mehrere rückständige Raten Gegenstand des Verfahrens sind. Im Falle eines derartigen **gemischten Titels** treten die Dissonanzen zwischen materiellem Recht und Vollstreckungsrecht aber gleichermaßen auf:[118] Nach Absatz 3 Satz 1 müssten auch die titulierten Verzugszinsen als prozessuale Nebenforderungen auf den geschuldeten Betrag angerechnet werden. Der Einklang zwischen materiellem Recht und Vollstreckungsrecht kann durch die Ausnahmeregelung folglich nicht gewährleistet werden, zumal gemischte Titel viel häufiger vorkommen dürften als isolierte Zinstitel. Keine Lösung des Dissonanzproblems ist es, einen Titel über Raten nebst Verzugszinsen nach Maßgabe von

---

[116] Etwas ganz Unerhörtes: *Braun* WM 1991, 1325 (1327).
[117] BT-Drucks. 11/8274, S. 22, 2. Absatz.
[118] *Braun* WM 1991, 165.

Absatz 3 Satz 1 zu vollstrecken und den Tenor mit einem entsprechenden Tilgungsvermerk zu versehen,[119] weil der Konflikt gerade erst aufgrund zukünftigen, dh außerprozessualen Verzugs entsteht (→ Rn. 73). Die Problemlösung ist vielmehr auf zweierlei Weise denkbar: Entweder man wendet § 497 Abs. 3 Satz 5 BGB auf gemischte Titel analog an[120] und verzichtet auf den an sich erstrebten Verbraucherschutz oder man entnimmt der Untauglichkeit der Regelung, so, wie sie als gesetzlicher Tatbestand formuliert ist, das Verbot der Zinstitulierung. Das würde heißen, dass im Verbraucherkreditrecht Verzugszinsen weder isoliert noch als Nebenforderungen tituliert werden dürfen, so lange, bis die Hauptforderung – der geschuldete Betrag – vollständig getilgt ist,[121] was frühestens nach Ende der Vertragslaufzeit durchsetzbar ist.

Ein Titulierungsverbot für Verzugszinsen nach der zweiten Lösungsvariante bringt die Dogmatik in Not: Das gilt für die Umkehr der Beweislast im Blick auf die Tatsache der vollständigen Tilgung gem. § 362 Abs. 1 BGB (→ Rn. 64), aber das gilt auch für Fälle, in denen es überhaupt keine Dissonanz zwischen materieller Tilgungsverrechnung und Vollstreckungsrecht gibt, nämlich dann, wenn zwar das gesamte Kapital noch nicht getilgt, aber auch noch nicht fällig ist, so, wenn der Schuldner mit einer Rate in Verzug ist, aber die nächste Rate noch nicht fällig geworden ist. Würde ein gemischter Titel ergehen, gäbe es in dieser Zeitspanne mit zukünftigen Kapitalraten mangels Fälligkeit nichts zu verrechnen.[122] Erst wenn der Schuldner (das aber sind die schuldturmtypischen Fälle) auch mit der nächsten Rate in Verzug gerät, kommt es zur Dissonanz, also aufgrund der eigenen Vertragsuntreue[123] des Schuldners. Ein Verbot der Zinstitulierung würde den Verbraucherkreditgeber darüber hinaus gegenüber anderen Gläubigern, die mit ihm um die Vollstreckungsmasse konkurrieren, benachteiligen, natürlich nur hinsichtlich der Verzugszinsen, nicht hinsichtlich des titulierbaren geschuldeten Betrages.[124] Auf der anderen Seite würde eine analoge Anwendung der Ausnahmevorschrift von Satz 5 auf gemischte Titel das Schuldturmbekämpfungskonzept zunichte machen und damit ein zentrales Anliegen des Verbraucherkreditrechts faktisch in die Bedeutungslosigkeit führen; die besondere Tilgungsanrechnung von Absatz 3 Satz 1 hätte nur noch in dem zur Lösung der Schuldturmproblematik zu vernachlässigenden Fall Bedeutung, dass der Schuldner freiwillig zahlt und dabei nicht auf den Vollstreckungstitel leistet, sondern auf das Kapital.[125] Schwierigkeiten in der Dogmatik dürfen die erstrebte Lösung als untragbar eingeschätzter sozialer Probleme und damit eindeutig zum Ausdruck gekommenen politischen Willen (→ Rn. 6) aber nicht scheitern las-

---

[119] So *Aleth* Verzugszinsen, S. 134 ff., 138, der folgerichtig auf der abw. Grundlage argumentiert, dass ein Titulierungsverbot abzulehnen sei, S. 102 ff.
[120] So *Braun* WM 1991, 1325 (1330); *Kanzler* Verbraucherkreditgesetz, S. 168 f.
[121] *Münzberg* WM 1991, 170 (174); *Bülow* WM 1992, 1009 (1013 f.); MüKoBGB/ Schürnbrand § 497 BGB Rn. 42; vgl. zur Verrechnung außerhalb von § 497 LG Kiel DGVZ 1994, 60.
[122] *Braun* WM 1991, 1325 (1328, rechte Sp.).
[123] An sich zutreffend *Braun* WM 1991, 1325 (1328, linke Sp.), aber um Verzug und damit Vertragsuntreue des Schuldners geht es bei der Lösung von Schuldturmproblemen immer, sie entstehen definitionsgemäß gerade dadurch.
[124] *Braun* WM 1991, 1325 (1329 f.); *Aleth* Verzugszinsen, S. 126 ff. – bei der typischen Unzulänglichkeit der Vollstreckungsmasse ein in der Praxis eher zu vernachlässigender Umstand.
[125] So die von *Braun* WM 1991, 1325 (1330) gezogene Konsequenz.

sen.[126] Richtigerweise gilt für den Anwendungsbereich von Verbraucherkreditrecht deshalb ein **Verbot der Titulierung von Verzugszinsen** bis zur vollständigen Tilgung der Hauptforderung,[127] verbunden mit der Umkehr der Beweislast (→ Rn. 64). Die Bedeutung von Absatz 3 Satz 5 liegt dann nur noch darin, dass Zinstitel, die verbotenerweise ergangen und rechtskräftig geworden sind,[128] wortlautgemäß zu behandeln sind, sodass sich lediglich das allgemeine Problem des Vorrangs der Rechtskraft vor materieller Rechtslage stellt. Einem solchen Titel könnte nur unter den besonderen Voraussetzungen von § 826 BGB die Wirkung genommen werden.[129] Davon abgesehen ist bei einem unrechtmäßigerweise ergangenen gemischten Titel also titelgemäß und nicht nach § 497 Abs. 3 Satz 1 BGB zu verrechnen.[130]

67 c) **Klagevorgehen.** Der Kreditgeber kann den geschuldeten Betrag (→ Rn. 31) ohne Verzugszinsen einklagen. Aber auch hinsichtlich der Verzugszinsen gibt es eine Möglichkeit, mit der Titulierung nicht bis zur vollständigen Tilgung des geschuldeten Betrags abzuwarten (→ Rn. 66), nämlich durch Klage auf zukünftige wiederkehrende Leistungen gem. §§ 257, 258 ZPO, die sich gerade auch auf Kapitalzinsen bezieht. Ein solcher Titel muss den Vorbehalt tenorieren, dass die künftige Entrichtung der Verzugszinsen von der vollständigen Tilgung des geschuldeten Betrags abhängig ist. Die Vollstreckungsklausel wird gem. §§ 726 Abs. 1, 731 ZPO erst erteilt, wenn dieser Fall eingetreten ist.[131] Ändert sich in der Folgezeit, dh. nach Schluss der letzten mündlichen Verhandlung (bzw. im Mahnverfahren nach Ablauf der Einspruchsfrist gegen den Vollstreckungsbescheid), der Absatz 1 im Wege konkreter Schadensberechnung zuerkannte und B + 5 überschreitende Wiederanlagezins (→ Rn. 37 und 25), kann sich der Verbraucher dagegen mit der Abänderungsklage (§ 323 ZPO) verteidigen, nicht aber im Wege der Vollstreckungsgegenklage gem. § 767 ZPO.[132]

68 d) **Unrechtmäßige Verzugszinstitel – Zurückweisung von Teilzahlungen, kurze Verjährung.** Erlässt das Gericht trotz Titulierungsverbot einen Vollstreckungstitel über Verzugszinsen – sei es isoliert als Hauptforderung iSv § 4 ZPO,[133] sei es als Nebenforderung –, ist, vorbehaltlich der Unzulässigkeit der Zwangsvollstreckung unter den besonderen Voraussetzungen von § 826 BGB (→ Rn. 66), die Ausnahmevorschrift von § 497 Abs. 3 Satz 5 BGB anwendbar.

---

[126] *Bülow* WM 1992, 1009 (1014).
[127] Im Ergebnis gl. A. MüKoBGB/*Schürnbrand* § 497 BGB Rn. 42, Staudinger/*Kessal-Wulf* § 497 BGB Rn. 38; *Erman/Saenger* § 497 BGB Rn. 50; abl. OLG Köln WM 2007, 1324 und 1326.
[128] *Münzberg* WM 1991, 170 (176 f.); MüKoBGB/*Schürnbrand* § 497 BGB Rn. 37; *v. Westphalen/Emmerich/Kessler* § 11 VerbrKrG Rn. 59; *Bruchner/Ott/Wagner-Wieduwilt* § 11 VerbrKrG Rn. 64; aA *Münstermann/Hannes* § 11 VerbrKrG Rn. 631.
[129] *Bülow* WM 1992, 1009 (1013); *Bülow* Konsumentenkredit, Rn. 373 ff.
[130] *Münzberg* WM 1991, 170 (177).
[131] *Münzberg* WM 1991, 170 (176); *Frühauf*, Die Grenzen des Zinsurteils, S. 201 f.; MüKoBGB/*Schürnbrand* § 497 BGB Rn. 42; krit. dagegen *Braun* WM 1991, 1325 (1328 f.).
[132] BGHZ 100, 211 mit Komm. *Münzberg* EWiR § 767 ZPO 1/87, 835 sowie Rezension JuS 1988, 345 für den Fall, dass zugleich die Hauptforderung tituliert war; *Becker-Eberhard* DZWIR 1993, 183 (185); *Braun* ZZP 108 (1995), 318 (335); *Frühauf* NJW 1999, 1217 (1218 f.).
[133] BGH NJW 1994, 1869.

aa) Isolierte Zinstitel, insbesondere Verjährung. Im Falle eines isolierten 69
Zinstitels gibt es gem. § 497 Abs. 3 Satz 5 BGB die besondere Tilgungsverrechnung nicht, aber auch Sätze 2, 3 und 4 sind nicht anwendbar. Der Kreditgeber darf **Teilzahlungen** auf den Zinstitel also gem. § 266 BGB zurückweisen. Beantragt er allerdings einen Pfändungs- und Überweisungsbeschluss zum Zwecke des Zugriffs auf Lohn oder Gehalt des Verbrauchers und ist die titulierte Forderung höher als der pfändungsfreie Betrag, erklärt er damit, Teilleistungen nicht zurückweisen zu wollen. Dem Verbraucher steht es frei, außerhalb der Vollstreckung auf die Hauptforderung – auch anteilig – zu zahlen.

Ist der Kreditgeber der Last durch die besondere Tilgungsverrechnung gemäß 70
§ 497 Abs. 3 Satz 1 BGB enthoben, bedarf er auch keines Benachteiligungsschutzes hinsichtlich der **Verjährung**. Es bleibt also ohne Hemmung nach Satz 3 bei der kurzen Verjährungsfrist von § 195 BGB, auch nach Titulierung gem. § 197 Abs. 2 BGB (vgl. Satz 4). Fraglich ist der Verjährungseintritt, wenn der Kreditgeber die Zinsen zunächst nicht tituliert, sodass es auch zunächst bei der Regelung von § 497 Abs. 3 Satz 4 BGB bleibt und der Zinsanspruch einer Verjährungsfrist von 30 Jahren unterliegt (→ Rn. 61), der Kreditgeber aber nach drei Jahren (§ 195 BGB), also nach Ablauf der an sich geltenden kurzen Regelverjährung, doch noch mit Erfolg zur rechtswidrigen isolierten Zinstitulierung schreitet. Es besteht kein Grund, vom Wortlaut des Gesetzes abzuweichen: Sobald der Zinsanspruch tituliert ist, tritt rückbezogene Verjährung ein, auch soweit der Titel gem. §§ 257, 258 ZPO ergangen ist (→ Rn. 67).[134] Was die Verteidigung des Verbrauchers angeht, ist dieser außerstande, die Verjährungseinrede im Erkenntnisprozess über die Zinsen zu erheben, weil § 195 BGB gemäß § 497 Abs. 3 Satz 5 BGB erst bei Zahlung auf den Titel wieder auflebt, der gerade erst erwirkt werden soll. Der Verbraucher kann jedoch Vollstreckungsgegenklage (§ 767 ZPO) erheben und nach Beendigung der Zwangsvollstreckung verjährte und dennoch vollstreckte Zinsen kondizieren; § 214 Abs. 2 Satz 1 BGB steht nicht entgegen.[135] Zu denken wäre daran, einem Kreditgeber bereits das Rechtsschutzinteresse an einer Zinsklage abzuerkennen, wenn feststeht, dass der Klageanspruch gerade aus dem Grunde verjährt, dass der Kreditgeber den Titel erhält.[136] Im **Mahnverfahren** wäre der Antrag zurückzuweisen, wenn sich aus den gem. § 690 Abs. 1 Nr. 3 ZPO zu machenden Angaben die Verjährungsfolge ergibt (→ 4. Teil Rn. 25). Zwar bleibt es außerhalb von § 688 Abs. 2 ZPO bei nur rudimentärer Schlüssigkeitsprüfung, doch liegt in einer solchen Situation das Motiv der Titelerschleichung so nahe, dass die Schwelle zur Schlüssigkeitsprüfung im Mahnverfahren – dh fehlendes Rechtsschutzinteresse – erreicht ist. Erwirkt der Kreditgeber den Titel dennoch, mag an einen Fall zu denken sein, in dem ein besonderer Umstand gegeben ist, der eine Rechtskraftdurchbrechung gem. § 826 BGB rechtfertigt.[137] Da die isolierte Zinstitulierung unzulässig und nur regelwidrigerweise möglich ist, erscheint eine Auslegung eher geboten, die zu einer Verhinderung solcher Titel führt.

---

[134] OLG Celle NJW 1964, 820.
[135] BGH NJW 1993, 3318 mit Bspr. *K. Schmidt* JuS 1994, 353.
[136] Richtig ist, dass der Verjährungseintritt von der Erhebung der Einrede durch den Verbraucher abhängt, *Aleth* Verzugszinsen, S. 90 f.; *v. Westphalen/Emmerich/v. Rottenburg* § 11 VerbrKrG Rn. 84, aber die Besonderheit liegt darin, dass das prozessuale Verhalten des Kreditgebers überhaupt erst die Verjährung erheblich macht.
[137] BGH NJW 1987, 3256 zu II. 3.c. mit Komm. *Braun* EWiR § 826 BGB 4/87, 1085.

Bülow

§ 497 71–73 1. Teil. Darlehen und Finanzierungshilfen

71 **bb) Gesamttitel, insbesondere teilweise Titulierung.** Gleichgültig für die Frage der Anwendung von § 497 Abs. 3 Satz 5 BGB ist, ob neben dem isolierten Zinstitel auch die Hauptforderung isoliert tituliert wurde. Sind jedoch die Verzugszinsen zusammen mit der vollständigen Hauptforderung (dem gesamten geschuldeten Betrag) – ebenfalls unzulässigerweise (→ Rn. 66) – tituliert worden **(gemischter Gesamttitel)**, hat der Gerichtsvollzieher in der Tilgungsreihenfolge von § 497 Abs. 3 Satz 1 BGB zu vollstrecken,[138] dh im Falle teilweiser Fruchtlosigkeit der Zwangsvollstreckung. Absatz 3 Satz 5 ist nicht anwendbar, weil die Zinsen nicht Hauptforderung, sondern Nebenforderung sind. Wegen zu hoch titulierter Zinsen ist auch in diesem Falle (→ Rn. 67) Abänderungsklage und nicht Vollstreckungsgegenklage zu erheben. Erteilt der Kreditgeber im Falle eines Gesamttitels dem Gerichtsvollzieher einen von Absatz 3 Satz 1 abweichenden Auftrag zur Anrechnung von Vollstreckungsleistungen, ist die darin liegende Weisung gem. § 134 BGB unbeachtlich und der Gerichtsvollzieher muss, wenn es beim Vollstreckungsauftrag als solchem bleibt, gem. Satz 1 vollstrecken. Das gilt auch dann, wenn der Titel sowohl Hauptleistung als auch Zinsen enthält, diese sich aber nicht auf die titulierte Hauptleistung, sondern auf andere, nicht oder gesondert titulierte Hauptleistungen beziehen.[139]

72 Erteilt der Kreditgeber bei einem Gesamttitel Weisung, nur wegen der gesamten titulierten Forderung zu vollstrecken, mit anderen Worten Teilzahlungen nicht anzunehmen (§ 266 BGB), ist auch diese Weisung aufgrund von § 497 Abs. 3 Satz 2 BGB unbeachtlich. Es kann aber nicht verhindert werden, dass der Kreditgeber als Vollstreckungsgläubiger, wenn sich zeigt, dass die Zwangsvollstreckung nur teilweise erfolgreich sein wird, den Vollstreckungsauftrag wieder zurücknimmt.

73 Der unzulässigerweise ergangene gemischte Titel – Verzugszinsen und Hauptforderung – braucht nicht die gesamte Forderung des Kreditgebers zu erfassen, sondern kann sich auch nur auf einen Teil, zB eine einzige rückständige Rate, beziehen **(gemischter Teiltitel)**. Gerät der Verbraucher in der Folgezeit mit den nächsten Raten in Verzug, fragt sich, ob die Tilgungsverrechnung nach § 497 Abs. 3 Satz 1 BGB oder die Unanwendbarkeitsklausel nach Satz 5 gilt, obwohl die Hauptforderung dieses Titels nicht auf Zinsen lautet. Im ersten Falle müsste der Titel für noch gar nicht titulierte Teile der Hauptforderung verwendet werden, was der Absicht der Gesetzesverfasser, Dissonanz zwischen Vollstreckungsrecht und materiellem Recht zu vermeiden, zuwider liefe. Richtigerweise[140] ist deshalb in diesem Fall titelgemäß zu vollstrecken, wobei es aber innerhalb des Titels bei Anwendung von § 497 Abs. 3 Satz 1 bis 3 BGB bleibt: Teilleistungen darf der Kreditgeber als Vollstreckungsgläubiger nicht zurückweisen (Satz 2), mit der Teilleistung ist nach den Rechtsverfolgungskosten zunächst die Hauptforderung, also der geschuldete Betrag (→ Rn. 31), zu tilgen und zuletzt die Verzugszinsen (dritter Rang, → Rn. 55). Dem Kreditgeber kommt das Verjährungsprivileg aus Satz 3 und Satz 4 zugute. Innerhalb des geschuldeten Betrages bleibt es hinsichtlich des Kapital- und Vertragszinsanteils bei § 367 Abs. 1 BGB (→ Rn. 52).

---

[138] Gl. A. OLG Köln WM 2007, 1326 und BGH WM 2007, 1328 (Beschluss im Prozesskostenhilfeverfahren).
[139] *Münzberg* WM 1991, 170 (175).
[140] *Münzberg* WM 1991, 170 (177).

Sowohl im Falle gemischter Gesamttitel wie gemischter Teiltitel braucht der 74
Gerichtsvollzieher etwaige nicht titulierte Ansprüche also nicht zu berücksichtigen, hat aber bei Teilleistungen nicht gemäß § 367 Abs. 1 BGB zu verrechnen, sondern gem. § 497 Abs. 3 Satz 1 BGB; innerhalb des zweiten Ranges bleibt es bei § 367 BGB.

6. Immobiliarkreditverträge (Absatz 4)

Nach § 491 Abs. 3 Nr. 1 und 2 BGB kennzeichnen sich Immobiliardarlehens- 75
verträge durch die Grundpfandbesicherung oder den grundstücksbezogenen Verwendungszweck (→ § 491 Rn. 96b, 96c). Zwar ist die abstrakte Schadensberechnung gem. § 497 Abs. 1 BGB auch auf Immobiliardarlehensverträge anwendbar mit der Maßgabe, dass der Verbraucher nur 2,5 Prozentpunkte über dem Basiszinssatz schuldet (→ Rn. 30a), aber die besondere Tilgungsverrechnung gilt für solche Darlehensverträge (resp. Verträge über Finanzierungshilfen, § 506) gemäß § 497 Abs. 4 nicht; nur das Verjährungsprivileg nach § 497 Abs. 3 Satz 3 BGB kann auch der Immobiliardarlehensgeber für sich in Anspruch nehmen (→ Rn. 58, nicht jedoch Satz 4, → Rn. 61, sodass es bei § 197 Abs. 2 BGB – Regelverjährung bei künftig fällig werdenden Leistungen – bleibt). Es bleibt also bei der Tilgungsverrechnung nach § 367 BGB, dem Recht des Darlehensgebers zur Zurückweisung von Teilleistungen (§ 266 BGB → Rn. 51 aE) und der Zulässigkeit isolierter Zinstitel. Zum Kündigungsrecht des Kreditgebers, das gemäß § 498 Abs. 2 einen Rückstand von nur 2,5 % des Nennbetrages voraussetzt, → § 498 Rn. 19a.

7. Unentgeltliche Darlehen und Finanzierungshilfen

Die Tilgungsverrechnung nach § 497 Abs. 3 findet gemäß § 514 Abs. 1 Satz 1 76
auch statt, wenn das Darlehen unentgeltlich ist, für das Teilzahlungsgeschäft kein Teilzahlungszuschlag vereinbart ist oder im Falle von Null-Leasing (→ § 506 Rn. 75). Es ist also eine Teilleistung des Verbrauchers zunächst auf die Kosten, sodann auf die Hauptleistung, also das zur Rückzahlung fällige Kapital resp. die Teilzahlungs- oder Leasingraten, und zuletzt auf die Verzugszinsen anzurechnen (→ § 514 Rn. 17, § 515 Rn. 3).

§ 498 Gesamtfälligstellung bei Teilzahlungsdarlehen

(1) ¹Der Darlehensgeber kann den Verbraucherdarlehensvertrag bei einem Darlehen, das in Teilzahlungen zu tilgen ist, wegen Zahlungsverzugs des Darlehensnehmers nur dann kündigen, wenn
1. der Darlehensnehmer
   a) mit mindestens zwei aufeinanderfolgenden Teilzahlungen ganz oder teilweise in Verzug ist,
   b) bei einer Laufzeit des Verbraucherdarlehensvertrags bis zu drei Jahren mit mindestens 10 Prozent oder bei einer Vertragslaufzeit von mehr als drei Jahren mit mindestens 5 Prozent des Nennbetrags des Darlehens in Verzug ist und
2. der Darlehensgeber dem Darlehensnehmer erfolglos eine zweiwöchige Frist zur Zahlung des rückständigen Betrags mit der Erklärung gesetzt

§ 498

1. Teil. Darlehen und Finanzierungshilfen

hat, dass er bei Nichtzahlung innerhalb der Frist die gesamte Restschuld verlange. ²Der Darlehensgeber soll dem Darlehensnehmer spätestens mit der Fristsetzung ein Gespräch über die Möglichkeiten einer einverständlichen Regelung anbieten.

(2) Bei einem Immobiliar-Verbraucherdarlehensvertrag muss der Darlehensnehmer abweichend von Absatz 1 Satz 1 Nummer 1 Buchstabe b mit mindesteens 2,5 Prozent des Nennbetrags des Darlehens in Verzug sein.

Vorgängervorschrift: § *12 VerbrKrG*

Schrifttum: *Beining,* Keine Ausweitung des Anwendungsbereichs des § 610 BGB auf valutierte Darlehen, NJW 1992, 2742; *Berg,* Die Pflicht zur Information des Verbrauchers vor Vertragsabschluss in neueren Verbraucherschutzgesetzen, VuR 1999, 335; *Bonitz/ Schramm,* Repetitio (non) est mater studiorum – Wiederholung nicht nötig, WM 2013, 1637; *Brych,* Die Bankenhaftung beim Immobiliarkredit, Festschrift Bärmann und Weitnauer 1990, S. 39; *Bülow,* Bindung des Gläubigers an seine Wahlausübung nach Schuldnerverzug oder Unmöglichkeit der Leistung, JZ 1979, 430; *Bülow/Artz,* Folgeprobleme der Anwendung des Verbraucherkreditgesetzes auf Schuldbeitritt und andere Interzessionen, ZIP 1998, 629; *Denkhaus/Zirkel,* Zum Verhältnis von Kündigung und Rücktritt im VerbrKrG, JR 1994, 397; *Freitag,* Die Beendigung des Darlehensvertrages nach dem Schuldrechtsmodernisierungsgesetz, WM 2001, 2370; *Gruber,* § 610 BGB und das valutierte Darlehen, NJW 1992, 419; *ders.,* Die Befugnis des Darlehensgebers zur Vertragsbeendigung in internationalen Verträgen, 1997; *Grüneberg,* Zum Kündigungsrecht des Darlehensgebers aus wichtigem Grund wegen Verschlechterung der Vermögensverhältnisse des Darlehensnehmers beim Verbraucherdarlehensvertrag, Festschr. Nobbe 2009, S. 283; *Knops,* Die Kündigung des vertragsgemäß bedienten Kredits wegen Vermögensverschlechterung, WM 2012, 1649; *Leube,* Inhaltliche Anforderungen an die qualifizierte Mahnung nach § 498 I 1 Nr. 2 BGB, NJW 2007, 3240; *Lindacher,* Definität und Revisibilität der Gläubigerentscheidung nach § 362 BGB, JZ 1980, 45; *Loges,* Die Begründung neuer Erklärungspflichten und der Gedanke des Vertrauensschutzes, 1991; *Medicus,* „Geld muss man haben" – Unvermögen und Schuldnerverzug bei Geldmangel, AcP 188 (1988), 489; *Möllers,* Die Haftung der Bank bei der Kreditkündigung, 1991; *Regenfus,* Die Kündigung des Kredits wegen Verschlechterung der Vermögensverhältnisse – Voraussetzungen, Erkenntnisdefizite und Risiken für den Darlehensgeber, ZBB 2015, 383; *Reinicke/Tiedtke,* Zweifelsfragen bei der Anwendung des Verbraucherkreditgesetzes, ZIP 1992, 217; *Reinking/Nießen,* Problemschwerpunkte im Verbraucherkreditgesetz, ZIP 1991, 634; *Scholz, F.J.* Aktuelle Probleme bei der Lohnabtretung als Sicherung von Verbraucherkrediten, MDR 1993, 599; *Westermann,* Der säumige Geldschuldner, Festschrift Gernhuber 1993, S. 529; *Wimmer/Stöckl-Pukall,* Die Preisangabenverordnung der Banken, 1998 mit Nachtrag 2000.

Insbesondere: Aufklärung und Beratung. *Böhner,* Schadensersatzpflicht des Franchisegebers aus Verschulden bei Vertragsschluss, NJW 1994, 635; *Brandner,* Verhaltenspflichten der Kreditinstitute bei der Vergabe von Verbraucherkrediten, ZHR 153 (1989), 147; *Braun, F.* Aufklärungspflichten des Franchisegebers bei den Vertragsverhandlungen, NJW 1995, 504; *Brych,* Die Bankenhaftung beim Immobiliarkredit, Festschrift Bärmann und Weitnauer 1990, S. 38; *Buck-Heeb,* Aufklärung über Innenprovisionen, unvermeidbarer Rechtsirrtum und die Überlagerung durch Aufsichtsrecht, WM 2014, 1601; *Canaris,* Die Vermutung „aufklärungsrichtigen Verhaltens" und ihre Grundlagen, Festschrift Hadding 2004, S. 3; *Claussen,* Gibt es einen allgemeinen Bankvertrag oder gibt es ihn nicht?, Festschrift Peltzer 2001, S. 55; *Derleder/Wosnitza,* Aufklärungspflichten der Banken beim Teilzahlungskredit, ZIP 1990, 901; *Einsiedler,* Rückvergütung und verdeckte Innenprovision, WM 2013, 1109; *Ellenberger,* Neue Rechtsprechung zur zivilrechtlichen Haftung beim Vertrieb von Kapitalanlagen, Schriftenreihe BrV, Heft 31 (2011), S. 37; *Freckmann/Rösler,* Tilgungsaussetzung bei der Immobilienfinanzierung, ZBB 2007, 23; *Grüneberg,* Zur Verjährung und Rechtskrafterstreckung bei mehreren Aufklärungs- und Beratungsfehlern in demselben Kapitalanlagegespräch, WM 2014, 1109; *Harnos,* Zumutbarkeit der Klageerhebung und Verjährungsbeginn im Bankrecht, WM 2015, 1658; *ders.,* Einfluss des europarechtlichen Effekivitätsgebots auf das Anlegerschutzrecht, ZEuP 2015, 546; *Herresthal,* Die Pflicht zur Aufklärung über Rückvergütungen und die Folgen ihrer Verletzung, ZBB 2009, 348; *v. Heymann,* Zur Haftung bei Anlageberatung und Anlagevermittlung, DStR 1993, 1147; *ders.,* Bankenhaftung bei Immobilienanlagen, 17. Aufl. 1997; *Hopt,* Funktion, Dogmatik und Reichweite der Aufklärungs-, Warn- und Beratungspflichten der Kreditinstitute, Schriftenreihe der Bankrechtlichen Vereinigung, Bd. 3, 1993, S. 1; *Horn,* Die Aufklärungs- und Beratungspflichten der Banken, ZBB 1997, 139; *ders.,* Zur Haftung der Banken bei der Kreditfinanzierung von Vermögensanlagen, Festschrift Claussen 2000, S. 469; *Kohte,* Die Schlüsselrolle der Aufklärungspflicht – neue Rechtsprechung zur Kombination von Verbraucherkredit und Kapitallebensversicherung, ZBB 1989, 130; *Krüger,* Bankenhaftung bei der Vergabe von Existenzgründungskrediten, VuR 1999, 229; *Leuering/Zetzsche,* Die Reform des Schuldverschreibungs- und Anlageberatungsrechts, NJW 2009, 2856; *Loges,* Die Begründung neuer Erklärungspflichten und der Gedanke des Vertrauensschutzes, 1990; *Martis,* Aufklärungspflichten der Banken im Rechtsprechungsüberblick, MDR 2005, 788; *Möllers,* Die Vermutung aufklärungsrichtigen Verhaltens, Schriftenreihe BrV, Heft 34 (2013), S. 81; *Nobbe,* Verjährung von Schadensersatzansprüchen aus Aufklärungs- und Beratungspflichtverschulden bei der Kapitalanlageberatung, WM 2016, 298, 337; *Oppenheim,* Verteidigungslinien in „Kick-Back"-Prozessen, BKR 2014, 454; *Potthoff,* Aufklärungs- und Beratungspflichten bei Optionsscheingeschäften, WM 1993, 1319; *Regenfus,* Auskunft und Herausgabe von Rückvergütungen – zwei allenfalls selten begründete Klageanträge, WM 2015, 169 und 209; *Rösler,* Finanzierung und Erwerb von Immobilien als verbundenes Geschäft – Versuch einer Konkretisierung des § 358 Abs. 3 Satz 3 BGB, Festschrift Thode 2005, S. 673; *Roth,* Beweismaß und Beweislast bei der Verletzung von bankvertraglichen Aufklärungs- und Beratungspflichten, ZHR 154 (1990), 513; *v. Rottenburg,* Verhaltenspflichten der Kreditinstitute bei der Vergabe von Verbraucherkrediten, ZHR 153 (1989), 162; *Schäfer, F. A.* Haftung für fehlerhafte Anlageberatung und Vermögensverwaltung, 1993; *Scharrenbroich,* Haftung des Kreditinstituts aus der Verletzung von Aufklärungs-, Warn- und Beratungspflichten, Sparkasse 1992, 573; *Schnauder,* Auskunfts- und Beratungsvertrag beim Vertrieb von Kapitalanlagen, JZ 2013, 120; *Singer,* Aufklärungspflichten (Sittenstöße) im Konsumentenkreditgeschäft, ZBB 1998, 141; *Stackmann,* Probleme mit der Fiktion – Die Feststellung der Kausalität von Beratungsfehlern, NJW 2009, 3265; *ders.,* (Rück-)Abwicklung von Finanzanlagen, NJW 2014, 961; *v. Stebut,* Aufklärungspflichten und Haftungsrisiken von Finanzdienstleistern, ZIP 1992, 1698; *Teichmann,* Aufklärungs- und Schutzpflichten gegenüber Verbrauchern, Festschrift Kraft 1998, S. 629; *Veil,* Aufklärungspflichten über Rückvergütung – Zur Beachtlichkeit von Rechtsirrtümern im Bankvertragsrecht, WM 2009, 2193; *Vortmann,* Aufklärungs- und Beratungs- und sonstige Warnpflichten der Banken, 2. Aufl. 1998; *Westermann,* Verhaltenspflichten der Kreditinstitute bei der Vergabe von Verbraucherdarlehen, ZHR 153 (1989), 123; *Wiechers/Henning,* Die neuere Rechtsprechung des Bundesgerichtshofes zu Aufklärungs- und Beratungpflichten bei der Anlageberatung, WM 2015, Sonderbeilage 1.

Übersicht

Rn.

Materialien

Begründung RegE zum VerbrKrG, BT-Drucks. 11/5462, S. 27 f. 1
Begründung RegE zum Gesetz zur Umsetzung der Verbraucherkreditrichtlinie, BT-Drucks. 16/11643, S. 84 2

Kommentierung

I. Gesetzliches Kündigungsrecht des Darlehensgebers: Überblick, Anwendungsbereich und Abgrenzungen 3
II. Teilzahlungskredite und tilgungsfreie Kredite 9
III. Voraussetzungen der Gesamtfälligkeit 11
 1. Schuldnerverzug 12
 2. Mindestrückstand 13

§ 498 1–3 1. Teil. Darlehen und Finanzierungshilfen

	Rn.
a) Ratenrückstand	14
b) Relation zur Hauptforderung (qualifizierte Rückstandsquote)	16
c) Insbesondere: Immobiliar-Kredite	19a
d) Leasing	20
e) Unentgeltiche Darlehen und Finanzierungshilfen	20a
IV. Erklärungen des Kreditgebers	21
1. Nachfrist und Androhung	21
2. Kündigung	24
3. Mithaftung (Gesamtschuld)	26
4. Rechtsnachfolge	32
V. Rechtsfolgen	33
VI. Vergleichsgespräch	36
VII. Exkurs: Aufklärung und Beratung bei Kapitalanlagen – ein kurzer Überblick	38
VIII. Kostenermäßigung § 501	46

Materialien
Begründung RegE zum VerbrKrG, BT-Drucks. 11/5462, S. 27 f.

1   Gemäß … Satz 2 soll der Kreditgeber dem Verbraucher Möglichkeiten einer einverständlichen Regelung anbieten. Dieses Angebot kann auch bereits zusammen mit Mahnungen zu einzelnen rückständigen Teilzahlungen gemacht werden. Das Gespräch zwischen den Kreditvertragsparteien soll helfen, anstelle der Kündigung des Kredits andere Lösungsmöglichkeiten zu finden. So kann zB bei Zahlungsschwierigkeiten des Verbrauchers wegen vorübergehender außergewöhnlicher Belastungen oder Einnahmeausfällen eine Stundungsvereinbarung für beide Seiten die wirtschaftlich vernünftigere Lösung sein. Das Gesprächsangebot des Kreditgebers soll vermeiden helfen, dass eine solche Lösung nicht zustande kommt, weil der Verbraucher zB aus „Schwellenangst" nicht selbst den Weg zum Kreditgeber findet. Das Gesprächsangebot stellt jedoch keine Tatbestandsvoraussetzung für die Kündigung dar.

Begründung RegE zum Gesetz zur Umsetzung der Verbraucherkreditrichtlinie II, BT-Drucks. 16/11 643, S. 84

2   Der bisher … verwendete Begriff „Teilzahlungspreis" ist mit dem neuen Begriff „Gesamtbetrag" identisch und soll deshalb aufgegeben werden. Für Teilzahlungsgeschäfte wird in § 508 BGB-E klargestellt, dass sich die Rückstandshöhe nicht auf den Nennbetrag, sondern auf den Gesamtbetrag bezieht. Im Gegensatz zum Gesamtbetrag umfasst der Nennbetrag die Kosten nicht, soweit sie nicht mitkreditiert sind (BT-Drucks. 11/5462, S. 19). Soweit der Teilzahlungspreis auch als Ausgangspunkt für Leasingverträge angesehen wird (*Staudinger/Kessal-Wulf*, BGB, Neubearbeitung 2004, § 498, Rn. 15; Münchener Kommentar/*Schürnbrand*, BGB, 5. Auflage 2007, § 498, Rn. 14; *Bülow/Artz*, Verbraucherkreditrecht, 6. Auflage 2006, § 500, Rn. 22), soll keine Änderung der Rechtslage erfolgen. Der Bundesgerichtshof (BGH) hat entschieden, dass „offen bleiben" kann, ob zur konkreten Berechnung der Rückstandsquote der Nennbetrag oder der Teilzahlungspreis zugrunde zu legen sei (*BGH*, VIII. Zivilsenat, Urteil vom 14. Februar 2001 – VIII ZR 277/99, BGHZ 147, 7, 16). Es komme auf die „Brutto-Leasingraten" an, die sich von beiden Werten aus ermitteln ließen. Da § 498 auf Leasingverträge gemäß § 506 BGB-E nur entsprechende Anwendung findet und somit gewisse Auslegungsmöglichkeiten bestehen, besteht keine Veranlassung, den Begriff „Teilzahlungspreis" beizubehalten.

Kommentierung

I. Gesetzliches Kündigungsrecht des Darlehensgebers: Überblick, Anwendungsbereich und Abgrenzungen

3   Der Verzug geht oft drohender Insolvenz voraus, die der Kredit- (§ 506 Abs. 1), insbesondere Darlehensgeber nicht abwarten möchte. Deshalb wird in Verträgen

Gesamtfälligstellung bei Teilzahlungsdarlehen   4–6 § 498

über Teilzahlungskredite häufig eine Verfallklausel vereinbart, nach welcher der Kreditgeber bei Verzug des Verbrauchers mit Rückzahlungsraten den Kredit vorzeitig kündigen darf, wie dies auch die Altvorschrift von § 4 Abs. 2 AbzG vorsah (Anhang 2). Durch die Kündigung fällt die Teilzahlungsabrede mit Wirkung *ex tunc* weg, sodass die sofortige Fälligkeit des gesamten Restkredits eintritt (Gesamtfälligkeit). Im deutschen Verbraucherkreditrecht und ohne Vorgabe in der Verbraucherkreditrichtlinie ist das verzugsbedingte Kündigungsrecht des Kreditgebers gegenüber dem Verbraucher durch das Gesetz in Gestalt von § 498 BGB in Voraussetzungen und Folgen bestimmt (→ Rn. 16), sowohl für Allgemein- wie für Immobiliar-Kreditverträge (mit Sonderregelung gemäß Absatz 2 (→ Rn. 19a), wovon zum Nachteil des Verbrauchers gem. § 512 Satz 1 BGB nicht abgewichen werden darf. Trifft deshalb der Kreditgeber im Anwendungsbereich von § 498 bei einem Teilzahlungskredit trotz seines gesetzlichen Kündigungsrechts mit dem Verbraucher eine gegenüber der gesetzlichen Regelung nachteilige Abrede zur Gesamtfälligkeitsstellung, ist diese Abrede (anders als bei tilgungsfreien Krediten, → Rn. 10) unwirksam, sodass stattdessen die gesetzliche Regelung eingreift, die Wirksamkeit des Vertrags im Übrigen aber unberührt bleibt; die Anwendung des Rechtsgedankens von § 139 BGB (Gesamtnichtigkeit) dürfte nicht in Betracht kommen. Eine entsprechende Allgemeine Geschäftsbedingung ist unwirksam,[1] gem. § 306 Abs. 1 BGB bleibt der Vertrag im Übrigen wirksam.

Eine etwa für den Fall der Gesamtfälligkeitsstellung vereinbarte **Vorfälligkeitsentschädigung** stellt einen verzugsbedingten Schadensausgleich dar; dieser richtet sich aber allein nach § 497 Abs. 1 BGB[2] (nicht etwa nach § 502, wo der Verbraucher nicht mit Verzug, sondern verfrüht leistet). Eine Vorfälligkeitsentschädigung kann demnach nur dann wirksam vereinbart werden, wenn der Verbraucher dadurch nicht höhere Leistungen zu erbringen hat, als es einer Verzinsung mit dem Basiszinssatz zuzüglich fünf Prozentpunkten entspricht. 4

Der *Verbraucher* kann einen Darlehensvertrag unter den Voraussetzungen von § 489 BGB[3] oder von § 490 Abs. 2 (anderweitige Verwertung des belasteten Grundstücks),[4] außerdem von § 500 Abs. 1 (unbefristeter Darlehensvertrag) kündigen und seine Verbindlichkeiten aus einem Darlehensvertrag (§ 500 Abs. 2) oder einem Kauf- oder Leistungsvertrag (§ 506 Abs. 1 iVm § 500 Abs. 2) vorzeitig erfüllen. 5

Unberührt durch das gesetzliche Kündigungsrecht des *Darlehensgebers* aus § 498 bleiben bei unbefristetem Darlehensvertrag das Kündigungsrecht des Dar- 6

---

[1] In Anwendung der Grundsätze zum Konsumentenkredit, BGHZ 111, 117 mit Komm. *Reifner* EWiR § 242 BGB 4/90, 555; OLG Jena WM 2009, 1134; OLG Karlsruhe WM 2000, 1996 zu II. 1.; dazu *Bülow* Konsumentenkredit, Rn. 88–107; *Bruchner/Ott/ Wagner-Wieduwilt* § 12 VerbrKrG Rn. 5; Staudinger/*Kessal-Wulf* § 498 BGB Rn. 4.
[2] *Bülow* Konsumentenkredit, Rn. 125; zur vergleichbaren Rechtslage gem. § 247 BGB aF BGH NJW-RR 1989, 41 mit Komm. *Vortmann* EWiR § 247 BGB 1/89, 127; zur Berechnung BGHZ 161, 196 = NJW 2005, 759.
[3] § 489 Abs. 4 Satz 1 BGB nicht auf Sparkassenbriefe (Namensschuldverschreibungen) anwendbar, OLG München WM 2012, 1534; § 489 Abs. 1 Nr. 2 bei Bausparkassenvertrag in der Ansparphase für Bausparkasse: LG Hannover WM 2015, 2100; LG Stuttgart ZIP 2015, 2363 mit Komm. *Rollberg* EWiR 2016, 3; LG Karlsruhe VuR 2016, 102 mit Anm. *Arne Maier* S. 104; OLG Stuttgart WM 2016, 311 (319) sowie 742; OLG Köln WM 2016, 740; OLG Celle WM 2016, 738.
[4] Statt Kündigung auch nach Lage des Einzelfalls Anspruch auf Austausch von Sicherheiten, BGH NJW 2004, 1730 mit Anm. *Bülow* LMK 2004, 129.

§ 498   7   1. Teil. Darlehen und Finanzierungshilfen

lehensgebers nach § 488 Abs. 3 (→ § 499 Rn. 4) oder kraft Vereinbarung gem. § 499 Abs. 1 (→ § 499 Rn. 3) bei bestimmter Laufzeit. Unberührt bleiben auch das **Kündigungsrecht aus wichtigem Grund** nach § 314 BGB,[5] soweit es nicht auf Verzug beruht,[6] zB wegen unrichtiger Angaben über die Vermögensverhältnisse gem. Nr. 19 Abs. 3 Satz 2 AGB-Banken, Nr. 26 Abs. 2 lit. c AGB-Sparkassen, Nr. 18 Abs. 3 AGB-Postbank[7] und das Kündigungsrecht nach § 490 Abs. 1 wegen nachträglicher, auch nur drohender,[8] Verschlechterung der Vermögensverhältnisse[9] oder der Werthaltigkeit einer Sicherheit. Dieses Kündigungsrecht kann bereits vor Valutierung bestehen,[10] jenseits des Leistungsverweigerungsrechts nach § 499 Abs. 2 (→ § 499 Rn. 9 ff.). Unberührt bleiben auch Vereinbarungen über die vorzeitige Fälligkeit, deren Voraussetzungen nicht im Verzug liegen, zB bei Leasingverträgen im Falle der Beschädigung des Leasingguts.[11] Gleiches gilt für das Recht des Kreditgebers, **Sicherheiten** nach Maßgabe des jeweiligen Sicherungsverhältnisses, insbesondere nach Maßgabe eines Sicherungsvertrages, zu verwerten sowie für das Kündigungsrecht wegen Störung der Geschäftsgrundlage gem. § 313 Abs. 3 Satz 2 BGB.[12]

7   Das gesetzliche Kündigungsrecht des Kreditgebers gilt sowohl für Darlehen wie für **Finanzierungshilfen** in Gestalt von Kauf- und Leistungsverträgen (§ 506 Abs. 1, → § 506 Rn. 118) und Finanzierungsleasingverträgen (→ § 506 Rn. 119). In den letztgenannten Fällen bedeutet Kündigung des Kreditvertrages, dass die Verpflichtung zum Leistungsaustausch bestehen bleibt, der Kreditgeber also am Vertrag festhält, mit der Besonderheit, dass nur die Teilzahlungsabrede entfällt; es entsteht, wenn die gesamte Gegenleistung des Verbrauchers gem. § 498 fällig gestellt wird, gerade kein Rückabwicklungsverhältnis.[13] Der kreditgebende Verkäufer oder Leistungserbringer kann sich aber auch für den Rücktritt vom Vertrag nach weiterer Maßgabe von § 508 BGB entschließen, also seine eigene Leistung bei Verlust des Anspruchs auf den Kaufpreis/die Vergütung zurückverlangen.[14]

---

[5] *MüKoBGB/K. P. Berger* § 490 BGB Rn. 47; *Bonitz/Schramm* WM 2013, 1637; bloße Rüge vertragswidrigen Verhaltens genügt für Abmahnung nicht, BGH v. 12.10.2011 – VIII ZR 3/11, NJW 2012, 53; bei unerfülltem Nachsicherungsverlangen, OLG Nürnberg ZIP 2012, 2051; unerfüllte Unterlagenanforderung, OLG Frankfurt ZIP 2011, 999 mit Komm. *Gladenbeck* EWiR § 490 BGB 1/11, 555; zweckwidrige Verwendung des Kredits, KG WM 2010, 1890.
[6] OLG Karlsruhe WM 2000, 1996 zu II. 1.; OLG Köln WM 2003, 826; deshalb kommt die fristlose Kündigung eines Leasingvertrags wegen Zahlungsverzugs von vornherein nicht in Betracht, was das OLG Celle NJW-RR 1997, 1114 übersieht; *Grüneberg* FS Nobbe, S. 283.
[7] OLG Saarbrücken WM 2006, 225; LG Kiel WM 2000, 2042 (2046); *Bruchner/Ott/Wagner-Wieduwilt* § 12 VerbrKrG Rn. 25; Kündigung wegen eidesstattlicher Versicherung: BGH WM 1988, 1223 mit Komm. *Alisch* EWiR § 607 BGB 3/88, 1069; wegen Zwangsvollstreckungsmaßnahmen bei Leasing: BGH MDR 1984, 573; nicht bloßes Bestreiten des Anspruchs, BGH WM 1981, 679.
[8] *Freitag* WM 2001, 2370 (2373).
[9] BGH NJW 2001, 292 zu VIII. 3.; OLG Brandenburg WM 2010, 605; OLG Celle WM 2010, 402; OLG Hamm WM 1998, 2155; umfassend *Regenfus* ZBB 2015, 383; *Knops* WM 2012, 1649.
[10] *Beining* NJW 1992, 2742; *Gruber* Vertragsbeendigung, S. 33 sowie NJW 1992, 419.
[11] Dazu BGH NJW 1992, 553 mit Komm. *Emmerich* EWiR § 249 BGB 1/92, 17.
[12] *MüKoBGB/K. P. Berger* § 490 BGB Rn. 67.
[13] BGH NJW 2002, 137 zu II. 1.
[14] Gl. A. *Denkhaus/Zirkel* JR 1994, 397 (400).

Gesamtfälligstellung bei Teilzahlungsdarlehen 8–10 § 498

Das gesetzliche Kündigungsrecht aus § 498 gilt nicht für die Ausnahmetatbestände von § 491 Abs. 2 Satz 2 (→ § 491 Rn. 149 ff.), wohl aber für **Immobiliarkredite** mit Besonderheit nach Absatz 2 (→ Rn. 3, 19a). Dagegen hat der Unternehmer eines **Ratenlieferungsvertrags** nach § 510 das gesetzliche Kündigungsrecht nicht, doch ist die Vereinbarung eines Kündigungsrechts mit Verfallklausel möglich (→ § 510 Rn. 8). 8

II. Teilzahlungskredite und tilgungsfreie Kredite

Die vorzeitige Fälligkeit durch Kündigung nach § 498 kann der Kreditgeber nur bei Teilzahlungskrediten herbeiführen, dh bei Darlehen, Teilzahlungsgeschäften oder Finanzierungsleasing, bei denen nicht nur die Nebenleistungen wie Zinsen, sondern auch der Nettodarlehensbetrag iSv § 492 Abs. 2, Art. 247 § 3 Abs. 2 Satz 2 EGBGB bzw. der Barzahlungspreis iSv Art. 247 § 12 Abs. 1 Nr. 2 lit. a EGBGB in Teilzahlungen zu tilgen ist resp. Leasingraten zu erbringen sind. Aus der Regelung von § 498 Abs. 1 Nr. 1 lit. a, wonach Anwendungsvoraussetzung der Verzug des Verbrauchers mit mindestens zwei Raten ist, ergibt sich im Allgemeinen, dass insgesamt nach dem Inhalt des Kreditvertrags mindestens drei Raten zu leisten sind.[15] Allerdings ist denkbar, dass nur zwei Raten geschuldet sind und der Verbraucher von Anfang an mit diesen in Verzug gerät; in diesem Fall ist die Schutzbedürftigkeit des Verbrauchers genauso und der Anwendung der Vorschrift steht nichts entgegen.[16] Auf tilgungsfreie Kredite, auch wenn Zinsen und andere Nebenleistungen in periodischen Abständen zu zahlen sind und der Verbraucher damit in Verzug gerät, ist die Vorschrift aber nicht anwendbar.[17] 9

Für tilgungsfreie Kredite können die Parteien jedoch eine Vorfälligkeitsabrede treffen; einer solchen steht Verbraucherkreditrecht, insbesondere auch § 512 Satz 1, nicht entgegen.[18] Im Falle einer solchen Abrede ist § 498 auch nicht im Hinblick auf die Fristsetzung gem. Abs. 1 Satz 1 Nr. 2 und das Vergleichsgespräch gem. Satz 2 (→ Rn. 34) anwendbar. Während das Gesetz den Schutz von Verbrauchern gem. § 506 an sich auf alle Arten von Zahlungsaufschüben und Finanzierungshilfen ausdehnt, ohne dass es auf Ratenzahlungen nach Maßgabe der früheren abzahlungsrechtlichen Doktrin ankäme (→ § 506 Rn. 58), bleibt es hierbei doch hinsichtlich der Gesamtfälligstellung. Tilgungsfreie Kredite sowie Fälle, in denen der Kaufpreis/die Vergütung neben einer Anzahlung vor Übergabe oder Leistungserbringung nur noch durch eine einzige Schlusszahlung zu erbringen ist, können also kraft Vereinbarung ohne gesetzliche Beschränkungen bei Verzug mit Zinsen oder sonstigen Nebenleistungen sofort fällig gestellt werden. Im Übrigen kann die Rückzahlung eines tilgungsfreien Kredits durch Kündigung gem. §§ 488 Abs. 3, 489 BGB oder aus wichtigem Grund gem. § 490 BGB (→ Rn. 6) fällig werden. Auf der anderen Seite kommt es nicht darauf an, in welchen zeitlichen Abständen und mit welchem Tilgungsanteil Teilzahlungen zu leisten sind und welche Höhe die einzelnen Raten haben; auch auf langfristi- 10

---

[15] MüKoBGB/*Schürnbrand* § 498 BGB Rn. 4; Staudinger/*Kessal-Wulf* § 498 BGB Rn. 5; *Bruchner/Ott/Wagner-Wieduwilt* § 12 VerbrKrG Rn. 3; unklar *Münstermann/Hannes* § 12 VerbrKrG Rn. 643.
[16] *V. Westphalen/Emmerich/v. Rottenburg* § 12 VerbrKrG Rn. 7.
[17] OLG Brandenburg MDR 1998, 483.
[18] Vgl. BGH NJW 1998, 602 zu II. 1.b. aa.

§ 498 11, 12   1. Teil. Darlehen und Finanzierungshilfen

ge Raten, zB halbjährliche, ist die Vorschrift anwendbar sowie auf Kontokorrentratenkredite.[19] Im Falle von Darlehen, die mit einer **Kapitallebensversicherung** verbunden sind, handelt es sich um Festkredite, sodass § 498 an sich nicht anwendbar ist; für den Verbraucher macht es jedoch keinen Unterschied, ob er Tilgungsraten oder Versicherungsprämien mit Kapitalanteil zahlt. Aufgrund des gleichartigen Gefährdungspotentials ist § 498 deshalb entsprechend anwendbar[20] wie auch die Angabepflicht nach § 492 Abs. 2, Art. 247 § 3 Abs. 2 Satz 1 EGBGB (Gesamtbetrag) in diesem Fall einem Ratenkredit entspricht (→ § 492 Rn. 87). Auch das Finanzierungsdarlehen im verbundenen Geschäft (§ 358) unterliegt dem gesetzlichen Kündigungsrecht.

III. Voraussetzungen der Gesamtfälligkeit

11 Kumulativ steht das gesetzliche Kündigungsrecht, das die Gesamtfälligkeit herbeiführt, unter den Voraussetzungen von
– Schuldnerverzug,
– Mindestrückstand und
– Nachfristsetzung.
Hinzu kommt das Vergleichsgespräch (→ Rn. 36). Nicht Voraussetzung ist dagegen eine vertragliche Vorfälligkeitsabrede (→ Rn. 38), die gerade durch das gesetzliche Kündigungsrecht ersetzt wird. Eine Vorfälligkeitsentschädigung kann im Hinblick auf § 497 Abs. 1 nur in diesem Rahmen wirksam vereinbart werden, da Verzug vorausgesetzt ist (→ Rn. 4).

1. Schuldnerverzug

12 Ob der Verbraucher in Verzug gerät, richtet sich nach allgemeinen Bestimmungen; in der Regel werden durch einen Teilzahlungsplan iSv § 492 Abs. 2, Art. 247 § 3 Abs. 1 Nr. 7 und einem Tilgungsplan nach § 492 Abs. 3 Satz 2, Art. 247 § 14 EGBGB die Voraussetzungen von § 286 Abs. 2 Nr. 1 BGB (Bestimmung der Leistungszeit nach dem Kalender) erfüllt, sodass es keiner Mahnung durch den Kreditgeber und keiner Rechnung oder Zahlungsaufforderung nach § 286 Abs. 3 Satz 1 bedarf (→ § 497 Rn. 22, 44). Die Parteien können aber auch vereinbaren, dass die Fälligkeit von einer Zahlungsaufforderung des Kreditgebers (zB einem Kontoauszug) abhängt und damit nicht von vornherein kalendermäßig bestimmt ist. Besteht über die Fälligkeit Streit unter den Parteien, trägt der Schuldner, also der Verbraucher, die **Beweislast** für eine Vereinbarung, aus der sich die spätere Fälligkeit ergibt.[21] Gem. § 286 Abs. 4 BGB ist Verzugsvoraussetzung, dass der Schuldner schuldhaft handelte. Liegt die Tilgungsverzögerung zB im Versehen der überweisenden Bank oder im Verlust eines per Post übersandten Schecks, hat der Kreditgeber kein gesetzliches Kündigungsrecht.[22] Geldmangel hat der Verbraucher jedoch immer zu vertreten.[23]

---

[19] v. Westphalen/Emmerich/v. Rottenburg § 12 VerbrKrG Rn. 12; MüKoBGB/*Schürnbrand* § 498 BGB Rn. 4.
[20] Gl. A. MüKoBGB/*Schürnbrand* § 498 BGB Rn. 7.
[21] BGH NJW-RR 2004, 209.
[22] Vgl. LG Frankfurt am Main NJW-RR 1999, 774.
[23] *Medicus* AcP 188 (1988), 489; BGH v. 4.2.2015 – VIII ZR 175/14, Rn. 18, NJW 2015, 1296.

2. Mindestrückstand

Das gesetzliche Kündigungsrecht entsteht nur, wenn der Betrag, mit dem der Verbraucher in Verzug geriet, Anforderungen in zweierlei Hinsicht erfüllt: 13

a) Ratenrückstand. Erste Voraussetzung des Kündigungsrechts ist, dass der Verbraucher mit mindestens **zwei aufeinanderfolgende Raten** in Verzug geraten war. Hatte der Verbraucher zwei Raten hintereinander nur teilweise erbracht, bleibt es beim Kündigungsrecht, auch wenn er für die Zukunft volle Zahlung wieder aufnimmt. Der Verzug endet, wenn der Verbraucher die Schuld nachträglich erfüllt; aber eine davor erklärte Kündigung bleibt wirksam. Der Verzug endet nicht durch eine bloß teilweise nachträgliche Tilgung, auch wenn dadurch die qualifizierte Rückstandsquote (→ Rn. 16) unterschritten wird; es bleibt auch dann beim Kündigungsrecht.[24] Eine Frist zur Ausübung des Kündigungsrechts bestimmt das Gesetz nicht, nur Treu und Glauben setzen eine Grenze, deren Überschreitung zur Verwirkung führen kann (→ § 495 Rn. 26a); nach Lage des Einzelfalls kann in der Untätigkeit des Kreditgebers auch ein konkludenter Verzicht auf das Kündigungsrecht liegen. Das Kündigungsrecht entsteht nicht nur bei vollständigem Ausbleiben der Tilgungsleistungen, sondern auch dann, wenn der Verbraucher teilweise, auch mit geringfügigen Beträgen, im Rückstand bleibt **(Teilverzug).** In Bagatellfällen, verbunden mit nur leichter Fahrlässigkeit des Verbrauchers bei der unzureichenden Tilgung, kann die Ausübung des Kündigungsrechts durch den Kreditgeber aber rechtsmissbräuchlich sein (§ 242 BGB). Unerheblich ist, ob die Rate, mit der der Verbraucher in Verzug ist, schon vor Übergabe der Sache fällig war (Anzahlung).[25] 14

Durch § 498 unberührt bleibt – anders als die Tilgungsreihenfolge aus § 367 BGB durch § 497 Abs. 3 Satz 1 (→ § 497 Rn. 50) – das **Tilgungsbestimmungsrecht** aus § 366 BGB bei nicht ausreichender Leistung auf mehrere Verbindlichkeiten, welches entsprechend gilt, wenn der Verbraucher eine Rate vollständig tilgt. Er kann seine Zahlung nach dieser Vorschrift als Leistung auf jede zweite Rate bestimmen mit der Folge, dass er nicht mit zwei aufeinanderfolgenden Raten in Verzug zu geraten braucht und damit das Kündigungsrecht des Kreditgebers nicht entsteht. Dieses Tilgungsbestimmungsrecht eröffnet dem Schuldner gerade die Wahl, von der ihm günstigsten Möglichkeit Gebrauch zu machen, sodass die das Kündigungsrecht des Kreditgebers ausschließende Wahlausübung nicht als unzulässige Rechtsausübung (§ 242 BGB) angesehen werden kann[26] und noch weniger ein Kündigungsrecht aus wichtigem Grund eröffnet (→ Rn. 6).[27] Der Kreditgeber kann sich schützen, indem er vertragliche Tilgungsbestimmungen festzulegen versucht, die das Wahlrecht des Verbrauchers aus § 366 BGB ausschließen. Den Verbraucher trifft die **Beweislast,** dass er auf 15

---

[24] BGH WM 2005, 459 zu II. 2 d. bb. mit Anm. *Bülow* WuB I E 2. – § 498 BGB – 1.05 und Komm. *Reinking* EWiR § 12 VerbrKrG 1/05, 447 sowie Bspr. *J. Weber* NJW 2005, 2195 (2197).
[25] Zur Rechtslage nach § 4 AbzG MüKoBGB/*Westermann* 2. Aufl. 1988, § 4 AbzG Rn. 11; MüKoBGB/*Schürnbrand* § 498 BGB Rn. 11.
[26] Dagegen stillschweigender Ausschluss des Bestimmungsrechts für den Fall, dass eine Mahnung gem. § 284 Abs. 2 BGB entbehrlich ist: MüKoBGB/*Schürnbrand* § 498 BGB Rn. 12; darüber hinausgehend Unzulässigkeit im Allgemeinen, *Münstermann/Hannes* § 12 VerbrKrG Rn. 650 und *Bruchner/Ott/Wagner-Wieduwilt* § 12 VerbrKrG Rn. 12.
[27] So aber *v. Westphalen/Emmerich/v. Rottenburg* § 12 VerbrKrG Rn. 23.

§ 498 16–19   1. Teil. Darlehen und Finanzierungshilfen

die von ihm bezeichnete Rate geleistet hatte, den Kreditgeber für den Bestand anderer zu tilgender Forderungen.[28]

16   **b) Relation zur Hauptforderung (qualifizierte Rückstandsquote).** Zweite Voraussetzung des gesetzlichen Kündigungsrechts ist, dass die rückständigen Raten zusammen einen Mindestanteil am Gesamtkredit ausmachen, der sich nach näherer Maßgabe von § 498 Abs. 1 Satz 1 Nr. 1 lit.b BGB nach der Laufzeit richtet. Bei einer Laufzeit des Kreditvertrags bis zu drei Jahren einschließlich muss der Betrag, mit dem der Verbraucher in Verzug ist, mindestens 10%, bei einer Laufzeit von drei Jahren und einem Tag oder mehr mindestens 5% des Nennbetrages eines Darlehens (→ § 492 Rn. 105, 117) bzw. des Gsamtbetrags (Teilzahlungspreises) bei Teilzahlungsgeschäften (→ § 507 Rn. 29) ausmachen. Bezugsgröße ist also nicht der Barzahlungspreis bzw. der Nettodarlehensbetrag, aber auch nicht der geschuldete Betrag iSv § 497 Abs. 1 (→ § 497 Rn. 27). Bei Immobiliar-Krediten beträgt die Quote 2,5% des Nennbetrags (→ Rn. 19a).

17   Der Begriff **„Nennbetrag"** in Abs. 1 Nr. 1 lit.b bezüglich Darlehen, den das Gesetz in § 492 nicht mehr verwendet und der aufgrund der Verbraucherkredit-Änderungsrichtlinie vom 22.2.1990[29] durch den Gesamtbetrag aller Zahlungen ersetzt worden war, ist nicht der Bruttodarlehensbetrag (Rückzahlungsbetrag), sondern lediglich die Summe aus Nettodarlehensbetrag und Einmalkosten, soweit auch sie finanziert werden[30] (→ § 492 Rn. 105). Der Nennbetrag liegt also zwischen Nettodarlehensbetrag und Gesamtbetrag iSv § 492 Abs. 2, Art. 247 § 3 Abs. 2 Satz 1 EGBGB (→ § 492 Rn. 102). Für **Teilzahlungsgeschäfte** (§§ 506 Abs. 3, 507) ist gem. § 508 Satz 2 Bezugsgröße der Gesamtbetrag, der dem Teilzahlungspreis entspricht (→ Rn. 2), für Finanzierungsleasingverträge das verzugsrelevante Leistungsvolumen (näher→ § 506 Rn. 119).[31]

18   Der relative Rückstand ist nicht lediglich als Mindestrückstand von zwei aufeinanderfolgenden Raten zu messen: War der Verbraucher in der Vergangenheit mit einzelnen Raten, aber nicht unmittelbar hintereinander, ganz oder teilweise, in Verzug geraten, sind diese Rückstände mitzuzählen.[32] Befindet sich der Verbraucher zwar im Rückstand, aber nicht in Verzug (→ Rn. 12), sind solche Rückstände dagegen nicht einzurechnen.

19   Im Falle eines **finanzierten Teilzahlungsgeschäfts iSv § 358** entsteht das Problem, ob der Gesamtbetrag aus dem finanzierten Geschäft (Teilzahlungspreis) oder der Nennbetrag des Finanzierungsdarlehens als Bezugsgröße anzulegen ist. Ausgangspunkt ist das verbraucherkreditrechtliche Anliegen, den Verbraucher durch die Aufspaltung in Kauf- und Darlehensvertrag nicht schlechter zu stellen als im Falle eines einzigen Vertrages mit Teilzahlungsabrede (→ § 495 Rn. 249), welches durch die Erstreckung des Widerrufsrechts und durch den Einwendungsdurchgriff gem. §§ 358 Abs. 2, 359 BGB seinen Ausdruck findet, aber nicht erschöpft ist;[33] hinzu kommt, dass der Schutzstandard des früheren AbzG nicht geschmälert werden sollte,[34] danach aber für den Nennbetrag als Be-

---

[28] BGH NJW-RR 1993, 1015.
[29] 98/88/EWG, ABlEG L 61/14 v. 19.3.1998.
[30] BGH v. 28.10.2014 – XI ZR 348/13, Rn. 24, WM 2014, 2261 = ZIP 2014, 2334.
[31] NJW 2001, 1349 zu II. 1 d.bb. (2) mit skeptischem Komm. *Reinking* EWiR § 12 VerbrKrG 1/01, 503 und Bspr. *Emmerich* JuS 2001, 919; *Nitsch* FLF 1998, 18 (21).
[32] MüKoBGB/*Schürnbrand* § 498 BGB Rn. 13.
[33] So aber MüKoBGB/*Habersack* 3. Aufl. 1995, § 9 VerbrKrG Rn. 10.
[34] BT-Drucks. 11/5462, S. 33 und → § 491 Rn. 4.

zugsgröße kein Raum war.³⁵ Bezugsgröße nach § 498 BGB ist im verbundenen Geschäft folglich der Teilzahlungspreis, nicht der niedrigere Nennbetrag.³⁶

c) Insbesondere: Immobiliarkredite. Während nach der bis zum 30.7.2002 geltenden Altvorschrft von § 498 Abs. 3 BGB aF die Regelungen über die Gesamtfälligkeitsstellung insgesamt auf Immobiliarkredite nicht anwendbar waren, wurde die Vorschrift durch das Risikobegrenzungsgesetz vom 12.8.2008 geändert, um dadurch einen Beitrag zur Bekämpfung von Missbräuchen beim Handel mit Darlehensforderungen zu leisten. Diese Fassung wurde durch die bis zur Umsetzung der WohnimmoRil geltenden Sondervorschrift von § 503 Abs. 3 BGB aF fortgeführt und findet sich jetzt wieder ohne inhaltliche Änderung in § 498 Abs. 2. Die WohnimmoRil enthält hierzu keine Vorgaben. Voraussetzung des Kündigungsrechts der Bank, das zur Gesamtfälligkeit führt, ist
 – der Verzug des Verbrauchers mit mindestens zwei aufeinander folgenden Teizahlungen ganz oder teilweise (ebenso in allgemeinen Fall von § 498 Abs. 1 lit. a → Rn. 14) und
 – eine qualifizierte Rückstandsquote, die mindestens 2,5 % des Nennbetrags (→ Rn. 17) ausmacht und unabhängig von der Laufzeit ist. Aufgrund der typischerweise längeren Laufzeiten bei Immobiliar-Kreditverträgen erklärt sich die Quote von 2,5 % des Nennbetrags.

d) Leasing. Zum Referenzbetrag bei einem Finanzierungsleasingvertrag³⁷ näher → § 506 Rn. 119.

e) Unentgeltliche Darlehen und Finanzierunghilfen. Gemäß § 514 Abs. 1 Satz 1 ist § 498 auf unentgeltliche Darlehen und Finanzierungshilfen entprechend anwendbar, um den Verbraucher vor Überschuldung zu schützen³⁸. Referenzbetrag zur Feststellung der qualifizierten Rückstandsquote (→ Rn. 16) kann aufgrund der Unentgeltlichkeit nicht der Nennbetrag sein (→ Rn. 17), sondern vielmehr der Nettodarlehensbetrag, der zugleich der Gesamtbetrag ist (→ § 514 Rn. 19). Das gilt gemäß § 515 auch für unentgeltliche Finanzierungshilfen (→ § 506 Rn. 118). Im Falle von Null-Leasing (→ § 506 Rn. 75) hindert die Unentgeltlichkeit nicht, das verzugsrelevante Leistungsvolumen in Gestalt der Summe der Leasingraten auszurechnen und daraus die Rückstandsquote zu ermitteln (→ § 506 Rn. 119).

IV. Erklärungen des Kreditgebers

1. Nachfrist und Androhung

Über die Voraussetzungen der Altregelung von § 4 Abs. 2 AbzG hinausgehend genügen Verzug und Mindestrückstand für das gesetzliche Kündigungsrecht nicht, sondern der Kreditgeber muss hierfür weitere Erklärungen abgeben, die nicht lediglich als geschäftsähnliche Handlungen anzusehen sind,³⁹ sondern we-

---

³⁵ MüKoBGB/*Westermann* 2. Aufl. 1988, § 6 AbzG Rn. 41, § 4 AbzG Rn. 13.
³⁶ Zutreffend Erman/*Saenger* § 498 BGB Rn. 25; aA MüKoBGB/*Schürnbrand* § 498 BGB Rn. 13.
³⁷ BGHZ 147, 7 (16) = NJW 2001, 1349; WM 2005, 459 zu II. 2.b. mit Anm. *Bülow* WuB I E 2. – § 498 BGB – 1.05.
³⁸ BT-Drucks. 18/7584 S. 153.
³⁹ So allerdings BGH NJW 1998, 3058 zu II. 2.a.; wie hier BGHZ 114, 360 (366).

gen ihrer Gestaltungswirkung ebenso wie die ähnlich gearteten Erklärungen gem. §§ 281 Abs. 1 Satz 1, 323 Abs. 1 (vgl. auch § 326 BGB aF) BGB als empfangsbedürftige Willenserklärungen:[40] Der Kreditgeber muss eine Nachfrist von zwei Wochen setzen („qualifizierte Mahnung"[41]), die mit **Zugang** beim Verbraucher beginnt und für den der Kreditgeber die Darlegungs- und **Beweislast**[42] trägt. Die Erklärung eines Nichtberechtigten kann vom Kreditgeber nicht mit Rückwirkung genehmigt werden (§ 184 BGB).[43] Im Hinblick auf § 270 BGB muss der Verbraucher noch am letzten Tag der Frist zur Meidung der Kündigung zahlen dürfen, zB einen Überweisungsauftrag erteilen (→ § 497 Rn. 23). Die Frist wird deshalb unzulässigerweise verkürzt, wenn der Kreditgeber den Eingang des rückständigen Betrags bei ihm selbst verlangt.[44] Ohne ordnungsgemäße Nachfristsetzung und Androhung ist eine nachfolgende Kündigung – vorbehaltlich ihrer Entbehrlichkeit (→ Rn. 22 aE) – unwirksam.[45]

22 Außerdem muss der Kreditgeber zur Herbeiführung der Gesamtfälligkeit eine Erklärung abgeben, mit der er diese Gesamtfälligstellung androht.[46] Nicht notwendigerweise ist die Kündigung selbst anzudrohen; die Kündigungsandrohung allein ohne Hinweis auf die Gesamtfälligkeit genügt andererseits nicht, weil der Warneffekt nicht hinreichend verwirklicht wird.[47] Die Mahnung (→ Rn. 12) braucht (darf aber) die Kündigungsandrohung nebst den weiteren Erklärungen nicht zu enthalten.[48] Auf der anderen Seite kann sie mit Erklärungen außerhalb von Verbraucherkreditrecht verbunden werden, zB mit der Verwertungsandrohung bezüglich einer Sicherheit (s. § 1234 BGB).[49] Die notwendigen Willenserklärungen sind gem. § 492 Abs. 5 auf einem dauerhaften Datenträger (§ 126b Satz 2) abzugeben.[50] Sie müssen eindeutig, was konkludentes Handeln nicht ausschließt, dem Verbraucher vor Augen führen, dass der gesamte Restbetrag vorzeitig fällig wird, wenn die Frist verstreicht. Die für § 281 Abs. 2 BGB entwickelten Grundsätze zur Entbehrlichkeit der Erklärungen, insbesondere bei ernsthafter Erfüllungsverweigerung des Verbrauchers (→ § 497 Rn. 23) oder bei notwendiger sofortiger Leistung[51] sind – vorbehaltlich abweichender Bewertung

---

[40] *Lindacher* JZ 1980, 45 (49); zu § 281 BGH WM 2009, 2188.
[41] BGH NJW 2000, 3133 zu II. 2.c.; anders bei §§ 281, 323 BGB: nicht notwendig Angabe eines bestimmten Zeitraums oder Endtermins, BGH v. 18.3.2015 – VIII ZR 176/42, Rn. 11, NJW 2015, 2564 = ZIP 2015, 1128 mit BSpr. *Riehm* JuS 2015, 1121.
[42] BGH WM 1996, 1146 zu II. 2.; OLG Karlsruhe WM 1997, 1340 zu IV. 4.
[43] BGH NJW 1998, 3058 zu II. 2.b.; BGHZ 114, 360 (366).
[44] OLG Köln WM 1998, 381 mit Anm. *Artz* VuR 1998, 186 und *Habersack* WuB I E 2.–1.98; OLG Düsseldorf NJW-RR 1998, 780; *Gößmann* BuB, Rn. 3/610.
[45] OLG Celle WM 2007, 71 mit Komm. *Vortmann* EWiR § 498 BGB 1/07, 587; LG Kiel WM 2006, 808 mit Anm. *P. Bydlinski* WuB I E 2-1.06 – vorausgesetzt, die Zahlungsverzugsrichtlinie 2011/7/EG wird nicht angewandt, → § 497 Rn. 23 aE.
[46] Auch jenseits des Verbraucherkreditgesetzes kann eine Abmahnung nach Lage des Einzelfalls Kündigungsvoraussetzung sein, BGH WM 1978, 234; 1981, 150; 1986, 605; *Möllers* Kreditkündigung, S. 38; im Allgemeinen braucht sich der Gläubiger nach § 326 BGB mit der Ablehnungsandrohung noch nicht für den infragekommenden Rechtsbehelf zu entscheiden, BGH WM 1999, 1185.
[47] OLG Celle WM 2005, 1750.
[48] Anders anscheinend *Bruchner/Ott/Wagner-Wieduwilt* § 12 VerbrKrG Rn. 15.
[49] *Scholz* MDR 1993, 599 (601); AnwKomm/*Bülow* § 1234 BGB Rn. 2.
[50] *v. Westphalen/Emmerich/v. Rottenburg* § 12 VerbrKrG Rn. 52; *Bruchner/Ott/Wagner-Wieduwilt* § 12 VerbrKrG Rn. 15; MüKoBGB/*Schürnbrand* § 498 BGB Rn. 18.
[51] BGH NJW-RR 1993, 560.

des konkreten Einzelfalls[52] – nach Ansicht des BGH[53] übertragbar, obwohl doch die Vorschrift von § 498 gem. § 511 Satz 1 zwingend ist und die Erklärung vorschreibt.[54] Sind Verbraucher Gesamtschuldner, verstößt eine durch Allgemeine Geschäftsbedingungen erteilte **gegenseitige Bevollmächtigung** gegen § 307 Abs. 1 BGB.[55]

Rückständiger und genau zu beziffernder[56] **Betrag** ist der geschuldete Betrag iSv § 497 Abs. 1 (→ Rn. 31) zuzüglich der Verzugszinsen, ggf. bereits aufgelaufener Rechtsverfolgungskosten (vgl. § 497 Abs. 3 Satz 1, → Rn. 53); da sich die Verzugszinsen bei Fortdauer des Verzugs ständig vergrößern, dürfte es genügen, wenn der Kreditgeber den Betrag der Verzugszinsen angibt, der sich bis zum Zeitpunkt der Abgabe der Erklärung angesammelt hatte; ordnungsgemäß ist auch die Angabe desjenigen Betrags an Verzugszinsen, der bis zum Ablauf der Zweiwochenfrist entsteht. Der Kreditgeber kann den ihm zustehenden Verzugsschaden abstrakt oder konkret berechnen (→ § 497 Rn. 36); wählt er, wie üblich, die abstrakte Schadensberechnung, kann er nicht zusätzlich Mahnkosten oder etwaige erhöhte Verwaltungskosten als Gemeinkosten verlangen. Tut er es dennoch, ist der angegebene Betrag falsch und die nachfolgende Kündigung deshalb unwirksam. Unschädlich sind allenfalls Berechnungsfehler etwa aufgrund eines offensichtlichen Zahlendrehers oder geringfügige Teilbeträge. Dem Gesetz ist nicht zu entnehmen, dass der Darlehensgeber auch den Betrag der Restschuld, die fällig gestellt wird, anzugeben hätte.[57] 23

2. Kündigung

In der Androhung der Kündigung liegt nicht die Kündigung selbst, noch weniger die Gesamtfälligkeit;[58] der Kreditgeber muss nach fruchtlosem Fristablauf vielmehr die Kündigung besonders, auch konkludent, und zumindest auf einem dauerhaften Datenträger (§§ 492 Abs. 5, 126b Satz 2) erklären, um die Gesamtfälligkeit zu erreichen. Die Kündigung kann nicht mit der Nachfristsetzung verbunden werden.[59] Natürlich ist der Kreditgeber nicht gezwungen, nachfol- 24

---

[52] OLG Düsseldorf WM 1995, 1530 zu B I. 2. mit Anm. *B. Peters* WuB I. E 2.–1.96: ausführliche persönliche Bspr.; vgl. OLG München EWiR § 326 BGB 1/99, 397 *(Wehrt)*.
[53] WM 2007, 440 Rn. 23 mit krit. Komm. *Wolters* EWiR § 12 VerbrKrG 1/07, 735 und Anm. *Kessal-Wulf* WuB I E 2-1.07; aA OLG Celle WM 2007, 71.
[54] Zutr. MüKoBGB/*Schürnbrand* § 498 BGB Rn. 18.
[55] BGHZ 108, 98 (100 ff.) mit Komm. *M. Wolf* EWiR § 9 AGBG 19/89, 387; *Bülow* Konsumentenkredit, Rn. 131; krit. *Erman/Ehmann* § 425 BGB Rn. 7; anders im Mietrecht: BGH NJW 1997, 3437 zu III. 2.c. mit Bspr. *Emmerich* JuS 1998, 366 sowie OLG Rostock NJW-RR 2001, 514 und LG Heidelberg NJW-RR 2001, 155.
[56] BGH WM 2005, 459 zu II. 3.a. mit Anm. *Bülow* WuB I E 2. – § 498 BGB – 1.05; OLG Karlsruhe BKR 2014, 113 = VuR 2014, 142 und WM 2000, 1996 zu II. 2.; *v. Westphalen/Emmerich/v. Rottenburg* § 12 VerbrKrG Rn. 45; *Münstermann/Hannes* § 12 VerbrKrG Rn. 659; *Bruchner/Ott/Wagner-Wieduwilt* § 12 VerbrKrG Rn. 15.
[57] OLG Nürnberg WM 2009, 1744 zu II. 1., 2. mit Anm. *Peters* WuB I E 2-1.09; *Leube* NJW 2007, 3240.
[58] BGH NJW 1979, 762; BGHZ 97, 264 (267) mit Komm. *Medicus* EWiR § 319 BGB 1/86, 759; *Bülow* JZ 1979, 430; *Lindacher* JZ 1980, 45 (48).
[59] LG Bonn WM 1997, 1528 mit Anm. *Drescher* WuB I E 2.–1.97; MüKoBGB/ *Schürnbrand* § 498 BGB Rn. 21; *Westermann* FS Gernhuber, S. 529 (544); aA *Münstermann/Hannes* § 12 VerbrKrG Rn. 660 f.; *Bruchner/Ott/Wagner-Wieduwilt* § 12 VerbrKrG Rn. 24; *Erman/Saenger* § 498 BGB Rn. 34.

gend die Kündigung zu erklären, sondern er kann den Verbraucher schonen. Nach Fristablauf setzt das Gesetz dem Kreditgeber auch keine Frist, innerhalb derer die Kündigung nunmehr erklärt werden müsste. Jedoch ist das Kündigungsrecht verwirkt (→ Rn. 14), wenn die Kündigung nicht innerhalb angemessenen Zeitrahmens erklärt wird. Unangemessen im Hinblick auf § 626 Abs. 2 BGB mag eine Überschreitung von zwei Wochen sein.[60] Ist der Zeitrahmen überschritten, muss der Kreditgeber erneut die Kündigungsvoraussetzungen gem. Nr. 1 und 2 sowie den Schuldnerverzug abwarten, ehe er wieder kündigen kann.[61]

25 Die **Kündigung** ist eine einseitige, empfangsbedürftige und bedingungsfeindliche Willenserklärung. Sie kann konkludent erklärt werden, zB durch Klageerhebung, auch durch einen Vertreter, sodass der Verbraucher sie bei fehlender Vollmachtsurkunde gem. § 174 BGB zurückweisen kann.[62] Sie ist mit Zugang beim Verbraucher *ex nunc* wirksam, während ihre das Kreditverhältnis beendigende Wirkung zum Kündigungstermin (Nr. 1, → Rn. 21) eintritt. Im Hinblick auf Nr. 2 (rückständiger Betrag) wird die Kündigungserklärung meist schriftlich und ausdrücklich sein.

3. Mithaftung (Gesamtschuld)

26 Problematisch ist die Anwendung von § 498 auf mithaftende Personen. Die Lösung hängt von der Art des Mithaftungstatbestandes ab.

27 Im Falle einer paritätischen, **gleichgründigen Gesamtschuld** (→ § 491 Rn. 119 aE) unter Verbrauchern, zB Mitdarlehensnehmern,[63] ist jeder von ihnen selbst Gläubiger und Schuldner des Kreditgebers aus demselben Rechtsgrund, nämlich aufgrund gemeinsamen Versprechens (§ 427 BGB). Aus dieser Einheit folgt, dass die Gesamtfälligkeit nur gegenüber allen gleichgründigen Gesamtschuldnern gemeinsam herbeigeführt werden kann.[64] Deshalb ist jeder von ihnen in Verzug zu setzen und sind jedem gegenüber Nachfristsetzung, Androhung und Kündigung zu erklären, wenn der Kreditgeber die Gesamtfälligkeit gegenüber jedem erreichen will.[65] Eine durch AGB bestimmte gegenseitige Empfangsbevollmächtigung ist gem. § 307 BGB unwirksam (→ Rn. 22). Sind also die Voraussetzungen der Gesamtfälligkeit nur in der Person des einen gleichgründigen Gesamtschuldners, aber nicht in der Person des anderen erfüllt, scheitert die

---

[60] Staudinger/*Kessal-Wulf* § 498 BGB Rn. 23; aA OLG Nürnberg WM 2009, 1744; nach MüKoBGB/*Schürnbrand* § 498 BGB Rn. 23 nur wenige Tage.
[61] Beispielsfall OLG Köln WM 2005, 502 mit Anm. *Mankowski* WuB VII A.–1.05 = VuR 2005, 30.
[62] Dazu LAG Düsseldorf NZA 1995, 994.
[63] BGH NJW 2001, 815 zu II.A. 1. mit Anm. *Bülow* LM § 138 (Bb) BGB Nr. 99; Komm. *Tiedtke* EWiR § 138 BGB 1/01, 301 und Bspr. *Emmerich* JuS 2001, 606; NJW 2005, 973 mit Anm. *Bülow* LMK 2005, 83; OLG Hamm MDR 2000, 98.
[64] BGHZ 144, 370 (379) = BGH NJW 2000, 3133 zu III. 2.a. (Leasing); NJW 2005, 1715 mit Anm. *Börstinghaus* LMK 2005, 149 825 (Miete); WM 2005 141 mit Anm. *Schramm* WuB IV A. – § 177 BGB – 1.05 (Aufforderung nach § 177 Abs. 2 BGB); OLG Hamm WM 2009, 649 und NJW-RR 2000, 714; OLG Karlsruhe NJW 1989, 2136 zu 3.; *Erman/Ehmann* § 425 BGB Rn. 7. Bei einer Mehrheit auf der Kreditgeberseite sind die Erklärungen von allen abzugeben, OLG Rostock NJW-RR 2001, 514 und LG Heidelberg NJW-RR 2001, 155.
[65] BGHZ 144, 370 (382); MüKoBGB/*Schürnbrand* § 498 BGB Rn. 22; *v. Westphalen/Emmerich/v. Rottenburg* § 12 VerbrKrG Rn. 54.

Kündigung[66] insgesamt. Dieser Fall kann namentlich dann eintreten, wenn einer der Gesamtschuldner selbst nicht in den persönlichen Anwendungsbereich des Gesetzes fällt[67] (→ § 491 Rn. 22). Dagegen hat jeder einzelne Verbraucher-Gesamtschuldner das Widerrufsrecht (→ § 495 Rn. 63).

Im Falle eines **Sicherungs-Schuldbeitritts** (Sicherungsgesamtschuld),[68] gleichermaßen im Falle der Ehegattenmithaftung kraft Schlüsselgewalt gem. § 1357 BGB (→ § 491 Rn. 124, 128), ist der Mithaftende nicht Gläubiger des Kreditgebers und die Haftung ist meistens, sei es auch nur konkludent vereinbart, subsidiär gegenüber der Schuld des Hauptgesamtschuldners. Daraus folgt, dass der beitretende Verbraucher die Entwicklung des kreditvertraglichen Verhältnisses zwischen Kreditgeber und Hauptschuldner nicht zu kennen braucht. Umso eher bedarf er des Schutzes, der in der Anwendung von § 498 BGB auf den Schuldbeitrittsvertrag als Kreditvertrag (→ § 491 Rn. 118) liegt.[69] Zwar folgt aus dem Sicherungszweck des Schuldbeitrittsvertrags im Allgemeinen, dass der beitretende Verbraucher für den durch den Hauptschuldner verschuldeten Verzugsschaden gem. § 497 Abs. 1 haftet (→ § 497 Rn. 15), ohne selbst in Verzug zu sein. Die Schadensersatzhaftung wirkt sich jedoch nicht auf den Fortfall der Tilgungsabrede im Verhältnis zum beitretenden Verbraucher aus. § 498 ist deshalb auf den Schuldbeitrittsvertrag anwendbar in der Weise, dass der Kreditgeber den Verbraucher-Interzessionar nur dann mit dem Gesamtbetrag in Anspruch nehmen kann, wenn diesem gegenüber und nicht nur dem Verbraucher-Hauptschuldner gegenüber die Voraussetzungen von § 498 eingehalten sind. Folglich kann der Fall eintreten, dass der Kreditgeber vom Verbraucher-Hauptschuldner die gesamte Restschuld, von dem zum Zwecke der Sicherung beitretenden Verbraucher aber nur Raten verlangen kann. Bei einem Schuldbeitritt zu einem Leasingvertrag kann sich anders als bei seiner gemeinschaftlichen Begründung als gleichgründige Gesamtschuld[70] deshalb ergeben, dass die Gesamtfälligkeit zwar in der Person des Leasingnehmers, aber nicht in der Person des Interzessionars eintritt.[71] Ist der der Verbraucherschuld Beitretende aber selbst nicht Verbraucher und folglich § 498 auf ihn nicht anwendbar, folgt im Allgemeinen aus dem Sicherungszweck, dass sich die Gesamtfälligkeit nach der Hauptschuld richtet, der Sicherungsge-

---

[66] BGHZ 144, 370 (382) mit Anm. *Jendrek* WuB I E 2.–5.2000 und *v. Rottenburg* LM Nr. 165 zu § 535 BGB; OLG Karlsruhe NJW-RR 1998, 1438; OLG Celle NJW-RR 1997, 1114; OLG Hamm NJW-RR 2000, 714 für Miete: unzutreffend abw. OLG München OLG-Report 1999, 361 mit abl. Komm. *Balzer* EWiR § 1 VerbrKrG 1/2000, 503 und wohl auch OLG Hamm WM 1998, 2155. Anders bei Erlass (§ 423 BGB) und dementsprechenden Prozessvergleich: BGH NJW 2000, 1942 zu II. 1.
[67] OLG Brandenburg VuR 2000, 356; aA *v. Westphalen/Emmerich/v. Rottenburg* § 12 VerbrKrG Rn. 55; OLG München OLG-Report 1999, 361 mit abl. Komm. *Balzer* EWiR § 1 VerbrKrG 1/2000, 503.
[68] Abgrenzung zur gleichgründigen Gesamtschuld BGH NJW 2005, 973 mit Anm. *Bülow* LMK 2005, 83.
[69] AA MüKoBGB/*Schürnbrand* § 498 BGB Rn. 22: Keine Anwendung von Verbraucherkreditrecht auf Schuldbeitritt, → § 491 Rn. 112.
[70] So in der Fallgestaltung BGH NJW 2000, 3133 zu III. 2.c., insoweit abl. *Jendrek* WuB I E 2.–5.2000; OLG Karlsruhe WM 1997, 1340 zu IV. 3. mit Anm. *B. Peters* WuB I E 2.–1.98.
[71] Gleichermaßen im Falle eines gesetzlichen Übernahme-Schuldbeitritts nach § 25 HGB, BGH KTS 2000, 298 zu II. 3. mit Anm. *Pfeiffer* WuB I E 1.–2.2000: Erwerberhaftung trotz Insolvenz des Veräußerers; vgl. auch OLG Köln BB 1999, 2576 mit Komm. *v. Westphalen* EWiR § 7 VerbrKrG 1/2000, 409.

§ 498 29–31   1. Teil. Darlehen und Finanzierungshilfen

samtschuldner also für die volle Restschuld haftet, wenn der Verbraucher darauf haftet.[72]

29   Im Falle einer **Bürgschaft** (→ § 491 Rn. 119) ist die Einstandspflicht des Verbraucherbürgen akzessorisch ausgestaltet. Nach § 767 Abs. 1 Satz 2 BGB ist der jeweilige Bestand der Hauptverbindlichkeit gerade auch dann maßgebend, wenn diese durch Verzug des Hauptschuldners geändert wird, beispielsweise auch durch vertragliche Verfallklauseln.[73] Eine divergierende Entwicklung des Schuldverhältnisses im Verhältnis zum Hauptschuldner einerseits und zum Bürgen andererseits, wie sie bei der Gesamtschuld aufgrund von § 425 BGB ermöglicht wird, ist bei der Bürgschaft gerade ausgeschlossen. Daraus folgt, dass § 498 auf die Einstandspflicht des Bürgen und ihm gegenüber nicht anwendbar ist,[74] Verbraucherschutz sich im Falle der Bürgschaft vielmehr – umstrittenermaßen – im Widerrufsrecht und in der Schriftform erschöpft. War auf der anderen Seite die Gesamtfälligkeit gegenüber dem Hauptschuldner nicht herbeigeführt worden und wird der Verbraucherbürge vom Kreditgeber gem. § 765 BGB auf Zahlung von Raten in Anspruch genommen, kann der Bürge mit seiner Bürgenschuld in Verzug geraten; aber die Gesamtfälligkeit in der Person des Bürgen nach § 498 BGB kann aufgrund der Akzessorität nicht herbeigeführt werden.

30   Im Falle eines **Sicherungsvertrages** als obligatorischer Grundlage einer Sicherungsübereignung, Sicherungsabtretung oder Grundschuldbestellung für die Schuld eines Verbrauchers aus einem Kreditvertrag ist Verbraucherkreditrecht richtiger-, aber umstrittenerweise ebenfalls anzuwenden (näher → § 491 Rn. 122). Auf dieser Grundlage bezieht sich die Anwendbarkeit von § 498 BGB auf das Verwertungsrecht des Kreditgebers als Sicherungsnehmer. Das Verwertungsrecht entsteht mit dem Sicherungsfall.[75] Der Sicherungsfall tritt ein bei Verzug des Hauptschuldners mit Raten. Aufgrund der Abstraktheit der Sicherungstreuhand im Verhältnis zur gesicherten Forderung, die der Akzessorietät gerade entgegengesetzt ist, kann sich insoweit gleichermaßen wie im Falle der Gesamtschuld das Kausalverhältnis mit dem Hauptschuldner anders als das Sicherungsverhältnis mit dem Verbraucher-Sicherungsgeber entwickeln (→ Rn. 28), sodass § 498 auf den Sicherungsvertrag angewandt werden muss. Ist also Gesamtfälligkeit in der Person des Hauptschuldners herbeigeführt worden, haftet der zur Sicherheit übertragene Gegenstand des Verbrauchers, der Sicherungsgeber ist, nur auf die Raten und für die gesamte Restschuld erst, wenn die Voraussetzungen von § 498 auch in der Person des Verbraucher-Sicherungsgebers herbeigeführt worden waren. Auf der anderen Seite verbietet es der Sicherungszweck, dass die Gesamtfälligkeit nur in der Person des Interzessionars und nicht zuvor oder mindestens zugleich in der Person des Hauptschuldners bewirkt worden war.

31   Für die Anwendung von § 498 kommt es nur auf die Verbraucherqualität des Interzessionars, nicht des Hauptschuldners an, da die zu sichernde Forderung nicht ihrerseits aus einem Kreditvertrag entstanden zu sein braucht (→ § 491 Rn. 123).

---

[72] *Bülow/Artz* ZIP 1998, 629 (635).
[73] BGH NJW 1982, 1808; WM 1984, 1174.
[74] AA LG Neubrandenburg WM 1997, 817 (819) mit krit. Anm. *Sonnenhol* WuB I F 1a.–12.97.
[75] *Bülow* Kreditsicherheiten, Rn. 75, 1215.

4. Rechtsnachfolge

Der Kreditgeber kann seine Forderung gegen den Verbraucher abtreten; dadurch geht auch das Recht zur Kündigung nach § 498 BGB auf den Zessionar über (→ § 491 Rn. 69). Bei einer Übernahme der Schuld des Verbrauchers nach § 414 BGB bleibt es für den Kreditgeber bei § 498 (→ 491 Rn. 85), während bei einer Vertragsübernahme durch einen Nicht-Verbraucher die Kündigung nicht an § 498 gebunden ist (→ 491 Rn. 84). 32

V. Rechtsfolgen

Leistet der Verbraucher innerhalb der gesetzten Frist, ist der Kreditvertrag wie vereinbart fortzusetzen, sodass der Verbraucher Raten nach Maßgabe des vereinbarten Tilgungsplans (§ 492 Abs. 3 Satz 2, Art. 247 § 14 EGBGB) zahlen darf und muss. Entsprechend der Auslegung von § 323 Abs. 1 BGB genügt zur Fristwahrung die Vornahme der Leistungshandlung durch den Verbraucher (zB Überweisung), sodass der Leistungserfolg (Gutschrift) noch nicht innerhalb der Frist eingetreten zu sein braucht.[76] Leistet der Verbraucher nicht, kann der Kreditgeber wirksam die Kündigung erklären (→ Rn. 24). Umstritten ist, ob **Teilzahlungen** des Verbrauchers, durch welche die qualifizierte Rückstandsquote (→ Rn. 16) wieder unterschritten wird, die Kündigung ausschließen.[77] Der BGH[78] ist der Ansicht, dass nur die Leistung des vollen rückständigen Betrags (→ Rn. 23) das Kündigungsrecht beseitigt, wie das auch für die mietrechtliche Parallele nach §§ 543 Abs. 2 Satz 1 Nr. 3, 569 Abs. 3 Nr. 1 BGB gilt. Teilzahlungen bewahren den Verbraucher demgemäß nicht vor der Kündigung. Ebenso wenig wie § 323 Abs. 1 BGB (aber anders als § 326 Abs. 1 Satz 2, HS. 2 BGB aF) bestimmt § 498, dass der **Erfüllungsanspruch** nach Fristablauf erlösche. Bis zum Zugang der Kündigung bleibt es daher bei der unveränderten Leistungspflicht des Verbrauchers.[79] Zahlt der Verbraucher aber die gesamte Restschuld trotz fehlender Kündigung zurück, verhielte sich der Kreditgeber jenseits von § 500 Abs. 2 treuwidrig (§ 242 BGB), wenn er die in Wahrheit noch nicht geschuldete Leistung zurückweist. 33

Im Hinblick auf die gem. § 501 (→ § 501 Rn. 4, 9) vorzunehmende Abzinsung hat der Kreditgeber etwa zu viel geleistete Beträge zurückzuerstatten. Zahlt der Verbraucher die Restschuld nicht zurück, ist fraglich, ob er in entsprechender Anwendung von § 286 Abs. 2 Nr. 2 BGB (vorausgehendes Ereignis) auch mit der nunmehr fällig gewordenen **Restschuld in Verzug** gerät.[80] Dies wird man bejahen können,[81] wenn ihm bereits der abgezinste Betrag mitgeteilt wor- 34

---

[76] AA MüKoBGB/*Schürnbrand* § 498 BGB Rn. 19: entsprechende Anwendung von § 543 Abs. 2 Satz 2 BGB im Hinblick auf die EU-Zahlungsverzugs-Richtlinie 2011/7EG, → § 497 Rn. 23.
[77] So *Bruchner/Ott/Wagner-Wieduwilt* § 12 VerbrKrG Rn. 20; *v. Westphalen/Emmerich/ v. Rottenburg* § 12 VerbrKrG Rn. 60.
[78] WM 2005, 459 zu II. 2.b.bb.; MüKoBGB/*Schürnbrand* § 498 BGB Rn. 19; *Erman/ Saenger* § 498 BGB Rn. 31; *Groß* FLF 1993, 132 (136).
[79] *v. Westphalen/Emmerich/v. Rottenburg* § 12 VerbrKrG Rn. 63.
[80] *Westermann* FS Gernhuber, S. 529 (545): Die kalendermäßige Bestimmung richtet sich an der Nachfristsetzung, nicht wie in § 286 Abs. 2 Nr. 2 BGB geregelt an der Kündigung aus.
[81] LG Kiel WM 2000, 2042 (2047); MüKoBGB/*Schürnbrand* § 498 BGB Rn. 25.

den war (→ Rn. 46). Andernfalls bedarf es noch einer Mahnung[82] resp. (→ Rn. 12) einer Rechnung oder Zahlungsaufforderung nach § 286 Abs. 3 BGB.

35 Wartet der Kreditgeber mit der Kündigung freilich so lange, bis der Anspruch verjährt ist, endet damit auch der Verzug, sodass diese Kündigungsvoraussetzung nachträglich wegfällt und die Kündigung nunmehr nicht mehr möglich ist.[83]

VI. Vergleichsgespräch

36 Kündigungsvoraussetzung ist nicht, dass der Kreditgeber dem Verbraucher ein Gespräch über die Möglichkeit einer einverständlichen Regelung, also ein Vergleichsgespräch, anbietet; es handelt sich bei § 498 Satz 2 lediglich um eine **Sollvorschrift,** die allenfalls unter dem Gesichtspunkt der Pflichtverletzung Schadensersatzansprüche auslösen kann[84] – soweit denn dem Verbraucher gerade aus dem unterlassenen Gesprächsangebot ein Schaden entsteht und durch ihn beweisbar ist. Ein Verstoß könnte außerdem in Fällen, in denen das Handeln des Kreditgebers bei der Ausübung des Kündigungsrechts als rechtsmissbräuchlich zu bewerten ist (→ Rn. 14, 33), die Beurteilung mittragen. Die Bedeutung der Vorschrift liegt eher auf unternehmens- und verkaufspsychologischer Ebene (→ Rn. 5), Verstöße können negative Öffentlichkeitseffekte bewirken. Unter dem wettbewerbsrechtlichen Gesichtspunkt des **Rechtsbruchs** kann das Verhalten des Kreditgebers als unlauter iSv § 4 Nr. 11 UWG iVm Art. 5 Abs. 2 lit. a UGP-Richtlinie 2005/29/EG zu bewerten sein, sofern die Erheblichkeitsschwelle von § 3 Abs. 1 UWG betreten ist.

37 Das Gesprächsangebot kann in jeder Phase des Verzugs unabhängig von einer Entstehung des Kündigungsrechts abgegeben werden. Spätestens zusammen mit der Fristsetzung gemäß Nummer 2 soll es erklärt werden. Die Art des Gesprächs ist dem Kreditgeber freigestellt, telefonisch, im Hause des Kreditgebers oder beim Verbraucher. Die schriftliche Auseinandersetzung genügt nicht; die Argumentation **unter Anwesenden** hat gerade den Befriedungseffekt. Der Gang des Gesprächs, die Anzahl der Termine, der Zeitpunkt des Zustandekommens haben auf die Ausübung des Kündigungsrechts an sich keinen Einfluss; nach Lage des Einzelfalls mag es aber wiederum rechtsmissbräuchliches Verhalten des Kreditgebers begründen, wenn er kündigt, obwohl er nicht zu erkennen gegeben hatte, dass er das Vergleichsgespräch für gescheitert hält.

VII. Exkurs: Aufklärung und Beratung bei Kapitalanlagen – ein kurzer Überblick

38 Jenseits der gesetzlichen Aufforderung zum Angebot eines Vergleichsgesprächs kann die kreditgebende Bank verpflichtet sein, den Verbraucher aufzuklären und zu beraten. Es handelt sich hierbei nicht um ein genuin verbraucherkreditrechtliches Problemfeld, hängt aber oft damit zusammen, namentlich bei der Finanzierung von Kapitalanlagen (→ § 495 Rn. 424 ff.) und mag nachfolgend kurz skiz-

---

[82] Zutreffend v. Westphalen/Emmerich/v. Rottenburg § 12 VerbrKrG Rn. 75.
[83] BGHZ 34, 191 (197); vgl. auch OLG Stuttgart EWiR § 9 VerbrKrG 5/01, 783 (Mues).
[84] MüKoBGB/Schürnbrand § 498 BGB Rn. 20; Westermann FS Gernhuber, S. 529 (544).

ziert werden. Vertragspflichten oder auch vorvertragliche Pflichten zur Aufklärung und Beratung sind, wenn nicht aus einem allgemeinen Bankvertrag,[85] so doch aus vertraglicher oder vorvertraglicher Nebenpflicht herzuleiten, die auch nicht in Gänze durch AGB abbedungen werden können.[86] Nach Lage des Einzelfalls kann auch ein besonderer Beratungsvertrag zustande kommen (→ § 495 Rn. 322, 438).[87] Danach ist ein Kreditinstitut im Allgemeinen nicht verpflichtet, seinen Darlehensnehmer über die Risiken der von ihm beabsichtigten Verwendung des Darlehens aufzuklären.[88] Die besonderen Umstände des Einzelfalls können jedoch Aufklärungs- und Beratungspflichten begründen.[89] Nach den Besonderheiten des zu finanzierenden Geschäfts ist für den konkreten Einzelfall festzustellen, wie weit Aufklärungspflichten gehen; die Bank kann umfassende Beratung und Aufklärung schulden, aber ihre Pflicht kann sich auch auf nur einzelne Umstände des zu finanzierenden Vorhabens beziehen.[90] So kann die Bank verpflichtet sein, auf Bedenken bankrechtlicher Art gegen eine bestimmte Anlageform hinzuweisen.[91] Sie muss bei finanzierten Abzahlungsgeschäften (→ § 495 Rn. 249) insoweit auf das sich aus der rechtlichen Trennung von Kauf- und Darlehensvertrag ergebende Risiko hinweisen, als es nicht bereits durch den Einwendungsdurchgriff ausgeglichen ist und der Schaden bei gebotener Aufklärung nicht entstanden wäre;[92] sie hat den Verbraucher davor zu warnen, eine Empfangsbescheinigung vor Erhalt der Ware zu erteilen.[93] Sie muss richtige Angaben über die monatlichen Belastungen machen[94] und ist im Hinblick auf Art. 8 Ver-

---

[85] So *Hopt* Schriftenreihe der Bankrechtlichen Vereinigung, Bd. 3, S. 1 (10 f.); s. auch den Bericht von *Hammen/Leinweber* WM 1992, 1725 f.; *Horn* ZBB 1997, 139 (142); *Scharrenberg* Sparkasse 1992, 573; abl. BGHZ 152, 114 = WM 2002, 2281, dazu ausführlich *Häuser* in Derleder/Knops/Bamberger, § 2 Rn. 6 ff.; skeptisch zum allgemeinen Bankvertrag auch *Claussen* FS Peltzer, S. 55 (64); deliktsrechtliche Begründung: *Loges* Vertrauensschutz, S. 191.
[86] LG Köln WM 1997, 1479 für Direktbank.
[87] BGH v. 1.11.2011 – XI ZR 46/09, Tz. 12, WM 2011, 449; WM 2004, 422 zu II. A. 2. = NJW 2004, 1868 mit Komm. *Graf* EWiR § 675 BGB 5/04, 543; BGHZ 123, 126 (128); verneinend BGH WM 1996, 906; auch zwischen Verbraucher und Kreditvermittler, BGH NJW-RR 1993, 1114; *v. Heymann* DStR 1993, 1147; Bautreuhänder: BGH NJW 1994, 1076.
[88] BGH v. 29.6.2010 – XI ZR 104/08 Tz. 19, WM 2010, 1451 mit Anm. *Bülow* LMK 2010 und *Hertel* jurisPR-BKR 8/2010 Anm. 1, hierzu BVerfG WM 2013, 15 mit Anm. *Bülow* WuB I G 5-1.13 (Revisionszulassung); BGH BB 1992, 1453 zu II. 2.a. mit Komm. *Steiner* § 276 BGB 11/92, 751; BGH NJW-RR 1992, 373 zu II. 1. mit Komm. *Vortmann* EWiR § 276 BGB 3/92, 239; BGH BB 1999, 2032 mit Komm. *Schwintowski* EWiR § 249 BGB 3/99, 683; OLG Frankfurt NJW-RR 2004, 60 mit Komm. *Kehl* EWiR § 150 BGB 1/04, 367.
[89] *Derleder/Wosnitza* ZIP 1990, 901; *Roth* ZHR 154 (1990), 513; *Bülow* Konsumentenkredit, Rn. 554 ff.; *Westermann* ZHR 153 (1989), 123; *Brandner* ZHR 153 (1989), 147; *v. Rottenburg* ZHR 153 (1989), 162; *Vortmann* Aufklärungspflichten der Banken, Rn. 46 ff.; *Brych* FS Bärmann und Weitnauer, S. 39 (51 f., 62). Zur anderen Seite der Kreditberatung durch Verbraucherverbände s. den Bericht in VuR 1991, 321.
[90] Bewegliches System: *Hopt*, BrV Bd. 3, S. 1, 23; *Teichmann* FS Kraft, S. 629 (635): normativer Ansatz; *F. A. Schäfer* Anlageberatung, S. 16 ff.; BGH NJW 1992, 555 zu III. mit Komm. *Büttner* EWiR § 249 BGB 3/92, 141 und BGH NJW-RR 1992, 373 zu II. 1. mit Komm. *Vortmann* EWiR § 276 BGB 3/92, 239.
[91] BGH v. 23.7.2013 – II ZR 143/12, Tz. 12, WM 2013, 1742 = ZIP 2013, 1761.
[92] MüKoBGB/*Habersack* § 359 BGB Rn. 22; *Berg* VuR 1999, 335 (343).
[93] BGHZ 33, 293.
[94] OLG Celle NJW-RR 1987, 1261.

braucherkreditrichtlinie, §§ 505a bis 505d BGB verpflichtet, die Kreditwürdigkeit des Verbrauchers in dessen Interesse zu bewerten, wie § 18a KWG bestimmt, hat also zu überprüfen, ob sich der Verbraucher den Kredit leisten kann und muss ihn insoweit beraten; die alte gegenteilige Rechtsprechung[95] ist obsolet geworden. Bei einer Sicherungsabtretung braucht die Bank nicht im Interesse des Verbrauchers zu prüfen, ob die Abtretung steuer- und zulagenschädlich ist (Abtretung von Ansprüchen aus Lebensversicherung, die die Bindung nach dem 3. Vermögensbildungsgesetz unterlief).[96] Wünscht der Verbraucher einen üblichen Ratenkredit und bietet die Bank stattdessen die Kombination des Darlehens mit einer Lebensversicherung an[97] (→ Rn. 10, 42), obwohl ein Versicherungsbedürfnis nicht besteht und die Vertragskombination für den Verbraucher ungünstiger ist als ein marktüblicher Ratenkredit, mit dem der verfolgte Zweck ebenso gut erreichbar ist, muss die Bank über steuerrechtliche Auswirkungen[98] und über die Gesamtbelastung des Verbrauchers im Vergleich zu einem gewöhnlichen Darlehen aufklären.[99] Bei einer Umschuldung besteht Hinweispflicht, wenn sich die Konditionen für den Verbraucher verschlechtern, handele es sich um eine Ablösung bei derselben Bank oder um eine externe Umschuldung (hierzu Art. 247 § 11 EGBGB sowie → § 495 Rn. 177).[100] Sind in den Vertragszinsen Maklergebühren enthalten (sog. Packing, → 2. Teil § 655b Rn. 9, → Rn. 42), muss die Bank darüber aufklären,[101] gleichermaßen über eine von ihr angebotene Sonderkreditform („Wunschkredit") anstelle eines üblichen Ratenkredits[102] oder im Fall von Tilgungsaussetzungsmodellen, zB bei der Bausparfinanzierung.[103]

39 Dient das Darlehen der Finanzierung eines Kapitalanlageprojekts, kann der Darlehensvertrag vom Anwendungsbereich aus § 491 erfasst sein (→ § 491 Rn. 46). Eine allgemeine Aufklärungs- und Beratungspflicht in Bezug auf das Anlageobjekt obliegt der Bank auch dann nicht. Jedoch können sich aus den besonderen Umständen des Einzelfalls Pflichten ergeben, namentlich wenn

---

[95] BGH WM 1987, 1456 zu II. 1.; NJW-RR 1988, 236 zu 3; WM 1988, 1225 mit Anm. *Emmerich* WuB I E 1.–15.88; abgrenzend nach Lage des Einzelfalls OLG Düsseldorf MDR 1993, 1197 mit Komm. *Koller* EWiR § 607 BGB 2/93, 867; OLG Köln WM 1997, 472.
[96] BGH NJW 1992, 1820 zu II. 2. mit Komm. *Kohte* EWiR § 276 BGB 9/92, 653 und mit Anm. *v. Heymann* WuB I E 1.–9.92.
[97] BGH WM 2004, 172 mit Anm. *M. Roth* WuB I G 5.–6.04; NJW 1988, 1318 mit Komm. *Vortmann* EWiR § 138 BGB 10/88, 383; OLG Frankfurt WM 2002, 549; *Kohte* ZBB 1989, 130.
[98] OLG Koblenz WM 2000, 2006 mit Anm. *Mankowski* WuB I G 1.–1.2001; OLG Hamburg WM 1986, 1431 mit Komm. *Emmerich* EWiR § 138 BGB 11/86, 1069; *Singer* ZBB 1989, 141 (149).
[99] BGH WM 2003, 2328 zu II. 5. c. mit Anm. *Bülow* WuB I E 2. – § 6 VerbrKrG – 1.04; BGHZ 111, 117 (120) = WM 1990, 918; KG WM 2013, 2355.
[100] BGH NJW 1991, 501; 1990, 1597 mit Komm. *Bülow* EWiR § 138 BGB 11/90, 859; BGH NJW 1989, 2882 mit Komm. *Lenzen* EWiR § 17 VOB/B 1/89, 1139; Kenntniszurechnung: BGH NJW 1989, 2881; Banken untereinander: BGH EWiR § 276 BGB 3/89, 855 *(Rümker);* OLG Naumburg WM 2004, 782 mit Anm. *van Look* WuB I E 1.–2.04.
[101] BGH NJW 1980, 2074 zu II. 5.d.; LG Nürnberg-Fürth WM 2000, 2153 zu IV. 5.a.; zur Angabepflicht bei versteckten Innenprovisionen BGH NJW 2004, 1732 mit Komm. *Frisch* EWiR § 675 BGB 4/04, 541; BGH WM 2003, 2328 zu II. 5 b. bb. mit Anm. *Bülow* WuB I E 2. – § 6 VerbrKrG – 1.04.
[102] LG Darmstadt NJW-RR 1995, 1513; *Vortmann* Aufklärungspflichten, Rn. 117.
[103] BGH WM 1996, 2105; NJW 2001, 358; *Freckmann/Rösler* ZBB 2007, 23 (32).

Aufklärung und Beratung 40 § 498

– die Bank bei Planung, Durchführung oder Vertrieb des Projekts über ihre Rolle als Kreditgeberin hinausgeht (insoweit Übereinstimmung mit dem Verbundtatbestand für Grundstücksgeschäfte nach § 358 Abs. 3 Satz 3, → § 495 Rn. 296),
– die Bank einen zu den allgemeinen wirtschaftlichen Risiken des Projekts hinzutretenden besonderen Gefährdungstatbestand für den Verbraucher schafft oder dessen Entstehung begünstigt,
– sich die Bank im Zusammenhang mit der Kreditgewährung in schwerwiegende Interessenkonflikte verwickelt[104] oder
– die Bank in Bezug auf die besonderen Risiken des Vorhabens einen konkreten Wissensvorsprung hat,[105] außerdem wenn
– ein Beratungsvertrag zwischen Bank und Darlehensnehmer zustande gekommen war (→ § 495 Rn. 438, 322 sowie → Rn. 42).

Unter diesen Voraussetzungen muss die Bank den Verbraucher hinreichend informieren.[106] Macht die Bank Angaben, ohne hierzu verpflichtet zu sein, müssen diese Angaben wahr sein.[107]

Die Fallgruppe des konkreten Wissensvorsprungs ist Ausgangspunkt für die Aufklärungspflicht der Bank aus **institutionalisiertem Zusammenwirken** mit dem Verkäufer/Vertreiber oder Initiator des Anlageobjekts (im Einzelnen → § 495 Rn. 424 ff.). Die Fallgruppe der Schaffung eines **besonderen Gefährdungstatbestands** für den Verbraucher durch die Bank kann in Miet-Pool-   40

---

[104] BGH v. 24.9.2013 – XI ZR 204/12, Tz. 25, NJW 2013, 3574 (Vertriebsprovision von Emittentin eines dem Anleger empfohlenen Wertpapiers, → Rn. 42); BGH v. 5.4.2011 – XI ZR 365/09, WM 2011, 876 = ZIP 2011, 901 mit Anm. *Bülow* WuB I G 1–18.11 und Komm. *Lang/Schulz* EWiR § 280 BGB 13/11, 451.
[105] BGH v. 17.7.2012 – XI ZR 198/11, Tz. 17, NJW 2012, 3294; WM 2012, 1389; 2007, 876 Rn. 15 mit Anm. *Bülow* WuB I G 5–8.07; WM 2003, 2328 zu II. 5. mit Anm. *Bülow* WuB I E 2. – § 6 VerbrKrG – 1.04; BGHZ 140, 111; 114, 177 (182 f.); BGH NJW 2000, 3558 mit Anm. *Westermann* WuB I G 5.–17.2000 und *Edelmann* BB 2000, 1855; ZIP 1992, 990 zu II. 2. a. mit Komm. *Steiner* EWiR § 276 BGB 11/92, 751; WM 1992, 901 mit ausführlicher Anm. *v. Heymann* WuB I G 7.–9.92; verfassungskonform: *BVerfG* WM 2003, 2370 mit skeptischer Anm. *Schwintowski* WuB I G 5.–1.04; im Übrigen OLG Karlsruhe ZIP 2005, 698 mit Rezension *Chr. Hofmann* ZIP 2005, 688; OLG München WM 2007, 2322 mit Komm. *Häublein* EWiR § 280 BGB 3/08, 261; WM 2001, 252 zu II. 2.c. mit Anm. *Loritz* WuB I G 5.–8.01; OLG Frankfurt WM 2000, 2135 (2137) mit Anm. *Westermann* WuB I G 5.–1.01; OLG Köln WM 2000, 2135 mit Anm. WM 1999, 1056; OLG Stuttgart WM 2000, 2146 mit Anm. *Balzer* WuB I G 5.–18.2000; NJW-RR 2000, 1138 und EWiR § 675 BGB 6/01, 907 *(Metz)*; OLG Karlsruhe WM 1999, 127 mit Anm. *Rösler* WuB I G 5.–1.99; LG Frankfurt am Main WM 2001, 257 mit Anm. *van Look* WuB I G 5.–9.01; LG Bremen WM 1999, 847 mit Anm. *E. Martens* WuB I G 5.–5.99; weitergehend LG Freiburg BB 1999, 1727; AG Augsburg NJW-RR 1991, 1336; *v. Stebut* ZIP 1992, 1698 (1702); *Horn* ZBB 1997, 139 (147 f.) und FS Claussen, S. 469 (477); *Krüger* VuR 1999, 229 (231); *Vortmann* Aufklärungspflichten, Rn. 171; Derleder/Knops/Bamberger/*Tonner*, § 4 Rn. 52–58; *Martis* MDR 2005, 788; zur Wissenszurechnung innerhalb eines Kreditinstituts BGH WM 2005, 375 mit Anm. *Buck-Heeb* WuB I G 1.–1.05.
[106] BGH WM 1997, 662; 1987, 1546 zu II. 1.; NJW-RR 1988, 39; nicht gegenüber dem mitinitiierenden Rechtsanwalt: OLG Düsseldorf NJW-RR 1991, 117; Schuldmitübernahme durch Lebensgefährtin: BGH NJW 1990, 1034; *Rösler* FS Thode, S. 673 (697/701).
[107] BGH vom 29.6.2010 – XI ZR 104/08 Tz. 23, 36 mit Anm. *Bülow* LMK 2010 und *Hertel* jurisPR-BKR 8/2010 Anm. 1.

§ 498 41   1. Teil. Darlehen und Finanzierungshilfen

Konstruktionen beim Immobilienerwerb resp. dem Erwerb von Anteilen an einem Immobilienfonds virulent werden. Der Umstand, dass die Bank die Darlehensgewährung vom Beitritt des anlegenden Verbrauchers zu einer Mieteinnahmegemeinschaft abhängig macht (→ § 495 Rn. 430), löst für sich allein keine besondere Aufklärungspflicht aus, weil diese Konstruktion Mietausfallrisiken – vergleichbar mit einer Versicherung – streut, woraus auch der Anleger Vorteile zieht. Handelt es sich jedoch um einen betrügerischen Miet-Pool und verhielt sich die Bank vorsätzlich, ist der Tatbestand der besonderen Gefährdung erfüllt. Außerdem kann die Bank deliktisch nach § 826 BGB haften.[108] Beweiserleichterungen sind damit nicht verbunden, vielmehr trägt der Verbraucher die uneingeschränkte Beweislast auch für den subjektiven Tatbestand (→ § 495 Rn. 427). Die Naturalrestitution nach § 249 BGB (→ § 495 Rn. 433) bezieht sich in dieser Variante der besonderen Gefährdung auf die gesamte Finanzierbarkeit und Rentabilität des Anlagegeschäfts, sodass der gesamte Schaden zu liquidieren ist.[109]

41   Im Übrigen verpflichtet der Abschluss eines Depotvertrages allein die Bank nicht zur Unterrichtung über Gegebenheiten auf dem Kapitalmarkt.[110] Risikoreiche Anlagen in ausländischen Wertpapieren sind weniger risikobehafteten Anlageformen gegenüberzustellen.[111] Nach Lage des Einzelfalls kann die Wahrung des Bankgeheimnisses Vorrang haben.[112] Dagegen hat die Bank im Allgemeinen keine Diligenzpflichten gegenüber einem Bürgen.[113] Sie braucht nicht, weil allgemein bekannt, auf Schwankungen der Darlehenszinsen am Markt hinzuweisen.[114] Der **Leasinggeber** haftet für Pflichtverstöße des von ihm eingeschalteten Lieferanten des Leasingguts,[115] der **Franchisegeber,** der zugleich Kreditgeber sein kann (→ § 506 Rn. 53), für die Plausibilität seiner Rentabilitätsprognosen.[116]

---

[108] BGH WM 2009, 2210 = ZIP 2009, 2237; BGH v. 3.12.2013 – XI ZR 295/12, WM 2014, 71 (§ 830 Abs. 2 BGB) mit Komm. *Herresthal* EWiR 2014, 65 und Anm. *A. Maier* VuR 2014, 106; *Stackmann* NJW 2014, 961 (964); hierbei streitet keine Kausalitätsvermutung für den Anleger (vgl. nachf. Rn. 43), BGH v. 4.6.2013 – VI ZR 288/12, ZIP 2013, 1429 mit Anm. *Gebauer* LMK 2013, 350123; v. 21.2.2013 – III ZR 139/12, NJW 2013, 1877 = WM 2013, 689 mit Komm. *Frisch* EWiR § 249 BGBV 3/13, 735.
[109] BGH WM 2007, 876 mit Anm. *Bülow* WuB I G 5.–8.07.
[110] OLG Karlsruhe NJW-RR 1992, 1074; noch weniger ein gewöhnlicher Darlehensvertrag über die Zinsentwicklung, OLG Hamm BB 1992, 2177; Kuwait-Krise: OLG München ZIP 1994, 125.
[111] BGHZ 123, 126 mit Komm. *Köndgen* EWiR § 276 BGB 6/93, 857 und Bspr. *Emmerich* JuS 1993, 962 betr. Bond-Anleihen, dazu auch *C. Steiner* ZKW 1993, 834; BGH NJW 1994, 512 und 997; ZIP 1993, 1152 mit Komm. *Koller* EWiR § 276 BGB 5/93, 751; NJW-RR 1996, 947; OLG Koblenz VuR 2004, 337; OLG Schleswig WM 1993, 503 mit Komm. *Nasall* EWiR § 50 BörsG 1/93, 447; OLG Frankfurt WM 1993, 684 mit Rezension *Potthoff* WM 1993, 1319; LG Frankfurt/Main NJW 1992, 1460 (rechtskräftig: NJW 1993, 3224); LG Wiesbaden NJW-RR 1992, 1074; LG Hannover ZIP 1992, 319 einerseits, AG Hannover NJW 1991, 3039 anererseits.
[112] BGH NJW 1991, 693 mit Kommentar (o. Verf.), ZKW 1991, 241.
[113] BGH ZIP 1987, 1519 mit krit. Komm. *Bülow* EWiR § 765 BGB 1/88, 53; OLG Celle WM 1988, 1436 zu 4.; OLG Köln WM 1990, 1616 zu III.
[114] OLG Hamm NJW-RR 1993, 54.
[115] BGH NJW 1985, 906 mit Komm. *Paulusch* EWiR § 278 BGB 1/85, 643; Verjährung in sechs Monaten: BGH ZIP 1984, 962.
[116] OLG Brandenburg NJW-RR 2006, 51; OLG München BB 1988, 865 mit Anm. *Skaupy* NJW 1994, 667; NJW-RR 1997, 812; *Böhner* NJW 1994, 635; *F. Braun* NJW 1995, 504.

Aufklärung und Beratung 42 § 498

Ist Gegenstand des Bankgeschäfts der Erwerb eines Anlageobjekts durch den 42
Verbraucher (→ § 491 Rn. 50) und handelt es sich bei dem Anlageobjekt um ein
Finanzinstrument nach § 2 Abs. 2b WpHG, ist die Bank zugleich **Wertpapier-
handelsunternehmen** iSv § 2 Abs. 4 iVm Abs. 2b WpHG. Die Anlageberatung
stellt eine Wertpapierdienstleistung (und nicht nur Nebenleistung) gem. § 2
Abs. 3 Nr. 9 iVm Abs. 3a WpHG dar mit der Folge, dass die Verhaltensregeln
nach § 31 WpHG verbindlich sind; diese sind aufsichtsrechtlicher Natur.[117] Die
Bank hat die zivilrechtliche[118] Pflicht, eine Kapitalanlage, die sie empfehlen will
– auch wenn es sich nicht um Finanzinstrumente handelt –, mit banküblichem
kritischem Sachverstand zu prüfen und darf sich nicht auf eine Plausibilitätsprü-
fung beschränken,[119] wobei eine ex-ante-Betrachtung anzulegen ist.[120] Negative
Berichterstattung in der Wirtschaftspresse (Financial Times Deutschland – bis
Dezember 2012 –, Börsenzeitung, Handelsblatt, Frankfurter Allgemeine Zei-
tung, wobei offen ist, ob alle kumulativ gelesen werden müssen) ist zu berücksichtigen, im Allgemeinen nicht vereinzelt gebliebene Meinungen.[121] Empfiehlt
das Kreditinstitut[122] Anlageobjekte anderer Unternehmen und erhält es von diesen dafür einen Teil der vom Unternehmen ausgewiesenen Provision (Aus-
gabeaufschlag, Verwaltungsvergütung, Eigenkapitalbeschaffung,[123] kick-back,
Rückvergütung), hat es den Anleger wegen des Interessenkonflikts bei der
Empfehlung hierüber aufzuklären (→ Rn. 38 aE).[124] Das gilt auch für **verdeckte**

---

[117] BGH v. 3.6.2014 – XI ZR 147/12, Rn. 33, NJW 2014, 2947 = WM 2014, 1382; *Harnos*, ZEuP 2015, 546 (549).
[118] BGH NJW 2014, 2947 Rn. 36.
[119] BGH WM 2009, 2303 = ZIP 2009, 2377 mit Komm. *Brocker* § 676 BGB 1/10, 49; BGH NJW 2008, 3700 = WM 2008, 2166 = ZIP 2008, 2208 Tz. 12 mit Anm. *Deubner* ZfIR 2009, 239; *Einsele* JZ 2009, 266 und Komm. *Balzer* EWiR § 280 BGB 5/09, 467.
[120] BGH WM 2006, 851 mit Anm. *Balzer* WuB I G 1–4.06.
[121] BGH ZIP 2010, 526; NJW 2008, 3700 Tz. 25; WM 2009, 688 mit Komm. *Frisch* EWiR § 675 BGB 3/09, 263.
[122] Nicht: freier Berater, weil bei ihm die Finanzierung durch Provision auf der Hand liegt, BGH v. 15.4.2010 – III ZR 196/09, BGHZ 186, 185 = WM 2010, 885 mit Rez. *Herresthal* ZBB 2010, 305 und Komm. *Nietsch* EWiR § 280 BGB 12/10, 445; BGH v. 3.3.2011 – III ZR 170/10, WM 2011, 640 = ZIP 2011, 607 mit Komm. *Tiedemann* EWiR § 280 BGB 8/11, 303, anders OLG Stuttgart ZIP 2010, 824 mit Komm. *Brocker* EWiR § 280 BGB 6/10, 315 und OLG Düsseldorf ZIP 2010, 1583 (Aufklärungspflicht bejaht); das gilt auch für Tochterunternehmen eines Kreditinstituts, das die Anlageberatung betreibt, BGH v. 5.6.2012 – III ZR 308/11, NJW 2012, 2957 = WM 2012, 1574 mit Komm. *Lang* EWiR § 2280 BGB 10/12, 615; *Ellenberger* Schriftenreihe BrV, Heft 31 (2011), S. 37 (46/47).
[123] BGH v. 15.4.2014 – XI ZR 513/11, ZIP 2014, 1165.
[124] BGH v. 3.6.2014 – XI ZR 147/12, Rn. 17, WM 2014, 1383 = NJW 2014, 2947; BGH, Hinweisbeschlüsse v. 9.7.2011 – XI ZR 191/10, Tz. 22/23, NJW 2011, 3227; v. 24.8.2011, Tz. 4, NJW 2011, 3231, dagegen sehr krit *Nobbe* BKR 2011, 302; BGHZ 146, 235; 170, 226 = NJW 2007, 1876; BGH WM 2009, 405 = ZIP 2009, 455 mit Anm. *Lang/Balzer* ZIP 2009, 456 und Komm. *Dörfler* EWiR § 280 BGB 3/09, 193; BGH ZIP 2009, 2380; WM 2007, 873; NJW 2009, 2298 = WM 2009, 1279 = ZIP 2009, 1264 mit Komm. *Koller* EWiR § 280 BGB 4/09, 433; ab 1990 kein unvermeidbarer Rechtsirrtum mehr: BGH NJW 2010, 2339 mit Anm. *Haas* LMK 2010, 307121 und *Buck-Heeb* jurisPR-BKR 8/2010 Anm. 2; OLG Celle ZIP 2009, 2149; OLG Stuttgart WM 2009, 2312 = ZIP 2009, 2185; OLG Stuttgart EWiR § 280 BGB 8/09, 633 *(Thewen)*; LG Frankfurt am Main WM 2010, 75; *Regenfus* WM 2015, 169 und 209; *Oppenheim* BKR 2014, 454; *Herresthal* ZBB 2009, 348; *Veil* WM 2009, 2193; *Bülow* in Derleder/Knops/Bamberger, Handbuch Bankrecht, § 1 Rn. 20; *Arne Maier* VuR 2015, 167; nicht

§ 498   42   1. Teil. Darlehen und Finanzierungshilfen

Innenprovisionen, die dem anzulegenden Vermögen entnommen und dem Anleger verheimlicht werden. Sie fließen an den Vertreiber des Anlageobjekts,[125] zB an den Verkäufer einer Immobilie,[126] und zurück an das Kreditinstitut. Hierüber hat es aufzuklären,[127] wenn außer dem Darlehensvertrag ein Beratungsvertrag abgeschlossen worden war[128] (wobei die Aufklärungspflicht nicht mehr von einer Provision ab 15 % des Anlagevermögens abhängt[129]). Für Beratungsverträge **vor dem 1.8.2014** billigt der BGH dem Kreditinstitut allerdings unvermeidbaren Rechtsirrtum und deshalb fehlendes Verschulden bei § 280 Abs. 1 Satz 2 BGB zu.[130] Keine Aufklärungspflicht, weil offensichtlich, schuldet die Bank bei Kombination Darlehen/Kapitallebensversicherung (Rn. 38) über eine Vermittlungsprovision des Versicherers.[131] Das Verschweigen einer zu offenbarenden Innenprovision kann eine arglistige Täuschung (§ 123 BGB) durch den Aufklärungspflichtigen, zB den Betreiber, darstellen.[132] Hat die kreditgebende Bank hiervon positive Kenntnis, ist sie gegenüber dem Anleger aufklärungspflichtig unter dem Gesichtspunkt des konkreten Wissensvorsprungs[133] (→ Rn. 39). Wenn das Kreditinstitut nicht dem Einlagensicherungsfonds des Bundesverbandes deutscher Banken angeschlossen ist, sodass im Insolvenzfall nur der Mindestbetrag von 20 000 Euro garantiert ist,[134] muss hierüber aufgeklärt werden.[135] Empfiehlt das Kreditinstitut die Beteiligung an einem offenen Investmentfonds, ist über die Möglichkeit einer zeitweiligen Aussetzung der Anteilsrücknahme aufzuklären,[136] bei einem geschlossenen Fonds reicht der Hinweis, dass kein geregel-

---

bei Wertpapiergeschäften auf eigene Rechnung, OLG Karlsruhe WM 2011, 883. Behaltensklausel für Vertriebsprovisionen von Emittenten: BGH v. 14.1.2014 – XI ZR 355/12, NJW 2014, 924 = WM 2014, 307 mit Komm. *Nietsch* EWiR 2014, 165; zum Zuwendungsverbot nach § 31d WpHG BGH v. 17.9.2013 – XI ZR 332/12, ZIP 2013, 2001 mit Rez. *Harnos* BKR 2014, 1.
[125] *Einsiedler* WM 2013, 1109 (1113).
[126] BGH v. 5.6.2012 – XI ZR 175/11, Tz. 22, WM 2012, 1389; vom 29.6.2010 – XI ZR 104/08 Tz. 19, WM 2010, 1451 mit Anm. *Bülow* LMK 2010, 308107 und *Hertel* jurisPR-BKR 8/2010 Anm. 1.
[127] BGH v. 3.6.2014 – 147/12, Rn. 31 ff., NJW 2014, 2947 = WM 2014, 1382 mit Rez. *Hoffmann/Bartlitz* ZIP 2014, 1505, *Buck-Heeb* WM 2014, 1601, Anm. *Arne Maier* VuR 2014, 384 und Komm. *Dörfler* EWiR 2014, 505.
[128] BGH v. 23.4.2013 – XI ZR 405/11, BKR 2013, 280; BGH v. 26.2.2013 – XI ZR 498/11, Tz. 12, NJW 2013, 1801; *Schnauder* JZ 2013, 120 (129); *Einsiedler* WM 2013, 1109 (1114).
[129] BGH NJW 2004, 1732 (1735); BGH v. 22.3.2007 – III ZR 218/06, WM 2007, 873; v. 3.3.2011 – III ZR 170/10, WM 2011, 640; OLG Schleswig ZIP 2013, 2303 mit Komm. *Fuxmann/John* EWiR 2014, 35.
[130] BGH NJW 2014, 2947 Rn. 26 bis 30; *Buck-Heeb* WM 2014, 1601 (1603).
[131] BGH v. 1.7.2014 – XI ZR 247/12, Rn. 30, NJW 2014, 3360 = WM 2014, 1621 mit Komm. *Podewils* EWiR 2014, 639.
[132] BGH v. 5.6.2012 – XI ZR 175/11, ZIP 2012, 1496 mit Komm. *Deblitz* EWiR § 280 BGB 7/12, 585; BGH v. 5.6.2012 – XI ZR 149/11; v. 1.11.2011 – XI ZR 326/08, Tz. 9, NJW 2011, 2349; BGHZ 168, 1 Rn. 46 und 186, 96 Rn. 17.
[133] BGH WM 2012, 1389; BGH v. 17.7.2012 – XI ZR 198/11, Tz. 17, NJW 2012, 3294.
[134] § 4 Abs. 2 Einlagensicherungs- und Anlegerentschädigungsgesetz vom 16.1.1991, BGBl. I, 1842.
[135] BGH NJW 2009, 3429 mit Anm. *Haas* LMK 2009, 287 802.
[136] BGH v. 29.4.2014 – XI ZR 130/13, NJW 2014, 2945 = WM 2014, 1220 mit Komm. *Hoffmann-Theinert* EWiR 2014, 469; OLG Dresden ZIP 2015, 1114.

Aufklärung und Beratung 43 § 498

ter Zweitmarkt bestehe.[137] Bei Garantiezertifikaten *(Lehmann)* ist auf ein Sonderkündigungsrecht des Emitenten hinzuweisen.[138]
Der schuldhafte Verstoß kann Schadensersatzansprüche des Verbrauchers aus **43** **culpa in contrahendo** (§ 311 Abs. 2 Nr. 1, § 280 Abs. 1 BGB) oder aus dem zustandegekommenen Darlehensvertrag resp. einem Beratungsvertrag begründen, wenn bei Anbahnung oder Durchführung des Kreditvertrages Aufklärungs- und Beratungspflichten entstehen.[139] Hierfür gilt die örtliche Zuständigkeit nach § 32b ZPO nur bei Angeboten nach den WpÜG.[140] Die Rechtskraft einer Entscheidung erstreckt sich auf alle Fehler einer Anlageberatung, nicht nur auf diejenigen, die im Prozess vorgebracht wurden und steht einem Folgeprozess, der sich auf weitere Fehler stützt, entgegen.[141] Zu ersetzen ist derjenige Schaden, der vom Schutzzweck der Pflicht erfasst wird, sodass bei begrenzter Aufklärungspflicht nicht umfassender Schadensersatz zu leisten ist; die Bank übernimmt keine Garantiehaftung.[142] Für den Verbraucher streitet die widerlegliche Vermutung, dass er bei gehöriger Aufklärung das Geschäft nicht getätigt, sich also **aufklärungsrichtig verhalten** hätte. Es kommt nicht darauf an, ob sich der Anleger in einem Entscheidungskonflikt befunden hätte, er bei gehöriger Aufklärung also vernünftigerweise nur eine einzige Handlungsalternative gehabt hätte. Bei unterlassener, unzureichender oder fehlerhafter Aufklärung haftet die Bank vielmehr auch dann, wenn mehrere Alternativen nahe gelegen hätten. Die Bank kann die Kausalitätsvermutung nur durch den Beweis des Gegenteils nach § 292 ZPO als Hauptbeweis widerlegen;[143] bei einem *non liquet* unterliegt sie in diesem Punkt. Es findet also eine **Umkehr der objektiven Beweislast** statt;[144] anders als im Falle der Vermutung eines konkreten Wissensvorsprungs bei institutionalisiertem Zusammenwirken (→ Rn. 40 und im Einzelnen → § 495 Rn. 427) ge-

---

[137] BGH v. 29.4.2014 – III ZR 389/12, NJW-RR 2014, 1071; v. 17.9.2015 – III ZR 385/14, WM 2015, 1935 = ZIP 2015, 1981.
[138] BGH v. 25.11.2014 – XI ZR 169/13 und 480/13.
[139] BGH NJW 2006, 845 = WM 2006, 377 mit Anm. *Bülow* LMK 2006, 171 869; *Bülow* Konsumentenkredit, Rn. 540 ff.; *F.A. Schäfer* Anlageberatung, S. 28 f.; OLG Düsseldorf CR 1999, 22, 25 betr. Leasing; OLG Koblenz BB 1992, 2175 bei nicht eingehaltener Darlehenszusage.
[140] BGH v. 7.2.2007 – X AZR 423/06, NJW 2007, 1365, auch bei öffentlichen Informationen des ungeregelten („grauen") Kapitalmarkts; BGH v. 8.12.2015 – X AZR 573/15, WM 2016, 156 = NJW 2016, 1178 mit Rez. *Korth/Suilmann/Kroymann* NJW 2016, 1130; OLG Frankfurt NJW-RR 2014, 119; LandesVerfGericht Brandenburg NJW 2016, 151.
[141] BGH v. 22.10.2013 – XI ZR 42/12, NJW 2014, 314 = WM 2013, 2216 mit Komm. *Podewils/Fuxmann* EWiR 2014, 163; *Grüneberg* WM 2014, 1109.
[142] BGH WM 2001, 1158 zu III. 3.; NJW 1992, 555 zu III. 4.c. mit Komm. *Büttner* EWiR § 249 BGB 3/92, 141 und BGH NJW 1992, 2560 zu B.I. 3.a. mit Komm. *Teske* EWiR § 607 BGB 5/92, 763; KG WM 2005, 1118 mit Anm. *Nassal* WuB I E 1.–2.05; die Bank war bis zum 31.12.2009 auch nicht zur Dokumentation verpflichtet, BGH WM 2006, 567. Konkrete Schadensberechnung (nicht § 252 BGB) für entgangenen Gewinn: OLG Frankfurt ZIP 2013, 1953 mit Komm. *Lang* EWiR § 252 BGB 1/13, 737; KG WM 2013, 2355.
[143] Parteivernehmung: BGH, Beschluss v. 3.6.2014 – XI ZR 435/12, BKR 2014, 430; Beschluss v. 1.4.2014 – XI ZR 171/12, BKR 2014, 295; BGH v. 26.2.2013 – XI ZR 345/10, BKR 2013, 283; v. 26.2.2013 – XI ZR 318/10, BKR 2013, 212; v. 26.2.2013 – XI ZR 425/10, BKR 2013, 253.
[144] BGH v. 11.2.2015 – II ZR 273/12, Rn. 10, 11, WM 2014, 661 mit Komm. *F.Braun* EWiR 2014, 473.

nügt es zur Widerlegung nicht, dass die Bank die Überzeugung des Gerichts (§ 286 Abs. 1 Satz 1 ZPO) erschüttert. Die Beweislastumkehr, die von der Gesetzesformulierung in § 280 Abs. 1 Satz 1 BGB nicht getragen wird, rechtfertigt der BGH, verfassungsrechtlich abgesichert,[145] mit dem in ständiger Rechtsprechung entwickelten Schutzzweck der Aufklärungspflicht,[146] nämlich gerade eine sachgerechte Entscheidung zu ermöglichen und zu fördern. Der Einwand des **Mitverschuldens** nach § 254 BGB ist nur unter besonderen Umständen erheblich,[147] zB in Fällen versäumter Insolvenzanmeldung.[148] Der Anleger verhält sich jedoch widersprüchlich, sodass der Schadensersatzanspruch aus § 280 gemäß § 242 BGB unbegründet ist, wenn er nach einer Rückvergütung fragt (→ Rn. 42), sie ihm aber nicht mitgeteilt wird und er das Anlagegeschäft trotzdem abschließt.[149]

44   Die **Verjährung** von Ansprüchen aus fehlerhafter Anlageberatung hängt gem. § 199 Abs. 1 Nr. 2 BGB von subjektiven Voraussetzungen in der Person des Gläubigers (Anleger) ab, nämlich Kenntnis oder fahrlässige Unkenntnis von anspruchsbegründenden Tatsachen und der Person des Schuldners (Bank). Für den Verjährungsbeginn kommt es in der Regel nicht darauf an, dass der Gläubiger aus diesen Tatsachen die zutreffenden rechtlichen Schlüsse zieht.[150] Nur bei unsicherer und zweifelhafter Rechtslage kann die Klageerhebung unzumutbar sein und den Verjährungsbeginn hinausschieben,[151] zB in Fällen institutionalisierten Zusammenwirkens (→ Rn. 40 und → § 495 Rn. 435).[152] In Rückvergütungsfällen (→ Rn. 42) beginnt die Verjährung nicht erst bei Kenntnis des Anlegers über die Höhe der Vergütung.[153] Bei Aufklärungspflichtverletzung wegen Wissensvorsprungs (→ Rn. 39) kommt es auf Kenntnis resp. grob fahrlässige Unkenntnis vom Wissensvorsprung und gegebenenfalls (→ Rn. 42) von arglistiger Täuschung durch Vermittler an.[154] Grob fahrlässige Unkenntnis ist nicht allein aus dem Grunde anzunehmen, dass der Anleger einen Emissionsprospekt nicht

---

[145] BVerfG NJW 2012, 443 Tz. 20.
[146] So bereits BGHZ 61, 118 (121) = NJW 1973, 1688 zu I. 2.b; v. 8.5.2012 – XI ZR 262/10, Tz. 35, NJW 2012, 2427 = WM 2012, 1337 mit Rez. *M.Schwab* NJW 2012, 3274, Komm. *Wolters* EWiR § 280 BGB 6/12, 410, Anm. *Bausch/Kohlmann* BKR 2012, 410, *Bockelmann* BKR 2012, 429, *Piekenbrock* LMK 2012, 339608; krit. *Möllers* Schriftenreihe BrV, Heft 34 (2013), S. 81 (90/91); BGH v. 26.2.2013 – XI ZR 318/10, BKR 2013, 212.
[147] BGH v. 19.2.2015 – III ZR 90/14, Rn. 13, WM 2015, 569; v. 3.6.2014 – XI ZR 147/12, Rn. 45, NJW 2014, 2947.
[148] BGH v. 25.11.2014 – XI ZR 169/13, NJW 2015, 398.
[149] BGH v. 8.4.2014 – XI ZR 341/12, Rn. 18, NJW 2014, 2348 mit Anm. *H.Roth* LMK 2014, 359380 und Komm. *Haertlein* EWiR 2014, 507.
[150] BGH WM 2010, 1399 Tz. 12 mit Anm. *Bülow* WuB I G 5–6.10.
[151] BGH NJW 2014, 3713 mit Anm. *Bülow* LMK 2015, 365722; *Harnos* WM 2015, 1658; dagegen AG Köln ZIP 2015, 2113: unzulässige Rechtsfortbildung; Abgrenzung bei Bauspardarlehen LG Stuttgart ZIP 2015, 2165 zu 1.2.2.. Umfassend *Nobbe* WM 2016, 298, 337.
[152] BGH NJW 2008, 2576 Tz. 30; OLG Hamm WM 2008, 2369 mit Anm. *Bülow* WuB I G 5–7.09.
[153] BGH v. 15.3.2016 – XI ZR 122/14, WM 2016, 780; v. 26.2.2013 – XI ZR 498/11, Tz. 27, NJW 2013, 1801 = WM 2013, 609 mit Komm. *Nietsch* EWiR § 1199 BGB 1/13, 269; BGH Beschl. v. 15.1.2013 – XI ZR 8/12, BKR 2013, 203.
[154] BGH v. 5.7.2011 – XI ZR 306/10, WM 2011, 2088 = ZIP 2011, 2001 mit Komm. *Pitsch* EWiR § 199 BGB 1/12, 5.

durchgelesen hatte.¹⁵⁵ Bei Verletzung verschiedener Aufklärungs- und Beratungspflichten ist jede Pflichtverletzung verjährungsrechtlich selbständig zu behandeln,¹⁵⁶ zur Hemmung durch Güteantrag siehe BGH vom 18.6.2015.¹⁵⁷

Sind der Darlehensvertrag und der Vertrag über den Erwerb eines Grundstücks als Anlageobjekt zu einer wirtschaftlichen Einheit nach § 358 Abs. 3 Satz 3 oder der Darlehensvertrag und der Erwerb eines anderen Anlageobjekts nach § 358 Abs. 3 Satz 2 verbunden, begründen Ersatzansprüche in Bezug auf das Anlageobjekt den **Einwendungsdurchgriff** nach § 359 (→ § 495 Rn. 289, 410, 452). **45**

VIII. Kostenermäßigung § 501

Teilzahlungsdarlehen sind oft Ratendarlehen, die sich dadurch kennzeichnen, dass der Tilgungs- und der Zinsanteil in jeder Rate, anders als bei Annuitätendarlehen mit gestaffelter Berechnung, gleich hoch sind. Die Zinsen werden also vorausberechnet. Durch die vorzeitige Fälligstellung stellt sich aber heraus, dass die vorausberechneten Zinsen nicht anfallen. Deshalb tritt eine Verminderung der Restschuld nach Maßgabe von § 501 ein (→ § 501 Rn. 9). **46**

§ 499 Kündigungsrecht des Darlehensgebers; Leistungsverweigerung

(1) In einem Allgemein-Verbraucherdarlehensvertrag ist eine Vereinbarung über ein Kündigungsrecht des Darlehensgebers unwirksam, wenn eine bestimmte Vertragslaufzeit vereinbart wurde oder die Kündigungsfrist zwei Monate unterschreitet.

(2) ¹Der Darlehensgeber ist bei entsprechender Vereinbarung berechtigt, die Auszahlung eines Allgemein-Verbraucherdarlehens, bei dem eine Zeit für die Rückzahlung nicht bestimmt ist, aus einem sachlichen Grund zu verweigern. ²Beabsichtigt der Darlehensgeber dieses Recht auszuüben, hat er dies dem Darlehensnehmer unverzüglich mitzuteilen und ihn über die Gründe möglichst vor, spätestens jedoch unverzüglich nach der Rechtsausübung zu unterrichten. ³Die Unterrichtung über die Gründe unterbleibt, soweit hierdurch die öffentliche Sicherheit oder Ordnung gefährdet würde.

(3) ¹Der Darlehensgeber kann einen Verbraucherdarlehensvertrag nicht allein deshalb kündigen, auf andere Weise beenden oder seine Änderung verlangen, weil die vom Darlehensnehmer vor Vertragsschluss gemachten

---

¹⁵⁵ BGH v. 8.7.2010 – III ZR 249/09, NJW 2010, 3292; WM 2010, 1493 = ZIP 2010, 1548 mit Anm. *Einsele* JZ 2011, 103, *Haas* LMK 2010, 309873 und Komm. *Derleder* EWiR § 199 BGB 1/10, 665; BGH v. 22.7.2010 – III ZR 203/09, WM 2010, 1690; keine grobe Fahrlässigkeit trotz Lektüre nach Lage des Einzelfalls: BGH v. 27.9.2011 – VI ZR 135/10, NJW 2011, 33573; v. 13.12.2012 – III ZR 298/11, NJW 2013, 448 (Ehegatte).
¹⁵⁶ BGH v. 2.2.2015 – III ZR 149/14, NJW 2015, 2956 = WM 2015, 1413, aA OLG Frankfurt VuR 2015, 59.
¹⁵⁷ III ZR 307/14, NJW 2015, 3297 = ZIP 2015, 1442, III ZR 198/14, NJW 2015, 2407 mit Anm. *Borowski* VuR 2015, 463 und Komm. *Deiß* EWiR 2015, 737 sowie vom 28.10.2015 – III ZR 373/14, WM 2015, 1807 = ZIP 2015, 2325 mit Anm. *Knops/Spiegelberg* WuB 2016, 14, IV ZR 405/14, NJW 2016, 236 = WM 2015, 2289 und IV ZR 526/14, NJW 2016, 233 = WM 2015, 229, vom 15.10.2015 – III ZR 170/14, ZIP 2015, 2482 und vom 28.1.2016 – III ZR 88/15, WM 2016, 403.

§ 499 1, 2   1. Teil. Darlehen und Finanzierungshilfen

Angaben unvollständig waren oder weil die Kreditwürdigkeitsprüfung des Darlehennehmers nicht ordnunggemäß durchgeführt wurde. ²Satz 1 findet keine Anwendung, soweit der Mangel der Kreditwürdigkeitsprüfung darauf beruht, dass der Darlehensnehmer dem Darlehensgeber für die Kreditwürdigkeitsprüfung relevante Informationen wissentlich vorenthalten oder diese gefälscht hat.

Übersicht

	Rn.
Materialien	
Verbraucherkreditrichtlinie Erwägungsgrund 33	1
Verbraucherkreditrichtlinie, Art. 13	2
Wohnimmobilien-Verbraucherkreditvertragsrichtlinie, Art. 18 Abs. 4	2a
Kommentierung	
Vorbemerkung	2b
I. Vereinbartes Kündigungsrecht des Darlehensgebers (Abs. 1)	3
1. Bestimmte Vertragslaufzeit	3
2. Unbestimmte Vertragslaufzeit	4
II. Verweigerung der Valutierung	8
1. Gesetzliches Leistungsverweigerungsrecht nach § 321 BGB	8
2. Vertragliches Leistungsverweigerungsrecht aus sachlichem Grund (Abs. 2)	9
a) Inhalt	9
b) Unterrichtung des Darlehensnehmers (Abs. 2 Satz 2)	13
c) Unterbleiben der Unterrichtung (Abs. 2 Satz 3)	15
d) Sanktionen	17
III. Verweigerung der Valutierung ohne Vereinbarung eines Leistungsverweigerungsrechts	18
IV. Keine Anwendung von Abs. 1 und 2 auf Immobiliardarlehensverträge	19
V. Kündigung aufgrund Kreditwürdigkeitsprüfung (Abs. 3)	20
1. Kennzeichnung	20
2. Grundsatz: Bindung des Kreditgebers an den Vertrag	21
3. Ausnahme: unredliches Verhalten des Verbrauchers; relevante Informationen	23
4. Beweislast	25

Materialien
Verbraucherkreditrichtlinie 2008/48/EG
Erwägungsgrund 33

1   Die Vertragsparteien sollten das Recht haben, einen Kreditvertrag mit unbefristeter Laufzeit ordentlich zu kündigen. Erhält der Kreditvertrag eine entsprechende Vereinbarung, so sollte der Kreditgeber außerdem das Recht haben, aus sachlich gerechtfertigten Gründen das Recht des Verbrauchers auf Inanspruchnahme von Kreditbeträgen aufgrund eines unbefristeten Kreditvertrags auszusetzen. Zu diesen Gründen können beispielsweise der Verdacht auf eine nicht zulässige oder missbräuchliche Verwendung des Kredits oder ein beträchtlich erhöhtes Risiko, dass der Verbraucher seiner Verpflichtung zur Zurückzahlung des Kredits nicht nachkommen kann, gehören. Diese Richtlinie berührt nicht die innerstaatlichen Rechtsvorschriften des Vertragsrechts betreffend die Rechte der Vertragsparteien, den Kreditvertrag aufgrund eines Vertragsbruchs zu beenden.

Artikel 13

2   (1) ...
Enthält der Kreditvertrag eine entsprechende Vereinbarung, so kann der Kreditgeber einen unbefristeten Kreditvertrag unter Einhaltung einer mindestens zweimonatigen Kündigungsfrist ordentlich kündigen; die Kündigung ist dem Verbraucher auf Papier oder einem anderen dauerhaften Datenträger mitzuteilen.

Kündigungsrecht des Darlehensgebers; Leistungsverweigerung   2a–4   § 499

(2) Enthält der Kreditvertrag eine entsprechende Vereinbarung, so kann der Kreditgeber aus sachlich gerechtfertigten Gründen dem Verbraucher das Recht auf Inanspruchnahme von Kreditbeträgen aufgrund eines unbefristeten Kreditvertrags entziehen. Der Kreditgeber hat den Verbraucher über die Entziehung und die Gründe hierfür möglichst vor, spätestens jedoch unverzüglich nach der Entziehung auf Papier oder einem anderen dauerhaften Datenträger zu informieren, es sei denn, eine solche Unterrichtung ist nach anderen Gemeinschaftsvorschriften nicht zulässig oder läuft Zielen der öffentlichen Ordnung oder der öffentlichen Sicherheit zuwider.

Wohnimmobilien-Verbraucherkreditrichtlinie 2014/17/EU
Artikel 18 Abs. 4

Die Mitgliedstaaten stellen sicher, dass ein von einem Kreditgeber mit einem Verbraucher abgeschlossener Kreditvertrag vom Kreditgeber nicht nachträglich mit der Begründung widerrufen oder zum Nachteil des Verbrauchers geändert werden kann, dass die Prüfung der Kreditwürdigkeit nicht ordnungsgemäß durchgeführt wurde. Dieser Absatz findet keine Anwendung, wenn nachgewiesen ist, dass der Verbraucher Informationen im Sinne des Artikels 20 wissentlich vorenthalten oder gefälscht hat. 2a

Kommentierung

Vorbemerkung

Absätze 1 und 2 gelten nur für Allgemein-Verbraucherkreditverträge, Absatz 3 gilt sowohl für Allgemein- wie für Immobiliar-Verbraucherkreditverträge. 2b

I. Vereinbartes Kündigungsrecht des Darlehensgebers (Abs. 1)

1. Bestimmte Vertragslaufzeit

Ist für die Rückzahlung des Darlehens eine Zeit ausbedungen, würde die Vereinbarung eines vorzeitigen Kündigungsrechts des Darlehensgebers dazu in Widerspruch stehen. Deshalb ergibt sich die durch Abs. 1, erste Variante bestimmte Unwirksamkeit einer solchen Vereinbarung aus der Natur der Sache. Unberührt bleiben dagegen gesetzliche Kündigungsrechte des Darlehensgebers (→ § 498 Rn. 6) aus wichtigem Grund nach § 314, nach § 490 Abs. 1 bei nachträglicher Vermögensverschlechterung oder Wertverlust von Sicherheiten (wohl ohne Anspruch auf Vorfälligkeitsentschädigung[1]) oder nach § 498 bei Zahlungsverzug des Darlehensnehmers. Ist der Darlehensvertrag mangels Angabe zur Vertragslaufzeit formnichtig, wird er aber geheilt, kann der Verbraucher als Darlehensnehmer nach § 494 Abs. 6 Satz 1 jederzeit kündigen, während eine ordentliche Kündigung des Darlehensgebers ausgeschlossen bleibt (→ § 494 Rn. 81). 3

2. Unbestimmte Vertragslaufzeit

Im eher seltenen Fall eines unbefristeten Verbraucherdarlehensvertrags, bei dem eine Zeit für die Rückzahlung des Darlehens nicht bestimmt ist, gilt das – dispositive,[2] zB nach Nr. 19 Abs. 2 AGB-Banken, Nr. 26 Abs. 1 AGB-Spar- 4

---
[1] *Winneke/Reiff* VuR 2016, 52 (57).
[2] MüKoBGB/*K. P. Berger* § 488 BGB Rn. 241.

kassen³ – gesetzliche Kündigungsrecht für beide Vertragsparteien nach § 488 Abs. 3 mit dreimonatiger Kündigungsfrist.⁴ Darlehensgeber und Verbraucher können längere oder kürzere Kündigungsfristen vereinbaren, eine Verkürzung jedoch nur auf zwei Monate. Die Fristberechnung richtet sich nach § 188 Abs. 2 BGB, sodass die zwei Monate zu einer unterschiedlichen Anzahl von Tagen führen können. Das Fristende ist typischerweise zugleich der Kündigungstermin mit der Folge, dass am nächsten Tag der Rückzahlungsanspruch des Darlehensgebers nach § 488 Abs. 1 Satz 2 fällig wird. Für die von § 488 Abs. 3 abweichende Vereinbarung trägt der Darlehensgeber die **Beweislast**.⁵

5 Wird eine kürzere Frist vereinbart, zB abweichend von § 188 Abs. 2 dahin, dass der davor liegende Tag Maß geben soll, ist die Vereinbarung unwirksam. Eine Umdeutung in eine Zwei-Monate-Frist ist nach § 140 BGB nicht durchführbar, bei Vereinbarung durch Allgemeine Geschäftsbedingungen würde das Verbot der teleologischen Reduktion – bzw. *in casu* Extension – entgegenstehen, sodass es beim gesetzlichen Kündigungsrecht nach § 488 Abs. 3 bliebe. Jedoch ist nach Lage des Einzelfalls denkbar, dass die Kündigung des Darlehensgebers aufgrund unwirksamer Kündigungsvereinbarung in eine solche nach § 488 Abs. 3 umgedeutet werden kann, der Kündigungstermin also drei Monate nach Zugang der Kündigungserklärung liegt.

6 Die Form der Kündigungserklärung ist Gegenstand der Regelung von § 492 Abs. 5 (→ § 492 Rn. 154), sie hat also zumindest auf einem dauerhaften Datenträger (§ 126b Satz 2 BGB) zu erfolgen. **Anzugeben** ist das Kündigungsrecht nach Art. 247 § 6 Abs. 1 Nr. 6 EGBGB im Rahmen des einzuhaltenden Verfahrens bei der Kündigung des Verbraucherdarlehensvertrags.

7 Bei der Ausübung des Kündigungsrechts hat der Darlehensgeber keine Vertragspflicht zur gleichmäßigen Behandlung sämtlicher Vertragspartner,⁶ kann sich also – natürlich nur bis zur Grenze des Verstoßes gegen Treu und Glauben (§ 242 BGB) – auf die Wahrung eigener Interessen beschränken.

II. Verweigerung der Valutierung

1. Gesetzliches Leistungsverweigerungsrecht nach § 321 BGB

8 Unter den Voraussetzungen von § 321 Abs. 1 kann der Darlehensgeber die Valutierung verweigern, wenn die Rückzahlung des Darlehens durch nachträglich eintretende oder erkennbare⁷ mangelnde Leistungsfähigkeit des Darlehensnehmers gefährdet wird.⁸ Die Unsicherheitseinrede wegen Verschlechterung der Vermögensverhältnisse des Darlehensnehmers soll nach der Gesetzesbegründung⁹ durch die Einrede nach § 499 Abs. 2 unberührt bleiben, obwohl sachlich ge-

---

³ In vorliegender Form allerdings unwirksam nach § 307 Abs. 1 Satz 2 BGB (Intransparenz), BGH NJW 2015, 2412 mit Anm. *Schultheiß* WuB 2015, 530 und *Arne Maier* VuR 2015, 424, Vorinstanz OLG Nürnberg WM 2014, 1477.
⁴ AA MüKoBGB/*Schürnbrand* § 499 BGB Rn. 4: nach Art. 13 VerbrKrRil konstitutive Bedeutung der Vereinbarung.
⁵ Baumgärtel/Laumen/Prütting/*Bülow*, § 488 BGB Rn. 58.
⁶ BGH v. 15.1.2013 – XI ZR 22/12, NJW 2013, 1519 = WM 2013, 316 mit Komm. *Herresthal* EWiR Nr. 19 AGB-Bk 1/13, 129.
⁷ BGH NJW 2010, 1272 mit Rez. *Kaiser* NJW 2010, 1254.
⁸ Grundsätzlich hierzu BGH v. 17.12.2015 – XI ZR 287/14, Rn. 25, WM 2016, 282.
⁹ BT-Drucks. 16/11643, S. 135.

rechtfertigter Grund auch ein solcher nach § 321 BGB ist. Hierfür setzt Art. 13 Abs. 2 VerbrKrRil aber eine Vereinbarung voraus;[10] hinsichtlich anderer Leistungsverweigerungsrechte → Rn. 18.

2. Vertragliches Leistungsverweigerungsrecht aus sachlichem Grund (Abs. 2)

a) Inhalt. Die Parteien können ein Leistungsverweigerungsrecht, auch mit dem Inhalt von § 321 BGB oder aus anderen sachlichen Gründen (→ Rn. 12), vereinbaren. Während eine wirksame Kündigung das Darlehensverhältnis beendet, bleibt es durch die Erhebung der Einrede unberührt, ist also zu erfüllen, wenn der Darlehensgeber die Einrede nicht mehr erhebt, sei es, dass der sachliche Grund weggefallen ist oder dass der Darlehensgeber trotzdem zu valutieren gedenkt. 9

Während die Vereinbarung eines Leistungsverweigerungsrechts im Allgemeinen kraft Privatautonomie ohne Weiteres wirksam ist, stellt § 499 Abs. 2 besondere Voraussetzungen auf. Daraus folgt, dass im Falle von Verbraucherdarlehensverträgen davon abweichende Vereinbarungen gem. § 512 Satz 1 nicht möglich sind, insbesondere ein Leistungsverweigerungsrecht nicht für befristete Verbraucherdarlehensverträge mit bestimmtem Rückzahlungstermin vereinbart werden kann. 10

Die Wirksamkeit der Vereinbarung setzt voraus, dass 11
– im Verbraucherdarlehensvertrag eine Zeit für die Rückzahlung nicht bestimmt ist (unbefristeter Vertrag) und
– die Leistungsverweigerung auf einem sachlichen Grund beruht.
Mit dem Tatbestandsmerkmal einer „entsprechenden Vereinbarung" ist gemeint, dass die Abhängigkeit vom sachlichen Grund deren Gegenstand zu sein hat, also ausdrücklich oder durch Auslegung der vertraglichen Regelung zu entnehmen ist. Fehlt es daran, ist die Leistungsverweigerung unbegründet, der Verbraucher hat Anspruch auf Valutierung, auch wenn sich der Darlehensgeber bei Ausübung tatsächlich auf einen sachlichen Grund stützt. Es genügt für die Wirksamkeit der Vereinbarung die Formulierung, dass der Darlehensgeber die Leistung aus sachlichem Grund verweigern kann, ohne dass die Gründe benannt werden müssten.

Der **sachliche Grund** muss aus der Sphäre des Darlehensnehmers stammen.[11] 12
Zu denken ist neben einer Verschlechterung der Vermögensverhältnisse des Darlehensnehmers die vertragswidrige Verwendung des Darlehens durch den Darlehensnehmer, was voraussetzt, dass ein Verwendungszweck – jenseits der nichtgewerblichen Zuordnung nach § 13 BGB – Vertragsinhalt ist. Im Allgemeinen begründet die prognostizierte vertragswidrige Verwendung für sich allein das Leistungsverweigerungsrecht noch nicht, vielmehr ist das Interesse des Darlehensgebers am vereinbarten Verwendungszweck gegenüber der vertragswidrigen Verwendung des Verbrauchers abzuwägen. Allein die Tatsache einer Verwendungszweckvereinbarung dürfte das Interesse des Darlehensgebers stützen. In der Abwägung mag von Bedeutung sein, ob der Zweck des Darlehens einer Anschaffung dient, die im gegebenen Falle als Vollstreckungsobjekt dienen könnte, was vereitelt würde, wenn der Darlehensnehmer das Darlehen für reine Konsum-

---

[10] Zutr. MüKoBGB/*Schürnbrand* § 499 BGB Rn. 12.
[11] MüKoBGB/*Schürnbrand* § 499 BGB Rn. 10: Refinanzierungsschwierigkeiten des Darlehensgebers sind kein sachlicher Grund.

zwecke zu verwenden gedenkt. Ein Hinweis ergibt sich aus Erwägungsgrund 29 der Verbraucherkreditrichtlinie, wo in anderem Zusammenhang (Ablehnung eines Kreditantrags) auf Geldwäsche und Terrorismusfinanzierung oder die sonstige Finanzierung von Straftaten hingewiesen wird.

13 **b) Unterrichtung des Darlehensnehmers (Abs. 2 Satz 2).** Das Gesetz stellt zwei Mitteilungspflichten auf, nämlich über die Absicht, das Leistungsverweigerungsrecht auszuüben, und über die Gründe hierfür. Hinzu kommt die Ausübung des Leistungsverweigerungsrechts selbst als rechtsgestaltende Willenserklärung des Darlehensgebers. Der Gesetzesformulierung liegt offenbar die Vorstellung zugrunde, dass zwischen Entschlussfassung beim Darlehensgeber und Rechtsausübung ein Zeitraum liegt, innerhalb dessen die unverzügliche Mitteilung über diese Absicht angesiedelt ist. Möglichst innerhalb dieses Zeitraums soll der Darlehensnehmer auch über die sachlichen Gründe (→ Rn. 12) unterrichtet werden, wenn nicht möglich, unverzüglich nach Abgabe und Zugang der Willenserklärung über die Ausübung des Leistungsverweigerungsrechts, wobei ohne schuldhaftes Zögern (§ 121 BGB) der auf den Zugang folgende Tag bedeuten dürfte. Meist werden Absicht und Rechtsausübung zeitgleich liegen, sodass Erklärung und Unterrichtung zusammen abgegeben werden können.

14 Die Mitteilungspflichten und die Rechtsausübung sind gem. § 492 Abs. 5 zumindest auf einem **dauerhaften Datenträger,** § 126b Satz 2 BGB, zu erfüllen.

15 **c) Unterbleiben der Unterrichtung (Abs. 2 Satz 3).** Bei Gefährdung der öffentlichen Sicherheit und Ordnung durch die Unterrichtung hat diese zu unterbleiben. Die Gefährdung bezieht sich auf die Verhinderung, Aufklärung und Verfolgung von Straftaten, die ihrerseits den sachlichen Grund bilden können (→ Rn. 12). In diesen Fällen fehlt es nicht nur an einem Anspruch des Verbrauchers auf Unterrichtung (→ Rn. 13), sondern der Darlehensgeber darf nicht unterrichten, auch nicht freiwillig gegenüber dem Darlehensnehmer.

16 Zu unterbleiben hat nur die Unterrichtung über die Gründe, während es bei der Pflicht über die Absicht zur Leistungsverweigerung bleibt (→ Rn. 13). Auch ist das Leistungsverweigerungsrecht selbst zu erklären, andernfalls hat der Darlehensnehmer Anspruch auf Valutierung. Allerdings kann sich in derartigen Fällen auch die Nichtigkeit des Darlehensvertrags nach §§ 134 oder 138 BGB ergeben.

17 **d) Sanktionen.** Der Darlehensgeber ist dem Darlehensnehmer bei entsprechender Vereinbarung (→ Rn. 9) kraft Gesetzes zur Mitteilung und Unterrichtung (→ Rn. 13) verpflichtet. Die Verletzung dieser Pflichten begründet Schadensersatzansprüche des Darlehensnehmers nach § 280 Abs. 1 BGB,[12] wobei ein bezifferbarer Schaden nur selten entstanden sein dürfte. Gibt der Darlehensgeber die Unterrichtung ab, obwohl sie nach Abs. 2 Satz 3 zu unterbleiben hatte (→ Rn. 15), ist an Sanktionen öffentlich-rechtlicher und straf- bzw. strafprozessualer Art zu denken.

III. Verweigerung der Valutierung ohne Vereinbarung eines Leistungsverweigerungsrechts

18 Fehlt es an einer Vereinbarung (→ Rn. 9), kann namentlich in den Fällen mit strafrechtlichem Bezug (→ Rn. 15) die Anspruchsdurchsetzung auf Valutie-

---

[12] Staudinger/*Kessal-Wulf* § 499 BGB Rn. 2.

rung eine unzulässige Rechtsausübung darstellen (§ 242 BGB) oder die Arglisteinrede der Bank nach § 853 BGB begründen (Erwägungsgrund 33, Satz 4, → Rn. 1).

IV. Keine Anwendung von Abs. 1 und 2 auf Immobiliardarlehensverträge

§ 499 ist wie schon bislang nach § 503 Abs. 1 BGB aF nicht anzuwenden auf Immobiliardarlehensverträge. Unberührt bleibt aber das Kündigungsrecht des Darlehensgebers wegen wesentlicher Verschlechterung von Vermögensverhältnissen resp. Werthaltigkeit von Sicherheiten gemäß § 490 Abs. 1 BGB, außerdem das Kündigungsrecht der Bausparkassen bei vollgespartem Vertrag (vgl. § 5 Abs. 3 Nr. 7 BSpG), sodass der Bausparer auf das Darlehen verzichtet. Nach der nicht anwendbaren Vorschrift von § 499 Abs. 1 ist eine Kündigungsvereinbarung bei zu kurzer Kündigungsfrist unwirksam, was bedeuten würde, dass eine solche Vereinbarung bei Immobiliardarlehensverträgen wirksam wäre. Fraglich ist, ob der Gesetzgeber dies wirklich wollte. Wie den Materialien entnommen werden kann,[13] geht es vielmehr um den Ausschluss eines vertraglichen Leistungsverweigerungsrechts des Darlehensgebers aus sachlichem Grud nach § 499 Abs. 2 (welches die Kündigung nach § 490 Abs. 1 unbeschadet lässt). Das Leistungsverweigerungsrecht nach § 499 Abs. 2 lässt den Bestand des Darlehensvertrags unberührt, ist also keine Kündigung. Die Unanwendbarkeit von § 499 Abs. 2 bedeutet, dass trotz Vereinbarung eines Leistungsverweigerungsrechts als sachlichem Grund der Darlehensgeber die Leistung (die Valutierung) nicht verweigern darf, sodass die Vereinbarung die gewollte Wirkung nicht entfalten kann und folglich unwirksam ist. Trotz Vereinbarung hat der Darlehensgeber also kein Leistungsverweigerungsrecht nach § 499 Abs. 2, auch nicht bei sachlichem Grund, wohl aber gesetzliche Leistungsverweigerungsrechte, zB nach § 321 BGB (→ Rn. 8 sowie → Rn. 18).

V. Kündigung aufgrund Kreditwürdigkeitsprüfung (Abs. 3)

1. Kennzeichnung

Die Regelung setzt Art. 18 Abs. 4 und 20 Abs. 3 Unterabs. 3 WohnimmoRiL um, beschränkt sie jedoch nicht auf Immobiliar-Kreditverträge, sondern erstreckt sie auf Allgemein-Verbraucherkreditverträge. Ausgangspunkt ist die Kreditwürdigkeitsprüfung, für die der Darlehensgeber zum Schutz des Verbrauchers[14] gemäß § 505a verantwortlich ist, und die dem Abschluss des Kreditvertrags vorauszugehen hat. Ist die Kreditwürdigkeitsprüfung unvollständig oder sonst fehlerhaft und kommt es trotzdem zum Vertragsschluss, bleibt der Kreditgeber im Allgemeinen gemäß Satz 1 gleichwohl an den Vertrag gebunden, im Besonderen nicht bei unredlichem Verhalten des Verbrauchers nach Maßgabe von Satz 2 (→ Rn. 23).

---

[13] BT-Drucks. 16/11643, S. 88.
[14] EuGH v. 27.3.2014 – C-565/12, Rn. 42, 52, NJW 2014, 1941 = WM 2014, 1528 – *Kalhan* – zu Art. 8, 23 VerbrKrRiL mit Bspr. *Bonin/Glos* WM 2015, 2257 (2262).

§ 499   21–23   1. Teil. Darlehen und Finanzierungshilfen

2. Grundsatz: Bindung des Kreditgebers an den Vertrag

21   Mängel der Kreditwürdigkeitsprüfung können in der Durchführung des Verfahrens liegen oder in unvollständigen Angaben des Verbrauchers, die gemäß § 505b Abs. 1 bis 3 einzuholen sind, man denke an Unvollständigkeit, die ihren Grund in nicht gestellten Fragen hat. Die Unvollständigkeit kann, im Umkehrschluss zu § 499 Abs. 3 Satz 2, auch auf Fahrlässigkeit, sogar grober, beruhen. Fehlt es demgemäß an Unredlichkeit des Verbrauchers, ist Rechtsfolge die Bindung des Kreditgebers an den trotz Mangel der Kreditwürdigkeitsprüfung geschlossenen Vertrag. Er kann ein Gestaltungsrecht, das zur Loslösung vom Kreditvertrag oder zu seiner Änderung führen soll, nicht mit der Begründung geltend machen, die Kreditwürdigkeitsprüfung sei unvollständig oder sonst fehlerhaft. Er kann darauf nicht einen wichtigen Grund zur Kündigung nach § 314 gründen, ebenso wenig einen Rücktritt nach § 323 oder nach § 313 Abs. 3 BGB oder eine Anfechtung, etwa nach § 119 Abs. 2. Will der Kreditgeber am Vertrag festhalten, kann er eine Vertragsänderung nicht durchsetzen, etwa nach § 313 Abs. 1, vielmehr ist ihm das Festhalten am unveränderten Vertrag *ex lege* zuzumuten. Eine nachträgliche einvernehmliche Vertragsänderung zugunsten des Verbrauchers ist natürlich wirksam, während eine Abweichung zum Nachteil des Verbrauchers gemäß § 512 Satz 1 unwirksam sein dürfte.

22   Der Darlehensnehmer, der sich aufgrund der fehlerhaften, insbesondere unvollständigen Prüfung selbst nicht für kreditwürdig hält, kann sich durch vorzeitige Erfüllung gemäß § 500 Abs. 2 Satz 1 vom Vertrag lösen (→ § 500 Rn. 11). Bei Immobiliar-Verbraucherdarlehensverträgen ist das berechtigte Interesse des Verbrauchers nach § 500 Abs. 2 Satz 2 zu erwägen (→ § 500 Rn. 18).

3. Ausnahme: unredliches Verhalten des Verbrauchers; relevante Informationen

23   Der Darlehensgeber darf ein Gestaltungsrecht, durch das die Bindung an den Verbraucherkreditvertrag endet oder eine Vertragsänderung durchgesetzt werden kann, auf die Begründung stützen, der Verbraucher habe wissentlich relevante Angaben vorenthalten oder Angaben zwar gemacht, aber gefälscht. Darin liegt das unredliche Verhalten des Verbrauchers, das die Ausnahme von der Regel nach Satz 1 begründet. Die wissentliche Vorenthaltung ist typischerweise zugleich vorsätzlich, da das Wissen auch das Wollen umfassen wird. Auch das Fälschen ist als finale Handlung vorsatzgeprägt; ohne Vorsatz des Verbrauchers bleibt es bei Satz 1. Der Vorsatz schließt die Anwendung von Satz 1 aber nicht schlechthin aus, sondern die vorenthaltenen oder gefälschten Angaben müssen ein gewisses Gewicht für Kreditwürdigkeitsprüfung haben, nämlich **relevant** sein. Die Relevanz setzt voraus, dass die Angaben geeignet sein können, eine aus der Sicht des Verbrauchers bessere Kreditwürdigkeitsprüfung herbeizuführen als ohne Vorenthaltung oder Fälschung (so auch Erwägungsgrund 58 Wohnimmo-Ril). So dürfte es sich beispielsweise bei einer gefälschten Geburtsurkunde nicht um eine Angabe handeln, die kausal für das Ergebnis der Prüfung wäre, sodass der Ausnahmetatbestand von Satz 2 nicht erfüllt ist und es bei der Bindung des Kreditgebers an den abgeschlossenen Vertrag nach Satz 1 bleibt. Ausgangspunkt der Relevanz ist die Einschätzung, ob der Verbraucher seinen Verpflichtungen aus dem Vertrag voraussichtlich nachkommen kann (so §§ 505a Abs. 1 Satz 2,

Kündigungsrecht d. Darlehensnehmers; vorzeitige Rückz. **§ 500**

505b Abs. 2 Satz 2). Die Relevanz kann für Allgemein-Verbraucherkreditverträge anders zu gewichten sein als für Immobiliar-Verbraucherkreditverträge, da hier gemäß § 505a Abs. 2 Satz 2 die Wahrscheinlichkeit der Vertragserfüllung durch den Verbraucher positiv anzunehmen sein muss, während dort die Abwesenheit von Umständen, die erhebliche Zweifel begründen könnten, ausreicht. Beispiel für die Relevanz sind Angaben nach Art. 247 § 1 Abs. 1 EGBGB.[15]

Der Darlehensgeber muss nicht notwendig Adressat der Vorenthaltung von Informationen oder der Fälschung sein, sondern es genügt für den Tatbestand nach Satz 2, dass sich der Verbraucher gegenüber einem **Kreditvermittler** unredlich verhielt, sodass dieser nur insuffiziente Angaben an den Darlehensgeber übermitteln konnte. 24

4. Beweislast

Satz 1 ist die Grundnorm, während Satz 2 die Gegennorm und Ausnahme darstellt. Deshalb trägt der Darlehensgeber, der entgegen der Grundnorm die Kündigung oder Änderung des Vertrags erreichen will, die Beweislast für Tatsachen, die das unredliche Verhalten des Verbrauchers stützen. 25

§ 500 Kündigungsrecht des Darlehensnehmers; vorzeitige Rückzahlung

(1) ¹Der Darlehensnehmer kann einen Allgemein-Verbraucherdarlehensvertrag, bei dem eine Zeit für die Rückzahlung nicht bestimmt ist, ganz oder teilweise kündigen, ohne eine Frist einzuhalten. ²Eine Vereinbarung über eine Kündigungsfrist von mehr als einem Monat ist unwirksam.

(2) ¹Der Darlehensnehmer kann seine Verbindlichkeiten aus einem Verbraucherdarlehensvertrag jederzeit ganz oder teilweise vorzeitig erfüllen. ²Abweichend von Satz 1 kann der Darlehensnehmer eines Immobiliar-Verbraucherdarlehensvertrags, für den ein gebundener Sollzinssatz vereinbart wurde, seine Verbindlichkeiten im Zeitraum der Sollzinsindung nur dann ganz oder teilweise vorzeitig erfüllen, wenn hierfür ein berechtigtes Interesse des Darlehensnehmers besteht.

Vorgängervorschriften: § 14 VerbrKrG, §§ 609a Abs. 1 Nr. 2, 489 Abs. 1 Nr. 2, 504 BGB aF

Schrifttum: *H.Berger/Rübsamen,* Verfassungsrechtliche Grenzen der gerichtlichen Kontrolle von Klauseln über Bearbeitungsentgelte in Verbraucherkreditverträgen, WM 2011, 1811; *Bülow,* Grundlagen der Erfüllung und ihrer Surrogate, JuS 1991, 529; *Derleder,* Die vollharmonisierende Europäisierung des Rechts der Zahlungsdienste und des Verbraucherkredits, NJW 2009, 3195; *Gösele,* Erfüllung und Verzug bei Banküberweisungen, Festschr. Nobbe 2009, S. 75; *Herresthal,* Das Ende der Geldschuld als sog. qualifizierte Schickschuld, ZGS 2008, 259; *Knops,* Die Anwendbarkeit des § 271 Abs. 2 BGB auf verzinsliche Darlehen, VuR 2001, 239.

---

[15] BT-Drucks. 18/5922 (RegE) S. 94.

§ 500 1–3
1. Teil. Darlehen und Finanzierungshilfen

Übersicht

	Rn.
Materialien	
Verbraucherkreditrichtlinie Art. 13, 16	1
WohnimmoRil 2014/17/EU Art. 25 Abs. 1	1a
Begründung RegE zum Gesetz zur Umsetzung der Verbraucherkreditrichtlinie, BT-Drucks. 16/11643 S. 85	2
Kommentierung	
I. Gegenstand der Regelung	4
II. Gesetzliches Kündigungsrecht des Darlehensnehmers bei Allgemein-Verbraucherdarlehensverträgen (Abs. 1)	5
III. Vorzeitige Erfüllung (Abs. 2)	8
1. Anwendungsbereich und Voraussetzungen	8
2. Tatbestand der vorzeitigen Erfüllung	11
a) Erklärung und rechtsgeschäftlicher Wille	11
b) Zeitpunkt der Erfüllung	12
3. Immobiliar-Darlehensverträge	16
a) variable Zinsen (Abs. 2 Satz 1)	17
b) gebundener Sollzinssatz (Abs. 2 Satz 1)	18
IV. Unanwendbarkeit	20

Materialien
Verbraucherkreditrichtlinie 2008/48/EG
Artikel 13

1 (1) Der Verbraucher kann einen unbefristeten Kreditvertrag jederzeit unentgeltlich ordentlich kündigen, es sei denn, die Parteien haben eine Kündigungsfrist vereinbart. Die Kündigungsfrist darf einen Monat nicht überschreiten ...

Artikel 16

(1) Der Verbraucher ist berechtigt, seine Verbindlichkeiten aus einem Kreditvertrag jederzeit ganz oder teilweise zu erfüllen ...

Wohnimmobilien-Kreditvertragsrichtlinie 2014/17/EU
Artikel 25

1a (1) Die Mitgliedstaaten stellen sicher, dass die Verbraucher das Recht haben, ihre Verbindalichkeiten aus einem Kreditvertrag vollständig oder teilweise vor Ablauf des Vertrags zu erfüllen. In solchen Fällen hat der Verbraucher das Recht auf Ermäßigung der Gesamtkosten des Kredits für den Verbraucher, die sich nach den Zinsen und den Kosten für die verbleibende Laufzeit des Vertrags richtet.
...

Begründung RegE zum Gesetz zur Umsetzung der Verbraucherkreditrichtlinie BT-Drucks. 16/11643, S. 85 (138)

2 Absatz 1 Satz 1 betrifft unbefristete Verbraucherdarlehensverträge. Bei diesen soll abweichend von § 488 Abs. 3 Satz 2 grundsätzlich keine Kündigungsfrist für Darlehnsnehmer gelten. Dies entspricht der Vorgabe des Artikel 13 Abs. 1 Satz 1 der Verbraucherkreditrichtlinie. Satz 2 erlaubt aber eine Vereinbarung über eine Kündigungsfrist von bis zu einem Monat. Damit wird Artikel 13 Abs. 1 Unterabsatz 1 Satz 2 der Verbraucherkreditrichtlinie umgesetzt.

3 Absatz 2 statuiert als rechtliche Neuerung das Recht des Darlehensnehmers, seine Verbindlichkeiten aus dem Vertrag jederzeit ganz oder teilweise vorzeitig zu erfüllen. Damit wird das in Artikel 16 Abs. 1 Satz 1 der Verbraucherkreditrichtlinie vorgesehene Recht auf vorzeitige Rückzahlung umgesetzt. Aufgrund ihres Ursprungs in der Richtlinie wird die Regelung ausdrücklich auf Verbraucherdarlehensverträge beschränkt. Die For-

Kündigungsrecht d. Darlehensnehmers; vorzeitige Rückz. **4 § 500**

mulierung „Verbindlichkeiten aus dem Vertrag" ist dem bisherigen § 504 entnommen. Sie beruht darauf, dass nicht nur die Rückzahlungsforderung als solche, sondern auch andere Verpflichtungen, insbesondere die Verpflichtung zu Teilzahlungen aus einem Teilzahlungsgeschäft, vorzeitig erfüllt werden können. Bei grundpfandrechtlich gesicherten Darlehen verbleibt es bei dem Sonderkündigungsrecht gemäß § 490 Abs. 2, vgl. § 503 BGB-E.

Kommentierung

I. Gegenstand der Regelung

Die Vorschrift regelt, wie es die Gesetzesbegründung formuliert,[1] spiegelbildlich zu § 499 die Rechte des Darlehensnehmers, differenziert nach Allgemein-Verbraucherdarlehensverträgen (Abs. 1) und Immobiliar-Verbraucherdarlehensverträgen (Abs. 2 Satz 2). Nur bei unbefristeteten Allgemein-Verträgen hat der Verbraucher Kraft Gesetzes das Recht zur fristlosen Kündigung und das einschränkungslose Recht zur vorzeitigen Erfüllung. Bei Immobiliardarlehensverträgen liegt die Einschränkung darin, dass der Verbraucher als Darlehensnehmer gemäß Absatz 2 Satz 2 nur bei berechtigtem Interesse vorzeitig erfüllen darf. Kündigung und vorzeitige Erfüllung führen bei Darlehensverträgen zum gleichen Ergebnis. Kündigt der Darlehensnehmer den Darlehensvertrag, ist er zur Rückzahlung verpflichtet (§ 489 Abs. 3, → Rn. 6). Wählt er die vorzeitige Erfüllung, bleibt der Darlehensvertrag mangels Kündigung zwar zunächst bestehen, das Schuldverhältnis erlischt aber gem. § 362 BGB, bei teilweiser Leistung zum entsprechenden Teil. Sowohl Kündigung wie vorzeitige Erfüllung führen zur Kostenermäßigung nach § 501. Das Recht zur vorzeitigen Erfüllung hat der Verbraucher aber gem. Abs. 2 auch bei Darlehensverträgen mit bestimmter Laufzeit, wo das Kündigungsrecht nach Abs. 1 nicht besteht. Unberührt bleibt das ordentliche Kündigungsrecht des Darlehensnehmers nach § 489 BGB. Ist eine unechte Abschnittsfinanzierung vereinbart (→ § 491 Rn. 146), ist das Kündigungsrecht von § 489 Abs. 1 Nr. 1 gegeben (Kündigungsfrist ein Monat, Kündigungstermin Ablauf des Abschnitts). Bei variablem Zinssatz besteht das Kündigungsrecht aus § 489 Abs. 2 mit dreimonatiger Frist. Das außerordentliche Kündigungsrecht des Darlehensnehmers bei berechtigtem Interesse (insbesondere Veräußerung der Immobilie) nach § 490 Abs. 2 ist gerade auf Immobiliardarlehensverträge zugeschnitten. Es setzt voraus, dass die berechtigten Interessen des Darlehensnehmers die Kündigung gebieten, während das Recht zur vorzeitigen Erfüllung nach § 500 Abs. 2 Satz 2 bereits besteht, wenn ein berechtigtes Interesse vorliegt (→ Rn. 18). Unberührt bleibt auch die Möglichkeit des Sicherheitentauschs nach §§ 490 Abs. 2, 313 BGB.[2] Die vorzeitige Erfüllung hat ihre praktische Bedeutung im Übrigen auch bei **Finanzierungshilfen** (§ 506 Abs. 1, → § 506 Rn. 122), insbesondere auch bei Teilzahlungsgeschäften, wo der Verbraucher am Vertrag festhalten und trotzdem vorzeitig leisten kann. Akzessorische **Sicherheiten** erledigen sich, nicht-akzessorische sind zurückzugewähren, soweit der Sicherungszweck weggefallen ist. Vorbehaltseigentum wird zum Volleigentum des Ver-

4

---

[1] BR-Drucks. 848/08, S. 134, zur Umsetzung der VerbrKrRil.
[2] BGH NJW 2004, 1730 mit Anm. *Bülow* LMK 2004, 129.

§ 500   5, 6   1. Teil. Darlehen und Finanzierungshilfen

brauchers als Käufer, resp. bei teilweiser Leistung verbessert sich sein Anwartschaftsrecht. Unberührt bleibt das jederzeitige Kündigungsrecht des Verbrauchers bei formwidrigem, aber geheiltem Vertrag nach § 494 Abs. 6 Satz 1 (→ § 494 Rn. 81). Die Rechte aus § 500 hat gem. § 513 – anders als nach der bis zum 10.6.2010 geltenden Fassung von § 489 Abs. 1 Nr. 2 BGB aF – auch der **Existenzgründer.**

II. Gesetzliches Kündigungsrecht des Darlehensnehmers bei Allgemein-Verbraucherdarlehensverträgen (Abs. 1)

5   Während das Kündigungsrecht des Darlehensgebers nach § 499 Abs. 1 eine Vereinbarung voraussetzt, entsteht das Kündigungsrecht des Darlehensnehmers kraft Gesetzes. Das Kündigungsrecht nach § 500 Abs. 1 setzt einen Allgemein-Darlehensvertrag mit unbestimmter Laufzeit voraus[3] und tritt an die Stelle des dreimonatigen Kündigungsrechts gem. § 488 Abs. 3 Satz 2. Allerdings können die Parteien statt der gem. Satz 1 bestimmten Fristlosigkeit eine Kündigungsfrist vereinbaren, die jedoch höchstens einen Monat betragen darf (Satz 2). Die Fristberechnung richtet sich nach § 188 Abs. 2 BGB. Wurde eine längere Kündigungsfrist vereinbart, ist die Vereinbarung unwirksam, sodass der Verbraucher nach Abs. 1 Satz 1 fristlos kündigen kann. Eine Umdeutung nach § 140 BGB ist – anders als im Fall von § 499 Abs. 1 (→ § 499 Rn. 6) – denkbar, dürfte aber im Allgemeinen am hypothetischen Parteiwillen des Verbrauchers scheitern. Bei Vereinbarung durch Allgemeine Geschäftsbedingung würde das Verbot der teleologischen Reduktion entgegenstehen[4].

6   Die Wirksamkeit der Kündigungserklärung des Verbrauchers hängt gem. § 489 Abs. 3 davon ab, dass er den aufgrund der Kündigung geschuldeten Betrag binnen zwei Wochen nach Wirksamwerden der Kündigung (*scil.* dem Zugang) **zurückzahlt,** wobei es zur Fristwahrung (§§ 187 Abs. 1, 188 Abs. 2) gem. § 270 BGB genügt, wenn der Verbraucher das zur Übermittlung des Geldes seinerseits Erforderliche getan hat;[5] er trägt also das Verlust- aber nicht das Verzögerungsrisiko.[6] Zahlt der Verbraucher nicht oder zu spät, bleibt er an den Darlehensvertrag gebunden, sodass der Darlehensgeber nicht auf die Durchsetzung des Rückzahlungsanspruchs und die Liquidierung eines Verzugsschadens verwiesen ist. Zwar regelt die Verbraucherkreditrichtlinie die Rechtsfolgen der Kündigung nicht, doch ist fraglich, ob dadurch nicht das Recht zur fristlosen Kündigung des Verbrauchers in einer Weise verletzt wird, dass der *effet utile* von Art. 13 Abs. 1 vernachlässigt ist.[7]

---

[3] Ebenso Nr. 26 Abs. 1 AGB-Sparkassen, allerdings intransparent gemäß § 307 Abs. 1 Satz 2 BGB hinsichtlich des Kündigungsrechts der Sparkasse, wirksam hinsichtlich des Kündigungsrechts des Kunden (personale Unwirksamkeit), BGH v. 5.5.2015 – XI ZR 214/14, Rn. 22, BGH NJW 2015, 2412 = WM 2015, 1379 mit Komm. *Bunte* EWiR 2015, 499, sowie Nr. 19 Abs. 2 AGB-Banken; Vorinstanz OLG Nürnberg WM 2015, 1477.
[4] S. nur BGH v. 5.5.2015 – XI ZR 214/14, Rn. 16, NJW 2015, 2412.
[5] BGHZ 44, 179; BGH NJW 1964, 499.
[6] Art. 3 Abs. 1 lit. c ii der Richtlinie 2000/35/EG zur Bekämpfung des Zahlungsverzugs im Geschäftsverkehr, wonach für die Geldschuld nicht das Konzept der qualifizierten Schickschuld, sondern dasjenige der modifizierten Bringschuld gilt (Eingang beim Gläubiger), ist auf Verbrauchergeschäfte nicht anwendbar, EuGH NJW 2008, 1935 mit Bespr. *Faust* JuS 2009, 81; *Herresthal* ZGS 2008, 259; *Gösele* FS Nobbe, S. 75 (81).
[7] *Derleder* NJW 2009, 3195 (3201/3202); aA MüKoBGB/*Schürnbrand* § 500 BGB Rn. 6.

Die Kündigung des Darlehensnehmers ist **formlos** wirksam – vorbehaltlich anderer Vereinbarung, vgl. § 309 Nr. 13 BGB –, da § 492 Abs. 5 (dauerhafter Datenträger, → § 499 Rn. 6) nur für Erklärungen des Darlehensgebers gilt. Dieser hat das Kündigungsrecht im Rahmen von Art. 247 § 6 Abs. 1 Nr. 5 EGBGB (einzuhaltendes Verfahren bei der Kündigung des Verbrauchers) **anzugeben**. 7

III. Vorzeitige Erfüllung (Abs. 2)

1. Anwendungsbereich und Voraussetzungen

Der Verbraucher kann nicht nur in Verzug geraten, sondern er kann im Gegenteil versuchen, sich von seinen Verbindlichkeiten vor der Zeit zu lösen, seine Schuld also tilgen, obwohl sie noch nicht fällig ist. Gem. § 271 Abs. 2 BGB kann der Schuldner die Leistung im Zweifel vor vereinbarter Fälligkeit erbringen, die Parteien können aber auch anderes vereinbaren. Es braucht nicht im Interesse des Gläubigers zu liegen, wenn der Schuldner vorzeitig erfüllt; die Kreditgewährung gegen Entgelt ist nämlich eine Anlageform, und der Gläubiger müsste sich der Mühe unterziehen, eine neue Anlage zu finden, wenn der Schuldner ohne Fälligkeitseintritt leisten dürfte, vielleicht findet der Gläubiger nur eine schlechtere.[8] Deshalb hat die vorzeitige Leistung des Schuldners im Allgemeinen bei anderweitiger Vereinbarung[9] keine Erfüllungswirkung iSv § 362 Abs. 1 BGB,[10] sodass er das Entgelt für den Kredit trotzdem erbringen muss und die Leistung gem. § 813 Abs. 2 BGB auch nicht kondizieren kann. Der Darlehensnehmer kann auch nicht mit einer verjährten Forderung gegen den Darlehensrückzahlungsanspruch aus § 488 Abs. 1 Satz 2 BGB aufrechnen, solange Letzterer noch nicht fällig ist; die Voraussetzungen von § 215 BGB sind mangels Erfüllbarkeit der Darlehensrückzahlungsforderung und mangels Aufrechnungslage nicht gegeben.[11] Im Verbraucherkreditrecht hat der Verbraucher als Schuldner jedoch Anspruch auf vorfällige Leistung. Deshalb ist die Darlehensrückzahlungsforderung jederzeit erfüllbar, sodass im gegebenen Falle auch die Aufrechnungslage besteht und die Voraussetzungen von § 215 BGB vorliegen.[12] Eine entgegenstehende, auf der Grundlage von § 271 Abs. 2 BGB an sich mögliche Vereinbarung ist gem. § 512 Satz 1 nichtig. Das gilt auch für Vorfälligkeitsentschädigungen (→ § 498 Rn. 4), Vertragsstrafen, Bearbeitungsentgelte[13] oder Zinsfortzahlungsklauseln (→ § 501 Rn. 11)[14] sowie die vertragswidrige Behandlung laufzeitabhängiger Kosten (Disagio), wenn der Rahmen von § 502 (Vorfälligkeitsentschädigung als Ausgleich für den Darlehensgeber) nicht eingehalten ist (→ § 502 Rn. 10 ff.). Dem Recht auf vorzeitige Tilgung entspricht eine Verminderung der 8

---

[8] Vgl. auch *Scholz* BB 1977, 1425.
[9] Und nur dann, *Knops* VuR 2001, 239 (243).
[10] AA *Muscheler/Bloch* JuS 2000, 729 (731).
[11] BGH v. 8.11.2011 – XI ZR 341/10, Tz. 11, 15, NJW 2012, 445 = WM 2012, 28; *Bülow* Kreditsicherheiten, Rn. 1436b.
[12] LG Nürnberg-Fürth WM 2016, 325 mit Anm. *Bülow* WuB 2016, Heft 7.
[13] BGH v. 13.5.2014 – XI ZR 405/12, Rn. 80, NJW 2014, 2420 mit Komm. *Casper* EWiR 2014, 437; *H.Berger/Rübsamen* WM 2011, 1877; auch bei online-Vertragsschluss, BGH WM 2014, 1325 = BKR 2014, 415 mit Bunte EWiR 2014, 439.
[14] *Erman/Saenger* § 500 BGB Rn. 6; RGRK-BGB/*Alff*, Erläuterung zu § 272 BGB; für den Bereich außerhalb des Verbraucherkreditrechts grundlegend zur Vorfälligkeitsentschädigung BGH WM 1997, 1747.

§ 500 9–11   1. Teil. Darlehen und Finanzierungshilfen

Finanzierungskosten, die durch Zinsrückvergütung eintritt (→ § 501 Rn. 9) und die im Allgemeinen den Zweck der vorzeitigen Tilgung bildet. Hinsichtlich der Höhe dieser Verminderung dürfte dem Verbraucher ein **Auskunftsanspruch** gegen den Darlehensgeber zustehen, der unverzüglich zu erfüllen ist.[15]

9 Die vorzeitige Erfüllung bezieht sich nicht nur auf die gesamte Verbindlichkeit des Verbrauchers, sondern auch auf **Teilleistungen.** Die Regelung von § 266 BGB, wonach der Schuldner (Verbraucher) zu Teilleistungen nicht berechtigt ist, gilt nicht; sie ist auch im Falle von § 497 Abs. 3 Satz 2 aufgehoben (→ § 497 Rn. 50). Der Kreditgeber darf deshalb Teilzahlungen nicht zurückweisen und gerät andernfalls in Annahmeverzug.

10 § 500 Abs. 2 ist – anders als die Vorgängerregelung von § 504 aF – auf Verbraucherdarlehensverträge anwendbar, mit Besonderheit für Immobiliar-Kreditverträge nach Satz 2 (→ Rn. 16), und auf Finanzierungshilfen gem. § 506 Abs. 1 (→ § 506 Rn. 122), vorausgesetzt, dass die Bagatellgrenze aus § 491 Abs. 2 Satz 2 Nr. 1 überschritten (→ § 491 Rn. 158 ff.) resp. die Höchstgrenze im Falle von Existenzgründungskrediten nach § 513, letzter HS. unterschritten (→ § 513 Rn. 16) ist.

2. Tatbestand der vorzeitigen Erfüllung

11 a) **Erklärung und rechtsgeschäftlicher Wille.** Der Einhaltung einer Kündigungsfrist durch den Verbraucher oder auch nur der Ankündigung der vorzeitigen Erfüllung bedarf es im Fall von § 500 Abs. 2 nicht; die tatsächliche Zuführung des Geldes in den Verfügungsbereich des Kreditgebers genügt. Die Erfüllung setzt auf Seiten des Verbrauchers (oder eines für ihn gem. § 267 BGB leistenden Dritten[16]) Erfüllungswillen nach allgemeinen Grundsätzen voraus, während der Wille des Kreditgebers, die Leistung als Erfüllung anzunehmen, richtigerweise keine Bedeutung für die Erfüllungswirkung hat.[17] Die Erfüllung durch einen der gleichgründig verpflichteten Mitschuldner hat gem. § 422 Abs. 1 BGB Gesamtwirkung.[18] Leistet ein Sicherungsgesamtschuldner als Interzessionar anstelle des Darlehensnehmers vorzeitig, gilt Folgendes: Der Interzessionar hat nicht das Recht, Gestaltungsrechte des Hauptschuldners auszuüben, kann zB nicht anstelle des Darlehensnehmers das Darlehen kündigen. Die Ausübung des Rechts auf vorzeitige Erfüllung hat ebenfalls Gestaltungswirkung, indem die Darlehensschuld erlischt. Ob davon Gebrauch zu machen ist, bestimmt der Hauptschuldner als Darlehensnehmer und nicht der Interzessionar. Leistet deshalb der Sicherungsgesamtschuldner an den Darlehensgeber vorzeitig, so ist darin die Leistung eines iSv § 267 BGB zu sehen, sodass eine *cessio legis* gem. § 774 Abs. 1 oder § 426 Abs. 2 BGB ausscheidet.[19] Der Interzessionar hat lediglich Aufwendungsersatzansprüche aus § 670 BGB, deren Erforderlichkeit zu deren Fälligkeit erst in demjenigen Zeitpunkt führt, in welchem die mit dem Darlehensgeber vereinbarte Fälligkeit eingetreten wäre. Für eine Verzinslichkeit dieser Ansprüche des Interzessionars bis dahin ist kein Raum. Jedoch dürfte das

---

[15] MüKoBGB/*Schürnbrand* § 500 BGB Tn. 12.
[16] MüKoBGB/*Schürnbrand* § 504 BGB Rn. 7.
[17] *Bülow* JuS 1991, 529 (530).
[18] Staudinger/*Kessal-Wulf* § 504 BGB Rn. 8; MüKoBGB/*Schürnbrand* § 500 BGB Rn. 9 aE.
[19] *Bülow*/*Artz* ZIP 1998, 629 (637); aA MüKoBGB/*Schürnbrand* § 500 BGB Rn. 9 Fn. 21.

Kündigungsrecht d. Darlehensnehmers; vorzeitige Rückz.   12–15 § 500

Recht des Darlehensnehmers und Hauptschuldners zur vorzeitigen Erfüllung nunmehr auch gegenüber dem Regressanspruch des Interzessionars bestehen.

b) Zeitpunkt der Erfüllung. Für die Berechnung der Kostenermäßigung 12 nach § 501 kommt es auf den Zeitpunkt der Erfüllung an (→ § 501 Rn. 9). Bei **Überweisungen** tritt Erfüllungswirkung ein, sobald der Kreditgeber (Verkäufer/Leistungserbringer) gegenüber seiner Bank den Anspruch aus der Gutschrift erlangt, dh mit Durchführung der Buchung auf dem Konto des Kreditgebers. Auf die Kenntnis des Kreditgebers von der Buchung kommt es nicht an und noch weniger auf die Wertstellung der Bank.[20] Andererseits genügt nicht der Eingang des Geldes in den Verfügungsbereich der Bank des Kreditgebers.

Leistet der Verbraucher durch **Scheck** (→ § 496 Rn. 18), hat dessen Zugang 13 beim Kreditgeber gem. § 364 Abs. 2 BGB noch keine Erfüllungswirkung, sondern erst die Einlösung. Für den Zeitpunkt der Einlösung kommt es darauf an, ob der Kreditgeber den Scheck der kontoführenden Stelle derjenigen Bank, auf die der Verbraucher den Scheck gezogen hatte (Art. 3 ScheckG), vorlegt (Art. 28 ScheckG) oder bei einer anderen Bank (insbesondere seiner Hausbank als Inkassobank). Im Falle der Vorlegung bei der kontoführenden Stelle der bezogenen Bank tritt Erfüllungswirkung ein, wenn diese den Scheckbetrag bar auszahlt oder einem Konto des Kreditgebers, sofern er es – eher zufällig – bei derselben kontoführenden Stelle unterhält, gutschreibt.[21] Die Vorlegung bei einer Inkassobank (gleichermaßen bei einer nicht kontoführenden Stelle der bezogenen Bank) führt zur Gutschrift unter Vorbehalt des Eingangs („E. v.") iSv Nr. 9 Abs. 1 AGB-Banken und AGB-Sparkassen, AGB-Postbank.[22] Die Gutschrift ist also nicht endgültig, sodass damit auch noch nicht Erfüllung eingetreten ist. Der Vorbehalt fällt erst weg, wenn die bezogene Bank der Inkassobank den Scheckbetrag ihrerseits endgültig zur Verfügung stellt. Das ist der Fall, wenn die bezogene Bank das Ausstellerkonto (Art. 3 Satz 2 ScheckG) belastet, also dasjenige des Verbrauchers. In dieser Belastungsbuchung der bezogenen Bank nach vorangegangener Vorbehaltsbuchung bei der Inkassobank liegen die Erfüllung und ihr Zeitpunkt.[23] Es gibt Sonderfälle, in denen der Einlösungszeitpunkt und damit die Erfüllung vor der Belastungsbuchung liegt, zB bei sog. Bezahltmeldung gem. Nr. 9 Abs. 2 Satz 3 AGB-Banken, Nr. 10 Abs. 1 Satz 2 AGB-Postbank, Nr. 9 Abs. 2 AGB-Sparkassen.[24]

Dem Kreditvertrag ist keine Nebenpflicht zu entnehmen, dass der Kreditgeber 14 den Scheck auf die eine oder andere Weise einlösen müsste; er kann den ihm bequemsten Weg wählen, wie er im Allgemeinen ja auch nicht gehalten ist, die Scheckzahlung überhaupt anzunehmen.

Im Falle der **Barzahlung** durch den Verbraucher liegt der Erfüllungszeitpunkt 15 in der Übereignung des Geldes an den Kreditgeber. Zahlt der Verbraucher den Betrag der Restverbindlichkeit bar bei der Bank des Kreditgebers ein, liegt der Erfüllungszeitpunkt am Einzahlungstag, nicht erst am Buchungstag und schon gar nicht erst am Wertstellungstag.[25]

---

[20] BGH NJW 1997, 2042 mit Komm. *Bülow* EWiR Nr. 12 AGB-Banken 1/97, 723.
[21] BGH NJW 1987, 317 zu II. 3. mit Komm. *Fischer* EWiR § 662 BGB 1/86, 1191.
[22] *Bülow* WechselG ScheckG, Nr. 9 AGB-Sp Rn. 3.
[23] *Bülow* WechselG, ScheckG, Art. 29 ScheckG Rn. 6.
[24] BGH WM 1997, 1194 mit Anm. *Bülow* WuB I A 1.–1.97.
[25] BGHZ 106, 259 (265) mit Komm. *Köndgen* EWiR § 9 AGBG 3/89, 111; LG Heidelberg ZIP 1987, 629 mit Komm. *Köndgen* EWiR § 9 AGBG 10/87, 533 und Anm. *Hadding/Häuser* WuB I A.–5.87.

§ 501

3. Immobiliar-Darlehensverträge

16 Das Recht zur vorzeitigen Erfüllung hat auch der Verbraucher als Darlehensnehmer eines Immobiliar-Darlehensvertrags. Es ist zu unterscheiden, ob variable oder gebundene Sollzinssätze vereinbart sind.

17 **a) Variable Zinsen (Abs. 2 Satz 1).** Bei Vereinbarung variabler Zinsen, typischerweise für einen bestimmten Zeitabschnitt (vgl. → § 491 Rn. 144 ff.), hat der Darlehensnehmer nicht nur das Recht zur jederzeitigen Kündigung nach § 489 Abs. 2 (→ Rn. 4), sondern auch das Recht zur jederzeitigen und vorzeitigen Erfüllung nach Abs. 2 Satz 1 ebenso wie der Darlehensnehmer eines Allgemein-Verbraucherkreditvertrags (→ Rn. 10).

18 **b) gebundener Sollzinssatz (Abs. 2 Satz 2).** Ist eine Festzinsperiode vereinbart, hat der Verbraucher als Darlehensnehmer das Recht zur vorzeitigen Erfüllung im Zeitraum der Sollzinsbindung, aber nur, wenn hierfür ein berechtigtes Interesse besteht. Anders als im Fall der außerordentlichen Kündigung nach § 490 Abs. 2 Satz 1 BGB ist nicht Voraussetzung, dass die berechtigten Interessen die vorzeitige Erfüllung gebieten. Ohne ein vorhandenes berechtigtes Interesse müsste der Verbraucher das Ende der Festzinsperiode abwarten, um vorzeitig erfüllen zu können. Vorher ist die Darlehensrückzahlungsforderung des Darlehensgebers nicht erfüllbar (→ Rn. 8).

19 Das berechtigte Interesse mag – wenn auch nicht notwendig gebietend, → Rn. 18 – vorhanden sein im Zuge von Ehescheidung und Arbeitslosigkeit.[26] Zu erwägen ist das berechtigte Interesse auch bei nachträglich zu Tage tretenden Mängeln der Kreditwürdigkeitsprüfung, aufgrund derer der Darlehensnehmer an seiner eigenen Fähigkeit zur Kreditrückführung zweifelt (→ § 499 Rn. 22).

IV. Unanwendbarkeit

20 § 500 ist gem. § 505 Abs. 4 (→ § 505 Rn. 19) nicht anwendbar auf geduldete Überziehungen. Bei einer eingeräumten Überziehungsmöglichkeit nach § 504 kann der Verbraucher zwar einen Sollsaldo jederzeit zurückführen, aber im Fall von § 504 Abs. 2 Satz 1 (Laufzeit drei Monate oder fristlose Kündigung durch den Darlehensgeber) ist § 500 Abs. 1 Satz 2 nicht anwendbar (→ Rn. 5), womit gemeint ist, dass eine Frist für die Rückführung eines Sollsaldos nicht ausbedungen werden kann (→ § 504 Rn. 40). Zur vorzeitigen Erfüllung nach § 500 Abs. 2 ist der Verbraucher nicht berechtigt im Fall von **Finanzierungsleasingverträgen mit Restwertgarantie** nach § 506 Abs. 2 Nr. 3 (→ § 506 Rn. 144).

§ 501 Kostenermäßigung

Soweit der Darlehensnehmer seine Verbindlichkeiten vorzeitig erfüllt oder die Restschuld vor der vereinbarten Zeit durch Kündigung fällig wird, vermindern sich die Gesamtkosten (§ 6 Abs. 3 der Preisangabenverordnung) um die Zinsen und sonstigen laufzeitabhängigen Kosten, die bei gestaffelter Berechnung auf die Zeit nach der Fälligkeit oder Erfüllung entfallen.

Vorgängervorschriften: §§ 14 VerbrKrG, 498 Abs. 2, 504, 609a Abs. 1 Nr. 2 BGB aF

---

[26] RegE BT-Drucks. 18/5922, S. 95.

Kostenermäßigung 1–3 § 501

Schrifttum: *Schmelz/Klute,* Zum Gesetzentwurf für ein Verbraucherkreditgesetz, ZIP 1989, 1509; *Wilk,* Zinsfortzahlungsklausel und vorzeitige Darlehenstilgung, DB 1991, 1207.

Übersicht

	Rn.
Materialien	
Verbraucherkreditrichtlinie Art. 16	1
Begründung RegE zum VerbrKrG, BT-Drucks. 11/5462, S. 28	2
Begründung RegE zum Gesetz zur Umsetzung der Verbraucherkreditrichtlinie, BT-Drucks. 16/11643, S. 86	3
Kommentierung	
I. Anwendungsbereich	6
II. Verminderung der Gesamtkosten	8
1. Tatbestand des Bezugs auf die Zeit nach der Fälligkeit oder der Erfüllung	9
2. Nur laufzeitabhängige Kosten	10
3. Tilgungsrecht aus § 271 Abs. 2 BGB – Laufzeitunabhängige Kosten	11
4. Gestaffelte Berechnung	12
5. Insbesondere: Leasing	14

Materialien
Verbraucherkreditrichtlinie 2008/48/EG
Artikel 16

(1) Der Verbraucher ist berechtigt, seine Verbindlichkeiten aus einem Kreditvertrag jederzeit ganz oder teilweise zu erfüllen. In solchen Fällen hat der Verbraucher das Recht auf Ermäßigung der Gesamtkosten des Kredits, die sich nach den Zinsen und den Kosten für die verbleibende Laufzeit des Vertrags richtet. **1**

Begründung RegE zum VerbrKrG, BT-Drucks. 11/5462, S. 28

Bei der Berechnung der Rückvergütung sind dem Verbraucher alle laufzeitabhängigen Kreditkosten für die Zinsansprüche nach Erfüllung gutzubringen, wobei ggf. abweichend vom vertraglichen Ratenplan eine staffelmäßige Abrechnung der Zinsen vorzunehmen ist. Bei Kreditverträgen, die von der Pflicht zur Angabe eines Barzahlungspreises ausgenommen sind, ist ein im Teilzahlungspreis enthaltener Zins für den Zahlungsaufschub schwer zu ermitteln. Die Zugrundelegung des gesetzlichen Zinssatzes für die Abzinsung stellt in diesen Fällen einen angemessenen Kompromiss dar. **2**

Begründung RegE Gesetz zur Umsetzung der Verbraucherkreditrichtlinie BT-Drucks. 16/11643, S. 86

Die Vorschrift soll für alle Formen der vorzeitigen Rückzahlung und Kündigung gelten, denn die Ermäßigung der laufzeitabhängigen Kosten ist bei einer vorzeitigen Beendigung eine sachgerechte Folge. Ein Widerspruch zur Richtlinie ergibt sich daraus nicht. Die Verbraucherkreditrichtlinie sieht die Ermäßigung zwar nur für die Fälle der vorzeitigen Rückzahlung vor, sie trifft aber auch nur in diesem Fall Regelungen über die Rechtsfolgen. Die Rechtsfolgen einer Kündigung regelt die Richtlinie nicht und überlasst dies deshalb den Mitgliedstaaten (Erwägungsgrund 9 Sätze 3 und 4 der Verbraucherkreditrichtlinie). Insofern begegnet die Regelung keinen europarechtlichen Bedenken. Die Formulierung ändert auch die Rechtslage in Deutschland nicht, denn schon bisher fließen nach einer Kündigung die überbezahlten Zinsen und sonstigen laufzeitabhängigen Kosten als Rechnungsposten in das Abwicklungsverhältnis ein (*BGH,* XI. Zivilsenat, Urteil vom 29. Mai 1990 – XI ZR 231/89 – BGHZ 111, 287, 290, 294; *BGH,* IX. Zivilsenat, Urteil vom 17. Mai 1994 – IX ZR 232/93 – NJW 1994, 1790; Münchener Kommentar/*Berger,* **3**

§ 501 4–7　　　　　　　　　　　　1. Teil. Darlehen und Finanzierungshilfen

BGB, 5. Auflage 2007, § 488, Rn 242; *Bülow/Artz,* Verbraucherkreditrecht, 6. Auflage 2006, § 504, Rn 41; *Staudinger/Hopt/Mülbert,* Kommentar zum BGB, 12. Auflage 1989, § 609, Rn 6). Auch im Rahmen des § 490 Abs. 2 sind ersparte und „unverbrauchte" Kosten, wie Risikokosten, Verwaltungskosten oder als Zinsvorauszahlung ausgestaltete Disagi, bei der Berechnung der Vorfälligkeitsentschädigung im Rahmen der Vorteilsausgleichung anspruchsmindernd zu berücksichtigen (*BGH,* Urteil vom 1. Juli 1997 – XI ZR 267/96; BGHZ 136, 161; *BGH,* Urteil vom 30. November 2004 – XI ZR 285/03; BGHZ 161, 196; *Bamberger/Roth/Rohe,* Kommentar zum BGB, 2. Auflage, § 490, Rn 33, 36). Deshalb handelt es sich bei den bisher nur in Einzelfällen (§§ 498 Abs. 2, 504) geregelten Kostenreduktionen um einen verallgemeinerungsfähigen Rechtssatz, der in § 501 BGB-E niedergeschrieben werden soll. Auswirkungen auf die bisherige Praxis sind damit nicht verbunden. Insbesondere ist § 501 BGB-E keine Anspruchsgrundlage, sondern lediglich im Rahmen der Abwicklung eines beendeten Darlehensvertrags als Rechnungsposten etwaiger Schadensersatz- oder Bereicherungsansprüche zu berücksichtigen. § 501 BGB-E berührt auch nicht den Anspruch auf Schadensersatz wegen Verzugs, wenn das Darlehen nach § 498 gekündigt wird...

4　　Die Vorschrift beruht darauf, dass für die vereinbarte Laufzeit berechnete Kosten zu hoch angesetzt sein können, falls das Vertragsverhältnis vor der vereinbarten Laufzeit beendet wird. Deshalb ordnet § 501 BGB-E für diese Fälle die Ermäßigung der Gesamtkosten (§ 6 Abs. 3 PAngV) an. Diese beeinflussen den vom Darlehensnehmer zu entrichtenden Gesamtbetrag (Artikel 247 § 3 Abs. 2 EGBGB). Es ermäßigt sich dadurch der Betrag, den der Darlehensnehmer dem Darlehensgeber noch schuldet.

5　　Die Gesamtkosten ermäßigen sich zunächst um die „Zinsen" nach dem Zeitpunkt der Rückzahlung bzw. Kündigung. Dies erlangt insbesondere für bereits im Voraus bezahlte Zinsen Bedeutung, denn für die Zeit nach Vertragsbeendigung entstehen keinen neuen Zinsansprüche. Außerdem kommt es zu einer Ermäßigung der sonstigen Kosten, soweit diese im Vertrag laufzeitabhängig ausgestaltet wurden. Die „gestaffelte Berechnung" trägt dem Gedanken Rechnung, dass gerade bei Verträgen, bei denen die Rückzahlungsforderung in Teilzahlungen getilgt wird, die Teilzahlungen einen unterschiedlichen Zins-, Kosten- und Tilgungsanteil aufweisen. Wenn im Vertrag eine frühzeitige Tilgung der Kosten vorgesehen ist, soll dies bei der Berechnung der fälligen Gesamtkosten berücksichtigt werden. Die laufzeitabhängigen Kosten sind deshalb nicht für jede Rate mit gleich bleibender Höhe zu berechnen, sondern jeweils mit dem vertraglich vereinbarten Betrag.

Kommentierung

I. Anwendungsbereich

6　　Während Art. 16 Abs. 1 VerbrKrRil nur die Kostenermäßigung für den Fall der vorzeitigen Rückzahlung durch den Verbraucher nach § 500 Abs. 2 regelt, bezieht sich § 501 auf alle Formen der vorzeitigen Rückzahlung und Kündigung, veranlasst durch Verbraucher oder Darlehensgeber resp. andere Unternehmer, nämlich nach §§ 489 Abs. 1 und 2, 490 (außerordentliche Kündigung durch Darlehensgeber und Darlehensnehmer), 498 (Gesamtfälligkeitsstellung), 499 (Kündigung durch Darlehensgeber), 500 Abs. 1 (Kündigung durch den Darlehensnehmer), aber auch § 271 Abs. 2 BGB (→ Rn. 11). Diese Erweiterungen liegen außerhalb des harmonisierten Bereichs der Richtlinie, sodass sie den Mitgliedstaaten freigestellt sind (→ Rn. 3).

7　　Anders als die Vorgängerregelung von § 504 BGB aF findet die Kostenermäßigung auch bei vorzeitigen **Teilleistungen** des Verbrauchers statt (→ § 500 Rn. 9), was durch die Eingangsformulierung „soweit" zum Ausdruck kommt.

II. Verminderung der Gesamtkosten

Die Gesamtkosten des Kredits, sowohl eines Darlehens wie einer Finanzierungshilfe, setzen sich nach § 6 Abs. 3 PAngV als Vorschrift, die für die Kostenermäßigung nach § 501 Maß gibt, zusammen aus Zinsen und allen sonstigen Kosten einschließlich etwaiger Vermittlungskosten. Soweit sich diese Zinsen und Kosten auf die Zeit nach der vorgezogenen Fälligkeit oder nach der Erfüllung (→ § 500 Rn. 11 bis 15) **beziehen**, werden sie vom Verbraucher unter bestimmten Voraussetzungen (Laufzeitabhängigkeit, → Rn. 10) nicht geschuldet und begründen die Kostenermäßigung. Diese Zinsen und Kosten sind vom Kreditgeber zu erstatten bzw. zu verrechnen, soweit sie sich auf die Zeit beziehen, die nach dem Fälligkeits- bzw. Erfüllungszeitpunkt liegt. Wenn die laufzeitabhängigen Kosten dagegen unter den Parteien taggenau oder von vornherein staffelmäßig abgerechnet wurden, hat § 501 keinen Anwendungsbereich. 8

1. Tatbestand des Bezugs auf die Zeit nach der Fälligkeit oder der Erfüllung

Bei **Verbraucherdarlehensverträgen** wird der Bezug am Beispiel von Ratenkrediten deutlich. Hierbei werden aus dem Gesamtbetrag von Kapital und Kosten (Zinsen, Gebühren, Spesen) gleich hohe Zahlungsraten gebildet; in jeder Rate ist der Tilgungsanteil gleich hoch und folglich auch der Zinsanteil.[1] Kapitalanteil und Zinsanteil jeder Rate verändern sich also, anders als beim Annuitätendarlehen, nicht. Der Verbraucher schuldet aber von der Fälligkeit abweichende Zinsbeträge: Sie sind am Anfang der Darlehenslaufzeit höher und sinken dann, mit fortschreitender Tilgung des Kapitals bei staffelmäßiger Berechnung, immer weiter ab.[2] Deshalb können in dem rückständigen Betrag, der sich im Beispielsfall der Kündigung und Gesamtfälligkeitsstellung nach § 498 für den Zeitpunkt der Kündigung ergibt, auch Zinsanteile enthalten sein, die bei staffelmäßiger Berechnung erst für die Zeit nach Wirksamwerden der Kündigung angefallen wären. Insoweit hat der Darlehensgeber aber keinen Anspruch auf den Vertragszins, sondern kann nur Verzugszinsen nach Maßgabe von § 497 Abs. 1 verlangen (→ § 497 Rn. 33). Deshalb vermindert sich die vom Verbraucher noch zu zahlende Restschuld um diesen Zinsanteil. Die Folge ist im Beispielsfall von § 498, dass der Anspruch des Kreditgebers auf den fällig gestellten Restbetrag nur dann schlüssig dargetan ist, wenn dieser die Zinsrückvergütung abgezogen hat (→ § 498 Rn. 34); dies ist von Amts wegen und nicht erst auf Bestreiten oder gar auf Einwendung des Verbrauchers zu berücksichtigen.[3] Auch die Kaufpreisraten bei einem **Teilzahlungsgeschäft** (§ 506 Abs. 3) können wie bei Ratendarlehen konzipiert sein, sodass der Verbraucher Leistungen für die Zeit nach der vorzeitigen Fälligkeit oder Erfüllung erbracht haben kann. Zum **Leasinggeschäft** → Rn. 14. 9

---

[1] BGHZ 91, 54 (58) = NJW 1984, 2161 zu II.3.a.
[2] BGHZ 91, 54 (58) = NJW 1984, 2161; BGH WM 1987, 101; OLG Celle MDR 1994, 157; BB 1975, 1129; *Seckelmann* VuR 1993, 212.
[3] Darin liegt, entgegen *Schmelz/Klute* ZIP 1989, 1509 (1520), die Sanktion.

§ 501   10, 11   1. Teil. Darlehen und Finanzierungshilfen

2. Nur laufzeitabhängige Kosten

10   In den Gesamtkosten, also Zinsen und sonstigen Kosten nach § 6 Abs. 3 PAngV, können einmalige Kosten enthalten sein wie Bereitstellungsprovisionen oder Geldbeschaffungskosten, auch wenn sie als Disagio (→ § 492 Rn. 107) bezeichnet werden.[4] Hierzu zählen auch Kapitalnutzungskosten, die mit Vertragsabschluss anfallen,[5] wie Bearbeitungs-[6]/Antrags-/Kreditgebühren, Maklerprovisionen,[7] Versicherungsprämien,[8] gleichgültig, ob sie bei der Berechnung des effektiven Jahreszinses zu berücksichtigen sind. Die Gesamtkosten setzen sich also zusammen aus **laufzeitunabhängigen** und **laufzeitabhängigen** Kosten. Die laufzeitunabhängigen Kosten darf der Kreditgeber trotz vorzeitiger Tilgung ungeschmälert behalten, sie sind für den Verbraucher verloren und sind keine „Kosten für die verbleibende Laufzeit des Vertrags" nach Art. 16 Abs. 1 der Richtlinie (→ Rn. 1).

3. Tilgungsrecht aus § 271 Abs. 2 BGB – Laufzeitunabhängige Kosten

11   Fraglich ist, ob diese Regelung, nach der laufzeitunabhängige Kosten nicht zu vergüten sind, auch gilt, wenn das Recht zur vorzeitigen Tilgung nicht erst aus Satz 1 folgt, sondern sich nach Lage des einzelnen Kreditvertrags mangels anderweitiger Vereinbarung (→ § 500 Rn. 8) bereits aus der Auslegungsregel von § 271 Abs. 2 BGB ergibt. Nach allgemeinen Regeln ist der Schuldner zwar nicht zum Abzug von Zwischenzinsen berechtigt, wenn er eine unverzinsliche Schuld vor Fälligkeit tilgt (§ 272 BGB), aber es ist anerkannt, dass bei Tilgung einer verzinslichen Forderung vor Fälligkeit die Verzinslichkeit aufhört.[9] Das bedeutet zunächst, dass auch nach allgemeinen Regeln eine staffelmäßige Berechnung vorzunehmen ist; Ende der Verzinslichkeit bedeutet aber auch, dass nicht nur diejenigen Kapitalnutzungskosten erfasst sind, die laufzeitabhängig sind. Vielmehr sind auch laufzeitunabhängige Kosten (insbesondere Bearbeitungsgebühren und Maklerprovisionen, auch Restschuldversicherungsprämien) einzubeziehen, mit anderen Worten, bei der Abzinsung ist im allgemeinen Fall von § 271 Abs. 2 BGB der effektive Jahreszins und nicht der Sollzins zugrunde zu legen. Die allgemeinen Regeln, soweit sie gem. § 271 Abs. 2 BGB die vorfällige Tilgung erlauben und nach Lage des Einzelfalls für den Kreditvertrag gelten, sind für den Verbraucher also günstiger. Jedoch ist es die *ratio legis* von § 501, die Kostener-

---

[4] Vgl. BGHZ 81, 124; BGH NJW 1981, 2181; setzt sich ein Rechnungsposten „Disagio" aus laufzeitabhängigen und Einmalkosten zusammen, ist er dennoch in voller Höhe zu rediskontieren, BGHZ 111, 287 = NJW 1990, 2252; MüKoBGB/*Schürnbrand* § 501 BGB Rn. 5; der Kreditgeber müsste die Einmalkosten gesondert ausweisen, Staudinger/*Kessal-Wulf* § 501 BGB Rn. 6 aE.
[5] *Erman/Saenger* § 498 BGB Rn. 39; vgl. OLG Karlsruhe NJW-RR 1998, 1437.
[6] Unwirksam bei Einbeziehung durch AGB: BGH v. 13.5.2014 – XI ZR 405/12, NJW 2014, 2420; aus § 501 ergibt sich nicht etwa die Zulässigkeit der Erhebung eines laufzeitunabhängigen Entgelts, BGH NJW 2014, 2420.
[7] BGH NJW-RR 1988, 236; 1986, 2564 mit Komm. *Canaris* EWiR § 197 BGB 1/86, 869; BGH WM 1988, 184 mit Komm. *Bultmann* EWiR § 138 BGB 6/88, 225; BGH WM 1988, 647 mit Komm. *Emmerich* EWiR § 138 BGB 11/88, 431.
[8] BGH NJW 1979, 808; 1980, 2076 und 2301.
[9] Anw-(NK-)Komm./*Schwab*, § 272 BGB Rn. 3; Palandt/*Grüneberg* § 272 BGB Rn. 1; *Alff* in RGRK-BGB, Erläuterung zu § 272; eine entgegenstehende Vertragsklausel dürfte gegen § 307 BGB verstoßen, *Wilk* DB 1991, 1207 (1210 f.).

mäßigung für alle Formen der vorzeitigen Rückzahlung zu regeln (→ Rn. 3), sodass es anders als nach der Altregelung von § 504 BGB aF bei der Nichtberücksichtigung der laufzeitunabhängigen Kosten bleiben dürfte.[10]

4. Gestaffelte Berechnung

Für die Kostenermäßigung liegen zwei Berechnungsmethoden nahe, die lineare und die gestaffelte. Lineare Berechnung bedeutet, dass die Raten jeweils anteilig im Verhältnis des vereinbarten Gesamtbetrags auf Nettodarlehensbetrag (Art. 247 § 3 Abs. 2 Satz 2 EGBGB) und Kosten (resp. auf Barzahlungspreis und Kosten) geleistet werden, jede Rate also den gleichen Zinsanteil enthält. Die lineare Berechnung beruht auf dem typischerweise anzunehmenden Vertragsinhalt, dass die Zinsanteile in dieser Höhe mit jeder Rate fällig werden; im Falle der Rückabwicklung eines nichtigen Darlehensvertrags kann der Verbraucher in dieser Weise erbrachte Kostenanteile kondizieren.[11] Die Entstehung der Zinsschuld stimmt mit dieser vereinbarten Fälligkeit aber nicht überein.[12] Da der Kredit anfangs hoch ist und sich durch Ratenzahlungen nach und nach vermindert, entstehen am Anfang hohe Zinsverbindlichkeiten, die sich entsprechend nach und nach vermindern: Dies berücksichtigt die **gestaffelte Berechnung**.[13] Diese und nicht die lineare Berechnung ist (auch im Falle von nichtigen Verträgen[14]) der Verminderung des Teilzahlungspreises also zugrunde zu legen. 12

Fraglich ist, nach welcher **finanzmathematischen Methode** die Kostenermäßigung vorgenommen werden muss. Nach der sog. 78 er-Methode[15] lautet die Formel der Zinsrückvergütung 13

Nettokreditbetrag × Restlaufzeit + Zinsen p. m.

Ursprungslaufzeit in Monaten × 100.

Sie ist jedoch nur eine Abwandlung[16] der Uniformmethode (→ § 492 Rn. 112), die für eine taggenaue Abzinsung, wie sie gem. § 501 notwendig ist, nicht ausreicht. Zutreffenderweise[17] dürfte die hinreichend genaue gestaffelte Berechnung nach der Formel

Restlaufzeit × (Restlaufzeit + 1) × Kreditgebühren

Laufzeit × (Laufzeit + 1)

tragbar sein, ohne eine finanzmathematische Rückrechnung fordern zu müssen,[18] die zwar von Kreditinstituten, aber typischerweise wohl nicht von Teilzahlungsverkäufern verlangt werden kann. Hierdurch ist auch den Anforderungen von Art. 16 Abs. 1 VerbrKrRil (→ Rn. 1) genügt, da sich diese Methode nach den

---

[10] So auch Staudinger/*Kessal-Wulf* § 501 BGB Rn. 3.
[11] BGHZ 91, 55 (59); BGH WM 1988, 184 zu II. 2. b. mit Komm. *Bultmann* EWiR § 138 BGB 6/88, 225.
[12] *Seckelmann* BB 1996, 965.
[13] Finanzmathematische Berechnungsbeispiele bei *Seckelmann* VuR 1993, 212 (215f.).
[14] BGH NJW 1979, 540 zu II. 4.d.; WM 1988, 184 zu II. 2.b.
[15] BGH NJW 1979, 540.
[16] *Reifner* Kreditrecht, § 2 Rn. 72 ff.
[17] LG Stuttgart WM 1992, 2013 zu 2.d. mit Komm. *Reifner* EWiR § 11 VerbrKrG 1/92, 1135 und Anm. *Habersack* WuB I E 2b.–2.93; LG Berlin NJW-RR 2005, 1649; offen OLG Nürnberg WM 2014, 2367 = ZIP 2014, 2492 zu II.2 b. bb. .
[18] So allerdings *Reifner* Kreditrecht, § 33 Rn. 13.

§ 502   1. Teil. Darlehen und Finanzierungshilfen

Zinsen und den Kosten für die verbleibende Laufzeit des Vertrags richtet. Von der genannten Formel zulasten des Verbrauchers abweichende vertragliche Abzinsungsmethoden, wie sie im kaufmännischen Leasinggeschäft möglich sind,[19] steht § 512 Satz 1 entgegen.

5. Insbesondere: Leasing

14   Im Falle der Kündigung eines Finanzierungsleasingvertrags durch den Kredit- und Leasinggeber (→ § 506 Rn. 64) treten besondere Probleme auf, weil die Abzinsung aufgrund von Sonder- und Schlusszahlungen durch den Leasingnehmer nicht allein anhand der Leasingraten durchgeführt werden kann und weil das Leasinggut zurückzugeben ist und der Verwertungserlös in die Berechnung einzufließen hat; hierzu im Einzelnen → § 506 Rn. 124. Der geschuldete Betrag entspricht den vereinbarten Leasingraten, mit deren Zahlung der Verbraucher trotz Fälligkeit in Verzug geriet.

§ 502 Vorfälligkeitsentschädigung

(1) ¹**Der Darlehensgeber kann im Falle der vorzeitigen Rückzahlung eine angemessene Vorfälligkeitsentschädigung für den unmittelbar mit der vorzeitigen Rückzahlung zusammenhängenden Schaden verlangen, wenn der Darlehensnehmer zum Zeitpunkt der Rückzahlung Zinsen zu einem bei Vertragsabschluss vereinbarten, gebundenen Sollzinssatz schuldet.** ²**Bei Allgemein-Verbraucherdarlehensverträgen gilt Satz 1 nur, wenn der gebundene Sollzinssatz bei Vertragsschluss vereinbart wurde.**

(2) **Der Anspruch auf Vorfälligkeitsentschädigung ist ausgeschlossen, wenn**

1. **die Rückzahlung aus den Mitteln einer Versicherung bewirkt wird, die auf Grund einer entsprechenden Verpflichtung im Darlehensvertrag abgeschlossen wurde, um die Rückzahlung zu sichern, oder**
2. **im Vertrag die Angaben über die Laufzeit des Vertrags, das Kündigungsrecht des Darlehensnehmers oder die Berechnung der Vorfälligkeitsentschädigung unzureichend sind.**

(3) **Bei Allgemein-Verbraucherdarlehensverträgen darf die Vorfälligkeitsentschädigung folgende Beträge jeweils nicht überschreiten:**
1. **1 Prozent des vorzeitig zurückgezahlten Betrags oder, wenn der Zeitraum zwischen der vorzeitigen und der vereinbarten Rückzahlung ein Jahr nicht überschreitet, 0,5 Prozent des vorzeitig zurückgezahlten Betrags,**
2. **den Betrag der Sollzinsen, den der Darlehensnehmer in dem Zeitraum zwischen der vorzeitigen und der vereinbarten Rückzahlung entrichtet hätte.**

Schrifttum: *Feldhusen,* Vorzeitige Vertragsbeendigung nach Anschlussfinanzierung bei Verbraucherimmobiliardarlehen, ZIP 2016, 850; *Grunsky/Kupka,* Vorzeitige Kündigung eines Dauerschuldverhältnisses gegen Zahlung einer Vorfälligkeitsentschädigung, Festschr.

---
[19] BGH NJW 1996, 455 mit Anm. *v. Westphalen* EWiR § 9 AGBG 3/96, 49 (AGBG – widrige Methode bei BMW-Leasing); OLG Celle NJW-RR 1994, 1334 mit Anm. *v. Westphalen* WiB 1994, 959.

Vorfälligkeitsentschädigung 1 § 502

Medicus 2009, S. 155; *Knöpfel*, Vorfälligkeitsentschädigung und Verzugszins bei Kündigung des Darlehens durch die Bank, NJW 2014, 3125; *Krepold/Kropf*, Vorfälligkeitsentschädigung als Grundlage des deutschen Pfandbriefsystems, WM 2015, 1; *Reifner*, Die Höhe der Entschädigung bei vorfälliger Tilgung von Immobiliarkrediten, WM 2009, 1773; *ders.*, Zinsberechnung im Recht, AcP 214 (2014), 695; *Riehm/Schreindorfer*, Das Harmonisierungskonzept der neuen Verbraucherkreditrichtlinie, GPR 2008, 244.

Übersicht

	Rn.
Materialien	
Verbraucherkreditrichtlinie Art. 16	1
Wohnimmobilien-Kreditvertragsrichtlinie 2014/17/EU Art. 25 Abs. 3	1a
Begründung RegE zum Gesetz zur Umsetzung der Verbraucherkreditrichtlinie, BT-Drucks. 16/11643, S. 87	2
Kommentierung	
Vorbemerkung	4a
I. Ratio legis: Zinserwartung und Aufopferungsentschädigung	5
II. Anspruchsvoraussetzungen dem Grunde nach	6
1. Vorzeitige Rückzahlung, Verhältnis zu § 490 Abs. 2 BGB und vertragliche Regelungen	6
2. Gebundener Sollzinssatz (§ 489 Abs. 5)	7
3. Zinsbindung im Zeitpunkt der Rückzahlung	9
III. Schadensberechnung	10
1. Angemessenheit	11
2. Unmittelbarkeit	15
3. Berechnungsarten	16
IV. Begrenzung der Schadenshöhe bei Allgemein-Verbraucherdarlehensverträgen(Abs. 3)	17
1. Relative Marge (1 %, 0,5 %)	17
2. Betrag der Sollzinsen	18
V. Ausschluss der Vorfälligkeitsentschädigung	19
1. Ausschluss nach Abs. 2	19
a) Versicherung (Nr. 1)	19
b) Unzureichende Unterrichtung (Nr. 2)	20
2. Ausschluss nach anderen Vorschriften	24

Materialien
Verbraucherkreditrichtlinie 2008/48/EG
Artikel 16

... 1

(2) Der Kreditgeber kann im Falle der vorzeitigen Rückzahlung des Kredits eine angemessene und objektiv gerechtfertigte Entschädigung für die möglicherweise entstandenen, unmittelbar mit der vorzeitigen Rückzahlung des Kredits zusammenhängenden Kosten verlangen, wenn die vorzeitige Rückzahlung in einen Zeitraum fällt, für den ein fester Sollzinssatz vereinbart wurde.

Die Entschädigung darf 1% des vorzeitig zurückgezahlten Kreditbetrags nicht überschreiten, wenn der Zeitraum zwischen der vorzeitigen Rückzahlung und dem Zeitpunkt des vereinbarten Ablaufs des Kreditvertrags ein Jahr überschreitet. Beträgt der Zeitraum weniger als ein Jahr, darf die Entschädigung 0,5 % des vorzeitig zurückgezahlten Kreditbetrags nicht überschreiten.

(3) Eine Entschädigung für vorzeitige Rückzahlung darf nicht verlangt werden,
a) wenn die Rückzahlung aufgrund eines Versicherungsvertrags erfolgt, der vereinbarungsgemäß die Rückzahlung des Kredits gewährleisten soll,
b) im Falle von Überziehungsmöglichkeiten oder
c) wenn die Rückzahlung in einen Zeitraum fällt, für den kein fester Sollzinssatz vereinbart wurde.

(4) Die Mitgliedstaaten können vorsehen,
a) dass der Kreditgeber diese Entschädigung nur dann verlangen darf, wenn der Betrag der vorzeitigen Rückzahlung den im jeweiligen innerstaatlichen Recht vorgesehenen Schwellenwert überschreitet. Der Schwellenwert darf nicht höher sein als 10 000 EUR innerhalb eines Zwölfmonatszeitraums;
b) dass der Kreditgeber ausnahmsweise eine höhere Entschädigung verlangen kann, wenn er nachweist, dass der aus der vorzeitigen Rückzahlung entstandene Verlust den nach Absatz 2 bestimmten Betrag übersteigt.

Übersteigt die vom Kreditgeber beanspruchte Entschädigung den tatsächlich erlittenen Verlust, so kann der Verbraucher eine entsprechende Verminderung fordern. In diesem Fall besteht der Verlust in der Differenz zwischen dem ursprünglich vereinbarten Zinssatz und dem Zinssatz, zu dem der Kreditgeber den vorzeitig zurückgezahlten Betrag auf dem Markt zum Zeitpunkt der vorzeitigen Rückzahlung als Kredit ausreichen kann und zwar unter Berücksichtigung der Auswirkung der vorzeitigen Rückzahlung auf die Verwaltungskosten.

(5) Keinesfalls darf die Entschädigung den Zinsbetrag übersteigen, den der Verbraucher in der Zeit zwischen der vorzeitigen Rückzahlung und dem vereinbarten Ende der Laufzeit des Kreditvertrags bezahlt hätte.

Wohnimmobilien-Kreditvertragsrichtlinie 2014/14/EU Artikel 25 Abs. 3

1a Die Mitgliedstaaten können vorsehen, dass der Kreditgeber, sofern gerechtfertigt, eine angemessene und objektive Entschädigung für die möglicherweise entstandenen, unmittelbar mit der vorzeitigen Rückzahlung des Kredits zusammenhängenden Kosten verlangen kann; sie verhängen jedoch keine Vertragsstrafen gegen den Verbraucher. 2 Hierbei darf die Entschädigung den finanziellen Verlust des Kreditgebers nicht überschreiten. 3 Vorbehaltlich dieser Voraussetzungen können die Mitgliedstaaten vorsehen, dass die Entschädigung einen bestimmten Umfang nicht überschreiten darf oder nur für einen bestimmten Zeitspanne zulässig ist.

Begründung RegE zum Gesetz zur Umsetzung der Verbraucherkreditrichtlinie BT-Drucks. 16/11643, S. 87

2 Der Schadensersatzanspruch soll den Darlehensgeber insbesondere dafür entschädigen, dass er Kosten zur Refinanzierung des Darlehens hat, ihm aber die Zinsansprüche, auf die er bei Darlehen mit fester Laufzeit und gebundenem Sollzinssatz vertrauen durfte, entgehen. Auch die Bearbeitungsgebühren, die dem Darlehensgeber durch die vorzeitige Rückzahlung entstehen, sind abgedeckt. Dies ist vorrangig mit den Begriffen „unmittelbar mit der Rückzahlung zusammenhängenden Kosten" und „Verluste" in Artikel 16 der Verbraucherkreditrichtlinie gemeint. Die Verbraucherkreditrichtlinie selbst gibt keine Antwort auf die Frage, welche Kosten genau von dem Anspruch umfasst sind. Nach der ursprünglichen Begründung der Kommission soll der Begriff Kosten eine Vergütung zur Deckung der Kosten und des Verlusts der Investitionen des Darlehensgebers umfassen (KOM [2002] 443, S. 23). In seiner jetzigen Fassung erlaubt Artikel 16 der Richtlinie jedoch grundsätzlich den Mitgliedstaaten, dem Darlehensgeber den gesamten materiellen Schaden zu ersetzen, den dieser infolge der vorzeitigen Rückzahlung erleidet, also auch einen entgangenen Gewinn. Dies ergibt sich aus Artikel 16 Abs. 4 Buchstabe b der Verbraucherkreditrichtlinie, wonach der Anspruch von den Mitgliedstaaten über die Grenzen des Artikels 16 Abs. 2 ausgedehnt werden kann, aber auf die Zinsdifferenz zu beschränken ist, die der Darlehensgeber nicht realisieren kann, weil er das vorzeitig zurückerhaltene Geld nicht zum selben Zinssatz ausgeben kann. Diese Zinsdifferenz, die dem entgangenen Gewinn im Sinne des § 252 gleicht, entspricht dem „Zinsmargenschaden" nach dem deutschen Recht, der der Ausgangspunkt für die Berechnung der Vorfälligkeitsentschädigung nach § 490 Abs. 2 ist (vgl. Bamberger/Roth/Rohe, BGB, Kommentar, 2. Auflage, § 490, Rn 33; BGH, Urteil vom 1. Juli 1997 – XI ZR 267/96, BGHZ 136, 161 [169]). Zwar soll von der Öffnungsklausel in Artikel 16 Abs. 4 Buchstabe b der Richtlinie insoweit kein Gebrauch gemacht werden, als die Obergrenzen des Absatzes 2 beibehalten werden sollen. In diesem Rahmen soll der Darlehensgeber aber auch seinen entgangenen Gewinn verlangen können. Wenn die Richtlinie den Mitgliedstaaten in Artikel 16 Abs. 4 erlaubt, den entgangenen Gewinn sogar zur Berechnungsgrundlage zu nehmen, um damit eine Überschreitung der Obergrenzen zu rechtfertigen, kann der entgangene Gewinn erst recht im Rahmen der durch die Richtlinie vorgegebenen Obergrenzen verlangt werden. Deshalb wird der Anspruch als Schadensersatzanspruch ausgestaltet, dessen Umfang grundsätzlich nach §§ 249 ff. zu berechnen ist.

Aus systematischer Sicht der Verbraucherkreditrichtlinie ist entscheidend, dass der Darlehensnehmer die Berechnung der Entschädigung nachvollziehen und seine Belastung, falls er sich zur vorzeitigen Rückzahlung entschließt, zuverlässig abschätzen kann. Dies stellen die Informationspflichten in Artikel 5 Abs. 1 Satz 3 Buchstabe p, Artikel 6 Abs. 3 Buchstabe b der Verbraucherkreditrichtlinie sowie die Höchstgrenzen in Artikel 16 Abs. 2 und 5 sicher...

Zum anderen muss der Umfang des Ersatzes angemessen sein. Der Darlehensgeber kann keinen bis an die Grenze der Sittenwidrigkeit reichenden Entschädigungsbetrag verlangen; er muss vielmehr nachvollziehbar sein und sich an den tatsächlichen Kosten orientieren. Dies ist für die Vorfälligkeitsentschädigung nach deutschem Recht bisher schon der Fall. Mit dem Begriff „angemessen" werden die Fälle umfasst, bei denen der Schaden im Rahmen des § 252 auf Grundlage des Durchschnittsgewinns ermittelt oder im Rahmen des § 287 ZPO geschätzt wird (vgl. Bamberger/Roth/Rohe, BGB, Kommentar, 2. Auflage, § 490, Rn 34; BGH, Urteil vom 1. Juli 1997 – XI ZR 267/96, BGHZ 136, 161 [169]).

Kommentierung

Vorbemerkung

Absatz 3 sowie Absatz 1 Satz 2 sind nur auf Allgemein-Verbraucherkreditverträge anwendbar, Absatz 1 Satz 1 und 2 auch auf Immobiliar-Verbraucherkreditverträge.

I. Ratio legis: Zinserwartung und Aufopferungsentschädigung

Die Parteien des Darlehensvertrags können veränderliche oder gebundene Sollzinssätze vereinbaren, sei es für die gesamte Vertragslaufzeit oder für Abschnitte (→ § 491 Rn. 144 ff.). Die Vereinbarung einer Zinsbindung begründet eine Zinserwartung für den Darlehensgeber, die aufgrund des Vertrags berechtigt und rechtlich geschützt ist[1] und enttäuscht wird, wenn der Darlehensnehmer Verbraucher ist, deshalb das Recht zur vorzeitigen Erfüllung nach § 500 Abs. 2 hat und hiervon Gebrauch macht. Diese enttäuschte Erwartung wird kompensiert durch den Anspruch des Darlehensgebers gegen den Verbraucher auf Vorfälligkeitsentschädigung, die das Gesetz als Schadensersatzanspruch ausgestaltet, obwohl sich der Verbraucher als Schuldner des Anspruchs doch rechtmäßig verhält. Das Wesen des Anspruchs liegt in Wahrheit nicht im Schadensausgleich, sondern im Ausgleich dafür, dass der Darlehensgeber seine Zinserwartung opfert, um das Interesse des Verbrauchers an vorzeitiger Schuldentilgung zu wahren.[2] Dadurch ist die besondere, vom Adäquanzprinzip abweichende Kausalitätsregelung (→ Rn. 15) sowie die Beschränkung der Höhe nach (→ Rn. 17, 18) be-

---

[1] So BGH NJW 1991, 1817 zu 1.a.
[2] MüKoBGB/K. P. Berger § 490 BGB Rn. 34; anders Grunsky/Kupka FS Medicus, S. 155 (166): modifizierte Vertragserfüllung.

gründbar. Im Ausgangspunkt folgt die Berechnung der Vorfälligkeitsentschädigung aber den Grundsätzen zur Naturalrestitution nach § 249 BGB, der objektiven Entschädigung in der Wortwahl von Art. 25 Abs. 3 Satz 1 Wohnimmo-Ril (→ Rn. 1a),[3] insbesondere nach § 252, die für den Fall der Weigerung des Darlehensnehmers, ein vereinbartes Darlehen abzunehmen, entwickelt worden war (Nichtabnahmeentschädigung).[4] Der **Bürge** des Darlehensnehmers hat dem Darlehensgeber im Allgemeinen auch für eine Vorfälligkeitsentschädigung einzustehen.[5]

II. Anspruchsvoraussetzungen dem Grunde nach

1. Vorzeitige Rückzahlung, Verhältnis zu § 490 Abs. 2 BGB und vertragliche Regelungen

6   Der Anspruch des Darlehensgebers auf Vorfälligkeitsentschädigung kommt nur bei vorzeitiger Rückzahlung nach § 500 Abs. 2 in Betracht, nicht jedoch aufgrund Ausübung eines Kündigungsrechts durch den Verbraucher. Die außerordentliche Kündigung des Verbrauchers aus berechtigtem Interesse nach § 490 Abs. 2 (vgl. auch § 500 Rn. 18) führt nicht zur Vorfälligkeitsentschädigung nach § 502, sondern zu derjenigen nach § 490 Abs. 2 Satz 3,[6] die nicht den Beschränkungen von § 502 Abs. 3 unterliegt. Andere Kündigungsrechte des Verbrauchers begründen keine Zinserwartung des Darlehensgebers, die durch Vorfälligkeitsentschädigung ausgleichbar wäre. Voraussetzung des Anspruchs nach § 502 ist demgemäß, dass der Tatbestand der Erfüllung, zB durch Überweisung der Valuta (→ § 500 Rn. 11 ff.), vollzogen ist. Im Falle von §§ 500 Abs. 2, 502 sind abweichende Vereinbarungen gemäß § 512 Satz 1 unwirksam; Regelungen in AGB, welche bei Verbraucherkrediten vom Schadensersatzkonzept (→ Rn. 5) abweichen (z.B. Sondertilgungsrechte des Darlehensnehmers nicht berücksichtigen, obwohl dadurch die rechtlich geschützte Zinserwartung des Darlehensgebers begrenzt wird), sind gemäß § 307 Abs. 1, Abs. 2 Nr. 1 BGB unwirksam.[7]

2. Gebundener Sollzinssatz (§ 489 Abs. 5)

7   Voraussetzung des Anspruchs auf Vorfälligkeitsentschädigung ist, dass der Sollzinssatz (Vertragszinssatz) gebunden ist, also gem. § 489 Abs. 5 Sätze 2 und 3 entweder für die gesamte Vertragslaufzeit oder, wenn für die gesamte Vertragslaufzeit keine Sollzinsbindung vereinbart ist, für diejenigen Zeiträume (Abschnitte), für die der Sollzinssatz durch eine feste Prozentzahl bestimmt ist.

---

[3] RegE BT-Drucks. 18/5922, 5.96; *Knöpfel* NJW 2014, 3125.
[4] BGH NJW 1991, 1817 = WM 1991, 760; BGHZ 136, 161 = NJW 1997, 2875 zu II.4.a.
[5] OLG Frankfurt WM 2012, 1387.
[6] *Feldhusen* ZIP 2016, 850; nicht: bei einvernehmlicher vorzeitiger Tilgung, LG Hannover BKR 2013, 419 mit Anm. *Till Schmidt* S. 421.
[7] BGH v. 19.1.2016 – XI ZR 388/14, Rn. 25, WM 2016, 457 = ZIP 2016, 515 mit Komm. *Casper* EWiR 2016, 259, Vorinstanz OLG Oldenburg ZIP 2014, 2383 mit Komm. *Schelske* EWiR 2015, 35; BGH v. 16.2.2016 – XI ZR 96/15, Rn. 14, 30, WM 2016, 704 = ZIP 2016, 814; AG Schleswig WM 2014, 2327; OLG Nürnberg WM 2015, 374, anders bei Förderdarlehen der KfW, BGH v. 16.2.2016 – XI ZR 454/14, WM 2016, 699.

Die Zinsbindung kann bei Abschluss des Darlehensvertrags oder nachträglich 8
vereinbart werden (→ § 491 Rn. 144). Anspruchsvoraussetzung ist bei **Allgemein-Verbraucherkreditverträgen** gemäß Abs. 1 Satz 2 deren wirksame[8] Vereinbarung bei **Vertragsabschluss** über das Darlehen. Nur die auf diese Weise entstehende Zinserwartung des Darlehensgebers werten Gesetz und Art. 3 lit. k VerbrKr-Richtlinie als berechtigt. Bei **Immobiliar-Verbraucherkreditverträgen** kann die Sollzinsbindung dagegen auch nachträglich vereinbart werden. Der Grund hierfür liegt darin, dass Immobiliar-Verbraucherkreditverträge typischerweise lange Laufzeiten haben und es sinnvoll erscheint, auch während der Vertragslaufzeit die Vereinbarung neuer Festzinsperioden zu ermöglichen,[9] so in den Fällen unechter Abschnittsfinanzierung (→ § 491 Rn. 146).

3. Zinsbindung im Zeitpunkt der Rückzahlung

Voraussetzung des Vorfälligkeitsentschädigungsanspruchs ist, dass der Zeit- 9
punkt der Rückzahlung nach § 500 Abs. 2 (→ § 500 Rn. 11 ff.) in einen Zeitraum mit Zinsbindung fällt. Bei einer Abschnittsfinanzierung wird der Anspruch nicht ausgelöst, wenn die Rückzahlung in einen Abschnitt mit veränderlichen Zinssätzen führt (so auch Art. 16 Abs. 3 lit. c, → Rn. 1) und den Darlehensnehmer zur Kündigung nach § 489 Abs. 2 – mit Kündigungsfrist von drei Monaten – berechtigen würde. Das gilt auch dann, wenn für den nachfolgenden Abschnitt eine Zinsbindung vorgesehen ist. In solchen Fällen ist die Zinserwartung des Darlehensgebers nicht rechtlich geschützt (→ Rn. 5). Im Falle einer unechten Abschnittfinanzierung, wo der Zinssatz nur für den ersten Abschnitt gebunden wurde (→ § 491 Rn. 150), hat der Darlehensgeber deshalb nur für solche Rückzahlungen Anspruch auf Vorfälligkeitsentschädigung, die in den ersten Abschnitt fallen.[10]

III. Schadensberechnung

Der Anspruch des Darlehensgebers auf Vorfälligkeitsentschädigung entsteht, 10
wenn denn die Voraussetzungen dem Grunde nach erfüllt sind, nicht schlechthin, sondern nur
- wenn angemessen (→ Rn. 11) und
- bei Unmittelbarkeit des mit der vorzeitigen Rückzahlung zusammenhängenden Schadens (→ Rn. 15).

1. Angemessenheit

Das Tatbestandsmerkmal bezieht sich auf die Höhe der Entschädigung. Sie 11
darf nicht durch die Parteien oder etwa nach Maßgabe von § 315 BGB einseitig durch den Darlehensgeber wie etwa eine Vertragsstrafe festgesetzt werden, sondern muss Grundsätzen der Schadensberechnung nach § 249 BGB folgen (→ Rn. 5). Daraus ergibt sich die Nachvollziehbarkeit für den Verbraucher. Zugleich ist der Darlehensgeber gehindert, durch Drohung mit einer hohen

---

[8] Unter Beachtung der Informationspflichten nach Art. 247 § 3 Abs. 1 Nr. 5, § 6 Abs. 1 EGBGB (→ § 492 Rn. 90), MüKoBGB/*Schürnbrand* § 502 BGB Rn. 8.
[9] RegE S. 112.
[10] MüKoBGB/*Schürnbrand* § 502 BGB Rn. 4.

Ausgleichsforderung den Verbraucher an der Rechtsausübung zu hindern, was durch die Unterrichtungspflicht nach Art. 247 § 7 Abs. 1 Nr. 3, Abs. 2 Nr. 1 EGBGB gestützt wird (→ Rn. 20).

12 Nach der Gesetzesbegründung (→ Rn. 2, 4) folgt die Angemessenheit aus den Grundsätzen zur Liquidierung des entgangenen Gewinns nach §§ 249, 252 BGB (→ § 497 Rn. 21) und der darauf beruhenden Rechtsprechung des BGH. Danach kann der Darlehensgeber den sog. Zinsmargenschaden liquidieren, nach Lage des Einzelfalls kumulativ einen Zinsverschlechterungsschaden. Der **Zinsmargenschaden** ist die Differenz zwischen Sollzinsen und Refinanzierungskosten, die der Darlehensgeber aufzubringen hat, bilden also den durch die vorzeitige Rückzahlung entgangenen Nettogewinn des Darlehensgebers (sog. Aktiv/Aktiv-Vergleich). Dieser Nettogewinn ist noch zu mindern um Zinsanteile, mit denen Verwaltungskosten während der Vertragslaufzeit abgedeckt werden sowie um eine Risikoprämie (das abgelöste Darlehen birgt kein Risiko mehr).[11] Ein **Zinsverschlechterungsschaden** entsteht, wenn das Zinsniveau am Markt im Vergleich zum Vertragsabschluss gesunken ist und die zurückgezahlte Valuta nur zu geringeren Sollzinsen durch den Darlehensgeber angelegt werden kann[12] (Aktiv/Passiv-Vergleich).[13] Dieser Zinsverschlechterungsschaden tritt nach der Rechtsprechung des BGH nicht etwa alternativ, sondern kumulativ[14] zum Zinsmargenschaden, obwohl doch der Darlehensgeber durch dessen Ersatz mit seiner gesamten Zinserwartung kompensiert ist.[15] Die in Art. 16 Abs. 4, letzter Satz Verbraucherkreditrichtlinie (→ Rn. 1) liegende Option für die Mitgliedstaaten bezieht sich demgemäß ausschließlich auf den Zinsverschlechterungsschaden und gestattet eine Kumulation nicht, wobei die Gesetzesmaterialien (→ Rn. 2) hierbei Zinsmargenschaden und Zinsverschlechterungsschaden verwechseln. Für das Tatbestandsmerkmal der Angemessenheit dürfte davon auszugehen sein, dass eine Kumulation von beiden Schadensarten ausgeschlossen ist, der Darlehensgeber also entweder und im Allgemeinen den Zinsmargenschaden liquidieren kann oder alternativ, wenn ein solcher denn nach Lage des Einzelfalls entstanden ist, den Zinsverschlechterungsschaden.

13 Der Darlehensgeber kann sich auch darauf beschränken, die für den zurückgezahlten Betrag entstandenen Refinanzierungskosten sowie diejenigen Verwaltungskosten geltend zu machen, die gerade durch die vorzeitige Rückzahlung entstehen. Dem Grundsatz der Angemessenheit steht nicht entgegen, dass sich der Darlehensgeber vorbehält, die eine oder die andere Berechnungsmethode **wahlweise** zugrunde zu legen.[16]

14 Im Fall der Vorfälligkeitsentschädigung nach **§ 490 Abs. 2 Satz 3** gilt diese Beschränkung nicht, sodass der Darlehensgeber kumulativ beide Schadensarten nach Rechtsprechung des BGH[17] geltend machen kann.

---

[11] BGH NJW 1991, 1817 zur 2.a. aa.
[12] BGH NJW 1991, 1817 zu 2.a. bb.
[13] *Reifner* AcP 214 (2014), 695 (742) und Editorial VuR 2014, 325; *Krepold/Kropf* WM 2015, 1 (8); OLG Stuttgart WM 2015, 1148 mit Anm. *Peters* WuB 2015, 492.
[14] Staudinger/*Kessal-Wulf,* § 502 BGB Rn. 6 aE mit der Folge einer Vorteilsanrechnung bei höherem Wiederausleihzins, BGHZ 133, 355 = NJW 1996, 3337 zu II.4.
[15] Zutreffend krit. Derleder/Knops/Bamberger/*Knops,* Handbuch Bankrecht, § 14 Rn. 35.
[16] Abl. zur Wahlentscheidung aufgrund von Art. 16 Abs. 2 VerbrKrRil („objektiv") *Reifner* AcP 214 (2014), 695 (742).
[17] BGHZ 136, 161 (139) = NJW 1997, 2875 zu II. 4.b. bb; BGHZ 146, 5 (10) = NJW 2001, 509; krit. *Reifner* WM 2009, 1773.

2. Unmittelbarkeit

Die Grundsätze zum Ausgleich von Zinsmargenschaden resp. Zinsverschlech- 15
terungsschaden begründen den engen Kausalzusammenhang zwischen Rückzahlung und Schaden. Entfernter liegende, aber noch adäquat kausale Nachteile sind nicht ausgleichbar, zu denken wäre etwa an negative Presseberichterstattung, die zu Umsatzrückgängen führt. In zeitlicher Hinsicht ist der Anspruch an die berechtigte Zinserwartung des Darlehensgebers gebunden, geht also nicht über das Ende der Zinsbindung, gegebenenfalls des Abschnitts, hinaus.

3. Berechnungsarten

Der Darlehensgeber kann den Zinsmargenschaden, gegebenenfalls den Zins- 16
verschlechterungsschaden konkret berechnen und zur Bemessung der maßgeblichen Größen, also Refinanzierungskosten, Verwaltungskosten, Risikoprämie (→ Rn. 12) seine internen Betriebsdaten offen legen. Daran wird der Darlehensgeber oft nicht interessiert sein, zB dann nicht, wenn Refinanzierungskosten überhaupt nicht entstanden sind, sondern das Darlehen aus eigenem Portfolio des Darlehensgebers ausgereicht worden war.[18] Der Darlehensgeber kann sich aber im Wege abstrakter Schadensberechnung nach § 252 BGB auf den beim Darlehensgeber gleichen Typs üblichen Durchschnittsgewinn beschränken, dh, auf die bei Vertragsabschluss erzielte Netto-Zinsspanne pro Jahr.[19] In diesem Fall kann der Darlehensnehmer den Gegenbeweis antreten, der Darlehensgeber habe bei ihm einen niedrigeren Nettogewinn kalkuliert (→ § 497 Rn. 26).

IV. Begrenzung der Schadenshöhe bei Allgemein-Verbraucherdarlehensverträgen (Abs. 3)

1. Relative Marge (1%, 0,5%)

Die angemessene (→ Rn. 11) und unmittelbare (→ Rn. 15) Vorfälligkeitsent- 17
schädigung ist der Höhe nach begrenzt, sodass aus der Sicht des Darlehensgebers ein vollständiger Schadensausgleich nicht gewährleistet ist, was dem Aufopferungscharakter der Entschädigung entspricht (→ Rn. 5). Diese Deckelung[20] folgt der Regelung von Art. 16 Abs. 2 Satz 2 VerbrKrRil (→ Rn. 1) und macht von der Option aus Abs. 4 lit. b keinen Gebrauch, sodass auch keine Bindung an den Zinsverschlechterungsschaden besteht (→ Rn. 12). Die Höhe beträgt gem. Abs. 3 Nr. 1 einen Prozent oder 0,5% des vorzeitig zurückgezahlten Betrags, der die gesamte Restschuld oder einen Teil davon ausmachen kann (→ § 500 Rn. 9), und richtet sich nach der Zeitspanne zwischen dem Ende der vereinbarten Zinsbindung und dem Erfüllungszeitpunkt (→ § 500 Rn. 12). Die Jahresfrist ist nach § 188 Abs. 2 BGB zu berechnen: Der Erfüllungszeitpunkt am 17. November begründet eine Zeitspanne, die ein Jahr nicht übersteigt, wenn der letzte Tag der Zinsbindung auf den 17. November des nächsten Jahres fällt. Die WohnimmoRil enthält keine Regelung, die Art. 16 Abs. 2 VerbrKrRil entspräche.

---

[18] Derleder/Knops/Bamberger/*Knops,* Handbuch Bankrecht, § 14 Rn. 26.
[19] BGH NJW 1991, 1817 zu 2.a. aa; *Bülow,* Sittenwidriger Konsumentenkredit, Rn. 507; Staudinger/*Kessal-Wulf* § 502 BGB Rn. 6.
[20] RegE, BT-Drucks. 18/5922 S. 97; BGH NJW 2014, 2420, Rn. 74, 79.

2. Betrag der Sollzinsen

18 In Umsetzung von Art. 16 Abs. 5 VerbrKrRil bestimmt § 502 Abs. 3 Nr. 2 BGB, dass die Vorfälligkeitsentschädigung nicht höher als die Sollzinsen sein darf, die während des Bindungszeitraums angefallen wären. Da sich die Vorfälligkeitsentschädigung aber nach dem entgangenen Nettogewinn des Darlehensgebers richtet, also den Betrag der Sollzinsen abzüglich Refinanzierungs- und anderer Kosten (→ Rn. 12), kann der Betrag der Sollzinsen, also der Bruttobetrag als Umsatz, ohnehin nicht erreicht werden. Sofern der Darlehensgeber die Vorfälligkeitsentschädigung nach den entstandenen Refinanzierungs- und Verwaltungskosten bemisst (→ Rn. 13), wäre allerdings denkbar, dass diese die Sollzinsen übersteigen, der Darlehensgeber also ein Verlustgeschäft eingegangen wäre. Dieser Fall kann namentlich dann auftreten, wenn bei nur kurzer verbliebener Restlaufzeit der Verwaltungsaufwand für die Bank besonders hoch ist.[21]

V. Ausschluss der Vorfälligkeitsentschädigung

1. Ausschluss nach Abs. 2

19 **a) Versicherung (Nr. 1).** Die vorzeitige Erfüllung des Verbrauchers als Darlehensnehmer ist das Gegenteil einer verzüglichen Leistung, sodass eine Restschuldversicherung, die das Verzugs- und Ausfallrisiko abdeckt, als Tatbestand eines Ausschlusses nach Abs. 2 Nr. 1 iVm § 500 Abs. 2 nicht in Betracht kommt. Denkbar ist eine Forderungsversicherung, die so gestaltet ist, dass die Versicherungsleistung vor der Fälligkeit des Darlehensrückzahlungsanspruchs fällig wird. Leistet der Versicherer aufgrund dessen als Dritter nach § 267 BGB an den Darlehensgeber, ist der Tatbestand der vorzeitigen Erfüllung eingetreten – eine eher außergewöhnliche Versicherungsvertragskonstruktion, auf der Art. 16 Abs. 3 lit. a der VerbrKr-Richtlinie (→ Rn. 1) beruht. Bei Immobiliar-Darlehensverträgen kommen Lebens- und Gebäudeversicherungen in Betracht, welche die Darlehensrückzahlung sichern sollen. Der Ausschluss setzt voraus, dass der Verbraucher vom Darlehensgeber im Darlehensvertrag nach Maßgabe von Art. 247 § 8 Abs. 1 EGBGB zum Abschluss des Versicherungsvertrages verpflichtet worden war. Dadurch sind mit der Leistung des Versicherers die Ansprüche des Darlehensgebers abgegolten, sodass für den Anspruch auf Vorfälligkeitsentschädigung kein Raum ist. Denkbar ist auch die Leistung einer Kapitallebensversicherung, mit der die Darlehensrückzahlungsforderung getilgt wird (→ § 494 Rn. 68).[22]

20 **b) Unzureichende Unterrichtung (Nr. 2).** Nach Art. 247 § 7 Abs. 1 Nr. 3 resp. Abs. 2 Nr. 1 EGBGB muss der Verbraucherdarlehensvertrag klar und verständlich Angaben über die **Berechnungsmethode** des Anspruchs auf Vorfälligkeitsentschädigung enthalten, wenn der Darlehensgeber beabsichtigt, diesen Anspruch im gegebenen Falle geltend zu machen (→ § 494 Rn. 20). Der Darlehensgeber hat also, wenn er denn diesen zu verlangen gedenkt, die Berechnung eines Zinsmargenschadens oder eines Zinsverschlechterungsschadens darzulegen (→ Rn. 12) oder im gegebenen Falle die Berechnung von Refinanzierungs- und Verwaltungskosten (→ Rn. 13). Der Grundsatz der Verständlichkeit richtet sich

---

[21] MüKoBGB/*Schürnbrand*, § 502 BGB Rn. 11.
[22] Staudinger/*Kessal-Wulf*, § 502 BGB Rn. 3; MüKoBGB/*Schürnbrand* § 502 BGB Rn. 12.

nach dem Horizont eines typischen Verbrauchers. Die Unterrichtung ist bereits dann unzureichend, wenn sie inhaltlich richtig und für den Fachmann verständlich, für den Laien aber nicht nachvollziehbar ist, sodass er seine Belastung im Falle vorzeitiger Rückzahlung nicht zutreffend abschätzen kann. Dies ist eine Frage des Einzelfalls.

Die **Laufzeit des Vertrags** ist nach Art. 247 § 6 Abs. 1 Nr. 1, § 3 Abs. 1 Nr. 6 EGBGB klar und verständlich anzugeben. 21

Das **Kündigungsrecht des Darlehensnehmers** ist von der Angabepflicht nach Art. 247 § 6 Abs. 1 Nr. 5 EGBGB erfasst, wonach das einzuhaltende Verfahren bei der Kündigung des Vertrags anzugeben ist; hierbei sind auch Kündigungsrechte des Darlehensgebers, zB nach § 499 Abs. 1, und des Darlehensnehmers nach § 500 Abs. 1 zu nennen. Ist diese letztgenannte Angabe unzureichend, ist der Anspruch des Darlehensgebers auf Vorfälligkeitsentschädigung ausgeschlossen. Fraglich ist, welches Kündigungsrecht in § 502 Abs. 2 Nr. 2 gemeint ist. Dasjenige aus § 500 Abs. 1 kommt nicht in Betracht, weil die Vorfälligkeitsentschädigung eine Zinsbindung und folglich eine bestimmte Laufzeit voraussetzt. Es bleibt das Kündigungsrecht nach § 490 Abs. 2 für Immobiliardarlehensverträge sowie das Kündigungsrecht nach § 489 Abs. 1 und ein etwa vereinbartes Kündigungsrecht, die allerdings keinen Bezug zur Vorfälligkeitsentschädigung haben. Was das Recht zur vorzeitigen Erfüllung nach § 500 Abs. 2 angeht, das der Anspruch auf Vorfälligkeitsentschädigung voraussetzt, ist dessen Angabe nach Art. 247 § 6 Abs. 1 Nr. 1, § 3 Abs. 1 Nr. 14 EGBGB vorgeschrieben, aber nicht Gegenstand von § 502 Abs. 2 Nr. 2. 22

Der Ausschluss nach Nr. 2 ist in der Verbraucherkreditrichtlinie nicht vorgesehen und im deutschen Recht als Sanktion nach Art. 23 der Richtlinie konzipiert.[23] Danach können Verstöße gegen Richtlinienvorschriften geahndet werden, hier gegen die Angabepflicht aus Art. 10 Abs. 2 lit. s VerbrKrRil (Pflichtangabe über die einzuhaltende Modalitäten bei der Ausübung des Rechts auf Kündigung des Kreditvertrags). 23

2. Ausschluss nach anderen Vorschriften

Kein Anspruch auf Vorfälligkeitsentschädigung entsteht bei Finanzierungsleasingverträgen mit Restwertgarantie nach § 506 Abs. 2 Satz 1 Nr. 3 (→ § 506 Rn. 84), wie § 506 Abs. 2 Satz 2 bestimmt (→ § 506 Rn. 141). Unanwendbar ist § 502 auch bei eingeräumter und bei geduldeter Überziehung nach § 504 Abs. 1 Satz 2 und § 505 Abs. 4 (→ § 504 Rn. 23 bzw. 18). Ein Anspruch auf Vorfälligkeitsentschädigung ist im Falle von Teilzahlungsgeschäften ausgeschlossen, sofern der Unternehmer nur gegen Teilzahlungen liefert oder Leistungen erbringt, wie § 507 Abs. 3 Satz 3 (→ Rn. 44 sowie → § 506 Rn. 123) zu entnehmen ist. Ein pauschaliertes **Bearbeitungsentgelt** für die Berechnung der Vorfälligkeitsentschädigung kann aufgrund von § 309 Nr. 5 lit. b BGB ebenso wenig wie für den Abschluss von Privatkreditverträgen nach § 307 Abs. 1, Abs. 2 Nr. 1 BGB[24] verlangt werden, außerdem könnten dadurch die Begrenzungen von § 502 Abs. 3 (→ Rn. 17) unterlaufen werden.[25] 24

---

[23] Skeptisch zur Richtlinienkonformität *Riehm/Schreindorfer* GPR 2008, 244 (247), wie hier MüKoBGB/*Schürnbrand* § 502 BGB Rn. 13.
[24] BGH NJW 2014, 2420.
[25] OLG Frankfurt ZIP 2013, 1160 mit Komm. Schelske EWiR § 502 BGB 1/13, 505.

§ 503 Umwandlung bei Immobiliar-Verbraucherdarlehen in Fremdwährung

(1) ¹Bei einem nicht auf die Währung des Mitgliedstaats der Europäischen Union, in dem der Darlehensnehmer bei Vertragsschluss seinen Wohnsitz hat (Landeswährung des Darlehensnehmers), geschlossenen Immobiliar-Verbraucherdarlehensvertrag (Immobiliar-Verbraucherdarlehensvertrag in Fremdwährung) kann der Darlehensnehmer die Umwandlung des Darlehens in die Landeswährung des Darlehensnehmers verlangen. ²Das Recht auf Umwandlung besteht dann, wenn der Wert des ausstehenden Restbetrags oder der Wert der regelmäßigen Raten in der Landeswährung des Darlehensnehmers aufgrund der Änderung des Wechselkurses um mehr als 20 Prozent über dem Wert liegt, der bei Zugrundelegung des Wechselkurses bei Vertragsabschluss gegeben wäre. ³Im Darlehensvertrag kann abweichend von Satz 1 vereinbart werden, dass die Landeswährung des Darlehensnehmers ausschließlich oder ergänzend die Währung ist, in der er zum Zeitpunkt der maßgeblichen Kreditwürdigkeitsprüfung überwiegend sein Einkommen bezieht oder Vermögenswerte hält, aus denen das Darlehen zurückgezahlt werden soll.

(2) ¹Die Umstellung des Darlehens hat zu dem Wechselkurs zu erfolgen, der dem am Tag des Antrags auf Umstellung geltenden Marktwechselkurs entspricht. ²Satz 1 gilt nur, wenn im Darlehensvertrag nicht etwas anderes vereinbart wurde.

Schrifttum: *Venieris,* Missbrauchs- und Transparenzkontrolle der AGB für Verbraucherdarlehen in Fremdwährung, VuR 2015, 363.

Übersicht

Rn.

Materialien
Wohnimmobilien-Verbraucherkreditrichtlinie 2014/17/EU Art. 23
Abs. 1 1

Kommentierung
Vorbemerkung 2
  I. Fremdwährungskredit 3
  II. Begriff des Umwandlungsrechts 4
  III. Voraussetzungen der Umwandlung (Abs. 1 Sätze 1 und 3) 5
    1. Immobiliar-Verbraucherdarlehensvertrag in Fremdwährung 5
    2. Vertragliche Abweichungen (Satz 3) 7
      a) Einkommen 8
      b) Vermögenswerte 9
      c) Zeitpunkt der Kreditwürdigkeitsprüfung 10
      d) Ausschließlich oder ergänzend 11
  IV. Änderung des Wechselkurses um mehr als 20 Prozent (Abs. 1
     Satz 2) 12
    1. Gesetzlicher Regelfall 12
    2. Gesetzlicher Ausnahmefall (§ 494 Abs. 6 Satz 3) 13
    3. Vertragliche Abweichung nach § 512 Satz 1 14
  V. Durchführung der Umwandlung (Abs. 2) 15
    1. Tag der Umstellung und Wechselkurs 16
    2. Abweichende Vereinbarung 17
  VI. Finanzierungshilfen 18
  VII. IPR 19

Umwandlung b. Immobiliar-Verbraucherdarl. in Fremdw. 1–3 § 503

Materialien
Wohnimmobilien-Verbraucherkreditrichtlinie 2014/17/EU
Art. 23 Abs. 1

Die Mitgliedstaaten stellen sicher, dass für den Fall, dass sich ein Kreditvertrag auf einen 1
Fremdwährungskredit bezieht, zum Zeitpunkt des Abschlusses des Kreditvertrags ein geeigneter Regelungsrahmen existiert, mit dem zumindest gewährleistet wird,
a) dass der Verbraucher unter festgelegten Bedingungen das Recht hat, den Kreditvertrag auf eine alternative Währung umzustellen, oder
b) dass andere Vorkehrungen getroffen wurden, um das für den Verbraucher im Rahmen des Kreditvertrags bestehende Wechselkursrisiko zu begrenzen.

Kommentierung

Vorbemerkung

Die Regelung gilt nur für Immobiliar-Verbraucherkreditverträge, nicht für 2
Allgemein-Verbraucherkreditverträge.

I. Fremdwährungskredit

Das Darlehen in Fremdwährung kennzeichnet sich dadurch, dass der Vertrag 3
nicht in der Landeswährung des Darlehensnehmers geschlossen wird, sondern in einer anderen, der Fremdwährung. Im kaufmännischen Bereich können auf diese Weise Auslandsgeschäfte finanziert werden, die in der Fremdwährung abgewickelt werden.[1] Im Privatgeschäft ist das Handlungsmotiv spekulativer Art, nämlich im Hinblick auf das Zinsniveau, das für die Fremdwährung waltet und im Hinblick auf das gemäß § 488 Abs. 1 Satz 2 zurückzuzahlende Darlehen. Ist das Zinsniveau bei der Fremdwährung niedriger als bei der Landeswährung und wird dem Vertrag der Sollzinssatz der Fremdwährung zugrunde gelegt, hat der Darlehensnehmer einen dem entsprechenden Vorteil. Verändert sich bei veränderlichem Sollzinssatz das Zinsniveau jedoch in der Weise, dass es in der Landeswährung niedriger wird, erleidet der Darlehensnehmer einen Nachteil. Die Darlehensvaluta wird meistens dem Wechselkurs entsprechend in Landeswährung ausgereicht; ist der Wechselkurs bei Fälligkeit zur Rückzahlung zugunsten der Fremdwährung gestiegen, muss der Darlehensnehmer mehr in der Landeswährung aufbringen, um die Darlehensschuld zu tilgen. Ist der Kurs gefallen, muss er weniger aufbringen und hat einen dem entsprechenden Vorteil. Darin liegen Chance und Risiko eines Fremdwährungskredits für den Verbraucher. Der Risikobegrenzung dient das Umwandlungsrecht (Erwägungsgrund 30), dem Risikobewusstsein die Information nach § 493 Abs. 4 BGB, Art. 247 § 7 Abs. 2 Nr. 2 EGBGB sowie das ESIS-Merkblatt zu 3.(Hauptmerkmale des Kredits). Hinzu kommt die Angabe der in Betracht kommenden Währungen gemäß Art. 247a § 1 Abs. 2 Satz 2 EGBGB, wenn ein Geschäftsbesorgungsvertrag nach § 675a Abs:1 abgeschlossen wurde.

---

[1] Typischerweise keine Wertpapierdienstleistung nach MiFID 2004/39/EG, EuGH v. 3.12.2015 – C-312/14 –*Banif Plus Bank*.

II. Begriff des Umwandlungsrechts

4 Der Verbraucher als Darlehensnehmer hat gegen den Darlehensgeber das Recht zur Änderung des Darlehensvertrags, wenn die gesetzlichen resp. vertraglichen Voraussetzungen dafür erfüllt sind (→ Rn. 5 ff.). Die Vertragsänderung liegt darin, dass der Vertrag statt in der Fremdwährung in der Landeswährung (→ Rn. 6) fortgeführt und abgewickelt wird, also das Zinsniveau der Landeswährung Maß gibt und das Darlehen in Landeswährung – in Raten oder als Festbetrag – zurückgeführt wird. Die Umwandlung findet nur auf **Verlangen des Darlehensnehmers** (Rn. 15) statt und stellt sich als Gestaltungsrecht dar (→ Rn. 12). Dem Verbraucher steht es frei, es bei der Fremdwährung zu belassen und auf fallenden Kurs zu hoffen.

III. Voraussetzungen der Umwandlung (Abs. 1 Sätze 1 und 3)

1. Immobiliar-Verbraucherdarlehensvertrag in Fremdwährung

5 Das Umwandlungsrecht besteht nur für einen Vertrag, der durch das Verhältnis von Landeswährung und Fremdwährung geprägt ist. Der Regelfall eines Verbraucherdarlehens ist seine Durchführung in der Landeswährung des Darlehensnehmers. Der Darlehensvertrag in Fremdwährung kennzeichnet sich gemäß Abs. 1 Satz 1 durch ein Negativum, nämlich dass der Vertrag nicht auf die Landeswährung abgeschlossen wurde, sondern eben in der Fremdwährung (Art. 4 Nr. 28 WohnimmoRil). Diese ist ebenfalls negativ definiert, nämlich eine Währung, die nicht Landeswährung ist. In persönlicher Hinsicht besteht das Umwandlungsrecht nur für Darlehensnehmer, die ihren Wohnsitz in einem Mitgliedstaat der Europäischen Union haben (§ 7 Abs. 1 BGB, nicht genügt der gewöhnliche Aufenthalt, wohl aber für Art. 6 Abs. 1 Rom I-VO, → Rn. 18). Andernfalls steht es den Parteien frei, ein Umwandlungsrecht vertraglich zu begründen.[2]

6 Der Begriff der **Landeswährung** bestimmt sich durch den Regelfall nach Abs. 1 Satz 1 und vereinbarte Sonderfälle nach Satz 3. Der gesetzliche **Regelfall** bestimmt die Landeswährung nach dem Wohnsitz des Verbrauchers bei Vertragsabschluss, also für die Länder der Währungsunion der Euro, für Großbritannien das Pfund, für Dänemark die dänische Krone, für Schweden die schwedische Krone, für Kroatien die Kuna etc. Für die letztgenannten Landeswährungen ist der Euro eine Fremdwährung.

2. Vertragliche Abweichungen (Satz 3)

7 Fakultativ können durch Vereinbarung im Darlehensvertrag nach Satz 3 andere Währungen als Landeswährung bestimmt werden, ausschließlich oder ergänzend (→ Rn. 11). Nicht notwendig braucht es sich um die Währung eines Mitgliedstaats der EU zu handeln, sodass beispielsweise nicht nur die Fremdwährung, sondern auch die Landeswährung auf Schweizer Franken lauten kann. Wird von der Alternativmöglichkeit Gebrauch gemacht, braucht bei Wohnsitz des Verbrauchers in Deutschland der Euro nicht Landeswährung zu sein. Eine

---

[2] BT-Drucks. 18/5922 (RegE), S. 97.

Umwandlung b. Immobiliar-Verbraucherdarl. in Fremdw.   8, 9   § 503

andere Landeswährung kann nicht schlechthin vertraglich bestimmt werden, sondern nur in zwei Konstellationen. Erster Fall ist die Währung, in welcher der Darlehensnehmer überwiegend sein Einkommen bezieht, zweiter Fall ist die Währung, in der der Darlehensnehmer Vermögenswerte hält, aus denen der Kredit zurückgeführt werden soll. Weicht die Vereinbarung der Parteien hiervon ab, entsteht das Umwandlungsrecht nicht kraft Gesetzes, kann aber seinerseits vertraglich begründet werden (→ Rn. 14).

a) Einkommen ist das Arbeitseinkommen abhängiger Beschäftigter oder Selbständiger, außerdem Kapitaleinkommen in Gestalt von Zinsen, Dividenden, Mieteinnahmen, Pacht.[3] Hierzu dürften auch Spekulationsgewinne etwa durch Kauf und Verkauf börsennotierter Wertpapiere gehören. Diese Einkünfte sind für eine vertragliche Bestimmung der Landeswährung nur dann tauglich, wenn sie **überwiegen,** wobei Berechnungsgrundlage das Nettoeinkommen ist, über das der Verbraucher verfügen und das er folglich auch zur Kredittilgung einsetzen kann. Bezieht der Verbraucher sein Einkommen aus verschiedenen Einkunftsarten, kann der Fall eintreten, dass diese zugleich in verschiedenen Währungen entstehen. Nebeneinkünfte zum Arbeitseinkommen können die Wahl einer anderen Landeswährung nicht begründen. Fraglich ist, ob es für das Tatbestandsmerkmal des Überwiegens zur Vereinbarung einer anderen Landeswährung ausreicht, wenn eine Einkunftsart den höchsten Anteil erreicht oder ob nur diejenige Währung tauglich ist, mit der der überwiegende Teil des gesamten Nettoeinkommens erwirtschaftet wird, also, entsprechend der Auslegung des Tatbestandsmerkmals „überwiegend" bei § 13 BGB (→ Einf. Rn. 48ff.), die Währung, mit der mehr als die Hälfte des Gesamteinkommens erzielt wird. In solchen Fällen könnte sich ergeben, dass keine Einkunftsart zur vertraglichen Bestimmung einer anderen Landeswährung ausreicht. Da *ratio legis* die Risikobegrenzung zugunsten des Verbrauchers ist, die an ihrer Stelle auch durch Bestimmung einer anderen Währung erreicht werden kann, dürfte davon auszugehen sein, dass als andere Währung auch eine solche in Betracht kommt, mit der weniger als die Hälfte des Gesamtnettoeinkommens erwirtschaftet wird. Bei verschiedenen Einkunftsarten in verschiedenen Währungen gibt in derartigen Fällen also die Währung derjenigen Einkunftsart Maß, die den höchsten Anteil am Gesamtnettoeinkommen ausmacht.

b) Vermögenswerte können nicht schlechthin die vertraglich vereinbarte Wahl einer anderen Landeswährung mit gesetzlichem Umwandlungsrecht bestimmen (→ Rn. 7, 14), sondern nur solche, aus denen das Darlehen zurückgezahlt werden soll. Gemeint sind also Vermögenswerte, die zu gegebener Zeit verwertet werden sollen, um mit dem Erlös die Rückzahlung des Darlehens zu finanzieren, zB Immobilien, Wertpapierdepots, Kunstwerke bis hin zu entsprechend werthaltigen Briefmarkensammlungen und Ähnliches. Voraussetzung für die Bestimmung der Vermögenswerte als Kriterium für die andere Landeswährung ist eine nicht notwendig rechtsgeschäftliche, gewisse gemeinsame Zweckbestimmung zur Verwertung, wofür es ausreicht, so die Begründung des Regierungsentwurfs zur Umsetzung der WohnimmoRiL,[4] wenn die Vermögenswerte bei der Kreditwürdigkeitsprüfung nach § 505b Abs. 2 BGB berücksichtigt wurden. Die an die Vermögenswerte geknüpfte Landeswährung ist bei Immobilien

8

9

---

[3] BT-Drucks. 18/5922 (RegE), S. 98.
[4] BT-Drucks. 18/5922, S. 98.

diejenige am Belegenheitsort. Bei Mobilien dürfte der Ort Maß geben, an dem die Verwertung durchgeführt und der Verwertungserlös erzielt werden soll, möglichst dort, wo die aussichtsreichsten Auktionen stattfinden. Als Folge dessen können für die Vermögenswerte verschiedene Landeswährungen in Frage kommen, wobei das Tatbestandsmerkmal „überwiegend" nur für das Einkommen gilt (→ Rn. 8), nicht aber für die Vermögenswerte. Demgemäß dürften die Parteien in der Fallgruppe Vermögenswerte mehrere Landeswährungen wirksam festlegen können, sodass ein gesetzliches Umwandlungsrecht begründet wird.

10 c) Der **Zeitpunkt der Kreditwürdigkeitsprüfung,** insbesondere nach § 505b Abs. 2 und 3, ist das Maß der anzustellenden Berechnungen zur alternativen Landeswährung. Diese Prüfung ist prognosebestimmt etwa zu einer in der Zukunft liegenden Verwertung. Jenseits dessen sind später nach der Prüfung eintretende Umstände für das Umwandlungsrecht nicht maßgeblich.

11 d) **Ausschließlich oder ergänzend** kann die alternative Landeswährung vereinbart werden, sodass mehrere Landeswährungen verbindlich sein können und zur Wahl des Verbrauchers stehen, wenn die Zwanzigprozentmarke überschritten ist (→ Rn. 12). Im Beispiel der Gesetzesbegründung[5] kann ein Verbraucher mit Wohnsitz in Deutschland, der bei einer britischen Bank ein Darlehen in britischen Pfund aufnimmt, sein Einkommen aber in schwedischen Kronen bezieht, als Landeswährung die schwedische Krone vereinbaren, entweder zusätzlich zum Euro oder anstelle des Euro. Hält der Verbraucher auch Vermögenswerte, aus deren Verwertung das Darlehen zurückgezahlt werden soll (→ Rn. 9), kann auch die dafür maßgebliche Währung zur ergänzenden Landeswährung bestimmt werden, sodass drei Landeswährungen zur Wahl stehen können: Landeswährung des Wohnsitzes, des überwiegenden Einkommens und der Vermögenswerte. Da für letztere nach Lage des Einzelfalls ihrerseits mehrere Landeswährungen in Frage kommen, kann sich das Wahlrecht des Verbrauchers auf vier und mehr Landeswährungen beziehen.

IV. Änderung des Wechselkurses um mehr als 20 Prozent (Abs. 1 Satz 2)

1. Gesetzlicher Regelfall

12 Sind durch den Darlehensvertrag ausschließlich oder ergänzend Landeswährungen wirksam vereinbart, kann der Verbraucher als Darlehensnehmer die Umwandlung im Allgemeinen erst in demjenigen Zeitpunkt verlangen, in dem eine Wechselkursveränderung stattfand, die eine Marke von 20 Prozent überschreitet (zum anzuwendenden Wechselkurs → Rn. 16, 17). Vorher kann der durch den Abschluss des Darlehensvertrages entstandene gesetzliche Anspruch auf Umwandlung nicht durchgesetzt werden. Es handelt sich um einen verhaltenen Anspruch (wie beispielsweise auch der Anspruch des Hinterlegers gegen den Verwahrer nach § 695 BGB), sodass auch die **Verjährung** gemäß § 199 Abs. 1 Nr. 1 erst dann beginnt, wenn der Verbraucher die Umwandlung begründeterweise verlangt. Die Marke von 20% bemisst sich aus einem Vergleich des Werts der Verbindlichkeit des Verbrauchers bei Vertragsschluss und im Zeitpunkt der

---

[5] BT-Drucks. 18/5922 (RegE), S. 98.

Umwandlung b. Immobiliar-Verbraucherdarl. in Fremdw.   13–15   § 503

Wechselkursänderung, wobei die Landeswährung des Verbrauchers nach Abs. 1 Satz 1 (→ Rn. 6) zugrundezulegen ist, zB Euro. Müsste der Verbraucher im späteren Zeitpunkt über 20% mehr an Euro aufbringen, um seine Darlehensverbindlichkeit zu tilgen, kann der Umwandlungsanspruch durchgesetzt werden; müsste er genau 20% oder weniger aufwenden, besteht der Anspruch noch nicht (bleibt also verhalten). Mit den Worten von Art. 23 Abs. 4 WohnimmoRil kommt es darauf an, dass „... der Wert des vom Verbraucher noch zu zahlenden ... Betrags ... um mehr als 20% von dem Wert abweicht, der gegeben wäre, wenn der Wechselkurs zwischen der Währung des Kreditvertrags und der Währung des Mitgliedstaats im Zeitpunkt des Abschlusses des Kreditvertrags angewandt würde", wobei unterstellt wird, dass es sich um eine Abweichung zum Nachteil des Verbrauchers handelt (also um einen gestiegenen Wechselkurs der Fremdwährung). Ist demgemäß die Marke von 20% überschritten, kann der Verbraucher vom Darlehensgeber die Umwandlung verlangen.

2. Gesetzlicher Ausnahmefall (§ 494 Abs. 6 Satz 3)

Gemäß Art. 247 § 7 Abs. 2 Nr. 2 EGBGB sind im Darlehensvertrag Angaben   **13** über die sich aus § 503 und § 493 Abs. 4 ergebenden Rechte des Darlehensnehmers zu machen. Fehlen solche Angaben, ist der Vertrag zwar wirksam, da sich die Nichtigkeitsfolge aus § 494 Abs. 1 nicht auf Angaben nach Art. 247 § 7 EGBGB bezieht, aber die Sanktion gegen den Darlehensgeber liegt darin, dass der Verbraucher das Umwandlungsrecht jederzeit und nicht erst bei Erreichen der Zwanzigprozentmarke ausüben kann (im Einzelnen → § 494 Rn. 81a).

3. Vertragliche Abweichung nach § 512 Satz 1

Die Regelungen von § 503 sind nur halbzwingend, indem Abweichungen zu-   **14** gunsten des Verbrauchers wirksam vereinbart werden können, insbesondere ein niedrigerer Wechselkurs oder ein jederzeitiges Umwandlungsrecht. Unwirksam, weil nachteilig für den Verbraucher, und vorbehaltlich Abs. 2 Satz 2 (→ Rn. 17), wäre eine Vereinbarung, nach der nach Erreichen der Wechselkursmarke von 20% eine Wartezeit einzuhalten ist, nach deren Ablauf die Umstellung erst verlangt werden könnte. Zwingend ist jedoch die Bestimmung einer anderen Landeswährung nach Einkommen resp. Vermögenswerten (→ Rn. 7, 8), sodass beispielsweise eine Landeswährung, die sich lediglich auf Nebeneinkünfte bezieht oder gänzlich frei bestimmt werden kann, kein dem entsprechendes gesetzliches Umwandlungsrecht begründet. Die Parteien sind aber nicht gehindert, in einem solchen Fall vertraglich ein Umwandlungsrecht zu begründen. Fremdwährungskonten sind Gegenstand von Nr. 10 AGB-Banken und Nr. 12–15 AGB-Sparkassen.[6]

V. Durchführung der Umwandlung (Abs. 2)

Sind die Voraussetzungen des Umwandlungsrechts erfüllt, kann der Verbrau-   **15** cher als Darlehensnehmer vom Darlehensgeber die Umwandlung der Fremdwährung in Landeswährung verlangen. Dieses Verlangen als Ausübung des dem Verbraucher zustehenden Gestaltungsrechts (→ Rn. 4) ist empfangsbedürftige

---

[6] Instruktiv *Venieris* VuR 2015, 363.

Willenserklärung und unterliegt allgemeinen Regeln, bedarf namentlich des Zugangs beim Darlehensgeber und ist formfrei; § 492 Abs. 5 (dauerhafter Datenträger) gilt nur für Erklärungen des Darlehensgebers, nicht des Verbrauchers. Die Erklärung des Verbrauchers ist gerichtet auf Umwandlung des Darlehens von der Fremdwährung in die (resp. eine der → Rn. 11) Landeswährung nach Abs. 1 Satz 1 oder 3. Diese Erklärung des Verbrauchers wird in Abs. 2 (der Formulierung von Art. 23 Abs. 3 WohnimmoRil folgend) als Antrag auf Umstellung bezeichnet. Hat der Verbraucher die Umwandlung in die Landeswährung durchgesetzt, ist sein Gestaltungsrecht verbraucht. Eine Rückumwandlung in die Fremdwährung, die bei späteren Kursänderungen angezeigt sein könnte, sieht das Gesetz nicht vor.

1. Tag der Umstellung und Wechselkurs (Satz 1)

16   Die Umstellung bedarf eines Wechselkurses, um herauszufinden, welchen Betrag der Verbraucher in der Landeswährung schuldet. Dieser Wechselkurs ist der Marktwechselkurs des Tages, an dem das Umstellungsverlangen des Verbrauchers wirksam wurde, meist der Tag des Zugangs (§ 130 Abs. 1 Satz 1 BGB) oder bei mündlicher Erklärung der Tag, an dem ein Empfangsvertreter (§ 164 Abs. 3) das Verlangen des Verbrauchers vernommen hatte. Ist dieser Tag streitig, trägt derjenige die Beweislast, der sich auf den für ihn günstigeren Wechselkurstag beruft, sodass ein *non liquet* zu seinen Lasten geht. Mit Marktwechselkurs ist der von der Europäischen Zentralbank täglich veröffentlichte Wechselkurs gemeint.

2. Abweichende Vereinbarungen (Satz 2)

17   Die Maßgeblichkeit von Wechselkurs und Tag ist nicht zwingend. Die Parteien können einen anderen Tag oder einen anders ermittelten Wechselkurs oder beides bestimmen, auch wenn sich die abweichende vertragliche Regelung zum Nachteil des Verbrauchers auswirkt, im gegebenen Falle unter Beachtung AGB-rechtlicher Schranken.[7] Hierin liegt eine Relativierung der halbzwingenden Geltung nach § 512 Satz 1 (→ Rn. 14).

VI. Finanzierungshilfen

18   Wird der Kaufpreis für die zu erwerbende Immobilie gestundet oder durch Grundpfandrecht resp. Reallast besichert, ist der Vertrag eine Immobiliar-Finanzierungshilfe (→ § 506 Rn. 12b, 42; § 491 Rn. 96a). Die Parteien können wirksam einen Zahlungsaufschub oder eine sonstige Finanzierungshilfe in Fremdwährung nach Maßgabe von § 503 vereinbaren, wie § 506 Abs. 1 Satz 2 hervorhebt (→ § 506 Rn. 125b).

VII. IPR

19   Der Abschluss eines Vertrages über ein Fremdwährungsdarlehen bedeutet natürlich nicht etwa, dass das Recht des Staates, der die Fremdwährung ausgibt,

---

[7] EuGH v. 30.4.2014 – C-26/13, NJW 2014, 2335 – *Kasler* – mit BSpr. *Bobin/Glos* WM 2015, 2257 (2261).

Eingeräumte Überziehungskredite § 504

zugleich das Vertragsstatut bestimmen würde. Vielmehr walten freie Rechtswahl und mangels Rechtswahl das Prinzip der engsten Verbindung (→ 3. Teil Rn. 4). Im letztgenannten Fall wäre für das Kreditgeschäft das Recht desjenigen Staates anwendbar, in welchem die charakteristische Leistung zu erbringen ist, also die Überlassung der Valuta resp. die Verkäufer- oder andere Unternehmerleistung. Demgemäß gäbe im oben genannten Beispiel (→ Rn. 11) das Recht der britischen Bank Maß (wenn die Valuta nicht durch eine Zweigniederlassung im Wohnsitzstaat ausgereicht wird[8]). Jedoch kommt das Recht des Verbraucherwohnsitzes – es genügt der gewöhnliche Aufenthaltsort, → Rn. 5 – nach Art. 6 Abs. 1 Rom-I-VO in Betracht, wenn der Inlandsbezug nach Art. 6 Abs. 1 lit. a oder lit. b Rom-I-VO gegeben ist (Ausübung der Unternehmertätigkeit im Wohnsitzstaat des Verbrauchers, Ausrichtung auf den Wohnsitzstaat, → 3. Teil Rn. 15). Außerdem ist bei Grundpfand- oder Reallastbesicherung zu erwägen, ob eine engere Verbindung iSv Art. 4 Abs. 3 Rom-I-VO anzunehmen und das Recht des Belegenheitsstaats anzuwenden ist, der Kreditvertrag also der *lex rei sitae* zu unterstellen wäre.[9] Bei einer Rechtswahl nach Art. 6 Abs. 2 Satz 1 Rom-I-VO ist bei einem Immobiliar-Verbraucherdarlehensvertrag an das Widerrufsrecht nach § 495 BGB zu denken, das gemäß Art. 14 Abs. 6 zweiter UA WohnimmoRil durch eine Bedenkzeit ersetzt werden kann. Trifft dies bei dem gewählten Recht eines Mitgliedstaats der EU zu, setzt sich das Widerrufsrecht nach deutschen Recht gemäß Art. 6 Abs. 2 Satz 2 Rom-I-VO durch. Die **örtliche und internationale Zuständigkeit** richtet sich nach Art. 17 EuGVVO (→ 4. Teil Rn. 44 ff.) und verdrängt die an sich denkbare Zuständigkeit aufgrund Vermögens nach § 23 ZPO,[10] Art. 3 EuGVVO.

§ 504 Eingeräumte Überziehungskredite

(1) ¹Ist ein Verbraucherdarlehen in der Weise gewährt, dass der Darlehensgeber in einem Vertragsverhältnis über ein laufendes Konto dem Darlehensnehmer das Recht einräumt, sein Konto in bestimmter Höhe zu überziehen (Überziehungsmöglichkeit), hat der Darlehensgeber den Darlehensnehmer in regelmäßigen Zeitabständen über die Angaben zu unterrichten, die sich aus Artikel 247 § 16 des Einführungsgesetzes zum Bürgerlichen Gesetzbuche ergeben. ²Ein Anspruch auf Vorfälligkeitsentschädigung aus § 502 ist ausgeschlossen. ³§ 493 Abs. 3 ist nur bei einer Erhöhung des Sollzinssatzes anzuwenden und gilt entsprechend bei einer Erhöhung der vereinbarten sonstigen Kosten. ⁴§ 499 Abs. 1 ist nicht anzuwenden.

(2) ¹Ist in einer Überziehungsmöglichkeit in Form eines Allgemein-Verbraucherdarlehensvertrags vereinbart, dass nach der Auszahlung die Laufzeit höchstens drei Monate beträgt oder der Darlehensgeber kündigen kann, ohne eine Frist einzuhalten, sind § 491a Abs. 3, §§ 495, 499 Abs. 2 und § 500 Abs. 1 Satz 2 nicht anzuwenden. ²§ 492 Abs. 1 ist nicht anzuwenden, wenn außer dem Sollzins keine weiteren laufenden Kosten vereinbart sind, die Sollzinsen nicht in kürzeren Zeiträumen als drei Monaten

---

[8] Anw-(NK-)Komm/*Leible,* Art. 4 Rom-I-VO Rn. 146.
[9] Vgl. OLG Karlsruhe NJW-RR 1989, 367 zu 1.; Anw-(NK-)Komm/*Leible,* Art. 4 Rom I-VO Rn. 147; skeptisch Soergel/*v. Hoffmann* (12. Aufl. 1996), Art. 28 EGBGB Rn. 184.
[10] Hierzu OLG München WM 2015, 1969.

Bülow

§ 504   1. Teil. Darlehen und Finanzierungshilfen

fällig werden und der Darlehensgeber dem Darlehensnehmer den Vertragsinhalt spätestens unverzüglich nach Vertragsabschluss auf einem dauerhaften Datenträger mitteilt.

Vorgängervorschriften: § 5 Abs. 1 VerbrKrG, § 493 Abs. 1 BGB aF

Schrifttum: *Ahrens,* Das neue Pfändungsschutzkonto, NJW 2010, 2001; *Baumbach/ Hefermehl/Casper,* Wechselgesetz und Scheckgesetz, 23. Aufl. 2008; *Berg,* Die Pflicht zur Information des Verbrauchers vor Vertragsschluss in neueren Verbraucherschutzgesetzen, VuR 1999, 355; *Bülow,* WG, ScheckG, 5. Aufl. 2013; *Claussen,* Finanzierter Wertpapierkauf und Verbraucherkreditgesetz, NJW 1993, 564; *Derwath,* Der Schutz des Verbrauchers beim Überziehungskredit im Rahmen von Gehalts- und ähnlichen Konten, 1998; *Ganter,* Pfändung von Ansprüchen „aus offener Kreditlinie" – Pfändung des Dispositionskredits, in: Horn/Krämer (Hrsg.), Bankrecht 2002, S. 135; *Gilles,* Auf dem Weg zu einem Verbraucherkreditgesetz, ZRP 1989, 299; *Günther,* Girokonto für jedermann – Quo vadis? WM 2014, 1369; *Habersack,* Drittfinanzierter Immobilien- und Beteiligungserwerb unter Geltung des § 9 VerbrKrG, ZHR 156 (1992), 45; *Hänsel,* Privatkundenschutz im Dispositionskredit, 1995; *Heerstraßen,* Kreditkarten und Verbraucherkreditgesetz, Festschrift Merle 2000, S. 167; *Herresthal,* Die Kündigung von Girokonten durch private Banken nach dem Recht der Zahlungsdienstleistungen, WM 2013, 773; *Kilimann,* Der Anspruch der Bank auf Überziehungsentgelte bei gekündigtem und ungekündigtem Girovertrag, NJW 1990, 1154; *Koeppen,* Kreditkarten und Verbraucherkreditgesetz, FLF 1992, 86; *Lang/Erdmann-Fietz,* Die Zukunft des befristeten Kontokorrentkredits, ZBB 2004, 137; *Linardatos,* Die Basiskonto-Richtlinie – Ein Überblick, WM 2015, 755; *Metz,* Aktuelle Rechtsfragen der Kreditkartenpraxis, NJW 1991, 2804; *Mülbert/Grimm,* Der Kontokorrentkredit als Gelddarlehensvertrag, WM 2015, 2217; *Schlierbach/Püttner,* Das Sparkassenrecht in der Bundesrepublik Deutschland, 4. Aufl. 1998; *Schmelz/Klute,* Zum Gesetzentwurf für ein Verbraucherkreditgesetz, ZIP 1989, 1509; *K. Schmidt,* Kontokorrentkredit, Zinseszins und Verbraucherschutz, Festschrift Claussen 1997, S. 483; *B. Scholl,* Die Pfändung des Kontokorrentkredits, DZWIR 2005, 353; *Seibert,* Verbraucherkreditgesetz und Kreditkarte, DB 1991, 429; *Streit* Kartenzahlung und Verbraucherverschuldung aus rechtlicher Sicht, 1997; *Tobias,* Der Konsumentenratenkredit im Kontokorrentverhältnis, 1990; *E. Ulmer,* Sinnzusammenhänge im modernen Wettbewerbsrecht, 1932; *Vortmann,* Fallen Effektenlombardkredite unter das Verbraucherkreditgesetz?, NJW 1992, 1865; *E. Wagner,* Neue Argumente zur Pfändbarkeit des Kontokorrentkredits, WM 1998, 1657; *Wagner-Wieduwilt,* Kritische Anmerkungen zum Regierungsentwurf eines Verbraucherkreditgesetzes, Die Bank 1989, 566; *ders.,* Verbraucherkreditgesetz begegnet Vorbehalten, Die Bank 1988, 685.

Übersicht

	Rn.
Materialien	
Verbraucherkreditrichtlinie Art. 2, 3, 12, 16	1
Wohnimmobilien-Kreditvertragsrichtlinie Art. 3 Abs. 2 lit. d	1a
Begründung RegE zum VerbrKrG, BT-Drucks. 11/5462, S. 20	2
Begründung RegE zum Gesetz zur Umsetzung der Verbraucherkreditrichtlinie, BT-Drucks. 16/11643	3
Kommentierung	
Vorbemerkung	4a
I. Darlehensverträge mit Überziehungsmöglichkeit	5
1. Begriff	5
2. Arten	7
3. Reichweite der Freistellung	11
II. Persönlicher Anwendungsbereich	14
1. Verbraucher	14
2. Darlehensgeber	15
III. Eingeräumte Überziehungsmöglichkeit im Allgemeinen (Abs. 1)	17
1. Vertragsinhalt	17
2. Rechtsfolgen	21

Eingeräumte Überziehungskredite 1 § 504

	Rn.
a) Unterrichtung in regelmäßigen Zeitabständen	21
b) Keine Vorfälligkeitsentschädigung § 502	23
c) Eingeschränkte Informationen aus § 493 Abs. 3	24
d) Rückzahlung nach Aufforderung (Ausschluss von § 499 Abs. 1)	26
e) Form des Überziehungsdarlehensvertrags (§ 492)	27
f) Vorvertragliche Information § 491a	28
g) Widerrufsrecht § 495	29
h) Beratungspflicht	29a
IV. Eingeräumte Überziehungsmöglichkeit bei Allgemein-Verbraucherdarlehensverträgen mit Dreimonategrenze oder fristloser Kündigung (§ 504 Abs. 2 Satz 1)	30
1. Vertragsinhalt	30
2. Rechtsfolgen	32
a) Die für Überziehungskredite im Allgemeinen eintretenden Rechtsfolgen	32
b) Vertragsform	33
c) Vorvertragliche Information § 491a, Freistellung von § 491a Abs. 3	36
d) Kein Widerrufsrecht nach § 355	39
e) Kein Leistungsverweigerungsrecht des Darlehensgebers nach § 499 Abs. 2, Rückführung durch den Darlehensnehmer (§ 500 Abs. 1)	40
V. Eingeräumte Überziehungsmöglichkeit mit besonderer Zinsvereinbarung (Abs. 2 Satz 2)	41
1. Vertragsinhalt	41
2. Rechtsfolgen	43
VI. Verletzung der Informationspflichten	44
VII. Exkurs: Zwangsvollstreckung in die Kreditlinie; Insolvenz; P-Konto	45

Materialien

Verbraucherkreditrichtlinie 2008/48/EG

Artikel 2

... **1**

(3) Auf Kreditverträge in Form einer Überziehungsmöglichkeit, bei denen der Kredit nach Aufforderung oder binnen drei Monaten zurückzuzahlen ist, finden lediglich die Artikel 1 bis 3, Artikel 4 Absatz 1, Artikel 4 Absatz 2 Buchstaben a bis c, Artikel 4 Absatz 4, die Artikel 6 bis 9, Artikel 10 Absatz 1, Artikel 10 Absatz 4 und Absatz 5, Artikel 12, Artikel 15, Artikel 17 sowie die Artikel 19 bis 32 Anwendung

Artikel 3

Für die Zwecke der Richtlinie bezeichnet der Ausdruck
...
d) „Überziehungsmöglichkeit" einen ausdrücklichen Kreditvertrag, bei dem der Kreditgeber dem Verbraucher Beträge zur Verfügung stellt, die das aktuelle Guthaben auf dem laufenden Konto des Verbrauchers überschreiten;

Artikel 12

(1) Wird einem Verbraucher ein Kredit in Form einer Überziehungsmöglichkeit eingeräumt, so wird er regelmäßig mittels eines Kontoauszugs auf Papier oder einem anderen dauerhaften Datenträger informiert, der folgende Einzelheiten enthält:
a) den genauen Zeitraum, auf den sich der Kontoauszug bezieht;
b) die in Anspruch genommenen Beträge und das Datum der Inanspruchnahme;
c) den Saldo sowie das Datum des letzten Kontoauszugs;
d) den neuen Saldo;

e) das jeweilige Datum und den jeweiligen Betrag der Zahlungen des Verbrauchers;
f) den angewandten Sollzinssatz;
g) etwaige erhobene Entgelte;
h) den gegebenenfalls zu zahlenden Mindestbetrag.

(2) Darüber hinaus ist der Verbraucher auf Papier oder einem anderen dauerhaften Datenträger über Erhöhungen des Sollzinssatzes oder der erhobenen Entgelte zu unterrichten bevor die Änderung wirksam wird.

Die Vertragsparteien können jedoch in dem Kreditvertrag vereinbaren, dass die Information über die Änderung des Sollzinssatzes nach Maßgabe des Absatzes 1 zu erteilen ist, wenn diese Änderung auf eine Änderung eines Referenzzinssatzes zurückgeht, der neue Referenzzinssatz auf geeigneten Wegen öffentlich zugänglich gemacht wird und die Information über den Referenzzinssatz außerdem in den Geschäftsräumen des Kreditgebers eingesehen werden kann.

Artikel 16
...
(3) Eine Entschädigung für vorzeitige Rückzahlung darf nicht verlangt werden,
...
b) im Falle von Überziehungsmöglichkeiten
...

Wohnimmobilien-Kreditvertragsrichtlinie 2014/17/EU, Art. 3 Abs. 2 lit.d

1a ... Diese Richtlinie gilt nicht für ...
Kreditverträge in Form von Überziehungsmöglichkeiten, bei denen der Kredit binnen eines Monats zurückzuzahlen ist; ...

Begründung RegE zum VerbrKrG, BT-Drucks. 11/5462, S. 20

2 Der Überziehungskredit auf Gehalts- und ähnlichen Konten ist eine in der Bundesrepublik Deutschland verbreitete, besonders flexible Art der Kreditaufnahme. Dieser Kredit wird auf einem Kontokorrentkonto in der Regel ohne Sicherheiten mit einem Kreditrahmen eingeräumt, der das Zwei- bis Dreifache der monatlichen regelmäßigen Einkünfte des Kreditnehmers umfasst. Charakteristisches Merkmal dieser Kreditkonten ist, dass sie grundsätzlich als Habenkonten mit mehr oder weniger regelmäßigen Zahlungseingängen geführt werden.
...

Begründung RegE zum Gesetz zur Umsetzung der Verbraucherkreditrichtlinie, BT-Drucks. 16/11643

3 S. 89: Absatz 1 Satz 1 definiert die Überziehungsmöglichkeit als besondere Form des Darlehensvertrags. Sie dient der Einführung des Begriffes und der Zuordnung dieses Vertragstyps zum Darlehensvertrag. Die Überziehungsmöglichkeit ist ein atypischer Darlehensvertrag, weil der Vertrag in der Regel nur einen Rahmen vorgibt. Innerhalb dieses Rahmens steht es in der freien Entscheidung des Darlehensnehmers, das Darlehen oder einen Teil tatsächlich anzurufen und zu nutzen. Gleichwohl – und das stellt die Vorschrift klar – existiert zwischen den Parteien eine entsprechende Darlehensabrede. Da es sich um ein Verbraucherdarlehen handelt, sind auch die § 491 ff. uneingeschränkt anzuwenden. Die Definition orientiert sich am bisherigen § 493 und an Artikel 3 Buchstabe d und Artikel 2 Abs. 3 der Verbraucherkreditrichtlinie.

4 S. 90: Absatz 2 Satz 2 übernimmt Teile des Regelungsgehalts des bisherigen § 493. Er erlaubt in Abweichung von § 492, den Vertrag über die Überziehungsmöglichkeit im Sinne des Absatzes 2 ohne Einhaltung einer Form abzuschließen. Die Formvorschrift des § 492 geht über die Vorgaben des Artikels 10 der Verbraucherkreditrichtlinie hinaus, sodass die Abweichung europarechtlich unbedenklich ist. Damit auf die Schriftform des § 492 verzichtet werden kann, stellt Satz 2 allerdings drei Voraussetzungen auf.

Kommentierung

Vorbemerkung

Absatz 2 ist nur auf Allgemein-Verbraucherdarlehensverträge anwendbar, Absatz 1 auch auf Immobiliar-Verbraucherdarlehensverträge. **4a**

I. Darlehensverträge mit Überziehungsmöglichkeit

1. Begriff

Erhält der Verbraucher Kredit dadurch, dass er über ein laufendes Konto, dh, **5** ein Konto mit Kontokorrentabrede entsprechend § 355 HGB, Verfügungen (Barabhebungen, Überweisungen, Lastschriftaufträge, Scheckziehungen) bis zu einer bestimmten Höhe treffen darf, obwohl der Habensaldo dafür nicht ausreicht und deshalb ein Sollsaldo entsteht, handelt es sich um einen Darlehensvertrag mit eingeräumter Überziehungsmöglichkeit. Dieser Darlehensvertrag ist insoweit atypisch, als er nur einen Rahmen bestimmt, innerhalb dessen der Verbraucher als Darlehensnehmer von seinem Verfügungsrecht nach der Höhe, des Zeitpunkts und der Dauer der Inanspruchnahme nach beliebig Gebrauch machen, namentlich auch einen Sollsaldo jederzeit ausgleichen darf. Solche Verträge genießen Freistellungen und Modifikationen gegenüber Darlehensverträgen im Allgemeinen.

Gegenstand von § 504 ist eine Vereinbarung der Parteien über die Überziehungsmöglichkeit,[1] die vor Inanspruchnahme getroffen wurde **(Dispositions-** **6** **kredit)**, während § 505 die Duldung der Überziehung ohne vorherige Einräumung regelt. Fehlt es auch am Duldungstatbestand (→ § 505 Rn. 6), ist Verbraucherdarlehensrecht mangels Darlehensvertrags insgesamt nicht anwendbar (→ § 497 Rn. 13). Unanwendbar sind §§ 504, 505 in den Ausnahmetatbeständen von § 491 Abs. 2 Satz 2 (→ § 491 Rn. 158 ff.).

2. Arten

Zusammen mit § 505 regelt § 504 vier Arten von Darlehensverträgen mit **7** Überziehungsmöglichkeit, nämlich
- nach § 504 Abs. 2 Satz 1 Allgemein-Verbraucherdarlehensverträge mit einer Laufzeit von höchstens drei Monaten nach Auszahlung oder der Möglichkeit fristloser Kündigung durch den Darlehensgeber sowie
- solche, die außerdem bestimmte Sollzinskonditionen aufweisen (§ 504 Abs. 2 Satz 2),
- nach § 504 Abs. 1 solche ohne Besonderheiten von § 504 Abs. 2 sowie
- nach § 505 die geduldete Überziehung.

Alle in § 504 geregelten Verträge sind mit der Unterrichtungspflicht nach **8** Art. 247 § 16 EGBGB verbunden.

---

[1] Deshalb handelt es sich nicht um vorvertragliche Fragen, so aber *Gilles* ZRP 1989, 299 (306). Beispielsfälle für Abrufkredit: KG WM 1992, 1806; OLG Schleswig WM 1992, 751 mit Anm. *A. Weber* WuB VI E.–2.92 und Komm. *Vortmann* EWiR § 607 BGB 3/92, 445.

§ 504 9–11 1. Teil. Darlehen und Finanzierungshilfen

9 Darlehensverträge in der dritten Variante, also ohne die Besonderheiten von § 504 Abs. 2, sind, wenn auch atypische (→ Rn. 5), Verbraucherdarlehensverträge nach § 491, die kein Formprivileg aufweisen, widerruflich sind und den weiteren verbraucherdarlehensrechtlichen Vorschriften mit Ausnahme von § 502, teilweise § 493 Abs. 2 und § 499 Abs. 1 (→ Rn. 26) unterliegen. Solche Verträge sind auch nicht Gegenstand der Ausnahmevorschrift von Art. 2 Abs. 3 der Verbraucherkreditrichtlinie (→ Rn. 1).

10 Überziehungs-Darlehensverträge nach § 504 Abs. 2 Satz 1 (Laufzeit höchstens drei Monate oder fristlose Kündbarkeit) sind Gegenstand von Art. 2 Abs. 3 der Richtlinie (→ Rn. 1) mit verminderten Pflichtangaben im Darlehensvertrag nach Art. 247 § 10 EGBGB und verminderten Informationspflichten nach § 491a, fehlender Widerruflichkeit (§ 495 Abs. 2 Nr. 3), fehlender Beendigungsmöglichkeit und Leistungsverweigerungsrecht nach Art. 13 der Richtlinie, §§ 499 Abs. 2, 500 Abs. 1 Satz 2.

10a Überziehungs-Darlehensverträge nach § 504 Abs. 2 Satz 2 gehen über § 504 Abs. 2 Satz 1 hinaus, indem nur Sollzinsen mit weiteren Modifikationen geschuldet werden. In diesem Fall genießt der Darlehensvertrag das Formprivileg, das vom Schriftformerfordernis nach § 492 Abs. 1 freistellt und stattdessen in Übereinstimmung mit Art. 10 Abs. 1 der Richtlinie Textform (§ 126b Satz 2 BGB, dauerhafter Datenträger) erlaubt.

10b Verbraucherdarlehensverträge in der dritten Variante (→ Rn. 7) können Allgemein- oder **Immobiliar-Verbraucherdarlehensverträge** sein, nämlich bei Besicherung durch Grundpfandrecht oder Reallast (→ § 491 Rn. 96c) oder bei Erwerbs- oder Erhaltungszweck (vgl. Erwägungsgrund 25 Satz 1 WohnimmoRl), vorbehaltlich der Reichweitenüberschreitung (→ Rn. 11). Sie sind auch dann Gegenstand von § 504 Abs. 1, wenn das Darlehen binnen eines Monats zurückzuzahlen ist (→ Rn. 42), da der Ausahmetatbestand von Art. 3 Abs. 2 lit. d WohnimmoRl (→ Rn. 1a) als überschießende Regelung nicht umgesetzt wurde.[2]

3. Reichweite der Freistellung

11 Die *ratio legis* in Gestalt der Freistellung (→ Rn. 5) erschließt sich aus dem Begriff des laufenden Kontos, den die Verbraucherkreditrichtlinie nicht definiert und der sich aus bankbetrieblicher Sicht durch die jederzeitige Verfügungsmöglichkeit durch den Kontoinhaber, den Verbraucher, kennzeichnet, seine Einlagen also stets fällige Sichteinlagen sind,[3] die durch Belastungsbuchung zur Saldierung führen. Die *ratio legis* ist darin zu sehen, die Verwendung von Girokonten als Gehalts- und ähnlichen Konten, die vor allem dem Zahlungsverkehr dienen und typischerweise Habenkonten sind, auch zu kurzfristigen Kreditzwecken nicht zu behindern (→ Rn. 2, 13). Die Reichweite der Freistellung ist aber überschritten, wenn das Girokonto nicht zur Abwicklung des Zahlungsverkehrs, sondern für ein Verbraucherdarlehen eröffnet wird, zB für einen Kontokorrentratenkredit oder typischerweise bei einem Immobiliar-Überziehungsdarlehen. Gleiches gilt, wenn ein bereits bestehendes Gehaltskonto für die Abwicklung des Darlehens umgewidmet wird, sodass es nicht mehr dem Zahlungsverkehr dient; es kommt darauf an, ob die Parteien das Konto nicht mehr der Kontokorrentabrede entsprechend verwenden wollen. Das ist eine Frage der Auslegung des – auch nur

---

[2] RegE WohnimmoRl S. 96.
[3] Derleder/Knops/Bamberger/*Singer*, § 37 Rn. 20.

konkludent erklärten – rechtsgeschäftlichen Willens. In solchen Fällen bleibt es bei den allgemeinen Vorschriften bzw. sie werden mit Wirkung *ex nunc* verbindlich;[4] zur Vermeidung der Formnichtigkeit ist der Bank in Zweifelsfällen der Verzicht auf das Formprivileg aus § 504 Abs. 2 anzuraten. Dagegen werden die Privilegien nicht berührt, wenn der Verbraucher das Konto nur tatsächlich nicht mehr für den Zahlungsverkehr benutzt oder es dauernd oder für längere Zeit überzieht[5] oder wenn das Girokonto sowohl als laufendes Konto für den Zahlungsverkehr dient und außerdem der Abwicklung des Darlehens.

Auch ein entgeltlicher Krediteröffnungsvertrag, der die Grundlage für spätere gesonderte Darlehensverträge darstellt, ist ein Verbraucherdarlehensvertrag iSv § 491, der der Form aus § 492 bedarf (→ § 491 Rn. 104). Der durch **Kreditkarten** gewährte entgeltliche Kredit (→ § 491 Rn. 103) ist kein Überziehungskredit iSv § 504, auch wenn zum Zwecke seiner Abwicklung ein Girokonto eröffnet wird (möglich, wenn das Kartenunternehmen zugleich Kreditinstitut ist),[6] ebenso wenig ein Kontokorrentratenkredit, der über ein Girokonto abgewickelt wird (→ Rn. 11). 12

Ausgangspunkt für die Privilegien bei eingeräumter Überziehungsmöglichkeit ist die Deckung eines aktuellen Kreditbedarfs des Verbrauchers, der jederzeit auftreten und im Rahmen der Überziehungsabrede befriedigt werden kann. Diese Typik legt nahe, dass die Freistellung nur so weit reichen könnte, wie der Verbraucher über die entnommene Valuta frei verfügen kann, sodass eine unter den Parteien vereinbarte **Zweckbindung** entgegenstehen würde. Die privilegschädliche Zweckbindung ist andererseits Wesensmerkmal eines **verbundenen Geschäfts** iSv § 358 (→ § 495 Rn. 265), sodass die Abwicklung eines verbundenen Geschäfts über ein Girokonto die Anwendung von § 504 ausschließen würde. Diese für die Vorgängerregelung von § 493 BGB aF in der Tat anzunehmende Folgerung kann aufgrund von Art. 2 Abs. 3 der Richtlinie (betreffend Vereinbarungen nach § 504 Abs. 2 Satz 1, → Rn. 7) aber nicht mehr gezogen werden, weil Art. 15 auf Kredite in Form einer Überziehungsmöglichkeit anwendbar ist, der verbundene Geschäfte einschließlich der Begriffsbestimmung von Art. 3 lit. n i), nämlich die Zweckbindung, regelt. Demgemäß derogiert eine Verbund-Zweckbindung die Anwendung von § 504 nicht.[7] 13

II. Persönlicher Anwendungsbereich

1. Verbraucher

Der Begriff des Verbrauchers ist derselbe wie sonst im Verbraucherkreditrecht (→ § 491 Rn. 23). § 504 kann folglich in der Existenzgründungsphase (§ 507) 14

---

[4] LG Berlin WM 1999, 2156 mit Anm. *Welter/Schön* WuB I E 2. – 1.2000; *Seibert* § 5 VerbrKrG Rn. 3; MüKoBGB/*Schürnbrand* § 504 BGB Rn. 10; *K. Schmidt* FS Claussen, S. 483 (496); aA *v. Westphalen/Emmerich/v. Rottenburg* § 5 VerbrKrG Rn. 13 ff.
[5] MüKoBGB/*Schürnbrand* § 504 BGB Rn. 9; *Gößmann* BuB, Rn. 3/534.
[6] Zutreffend *Metz* NJW 1991, 2804 (2811); MüKoBGB/*Schürnbrand* § 504 BGB Rn. 10; aA *Seibert* DB 1991, 429 (430 zu I. 1.); *Koeppen* FLF 1992, 86 (89 f.); *Streit* Kartenzahlung und Verbraucherverschuldung, S. 285; *Heerstraßen* FS Merle, S. 167 (170).
[7] AA MüKoBGB/*Schürnbrand* § 504 BGB Rn. 10; *Staudinger/Kessal-Wulf* § 504 BGB Rn. 16; wie hier iE *Habersack* ZHR 156 (1992), 45 (62); *Vortmann* NJW 1992, 1865 (1867) mit krit. Erwiderung *Claussen* NJW 1993 564 (566); *Drescher* WM 1993, 1445 (1446); *v. Rottenburg* WM 1992, 720.

anwendbar sein (→ § 512 Rn. 4); Maß gibt der Zeitpunkt der Überziehung. Nach Abschluss der Existenzgründungsphase bedarf es also keiner Unterrichtung (→ Rn. 21) mehr. Wird das Konto für mehrere Personen geführt (→ Rn. 19), die alle für die Überziehung haften, besteht die Informationspflicht gegenüber allen Kontoinhabern, die Verbraucher sind. Da jedoch Voraussetzung für den Begriff des Verbrauchers der Verwendungszweck des Kredits ist (→ § 491 Rn. 46), scheidet die Anwendbarkeit von § 504 ebenso wie diejenige von § 492 insoweit aus, als einer der Kontoinhaber das Konto für gewerbliche oder selbständig berufliche Zwecke überzieht. In diesem Fall sind jedoch auch hinsichtlich dieser Überziehung die privaten und mithaftenden Kontoinhaber zu unterrichten, da es für die Anwendbarkeit der Vorschrift zugunsten von mithaftenden Verbrauchern keine Rolle spielt, ob das Hauptgeschäft, für das der Verbraucher haftet, ein Verbraucherkreditvertrag ist (→ § 491 Rn. 123). Darüber hinaus ist es für den Tatbestand gleichgültig, ob ein Kontoinhaber gewerblich tätig ist oder einen freien Beruf ausübt – allein die tatsächliche Verwendung ist entscheidend. Deshalb ist § 504 auch anwendbar, wenn ein Firmenkonto für private Zwecke überzogen wird („Mischnutzung")[8].[9]

2. Darlehensgeber

15 Der Begriff des darlehensgebenden Unternehmers ist im Ausgangspunkt derselbe wie sonst im Verbraucherkreditrecht (→ § 491 Rn. 17). Da die Durchführung des bargeldlosen Zahlungsverkehrs und folglich die Führung eines laufenden Kontos gem. § 1 Abs. 1 Nr. 9 KWG als Giro-(Zahlungsdienste-)geschäft (§ 675f BGB) aber zugleich Bankgeschäft ist, kommen als Darlehensgeber Kreditinstitute (Banken – einschließlich Postbank –, Sparkassen und Kreditgenossenschaften) in Betracht, außerdem auch Zahlungsdienstleister (vgl. §§ 675f Abs. 1 BGB, 1 Abs. 1 ZAG – Zahlungsdiensteaufsichtsgesetz[10]) bei Kreditgewährung nach §§ 1 Abs. 1 Nr. 3, 2 Abs. 3 ZAG.

16 Was die **Deutsche Bundesbank** angeht, die gem. § 2 Abs. 1 Nr. 1 KWG kein Kreditinstitut ist, stellen sich diese Probleme nicht, weil ihre Girokonten gem. Abschn. II Nr. 3 AGB-Bundesbank nur auf Guthabenbasis und auch nicht als Kontokorrentkonten geführt werden (Abschn. II Nr. 3 Satz 2 AGB-Bundesbank). Sie führt Girokonten auch nicht mehr für Private, sondern im Allgemeinen nur noch für Kreditinstitute und öffentliche Verwaltungen (Abschn. II Nr. 2 Abs. 1 AGB-Bundesbank). Soweit ausnahmsweise ein Wirtschaftsunternehmen, das nicht Kreditinstitut ist, Kontoinhaber bei der Bundesbank ist (Abschn. II Nr. 1 Abs. 2), wäre die tatsächliche nicht-gewerbliche Verwendung freilich nicht ausgeschlossen (→ § 491 Rn. 46 und → Rn. 14).

---

[8] Staudinger/*Kessal-Wulf*, § 504 BGB Rn. 7; *v. Westphalen/Emmerich/v. Rottenburg* § 5 VerbrKrG Rn. 9.
[9] Davon gehen wohl auch *Münstermann/Hannes* § 5 VerbrKrG Rn. 266, aus; da außer Schadensersatzansprüchen keine Sanktionen bestehen, dürfte die Bank in solchen Fällen mangels Verschuldens keiner Haftung ausgesetzt sein.
[10] Hierzu *Deutsche Bundesbank,* Monatsbericht Januar 2011, S. 25.

III. Eingeräumte Überziehungsmöglichkeit im Allgemeinen (Abs. 1)

1. Vertragsinhalt

Die Einräumung der Überziehungsmöglichkeit durch ein Kreditinstitut oder einen Zahlungsdienstleister ist ein Verbraucherdarlehensvertrag, weil das kontoführende Kreditinstitut (Zahlungsdienstleister) dem Verbraucher ein in der Überziehung liegendes Gelddarlehen[11] gewährt (→ Rn. 2, 3).

Die sich an einen solchen Darlehensvertrag knüpfenden Rechtsfolgen (→ Rn. 21: Unterrichtung, → Rn. 23ff.: Unanwendbarkeit einiger verbraucherdarlehensrechtlicher Vorschriften) setzen voraus, dass die Überziehung durch den Verbraucher **in bestimmter Höhe** vorgenommen werden darf (Kreditlimit, Fazilität).

Es bleibt also bei den allgemeinen Vorschriften, wenn die Überziehung in unbestimmter Höhe vereinbart ist. Hierzu zählt beispielsweise eine Klausel, nach der von Kontoüberziehungen in banküblichem Rahmen Gebrauch gemacht werden darf.[12] Für die Privilegierung des Überziehungskredits kommt es nicht darauf an, ob es sich bei mehreren Kontoinhabern um ein Oder-Konto oder um ein Und-Konto (Einzel- oder gemeinschaftliche Verfügungsberechtigung) handelt.[13]

Keine Rolle spielt die **Höhe** des Überziehungskredits (entgegen früherer Gesetzesentwürfe),[14] insbesondere gibt es auch keine Beschränkung auf das Dreifache eines Monatsgehalts, sodass auch größere Überziehungskredite freigestellt sind[15] und zB Effektenkäufe auf diese Weise abgewickelt werden können (s. aber → Rn. 13). Nicht ersichtlich ist, dass die Bestellung von **Sicherheiten** für den Überziehungskredit (zB Sicherungsabtretung von Gehaltsansprüchen, Grundpfand- oder Reallastbesicherung, → Rn. 10b) die Privilegien aus § 504 Abs. 1 Sätze 2 bis 4 ausschließen könnte.

2. Rechtsfolgen

a) Unterrichtung in regelmäßigen Zeitabständen. In Umsetzung von Art. 12 Abs. 1 der VerbrKrRil (→ Rn. 1), aber auch auf Immobiliar-Überziehungskredite (soweit innerhalb der Freistellungsreichweite, → Rn. 11) anwendbar, ist der Inhalt der Unterrichtung in Art. 247 § 16 EGBGB festgelegt und besteht in den Angaben betreffend
1. Zeitraum,
2. Datum und Höhe der an den Verbraucher ausgezahlten Beträge,
3. Saldo und Datum der vorangegangenen Unterrichtung,
4. den neuen Saldo,

---

[11] *Mülbert/Grimm* WM 2015, 2217 (2220).
[12] Vgl. OLG Köln WM 1999, 1003 mit krit. Anm. *Hellner* WuB I C 3.–3.99, der drei Monatsgehälter nicht für banküblich hält.
[13] Dazu BGH WM 1990, 2067 mit Komm. *Filzen* EWiR § 428 BGB 2/90, 1183; BGH NJW-RR 1993, 233 mit Komm. *Steiner* EWiR § 322 ZPO 1/93, 199.
[14] Referentenentwurf 1988, abgedruckt bei *Bülow* Konsumentenkredit, 1. Aufl. 1989, S. 192.
[15] *Wagner-Wieduwilt* Die Bank 1988, 685 (687).

5. Datum und Höhe der Rückzahlungen des Darlehensnehmers,
6. den angewandten Zinssatz,
7. die erhobenen Kosten und
8. den gegebenenfalls zurückzuzahlenden Mindestbetrag.

22 Die Unterrichtung bedarf mindestens der **Textform** (§§ 492 Abs. 5, 126b Satz 2 BGB: dauerhafter Datenträger), wofür Kontoauszüge genügen. Sie hat in **regelmäßigen Zeitabständen** erteilt zu werden (wöchentlich, monatlich, vierteljährlich); einer angemessenen Information des Verbrauchers stehen zu lange Zeitabstände entgegen, die Materialien nennen hierfür einen jährlichen Rhythmus,[16] bei dem der Verbraucher seine Belastung nicht überblicken könnte.

23 **b) Keine Vorfälligkeitsentschädigung § 502.** Eine Vorfälligkeitsentschädigung kann nach Art. 16 Abs. 3 lit. b der Richtlinie, § 504 Abs. 1 Satz 2 nicht verlangt werden im Falle von Überziehungsmöglichkeiten, sodass § 502 nicht anwendbar ist. Zahlungseingänge auf dem laufenden Konto, die den Sollsaldo verringern oder einen Habensaldo bewirken, könnten andernfalls zu einem Abzug führen, was ein nicht praktikables Verfahren darstellen würde. Wie die Materialien aaO bemerken, käme ein Anspruch nach § 502 mangels fester Laufzeit und gebundenem Sollzins regelmäßig ohnehin nicht in Betracht.

24 **c) Eingeschränkte Informationen aus § 493 Abs. 3.** Zu den vorgeschriebenen Informationen während des Vertragsverhältnisses gehören auch Veränderungen des Sollzinssatzes gem. Art. 11 VerbrKrRil, § 493 Abs. 3 BGB. Für Überziehungskredite bestimmt Art. 12 Abs. 2 VerbrKrRil (→ Rn. 1) demgegenüber jedoch eine Einschränkung, indem nur über Erhöhungen zu unterrichten ist, auch hinsichtlich erhobener Entgelte. Demgemäß wird durch § 504 Abs. 1 Satz 3 die Vorschrift von § 493 Abs. 3 für nur eingeschränkt anwendbar erklärt, nämlich nur für die Erhöhung des Sollzinssatzes und zugleich erweitert auf die Erhöhung der Kosten. Im Übrigen bleibt es bei § 493 Abs. 2 iVm Art. 247 § 15 EGBGB, sodass die Zinserhöhung mit dem Zugang der Unterrichtung wirksam wird. Anwendbar ist auch Art. 247 § 15 Abs. 2 EGBGB, sodass die Erhöhung an einen Referenzzinssatz, zB den Basiszins nach § 247 BGB, gebunden werden kann mit der Möglichkeit, einen anderen Wirksamkeitszeitpunkt für die Erhöhung zu vereinbaren, zB den ersten Januar oder den ersten Juli eines Jahres gem. § 247 Satz 2 BGB. Über die Entwicklung des Referenzzinssatzes muss der Verbraucher in diesem Fall gem. Art. 247 § 15 Abs. 2 Satz 2 EGBGB in regelmäßigen Zeitabständen unterrichtet werden und gem. Satz 3 muss der Darlehensgeber sicherstellen, dass der Verbraucher die Höhe des Referenzzinssatzes in den Geschäftsräumen einsehen kann.

25 Die eingeschränkte Unterrichtung nach § 504 Abs. 1 Satz 3 bedarf gem. § 492 Abs. 5 der Textform (dauerhafter Datenträger § 126b Satz 2 BGB), wofür ein Kontoauszugsdrucker eingesetzt werden kann.

26 **d) Rückzahlung nach Aufforderung (Ausschluss von § 499 Abs. 1).** Aus Art. 13 Abs. 1, Unterabsatz 2 der VerbrKrRil /§ 499 Abs. 1 BGB ergibt sich eine Mindestkündigungsfrist für den Darlehensgeber von zwei Monaten. Art. 13 der Richtlinie findet nach Art. 2 Abs. 3 aber keine Anwendung, weil dort die Rückzahlung nach Aufforderung durch den Darlehensgeber vorausgesetzt ist. Allerdings gibt die Richtlinie diesen Ausschluss nur für die Kreditvariante von § 504 Abs. 2 Satz 1 (→ Rn. 30) vor. Bei Verträgen nach § 504 Abs. 1 bleibt es

---

[16] BT-Drucks. 16/11643, S. 145.

Eingeräumte Überziehungskredite 27–31 § 504

aber bei der Anwendung von Art. 13 der Richtlinie. Der Ausschluss von § 499 Abs. 1 BGB hätte deshalb in § 504 Abs. 2 Satz 1 angesiedelt werden müssen, nicht aber in § 504 Abs. 1 Satz 4. Der Ausschluss von § 499 Abs. 1 ist deshalb richtlinienkonform nur auf die in § 504 Abs. 2 Satz 1 genannte Variante (→ Rn. 30) anzuwenden. Für Immobiliar-Überziehungskredite gilt § 499 Abs. 9 ohnehin nicht (→ § 499 Rn. 2b).

e) Form des Überziehungsdarlehensvertrags (§ 492). Der Darlehensvertrag über eine eingeräumte Überziehungsmöglichkeit nach § 504 Abs. 1 Satz 1 bedarf der vollen Form nach § 492, wobei sich die Pflichtangaben aus § 492 Abs. 2 nach der allgemeinen Regel für Verbraucherdarlehensverträge gem. Art. 247 § 6 iVm § 3 EGBGB richten (→ § 492 Rn. 77ff.). Nach Art. 247 § 6 Abs. 2 EGBGB ist über die Modalitäten des Widerrufsrechts, nach § 3 Abs. 1 Nr. 13 über dessen Bestehen zu unterrichten (→ Rn. 29). 27

f) Vorvertragliche Information nach § 491a. Für Überziehungskreditverträge im Allgemeinen nach § 504 Abs. 1 ändert sich an der vorvertraglichen Informationspflicht nach § 491a nichts. Die Einschränkungen nach Art. 6 VerbrKrRil beziehen sich nur auf Verträge nach § 504 Abs. 2 BGB/Art. 2 Abs. 3 der Richtlinie. Es bleibt also bei Art. 5 der Richtlinie und § 491a iVm Art. 247 § 3 EGBGB. Auch § 491a Abs. 2 (Vertragsentwurf) und 3 (Erläuterungen) sind einzuhalten. 28

g) Widerrufsrecht § 495. Der Überziehungskreditvertrag im Allgemeinen nach § 504 Abs. 1 Satz 1 ist nach Art. 14 VerbrKrRil , §§ 495, 355 BGB widerruflich; der Ausschluss des Widerrufsrechts nach Art. 2 Abs. 3 der Richtlinie, § 495 Abs. 2 Nr. 3 bezieht sich nur auf Verträge nach § 504 Abs. 2. 29

h) Hinzu kommt die **Beratungspflicht** nach näherer Maßgabe von § 504a. 29a

IV. Eingeräumte Überziehungsmöglichkeit bei Allgemein-Verbraucherdarlehensverträgen mit Dreimonategrenze oder fristloser Kündigung (§ 504 Abs. 2 Satz 1)

1. Vertragsinhalt

Der Vertragsinhalt richtet sich genauso wie im Überziehungskreditvertrag im Allgemeinen nach § 504 Abs. 1, zB hinsichtlich des Kreditlimits (→ Rn. 19), aber erweitert um eine Höchstlaufzeit von drei Monaten oder um ein Kündigungsrecht des Darlehensgebers ohne Fristeinhaltung oder um beide Varianten. Rückzahlung nach Art. 2 Abs. 3 VerbrKrRil (→ Rn. 1) bedeutet, dass der Darlehensnehmer und Girokunde den durch die Überziehung entstandenen Sollsaldo auszugleichen hat, zB durch Bareinzahlung oder Zahlungseingang durch einen Dritten. Die Frist beginnt mit der Belastung des Kontos, die das Gesetz Auszahlung nennt, zB infolge der Durchführung eines Überweisungsauftrags oder einer Barabhebung. Wird das Konto nicht ausgeglichen, kann eine geduldete Überziehung nach § 505 entstehen. 30

Zur Rückführung nach Aufforderung (Art. 2 Abs. 3 der Richtlinie), also nach fristloser Kündigung, zu welcher der Darlehensgeber nur aufgrund – wegen des Ausschlusses von § 499 Abs. 1 wirksamer (→ Rn. 26) – Vereinbarung befugt ist, wird der Verbraucher nach allgemeinen Regeln erst nach Zugang der Kündigung verpflichtet. Der Sollsaldo ist ohne schuldhaftes Zögern auszugleichen, zB durch Bareinzahlung am nächsten Tag oder Überweisung von einem anderen Konto, 31 wobei nach Maßgabe von § 270 Abs. 1 BGB (→ § 497 Rn. 23) der Zeitpunkt des Überweisungsauftrags Maß gibt. Hierbei ist denkbar die Bitte an einen Schuldner des Verbrauchers, die Schuld fristgerecht, dh, die Unverzüglichkeit wahrend, auf das Konto zu überweisen. Das schuldhafte Zögern kann wiederum zu einer geduldeten Überziehung nach § 505 oder zur Auslösung von Verzugsfolgen nach §§ 280 Abs. 2, 286 ff., 497 BGB führen.

2. Rechtsfolgen

32 a) **Die für Überziehungskredite im Allgemeinen eintretenden Rechtsfolgen.** Die besonderen Rechtsfolgen für Überziehungskredite nach § 504 Abs. 1 gelten auch für Überziehungskredite mit Dreimonategrenze oder Kündigungsrecht ohne Fristeinhaltung, also
– Unterrichtung in regelmäßigen Zeitabständen gem. Art. 247 § 16 EGBGB (→ Rn. 21),
– Ausschluss einer Vorfälligkeitsentschädigung (→ Rn. 23),
– eingeschränkte Informationen aus § 493 Abs. 3 (→ Rn. 24),
– notwendigerweise Ausschluss von § 499 Abs. 1 (→ Rn. 26, Rn. 31).

33 b) **Vertragsform.** Der Überziehungskreditvertrag bedarf der Schriftform nach § 492 Abs. 1. Die Pflichtangaben nach § 492 Abs. 2 sind, in Vollzug von Art. 10 Abs. 5 VerbrKrRil, **Art. 247 § 10 Abs. 1 Nr. 2 EGBGB** zu entnehmen, nämlich
– Name und Anschrift des Darlehensgebers,
– Art des Darlehens, also eingeräumte Überziehungsmöglichkeit,
– effektiver Jahreszins (von der Option nach Art. 6 Abs. 2 der Richtlinie wurde im deutschen Recht also kein Gebrauch gemacht),
– Nettodarlehensbetrag, also das Kreditlimit, die Fazilität,
– Sollzinssatz nebst ergänzender Angaben nach Art. 247 § 3 Abs. 4 EGBGB, zB betreffend Referenzzinssatz (→ Rn. 24),
– Vertragslaufzeit, meist unbefristet,
– Auszahlungsbedingungen (die Überziehung),
– Kosten,
– Name und Anschrift des Darlehensnehmers (Verbrauchers),
– Verfahren bei Kündigung des Vertrags; gemeint ist die Beendigung der eingeräumten Überziehungsmöglichkeit,
– Gesamtkosten nach § 6 Abs. 3 PrAngVO,
– Hinweis auf die Aufforderung zur Rückzahlung, wenn vereinbart (fristlose Kündigung des Betrags der Überziehung, nicht etwa des Vertrags über die eingeräumte Überziehungsmöglichkeit).

34 Unberührt bleiben im gegebenen Falle Pflichtangaben nach Art. 247 § 7 Abs. 1 EGBGB (Notar, Sicherheiten, Beschwerdeverfahren), § 8 (Zusatzleistungen), § 12 (Verbundgeschäft, → Rn. 13), § 13 (Darlehensvermittler).

35 Diese Pflichtangaben sind auch zu machen, wenn eine Umschuldung iSv § 495 Abs. 2 Nr. 1 durchgeführt (→ § 495 Rn. 177) und hierfür die Einräumung einer Überziehungsmöglichkeit gewählt wird, wie Art. 247 § 11 Abs. 3 EGBGB bestimmt. Die an sich für Umschuldungen vorgegebenen Angaben nach Art. 247 § 11 Abs. 1 und 2 EGBGB sind nicht zu machen.

36 c) **Vorvertragliche Information § 491a, Freistellung von § 491a Abs. 3.** Die vorvertraglichen Informationen ergeben sich aus § 491a BGB iVm Art. 247 § 10 Abs. 1 Nr. 1 EGBGB. Zu unterrichten ist über

Eingeräumte Überziehungskredite 37–41 § 504

- Namen und Anschrift des Darlehensgebers,
- Art des Darlehens (also eingeräumte Überziehungsmöglichkeit),
- effektiver Jahreszins,
- Nettodarlehensbetrag (also das Kreditlimit),
- Sollzinssatz,
- Vertragslaufzeit, meist unbefristet,
- Kosten,
- Verzugszinssatz, seine Anpassung und Verzugskosten,
- Rechte nach § 29 Abs. 7 BDSG,
- gegebenenfalls Zeitraum, für den sich der Darlehensgeber an die übermittelten Informationen bindet,
- Bedingungen für die Beendigung des Darlehensvertrages, also der Einräumung von Überziehungsmöglichkeiten,
- Hinweis auf, wenn vereinbart, die Möglichkeit zur fristlosen Kündigung (Aufforderung zur Rückzahlung des Überziehungsbetrages).

Der Verbraucher hat gem. § 491a Abs. 2 Anspruch auf einen Entwurf des Verbraucherdarlehensvertrags, aber hierüber ist nicht vorvertraglich zu unterrichten. 37

Die Erläuterungen nach § 491a Abs. 3 über die Tragweite der Kreditaufnahme sind nicht zu geben, wie Art. 6 Abs. 1 der Richtlinie, § 504 Abs. 2 Satz 1 BGB zu entnehmen ist. 38

d) Kein Widerrufsrecht nach § 355. Gem. Art. 2 Abs. 3 der Richtlinie ist Art. 14 über das Widerrufsrecht ausgeschlossen, dem folgen § 504 Abs. 2 Satz 1 und § 495 Abs. 2 Nr. 3 (näher → § 495 Rn. 181 ff.). 39

e) Kein Leistungsverweigerungsrecht des Darlehensgebers nach § 499 Abs. 2, Rückführung durch den Darlehensnehmer (§ 500 Abs. 1). Nach Art. 2 Abs. 3 der Richtlinie ist Art. 13 nicht anwendbar, wonach die Parteien das Recht des Darlehensgebers vereinbaren können, das Darlehen aus sachlichem Grund zu verweigern. Eine gleichwohl dementsprechend getroffene Vereinbarung berechtigt den Darlehensgeber nicht zur Leistungsverweigerung, ist also unwirksam. Der Darlehensgeber hat nur die Möglichkeit der Kündigung des Vertrags über die Einräumung der Überziehungsmöglichkeit. Auf der anderen Seite ist das Recht des Verbrauchers als Darlehensnehmer zur fristlosen Kündigung nach § 500 Abs. 1 gegenstandslos, da er einen Sollsaldo jederzeit ausgleichen, also das Darlehen zurückführen darf (→ Rn. 5). Mit der Unanwendbarkeit von § 500 Abs. 1 Satz 2 (→ § 500 Rn. 5) ist nicht etwa gemeint, dass die Vereinbarung einer Kündigungsfrist von mehr als einem Monat wirksam wäre, sondern – dem Ausschluss von Art. 13 Abs. 1 nach Art. 2 Abs. 3 VerbrKrRil entsprechend –, dass für die Rückführung durch den Verbraucher überhaupt keine Frist ausbedungen werden darf.[17] Zur Unanwendbarkeit von **§ 499 Abs. 1** → Rn. 26 aE. 40

V. Eingeräumte Überziehungsmöglichkeit mit besonderer Zinsvereinbarung (Abs. 2 Satz 2)

1. Vertragsinhalt

Ein Allgemein-Verbraucherdarlehensvertrag über die Einräumung einer Überziehungsmöglichkeit mit Kreditlimit und mit einer Höchstlaufzeit von drei Mo- 41

---

[17] Zutr. Palandt/*Weidenkaff,* § 504 BGB Rn. 2 aE.

§ 504   42, 43   1. Teil. Darlehen und Finanzierungshilfen

naten oder der Möglichkeit fristloser Kündigung durch den Darlehensgeber kann noch weitere Modalitäten enthalten, die, ohne Vorgabe in der Verbraucherkreditrichtlinie, zur **Freistellung vom Schriftformerfordernis** nach § 492 Abs. 1 führen. Diese weiteren Modalitäten sind
– außer Sollzinsen keine weiteren laufenden Kosten und
– Zinsabrechnungsperiode mindestens drei Monate.

42   Verlangt die Bank für die Überziehung außer den **Soll-(Vertrags-)Zinsen** die Zahlung weiterer Kosten wie Bearbeitungs-[18], Überziehungs-[19] (zB gem. Nr. 10 AGB-Sparkassen aF),[20] Abschluss-, Vermittlungsprovisionen, Versicherungskosten,[21] bleibt es bei der Anwendung von § 492; den Verbraucher darf nur eine einzige Kostenart, nämlich die Zinsen, treffen, wodurch die Jahreszinsen weitgehend dem effektiven Jahreszins entsprechen. Das Privileg bleibt erhalten, wenn das Kreditinstitut zwar der Sache nach eine Überziehungsprovision verlangt, diese aber in Sollzinsen ausdrückt.[22] Unschädlich sind auch kreditunabhängige Kontoführungsgebühren. Nicht vom Begriff der laufenden Kosten sind vereinbarte Verzugskosten erfasst, weil diese nicht bei ordnungsgemäßer Vertragsdurchführung anfallen.[23] Die Formalien von § 492 Abs. 1 müssen auch bei Meidung der Unwirksamkeit gem. § 494 eingehalten werden, wenn die Zinsen in **kürzeren Perioden als drei Monaten** (dementsprechend Nr. 7 Abs. 1 AGB-Banken, Nr. 7 Abs. 4 AGB-Postbank: Kalenderquartal, offen Nr. 7 Abs. 2 AGB-Sparkassen), zB monatlich (→ Rn. 10b), abgerechnet werden; damit will das Gesetz die Befreiung von Darlehensformen wie Dispo-, Vario- oder Scheckrahmenkrediten (→ § 491 Rn. 101) vermeiden (Begründung, → Rn. 2).

2. Rechtsfolgen

43   Es treten zunächst dieselben Rechtsfolgen wie für Überziehungskreditverträge mit Dreimonatefrist ohne die besondere Zinsvereinbarung (→ Rn. 32–40), jedoch ohne die Vertragsform nach § 492 Abs. 1 ein (→ Rn. 33). Statt Schriftlichkeit ist aber die fristgebundene Mitteilung des Vertragsinhalts zumindest in Textform (dauerhafter Datenträger § 126b Satz 2 BGB, zB durch E-Mail oder auf Kontoauszug) vorgeschrieben, um das Formprivileg zu wahren. Die Textform genügt der Formvorgabe von Art. 10 Abs. 1 VerbrKrRil, wonach die Erstellung

---

[18] AGB-Kontrolle bei online-Vertrag: BGH WM 2014, 1325 = BKR 2014, 415 mit Komm. *Bunte* EWiR 2014, 439 (→ § 500 Rn. 8).

[19] Überziehungskosten können unabhängig von § 504 Abs. 2 Satz 2 bereits mit einer Kontoführungspauschale abgegolten sein, LG Frankfurt am Main vom 13.5.2009 – 2–02 O 3/09.

[20] Zur Frage der Unwirksamkeit gem. §§ 9, 11 Nr. 5 AGBG bejahend LG Düsseldorf NJW 1990, 2630 mit Komm. *Kilimann* EWiR § 9 AGBG 18/90, 1153; *Kilimann* NJW 1990, 1154; verneinend aber BGHZ 118, 126 sowie Vorinstanz OLG Düsseldorf NJW 1991, 2429 mit Komm. *Steiner* ZKW 1992, 928 und *Koller* EWiR § 9 AGBG 8/92, 527; BGH NJW 1992, 1753, Vorinstanz OLG Hamm NJW 1991, 706; jetzt Nr. 18 AGB-Sparkassen – nur Überziehungszinsen.

[21] Nicht hierunter fallen Vorfälligkeits-(Ablöse-)gebühren, die aber für den Ausschluss des Widerrufsrechts Bedeutung gewinnen; zur Vereinbarkeit mit § 9 AGBG s. BGH NJW-RR 1989, 41 zu II.1.b. mit Komm. *Vortmann* EWiR § 247 BGB 1/89, 127; *Bülow* Konsumentenkredit, Rn. 123 ff.

[22] *Schmelz/Klute* ZIP 1989, 1509 (1523); Schimansky/Bunte/Lwowski BankR-HdB/*Bruchner* § 81 Rn. 34; OLG Düsseldorf ZIP 1991, 919.

[23] BT-Drucks. 16/11 643, S. 146.

auf dauerhaftem Datenträger ausreicht und die Mitgliedstaaten zwischen Schriftform und Textform wählen dürfen. Vertragsinhalt bedeutet die Pflichtangaben nach Art. 247 § 10 Abs. 1 Nr. 2 EGBGB. Der Vertragsinhalt ist so schnell wie möglich, spätestens unverzüglich nach Vertragsabschluss, mitzuteilen, wobei der nächste Tag die letzte Möglichkeit darstellen dürfte. Verstreicht die Frist ungenutzt, ist der Verbraucherdarlehensvertrag gem. § 494 Abs. 1 BGB formnichtig, wird aber durch die erste Verfügung des Verbrauchers, die zu einem Sollsaldo führt, gem. § 494 Abs. 2 Satz 1 mit der sich daraus ergebenden Veränderung des Vertragsinhalts (→ § 494 Rn. 60 ff.) geheilt.

VI. Verletzung der Informationspflichten

Schließen die Parteien einen Überziehungsvertrag, ohne dass das Kreditinstitut 44 resp. der Zahlungsdienstleister (→ Rn. 15) die Informationspflichten erfüllt, wird die Wirksamkeit des Überziehungsvertrags nicht berührt, auch sonst fehlen spezifische Sanktionen wie etwa gem. § 494 Abs. 2 Satz 2 (Ermäßigung des Sollzinssatzes, → § 494 Rn. 62).[24] In Betracht kommen nur Ansprüche des Verbrauchers wegen Pflichtverletzung nach § 280 BGB,[25] wobei es meist am Schaden fehlen wird, und der Anspruch auf Erfüllung, also Erteilung der Informationen. Außerdem ist an Ansprüche im deliktischen Bereich zu denken (§ 823 Abs. 2 iVm § 504 BGB). Unter dem wettbewerbsrechtlichen Gesichtspunkt der Gesetzesverletzung iSv § 4 Nr. 11 UWG in Widerspruch zu den Erfordernissen der beruflichen Sorgfalt iSv Art. 5 Abs. 2 lit. a UGP-Ril 2005/29/EG kommt ein Unterlassungs- und Schadensersatzanspruch nach §§ 8 Abs. 1, 9 UWG in Betracht, sofern die Erheblichkeitsschwelle von § 3 Abs. 1 UWG erreicht ist. Aktivlegitimiert sind nicht nur Mitbewerber, sondern auch Verbraucherverbände (qualifizierte Einrichtungen) gem. §§ 8 Abs. 3 Nr. 3 UWG, 4 UKlaG,[26] nicht aber der Verbraucher selbst. Es ist nicht ersichtlich, dass solche Ansprüche durch Verbraucherdarlehensrecht eingeschränkt sein könnten.[27]

VII. Exkurs: Zwangsvollstreckung in die Kreditlinie; Insolvenz; P-Konto

Das Konto kann Gegenstand einer Pfändung durch die Vollstreckungsgläubi- 45 ger des Verbrauchers als Vollstreckungsschuldner gem. § 829 ZPO sein mit der Folge, dass das Kreditinstitut Drittschuldner wird. Pfändbar ist die offene Kreditlinie aufgrund eingeräumter Überziehungsmöglichkeit nach § 504 Abs. 1 BGB bei Inanspruchnahme,[28] dh sobald und soweit der Vollstreckungsschuldner den

---

[24] Einer entsprechenden Initiative des Bundesrats folgte die Bundesregierung nicht, BT-Drucks. 11/5462, S. 32 (42); *Donwath* Überziehungskredit, S. 110; *Berg* VuR 1999, 335 (344).
[25] MüKoBGB/*Schürnbrand*, § 504 BGB Rn. 14; Staudinger/*Kessal-Wulf* § 504 BGB Rn. 23.
[26] *Gilles* ZRP 1989, 299 (305 zu b aE); *Donwath* Überziehungskredit, S. 129.
[27] So aber *Schmelz/Klute* ZIP 1989, 1509 (1515, insbesondere Fn. 68).
[28] BGHZ 147, 193 = NJW 2001, 1937 mit krit. Rezension *Bitter* WM 2001, 889, Komm. *R. Fischer* DZWIR 2002, 143, Komm. *Prütting/Stickelbrock* EWiR § 851 ZPO 1/01, 599, Anm. *Honsell* JZ 2001, 1143, *Sonnenhol* WuB VI E.–1.01, *Gottgetreu* JR 2002,

§ 504   45   1. Teil. Darlehen und Finanzierungshilfen

ihm zur Verfügung stehenden Darlehensbetrag abgerufen hat.[29] Jedoch begründet die geduldete Überziehung (§ 505) keinen der Pfändung zugänglichen Anspruch.[30] Andererseits kann die Zahlung aus einer geduldeten Überziehung nach §§ 129 ff. InsO anfechtbar sein.[31] Unangetastet bleibt der Grundfreibetrag bei einem Pfändungsschutzkonto (**P-Konto** nach § 850k ZPO von derzeit – 2015, § 803c ZPO – 1073,88 €)[32] mit Nachweispflicht des Schuldners nach §§ 836 Abs. 3 Satz 1, 850k Abs. 2, Abs. 5 Satz 2 ZPO.[33] Ein nicht ausgeschöpfter Pfändungsfreibetrag kann auf folgende Monate übertragen werden.[34] Die Entgeltklausel eines Kreditinstituts, mit der Sondergebühren für die Eröffnung bzw. Führung eines P-Kontos verlangt wird, ist gem. § 307 BGB unwirksam,[35] ebenfalls die Klausel über Kontoführung auf Guthabenbasis nach Umwandlung des P-Kontos in ein herkömmliches Girokonto auch ohne Kündigung des Dispositionskredits.[36] Die Befugnis des Darlehensgebers zur ordentlichen Kündigung eines P-Kontos bleibt unberührt.[37] Unterlässt der Vollstreckungsschuldner die Einrichtung eines P-Kontos und veranlasst er die Zahlung auf das Konto eines Dritten, stellt die Pfändung dieses Kontos keine sittenwidrige Schädigung iSv § 826 BGB dar.[38] Eine Parallele findet sich in § 167 Satz 1 VVG, wonach der

---

155, Bspr. *K. Schmidt* JuS 2001, 1029, *Löhnig* JA 2001, 744 sowie Glosse *C. Steiner* ZKW 2001, 822; *Klose* MDR 2002, 186; *Felke* WM 2002, 1632; offen noch BGHZ 93, 315 und verneinend OLG Schleswig NJW 1992, 579 mit Bspr. *K. Schmidt* JuS 1992, 614; LG Dortmund NJW 1986, 997; skeptisch LG Essen NJW-RR 2002, 553; *Schultheiß* JuS 2014, 516 (520); *E. Wagner* WM 1998, 1657.
[29] BGH v. 9.6.2011 – IX ZR 179/08; NJW-RR 2008, 647; BGHZ 157, 350 = WM 2004, 517 zu II. 4. = NJW 2004, 1444 mit Bspr. *K. Schmidt* JuS 2004, 730; WM 2004, 669 zu I. 2. mit Rezension *Bitter* WM 2004, 1109; *Ganter* in Bankrecht 2002, S. 135 (143); Nebenansprüche (Auskunft, Rechnungslegung) gehen auf den Vollstreckungsgläubiger über, BGH WM 2003, 1891 mit Anm. *G. Vollkommer* WuB VI E.–1.04; nicht: Kontoauszüge, Rechnungsabschlüsse, BGH NJW 2006, 217 mit Komm. *Vortmann* EWiR § 666 BGB 2/06, 329.
[30] BGHZ 93, 315; 147, 193 (202) = NJW 2001, 1937 zu II.; OLG Hamm NJW-RR 2002, 1477; OLG Frankfurt NJW-RR 1994, 818; krit. dagegen *B. Scholl* DZWIR 2005, 353 (362 ff.); *Schultheiß* JuS 2014, 516 (519 f.).
[31] BGH NJW 2009, 3362 = WM 2009, 2046 = ZIP 2009, 1883 mit Rez. *Henning* NJW 2010, 1055 und Komm. *Barth* EWiR § 129 InsO 3/09, 659; OLG Hamburg ZInsO 2005, 937 mit Komm. *Stiller* EWiR § 129 InsO 7/05, 773.
[32] Pfändungsfreigrenzenbekanntmachung; *Ahrens* NJW 2010, 2001.
[33] BGH, Beschl. v. 21.2.2013 – VII ZB 59/10.
[34] BGH v. 4.12.2014 – XI ZR 115/14, WM 2015, 177 = ZIP 2015, 163 mit Kom. *Ahrens* EWiR 2015, 133.
[35] BGH v. 13.11.2012 –XI ZR 500/11, NJW 2013, 995 = WM 2012, 2381 mit Bspr. *Wiechers* WM 2014, 145 (151), Rez. *Martin Ahrens* NJW 2013, 975, Anm. *H. Schmidt* LMK 2013, 342773, *Fest* JZ 2013, 202 , Komm. *Metz* EWiR § 850k ZPO 1/13, 95 und krit. Glosse *Bitter* ZIP 2015, 1807: Der Bankvorstand sei wegen mangelnder Kostendeckung gemäß §§ 43 GmbHG, 93 AktG, 34 GenG zur Kündigung des P-Kontos verpflichtet; BGH v. 16.7.2013 – XI ZR 260/12, NJW 2013, 3163 = WM 2013, 1796 mit Anm. *Wais* LMK 2013, 352651 und Komm. *M. Ahrens* EWiR § 850k ZPO 2/13, 631; OLG Schleswig ZIP 2012, 1901; OLG Frankfurt WM 2012, 1908. Nicht: bei Individualvereinbarung, AG München v. 11.7.2013 – 223 C 9261/13, BeckRS 2013, 16054.
[36] BGH v.10.2.2015 – XI ZR 187/13, Rn. 35, 37, WM 2015, 822 = ZIP 2015, 624 mit Komm. *Sudergat* EWiR 2015, 333.
[37] BGH v. 10.2.2015 – XI ZR 187/13, Rn. 24, WM 2015, 822 = ZIP 2015, 624 mit Komm. *Sudergat* EWiR 2015, 333; *Herresthal* WM 2013, 773 (778).
[38] BVerfG NJW 2015, 3083 Rn. 16.

Beratungspfl. bei Inanspruchn. d. Überziehungsmöglich. § 504a

Versicherungsnehmer einer Lebensversicherung jederzeit die Umstellung in eine Pfändungsschutzversicherung nach Maßgabe von § 851c ZPO (Pfändungsschutz bei Altersrenten) verlangen kann.[39] Zur KontenpfändungsVO(EU) 655/2014 (anwendbar ab 18.1.2017) siehe BT-Drucks. 18/7560). Ein **Basiskonto für jedermann** ist Gegenstand der Zahlungskontenrichtlinie 2014/92/EU vom 23.7.2014.[40]

§ 504a Beratungspflicht bei Inanspruchnahme der Überziehungsmöglichkeit

(1) [1] Der Darlehensgeber hat dem Darlehensnehmer eine Beratung gemäß Absatz 2 anzubieten, wenn der Darlehensnehmer eine ihm eingeräumte Überziehungsmöglichkeit ununterbrochen über einen Zeitraum von sechs Monaten und durchschnittlich in Höhe eines Betrags in Anspruch genommen hat, der 75 Prozent des vereinbarten Höchstbetrags übersteigt. [2] Wenn der Rechnungsabschluss für das laufende Konto vierteljährlich erfolgt, ist der maßgebliche Zeitpunkt für das Vorliegen der Voraussetzungen nach Satz 1 der jeweilige Rechnungsabschluss. [3] Das Beratungsangebot ist dem Darlehensnehmer in Textform auf dem Kommunkationsweg zu unterbreiten, der für den Kontakt mit dem Darlehensnehmer üblicherweise genutzt wird. [4] Das Beratungsangebot ist zu dokumentieren.

(2) [1] Nimmt der Darlehnssnehmer das Angebot an, ist eine Beratung zu möglichen kostengünstigen Alternativen zur Inanspruchnahme der Überziehungsmöglichkeit und zu möglichen Konsequenzen einer weiteren Überziehung des laufenden Kontos durchzuführen sowie gegebenenfalls auf geeignete Beratungseinrichtungen hinzuweisen. [2] Die Beratung hat in Form eines persönlicheen Gesprächs zu erfolgen. [3] Für dieses können auch Fernkommumikationsmittel genutzt werden. [4] Der Ort und die Zeit des Beratungsgesprächs sind zu dokumentieren.

(3) [1] Nimmt der Darlehensnehmer das Beratungsangebot nicht an oder wird ein Vertrag über ein geeignetes kostengünstigeres Finanzprodukt nicht geschlossen, hat der Darlehensgeber das Beratungsangebot bei erneutem Vorliegen der Voraussetzungen nach Absatz 1 zu wiederholen. [2] Dies gilt nicht, wenn der Darlehensnehmer ausdrücklich erklärt, keine weiteren entsprechenden Beratungsangebote erhalten zu wollen.

Übersicht

Rn.

Materialien
RegE BT-Drucks. 18/5922, S. 99, 101 1

Kommentierung
I. Angebot einer Beratung 2
   1. Nebenpflicht des Darlehensgebers 2
   2. Form und Zeit des Angebots (Abs. 1 Satz 3) 3
   3. Annahme durch den Verbraucher und Ablehnung 4
   4. Wiederholung des Beratungsangebots (Abs. 3) 7

---

[39] BGH NJW 2015, 3506.
[40] AblEU L 257 v. 28.8.2014, S. 214; Umsetzung als Zahlungskontengesetz (ZKG), BGBl. I 2016, S. 720. Zur Kündigung Nr. 19 Abs. 6 AGB-Banken; *Günther* WM 2014, 1369; *Linardatos* WM 2015, 755.

§ 504a 1, 2   1. Teil. Darlehen und Finanzierungshilfen

	Rn.
a) Ablehnung und Ergebnislosigkeit (Satz 1)	7
b) Verweigerung des Verbrauchers (Satz 2)	9
II. Voraussetzungen der Beratungspflicht (Abs. 1)	10
1. Zeitfaktor und Überziehungsbetrag (Satz 1)	10
2. Rechnungsabschluss (Satz 2)	12
III. Inhalt und Form der Beratung	13
1. Alternativen und Konsequenzen (Satz 1)	13
2. Form (Sätze 2 und 3)	14
IV. Dokumentation	15
1. Angebot (Abs. 1 Satz 4)	15
2. Beratungsgespräch (Abs. 3 Satz 4)	16
V. Zeitliche Geltung	17

Materialien
RegE BT-Drucks. 18/5922

1   **S. 99:** Der neue § 504a dient der Verbesserung des Verbraucherschutzes in Fällen dauerhafter und erheblicher Überziehungen des Kontos ... Die Regelung dient der Umsetzung der Vereinbarung der Fraktionen von CDU/CSU und SPD in ihrem Koalitionsvertrag zur Beratungpflicht bei dauerhafter und erheblicher Inanspruchnahme des Dispositionskredits.
S. 101: Die Regelung ist europarechtlich zulässig. Die Verbraucherkreditrichtlinie regelt in ihrem die Überziehungsmöglichkeit betreffenden Artikel 12 nur vertragliche Informationspflichten. Regelungen über eine Pflicht des Darlehensgebers zur Beratung sind nicht vorgesehen ...

Kommentierung

I. Angebot einer Beratung

1. Nebenpflicht des Darlehensgebers

2   Die Pflicht des Darlehensgebers, dem Verbraucher eine Beratung anzubieten, bezieht sich nicht auf ein Vertragsangebot iSv § 145 BGB, etwa auf Abschluss eines Beratungsvertrags, sondern vielmehr auf Durchführung eines persönlichen Gesprächs nach Maßgabe von Abs. 2 (→ Rn. 13). Diese Pflicht stellt, wie noch der RefE zur Umsetzung der WohnimmoRil (→ Einf. Rn. 1) zutreffend (S. 90) feststellte (aber im RegE nicht wiederholt), eine Nebenpflicht des Darlehensgebers aus dem Vertrag über die Möglichkeit der Überziehung eines laufenden Kontos nach § 504 Abs. 1 dar. Dieser Nebenpflicht entspricht ein Anspruch des Verbrauchers auf das Beratungsangebot, der aber kein verhaltener Anspruch wie im Fall des Umwandlungsrechts nach § 503 Abs. 1 ist (→ dort Rn. 12), nämlich von einem Verlangen des Verbrauchers unabhängig ist. Die Verletzung der Nebenpflicht auf ein Beratungsangebot begründet Schadensersatzansprüche des Verbrauchers nach § 280 BGB. Die Verletzung kann darin liegen, dass der Darlehensgeber das Angebot oder auch seine Wiederholung nach Absatz 3 (→ Rn. 7) unterlässt oder das Angebot zwar macht, aber nicht nach den Regularien nach Abs. 1 Satz 2 (→ Rn. 3) oder nicht nach dem durch Abs. 2 Satz 1 vorgegebenen Inhalt. Daneben kann die fehlerhafte Beratung nach allgemeinen Regeln eine Pflichtverletzung nach § 280 BGB darstellen. Dagegen liegt die Dokumentation nach Abs. 1 Satz 4 und Abs. 2 Satz 4 im Interesse des Darlehensgebers, nämlich auch zu einem späteren Zeitpunkt belegen zu können, dass er das Angebot un-

terbreitet hatte; Entsprechendes gilt für die Dokumentation nach Absatz 2 Satz 4[1] (allerdings → Rn. 16). Insoweit dürfte eine Pflicht des Darlehensgebers gegenüber dem Verbraucher nicht bestehen und § 280 unanwendbar sein. Ein denkbarer Schaden des Verbrauchers kann darin liegen, dass seine Zinsbelastung höher ist als für ein nicht oder nicht ordnungsgemäß unterbreitetes Alternativangebot. Für die Kausalität zwischen Pflichtverletzung und unterlassenem Beratungsangebot kann die Vermutung aufklärungsrichtigen Verhaltens streiten,[2] wobei es nicht darauf ankommt, ob sich der Verbraucher in einem Entscheidungskonflikt befunden hätte, er also bei unterbreitetem Beratungsangebot vernünftigerweise nur eine Handlungsalternative gehabt hätte (was aber bei einer Alternative zum Überziehungskredit anzunehmen ist, aber relevant wird, wenn der Darlehensgeber mehrere Alternativen unterbreitet hätte).

2. Form und Zeit des Angebots (Abs. 1 Satz 3)

Das Angebot ist in Textform nach § 126b BGB zu machen, also durch lesbare, 3 aber unterschriftslose Erklärung (natürlich ist eine Unterschrift nicht formschädlich): Brief, e-mail, App. Welche Art der Textform verwendet wird, steht dem Darlehensgeber nicht frei, vielmehr ist diejenige Art zu wählen, die dem üblichen Kommunikationsweg unter den Parteien entspricht, namentlich die Übermittlung der Kontoauszüge gibt hierfür Maß (zB auch das Angebot der Beratung mittels Kontoausdrucker in der Bankfiliale); bei Direktbanken wird die Mitteilung über ein Benutzerkonto praktiziert. Das Angebot muss auf einem dauerhaften Datenträger abgegeben werden, wobei die bloße Möglichkeit der Kenntnisnahme durch Internetabruf nicht genügt. Die Pflicht zum Angebot wird fällig mit Ablauf des Sechs-Monate-Zeitraums (→ Rn. 9) und ist unverzüglich danach zu unterbreiten.

3. Annahme durch den Verbraucher und Ablehnung

Nimmt der Darlehensnehmer das Angebot des Darlehensgebers an, ist die Beratung durchzuführen (→ Rn. 13). Die Annahme bedarf keiner Form, auch nicht der Ausdrücklichkeit (→ Rn. 9), und das Gesetz schreibt auch keine Frist vor. Erklärt der Verbraucher die Annahme, ist die Beratung zeitnah durchzuführen (→ Rn. 13), zu denken ist an ein/zwei Wochen, um die in der Überziehung liegende Belastung des Verbrauchers beenden zu können. 4

Der Verbraucher ist frei, das Beratungsangebot abzulehnen. Auch die Ablehnung bedarf weder Form noch Ausdrücklichkeit. Folge der Ablehnung ist, dass die Beratung nicht stattfindet, aber zu einem wiederholten Angebot des Darlehensgebers führen kann (→ Rn. 7). 5

Denkbar ist, dass der Verbraucher das Angebot des Darlehensgebers weder annimmt noch ablehnt, sondern schweigt, sei es bewusst oder weil er das Angebot vielleicht übersehen und nicht zur Kenntnis genommen hatte, und auch nicht ganz nach Lage des Einzelfalls ein beredtes Schweigen als konkludente Mitteilung zu würdigen ist. Eine spiegelbildlich zur Nebenpflicht des Darlehensgebers (→ Rn. 2) anzunehmende Rechtspflicht des Verbrauchers, sich zu äußern, dürfte dem Gesetz nicht zu entnehmen sein. Eine allgemeine Rücksichtnahmepflicht 6

---

[1] RegE BT-Drucks. 18/5922, S. 100.
[2] BGH v. 8.5.2012 – XI ZR 262/10, Rn. 35, NJW 2012, 2427 = WM 2012, 1337.

des Verbrauchers aus dem Überziehungvertrag liegt nach § 241 Abs. 2 BGB zwar nahe, doch bezieht sie sich auf Rechte, Rechtsgüter und Interessen des anderen Teils, der Bank; deren Beeinträchtigung ist durch die Untätigkeit des Verbrauchers nicht ersichtlich. Das Schweigen des Verbrauchers bedeutet allemal, dass er das Angebot nicht annimmt mit der Folge, dass die Beratung nicht stattfindet. Jedoch ist das Beratungsangebot nach Maßgabe von Abs. 3 zu wiederholen (→ Rn. 7).

4. Wiederholung des Beratungsangebots (Abs. 3)

7 **a) Ablehnung und Ergebnislosigkeit.** Nimmt der Verbraucher das Angebot nicht an (→ Rn. 5), und sei es durch Untätigkeit (→ Rn. 6), findet die Beratung zwar nicht statt, aber der Darlehensgeber hat die vertragliche Nebenpflicht gegenüber dem Verbraucher (→ Rn. 2), das Angebot zu wiederholen, allerdings nicht schlechthin. Die Pflicht zur Wiederholung entsteht nämlich nur, wenn die Voraussetzungen nach Abs. 1 (→ Rn. 10) erneut vorliegen. Erneut bedeutet, dass die Fortdauer der bereits eingetretenen Überziehung nicht ausreicht. Die relevante Überziehung (sechs Monate, 75 % des vereinbarten Höchstbetrags, → Rn. 11) muss also beendet worden sein, sei es durch zwischenzeitlichen Habensaldo oder Unterschreitung des relevanten durchschnittlichen Überziehungsbetrags. Ist das der Fall, kann eine neue Überziehungsperiode beginnen, die die Wiederholung des Beratungsangebots erst nach weiteren sechs Monaten auslöst. Unbeschadet bleibt die Möglichkeit, dass der Darlehensgeber ein Beratungsangebot freiwillig und ohne Rechtspflicht jenseits der Voraussetzungen von Abs. 3 Satz 1 macht.

8 Auch wenn der Verbraucher das Beratungsangebot angenommen und die Beratung stattgefunden hatte, kann diese ergebnislos verlaufen sein, indem ein Vertrag über ein kostengünstigeres Finanzprodukt nicht zustandekam (→ Rn. 13). In diesem Fall bleibt es bei der Überziehung. Die Nebenpflicht zur Wiederholung entsteht auch hier (→ Rn. 7) erst, wenn die Voraussetzungen von Abs. 1 nach Zeit und Umfang erneut eingetreten sind.

9 **b) Verweigerung des Verbrauchers (Satz 2).** Der Verbraucher braucht sich weder auf die Beratung noch auf die Wiederholung des Angebots einzulassen. Will er die Wiederholung vermeiden, wird der Darlehensgeber von der Pflicht zur Wiederholung frei, jedoch nur, wenn der Verbraucher seine Ablehnung ausdrücklich erklärt, was Konkludenz nicht ausschließt. Der Verbraucher muss von sich aus gegenüber dem Darlehensgeber als Adressaten tätig werden, ohne dass hierfür irgendeine Form einzuhalten wäre. Es dürfte davon auszugehen sein, dass der Darlehensgeber seinerseits verpflichtet ist, bei ausdrücklicher Ablehnung durch den Verbraucher die Wiederholung zu unterlassen (→ Rn. 8 aE).

II. Voraussetzungen der Beratungspflicht (Abs. 1)

1. Zeitfaktor und Überziehungsbetrag (Satz 1)

10 Die Pflicht des Darlehensgebers, dem Verbraucher als Darlehensnehmer ein Beratungsangebot zu machen, wird kumulativ fällig bei
– ununterbrochener Überziehung,
– über einen Zeitraum von sechs Monaten und
– in Höhe von 75 % des vereinbarten Höchstbetrags.

Wird die Überziehung unterbrochen, beginnt ein neuer Überziehungszeitraum von sechs Monaten. Die Überziehung kann in einem auch nur einen Tag dauernden Habensaldo liegen. Auch bei ununterbrochenem Sollsaldo ist ein Neubeginn des Sechsmonatezeitraums denkbar, wenn der Überziehungsbetrag vor einem bestimmten Zeitpunkt durchschnittlich unter 75 % des Höchstbetrags gelegen hatte und selbst bei Annahme voller Inanspruchnahme der Fazilität (des Höchstbetrags) ein Durchschnitt von 75 % nicht bis zum Ende des Sechsmonatezeitraums erreichbar wäre. Der Referenzbetrag von 75 % des vereinbarten Höchstbetrags ist ein Durchschnittswert, der sich aus den einzelnen Tagessalden innerhalb der sechs Monate als Mittelwert errechnet.[3] Der Sollsaldo kann zwischenzeitlich also geringer als der Referenzbetrag ausfallen, darf aber nicht ins Haben geraten oder auch nur zu einem ausgeglichenen Stand führen. **11**

2. Rechnungsabschluss (Satz 2)

Der Sechsmonatezeitraum kann sich verlängern. Bei vierteljährlichem Rechnungsabschluss, wie er gemäß Nr. 7 Abs. 1 AGB-Banken, 7 Abs. 2 AGB-Sparkassen üblich ist, wird die Beratungspflicht erst im Zeitpunkt des Rechnungsabschlusses fällig; zu betrachten sind also drei Rechnungsperioden: Wenn während der ersten die Überziehung beginnt, sind die sechs Monate während der dritten Periode erreicht, aber es ist noch deren Ende, an dem der Rechnungsabschluss stattfindet, abzuwarten. Der Sechsmonatezeitraum verlängert sich nur dann nicht, wenn die Überziehung am ersten Tag des ersten Rechnungsabschlusses eintritt. **12**

III. Inhalt und Form der Beratung (Abs. 2)

1. Alternativen und Konsequenzen (Satz 1)

Welchen Rat der Darlehensgeber erteilt, hängt von den Ursachen der Überziehung ab. Der RegE[4] nennt die unzweckmäßige Nutzung des Überziehungskredits einerseits und finanzielle Schwierigkeiten andererseits. Im ersten Fall, insbesondere bei sorglosem Umgang des Verbrauchers mit der Fazilität, sollen kostengünstigere, insbesondere zinsgünstigere Alternativen aus der Produktpalette des Darlehengebers, zB Allgemein-Verbraucherdarlehensverträge, aufgeführt und auf ihre Eignung für den Verbraucher geprüft werden. Ziel der Beratung in diesem Fall ist es, einen Vertragsabschluss über das Alternativangebot herbeizuführen, sei es im Zuge der Beratung oder später. Scheitert dies, ist das Beratungsangebot gemäß Abs. 3 Satz 1 zu wiederholen (→ Rn. 7). Sind Grund der Überziehung finanzielle Schwierigkeiten des Verbrauchers, der RegE nennt Schicksalsschläge oder unangebrachtes Konsumverhalten, wird oft ein Alternativangebot nicht weiterhelfen. In diesem Fall, gleichermaßen bei lediglich unzweckmäßiger Nutzung ohne Vertragsabschluss über ein Alternativprodukt, verdichtet sich die Beratung auf die Konsequenzen einer weiteren Überziehung, nämlich im Hinblick auf Überschuldungsgefahr, nach Lage des Einzelfalls bis hin zur Verbraucherinsolvenz (§§ 304 ff. InsO), und die Kündigung des Überziehungskredits durch den Darlehensgeber. Außerdem ist auf geeignete Beratungs- **13**

---

[3] BT-Drucks. 18/5922, S. 99.
[4] BT-Drucks. 18/5922, S. 100.

§ 504a 14–17   1. Teil. Darlehen und Finanzierungshilfen

einrichtungen hinzuweisen, zB seriöse und deshalb geeignete Schuldnerberatungsstellen wie etwa die Verbraucherzentrale oder auch örtliche Hilfsangebote von Seiten der Anwaltschaft.

2. Form (Sätze 2, 3)

14   Gemäß Abs. 2 Sätze 2 und 3 hat die Beratung in Form eines persönlichen Gesprächs stattzufinden, sodass der Darlehensgeber seiner Beratungspflicht nicht durch schriftliche Kommunikation wie die Überlassung von Prospektmaterial über die Produktpalette nachkommt. Durch das persönliche Gespräch, durch Fragen, Antworten, Nachfragen und Schilderungen über das Konsumverhalten oder über die finanzielle Lage, kann ein Bild über die Ursachen der Überziehung sichtbar werden, das seinerseits Grundlage für Alternativen und Konsequenzen ist. Dieses Ziel kann auch durch Einsatz von Fernkommunkationsmitteln erreicht werden (Telefon, Videotelefonie), was angezeigt ist, wenn, wie bei Direktbanken, Filialen nicht bestehen oder weit entfernt vom Wohnort des Verbrauchers sind. Jedoch ist hiervon die Wahl des Darlehengebers, in welcher Form die Beratung durchgeführt werden soll, nicht abhängig, sondern er erfüllt seine Vertragspflicht zur Beratung (→ Rn. 2) stets auch durch das Telefongespräch.

IV. Dokumentation

1. Angebot (Abs. 1 Satz 4)

15   Das Angebot zur Beratung ist zu dokumentieren, wozu ein schriftlicher oder sonstiger abrufbarer Vermerk in den internen Unterlagen des Darlehengebers genügt, in welchem die Tatsache des Angebots festgehalten wird. Die Dokumentation liegt im Interesse des Darlehensgebers, um zu einem späteren Zeitpunkt belegen zu können, dass er das Angebot unterbreitet hatte (→ Rn. 2). Der Verbaucher hat auf die Dokumentation keinen Anspruch und wohl auch kein Einsichtsrecht. Der Darlehensgeber, der nicht dokumentiert, kann sich selbst gefährden.

2. Beratungsgespräch (Abs. 3 Satz 4)

16   In gleicher Weise wie das Angebot ist die Durchführung der Beratung zu dokumentieren, jedoch nur nach Ort und Zeit, nicht aber nach der Art des Gesprächs (→ Rn. 14) und nicht nach dem Inhalt. Diese Beschränkung liegt im Interesse des Vebrauchers, der nicht von der Durchführung der Beratung dadurch abgehalten werden soll, dass Unvorteilhaftes über Bonität resp. Konsumverhalten schriftlich festgehalten wird, so die Begründung des RegE. Als Folge dessen dürfte es dem Darlehensgeber auch nicht freigestellt sein, Solches dennoch zu dokumentieren.

V. Zeitliche Geltung

17   § 504a trat am 21.3.2016 in Kraft. Für die zeitliche Anwendbarkeit kommt es jedoch nicht auf den Zeitpunkt an, in dem die Rahmenvereinbarung über die Einräumung der Überziehungsmöglichkeit getroffen wurde, sondern auf die re-

Geduldete Überziehung **§ 505**

levante dauerhafte und erhebliche Überziehung (→ Einf. Rn. 67) nach Maßgabe der am 21 3.2016 in Kraft getretenen Vorschriften. Der Sechs-Monate-Zeitraum (→ Rn. 10) kann also frühestens am 21.9.2016 erreicht sein.

§ 505 Geduldete Überziehung

(1) ¹Vereinbart ein Unternehmer in einem Vertrag mit einem Verbraucher über ein laufendes Konto ohne eingeräumte Überziehungsmöglichkeit ein Entgelt für den Fall, dass er eine Überziehung des Kontos duldet, müssen in diesem Vertrag die Angaben nach Artikel 247 § 17 Abs. 1 des Einführungsgesetzes zum Bürgerlichen Gesetzbuche auf einem dauerhaften Datenträger enthalten sein und dem Verbraucher in regelmäßigen Zeitabständen auf einem dauerhaften Datenträger mitgeteilt werden. ²Satz 1 gilt entsprechend, wenn ein Darlehensgeber mit einem Darlehensnehmer in einem Vertrag über ein laufendes Konto mit eingeräumter Überziehungsmöglichkeit ein Entgelt für den Fall vereinbart, dass er eine Überziehung des Kontos über die vertraglich bestimmte Höhe hinaus duldet.

(2) ¹Kommt es im Falle des Absatzes 1 zu einer erheblichen Überziehung von mehr als einem Monat, unterrichtet der Darlehensgeber den Darlehensnehmer unverzüglich auf einem dauerhaften Datenträger über die sich aus Artikel 247 § 17 Abs. 2 des Einführungsgesetzes zum Bürgerlichen Gesetzbuche ergebenden Einzelheiten. ²Wenn es im Fall des Absatzes 1 zu einer ununterbrochenen Überziehung von mehr als drei Monaten gekommen ist un der durchschnittliche Überziehungsbetrag die Hälfte des durchschnittlichen monatlichen Geldeingangs innerhalb der letzten drei Monate auf diesem Konto übersteigt, so gilt § 504a entsprechend. ³Wenn der Rechnungsabschluss für das laufende Konto vierteljährlich erfolgt, ist der maßgebliche Zeitpunkt für das Vorliegen der Voraussetzungen nach Satz 1 der jeweilige Rechnungsabschluss.

(3) Verstößt der Unternehmer gegen Absatz 1 oder Absatz 2, kann der Darlehensgeber über die Rückzahlung des Darlehens hinaus Kosten und Zinsen nicht verlangen.

(4) Die §§ 491a bis 496 und 499 bis 502 sind auf Allgemein-Verbraucherdarlehensverträge, die unter den in Absatz 1 genannten Voraussetzungen zustande kommen, nicht anzuwenden.

Vorgängervorschrift: §§ 5 Abs. 2 VerbrKrG, 493 Abs. 2 BGB aF

Schrifttum: s. § 504

Übersicht

	Rn.
Materialien	
Verbraucherkreditrichtlinie Erwägungsgrund 11	1
Verbraucherkreditrichtlinie Art. 2, 3, 18	1
Begründung RegE zum Gesetz zur Umsetzung der Verbraucherkreditrichtlinie, BT-Drucks. 16/11643, S. 91	2
Begründung RegE zur Umsetzung der WohnimmoRil, BT-Drucks.18/5922, S. 101	2a
Kommentierung	
Vorbemerkung	2b
I. Begriff der geduldeten Überziehung	3

Bülow 651

§ 505 1, 2   1. Teil. Darlehen und Finanzierungshilfen

	Rn.
II. Girovertraglich geduldete Überziehung	7
1. Grundlagen	7
2. Parteien: Unternehmer und Verbraucher	9
3. Insbesondere: Überweisung und Scheckeinlösung	10
III. Rechtsfolgen der girovertraglich geduldeten Überziehung	13
1. Pflichtangaben im Girovertrag	14
2. Mitteilung in regelmäßigen Zeitabständen	15
3. Erhebliche Überschreitung (Abs. 2)	16
a) Pflichtangaben	16
b) Beratungsangebot nach § 504a	17a
4. Sanktionen (Abs. 3)	18
5. Unanwendbare und anwendbare Vorschriften (Abs. 4)	19

Materialien
Verbraucherkreditrichtlinie 2008/48/EG
Erwägungsgrund 11

1   (11) Im Falle spezifischer Kreditverträge, für die nur gewisse Bestimmungen dieser Richtlinie gelten, sollte es den Mitgliedstaaten nicht gestattet sein, innerstaatliche Vorschriften zu erlassen, mit denen andere Bestimmungen dieser Richtlinie umgesetzt werden. Es sollte den Mitgliedstaaten jedoch weiterhin freigestellt sein, solche Kreditverträge, soweit sie andere als die von dieser Richtlinie harmonisierten Aspekte betreffen, auch künftig durch innerstaatliche Vorschriften zu regeln.

Artikel 2
...
(4) Auf Kreditverträge in Form von Überschreitung finden lediglich die Artikel 1 bis 3, 18, 20 sowie 22 bis 32 Anwendung.

Artikel 3
...
e) „Überschreitung" eine stillschweigend akzeptierte Überziehung, bei der der Kreditgeber dem Verbraucher Beträge zur Verfügung stellt, die das aktuelle Guthaben auf dem laufenden Konto des Verbrauchers oder die vereinbarte Überziehungsmöglichkeit überschreiten;

Artikel 18
(1) Ein Vertrag über die Eröffnung eines laufenden Kontos, der dem Verbraucher die Möglichkeit der Überschreitung einräumt, muss zusätzlich die Informationen gemäß Artikel 6 Absatz 1 Buchstabe e enthalten. Der Kreditgeber muss auf jeden Fall diese Informationen regelmäßig auf Papier oder einem anderen dauerhaften Datenträger mitteilen.
(2) Im Falle einer erheblichen Überschreitung für die Dauer von mehr als einem Monat teilt der Kreditgeber dem Verbraucher unverzüglich auf Papier oder einem anderen dauerhaften Datenträger Folgendes mit:
a) das Vorliegen der Überschreitung;
b) den betreffenden Betrag;
c) den Sollzinssatz;
d) etwaige Vertragsstrafen, Entgelte oder Verzugszinsen.
(3) Dieser Artikel gilt unbeschadet innerstaatlicher Rechtsvorschriften, wonach der Kreditgeber ein anderes Kreditprodukt anbieten muss, wenn die Dauer der Überschreitung beträchtlich ist.

Begründung RegE zum Gesetz zur Umsetzung der Verbraucherkreditrichtlinie, BT-Drucks. 16/11643, S. 91

2   Absatz 3 regelt die Rechtsfolgen eines Verstoßes gegen die Hinweispflichten aus Absatz 1 oder 2. Hierzu hat der innerstaatliche Gesetzgeber gemäß Artikel 23 der Verbrau-

Geduldete Überziehung 2a–3 § 505

cherkreditrichtlinie einen Ermessensspielraum. Damit diese Rechtsfolgen auch abschreckenden Charakter haben, scheint die Fiktion sachgerecht, dass mangels Hinweises eine Vereinbarung zwischen den Parteien nicht existiert. Deshalb soll außer der Ausgleichspflicht des Verbrauchers, die in diesem Fall der Rückzahlungspflicht des Darlehensnehmers entspricht, keine weitere Verpflichtung entstehen und der Unternehmer kein weiteres Entgelt verlangen können ... Innerstaatliche Schutzvorschriften, die nicht auf europäischen Vorgaben beruhen, sind jedoch vom Anwendungsausschluss des Artikels 2 Abs. 4 der Verbraucherkreditrichtlinie nicht erfasst und sollen anwendbar bleiben. Dies geschieht schon vor dem Hintergrund, dass die in § 505 BGB-E geregelten Überschreitungen oftmals die kostenträchtigste Version eines Darlehensvertrags sind und der Darlehensnehmer hier besonders schutzbedürftig ist. Geduldete Überziehungen kommen außerdem überwiegend bei Personen vor, denen keine Überziehungsmöglichkeit eingeräumt wird. Dies ist oftmals bei wirtschaftlich schwächeren Personen der Fall. Gerade deshalb ist zumindest im Bereich des Verzugs von Rückzahlungen für einen hohen Schutz bei diesen Verträgen zu sorgen. Die §§ 497 (Verzug) und 498 (Kündigung bei Verzug) sind daher entsprechend der bisherigen Rechtslage grundsätzlich anzuwenden, ebenso die allgemeinen Vorschriften der §§ 488 bis 490.

Begründung RegE zur Umsetzung der Wohnimmobilien-Verbraucherkreditrichtlinie 2014/17EU, S. 101

§ 505 Absatz 4 wird an die in den §§ 491 ff. BGB geänderte Terminologie für Verbraucherdarlehensverträge angepasst. Da § 505 BGB sich weiterhin nur auf Allgemein-Verbraucherdarlehensverträge bezieht, wird dies in Absatz 4 sprachlich klargestellt. 2a

Kommentierung

Vorbemerkung

Die Rechtsfolgen einer geduldeten Überziehung (→ Rn. 13 ff.) treten nur für Allgemein-Verbraucherdarlehensverträge ein, jedoch ist eine Entgeltvereinbarung iSv Abs. 1 auch bei einem Immobiliar-Überziehungsdarlehen (→ § 504 Rn. 10b) denkbar, wird aber wohl nicht praktiziert; Art. 247 § 17 EGBGB wäre nicht anwendbar. 2b

I. Begriff der geduldeten Überziehung

Ausgangspunkt der Regelung von § 505 ist die Überziehung iSv Art. 3 lit. e VerbrKrRil (**Überschreitung**), die zur Folge hat, dass nach Art. 2 Abs. 4 (→ Rn. 1) die verbraucherdarlehensrechtlichen Vorschriften der Richtlinie weitgehend unanwendbar sind und stattdessen Art. 18 eine substituierende Regelung aufstellt, nämlich bei erheblicher Überschreitung. Art. 18 der Richtlinie setzt nicht den allgemeinen, sondern einen qualifizierten Tatbestand der Überziehung voraus, nämlich eine Vereinbarung im Girovertrag (Zahlungsdienstleisterahmenvertrag, § 675f Abs. 2 BGB) über das laufende Konto, in welchem die Möglichkeit der Überziehung eingeräumt wird. Für eine Überschreitung als stillschweigend akzeptierte Überziehung, also die zum Sollsaldo führende Verfügung des Verbrauchers als Kontoinhaber, ohne Vereinbarung im Girovertrag stellt die Richtlinie keine Regelung auf, ebenso wenig für Überziehungen, denen das Kreditinstitut widerspricht oder zu denen es sich überhaupt nicht rechtsgeschäftlich äußert, weder stillschweigend, konkludent oder ausdrücklich (eigenmächtige 3

Überziehung[1]). In diesen Fällen gilt allgemeines Zivilrecht, aber nicht besonderes Verbraucherkreditrecht.

4 § 505 regelt ausschließlich den Überschreitungstatbestand, der mit geduldeter Überziehung bezeichnet wird, mit den qualifizierten Tatbestandsvoraussetzungen, die die Richtlinie für die Fallkonstellation von Art. 18 aufstellt. § 505 BGB regelt, anders als die Vorgängervorschrift von § 493 Abs. 2 BGB aF, nicht dagegen die Fallkonstellation, in der es zur Duldung der Überziehung kommt, ohne dass diese Möglichkeit im Girovertrag vorgesehen ist. Die Frage ist, wie solche Duldungen verbraucherkreditrechtlich zu behandeln sind.

5 Die geduldete Überziehung nach § 505 ist wie folgt rechtsgeschäftlich zu werten: In der Überziehung – auch einer eigenmächtigen, vorst. Rn. 3 und → Rn. 11, 12 – kann der Antrag des Verbrauchers zum Abschluss eines Überziehungsdarlehensvertrags liegen, den die Bank durch Duldung konkludent annimmt mit der Folge, dass der Verbraucher Anspruch auf das in der Überziehung liegende Darlehen hat und folglich das Kreditinstitut nicht ohne die Erklärung einer Kündigung Rückführung verlangen kann.

6 Ist diese Art der darlehensvertraglichen Begründung im Girovertrag vorgesehen, ist § 505 anwendbar. Fehlt es jedoch an einer Grundlage im Girovertrag, wäre § 505 nicht anwendbar. Der durch Duldung der Verfügung des Verbrauchers konkludent zustande gekomme Darlehensvertrag mit dem Darlehensgeber ist aber ein Verbraucherdarlehensvertrag gem. § 491 Abs. 1 mit der Folge, dass alle verbraucherdarlehensrechtlichen Vorschriften anwendbar wären, zB Schriftform nach § 492 Abs. 1 und Pflichtangaben nach Art. 247 § 6 iVm § 3 EGBGB, nicht aber § 17; der Ausschluss von § 505 Abs. 4 gälte gerade nicht (→ Rn. 19). Die volle Anwendung von Verbraucherdarlehensrecht auf schlichte geduldete Überziehungen, die Art. 3 lit. e der Richtlinie (→ Rn. 1) Überschreitung nennt, ist gem. Art. 2 Abs. 4 aber verbraucherdarlehensrechtlichen Regeln weitgehend entzogen. Diese Nichtanwendbarkeit ist auch Teil des harmonisierten Bereichs, in dem die Richtlinie den Überschreitungstatbestand, anders als in den Fällen von Art. 2 Abs. 2, als Kreditvertrag ansieht. Erwägungsgrund 11 (→ Rn. 1) stellt klar, dass die Mitgliedstaaten die Anwendbarkeit nicht herstellen dürfen. Die sich aus § 505 ergebende Folgerung wäre also nicht richtlinienkonform, ganz zu schweigen von ihrer mangelnden Praktikabilität und vom Fehlen jeglichen Anhaltspunkts, dass der Gesetzgeber diese Konsequenz bedacht hätte. Eine richtlinienkonforme Auslegung führt im Hinblick auf Art. 2 Abs. 4 der Richtlinie deshalb zur **Anwendung von § 505 Abs. 4 BGB auf die schlichte geduldete Überziehung,** während angesichts des eindeutigen Gesetzeswortlauts schwerlich vorstellbar ist, dem Darlehensgeber die Angabepflichten nach § 505 Abs. 1 BGB, Art. 247 § 17 EGBGB aufzuerlegen, sodass auch die Sanktion von § 505 Abs. 3 (→ Rn. 18) nicht eingreifen könnte.[2]

II. Girovertraglich geduldete Überziehung

1. Grundlagen

7 Der Tatbestand der geduldeten Überziehung iSv § 505 setzt voraus, dass die Duldung der Überziehung des laufenden Kontos (→ § 504 Rn. 11) bereits im

---

[1] Staudinger/*Kessal-Wulf* § 505 BGB Rn. 3: Vertragsverletzung durch den Verbraucher.
[2] AA MüKoBGB/*Schürnbrand* § 505 BGB Rn. 5: entsprechende Anwendung von § 505 Abs. 2.

Girovertrag als Rahmenvertrag vorgesehen ist,[3] zB dadurch, dass ein Entgelt geschuldet sein soll. Der Girovertrag selbst ist kein Darlehensvertrag, sondern erst die zum Sollsaldo führende Verfügung des Verbrauchers als Darlehensvertrags-Angebot und die Duldung als konkludente Annahme. Weitere Tatbestandsvoraussetzung ist, dass die Überziehung entgeltlich ist. Deren Höhe ergibt sich, wenn nicht anderweitig vereinbart, aus Preisverzeichnissen nach Nr. 12 Abs. 1 AGB – Banken/Postbank, Nr. 17 Abs. 1 – Sparkassen.[4] Der Tatbestand einer geduldeten Überziehung ist nicht erfüllt, wenn das Konto als reines Guthabenkonto geführt werden sollte und trotzdem überzogen wurde; in diesem Fall haftet der Verbraucher nach § 280 Abs. 1 BGB, die Bank nach § 254 BGB.[5]

Der Tatbestand der geduldeten Überziehung ist nach § 505 Abs. 1 Satz 2 auch **8** dann erfüllt, wenn dem Verbraucher eine Überziehungsmöglichkeit bis zu bestimmter Höhe (→ § 504 Rn. 19) eingeräumt wurde, dieses Kreditlimit (Fazilität) aber überschritten und für diese Überschreitung ein Entgelt vereinbart wird.

2. Parteien: Unternehmer und Verbraucher

Die Vereinbarung über die Duldung treffen der Verbraucher und das konto- **9** führende Institut, das für den Fall der Duldung zum Darlehensgeber wird. Bis dahin ist das Kreditinstitut oder der Zahlungsdienstleister Unternehmer iSv § 505 (→ § 504 Rn. 15).

3. Insbesondere: Überweisung und Scheckeinlösung

Der konkludente Abschluss eines Überziehungsdarlehensvertrags durch Dul- **10** dung kann darin liegen, dass die Bank einen Scheck trotz mangelnder Deckung einlöst oder einen Überweisungsauftrag ausführt und nicht gem. Nr. 7 Abs. 1 iVm 6 Abs. 1 der Überweisungsbedingungen-Banken resp. Nr. 1.6 Abs. 1 iVm Nr. 1.7 Abs. 1 AGB-Sparkassen mangels Deckung ablehnt,[6] sodass die Informa-

---

[3] ZB in den Sonderbedingungen der Postbank (Fassung Juni 2010):
Geduldete Überziehungen
(1) Soweit nichts Abweichendes vereinbart ist, ist der Kunde verpflichtet, sein laufendes Konto nicht zu überziehen.
(2) Geduldete Überziehungen sind solche Überziehungen eines laufendes Kontos, die ohne eine dem Kunden vertraglich eingeräumte Überziehungsmöglichkeit (zB Dispositionskredit, Kreditlinie) oder durch Überschreiten des vereinbarten Überziehungsrahmens eintreten.
(3) Der Kunde hat keinen Anspruch auf eine geduldete Überziehung ...
[4] OLG Düsseldorf WM 2015, 2085 = ZIP 2016, 158 mit Komm. *Metz* EWiR 2016, 33.
[5] AG Köln v. 27.4.2015 – 142 C 3/14, NJW-RR 2015, 1272.
[6] Bedingungen für den Überweisungsverkehr, Fassung Januar 2012, der Sparkassen (Bedingungen-Banken und Postbank inhaltlich gleich):
1.6 Ausführung des Überweisungsauftrags
(1) Die Sparkasse führt den Überweisungsauftrag des Kunden aus, wenn die zur Ausführung erforderlichen Angaben (siehe Nummern 2.1 und 3.1) in der vereinbarten Art und Weise (siehe Nummer 1.3 Absatz 1) vorliegen, dieser vom Kunden autorisiert ist (siehe Nummer 1.3 Absatz 2) und ein zur Ausführung der Überweisung ausreichendes Guthaben in der Auftragswährung vorhanden oder ein ausreichender Kredit eingeräumt ist (Ausführungsbedingungen) ...
1.7 Ablehnung der Ausführung
(1) Sind die Ausführungsbedingungen (siehe Nummer 1.6 Absatz 1) nicht erfüllt, kann die Sparkasse die Ausführung des Überweisungsauftrags ablehnen. Hierüber wird die Spar-

tionspflichten nach § 505 Abs. 1 zu erfüllen sind. Dabei bleibt es auch dann, wenn das Kreditinstitut nach Ausführung oder Einlösung sogleich Kontoausgleich verlangt; hierin liegt nur ein Widerruf der zunächst erteilten Krediteinräumung, der an den Unterrichtungspflichten nichts ändert.

11 Am Krediteinräumungswillen des Kreditinstitutes durch Duldung im Zuge einer Überziehung kann es aber bei Scheckeinlösung oder Überweisung auch fehlen, nämlich im Falle des Irrtums, sei es bei Bearbeitung von Hand oder wenn eine elektronische Sperre nicht eingebaut worden war oder versagt hatte. Folglich hat das Kreditinstitut keine Informationspflichten. Widerspricht in diesen Fällen die Bank der Überweisung oder der Scheckziehung und verlangt sie Ausgleich des Kontos, geht sie vielleicht den Klageweg, ist § 505 Abs. 1 nicht anwendbar; die Bank hat also keinerlei Unterrichtungspflichten, gleichgültig, wie lange die tatsächliche Überziehungsdauer währt.[7] In einem solchen Falle fehlt es nämlich bereits im Vorfeld an einem Darlehensvertrag, der elementarer Voraussetzung für die Anwendung von Verbraucherdarlehensrecht ist. Gesetzliche Ansprüche dagegen, die sich auf rechtswidriges Handeln des Bankkunden, nämlich eigenmächtige Überziehung (→ Rn. 3), gründen, sind nicht geboten und nicht Gegenstand von § 505. Der Verbraucher hat in solchem Falle also keinen Unterrichtungsanspruch und mithin auch keine Ersatzansprüche (→ § 504 Rn. 44). Insbesondere im Falle der versehentlichen Ausführung einer Überweisung trotz mangelnder Deckung und Rückführungsverlangens des Kreditinstituts ist § 505 nicht anwendbar. Setzt das Kreditinstitut aber eine Frist zur Rückführung, ist der Duldungstatbestand für die Dauer der Frist erfüllt,[8] sodass die Informationspflichten entstehen. Gleiches kann nach Lage des Einzelfalls anzunehmen sein, wenn trotz Beendigung des Girovertrags das Konto noch einige Zeit weitergeführt wird.[9]

12 Weitere Fälle fehlenden Vertragstatbestands können sein[10] Rückbelastung E. v. (Eingang vorbehalten) gutgeschriebener Schecks (Nr. 9 AGB-Banken und -Postbank, Nr. 23 AGB-Sparkassen) – sofern darin nicht ausnahmsweise eine Krediteinräumung liegt[11] –, Auszahlung an Geldautomaten, Stornierung von Kontogutschriften, Herabsetzung des Limits durch die Bank, welches der Verbraucher nicht beachtet, Abbuchung aufgrund von Daueraufträgen, außerdem die Erfüllung von Lastschriften.

III. Rechtsfolgen der girovertraglich geduldeten Überziehung

13 Wird im Girovertrag die Möglichkeit einer geduldeten Überziehung eingeräumt, unterliegt das Kreditinstitut resp. der Zahlungsdienstleister (→ § 504 Rn. 15) Unterrichtungspflichten im Girovertrag und danach in regelmäßigen

---

kasse den Kunden unverzüglich, auf jeden Fall aber innerhalb der in Nummer 2.2.1 beziehungsweise 3.2 vereinbarten Frist, unterrichten. Dies kann auch auf dem für Kontoinformationen vereinbarten Weg geschehen. Dabei wird die Sparkasse, soweit möglich, die Gründe der Ablehnung sowie die Möglichkeiten angeben, wie Fehler, die zur Ablehnung geführt haben, berichtigt werden können ...

[7] *Dorwath* Überziehungskredit, S. 140.
[8] MüKoBGB/*Schürnbrand* § 505 BGB Rn. 7.
[9] AG Frankfurt am Main EWiR § 5 VerbrKrG 1/96, 329 *(Bülow)*.
[10] MüKoBGB/*Schürnbrand* § 505 BGB Rn. 7.
[11] *Bülow* WG, ScheckG, Art. 28 ScheckG Rn. 8.

Geduldete Überziehung 14–16 § 505

Zeitabständen. Weitergehende Pflichten zur Unterrichtung sowie zur Beratung (→ Rn. 17a) entstehen im Falle einer erheblichen Überziehung nach Abs. 2. Der Verstoß gegen die Unterrichtungspflicht ist durch Abs. 3 sanktioniert. Anwendbar bleiben die Rechtsfolgen aus §§ 497 und 498.

1. Pflichtangaben im Girovertrag

Der Vertrag über das laufende Konto, der Girovertrag, ist kein Darlehensvertrag und wird es auch nicht dadurch, dass die Möglichkeit einer geduldeten Saldenüberschreitung vorgesehen wird; darin liegt gerade keine Zusage zur Duldung im potentiellen zukünftigen Fall. Als Zahlungsdiensterahmenvertrag nach § 675f Abs. 2 BGB unterliegt er gem. Art. 248 § 3 EGBGB der Textform (dauerhafter Datenträger nach § 126b Satz 2 BGB, zB Kontoauszüge). Hierbei sind auch, also auf einem dauerhaften Datenträger, die verbraucherdarlehensrechtlichen Pflichtangaben nach Art. 247 § 17 Abs. 1 zu machen, nämlich in Umsetzung von Art. 18 Abs. 1, Art. 6 Abs. 1 lit. e der Richtlinie 14
- der Sollzinssatz,
- die Bedingungen für dessen Anwendung, insbesondere Verzugsbeginn und -ende, zB Wertstellungsabhängigkeit,
- gegebenenfalls Indizes und Referenzzinssätze, auf die sich der Sollzinssatz bezieht, zB Basiszins nach § 247 BGB,
- sämtlich Kosten, die ab dem Zeitpunkt der Überziehung anfallen, zB Bearbeitungsgebühren und
- Bedingungen, unter denen die Kosten angepasst werden können, zB nach bestimmter Dauer der Überschreitung.

2. Mitteilung in regelmäßigen Zeitabständen

Die Angaben im Girovertrag nach Art. 247 § 17 Abs. 1 EGBGB sind in Umsetzung von Art. 18 Abs. 1 Satz 2 der Richtlinie (→ Rn. 1) in regelmäßigen Zeitabständen und wiederum auf einem dauerhaften Datenträger zu wiederholen, wofür abermals Kontoauszüge genügen:[12] wöchentlich, monatlich, vierteljährlich. Die angemessene Information des Verbrauchers ist zu gewährleisten, was durch zu lange Zeitabschnitte, zB im jährlichen Rhythmus (→ § 504 Rn. 22), nicht erreichbar ist. 15

3. Erhebliche Überschreitung (Abs. 2)

a) **Pflichtangaben.** Für den Fall einer erheblichen Überschreitung schreibt Art. 18 Abs. 2 VerbrKrRil (→ Rn. 1) weitere Pflichtangaben vor. Die Informationspflicht wird erst nach Zeitablauf ausgelöst, nämlich nach einem Monat und einem Tag seit der Verfügung des Verbrauchers, die durch Belastung des laufenden Kontos zur Überschreitung führte. Die Erheblichkeit bezieht sich auf den Betrag der Überziehung, also auf die Höhe des Sollsaldos. Die Erheblichkeit steht in Relation zu den gutgeschriebenen Beträgen auf dem laufenden Konto in dem Monatszeitraum, ist also am konkreten Einzelfall zu messen. Als Richtwert könnte an ein Monatsgehalt gedacht werden. Im Hinblick auf die Sanktion nach Abs. 3 (→ Rn. 18) dürften Darlehensgeber die Erheblichkeitsschwelle eher niedrig ansetzen. 16

---

[12] Staudinger/*Kessal-Wulf* § 505 BGB Rn. 6.

§ 505   17–17d   1. Teil. Darlehen und Finanzierungshilfen

17 Im Falle der Erheblichkeit ist der Verbraucher unverzüglich, im Allgemeinen einen Tag nach Zeitablauf (von der Belastungsbuchung des Verbrauchers und ihrer Buchung auf dem laufenden Konto also einen Monat und zwei Tage – → Rn. 15 –, wobei es auf die Absendung ankommt) auf einem dauerhaften Datenträger (zB Kontoauszug), nach Art. 247 § 17 Abs. 2 EGBGB zu unterrichten über
– das Vorliegen einer geduldeten Überziehung,
– den Betrag der Überziehung, also den Sollsaldo,
– den Sollzinssatz und
– etwaige Vertragsstrafen, Kosten und Verzugszinsen.

17a **b) Beratungsangebot nach § 504a.** Für die geduldete Überziehung gilt, so der RegE zur WohnimmoRil,[13] noch mehr als für die eingeräumte Überziehungmöglichkeit nach § 504, dass sie nur zur sehr kurzfristigen Überbrückung von finanzillen Engpässen sinnvoll ist. Deshalb bestimmt das Gesetz in § 505 Abs. 2 Satz 2 zunächst ebenso wie gemäß § 504a eine Beratungspflicht des Darlehensgebers für den Verbraucher als Darlehensnehmer in der Weise, dass der Darlehensgeber eine Beratung anzubieten hat. Dem Verbraucher steht es frei, dieses Angebot anzunehmen (§ 504a Abs. 3 Satz 1) und sich auch zukünftigen Angeboten zu versagen (Satz 2). Die Voraussetzungen für die Angebotspflicht des Darlehensgebers sind enger gefasst als bei eingeräumter Überziehungsmöglichkeit, in zeitlicher und sachlicher Hinsicht. Die Pflicht zum Beratungsangebot wird bereits fällig nach **mehr als drei Monaten** ununterbrochener Überziehung (statt nach sechs Monaten gemäß § 504a Abs. 1 Satz 1), wobei das Gesetz den Zeitraum, der die drei Monate überschreitet, nicht näher bestimmt; im Hinblick auf den Verwaltungsaufwand, die Berechnungen und das Verfahren dürften ein bis zwei Wochen angemessen sein (zur Sanktion bei Verspätung → Rn. 18). Sachlich kann § 505 nicht wie § 504a an den vereinbarten Höchstbetrag knüpfen, da es gerade keine Vereinbarung gibt. Referenzbetrag ist vielmehr der durchschnittliche Geldeingang der letzten drei Monate vor Beginn der relevanten ununterbrochenen Überziehung, also: Beginn der ununterbrochenen Überziehung am 15. Mai, Fortdauer bis 20. August, Summe aller Geldeingänge vom 15. Februar bis 15. Mai 1200 €, die Hälfte sind 600 €; die Überziehung vom 15. Mai bis 20. August schwankt zwischen 100 und 800 €, die durchschnittliche Überziehung ergibt 601 € oder mehr: Das Angebot zur Beratung wird fällig, bei 600 € oder weniger nicht.

17b Bei **vierteljährlichem Rechnungsabschluss** (Nr. 7 Abs. 1 AGB-Banken, 7 Abs. 2 AGB-Sparkassen) ist maßgeblicher Zeitpunkt der Tag des Rechnungsabschlusses. Die Überziehung muss also, um die Pflicht zur Beratung auszulösen, während des gesamten Quartals bestanden haben (aber nicht mehr als drei Monate wie nach Abs. 1 Satz 1), der Referenzbetrag ist dem davor liegenden Quartal zu entnehmen.

17c Die **entsprechende Anwendung** von § 504a bezieht sich auf Textform und Kommunikationsweg sowie Dokumentation (Abs. 1 Satz 3, 4), Inhalt und Form der Beratung und wiederum Dokumentation (Abs. 2), Verweigerung durch den Verbraucher (Abs. 3).

17d Die **zeitliche Geltung** der Vorschrift über die Beratungspflicht richtet sich nicht nach der Entgeltvereinbarung gemäß § 505 Abs. 1 Satz 1, sondern nach der relevanten Überziehung. Da die Regelung von § 505 Abs. 2 Satz 2 am

---

[13] BT-Drucks. 18/5922, S. 101.

21.3.2016 in Kraft trat (→ Einf. Rn. 67), kann der Zeitraum von mehr als drei Monaten frühestens am 22.6.2016 erreicht sein.

4. Sanktionen (Abs. 3)

Als wirksame, verhältnismäßige und abschreckende Sanktion iSv Art. 23 Satz 2 **18** der Richtlinie (→ § 502 Rn. 23) bestimmt § 505 Abs. 3 BGB, dass bei Verstoß gegen Abs. 1 und Abs. 2 – gemeint ist die unterlassene rechtzeitige[14] und formgerechte Unterrichtung, → Rn. 17 und Beratung – nur die Rückzahlung des Darlehens, also der Ausgleich des Sollsaldos nach Kündigung durch den Darlehensgeber, geschuldet ist, Kosten und Zinsen aber nicht verlangt werden können. Dem liegt nach Vorstellung der Gesetzesverfasser (→ Rn. 2) die Fiktion zugrunde, dass mangels Unterrichtung eine Vereinbarung zwischen den Parteien, gemeint ist über Zinsen und Kosten, nicht existiert. Nicht ersichtlich ist, dass eine Ausnahme im Fall von Bagatellverstößen zu machen wäre.[15] Die sich daraus ergebende Unentgeltlichkeit des Überziehungskredits ist verschuldensunabhängig; ein Verschuldenselement gibt lediglich insoweit Maß, als die Unterrichtung nach Abs. 2 Satz 1(→ Rn. 16) unverzüglich, ohne schuldhaftes Zögern, zu erteilen ist. Die Sanktion nach Abs. 3 dürfte so zu verstehen sein, dass Schadensersatzansprüche nach § 280 Abs. 1 oder Abs. 2, 286ff. BGB, zB wegen verspäteten Beratungsangebots (→ Rn. 17a), ausgeschlossen sind. Für den Verzug des Verbrauchers bleibt es bei der Anwendung von § 497 BGB (→ Rn. 20).

5. Unanwendbare und anwendbare Vorschriften (Abs. 4)

In Umsetzung von Art. 2 Abs. 4 der Verbraucherkreditrichtlinie (→ Rn. 1) **19** sind verbraucherdarlehensrechtliche Vorschriften der Richtlinie weitgehend unanwendbar, worauf der Ausschluss von §§ 491a bis 496, 499 bis 502 beruht. Die übrigbleibende Anwendung von § 491 bedeutet nur, dass die geduldete Überziehung zu einem Verbraucherdarlehensvertrag führt; die Anwendung von § 491 Abs. 2 (gerichtliches Protokoll) kommt nicht in Betracht.

Anwendbar bleiben §§ 497, 498, deren Regelungsgegenstände außerhalb des **20** harmonisierten Bereichs der Richtlinie liegen (→ § 497 Rn. 10) und die Verzugsfolgen für den Verbraucher mildern, ihn insbesondere vor dem „modernen Schuldturm" (→ § 497 Rn. 8) bewahren helfen. Der hierbei angesprochene Personenkreis ist, wie die Materialien feststellen (→ Rn. 2), oft mit demjenigen der Darlehensnehmer einer geduldeten Überziehung identisch. Anwendbar bleiben auch §§ 488 bis 490 BGB.

§ 505a Pflicht zur Kreditwürdigkeitsprüfung bei Verbraucherdarlehensverträgen

(1) ¹Der Darlehensgeber hat vor dem Abschluss eines Verbraucherdarlehensvertrags die Kreditwürdigkeit des Darlehensnehmers zu prüfen. ²Der Darlehensgeber darf den Verbraucherdarlehensvertrag nur abschließen, wenn aus der Kreditwürdigkeitsprüfung hervorgeht, dass bei einem Allge-

---

[14] Staudinger/*Kessal-Wulf* § 505 BGB Rn. 6: Nachholung vor eingetretener Überziehung?
[15] So aber MüKoBGB/*Schürnbrand* § 505 BGB Rn. 13, Staudinger/*Kessal-Wulf* § 505 BGB Rn. 9: Übermaßverbot, aber welche Pflichtangaben (→ Rn. 14) haben Bagatellcharakter?

§ 505a 1, 2   1. Teil. Darlehen und Finanzierungshilfen

mein-Verbraucherdarlehensvertrag keine erheblichen Zweifel daran bestehen und dass es bei einem Immobiliar-Verbraucherdarlehensvertrag wahrscheinlich ist, dass der Darlehensnehmer seinen Verpflichtungen, die im Zusammenhang mit dem Darlehensvertrag stehen, vertragsgemäß nachkommen wird.

(2) Wird der Nettodarlehensbetrag nach Abschluss des Darlehensvertrags deutlich erhöht, so ist die Kreditwürdigkeit auf aktualisierter Grundlage neu zu prüfen, es sei denn, der Erhöhungsbetrag des Nettodarlehens wurde bereits in die ursprüngliche Kreditwürdigkeitsprüfung einbezogen.

Schrifttum: *Ady/Paetz*, Die Umsetzung der Verbraucherkreditrichtlinie in deutsches Recht und besondere verbraucherpolitische Aspekte, WM 2009, 1061; *Barlitz*, Die Sanktionierung von Verstößen gegen die Erläuterungs- und Bonitätsprüfungspflicht im Verbraucherkreditrecht, WM 2016, 344; *Barta/Braune*, Schadensersatz als Rechtsfolge der unzureichenden Prüfung der Kreditwürdigkeit des Verbrauchers (...), BKR 2014, 324; *Buck-Heeb*, Aufklärungs- und Beratungspflichten bei Kreditverträgen – Verschärfungen durch die EuGH-Rechtsprechung und die Wohnimmobilienkredit-Richtlinie, BKR 2015, 177; *Grunewald*, Rechtsfolgen bei unterlassener Prüfung der Kreditwürdigkeit, Festschrift U. H. Schneider, 2011, S. 401; *Herresthal*, Unionsrechtliche Vorgaben für Sanktionierung eines Verstoßes gegen die Kreditwürdigkeitsprüfung, EuZW 2014, 497; *ders.*, Die Verpflichtung zur Bewertung der Kreditwürdigkeit und zur angemessenen Erläuterung nach der neuen Verbraucherkreditrichtlinie 2008/48/EG, WM 2009, 1174; *Hoffmann/Barlitz*, Erläuterungs- und Bonitätsprüfungspflicht im Verbraucherkreditrecht, WM 2014, 2297; *Hofmann*, Die Pflicht zur Bewertung der Kreditwürdigkeit, NJW 2010, 1782; *Nobbe*, Neuregelungen im Verbraucherkreditrecht, WM 2011, 625; *Piekenbrock*, Die geplante Umsetzung der Wohnimmobilienkreditrichtlinie, GPR 2015, 26; *Rott*, Die neue Verbraucherkredit-Richtlinie 2008/48/EG und ihre Auswirkungen auf das deutsche Recht, WM 2008, 1104; *ders./Terryn/Twigg-Flesner*, Kreditwürdigkeitsprüfung: Verbraucherschutzverhinderung durch Zuweisung zum Öffentlichen Recht?, VuR 2011, 163; *Schmieder*, Formularmäßig erhobene Bearbeitungsgebühren bei Verbraucherdarlehen, WM 2012, 2358; *Schürnbrand*, Das neue Recht der Verbraucherkredite und der verbundenen Verträge, Schriftenreihe der Bankrechtlichen Vereinigung Band 30, 173; *Servatius*, Aufklärungspflichten und verantwortungsvolle Kreditvergabe, ZfIR 2015, 178; *Stamenković/Michel*, Die geplante Neuregelung zum Inhalt und zur Durchsetzung der Kreditwürdigkeitsprüfung im deutschen Recht, VuR 2016, 132.

Materialien

Verbraucherkreditrichtlinie 2008/48/EG

Artikel 8 Verpflichtung zur Bewertung der Kreditwürdigkeit des Verbrauchers

1   (1) Die Mitgliedstaaten stellen sicher, dass vor Abschluss des Kreditvertrages der Kreditgeber die Kreditwürdigkeit des Verbrauchers anhand ausreichender Informationen bewertet, die er gegebenenfalls beim Verbraucher einholt und erforderlichenfalls anhand von Auskünften aus der in Frage kommenden Datenbank. Diejenigen Mitgliedstaaten, die die Kreditgeber gesetzlich dazu verpflichten, die Kreditwürdigkeit aufgrund der Abfrage einer entsprechenden Datenbank zu beurteilen, können diese Anforderung beibehalten.

(2) Die Mitgliedstaaten stellen sicher, dass, sofern die Parteien übereinkommen, den Gesamtkreditbetrag nach Abschluss des Kreditvertrages zu ändern, der Kreditgeber die ihm zur Verfügung stehenden Finanzinformationen über den Verbraucher auf den neuen Stand bringt und die Kreditwürdigkeit des Verbrauchers vor jeder deutlichen Erhöhung des Gesamtkreditbetrags bewertet.

Wohnimmobilienkreditrichtlinie 2014/17/EU

Artikel 18 Verpflichtung zur Prüfung der Kreditwürdigkeit des Verbrauchers

2   (1) Die Mitgliedstaaten stellen sicher, dass der Kreditgeber vor Abschluss eines Kreditvertrags eine eingehende Prüfung der Kreditwürdigkeit des Verbrauchers vornimmt. Bei

Kreditwürdigkeitsprüfung bei Verbraucherdarlehsverträgen 3 § 505a

der Kreditwürdigkeitsprüfung werden die Faktoren, die für die Prüfung der Aussichten relevant sind, dass der Verbraucher seinen Verpflichtungen aus dem Kreditvertrag nachkommt, in angemessener Form berücksichtigt.

(2) Die Mitgliedstaaten stellen sicher, dass die Verfahren und Angaben, auf die sich die Bewertung stützt, festgelegt, dokumentiert und aufbewahrt werden.

(3) Die Kreditwürdigkeitsprüfung darf sich nicht hauptsächlich darauf stützen, dass der Wert der Wohnimmobilie den Kreditbetrag übersteigt, oder auf die Annahme, dass der Wert der Wohnimmobilie zunimmt, es sei denn, der Kreditvertrag dient zum Bau oder zur Renovierung der Wohnimmobilie.

(4) Die Mitgliedstaaten stellen sicher, dass ein von einem Kreditgeber mit einem Verbraucher abgeschlossener Kreditvertrag vom Kreditgeber nicht nachträglich mit der Begründung widerrufen oder zum Nachteil des Verbrauchers geändert werden kann, dass die Prüfung der Kreditwürdigkeit nicht ordnungsgemäß durchgeführt wurde. Dieser Absatz findet keine Anwendung, wenn nachgewiesen ist, dass der Verbraucher Informationen im Sinne des Artikels 20 wissentlich vorenthalten oder gefälscht hat.

(5) Die Mitgliedstaaten stellen sicher, dass
a) der Kreditgeber dem Verbraucher den Kredit nur bereitstellt, wenn aus der Kreditwürdigkeitsprüfung hervorgeht, dass es wahrscheinlich ist, dass die Verpflichtungen im Zusammenhang mit dem Kreditvertrag in der gemäß diesem Vertrag vorgeschriebenen Weise erfüllt werden;
b) der Kreditgeber den Verbraucher im Einklang mit Artikel 10 der Richtlinie 95/46/EG vorab darüber informiert, dass eine Datenbankabfrage vorgenommen wird;
c) der Kreditgeber, wenn der Kreditantrag abgelehnt wird, den Verbraucher unverzüglich über die Ablehnung unterrichtet und gegebenenfalls darüber, dass die Entscheidung auf einer automatisierten Verarbeitung von Daten beruht. Beruht die Ablehnung auf dem Ergebnis einer Datenbankabfrage, so unterrichtet der Kreditgeber den Verbraucher über das Ergebnis dieser Abfrage und über die Einzelheiten der betreffenden Datenbank.

(6) Die Mitgliedstaaten stellen sicher, dass vor einer deutlichen Erhöhung des Gesamtkreditbetrags nach dem Abschluss des Kreditvertrags die Kreditwürdigkeit des Verbrauchers auf der Grundlage von aktualisierten Angaben erneut geprüft wird, es sei denn ein derartiger zusätzlicher Kredit war bereits im Rahmen der ursprünglichen Kreditwürdigkeitsprüfung vorgesehen und enthalten.

(7) Dieser Artikel gilt unbeschadet der Richtlinie 95/46/EG.

Kommentierung

I. Einführung

Die Regelungen zur Kreditwürdigkeitsprüfung sind im Zuge der Umsetzung 3 der Wohnimmobilienkreditrichtlinie völlig neu konzipiert worden. Vormals traf Kreditinstitute allein eine aufsichtsrechtliche Pflicht zur vorvertraglichen Prüfung der Kreditwürdigkeit des Verbrauchers. Diese besteht in § 18 KWG fort. Darüber hinaus existierte aber auch bislang eine zivilrechtliche Pflicht zur Kreditwürdigkeitsprüfung in dem nunmehr aufgehobenen § 509, die allerdings nur der sonstige Finanzierungshilfe und nicht den Darlehensvertrag betraf und nach h. M. entsprechend anzuwenden war auf Unternehmer, die Darlehen vergeben, nicht aber als Kreditinstitut dem KWG unterfielen.[1] Dieser Webfehler des bisherigen Rechts wird nun korrigiert.[2] Mit der Verpflichtung des Darlehensgebers

---

[1] Siehe etwa MüKoBGB/*Schürnbrand* § 509 BGB Rn. 3; Voraufl. (8.) § 509 BGB Rn. 7 f.
[2] BT-Drucks. 18/5922, S. 97.

zur Durchführung der Kreditwürdigkeitsprüfung weicht das den unionsrechtlichen Vorgaben folgende Verbraucherkreditrecht von dessen ursprünglich verfolgtem Schutzkonzept ab. Denn bislang gehorchte das Recht weit überwiegend der Idee, das private Handeln gegenüber dem Unternehmer in bestimmten Situationen resp. beim Abschluss bestimmter Verträge zu schützen. Auf die wirtschaftliche Verfasstheit oder die Geschäftsgewandtheit des einzelnen Verbrauchers kommt es dabei nicht an. Man mag es so ausdrücken, dass das Verbraucherprivatrecht in Kauf nimmt, auch dem individuell nicht schutzbedürftigen Verbraucher Sonderrechte, etwa das Widerrufsrecht, zukommen zu lassen, um dadurch sicher zu stellen, dass der tatsächlich Schutzbedürftige in den Genuss des Reglements kommt, ohne seine Unterlegenheit selbst darlegen zu müssen. Die Prüfung der Kreditwürdigkeit knüpft allerdings an der individuellen Leistungsfähigkeit des einzelnen Verbrauchers an und folgt daher einem anderen Schutzkonzept. Ausreißer aus dem herkömmlichen System finden sich etwa auch in der Erläuterungspflicht aus § 491a, der Beratungspflicht aus § 504a, der Regelung zu Beratungsleistungen in § 511 und dem nun angeordneten Schutz unentgeltlicher Verträge in §§ 514, 515, während sich etwa §§ 497, 498 seit jeher der Zahlungsschwierigkeiten des Verbrauchers annahm.

II. Anwendungsbereich

4 Die neuen Regelungen in §§ 505a bis d betreffen nun sämtliche Unternehmer als Kredit- bzw. Darlehensgeber, gleich ob sie dem KWG unterfallen, und unabhängig davon, ob sie ein entgeltliches Darlehen oder eine solche Finanzierungshilfe gewähren. Teilweise anwendbar sind die Regelungen nun sogar auch auf unentgeltliche Darlehen und Finanzierungshilfen gem. §§ 514 Abs. 1, 515. Dabei wird § 505d Abs. 1 richtigerweise nicht in Bezug genommen, da eine Zinsermäßigung bei unentgeltlichen Finanzierungen denknotwendig nicht in Betracht kommt. Die Kreditwürdigkeitsprüfung hat sowohl bei Allgemein- als auch bei Immobiliar-Verbraucherkreditverträgen zu erfolgen, wobei für letzteren Vertrag strengere und detailliertere Regelungen gelten.

III. Zivilrechtliche Prüfungspflicht

5 Das Gesetz bekennt sich nun eindeutig zur Qualität der Kreditwürdigkeitsprüfung als Schutzpflicht gegenüber dem einzelnen Verbraucher.[3] Hinter dem Bekenntnis zu einer zivilrechtlichen Einordnung der Kreditwürdigkeitsprüfung mit Schutzwirkung für den einzelnen Verbraucher stehen zumindest auch zwei Entscheidungen des EuGH zu der Effektuierung des unionsrechtlich gebotenen Schutzes und der effektiven Sanktionierung von Unternehmen bei Verstößen gegen die Pflicht zur Kreditwürdigkeitsprüfung. In seiner ersten Entscheidung vom 27.3.2014[4] hat der EuGH noch einmal betont und klargestellt, dass die den Kreditgeber treffende Sanktion für die fehlende oder fehlerhafte Prüfung der Kreditwürdigkeit „wirksam, verhältnismäßig und abschreckend" zu sein hat.[5] In

---

[3] BT-Drucks. 18/5922, S. 96.
[4] EuGH C-565/12 – Le Crédit Lyonnais/Kalhan –, WM 2014, 1528 mit Bspr. *Herresthal* EuZW 2014, 497; *Bartka/Braune* BKR 2014, 324.
[5] Tz. 43.

Frage stand in dem Verfahren die abschreckende Wirkung der Regelung nach französischem Recht, wonach der Kreditgeber zwar den Anspruch auf den Vertragszins verlor, allerdings einen gesetzlichen Zinsanspruch behielt, der u. U. – so im zu Grunde liegenden Fall – sogar höher als der Vertragszins sein konnte. Hierzu stellt der EuGH fest, dass eine Sanktion dann nicht als wirklich abschreckend angesehen werden kann, wenn sich die Zahlungsverpflichtung des Verbrauchers im Vergleich zur Lage, die bestünde, wäre die Kreditwürdigkeit ordnungsgemäß überprüft worden, nicht wesentlich verringert.[6] Festzuhalten ist allerdings auch, dass diese erste Entscheidung des EuGH die nationalen Gesetzgeber nicht etwa eindeutig dazu angehalten hätte, die Regelungen zur Kreditwürdigkeitsprüfung individualschützend auszugestalten. Auf den Grundsatz der Effektivität der durchzuführenden Kreditwürdigkeitsprüfung ist der EuGH auch in seiner zweiten Entscheidung intensiv eingegangen.[7] Zunächst weist der EuGH darauf hin, dass der effektive Schutz dadurch gefährdet wird, dass dem Verbraucher die **Beweislast** für die Nichterfüllung der entsprechenden Pflichten durch den Kreditgeber obliegt.[8] Ebenso wenig darf durch eine „Standardklausel" in dem Vertrag unwiderleglich vermutet werden, dass der Verbraucher dem Kreditgeber bestätigt, die Kreditwürdigkeitsprüfung ordnungsgemäß durchgeführt zu haben.[9] Einen Hinweis auf den **individualschützenden Charakter** der Kreditwürdigkeitsprüfung enthält diese zweite Entscheidung des EuGH an ihrem Ende. Hier wird eine Verknüpfung zwischen der an den individuellen Umständen zu orientierenden vorvertraglichen Erläuterungspflicht und der Kreditwürdigkeit hergestellt. Der Kreditgeber hat dem Verbraucher vor dessen Entscheidung zum Vertragsabschluss angemessene Erläuterungen zu geben, damit dieser die auf ihn zukommenden finanziellen Belastungen abschätzen kann.[10] Das Ergebnis der Kreditwürdigkeitsprüfung kann insofern Einfluss auf Inhalt und Umfang der individuellen Erläuterungspflichten gegenüber dem einzelnen Verbraucher nehmen.[11] Daraus lässt sich durchaus der Schluss ziehen, dass auch nach der Einschätzung des EuGH die Kreditwürdigkeitsprüfung individualschützenden, der Meidung von Überschuldung dienenden Charakter besitzt: „Die vorvertragliche Verpflichtung des Kreditgebers zur Beurteilung der Kreditwürdigkeit des Kreditnehmers trägt insoweit, als sie den Schutz der Verbraucher vor der Gefahr der Überschuldung und der Zahlungsunfähigkeit bezweckt (...)".[12]

Die bürgerlich-rechtliche Pflicht zur Prüfung der Kreditwürdigkeit wird statuiert in § 505a Abs. 1 Satz 1. Vor dem Abschluss des Vertrags hat der Kreditgeber die Kreditwürdigkeit des Verbrauchers zu überprüfen. § 509 BGB aF sprach noch von der „Bewertung" der Kreditwürdigkeit, wobei mit der jetzigen Verwendung des Begriffs „Prüfung" keine inhaltliche Änderung einhergehen sondern allein eine engere Orientierung am Wortlaut der Wohnimmobilienkredit-Richtlinie erfolgen soll.[13]

6

---

[6] Tz. 52.
[7] EuGH C-449/13 – Tribunal d'instance d'Orléans – ZIP 2015, 65 mit Bspr. *Rott* EuZW 2015, 192.
[8] Tz. 27.
[9] Tz. 31.
[10] Tz. 41, 42.
[11] Tz. 45.
[12] Tz. 42.
[13] BT-Drucks. 18/5922, S. 97.

IV. Verbot des Vertragsschlusses

7 § 505a Abs. 1 Satz 2 enthält ein **Verbot des Vertragsabschlusses** bei fehlender oder negativer Kreditwürdigkeitsprüfung. Der Unternehmer darf den Vertrag nicht abschließen, wenn es an einer positiven Kreditwürdigkeitsprüfung bezüglich des konkreten Verbrauchers fehlt. Allerdings begründet der gleichwohl erfolgende Vertragsabschluss keinen Verstoß gegen § 134 BGB. Ein unter Verstoß gegen Abs. 1 Satz 2 geschlossener Vertrag ist **wirksam** und nicht gem. § 134 BGB nichtig. Die speziellen Folgen eines Vertragsabschlusses trotz negativer oder fehlender Prüfung enthält § 505d Abs. 1, der in seiner Wirkungsweise an § 494 erinnert. Grundlage der Einführung eines solchen ausdrücklichen Verbots des Vertragsabschlusses ist Art. 18 Abs. 5 lit. a der Wohnimmobilienkreditrichtlinie. Das Verbot wird allerdings auch erstreckt auf den Allgemein-Verbraucherdarlehensvertrag, um hier zukünftig über eine wirksame Sanktion bei Missachtung der Prüfungspflicht zu verfügen.

8 Den Rahmen zur Durchführung der Kreditwürdigkeitsprüfung setzt § 505b, jeweils separat für Allgemein- und Immobiliar-Verbraucherkreditverträge.

9 Entscheidungserheblich zur Vermeidung eines Verstoßes gegen das Verbot aus § 505a Abs. 1 ist eine Prognose hinsichtlich der wirtschaftlichen Leistungsfähigkeit des Verbrauchers, seinen Pflichten aus dem Vertrag zukünftig ordnungsgemäß nachkommen zu können. Zu prüfen ist die individuelle Situation des Kunden im konkreten Einzelfall, also bezogen auf den konkreten Kreditwunsch.[14] Dabei werden für die unterschiedlichen Typen des Verbraucherkredits unterschiedliche Wahrscheinlichkeitsgrade verlangt, die ein positives Prüfungsergebnis rechtfertigen. Im Falle eines Immobiliar-Verbraucherdarlehensvertrags muss es nach Durchführung der Prüfung wahrscheinlich sein, dass der Darlehensnehmer seinen Verpflichtungen, die im Zusammenhang mit dem Darlehensvertrag stehen, vertragsgemäß nachkommen wird. Die **Wahrscheinlichkeit** ist seitens des Kreditgebers **positiv** festzustellen. Hingegen reicht es bei einem Allgemein-Verbraucherdarlehensvertrag aus, dass keine **erheblichen Zweifel** daran bestehen, dass der Verbraucher pünktlich und regelmäßig zahlt.[15] Die geringen Anforderungen an eine Prüfung bei Allgemein-Verbraucherdarlehensverträgen wird damit gerechtfertigt, dass in diesem Bereich oftmals „geringe Kreditsummen" in Rede stehen.[16] Die positive Feststellung der wahrscheinlichen Vertragserfüllung durch den Verbraucher mag hier in Anbetracht regelmäßig vorliegender Geschäfte zur Finanzierung des Erwerbs von Gebrauchsgütern überschaubaren Werts einen unverhältnismäßig großen Aufwand mit sich bringen.

V. Aufstockung des Nettodarlehensbetrags

10 Nach Maßgabe von § 505a Abs. 2 hat der Kreditgeber auf der Grundlage aktualisierter Informationen eine weitere Prüfung der Kreditwürdigkeit zu unternehmen, wenn der Nettodarlehensvertrag später erheblich erhöht wird. Neben der deutlichen Aufstockung eines Darlehensvertrags mag man an eine Finanzie-

---

[14] *Hoffmann/Barlitz* WM 2014, 2297 (2299).
[15] Kritisch zum unbestimmten Rechtsbegriff *Stamenković/Michel* VuR 2016, 132 (136).
[16] BT-Drucks. 18/5922, S. 98.

rungshilfe für einen Teil des Kaufpreises zum Erwerb einer Sache, etwa eines Neuwagens, denken, bei der sich später herausstellt, dass sich weitere Bestandteile der Finanzierung, etwa Eigenkapital, Verwertung eines Gebrauchtwagens oder Gewährung eines Darlehens von dritter Seite nicht realisieren lassen. Hier hat der Verkäufer als Kreditgeber die Kreditwürdigkeit unter Berücksichtigung des gesamten Bedarfs noch einmal zu prüfen.

§ 505b Grundlage der Kreditwürdigkeitsprüfung bei Verbraucherdarlehensverträgen

(1) **Bei Allgemein-Verbraucherdarlehensverträgen können Grundlage für die Kreditwürdigkeitsprüfung Auskünfte des Darlehensnehmers und erforderlichenfalls Auskünfte von Stellen sein, die geschäftsmäßig personenbezogene Daten, die zur Bewertung der Kreditwürdigkeit von Verbrauchern genutzt werden dürfen, zum Zweck der Übermittlung erheben, speichern, verändern oder nutzen.**

(2) ¹Bei Immobiliar-Verbraucherdarlehensverträgen hat der Darlehensgeber die Kreditwürdigkeit des Darlehensnehmers auf der Grundlage notwendiger, ausreichender und angemessener Informationen zu Einkommen, Ausgaben sowie anderen finanziellen und wirtschaftlichen Umständen des Darlehensnehmers eingehend zu prüfen. ²Dabei hat der Darlehensgeber die Faktoren angemessen zu berücksichtigen, die für die Einschätzung relevant sind, ob der Darlehensnehmer seinen Verpflichtungen aus dem Darlehensvertrag voraussichtlich nachkommen kann. ³Die Kreditwürdigkeitsprüfung darf nicht hauptsächlich darauf gestützt werden, dass in den Fällen des § 491 Absatz 3 Satz 1 Nummer 1 der Wert des Grundstücks oder in den Fällen des § 491 Absatz 3 Satz 1 Nummer 2 der Wert des Grundstücks, Gebäudes oder grundstücksgleichen Rechts voraussichtlich zunimmt oder den Darlehensbetrag übersteigt.

(3) ¹Der Darlehensgeber ermittelt die gemäß Absatz 2 erforderlichen Informationen aus einschlägigen internen oder externen Quellen, wozu auch Auskünfte des Darlehensnehmers gehören. ²Der Darlehensgeber berücksichtigt auch die Auskünfte, die einem Darlehensvermittler erteilt wurden. ³Der Darlehensgeber ist verpflichtet, die Informationen in angemessener Weise zu überprüfen, soweit erforderlich auch durch Einsichtnahme in unabhängig nachprüfbare Unterlagen.

(4) Bei Immobiliar-Verbraucherdarlehensverträgen ist der Darlehensgeber verpflichtet, die Verfahren und Angaben, auf die sich die Kreditwürdigkeitsprüfung stützt, festzulegen, zu dokumentieren und die Dokumentation aufzubewahren.

(5) Die Bestimmungen zum Schutz personenbezogener Daten bleiben unberührt.

Materialien (siehe auch bei § 505a)
Verbraucherkreditrichtlinie 2008/48/EG
Artikel 9 Zugang zu Datenbanken
(1) Jeder Mitgliedstaat stellt bei grenzüberschreitenden Krediten sicher, dass Kreditgeber aus anderen Mitgliedstaaten Zugang zu den in seinem Hoheitsgebiet zur Bewertung der Kreditwürdigkeit des Verbrauchers verwendeten Datenbanken haben. Der Zugang ist ohne Diskriminierung zu gewähren.

(2) Wird ein Kreditantrag aufgrund einer Datenbankabfrage abgelehnt, so unterrichtet der Kreditgeber den Verbraucher unverzüglich und unentgeltlich über das Ergebnis dieser Abfrage und über die Angaben der betreffenden Datenbank.

(3) Die Unterrichtung erfolgt, es sei denn, sie ist nach anderen gemeinschaftsrechtlichen Vorschriften nicht zulässig oder läuft Zielen der öffentlichen Ordnung oder der öffentlichen Sicherheit zuwider.

(4) Dieser Artikel gilt unbeschadet der Richtlinie 95/46/EG des Europäischen Parlaments und des Rates vom 24. Oktober 1995 zum Schutz natürlicher Personen bei der Verarbeitung personenbezogener Daten und zum freien Datenverkehr.

Wohnimmobilienkreditrichtlinie 2014/17/EU

Artikel 20 **Offenlegung und Prüfung der Angaben über Verbraucher**

(1) Die in Artikel 18 genannte Kreditwürdigkeitsprüfung wird auf der Grundlage notwendiger, ausreichender und angemessener Informationen zu Einkommen, Ausgaben sowie anderen finanziellen und wirtschaftlichen Umständen des Verbrauchers vorgenommen. Der Kreditgeber ermittelt die Informationen aus einschlägigen internen oder externen Quellen, einschließlich des Verbrauchers, und die Informationen schließen auch die Auskünfte ein, die dem Kreditvermittler oder benannten Vertreter im Zuge des Kreditantragsverfahrens erteilt wurden. Die Informationen werden in angemessener Weise überprüft, erforderlichenfalls auch durch Einsichtnahme in unabhängig nachprüfbare Unterlagen.

(2) Die Mitgliedstaaten stellen sicher, dass Kreditvermittler oder benannte Vertreter dem jeweiligen Kreditgeber die vom Verbraucher erhaltenen erforderlichen Angaben korrekt vorlegen, damit die Kreditwürdigkeitsprüfung durchgeführt werden kann.

(3) Die Mitgliedstaaten stellen sicher, dass Kreditgeber in der vorvertraglichen Phase klare und einfache Angaben dazu machen, welche erforderlichen Informationen und unabhängig nachprüfbaren Nachweise der Verbraucher beizubringen hat, und den Zeitrahmen angeben, innerhalb dessen die Verbraucher die Informationen zu liefern haben. Dieses Auskunftsersuchen muss verhältnismäßig und auf die Auskünfte beschränkt sein, die erforderlich sind, um eine ordnungsgemäße Kreditwürdigkeitsprüfung durchzuführen.

Die Mitgliedstaaten erlauben es den Kreditgebern, um Klärung der als Antwort auf dieses Auskunftsersuchen erhaltenen Informationen nachzusuchen, wo dies erforderlich ist, um eine Kreditwürdigkeitsprüfung zu ermöglichen. Die Mitgliedstaaten erlauben es einem Kreditgeber nicht, einen Kreditvertrag mit der Begründung zu beenden, dass die vor Abschluss des Kreditvertrags vom Verbraucher erhaltenen Angaben unvollständig waren.

Unterabsatz 2 hindert die Mitgliedstaaten nicht daran, es dem Kreditgeber zu erlauben, einen Kreditvertrag zu kündigen, wenn nachgewiesen ist, dass der Verbraucher Informationen wissentlich vorenthalten oder gefälscht hat.

(4) Die Mitgliedstaaten legen Maßnahmen fest, um sicherzustellen, dass den Verbrauchern bewusst ist, dass sie auf Auskunftsersuchen nach Absatz 3 Unterabsatz 1 korrekte Angaben vorlegen müssen und dass diese Angaben so vollständig sein müssen wie dies für eine ordnungsgemäße Kreditwürdigkeitsprüfung erforderlich ist. Der Kreditgeber, der Kreditvermittler oder der benannte Vertreter warnt den Verbraucher, dass der Kredit nicht gewährt werden kann, wenn der Kreditgeber nicht imstande ist, eine Kreditwürdigkeitsprüfung vorzunehmen, weil sich der Verbraucher weigert, die für die Prüfung seiner Kreditwürdigkeit erforderlichen Informationen oder Nachweise vorzulegen. Die Warnung kann in standardisierter Form erfolgen.

(5) Dieser Artikel gilt unbeschadet der Richtlinie 95/46/EG, insbesondere deren Artikel 6.

Artikel 21 **Zugang zu Datenbanken**

(1) Jeder Mitgliedstaat stellt sicher, dass alle Kreditgeber aus allen Mitgliedstaaten Zugang zu den in seinem Hoheitsgebiet zur Bewertung der Kreditwürdigkeit des Verbrauchers verwendeten Datenbanken haben, mit deren Verwendung ausschließlich überwacht werden soll, inwieweit Verbraucher während der Laufzeit eines Kreditvertrags ihre Kreditverpflichtungen erfüllen. Der Zugang ist ohne Diskriminierung zu gewähren.

(2) Absatz 1 gilt sowohl für von privaten Kreditbüros und Kreditauskunfteien betriebene Datenbanken als auch für öffentliche Register.

(3) Dieser Artikel gilt unbeschadet der Richtlinie 95/46/EG.

Kommentierung

I. Grundlage der Kreditwürdigkeitsprüfung

Die Vorschrift enthält Vorgaben zur Durchführung der Kreditwürdigkeitsprüfung, wobei auch hier separate Anforderungen für Allgemein- und Immobiliar-Verbraucherdarlehensverträge bestehen. In beiden Fällen sind auch persönliche Angaben und Umstände des Kreditnehmers zu berücksichtigen, was in der Praxis zum Teil schwer zu bewältigende Probleme mit sich bringt. Als erhebliche Faktoren für das Risiko des Zahlungsverzugs hat man die Gesundheit des Kreditnehmers, die Sicherheit des Arbeitsplatzes und somit die Gefahr der Erwerbslosigkeit sowie das Alter des Kunden verbunden mit dessen Renteneintrittszeitpunkt einzuschätzen. Man mag sogar daran denken, dass eine ambitionierte Familienplanung vor dem Hintergrund ausbleibenden dauerhaften doppelten Einkommens negativen Einfluss auf die Prognose des Kreditgebers hat. In all diesen Fällen stellt sich die Frage, mit welcher Intensität Nachfragen nach höchstpersönlichen Begebenheiten zu stellen bzw. zulässig sind. So wird man jedenfalls den kalkulierten Renteneintritt innerhalb des geplanten Finanzierungszeitraums nicht außer Betracht lassen dürfen.

II. Allgemein-Verbraucherdarlehensvertrag

Die Anforderungen für die Prüfung vor Abschluss eines Allgemein-Verbraucherdarlehensvertrags ergeben sich aus Abs. 1 der Vorschrift. Diesbezüglich knüpft die Neuregelung an § 509 BGB aF an. Der Kreditgeber hat sich anhand ihm vorliegender Unterlagen ein Bild von der Wahrscheinlichkeit zu machen, mit der der Verbraucher den Kredit vollständig zurückführen wird. Dabei kann sich der Kreditgeber bei der Durchführung der Prüfung auf die Selbstauskunft des Verbrauchers stützen oder eigene Erkundigungen bei entsprechenden Stellen einholen. Das Gesetz umschreibt solche Auskunfteien als „Stellen, die geschäftsmäßig personenbezogene Daten, die zur Bewertung der Kreditwürdigkeit von Verbrauchern genutzt werden dürfen, zum Zweck der Übermittlung erheben, speichern, verändern oder nutzen.". Gängig ist insofern die Einholung einer Schufa-Auskunft.

Zu berücksichtigen hat der Kreditgeber auch **eigene Erfahrungen** mit dem konkreten Kunden. Etwa im Bereich des finanzierten Autokaufs stellt sich folgendes Problem: Der Erwerb eines Neuwagens erfolgt oftmals per sog. „Drei-Wege-Finanzierung". Dabei zahlt der Kunde zunächst eine Anzahlung, anschließend meist relativ niedrige monatliche Raten, bevor eine möglicherweise recht hohe Schlussrate fällig wird. Oftmals ist der Verbraucher nicht in der Lage, bei Fälligkeit die hohe Schlussrate zu zahlen, was dazu führt, dass entweder zum Erwerb des Wagens eine erneute Finanzierung dieser Rate gewährt oder sogar ein neuer Wagen finanziert wird und die notwendigen Zahlungen, etwa wegen der

Überschreitung von Laufleistungsgrenzen oder Schäden am Wagen in diesen neuen Kredit überführt werden. Hier stellt sich die Frage, ob der Verkäufer in Kenntnis des Zahlungsausfalls hinsichtlich der Schlussrate von der Kreditwürdigkeit des Kunden ausgehen darf.

III. Immobiliar-Verbraucherdarlehensvertrag

6 Detaillierter erfolgen die Vorgaben zur Durchführung der Prüfung bei Immobiliar-Verbraucherdarlehensverträgen. Hier ordnet Abs. 2 ausdrücklich an, „dass auf der Grundlage notwendiger, ausreichender und angemessener Informationen zu Einkommen, Ausgaben sowie anderen finanziellen und wirtschaftlichen Umständen des Darlehensnehmers **eingehend** zu prüfen" ist, „ob der Darlehensnehmer seinen Verpflichtungen aus dem Darlehensvertrag voraussichtlich nachkommen kann.". Durch den Hinweis auf die eingehende Prüfungspflicht soll verdeutlicht werden, dass die Anforderungen an die Prüfungsintensität im Vergleich zum Allgemein-Verbraucherdarlehensvertrag **erheblich höher** sind. Der Kreditgeber hat sich somit vor dem Hintergrund des Tilgungsplans ein detailliertes Bild von den Vermögensverhältnissen, eingeschlossen zu erwartende Einnahmen, Ersparnisse und sonstige absehbare finanzielle Belastungen zu machen. Zu berücksichtigen sind die „**Fähigkeiten** und **Neigungen**" des Verbrauchers zur Rückzahlung des Kredits. Auf der anderen Seite muss der Kreditgeber berücksichtigen, dass die Zinsbelastung des Verbrauchers veränderlich und damit auch höher werden kann. Explizit weist die Gesetzesbegründung darauf hin, der Umstand müsse Berücksichtigung finden, dass der Kreditnehmer innerhalb der Laufzeit des Kredits in den Ruhestand tritt und sich dadurch seine monatlichen Einkommensverhältnisse erheblich verändern. Dadurch gerät die Kreditvergabe an ältere Menschen, die etwa ihr Eigenheim altersgerecht umbauen möchten, im Einzelfall in Gefahr.

7 Nach Art. 247 § 1 Abs. 1 EGBGB ist der Darlehensgeber beim Immobiliar-Verbraucherdarlehensvertrag dazu verpflichtet, den Verbraucher vorvertraglich darauf hinzuweisen, welche Angaben und Daten er wann benötigt, um eine ordnungsgemäße Kreditwürdigkeitsprüfung durchführen zu können. Der Verbraucher muss dabei darüber informiert werden, dass die Kreditwürdigkeitsprüfung zwingend vorvertraglich erfolgen muss und die benötigten Informationen und Nachweise richtig sein müssen.

8 Nicht zu übersehen ist beim Immobiliar-Verbraucherdarlehensvertrag, dass dem Kreditgeber in der Krise in aller Regel der Zugriff auf das Grundstück zusteht und insoweit auch die Immobilie als solche zu Gunsten des Kreditnehmers in die Begutachtung der Vermögensverhältnisse des Verbrauchers einbezogen werden könnte. Allerdings stellt Abs. 2 Satz 3 klar, dass das Ergebnis der Kreditwürdigkeitsprüfung jedenfalls nicht primär darauf basieren darf, dass der Wert des Grundstücks steigt oder höher als der Kreditbetrag zu beziffern ist. Das Bestehen einer werthaltigen Sicherheit kann jedenfalls nicht allein Grundlage einer positiven Prognose sein. Dadurch soll zum Ausdruck gebracht werden, dass im Zentrum der Kreditwürdigkeitsprüfung nicht die solide Absicherung des Geschäfts sondern tatsächlich das Kriterium der Fähigkeit und Neigung des Verbrauchers stehen muss, den Pflichten pünktlich und umfänglich nachzukommen.

9 Abs. 3 zählt die Quellen auf, auf die der Kreditgeber zur Prüfung der Kreditwürdigkeit bei Immobiliar-Verbraucherdarlehensverträgen zurückzugreifen hat

Pflichten bei gesicherten Immobiliar-Verbraucherdarlehensvertr. § 505c

und ordnet in Satz 3 an, dass ihn die Pflicht trifft, verfügbare Informationen in angemessener Weise zu überprüfen, wozu ggf. auch auf externe, neutrale und belastbare Unterlagen zurückzugreifen ist. Der Kreditgeber hat somit eine Plausibilitätskontrolle der Angaben, insbesondere der Auskünfte des Verbrauchers, vorzunehmen und darf sich auftretenden Zweifeln nicht verschließen. Auch dadurch werden die Anforderungen an die Prüfungsintensität im Vergleich zum Allgemein-Verbraucherdarlehensvertrag erheblich gesteigert.

Auch die Regelung des Abs. 4 betrifft allein Immobiliar-Verbraucherdarlehensverträge. Der Kreditgeber ist zunächst dazu verpflichtet, seinen Geschäftsbetrieb darauf einzustellen, dass er über ein Verfahren verfügt, unter dessen Anwendung die Prüfung erfolgt und in dem festgelegt wird, welche Angaben zur Kreditwürdigkeitsprüfung erhoben werden. Weiterhin ist das Prüfverfahren zu dokumentieren. Entsprechende Unterlagen sind aufzubewahren. Da diesbezüglich kein Zeitraum bestimmt ist, erscheint es sinnvoll, die Dokumentation jedenfalls nicht vor der vollständigen Rückzahlung des Darlehens zu vernichten. Die Gesetzesbegründung orientiert sich insoweit an dem Zeitraum, in dem noch Ansprüche aus § 505d geltend gemacht werden können. 10

Unterlässt der Kreditgeber die gebotene Dokumentation und Aufbewahrung oder erfolgt der Nachweis nicht nachvollziehbar, „unschlüssig oder lückenhaft", erschwert dies dem Kreditgeber den Nachweis über die Durchführung einer ordnungsgemäßen Prüfung erheblich. Der Verbraucher kann sich jedenfalls damit begnügen zu behaupten, mangels hinreichender Dokumentation sei keine Kreditwürdigkeitsprüfung seitens des Darlehensgebers durchgeführt worden. Allerdings führt dies, anders als die Gesetzesbegründung nahe legt, nicht zu einer Beweiserleichterung bzw. Beweislastumkehr zu Gunsten des Verbrauchers, da es Sache des Darlehensgebers ist zu beweisen, die Kreditwürdigkeitsprüfung ordnungsgemäß durchgeführt zu haben. 11

IV. Datenschutz

Der vertrauliche Umgang mit sensiblen Daten wird in Abs. 5 angeordnet. Der Darlehnsgeber darf entsprechende Daten auch nicht für Geschäftshandlungen nutzbar machen, die nicht die konkrete Finanzierung betreffen. 12

§ 505c Weitere Pflichten bei grundpfandrechtlich oder durch Reallast besicherten Immobiliar-Verbraucherdarlehensverträgen

Darlehensgeber, die grundpfandrechtlich oder durch Reallast besicherte Immobiliar-Verbraucherdarlehen vergeben, haben

1. bei der Bewertung von Wohnimmobilien zuverlässige Standards anzuwenden und
2. sicherzustellen, dass interne und externe Gutachter, die Immobilienbewertungen für sie vornehmen, fachlich kompetent und so unabhängig vom Darlehensvergabeprozess sind, dass sie eine objektive Bewertung vornehmen können, und
3. Bewertungen für Immobilien, die als Sicherheit für Immobiliar-Verbraucherdarlehen dienen, auf einem dauerhaften Datenträger zu dokumentieren und aufzubewahren.

Artz 669

§ 505d   1. Teil. Darlehen und Finanzierungshilfen

Materialien
Wohnimmobilienkreditrichtlinie 2014/17/EU
Artikel 19 **Immobilienbewertung**

1   (1) Die Mitgliedstaaten stellen sicher, dass für die Zwecke von grundpfandrechtlich besicherten Krediten in ihrem Gebiet zuverlässige Standards für die Bewertung von Wohnimmobilien ausgearbeitet werden. Die Mitgliedstaaten verlangen von den Kreditgebern, dass sie dafür Sorge tragen, dass diese Standards angewandt werden, wenn sie selbst eine Immobilienbewertung vornehmen, oder dass sie geeignete Schritte unternehmen, um zu gewährleisten, dass diese Standards angewandt werden, wenn eine Bewertung von einer dritten Partei vorgenommen wird. Sind die nationalen Behörden für die Regelung der Tätigkeiten unabhängiger Gutachter, die Immobilienbewertungen vornehmen, verantwortlich, so stellen sie sicher, dass diese Gutachter die bestehenden nationalen Vorschriften einhalten.

(2) Die Mitgliedstaaten stellen sicher, dass interne und externe Gutachter, die Immobilienbewertungen vornehmen, über fachliche Kompetenz und ausreichende Unabhängigkeit von dem Kreditvergabeprozess verfügen, um eine unparteiische und objektive Bewertung vorzunehmen, die auf einem dauerhaften Datenträger zu dokumentieren ist und von der der Kreditgeber eine Aufzeichnung aufzubewahren hat.

Artikel 3 Geltungsbereich
(1) Diese Richtlinie gilt für
a) Kreditverträge, die entweder durch eine Hypothek oder eine vergleichbare Sicherheit, die in einem Mitgliedstaat gewöhnlich für Wohnimmobilien genutzt wird, oder durch ein Recht an Wohnimmobilien besichert sind und (...)

Kommentierung

2   Die Vorschrift enthält technische Details zur Bewertung von Immobilien bei durch ein Grundpfandrecht oder eine Reallast besichertem Immobiliar-Verbraucherdarlehensvertrag. Durch Nr. 1 wir dem Darlehensgeber vorgegeben, bei der Bewertung von Wohnimmobilien zuverlässige Standards zu verwenden. Nach der Begründung des Gesetzes kann sich der Darlehensgeber etwa an der Beleihungswertermittlungsverordnung orientieren. Nr. 2 hält den Darlehensgeber dazu an, eine objektive Bewertung von Immobilienwerten sicherzustellen, indem darauf geachtet wird, dass zu Rate gezogene externe Gutachter fachlich kompetent und unabhängig sind. Schließlich hat der Darlehensgeber auch den Prozess der Sicherheitsbewertung zu dokumentieren und entsprechende Unterlagen aufzubewahren.

§ 505d Verstoß gegen die Pflicht zur Kreditwürdigkeitsprüfung

(1) ¹Hat der Darlehensgeber gegen die Pflicht zur Kreditwürdigkeitsprüfung verstoßen, so ermäßigt sich
1. ein im Darlehensvertrag vereinbarter gebundener Sollzins auf den marktüblichen Zinssatz am Kapitalmarkt für Anlagen in Hypothekenpfandbriefe und öffentliche Pfandbriefe, deren Laufzeit derjenigen der Sollzinsbindung entspricht und
2. ein im Darlehensvertrag vereinbarter veränderlicher Sollzins auf den marktüblichen Zinssatz, zu dem europäische Banken einander Anleihen in Euro mit einer Laufzeit von drei Monaten gewähren.

Verstoß gegen die Pflicht zur Kreditwürdigkeitsprüfung 1–3 § 505d

²Maßgeblicher Zeitpunkt für die Bestimmung des marktüblichen Zinssatzes gemäß Satz 1 ist der Zeitpunkt des Vertragsschlusses sowie gegebenenfalls jeweils der Zeitpunkt vertraglich vereinbarter Zinsanpassungen. ³Der Darlehensnehmer kann den Darlehensvertrag jederzeit fristlos kündigen; ein Anspruch auf eine Vorfälligkeitsentschädigung besteht nicht. ⁴Der Darlehensgeber stellt dem Darlehensnehmer eine Abschrift des Vertrags zur Verfügung, in der die Vertragsänderungen berücksichtigt sind, die sich aus den Sätzen 1 bis 3 ergeben. ⁵Die Sätze 1 bis 4 finden keine Anwendung, wenn bei einer ordnungsgemäßen Kreditwürdigkeitsprüfung der Darlehensvertrag hätte geschlossen werden dürfen.

(2) Kann der Darlehensnehmer Pflichten, die im Zusammenhang mit dem Darlehensvertrag stehen, nicht vertragsgemäß erfüllen, so kann der Darlehensgeber keine Ansprüche wegen Pflichtverletzung geltend machen, wenn die Pflichtverletzung auf einem Umstand beruht, der bei ordnungsgemäßer Kreditwürdigkeitsprüfung dazu geführt hätte, dass der Darlehensvertrag nicht hätte geschlossen werden dürfen.

(3) Die Absätze 1 und 2 finden keine Anwendung, soweit der Mangel der Kreditwürdigkeitsprüfung darauf beruht, dass der Darlehensnehmer dem Darlehensgeber vorsätzlich oder grob fahrlässig Informationen im Sinne des § 505b Absatz 1 bis 3 unrichtig erteilt oder vorenthalten hat.

Materialien
Verbraucherkreditrichtlinie 2008/48/EG
Artikel 23 Sanktionen

Die Mitgliedstaaten legen für Verstöße gegen die aufgrund dieser Richtlinie erlassenen 1
innerstaatlichen Vorschriften Sanktionen fest und treffen die zu ihrer Anwendung erforderlichen Maßnahmen. Die Sanktionen müssen wirksam, verhältnismäßig und abschreckend sein.

Wohnimmobilienkreditrichtlinie 2014/17/EU
Artikel 38 **Sanktionen**

(1) Die Mitgliedstaaten legen die Sanktionen fest, die bei einem Verstoß gegen die auf- 2
grund dieser Richtlinie erlassenen einzelstaatlichen Vorschriften zu verhängen sind, und treffen alle erforderlichen Maßnahmen, um deren Durchführung zu gewährleisten. Diese Sanktionen müssen wirksam, verhältnismäßig und abschreckend sein.

(2) Die Mitgliedstaaten sehen vor, dass die zuständige Behörde jede im Verwaltungsverfahren zu erlassende Sanktion, die bei einem Verstoß gegen die nach dieser Richtlinie erlassenen Vorschriften verhängt wird, bekannt machen kann, sofern eine solche Bekanntgabe die Stabilität der Finanzmärkte nicht ernstlich gefährdet und den Beteiligten keinen unverhältnismäßig hohen Schaden zufügt.

Kommentierung

I. Kodifizierte Rechtsfolgen

Die Vorschrift normiert nun, anders als nach der vormaligen Rechtsfolge in 3
§ 509 aF, dezidiert die Rechtsfolgen einer fehlerhaften oder ausgebliebenen Kreditwürdigkeitsprüfung durch den Darlehensgeber. Damit bekennt sich das deutsche Recht auch vor dem Hintergrund der beiden Entscheidungen des EuGH (→

§ 505a Rn. 5) eindeutig zu einer zivilrechtlichen Sanktionierung von Fehlverhalten im Zusammenhang mit der Kreditwürdigkeitsprüfung.[1] Es werden Rechtsfolgen kodifiziert, die den europäischen Vorgaben an eine wirksame, verhältnismäßige und abschreckende Sanktionierung gerecht werden sollen. Dabei knüpft die Regelung an zwei unterschiedlichen Tatbeständen an. Zum einen geht es um die Folge der nicht ordnungsgemäß erfolgten Prüfung der Kreditwürdigkeit, Abs. 1. Zum anderen löst die Vorschrift besondere Rechtsfolgen aus, wenn sich die der mangelnden Prüfung innewohnende Gefahr, also insbesondere der Zahlungsverzug des Verbrauchers, tatsächlich realisiert, Abs. 2. Durch Abs. 3 wird Fehlverhalten des Verbrauchers im Zusammenhang mit der Kreditwürdigkeitsprüfung sanktioniert.

II. Zinsermäßigung

4   Zentrale Folge einer unterbliebenen resp. nicht ordnungsgemäß erfolgten Prüfung der Kreditwürdigkeit des Verbrauchers ist nach Maßgabe von Abs. 1 die Reduzierung des geschuldeten Zinses auf ein gesetzlich bestimmtes Maß. Der Verstoß des Darlehensgebers führt somit weder zur Nichtigkeit des Vertrags nach § 134 noch zur kostenlosen Verfügbarkeit des Verbrauchers über die Valuta resp. zum Verlust des dem Darlehensgeber zustehenden Rückzahlungsanspruchs.[2] Konzeptionell weist § 505d Abs. 1 Parallelen zu § 494 auf. Wesentliche Voraussetzung des Eintritts der Zinsreduzierung als Sanktion pflichtwidrigen Verhaltens ist allerdings nach Abs. 1 Satz 5 das Merkmal der Kausalität. Die Zinsermäßigung tritt nur ein, wenn bei ordnungsgemäßer Prüfung der Kreditwürdigkeit das Darlehen nicht hätte gewährt werden dürfen, wobei es dem Darlehensgeber obliegt zu beweisen, dass der Vertrag gleichwohl hätte abgeschlossen werden dürfen. Ergänzend billigt Satz 3 dem Verbraucher unter den gleichen Voraussetzungen ein außerordentliches Kündigungsrecht zu.

5   Ein Verstoß gegen die Pflicht zur Kreditwürdigkeitsprüfung liegt zum einen vor, wenn der Darlehensgeber davon absieht, eine solche durchzuführen. § 505d Abs. 1 Satz 1 erfasst allerdings darüber hinaus auch jegliche Nachlässigkeiten des Darlehensgebers im Rahmen des Prozesses der Prüfung und fordert nicht etwa einen erheblichen Pflichtverstoß. Nach dem Wortlaut der Vorschrift liegt ein Pflichtverstoß somit bei jeglicher Nichtbeachtung in diesem Zusammenhang statuierter Verhaltenspflichten vor.

6   Die Modalitäten der Berechnung einer Zinsermäßigung regeln die Sätze 1 und 2 des Abs. 1. Das Gesetz unterscheidet die Fälle des gebundenen und des veränderlichen Zinssatzes voneinander und ordnet die entsprechende Zinsermäßigung für den Fall an, dass bei ordnungsgemäßer Prüfung der Darlehensvertrag nicht hätte abgeschlossen werden dürfen, Satz 5 (→ Rn. 10). Wurde in dem Darlehensvertrag ein gebundener Sollzins vereinbart, so reduziert sich der Zinssatz nach Nr. 1 auf den marktüblichen Zinssatz am Kapitalmarkt für Anlagen in Hypothekenpfandbriefe und öffentliche Pfandbriefe, deren Laufzeit derjenigen der Sollzinsbindung entspricht. Enthält der Vertrag hingegen einen veränderlichen Sollzins, so erfolgt eine Ermäßigung auf den marktüblichen Zinssatz, zu

---

[1] Ausführlich zu den unionsrechtlichen Vorgaben *Hoffmann/Barlitz* WM 2014, 2297 (2301).
[2] *Piekenbrock* GPR 2015, 26 (31) mit Hinweis auf abweichende Regelungen in der Schweiz und in Belgien.

dem europäische Banken einander Anleihen in Euro mit einer Laufzeit von drei Monaten gewähren, den Drei-Monats-EURIBOR. Maßgeblich für die Berechnung des entsprechenden Zinssatzes ist nach Satz 2 der Zeitpunkt des Vertragsabschlusses bzw. derjenige, zu dem nach dem Vertrag Zinsanpassungen erfolgen sollen. Das Gesetz findet damit einen Mittelweg zwischen der völligen Freistellung des Verbrauchers von Zinszahlungen und dem Verzicht auf eine entsprechende Sanktion gegenüber dem Unternehmer, dem der Zinsanspruch trotz Pflichtverstoßes ungekürzt belassen würde. Orientierungspunkt der Ermäßigung ist der Zins, den der Darlehensgeber hätte erlangen können, wenn er das Darlehen nicht gewährt sondern das Geld stattdessen besonders sicher angelegt hätte. Darin sieht das Gesetz den „objektiven Wert der Kapitalüberlassung".[3]

Kommt es zu einer Zinsmäßigung, hat der Darlehensgeber dem Verbraucher 7 nach Satz 4 die neuen Konditionen in Gestalt einer Abschrift des aktualisierten Vertrags zur Verfügung zu stellen. Ein neues Widerrufsrecht wächst dem Verbraucher durch diese Vertragsänderung allerdings nicht zu.

Sollte der vereinbarte Vertragszins unter dem durch Abs. 1 Satz 1 Nr. 1 oder 2 8 angeordneten Wert liegen, greift die Sanktion nicht. Der Verbraucher schuldet den Vertragszins ungekürzt.

III. Sonderkündigungsrecht

Ohne dass der Verbraucher eine Vorfälligkeitsentschädigung zu leisten hätte, 9 kann er im Falle des relevanten Verstoßes gegen die Kreditwürdigkeitsprüfung den Vertrag nach Satz 3 jederzeit fristlos kündigen.

IV. Beweislast

Nach der Konzeption des Gesetzes hat der Verbraucher darzulegen und ggf. 10 zu beweisen, dass die Kreditwürdigkeitsprüfung nicht ordnungsgemäß erfolgt ist. Dazu kann er auf die seitens des Darlehensgebers gem. § 505b Abs. 4 zu erstellende Dokumentation zurückgreifen. Liegt eine solche nicht oder nur lückenhaft bzw. unschlüssig vor, führt dies zu einer Beweiserleichterung, wenn nicht gar zu einer Beweislastumkehr zu Gunsten des Verbrauchers. Vor dem Hintergrund der zweiten Entscheidung des EuGH zur Kreditwürdigkeitsprüfung erscheint es allerdings angemessen, dem Darlehensgeber per se die Beweislast dafür aufzuerlegen, ordnungsgemäß geprüft zu haben.[4]

Dem Darlehensgeber steht nach Satz 5 der Weg offen, nachzuweisen und ggf. 11 zu beweisen, dass der Darlehensvertrag auch bei ordnungsgemäßer Durchführung der Kreditwürdigkeitsprüfung hätte abgeschlossen werden dürfen. Die negative Formulierung, „finden keine Anwendung", bringt zum Ausdruck, dass die gesetzlich vorgesehenen Rechtsfolgen zu Gunsten des Verbrauchers i. d. R. eintreten, es sei denn, der Darlehensgeber entkräftet den Tatbestand. Gelingt es dem Darlehensgeber nicht ausnahmsweise nachzuweisen, dass die Mängel der Kreditwürdigkeitsprüfung keinen Einfluss auf die Kreditvergabe hatten, treten die gesetzlichen Rechtsfolgen der Zinsermäßigung und des Sonderkündigungsrechts

---

[3] BT-Drucks. 18/5922, S. 101.
[4] EuGH C-449/13 – Tribunal d'instance d'Orléans ZIP 2015, 65 Tz. 27.

§ 505d 12–15   1. Teil. Darlehen und Finanzierungshilfen

ein. Liegen allerdings die Voraussetzungen der Ausnahme nach Satz 5 vor, bleibt der Verstoß gegen die Pflicht zur Prüfung ohne Sanktion im Verhältnis zum Verbraucher. Der Vertrag wird nach den vereinbarten Konditionen durchgeführt. In solchen Fällen kann der Darlehensgeber allenfalls aus dem UKlaG oder dem UWG auf Unterlassung in Anspruch genommen werden.

V. Freistellung des Verbrauchers

12   Während die Rechtsfolgen aus Abs. 1 allein an die Fehlerhaftigkeit der Kreditwürdigkeitsprüfung anknüpfen, geht es in Abs. 2 darum, dass sich die mit der Darlehensvergabe mangels hinreichender Prüfung verbundenen Gefahren realisieren. Im Zentrum stehen die Folgen des Zahlungsverzugs des Verbrauchers. Der Verzug kann sowohl einzelne Raten als auch den fällig gestellten Restbetrag betreffen. Ausgeschlossen sind in einem solchen Fall sämtliche zivilrechtliche Ansprüche wegen der in der nicht resp. nicht pünktlich erfolgenden Zahlung durch den Verbraucher. In Betracht kommen insbesondere Verzugszinsen und weitere materiell-rechtliche Schadensersatzansprüche wegen der Nichterfüllung, so auch außergerichtliche Rechtsverfolgungskosten. Nicht dagegen ausgeschlossen sind **zivilprozessuale Kostenerstattungsansprüche** oder **Kosten der Zwangsvollstreckung** nach §§ 91 ff. und 788 ZPO.

13   Auch der Ausschluss zivilrechtlicher Ansprüche wegen der Pflichtverletzung des Verbrauchers kommt, ähnlich der Regelung in Abs. 1 Satz 5, nur zum Zuge, wenn die ausbleibende oder verspätete Zahlung des Verbrauchers (ausschließlich) auf einem Umstand beruht, der dazu geführt hätte, den Darlehensvertrag bei ordnungsgemäßer Prüfung nicht abzuschließen. Der Verstoß des Darlehensgebers gegen die Prüfungspflicht muss somit kausal für die spätere Pflichtverletzung des Verbrauchers gewesen sein. Das Gesetz ordnet diesen Fall ähnlich ein wie den des § 286 Abs. 4 BGB, wo der Schuldner nicht in Verzug gerät, wenn er den dafür maßgeblichen Umstand nicht zu vertreten hat. Auch hier besteht zu Gunsten des Verbrauchers eine Beweislastumkehr.

VI. Falschangaben des Verbrauchers

14   Nach Maßgabe von Abs. 3 kommen dem Verbraucher sämtliche Vergünstigungen der Vorschrift, Zinsreduzierung, Sonderkündigungsrecht und Freistellung von Folgen einer Pflichtverletzung, nicht zu Gute, wenn die Kreditwürdigkeit durch den Darlehensgeber aufgrund vorsätzlich oder grob fahrlässig unrichtig erfolgter Angaben des Verbrauchers mangelhaft eingeschätzt wurde. Gleiches gilt, wenn der Verbraucher wiederum vorsätzlich oder grob fahrlässig dem Darlehensgeber relevante Informationen vorenthält. Relevant sind in beiden Fällen die in § 505b Abs. 1 bis 3 aufgeführten Informationen. Einen vergleichbaren Ausschlusstatbestand kennt § 499 Abs. 3 Satz 2, wobei dort dem Verbraucher ein erheblicherer Vorwurf der „Fälschung" gemacht werden muss.

VII. Ausschließliche Regelung

15   Vor der Einführung dieser neuen und detaillierten Regelungen zu den Rechtsfolgen einer nicht ordnungsgemäßen Kreditwürdigkeitsprüfung wurde

Zahlungsaufschub, sonstige Finanzierungshilfe § 506

intensiv darüber diskutiert, ob dem Verbraucher angesichts des Verstoßes ein Schadensersatzanspruch nach § 280 BGB zusteht. Zu Recht wurde auf die Folge hingewiesen, der Verbraucher sei nach dem Grundsatz der Naturalrestitution so zu stellen, als hätte er den Darlehensvertrag nicht geschlossen. Die Beeinträchtigung des Verbrauchers liege in der Belastung mit der Verbindlichkeit. Das zu ersetzende *negative Interesse* liege daher nicht nur in der Befreiung von Zinsen und Kosten, sondern auch in der Freistellung von der Rückzahlungsverbindlichkeit.[5] Auch wenn das nun geltende Reglement kein Verschulden des Darlehensgebers voraussetzt und das Bestehen des Anspruchs aus § 280 BGB durchaus daneben vorstellbar ist und der Gesetzgeber auf die Anordnung einer ausschließlichen Regelung, etwa im Stil des § 361 BGB verzichtet hat, spricht die gesamte ausdifferenzierte Konzeption der §§ 505a ff. dafür, den in § 505d normierten Rechtsfolgen ausschließliche Wirkung zukommen zu lassen und weitergehende Schadensersatzansprüche nicht zu gewähren.

Untertitel 2. Finanzierungshilfen zwischen einem Unternehmer und einem Verbraucher

§ 506 Zahlungsaufschub, sonstige Finanzierungshilfe

(1) ¹Die für Allgemein-Verbraucherdarlehensverträge geltenden Vorschriften der §§ 358 bis 360 und 491a bis 502 sowie 505a bis 505d sind mit Ausnahme des § 492 Absatz 4 und vorbehaltlich der Absätze 3 und 4 auf Verträge entsprechend anzuwenden, durch die ein Unternehmer einem Verbraucher einen entgeltlichen Zahlungsaufschub oder eine sonstige entgeltliche Finanzierungshilfe gewährt. ²Bezieht sich der entgeltliche Zahlungsaufschub oder die sonstige entgeltliche Finanzierungshilfe auf den Erwerb oder die Erhaltung des Eigentumsrechts an Grundstücken, an bestehenden oder zu errichtenden Gebäuden oder auf den Erwerb oder der Erhaltung von grundstücksgleichen Rechten oder ist der Anspruch des Unternehmers durch ein Grundpfandrecht oder eine Reallast besichert, so sind die für Immobiliar-Verbraucherdarlehensverträge geltenden, in Satz 1 genannten Vorschriften sowie § 503 entsprechend anwendbar. ³Ein unentgeltlicher Zahlungsaufschub gilt als entgeltlicher Zahlungsaufschub gemäß Satz 2, wenn er davon abhängig wird, dass die Forderung durch ein Grundpfandrecht oder eine Reallast besichert wird.

(2) ¹Verträge zwischen einem Unternehmer und einem Verbraucher über die entgeltliche Nutzung eines Gegenstandes gelten als entgeltliche Finanzierungshilfe, wenn vereinbart ist, dass
1. der Verbraucher zum Erwerb des Gegenstandes verpflichtet ist,
2. der Unternehmer vom Verbraucher den Erwerb des Gegenstandes verlangen kann oder
3. der Verbraucher bei Beendigung des Vertrags für einen bestimmten Wert des Gegenstandes einzustehen hat.
²Auf Verträge gemäß Satz 1 Nr. 3 sind § 500 Abs. 2 und § 502 nicht anzuwenden.

(3) Für Verträge, die die Lieferung einer bestimmten Sache oder die Erbringung einer bestimmten anderen Leistung gegen Teilzahlungen zum

---

[5] MüKoBGB/*Schürnbrand* § 509 BGB Rn. 9.

§ 506

1. Teil. Darlehen und Finanzierungshilfen

Gegenstand haben (Teilzahlungsgeschäfte), gelten vorbehaltlich des Absatzes 4 zusätzlich die in den §§ 507 und 508 geregelten Besonderheiten.

(4) ¹Die Vorschriften dieses Untertitels sind in dem in § 491 Abs. 2 Satz 2 Nr. 1 bis 5, Absatz 3 Satz 3 und Absatz 4 3 bestimmten Umfang nicht anzuwenden. ²Soweit nach der Vertragsart ein Nettodarlehensbetrag (§ 491 Abs. 2 Satz 2 Nr. 1) nicht vorhanden ist, tritt an seine Stelle der Barzahlungspreis oder, wenn der Unternehmer den Gegenstand für den Verbraucher erworben hat, der Anschaffungspreis.

Vorgängervorschriften: § 1 Abs. 2, §§ 3, 4 Abs. 1 Nr. 1 und Nr. 2 VerbrKrG, §§ 499, 500, 501 BGB aF

Schrifttum: Zum sachlichen Anwendungsbereich. *Adams/Witte,* Rechtsprobleme der Vertragsbeendigung von Franchise-Verträgen, DStR 1998, 251; *Ammermann,* Präsenzunterricht und Verbraucherschutz, VuR 2005, 41; *Böhner,* Schriftform und Widerrufsrecht bei Franchiseverträgen nach dem Verbraucherkreditgesetz, NJW 1992, 3135; *Bräutigam,* Mögliche Entwicklungen im EG-Kartellrecht für die Franchising, RIW 1997, 470; *Brandner,* Termingeschäftsfähigkeit nach § 53 Abs. 2 BörsG, Festschrift Schimansky 1999, S. 581; *Bülow,* Grundstücke und Verbraucherkreditgesetz, ZflR 1998, 181; *Compensis/Reiserer,* Partnerschaftsvermittlung und Verbraucherkreditgesetz 1991, BB 1991, 2457; *Damrau,* Pfandleiherverordnung, Kommentar, 1990; *Emmerich,* Kartellrecht, 12. Aufl. 2012; *Flohr,* Franchise-Nehmer: Arbeitnehmer oder selbständiger Absatzmittler?, DStR 2003, 1622; *Gallois,* Zur Anwendung des Haustürwiderrufsgesetzes auf den Vertrieb von Bauherren- und Erwerbermodellen, BB 1990, 2062; *Giesler,* Der Franchisegeber als Vermieter des Franchisenehmers, NZM 2001, 658; *ders.,* Die Auswirkungen der Schuldrechtsreform auf Franchiseverhältnisse, ZIP 2002, 420; *ders.,* Wieviel Know-how braucht Franchising?, ZIP 2003, 1025; *Grziwotz,* Verbraucherkreditgesetz und Grundstücksverträge, MDR 1997, 432; *Haager,* Die Entwicklung des Franchiserechts in den Jahren 1999, 2000 und 2001, NJW 2002, 1463; *Hadding,* Ergibt die einjährige Zahlung von Versicherungsprämien einen entgeltlichen Zahlungsaufschub? VersR 2010, 697; *Hänlein,* Franchise – eine neue Erwerbsform im Aufwind?, DB 2000, 374; *Heerstraßen,* Kreditkarten und Verbraucherkreditgesetz, Festschrift Merle 2000, S. 167; *Herresthal,* Formanforderungen bei Änderungen eines Verbraucherdarlehens, BKR 2004, 479; *ders.,* Die Pflicht zur Aufklärung über Rückvergütungen und die Folgen ihrer Verletzung, ZBB 2009, 348; *Herrfeld,* Die Abhängigkeit des Franchisenehmers, 1998; *Höpfner,* Kündigungsschutz und Ausgleichsansprüche des Franchisenehmers bei der Beendigung von Franchiseverträgen, 1997; *Kammel,* Der Anwendungsbereich des Verbraucherkreditgesetzes unter Beschränkung auf Kreditverträge, 1996; *König,* Die Qualifizierung von Computerprogrammen als Sachen iSd § 90 BGB, NJW 1989, 2604; *ders.,* Zur Sacheigenschaft von Computerprogrammen und deren Überlassung, NJW 1990, 1584; *ders.,* Software (Computerprogramme) als Sache und deren Erwerb als Sachkauf, NJW 1993, 3121; *Liebscher/Petsche,* Franchising nach der neuen Gruppenfreistellungsverordnung (EG) Nr. 2790/99 für Vertikalvereinbarungen, EuZW 2000, 400; *Liesegang,* Die Bedeutung des AGB-Gesetzes für Franchise-Verträge, BB 1991, 2381; *Limbach,* Subventionierte Mobiltelefone: Ungeklärte Fragen des Widerrufs von Kauf- und Mobilfunkvertrag, ZGS 2008, 206; *Looschelders,* Die richtlinienkonforme Auslegung des § 506 BGB (499 aF) im Hinblick auf Versicherungsverträge mit unterjähriger Prämienzahlung, VersR 2010, 977; *Marly,* Die Qualifizierung der Computerprogramme als Sache nach § 90 BGB, BB 1991, 432; *Martinek,* Abzahlungsgesetz und Abschnittsverträge, ZIP 1986, 1440; *ders.,* Franchising, 1987; *ders.,* Moderne Vertragstypen, Band I: Leasing and Factoring, 1991; *ders.,* Aktuelle Fragen des Vertriebsrechts, 3. Aufl. 1992; *Patrick Meier,* Vergütungspflicht und Widerruf bei der Online-Partnerschaftsvermittlung. NJW 2011, 2396; *Metz,* Aktuelle Rechtsfragen der Kreditkartenpraxis, NJW 1991, 2804; *Mümmler,* Anwendung des Verbraucherkreditgesetzes auf einen Ratenzahlungsvergleich eines Rechtsanwalts, JurBüro 1992, 299; *Röthel,* Herstellungsverträge und Eigentumsordnung, NJW 2005, 625; *Ruppelt,* Die Überlassung von Computerprogrammen. Vertragstypenzuordnung und besondere Formen der Gewährleistung, 1990; *Schürnbrand,* Unterjährige Versicherungsprämien aus Sicht des Verbraucherkreditrechts,

Zahlungsaufschub, sonstige Finanzierungshilfe § 506

WM 2011, 481; *Schwarz,* Zur Problematik des Teilzahlungspreises im Sinne von § 1a Abzahlungsgesetz, BB 1970, 596; *Seibert,* Verbraucherkreditgesetz und Kreditkarte, DB 1991, 429; *ders.,* Das Verbraucherkreditgesetz, insbesondere die erfaßten Geschäfte aus dem Blickwinkel der Gesetzgebung, WM 1991, 1445; *Teske,* Neue Widerrufsrechte bei Abschluß von Versicherungs- und Verbraucherkreditverträgen, NJW 1991, 2793; *Thüsing,* Zahlungsaufschub is des § 1 Abs. 2 VerbrKrG bei Dienstverträgen mit sukzessiver Leistungserbringung, JR 1999, 273; *Tilmann,* Finanzierungshilfen an Letztverbraucher in wettbewerbsrechtlicher Sicht, WRP 1992, 215; *Wagner, K.-R.,* MaBV und VerbrKrG, ZNotP 1999, 458; *Wolf, M.* Störungen des Binnenmarktes durch das Verbraucherkreditgesetz, Festschrift Heinsius 1993, S. 967; *Zwecker,* Franchising als symbiotischer Vertrag – Beziehungen zwischen Gesellschaftsrecht und Franchising, JA 1999, 159.

Insbesondere: Leasing. *Ball,* Verbraucherschutzlücke beim Kraftfahrzeugleasing (Manuskript), Festschrift Tolksdorf 2014; *Bartels,* Einwendungs- und Rückforderungsdurchgriff beim Verbraucherfinanzierungsleasing nach § 506 BGB nF, ZGS 2009, 544; *Berger,* Leasingverträge als verdeckte Abzahlungsgeschäfte, ZIP 1984, 1440; *Beyer,* Entwicklungstendenzen im Leasingrecht, DRiZ 1999, 234; *Blomeyer,* Das Finanzierungsleasing unter dem Blickwinkel der Sachmängelhaftung und des Abzahlungsgesetzes, NJW 1978, 973; *Bülow,* Finanzierungsleasing und Mietkauf mit Verbrauchern, in: 10 Jahre Mietrechtsreform, 2011, S. 86; *ders.,* Finanzierungsleasing als sonstige Finanzierungshilfe nach § 506 Absatz 1 BGB, WM 2014, 1413; *Büschgen,* (Hrsg.), Praxishandbuch Leasing, 1998; *Canaris,* Interessenlage, Grundprinzipien und Rechtsnatur des Finanzierungsleasing, AcP 190 (1990), 410; *ders.,* Grundprobleme des Finanzierungsleasing im Lichte des Verbraucherkreditgesetzes, ZIP 1993, 401; *Christen,* Mobilienleasing, Abzahlungsgesetz und Verbraucherkreditreform, 1990; *Deutsche Bundesbank,* Leasingfinanzierung in Deutschland, Monatsbericht Juli 2011, S. 39; *Drygala,* Wohnungsmietverträge als Haustürgeschäfte?, NJW 1994, 3260; *Engel,* Die Verjährung im Kraftzeug-Leasinggeschäft, DB 1997, 761; *dies.,* Kfz-Leasing – Relevante Vorschriften des Verbraucherkreditgesetzes für die Vertragsabwicklung, MDR 2000, 797; *Finkenauer/Brand,* Einwendungs- und Rückforderungsdurchgriff beim Finanzierungsleasing, JZ 2013, 277; *Godefroid,* Leasing und Verbraucherkreditgesetz – eine Zwischenbilanz, BB 1994, Beil. 6, S. 14; *Godefroid/Salm,* Zur Verjährung von Restwertausgleichsansprüchen des Leasinggeber, BB 1995, Beil. 5, S. 21; *Gölz,* Zum Umfang der Schutzwirkungen des AbzG im Leasinggeschäft, WM 1989, 1797; *Gzuk,* Finanzierungsleasing als alternative Investitionsform, AcP 190 (1990), 208; *v. Hall,* Der Einwendungsdurchgriff im Verbraucherleasing, ZGS 2010, 541; *Kalt,* Verbraucherleasing und Finanzierungsleasing, Der Steuerberater 1992, Beil. 9, S. 8; *Leible* Finanzierungsleasing und „arrendaminto financiero", 1996; *Lieb,* § 9 VerbrKrG und Finanzierungsleasing, WM 1991, 1533; *ders.,* § 9 VerbrKrG und Finanzierungsleasing, Schriftenreihe der bankrechtlichen Vereinigung, Bd. 2, 1991, S. 91; *ders.,* Nochmals: verbundene Geschäfte im Verbraucherkreditgesetz – eine Erwiderung zu Emmerich, Schriftenreihe der bankrechtlichen Vereinigung, Bd. 2, 1991, 115; *ders.,* Zur Risikoverteilung bei Finanzierungsleasingverträgen, insbesondere mit Kaufleuten, WM 1992, Beil. 6; *Limbach,* Subventionierte Mobiltelefone: Ungeklärte Fragen des Widerrufs von Kauf- und Mobilfunkvertrags, ZGS 2009, 206; *ders.,* Der Widerruf subventionierender Mobilfunkverträge, NJW 2011, 3770; *Marloth-Sauerwein,* Leasing und Verbraucherkreditgesetz, 1992; *Martinek/Oechsler,* Die Unanwendbarkeit des Verbraucherkreditgesetzes auf Leasingverträge ohne Vollamortisationspflicht, ZIP 1993, 81; *Melsheimer,* Kilometerabrechnungsvertrag und Verbraucherkreditgesetz, MDR 1997, 527; *Michalski,* Das Verbraucherkreditgesetz, Jura 1997, 169; *Mosel* Leasing contra Abzahlungsgesetz, NJW 1974, 1454; *Oberfeuchtner,* Finanzierungsleasing und Verbraucherschutz, 2010; *Omlor,* Finanzierungsleasing unter der neuen Verbraucherkreditrichtlinie, NJW 2010, 2694; *Park,* Der Leasingvertrag nach amerikanischem, deutschem und koreanischem Recht, Festschrift Rothoeft 1994, S. 153; *Paschke,* Zivil- und wettbewerbsrechtliche Probleme des Null-Leasing, BB 1987, 1193; *Papathanassion,* Leasing: Moderne Finanzierungsmethoden oder antike Erfindung? WM 2012, 253; *Peters, B.,* Umsetzung der EU-Verbraucherkreditrichtlinie und das Leasinggeschäft, WM 2011, 865; *ders.,* Leasing und Verbraucherkreditgesetz, WM 1992, 1797; *ders.,* Das Widerrufsrecht nach dem Verbraucherkreditgesetz, DZWIR 1994, 353; *ders.,* Verbraucherdarlehensrecht und Leasing, WM 2016, 630; *Peters, F.* Leasingvertrag und Abzahlungsgesetz, NJW 1985, 1498; *Petersen,* Nutzen und Grenzen steuerrechtli-

§ 506

1. Teil. Darlehen und Finanzierungshilfen

cher Argumente im Zivilrecht, Festgabe Canaris 2002, S. 113; *Pickert,* Das Widerrufsrecht nach dem Verbraucherkreditgesetz, 1995; *Reinicke/Tiedtke,* Kaufrecht, 6. Aufl. 1997; *Reinking,* Das Verbraucherkreditgesetz bei Kfz-Leasing und finanziertem Kfz-Kauf, FLF 1993, 174; *Reinking/Nießen,* Sittenwidrigkeit von Kfz-Leasingverträgen, NJW 1993, 49; *Roth,* Zur gerichtlichen Inhaltskontrolle von Finanzierungs-Leasingverträgen, AcP 190 (1990), 292; *Scherer/Mayer,* Insolvenz des Leasingnehmers und Wirksamkeit von Kreditsicherheiten im Lichte des Verbraucherkreditgesetzes, BB 1998, 2169; *Schmid-Burgk/Schölermann,* Probleme bei der Anwendung des neuen Verbraucherkreditgesetzes auf Leasingverträge, BB 1991, 566; *dies.,* Das Schriftformerfordernis bei Leasingverträgen nach dem Verbraucherkreditgesetz, DB 1991, 1968; *Schmidt, U./Schumm,* Zur Übertragbarkeit der Rechtsprechung zur Sittenwidrigkeit von Ratenkreditverträgen auf Konsumentenleasingverträge, DB 1989, 2109; *Scholz,* Finanzierungsleasing und Abzahlungsgesetz, ZIP 1984, 914; *Seifert,* Verbraucherkreditgesetzes aus Sicht eines Leasingunternehmens, Der langfristige Kredit 1991, 144; *ders.,* Verbraucherkreditgesetz und Finanzierungsleasing, BB 1991, Beil. 11, S. 12; *Slama,* Das Verbraucherkreditgesetz in seinen Auswirkungen auf Kfz-Leasing und finanzierte Kaufverträge, FLF 1993, 83; *ders.,* Leasingspezifische Regelungen des Verbraucherkreditgesetzes, WM 1991, 569; *ders.,* Das Verbraucherkreditgesetz in seinen Auswirkungen auf Kfz-Leasing und finanzierte Kaufverträge, FLF 1993, 83; *Sobotka,* Der neue Teilamortisationserlaß im Immobilienleasing, BB 1992, 817; *Sternberg,* Die Entwicklung der Rechtsprechung des BGH zum Finanzierungsleasing, BB 1987, 12; *Teichmann,* Der Leasing-Vertrag zwischen Abzahlungskauf und Verbraucherkredit, Festschrift Rittner 1991, S. 717; *Treier,* Die Rechtsprechung des Bundesgerichtshof zur Miete, Pacht und Leasing, WM 2001, Beil. 8; *Weber, J.,* Die Entwicklung des Leasingrechts von Mitte 2003 bis Mitte 2005, NJW 2005, 2195; *v. Westphalen,* Leasing als Umgehungsgeschäft § 6 AbzG?, MDR 1980, 441; *ders.,* Finanzierungsleasing als Umgehungsgeschäft gemäß § 6 AbzG, DB 1985, 584; *ders.,* Die Haftung des Leasinggebers beim „sale-and-lease-back", BB 1991, 14; *ders.,* Leasing als „sonstige Finanzierungshilfe" gemäß § 1 Abs. 2 Verbraucherkreditgesetz, ZIP 1991, 639; *ders.,* Die Rechtsprechung des BGH zum Leasingvertrag als Umgehungsgeschäft gem. § 6 AbzG, WM 1991, 529; *ders.,* Zur Sittenwidrigkeit von Leasingverträgen, Der Steuerberater 1992, Beil. 1, S. 1; *ders.,* Leasing und Verbraucherkreditgesetz: Mithaftende GmbH-Geschäftsführer/Gesellschafter, BB 1993, Beil. 8, S. 19; *ders.,* Der Leasingvertrag, 5. Aufl. 1998; *Zahn,* Neues Recht des Leasingvertrages durch das Verbraucherkreditgesetz, DB 1991, 81; *ders.,* Leasingvertrag und Widerrufsbelehrung nach dem Verbraucherkreditgesetz, DB 1991, 687; *ders.,* Leasingpraxis nach Inkrafttreten des Verbraucherkreditgesetzes, DB 1991, 2171; *ders.,* Schuldbeitritt zum Leasingvertrag nach dem Verbraucherkreditgesetz, DB 1992, 1029; *ders.,* Die Stellung des Finanzierungsleasing im Verbraucherkreditgesetz – ein Verstoß gegen EG-Recht?, DB 1994, 617; *ders.,* Die Übernahme des notleidenden Leasingvertrags, NJW 1997, 2905.

Insbesondere: Unterricht. *Bartl,* Das neue Fernunterrichtsschutzgesetz, NJW 1976, 1993; *Bühler,* Fernunterrichtsvertrag und Fernunterrichtsschutzgesetz, 1984; *Bülow,* Fernunterrichtsvertrag und Verbraucherkreditgesetz, NJW 1993, 2837; *Bülow/Artz,* Fernabsatzverträge und Strukturen eines Verbraucherprivatrechts im BGB, NJW 2000, 2049; *Certa,* Widerruf und schwebende Unwirksamkeit nach dem Verbraucherschutzgesetzen, Diss. Mannheim 2000; *Dörner* Zur Anwendung des Fernunterrichtsschutzgesetzes, BB 1977, 1739; *Faber/Schade,* Fernunterrichtsschutzgesetz, 1980; *Fischer,* Direktunterricht und Verbraucherkreditgesetz, MDR 1994, 1063; *Gilles,* Zur neueren Verbraucherschutzgesetzgebung, JA 1980, 1; *Hadding,* Zur Rückabwicklung nach einem verbraucherschützenden Widerruf der Vertragserklärung, Festschrift Brandner 1996, S. 207; *Heinbuch,* Theorien und Strategien des Verbraucherschutzes – am Beispiel des Fernunterrichtsschutzgesetzes, 1983; *v. Hoffmann,* Inländische Sachnormen mit zwingendem internationalen Anwendungsbereich, IPRax 1989, 261; *Medicus,* Die Lösung vom unerwünschten Schuldvertrag, JuS 1988, 1; *Reich,* Die neue Richtlinie 97/7/EG über den Verbraucherschutz bei Vertragsabschlüssen im Fernabsatz, EuZW 1997, 581; *Wienands,* Der private Unterrichtsvertrag, 1996; *Zentralstelle für Fernunterricht der Länder,* Rechtsgrundlagen zur Ordnung des Fernunterrichts, 2. Aufl. 1983.

Zahlungsaufschub, sonstige Finanzierungshilfe § 506

Übersicht

	Rn.
Materialien	
Verbraucherkreditrichtlinie Art. 2, 3	1
Wohnimmobilien-Kreditvertragsrichtlinie Art. 4 Nr. 3	1a
Begründung RegE zum VerbrKrG, BT-Drucks. 11/5462, S. 17	2
Begründung RegE zum SchrModG, BT-Drucks. 14/6040, S. 252	4
Begründung RegE zum Gesetz zur Umsetzung der Verbraucherkreditrichtlinie, BT-Drucks. 16/11643	5
Kommentierung	
A. Sachlicher Anwendungsbereich: Finanzierungshilfen	9
I. Kreditvertrag und Finanzierungshilfe	9
1. Die Systematik von Verbraucherkreditrichtlinie und Wohnimmobilien-Verbraucherkeditvertragsrichtlinie	9
2. Begriff der Finanzierungshilfe (Zahlungsaufschub und sonstige Finanzierungshilfe, § 506 Abs. 1, Allgemein- und Immobiliar-Finanzierungshilfen)	10
a) Schuldvertrag mit besonderer Ausgestaltung	11
b) Allgemein- und Immobiliar-Finanzierungshilfe	12a
c) Kredit: Darlehen, Zahlungsaufschub und sonstige Finanzierungshilfe	13
aa) Finanzierung durch Vorleistung	14
(1) Darlehen	14
(2) Zahlungsaufschub	15
(3) Sonstige Finanzierungshilfe	18
bb) Einzelheiten der vertraglichen Gestaltung	19
cc) Insbesondere: Mischfälle	24
dd) Insbesondere: Nachträgliche Veränderungen	26
d) Abgrenzungen	27
e) Entgeltlichkeit und Sonderregime von §§ 515, 514 BGB	29
f) Beweislast	31
3. Überlagerung durch Fernabsatzrecht	33
4. Abgrenzung des Vertrags über einen Zahlungsaufschub (§ 506 Abs. 1) zum Teilzahlungsgeschäft (§ 506 Abs. 3)	37
5. Fallgruppen	38
a) Ausgeschlossene Vertragsarten (Versicherungsvertrag, Tarife, Energielieferungsverträge, Transportverträge, Grundstückskaufverträge; Mietverträge)	39
b) Einzelne Dienst- und Werkleistungen, Firmenwert	43
c) Insbesondere: Unterrichtsverträge	44
aa) Direktunterricht	45
bb) Fernunterricht (FernUSG)	46
(1) Widerrufsrecht	47
(2) Persönlicher Anwendungsbereich von FernUSG und Verbraucherkreditrecht	48
(3) Kreditierter Fernunterrichtsvertrag	49
(4) Verbundene Geschäfte	50
(5) Kündigung	52
d) Insbesondere: Franchise	53
e) Gemischte Verträge	54
II. Teilzahlungsgeschäfte (Abs. 3)	55
1. Anwendungsbereich	56
2. Bestimmtheit und Abgrenzung zu Abs. 1	57
3. Teilzahlungsgeschäft und Ratenzahlungen	58
4. Dreimonategrenze	59
5. Vertragsarten	60
6. Vertragsänderung	61
7. Beweislast	62

§ 506 — 1. Teil. Darlehen und Finanzierungshilfen

	Rn.
III. Verträge mit Zahlungsaufschub (§ 506 Abs. 1), die keine Teilzahlungsgeschäfte sind (§ 506 Abs. 3)	63
1. Rahmenverträge des Handels	63a
2. Immobiliar-Finanzierungshilfen	63b
3. Entgeltliche Stundung einer Forderung	63c
a) Grundfälle	63c
b) Insbesondere: Stundung mit Grundpfand- resp. Reallastbesicherung (§ 506 Abs. 1 Satz 3)	63d
IV. Finanzierungsleasing (§ 506 Abs. 2 und Abs. 1)	64
1. Miete, Pacht, sog. Operating-Leasing	65
2. Finanzierungsleasing als eigenständige Finanzierungsform	67
a) Substituierbarkeit mit Teilzahlungsgeschäft und Investitionskredit durch Amortisation	67
b) Enger und weiter Begriff von Finanzierungsleasing	70
c) Verbraucherkreditrichtlinie	74
d) Erscheinungsformen	75
e) Sittenwidrigkeit	77
f) Mietkauf	78
g) Persönlicher Anwendungsbereich	80
h) Erwerbsverpflichtung und Restwertgarantie (Abs. 2)	81
aa) Fiktion der Finanzierungshilfe	81
bb) Vertrag über die Nutzung eines Gegenstandes	82
i) Immobiliar-Finanzierungshilfe	85a
B. Anwendbare und nicht anwendbare Vorschriften	86
I. Grundsatz: Entsprechende Anwendung verbraucherdarlehensrechtlicher Vorschriften	86
II. Anwendbare Vorschriften	88
1. §§ 358 bis 360 (verbundene und zusammenhängende Geschäfte)	88
a) Zahlungsaufschub	88
b) Sonstige Finanzierungshilfen – Finanzierungsleasing	89
aa) Kein Dreipersonenverhältnis	90
bb) Eintritt des Leasinggebers in den Kaufvertrag (Bestelleintritt)	91
c) Zusammenhängender Vertrag	94a
2. § 491a (vorvertragliche Information)	95
3. § 492 (Vertragsform und Pflichtangaben)	99
4. §§ 492a und 492b (Koppelungsgeschäfte)	110c
5. § 493 (Unterrichtung bei Abschnittsfinanzierung)	111
6. § 494 (Nichtigkeit und Heilung)	112
7. § 495 (Widerrufsrecht)	113
8. § 496 (Abtretung, Wechsel- und Scheckverbot)	116
9. § 497 (Verzug des Verbrauchers)	117
10. § 498 (Gesamtfälligkeitsstellung)	118
11. § 499 (Kündigungsrecht des Unternehmers, Leistungsverweigerungsrecht)	120
12. § 500 (Kündigungsrecht des Verbrauchers, vorzeitige Erfüllung)	121
13. § 501 (Kostenermäßigung)	123
14. § 502 (Vorfälligkeitsentschädigung)	125
15. § 503 (Fremdwährungskredite)	125b
16. §§ 505a bis 505d (Kreditwürdigkeitsprüfung)	125c
17. Anhang: § 675a iVm Art. 247a EGBGB (Geschäftsbesorgungsvertrag)	125e
III. Nicht anwendbare Vorschriften	126
1. § 492 Abs. 4 (Form der Vollmacht)	126
2. Vollausnahmen nach §§ 506 Abs. 4 Satz 1, 491 Abs. 2, Abs. 3 Satz 2	128
a) Bagatellgeschäfte nach §§ 506 Abs. 1, 491 Abs. 2 Satz 2 Nr. 1	129

Zahlungsaufschub, sonstige Finanzierungshilfe 1–3 § 506

	Rn.
aa) Teilzahlungsgeschäfte, Zahlungsaufschub	130
bb) Finanzierungsleasing und Mietkauf	134
b) Kurzfristige und kostengünstige Finanzierungshilfen nach §§ 506 Abs. 1, 491 Abs. 2 Nr. 3	135
c) Bagatellen in den Vertriebsformen von § 312b und § 312c BGB	139
d) Arbeitgeberkredite nach §§ 506 Abs. 1, 491 Abs. 2 Satz 2 Nr. 4, Abs. 3 Satz 3	140
e) Günstige Darlehen im öffentlichen Interesse nach §§ 506 Abs. 1, 491 Abs. 2 Satz 2 Nr. 5	141
3. Teilausnahme nach §§ 506 Abs. 4 Satz 1, 491 Abs. 4 (Gerichtliches Protokoll)	142
4. Vorzeitige Erfüllung, Vorfälligkeitsentschädigung (§§ 500 Abs. 2, 502, 506 Abs. 2 Satz 2)	144

Materialien
Verbraucherkreditrichtlinie 2008/48/EG
Artikel 2
(1) Diese Richtlinie gilt für Kreditverträge. **1**
(2) Diese Richtlinie gilt nicht für:
...
d) Miet- oder Leasingverträge, bei denen weder in dem Vertrag selbst noch in einem gesonderten Vertrag eine Verpflichtung zum Erwerb des Miet- bzw. Leasinggegenstands vorgesehen ist; von einer solchen Verpflichtung ist auszugehen, wenn der Kreditgeber darüber einseitig entscheidet;
...
f) Zins- und gebührenfreie Kreditverträge und Kreditverträge, nach denen der Kredit binnen drei Monaten zurückzuzahlen ist und bei denen nur geringe Kosten anfallen;
...

Artikel 3
Für die Zwecke der Richtlinie bezeichnet der Ausdruck
...
c) „Kreditvertrag" einen Vertrag, bei dem ein Kreditgeber einem Verbraucher einen Kredit in Form eines Zahlungsaufschubs, eines Darlehens oder einer sonstigen ähnlichen Finanzierungshilfe gewährt oder zu gewähren verspricht; ausgenommen sind Verträge über die wiederkehrende Erbringung von Dienstleistungen oder über die Lieferung von Waren gleicher Ar, bei denen der Verbraucher für die Dauer der Erbringung oder Lieferung Teilzahlungen für diese Dienstleistungen oder Waren leistet ...

Wohnimmobilien-Kreditvertragsrichtlinie 2014/17/EU **1a**
Art. 4 Nr. 3
„Kreditvertrag" – inhaltlich Art. 3 lit. c VerbrKrRil gleich

Begründung RegE zum VerbrKrG, BT-Drucks. 11/5462, S. 17
Dauerschuldverhältnisse mit laufenden Zahlungen fallen allerdings nicht schon dann unter den Entwurf, wenn die Tarife nach der Zahlungsweise (monatlich, vierteljährlich usw.) gestaffelt werden, wie dies zB bei Versicherungsverträgen angetroffen wird. Bei dieser Tarifgestaltung liegt kein Zahlungsaufschub vor, vielmehr stehen Rabattgesichtspunkte im Vordergrund. Ferner ist es nicht als entgeltlicher Zahlungsaufschub im Sinne des Entwurfs anzusehen, wenn die Stundung eines bestehenden Kreditvertrages vereinbart wird und die Sätze der laufzeitabhängigen Kreditkosten nicht erhöht werden, denn für die Stundung fällt kein eigenes Entgelt an. **2**

Auch sonstige Finanzierungshilfen gelten als Kredite; es sind dies insbesondere die Leasingverträge, diese jedoch nur dann, wenn die Leasingsache nach dem Vertrag oder bei **3**

§ 506   4–9   1. Teil. Darlehen und Finanzierungshilfen

Vertragsschluss feststehenden Umständen ihrer Substanz nach endgültig auf den Verbraucher übertragen werden soll. Die Regelung knüpft an die herrschende Rechtsprechung an ... (*BGHZ* 94, 195) ...

Begründung RegE zum SchrModG, BT-Drucks. 14/6040, S. 252

4   Der aus dem Verbraucherkreditgesetz bekannte Begriff des „Kredits", der als Oberbegriff für das Gelddarlehen, einen Zahlungsaufschub und sonstige Finanzierungshilfen diente, wird aufgegeben. Stattdessen werden die sich dahinter verbergenden unterschiedlichen Erscheinungsformen des Kredits, zu der nach der Begrifflichkeit des Verbraucherkreditgesetzes auch der Ratenlieferungsvertrag zählt, eigenständig geregelt. Der Titel 3 wird daher in die Untertitel Darlehensvertrag, Finanzierungshilfen und Ratenlieferungsverträge untergliedert.

Begründung RegE zum Gesetz zur Umsetzung der Verbraucherkreditrichtlinie, BT-Drucks. 16/11 643

5   S. 149: Der Begriff „Gegenstand" wurde in § 506 Abs. 2 BGB-E als Oberbegriff für sämtliche Formen von Kauf-, Werk- und Dienstverträgen gewählt. Es kann sich um eine bewegliche oder unbewegliche Sache (§ 90 BGB) ebenso handeln wie um Forderungen und sonstige Vermögensrechte.

6   (Abs. 2) Nummer 3 findet keine Entsprechung in der Richtlinie und soll solche Finanzierungsleasingverträge erfassen, bei denen zwar keine Erwerbsverpflichtung besteht, aber der Verbraucher für einen bestimmten Wert des Gegenstandes einzustehen hat. Ein bestimmter Wert ist ein solcher, der im Vertrag als feste Zahl vereinbart ist. Eine solche Restwertgarantie verschafft dem Unternehmer eine Vollamortisation des Vertragsgegenstands, die der Verbraucher finanziert. Es ist nicht ersichtlich, warum Verträge mit einer Restwertgarantie anders behandelt werden sollten als Verträge mit Erwerbsverpflichtung.
...

7   S. 191 f.: Beschafft der Unternehmer den Gegenstand, soll der Anschaffungspreis maßgebend sein. Dies ist insbesondere bei Finanzierungsleasingverträgen der Fall. Für diese Verträge wird nach herrschender Meinung auf den Anschaffungspreis zurückgegriffen (*Bülow/Artz,* Verbraucherkreditrecht, 6. Auflage 2006, § 499, Rn. 91; *Staudinger/Kessal-Wulf,* Kommentar zum BGB, Neubearbeitung 2004, § 500, Rn. 12) ...

8   Bei Teilzahlungsgeschäften wendet der Unternehmer in der Regel keine Geldbeträge zum Erwerb für den Verbraucher auf, weil hier der Unternehmer den Gegenstand aus einem Vorrat auswählt, den er für solche Geschäfte bereit hält. Ebenso verhält es sich beim „Herstellerleasing", bei dem der Hersteller selbst als Leasinggeber auftritt und deshalb der Barzahlungspreis angesetzt werden kann. Ein Erwerb „für den Verbraucher" kommt deshalb nur in Betracht, wenn der Verbraucher den Gegenstand gezielt auswählt und er dann vom Unternehmer zu Finanzierungszwecken erworben wird.

Kommentierung

A. Sachlicher Anwendungsbereich: Finanzierungshilfen

I. Kreditvertrag und Finanzierungshilfe

1. Die Systematik von Verbraucherkreditrichtlinie und Wohnimmobilien-Verbraucherkreditrichtlinie

9   Gegenstand der Ausgangsregelung von § 506 Abs. 1 ist ein Vertrag über die Gewährung eines Zahlungsaufschubs oder einer sonstigen Finanzierungshilfe, während Teilzahlungsgeschäfte nach Absatz 3 deren Sonderform sind (→ Rn. 64, 55). Die Finanzierungshilfe ist der allgemeinere Begriff, der seinerseits Unterbe-

Zahlungsaufschub, sonstige Finanzierungshilfe 10–12 § 506

griff zu dem in der Verbraucherkreditrichtlinie bestimmten Oberbegriff des Kreditvertrags nach Art. 3 lit. c ist. Der Oberbegriff des Kredits ist danach zusammengesetzt aus den Unterbegriffen Darlehen und Finanzierungshilfe; der Unterbegriff Finanzierungshilfe ist nochmals unterteilt in die Unterbegriffe Zahlungsaufschub und sonstige Finanzierungshilfe. Der einheitliche Begriff des Kreditvertrags im deutschen Zivilrecht wurde im Zuge der Schuldrechtsmodernisierung von 2002 aufgegeben (→ Rn. 4). Stattdessen sind die Unterbegriffe Darlehen und Finanzierungshilfen getrennt im Untertitel 1 zu §§ 491 bis 505 BGB (→ § 491 Rn. 102) und im Untertitel 2 in §§ 506 bis 509 geregelt. Während sich die Bestimmung des Unterbegriffs Darlehen unmittelbar aus § 488 BGB ergibt, bedarf der Unterbegriff der Finanzierungshilfe nach § 506 Abs. 1 der Auslegung (→ Rn. 10 ff.) sowie der Abgrenzung, nämlich zum Zahlungsaufschub mit seiner wichtigsten Sonderform, dem Teilzahlungsgeschäft (→ Rn. 55 ff.), und zur sonstigen Finanzierungshilfe, deren wichtigste Ausprägung das – als gesetzlicher Tatbestand nicht mehr erwähnte – Finanzierungsleasing ist (→ Rn. 64 ff.).

2. Begriff der Finanzierungshilfe (Zahlungsaufschub und sonstige Finanzierungshilfe, § 506 Abs. 1, Allgemein- und Immobiliar-Finanzierunghilfe)

Die Regelung von § 506 Abs. 1 stellt die Umsetzung von Art. 2 Abs. 1, Art. 3 **10** lit. c VerbrKrRil und Art. 4 Nr. 3 WohnimmoRil (→ Rn. 1) in Bezug auf den dort verwendeten Begriff des Kreditvertrags in den Spielarten Zahlungsaufschub und sonstige Finanzierungshilfe dar, während der Unterbegriff des Darlehens durch § 491 erfasst ist (→ § 491 Rn. 105 ff.).

a) Schuldvertrag mit besonderer Ausgestaltung. Der Begriff des Kredit- **11** vertrags überlagert die gesetzlich ausgeformten Verträge des besonderen Schuldrechts resp. Verträge sui generis. Jeder Kaufvertrag, Werkvertrag, Dienstvertrag, Geschäftsbesorgungsvertrag wird zum Kreditvertrag, wenn er zwei besondere Qualifikationsmerkmale enthält (→ § 491 Rn. 92). Das erste Qualifikationsmerkmal ist, dass die vom Verbraucher zu erbringende Leistung mit einem Zahlungsaufschub oder einer sonstigen Finanzierungshilfe (→ Rn. 13) verbunden ist oder dass Gegenstand des Vertrags selbst eine Finanzierungshilfe, nämlich ein Darlehen, ist. Das zweite Qualifikationsmerkmal liegt darin, dass der Verbraucher für Zahlungsaufschub oder Finanzierungshilfe resp. Darlehen ein Entgelt schuldet (Teilzahlungszuschlag, Zinsen). Kredit und Darlehen sind also keineswegs synonyme Begriffe: Das Darlehen ist nur eine Fallgruppe des Kredits neben Zahlungsaufschub und sonstiger Finanzierungshilfe. Zum Verbraucherkreditvertrag wird der Vertrag erst bei Entgeltlichkeit; die Teilzahlung ohne Zuschlag resp. das zinslose Darlehen begründen die Anwendbarkeit von Verbraucherkreditrecht nicht, die Verbraucherkreditrichtlinie gilt gem. Art. 2 Abs. 2 lit. f hierfür nicht (→ Rn. 29).

Der sachliche Anwendungsbereich von Verbraucherkreditrecht überschneidet **12** sich mit dem persönlichen in Bezug auf den Verwendungszweck, indem nur private Kredite einschließlich solcher für abhängig-berufliche Tätigkeiten (→ § 491 Rn. 61, 67), außerdem Existenzgründungskredite (→ § 512 Rn. 5) erfasst werden. Ein Kredit ist demnach ein Verbraucherkredit, wenn er
– von einem Kreditgeber (Unternehmer, Verkäufer, Darlehensgeber, → § 491 Rn. 46)

– an eine natürliche Person (→ § 491 Rn. 51)
– zu privatem, abhängig-beruflichem oder Existenzgründungszweck (→ § 491 Rn. 58 und → § 512 Rn. 5)
– in der Form eines Darlehens, eines Zahlungsaufschubs oder einer sonstigen Finanzierungshilfe (→ Rn. 13) und
– gegen Entgelt (→ Rn. 29)
gewährt wird.

12a **b) Allgemein- und Immobiliar-Finanzierungshilfen.** Der Begriff des Kredits kann der VerbrKrRil oder der WohnimmoRil zu entnehmen sein, sodass sich die Unterbegriffe Allgemein-Kreditverträge und Immobiliar-Kreditverträge bilden. Beide unterteilen sich in Allgemein-Verbraucherdarlehensverträge und Immobiliar-Verbraucherdarlehensverträge sowie in Allgemein-Finanzierungshilfen und Immobiliar-Finanzierungshilfen (→ § 491 Rn. 96a).

12b Eine Immobiliar-Finanzierungshilfe kennzeichnet sich dadurch, dass zu den allgemeinen Kriterien eines Verbraucherkredits (→ Rn. 12) weitere Kriterien treten, nämlich gem. § 506 Abs. 1 Satz 2 iVm § 491 Abs. 3 Satz 1
– entweder die grundpfandrechtliche Besicherung oder
– die Bestimmung der Finanzierunghilfe für den Erwerb oder die Erhaltung des Eigentums an Grundstücken (sowie an Gebäuden und grundstücksgleichen Rechten, § 491 Abs. 3 Nr. 2, Art. 3 Abs. 1 lit. b WohnimmoRil), also ein grundeigentumsbezogener Verwendungszweck (→ § 491 Rn. 96b).

12c Zu denken wäre an eine entgeltliche Stundung des Kaufpreises für den Grundstückserwerb (→ Rn. 42) oder etwa die Stundung einer Bauunternehmerforderung, um die Zwangsversteigerung eines Grundstücks durch Verwertung einer Sicherungshypothek nach § 648 BGB abzuwenden oder einer Zwangshypothek nach § 866 Abs. 1, 867 ZPO, die für die entgeltliche Stundung jeglicher Forderungen in Betracht kommt. Finanzierungshilfe ist auch die unentgeltliche Stundung einer grundpfandbesicherten Forderung (→ Rn. 63a, § 491 Rn. 96j), nicht aber einer unbesicherten Forderung, § 506 Abs. 1 Satz 3 BGB, Art. 3 Abs. 2 lit. f WohnimmoRil. Zum Immobilienleasing → Rn. 85a.

13 **c) Kredit: Darlehen, Zahlungsaufschub und sonstige Finanzierungshilfe.** Gemeinsam ist allen Kreditformen die Finanzierung von privaten oder gleichgestellten Bedürfnissen des Verbrauchers durch den Kreditgeber.

14 **aa) Finanzierung durch Vorleistung. (1) Im Falle des Darlehens** liegt die Finanzierung darin, dass der Kreditgeber Geld zur Verfügung stellt, das der Verbraucher woanders zur Bedürfnisbefriedigung einsetzen kann. Nicht mehr in den sachlichen Anwendungsbereich fallen Sachdarlehen nach § 607 BGB (→ § 491 Rn. 111).

15 **(2) Im Falle des Zahlungsaufschubs** liegt die Finanzierung darin, dass der Verbraucher die regelmäßig in Geld liegende Gegenleistung nicht Zug um Zug gegen die vom Kreditgeber zu erbringende Leistung, in der das Bedürfnis des Verbrauchers liegt, zu erbringen hat und auch nicht im Zeitpunkt der vom Gesetz vorgesehenen Fälligkeit im Falle einer Vorleistungspflicht des Kreditgebers, sondern, dass der Verbraucher die Gegenleistung erst später zu erbringen hat. Der Zahlungsaufschub beschreibt den Waren- und Dienstleistungskredit; Haupterscheinungsform ist das Teilzahlungsgeschäft nach § 506 Abs. 3.[1] Das Wesen des Kredits erschließt sich also erst durch den Zeitablauf, indem die Bedürfnisbefrie-

---

[1] BT-Drucks. 14/6040, S. 256.

digung des Verbrauchers vor dessen Gegenleistung liegt, ohne dass es darauf ankäme, ob der Kreditgeber die Bedürfnisse des Verbrauchers unmittelbar durch seine Lieferung oder Leistung erfüllt wie bei Zahlungsaufschub oder Finanzierungshilfe oder ob er sie mittelbar erfüllt durch Überlassung von Geld, das der Verbraucher erst noch zur Bedürfniserfüllung verwendet. Bei Darlehen liegt der Zeitablauf im Wesen des Vertragstypus. Beim Zahlungsaufschub oder der sonstigen Finanzierungshilfe bedarf die zeitliche Abfolge, um den Begriff des Kredits ausfüllen zu können, eines **Vergleichs**. Zu vergleichen ist der **Zeitpunkt der Fälligkeit** für die Gegenleistung des Verbrauchers, wie er sich ohne die vertragliche Absprache zwischen Kreditgeber und Verbraucher ergeben würde, mit dem Zeitpunkt, wie er sich aufgrund dessen ergibt. Folgt aufgrund der Absprache ein späterer Fälligkeitszeitpunkt als nach dispositivem Recht, liegt darin ein Zahlungsaufschub oder eine sonstige Finanzierungshilfe und folglich ein Kredit im Sinne der Verbraucherkreditrichtlinie. Ist außerdem Entgeltlichkeit vereinbart, ist der Vertrag ein Kreditvertrag. Mit den Worten des *BGH*[2] dient der Begriff des Zahlungsaufschubs der Umschreibung eines wirtschaftlichen Sachverhalts, bei dem es um die zeitweilige Überlassung von finanziellen Mitteln geht, welche dem Verbraucher ohne die Kreditabsprache nicht zur Verfügung stünden; anders gewendet: es geht um die Überlassung von Kaufkraft auf mittelbarem Weg.[3] Augenfälliges Beispiel ist die **Stundung**, insbesondere in Gestalt der **Ratenzahlung**. Soweit der Vertrag über einen Zahlungsaufschub ein Teilzahlungsgeschäft darstellt, ist § 506 Abs. 3 anwendbar; für einen Zahlungsaufschub, der nicht zugleich ein Teilzahlungsgeschäft ist, bleibt es bei der – allerdings marginalen – Anwendung von § 506 Abs. 1 (→ Rn. 58).

Der Vergleich der vertraglichen Fälligkeit mit der sich aus dispositivem Recht ergebenen Fälligkeit, die in einem früheren Zeitpunkt liegt, schließt es natürlich nicht aus,[4] dass die Parteien selbst einen früheren Zeitpunkt, also die **Fälligkeit, vertraglich** bestimmen und dem Verbraucher nachlassen, davon abweichend auch später leisten zu dürfen. Es steht ihnen zB frei, abweichend von § 614 BGB eine Vorauszahlungspflicht des dienstberechtigten Verbrauchers zu bestimmen, diesem aber die Wahl zu lassen, die Vergütung erst später zu erbringen. Hierin liegt ein Zahlungsaufschub.   16

Abgrenzungsprobleme treten auf, wenn es sich um einen **Vertrag sui generis**   17
handelt und die Fälligkeit der Verbraucherleistung dem dispositiven Recht nicht entnommen werden kann. Schließen die Parteien (denkbar bei einem Existenzgründer nach § 512) beispielsweise einen lizenzähnlichen Vertrag zur Vermarktung eines Werbekonzepts, bei dem die Leistung nach Maßgabe von Umsatzerlösen aus der Vermarktung zu erbringen ist, versagt § 271 Abs. 1 BGB als Vergleichsgrundlage. Vielmehr ist es der Vertrag selbst, der die Fälligkeit genuin bestimmt, sodass ein Aufschub nicht vereinbart und der Vertrag kein Kreditvertrag ist.[5]

(3) Nach der Formulierung des Gesetzes ist die **sonstige Finanzierungshilfe**   18
der allgemeinere und nicht abschließende Begriff, dessen Sonderform der Zah-

---

[2] NJW 1996, 457 zu II. 3. – Ausbildungsvertrag – mit Komm. *Bülow* EWiR § 1 VerbrKrG 1/96, 91 sowie NJW 2006, 904; OLG Dresden VuR 2000, 217 zu B I. 1.a.
[3] MüKoBGB/*Schürnbrand* § 506 BGB Rn. 4.
[4] Dies missversteht *Thüsing* JR 1999, 273 (275).
[5] Entgegen OLG Karlsruhe WM 1998, 2156 mit abl. Anm. *Bülow* WuB I E 2.–7.98, zust. MüKoBGB/*Schürnbrand* § 506 BGB Rn. 5 aE.

lungsaufschub ist. Es handelt sich um einen Auffangtatbestand, der anzuwenden ist, wenn das Geschäft nicht bereits als Zahlungsaufschub (→ Rn. 15), insbesondere in der Form eines Teilzahlungsgeschäfts (→ Rn. 55) oder gar als Darlehen zu subsumieren ist. Sonstige Finanzierungshilfe ist demnach ein Finanzierungsleasinggeschäft einschließlich Mietkauf[6] (→ Rn. 64 ff.), auf die § 506 Abs. 2, aber auch § 506 Abs. 1 anwendbar sein können (→ Rn. 81). Darüber hinaus verbleibt auf dem heutigen Markt der Finanzdienstleistungen kein Anwendungsbereich, während für den Vertrag über einen Zahlungsaufschub, der kein Teilzahlungsgeschäft ist, das Kundenkartengeschäft sowie Prolongationen Anwendungsfelder sind (→ Rn. 58). Die früher geltende Dreimonatefrist (→ Rn. 59) für den Zahlungsaufschub ist durch die Neuregelung von § 506 Abs. 1 aufgegeben worden, für die sonstige Finanzierungshilfe war sie schon vorher nicht anwendbar. Nach der Formulierung in Art. 3 lit. c VerbrKrRil ist Kredit eine sonstige **ähnliche Finanzierungshilfe**. Die weitergehende[7] Begriffsbestimmung im deutschen Recht erstreckt sich auch auf Finanzierungsleasingverträge ohne Erwerbsoption (→ Rn. 68), für die gem. Art. 2 Abs. 2 lit. d die VerbrKrRil nicht gilt und die mithin außerhalb des harmonisierten Bereichs stehen (→ Einf. Rn. 32).

19 **bb) Einzelheiten der vertraglichen Gestaltung.** Kreditverträge sind also Darlehens- und solche Verträge bezüglich privaten Verwendungszwecks (→ § 491 Rn. 61) resp. Existenzgründungszwecks (→ § 512 Rn. 12) oder bezüglich abhängig-beruflicher Tätigkeit (→ § 491 Rn. 67), bei denen die vom Verbraucher zu erbringende Gegenleistung nicht bei gesetzlich festgelegter oder im Zweifel anzunehmender Fälligkeit (§§ 271, 614, 641 BGB) oder gemäß § 320 BGB Zug um Zug zu erbringen ist, sondern später (Zahlungsaufschub) und bei denen der Unternehmer für die spätere Leistungserbringung beziehungsweise die Darlehensgewährung ein Entgelt verlangt. Beim Finanzierungsleasing ergibt sich die Finanzierungshilfe aus der Vertragskonstruktion (→ Rn. 64 ff.). Für diese Begriffsbestimmung spielt es keine Rolle, ob die Verbraucherleistung zusätzlich **unter Bedingungen** gestellt wird.[8] Es kann sich um Kauf-, Dienst-, Werk-, Geschäftsbesorgungs- oder andere Verträge (nicht aber Mietverträge als solche, → Rn. 41) handeln. Kreditvertrag ist außerdem der Darlehensvertrag (§ 488 BGB), der selbst die Finanzierungshilfe darstellt, sobald für die Darlehensgewährung Entgelte, namentlich Zinsen, geschuldet werden. Die Gegenleistung des Verbrauchers liegt in aller Regel in Geld, aber nicht notwendigerweise: Auch Tauschverträge (§ 480 BGB) können Kreditverträge sein. Kredit ist der Oberbegriff zu Zahlungsaufschub, Darlehen und sonstiger Finanzierungshilfe.

20 Der Kreditvertrag unterliegt nur dann den verbraucherkreditrechtlichen Vorschriften, wenn der Kreditgeber den Kredit gegen Entgelt einräumt (→ Rn. 29). Zins- und gebührenfreie Kreditverträge sind gem. Art. 2 Abs. 2 lit. f nicht in den harmonisierten Bereich von Verbraucherkreditrichtlinie und Wohnimmo-Richtlinie einbezogen (→ § 507 Rn. 42), unterliegen aber den Sonderregelungen von §§ 515, 514 BGB.

21 Das Gesetz ist nur auf Verträge über die Kreditgewährung anwendbar, seien sie ursprünglich oder nachträglich (→ § 491 Rn. 142) abgeschlossen. Die einseitige

---

[6] MüKoBGB/*Schürnbrand* § 506 BGB Rn. 27.
[7] *Drebes* DZWIR 1998, 75 (78); *Mülbert* WM 1990, 1357 (1358); MüKoBGB/*Schürnbrand*, § 506 BGB Rn. 22.
[8] OLG Karlsruhe WM 1998, 2156 mit Anm. *Bülow* WuB I E 2.–7.98.

Finanzierungshilfe etwa in der Weise, dass der Kreditgeber trotz Fälligkeit keine Rechnung stellt,[9] führt nicht zur Anwendung des Gesetzes, obwohl ein Entgelt in Gestalt von gesetzlichen Fälligkeitszinsen gem. § 353 HGB denkbar ist, die nach Lage des Einzelfalls von einem Existenzgründer geschuldet sein können (→ § 512 Rn. 5). Aber dieses Entgelt beruht nicht auf einem darauf gerichteten Vertrag.

Ob der Vertrag von einer Kreditgewährung überlagert wird, ist **objektiv** zu bestimmen.[10] Auf eine möglicherweise andere Sicht des Verbrauchers kommt es nicht an. Sie mag nach Lage des Einzelfalls unter dem Gesichtspunkt irreführender Werbung (§§ 5, 5a UWG, Art. 6, 7 UGP-Richtlinie 2005/29/EG) erheblich sein. 22

Typischerweise sind Kreditverträge **Austauschverträge;** werden die beiderseitigen Leistungen erbracht, um einen gemeinsamen Zweck in einer Gesellschaft zu verwirklichen, ist das Gesetz nicht anwendbar (der durch Darlehen finanzierte Beitritt zu einer Gesellschaft kann aber verbundener Vertrag nach § 358 Abs. 3 BGB sein, → § 495 Rn. 309). Ebenso wenig ist Kreditvertrag das **Verfügungsgeschäft;** es ist vielmehr im Falle des Widerrufs nach § 355 Abs. 3 Satz 1 BGB abzuwickeln, bei Unwirksamkeit des Kreditvertrags aus anderen Gründen (→ § 494 Rn. 41) nach Bereicherungsrecht. Dagegen können **einseitig verpflichtende** oder **unvollkommen zweiseitige Verträge,** die einen Kredit sichern (Bürgschaft, Schuldbeitritt, Sicherungsvertrag), selbst wie ein Kreditvertrag zu behandeln sein (str., näher → § 491 Rn. 112). 23

cc) Insbesondere: Mischfälle. Problematisch ist die Behandlung von Kreditverträgen, die nur teilweise verbraucherkreditrechtlichen Bestimmungen unterliegen. Dieser Fall kann eintreten, wenn der Verwendungszweck (→ Rn. 12) teilweise privater, teilweise gewerblicher Art ist (für Darlehen → § 491 Rn. 138). Beispielsweise kann ein Verkäufer als Unternehmer dem Käufer einer gemischt genutzten Sache, etwa eines privat und gewerblich genutzten Autos, einen Zahlungsaufschub auf den Kaufpreis gewähren, sodass ein Teilzahlungsgeschäft zustande kommt. Im Hinblick auf den gewerblichen Verwendungszweck ist ein Widerrufsrecht nach § 495 nicht gegeben. Ein nur auf den privaten Zweck bezogener Widerruf ist, anders als bei einem Darlehen mit gemischtem Verwendungszweck (→ § 491 Rn. 138), mangels Teilbarkeit der Sache nicht denkbar. Jedoch bleibt der Käufer nach § 13 BGB auch dann Verbraucher, wenn der gewerbliche oder freiberufliche Zweck **nicht überwiegt** (so auch die bis zur Schulrechtsmodernisierung geltende Altregelung von § 609a Abs. 1 Nr. 2 BGB aF) mit der Folge, dass der gesamte Vertrag zugleich Verbraucherkreditvertrag ist und folglich vom Käufer als Verbraucher vollständig widerrufen werden kann. Die gewerbliche oder freiberufliche (unternehmerische) Zweckbestimmung überwiegt nicht bei gleichen Anteilen,[11] sodass der Käufer Verbraucher bleibt. 24

---

[9] Im Allgemeinen erwächst dem Schuldner dadurch bei Ausübung ein verzugshemmendes Zurückbehaltungsrecht, OLG München NJW 1988, 270; *Bülow* Kreditsicherheiten, Rn. 1162 mit weiteren Einzelheiten zum Erfordernis der Erhebung der Einrede.
[10] BGH NJW 1996, 457 zu III. 3.; aA LG Saarbrücken MDR 1994, 1086; AG Saarbrücken VuR 1994, 142; LG Göttingen NJW-RR 1994, 181; OLG Stuttgart ZIP 1993, 1466.
[11] Anders für Verbrauchergerichtsstand nach Art. 13 EuGVÜ/15 EuGVVO: bereits nicht ganz untergeordnete gewerbliche Nutzung beseitigt Verbraucherqualifikation, EuGH NJW 2005, 653 mit Rez. *Mankowski* IPRax 2005, 503 und *Ebers* VuR 2005, 361, → Einf. Rn. 49 und → 4. Teil Rn. 45.

§ 13 BGB ist nicht nur Definitionsnorm,, sondern auch **Beweislastnorm** (→ § 491 Rn. 73). Kommt es nämlich zum *non liquet* bei der Feststellung, ob der unternehmerische Zweck überwiegt, kann von Überwiegen nicht ausgegangen werden, sodass die natürliche Person als Verbraucher anzusehen ist. Der Unternehmer könnte in diesem Punkt nur obsiegen, wenn er den Beweis des Überwiegens – als Hauptbeweis, nicht Gegenbeweis – führen könnte.

25 Die Mischnutzung kann auch dadurch eintreten, dass einer von zwei Leasingnehmern den Vertragsgegenstand privat, der andere gewerblich verwendet.[12] In diesem Fall kann der Verbraucher – Leasingnehmer – die Wirksamkeit des Vertrags ihm selbst gegenüber durch Widerruf verhindern, während sich der Bestand des Vertrages mit dem anderen, gewerblichen Leasingnehmer nach dem Rechtsgedanken von § 139 BGB richtet. Was die Form des Vertrags betrifft, ist, wenn der unternehmerische Zweck nach Maßgabe von § 13 BGB nicht überwiegt, auf den gesamten Vertrag das Reglement von §§ 506 Abs. 3, 492 Abs. 1, 507 Abs. 2, Art. 247 § 12 EGBGB anzuwenden, der Vertrag ist also im Hinblick auf den unternehmerischen Anteil nicht formfrei wirksam.

26 **dd) Insbesondere: Nachträgliche Veränderungen.** Zahlungsaufschub ist nicht nur die im Zeitpunkt des Vertragsabschlusses hinausgeschobene Fälligkeit, sondern auch die nachträglich vereinbarte Stundung, sodass ein Vertrag, der zunächst nicht als Teilzahlungsgeschäft abgeschlossen und geplant war, nachträglich zum Teilzahlungsgeschäft werden kann, wenn der Unternehmer für die Stundung ein Entgelt verlangt, wie auch umgekehrt ein Teilzahlungsgeschäft nachträglich in ein Bargeschäft umgewandelt werden kann.[13] Inhalt einer solchen Stundungsvereinbarung ist aber nicht die Lieferung einer bestimmten Sache, sodass es sich nicht um ein Teilzahlungsgeschäft handelt und § 507 nicht anwendbar ist.[14] Die Stundungsvereinbarung bedarf der Form nach § 506 Abs. 1, Art. 247 § 12 EGBGB. Zur nachträglichen Drittfinanzierung → § 491 Rn. 144, zur Entgeltlichkeit → § 491 Rn. 146.

27 **d) Abgrenzungen.** Hat der Verbraucher die Gegenleistung nach Maßgabe gesetzlicher Fälligkeit zu erbringen, ist folglich (→ Rn. 19) ein Kredit im Sinne des Gesetzes nicht vereinbart. Bei einem Unterrichtsvertrag (→ Rn. 44ff.) folgt die Vorleistungspflicht des Lehrenden aus § 614 BGB. Hat der Verbraucher als Schüler (Lernender) die Vergütung nach Durchführung des Unterrichts zu erbringen, fehlt es am Kredit auch dann, wenn ihm die Möglichkeit eingeräumt wird, die Vergütung schon vor Unterrichtserbringung zu leisten und sich dadurch einen Nachlass zu verdienen.[15] Bleibt dem Lernenden aber nachgelassen, die gem. § 614 BGB fällige Vergütung später und gegen Entgelt zu erbringen, ist der Kredittatbestand erfüllt (→ Rn. 45). Ein Zahlungsaufschub ist auch anzunehmen, wenn die Parteien abweichend von § 614 BGB sofortige Fälligkeit vereinbart hatten, der Verbraucher aber die Wahl hat, die Vergütung später zu erbringen (→ Rn. 14). Bei Entgeltlichkeit für diesen Zahlungsaufschub wird ein solcher Vertrag zu einem insgesamt formbedürftigen und widerruflichen Kredit-

---

[12] OLG Celle NJW-RR 1997, 1114.
[13] BGH WM 1985, 358 zu 2.
[14] *Herresthal* BKR 2004, 479 (481).
[15] BGH NJW 1996, 457 zu II. 2.b. mit Komm. *Bülow* EWiR § 1 VerbrKrG 1/96, 91; OLG Dresden VuR 2000, 217; LG Karlsruhe NJW-RR 2000, 1442; AG Krefeld NJW-RR 1995, 55; aA OLG Stuttgart ZIP 1993, 1466; LG Göttingen NJW-RR 1993, 181.

vertrag. Bei einem Werkvertrag nach § 631 BGB, zB zur Lieferung und Errichtung eines Ausbauhauses, berührt die Vereinbarung von Voraus- und Abschlagszahlungen die nach Abnahme eintretende Fälligkeit gem. § 641 Abs. 1 nicht, sodass es sich nicht um einen Kreditvertrag in der Form eines Teilzahlungsgeschäfts handelt.[16]

Aus der Natur des europa-sekundärrechtlichen Begriffs „Kredit" folgt, dass der Kreditgeber in **Vorleistung** treten muss (→ Rn. 15), also das Darlehen gewährt oder versprochen oder die Ware oder Dienstleistung erbracht oder zu erbringen versprochen hatte. Sollte Gegenstand des Vertrages sein, dass die Gegenleistung durch den Verbraucher erst nach einiger Zeit zu erbringen ist, aber auch die Ware erst zu diesem Zeitpunkt geliefert oder die Dienstleistung erbracht werden soll (sog. **Ansparvertrag**), handelt es sich **nicht** um einen Kreditvertrag iSv § 506,[17] außerdem wird es dann meist auch an der Entgeltlichkeit fehlen.   28

e) Entgeltlichkeit und Sonderregime von §§ 515, 514. Verbraucherprivatrechtlich relevant wird der Kreditvertrag erst durch seine Entgeltlichkeit. Der Darlehensvertrag, der den Darlehensnehmer nicht zu einem Entgelt für die Kapitalnutzung verpflichtet, ist, vom Sondertatbestand der grundpfandbesicherten Stundung nach § 506 Abs. 1 Satz 3 abgesehen (→ Rn. 63d), kein Verbraucherdarlehensvertrag nach § 491 Abs. 1[18] (→ Rn. 20). Entgeltlicher Kredit iSv Art. 3 lit. c, Art. 2 Abs. 2 lit. f VerbrKrRil, §§ 506, 491 BGB sind also einerseits das verzinsliche Darlehen (zum Disagio → § 492 Rn. 106 und zur Angabepflicht nach § 6 PAngVO → § 492 Rn. 91) und andererseits der Vertrag mit hinausgeschobener Fälligkeit, für die der Verbraucher eine Gegenleistung erbringen muss. Typischer Fall ist die Ratenzahlungsvereinbarung, bei der die Summe der Raten höher als der Barzahlungspreis ist oder die Einräumung eines Zahlungsziels, dessen Ausnutzung den Preis für das Wirtschaftsgut erhöht. Bleibt der Preis gleich, fehlt es an der Entgeltlichkeit. Entgegen der sich aus dem früheren Abzahlungsgesetz ergebenden Rechtslage[19] kommt es also darauf an, ob ein Teilzahlungszuschlag geschuldet wird. Anders als danach erstreckt sich der sachliche Anwendungsbereich außerdem nicht nur auf Teilzahlungsgeschäfte, bei denen die Gegenleistung in mindestens zwei Raten nach Übergabe zu erbringen ist,[20] sondern auch auf Geschäfte, bei denen die Gegenleistung in einem Betrag, aber mit hinausgeschobener Fälligkeit erbracht werden muss. Auf die Marktüblichkeit des Entgelts kommt es nicht an, es kann insbesondere niedriger sein.[21] Bei einer nachträglichen Stundung (→ § 491 Rn. 140) kann das Entgelt darin liegen, dass der Verbraucher im Wege eines außergerichtlichen Vergleichs Verfahrenskosten übernimmt.[22] Ist die unentgeltliche Finanzierungshilfe auch kein Verbraucher-   29

---

[16] BGH WM 2006, 1264 Tz. 25.
[17] OLG München WM 1984, 344; BGHZ 70, 378 (381) = NJW 1978, 1315.
[18] BGH WM 1990, 1307 zu II. 1. betr. § 4 PAngVO.
[19] BGH NJW 1988, 1021 zu 1.a.; BGHZ 114, 393 (398f.) mit abl. Anm. *Ose* EWiR § 1 AbzG 1/91, 129; keine Entgeltlichkeit durch Übernahme von Anwaltskosten aufgrund Vergleichs nach *Mümmler* JurBüro 1992, 299, anders und zutreffend LG Rottweil WM 1994, 1074.
[20] BGHZ 70, 378 (381) = NJW 1978, 1315, dazu krit. *Medicus* FS Larenz, S. 411 (421).
[21] OLG Köln ZIP 1994, 776 mit Komm. *Ose* EWiR § 1 VerbrKrG 2/94, 613.
[22] LG Rottweil NJW-RR 1994, 265 mit Anm. *Oechsler* WuB I E 2c. – 4.94, aA *Mümmler* JurBüro 1992, 299.

kreditgeschäft im Rechtssinne, so ist sie doch Gegenstand des Sonderregimes von §§ 515 iVm 514, sodass ein Widerrufsrechts nach §§ 514 Abs. 2, 355, 356d besteht und die Verzugsvorschriften von §§ 497, 498 teilweise anwendbar sind. Außerdem ist die Kreditwürdigkeitsprüfung nach §§ 505a ff. durchzuführen (→ § 515 Rn. 10).

30 Wo der Preis nicht bereits vor Vertragsabschluss feststeht, sondern erst ausgehandelt wird, kann die Feststellung der Entgeltlichkeit für die hinausgeschobene Fälligkeit unmöglich sein; ohne Vergleichsmöglichkeit, das heißt, einen – ohne die Kreditierung geforderten – **Normalpreis,** kann der tatsächlich verlangte Preis der ohnehin zu zahlende sein. Zu denken wäre an eine Vermutung der Entgeltlichkeit,[23] wie sie – umstrittenermaßen – der Regelung von § 507 Abs. 3 BGB für Unternehmer, die ausschließlich Teilzahlungsgeschäfte betreiben, gesehen wird (→ § 507 Rn. 42). Jedoch ist es legitime Geschäftspraxis, durch Einräumung von Teilzahlungen ohne Teilzahlungsentgelt im wirtschaftlichen Wettbewerb Vorsprung durch höheren Umsatz auf Kosten des Gewinns zu erreichen, sodass eine solche Vermutung empirisch schwer begründbar erscheint. Mangels Normalpreises ist demgemäß von Unentgeltlichkeit auszugehen, sodass kein Kreditgeschäft abgeschlossen wird. Normaler Preis ist der nicht um Rabatt oder Skonto gekürzte Preis, sodass es an der Entgeltlichkeit fehlt, wenn der Verbraucher Skonto oder Rabatt nicht ausnutzt.[24] Im Übrigen verstößt ein Verkäufer, der seine Waren ausstellt, gegen § 4 Abs. 1 PrAngVO,[25] wenn er die Preise – also Normalpreise – nicht vorher festlegt, gleichermaßen ein Dienstleister gem. § 5 PrAngVO.

31 f) **Beweislast.** Erst die Entgeltlichkeit des Kredits führt zur Anwendung des Gesetzes. Ein unentgeltlicher Zahlungsaufschub, zB Raten ohne Teilzahlungszuschlag oder Stundung ohne Stundungsentgelt, führen nicht zur Anwendung verbraucherkreditrechtlicher Normen. Sofern der Verbraucher sein Recht auf solche Normen stützt, trägt er für diejenigen Tatsachen, welche die Voraussetzungen dafür erfüllen, nach allgemeinen Regeln und im Allgemeinen die Beweislast, wobei wohl kaum der Beweis des ersten Anscheins für die Entgeltlichkeit spricht[26] (→ § 507 Rn. 13).

32 Jedoch kann sich im Besonderen für die Zahlungsklage des Unternehmers Folgendes ergeben: Wurde der Teilzahlungsvertrag mündlich abgeschlossen, ist der Zahlungsanspruch des Unternehmers nur begründet, wenn ein Bargeschäft vorliegt,[27] sonst ist der Vertrag nach § 507 Abs. 2 Satz 1 BGB formnichtig. Deshalb trägt in diesem Fall der **Unternehmer die Beweislast** für das Bargeschäft resp. für die Unentgeltlichkeit der Ratenzahlung, nicht aber der Verbraucher für

---

[23] MüKoBGB/*Schürnbrand* § 506 BGB Rn. 7, § 507 BGB Rn. 26: im Gegensatz zu § 507 Abs. 3 widerleglich; Staudinger/*Kessal-Wurf* § 506 BGB Rn. 4 aE.
[24] MüKoBGB/*Schürnbrand* § 506 BGB Rn. 8; *Seibert* § 1 VerbrKrG Rn. 8; *v. Westphalen/Emmerich/v. Rottenburg* § 1 VerbrKrG Rn. 165, 166.
[25] BGH NJW 1975, 206.
[26] So aber OLG Köln ZIP 1994, 776 zu I. 1.b. mit zust. Komm. *Ose* EWiR § 1 VerbrKrG 2/94, 613; OLG Stuttgart NJW-RR 1994, 436 („Vermutung"); OLG Karlsruhe WM 1998, 2156; LG Hamburg NJW-RR 1994, 246 mit skept. Komm. *Probst* EWiR § 1 VerbrKrG 1/94, 89; Erman/*Saenger* § 499 BGB Rn. 19 aE; wie hier OLG Dresden ZIP 2000, 830.
[27] *Baumgärtel* Beweislast, § 1 AbzG Rn. 3; *Baumgärtel* Beweislastpraxis im Privatrecht, Rn. 26; Baumgärtel/Laumen/Prütting/*Bülow,* Beweislast, § 499 BGB Rn. 4, 5.

das entgeltliche Teilzahlungsgeschäft.[28] Wurde aber eine Vertragsurkunde errichtet und ergibt diese, dass keine Teilzahlungsabrede getroffen wurde, trifft den Verbraucher für seine entgegenstehende Behauptung die Beweislast.[29] Wendet der Verbraucher gegen die Zahlungsklage des Kreditgebers nicht ein, dass der Kaufpreis oder das sonstige Entgelt nicht wie gefordert fällig sei, sondern dass der Anspruch des Kreditgebers unbegründet ist, weil der Kreditvertrag aufgrund Widerrufs unwirksam geworden war (→ § 495 Rn. 40), macht er eine rechtsvernichtende Einwendung geltend. Der Gedanke des Verbraucherschutzes rechtfertigt es nicht, von dem allgemeinen Grundsatz der Normentheorie (→ § 491 Rn. 72) abzuweichen, nach der die Beweislast für Tatsachen, die den Einwand begründen, bei demjenigen liegt, der den Einwand erhebt. Folglich trägt der Verbraucher nicht nur die Beweislast für die Rechtzeitigkeit des Widerrufs (→ § 495 Rn. 174), sondern auch für die Finanzierungsabrede.[30] Die Beweislast dafür, dass der Kreditvertrag in einem Zeitpunkt abgeschlossen worden war, in dem das Gesetz bereits in Kraft war (→ Einf. Rn. 56), trägt der Verbraucher.[31]

3. Überlagerung durch Fernabsatzrecht

Ein Kreditvertrag kann zugleich die Voraussetzungen eines Fernabsatzgeschäfts **33** nach weiterer Maßgabe von § 312c Abs. 1 erfüllen (näher → § 495 Rn. 42), sodass die Frage beantwortet werden muss, ob die fernabsatzrechtlichen oder verbraucherkreditrechtlichen Regelungen des Gesetzes anwendbar sind.

Für Teilzahlungsgeschäfte, die im Fernabsatz zustande kommen, gilt das Form- **34** privileg aus § 507 Abs. 1 Satz 2, sodass die rechtzeitige Mitteilung der dort genannten Pflichtangaben in Textform zur Wirksamkeit des Vertrags ausreicht (→ § 507 Rn. 11 ff.). Das Widerrufsrecht aus §§ 506 Abs. 1, 495 hat nach näherer Maßgabe von § 312g Abs. 3 Vorrang vor dem fernabsatzrechtlichen (→ § 495 Rn. 41).

Ein Verbraucherdarlehensvertrag kann als Finanzdienstleistung im Fernabsatz **35** durch Briefwechsel nach § 312c Abs. 2 in verbraucherkreditrechtlicher Form nach § 492 Abs. 1 zustande kommen (→ § 492 Rn. 34), auch außerhalb von Geschäftsräumen (§ 312b, *pars pro toto:* Haustürgeschäft). Das Widerrufsrecht aus § 495 hat nach näherer Maßgabe von § 312g Abs. 3 Vorrang. Unterlassene oder fehlerhafte Informationen nach § 312d Abs. 2 iVm Art. 246b EGBGB beeinflussen Lauf und Beginn des Widerrufsrechts nicht, vielmehr ist § 356b anwendbar, es kommt also namentlich auf die Vertragsurkunde mit ordnungsgemäßen Pflichtangaben an (→ § 495 Rn. 76 ff.). Ist im verbundenen Geschäft das finanzierte Geschäft ein Fernabsatz- oder Haustürgeschäft, hat der Verbraucher die Wahl, ob er das finanzierte Geschäft gem. § 358 Abs. 1 oder den Darlehensvertrag gem. § 358 Abs. 2 widerruft (→ § 495 Rn. 343). Finanzdienstleistung ist als Dienstleistung in Zusammenhang mit einer Kreditgewährung auch **Finanzierungsleasing** gem. § 312 Abs. 5 Satz 1,[32] sodass der Verbraucher nach § 312d Abs. 2 BGB, Art. 246b EGBGB zu unterrichten ist.

---

[28] BGH NJW 1975, 206 zu II. 2.; 1980, 1680; LG Tübingen WM 1990, 1640; *Soergel/ Hönn*, 11 Aufl. 1986, § 1 AbzG Rn. 21; aA MüKoBGB/*Westermann*, 2 Aufl. 1988, § 1 AbzG Rn. 36.
[29] BGH NJW 1980, 1680 zu I. 2.a.; *Bülow* NJW 1998, 3453 (3456).
[30] Offen, aber inzidenziell ebenso BGH NJW 1994, 1353 zu II. 2.b. aa.
[31] BGH WM 1991, 273 mit Anm. *Buschbeck-Bülow* WuB IV E.–1.91 zum HWiG; *Heinrich* Beweislast, S. 131.
[32] *J. Weber* NJW 2005, 2195; MüKoBGB/*Wendehorst* § 312b BGB Rn. 17.

36 Bei der Anwendung von Fernabsatzrecht bleibt es, wenn Verbraucherkreditrecht nach § 491 Abs. 2 nicht anwendbar ist, zB in Bagatellfällen gem. § 506 Abs. 1 iVm § 491 Abs. 2 Nr. 1 BGB.[33]

4. Abgrenzung des Vertrags über einen Zahlungsaufschub (§ 506 Abs. 1) zum Teilzahlungsgeschäft (§ 506 Abs. 3)

37 Unter den allgemeineren Begriff des Zahlungsaufschubs nach § 506 Abs. 1 (der seinerseits Unterbegriff zum Kredit ist, → Rn. 13) fällt nach § 506 Abs. 3 auch das Teilzahlungsgeschäft. Nur hierfür gelten die Sonderregelungen von §§ 507 und 508, während es für einen Zahlungsaufschub, der nicht zugleich Teilzahlungsgeschäft ist, bei der Anwendung von § 506 Abs. 1 bleibt (→ Rn. 63a). Die Abgrenzung der allgemeineren Vertragsarten zu den Sonderarten hat namentlich für die Frage Bedeutung, welche Heilungsvorschriften gelten (§ 494 oder 507 Abs. 2) und ob das Formprivileg für Fernabsatzgeschäfte gem. § 507 Abs. 1 Satz 2 (→ § 507 Rn. 8ff.) gilt. Da der Begriff des Teilzahlungsgeschäfts weit zu fassen ist (→ Rn. 58), kommt dem allgemeineren Begriff Auffangfunktion zu, wie sie im Verbraucherkreditgesetz für den „Kreditvertrag im Allgemeinen" nach dessen § 4 Abs. 1 Nr. 1 gegolten hatte, soweit er sich nicht auf Darlehen bezog. Der allgemeinere Begriff des Zahlungsaufschubs ist demgemäß anzunehmen, wenn das Geschäft kein Teilzahlungsgeschäft darstellt (namentlich bei Immobiliar-Finanzierungshilfen und im Kundenkartengeschäft, → Rn. 63, 63a). Für Finanzierungsleasingverträge als sonstige Finanzierungshilfen stellt sich die Frage nicht mehr,[34] da alle Vorschriften anwendbar sind (→ Rn. 86) und nur für den Fall von § 506 Abs. 2 Nr. 3 (Restwertgarantie) Besonderheiten gelten (→ Rn. 81).

5. Fallgruppen

38 Kreditvertrag ist jedenfalls der Vertrag über ein entgeltliches Gelddarlehen sowie das Teilzahlungsgeschäft über Waren (Abzahlungskauf) oder über Dienstleistungen. Kreditvertrag ist auch ein Geschäft, bei dem der Preis der Vergütung nach Vorleistung durch den Kreditgeber in einem einzigen Betrag und nicht in Raten zu entrichten ist. Im Falle des verbundenen Geschäfts iSv § 358 Abs. 3 ist der Vertrag über das finanzierende Darlehen des Dritten als Darlehensgeber der Kreditvertrag und nicht der Waren- oder Dienstleistungsvertrag als finanzierter Vertrag.

39 **a) Ausgeschlossene Vertragsarten.** Kein Kreditvertrag ist, wie die Gesetzesbegründung zum VerbrKrG hervorhebt (→ Rn. 2), der **Versicherungsvertrag,** jedoch gilt hier das besondere Widerrufsrecht aus § 8 VVG (→ § 495 Rn. 34).[35] Nicht erfasst sind in Übereinstimmung mit Art. 3 lit. c, 2. Halbsatz sowie Erwägungsgrund 12 der Verbraucherkreditrichtlinie (→ Rn. 1) außerdem andere Verträge, bei denen der Verbraucher Teilzahlungen für bestimmte Zeitabschnitte zu leisten hat. Problematisch ist, ob sich dem Versicherungsvertragsrecht eine dispositive Fälligkeitsregelung entnehmen lässt, von der aus bestimmt werden könnte, ob die vertraglich festgelegte (und entgeltliche) Fälligkeit hiervon

---

[33] Bülow/Artz/*Artz* NJW 2000, 2054.
[34] Früher § 500 BGB aF, Vorauflage (6. Auflage) § 500 Rn. 5.
[35] Zu den Abweichungen zu § 7 VerbrKrG (§§ 355, 506 BGB) *Teske* NJW 1991, 2793 (2795 ff.).

abweicht. In diesem Fall könnte von einem Zahlungsaufschub ausgegangen werden (→ Rn. 15), zB bei Vertragsgestaltungen, in denen der Versicherungsnehmer eine Jahresprämie zahlen kann oder Prämien in kürzeren Abschnitten, welche in der Summe die Jahresprämie übersteigen (sog. unechte unterjährige Beitragszahlung). Gesetzliche Fälligkeitsregelung nach § 271 BGB könnte § 12 VVG sein, wonach als Versicherungsperiode der Zeitraum eines Jahres gilt, falls nicht nach kürzeren Zeitabschnitten bemessen.[36] Hierin liegt nach Ansicht des BGH[37] jedoch keine Fälligkeitsregelung. Die Versicherungsperiode ist demnach lediglich die Bemessungsgrundlage der Prämien, begründet aber nicht die grundsätzliche Vereinbarung einer Jahresprämie. Die Fälligkeit der Prämie unterliegt demgemäß der freien Vereinbarung der Parteien, Versicherer und Verbraucher, sodass es keinen Vergleichsmaßstab zur Feststellung einer aufgeschobenen Fälligkeit gibt (vgl. → Rn. 17). Eine Fälligkeitsregelung enthält § 33 Abs. 1 VVG lediglich für die Erstprämie (vierzehn Tage nach Zugang des Versicherungsscheins), ohne damit zugleich eine Jahresprämie festzulegen. Bei dieser Sichtweise handelt es sich deshalb nicht um einen entgeltlichen Zahlungsaufschub, wenn die Jahresprämie, zB als „Tarif-Jahresbeitrag (100%)", Vertragsinhalt und zum Vertragsbeginn gezahlt werden kann, der Versicherungsnehmer sie aber fakultativ auf kürzere Zeiträume verteilen darf, zB durch monatliche Zahlungen und dafür ein Entgelt geschuldet wird („Ratenzuschlag"), vielmehr liegt darin die Vereinbarung monatlicher, fakultativer Fälligkeit. Es ist insbesondere kein effektiver Jahreszins (§ 6 PAngVO) anzugeben.

Kein Zahlungsaufschub liegt auch in **Energielieferungsverträgen** oder **40 Transportverträgen** – zu denken ist an die Jahreskarten der Deutschen Bahn oder im Luftverkehr, sonst dürfte in der Regel die 200-Euro-Grenze gem. § 491 Abs. 2 Nr. 1 ohnehin nicht erreicht sein –, außerdem in Rahmenverträgen, Sukzessivlieferungsverträgen und Wiederkehrschuldverhältnissen; hier kommt aber eine teilweise Anwendung der Vorschriften gem. § 510 BGB in Betracht. Sofern die Parteien bei diesen Vertragsarten allerdings nachträgliche Zahlungsweise und Vorleistung durch Lieferanten oder Dienstleister bei höherem Preis vereinbaren, als er bei Leistung zur regelmäßigen Fälligkeit zu erbringen wäre, liegt kein Rabatt, sondern entgeltlicher Fälligkeitsaufschub vor (→ Rn. 13), sodass das Gesetz sachlich anwendbar ist.[38]

Kein Kreditvertrag ist gem. Art. 2 Abs. 2 lit. d der VerbrKrRil (→ Rn. 1) der **41 Mietvertrag** (gelegentlich anglizisiert als „operating-leasing", → Rn. 66). Bei

---

[36] LG Bamberg, Urteil v. 8.2.2006 – 2 O 764/04 zu A.II.3.b. bb., 4.; LG Frankfurt am Main 2/6 O 111/11; MüKoBGB/*Schürnbrand* § 506 BGB Rn. 8; Staudinger/*Kessal-Wulf,* § 506 BGB Rn. 8; *Kammel,* Anwendungsbereich, S. 102; *v. Westphalen/*Emmerich/v. Rottenburg, § 1 VerbrKrG Rn. 168; Vorauflage. (7. Aufl.) § 506 BGB Rn. 41.
[37] V. 6.2.2013 – IV ZR 230/12, NJW 2013, 2195 = WM 2013, 358 Tz. 13 mit Komm. *Podewils* EWiR § 506 BGB 1/13, 605; OLG Schleswig NJW-RR 2013, 483; OLG Nürnberg NJW 2012, 3446; OLG Bamberg VersR 2007, 529; *Hadding* VersR 2010, 697; *Looschelders* VersR 2010, 977 (980); Erman/*Saenger* § 506 BGB Rn. 2228 („gekünstelt"); Sorgel/*Häuser* § 1 VerbrKrG Rn. 54 sowie Begründung zum VerbrKrG, → Rn. 2: Es handele sich um einen Rabattgewährung des Versicherers bei der Jahresprämie; s. dagegen auch *Wandt,* Versicherungsvertragsrecht, 4. Aufl. 2009, Rn. 358: Ratenzahlung.
[38] LG Mannheim NJW-RR 1996, 118; im Hinblick auf die Zahlungsweise kann bei einem Schlüssel-Fund-Dienst (Kostendeckung bei Schlüsselverlust) ein Haustürgeschäft trotz § 312 Abs. 3 BGB (§ 6 HWiG) zu bejahen (BGH NJW 1995, 324), aber ein Verbraucherkreditgeschäft zu verneinen sein.

§ 506   42, 43   1. Teil. Darlehen und Finanzierungshilfen

einem gemischten Vertrag mit Elementen eines Teilzahlungsgeschäfts und eines Mietvertrags untersteht nur der teilzahlungsgeschäftliche Teil den verbraucherkreditrechtlichen Vorschriften[39] (näher → § 491 Rn. 136). Schließen Vor- und Nachmieter einen Vertrag über die Übernahme von Möbeleinrichtungsgegenständen ab („Abstand") und darf der Nachmieter in Raten zahlen, ist Verbraucherkreditrecht entgegen früherer Rechtslage[40] nicht anwendbar, weil und soweit es sich um ein reines Privatgeschäft handelt (→ § 491 Rn. 46).

42   Der Begriff des Kredits ist auch auf einen **Grundstückskaufvertrag** übertragbar, namentlich bei entgeltlicher Stundung des Kaufpreises oder bei Immobilienleasing[41] (→ Rn. 12c). Nach Umsetzung der WohnimmoRil sind, anders als nach der vorangegangenen Rechtslage[42] Immobiliar-Finanzierungshilfen gem. Art. 4 Nr. 3 WohnimmoRil in den harmonisierten Bereich einbezogen, nämlich als Zahlungsaufschub nach § 506 Abs. 1, nicht aber als Teilzahlungsgeschäft nach § 506 Abs. 3; dieses setzt die Lieferung, also eine bewegliche Sache voraus. §§ 507, 508 sind also nicht anwendbar. Der Verbraucher erscheint durch die Belehrung des Notars gem. §§ 17 ff. BeurkG (→ § 495 Rn. 308) hinreichend geschützt ist. Bei fehlender Beurkundung und Heilung nach § 311b Abs. 1 Satz 2 BGB kommt allerdings die Gefahr rechtsgrundloser Auflassungen und Grundbucheintragungen im Fall widerrufener, aber auch noch schwebend wirksamer (→ § 495 Rn. 17) Kaufverträge, namentlich bei fehlender oder fehlerhafter Widerrufsinformation (→ § 495 Rn. 164), hinzu. Auch stimmen im Falle der Grundbucheintragung die Heilungsvorschriften von § 311b Abs. 1 Satz 2 BGB und §§ 494 Abs. 2, 506 Abs. 1 BGB nicht überein. Darlehen zum Grundstückserwerb sind Immobiliardarlehen nach § 491 Abs. 3 Nr. 1 oder Nr. 2, → § 495 Rn. 292, und können nach Maßgabe von § 358 Abs. 3 Satz 3 den Verbundtatbestand begründen. Auch können sich Nutzungsüberlassungsverträge nach § 506 Abs. 2 auf Grundstücke beziehen (→ Rn. 82).

43   **b) Einzelne Dienst- und Werkleistungen, Firmenwert.** Für den Begriff des Kreditvertrages kommt es im Gegensatz zum früheren Recht (§ 1 AbzG, Anhang 2) auf den Gegenstand des Vertrages nicht an (abgesehen von → Rn. 42), es muss sich insbesondere nicht um einen Kaufvertrag über bewegliche Sachen handeln. Ein Vertrag über den Erwerb von **Rechtsgesamtheiten,** insbesondere als dem Inbegriff von Sachen, Rechten und sonstigen immateriellen Werten, kann Kreditvertrag sein. Dazu gehört ein **Unternehmenskaufvertrag,** auch wenn er nicht lediglich Inventarkaufvertrag ist, sondern auch den Firmenwert (good will, stille Reserven) oder Forderungen und andere Rechte (§ 453 BGB) oder technisches Wissen (sog. know how) einschließt,[43] wenn die weiteren Vor-

---

[39] BGH NJW 1983, 2027; NJW 1973, 2200.
[40] LG Berlin ZMR 1985, 303.
[41] Es dürfte als Verbrauchergeschäft nicht vorkommen, auch fehlt es im Allgemeinen an der Vollamortisation (→ Rn. 73), *Sobotka* BB 1992, 827 zu 1., anders *in casu* BGH v. 26.11.2014 – XII ZR 120/13, Rn. 26, 32, NJW-RR 2015, 615.
[42] *Bülow* ZfIR 1998, 161; im Ergebnis ebenso *Wagner* ZNotP 1999, 458 (460); MüKo-BGB/*Schürnbrand* § 506 BGB Rn. 11 (anwendbar § 506 Abs. 1); Staudinger/*Kessal-Wulf* § 506 BGB Rn. 25; aA *Grziwotz* MDR 1997, 432; *v. Westphalen/Emmerich/v. Rottenburg* § 9 VerbrKrG Rn. 65; zweifelnd im Hinblick auf die Verbraucherkreditrichtlinie *Wolf* FS Heinsius, S. 967 (968).
[43] BGH WM 1993, 249 zu II. 1. mit Anm. *Hönn* WuB IV C.–1.93; BGH NJW 1990, 44 zu II. 1.b. mit Anm. *Emmerich* WuB IV C.–1.89 und Komm. *Knütel* EWiR § 1 AbzG

Zahlungsaufschub, sonstige Finanzierungshilfe 43 § 506

aussetzungen erfüllt sind, insbesondere bei Unternehmenserwerb einschließlich Firmenwerts (auch eines selbständigen Unternehmensteils⁴⁴) zum Zwecke der Existenzgründung (→ § 512 Rn. 5). Für den Begriff des Kreditvertrags spielt es also keine Rolle, wann von Sachkauf oder Unternehmenskauf auszugehen ist.⁴⁵ Anders als im Falle des Grundstückskaufvertrags (→ Rn. 42) dürfte auf einen Unternehmens- oder Rechtskaufvertrag⁴⁶ die Vorschrift von § 506 Abs. 3 analog anwendbar sein, sodass es sich um ein Teilzahlungsgeschäft handeln kann. Auch ein **Lizenzvertrag** über ein urheberrechtlich geschütztes Verlagsobjekt (§ 31 UrhG) kann Kreditvertrag sein,⁴⁷ so, wenn sich der Lizenznehmer verpflichtet, das Verlagsobjekt nach Bedarf und nach vorgegebenem Inhalt und äußerer Gestaltung drucken und herstellen zu lassen;⁴⁸ im Übrigen wird die Anwendung von Verbraucherkreditrecht meist an § 13 BGB scheitern, weil derartige Verträge nicht dem Privatbereich zuzurechnen sind, aber Existenzgründungsfälle sind denkbar. Entsprechendes gilt für den Vertrag über den Erwerb von Listen mit den Adressen möglicher Kaufinteressenten.⁴⁹ Kreditvertrag kann ein **Fertighausvertrag** mit Errichtungsverpflichtung als Werkvertrag sein,⁵⁰ nach Lage des Einzelfalls auch als Kaufvertrag,⁵¹ im Übrigen Herstellungsverträge⁵² (früher: Werklieferungsverträge) nach § 651 BGB; zum Verbraucherbauvertrag → Einf. Rn. 26a. Auf den Kauf von **Software** (mit Teilzahlungsabrede) ist Verbraucher-

---

2/89, 1041; BGH NJW 1988, 1668 zu 2.a. mit Anm. *Emmerich* WuB IV C.–1.88 und Bspr. JuS 1988, 820; Komm. *Grunewald* EWiR § 1 AbzG 1/88, 521; BGH WM 1985, 32 zu II. 1.a. bb.; BGH WM 1985, 358 zu 1; BGH NJW 1989, 163 mit Anm. *Emmerich* WuB IV C.–2.88; OLG Hamm NJW-RR 1990, 1468; unzutreffend *Vortmann* § 1 VerbrKrG Rn. 46; zum Vertragsabschlusstatbestand (§ 154 BGB) OLG Oldenburg WM 1997, 1252.
⁴⁴ BGH NJW 1980, 445 zu III. 1.
⁴⁵ So jedoch für Altverträge unter Geltung des AbzG. Der Kauf einer Sattelzugmaschine nebst Sattelauflieger in Raten ist an sich Teilzahlungsgeschäft; werden diese Sachen zusammen mit einer Genehmigung für den grenzüberschreitenden Fernverkehr verkauft, handelt es sich um einen Unternehmenskauf, BGH NJW 1980, 445 zu III.; Gleiches gilt, wenn Gegenstand des Vertrages nicht nur das Inventar einer Gaststätte, sondern auch das Recht zur Unternehmensfortführung ist, BGH NJW 1988, 1668 mit Bspr. *Emmerich* JuS 1988, 20 und Anm. WuB IV.C.–1.88 und Komm. *Grunewald* EWiR § 1 AbzG 1/88, 521; oder für den Teilzahlungskauf über Listen mit Adressen möglicher Kaufinteressenten, weil Gegenstand des Vertrages potentielle Kundschaft ist, OLG Nürnberg MDR 1979, 144, Nr. 67; dabei ist nicht entscheidend, ob die Parteien vereinbart hatten, dass ein Firmenwert nicht bestehe und nicht zu vergüten sei, BGH NJW 1990, 44 mit Komm. *Knütel* EWiR § 1 AbzG 2/89, 1041; die Aufgliederung des Vertrages in Kaufpreisraten für bewegliche Sachen einerseits und den Firmenwert sowie das Recht zur Namensführung andererseits rechtfertigt keine Aufspaltung des einheitlichen Kaufvertrages über das Unternehmen als Ganzes in einen Kauf der beweglichen Sachen einerseits und der sonstigen Vermögensgegenstände andererseits, BGH WM 1985, 32 zu II. 1.a. bb.
⁴⁶ BGHZ 97, 127 (131) mit Komm. *Paulusch* EWiR § 1c AbzG 1/86, 313.
⁴⁷ Nach § 1 AbzG war das abzulehnen, BGH NJW 1989, 456 zu II. 1.b. – Präsentbücher – (wenn man nicht einen Werklieferungsvertrag gem. § 651 BGB aF hätte annehmen müssen, *Schricker* EWiR § 1 AbzG 1/89, 105).
⁴⁸ BGH WM 1989, 146 mit Komm. *Schricker* EWiR § 1 AbzG 1/89, 105; zur Anwendung von § 505 → § 505 Rn. 51.
⁴⁹ OLG Nürnberg MDR 1979, 144.
⁵⁰ Entsprechende Fälligkeitsvereinbarung vorausgesetzt, BGH NJW 2006, 904 = WM 2006, 1264 Tz. 24, 25; WM 2006, 1735 Tz. 15; vgl. auch OLG Düsseldorf ZGS 2005, 358; OLG Koblenz BauR 2004, 1951 (1952); anders nach § 1 AbzG: BGHZ 87, 112.
⁵¹ BGH WM 2005, 248.
⁵² *Röthel* NJW 2005, 625.

§ 506   44, 45   1. Teil. Darlehen und Finanzierungshilfen

kreditrecht unmittelbar[53] anwendbar, wenn die Software auf zu übergebenden Disketten resp. CD-ROM, USB-Stick gespeichert ist[54] (Sachkauf), aber auch dann, wenn das Programm mittels Kabelverbindung direkt auf die Festplatte des Erwerbers überspielt wird;[55] jedenfalls handelt es sich in diesem Fall um eine Leistung iSv § 506 Abs. 3. Besonders erwähnt das Gesetz in § 357a Abs. 2 Satz 3 die Lieferung von digitalen Inhalten, die sich nicht auf einem körperlichen Datenträger befinden (→ § 495 Rn. 243). Bei gewerblicher Verwendung fehlt es jedoch am persönlichen Anwendungsbereich gem. § 13, von Existenzgründungsfällen nach § 512 abgesehen.

44 c) **Insbesondere: Unterrichtsverträge.** Private Unterrichtsverträge können den Direktunterricht zum Gegenstand haben; für Fernunterrichtsverträge gelten die Besonderheiten des FernUSG (→ Rn. 45 ff.).

45 aa) **Direktunterricht.** Ein Unterrichtsvertrag kann hinsichtlich der vom Lernenden, dem Schüler, geschuldeten Vergütung zugleich Kreditvertrag im Sinne von § 506 sein. Problematisch ist die Frage, wann von einem entgeltlichen Kredit in Bezug auf die Unterrichtsvergütung auszugehen ist. Unterrichtsverträge sind Dienstverträge, bei denen der Unterrichtsveranstalter gem. § 614 BGB mit der Durchführung des Unterrichts vorleistungspflichtig ist (→ Rn. 27). Die dementsprechende Leistung der Vergütung nach Zeitabschnitten stellt deshalb keinen Zahlungsaufschub dar, sondern entspricht der gesetzlichen Fälligkeitsregelung (→ Rn. 27).[56] Sofern dem Lernenden die Möglichkeit eingeräumt wird, die gesamte Vergütung oder Teile davon im Voraus zu erbringen und dabei weniger zahlen zu müssen als es der Summe der Einzelzahlungen entspricht, werden die der Fälligkeitsregelung von § 614 BGB entsprechenden Teilleistungen doch nicht zum Kredit. Daran ändert sich nichts, wenn der Veranstalter beim Lernenden den Eindruck einer Kreditgewährung erwecken mag, zB durch die Verwendung des Begriffs „Ratenzahlungen" für die Teilleistungen; der Begriff des Kredits bestimmt sich objektiv (→ Rn. 22). Erst wenn dem Lernenden Zahlungsmodali-

---

[53] BGH NJW 2007, 2394 Tz. 15 und nicht nur entsprechend wie nach § 1 AbzG, BGHZ 109, 97 (99 ff.) mit Aufsatz *König* NJW 1990, 1584, Anm. *Hoeren* JZ 1990, 239 und *Dörner* JZ 1991, 20 sowie Komm. *Lehmann* EWiR § 1 AbzG 1/90, 105; OLG Stuttgart NJW 1989, 2635; *König* NJW 1989, 2604 und 1993, 3121; *Marly* BB 1991, 432; OLG Karlsruhe NJW 1992, 1773; Internet-System-Vertrag als Werkvertrag: BGH NJW 2010, 1449 Tz. 15.
[54] BGHZ 102, 135 mit Komm. *Paulusch* EWiR § 459 BGB 1/87, 1171.
[55] BGH NJW 1990, 320 mit Komm. *Lehmann* EWiR § 1 AbzG 1/90, 105; OLG Stuttgart NJW 1989, 2635.
[56] BGH NJW 1996, 457 zu II. 3. mit Anm. *Pfeiffer* LM Nr. 3 zu § 1 VerbrKrG, Bspr. *Emmerich* JuS 1996, 459 und Komm. *Bülow* EWiR § 1 VerbrKrG 1/ 96, 91 gegen Vorinstanz OLG Stuttgart ZIP 1993, 1466; BGH NJW-RR 1996, 1266; OLG Düsseldorf NJW-RR 1997, 1074; LG Karlsruhe NJW-RR 2000, 1442; AG Krefeld NJW-RR 1995, 55; *Fischer* MDR 1994, 1063 (1065); *Wienands* Unterrichtsvertrag, S. 98; aA – Kreditvertrag bejaht – OLG Stuttgart aaO sowie LG Berlin VuR 1992, 367; AG Saarbrücken VuR 1995, 142; LG Saarbrücken MDR 1994, 1086; LG Göttingen NJW-RR 1993, 181 mit Komm. *Dörner* EWiR § 1 VerbrKrG 1/92, 1133; offen gelassen von AG Kaiserslautern NJW-RR 1997, 1073; zur Kündigung BGH NJW 1993, 326 mit Anm. *Grunewald* LM Nr. 3 zu § 620 BGB; LG Gießen NJW-RR 2001, 1714; AG Berlin-Tiergarten VuR 1997, 436; LG Kassel NJW-RR 2001, 425; zur Treuwidrigkeit NJW-RR 2008, 3 AGBG LG Bonn NJW-RR 1999, 1361; zur arglistigen Täuschung („Tierheilpraktiker") AG Starnberg NJW-RR 1992, 950; zur Kündigung OLG Hamburg NJW-RR 2011, 1354; OLG Koblenz NJW-RR 2011, 1355.

täten eingeräumt werden, durch die spätere als die gesetzlichen Fälligkeitszeitpunkte entstehen und sich dadurch die finanzielle Belastung des Lernenden vergrößert (zB 21 Monatsraten für zwölfmonatigen Lehrgang[57]), liegt darin ein Kredit. Werden die gem. § 614 BGB danach fälligen Vergütungsanteile durch einen Dritten im Verbund finanziert, kann § 358 Abs. 2 BGB anwendbar sein (→ § 495 Rn. 332). Unberührt bleibt die Möglichkeit des Vertragsabschlusses im Fernabsatz[58] (→ Rn. 33). Bei **Partnerschaftsvermittlungsverträgen** stellt sich die Frage der analogen Anwendung von § 656 Abs. 1 BGB,[59] wodurch ein Widerrufsrecht obsolet und bei Drittfinanzierung der Einwendungsdurchgriff gem. § 359 BGB relevant würde.[60]

bb) Fernunterricht (FernUSG). Das FernUSG (Anhang 3) ist anwendbar 46 auf Verträge, die sich ua dadurch kennzeichnen, dass der Lehrende und der Lernende ausschließlich oder überwiegend[61] räumlich getrennt sind (§ 1 Abs. 1 Nr. 1 FernUSG). Vertragspartner des Fernunterrichtsvertrages sind gem. § 2 Abs. 1 FernUSG der Veranstalter und der Teilnehmer. Beide müssen mit Lehrendem und Lernendem nicht identisch sein.[62] So kann der Fernunterrichtsvertrag ein Vertrag zugunsten Dritter (§ 328 BGB) sein, den der Teilnehmer für den Lernenden abschließt, zB der Arbeitgeber für seine Mitarbeiter.

(1) Widerrufsrecht. Gem. § 4 Satz 1 FernUSG hat der Teilnehmer ein Wi- 47 derrufsrecht nach § 355 BGB. Ein Fernunterrichtsvertrag kann zugleich Fernabsatzgeschäft oder außerhalb von Geschäftsräumen zustandegekommen sein, sodass § 312c resp. § 312b und Art. 246a EGBGB unmittelbar anwendbar sind. Ist dies nicht der Fall, bestimmt § 3 Abs. 2 FernUSG die entsprechende Anwendung, außerdem § 4 Satz 2 FernUSG die entsprechende Anwendung von §§ 356 und 357 BGB. Das bedeutet für das Widerrufsrecht, dass gem. § 356 Abs. 2 der Beginn der Widerrufsfrist zunächst von der Unterrichtung über das Widerrufsrecht nach Art. 246a § 1 Abs. 2 Nr. 1 EGBGB abhängt. Sodann ist § 356 Abs. 2 Nr. 1 lit. d) entsprechend anwendbar, was bedeutet, dass die Widerrufsfrist erst beginnt, wenn der Verbraucher die erste Lieferung des schriftlichen oder audiovisuellen Fernlehrmaterials erhalten hat, um dieses überprüfen zu können;[63] das Widerrufsrecht erlischt nach § 356 Abs. 3 Satz 2 resp. Abs. 4 (→ § 495 Rn. 165). Zwar bedarf die Vertragserklärung des Teilnehmers (→ Rn. 48: nicht notwendig ein Verbraucher) gem. § 3 Abs. 1 FernUSG der schriftlichen Form, jedoch ist

---
[57] BGH NJW 1996, 457 zu II. 4.; NJW-RR 1996, 1266 zu II. 4.
[58] *Ammermann* VuR 2005, 41 (43).
[59] Bejahend BGHZ 112, 122; *Compensis/Reiserer* BB 1991, 2457 (2461 ff.); OLG Hamburg NJW-RR 1989, 1521; OLG Dresden VuR 2000, 217 zu 1.b.; LG Chemnitz VuR 1997, 402 mit Anm. *Dittrich;* AG Dortmund NJW-RR 1999, 494: Umgehungsgeschäft nach § 18 VerbrKrG (nun § 511 BGB) durch Finanzierung.
[60] Zum Widerruf gem. § 312 BGB resp. § 1 HWiG, jetzt § 312g, BGH ZGS 2010, 273; LG Arnsberg NJW-RR 1992, 692; LG Hamburg VuR 1998, 67; *Patrick Meier NJW* 2011, 2396; zur sittenwidrigen Zwangsvollstreckung LG Freiburg NJW-RR 1992, 1149 sowie BVerfG NJW 1993, 1125; zur Klauselkontrolle OLG Nürnberg NJW-RR 1997, 1556.
[61] Das heißt, weniger als die Hälfte des Lehrstoffs wird im Direktunterricht vermittelt, AG Krefeld NJW-RR 1995, 55.
[62] *Bülow* NJW 1993, 2837 (2838).
[63] Eine für diesen Zweck kurz bemessene Frist, *Medicus* JuS 1988, 1 (4), dagegen besondere Kündigungsmöglichkeit gem. § 5 FernUSG; *Wienands* Unterrichtsvertrag, S. 26; BGHZ 90, 280 (284 f.); 120, 108 (116, 122); OLG Celle NJW-RR 1995, 1465; AG Krefeld NJW-RR 1995, 55 (56).

§ 506   48, 49   1. Teil. Darlehen und Finanzierungshilfen

der Beginn der Widerrufsfrist nicht davon abhängig, dass der Veranstalter eine Vertragsurkunde zur Verfügung stellt; § 356b Abs. 1 (→ § 495 Rn. 154) ist nicht anwendbar. Dieses Widerrufsrecht gilt unabhängig von einer Teilzahlungsabrede für die Vergütung des Veranstalters. Wird der Fernunterricht aber gegen Teilzahlungen erbracht, ist der Fernunterrichtsvertrag zugleich Teilzahlungsgeschäft iSv § 506 Abs. 3 BGB, soweit die weiteren Voraussetzungen, insbesondere hinsichtlich des persönlichen Anwendungsbereichs (→ Rn. 48) und Entgeltlichkeit (→ Rn. 29), erfüllt sind.[64] Nach § 9 FernUSG ist in diesem Fall § 356b BGB anwendbar, sodass die Widerrufsfrist aus § 4 FernUSG erst mit der Aushändigung einer Vertragsurkunde resp. einer Abschrift mit den Angaben nach § 492 Abs. 2 BGB, Art. 247 § 6 und insbesondere § 12 EGBGB beginnt (→ Rn. 104). Das Widerrufsrecht, das nicht zugleich Teilzahlungsgeschäft ist (hierzu → Rn. 49), erlischt zwölf Monate und 14 Tage nach Eingang des ersten Lehrmaterials und Vertragsabschluss (§ 356 Abs. 3 Satz 2), außerdem nach vollständiger Vertragserfüllung durch den Veranstalter nach näherer Maßgabe von § 356 Abs. 4 Satz 1 BGB.

48   **(2) Persönlicher Anwendungsbereich von FernUSG und Verbraucherkreditrecht.** Während verbraucherkreditrechtliche Normadressaten auf der Kreditnehmerseite nur Verbraucher iSv § 13 BGB und Existenzgründer (§ 507) sind (→ § 491 Rn. 51 ff.), grenzt das FernUSG den Begriff des Teilnehmers nicht ein, ja, der Teilnehmer braucht noch nicht einmal natürliche Person zu sein. Das erscheint auch sachgerecht im Hinblick auf Fernunterrichtsverträge zugunsten Dritter (→ Rn. 45). Da es Anliegen des Gesetzes ist, eine falsche Prognose über Eignung und Fähigkeit des Lernenden zur Teilnahme am Fernunterricht über die geplante Zeit korrigieren zu können,[65] im Übrigen aber das Fernlehrwesen als wichtigen Bestandteil eines modernen Weiterbildungssystems zu fördern,[66] erscheint eine restriktive Anwendung des Gesetzes, die gewerbliche Unternehmen, welche für ihre Beschäftigten Fernunterrichtsverträge abschließen, als Normadressaten ausschlösse, nicht geboten,[67] wenngleich das Fernunterrichtsgesetz als typisches Verbraucherschutzgesetz apostrophiert zu werden pflegt.[68] Der persönliche Anwendungsbereich des FernUSG erfasst also auch den selbständig gewerblich oder beruflich tätigen Teilnehmer. Überschneidungen von Fernunterrichtsgesetz und Verbraucherkreditrecht können folglich nur auftreten, sofern der Teilnehmer zugleich auch Normadressat von Verbraucherkreditrecht, also Verbraucher oder Existenzgründer iSv §§ 13, 512 ist.

49   **(3) Kreditierter Fernunterrichtsvertrag.** Ist der Fernunterrichtsvertrag zugleich Teilzahlungsgeschäft (→ Rn. 46), unterliegt er auch den Formerforder-

---

[64] BGH NJW 1996, 457 mit Komm. *Bülow* EWiR § 1 VerbrKrG 1/96, 91 und → Rn. 43.
[65] BT-Drucks. 7/4245, S. 12, 13.
[66] BT-Drucks. 7/4965, S. 1; BT-Drucks. 7/4245, S. 11; wie auch die Einbeziehung des Bundesinstituts für Berufsbildung zeigt, §§ 19 Abs. 2 FernUSG, 25, 26 Abs. 2 BBiG, 14 Abs. 2 Nr. 6 AusbildungsplatzförderungsG sowie dessen Richtlinien für die Überprüfung und Anerkennung berufsbildender Fernlehrgänge, in: Rechtsgrundlagen zur Ordnung des Fernunterrichts, S. 32.
[67] So aber *Bühler* Fernunterrichtsvertrag, S. 95/96; wie hier auch *v. Hoffmann* IPRax 1989, 261 (267); *Hadding* FS Brandner, S. 207 (210).
[68] BGH NJW 2010, 608 Tz. 17; *Gilles* JA 1980, 1, 3; *Dörner* BB 1977, 1739; *Bartl* NJW 1976, 1993; *Faber/Schade* FernUSG, Einl. Rn. 8 sowie § 1 Rn. 1; *Heinbuch* Theorien, S. 75/76.

nissen von § 507 Abs. 2 Satz 1. Die gem. § 3 FernUSG notwendigen Angaben können mit den nach § 507 Abs. 2 BGB notwendigen Angaben in einer Urkunde verbunden werden (werden zwei Urkunden erstellt, ist die Zusammengehörigkeit durch körperliche Verbindung oder sonst in geeigneter Weise erkennbar zu machen, → § 492 Rn. 39). Als Teilzahlungsgeschäft ist der Fernunterrichtsvertrag zugleich Finanzdienstleistung mit der Folge, dass das Widerrufsrecht gem. § 356 Abs. 3 Satz 3 nicht erlischt.

(4) Verbundene Geschäfte. Wird die vom Teilnehmer und Verbraucher (→ Rn. 48) an den Veranstalter des Fernunterrichts zu leistende Vergütung (§ 2 Abs. 2 FernUSG) von einem Dritten finanziert und bilden Fernunterrichtsvertrag und Darlehensvertrag eine wirtschaftliche Einheit, ist gem. § 4 Satz 3 FernUSG das Reglement von § 358 BGB anwendbar. Kommt danach sowohl ein **Widerrufsrecht** in Bezug auf den finanzierten (verbundenen) Vertrag, hier also den Fernunterrichtsvertrag, als auch dem Finanzierungsvertrag, also dem Verbraucherdarlehensvertrag in Betracht, hat der Verbraucher ein Wahlrecht (→ § 495 Rn. 333), dessen Ausübung zur Widerrufserstreckung nach § 358 Abs. 1 oder Abs. 2 führt. Ein isolierter Widerruf nur des Verbraucherdarlehensvertrags, mit dem die Widerrufserstreckung ausgeschlossen und der Fernunterrichtsvertrag aufrechterhalten bleiben soll, dürfte nicht möglich sein (→ § 495 Rn. 349). 50

Die **Schriftform** ist auch im Falle von drittfinanzierten Fernunterrichtsverträgen nach Maßgabe von § 492 Abs. 1 BGB für den Verbraucherdarlehensvertrag und außerdem nach § 3 Abs. 1 FernUSG für den Fernunterrichtsvertrag zu wahren (→ Rn. 49). 51

(5) Kündigung. Eine vorzeitige Ablösung isv § 500 Abs. 2 BGB ist denkbar, wenn nach Abschluss des Fernlehrgangs noch die kreditierte Vergütung zu leisten ist. Für die Kündigung des Fernunterrichtsvertrages vor dem geplanten Ende des Lehrgangs ist § 5 Abs. 3 FernUSG lex specialis gegenüber § 500 BGB.[69] 52

d) Insbesondere: Franchise. Franchiseverträge[70] kennzeichnen sich dadurch, dass der Franchisegeber dem Franchisenehmer vertraglich gegen Entgelt das Recht einräumt, bestimmte Waren bzw. Dienstleistungen unter Verwendung von Name, Marke,[71] Ausstattung etc. sowie der gewerblichen und technischen Erfahrungen[72] des Franchisegebers unter Beachtung des von diesem entwickelten Organisations- und Werbesystems zu vertreiben (Waren- und Dienstleistungsfranchising; darin kann zugleich eine vertikale Wettbewerbsbeschränkung isv Art. 101 Abs. 1 AEUV liegen,[73] allerdings mit Freistellung gem. VO 330/2010/ EG,[74] Art. 1 Abs. 1 lit. f und g. Vor allem im Hinblick auf Existenzgründungen 53

---

[69] *Bülow* NJW 1993, 2837 (2840); *Münstermann/Hannes* VerbrKrG, Art. 4 Rn. 894; zur außerordentlichen Kündigung AG Berlin-Tiergarten VuR 1997, 436.
[70] Kodifizierung? befürwortend *Bundesrechtsanwaltskammer*, beck-aktuell v. 30.7.2013.
[71] Hierzu BGH NJW 2008, 1214 mit Anm. *Witt*.
[72] Zum Transfer technischen Wissens *Giesler* ZIP 2003, 1025 (1030).
[73] Früher kam nach Lage des Einzelfalls auch eine verbotene Preisbindung des Franchisegebers nach § 14 GWB aF in Betracht, BGH WM 2004, 150 mit Komm. *Pohlmann* EWiR § 14 GWB 2/04, 289.
[74] Vom 24.4.2010, ABlEG L 102/1, Legaldefinition in Art. 1 Abs. 3 lit. a. der Vorgängerregelung VO 4087/EWG vom 30.11.1988, ABlEG L 359/46; s. auch Ehrenkodex des Deutschen Franchiseverbandes, in: Jahrbuch Franchising 1999/2000, S. 218 sowie in *R. Schulze* (Hrsg.), Franchising im Europäischen Privatrecht, 2001, S. 294, zitiert auch bei *Flohr* DStR 2003, 1622; *Emmerich*, Kartellrecht, § 5 Rn. 22ff.(S. 102); *Haager* NJW 2002,

§ 506 53   1. Teil. Darlehen und Finanzierungshilfen

kann der Franchisenehmer Normadressat iSv § 512 sein (→ § 512 Rn. 5), jedenfalls im Vertragstyp des Subordinationsfranchising. Ganz nach Lage des Einzelfalls kann ein Franchisenehmer auch als unselbständig-beruflich Tätiger anzusehen sein (→ § 491 Rn. 69), sodass er schon deshalb in den persönlichen Anwendungsbereich des Gesetzes fällt. In Fällen von Partnerschaftsfranchising,[75] bei denen Franchisegeber und Franchisenehmer eine Gesellschaft bürgerlichen Rechts bilden, ist das Gesetz vorbehaltlich eines Umgehungstatbestands gem. § 512 Satz 2 (→ § 512 Rn. 17) dagegen nicht anwendbar, auch wenn der Franchisegeber für die Gegenleistung des Franchisenehmers eine Finanzierungshilfe gewährt: Ein Gesellschaftsvertrag als solcher ist kein Kreditvertrag (→ Rn. 23 sowie → § 495 Rn. 309). Im Subordinationsfranchising kann Gegenstand des Kredits die sogenannte Einstandsgebühr sein.[76] Oft werden Franchiseverträge mit Verträgen über den Bezug von Waren[77] oder der Erstausstattung eines Geschäftslokals verbunden, die ihrerseits Kreditverträge sein können, wenn der Franchisegeber diese Leistung gegen entgeltlichen Zahlungsaufschub gewährt (→ Rn. 29 und → § 495 Rn. 214).[78] Geht der Franchisenehmer eine Bezugsverpflichtung für Waren (nicht: Dienstleistungen) ein, kann es sich um einen Ratenlieferungsvertrag nach § 510 BGB handeln,[79] bei Existenzgründungen verbunden mit einem Kreditvolumen von 75 000 € nach § 513, 2. HS. BGB.[80] Wird danach ein solcher Teilvertrag widerrufen, ist die Wirksamkeit der anderen Verträge, auch des Franchisevertrags selbst, an § 139 BGB zu messen.[81] Infolgedessen kann die Einstandsgebühr kondizierbar sein.[82] Auf der anderen Seite führt die kartellrecht-

---

1463 (1472); *Liebscher/Petsche* EuZW 2000, 400; *Hänlein* DB 2000, 374 (375); *Bräutigam* RIW 1997, 470; s. auch BGH NJW 1999, 2671 und GRUR 2001, 92 (Preisbindungsverbot); OLG Hamm NJW-RR 1994, 243; OLG Dresden NJW-RR 1996, 1013; LG Berlin NJWE-WettbR 1996, 191.
[75] LG Berlin NJW-RR 1994, 692, wohl auch in der Fallgestaltung BGH NJW 1999, 1177; *Höpfner* Franchiseverträge, S. 41; diff. *Zwecker* JA 1999, 159 (163): symbiotischer Vertrag.
[76] Dazu OLG Frankfurt NJW-RR 1995, 1395.
[77] Zulässig: BGH WM 2009, 374.
[78] EuGH NJW 1986, 1415 mit Komm. *Bunte* EWiR Art. 85 EWGV 2/86, 269; BGH NJW 1987, 639 mit Bspr. *Emmerich* JuS 1987, 318 und Komm. *Paulusch* EWiR § 138 BGB 12/86, 1173; BGH NJW 1985, 1894; OLG Hamm ZIP 1992, 1224 mit Komm. *Bülow* EWiR § 2 VerbrKrG 1/92, 1031; OLG Frankfurt NJW-RR 1991, 1272 mit krit. Komm. *Martinek* EWiR § 1c AbzG 1/91, 731; *Böhner* NJW 1992, 3135 (3136); Abgrenzung zum Handelsvertreter: OLG Schleswig NJW-RR 1987, 220; AGB-Fragen: *Liesegang* BB 1991, 2381.
[79] BGHZ 137, 115 = WM 1998, 126 zu II. 1. mit Bspr. *Wolf* WM 1998, Beil. 2, S. 19; BGHZ 97, 351 mit Komm. *v. Westphalen* EWiR § 1c AbzG 2/86, 529; OLG Nürnberg NZM 1998, 375; OLG Schleswig NJW 1988, 3024; OLG Hamm ZIP 1992, 1224 mit Komm. *Bülow* EWiR § 2 VerbrKrG 1/92, 1031; *Martinek* Vertriebsrecht, Rn. 104 ff.; *Herrfeld* Franchisenehmer, S. 185 f.
[80] AA *Giesler* ZIP 2002, 420 (421): teleologische Reduktion für Franchisenehmer.
[81] BGHZ 128, 156 (165 f.) „ceiling Doctor", krit. *Giesler* NZM 2001, 658 (659); 112, 376 (378) für Grundstückskaufvertrag, der mit widerrufenem Bierlieferungsvertrag (→ § 510 Rn. 48) verbunden war; BGH NJW 1991, 105; OLG Nürnberg NZM 1998, 375 zu II.; OLG Frankfurt WiB 1996, 1116 mit Anm. *Haager*, Komm. *Reichold* EWiR § 134 BGB 1/96, 485; LG Berlin NJWE-WettbR 1996, 191; im Ergebnis auch LG Berlin NJW-RR 1994, 692.
[82] OLG Frankfurt NJW-RR 1995, 1395; OLG Dresden NJW-RR 1996, 1013 für den Fall fristloser Kündigung, krit. *Adams/Witte* DStR 1998, 251 (254/255); zu den Voraussetzungen der fristlosen Kündigung eines Franchise-Vertrags BGH NJW 1999, 1177.

liche Nichtigkeit des Franchisevertrages nach § 134 BGB im Allgemeinen nicht zur Nichtigkeit der daraufhin abgeschlossenen einzelnen Kaufverträge.[83]

e) Gemischte Verträge. Ist ein Vertrag über eine Finanzierungshilfe mit Vertragselementen verknüpft, die außerhalb des persönlichen oder sachlichen Anwendungsbereichs von Verbraucherkreditrecht stehen (zB sowohl private wie unternehmerische Nutzung einer Sache), ist in § 139 resp. in der Feststellung überwiegender privater oder unternehmerischer Nutzung eine Lösung zu suchen (näher → § 491 Rn. 141, → Rn. 24). 54

II. Teilzahlungsgeschäfte (Abs. 3)

Eine besondere Art des Vertrages über eine Finanzierungshilfe in der Form eines Zahlungsaufschubs (→ Rn. 15) ist das Teilzahlungsgeschäft, das seinen Ausgangspunkt bereits im Abzahlungsgesetz gefunden hatte. 55

1. Anwendungsbereich

Der Begriff des Abzahlungs-, synonym Teilzahlungsgeschäfts ist nicht auf Kaufverträge beschränkt, sondern erfasst alle Vertragsarten, welche die Pflicht des unternehmerischen Kreditgebers zur Warenlieferung oder zur Leistungserbringung begründen, zB Werk-, Dienst-, Geschäftsbesorgungs- oder Verträge eigener Art (→ Rn. 19). Dagegen bleiben Immobilien vom Teilzahlungsgeschäft ausgeschlossen (sie können nicht Gegenstand einer Lieferung sein, → Rn. 42, wohl aber Gegenstand eines Zahlungsaufschubs). Ratenlieferungsverträge iSv § 510 können als Teilzahlungsgeschäft ausgestaltet werden (→ § 510 Rn. 11). Kreditverträge im Fernabsatzhandel sind unter den Voraussetzungen von § 507 Abs. 1 Satz 2 formprivilegiert (→ § 502 Rn. 8). 56

2. Bestimmtheit und Abgrenzung zu Abs. 1

Der Begriff des Teilzahlungsgeschäfts setzt voraus, dass Gegenstand des Vertrags eine bestimmte Dienstleistung oder bewegliche Sache, und sei es auch nur der Gattung nach,[84] ist. Sagt der Kreditgeber dem Verbraucher die Finanzierung von Sachen oder Leistungen zu, die später erst zu konkretisieren sind, fehlt es an der Bestimmtheit, sodass nicht ein Teilzahlungsgeschäft gegeben ist, wohl aber ein Vertrag über einen Zahlungsaufschub nach § 506 Abs. 1 anzunehmen sein kann. Deshalb unterliegen Rahmendarlehen zum fortlaufenden Bezug von Waren, zB mittels Kundenkarten, nicht den Besonderheiten von § 507 (→ Rn. 63). 57

3. Teilzahlungsgeschäft und Ratenzahlung

Da mit Teilzahlungsgeschäften, wie es in der Begründung zum VerbrKrG heißt,[85] die „klassischen Abzahlungsgeschäfte" gemeint sind, könnte man daran denken, dass es bei der abzahlungsrechtlichen Doktrin zur erforderlichen Anzahl 58

---

[83] BGH NJW 1997, 933 zu II. A. 2. d. mit Anm. *Bülow* LM Nr. 85 zu § 139 BGB; OLG Frankfurt EWiR § 139 BGB 1/96, 485 *(Reichold)* und Anm. *Haager* WiB 1996, 1116.
[84] Staudinger/*Kessal-Wulf* § 506 BGB Rn. 25; MüKoBGB/*Schürnbrand* § 506 BGB Rn. 11: nicht notwendig Stückschuld.
[85] BT-Drucks. 11/5462, S. 519.

der Raten bleibt. Danach käme es darauf an, dass nach Übergabe der Sache (resp. Leistungserbringung) mindestens noch zwei Raten zu zahlen sind.[86] Mithin wären auch solche Verträge über bewegliche Sachen oder Leistungen keine Teilzahlungsgeschäfte nach § 506 Abs. 3, bei denen der gesamte Preis erst in hinausgeschobener Fälligkeit, also nicht in Raten, zu zahlen ist, sofern der Kreditgeber dafür ein Entgelt verlangt (→ Rn. 29), sowie dann, wenn eine Anzahlung vor Übergabe und danach nur eine einzige Rate zu zahlen ist. Dieser Sicht folgt Verbraucherkreditrecht aber nicht mehr. Auf die Anzahl der Raten kommt es für den Begriff des Teilzahlungsgeschäfts also nicht an, sondern auf den Gegenstand des Vertrages, der darin liegt, dass eine **bestimmte Sache** zu liefern (→ Rn. 57) oder eine **bestimmte Leistung** zu erbringen ist[87] und die Gegenleistung des Verbrauchers mit einem Zahlungsaufschub (→ Rn. 15) verbunden ist. Ein Zahlungsaufschub ist demgemäß auch dann vereinbart, wenn der Verbraucher überhaupt keine Raten zu leisten hat, sondern die gesamte Vergütung kreditiert ist. **Nicht** Voraussetzung des Begriffs Teilzahlungsgeschäft ist also insbesondere, dass der Käufer (resp. Besteller, Dienstberechtigter, Auftraggeber) nach Übergabe der Sache oder nach Leistungserbringung noch mindestens **zwei Raten** zu leisten hätte, wie dies unter der Geltung des AbzG noch der Fall gewesen war. Leistet der Verbraucher deshalb vor oder bei Übergabe oder Leistungserbringung einen Teil des Preises und hat er den gesamten Rest danach in einem einzigen Betrag zu erbringen, handelt es sich zwar nicht um ein Abzahlungsgeschäft iSv § 1 AbzG, wohl aber um ein Teilzahlungsgeschäft iSv § 506 Abs. 3 BGB, gleichermaßen, wenn die gesamte Vergütung kreditiert ist, der Verbraucher also nur einen einzigen Betrag zu zahlen hat (→ Rn. 29).[88] Dagegen ist kein Teilzahlungsgeschäft der Ansparvertrag, bei dem der Verbraucher den Preis bis zur Übergabe oder Leistungserbringung, und sei es in Teilbeträgen, zahlt, weil in diesem Fall der Verbraucher Kredit gibt und nicht nimmt.[89] Voraussetzung ist stets, dass die hinausgeschobene Fälligkeit der Zahlung entgeltlich gewährt wird; erhebt der unternehmerische Verkäufer oder Leistungserbringer als Kreditgeber keinen Teilzahlungsaufschlag, ist der sachliche Anwendungsbereich von § 506 nicht erreicht.[90]

4. Dreimonategrenze

59 Der Vertrag über einen Zahlungsaufschub ist anders als nach der Vorgängerregelung von § 499 Abs. 1 BGB aF auch dann verbraucherkreditrechtlich relevant, wenn der Zeitrahmen von drei Monaten unterschritten wird, das gilt

---

[86] BGHZ 70, 378 (382) = NJW 1978, 1315; BGH NJW 1988, 1021 mit Anm. *Koller* WuB VI C.–1.88 und Komm. *Knütel* EWiR § 1b AbzG 1/88, 209; BGH NJW 1993, 128.
[87] Gl. A. *Reinicke/Tiedtke* ZIP 1992, 217 (218).
[88] MüKoBGB/*Schürnbrand* § 506 BGB Rn. 11; Staudinger/*Kessal-Wulf* § 506 BGB Rn. 23; *Bruchner/Ott/Wagner-Wieduwilt* § 4 VerbrKrG Rn. 80 sowie *Reinicke/Tiedtke* ZIP 1992, 217 (218); OLG Koblenz BauR 2004, 1951; aA *Erman/Saenger* § 506 BGB Rn. 26: es bleibe bei § 506 *Abs. 1*.
[89] BGHZ 70, 379 (381 f.) = NJW 1978, 1315; OLG München WM 1984, 344 sowie → § 491 Rn. 106; zur Frage der Sittenwidrigkeit: BGH WM 1982, 533; keine Anwendung auch auf § 510, → § 510 Rn. 36.
[90] OLG Koblenz BauR 2004, 1951 (1953); LG Hamburg ZIP 1994, 290 mit Komm. *Probst* EWiR § 1 VerbrKrG 1/94; anders noch bei Geltung des Abzahlungsgesetzes BGH NJW 1988, 1021 zu 1. a. mit Komm. *Knütel* EWiR § 1b AbzG 1/88, 209.

Teilzahlungsgeschäfte 60–63a § 506

auch und gerade für Teilzahlungsgeschäfte. Auch ein kürzerer entgeltlicher Zahlungsaufschub begründet also die Anwendung von § 507 und das Widerrufsrecht (§ 495). Jedoch kann gem. § 506 Abs. 4 (→ Rn. 135) der Ausnahmetatbestand von § 491 Abs. 2 Nr. 3 erfüllt sein, wenn außer der Tilgung binnen drei Monaten nur geringfügige Kosten (→ § 491 Rn. 167) vereinbart sind. In diesem Fall ist Verbraucherkreditrecht nicht anwendbar.

5. Vertragsarten

Sofern die vom Verbraucher zu erbringende Gegenleistung, der Preis, in Teilzahlungen zu erbringen ist oder sonst gestundet wird (→ Rn. 15, 58), kommen die für einen Kreditvertrag denkbaren Vertragsarten (→ Rn. 43) auch für Teilzahlungsgeschäfte in Betracht. 60

6. Vertragsänderung

Die Teilzahlungsabrede, die zur Anwendung von § 506 Abs. 3 führt, kann im ursprünglichen Vertrag, aber auch **nachträglich** getroffen werden[91] (→ § 491 Rn. 138), sodass sich der formfreie Kauf-, Werk- und Dienstvertrag in einen Kreditvertrag in der Ausprägung eines Teilzahlungsgeschäfts mit Anwendung von §§ 507, 506 Abs. 1, 3 verwandelt. Dagegen ist eine nachträgliche Stundungsvereinbarung, mit der die bereits vereinbarte Fälligkeit von Teilzahlungen hinausgeschoben wird, nicht selbst Teilzahlungsgeschäft, sondern Zahlungsaufschub nach § 506 Abs. 1 (→ Rn. 63). 61

7. Beweislast

Der Verkäufer, der Zahlung des gesamten Preises oder des Restkaufpreises verlangt, ohne eine Vertragsurkunde vorzulegen, trägt die Beweislast dafür, dass sich die Parteien über einen Barkauf und nicht über einen Teilzahlungskauf geeinigt hatten (→ Rn. 32). 62

III. Verträge mit Zahlungsaufschub (§ 506 Abs. 1), die keine Teilzahlungsgeschäfte sind (§ 506 Abs. 3)

Da Teilzahlungsgeschäfte als besonderer Tatbestand eines Zahlungsaufschubs durch §§ 506 Abs. 3, 507 und 508 erfasst sind, stellt sich die Frage, welche Geschäfte über einen Zahlungsaufschub sich nur nach § 506 Abs. 1 richten, sodass §§ 507, 508 nicht anwendbar sind. Was Finanzierungsleasing und Mietkauf als sonstige Finanzierungshilfen nach § 506 Abs. 1 betrifft, gibt es keine Besonderheiten zu den anwendbaren Vorschriften, vielmehr bleibt es bei § 506 Abs. 1, abgesehen vom Restwertgarantiefall nach § 506 Abs. 2 Satz 2 (→ Rn. 81 ff.). Verträge über einen Zahlungsaufschub, die nicht Teilzahlungsgeschäfte sind, liegen in Folgendem: 63

1. Rahmenverträge des Handels

Es kommt vor, dass dem Verbraucher vom Händler ein Kredit in der Weise eingeräumt wird, das er bis zur Höhe des Kredits fortlaufend Waren beziehen 63a

---

[91] BGH WM 1985, 358 zu 2.; offen BGH BB 1985, 689 (693 zu VIII. 2.a.).

Bülow 703

darf, zB mittels **Kundenkarten**. Hierbei handelt es sich nicht um ein Teilzahlungsgeschäft, weil ein solches die Lieferung einer – auch nur der Gattung nach – bestimmten Sache oder die Erbringung einer bestimmten Leistung voraussetzt. In der Bestimmtheit liegt das entscheidende Abgrenzungsmerkmal zum allgemeinen Fall des Zahlungsaufschubs nach § 506 Abs. 1 (→ Rn. 57). Hat der Unternehmer nicht eine bestimmte Leistung zu erbringen, sondern räumt er dem Verbraucher einen Kreditrahmen ein, innerhalb dessen der Verbraucher beliebig Waren oder Dienstleistungen beanspruchen kann, fehlt es an der Bestimmtheit. Deshalb sind derartige Rahmenverträge des Handels zwar Verbraucherkreditgeschäfte in der Form des Zahlungsaufschubs, aber keine Teilzahlungsgeschäfte.

2. Immobiliar-Finanzierungshilfen

63b Zahlungsaufschub, aber nicht Teilzahlungsgeschäft ist auch die Immobiliar-Finanzierungshilfe, zB bei Stundung des Grundstückskaufpreises gegen Entgelt (→ Rn. 42). Das Teilzahlungsgeschäft setzt die Lieferung einer Sache, also einen Standortwechsel, voraus, was, von Fertighäusern abgesehen (→ § 491 Rn. 96h), nur bei einer beweglichen Sache denkbar ist.

3. Entgeltliche Stundung einer Forderung

63c a) **Grundfälle**. Die Stundung einer Forderung, auch der Darlehensrückzahlungsforderung nach § 488 Abs. 1 Satz 2 oder einer an sich fälligen Tilgungsrate nach § 506 Abs. 3, stellt einen Zahlungsaufschub nach § 506 Abs. 1 dar[92], nicht aber ein Teilzahlungsgeschäft, weil Gegenstand der Stundung nicht die Lieferung einer bestimmten Sache ist. Wird für die Stundung ein eigenes Entgelt vereinbart, ist Verbraucherkreditrecht gemäß § 506 Abs. 1 Satz 1 anwendbar (→ § 491 Rn. 142, 97). Kein Zahlungsaufschub ist dagegen die Konditionenanpassung, wo es noch nicht einmal der Schriftform überhaupt bedarf (näher § 491 Rn. 146). Der Standort im Recht der Finanzierungshilfen hat die Nichtanwendbarkeit der Vorschrift über die Vollmachtsform (§ 492 Abs. 4) gem. § 506 Abs. 1 Satz 1 zur Folge (→ Rn. 86), sodass eine Prolongationsvollmacht gemäß § 167 Abs. 2 BGB nicht der Kreditvertragsform bedarf (→ § 492 Rn. 56).

63d b) **Insbesondere: Stundung mit Grundpfand- resp. Reallastbesicherung (§ 506 Abs. 1 Satz 3)**. Wenn die Prolongation des Darlehens zu den bisherigen Zinskonditionen durchgeführt wird, fällt hierfür kein eigenes Entgelt an (→ § 491 Rn. 142), sodass es an der Entgeltlichkeit fehlt und weder VerbrKrRil (Art. 2 Abs. 2 lit. j) noch WohnimmoRil (Art. 3 Abs. 2 lit. f) gelten. Hierbei gehen beide Richtlinien davon aus, dass die für den Stundungszeitraum fortlaufende ursprüngliche Zinspflicht weiter besteht, aber kein Entgelt für die Stundung selbst ist, diese deshalb unentgeltlich sei; darin dürfte eine Klarstellung liegen, da beide Richtlinien für unentgeltliche Kredite ohnehin nicht gelten.[93] Mangels Entgelts ist die Prolongation kein Verbraucherkreditgeschäft. Hiervon machen Gesetz und WohnimmoRil eine **Ausnahme** für den Fall, das die Prolongation von der Besicherung durch Grundpfandrecht resp. Reallast abhängig gemacht wird; in diesem Fall wird die Entgeltlichkeit gemäß § 506 Abs. 1 Satz 3 fingiert. Diese Fiktion greift nur ein, wenn die Sicherheit gerade für die in der Prolongation liegende Stundung bestellt wird; war das Darlehen ohnehin grund-

---

[92] BR-Drucks. 359/1/15, S. 5 zu 3.
[93] *Bülow* WM 2015, 1309 (1312); zweifelnd *Piekenbrock* GPR 2015, 26 (28).

Finanzierungsleasing 63e–66 § 506

pfand- oder reallastbesichert und erstreckt sich die Sicherheit nunmehr auch auf die Stundung, liegt darin kein neuer Verbraucherkreditvertrag. Das wäre nur dann der Fall, wenn für die Stundung eine weitere Hypothek oder Grundschuld resp. Reallast zu bestellen wäre. Ein erneuter Immobiliar-Verbraucherkreditvertrag wäre auch bei einem Vertrag nach § 506 Abs. 1 Satz 1 gegeben, wenn für die Stundung erstmals Grundpfandrecht oder Reallast zu bestellen sind.[94]

Die Stundung als Kreditvertrag setzt voraus, dass der Kreditgeber die Stundung 63e von der Sicherheit **abhängig** macht, die Bestellung selbst aber noch nicht vollzogen zu sein braucht. Die Abhängigkeit führt zu einem Verpflichtungstatbestand in Gestalt einer obligatorischen Sicherungsabrede, die zur Anwendung der Vorschriften über Immobiliar-Kreditverträge führt (→ § 491 Rn. 96g).

IV. Finanzierungsleasing (§ 506 Abs. 2 und Abs. 1)

Eine besondere Art des Vertrags über eine Finanzierungshilfe ist der Finanzie- 64 rungsleasingvertrag, der in den Fallgestaltungen von § 506 Abs. 2 eine besondere Behandlung durch das Gesetz erfährt. Den Begriff Finanzierungsleasing verwendet das Gesetz nicht mehr[95] und definierte ihn auch vorher nicht; die Verbraucherkreditrichtlinie erwähnt in ihrem Art. 2 Abs. 2 lit. d (→ Rn. 1) nur einen Teilaspekt. Der Begriff ist vielmehr dem systematischen Zusammenhang und der Gesetzesgeschichte, mitgeprägt von höchstrichterlicher Rechtsprechung zu entnehmen.

1. Miete, Pacht, sog. Operating-Leasing

Die Gebrauchsüberlassung durch Miete oder Pacht als solche stellt keinen 65 Zahlungsaufschub und keine sonstige Finanzierungshilfe dar (→ Rn. 41). Die für die Pacht vorgesehene, dispositive Fälligkeitsregelung geht von der Vorleistungspflicht des Verpächters aus (§ 587 BGB). Ein Gebrauchsüberlassungsvertrag kann allerdings zum Kreditvertrag werden, wenn der Vermieter/Verpächter von seinen normalerweise angelegten Fälligkeitskonditionen abweicht und dem Mieter/Pächter gegen Entgelt nachlässt, den Miet-/Pachtzins später zu erbringen;[96] auch hier gibt im gegebenen Falle der Normalpreis (→ Rn. 30) Maß. Danach kann sich ergeben, dass der Vertrag ein Kreditvertrag ist, obwohl sich die Fälligkeit nach den gesetzlichen Vorschriften richtet, nämlich wenn sonst Vorleistung des Mieters/Verpächters vereinbart wird. Darüber hinaus ist das Gesetz auf Mietverträge nicht anwendbar (so auch Art. 2 Abs. 2 lit. d VerbrKrRil, → Rn. 1). Von solchen Konstellationen abgesehen bleiben Miete und Pacht von der Anwendung verbraucherkreditrechtlicher Bestimmungen ausgeschlossen.

Auf die Bezeichnung des Vertrags durch die Parteien kommt es nicht an. Nach 66 seinem Wortsinn bezeichnet ein Leasinggeschäft die Gebrauchsüberlassung. Sie ist in der Tat Vertragsinhalt in Fällen des so Apostrophierten. **Operating-Leasing** (→ Rn. 41),[97] sodass der Vertrag als Mietvertrag kein Kreditvertrag und

---
[94] BT-Drucks. 18/5922 (RegE), S. 82.
[95] Früher §§ 499 Abs. 2, 500 BGB aF sowie § 3 Abs. 2 Nr. 1 VerbrKrG; *Ady/Paetz* WM 2009, 1061 (1065): „sperriger Begriff".
[96] Zweifelnd *Grimm* VerbrKrG, S. 138 f.
[97] BGH NJW 1998, 1637 mit Anm. *Pfeiffer* LM Nr. 10 zu § 1 VerbrKrG, *Jendrek* WuB I E 2.–3.98, *Friedrich* MDR 1998, 649, *Edelmann* BB 1998, 1125, Komm. *Reinking* EWiR § 3 VerbrKrG 1/98, 569 sowie insoweit zust. Rezension *v. Westphalen* NZM 1998, 607;

§ 506   67, 68   1. Teil. Darlehen und Finanzierungshilfen

ebenso wenig ein Ratenlieferungsvertrag iSv § 510 ist (wenn nicht die Gegenleistung gegen Entgelt später fällig ist). Für die Einordnung als Gebrauchsüberlassung ist es unerheblich, ob gesetzliche Gewährleistungs- und Gefahrtragungsregeln (§§ 536 ff. BGB) abbedungen und durch den Anspruch des Leasingnehmers gegen den Leasinggeber auf Abtretung von Gewährleistungsansprüchen gegen den Lieferanten als Vertragspartner des Leasinggebers ersetzt werden[98] (→ Rn. 90).

2. Finanzierungsleasing als eigenständige Finanzierungsform

67   a) **Substituierbarkeit mit Teilzahlungsgeschäft und Investitionskredit durch Amortisation.** Problematisch ist die verbraucherkreditrechtliche Behandlung von Finanzierungsleasing. Während sich die Gebrauchsüberlassung dadurch kennzeichnet, dass die Substanz der Sache erhalten bleibt und der Eigentümer die Sache nach dem Ende der Vertragszeit anderen zum Gebrauch überlassen (oder auch selber nutzen) kann und will, kann ein Vertrag auch so gestaltet sein, dass der Nutzer die Sache nicht nur gebraucht, sondern ihre Substanz aufzehrt, sodass ihr weiterer Einsatz im Wege der Gebrauchsüberlassung durch den Eigentümer nach dem Ende der Vertragszeit typischerweise nicht mehr in Frage kommt. Die nächstliegende Form der Substanzüberlassung zum Verbrauch ist die Veräußerung der Sache an denjenigen, der ihre Substanz aufzehren will, also die Übereignung in Erfüllung eines Kaufvertrages. Ist der Preis dafür in Raten zu zahlen und für diese Zahlungsmodalität ein Entgelt, handelt es sich um ein typisches Teilzahlungsgeschäft, in dem der Verkäufer den Kaufpreis für die Sache finanziert. In betriebswirtschaftlicher Sicht ist der Erwerb der Sache eine langfristige Festlegung finanzieller Mittel und damit **Investition.** Die Finanzierung dieser Investition des Verbrauchers durch einen Kreditgeber kennzeichnet das Kreditgeschäft. Die Langfristigkeit folgt beim Erwerb der Sache dadurch, dass der gesamte finanzierte Kaufpreis an den Verkäufer abzutragen ist. Der Erwerb der Sache zu Eigentum ermöglicht dem Käufer den Substanzverzehr, den Verbrauch. Kaufpreis und Wert der Substanzverzehr entsprechen sich, und zum Kaufpreis treten die Finanzierungskosten. Der Substanzverzehr kennzeichnet die Investition.

68   Der Substanzverzehr kann von den Beteiligten, dem Überlassenden und dem Verbrauchenden, aber auch unabhängig von den Eigentumsverhältnissen an der Sache, dh, unabhängig von ihrem Erwerb, ermöglicht werden. Auch diese Art der Substanznutzung erfüllt den Begriff der Investition. Sie liegt darin, dass die Sache für einen Preis verbraucht werden darf, der ihrer Substanz entspricht, auch wenn

---

Martinek/Oechsler ZIP 1993, 81 (90 f.); *Leibl* Finanzierungsleasing, S. 113; *Peters* WM 1992, 1797 (1799); skeptisch dagegen *v. Westphalen* ZIP 1991, 639 (641); s. *v. Westphalen/Emmerich/v. Rottenburg* § 1 VerbrKrG Rn. 186 f., *Michalski* Jura 1997, 169 (171 f.), *Schmid-Burgk/Schölermann* BB 1991, 566; Begleitverträge können, zB auch bei Übernahme von Einrichtungsgegenständen, Kreditvertrag sein (→ Rn. 56), BGH NJW 1983, 2027; 1990, 1785 mit Komm. *Eckert* EWiR § 398 BGB 2/90, 559; LG Berlin ZMR 1985, 303; umstritten ist die Qualifizierung als Haustürgeschäft, OLG Koblenz NJW 1994, 1418 (ja), LG Karlsruhe NJW-RR 1992, 973 (ja), *Drygala* NJW 1994, 3260 (nein); keine Geschäftsmäßigkeit iSv § 6 Nr. 1 HWiG: *BayObLG* NJW 1993, 2121.
[98] So aber *v. Westphalen/Emmerich/v. Rottenburg* § 1 VerbrKrG Rn. 187 iVm 185; vgl. auch BGHZ 114, 57 (61) mit Komm. *v. Westphalen* EWiR § 9 AGBG 9/91, 419; BGHZ 94, 195 (209 f.) mit Komm. *v. Westphalen* EWiR § 6 AbzG 2/85, 221.

Finanzierungsleasing 69, 70 § 506

ein Eigentumswechsel an der Sache nicht stattfindet. Darin liegt der Ausgangspunkt für die Bewertung der durch Finanzierungsleasing eingeräumten Möglichkeit des Verbrauchs der Sache als Investition des Verbrauchenden und als Kreditgeschäft. Ist einerseits die Substanz der Sache in einer Weise verbraucht, dass sie vom Eigentümer nicht mehr für eine erneute Gebrauchsüberlassung eingesetzt werden kann und ist andererseits sichergestellt, dass der Eigentümer den Wert der Substanz erhält, ist das von beiden erstrebte Ziel – Verbrauch und diesem entsprechender Gegenwert – erreicht. Den Gegenwert erhält der Eigentümer in der Form von Leasingraten und, je nach Vertragsgestaltung, ergänzenden Leistungen (→ Rn. 70). Die Finanzierung liegt darin, dass der Gegenwert in Raten erbracht werden darf, und ihre Entgeltlichkeit darin, dass hierfür ein Aufschlag geschuldet wird, der einem dem Barzahlungspreis (§ 507 Abs. 2 Satz 3 BGB, Art. 247 § 12 Abs. 1 Nr. 2 lit. a EGBGB)) entsprechenden Kaufpreis hinzutritt. Indem durch den Vertrag die Entrichtung des Gegenwerts der Sache gewährleistet wird, tritt aus der Sicht des die Sache Überlassenden, also des Leasinggebers, die **Amortisation** der von ihm seinerseits zuvor getroffenen Investition, nämlich der Anschaffung der später überlassenen Sache, ein, indem die Investitionsaufwendungen an ihn zurückfließen. Die Investition des Leasingnehmers liegt in der Möglichkeit des Substanzverzehrs. Der Investitionscharakter und der Finanzierungscharakter durch Finanzierungsleasing machen die Substituierbarkeit mit einem Teilzahlungsgeschäft oder mit einem Investitionskredit aus[99] und begründen zugleich die Qualifizierung als Kreditgeschäft. **Finanzierungsleasing bedeutet Gebrauchsüberlassung des Leasingguts zum Zwecke des Substanzverzehrs bei Amortisation der Kosten für den Leasinggegenstand durch die Leasingraten.**

Der Amortisationseffekt legt zugleich die Grenze zur bloßen Gebrauchsüberlassung fest, die nicht Kreditgeschäft ist. Zwar hat auch die Miete Finanzierungselemente insoweit, als der Mieter die Investition vermeidet und als der vermietende Eigentümer irgendwann einmal und möglichst bald seine eigene Investition in die vermietete Sache amortisiert haben will. Aber weil der einzelne Mietvertrag die Amortisation nicht gewährleistet und nicht auf Substanzverzehr gerichtet ist, sind Miete und Teilzahlungsgeschäft nicht substituierbar oder anders gewendet: Das auch in einer Miete liegende Finanzierungselement reicht nicht aus, um sie als Kreditgeschäft ansehen zu können. Auf der anderen Seite ist die Amortisation das Maß der Substituierbarkeit und damit das entscheidende Qualifizierungskriterium für das Kreditgeschäft. Hierin liegt der Ausgangspunkt für die Einbeziehung von Finanzierungsleasing in den sachlichen Anwendungsbereich von Verbraucherkreditrecht, nämlich als sonstige Finanzierungshilfe, unbeschadet der Anwendung von Mietrecht im Übrigen.[100] 69

b) **Enger und weiter Begriff von Finanzierungsleasing.** In der Folge zweier ertragssteuerrechtlicher Erlasse[101] wird der Terminus „Finanzierungsleasing" in der Rechtspraxis allerdings auch enger definiert und es ist umstritten, ob 70

---

[99] *Deutsche Bundesbank,* Leasingfinanzierung im Deutschland, Monatsbericht Juli 2011, S. 39; im Ansatz schon im antiken Griechenland bekannt: *Papathanassion* WM 2012, 259.
[100] BGH NJW 2009, 575 Tz. 31; 2006, 1066 mit Bspr. *Emmerich* JuS 2006, 654; nicht entsprechend anwendbar auf eine Leasingkaution ist § 551 Abs. 3 BGB, BGH NJW-RR 2010, 633; Leasingraten sind wie Mietforderungen betagt, BGH v. 4.11.2009 – XII ZR 170/07, NJW-RR 2010, 483; *Bülow* in 10 Jahre Mietrechtsreformgesetz, S. 86.
[101] *Bundesminister der Finanzen* vom 19.4.1971, BStBl I 1971, 264; vom 21.3.1972, BStBl I 1972, 188, BB 1972, 433; außerdem vom 22.12.1975, BB 1976, 72.

und wie dieser steuerrechtlich begründete Begriff dem verbraucherkreditrechtlichen System zugrunde zu legen ist. Für diesen engen Begriff kommt es darauf an, ob die vom Leasingnehmer geschuldete Leistung die volle Amortisation herbeiführen soll, sei es durch die Summe der Leasingraten (Vollamortisation), sei es zum Teil durch Leasingraten, zum anderen Teil durch eine vom Leasingnehmer geschuldete Abschlagszahlung[102] (sog. Teilamortisation, die aber, wenn man beide vom Leasingnehmer geschuldeten Teile zusammen nimmt, in Wahrheit ebenfalls Vollamortisation ist). Ist die volle Amortisation zwar gewährleistet, aber nur teilweise durch die vom Leasingnehmer geschuldete Gegenleistung, zum anderen Teil beispielsweise durch den bei der Verwertung der Sache nach Vertragsende erzielten Erlös, ist der Begriff des „Finanzierungsleasing" im Sinne der ertragssteuerrechtlichen Erlasse nicht erfüllt, sodass von **erlasskonformem** und **nicht erlasskonformem** Finanzierungsleasing gesprochen wird. Der dogmatische Streit geht erstens um die Frage, ob Finanzierungsleasingverträge als sonstige Finanzierungshilfe iSv § 506 Abs. 1 nur solche in erlasskonformer Ausgestaltung sind (sog. Sperrfunktions-Theorie[103]) oder ob zweitens (Vollprivileg-Theorie) darunter auch nicht-erlasskonforme Finanzierungsleasingverträge zu subsumieren sind (während sich die Frage, welche Vorschriften anwendbar sind, → Rn. 88 ff., nicht mehr stellt, da anders als nach der Vorgängerregelung von § 500 BGB aF alle verbraucherkreditrechtlichen Vorschriften incl. § 506 Abs. 1, unbeschadet der Besonderheiten von § 506 Abs. 2 Satz 2 (→ Rn. 81 ff.), anwendbar sind; deshalb ist die Teilprivileg-Theorie[104] obsolet geworden).

71 Der BGH folgt zu Recht der Vollprivileg-Theorie, sieht also auch nicht-erlasskonformes Finanzierungsleasing als sonstige Finanzierungshilfe an, auf das die Regelung von § 506 Abs. 1 ebenso anwendbar ist wie auf erlasskonformes Leasing. Bewertungskriterium ist die Vollamortisation, werde sie durch die vom Leasingnehmer geschuldete Leistung erreicht oder trete sie faktisch ein. Die faktische Vollamortisation wird dadurch gewährleistet, dass das Leasinggut nach Vertragsende verwertet wird und die Vertragsbedingungen so ausgerichtet sind, dass ein zu erwartender Verwertungserlös zusammen mit den in der Vergangenheit geleisteten Leasingraten die Vollamortisation herbeiführt. Für die Frage, ob faktische Vollamortisation für den Begriff des Finanzierungsleasings ausreicht, kommt es auf die Substituierbarkeit solcher Leasingformen mit einem Teilzahlungsgeschäft oder einem Investitionskredit, aber nicht auf Erlasskonformität an[105] (→ Rn. 70); diese Substituierbarkeit ist zweifellos gegeben.[106]

---

[102] Ein vom Leasinggeber erzielter Verwertungserlös kann anrechenbar sein, wodurch die Pflicht zur bestmöglichen Verwertung entsteht, BGHZ 97, 65 (78); BGH ZIP 2000, 797 mit Komm. *Eckert* EWiR § 558 BGB 1/2000, 717; BGH NJW 2002, 2713; 1996, 2860; OLG Düsseldorf BB 1997, 13; aA OLG München NJW-RR 1994, 778, dagegen *Godefroid/Salm* BB 1995, Beil. 5, S. 21; ist die Vollamortisation erreicht, endet nicht notwendig die Pflicht zur Leistung der Leasingraten, OLG Hamm NJW-RR 1999, 1729.

[103] So *Martinek/Oechsler* ZIP 1993, 81 (89 ff.); *Martinek* JZ 2000, 551 (560).

[104] *Zahn* DB 1992, 1029 (1031/1032); 1994, 617 (618); *Kammel* Anwendungsbereich, S. 131; dagegen *Leible* Finanzierungsleasing, S. 112.

[105] Zum Einfluss von Steuerrecht auf das Zivilrecht grundsätzlich *Petersen*, Festgabe Canaris, S. 114.

[106] BGH NJW 1996, 2033 zu II. 1.b. mit abl. Anm. *Martinek* LM Nr. 4 zu § 1 VerbrKrG, Komm. *Kammel* EWiR § 1 VerbrKrG 2/96, 767 und Bspr. *Emmerich* JuS 1996, 939; BGHZ 144, 370 (379/380) mit Anm. *v. Rottenburg* LM Nr. 165 zu § 535 BGB und *Jendrek* WuB I E 2.–5.2000; BGH NJW 2006, 1066 Rn. 14 mit Anm. *Stoffels* LMK 2006,

Anderes folgt auch nicht aus der **Begründung des Rechtsausschusses betreffend das Verbraucherkreditgesetz.**[107] Dem Rechtsausschuss ging es bei der Einführung von Finanzierungsleasing als Kreditgeschäft darum, den ursprünglichen Gesetzesvorschlag, der an die Substanzübertragung auf den Leasingnehmer anknüpfte, von dieser Einschränkung zu befreien, also einen erweiterten Begriff des Finanzierungsleasings zugrunde zu legen, der seinerseits unter den allgemeinen Begriff der sonstigen Finanzierungshilfe subsumierbar war. Dem Rechtsausschuss ging es um einen Leasingbegriff, der sich an der Vollamortisation ausrichtet. Darauf gründet sich die Richtigkeit der Vollprivileg-Theorie.[108] Wie der *BGH* ebenfalls zutreffend hervorhebt,[109] werden dadurch zugleich vertragliche Umgehungskonstruktionen (§ 511 Satz 2) vermieden. 72

Finanzierungsleasing als sonstige Finanzierungshilfe kennzeichnet sich also durch die **Vollamortisation** (in der Begrifflichkeit wie → Rn. 70), werde sie durch die geschuldete Leistung des Leasingnehmers oder faktisch, erlasskonform oder nicht erlasskonform, erreicht. Die ertragssteuerrechtliche Bewertung gibt für die zivilrechtliche Qualifizierung nicht Maß, sondern allenfalls Anhaltspunkte.[110] Auf ein **Erwerbs- oder Behaltungsrecht** (Option) oder eine Erwerbsverpflichtung des Leasingnehmers[111] oder ein Andienungsrecht des Leasinggebers (§ 506 Abs. 2 Nr. 2, → Rn. 83) kommt es **nicht** an. Auf die Doktrin zum Leasingvertrag als Umgehungsgeschäft iSv § 6 AbzG,[112] die darauf beruhte, braucht und darf nicht mehr zurückgegriffen werden. 73

170499; NJW 2001, 1349 zu II. 1.a. mit Komm. *Reinking* EWiR § 12 VerbrKrG 1/01, 503; 1996, 2367 zu II. 1. mit Anm. *Wolf* LM Nr. 153 zu § 535 BGB, Bspr. *Emmerich* JuS 1996, 1131 und Komm. *Dauner-Lieb* EWiR § 7 VerbrKrG 1/96, 901; 1998, 1637 mit Anm. *Pfeiffer* LM Nr. 10 zu § 1 VerbrKrG, *Jendrek* WuB I E 2.–3.98, *Friedrich* MDR 1998, 649, *Edelmann* BB 1998, 1125, Komm. *Reinking* EWiR § 3 VerbrKrG 1/98, 569 sowie abl. Rezension *v. Westphalen* NZM 1998, 607; OLG Karlsruhe WM 1997, 1340 zu III. 3.a.; *Beyer* DRiZ 1999, 234 (236); *Treier* WM 2001, Beil. 8, S. 48.
[107] BT-Drucks. 11/8274, S. 20.
[108] Im Ergebnis ebenso *Peters* WM 1992, 1797; *Marloth-Sauerwein* Leasing und Verbraucherkreditgesetz, S. 29 (34); *Slama* FLF 1993, 33 (85); *Reinicke/Tiedtke* Kaufrecht, Rn. 1632; von Amortisationspflicht spricht *Canaris* ZIP 1993, 401 sowie AcP 190 (1990), 410 (438), ohne die Frage der Faktizität zu problematisieren; *Gzuk* AcP 190 (1990), 208 (209); *Kalt* StB 1992, Beil. 9, S. 8; *Engel* MDR 2000, 797 (798); *Beyer* DRiZ 1999, 234 (236/237).
[109] NJW 1996, 2033 zu II. 2. aE.
[110] *Canaris* AcP 190 (1990), 410 (457 ff.); missverstehend *Büschgen/Kügel* Leasing, § 5 Rn. 61, wohl auch *Berninghaus*, Leasing, § 14 Rn. 2.
[111] BGH NJW 1996, 2367 zu II. 1.; 1995, 519 zu II. 2.; BGHZ 94, 195 (199) mit Komm. *v. Westphalen* EWiR § 6 AbzG 2/85, 221; BGHZ 62, 42 (45); BGH NJW 1989, 2132 mit Anm. *Emmerich* WuB I J 2.–8.89 und Komm. *v. Westphalen* EWiR § 6 AbzG 1/86, 521; BGH NJW 1980, 234; BGH NJW 1983, 2027 zu II. 1.a.; BGH NJW 1987, 2082 zu I. 2.a.; BGH NJW 1988, 2463 zu II. 2.d. mit Anm. *Emmerich* WuB I J 2.–11.88; BGH NJW 1991, 221 mit Komm. *Sonnenschein* EWiR § 535 BGB 1/91, 247; BGH NJW-RR 1988, 241 mit Komm. *v. Westphalen* EWiR § 278 BGB 1/88, 133 und BGH WM 1985, 636 zu II. 2. a. mit Komm. *v. Westphalen* EWiR § 6 AbzG 4/85, 421; Benennung eines erwerbswilligen Dritten: BGH NJW-RR 1990, 1205 zu II. 2. mit Komm. *Reinking* EWiR § 6 AbzG 2/90, 939 und Anm. *Emmerich* WuB I J 2.–11.90; OLG Düsseldorf WM 1989, 196 mit Anm. *Stopok* WuB I J 2.– 6.89; OLG Düsseldorf DB 1990, 1766 und 1558; OLG Düsseldorf MDR 1990, 628 und WM 1990, 1015; OLG Köln NJW-RR 1990, 697.
[112] BGHZ 111, 237; 95, 39 (53 f.); BGH WM 1985, 628; WM 1985, 636 (verneint) mit Komm. *v. Westphalen* EWiR § 6 AbzG 4/85, 421; WM 1986, 228 (verneint); OLG Zweibrücken NJW-RR 1993, 508; LG Saarbrücken ZfS 1993, 121; umfassend *Martinek*

74 c) Verbraucherkreditrichtlinie. Das europäische Sekundärrecht bezieht nur Verträge mit Erwerbsverpflichtung in den sachlichen Anwendungsbereich von Verbraucherkreditrecht ein, wie Art. 2 Abs. 2 lit. d VerbrKrRil (→ Rn. 1) zu entnehmen ist. Die Erweiterung im deutschen Recht unabhängig von einer Erwerbspflicht nach §§ 506 Abs. 1 und 506 Abs. 2 Nr. 3 gründet sich darauf, dass die Verbraucherkreditrichtlinie für derartige Verträge nicht gilt, also der harmonisierte Bereich verlassen ist und es den Mitgliedstaaten freisteht, Verbraucherkreditrecht darauf anzuwenden.

75 d) Erscheinungsformen. Unter den verbraucherkreditrechtlichen Begriff „Finanzierungsleasing" fallen gemäß § 506 Abs. 1, Amortisation und Substanzverzehr vorausgesetzt (→ Rn. 68, 81), **Kilometerabrechnungsverträge** im Kraftfahrzeug-Leasing, bei denen der Leasinggeber das Verwertungsrisiko trägt, der Leasingnehmer aber Ausgleich für überhöhte Abnutzung, die den Verwertungserlös schmälert, schuldet.[113] Für die Qualifizierung von Finanzierungsleasingverträgen als Kreditverträge kommt es auf die Art des gewerblichen Handelns in der Person des Leasinggebers nicht an, sodass auch **Hersteller-** oder **Händlerleasing** erfasst ist, wenn denn nach dem Inhalt des Vertrages die volle Amortisation gewährleistet ist. Mit Herstellerleasing werden Gestaltungsformen bezeichnet, bei denen der Hersteller des Leasingguts selbst, ein von ihm abhängiges Unternehmen oder ein markengebundener Handelsvertreter oder Vertragshändler als Leasinggeber auftritt, während der Leasinggeber im Händlerleasing markenunabhängig ist und die Anschaffung des Leasingguts nach der Anforderung des Leasingnehmers ausrichtet.[114] Im **sale-and-lease-back-Verfahren**[115] ist der Leasingnehmer zunächst Eigentümer des Leasingguts[116] und veräußert es nach

---

Moderne Vertragstypen, S. 94 ff.; *Teichmann* FS Rittner, S. 717; *v. Westphalen* WM 1991, 529; *ders.* DB 1985, 584; *ders.* MDR 1980, 441; *Mosel* NJW 1974, 1454; *J. Blomeyer* NJW 1978, 973; *Scholz* ZIP 1984, 914; *Berger* ZIP 1984, 1440; *F. Peters* NJW 1985, 1498; *Sternberg* BB 1987, 12 (17); *Paschke* BB 1987, 1193 (1195); *Gölz* WM 1989, 1797; *Christen* Mobilienleasing, S. 229 ff.

[113] BGH v. 24.4.2013 – VIII ZR 265/12, NJW 2013, 2420; v. 24.4.2013 – VIII ZR 336/12, NJW 2013, 2421: auch bei Bezeichnung in AGB als „Schadensersatzanspruch"; weder intern kalkulierter Restwert noch Verwertungserlös geben Maß; BGH NJW 1996, 2033 und 2367, zust. *Melsheimer* MDR 1997, 522, *Assies* DStR 1997, 1976, *Bethäuser* DAR 1999, 481, abl. *Leible* Finanzierungsleasing, S. 115; *Omlor* NJW 2010, 2694 (2697); BGH ZIP 2000, 797 mit Komm. *Eckert* EWiR § 558 BGB 1/2000, 717; OLG Düsseldorf WM 2013, 1095: entsprechende Anwendung von § 506 Abs. 2 Nr. 3 BGB (Restwertgarantie, →Rn. 84), zust. *Ball* FS Tolksdorf 2014, S. 3 (9) und BSpr. *Schattenkirchner* NJW 2013, 2398; OLG Köln NJW-RR 1995, 817; *v. Westphalen* Leasingvertrag, Rn. 1209; die Verjährung dieses Ausgleichsanspruchs richtet sich sowohl bei vorzeitiger (§ 500 Rn. 22) wie bei ordentlicher Vertragsbeendigung nach § 196 Abs. 1 Nr. 6 und nicht nach § 558 BGB, BGH NJW 1996, 2860 und zust. *Engel* DB 1997, 761 (766); BGH ZIP 1997, 1457 mit Komm. *v. Westphalen* § 9 AGBG 13/97, 817; 2000, 797 mit Komm. *Eckert* EWiR § 558 BGB 1/2000, 717.

[114] BGHZ 95, 170 (180) mit Komm. *Paulusch* EWiR § 278 BGB 1/85, 643; *v. Westphalen* ZIP 1991, 639 (642); *Roth* AcP 190 (1990), 292 (303); MüKoBGB/*Habersack* § 499 BGB Rn. 35.

[115] BGHZ 104, 250 (253 f.) mit Anm. *Peters* JZ 1990, 287 und *Emmerich* WuB I J 2.– 4.90 sowie Komm. *Eckert* EWiR § 6 AbzG 1/90, 107; OLG Koblenz mit Komm. *v. Westphalen* EWiR § 6 AbzG 2/89, 625; *Scherer/Mayer* BB 1998, 2169 (2172); *v. Westphalen* BB 1991, 149; auch praktiziert in Immobilienleasing, BGH NZM 1998, 435, wo es jedoch am sachlichen Anwendungsbereich fehlt (→ Rn. 42, str.).

[116] In steuerrechtlicher Sicht bleibt der Leasingnehmer im Allgemeinen wirtschaftlicher Eigentümer und ist zur A f. A. berechtigt, FG Münster v. 11.12.2014 – 5 K 3068/13 F.

Maßgabe von § 930 BGB an den Leasinggeber, wobei der Leasingvertrag das Besitzkonstitut bildet; sofern durch dieses Verfahren die Vollamortisation gewährleistet wird, der Leasinggeber also den vorher an den Leasingnehmer gezahlten Kaufpreis zurückerhält, ist es in verbraucherkreditrechtlicher Sicht Finanzierungshilfe. Freilich erfüllt der Leasingnehmer meist nicht die persönlichen Voraussetzungen nach § 13 BGB, weil er gewerblich oder beruflich handelt (→ § 491 Rn. 49). Die Besonderheit von **Null-Leasing**[117] liegt darin, dass der Leasinggeber zwar Amortisation erhält, die Summe der Leasingraten aber den Kaufpreis für das Leasinggut nicht übersteigt, sodass es an der Entgeltlichkeit der Finanzierungshilfe fehlt und der Vertrag kein Verbraucherkreditvertrag ist (→ Rn. 29). Jedoch ist Null-Leasing als unentgeltliche Finanzierungshilfe nach § 515 denkbar (→ § 515 Rn. 1, 5, 8, 9). Leasinggeschäfte können, allerdings eher ausnahmsweise (→ Rn. 91), **verbundene Geschäfte** sein, sodass §§ 358, 359 anwendbar sind (→ Rn. 92).[118] Praktizierte Formen hierzu sind der Bestelleintritt oder die Finanzierung der vom Verbraucher geschuldeten Raten durch den Dritten.[119]

Tritt dagegen nach dem Inhalt des Leasingvertrages kein völliger Substanzverzehr ein und ist die volle Amortisation nicht Vertragsgegenstand, handelt es sich nicht um einen Kreditvertrag, so, wenn der Leasingnehmer nach Ablauf einer **Grundmietzeit** kündigen[120] kann, ohne dadurch zu Abschluss- oder anderen Sonderzahlungen verpflichtet zu sein. Unter den weiteren Voraussetzungen von § 506 Abs. 2 kann ein solcher Vertrag aber als sonstige Finanzierungshilfe gelten (→ Rn. 82).

e) Sittenwidrigkeit. Die Substituierbarkeit von Finanzierungsleasing mit Investitionskrediten führt im Konsumgüterbereich zur Anwendung der Grundsätze über die Sittenwidrigkeit von Konsumentenratenkrediten. Zum Zwecke des hiernach anzustellenden Vergleichs der Vertragskonditionen[121] mit den Marktkonditionen (Maßstab des Doppelten) sind, wenn es einen Leasingmarkt für das Leasinggut gibt, die Leasingraten Vergleichsgrundlage. Gibt es keinen Leasingmarkt, ist der effektive Jahreszins auszurechnen, um die relative Überschreitung des den Leasingraten entnommenen effektiven Jahreszinses mit dem Marktzins für Konsumentenkredite von 100% oder die absolute Überschreitung von 12%

---

[117] MüKoBGB/*Schürnbrand* § 506 BGB Rn. 24; *v. Westphalen/Emmerich/v. Rottenburg* § 1 VerbrKrG Rn. 192; *Scherer/Mayer* BB 1998, 2169 (2172); *v. Westphalen* Leasingvertrag, Rn. 1695.
[118] *Canaris* ZIP 1993, 401 (406 ff.).
[119] Meist wird jedoch nur ein einziger Vertrag (zwischen Leasinggeber und Leasingnehmer) geschlossen, *Martinek,* Moderne Vertragstypen, S. 111; *Zahn* DB 1991, 81 (83); ders. DB 1991, 687 (688); *Seifert* FLF 1991, 54 (55); *Seifert* Der langfristige Kredit 1991, 144 (145) sowie BB 1991, Beil. 11, S. 12 (14 f.); *Slama* WM 1991, 569 (572); *Reinking/Nießen* ZIP 1991, 634 (637).
[120] Im Falle einer vorzeitigen außerordentlichen Kündigung durch den Leasinggeber sind die ausstehenden Leasingraten abzuzinsen, OLG Celle NJW-RR 1994, 1134 mit Anm. *v. Westphalen* WiB 1994, 960; einen Verwertungserlös, der aufgrund der vorzeitigen Rückgabe höher ausfällt, muss sich der Leasinggeber auf seinen Schadensersatzanspruch als Vorteil anrechnen lassen, BGH NJW 1995, 1541 mit Komm. *v. Westphalen* § 249 BGB 4/95, 541; Restwertrisiko beim Leasingnehmer und Kündigung: BGH WM 1987, 38 mit Anm. *Emmerich* WuB I J 2.–4.87; WM 1998, 1452 mit Anm. *Gölz* WuB I J 2.–3.98; OLG Düsseldorf WM 1997, 1719 mit abl. Komm. *v. Westphalen* EWiR § 535 BGB 1/98, 107.
[121] BGH NJW-RR 2000, 1431 zu II. 1.; BGHZ 104, 102.

§ 506   78, 79

feststellen zu können. Bei Teilamortisationsverträgen (→ Rn. 70) ist die Ausgleichszahlung zum Zwecke des Vergleichs über den gesamten Zeitraum zu verzinsen. Ist der Leasingvertrag danach sittenwidrig und nichtig,[122] kommt es an sich nicht mehr zur Anwendung von Verbraucherkreditrecht, weil dieses wirksame Willenserklärungen voraussetzt, jedoch hat der Verbraucher das Widerrufsrecht aus § 495 BGB (→ § 495 Rn. 30: Doppelwirkung).

78   f) Mietkauf. Ist ein Erwerbsrecht oder eine Erwerbsverpflichtung auch nicht maßgebend für die Qualifikation als Finanzierungshilfe nach § 506 Abs. 1, können sie doch in der konkreten Gestaltung eines Vertrags den Finanzierungscharakter begründen, wie dies beim Mietkauf vorkommt. Beim Mietkauf wird dem Mieter die Option eingeräumt, die Mietsache käuflich zu erwerben, wobei die in der Vergangenheit, also vor Optionsausübung gezahlten Mieten auf den Kaufpreis angerechnet werden. Für die Antwort auf die Frage, ob der Mietkauf für ein Teilzahlungsgeschäft oder für einen Investitionskredit substitutionsfähig ist, bedarf es einer Analyse des abgeschlossenen Vertrags. Würde es demgemäß wirtschaftlicher Vernunft widersprechen, die Option nicht auszuüben, ist die Substituierbarkeit und damit die Qualifizierung als Finanzierungshilfe zu bejahen, wie dies bereits der insoweit noch maßgeblichen abzahlungsrechtlichen Doktrin entspricht.[123] Wirtschaftlicher Vernunft würde es entgegenstehen, wenn eine unkündbare Grundmietzeit vereinbart und in dieser Zeit bereits Amortisation eingetreten war, die Summe der Mieten also den Anschaffungswert der Mietsache erreicht.[124] Gleiches wäre auch bei kürzerer Grundmietzeit anzunehmen, wenn nach deren Ablauf die Mieten nur noch zur Hälfte auf den Kaufpreis angerechnet werden und deshalb die Optionsausübung nahe liegt, um die volle Amortisation auszuschöpfen oder wenn der Mieter ein verbindliches Vorschlagsrecht für die Person des Erwerbers hat, erst recht verbunden mit einem Selbstbenennungsrecht.[125] Fehlt es dagegen an Amortisation in der Grundmietzeit resp. an Anrechnungsregelungen und steht dem Mietkäufer die Kündigung frei, kann es an Substituierbarkeit und Finanzierungscharakter fehlen, sodass der Vertrag nicht als Finanzierungshilfe anzusehen ist.

79   In allen Fällen des Mietkaufs, Finanzierungshilfe oder nicht, hat der Mieter ein Erwerbsrecht (Option). Ein Mietkauf kommt aber nicht in der Variante vor, dass

---

[122] BGHZ 128, 255 (263) mit Anm. *Bülow* JZ 1995, 623, Komm. *Reinking* EWiR § 138 BGB 1/95, 335, Anm. *Assies* WiB 1995, 436, Bspr. *Emmerich* JuS 1995, 645 und *Bernstein* FLF 1997, 68; BGH NJW 1995, 1146 mit Komm. *Reinking* EWiR § 138 BGB 3/95, 745; OLG Dresden NJW-RR 2000, 1305; OLG Köln NJW-RR 1997, 1549; OLG Karlsruhe NJW-RR 1986, 217; OLG Nürnberg WM 1996, 497; OLG Düsseldorf BB 1996, 1687; LG Hagen NJW-RR 1987, 1143; LG Marbach CR 1995, 481; aA OLG Hamm NJW-RR 1994, 1467; für Abzahlungsgeschäfte: BGH WM 1985, 636; *Bülow* Konsumentenkredit, Rn. 274 bis 277h.
[123] BGH NJW 1985, 1544 zu B.II. 3.; NJW-RR 1990, 1257 = BB 1990, 2141; BGH NJW 1988, 2463 mit Komm. *v. Westphalen* EWiR § 6 AbzG 2/88, 1041; OLG Hamburg MDR 1979, 144 (Nr. 69); MüKoBGB/*J. Koch*, Anhang § 515 BGB Leasing Rn. 13; *Martinek*, Moderne Vertragstypen, Bd.I Leasing und Factoring, § 5 I 2b (S. 96): „Endzieltheorie".
[124] BGHZ 62, 42 = NJW 1974, 365 zu II. 1.; *v. Westphalen/Emmerich/v. Rottenburg* § 1 VerbrKrG Rn. 195; MüKoBGB/*Westermann*, 2. Aufl., § 6 AbzG Rn. 11.
[125] BGH NJW 1995, 519 mit Anm. *Emmerich* WuB I J 2.–2.95 und Komm. *v. Westphalen* EWiR § 6 AbzG 1/95, 209; NJW 1996, 455 zu II. 1 a.bb. (betr. AGBG) mit Komm. *v. Westphalen* EWiR § 9 AGBG 3/96, 49 und Bspr. *Godefroid* BB 1997, Beil. 6, S. 18.

Finanzierungsleasing 80–82 § 506

der Mieter zum Erwerb verpflichtet wäre oder dass der Vermieter ein Andienungsrecht hätte. Der Mietkauf ist deshalb nicht von Art. 2 Abs. 2 lit. d VerbrKrRil erfasst, befindet sich also außerhalb von deren harmonisiertem Bereich.

g) Persönlicher Anwendungsbereich. Gehören Finanzierungsleasing und 80 Mietkauf auch in den sachlichen Anwendungsbereich einer sonstigen Finanzierungshilfe nach § 506 Abs. 1, setzt die Anwendung von Verbraucherkreditrecht natürlich voraus, dass die Vertragsparteien Normadressaten sind, nämlich der Leasingnehmer als Verbraucher nach § 13 oder Existenzgründer nach § 512[126] und der Leasinggeber als Unternehmer nach § 14 BGB.

h) Erwerbsverpflichtung und Restwertgarantie (Abs. 2). aa) Fiktion 81 **der Finanzierungshilfe.** Finanzierungsleasingverträge sind Finanzierungshilfen nach § 506 Abs. 1; daran hat das VKrRil-UG nichts geändert. Der Kreditcharakter von Finanzierungsleasing ergibt sich aus Substanzverzehr durch den Verbraucher als Leasingnehmer und Vollamortisation für den Unternehmer als Leasinggeber (→ Rn. 68) unabhängig von der Vereinbarung eines Erwerbs- oder Behaltensrechts oder einer dementsprechenden Verpflichtung und unabhängig auch von der Vereinbarung einer Restwertgarantie[127] (→ Rn. 84). Fehlt es auf der anderen Seite an Substanzverzehr und Vollamortisation, wäre der Kreditcharakter als sonstige Finanzierungshilfe zu verneinen, auch wenn Erwerbsverpflichtung oder Restwertgarantie vereinbart wurden. Jedoch legt die Verbraucherkreditrichtlinie eine andere Sicht an. Aus der negativen Formulierung von Art. 2 Abs. 2 lit. d (→ Rn. 1) ergibt sich, dass ein Miet- oder Leasingvertrag zum harmonisierten Bereich gehört, wenn eine Verpflichtung zum Erwerb des Mietresp. Leasinggegenstandes vorgesehen ist, auch dadurch, dass der Leasinggeber darüber einseitig entscheidet, ohne dass es auf Substanzverzehr und Vollamortisation ankäme. Demgemäß sind derartige Leasingverträge nach deutschem Recht keine sonstigen Finanzierungshilfen iSv § 506 Abs. 1, sie gelten aber gem. § 506 Abs. 2 als solche, sodass Richtlinienkonformität hergestellt ist. Da Leasingverträge ohne Erwerbsverpflichtung nicht zum harmonisierten Bereich gehören, steht es den nationalen Gesetzgebern frei, sie verbraucherkreditrechtlichen Regelungen ganz oder teilweise zu unterwerfen. Demgemäß konnten gem. § 506 Abs. 1 Finanzierungsleasingverträge vollumfänglich erfasst werden und die Variante der Restwertgarantie, die ebenfalls nicht dem harmonisierten Bereich angehört, in § 506 Abs. 2 aufgenommen werden, aber gem. § 506 Abs. 2 Satz 2 nicht in ausnahmsloser Anwendung verbraucherkreditrechtlicher Vorschriften (→ Rn. 144). Soweit allerdings ein Leasingvertrag mit Restwertgarantie zugleich die Voraussetzungen von Substanzverzehr und Vollamortisation erfüllt, handelt es sich um eine sonstige Finanzierungshilfe nach § 506 Abs. 1, sodass die Einschränkungen von § 506 Abs. 2 Satz 2 nicht gelten. Für die Fälle von § 506 Abs. 2 handelt es sich demgemäß um eine Fiktion für Verträge, die die Anforderungen an eine sonstige Finanzierungshilfe nach § 506 Abs. 1 nicht erfüllen.

bb) Vertrag über die Nutzung eines Gegenstandes. Nach der Gesetzes- 82 begründung (→ Rn. 5) kommen hierfür nicht nur Miet- und Leasingverträge in Betracht, sondern auch Kauf-, Werk- und Dienstverträge, wobei im ersten Fall an den Mietkauf (→ Rn. 78) zu denken wäre, während die Nutzungsüberlassung

---
[126] Löhnig/Gietl JuS 2009, 491 (493); Oberfeuchtner Finanzierungsleasing, S. 55.
[127] Bülow WM 2014, 1413 gegen Ball, Festschr. Tolksdorf 2014, S. 3 (7); skept. B. Peters WM 2016, 630 (633); nicht richtig Soergel/Seifert § 506 BGB Rn. 29.

Bülow 713

durch Dienstverträge kaum vorstellbar ist. Der Begriff „Gegenstand" in § 506 Abs. 2 soll deutlich machen, dass sich die Nutzung nicht nur auf bewegliche Sachen, sondern auch auf Grundstücke, Forderungen und sonstige Vermögensrechte beziehen kann. Wiederum schwer vorstellbar ist ein Vertrag über die Nutzung einer Forderung mit Erwerbsverpflichtung, immerhin denkbar bei sonstiges Vermögensrecht ein gewerbliches Schutzrecht, zB Patent. Die Einbeziehung von Grundstücken erscheint systemwidrig (→ Rn. 42). Im Gebrauchüberlassungsvertrag selbst kann die Erwerbsverpflichtung begründet werden oder in einem Zusatzvertrag (vgl. Art. 247 § 8 EGBGB).

83 Die **Erwerbsverpflichtung** des Verbrauchers ist negatives Abgrenzungsmerkmal in Art. 2 Abs. 2 lit. d VerbrKrRil (→ Rn. 1). Sie kann als Vertragsinhalt feststehen **(Nr. 1)** oder von einer Entschließung und Aufforderung des Unternehmers abhängig sein **(Nr. 2),** womit insbesondere das **Andienungsrecht** nach Ablauf des Nutzungszeitraums gemeint ist. Danach hat der Unternehmer ein Wahlrecht, den Gegenstand zu behalten oder anderweitig zu veräußern. Ein Andienungsrecht kann auch so ausgestaltet sein, dass die Erwerbsverpflichtung durch den Rücktritt des Unternehmers ausgelöst wird.[128] Bei einer Erwerbsverpflichtung kann der Verbraucher den Unternehmer in Annahmeverzug nach § 293 BGB versetzen. **Kein** Tatbestand von Abs. 2 ist ein **Erwerbs- oder Behaltensrecht** des Verbrauchers, das ihm und nicht dem Unternehmer ein Wahlrecht, eine **Option,** einräumt. Solche Vertragsgestaltungen können aber unter den weiteren Voraussetzungen von § 506 Abs. 1 sonstige Finanzierungshilfe sein (→ Rn. 81).

84 Nicht Vorgabe durch Art. 2 Abs. 2 lit. d der Richtlinie, sondern gesetzgeberische Gestaltungskompetenz außerhalb des harmonisierten Bereichs begründet die Einbeziehung von Nutzungsverträgen mit **Restwertgarantie** nach **Nr. 3,** für die gleicher Regelungsbedarf angenommen wird. Voraussetzung ist die Einstandspflicht des Verbrauchers für einen bestimmten Wert des Leasinggegenstands, der als feste Zahl im Vertrag, typischerweise durch – wirksame[129] – AGB, vereinbart ist und den der Verbraucher an den Leasinggeber zu zahlen hat. Diese Zahl kann in einem Geldbetrag oder in einem relativen Wert ausgedrückt werden, zB in einem Prozentsatz zum Erwerbspreis des Gegenstandes für den Unternehmer, gestaffelt nach der Laufzeit. Der Restwertausgleich unterliegt der Umsatzsteuer (§ 10 Abs. 1 Satz 2 UStG)[130]. Mit der Aufnahme der Restwertgarantie in das Gesetz soll ein Ausweichen der Vertragspraxis hierauf unter Verzicht auf ein Andienungsrecht verhindert werden, was andernfalls verbraucherkreditrechtliche Vorschriften aushebeln könnte.

85 Da mit der Restwertgarantie nicht an die Verbraucherkreditrichtlinie gebunden, durfte von Art. 16 (vorzeitige Rückzahlung und Vorfälligkeitsentschädigung) abgewichen werden, sodass gem. § 506 Abs. 2 Satz 2 die Vorschriften von §§ 500 Abs. 2 und 502 nicht anwendbar sind (→ Rn. 144). Außerdem sind die Informations- und Angabepflichten (Tilgungsplan) gem. Art. 247 § 12 Abs. 2 EGBGB eingeschränkt.

---

[128] OLG Hamm WM 2007, 2012.
[129] BGH NJW 2012, 2940 = WM 2014, 1739 mit Anm. *Sprenger* LMK 2014, 361724 und *Greiner/Strippelmann* NJW 2014, 2944; BGH EWiR 2014, 683 *(Moseschus);* LG Saarbrücken BeckRS 2014, 15678.
[130] BGH NJW 2014, 1519.

Entsprechende Anwendung   85a–88 § 506

i) Immobiliar-Finanzierungshilfen. An sich denkbar als sonstige Finanzie- 85a
rungshilfe wäre Immobiliar-, Gebäudeleasing,[131] kommt als Verbrauchervertrag
aber im Allgemeinen nicht vor (→ Rn. 42). In sachlicher Hinsicht fehlt es beim
Immobilienleasing typischerweise[132] an der Vollamortisation.[133]

B. Anwendbare und nicht anwendbare Vorschriften

I. Grundsatz: Entsprechende Anwendung verbraucherdarlehensrechtlicher Vorschriften

Für Kredite, also Darlehen, Zahlungsaufschübe und sonstige Finanzierungshil- 86
fen differenziert das Gesetz nach Allgemein- und Immobiliarkreditverträgen in
gleicher Weise wie VerbrKrRil und WohnimmoRil. Es bestimmt zunächst Regelungen für Verbraucherdarlehen in Gestalt von Allgemein- und Immobiliar-Verbraucherdarlehensverträgen und gem. § 506 Abs. 1 Satz 1 deren entsprechende Anwendung auf Finanzierungshilfen, nämlich Zahlungsaufschub und sonstige Finanzierungshilfe, wiederum unterschieden in Allgemein- und Immobiliar-Finanzierungshilfen (§ 506 Abs. 1 Sätze 1 und 2). Daraus folgt der Grundsatz, dass für alle Allgemein-Kreditverträge die gleichen Vorschriften gelten, also eine Differenzierung nach der Vertragsart (Darlehen, Finanzierungshilfe) nicht stattfindet und Entsprechendes für Immobiliar-Finanzierungshilfen gilt. Lediglich die Vorschriften über Überziehungskredite nach §§ 504, 505 gelten mangels tatsächlicher Anwendungsmöglichkeit für Finanzierungshilfen nicht. Eine Vollmacht bedarf nicht der Schriftform (§ 494 Abs. 4). Neben verbraucherdarlehensrechtlichen Vorschriften erklärt das Gesetz auch diejenigen über Verbundgeschäfte für anwendbar, obwohl dieser Verweis weitgehend obsolet ist (→ Rn. 89 ff.).

Die Vorschriften über Allgemein-Verbraucherdarlehensverträge gelten auch für 87
Immobiliar-Verbraucherdarlehensverträge, zB zum Widerrufsrecht nach § 495
Abs. 1, soweit nicht für diese besondere Regelungen anwendbar sind, beispielsweise zur Bedenkzeit nach § 495 Abs. 3.

II. Anwendbare Vorschriften

1. §§ 358 bis 360 (verbundene und zusammenhängende Geschäfte)

a) Zahlungsaufschub. Das Verbundreglement einschließlich Einwendungs- 88
durchgriff wird durch § 506 Abs. 1 auf Teilzahlungsgeschäfte sowie auf andere
Fälle des Zahlungsaufschubs (→ Rn. 63, zB auch Grundstücksgeschäfte) und auf
sonstige Finanzierungshilfen, nämlich Finanzierungsleasing und Mietkauf
(→ Rn. 78), für entsprechend anwendbar erklärt. Allerdings setzt der Verbundtatbestand voraus, dass der Verbraucher als Partei an zwei Verträgen beteiligt ist,
nämlich dem Finanzierungsvertrag und dem finanzierten Vertrag. Ein Vertrag

---

[131] Abgrenzung zur Geschäftsraummiete: BGH v. 16.11.2014 – XII ZR 120/13, NJW-RR 2015, 615, *in casu* Vollamortisation bejaht, Rn. 26, 32.
[132] Vollamortisation aber nach Lage des Einzelfalls: BGH v. 26.11.2014 – XII ZR 120/13, Rn. 26, 27 f., WM 2015, 1157.
[133] *Sobotka* BB 1992, 827 zu 1.

Bülow   715

mit Zahlungsaufschub, insbesondere ein **Teilzahlungsgeschäft,** stellt aber nur einen einzigen Vertrag dar, zB einen Kaufvertrag mit Teilzahlungsabrede. Die Finanzierung des Kaufpreises durch Darlehen, das der Darlehensgeber an den Verkäufer leistet und das durch Darlehensraten des Verbrauchers an den Darlehensgeber getilgt wird, ist zwar der klassische Fall des verbundenen Geschäfts und des früheren finanzierten Abzahlungskaufs (§ 6 AbzG, Anhang 2). Durch diese Art der Finanzierung verliert der finanzierte Vertrag, zB ein Kaufvertrag, aber die Teilzahlungsabrede, wird vielmehr sogleich durch die Zahlung der Darlehensvaluta an den Verkäufer erfüllt; der Kaufvertrag ist also kein Teilzahlungsgeschäft mehr. Deshalb ist der Verweis auf §§ 358, 359, 360 obsolet;[134] die Anwendung des Verbundreglements einschließlich §§ 359, 360 ergibt sich unmittelbar aus § 358 Abs. 3 BGB.

89 **b) Sonstige Finanzierungshilfen – Finanzierungsleasing.** Die Anwendbarkeitsmöglichkeiten der Vorschriften über verbundene Geschäfte sind im Leasinggeschäft eher gering; wo dieser Fall eintritt, ist der Verweis auf §§ 358 bis 360, anders als im Falle des Zahlungsaufschubs (→ Rn. 88), nicht obsolet. Vielmehr kann die Anwendung des Verbundreglements nur durch Entsprechung erreicht werden, weil eine unmittelbare Anwendung der Vorschriften versagen würde (→ Rn. 91).

90 **aa) Kein Dreipersonenverhältnis.** Bei Leasingverträgen gibt es typischerweise keine Mehrheit von Vertragsverhältnissen in wirtschaftlicher Einheit, sondern nur ein einziges verbraucherkreditrelevantes Vertragsverhältnis, nämlich zwischen Leasinggeber und Leasingnehmer.[135] Verbraucher und Lieferant des Leasingguts sind gerade nicht Vertragspartner, sondern Lieferant und Leasinggeber. Der Lieferant tritt typischerweise gegenüber dem Verbraucher zunächst überhaupt nicht in Erscheinung, höchstens nachträglich, wenn der Verbraucher Gewährleistung vom Leasinggeber verlangt und durch Abtretung die diesem gegen den Lieferanten zustehenden Mängelansprüche erhält (leasingtypische Abtretungskonstruktion).[136] Gerade auch dadurch bleibt der Lieferant außerhalb des Leasingvertrags stehender Dritter und bildet mit dem Leasinggeber keine wirtschaftliche Einheit iSv § 358 Abs. 3 BGB.[137] Die ökonomischen Beziehungen

---

[134] MüKoBGB/*Schürnbrand* § 506 BGB Rn. 19.
[135] *Habersack* BB 2003, Beil. 6, S. 1 (4 f.); *Godefroid* BB 2002, Beil. 5, S. 2 (8); *Tiedtke/Möllmann* DB 2004, 583 (585); aA – Anwendung trotz fehlenden Dreipersonenverhältnisses – *Reiner/Kaune* WM 2002, 2314 (2322); *Arnold* in: Das neue Schuldrecht in der Praxis, S. 589 (610); *Rösler* JuS 2005, 27 (31).
[136] S. nur BGH NJW 2014, 1970 = WM 2014, 1050 mit Komm. *Moseschus* EWiR 2014, 589; WM 2006, 495 = ZGS 2006, 107 = NJW 2006, 1066 Rn. 12 ff. mit Anm. *Stoffels* LMK 2006, 170 499 und *Beckmann* WuB I J2-1.06 (kein Umgehungsgeschäft iSv § 475 Abs. 1 Satz 2 BGB); BGH NJW 1985, 796 mit Komm. *v. Westphalen* EWiR § 537 BGB 1/85, 71; BGH NJW 1990, 314 mit Bspr. *Emmerich* JuS 1990, 321; OLG Saarbrücken NJW-RR 2015, 117; MüKoBGB/*J. Koch* Leasing, Rn. 79 ff.; keine Anwendung von § 309 Nr. 8 lit. b. aa. BGB (→ § 495 Rn. 368): BGH ZIP 1985, 682 mit Komm. *Hensen* EWiR § 11 Nr. 10 AGBG 1/85, 239; OLG Stuttgart BB 2005, 2375. Im gegebenen Falle hat der Leasinggeber den Verbraucher auf die Rügeobliegenheit von § 377 HGB gegenüber dem Lieferanten hinzuweisen, KG v. 27.3.2013 – 25 U 59/12.
[137] *Habersack* BB 2003, Beil. 6, S. 2 (5); *Slama* WM 1991, 569 (572); offen BGH WM 2000, 429 zu II. 1.; der Leasinggeber bleibt berechtigt, gegen den Lieferanten Ansprüche wegen der Verletzung der Eigentumsverschaffungspflicht zu erheben, OLG Hamm WM 2012, 1098.

Entsprechende Anwendung 91 § 506

des Verbrauchers beschränken sich auf den Leasinggeber. Eine analoge Anwendung des Einwendungsdurchgriffs nach § 359 auf abgetretene Gewährleistungsansprüche erscheint daher im Allgemeinen ausgeschlossen.[138] Nach der Gegenansicht könnte der Verbraucher als Leasingnehmer die Zahlung der Leasingraten verweigern, soweit Gewährleistungsansprüche gegenüber dem Lieferanten aus abgetretenem Recht bestehen.[139]

bb) Eintritt des Leasinggebers in den Kaufvertrag (Bestelleintritt). 91
Etwas anderes wird aber im Falle des sog. Bestelleintritts (Kaufvertrag mit Leasingfinanzierungsklausel)[140] anzunehmen sein, wo der Leasingnehmer einen Kaufvertrag mit dem Lieferanten abschließt, in den der Leasinggeber als Gesamtschuldner neben den Verbraucher, **kumulativ,** eintritt (**nicht aber** bei **privativem** Eintritt *anstelle* des Verbrauchers, wo es an einem Aufspaltungsrisiko fehlt, weil der Verbraucher Partei nur eines Vertrages, nämlich des Leasingvertrags, wird und folglich kein Raum für einen Verbund ist → Rn. 92),[141] gleichermaßen dann, wenn der Lieferant des Leasingguts als Erfüllungsgehilfe des Leasinggebers tätig wurde, indem er den Abschluss des Leasingvertrags vorbereiten half:[142] Darin kann die wirtschaftliche Einheit iSv § 358 Abs. 3 BGB zwischen Kaufvertrag und Leasingvertrag liegen (→ § 495 Rn. 272 ff.) mit der Folge, dass der Leasinggeber Einwendungen aus dem Kaufvertrag mit dem Lieferanten ausgesetzt ist **(Einwendungsdurchgriff).**[143] Diese Rechtsfolge kann in der Tat nur durch entsprechende Anwendung eintreten, weil es an einem Darlehensvertrag fehlt.[144] An die Stelle des Darlehensvertrags tritt der Finanzierungshilfevertrag in

---

[138] Entgegen der Annahme von *Finkenauer/Brand* JZ 2013, 273 (276); *B. Peters* WM 1992, 1797 (1805); *Zahn* DB 1991, 81 (84) sowie 2171 (2175); *Rösler* JuS 2005, 27 (31); *v. Westphalen* Leasingvertrag, Rn. 1765; *v. Westphalen/Emmerich/v. Rottenburg* § 9 VerbrKrG Rn. 217; *Emmerich,* Schriftenreihe der Bankrechtlichen Vereinigung, Bd. 2, S. 87 (89); *Bruchner/Ott/Wagner-Wieduwilt* § 9 VerbrKrG Rn. 153; **dagegen** *Lieb* Schriftenreihe der Bankrechtlichen Vereinigung, Bd. 2, S. 116 (118 ff.); *Lieb* WM 1992, Beil. 6, S. 15; MüKoBGB/*Habersack* § 359 BGB Rn. 11; *Reinking/Nießen* ZIP 1991, 634 (638) und *v. Westphalen* Leasingvertrag, Rn. 1756 sowie *Roth* AcP 190 (1990), 292 (301); *Reinicke/Tiedtke* ZIP 1992, 217 (228); *Löhnig/Gietl* JuS 2009, 491 (495); offen BGH WM 2000, 429 zu II. 1.

[139] *Finkenauer/Brand,* JZ 2013, 273 (277); *Wieling/Finkenauer,* Fälle zum besonderen Schuldrecht, 7. Aufl. 2012, S. 75 f., 78 f.; *F. Barteils* ZGS 2009, 544 (546).

[140] Beispielsfall BGH WM 1990, 1241 zu II. 3., wo aber der Leasingvertrag nicht zustande kam, sowie NJW 1999, 425 mit Bspr. *Schmidt* JuS 1999, 502; *B. Peters* WM 2011, 865 (869).

[141] BGH v. 22.3.2014 – VIII ZR 178/13, Tz. 18, 20, NJW 2014, 1519 = JZ 2014, 795 mit Anm. *Bülow* LMK 2014, 357062, *Sittmann-Haury* JZ 2014, 798, *Harriehausen* NJW 2014, 1521 und Komm. *Moseschus* EWiR 2014, 351; OLG Düsseldorf WM 2010, 2258.

[142] *v. Westphalen* BB 1992, Beil. 9, S. 6; *Bruchner/Ott/Wagner-Wieduwilt* § 9 VerbrKrG Rn. 157; zur früheren Rechtslage schon LG Frankfurt/Main BB 1985, 767 mit Komm. *v. Westphalen* EWiR § 123 Abs. 2 BGB 1/85, 249; noch weiter gehend, nämlich nicht auf diesen Fall beschränkt, *Heermann* AcP 200 (2000), 1 (38–40); abl. *Pechtold* Verbundenes Geschäft, S. 303; zur Kollusion zwischen Leasingnehmer und Lieferant LG Frankfurt/Main EWiR § 427 BGB 1/01, 1037 – „Flowtex" – (Streit).

[143] *Canaris* ZIP 1993, 401 (408 ff.); *v. Westphalen/Emmerich/v. Rottenburg* § 9 VerbrKrG Rn. 218; Staudinger/*Kessal-Wulf* § 358 BGB Rn. 43; *Reinking* FLF 1993, 174; *Michalski* Jura 1997, 169 (178); *Melsheimer* Verbraucherschutz, S. 233; *Lehmann,* Genetischer Zusammenhang, S. 216; dagegen MüKoBGB/*Habersack* § 359 BGB Rn. 12; *Habersack* DStR 1994, 1853 (1855); *Godefroid* BB 1994, Beil. 6, S. 19.

[144] MüKoBGB/*Habersack,* § 358 BGB Rn. 17; MüKoBGB/*J. Koch,* Leasing Rn. 59.

§ 506   92   1. Teil. Darlehen und Finanzierungshilfen

Gestalt von Finanzierungsleasing oder der gleichgestellten Vertragskonstruktionen nach § 506 Abs. 2 (→ Rn. 81 ff.), sodass der Leasingvertrag der Finanzierung des Kauf- oder Dienstleistungsvertrags[145] dient; die gleiche Rechtslage kann im Verhältnis **Mobilfunkvertrag** und Kaufvertrag über ein Mobiltelefon entstehen[146] (nicht aber ein vom Lieferanten mit dem Leasingnehmer abgeschlossener Werbevertrag, durch den Leasingraten erstattet werden können[147]). Die Anwendung von § 358 BGB aufgrund wirtschaftlicher Einheit von Kaufvertrag über das Leasingobjekt und Leasingvertrag kann auch anzunehmen sein in der sale-and-lease-back-Konstruktion, in welcher der Verbraucher die gekaufte Sache dem Leasinggeber übereignet, aber als Leasingnehmer behält und nutzt[148] (→ Rn. 75). In diesen Fällen ist das Leasinggut im Leasingvertrag genau angegeben, sodass zugleich der Zusammenhangstatbestand von § 360 Abs. 2 Satz 2 BGB erfüllt ist, wobei sich auch hier das Problem des Umsetzungsdefizits im Hinblick auf den Einwendungsdurchgriff stellt (näher → § 495 Rn. 346).

92   Bejahung des Einwendungsdurchgriffs in solchen Fällen bedeutet zugleich Bejahung des **Widerrufsrechts,** bezogen auf den Leasingvertrag[149] (zur Unterrichtung über das Widerrufsrecht nach Art. 247 § 6 Abs. 2 EGBGB → Rn. 101 und → § 495 Rn. 356). Dessen Widerruf wirkt sich wie folgt aus: Ist der Leasinggeber in den Kaufvertrag als Gesamtschuldner neben den Verbraucher, **kumulativ,** eingetreten,[150] erstreckt sich der Widerruf gem. § 358 Abs. 2 auf den Kaufvertrag, gem. § 425 BGB aber nur in der Person des Verbrauchers durch den Bestelleintritt lediglich schwebend wirksam und durch den Widerruf endgültig unwirksam geworden war. Der Leasinggeber bleibt also an den Kaufvertrag gebunden, ohne den dazugehörigen Leasingvertrag zu haben. Ist der Leasinggeber in den Kaufvertrag im Wege **privativer** Schuldübernahme gem. § 414 BGB eingetreten, verlor der Verbraucher seine Rechtsstellung als Partei des Kaufvertrags und kann darauf nicht mehr, auch nicht durch Widerruf des Leasingvertrags, einwirken. Der Leasinggeber bleibt allein an den Kaufvertrag gebunden, eine Einwendungsübernahme gem. § 417 BGB kommt nicht in Betracht.[151] Jedoch ist die Geschäftsgrundlage für den Kaufvertrag weggefallen, sodass der Leasinggeber gem. § 313 Abs. 3 Satz 1 BGB zurücktreten kann (→ Rn. 93). Der Leasinggeber kann mit dem Verbraucher aufgrund von § 512 Satz 1 BGB nicht wirksam vereinbaren, dass der Bestelleintritt unter dem Vorbehalt des unterlassenen Widerrufs stehe[152] (→ § 512 Rn. 24). Auf

---

[145] BGH NJW 2009, 3295 = WM 2009, 1813 Tz. 15, in casu verneint mit Anm. *J. Weber* NJW 2009, 3296.
[146] AG Dortmund ZGS 2010, 576 mit Anm. *Neumann* MMR 2011, 67; LG Lüneburg VuR 2011, 474 mit Anm. *Neumann;* zutr. *Limbach* ZGS 2009, 206 und NJW 2011, 3770. Allerdings greift meist die Bagatellklausel von §§ 491 Abs. 2 Nr. 1, 506 Abs. 4 ein, MüKoBGB/*Schürnbrand* § 506 BGB Rn. 30.
[147] BGH v. 30.3.2011 – VIII ZR 94/10, ZGS 2011, 267.
[148] MüKoBGB/*Habersack* Leasing, Rn. 12; *Bülow* Kreditsicherheiten, Rn. 1477.
[149] OLG Rostock DZWIR 1996, 425; *Canaris* ZIP 1993, 401 (407); *Godefroid* BB 1994, Beil. 6, S. 19; *Michalski* Jura 1997, 169 (177).
[150] Hierbei vereinbaren Lieferant und Verbraucher als Käufer, dass der Leasinggeber den Kaufpreis unter Ausschluss des Ablehnungsrechts nach § 267 Abs. 2 BGB zahlt, BGH WM 1990, 1241 zu II. 3.a.
[151] Fallgestaltung bei BGH v. 22.3.2014 – VIII ZR 178/13, Tz. 18, 20. Analoge Anwendung von § 417 aber nach *Lieb* WM 1991, 1533 (1535).
[152] *B. Peters* WM 1992, 1797 (1804); *Seifert,* Der langfristige Kredit 1991, 144, 146; aA *Reinicke/Tiedtke* ZIP 1992, 217, 227 f.

Entsprechende Anwendung   93–95 § 506

der anderen Seite ist der Kaufvertrag **kein** mit dem Leasinvertrag **zusammenhängender Vertrag nach § 360**, vielmehr ist umgekehrt der Leasingvertrag aufgrund der Leasingfinanzierungklausel ein mit dem Kaufvertrag zusammenhängender Vertrag.[153] Der Kaufvertrag im stationären Handel ist aber nicht widerruflich, sodass eine Widerrufserstreckung nach § 360 Abs. 1 Satz 1 nicht stattfinden kann.

Eine Leasingfinanzierungsklausel (→ Rn. 91) kann auch so auszulegen sein, dass der Kaufvertrag zwischen Lieferant und Verbraucher dadurch auflösend bedingt ist, dass der Leasingvertrag nicht endgültig zustande kommt, also widerrufen wird.[154] § 162 Abs. 2 BGB (treuwidrige Herbeiführung des Bedingungseintritts) ist in diesem Fall nicht anwendbar. Die Bindung des Leasinggebers an den Kaufvertrag, dem er beigetreten war, besteht in diesem Fall nicht. Wird auf der anderen Seite der Kaufvertrag, zB durch Rücktritt, hinfällig, entfällt für den Leasingvertrag die Geschäftsgrundlage,[155] sodass dieser seinerseits dem Rücktritt nach § 313 Abs. 3 BGB unterliegt. Dieses Rücktrittsrecht kommt dem Verbraucher zugute, wenn das Widerrufsrecht verfristet ist. 93

Der **mängelbedingte Rücktritt** des Leasingnehmers vom Kaufvertrag gegenüber dem Lieferanten gem. § 437 Nr. 2 BGB berechtigt den Leasingnehmer im Verhältnis zum Leasinggeber, die Zahlung der Leasingraten einzustellen. Das gilt allerdings nur dann, wenn der Lieferant den Rücktritt akzeptiert; wenn nicht, muss der Leasingnehmer aus dem erklärten Rücktritt Klage gegen den Lieferanten erheben, bei Insolvenz des Lieferanten Gewährleistungsansprüche zur Tabelle anmelden, ggf. Klage auf Feststellung zur Tabelle erheben[156]. Im Verhältnis zum Leasinggeber folgt aus dem Recht des Leasingnehmers auf Einbehaltung von Leasingraten die **Hemmung der Verjährung** gemäß § 205 BGB (vereinbartes Leistungsverweigerungsrecht), wodurch auch der Verzug ausgeschlossen ist. Wird die Klage gegen den Lieferanten aber rechtskräftig abgewiesen, entfällt die Hemmung rückwirkend.[157] 94

c) **Zusammenhängender Vertrag.** Ein mit einem Finanzierungshilfevertrag, zB einem Teilzahlungsgeschäft nach § 506 Abs. 3, zusammenhängender Vertrag kann beispielsweise ein Wartungsvertrag über das erworbene Gut sein, wodurch die Widerrufserstreckung nach § 360 Abs. 1 Satz 1 greift (→ § 495 Rn. 339). Ein Leasingvertrag als zusammenhängender Vertrag nach § 360 Abs. 2 Satz 2 (→ § 495 Rn. 343) wäre in der Weise denkbar, dass der Verbraucher als Leasingnehmer das Leasinggut zunächst selbst erwirbt, das im Leasingvertrag genau angegeben ist. 94a

2. § 491a (vorvertragliche Information)

Für **Allgemein-Finanzierungshilfen** gilt: Vor Abschluss des Teilzahlungsgeschäfts oder Finanzierungsleasingvertrags ist der Verbraucher nach Maßgabe von Art. 247 §§ 2 bis 5 EGBGB in Textform (§ 126b BGB) zu unterrichten, wobei 95

---

[153] Dies übersieht *Harriehausen* NJW 2014, 1521 sowie NJW 2015, 1422 (1425).
[154] BGH WM 1990, 1241 zu II. 3.b.; MüKoBGB/*J. Koch*, Leasing, Rn. 41.
[155] *Rösler* JuS 2005, 29 (31).
[156] BGH v. 13.11.2013 – VIII ZR 257/12, NJW 2014, 1583; v. 16.6.2010 – VIII ZR 317/09, NJW 2010, 2798 = ZGS 2010, 415 mit Rez. *Tavakoli* NJW 2010, 2768 und *Greiner* NJW 2012, 961; BGH v. 13.11.2013 – VIII ZR 257/12, Tz. 22, 26, abw. *v.Hall* ZGS 2010, 541 (543 Fußn. 10); MüKoBGB/*J. Koch*, Leasing, Rn. 114.
[157] BGH v. 16.9.2015 – VIII ZR 119/14, Rn. 20, 33, NJW 2016, 397 = WM 2016, 397 mit Komm. *Moseschus* EWiR 2016, 271; BGHZ 91, 135.

§ 506 96–98a   1. Teil. Darlehen und Finanzierungshilfen

das **Muster** gem. § 2 Abs. 2 und Anlage 4 verwendet werden muss (→ § 491a Rn. 14). Ergänzende Regelungen finden sich in Art. 247 § 14 EGBGB (Tilgungsplan, näher → Rn. 100). Im Fall von § 495 Abs. 2 Nr. 1 (Umschuldung → § 495 Rn. 177) ist Anlage 5 zum EGBGB einschlägig (Art. 247 § 2 Abs. 3 EGBGB); § 504 Abs. 2 ist auf Finanzierungshilfen nicht anwendbar (→ Rn. 84).

96   Der **Gesamtbetrag** (Nr. 2 des Musters und Art. 247 § 3 Abs. 1 Nr. 8 EGBGB) setzt sich zusammen aus der Summe der Teilzahlungen einschließlich Zinsen und sonstigen Kosten sowie gegebenenfalls einer Anzahlung, dem Teilzahlungspreis im Sinne von § 502 Abs. 1 Nr. 2 BGB aF resp. der Summe aller Leasingraten zuzüglich An- und Schlusszahlung. Der Gesamtbetrag ist in einer Summe anzugeben;[158] es reicht nicht aus, wenn der Verbraucher diesen Betrag ausrechnen könnte.[159] Daneben und zusätzlich darf aufgeschlüsselt werden. Der Gesamtbetrag (Teilzahlungspreis) muss ua die **Umsatzsteuer** enthalten, auch dann, wenn etwas in Zahlung gegeben wird wie häufig beim Kraftfahrzeugkauf.[160] Zum Gesamtbetrag gehören auch Versicherungskosten wie die Kosten einer obligatorischen Restschuldversicherung;[161] sie bedürfen außerdem gem. Art. 247 § 3 Abs. 1 Nr. 10 EGBGB der gesonderten Angabe, nicht aber Kosten, die mit der Kreditierung nichts zu tun haben wie Fracht- und Portokosten. Überweisungskosten sind Gegenstand von Art. 247 § 3 Abs. 1 Nr. 10 EGBGB, Verzugskosten von § 3 Nr. 11. Bedingt sich der Kreditgeber Preisänderungsvorbehalte aus (vgl. § 309 Nr. 1 BGB), ist als Gesamtbetrag der im Zeitpunkt des Vertragsabschlusses geltende Preis zugrunde zu legen, vgl. § 6 Abs. 2 Satz 4 PrAngVO. Bei Kopplung der Zinsen an einen Referenzzinssatz, zB den Basiszinssatz (§ 247 BGB), ist der Gesamtbetrag gleichermaßen nach demjenigen Satz zu errechnen, wie er zum Zeitpunkt des Vertragsabschlusses galt.[162] Außerdem ist anzugeben, wie sich der Gesamtbetrag bei Änderung des Basiszinssatzes ändert.

97   Die **Art des Darlehens** nach Art. 247 § 3 Nr. 2 EGBGB und in Nr. 2 des Musters kann mit „Teilzahlungsgeschäft" oder „Ratenkauf" oder „Abzahlungskauf" resp. „Leasingvertrag" angegeben werden.

98   In der Rubrik **„Sicherheiten"** nach Nr. 2 des Musters und Art. 247 § 4 Abs. 1 Nr. 2 EGBGB kommt „Eigentumsvorbehalt" in Betracht oder etwa „Mithaftung des Ehegatten" (näher → 102). Der Anspruch des Verbrauchers auf einen **Vertragsentwurf** gem. § 491a Abs. 2 BGB (→ § 491a Rn. 26) ist Gegenstand von Nr. 4 des Musters und von Art. 247 § 3 Abs. 1 Nr. 15 EGBGB.

98a   Bei **Immobiliar-Finanzierungshilfen** ist Grundlage der vorvertraglichen Information Art. 247 § 1 EGBGB, namentlich das ESIS-Merkblatt, Anlage 1 zum EGBGB. Der Vertragsentwurf nach § 491a Abs. 2 Satz 3 ist nicht erst auf Verlangen des Verbrauchers auszuhändigen, sondern der Unternehmer hat diesen von sich aus anzubieten. Die Erläuterungspflicht nach § 491a Abs. 3 erstreckt

---

[158] OLG Köln JMBl NRW 1973, 231; ZIP 1994, 776 zu II. 2.a. mit Komm. *Ose* EWiR § 1 VerbrKrG 2/94, 613; OLG Karlsruhe NJW 1973, 2067; aber nicht von demjenigen, der die Finanzierung lediglich vermittelt, → Rn. 114 aE.
[159] OLG Hamm NJW-RR 1989, 370 mit Komm. *Schlosser* EWiR § 1a AbzG 1/89, 313.
[160] BGB-RGRK/*Keßler*, § 1a AbzG Rn. 5.
[161] MüKoBGB/*Schürnbrand* § 491a BGB Rn. 28; nicht differenzierend Staudinger/*Kessal-Wulf* § 506 BGB Rn. 227.
[162] *v. Westphalen/Emmerich/v. Rottenburg* § 4 VerbrKrG Rn. 147.

Entsprechende Anwendung 99, 100 § 506

sich auf die Frage der Kündigung (Satz 3). Immobiliar-Förderdarlehen iSv § 491 Abs. 3 Satz 4 iVm Abs. 2 Satz 2 Nr. 5 bedürfen nicht der vollen vorvertraglichen Information nach § 491a, vielmehr beschränkt sich diese auf die Angaben von Abs. 4.

3. § 492 (Vertragsform und Pflichtangaben)

Die **Formvorschriften im Allgemeinen** (§ 492 Abs. 1 Satz 1) unter Einschluss der elektronischen Form (§§ 126 Abs. 3, 126a BGB) und die verbraucherkreditrechtlichen Besonderheiten nach § 492 Abs. 1 Sätze 2 und 3 gelten nicht nur für Teilzahlungsgeschäfte, sondern gem. § 506 Abs. 1 für alle Formen des Zahlungsaufschubs und für Finanzierungsleasingverträge. Für diese ist das Schriftformerfordernis als solches (→ § 492 Rn. 19 ff.) ist insoweit von praktisch untergeordneter Bedeutung, als tatsächlich Leasingverträge ohnehin nur schriftlich abgefasst zu werden pflegen. Es bleiben die Anforderungen an die gesetzliche Schriftform nach § 126 BGB, namentlich auch bei der Verwendung von Vordrucken[163] zu beachten (→ § 492 Rn. 33). Aus dem allgemeinen Schriftformerfordernis folgt, dass die Unterschrift des Leasinggebers (auch automatisiert, § 494 Abs. 1 Satz 3) nicht fehlen darf[164] und dass die *essentialia negotii* und wesentlichen Nebenabreden aufzunehmen sind.[165]   **99**

Die **Pflichtangaben** nach § 492 Abs. 2 BGB richten sich nach Art. 247 § 6 mit Ergänzung durch § 12 (→ Rn. 104) EGBGB. Sie sind für alle Arten von Finanzierungshilfen, also anders als nach der Vorgängerregelung von § 500 BGB aF, auch für Finanzierungsleasingverträge vollständig zu machen, aber mit Einschränkungen für Immobiliar-Kreditverträge gemäß Art. 247 § 6 Abs. 1 Satz 2, → Rn. 110a). Zunächst sind die in der vorvertraglichen Information nach Art. 247 § 3 Abs. 1 Nr. 1 bis 14 EGBGB erteilten Informationen zu wiederholen (→ Rn. 95, nicht: Nr. 15 und 16, Abschrift des Vertrags, § 29 BDSG). Sodann sind gem. Art. 247 § 6 Abs. 1 Nr. 2 Name und Anschrift des Verbrauchers als Käufer, Werkbesteller, Dienstberechtigter, Leasingnehmer, Mietkäufer anzugeben. Aufsichtsbehörden (§ 6 Abs. 1 Nr. 3) bestehen bei Finanzierungshilfen nicht. Gem. Art. 247 § 6 Abs. 1 Nr. 4 ist auf den **Tilgungsplan** nach § 492 Abs. 3 Satz 2 hinzuweisen. Verlangt der Verbraucher einen Tilgungsplan, sind dessen Anforderungen Art. 247 § 14 BGB zu entnehmen. Danach sind die einzelnen Raten in ihrer absoluten Höhe auszurechnen, damit der Verbraucher die Belastung erkennen kann, ohne selbst Berechnungen anstellen zu müssen; deshalb genügt die Angabe der Raten in Bruchteilen des Gesamtbetrags (des Teilzahlungspreises) nicht,[166] ebenso wenig die Aufgliederung der einzelnen Raten in ihre Bestandteile ohne Nennung der Summe, also der jeweiligen Gesamtrate. Der Angabe bedarf es auch, wenn nur noch eine einzige Abschlusszahlung zu erbringen ist[167] oder der gesamte Preis in einer Zahlung in vereinbarter Fälligkeit vom Verbraucher zu erbringen ist. Eine **Kündigungsmöglichkeit** (Art. 247 § 6 Abs. 1 Nr. 5 EGBGB) kommt bei Teilzahlungsgeschäften im Allgemeinen nicht   **100**

---

[163] *B. Peters* WM 1992, 1792 (1800); *Schölermann/Schmidt-Burgk* DB 1991, 1968.
[164] OLG Rostock ZIP 2005, 1835 mit Komm. *Saenger/Zurlinden* EWiR § 4 VerbrKrG 2/05, 873.
[165] Zutreffend *Scherer/Mayer* BB 1998, 2169 (2173).
[166] *Münstermann/Hannes* § 4 VerbrKrG Rn. 238.
[167] MüKoBGB/*Schürnbrand* § 491a BGB Rn. 25.

in Betracht, bei Leasingverträgen ist sie Gegenstand ausgehandelter Vertragsbedingungen. Der **sonstige Vertragsinhalt** ist nach Art. 247 § 6 Abs. 1 Nr. 6 EGBGB anzugeben. Die Angabe des **effektiven Jahreszinses** (Art. 247 § 3 Abs. 1 Nr. 3 EGBGB) kann bei Teilzahlungsgeschäften entbehrlich sein (→ § 507 Rn. 40).

101 Die Angaben zum **Widerrufsrecht** (→ Rn. 113) nach Art. 247 § 6 Abs. 2 EGBGB sind im Vertrag (auch durch Widerrufsinformation nach Anlage 7 zum EGBGB) und nicht in einer davon gesonderten Widerrufsbelehrung zu machen (→ § 495 Rn. 76 ff.). Im Falle eines verbundenen Geschäfts, in dem der Kaufpreis/Werklohn durch Darlehen finanziert wird, ist der finanzierte Vertrag selbst kein Kreditvertrag und nicht widerruflich, vielmehr findet die Widerrufserstreckung vom Darlehensvertrag auf das finanzierte Geschäft nach § 358 Abs. 2 BGB statt (→ § 495 Rn. 332). Die Angaben nach Art. 247 § 6 Abs. 2 EGBGB sind deshalb im Darlehensvertrag zu machen (→ § 495 Rn. 353, 354), während der finanzierte Vertrag, weil kein Kreditvertrag, überhaupt nicht formbedürftig ist. Ist aber auch der finanzierte Vertrag, zB als Fernabsatzgeschäft, widerruflich (→ § 495 Rn. 359), ist dort über das Widerrufsrecht zu unterrichten, außerdem im Darlehensvertrag (→ § 495 Rn. 107). Der Unternehmer kann die Musterinformation nach Anlage 7 zum EGBGB verwenden, die nach näherer Maßgabe von Art. 247 § 6 Abs. 2 Sätze 3 und 4 sowie § 12 Abs. 1 Sätze 3 bis 5 EGBGB mit Gesetzlichkeitsfiktion ausgestattet ist.

102 Die Angaben zu **Sicherheiten** (→ Rn. 98) im Vertrag und in Schriftform, ersatzweise in elektronischer Form (§ 126a BGB), beziehen sich auf den Sicherungsvertrag, durch den sich der Verbraucher verpflichtet, die Sicherheit zu bestellen, bzw. im Falle des Eigentumsvorbehalts, der bei Teilzahlungskäufen im Allgemeinen vereinbart zu werden pflegt, auf den entsprechenden Teil des Kaufvertrages. Denkbar ist ein Eigentumsvorbehalt aber auch bei Werkverträgen hinsichtlich des erstellten Werks oder des verarbeiteten Materials, wo eine Verarbeitungsklausel in Frage kommt.[168] Anzugeben ist auch die Pflicht zur Eingehung von Verlängerungs- und Erweiterungsformen des Eigentumsvorbehalts oder einer Sicherungsübereignung. Nicht Gegenstand der Angabe ist dagegen der dingliche Bestellungsakt selbst; so ist der Eigentumsvorbehalt in der Regel bei Übergabe gem. §§ 929, 158, 455 BGB zu vollziehen, ein Grundpfandrecht nach Maßgabe von § 873 BGB zu bestellen, eine Sicherungsabtretung formlos gem. § 398 BGB durchzuführen (→ § 492 Rn. 140). **Fehlt die Angabe,** ist der Kreditvertrag wirksam, aber die Sicherheit kann gem. § 494 Abs. 6 Satz 2 iVm § 507 Abs. 1 Satz 1 nicht gefordert werden (→ § 507 Rn. 34), ohne dass es auf die Höhe des Barzahlungspreises ankäme (vgl. dagegen bei Verbraucherdarlehen Obergrenze des Nettodarlehensbetrags von 75 000 € gem. § 494 Abs. 6 Satz 3, nicht anwendbar auf Teilzahlungsgeschäfte gem. § 507 Abs. 1 Satz 1, → § 492 Rn. 143 und → § 494 Rn. 78). Im Falle eines bereits vollzogenen Eigentumsvorbehalts hat der Verbraucher bei fehlender Angabe Anspruch auf bedingungslose Übereignung. Die Anwendung von § 139 BGB ist mithin ausgeschlossen.[169]

103 Zu den sonstigen Kosten nach Art. 247 § 6 Abs. 1 Nr. 1 iVm § 3 Abs. 1 Nr. 10 EGBGB gehören auch **Kosten einer Versicherung,** insbesondere solcher, die für den Fall der Leistungsunfähigkeit des Verbrauchers abgeschlossen werden **(Restschuldversicherung)** und Voraussetzung für die Gewährung der

---

[168] *Bülow* Kreditsicherheiten, Rn. 1486 ff.
[169] *Reinicke/Tiedtke* ZIP 1992, 217 (218).

Entsprechende Anwendung 104–106 § 506

Finanzierungshilfe sind (→ § 495 Rn. 270) oder etwa für eine Transportversicherung. Diese Kosten sind nicht nur in den Gesamtbetrag (Teilzahlungspreis) einzubeziehen (→ Rn. 96), sondern auch gesondert auszuweisen. Die Kriterien zur Sittenwidrigkeitsbewertung nach § 138 BGB in Bezug auf eine Restschuldversicherung haben für die Angabepflicht keine Bedeutung (→ § 492 Rn. 146). Die Angabe ist auch dann zu machen, wenn die Versicherungskosten bereits in den Gesamtbetrag eingeflossen sind,[170] um Transparenz für diese Kostenart herzustellen. Können Versicherungskosten im Zeitpunkt des Vertragsabschlusses nach Lage des Versicherungsvertrages noch nicht beziffert werden, müssen sie so angegeben werden, dass sie ausrechenbar sind.[171]

Sondervorschrift zu den Pflichtangaben für Finanzierungshilfen (und zur **104** vorvertraglichen Information, → Rn. 95) ist Art. 247 § 12 EGBGB. Gem. Abs. 1 Satz 2 Nr. 2 lit. a muss der Vertrag den Gegenstand und den Barzahlungspreis resp. Anschaffungspreis enthalten. Der **Gegenstand** meint das zu erwerbende Wirtschaftsgut, die Sache, Werkleistung, Dienstleistung, das Kauf- oder Leasingobjekt. Sollte bei der Anbahnung oder beim Vertragsabschluss ein **Vermittler** beteiligt sein, schreibt Art. 247 § 13 EGBGB weitere Angaben und Unterrichtungspflichten vor. Insbesondere hat der Vermittler gem. § 13 Abs. 2 Nr. 2 eine Innenprovision offenzulegen (hierzu → § 498 Rn. 42).

Bei Teilzahlungsgeschäften tritt gem. § 506 Abs. 4 Satz 2 an die Stelle des **105** Nettodarlehensbetrags (Art. 247 § 3 Abs. 2 Satz 2, → § 492 Rn. 92) der **Barzahlungspreis**. Die Vorschrift enthält anders als die Altregelung von § 1a Abs. 1 Satz 3 AbzG (Anhang 2) keine Legaldefinition des Barzahlungspreises, ohne dass hieran etwas geändert werden sollte. Demnach ist als Barzahlungspreis derjenige Preis anzusehen, den der Käufer (bzw. Leistungsempfänger) zu entrichten hätte, wenn spätestens bei Übergabe der Sache resp. bei Leistungserbringung der Preis in voller Höhe fällig wäre. Ziel der Angabepflicht ist es, dem Verbraucher die Vergleichbarkeit zwischen Bargeschäft und Teilzahlungsgeschäft zu ermöglichen,[172] ohne dass dadurch Vertragspflichten begründet würden; es handelt sich lediglich um eine Rechengröße wie auch der effektive Jahreszins. Wird der Gesamtbetrag (Teilzahlungspreis) entgegen der Vorschrift von Art. 247 § 6 Abs. 1 Nr. 1, § 3 Abs. 1 Nr. 8 EGBGB nicht genannt, kommt gem. § 507 Abs. 2 Satz 3 nach Übergabe der Sache oder Leistungserbringung der Vertrag zu diesem Barzahlungspreis nebst Verzinsung mit gesetzlichem Zinssatz zustande (→ § 507 Rn. 30). Maß gibt derjenige Preis, den der Verkäufer oder Dienstleister tatsächlich von seinen Abnehmern zu verlangen pflegt (Listenpreis), wenn er ein Barzahlungsgeschäft abschließt.

Gibt der Kreditgeber einen zu hohen Barzahlungspreis an, sodass dem Ver- **106** braucher das Abzahlungsgeschäft günstiger erscheint, als es in Wahrheit ist, so ist dem Schriftformerfordernis dennoch nicht genügt. Demnach wäre gem. § 507 Abs. 2 Satz 3 der Barzahlungspreis geschuldet; da dieser aber gerade nicht, jedenfalls nicht richtig angegeben ist, kommt es gem. Satz 4 auf den **Marktpreis** an (ebenso bereits § 1a Abs. 3 Satz 3 AbzG, Anhang 2).[173] Sollte der tatsächlich vom Kreditgeber im Allgemeinen geforderte Barzahlungspreis aber niedriger als der

---

[170] Vgl. MüKoBGB/*Schürnbrand* § 491a BGB Rn. 28.
[171] *Bamberger/Möller/Wendehorst* § 492 BGB Rn. 21.
[172] BGH NJW-RR 1994, 302 zu II. 3.
[173] BGH WM 1979, 491 zu B. II. 2.a.

§ 506   107–110   1. Teil. Darlehen und Finanzierungshilfen

Marktpreis sein, würde sich der Kreditgeber rechtsmissbräuchlich verhalten, wenn er sich auf den Marktpreis beriefe, kann also nur seinen eigenen niedrigeren Barzahlungspreis verlangen. Gibt der Kreditgeber dagegen fälschlich einen niedrigeren als den sonst tatsächlich geforderten Barzahlungspreis an, ist der Verbraucher nicht beeinträchtigt, sodass der Vertrag wirksam ist.[174]

107 Der Barzahlungspreis ist der Bruttopreis einschließlich **Umsatzsteuer**, auch dann, wenn der Verbraucher vorsteuerabzugsberechtigt sein sollte.[175] Allerdings wird die Vorsteuerabzugsberechtigung in vielen Fällen mit der Verwendung des Kredits zu gewerblichen oder beruflichen Zwecken einhergehen, sodass es am persönlichen Anwendungsbereich nach § 506 Abs. 1 fehlt (und allenfalls Existenzgründer in Frage kommen, → § 512 Rn. 5).

108 Der anzugebende Barzahlungspreis darf nicht um **Skonti** vermindert angegeben werden, da dem Verbraucher sonst die gebotene Vergleichsgrundlage genommen ist, die der Listenpreis als üblicher Preis darstellt.[176] Dagegen steht es dem Kreditgeber frei, neben dem Barzahlungspreis auf eine Skontogewährung hinzuweisen. Der Barzahlungspreis entspricht dem Endpreis iSv § 1 Abs. 1 Satz 1 PrAngVO, durch den ein noch über das Verbraucherkreditrecht hinausgehender Schutzzweck verfolgt wird, indem nicht nur die Vergleichbarkeit der Preise des Verkäufers, sondern auch die Vergleichbarkeit mit Preisen Dritter erreicht werden soll.[177] **Entbehrlich** ist die Angabe des Barzahlungspreises gem. § 507 Abs. 3, wenn der Kredit gebende Unternehmer ausschließlich Teilzahlungsgeschäfte tätigt (→ § 507 Rn. 40).

109 Der Kreditgeber trägt die **Beweislast** dafür, dass der angegebene Preis dem Listenpreis entspricht (→ Rn. 105), im gegebenen Falle dafür, dass er nur gegen Teilzahlungen[178] (§ 507 Abs. 3, → § 507 Rn. 40) und ohne Entgelt für den Zahlungsaufschub[179] liefert (→ Rn. 31); nach aA[180] soll eine widerlegliche Vermutung für die Entgeltlichkeit streiten.

110 Gem. § 506 Abs. 4 Satz 2 tritt an die Stelle des Barzahlungspreises der **Anschaffungspreis,** wenn der Unternehmer den Gegenstand für den Verbraucher erwarb; dies wiederholt Art. 247 § 12 Abs. 2 Satz 3 EGBGB. Anwendungsfeld ist das Leasinggeschäft, wo statt eines Bestelleintritts (→ Rn. 91) der Leasinggeber das Leasingobjekt bei einem Lieferanten beschafft (→ Rn. 7). Dies folgt einer bereits abzahlungsrechtlichen Doktrin,[181] nach der dem Barzahlungspreis derjenige Preis entspricht, den der Leasinggeber bei seinem Lieferanten aufwenden musste resp. derjenige Preis, den der Hersteller vom Leasingnehmer gefordert hätte.[182] Hierbei ist unabhängig von einer Vorsteuerabzugsberechtigung des Leasingnehmers die Umsatzsteuer einzubeziehen.[183] Der Erwerb für den Verbraucher setzt voraus, dass dieser den Gegenstand gezielt auswählt und der Ge-

---

[174] MüKoBGB/*Ulmer* 2. Aufl. 1988, § 1a AbzG Rn. 12.
[175] BGHZ 62, 42 (48); OLG Karlsruhe NJW 1973, 2067.
[176] *Knütel* JR 1985, 353; MüKoBGB/*Schürnbrand* § 491a BGB Rn. 49; aA *Soergel/Hönn* § 1a AbzG Rn. 14 und *Keßler* in: BGB-RGRK, § 1a AbzG Rn. 3.
[177] BGH NJW-RR 1994, 302 zu II. 3.
[178] Staudinger/*Kessal-Wulf* § 507 BGB Rn. 2.
[179] LG Hamburg ZIP 1994, 290 mit Komm. *Probst* EWiR § 1 VerbrKrG 1/94, 89.
[180] MüKoBGB/*Schürnbrand* § 506 BGB Rn. 5.
[181] BGH ZiP 1991, 662 zu II. 2.a.aa; 1982, 842 zu II. 3., III. 1.; WM 1990, 268 zu II.3.c.; OLG Brandenburg NJW 2006, 159 zu 1.c. dd.
[182] MüKoBGB/*Westermann* 2. Aufl. 1988 § 6 AbzG Rn. 18 mwN.
[183] BGHZ 62, 42 (48); BGH ZIP 1991, 662 zu II. 2.a. cc.

Entsprechende Anwendung 110a–112 § 506

genstand vom Unternehmer zu Finanzierungszwecken erworben wird. Beim Herstellerleasing (→ Rn. 75) ist der Hersteller zugleich Leasinggeber, sodass es bei der Angabe des Barzahlungspreises bleibt.
Bei Immobiliar-Finanzierungshilfen sind gem. **Art. 247 § 6 Abs. 1 Satz 2** 110a **EGBGB** die Angaben nach § 3 Abs. 1 Nr. 8 (Gesamtbetrag), Nr. 9 (Auszahlungsbedingungen), Nr. 11 (Verzugszinssatz und seine Anpassung), Nr. 12 (Warnhinweise), Nr. 14 (vorzeitige Rückzahlung), Nr. 16 (BDSG) sowie § 3 Absätze 2 und 3 (betr. Gesamtbetrag und effektiver Jahreszins) entbehrlich (entsprechend der Vorgängerregelung von Art. 247 § 9 EGBGB).
Nach Art. 247 § 6 Abs. 1 **Satz 3** braucht für ein Überbrückungsdarlehen als 110b Zwischenfinanzierung bis zur Zuteilung eines **Bausparvertrags,** anders als im Allgemeinen nach Art. 247 § 3 Abs. 1 Nr. 7 (Raten), nicht angegeben zu werden die Anzahl der Teilzahlungen, weil sie noch nicht feststeht (Art. 4 Nr. 23 iVm Art. 3 Abs. 3 lit.d WohnimmoRil).

4. §§ 492a und 492b (Kopplungsgeschäfte)

Die Vorschriften gelten nur für Immobiliar-Kredite und sind auf Allgemein- 110c Verbraucherdarlehen ebenso wenig anwendbar wie auf Allgemein-Finanzierungshilfen. Sie gelten für Immobiliar-Finanzierungshilfen, so denn Kopplungsgeschäfte hierbei vorkommen.

5. § 493 (Unterrichtung bei Abschnittsfinanzierung)

Abschnittsfinanzierungen sind im Teilzahlungs- und Finanzierungsleasingge- 111 schäft selten; wo sie vorkommen, ist der Verbraucher während des Vertragsverhältnisses nach Maßgabe von § 493 BGB zu unterrichten, im Falle der Abtretung von Forderungen gegen den Verbraucher gem. § 493 Abs. 6 durch den Zessionar, vorbehaltlich anderer Vereinbarung zwischen Zedent und Zessionar (→ § 493 Rn. 12, → § 496 Rn. 11).
Die vorgenannten Informationspflichten gelten auch für den Fall, dass Ab- 111a schnittsfinanzierungen bei **Immobiliar-Finanzierungshilfen** vorkommen sollten. § 493 Abs. 4 und 5 sind nur für Immobiliar-Finanzierungshilfen anwendbar. Abs. 4 bezieht sich auf Fremdwährungskredite, bei denen die von Verbraucher zu erbringende Gegenleistung für die Finanzierungshilfe, zB den entgeltlich gestundeten Kaufpreis für den Grundstückserwerb, gem. § 503 Abs. 1 nicht in Landeswährung zu erbringen ist. Zu informieren hat der Unternehmer über nachteilige Veränderungen des Wechselkurses von 20%, gemessen am Zeitpunkt des Vertragsabschlusses gegenüber dem gegenwärtigen Zeitpunkt. Abs. 5 löst Informationspflichten des Unternehmers aus, wenn der Verbraucher die vorzeitige Zahlung gem. § 500 Abs. 2 Satz 2 beabsichtigt, die von einem berechtigten Interesse abhängt. Gegebenenfalls ist auch über eine Vorfälligkeitsentschädigung nach § 502 zu informieren (§ 493 Abs. 5 Nr. 3).

6. § 494 (Nichtigkeit und Heilung)

Vorschriften über Nichtigkeit und Heilung gehören nicht zum harmonisierten 112 Bereich der Verbraucherkreditrichtlinie (Erwägungsgrund 30, → § 494 Rn. 1). Gemäß § 506 Abs. 1 ist § 494 auf Finanzierungsleasingverträge und Mietkauf sowie auf **Immobiliar-Finanzierungshilfen** (→ Rn. 63) vollständig anwend-

Bülow 725

bar. Für **Teilzahlungsgeschäfte** bleiben § 494 Abs. 4 (Kosten und Anpassung), Abs. 5 (Neuberechnung von Teilzahlungen), Abs. 6 Sätze 1 und 2 (Laufzeit, Kündigungsrecht, Sicherheiten) und Abs. 7 (Abschrift mit Vertragsänderungen) anwendbar. Jedoch ersetzt § 507 Abs. 2 das allgemeine Heilungsregime von § 494 Abs. 1 bis 3 (→ § 507 Rn. 19 ff.). Auch besteht bei fehlenden Angaben über zu bestellende Sicherheiten kein Anspruch des Unternehmers darauf, auch wenn die Grenze von 75 000 Euro überschritten ist (§ 494 Abs. 6 Satz 2, 2. Halbsatz, → § 507 Rn. 34). Bei Immobiliar-Finanzierungshilfen in Fremdwährung iSv § 503 (→ Rn. 111a) kann der Verbraucher die Umwandlung in Landeswährung gem. § 494 Abs. 6 Satz 3 jederzeit und nicht nur bei Erreichen der 20%-Grenze verlangen, wenn im Verrag Angaben hierüber fehlen.

7. § 495 (Widerrufsrecht)

Die entsprechende Anwendung von § 495 schließt auch § 355 ein sowie die Folgevorschriften von §§ 356b und 357a.

113 Die Widerruflichkeit des **Teilzahlungsgeschäfts** (→ Rn. 101) steht in der Tradition von § 1b AbzG und ist durch die Verbraucherkreditrichtlinie (Art. 14) vorgegeben. Die Widerruflichkeit führt zur schwebenden Wirksamkeit der Willenserklärungen von Verbraucher und Unternehmer und damit des Vertrags mit der Folge, dass der Verbraucher Anspruch auf Lieferung der Sache oder Leistungserbringung und im gegebenen Falle auf Schadensersatz statt der Leistung hat.[184] Ist die gelieferte Sache mangelhaft, hat der Verbraucher von Anfang an Gewährleistungsansprüche. Die haftungsausschließende Kenntnis des Verbrauchers vom Mangel gem. § 442 BGB braucht nicht auf den Zeitpunkt des Ablaufs der Widerrufsfrist bezogen zu werden, sondern liegt in demjenigen des Vertragsabschlusstatbestandes. Ist Gegenstand des Teilzahlungsgeschäfts eine Sache, kommt die Erklärung des Widerrufs durch Rücksendung der gelieferten Sache nebst deutlicher Erläuterung in Betracht (§ 355 Abs. 1 Satz 3, → § 495 Rn. 54). Bei einem Teilzahlungsgeschäft im Fernabsatz richtet sich der Fristbeginn nach § 312g Abs. 3, § 356b Abs. 1 (Vertragsurkunde, → § 495 Rn. 41). Gleichermaßen sind **Finanzierungsleasingverträge** widerruflich sowie **Immobiliar-Finanzierungshilfen** in Gestalt von Zahlungsaufschüben, ohne dass zugleich ein Teilzahlungsgeschäft gegeben wäre (→ Rn. 63); zu den Besonderheiten des Widerrufsrechts, insbesondere zum Erlöschen nach § 356b Abs. 2 Satz 4 → § 495 Rn. 78, 164.

114 Für die Pflichtangaben über das Widerrufsrecht nach Art. 247 § 6 Abs. 2 EGBGB kann der Kreditgeber das Muster nach Anlage 7 verwenden (→ § 495 Rn. 94), wodurch die Gesetzlichkeit der Angaben anzunehmen ist. Wie Art. 247 § 12 Abs. 1 Satz 4 EGBGB bestimmt, tritt die Gesetzlichkeitsfiktion aber nur ein, wenn die Informationen dem im Einzelfall vorliegenden Vertragstyp angepasst sind, zB statt Darlehensnehmer und Darlehensgeber die Begriffe Teilzahlungskäufer und Teilzahlungsverkäufer oder Leasingnehmer und Leasinggeber verwendet werden. Diese Anpassung erstreckt sich auch auf die Informationen über Widerrufsfolgen. Die Gesetzesbegründung[185] nennt als Beispiel, dass bei

---

[184] Entgegengesetzt bei schwebender Unwirksamkeit (vgl. → § 495 Rn. 40): BGHZ 131, 82 (84); 119, 283 (298 ff.) mit Komm. *Berg/Grünenwald* EWiR § 34 GWB 2/92, 1101; BGH NJW 1996, 2367 zu II. 3. a.; *Ollmann* WM 1992, 2005 (2007); *Fuchs* AcP 196 (1996), 313 (345/346); *Bülow* FS Söllner 2000, S. 189 (191).
[185] BR-Drucks. 157/10, S. 37.

Entsprechende Anwendung   115–118 § 506

Leasingverträgen der zurückzuzahlende Betrag durch den zurückzugewährenden Gegenstand und die Zinsen pro Tag durch die täglich anfallende Leasingrate zu ersetzen sind (→ § 495 Rn. 109). Bei einem Teilzahlungsgeschäft ist auf die Wertersatzregelung von § 357 Abs. 7 BGB hinzuweisen, wie § 357a Abs. 3 Satz 4 zu entnehmen ist; hierzu verweist Gestaltungshinweis 6d der Anlage 7 auf Gestaltungshinweis 5 der Anlage 1 zum EGBGB. Jenseits des letztgenannten Verweises gibt es für Finanzierungshilfen kein vorformuliertes Muster, sodass die Gefahr der Insuffizienz in gleichartiger Weise besteht wie bei Verzicht auf das Muster; die Verwendung des Musters mit teilweiser und notgedrungen freier und dann insuffizienter Formulierung kann natürlich auch keine Gesetzlichkeitsfiktion begründen.

Die Abwicklung nach Widerruf im Vertrieb gem. § 312b (außerhalb von Ge- 115
schäftsräumen) und § 312c (Fernabsatz) richtet sich nach § 357a Abs. 2, auch wenn Verbraucherkreditrecht nach § 506 Abs. 4 nicht anwendbar ist, namentlich in Bagatellfällen (→ Rn. 129 ff. und → § 495 Rn. 242).

Bei unwiderruflichen Finanzierungshilfen nach § 495 Abs. 2 (Umschuldung, 115a
→ § 495 Rn. 177) ist dem Verbraucher nach § 495 Abs. 3 eine Bedenkzeit einzuräumen (→ § 495 Rn. 183a).

8. § 496 (Abtretung, Wechsel- und Scheckverbot)

Im Falle der Abtretung von Ansprüchen gegen den Verbraucher aus einem 116
Teilzahlungs- oder Leasinggeschäft oder aus einem Immobiliar-Zahlungsaufschub (→ Rn. 63) bleiben Rechte des Verbrauchers gegen den Zessionar gem. § 496 Abs. 1 erhalten, der Verbraucher ist über einen Gläubigerwechsel nach Maßgabe von Abs. 2 zu unterrichten (→ § 496 Rn. 11 bis 17). Durch das Wechselverbot nach § 496 Abs. 3 ist das sog. C-Geschäft weitgehend ausgeschlossen worden (→ § 495 Rn. 253).

9. § 497 (Verzug des Verbrauchers)

Der Verzug des Verbrauchers mit Teilzahlungsraten richtet sich nach § 497, 117
gleichermaßen der Verzug des Verbrauchers als Leasingnehmer. Bei **Immobiliar-Finanzierungshilfen** gilt die Sonderregelung von § 497 Abs. 4 (Verzugszinssatz 2,5 Prozentpunkte über dem Basiszinssatz, keine Anwendung von § 497 Abs. 2 – Kontoführung –, von § 497 Abs. 3 ist nur Satz 3 anwendbar – Hemmung der Verjährung, → § 497 Rn. 58,59). Die Vorschrift ist gem. §§ 515, 514 Abs. 1 auch auf **unentgeltliche** Finanzierungshilfen teilweise (Abs. 1 und 3) entsprechend anwendbar (→ § 515 Rn. 2, 3).

10. § 498 (Gesamtfälligkeitsstellung)

Ist der Verbraucher mit Teilzahlungsraten in Verzug geraten, kann der Unter- 118
nehmer als Kreditgeber die Fälligkeit des gesamten noch offenen geschuldeten Betrags erreichen, jedoch nur unter den Voraussetzungen und Folgen von § 498 Abs. 1, namentlich bezüglich Mindestrückstands nach § 498 Abs. 1 Nr. 1 lit. b (→ § 498 Rn. 13 ff.); an die Stelle des Nennbetrages (→ § 498 Rn. 17) tritt wie auch gem. § 508 Satz 2 BGB der Gesamtbetrag (Teilzahlungspreis). Die Zinsrückvergütung richtet sich nach § 501 (→ Rn. 123). Die Herbeiführung der Gesamtfälligkeit beseitigt nur die Teilzahlungsabrede, hält aber die Bindung an

den Vertrag im Übrigen aufrecht (→ § 498 Rn. 3), sodass der Verbraucher beispielsweise weiterhin zur Abnahme nach § 433 Abs. 2 BGB verpflichtet ist.

119 Wie der **Leasingnehmer,** der zugleich Verbraucher ist, vom unternehmerischen Leasinggeber in Verzug zu setzen ist, richtet sich nach den besonderen Voraussetzungen von § 498, insbesondere was den Mindestrückstand an Leasingraten betrifft; die Zinsrückvergütung richtet sich nach § 501 (→ Rn. 123). Nach § 498 Abs. 1 Nr. 1 ist Maß des Mindestrückstands, der die Kündigung durch den Kreditgeber wegen Zahlungsverzugs gestattet, der Nennbetrag, also die Summe aus Nettodarlehensbetrag und finanzierten Einmalkosten. Jedoch steht bei einem Finanzierungsleasingvertrag die Überlassung einer Sache mit dem Ziel der Vollamortisation im Vordergrund, sodass eine entsprechende Anwendung von § 498, wie sie § 506 Abs. 1 bestimmt, nicht bedeutet, dass Bezugsgröße der Nennbetrag ist,[186] sondern als Ausgangspunkt der Gesamtbetrag zu nehmen ist, wenngleich dieser Wert nicht auf das Leasinggeschäft zugeschnitten ist. Es kommt auf den Betrag an, mit dem der Leasingnehmer in Rückstand geraten kann, dh auf das **verzugsrelevante Leistungsvolumen.**[187] Diesem entspricht zunächst die Summe aller vereinbarten Leasingraten, hinzu kommen Sonder- und Schlusszahlungen, die der Verbraucher als Leasingnehmer auf jeden Fall leisten muss.[188] Diese Zahlungen müssten allerdings gerechterweise auf die Laufzeit verteilt werden, sodass sich aus eine einzelne höhere fiktive Leasingrate im Vergleich zur realen Leasingrate ergibt. Diese fiktive Rate wäre Maß des relevanten Rückstandes. Der BGH[189] vereinfacht die Berechnung, indem zum Referenzbetrag die **Summe der Brutto-Leasingraten** genommen wird, aus der die Rückstandsquote von 10% oder 5% gem. § 498 Abs. 1 Nr. 1 zu ermitteln ist. Zahlungen, die von der Wahl des Verbrauchers abhängen, sind in die Berechnung des Referenzbetrages nicht einzubeziehen: Der Gedanke der besonderen Kreditgefährdung, der Ausgangspunkt der Regelung ist,[190] kann aus der ex-ante-Betrachtung des Kreditgebers im Zeitpunkt der Entscheidung über die Kündigung keine Rolle spielen, weil offen ist, ob die fragliche Zahlung kreditiert werden muss. Im Falle eines Erwerbsrechts des Verbrauchers ist der Optionspreis deshalb außer Acht zu lassen.[191] Wird, wie bei Kilometerabrechnungsverträgen im Kraftfahrzeugleasing, der zu erwartende Verwertungserlös eingerechnet, sind dieser Betrag und erst recht eine eventuelle Ausgleichszahlung (Restwertabsicherung,[192] → Rn. 71, 75)

---

[186] MüKoBGB/*Schürnbrand* § 498 BGB Rn. 15; *Reinicke*/*Tiedtke* ZIP 1992, 217 (226 f.); *Scholz* BB 1994, 805; im Ergebnis auch *Münstermann*/*Hannes* § 12 VerbrKR Rn. 653; aA *Slama* WM 1991, 569 (573 f.); *B. Peters* WM 1992, 1797 (1806); *Godefroid* BB 1993, Beil. 12, S. 15 (17); *Müller-Sarnowski* BB 1994, 446 (448); *Müller-Sarnowski* BB 1994, 2018; offen *Seifert* Der langfristige Kredit 1991, 144 (146); *v. Westphalen*/*Emmerich*/*v. Rottenburg* § 12 VerbrKrG Rn. 16 nimmt den Nennbetrag, errechnet ihn aber genauso wie den Teilzahlungspreis, ebenso *Engel* BB 1997, Beil. 6, S. 24.
[187] So treffend *Martinek*/*Oechsler* ZBB 1993, 97 (102).
[188] MüKoBGB/*Schürnbrand* § 498 BGB Rn. 15; *Martinek*/*Oechsler* ZBB 1993, 97 (101 f.).
[189] BGHZ 147, 7 (16) = NJW 2001, 1349 zu II. 1.d. bb. (2) mit skeptischem Komm. *Reinking* EWiR § 12 VerbrKrG 1/01, 503, Anm. *Beckmann* WuB I J 2.-1.02 und Bspr. *Emmerich* JuS 2001, 919; BGH WM 2005, 459 zu II. 2.b. mit Anm. *Bülow* WuB I E 2.-1.05; *Treier* WM 2001, Beil. 8, S. 49; *Nitsch* FLF 1998, 18 (21).
[190] BT-Drucks. 11/5462, S. 27.
[191] *Martinek*/*Oechsler* ZBB 1993, 97 (106 f.).
[192] Dazu BGH BB 1997, 1758 zu II. 2.a.; OLG Koblenz WM 1991, 2001, Revision nicht angenommen.

Entsprechende Anwendung 119a–122a § 506

ebenfalls nicht in den maßgeblichen Betrag einzubeziehen,[193] sodass die Kündigungsvoraussetzungen geringer sind.

Bei einem **Immobiliar-Zahlungsaufschub** (→ Rn. 12c) beträgt der Mindestrückstand (§ 498 Abs. 1 Nr. 1 lit. b) 2,5 % des Gesamtbetrags (→ Rn. 118) entsprechend § 508 Satz 2 (→ § 508 Rn. 6). 119a

§ 498 ist auf **unentgeltliche** Finanzierungshilfen gem. §§ 515, 514 Abs. 1 entsprechend anwendbar, zB im Fall von Null-Leasing (→ § 515 Rn. 4, 5). 119b

11. § 499 (Kündigungsrecht des Unternehmers, Leistungsverweigerungsrecht)

Teilzahlungsgeschäft und Finanzierungsleasingvertrag kennzeichnen sich durch bestimmte Vertragslaufzeiten, sodass die Vereinbarung eines ordentlichen Kündigungsrechts des Unternehmers/Leasinggebers gem. § 499 Abs. 1 unwirksam ist. Eine Vereinbarung über ein Leistungsverweigerungsrecht des Verkäufers/Werkunternehmers/Leasinggebers nach § 499 Abs. 2 ist kaum praktikabel; wenn geschehen, kann die Übergabe der Sache/die Erbringung der Leistung nach Maßgabe von § 499 Abs. 2 verweigert werden. Dies gilt nur für Allgemein-Finanzierungshilfen. Dagegen ist die Einschränkung der Darlehensgeber-Kündigung nach § 499 Abs. 3 Satz 1 nebst Ausnahme nach Satz 2 auch auf Immobiliar-Finanzierungshilfen anwendbar. 120

12. § 500 (Kündigungsrecht des Verbrauchers, vorzeitige Erfüllung)

Das Kündigungsrecht des Verbrauchers nach § 500 Abs. 1 setzt einen unbefristeten Vertrag voraus, während Teilzahlungsgeschäft und Finanzierungsleasingvertrag bestimmte Vertragslaufzeiten aufweisen, sodass die Anwendung der Vorschrift in diesen Fällen obsolet ist. Verträge mit Zahlungsaufschub, die keine Teilzahlungsgeschäfte sind, kommen aber als **Immobiliar-Finanzierungshilfen** (→ Rn. 12c) und als Rahmenverträge des Handels zum fortlaufenden Bezug von Waren, zB mittels Kundenkarten, vor (→ Rn. 63). Solche Verträge werden meist unbefristet sein, sodass die Kündigung des Verbrauchers nach § 500 Abs. 1 denkbar ist, gleichermaßen bei einer Immobiliar-Finanzierungshilfe. Der Verbraucher könnte aber auch einfach in der Weise vorgehen, dass er den Kreditrahmen nicht weiter ausschöpft. 121

Der Verbraucher hat das Recht, ein Teilzahlungsgeschäft oder ein Leasinggeschäft nach § 500 Abs. 2 vorzeitig zu erfüllen, also vom vereinbarten Kredit nicht mehr Gebrauch zu machen und die Teilzahlungsabrede resp. sonstige Finanzierungshilfe nicht in Anspruch zu nehmen. Der Verbraucher hat also das Recht, seine Leistung gem. § 271 Abs. 2 BGB vor Fälligkeit zu erbringen, der Unternehmer hat sie bei Meidung von Annahmeverzug (§ 293 BGB) anzunehmen. Das Recht auf vorzeitige Erfüllung besteht allerdings nicht bei Leasingverträgen mit Restwertgarantie iSv § 506 Abs. 2 Nr. 3 (→ Rn. 144). Folge der vorzeitigen Erfüllung sind einerseits Kostenermäßigung zugunsten des Verbrauchers nach § 501 und andererseits Anspruch des Unternehmers auf Vorfälligkeitsentschädigung nach § 502. 122

Das Recht des Verbrauchers zur vorzeitigen Erfüllung ist bei Immobiliar-Finanzierungshilfen gem. § 502 Abs. 2 Satz 2 eingeschränkt, setzt nämlich ein 122a

---

[193] *Godefroid* BB 1997, Beil. 6, S. 14 (21); *Martinek/Oechsler* ZBB 1993, 97 (107); aA *Engel* BB 1997, Beil. 6, S. 24 (27); *Groß* FLF 1993, 132 (136).

berechtigtes Interesse voraus, verbunden mit besonderen Informationspflichten nach § 493 Abs. 5 (→ Rn. 111a).

13. § 501 (Kostenermäßigung)

123 Erfüllt der Verbraucher vorzeitig durch Zahlung sämtlicher erst in der Zukunft fällig werdenden Teilzahlungsbeträge oder Leasingraten, leistet er zu viel, nämlich auch die darin enthaltenen laufzeitabhängigen Kosten und Zinsen. Diese sind bei Allgemein- und **Immobiliar-Finanzierungshilfen** nach § 501 herauszurechnen (→ § 501 Rn. 9).

124 Differenziert gestaltet sich die Kostenermäßigung bei vorzeitiger Erfüllung eines **Finanzierungsleasingvertrags,** gleichermaßen bei Kündigung durch den Leasinggeber nach § 498. Die Kostenermäßigung kann nicht allein anhand der Leasingraten ermittelt werden, weil und soweit Sonder- und Schlusszahlungen durch den Leasingnehmer zu berücksichtigen sind und weil das Leasinggut zurückzugeben ist und der Verwertungserlös in die Berechnung einzufließen hat. Der Verbraucher und Leasingnehmer schuldet zunächst die Leasingraten zuzüglich kündigungsunabhängiger Sonder- und Schlusszahlungen. Aus diesem Betrag sind die laufzeitabhängigen Kosten staffelmäßig (→ § 501 Rn. 12) herauszurechnen, außerdem die durch die vorzeitige Beendigung des Leasingvertrags nicht verdienten Gewinnanteile des Leasinggebers und schließlich der Verwertungserlös für das Leasinggut, der bei bestmöglicher und zumutbarer Verwertung erzielt worden wäre.[194] Dieser Betrag entspricht dem Nettorestsaldo, mit dessen Zahlung die vorzeitige Erfüllung bewirkt wird. Aus der Vertragsurkunde (→ Rn. 99) sind Vertragszins und effektiver Jahreszins ersichtlich, mit denen die Berechnung durchgeführt werden kann.

14. § 502 (Vorfälligkeitsentschädigung)

125 Die Kostenermäßigung wird teilweise kompensiert durch den Anspruch des Unternehmers auf Vorfälligkeitsentschädigung nach Maßgabe von § 502. Allerdings ist die Vorfälligkeitsentschädigung als Schadensersatzanspruch, insbesondere wegen entgangenen Gewinns (§ 252 BGB), ausgestaltet. Ein solcher Schaden dürfte bei Teilzahlungsgeschäften nicht eintreten, vielmehr führt die vorzeitige Rückzahlung zu einem Liquiditätsvorteil für den Unternehmer, der zum Warenbezug oder zur Tilgung offener Verbindlichkeiten gegenüber Lieferanten eingesetzt werden kann und eine Darlehensaufnahme entbehrlich macht. Diese Auswirkungen treten auch im Leasinggeschäft ein, wo § 502 im Fall eines Vertrags mit Restwertgarantie iSv § 506 Abs. 2 Nr. 3 ohnehin nicht anwendbar ist (→ Rn. 144). Allerdings ergibt sich der Nettorestsaldo auch durch den Abzug nicht verdienter Gewinnanteile des Leasinggebers in den einzelnen Leasingraten (→ Rn. 124); dieser Betrag ist in den Grenzen von § 502 als Vorfälligkeitsentschädigung des Leasinggebers denkbar, die von diesem geltend gemacht werden muss.

---

[194] BGHZ 95, 39 (52 ff.) = NJW 1985, 2253; mit Komm. *v. Westphalen* EWiR § 535 BGB 6/85, 553; BGH WM 1986, 480; NJW 1991, 221; NJW-RR 1991, 1011 betr. Abzinsung nach Widerruf; *Münstermann/Hannes* § 11 VerbrKrG Rn. 638; MüKoBGB/ *Schürnbrand* § 498 BGB Rn. 28; *Kranemann* ZIP 1997, 1404; anders jenseits der Geltung des Verbraucherkreditgesetzes: OLG Hamm mit Komm. *v. Westphalen* EWiR § 535 BGB 1/85, 143 und 2/85, 145.

| Entsprechende Anwendung | 125a–125e § 506 |

Der Ausschluss der Vorfälligkeitsentschädigung nach § 502 Abs. 2, soweit eine solche denn in Betracht kommt, gilt auch für **Immobiliar-Finanzierungshilfen**. Dagegen findet die Deckelung nach § 502 Abs. 3 nur bei Allgemein-Verbraucherdarlehenverträgen statt. 125a

15. § 503 (Fremdwährungskredit)

Der Verbraucher hat das Umwandlungsrecht bei Fremdwährungskrediten nach Maßgabe von § 503 nur bei Immobiliar-Verbraucherkreditverträgen. Die Vorschrift ist auf Allgemein-Verbraucherkreditverträge nicht anwendbar. Sie gilt dementsprechend für Immobiliar-Finanzierunghilfen, nicht für Allgemein-Finanzierungshilfen. 125b

16. §§ 505a bis 505d (Kreditwürdigkeitsprüfung)

Wenn Darlehensgeber ein Kreditinstitut oder Zahlungsdienstleister ist, treten §§ 505a bis 505d neben die aufsichtsrechtlichen Vorschriften von §§ 18a KWG und 2 Abs. 2 ZAG und bestimmen das zivilrechtliche Schuldverhältnis, gleichermaßen für Darlehensgeber, die nicht einer öffentlich-rechtlichen Aufsicht unterliegen, insbesondere keine Kreditstutute nach § 1 KWG sind. Hierdurch wurde ein Umsetzungsdefizit nach früherer Rechtslage beseitigt.[195] Nach § 505a Abs. 1 Satz 2 darf der Immobiliar-Kreditvertrag in Umsetzung von Art. 18 Abs. 5 lit. a WohnimmoRil nur abgeschlossen werden, wenn aufgrund der Prüfung die Wahrscheinlichkeit der Vertragserfüllung durch den Verbraucher positiv feststeht, während es bei Allgemein-Kreditverträgen für den Vertragsabschluss ausreicht, dass an der Vertragserfüllung keine erheblichen Zweifel bestehen, was den unterschiedlichen Prüfungsanforderungen nach Art. 18 bis 20 WohnimmoRil gegenüber Art. 9 VerbrKrRil geschuldet ist,[196] die sich in §§ 505b Abs. 1 für Allgemein-Finanzierungshilfen und in Abs. 2 bis 4 für Immobiliar-Finanzierungshilfen sowie in § 505c für grundpfandbesicherte Finanzierungshilfen wiederfinden. Die erneute Prüfung bei nachträglicher Erhöhung des Kreditvolumens nach § 505a Abs. 2 ist geboten sowohl bei Allgemein- wie bei Immobiliar-Finanzierungshilfen (Art. 18 Abs. 5 WohnimmoRil, Art. 8 Abs. 2 VerbrKrRil). Die Rechtsfolgen nach § 505d, die nicht etwa in der Vertragsunwirksamkeit liegen, gelten für beide Arten von Verbraucherkreditverträgen. 125c

Die Vorschriften sind gem. §§ 515, 514 Abs. 1 auf **unentgeltliche Finanzierungshilfen** entsprechend anwendbar. 125d

17. Anhang: § 675a BGB iVm Art. 247a EGBGB (Geschäftsbesorgungsvertrag)

Im Falle eines Geschäftsbesorgungsvertrags nach Maßgabe von § 675a BGB sind über die dort genannten Informationen hinaus weitere Informationen bei Finanzierungshilfen aus dem Katalog von Art. 247a EGBGB zu erteilen. 125e

---

[195] BT-Drucks. 18/5922 (RegE), S. 102; *Bülow/Artz*, Verbraucherprivatrecht (Lehrbuch), 4. Aufl. 2014, Rn. 307; MüKoBGB/*Schürnbrand* § 509 BGB Rn. 3.
[196] BT-Drucks. 18/5922 S. 102/103.

III. Nicht anwendbare Vorschriften

1. § 492 Abs. 4 (Form der Vollmacht)

126 Während Vollmachten des Verbrauchers zum Abschluss von Kreditverträgen in der Kategorie der Verbraucherdarlehensverträge formbedürftig sind (→ § 492 Rn. 56 ff.), bleibt es für Vollmachten zum Abschluss von Kreditverträgen in der Kategorie der Finanzierungshilfen nach § 506 aufgrund so getroffener gesetzgeberischer Entscheidung (→ § 492 Rn. 64) bei der im Allgemeinen geltenden Regelung von § 167 Abs. 2 BGB, nach der die Vollmacht nicht die Formbedürftigkeit des abzuschließenden Geschäfts teilt. Vollmachten von Verbrauchern zum Abschluss von Teilzahlungsgeschäften, Finanzierungsleasingverträgen und Verträgen über andere Finanzierungshilfen, seien es Allgemein- oder Immobiliar-Finanzierungshilfen, sind deshalb formlos wirksam. Die Verbraucherkreditform ist nur gegenüber dem Vertreter des Verbrauchers einzuhalten.

127 Allerdings könnte aufgrund der Rechtsprechung des BGH in Frage kommen, die Formbedürftigkeit der Vollmacht ausnahmsweise dann anzunehmen, wenn der Vertreter nach Maßgabe von § 166 Abs. 2 BGB vom Verbraucher als Vollmachtgeber weisungsabhängig ist (→ § 492 Rn. 24).[197]

2. Vollausnahmen nach §§ 506 Abs. 4 Satz 1, 491 Abs. 2, Abs. 3 Satz 3

128 Verbraucherkreditrecht ist auf Teilzahlungsgeschäfte, Finanzierungsleasingverträge und sonstige Verträge über Finanzierungshilfen in den Tatbeständen von § 491 Abs. 2 Satz 2 nicht anwendbar. Praktische Bedeutung haben nur die Bagatellgrenze von § 491 Abs. 2 Nr. 1 und die Dreimonatsgrenze von § 491 Abs. 2 Nr. 3.

129 **a) Bagatellgeschäfte nach §§ 506 Abs. 1, 491 Abs. 2 Satz 2 Nr. 1.** Bis zu einem vertragsgegenständlichen Betrag von weniger als 200 €, also bis zu 199,99 €, ist Verbraucherkreditrecht nicht anwendbar.

130 **aa) Teilzahlungsgeschäfte, Zahlungsaufschub.** Bei Kreditverträgen über Lieferungen und Leistungen gibt gem. § 506 Abs. 4 Satz 2 der **Barzahlungspreis** Maß, also der Preis, den der Verbraucher zu entrichten hätte, wenn spätestens bei Übergabe der Sache oder Leistungserbringung der Preis in voller Höhe fällig wäre (so die Legaldefinition im früheren § 1a Abs. 1 Satz 3 AbzG, Anhang 2). Der Begriff des Barzahlungspreises ist Gegenstand von § 507 Abs. 2 iVm Art. 247 § 12 Abs. 1 Nr. 2 lit. a EGBGB (→ Rn. 105) bezüglich solcher Kreditverträge, die die Lieferung einer bestimmten Sache oder die Erbringung einer bestimmten anderen Leistung gegen Teilzahlung zum Gegenstand haben, den herkömmlichen Abzahlungsgeschäften.

131 Allerdings befassen sich diese Vorschriften nicht mit Kreditverträgen, durch die das Entgelt für eine Sache oder Leistung nicht in Raten (Teilzahlungen), sondern in einem einzigen Betrag zu entrichten ist, nachdem der Kreditgeber vorgeleistet hatte. Auch solche Verträge sind aber vom sachlichen Anwendungsbereich des Gesetzes erfasst (→ Rn. 58). Da der Verbraucher die Gegenleistung in solchen Fällen nicht in Teilzahlungen erbringt, gibt es auch keinen Gesamtbetrag im Sinne eines Teilzahlungspreises. Die Begriffe „Barzahlungspreis" und

---

[197] BGH NJW 2001, 1931 und WM 2001, 1663, jeweils im Leitsatz, wo die Einschränkung der „grundsätzlichen" Anwendbarkeit von § 167 Abs. 2 BGB gemacht wird.

Nicht anwendbare Vorschriften　　　　　　　　　　　　132–134　§ 506

„Teilzahlungspreis" beziehen sich auf die herkömmlichen, eigentlichen Abzahlungsgeschäfte im engeren Sinne, wie sie § 506 Abs. 3 nennt. Man könnte daraus schließen, dass die Ausnahmevorschrift von § 506 Abs. 4 auf andere Kreditverträge, bei denen die Gegenleistung trotz Kreditierung nicht in Teilzahlungen zu erbringen ist, nicht anwendbar (und mithin Verbraucherkreditrecht anwendbar) ist. Auf der anderen Seite kann die Definition des Barzahlungspreises (→ Rn. 105) auch auf das Gegenstück, nämlich den Kreditpreis, der nicht zugleich Teilzahlungspreis ist, bezogen werden, und der Verbraucher ist eher weniger schutzwürdig als bei einer Ratenzahlungsvereinbarung. Es dürfte daher vertretbar sein, § 491 Abs. 2 Nr. 1 auch auf solche Fälle anzuwenden, sodass Verbraucherkreditrecht nicht anwendbar ist. Der Kreditpreis ist der Gesamtbetrag (Art. 247 § 3 Abs. 2 Satz 1 EGBGB), der sich aus dem Barzahlungspreis und dem Entgelt für die Kreditierung zusammensetzt.

Rahmendarlehensverträge des Handels zum fortlaufenden Bezug von Waren, **132** namentlich mittels **Kundenkarten,** gehören zur Kategorie der Verträge über Finanzierungshilfen iSv § 506 Abs. 1 (→ Rn. 63). Auch in diesem Fall gibt gem. § 506 Abs. 4 Satz 2 der Barzahlungspreis das Maß, also der Preis, den der Verbraucher ohne Einsatz der Kundenkarte zu zahlen hätte.

Es kommt nicht darauf an, ob der Teilzahlungspreis oder Kreditpreis **133** (→ Rn. 131), also der Gesamtbetrag, den der Verbraucher tatsächlich aufzubringen hat, über 199,99 € liegt. Auch hier (→ § 491 Rn. 159) führen hohe Teilzahlungskosten also eher zur Unterschreitung der Bagatellgrenze und zur Freistellung von verbraucherkreditrechtlichen Vorschriften. Zum Barzahlungspreis gehört die **Umsatzsteuer,** sodass der Nettopreis unter 200 € liegen kann und das Gesetz trotzdem anwendbar ist. Bedarf es gem. § 507 Abs. 3 Satz 1 keiner Angabe des Barzahlungspreises (→ § 507 Rn. 40), ist der vom Kreditgeber geforderte Teilzahlungspreis (Gesamtbetrag) das Maß der Bagatellgrenze,[198] mit der Folge, dass Verbraucherschutz eher zurücktritt. Hätte der Kreditgeber, weil die Voraussetzungen von § 507 Abs. 3 Satz 1 nicht bestehen, einen Barzahlungspreis angeben müssen, unterlässt er dies aber, kann nicht der Teilzahlungspreis die Grenze bilden, sondern es ist der sonst vom Kreditgeber geforderte Listenpreis zugrunde zu legen,[199] der dem vertraglich festgelegten Barzahlungspreis am nächsten kommt oder sogar entspricht. Liegt dieser Preis bei 200 € oder darüber, ist ein solcher Vertrag formnichtig, aber nach § 507 Abs. 2 heilbar (→ § 507 Rn. 29). Wenn sich die Teilzahlungsabrede nur auf einen Teil des Preises bezieht, und im Übrigen ein Bargeschäft vereinbart wird, bezieht sich die Bagatellgrenze auf den kreditierten Teil, nicht auf den gesamten Preis.[200]

bb) Finanzierungsleasing und Mietkauf. Bei Finanzierungsleasingverträgen **134** (→ Rn. 67 ff.), für die gem. § 506 Abs. 4 Satz 1 ebenfalls die Ausnahmeregelung für Bagatellgeschäfte gilt, gibt es ebenso wenig wie bei Mietkäufen (→ Rn. 78) einen Barzahlungspreis und einen Nettodarlehensbetrag (→ Rn. 110). Etwas anderes gilt allerdings, wenn der Leasinggeber über die Sache auch Bargeschäfte ab-

---

[198] MüKoBGB/*Schürnbrand* § 506 BGB Rn. 38; *v. Westphalen/Emmerich/v. Rottenburg* § 3 VerbrKrG Rn. 8; *Seibert* § 3 VerbrKrG Rn. 2.
[199] Zutreffend *v. Westphalen/Emmerich/v. Rottenburg* § 3 VerbrKrG Rn. 8; aA *Seibert* § 3 VerbrKrG Rn. 2. und MüKoBGB/*Schürnbrand* § 506 BGB Rn. 38.
[200] MüKoBGB/*Schürnbrand* § 506 BGB Rn. 38; Staudinger/*Kessal-Wulf* § 506 BGB Rn. 23 aE.

§ 506 135–139   1. Teil. Darlehen und Finanzierungshilfen

schließt; dann ist der dafür verlangte Preis der Barzahlungspreis (→ Rn. 105). Gleiches gilt für das Herstellerleasing (→ Rn. 75, 110). In anderen Fällen ist der **Anschaffungspreis** (näher → Rn. 110) das Maß der Bagatellgrenze, wobei die Umsatzsteuer einzubeziehen ist.

135 **b) Kurzfristige und kostengünstige Finanzierungshilfen nach §§ 506 Abs. 1, 491 Abs. 2 Satz 2 Nr. 3.** Ein Teilzahlungsgeschäft, sonstiger Zahlungsaufschub (→ Rn. 63) oder ein Finanzierungsleasinggeschäft ist gem. § 491 Abs. 2 Satz 2 Nr. 3 kein Verbraucherkreditgeschäft, wenn der vom Verbraucher geschuldete Gesamtbetrag binnen drei Monaten zu tilgen ist *und* nur geringe Kosten vereinbart sind. Es gilt also nicht nur wie früher gem. § 499 Abs. 1 BGB aF für den Fall des Zahlungsaufschubs eine zeitliche Bagatellgrenze, sondern kumulativ eine Kostenbagatellgrenze (→ § 491 Rn. 164), dies gilt für alle Arten von Finanzierungshilfen einschließlich Finanzierungsleasing.

136 Die **Fristberechnung** richtet sich nach §§ 188 Abs. 2 und 3, 186 BGB (→ § 491 Rn. 172). Der **Fristbeginn** bei **Teilzahlungsgeschäften** und anderen Fällen des Zahlungsaufschubs (→ Rn. 63) ist der Zeitpunkt, in dem die Leistung des Verbrauchers (Zahlung) an sich, also ohne den vereinbarten Zahlungsaufschub (→ Rn. 15), fällig wäre, dh der Kreditgeber die Leistung verlangen könnte. Fristbeginn ist deshalb im Allgemeinen der Zeitpunkt des Vertragsabschlusses (§ 271 Abs. 1 BGB), sofern nicht dem Anspruch eine Einrede entgegensteht: Solange kann der Gläubiger die Leistung nicht verlangen und deshalb kann auch Verzug nicht eintreten.[201] Bei gegenseitigen Verträgen, insbesondere Kaufverträgen, ist deshalb gem. § 320 BGB Fristbeginn die Übergabe der Sache, ohne dass sich der Verbraucher auf sein Zurückbehaltungsrecht berufen müsste.[202] Bei Dienstleistungen ist der Anspruch des Kreditgebers gem. § 614 BGB fällig, nachdem die Dienste erbracht wurden, bei Werkleistungen gem. § 641 BGB mit Abnahme. Im Falle von Kundenkarten (→ Rn. 63) kommt es ebenfalls auf den Zeitpunkt an, in dem der Verbraucher die Karte als Zahlungsmittel einsetzt, nicht etwa auf den Zeitpunkt des Rechnungsabschlusses, den das Handelsunternehmen seinem Kunden, dem Verbraucher, unterbreitet, aber auch nicht auf den Zeitpunkt des Vertragsabschlusses über die Kundenkarte als Rahmenvertrag.

137 Im **Leasinggeschäft** ist Ausgangspunkt für die Bestimmung des Beginns der Dreimonatsfrist die Vertragslaufzeit, die beispielsweise durch Ausübung einer Erwerbsoption des Verbrauchers endet. Fristbeginn dürfte auch hier die Übergabe des Leasingguts sein. Verbraucherkreditrecht ist unanwendbar, wenn innerhalb der drei Monate vereinbarungsgemäß die letzte Leasingrate resp. Schlusszahlung zu leisten ist. Es bleibt bei der Unanwendbarkeit, wenn lediglich die Verwertung des Leasingguts jenseits der drei Monate stattfindet.

138 Das Maß der **geringen Kosten** ergibt sich aus einem Vergleich der marktüblichen Kosten zu denen des zu bewertenden Vertrags, wobei der effektive Jahreszins herangezogen werden kann (→ § 491 Rn. 167).

139 **c) Bagatellen in den Vertriebsformen von § 312b und § 312c BGB.** Bagatellen hinsichtlich des Finanzierungsumfangs (insbesondere des Barzahlungspreises, → Rn. 130) oder des Zeit- und Kostenfaktors (→ Rn. 135) sind Finanzdienstleis-

---

[201] Umfassend *Diederichsen* JuS 1985, 825 (830).
[202] Erfüllungsbereitschaft des Verbrauchers vorausgesetzt, BGH v. 17.7.2013 – VIII ZR 163/12, NJW-RR 2013, 1458 Tz. 26; näher zum Erfordernis der Erhebung der Einrede *Diederichsen* JuS 1985, 825 (830).

Nicht anwendbare Vorschriften　　　　　　　　　　　　140–144　§ 506

tungen gem. Art. 2 lit. b Fernabsatz-Finanzdienstleistungen-Richtlinie 2002/65/ EG und ohne Bagatellgrenze nach Art. 6 widerruflich, auch wenn sie vom Anwendungsbereich der VerbrKrRil nach Art. 2 Abs. 2 lit. c ausgeschlossen sind. Der Verbraucher kann seine Vertragserklärung deshalb bei Vertragsabschluss in den Vertriebsformen von § 312b (außerhalb von Geschäftsräumen) und § 312c BGB (Fernabsatz) gem. § 312g Abs. 3 BGB widerrufen, wobei sich die Abwicklung nach § 357a Abs. 2 Satz 2 mit Verweis auf § 357 Abs. 5 bis 8 richtet (→ § 495 Rn. 242).

d) Arbeitgeberkredite nach §§ 506 Abs. 1, 491 Abs. 2 Satz 2 Nr. 4, 140
Abs. 3 Satz 3. Kreditgewährungen eines Arbeitgebers an seine Arbeitnehmer sind als Teilzahlungsgeschäfte und sonstige Finanzierungshilfen (Finanzierungsleasing), sowohl als Allgemein- wie als Immobiliar-Finanzierungshilfen, denkbar, denen das sog. Truckverbot nach §§ 115, 118 GewO nicht mehr entgegensteht (→ § 491 Rn. 101).[203] Solche Geschäfte sind keine Verbraucherkreditgeschäfte, wenn der dem Verbraucher vom Arbeitgeber berechnete effektive Jahreszins marktüblich ist (→ § 491 Rn. 174). Was marktüblich ist, muss im gegebenen Falle durch Beweiserhebung festgestellt werden. Voraussetzung des Ausnahmetatbestands ist die Exklusivität des Angebots für die Arbeitnehmer (→ § 491 Rn. 170). Fehlt es an diesen Voraussetzungen, bleibt es bei der Anwendbarkeit von Verbraucherkreditrecht.

e) Günstige Darlehen im öffentlichen Interesse §§ 506 Abs. 1, 491 141
Abs. 2 Nr. 5. Dieser Ausnahmetatbestand für Förderkredite beschränkt sich auf Darlehen; Teilzahlungsgeschäfte oder Finanzierungsleasingverträge kommen in diesem Ausnahmebereich nicht vor.

3. Teilausnahme nach §§ 506 Abs. 4 Satz 1, 491 Abs. 4 (Gerichtliches Protokoll)

Verbraucherkreditrecht ist auf Teilzahlungsgeschäfte oder sonstigen Zahlungs- 142
aufschub (→ Rn. 42, 63a), Finanzierungsleasingverträge und andere Verträge über Finanzierungshilfen im Tatbestand von § 491 Abs. 4 teilweise nicht anwendbar, also bei gerichtlichem Protokoll. Dies gilt für Allgemein- wie für Immobiliar-Finanzierungshilfen. Die gerichtliche Protokollierung ist im Hinblick auf Teilzahlungs- oder auf Leasinggeschäfte, bei Immobiliar-Finanzierungshifen als Zahlungsaufschub, denkbar mit der Folge, dass Informations- (§ 491a) und Formvorschriften (§§ 492, 494) nicht zu beachten sind und verbraucherkreditrechtliche Widerrufsrechte (§§ 495, 358) nicht bestehen. Für Teilzahlungsgeschäfte bedeutet die Unanwendbarkeit, dass auch die Sondervorschrift von § 507 nicht anwendbar ist.

Voraussetzung der Teilausnahme ist die Protokollierung des Sollzinssatzes (Ver- 143
tragszins, nicht effektiver Jahreszins, → § 491 Rn. 185, → § 492 Rn. 79), der Kosten für die Finanzierungshilfe (→ § 491 Rn. 186), die im Gesamtbetrag (Teilzahlungspreis) nach Art. 247 § 3 Abs. 1 Nr. 8, Abs. 2 Satz 1 EGBGB (→ Rn. 96) enthalten sind und im gegebenen Falle der Anpassungsvoraussetzungen nach Art. 247 § 3 Abs. 4 EGBGB (→ § 491 Rn. 187).

4. Vorzeitige Erfüllung, Vorfälligkeitsentschädigung (§§ 500 Abs. 2, 502, 506 Abs. 2 Satz 2)

Nach der Gesetzesbegründung (→ Rn. 8) kann eine vorzeitige Rückzahlung 144
auf Leasingverträge und dem folgend eine Vorfälligkeitsentschädigung kaum

---

[203] BVerfG NJW 1992, 2143.

§ 507 1. Teil. Darlehen und Finanzierungshilfen

sinnvoll zugeschnitten werden. Jedoch gehören die dieses regelnden Vorschriften von Art. 13 und 16 der Verbraucherkreditrichtlinie zum harmonisierten Bereich. Anders ist es bei Leasingverträgen mit Restwertgarantie (→ Rn. 84), bei denen die Anwendung von §§ 500 Abs. 2 und 502 ausgeschlossen werden konnte.

§ 507 Teilzahlungsgeschäfte

(1) ¹§ 494 Abs. 1 bis 3 und 6 Satz 2, 2. Halbsatz ist auf Teilzahlungsgeschäfte nicht anzuwenden. ²Gibt der Verbraucher sein Angebot zum Vertragsabschluss im Fernabsatz auf Grund eines Verkaufsprospekts oder eines vergleichbaren elektronischen Mediums ab, aus dem der Barzahlungspreis, der Sollzinssatz, der effektive Jahreszins, ein Tilgungsplan anhand beispielhafter Gesamtbeträge sowie die zu stellenden Sicherheiten und Versicherungen ersichtlich sind, ist auch § 492 Abs. 1 nicht anzuwenden, wenn der Unternehmer dem Verbraucher den Vertragsinhalt spätestens unverzüglich nach Vertragsabschluss auf einem dauerhaften Datenträger mitteilt.

(2) ¹Das Teilzahlungsgeschäft ist nichtig, wenn die vorgeschriebene Schriftform des § 492 Abs. 1 Satz 1 bis 4 nicht eingehalten ist oder im Vertrag eine der in Art. 247 §§ 6, 12 und 13 des Einführungsgesetzes zum Bürgerlichen Gesetzbuche vorgeschriebenen Angaben fehlt. ²Ungeachtet eines Mangels nach Satz 1 wird das Teilzahlungsgeschäft gültig, wenn dem Verbraucher die Sache übergeben oder die Leistung erbracht wird. ³Jedoch ist der Barzahlungspreis höchstens mit dem gesetzlichen Zinssatz zu verzinsen, wenn die Angabe des Gesamtbetrags oder des effektiven Jahreszinses fehlt. ⁴Ist ein Barzahlungspreis nicht genannt, so gilt im Zweifel der Marktpreis als Barzahlungspreis. ⁵Ist der effektive Jahreszins zu niedrig angegeben, so vermindert sich der Gesamtbetrag um den Prozentsatz, um den der effektive Jahreszins zu niedrig angegeben ist.

(3) ¹Abweichend von den §§ 491a und 492 Abs. 2 dieses Gesetzes und von Artikel 247 §§ 3, 6 und 12 des Einführungsgesetzes zum Bürgerlichen Gesetzbuche müssen in der vorvertraglichen Information und im Vertrag der Barzahlungspreis und der effektive Jahreszins nicht angegeben werden, wenn der Unternehmer nur gegen Teilzahlungen Sachen liefert oder Leistungen erbringt. ²Im Falle des § 501 ist der Berechnung der Kostenermäßigung der gesetzliche Zinssatz (§ 246) zugrunde zu legen. ³Ein Anspruch auf Vorfälligkeitsentschädigung ist ausgeschlossen.

Vorgängervorschriften: § 4 Abs. 1 Nr. 2, § 8 Abs. 1, § 6 Abs. 3 und Abs. 4 VerbrKrG, § 502 BGB aF

Schrifttum: *Brinkmann,* Bewirkt § 6 Abs. 4 des Verbraucherkreditgesetzes, daß der Kreditgeber an einer zu niedrigeren Effektivzinsangabe festgehalten werden kann?, BB 1991, 1947; *Emmerich,* Auswirkungen des Verbraucherkreditgesetzes auf die Kreditwirtschaft?, FLF 1989, 168; *Fischer,* Direktunterricht und Verbraucherkreditgesetz, MDR 1994, 1063; *Frotscher,* Verbraucherschutz beim Kauf beweglicher Sachen, 2004; *Knütel,* Identische Preise im Abzahlungsrecht, ZIP 1985, 1122; *Lieser/Bott/Grathwohl,* Abzahlungsrecht in der Reform, DB 1971, 901; *Lorenz, B.* Die Rückwirkung der Genehmigung von schwebend unwirksamen Verträgen (§ 184 BGB), ZRP 2009, 214; *Lorenz, St.* Zeitschriftenabonnements im Internet – heute und morgen, NJW 2001, 2230; *Reinicke/ Tiedtke,* Zweifelsfragen bei der Anwendung des Verbraucherkreditgesetzes, ZIP 1992, 217; *Slama,* Das Verbraucherkreditgesetz in seinen Auswirkungen auf Kfz-Leasing und finanzierte Kaufverträge, FLF 1993, 83; *Steins,* Entwicklung der Informationspflichten im E-Commerce durch Rechtsprechung und Schuldrechtsreform, WM 2002, 53.

Teilzahlungsgeschäfte 1 § 507

Übersicht

	Rn.
Materialien	
Verbraucherkreditrichtlinie Art. 2, 5	1
Begründung RegE zu § 507, BT-Drucks. 16/11643, S. 93 ff.	2
Kommentierung	
Vorbemerkung	7
I. Formprivileg für Fernabsatzverträge	8
1. Anwendungsbereich	8
2. Vertragsangebot des Verbrauchers aufgrund Verkaufsprospekts	9
3. Notwendige Angaben	11
4. Mitteilung des Vertragsinhalts auf einem dauerhaften Datenträger unverzüglich nach Vertragsabschluss	16
5. Rechtsfolgen	17
6. Wettbewerbsrecht	18
II. Nichtigkeit und Heilung (Absatz 2, Abs. 1 Satz 1)	19
1. Formverstoß und fehlende Angabe; anwendbar bleibende Regelungen aus § 494	19
2. Heilung durch Übergabe, Leistungserbringung	20
3. Heilungsumfang	27
a) Sanktionensystem; teilweise Leistung	27
b) Anspruch des Kreditgebers auf den Gesamtbetrag (Teilzahlungspreis)	29
c) Anspruch auf verzinslichen Barzahlungspreis (ermäßigter Gesamtbetrag)	30
d) Auswirkung auf Raten	31
e) Marktpreis als Berechnungsgröße	32
f) Kein Anspruch auf Sicherheiten (§ 494 Abs. 6 Satz 2)	34
g) Kosten, Neuberechnung von Teilzahlungen, Laufzeit, Abschrift	35
III. Falsche Angabe des effektiven Jahreszinses (Abs. 2 Satz 5)	36
IV. Lieferung und Leistung nur gegen Teilzahlungen (Abs. 3)	40
1. Entbehrlichkeit der Angabe von Barzahlungspreis und effektivem Jahreszins (Satz 1)	40
2. Kostenermäßigung nach § 501 (Satz 2)	43
3. Keine Vorfälligkeitsentschädigung (Satz 3)	44

Materialien
Verbraucherkreditrichtlinie 2008/48/EG
Artikel 2

(1) Diese Richtlinie gilt für Kreditverträge 1
(2) Diese Richtlinie gilt nicht für:
...
f) zins- und gebührenfreie Kreditverträge und Kreditverträge, nach denen der Kredit binnen drei Monaten zurückzuzahlen ist und bei denen nur geringe Kosten anfallen;
...

Artikel 5
...
(3) Wurde der Vertrag auf Ersuchen des Verbrauchers mittels eines Fernkommunikationsmittels geschlossen, das die Erteilung der Informationen gemäß Absatz 1 nicht gestattet, insbesondere in dem in Absatz 2 genannten Fall, teilt der Kreditgeber dem Verbraucher unverzüglich nach Abschluss des Kreditvertrags die vollständigen vorvertraglichen Informationen mittels des Formulars für Europäische Standardinformationen für Verbraucherkredite mit.
...

§ 507 2–7 1. Teil. Darlehen und Finanzierungshilfen

Begründung RegE zu § 507, BT-Drucks. 16/11643, S. 93 ff.

2 Nach Absatz 1 Satz 1 findet die Heilungsvorschrift des § 494 teilweise Anwendung. Das bisherige besondere Heilungs- und Sanktionensystem für Teilzahlungsverträge soll beibehalten werden. Anders als nach bisherigem Recht sollen aber die Absätze 4 bis 7 des § 494 angewendet werden. Der Grund ist, dass die dort vorgesehenen Rechtsfolgen auf Teilzeitgeschäfte *(gemeint: Teilzahlungsgeschäfte)* ebenso passen wie auf Darlehensverträge. Teilweise enthalten § 494 Abs. 6 und 7 Neuregelungen, die auf Teilzeitgeschäfte übertragen werden können. Dies gilt für die fehlenden Angaben zur Laufzeit in Absatz 6 und den Anspruch auf eine neue Vertragsabschrift gemäß Absatz 7. Wegen der fehlenden Angabe der Sicherheiten wird auf Absatz 6 verwiesen. Die Ausnahmeregelung für Verträge mit einem Nettodarlehensbetrag von über 75 000 Euro gilt wie bisher (§ 502 Abs. 3 Satz 5) bei Teilzahlungsverträgen nicht. Entsprechend regelt Satz 1, dass § 494 Abs. 6 Satz 3 auf Teilzahlungsgeschäfte nicht anzuwenden ist.

3 Zum Teil ist das Rechtsfolgensystem des bisherigen § 502 Abs. 3 auch lückenhaft, so dass zur Ergänzung schon bislang § 494 Abs. 2 analog angewendet wird *(Staudinger-Wulf,* BGB, Neubearbeitung 2004, § 502, Rn. 17; *Bülow/Artz,* Verbraucherkreditrecht, § 502, Rn. 51). Dies betrifft die Freistellung und Änderung von Kosten (§ 494 Abs. 4) sowie die Pflicht des Unternehmers, die Höhe der Teilzahlungen neu zu berechnen (§ 494 Abs. 5). ...

4 Absatz 3 sieht weitere Erleichterungen für Teilzahlungsgeschäfte vor, wenn der Unternehmer nur gegen Teilzahlungen Sachen liefert oder Leistungen erbringt. Diese sind bisher in § 502 Abs. 1 Satz 2 vorgesehen. Diese Rechtslage soll unverändert beibehalten werden. Es handelt sich um eine Ausnahmevorschrift, deren Voraussetzungen der Unternehmer darlegen und beweisen muss *(Bülow/Artz,* § 502, Rn. 17; *Staudinger/Kessal-Wulf,* Kommentar zum BGB, Neubearbeitung 2004, § 502, Rn. 11; *Münchener Kommentar/Schürnbrand,* BGB, 5. Auflage 2007, § 502, Rn. 16).

5 Die Ausnahme ist richtlinienkonform. Dem Wesen nach wird mit einem Teilzahlungsgeschäft die Fälligkeit der vom Verbraucher geschuldeten Zahlung gegen Entgelt hinausgeschoben *(BGH,* Urteil vom 22. Dezember 2005 – VII ZR 183/04; BGHZ 165, 325, 331). Solche Verträge sind von der Richtlinie grundsätzlich als Kreditverträge nach Artikel 3 Buchstabe c erfasst. Allerdings findet die Richtlinie nach Artikel 2 Abs. 2 Buchstabe f keine Anwendung auf Kreditverträge, die zins- und gebührenfrei sind. Unter diese Ausnahme fallen Teilzahlungsgeschäfte, wenn der Unternehmer nur gegen Teilzahlungen leistet. In diesem Fall ist ein Barzahlungspreis, der verzinst würde, nicht zu ermitteln. Ebenso kann eine Gebühr für die Leistung nicht ermittelt werden. Ein Abstellen auf den üblichen Marktwert ist nicht möglich, weil der Unternehmer allein mit dem von ihm verlangten Preis auf dem Markt auftritt. Solche Fälle, bei denen ein Zins oder eine Gebühr nicht ermittelt werden, sind von der Richtlinie nicht erfasst. ...

6 Absatz 3 Satz 2 übernimmt die Regelung des bisherigen § 504 Satz 2. Auch wenn der Verbraucher seine Verpflichtungen aus einem Teilzahlungsgeschäft der in Satz 1 bezeichneten Art vorzeitig erfüllt, soll dies die Kostenreduktion des § 501 BGB-E zur Folge haben. Allerdings besteht in diesen Fällen kein Anhaltspunkt für die Berechnung der Reduktion. Deshalb soll wie bisher der gesetzliche Zinssatz zugrunde gelegt werden.

Kommentierung

Vorbemerkung

7 Die Vorschrift enthält zusammen mit § 508 zusätzliche Sonderregelungen für Teilzahlungsgeschäfte nach § 506 Abs. 3, die sich auf Fernabsatzgeschäfte (Abs. 1 Satz 2), Nichtigkeit und Heilung (Abs. 2 und 1 Satz 1), Pflichtangaben im besonderen Fall (Abs. 3 Satz 1) sowie Kostenermäßigung (Abs. 3 Satz 2) und Vorfälligkeitsentschädigung (Abs. 3 Satz 3) beziehen. Was die Vertragsform und Pflichtangaben betrifft, die früher in § 502 Abs. 1 BGB aF für Teilzahlungsge-

schäfte besonders ausgestaltet waren, gilt nunmehr die allgemeine Regel von §§ 506 Abs. 1, 492, Art. 247 § 6 mit Ergänzungen durch § 12 EGBGB (→ § 506 Rn. 99 bis 110).

I. Formprivileg für Fernabsatzverträge

1. Anwendungsbereich

§ 507 Abs. 1 Satz 2 führt die Tradition von § 1a Abs. 4 AbzG, § 8 Abs. 1 VerbrKrG und § 502 Abs. 2 BGB aF, die sich zunächst auf den Versandhandel bezogen hatten, für Fernabsatzverträge, die zugleich Teilzahlungsgeschäfte sind, durch Gewährung eines Formprivilegs fort. Ein Fernabsatzvertrag nach § 312c Abs. 1 BGB ist nicht formgebunden. Ein Fernabsatzvertrag kann aber zugleich die Voraussetzungen eines Teilzahlungsgeschäfts nach § 506 Abs. 3 erfüllen, wenn dem Verbraucher für die von ihm zu erbringende Gegenleistung eine Finanzierungshilfe eingeräumt, zB Ratenzahlung vereinbart wird. Ein Lieferungs- oder Leistungsvertrag (→ § 506 Rn. 19, Kauf-, Dienst-, Werk-, Geschäftsbesorgungsvertrag) kann zugleich Fernabsatzvertrag und Teilzahlungsgeschäft sein. Als Folge dessen wäre der Fernabsatzvertrag nach § 506 Abs. 1 iVm § 492 Abs. 2, Art. 247 §§ 6, 12 EGBGB formgebunden (ersatzweise elektronische Form §§ 126 Abs. 3, 126a BGB). Hiervon wird der Fernabsatzunternehmer, der zugleich Kreditgeber ist, nach weiterer Maßgabe von § 507 Abs. 1 Satz 2 BGB aber befreit. Wurde der Vertrag zwar unter Verwendung von Fernkommunikationsmitteln abgeschlossen, ohne aber zugleich die qualifizierenden Voraussetzungen eines Fernabsatzvertrags zu erfüllen, tritt keine Befreiung von Formvorschriften ein. **8**

2. Vertragsangebot des Verbrauchers aufgrund Verkaufsprospekts

Voraussetzung des Formprivilegs ist das Vertragsangebot im Sinne von § 145 BGB durch den Verbraucher, der durch den Verkaufsprospekt des Unternehmers hierzu eingeladen worden war, *invitatio ad offerendum*. Diese Regelung stützt sich auf Art. 5 Abs. 3 der Richtlinie (Vertragsschluss „auf Ersuchen des Verbrauchers"). Der Inhalt dieses Vertragsangebots deckt sich mit dem Inhalt des Verkaufsprospekts (Angebot **aufgrund** Verkaufsprospekts), sodass letzterer durch die Vertragsannahme des Unternehmers zugleich Vertragsinhalt wird. Der Unternehmer wird also an seine Angaben im Verkaufsprospekt gebunden, insbesondere an den von ihm angegebenen Barzahlungspreis (→ Rn. 11) und effektivem Jahreszins (→ Rn. 13). Das Vertragsangebot des Verbrauchers liegt in der Bestellung der Ware oder Leistung, zB durch Postkarte, Telefonanruf, Mausklick. **9**

Der Begriff des **Verkaufsprospekts** ist der Tradition des Versandhandels entnommen; typischer-, aber nicht notwendigerweise hat der Prospekt Papierform wie Katalog, Postwurfsendung oder andere Drucksachen wie Zeitungen oder Zeitschriften.[1] Das Vertragsangebot des Verbrauchers kann auch aufgrund eines vergleichbaren elektronischen Mediums abgegeben werden, sodass insbesondere Internetseiten erfasst sind, die der Verbraucher in Ruhe wahrnehmen und auswerten kann. Telefongespräche genügen diesen Anforderungen nicht und können kein Formprivileg begründen. **10**

---

[1] *v. Westphalen/Emmerich/von Rottenburg*, § 8 VerbrKrG Rn. 11.

3. Notwendige Angaben

11 Die Befreiung des Teilzahlungs-Unternehmers vom Schriftformerfordernis setzt voraus, dass der Verkaufsprospekt oder die Internetseite bestimmte Angaben enthält, nämlich
– Barzahlungspreis,
– Sollzinssatz,
– effektiven Jahreszins,
– Tilgungsplan anhand beispielhafter Gesamtbeträge und
– zu bestellende Sicherheiten und Versicherungen,
nicht jedoch Versandkosten.[2]

12 Fehlt eine der notwendigen Angaben, bleibt es beim Schriftformerfordernis von § 492 Abs. 1, Art. 247 §§ 6, 12 EGBGB und den Rechtsfolgen aus § 507 Abs. 2 (Nichtigkeit und Heilung, → Rn. 19 ff.). Was die Höhe der Teilzahlungsraten betrifft, kann der Verkaufsprospekt/die Internetseite noch keine endgültigen Angaben enthalten, weil offen ist, was und wie viel der Verbraucher bestellen wird und sich danach die Höhe der Raten bemisst. Das unbekannte Bestellvolumen wird aufgefangen durch einen Tilgungsplan (§ 492 Abs. 3 Satz 2, → § 492 Rn. 54) anhand beispielhafter Gesamtbeträge. Mindestens anhand zweier Gesamtbeträge hat der Unternehmer beispielhafte Berechnungen abzugeben, aus denen der Verbraucher die von ihm gewünschten jeweiligen Finanzierungsmodalitäten ableiten kann.[3] Die Zusammenfassung nach Preisen und Preisgruppen ist angängig. An der hinreichenden Klarheit kann es fehlen, wenn der Verbraucher den Gesamtbetrag (Teilzahlungspreis) im Falle von Zukäufen nicht erfährt.[4] Die Gesetzesbegründung nennt als Beispiel einen Teilzahlungspreis, der berechnet, wie ein Gesamtbetrag von 1000 Euro in 10 Raten zurückgeführt wird, wobei sich das Beispiel am durchschnittlichen Geschäfts- und Bestellwert bei dem Unternehmer orientieren solle. Die Möglichkeit zu eingehender Kenntnisnahme, wie sie noch gem. § 502 Abs. 2 BGB aF Freistellungsvoraussetzung war, gehört nicht mehr zum Tatbestand.

13 Solange nicht feststeht, welche der angebotenen Teilzahlungsmodalitäten vom Verbraucher ausgewählt wird, ist die individuelle Angabe des **effektiven Jahreszinses** nicht möglich. Es genügt deshalb die auf einen der vorgeschlagenen Finanzierungsfälle bezogene Angabe unter Aufklärung über Variierungsmöglichkeiten. Die Risiken einer falschen Effektivzinsangabe aus § 507 Abs. 2 Satz 5 (→ Rn. 36) treten mangels Anwendbarkeit dieser Vorschriften, die das Schriftformerfordernis voraussetzen, nicht ein.[5]

14 Erfüllt das Verkaufsprospekt, zB ein Katalog resp. eine Internetseite, danach die Anforderungen an Absatz 1 Satz 2, kann der Vertragsschluss dennoch an unzureichenden Erklärungen des Verbrauchers scheitern (§ 154 BGB), zB wenn er trotz Wahlmöglichkeit nicht angibt, auf welche Anzahl von Raten er sich einlassen

---

[2] BGH NJW 1997, 1782 zu II. 2. (§ 1 Abs. 1 Satz 1 PrAngVO).
[3] BGH NJW-RR 1990, 757 mit Anm. *Emmerich* WuB IV C.–1.90 und Komm. *Ose* EWiR § 1a AbzG 1/90, 417; Staudinger/*Kessal-Wulf* § 507 BGB Rn. 18; Erman/*Saenger* § 507 BGB Rn. 10; RGRK-BGB/*Kessler*, § 1a AbzG Rn. 11; *Bruchner/Ott/Wagner-Wieduwilt* § 8 Rn. 14 f.; *Münstermann/Hannes* VerbrKrG, § 8 Rn. 417; diff. *v. Westphalen/Emmerich/v. Rottenburg* § 8 VerbrKrG Rn. 14.
[4] BGH WRP 1990, 165 zu II. 2.
[5] MüKoBGB/*Schürnbrand* § 507 BGB Rn. 7; Staudinger/*Kessal-Wulf* § 507 BGB Rn. 21.

will (aber die Erklärung kann nachgeholt werden).[6] Auf diesen Fall der Unwirksamkeit ist die Heilungsvorschrift von § 507 Abs. 2 Satz 2 nicht anwendbar (→ § 494 Rn. 41), sodass es beim fehlenden Vertragsschluss bleibt.

Der Kreditgeber braucht nur den Sollzinssatz, den Tilgungsplan anhand beispielhafter Gesamtbeträge und Sicherheiten anzugeben, wenn er nach Maßgabe von § 507 Abs. 3 Satz 1 (→ § 506 Rn. 108) überhaupt nur gegen Teilzahlungen liefert oder leistet (→ Rn. 40).[7] 15

4. Mitteilung des Vertragsinhalts auf einem dauerhaften Datenträger unverzüglich nach Vertragsabschluss

Letzte Freistellungsvoraussetzung ist, dass der Teilzahlungsunternehmer den Vertragsinhalt spätestens unverzüglich nach Vertragsabschluss dem Verbraucher auf einem dauerhaften Datenträger (§ 126b Satz 2) mitteilt. Es sind also sämtliche Pflichtangaben nach Art. 247 §§ 6 bis 8, 12 und 13 zu machen, insbesondere auch die Unterrichtung über das Widerrufsrecht nach Art. 247 § 6 Abs. 2 EGBGB. Es muss gewährleistet sein, dass der Verbraucher für die Dauer der Widerrufsfrist von vierzehn Tagen auf die Pflichtangaben zugreifen kann. Deshalb genügt eine Internet-Website für sich allein nicht;[8] die Mitteilung in Textform setzt vielmehr das Herunterladen durch den Verbraucher voraus.[9] **Unverzüglich** ist die Mitteilung, wenn der Vertragstext dem Warenpaket beiliegt oder zeitgleich per E-Mail übermittelt wird, sodass der Zeitpunkt des Vertragsabschlusses einige Tage früher liegen kann. Bei längeren Lieferfristen wahrt dieses Verfahren die Unverzüglichkeit nicht, sodass der Vertragstext gesondert zu übermitteln ist. 16

5. Rechtsfolgen

Sind die notwendigen Angaben im Katalog oder sonst auf einem dauerhaften Datenträger gemacht worden und hatte der Verbraucher daraufhin sein Vertragsangebot abgegeben, kommt das Teilzahlungsgeschäft mit der Vertragsannahme durch den Fernabsatzunternehmer als Kreditgeber zustande, ohne dass die Schriftform nach Maßgabe von §§ 492 Abs. 1, 126 BGB eingehalten werden müsste. Dem Schriftformerfordernis nach § 126 BGB würde auch eine schriftliche Bestellung des Verbrauchers nicht genügen, weil es an der – auch automatisierten, §§ 506 Abs. 1, 492 Abs. 1 Satz 3 (→ § 492 Rn. 44) – Unterschrift des Fernabsatzunternehmers fehlen würde. Notwendigerweise entfällt der Anspruch auf Überlassung einer Vertragsurkunde, § 492 Abs. 3 Satz 1 (→ § 492 Rn. 48). Das Formprivileg gilt auch für Leistungsverträge, sodass Vertragsgegenstand nicht notwendig eine Sache sein muss (→ Rn. 8). Fehlt es an den in § 507 Abs. 1 Satz 2 aufgestellten Voraussetzungen, insbesondere hinsichtlich der notwendigen Angaben (→ Rn. 11), gibt es kein Formprivileg. Der kreditierte Fernabsatzvertrag ist in diesem Fall deshalb gem. § 507 Abs. 2 Satz 1 nichtig (→ Rn. 19), aber 17

---

[6] MüKoBGB/*Ulmer* 2. Aufl. 1988, § 1a AbzG Rn. 37.
[7] MüKoBGB/*Schürnbrand* § 507 BGB Rn. 6; *Erman/Saenger* § 507 BGB Rn. 13; Staudinger/*Kessal-Wulf* § 507 BGB Rn. 20.
[8] Zutreffend *Lorenz* NJW 2001, 2230 (2231) gegen OLG München NJW 2001, 2263 mit zust. Komm. *Fuchs* EWiR § 8 VerbrKrG 1/01, 549 und skeptischer Anm. *van Look* WuB I E 2.–1.02; *Steins* WM 2002, 53 (59); *Frotscher* Verbraucherschutz, S. 158.
[9] MüKoBGB/*Schürnbrand* § 507 BGB Rn. 8.

§ 507 18–20 1. Teil. Darlehen und Finanzierungshilfen

heilbar und sodann widerruflich. **Unrichtige Angaben** vereiteln das Formprivileg nach allgemeinen Regeln (→ § 494 Rn. 44) dagegen nicht.[10]

6. Wettbewerbsrecht

18 Macht der Fernabsatzunternehmer die vorgeschriebenen Angaben im Kommunikationsmedium, zB im Katalog, nicht, handelt er jenseits der Vertragsnichtigkeit unter dem Gesichtspunkt des Rechtsbruchs nach § 3a UWG unlauter, da es sich bei der Angabepflicht um eine Marktverhaltensregelung handelt und ihre Missachtung eine Verletzung der beruflichen Sorgfalt iSv Art. 5 Abs. 2 lit. a UGP-Richtlinie 2005/29/EG darstellt. Er unterliegt dem Unterlassungs- und Beseitigungsanspruch nach Maßgabe von § 8 UWG (→ § 492 Rn. 91). Darüber hinaus können Angaben irreführend iSv § 5 UWG sein (zB „Ratenzuschlag 0,50 %").[11]

II. Nichtigkeit und Heilung (Abs. 2, Abs. 1 Satz 1)

1. Formverstoß und fehlende Angabe; anwendbar bleibende Regelungen aus § 494

19 § 507 Abs. 2 Satz 1 ist die Parallelvorschrift zu § 494 Abs. 1 und tritt an deren Stelle, bezogen auf Teilzahlungsgeschäfte. Die Formnichtigkeit folgt bereits aus § 125 BGB, tritt aber auch ein, wenn die Pflichtangabe vom rechtsgeschäftlichen Willen nicht erfasst ist (→ § 494 Rn. 13). Sie tritt im Übrigen ein, wenn nur eine einzige der Pflichtangaben aus Art. 247 §§ 6 bis 8, 12 und 13 EGBGB fehlt; eine Ausnahme gilt für Sicherheiten nach Art. 247 § 7 Nr. 2 (→ § 494 Rn. 76). Gemachte, aber unrichtige Angaben lösen die Nichtigkeitsfolge nicht aus (→ § 494 Rn. 44). Die teilweise Aufrechterhaltung des Geschäfts nach § 139 BGB ist ausgeschlossen (→ § 494 Rn. 23 ff.). Trotz Formnichtigkeit kann der Verbraucher Erfüllung verlangen (→ § 494 Rn. 32). Parallelvorschrift für die Heilung ist § 507 Abs. 2 Sätze 2 bis 4. Sie tritt an die Stelle von § 494 Abs. 2. Anwendbar auf Teilzahlungsgeschäfte bleibt gem. §§ 506 Abs. 1, 507 Abs. 1 Satz 1 die Vorschrift von § 494 Abs. 4 über nicht angegebene Kosten und deren Anpassung (→ § 494 Rn. 65, 74), § 494 Abs. 5 über die Neuberechnung von Teilzahlungen (→ Rn. 31), § 494 Abs. 6 Satz 1 über Laufzeit und Kündigung (→ § 494 Rn. 81), § 494 Abs. 6 Satz 2 über Sicherheiten (→ Rn. 34) ohne die Begrenzung auf einen Barzahlungspreis von 75 000 Euro nach § 494 Abs. 6 Satz 3 und § 494 Abs. 7 betreffend eine Abschrift des Teilzahlungsvertrags mit den Änderungen (→ § 494 Rn. 84). Bei falscher Angabe des effektiven Jahreszinses gilt nicht § 494 Abs. 3, sondern § 507 Abs. 2 Satz 5 (→ Rn. 36).

2. Heilung durch Übergabe, Leistungserbringung

20 Entsprechend der früher durch § 1a Abs. 3 AbzG geltenden Regelung, aber mit erheblichen Abweichungen bestimmt § 507 Abs. 2 Sätze 2 bis 4 die Heilung des nichtigen Vertrags im Falle von Teilzahlungsgeschäften (zum Begriff → § 506 Rn. 55 ff.). Der Kreditvertrag, den das Teilzahlungsgeschäft darstellt, kommt trotz Nichtigkeit wegen Formverstoßes, allerdings im Hinblick auf das Widerrufsrecht aus §§ 355 Abs. 1, 495, 506 Abs. 1 nur schwebend wirksam (→ § 494 Rn. 29) zustande, wenn die Sache übergeben oder die Leistung erbracht wird. Der nich-

---
[10] Gl. A. MüKoBGB/*Schürnbrand* § 507 BGB Rn. 9.
[11] BGH NJW-RR 1990, 757 zu I. 2. mit Anm. *Emmerich* WuB IV C.–1.90 und Komm. *Ose* EWiR § 1a AbzG 1/90, 417, s. auch OLG München ZIP 2001, 520 zu 3.

tige Vertrag wird also mit Wirkung *ex nunc* (→ § 494 Rn. 50) geheilt, jedoch unter Minderung der Ansprüche des Teilzahlungsunternehmers als Kreditgeber; darin liegt die Sanktion (jedoch → Rn. 28).

21 Voraussetzung ist die Übergabe der Sache oder die Leistungserbringung im Einverständnis des Verbrauchers und unter seiner Mitwirkung. Es kommt darauf an, dass der Käufer erneut seinen Entschluss zum Kauf (resp. zur Inanspruchnahme der Leistung) zum Ausdruck bringt,[12] ohne dass rechtsgeschäftliches Handeln notwendig wäre . Wird ihm die Sache oder Leistung aufgezwungen, bleibt der Vertrag nichtig. Der Verbraucher braucht weder Bestätigungswillen iSv § 141 BGB zu haben noch sich der Formnichtigkeit bewusst zu sein (→ § 494 Rn. 28 ff.).[13] Zur Abnahme ist der Verbraucher nicht verpflichtet.[14]

22 **Übergabe** ist nicht nur die Verschaffung des unmittelbaren Besitzes iSv § 929 BGB (bei Sachgesamtheiten: sämtlicher Sachen,[15] aber → Rn. 27a), sondern auch die Abtretung eines Herausgabeanspruchs (§ 931 BGB), sofern der erneute Abschlusswille des Verbrauchers zum Ausdruck kommt. Das ist nicht der Fall, wenn die Abtretung lediglich im ursprünglichen und nichtigen Vertrag vorgesehen war. Vereinbaren die Parteien aber nachträglich die Eigentumsverschaffung gem. §§ 931, 929 BGB, bringt der Käufer erneut seinen Kaufentschluss zum Ausdruck.[16] Allerdings kann sich aus den konkreten Umständen des Einzelfalls anderes ergeben, zB wenn der Verbraucher, vielleicht ohne die Tragweite erneuter Verhandlungen zu erkennen, überrumpelt wird, zumal das Verfahren nach § 931 BGB keiner Form bedarf. Die gleichen Grundsätze gelten, wenn die Parteien ein Besitzkonstitut iSv § 930 BGB vereinbaren. Zwar wird der Verbraucher nicht unmittelbarer Besitzer, aber dies gilt gleichermaßen im Falle von § 931 BGB.[17] Ist dem Verhalten des Verbrauchers zu entnehmen, dass er seinen Vertragsentschluss erneuert, tritt die Heilungswirkung kraft Gesetzes ein; er kann ein rechtsgeschäftliches Übergabesurrogat nicht wegen Irrtums über die Heilungsfolge anfechten (→ § 494 Rn. 54).[18] Sofern trotz Übergabe oder Übergabesurrogat mangels Einigung ein Eigentumsübergang nicht eintritt, ist der Kreditvertrag trotzdem geheilt worden. Der Verbraucher hat als Folge dessen Anspruch auf Eigentumsübertragung, wie der geheilte Kreditvertrag Maß gibt. Aber der Kreditgeber hat es in der Hand, über die Sache anderweitig als Berechtigter zu verfügen. Hatte die Übergabe bereits stattgefunden, bevor der dann formnichtige Kreditvertrag abgeschlossen wurde, muss der erneute Abschlusswille des Verbrauchers auf andere Weise zum Ausdruck kommen.[19]

23 Im Falle der **Leistungserbringung,** zB einer Werkleistung, tritt Heilung mit tatsächlicher Abnahme oder mit Billigung der Werkleistung durch den Ver-

---

[12] BGH NJW 1962, 1632 zu II. 2.a.
[13] *Münstermann/Hannes* § 6 VerbrKrG Rn. 308; *v. Westphalen/Emmerich/v. Rottenburg* § 6 VerbrKrG Rn. 47.
[14] *Erman/Saenger* § 507 BGB Rn. 19.
[15] *Bruchner/Ott/Wagner-Wieduwilt* § 6 VerbrKrG Rn. 33; *v. Westphalen/Emmerich/v. Rottenburg* § 6 VerbrKrG Rn. 44.
[16] BGH NJW 1977, 1632 zu II. 2.b., zust. Staudinger/*Kessal-Wulf* § 507 BGB Rn. 3; *Bamberger/Roth/Möller/Wendehorst* § 502 BGB Rn. 20.
[17] Dennoch differenzierend MüKoBGB/*Schürnbrand* § 507 BGB Rn. 14; *v. Westphalen/Emmerich/v. Rottenburg* § 6 VerbrKrG Rn. 46; Staudinger/*Kessal-Wulf* § 502 BGB Rn. 13.
[18] Zutreffend MüKoBGB/*Schürnbrand* § 507 BGB Rn. 14.
[19] Staudinger/*Kessal-Wulf* § 502 BGB Rn. 12.

braucher ein,[20] bei Dienstleistungen beispielsweise mit der Durchführung von Unterricht mit dem Verbraucher.[21] Am erneut manifestierten Vertragsentschluss des Verbrauchers kann es fehlen, wenn die Leistung ohne seine Kenntnis erbracht wird, zB in seiner Abwesenheit an seinem Wochenendhaus oder an anderen dem Kreditgeber zugänglichen Sachen während des Urlaubs des Verbrauchers oder wenn es sonst an seiner erneuten Mitwirkung fehlt.

24 Die Darlegungs- und **Beweislast** für den erneuten Vertragsentschluss des Verbrauchers trägt der den Preis verlangende Kreditgeber.

25 Angesichts der eindeutigen Formulierung in § 507 Abs. 2 Satz 1, das Geschäft sei nichtig, kommt dem Streit, ob der Vertrag bis zur Übergabe oder Leistungserbringung lediglich schwebend wirksam sei, keine Bedeutung mehr zu;[22] der Vertrag wird gültig gem. Absatz 2 Satz 2, dh, der nichtige Vertrag wird – unter dem Vorbehalt des Widerrufs (→ Rn. 20) – geheilt. Deshalb ist im Falle etwaiger Zwischenverfügungen des Kreditgebers auch von deren Wirksamkeit auszugehen, ohne dass § 184 Abs. 2 BGB bemüht werden müsste.[23] Verlangt der Verbraucher in diesem Fall gegen den Willen des Kreditgebers Erfüllung (→ § 494 Rn. 32 und → Rn. 19), muss der Kreditgeber eine Ersatzsache liefern, oder es tritt bei Stückschulden subjektive Unmöglichkeit ein.

26 Unter dem Gesichtspunkt der *culpa in contrahendo* (§ 311 Abs. 2 Nr. 1 BGB) wäre der Verbraucher dem Kreditgeber zur Vermeidung von Transport- und ähnlichen Kosten verpflichtet, die beabsichtigte Ablehnung der Abnahme (→ Rn. 21) mitzuteilen.[24]

3. Heilungsumfang

27 **a) Sanktionensystem; teilweise Leistung.** Während nach der früheren Regelung in § 1a Abs. 3 Satz 2 AbzG in jedem Fall lediglich der Barzahlungspreis, hilfsweise der Marktpreis galt, richten sich die Rechtsfolgen aus § 507 Abs. 2 Sätze 2 bis 4 nach den Gründen, aus denen die Nichtigkeit folgt. Die Nichtigkeit kann sich daraus ergeben, dass der Kreditvertrag insgesamt nicht der Schriftform genügt oder dass er zwar schriftlich abgefasst wurde, aber einige Angaben nach Art. 247 §§ 6 bis 8, 12 und 13 EGBGB fehlen.

27a Nach dem Wortlaut von § 507 Abs. 2 Satz 2 („wenn") tritt die Heilung nur bei vollständiger Leistungserbringung durch den Kreditgeber ein, nicht schon, wie nach der Parallelregelung von § 494 Abs. 2 Satz 1 für Verbraucherdarlehen, soweit er nur **teilweise** leistet (→ § 494 Rn. 60). Das folgt aus der Natur der Sache, wenn die Leistung unteilbar ist. Im Falle der Teilbarkeit dürfte der Rechtsgedanke in der Altregelung von § 469 Satz 2 BGB aF[25] noch seine Bedeutung erhalten haben, wonach es darauf ankam,[26] ob die Teilleistung nach dem

---

[20] Staudinger/*Kessal-Wulf* § 502 BGB Rn. 14.
[21] *Fischer* MDR 1994, 1063 (1065).
[22] RGRK-BGB/*Kessler*, § 1a AbzG Rn. 9; *Soergel/Hönn* § 1a AbzG Rn. 22; Lieser/Bott/Grathwohl DB 1971, 901 (904); offen BGH NJW 1977, 1632 zu II. 2.a.
[23] B. *Lorenz* ZRP 2009, 214 (216); RGRK-BGB/*Kessler*, § 1a AbzG Rn. 9.
[24] RGRK-BGB/*Kessler*, § 1a AbzG Rn. 9.
[25] Im Kern ähnlich § 323 Abs. 5 Satz 1 BGB nF, MüKoBGB/*Schürnbrand* § 507 BGB Rn. 12.
[26] *v. Westphalen/Emmerich/v. Rottenburg* § 6 VerbrKrG Rn. 44 (→ Rn. 42) sowie Staudinger/*Kessal-Wulf* § 507 BGB Rn. 6; zum Begriff der zusammengehörenden Sachen, BGH NJW 1992, 3224 zu II. 2.a.; BGH NJW 1994, 1720 zu II. 2.; NJW 1993, 2052 zu II. 2.; LG Mannheim NJW-RR 1996, 118 zu 3.b.

Teilzahlungsgeschäfte 28–31 § 507

Vertragswillen der Parteien mit der restlichen, noch nicht erbrachten Leistung zusammengehört. Ist das der Fall, führt die Teilleistung nicht zur Heilung, sodass der Kreditgeber als Teilzahlungsunternehmer die erbrachte Teilleistung kondizieren kann. Andernfalls tritt Heilung ein, soweit geliefert wurde. Der Verbraucher darf und muss die Leistung behalten und hat auch Anspruch auf den Rest, allerdings muss er die Gegenleistung hinsichtlich des Restes in voller vereinbarter Höhe erbringen, wenn der Kreditgeber nicht auch diesen Rest von sich aus erbringt (→ § 494 Rn. 38).

Sanktionslos bleiben trotz Heilung der fehlende Hinweis auf den Teilzahlungsplan nach Art. 247 § 6 Abs. 1 Nr. 4, § 14 EGBGB (→ § 506 Rn. 100), der Kosten einer Versicherung (Art. 247 § 3 Abs. 1 Nr. 10, → § 506 Rn. 103) und des Barzahlungspreises (Art. 247 § 12 Abs. 1 Nr. 1, → § 506 Rn. 105), wenn dieser ohnehin mit dem Marktpreis übereinstimmt (→ Rn. 32, 29) sowie bestimmte Fälle des Mangels der Schriftform als solcher (→ Rn. 29 und → § 494 Rn. 52). 28

b) Anspruch des Kreditgebers auf den Gesamtbetrag (Teilzahlungspreis). Ist der Vertrag nichtig, aber gleichwohl schriftlich abgefasst worden und enthält er sowohl den Gesamtbetrag (Teilzahlungspreis) wie den effektiven Jahreszins (Art. 247 § 3 Abs. 1 Nr. 8 und 3 EGBGB), sind die unwirksam vereinbarten Vertragsbedingungen mit Übergabe, also dem Zeitpunkt der Heilung, vorbehaltlich eines Widerrufs (→ Rn. 20), verbindlich (Absatz 2 Satz 2). Der Verbraucher schuldet also nicht lediglich den Barzahlungspreis, sondern den vollen Gesamtbetrag; die fehlende Angabe des Barzahlungspreises bleibt in diesem Fall ebenso sanktionslos wie der fehlende Hinweis auf einen Tilgungsplan (→ Rn. 28). Im letztgenannten Fall müsste der Verbraucher, um in Raten zahlen zu dürfen, behaupten, dass der Vertrag ein Teilzahlungsvertrag ist. Allerdings trägt auch dann der Kreditgeber, der vom Verbraucher die sofortige Zahlung des vollen Preises verlangt, die Darlegungs- und Beweislast dafür, dass kein Bargeschäft vereinbart worden war (→ § 506 Rn. 32). 29

c) Anspruch auf verzinslichen Barzahlungspreis (ermäßigter Gesamtbetrag). Enthält der schriftliche Vertrag weder Gesamtbetrag (Teilzahlungspreis) noch effektiven Jahreszins oder auch nur eine dieser Angaben oder wurde er insgesamt mündlich abgeschlossen, schuldet der Verbraucher aufgrund Heilung nur den Barzahlungspreis, jedoch, entgegen früherer Regelung in § 1a Abs. 3 Satz 2 AbzG (Anhang 2), verzinslich, wobei der gesetzliche Zinssatz aus § 246 BGB (denkbar auch § 352 HGB bei Existenzgründern als Kreditnehmer → § 491 Rn. 11 sowie → § 497 Rn. 43 und → § 511 Rn. 4, 9) Maß gibt. Dieser ist gem. § 507 Abs. 2 Satz 3 **höchstens** anzusetzen. Ist also im gegebenen Falle ein Marktzins für Teilzahlungskredite oder auch ein vom Kreditgeber in anderen, gleichgelagerten Fällen üblicherweise verlangter oder bei der Festlegung des Teilzahlungspreises einkalkulierter Zinssatz niedriger, kann nur dieser verlangt werden. Ist der effektive Jahreszins zwar angegeben, aber falsch, gilt Satz 5 (→ Rn. 35). Der Barzahlungspreis ist nur noch so weit verzinslich, wie er noch nicht vom Verbraucher erfüllt worden war; eine bereits geleistete Anzahlung ist natürlich auch bei Heilung nicht zu verzinsen. 30

d) Auswirkung auf Raten. Das Gesetz enthält keine Regelung, die § 1a Abs. 3 Satz 2 HS. 2 AbzG über die nach der Heilung zu zahlenden Raten entspräche, die sich, da sich der gesamte zu zahlende Preis vermindert, zwangsläufig 31

Bülow 745

anders bemessen (→ § 494 Rn. 71). Zunächst bedeutet Heilung, dass die formwidrig und nichtig vereinbarte Teilzahlungsabrede überhaupt wirksam wird. Dementsprechend hat der Verbraucher gegen den Unternehmer einen Anspruch gem. § 494 Abs. 5 (→ Rn. 19) auf Neuberechnung der Ratenhöhe, während es bei Anzahl- und Fälligkeit der Raten bleibt. Fraglich ist, ob der Verbraucher auch das Recht hat, die Raten nach ursprünglich vereinbarter Höhe und Fälligkeit zu entrichten, sodass es zu einer vorzeitigen Tilgung kommt und der Kreditgeber insgesamt einen geringeren Gesamtbetrag an Zinsen erhält. Ein solches **Wahlrecht** des Verbrauchers **verneint** jedoch der BGH (→ § 494 Rn. 72).[27] Zahlt der Verbraucher in Unkenntnis seiner wirklichen Verbindlichkeiten zu viel, kann er kondizieren.[28]

32 **e) Marktpreis als Berechnungsgröße.** Ist kein Barzahlungspreis angegeben, gibt der Marktpreis gem. Absatz 2 Satz 4 nur im Zweifel Maß für die Berechnung des ermäßigten Gesamtbetrags (→ Rn. 30); beiden Parteien bleibt es also unbenommen, einen davon abweichenden tatsächlich (wenn auch formunwirksam) vereinbarten Barzahlungspreis darzulegen und gegebenenfalls zu beweisen (zB Preisempfehlungen des Lieferanten gem. Art. 4 lit. a EU-VO 330/2010, bei finanzierten Geschäften der bei der Bank aufgenommene Darlehensbetrag).[29] Auf einen vom Kreditgeber üblicherweise verlangten Preis kommt es nicht an, ebenso wenig wie auf die nachträgliche Nennung eines Barzahlungspreises durch den Kreditgeber, auch nicht darauf, ob der Kreditgeber zum Marktpreis kontrahiert hätte oder der Verbraucher anderswo zum Marktpreis hätte kontrahieren können. Auch die Kostensituation und Kalkulation des Kreditgebers ist unerheblich. Der Marktpreis ist auch anzusetzen, wenn der Kreditgeber gem. § 507 Abs. 3 Satz 1 keinen Barzahlungspreis anzugeben hat (→ Rn. 40).

33 Marktpreis ist der am Erfüllungsort für Waren oder Leistungen der den Teilzahlungsgeschäften zugrundeliegenden Gattung geforderte Durchschnittspreis, der ggf. durch Sachverständigengutachten ermittelt werden kann.[30]

34 **f) Kein Anspruch auf Sicherheiten (§ 494 Abs. 6 Satz 2).** Hatten die Parteien die Bestellung von Sicherheiten, insbesondere einen Eigentumsvorbehalt, nicht formwirksam vereinbart, hat der Kreditgeber auch nach Heilung darauf keinen Anspruch; er müsste einen neuen Sicherungsvertrag aushandeln resp. den Kaufvertrag im Hinblick auf § 449 Abs. 1 BGB ändern. Aber auch der nichtig abgeschlossene Sicherungsvertrag (→ § 506 Rn. 102) wird nicht geheilt, sodass der Kreditgeber nach Übergabe zur Übereignung ohne Sicherheit verpflichtet ist. Dies folgt aus § 494 Abs. 6 Satz 2, 2. HS., eine auf Teilzahlungsgeschäfte anwendbare Vorschrift, wie § 507 Abs. 1 Satz 1 zu entnehmen ist, während die Begrenzung auf einen unter 75 000 Euro liegenden Barzahlungspreis nach § 494 Abs. 6 Satz 2, 1. HS. (→ § 494 Rn. 78) nicht gilt. Stellt der Kreditgeber die dingliche Einigung gem. § 929 BGB dennoch unter die aufschiebende Bedingung vollständiger Kaufpreiszahlung (§§ 449, 158 BGB), ohne

---

[27] BGHZ 179, 260 = NJW 2009, 2046 = WM 2009, 542 Tz. 21, 25, 31; zust. MüKo-BGB/*Schürnbrand* wegen des konkretisierenden Tatbestandsmerkmals „Höhe" der Teilzahlung, im Gegensatz zur Vorgängerregelung § 6 Abs. 2 Satz 4 VerbrKrG..
[28] So auch BGH WM 2001, 2379 zu II. 4.
[29] BGH NJW 1979, 758 zu B II. 2.a.
[30] BGH NJW 1979, 758 zu B II. 2.b.; MüKoBGB/*Schürnbrand* § 507 BGB Rn. 18; Staudinger/*Kessal-Wulf* § 507 BGB Rn. 9; *Baumgärtel* Beweislast, § 1a AbzG Rn. 10.

dass der Verbraucher damit einverstanden wäre, bleibt er zur bedingungslosen Übereignung verpflichtet. Das folgt daraus, dass die Vereinbarung des Eigentumsvorbehalts gem. § 506 Abs. 1, Art. 247 § 7 Nr. 2 EGBGB der Form bedarf und der Kreditvertrag ohne diese Form gem. § 433 Abs. 1 Satz 1 BGB vorbehaltslos in der Weise zu erfüllen ist, dass der Verkäufer als Kreditgeber das Eigentum ohne aufschiebende Bedingung zu übereignen hat. Der Verbraucher hat nicht lediglich ein Leistungsverweigerungsrecht, sondern es fehlt bereits an einer Rechtsgrundlage, den Kaufvertrag abweichend von § 433 Abs. 1 Satz 1 BGB nur bedingt erfüllen zu dürfen.[31] Lässt sich der Verbraucher bei Übergabe auf den Eigentumsvorbehalt ein, hat er folglich aus dem geheilten Kreditvertrag nachträglich Anspruch auf bedingungslose Übereignung, also auf Aufhebung der Bedingung.[32] Die Regelung von § 320 BGB (Leistung Zug um Zug) ändert daran nichts; die Leistungspflicht des Unternehmers liegt in bedingungsloser Übereignung. Hat der Eigentumsvorbehalt noch Bestand und will der Kreditgeber nach §§ 323, 449, 508 Satz 1 BGB zurücktreten, kann der Verbraucher seinen Anspruch auf Beseitigung des Eigentumsvorbehalts zurückbehaltend nach § 273 BGB entgegensetzen, sodass er nicht in Verzug gerät und auf diese Weise das Rücktrittsrecht des Kreditgebers beseitigt (→ § 497 Rn. 22). Die Nichtigkeit der Sicherungsabrede berührt die Wirksamkeit des geheilten Kreditvertrags im Übrigen nicht; § 139 BGB ist nicht anwendbar (→ § 494 Rn. 36).

g) Kosten, Neuberechnung von Teilzahlungen, Laufzeit, Abschrift. 35
Gem. § 507 Abs. 1 Satz 1 bleiben die auf Darlehen bezogenen Vorschriften von § 494 Abs. 4, Abs. 5 (Kosten und ihre Anpassung, → Rn. 31), Abs. 6 Satz 1 (Laufzeit und Kündigung) und 2 (→ Rn. 34) sowie Abs. 7 (Abschrift) auf Teilzahlungsgeschäfte anwendbar (→ Rn. 19).

III. Falsche Angabe des effektiven Jahreszinses (Abs. 2 Satz 5)

Der Regelung von § 494 Abs. 3 entsprechend (→ § 494 Rn. 85), aber auf 36 modifizierter Berechnungsgrundlage, vermindert sich die Verbindlichkeit des Verbrauchers, wenn die Angabe des effektiven Jahreszinses zwar nicht mit der Nichtigkeitsfolge von § 507 Abs. 2 Satz 1 und Heilungsmöglichkeit von Satz 3 (→ Rn. 20) fehlt, sondern falsch ist. In diesem Fall ist der Vertrag von Anfang an wirksam, aber nur bei verringertem Teilzahlungspreis.
Ausgangspunkt ist ebenso wie im Falle von Darlehen (→ § 494 Rn. 87) die **absolute Zinsdifferenz** zwischen richtigem und falsch angegebenem effektiven Jahreszins.
Der Gesamtbetrag (Teilzahlungspreis) verringert sich um denselben absolu- 37 ten Prozentbetrag, welcher der Differenz zwischen wirklichem und fälschlich angegebenem Effektivzinssatz entspricht. Das kann einerseits dazu führen, dass der daraufhin hochgerechnete Effektivzins über dem fälschlich angegebenen

---

[31] AA *v. Westphalen/Emmerich/v. Rottenburg* § 6 VerbrKrG Rn. 59; wie hier MüKo-BGB/*Schürnbrand* § 507 BGB Rn. 21; Staudinger/*Kessal-Wulf* § 507 BGB Rn. 11; Derleder/Knops/Bamberger/*Beckmann*, § 12 Rn. 24; wohl auch *Erman/Saenger* § 507 BGB Rn. 26.
[32] *Bülow* Kreditsicherheiten, Rn. 761.

§ 507   38, 39   1. Teil. Darlehen und Finanzierungshilfen

liegt[33] und andererseits dazu, dass der nunmehr vom Verbraucher geschuldete Preis unter dem Barzahlungspreis liegt[34] oder doch die Verzinsung einem Satz entspricht, der unter dem gesetzlichen Zinssatz liegt. Eine Korrektur dieser Folge ist nur insoweit geboten,[35] als der Barzahlungspreis nicht unterschritten werden darf: Selbst die Falschangabe bei einem Teilzahlungsgeschäft darf den Verbraucher schlechterdings nicht besser stellen als im Falle eines Bargeschäfts. Dagegen ist der gesetzliche Zinssatz auch hier keine dem Kreditgeber garantierte Größe, sondern lediglich eine Höchstmarge; eine Unterschreitung innerhalb des neu berechneten Gesamtbetrags bleibt möglich.[36]

38 Offen bleibt durch die Formulierung in § 507 Abs. 2 Satz 5, in welcher Weise der Verbraucher die Verminderung geltend machen kann. In Frage kommt eine Verringerung der Raten bei gleicher Laufzeit oder eine Verkürzung des Tilgungszeitraums bei gleichen Raten.[37] Ebenso wie nach der Altregelung in § 1a Abs. 3 Satz 2 AbzG (Anhang 2), der eine gleichartige Berechnungsproblematik löste (→ Rn. 31), liegt ein Wahlrecht des Verbrauchers nahe, das jedoch an der Rechtsprechung des BGH[38] (→ Rn. 31) scheitern dürfte, sodass die Raten bei selber Anzahl und Fälligkeit neu zu berechnen sind und der Verbraucher auf diese Berechnung gem. § 494 Abs. 5 Anspruch hat.

39 Ist bei einem finanzierten Kauf-, Werk- oder Leistungsgeschäft, das die Voraussetzungen eines **verbundenen Geschäfts** nach § 358 Abs. 3 BGB erfüllt, die Angabe des effektiven Jahreszinses im Darlehensvertrag falsch, wird der Nominalzins des Verbraucherdarlehens herabgesetzt.[39] Auf dieser Grundlage ergibt sich ein neuer Gesamtbetrag sämtlicher Teilzahlungen für das Darlehen (Art. 247 § 3 Abs. 1 Nr. 8, Abs. 2 Satz 1 EGBGB). Dieser Gesamtbetrag entspricht dem Teilzahlungspreis. Für den Kaufvertrag ändert sich nichts, vielmehr erhält der Verkäufer den Nettodarlehensbetrag, der unverändert bleibt und dem Barzahlungspreis entspricht, vom Darlehensgeber. Der Kaufvertrag unterliegt keinem Schriftformerfordernis, es gibt hierfür keinen effektiven Jahreszins; ein solcher bezieht sich allein auf das finanzierende Darlehen.

---

[33] Beispiel von *Brinkmann* BB 1991, 1947 f.: Barzahlungspreis 1000 DM, bei 60 Raten à 25 DM Teilzahlungspreis 1500 DM. Dies entspricht einem effektiven Jahreszins von 18,84%. Bei falscher Angabe von 8,84% ist der Teilzahlungspreis um 10% oder 150 DM auf 1350 DM zu kürzen, so dass Monatsraten von 22,50 DM verbleiben (dazu aber Rn. 58). Der effektive Jahreszins beträgt 13,31%, obwohl nur 8,84% angegeben waren.

[34] Beispiel von *Brinkmann* BB 1991, 1947 f.: Barzahlungspreis 1000 DM bei 10 Monatsraten à 108 DM Teilzahlungspreis 1080 DM; effektiver Jahreszins 18,68%. Bei einer Falschangabe von 8,68% ist der Teilzahlungspreis um 10% 108 DM zu kürzen, so dass 1080 DM ./. 108 DM 972 DM verbleiben – der Barzahlungspreis ist unterschritten, es ergäbe sich eine negative Verzinsung.

[35] Dagegen noch *v. Westphalen/Emmerich/Kessler* 1. Aufl. 1991, § 6 VerbrKrG Rn. 44 ff. Relative Anpassung des Nominalzinses in Höhe der Differenz zwischen falsch angegebenem und wirklichem Effektivzinssatz, ebenso *Münstermann/Hannes* § 6 Rn. 325 sowie *Reifner* Kreditrecht, § 7 Rn. 39 und Komm. zu LG Stuttgart EWiR § 11 VerbrKrG 1/92, 1135.

[36] AA Staudinger/*Kessal-Wulf* § 507 BGB Rn. 13; MüKoBGB/*Schürnbrand* § 507 BGB Rn. 19: Untergrenze sei der *verzinste* Barzahlungspreis; wie hier *Erman/Saenger* § 507 BGB Rn.

[37] So *Emmerich* FLF 1989, 168 (171); Staudinger/*Kessal-Wulf* § 507 BGB Rn. 13.
[38] BGHZ 179, 260 = NJW 2009, 2046.
[39] *Erman/Saenger* § 507 BGB Rn. 29.

IV. Lieferung und Leistung nur gegen Teilzahlungen (Abs. 3)

1. Entbehrlichkeit der Angabe von Barzahlungspreis und effektivem Jahreszins (Satz 1)

Maß des Barzahlungspreises ist der Listenpreis des Unternehmers. Fehlt es daran, weil der Unternehmer als Kreditgeber **ausschließlich Teilzahlungsgeschäfte** tätigt, ist gem. § 507 Abs. 3 Satz 1 die Angabe des Barzahlungspreises entbehrlich. Das gilt auch, wenn der Kreditgeber Bargeschäfte ebenfalls zum Teilzahlungspreis abschließt[40] oder wenn der Kreditgeber hinsichtlich anderer Waren Bargeschäfte zum Barzahlungspreis tätigt.[41] Der Angabe des Barzahlungspreises bedarf es auch dann nicht, wenn der Kreditgeber Skonto für den Fall gewährt, dass der Verbraucher dennoch bar bezahlt.[42] 40

Auch die Angabe des effektiven Jahreszinses ist gem. Abs. 3 Satz 1 entbehrlich, wenn der Kreditgeber bezüglich des Vertragsgegenstands ausschließlich Teilzahlungsgeschäfte abschließt. 41

Die Richtlinienkonformität der Freistellung von Angabepflichten und vorvertraglicher Information nach § 491a sieht die Begründung zum Regierungsentwurf (→ Rn. 5) darin, dass es an der Entgeltlichkeit eines solchen Teilzahlungsgeschäfts fehle, weil ein Barzahlungspreis, der verzinst würde, nicht zu ermitteln sei. Zins- und gebührenfreie Kreditverträge sind aber außerhalb des harmonisierten Bereichs der Richtlinie gem. Art. 2 Abs. 2 lit. f (→ Rn. 1) angesiedelt. Allerdings könnte der Kreditgeber nunmehr einwenden, bei ausschließlichem Angebot zum Teilzahlungspreis fehle es bereits allein aufgrund dessen an der Entgeltlichkeit des Zahlungsaufschubs (→ § 506 Rn. 29), sodass Verbraucherkreditrecht überhaupt nicht anwendbar sei; jedoch folgt aus der tatbestandlichen Erfassung durch § 507 Abs. 3 Satz 1, dass solche Teilzahlungsgeschäfte trotz ihrer Unentgeltlichkeit in den sachlichen Anwendungsbereich einbezogen sind, da es nationalen Gesetzgebern freisteht, Sachverhalte aus dem nicht-harmonisierten Bereich seinen verbraucherkreditrechtlichen Vorschriften zu unterwerfen (Erwägungsgrund 10 Satz 3 VerbrKrRil). Daraus folgt aber auch, dass sich der Teilzahlungsunternehmer als Kreditgeber nicht damit verteidigen kann, aufgrund seiner Kalkulation im konkreten Einzelfall für den Zahlungsaufschub kein Entgelt zu verlangen. Auf der anderen Seite kann nicht angenommen werden, dass § 507 Abs. 3 auf einer – sogar unwiderleglichen – Vermutung der Entgeltlichkeit für die Teilzahlungsabrede beruht (→ § 506 Rn. 30). 42

2. Kostenermäßigung nach § 501 (Satz 2)

Obwohl außerhalb des harmonisierten Bereichs, bleibt es bei dem Recht des Verbrauchers zur vorzeitigen Erfüllung gem. § 500 Abs. 2 und entsprechend Art. 16 Abs. 1 VerbrKrRil. Macht der Verbraucher davon Gebrauch, tritt die Kostenermäßigung nach § 501 ein. Die danach eintretende Verminderung der laufzeitabhängigen Kosten richtet sich am Barzahlungspreis aus. Betreibt der Teilzahlungsunternehmer aber ausschließlich Teilzahlungsgeschäfte, gibt es keinen 43

---

[40] *Knütel* ZIP 1985, 1122.
[41] *Seibert* § 4 VerbrKrG Rn. 20; MüKoBGB/*Schürnbrand* § 24 BGB Rn. 15; *v. Westphalen/Emmerich/Keßler* 1. Aufl. 1991, § 4 VerbrKrG Rn. 160.
[42] *Seibert* § 4 VerbrKrG Rn. 20; MüKoBGB/*Schürnbrand* § 507 BGB Rn. 24.

§ 508   1. Teil. Darlehen und Finanzierungshilfen

Barzahlungspreis, den er angeben könnte. Errechnete man einen fiktiven Barzahlungspreis, müsste der Unternehmer seine Preiskalkulation offen legen.[43] Um dies zu vermeiden, bestimmte bereits die Vorgängervorschrift von § 504 Satz 2 BGB aF als angemessenen Kompromiss (→ § 501 Rn. 2), dass der gesetzliche Zinssatz (§ 246 BGB, gegebenenfalls § 352 HGB in Existenzgründungsfällen,[44] → § 512 Rn. 5) zugrunde zu legen und mit diesem eine staffelmäßige Berechnung nach § 501 nunmehr nachträglich durchzuführen ist, durch die sich der vom Verbraucher zu entrichtende Gesamtbetrag (Teilzahlungspreis) vermindert. Sofern der gesetzliche Zinssatz unter dem Marktzins oder Basiszinssatz (§ 247 BGB, → § 497 Rn. 28) liegt, dieser aber auch für Teilzahlungsunternehmen – und sei es bezogen auf ihre Branche – Maßstab der Kreditentgelte ist, fällt die Verminderung des Gesamtbetrags, die dem Verbraucher zusteht, entsprechend geringer aus. Kehrseite ist, dass der Teilzahlungsunternehmer als Kreditgeber Zinsanteile trotz vorzeitiger Erfüllung behalten darf, nämlich die Differenz zwischen gesetzlichem Zins und Marktzins. Umgekehrt profitiert der Verbraucher in Niedrigzinsphasen wie in der seit 2008 schwelenden Euro-Krise.

3. Keine Vorfälligkeitsentschädigung (Satz 3)

44   Nach der Vorgängerregelung von § 504 BGB aF war ein Anspruch des Kreditgebers auf Vorfälligkeitsentschädigung ausgeschlossen.[45] Hierbei bleibt es gem. Satz 3 – obwohl Art. 16 Abs. 2 der Richtlinie die Entschädigung vorsieht –, da der harmonisierte Bereich nicht berührt ist (→ Rn. 43).

§ 508 Rücktritt bei Teilzahlungsgeschäften

[1] Der Unternehmer kann von einem Teilzahlungsgeschäft wegen Zahlungsverzugs des Verbrauchers nur unter den in § 498 Absatz 1 bezeichneten Voraussetzungen zurücktreten. [2] Dem Nennbetrag entspricht der Gesamtbetrag. [3] Der Verbraucher hat dem Unternehmer auch die infolge des Vertrags gemachten Aufwendungen zu ersetzen. [4] Bei der Bemessung der Vergütung von Nutzungen einer zurückzugewährenden Sache ist auf die inzwischen eingetretene Wertminderung Rücksicht zu nehmen. [5] Nimmt der Unternehmer die auf Grund des Teilzahlungsgeschäfts gelieferte Sache wieder an sich, gilt dies als Ausübung des Rücktrittsrechts, es sei denn, der Unternehmer einigt sich mit dem Verbraucher, diesem den gewöhnlichen Verkaufswert der Sache im Zeitpunkt der Wegnahme zu vergüten. [6] Satz 5 gilt entsprechend, wenn ein Vertrag über die Lieferung einer Sache mit einem Verbraucherdarlehensvertrag verbunden ist (§ 358 Abs. 2) und wenn der Darlehensgeber die Sache an sich nimmt; im Fall des Rücktritts bestimmt sich das Rechtsverhältnis zwischen dem Darlehensgeber und dem Verbraucher nach den Sätzen 3 und 4.

Vorgängervorschriften: §§ 7 Abs. 1 Satz 2, 13 VerbrKrG; § 503 BGB aF; § 508 BGB aF

---

[43] MüKoBGB/*Schürnbrand* § 507 BGB Rn. 27.
[44] So wohl MüKoBGB/*Schürnbrand* § 507 BGB Rn. 27; aA Staudinger/*Kessal-Wulf* § 507 BGB Rn. 1: auch hier § 246 BGB.
[45] MüKoBGB/*Schürnbrand* § 507 BGB Rn. 28; *Bülow/Artz*, Verbraucherkreditrecht 6. Aufl. 2006, § 504 BGB Rn. 41.

Schrifttum: *Blomeyer,* Die zeitliche Begrenzung der Gebrauchsvergütung nach § 2 AbzG – zugleich Bemerkungen zum Verhältnis von § 2 AbzG zu §§ 346f. BGB, MDR 1968, 6; *ders.,* Das Besitzrecht des Vorbehaltskäufers auf Grund des Kaufvertrags, JZ 1968, 691; *Bodenburg,* Zur Geltendmachung des Eigentumsvorbehalts bei verjährter Kaufpreisforderung, WM 1979, 1202; *Bülow,* Bindung des Gläubigers an seine Wahlausübung nach Schuldnerverzug oder Unmöglichkeit der Leistung, JZ 1979, 430; *Bülow/Artz,* Folgeprobleme der Anwendung des Verbraucherkreditgesetzes auf Schuldbeitritt und andere Interzessionen, ZIP 1998, 629; *Engel,* Die Verjährung im Kraftfahrzeug-Leasinggeschäft, DB 1997, 761; *Furtner,* Die Pfändung eigener Sachen des Gläubigers, MDR 1963, 445; *Groß,* Das Verbraucherkreditgesetz bei Kfz-Leasing und finanziertem Kfz-Kauf, FLF 1993, 132; *Hager, J.,* Das geplante Recht des Rücktritts und des Widerrufs, in: Ernst/Zimmermann, Zivilrechtswissenschaft und Schuldrechtsreform, 2001, S. 429; *Köhler,* Der Leistungsort bei Rückgewährschuldverhältnissen, Festschrift Heinrichs 1998, S. 367; *Müller-Laube,* Die „Rücktrittsfiktion" beim Abzahlungskauf, JuS 1982, 796; *Otte/Kapitza,* Rückgaberecht bei Unmöglichkeit der Rückgabe?, ZGS 2004, 54; *Prahl,* Rücktritt des Abzahlungsverkäufers ohne Recht zum Rücktritt?, MDR 1970, 206; *Raisch,* Sind die Rechtsfolgen der Rückabwicklung nach dem Abzahlungsgesetz für den Käufer günstiger als die Rücktrittsregelung des BGB?, Festschrift Friedrich Weber 1983, S. 337; *Reinicke/Tiedtke,* Zweifelsfragen bei der Anwendung des Verbraucherkreditgesetzes, ZIP 1992, 217; *ReinkingNießen,* Das Verbraucherkreditgesetz, ZIP 1991, 79; *Rinke,* Die Kausalabhängigkeit des Anwartschaftsrechts aus Eigentumsvorbehalt, 1998; *Schaumburg,* § 3 AbzG – Einrederecht oder Anspruchsbeschränkung?, JR 1975, 446; *Woltereck,* Sind die Rechte des Abzahlungsverkäufers aus § 2 Abs. 1 des Abzahlungsgesetzes durch das Erfüllungsinteresse begrenzt?, BB 1963, 1117.

Übersicht

Rn.

Materialien
Verbraucherkreditrichtlinie Art. 7 1

Kommentierung
Vorbemerkung 2
I. Voraussetzungen und Abgrenzung 3
   1. Gesetzliches Rücktrittsrecht des Kreditgebers, Verhältnis zu anderen Vorschriften 3
   2. Rücktritt und Kündigung 6
   3. Ausübung des Rücktrittsrechts 7
     a) Allgemeine Grundsätze 7
     b) Mithaftende 8
   4. Rücktritt des Verbrauchers 10
II. Rücktrittsfolgen 11
   1. Grundlagen 11
     a) Allgemeine Regeln 11
     b) Kein Rücktrittsausschluss, insbesondere Autokauf 13
   2. Ansprüche des Kreditgebers 14
     a) Herausgabe von Nutzungen, insbesondere Gebrauchsvorteilen 15
     b) Überlassungsvergütung 17
     c) Wertminderung 18
     d) Verzugsschaden 19
     e) Aufwendungsersatz 20
   3. Ansprüche des Verbrauchers 23
     a) Rückgewähr 23
     b) Insbesondere: Sicherheiten 24
   4. Verjährung 25
   5. Widerruf des Verbrauchers 26
III. Rücktrittsvermutung 29
   1. Ausgangslage 29
     a) Unerheblichkeit des rechtsgeschäftlichen Willens 29

§ 508 1–3 1. Teil. Darlehen und Finanzierungshilfen

	Rn.
b) Rücktrittsvoraussetzungen nach §§ 498, 503 Satz 1 BGB	30
c) Unberechtigte Wiederansichnahme	33
d) Anwendungsbereich, Verhältnis zum Widerrufsrecht	34
e) Mithaftung, Finanzierungsleasing	36
2. Wiederansichnehmen	38
a) Kasuistik	39
b) Insbesondere: Zwangsvollstreckung	40
3. Rückabwicklung und Vereinbarung über gewöhnlichen Verkaufswert	42
4. Verbundene Geschäfte	47
a) Inhaber des Rücktrittsrechts	47
b) Parteien des Rücktrittsverhältnisses	49
aa) Bank	50
bb) Verkäufer/Leistungserbringer	53
c) Innenverhältnis zwischen Bank und Verkäufer	54
d) Andere finanzierte Geschäfte	55

Materialien
Verbraucherkreditrichtlinie 2008/48/EG
Artikel 7

1   Die Mitgliedstaaten legen für den Fall des Kredits zum Erwerb einer Ware die Bedingungen fest, unter denen die Ware zurückgenommen werden kann, insbesondere für Fälle, in denen der Verbraucher seine Einwilligung nicht erteilt hat. Sie tragen ferner dafür Sorge, dass in den Fällen, in denen der Kreditgeber die Ware wieder an sich nimmt, die Abrechnung zwischen den Parteien in der Weise erfolgt, dass die Rücknahme nicht zu einer unberechtigten Bereicherung führt.

Kommentierung

Vorbemerkung

2   Die Vorschrift hat mit der Umsetzung der VerbrRechteRiL erhebliche Änderungen erfahren. Das bislang bei Teilzahlungsgeschäften bestehende Rückgaberecht existiert nicht mehr, da es in der insoweit vollharmonisierenden Richtlinie nicht vorgesehen ist. Der Regelungsbereich des § 508 beschränkt sich daher nunmehr auf den Rücktritt des Unternehmers als Kreditgeber und Partei des Teilzahlungsgeschäfts sowie im verbundenen Geschäft als Darlehensgeber, was bislang Inhalt von Absatz 2 war.

I. Voraussetzungen und Abgrenzung

1. Gesetzliches Rücktrittsrecht des Kreditgebers, Verhältnis zu anderen Vorschriften

3   Im Falle von Teilzahlungsgeschäften – seien es Kaufverträge oder sonstige Leistungsverträge – kann der Kreditgeber (Verkäufer, Werkunternehmer etc.) nicht nur die Teilzahlungsabrede gem. § 498 kündigen und damit Anspruch auf die mit Kündigung fällige gesamte Restvergütung erlangen, ohne sich von den vertraglichen Rechten und Pflichten im Übrigen zu lösen,[1] sondern er hat

---
[1] BGH NJW 2002, 137 zu II. 1.

wahlweise – aber natürlich nicht kumulativ[2] – auch ein **gesetzliches Rücktrittsrecht**, das – entgegen der Altregelung von § 1 AbzG – mithin nicht vereinbart zu werden braucht. Soweit die Parteien aber ein Rücktrittsrecht vereinbart haben – bei Abzahlungskäufen zB im Wege des Eigentumsvorbehalts gem. § 449 BGB – gelten gem. § 508 Satz 1 auch hierfür die Kündigungsvoraussetzungen von § 498 (→ Rn. 6);[3] gem. § 512 Satz 1 sind nur Vereinbarungen wirksam, die zugunsten des Verbrauchers von § 508 abweichen, seien sie vor oder nach Erklärung des Rücktritts getroffen.[4] Die Vorschrift gilt jedoch nur für den Rücktritt wegen **Zahlungsverzugs**. Das Rücktrittsrecht kann aber auch aus anderen Gründen vertraglich vereinbart werden, zB wegen vertragswidrigen Gebrauchs der unter Eigentumsvorbehalt gelieferten Sache.[5] In diesem Fall richten sich die Voraussetzungen des Rücktritts nicht nach § 508, sondern nach der Vereinbarung. Liegen zugleich die Voraussetzungen des Zahlungsverzugs und die Voraussetzungen der vertraglichen Vereinbarung vor, kann der Kreditgeber seinen Rücktritt auf letztere stützen und ist folglich nicht an § 508 gebunden. Doch kann darin ein Umgehungsgeschäft iSv § 512 Satz 2 oder ein Verstoß gegen § 308 Nr. 3 BGB (unwirksamer Rücktrittsvorbehalt) liegen. Im besonderen Einzelfall kann der Verbraucher auch den Verwirkungseinwand erheben,[6] wenn er aus dem Verhalten des Kreditgebers die Annahme herleiten durfte, der Kreditgeber wolle sein Rücktrittsrecht nicht ausüben.[7] Im Falle des Teilzahlungskaufs hat der Kreditgeber das gesetzliche Rücktrittsrecht auch dann, wenn er keinen Eigentumsvorbehalt vereinbart, sondern die Sache bedingungslos übereignet.

Dagegen ist § 508 nicht lex specialis, soweit der Kreditgeber nicht zurücktreten, sondern **Schadensersatz statt der Leistung** gem. § 280 Abs. 3 iVm § 281 BGB verlangen will.[8] Das bedeutet, dass seine eigene Leistungspflicht, insbesondere zur Übereignung der Sache, unberührt bleibt, der Kaufpreisanspruch aber erlischt (§ 281 Abs. 4 BGB) und an seine Stelle der Schadensersatzanspruch tritt. Der Schaden kann darin liegen, dass der Kreditgeber als Verkäufer mit dem Betrag des Kaufpreises, den er aufgrund des Verbraucherverzugs nicht erhielt, Waren hätte einkaufen und weiterveräußern können, sodass ihm ein Ersatzgeschäft entging. Soweit der daraus entstehende Schaden allerdings abstrakt nach Maßgabe von § 252 Satz 2 BGB berechnet werden soll, steht dem § 497 Abs. 1 entgegen (→ § 497 Rn. 25). Die praktische Bedeutung der verbleibenden Wahlmöglichkeit auf Schadensersatz ist gering. Ebenso wenig geht § 508 vor, wenn der Kreditgeber sein Rücktrittsrecht aus §§ 324, 241 Abs. 2 BGB herleitet.[9]

Auf **Darlehensverträge** ist die Vorschrift **nicht** anwendbar, abgesehen von der Rücktrittsfiktion aus Satz 6 im Falle verbundener Geschäfte (→ Rn. 47). Sie

---

[2] *Denkhaus/Zirkel* JR 1994, 397 (400).
[3] BT-Drucks. 16/11 643, S. 95 zu Nr. 33b) aa).
[4] AA *Münstermann/Hannes* § 13 VerbrKrG Rn. 727, im Übrigen wie hier Rn. 683; unzutreffend insoweit OLG Köln WM 1998, 381 mit krit. Anm. *Artz* VuR 1998, 186 und *Habersack* WuB I E 2. – 1.98.
[5] Was auch einen Verfügungsgrund iSv § 935 ZPO darstellt, BGHZ 54, 214 (220).
[6] BGH NJW 1979, 2195 zu II. 2.b.
[7] BGHZ 25, 47 (52); BGHZ 67, 56 (68).
[8] *v. Westphalen/Emmerich/Kessler* § 13 VerbrKrG Rn. 12; *Bruchner/Ott/Wagner-Wieduwilt* § 13 VerbrKrG Rn. 16; MüKoBGB/*Schürnbrand* § 508 BGB Rn. 1.
[9] MüKoBGB/*Schürnbrand* § 508 BGB Rn. 2.

§ 508 6, 7   1. Teil. Darlehen und Finanzierungshilfen

gilt auch nicht für die Ausnahmetatbestände von §§ 491 Abs. 2, 506 Abs. 4, nicht für Ratenlieferungsverträge iSv § 510 und ebenso wenig für **Finanzierungsleasingverträge.**

2. Rücktritt und Kündigung

6   Die in § 498 bezeichneten und für das Rücktrittsrecht geltenden Voraussetzungen (→ § 498 Rn. 11) bedeuten nicht nur, dass der Verbraucher mit dem Mindestrückstand von 5% bzw. 10% des **Gesamtbetrags** und mindestens zwei aufeinander folgenden Teilzahlungen in Verzug geraten sein muss, sondern auch, dass der Kreditgeber eine Nachfrist setzen und den Rücktritt androhen muss (→ § 498 Rn. 21) – was auch im Falle des Eigentumsvorbehalts nach § 449 BGB nicht entbehrlich ist[10] – damit dem Verbraucher die Folgen seiner fortdauernden Säumigkeit klar vor Augen geführt werden. Deshalb genügt es nicht, wenn der Kreditgeber wahlweise Rücktritt gem. § 508 oder Kündigung gem. §§ 506, 498 androht; er muss sich vielmehr schon bei Abgabe seiner Erklärung nach § 498 Satz 1 Nr. 2 festlegen oder, wenn er seine Entscheidung ändert, das Verfahren neu mit der richtigen Androhung beginnen.[11] Auch soll der Kreditgeber das Vergleichsgespräch anbieten, ohne dass es Wirksamkeitsvoraussetzung für den Rücktritt wäre (→ § 498 Rn. 36). Eine andere Frage ist, ob das eine Gestaltungsrecht noch ausübbar ist, wenn schon das andere ausgeübt worden war. Hierfür gilt: Die Kündigung hält das Schuldverhältnis aus dem Kreditvertrag aufrecht und beeinflusst nur die Art der Leistungserbringung durch den Verbraucher (Gesamtfälligkeit statt Ratenfälligkeit, → § 498 Rn. 7). Dieses modifizierte Schuldverhältnis kann, wenn hinsichtlich des gesamtfälligen Betrags seinerseits die Voraussetzungen von § 508 iVm § 498 erfüllt sind, durch Rücktrittserklärung nach weiterer Maßgabe von § 508 in ein Rückabwicklungsverhältnis verwandelt werden (→ Rn. 11). War dagegen bereits der Rücktritt wirksam gem. § 508 erklärt worden, kommt eine nachfolgende Kündigung nicht mehr in Betracht.[12]

3. Ausübung des Rücktrittsrechts

7   a) **Allgemeine Grundsätze.** Die Rücktrittserklärung ist wie die Kündigung gem. § 498 eine einseitige empfangsbedürftige Willenserklärung, wird also mit Zugang wirksam (§§ 349, 130 BGB). Sie ist **bedingungsfeindlich,** wobei Bedingungen, die für den Verbraucher keine Ungewissheit herbeiführen, unschädlich sind.[13] Sie bedarf keiner Form, insbesondere keiner Begründung, und kann in schlüssigem Verhalten, zB der Rücknahme der Sache gem. Satz 5 (→ Rn. 38) liegen. Die Ausdrücklichkeit ist jedoch meist mit der Nachfristsetzung gem. § 498 Satz 1 Nr. 2 sowie mit dem Angebot eines Vergleichsgesprächs gem. § 498

---

[10] BGH NJW-RR 1995, 365; *Bülow* Kreditsicherheiten, Rn. 751.
[11] MüKoBGB/*Schürnbrand* § 508 BGB Rn. 11; *Bruchner/Ott/Wagner-Wieduwilt* § 13 Rn. 12; aA *Münstermann/Hannes* § 13 VerbrKrG Rn. 689.
[12] Zur Parallele in § 326 Abs. 1 BGB aF betr. Schadensersatz – Rücktritt, die hierfür nach § 325 BGB nF nicht mehr gilt, BGH BB 1979, 861 mit Anm. *Bülow* und *Lindacher* JZ 1980, 48; NJW 1982, 1279; NJW 1988, 2877 und 2879; NJW 1988, 400; BGHZ 97, 264 (267); *Bülow* JZ 1979, 430; im Ergebnis richtig *Münstermann/Hannes* § 13 VerbrKrG Rn. 689.
[13] BGHZ 97, 263 (267) mit Komm. *Medicus* EWiR § 349 BGB, 1/86, 759; *Münstermann/Hannes* § 13 VerbrKrG Rn. 693.

Satz 2 verbunden. Nach allgemeinen Regeln ist der Rücktritt endgültig, also unwiderruflich.[14] Im gegebenen Falle müsste der Kreditvertrag, wenn die Parteien doch noch an ihm in unveränderter Form festhalten wollen, neu abgeschlossen werden; daneben ist eine Vereinbarung über die Vergütung des gewöhnlichen Verkaufswerts gem. Satz 5 möglich (→ Rn. 43). Der Kreditgeber kann den Rücktritt nicht mit Wirksamkeit schon vor Übergabe der Sache oder Leistungserbringung erklären (→ Rn. 28). Von § 508 zum Nachteil des Verbrauchers abw. Vereinbarungen sind gem. § 512 Satz 1 unwirksam, gem. § 139 BGB dürfte der Kreditvertrag im Übrigen wirksam bleiben. Der Rücktritt ist nicht fristgebunden, unterliegt aber der Verwirkung (→ § 498 Rn. 14 sowie → Rn. 3).

b) Mithaftende. Sind auf der Verbraucherseite mehrere gleichgründige Gesamtschuldner beteiligt, kann der Rücktritt gem. § 351 BGB nur ihnen allen gemeinsam gegenüber ausgeübt werden. Bei Schuldbeitritt, Bürgschaft und Sicherungstreuhand (→ § 491 Rn. 118, 119, 122) ist nur der Hauptschuldner Erklärungsadressat, während sich für den Interzessionar die Frage stellt, ob sich der Sicherungszweck seiner Mitverpflichtung auch auf die sich infolge des Rücktritts ergebenden Ansprüche des Kreditgebers (→ Rn. 14 ff.) erstreckt (→ Rn. 24). Da der ursprüngliche Vertragsanspruch aufgrund der Verwandlung des Schuldverhältnisses nicht mehr besteht (→ Rn. 11), stellen sich die für die Kündigung nach § 498 auftretenden Probleme, die in unterschiedlichen Leistungspflichten der Gesamtschuldner liegen, nicht (→ § 498 Rn. 26).

Anderes gilt nur im verbundenen Geschäft für den Fall, dass der Verkäufer/ Leistungserbringer der Darlehensschuld des Verbrauchers beigetreten war und der finanzierende Kreditgeber die Rücktrittsvermutung nach Satz 6 auslöst (→ Rn. 47 ff. sowie → Rn. 36); der Verkäufer haftet gem. § 425 BGB dennoch auf Darlehensrückzahlung.[15]

4. Rücktritt des Verbrauchers

Sofern der Verbraucher zurücktreten kann, ist in Bezug auf ihn § 508 nicht anwendbar, sodass die allgemeinen Regeln gelten, zB bei Unmöglichkeit der Lieferung oder Leistung gem. §§ 323, 326 Abs. 5 BGB, wegen Mängeln der Sache oder der Leistung gem. §§ 437 Nr. 2, 634 Nr. 3 BGB, wegen Verzugs des Kreditgebers gem. § 323 Abs. 1 BGB,[16] im besonderen Fall des § 324 BGB wegen einer Pflichtverletzung nach § 241 Abs. 2 BGB oder auch im Falle von § 651i BGB oder § 6 FernUSG (→ § 506 Rn. 46); hinzu kommt das Kündigungsrecht bei Werkverträgen gem. § 649 BGB. Ist der Kreditvertrag noch widerruflich, kann aufgrund schwebender Wirksamkeit und daraus folgender vertraglicher Bindung Verzug eintreten und es deshalb auch einen darauf gegründeten Rücktritt geben; Widerruf des Verbrauchers und Rücktritt des Kreditgebers schließen sich nach dem Konzept der schwebenden Wirksamkeit gegenseitig nicht aus.

---

[14] Staudinger/*Kaiser* § 346 BGB Rn. 283, 301 sowie § 349 BGB Rn. 40.
[15] BGHZ 47, 248 (251 f.); MüKoBGB/*Schürnbrand* § 508 BGB Rn. 42; *Bülow/Artz* ZIP 1998 629 (636).
[16] OLG Karlsruhe OLGZ 1969, 316; zu § 467 Satz 2 BGB; LG Bonn NJW-RR 1993, 1269.

II. Rücktrittsfolgen

1. Grundlagen

11 **a) Allgemeine Regeln.** Ist der Rücktritt wirksam geworden, entsteht zwischen Kreditgeber und Verbraucher ein Rückabwicklungsverhältnis, das sich nach den Rücktrittsregeln der §§ 346 ff. BGB mit der Besonderheit eines Aufwendungsersatzanspruchs und der Begrenzung der Nutzungsvergütung richtet (Sätze 3 und 4, → Rn. 20 ff. und Rn. 18).

12 Danach sind die aufgrund des Kreditvertrags empfangenen Leistungen zurückzugewähren, insbesondere gekaufte Sachen vom Verbraucher zurückzugeben und empfangenes Geld zurückzuerstatten. Leistungsort für die Rückgewähr ist der vertragliche Empfangsort.[17] Diese Ansprüche sind gem. § 348 BGB Zug um Zug zu erfüllen.[18] Die Verpflichtung zur Erfüllung Zug um Zug ist gem. § 512 Satz 1 unabdingbar.[19] Soweit aus der Rückabwicklung gegenseitige Zahlungsansprüche entstehen (zB Überlassungsvergütung gegen Kaufpreisrückzahlung), können die Parteien aufrechnen.

13 **b) Kein Rücktrittsausschluss, insbesondere Autokauf.** Das Rücktrittsrecht besteht auch in dem Fall des Untergangs der zurückzugewährenden Sache, den der Rücktrittsberechtigte zu vertreten hat.[20] Deshalb stellen sich auch die Probleme nicht mehr, die namentlich im Falle des kreditierten Autokaufs Bedeutung gewannen, wenn der Verbraucher sein gebrauchtes Auto beim Kreditgeber als Teilzahlungsverkäufer in Zahlung gab. Sofern der Kreditgeber das Altauto in Vertretung des Verbrauchers veräußern soll (Agenturvertrag), wird dadurch der Kreditvertrag nicht berührt. Aus der mit dem Agenturvertrag verbundenen Verrechnungsabrede folgt, dass der Kreditgeber im Falle des Rücktritts den Verkaufserlös zu erstatten hat. Aber auch, sofern der Kreditgeber das Altauto in Anrechnung auf den Kaufpreis an **Erfüllungs Statt** (§ 364 Abs. 1 BGB) annimmt, bleibt sein Rücktrittsrecht bestehen. Die Rückgewährpflicht aus § 346 Abs. 1 BGB bezieht sich zwar auf das Altauto mit der Folge, dass die Rückgewähr subjektiv unmöglich ist, wenn der Kreditgeber das Altauto veräußert hatte. Er kann aber trotzdem zurücktreten und schuldet dem Verbraucher statt der Rückgewähr gem. § 346 Abs. 2 Nr. 3 BGB Wertersatz und gem. §§ 346 Abs. 4, 285 BGB auch Herausgabe des *commodum ex negotiatione,* also des Verkaufserlöses. Aus verbraucherkreditrechtlicher Sicht erscheint eine Vereinbarung unbedenklich, nach welcher statt der empfangenen Sache ein anderer Gegenstand zurückzugewähren ist, hier der Verkaufserlös.[21] Bei Verzug des Kreditgebers mit der geschuldeten Rückgewähr des empfangenen Geldes kann der Verbraucher nach Maßgabe von §§ 346 Abs. 4, 280 Abs. 2, 286, 281 BGB Schadensersatz statt der Leistung verlangen. Zulässig ist es, dass der Verbraucher statt des Anspruchs auf Rückgewähr des in Zahlung genommenen und durch Zufall untergegangenen Altautos einen

---

[17] *Köhler* FS Heinrichs, S. 367 (376).
[18] Zu § 3 AbzG *Schaumburg* JR 1975, 446.
[19] Anders nach § 2 AbzG: BGH NJW 1979, 872; NJW 1973, 1078.
[20] BT-Drucks. 14/6040, S. 192.
[21] Anders nach § 13 Abs. 2 VerbrKrG, wo die Anwendung der Rücktrittsvoraussetzungen Teil der verbraucherkreditrechtlichen Regelung war, MüKoBGB/*Habersack* 3. Aufl. 1995, § 13 VerbrKrG Rn. 13.

Anspruch auf Zahlung des wahrscheinlich erzielbaren Verkaufserlöses haben soll; im Übrigen schließt der zufällige Untergang des an Erfüllungs Statt angenommenen Altautos den Rücktritt des Kreditgebers nicht aus.[22]

2. Ansprüche des Kreditgebers

Die Ansprüche des Kreditgebers sind durch sein Erfüllungsinteresse begrenzt. **14** Der Kreditgeber darf nach dem Rücktritt daher nicht mehr erhalten als das, was er bei Erfüllung des Kreditvertrags bekommen hätte.[23] Im Übrigen ist der Kreditgeber zur Rücksichtnahme auf die Belange des Verbrauchers verpflichtet.[24]

a) Herausgabe von Nutzungen, insbesondere Gebrauchsvorteilen. **15** Gem. § 346 Abs. 1 BGB schuldet der Verbraucher Herausgabe gezogener Nutzungen. Gem. § 100 BGB sind Nutzungen auch die Vorteile, die der Gebrauch der Sache gewährt (**Gebrauchsvorteile**). Der tatsächliche Gebrauch begründet also den Anspruch des Kreditgebers auf Erstattung, der unterlassene Gebrauch nur bei Missachtung der Regeln einer ordnungsgemäßen Wirtschaft, wie § 347 Abs. 1 Satz 1 BGB zu entnehmen ist; deshalb besteht kein Anspruch des Kreditgebers, wenn der Verbraucher die Sache tatsächlich nicht nutzen konnte (zB Krankheit).[25] Anders als im Falle der Verpflichtung zum Wertersatz nach § 346 Abs. 2 Satz 1 Nr. 1 BGB, wo die Nutzungsüberlassung Hauptpflicht des Kreditvertrags gewesen war (→ Rn. 17), gibt nicht ein üblicher oder fiktiver Mietzins oder die im Vertrag bestimmte Gegenleistung Maß.[26] Vielmehr richtet sich die Erstattung nach dem Inhalt des – zurückabzuwickelnden – Vertrags. Danach ist die zeitanteilige lineare Wertminderung im Vergleich zwischen tatsächlichem Gebrauch und voraussichtlicher Gesamtnutzungsdauer zu schätzen. Ist die Wertminderung nach Lage des Einzelfalls anfangs größer oder niedriger, ist die zeitanteilige Wertminderung degressiv oder progressiv anzusetzen. Maßgeblicher Wert ist der Barzahlungspreis einschließlich Umsatzsteuer.[27] Dieser Preis wird durch die voraussichtliche Lebenserwartung der Sache geteilt und mit der tatsächlichen Nutzungsdauer multipliziert.[28]

Nicht gezogene Nutzungen sind vom Verbraucher unter den Voraussetzungen **16** von § 347 Abs. 1 BGB herauszugeben, dh nach dem Maßstab einer ordnungsgemäßen Wirtschaft. Danach muss beispielsweise ein gekauftes Auto nicht täglich gefahren werden, sondern kann in der Garage bleiben.[29] Bei der Beachtung der Regel einer ordnungsgemäßen Wirtschaft hat der Verbraucher lediglich für die Sorgfalt in eigenen Angelegenheiten einzustehen (*diligentia quam in suis*, §§ 277, 347 Abs. 1 Satz 2 BGB).

---

[22] BGH JR 1984, 236 mit im Ergebnis zustimmender Anm. *Schwark* S. 239; *Münstermann/Hannes* § 13 VerbrKrG Rn. 734.
[23] BGH NJW 1967, 1807 zu II. 2.a.; MüKoBGB/*Schürnbrand* § 508 BGB Rn. 33.
[24] BGH WM 1972, 970.
[25] MüKoBGB/*Schürnbrand* § 508 BGB Rn. 26; *v. Westphalen/Emmerich/v. Rottenburg* § 13 VerbrKrG Rn. 45.
[26] So aber MüKoBGB/*Schürnbrand* § 508 BGB Rn. 27 und *v. Westphalen/Emmerich/ v. Rottenburg* § 13 VerbrKrG Rn. 48.
[27] BGHZ 115, 47 (50, 52 ff.) mit Komm. *Tiedtke* EWiR § 467 BGB 1/91, 1063; OLG Karlsruhe NJW 2003, 1950 zu I. 2.a.; OLG Koblenz NJW-RR 1999, 702 sowie NJW-RR 1992, 688 betr. EDV-Anlage; *Reinicke/Tiedtke* ZIP 1992, 217 (220 f.).
[28] AnwKomm/*Hager* § 346 BGB Rn. 22; BGHZ 115, 47 (57).
[29] AnwKomm/*Hager* § 347 BGB Rn. 2 gegen LG Mainz NJW-RR 1986, 350.

§ 508 17–19　　　　1. Teil. Darlehen und Finanzierungshilfen

17　**b) Überlassungsvergütung.** War die Nutzungsüberlassung bzw. die Dienstleistung **Hauptpflicht** des Kreditvertrags gewesen, von dem der Kreditgeber zurückgetreten war, schuldet der Verbraucher als Rücktrittsschuldner nicht lediglich Herausgabe gezogener Nutzungen, sondern gem. § 346 Abs. 2 Satz 1 Nr. 1 BGB Wertersatz, da die vom Kreditgeber erbrachte Leistung als solche ihrer Natur nach nicht rückgebbar ist.[30] Kann eine Überlassungsvergütung demnach ausnahmsweise verlangt werden, gibt gem. § 346 Abs. 2 Satz 2 BGB die **Gegenleistung** Maß, also eine vereinbarte Überlassungsvergütung, mangels dessen der übliche Mietzins und, wenn es einen solchen nicht gibt, der fiktive Mietzins (→ § 495 Rn. 179d). Eine Wertminderung (→ Rn. 18) der Sache ist darüber hinaus zu vergüten, wenn eine solche nicht schon durch die übliche oder fiktive Miete abgegolten ist. Das ist Tatfrage, für die meist Sachverständigenbeweis zu erheben sein wird. Nach Lage des Einzelfalls mag sich für die Nutzung von Personenkraftwagen ergeben, dass der Wertverlust durch die Benutzung der Überlassungsvergütung entspricht.[31]

18　**c) Wertminderung.** Bei der Bemessung der Vergütung von Nutzungen ist gem. **§ 508 Satz 4 BGB** auf die inzwischen eingetretene Wertminderung der zurückzugebenden Sache Rücksicht zu nehmen. Damit ist gemeint, dass sich ein bereits bestehender Anspruch auf Überlassungs- oder Nutzungsvergütung des Kreditgebers um einen **Entwertungszuschlag** erhöht, wenn eine stärkere Abnutzung der Sache eingetreten ist, als dies bei einer Vermietung oder Verpachtung üblicherweise erwartet wird.[32] Diese Regelung, die auf § 2 Abs. 1 Satz 2 AbzG zurückgeht, setzt einen Anspruch voraus und ist nicht selbst Anspruchsgrundlage, mangels Anspruchs ist nichts zu erhöhen. Im Falle von § 346 Abs. 1 BGB geht der Anspruch entweder auf die tatsächlich gezogenen Nutzungen, also zB auf Herausgabe eines tatsächlich erwirtschafteten Mietzinses unabhängig von der Frage, wie der gemeine Wert der Nutzungen zu bemessen wäre, oder auf den Ausgleich der Gebrauchsvorteile (§ 100 BGB, → Rn. 15). Eine Bemessung der Wertminderung kommt auch im Fall von § 347 Abs. 1 Satz 1 BGB – zu ziehende, aber tatsächlich nicht gezogene Nutzungen – in Frage.

19　**d) Verzugsschaden.** Der Rücktritt setzt Verzug des Verbrauchers voraus, so dass der Kreditgeber neben den Ansprüchen aus der Rückabwicklung des Kreditvertrags an sich auch Ersatz des Verzugsschadens verlangen kann.[33] Soweit dieser Schaden jedoch nach § 497 Abs. 1 abstrakt berechnet wird, ist er auf Zinsen gerichtet. Eine angemessene Verzinsung des in der zurückzugebenden Sache steckenden Anlagekapitals wird jedoch schon durch die Nutzungsvergütung (→ Rn. 15) herbeigeführt.[34] Deshalb hat der Kreditgeber nur insoweit Anspruch auf Ersatz des Verzugsschadens, als dieser gem. § 497 Abs. 1 konkret berechnet wird (→ § 497 Rn. 24ff.) und nicht in Zinsen liegt.

---

[30] Staudinger/*Kaiser* § 346 BGB Rn. 100, 110; *Larenz* Schuldrecht I, S. 403 f.; *Esser/E. Schmidt* § 19 III. 1. (S. 314).
[31] BGHZ 88, 28 (31); BGH JR 1990, 458 zu III. 3.b. mit Anm. *Schilken* S. 461.
[32] BGHZ 19, 330 (333); 88, 28 (31); RGZ 169, 140; für Kraftfahrzeuge s. OLG Hamm BB 1981, 183; OLG Frankfurt NJW 69, 1967; VersR 1981, 388; DAR 1981, 219; OLG Karlsruhe VersR 1973, 471; KG DAR 1980, 245; *Münstermann/Hannes* § 13 VerbrKrG Rn. 707.
[33] BGH WM 1983, 1054 zu II. 1.b.
[34] MüKoBGB/*Schürnbrand* § 508 BGB Rn. 18; Staudinger/*Kessal-Wulf* § 508 BGB Rn. 78, 70.

e) **Aufwendungsersatz.** Anders als § 508 Satz 4 (→ Rn. 18) ist die Regelung 20 in **§ 508 Satz 3** selbst **Anspruchsgrundlage**. Ihr Gegenstand sind Aufwendungen, die der Kreditgeber infolge des Vertrags machte (ebenso die Altregelung von § 2 Abs. 1 Satz 1 AbzG). Aufwendungen sind im Gegensatz zu einem erlittenen Schaden freiwillige Vermögensopfer für einen bestimmten Zweck (vgl. § 256 BGB), nämlich den Abschluss und die Durchführung des zurückabzuwickelnden Kreditvertrags. Das Vermögensopfer muss tatsächlich entstanden und geboten gewesen sein, ist also nicht erstattungsfähig, wenn es vom Standpunkt eines ordentlichen Gewerbetreibenden überflüssig oder verfehlt war.[35] Die Aufwendung muss dem Kreditvertrag eindeutig zuzuordnen sein; Gemeinkosten (Verwaltungskosten), insbesondere Gehälter, sind nicht, auch nicht anteilig, ersetzbar.[36]

Mit dieser Maßgabe können Porto-, Telekommunikations- oder Formularkos- 21 ten ersetzbar sein;[37] gerade und nur für den Vertrag aufgewendete Reisekosten, nicht aber Umsatzsteuer und Vertreterprovision; Transport- (auch Rücktransport-), Verpackungs-, Materialkosten, aber nicht anteilige Lohnkosten bei Transport, Montage etc.; Versicherungskosten;[38] Auskunftskosten zur Adressenermittlung nach Vertragsabschluss. Tatsächlich entstandene Mahn- und Inkassokosten sind Verzugsschaden, der nur nach Maßgabe von § 497 Abs. 1 ersetzbar ist (→ Rn. 19), aber nicht nach § 508 Satz 3; auch Finanzierungskosten, die aufgrund des Verzugs entstehen, sind ausschließlich nach Maßgabe von § 497 Abs. 1 zu ersetzen (→ § 497 Rn. 37); Kosten, die unabhängig davon entstehen − zB Bankspesen für die Gutschrift eines Ratenschecks − sind wiederum erstattungsfähig. Sofern der Verbraucher zulässigerweise Wechsel begibt (→ § 496 Rn. 18) und die für die Finanzierung zu zahlenden Zinsen in die Wechselsumme eingerechnet sind (Art. 1 Nr. 2 WG), hat es der Kreditgeber in der Hand, die volle Wechselsumme zu erhalten, wenn er mit der Vorlegung des Wechsels bis zum Verfall (Art. 38 WG) wartet; diskontiert der Kreditgeber den Wechsel früher und zahlt er Diskontzinsen, ist dies der Ausgleich für die früher eingetretene Liquidität und damit kein Vermögensopfer; diese Zinsen sind richtigerweise nicht erstattbar.[39] Protest- und sonstige Wechselkosten (Art. 48, 49 WG) kann der Kreditgeber als Verzugsschaden gem. § 497 Abs. 1 nur verlangen, wenn er den Weg der konkreten Schadensberechnung beschreitet. Erstattbar sind die Kosten der Rechtsverfolgung (Gerichts-, Anwalts-, Gerichtsvollzieherkosten), soweit sie festgesetzt wurden oder festsetzbar sind; außerprozessuale Rechtsverfolgungskosten, zB anwaltliche Mahnkosten, sind nur bei konkreter Schadensberechnung liquidierbar.

Die Aufwendungsersatzansprüche des Kreditgebers sind nach weiterer Maßga- 22 be von § 256 BGB zu **verzinsen** (→ Rn. 23 aE).

3. Ansprüche des Verbrauchers

a) **Rückgewähr.** Für die Ansprüche des Verbrauchers aus der Rückabwick- 23 lung gelten die allgemeinen Bestimmungen. Der Verbraucher hat gem. § 346

---

[35] BGH WM 1972, 970; *Kessler* in RGRK-BGB, § 2 AbzG Rn. 4.
[36] BGHZ 75, 230 (233); BGHZ 66, 112 (116); MüKoBGB/*Schürnbrand* § 508 BGB Rn. 18; *Münstermann/Hannes* § 13 VerbrKrG Rn. 710; *Vortmann* § 13 VerbrKrG Rn. 13.
[37] Anders wohl MüKoBGB/*Schürnbrand* § 508 BGB Rn. 19.
[38] BGH WM 1973, 553.
[39] AA BGHZ 19, 330 (337).

Abs. 1 BGB Anspruch auf Rückzahlung der von ihm geleisteten Preis-/Vergütungsanteile. Das gilt auch für etwa bereits ersetzten Verzugszinsschaden (→ Rn. 19) oder für Vertragsstrafen, die durch die Ansprüche des Kreditgebers aus dem Rücktritt (→ Rn. 14 bis 22) ausgeglichen werden (hinsichtlich Wechseln oder Schecks besteht der Herausgabeanspruch aus § 496 Abs. 2 Satz 3, → § 496 Rn. 26).[40] Der Kreditgeber kann gegen Zahlungsansprüche des Verbrauchers mit seinen eigenen, auf Geld gerichteten Ansprüchen aufrechnen (§§ 387, 389 BGB). Gem. § 347 Abs. 2 Satz 1 BGB kann der Verbraucher Ersatz der auf die Sache gemachten notwendigen **Verwendungen** verlangen. Was die sog. nützlichen Verwendungen (vgl. § 996 BGB) betrifft, besteht auch insoweit nach der Schuldrechtsmodernisierung Anspruch auf Ersatz, sofern der Kreditgeber dadurch bereichert wird; das Problem der aufgedrängten Bereicherung wird virulent.[41] Anders als nach § 347 Satz 3 BGB aF hat der Verbraucher keinen Anspruch auf gesetzliche Zinsen.[42] Ebenso wenig kann der Kreditgeber Verzinsung der ihm auszugleichenden Gebrauchsvorteile verlangen[43] (→ Rn. 15), wohl aber seiner Aufwendungen gem. § 256 BGB (→ Rn. 22).

24   b) **Insbesondere: Sicherheiten.** Wurden Sicherheiten bestellt, richtet sich der Anspruch des Verbrauchers als Sicherungsgeber auf Herausgabe der Sicherheit – zB die Rückübertragung von Sicherungseigentum – nach dem Sicherungsvertrag, der neben dem Kreditvertrag abgeschlossen wird. Diesem ist, ggf. im Wege der Auslegung, zu entnehmen, ob die Sicherheit nicht nur für die Hauptansprüche bei bestehendem Vertrag, sondern sich auch auf die Rückgewähransprüche bezieht, der Sicherungszweck also so weit reicht (→ Rn. 8). Meist wird hiervon auszugehen sein, sodass die Sicherheit vom Kreditgeber erst freizugeben ist, wenn die Rückgewähransprüche erfüllt sind, der Kreditgeber also befriedigt ist; bis dahin haftet bei entsprechender Ausgestaltung des Bürgschaftsvertrags auch ein Bürge. Der Bürge kann nicht, wie das im Allgemeinen durch Individualvereinbarung möglich ist,[44] wirksam auf die Einreden aus §§ 768, 770 BGB verzichten, weil im Regress des Bürgen gegen den Verbraucher (§ 774 BGB) ein solcher Verzicht auf diesen schlägt, jedoch das Einwendungsverzichtsverbot aus § 496 Abs. 1 unterlaufen würde (→ § 496 Rn. 8). Im Falle des verbundenen Geschäfts iSv § 358 kann das finanzierende Kreditinstitut den Rücktritt auslösen, nicht aber der Verkäufer (→ Rn. 47). Macht es davon Gebrauch, entsteht das Rückabwicklungsverhältnis gleichermaßen zwischen ihm und Verbraucher, nicht zwischen Verkäufer oder Leistungserbringer und Verbraucher (→ § 495 Rn. 376 und → Rn. 49). Folglich ist eine dem Kreditinstitut erbrachte Sicherheit zurückzugewähren, wenn der Verbraucher diesem die aufgrund des Rücktritts zu erbringenden Leistungen erbracht hat.

4. Verjährung

25   Während die Ausübung des Rücktrittsrechts bei Leistungsstörungen gem. § 218 BGB unwirksam sein kann und dem Verwirkungseinwand unterliegt, aber

---

[40] MüKoBGB/*Schürnbrand* § 508 BGB Rn. 18, 36.
[41] Ernst/Zimmermann/*Hager*, S. 429 (452).
[42] BT-Drucks. 14/6040, S. 197.
[43] BGHZ 115, 47 (55) mit Komm. *Tiedtke* EWiR § 467 BGB 1/91, 1063.
[44] Nicht durch AGB: BGH NJW 2001, 1857 zu II. 2.d. mit Anm. *Bülow* LM Nr. 152 zu § 765 BGB.

ansonsten (zB im Fall des § 324 BGB) nicht an Fristen gebunden ist, verjähren die Ansprüche aus dem Rücktritt innerhalb der Fristen, wie sie für den rückabzuwickelnden Kreditvertrag gelten,[45] dh die Ansprüche des Kreditgebers verjähren meistens gem. § 195 BGB in drei Jahren, auch der Restwertausgleich im Finanzierungsleasing,[46] beginnend mit dem Jahresschluss, der auf die wirksam zugegangene Rücktrittserklärung folgt (§ 199 Abs. 1 BGB). Auch für die Rückgewähransprüche des Verbrauchers gilt § 195 BGB,[47] jedoch können für die beiderseitigen Ansprüche unterschiedliche Tatbestände für Neubeginn (§ 212 BGB) und Hemmung (§ 209 BGB) eintreten. Bei verbundenen Geschäften (§ 358) kann der Darlehensrückzahlungsanspruch deshalb zwar unverjährt sein, aber der Verbraucher kann die eingetretene Verjährung der Kaufpreisforderung im Wege des Einwendungsdurchgriffs gem. § 359 der Bank entgegensetzen.[48] Ist der Anspruch des Kreditgebers aber verjährt, endet der Verzug,[49] sodass es von vornherein an den Voraussetzungen für den Rücktritt des Kreditgebers fehlt. Die Verjährung des Kaufpreisanspruchs hindert den Vorbehaltsverkäufer aber nicht, nach Maßgabe des § 449 BGB (unter den weiteren Voraussetzungen von § 498, → Rn. 3) zurückzutreten, wie § 216 Abs. 2 Satz 2 BGB bestimmt; dann kann er auch die weitergehenden Ansprüche aus Absatz 2, zB die Nutzungsvergütung (→ Rn. 15), geltend machen.[50] Unbeschadet der Verjährung für den Darlehensrückzahlungsanspruch verjähren auch die von der Bank geltend zu machenden Rückgewähransprüche des Verkäufers resp. Leistungserbringers (§ 508 Satz 6, → Rn. 52) nach Maßgabe des zugrunde liegenden finanzierten Geschäfts,[51] also regelmäßig in drei Jahren, ohne dass es hierbei auf einen Einwendungsdurchgriff ankäme.

5. Widerruf des Verbrauchers

26 Ist die Widerrufsfrist gem. §§ 355, 495 noch nicht abgelaufen, befindet sich der Kreditvertrag im Zustand der schwebenden Wirksamkeit. Die Parteien haben bereits Erfüllungsansprüche mit der Folge, dass der Verzug des Verbrauchers eintreten kann und es folglich nicht am Rücktrittsgrund zu fehlen braucht. Eine Einrede der Widerruflichkeit ist für das Verbraucherkreditrecht nicht anzunehmen, sodass auch insoweit der Verzugseintritt nicht gehindert wird.

27 Problematisch ist, welche Rechtsfolgen eintreten, wenn der Kreditgeber wirksam zurückgetreten war oder die Rücktrittsvermutung aus Satz 5 ausgelöst hatte (→ Rn. 29 ff.) und der Verbraucher danach von seinem noch bestehenden Widerrufsrecht Gebrauch macht.
Im Rücktrittsfolgenrecht ist eine Wertersatzpflicht für Verschlechterungen oder Untergang durch die bestimmungsgemäße Ingebrauchnahme nach § 346 Abs. 2 Nr. 3, 2. HS. BGB ausgeschlossen. Im Widerrufsfolgenrecht besteht eine Wertersatzpflicht des Verbrauchers nach §§ 357a Abs. 2 Satz 2, 357 Abs. 7 bzw. §§ 357a Abs. 3 Satz 4, 357 Abs. 2 Satz 2, 357 Abs. 7 BGB (§ 357 Abs. 3 Satz 1

---

[45] BGHZ 58, 123.
[46] BGH ZIP 1997, 1457 mit Komm. v. *Westphalen* EWiR § 9 AGBG 13/97, 817; NJW 1996, 2860; OLG Celle NJW-RR 1997, 1144; *Engel* DB 1997, 761 (766).
[47] AG Krefeld-Uerdingen MDR 1972, 145 (Nr. 43).
[48] OLG Stuttgart EWiR § 9 VerbrKrG 5/01, 783 *(Mues)*.
[49] BGHZ 34, 191 (197); BGHZ 70, 96; *Prahl* MDR 1970, 206 und → § 498 Rn. 12.
[50] BGH NJW 1979, 2195 zu II. 2.c.bb. in Klarstellung zu BGHZ 48, 249 (250 f.).
[51] BGHZ 60, 108 und BGHZ 71, 322; MüKoBGB/*Schürnbrand* § 508 BGB Rn. 40.

BGB aF) für solche Verschlechterungen, die auf einen Umgang mit der Sache zurückzuführen sind, der über die Prüfung der Eigenschaften der Sache und Funktionsweise hinausgeht. Obwohl eine Wertminderung nach § 508 Satz 4 (§ 508 Abs. 2 Satz 4 aF) auch beim Rücktritt jedenfalls hinsichtlich der Bemessung einer vom Verbraucher geschuldeten Nutzungsentschädigung zu berücksichtigen ist, setzt dies jedoch das Bestehen einer Nutzungsersatzpflicht nach §§ 346, 347 BGB voraus. Mit Blick auf die Wertersatzpflicht des Kreditnehmers ist das Widerrufsfolgenrecht im Vergleich zum Rücktrittsfolgenrecht also grundsätzlich ungünstiger. Demgegenüber lässt sich der im Rücktrittsrecht nach § 508 Satz 3 (→ Rn. 20) im Vergleich zu dem aus § 357a Abs. 3 Satz 5 BGB (§ 495 Abs. 2 Nr. 3 BGB aF) weitergehendere Aufwendungsersatzanspruch vernachlässigen. Da sich die Unterschiede zwischen Widerrufs- und Rücktrittsfolgenrecht nach der alten Rechtslage im Wesentlichen hierauf beschränkten, erschien es aus verbraucherprivatrechtlicher Sicht nicht erforderlich, von den durch den Rücktritt des Kreditgebers ausgelösten Rechtsfolgen abzuweichen. Folglich blieb es bei §§ 346, 508 BGB, während die Anwendung von § 357 Abs. 3 BGB aF ausgeschlossen war.[52]

Die geänderte Rechtslage erfordert diesbezüglich jedoch eine Neubewertung. Denn nunmehr gilt, dass der widerrufende Verbraucher nach § 361 Abs. 1 BGB von sämtlichen Nutzungsersatzansprüchen seines Vertragspartners befreit ist, während im Rücktrittsfolgenrecht eine entsprechende Nutzungsersatzpflicht aus § 346 Abs. 1 BGB besteht. Ein Widerruf trotz Rücktritt durch den Kreditgeber kann also für den Verbraucher nach der neuen Rechtslage vorteilhaft sein. Unter Verbraucherschutzgesichtspunkten ist jetzt also die Möglichkeit zum Widerruf vom Vertrag auch nach einem Rücktritt geboten, damit so die Rückabwicklung auf Basis des Rücktrittsrechts durch die unter Umständen vorteilhaftere Rückabwicklung auf Basis des Widerrufsrechts ersetzt werden kann.

28 Nach Ausübung des Widerrufsrechts kann der Kreditgeber nicht mehr zurücktreten, da der Rücktritt einen wirksam gebliebenen Kreditvertrag voraussetzt.[53] Hatte der Kreditgeber den Rücktritt vor Ablauf der Widerrufsfrist erklärt und widerruft der Verbraucher nicht, bleibt die Wirksamkeit des Rücktritts unberührt. Auch die Rücktrittsvermutung aus § 508 Satz 5 greift ein, wenn der Verbraucher nicht widerruft: Sie dient gerade seinem Schutz.

III. Rücktrittsvermutung

1. Ausgangslage

29 **a) Unerheblichkeit des rechtsgeschäftlichen Willens.** Liegen die Rücktrittsvoraussetzungen gem. § 508 Satz 1 vor, steht es dem Kreditgeber frei, den Rücktritt durch schlüssiges Handeln zu erklären, das darin liegen kann, dass er sich die aufgrund Kauf- oder auch Werkvertrags gelieferte Sache zurückholt. Die Bedeutung der Rücktrittsvermutung aus Satz 5 liegt woanders, nämlich darin, dass durch die Rücknahme der Sache die Ausübung des Rücktrittsrechts unwi-

---

[52] So noch in der Vorauflage, § 508 Rn. 73; aA MüKoBGB/*Schürnbrand* § 508 BGB Rn. 6.
[53] OLG Frankfurt WM 1983, 315 und bestätigend BGH WM 1983, 318; MüKoBGB/*Schürnbrand* § 508 BGB Rn. 6.

derleglich vermutet wird. Es kommt infolgedessen nicht darauf an, ob der Kreditgeber den rechtsgeschäftlichen Willen hatte, mit der Rücknahme der Sache den Rücktritt erklären zu wollen oder sogar entgegengesetzten Willen hatte, aber auch nicht darauf, ob der Verbraucher die Rücknahme als Erklärung des Rücktritts auffasste (entsprechen sich rechtsgeschäftlicher Wille und Verständnis allerdings, decken sich Vermutung und Wirklichkeit, sodass es sich in diesem Falle nicht um eine Fiktion handelt). Es kommt nicht darauf an, ob und wie der Kreditgeber die Rücknahme begründet, insbesondere nicht, ob er sich auf das Eigentum an der Sache (Eigentumsvorbehalt gem. § 449 BGB, Sicherungsübereignung) stützt. Die Rücktrittsvermutung gewinnt vor allem dann praktische Bedeutung, wenn der Verbraucher die Sache herausgibt, obwohl er dazu nicht verpflichtet war, sowie im Falle der Zwangsvollstreckung in die Sache (→ Rn. 40).

b) Rücktrittsvoraussetzungen nach §§ 498, 508 Satz 1 BGB. Problematisch ist, ob die im Wiederansichnehmen liegende Tathandlung lediglich die Erklärung des Rücktritts ersetzt oder darüber hinaus auch den Rücktrittsgrund bildet. Erschöpfte sich die Regelung in der vermuteten Erklärung, könnten die Rechtswirkungen des Rücktritts nur eintreten, wenn auch die Voraussetzungen des Rücktrittsrechts nach § 508 Satz 1 iVm § 498 erfüllt wären. Das Schuldverhältnis würde sich demgemäß nur dann in ein Rückabwicklungsverhältnis umwandeln, wenn der Kreditgeber den Verbraucher in Verzug gesetzt, ihm Nachfrist eingeräumt und den Rücktritt angedroht hätte und der Verbraucher außerdem im relativen Ratenrückstand von 5% resp. 10% des Gesamtbetrags wäre. Erst wenn der Kreditgeber daraufhin die Sache wieder an sich nähme, träten die Rechtsfolgen ein. 30

Für diese Sicht spricht zunächst der Gesetzeswortlaut, nach welchem sich die Vermutung lediglich auf die Ausübung des Rücktrittsrechts bezieht. Dem entspricht auch die Gesetzesbegründung, nach der die – dort so apostrophierte – Rücktrittsfiktion eintreten soll, wenn die Rücktrittsvoraussetzungen nach § 508 Satz 1 gegeben sind. Allerdings scheint dieser Sicht die für § 5 AbzG in der Vergangenheit zugrundegelegte *ratio legis* entgegenzustehen, auf die sich die Gesetzesbegründung zu der entsprechenden Vorgängernorm von § 508 Satz 5 ebenfalls bezieht. Danach sollte der Verbraucher davor geschützt werden, dass er die Möglichkeit zur Nutzung der Sache verliert und trotzdem an den Kreditvertrag, insbesondere an die Pflicht zur Kaufpreiszahlung, gebunden bleibt;[54] Maß der Beurteilung war demgemäß der reine tatsächliche Entzug der Nutzungsmöglichkeit. Von Rechts wegen wäre der Kaufpreisanspruch des Kreditgebers freilich einredebehaftet, weil der Verbraucher ohne die weiteren Voraussetzungen aus § 498 aus dem Kaufvertrag Anspruch auf Wiedereinräumung des Besitzes hat und ihm deshalb gegen die Kaufpreis-, Vergütungs- oder, im Falle des verbundenen Geschäfts, gegen die Ratenzahlungsansprüche des finanzierenden Kreditgebers (§ 359) ein Zurückbehaltungsrecht (§ 273 BGB) erwüchse, mit dessen Ausübung zugleich ein eventueller Verzug endete (→ § 497 Rn. 22). Dieses Interesse des Verbrauchers an Wiederherstellung der vertraglichen Besitzverhältnisse erklärt die Sicht der Gesetzesbegründung, dass die Rücktrittsvoraussetzungen nach §§ 508 Satz 5, 498 gegeben sein müssten und dass die bloßen tatsächlichen 31

---

[54] *RGZ* 139, 205 (207 f.); BGHZ 47, 248 (251); BGH NJW 1989, 163 zu 3.b.bb.; AG Freiburg JW 1938, 866 (Nr. 14); *Bülow* Kreditsicherheiten, Rn. 752; umfassend und diff.-krit. *Müller-Laube* JuS 1982, 797, 798 ff.

§ 508   32   1. Teil. Darlehen und Finanzierungshilfen

Besitzverhältnisse allein die Rücktrittsvermutung nicht tragen. Diese im Verhältnis zur *ratio legis* von § 5 AbzG abgewandelte Sicht findet zutreffenderweise[55] ihre Erklärung in den erweiterten gesetzlichen Reaktionsmöglichkeiten des Kreditgebers, der nicht nur wie gem. § 1 AbzG das Rücktrittsrecht hat, sondern auch die Gesamtfälligkeit bei im Übrigen unverändertem Schuldverhältnis herbeiführen kann. Wie aus § 4 Abs. 2 AbzG folgte, war dies früher nur aufgrund Vereinbarung zwischen Verkäufer und Käufer möglich gewesen. Da sich die Reaktionsmöglichkeiten nach § 498 und nach § 508 gegenseitig ausschließen, vielmehr nur alternativ möglich sind (→ § 498 Rn. 7 und → Rn. 6), hängt von der Wahl des Kreditgebers zugleich ab, ob der Verbraucher trotz tatsächlichen Entzugs der Nutzungsmöglichkeit sein vertragliches Besitzrecht behält oder ob er es verliert.[56] Dieses Wahlrecht verliert der Kreditgeber, wenn er die Sache wieder an sich nimmt, gleich, was er nach Maßgabe von § 498 Satz 1 Nr. 2 angedroht hatte (→ Rn. 6), indem sein tatsächliches Handeln als Rücktrittserklärung angesehen wird. Auf dieser Grundlage ergibt sich, dass der Rücktrittsgrund durch das tatsächliche Handeln des Kreditgebers hiermit ersetzt wird und dass auch auf der anderen Seite der Rücktritt auch dann als erklärt gilt, wenn der Kreditgeber bereits die Kündigung erklärt hatte (näher → Rn. 6), die Gesamtfälligkeitsstellung also hinfällig wird. Nimmt der Kreditgeber die Sache also wieder an sich, ohne dass die **Rücktrittsvoraussetzungen nach § 498 Satz 1 erfüllt** wären, treten die Rücktrittsfolgen nicht ein.[57]

32   Dieses Ergebnis bedarf auch im **verbundenen Geschäft** (§ 358 Abs. 2, → § 495 Rn. 289) keiner Korrektur. In diesem Fall entfällt ein Rücktrittsrecht des Verkäufers, weil und soweit er mit seinem Kaufpreisanspruch durch die Leistung des finanzierenden Kreditgebers befriedigt ist (→ Rn. 48). Der den Kaufpreis finanzierende Kreditgeber hat an sich kein Rücktrittsrecht, weil er nur Partei des Darlehensvertrags, nicht aber des Kaufvertrags ist. Hinsichtlich des Darlehens hat der Kreditgeber die Möglichkeit der Gesamtfälligkeitsstellung nach § 498 Satz 1. Indem § 508 Satz 6 bestimmt, dass die Rechtsfolgen eines Rücktritts dennoch eintreten, wenn der Kreditgeber die Sache an sich nimmt, entsteht ein Rückabwicklungsverhältnis zwischen ihm und dem Verbraucher. Es entsteht jedoch nur, wenn die Voraussetzungen von § 498 Satz 1, bezogen auf den Darlehensvertrag, erfüllt sind, der finanzierende Kreditgeber also das Darlehen kündigen und die Gesamtfälligkeit herbeiführen kann. Ist dies der Fall, treten statt Gesamtfälligkeit die Rücktrittsfolgen selbst dann ein, wenn das Kreditinstitut die Kündigung schon ausgesprochen hatte (→ Rn. 6) und es danach die Sache an sich nimmt.[58] Nimmt das Kreditinstitut die Sache dagegen an sich, ohne dass die Voraussetzungen von § 498 erfüllt wären, kann der Verbraucher Wiedereinräumung des Besitzes verlangen. Das gilt namentlich für den Fall, dass das Kredit-

---

[55] *v. Westphalen/Emmerich/v. Rottenburg* § 13 VerbrKrG Rn. 58/59.
[56] *v. Westphalen/Emmerich/v. Rottenburg* § 13 VerbrKrG Rn. 57.
[57] AA dezidiert MüKoBGB/*Schürnbrand* § 508 BGB Rn. 45 sowie *Rinke* Anwartschaftsrecht, S. 271 und *Blomeyer* JZ 1968, 691 (696); wie hier OLG Köln WM 1998, 381 mit abl. Anm. *Habersack* WuB I E 2.–1.98 und insoweit zust. Anm. *Artz* VuR 1998, 186; OLG Oldenburg NJW-RR 1996, 564 mit zust. Komm. *Vortmann* EWiR § 13 VerbrKrG 1/96, 139 und Anm. *Kessler* WuB I E 2.–1.96; LG Breslau JW 1935, 2218 mit abl. Anm. *Crisolli*; *Erman/Saenger* § 13 VerbrKrG Rn. 64; *Müller-Laube* JuS 1982, 797 (800); *Bodenburg* WM 1979, 1202 (1206).
[58] Ebenso OLG Karlsruhe NJW-RR 1998, 1437.

institut **Sicherungsgut** zum Zwecke der Verwertung an sich nimmt, also die finanzierte Sache. Aufgrund des im Sicherungsvertrag als obligatorischer Grundlage der Sicherungsübereignung liegenden Sicherungszwecks darf das Kreditinstitut als Sicherungsnehmer nur verwerten, wenn der Sicherungsfall eingetreten ist. Der Sicherungsfall setzt aber typischerweise Verzug voraus; gründet sich die gesicherte Forderung auf einen Verbraucherkreditvertrag, bestimmen §§ 498 Satz 1, 508 Satz 1 darüber hinaus die weiteren Voraussetzungen des Sicherungsfalls mit der Folge, dass der Kreditgeber als Sicherungsnehmer andernfalls nicht verwerten, eben die Sache nicht an sich nehmen darf.

c) Unberechtigte Wiederansichnahme. Ohne Rücktrittsgrund darf der Kreditgeber die Sache nicht wieder an sich nehmen. Darin kann vielmehr verbotene Eigenmacht nach § 858 Abs. 1 BGB und eine schuldhafte Verletzung von Pflichten aus dem abgeschlossenen Kreditvertrag liegen.[59] Dies gilt auch für den Fall des verbundenen Geschäfts (→ Rn. 32).

d) Anwendungsbereich, Verhältnis zum Widerrufsrecht. Die Vermutung tritt, auch im Falle eines Eigentumsvorbehalts (§ 449 Abs. 1 BGB, → Rn. 3), nicht ein, wenn sich die Parteien über den Verkaufswert einigen (→ Rn. 42). War der Verbraucher gem. § 323 Abs. 1 BGB zurückgetreten (→ Rn. 10), kann der Kreditgeber nicht seinerseits die Rücktrittsvermutung auslösen.[60] Eine der Rücktrittsvermutung aus § 508 Satz 5 zulasten des Verbrauchers widersprechende Vereinbarung unter den Parteien ist gem. § 512 Satz 1 unwirksam (aber → Rn. 46).

War die Widerrufsfrist (§ 355 Abs. 2 Satz 1 BGB) noch nicht abgelaufen, kann der Kreditgeber doch zurücktreten, sodass die Rücknahme kraft Vermutung die Wirkung eines Rücktritts hat (→ Rn. 27). Nach Erklärung des Widerrufs kann es keinen Rücktritt mehr geben, sodass die Wiederansichnahme keinerlei Vermutungswirkung hat.

e) Mithaftung, Finanzierungsleasing. Der die Mithaftung des Verbrauchers begründende Vertrag ist seinerseits als Kreditvertrag zu behandeln (→ § 491 Rn. 119), auch wenn zB der Leasingnehmer selbst weder Verbraucher noch Existenzgründer (§ 513) ist. Die Rücktrittsvermutung wird einem solchen gewerblichen Leasingnehmer gegenüber aber nicht ausgelöst, sodass auch der interzedierende Verbraucher weiter haftet. Da er selbst den Besitz nicht hat, kann die Rücktrittsvermutung, die vor der Besitzentziehung schützen soll (→ Rn. 31), ihm gegenüber nicht eingreifen.[61] Der Leasingvertrag bleibt deshalb unangetastet.

Nicht anwendbar ist § 508 auf **Finanzierungsleasingverträge.**

2. Wiederansichnehmen

Die Vermutung setzt voraus, dass der Kreditgeber (auch im Falle des verbundenen Geschäfts, → Rn. 49) die Sache wieder an sich nimmt, dh einerseits dem Verbraucher die Nutzungsmöglichkeit entzieht und andererseits den Besitz oder den wirtschaftlichen Wert sich selbst zuführt.[62] Das Handeln muss auf der Veranlassung des Kreditgebers beruhen; der Verbraucher kann die Rücktrittsvermu-

---

[59] *Erman/Saenger* § 13 VerbrKrG Rn. 78; *v. Westphalen/Emmerich/v. Rottenburg* § 13 VerbrKrG Rn. 59.
[60] OLG Karlsruhe OLGZ 1969, 316.
[61] Gl. A. BGH WM 2001, 2162 zu II. 1.d.
[62] BGH NJW 1954, 1001; BGHZ 15, 171 (173).

tung nicht erzwingen.[63] Das Wiederansichnehmen kann geschehen, indem der Kreditgeber selbst unmittelbaren Besitz an der zuvor gelieferten Sache ergreift, also die tatsächliche Gewalt daran erlangt (§ 854 BGB), aber auch durch Begründung mittelbaren Besitzes durch Herausgabe an einen Dritten, der mit dem Kreditgeber in einem Besitzmittlungsverhältnis steht oder an einen sonstigen vom Kreditgeber bestimmten Dritten.[64] Das Handeln des Kreditgebers muss darauf gerichtet sein, den Verbraucher zur Aufgabe der Nutzungsmöglichkeit zu zwingen.

39   a) **Kasuistik.** Lässt der Verbraucher daher die Sache anlässlich der Räumung seiner Wohnung freiwillig zurück und begründet der Kreditgeber den unmittelbaren oder mittelbaren Besitz, greift die Rücktrittsvermutung nicht ein,[65] auch nicht, wenn der Verbraucher die Sache mit Zustimmung des Kreditgebers weiterveräußert.[66] Sie gilt aber, wenn der Verbraucher im Einverständnis mit dem Kreditgeber eine Ersatzsache beschafft, die an die Stelle der verkauften Sache treten soll und der Kreditgeber darauf zugreift,[67] außerdem dann, wenn der Kreditgeber Wertersatzansprüche (zB bei Zerstörung der Sache) geltend macht, oder wenn – denkbar in Existenzgründungsfällen (→ § 513 Rn. 5) – der Kreditgeber im verlängerten Eigentumsvorbehalt auf die abgetretene Forderung aus dem Weiterverkauf zugreift.[68] Die Rücktrittsvermutung gilt ferner in dem Fall, dass der Verbraucher als Gaststättenpächter die Sache dem Verpächter anlässlich der Aufgabe der Gaststätte übergibt und dieser als Kreditgeber nachträglich damit in einer Weise verfährt, dass er dem Verbraucher nunmehr die Möglichkeit nimmt, sich den Besitz wieder zu verschaffen und die Sache weiter zu nutzen,[69] zB durch Weiterverkauf. Nimmt der Kreditgeber einzelne **Teile einer Sachgesamtheit,** zB eines Gaststätteninventars, an sich, wird die Rücktrittsvermutung ausgelöst, wenn die verbliebenen Sachen den zusammenhängenden Zweck nicht erfüllen können.[70] Die Rücktrittsvermutung soll auch schon dann eingreifen, wenn der Kreditgeber Klage auf Herausgabe der Sache, sei sie begründet oder nicht, erhebt (nicht aber auf Kaufpreis- oder Werklohnzahlung).[71] Das gilt auch dann, wenn der Verbraucher im Zeitpunkt der Klageerhebung nicht mehr unmittelbar Besitzer ist, weil er die Sache unberechtigterweise einem Dritten überlassen hatte.[72] Bei Klagerücknahme, Klageverzicht oder unechtem Versäumnisurteil soll die Rücktrittsfiktion wieder entfallen.[73] Der Rücktritt wird auch vermutet, wenn der Kreditgeber außerprozessual ernsthaft Herausgabe verlangt,[74] sei es an sich

---

[63] MüKoBGB/*Schürnbrand* § 508 BGB Rn. 46.
[64] BGHZ 55, 59 (61).
[65] BGH WM 1961, 597.
[66] BGH NJW 1974, 187.
[67] BGH NJW 1984, 2294; diff. *Reinicke/Tiedtke* ZIP 1992, 217 (221).
[68] Vgl. *Soergel/Hönn* § 5 AbzG Rn. 27; MüKoBGB/*Schürnbrand* § 508 BGB Rn. 48.
[69] BGHZ 45, 111 ff.; BGH NJW 1989, 163.
[70] OLG Köln WM 1995, 612 (613/614) mit zust. Anm. *Drescher* WuB I E 2.–4.95 und Komm. *v. Westphalen* EWiR § 1 VerbrKrG 2/95, 403 zu S. 2.; MüKoBGB/*Schürnbrand* § 508 BGB Rn. 501.
[71] *RGZ* 144, 62 (64); BGH NJW 1965, 2399; aA *Furtner* MDR 1963, 445: schlüssige Rücktrittserklärung; *J. Blomeyer* JZ 1968, 691 (696).
[72] BGH NJW 1965, 2399; näher *Müller-Laube* JuS 1982, 797 (804).
[73] Krit. dazu *Müller-Laube* JuS 1982, 797 (801) mwN; nach Lage des Einzelfalls mag an eine Neubegründung des Schuldverhältnisses zu denken sein (Novation), oder an eine in der Klagerücknahme liegende auflösende Bedingung.
[74] BGH NJW 1965, 2399.

selbst oder an einen Dritten,[75] oder in der Insolvenz Aussonderung begehrt (§ 47 InsO).[76] Mit der Besitzentziehung muss der Kreditgeber sich die Sache selbst oder ihren Wert zuführen. Das kann dadurch geschehen, dass der Kreditgeber die Sache weiterveräußert.[77] Die Weiterveräußerung in Übereinstimmung mit dem Verbraucher kann aber eine Einigung iSv § 508 Satz 5 HS. 2 sein (→ Rn. 42). Diese Grundsätze sind auch anwendbar, wenn nach dem Willen der Parteien an die Stelle der ursprünglichen Sache eine Ersatzsache getreten ist und vom Verbraucher auf Verlangen des Kreditgebers herausgegeben wird (Erwerb eines Ersatzautos, das nunmehr als Sicherungsgut für das Finanzierungsdarlehen dient).[78]

b) Insbesondere: Zwangsvollstreckung. Sind die Voraussetzungen von §§ 498 Satz 1, 508 Satz 1 erfüllt (→ Rn. 30), greift die Rücktrittsvermutung ein, wenn der Kreditgeber einen Zahlungstitel gegen den Verbraucher hat, den Gerichtsvollzieher beauftragt, in die gelieferte Sache zu vollstrecken (also gem. §§ 814 ff. ZPO zu versteigern oder gem. § 825 ZPO freihändig zu verwerten[79]) und der Kreditgeber die Sache auf diesem Wege erwirbt.[80] Wird die Sache nur gepfändet, aber nicht verwertet,[81] oder wird sie zwar verwertet, aber eher zufällig aufgrund eines allgemeinen Vollstreckungsauftrags des Kreditgebers, liegt darin keine Handlung, durch die sich der Kreditgeber den Wert der Sache zuführt, sodass die Rücktrittsvermutung nicht eingreift.[82] Sie tritt auch nicht ein, wenn bei Zwangsvollstreckung eines Dritten der Kreditgeber die Erhebung der Drittwiderspruchsklage gem. § 771 ZPO unterlässt.[83] Erwirkt der Kreditgeber aber wegen vertragswidrigen Gebrauchs der Sache durch den Verbraucher eine einstweilige Verfügung auf Herausgabe an einen Sequester, wird damit der Rücktritt vermutet.[84]

Sofern Zwangsvollstreckungsmaßnahmen zum Rücktritt führen, sind nachträglich die materiell-rechtlichen Voraussetzungen für den Zahlungstitel entfallen, sodass der Verbraucher **Vollstreckungsgegenklage** gem. § 767 ZPO erheben kann. Die Pfändung wird dadurch nicht unwirksam, sondern beschränkt sich darauf, dass die Verwertung nur Zug um Zug gegen Ansprüche des Verbrauchers aus dem Rückabwicklungsverhältnis betrieben werden kann.[85] Nach Abschluss der Vollstreckung kann der Verbraucher nunmehr die Rückabwicklung des Kreditvertrags gem. §§ 346 ff. BGB betreiben. Diese Folgen können durch eine Verkaufswertvereinbarung (→ Rn. 43) vermieden werden. Fehlt es aber an den Rücktrittsvoraussetzungen nach §§ 498 Satz 1, 508 Satz 1, durfte der Kreditgeber als Vollstreckungsgläubiger den Auftrag zur Vollstreckung in die Sache nicht erteilen, sodass der Verbraucher Erinnerung gegen die Vollstreckungsmaßnahme nach § 766 ZPO erheben kann.

---

[75] BGHZ 55, 59; BGH NJW 1984, 2294 zu II. 2.a.
[76] MüKoBGB/*Schürnbrand* § 508 BGB Rn. 49; so wohl auch die Fallgestaltung in *RGZ* 96, 296.
[77] BGH NJW 1989, 163 zu 2.; BGHZ 45, 111 ff.; 57, 112 (114 f.); OLG Karlsruhe NJW-RR 1989, 179.
[78] BGH BB 1984, 1643 zu II. 2.b.; *Reinicke/Tiedtke* ZIP 1992, 217 (221).
[79] BGHZ 15, 241 (244 f.).
[80] BGHZ 15, 171 (174 f.); BGHZ 19, 326.
[81] BGH WM 1962, 1263; *Erman/Saenger* § 13 VerbrKrG Rn. 76.
[82] BGH WM 1963, 763; aA *Müller-Laube* JuS 1982, 797 (805).
[83] MüKoBGB/*Schürnbrand* § 508 BGB Rn. 57.
[84] RGZ 139, 205 (207).
[85] So BT-Drucks. 13/341, S. 25 zum neuen § 811 Abs. 2 ZPO, der die Pfändung an sich unpfändbarer Sachen zugunsten des Vorbehaltsverkäufers gestattet.

3. Rückabwicklung und Vereinbarung über gewöhnlichen Verkaufswert

42 Die Rücktrittsvermutung bewirkt, dass sich der Kreditvertrag nach Maßgabe von §§ 346 ff. BGB in ein Rückabwicklungsverhältnis verwandelt, wobei die Rückgewähr der vom Verbraucher empfangenen Leistung (§ 346 Abs. 1 BGB) durch das Wiederansichnehmen bereits vollzogen ist; noch zu vollziehen ist die Rückabwicklung im Übrigen, insbesondere ist der etwa vom Verbraucher bereits gezahlte Kaufpreis oder Kaufpreisanteil durch den Kreditgeber zurückzugewähren, jener hat im gegebenen Falle die Wertminderung auszugleichen (→ Rn. 64).

43 Dieses Verfahren können die Parteien vereinfachen, indem sie von der Möglichkeit Gebrauch machen, eine von § 508 Satz 5 abw. Regelung zu treffen und sich über den gewöhnlichen Verkaufswert zu einigen. Danach bleibt der Kreditvertrag aufrechterhalten mit der Folge, dass der Verbraucher nach wie vor den vollen Kaufpreis schuldet. Der Kreditgeber vergütet ihm den gewöhnlichen Verkaufswert der Sache, die er an sich genommen hatte, sodass der Verbraucher nur noch die Differenz zwischen Kaufpreis/Vergütung und Verkaufswert zu zahlen hat, wobei natürlich schon geleistete Raten anzurechnen sind. Diese Differenz ist der Wertverlust, der durch die bloße Ingebrauchnahme der Sache entsteht und der vereinzelt bei Kraftfahrzeugen als Maßstab für die vom Verbraucher zu erstattenden Gebrauchsvorteile in der Judikatur zur Altregelung von § 2 Abs. 1 Satz 2 AbzG angesetzt wurde.[86] Diese Gebrauchsvorteile sind jetzt von § 346 Abs. 1 BGB iVm § 100 BGB, welche an die Stelle von § 2 Abs. 1 Satz 2 AbzG getreten waren, erfasst (→ Rn. 15). Maßgeblicher **Zeitpunkt** für den Verkaufswert, welcher ggf. durch Sachverständige festgestellt werden muss, ist der Zeitpunkt der Wegnahme durch den Gerichtsvollzieher im Falle der Zwangsvollstreckung, sonst der tatsächliche Zeitpunkt, in dem der Kreditgeber die Sache wieder an sich nimmt. Der Begriff des gewöhnlichen Verkaufswerts entspricht § 813 Abs. 1 Satz 1 ZPO; das ist der Preis, der bei freiem Verkauf erfahrungsgemäß erzielt wird, wobei die allgemeinen wirtschaftlichen, örtlichen und zeitlichen Verhältnisse zu berücksichtigen sind; das kann ein Börsen- oder Marktpreis sein.[87] Unwirksam in Hinblick auf § 512 Satz 1 ist eine Vereinbarung, durch die ein niedrigerer als der gewöhnliche Verkaufspreis zugrundegelegt werden soll, zB der Händlereinkaufspreis.[88]

44 Die Einigung kann bei Abschluss des Kreditvertrags, auch durch Allgemeine Geschäftsbedingungen[89] oder später getroffen werden. Einigen sich die Parteien, nachdem der Kreditgeber die Sache bereits wieder an sich genommen hatte, endet die zunächst eingetretene Rücktrittsvermutung, da die Wegnahme unter der auflösenden Bedingung der nachfolgenden Einigung steht.[90] Dagegen sieht das Gesetz **nicht** ein **Widerrufsrecht** bezüglich der Einigung durch den Verbraucher vor, auch nicht, wenn diese vor der Wiederansichnahme getroffen worden

---

[86] BGHZ 88, 28 (31 ff.).
[87] OLG Stuttgart NJW-RR 1996, 563; OLG Oldenburg DAR 1997, 203.
[88] *Bruchner/Ott/Wagner-Wieduwilt* § 13 VerbrKrG Rn. 41; unrichtig OLG Köln WM 1998, 381 mit abl. Anm. *Artz* VuR 1998, 186 und *Habersack* WuB I E 2.–1.98.
[89] BGH NJW 2001, 292 zu IX. 2.a.: kein Verstoß gegen § 308 Nr. 5 BGB.
[90] *Reinking/Nießen* ZIP 1991, 79 (86); MüKoBGB/*Schürnbrand* § 508 BGB Rn. 59; *v. Westphalen/Emmerich/Kessler* § 13 VerbrKrG Rn. 78.

war; der Verbraucher ist also nach allgemeinen rechtsgeschäftlichen Regeln an seine Erklärung gebunden.[91]

Denkbar wäre gewesen, derartige Vereinbarungen auch in den Fällen zuzulassen, in denen der Kreditgeber die Sache nicht wieder an sich nimmt, sondern lediglich den Rücktritt gem. § 508 Satz 1 erklärt. In diesen Fällen ist die Vereinbarung jedoch gem. § 512 Satz 1 unwirksam; eine analoge Anwendung ist nicht möglich, weil die Regelung an die schon vollzogene Rückgabe der Sache gebunden und eine restriktive Anwendung geboten ist. 45

Daneben sind jenseits von § 512 Satz 1 **einverständliche Regelungen** möglich, sofern sie die gesetzlichen Rückabwicklungsvorschriften nicht berühren. So kann der Kreditgeber die Sache im Einverständnis des Verbrauchers zu einem bestimmten Preis weiterverkaufen und den Erlös auf die Kaufpreisschuld verrechnen,[92] ohne dass damit die Rücktrittsvermutung ausgelöst würde. Gleiches gilt, wenn der Verbraucher die Sache mit Zustimmung des Kreditgebers an einen Dritten weiterverkauft.[93] Dagegen wird der Rücktritt vermutet, wenn der Kreditgeber die Sache für Rechnung des Verkäufers weiterverkauft, dabei aber die Verkaufsbedingungen bestimmt und einen Mindestpreis ablehnt.[94] 46

4. Verbundene Geschäfte

a) Inhaber des Rücktrittsrechts. Bei finanzierten Geschäften findet die Rückabwicklung im Falle des Widerrufs durch den Verbraucher nach weiterer Maßgabe von § 358 Abs. 4 Satz 5 (→ § 495 Rn. 376) im Verhältnis zwischen Verbraucher und Darlehensgeber, nicht im Verhältnis zum Verkäufer/Leistungserbringer statt. Das Rücktrittsrecht dagegen steht, wenn die Voraussetzungen von § 508 erfüllt sind (→ Rn. 32), an sich nur dem Verkäufer/Leistungserbringer, nicht aber dem Darlehensgeber zu, weil er gerade nicht Partei des Kauf- resp. Leistungsvertrags ist. Deshalb bedarf es der in § 508 Satz 6 liegenden gesetzlichen Bestimmung, dass der finanzierende Kreditgeber die Rücktrittsfolgen auslösen kann, wenn er es ist, der die Sache an sich nimmt (→ Rn. 32). In diesem Falle entsteht das Rückabwicklungsverhältnis zwischen Verbraucher und Kreditgeber. Zusammenhängende Verträge iSd § 360 BGB sind von dieser Regelung nicht betroffen.[95] 47

Der Verkäufer/Leistungserbringer hat in solchen Fällen typischerweise die Vergütung schon erhalten, nämlich vom finanzierenden Kreditgeber, sodass es ihm gegenüber am Verzug des Verbrauchers als Rücktrittsvoraussetzung fehlt. Dennoch kann die Rücktrittsberechtigung des Verkäufers/Leistungserbringers bestehen im Falle der **teilweisen Drittfinanzierung,** außerdem dann, wenn er zugleich Bürge für die Darlehensschuld war (→ Rn. 9) und gem. § 774 BGB Regress nimmt; Entsprechendes gilt gem. § 426 Abs. 2 BGB für den Schuldbeitritt. Im Zuge dessen kommt in Betracht, dass er die Sache wieder an sich nimmt, wenn sie ihm vom Kreditgeber als Ausgleich für die Interzession zur Sicherheit übereignet worden war.[96] 48

---

[91] AA im Ergebnis *Reinicke/Tiedtke* ZIP 1992, 217 (221).
[92] BGH WM 1966, 1174; OLG Düsseldorf WM 1985, 1431; so auch der richtige Lösungsweg in dem vom OLG Celle NJW-RR 1997, 1114 entschiedenen Fall, das statt dessen § 12 subsumiert.
[93] BGH NJW 1974, 187.
[94] OLG Celle NJW-RR 1987, 321.
[95] So auch MüKo/BGB-*Schürnbrand* § 508 BGB Rn. 62.
[96] *v. Westphalen/Emmerich/v. Rottenburg* § 13 VerbrKrG Rn. 95; MüKoBGB/*Schürnbrand* § 508 BGB Rn. 67.

§ 508 49–52 1. Teil. Darlehen und Finanzierungshilfen

49 **b) Parteien des Rücktrittsverhältnisses.** Infolgedessen kann es der Verkäufer/Leistungserbringer sein, der die Sache wieder an sich nimmt, oder der finanzierende Kreditgeber (Bank). Das Rückabwicklungsverhältnis entsteht zwischen dem Verbraucher und demjenigen, der durch die Rücknahme der Sache die Rücktrittsvermutung auslöst;[97] das setzt das Gesetz für den Verkäufer/Leistungserbringer voraus (→ Rn. 53) und bestimmt es besonders für die Bank durch § 508 Satz 6 HS. 2. Daraus folgt, dass der Verkäufer/Leistungserbringer die Rücktrittsfolgen auslösen kann, selbst wenn die Bank den Darlehensvertrag aufrechterhalten wollte.

50 **aa) Bank.** Eine Rücknahme der Sache durch die Bank kommt vor allem dann vor, wenn ihr die Sache **zur Sicherheit übereignet** worden war und sie nach Eintritt des Sicherungsfalls (→ Rn. 32) Herausgabe als Eigentümerin verlangt,[98] auch dann, wenn der Verbraucher die ursprünglich erworbene Sache durch eine andere ersetzte und die neue Sache nachträglich zum Sicherungsgut wurde.[99] Eine die Rücktrittsfolgen auslösende Handlung stellt es auch dar, wenn der Verbraucher die Sache dem Verkäufer/Leistungserbringer zum Zwecke des Weiterverkaufs an einen Dritten zurückgibt, die Bank die Sache jedoch abholt und ohne Mitwirkung des Verbrauchers veräußert,[100] oder wenn zur Sicherung übereignetes Gaststätteninventar an den neuen Pächter weiterverkauft wird.[101]

51 Ist die Sache danach durch die Bank zurückgenommen worden, wird sie Partei des Rückabwicklungsverhältnisses mit dem Verbraucher. Die Parteien können Rücktrittsfolgen ausschließen, indem sie sich auf den **Verkaufswert** nach Maßgabe von Satz 5, 2. HS. einigen (→ Rn. 43); in diesem Fall muss der Verbraucher die Restschuld abzüglich des gewöhnlichen Verkaufswerts an die Bank leisten; die Sache bleibt bei der Bank.

52 Bleibt es bei der den der Bank zuzurechnenden Rücktrittsfolgen, muss diese dem Verbraucher – unter Verrechnung der von ihm gem. § 346 Abs. 1 BGB zu erbringenden Leistungen – die bis zur Wirksamkeit des Rücktritts geleisteten Zahlungen zurückerstatten. Die Rückerstattungspflicht ist ungeteilt und beschränkt sich nicht etwa nur auf die Zahlungen, die sie selbst erhalten hatte. Darüber hinausgehende Zahlungen können dadurch geleistet worden sein, dass die Bank nur einen Teil der Vergütung finanzierte und der Verbraucher entweder Teilleistungen aus eigenen Mitteln erbrachte oder sich seinerseits durch anderweitigen Darlehensvertrag besorgte. Der Verbraucher soll gerade davor bewahrt werden, die Sache verloren zu haben, sein Recht auf die geleisteten Zahlungen aber bei verschiedenen Personen suchen zu müssen. Die **Bank** ist also **allein Rückabwicklungspartei.**[102] Auf die Höhe der anderweitigen Leistungen kommt es nicht an; auch dann, wenn die Bank, die nur einen verhältnismäßig geringen Teil der Vergütung finanzierte, sich die Sache zur Sicherung übereignen lässt und sie später zu ihren Gunsten vollständig verwertet, muss sie sich sämtliche Zahlungen des Verbrauchers an den Verkäufer/Leistungserbringer entgegenhalten lassen (aber natürlich nicht die von ihr selbst stammenden Zahlungen an

---

[97] BGHZ 91, 37 (47); BGH NJW 1989, 163.
[98] BGHZ 57, 112; BGH MDR 1956, 597.
[99] BGH NJW 1984, 2294.
[100] OLG Karlsruhe NJW-RR 1989, 179.
[101] BGH NJW 1989, 163 zu 2.
[102] BGHZ 47, 241 und 248; 57, 112 (115); OLG Karlsruhe NJW-RR 1989, 179; zum Diskontkredit BGH WM 1969, 211.

den Verkäufer/Leistungserbringer).[103] Es kommt auch nicht darauf an, ob der Verbraucher von Dritten erhaltene Mittel schon an diese zurückzahlte oder noch zurückzahlen muss.

bb) Verkäufer/Leistungserbringer. Hatte der Verkäufer/Leistungserbringer 53 befugtermaßen (→ Rn. 31) die Rücktrittsvermutung ausgelöst, ist allein er Rückabwicklungspartei, muss also sämtliche vom Verbraucher an die Bank gezahlten Preisanteile gem. § 346 Abs. 1 BGB zurückgewähren und ggf. Verwendungen ersetzen (→ Rn. 23).[104]

c) Innenverhältnis zwischen Bank und Verkäufer. Ebenso wenig wie 54 § 358 Abs. 4 Satz 5 (→ § 495 Rn. 376) löst § 508 Satz 6 das Ausgleichsproblem unter Verkäufer und finanzierender Bank.[105] Mangels vertraglicher Grundlage haben sich beide wie dort nach Bereicherungsrecht auseinanderzusetzen.

d) Andere finanzierte Geschäfte. Handelt es sich zwar um ein finanziertes 55 Geschäft, nicht aber um verbundene Verträge iSv § 358 Abs. 3, ist die Regelung von § 508 Satz 6 ihrem Wortlaut nach nicht anwendbar. Das gilt zB dann, wenn die Bank dem Verkäufer den Kaufpreis finanziert, den dieser dem Verbraucher gestundet hatte. Überträgt der Verbraucher sein – typischerweise ausbedungenes – Vorbehaltseigentum an der Sache zur Sicherheit an die Bank und nimmt diese die Sache im gegebenen Falle wieder an sich, ist der Verbraucher des Besitzes und der Nutzung verlustig, aber, so lange der Verkäufer als einziger Rücktrittsberechtigter[106] den Rücktritt nicht erklärt, dennoch an den Kaufvertrag gebunden. Das ist genau die Lage, die durch die Rücktrittsfiktion vermieden werden soll. Von den Gesetzesverfassern übersehen, ist dieser Konflikt durch analoge Anwendung von § 508 Satz 6 zu lösen.[107]

§ 509 [aufgehoben]

Untertitel 3. Ratenlieferungsverträge zwischen einem Unternehmer und einem Verbraucher

§ 510 Ratenlieferungsverträge

(1) **Der Vertrag zwischen einem Verbraucher und einem Unternehmer bedarf der schriftlichen Form, wenn der Vertrag**
1. **die Lieferung mehrerer als zusammengehörend verkaufter Sachen in Teilleistungen zum Gegenstand hat und das Entgelt für die Gesamtheit der Sachen in Teilzahlungen zu entrichten ist,**
2. **die regelmäßige Lieferung von Sachen gleicher Art zum Gegenstand hat oder**
3. **die Verpflichtung zum wiederkehrenden Erwerb oder Bezug von Sachen zum Gegenstand hat.**

---

[103] BGH NJW 1989, 163 zu 2.b.aa. mit Anm. *Emmerich* WuB IV C.–2.88.
[104] *v. Westphalen/Emmerich/v. Rottenburg* § 13 VerbrKrG Rn. 94.
[105] *Münstermann/Hannes* § 13 Rn. 751 aE.
[106] Allerdings ist auch die Abtretung des Rücktrittsrechts möglich, BGH NJW 1973, 1793 zu II. 1. aE.
[107] Zutreffend MüKoBGB/*Schürnbrand* § 508 BGB Rn. 62.

§ 510
1. Teil. Darlehen und Finanzierungshilfen

Dies gilt nicht, wenn dem Verbraucher die Möglichkeit verschafft wird, die Vertragsbestimmungen einschließlich der Allgemeinen Geschäftsbedingungen bei Vertragsschluss abzurufen und in wiedergabefähiger Form zu speichern. Der Unternehmer hat dem Verbraucher den Vertragsinhalt in Textform mitzuteilen.

(2) Dem Verbraucher steht vorbehaltlich des Absatzes 3 bei Verträgen nach Absatz 1, die weder im Fernabsatz noch außerhalb von Geschäftsräumen geschlossen werden, ein Widerrufsrecht nach § 355 zu.

(3) Das Widerrufsrecht nach Absatz 2 gilt nicht in dem in § 491 Absatz 2 Satz 2 Nummer 1 bis 5, Absatz 3 Satz 3 und Absatz 4 bestimmten Umfang. Dem in § 491 Satz 2 Nummer 1 genannten Nettodarlehensbetrag entspricht die Summe aller vom Verbraucher bis zum frühestmöglichen Kündigungszeitpunkt zu entrichtenden Teilzahlungen.

Vorgängervorschriften: § 2 VerbrKrG, § 505 BGB aF, § 510 BGB aF

Schrifttum: *Böhner,* Schriftform und Widerrufsrecht bei Franchiseverträgen nach dem Verbraucherkreditgesetz, NJW 1992, 3135; *Bühler,* Brauerei- und Gaststättenrecht, 12. Aufl. 2009 Rechtssprechungsübersicht Getränkebezugsvertrag 1993/1994, BB 1997, Beil. 11; *Drexl,* Verbraucherschutz im Netz, in: Rechtsgeschäfte im Netz – Electronic commerce, 1999, S. 75; *Drygala,* Wohnungsmietverträge als Haustürgeschäft?, NJW 1994, 3260; *Eßer* Franchising, 2. Aufl. 1995; *Flohr* Franchise-Recht, WR 1993, Beil. Heft 4, S. B 41; *Herrfeld,* Die Abhängigkeit des Franchisenehmers, 1998; *Hoeren/Oberscheidt,* Verbraucherschutz im Internet, VuR 1999, 371; *Hönn,* Sind Kaufverträge über Buchreihen Abzahlungsgeschäfte oder als Umgehungsgeschäfte ihnen gleichzubehandeln?, NJW 1973, 272; *Köhler,* Die Rechte des Verbrauchers bei Teleshopping, NJW 1998, 185; *S. Köhler,* Vertragstypologische Aspekte von Pre-Paid-Mobilfunkverträgen, JR 2006, 489; *Laukemann,* Gesondertes Widerrufsrecht in Pay-TV-Verträgen?, WRP 2000, 624; *Liesegang,* Die Bedeutung des AGB-Gesetzes für Franchiseverträge, BB 1991, 2381; *Lorenz,* Zeitschriftenabonnements im Internet – heute und morgen, NJW 2001, 2230; *Mankowski,* Abzahlungsgeschäfte und Schuldrechtsmodernisierungsgesetz, VuR 2001, 112; *ders.* Beseitigungsrechte, 2003; *Martinek,* Abzahlungsgesetz und Absatzmittlungsverträge, ZIP 1986, 440; *ders.,* Aktuelle Fragen des Vertriebsrechts, 3. Aufl. 1992; *Mayrhofer,* Überlange rechtsgeschäftliche Bindungen des Verbrauchers, Festschrift Welser 2004, S. 695; *Paulusch,* Höchstrichterliche Rechtsprechung zum Brauerei- und Gaststättenrecht, 9. Aufl. 1996; *Peukert,* Ratenlieferungsverträge im Fernabsatz, VuR 2002, 347; *Rauser/Bräutigam,* Franchising: Grundlagen und einige aktuelle Probleme, DStR 1996, 587; *Reich* Abzahlungsrecht und Verbraucherschutz, JZ 1975, 550; *Reinel,* Anwendbarkeit des Abzahlungsgesetzes auf Bierlieferungsverträge, BB 1982, 1956; *Reiter,* Die Neuregelung des Widerrufsrechts bei Sukzessiv-Lieferungsverträgen unter besonderer Berücksichtigung des Bierlieferungsvertrags, BB 1991, 2322; *Schneider,* Widerrufsbelehrung beim Ratenlieferungsvertrag, ZGS 2003, 21; *Wienands,* Der private Unterrichtsvertrag, 1996; *Woitkewitsch,* Die Rechte des Verbrauchers beim Abonnementvertrag, MDR 2005, 371.

Übersicht

Kommentierung	Rn.
I. Ratenlieferungsverträge als kreditähnliche Verträge	1
1. Ratio legis: Herstellung von Vertragsparität im Falle langfristiger Bindung	1
2. Europäisches Sekundärrecht	2
3. Voraussetzungen	3
a) Bindung als Vertragsinhalt	3
b) Sachen, Leistungen	5
c) Vertragstypen	6

Ratenlieferungsverträge 1 § 510

	Rn.
4. Verbindung mit Finanzierungshilfe	7
5. Anwendbare Vorschriften	8
a) Form	8
b) Widerrufsrecht	13
6. Nicht anwendbare Vorschriften	28
7. Anwendungsbereich	29
a) Persönlicher Anwendungsbereich	29
b) Ausnahmebereiche aus § 491 Abs. 2 und 3 BGB	30
c) FernUSG	33
II. Die einzelnen Vertragsarten	34
1. Teillieferungsverträge (Nr. 1)	35
a) Zusammengehörigkeit und Teilleistungen	35
b) Entgelt in Teilleistungen	37
2. Sukzessivlieferungsverträge (Nr. 2)	39
a) Regelmäßige Lieferung	39
b) Sachen gleicher Art	41
c) Insbesondere: Zeitschriften, Internet	42
d) Insbesondere: Energielieferung	44
e) Insbesondere: Pay-TV	46
3. Wiederkehrender Erwerb oder Bezug (Nr. 3)	47
a) Rechtliche Bindung	47
b) Gegenstand des Widerrufs	51
aa) Erwerbsverpflichtung	52
bb) Bezugsverpflichtung	53
c) Einzelfälle	54
aa) Getränkebezug und Verwandtes	54
bb) Franchise	57
cc) Lizenz, Fernunterricht	59

Kommentierung

I. Ratenlieferungsverträge als kreditähnliche Verträge

1. Ratio legis: Herstellung von Vertragsparität im Falle langfristiger Bindung

Verträge können, auch wenn sie nicht Kreditverträge iSv §§ 491 oder 506 sind,[1] dem Verbraucher Verpflichtungen für die Zukunft auferlegen. Die Störung der Vertragsparität (→ Einf. Rn. 44) mag typisierweise darin liegen, dass der Verbraucher als Kontrahent die auf ihn zukommenden längerfristigen Belastungen nicht richtig einschätzt und deshalb nicht die gebotene Vorsorge trifft. Die darin liegende Gefahr kann nicht nur eintreten, wenn der Verbraucher wie im Falle des Kreditvertrags die Leistung des Kreditgebers erhält, ohne selbst schon die ganze Gegenleistung erbringen zu müssen (→ § 506 Rn. 28), sondern auch dann, wenn Leistung und Gegenleistung zwar Zug um Zug ausgetauscht werden und der Verbraucher folglich keinen Kredit erhält, sich aber trotzdem langfristig bindet, indem er sich zur Abnahme von Sachen über längere Zeit verpflichtet. Bei solchen Verträgen erscheint es ebenso wie nach alter Rechtslage gem. § 1c AbzG geboten, zum Ausgleich der potentiell gestörten Vertragsparität einige verbraucherkreditrechtliche Vorschriften anzuwenden, mit denen die Parität hergestellt werden soll. Der Erwerber „wiederkehrend zu liefernder Sachen soll davor bewahrt werden, sich unüberlegt und unter psychologischem Druck des vom Verkäufer aktiv ge-

1

---

[1] BGH NJW 2003, 1932: „Fremdkörper".

führten Verkaufsgesprächs mit einer Verpflichtung zu belasten, die sich nach Dauer und Höhe erst in der Zukunft realisiert",[2] indem ihm eine Überlegungsfrist in der Form des Widerrufsrechts eingeräumt und er durch die Schriftform gewarnt wird. Vor der langen Bindung als solcher schützt § 510 den Verbraucher nicht; insoweit können § 138 BGB oder § 309 Nr. 9 BGB (unwirksame Klausel betreffend Laufzeit von Dauerschuldverhältnissen) Grenzen setzen.[3] Unberührt bleibt die Möglichkeit, den Vertrag unter eine aufschiebende Bedingung zu stellen.[4]

2. Europäisches Sekundärrecht

2   Ratenlieferungsverträge sind zwar nicht Gegenstand der Verbraucherkreditrichtlinie, fallen allerdings in den sachlichen Anwendungsbereich der nun umgesetzten Richtlinie über Verbraucherrechte, was zu einer Neufassung der Vorschrift geführt hat. Das Konkurrenzverhältnis zu den Widerrufrechten bei besonderen Vertriebsformen (Fernabsatz und außerhalb von Geschäftsräumen geschlossene Verträge) regelt § 510 Abs. 2 nun eindeutig zu Gunsten eines Vorrangs des Widerrufsrechts aus § 312g BGB.

3. Voraussetzungen

3   **a) Bindung als Vertragsinhalt.** Der Schutzzweck knüpft sich an den die in die Zukunft gerichtete Verbindlichkeit begründenden Vertragsinhalt, wie er Gegenstand von Teillieferungsverträgen (→ Rn. 35), Sukzessivlieferungsverträgen (→ Rn. 39) und Rahmenverträgen (→ Rn. 47) ist. Wird dagegen anlässlich jeder Lieferung ein eigener Vertrag ohne überlagernde Verpflichtung dazu abgeschlossen, handelt es sich um ein Wiederkehrschuldverhältnis, auf das § 510 nicht anwendbar ist.[5] Auf die äußere Form kommt es aber nicht an; unterschreibt der Verbraucher zwar für jede Lieferung ein eigenes Vertragsformular, hatte er sich aber darüber hinaus zur Abnahme dieser Lieferungen verpflichtet, bleibt es bei § 510. Entscheidend ist, ob die Willenserklärung des Verbrauchers als auf langfristige Bindung gerichtet auszulegen ist (§ 512 Satz 2, → § 512 Rn. 23 und → Rn. 8), deren Wirksamkeit an § 125 BGB scheitern kann.

4   Die **Willenserklärung des Lieferanten** (→ Rn. 29) erwähnt das Gesetz nicht; zur Vermeidung eines Dissenses (§ 154 BGB) muss sie ebenso wie die Willenserklärung des Verbrauchers auf die in die Zukunft gerichtete Verbindlichkeit bezogen sein. Ist die Willenserklärung des Lieferanten nach ihrem objektiven Erklärungswert anders als auf einen einzigen Vertrag gerichtet auszulegen, kommt es nicht zum Vertragsabschluss, weil sich die Willenserklärungen nicht decken. Die Willenserklärung des Lieferanten bedarf anders als nach der Altvorschrift von § 1c AbzG ebenfalls der Schriftform (→ Rn. 8).

5   **b) Sachen, Leistungen.** Die in Abs. 1 Satz 1 Nr. 1 bis 3 genannten Verträge beziehen sich auf Lieferungen von Sachen, also vor allem, aber nicht nur, auf

---

[2] BGHZ 67, 389 (392 f.), gleichermaßen BGHZ 78, 375; BGH NJW 2002, 3100 (3101); NJW 2003, 1932 (1933).
[3] MüKoBGB/*Schürnbrand* § 510 BGB Rn. 1; s. zum Schutz des Verbrauchers vor überlangen rechtsgeschäftlichen Bindungen auch *Mayrhofer* FS Welser, S. 695.
[4] BGH NJW-RR 1997, 304: Verbindung mit Darlehen, das von Beibringung einer Bankbürgschaft abhängig gemacht wird.
[5] MüKoBGB/*Schürnbrand* § 510 BGB Rn. 12; Staudinger/*Kessal-Wulf* § 510 BGB Rn. 19.

Ratenlieferungsverträge   6 § 510

Kaufverträge (→ Rn. 6). Der Katalog ist abschließend, weshalb eine Anwendung auf jegliche langfristige Verpflichtungen zum laufenden bzw. wiederkehrenden Bezug von Dienst- und Werkleistungen nicht in Betracht kommt.[6] Eine restriktive Auslegung ist deshalb aber nicht geboten.[7] Bei Verträgen, durch die der Verkäufer neben der Lieferung auch zu Dienst- oder Werkleistungen verpflichtet wird (kombinierte, gemischte Verträge), bleibt es beim Widerrufsrecht des Verbrauchers, nun § 510 Abs. 2 (dazu → Rn. 6), soweit sich der Vertrag auf die Lieferung bezieht. Dagegen gibt es, anders als nach der Altregelung von § 1b Abs. 4 AbzG, nicht mehr die Möglichkeit einer Erstreckung auf den dienst- oder werkvertraglichen Teil des Vertrags, so dass der Verbraucher insoweit gebunden ist, wenn nicht ein Wegfall des gesamten Vertrags nach dem Rechtsgedanken von § 139 BGB anzunehmen ist (→ § 491 Rn. 131 zur gleichgearteten Problematik gemischter Kreditverträge).[8] Diese abzahlungsrechtliche Vorschrift wurde nicht in das Verbraucherkreditrecht übernommen, weil im Allgemeinen, dh im Falle von Kreditverträgen, Dienst- und Werkverträge ohnehin erfasst sind (→ § 506 Rn. 19); im Falle von Verträgen über Teilleistungen und wiederkehrende Leistungen hätte die Vorschrift freilich noch ihren Sinn gehabt.

c) **Vertragstypen.** Die Leistungsverpflichtung des Lieferanten ist typischerweise, nicht jedoch ausschließlich,[9] Gegenstand eines **Kaufvertrags**. Grundlage der Lieferung einer Sache kann aber auch ein **Werklieferungsvertrag** gem. § 651 BGB sein, für den nunmehr das Kaufrecht gilt; auch im Rahmen einer **Geschäftsbesorgung** ist die Lieferung von Sachen denkbar. Zwar war die Anwendbarkeit des Abzahlungsgesetzes auf Werklieferungsverträge umstritten gewesen. Nachdem diese Frage durch § 506 in der Weise gelöst ist, dass auch Werkverträge Kreditverträge sein können (→ § 506 Rn. 19), erscheint es aber ausgeschlossen, § 510 etwa nur auf Kaufverträge anzuwenden, was auch der Wortlaut nicht erfordert. Nach der Konzeption des § 651 BGB durch die Schuldrechtsmodernisierung kommt ein **Werkvertrag**[10] grundsätzlich, jedoch nur noch in außergewöhnlichen Fällen, in denen ein über die Lieferung der Sache hinausgehender Erfolg den Vertrag prägt, in Betracht, da ansonsten sämtliche, die Lieferung herzustellender oder zu erzeugender beweglicher Sachen nun über § 651 BGB dem Kaufrecht unterstellt sind. Dies sieht der BGH anders, der weder eine unmittelbare, noch eine entsprechende Anwendung von § 510 Abs. 1 Satz 1 Nr. 1 auf Werkverträge für möglich hält.[11] Begründet wird dies mit einem Verweis auf die Vorgängervorschriften (§ 1c AbzG und § 2 VerbrKrG) und den in § 510 Abs. 1 Satz 1 aufgeführten Vertragsarten.[12] Jedoch handelt es sich bei der Aufzählung nicht um eine solche bestimmter Vertragstypen. Es wird viel-

6

---

[6] So aber Bamberger/Roth/Möller § 510 BGB Rn. 6; wie hier ausdrücklich BGH NJW 2003, 1932; MüKoBGB/*Schürnbrand* § 510 BGB Rn. 6.
[7] MüKoBGB/*Ulmer* § 1c AbzG Rn. 3; MüKoBGB/*Schürnbrand* § 510 BGB Rn. 6.
[8] BGHZ 128, 156 = BGH NJW 1995, 722; NJW 1997, 933; OLG Hamm VuR 1998, 355 mit zust. Anm. *Haß* S. 358; MüKoBGB/*Schürnbrand* § 510 BGB Rn. 7; Staudinger/*Kessal-Wulf* § 510 BGB Rn. 31.
[9] AA OLG Düsseldorf ZGS 2005, 357 (358) zu II. b.: „nur bei Vorliegen eines Kaufvertrages".
[10] AA OLG Düsseldorf ZGS 2005, 357; Staudinger/*Kessal-Wulf* § 510 BGB Rn. 8; wie hier OLG Koblenz BauR 2004, 1951, s. aber abw. Entscheidung des BGH NJW 2006, 904.
[11] BGH NJW 2006, 904 Rn. 16.
[12] BGH NJW 2006, 904 Rn. 20 f.

mehr der Gegenstand der vertraglich geschuldeten Leistung beschrieben, weshalb nicht einleuchten mag, warum ein Werkvertrag vorgenannten Zuschnitts nicht ein in der Vorschrift bezeichneter sein soll. Auf die vom Verbraucher zu erbringende Gegenleistung kommt es nicht an; sie braucht nicht notwendig in Geld zu bestehen. Eine analoge Anwendung auf den Dienstvertrag kommt nicht in Betracht (→ Rn. 46, Pay-TV).[13]

4. Verbindung mit Finanzierungshilfe

7 Soweit der Lieferant die in die Zukunft gerichteten Leistungen des Verbrauchers über die Vertragsgestaltungen von Nr. 1 bis 3 hinaus kreditiert, ist der Vertrag ein Kreditvertrag, so dass Verbraucherkreditrecht in vollem Umfang aufgrund von § 506 anwendbar ist.[14] Auf einen Ratenlieferungsvertrag, der zur Finanzierung des vom Verbraucher zu entrichtenden Entgelts mit einem Darlehensvertrag zu einer wirtschaftlichen Einheit verbunden wurde, ist § 358 Abs. 2 anwendbar (→ § 495 Rn. 303 ff.). Gegenstand des Widerrufs (dazu → Rn. 13) ist daher der Ratenlieferungs- und nicht der Darlehensvertrag. Die Rückabwicklung richtet sich alsdann nach § 358 Abs. 4 Satz 3, HS. 2, der § 355 Abs. 3 und § 357 BGB in Bezug nimmt.

5. Anwendbare Vorschriften

8 **a) Form.** Die Verträge bedürfen zu ihrer Wirksamkeit gem. § 510 Abs. 1 Satz 1 der Schriftform aus § 126 BGB (→ § 492 Rn. 19 bis 35), ohne dass weitere Pflichtangaben zu machen wären, die auf Kreditverträge zugeschnitten sind. Auch § 492 Abs. 4 ist auf § 510 nicht anwendbar.[15] Hinsichtlich der nach §§ 126 Abs. 3, 126a BGB zugelassenen **elektronischen Form** ergeben sich nach geltendem Recht keine Besonderheiten mehr im Vergleich zum Kreditvertrag.

9 Allerdings ist der Unternehmer nach Maßgabe von § 510 Abs. 1 Satz 2 vom Erfordernis der Schriftform resp. der elektronischen Form freigestellt, wenn er dem Verbraucher die **elektronische Speicherung** ermöglicht. Diese Regelung entspricht Art. 10 Abs. 3 der Richtlinie über den elektronischen Geschäftsverkehr (→ Rn. 2), wonach die Vertragsbestimmungen und allgemeine Geschäftsbedingungen so zur Verfügung gestellt werden müssen, dass der Verbraucher sie speichern und reproduzieren kann. Sie findet sich auch in § 312i Abs. 1 Satz 1 Nr. 4 BGB über die Pflichten im elektronischen Geschäftsverkehr.

10 Nach früher geltendem Recht (§ 2 iVm § 4 Abs. 3 VerbrKrG) war dem Verbraucher eine Abschrift der Vertragserklärungen auszuhändigen, was weiterhin für den Darlehensvertrag (§ 492 Abs. 3) und andere Kredite (§ 506) gilt (→ § 492 Rn. 46). § 510 nimmt nun nicht mehr Bezug auf § 492 Abs. 3. Die vormalige gesetzliche Regelung sollte indes nicht verändert werden.[16] Richtigerweise wird man § 510 Abs. 1 Satz 3 so zu verstehen haben, dass der Unternehmer dem Verbraucher den Vertragsinhalt nicht nur in dem Fall, dass gem. Satz 2 die Schriftform nach Satz 1 nicht zu beachten ist, sondern stets – zumin-

---

[13] BGH (I. Senat) NJW 2003, 1932; offen gelassen noch in BGH (VIII. Senat) NJW 2002, 3100 (3101).
[14] LG Mannheim NJW-RR 1996, 118.
[15] So auch Staudinger/*Kessal-Wulf* § 510 BGB Rn. 27.
[16] BT-Drucks. 14/6040, S. 258: „Abs. 2 entspricht dem bisherigen § 2 iVm § 4 Abs. 1 und **Abs. 3** VerbrKrG".

Ratenlieferungsverträge   11–15 § 510

dest – in **Textform** nach § 126b BGB mitzuteilen hat.[17] Insoweit ist zwischenzeitlich für den schriftlich abgeschlossenen Vertrag eine Lockerung gegenüber dem VerbrKrG eingetreten.

Der Verstoß gegen das Schriftformgebot führt nach § 125 BGB zur **Nichtigkeit** des Vertrages (→ Rn. 28). Die Rückabwicklung erfolgt nach §§ 812 ff. BGB. Es wird vertreten, dass sich der Verbraucher rechtsmissbräuchlich verhalte, wenn er sich nach beiderseitiger Erfüllung der Leistungspflichten auf den Formmangel beruft.[18]   11

Nicht anwendbar ist die Heilungsvorschrift von § 507 Abs. 2. § 510 Abs. 1 Satz 1 schreibt schlicht die Einhaltung der Schriftform aus § 126 BGB vor und nimmt – anders als § 2 VerbrKrG – nicht Bezug auf § 492 (resp. § 4 VerbrKrG), so dass sich die Frage der Heilung nicht mehr stellt.[19] Wurde für die Willenserklärung des Verbrauchers weder die Schriftform eingehalten noch die elektronische Speicherung ermöglicht (→ Rn. 9), so ist der Vertrag daher gem. § 125 BGB unheilbar nichtig; den Parteien bleibt nur der formgerechte Neuabschluss. Die Rückabwicklung des formnichtigen Vertrages richtet sich nach §§ 812 ff. BGB.[20]   12

b) Widerrufsrecht. Im Zuge der Umsetzung der VerbrRechteRiL wurden separate Regelungen zum Widerrufsrecht des Verbrauchers beim Ratenlieferungsvertrag eingeführt. Ausgangspunkt der Neuregelung ist die Einbeziehung von Ratenlieferungsverträgen in den sachlichen Anwendungsbereich der Richtlinie. Wird daher der Ratenlieferungsvertrag im **Fernabsatz** oder **außerhalb von Geschäftsräumen** abgeschlossen, besteht das Widerrufsrecht aus § 312 g BGB. § 356 BGB regelt die Besonderheiten bezüglich dieses Widerrufsrechts. Die Widerrufsfolgen bestimmen sich dann nach §§ 355 Abs. 3, 357 BGB). § 510 Abs. 2 ordnet den **Vorrang** des Widerrufsrechts aus § 312g BGB an.   13

Das Widerrufsrecht aus § 510 Abs. 2 kommt nur zum Zuge, wenn der Ratenlieferungsvertrag abgeschlossen wird, ohne dass § 312g BGB einschlägig ist. In Betracht kommt vor allem der Vertragsschluss im stationären Handel, aber auch etwa das Distanzgeschäft, das nicht im Rahmen eines für den Fernabsatz organisierten Vertriebs- oder Dienstleistungssystems geschlossen wird. Hier steht dem Verbraucher, abgesehen von den Ausnahmen aus § 510 Abs. 3 (dazu → Rn. 30 ff.), das Widerrufsrecht nach § 355 BGB zu. Widerruflich ist die Willenserklärung des Verbrauchers, bezogen auf den Teillieferungsvertrag (Nr. 1), den Sukzessivlieferungsvertrag (Nr. 2 oder Nr. 3) oder den Rahmenvertrag (Nr. 3, näher zu den Folgen des Widerrufs → Rn. 51, in diesem Fall nicht im Hinblick auf den einzelnen darauf bezogenen Lieferungsvertrag).   14

Der neuen gesetzlichen Systematik entsprechend finden sich die allgemeinen Regelungen zu dem speziellen Widerrufsrecht in den §§ 356 ff. BGB. Einschlägig   15

---

[17] Ebenso Staudinger/*Kessal-Wulf* § 510 BGB Rn. 27 aE; MüKoBGB/*Schürnbrand* § 510 BGB Rn. 32.
[18] MüKoBGB/*Schürnbrand* § 510 BGB Rn. 31; Erman/*Saenger* § 510 BGB Rn. 21: Lediglich längerer Zeitraum; Staudinger/*Kessal-Wulf* § 510 BGB Rn. 28: Im Einzelfall.
[19] So auch MüKoBGB/*Schürnbrand* § 510 BGB Rn. 29, 31.
[20] Die Frage, ob sich die Rückabwicklung nach dem jetzigen § 357 BGB richtet, stellt sich nicht mehr, da § 357 Abs. 3 den Verbraucher gegenüber den allgemeinen Vorschriften nicht privilegiert, sondern benachteiligt, vgl. BGH WM 1997, 158 zu II. 2c.bb. mit Anm. *Bülow* JZ 1997, 471; ZIP 1997, 642 mit Komm. *Bülow* EWiR § 6 VerbrKrG 2/97, 427; MüKoBGB/*Schürnbrand* § 510 BGB Rn. 35; aA Erman/*Saenger* § 2 VerbrKrG Rn. 27.

§ 510   16–19   1. Teil. Darlehen und Finanzierungshilfen

ist hier § 356c BGB (für die Rechtsfolgen: § 357c BGB → Rn. 20). Die neue Vorschrift hat folgenden Wortlaut:

§ 356c Widerrufsrecht bei Ratenlieferungsverträgen
(1) Bei einem Ratenlieferungsvertrag, der weder im Fernabsatz noch außerhalb von Geschäftsräumen geschlossen wird, beginnt die Widerrufsfrist nicht, bevor der Unternehmer den Verbraucher gemäß Artikel 246 Absatz 3 des Einführungsgesetzes zum Bürgerlichen Gesetzbuche über sein Widerrufsrecht unterrichtet hat.
(2) § 356 Absatz 1 gilt entsprechend. Das Widerrufsrecht erlischt spätestens zwölf Monate und 14 Tage nach dem in § 355 Absatz 2 Satz 2 genannten Zeitpunkt.

16   Abgesehen vom **Vertragsschluss**, § 355 Abs. 2 Satz 2 BGB, ist nach § 356c Abs. 1 BGB für den Beginn der 14-tägigen Widerrufsfrist erforderlich, dass der Verbraucher ordnungsgemäß über das Widerrufsrecht **belehrt** wurde. Auch wenn die Belehrung nachträglich erfolgt, bleibt es bei der Frist von 14 Tagen.[21] Die Anforderungen an eine ordnungsgemäße Belehrung sind in Art. 246 Absatz 3 EGBGB zu finden:

„Steht dem Verbraucher ein Widerrufsrecht zu, ist der Unternehmer verpflichtet, den Verbraucher in Textform über sein Widerrufsrecht zu belehren. Die Widerrufsbelehrung muss deutlich gestaltet sein und dem Verbraucher seine wesentlichen Rechte in einer dem benutzten Kommunikationsmittel angepassten Weise deutlich machen. Sie muss Folgendes enthalten:
1. einen Hinweis auf das Recht zum Widerruf,
2. einen Hinweis darauf, dass der Widerruf durch Erklärung gegenüber dem Unternehmer erfolgt und keiner Begründung bedarf,
3. den Namen und die ladungsfähige Anschrift desjenigen, gegenüber dem der Widerruf zu erklären ist, und
4. einen Hinweis auf Dauer und Beginn der Widerrufsfrist sowie darauf, dass zur Fristwahrung die rechtzeitige Absendung der Widerrufserklärung genügt."

17   Der Eingang der Ware bzw. einer ersten Lieferung ist nicht Voraussetzung für den Fristbeginn. Nach § 355 Abs. 3 Satz 2 BGB aF war der Fristbeginn, wenn der Vertrag schriftlich abzuschließen war, davon abhängig, dass dem Verbraucher eine Vertragsurkunde, sein schriftlicher Antrag oder eine Abschrift des Vertrages resp. des Antrags zur Verfügung gestellt wurde. Dies führte beim Ratenlieferungsvertrag zu erheblichen Problemen (s. Voraufl. Rn. 15a und b). Da diese Voraussetzung für den Beginn der Widerrufsfrist nach §§ 355 Abs. 2 und 356c Abs. 1 BGB nicht mehr besteht, hat sich die Problematik erledigt.

18   Nach Maßgabe von § 356 Abs. 1 BGB, der gem. § 356c Abs. 2 Satz 1 BGB entsprechend anwendbar ist, kann der Unternehmer dem Verbraucher die Möglichkeit einräumen, zur Ausübung des Widerrufsrechts ein Formular zu nutzen und hat dem Verbraucher, macht er davon Gebrauch, den Zugang des Widerrufs auf einem dauerhaften Datenträger unverzüglich zu bestätigen.

19   Nach dem allgemeinen Reglement des neuen Rechts erlischt das Widerrufsrecht bei fehlender ordnungsgemäßer Belehrung gem. § 356c Abs. 2 Satz 2 BGB iVm § 355 Abs. 2 Satz 2 BGB zwölf Monate und 14 Tage nach Abschluss des Vertrags.[22]

---

[21] Palandt/*Grüneberg* § 356c BGB Rn. 2.
[22] Staudinger/*Kaiser* § 355 BGB Rn. 67.

Ratenlieferungsverträge   20–23 § 510

Auch die **Rechtsfolgen des Widerrufs** eines Ratenlieferungsvertrags haben 20
nun eine eigenständige Regelung erhalten. Sitz der Materie ist § 357c BGB, der
folgenden Wortlaut hat:

*§ 357c Rechtsfolgen des Widerrufs von weder im Fernabsatz noch außerhalb von
Geschäftsräumen geschlossenen Ratenlieferungsverträgen*
*Für die Rückgewähr der empfangenen Leistungen gilt § 357 Absatz 1 bis 5 entsprechend. Der Verbraucher trägt die unmittelbaren Kosten der Rücksendung der empfangenen Sachen, es sei denn, der Unternehmer hat sich bereit erklärt, diese Kosten zu tragen.
§ 357 Absatz 7 ist mit der Maßgabe entsprechend anzuwenden, dass an die Stelle der Unterrichtung nach Artikel 246a § 1 Absatz 2 Satz 1 Nummer 1 des Einführungsgesetzes zum Bürgerlichen Gesetzbuche die Unterrichtung nach Artikel 246 Absatz 3 des Einführungsgesetzes zum Bürgerlichen Gesetzbuche tritt.*

Die Rechtsfolgen des Widerrufs richten sich somit grundsätzlich nach den 21
Vorschriften über den Widerruf aus § 312g BGB, weisen jedoch geringfügige
Modifikationen auf. Uneingeschränkt kommen die Abs. 1 bis 5 von § 357 BGB
zur Anwendung:

(1) Die empfangenen Leistungen sind spätestens nach 14 Tagen zurückzugewähren.

(2) Der Unternehmer muss auch etwaige Zahlungen des Verbrauchers für die Lieferung zurückgewähren. Dies gilt nicht, soweit dem Verbraucher zusätzliche Kosten entstanden sind, weil er sich für eine andere Art der Lieferung als die vom Unternehmer angebotene günstigste Standardlieferung entschieden hat.

(3) Für die Rückzahlung muss der Unternehmer dasselbe Zahlungsmittel verwenden, das der Verbraucher bei der Zahlung verwendet hat. Satz 1 gilt nicht, wenn ausdrücklich etwas anderes vereinbart worden ist und dem Verbraucher dadurch keine Kosten entstehen.

(4) Bei einem Verbrauchsgüterkauf kann der Unternehmer die Rückzahlung verweigern, bis er die Waren zurückerhalten hat oder der Verbraucher den Nachweis erbracht hat, dass er die Waren abgesandt hat. Dies gilt nicht, wenn der Unternehmer angeboten hat, die Waren abzuholen.

(5) Der Verbraucher ist nicht verpflichtet, die empfangenen Waren zurückzusenden, wenn der Unternehmer angeboten hat, die Waren abzuholen.

Im Einzelnen bestimmt der in Bezug genommene § 357 BGB, dass der Verbrau- 22
cher, entschließt er sich, von seinem Widerrufsrecht Gebrauch zu machen, innerhalb von 14 Tagen die bereits empfangenen Sachen zurückzugewähren hat, **Abs. 1**.
Dabei ergibt sich die Rückgewährpflicht selbst aus § 355 Abs. 3 Satz 1 BGB. § 357
Abs. 1 BGB bestimmt die Leistungszeit, wobei die Frist für den Verbraucher mit
der Absendung der Widerrufserklärung beginnt, was aus § 355 Abs. 3 Satz 2 BGB
folgt. Hinsichtlich der Rückgewährpflicht des Unternehmers, in aller Regel die
Rückzahlungspflicht des Kaufpreises, beginnt die Frist mit Zugang der Widerrufserklärung (ebenso § 355 Abs. 3 Satz 2 BGB). Der Verbraucher wahrt die Frist von
14 Tagen, wenn er die Sachen rechtzeitig absendet, § 355 Abs. 3 Satz 3 BGB; auf
den Zeitpunkt des Zugangs kommt es nicht an. Die Gefahr des Untergangs der
zurückzusendenden Sache trägt nach § 355 Abs. 3 Satz 4 BGB der Unternehmer.

Sogenannte Hinsendekosten, also die Lieferkosten für die ursprüngliche Liefe- 23
rung der Sachen, hat der Unternehmer zurückzugewähren, soweit es sich nicht um
Kosten handelt, deren Entstehung auf besonderen Wünsche des Verbrauchers zurückzuführen sind. Der Betrag der Kosten einer Standardlieferung ist zu erstatten,
Abs. 2.

§ 510   24–29

24 Die Rückzahlung des Kaufpreises hat, soweit die Parteien nicht etwas anderes vereinbart haben, in der gleichen Art zu geschehen wie die ursprüngliche Zahlung des Verbrauchers (**Abs. 3**). Zu denken ist an die Zahlung in bar oder durch Überweisung. Zulässig ist eine abweichende Vereinbarung nur, wenn dem Verbraucher dadurch keine Kosten entstehen.

25 Den Verbraucher trifft nach Maßgabe von **Abs. 4** eine Vorleistungspflicht bei der Rückgewähr, wobei das Zurückbehaltungsrecht des Unternehmers erlischt, wenn der Verbraucher den Nachweis über die Absendung der Sache erbracht hat. Bietet der Unternehmer dem Verbraucher an, die Sachen abzuholen, steht dem Unternehmer kein Zurückbehaltungsrecht zu. Versäumt er die rechtzeitige Abholung, wird der Rückzahlungsanspruch des Verbrauchers 14 Tage nach Absendung des Widerrufs fällig. Soweit der Unternehmer anbietet, die Sache abzuholen, ist der Verbraucher nicht zur Rücksendung verpflichtet, **Abs. 5**.

26 Eine Modifikation der Widerrufsfolgen aus § 357 bestimmt **§ 357c Satz 2** BGB. Danach hat der Verbraucher ohne weitere Belehrung die unmittelbaren Kosten der Rücksendung der Sache zu zahlen. Die Kostentragungspflicht entsteht nicht, wenn sich der Unternehmer dazu bereiterklärt hat, die Rücksendekosten zu übernehmen. Ebenso wenig trifft den Verbraucher eine Kostentragungspflicht, wenn der Unternehmer sich nach **§ 357 Abs. 5** BGB zur Abholung bereit erklärt hat. In diesem Fall entstehen keine **Rücksendekosten.**

27 Schließlich enthält § 357c Satz 3 BGB eine an § 357 Abs. 7 BGB orientierte Regelung zur Verpflichtung des Verbrauchers, gegebenenfalls Ersatz für den zwischenzeitlich eingetretenen **Wertverlust** der Sache zu leisten. Hat der Verbraucher eine ordnungsgemäße Widerrufsbelehrung erhalten, ist er unter den Voraussetzungen des § 357 Abs. 7 Nr. 1 BGB zum Wertersatz verpflichtet. Dort heißt es:

„Der Verbraucher hat Wertersatz für einen Wertverlust der Ware zu leisten, wenn
1. der Wertverlust auf einen Umgang mit den Waren zurückzuführen ist, der zur Prüfung der Beschaffenheit, der Eigenschaften und der Funktionsweise der Waren nicht notwendig war, (…)"

6. Nicht anwendbare Vorschriften

28 Die **Heilungsvorschrift** von § 507 Abs. 2 ist nicht anwendbar (→ Rn. 12). Nicht anwendbar ist auch § 496 – **Einwendungsverzicht** sowie **Wechsel- und Scheckbegebung** sind also erlaubt.

7. Anwendungsbereich

29 **a) Persönlicher Anwendungsbereich.** Den Schutz aus § 510 genießen Verbraucher iSv § 13 BGB (→ § 491 Rn. 22), auch Existenzgründer unter Berücksichtigung der Betragsgrenze von 75 000 €[23] (→ § 513 Rn. 5, 18 und → Rn. 50) und beispielsweise privat handelnde Bauherren,[24] während der Lieferant nur der unternehmerische (§ 14 BGB, → § 491 Rn. 13),[25] nicht aber der privat handelnde

---

[23] BGHZ 128, 156 (161) mit Anm. *Pfeiffer* LM § 1 VerbrKrG Nr. 1/2.
[24] OLG Hamm VuR 1998, 355.
[25] Anders noch für § 2 VerbrKrG BGH NJW 1991, 2901 zu II. 1.a. mit abl. Anm. *Peters* JZ 1992, 98; LG Berlin ZMR 1985, 303; wie hier aber BGHZ 128, 156 (161) – Ceiling Doctor –; Staudinger/*Kessal-Wulf* § 510 BGB Rn. 3.

Anbieter ist (→ § 491 Rn. 19). Für die Beteiligung Dritter, Personenmehrheiten, die Gesellschaft bürgerlichen Rechts als Normadressat sowie die Rechtsnachfolge gilt das zu § 491 Gesagte (→ § 491 Rn. 25 ff., 67 ff. und 107 ff.).

b) Ausnahmebereiche aus § 491 Abs. 2, 3 und 4 BGB. Unter Geltung von 30 § 2 VerbrKrG war es umstritten, ob die Anwendung entsprechend der Rechtslage nach § 1c AbzG auch in den Ausnahmebereichen von § 3 VerbrKrG (jetzt: § 491 Abs. 2 und 3) zu bejahen war.[26] Den Streit hat der Gesetzgeber im Zuge der Schuldrechtsmodernisierung beendet, indem § 505 Abs. 1 Satz 2 aF bestimmte, dass § 491 Abs. 2 und 3 auch beim Ratenlieferungsvertrag zur Anwendung kommen. Dies wurde in § 510 Abs 3 Satz 2 übernommen. Allerdings ist festzustellen, dass die einzelnen Ausnahmetatbestände überwiegend nicht beim Ratenlieferungsvertrag einschlägig sind. Vorstellbar ist insoweit immerhin ein gerichtliches oder notarielles Protokoll über einen Ratenlieferungsvertrag (§ 491 Abs. 4) mit der Folge, dass dem Formerfordernis durch die Beurkundung bzw. Protokollierung genügt ist und Widerrufsrecht sowie Verbundvorschriften (§§ 358, 359) entfallen.[27]

Von Interesse ist hinsichtlich der Ausnahmeregelungen des § 491 Abs. 2 Satz 2 in 31 erster Linie die Bagatellgrenze von Nr. 1. Es stellt sich die Frage der Berechnungsmethode des Grenzbetrags von 200 €. Maß dieses Betrages ist gem. § 510 Abs. 3 Satz 2 die Summe aller vom Verbraucher bis zum **frühestmöglichen Kündigungszeitpunkt** zu entrichtenden Teilzahlungen[28] (gilt ebenso für die Bestimmung der Betragsgrenze beim Existenzgründergeschäft, 50 000 €, → § 513 Rn. 18). Welcher Kündigungszeitpunkt anzunehmen ist bestimmt das Gesetz nicht (→ Rn. 4). In Frage kommt nur eine ordentliche Kündigung des Verbrauchers, nicht zB eine außerordentliche etwa nach dem Rechtsgedanken von § 626 BGB, weil von vornherein bestimmbare Kriterien der Vertragswirksamkeit feststehen müssen. Ein gesetzliches ordentliches Kündigungsrecht für Ratenlieferungsverträge besteht nicht, so dass es vertraglich vereinbart sein muss. Mangels dessen bilden sämtliche Teilzahlungen das Maß für den Bagatellbetrag von 200 €.[29] Liegt der Ausnahmetatbestand vor, so handelt es sich nicht um einen Ratenlieferungsvertrag im Sinne der Vorschrift, so dass der Verbraucher weder über ein Widerrufsrecht verfügt, noch die Schriftform nach § 510 Abs. 1 Satz 1 einzuhalten ist[30] (zum Vorrang des Widerrufsrechts aus § 312g → Rn. 13 f.).

Nach vormaligem Recht war umstritten, ob die **Dreimonatsgrenze** aus 32 § 499 Abs. 1 aF auf § 505 aF analoge Anwendung fand.[31] Zwar kommt es nach

---

[26] So BGHZ 128, 156 (164); OLG Karlsruhe WM 1993, 1130 mit zust. Anm. *Peters* WuB I E 2.b–6.93; OLG Köln BauR 1995, 709; LG München I WM 1999, 2024 mit Anm. *Borges* WuB I E 2.–1.2000 und Komm. *Mankowski* EWiR § 7 VerbrKrG 1/99, 233; AG Remscheid NJW-RR 2001, 777; Staudinger/*Kessal-Wulf* § 2 VerbrKrG Rn. 4 so wie *Bülow* 4. Aufl., § 2 VerbrKrG Rn. 16; offen Palandt/*Putzo* § 2 VerbrKrG Rn. 3 einerseits, Rn. 9 andererseits; abl. dagegen MüKoBGB/*Ulmer* § 2 VerbrKrG Rn. 10; *Windel* JuS 1996, 812 (813); *Drexl*, Rechtsgeschäfte im Internet, S. 75 (92, ohne Begründung).
[27] AA *Bamberger/Roth/Möller* § 510 BGB Rn. 4; wie hier Staudinger/*Kessal-Wulf* § 510 BGB Rn. 4.
[28] BGH NJW-RR 2004, 841 mit Komm. *Rott* LMK 2005, 112; NJW 2003, 3202 (3203).
[29] Zust. Staudinger/*Kessal-Wulf* § 510 BGB Rn. 4.
[30] BGH NJW-RR 2004, 841; OLG Oldenburg NJW-RR 2004, 701; *Woitkewitsch* MDR 2005, 371.
[31] Für analoge Anwendung *Bamberger/Roth/Möller* § 510 BGB Rn. 11; dagegen Staudinger/*Kessal-Wulf* § 510 BGB Rn. 4 aE; Vorauflage § 505 BGB Rn. 4.

§ 510 33–36　　　　　1. Teil. Darlehen und Finanzierungshilfen

nun geltendem Recht zu einem Verweis auf § 491 Abs. 2 Satz 2 Nr. 3, jedoch lässt sich die Ausschlussvoraussetzung der Vereinbarung „nur geringer Kosten" nicht auf den Ratenlieferungsvertrag übertragen, so dass es im Ergebnis dabei bleibt, dass die Dreimonatsgrenze insoweit bedeutungslos ist. Hier hätte es, sollte der Gesetzgeber eine Änderung der Rechtslage beabsichtigt haben, einer dem § 510 Abs. 3 Satz 1 vergleichbaren Regelung bedurft.

33　c) **FernUSG.** Ist der Vertrag ein **Fernunterrichtsvertrag,** gelten die Widerrufsregelungen aus § 4, 9 FernUSG und die Formvorschriften dieses Gesetzes, die mit der Umsetzung der VerbrRechteRiL auch geändert wurden; § 510 ist nicht anwendbar.

II. Die einzelnen Vertragsarten

34　Die teilweise Anwendung von verbraucherkreditrechtlichen Vorschriften (→ Rn. 8) gilt für Teillieferungsverträge, Sukzessivlieferungsverträge und Erwerbs- resp. Bezugsbindungen.

1. Teillieferungsverträge (Nr. 1)

35　a) **Zusammengehörigkeit und Teilleistungen.** Vertrag über die Lieferung mehrerer als zusammengehörend verkaufter Sachen iSv § 510 Abs. 1 Satz 1 Nr. 1 bedeutet zunächst, dass es sich im Allgemeinen um einen Kaufvertrag handelt, doch kann die Lieferpflicht auch Gegenstand eines Werklieferungsvertrags oder Werkvertrags sein (→ Rn. 6). Die Leistungspflicht des Verkäufers iSv § 433 Abs. 1 BGB steht nach ihrem Umfang von vornherein fest, aber die Erfüllung ist nach dem Vertragsinhalt auf Zeitpunkte verteilt, die in der Zukunft liegen. Die einzelnen Lieferungen bilden entweder eine Sachgesamtheit, indem unter ihnen ein funktioneller Zusammenhang[32] besteht, oder indem die eine Teillieferung ohne die andere nicht sinnvoll genutzt werden kann; oder die Zusammengehörigkeit liegt darin, dass der Gesamtwert die Summe der Teillieferungen übersteigt oder dass sie auch nur durch den Parteiwillen hergestellt wird. Kein Teillieferungsvertrag liegt in der Begründung eines Wiederkehrschuldverhältnisses, doch kann darin eine Umgehung (§ 512 Satz 2, → § 512 Rn. 20 und → Rn. 3) liegen. Schuldet der Lieferant neben der Lieferung noch Dienst- und Werkleistungen, kann § 139 BGB anwendbar sein (näher → Rn. 5).

36　In erster Linie geht es um Bezugsverträge für Lexika, Gesamtausgaben,[33] mehrbändige juristische Kommentare,[34] Buchreihen über einen Themenschwerpunkt oder Fernlehrkurse wie zB Sprachkurse[35] in Bezug auf das Lehrmaterial

---

[32] MüKoBGB/*Schürnbrand* § 510 BGB Rn. 13; vgl. auch BGH NJW 1992, 3224 zu II. 2.b. mit Komm. *Tiedtke* EWiR § 459 BGB 1/93, 131; BGH WM 1993, 845 mit Komm. *Hensen* EWiR § 13 AGBG 1/93, 523; BGH NJW 1994, 1720 mit Komm. *Hoeren* EWiR § 477 BGB 1/94, 541; wohl nicht bei mehreren Feuerlöschern, so aber OLG Karlsruhe NJW-RR 1993, 635 mit abl. Komm. *Bülow* EWiR § 2 VerbrKrG 1/93, 407; LG Oldenburg NJW-RR 1996, 1461.
[33] BGHZ 78, 375; BGH NJW 1994, 1071 mit Komm. *Paefgen* EWiR § 1 UWG 8/94, 389; LG Saarbrücken NJW 1988, 347; BGH NJW 1976, 1354; *Hönn* NJW 1973, 272.
[34] AG Köln NJW 2004, 3342.
[35] BGH WM 1990, 1248 mit Komm. *Teske* EWiR § 1c AbzG 2/90, 625.

(→ Rn. 5),[36] die Lieferung eines Geschirrservice, einer Möbelgruppe in Teilleistungen. Bausatzverträge für den Eigenbau von Wohnhäusern[37] sind auch dann Gegenstand der Norm, wenn der Verbraucher das für den Hausbau benötigte Material durch getrennte Kaufverträge bei verschiedenen Lieferanten hätte beziehen können. Wendet man gegen den BGH[38] § 510 Abs. 1 Satz 1 Nr. 1 auch auf Werkverträge an, gilt Gleiches für einen Vertrag über die Lieferung eines kompletten Bausatzes für ein Fertighaus.[39]

b) Entgelt in Teilleistungen. Normvoraussetzung ist, dass der Verbraucher 37 als Käufer den Kaufpreis seinerseits in Teilleistungen, nämlich im Allgemeinen Zug um Zug gegen die Teillieferung der Sachen, zu erbringen hat. Die **Beweislast** hierfür trägt, wer sich auf die Anwendung von § 510 beruft, im Allgemeinen ist dies der Verbraucher.[40] Schuldet der Verbraucher den Kaufpreis durch Leistung in einem einzigen Betrag und im Voraus, ist die Vorschrift nicht anwendbar;[41] in teleologischer Auslegung dürfte die Anwendung aber bei nachträglicher Zahlungsverpflichtung zu bejahen sein.[42] Auf der anderen Seite ist nicht Normvoraussetzung, dass der Gesamtpreis bei Vertragsschluss angegeben wird. Die Preisangabepflicht folgt jedoch aus § 1 Abs. 1 PAngV mit der Möglichkeit eines Änderungsvorbehalts nach Abs. 5 Satz 1, nicht jedoch nach Satz 2, weil Teillieferungsverträge gerade kein danach vorausgesetztes Dauerschuldverhältnis begründen.[43] Die Überrumpelungssituation ist in den Fällen von § 510 zwar typisch, aber nicht Normvoraussetzung.

Für die Kaufpreiszahlung in Teilen kommt es nicht darauf an, ob die zeitlichen 38 Abstände und die Höhe gleich sind. Die Raten können zB auch je nach Abruf und Lieferung in Prozentsätzen vom vereinbarten Gesamtpreis fällig werden;[44] die Angabe des Gesamtpreises befreit den Verkäufer also nicht vom Formgebot und der Widerruflichkeit. Liegt in der Ratenvereinbarung ein Zahlungsaufschub und schuldet der Verbraucher dafür ein Entgelt (→ § 506 Rn. 18), handelt es sich um einen Kreditvertrag iSv § 506 (→ Rn. 7), so dass das Verbraucherkreditrecht uneingeschränkt (→ Rn. 8) anwendbar ist.

2. Sukzessivlieferungsverträge (Nr. 2)

a) Regelmäßige Lieferung. Beim Vertragstypus nach Nr. 2 handelt es sich 39 um einen Kauf-, ggf. einen Werklieferungs- oder Werkvertrag (→ Rn. 6), bei dem sich der Verbraucher durch den Vertragsschluss für die Zukunft verpflichtet, Sachen gleicher Art zu beziehen, ohne dass es sich um eine Sachgesamtheit (→ Rn. 35) wie gem. Nr. 1 handeln müsste. Typische Fälle sind Verträge über

---

[36] *Wienands* Unterrichtsvertrag, S. 99.
[37] BGHZ 78, 375 (380); OLG Köln BauR 1995, 709.
[38] BGH NJW 2006, 904.
[39] OLG Koblenz BauR 2004, 1951; aA Rev. BGH NJW 2006, 904; OLG Hamm VuR 1998, 355; LG Detmold VuR 1989, 20; aA MüKoBGB/*Schürnbrand* § 510 BGB Rn. 15; ebenso für einen Vertrag über die Errichtung eines Fertighauses OLG Düsseldorf ZGS 2005, 357.
[40] OLG Karlsruhe WM 1993, 1130 zu II. 3.
[41] BGH NJW 1990, 1046 zu IV. 3.; OLG Hamm VuR 1998, 355 mit zust. Anm. *Haß* VuR 1998, 358; WRP 1998, 688; MüKoBGB/*Schürnbrand* § 510 BGB Rn. 16.
[42] *Soergel/Hönn* § 1c AbzG Rn. 5.
[43] *Völker* Preisangabenrecht, § 1 PAngVO Rn. 95.
[44] BGHZ 78, 375 (381).

§ 510   40–42   1. Teil. Darlehen und Finanzierungshilfen

die Lieferung von Kaffee, Nährmitteln oder Zeitungen, bei denen die Gemeinsamkeit mit Abzahlungsgeschäften in der längerfristigen Zahlungsverpflichtung liegt, während das Verbrauchs- oder Gebrauchsbedürfnis stets neu entsteht.[45] Stehen diese Bedürfnisse von vornherein fest wie bei einem Aussteuervertrag, ist die Vorschrift erst recht anwendbar. Die vom Verbraucher geschuldeten Zahlungen können bei den einzelnen Lieferungen wie nach Nr. 1 oder später erbracht werden. Das Schutzbedürfnis des Verbrauchers als Vertragspartei beruht darauf, dass seine Verpflichtung in die Zukunft gerichtet ist. Deshalb bedarf er des Schutzes nicht, wenn er die Gegenleistung in einem Betrag und im Voraus zahlen muss;[46] § 510 Abs. 1 Satz 1 Nr. 2 ist in diesem Fall nicht anwendbar. Dagegen bleibt es bei der Anwendbarkeit der Vorschrift – ebenso wie bei den Teillieferungsverträgen, → Rn. 37 –, wenn der Verkäufer vorzuleisten und der Verbraucher später den gesamten Kaufpreis auf einmal zu zahlen hat. Hierin liegt außerdem eine Finanzierungshilfe; ist sie entgeltlich, handelt es sich um ein Teilzahlungsgeschäft iSv § 506 mit der Folge, dass alle in § 507 genannten Vorschriften anwendbar sind (→ Rn. 7). Die Aufspaltung in mehrere Einzelverträge anlässlich jeder Lieferung kann den Umgehungstatbestand von § 512 Satz 2 erfüllen (→ § 512 Rn. 2).

40   Gleichgültig ist, ob der Lieferumfang von vornherein feststeht (wie gem. Nr. 1), die Verpflichtung des Verbrauchers also befristet ist, oder ob sich der Verkäufer auf unbestimmte Zeit zur Lieferung verpflichtet. **Regelmäßig** iSv Nr. 2 sind die Lieferungen aber nur, wenn sie zu festen periodischen Terminen mit gleichem Zeitabstand erbracht werden;[47] ist der jeweilige Lieferungszeitpunkt von der Anforderung des Verbrauchers abhängig oder auch von dem in das Ermessen des Verkäufers gestellten Angebot, so kann allenfalls ein Rahmenvertrag iSv Nr. 3 in Frage kommen.

41   **b) Sachen gleicher Art.** Tatbestandsvoraussetzung von Nr. 2 ist, dass die zu liefernden Sachen gleicher Art sind. Sie müssen aber nicht gleich sein, so dass Gleichheit in den wesentlichen Artmerkmalen genügt (zB Bettwäscheteile), auch wenn sie sich in Qualität und Ausstattung unterscheiden). Auch ist es unschädlich, wenn in geringem Umfang andere Waren mitgeliefert werden.[48] Handelt es sich dagegen um ganz unterschiedliche Sachen, steht der Verbraucher nicht schutzwürdiger da, als wenn er Einzelkaufverträge über die verschiedenen Sachen abschließt; im Übrigen kann es sich um einen Rahmenvertrag iSv Nr. 3 handeln.

42   **c) Insbesondere: Zeitschriften, Internet.** Verträge über Zeitschriftenabonnements sind Gegenstand von Nr. 2[49] mit der Folge, dass der Verleger eine ordnungsgemäße Widerrufsbelehrung erteilen muss und sich andernfalls wettbewerbswidrig iSv § 4 Nr. 11 oder § 3 Abs. 2 Satz 1 UWG verhält,[50] wenn er

---

[45] BGHZ 67, 389 (395) mit Anm. *Brunette* LM Nr. 1 zu § 1b AbzG.
[46] BGH NJW 1990, 1046 zu IV. 3. mit Anm. *Emmerich* WuB IV C.–1.90 und Komm. *Ose* EWiR § 1c AbzG 2/89, 1145 (gegen Vorinstanz KG NJW-RR 1987, 117); BGH NJW-RR 1990, 562; *v. Westphalen/Emmerich/v. Rottenburg* § 2 Rn. 19.
[47] Ebenso die Auslegung für § 197 BGB, anders aber für § 11 Nr. 12 AGBG, MüKo-BGB/*Schürnbrand* § 510 BGB Rn. 18; *v. Westphalen/Emmerich/v. Rottenburg* § 2 Rn. 15.
[48] BGHZ 67, 389 (394).
[49] BGH NJW-RR 2004, 841 (842); NJW 2002, 2391 (2392); *Woitkewitsch* MDR 2005, 371.
[50] KG GRUR-RR 2008, 131; OLG Frankfurt GRUR 2007, 56; BGH GRUR 2003, 255 – Widerrufsbelehrung IV; GRUR 1987, 180; GRUR 1986, 816 (818) – Widerrufs-

die Unterlassung der Belehrung als Wettbewerbsparameter einsetzt (zum Wettbewerbsverstoß durch unterlassene Widerrufsbelehrung → § 495 BGB Rn. 47). Nicht unerheblich ist, ob der Verbraucher den Vertrag jederzeit kündigen kann, da im gegebenen Fall regelmäßig die Bagatellgrenze des § 510 Abs. 3 Satz 1 BGB unterschritten sein dürfte.[51] Dagegen ist unschädlich, ob zunächst ein Probeabonnement vereinbart wird,[52] wenn der Betrag von 200 € bis zum frühestmöglichen Kündigungstermin überschritten wird. Erfasst ist auch die Abonnentenwerbung durch Leser, wobei der Verleger wiederum auf die ordnungsgemäße Widerrufsbelehrung achten muss.[53] Etwas anderes gilt jedoch, wenn der Preis für das Abonnement in einem Betrag und im Voraus zu leisten ist[54] (→ Rn. 39). Hat der Lieferant zwar in der Zukunft zu leisten, aber in einer einzigen Lieferung, nachdem der Verbraucher den Kaufpreis angespart hatte, ist Nr. 2 nicht anwendbar (→ § 506 Rn. 28).[55] Es besteht keine Konkurrenzsituation zum Widerrufsrecht aus § 312g BGB wegen § 312g Abs. 2 Nr. 7 BGB.

Die Frage, ob **Internet-Zeitschriften** oder ein **E-Mail-Service** unter Nr. 2 **43** subsumierbar sind, hängt von der Auslegung des Begriffs „Sache" ab. Beim Abonnement einer Internet-Zeitschrift[56] oder zB auch eines Versteigerungskatalogs per Internet[57] erhält der Verbraucher ein Passwort, mittels dessen er die Zeitschrift abrufen kann; dem Abonnenten eines E-Mail-Service werden die bestellten Informationen per E-Mail übermittelt.[58] Gleichermaßen wie im Falle von Strom (→ Rn. 44) dürfte von einer Lieferung elektronischer Ware auszugehen sein, die eine analoge Anwendung von § 510 Abs. 1 Satz 1 Nr. 2 rechtfertigt.

d) Insbesondere: Energielieferung. Sachen sind auch **Wasser und Gas,** in **44** analoger Anwendung auch Strom.[59] In den Gesetzesberatungen zu § 1c AbzG war erwogen worden, solche Verträge vom Anwendungsbereich der Vorschrift auszunehmen. Ein entsprechender Vorschlag des Bundesrats wurde jedoch nicht angenommen, weil es am Erfordernis dafür fehle,[60] soll heißen: Die Gesetzesverfasser hatten an der Nichtanwendbarkeit keinen Zweifel. Anderenfalls wäre wegen des Schriftformerfordernisses der Vertragsabschluss durch schlüssiges Handeln nicht möglich.[61] Dessen bedarf es aber zB im Falle des Wohnungswechsels zur sofortigen Versorgung des Verbrauchers. Tarife und oft für allgemein verbindlich erklärte Allgemeine Versorgungsbedingungen gewähren außerdem vielfach kurz-

---

belehrung bei Teilzahlungskauf I; OLG Köln NJW 2001, 1288 („Club-Mitteilungen"); OLG Stuttgart NJW-RR 2001, 424; *Gutachtenausschuss für Wettbewerbsfragen* WRP 1998, 533 (534); *Köhler/Bornkamm* § 4 UWG 11.170.
[51] So auch in BGH NJW-RR 2004, 841; AG Charlottenburg NJW-RR 2002, 1488.
[52] *Gutachtenausschuss für Wettbewerbsfragen* WRP 1998, 533.
[53] BGH NJW-RR 1990, 749.
[54] BGH NJW 1990, 1046 mit Komm. *Ose* EWiR § 1c AbzG 2/89, 1145; NJW-RR 1990, 562.
[55] OLG Stuttgart NJW 1980, 1798; Kaufscheine eines Warenhauses: KG MDR 1985, 500.
[56] Zust. MüKoBGB/*Schürnbrand* § 510 BGB Rn. 22.
[57] LG München I WM 1999, 2024 mit Komm. *Mankowski* EWiR § 7 VerbrKrG 1/99, 233.
[58] *Hoeren/Oberscheidt* VuR 1999, 371 (377).
[59] Begriffsjuristisch dagegen *v. Westphalen/Emmerich/v. Rottenburg* § 2 VerbrKrG Rn. 27.
[60] BR-Drucks. 52/74, S. 5.
[61] S. dazu BGH NJW-RR 2004, 1058 zu II. 2.b. (Kauf auf Probe).

fristige Kündigungsrechte für den Verbraucher. Nr. 2 ist auf Verträge über Lieferung von Strom, Gas oder Wasser deshalb insoweit nicht anwendbar, als es sich um **leitungsgebundene Energie** oder Wasser handelt. Auch unter Geltung des Gesetzes über die Elektrizitäts- und Gasversorgung vom 7.7.2005 (Energiewirtschaftsgesetz)[62] gibt es einen Grundversorger (§§ 36 ff. EnWG), so dass der vormaligen verbraucherkreditrechtlichen Einschätzung durch die Liberalisierung des Marktes nicht der Boden entzogen ist. Abzuwarten bleibt eine etwaige abweichende rechtstatsächliche Entwicklung, die eine andere, zur Anwendung des § 510 führende Wertung erforderlich machen könnte.[63] Darüber hinaus kann ein öffentlich-rechtlicher Anschlusszwang bestehen. Der Ausschluss gilt jedoch nur für typische Massenschuldverhältnisse, aber nicht bei Verträgen mit Sonderkunden, zB zum Betreiben von Nachtspeicheröfen,[64] wo es bei der Anwendbarkeit von § 510 Abs. 1 Satz 1 Nr. 2 bleibt.

45   Die Vorschrift ist auch anwendbar bei Verträgen über den individuellen Bezug **nicht leitungsgebundener Energie**, zB von Flüssiggas, wo die Vertragsbedingungen frei aushandelbar sind[65] und auch ein Anschluss- oder Abnahmezwang nicht in Frage steht. Sofern die Lieferungen nicht nach dem wechselnden Bedarf des Verbrauchers, sondern regelmäßig zu erbringen sind, ist ein derartiger Vertrag Gegenstand von Nr. 2, sonst nach Nr. 3 (→ Rn. 56).

46   **e) Insbesondere: Pay-TV.** § 510 bezieht sich nur auf Sachen, nicht aber auf Dienstleistungen.[66] Andererseits ist Strom den Sachen gleichzustellen (→ Rn. 44). Umstritten war daher, ob die Sendeleistung als entmaterialisierte, eben elektronische Ware anzusehen und eine analoge Anwendung auf Pay-TV deshalb geboten sein könnte.[67] Der BGH hat entschieden, dass § 510 weder unmittelbar noch analog auf einen Pay-TV Abonnementvertrag anzuwenden ist.[68]

3. Wiederkehrender Erwerb oder Bezug (Nr. 3)

47   **a) Rechtliche Bindung.** Verpflichtet sich der Verbraucher, in der Zukunft mehrmals Sachen zu erwerben oder Vertragsangebote einzugehen, ohne dass die Sachen zusammengehörten (Nr. 1) oder gleichartig wären (Nr. 2) und ohne dass der Verkäufer regelmäßig liefern müsste, sondern sich die Lieferungen nach dem wechselnden Bedarf des Verbrauchers richten, sind die Tatbestandsvoraussetzungen von Nr. 3 erfüllt. Es handelt sich um einen Auffangtatbestand für **Rahmenverträ-**

---

[62] BGBl I, 1970 (3621).
[63] So auch, zum Gesetz von 1998 MüKoBGB/*Schürnbrand* § 510 BGB Rn. 21; Staudinger/*Kessal-Wulf* § 510 BGB Rn. 20; *Erman/Saenger* § 510 BGB Rn. 19.
[64] MüKoBGB/*Schürnbrand* § 510 BGB Rn. 21.
[65] BGH NJW-RR 1988, 1322 mit Komm. *Ebel* EWiR § 1c AbzG 1/89, 107.
[66] BGH NJW 2003, 1932.
[67] Für Analogie: LG Koblenz VuR 1998, 266 mit Komm. *Mankowski* EWiR § 2 VerbrKrG 1/98, 811; LG Hamburg ZIP 2000, 974 mit Komm. *Mankowski* EWiR § 2 VerbrKrG 1/2000, 597; ebenso 5. Aufl. Rn. 40; de lege ferenda *Mankowski* VuR 2001, 112 (114); *Mankowski* Beseitigungsrechte, S. 276 ff.; dagegen *Laukemann* WRP 2000, 624 (627).
[68] BGH NJW 2003, 1932 mit zust. Bspr. *St. Lorenz* LMK 2003, 137; de lege lata *Mankowski* MMR 2003, 529; abl. hingegen *Derleder* EWiR § 505 BGB 1/03, 753; *Brand* JR 2004, 67; dem BGH folgend Palandt/*Weidenkaff* § 510 BGB Rn. 3; MüKoBGB/*Schürnbrand* § 510 BGB Rn. 22; ebenso wenig anwendbar auf Pre-Paid-Mobilfunkverträge, dazu *Köhler* JR 2006, 489.

ge und nicht von Nr. 2 (→ Rn. 40) erfasste Sukzessivlieferungsverträge. Auch in diesen Fällen soll der Verbraucher durch eine nachträgliche Überlegungsfrist, nämlich in Gestalt des Widerrufsrechts, vor langfristigen Bindungen, also einer Dauerabnahmeverpflichtung, geschützt werden;[69] das gilt auch und gerade, wenn der Vertrag Gesamt- oder Mindestabnahmemengen vorsieht.[70] Wo es an der rechtlichen Bindung fehlt (→ Rn. 3), ist die Vorschrift nicht anwendbar. Das ist der Fall, wenn sich der Verbraucher zwar damit einverstanden erklärt, dass ihm Sachen wie Kosmetikartikel oder Tonträger in regelmäßigen oder unregelmäßigen Zeitabschnitten zugesandt werden, er sie aber nicht zu behalten braucht, sondern auf Kosten des Lieferanten zurücksenden darf; bei einer solchen Vertragskonstruktion steht der Verbraucher besser als mit einem Widerrufsrecht gem. §§ 510, 355 da.[71] Auch auf **Wiederkehrschuldverhältnisse,** die den mehrmaligen Abschluss einzelner Verträge in der Zukunft vorsehen, bei denen der Verbraucher den jeweiligen Vertragsabschluss aber verweigern kann, ist die Vorschrift – vorbehaltlich eines Umgehungstatbestandes nach § 512 Satz 2 (→ Rn. 3) – nicht anwendbar.[72]

Verpflichtung zum Erwerb bedeutet, dass sich der Verbraucher für die Zukunft zum Abschluss dinglicher Verträge iSv § 929 BGB verpflichtet, der obligatorische Kaufvertrag also schon bindend zustande gekommen ist; **Verpflichtung zum Bezug** bedeutet, dass sich der Verbraucher für die Zukunft zum Abschluss von Kauf- oder anderen Lieferungsverträgen verpflichtet, deren Grundlage der nach Nr. 3 zu beurteilende Rahmenvertrag ist. 48

Die Verpflichtung zu wiederkehrendem Erwerb ist Gegenstand eines **Sukzessivlieferungsvertrags** als einheitlicher obligatorischer Grundlage für die späteren Übereignungen. Grundlage der Bezugsverpflichtung ist ein Rahmenvertrag, nach dem sich die Parteien verpflichten, später obligatorische Einzelverträge abzuschließen. 49

Ist der Normadressat **Existenzgründer** (→ § 513 Rn. 4), kommt es für die Frage, ob die Existenzgründungsphase abgeschlossen ist (→ Rn. 29 und → § 513 Rn. 6), auf den **Zeitpunkt** des verpflichtenden Vertrags, nicht auf den Zeitpunkt der Erfüllung, also den tatsächlichen Bezug der Waren, an.[73] 50

b) Gegenstand des Widerrufs. Das Widerrufsrecht aus §§ 510 Abs. 2, 355 bezieht sich auf den Vertrag, der die Erwerbs- oder Bezugsverpflichtung begründet. 51

aa) Erwerbsverpflichtung. Im Falle einer Erwerbsverpflichtung ist deshalb der Sukzessivlieferungsvertrag (→ Rn. 48, 49) Gegenstand des Widerrufs, so dass die daraufhin durchgeführten Lieferungen, die zur Übereignung gem. § 929 BGB (→ Rn. 48) geführt hatten, nach Maßgabe von §§ 357c BGB abzuwickeln sind. Allerdings mag man es als fraglich ansehen, ob der Widerruf nur ex nunc wirkt und frühere Lieferungen unberührt lässt, der Verbraucher hieran also gebunden bleibt.[74] Vor Ablauf der Widerrufsfrist wird die Frage kaum praktisch. Hatte der Lieferant aber keine Widerrufsbelehrung erteilt, sodass die Frist nicht beginnt 52

---

[69] BGH NJW-RR 1988, 1322 zu II. 1.b. bb.
[70] BGH NJW-RR 1988, 1322 zu II. 1.b.
[71] Zutreffend OLG Frankfurt NJW-RR 1990, 1081.
[72] OLG Frankfurt NJW-RR 1990, 1081; MüKoBGB/*Ulmer* § 1c AbzG Rn. 11; MüKoBGB/*Schürnbrand* § 510 BGB Rn. 12.
[73] BGHZ 128, 156 (162) mit Anm. *Pfeiffer* LM § 1 VerbrKrG Nr. 1/2.
[74] *Reich* JZ 1975, 550, 554; MüKoBGB/*Schürnbrand* § 510 BGB Rn. 36; Palandt/*Weidenkaff* § 510 BGB Rn. 8; *Bruchner/Ott/Wagner-Wieduwilt* § 2 VerbrKrG Rn. 36, dagegen *v. Westphalen/Emmerich/v. Rottenburg* § 2 VerbrKrG Rn. 44.

§ 510   53, 54   1. Teil. Darlehen und Finanzierungshilfen

(§ 356c Abs. 1 BGB) und das Widerrufsrecht erst nach gut einem Jahr erlischt (§ 356c Abs. 2 Satz 2 BGB), wird die Frage nach dem rechtlichen Bestand dennoch erfolgter Lieferungen virulent. Es erscheint nicht gerechtfertigt, den sich gesetzwidrig verhaltenden, weil die Widerrufsbelehrung nicht erteilenden Lieferanten sanktionslos zu stellen und die Rückgewährpflicht aus §§ 356c, 357 BGB einzuschränken. Es bleibt mithin bei der vollständigen Widerruflichkeit.

53   **bb) Bezugsverpflichtung.** Im Falle eines die Bezugsverpflichtung (→ Rn. 48) begründenden Rahmenvertrags wird dieser durch den Widerruf unwirksam, während die aufgrund dessen im Zuge der einzelnen Lieferungen abgeschlossenen Kaufverträge selbst weder Darlehens-, Kredit-, noch kreditähnliche, also Ratenlieferungsverträge iSv § 510 sind. Der Bestand der einzelnen Kaufverträge richtet sich nach der allgemeinen Vorschrift von § 139 BGB.[75] Sofern danach von der Unwirksamkeit auch der einzelnen Bezugsverträge auszugehen sein sollte, richtet sich die Abwicklung nach allgemeinem Bereicherungsrecht, nicht jedoch nach § 357 BGB. Im Allgemeinen wird aber, da mit dem Bezug der tatsächliche Bedarf des Verbrauchers gedeckt wurde, von der Wirksamkeit der Einzelverträge auszugehen sein.

54   **c) Einzelfälle. aa) Getränkebezug und Verwandtes.** Typische Fälle wiederkehrender Leistungen sind Bierlieferungsverträge[76] und andere Verträge, deren Gegenstand der laufende Getränkebezug ist,[77] ihre Wirksamkeit im Hinblick auf § 138 Abs. 1 BGB vorausgesetzt (→ Einf. Rn. 52).[78] Der Verpflichtete erfüllt freilich in aller Regel nicht die persönlichen Voraussetzungen als Verbraucher gem. § 13 BGB, so dass der Anwendungsbereich auf diese Verträge im Gegensatz zur früheren Rechtslage (vgl. § 8 AbzG, → § 491 Rn. 23) eingeschränkt ist; sie können aber im Rahmen von Existenzgründungen (→ § 513 Rn. 4) vorkommen.[79] Die Bezugsverpflichtung braucht nicht notwendig gegenüber dem Vertragspartner – zB dem Verpächter einer Gaststätte – zu bestehen, sondern kann sich auch auf einen Dritten – zB eine Brauerei – beziehen.[80] Die Vorschrift ist auch anwendbar, wenn die Bezugsverpflichtung als Gegenleistung in einem Grundstückskaufvertrag enthalten ist. Ob im Falle des Widerrufs nicht nur die Bezugsverpflichtung isoliert wegfällt, sondern auch der Grundstückskaufvertrag hinfällig wird, ist an § 139 BGB zu messen.[81] Entsprechendes gilt für die Verbin-

---

[75] BGH NJW 1997, 933 zu II. A. 2. b. mit Anm. *Bülow* LM Nr. 85 zu § 139 BGB; MüKoBGB/*Schürnbrand* § 510 BGB Rn. 35; aA *v. Westphalen/Emmerich/v. Rottenburg* § 2 VerbrKrG Rn. 44.
[76] BGHZ 78, 248; BGH JZ 1986, 761 mit abl. Anm. *Weitnauer*; OLG Düsseldorf WM 1984, 1220; OLG Köln WM 1984, 1238; OLG Karlsruhe NJW 1985, 2722; OLG Koblenz EWiR § 1b AbzG 1/89, 729 *(Sobieraj)*; krit. *Reinel* BB 1982, 956.
[77] BGHZ 109, 314, 317 mit Anm. *Moritz* WuB IV C.–2.90 und Komm. *Sternel* EWiR § 1c AbzG 1/90, 209; BGHZ 112, 376 ff.; BGH ZIP 1991, 1011 zu II. 1.a. aa.; BGH NJW-RR 1993, 243 mit Komm. *Borgmann* EWiR § 675 BGB 1/93, 31; BGH NJW-RR 1993, 562 zu II. 2.
[78] Zur Sitten- und Treuwidrigkeit (§ 9 AGBG) wegen überlanger Vertragsbindung zuletzt BGH WM 2000, 629 mit Anm. *Moritz* WuB IV C.–13.2000.
[79] *Reiter* BB 1991, 2322 (2323 f.); MüKoBGB/*Schürnbrand* § 510 BGB Rn. 26; *Herrfeld* Franchisenehmer, S. 188.
[80] *Paulusch* Brauerei- und Gaststättenrecht, Rn. 97; OLG Hamm NJW 1992, 3179 mit Komm. *Bülow* EWiR § 2 VerbrKrG 1/92, 1031.
[81] BGH JZ 1986, 761 zu II. 4.; BGH NJW 1991, 2903 zu II. 1.b. für gleichzeitig abgeschlossenen Darlehensvertrag; BGH NJW-RR 1993, 243.

dung mit einer Sicherungsdienstbarkeit isd §§ 1018, 1090 BGB, die ein Getränkevertriebsverbot für andere Marken enthält.[82] Unschädlich für die Ausübung des Widerrufsrechts ist im Allgemeinen, dass der Vertrag in Folge fehlender Widerrufsbelehrung bereits über Jahre vollzogen worden war; der Rechtsausübung des Verbrauchers steht nicht der Einwand des Missbrauchs entgegen, der Widerruf ist vielmehr legitime Rechtsgestaltung.[83]

Soweit die Getränkebezugsverpflichtung von der Gewährung eines **Darlehens** 55 abhängig gemacht wird,[84] ist entgegen der Rechtslage nach dem Abzahlungsgesetz nunmehr der Darlehensvertrag selbst Gegenstand des Widerrufs.

Die Verpflichtung von Gastwirten zum Bezug von **Zündholzbriefchen** kann 56 Gegenstand von Nr. 3 sein. Das gilt auch, wenn der Verbraucher in die Verpflichtungen eines solchen Vertrags im Wege der **Vertragsübernahme** (→ § 491 Rn. 79) eintritt mit der Folge, dass der Übernahmevertrag zu seiner Wirksamkeit der Schriftform resp. elektronischen Speicherung (→ Rn. 9) bedarf, gleichermaßen im Falle eines Schuldbeitritts zu einem solchen Vertrag (→ § 491 Rn. 119).[85] Nr. 3 ist bei unregelmäßigen Lieferungen auch auf Verträge über **Flüssiggas** anwendbar (→ Rn. 45).

bb) Franchise. Enthält ein Franchisevertrag (→ § 506 Rn. 53) die Verpflich- 57 tung des Franchisenehmers zum Bezug von Waren des Franchisegebers,[86] fällt diese Bezugsverpflichtung (wenn nicht unter den Parteien ein Gesellschaftsverhältnis besteht – Partnerschafts-Franchising, → § 506 Rn. 19 und → § 506 Rn. 53) unter Nr. 3,[87] nicht jedoch die einzelnen Lieferverträge (→ Rn. 53).[88] Ihr Bestand richtet sich nach § 139 BGB (→ Rn. 53). Gleichermaßen wie im Falle von Getränkebezugsverpflichtungen (→ Rn. 54) gilt dies auch dann, wenn der Franchisenehmer die Ware nicht vom Franchisegeber selbst, sondern von einem durch diesen benannten Dritten beziehen muss.[89]

---

[82] BGH NJW-RR 1992, 593; NJW 1998, 2286.
[83] BGHZ 97, 127 (134 f.) mit Komm. *Paulusch* EWiR § 1c AbzG 1/86, 313; BGHZ 97, 351 (359) mit Komm. *v. Westphalen* EWiR § 1c AbzG 2/86, 529; BGH WM 1983, 317; BGH NJW 1991, 2903 zu II. 1 a. cc. mit Komm. *Thamm/Detzer* EWiR § 1c AbzG 2/91, 833; BGH NJW-RR 1992, 593 zu III. 2.g. und NJW 1993, 128 zu II. 2.c.; OLG Hamm ZIP 1992, 1224 (1226); relativierend OLG Frankfurt WM 1984, 1009 für Franchisevertrag.
[84] BGH WM 1981, 589; NJW 1991, 2903 zu II. 1.b.; BGHZ 97, 127: Tilgung durch Aufschlag auf den Getränkepreis; OLG Koblenz NJW-RR 2001, 348.
[85] BGH NJW 1991, 2903 zu II. 1 a. aa. mit Komm. *Thamm/Detzer* EWiR § 1c AbzG 2/91, 833; BGH NJW-RR 1992, 593 zu III. 2.e.; OLG Frankfurt NJW-RR 1989, 1082.
[86] Zur AGB-rechtlichen Lage durch § 9 AGBG *Liesegang* BB 1991, 2381, 2382 zu II. 2.
[87] BGH WM 1998, 126 zu II. 1.; BGHZ 128, 156 (160) – „Ceiling Doctor" mit Anm. *Pfeiffer* LM § 1 VerbrKrG Nr. 1/2; Komm. *Schwintowski* EWiR § 1 VerbrKrG 1/95, 201; Bspr. *Emmerich* JuS 1995, 461 und Anm. *Drescher* WuB I E 2.–2.95; BGHZ 97, 351; BGHZ 97, 351 (357 f.); BGH NJW 1991, 105 zu II. 1.b. aa.; OLG Schleswig NJW 1988, 3024; OLG Hamm NJW 1992, 3179 mit Komm. *Bülow* EWiR § 2 VerbrKrG 1/92, 1031; OLG Frankfurt WM 1984, 1009; LG Berlin NJW-RR 1994, 692; *Schmelz/Klute/Bender* Verbraucherkredit, Rn. 585; *v. Westphalen/Emmerich/v. Rottenburg* § 2 VerbrKrG Rn. 25; *Böhner* NJW 1992, 3135 (3137); *Flohr* WR 1993, Beil. Heft 4, S. B 41, 45; aA *Martinek* ZIP 1986, 1440 (1448), allerdings im Hinblick auf die rein kaufrechtliche Beurteilung nach § 1c AbzG, sowie *Martinek* Vertriebsrecht, Rn. 104.
[88] OLG Frankfurt NJW-RR 1997, 170; *Herrfeld* Franchisenehmer, S. 191.
[89] OLG Hamm NJW 1992, 3179 mit Komm. *Bülow* EWiR § 2 VerbrKrG 1/92, 1031; *Soergel/Häuser* § 2 VerbrKrG Rn. 33; aA *Rausen/Bräutigam* DStR 1996, 587 (589).

§ 511

58 Ebenso wenig wie im Allgemeinen ein Mietvertrag ein Kreditvertrag iSv der Verbraucherkreditrichtlinie ist (→ § 506 Rn. 65), wird ein Vertrag zum Ratenlieferungsvertrag iSv § 510, wenn sich ein Existenzgründer (→ § 513 Rn. 4) verpflichtet, in der Zukunft wiederkehrend zu mieten, zB Videokassetten im Rahmen eines Videoladen-Franchising (sog. **Revolving-Leasing**); Verbraucherkreditrecht ist nicht anwendbar[90] (→ Rn. 3, 47). **Dienstleistungsfranchising** kann nicht Gegenstand von Bezugsverträgen sein, weil diese sich nur auf Sachen und gleichzustellende Waren (→ Rn. 43, 44, 46) beziehen.[91]

59 **cc) Lizenz, Fernunterricht.** Wiederkehrende Leistungen ergeben sich typischerweise aus den Verträgen von Buchgemeinschaften und Schallplattenclubs,[92] wenn nicht der Verbraucher die Abnahme ablehnen darf (→ Rn. 47), und für Verträge über Ergänzungslieferungen von Loseblatt-Sammlungen.[93] Die Verpflichtung, ein urheberrechtlich geschütztes Werk nach Bedarf und nach vorgegebenem Inhalt und äußerer Gestaltung drucken zu lassen, ist Gegenstand eines Werklieferungsvertrags, auf den Kaufrecht anwendbar ist.[94] Werklieferungsverträge, also auch derartige Druckverträge, sind von Nr. 3 erfasst[95] (→ Rn. 6), wie es auch in anderen Fällen keinen Unterschied macht, ob die wiederkehrenden Leistungen auf Kaufverträgen oder Werkverträgen beruhen; das Druckerzeugnis ist die Sache (→ Rn. 5). Entgegen früherer, auf das Kaufrecht beschränkter Rechtslage[96] können Lizenzverträge daher sowohl Kreditverträge gem. § 506 wie Verträge gem. § 510 Abs. 1 Satz 1 Nr. 3 sein, die Verbraucherqualifikation des Verpflichteten gem. § 13 BGB immer vorausgesetzt. Für Fernunterrichtsverträge gelten die Sonderbestimmungen des FernUSG, nicht aber § 510 (→ § 506 Rn. 46ff.).

Untertitel 4. Beratungsleistungen bei Immobiliar-Verbraucherdarlehensverträgen

§ 511 Beratungsleistungen bei Immobiliar-Verbraucherdarlehensverträgen

(1) Bevor der Darlehensgeber dem Darlehensnehmer individuelle Empfehlungen zu einem oder mehreren Geschäften erteilt, die im Zusammenhang mit einem Immobiliar-Verbraucherdarlehensvertrag stehen (Beratungsleistungen), hat er den Darlehensnehmer über die sich aus Artikel 247 § 18 des Einführungsgesetzes zum Bürgerlichen Gesetzbuche ergebenden Einzelheiten in der dort vorgesehenen Form zu informieren.

---

[90] AA OLG Frankfurt NJW-RR 1991, 1272f. mit abl. Komm. *Martinek* EWiR 3 1c AbzG 1/91, 731; das HWiG kann auf Mietverträge anwendbar sein, OLG Koblenz NJW 1994, 1418; LG Karlsruhe NJW-RR 1992, 973; dagegen *Drygala* NJW 1994, 3260 (3265).
[91] *Böhner* NJW 1992, 3135 (3136); *Eßer* Franchising, S. 77; Staudinger/*Kessal-Wulf* § 510 BGB Rn. 22.
[92] Gesetzesbegründung zu § 1c AbzG, BT-Drucks. 7/1702, S. 2.
[93] AG Frankfurt/Main NJW-RR 1994, 1400; zur AGB-rechtlichen Beurteilung BGH VuR 1998, 285; AG Reutlingen NJW-RR 1993, 1275.
[94] BGH GRUR 1966, 2307.
[95] *Schricker* EWiR § 1 AbzG 1/89, 105.
[96] BGH NJW 1989, 456 mit Komm. *Schricker* EWiR § 1 AbzG 1/89, 105 und Anm. *Moritz* WuB IV C.–1.89 gegen OLG Hamburg NJW-RR 1987, 179; *Soergel/Häuser* § 2 VerbrKrG Rn. 32.

Beratungsleistung. bei Immobiliar-Verbraucherdarlehensvertr. 1 § 511

(2) Vor Erbringung der Beratungsleistung hat sich der Darlehensgeber über den Bedarf, die persönliche und finanzielle Situation sowie über die Präferenzen und Ziele des Darlehensnehmers zu informieren, soweit dies für eine passende Empfehlung eines Darlehensvertrags erforderlich ist. Auf Grundlage dieser aktuellen Informationen und unter Zugrundelegung realistischer Annahmen hinsichtlich der Risiken, die für den Darlehensnehmer während der Laufzeit des Darlehensvertrags zu erwarten sind, hat der Darlehensgeber eine ausreichende Zahl an Darlehensverträgen zumindest aus seiner Produktpalette auf ihre Geeignetheit zu prüfen.

(3) Der Darlehensgeber hat dem Darlehensnehmer aufgrund der Prüfung gemäß Absatz 2 ein geeignetes oder mehrere geeignete Produkte zu empfehlen oder ihn darauf hinzuweisen, dass er kein Produkt empfehlen kann. Die Empfehlung oder der Hinweis ist dem Darlehensnehmer auf einem dauerhaften Datenträger zur Verfügung zu stellen.

Schrifttum: *v. Klitzing/Seiffert*, Der neue Beratungsprozess für Immobilien-Verbraucherdarlehen – Neue (Un)Klarheiten aus Brüssel und Berlin –, WM 2016, 774.

Materialien

Wohnimmobilienkreditrichtlinie 2014/17/EU

Artikel 22 Standards für Beratungsdienstleistungen

(1) Die Mitgliedstaaten stellen sicher, dass der Kreditgeber, der Kreditvermittler oder der 1
benannte Vertreter den Verbraucher im Zusammenhang mit einem entsprechenden Geschäft ausdrücklich darüber informiert, ob Beratungsdienstleistungen für den Verbraucher erbracht werden oder erbracht werden können.

(2) Die Mitgliedstaaten stellen sicher, dass der Kreditgeber, der Kreditvermittler oder der benannte Vertreter dem Verbraucher vor der Erbringung von Beratungsdienstleistungen oder gegebenenfalls vor dem Abschluss eines Vertrags über die Erbringung von Beratungsdienstleistungen folgende Informationen auf Papier oder einem anderen dauerhaften Datenträger erteilt:
a) ob die Empfehlung sich nur auf ihre eigene Produktpalette im Einklang mit Absatz 3 Buchstabe b oder eine größere Auswahl von Produkten auf dem Markt gemäß Absatz 3 Buchstabe c bezieht, damit der Verbraucher verstehen kann, auf welcher Grundlage die Empfehlung ergeht;
b) gegebenenfalls das vom Verbraucher für die Beratungsdienstleistungen zu zahlende Entgelt bzw. – wenn sich der Betrag zum Zeitpunkt der Offenlegung nicht feststellen lässt – die für seine Berechnung verwendete Methode.
Die in den Buchstaben a und b von Unterabsatz 1 genannten Informationen können dem Verbraucher in Form von zusätzlichen vorvertraglichen Informationen erteilt werden.

(3) Werden Beratungsdienstleistungen für die Verbraucher erbracht, so stellen die Mitgliedstaaten zusätzlich zu den Anforderungen gemäß den Artikeln 7 und 9 sicher, dass
a) die Kreditgeber, Kreditvermittler und benannten Vertreter die erforderlichen Informationen über die persönliche und finanzielle Situation, Präferenzen und Ziele des Verbrauchers erhalten, damit sie geeignete Kreditverträge empfehlen können. Die entsprechende Bewertung muss sich auf zum betreffenden Zeitpunkt aktuelle Informationen stützen und muss realistische Annahmen bezüglich der Risiken für die Situation des Verbrauchers während der Laufzeit des angebotenen Kreditvertrags zugrunde legen;
b) die Kreditgeber, die gebundenen Kreditvermittler oder die benannten Vertreter gebundener Kreditvermittler eine ausreichende Zahl von Kreditverträgen aus ihrer Produktpalette einbeziehen und unter Berücksichtigung der Bedürfnisse, der finanziellen Situation und der persönlichen Umstände des Verbrauchers einen geeigneten Kreditvertrag oder mehrere geeignete Kreditverträge aus ihrer Produktpalette empfehlen;
c) die nicht gebundenen Kreditvermittler oder die benannten Vertreter nicht gebundener Kreditvermittler eine ausreichende Zahl von auf dem Markt verfügbaren Kreditverträ-

gen einbeziehen und unter Berücksichtigung der Bedürfnisse, der finanziellen Situation und der persönlichen Umstände des Verbrauchers einen auf dem Markt verfügbaren geeigneten Kreditvertrag oder mehrere auf dem Markt verfügbare geeignete Kreditverträge empfehlen;
d) die Kreditgeber, die Kreditvermittler oder die benannten Vertreter im besten Interesse der Verbraucher handeln, indem sie
  i) sich über die Bedürfnisse und Umstände des Verbrauchers informieren und
  ii) geeignete Kreditverträge im Einklang mit den Buchstaben a, b und c empfehlen und
e) die Kreditgeber, die Kreditvermittler oder die benannten Vertreter, dem Verbraucher eine Aufzeichnung der abgegebenen Empfehlung auf Papier oder auf einem anderen dauerhaften Datenträger zur Verfügung stellen.

(4) Die Mitgliedstaaten können die Verwendung der Begriffe „Beratung" und „Berater" oder ähnlicher Begriffe untersagen, wenn die Beratungsdienstleistungen von Kreditgebern, gebundenen Kreditvermittlern oder benannten Vertretern gebundener Kreditvermittler erbracht werden. Wenn Mitgliedstaaten die Verwendung der Begriffe „Beratung" und „Berater" nicht untersagen, so knüpfen sie die Verwendung der Begriffe „unabhängige Beratung" oder „unabhängiger Berater" durch Kreditgeber, Kreditvermittler oder benannte Vertreter, die Beratungsdienstleistungen erbringen, an die nachstehenden Bedingungen:
a) Kreditgeber, Kreditvermittler oder benannte Vertreter beziehen eine ausreichende Zahl von auf dem Markt verfügbaren Kreditverträgen ein und
b) Kreditgeber, Kreditvermittler oder benannte Vertreter erhalten keinerlei Vergütung von einem oder mehreren Kreditgebern für diese Beratungsdienstleistungen.

Unterabsatz 2 Buchstabe b gilt nur, wenn die Zahl der einbezogenen Kreditgeber auf dem Markt keine Mehrheit darstellt.

Die Mitgliedstaaten können hinsichtlich der Verwendung der Begriffe „unabhängige Beratung" oder „unabhängiger Berater" durch Kreditgeber, Kreditvermittler oder benannte Vertreter strengere Anforderungen festlegen, einschließlich eines Verbots der Vergütung durch einen Kreditgeber.

(5) Die Mitgliedstaaten können vorsehen, dass Kreditgeber, Kreditvermittler und benannte Vertreter den Verbraucher warnen müssen, wenn ein Kreditvertrag unter Berücksichtigung der finanziellen Situation des Verbrauchers möglicherweise ein spezifisches Risiko für ihn birgt.

(6) Die Mitgliedstaaten stellen sicher, dass Beratungsdienstleistungen nur von Kreditgebern, Kreditvermittlern oder benannten Vertretern erbracht werden.

Die Mitgliedstaaten können beschließen, Unterabsatz 1 auf folgende Personen nicht anzuwenden:
a) Personen, die Kreditvermittlungstätigkeiten gemäß Artikel 4 Nummer 5 oder Beratungsdienstleistungen erbringen, wenn die Ausübung der Tätigkeiten oder die Erbringung der Dienstleistungen nur gelegentlich im Rahmen einer beruflichen Tätigkeit erfolgt und diese Tätigkeit durch Rechts- oder Verwaltungsvorschriften oder Standesregeln geregelt ist, die die Ausübung dieser Tätigkeiten oder die Erbringung dieser Dienstleistungen nicht ausschließen;
b) Personen, die Beratungsdienstleistungen im Rahmen der Verwaltung bestehender Verbindlichkeiten als Insolvenzverwalter — wenn diese Tätigkeit durch Rechts- oder Verwaltungsvorschriften geregelt ist — oder im Rahmen öffentlicher oder ehrenamtlicher Schuldenberatungsdienste erbringen, die nicht zu gewerblichen Zwecken betrieben werden, oder
c) Personen, die Beratungsdienstleistungen erbringen und bei denen es sich nicht um Kreditgeber, Kreditvermittler oder benannte Vertreter handelt, sofern sie durch zuständige Behörden gemäß den in dieser Richtlinie festgelegten Anforderungen für Kreditvermittler zugelassen und überwacht werden. Personen, die unter die Ausnahmeregelung nach Unterabsatz 2 fallen, können nicht das Recht nach Artikel 32 Absatz 1 in Anspruch nehmen, Dienstleistungen im gesamten Gebiet der Union zu erbringen.

(7) Dieser Artikel lässt Artikel 16 und die Zuständigkeit der Mitgliedstaaten unberührt sicherzustellen, dass Dienste für Verbraucher bereitgestellt werden, um sie bei ihren Überlegungen über ihre finanziellen Bedürfnisse und die Art der Produkte, mit denen diesen entsprochen werden kann, zu unterstützen.

Beratungsleistung. bei Immobiliar-Verbraucherdarlehensvertr. 2–6 § 511

EGBGB

§ 18 Vorvertragliche Informationen bei Beratungsleistungen für Immobiliar-Verbraucherdarlehensverträge

(1) Bevor der Darlehensgeber Beratungsleistungen für einen Immobiliar-Verbraucherdarlehensvertrag erbringt oder einen entsprechenden Beratungsvertrag schließt, hat er den Darlehensnehmer darüber zu informieren,
1. wie hoch das Entgelt ist, sofern ein solches für die Beratungsleistungen verlangt wird,
2. ob der Darlehensgeber seiner Empfehlung
    a) nur oder im Wesentlichen eigene Produkte zugrunde legt oder
    b) neben eigenen Produkten auch eine größere Anzahl von Produkten anderer Anbieter zugrunde legt.

Lässt sich die Höhe des Entgelts nach Satz 1 Nummer 1 noch nicht bestimmen, ist über die Methode zu informieren, die für die Berechnung verwendet wird.

(2) Die Informationen sind auf einem dauerhaften Datenträger zu übermitteln; sie können in der gleichen Art und Weise wie weitere vorvertragliche Informationen gemäß § 1 Absatz 3 Satz 1 erteilt werden.

Kommentierung

I. Einführung

Die Vorschrift ist im Rahmen der Reform 2016 neu in das BGB gekommen, statuiert erstmalig eigenständige Regelungen zur Beratung des Verbrauchers durch den Darlehensgeber und dient der Umsetzung von Art. 22 der Wohnimmobilienkreditrichtlinie. Anwendung findet die Vorschrift nur auf Immobiliar-Verbraucherdarlehensverträge.

II. Beratungsleistung und vorvertragliche Information

Der Gegenstand von Beratungsleistungen wird in Abs. 1 legal definiert. Danach handelt es sich bei Beratungsleistungen um **individuelle Empfehlungen** des Darlehensgebers gegenüber dem Verbraucher zu einem oder mehreren Geschäften, die im Zusammenhang mit einem Immobiliar-Verbraucherdarlehensvertrag stehen. Derartige individuelle Empfehlungen gehen in ihrer Intensität über die individuellen Erläuterungspflichten aus § 491a Abs. 3 hinaus. Wesentlich ist allerdings, dass die Beratung iSd § 511 anders als die vorvertragliche Information resp. Erläuterung nicht zwingend zu erfolgen hat. Hinzu kommt, dass die Beratung über die produktbezogene Information und Erläuterung hinausgeht, indem eine **konkrete Empfehlung** hinsichtlich einer durch den Verbraucher zu treffenden Entscheidung erteilt wird. Hinsichtlich der Beratungsleistung erfolgt allerdings lediglich eine Regelung dahingehend, wie diese zu erfolgen hat, wenn sie erbracht werden soll. Die Beratung kann auch unabhängig von der Gewährung eines Darlehens erfolgen.

Auf den **Darlehensvermittler** finden die Regelungen gem. § 655a Abs. 3 in zum Teil modifizierter Form Anwendung.

Bevor der Darlehensgeber eine Beratungsleistung erbringt, hat er Informationspflichten zu erfüllen, die sich aus Art. 247 § 18 EGBGB ergeben. Im Kern

Artz

geht es darum, dass dem Verbraucher mitgeteilt werden muss, in welcher Höhe ein etwaiges Beratungsentgelt anfällt und ob der Darlehensgeber in den Fokus seiner Empfehlung im Kern nur eigene oder auch fremde Produkte einbezieht. Lässt sich die Höhe des Entgelts zu diesem Zeitpunkt noch nicht bestimmen, ist über die Methode zu informieren, die für die Berechnung verwendet wird. Die Informationen sind auf einem dauerhaften Datenträger zu übermitteln und können dem ESIS-Merkblatt als gesondertes Dokument beigefügt werden.

III. Grundlage der Beratungsleistung

7   Auf welcher Datengrundlage der Darlehensgeber die Beratung zu erbringen hat, regelt Abs. 2 und stellt dabei erhebliche Anforderungen an die Datenerhebung durch den Darlehensgeber. Zu erforschen und zu hinterfragen hat der Darlehensgeber vor der Beratung etwa die persönliche und finanzielle Situation sowie die Wünsche und Ziele des Darlehensnehmers. Das Ausmaß der Erkundigung hängt davon ab, was erforderlich ist, um dem Verbraucher geeignete Darlehensverträge empfehlen zu können, wobei sich der Darlehensgeber grundsätzlich am Bild des durchschnittlichen Verbrauchers orientieren kann. Erkennt er allerdings erhöhten Beratungsbedarf, hat er diesem nachzukommen. Beachtung finden müssen sowohl die Lebenssituation als auch die finanziellen Verhältnisse des Verbrauchers sowie der konkrete Kreditbedarf des Verbrauchers.[1] Auf der Grundlage der Informationen muss es dem Darlehensgeber möglich sein, sich ein realistisches Bild von den für den Darlehensnehmer innerhalb der avisierten Laufzeit des Vertrags bestehenden Risiken zu machen und alsdann eigene Produkte und, soweit der Darlehensgeber dazu bereit ist, auch fremde Produkte auf ihre Eignung für den konkreten Kunden zu überprüfen. Die verwerteten Informationen müssen auf dem aktuellen Stand sein und können auch die Angaben enthalten, die der Verbraucher zur Durchführung der Kreditwürdigkeitsprüfung gemacht hat. Konkrete persönliche Risiken, wie Arbeitslosigkeit, Renteneintritt, familiäre und gesundheitliche Situation des Verbrauchers sowie produktbezogene Risiken wie negative Veränderungen des Zinsniveaus sind zu berücksichtigen.

IV. Inhalt und Form der Beratung

8   Den Inhalt und die Form der individuellen Beratung regelt abschließend § 511 Abs. 3. Auf der Grundlage seiner Prüfung hat der Darlehensgeber dem Verbraucher ggf. ein oder mehrere geeignete Produkte zu empfehlen oder mitzuteilen, dass er sich nicht zu einer Empfehlung im Stande sieht. Die Auswahl des Produkts hat sowohl kunden- als auch objektbezogen zu erfolgen. Jeweils ist die Information dem Verbraucher auf einem dauerhaften Datenträger zur Verfügung zu stellen. Die Empfehlung als solche kann allerdings auch im Rahmen eines Gesprächs erfolgen.

---

[1] *v. Klitzing/Seiffert* WM 2016, 774 (777).

Untertitel 5. Unabdingbarkeit, Anwendung auf Existenzgründer

§ 512 Abweichende Vereinbarungen

¹ Von den Vorschriften der §§ 491 bis 511 darf, soweit nicht ein anderes bestimmt ist, nicht zum Nachteil des Verbrauchers abgewichen werden.
² Diese Vorschriften finden auch Anwendung, wenn sie durch anderweitige Gestaltungen umgangen werden.

Vorgängervorschriften: § 18 VerbrKrG, § 506 BGB aF

Schrifttum: *Artz,* Neues Verbraucherkreditrecht im BGB, Jb.J. ZivRWiss. 2001, S. 247; *Benecke,* Gesetzesumgehung im Zivilrecht, 2004; *Bülow,* Einseitiger Verzicht des Verbrauchers auf sein Widerrufsrecht?, ZIP 1998, 945; *Fuchs,* Zur Disponibilität gesetzlicher Widerrufsrechte im Privatrecht, AcP 196 (1996), 313; *Gramlich/Zerres,* Umgehungsverbote im Verbraucherschutz – zur Auslegung von § 5 Abs. 1 HWiG, ZIP 1998, 1299; *Halfmeier,* Widersprüchliches Verhalten als opt-out aus dem Europäischen Verbraucherschutzrecht?, GPR 2005, 184; *Huber,* Typenzwang, Vertragsfreiheit und Gesetzesumgehung, JurA 1970, 784; *Koller,* Faktisches Arbeitsverhältnis bei Vorliegen eines Umgehungsgeschäfts?, NZA 1999, 1311; *Koziol, M.,* Die Umgehungsregel und das Verbraucherkreditgesetz, 1998; *Krämer,* Der Verzicht auf die verbraucherschützende Widerrufsrecht und die Rückbeziehung der vertraglichen Pflichten, ZIP 1997, 93; *Löwe,* Schutz gegen Überrumpelung beim Vertragsschluß, BB 1986, 821; *Mankowski,* Beseitigungsrechte, 2003; *Maultzsch,* Agenturgeschäfte im Gebrauchtwagenhandel und Gesetzesumgehung, ZGS 2005, 175; *Medicus,* Die Lösung vom unerwünschten Schuldvertrag, JuS 1988, 1; *Pfeiffer,* Der Kreditkartenvertrag, in: Vertragsrecht und AGB-Klauselwerke, Stand 1995; *Pohlmann,* Der sogenannte „Verzicht" auf eine Bedingung im Sinne von § 158 BGB, 1999; *Reifner,* „Wirtschaftliche Betrachtungsweise" und verbundenes Geschäft – ein Beitrag zur Dogmatik der §§ 506 S. 2, 358 BGB, Festschrift Derleder 2005, S. 489; *Reinel,* „Totgeglaubte leben länger" – Das Agenturgeschäft im Gebrauchtwagenhandel, Jura 2005, 850; *Robbers,* Der Grundrechtsverzicht, JuS 1985, 925; *Seifert,* Aspekte des Verbraucherkreditgesetzes aus Sicht eines Leasingunternehmens, Der langfristige Kredit 1991, 144; *Schürnbrand,* Zwingender Verbraucherschutz und das Verbot unzulässiger Rechtsausübung, JZ 2009, 133; *Sieker,* Umgehungsgeschäfte, 2001; *Teichmann,* Die Gesetzesumgehung, 1962; *Windel,* Die sorgeberechtigten Eltern in der Falle des Verbraucherschutzrechts, JuS 1996, 811.

Übersicht

	Rn.
Materialien	
Verbraucherkreditrichtlinie Art. 22	1
Kommentierung	
I. Abweichende Vereinbarungen	2
1. Halbzwingende Geltung	2
2. Insbesondere: Verzug, Kündigung und Rücktritt, Ablösung	8
3. Einseitige Willenserklärungen	9
a) Vereinbarung und Verzicht	9
b) Einzelne verbraucherschützende Rechtspositionen	17
4. Rechtsfolgen	19
II. Abweichende Vertragsform	20
1. Begriff und Bedeutung	20
2. Methodik	23
3. Anwendungsfälle	24
4. Keine Umgehungstatbestände	29

§ 512 1–4   1. Teil. Darlehen und Finanzierungshilfen

Materialien
Verbraucherkreditrichtlinie 2008/48/EG

1   Artikel 22

(...)

(2) Die Mitgliedstaaten stellen sicher, dass Verbraucher auf die Rechte, die ihnen mit den innerstaatlichen Vorschriften eingeräumt werden, die zur Anwendung dieser Richtlinie erlassen wurden oder dieser Richtlinie entsprechen, nicht verzichten können.

(3) Die Mitgliedstaaten stellen ferner sicher, dass die Vorschriften, die sie gemäß dieser Richtlinie verabschieden, nicht durch eine besondere Gestaltung der Verträge umgangen werden können, insbesondere durch die Einbeziehung der Inanspruchnahme von Kreditbeträgen oder von Kreditverträgen, die in den Geltungsbereich dieser Richtlinie fallen, in Kreditverträge, deren Eigenart oder Zweck es erlauben würde, sie ihrer Anwendung zu entziehen.

(...)

Kommentierung

I. Abweichende Vereinbarungen

1. Halbzwingende Geltung

2   Der Privatautonomie sind keine Grenzen gesetzt, soweit die Parteien einen Kreditvertrag (§§ 491, 506; für den Darlehensvermittlungsvertrag gilt § 655e Abs. 1, → § 655e Rn. 1) zwar abweichend vom Gesetz gestalten, aber in der Weise, dass die Rechtsposition des Verbrauchers günstiger als nach dem Gesetz oder gleich ist. So steht es den Parteien frei, die Widerrufsfrist aus § 355 Abs. 2 BGB zu verlängern,[1] die Zulässigkeit eines an sich nicht zulässigen teilweisen Widerrufs zu vereinbaren (→ § 495 Rn. 15 f.) oder die Gesamtfälligstellung gem. § 498 an weitere Voraussetzungen zu knüpfen. Verbraucherschutzbestimmungen, die gem. § 491 Abs. 2, Abs. 4 oder etwa bei Immobiliar-Verbraucherdarlehensverträgen nicht anwendbar sind, können durch Vertrag anwendbar gemacht werden. Jedoch findet eine Kompensation besserstellender Vereinbarungen mit belastenden an anderer Stelle nicht statt. Prüfungsgegenstand ist stets die einzelne Vereinbarung. Im Internationalen Privatrecht ist die freie Rechtswahl durch Art. 46b EGBGB und Art. 6 Rom I-VO eingeschränkt (→ 3. Teil Rn. 3 ff.).

3   Der Grundsatz freier Vereinbarung gilt, soweit Verbraucherkreditrecht Vertragsinhalte überhaupt nicht vorschreibt. Bei einem tilgungsfreien Kredit, auf den die Gesamtfälligkeitsregelung gem. § 498 nicht anwendbar ist, können die Parteien eine Vorfälligkeitsabrede deshalb frei vereinbaren (→ § 498 Rn. 10) oder bei der Rückabwicklung nach Widerruf das Zurückbehaltungsrecht nach § 273 BGB abbedingen. Aber eine Vertragsübernahme, mit der der Kreditgeber durch eine privat handelnde natürliche Person ersetzt wird, beseitigt das Widerrufsrecht des Verbrauchers nicht (→ § 491 Rn. 85).

4   Vereinbarungen, die zum selben Ergebnis wie verbraucherkreditrechtliche Bestimmungen führen, sind wirksam. So können die Parteien die gesetzlichen Kündigungs- oder Rücktrittsrechte zum Gegenstand ihrer Vereinbarung machen.

---

[1] Späterer Fristbeginn als nach § 355 Abs. 2 Satz 1: OLG Köln NJW-RR 2001, 425.

Die halbzwingende Wirkung erfasst neben den genannten Vorschriften des 5
Verbraucherkreditrechts auch die in Bezug genommenen bzw. sachlich verbundenen Regelungen des Allgemeinen Schuldrechts und des Allgemeinen Teils des
BGB. Zu nennen sind etwa §§ 13, 14, 355 bis 361, insbesondere 356b, 357a,
358 bis 361 BGB (s. zum vergleichbaren Problem in § 513 → § 513 Rn. 3).[2]
Auf relevante Geschäfte eines Existenzgründers findet § 506 nach § 507 Anwendung. Eine entsprechende Regelung für Darlehensvermittlungsverträge trifft
§ 655e Abs. 1. Für die neu eingeführten Regelungen zur sog. 0%-Finanzierung
in §§ 514, 515 BGB mangelt es an einer entsprechenden Regelung.

Gleiche und ähnliche Regelungen finden sich in §§ 306a, 312k, 487, 489 6
Abs. 4, 651l BGB, § 8 FernUSG (→ § 506 Rn. 46). Ähnlich konzipiert ist auch
das Wohnraummietrecht, wo man aber auf eine dem § 512 vergleichbare Vorschrift verzichtet und – sowohl umständlich als auch unverständlich – den einzelnen Regelungen halbzwingende Wirkung zuweist.[3]

Der mit Wirkung zum 11.6.2010 neu eingeführte Zusatz, „**soweit nicht ein** 7
anderes bestimmt ist", betrifft zwei Regelungen. Zum einen eröffnet § 500
Abs. 1 Satz 2 den Parteien die Möglichkeit, anstelle des fristlosen Kündigungsrechts des Verbrauchers eine Kündigungsfrist von höchstens einem Monat zu
vereinbaren. Zum anderen gestattet § 493 Abs. 3 eine Abweichung von der dort
geregelten Unterrichtungspflicht nach Art. 247 § 15 EGBGB.

2. Insbesondere: Verzug, Kündigung und Rücktritt, Ablösung

Verzugszinsvereinbarungen, die die Grenzen von § 497 überschreiten, insbe- 8
sondere den Verbraucher zur Fortentrichtung des Vertragszinses verpflichten sollen, sind unwirksam (→ § 497 Rn. 19). Kündigung und Gesamtfälligstellung
können nicht an niedrigere Voraussetzungen geknüpft werden, als sie § 498 vorsieht, zB hinsichtlich des relativen Ratenrückstands nach Nr. 1[4] oder der korrekten staffelmäßigen Berechnung.[5] Entsprechendes gilt für das Kündigungsrecht des
Kreditgebers aus § 499 und des Verbrauchers aus § 500, bzgl. dessen allenfalls
eine Kündigungsfrist von einem Monat vereinbart werden kann, § 500 Abs. 1
Satz 2 (→ § 500 Rn. 4 und → Rn. 7). Dem Verbraucher darf es nicht verwehrt
oder erschwert werden, vorzeitig Erfüllung herbeizuführen, § 500 Abs. 2. Ebenso wenig kann von den Regelungen über die Rechtsfolgen der vorzeitigen Vertragsbeendigung, Kostenermäßigung nach § 501 und Vorfälligkeitsentschädigung
nach § 502, zu Lasten des Verbrauchers abgewichen werden. So ist es unzulässig,
die Einräumung eines Sondertilgungsrechts mit einer „Gebühr" zu belegen, auch
wenn der Darlehensgeber im Gegenzug auf die Vorfälligkeitsentschädigung verzichtet.[6] Die Parteien können nicht wirksam Aufhebungsvereinbarungen treffen,
die zum Nachteil für den Verbraucher von den Rücktrittsanforderungen gem.
§ 508 abweichen (→ § 508 Rn. 7). Gleiches gilt für die Rückabwicklung Zug
um Zug gem. §§ 348, 508 (→ § 508 Rn. 12). Eine Vereinbarung über den gewöhnlichen Verkaufswert gem. § 508 Satz 5 HS. 2 (→ § 508 Rn. 42) kann ge-

---

[2] S. auch MüKoBGB/*Schürnbrand* § 511 BGB Rn. 3.
[3] Krit. dazu MüKoBGB/*Artz* § 557 BGB Rn. 53.
[4] OLG Celle NJW-RR 1996, 119.
[5] LG Stuttgart NJW-RR 1993, 308 mit Komm. *Reifner* EWiR § 11 VerbrKrG 1/92, 1135.
[6] BGH WM 2016, 704.

troffen werden, wenn der Kreditgeber die Sache wieder an sich genommen hatte. Jedoch ist die Vereinbarung unwirksam, wenn die Parteien einen niedrigeren als den gewöhnlichen Verkaufswert zugrundelegen. Sie können auch nicht vereinbaren, dass die Rücktrittsfiktion aus § 508 Satz 5 eingreifen solle, ohne dass die Rücktrittsvoraussetzungen aus § 498 Abs. 1 vorlägen (str., → § 508 Rn. 30). Die Parteien können vereinbaren, dass der Kreditgeber die Sache im Einverständnis des Verbrauchers zu bestimmtem Preis unter Anrechnung auf die Kaufpreisschuld veräußert (→ § 508 Rn. 46). Ein Darlehensvermittler kann sich nicht ausbedingen, dass seine Provision schon vor der Leistung des Darlehens zu zahlen sei (→ § 655c Rn. 6). Im verbundenen Geschäft kann die Bank vom Verbraucher nicht Rückzahlung der Darlehensvaluta, die an den Verkäufer geflossen waren, verlangen (§ 358 Abs. 4 Satz 5, → § 495 Rn. 378). Werden abstrakte Sicherheiten zur Sicherung eben dieser Rückzahlung bestellt, ist der zugrunde liegende obligatorische Sicherungsvertrag unwirksam (→ Rn. 19), so dass hinsichtlich der Sicherheiten ein Rückgewährsanspruch des Verbrauchers nach § 812 BGB besteht.

3. Einseitige Willenserklärungen

9 **a) Vereinbarung und Verzicht.** § 512 Satz 1 bestimmt das Verbot der Abweichung von verbraucherkreditrechtlichen Vorschriften zum Nachteil des Verbrauchers. Hiervon sind zunächst Vereinbarungen zwischen Unternehmer und Verbraucher erfasst. Fraglich ist, ob der einseitige Verzicht des Verbrauchers auf Rechte, die ihm das Gesetz einräumt, wirksam möglich ist, namentlich auf das Widerrufsrecht nach §§ 495, 355.

10 Diese Frage ist unter der Geltung von § 18 Satz 1 VerbrKrG umstritten gewesen, weil sich das Verbot danach auf Vereinbarungen bezogen hatte und sich nicht auf einseitige Willenserklärungen, wie sie der Verzicht darstellt, zu beziehen schien. Nachdem das Verbot aufgrund der Schuldrechtsmodernisierung einer Abweichung schlechthin gilt (übrigens auch nach der Altregelung von § 1b Abs. 6 AbzG), dürfte der einseitige Verzicht des Verbrauchers bereits vom Wortlaut der Vorschrift erfasst und mithin unwirksam sein.[7] Dies ergibt sich auch aus der ratio legis:

11 Zivilrechtlicher Ausgangspunkt ist zunächst, dass zwar der Verzicht auf eine Forderung gem. § 397 BGB einen Vertrag zwischen Gläubiger und Schuldner voraussetzt,[8] gleichermaßen der Verzicht auf eine Bedingung,[9] dass aber der Verzicht auf Gestaltungsrechte und Einreden durch einseitige, empfangsbedürftige[10] Willenserklärung des Rechtsinhabers möglich ist. Dies setzen §§ 768 Abs. 2, 671, 376 Abs. 2 Nr. 1 BGB voraus. Anerkannt ist die Wirksamkeit eines Verzichts auf die Verjährungseinrede, im Hinblick auf § 202 Abs. 2 BGB aber nur nach Ablauf der Verjährungsfrist.[11] Einseitig wirksam ist auch der Verzicht auf das Eigentum an einer Sache oder auf beschränkte dingliche Rechte gem. §§ 875,

---

[7] Palandt/*Weidenkaff* § 511 BGB Rn. 2.
[8] Zur Sittenwidrigkeit eines Erlassvertrags BGH WM 1998, 513.
[9] *Pohlmann* Verzicht, S. 35 ff.
[10] Nicht: Bestätigung des anfechtbaren Rechtsgeschäfts gem. § 144 BGB aF (§ 281 BGB): RGZ 68, 398.
[11] RGZ 78, 130; BGHZ 22, 267; 57, 204 (209); BGH NJW 2001, 2713 zu II. 1.; Rechte aus § 326 BGB aF: BGH MDR 1963, 495 (Nr. 63); Kündigungsgrund: BGH NJW 1969, 131; Grundrechte: *Robbers* JuS 1985, 925 (930).

928, 959, 1064, 1255 BGB, auch auf den Eigentumsvorbehalt (§ 449 BGB), so dass die mit der dinglichen Einigung verbundene aufschiebende Bedingung wegfällt.[12] Dieser Ausgangspunkt erlaubt jedoch nicht den Schluss auf die Verzichtbarkeit verbraucherkreditrechtlicher Gestaltungen und Einreden[13] wie etwa den Einwendungsdurchgriff nach § 359 BGB. Verbraucherschutz enthält wie auch im Allgemeinen Formvorschriften mit Warnfunktion ein Element der Entmündigung[14] insoweit, als der Schutzbefohlene seine Rechtsverhältnisse nicht gänzlich frei, sondern nur über die Hürden, die das schützende Gesetz aufstellt, gestalten kann, sei es im Wege der beschränkten Vertragswirksamkeit trotz Abschlusstatbestands oder im Wege des Formzwangs. Dies bedeutet für das Beispiel des Widerrufsrechts, dass der Verbraucher die ihm eingeräumte Überlegungszeit nicht nur nutzen darf, sondern nutzen muss; erst nach Fristablauf von zwei Wochen kann er seine Verhältnisse privatautonom gestalten.

Mit der Neuformulierung aufgrund der Schuldrechtsmodernisierung scheinen diese Überlegungen, ohne dass die Gesetzesbegründung dazu ein Wort verlöre, Berücksichtigung gefunden zu haben.[15] Sie war zugleich eine korrekte Umsetzung von Art. 14 der vormaligen Verbraucherkreditrichtlinie. Danach war sicherzustellen, dass von den umgesetzten Vorschriften des nationalen Rechts nicht zum Nachteil des Verbrauchers abgewichen werden dürfe. Unter Geltung der neuen Verbraucherkreditrichtlinie wird dies noch deutlicher. Nach Maßgabe von Art. 22 Abs. 2 (→ Rn. 1) haben die Mitgliedstaaten sicher zu stellen, dass Verbraucher nicht auf die entsprechenden Rechte **verzichten** können.

Die Abweichung von Vorschriften des Gesetzes zum Nachteil des Verbrauchers, liege sie in einer Vereinbarung oder in einer einseitigen Verzichtserklärung des Verbrauchers, ist demgemäß unwirksam.[16] Gleiches gilt für den einseitigen Verzicht auf die Rechte des Schuldners für den Fall der Abtretung gem. § 496 Abs. 1 (→ § 496 Rn. 11). Dagegen steht dem wirksamen Verzicht auf den Zugang der Willenserklärung des Kreditgebers gem. § 151 BGB nichts entgegen[17] (→ § 492 Rn. 20).

In Bezug auf das Widerrufsrecht mag man sich noch fragen, ob der einseitige Verzicht dann wirksam ist, wenn der Verbraucher seine Vertragserklärung in der gem. § 492 gehörigen Form abgegeben hatte, so dass Verzicht nichts anderes als die Abkürzung der Zweiwochenfrist nach §§ 355 Abs. 2, 495 bedeuten würde. Dafür spricht, dass in diesem Fall der Informationstatbestand als zentralem verbraucherschützenden Anliegen erfüllt ist und es möglicherweise an der Schutzbedürftigkeit des Verbrauchers fehlt.[18] Aber der dem Verbraucher nicht nur gewährte, sondern auch aufgezwungene Schutz erschöpft sich nicht in Information. Die Information ist vielmehr verbunden mit der durch das Gesetz bestimm-

---

[12] BGH NJW 1958, 1231; *Bülow* Kreditsicherheiten, Rn. 761.
[13] So aber *Krämer* ZIP 1997, 93 (98).
[14] Insoweit zutreffend *Krämer* ZIP 1997, 93 (97).
[15] *Artz* Jb.J. ZivRWiss., S. 247; *Huber/Faust* Schuldrechtsmodernisierung, 19. Kapitel Rn. 118.
[16] Im Ergebnis auch MüKoBGB/*Schürnbrand* § 511 BGB Rn. 5; *v. Westphalen/Emmerich/v. Rottenburg* § 18 VerbrKrG Rn. 5; Staudinger/*Kessal-Wulf* § 511 BGB Rn. 4; *Windel* JuS 1996, 812 (816); *Bülow* ZIP 1998, 945; *Mankowski* Beseitigungsrechte, S. 1063 ff.; LG Fulda NJW-RR 1987, 1460 für HWiG.
[17] BGH NJW-RR 2004, 1683 mit Komm. *Artz* WuB IV A.-1.04.
[18] So *Fuchs* AcP 196 (1996), 314 (355 ff.); *Krämer* ZIP 1997, 93 (98).

ten **Überlegungsfrist**. Die Information entfaltet erst Schutz, wenn der Verbraucher Zeit hat, die Information zu bedenken. Diese Voraussetzungen legt das Gesetz für eine selbstverantwortliche Entscheidung des Verbrauchers fest.[19] Man mag sich darüber streiten, ob die Zweiwochenfrist zu lang[20] bemessen ist. Ebenso wie der Schutz durch Verbraucherkreditrecht jedoch pauschalierend an den Verwendungszweck des Kredits jenseits aller individueller Schutzbedürftigkeit des Kreditnehmers anknüpft (→ § 491 Rn. 47), ist auch die gesetzliche Zweiwochenfrist in pauschalierender Weise verbindlich als ein Zeitraum, dessen die privatautonome Entscheidungsfindung des Verbrauchers bedarf; sie kann nicht nach den Bedürfnissen des Einzelfalls durch einseitigen Verzicht abgekürzt werden. Offen bliebe zudem, ob der Verzicht des Verbrauchers formgebunden wäre, vielleicht Schriftlichkeit wie für den Widerruf zu fordern wäre.[21] Aber die Schriftlichkeit des Widerrufs dient nicht dem Schutz des Verbrauchers, sondern der Rechtsklarheit vor allem zugunsten des Kreditgebers, dessen enttäuschte Erwartung in den Bestand des Vertrags einer Dokumentation bedarf. Schriftlichkeit aus Gesetz wäre demgemäß nicht herleitbar, Formfreiheit wiederum gefährlich.

15 Der Verzicht des Verbrauchers auf das Widerrufsrecht ist nach geltendem Recht auch nicht mehr in dem Fall wirksam, dass sich der Kreditgeber seinerseits gesetzwidrig verhalten hatte, indem er es unterließ, eine (ordnungsgemäße) Widerrufsinformation zu erteilen, der Verbraucher sein Widerrufsrecht aber dennoch kennt und mit dem Verzicht Vertragserfüllung erreichen will; aufgrund des geltenden Konzepts der schwebenden Wirksamkeit hat er ohnehin Erfüllungsansprüche.[22]

16 Eine **Verwirkung** des Widerrufsrechts kommt beim nicht ordnungsgemäß belehrten Verbraucher selbst dann nur in ungewöhnlichen Ausnahmefällen in Betracht, wenn seit dem Vertragsabschluss eine erhebliche Zeit verstrichen ist.[23] Dabei ist stets zu berücksichtigen, dass es dem Unternehmer dauerhaft möglich ist, durch eine nachträgliche Information die Widerrufsfrist in Gang zu setzen und sich die fortbestehende Widerruflichkeit des Vertrags allein auf dessen Versäumnis bei der ordnungsgemäßen Information des Verbrauchers gründet.

17 **b) Einzelne verbraucherschützende Rechtspositionen.** Der Verbraucher kann im verbundenen Geschäft nicht auf Einwendungen aus § 359 gegenüber dem finanzierenden Kreditgeber verzichten; tritt dieser seine Ansprüche ab, ist der Verzicht auf Einwendungen gegenüber dem Zessionar gem. §§ 404, 406 BGB weder durch Vereinbarung noch einseitige Erklärung des Verbrauchers wirksam. Die Einwendungslage bleibt dem Verbraucher also trotz gegenteiliger Erklärungen erhalten. Die von der Tilgungsreihenfolge nach § 497 Abs. 3 Satz 1 abw. Tilgungsbestimmung des Verbrauchers gem. § 367 Abs. 2 BGB ist nur wirksam, wenn sie sich zu seinen Gunsten auswirkt und der Kreditgeber nicht ablehnt (→ § 497 Rn. 56 aE). Der Verzicht des Verbrauchers auf die Schriftform ist nicht Gegenstand von § 512,[24] sondern die Rechtsfolge bestimmt sich aus § 494 Abs. 1.

---

[19] Insoweit gl. A. *Fuchs* AcP 196 (1996), 314 (351).
[20] Vielleicht aber auch zu kurz?: *Medicus* JuS 1988, 1 (4).
[21] So *Fuchs* AcP 196 (1996), 314 (360).
[22] Zust. MüKoBGB/*Schürnbrand* § 511 BGB Rn. 5; ebenso *Mankowski* Beseitigungsrechte, S. 1068.
[23] Zutreffend *Schürnbrand* JZ 2009, 133 (139).
[24] So aber AG Heilbronn VuR 1997, 237.

Abweichende Vereinbarungen 18–21 § 512

Der Verbraucher kann auch nicht durch tatsächliches Handeln die Anwendbarkeit ihn schützender Normen des Verbraucherkreditrechts verhindern. Deshalb ist das Gesetz auch auf den **Scheinkaufmann** anwendbar. Täuscht der privat handelnde Kreditnehmer einen gewerblichen Verwendungszweck vor, indem er wahrheitswidrig als Gewerbetreibender auftritt, so liegt darin ein nicht möglicher Verzicht auf den Schutz der verbraucherkreditrechtlichen Vorschriften, so dass er in der Regel (→ § 491 Rn. 45) Normadressat bleibt.[25] Es kann ihm die Berufung auf verbraucherprivatrechtliche Sondervorschriften aber gem. § 242 BGB verwehrt sein.[26] 18

4. Rechtsfolgen

Die durch Satz 1 bestimmte Rechtsfolge beschränkt sich auf die Unwirksamkeit der dem Verbraucher zum Nachteil gereichenden einzelnen Vereinbarung. Dagegen enthält die Vorschrift keine Regelung bezüglich des Kredit- oder Darlehensvermittlungsvertrags im Übrigen. In interessengerechter Auslegung von § 139 BGB kann nicht von der regelmäßigen Gesamtnichtigkeit des Vertrags ausgegangen werden, da sich der Schutzzweck von Satz 1 im Allgemeinen in sein Gegenteil verkehren würde. Die Wirksamkeit des Vertrags im Übrigen bleibt also, ähnlich der Regelung in § 306 Abs. 1 BGB, unberührt.[27] Zur Verwirkung → Rn. 16. 19

II. Abweichende Vertragsform

1. Begriff und Bedeutung

Während sich die Parteien bei den abweichenden Vereinbarungen im Sinne von Satz 1 nicht an die Vorgaben des Gesetzes halten, kennzeichnet sich der Tatbestand von Satz 2 dadurch aus, dass die Vorgaben des Gesetzes nach ihrem äußeren Erscheinungsbild gerade beachtet oder doch nicht missachtet werden, der innere Gehalt der Vereinbarung aber dennoch nicht mit dem Gesetz vereinbar ist. Das kann gerade auch der Fall sein, wenn neue, vor der Geltung von Verbraucherkreditrecht noch unbekannte Kreditformen Vertragsgegenstand sind. 20

Dieses sogenannte **Umgehungsverbot**[28] aus Satz 2 hat weit geringere Bedeutung als nach der früheren Geltung von § 6 AbzG, weil der Begriff der Finanzierungshilfe (§ 506) und des Darlehens so weit gefasst ist, dass die meisten 21

---

[25] Zur Wirksamkeit des Strohmanngeschäfts bei Umgehung der Unternehmereigenschaft BGH NJW-RR 2013, 687.
[26] BGH NJW 2005, 1045 zu §§ 474 ff. mit Anm. *Wertenbruch* LMK 2005, 49; s. auch *K. Schmidt* JuS 2006, 1 (2, 8); wohl für Nichtanwendung des Gesetzes Staudinger/*Kessal-Wulf* § 491 BGB Rn. 43; ebenso Soergel/*Pfeiffer* § 13 BGB Rn. 28; *Halfmeier* GPR 2005, 184: subjektiver Verbraucherbegriff.
[27] Staudinger/*Kessal-Wulf* § 511 BGB Rn. 5; *Münstermann/Hannes* § 18 VerbrKrG Rn. 866; *v. Westphalen/Emmerich/v. Rottenburg* § 18 VerbrKrG Rn. 7; MüKoBGB/*Schürnbrand* § 511 BGB Rn. 6.
[28] Zum Umgehungsverbot gem. § 5 Abs. 1 HWiG (§ 312f Satz 2 BGB) OLG Karlsruhe NJW 1991, 433 mit Anm. *Teske* ZIP 1990, 1279 (keine Umgehung durch Vereinsbeitritt); diff. *Löwe* BB 1986, 821 (823); OLG Stuttgart WM 1999, 310 (Aufspaltung, Angebot und Annahme); LG Mannheim NJW-RR 1990, 1395; LG Limburg NJW-RR 1989, 119 (Umgehung durch Verhandlungen im Hotel statt in Privatwohnung), dazu ausf. *Benecke* Gesetzesumgehung im Zivilrecht, S. 61 f.; Finanzierungsleasingvertrag keine Umgehung des Verbrauchsgüterkaufrechts: BGH NJW 2006, 1066 mit Anm. *Stoffels* LMK 2006, 170499.

Vertragskonstellationen unmittelbar unter den Anwendungsbereich von Verbraucherkreditrecht subsumierbar sind. Der Anwendungsbereich beschränkt sich anders als § 1 AbzG nicht auf Kaufverträge.[29] Durch § 512 Satz 2 erfolgt die Umsetzung von Art. 22 Abs. 3 der Verbraucherkreditrichtlinie.

22 Rechtsfolge ist, dass der Vertrag so gilt, wie es Sinn und Zweck des Gesetzes entspricht und nicht nach seinem äußeren Erscheinungsbild. Anders als gem. Satz 1 kann gerade nicht Unwirksamkeit die Rechtsfolge sein.

2. Methodik

23 Die Umgehung ist kein eigenständiges methodisches Phänomen, sondern eine Frage der **Auslegung**.[30] Es kommt darauf an, ob die Willenserklärungen der Parteien, obwohl sie sich nicht in der äußeren Form eines Kreditvertrags oder Darlehensvermittlungsvertrags oder in der Form eines Ausnahmetatbestandes[31] darstellen, in Wahrheit gem. §§ 133, 157 BGB dennoch als solche auszulegen sind. Zu prüfen ist also, ob Kreditgeber oder Vermittler und Verbraucher einen Vertragsinhalt wollten, wie er durch §§ 491 oder 506 umschrieben ist und der nicht einem Ausnahmetatbestand entspricht; ist das der Fall, ist das Gesetz ohne Rücksicht auf die äußere Vertragsgestaltung anwendbar. Es kommt nur auf den erstrebten Vertragsinhalt, aber nicht auf den Willen an, das Gesetz zu umgehen; beide Parteien können insoweit also redlich sein und brauchen keine **Umgehungsabsicht** zu haben.[32] Andererseits führt der Irrtum über die Zugehörigkeit des Vertrags zum Gesetz nicht zu seiner Anwendung: Hat der Verbraucher bei einem Vertrag über wiederkehrende Leistungen iSv § 510 Abs. 1 Nr. 3 ein Ablehnungsrecht (→ § 510 Rn. 47), ist Verbraucherkreditrecht nicht anwendbar, selbst wenn der Lieferant glaubt, er habe es mit seiner Vertragsgestaltung umgangen.

3. Anwendungsfälle

24 Die Gesetzesbegründung zum VerbrKrG nannte die Umgehung der Bagatellgrenze gem. § 491 Abs. 2 Nr. 1 durch den Abschluss mehrerer Einzelverträge jeweils unter 200 €. Gleiches gilt für **Kettenkreditverträge** mit Laufzeiten von jeweils weniger als drei Monaten[33] und für einen Ratenlieferungsvertrag iSv § 510 Abs. 1 Nr. 1, wenn für jede Lieferung ein eigener Vertrag, aber aufgrund eines einzigen Kaufentschlusses, abgeschlossen wird (→ § 510 Rn. 3). Hierzu mag auch eine Vertragsgestaltung bei **Existenzgründungen** (→ § 513 Rn. 4) zählen, bei der trotz Kreditbedarfs unter 75 000 € (§ 507 2. HS.) ein Nettokre-

---

[29] Teilweise wird Satz 2 eigenständige Bedeutung abgesprochen, so etwa von *Sieker* Umgehungsgeschäfte, S. 158; abgesehen von der Funktion der Richtlinienumsetzung auch MüKoBGB/*Schürnbrand* § 511 BGB Rn. 7; anders, für eigenständige Bedeutung *Benecke* Gesetzesumgehung im Zivilrecht, S. 78.
[30] BGHZ 110, 47 (64) mit Komm. *Lutter* EWiR § 183 AktG 1/90, 223; s. auch BGHZ 51, 255 (262); 56, 285 (289); *Erman/Saenger* § 511 BGB Rn. 3; grundlegend, jedoch für die Einordnung als Problem der Analogie *Teichmann* S. 62 f., 67 ff., ihm folgend *Benecke* Gesetzesumgehung im Zivilrecht, 2004; Staudinger/*Kessal-Wulf* § 511 BGB Rn. 7; MüKoBGB/Schürnbrand § 511 BGB Rn. 8; s. auch *Sieker* Umgehungsgeschäfte, 2001.
[31] *Benecke* spricht von der „Ergehung" des Ausnahmetatbestandes, S. 68.
[32] MüKoBGB/*Schürnbrand* § 511 BGB Rn. 9; Staudinger/*Kessal-Wulf* § 511 BGB Rn. 7; diff. *Benecke* Gesetzesumgehung, S. 153 ff.
[33] Vgl. BGH WM 2002, 125 zu II. 1. b. bb.; *Erman/Saenger* § 511 BGB Rn. 4.

Abweichende Vereinbarungen

ditbetrag zustande kommt, der darüber liegt (→ § 513 Rn. 9). Bei einem **Kreditkartenvertrag** ist nur der Rahmenvertrag widerruflich, nicht aber der einzelne Abruf durch den Verbraucher. Aber die willkürliche Einkleidung einzelner Kredittranchen in Rahmenverträge jeweils unter 200 € kann eine Umgehung des Widerrufsrechts darstellen.[34] Wird das durch Kreditkarten gewährte Darlehen (→ § 491 Rn. 98) über ein Girokonto abgewickelt, handelt es sich dennoch nicht um einen Überziehungskredit, auf den die geminderten Formalien von § 504 anwendbar wären; es bleibt bei § 492. Die Vereinbarung eines an den **Darlehensvermittler** zu zahlenden Vorschusses für Nebenleistungen, die gem. § 655d Satz 1 nicht erstattungsfähig sind oder sonstige Vereinbarungen, durch die die Erfolgsabhängigkeit der Courtage unterlaufen wird (→ § 655c Rn. 6; → § 655d Rn. 2), kann den Umgehungstatbestand erfüllen. Der Darlehensvermittler, der sich einen Auslagenvorschuss ausbedingt, umgeht die Beschränkung aus § 655d Satz 2, 3 (→ § 655d Rn. 4). Werden allerdings Bearbeitungsgebühren für eine Umschuldung nur mündlich vereinbart, liegt darin keine Umgehung, sondern diese Nebenabrede ist gem. § 494 Abs. 1 nichtig.[35] Die Pflicht zur Vorauszahlung der Vermittlungsprovision unabhängig von der Leistung des Kreditgebers (→ § 655c Rn. 6) kann aufgrund von § 655e Abs. 1 Satz 1 nicht wirksam vereinbart werden, ist aber gleichfalls kein Umgehungsproblem.[36]

Umgehungskonstellationen können bei der **Rechtsnachfolge** in Forderungen 25 und Verbindlichkeiten aus Verbraucherkreditgeschäften entstehen. Veranlasst der Kreditgeber den Verbraucher zur Abtretung seiner Forderung gegen jenen, bleibt das Widerrufsrecht aus § 495 zwar unberührt; aber der Zessionar kann aus dem Kausalverhältnis Gewährleistungsansprüche nach §§ 453, 433 Abs. 1 Satz 2 BGB haben, die das Widerrufsrecht beeinträchtigen, so dass in der Veranlassung durch den Kreditgeber eine Umgehung liegen kann. Folge ist, dass der Verbraucher nicht nach §§ 453, 433 BGB haftet (→ § 491 Rn. 70). Eine Schuldübernahme kann gem. § 415 BGB durch Vertrag zwischen Verbraucher und Übernehmer als privat handelnder natürlicher Person zustande kommen, so dass es am persönlichen Anwendungsbereich von Verbraucherkreditrecht fehlt (→ § 491 Rn. 19) und das Widerrufsrecht aus §§ 495, 506 nicht besteht. Wiederum kann die Veranlassung durch den Kreditgeber als Umgehung zu werten sein, so dass der Übernahmevertrag widerruflich ist (→ § 491 Rn. 78). Entsprechendes kann bei einer Vertragsübernahme auftreten[37] (→ § 491 Rn. 86).

Partnerschafts-Franchising ist dem Anwendungsbereich des Gesetzes entzogen, 26 weil die Parteien eine Gesellschaft bürgerlichen Rechts gründen und der Franchisegeber nicht Normadressat als Verbraucher ist. Doch kann sich der Vertrag bei richtiger Auslegung als Subordinations-Franchising darstellen (→ § 506 Rn. 53). Die Verbindlichkeit einer Partnerschaftsvermittlung (§ 656 Abs. 1 Satz 2 BGB) kann nicht durch eine Darlehensaufnahme des Verbrauchers und Zuwendung der Valuta an den Ehemäkler herbeigeführt werden.[38] **Leasinggeschäfte** können so gehandhabt werden, dass der potentielle Leasingnehmer zunächst einen Kaufvertrag mit dem Lieferanten abschließt, in den der Leasinggeber sodann ein-

---

[34] *Pfeiffer* Kreditkartenvertrag, Rn. 44.
[35] Entgegen AG Frankfurt/Main VuR 1995, 115.
[36] OLG Hamm WM 1995, 1353.
[37] Gl. A. *M. Koziol* Umgehungsregelung, S. 118.
[38] AG Dortmund NJW-RR 1999, 494.

tritt (Bestelleintritt). Der Leasinggeber kann in den Kaufvertrag unter dem Vorbehalt eintreten, dass der Verbraucher den Leasingvertrag nicht widerruft. Widerruft der Verbraucher den Leasingvertrag, bliebe er an den Kaufvertrag unter Umgehung des leasingvertraglichen Widerrufsrechts gebunden. Daraus folgt, dass der Eintritt des Leasinggebers bestehen bleibt. Sind allerdings, wie in aller Regel beim Bestelleintritt, die Voraussetzungen eines verbundenen Geschäfts gegeben, erstreckt sich der Widerruf gem. §§ 358 Abs. 2, 500 auf den Kaufvertrag (→ § 506 Rn. 91), so dass es eines Rückgriffs auf § 512 nicht bedarf.[39] Eine Umgehung stellt es dar, wenn der Käufer an Erfüllungs statt (§ 364 Abs. 1 BGB) nicht den Kaufpreis zahlt, sondern ein Darlehen des Verkäufers bei einer Bank tilgt.[40]

27 Durch § 497 Abs. 1 sind die Folgen des Verbraucherverzugs beschränkt. Die Umschuldung eines notleidend gewordenen Kredits durch Abschluss eines neuen Kreditvertrags kann zur Umgehung der **Verzugsfolgen** führen, indem Vertragszinsen anstelle von Verzugszinsen geschuldet sein sollen. Da die Verzugsfolgen nicht durch einseitige Rücknahme der Mahnung durch den Kreditgeber beseitigt werden können, stellt eine dahingehende Vereinbarung eine Umgehung dar (→ § 497 Rn. 19).

28 Als Umgehungsgeschäft iSd § 506 kommt auch das **Agenturgeschäft** in Betracht. Vertritt ein kreditgebender Unternehmer beim Abschluss eines Darlehens- oder anderen Kreditvertrages, insbesondere eines finanzierten Kaufvertrages, einen anderen Verbraucher, so findet Verbraucherkreditrecht an sich keine Anwendung, da es sich um einen Vertrag zwischen Verbrauchern handelt, der grundsätzlich wirksam ist.[41] Hat der Unternehmer jedoch den kreditgebenden Verbraucher nur vorgeschoben, um ein Eigengeschäft zu verschleiern, so ist ihm das Geschäft als Verbraucherdarlehensvertrag zuzurechnen. Da es aber auch das tatsächliche Agenturgeschäft gibt und daher nicht jedes Agenturgeschäft als Umgehung angesehen werden kann, bedarf es eines differenzierenden Kriteriums. Der BGH hat im Hinblick auf die Anwendung des Verbrauchsgüterkaufrechts entschieden, dass es auf das „wirtschaftliche Risiko" des Geschäfts ankomme.[42] Trägt der Unternehmer, der nach außen als Stellvertreter auftritt, durch die im Innenverhältnis zum veräußernden resp. kreditgebenden Verbraucher das wirtschaftliche Risiko des Geschäfts, so ist er als Vertragspartner anzusehen. Dieses für das Kaufrecht aufgestellte Abgrenzungskriterium ist für § 512 zu übernehmen, da die gesetzlichen Wertungen vergleichbar sind. Sofern der vermittelnde Unternehmer im Innenverhältnis zum vertretenen Verbraucher sowohl das Risiko des Kreditausfalls trägt als auch den Großteil des Gewinns beansprucht, ist der Unternehmer und nicht der Verbraucher als Vertragspartner anzusehen.[43] Ist dies der Fall, wird es regelmäßig, wenn nicht gar stets, an der Wahrung der qualifizierten Schriftform und der damit verbundenen ordnungsgemäßen Information über das Widerrufsrecht mangeln, so dass § 494 zum Zuge kommt.

4. Keine Umgehungstatbestände

29 Auf grundpfandrechtlich abgesicherte Darlehen (**Immobiliardarlehensverträge**) sind die Vorschriften des Verbraucherkreditrechts teilweise nicht anwendbar.

---

[39] So aber *Seifert,* Der langfristige Kredit 1991, 144 (146).
[40] BGH WM 1993, 249 zu III. mit Anm. *Hönn* WuB IV C.–1.93.
[41] BGH NJW-RR 2013, 687.
[42] BGH NJW 2005, 1039 mit Bespr. *Reinel* Jura 2005, 850 und *Maultzsch* ZGS 2005, 175.
[43] MüKoBGB/*Schürnband* § 511 BGB Rn. 14.

Voraussetzung des Ausnahmetatbestands ist die Abhängigkeit des Kredits von der Sicherung durch das Grundpfandrecht. Wird der Kredit mit einem wertlosen Grundpfandrecht abgesichert und zum Ausgleich eine anderweitige Sicherheit bestellt, fehlt es bereits am Tatbestandsmerkmal der Abhängigkeit, so dass die Freistellung nicht eingreift.[44] Deshalb stellt sich die Frage eines Umgehungsgeschäfts nicht.

Normadressaten des Gesetzes sind auch **Scheinselbständige**. Soweit sie den Kredit für berufliche Zwecke verwenden, sind sie doch tatsächlich abhängig und folglich Verbraucher (→ § 491 Rn. 56). Für das Tatbestandsmerkmal der Abhängigkeit in diesem Zusammenhang kommt es auf die tatsächliche Verwendung, nicht auf die formale Ausgestaltung des Dienstverhältnisses mit dem arbeitgebergleichen Dienstberechtigten an. Für den Kreditvertrag stellt sich deshalb die Frage eines Umgehungsgeschäfts nicht. Sie mag allenfalls im Verhältnis des Scheinselbständigen zum Dienstberechtigten virulent werden, aber nicht im Verhältnis zum Kreditgeber. 30

Keinen Umgehungstatbestand stellt es dar, wenn ein Kredit für private Zwecke über eine Ein-Mann-GmbH aufgenommen wird:[45] Jedes Handeln einer GmbH ist gewerblich, unabhängig von der Schutzbedürftigkeit des durch die GmbH Handelnden im konkreten Einzelfall (→ § 491 Rn. 46) und damit gem. §§ 13, 491, 499 nicht Gegenstand des Gesetzes; wer sich unter seinen Schutz stellen will, muss als natürliche Person auftreten. 31

§ 513 Anwendung auf Existenzgründer

Die §§ 491 bis 512 gelten auch für natürliche Personen, die sich ein Darlehen, einen Zahlungsaufschub oder eine sonstige Finanzierungshilfe für die Aufnahme einer gewerblichen oder selbständigen beruflichen Tätigkeit gewähren lassen oder zu diesem Zweck einen Ratenlieferungsvertrag schließen, es sei denn, der Nettodarlehensbetrag oder Barzahlungspreis übersteigt 75 000 Euro.

Vorgängervorschriften: §§ 1 Abs. 1 Satz 2, 3 Abs. 1 Nr. 2 VerbrKrG, § 507 BGB aF

Schrifttum: *Artz,* Der Verbraucher als Kreditnehmer, 2001; *Bork,* Ex-Unternehmer als Verbraucher?, ZIP 1999, 304; *Bülow,* Beweislastfragen im Verbraucherkreditrecht, NJW 1998, 3454; *Bungeroth,* Schutz vor dem Verbraucherschutz?, Festschrift Schimansky 1999, S. 279; *Enders,* Neuerungen im Recht der Verbraucherdarlehensverträge, 2004; *Flohr,* Sicherstellung der Selbständigkeit des Franchise-Nehmers, WiB 1997, 281; *Lieb,* Probleme des neuen Kaufmannsbegriffs, NJW 1999, 35; *Luwoski,* Die Regelung von Existenzgründungsdarlehen im Verbraucherkreditgesetz, Schriftenreihe der Bankrechtlichen Vereinigung, Bd. 2, 1991, S. 49; *Mülbert,* Der (zukünftige) Gesellschafter – stets ein Verbraucher?, Festschrift Hadding 2004, S. 575; *Nickel,* Der Scheinkaufmann – Wandlungen einer Lehre in acht Jahrzehnten, JA 1980, 566; *Pramann,* Die Anwendung des Abzahlungsgesetzes – zugleich ein Beitrag zu § 8 AbzG, DB 1974, 2093; *Prasse,* Existenzgründer als Unternehmer oder Verbraucher? – Die neue Rechtsprechung des BGH, MDR 2005, 961; *Preis,* Der persönliche Anwendungsbereich der Sonderprivatrechte, ZHR 158 (1994), 567; *Schünemann/Blomeyer,* Existenzgründer: Unternehmer oder Verbraucher?, JZ 2010, 1156; *Treber,* Der Kaufmann als Rechtsbegriff im Handels- und Verbraucherrecht, AcP 199 (1999), 525; *Vortmann,* Existenzgründungsdarlehen im neuen Verbraucherkreditrecht, ZIP 1992, 229; *Weyer,* Handelsgeschäfte (§§ 343 ff. HGB) und Unternehmergeschäfte (§ 14 BGB), WM 2005, 490. Siehe außerdem das Schrifttum zu § 491: Zum persönlichen Anwendungsbereich.

---

[44] Dies übersieht OLG München WM 2000, 130 (133).
[45] Palandt/*Weidenkaff* § 511 BGB Rn. 3; MüKoBGB/*Schürnbrand* § 511 BGB Rn. 13; Staudinger/*Kessal-Wulf* § 511 BGB Rn. 10; *Sieker* Umgehungsgeschäfte, S. 158.

§ 513 1, 2   1. Teil. Darlehen und Finanzierungshilfen

Übersicht

	Rn.
Materialien	
Verbraucherkreditrichtlinie Art. 2	1
Verbraucherkreditrichtlinie Erwägungsgrund 10	1
Kommentierung	
Vorbemerkung	2
1. Begriff der Existenzgründung	4
a) Zukünftiger Verwendungszweck	5
b) Insbesondere: Wiederholte Existenzgründung	7
c) Ende der Gründungsphase	8
2. Beweislast	9
3. Ratenlieferungsverträge	10
4. Großkredite (75 000 €)	11
a) Grundsätzliche, aber eingeschränkte Anwendung des Gesetzes	11
b) Kreditvolumen von 75 000 €	15
aa) Darlehen	15
bb) Teilzahlungsgeschäfte und Leasing: Das Problem der Mehrwertsteuer	16
cc) Ratenlieferungsverträge	18
c) Beweislast	19

Materialien

1 **Verbraucherkreditrichtlinie 2008/48/EG**

Artikel 2

(...)

(2) Diese Richtlinie gilt nicht für ...

c) Kreditverträge, bei denen der Gesamtkreditbetrag weniger als 200 EUR oder mehr als 75 000 EUR beträgt; ...

Erwägungsgrund 10

Mit den Begriffsbestimmungen dieser Richtlinie wird der Bereich der Harmonisierung festgelegt. Die Verpflichtung der Mitgliedstaaten zur Umsetzung der Bestimmungen dieser Richtlinie sollte sich daher nur auf den durch diese Begriffsbestimmungen festgelegten Bereich erstrecken. Diese Richtlinie sollte die Mitgliedstaaten jedoch nicht daran hindern, nach Maßgabe des Gemeinschaftsrechts die Bestimmungen dieser Richtlinie auch auf Bereiche anzuwenden, die nicht in deren Geltungsbereich fallen. So könnte ein Mitgliedstaat für Kreditverträge, die nicht in den Geltungsbereich der Richtlinie fallen, innerstaatliche Vorschriften beibehalten oder einführen, die den Bestimmungen dieser Richtlinie oder manchen ihrer Bestimmungen außerhalb des Geltungsbereichs dieser Richtlinie ganz oder zum Teil entsprechen, beispielsweise für Kreditverträge über einen Betrag von weniger als 200 EUR oder von mehr als 75 000 EUR. Ferner könnten die Mitgliedstaaten die Bestimmungen dieser Richtlinie auch auf verbundene Kredite anwenden, die nicht unter die Begriffsbestimmung für verbundene Kreditverträge dieser Richtlinie fallen. Somit könnten die Vorschriften für verbundene Kreditverträge auf Kreditverträge angewendet werden, die nur zum Teil der Finanzierung eines Kauf- oder Dienstleistungsvertrags dienen.

Kommentierung

Vorbemerkung

2 Die verbraucherkreditrechtliche Tradition von § 1 Abs. 1 VerbrKrG fortsetzend, erweitert § 513 den persönlichen Anwendungsbereich über § 13 BGB hin-

Anwendung auf Existenzgründer **3 § 513**

aus für Verbraucherdarlehen (§ 491), Finanzierungshilfen (§ 506) und Ratenlieferungsverträge (§ 510) auf Existenzgründer, ohne dass diese Erweiterung durch die Verbraucherkreditrichtlinie geboten wäre oder eine Entsprechung in anderen verbraucherprivatrechtlichen Regelungsbereichen hätte. Es handelt sich bei § 513 um eine Sonderregelung des Verbraucherkreditrechts.[1] Der nun von der Verbraucherkreditrichtlinie verfolgte Grundsatz der Vollharmonisierung steht einer solchen Erweiterung des Anwendungsbereichs nicht im Wege (→ Einführung Rn. 32).[2] Der Existenzgründer ist nicht Verbraucher im Sinne des § 13 BGB. Wie auch an der positiven Formulierung der Vorschrift zu erkennen ist, finden auf ihn lediglich die genannten Vorschriften Anwendung (beachte → Rn. 3).[3] Dies bedeutet zunächst, dass sich in anderen verbraucherprivatrechtlichen Regelungsbereichen, etwa dem Vertragsabschluss in einer Haustürsituation oder dem Fernabsatzvertrag, der Existenzgründer nicht auf den besonderen Schutz, zB das Widerrufsrecht aus § 312g BGB berufen kann. Kommt es aber zu verbraucherkreditrechtlichem Schutz, etwa bei einem Abzahlungskauf eines Neuwagens zum Kaufpreis von 35 000 € vor Aufnahme der gewerblichen Tätigkeit, fragt sich, ob in Folge dessen auch bzgl. anderer Aspekte des Vertrags verbraucherprivatrechtliche Sonderregelungen gelten. Zu denken ist an die Verteilung der Beweislast nach § 476 BGB. Jedoch ist auch hier der Ausnahmecharakter des § 513 BGB zu beachten, so dass der Existenzgründer zwar ein Widerrufsrecht aus §§ 495, 355 hat, das Vorliegen eines Mangels zum Zeitpunkt des Gefahrübergangs bei dem aus demselben Geschäft stammenden Fahrzeug aber nach allgemeinen Regeln beweisen muss. Anders als im Falle des Normadressaten aus § 13 BGB, wo keine Betragsobergrenze gilt, beschränkt § 513, wie Art. 2 Abs. 2 lit. c) der Verbraucherkreditrichtlinie, den Anwendungsbereich auf Geschäfte, die ein Volumen von 75 000 € (vormals 50 000 €) nicht überschreiten (→ Rn. 11 ff.).

Nach dem Wortlaut der Vorschrift finden die §§ 491 bis 512 Anwendung auf **3** einen der aufgezählten Verträge. Das Darlehensvermittlungsrecht gilt gem. § 655e Abs. 2 BGB ebenso für Existenzgründer. Nicht erfasst wären danach die Regelungen zum verbundenen Geschäft (§§ 358, 359, 360 BGB). Da der Gesetzgeber das Verbraucherkreditgesetz jedoch unverändert in das BGB integrieren wollte und der ehemalige § 9 VerbrKrG auch für Existenzgründer Geltung beanspruchte, wird man davon ausgehen können, dass auch die §§ 358 ff. BGB auf durch Existenzgründer geschlossene Verträge anwendbar bleiben.[4] Hinsichtlich § 358 BGB mag sogar eine Verknüpfung über §§ 495, 355 herzustellen sein

---

[1] BGH NJW 2005, 1273 (1274) zu II. 2 b. cc. mit Komm. *Artz* LMK 2005, 82; *Micklitz* WuB IV A.–1.05 und Bespr. *Prasse* MDR 2005, 961; diff. *Weyer* WM 2005, 490 (499).
[2] *Artz* GPR 2009, 171 (174); *Riehm/Schreindörfer* GPR 2008, 244 (245).
[3] So auch *Soergel/Pfeiffer* § 13 BGB Rn. 35; Staudinger/*Kannowski* § 13 BGB Rn. 59; Staudinger/*Habermann* § 14 BGB Rn. 50; *Erman/Saenger* § 13 BGB Rn. 16; MüKoBGB/*Schürnbrand* § 512 BGB Rn. 1; MüKoBGB/*Franzen* § 481 BGB Rn. 22; MüKoBGB/ *St. Lorenz* § 474 BGB Rn. 24; *Mülbert* FS Hadding, S. 575 (590); Palandt/*Weidenkaff* § 512 BGB Rn. 7; OLG Oldenburg NJW-RR 2002, 641 sowie 1989, 1081; OLG Rostock NotBZ 2003, 242; **aA** insbesondere MüKoBGB/*Micklitz/Purnhagen* § 13 BGB Rn. 65; HK-VertriebsR/*Micklitz*, § 312b BGB Rn. 19; Palandt/*Ellenberger* § 13 BGB Rn. 3; *Schünemann/Blomeyer* JZ 2010, 1156; *Prasse* MDR 2005, 961; OLG München NJW-RR 2004, 913 (914) zum Fernabsatzrecht; zum AGB-Recht OLG Koblenz NJW 1987, 74; OLG Düsseldorf EWiR § 24 AGBG 1/96, 97 (*Eckert*).
[4] Von einem Redaktionsversehen geht auch Staudinger/*Kessal-Wulf* § 512 BGB Rn. 1 aE aus.

§ 513 3a–6

(vergleichbares Problem besteht bei § 512, → § 512 Rn. 5). Während sich der Existenzgründer nach vormaligem Recht nicht auf das Kündigungsrecht aus § 489 Abs. 1 Nr. 2 BGB aF berufen konnte,[5] findet das Kündigungsrecht aus § 500 nun Anwendung auf den Existenzgründer.

3a Die neu eingeführten Regelungen zum unentgeltlichen Darlehen und zur unentgeltlichen Finanzierungshilfe in §§ 514 und 515 finden mangels Verweisung keine Anwendung auf den Existenzgründer.

1. Begriff der Existenzgründung

4 Die Existenzgründung kennzeichnet sich durch den Kredit, welcher für die Aufnahme einer gewerblichen oder selbständigen beruflichen Tätigkeit bestimmt ist oder, anders gewendet, der im Zeitpunkt des Vertragsabschlusses noch nicht ausgeübten unternehmerischen Tätigkeit dient (so noch gem. § 7 Abs. 1 Satz 2 VerbrKrG).

5 **a) Zukünftiger Verwendungszweck.** Verbraucherkreditrecht ist nur dann nicht anwendbar, wenn der Kreditnehmer den Kredit für eine solche gewerbliche oder selbständige (also nicht: abhängige, → § 491 Rn. 52) berufliche Tätigkeit verwendet, die er bereits ausübt. Liegt der Zweck des Kredits dagegen in erst zukünftiger gewerblicher oder freiberuflicher Verwendung, ist der Kreditnehmer gem. § 513 ebenso wie ein Verbraucher nach § 13 BGB Normadressat. Das gilt für Gelddarlehen wie für Verträge über Finanzierungshilfen (§ 506) und Ratenlieferungsverträge (§ 510, dazu → Rn. 10, 18). Verbraucherkreditrecht findet also auch Anwendung, wenn der Kredit zum Zwecke der Betriebsgründung, mithin einem gewerblichen – vielleicht kaufmännischen – oder freiberuflichen als unternehmerischen (§ 14 BGB) Zweck aufgenommen wird. Auf die Organisationsform der geplanten Tätigkeit kommt es nicht an, so dass auch die erstrebte Beteiligung an einer Gesellschaft mittels Kredits Existenzgründung ist und die Anwendbarkeit der Vorschriften begründet. Tätigkeiten, die wiederum allein der Vorbereitung einer Existenzgründung dienen, sind als Verbraucherhandeln einzuschätzen, so dass sie bereits nach §§ 491, 13 BGB dem Verbraucherkreditrecht unterfallen und die Erweiterung des persönlichen Anwendungsbereichs nach § 513 nicht relevant wird.[6]

6 Hinsichtlich der natürlichen Person als Normadressatin ist auf die Erläuterungen zu § 491 zu verweisen (→ § 491 Rn. 23). Dies gilt insbesondere auch für die Mehrheit von natürlichen Personen und die grundsätzliche Frage, ob die rechtsfähige Außengesellschaft als Normadressatin in Betracht kommt (dazu → § 491 Rn. 32). Eine als solche noch nicht wirksame kaufmännische OHG, die ihre Geschäfte noch nicht begonnen hat (§ 123 Abs. 2 HGB),[7] ist Gesellschaft bürgerlichen Rechts (→ § 491 Rn. 32) und vom Schutzzweck der Norm erfasst. Auch der Schuldbeitritt eines Gesellschafters zur Existenzgründung unterliegt den Vorschriften des Verbraucherkreditrechts. Dagegen ist auf die **Vor-GmbH**[8] als quasi-juristische Person Verbraucherkreditrecht nicht anwendbar,

---

[5] Zur Entstehung der Regelung *Artz* Jb.J. ZivRWiss. 2001, S. 227 (246 f.).
[6] BGH NJW 2008, 435.
[7] BGH NZG 2004, 663 mit Komm. *Kindl* WuB II E.-1.04.
[8] Staudinger/*Kessal-Wulf* § 491 BGB Rn. 29; Schimansky/Bunte/Lwowski BankR-HdB/*Bruchner*, § 81 Rn. 6; *Gößmann* BuB, Rn. 3/381; *Artz* Verbraucher als Kreditnehmer, S. 222 ff.; *Vortmann* ZIP 1992, 229 (232); anders nach § 8 AbzG: BGH NJW 1987,

Anwendung auf Existenzgründer 7 § 513

auch nicht bezogen auf ihre Gesellschafter; darüber hinaus ist der notarielle Abschluss des Gründungsvertrags schon Gewerbeausübung. Anderes gilt jedoch für die Vor-Gründungsgesellschaft.[9] War der Kreditnehmer an einer Gesellschaft nicht unternehmerisch, sondern nur mit Kapital beteiligt (private Vermögensverwaltung, → § 491 Rn. 50) und will er Kredit, um damit eine unternehmerische Tätigkeit erst zu ermöglichen, ist Verbraucherkreditrecht anwendbar, nicht aber, wenn er schon vorher unternehmerisch an der Gesellschaft beteiligt war. Auch im Übrigen wird der Kreditnehmer nicht zum Normadressaten, wenn er seinen Betrieb vergrößern will, zB vom Kleingewerbe zum mittelständischen Betrieb, vom kleingewerblichen zum kaufmännischen Unternehmen.[10]

b) Insbesondere: Wiederholte Existenzgründung. Umstritten ist die 7 Anwendbarkeit des § 513 im Falle wiederholter Existenzgründung, also der Kreditaufnahme für ein neues Unternehmen, das neben eine bereits ausgeübte Tätigkeit des Kreditnehmers tritt. Ebenso wie im Falle der Vergrößerung eines Betriebes wird die selbständige unternehmerische Tätigkeit nur ausgeweitet, betrachtet man das gesamte Handeln des Kreditnehmers und nicht nur das einzelne neu hinzu kommende Unternehmen, dem die Kreditaufnahme dient. Der Unternehmer, der neue Unternehmen errichtet, schafft sich einen kleinen Konzern und besitzt typischerweise gerade die Geschäftsgewandtheit, wie sie in der Phase der Existenzgründung – so die Umschreibung im Bericht des Rechtsausschusses, vorst. Rn. 2 – fehlen mag. Den Mehrfachgründer als Verbraucher anzusehen bedeutet überschießenden Schutz, ihn dürften die Gesetzesverfasser nicht gemeint und eine potentielle Störung der Vertragsparität nicht erkannt haben.[11] Ob sich die bereits ausgeübte unternehmerische Tätigkeit auf das Handeln des Kreditnehmers insgesamt bezieht, darf nicht mit der Beweislastverteilung nach der Altregelung von § 1 Abs. 1 Satz 2 verwechselt werden[12] (→ § 491 Rn. 65), die nur bestimmt hatte, dass der Kreditgeber die Gewerblichkeit des Kreditnehmerhandelns darzulegen und ggf. zu beweisen hat. Demgegenüber bezieht der BGH[13] die Frage der bereits vollzogenen Ausübung auf die einzelne Tätigkeit des Kreditnehmers, so dass die Vorschriften nach seiner Ansicht für jede erneute Existenzgründung anzuwenden sind;[14] eine gegenteilige Sicht sollte für

---

1698 zu I. 1.b., dagegen aber OLG Düsseldorf MDR 1994, 459 zu 2.c.; nicht diff. *Münstermann/Hannes* § 1 VerbrKrG Rn. 25; aA MüKoBGB/*Schürnbrand* § 512 BGB Rn. 2; *v. Westphalen/Emmerich/v. Rottenburg* § 1 VerbrKrG Rn. 31.
[9] AA Staudinger/*Kessal-Wulf* § 491 BGB Rn. 29.
[10] OLG Düsseldorf NJW-RR 1996, 759.
[11] *Artz*, Verbraucher als Kreditnehmer, S. 218 ff.; *Enders*, Neuerungen im Recht der Verbraucherdarlehensverträge, S. 166.
[12] So allerdings BGHZ 128, 156 (162 zu 2.), auch OLG Celle WM 1996, 343 mit insoweit krit. Anm. *Bülow* WuB I E 2.–2.96.
[13] BGHZ 128, 156 (163) mit zust. Anm. *Pfeiffer* LM § 1 VerbrKrG Nr. 1/2 sowie NJW 1997, 30 (31), Anm. *Drescher* WuB I E 2.–2.95, Komm. *Schwintowski* EWiR § 1 VerbrKrG 1/95, 201 und Bespr. *Emmerich* JuS 1995, 461 „Ceiling doctor"; BGH WM 2002, 1066 zu II. 2. mit Anm. *Bülow* WuB I E 2.–.02; NJW 1998, 540 zu II. 1.; NJW-RR 2000, 719 mit abl. Komm. *P. Bydlinski* EWiR § 1 VerbrKrG 2/2000, 551.
[14] Ebenso OLG Hamm ZIP 1992, 1224 (1226) mit abl. Komm. *Bülow* WuB I E 2.–2.96; *v. Westphalen/Emmerich/v. Rottenburg* § 1 VerbrKrG Rn. 57; MüKoBGB/*Schürnbrand* § 512 BGB Rn. 5; *Kammel* Anwendungsbereich, S. 195; aA – wie hier – Staudinger/*Kessal-Wulf* § 512 BGB Rn. 9; *Erman/Saenger* § 512 BGB Rn. 5; *Lwowski*, Schriftenreihe der Bank-

§ 513   8   1. Teil. Darlehen und Finanzierungshilfen

das Haustürgeschäfterecht gelten.[15] Für das Verbraucherkreditrecht kann es nach der Sicht des BGH folglich auch keine Rolle mehr spielen, ob für die frühere Existenzgründung schon ein Kredit aufgenommen worden war[16] und noch weniger, ob der Kreditnehmer in der Vergangenheit bereits gewerblich oder freiberuflich tätig gewesen war, aber die Selbständigkeit – gleich aus welchen Gründen[17] – aufgegeben hatte, sog. **erneute Existenzgründung**. Ob von wiederholter Existenzgründung oder aber Betriebsänderung, welche die Anwendbarkeit von Verbraucherkreditrecht auch nach Ansicht des BGH ausschließt (→ Rn. 6), auszugehen ist, hängt davon ab, ob die Tätigkeit des Kreditnehmers mit einem anderweitig betriebenen Unternehmen nicht in Zusammenhang steht, sondern davon klar abgegrenzt ist.[18] Das ist der Fall bei einem Einzelhändler für Schreib- und Spielwaren, der einen Franchise-Vertrag für ein Gebäudereinigungskonzept eingeht,[19] bei einer freiberuflichen „Stil- und Farbberaterin", die einen Damenbekleidungsladen eröffnet,[20] möglich auch bei mehreren Ladeneröffnungen in derselben Branche,[21] wohl nicht bei einem Immobilienmakler, der in die Baubetreuung einsteigt[22] oder bei verschiedenen Sparten von Informationsdienstleistungen.[23]

8   **c) Ende der Gründungsphase.** Auf der anderen Seite ist der Begriff des bereits eingetretenen Beginns der Tätigkeit am generalisierten, also von der Beurteilung des konkreten Einzelfalls losgelösten Ausgleichsbedürfnis des Verbrauchers zu messen. Danach stellen Vorbereitungs- und Hilfstätigkeiten zum eigentlichen Gegenstand des Geschäfts wie etwa die Anmietung von Büroräumen noch keinen Beginn dar;[24] die zeitliche Grenze ist beim ersten Geschäftsabschluss (dem ersten Kaufvertrag, der ersten Mandatsübernahme, unabhängig von der zivilrechtlichen Wirksamkeit) zu ziehen, wohl auch mit dem Beginn der Werbephase, sofern die unternehmerische Leistung schon erbracht wird, der Eröffnung des Geschäftslokals.[25] Die Beurteilung braucht sich folglich nicht mit derjenigen gem. § 123 Abs. 2 HGB zu

---

rechtlichen Vereinigung, Bd. 2, S. 64 f.; *Vortmann* ZIP 1992, 229 (231); *Martinek* Vertriebsrecht, Rn. 105; *Scholz* DB 1993, 261; OLG Nürnberg WM 1995, 481 mit Anm. *Bülow* WuB I E 2.–9.95; OLG Köln NJW-RR 1995, 816 mit Anm. *Drescher* WuB I E 2.–4.95 und abl. Komm. *v. Westphalen* EWiR § 1 VerbrKrG 2/95, 403.
[15] BGH NJW 1994, 2759 zu II. 2.1b. mit Komm. *Ose* EWiR § 6 HWiG 1/94, 1002; BGHZ 128, 156 (163).
[16] *Bruchner/Ott/Wagner-Wieduwilt* § 3 VerbrKrG Rn. 14.
[17] BGH NJW 1998, 540 zu II. 1.; MüKoBGB/*Schürnbrand* § 512 BGB Rn. 5; hiernach aber unrichtigerweise auch. OLG Köln WM 1995, 613: persönliche Gründe (Krankheit) oder wirtschaftliche Gründe. Gleiche Wertung für die Verbraucherinsolvenz nach § 304 InsO, *Bork* ZIP 1999, 301 (304).
[18] BGHZ 128, 156 (162/163); BGH WM 2000, 429 mit Anm. *Mankowski* WuB I E 2. – 2.2000.
[19] BGHZ 128, 156 „Ceiling doctor".
[20] OLG Hamm ZIP 1992, 1224.
[21] OLG Celle WM 1996, 343.
[22] Beispiel von *Erman/Klingsporn/Rebmann* 9. Aufl., § 1 VerbrKrG Rn. 46.
[23] BGH WM 2000, 429 mit zust. Anm. *Mankowski* WuB I E 2.–2.2000 und Komm. *v. Westphalen* EWiR § 1 VerbrKrG 3/2000, 839.
[24] Anders bei § 123 Abs. 2 HGB: BGH NZG 2004, 663 mit Komm. *Kindl* WuB II E. – 1.04; *K. Schmidt* JuS 2004, 727.
[25] *Luwosky*, Schriftenreihe der Bankrechtlichen Vereinigung, S. 59; *v. Westphalen/Emmerich/v. Rottenburg* § 1 VerbrKrG Rn. 41; *Artz*, Verbraucher als Kreditnehmer, S. 209 ff.; *Vortmann* ZIP 1992, 229 (231); offen BGH WM 2002, 1066 zu II. 2.: jedenfalls 7 Wochen nach der Gewerbeanmeldung.

decken, bei der bereits Verhandlungen über den Kauf eines Betriebsgrundstückes oder die Vorbereitung des Abschlusses eines notariellen Grundstückskaufvertrages genügen.[26] Es können daher auf Vorbereitungs- und Hilfstätigkeiten bereits handelsrechtliche Normen anwendbar sein, zB Fälligkeitszinsen gem. § 353 HGB geschuldet werden, ohne dass die Anwendbarkeit von Verbraucherkreditrecht ausgeschlossen wäre. Auch auf den Zeitpunkt der Gewerbeanmeldung oder einer notwendigen öffentlich-rechtlichen Konzessionserteilung kommt es nicht an,[27] ebenso wenig darauf, ob der Darlehensnehmer bereits den deliktischen Schutz aus § 823 Abs. 1 BGB wegen Verletzung des Rechts am eingerichteten und ausgeübten Gewerbebetrieb genießen könnte.[28] Schließlich ist keinesfalls darauf abzustellen, ob das Unternehmen die Gewinnschwelle überschritten hat.[29]

2. Beweislast

Der Existenzgründer trägt in Folge der positiven Formulierung der Vorschrift 9 die umfängliche Darlegungs- und Beweislast dafür, dass der Kredit noch der Aufnahme einer gewerblichen oder freiberuflichen Tätigkeit diente und nicht deren Ausübung. Ist aber das Kreditvolumen in Bezug auf den Grenzbetrag von 75 000 € (→ Rn. 11) streitig, trägt der unternehmerische Kreditgeber die Beweislast für die Überschreitung dieses Betrages, wenn er die Anwendung verbraucherkreditrechtlicher Vorschriften vermeiden will (→ Rn. 19).

3. Ratenlieferungsvertrag

Für einen Existenzgründer, der einen Ratenlieferungsvertrag mit einem gewerb- 10 lichen Lieferanten abschließt (denkbar zB in Franchise-Fällen, → § 506 Rn. 53), gelten die Besonderheiten aus § 510 (zur Bestimmung des Referenzbetrages von 75 000 € → Rn. 18). Der gewerbliche Lieferant kann im Allgemeinen nicht seinerseits Existenzgründer sein, weil mit dem Abschluss des Ratenlieferungsvertrags, also seinem Auftreten als Anbieter am Markt, seine Existenzgründungsphase beendet ist (→ Rn. 8). Ist nach Lage des Einzelfalls trotzdem davon auszugehen, dass auch der Lieferant Existenzgründer ist, scheitert die Anwendbarkeit von Verbraucherkreditrecht ebenso wie bei Verträgen unter Verbrauchern (→ § 491 Rn. 19), weil es an der typisierten Störung von Vertragsparität fehlt (→ Einf. Rn. 44).

4. Großkredite (75 000 €)

a) Grundsätzliche, aber eingeschränkte Anwendung des Gesetzes. 11
Normadressat von Verbraucherkreditrecht ist infolge der Ausnahmeregelung von § 513 2. HS. aber nicht jeder Existenzgründer. Schutzbedürftig ist vielmehr, insoweit anlehnend an die Altregelung von § 8 AbzG (→ § 491 Rn. 23), nur der kleingewerbliche Kreditnehmer, während für die Existenzgründung in größerem Rahmen, der am Kreditvolumen von 75 000 € festgemacht ist, die allgemeinen Be-

---

[26] BGH NZG 2004, 663 mit Komm. *Kindl* WuB II E.–1.04.
[27] OLG Düsseldorf ZGS 2006, 119 (120); *Lwowski*, Schriftenreihe der Bankrechtlichen Vereinigung, S. 60; offen BGH WM 2002, 1066 zu II. 2. mit insoweit abl. Anm. *Bülow* WuB I E 2.–.02.
[28] MüKoBGB/*Schürnbrand* § 512 BGB Rn. 3; aA wohl *Lwowski*, Schriftenreihe der Bankrechtlichen Vereinigung, S. 59.
[29] *Artz*, Verbraucher als Kreditnehmer, S. 212; MüKoBGB/*Schürnbrand* § 512 BGB Rn. 3.

§ 513 12–15　　　　　　　　　　　1. Teil. Darlehen und Finanzierungshilfen

stimmungen und nicht die besonderen des Verbraucherkreditrechts gelten. Der Kreditnehmer ist in diesem Fall also insbesondere an seine Willenserklärung ohne nachträgliche Überlegungsfrist nebst Widerrufsrecht gebunden; er muss sich seine Überlegungen vorher machen und hat keinen Anspruch auf die umfassende Information des Verbraucherkreditrechts. Das Kreditvolumen gibt pauschalierend Maß, ohne dass es auf den durchaus denkbaren kleingewerblichen Zuschnitt des zu gründenden Unternehmens im Einzelfall ankäme; andererseits gilt Verbraucherkreditrecht auch, wenn der Kredit für einen geplanten Großbetrieb verwendet wird, der Kreditnehmer zB weiteren Kapitalbedarf aus eigenen Mitteln oder durch Dritte finanziert.

12　Die Zweckbestimmung für die Existenzgründung richtet sich nach allgemeinen Grundsätzen, also dem Vertragszweck (→ § 491 Rn. 44 und → Rn. 5), nicht jedoch nach einer davon möglicherweise abweichenden tatsächlichen Verwendung. Da die Anwendbarkeit der verbraucherkreditrechtlichen Sondervorschriften auch im Falle wiederholter Existenzgründung erhalten bleibt (→ Rn. 7), kann sich folgendes ergeben: Bei einem Kreditvolumen bis zu 75 000 € ist der Ausnahmetatbestand nicht erfüllt und Verbraucherkreditrecht uneingeschränkt anwendbar, und zwar auch dann, wenn der Kredit nach dem Inhalt des Vertrages für die Aufnahme der neuen gewerblichen oder freiberuflichen Tätigkeit bestimmt ist, der Kreditnehmer den Kredit aber tatsächlich für den alten Betrieb verwendet, dessen Existenzgründungsphase abgeschlossen ist.

13　Die Erweiterung des persönlichen Anwendungsbereichs auf Existenzgründer ist nicht in der Verbraucherkreditrichtlinie angelegt. Die Höchstgrenze von 75 000 € ist insoweit nicht zu Art. 2 Abs. 2 1 lit. c) in Bezug zu setzen. Ausweislich der Gesetzesbegründung erfolgt durch die Aufstockung von 50 000 € auf 75 000 € allein eine Anpassung an die „wirtschaftlichen Verhältnisse".

14　Bei grenzüberschreitenden Kaufverträgen im Sinne des **UN-Kaufrechts** (CISG, → 3. Teil Rn. 23) wird Verbraucherkreditrecht auch bei einem Kreditvolumen bis zu 75 000 € verdrängt, wenn der Käufer ein Existenzgründer ist. Ihm bleibt in diesem Fall aber dennoch das Widerrufsrecht aus §§ 495, 355 Abs. 1 erhalten (→ 3. Teil Rn. 25).

15　**b) Kreditvolumen von 75 000 €. aa) Darlehen.** Bei Darlehen ist es ein Kreditvolumen von 75 000 €, bezogen auf den Nettodarlehensbetrag iSv § 492 Abs. 2 iVm Art. 247 § 3 Abs. 1 Nr. 3 EGBGB, das die Schutzbestimmungen des Gesetzes anwendbar bleiben lässt; jeder Betrag darüber verhindert die Geltung der verbraucherkreditrechtlichen Sonderregeln. Die vom Einzelfall losgelöste Pauschalierung nimmt das Gesetz hin; allenfalls wenn es nach Lage des konkreten Einzelfalls der Kreditgeber arglistig darauf anlegt, durch geringfügige Überschreitung der Grenze dem Existenzgründer den Schutz des Gesetzes zu entziehen, kann darin eine Umgehung iSv § 512 Satz 2 liegen.[30] Auf der anderen Seite können mehrere, eine wirtschaftliche Einheit bildende Darlehensverträge, bei denen einzeln der Betrag von 75 000 € nicht erreicht ist, die aber zusammengerechnet darüber liegen und einen Großkredit ausmachen, den Ausnahmetatbestand dann erfüllen, wenn der Kreditgeber derselbe ist.[31] Fallen beide Verträge trotz wirtschaftlicher Einheit in zeitlicher

---

[30] Zust. MüKoBGB/*Schürnbrand* § 512 BGB Rn. 7.
[31] Abl. OLG Brandenburg WM 1999, 2208 mit Anm. *Welter/Schön* WuB I E 2.–2.2000; für übernommene Leasingverträge OLG Brandenburg NJW 2006, 159; Staudinger/*Kessal-Wulf* § 512 BGB Rn. 4; wie hier MüKoBGB/*Schürnbrand* § 512 BGB Rn. 7.

Anwendung auf Existenzgründer　　　　　　16, 17　§ 513

Hinsicht auseinander, bleibt es für den Erstvertrag aber bei der Anwendung der verbraucherkreditrechtlichen Regelungen.[32]

bb) Teilzahlungsgeschäfte und Leasing: Das Problem der Mehrwert- 16
steuer. Der Existenzgründer kann mit dem Darlehen in seinen Betrieb investieren, aber er kann die Investitionen auch durch direkten Erwerb der benötigten Gegenstände durchführen und ein Abzahlungsgeschäft über diese Gegenstände abschließen, wie dies zB bei der Erstausstattung eines Betriebs im Rahmen von Franchiseverträgen (→ § 506 Rn. 53) häufig vorkommt. Auch dann gilt die Grenze von 75 000 €.[33] Hat der Verbraucher den kreditierten Preis bzw. die Vergütung nicht in Teilzahlungen, sondern in einem Betrag zu zahlen, stellt sich dasselbe Problem wie zur Bagatellgrenze nach § 491 Abs. 2 Nr. 1 (→ § 506 Rn. 129 ff.): Die Ausnahmevorschrift ist anwendbar. Die Anwendbarkeitsgrenze von 75 000 € für Existenzgründer bezieht sich auch auf Finanzierungsleasing und Mietkauf (→ § 506 Rn. 64, 78).

Bezugsgröße ist der **Barzahlungspreis**. Problematisch ist die Behandlung der 17
Umsatzsteuer. Man mag daran denken, dieselben Grundsätze wie zur Ermittlung der Bagatellgrenze nach § 491 Abs. 2 Nr. 1 anzuwenden, also den Barzahlungspreis resp. den vom Leasinggeber gegenüber seinem Lieferanten aufzubringenden Anschaffungspreis einschließlich Umsatzsteuer anzusetzen (→ § 506 Rn. 107).[34] Allerdings dient die Berücksichtigung der Umsatzsteuer dem Schutz des Verbrauchers, der über den Preis informiert werden soll, den er tatsächlich leisten müsste und nicht bloß über einen Verrechnungspreis. Der Schutz des existenzgründenden Teilzahlungskäufers oder Leasingnehmers ist bei der Feststellung des Kreditvolumens in § 513 aber gerade nicht Auslegungskriterium, sondern der Existenzgründer wird vom Schutz des Verbraucherkreditrechts im Gegenteil ausgeschlossen. Deshalb ist der zutreffenden Ansicht[35] zu folgen, dass die umsatzsteuerrechtliche Behandlung des Barzahlungspreises in § 491 Abs. 2 Nr. 1 und in § 513 **unterschiedlich** stattzufinden hat. Bei der Ermittlung des Kreditvolumens von 75 000 € ist demgemäß im Hinblick auf den vorsteuerabzugsberechtigten Teilzahlungskäufer oder Leasingnehmer der Preis zugrunde zu legen, den er tatsächlich hätte aufwenden müssen, so dass die gem. § 15 UStG als Vorsteuer abzuziehende und zu verrechnende Umsatzsteuer, die im Anschaffungspreis enthalten ist, nicht in den Bezugsbetrag von 75 000 € einbezogen wird. **Barzahlungspreis** ist in § 513 der **Nettoanschaffungspreis,** den der vorsteuerabzugsberechtigte Existenzgründer aufzubringen hat resp. der Nettoanschaffungspreis, den der Leasinggeber bei seinem Lieferanten zu entrichten hat. Das wird auch dann zu gelten haben, wenn der existenzgründende Teilzahlungskäufer oder Lea-

---

[32] *Lwowski*, Schriftenreihe der Bankrechtlichen Vereinigung, Bd. 2, S. 52/53; *Münstermann/Hannes* § 3 VerbrKrG Rn. 147; MüKoBGB/*Schürnbrand* § 512 BGB Rn. 7.
[33] AA *Giesler* ZIP 2002, 420 (421): teleologische Reduktion, so § 499 Rn. 56.
[34] Barzahlungspreis eines gebrauchten Leasingobjekts: OLG Brandenburg NJW 2006, 159 (160), auf die steuerrechtliche Problematik nicht eingehend.
[35] *v. Westphalen/Emmerich/v. Rottenburg* § 3 VerbrKrG Rn. 33; *v. Westphalen* Leasingvertrag, Rn. 1687; Staudinger/*Kessal-Wulf* § 512 BGB Rn. 3; eine ganz andere Frage ist, ob unter Geltung des Abzahlungsgesetzes, wo Angabepflicht entgegen der jetzigen Regelung von § 500 iVm § 492 Abs. 1 Satz 5 Nr. 1 hinsichtlich des Barzahlungspreises bestand, die Umsatzsteuer einzubeziehen war, BGH NJW-RR 1991, 1011 zu II. 2.a. cc.; sie hat für die Bemessungsgrenze von 50 000 € entgegen Staudinger/*Kessal-Wulf* § 512 BGB Rn. 3 keine Bedeutung.

§ 514   1. Teil. Darlehen und Finanzierungshilfen

singnehmer als Kleinunternehmer gem. § 19 UStG nicht vorsteuerabzugsberechtigt ist, weil in diesem Falle die Umsatzsteuer zur Betriebsausgabe wird und den Gewinn mindert. Die umsatzsteuerrechtlichen Verhältnisse des Existenzgründers sind also nicht heranzuziehen.

18   cc) **Ratenlieferungsverträge.** Woran sich der Referenzbetrag von 75 000 € im Falle von Ratenlieferungsverträgen bemisst, ist der Regelung von § 510 Abs. 3 Satz 2 zu entnehmen (→ § 510 Rn. 30), die auch für Großkredite nach § 513 gilt.[36] Es ist also die Summe aller Teilzahlungen zu bilden, die bis zum frühestmöglichen Kündigungszeitpunkt entsteht, wobei es auf die Möglichkeit einer ordentlichen Kündigung durch den Existenzgründer ankommt. Eine solche ergibt sich nicht aus Gesetz, so dass sie von vertraglicher Vereinbarung abhängt. Mangels dessen bilden sämtliche Teilzahlungen das Maß, so dass sich die fehlende vertragliche Vereinbarung zulasten des Existenzgründers auswirkt.

19   **c) Beweislast.** Die umfassende Beweislast für den existenzgründenden Zweck trägt der Kreditnehmer, wenn er die Anwendung verbraucherkreditrechtlicher Vorschriften erreichen will (→ Rn. 9).[37] Ist aber streitig, ob das Kreditvolumen von 75 000 € überschritten, also Verbraucherkreditrecht nicht anwendbar ist, trägt der Kreditgeber, nicht aber der Existenzgründer die Beweislast. Dieser hat, wenn streitig, also nicht zu beweisen, dass das Kreditvolumen unter 75 000 € liegt. Vielmehr liegt die Last des Beweises für einen Betrag über 75 000 € beim Kreditgeber. Das folgt aus der Gesetzesformulierung „es sei denn", die den zweiten Halbsatz einleitet. Ist auf der anderen Seite streitig, welchen Verwendungszweck ein Kredit hat, der oberhalb des Kreditvolumens von 75 000 € liegt, hängt die Anwendung von Verbraucherkreditrecht davon ab, dass der Kreditnehmer nicht Existenzgründer war, sondern der Kredit privaten resp. abhängig-beruflichen Zwecken dient (→ § 491 Rn. 46, 52). Deshalb trägt der Kreditnehmer, der von sich behauptet, Verbraucher nach § 13 BGB und nicht Existenzgründer zu sein, nach den besonderen Grundsätzen, die für § 13 BGB gelten (→ § 491 Rn. 60), hierfür die Beweislast.

Untertitel 6. Unentgeltliche Darlehensverträge und unentgeltliche Finanzierungshilfen zwischen einem Unternehmer und einem Verbraucher

§ 514 Unentgeltliche Darlehensverträge

(1) ¹§ 497 Absatz 1 und 3 sowie § 498 und die §§ 505a bis 505c sowie 505d Absatz 2 bis 4 sind entsprechend auf Verträge anzuwenden, durch die ein Unternehmer einem Verbraucher ein unentgeltliches Darlehen gewährt. ²Dies gilt nicht in dem in § 491 Absatz 2 Satz 2 Nummer 1 bestimmten Umfang.

(2) ¹Bei unentgeltlichen Darlehensverträgen gemäß Absatz 1 steht dem Verbraucher ein Widerrufsrecht nach § 355 zu. ²Dies gilt nicht, wenn bereits ein Widerrufsrecht nach § 312g Absatz 1 besteht, und nicht bei Verträgen, die § 495 Absatz 2 Nummer 1 entsprechen. ³Der Unternehmer hat

---

[36] Ebenso Staudinger/*Kessal-Wulf* § 512 BGB Rn. 3.
[37] Horn/Krämer/*Berger*, Bankrecht 2002, S. 26.

Unentgeltliche Darlehensverträge 1 § 514

den Verbraucher rechtzeitig vor der Abgabe von dessen Willenserklärung gemäß Artikel 246 Absatz 3 des Einführungsgesetzes zum Bürgerlichen Gesetzbuche über sein Widerrufsrecht zu unterrichten. ⁴Der Unternehmer kann diese Pflicht dadurch erfüllen, dass er dem Verbraucher das in der Anlage 9 des Einführungsgesetzes zum Bürgerlichen Gesetzbuche vorgesehene Muster für die Widerrufsbelehrung ordnungsgemäß ausgefüllt in Textform übermittelt.

Schrifttum: *Bülow*, Rechtsfragen des Immobiliar-Verbraucherkreditvertrags im neuen Recht, WM 2015, 1309; *Bülow/Artz*, Unentgeltliche Kreditverträge – ein neues Paradigma im deutschen Verbraucherprivatrecht, ZIP 2016, 1204; *P. Meier/Jocham*, Rechtsfortbildung – Methodischer Balanceakt zwischen Gewaltenteilung und materieller Gerechtigkeit, JuS 2016, 392; *Riehm*, Das Ende der „Null-Prozent-Finanzierungen"? NJW 2014, 3692; *Rosenkranz*, Das Umsetzungsgesetz zur Wohnimmobilienkreditvertragsrichtlinie und die verbundene Verträge, NJW 2016, 1473; *Schürnbrand*, „Nullprozent"-Finanzierung als Herausforderung für das Verbraucherkreditrecht, ZIP 2015, 249; *ders.*, Verbraucherschutz bei unentgeltlichen Finanzierungen, WM 2016, 1105.

Übersicht

	Rn.
Materialien	
Bundestagsdrucksache 18/7584, Beschlussempfehlung und Bericht des Ausschusses für Recht und Verbraucherschutz vom 17.2.2016	1
Kommentierung	
Vorbemerkungen	3
I. Unentgeltlichkeit in Verbraucherkreditrichtlinie und Wohnimmo-RiL	6
II. Klassifizierung des unentgeltlichen Vertrags	7
III. Widerrufsrecht	10
1. Grundsatz und Ausnahmen (§§ 491 Abs. 2 Satz 2 Nr. 1, 312g, 495 Abs. 2 Nr. 1)	10
2. Widerrufsbelehrung (§ 514 Abs. 2 Sätze 3 und 4)	11
Text: Muster Anlage 9 zum EGBGB	
3. Beginn und Ende der Widerrufsfrist	13
4. Rückabwicklung nach Widerruf	15
IV. Entsprechende Anwendung bestimmter verbraucherkreditrechtlicher Normen	16
1. Verzug, § 497 Abs. 1 und 3, § 498	16
a) § 497 Abs. 1	17
b) § 497 Abs. 3	18
c) § 498	19
2. Kreditwürdigkeitsprüfung (§§ 505a–505c, 505d Abs. 2–4)	20
3. Verbundene Geschäfte (§§ 358 Abs. 1 und 2, 359)	21
4. Zusammenhängende Verträge	24
5. Keine Anwendung auf Existenzgründer (§ 513)	25
V. Abdingbarkeit	26

Materialien

Beschlussempfehlung und Bericht des Ausschusses für Recht und Verbraucherschutz vom 17.2.2016, BT-Drucks. 18/7584, S. 151

Die ausdrückliche Erstreckung der bislang nur für entgeltliche Verbraucherdarlehen geltenden Regelung für verbundene Verträge auf unentgeltliche Darlehensverträge zwischen einem Unternehmer als Darlehensgeber und einem Verbraucher als Darlehensnehmer erscheint verbraucherpolitisch geboten. Angesichts des gegenwärtig extrem niedrigen Zinsniveaus gehen Anbieter von Konsumgütern vielfach dazu über, ihren Kunden soge- 1 nannte Null-Prozent-Finanzierungen zu gewähren oder zu vermitteln. Soweit solche Darlehen tatsächlich zinslos und ohne sonstige Entgelte gewährt werden, sind sie keine Verbraucherdarlehensverträge im Sinne der Definition des § 491 BGB. Zwar ist hieraus nicht zwangsweise zu folgern, dass aus der fehlenden Entgeltlichkeit auch folgt, dass die Regelungen der §§ 358 f. ... nicht zumindest entsprechend anwendbar seien (offengelassen von BGH, Urteil vom 30. September 2014, Az. XI ZR 168/13, Rn. 15 zitiert nach juris). Eine ausdrückliche Regelung erscheint ... jedoch angezeigt ...

2   Europarechtliche Vorgaben stehen dem nicht entgegen. Denn die Verbraucherkreditrichtlinie regelt nur entgeltliche Verbraucherdarlehen; auch die Wohnimmobilienkreditrichtlinie regelt neben dem entgeltlichen Darlehen nur den Fall einer unentgeltlichen Stundung einer bereits bestehenden Forderung (Artikel 3 Absatz 2 Buchstabe f) ...

Kommentierung

Vorbemerkungen

3   Im Zuge der Umsetzung der WohnimmoRiL, nachdem im Gesetzgebungsverfahren zwar Anhörungen Sachverständiger stattgefunden hatten und abgeschlossen waren (14.10.2015 und 27.1.2016), wurden erstmals durch die Beschlussempfehlung des Rechtsausschusses vom 17.2.2016 (→ Rn. 1) und einen Tag vor der Verabschiedung durch den Bundestag die Vorschriften über unentgeltliche Darlehen und Finanzierungshilfen präsentiert (→ Einf. Rn. 13d), ohne aber öffentlich erörtert worden zu sein. Eine juristische Diskussion über die Bedeutsamkeit unentgeltlicher Kreditformen war allerdings durch das Urteil des BGH vom 30.9.2014[1] in Gang gesetzt worden, wo es um eine so bezeichnete „0 %-Finanzierung" ging. Sie bedeutete, dass der zwischen unternehmerischen Verkäufer und Verbraucher ausgehandelte Kaufpreis dieselbe Höhe wie der Gesamtbetrag des Finanzierungsdarlehens einer Bank hatte und folglich auch Gesamtbetrag und Nettodarlehensbetrag gleich hoch waren. Daraus ergab sich zunächst die zu bejahende Frage der Verbundtauglichkeit unentgeltlicher Darlehensverträge und in rechtspolitischer Sicht die Frage, ob verbraucherschützende Regelungen auch für unentgeltliche Darlehen geboten seien, weil die Gefahr einer Überschuldung von Verbrauchern nicht notwendig von der Verzinslichkeit abhänge.

4   Eine weitere Folgerung aus dem Finanzierungsmodell sah der BGH in den Rechtsbeziehungen des verkaufenden Unternehmers und der Bank. Diese kehrte – ohne Wissen des Verbrauchers – nämlich nicht den vollen Nettodarlehens/Gesamtbetrag aus, sondern vereinbarungsgemäß weniger. Daraus zieht der BGH die Konsequenz,[2] dass die Bank den Anspruch des Verbrauchers, den im Darlehensvertrag vereinbarten Nettodarlehensbetrag an den Unternehmer auszukehren, nicht vollständig erfüllte, nämlich im Hinblick auf die Differenz. Als Folge dessen schulde der Verbraucher dem Kreditinstitut gemäß § 488 Abs. 1 Satz 2 BGB nur den verminderten Betrag. Das entspricht allerdings nicht den rechtsgeschäftlichen Interessen von Unternehmer und Bank.[3] Die Differenz dürfte vielmehr als eine Art Zinszuschuss des Unternehmers an die Bank anzusehen sein,

---

[1] XI ZR 168/13, Rn. 10, NJW 2014, 3719 = WM 2014, 2091 mit krit. Rez. *Gerd Müller* WM 2015, 697, Anm. *Bülow* WuB 2015, 7 und Komm. *Wolters* EWiR 2014, 733.
[2] NJW 2014, 3719 Rn. 18.
[3] *Schürnbrand* WM 2016, 1105.

der mit der an den Unternehmer auszukehrenden Valuta verrechnet wird.⁴ Als Folge dessen hätte die Bank im Darlehensverhältnis den Valutierungsanspruch des Verbrauchers vollständig erfüllt, zumal ein Umgehungsgeschäft nach § 512 Satz 2 nicht zu erkennen ist.⁵

Der Frage der Innenbeziehungen zwischen Unternehmer und Bank und der Vertragserfüllung gegenüber dem Verbraucher nimmt sich das Gesetz nicht an, sondern beschränkt sich auf das Rechtsverhältnis zwischen Unternehmer und Verbraucher durch Schaffung eines neuen Widerrufsrechts, Anwendung verzugsbezogener Vorschriften und Vorschriften über die Kreditwürdigkeitsprüfung. Die Widerrufserstreckung im Verbund nach § 358 Abs. 2 tritt auch im Falle des neuen Widerrufsrechts ein. Dies gilt für unentgeltliche Darlehen wie für unentgeltliche Finanzierungshilfen (→ § 515 Rn. 7).

I. Unentgeltlichkeit in Verbraucherkreditrichtlinie und WohnimmoRil

Elementare Voraussetzung für den europäisch-sekundärrechtlichen Begriff des Verbraucherkredits ist dessen Entgeltlichkeit, wie Art. 2 Abs. 2 lit. f VerbrKrRil und Art. 3 Abs. 2 lit. c WohnimmoRil zu entnehmen ist (mit gewisser Relativierung bei grundbesicherter Prolongation gemäß Art. 3 Abs. 2 lit. f WohnimmoRil,⁶ siehe → § 506 Rn. 63d). Die Richtlinien gelten für unentgeltliche Kreditverträge nicht, diese befinden sich außerhalb ihrer harmonisierten Bereiche (→ Rn. 2). Solche Verträge sind keine Verbraucherkreditverträge im Rechtssinne nach §§ 491 bis 513, obwohl auch sie einen Verbraucher als Darlehensnehmer und einen Unternehmer als Darlehensgeber gem. § 514 Abs. 1 Satz 1, entsprechend für Finanzierungshilfen nach § 515, voraussetzen und deshalb Verbraucherverträge nach § 310 Abs. 3 BGB sind. Sie werden vielmehr im Gesetz schlicht als Darlehensverträge bezeichnet, so in §§ 358 Abs. 1 und 2, 359 Abs. 1 Satz 2, 360 Abs. 2 Satz 2.

II. Klassifizierung des unentgeltlichen Vertrags

Es handelt sich um einen zinslosen Darlehensvertrag nach § 488, siehe insbesondere Abs. 3 Satz 3, mit der Besonderheit, dass Darlehensnehmer ein Verbraucher und Darlehensgeber ein Unternehmer, nicht notwendig ein Kreditinstitut, ist. Der Vertrag ist formlos wirksam, da § 492 nicht für anwendbar erklärt ist. Nur die Widerrufsbelehrung bedarf gemäß Art. 246 Abs. 3 Satz 1 EGBGB (→ Rn. 11) der Textform. Informationspflichten bestehen über die Widerrufsbelehrung hinaus (→ Rn. 11) nicht. Auf den Verwendungszweck kommt es nicht an, sodass es eine Entsprechung wie bei Verbraucherkreditgeschäften in Allgemein- und Immobiliarverträge (→ § 491 Rn. 96a) nicht gibt. Auch Grundpfand- resp. Reallastbesicherung sind bei unentgeltlichen Verträgen denkbar, wobei der obligatorische Sicherungsvertrag mangels Anwendbarkeit von Art. 247 § 7 Abs. 1 Nr. 2 EGBGB formlos wirksam ist (→ § 494 Rn. 18, 76).

---

⁴ Zutr. *Riehm* NJW 2014, 3692 (3695 zu V.1.).
⁵ *Schürnbrand* ZIP 2015, 249 (254/255).
⁶ *Bülow* WM 2015, 1309 (1312).

8 Die Unentgeltlichkeit bedeutet, dass Zinsen nicht geschuldet sind (§ 488 Abs. 3 Satz 3) und auch nicht sonstige Entgelte für die Kapitalnutzung (→ Rn. 1; → § 491 Rn. 97), wie Antrags- oder Bearbeitungsgebühren, sodass nicht nur der Sollzins, sondern auch der effektive Jahreszins mit „null" zu beziffern ist. Nur die im gegebenen Falle entstehenden Kosten für die Besicherung dürften der Klassifizierung als unentgeltlicher Vertrag in Anlehnung an Art. 3 Abs. 2 lit. c WohnimmoRil nicht entgegen stehen.

9 Gegenstand des Darlehensvertrags ist die Ermöglichung der Kapitalnutzung durch den Darlehensnehmer, der hierfür keine Gegenleistung zu erbringen hat. Deshalb ist der Vertrag über ein unentgeltliches Darlehen kein gegenseitiger Vertrag, sondern ein unvollkommen zweiseitiger Vertrag (Einräumung der Kapitalnutzung durch das zur Verfügung gestellte Geld, Rückzahlungsverpflichtung nach § 488 Abs. 1 Satz 2), bei dem die beiderseitigen Pflichten nicht im Synallagma stehen und die §§ 320 bis 326 BGB nicht anwendbar sind. Der Darlehensnehmer hat nicht die Pflicht zur Abnahme der Valuta. Eine Sicherheitenbestellung ist Gegenstand des obligatorischen Sicherungsvertrags (→ § 494 Rn. 18, 76) und begründet kein Synallagma. Dagegen stehen sich bei unentgeltlichen **Finanzierungshilfen** unternehmerische Leistung und die Gegenleistung des Verbrauchers, die im Preis für die unternehmerische Leistung liegt, synallagmatisch gegenüber, auch wenn für die Kreditierung kein Zuschlag ausbedungen wird. §§ 320 bis 326 sind auf unentgeltliche Finanzierungshilfen also anwendbar.

III. Widerrufsrecht

1. Grundsatz und Ausnahmen (§§ 491 Abs. 2 Satz 2 Nr. 1, 312g, 495 Abs. 2 Nr. 1)

10 Bei unentgeltlichen Verträgen nach § 514 Abs. 1 steht dem Verbraucher gemäß Abs. 2 Satz 1 ein Widerrufsrecht nach § 355 zu (→ § 495 Rn. 17 ff., 51 ff.). Es besteht nicht in Bagatellfällen i. S. v. § 491 Abs. 2 Satz 2 Nr. 1, der Nettodarlehensbetrag also weniger als 200 € ausmacht (→ § 491 Rn. 158). Es besteht aber in den anderen Ausnahmefällen von § 491 Abs. 2 Satz 2, zB bei Arbeitgeberkrediten.[7] Aufgrund der Unentgeltlichkeit sind Nettodarlehensbetrag und Gesamtbetrag (Art. 247 § 3 Abs. 1 Nr. 8, Abs. 3 EGBGB) gleich. Wenn das Darlehen zugleich Außergeschäftsraum- oder Fernabsatzgeschäft ist, könnte ein Widerrufsrecht nach § 312g Abs. 1 entstehen, welches das Widerrufsrecht aus § 514 Abs. 2 Satz 2 verdrängen würde. Das Widerrufsrecht aus § 312g setzt aber gemäß § 312 Abs. 1 eine entgeltliche Leistung des Unternehmers voraus, an der es gerade fehlt. Deshalb läuft diese Ausnahme bei unentgeltlichen Darlehen, jedenfalls nach derzeitigem Rechtsstand,[8] leer, kann aber bei Finanzierungshilfen Bedeutung gewinnen (→ § 515 Rn. 10). Auch der Rechtsbegriff der Finanzdienstleistung nach § 312 Abs. 5 ist wegen der Unentgeltlichkeit gemäß Abs. 1 nicht erfüllt. Wenn es sich bei dem unentgeltlichen Darlehen um ein Umschuldungsdarlehen in der Gestalt von § 495 Abs. 2 Nr. 1 handelt (→ § 495 Rn. 177) besteht das Widerrufsrecht aus § 514 Abs. 2 ebenso wenig wie dasjenige aus § 495 bei entgeltlichem Umschuldungsdarlehen, wie § 514 Abs. 2 Satz 2 bestimmt.

---

[7] Krit. *Schürnbrand* WM 2016, 1105.
[8] *Schürnbrand* WM 2016, 1105.

2. Widerrufsbelehrung (§ 514 Abs. 2 Sätze 3 und 4)

Der unentgeltliche Darlehensvertrag ist formlos wirksam (→ Rn. 7), sodass eine Unterrichtung des Verbrauchers über das Widerrufsrecht in Gestalt einer Pflichtangabe im Vertrag nicht in Betracht kommt, sondern eine außerhalb des Vertrags stehende Widerrufsbelehrung zu erteilen ist (→ § 495 Rn. 112 ff.). Deren Inhalt und Formulierung richtet sich nach Art. 246 Abs. 3 EGBGB. Danach ist für die Belehrung Textform nach § 126b BGB vorgeschrieben. Es gilt nicht nur die Maxime der inhaltlichen Verdeutlichung (→ § 495 Rn. 98, 137), sondern auch der äußerlichen – drucktechnisch – deutlichen Gestaltung (→ § 495 Rn. 134). 11

Dem Darlehensgeber steht ein Muster nach Anlage 9 zum EGBGB zur Verfügung, durch das er seine Belehrungspflicht erfüllt, wenn er es ordnungsgemäß ausfüllt. Das Muster ist also mit Gesetzlichkeitsfiktion ausgestattet (→ § 495 Rn. 45a, 93). 12

Anlage 9[1][2]
(zu Artikel 246 Absatz 3)

**Muster für die Widerrufsbelehrung
bei unentgeltlichen Darlehensverträgen zwischen einem Unternehmer als
Darlehensgeber und einem Verbraucer als Darlehensnehmer**

Widerrufsbelehrung

Widerrufsrecht

Der Darlehensnehmer* kann seine Vertragserklärung innerhalb von 14 Tagen ohne Angabe von Gründen widerrufen. Die Frist beginnt nach Abschluss des Vertrags, aber erst, nachdem der Darlehensnehmer diese Widerrufsbelehrung auf einem dauerhaften Datenträger erhalten hat. Zur Wahrung der Widerrufsfrist genügt die rechtzeitige Absendung des Widerrufs, wenn die Erklärung auf einem dauerhaften Datenträger (z.B. Brief, Telefax, E-Mail) erfolgt. Der Widerruf ist zu richten an:[1]
[2]
[2a]
[2b]
[2c]

Widerrufsfolgen

Soweit das Darlehen bereits ausbezahlt wurde, hat es der Darlehensnehmer spätestens innerhalb von 30 Tagen zurückzuzahlen. Die Frist beginnt mit der Absendung der Widerrufserklärung.
[3]
[4]
[4a]
[4b]
[4c]
[4d]
[4e]
[4f]

Gestaltungshinweise:

[1] Hier sind einzufügen: Name/Firma und ladungsfähige Anschrift des Widerrufsadressaten. Zusätzlich können angegeben werden: Telefaxnummer, E-Mail-Adresse und/oder, wenn der Darlehensnehmer eine Bestätigung seiner Widerrufserklärung an den Darlehensgeber erhält, auch eine Internet-Adresse.

§ 514 12   1. Teil. Darlehen und Finanzierungshilfen

[2] Bei Anwendung der Gestaltungshinweise [2a], [2b] oder [2c] ist hier folgende Unterüberschrift einzufügen:
„Besonderheiten bei weiteren Verträgen".
[2a] Bei einem verbundenen Vertrag nach § 358 BGB ist hier einzufügen:
a) Wenn der Vertrag nicht den Erwerb von Finanzinstrumenten zum Gegenstand hat:
„– Widerruft der Darlehensnehmer diesen Darlehensvertrag, so ist er auch an den [einsetzen: Bezeichnung des verbundenen Vertrags] (im Folgenden: verbundener Vertrag)** nicht mehr gebunden.
– Steht dem Darlehensnehmer in Bezug auf den [einsetzen***: verbundenen Vertrag] ein Widerrufsrecht zu, so ist er mit wirksamem Widerruf des [einsetzen***: verbundenen Vertrags] auch an den Darlehensvertrag nicht mehr gebunden. Für die Rechtsfolgen des Widerrufs sind die in dem [einsetzen***: verbundenen Vertrag] getroffenen Regelungen und die hierfür erteilte Widerrufsbelehrung maßgeblich."
b) Wenn der Vertrag den Erwerb von Finanzinstrumenten zum Gegenstand hat:
„– Widerruft der Darlehensnehmer den [einsetzen: Bezeichnung des verbundenen Vertrags], so ist er auch an den Darlehensvertrag nicht mehr gebunden."
[2b] Bei einem Geschäft, dessen Vertragsgegenstand (die Leistung des Unternehmers) in dem Darlehensvertrag genau angegeben ist und das nicht gleichzeitig die Voraussetzungen eines verbundenen Vertrags gemäß § 358 BGB erfüllt, obwohl das Darlehen ausschließlich zu dessen Finanzierung dient (angegebenes Geschäft gemäß § 360 Absatz 2 Satz 2 BGB), ist hier Folgendes einzufügen:
„– Steht dem Darlehensnehmer in Bezug auf das [einsetzen: Bezeichnung des im Darlehensvertrag angegebenen Geschäfts] (im Folgenden: angegebenes Geschäft)** ein Widerrufsrecht zu, so ist er mit wirksamem Widerruf des angegebenen Geschäfts auch an den Darlehensvertrag nicht mehr gebunden."
[2c] Bei einem mit einem Darlehensvertrag zusammenhängenden Vertrag (§ 360 BGB), der nicht gleichzeitig die Voraussetzungen eines verbundenen Vertrags gemäß § 358 BGB erfüllt, kann hier Folgendes eingefügt werden:
„– Steht dem Darlehensnehmer in Bezug auf diesen Darlehensvertrag ein Widerrufsrecht zu, so ist er mit wirksamem Widerruf des Darlehensvertrags auch an den [einsetzen: Bezeichnung des mit dem Darlehensvertrag zusammenhängenden Vertrags] (im Folgenden: zusammenhängender Vertrag)** nicht mehr gebunden."
[3] Erbringt der Darlehensgeber gegenüber öffentlichen Stellen Aufwendungen gemäß § 357a Absatz 3 Satz 5 BGB und will er sich für den Fall des Widerrufs die Geltendmachung dieses Anspruchs vorbehalten, ist hier Folgendes einzufügen:
„– Der Darlehensnehmer hat dem Darlehensgeber auch die Aufwendungen zu ersetzen, die der Darlehensgeber gegenüber öffentlichen Stellen erbracht hat und nicht zurückverlangen kann."
[4] Bei Anwendung der Gestaltungshinweise [4a], [4b], [4c], [4d], [4e] oder [4f] ist hier als Unterüberschrift einzufügen:
„Besonderheiten bei weiteren Verträgen".
Dies gilt nicht, wenn bei einer entgeltlichen Finanzierungshilfe ausschließlich der Hinweis [4c] verwandt wird und weitere Verträge nicht vorliegen.
Liegen mehrere weitere Verträge nebeneinander vor, kann im Folgenden die Unterrichtung gemäß den anwendbaren Gestaltungshinweisen auch durch eine entsprechende, jeweils auf den konkreten Vertrag bezogene, wiederholte Nennung der Hinweise erfolgen.
[4a] Bei einem verbundenen Vertrag nach § 358 BGB, der nicht den Erwerb von Finanzinstrumenten zum Gegenstand hat, oder bei einem zusammenhängenden Vertrag, wenn von Gestaltungshinweis [2c] Gebrauch gemacht wird, ist hier Folgendes einzufügen:
„– Ist der Darlehensnehmer auf Grund des Widerrufs dieses Darlehensvertrags an [einsetzen***: den verbundenen Vertrag und/oder den zusammenhängenden Vertrag] nicht mehr gebunden, sind insoweit die beiderseits empfangenen Leistungen zurückzugewähren."

Unentgeltliche Darlehensverträge 12 § 514

[4b] Bei einem verbundenen Vertrag nach § 358 BGB über die Überlassung einer Sache oder bei einem zusammenhängenden Vertrag, gerichtet auf die Überlassung einer Sache, wenn von Gestaltungshinweis [2c] Gebrauch gemacht wurde, ist hier nachstehender Unterabsatz einzufügen:
„– Der Darlehensnehmer ist nicht verpflichtet, die Sache zurückzusenden, wenn der an [einsetzen***: dem verbundenen Vertrag oder dem zusammenhängenden Vertrag] beteiligte Unternehmer angeboten hat, die Sachen abzuholen. Grundsätzlich trägt der Darlehensnehmer die unmittelbaren Kosten der Rücksendung der Waren. Dies gilt nicht, wenn der an [einsetzen***: dem verbundenen Vertrag oder dem zusammenhängenden Vertrag] beteiligte Unternehmer sich bereit erklärt hat, diese Kosten zu tragen, oder er es unterlassen hat, den Verbraucher über die Pflicht, die unmittelbaren Kosten der Rücksendung zu tragen, zu unterrichten. Bei außerhalb von Geschäftsräumen geschlossenen Verträgen, bei denen die Waren zum Zeitpunkt des Vertragsschlusses zur Wohnung des Verbrauchers geliefert worden sind, ist der Unternehmer verpflichtet, die Waren auf eigene Kosten abzuholen, wenn die Waren so beschaffen sind, dass sie nicht per Post zurückgesandt werden können."
Der Unterabsatz kann wie folgt ergänzt werden:
„Wenn der Darlehensnehmer die auf Grund [einsetzen***: des verbundenen Vertrags oder des zusammenhängenden Vertrags] überlassene Sache nicht oder teilweise nicht oder nur in verschlechtertem Zustand zurückgewähren kann, hat er insoweit Wertersatz zu leisten. Dies kommt allerdings nur in Betracht, wenn der Wertverlust auf einen Umgang mit den Waren zurückzuführen ist, der zur Prüfung der Beschaffenheit, der Eigenschaften und der Funktionsweise der Waren nicht notwendig war."

[4c] Bei einem Vertrag über eine unentgeltliche Finanzierungshilfe gilt Folgendes:
a) Ist Vertragsgegenstand die Überlassung einer Sache mit Ausnahme der Lieferung von Wasser, Gas oder Strom, die nicht in einem begrenzten Volumen oder in einer bestimmten Menge zum Verkauf angeboten werden, sind hier die konkreten Hinweise entsprechend Gestaltungshinweis [5] Buchstabe a und b der Anlage 1 zu Artikel 246a § 1 Absatz 2 Satz 2 EGBGB zu geben.
Diese können durch die konkreten Hinweise entsprechend Gestaltungshinweis [5] Buchstabe c der Anlage 1 zu Artikel 246a § 1 Absatz 2 Satz 2 EGBGB ergänzt werden.
b) Ist Vertragsgegenstand die Erbringung einer Finanzdienstleistung, kann hier folgender Hinweis gegeben werden:
„Der Darlehensnehmer ist zur Zahlung von Wertersatz für die bis zum Widerruf erbrachte Dienstleistung verpflichtet, wenn er ausdrücklich zugestimmt hat, dass vor dem Ende der Widerrufsfrist mit der Ausführung der Gegenleistung begonnen wird. Besteht eine Verpflichtung zur Zahlung von Wertersatz, kann dies dazu führen, dass der Darlehensnehmer die vertraglichen Zahlungsverpflichtungen für den Zeitraum bis zum Widerruf dennoch erfüllen muss."
c) Ist Vertragsgegenstand die Erbringung einer Dienstleistung, die nicht in der Überlassung einer Sache gemäß Buchstabe a oder in einer Finanzdienstleistung besteht, oder die Lieferung von Wasser, Gas oder Strom, wenn sie nicht in einem begrenzten Volumen oder in einer bestimmten Menge zum Verkauf angeboten werden, oder die Lieferung von Fernwärme, können hier die konkreten Hinweise entsprechend Gestaltungshinweis [6] der Anlage 1 zu Artikel 246a § 1 Absatz 2 Satz 2 EGBGB gegeben werden.
d) Ist Vertragsgegenstand die Lieferung von nicht auf einem körperlichen Datenträger befindlichen digitalen Inhalten, kann hier folgender Hinweis gegeben werden:
„Der Darlehensnehmer ist zur Zahlung von Wertersatz für die bis zum Widerruf gelieferten digitalen Inhalte verpflichtet, wenn er ausdrücklich zugestimmt hat, dass vor dem Ende der Widerrufsfrist mit der Lieferung der digitalen Inhalte begonnen wird."

[4d] Bei einem angegebenen Geschäft nach § 360 Absatz 2 Satz 2 BGB ist hier Folgendes einzufügen:
„– Ist der Darlehensnehmer auf Grund des Widerrufs des [einsetzen***: angegebenen Geschäfts] an den Darlehensvertrag nicht mehr gebunden, führt das hinsichtlich

§ 514 13   1. Teil. Darlehen und Finanzierungshilfen

des Darlehensvertrags zu den gleichen Folgen, die eintreten würden, wenn der Darlehensvertrag selbst widerrufen worden wäre (vgl. oben unter „Widerrufsfolgen")."
[4e] Bei einem verbundenen Vertrag nach § 358 BGB, der nicht den Erwerb von Finanzinstrumenten zum Gegenstand hat, ist hier Folgendes einzufügen:
„– Wenn der Darlehensnehmer infolge des Widerrufs des Darlehensvertrags nicht mehr an den weiteren Vertrag gebunden ist oder infolge des Widerrufs des weiteren Vertrags nicht mehr an den Darlehensvertrag gebunden ist, gilt ergänzend Folgendes: Ist das Darlehen bei Wirksamwerden des Widerrufs dem Vertragspartner des Darlehensnehmers aus [einsetzen***: dem verbundenen Vertrag] bereits zugeflossen, tritt der Darlehensgeber im Verhältnis zum Darlehensnehmer hinsichtlich der Rechtsfolgen des Widerrufs in die Rechte und Pflichten des Vertragspartners aus dem weiteren Vertrag ein." Dieser Hinweis entfällt, wenn der Darlehensgeber zugleich Vertragspartner des Darlehensnehmers aus dem weiteren Vertrag ist."
[4f] Bei einem verbundenen Vertrag nach § 358 BGB, der nicht den Erwerb von Finanzinstrumenten zum Gegenstand hat, sind hier folgende Überschrift und folgender Hinweis einzufügen:
„Einwendungen bei verbundenen Verträgen".
„Der Darlehensnehmer kann die Rückzahlung des Darlehens verweigern, soweit ihn Einwendungen berechtigen würden, seine Leistung gegenüber dem Vertragspartner aus dem verbundenen Vertrag zu verweigern. Dies gilt nicht, wenn das finanzierte Entgelt weniger als 200 Euro beträgt oder wenn der Rechtsgrund für die Einwendung auf einer Vereinbarung beruht, die zwischen dem Darlehensnehmer und dem anderen Vertragspartner nach dem Abschluss des Darlehensvertrags getroffen wurde. Kann der Darlehensnehmer von dem anderen Vertragspartner Nacherfüllung verlangen, so kann er die Rückzahlung des Darlehens erst verweigern, wenn die Nacherfüllung fehlgeschlagen ist."
Dieser Hinweis und die Überschrift können entfallen, wenn der Darlehensgeber weiß, dass das finanzierte Entgelt weniger als 200 Euro beträgt.
*   Die Vertragsparteien können auch direkt angesprochen werden (z.B. „Sie", „Wir"). Es kann auch die weibliche Form der jeweiligen Bezeichnung und/oder die genaue Bezeichnung der Vertragsparteien verwendet werden. Es können auch die Bezeichnungen „Kreditnehmer" und „Kreditgeber" verwendet werden. Bei unentgeltlichen Finanzierungshilfen sind die Bezeichnungen entsprechend anzupassen, beispielsweise mit „Leasinggeber" und „Leasingnehmer".
** Dieser Klammerzusatz entfällt bei durchgängiger genauer Bezeichnung des Vertrags/Geschäfts.
*** Die Bezugnahme auf den betreffenden Vertrag/auf das betreffende Geschäft kann nach erstmaliger genauer Bezeichnung im Weiteren durch Verwendung der allgemeinen Bezeichnung des jeweiligen Vertrags/Geschäfts (verbundener Vertrag, angegebenes Geschäft, zusammenhängender Vertrag) erfolgen.

---

[1] Anl. 9 angef. mWv 21. 3. 2016 durch G v. 11. 3. 2016 (BGBl. I S. 396).
[2] Im BGBl. I sind die hier in eckigen Klammern wiedergegebenen Bezugnahmen auf die Gestaltungshinweise als geschlossene Kästchen dargestellt.

3. Beginn und Ende der Widerrufsfrist

13   Die Widerrufsfrist von 14 Tagen (§ 355 Abs. 2 Satz 1) beginnt unter zwei Voraussetzungen, nämlich mit Vertragsschluss (§ 355 Abs. 2 Satz 2) und kumulativ mit der Mitteilung der Widerrufsbelehrung in Textform nach Art. 246 Abs. 3 oder des Musters nach Anlage 9 zum EGBGB, wie § 356d Satz 1 bestimmt:

§ 356d Widerrufsrecht des Verbrauchers bei unentgeltlichen Darlehensverträgen und unentgeltlichen Finanzierungshilfen

[1] Bei einem Vertrag, durch den ein Unternehmer einem Verbraucher ein unentgeltliches Darlehen oder eine unentgeltliche Finanzierungshilfe gewährt, beginnt die Widerrufsfrist abweichend von § 355 Abs. 2 Satz 2 nicht, bevor der Unternehmer den Verbraucher ent-

sprechend den Anforderungen des § 514 Absatz 2 Satz 3 über dessen Widerrufsrecht unterrichtet hat. ²Das Widerrufsrecht erlischt spätestens zwölf Monate und 14 Tage nach dem Vertragsschluss oder nach dem in Satz 1 genannten Zeitpunkt, wenn dieser nach dem Vertragsschluss liegt.

Wenn die Belehrung fehlt oder fehlerhaft ist, beginnt die Widerrufsfrist nicht. Es entsteht aber kein ewiges Widerrufsrecht (→ § 495 Rn. 78, 164), sondern es erlischt gemäß § 356d Satz 2 nach einem Jahr und 14 Tagen. Diese Jahresfrist beginnt, wenn eine Widerrufsbelehrung fehlt, mit Vertragsschluss, und wenn die Belehrung zwar erteilt wurde, aber fehlerhaft ist, kumulativ mit Vertragsschluss und mit Erteilung der fehlerhaften Widerrufsbelehrung. **14**

4. Rückabwicklung nach Widerruf

Gemäß § 514 Abs. 2 Satz 1 ist § 355 anwendbar, sodass die empfangenen Leistungen unverzüglich zurückzugewähren sind, wie § 355 Abs. 3 Satz 1 bestimmt. Die Unverzüglichkeit ist durch die Höchstfrist von 30 Tagen in entsprechender Anwendung von § 357a Abs. 1 gewahrt. Gleiches gilt für den Aufwendungsersatzanspruch aus § 357a Abs. 3 Satz 5 (→ § 495 Rn. 244), so das Muster der Anlage 9 (Widerrufsfolgen) zum EGBGB, Gestaltungshinweis 3 (siehe allerdings → § 515 Rn. 11). Der Verbraucher hat die empfangene Darlehensvaluta an den Darlehensgeber zurückzuzahlen (→ § 495 Rn. 193, 222). Folge der Unentgeltlichkeit ist, dass der Darlehensgeber nichts empfangen hatte, was dem Verbraucher zurückzugewähren hätte. Ein Wertersatzanspruch des Darlehensgebers gegen den Verbraucher im Hinblick auf § 357a Abs. 2 (Außergeschäftsraum- oder Fernabsatzgeschäft) dürfte aufgrund der vertraglich bestimmten Unentgeltlichkeit nicht in Betracht kommen. Für den Fall unentgeltlicher Finanzierungshilfen siehe → § 515 Rn. 11. **15**

IV. Entsprechende Anwendung verbraucherkreditrechtlicher Normen

1. Verzug, §§ 497 Abs. 1 und 3, 498

Die Verzugs- und Überschuldungsproblematik kann hinsichtlich der Rückführung der Valuta nach § 488 Abs. 1 Satz 2 bei unentgeltlichen Darlehen ebenso auftreten wie bei verzinslichen. Darin liegt die *ratio legis* (→ Rn. 1, 5). Freigestellt sind gemäß § 514 Abs. 1 Satz 2 Bagatelldarlehen iSv § 491 Abs. 2 Satz 2 Nr. 1 (Darlehensbetrag weniger als 200 €). **16**

a) § 497 Abs. 1. Die abstrakte Berechnung des Verzugsschadens durch Verzinslichkeit mit fünf Prozentpunkten über dem Basiszinssatz nach § 288 Abs. 1 (B+5) gilt auch für unentgeltliche Darlehen (→ § 497 Rn. 27). Bezugsgröße ist der geschuldete Betrag (§ 497 Rn. 31), zB eine Rückzahlungsrate, die definitionsgemäß nur aus dem Kapital, nicht aber auch aus Sollzinsen besteht. Gemäß § 497 Abs. 1 Satz 2 können sowohl Darlehensgeber wie Verbraucher den Schaden auch konkret durch entsprechenden Nachweis berechnen (→ § 497 Rn. 37 bis 39a), wobei der Darlehensgeber gemäß §§ 289 Satz 2, 252 den aufgrund des Verzugs entgangenen Gewinn liquidieren kann. Der entgangene Gewinn kann darin liegen, dass der Darlehensgeber mit der durch den Verzug vorenthaltenen Valuta einen anderen verzinslichen Darlehensvertrag hätte abschließen können; **17**

§ 514 18–20 1. Teil. Darlehen und Finanzierungshilfen

diese mit Wahrscheinlichkeit zu erwartende Zinseinnahme stellt den konkret berechneten Verzugsschaden dar. Gerät der Verbraucher auch mit den Verzugszinsen in Verzug, sind hierauf gemäß § 289 Satz 1 nicht wieder Zinsen zu entrichten, wohl aber darf der Verzugsgläubiger einen Verzugsschaden liquidieren. Da § 497 Abs. 2 nicht für entsprechend anwendbar erklärt ist,[9] findet keine Begrenzung auf den gesetzlichen Zinssatz (§ 246) statt (→ § 497 Rn. 42), sodass die volle Liquidierung der entgangenen Verzugszinseinnahmen, die nach Lage des Einzelfalls über dem Marktzins liegen können, gegeben ist. Insoweit ist die Belastung des Verbrauchers bei unentgeltlichem Darlehen höher als bei verzinslichem.

18 b) § 497 Abs. 3. Die Gefahr des „modernen Schuldturms" (→ § 497 Rn. 50) tritt ein, wenn die Leistung des Verbrauchers als Schuldner nicht zur Tilgung der Verbindlichkeit ausreicht, zB einer Rückzahlungsrate, und die Teilleistung gemäß § 367 Abs. 1 zunächst auf die Kosten, dann auf die Zinsen und zuletzt auf die Hauptforderung angerechnet wird, letztere sich also nicht oder kaum vermindert. Diese Gefahr wird gemildert durch die Tilgungsreihenfolge Kosten – Hauptforderung – Zinsen. Zwar entstehen bei einem unentgeltlichen Darlehen keine Sollzinsen, sodass der geschuldete Betrag nur aus dem zur Rückzahlung fälligen Kapital besteht, aber es können sich Verzugszinsen bilden, auf die eine nicht ausreichende Teilleistung des Verbrauchers im letzten Rang anzurechnen ist (→ § 497 Rn. 55). Vorrangig ist auf das Kapital anzurechnen. Bei isoliertem Zinstitel nach § 497 Abs. 3 Satz 5 entsteht das Problem des nicht zu erreichenden Einklangs von materiellem Recht mit Vollstreckungsrecht (ausführlich → § 497 Rn. 63 ff.). Zum Streitwert bei einer Klage auf Feststellung der Wirksamkeit des Widerrufs → § 495 Rn. 176a.

19 c) § 498. Auch bei unentgeltlichen, in Teilzahlungen zu tilgenden Darlehen unterliegt die Gesamtfälligstellung den Schranken von § 498. Der Referenzbetrag nach § 498 Abs. 1 Nr. 1 lit. b misst sich am Nennbetrag, also Nettodarlehensbetrag nebst mitfinanzierten Einmalkosten (zB Antrags- oder Bearbeitungskosten, → § 498 Rn. 17). Diese Einmalkosten sind wie die Zinsen die Gegenleistung für die Einräumung der Möglichkeit zur Kapitalnutzung und folglich Entgelt. Bei einem unentgeltlichen Darlehen gibt es also keinen Nennbetrag, sodass Referenzbetrag der Nettodarlehensbetrag ist, der seinerseits dieselbe Höhe wie der Gesamtbetrag (Art. 247 § 3 Abs. 1 Nr. 8, Abs. 3 EGBGB) hat.

2. Kreditwürdigkeitsprüfung (§§ 505a–505c, 505d Abs. 2–4)

20 Auch die Vorschriften über die Kreditwürdigkeitsprüfung schützen den Verbraucher vor Überschuldung,[10] die auch durch unentgeltliche Darlehen, soweit die Bagatellgrenze von § 491 Abs. 2 Satz 2 Nr. 1 überschritten ist (§ 514 Abs. 1 Satz 2), drohen kann. Deshalb werden diese Vorschriften für anwendbar erklärt, mit Ausnahme von § 505d Abs. 1, wo es um Fragen des Sollzinses geht. Vor dem Hintergrund und dem Anlass der „Null-Prozent-Finanzierungen" (→ Rn. 1) bei Erwerb von Konsumgütern, die gerade auch aus der Sicht von Verbrauchern

---

[9] BT-Drucks. 18/7584, S. 153 – Rechtsausschuss – verkennt, dass Abs. 2 den Verzugszins und nicht den Vertragszins regelt; wegen dieser Verwechslung ist eine analoge Anwendung von Abs. 2 zu denken (→ Rn. 26).
[10] BT-Drucks. 18/7584, S. 153/154 – Rechtsausschuss.

3. Verbundene Geschäfte (§§ 358 Abs. 1 und 2, 359)

Dient das unentgeltliche Darlehen der Finanzierung eines widerruflichen Geschäfts, zB eines Verbrauchsgüterkaufs im Fernabsatz, und erklärt der Verbraucher den Widerruf, hier nach §§ 355, 312g Abs. 1, findet die Erstreckung des Widerrufs auf den Darlehensvertrag, entgeltlich oder unentgeltlich, gemäß § 358 Abs. 1 statt (→ § 495 Rn. 312; *Rosenkranz* NJW 2016, 1473, 1475). 21

Ist das finanzierte Geschäft nicht mit einem Widerrufsrecht ausgestattet und erklärt der Verbraucher den Widerruf des unentgeltlichen Darlehensvertrags gemäß § 514 Abs. 2 (→ Rn. 10), erstreckt sich dieser Widerruf gemäß § 358 Abs. 2 auf den finanzierten Vertrag. 22

Bestehen Einwände gegen den finanzierten Vertrag, zB bei Mängeln der gekauften Sache, steht dem Verbraucher der Einwendungsdurchgriff auch auf den unentgeltlichen Darlehensvertrag gemäß § 359 Abs. 1 zu (→ § 495 Rn. 336a). 23

4. Zusammenhängende Verträge (§ 360)

Der unentgeltliche Darlehensvertrag kann unter den Voraussetzungen von § 360 Abs. 2 Satz 2 zusammenhängender Vertrag und vom Widerruf des finanzierten Geschäfts erfasst sein (näher → § 495 Rn. 343). 24

5. Keine Anwendung auf Existenzgründer (§ 513)

Nicht für anwendbar erklärt wird § 513, sodass die Vorschriften über unentgeltliche Verträge nicht für Existenzgründer als Darlehensnehmer gelten. 25

V. Abdingbarkeit

Eine Vorschrift, welche die halbzwingende Geltung von §§ 514, 515 bestimmt, enthält das Gesetz nicht, anders als in den anderen verbraucherprivatrechtlichen Tatbeständen gemäß §§ 312k Abs. 1, 487, 512, 655e Abs. 1 BGB, 18 VVG, 8, 10 FernUSG, 305 Abs. 5 KAGB. Nur § 356d ist durch die entsprechende Regelung von § 361 Abs. 2 Satz 1 erfasst (aber diese Vorschrift bestimmt nicht die Unabdingbarkeit des Widerrufsrechts, sondern setzt ein solches voraus). Zu denken ist auch an eine analoge Anwendung von § 497 Abs. 2, die auf einer Verwechselung beruht (→ Rn. 17 Fußn. 9). Allenfalls beim Verweis auf §§ 497, 498 und 505a ff. mag daran zu denken sein, auch deren Unabdingbarkeit einzuschließen.[11] Im Übrigen aber dürfte der Gedanke nicht fernliegen, dass in der Eile des kodifikatorischen Verfahrens (→ Rn. 3) die Notwendigkeit einer Unabdingbarkeitsnorm übersehen wurde und insoweit eine Regelungslücke anzunehmen ist, die eine Gesamtanalogie zu den genannten Normen rechtfertigen und erfordern könnte[12] und die nicht zur Disposition durch eine Rechtswahl gemäß Art. 6 Abs. 2 Satz 2 Rom I-VO stünde (→ 3.Teil Rn. 8 aE). Allerdings 26

---

[11] So *Schürnbrand* WM 2016, 1105.
[12] So *Schürnbrand* WM 2016, 1105.

§ 515 1   1. Teil. Darlehen und Finanzierungshilfen

unterscheiden sich die in Bezug genommenen Normen gegenüber § 514 durch den Anknüpfungstatbestand, indem sie nämlich alle einen entgeltlichen Vertrag, der widerrufen werden soll, voraussetzen. Beim unentgeltlichen Vertrag ist die Belastung des Verbrauchers aber geringer, immerhin in einem Maße, das den europäischen Normgeber von einer Regulierung abhielt (→ Rn. 2, 6). An anderer Stelle, nämlich in § 312 Abs. 1 (→ Rn. 10), wird die Entgeltlichkeit hervorgehoben, obwohl sie europarechtlich nicht geboten ist (Art. 3 Abs. 1 Satz 1 Verbraucherrechte-Richtlinie 2011/83/EU: „Geltung für jegliche Verträge"), sodass auch die für vertragsrechtliche Normen im Allgemeinen waltende Dispositivität als Regelungskonzept für unentgeltliche Verträge nicht ausgeschlossen erscheint. Deshalb dürfte es geboten, ja unerlässlich sein, dass eine verfassungs- und kompetenzgerechte gesetzliche Klärung (Art. 20 Abs. 2 Satz 2 GG) stattfindet.

§ 515 Unentgeltliche Finanzierungshilfen

§ 514 sowie die §§ 358 bis 360 geltend entsprechend, wenn ein Unternehmer einem Verbraucher einen unentgeltlichen Zahlungsaufschub oder eine sonstige unentgeltliche Finanzierungshilfe gewährt.

Schrifttum: s. Schrifttum zu § 514

Inhaltsübersicht

	Rn.
Vorbemerkung	1
I. Entsprechende Anwendung von §§ 497 Abs. 1 und 3, 498, 505a bis 505c, 505d Abs. 2–4	2
II. Entsprechende Anwendung von §§ 358 bis 360	7
III. Widerrufsrecht	10
1. Verhältnis zu § 312g	10
2. Rückabwicklung nach Widerruf	11
IV. Abdingbarkeit	13

Kommentierung

Vorbemerkung

1   In gleicher Weise wie § 506 Abs. 1 die Anwendung verbraucherdarlehensrechtlicher Vorschriften auf entgeltliche Finanzierungshilfen bestimmt, wird durch § 515 die entsprechende Anwendung von § 514 festgelegt, außerdem zu §§ 358 bis 360 (→ Rn. 7). Paradigmatischer Fall ist das Teilzahlungsgeschäft (siehe § 506 Abs. 3) ohne Teilzahlungszuschlag, sodass der Barzahlungspreis dem Teilzahlungspreis (Gesamtbetrag) entspricht und ein effektiver Jahreszins von null Prozent entsteht. Solche Finanzierungsmodelle pflegen als „Null-Prozent-Finanzierungen" beworben zu werden (→ § 514 Rn. 3). Hinzu kommt als sonstige Finanzierungshilfe das sog. Null-Leasing (→ § 506 Rn. 75), bei dem die Summe aller Leasingraten den Kaufpreis für das Leasinggut nicht übersteigt.

I. Entsprechende Anwendung von §§ 497 Abs. 1 und 3, 498, 505a bis 505c, 505d Abs. 2–4

Der Schaden, der durch den Verzug des Verbrauchers mit Teilzahlungs- oder 2
Leasingraten entsteht, ist nach Maßgabe von § 497 Abs. 1 Satz 1 abstrakt mit
einem Verzugszinssatz von fünf Prozentpunkten über dem Basiszinssatz (§§ 247,
288 Abs. 1 BGB) zu berechnen. Jedoch ist gemäß § 497 Abs. 1 Satz 2 die konkrete Schadensberechnung möglich (→ § 514 Rn. 16, § 497 Rn. 37–39a).
§§ 497 Abs. 3, 367 Abs. 1 über die Tilgungsverrechnung bei nicht ausrei- 3
chender Leistung des Verbrauchers als Schuldner bezieht sich auf Teilzahlungsresp. Leasingraten bei Null-Leasing (→ § 506 Rn. 75). Sind Verzugszinsen entstanden, ist vorrangig auf die Raten als Hauptleistung anzurechnen.

Die Gesamtfälligstellung nach § 498 Abs. 1 Nr. 1 lit. b misst sich am Nennbe- 4
trag als Referenzgröße (→ § 498 Rn. 17), der mitfinanzierte Einmalkosten umschließt. Diese sind bei einer unentgeltlichen Finanzierungshilfe aber gerade ausgeschlossen, sodass der Barzahlungspreis (Art. 247 § 12 Abs. 1 Satz 2 Nr. 2 lit. a
EGBGB), der dem Teilzahlungspreis (Gesamtbetrag) gleich ist, anzulegen ist
(→ § 514 Rn. 19).

Im Fall von Null-Leasing (→ Rn. 1) kann mit dem BGH[1] als Referenzbetrag 5
für die Rückstandsquote die Summe der Leasingraten einschließlich eventueller
Sonderzahlungen (wobei wegen der Unentgeltlichkeit die Bruttoraten den Nettoraten gleich sind) genommen und daraus die Quote von 5 % oder 10 % ausgerechnet werden (→ § 506 Rn. 119, § 498 Rn. 20a).

Die Kreditwürdigkeitsprüfung ist bei einem Zahlungsaufschub, namentlich 6
beim Erwerb von Waren, umso mehr (→ § 514 Rn. 20) ein Praktikabilitätshindernis.

II. Entsprechende Anwendung von §§ 358 bis 360

Ebenso wenig wie bei § 506 Abs. 1 Satz 1 findet der Verweis auf den **Ver-** 7
bund (§§ 358, 359) ein Anwendungsfeld (→ § 506 Rn. 88ff.). Der Verbund
setzt typischerweise (→ § 495 Rn. 287) ein Dreipersonenverhältnis zwischen
Unternehmer des finanzierten Vertrags sowie zwischen Verbraucher und Darlehensgeber voraus. Bei einem Kauf- oder anderen Vertrag mit Ratenzahlung ohne
Teilzahlungsentgelt gibt es aber nur einen, eben diesen Vertrag. Finanziert ein
Dritter als Darlehensgeber diesen Vertrag durch Darlehensvertrag zwischen ihm
und dem Verbraucher und fließt die Valuta an den unternehmerischen Verkäufer,
ist der Kaufvertrag kein Zahlungsaufschub mehr, sondern Bargeschäft durch
Zahlung des Kaufpreises durch den Darlehensgeber (§ 362 Abs. 2) an den Verkäufer.

Bei Null-Leasing gibt es ebenfalls nur einen Vertrag, eben den Leasingvertrag. 8
Der Sonderfall des sog. Bestelleintritts, bei dem der Leasinggeber in den vom
zukünftigen Leasingnehmer, dem Verbraucher, abgeschlossenen Kaufvertrag über
das spätere Leasinggut eintritt, führt nur dann in den selten praktizierten Fällen
zu einem Dreipersonenverhältnis, wenn der Leasinggeber kumulativ und gesamt-

---
[1] BGHZ 147, 7 (16) = NJW 2001, 1349.

schuldnerisch neben dem Verbraucher Vertragspartei wird; meistens ist der Vertragseintritt aber privativ, indem der Verbraucher aus dem Kaufvertrag über das Leasinggut ausscheidet (näher → § 506 Rn. 90, 91). Der Mobilfunkvertrag, mit dem der Erwerb eines Mobiltelefons zum Nulltarif finanziert wird, kommt wegen seiner weiteren Konditionen als unentgeltlicher Vertrag nicht in Betracht.

9   Ein mit dem unentgeltlichen Finanzierungshilfevertrag **zusammenhängender Vertrag** nach § 360 Abs. 1 Satz 1 kann beispielsweise ein Wartungsvertrag über das vom Verbraucher erworbene Gut sein. Der Widerruf nach § 514 Abs. 2 erstreckt sich auf den zusammenhängenden Vertrag. Ein Null-Leasingvertrag als zusammenhängender Vertrag nach § 360 Abs. 2 Satz 2 (→ § 495 Rn. 343) wäre in der Weise konstruierbar, dass der Verbraucher als Leasingnehmer das Leasinggut selbst erwirbt, welches im Leasingvertrag genau angegeben ist.

III. Widerrufsrecht, § 514 Abs. 2

1. Verhältnis zu § 312g

10   Für das Widerrufsrecht bei unentgeltlichen Finanzierungen gilt das für unentgeltliche Darlehensverträge Gesagte (→ § 514 En. 10 bis 14) mit Besonderheit zum Verweis auf § 312g Abs. 1 (→ § 514 Rn. 10). Das Widerrufsrecht für Außergeschäftsraum- und Fernabsatzverträge nach § 312g Abs. 1 setzt gemäß § 312 Abs. 1 eine entgeltliche Leistung des Unternehmers voraus. Die Leistung des Unternehmers liegt in der Verschaffung der verkauften Sache (resp. einer Dienst- oder Werkleistung), die in Gestalt der vom Verbraucher aufzubringenden Raten entgeltlich ist. Unentgeltlich ist nur der Zahlungsaufschub als Finanzierungsmodalität, der an der Entgeltlichkeit des Außergeschäftsraum- oder Fernabsatzgeschäfts selbst nichts ändert, sondern nur die Höhe des Entgelts berührt. Anders als im Falle des unentgeltlichen Darlehens ist das Widerrufsrecht aus § 312g deshalb gegeben und verdrängt das Widerrufsrecht aus § 514 Abs. 2. Ein Widerrufsausschluss nach § 312g Abs. 3 bei Konkurrenz mit dem verbraucherkreditrechtlichen Widerrufsrecht nach § 495 iVm § 506 Abs. 1 Satz 1 entsteht nicht, weil es hier nicht auf die Entgeltlichkeit der unternehmerischen Leistung nach § 312 Abs. 1 schlechthin ankommt, sondern auf die Entgeltlichkeit des Zahlungsaufschubs. Diese fehlt vorausgesetztermaßen, wenn kein Teilzahlungszuschlag oder eine entsprechende Leasingrate vereinbart wird.

2. Rückabwicklung nach Widerruf

11   Bei einer unentgeltlichen Finanzierungshilfe sind, anders als im Falle eines unentgeltlichen Darlehens (→ § 514 Rn. 15), beiderseitige Leistungen erbracht worden, es fehlt nur an einem Teilzahlungszuschlag auf den Kaufpreis oder an einer entsprechend kalkulierten Leasingrate (→ Rn. 1). Deshalb hat der Verbraucher gemäß § 355 Abs. 3 Satz 1 nicht nur die gelieferte Sache an den Unternehmer herauszugeben (→ § 495 Rn. 195 ff.), sondern er hat seinerseits gegen den Unternehmer Anspruch auf Rückzahlung geleisteter Teilzahlungs- resp. Leasingraten. Fraglich ist, ob die für entgeltliche Finanzierungshilfen geltenden Abwicklungsvorschriften von § 357a Abs. 3 Satz 4, Abs. 2 Satz 2 mit ihrem Verweis auf § 357 Abs. 5 bis 8, da eigene Abwicklungsvorschriften für unentgeltliche Geschäfte fehlen, anzuwenden sind, der Verbraucher also zur Rücksendung auf

seine Kosten verpflichtet ist (§ 357 Abs. 5, 6, → § 495 Rn. 198 ff.), zum Wertersatz bei prüfungsüberschreitendem Umgang mit der Sache (§ 357 Abs. 7, → § 495 Rn. 226 ff.), Wertersatz für Leistungen, die vor Widerruf erbracht wurden (§ 357 Abs. 8, 357a Abs. 2 Satz 3, → § 494 Rn. 236 ff., 243). Diese Abwicklungsvorschriften knüpfen nicht an die Entgeltlichkeit und mögen als verallgemeinerungsfähige Interessenabwägung anzusehen sein mit der Folge, dass der Gesetzgeber durch die Formulierung der Gestaltungshinweise 4c, lit. a bis d der Anlage 9 zum EGBGB mit Verweis auf die Anlage 1, die Art. 246a EGBGB betrifft, von der Anwendung auf unentgeltliche Finanzierungshilfen ausgeht.

Gestaltungshinweise sind freilich keine Rechtsnormen, sondern setzen solche voraus, indem sie für Zwecke gesetzlicher Muster allgemein verständliche Formulierungen bieten. Das dogmatische Gewicht einer Norm haben vielmehr Interessenabwägungen, die sich zum übergreifenden Rechtsgedanken verfestigt haben. Eine solche Verfestigung dürfte beispielsweise in § 358 Abs. 4 Satz 1 liegen, wo Abwicklungsregelungen bei Verbundgeschäften anzuwenden sind, die nach der Art des verbundenen Vertrags die passende Lösung sind, zB § 357 für einen Verbrauchsgüterkauf im stationären Handel (→ § 495 Rn. 361). Greift man einmal die Frage der Kosten für die Rücksendung heraus (die nach Gestaltungshinweis 4c iVm Art. 246a § 1 Abs. 2 Satz 2 EGBGB, dort Gestaltungshinweis 5, der Verbraucher trägt), ist festzustellen, dass es sich um eine Besonderheit der Verbraucherrechte-Richtlinie handelt. Diese Besonderheit galt nach der Vorgängerregelung von § 357 Abs. 2 Satz 2 BGB aF allerdings gegenteilig; es mögen belastbare Gründe gerade wegen der Unentgeltlichkeit gegen eine Anwendung auf solche Geschäfte bestehen, die zweifeln lassen könnten, ob es sich insoweit um einen übergreifenden Rechtsgedanken handelt. Dies verneint, könnte sich der Gestaltungshinweis 4c zur Anlage 9 EGBGB mangels kodifizierter Regelung nicht auf das Gesetz stützen. Die Folge wäre nichts anderes als die Fehlerhaftigkeit des Musters der Anlage 9. Dieses Problem war bereits seinerzeit unter der Geltung von § 14 BGB-InfoVO aufgetreten (→ § 495 Rn. 101, 132, 140). Erst die Gesetzlichkeitsfiktion, ordnungsgemäß ausgelöst (§ 514 Abs. 2 Satz 4, dort → Rn. 13), überwindet die – einmal unterstellte – Fehlerhaftigkeit des Musters. **12**

IV. Abdingbarkeit

Auch für Finanzierungshilfen enthält das Gesetz keine Unabdingbarkeitsregelung, sodass, wenn nicht eine Analogie anzunehmen ist (→ § 514 Rn. 26), Dispositivität waltet. **13**

2. Teil. Darlehensvermittlung (§§ 655a bis 655e BGB)

Titel 10. Mäklervertrag

Untertitel 2. Vermittlung von Verbraucherdarlehensverträgen und entgeltlichen Finanzierungshilfen

§ 655a Darlehensvermittlungsvertrag

(1) ¹Für einen Vertrag, nach dem es ein Unternehmer unternimmt, einem Verbraucher
1. gegen eine vom Verbraucher oder einem Dritten zu leistende Vergütung einen Verbraucherdarlehensvertrag oder eine entgeltliche Finanzierungshilfe zu vermitteln,
2. die Gelegenheit zum Abschluss eines Vertrags nach Nummer 1 nachzuweisen oder
3. auf andere Weise beim Abschluss eines Vertrags nach Nummer 1 behilflich zu sein,

gelten vorbehaltlich des Satzes 2 die folgenden Vorschriften dieses Untertitels. ²Bei entgeltlichen Finanzierungshilfen, die den Ausnahmen des § 491 Absatz 2 Satz 2 Nummer 1 bis 5 und Absatz 3 Satz 2 entsprechen, gelten die Vorschriften dieses Untertitels nicht.

(2) ¹Der Darlehensvermittler ist verpflichtet, den Verbraucher nach Maßgabe des Artikels 247 § 13 Absatz 2 und § 13b Absatz 1 des Einführungsgesetzes zum Bürgerlichen Gesetzbuche zu informieren. ²Der Darlehensvermittler ist gegenüber dem Verbraucher zusätzlich wie ein Darlehensgeber gemäß § 491a verpflichtet. ³Satz 2 gilt nicht für Warenlieferanten oder Dienstleistungserbringer, die in lediglich untergeordneter Funktion als Darlehensvermittler von Allgemein-Verbraucherdarlehen oder von entsprechenden entgeltlichen Finanzierungshilfen tätig werden, etwa indem sie als Nebenleistung den Abschluss eines verbundenen Verbraucherdarlehensvertrags vermitteln.

(3) ¹Bietet der Darlehensvermittler im Zusammenhang mit der Vermittlung eines Immobiliar-Verbraucherdarlehensvertrags oder entsprechender entgeltlicher Finanzierungshilfen Beratungsleistungen gemäß § 511 Absatz 1 an, so gilt § 511 entsprechend. ²§ 511 Absatz 2 Satz 2 gilt entsprechend mit der Maßgabe, dass der Darlehensvermittler eine ausreichende Zahl von am Markt verfügbaren Darlehensverträgen zu prüfen hat. ³Ist der Darlehensvermittler nur im Namen und unter der unbeschränkten und vorbehaltlosen Verantwortung nur eines Darlehensgebers oder einer begrenzten Zahl von Darlehensgebern tätig, die am Markt keine Mehrheit darstellen, so braucht der Darlehensvermittler abweichend von Satz 2 nur Darlehensverträge aus der Produktpalette dieser Darlehensgeber zu berücksichtigen.

Vorgängervorschrift: § 1 Abs. 3 VerbrKrG

§ 655a

Schrifttum: *Artz,* Neues Verbraucherkreditrecht im BGB, Jb.J. ZivRWiss. 2001, S. 246; *Bülow,* Recht und Verbraucherpolitik, Bankinformation 1996, Heft 12, S. 30; *Dehner,* Zum Provisionsanspruch des Nachweismaklers, BB 1999, 1021; *Dietel,* Aufklärungspflichten bei der Vermittlung von Verbraucherdarlehen, 2008; *Grote/Wellmann,* Geduldeter Betrug? Rechtliche Bewertung unseriöser Kreditvermittlungsangebote, VuR 2007, 258; *Habersack/Schürnbrand,* Der Darlehensvermittlungsvertrag nach neuem Recht, WM 2003, 261; *Hadding/Häuser,* Die zivilrechtliche Reichweite des Verbots der Vermittlung im Reisegewerbe und des Abschlusses von Verbraucherdarlehensverträgen im Reisegewerbe, WM 1984, 1413; *Herndl,* Der Begriff des Kreditvermittlers im europäischen Verbraucherkreditrecht, GPR 2015, 273; *Klitzing/Seiffert,* Der neue Beratungsprozess für Immobilien-Verbraucherdarlehen – Neue (Un)Klarheiten aus Brüssel und Berlin, WM 2016, 774; *Reifner,* Kreditanbahnung im Wohnzimmer, VuR 1991, 91; *ders.,* Die Lebensversicherungshypothek als „wirtschaftliche Einheit", ZBB 1999, 349; *Rott,* Kreditvermittlung nach der Reform des Verbraucherkreditrechts, VuR 2008, 281; *Schlaus,* Rechtsfragen der Haustürgeschäfte unter besonderer Berücksichtigung der Kredit- und Wertpapiergeschäfte, ZHR 151 (1987), 180; *Schmelz,* Verbesserung des Verbraucherschutzes im Konsumentenkreditrecht? § 56 Nr. 6 GewO, § 1 HWiG, § 7 VerbrKrG, NJW 1991, 1219; *Scholz,* Fünf Jahre Verbraucherkreditgesetz, WM 1996, 1425; *Teske,* Das gewerbliche Verbot des Abschlusses und der Vermittlung von Darlehensgeschäften im Reisegewerbe und seine Auswirkungen auf das Zivilrecht, ZIP 1985, 649.

Übersicht

	Rn.
Materialien	
Verbraucherkreditrichtlinie Art. 3, 7, 21	1
Wohnimmobilien-Kreditrichtlinie Art. 15	2
Gesetzestext Art. 247 §§ 13, 13a, 13b EGBGB	3
Kommentierung	
I. Darlehensvermittlung – Kreditvermittlung	4
1. Grundlagen	4
2. Anwendungsbereich	11
a) Persönlicher Anwendungsbereich: Verbraucher und Unternehmer	12
aa) Verbraucher	12
bb) Kreditvermittler	13
b) Sachlicher Anwendungsbereich: Kreditvermittlungsvertrag	15
aa) Begriff	15
bb) Gegenstand des Vertrages	17
cc) Entgeltlichkeit	18
dd) Ausnahmebereich nach § 491 Abs. 2 BGB; Fernsatz	20
II. Informationspflichten nach § 655a Abs. 2 BGB	21
1. Vorvertragliche Informationspflichten aus Art. 247 § 13 Abs. 2 und § 13b EGBGB	22
a) Vorvertragliche Informationspflichten des Kreditvermittlers	23
aa) Vergütungsverpflichtung der Verbrauchers	23
bb) Vergütungsanspruch gegenüber einem Dritten	24
cc) Befugnisse des Vermittlers	28
dd) Nebenentgelte	29
ee) Vertragsschluss mit einem Dritten	30
ff) Zusätzliche Informationen nach § 13b Abs. 1	30a
b) Verhältnis zwischen Darlehensvermittler und Darlehensgeber	31
2. Vorvertragliche Informationspflichten aus § 491a BGB	33
3. Werbung	34

Darlehensvermittlungsvertrag 1, 2 § 655a

Materialien
Verbraucherkreditrichtlinie (2008/48/EG)

Artikel 3 1

(...)

f) „Kreditvermittler" eine natürliche oder juristische Person, die nicht als Kreditgeber handelt und die in Ausübung ihrer gewerblichen oder beruflichen Tätigkeit gegen ein Entgelt, das aus einer Geldzahlung oder einem sonstigen vereinbarten wirtschaftlichen Vorteil bestehen kann,
   i) Verbrauchern Kreditverträge vorstellt oder anbietet,
   ii) Verbrauchern bei anderen als den in Ziffer i genannten Vorarbeiten zum Abschluss von Kreditverträgen behilflich ist oder
   iii) für den Kreditgeber Kreditverträge mit den Verbrauchern abschließt;

Artikel 7 Ausnahmen von den vorvertraglichen Informationspflichten

Die Artikel 5 und 6 gelten nicht für Warenlieferanten oder Dienstleistungserbringer, die nur in untergeordneter Funktion als Kreditvermittler beteiligt sind. Die Verpflichtung des Kreditgebers, dem Verbraucher die in diesen Artikeln genannten vorvertraglichen Informationen mitzuteilen, wird hiervon nicht berührt.

Artikel 21 Bestimmte Pflichten des Kreditvermittlers gegenüber den Verbrauchern

Die Mitgliedstaaten stellen sicher, dass

a) ein Kreditvermittler sowohl in seiner Werbung als auch in den für die Verbraucher bestimmten Unterlagen auf den Umfang seiner Befugnisse hinweist und insbesondere deutlich macht, ob er ausschließlich mit einem oder mehreren Kreditgebern oder als unabhängiger Kreditmakler arbeitet;
b) das gegebenenfalls vom Verbraucher an den Kreditvermittler für dessen Dienste zu zahlende Entgelt dem Verbraucher bekannt gegeben und vor Abschluss des Kreditvertrages zwischen Verbraucher und Kreditvermittler auf Papier oder einem anderen dauerhaften Datenträger vereinbart wird;
c) das gegebenenfalls vom Verbraucher an den Kreditvermittler für dessen Dienste zu zahlende Entgelt dem Kreditgeber vom Kreditvermittler zur Berechnung des effektiven Jahreszinses mitgeteilt wird.

Wohnimmobilien-Kreditrichtlinie 2014/17/EU 2
Artikel 15 Informationspflichten für Kreditvermittler und benannte Vertreter

(1) Die Mitgliedstaaten stellen sicher, dass rechtzeitig vor Ausübung jeglicher Kreditvermittlung gemäß Artikel 4 Nummer 5 der Kreditvermittler oder benannte Vertreter dem Verbraucher auf Papier oder einem anderen dauerhaften Datenträger zumindest folgende Informationen erteilt:

a) die Identität und Anschrift des Kreditvermittlers,
b) in welches Register er eingetragen wurde, gegebenenfalls die Registrierungsnummer, und auf welche Weise sich die Eintragung überprüfen lässt,
c) ob der Kreditvermittler an einen oder mehrere Kreditgeber gebunden ist oder ausschließlich für einen oder mehrere Kreditgeber arbeitet. Falls der Kreditvermittler an einen oder mehrere Kreditgeber gebunden ist oder ausschließlich für einen oder mehrere Kreditgeber arbeitet, muss er die Namen der Kreditgeber, für die er tätig ist, angeben. Der Kreditvermittler kann angeben, dass er unabhängig ist, wenn er die gemäß Artikel 22 Absatz 4 festgelegten Voraussetzungen erfüllt,
d) ob der Kreditvermittler Beratungsdienstleistungen anbietet,
e) gegebenenfalls das Entgelt, das der Verbraucher dem Kreditvermittler für die Erbringung seiner Dienstleistung zu zahlen hat, oder, wenn dies nicht möglich ist, die Methode, mit der das Entgelt berechnet wird,
f) Verfahren für interne Beschwerden von Verbrauchern' oder anderen interessierten Parteien über Kreditvermittler sowie gegebenenfalls Möglichkeiten der Inanspruchnahme außergerichtlicher Beschwerde- und Rechtsbehelfsverfahren,

g) gegebenenfalls ob und, falls bekannt, in welcher Höhe der Kreditgeber oder ein Dritter dem Kreditvermittler für seine Dienstleistung im Zusammenhang mit dem Kreditvertrag Provisionen zu zahlen oder sonstige Anreize zu gewähren hat. Ist der Betrag zum Zeitpunkt der Offenlegung nicht bekannt, so teilt der Kreditvermittler dem Verbraucher mit, dass der tatsächliche Betrag zu einem späteren Zeitpunkt im ESIS-Merkblatt angegeben wird.

(2) Nicht gebundene Kreditvermittler, die jedoch Provisionen von einem oder mehreren Kreditgebern erhalten, erteilen auf Verlangen des Verbrauchers Auskunft über die jeweilige Höhe der Provisionen, die ihnen von den verschiedenen Kreditgebern gezahlt werden, in deren Namen sie dem Verbraucher Kreditverträge anbieten. Der Verbraucher wird darüber unterrichtet, dass er entsprechende Auskünfte verlangen kann.

(3) Verlangt der Kreditvermittler vom Verbraucher ein Entgelt und erhält er zusätzlich eine Provision vom Kreditgeber oder einem Dritten, so erläutert er dem Verbraucher, ob die Provision – ganz oder teilweise – auf das Entgelt angerechnet wird.

(4) Die Mitgliedstaaten stellen sicher, dass das gegebenenfalls vom Verbraucher an den Kreditvermittler für dessen Dienste zu zahlende Entgelt dem Kreditgeber vom Kreditvermittler zur Berechnung des effektiven Jahreszinses mitgeteilt wird.

(5) Die Mitgliedstaaten verlangen, dass die Kreditvermittler dafür sorgen, dass ein von ihnen benannter Vertreter, wenn er Kontakt mit Verbrauchern aufnimmt oder bevor er mit diesen Geschäfte abschließt, zusätzlich zu den durch diesen Artikel vorgeschriebenen Offenlegungen mitteilt, in welcher Eigenschaft er handelt und welchen Kreditvermittler vertritt.

3 EGBGB
§ 13 Darlehensvermittler bei Verbraucherdarlehensverträgen

(1) Ist bei der Anbahnung oder beim Abschluss eines Verbraucherdarlehensvertrags oder eines Vertrags über eine entgeltliche Finanzierungshilfe ein Darlehensvermittler beteiligt, so ist der Vertragsinhalt nach § 6 Abs. 1 um den Namen und die Anschrift des beteiligten Darlehensvermittlers zu ergänzen.

(2) Wird der Darlehensvermittlungsvertrag im Sinne des § 655a des Bürgerlichen Gesetzbuchs mit einem Verbraucher abgeschlossen, so hat der Darlehensvermittler den Verbraucher rechtzeitig vor Abschluss des Darlehensvermittlungsvertrags auf einem dauerhaften Datenträger zu unterrichten über

1. die Höhe einer vom Verbraucher verlangten Vergütung,
2. die Tatsache, ob er für die Vermittlung von einem Dritten ein Entgelt oder sonstige Anreize erhält sowie gegebenenfalls die Höhe,
3. den Umfang seiner Befugnisse, insbesondere, ob er ausschließlich für einen oder mehrere bestimmte Darlehensgeber oder unabhängig tätig wird, und
4. gegebenenfalls weitere vom Verbraucher verlangte Nebenentgelte sowie deren Höhe, soweit diese zum Zeitpunkt der Unterrichtung bekannt ist, andernfalls einen Höchstbetrag.

Wird der Darlehensvermittlungsvertrag im Sinne des § 655a des Bürgerlichen Gesetzbuchs ausschließlich mit einem Dritten abgeschlossen, so hat der Darlehensvermittler den Verbraucher rechtzeitig vor Abschluss eines vermittelten Vertrags im Sinne von Absatz 1 auf einem dauerhaften Datenträger über die Einzelheiten gemäß Satz 1 Nummer 2 und 3 zu unterrichten.

(3) Der Darlehensvermittler hat dem Darlehensgeber die Höhe der von ihm verlangten Vergütung vor der Annahme des Auftrags mitzuteilen. Darlehensvermittler und Darlehensgeber haben sicherzustellen, dass die andere Partei eine Abschrift des Vertrags im Sinne von Absatz 1 erhält.

(4) Wirbt der Darlehensvermittler gegenüber einem Verbraucher für den Abschluss eines Verbraucherdarlehensvertrags oder eines Vertrags über eine entgeltliche Finanzierungshilfe, so hat er hierbei die Angaben nach Absatz 2 Satz 1 Nummer 3 einzubeziehen.

§ 13a Besondere Regelungen für Darlehensvermittler bei Allgemein-Verbraucherdarlehensverträgen

Ist bei der Anbahnung oder beim Abschluss eines Allgemein-Verbraucherdarlehensvertrags oder eines Vertrags über eine entsprechende entgeltliche Finanzierungshilfe ein

Darlehensvermittler beteiligt, so sind die vorvertraglichen Informationen nach § 3 Absatz 1 Nummer 1 um den Namen und die Anschrift des beteiligten Darlehensvermittlers zu ergänzen.

§ 13b Besondere Regelungen für Darlehensvermittler bei Immobiliar-Verbraucherdarlehensverträgen

(1) Bei der Vermittlung von Immobiliar-Verbraucherdarlehensverträgen muss der Darlehensvermittler mit der Unterrichtung nach § 13 Absatz 2 Folgendes zusätzlich mitteilen:
1. seine Identität und Anschrift,
2. in welches Register er eingetragen wurde, gegebenenfalls die Registrierungsnummer, und auf welche Weise der Registereintrag eingesehen werden kann,
3. ob er an einen oder mehrere Darlehensgeber gemäß § 655a Absatz 3 Satz 3 des Bürgerlichen Gesetzbuchs gebunden oder ausschließlich für einen oder mehrere Darlehensgeber tätig ist, und wenn ja, die Namen der Darlehensgeber,
4. ob er Beratungsleistungen anbietet,
5. die Methode, nach der seine Vergütung berechnet wird, falls die Höhe noch nicht genau benannt werden kann,
6. welche interne Verfahren für Beschwerden von Verbrauchern oder anderen interessierten Parteien über Darlehensvermittler zur Verfügung stehen sowie einen möglichen Zugang des Verbrauchers zu einem außergerichtlichen Beschwerde- und Rechtsbehelfsverfahren,
7. ob ihm für seine im Zusammenhang mit dem Darlehensvertrag stehende Dienstleistung Provisionen oder sonstige Anreize von einem Dritten gewährt werden, und wenn ja, in welcher Höhe; ist die Höhe noch nicht bekannt, so ist mitzuteilen, dass der tatsächliche Betrag zu einem späteren Zeitpunkt im ESIS-Merkblatt angegeben wird.

Beginnt der Darlehensvermittler seine Vermittlungstätigkeit vor Abschluss des Vermittlungsvertrags, so sind die Informationspflichten gemäß Satz 1 rechtzeitig vor Ausübung der Vermittlungstätigkeit zu erteilen.

(2) Bei Immobiliar-Verbraucherdarlehensverträgen hat der Darlehensvermittler dem Darlehensgeber die Informationen gemäß § 1 Absatz 1, die er von dem Darlehensnehmer erhalten hat, zum Zweck der Kreditwürdigkeitsprüfung richtig und vollständig zu übermitteln.

(3) Bietet der Darlehensvermittler im Zusammenhang mit der Vermittlung eines Immobiliar-Verbraucherdarlehensvertrags Beratungsleistungen an, gilt § 18 entsprechend.

Kommentierung

I. Darlehensvermittlung – Kreditvermittlung

1. Grundlagen

In den sachlichen Anwendungsbereich des Verbraucherkreditrechts fallen in 4 Fortführung der Altregelung von §§ 15 bis 17 VerbrKrG neben Kreditverträgen, also Verbraucherdarlehensverträgen (§ 491) und Verträgen über Finanzierungshilfen (§ 506) auch „Darlehensvermittlungsverträge", durch die eine Person in Ausübung ihrer gewerblichen oder beruflichen Tätigkeit, also ein Unternehmer iSv § 14 BGB, einem Verbraucher ein Darlehen vermittelt, nachweist oder auf andere Weise behilflich ist.

Die Anwendung der Sonderbestimmungen über die Darlehensvermittlung 5 setzte nach früherem Recht voraus, dass der vermittelte Vertrag ein Darlehensvertrag im engeren Sinne ist. Für die Vermittlung von Verträgen über Finanzierungshilfen nach § 499 aF galten keine verbraucherkreditrechtlichen Besonderheiten.

6 Dies hat sich durch die Reform 2010 geändert. In Umsetzung der Vorgaben von Art. 3 lit. f) der Verbraucherkreditrichtlinie erstreckt sich der Regelungsbereich des Vermittlungsrechts nun auf den gesamten Bereich des Kreditrechts, also Darlehensverträge und sonstige Finanzierungshilfen. Durch die Reform 2016 sind Besonderheiten des Immobiliar-Verbraucherdarlehensvertrags und entsprechender Beratungsleistungen hinzugekommen. Die neu gefasste Überschrift des Untertitels verdeutlicht nun, dass sich das Vermittlungsrecht nicht auf den Darlehensvertrag im engeren Sinne beschränkt.

7 Die Änderungen im Vermittlungsrecht im Zuge der Umsetzung der Verbraucherkreditrichtlinie haben zum Ausdruck gebracht, dass der Darlehensvermittlungsvertrag nicht unbedingt zwischen Verbraucher und Vermittler abgeschlossen worden sein muss, sondern sich der Vermittler auch einem Dritten gegenüber verpflichten kann. Dieser Dritte ist im Zweifel der Darlehensgeber. Umgesetzt wurde dies in der Reform neben der Änderung der Überschrift dadurch, dass den Vermittler die Informationspflichten aus Art. 247 § 13 Abs. 2 EGBGB dem Verbraucher gegenüber auch dann treffen, wenn der Verbraucher nicht sein Vertragspartner ist. Man mag davon ausgehen, dass dann neben dem Vertrag, der in aller Regel zwischen Vermittler und Darlehensgeber als Drittem zu Stande kommen wird, die Informationspflicht gegenüber dem Verbraucher auf einem durch § 655a Abs. 2 begründeten gesetzlichen Schuldverhältnis beruht.[1] Nach *Schürnbrand* liegt ein Vertrag mit dem Verbraucher stets dann vor, wenn dieser verpflichtet wird, zumindest einen Anteil des Entgelts an den Vermittler zu leisten.[2]

8 Die Ausnahmevorschriften von § 491 Abs. 2 Satz 2 Nr. 1 bis und Abs. 3 Satz 2 erstreckten sich auch auf Kreditvermittlungsverträge. Verboten ist die Darlehensvermittlung im Reisegewerbe gem. § 56 Abs. 1 Nr. 6 GewO. Die Sondervorschriften sind nicht auf die unentgeltliche Darlehensvermittlung anwendbar. Für die Vermittlung von Wohnraum gelten die Sondervorschriften des Wohnungsvermittlungsgesetzes (→ § 655d Rn. 7).

9 Nach allgemeinen Grundsätzen[3] kann der Verbraucher den Vertrag jederzeit **kündigen,** der Vermittler aus wichtigem Grund (Rechtsgedanke des § 626 BGB).

10 Als Einstiegsnorm des Darlehensvermittlungsrechts hat § 655a Abs. 1 die Regelung des Anwendungsbereichs zum Gegenstand. Abs. 2 betrifft zum einen die in Art. 247 § 13 Abs. 2 EGBGB geregelten Informationspflichten. Für Immobiliar-Verbraucherdarlehensverträge bestimmt § 13b zusätzliche zu wahrende Unterrichtungspflichten. Der neu eingeführte Abs. 3 betrifft im Zusammenhang mit der Vermittlung eines Immobiliar-Verbraucherdarlehensvertrags angebotene Beratungsleistungen. Die folgenden Vorschriften widmen sich der Vertragsform (§ 655b), dem Vergütungsanspruch des Unternehmers (§§ 655c und d) sowie der halbzwingenden Wirkung bzw. der Anwendung auf den Existenzgründer (§ 655e).

2. Anwendungsbereich

11 Die persönlichen Voraussetzungen der verbraucherkreditrechtlichen Vermittlung ergeben sich aus § 655a Abs. 1 Satz 1. Danach sind Parteien des Vertrages

---

[1] MüKoBGB/*Schürnbrand* § 655a BGB Rn. 2.
[2] MüKoBGB/*Schürnbrand* § 655a BGB Rn. 10.
[3] BGH WM 1986, 72.

der gewerblich handelnde Vermittler als Unternehmer (→ Rn. 13) und der Verbraucher, der auch Existenzgründer (§ 655e Abs. 2) sein kann. Die benannten Modalitäten des Vertrages legen §§ 655a Abs. 2 bis 655d fest. Sie setzen voraus, dass dieser Vertrag ebenfalls in den durch § 655a Abs. 1 Satz 1 bestimmten sachlichen Anwendungsbereich fällt (zum internationalen Anwendungsbereich → 3. Teil Rn. 14 aE, 20).

a) Persönlicher Anwendungsbereich: Verbraucher und Unternehmer. 12
aa) Verbraucher. Der Begriff des Verbrauchers ergibt sich ebenso wie für Verbraucherdarlehensverträge und Verträge über Finanzierungshilfen aus § 13 BGB (→ § 491 Rn. 22 ff.). Diese Vorschrift erfasst aber nicht **Existenzgründer,** die andererseits in der Tradition des Verbraucherkreditgesetzes nicht nur für Kreditverträge (§ 1 Abs. 2 VerbrKrG: Darlehen, Zahlungsaufschub, sonstige Finanzierungshilfe), sondern auch für Kreditvermittlungsverträge (§§ 1 Abs. 3, 15 bis 17 VerbrKrG) Normadressaten waren. Diese Tradition wird nicht nur für Verbraucherdarlehen und Finanzierungshilfen durch § 513 fortgeführt, sondern auch für Kreditvermittlungsverträge nach Maßgabe von § 655e Abs. 2. Die Kreditvermittlung in der Existenzgründungsphase (→ § 512 Rn. 5 und → § 655e Rn. 2) ist mithin Gegenstand der verbraucherkreditrechtlichen Sondervorschriften zum Maklerrecht.

bb) Darlehensvermittler. Normadressat ist der (gewerblich oder beruflich 13 und entgeltlich tätige) Darlehensvermittler, der Handelsmakler iSv §§ 93 ff. HGB, Handelsvertreter gem. §§ 84 ff. HGB[4] oder auch Zweigstelle iSv § 24 Abs. 1 Nr. 7 KWG sein kann[5] (mit der Folge, dass er vom Verbraucher keine Vermittlungsprovision verlangen darf, → Rn. 18 f.; aber für die Anwendbarkeit des Verbraucherkreditrechts kommt es nicht auf das Erlaubtsein des Tuns an, sondern darauf, ob der Vermittler tatsächlich ein Entgelt mit dem Verbraucher vereinbart); er kann Kaufmann sein (§§ 1 bis 3 HGB), natürliche oder juristische Person oder rechts- und parteifähiger Personenverband. Befasst sich der Makler nur mit Privatkrediten, sind Gegenstand der Vermittlung nicht Handelsgeschäfte, so dass er Zivilmakler iSv §§ 652 ff. BGB und Nichtkaufmann (wohl aber Unternehmer) ist.[6] Der Makler ist im Gegensatz zum Vermittlungsvertreter nicht ständig betraut, sondern nur von Fall zu Fall tätig und dazu gegenüber dem Auftraggeber nicht verpflichtet. Darlehensvermittler kann auch der Verkäufer oder Dienstleister sein, der die Finanzierung des Vertrags gegen Entgelt, insbesondere als verbundenes Geschäft gem. § 358 BGB (→ § 495 Rn. 263) besorgt, oder der Rechtsanwalt bzw. Steuerberater, unabhängig von der Vereinbarkeit mit Standesrecht, soweit die Tätigkeit separat vergütet wird.[7] Die Vermittlungstätigkeit des Notars führt hingegen gem. § 14 Abs. 4 Satz 1 BNotO iVm § 134 BGB zur Nichtigkeit des Vertrages.[8] Entsprechendes gilt für Rechtsanwälte, die mit einem

---

[4] BGH NJW 1992, 2818; LG Darmstadt NJW-RR 2002, 351; MüKoBGB/*Schürnbrand* § 655a BGB Rn. 9; aA Staudinger/*Herresthal* § 655a BGB Rn. 24.
[5] *Schmelz/Klute* ZIP 1989, 1509 (1517); *Bruchner/Ott/Wagner-Wieduwilt* § 1 VerbrKrG Rn. 155; aA *Münstermann/Hannes* § 1 VerbrKrG Rn. 115; § 15 VerbrKrG Rn. 794; *v. Westphalen/Emmerich/v. Rottenburg* § 1 VerbrKrG Rn. 209.
[6] Enger MüKoBGB/*Schürnbrand* § 655a BGB Rn. 8.
[7] LG Frankfurt/Main WM 2000, 301; MüKoBGB/*Schürnbrand* § 655a BGB Rn. 25; *Bruchner/Ott/Wagner-Wieduwilt* § 1 VerbrKrG Rn. 154, krit. allerdings im Fall von Rechtsanwälten, Rn. 160.
[8] MüKoBGB/*Schürnbrand* § 655a BGB Rn. 25.

Artz

§ 655a 14–16 2. Teil. Darlehensvermittlung

Anwaltsnotar eine Sozietät bilden.[9] Soweit zwischen Verkäufer und Bank ein Rahmenvertrag besteht, nach dem potentielle Darlehensnehmer zuzuführen sind, wird von einem Handelsvertreterverhältnis auszugehen sein. Ebenfalls kann die Nichtigkeit des Vertrags aus einem Verstoß gegen § 3 RDG folgen. Die Vermittlungstätigkeit unterliegt der Erlaubnis gem. § 34c Abs. 1 GewO, gewerberechtliche Pflichten folgen aus der Makler- und Bauträgerverordnung.[10] Bei der Berechnung des effektiven Jahreszinses für Geldkredite (§ 492, → § 492 Rn. 79ff.) sind die Vermittlungskosten einzubeziehen.[11]

14 Normadressat ist sowohl der Nachweismakler (bzw. -vertreter), der dem Auftraggeber einen bisher unbekannten Interessenten für das angestrebte Geschäft, den Darlehensvertrag, benennt, aber dem Auftraggeber überlässt, was er aus dieser Information macht, wie der Vermittlungsmakler, der die Abschlussbereitschaft des Vertragspartners zum Darlehensvertrag bewusst und final herbeiführt.[12] Die Entstehung der Maklerprovision ist in beiden Fällen davon abhängig, dass der Darlehensvertrag tatsächlich zustande kommt und der Verbraucher nicht mehr widerrufen kann (§ 655c Satz 1, → § 655c Rn. 4). Dagegen können Ansprüche auf Aufwendungsersatz unabhängig davon bestehen (→ § 655d Rn. 3). Ist der Darlehensgeber aufgrund Rahmenvertrags Auftraggeber, ist der Verbraucher als Darlehensnehmer, der sich an den Vermittler wendet oder auch angesprochen wird, ebenfalls Auftraggeber; der Vermittler wird doppelt tätig.

15 **b) Sachlicher Anwendungsbereich: Darlehensvermittlungsvertrag. – aa) Begriff.** Den sachlichen Anwendungsbereich bezeichnet das Gesetz mit der Vermittlung eines Verbraucherdarlehensvertrags bzw. einer entgeltlichen Finanzierungshilfe, dem Nachweis der Gelegenheit, einen solchen Vertrag abzuschließen oder der Hilfestellung zum Abschluss eines solchen Vertrages auf andere Weise. Diese Tätigkeit ist Gegenstand des Maklergeschäfts gem. §§ 652ff. BGB, 93ff. HGB; die Vermittlung kann auch der Handelsvertreter iSv § 84 HGB betreiben. Sie kann in einem Geschäftsbesorgungsvertrag enthalten sein.[13] Nach den Vorgaben der Verbraucherkreditrichtlinie besteht die Darlehensvermittlung darin, einen entsprechenden Vertrag vorzustellen, anzubieten oder bei anderen Vorarbeiten behilflich zu sein. In persönlicher Hinsicht erfasst ist, wer diesbezüglich als geschäftsmäßiger Vertreter auftritt. Handelt es sich um einen Stellvertreter, der nicht geschäftsmäßig am Markt auftritt, kommt es nicht zur Anwendung der §§ 655aff., sondern es bleibt bei §§ 491, 506 iVm § 164 BGB.[14]

16 Es entsteht in allen Fällen der Darlehensvermittlung ein Dreipersonenverhältnis, nämlich zwischen dem Vermittler und seinem Auftraggeber einerseits und dem Auftraggeber und einem Dritten als Vertragspartner des vermittelten Vertrages andererseits. Dieser Dritte als Vertragspartner ist der Darlehensgeber. Ist der Darlehensvermittler Handelsvertreter des Darlehensgebers, kann er deshalb nicht zugleich Maklerdienste für den Darlehensnehmer erbringen, weil Vermittler und

---

[9] BGHZ 147, 39 (44) = NJW 2001, 1569 (1570).
[10] Makler- und Bauträgerverordnung idF vom 7.11.1990, BGBl I, 2479, zuletzt geändert am 14.2.1997, BGBl I, 272; *Bruchner/Ott/Wagner-Wieduwilt* § 1 VerbrKrG Rn. 158.
[11] BGHZ 80, 153 (167); Abgrenzung BGH NJW 1987, 181 zu II. 2. mit Komm. *Köndgen* EWiR § 138 BGB 1/87, 17; *Bülow* Konsumentenkredit, Rn. 68.
[12] BGH NJW 1976, 1844; *Dehner* BB 1999, 1021.
[13] LG Frankfurt/Main WM 2000, 301.
[14] AA Staudinger/*Herresthal* § 655a BGB Rn. 23.

Darlehensgeber aus der Sicht des Auftraggebers eine wirtschaftliche Einheit bilden und der Darlehensgeber danach nicht Dritter ist.[15] Für die Frage, ob ein Darlehensvermittlungsvertrag unter den sachlichen Anwendungsbereich der Vorschrift fällt, kommt es jedoch nicht darauf an, ob der Darlehensvermittler Maklerdienste tatsächlich erbringen kann, sondern ob er dem Verbraucher die Maklerleistung durch Vertrag verspricht. Schließt ein Handelsvertreter des Darlehensgebers einen Vertrag mit dem Verbraucher, das Darlehen zu vermitteln oder nachzuweisen, ist der Vertrag deshalb trotzdem Kreditvermittlungsvertrag iSv § 655a Abs. 1. Entsprechendes gilt, wenn im Falle des **verbundenen Geschäfts** (§ 358 BGB, → § 495 Rn. 279 sowie → § 655b Rn. 2) der Verkäufer oder Leistungserbringer die Finanzierung durch den Darlehensgeber vermittelt, gleichermaßen wenn zwischen beiden Konzernbindung besteht.[16] Ein Darlehensvermittlungsvertrag kann auch im Zuge anwaltlicher oder steuerberatender Tätigkeit stattfinden.[17]

bb) Gegenstand des Vertrages. Der Kredit, der vermittelt wird, muss nicht 17 zwingend ein Geldkredit (Darlehen) sein. Auch die vermittelte entgeltliche Finanzierungshilfe ist erfasst. Zum sachlichen Anwendungsbereich gehören daher nun wieder (anders als nach der Schuldrechtsmodernisierung[18]) Maklerverträge über Abzahlungskäufe, Finanzierungsleasingverträge oder auch Stundungen (→ § 491 Rn. 139) sowie Versicherungsverträge.[19] Weiterhin nicht erfasst ist die Vermittlung eines Sachdarlehensvertrages im Sinne des § 607 BGB.[20] Hinsichtlich Wertpapierdarlehensverträgen ist allerdings eine richtlinienkonforme entsprechende Anwendung geboten.[21]

cc) Entgeltlichkeit. Ein Vertrag, dessen Gegenstand die Darlehensvermitt- 18 lung ist, wird dadurch allein noch nicht zum Darlehensvermittlungsvertrag. In den sachlichen Anwendungsbereich des Gesetzes fällt der Vertrag erst, wenn der Vermittler seine Maklerleistungen gegen Entgelt verspricht. Die unentgeltliche Darlehensvermittlung begründet keinen verbraucherkreditrechtlichen Vermittlungsvertrag (ebenso für den Begriff des Darlehensvertrages selbst, → § 491 Rn. 97). Bezieht man den vermittelten Verbraucherdarlehensvertrag resp. die entgeltliche Finanzierungshilfe in die Betrachtung ein, bedarf es somit der zweifachen Entgeltlichkeit.

Die Tatbestandsvoraussetzung der Entgeltlichkeit ist erfüllt, wenn die Ver- 19 pflichtung zur Leistung des Entgelts durch den Verbraucher **oder einen Dritten** im Vertrag vereinbart ist. Dagegen kommt es nicht darauf an, ob die Vereinbarung einen Anspruch des Vermittlers gegen den Verbraucher resp. den Dritten auf das Entgelt begründet.[22] Deshalb verspricht der Vermittler seine Leistung

---
[15] BGH NJW 1974, 137.
[16] AA MüKoBGB/*Schürnbrand* § 655a BGB Rn. 9.
[17] Vgl. MüKoBGB/*Schürnbrand* § 655a BGB Rn. 25.
[18] Zweifelnd schon für das frühere Recht *Gilles* ZRP 1989, 299 (305 f.); zu der Einschränkung des früheren Anwendungsbereichs *Artz* Jb.J. ZivRWiss., S. 246; krit. MüKoBGB/*Schürnbrand* § 655a BGB Rn. 2, 7.
[19] Vgl. *Reifner* ZBB 1999, 349 (352): Lebensversicherungshypotheken; aA Staudinger/*Herresthal* § 655a BGB Rn. 35.
[20] MüKoBGB/*Schürnbrand* § 655a BGB Rn. 10; *Habersack*/*Schürnbrand* WM 2003, 261 (262).
[21] MüKoBGB/*Schürnbrand* § 655a BGB Rn. 10; für eine unmittelbare Anwendung auf den Sachdarlehensvertrag Staudinger/*Herresthal* § 655a BGB Rn. 32.
[22] AA Staudinger/*Herresthal* § 655a BGB Rn. 38.

§ 655a 20, 21 2. Teil. Darlehensvermittlung

auch dann gegen Entgelt, wenn er zugleich Handelsvertreter des Darlehensgebers ist und aus diesem Grunde keinen Anspruch auf die vereinbarte Provision hat (→ Rn. 24), gleichermaßen im Falle der Konzernverbindung beim verbundenen Geschäft (→ Rn. 15). Gleichgültig ist auch, ob das Entgelt nach Maßgabe von § 652 Abs. 1 Satz 1 BGB davon abhängen soll, dass der Darlehensvertrag tatsächlich zustande kommt (→ § 655c Rn. 1). Erfasst sind vielmehr auch Maklerdienst- und Maklerwerkverträge (Provisionsverpflichtung für die Tätigkeit des Maklers ohne Rücksicht auf ihr Ergebnis bzw. für die Herbeiführung eines bestimmten Erfolges, zB Vermittlung einer abschlussbereiten Bank).[23] Verlangt der Darlehensvermittler Provision sowohl vom Darlehensgeber wie vom Verbraucher, ohne dass dieser hierüber informiert wurde, kann der zugrundeliegende Gelddarlehensvertrag gem. § 138 Abs. 1 BGB nichtig sein (sog. packing, → Rn. 25).[24] Der Darlehensvermittlungsvertrag kann trotzdem wirksam bleiben. Seine Modalitäten richten sich nach §§ 655a Abs. 2 bis 655 d. Voraussetzung für den Begriff des Darlehensvermittlungsvertrags iSv § 655a ist nicht mehr, dass gerade der Verbraucher Schuldner des Provisionsanspruchs sein soll. Im Beispielfall des packing dürfte Verbraucherdarlehensrecht deshalb nun auch anwendbar sein, wenn der Vermittler zwar Anspruch auf Provision gegen den Darlehensgeber hat, aber nicht gegen den Verbraucher.[25] Dritter iSd § 655a Abs. 1 Satz 1 kann somit auch der Darlehensgeber sein.

20 **dd) Ausnahmebereich nach § 491 Abs. 2 und 3; Fernabsatz.** Ist Verbraucherkreditrecht auf den vermittelten Darlehensvertrag nicht anwendbar, gelten auch keine Besonderheiten für den Vermittlungsvertrag. In Fortführung von § 3 Abs. 1 VerbrKrG bestimmt demgemäß § 655a Abs. 1 Satz 2, dass in den Bagatellfällen von § 491 Abs. 2, in denen verbraucherkreditrechtliche Sondervorschriften gänzlich ausgeschlossen sind, auch die Vorschriften von §§ 655b bis 655d für den Darlehensvermittlungsvertrag nicht gelten. Bei der vermittelten Finanzierungshilfe ist § 506 Abs. 4 zu beachten. Es bleibt aber die Geltung in den Fällen der teilweisen Unanwendbarkeit verbraucherdarlehensrechtlicher Vorschriften, zB bei der Vermittlung von Immobiliardarlehensverträgen. Die fernabsatzrechtliche Bereichsausnahme nach § 312 Abs. 6 BGB (Versicherungsvermittlung) bezieht sich nicht auf die Darlehensvermittlung, so dass Fernabsatzrecht anwendbar sein kann (→ § 655b Rn. 3).

II. Informationspflichten nach § 655a Abs. 2 BGB

21 Durch die Regelung des Abs. 2 der Vorschrift wird der Darlehensvermittler auf mehreren Ebenen mit **vorvertraglichen Informationspflichten** belastet. Zum einen ergeben sich bei der Darlehensvermittlung spezielle Pflichten aus Art. 247 § 13 Abs. 2 EGBGB (§ 655a Abs. 2 Satz 1). Für Immobiliar-Verbraucherkreditverträge wird diese Informationspflicht in Art. 247 § 13b Abs. 1

---

[23] Vgl. BGH NJW-RR 1999, 1499 zu II. 2.a.; Staudinger/*Reuter* vor § 652 BGB Rn. 11 ff.
[24] BGH NJW 1980, 2074 zu II. 5.d.; OLG Stuttgart WM 1992, 864 mit Anm. *Kessler* WuB I E 2b.–7.92; OLG Zweibrücken WM 2000, 2150; LG Duisburg NJW-RR 1992, 377 mit Anm. *Emmerich* WuB I E 2b.–6.92; *Bülow* Konsumentenkredit, Rn. 225 bis 227.
[25] Zur vormals gegenteiligen Rechtslage *v. Westphalen/Emmerich/v. Rottenburg* § 1 VerbrKrG Rn. 205; MüKoBGB/*Schürnbrand* § 655a BGB Rn. 11.

EGBGB erheblich erweitert. Zum anderen kommt die vorvertragliche Informationspflicht aus § 491a zur Anwendung, was § 655a Abs. 2 Satz 2 bestimmt. Satz 3 sieht schließlich eine Privilegierung bestimmter Warenlieferanten und Dienstleistungserbringer vor, die nur für Allgemein-Verbraucherdarlehensverträge gilt.

1. Vorvertragliche Informationspflichten aus Art. 247 § 13 Abs. 2 und § 13b EGBGB

Die Informationspflichten aus Art. 247 § 13 Abs. 2 EGBGB, auf die § 655a Abs. 2 Satz 1 verweist, treffen den Darlehensvermittler und statuieren besondere vorvertragliche, dem Verbraucher gegenüber zu wahrende Informationspflichten für den Darlehensvermittlungsvertrag (dazu unmittelbar nachf.). Insofern gilt es zu **differenzieren**: Wird der Vermittlungsvertrag mit einem Verbraucher abgeschlossen, dann haben die Informationen vor dem Abschluss des Vermittlungsvertrags zu erfolgen. Der Gegenstand der Informationen ergibt sich aus Nr. 1 bis 4. Ergänzt wird die Angabepflicht durch § 13b für Immobiliar-Verbraucherdarlehensverträge. Wird der Vertrag mit einem Dritten, im Zweifel dem Darlehensgeber, geschlossen, besteht die Informationspflicht vor Abschluss des vermittelten Darlehensvertrags mit dem Verbraucher diesem gegenüber, beschränkt auf Nr. 2 und 3, was Art. 247 § 13 Abs. 2 Satz 2 EGBGB anordnet (→ Rn. 30). Abs. 3 betrifft das Verhältnis von Darlehensgeber und Darlehensvermittler zueinander (→ Rn. 31). 22

a) Vorvertragliche Informationspflichten des Darlehensvermittlers. Die vorvertraglichen Informationen haben transparent und **rechtzeitig** vor Abschluss eines Vermittlungsvertrags mit dem Verbraucher durch den Darlehensvermittler an den Verbraucher auf einem dauerhaften Datenträger zu erfolgen, wie § 13 Abs. 1 Satz 1 bestimmt. Nach den allgemeinen Grundsätzen des Informationsmodells ist auch hier zu fordern, dass dem Verbraucher die Möglichkeit eingeräumt wird, die Informationen in zumutbarer Weise zur Kenntnis zu nehmen.[26] 23

aa) Vergütungsverpflichtung des Verbrauchers. Der Darlehensgeber hat den Verbraucher über die Höhe der von ihm verlangten **Vergütung** zu unterrichten (Art. 247 § 13 Abs. 2 Nr. 1 EGBGB). Während die Provision nach früherem Recht, § 655b Abs. 1 Satz 2 BGB aF, in einem Prozentsatz des Darlehens – dh per annum – anzugeben[27] war, bedarf es nunmehr allein der Angabe als Geldbetrag, was nach Auffassung des Gesetzgebers einen Zugewinn an Transparenz mit sich bringt. 23a

bb) Vergütungsanspruch gegenüber einem Dritten. Anzugeben ist gem. Art. 247 § 13 Abs. 2 Nr. 2 EGBGB auch eine mit einem Dritten vereinbarte Vergütung für die Vermittlung sowie deren Höhe. Durch die Reform 2016 ist hinzugekommen, dass der Vermittler über jegliche Anreize, die von Dritten gewährt werden, zu informieren hat. Grundlage dafür ist, dass der Vermittler doppelt, nämlich zugleich für den Unternehmer als Darlehensgeber (sog. Einrei- 24

---

[26] MüKoBGB/*Schürnbrand* § 655a BGB Rn. 16; enger Staudinger/*Herresthal* § 655a BGB Rn. 46.
[27] Beispielsfall LG Frankfurt/Main WM 2000, 301 (305); AG Dortmund NZM 2000, 834.

cher)²⁸ und für den Verbraucher, tätig sein kann. Der Einreichervertrag zwischen Darlehensgeber und Darlehensvermittler ist nicht Gegenstand von §§ 655a bis 655d.²⁹ Sofern die Tätigkeit des Darlehensvermittlers freilich als Handelsvertretung iSv §§ 84ff. HGB für ein Kreditinstitut zu werten ist (→ Rn. 13), hat er gem. § 87 HGB nur Anspruch gegen das Kreditinstitut (→ Rn. 19), während eine außerdem getroffene Provisionsabrede mit dem Verbraucher unter dem Gesichtspunkt der Verflechtung unwirksam ist.³⁰ Die unwirksame Provisionsabrede braucht natürlich nicht angegeben zu werden. Ob der Darlehensvertrag im Übrigen wirksam bleibt, richtet sich in diesem Fall nach der allgemeinen Regel von § 139 BGB, wobei der Darlehensvermittlungsvertrag im Allgemeinen wohl auch ohne Provisionsabrede mit dem Verbraucher abgeschlossen worden wäre, weil der Darlehensvermittler nur auf diese Weise diejenige Provision verdient, die er von dem Kreditinstitut erhält. In anderen Fällen, also insbesondere wenn Maklerrecht und nicht Handelsvertreterrecht Anwendung findet, ist die Doppeltätigkeit des Darlehensvermittlers als solche rechtlich unbedenklich, wie dies auch § 99 HGB voraussetzt. Unzulässig ist die Doppeltätigkeit, wie § 654 BGB zu entnehmen ist, nur dann, wenn sie zu vertragswidrigen Interessenkollisionen führt.³¹ Das kann bei der Darlehensvermittlung ebenso wenig wie im Falle der Grundstücksvermittlung, wo die Doppeltätigkeit üblich ist, allgemein bejaht werden; der konkrete Einzelfall entscheidet.³² Der Vermittler muss bei Doppeltätigkeit strenge Unparteilichkeit wahren.³³

25 Durch die Angabe des dem Darlehensvermittler von der Bank gezahlten oder zu zahlenden Honorars wird vermieden, dass dem Verbraucher diese Art der Provisionszahlung verschleiert und sie für ihn unerkannt auf Zinsen oder Antragsgebühren der Bank aufgepackt wird (sog. **packing**), was Kriterium für die Sittenwidrigkeit des Darlehensvertrags sein kann (→ Rn. 19). Die Angabepflicht bezieht sich aber nur auf die Provision des Darlehensgebers, die dieser gerade für den mit dem Verbraucher abgeschlossenen Darlehensvertrag zahlt. Darüber hinaus vom Darlehensgeber an den Vermittler erbrachte, mithin erfolgsunabhängige Leistungen, insbesondere eine Grundvergütung für die Tätigkeitsbereitschaft des Darlehensvermittlers, sind nicht, auch nicht mit ihren dem konkreten Darlehensvertrag zuordenbaren Anteil, anzugeben.

26 Denkbar ist, dass der Darlehensvermittler vom Verbraucher gar keine Proviion verlangt, sondern sich mit der von der Bank gezahlten begnügt. Auch in diesem Fall ist der Vermittlungsvertrag zwar entgeltlich, da der Verbraucher die Provision durchaus, wenn auch nur mittelbar an die Bank, zahlt. Aber der Verbraucher ist nicht Schuldner des Vermittlers aus dem Darlehensvermittlungsvertrag. Dies schloss vormals die Anwendung von §§ 655a ff. aus, weil es am Tatbestandsmerkmal der Entgeltlichkeit fehlte. Nach nun geltendem Recht sind aber auch solche Verträge erfasst, bei denen ein Dritter, also etwa auch die Bank, das Entgelt leistet.

---

²⁸ *Münstermann/Hannes* § 15 VerbrKrG Rn. 792.
²⁹ OLG München NJW-RR 2002, 925 zu II.
³⁰ BGH NJW 1974, 137; 1982, 377; BGHZ 138, 170 (174); OLG Naumburg NJW-RR 1996, 1082; OLG Karlsruhe WM 1995, 2095; *Schmelz/Klute* ZIP 1989, 1509 (1517).
³¹ BGH WM 2003, 382; NJW-RR 2003, 991; OLG Köln NJW-RR 2004, 271.
³² Näher *Reuter* NJW 1990, 1321 (1325); BGH WM 2005, 1479; NJW-RR 2003, 991; OLG Düsseldorf NJW-RR 2001, 1133; OLG Hamm NJW-RR 1994, 125.
³³ BGHZ 48, 344 (348).

An sich wäre daran zu denken, die Angabe des Entgelts im Verhältnis zwischen Darlehensgeber und Vermittler gegenüber dem Verbraucher nur zu fordern, wenn sich die Gesamtbelastung des Verbrauchers durch die vom Darlehensgeber zu zahlende Provision tatsächlich vergrößert, nicht aber, wenn der Darlehensgeber die Provision zulasten seines eigenen Ertrags zahlt.[34] Die Angabepflicht würde demgemäß aber von der internen Kalkulation des Darlehensgebers abhängen, die der Darlehensvermittler überhaupt nicht zu kennen braucht. Zur Vermeidung solcher Unsicherheit bedarf es stets der Angabe. Zweck der Angabepflicht ist es darüber hinaus, dem Verbraucher die Position des Vermittlers als **Doppelmakler** zu verdeutlichen.[35] 27

Die auf Art. 15 Abs. 1g der Wohnimmobilienkreditrichtlinie zurückgehende Ausweitung der Angabepflicht auf **sonstige Anreize,** die dem Darlehensvermittler von dritter Seite geboten werden, soll dazu dienen, dem Verbraucher sämtliche wirtschaftliche Abhängigkeiten des Vermittlers vor Augen zu führen. 27a

cc) Befugnisse des Vermittlers. Der Vermittler hat den Verbraucher bei einem Vertragsschluss mit ihm darüber aufzuklären, inwieweit er selbständig handelt, wie weit ggf. sein Verhandlungsmandat reicht und ob er nur für einen oder mehrere Darlehensgeber tätig ist (Art. 247 § 13 Abs. 2 Nr. 3 EGBGB). 28

dd) Nebenentgelte. Schließlich hat der Vermittler dem Verbraucher vor Abschluss des Vertrags mit ihm Informationen über die von ihm verlangten Nebenentgelte und, soweit bekannt, deren Höhe zu geben. Ist die Höhe der Nebenentgelte vor dem Abschluss des Vertrags noch nicht bekannt, ist ein Höchstbetrag für die jeweilige Auslageposition anzugeben (Art. 247 § 13 Abs. 2 Nr. 4 EGBGB).[36] Diese Regelung orientiert sich an der Novellierung des § 655d. 29

ee) Vertragschluss mit einem Dritten. Schließt der Darlehensvermittler den Vermittlungsvertrag ausschließlich mit einem Dritten, etwa dem Darlehensgeber, so hat er dem Verbraucher gegenüber rechtzeitig vor Abschluss des Darlehensvertrags auf einem dauerhaften Datenträger die Informationen über Entgelte und Anreize von Dritten (Nr. 2) und den Umfang seiner Befugnisse (Nr. 3) zu übermitteln. 30

ff) Zusätzliche Informationen nach § 13b Abs. 1. Im Zuge der Umsetzung der Wohnimmobilienkreditrichtlinie wurden in Art. 247 § 13b Abs. 1 EGBGB zusätzliche Informationspflichten eingeführt, die der Darlehensvermittler vorvertraglich zu erfüllen hat. Umgesetzt wird dadurch Art. 15 der Wohnimmobilienkreditrichtlinie.[37] 30a

Die zusätzlichen Angaben betreffen: 30b
– die Identität, also den Namen der natürlichen oder juristischen Person, und die Anschrift des Vermittlers (Nr. 1),
– in welches Register er eingetragen wurde, gegebenenfalls die Registrierungsnummer, und auf welche Weise der Registereintrag eingesehen werden kann (Nr. 2),

---

[34] v. Westphalen/Emmerich/v. Rottenburg § 15 VerbrKrG Rn. 37; MüKoBGB/Schürnbrand § 655a BGB Rn. 18.
[35] MüKoBGB/Schürnbrand § 655a BGB Rn. 18.
[36] MüKoBGB/Schürnbrand § 655a BGB Rn. 21; aA Staudinger/Herresthal § 655a BGB Rn. 55.
[37] Dazu v. Klitzing/Seiffert WM 2016, 774 (776).

– ob der Darlehensvermittler an einen oder mehrere Darlehensgeber gemäß § 655a Absatz 3 Satz 3 des Bürgerlichen Gesetzbuchs gebunden oder ausschließlich für einen oder mehrere Darlehensgeber tätig ist, und wenn ja, die Namen der Darlehensgeber (Nr. 3), womit Transparenz über wirtschaftliche Abhängigkeiten des Vermittlers erzeugt werden soll,
– ob er Beratungsleistungen anbietet (Nr. 4),
– die Methode, nach der seine Vergütung berechnet wird, falls die Höhe noch nicht genau benannt werden kann (Nr. 5),
– welche interne Verfahren für Beschwerden von Verbrauchern oder anderen interessierten Parteien über Darlehensvermittler zur Verfügung stehen sowie einen möglichen Zugang des Verbrauchers zu einem außergerichtlichen Beschwerde- und Rechtsbehelfsverfahren (Nr. 6),
– ob ihm für seine im Zusammenhang mit dem Darlehensvertrag stehende Dienstleistung Provisionen oder sonstige Anreize von einem Dritten gewährt werden, und wenn ja, in welcher Höhe; ist die Höhe noch nicht bekannt, so ist mitzuteilen, dass der tatsächliche Betrag zu einem späteren Zeitpunkt im ESIS-Merkblatt angegeben wird (Nr. 7).

30c Soweit der Darlehensvermittler vor dem Abschluss des Vermittlungsvertrags seine Tätigkeit beginnt, hat er dem Darlehensnehmer vorab die vorstehenden Informationen (1.–7.) zu überlassen, was § 13b Abs. 1 Satz 2 bestimmt.

30d Nach Maßgabe von § 13b Abs. 2 hat der Darlehensvermittler dem Darlehensgeber für die Durchführung der Kreditwürdigkeitsprüfung relevante Informationen, die er vom Darlehensnehmer erhalten hat, richtig und vollständig zu übermitteln.

30e Soweit der Darlehensvermittler Beratungsleistungen iSd § 511 anbietet, treffen ihn gegenüber dem Verbraucher die vorvertraglichen Informationspflichten aus § 18, was § 13b Abs. 3 bestimmt.[38]

31 **b) Verhältnis zwischen Darlehensvermittler und Darlehensgeber.** Art. 247 § 13 Abs. 3 EGBGB enthält eine für das Verbraucherkreditrecht vollkommen untypische Regelung. Die verbraucherkreditrechtlichen Sondervorschriften beschränken sich üblicherweise auf die Regelung des Verhältnisses zwischen dem Verbraucher und dem Darlehensgeber resp. Leistungserbringer. So befasst es sich etwa beim verbundenen Geschäft nicht mit der Frage des Regresses zwischen Verkäufer und Bank nach Widerruf oder Rücktritt durch den Verbraucher. § 13 Abs. 3 betrifft nun aber das Verhältnis zwischen Darlehensgeber und Darlehensvermittler. Der Darlehensvermittler wird nach Satz 1 verpflichtet, dem Darlehensgeber die Höhe der von ihm verlangten Vergütung vor der Annahme des Auftrags mitzuteilen. Der Darlehensgeber benötigt diese Information, um den effektiven Jahreszins zu berechnen, in den die Vermittlungskosten einfließen.

32 Nach Maßgabe von Satz 2 haben beide, Darlehensgeber und -vermittler, gesamtschuldnerisch dafür Sorge zu tragen, dass einander eine Abschrift des Verbraucherdarlehensvertrags erteilt wird.

2. Vorvertragliche Informationspflichten aus § 491a BGB

33 Auch den Darlehensvermittler treffen nach Maßgabe von § 655a Abs. 2 Satz 2 die umfangreichen vorvertraglichen Informations- und Erläuterungspflichten

---

[38] Zur Bestimmung des Zeitpunkts v. Klitzing/Seiffert WM 2016, 774 (776).

aus § 491a, die durch Name und Anschrift des Vermittlers zu ergänzen sind. Darlehensgeber und -vermittler schulden die Information resp. Erläuterung gesamtschuldnerisch.[39] Davon befreit sind allerdings Warenlieferanten und Dienstleistungserbringer, „die in lediglich untergeordneter Funktion als Darlehensvermittler tätig werden, etwa indem sie als Nebenleistung den Abschluss eines verbundenen Verbraucherdarlehensvertrags vermitteln". Nicht unproblematisch ist hinsichtlich der umfangreichen Pflichten aus § 491a die Abgrenzung des Kreises der Verpflichteten anhand der außerordentlich unbestimmten Begrifflichkeit „in lediglich untergeordneter Funktion". Den Gesetzesmaterialien ist zu entnehmen, dass es sich einerseits um Unternehmen handeln soll, bei denen die Darlehensvermittlung nicht zum „Hauptgeschäftsfeld" gehört, zum anderen um Fälle, in denen der Vermittler bei Anbahnung oder Abschluss des Vertrags nur eine „unbedeutende Rolle" spielt.

3. Werbung

Nach Maßgabe von § 13 Abs. 4 ist der Darlehensvermittler, der für den Abschluss eines Darlehensvertrages wirbt, zur Wahrung von Informationspflichten verpflichtet. Relevant sind allerdings nur die Angaben aus § 13 Abs. 2 Satz 1 Nr. 3, die die Befugnisse des Vermittlers betreffen. **34**

Abs. 3 Beratungsleistungen
Die Regelung des Abs. 3 ist durch die Umsetzung der Wohnimmobilienkreditrichtlinie neu eingeführt worden und enthält in ihren drei Sätzen unterschiedliche Anordnungen. **35**

Satz 1 ordnet die Geltung des § 511 BGB für den Fall an, dass der Darlehensvermittler Beratungsleistungen im Zusammenhang mit der Vermittlung eines Immobiliar-Verbraucherdarlehensvertrags anbietet. Während der Darlehensgeber seine Beratung nach § 511 auf seine Produktpalette beschränken kann und darf, verpflichtet Satz 2 den Darlehensvermittler dazu, „eine ausreichende Zahl von am Markt verfügbaren Darlehensverträgen zu prüfen", wovon nach Satz 3 wiederum gebundene Vermittler befreit sind. Diese können sich bei der Beratung auf die Produktpalette des oder der Darlehensgeber beschränken, für die sie ausschließlich tätig sind. **36**

§ 655b Schriftform bei einem Vertrag mit einem Verbraucher

(1) [1]Der Darlehensvermittlungsvertrag mit einem Verbraucher bedarf der schriftlichen Form. [2]Der Vertrag darf nicht mit dem Antrag auf Hingabe des Darlehens verbunden werden. [3]Der Darlehensvermittler hat dem Verbraucher den Vertragsinhalt in Textform mitzuteilen.

(2) Ein Darlehensvermittlungsvertrag mit einem Verbraucher, der den Anforderungen des Absatzes 1 Satz 1 und 2 nicht genügt oder vor dessen Abschluss die Pflichten aus Artikel 247 § 13 Abs. 2 sowie § 13b Absatz 1 und 3 des Einführungsgesetzes zum Bürgerlichen Gesetzbuche nicht erfüllt worden sind, ist nichtig.

Vorgängervorschriften: § 15 VerbrKrG, § 655b aF

---

[39] üKoBGB/*Schürnbrand* § 655a BGB Rn. 23; Staudinger/*Herresthal* § 655a BGB Rn. 61.

§ 655b 1   2. Teil. Darlehensvermittlung

Schrifttum: *Habersack/Schürnbrand,* Der Darlehensvermittlungsvertrag nach neuem Recht, WM 2003, 261; *v. Heymann,* Zur Haftung bei Anlageberatung und Anlagevermittlung, DStR 1993, 1147; *Martinek,* Der Maklervertrag als wucherähnliches Geschäft?, JZ 1994, 1048; *Neises,* Konsequenzen für Immobilienmakler aus dem Fernabsatzgesetz, NZM 2000, 889; *Reuter,* Das Maklerrecht als Sonderrecht der Maklertätigkeit, NJW 1990, 1321; *Schmelz/Klute,* Zum Gesetzentwurf für ein Verbraucherkreditgesetz, ZIP 1989, 1509; *Theißen/Faisst,* Die Novellierung der Makler- und Bauträgerverordnung, WiB 1997, 904; *Vollmer,* Zur Formbedürftigkeit der Kreditvollmacht, MittBayNot 1999, 346; *Wenzel,* Nichtigkeit des Darlehensvertrags bei gegen Art. 1 § 1 RBerG verstoßender Kreditvermittlung?, WiB 1997, 914.

Übersicht

	Rn.
Kommentierung	
I. Formvorschriften	1
1. Gesetzliche Schriftform	1
2. Kein Widerrufsrecht, verbundenes Geschäft, Direktvertrieb	2
3. Getrennte Vertragsurkunden	4
4. Aushändigungsanspruch	5
II. Vollmacht	7
III. Rechtsfolgen von Verstößen	8
1. Schriftform	8
2. Zusätzliche Angaben	9
3. Unrichtige Angaben	10
4. Bereicherungsausgleich	12
5. Vermittelter Kreditvertrag	14
6. Wettbewerbsrecht	15
7. Ersatzansprüche	16

Kommentierung

I. Formvorschriften

1. Gesetzliche Schriftform

1   Darlehensvermittlungsverträge sind im Allgemeinen, wie immer sie im Einzelfall rechtlich einzuordnen sind (der Makler kann sein Handels- oder Zivilmakler, Handelsvertreter – s. aber § 85 HGB, Schriftform auf Verlangen –, Zweigstelle, → § 655a Rn. 13, 15), formlos, auch durch schlüssiges Handeln, wirksam. Ist der Darlehensnehmer, für den der Vermittler das Darlehen nachweist oder vermittelt, aber ein Verbraucher – ist der Kredit also für private oder für abhängig-berufliche Zwecke oder doch für Existenzgründungszwecke (§ 655e Abs. 2) bestimmt (→ § 491 Rn. 22) und kommt der Vertrag mit dem Verbraucher zu Stande –, bedarf der Darlehensvermittlungsvertrag der Schriftform, die durch die **elektronische Form** ersetzt werden kann. Es handelt sich um schriftliche Form, die ein Gesetz vorschreibt, so dass im einzelnen die Regelungen von § 126 BGB anwendbar sind, (nicht aber von § 492, insbesondere Unterzeichnung durch beide Parteien, → § 492 Rn. 33, **nicht** genügt die **Blankounterschrift** des Verbrauchers, → § 492 Rn. 21, eine **Vollmacht** ist formbedürftig, → § 492 Rn. 56 und → Rn. 7, zur Einbeziehung von Allgemeinen Geschäftsbedingungen → § 492 Rn. 38). Schriftform bedeutet, dass alle Abreden, aus denen sich nach

dem Willen der Parteien der Vertragsinhalt zusammensetzen soll, einschließlich **aller** Nebenabreden (→ § 492 Rn. 35), niedergelegt sein müssen. Danach ist der nachzuweisende oder zu vermittelnde Kredit dem Umfang (nicht seiner Zweckbestimmung) nach anzugeben, ggf. der Zeitpunkt, bis zu dem es ausgezahlt sein sollte, nicht jedoch die Kreditkonditionen im einzelnen,[1] und die Gegenleistung, die der Verbraucher für die Tätigkeit des Darlehensvermittlers zu erbringen hat, also die Vermittlungsprovision. Wie § 655c bestimmt, ist die Vereinbarung einer erfolgsunabhängigen Provision unzulässig. Wird sie dennoch vereinbart, ist die Vereinbarung insoweit gem. § 134 BGB nichtig, bleibt aber wirksam für den Fall, dass der Erfolg tatsächlich eintritt. Ob die Nichtigkeit der Abrede den ganzen Darlehensvermittlungsvertrag nichtig macht, richtet sich nicht nach § 139 BGB, sondern ohne Erfolgseintritt entfällt nur die Provisionspflicht des Verbrauchers (→ § 655c Rn. 1). Der Darlehensvermittler bleibt also zur Leistung verpflichtet. Im Falle überhöhter Provisionen kann die Nichtigkeit aus dem Ausbeutungstatbestand in § 138 Abs. 1 BGB folgen.[2]

2. Kein Widerrufsrecht, verbundenes Geschäft, Direktvertrieb

Entspricht der Darlehensvermittlungsvertrag den Formanforderungen des Gesetzes, ist er endgültig wirksam. Ein auf ihn bezogenes verbraucherkreditrechtliches Widerrufsrecht wie im Falle des Darlehensvertrags selbst gibt es nicht (→ § 655c Rn. 1). Wird allerdings die Vermittlungsprovision mitfinanziert, kann der Tatbestand der wirtschaftlichen Einheit iSv § 358 BGB erfüllt sein, so dass der Widerruf des Darlehensvertrags unmittelbar den Vermittlungsvertrag erfasst.[3] Darauf hat sich gem. Art. 247 § 12 Abs 1 Nr. 2b), § 6 Abs. 2 EGBGB die Widerrufsinformation zu erstrecken (→ § 495 Rn. 350 ff.). Ein Widerrufsrecht ergibt sich auch, wenn die Provision gegen Entgelt in Raten gezahlt werden kann, § 506 Abs. 3.[4]

Nach Lage des Einzelfalls kommt allerdings in Betracht, dass der Darlehensvermittlungsvertrag **außerhalb von Geschäftsräumen** abgeschlossen wurde, so dass die Widerruflichkeit aus § 312g BGB folgt, wobei es keinen anderweitigen Vorrang nach § 312g Abs. 4 BGB gibt (→ § 655a Rn. 21). Ein im **Fernabsatz** zustande gekommener Vermittlungsvertrag ist unter den Voraussetzungen von § 312c BGB nach § 312g BGB widerruflich (→ § 655a Rn. 16), wobei aber ein Erlöschen des Widerrufsrechts nach § 356 Abs. 4 BGB in Frage kommt, wenn der Vermittler nach ausdrücklicher Zustimmung des Verbrauchers vor Ende

---

[1] *v. Westphalen/Emmerich/v. Rottenburg* § 15 VerbrKrG Rn. 19.
[2] BGH NZM 2000, 912 zu II. 1. mit Anm. *Voit* WuB IV A.–5.2000; NJW 1991, 1810 mit Komm. *Lauer* EWiR § 138 BGB 7/91, 433; NJW 1994, 1475 mit abl. Rezension *Martinek* JZ 1994, 1048 (1056); OLG Nürnberg NZM 2001, 481; AG Cottbus VuR 1997, 316; Verwirkung: OLG Hamburg NZM 1998, 41; OLG Düsseldorf NJW-RR 2001, 1133; Mandanten- oder Patientenvermittlung: BGH NJW 1999, 2360 zu II. 1.
[3] Zutreffend MüKoBGB/*Schürnbrand* § 655b BGB Rn. 11; *v. Westphalen/Emmerich/v. Rottenburg* § 15 VerbrKrG Rn. 22; OLG Köln NJW-RR 1995, 1008 mit zust. Anm. *Ott* WuB I E 2.–1.95 und abl. Komm. *Dauner-Lieb* EWiR § 9 VerbrKrG 1/95, 305; aA *Münstermann/Hannes* § 15 VerbrKrG Rn. 827; dagegen ist der kreditierende Verkäufer/Leistungserbringer im verbundenen Geschäft im Allgemeinen nicht zugleich Darlehensvermittler für den Darlehensvertrag, insoweit zutreffend *Münstermann/Hannes* § 15 VerbrKrG Rn. 798; andererseits kann die Bank Grundstücksmaklerin sein, wenn das Grundstück mit Grundpfandrechten zu ihren Gunsten belastet ist, OLG Hamm NJW-RR 1992, 1346.
[4] So in BGH NJW 2012, 3428 Tz. 12 mit Anm. *Bülow* LMK 2012, 338473.

der Widerrufsfrist mit seiner Tätigkeit beginnt und seine Pflichten vollständig erfüllt.[5]

3. Getrennte Vertragsurkunden

4   Vielfach stehen den Darlehensvermittlern, die Geschäftsbeziehungen mit der Bank oder dem Leistungserbringer, dem späteren Darlehensgeber, unterhalten, deren Vertragsformulare für den Darlehensvertrag zur Verfügung. Diese Formulare oder sonstigen Vertragsurkunden resp. elektronischen Dateien dürfen nicht auch den Darlehensvermittlungsvertrag enthalten (Absatz 1 Satz 2), es müssen also **zwei getrennte Urkunden** für Darlehensvertrag einerseits und Darlehensvermittlungsvertrag andererseits gefertigt werden.[6] Es darf auch nicht in sonstiger Weise der Eindruck eines ungetrennten Vertrags vermittelt werden. Bei einem Verstoß ist aber gem. Absatz 2 nur der Darlehensvermittlungsvertrag, nicht auch der Darlehensvertrag nichtig.[7] Dem Verbraucher soll bewusst werden, dass er ein vom Darlehensvertrag getrenntes Rechtsverhältnis begründet; freilich ist die Vertragsanbahnung in dieser Phase typischerweise derartig weit vorangeschritten, dass ein Verbraucher aufgrund der gesonderten Vertragsurkunde kaum seinen Entschluss zum Vermittlungsvertrag noch rückgängig machen wird. Allerdings mag diese äußere Form bei der Motivation zum Widerruf des Darlehensvertrags gem. §§ 355 Abs. 1, 495 BGB eine Rolle spielen, während der Vermittlungsvertrag selbst nicht widerruflich ist (→ Rn. 2). Durch den Warneffekt der Urkundenform kann also das falsche Ziel getroffen werden.

4. Aushändigungsanspruch

5   Gleichermaßen wie der Verbraucher gem. § 492 Abs. 3 Satz 1 gegen den Darlehensgeber Anspruch auf eine Abschrift der Vertragserklärungen hat, muss der Darlehensvermittler dem Verbraucher den Inhalt des Darlehensvermittlungsvertrags nach § 655b Abs. 1 Satz 3 auf einem dauerhaften Datenträger nach § 126b BGB aushändigen. Die sprachliche Anpassung der Vorschrift ist unterblieben. Der klagbare Anspruch des Verbrauchers ist gem. § 271 Abs. 1 BGB mit Vertragsabschluss fällig und kann dem Vermittler gem. § 273 BGB einredeweise entgegengesetzt werden (→ § 492 Rn. 48).

6   Auf die Wirksamkeit des Vertrags hat die Mitteilung keinen Einfluss. Im Falle eines verbundenen Geschäfts (→ Rn. 2) kann das Zurückbehaltungsrecht gem. § 359 BGB auch der Bank, die das vermittelte Darlehen gewährte, entgegengehalten werden.[8]

II. Vollmacht

7   Ungeregelt ist, ob eine vom Verbraucher erteilte Vollmacht zum Abschluss eines Darlehensvermittlungsvertrages der Form für den Vermittlungsvertrag selbst nach

---

[5] Vgl. *Neises* NZM 2000, 889 (893).
[6] OLG Karlsruhe WM 2000, 1996 zu I. 2.b.; wohl nicht im Verhältnis Darlehensvermittlungsvertrag und Maklervertrag für das zu finanzierende Objekt, so aber AG Dortmund NZM 2000, 834.
[7] MüKoBGB/*Schürnbrand* § 655b BGB Rn. 11.
[8] MüKoBGB/*Schürnbrand* § 655b BGB Rn. 8.

§ 655b Abs. 1 bedarf, wie dies für eine Vollmacht zum Abschluss eines Verbraucherdarlehensvertrages gem. § 492 Abs. 4 (→ § 492 Rn. 56) vorgeschrieben ist. Die Interessenlage, nämlich die Umgehungsanfälligkeit,[9] namentlich in Fällen der Vermögensanlagenfinanzierung unter Einschaltung von Treuhändern,[10] ist gleich. Freilich beschränkt das Gesetz die Vollmachtsform auf Darlehensverträge, erstreckt sie gem. § 506 Abs. 1 (→ § 506 Rn. 119) aber nicht auf Finanzierungshilfen, insbesondere nicht auf Teilzahlungsgeschäfte nach § 507. Daraus kann jedoch nicht der Schluss auf eine restriktive Anwendbarkeit der Vollmachtsform gezogen werden. Vielmehr wird die Umgehungsanfälligkeit einerseits für den Bereich der Verbraucherdarlehensverträge erkannt, zu dem auch die darauf bezogene Vermittlung gehört, und andererseits ist die Vollmachtsproblematik im Zusammenhang mit Darlehensvermittlungsverträgen offenbar im Gesetzgebungsverfahren nicht gesehen worden. Deshalb ist von einer analogen Anwendung des § 492 Abs. 4 auf den Vermittlungsvertrag auszugehen, so dass eine vom Verbraucher – zB an einen Treuhänder – erteilte Vollmacht zum Abschluss eines Darlensvermittlungsvertrags der Form aus § 655b bedarf[11] (zur formbedürftigen Genehmigung des durch den falsus procurator abgeschlossenen Vermittlungsvertrages nach §§ 177 ff. BGB → § 492 Rn. 63).

III. Rechtsfolgen von Verstößen

1. Schriftform

Ist die Schriftform insgesamt nicht eingehalten (→ Rn. 1), hat dies die **unheilbare** Nichtigkeit des Darlehensvermittlungsvertrages gem. § 125 BGB zur Folge.[12] Das kann insbesondere vorkommen, wenn der Vermittler zwar Vertragsformulare des Darlehensgebers bereithält und diese zum Gegenstand des Vermittlungsgesprächs macht, die Form für seinen eigenen Vertrag aber nicht wahrt. **8**

2. Zusätzliche Angaben

Die Nichtigkeitsfolge tritt gem. Absatz 2 auch ein, wenn die Schriftform den Anforderungen an § 126 BGB genügt, aber die darüber hinausgehenden Angaben aus Art. 247 § 13 Abs. 2 EGBGB sowie, bei der Vermittlung von Immobiliar-Verbraucherdarlehensverträgen, aus § 13b Abs. 1 und 3 fehlen. **9**

3. Unrichtige Angaben

Aus dem Schutzzweck der Norm, den Verbraucher vor unnötiger Verteuerung des Darlehens zu bewahren, folgt anders als im Falle des Darlehensvertrags selbst (→ § 494 Rn. 44), dass die Nichtigkeit auch dann eintritt, wenn die Angaben falsch sind.[13] Die Anwendung des Rechtsgedankens von § 494 Abs. 3, nach der die Vertragspflicht der falschen Angabe entsprechend reduziert werden muss, ist nicht geboten (→ § 494 Rn. 90 ff.).[14] **10**

---

[9] So BT-Drucks. 14/7052, S. 332.
[10] LG Potsdam WM 1998, 1235 (1237); skept. *Vollmer* MittBayNot 1999, 346 (353).
[11] MüKoBGB/*Schürnbrand* § 655b BGB Rn. 5; *Habersack/Schürnbrand* WM 2003, 261 (262 f.); aA Staudinger/*Herresthal* § 655b BGB Rn. 7.
[12] BGH NJW-RR 2005, 1572 (1573).
[13] AA MüKoBGB/*Schürnbrand* § 655b BGB Rn. 9
[14] AG Mannheim WM 1997, 2356 mit Anm. *Drescher* WuB I E 2.–1.98; *v. Westphalen/Emmerich/v. Rottenburg* § 15 VerbrKrG Rn. 48 ff.; aA *Münstermann/Hannes* § 15 VerbrKrG

11 Die Nichtigkeit kann insoweit auch aus einem Verstoß gegen das Gebot aus Art. 247 § 13 Abs. 2 EGBGB folgen (dauerhafter Datenträger), obwohl § 655b Abs. 1 Satz 3 in Abs. 2 nicht in Bezug genommen wird.

4. Bereicherungsausgleich

12 Aus der Nichtigkeit des Vermittlungsvertrags folgt, dass der Darlehensvermittler nicht zur Tätigkeit für den Verbraucher verpflichtet ist und, wenn er dennoch tätig wird und der gewünschte Erfolg, der Abschluss des Darlehensvertrags, eintritt, keinen vertraglichen Anspruch auf Provision hat. Einem Bereicherungsanspruch des Vermittlers auf Ersatz des Wertes seiner Vermittlungsdienste (der oft dem nichtigerweise ausgehandelten Honorar entsprechen würde) steht in den meisten Fällen § 814 BGB (Leistung trotz Kenntnis der Nichtschuld) entgegen, weil der Darlehensvermittler weiß, dass er wegen des Formmangels nichts schuldet, jedenfalls § 817 Satz 2 BGB, weil er gegen das in Absatz 1 niedergelegte gesetzliche Verbot verstößt;[15] oft wird es überhaupt an einer Bereicherung des Verbrauchers fehlen. § 354 HGB, der einen Provisionsanspruch auch ohne Vertrag zuerkennt,[16] ist nicht anwendbar, wenn ein Vertrag vorliegt, dieser aber nichtig ist und die Nichtigkeitsfolge den Schutz der anderen Vertragspartei im Blick hat;[17] noch weniger sind die Voraussetzungen einer Geschäftsführung ohne Auftrag gem. §§ 677 ff. BGB gegeben. Das gilt auch für Aufwendungsersatzansprüche (§ 655d),[18] die ihrerseits einen wirksamen Vertrag voraussetzen. Im Ergebnis ist bei Formnichtigkeit des Darlehensvermittlungsvertrages jedweder Vergütungsanspruch des Darlehensvermittlers ausgeschlossen.[19]

13 Trotz Nichtigkeit des Darlehensvermittlungsvertrags mit dem Verbraucher kann der **Einreichervertrag** mit dem Darlehensgeber wirksam sein, so dass der Darlehensgeber die Vergütung schuldet.[20] Sie kann in die vom Verbraucher zu tragenden Kreditkosten einfließen und ist gem. § 492 Abs. 2 anzugeben (→ § 492 Rn. 22).[21] Ihre Verschleierung gegenüber dem Verbraucher ist jedoch ein Sittenwidrigkeitsmoment.

5. Vermittelter Darlehensvertrag

14 Kommt der Darlehensvertrag, insbesondere unter Einhaltung der Formvorschriften aus § 492, zwischen Darlehensgeber und Verbraucher zustande, hat die Nichtigkeit des Vermittlungsvertrags darauf keinen Einfluss; insbesondere die Anwendung von § 139 BGB erscheint hier (→ Rn. 1) im Allgemeinen eher abwegig.[22]

Rn. 810, 822; MüKoBGB/*Schürnbrand* § 655b BGB Rn. 9; *Bruchner/Ott/Wagner-Wieduwilt* § 15 VerbrKrG Rn. 11.

[15] Bekanntlich ist diese Vorschrift auch anwendbar, wenn dem Empfänger, hier dem Verbraucher, ein Verstoß nicht zur Last gelegt werden kann, RGZ 161, 52 (55).

[16] Dazu BGH NJW 1964, 2343 sowie NJW 1993, 2108 mit Komm. *v. Stebut* EWiR § 817 BGB 1/93, 773; abw. Beurteilung bei anderen Mängeln, zB der Vertretungsmacht: LG Saarbrücken NJW-RR 1993, 316.

[17] BGH NJW-RR 2005, 1572 (1574).

[18] Zutreffend MüKoBGB/*Schürnbrand* § 655b BGB Rn. 10.

[19] BGH NJW-RR 2005, 1572 (1573) mit Anm. *Gößmann* WuB I E 2.–1.06.

[20] MüKoBGB/Schürnbrand § 655b BGB Rn. 12, 20.

[21] *v. Westphalen/Emmerich/v. Rottenburg* § 15 VerbrKrG Rn. 57.

[22] LG Stuttgart WM 2000, 1492 mit Anm. *Hanke* WuB I E 2.–3.01; aA *v. Westphalen/Emmerich/Kessler* 1. Aufl., § 15 VerbrKrG Rn. 33 ff.; wie hier *v. Westphalen/Emmerich/v. Rottenburg* § 15 VerbrKrG Rn. 54; vgl. auch LG Frankfurt/Main WM 2000, 301 (305).

Soweit sich der Darlehensvertrag auf die Finanzierung der Maklerprovision, auf die gerade kein Anspruch besteht, erstreckt, kann der Verbraucher, soweit er den vermeintlichen Provisionsanspruch durch seine Ratenzahlungen getilgt hatte, gem. § 813 Abs. 1 BGB kondizieren[23] und im Übrigen, da und sofern zwischen nichtigem Vermittlungsvertrag und Darlehensvertrag der Tatbestand einer wirtschaftlichen Einheit isv § 358 Abs. 3 BGB erfüllt ist (→ Rn. 2), die Nichtigkeit des Vermittlungsvertrags hinsichtlich des auf die Vermittlungsprovision fallenden Anteils seiner Raten gem. § 359 BGB gegenüber dem Darlehensgeber einwenden (→ § 495 Rn. 417).[24]

6. Wettbewerbsrecht

Ein Darlehensvermittler, der bewusst und planmäßig gegen die Formalien aus Absatz 1 verstößt, um sich dadurch einen Wettbewerbsvorsprung gegenüber gesetzestreuen Mitbewerbern zu verschaffen, handelt unter dem Gesichtspunkt des Rechtsbruchs (→ § 495 Rn. 47) unlauter isv §§ 3, 4 Nr. 11 UWG.[25] Als irreführend isv § 5 UWG (vormals § 3 UWG) ist die Bezeichnung „Finanz-Agentur" angesehen worden.[26]   **15**

7. Ersatzansprüche

Verletzt der Darlehensvermittler schuldhaft Aufklärungs- und Beratungspflichten gegenüber dem Verbraucher, ist er gem. §§ 280 Abs. 1, 241 Abs. 2, 311 Abs. 2 BGB schadensersatzpflichtig.   **16**

§ 655c Vergütung

¹Der Verbraucher ist zur Zahlung der Vergütung für die Tätigkeiten nach § 655a Absatz 1 nur verpflichtet, wenn infolge der Vermittlung, des Nachweises oder aufgrund der sonstigen Tätigkeit des Darlehensvermittlers das Darlehen an den Verbraucher geleistet wird und ein Widerruf des Verbrauchers nach § 355 nicht mehr möglich ist. ²Soweit der Verbraucherdarlehensvertrag mit Wissen des Darlehensvermittlers der vorzeitigen Ablösung eines anderen Darlehens (Umschuldung) dient, entsteht ein Anspruch auf die Vergütung nur, wenn sich der effektive Jahreszins nicht erhöht; bei der Berechnung des effektiven Jahreszinses für das abzulösende Darlehen bleiben etwaige Vermittlungskosten außer Betracht.

Vorgängervorschrift: § 16 VerbrKrG, § 655c aF

Schrifttum: *Derleder,* Kettenkreditverträge, JZ 1983, 81; *Emmerich,* Auswirkungen des Verbraucherkreditgesetzes auf die Kreditwirtschaft, FLF 1989, 168; *Gerauer,* Die Vereinbarung einer erfolgsunabhängigen Maklerprovision, ZMR 1988, 288; *Metz,* Das Verbraucherkreditgesetz in der Praxis, VuR 1992, 337; *Micklitz* Maklerrecht im Binnenmarkt, EWS 1995, 296; *Münstermann,* Anpassung von Konsumenten-Ratenkreditverträgen bei vorausgegangenen unwirksamen Verträgen, FLF 1988, 108; *Reuter,* Das Maklerrecht als Sonderrecht der Maklertätigkeit, NJW 1990, 1321; *Simon,* Die Kreditumschuldung. Zur Ablösung und Aufstockung von Verbraucherdarlehen, 1990.

---

[23] BGH NJW 1991, 1810 zu II. 1. mit Komm. *Lauer* EWiR § 138 BGB 7/91, 433.
[24] Zutreffend MüKoBGB/*Schürnbrand* § 655b BGB Rn. 11;.
[25] LG Berlin NJW-RR 1992, 678.
[26] OLG Stuttgart ZIP 1993, 1494 mit Komm. *Busche* EWiR § 3 UWG 7/93, 1227.

Übersicht

Kommentierung	Rn.
I. Voraussetzungen des Provisionsanspruchs	1
1. Erfolgsabhängigkeit	1
a) Zwingendes Recht	2
b) Beweislast	3
2. Widerrufsrecht	4
3. Leistung des Darlehens	6
4. Kein Auskunftsanspruch	8
II. Umschuldung	9
1. Konditionenverschlechterung	11
2. Sittenwidrigkeit des Altdarlehens	14
3. Mehrere Altdarlehensverträge	16
4. Vorzeitige Ablösung und Zinsanpassung	18
5. Wissen	20
6. Berechnungsgrundlage (effektiver Jahreszins)	21
7. Ersatzansprüche aus der Verletzung von Aufklärungs- und Beratungspflichten	23
8. Wettbewerbsrecht	24

Kommentierung

I. Voraussetzungen des Provisionsanspruchs

1. Erfolgsabhängigkeit

1 Die Mühe des Maklers ist oft umsonst, nämlich wenn es trotz Vermittlung oder Nachweises nicht zum Abschluss des Hauptvertrags zwischen Darlehensgeber und Verbraucher kommt; das entspricht dem Leitbild des Maklervertrags,[1] wie es in § 652 Abs. 1 BGB zum Ausdruck kommt. Doch ist diese Bestimmung dispositiv, so dass die Parteien eine erfolgsunabhängige Vergütung vereinbaren können, wenngleich eine Abweichung davon durch Allgemeine Geschäftsbedingungen der Vorschrift von § 307 Abs. 2 Nr. 1 BGB nicht standhält.[2]

2 **a) Zwingendes Recht.** Durch § 655c Satz 1 ist auch eine individualvertragliche Abweichung vom Grundsatz der Erfolgsabhängigkeit ausgeschlossen und kann gem. § 655e Abs. 1 Satz 1 nicht wirksam vereinbart werden. Ohne wirksamen, auf der Tätigkeit des Vermittlers beruhendem,[3] also ursächlichem Ab-

---

[1] BGHZ 99, 374; BGH NJW 1991, 1678; krit. *Reuter* NJW 1990, 1321 (1327); *Gerauer* ZMR 1988, 288; der Nachweis durch einen Makler der Gegenseite – hier also der Bank – würde nicht genügen, BGH NJW-RR 1991, 686; Verwirkung bei falschen Exposéangaben: OLG Hamm NJW-RR 1993, 506; offen ist die europarechtliche Wertung: *Micklitz* EWS 1995, 296 (306 ff.).

[2] BGHZ 60, 377; BGH WM 1970, 392; BB 1985, 1151 zu II. mit Komm. *v. Westphalen* EWiR § 652 BGB 3/85, 383; BGH NJW-RR 1986, 346 mit Komm. *Schwerdtner* EWiR § 652 BGB 3/86, 253; OLG Stuttgart NJW-RR 1996, 822; LG Passau ZMR 1988, 309 mit krit. Stellungnahme *Gerauer* ZMR 1988, 288; LG Bonn NJW-RR 1996, 240; *KreisG Cottbus* MDR 1993, 620.

[3] Dazu BGH NJW-RR 1991, 950; OLG München NJW-RR 1991, 1145; Staudinger/*Reuter* §§ 652, 653 BGB Rn. 97 ff.; *Münstermann/Hannes* § 16 VerbrKrG Rn. 830 ff.; *v. Westphalen/Emmerich/v. Rottenburg* § 16 VerbrKrG Rn. 9.

Vergütung 3, 4 § 655c

schluss des vom Verbraucher gewünschten[4] und erfüllten (→ Rn. 6) Darlehensvertrags als Hauptvertrag hat der Vermittler keinen Vergütungsanspruch,[5] wohl aber im Falle der **Heilung** gem. § 494 Abs. 2 und 3 (→ Rn. 4).[6] Ist der Darlehensvertrag **nichtig,** insbesondere nach den Grundsätzen zur Sittenwidrigkeit von Konsumentenratenkrediten gem. § 138 BGB oder aufgrund erklärter Anfechtung,[7] entsteht kein Provisionsanspruch.[8] Gleiches gilt bei Rückabwicklung wegen Verschuldens bei Vertragsschluss.[9] Im Zuge der Reform 2016 wurde Satz 1 an den erweiterten Tätigkeitsbegriff in § 655a Abs. 1 Satz 1 Nr. 3 angepasst, der nun die Hilfestellung auf andere Weise erfasst.

b) Beweislast. Der Darlehensvermittler trägt die Beweislast für den Abschluss 3 des Hauptvertrags und die **Ursächlichkeit** seiner Tätigkeit. Hierfür spricht der erste Anschein bei engem zeitlichem Zusammenhang,[10] den der Verbraucher durch einfachen Gegenbeweis entkräften kann. Die Kausalität fehlt im Falle der Nachweistätigkeit des Darlehensvermittlers bei **Vorkenntnis** des Verbrauchers, für die dieser die Beweisführungslast trägt, während im Falle der Vermittlungstätigkeit die Mitursächlichkeit trotz Vorkenntnis bestehen kann, wenn der Vermittler die Abschlussbereitschaft des Darlehensgebers förderte; hierfür liegt die Beweislast beim Vermittler.[11] Der Erfolg der Maklertätigkeit braucht nicht während der Vertragsdauer einzutreten, so dass der Vergütungsanspruch auch bei vorheriger Kündigung durch den Verbraucher (→ § 655a Rn. 9) entsteht,[12] auch bei Beendigung durch Tod des Darlehensvermittlers.[13]

2. Widerrufsrecht

Weitere Voraussetzung des Anspruchs auf Vergütung (Provision, Courtage) ist, 4 dass der vermittelte Darlehensvertrag endgültig wirksam und nicht nur schwebend wirksam ist. In Fortführung des Rechtsgedankens von § 652 Abs. 1 Satz 2 BGB, wonach bei bedingt abgeschlossenem Hauptvertrag der Provisionsanspruch nur entsteht, wenn die Bedingung eintritt,[14] bestimmt Entsprechendes Satz 1. An der endgültigen Wirksamkeit fehlt es, solange das Widerrufsrecht aus §§ 495, 355 BGB (ausf. → § 495 Rn. 85 ff.) noch fortbesteht. Erst mit dem Zeitpunkt

---

[4] Staudinger/*Reuter* §§ 652, 653 BGB Rn. 59 ff.
[5] LG Hannover VuR 1997, 420, das freilich unzutreffenderweise § 17 Satz 1 (jetzt § 655d Satz 1 BGB) heranzieht; zur Umsatzsteuerfreiheit gem. § 4 Nr. 8a UStG BFH NJW-RR 1995, 1007.
[6] MüKoBGB/*Schürnbrand* § 655c BGB Rn. 5.
[7] Auch bei Gewährleistungsrücktritt, der zugleich zur Anfechtung wegen arglistiger Täuschung berechtigt hätte und der innerhalb der Frist von § 124 BGB ausgeübt worden war, BGH NJW 2001, 966 mit Rezension *Keim* NJW 2001, 3168.
[8] Zur Kondiktion BGH ZIP 1991, 359 mit Komm. *Lauer* EWiR § 138 BGB 7/91, 433; *Vortmann* § 16 VerbrKrG Rn. 10.
[9] OLG Hamm NJW-RR 1991, 249, nicht aber bei Ausübung eines vertraglichen Rücktrittsrechts, BGH NJW-RR 1993, 248.
[10] Vier Monate: BGH NJW 1999, 1255; nicht bei 15 Monaten OLG Frankfurt NJW-RR 2004, 704.
[11] BGH NJW-RR 1996, 114; OLG Düsseldorf BB 1997, 2131; MüKoBGB/*Schürnbrand* § 655c BGB Rn. 7, 10; *Baumgärtel/Laumen* § 652 BGB Rn. 8.
[12] BGH NJW 1996, 2008 zu 2.
[13] BGH NJW 1965, 964; NJW 1984, 1359.
[14] Vgl. BGH NJW-RR 2002, 50 zu I. 5.; WM 1998, 720; für Rücktritt OLG Karlsruhe NJW-RR 2005, 574.

des ungenutzten Ablaufs der Widerrufsfrist (zwei Wochen, ein Monat oder gar unendlich, mit der entsprechenden Folge des scheiternden Anspruchs) wird der Provisionsanspruch fällig. Wird der formnichtige Darlehensvertrag gem. § 494 Abs. 2 geheilt, beginnt mit dem Heilungstatbestand die Widerrufsfrist, sofern der Darlehensgeber eine Widerrufsbelehrung erteilt hatte (→ § 494 Rn. 31). Erst nach Fristablauf entsteht der Provisionsanspruch.

5 Der Vermittlungsvertrag selbst ist nicht widerruflich, jedoch kann er zusammen mit dem Darlehensvertrag ein verbundenes Geschäft bilden, so dass der Widerruf gem. § 358 Abs. 2 BGB auch den Darlehensvermittlungsvertrag ergreift (→ § 655b Rn. 2).

3. Leistung des Darlehens

6 Aber auch wenn der Zustand schwebender Wirksamkeit beendet ist, weil das Widerrufsrecht erlosch, braucht der Vermittler noch keinen Provisionsanspruch gegen den Verbraucher zu haben. Der Anspruch entsteht vielmehr erst, wenn das Darlehen an den Verbraucher oder vereinbarungsgemäß an einen Dritten (zB den Verkäufer im verbundenen Geschäft)[15] geleistet worden ist, er die Valuta also empfangen hat, wobei der Empfang auch darin liegen kann, dass die Bank wirksam mit Gegenansprüchen, die sie gegen den Verbraucher hat, aufrechnet.[16] Das kommt vor allem bei Umschuldungen in Betracht, bei denen ein Ablösungsdarlehen ganz oder teilweise mit dem Restsaldo aus einem alten Darlehen verrechnet wird (aber → Rn. 9 ff.). Die bloße Entstehung des Anspruchs aus dem Darlehensvertrag begründet den Provisionsanspruch also noch nicht, selbst wenn die Widerrufsfrist verstrichen ist,[17] sondern erst die Erfüllung. Das gilt auch dann, wenn die Erfüllung aus Gründen in der Person des Verbrauchers scheitert.[18] Soweit die Leistung des Darlehens von Bedingungen abhängt, entspricht § 655c Satz 1 der Regelung von § 652 Abs. 1 Satz 2 BGB. Eine abw. Vereinbarung, insbesondere die Verpflichtung zu Vorauszahlungen,[19] ist gem. §§ 655e Abs. 1 Satz 1, 134 BGB nichtig, berührt aber die Wirksamkeit des Darlehensvermittlungsvertrags im Übrigen nicht.

7 Seit der Reform 2010 erstreckt sich das Vermittlungsrecht neben dem Darlehen auch auf die **sonstige Finanzierungshilfe** nach § 506. Obwohl dies im Zuge der Umsetzung der neuen Verbraucherkreditrichtlinie geboten war und in § 655a Satz 1 auch vollzogen wurde, hat es der Gesetzgeber versäumt, die übrigen Vorschriften des „Darlehensvermittlungsrechts" auf den Kreditbegriff umzustellen. Während dies an vielen Stellen zu verkraften ist, wirkt es sich hier aus.

---

[15] MüKoBGB/*Schürnbrand* § 655c BGB Rn. 8; *Münstermann/Hannes* § 16 VerbrKrG Rn. 841; die Leistung an den Kreditvermittler setzt Empfangsvollmacht voraus und lässt den Provisionsanspruch erst bei Weiterleitung an den Verbraucher entstehen, *v. Westphalen/Emmerich/v. Rottenburg* § 16 VerbrKrG Rn. 13.

[16] Vgl. LG Köln ZIP 2000, 2161 mit zust. Komm. *Kessal-Wulf* EWiR § 7 VerbrKrG 1/01, 189.

[17] Ebenso wenig bei Abschluss eines Vorvertrags, der in allgemeinen Fällen bei entsprechendem Auftrag den Provisionsanspruch begründen kann, BGH NJW-RR 1991, 1073.

[18] OLG Köln ZIP 1993, 1541 mit Komm. *Münstermann* EWiR § 16 VerbrKrG 1/95, 1127.

[19] „Abschlag auf die zu erwartende Vergütung": OLG Hamm WM 1995, 1353 (1355) oder „Vorab-Gebühren": *Metz* VuR 1992, 337 (339).

An den Abzahlungskäufer wird kein Darlehen geleistet, so dass es einer entsprechenden Anwendung auf die sonstige Finanzierungshilfe bedarf. Der Vergütungsanspruch entsteht, wenn die Leistung aus dem Hauptvertrag erbracht worden ist, zB Übertragung von Eigentum und oder Besitz an einem kreditfinanziert erworbenen Auto.[20]

4. Kein Auskunftsanspruch

Um seinen Provisionsanspruch ausrechnen und geltend machen zu können, muss der Darlehensvermittler die Tatsache des Vertragsabschlusses und dessen Umfang kennen. Diese Kenntnis muss er sich im Allgemeinen selbst verschaffen. Der Verbraucher hat gegenüber dem Darlehensvermittler keine Provisionsabrechnungspflicht (vielmehr muss im Gegenteil ein Handelsmakler gem. § 94 HGB die Schlussnote erteilen). Gem. § 242 BGB kann der Darlehensvermittler lediglich Auskunft über die für die Entstehung und Berechnung des Anspruchs maßgeblichen Tatsachen (aber nicht über die Höhe seines Anspruchs) verlangen und auch dies nur, wenn und soweit seine Unkenntnis entschuldbar ist und der Verbraucher die zur Beseitigung dieser Unkenntnis erforderlichen Auskünfte leicht erteilen kann; bei einer Auskunftsklage sind die Umstände, über die sich der Verbraucher erklären soll, in Klagebegründung und Urteilstenor genau zu bezeichnen.[21]

II. Umschuldung

Wird ein Darlehensvertrag notleidend, kann der Verbraucher versuchen, ein neues Darlehen zu bekommen, mit dem er das alte ablöst und vielleicht darüber hinaus neuen Kreditbedarf deckt. Das kann geschehen durch eine **externe** Umschuldung, bei der die Bank für das Altdarlehen und die Bank für das Ablösungsdarlehen nicht identisch sind, durch eine **interne** Umschuldung, bei der diese Identität besteht, mit der Variante, dass die Bank ein Zusatzdarlehen zum Zwecke der **Tilgungsstreckung** gewährt[22] oder auch dadurch, dass sich der Verbraucher auf eigene Faust ohne Berührung zwischen Alt- und Neubank ein Darlehen besorgt, mit dem er seine Verbindlichkeiten aus dem Altdarlehen begleicht.

Die Regelung von § 655c Satz 2 über die Modalitäten der Provision in Umschuldungsfällen ist nur anwendbar, wenn das abzulösende Altdarlehen[23] Gegenstand eines Vertrags iSv §§ 491, 512 BGB in persönlicher und sachlicher Hinsicht ist. In persönlicher Hinsicht kommt es auf die Verbrauchereigenschaft im Zeitpunkt der Umschuldung an, so dass Satz 2 auch dann anwendbar ist, wenn das Darlehen bei Aufnahme gewerblichen oder beruflichen Zwecken gedient hatte, im Umschuldungszeitpunkt aber nicht mehr.[24]

---

[20] Zust. MüKoBGB/*Schürnbrand* § 655c BGB Rn. 9.
[21] BGH NJW-RR 1990, 1370.
[22] BGH WM 1990, 625 mit Komm. *Bülow* EWiR § 138 BGB 3/90, 437.
[23] Nicht wenn die Vereinbarung eines neuen Darlehens in Wahrheit nichts anderes als die bloße Umbuchung auf ein neues Konto darstellt, OLG Karlsruhe ZIP 1995, 1748 mit Komm. *Martinek* EWiR § 607 BGB 3/95, 1173.
[24] Zutreffend MüKoBGB/*Schürnbrand* § 655c BGB Rn. 15.

1. Konditionenverschlechterung

11 Es kann der Fall eintreten und ist Gegenstand höchstrichterlicher Rechtsprechung,[25] dass dem Verbraucher keine Erleichterung widerfährt, wenn er das alte Darlehen ablöst, sondern dass sich die Vertragskonditionen noch verschlechtern, was der Verbraucher vor allem dann leicht übersehen kann, wenn die Umschuldung mit einer Tilgungsstreckung verbunden ist; die Verschlechterung der Vertragsbedingungen kann Kriterium der Sittenwidrigkeit des Neudarlehens sein[26] mit der Folge, dass der Darlehensvermittler ohnehin keinen Provisionsanspruch hat (→ Rn. 1). Ist der Vertrag über das neue Darlehen aber wirksam, entsteht der Provisionsanspruch (einen wirksamen Darlehensvermittlungsvertrag vorausgesetzt, → § 655b Rn. 8) gem. Satz 2 trotzdem nicht, wenn der Darlehensvertrag ungünstiger ist als derjenige für das abzulösende oder zu streckende Altdarlehen (wobei sich die Günstigkeit nach dem effektiven Jahreszins richtet, → Rn. 2); bei Gleichheit der Vertragsbedingungen entsteht der Provisionsanspruch also.

12 Die in der Versagung des Provisionsanspruchs durch Satz 2 liegende Sanktion bezieht sich auf die Verpflichtung zur Zahlung der Vergütung durch den Verbraucher. Das Gesetz differenziert nicht nach der Person des Gläubigers. Hat der Verbraucher deshalb die Vergütung im Wege des **packing** an die Bank und nicht an den Darlehensvermittler zu zahlen, entfällt seine Leistungspflicht auch im Vertragsverhältnis zur Bank. Eine andere und zu bejahende Frage ist, ob der Vermittler aufgrund eines Einreichervertrags mit der Bank von dieser die vereinbarte Vergütung verlangen kann.[27]

13 Einen Fall der vorzeitigen Ablösung stellt auch die Aufnahme eines Zusatzdarlehens zum Zwecke der Tilgungsstreckung dar. Auch in diesem Fall dürfen die Konditionen des Zusatzdarlehens nicht schlechter als diejenigen des verlängerten Darlehens sein, wobei eine Vermittlungsprovision beim verlängerten Darlehen außer Betracht zu bleiben hat.[28]

2. Sittenwidrigkeit des Altdarlehens

14 Fraglich ist, ob der Provisionsanspruch auch dann nicht entsteht, wenn das Altdarlehen, insbesondere gem. § 138 Abs. 1 BGB, nichtig war. Die Nichtigkeit des Altdarlehens führt im Allgemeinen nicht dazu, dass auch das neue Darlehen nichtig wäre (keine „Infizierung"[29]), sondern beide Verträge sind isoliert nach den für sie vereinbarten Konditionen und den sie begleitenden Umständen zu betrachten. Ist danach der Vertrag über das Neu- oder Zusatzdarlehen wirksam, bleibt er von der Nichtigkeit des Vordarlehens jedoch nicht unberührt. Das Neu-

---

[25] BGH WM 1988, 645 mit Komm. *Bülow* EWiR § 138 BGB 13/88, 543.
[26] *Bülow* Konsumentenkredit, Rn. 166.
[27] Gl. A. *v. Westphalen/Emmerich/v. Rottenburg* § 16 VerbrKrG Rn. 35; MüKoBGB/ *Schürnbrand* § 655c BGB Rn. 23; *Seibert* § 16 VerbrKrG Rn. 8; *Münstermann/Hannes* § 16 VerbrKrG Rn. 857; offen *Bruchner/Ott/Wagner-Wieduwilt* § 16 VerbrKrG Rn. 10.
[28] Zum Zinsvergleich bei der Sittenwidrigkeitsprüfung eines Zusatzkredits BGH WM 1990, 625 mit Komm. *Bülow* EWiR § 138 BGB 3/90, 437.
[29] BGHZ 99, 333 mit Komm. *H. P. Westermann* EWiR § 242 BGB 6/87, 345; so aber *Derleder* JZ 1983, 81 im Allgemeinen und BGH NJW-RR 1987, 679 zu II. 6.a. mit Anm. *H. P. Westermann* WuB I E 2b.–6.87 im Besonderen für den Fall, dass der Kreditgeber sich den Gewinn aus dem sittenwidrigen Kredit zu sichern beabsichtigt.

Vergütung **15 § 655c**

bzw. Zusatzdarlehen ist vielmehr im Falle einer internen Umschuldung (Darlehensgeber von Alt- und Neuvertrag sind identisch, → Rn. 9) gem. § 242 BGB dem Umstand anzupassen, dass der Verbraucher aus dem nichtigen Altdarlehensvertrag aufgrund von § 812 BGB nur die Rückzahlung des Kapitals, aber keine vertraglichen Leistungen, insbesondere keine Zinsen schuldete, vielmehr selbst einen Bereicherungsanspruch gegen die Bank wegen bereits rechtsgrundlos geleisteter Zinsen hat, so dass sein Kreditbedarf in Wahrheit geringer ist als angenommen[30] (bei einer externen Umschuldung kommt eine Anpassung dagegen nur in Sonderfällen, insbesondere bei positiver Kenntnis der Bank des Neudarlehens, in Betracht).[31] Das bedeutet zunächst, dass ein Provisionsanspruch des Darlehensvermittlers nur an der Bemessungsgrundlage dieses wirklichen Kreditbedarfs und nicht an dem vertraglich in Aussicht genommenen Nettodarlehensbetrag berechnet werden kann. Darüber hinaus folgt aber aus der Sittenwidrigkeit des Altdarlehens, dass der Verbraucher keinerlei vertragliche Leistungen schuldete und der effektive Jahreszins für das Altdarlehen folglich mit „Null" anzusetzen ist. Die Konditionen des Neudarlehens sind damit allemal schlechter, so dass nach dem Wortlaut von Satz 2 ein Vergütungsanspruch nicht entstehen könnte. Dennoch ist dem Gesetzeszweck, dem Schutz des Verbrauchers, zu entnehmen, dass der Provisionsanspruch des Darlehensvermittlers entsteht (sofern die Formalien aus § 655b Abs. 1 eingehalten sind). Derjenige Darlehensvermittler nämlich, der die Sittenwidrigkeit des Altdarlehens erkennt und den Verbraucher durch die Umschuldung aus den faktischen Bindungen des rechtlich unverbindlichen Vertrags befreit, also im vitalen Interesse des Verbrauchers handelt, hätte keinen Anlass zum Tätigwerden, wenn er umsonst tätig werden müsste. Satz 2 ist also so zu lesen, dass es auf den in sittenwidriger Weise, also nicht wirksam vereinbarten effektiven Jahreszins des Altvertrages ankommt. Erst wenn der effektive Jahreszins des Neudarlehens höher ist als der effektive Jahreszins des sittenwidrigen Altdarlehens, entfällt der Provisionsanspruch.

Erkennt der Darlehensvermittler die Sittenwidrigkeit des Altvertrages, ohne **15** dies zu offenbaren und auf eine Anpassung des neuen Darlehens an den wirklichen Kreditbedarf hinzuwirken, kann dieser Umstand Kriterium der **Sittenwidrigkeit des Darlehensvermittlungsvertrags** selbst sein (wie auch die Gewinnsicherung hinsichtlich des sittenwidrigen Altdarlehens die Sittenwidrigkeit des – bei isolierter Betrachtung rechtlich unbedenklichen – Neudarlehensvertrags bewirken kann[32]), zu dessen Anfechtbarkeit oder zu Schadensersatzansprüchen aus culpa in contrahendo führen gem. § 311 Abs. 2 BGB[33] (→ § 498 Rn. 43). Allerdings begibt sich der Darlehensvermittler, der die Sittenwidrigkeit des Altdarlehens beurteilt, auf eine Gratwanderung. Er darf seine Vermittlungs- oder Nachweistätigkeit nämlich nicht auf die Rechtsberatung erstrecken (→ Rn. 24), will

---

[30] BGH NJW-RR 1988, 363 mit Komm. *Bultmann* EWiR § 138 BGB 6/88, 225; *Bülow* Konsumentenkredit, Rn. 195–201.
[31] BGH NJW 1990, 1597 mit Komm. *Bülow* EWiR § 138 BGB 11/90, 859; OLG Köln VuR 1992, 356 (358f.).
[32] S. Fn. 18 sowie BGH WM 1987, 1354 zu IV. 2.; BGHZ 99, 333 (336f.) mit Komm. *H. P. Westermann* EWiR § 242 BGB 6/87, 345; BGH WM 1987, 463 mit Anm. *Münstermann* WM 1987, 745; *Münstermann* FLF 1988, 108 und Komm. *W. Gottwald* EWiR § 138 BGB 8/87, 751.
[33] *Simon* Kreditumschuldung, S. 162 ff.; OLG Celle WM 1992, 1145 mit Anm. *Münstermann* WuB I E 1.–11.92.

er nicht gegen § 1 RechtsberatungsG verstoßen mit der Folge, dass der Darlehensvermittlungsvertrag gem. § 134 BGB nichtig wäre.[34]

3. Mehrere Altdarlehensverträge

16 Nicht untypisch ist, dass die Tätigkeit des Umschuldungsvermittlers am Ende einer Reihe fehlgeschlagener Versuche zur Schuldenbereinigung steht und Gegenstand nicht die Umschuldung nur eines, sondern mehrerer Altdarlehen ist, stammten sie von derselben Bank oder von mehreren. In diesem Fall sind die Konditionen jedes einzelnen Altdarlehens mit den Konditionen des Neudarlehens zu vergleichen und der Provisionsanspruch kann, soweit er sich auf die Ablösung des einen Altdarlehens bezieht, entstehen, hinsichtlich des anderen nicht. Die Zuordnung von Teilen des Neudarlehens und damit des Provisionsanteils dürfte keine unüberwindbaren Schwierigkeiten bereiten.

17 Dient der neue Darlehensvertrag nur **teilweise** der Umschuldung, im Übrigen der Deckung neuen Kreditbedarfs beim Verbraucher, ist der Provisionsanspruch bezüglich dieser Differenz, wenn die weiteren Voraussetzungen (insbesondere gem. § 655b) erfüllt sind, auf jeden Fall entstanden. Auch insoweit ist der Betrag des Neudarlehens dem Ablösungsbedarf einerseits und dem Neubedarf andererseits zuzuordnen (→ Rn. 16).

4. Vorzeitige Ablösung und Zinsanpassung

18 Der Tatbestand der Umschuldung ist nur erfüllt, wenn das Altdarlehen vorzeitig abgelöst wird, das Darlehensvertragsverhältnis also nicht durch den vertraglich geplanten Zeitablauf, durch Kündigung des Darlehensgebers gem. § 498 oder aus wichtigem Grund endet.[35] Der Verbraucher muss vielmehr entweder von seinem Kündigungsrecht aus § 500 BGB Gebrauch machen oder sich mit der Bank über die vorzeitige Beendigung und Ablösung einigen. Andernfalls richten sich die Voraussetzungen des Provisionsanspruchs für das neue Darlehen nach § 655c Satz 1.

19 Nach Vorstellung der Gesetzesverfasser soll der Tatbestand der vorzeitigen Ablösung nicht erfüllt sein, wenn ein vormals so genannter Realkredit, nun Immobiliardarlehensvertrag, für den im Darlehensvertrag eine Zinsanpassung vorgesehen ist, nicht verlängert wird, weil der Verbraucher sich auf die neuen Zinskonditionen nicht einlassen will, sondern sich den Ablösungsbetrag durch ein vermitteltes Ablösungsdarlehen beschafft.[36] In solchen Fällen soll der Provisionsanspruch also entstehen, auch wenn – bezogen auf den effektiven Jahreszins – sich der Verbraucher mit der Zinsanpassung besser gestanden hätte als mit dem vom Darlehensvermittler nachgewiesenen oder vermittelten neuen Darlehensvertrag. In der Tat erscheint die Ablösung in diesem Fall nicht vorzeitig iSv Satz 2, wenn das Darlehensvertragsverhältnis bis zum Anpassungstermin befristet ist und der Verbraucher nur eine Verlängerungsoption zu den neuen Bedingun-

---

[34] OLG Köln NJW-RR 1990, 1383, vgl. BGH NJW 1998, 1955 zu II. 1. mit Anm. *Frings* WuB I E 1.–7.98 und oben § 655b Rn. 20.

[35] *Münstermann/Hannes* § 16 VerbrKrG Rn. 847; *Bruchner/Ott/Wagner-Wieduwilt* § 16 VerbrKrG Rn. 6; aA *Seibert* § 16 VerbrKrG Rn. 6; *v. Westphalen/Emmerich/v. Rottenburg* § 16 VerbrKrG Rn. 25.

[36] BT-Drucks. 11/5462, S. 41 zu Nr. 4 (Gegenäußerung der Bundesregierung zur Stellungnahme des Bundesrates); s. auch bei *Seibert* Handbuch, S. 152.

gen hat. Ist der Immobiliardarlehensvertrag aber nicht befristet, sondern erwächst dem Verbraucher aus Anlass der Zinsanpassung nur ein Kündigungsrecht, ist der Begriff der Vorzeitigkeit erfüllt. In beiden Fällen freilich erscheint nach Sinn und Zweck der Regelung in Satz 2 seine Anwendung geboten, also eher eine erweiternde Auslegung auch auf den Fall der Befristung bis zum Anpassungstermin.

5. Wissen

Die Entstehung des Provisionsanspruchs wird nur dann gehindert, wenn der Darlehensvermittler den Zweck des Neudarlehens, nämlich die Ablösung, kennt. In diesem Wissen des Darlehensvermittlers ist die Missbilligung durch das Gesetz begründet, die darin liegt, dass der Darlehensvermittler keinen Lohn verdient hat. Wird er vom Verbraucher beauftragt, ein Darlehen zu vermitteln oder nachzuweisen, ohne über den Ablösungszweck informiert zu werden, kann ihm nicht vorgeworfen werden, den Verbraucher auf ein Umschuldungskarussell zu setzen. Geht der Darlehensvermittler also von neuem Kreditbedarf des Verbrauchers aus – irre er sich auch nur über den Ablösungsanteil für das neue Darlehen –, entsteht der Provisionsanspruch in entsprechender Höhe. Fahrlässige Unkenntnis hindert die Anspruchsentstehung nicht; welche Anforderungen dessen ungeachtet an die Kenntnis zu stellen sind, hat für den Verbraucher kaum praktische Bedeutung, weil das fehlende Wissen anspruchsbegründende Voraussetzung für den Provisionsanspruch ist, der Darlehensvermittler also die fehlende Kenntnis darzulegen und zu **beweisen** hat und sich Zweifel über Tatsachen, die sein Wissen ausschließen könnten, zu seinen Lasten auswirken.[37]

6. Berechnungsgrundlage (effektiver Jahreszins)

Der Vergleich zwischen abzulösendem Altdarlehen und dem neuen Darlehensvertrag bemisst sich ausschließlich nach dem effektiven Jahreszins, bei variablen Konditionen nach dem anfänglichen effektiven Jahreszins (→ § 492 Rn. 89) des Neudarlehens und demjenigen des Altdarlehens im Zeitpunkt der Ablösung,[38] nicht etwa nach sonstigen Konditionen wie zB Allgemeinen Geschäftsbedingungen, die den Verbraucher bei dem Neudarlehen stärker belasten können als bei dem Altdarlehen. In die Berechnung des effektiven Jahreszinses sind in aller Regel[39] die **Vermittlungskosten** einzubeziehen, so dass dieser bei einem nicht vermittelten Darlehen geringer ist als bei einem vermittelten. Wie Satz 2 HS. 2 bestimmt, ist jedoch das Altdarlehen ohne Vermittlungskosten dem Neudarlehen mit Vermittlungskosten gegenüberzustellen; der sich daraus errechnete effektive Jahreszins des Neudarlehens darf dennoch nicht höher als der effektive Jahreszins des Altdarlehens sein. Für den Vergleich sind bei der Berechnung des effektiven Jahreszinses für das Altdarlehen Vermittlungskosten, auch wenn sie tatsächlich entstanden und vom Verbraucher bezahlt worden waren, gem. § 655c Satz 2 HS. 2 also nicht einzubeziehen, so dass das Altdarlehen zinsgünstiger erscheint als es in Wahrheit war. Beim Neudarlehen bleibt es aber bei der Berücksichtigung der nunmehr nach Maßgabe des Darlehensvermittlungsvertrags

20

21

---

[37] AA MüKoBGB/*Schürnbrand* § 655c BGB Rn. 22.
[38] *Münstermann/Hannes* § 16 VerbrKrG Rn. 851; MüKoBGB/*Schürnbrand* § 655c BGB Rn. 26; *v. Westphalen/Emmerich/v. Rottenburg* § 16 VerbrKrG Rn. 33.
[39] Ausnahmefälle BGH WM 1989, 167 zu II. 1.c.; NJW 1987, 181 zu II. 2.b.; OLG Koblenz NJW-RR 1988, 627; *Bülow* Konsumentenkredit, Rn. 69.

§ 655d 2. Teil. Darlehensvermittlung

anfallenden Vermittlungsprovision – sie ist also zu Zwecken des Vergleichs anzusetzen, auch wenn sie aufgrund von Satz 2 nicht entsteht, weil der Vergleich zulasten des Darlehensvermittlers ausfällt: Er verdient die Provision für den von ihm vermittelten neuen Darlehensvertrag nur, wenn dessen effektiver Jahreszins so günstig ausfällt, dass der Verbraucher trotz Vermittlung so dasteht wie beim Altdarlehen ohne Vermittlung. Hatte der Verbraucher für das alte Darlehen tatsächlich Vermittlungskosten bezahlt, sinkt der effektive Jahreszins dafür trotzdem, so dass es zu einer Verteuerung durch die Umschuldung[40] insoweit nicht kommen kann. Diese Grundsätze gelten auch, wenn die Vermittlungskosten im Wege des packing (→ Rn. 12) auf die Zinsen aufgeschlagen worden waren.[41] Keine Rolle spielt es, ob der Vermittler des Neudarlehens auch das alte Darlehen vermittelt hatte oder jemand anders.

22 Hatten sowohl das Altdarlehen wie das neue Darlehen **variable Konditionen,** ist der effektive Jahreszins des Altdarlehens auf den Zeitpunkt der Ablösung auszurechnen und mit dem anfänglichen effektiven Jahreszins des Neudarlehens zu vergleichen; hatte das Neudarlehen feste Konditionen, ist sein effektiver Jahreszins mit dem auf den Ablösungszeitpunkt bezogenen effektiven Jahreszins des Altdarlehens zu vergleichen.

7. Ersatzansprüche aus der Verletzung von Aufklärungs- und Beratungspflichten

23 Gerade im Falle einer Umschuldung hat der Darlehensvermittler Aufklärungs- und Beratungspflichten im Hinblick auf Nachteile und wirtschaftliche Folgen unter Wahrung der durch das Rechtsberatungsgesetz gezogenen Grenzen (→ Rn. 15). Die schuldhafte Verletzung begründet Ansprüche des Verbrauchers gegen den Darlehensvermittler nach §§ 280 Abs. 1, 282 BGB.

8. Wettbewerbsrecht

24 Macht der Darlehensvermittler Umschuldungen zum Gegenstand seiner Werbung, kann dies von den Adressaten auch als Angebot rechtsberatender Tätigkeit aufgefasst werden, die ihm nach dem RDG verboten ist.[42] Die Werbung kann daher in die Irre führen und ist gem. § 5 UWG zu unterlassen[43] (im Übrigen → § 655b Rn. 10). Im Übrigen kann ein Darlehensvermittler wegen Rechtsbruchs gegen §§ 3, 4 Nr. 11 UWG verstoßen, wenn er vom Verbraucher die Provision vor der Leistung des Darlehensgebers (→ Rn. 6) verlangt (→ § 655d Rn. 10).[44]

§ 655d Nebenentgelte

¹Der Darlehensvermittler darf für Leistungen, die mit der Vermittlung des Verbraucherdarlehensvertrags oder dem Nachweis der Gelegenheit zum Abschluss eines Verbraucherdarlehensvertrags zusammenhängen, außer der

---

[40] Entgegen Emmerich FLF 1989, 168, 206 (208).
[41] MüKoBGB/*Schürnbrand* § 655c BGB Rn. 25.
[42] OLG Schleswig WiB 1997, 939 und → § 655b Rn. 20.
[43] OLG Köln NJW-RR 1990, 1383; OLG Bremen WRP 1998, 414; Gleiches gilt, wenn in der Werbung nicht zum Ausdruck kommt, dass eine Provision gezahlt werden soll, BGH WRP 1991, 236.
[44] OLG Hamm 1995, 1353.

Nebenentgelte 1, 2 § 655d

Vergütung nach § 655c Satz 1 sowie eines gegebenenfalls vereinbarten Entgelts für Beratungsleistungen ein Entgelt nicht vereinbaren. ²Jedoch kann vereinbart werden, dass dem Darlehensvermittler entstandene, erforderliche Auslagen zu erstatten sind. ³Dieser Anspruch darf die Höhe oder die Höchstbeträge, die der Darlehensvermittler dem Verbraucher gemäß Artikel 247 § 13 Abs. 2 Nr. 4 des Einführungsgesetzes zum Bürgerlichen Gesetzbuche mitgeteilt hat, nicht übersteigen.

Vorgängervorschrift: § 17 VerbrKrG

Übersicht

Kommentierung	Rn.
1. Vereinbarung	1
2. Gemeinkosten	2
3. Entstandene und erforderliche Auslagen	3
a) Begriff der Entstehung	4
b) Erforderlichkeit	5
4. Höchstbetrag	6
5. Kondiktion	7
6. Einzelfälle	8
7. Beratungsleistungen	9a
8. Wettbewerbsrecht	10

Kommentierung

1. Vereinbarung

Gem. § 652 Abs. 2 Satz 1 BGB sind dem Makler Aufwendungen nur zu ersetzen, wenn es vereinbart ist. Im Falle von Darlehensvermittlungsverträgen mit Verbrauchern sind solchen Vereinbarungen durch § 655d Grenzen gesetzt; zum Nachteil des Verbrauchers hiervon abweichende Vereinbarungen sind gem. Satz 1 unwirksam und begründen keine Verbindlichkeit des Verbrauchers. Die Wirksamkeit des Darlehensvermittlungsvertrags im Übrigen wird dadurch aber nicht berührt (→ § 655b Rn. 1), so dass der Vermittler nach weiterer Maßgabe von § 655c Anspruch auf Vergütung hat.[1] Auf der anderen Seite bleibt der in Gemäßheit von § 655d Satz 2 begründete Anspruch gerade auch dann bestehen, wenn der Vermittler die Provision mangels zustande gekommenen Hauptvertrags nicht verdient hat (→ Rn. 3). Die den Anforderungen an § 655d Satz 2 genügende Vereinbarung bedarf als Teil des Darlehensvermittlungsvertrags gem. §§ 655b, 126 BGB der Schrift- bzw. elektronischen Form. 1

2. Gemeinkosten

Der Darlehensvermittler muss die Kosten seines Betriebs in seine Vermittlungsprovision einkalkulieren und dabei auch solche Kosten berücksichtigen, die entstehen, obwohl er wegen nicht zustande gekommenen Abschlusses eines Darlehensvertrags keinen Anspruch auf eine Provision hat. Ob er eine Provision in der betriebswirtschaftlich gebotenen Höhe durchsetzen kann, zeitigt der Wett- 2

---

[1] MüKoBGB/*Schürnbrand* § 655d BGB Rn. 3.

Artz

bewerb. In keinem Fall kann wirksam vereinbart werden, dass der Verbraucher Anteile an den Gemeinkosten (allgemeine Bürokosten wie Miete, Gehälter, Material etc.) zu erstatten hätte, selbst wenn der auf die Nachweis- oder Vermittlungstätigkeit entfallende Anteil genau angegeben werden könnte; gleiches gilt für die Aufwendung der eigenen Arbeitskraft des Darlehensvermittlers, deren Gegenleistung der Unternehmerlohn darstellt, welcher gerade durch die Provision mit abzudecken ist.[2] Insbesondere Bearbeitungspauschalen und Schreibgebühren dürfen weder neben noch statt[3] der Vergütung aus § 655b Satz 1 berechnet werden; sie würden im Allgemeinen zugleich den Tatbestand der Umgehung iSv § 655e Abs. 1 Satz 2 erfüllen.[4]

3. Entstandene und erforderliche Auslagen

3 Zulässig ist eine Vereinbarung, nach der tatsächlich entstandene und erforderliche Auslagen zu erstatten sind; das gilt insbesondere auch dann,[5] wenn ein Darlehensvertrag nicht zustande kommt und gem. § 655c Satz 1 der Provisionsanspruch nicht entsteht (→ § 655c Rn. 1).

4 **a) Begriff der Entstehung.** Entstanden ist die Auslage, wenn der Darlehensvermittler ein Vermögensopfer erbracht, also bereits aus eigener Tasche bezahlt hat oder doch eine Forderung gegen ihn entstanden ist; gleichgültig ist, ob er für eigene Rechnung oder für Rechnung des Verbrauchers handelt. Auf diese Weise wird die Vereinbarung von Auslagenpauschalen unterbunden,[6] selbst wenn sie sich an allgemeinen Erfahrungswerten orientieren sollten;[7] der Darlehensvermittler muss nach allgemeinen Regeln darlegen und beweisen, dass die Aufwendung in der geforderten Höhe tatsächlich entstanden ist. Die Vereinbarung eines vom Verbraucher zu zahlenden und später im gegebenen Falle vom Darlehensvermittler zurückzuerstattenden Vorschusses würde die Beweislast umkehren und wäre sowohl gem. § 309 Nr. 12 lit. a BGB wie als Umgehungsgeschäft gem. § 655e Satz 2 unwirksam. Der Verbraucher als Aufwendungsersatzverpflichteter – sofern eine Vereinbarung in der Form von § 655a Abs. 1 Satz 1 getroffen und insbesondere eventuelle Allgemeine Geschäftsbedingungen wirksam einbezogen wurden[8] (→ § 492 Rn. 38), dazu auch → Rn. 8 – hat den aufgewendeten Betrag gem. § 256 Satz 1 BGB zu verzinsen (mit 4% gem. § 246 BGB, in Existenzgründungsfällen → § 512 Rn. 4, kommt § 352 HGB – 5% – in Betracht). Ist gegen den Darlehensvermittler wegen der Aufwendung eine Forderung entstanden,

---

[2] So auch § 652 Abs. 4 des Entwurfs eines Gesetzes über Maklerverträge, BT-Drucks. 10/1014, S. 9.
[3] OLG Karlsruhe VuR 1998, 83; WM 1996, 1363 mit Anm. *Münstermann* WuB I E 2.-1.97; *KreisG Cottbus* MDR 1993, 620; *Münstermann/Hannes* § 17 VerbrKrG Rn. 858.
[4] Zutreffend MüKoBGB/*Schürnbrand* § 655d BGB Rn. 1.
[5] OLG Köln ZIP 1993, 1541 mit Komm. *Münstermann* EWiR § 16 VerbrKrG 1/93, 1127.
[6] Zulässigkeit außerhalb des Verbraucherkreditgesetzes: BGHZ 99, 374 (383f.) mit Komm. *Zopfs* EWiR § 652 BGB 3/87, 361; *v. Westphalen/Emmerich/v. Rottenburg* § 17 VerbrKrG Rn. 5.
[7] Unzutreffend dagegen *Münstermann/Hannes* § 17 VerbrKrG Rn. 862.
[8] Deren Verwendung steht § 17 nicht entgegen; *v. Westphalen/Emmerich/v. Rottenburg* § 17 VerbrKrG Rn. 10; *Seibert* Anmerkung zu § 17 VerbrKrG; von Ausdrücklichkeit ist darüber hinaus weder im Gesetzeswortlaut noch in der Gesetzesbegründung die Rede; unzutreffend *Bruchner/Ott/Wagner-Wieduwilt* § 17 VerbrKrG Rn. 2.

kann dieser im Innenverhältnis zum Verbraucher gem. § 257 BGB Befreiung oder Sicherheitsleistung verlangen.

b) Erforderlichkeit. Schwierig zu beurteilen ist die Frage, was als Auslagen 5 angesehen werden muss, die erforderlich sind. Ausgangspunkt der Erforderlichkeit ist zunächst, dass ein objektiver Maßstab gilt und nicht – wie im Falle des Aufwendungsersatzanspruchs aus § 670 BGB –, was der Darlehensvermittler für erforderlich halten durfte. Ausgangspunkt ist ferner, dass Gemeinkosten gerade nicht erstattbar sind. Auf die Ermittel- und Zuordenbarkeit kommt es dabei nicht an. Der Begriff der Gemeinkosten ist ein betriebswirtschaftlicher. Dazu zählen ua Löhne und Gehälter. Hat der Darlehensvermittler seinen Betrieb so organisiert, dass er keine Schreibkräfte beschäftigt, sondern Schreibarbeiten an Schreibdienste vergibt, die für jeden Brief gesondert abrechnen, so ist zwar nach der äußerlichen Vertragsgestaltung eine Aufwendung für den Darlehensvermittler entstanden, aber sie ist nicht erforderlich, weil sie sich als Gemeinkosten und nicht als Fremdkosten darstellt. Grundgebühren für Telekommunikation sind nicht erstattbar, wohl aber diejenigen Gebühren, die gerade für eine Vermittlung oder einen Nachweis aufgewendet wurden. Entsprechendes gilt für Transport- und Portokosten, stets bei voller Beweislast des Darlehensvermittlers. Werden dem Darlehensvermittler solche Kosten von Dritten in Rechnung gestellt, ist die Aufwendung im Verhältnis zum Verbraucher nur erforderlich, wenn der Darlehensvermittler im Verhältnis zu dem Dritten erstattungspflichtig war.

4. Höchstbetrag

Nach Art. 247 § 13 Abs. 2 Nr. 4 EGBGB hat der Darlehensvermittler dem 6 Verbraucher vorvertraglich mitzuteilen, in welcher Höhe er Nebenentgelte zu verlangen gedenkt. Gegebenenfalls hat der Vermittler einen realistischen Höchstbetrag zu benennen. Die angekündigten Werte begrenzen den dem Vermittler später zustehenden Anspruch der Höhe nach.

5. Kondiktion

Berechnet der Darlehensvermittler dem Verbraucher entgegen Satz 2 Auslagen 7 und leistet der Verbraucher, fehlt es am rechtlichen Grund, so dass der Verbraucher kondizieren kann, gem. § 814 BGB jedoch nicht bei Kenntnis der Nichtschuld. Es bestand kein Anlass, durch § 655d die Nichtanwendung von § 817 Satz 2 BGB – wie gem. § 5 Satz 1 WohnungsvermittlungsG[9] – anzuordnen, weil der Verbraucher mit der Leistung nicht gegen ein gesetzliches Verbot verstoßen kann und die Anwendung von § 817 Satz 2 BGB folglich ohnehin nicht in Betracht kommt.

6. Einzelfälle

Sofern die Verpflichtung zur Auslagenerstattung wirksam vereinbart wurde – 8 wobei die einzelnen Auslagenpositionen nicht bezeichnet zu werden brauchen –, kann der Darlehensvermittler bei voller Darlegungs- und Beweislast (→ Rn. 4) verlangen:

---

[9] Hierzu BT-Drucks. 11/5462, S. 40 sowie BGH NJW 1997, 1845; OLG Köln MDR 2001, 446 betr. unwirksame Abstandszahlungen nach § 4a WoVermG und bis 4. Aufl. Erl. zu Art. 7.

– Telekommunikationskosten, aber nicht Grundgebühren (→ Rn. 5),[10]
– Transport-(Reise-)kosten, sofern sie nicht Gemeinkosten sind und sofern sie objektiv erforderlich waren (→ Rn. 5),[11] also zwar Benzinkosten, aber nicht Kosten für Abnutzung des Fahrzeugs,[12] auch nicht anteilige Reparaturkosten, selbst wenn ein Schaden bei einer Fahrt für den Verbraucher aufgetreten sein sollte; Kosten für Motor und Getriebeöl wären an sich ersetzbar, aber wohl kaum anteilig bezifferbar; Übernachtungskosten, soweit erforderlich, nicht aber Verpflegungskosten, da Gemeinkosten,
– Porti,
– Kosten für Auskünfte, zB bei der Schufa, sofern nach Lage des Einzelfalls erforderlich und gerade für die einzelne Auskunft aufgewendet,[13]
– Bankgebühren, soweit nicht Grundgebühren, sondern ausschließlich einer Bankleistung für den Verbraucher zuzuordnen, zB für die Überweisung des zunächst an den Darlehensvermittler von der Bank gezahlten Darlehensbetrages.

9 Nicht verlangen kann der Darlehensvermittler
– Schreibgebühren (→ Rn. 5),
– Bearbeitungsgebühren,
– Risikoprämien,[14]
– allgemeine Auskunftsgebühren,[15]
– besonderes Entgelt für den Fall des Zustandekommens des Hauptvertrags[16] oder
– Entgelt für den Fall des Widerrufs des Hauptvertrags;[17]
natürlich ist die Vereinbarung zur Auslagenerstattung gerade nicht davon abhängig, ob der Hauptvertrag überhaupt zustande kommt; dies wirkt sich nur auf die Provision aus.

7. Beratungsleistungen

9a Gem. §§ 655a Abs. 3, 511 Abs. 1 kann der Darlehensvermittler dem Verbraucher Beratungsleistungen im Zusammenhang mit der Vermittlung des Darlehens anbieten und diesbezüglich eine Vergütung vereinbaren. Eine solche Vergütungsvereinbarung ist als Nebenentgelt zulässig und wirksam.

8. Wettbewerbsrecht

10 Setzt der Darlehensvermittler bewusst und planmäßig Vereinbarungen mit Verbrauchern durch, die gegen § 655d verstoßen, um sich gegenüber gesetzestreuen Mitbewerbern einen ungerechtfertigten Wettbewerbsvorsprung zu verschaffen, handelt er unter dem Gesichtspunkt des Rechtsbruchs unlauter iSv §§ 3, 4 Nr. 11 UWG.[18]

---

[10] Ebenso *Münstermann/Hannes* § 17 VerbrKrG Rn. 862.
[11] OLG Karlsruhe WM 1996, 1363 mit Anm. *Münstermann* WuB I E 2.–1.97.
[12] *Münstermann/Hannes* § 17 VerbrKrG Rn. 862; *v. Westphalen/Emmerich/v. Rottenburg* § 17 VerbrKrG Rn. 15.
[13] *v. Westphalen/Emmerich/v. Rottenburg* § 17 VerbrKrG Rn. 15.
[14] MüKoBGB/*Schürnbrand* § 655d BGB Rn. 2.
[15] MüKoBGB/*Schürnbrand* § 655d BGB Rn. 2.
[16] MüKoBGB/*Schürnbrand* § 655d BGB Rn. 2.
[17] *Münstermann/Hannes* § 17 VerbrKrG Rn. 859.
[18] OLG Stuttgart BB 1999, 2265; OLG Karlsruhe VuR 1998, 83 (84); WM 1993, 1363 mit Anm. *Münstermann* WuB I E 2.–1.97; OLG Hamm WM 1995, 1353; OLG Zweibrücken BB 1996, 179 und VuR 1999, 269; LG Hannover VuR 1997, 420; LG Frankenthal VuR 1999, 55.

§ 655e Abweichende Vereinbarungen, Anwendung auf Existenzgründer

(1) ¹Von den Vorschriften dieses Untertitels darf nicht zum Nachteil des Verbrauchers abgewichen werden. ²Die Vorschriften dieses Untertitels finden auch Anwendung, wenn sie durch anderweitige Gestaltungen umgangen werden.

(2) Existenzgründer im Sinne des § 513 stehen Verbrauchern in diesem Untertitel gleich.

Vorgängervorschriften: § 18, § 1 Abs. 1, 2. Halbsatz VerbrKrG

Kommentierung

Nachdem die Verbraucherdarlehensvermittlung aufgrund der Schuldrechtsmodernisierung aus dem Kernbereich des Verbraucherkreditrechts herausgelöst worden war, ist die allgemeine Vorschrift aus § 512 über halbzwingende Geltung und Umgehungsverbot hierfür nicht anwendbar. Um die frühere, sich aus § 18 VerbrKrG ergebende Rechtslage für die Darlehensvermittlung aufrechtzuerhalten,[1] war eine dementsprechende eigene Vorschrift in Gestalt von § 655e Abs. 1 aufzustellen. Für das Verbot abw. Vereinbarungen nach Absatz 1 Satz 1 gilt dasselbe wie nach § 512 Satz 1 (→ 512 Rn. 2ff.). Deshalb kann sich ein Darlehensvermittler nicht ausbedingen, dass seine Provision entgegen § 655c Satz 1 (→ § 655c Rn. 6) schon vor der Leistung des Darlehens zu zahlen sei. Für das sog Umgehungsverbot nach Absatz 1 Satz 2 gilt dasselbe wie nach § 512 Satz 2 (→ § 512 Rn. 20ff.). 1

Für das Verbraucherkreditrecht gilt über die Erfassung von § 13 BGB hinaus ein erweiterter Verbraucherbegriff, der gem. § 513 auch die Existenzgründer einbezieht. Wiederum in Fortführung der auf § 1 Abs. 1 und Abs. 3 VerbrKrG begründeten Rechtslage wird die Darlehensvermittlung auf Existenzgründer (→ § 513 Rn. 4ff.) erstreckt. Der Unternehmer hat darzulegen und zu beweisen, dass die Grenze des Nettodarlehenspreises bzw. Barzahlungspreises von 75 000 € überschritten wird;[2] hinsichtlich des Verwendungszwecks ist der Existenzgründer beweisbelastet. Ein Existenzgründer ist auch dann erfasst, wenn der Vertrag nicht mit ihm, sondern einem Dritten, regelmäßig dem Darlehensgeber, geschlossen wird. 2

---

[1] BT-Drucks. 14/6040, S. 639.
[2] MüKoBGB/*Schürnbrand* § 655a BGB Rn. 12; *Bülow* NJW 2002, 1145 (1147).

3. Teil.
Internationales Verbraucherkreditrecht
(Rom I-VO, Art. 46b EGBGB, Art. 34 AEUV
[vormals Art. 28 EGV], UN-Kaufrecht)

Schrifttum: Anwaltskommentar (NK)/*Autor*, AT, EGBGB, 2 Aufl. 2012 und Rom-Verordnungen, 2013; *Aver*, Die primärrechtskonforme Auslegung, in: Neuner (Hrsg.) Grundrechte und Privatrecht aus rechtsvergleichender Sicht, 2007; *Basedow*, Internationales Verbrauchervertragsrecht, Festschrift Jayme 2004, S. 3; *Bräutigam*, Franchise-Verträge im deutschen internationalen Privatrecht, 1997, 897; *Bülow*, Zum internationalen Anwendungsbereich des deutschen VerbrKrG, EuZW 1993, 435; *Classen*, Zur Bedeutung von EWG-Richtlinien für Privatpersonen, EuZW 1993, 83; *Daun*, Grundzüge des UN-Kaufrechts, JuS 1997, 811, 998; *Eidenmüller/Faust/Grigoleit/Jansen/Wagner/Zimmermann*, Der Gemeinsame Referenzrahmen für das Europäische Privatrecht, JZ 2008, 529; *Emmerich*, Die Verbraucherkreditrichtlinie und die nationalen Verbraucherkreditgesetze, FLF 1991, 140; *Felke*, Internationale Konsumentenkredite: Sonderanknüpfung des VerbrKrG über Art. 34 EGBGB?, RIW 2001, 30; *Fischer, G.*, Das Kollisionsrecht der Verbraucherverträge jenseits von Art. 5 EVÜ, Festschrift Großfeld 1999, S. 277; *Glatt*, Vertragsschluss im Internet, 2002; *Grube*, Verzugszinsen in Spanien, RIW 1992, 634; *Grundmann*, Europäisches Vertragsrechtsübereinkommen, EWG-Vertrag und § 12 AGBG, IPRax 1992, 1; *Habersack*, in: Hadding/Welter, Rechtsfragen bei Bankleistungen im europäischen Binnenmarkt, 1994, S. 361; *Heiss*, Die Richtlinie über den Fernabsatz von Finanzdienstleistungen an Verbraucher aus der Sicht des IPR und des IZVR, IPRax 2003, 100; *Herber/Czerwenka*, Internationales Kaufrecht, 1991; *Herwig*, Der Gestaltungsspielraum des nationalen Gesetzgebers bei der Umsetzung von europäischen Richtlinien zum Verbrauchervertragsrecht, 2001; *v. Hoffmann*, Inländische Sachnormen mit zwingendem internationalem Anwendungsbereich, IPRax 1989, 261; *ders.*, Richtlinien der europäischen Gemeinschaft und internationales Privatrecht, ZfRV 1995, 45; *v. Hoffmann/Thorn*, Internationales Privatrecht, 10. Aufl. 2015; *J. Hoffmann*, Verbraucherschutz bei grenzüberschreitendem Internetkredit, WM 2007, 189; *Jayme*, Haustürgeschäfte deutscher Urlauber in Spanien: Horizontale Wirkungen der EG-Richtlinien und internationales Vertragsrecht, IPRax 1990, 220; *Karollus*, Der Anwendungsbereich des UN-Kaufrechts im Überblick, JuS 1993, 378; *Klotz*, Kreditvergabe durch deutsche Banken und Verbraucherschutz in Frankreich, RIW 1997, 197; *Kohte*, Verbraucherschutz im Licht des europäischen Wirtschaftsrechts, EuZW 1990, 150; *Krebber*, Die volle Wirksamkeit von Richtlinien in länderübergreifenden Sachverhalten, ZVglRWiss 97 (1998), 124; *Leible*, Kollisionsrechtlicher Verbraucherschutz im EVÜ und in EG-Richtlinien, in: Schulte-Nölke/Schulze, Europäische Rechtsangleichung und nationale Privatrechte, 1999, S. 353; *Loacker*, Verbraucherverträge mit gemischter Zwecksetzung, JZ 2013, 234; *Lorenz*, Die Rechtswahlfreiheit im internationalen Schuldvertragsrecht, RIW 1987, 569; *Mankowski*, Strukturfragen des Internationalen Verbrauchervertragsrechts, RIW 1993, 453; *ders.*, Keine Sonderanknüpfung deutschen Verbraucherschutzrechts über Art. 34 EGBGB, DZWIR 1996, 273; *ders.*, Ausländische Scheinselbständige und internationales Privatrecht, BB 1997, 465; *ders.*, Strukturfragen des Internationalen Verbrauchervertragsrechts, RIW 1998, 287; *Martiny*, Der deutsche Vorbehalt gegen Art. 7 Abs. 1 des EG-Schuldvertragsübereinkommens vom 19.6.1980 – seine Folgen für die Anwendung ausländischen zwingenden Rechts, IPRax 1987, 277; *ders.*, Europäisches Internationales Vertragsrecht, ZEuP 1997, 107; *Mäsch*, Rechtswahlfreiheit und Verbraucherschutz, 1993; *Meerfeld*, Beschränkung der kollisionsrechtlichen Parteiautonomie durch verbraucherschützende Privatrechtsangleichungsrichtlinien der EG, Diss. Trier 1998; *Meyer*, Das neue spanische Verbraucherkreditgesetz, RIW 1996, 299; *Michaels/Kammann*, Europäisches Verbraucherschutzrecht und IPR, JZ 1997,

3. Teil

601; *Moosmayer,* Das neue spanische Teilzahlungsrecht und seine Bedeutung für den Wirtschaftsverkehr, RIW 1999, 939; *Müller-Graff,* Europäisches Gemeinschaftsrecht und Privatrecht, NJW 1993, 13; *ders.,* Europäische Normgebung und ihre judikative Umsetzung in nationales Recht, DRiZ 1996, 259; *Paefgen,* Kollisionsrechtlicher Verbraucherschutz im Internationalen Vertragsrecht und europäisches Gemeinschaftsrecht, ZEuP 2003, 266; *Pfeiffer,* Die Entwicklung des internationalen Vertrags-, Schuld- und Sachenrechts in den Jahren 1995/96, NJW 1997, 1207; *Rehbinder,* Konsumentenschutz im schweizerischen Recht, RIW 1991, 97; *Sachse,* Der Verbrauchervertrag im Internationalen Privat- und Prozessrecht, 2006; *Reinhart,* UN-Kaufrecht, 1991; *Schlechtriem/Schwenzer,* Kommentar zum Einheitlichen UN-Kaufrecht, 6 Aufl. 2014; *Schurig,* Zwingendes Recht, „Eingriffsnormen" und neues IPR, RabelsZ 54 (1990), 217; *Staudinger,* Die ungeschriebenen kollisionsrechtlichen Regelungsgebote der Handelsvertreter-, Haustürwiderrufs- und Produkthaftungsrichtlinie, NJW 2001, 1974; *Taupitz,* Kaffeefahrten deutscher Urlauber auf Gran Canaria: deutscher Verbraucherschutz im Urlaubsgepäck?, BB 1990, 642; *Thüsing/Kroh,* Rechtswahlklauseln nach Inkrafttreten der Rom I-VO, ZGS 2010, 346; *Wartenberg,* CISG und deutsches Verbraucherschutzrecht, 1998.

Übersicht

	Rn.
Materialien	
Verbraucherkreditrichtlinie Art. 22	1
Kommentierung	
I. Freie Rechtswahl und engste Verbindung	3
II. Einschränkung der freien Rechtswahl	5
1. Binnensachverhalt und Binnenmarktsachverhalt gem. Art. 3 Abs. 4 Rom I	5
2. Verbraucherverträge nach Art. 6 Rom I	7
a) Günstigkeitsprinzip	8
b) Persönlicher Anwendungsbereich	11
c) Sachlicher Anwendungsbereich	14
d) Räumlicher Anwendungsbereich (Inlandsbezug)	15
3. Sonderanknüpfung gem. Art. 9; Wirksamkeitsvoraussetzungen nach Art. 10 Rom I	16
a) Grundlegender Charakter der inländischen zwingenden Norm	16
b) Persönlicher Anwendungsbereich	18
c) Sachlicher Anwendungsbereich	19
4. Verhältnis zu Art. 46b EGBGB	20
III. Europäische Waren-, Dienstleistungs- und Kapitalverkehrsfreiheiten (Art. 34, 36, 56, 63 AEUV, vormals Art. 28, 30, 49, 56 EGV)	22
IV. Internationale Kaufverträge (UN-Kaufrecht, CISG)	23
1. Überschneidungen mit Verbraucherkreditrecht	23
2. Formerfordernis	24
3. Widerrufsrecht	25
4. Beweislast	26

Materialien

Verbraucherkreditrichtlinie 2008/48/EG

Artikel 22

1 ...

(4) Die Mitgliedstaaten treffen die erforderlichen Maßnahmen, um sicherzustellen, dass Verbrauchern der durch diese Richtlinie gewährte Schutz nicht dadurch entzogen wird, dass das Recht eines Drittstaats als das auf den Kreditvertrag anzuwendende Recht gewählt wird, wenn dieser Vertrag einen engen Zusammenhang mit dem Gebiet eines oder mehrerer Mitgliedstaaten aufweist.

Kommentierung

Die Verbraucherkreditrichtlinie 2008/48/EG enthält, anders als die Vorgän- 2
gerrichtlinie 87/102/EWG, in ihrem Art. 22 Abs. 4 den Auftrag an die nationalen Gesetzgeber zu einer kollisionsrechtlichen Regelung, der durch Art. 46b
Abs. 3 Nr. 4 EGBGB umgesetzt wurde (→ Rn. 20, vor dem 17.12.2009 Art. 29a
EGBGB) und eine Sonderanknüpfung begründet. Diese bezieht sich auf die
Vorschriften der Richtlinie und die Wahl des Rechts eines Drittstaates. Sie erfasst
nicht Vorschriften in den nationalen Rechtsordnungen der Mitgliedstaaten, die
jenseits des harmonisierten Bereichs der Richtlinien angesiedelt sind (zB Erstreckung der Immobiliardarlehensverträge auf Nicht-Wohnimmobilien, → § 491
Rn. 96e, unentgeltliche Darlehen und Finanzierungshilfen, §§ 514, 515) oder
auf Optionen beruhen, welche die Richtlinien den Mitgliedstaaten einräumen
(zB Art. 16 Abs. 4 Verbraucherkreditrichtlinie zur Vorfälligkeitsentschädigung,
Art. 14 Abs. 4 WohnimmoRil zur Bedenkzeit statt Widerrufsrecht), und sie bezieht sich nicht auf eine Rechtswahl innerhalb der Europäischen Union. Die
Sonderanknüpfung nach Art. 46b EGBGB kennt auch kein Günstigkeitsprinzip
(→ Rn. 8).[1] Führt deshalb bereits die vorrangige[2] Norm von Art. 6 der EG-
Rom I-VO[3] (vor dem 17.12.2009 Art. 29 EGBGB) zur Anwendung deutschen
Verbraucherprivatrechts, bedarf es der Subsumtion von Art. 46b EGBGB nicht,[4]
sodass zunächst Art. 6 zu erörtern ist.

I. Freie Rechtswahl und engste Verbindung

Ein Verbraucherkreditgeschäft begründet ein vertragliches Schuldverhältnis 3
unter Kreditgeber resp. -vermittler und Verbraucher mit der Folge, dass die Parteien das anzuwendende Recht nach Art. 3 Abs. 1 Satz 1 Rom I durch Vertrag[5]
wählen können (Grundsatz der freien Rechtswahl). Die Parteien können gem.
Art. 3 Abs. 1 Satz 3 Rom I auch bestimmen, dass das gewählte Recht nur für
Teile des Vertrags anwendbar sein soll.[6] Dieser Grundsatz ist selbst dann maßgebend, wenn die Parteien ihren Aufenthaltsort in Deutschland haben und der
Vertrag hier abgeschlossen und vollzogen werden soll. Fraglich ist, ob auf diesem
Wege auch verbraucherkreditrechtliche Normen derogierbar sind.

Mangels Rechtswahl unterliegt der Vertrag, soweit nicht die besonderen Vor- 4
aussetzungen von Art. 6 Abs. 1 Rom I gegeben sind (→ Rn. 5 ff.), gem. Art. 4
Abs. 2 Rom I dem Recht desjenigen Staates, mit dem er die engsten Verbindungen aufweist; das ist der Staat, in dem eine Partei die charakteristische Leistung

---

[1] AnwKomm/*Leible* Art. 46b EGBGB Rn. 23, 41, 47, 2 aE; Palandt/*Thorn,* Art. 46b
EGBGB Rn. 5.
[2] BT-Drucks. 14/2658, S. 50 zu Art. 29a EGBGB.
[3] Verordnung (EG) Nr. 593/2008 des Europäischen Parlaments und des Rates vom
17.6.2008 über das auf vertragliche Schuldverhältnisse anwendbare Recht (Rom I),
ABlEU L 177/6 vom 4.7.2008.
[4] Palandt/*Thorn,* Art. 6 Rom I Rn. 2.
[5] Auch stillschweigend, zB durch Bezugnahme auf deutsches Recht, OLG Brandenburg
NJW-RR 2012, 355; AnwKomm/*Leible* Art. 3 Rom I Rn. 49.
[6] *v. Hoffmann* IPRax 1989, 261 (262); AnwKomm/*Leible* Art. 6 Rom I Rn. 21.

aus dem Vertrag zu erbringen hat. Die charakteristische Leistung für Kaufverträge einschließlich solcher nach § 510 BGB (Ratenlieferungsvertrag) ist gem. Art. 4 Abs. 1 lit. a Rom I die Verkäuferleistung,[7] für einen Darlehensvertrag die Darlehensgewährung (Maß gebender Ort also Niederlassung der Bank[8]), für einen Werkvertrag die Unternehmerleistung,[9] für einen Geschäftsbesorgungsvertrag die Leistung des Besorgers,[10] für einen Dienstvertrag, zB einen Unterrichtsvertrag (→ § 506 Rn. 44), gem. lit. b die Dienstleistung,[11] für einen Finanzierungsleasingvertrag die Leistung des Leasinggebers;[12] bei einem Franchise-Vertrag (→ § 506 Rn. 53) kommt es gem. lit. e auf den Staat des gewöhnlichen Aufenthalts des Franchisenehmers an, bei einem Sicherungs-Schuldbeitritt auf das Recht des Niederlassungsorts resp. Aufenthaltsorts (Art. 19 Rom I) des Beitretenden[13], bei einem Übernahme-Beitritt iSv § 25 HGB auf das Recht am Ort des fortgeführten Unternehmens (Firmenstatut)[14].

II. Einschränkung der freien Rechtswahl

1. Binnensachverhalt und Binnenmarktsachverhalt gem. Art. 3 Abs. 3 und 4 Rom I

5   Ist der den Vertrag regelnde Sachverhalt, von der Rechtswahlvereinbarung oder auch einer Gerichtsstandsvereinbarung abgesehen, nur mit einem Staat verbunden, behalten zwingende Normen dieses Staats gem. Art. 3 Abs. 3 Rom I Wirksamkeit. Die Parteien eines in der Bundesrepublik Deutschland abgeschlossenen und hier zu vollziehenden Verbraucherkreditgeschäfts können also zwar das Recht eines beliebigen Staates wählen, sind aber ohne Rücksicht auf das Vertragsstatut an die Normen des Verbraucherkreditrechts, die nach Maßgabe von § 511 Satz 1 BGB zwingend sind, gebunden. Insbesondere kann auf diese Weise nicht das Widerrufsrecht des Verbrauchers aus §§ 495, 355 BGB ausgeschlossen oder der persönliche Anwendungsbereich eingeschränkt werden, indem zB einem Scheinselbständigen (→ § 491 Rn. 56) die Verbraucherqualifikation abgesprochen wird.[15] Aber im Übrigen gilt das ausländische Recht. Geringfügige, schwache Auslandsbezüge ändern hieran nichts, zB Werbung im Ausland, die für den Vertragsabschluss mitursächlich ist.[16] Art. 3 Abs. 3 Rom I dürfte dagegen

---

[7] AnwKomm/*Leible* Art. 4 Rom I Rn. 97; Soergel/*v. Hoffmann* Art. 28 EGBGB Rn. 141; OLG Naumburg WM 1994, 906 zu 1.
[8] AnwKomm/*Leible*, Art. 4 Rom I Rn. 131, 146; Soergel/*v. Hoffmann* Art. 28 EGBGB Rn. 320.
[9] AnwKomm/*Leible*, Art. 4 Rom I Rn. 138; Soergel/*v. Hoffmann* Art. 28 EGBGB Rn. 204.
[10] AnwKomm/*Leible*, Art. 4 Rom I Rn. 128; Soergel/*v. Hoffmann* Art. 28 EGBGB Rn. 227.
[11] AnwKomm/*Leible*, Art. 4 Rom I Rn. 103, 107; Soergel/*v. Hoffmann* Art. 28 EGBGB Rn. 203.
[12] AnwKomm/*Leible*, Art. 4 Rom I Rn. 143/ Soergel/*v. Hoffmann* Art. 28 EGBGB Rn. 176.
[13] BGH v. 11.11.2010 – VII ZR 44/10 mit Komm. *Mankowski* EWiR Art. 28 EGBGB 1/11, 47.
[14] BGH v. 23.10.2013 – VIII ZR 423/12, Rn. 13, WM 2014, 74.
[15] Zur arbeitsrechtlichen Seite – Scheinselbständige als Arbeitnehmer aufgrund Art. 30 Abs. 1 EGBGB – *Mankowski* BB 1997, 465 (469); *Bräutigam* WiB 1997, 897 (899).
[16] *Schurig* RabelsZ 54 (1990), 217 (223); *Lorenz* RIW 1987, 569 (575); LG Hamburg IPRax 1990, 239 = NJW-RR 90, 495 und NJW-RR 90, 695 zu II. 2.

unanwendbar und die Freiheit der Rechtswahl uneingeschränkt sein, wenn die Verkäufer- oder Bankleistung vom Ausland her erbracht wird. Diese Grundsätze werden gem. Art. 3 Abs. 4 Rom I übertragen auf **Binnenmarktsachverhalte,** die sich dadurch kennzeichnen, dass Bezüge ausschließlich zu einem oder auch mehreren Mitgliedstaaten der Europäischen Union bestehen. In diesem Fall bleiben zwingende Normen des Unionsrechts verbindlich, zB das Widerrufsrecht nach Art. 14 VerbrKrRil 2008/48/EG. Die EU wird faktisch wie ein Staat behandelt.[17] **6**

2. Verbraucherverträge nach Art. 6 Rom I

Sofern der dem Vertrag zugrunde liegende Sachverhalt nicht lediglich mit einem Staat iSv Art. 3 Abs. 3 oder mit einem Mitgliedstaat der EU gem. Abs. 4 Rom I verbunden ist (→ Rn. 5), treten dennoch Beschränkungen der freien Rechtswahl unter den Voraussetzungen von Art. 6 Rom I[18] ein: **7**

Artikel 6 Verbraucherverträge

(1) Unbeschadet der Artikel 5 und 7 unterliegt ein Vertrag, den eine natürliche Person zu einem Zweck, der nicht ihrer beruflichen oder gewerblichen Tätigkeit zugerechnet werden kann („Verbraucher"), mit einer anderen Person geschlossen hat, die in Ausübung ihrer beruflichen oder gewerblichen Tätigkeit handelt („Unternehmer"), dem Recht des Staates, in dem der Verbraucher seinen gewöhnlichen Aufenthalt hat, sofern der Unternehmer
a) seine berufliche oder gewerbliche Tätigkeit in dem Staat ausübt, in dem der Verbraucher seinen gewöhnlichen Aufenthalt hat, oder
b) eine solche Tätigkeit in irgendeiner Wese auf diesen Staat oder auf mehrere Staaten, einschließlich dieses Staates, ausrichtet
und der Vertrag in den Bereich dieser Tätigkeit fällt.

(2) ¹Ungeachtet des Absatzes 1 können die Parteien das auf einen Vertrag, der die Anforderungen des Absatzes 1 erfüllt, anzuwendende Recht nach Artikel 3 wählen. ²Die Rechtswahl darf jedoch nicht dazu führen, dass dem Verbraucher der Schutz entzogen wird, der ihm durch diejenigen Bestimmungen gewährt wird, von denen nach dem Recht, das nach Absatz 1 mangels einer Rechtswahl anzuwenden wäre, nicht durch Vereinbarung abgewichen werden darf.

(3) Sind die Anforderungen des Absatzes 1 Buchstabe a oder b nicht erfüllt, so gelten für die Bestimmung des auf einen Vertrag zwischen einem Verbraucher und einem Unternehmer anzuwendenden Rechts die Artikel 3 und 4.

(4) Die Absätze 1 und 2 gelten nicht für
a) Verträge über die Erbringung von Dienstleistungen, wenn die dem Verbraucher geschuldeten Dienstleistungen ausschließlich in einem anderen als dem Staat erbracht werden müssen, in dem der Verbraucher seinen gewöhnlichen Aufenthalt hat;
b) Beförderungsverträge mit Ausnahme von Pauschalreiseverträgen im Sinne der Richtlinie 90/314/EWG des Rates vom 13.Juni 1990 über Pauschalreisen;
c) Verträge, die ein dingliches Recht an unbeweglichen Sachen oder die Miete oder Pacht unbeweglicher Sachen zum Gegenstand haben, mit Ausnahme der Verträge über Teilzeitnutzungsrechte an Immobilien im Sinne der Richtlinie 94/47/EG;
d) Rechte und Pflichten im Zusammenhang mit einem Finanzinstrument sowie Rechte und Pflichten, durch die die Bedingungen für die Ausgabe oder das öffentliche Angebot und öffentliche Übernahmeangebote bezüglich übertragbarer

---

[17] AnwKomm/*Leible*, Art. 3 Rom I Rn. 81.
[18] So schon Art. 5 des Übereinkommens über das auf vertragliche Schuldverhältnisse anzuwendende Recht (Römisches Übereinkommen), BT-Drucks. 10/503, S. 10 f., 28 f. und BGBl II 1962, 809 (815) und Art. 29 EGBGB (bis 16.12.2009).

Wertpapiere und die Zeichnung oder den Rückkauf von Anteilen an Organismen für gemeinsame Anlagen in Wertpapieren festgelegt werden, sofern es sich dabei nicht um die Erbringung von Finanzdienstleistungen handelt;
e) Verträge, die innerhalb der Art von Systemen geschlossen werden, auf die Artikel 4 Absatz 1 Buchstabe h Anwendung findet.

8 a) **Günstigkeitsprinzip.** Nach Art. 6 Abs. 2 Satz 2 darf der in zwingenden Normen liegende Schutz weder durch eine Rechtswahl noch durch die mangels Rechtswahl gem. Art. 4 Rom I (engste Verbindung, → Rn. 4) entstehende Anknüpfung (Art. 6 Abs. 1 Rom I) entzogen werden; vielmehr gelten die zwingenden Normen desjenigen Staats, in dem der Verbraucher seinen gewöhnlichen Aufenthalt hat, allerdings nur, sofern dem Verbraucher der Schutz dieser Normen sonst entzogen würde. Es sind also Vertragsstatut und Recht des Aufenthaltsstaats zu vergleichen; anzuwenden ist das dem Verbraucher günstigere Recht.[19] Die Günstigkeit kann nicht etwa durch einen Gesamtvergleich der verbraucherschützenden Regelungskonzepte beider Rechtsordnungen festgestellt werden. Vielmehr bleibt kein anderer Weg, als jede Einzelnorm zu überprüfen.[20] Gilt die Rechtswahl dem Recht eines Mitgliedstaats der Europäischen Union, kann das Vertragsstatut walten, soweit die Rechtsordnungen beider Staaten eine Richtlinie in gleicher Weise umgesetzt haben, also im harmonisierten Bereich etwa der Verbraucherkreditrichtlinie. Dagegen können sich Unterschiede durch Regelungen außerhalb des harmonisierten Bereichs ergeben, zB hinsichtlich Immobiliardarlehensverträgen (→ Rn. 2) oder unentgeltlichen Verträgen (→ § 514 Rn. 6), oder durch die Ausnutzung von Optionen, zB nach Art. 16 Abs. 4 VerbrKrRil zur Vorfälligkeitsentschädigung oder nach Art. 14 Abs. 6 WohnimmoRil (Bedenkzeit statt Widerrufsrecht, → § 495 Rn. 183a). Soweit deshalb nach dem Vertragsstatut für einen Immobiliardarlehensvertrag mit einem Verbraucher, der seinen gewöhnlichen Aufenthalt in Deutschland hat, nur eine Bedenkzeit walten würde, bleibt es beim Widerrufsrecht; wo eine Vorfälligkeitsentschädigung die Höhenbegrenzung von Art. 16 Abs. 2 Satz 2 Verbraucherkreditrichtlinie aufgrund von Art. 16 Abs. 4 überschreitet, bleibt es bei § 502 Abs. 1 Satz 2 BGB aufgrund des Vorrangs von Art. 6 Rom I gegenüber Art. 3 Abs. 3 Rom I,[21] beispielsweise bei einem im Ausland abgeschlossenen Vertrag. Sofern man im Falle unentgeltlicher Darlehen und Finanzierungshilfen nach §§ 514, 515 BGB, für die eine Unabdingbarkeits- und Umgehungsnorm fehlt, von einer Gesamtanalogie zu entsprechenden verbraucherprivatrechtlichen Normen, wie zB § 512 BGB, ausgeht (→ § 514 Rn. 26), dürfte der im Widerrufsrecht nach § 514 Abs. 2 BGB liegende Schutz durch die Rechtswahl nicht entzogen werden, zB durch einen Verzicht des Verbrauchers. Würde dagegen der allgemeine Grundsatz der Dispositivität schuldrechtlicher Normen gelten, hätte die Rechtswahl Bestand.

8a Die Rechtswahl, zB für deutsches Recht, kann durch Allgemeine Geschäftsbedingung getroffen werden. Bei Einbeziehung gegenüber Verbrauchern, die ihren gewöhnlichen Aufenthalt nicht in Deutschland haben, ist die Klausel ge-

---

[19] BGH GRUR 2013, 421 mit BSpr. *Rauscher/Pabst* NJW 2013, 3692 (3696) betr. AGB; AG Würzburg NJW-RR 2015, 1149 mit Rez. *Friesen* VuR 2016, 174; *v. Hoffmann* IPRax 1989, 261 (263); krit. zur Günstigkeitsmaxime *Mäsch* Rechtswahlfreiheit, S. 59 ff.
[20] *Schurig* RabelsZ 54 (1990), 217 (225); *Martiny* IPRax 1987, 277 (278); *Lorenz* RIW 1987, 569 (577); *Mäsch* Verbraucherschutz, S. 41; *Mankowski* RIW 1993, 453 (459).
[21] *Schurig* RabelsZ 54 (1990), 217 (226).

mäß § 307 Abs. 1 Satz 2 BGB unwirksam, wenn nicht auf zwingende Normen des Herkunftstaats nach Art. 6 Abs. 2 Satz 2 Rom I hingewiesen wird.²²

Die Günstigkeitsfrage ist zwar nicht durch einen Gesamtvergleich der Rechtsordnungen, die sich mit dem zu regelnden Problem befassen, zu beantworten (→ Rn. 8). Dennoch kann es erforderlich sein, im Hinblick auf die Auswirkungen für den konkreten Einzelfall einen generellen Maßstab anzulegen. So war in Art. 11 Nr. 1 des spanischen Abzahlungsgesetzes²³ (bis zu seiner Neufassung durch das neue spanische Verbraucherkreditgesetz vom 23.3.1995²⁴ sowie das Teilzahlungsgesetz vom 13.7.1998²⁵) ein pauschaler Verzugszinssatz von 10% festgelegt gewesen, während gem. §§ 497 Abs. 1, 288 Abs. 1 Satz 2 BGB die abstrakte Schadensberechnung mit fünf Prozentpunkten über dem jeweiligen Basiszinssatz festgemacht ist; nur in Niedrigzinsphasen ergibt sich nach § 497 Abs. 1 ein Verzugszinssatz von 10% oder niedriger; in aller Regel ist er höher. Damit erschien die spanische Regelung – selbst im Blick auf die durch § 497 Abs. 1 Satz 3 zugelassene, aber selten praktisch werdende konkrete Schadensberechnung auch zugunsten des Verbrauchers, → § 497 Rn. 39 – im Allgemeinen günstiger; das Vertragsstatut kann nicht aus dem Grunde ausgeschaltet werden, dass im konkreten Einzelfall nach der aktuellen Kapitalmarktlage aus § 497 Abs. 1 eine niedrigere Belastung folgen würde. Für diesen Fall hätte demgemäß das spanische Recht als günstigeres Recht angewandt können.

Allerdings besteht keine vollständige Kongruenz zwischen den Anwendungsvoraussetzungen von Art. 6 Rom I und Verbraucherkreditrecht:

b) Persönlicher Anwendungsbereich. Normadressaten von Art. 6 sind Verbraucher und Unternehmer als Vertragskontrahenten. Verbraucher ist, ebenso wie nach § 13 BGB, eine natürliche Person, die zu einem Zweck handelt, der nicht überwiegend ihrer beruflichen oder gewerblichen Tätigkeit zugerechnet werden kann. Anders als nach § 513 BGB sind Existenzgründer (→ § 513 Rn. 4) nicht vom Schutz aus Art. 6 Rom I erfasst,²⁶ können vielmehr ihrerseits Unternehmer als Vertragskontrahent sein und ebensowenig unselbständig beruflich oder gewerblich Tätige, zB Arbeitnehmer, die die Lieferung oder Leistung für ihre abhängige Tätigkeit verwenden²⁷ (→ § 491 Rn. 55). Für diese Fälle, zB einen Vertrag mit einem Existenzgründer, gilt also die Beschränkung der Rechtswahl nach Maßgabe von Art. 6 Rom I nicht, obwohl im Inland Verbraucherkreditrecht gelten würde. Art. 6 erfasst nicht mehr – anders als noch früher Art. 29 EGBGB aF – Geschäfte unter Verbrauchern,²⁸ was deutschem Verbraucherprivatrecht entspricht (→ Einf. Rn. 46 und §§ 491, 506, anders noch das Abzahlungsgesetz (Anhang 2), → § 491 Rn. 19).

Bei **Verträgen mit doppeltem Zweck** (gemischte Verwendung, → § 491 Rn. 134) war im Internationalen Privatrecht eine Schwerpunktbetrachtung zu-

---

²² LG Oldenburg WRP 2014, 1504, bestätigt durch OLG Oldenburg v. 4.8.2014 – 6 U 113/14.
²³ *Grube* RIW 1992, 634.
²⁴ *Meyer* RIW 1996, 229 (301).
²⁵ *Moosmayer* RIW 1999, 939.
²⁶ EuGH v. 3.7.1997 – C-269/95 – *Benincasa* –, Tz. 17, RIW 1997, 775 = EWS 1997, 270; *Sachse* Verbrauchervertrag, S. 93/94.
²⁷ Arbeitnehmer weder Verbraucher noch Unternehmer? *Eidenmüller et al.*, JZ 2008, 529 (548).
²⁸ *Teske* NJW 1991, 2793 (2800); skeptisch *Basedow* FS Jayme, S. 3 (11); offen *Glatt* Internet, S. 104. Existenzgründer sind auch nicht Normadressaten von Art. 13 EuGVÜ, EuGH NJW 1993, 1251; BGH WM 1993, 1109.

3. Teil 13, 14

grundezulegen, wonach der unternehmerische Zweck nicht den Schwerpunkt bilden durfte.[29] Diese Sicht war durch Internationales Zivilprozessrecht infrage gestellt worden, indem der EuGH[30] den Verbrauchergerichtsstand nach – jetzt – Art. 17 EuGVVO (Brüssel Ia VO 1215/2012/EU) bei doppeltem Zweck nur dann bejaht, wenn der unternehmerische Zweck nur eine ganz untergeordnete Rolle spielt. Danach ist der Verbrauchergerichtstand nicht schon dann gegeben, wenn der unternehmerische Zweck nicht überwiegt (näher → 4. Teil Rn. 45). Aufgrund dessen stellte sich die Frage, ob die prozessuale Sicht auf materielles Recht zu übertragen wäre, damit nicht ein Verbrauchergeschäft zu bejahen, aber ein Verbrauchergerichtsstand zu verneinen wäre.[31] Jedoch hat sich die VerbrRechteRiL 2011/83/EU in Erwägungsgrund 17 und ebenso die WohnimmoRiL, Erwägungsgrund 12, auf die Auslegung festgelegt, nach der es im materiellen Recht auf die überwiegende Zweckbestimmung ankommt und sich damit die Schwerpunktbetrachtung zu Eigen gemacht. Dem ist der deutsche Gesetzgeber durch die Neuformulierung von § 13 BGB gefolgt (→ Einf. Rn. 48). Für Art. 6 Abs. 1 Rom I dürfte es demgemäß bei der Schwerpunktbetrachtung bleiben.[32] Für die Zuordnung kommt es hierbei auf die objektiv erkennbaren Umstände an,[33] was, anders als für § 13 BGB (→ § 491 Rn. 44), nicht notwendig mit dem objektiv bestimmten Zweck übereinzustimmen braucht. Gibt sich die natürliche Person beispielsweise als Freiberufler zu erkennen und ist eine freiberufliche Verwendung möglich, ist sie nicht Verbraucher, auch wenn sie den Vertragsgegenstand privat verwenden will.[34]

13 Vertragskontrahent des Verbrauchers ist der Unternehmer, welcher der Rechtsfigur von § 14 BGB entspricht, insbesondere juristische Person (→ § 491 Rn. 18), aber auch Existenzgründer (→ Rn. 11) sein kann.

14 **c) Sachlicher Anwendungsbereich.** Art. 6 Rom I erstreckt sich, anders als die Vorgängervorschrift von Art. 29 EGBGB,[35] auf alle Verbraucherverträge, also auch auf Kreditverträge iSv §§ 491, 506 BGB, namentlich auch auf Verbraucherdarlehensverträge sowie Leasingverträge mit oder ohne Erwerbsrecht oder Geschäfte über Kapitalanlagen (→ § 491 Rn. 50). Gem. Art. 6 Abs. 4 lit. a Rom I sind ausgenommen ausschließlich im Ausland zu erbringende Dienstleistungen einschließlich Finanzdienstleistungen wie Bankdarlehen,[36] Beförderungsverträge gem. lit. b (Kongruenz mit § 506, → § 506 Rn. 39), nicht aber solche zu ihrer Finanzierung[37] und nicht Pauschalreiseverträge (wozu auch Frachtschiffreisen gehören[38]), Mietver-

---

[29] AnwKomm/*Leible*, Art. 6 Rom I Rn. 24; Soergel/*v. Hoffmann*, 12. Aufl., Art. 29 EGBGB Rn. 14; BT-Drucks. 10/504 S. 79 zu Art. 29.
[30] NJW 2005, 653 Tz. 45.
[31] *Loacker* JZ 2013, 234 (238); *Mankowski* EWiR Art. 13 EuGVÜ 1/05, 305.
[32] Es trifft also entgegen AnwKomm/*Leible* Art. 6 Rom I Rn. 20 nicht zu, dass sich die Verbraucherbegriffe aus Art. 6 Rom I und Art. 17 EuGVVO entsprächen.
[33] Palandt/*Thorn* Art. 6 Rom I Rn. 5.
[34] Soergel/*v. Hoffmann*, Art. 29 EGBGB Rn. 14.
[35] BGH v. 16.9.2014 – XI ZR 78/13, Rn. 21 ff., NJW 2015, 555 = WM 2014, 2088 mit Anm. *Looschelders* LMK 2014, 364497; OLG Frankfurt WM 2014, 255 (Darlehen, keine Anwendung) mit BSpr. *Rauscher* NJW 2014, 3619 (3623/3624); OLG Hamburg WM 2014, 262 (Finanzierung einer Dienstleistung, Anwendung).
[36] BGHZ 123, 380 (387) mit Komm. *Otte* EWiR Art. 29 EGBGB 1/94, 351.
[37] BGH v. 28.2.2012 – XI ZR 9/11, Tz. 20, NJW 2012, 1817 mit Anm. *Wais* LMK 2012, 334934.
[38] EuGH v. 7.12.2010 – C-585/08 und 144/09, ZGS 2011, 121 mit Komm. *Mankowski* EWiR Art. 15 EuGVVO 1/11, 111.

träge über Immobilien nach lit. c, wozu aber nicht die Vermietung eines Ferienhauses durch den Reiseveranstalter (und nicht durch den Eigentümer) gehört[39] und andere Vertragsarten nach lit. d und e (→ 4. Teil Rn. 49 ff.).

d) Räumlicher Anwendungsbereich (Inlandsbezug). Darüber hinaus setzt Art. 6 Rom I für die Geltung verbraucherprivatrechtlicher Normen des Rechts des Aufenthaltsstaats bestimmte räumliche Bezüge der Unternehmertätigkeit zum Staat, in dem der Verbraucher seinen gewöhnlichen Aufenthalt hat, voraus, nämlich
- **Ausübung** der gewerblichen oder beruflichen Tätigkeit des Unternehmers in diesem Staat (Art. 6 Abs. 1 lit. a) oder
- **Ausrichtung** der Tätigkeit auf diesen Staat (Art. 6 Abs. 1 lit. b, gleichermaßen Art. 17 Abs. 1 lit. c EuGVVO, → 4. Teil Rn. 51), zB Angebot oder Werbung im Aufenthaltsstaat,[40] zB mittels Internet[41] (wobei der Internetauftritt nicht notwendig kausal für den Vertragsabschluss sein muss, der Kausalzusammenhang aber andererseits Indiz für das Ausrichten sein kann[42]), Unterhalten eines Bankkontos in dem Staat, um Kunden Auslandsüberweisungen zu ersparen,[43] Entgegennahme der Bestellung im Aufenthaltsstaat,[44] Reise in den Staat des Vertragsschlusses zu diesem Zweck,[45] vorbehaltlich eines Ausschlusses nach Art. 6 Abs. 4.[46] Unerheblich ist, wo der Verbraucher seine Vertragserklärung abgegeben hatte. Ohne die Voraussetzungen der Ausübung oder der Ausrichtung sind Normen des deutschen Verbraucherkreditrechts auch gegenüber einem Verbraucher, der in der Bundesrepublik Deutschland seinen gewöhnlichen Aufenthalt hat, auf der Grundlage von Art. 6 Rom I derogierbar.

3. Sonderanknüpfung gem. Art. 9; Wirksamkeitsvoraussetzungen nach Art. 10 Rom I

a) Grundlegender Charakter der inländischen zwingenden Norm. Sofern man davon ausgeht,[47] dass über Art. 3 Abs. 3, 4, Art. 6 Rom I hinaus Normen des deutschen Rechts trotz Rechtswahl oder Anknüpfung an eine ausländi-

---

[39] BGH v. 23.10.2012 – X ZR 157/11, NJW 2013, 308.
[40] Früher Art. 29 Abs. 1 Nr. 1 EGBGB, Beispielsfälle BGH NJW 1992, 3158 zu II. 2. mit Komm. *Hensen* EWiR § 651a BGB 1/92, 1181; LG Konstanz NJW-RR 1993, 638.
[41] EuGH v. 7.12.2010 – C-585/08 und 144/09, ZGS 2011, 121 mit Anm. *v. Hein* JZ 2011, 954, *Gebauer* LMK 2011, 316142, Komm. *Mankowski* EWiR Art. 15 EuGVVO 1/11, 111; BGH v. 1.2.2012 – XII ZR 10/10, NJW-RR 2012, 436 mit Anm. Staudinger LMK 2012, 331721, wobei ein Fernabsatzgeschäft nach § 312c BGB nicht vorzuliegen braucht, EuGH v. 6.9.2012 – C-190/11, NJW 2012, 3225 mit Anm. Staudinger/*Steinrötter* S. 3227 und BGH v. 24.4.2013 – XII ZR 10/10, WM 2013, 1234 = ZIP 2013, 1141 mit Komm *Schröter/Krämer* EWiR Art. 15 EuGVVO 1/13, 613; Palandt/*Thorn*, Art. 6 Rom I Rn. 6; *Thüsing/Kroh*, ZGS 2010, 346 (347/348); *J. Hoffmann* WM 2007, 189.
[42] EuGH v. 17.10.2013 – C-218/12 – *Emrek* –, NJW 2013, 3504 = WM 2014, 222.
[43] BGH v. 29.11.2011 – XI ZR 172/11, Tz. 21, NJW 2012, 455 = WM 2012, 36 mit Komm. *Baumert* EWiR Art. 15 EuGVVO 1/12, 243.
[44] Früher Art. 29 Abs. 1 Nr. 2 EGBGB, Beispielsfälle OLG Frankfurt NJW-RR 1989, 1018; LG Hamburg NJW-RR 1990, 695.
[45] Früher Art. 29 Abs. 1 Nr. 3 EGBGB, Bespielsfälle OLG Stuttgart NJW-RR 1990, 1081; LG Tübingen NJW 2005, 1513 mit BSpr. *Hohloch* JuS 2005, 951; LG Limburg NJW 1990, 2206; AG Würzburg NJW-RR 2015, 1149.
[46] Instruktiv *Staudinger/Frensing-Deutschmann* JuS 2015, 1092 (1097)
[47] AA Palandt/*Thorn*, Art. 9 Rom I, Rn. 8: Vorrang von Art 6 Rom I, sofern ein Fall von Art. 6 Abs. 4 gegeben ist; AnwKomm.(NK)/*Leible*, Art. 9 Rom I, Rn. 8.

sche Rechtsordnung iSv Art. 4 Rom I nach Maßgabe von Art. 9 Rom I (früher Art. 34 EGBGB) Geltung beanspruchen können, wenn diese Normen ohne Rücksicht auf das auf den Vertrag anzuwendende Recht den Sachverhalt zwingend regeln, also Eingiffsnormen sind,[48] könnte insbesondere das Widerrufsrecht nach §§ 355, 495 BGB Vorrang haben. Für die Geltung inländischer verbraucherprivatrechtlicher Normen kommt es demgemäß darauf an, ob sie grundlegenden Charakter nach Maßgabe von Art. 9 Abs. 1 Rom I haben.

17 Die Geltung des Widerrufsrechts folgt nicht schon aus Art. 10 Abs. 2 Rom I (Vorrang des Rechts des Aufenthaltsstaats vor Vertragsstatut für materielle Wirksamkeit, früher Art. 31 EGBGB): Zwar beseitigt der Widerruf des Vertrages gem. § 355 Abs. 1 BGB dessen Wirksamkeit (→ § 495 Rn. 17). Dennoch gibt nicht der Aufenthaltsort des Verbrauchers nach Art. 10 Abs. 2 Rom I Maß, weil diese Vorschrift nur Fragen des rechtsgeschäftlichen Erklärungswerts, der im Verhalten einer Partei liegt, erfasst, insbesondere Fälle fehlenden Erklärungsbewusstseins.[49] Art. 9 Rom I ist also zu prüfen.

18 **b) Persönlicher Anwendungsbereich.** Für den divergierenden persönlichen Anwendungsbereich gem. Art. 6 Abs. 1 Rom I einerseits (→ Rn.11) und § 513 BGB andererseits hat sich ergeben, dass die deutsche Rechtsordnung nicht einheitlich ist. Über die Typisierung von Art. 6 Abs. 1 hinaus ist zunächst nach § 13 BGB der Arbeitnehmer Normadressat, sodass ein Darlehensvertrag formgebunden nach § 492 BGB, Art. 247 § 6 EGBGB und widerruflich nach § 495 ist. Der Arbeitnehmer ist aber nicht Normadressat von § 609a Abs. 1 Nr. 2 BGB aF, der bis zur Schuldrechtsmodernisierung geltenden Vorgängervorschrift von § 489 BGB, gewesen, sodass der Arbeitnehmer nach endgültig bindend gewordenem Darlehensvertrag kein Recht zur vorzeitigen Tilgung hatte, obwohl es bei Teilzahlungsgeschäften gem. § 506 Abs. 3 BGB besteht. Diese vom europäischen Sekundärrecht abweichende (→ § 491 Rn. 52) Erweiterung des persönlichen Anwendungsbereichs war im deutschen Recht also nicht konsequent vollzogen worden, was die Schlussfolgerung erlauben dürfte, dass die Einbeziehung von Arbeitnehmern keine grundlegende Bedeutung hatte. Aufgrund der Schuldrechtsmodernisierung galt sodann freilich anderes, weil Normadressat von § 489 Abs. 1 Nr. 2 BGB aF nunmehr der Verbraucher und also auch der Arbeitnehmer war. Diese Neuerung hatte allerdings nur geringen Stellenwert, indem es in der Begründung zum RegE heißt,[50] es handele sich lediglich um eine redaktionelle Anpassung, und inhaltliche Änderungen zum geltenden Recht ergäben sich nicht – in Bezug auf den hier interessierenden Arbeitnehmer ein offensichtlicher Fehlschluss. Daraus dürfte erst recht zu folgern sein, dass die Arbeiternehmerproblematik im Verbraucherbegriff eher untergeordnete Bedeutung hat. Außerdem bleibt es dabei, dass der Existenzgründer zwar Normadressat nach §§ 491, 506 BGB ist, aber wiederum nicht gem. § 489 Abs. 1 Nr. 2 BGB aF; die darin liegende Erweiterung des persönlichen Anwendungsbereichs ist eine Singularität des deutschen Verbraucherkreditrechts, nicht Gegenstand anderer privatrechtli-

---

[48] BGH v. 24.9.2015 – I ZR 35/11, Rn. 47, 50 – *Hi Hotel II* –, NJW 2015, 1690 betr. § 31 Abs. 5 UrhG (Schutz des Urhebers als regelmäßig schwächerer Vertragspartei, zwingende Wirkung nach Art. 34 EGBGB verneint).
[49] BGH ZIP 1993, 848 zu III.a.; *Soergel/v. Hoffmann* Art. 31 EGBGB Rn. 31; *Pfeiffer* NJW 1997, 1207 (1213/1214).
[50] BT-Drucks. 14/6040, S. 253.

cher Normen und erst während der Schlussphase des Gesetzgebungsverfahrens in das Verbraucherkreditgesetz einbezogen worden (→ § 513 Rn. 2). Diese Erweiterung auf Existenzgründer erscheint noch weniger grundlegend. Als Folge dessen ist davon auszugehen, dass der erweiterte persönliche Anwendungsbereich nach §§ 13 und 513 BGB den Sachverhalt nicht zwingend regelt, sodass eine Rechtswahl, als deren Folge Arbeitnehmer und Existenzgründer von verbraucherkreditrechtlichen Schutzbestimmungen ausgeschlossen werden, Vorrang hat, **Art. 9 Rom I also nicht berührt ist.**

c) Sachlicher Anwendungsbereich. Während nach der Vorgängervorschrift von Art. 29 EGBGB aF Darlehensverträge nicht erfasst waren und sich insoweit die Frage von Verbraucherdarlehensrecht als Eingriffsnorm[51] iSv Art. 34 EGBGB (jetzt Art. 9 Rom I) ebenso wie für das Recht der Haustürgeschäfte (Außergeschäftsraumverträge)[52] stellte und – richtiger- aber umstrittenerweise[53] – zu bejahen war, allerdings nur bei Inlandsbezug nach Maßgabe von Art. 29 Abs. 1 Nr. 1 bis 3 EGBGB (→ Rn. 15), erstreckt sich Art. 6 Abs. 1 Rom I auf alle Verbraucherverträge, also auch auf das Darlehen (→ Rn. 14) und andere Kreditverträge; für die Darlehensvermittlung galt dies bereits nach Art. 29 EGBGB aF.[54] Für die Anwendung von **Art. 9 Rom I** über Art. 6 Rom I hinaus bleibt also auch in Bezug auf die Vertragsarten und mit ihnen auf das Widerrufsrecht (→ Rn. 8) **kein Raum**. Das ist auch für einen Schuldbeitritt oder für eine Bürgschaft zu einem internationalen Verbrauchervertrag anzunehmen.[55]

---

[51] *Bülow* EuZW 1993, 435 (437); *Meerfeld* Beschränkung der kollisionsrechtlichen Parteiautonomie, S. 149 ff.; offen AnwKomm/*Leible* (1. Aufl. 2005) Art. 34 EGBGB Rn. 29; dagegen BGH WM 2006, 373 = NJW 2006, 762 Rn. 26 mit Anm. *Tamm* JZ 2006, 676; Komm. *Freitag* EWiR Art. 29 EGBGB 1/06, 335 und Bspr. *Rauscher/Papst* NJW 2007, 3541 (3545/3546), jedenfalls dann, wenn deutsches Verbraucherkreditrecht den Mindeststandard der Verbraucherkreditrichtlinie überschreitet.

[52] *v. Hoffmann* IPRax 1989, 261 (268); zust. *Jayme* IPRax 1990, 220, 222; *Soergel/ v. Hoffmann* Art. 34 EGBGB Rn. 59; auch *Lorenz* RIW 1987, 569, 580; *Kohte* EuZW 1990, 150 (153); *Klingsporn* WM 1994, 1093 (1098); *Pfeiffer* NJW 1997, 1207 (1213); LG Weiden NJW-RR 1996, 938; offen BGHZ 135, 125 (135/136) mit Bespr. *Hohloch* JuS 1997, 943; *Martiny* ZEuP 1997, 107 (126); aA BGH NJW 2006, 762; *Mankowski* DZWIR 1996, 273 (278), gleichermaßen für § 138 BGB, RIW 1996, 8, dem der BGH ZIP 1997, 848 zu III. 2. b. insoweit folgt, gl. A. *Pfeiffer* NJW 1997, 1207 (1213) (gegen LG Tübingen NJW-RR 1995, 1142) sowie *Jasef* FLF 1995, 103 (104); MüKoBGB/*Martiny* Art. 34 EGBGB Rn. 112; *Felke* RIW 2001, 30 (36); *van Meenen* Lauterkeitsrecht, S. 89; *Coester-Waltjen* FS Lorenz, S. 297 (315); OLG Düsseldorf NJW-RR 1995, 1396; OLG Celle RIW 1996, 963; LG Bielefeld NJW-RR 1999, 1282; LG Hildesheim IPRax 1993, 173; zum Differenzeinwand aus § 53 BörsG aF (vgl. oben § 491 Rn. 62) auf der Grundlage von Art. 30 EGBGB aF ähnlich BGH WM 1989, 1153 sowie für § 34c GewO, OLG Hamm NJW 1977, 1594 und für §§ 1b AbzG, 1 HWiG LG Bamberg NJW-RR 1990, 694; LG Köln VuR 1993, 52.

[53] BGH WM 2006, 373 = NJW 2006, 762 Rn. 26 mit Rez. *Weller* NJW 2006, 1247.

[54] BGHZ 135, 124 (136) mit Komm. *Mankowski* EWiR Art. 29 EGBGB 1/97, 547; BGHZ 123, 380 (390 f.), zust. *Roth* RIW 1994, 225 (277); *Mankowski* DZWIR 1996, 273 (278); *Mankowski* RIW 1998, 287; Staudinger/*Kessal-Wulf* Einl. zu §§ 491 ff. BGB Rn. 54; Art. 34 EGBGB aber bejahend für Darlehensverträge *Klotz* RIW 1997, 197 (199). Außerhalb des deutschen ordre public international befand sich § 53 BörsG aF (oben § 491 Rn. 62), BGH WM 98, 1176.

[55] Zu Art. 29, 34 EGBGB *Reich* VuR 1997, 187 (201).

4. Verhältnis zu Art. 46b EGBGB

20 Die Sonderanknüpfung nach Art. 46b (früher 29a) EGBGB bezieht sich nur auf die in Art. 46b Abs. 3 EGBGB aufgezählten EG-Richtlinien, zu denen auch die Verbraucherkreditrichtlinie 2008/48/EG gehört, dort Art. 22 Abs. 4. Die Vorschrift bildet also die Sonderanknüpfung für Verbraucherkreditrecht.[56] Sie wird durch die Rom-I-VO (Art. 23) nicht berührt. Die VerbrRechteRil 2011/83/EU enthält dagegen, anders als die aufgehobene Fernabsatzrichtlinie 97/7/EG, keine Kollisionsnorm.

21 Die Vorschrift von Art. 46b EGBGB setzt eine Wahl des Rechts eines Staates voraus, der nicht Mitgliedsstaat der Europäischen Union (resp. nicht EWR-Staat), also Drittstaat,[57] ist, sowie einen engen Zusammenhang mit dem Gebiet eines dieser Staaten nach Absatz 2 (geschäftliche Tätigkeit, die im Mitgliedstaat/EWR-Staat entfaltet wird und gewöhnlicher Aufenthalt des anderen Vertragsteils im Mitgliedstaat/EWR-Staat). Besteht der enge Zusammenhang, zB mit Deutschland, gilt das die Richtlinie umsetzende deutsche Recht nach §§ 491 bis 509 BGB. Einen Günstigkeitsvergleich enthält Art. 46b nicht; die Unionsrecht umsetzenden Normen des Mitgliedstaats wären also anzuwenden, auch wenn das gewählte ausländische Recht für den Verbraucher günstiger ist. Dem steht aber Art. 6 Abs. 2 Satz 2 Rom I entgegen. Diese Vorschrift hat Vorrang vor Art. 46b EGBGB. Soweit deutsches Recht über eine Richtlinie hinausgeht und außerhalb des harmonisierten Bereichs etwa der Verbraucherkreditrichtlinie angesiedelt ist (→ Einf. Rn. 32), zB Arbeitnehmer oder Existenzgründer betrifft oder Finanzierungsleasingverträge mit Restwertgarantie nach § 506 Abs. 2 Nr. 3 BGB, greift die Sonderanknüpfung von Art. 46b EGBGB nicht ein (→ Rn. 2).

III. Europäische Waren-, Dienstleistungs- und Kapitalverkehrsfreiheiten (Art. 34, 36, 56, 63 AEUV, vormals Art. 28, 30, 49, 56 EGV)

22 Verbraucherschützende Normen eines Mitgliedstaats können europäische Grundfreiheiten beim grenzüberschreitenden Wirtschaftsverkehr behindern, sodass sie sich an ihrer Unionsrechtskonformität messen lassen müssen.[58] Diese ergibt sich, soweit die Normen erforderlich sind, um zwingenden Erfordernissen gerecht zu werden, wozu auch Erfordernisse des Verbraucherschutzes gehören können, wie die *Cassis*-Rechtsprechung des EuGH[59] Maß gibt. Jedenfalls bei der konformen Umsetzung von europäischen Richtlinien ist dieser zwingende Grund, der gerade auch nationalen Sichtweisen Geltungsanspruch verschafft (vgl. Art. 36 AEUV, vormals Art. 30 EGV), zu bejahen. Eine nationale Sichtweise verwirklicht sich, wenn Optionen – wie gem. Art. 2 Abs. 5, 6, Art. 6 Abs. 2, Art. 14 Abs. 2, Art. 16 Abs. 4 der Verbraucherkreditrichtlinie (→ Einf. Rn. 35)

---

[56] De lege ferenda: *Staudinger* NJW 2001, 1974 (1977); nach *Paefgen* ZEuP 2003, 266 (291) analoge Anwendung von Art. 29a EBGB; zur Frage der kollisionsrechtlichen Geltung noch nicht umgesetzter Richtlinien (→ Einf. Rn. 30); *Krebber* ZVglRWiss 97 (1998), 124 (138 ff.).
[57] AnwKomm/*Leible*, Art. 46b EGBGB Rn. 39.
[58] *Martiny* ZEuP 1997, 107 (108).
[59] NJW 1979, 1766.

– ausgeschöpft werden.[60] Wie weit die Optionen reichen, ist einer Auslegung der Gemeinschaftsnorm nach deren Sinn und Zweck sowie etwa erkennbaren sonstigen Vorstellungen des europäischen Normgebers zu entnehmen. Bereits bei der systematischen und teleologischen Auslegung der Richtlinie sind die Grundfreiheiten einzubeziehen.[61] Bewegt sich der die Richtlinie umsetzende Rechtsakt eines Mitgliedsstaats innerhalb der so ermittelten Reichweite, kommt ein Grundfreiheitenverstoß deshalb nicht in Betracht. Die Reichweite der Verbraucherkreditrichtlinie umfasst beispielsweise nationale Vorschriften, nach denen verbraucherkreditrechtliche Regelungen auf Kredite über mehr als 75 000 € (Art. 2 Abs. 2 lit. c) anwendbar sind, also wie im deutschen Recht (§ 507 Abs. 1 Satz 1 iVm § 494 Abs. 6 Satz 2, 2. Halbsatz BGB) keine Maximalgrenze besteht (→ § 491 Rn. 98a). Dagegen ist die Erweiterung des Verbraucherbegriffs auf Arbeitnehmer und Existenzgründer in der Richtlinie nicht angelegt und deshalb auch nicht Gegenstand der Richtlinie (→ Rn. 18), ebenso wenig die Einbeziehung des Schuldbeitritts in den sachlichen Anwendungsbereich[62] (→ § 491 Rn. 115). Insoweit ist die Reichweite der Verbraucherkreditrichtlinie also überschritten, sodass die Grundfreiheitenkontrolle einsetzt. Allerdings würde ein gedachter Verstoß lediglich zur Unanwendbarkeit der nationalen Norm in grenzüberschreitenden Sachverhalten gegenüber der EU angehörenden Ausländern führen, gegenüber Inländern aber Geltung beanspruchen, sodass sich das Problem der umgekehrten Diskriminierung stellen würde.[63] Die über den harmonisierten Bereich von europäischen Rechtsakten hinausgehenden Vorschriften des deutschen Rechts halten der Grundfreiheitenkontrolle aber Stand. Sie beschränken nämlich den Marktzugang für der EU angehörende Ausländer nicht und stellen deshalb allenfalls Verkaufsmodalitäten dar, die nach Maßgabe der sog. Keck-Rechtsprechung des *EuGH*[64] EU-vertragskonform sind.[65] Die weitergehenden Vorschriften sind also auch im Verhältnis zu EU-Ausländern uneingeschränkt anwendbar.

IV. Internationale Kaufverträge (UN-Kaufrecht, CISG)

1. Überschneidungen mit Verbraucherkreditrecht

Kraft Rechtswahlvereinbarung gem. Art. 3 Rom I, Art. 1 Abs. 1 lit. b CISG oder für den Fall, dass die Parteien verschiedenen Staaten angehören, kann das nationale Kaufrecht durch die Regelungen der CISG[66] (Convention on the International Sale of Goods, Wiener Übereinkommen, UN-Kaufrecht) verdrängt werden, sofern die Staaten Vertragsstaaten des Übereinkommens – wie Deutschland – sind und die Parteien dort auch ihre Niederlassung oder ihren gewöhnli-

---

[60] AA *Habersack* in Hadding/Welter, Bankleistungen, S. 361 (365/366); *Grundmann* IPRax 1992, 1 (4/5); MüKoBGB/*Ulmer* 3. Aufl. 1995, Vor § 1 VerbrKrG Rn. 50: Nur hinsichtlich Mindeststandard einer Richtlinie.
[61] *Auer*, Die primärrechtskonforme Auslegung, in: Grundrechte und Privatrecht, S. 27 (53); *Herwig* Geltungsspielraum, S. 91 ff., 211 ff.
[62] EuGH NJW 2000, 1323.
[63] *Herwig* Gestaltungsspielraum, S. 72 ff.
[64] NJW 1994, 121.
[65] *Herwig* Gestaltungsspielraum, S. 128 ff.; *Reich* NJW 1994, 2128 (2131).
[66] BGBl II 1989, 586; BGBl II 1990, 1477.

chen Aufenthaltsort haben (Art. 1 Abs. 1 lit. a CISG). Internationale Kaufverträge im Sinne der CISG sind auch Teilzahlungsgeschäfte (vgl. § 506 Abs. 3) und verbundene Geschäfte (vgl. § 358 BGB), jedoch ist UN-Kaufrecht nicht anwendbar auf den Kauf von Sachen für den persönlichen Gebrauch oder den Gebrauch in der Familie oder im Haushalt (Art. 2 lit. a). Insoweit gibt es keine Überschneidungen von Verbraucherkreditgeschäften und internationalen Kaufverträgen.[67] Die Anwendbarkeit der CISG ist jedoch nur ausgeschlossen, wenn der Verkäufer wusste oder hätte wissen müssen, wofür die Sache bestimmt ist.[68] Andernfalls bleibt es bei der Anwendbarkeit der CISG. Außerdem macht die CISG keine Einschränkung zugunsten der Existenzgründer (→ § 512 Rn. 4). Bei fehlender Kenntnis oder fahrlässiger Unkenntnis[69] des Verkäufers und bei Teilzahlungs- oder finanzierten Geschäften eines Existenzgründers auch unterhalb der Ausnahmegrenze von § 513 , 2. HS. (→ § 512 Rn. 11, Barzahlungspreis über 75 000 €) ist also die CISG sachlich anwendbar und verdrängt Verbraucherkreditrecht. Problematisch ist die Reichweite dieses Vorrangs im Hinblick auf Schriftform und Widerrufsrecht.

2. Formerfordernis

24   Zwar regelt die CISG im Allgemeinen nicht die materiell-rechtliche Gültigkeit des Kaufvertrags. Eine Ausnahme macht Art. 4 lit. a jedoch hinsichtlich der Vertragsform (formelle Gültigkeit).[70] Gem. Art. 11 CISG bedürfen internationale Kaufverträge keiner Form[71] und schließen zugleich die Nichtigkeit wegen Nichtbeachtung nationaler Formvorschriften aus. §§ 492 Abs. 1, 506 Abs. 1, 125 BGB gelten für internationale Kaufverträge – mangels nationalen Vorbehalts (Art. 12 iVm Art. 96) – im Allgemeinen deshalb nicht.[72] Gehören allerdings nicht beide Parteien Vertragsstaaten an, sondern folgt die Anwendung der CISG einer Rechtswahlvereinbarung (→ Rn. 23), ist Art. 6 Rom I unter den dort genannten weiteren Voraussetzungen (→ Rn. 15) anwendbar,[73] sodass es auch beim Formzwang bleibt (→ Rn. 7). Gleiches gilt bei Verbindung mit nur einem Staat iSv Art. 3 Abs. 3 Rom I (→ Rn. 5).

3. Widerrufsrecht

25   Die CISG schließt abweichende nationale Rechtsbehelfe aus, zu denen nach Art. 4 lit. a allerdings wiederum (→ Rn. 24) nicht Gültigkeitsbestimmungen

---

[67] *Erman/Saenger* §§ 491–507 BGB Rn. 19; auch nicht insoweit, als der Verkäufer zu privaten Zwecken handeln kann (oben Rn. 18), *Karollus* JuS 1993, 378 (380).
[68] BGH v. 7.3.2013 – VII ZR 162/12, Rn. 17, WM 2013, 1905 = NJW 2013, 1431 (dort aber insoweit nicht abgedruckt).
[69] Im Vergleich zu § 276 Abs. 2 BGB eingeschränkter Fahrlässigkeitsmaßstab: Der persönliche Gebrauch muss auf der Hand liegen (Erkennbarkeit), MüKoBGB/*H. P.Westermann*, Art. 2 CISG Rn. 8.
[70] *Reinhart* UN-Kaufrecht, Art. 4 Rn. 2; MüKoBGB/*H. P-Westermann*, Art. 4 CISG Rn. 2.
[71] Nicht anwendbar auf Gerichtsstandsklauseln, BGH NJW 2015, 2584, krit. *Piltz*, NJW 2015, 2548 (2550).
[72] HM, MüKoBGB/*Schürnbrand* Vor § 491 BGB Rn. 45; *Erman/Saenger* Vor §§ 491–507 BGB Rn. 20; *Herber/Czerwenka* Int. Kaufrecht, Art. 2 CISG Rn. 8, Art. 11 Rn. 4; MüKoBGB/*H. P.Westermann*, Art. 11 CISG Rn. 3, Art. 4 CISG Rn. 3.
[73] Vgl. MüKoBGB/*Westermann* Art. 2 CISG Rn. 3.

zählen (sofern sie nicht an die Form anknüpfen). Zu diesen anwendbar bleibenden Gültigkeitsbestimmungen des nationalen Rechts zählen Nichtigkeitsgründe wegen Sittenwidrigkeit und Gesetzeswidrigkeit (§§ 138, 134 BGB), aber auch wegen erklärter Anfechtung gem. § 142 Abs. 1 BGB,[74] also wegen der Ausübung eines Gestaltungsrechts. Da auch das Widerrufsrecht aus §§ 495, 355 BGB als Gestaltungsrecht aufzufassen ist, indem es die Unwirksamkeit des nur schwebend bis zu seiner Ausübung wirksamen Vertrags herbeiführt (→ § 495 Rn. 21, 22), wird es durch die CISG nicht verdrängt.[75] Ein internationaler Kaufvertrag, der zugleich Verbraucherkreditgeschäft iSv § 506 BGB ist (→ Rn. 23), wird mithin unwirksam, wenn der Käufer rechtzeitig widerruft.

4. Beweislast

Gem. Art. 2 lit. a CISG trägt der Verkäufer die Beweislast dafür, dass er den privaten Verwendungszweck der Ware nicht kannte und nicht kennen konnte, will er die Anwendbarkeit der CISG erreichen.[76] Dass die Ware überhaupt privaten Zwecken diente, hat der Käufer zu beweisen, wenn er sich mit der Unanwendbarkeit der CISG verteidigt.[77] Ist es aber der Verbraucher als Käufer, der die Anwendung der CISG erreichen will, kann sich der Verkäufer dagegen verteidigen, indem er den privaten Verwendungszweck darlegt und beweist.[78] Diese Beweislastverteilung entspricht derjenigen nach §§ 491, 506, 13 BGB (→ § 512 Rn. 19). Gehören die Vertragsparteien also Vertragsstaaten der CISG an und ist der Verwendungszweck der gekauften Sache streitig, spricht Art. 1 Abs. 1 CISG für seine Anwendbarkeit. Der Verbraucher als Käufer kann sich dagegen verteidigen, indem er Tatsachen darlegt und beweist, die den privaten Verwendungszweck begründen; bei einem *non liquet* bleibt es bei der Anwendung der CISG. Gelingt dem Verbraucher der Beweis und kann der Verkäufer seine fehlende Kenntnis nicht beweisen, scheitert die Anwendung der CISG. Ist der Käufer, der die Anwendung der CISG verhindern will, Existenzgründer (→ § 513 Rn. 4) und als solcher Normadressat nach deutschem Verbraucherkreditrecht, ist seine Verteidigung mit dem Existenzgründungszweck unerheblich, weil die CISG auch dann anwendbar ist (→ Rn. 23). Trotzdem verbleibt dem Existenzgründer als Käufer das Widerrufsrecht (vorst. Rn. 25). Übt er es aus, hat er dessen tatsächlichen Voraussetzungen, also den Existenzgründungszweck in Bezug auf die Ware, darzulegen und zu beweisen, nicht aber der Verkäufer, da die CISG nach ihrem Art. 1 Abs. 1 anwendbar ist (→ § 513 Rn. 19).

---

[74] MüKoBGB/*Westermann* Art. 4 CISG Rn. 8; *Herber/Czerwenka* Art. 4 CISG Rn. 13; *Wartenberg* CISG und Verbraucherschutzrecht, S. 78; so jetzt auch *Erman/Saenger* Vor §§ 491–507 BGB Rn. 20.

[75] Gl. A. MüKoBGB/*Schürnbrand* Vor § 491 BGB Rn. 46; Schlechtriem/Schwenzer/ *Ferrari*, Art. 2 CISG Rn. 25; *Daun* JuS 1997, 811 (813); aA *Erman/Saenger* Vor §§ 491–507 BGB Rn. 20.

[76] *Hepting/Müller* in Baumgärtel/Laumen/Prütting, Handbuch Beweislast Art. 2 CISG Rn. 5; Schlechtriem/Schwenzer/*Ferrari*, Art. 2 CISG Rn. 22; *Herber/Czerwenka* Art. 2 CISG Rn. 7; MüKoBGB/*Westermann* Art. 4 CISG Rn. 17; s. auch OLG Köln IHR 2009, 62; OLG Stuttgart IHR 2009, 102.

[77] *Hepting/Müller* in Baumgärtel/Laumen/Prütting, Handbuch Beweislast, Art. 2 CISG Rn. 2.

[78] Schlechtriem/Schwenzer/*Ferrari*, Art. 2 CISG Rn. 23.

4. Teil.
Verbraucherkredit-Mahnverfahren
(§§ 688 bis 691 ZPO, weitere prozessuale Fragen, insbesondere Art. 17 EuGVVO)

Besonderheiten für die Durchsetzung von Ansprüchen aus Kreditverträgen im Wege des Mahnverfahrens folgen aus:

§ 688 ZPO Zulässigkeit

(1) Wegen eines Anspruchs, der die Zahlung einer bestimmten Geldsumme in Euro zum Gegenstand hat, ist auf Antrag des Antragstellers ein Mahnbescheid zu erlassen.

(2) Das Mahnverfahren findet nicht statt:
1. für Ansprüche eines Unternehmers aus einem Vertrag gemäß den §§ 491 bis 508 des Bürgerlichen Gesetzbuchs, wenn der gemäß § 492 Abs. 2 des Bürgerlichen Gesetzbuchs anzugebende effektive Jahreszins den bei Vertragsschluss geltenden Basiszinssatz nach § 247 des Bürgerlichen Gesetzbuchs um mehr als zwölf Prozentpunkte übersteigt;
2. wenn die Geltendmachung des Anspruchs von einer noch nicht erbrachten Gegenleistung abhängig ist;
3. wenn die Zustellung des Mahnbescheids durch öffentliche Bekanntmachung erfolgen müsste.

(3) Müsste der Mahnbescheid im Ausland zugestellt werden, findet das Mahnverfahren nur statt, soweit das Anerkennungs- und Vollstreckungsausführungsgesetz vom 19. Februar 2001 (BGBl. I S. 288) dies vorsieht.

§ 690 ZPO Mahnantrag

(1) Der Antrag muss auf den Erlass eines Mahnbescheids gerichtet sein und enthalten:
1. die Bezeichnung der Parteien, ihrer gesetzlichen Vertreter und der Prozessbevollmächtigten;
2. die Bezeichnung des Gerichts, bei dem der Antrag gestellt wird;
3. die Bezeichnung des Anspruchs unter bestimmter Angabe der verlangten Leistung; Haupt- und Nebenforderungen sind gesondert und einzeln zu bezeichnen, Ansprüche aus Verträgen gemäß den §§ 491 bis 508 des Bürgerlichen Gesetzbuchs, auch unter Angabe des Datums des Vertragsabschlusses und des gemäß § 492 Abs. 2 des Bürgerlichen Gesetzbuchs anzugebenden effektiven Jahreszinses;
4. die Erklärung, dass der Anspruch nicht von einer Gegenleistung abhängt oder dass die Gegenleistung erbracht ist;
5. die Bezeichnung des Gerichts, das für ein streitiges Verfahren zuständig ist.

(2) Der Antrag bedarf der handschriftlichen Unterzeichnung.

§ 691 ZPO   4. Teil. Verbraucherkredit-Mahnverfahren

(3) Der Antrag kann in einer nur maschinell lesbaren Form übermittelt werden, wenn diese dem Gericht für seine maschinelle Bearbeitung geeignet erscheint; der handschriftlichen Unterzeichnung bedarf es nicht, wenn in anderer Weise gewährleistet ist, dass der Antrag nicht ohne den Willen des Antragstellers übermittelt wird.

§ 691 ZPO Zurückweisung des Mahnantrags

(1) ¹Der Antrag wird zurückgewiesen:
1. wenn er den Vorschriften der §§ 688, 689, 690, 703c Abs. 2 nicht entspricht;
2. wenn der Mahnbescheid nur wegen eines Teiles des Anspruchs nicht erlassen werden kann.

²Vor der Zurückweisung ist der Antragsteller zu hören.

(2) Sollte durch die Zustellung des Mahnbescheids eine Frist gewahrt werden oder die Verjährung neu beginnen oder nach § 204 des Bürgerlichen Gesetzbuchs gehemmt werden, so tritt die Wirkung mit der Einreichung oder Anbringung des Antrags auf Erlass des Mahnbescheids ein, wenn innerhalb eines Monats seit der Zustellung der Zurückweisung des Antrags Klage eingereicht und diese demnächst zugestellt wird.

(3) ¹Gegen die Zurückweisung findet die sofortige Beschwerde statt, wenn der Antrag in einer nur maschinell lesbaren Form übermittelt und mit der Begründung zurückgewiesen worden ist, dass diese Form dem Gericht für seine maschinelle Bearbeitung nicht geeignet erscheine. ²Im Übrigen sind Entscheidungen nach Absatz 1, 2 unanfechtbar.

Schrifttum: *Braun,* Rechtskraft und Rechtskraftdurchbrechung von Titeln über sittenwidrige Ratenkreditverträge, 1996; *ders.,* Die materielle Rechtskraft des Vollstreckungsbescheids – ein juristisches Lehrstück, JuS 1992, 177; *Braun/Raab-Gaudin,* Mahnverfahren und Verbraucherkreditgesetz, FLF 1991, 244; *Bülow,* Schlüssigkeitsprüfung im Verbraucherkredit-Mahnverfahren, RPfl 1996, 133; *ders.,* Ein neugefasster § 13 BGB – überwiegende Zweckbestimmung, WM 2014, 1;*Gilles,* Prozessuale Weiterungen des Verbraucherschutzes bei Kreditgeschäften, Festschrift Kitawaga 1992, S. 347; *Grimm,* Das neue Verbraucherkreditgesetz, 1993; *Grohmann,* Die Reform der EuGVVO, ZIP 2015, 16; *Gsell,* Entwicklungen im Europäischen Verbraucherzuständigkeitsrecht, ZZP 127 (2014), 431; *Hau,* Anmerkung zu EuGH v. 14.6.2012 – C-618/10, JZ 2012, 964; *Holch,* Geändertes Mahnverfahren – neue Vordrucke, NJW 1993, 3177; *Koch,* Verbraucherprozeßrecht – verfahrensrechtliche Gewährleistung des Verbraucherschutzes, 1990; *Loacker,* Verbraucherverträge mit gemischter Zwecksetzung, JZ 2013, 234; *Mankowski,* Änderungen im Internationalen Verbraucherprozessrecht durch die Neufassung der EuGVVO, RIW 2014, 625; *Markwardt,* Verbraucherkredite raus aus dem Mahnverfahren?, NJW 1991, 1220; *Mäsch,* Schiedsvereinbarungen mit Verbrauchern, Festschrift Schlosser 2005, S. 529; Münchener Kommentar ZPO, 1992; *Prasse,* Existenzgründer als Unternehmer oder Verbraucher? – Die neue Rechtsprechung des BGH, MDR 2005, 961; *Rosenberg/Schwab/Gottwald,* Zivilprozessrecht, 17. Aufl. 2010; *H. Roth,* Wer ist im Europäischen Prozessrecht Verbraucher? Festschr. v. Hoffmann 2011, S. 715; *Rudolph,* Verzugsschaden nach § 11 I VerbrKrG und gerichtliches Mahnverfahren, MDR 1996, 1; *Salten/Gräwe,* Mahnverfahren aktuell, NJW-CoR 1999, 483; *Schmidt, K.,* Verbraucherschützende Widerrufsrechte als Grundlage der Vollstreckungsgegenklage, JuS 2000, 1096; *Scholz,* Geändertes Mahnverfahren für Verbraucherkredite, DB 1992, 127; *Staudinger/Steinrötter,* Das neue Zuständigkeitsregime bei zivilrechtlichen Auslandssachen, JuS 2015, 1; *Rolf Wagner,* Die Rechtsinstrumente der justiziellen Zusammenarbeit in Zivilsachen – Eine Bestandsaufnahme, NJW 2013, 3128.

4. Teil. Verbraucherkredit-Mahnverfahren 1, 2 § 691 ZPO

Übersicht

	Rn.
Materialien	
Begründung RegE zu Art. 6 VerbrKrG/ZPOuaÄndG, BT-Drucks. 11/5462	1
Kommentierung	
I. Einführung	13
1. Die Problematik der Schlüssigkeitsprüfung im Mahnverfahren	14
2. Einzelfragen	17
a) Darlehensvermittlungsverträge	17
b) Präklusion und Widerruf gem. §§ 355 Abs. 1, 495 BGB	18
c) Angabe von Verzugszinsen	20
II. Statthaftigkeit des Mahnverfahrens	21
1. Absoluter Zinsunterschied	21
2. Angabepflicht nach §§ 492, 506 BGB	22
III. Mahnantrag	25
1. Notwendige Angaben	25
2. Angaben für die Tilgungsverrechnung	26
3. Angaben für den Zinsvergleich	27
4. Vordrucke	29
IV. Zurückweisung des Mahnantrags	30
1. Erkenntnisfindung des Gerichts	30
a) Anwendbarkeit von Verbraucherkreditrecht als Rechtsfrage und das Problem der Schlüssigkeitsprüfung	31
b) Unvollkommene Abhilfe	34
c) Zinsunterschied als Tatsachenfrage	35
d) Verhalten des Antragstellers	36
aa) Angaben, die den Ausschluss der §§ 491 bis 504 BGB begründen	36
bb) Titelerschleichung	37
2. Fristunterbrechung, Verjährungshemmung (§ 691 Abs. 2 ZPO)	38
3. Beschwerde und Erinnerung	41
V. Exkurs: Gerichtsstand, Schiedsverfahren	43
1. Örtliche Zuständigkeit nach § 29c ZPO	43
2. Internationale Zuständigkeit nach Art. 17 EuGVVO	44
a) Persönlicher Anwendungsbereich	45
aa) Verbraucher	45
bb) Beweislast, Erkennbarkeit	46
cc) Verbrauchervertrag ohne Verbrauchergerichtsstand	47
dd) Unternehmer	48
b) Sachlicher Anwendungsbereich	49
3. Schiedsvereinbarungen	54

Materialien
Begründung RegE zu Art. 6 VerbrKrG/ZPOuaÄndG, BT-Drucks. 11/5462

S. 30 f.: Ziel des Mahnverfahrens ist die schnelle, unkomplizierte Schaffung von Vollstreckungstiteln über unstreitige Forderungen. Die Ausgestaltung des Verfahrens orientiert sich an dieser Zielsetzung. Seit dem Inkrafttreten der Vereinfachungsnovelle vom 3. Dezember 1976 (BGBl I, 3281) ist im Antrag auf Erlass des Mahnbescheids nicht mehr der Grund des Anspruchs, sondern nur noch der Anspruch selbst zu bezeichnen. 1

Individualisierende Zusätze zur Höhe der geforderten Leistung (zB: ... aus Vertrag vom ...) sind erforderlich, um den Umfang der Rechtskraftwirkung des Vollstreckungsbescheids festzulegen. Die Schlüssigkeit der geltend gemachten Forderung wird dagegen nicht geprüft. Das Verfahren ist auf eine einfache Erledigung ausgerichtet. Diese Verfahrensgestaltung bringt es mit sich, dass – falls der Antragsgegner sich nicht verteidigt – im Mahnverfahren Ansprüche verfolgt und tituliert werden können, die sich bei näherer Prüfung als sittenwidrig erweisen. 2

§ 691 ZPO 3–10   4. Teil. Verbraucherkredit-Mahnverfahren

3 Unsicherheit besteht insbesondere bei Ratenkreditverträgen, wenn überhöhte Vertragszinsen oder „dubiose" Nebenforderungen geltend gemacht werden, hinter denen sich übersetzte Kontoführungs- oder Bearbeitungsgebühren oder andere Nebenleistungen verbergen. Die Frage, wie sich Schuldner gegen sittenwidrige Forderungen aus Ratenkreditverträgen zur Wehr setzen, die bestandskräftig durch Vollstreckungsbescheide tituliert sind, beschäftigt zunehmend die Gerichte.

4 Die rechtskräftige Titulierung und Vollstreckung sittenwidriger Ansprüche aus Verbraucherkreditverträgen und die ihr folgenden Streitigkeiten über die Bestandskraft von Vollstreckungsbescheiden belasten das Ansehen des Rechtsstaats und die Gerichte.

5 Um die Titulierung solcher Ansprüche zu verhindern, sieht § 688 Abs. 2 ZPO vor, dass das Mahnverfahren für Ansprüche (des Kreditgebers) aus Verbraucherkreditverträgen nicht zur Verfügung steht, wenn der nach dem Verbraucherkreditgesetz anzugebende effektive oder anfängliche effektive Jahreszins bei Vertragsabschluss geltenden Diskontsatz der Deutschen Bundesbank zuzüglich zwölf v. H. übersteigt. Damit wird – neben den in § 688 Abs. 2 ZPO enthaltenen Zulässigkeitsvoraussetzungen – eine weitere Zulässigkeitsvoraussetzung für das Mahnverfahren eingeführt, die anhand objektiver Kriterien (Zinshöhe und Diskontsatz) geprüft werden kann.

6 Mit dieser Grenzziehung soll kein Kriterium der Sittenwidrigkeit eingeführt, sondern lediglich eine Sperre für das summarische Verfahren gebildet werden, jenseits der eine richterliche Prüfung des geltend gemachten Anspruchs notwendig erscheint. Dabei war eine automatisch wirksame Grenze zu ziehen, die einerseits für die Masse der Fälle die Funktionsfähigkeit des Mahnverfahrens nicht beeinträchtigt, aber doch so gewählt ist, dass die prüfungsbedürftigen Fälle herausgefiltert werden. Mit der Zinsgrenze „Bundesbankdiskontsatz zuzüglich 12%" ist ein Wert gefunden worden, der einen brauchbaren Kompromiss darstellt, auch wenn er die Schwankungen des Marktzinses nur vergröbert nachvollzieht. Dadurch gewinnt die Zinsgrenze aber an Praktikabilität, ohne dass sie in Niedrigzinsphasen ihren Zweck verfehlen oder in Hochzinsphasen dazu führen würde, dass das Mahnverfahren nicht mehr zur Verfügung steht.

7 Das Mahnverfahren findet – wie bisher – auch dann nicht statt, wenn sich aus den zur Individualisierung notwendigen Angaben unzweifelhaft ergibt, dass ein Anspruch offensichtlich nicht besteht oder gerichtlich nicht durchgesetzt werden kann (zB Spiel- oder Wettschuld, evident überhöhte Verzugszinsen, Mehrwertsteuer auf Verzugszinsen). Solchen Forderungen darf aus grundsätzlichen Erwägungen mittels eines staatlichen Verfahrens nicht zur Durchsetzung verholfen werden (*Baumbach / Lauterbach / Albers / Hartmann* ZPO, 47. Aufl., § 691 Anm. 2 A b mwN; *Zöller / Vollkommer* ZPO, 15. Aufl., § 691 Rn. 1 mwN).

8 S. 31 f.: Der Antrag auf Erlass eines Mahnbescheides muss „die Bezeichnung des Anspruchs unter bestimmter Angabe der verlangten Leistung" enthalten. Das Bezeichnungserfordernis wird allgemein so verstanden, dass es nur der Individualisierung des Anspruchs dienen soll. Teilweise wird angenommen, dass eine stichwortartige Bezeichnung des Anspruchs nötig ist, wenn es nur um eine einzelne Forderung geht. Ausreichend soll zB die Angabe des Datums des Vertragsschlusses ohne rechtliche Zuordnung sein (*Stein / Jonas / Schlosser* ZPO, 20. Aufl., 1977, § 690 Rn. 6; *Baumbach / Lauterbach / Albers / Hartmann* ZPO, 47. Aufl., § 690 Anm. 2c). Nach anderer Ansicht ist die Angabe des Rechtsgrundes in Form einer typischen Anspruchsbezeichnung geboten (*Zöller / Vollkommer* ZPO, aaO, § 690 Rn. 14; *Herbst* RPfl 1978, 199). ...

9 Das geltende Recht hat dazu geführt, dass das Mahnverfahren dazu ausgenutzt wird, um Forderungen geltend zu machen, die – wegen der undurchschaubaren Bezeichnung zB als „Nebenforderungen" – von unerfahrenen Antragsgegnern widerspruchslos hingenommen werden. Dem Gericht drängen sich bei der Bezeichnung und der Betragsangabe oft Zweifel an der Begründetheit des Anspruchs auf. § 690 Abs. 1 Nr. 3 und § 691 ZPO regeln aber nicht ausdrücklich, ob der Antrag in diesen Fällen zurückgewiesen werden kann.

10 In § 690 Abs. 1 Nr. 3 soll in einem Halbsatz klargestellt werden, dass die geltend gemachten Haupt- und Nebenforderungen nicht zusammengefasst werden dürfen, sondern einzeln individualisierbar zu bezeichnen sind. Bei Nebenforderungen sind die einzelnen Posten zu bezeichnen, zB Kontoführungsgebühren, Bearbeitungsgebühren, Verzugsgebühren, Inkassokosten. Wie bisher soll es aber zulässig sein, auf eine dem Antrag beizufügende

oder dem Antragsgegner bereits vorliegende Aufstellung Bezug zu nehmen (dazu die Hinweise zum Stichwort „Hauptforderung" in der Beilage zu dem Vordruck für den Antrag auf Erlass eines Mahnbescheids zu Anlage 1 der Verordnung vom 6. Juni 1978 – BGBl I, 705). Für Ansprüche aus Verbraucherkreditverträgen ist ferner die Angabe des Datums des Vertragsabschlusses und des nach § 3 VerbrKrG anzugebenden effektiven Jahrszinses erforderlich. Diese Angaben sind wegen der in § 688 Abs. 2 Nr. 1 ZPO aufgestellten besonderen Zulässigkeitsvoraussetzung unerlässlich. Nur wenn diese Daten bekannt sind, kann das Gericht prüfen, ob Ansprüche aus einem Verbraucherkreditvertrag im Mahnverfahren geltend gemacht werden können.

Großgläubiger, die serienmäßig gleichartige Mahnanträge über Haupt- und Nebenforderungen (zB Forderungen aus Kredit- und Leasingverträgen, Inkassokosten) stellen, sollten mit dem Gericht abstimmen, mit welchen Angaben und in welcher Form diese in den weiteren Anträgen bezeichnet werden. **11**

S. 45: Der Entwurf der Bundesregierung geht davon aus, dass die Angabe des Antragstellers, ob das Verbraucherkreditgesetz Anwendung findet, vom Rechtspfleger ohne inhaltliche Prüfung übernommen und nur im Ausnahmefall offensichtlicher Unrichtigkeit moniert wird. Dies ist bei der vorgeschriebenen Erklärung zur Gegenleistung (§ 690 Abs. 1 Nr. 4 ZPO) eine seit langem bewährte Praxis, die einer besonderen gesetzlichen Klarstellung nicht bedarf. **12**

Kommentierung

I. Einführung

Verbraucherkreditrechtliche Ansprüche können nach allgemeinen Grundsätzen (→ Rn. 43) prozessual durchgesetzt werden. Jedoch sind der Statthaftigkeit des Mahnverfahrens Grenzen gesetzt. **13**

1. Die Problematik der Schlüssigkeitsprüfung im Mahnverfahren

Die Vorschriften über das Verbraucherkredit-Mahnverfahren haben das Ziel, die Titulierung von Ansprüchen, die in Wahrheit nach den Grundsätzen über die Sittenwidrigkeit von Konsumentenratenkreditverträgen gem. § 138 Abs. 1 BGB gar nicht bestehen,[1] zu verhindern.[2] Die Titulierung solcher vermeintlichen Ansprüche durch Vollstreckungsbescheid kann eintreten, wenn der im Mahnantrag geltend gemachte Anspruch nicht auf seine Schlüssigkeit überprüft wird. Auch die gem. § 690 Abs. 1 Nr. 3 ZPO bestimmte Obliegenheit, den Anspruch zu bezeichnen, dient nicht der Schlüssigkeitsprüfung, sondern der Rechtskrafteingrenzung durch Individualisierung[3] (→ Rn. 8, → 25). Nur wenn aufgrund dieser Angaben die Unschlüssigkeit offenkundig ist (unsinnige, unklag- **14**

---

[1] Das Maß von 12% (§ 688 Abs. 2 Nr. 1 ZPO) orientiert sich am Kriterium, das der BGH zur objektiven Bestimmung der Sittenwidrigkeit als absolute Überschreitung neben der relativen von 100%, allerdings bezogen auf den Marktzins, herausgearbeitet hat, BGHZ 110, 336; BGH NJW 1991, 834; *Bülow* Konsumentenkredit, Rn. 39 ff.

[2] BT-Drucks. 11/5462, S. 15 f.; Bülow/Artz/*Fischer,* Handbuch Verbraucherprivatrecht, § 17 Rn. 36.

[3] BT-Drucks. 7/5250, S. 13; 11/5462, S. 15; BGH NJW 2001, 305 zu II. 2. c. aa. mit Anm. *Niedenführ* LM Nr. 14 zu § 690 ZPO; BGH v. 17.11.2010 – VIII ZR 211/09, NJW 2011, 613 = WM 2011, 333; OLG Karlsruhe WM 2015, 476; MüKo/ZPO/*Holch* § 690 ZPO Rn. 10.

bare,[4] aber auch erkennbar ungerechtfertigte Forderungen, → Rn. 7;[5] die beiden Fallgruppen haben unterschiedliche Qualität[6]), ist der Antrag auf Erlass des Mahnbescheids zurückzuweisen.[7] Der Verzicht auf eine Schlüssigkeitsprüfung im Mahnverfahren besteht seit der Vereinfachungsnovelle von 1976.[8] Soweit im Mahnantrag überhaupt Tatsachen vorzutragen sind, hat der Rechtspfleger also nicht zu überprüfen, ob diese, als unstreitig angesehen, den Mahnantrag rechtfertigen.

15   Im Verbraucherkreditrecht findet das Mahnverfahren nicht statt für Ansprüche des Kreditgebers, wenn der nach Verbraucherkreditrecht anzugebende effektive oder anfängliche effektive Jahreszins den bei Vertragsabschluss geltenden Basiszinssatz nach § 247 BGB zuzüglich 12 v. H. übersteigt (§ 688 Abs. 2 Nr. 1 ZPO, → Rn. 21); ein dennoch gestellter Mahnantrag wird gem. § 691 Abs. 1 Nr. 1 ZPO zurückgewiesen (→ Rn. 30). Das setzt voraus, dass Verbraucherkreditrecht überhaupt anwendbar ist; der Rechtspfleger sieht sich also einer Rechtsfrage gegenüber, deren Antwort der Antragsteller mit seinem gem. § 690 Abs. 1 Nr. 3 ZPO zu machenden Vortrag gibt.

16   Problematisch ist, ob der Rechtspfleger diese Antwort ungeprüft hinzunehmen hat oder die Rechtsfrage selbst prüfen muss. Schlüssigkeitsprüfung heißt Subsumtion von Tatsachen unter einen gesetzlichen Tatbestand. Hier hat der Antragsteller selbst subsumiert, und eine Rechtsprüfung bezöge sich auf diese Subsumtion. Eine stringente Anwendung der verbraucherkreditrechtlichen Vorschriften über das Mahnverfahren würde eine Rechtsprüfung in der Tat unvermeidlich machen, wenn das Mahngericht die Zurückweisung eines Mahnantrags gesetzeskonform begründen will. Sie müsste sich gerade auch auf Mahnanträge erstrecken, in denen der Antragsteller die verbraucherkreditrechtlichen Angaben nicht macht (→ Rn. 32). Dies allerdings sprengt das Mahnverfahren und stellt seine Funktionsfähigkeit in Frage. Der Konflikt zwischen Gesetzeskonformität und Funktionsfähigkeit des Mahnverfahrens ist zu lösen (näher → Rn. 30ff., 34).

2. Einzelfragen

17   **a) Darlehensvermittlungsverträge.** Während es nach dem Wortlaut der vor der Schuldrechtsmodernisierung geltenden Gesetzesformulierung offengeblieben war, ob auch Darlehensvermittlungsverträge (genauer: Kreditvermittlungsverträge, → § 655a Rn. 6) von den Sondervorschriften über das Mahnverfahren erfasst waren („Ansprüche aus Verträgen, für die das Verbraucherkreditgesetz gilt" in der Formulierung von § 690 Abs. 1 Nr. 3, 2. HS. ZPO aF),[9] ist diese Frage jetzt zweifelsfrei beantwortet: Für Darlehensvermittlungsverträge nach §§ 655a ff. BGB gelten keine Besonderheiten im Mahnverfahren.

18   **b) Präklusion und Widerruf gem. §§ 355 Abs. 1, 495 BGB.** Ist ein Vollstreckungsbescheid ergangen und dem Verbraucher zugestellt worden und macht

---

[4] BT-Drucks. 7/5250, S. 54.
[5] Erklärung der Bundesregierung vom 12.4.1978, DRiZ 1978, 189 (190) zum Schreiben des Bundes deutscher Rechtspfleger an den Bundesjustizminister vom 10.2.1978, DRiZ 1978, 116; ZRP 1978, 93; *Hau* JZ 2012, 964; strafrechtliche Folge: BGH v. 19.11.2013 – 4 StR 292/13, NJW 2014, 711 (§ 263 StGB, bei automatisiertem Mahnverfahren § 263a).
[6] *Braun*, Rechtskraft und Rechtskraftdurchbrechung, S. 89.
[7] So jedenfalls die gängige Doktrin, s. nur *Bülow* RPfl 1996, S. 133 mwN.
[8] BGBl I, 3281.
[9] S. Vorauflagen (bis 4. Aufl.), Art. 6 Rn. 4.

der Verbraucher erst nach Ablauf der Einspruchsfrist (§ 700 ZPO) von dem ihm noch zustehenden Widerrufsrecht Gebrauch, kann dessen Geltendmachung jedenfalls nach dem Konzept der schwebenden Wirksamkeit des Vertrages nicht mehr nach § 796 Abs. 2 ZPO präkludiert[10] sein (näher → § 495 Rn. 168).

Auf der anderen Seite kann durch den Widerspruch des Verbrauchers gegen den Mahnbescheid, gleichermaßen durch den Einspruch gegen den Vollstreckungsbescheid, der Entschluss des Verbrauchers zum Widerruf eindeutig hervorgehen (§ 355 Abs. 1 Satz 3 BGB, näher → § 495 Rn. 54[11]).   **19**

c) Angabe von Verzugszinsen. Von der Statthaftigkeit des Mahnverfahrens in Bezug auf den effektiven Jahreszins von bis zu 12 Prozentpunkten über dem jeweiligen Basiszinssatz ist die Frage zu unterscheiden, welche Nebenforderungen geltend gemacht werden können. Eine offenkundige Unschlüssigkeit (→ Rn. 4), die die Zurückweisung des Mahnantrags begründet, kann darin liegen, dass aufgrund eines Verbraucherkreditvertrags (§ 690 Abs. 1 Nr. 3 ZPO) Verzugszinsen von mehr als 5 Prozentpunkten über dem jeweiligen Basiszinssatz beantragt werden.[12] Ein solcher Anspruch ist nach § 497 Abs. 1 Satz 1 BGB nicht begründet (→ § 497 Rn. 37).   **20**

II. Statthaftigkeit des Mahnverfahrens

1. Absoluter Zinsunterschied

Das Mahnverfahren findet nicht statt, dh der Anspruch kann nur im Klageverfahren verfolgt werden, wenn der effektive Jahreszins, der sich aus dem Kreditvertrag – Verbraucherdarlehensvertrag gemäß § 491 oder Finanzierungshilfe gemäß § 506 BGB, insbesondere Teilzahlungsgeschäft nach § 506 Abs. 3 BGB – ergibt, den **Basiszinssatz** aus § 247 BGB (→ § 497 Rn. 28) zuzüglich 12 Prozentpunkte übersteigt. Maßgeblicher Zeitpunkt ist der Vertragsabschluss. Der Basiszinssatz in seiner jeweils geltenden Höhe ist ua den Monatsberichten der Deutschen Bundesbank, Statistischer Teil, VI. Zinssätze, 2. Basiszinssatz, zu entnehmen (→ § 497 Rn. 27); er wird außerdem im Bundesanzeiger veröffentlicht (§ 247 Abs. 2 BGB). Es kommt für die Statthaftigkeit des Mahnverfahrens **nicht** auf den **Marktzins** an (dazu Monatsberichte der Deutschen Bundesbank, Statistischer Teil zu VI. 5), dessen absolute Überschreitung um 12 Prozentpunkte (ebenso wie eine relative Überschreitung von 100 Prozentpunkten) Indiz für die Sittenwidrigkeit des Kreditvertrages ist.[13] Diese Indizwirkung kommt dem Vergleich mit dem Basiszinssatz allein nicht zu[14] (er kann und wird oft unter dem Marktzins liegen, dieser ist wiederum für einzelne Kreditarten unterschiedlich).   **21**

2. Angabepflicht nach §§ 492, 506 BGB

Dieser absolute Zinsunterschied allein macht das Mahnverfahren noch nicht unstatthaft. Weitere Voraussetzung ist vielmehr, dass der effektive Jahreszins nach   **22**

---

[10] So auch *K. Schmidt* JuS 2000, 1096 (1099); gegenteilig nach Ansicht von BGHZ 131, 82 für das bis zum 30.9.2000 geltende Konzept der schwebenden Unwirksamkeit.
[11] BGH NJW 1996, 2156 zu II. 2. und 2865 zu II. 3.a. aa.
[12] Zutreffend AG Hagen NJW-RR 1995, 320 mit Komm. *Vortmann* EWiR § 11 VerbrKrG 1/95, 405 und Anm. *v. Rottenburg* WuB I E 2.–1.95; *Rudolph* MDR 1996, 1 (4).
[13] BGH NJW 1990, 1595 mit Komm. *Kohte* EWiR § 138 BGB 5/90, 543.
[14] Zutreffend *Grimm*, Das neue Verbraucherkreditgesetz, S. 412.

§§ 492 Abs. 2, 506 Abs. 1, Art. 247 §§ 6 Abs, 1, 12 Abs. 1 Satz 1, 3 Abs. 1 Nr. 3 EGBGB anzugeben ist, der Anspruch sich also auf einen Verbraucherdarlehensvertrag oder einen Vertrag über eine Finanzierungshilfe gründet. Für andere Verträge, insbesondere wenn der persönliche Anwendungsbereich gem. §§ 491 Abs. 1, 13 BGB (→ § 491 Rn. 7ff.), § 512 (→ § 512 Rn. 5) nicht erfüllt oder ein Ausnahmetatbestand gem. § 491 Abs. 2 Satz 2 BGB gegeben ist, bleibt das Mahnverfahren statthaft.

23 Das Mahnverfahren bleibt auch statthaft für Kreditverträge, bei denen ausnahmsweise der effektive Jahreszins nicht anzugeben ist, nämlich bei gerichtlich beurkundeten Verträgen (→ § 491 Rn. 183), bei Teilzahlungsgeschäften im Fall von § 507 Abs. 3 Satz 1 BGB (Ausschließlichkeit, → § 507 Rn. 40), bei Überziehungskrediten im Fall von § 504 Abs. 2 Satz 3, Art. 247 § 10 Abs. 3 EGBGB (→ § 504 Rn. 41) und bei Ratenlieferungsverträgen nach § 510 BGB (→ § 510 Rn. 8); dagegen bleibt es bei der Angabepflicht im Falle von Immobiliardarlehensverträgen (ESIS-Merkblatt zu 4.). Das Gesetz sinnt dem Antragsteller nicht etwa an, eigens wegen des Mahnverfahrens die danach freigestellte Angabe des effektiven Jahreszinses doch noch machen zu müssen.

24 Schließlich gibt der anzugebende effektive Jahreszins Maß, der von dem tatsächlich vom Antragsteller angegebenen effektiven Jahreszins abweichen kann. Das wirkt sich auf die Anforderungen aus, die dem Mahngericht, also dem Rechtspfleger (§ 20 Nr. 1 RPflG), obliegen (→ Rn. 30).

III. Mahnantrag

1. Notwendige Angaben

25 Gem. § 690 Abs. 1 Nr. 3 ZPO muss der Anspruch zum Zwecke der Rechtskrafteingrenzung **individualisiert** werden (→ Rn. 8).[15] Darüber hinaus bedarf es Angaben, die dem Mahngericht die Prüfung der Statthaftigkeit des Mahnverfahrens überhaupt erst erlauben, und schließlich sind Angaben zu machen, durch die eine den Anforderungen an § 497 Abs. 3 BGB genügende Zwangsvollstreckung gewährleistet ist.

2. Angaben für die Tilgungsverrechnung

26 Haupt- und Nebenforderungen sind gesondert und einzeln zu bezeichnen. Das ist notwendig, weil bei Teilleistungen des Schuldners – sei es freiwillig oder durch Zwangsvollstreckung – eine Tilgungsverrechnung zunächst auf die Kosten der Rechtsverfolgung, dann auf die Hauptforderung und zuletzt auf die Zinsen gem. § 497 Abs. 3 Satz 1 BGB und abweichend von § 367 Abs. 1 BGB vorzunehmen ist. Durch die gesonderte und einzelne Bezeichnung kann festgestellt werden, welche titulierten Ansprüche durch Tilgung erloschen sind (→ § 497 Rn. 50).

---

[15] S. nur BGH v. 13.10.2015 – II ZR 281/14, Rn. 16, NJW 2016, 1083; BGH NJW 1996, 2152 zu 2. a. aa. mit Anm. *Niedenführ* LM Nr. 85 zu § 209 BGB; NJW 2001, 305 zu II. 2 c. aa. mit Anm. *Niedenführ* LM Nr. 14 zu § 690 ZPO; WM 2002, 398 zu II. 2.a.; mangels Individualisierung tritt keine Hemmung der Verjährung gemäß § 204 Abs. 1 Nr. 6 BGB ein (→ Rn. 37).

3. Angaben für den Zinsvergleich

Handelt es sich um einen Anspruch aus einem Kreditvertrag iSv §§ 491, 506 BGB, sind gem. § 690 Abs. 1 Nr. 3 ZPO anzugeben
– das Datum des Vertragsabschlusses und
– der effektive Jahreszins.

Mit diesen Angaben kann anhand des Basiszinssatzes (→ Rn. 21) der Vergleich angestellt und im gegebenen Falle der Zinsunterschied ausgerechnet werden. Handelt es sich um einen Kreditvertrag, der (zB weil es am persönlichen Anwendungsbereich fehlt oder ein Ausnahmetatbestand von § 491 Abs. 2 Satz 2 BGB erfüllt ist) nicht den verbraucherkreditrechtlichen Bestimmungen unterliegt, bedarf es dieser Angaben nicht (→ Rn. 22). Ist nach Verbraucherkreditrecht der effektive Jahreszins nicht anzugeben (→ Rn. 23), bedarf es dieser Angabe auch im Mahnantrag nicht, wohl aber der anderen Angaben (→ Rn. 27).

4. Vordrucke

Gem. § 703c ZPO können durch Rechtsverordnung Vordrucke für das Mahnverfahren eingeführt werden. Dies ist geschehen ua durch Verordnung vom 6.5.1977.[16] Verbraucherkreditrechtliche Besonderheiten wurden durch die Verordnung vom 18.7.1991[17] eingeführt. § 2 dieser Verordnung sieht lediglich im Falle von Überziehungskrediten iSv § 504 BGB die Entbehrlichkeit der Angabe eines effektiven Jahreszinses vor.[18] Das ist inkorrekt; der Angabe bedarf es auch in anderen Fällen nicht (→ Rn. 28).

IV. Zurückweisung des Mahnantrags

1. Erkenntnisfindung des Gerichts

Als Folge der Unstatthaftigkeit des Mahnverfahrens ist der Mahnantrag gem. § 691 Abs. 1 Satz 1 Nr. 1 ZPO ua dann zurückzuweisen, wenn sich bei Kreditverträgen iSv §§ 491, 506 BGB ein absoluter Zinsunterschied von 12 Prozentpunkten zwischen effektivem Jahreszins und Basiszinssatz ergibt, aber auch dann, wenn der Zinsunterschied geringer ist, aber die dazu erforderlichen Angaben gem. § 690 Abs. 1 Nr. 3 ZPO (→ Rn. 27) nicht gemacht wurden.

a) Anwendbarkeit von Verbraucherkreditrecht als Rechtsfrage und das Problem der Schlüssigkeitsprüfung. Um beurteilen zu können, ob die Voraussetzungen einer Zurückweisung erfüllt sind, muss das Gericht zu der Überzeugung gelangen, dass der dem geltend gemachten Anspruch zugrundeliegende Vertrag ein Kreditvertrag iSv §§ 491, 506 BGB ist. Selbst wenn sich ein Zinsunterschied von 12 Prozentpunkten oder mehr ergibt, darf der Mahnantrag folglich nicht zurückgewiesen werden, wenn sich der Anspruch nicht auf einen

---

[16] BGBl I, 693 betr. § 703c Abs. 1 Satz 2 Nr. 2 ZPO (nicht maschinelle Bearbeitung des Verfahrens durch Mahngericht); letzte Änderung durch Art. 4 Wohnimmobilienvertragskreditrichtlinie-Umsetzungsgesetz, → Einf. Rn. 13a. Zum automatisierten Mahnverfahren *Salten/Gräwe* NJW-CoR 1999, 483.

[17] BGBl I, 1547; BT-Drucks. 326/91.

[18] *Holch* NJW 1991, 3177 (3182); *Scholz* DB 1992, 127 (128); AG Hamburg NJW 1997, 874.

§ 691 ZPO 32   4. Teil. Verbraucherkredit-Mahnverfahren

Kreditvertrag iSv §§ 491, 506 BGB gründet (→ Rn. 22 sowie → Rn. 17), sondern auf einen anders gearteten Vertrag; macht der Antragsteller nicht die gem. § 690 ZPO notwendigen Angaben, weil er den Vertrag fälschlich nicht als Verbraucherkreditvertrag ansieht, muss zurückgewiesen werden. Da es sich bei der Frage, ob ein Vertrag als Kreditvertrag iSv §§ 491, 506 BGB zu qualifizieren ist, um eine Rechtsfrage handelt, deren Beantwortung unabhängig von der rechtlichen Wertung des Antragstellers ist, kann dessen bloße Angabe, der Anspruch falle unter die §§ 491 bis 509 BGB oder nicht, die gem. § 691 Abs. 1 Satz 1 zu treffende Entscheidung des Mahngerichts nicht begründen.[19] Vielmehr ist durch das Gericht aus den vom Antragsteller gemachten Angaben die rechtliche Schlussfolgerung zu ziehen, ob der geltend gemachte Anspruch unter verbraucherkreditrechtliche Vorschriften subsumierbar ist. Anders kann der in § 691 Abs. 1 – gleichermaßen in § 300 Abs. 1 ZPO – liegende Gesetzesbefehl, die Entscheidung – und dh die richtige Entscheidung – zu treffen, nicht erfüllt werden. Indem aber das Gericht in die Subsumtion unter Verbraucherkreditrecht eintreten muss, ist das Mahnverfahren als summarisches und einer Beweisaufnahme nicht zugängliches Verfahren hierfür überhaupt nicht geeignet. Eignung hätte der Vorschlag des Bundesrates gehabt, nach dem der Zinsunterschied stets zur Unstatthaftigkeit des Mahnverfahrens geführt hätte, ohne Beschränkung auf Ansprüche, für die Verbraucherkreditrecht gilt.[20]

32   Das Gericht müsste also in eine verbraucherkreditrechtliche Prüfung gerade auch dann eintreten, wenn sich die Antragsbegründung nicht darauf stützt. Ist dem Antrag zu entnehmen, dass Darlehensansprüche verfolgt werden, ist die Anwendung der §§ 491 bis 508 BGB erst dann ausgeschlossen, wenn Schuldner eine juristische Person ist; die dem Antrag zu entnehmende Kaufmanns- oder Gewerbeeigenschaft reicht dazu nicht aus, weil es sich um ein Existenzgründungsdarlehen (§ 512 BGB) handeln könnte[21] (→ § 513 Rn. 4) oder weil der Unternehmer ein Privatgeschäft vornahm. Gleiches gilt aber auch für Kaufpreis- oder sonstige Vergütungsansprüche; auch wenn es aus der Bezeichnung des Anspruchs keinerlei Hinweise auf eine Finanzierungshilfe gibt, kann der Anspruch dennoch auf eine Rate gerichtet und Verbraucherkreditrecht anwendbar sein.[22] In nicht zu übersehender Zahl von Mahnanträgen kann daher Anlass bestehen, der Anwendbarkeit von Verbraucherkreditrecht nachzugehen, dh im gegebenen Falle durch Zwischenverfügung Aufklärung vom Antragsteller zu verlangen. Der

---

[19] AA *Seibert* VerbrKrG, Art. 6 Rn. 1; *Holch* NJW 1991, 3177, 3180; Gegenäußerung der Bundesregierung zur Stellungnahme des Bundesrates, BT-Drucks. 11/5462, S. 45 zu Nr. 18 aE; kritisch *Braun/Raab-Gaudin* FLF 1991, 244 (246 f.) und *Braun* JuS 1992, 177 (186); *Scholz* DB 1992, 127; skeptisch wohl auch *Gilles* FS Kitawaga, S. 347 (363 f.); *Münstermann/Hannes* VerbrKrG, Art. 6 Rn. 900: eingeschränkte Schlüssigkeitsprüfung, auch Rn. 917; *Rosenberg/Schwab/Gottwald* § 163 Rn. 23 (S. 1145): Schlüssigkeitsprüfung für Verbraucherkredite „marginal verstärkt"; offen *Bruchner/Ott/Wagner-Wieduwilt* VerbrKrG, Art. 6 Rn. 5.
[20] BT-Drucks. 11/5462, S. 38 und Widerspruch der Bundesregierung S. 44 f.
[21] Dagegen bezieht sich die schiedsvertragliche Form aus § 1031 Abs. 5 ZPO (auch: durch Formular, BGH 1125 mit Anm. *Hau* LMK 2005, 68 und Komm. *Korte* § 1040 ZPO 1/05, 367; *Mäsch* FS Schlosser, S. 529, 534) nicht auf Existenzgründer, BGH NJW 2005, 1273 mit Anm. *Artz* LMK 2005, 82, Rezension *Prasse* MDR 2005, 961 mit Komm. *Kulke* EWiR § 13 BGB 1/05, 781; OLG Düsseldorf NJW 2004, 3192; *Fischer* in Bülow/Artz, Handbuch Verbraucherprivatrecht, S. 17 Rn. 45.
[22] Das übersieht *Markwardt* NJW 1991, 1220.

Anhörung des Antragstellers bedarf es gem. § 691 Abs. 1 Satz 2 immer, wenn das Gericht den Antrag zurückzuweisen gedenkt; um die Überzeugung zu gewinnen, dass der Mahnbescheid zu erlassen ist, steht es dem Gericht aber frei, von einer Anhörung abzusehen.

Eine derartige formal-korrekte Anwendung von § 688 Abs. 2 Nr. 1 ZPO hätte aber zur Folge, dass das Mahnverfahren als solches und insgesamt in Frage gestellt wäre. Wie der Gesetzesbegründung ebenfalls zu entnehmen ist,[23] stehen dem Rechtspfleger pro zu bearbeitendem Mahnbescheidsantrag eineinhalb Minuten zur Verfügung; der Abgleich von durch den Gläubiger bezeichneten Ansprüchen mit Verbraucherkreditrecht gerade ohne irgendwelche Angaben des Antragstellers hierzu macht solche Zeitvorgaben illusorisch, hinzu kommt die gebotene Anhörung gem. § 691 Abs. 1 Satz 2 ZPO (→ Rn. 32). Das entspricht noch viel weniger gesetzgeberischer Absicht als die für ausschließbar gehaltene, aber zur Erreichung des gutgemeinten Ziels nicht zu vermeidende Schlüssigkeitsprüfung. In einem solchen Dilemma bleibt dem Gesetzesanwender nichts anderes übrig, als das Ziel soweit wie möglich zu verwirklichen zu versuchen, ohne die drohende prozessuale Katastrophe herbeizuführen. 33

b) Unvollkommene Abhilfe. Die Suche nach einer Konfliktslösung lässt nur altbekannte Wege gangbar erscheinen, welche die *ratio legis* hintanstehen lassen. Der Weg ist derjenige, der dem Rechtspfleger die Möglichkeit und die Pflicht zur eingeschränkten Schlüssigkeitsprüfung bei **offensichtlich** nicht bestehenden Ansprüchen gibt. Sofern dem Rechtspfleger danach aus der Bezeichnung des Anspruchs, insbesondere in Verbindung mit der Bezeichnung der Parteien, Anhaltspunkte auffallen, aus denen er den Schluss zieht, dass der Anspruch in den Anwendungsbereich von Verbraucherkreditrecht fallen könnte (zB Antragsteller ein Handelsunternehmen, Antragsgegner eine Privatperson, Anspruch auf ein Rate) und deshalb zur Prüfung einer möglichen Zurückweisung nach § 691 Abs. 1 Satz 1 ZPO der effektive Jahreszins nebst Datum des Vertragsabschlusses angegeben werden muss, darf er monieren; er hat hierbei einen Beurteilungsspielraum, da die eingeschränkte Schlüssigkeitsprüfung (→ Rn. 14) nach allgemeinen Regeln durch Offensichtlichkeit, also einem unbestimmten Rechtsbegriff, ausgelöst wird, dh dass ihm der Zweifel an der Statthaftigkeit des Mahnverfahrens offensichtlich erscheinen muss.[24] 34

c) Zinsunterschied als Tatsachenfrage. Welcher effektive Jahreszins das Maß der Unstatthaftigkeit des Mahnverfahrens gibt (→ Rn. 24), ist nicht Rechtsfrage, sondern Tatfrage, die allein durch die Angabe des Antragstellers beantwortet werden kann. Aufgrund dieser Angabe und dem Basiszinssatz (§ 247 BGB, → Rn. 21) hat der Rechtspfleger den Zinsunterschied von 12 Prozentpunkten auszurechnen. Stichtag ist derjenige des Vertragsabschlusses (→ Rn. 27), nicht des Antrags. 35

d) Verhalten des Antragstellers. – aa) Angaben, die den Ausschluss der §§ 491 bis 504 BGB begründen. Antragsteller können Nachforschungen des Mahngerichts (→ Rn. 32) dadurch entgegenwirken, dass sie von sich aus im Mahnantrag Tatsachen vortragen, aus denen sich die Unanwendbarkeit von Verbraucherkreditrecht ergibt. Dadurch kann der Antragsteller freilich riskieren, dass 36

---

[23] BT-Drucks. 11/5462, S. 45.
[24] *Bülow* RPfl 1996, 133 (135 f. mwN).

das Mahngericht überhaupt erst auf die rechtliche Prüfung gestoßen und dennoch zu Zwischenverfügungen veranlasst wird, die sonst unterblieben wären.

37 **bb) Titelerschleichung.** Auf der anderen Seite ist durch die Regelung nicht zu vermeiden, dass durch geschickte oder gar irreführende Antragsformulierung die Zugehörigkeit des Anspruchs zum Verbraucherkreditrecht verschleiert wird und der Mahnbescheid sowie der Vollstreckungsbescheid doch ergehen. Darin liegt ein Missbrauch des Mahnverfahrens, der es dem Antragsteller gemäß § 242 BGB verwehrt, sich auf die Hemmung der Verjährung nach § 204 Abs. 1 Nr. 3 BGB zu berufen.[25] Verstößt der Kreditvertrag gegen die guten Sitten (§ 138 BGB), kann der Verbraucher versuchen, gegen die Vollstreckung aus dem Vollstreckungsbescheid mit einer Klage aus § 826 BGB vorzugehen, deren Begründetheit neben objektiver Unrichtigkeit des Titels und Kenntnis des Gläubigers außerdem besondere Umstände[26] voraussetzt. Als ein solcher Umstand dürfte die Verschleierung bei der Antragsformulierung anzusehen sein (zur Titelerschleichung in der besonderen Verjährungssituation aus § 497 Abs. 3 Satz 4 BGB – kurze Verjährung für Zinsen – → § 497 Rn. 70 aE).

2. Fristunterbrechung, Verjährungshemmung (§ 691 Abs. 2 ZPO)

38 Ob der Mahnantrag zurückgewiesen wird, hängt nicht davon ab, ob der materiellrechtliche Anspruch unbegründet ist (→ Rn. 15). Der Antragsteller ist folglich nicht gehindert, den Anspruch im ordentlichen Klageverfahren, gegebenenfalls im Urkundenprozess, zu verfolgen. Die Durchsetzung kann aber daran scheitern, dass nach Abschluss des erfolglosen Mahnverfahrens inzwischen Verjährung eingetreten oder eine Frist versäumt ist. Die Hemmung gem. § 204 Abs. 1 Nr. 1 BGB oder die Fristwahrung treten trotzdem mit dem Zeitpunkt ein, in dem der Mahnantrag dem Gericht zugegangen war (schriftlich oder zu Protokoll), allerdings gem. § 691 Abs. 2 ZPO und in Erweiterung von § 270 Abs. 3 ZPO nur unter zwei Voraussetzungen:

39 – Die nunmehr erhobene und die Individualisierung des Anspruchs ermöglichende[27] Klage muss innerhalb eines Monats eingereicht, dh der Anspruch anhängig gemacht werden, wobei Fristbeginn die Zustellung des Zurückweisungsbeschlusses ist, die sich nach § 329 Abs. 3 ZPO richtet; der Antragsgegner (Verbraucher) wird nicht unterrichtet. Die Fristberechnung richtet sich nach §§ 222 Abs. 1 ZPO, 187 bis 189 BGB;

40 – die Klage muss dem Beklagten (Verbraucher) demnächst zugestellt werden, dh in angemessener, auch längerer Zeit, wenn der Kläger oder sein Vertreter alles ihm Zumutbare für die alsbaldige Zustellung getan,[28] insbesondere Kostenvorschüsse gezahlt hat.

---

[25] BGH v. 23.6.2015 – XI ZR 536/14, Rn. 17 ff., NJW 2015, 3160 = WM 2015, 1461 mit krit. Rez. *Schatz*, VuR 2015, 411, Anm. *Voit* WuB 2015, 545 und Komm. *Guski* EWiR 2015, 641; v. 16.7.2015 – III ZR 238/14, NJW 2015, 3162 = WM 2015, 1555; OLG Karlsruhe WM 2015, 476 (478).
[26] BGHZ 101, 380 (386) mit Komm. *Braun* EWiR § 826 BGB 4/87, 1085 und Anm. *Emmerich* WuB IV A.–7.87 sowie Bespr. *Emmerich* JuS 1988, 228; *Bülow* Konsumentenkredit, Rn. 388 ff.; *Seibert* VerbrKrG, Art. 6 Rn. 1; *Braun/Raab-Gaudin* FLF 1991, 244 (249); *Vortmann* Aktuelle Rechtsfragen, Rn. 325.
[27] BGH NJW 2009, 56; OLG Dresden WM 2009, 2371.
[28] BGH DB 1972, 2108; NJW 1991, 1745 zu 3.b.; *Grimm* Verbraucherkreditgesetz, S. 417 f.

Die Verjährungshemmung durch Mahnbescheid nach § 204 Abs. 1 Nr. 3 BGB **40a** tritt nur ein, wenn der Antrag den Anforderungen in § 690 Abs. 1 ZPO entspricht, insbesondere den Anspruch gemäß Nr. 3 individualisiert (→ Rn. 14) und die Angabe nach Nr. 4 (Gegenleistung) richtig ist.[29] Fehlt es daran, kann der Mangel nach Ablauf der Verjährungsfrist nicht mehr durch Nachholung individualisierender Angaben geheilt werden.[30] Folglich kann auch die Verjährungshemmung nach § 691 Abs. 2 ZPO nicht eintreten.

3. Beschwerde und Erinnerung

Die Unanfechtbarkeit der Entscheidung gem. § 691 Abs. 3 Satz 2 führt zur **41** befristeten Erinnerung gegen die Entscheidung des Rechtspflegers, der den Zurückweisungsbeschluss erlässt. Der Rechtspfleger kann gem. § 11 Abs. 2 Satz 2 RPflG abhelfen, sodass der Mahnbescheid ergeht, oder die Erinnerung dem Richter vorlegen (Satz 3). Gegen die Entscheidung des Richters ist kein Rechtsmittel gegeben. Die gesetzgeberische Absicht, auch die Rechtspflegererinnerung auszuschließen,[31] wurde nicht verwirklicht.

Die Beschwerde bei nur maschinell lesbaren Anträgen (§ 691 Abs. 3 Satz 1 ZPO) **42** ist entgegen der bis dahin geltenden Regelung[32] seit dem 1.1.2002 eine sofortige.

V. Exkurs: Gerichtsstand, Schiedsverfahren

1. Örtliche Zuständigkeit nach § 29c ZPO

Zwar bestimmt § 29c ZPO in Fortführung von § 7 HWiG einen besonderen **43** Gerichtsstand für außerhalb von Geschäftsräumen geschlossene Verträge (sog. Haustürgeschäfte), wonach das Wohnsitzgericht des Verbrauchers örtlich zuständig ist[33] (gleichermaßen für den Versicherungsvertrag § 215 VVG), doch bleibt es für Verbraucherkreditgeschäfte beim allgemeinen Gerichtsstand nach § 12 ZPO. Die früheren Sondervorschriften nach §§ 6a, 6b AbzG wurden im Zuge der Schuldrechtsmodernisierung nicht wiederbelebt. Bei § 29c ZPO bleibt es aber, wenn das Haustürgeschäft zugleich ein Verbraucherkreditgeschäft ist, zB bei einem Kauf an der Haustür gegen Teilzahlungen. Der Vorrang nach § 312g Abs. 3 BGB bezieht sich nur auf das materielle Recht, aber nicht auf den Gerichtsstand.[34]

---

[29] OLG Stuttgart WM 2015, 479.
[30] OLG Karlsruhe WM 2015, 476 (478).
[31] BT-Drucks. 11/5462, S. 33 (Art. 7 aF); sie ist gerade auch wegen der schwierigen Schlüssigkeitsprobleme (vorst. Rn. 30) unerlässlich, vgl. *Gilles* FS Kitawaga, S. 347 (364); *Münstermann/Hannes* VerbrKrG, Art. 6 Rn. 901.
[32] MüKoBGB/*Holch* § 691 ZPO Rn. 33; Verordnung zur Änderung von Vordrucken für gerichtliche Verfahren vom 18.7.1991, BGBl I, 1597, dazu *Holch* NJW 1991, 3177 sowie → Rn. 29.
[33] Nicht: Klage gegen involvierten Dritten, aber ohne Bezug zur Haustürsituation, BGH Beschl. v. 3.5.2011 – X AZR 101/11, WM 2011, 1026 mit Komm. *Schroeder* EWiR § 29c ZPO 1/11, 825; für Versicherungsverträge gilt § 215 VVG, LG Stuttgart NJW-RR 2014, 213; LG Hamburg VersR 2013, 482; LG Saarbrücken NJW-RR 2011, 1600; LG Fulda VersR 2010, 481; bei Abtretung nicht für Zessionar: AG Kiel Beschl. v. 7.9.2010 – 108 C 320/10. Eine abweichende Gerichtsstandsvereinbarung ist im Allgemeinen unzulässig, BGH v. 30.10.2014 – III ZR 474/13, NJW 2015, 169 = WM 2014, 2257 mit Anm. *Vossler* NJW 2015, 171; KG BKR 2014, 390 zu II.5.a.
[34] BT-Drucks. 14/7052, S. 191; BGH ZIP 2002, 1083; *Bülow/Artz/Fischer*, Handbuch Verbraucherprivatrecht, § 17 Rn. 17.

2. Internationale Zuständigkeit nach Art. 17 EuGVVO

44 Für die internationale Zuständigkeit unter den Mitgliedstaaten der EU (unter EU und Europäischer Freihandelsassoziation EFTA Art. 13 des revidierten Lugano-Übereinkommens 2007) gilt für Verbrauchersachen Art. 17 EU-ZuständigkeitsVO 1215/2012[35] (EuGVVO, Brüssel Ia-VO, früher VO 44/2001, Brüssel I-VO, davor Art. 13 EuGVÜ[36]):

Artikel 17

(1) Bilden ein Vertrag oder Ansprüche aus einem Vertrag, den eine Person, der Verbraucher, zu einem Zweck geschlossen hat, der nicht der beruflichen oder gewerblichen Tätigkeit dieser Person zugerechnet werden kann, den Gegenstand des Verfahrens, so bestimmt sich die Zuständigkeit unbeschadet des Artikels 4 und des Artikels 5 Nummer 5 nach diesem Abschnitt,
a) wenn es sich um den Kauf beweglicher Sachen auf Teilzahlung handelt,
b) wenn es sich um ein in Raten zurückzuzahlendes Darlehen oder ein anderes Kreditgeschäft handelt, das zur Finanzierung eines Kaufs derartiger Sachen bestimmt ist, oder
c) in allen anderen Fällen, wenn der andere Vertragspartner in dem Mietgliedstaat, in dessen Hoheitsgebiet der Verbraucher seinen Wohnsitz hat, eine berufliche oder gewerbliche Tätigkeit ausübt oder eine solche auf irgend einem Wege auf diesem Mitgliedstaat oder auf mehrere Staaten, einschließlich dieses Mitgliedstaats, ausrichtet und der Vertrag in den Bereich dieser Tätigkeit fällt.

(2) Hat der Vertragspartner des Verbrauchers im Hoheitsgebiet eines Mitgliedstaats keinen Wohnsitz, besitzt er aber in einem Mitgliedstaat eine Zweigniederlassung, Agentur oder sonstige Niederlassung, so wird er für Streitigkeiten aus ihrem Betrieb so behandelt, wie wenn er seinen Wohnsitz im Hoheitsgebiet dieses Staates hätte.

(3) Dieser Abschnitt ist nicht auf Beförderungsverträge mit Ausnahme von Reiseverträgen, die für einen Pauschalpreis kombinierte Beförderungs- und Unterbringungsleistungen vorsehen, anzuwenden.

45 **a) Persönlicher Anwendungsbereich. aa) Verbraucher.** Der Verbraucherbegriff im internationalen Zivilprozessrecht nach Art. 17 EuGVVO stimmt nicht vollständig mit dem materiell-rechtlichen nach § 13 BGB und der Schwerpunktbetrachtung nach Art. 6 Abs. 1 Rom-I-VO (→ 3.Teil Rn. 12) überein, sondern ist nach dem Urteil des EuGH vom 20.1.2005 *(Gruber)* autonom und enger zu bestimmen, was dem Ausnahmecharakter der Vorschrift, Gerichtsstand des Klägers und nicht des Beklagten, geschuldet ist.[37] Ausgangspunkt für den Verbraucherbegriff nach Art. 17 EuGVVO ist zunächst ebenso wie nach mate-

---

[35] ABlEU L 351/1 v. 20.12.2012, anwendbar ab 10.1.2015.
[36] Im Einzelnen Bülow/Artz/*Fischer,* Handbuch Verbraucherprivatrecht, § 17 Rn. 55 ff.; ab 10.1.2015 revidierte EU-VO 1215/2012 (Brüssel Ia-VO, ABlEU L 351/1 v. 20.12.2012, *R.Wagner* NJW 2013, 3128 (3129). Art. 17 Abs. 1 EuGVVO setzt kein Fernabsatzgeschäft (§ 312c BGB) voraus, EuGH v. 6.9.2012 – C-190/11 – *Mühlleitner* – NJW 2012, 3225; BGH WM 2013, 1234 Tz. 27 ff., 33. Bei mehreren angerufenen Gerichten in verschiedenen Staaten der Union gilt zeitliche Priorität, also für das zuerst angerufene Gericht, EuGH v. 27.2.2014 – C-1/13 (Cartier); BGH Vorlagebeschl. (Art. 267 AEUV) v. 18.9.2013 – V ZB 163/12, WM 2013, 2160 mit Komm. *Vogl* EWiR 2014, 131; zum Lug-Ü BGH ZIP 2011, 1382.
[37] C-464/01, NJW 2005, 653 Tz. 32 mit Komm. und BSpr. *Mankowski* EWiR Art. 13 EuGVÜ 1/05, 305 und RIW 2005, 561 (563); BGH v. 28.2.2012 – XI ZR 9/11, Tz. 28, NJW 2012, 1817 = WM 2012, 747 mit Anm. *Wais* LMK 2012, 334934; EuGH v. 28.1.2015 – C-315/13, Rn. 22,23, NJW 2015, 158 – *Kolassa* –.

riell-rechtlichen Vorschriften, dass „der Zweck des zwischen den Parteien geschlossenen Vertrages nicht in der beruflichen oder gewerblichen Verwendung des Gegenstands oder der Dienstleistung besteht, auf die sich der Vertrag bezieht" (Tz. 37 des Urteils vom 20.1.2005). Verträge mit doppeltem Zweck sind zwar nicht völlig vom prozessualen Verbraucherbegriff ausgeschlossen, jedoch reicht ein Überwiegen nicht[38] (Tz. 41, 42 des Urteils). Vielmehr erfüllt ein mitverfolgter unternehmerischer Zweck nur dann den Verbraucherbegriff, wenn dieser Zweck derart nebensächlich ist, dass er im Gesamtzusammenhang des Geschäfts nur eine ganz untergeordnete Rolle spielt (Leitsatz 1 und Tz. 45, „Vernachlässigbarkeitstest"[39]). Demgemäß wird auch für den Existenzgründer iSv § 513 BGB der Verbrauchergerichtsstand nach Art. 17 EuGVVO nicht begründet,[40] ebensowenig für Ansprüche unter Verbrauchern.[41] Auf der anderen Seite ist der allein zu privatem Zweck handelnde Unternehmer als Verbraucher anzusehen[42] (→ Einf. Rn. 42).

bb) Beweislast und Erkennbarkeit. Die Beweislast folgt allgemeinen Regeln und trifft typischerweise die natürliche Person für die ganz untergeordnete Rolle des unternehmerischen Zwecks (Tz. 46). Besonderes gilt für die Kenntnis des Unternehmers als Vertragskontrahenten der natürlichen Person. Kommt das Gericht – nach Aktenlage, Tz. 48 – zu der Überzeugung, dass der unternehmerische Zweck nicht von ganz untergeordneter Bedeutung war und folglich kein Verbrauchergeschäft anzunehmen ist, spielt die Kenntnis keine Rolle und braucht durch das Gericht nicht geprüft zu werden (Tz. 49). Ist das Gericht dagegen nicht rechtlich hinreichend von der ganz untergeordneten Bedeutung des unternehmerischen Zwecks überzeugt, ist nach Ansicht des EuGH die Verbrauchereigenschaft nicht etwa zu verneinen, wie dies für ein *non liquet* anzunehmen wäre, sondern der Vertrag ist aus Gründen der praktischen Wirksamkeit *(effet utile)* als Verbrauchervertrag anzusehen (Tz. 50). Jedoch kommt es nun für die internationale Zuständigkeit auf die Erkennbarkeit des privaten Zwecks für den Vertragskontrahenten, den Unternehmer, an (Tz. 51) und nicht lediglich, wie im materiellen Recht, auf die objektive Zuordnung. Der Unternehmer braucht den privaten Zweck nicht zu kennen, wenn die natürliche Person durch eigenes Verhalten den Eindruck erweckte, selbst unternehmerisch zu handeln (Verwendung eines Geschäftsbriefkopfs, Kaufgegenstand für die Berufsausübung geeignet, Lieferung an Geschäftsadresse, Erwähnung einer Mehrwertsteuererstattung: Tz. 52; für diese Tatsachen trägt der Unternehmer die Beweislast, da er sich auf einen Ausnahmetatbestand beruft: keine internationale Zuständigkeit, obwohl ein Verbrauchervertrag anzunehmen ist[43]). In diesem Fall der fehlenden Erkennbarkeit besteht kein Verbrauchergerichtsstand. Wenn das Gericht allerdings, anders als nach Tz. 50 des EuGH-Urteils, überzeugt davon ist, dass der unternehmerische

---

[38] Abw. Cour d'Appel Versailles, RIW 1999, 884 mit zutr. Rez. *Lutz/Neumann* RIW 1999, 827 (829).
[39] *Loacker* JZ 2013, 234 (238).
[40] EuGH v. 9.7.1997, C-269/95 *(Benincasa)* Tz. 17, RIW 1997, 775 = EWS 1997, 270.
[41] Vgl. EuGH v. 5.12.2013 – C-508/12 betr. europäischen Vollstreckungstitel (VO 805/2002) mit Komm. *Mankowski* EWiR 2014, 371; *Staudinger/Steinrötter* JuS 2015, 1 (6).
[42] EuGH v. 3.9.2015 – C-110/14, Rn. 25, ZIP 2015, 1882 – *Costea* – mit Anm. *Schürnbrand* GPR 2016, 19 und *Pfeiffer* LMK 2015, 372972 sowie Komm. *Feldmann* EWiR 2015, 735.
[43] Dies lässt *H. Roth* FS v. Hoffmann, S. 715 (721/722) nicht gelten.

Zweck von ganz untergeordneter Bedeutung war, spielt die Kenntnis wiederum (wie gem. Tz. 49) keine Rolle.

47 **cc) Verbrauchervertrag ohne Verbrauchergerichtsstand.** Materielles Recht und Prozessrecht divergieren,[44] sodass ein Vertrag mit doppeltem Zweck nach § 13 BGB, Art. 6 Abs. 1 Rom-I-VO aufgrund des Tatbestandsmerkmals „überwiegend" Verbrauchergeschäft sein kann, aber der Verbrauchergerichtsstand nach Art. 17 EuGVVO nicht gegeben und das Gericht des unternehmerischen Beklagten im Ausland örtlich und international zuständig ist, unbeschadet des Wahlrechts für Verbraucher nach Art. 18 Abs. 1 EuGVVO.[45]

48 **dd) Unternehmer.** Für den Unternehmerbegriff gelten keine Besonderheiten im Vergleich zu § 14 BGB.

49 **b) Sachlicher Anwendungsbereich.** Nach Art. 17 Abs. 1 lit. a ist die internationale Zuständigkeit gegeben, wenn Gegenstand des Verfahrens ein Kaufvertrag oder ein Anspruch daraus über bewegliche Sachen[46] auf Teilzahlung ist, also eine Finanzierungshilfe in Gestalt eines Teilzahlungsgeschäfts nach § 506 Abs. 3 BGB (→ § 506 Rn. 55). Jedoch ist die EuGVVO auch insoweit (→ Rn. 45) autonom auszulegen mit der Folge, dass der Verbraucher mindestens zwei Teilzahlungen zu erbringen hat[47] (anders nach § 506 Abs. 3 BGB, → § 506 Rn. 58). **Ansprüche aus einem Vertrag** können auch solche deliktischer Natur sein, wenn das vorgeworfene Verhalten bei vernünftiger Betrachtungsweise und nach Lage des Einzelfalls zugleich als Verstoß gegen vertragliche Pflichten angesehen werden kann.[48]

50 **lit. b** erfasst Verträge über die Finanzierung des Kaufs beweglicher Sachen, also Ratendarlehen eines Dritten oder auch des Verkäufers selbst (→ § 495 Rn. 287), wobei die Zweckgebundenheit des Kredits Voraussetzung für die internationale Zuständigkeit ist[49] und zugleich ein verbundenes Geschäft nach § 358 Abs. 3 Satz 2 BGB zustande kommt (→ § 495 BGB Rn. 275). Auch Mietkauf und Finanzierungsleasing sind erfasst (→ § 506 Rn. 67, 78), nicht jedoch Verträge mit Restwertgarantie nach § 506 Abs. 2 Nr. 3 BGB, die außerhalb des harmonisierten Bereichs der VerbrKrRil angesiedelt sind (→ § 506 Rn. 84).

51 Nach **lit. c** wird die internationale Zuständigkeit auch für andere Vertragsarten eröffnet, jedoch nur bei räumlicher Verknüpfung zu dem Wohnsitz-Mitgliedstaat des Verbrauchers, also einem Inlandsbezug. Diese Verknüpfung kann liegen in der **Ausübung** der gewerblichen oder beruflichen Tätigkeit des Unternehmers im Wohnsitzstaat des Verbrauchers oder in der **Ausrichtung** seiner Tätigkeit hierauf, Begrifflichkeiten, wie sie auch Tatbestandsvoraussetzungen im materiellen IPR nach Art. 6 Abs. 1 Rom I sind (→ 3.Teil Rn. 15). Die Ausübung kann in einer Niederlassung im Verbraucherstaat oder in grenzüberschrei-

---

[44] Entgegen der Prognose von *Mankowski* EWiR Art. 13 EuGVÜ 1/05, 305 strahlt Internationales Verbraucherprozessrecht also nicht auf materielles Recht aus; *Bülow* WM 2014, 1 (3).

[45] EuGH v. 14.11.2013 – C-478/12, NJW 2014, 530 mit Komm. *Mankowski* EWiR 2014, 231; *Staudinger/Steinrötter*, JuS 2015, 1 (5); *Grohmann* ZIP 2015, 16 (18).

[46] Nicht: Wertpapiere, nach LG Darmstadt NJW-RR 1994, 684.

[47] EuGH EuZW 1999, 727; OLG Oldenburg NJW 1976, 1043.

[48] EuGH v. 13.3.2014 – C-548/12, NJW 2014, 1648 – *Brogsitter* – mit Anm. *Weller*, LMK 2014, 359127; *Staudinger/Steinrötter* JuS 2015, 1 (5), außerdem mag an deliktische Ansprüche in enger Verbindung zum Vertrag zu denken sein.

[49] Hk-ZPO/*Dörner*, Art. 15 EuGVVO Rn. 10.

tender Tätigkeit im Zeitpunkt des Vertragsschlusses[50] liegen. Der Unternehmer muss seinen Willen zum Ausdruck gebracht haben, Geschäftsbeziehungen zum Verbraucher im Wohnsitzstaat herzustellen.[51] Danach sind vor allem Internet-Auftritte des Unternehmers erfasst, ohne dass aber Kausalität zwischen diesem Auftritt und dem Vertragsabschluss Voraussetzung wäre (der Verbraucher braucht das Internet nicht genutzt zu haben), die andererseits Indiz für das Ausrichten ist,[52] und ohne dass ein Fernabsatzgeschäft (§ 312c BGB) Voraussetzung für die internationale Zuständigkeit wäre.[53] Die Verbindung kann sich auf eine enge Verbindung zu einem einschlägigen Vertrag gründen.[54] Auf der anderen Seite ist die bloße Zugänglichkeit einer – passiven[55] – Web-Seite des Unternehmers nicht ausreichend, die internationale Zuständigkeit zu begründen.[56] Sie gilt aber für die Vermietung eines Ferienhauses durch den Reiseveranstalter (nicht durch den Eigentümer), sodass Art. 24 Nr. 1 (ausschließlicher Gerichtsstand für Mietsachen) nicht anwendbar ist.[57] Die Darlegungs- und Beweislast für Ausrichtung und Ausübung folgt allgemeinen Regeln, sodass sie typischerweise den Verbraucher trifft.[58]

Für den Vertragsbegriff reicht es im Falle von lit. c aus, wenn der Verbraucher **52** schlüssig behauptet, dass der Unternehmer gegenüber dem Verbraucher freiwillig eine Verpflichtung eingegangen ist, also ein verbindliches Vertragsangebot gemacht hat, ohne dass es der Verbraucher bereits angenommen haben müsste.[59] Die Initiative zur Unterbreitung eines Angebots braucht nicht notwendig vom Unternehmer ausgegangen zu sein.[60]

---

[50] OLG Frankfurt NJW-RR 2009, 645.
[51] BGH v. 29.11.2011 – XI ZR 172/11, Tz. 21, NJW 2012, 455 = WM 2012, 747; BGH v. 28.2.2012 – XI ZR 9/11, Tz. 39, NJW 2012, 1817 = WM 2012, 941 mit Anm. *Wais* LMK 2012, 334934.
[52] EuGH v. 17.10.2013 – C-218/12 *(Emrek)*, Tz. 24, 26, WM 2014, 222 = NJW 2013, 3504 mit Rez. *Wilke*, EuZW 2015, 13, Anm. *Klöpfer/Wendelstein*, JZ 2014, 298, *Staudinger/Steinrötter* NJW 2013, 3505 und krit Komm. *Mankowski* EWiR Art. 15 EuGVVO 2/13, 717; *Gsell*, ZZP 127 (2014), 431 (447f.); instruktiv *Staudinger/Frensing-Deutschmann*, JuS 2015, 1092 (1095); *Basedow*, ZEuP 2016, 1 (3/4).
[53] Vorlagebeschluss BGH v. 1.2.2012 – XII ZR 10/10, NJW-RR 2012, 436 mit Anm. *Staudinger* LMK 2012, 331721, EuGH v. 6.9.2011 – C-190/11, NJW 2012, 3225 = ZIP 2012, 2175 mit Anm. *Klöpfer/Wendelstein* JZ 2014, 298, *Staudinger/Steinrötter* NJW 2012, 3227 und Komm. *Knöfel* EWiR Art. 15 EuGVVO 3/12, 695, BGH v. 24.4.2013 – XII ZR 10/10, WM 2013, 1234 = ZIP 2013, 1141 mit Komm. *Schroeter/Krämer* EWiR Art. 15 EuGVVO 1/13, 613.
[54] EuGH v. 23.12.2015 – C-297/14, Rn. 33 – *Hobohm* –, NJW 2016, 697 mit Anm. *Mankowski* S. 699 und BSpr. *Staudinger/Bauer* NJW 2016, 913.
[55] Hk-ZPO/*Dörner* Art. 15 EuGVVO Rn. 16.
[56] EuGH v. 7.12.2010 – C-585/08 und 144/09 *(Pammer)*, NJW 2011, 505 = ZGS 2011, 121 mit Rez. *Wilke* EuZW 2015, 13, Anm. *v.Hein* JZ 2011, 954, *Gebauer* LMK 2011, 316141 und Komm. *Mankowski* EWiR Art. 15 EuGVVO 1/11, 111, anders bei Urheberrechtsverletzung, EuGH v. 22.1.2015 – C-441/13, GRUR-Prax 04/2015 mit Anm. *Luft*.
[57] BGH v. 23.10.2012 – X ZR 157/11, NJW 2013, 308.
[58] BGH v. 15.3.2015 – I ZR 88/14, Rn. 19, NJW 2015, 2339 mit BSpr. *Staudinger/Röben* NJW 2015, 2851 und Anm. *Haas* VuR 2015, 475.
[59] BGH v. 29.11.2011 – XI ZR 172/11, Tz. 21, NJW 2012, 455 = WM 2012, 36 mit Komm. *Baumgart* EWiR Art. 15 EuGVVO 1/12, 243.
[60] BGH v. 31.5.2011 – VI ZR 154/10, Tz. 28 betr. Art. 13 LugÜ, NJW 2011, 2809 = ZIP 2011, 1383 mit Anm. *Weller* LMK 2012, 329470.

53 Nach Art. 17 Abs. 3 EuGVVO können Pauschalreiseverträge die internationale Zuständigkeit begründen. Hierzu gehört auch ein Vertrag über eine Frachtschiffreise.[61]

54 **Gerichtsstandsvereinbarungen** in Verbrauchersachen sind nur unter den resriktiven Voraussetzungen von Art. 19 EuGVVO im Vergleich zu Art. 25 wirksam[62]. Jedoch wird die internationale und örtliche Zuständigkeit durch rügelose Einlassung (im Gegensatz zu § 39 ZPO nicht nur durch mündliches Verhandeln zur Hauptsache, sondern auch bereits durch Einlassung in der Klageerwiderung) begründet[63] und verdrängt Art. 17 EuGVVO[64], vorausgesetzt, eine Partei (nicht notwendig Beklagter) hat ihren Wohnsitz in einem Mitgliedstaat.

3. Schiedsvereinbarungen

55 Schiedsvereinbarungen sind gem. § 1031 ZPO unter erleichterten Voraussetzungen formwirksam, zB auch durch Textform nach § 126b BGB mittels E-Mail.[65] Diese Formerleichterung gilt nur im unternehmerischen Verkehr. Ist ein Verbraucher (nicht: Existenzgründer iSv § 512 BGB[66]) beteiligt, bedarf die Schiedsvereinbarung der Schriftform oder der elektronischen Form (§§ 126a BGB, 1031 Abs. 5 ZPO)[67] sowie der Eigenständigkeit.[68] Andernfalls ist sie unwirksam, auch wenn es der Verbraucher ist, der sich auf die vom Unternehmer vorformulierte Schiedsabrede beruft;[69] § 242 BGB steht nur ausnahmsweise entgegen, zB bei grob unredlichem und widersprüchlichem Verhalten des Unternehmers.[70]

---

[61] EuGH v. 7.12.2010 – C-585/08 und 144/09 *(Pammer)*, NJW 2011, 505.

[62] *Staudinger/Steinrötter*, JuS 2015, 1 (4 f.); zu Art. 15, 16 LugÜ OLG Stuttgart WM 2015, 2185.

[63] BGH v. 19.5.2015 – XI ZR 27/14, Rn. 17, NJW 2015, 2667 = WM 2015, 1381.

[64] OLG Koblenz IPrax 2001, 334 mit Anm. *Mankowski* S. 310; *Dörner*, in: Saenger, ZPO, 6. Aufl. 2015, Art. 24 EuGVVO Rn. 2; *Mankowski*, RIW 2014, 625 (628).

[65] Hk-ZPO/*Saenger* § 1031 ZPO Rn. 5.

[66] BGH NJW 2005, 1273 mit Anm. *Artz* LMK 2005 I, 82 und Komm. *Kulke* EWiR § 13 BGB 1/05, 781 (Vorinstanz OLG Düsseldorf NJW 2004, 3192).

[67] Hierzu BGH NJW 2005, 1125 zu II. 4. mit Anm. *Hau* LMK 2005, 68.

[68] HK-ZPO/*Saenger* § 1031 ZPO Rn. 13.

[69] BGH v. 19.5.2011 – III ZR 16/11, Tz. 7, 10, NJW 2011, 2976 = WM 2011, 1824 mit BSpr. *Schrader* ZJS 2011, 392; ähnlich bei Prorogation, *Bülow* VersR 1976, 415.

[70] BGH NJW-RR 1987, 1194; 2009, 1582.

Anhang

Texte zum Verbraucherkreditrecht

1. Verbraucherkreditgesetz (VerbrKrG)

In der Fassung der Bekanntmachung vom 29. Juni 2000
(BGBl. I S. 940)
BGBl. III/FNA 402-6
Zuletzt geändert durch Art. 6 Nr. 3 SchuldrechtsmodernisierungsG vom 26.11.2001
(BGBl. I S. 3138)

§ 1 Anwendungsbereich

(1) [1] Dieses Gesetz gilt für Kreditverträge und Kreditvermittlungsverträge zwischen einem Unternehmer, der einen Kredit gewährt (Kreditgeber) oder vermittelt oder nachweist (Kreditvermittler), und einem Verbraucher. [2] Als Verbraucher gelten auch alle anderen natürlichen Personen, es sei denn, dass der Kredit nach dem Inhalt des Vertrags für ihre bereits ausgeübte gewerbliche oder selbständige berufliche Tätigkeit bestimmt ist.

(2) Kreditvertrag ist ein Vertrag, durch den ein Kreditgeber einem Verbraucher einen entgeltlichen Kredit in Form eines Darlehens, eines Zahlungsaufschubs oder einer sonstigen Finanzierungshilfe gewährt oder zu gewähren verspricht.

(3) Kreditvermittlungsvertrag ist ein Vertrag, nach dem ein Kreditvermittler es unternimmt, einem Verbraucher gegen Entgelt einen Kredit zu vermitteln oder ihm die Gelegenheit zum Abschluss eines Kreditvertrags nachzuweisen.

§ 2 Lieferung in Teilleistungen oder wiederkehrenden Leistungen

Die Vorschriften des § 4 Abs. 1 Satz 1 und Abs. 3, des § 7 Abs. 1 und 2 und des § 8 gelten entsprechend, wenn die Willenserklärung des Verbrauchers auf den Abschluss eines Vertrags gerichtet ist, der
1. die Lieferung mehrerer als zusammengehörend verkaufter Sachen in Teilleistungen zum Gegenstand hat und bei dem das Entgelt für die Gesamtheit der Sachen in Teilleistungen zu entrichten ist;
2. die regelmäßige Lieferung von Sachen gleicher Art zum Gegenstand hat;
3. die Verpflichtung zum wiederkehrenden Erwerb oder Bezug von Sachen zum Gegenstand hat.

§ 3 Ausnahmen

(1) Dieses Gesetz findet keine Anwendung auf Kreditverträge und auf Verträge über die Vermittlung oder den Nachweis von Kreditverträgen,
1. bei denen der auszuzahlende Kreditbetrag (Nettokreditbetrag) oder Barzahlungspreis 200 Euro nicht übersteigt;
2. wenn der Kredit für die Aufnahme einer gewerblichen oder selbständigen beruflichen Tätigkeit bestimmt ist und der Nettokreditbetrag oder Barzahlungspreis 50 000 Euro übersteigt;
3. durch die dem Verbraucher ein Zahlungsaufschub von nicht mehr als drei Monaten eingeräumt wird;
4. die ein Arbeitgeber mit seinem Arbeitnehmer zu Zinsen abschließt, die unter den marktüblichen Sätzen liegen;
5. die im Rahmen der Förderung des Wohnungswesens und des Städtebaus auf Grund öffentlich-rechtlicher Bewilligungsbescheide oder auf Grund von Zuwendungen aus öf-

Anhang

fentlichen Haushalten unmittelbar zwischen der die Fördermittel vergebenden öffentlich-rechtlichen Anstalt und dem Verbraucher zu Zinssätzen abgeschlossen werden, die unter den marktüblichen Sätzen liegen.

(2) Keine Anwendung finden ferner
1. § 4 Abs. 1 Satz 4 und 5, §§ 6, 13 Abs. 3 und § 14 auf Finanzierungsleasingverträge;
2. § 4 Abs. 1 Satz 4 Nr. 1 Buchstabe b und die §§ 7, 9 und 11 bis 13 auf Kreditverträge, nach denen der Kredit von der Sicherung durch ein Grundpfandrecht abhängig gemacht und zu für grundpfandrechtlich abgesicherte Kredite und deren Zwischenfinanzierung üblichen Bedingungen gewährt wird; der Sicherung durch ein Grundpfandrecht steht es gleich, wenn von einer solchen Sicherung gemäß § 7 Abs. 3 bis 5 des Gesetzes über Bausparkassen abgesehen wird;
3. die §§ 4 bis 7 und 9 Abs. 2 auf Kreditverträge, die in ein nach den Vorschriften der Zivilprozessordnung errichtetes gerichtliches Protokoll aufgenommen oder notariell beurkundet sind, wenn das Protokoll oder die notarielle Urkunde den Jahreszins, die bei Abschluss des Vertrages in Rechnung gestellten Kosten des Kredits sowie die Voraussetzungen enthält, unter denen der Jahreszins oder die Kosten geändert werden können;
4. § 9 auf Kreditverträge, die der Finanzierung des Erwerbs von Wertpapieren, Devisen oder Edelmetallen dienen.

§ 4 Schriftform, erforderliche Angaben

(1) ¹Der Kreditvertrag bedarf der schriftlichen Form. ²Der Form ist genügt, wenn Antrag und Annahme durch die Vertragsparteien jeweils getrennt schriftlich erklärt werden. ³Der Abschluss des Vertrages in elektronischer Form ist ausgeschlossen. ⁴Die Erklärung des Kreditgebers bedarf keiner Unterzeichnung, wenn sie mit Hilfe einer automatischen Einrichtung erstellt wird. ⁵Die vom Verbraucher zu unterzeichnende Erklärung muss angeben
1. bei Kreditverträgen im Allgemeinen
   a) den Nettokreditbetrag, gegebenenfalls die Höchstgrenze des Kredits;
   b) den Gesamtbetrag aller vom Verbraucher zur Tilgung des Kredits sowie zur Zahlung der Zinsen und sonstigen Kosten zu entrichtenden Teilzahlungen, wenn der Gesamtbetrag bei Abschluss des Kreditvertrags für die gesamte Laufzeit der Höhe nach feststeht. Ferner ist bei Krediten mit veränderlichen Bedingungen, die in Teilzahlungen getilgt werden, ein Gesamtbetrag auf der Grundlage der bei Abschluss des Vertrags maßgeblichen Kreditbedingungen anzugeben. Keine Gesamtbetrag ist anzugeben bei Krediten, bei denen die Inanspruchnahme bis zu einer Höchstgrenze freigestellt ist;
   c) die Art und Weise der Rückzahlung des Kredits oder, wenn eine Vereinbarung hierüber nicht vorgesehen ist, die Regelung der Vertragsbeendigung;
   d) den Zinssatz und alle sonstigen Kosten des Kredits, die, soweit ihre Höhe bekannt ist, im Einzelnen zu bezeichnen, im Übrigen dem Grunde nach anzugeben sind, einschließlich etwaiger vom Verbraucher zu tragender Vermittlungskosten;
   e) den effektiven Jahreszins oder, wenn eine Änderung des Zinssatzes oder anderer preisbestimmender Faktoren vorbehalten ist, den anfänglichen effektiven Jahreszins; zusammen mit dem anfänglichen effektiven Jahreszins ist auch anzugeben, unter welchen Voraussetzungen preisbestimmende Faktoren geändert werden können und auf welchen Zeitraum Belastungen, die sich aus einer nicht vollständigen Auszahlung oder aus einem Zuschlag zu dem Kreditbetrag ergeben, bei der Berechnung des effektiven Jahreszinses verrechnet werden;
   f) die Kosten einer Restschuld- oder sonstigen Versicherung, die im Zusammenhang mit dem Kreditvertrag abgeschlossen wird;
   g) zu bestellende Sicherheiten;
2. bei Kreditverträgen, die die Lieferung einer bestimmten Sache oder die Erbringung einer bestimmten anderen Leistung gegen Teilzahlungen zum Gegenstand haben,
   a) den Barzahlungspreis;
   b) den Teilzahlungspreis (Gesamtbetrag von Anzahlung und allen vom Verbraucher zu entrichtenden Teilzahlungen einschließlich Zinsen und sonstiger Kosten);
   c) Betrag, Zahl und Fälligkeit der einzelnen Teilzahlungen;
   d) den effektiven Jahreszins;

1. Verbraucherkreditgesetz (VerbrKrG) **Anhang**

e) die Kosten einer Versicherung, die im Zusammenhang mit dem Kreditvertrag abgeschlossen wird;
f) die Vereinbarung eines Eigentumsvorbehalts oder einer anderen zu bestellenden Sicherheit.

[6] Der Angabe eines Barzahlungspreises und eines effektiven Jahreszinses bedarf es nicht, wenn der Kreditgeber nur gegen Teilzahlungen Sachen liefert oder Leistungen erbringt.

(2) [1] Effektiver Jahreszins ist die in einem Vomhundertsatz des Nettokreditbetrags oder des Barzahlungspreises anzugebende Gesamtbelastung pro Jahr. [2] Die Berechnung des effektiven und des anfänglichen effektiven Jahreszinses richtet sich nach § 4 der Verordnung zur Regelung der Preisangaben.

(3) Der Kreditgeber hat dem Verbraucher eine Abschrift der Vertragserklärungen auszuhändigen.

§ 5 Überziehungskredit

(1) [1] Die Bestimmungen des § 4 gelten nicht für Kreditverträge, bei denen ein Kreditinstitut einem Verbraucher das Recht einräumt, sein laufendes Konto in bestimmter Höhe zu überziehen, wenn außer den Zinsen für den in Anspruch genommenen Kredit keine weiteren Kosten in Rechnung gestellt werden und die Zinsen nicht in kürzeren Perioden als drei Monaten belastet werden. [2] Das Kreditinstitut hat den Verbraucher vor der Inanspruchnahme eines solchen Kredits zu unterrichten über
1. die Höchstgrenze des Kredits;
2. den zum Zeitpunkt der Unterrichtung geltenden Jahreszins;
3. die Bedingungen, unter denen der Zinssatz geändert werden kann;
4. die Regelung der Vertragsbeendigung.
[3] Die Vertragsbedingungen der Nummern 1 bis 4 sind dem Verbraucher spätestens nach der ersten Inanspruchnahme des Kredits zu bestätigen; ferner ist der Verbraucher während der Inanspruchnahme des Kredits über jede Änderung des Jahreszinses zu unterrichten. [4] Die Bestätigung und die Unterrichtung nach Satz 3 haben in Textform zu erfolgen.

(2) Duldet das Kreditinstitut die Überziehung eines laufenden Kontos und wird das Konto länger als drei Monate überzogen, so hat das Kreditinstitut den Verbraucher über den Jahreszins, die Kosten sowie die diesbezüglichen Änderungen zu unterrichten; dies kann in Form eines Ausdrucks auf einem Kontoauszug erfolgen.

§ 6 Rechtsfolgen von Formmängeln

(1) Der Kreditvertrag ist nichtig, wenn die Schriftform insgesamt nicht eingehalten ist oder wenn eine der in § 4 Abs. 1 Satz 4 Nr. 1 Buchstabe a bis f und Nr. 2 Buchstabe a bis e vorgeschriebenen Angaben fehlt.

(2) [1] Ungeachtet eines Mangels nach Absatz 1 wird der Kreditvertrag in den Fällen des § 4 Abs. 1 Satz 4 Nr. 1 gültig, soweit der Verbraucher das Darlehen empfängt oder den Kredit in Anspruch nimmt. [2] Jedoch ermäßigt sich der dem Kreditvertrag zugrunde gelegte Zinssatz (§ 4 Abs. 1 Satz 4 Nr. 1 Buchstabe d) auf den gesetzlichen Zinssatz, wenn seine Angabe, die Angabe des effektiven oder anfänglichen effektiven Jahreszinses oder die Angabe des Gesamtbetrags nach Buchstabe b fehlt. [3] Nicht angegebene Kosten werden vom Verbraucher nicht geschuldet. [4] Vereinbarte Teilzahlungen sind unter Berücksichtigung der verminderten Zinsen oder Kosten neu zu berechnen. [5] Ist nicht angegeben, unter welchen Voraussetzungen preisbestimmende Faktoren geändert werden können, so entfällt die Möglichkeit, diese zum Nachteil des Verbrauchers zu ändern. [6] Sicherheiten können bei fehlenden Angaben hierüber nicht gefordert werden; dies gilt nicht, wenn der Nettokreditbetrag 50 000 Euro übersteigt.

(3) [1] Ungeachtet eines Mangels nach Absatz 1 wird der Kreditvertrag in den Fällen des § 4 Abs. 1 Satz 4 Nr. 2 gültig, wenn dem Verbraucher die Sache übergeben oder die Leistung erbracht wird. [2] Jedoch ist der Barzahlungspreis höchstens mit dem gesetzlichen Zinssatz zu verzinsen, wenn die Angabe des Teilzahlungspreises oder des effektiven Jahreszinses fehlt. [3] Ist ein Barzahlungspreis nicht genannt, so gilt im Zweifel der Marktpreis als Barzahlungspreis. [4] Die Bestellung von Sicherheiten kann bei fehlenden Angaben hierüber nicht gefordert werden.

Anhang

(4) Ist der effektive oder der anfängliche effektive Jahreszins zu niedrig angegeben, so vermindert sich in den Fällen des § 4 Abs. 1 Satz 4 Nr. 1 der dem Kreditvertrag zugrunde gelegte Zinssatz, in den Fällen des § 4 Abs. 1 Satz 4 Nr. 2 der Teilzahlungspreis um den Vomhundertsatz, um den der effektive oder anfängliche effektive Jahreszins zu niedrig angegeben ist.

§ 7 Widerrufsrecht

(1) [1] Dem Verbraucher steht ein Widerrufsrecht nach § 361a des Bürgerlichen Gesetzbuchs zu. [2] Hat ein Kreditvertrag die Lieferung einer Sache oder die Erbringung einer anderen Leistung zum Gegenstand, so kann anstelle des Widerrufsrechts ein Rückgaberecht nach § 361b des Bürgerlichen Gesetzbuchs eingeräumt werden.

(2) Wird der Verbraucher nicht entsprechend § 361a Abs. 1 des Bürgerlichen Gesetzbuchs sowie über den Wegfall des Widerrufsrechts nach Absatz 3 belehrt, so erlischt das Widerrufsrecht erst nach beiderseits vollständiger Erbringung der Leistung, spätestens jedoch ein Jahr nach Abgabe der auf den Abschluss des Kreditvertrags gerichteten Willenserklärung des Verbrauchers.

(3) Hat der Verbraucher in den Fällen des § 4 Abs. 1 Satz 4 Nr. 1 das Darlehen empfangen, gilt der Widerruf als nicht erfolgt, wenn er das Darlehen nicht binnen zweier Wochen entweder nach Erklärung des Widerrufs oder nach Auszahlung des Darlehens zurückzahlt.

(4) [1] Die Absätze 1 bis 3 finden keine Anwendung auf die in § 5 Abs. 1 Satz 1 genannten Kreditverträge, wenn der Verbraucher nach dem Kreditvertrag den Kredit jederzeit ohne Einhaltung einer Kündigungsfrist und ohne zusätzliche Kosten zurückzahlen kann. [2] Sie finden ferner keine Anwendung, wenn der Kreditvertrag der Finanzierung des Erwerbs eines Teilzeitnutzungsrechts an einem Wohngebäude dient und mit dem Erwerbsvertrag eine wirtschaftliche Einheit bildet.

§ 8 Sondervorschrift für den Fernabsatzhandel

(1) Auf vom Unternehmer gemäß § 1 Abs. 2 dieses Gesetzes oder gemäß § 4 Abs. 1 des Fernabsatzgesetzes finanzierte Fernabsatzverträge findet § 4 keine Anwendung, wenn die in § 4 Abs. 1 Satz 4 Nr. 2 Buchstabe a bis e bezeichneten Angaben mit Ausnahme des Betrags der einzelnen Teilzahlungen dem Verbraucher so rechtzeitig auf einem dauerhaften Datenträger zur Verfügung stehen, dass er die Angaben vor dem Abschluss des Vertrags eingehend zur Kenntnis nehmen kann.

(2) [1] Für vom Unternehmer nach Absatz 1 oder von einem Dritten gemäß § 4 Abs. 2 des Fernabsatzgesetzes finanzierte Fernabsatzverträge entfallen die Widerrufs- und das Rückgaberecht nach §§ 7 und 9 Abs. 2. [2] Dies gilt nicht, soweit dem Verbraucher auf Grund des Fernabsatzgesetzes kein Widerrufsrecht und kein Rückgaberecht zusteht; § 7 ist dann mit der Maßgabe anzuwenden, dass die Belehrung über das Widerrufs- oder Rückgaberecht dem Verbraucher auf einem dauerhaften Datenträger zur Verfügung stehen und nicht gesondert unterschrieben werden muss.

§ 9 Verbundene Geschäfte

(1) [1] Ein Kaufvertrag bildet ein mit dem Kreditvertrag verbundenes Geschäft, wenn der Kredit der Finanzierung des Kaufpreises dient und beide Verträge als wirtschaftliche Einheit anzusehen sind. [2] Eine wirtschaftliche Einheit ist insbesondere anzunehmen, wenn der Kreditgeber sich bei der Vorbereitung oder dem Abschluss des Kreditvertrags der Mitwirkung des Verkäufers bedient.

(2) [1] Der Verbraucher ist an seine auf den Abschluss des verbundenen Kaufvertrags gerichtete Willenserklärung nicht gebunden, wenn er den Kreditvertrag gemäß § 7 Abs. 1 in Verbindung mit § 361a des Bürgerlichen Gesetzbuchs fristgerecht widerrufen hat. [2] Hierauf ist in der Belehrung nach § 361a Abs. 1 Satz 3 und 4 hinzuweisen. [3] § 7 Abs. 3 findet keine Anwendung. [4] Ist der Nettokreditbetrag dem Verkäufer bereits zugeflossen, so tritt der Kreditgeber im Verhältnis zum Verbraucher hinsichtlich der Rechtsfolgen des Widerrufs (§ 361a Abs. 2 des Bürgerlichen Gesetzbuchs) in die Rechte und Pflichten des Verkäufers aus dem Kaufvertrag ein.

1. Verbraucherkreditgesetz (VerbrKrG) **Anhang**

(3) ¹Der Verbraucher kann die Rückzahlung des Kredits verweigern, soweit Einwendungen aus dem verbundenen Kaufvertrag ihn gegenüber dem Verkäufer zur Verweigerung seiner Leistung berechtigen würden. ²Dies gilt nicht, wenn der finanzierte Kaufpreis 200 Euro nicht überschreitet sowie bei Einwendungen, die auf einer zwischen dem Verkäufer und dem Verbraucher nach Abschluss des Kreditvertrags vereinbarten Vertragsänderung beruhen. ³Beruht die Einwendung des Verbrauchers auf einem Mangel der gelieferten Sache und verlangt der Verbraucher auf Grund vertraglicher oder gesetzlicher Bestimmungen Nachbesserung oder Ersatzlieferung, so kann er die Rückzahlung des Kredits erst verweigern, wenn die Nachbesserung oder Ersatzlieferung fehlgeschlagen ist.

(4) Die Absätze 1 bis 3 gelten entsprechend für Kredite, die zur Finanzierung des Entgelts für eine andere Leistung als die Lieferung einer Sache gewährt werden.

§ 10 Einwendungsverzicht, Wechsel- und Scheckverbot

(1) Eine Vereinbarung, durch die der Verbraucher auf das Recht verzichtet, Einwendungen, die ihm gegenüber dem Kreditgeber zustehen, gemäß § 404 des Bürgerlichen Gesetzbuchs einem Abtretungsgläubiger entgegenzusetzen oder eine ihm gegen den Kreditgeber zustehende Forderung gemäß § 406 des Bürgerlichen Gesetzbuchs auch dem Abtretungsgläubiger gegenüber aufzurechnen, ist unwirksam.

(2) ¹Der Verbraucher darf nicht verpflichtet werden, für die Ansprüche des Kreditgebers aus dem Kreditvertrag eine Wechselverbindlichkeit einzugehen. ²Der Kreditgeber darf vom Verbraucher zur Sicherung seiner Ansprüche aus dem Kreditvertrag einen Scheck nicht entgegennehmen. ³Der Verbraucher kann vom Kreditgeber jederzeit die Herausgabe eines Wechsels oder Schecks, der entgegen Satz 1 oder 2 begeben worden ist, verlangen. ⁴Der Kreditgeber haftet für jeden Schaden, der dem Verbraucher aus einer solchen Wechsel- oder Scheckbegebung entsteht.

§ 11 Verzugszinsen, Anrechnung von Teilleistungen

(1) Soweit der Verbraucher mit Zahlungen, die er auf Grund des Kreditvertrags schuldet, in Verzug kommt, ist der geschuldete Betrag mit fünf vom Hundert über dem jeweiligen Diskontsatz*⁾ der Deutschen Bundesbank zu verzinsen, wenn nicht im Einzelfall der Kreditgeber einen höheren oder der Verbraucher einen niedrigeren Schaden nachweist.

(2) ¹Nach Eintritt des Verzugs anfallende Zinsen sind auf einem gesonderten Konto zu verbuchen und dürfen nicht in ein Kontokorrent mit dem geschuldeten Betrag oder anderen Forderungen des Kreditgebers eingestellt werden. ²Hinsichtlich dieser Zinsen gilt § 289 Satz 2 des Bürgerlichen Gesetzbuchs mit der Maßgabe, dass der Kreditgeber Schadensersatz nur bis zur Höhe des gesetzlichen Zinssatzes verlangen kann.

(3) ¹Zahlungen des Verbrauchers, die zur Tilgung der gesamten fälligen Schuld nicht ausreichen, werden abweichend von § 367 Abs. 1 des Bürgerlichen Gesetzbuchs zunächst auf die Kosten der Rechtsverfolgung, dann auf den übrigen geschuldeten Betrag (Absatz 1) und zuletzt auf die Zinsen (Absatz 2) angerechnet. ²Der Kreditgeber darf Teilzahlungen nicht zurückweisen. ³Auf die Ansprüche auf Zinsen finden die §§ 197 und 218 Abs. 2 des Bürgerlichen Gesetzbuchs keine Anwendung. ⁴Die Sätze 1 bis 3 sind nicht anzuwenden, soweit Zahlungen auf Vollstreckungstitel geleistet werden, deren Hauptforderung auf Zinsen lautet.

§ 12 Gesamtfälligstellung bei Teilzahlungskrediten

(1) ¹Der Kreditgeber kann bei einem Kredit, der in Teilzahlungen zu tilgen ist, den Kreditvertrag wegen Zahlungsverzugs des Verbrauchers nur kündigen, wenn
1. der Verbraucher mit mindestens zwei aufeinander folgenden Teilzahlungen ganz oder teilweise und mindestens zehn vom Hundert, bei einer Laufzeit des Kreditvertrags über drei Jahre mit fünf vom Hundert des Nennbetrags des Kredits oder des Teilzahlungspreises in Verzug ist und
2. der Kreditgeber dem Verbraucher erfolglos eine zweiwöchige Frist zur Zahlung des rückständigen Betrags mit der Erklärung gesetzt hat, dass er bei Nichtzahlung innerhalb der Frist die gesamte Restschuld verlange.

Anhang

Anhang 1

[2] Der Kreditgeber soll dem Verbraucher spätestens mit der Fristsetzung ein Gespräch über die Möglichkeiten einer einverständlichen Regelung anbieten.

(2) Kündigt der Kreditgeber den Kreditvertrag, so vermindert sich die Restschuld um die Zinsen und sonstigen laufzeitabhängigen Kosten des Kredits, die bei staffelmäßiger Berechnung auf die Zeit nach Wirksamwerden der Kündigung entfallen.

§ 13 Rücktritt des Kreditgebers

(1) Der Kreditgeber kann von einem Kreditvertrag, der die Lieferung einer Sache oder die Erbringung einer anderen Leistung gegen Teilzahlungen zum Gegenstand hat, wegen Zahlungsverzugs des Verbrauchers nur unter den in § 12 Abs. 1 bezeichneten Voraussetzungen zurücktreten.

(2) [1] Auf den Rücktritt finden die für das vertragsmäßige Rücktrittsrecht geltenden Vorschriften der §§ 346 bis 354 und 356 des Bürgerlichen Gesetzbuchs entsprechende Anwendung. [2] Der Verbraucher hat dem Kreditgeber auch die infolge des Vertrags gemachten Aufwendungen zu ersetzen. [3] Bei der Bemessung der Vergütung von Nutzungen einer zurückzugewährenden Sache ist auf die inzwischen eingetretene Wertminderung Rücksicht zu nehmen.

(3) [1] Nimmt der Kreditgeber die auf Grund des Kreditvertrags gelieferte Sache wieder an sich, gilt dies als Ausübung des Rücktrittsrechts, es sei denn, der Kreditgeber einigt sich mit dem Verbraucher, diesem den gewöhnlichen Verkaufswert der Sache im Zeitpunkt der Wegnahme zu vergüten. [2] Satz 1 gilt auch dann, wenn ein Vertrag über die Lieferung einer Sache mit einem Kreditvertrag zu einer wirtschaftlichen Einheit verbunden ist (§ 9 Abs. 1) und der Kreditgeber die Sache an sich nimmt; im Falle des Rücktritts bestimmt sich das Rechtsverhältnis zwischen dem Kreditgeber und dem Verbraucher nach Absatz 2.

§ 14 Vorzeitige Zahlung

[1] Erfüllt der Verbraucher vorzeitig seine Verbindlichkeiten aus einem Kreditvertrag, der die Lieferung einer Sache oder die Erbringung einer anderen Leistung gegen Teilzahlungen zum Gegenstand hat, so vermindert sich der Teilzahlungspreis um die Zinsen und sonstigen laufzeitabhängigen Kosten, die bei staffelmäßiger Berechnung auf die Zeit nach der vorzeitigen Erfüllung entfallen. [2] Ist bei einem Kreditvertrag ein Barzahlungspreis gemäß § 4 Abs. 1 Satz 5 nicht anzugeben, so ist der gesetzliche Zinssatz zugrunde zu legen. [3] Zinsen und sonstige laufzeitabhängige Kosten kann der Kreditgeber jedoch für die ersten neun Monate der ursprünglich vorgesehenen Laufzeit auch dann verlangen, wenn der Verbraucher seine Verbindlichkeiten vor Ablauf dieses Zeitraums erfüllt.

§ 15 Schriftform

(1) [1] Der Kreditvermittlungsvertrag bedarf der schriftlichen Form. [2] In der Vertragsurkunde ist insbesondere die Vergütung des Kreditvermittlers in einem Vomhundertsatz des Darlehensbetrags anzugeben; hat der Kreditvermittler auch mit dem Kreditgeber eine Vergütung vereinbart, so ist auch diese anzugeben. [3] Die Vertragsurkunde darf nicht mit dem Antrag auf Hingabe des Darlehens verbunden werden. [4] Der Kreditvermittler hat dem Verbraucher eine Abschrift der Urkunde auszuhändigen.

(2) Ein Kreditvermittlungsvertrag, der den Anforderungen des Absatzes 1 Satz 1 bis 3 nicht genügt, ist nichtig.

§ 16 Vergütung

[1] Der Verbraucher ist zur Zahlung der Vergütung nur verpflichtet, wenn infolge der Vermittlung oder des Nachweises des Kreditvermittlers das Darlehen an den Verbraucher geleistet wird und ein Widerruf des Verbrauchers nach § 7 Abs. 1 nicht mehr möglich ist. [2] Soweit das Darlehen mit Wissen des Kreditvermittlers der vorzeitigen Ablösung eines anderen Kredits (Umschuldung) dient, entsteht ein Anspruch auf die Vergütung nur, wenn sich der effektive Jahreszins oder der anfängliche effektive Jahreszins nicht erhöht; bei der Berechnung des effektiven oder des anfänglichen effektiven Jahreszinses für den abzulösenden Kredit bleiben etwaige Vermittlungskosten außer Betracht.

1. Verbraucherkreditgesetz (VerbrKrG) **Anhang**

§ 17 Nebenentgelte

[1] Der Kreditvermittler darf für Leistungen, die mit der Vermittlung des Darlehens oder dem Nachweis der Gelegenheit zum Abschluss eines Darlehensvertrags zusammenhängen, außer der Vergütung nach § 16 Satz 1 ein Entgelt nicht vereinbaren. [2] Jedoch kann vereinbart werden, dass dem Kreditvermittler entstandene erforderliche Auslagen zu erstatten sind.

§ 18 Unabdingbarkeit, Umgehungsverbot

[1] Eine von den Vorschriften dieses Gesetzes zum Nachteil des Verbrauchers abweichende Vereinbarung ist unwirksam. [2] Dieses Gesetz ist auch anzuwenden, wenn seine Vorschriften durch anderweitige Gestaltungen umgangen werden.

§ 19 Übergangsvorschrift

Auf Verträge, die vor dem 1. Oktober 2000 abgeschlossen worden sind, ist dieses Gesetz in der bis dahin geltenden Fassung anzuwenden.

2. Gesetz betreffend die Abzahlungsgeschäfte (AbzG)

vom 16. Mai 1894 (RGBl S. 450),
zuletzt geändert am 3. Dezember 1976 (BGBl I S. 3281)

§ 1 Rückgewähr bei Rücktritt

(1) Hat bei dem Verkauf einer dem Käufer übergebenen beweglichen Sache, deren Kaufpreis in Teilzahlungen berichtigt werden soll, der Verkäufer sich das Recht vorbehalten, wegen Nichterfüllung der dem Käufer obliegenden Verpflichtungen von dem Vertrage zurückzutreten, so ist im Falle dieses Rücktritts jeder Teil verpflichtet, dem anderen Teil die empfangenen Leistungen zurückzugewähren. Eine entgegenstehende Vereinbarung ist nichtig.

(2) Dem Vorbehalte des Rücktrittsrechts steht es gleich, wenn der Verkäufer wegen Nichterfüllung der dem Käufer obliegenden Verpflichtungen kraft Gesetzes die Auflösung des Vertrages verlangen kann.

§ 1a Schriftform; erforderliche Angaben

(1) Die auf den Vertragsschluß gerichtete Willenserklärung des Käufers bedarf der schriftlichen Form. Die Urkunde muß insbesondere enthalten
1. den Barzahlungspreis,
2. den Teilzahlungspreis,
3. den Betrag, die Zahl und die Fähigkeit der einzelnen Teilzahlungen,
4. den effektiven Jahreszins.

Der Barzahlungspreis ist der Preis, den der Käufer zu entrichten hätte, wenn spätestens bei der Übergabe der Sache der Preis in voller Höhe fällig wäre. Der Teilzahlungspreis besteht aus dem Gesamtbetrag von Anzahlung und allen vom Käufer zu entrichtenden Raten einschließlich Zinsen und sonstigen Kosten. Effektiver Jahreszins sind Zinsen und sonstige vom Käufer zu entrichtende Kosten (Differenz zwischen Teilzahlungs- und Barzahlungspreis), ausgedrückt als einheitlicher, auf das Jahr bezogener, Vom-Hundert-Satz vom Barzahlungspreis abzüglich Anzahlung, unter Berücksichtigung der Zahl der Fälligkeit und des Betrages der Teilzahlungen.

(2) Der Verkäufer hat dem Käufer eine Abschrift der Urkunde auszuhändigen.

(3) Genügt die Willenserklärung des Käufers nicht den Anforderungen des Absatzes 1, so kommt der Vertrag erst zustande, wenn die Sache dem Käufer übergeben wird. Jedoch wird in diesem Falle eine Verbindlichkeit nur in Höhe des Barzahlungspreises begründet; der Käufer ist berechtigt, den Unterschied zwischen dem Barzahlungspreis und einer von ihm geleisteten Anzahlung in Teilbeträgen nach dem Verhältnis und in den Fälligkeitszeitpunkten der vereinbarten Raten zu entrichten. Ist ein Barzahlungspreis nicht genannt, so gilt im Zweifel der Marktpreis als Barzahlungspreis.

(4) Die Absätze 1 und 2 finden keine Anwendung, wenn der Käufer ohne vorherige mündliche Verhandlung mit dem Verkäufer das auf den Vertragsabschluß gerichtete Angebot auf Grund eines Verkaufsprospektes abgibt, aus dem der Barzahlungspreis, der Teilzahlungspreis, der effektive Jahreszins sowie die Zahl und Fälligkeit der einzelnen Teilzahlungen ersichtlich sind.

(5) Der Angabe eines Barzahlungspreises (Absatz 1 Satz 2 Nr. 1) und eines effektiven Jahreszinses (Absatz 1 Satz 2 Nr. 4) bedarf es nicht, wenn der Verkäufer nur gegen Teilzahlungen verkauft und hierauf im Verkaufsprospekt deutlich erkennbar hinweist.

§ 1b Widerrufsrecht des Käufers

(1) Die auf den Vertragsschluß gerichtete Willenserklärung des Käufers wird erst wirksam, wenn der Käufer sie nicht dem Verkäufer gegenüber binnen einer Frist von einer Woche schriftlich widerruft.

2. Gesetz betreffend die Abzahlungsgeschäfte (AbzG) Anhang

(2) Zur Wahrung der Frist genügt die rechtzeitige Absendung des Widerrufs. Der Lauf der Frist beginnt erst, wenn der Verkäufer dem Käufer die in § 1a Abs. 1 genannte Abschrift, welche in drucktechnisch deutlich gestalteter Weise eine schriftliche Belehrung über sein Recht zum Widerruf einschließlich Namen und Anschrift des Widerrufsempfängers sowie einschließlich der Bestimmung des Satzes 1 enthalten muß, ausgehändigt hat. Die Belehrung über das Widerrufsrecht ist vom Käufer gesondert zu unterschreiben. Ist streitig, ob oder zu welchem Zeitpunkt die Abschrift dem Käufer ausgehändigt worden ist, so trifft die Beweislast den Verkäufer. Unterbleibt die Aushändigung der in Satz 2 genannten Urkunde, so erlischt das Widerrufsrecht des Käufers zu dem Zeitpunkt, zu dem der Verkäufer die Sache geliefert und der Käufer den Kaufpreis vollständig entrichtet hat.

(3) Abweichend von Absatz 2 Satz 2 ist in den Fällen des § 1a Abs. 4 Voraussetzung für den Beginn des Laufs der Widerrufsfrist, daß

1. der Verkaufsprospekt bei den Preisangaben auch eine drucktechnisch deutlich gestaltete Belehrung über das Recht des Käufers zum Widerruf einschließlich Namen und Anschrift des Widerrufsempfängers sowie einschließlich der Bestimmung des Satzes 1 von Absatz 2 enthält und der Käufer das auf den Vertragsabschluß gerichtete Angebot mittels eines Bestellformulars des Verkäufers abgibt, das eine gleichlautende Belehrung enthält, oder
2. der Verkäufer dem Käufer in besonderer, drucktechnisch deutlich gestalteter Urkunde eine Belehrung des in Nummer 1 bezeichneten Inhalts ausgehändigt hat.

(4) Hat sich der Verkäufer in Zusammenhang mit der Lieferung einer beweglichen Sache zu einer Dienst- oder Werkleistung verpflichtet, so kann der Käufer, falls diese Leistung ohne die Lieferung der Sache für ihn kein Interesse hat, seine Willenserklärung auch widerrufen, soweit sie die Dienst- oder Werkleistung zum Gegenstand hat.

(5) Räumt in den Fällen des § 1a Abs. 4 der Verkäufer dem Käufer schriftlich ein uneingeschränktes Rückgaberecht von mindestens einer Woche nach Erhalt der Ware ein, so entfällt das Widerrufsrecht. Die Ausübung des Rückgaberechts durch den Käufer geschieht durch Rücksendung der Sache, bei nicht postpaketversandfähigen Waren durch schriftliches Rücknahmeverlangen. Rücksendung und Rücknahme erfolgen auf Kosten und Gefahr des Verkäufers. Zur Wahrung der Frist genügt die rechtzeitige Absendung der Sache oder des Rückgabeverlangens. Für die Belehrung über das Rückgaberecht gelten Absatz 2 und Absatz 3 entsprechend.

(6) Entgegenstehende Vereinbarungen, insbesondere über einen Ausschluß des Widerrufsrechts, sowie ein Verzicht auf das Widerrufsrecht sind unwirksam.

§ 1c Schriftform sowie Widerrufsrecht des Käufers bei Lieferung in Teilleistungen oder wiederkehrenden Leistungen

Die Vorschriften des § 1a Abs. 1 Satz 1, Absatz 2 und des § 1b gelten entsprechend, wenn die Willenserklärung des Käufers auf den Abschluß eines Geschäftes gerichtet ist, das
1. die Lieferung mehrerer als zusammengehörend verkaufter Sachen in Teilleistungen zum Gegenstand hat und bei dem das Entgelt für die Gesamtheit der Sachen in Teilleistungen zu entrichten ist;
2. die regelmäßige Lieferung von Sachen gleicher Art zum Gegenstand hat;
3. die Verpflichtung zum wiederkehrenden Erwerb oder Bezug von Sachen zum Gegenstand hat.

§ 1d Rechtsfolgen des Widerrufs

(1) Im Falle des Widerrufs ist jeder Teil verpflichtet, dem anderen Teil die empfangenen Leistungen zurückzugewähren. Der Widerruf wird durch den Untergang oder die Verschlechterung der Sache nicht ausgeschlossen. Hat der Käufer den Untergang oder die Verschlechterung der Sache zu vertreten, so hat er dem Verkäufer den Wert oder die Wertminderung zu ersetzen.

(2) Ist der Käufer nicht nach § 1b Abs. 2 Satz 2 oder Absatz 3 belehrt worden und hat er auch nicht anderweitig Kenntnis von seinem Recht zum Widerruf erlangt, so hat er den Untergang oder eine Verschlechterung der Sache nur dann zu vertreten, wenn

Anhang

diejenige Sorgfalt nicht beachtet hat, die er in eigenen Angelegenheiten anzuwenden pflegt.

(3) Für die Überlassung des Gebrauchs oder der Benutzung bis zu dem Zeitpunkt der Ausübung des Widerrufs ist deren Wert zu vergüten; die durch die bestimmungsgemäße Ingebrauchnahme eingetretene Wertminderung hat außer Betracht zu bleiben.

(4) Der Käufer kann für die auf die Sache gemachten notwendigen Aufwendungen vom Verkäufer Ersatz verlangen.

(5) Entgegenstehende Vereinbarungen sind nichtig.

§ 2 Ansprüche des Verkäufers

(1) Der Käufer hat im Falle des Rücktritts dem Verkäufer für die infolge des Vertrages gemachten Aufwendungen, sowie für solche Beschädigungen der Sache Ersatz zu leisten, welche durch ein Verschulden des Käufers oder durch einen sonstigen von ihm zu vertretenden Umstand verursacht sind. Für die Überlassung des Gebrauchs oder der Benutzung ist deren Wert zu vergüten, wobei auf die inzwischen eingetretene Wertminderung der Sache Rücksicht zu nehmen ist. Eine entgegenstehende Vereinbarung, insbesondere die vor Ausübung des Rücktrittsrechts erfolgte vertragsmäßige Festsetzung einer höheren Vergütung, ist nichtig.

(2) Auf die Festsetzung der Höhe der Vergütung finden die Vorschriften des § 260 Abs. 1[1] der Zivilprozeßordnung entsprechende Anwendung.

§ 3 Erfüllung Zug um Zug

Die nach den Bestimmungen der §§ 1, 2 begründeten gegenseitigen Verpflichtungen sind Zug um Zug zu erfüllen.

§ 4 Vertragsstrafe; Verfallklausel

(1) Eine wegen Nichterfüllung der dem Käufer obliegenden Verpflichtungen verwirkte Vertragsstrafe kann, wenn sie unverhältnismäßig hoch ist, auf Antrag des Käufers durch Urteil auf den angemessenen Betrag herabgesetzt werden. Die Herabsetzung einer entrichteten Strafe ist ausgeschlossen.

(2) Die Abrede, daß die Nichterfüllung der dem Käufer obliegenden Verpflichtungen die Fälligkeit der Restschuld zur Folge haben solle, kann rechtsgültig nur für den Fall getroffen werden, daß der Käufer mit mindestens zwei aufeinanderfolgenden Teilzahlungen ganz oder teilweise im Verzug ist und der Betrag, mit dessen Zahlung er im Verzug ist, mindestens dem zehnten Teil des Kaufpreises der übergebenden Sache gleichkommt.

§ 5 Zurücknahme bei Eigentumsvorbehalt

Hat der Verkäufer auf Grund des ihm vorbehaltenen Eigentums die verkaufte Sache wieder an sich genommen, so gilt dies als Ausübung des Rücktrittsrechts.

§ 6 Umgehungsgeschäfte

Die Vorschriften der §§ 1 bis 5 finden auf Verträge, welche darauf abzielen, die Zwecke eines Abzahlungsgeschäfts (§ 1) in einer anderen Rechtsform, insbesondere durch mietweise Überlassung der Sache zu erreichen, entsprechende Anwendung, gleichviel ob dem Empfänger der Sache ein Recht, später deren Eigentum zu erwerben, eingeräumt ist oder nicht.

§ 6a Ausschließliche Zuständigkeit für Klagen

(1) Für Klagen aus Abzahlungsgeschäften ist das Gericht ausschließlich zuständig, in dessen Bezirk der Käufer zur Zeit der Klageerhebung seinen Wohnsitz, in Ermangelung eines solchen seinen gewöhnlichen Aufenthaltsort hat.

(2) Eine abweichende Vereinbarung ist jedoch zulässig für den Fall, daß der Käufer nach Vertragsschluß seinen Wohnsitz oder gewöhnlichen Aufenthaltsort aus dem Geltungsbe-

---

[1] Jetzt § 287 Abs. 1 der Zivilprozessordnung.

2. Gesetz betreffend die Abzahlungsgeschäfte (AbzG)　　**Anhang**

reich dieses Gesetzes verlegt oder sein Wohnsitz oder gewöhnlicher Aufenthaltsort im Zeitpunkt der Klageerhebung nicht bekannt ist.

(3) *(aufgehoben)*

§ 6b Zuständigkeit für Klagen bei Teilleistungen oder wiederkehrenden Leistungen

§ 6a gilt entsprechend für Klagen aus Geschäften im Sinne des § 1c.

§ 7 Verbot des Losverkaufs auf Abzahlung

(1) Ordnungswidrig handelt, wer Lotterielose, Inhaberpapiere mit Prämien (Gesetz vom 8. Juni 1871, RGBl, 210) oder Bezugs- oder Anteilscheine auf solche Lose oder Inhaberpapiere gegen Teilzahlungen verkauft oder durch sonstige auf die gleichen Zwecke abzielenden Verträge veräußert.

(2) Es begründet keinen Unterschied, ob die Übergabe des Papiers vor oder nach der Zahlung des Preises erfolgt.

(3) Die Ordnungswidrigkeit kann mit einer Geldbuße bis zu zehntausend Deutsche Mark geahndet werden.

§ 8 Kein Schutz für Kaufleute

Die Bestimmungen dieses Gesetzes finden keine Anwendung, wenn der Empfänger der Ware als Kaufmann in das Handelsregister eingetragen ist.

§ 9 *(gegenstandslose Übergangsvorschrift)*

3. Gesetz zum Schutz der Teilnehmer am Fernunterricht (Fernunterrichtsschutzgesetz-FernUSG)

Vom 4. Dezember 2000
(BGBl. I S. 1670)
FNA 2211-4
Zuletzt geändert durch Art. 3 G zur Umsetzung der VerbraucherrechteRL und zur Änd. des G zur Regelung der Wohnungsvermittlung vom 20.9.2013 (BGBl. I S. 3642)

§ 1 Anwendungsbereich

(1) Fernunterricht im Sinne dieses Gesetzes ist die auf vertraglicher Grundlage erfolgende, entgeltliche Vermittlung von Kenntnissen und Fähigkeiten, bei der
1. der Lehrende und der Lernende ausschließlich oder überwiegend räumlich getrennt sind und
2. der Lehrende oder sein Beauftragter den Lernerfolg überwachen.

(2) Dieses Gesetz findet auch auf unentgeltlichen Fernunterricht Anwendung, soweit dies ausdrücklich vorgesehen ist.

§ 2 Rechte und Pflichten der Vertragschließenden

(1) Durch den Fernunterrichtsvertrag verpflichtet sich der Veranstalter von Fernunterricht (Veranstalter), das Fernlehrmaterial einschließlich der vorgesehenen Arbeitsmittel in den vereinbarten Zeitabständen zu liefern, den Lernerfolg zu überwachen, insbesondere die eingesandten Arbeiten innerhalb angemessener Zeit sorgfältig zu korrigieren, und dem Teilnehmer am Fernunterricht (Teilnehmer) diejenigen Anleitungen zu geben, die er erkennbar benötigt.

(2) [1] Der Teilnehmer ist verpflichtet, die vereinbarte Vergütung zu leisten. [2] Die Vergütung ist in Teilleistungen jeweils für einen Zeitabschnitt von höchstens drei Monaten zu entrichten. [3] Die einzelnen Teilleistungen dürfen den Teil der Vergütung nicht übersteigen, der im Verhältnis zur voraussichtlichen Dauer des Fernlehrgangs auf den Zeitabschnitt entfällt, für den die Teilleistung zu entrichten ist. [4] Höhere Teilleistungen sowie Vorauszahlungen dürfen weder vereinbart noch gefordert werden.

(3) [1] Von den Vorschriften des Absatzes 2 Satz 2 bis 4 kann abgewichen werden, soweit die Vergütung auf die Lieferung einer beweglichen Sache entfällt, die nicht Teil des schriftlichen oder audiovisuellen Fernlehrmaterials ist. [2] Von den Vorschriften des Absatzes 2 Satz 3 kann abgewichen werden, soweit die Vertragsparteien vereinbart haben, dass auf Verlangen des Teilnehmers das Fernlehrmaterial in kürzeren oder längeren als den vereinbarten Zeitabständen zu liefern ist, der Teilnehmer die Lieferung in anderen als den vereinbarten Zeitabständen verlangt und die Änderung der Teilleistungen wegen der Änderung der Zeitabstände angemessen ist.

(4) [1] Außer der vereinbarten Vergütung darf für Tätigkeiten, die mit dem Abschluss des Fernunterrichtsvertrags zusammenhängen sowie für etwaige Nebenleistungen eine Vergütung irgendwelcher Art weder vereinbart noch gefordert oder angenommen werden. [2] Dies gilt auch für Einschreibegebühren, Provisionen und Auslagenerstattungen.

(5) [1] Unwirksam sind Vereinbarungen zu Lasten des Teilnehmers über
1. Vertragsstrafen,
2. die Festsetzung der Höhe eines Schadensersatzes in Pauschbeträgen,
3. den Ausschluss oder die Beschränkung von Schadensersatzansprüchen,
4. den Verzicht des Teilnehmers auf das Recht, im Falle der Abtretung der Ansprüche des Veranstalters an einen Dritten Einwendungen, die zur Zeit der Abtretung der Forderung gegen den Veranstalter begründet waren, dem neuen Gläubiger entgegenzusetzen.

3. Gesetz zum Schutz der Teilnehmer am Fernunterricht **Anhang**

²Ebenfalls unwirksam ist eine Vereinbarung, durch die sich der Teilnehmer im Zusammenhang mit dem Abschluss des Fernunterrichtsvertrags verpflichtet, Waren zu erwerben oder den Gebrauch von Sachen oder Dienst- oder Werkleistungen in Anspruch zu nehmen, deren Erwerb oder deren Inanspruchnahme nicht den Zielen des Fernunterrichtsvertrags dient.

§ 3 Form und Inhalt des Fernunterrichtsvertrags

(1) Die auf den Vertragsschluss gerichtete Willenserklärung des Teilnehmers bedarf der schriftlichen Form.

(2) Bei einem Fernunterrichtsvertrag, der weder ein außerhalb von Geschäftsräumen geschlossener Vertrag nach § 312b des Bürgerlichen Gesetzbuchs noch ein Fernabsatzvertrag nach § 312c des Bürgerlichen Gesetzbuchs ist, gelten die Informationspflichten des § 312d Absatz 1 des Bürgerlichen Gesetzbuchs in Verbindung mit Artikel 246a des Einführungsgesetzes zum Bürgerlichen Gesetzbuche entsprechend.

(3) Bei einem Fernunterrichtsvertrag gehören zu den wesentlichen Eigenschaften, über die der Unternehmer den Verbraucher nach Artikel 246a § 1 Absatz 1 Satz 1 Nummer 1 des Einführungsgesetzes zum Bürgerlichen Gesetzbuche zu informieren hat, in der Regel insbesondere
1. die Art und Geltung des Lehrgansabschlusses,
2. Ort, Dauer und Häufigkeit des begleitenden Unterrichts,
3. Angaben über die vereinbarten Zeitabstände für die Lieferung des Fernlehrmaterials,
4. wenn der Fernunterrichtsvertrag die Vorbereitung auf eine öffentlich-rechtliche oder sonstige Prüfung umfasst, auch die Angaben der Zulassungsvoraussetzungen.

§ 4 Widerrufsrecht des Teilnehmers

¹Bei einem Fernunterrichtsvertrag nach § 3 Absatz 2 steht dem Teilnehmer ein Widerrufsrecht nach § 355 des Bürgerlichen Gesetzbuchs zu ²Die §§ 356 und 357 des Bürgerlichen Gesetzbuchs sind entsprechen anzuwenden. ³Für finanzierte Fernunterrichtsverträge ist § 358 des Bürgerlichen Gesetzbuchs entsprechend anzuwenden.

§ 5 Kündigung

(1) ¹Der Teilnehmer kann den Fernunterrichtsvertrag ohne Angabe von Gründen erstmals zum Ablauf des ersten Halbjahres nach Vertragsschluß mit einer Frist von sechs Wochen, nach Ablauf des ersten Halbjahres jederzeit mit einer Frist von drei Monaten kündigen. ²Das Recht des Veranstalters und des Teilnehmers, den Vertrag aus wichtigem Grund zu kündigen, bleibt unberührt.

(2) Die Kündigung bedarf der schriftlichen Form.

(3) Im Falle der Kündigung hat der Teilnehmer nur den Anteil der Vergütung zu entrichten, der dem Wert der Leistungen des Veranstalters während der Laufzeit des Vertrags entspricht.

§ 6 Rechtsfolgen der Kündigung bei gemischten Verträgen

(1) ¹Hat der Fernunterrichtsvertrag die Lieferung einer beweglichen Sache zum Gegenstand, die nicht Teil des schriftlichen oder audiovisuellen Fernlehrmaterials ist, so wird dieser Teil des Vertrags durch die Kündigung des Fernunterrichtsvertrags nicht berührt. ²Hat der Teilnehmer die Kündigung des Vertrags erklärt, so kann er jedoch innerhalb von zwei Wochen, nachdem die Kündigung wirksam geworden ist, durch schriftliche Erklärung gegenüber dem Veranstalter von diesem Teil des Vertrags zurücktreten, sofern die Lieferung der Sache infolge der Kündigung des Fernunterrichtsvertrags für ihn kein Interesse mehr hat. ³Zur Wahrung der Frist genügt die rechtzeitige Absendung der Rücktrittserklärung.

(2) ¹Der Lauf der Frist beginnt erst, wenn der Veranstalter nach Zugang der Kündigungserklärung den Teilnehmer schriftlich auf das Rücktrittsrecht nach Absatz 1 hingewiesen hat. ²Ist streitig, ob oder zu welchem Zeitpunkt der Teilnehmer auf das Rücktrittsrecht hingewiesen worden ist, so trifft die Beweislast den Veranstalter. ³Unterbleibt der

Anhang

Hinweis, so erlischt das Rücktrittsrecht zu dem Zeitpunkt, zu dem der Veranstalter die Sache geliefert und der Teilnehmer den auf die Lieferung der Sache entfallenden Teil der Vergütung vollständig entrichtet hat.

(3) Auf das Rücktrittsrecht finden die §§ 346 bis 348, und 351 des Bürgerlichen Gesetzbuchs entsprechende Anwendung.

(4) ¹Das Recht einer Vertragspartei, von dem Teil des Vertrags, der die Lieferung der Sache zum Gegenstand hat, wegen Nichterfüllung der der anderen Vertragspartei obliegenden Verpflichtungen zurückzutreten oder die Rückgängigmachung des Vertrags zu verlangen, bleibt unberührt. ²Für den Rücktritt des Veranstalters gelten die §§ 498 und 508 des Bürgerlichen Gesetzbuchs entsprechend.

§ 7 Nichtigkeit; Recht zur fristlosen Kündigung

(1) Ein Fernunterrichtsvertrag, der von einem Veranstalter ohne die nach § 12 Abs. 1 erforderliche Zulassung des Fernlehrgangs geschlossen wird, ist nichtig.

(2) ¹Ist nach Vertragsschluss die Zulassung erloschen, widerrufen oder zurückgenommen worden, so kann der Teilnehmer den Fernunterrichtsvertrag ohne Einhaltung einer Kündigungsfrist kündigen. ²Die Kündigung muss innerhalb von zwei Wochen erfolgen. ³Der Lauf der Frist beginnt erst, wenn der Veranstalter dem Teilnehmer eine schriftliche Belehrung über das Recht des Teilnehmers zur fristlosen Kündigung des Vertrags und über das Erlöschen, den Widerruf oder die Rücknahme der Zulassung ausgehändigt hat. ⁴Zur Wahrung der Frist genügt die rechtzeitige Absendung der Kündigungserklärung. ⁵Ist streitig, ob oder zu welchem Zeitpunkt die Belehrung dem Teilnehmer ausgehändigt worden ist, so trifft die Beweislast den Veranstalter. ⁶Der Veranstalter hat die Belehrung nach dem Erlöschen, dem Widerruf oder der Rücknahme der Zulassung unverzüglich dem Teilnehmer auszuhändigen.

(3) Im Falle der Kündigung nach Absatz 2 finden § 5 Abs. 2 und 3 und § 6 entsprechende Anwendung.

§ 8 Umgehungsverbot

Die §§ 2 bis 7 finden auf Verträge, die darauf abzielen, die Zwecke eines Fernunterrichtsvertrags (§ 2) in einer anderen Rechtsform zu erreichen, entsprechende Anwendung.

§ 9 Widerrufsfrist bei Fernunterricht gegen Teilzahlungen

Wird der Fernunterricht gegen Teilzahlungen erbracht, bestimmt sich die Widerrufsfrist nach § 356b des Bürgerlichen Gesetzbuchs.

§ 10 Ausschluss abweichender Vereinbarungen

Von den §§ 2 bis 9 kann nicht zum Nachteil des Teilnehmers abgewichen werden.

§ 11 (weggefallen)

4. Gesetz über den Versicherungsvertrag (Versicherungsvertragsgesetz – VVG)

Vom 23. November 2007
(BGBl. I S. 2631)
FNA 7632-6
Zuletzt geändert durch Art. 9 G zur Umsetzung der VerbraucherrechteRL und zur Änd. des G zur Regelung der Wohnungsvermittlung vom 20.9.2013 (BGBl. I S. 3642)

§ 8[1] Widerrufsrecht des Versicherungsnehmers

(1) [1]Der Versicherungsnehmer kann seine Vertragserklärung innerhalb von 14 Tagen widerrufen. [2]Der Widerruf ist in Textform gegenüber dem Versicherer zu erklären und muss keine Begründung enthalten; zur Fristwahrung genügt die rechtzeitige Absendung.

(2) [1]Die Widerrufsfrist beginnt zu dem Zeitpunkt, zu dem folgende Unterlagen dem Versicherungsnehmer in Textform zugegangen sind:
1. der Versicherungsschein und die Vertragsbestimmungen einschließlich der Allgemeinen Versicherungsbedingungen sowie die weiteren Informationen nach § 7 Abs. 1 und 2 und
2. eine deutlich gestaltete Belehrung über das Widerrufsrecht und über die Rechtsfolgen des Widerrufs, die dem Versicherungsnehmer seine Rechte entsprechend den Erfordernissen des eingesetzten Kommunikationsmittels deutlich macht und die den Namen und die ladungsfähige Anschrift desjenigen, gegenüber dem der Widerruf zu erklären ist, sowie einen Hinweis auf den Fristbeginn und auf die Regelungen des Absatzes 1 Satz 2 enthält.
[2]Der Nachweis über den Zugang der Unterlagen nach Satz 1 obliegt dem Versicherer.

(3) [1]Das Widerrufsrecht besteht nicht
1. bei Versicherungsverträgen mit einer Laufzeit von weniger als einem Monat,
2. bei Versicherungsverträgen über vorläufige Deckung, es sei denn, es handelt sich um einen Fernabsatzvertrag im Sinn des § 312c des Bürgerlichen Gesetzbuchs,
3. bei Versicherungsverträgen bei Pensionskassen, die auf arbeitsvertraglichen Regelungen beruhen, es sei denn, es handelt sich um einen Fernabsatzvertrag im Sinn des § 312b Abs. 1 und 2 des Bürgerlichen Gesetzbuchs,
4. bei Versicherungsverträgen über ein Großrisiko im Sinn des § 210 Absatz 2.
[2]Das Widerrufsrecht erlischt, wenn der Vertrag von beiden Seiten auf ausdrücklichen Wunsch des Versicherungsnehmers vollständig erfüllt ist, bevor der Versicherungsnehmer sein Widerrufsrecht ausgeübt hat.

(4) Im elektronischen Geschäftsverkehr beginnt die Widerrufsfrist abweichend von Absatz 2 Satz 1 nicht vor Erfüllung auch der in § 312j Absatz 1 Satz 1 des Bürgerlichen Gesetzbuchs geregelten Pflichten.

(5) [1]Die nach Absatz 2 Satz 1 Nr. 2 zu erteilende Belehrung genügt den dort genannten Anforderungen, wenn das Muster der Anlage zu diesem Gesetz in Textform verwendet wird. [2]Der Versicherer darf unter Beachtung von Absatz 2 Satz 1 Nr. 2 in Format und Schriftgröße von dem Muster abweichen und Zusätze wie die Firma oder ein Kennzeichen des Versicherers anbringen.

---

[1] § 8 Abs. 3 Satz 1 Nr. 4 geänd. mWv 17.12.2009 durch G v. 25.6.2009 (BGBl. I S. 1574); Abs. 1 Satz 1 und Abs. 2 Satz 1 Nr. 2 geänd., Abs. 2 Satz 2 aufgeh., bish. Satz 3 wird Satz 2, Abs. 3 Satz 2 und Abs. 5 neu gef. mWv 11.6.2010 durch G v. 29.7.2009 (BGBl. I S. 2355); Abs. 4 geänd. mWv 4.8.2011 durch G v. 27.7.2011 (BGBl. I S. 1600).

Anhang

§ 9[1] Rechtsfolgen des Widerrufs

(1) [1]Übt der Versicherungsnehmer das Widerrufsrecht nach § 8 Abs. 1 aus, hat der Versicherer nur den auf die Zeit nach Zugang des Widerrufs entfallenden Teil der Prämien zu erstatten, wenn der Versicherungsnehmer in der Belehrung nach § 8 Abs. 2 Satz 1 Nr. 2 auf sein Widerrufsrecht, die Rechtsfolgen des Widerrufs und den zu zahlenden Betrag hingewiesen worden ist und zugestimmt hat, dass der Versicherungsschutz vor Ende der Widerrufsfrist beginnt; die Erstattungspflicht ist unverzüglich, spätestens 30 Tage nach Zugang des Widerrufs zu erfüllen. [2]Ist der in Satz 1 genannte Hinweis unterblieben, hat der Versicherer zusätzlich die für das erste Jahr des Versicherungsschutzes gezahlten Prämien zu erstatten, wenn der Versicherungsnehmer Leistungen aus dem Versicherungsvertrag in Anspruch genommen hat.

(2) [1]Hat der Versicherungsnehmer sein Widerrufsrecht nach § 8 wirksam ausgeübt, ist er auch an einen mit dem Versicherungsvertrag zusammenhängenden Vertrag nicht mehr gebunden. [2]Ein zusammenhängender Vertrag liegt vor, wenn er einen Bezug zu dem widerrufenen Vertrag aufweist und eine Dienstleistung des Versicherers oder eines Dritten auf der Grundlage einer Vereinbarung zwischen dem Dritten und dem Versicherer betrifft. [3]Eine Vertragsstrafe darf weder vereinbart noch verlangt werden.

§ 152 Widerruf des Versicherungsnehmers

(1) Abweichend von § 8 Abs. 1 Satz 1 beträgt die Widerrufsfrist 30 Tage.

(2) [1]Der Versicherer hat abweichend von § 9 Abs. 1 Satz 1 auch den Rückkaufswert einschließlich der Überschussanteile nach § 169 zu zahlen. [2]Im Fall des § 9 Abs. 1 Satz 2 hat der Versicherer den Rückkaufswert einschließlich der Überschussanteile oder, wenn dies für den Versicherungsnehmer günstiger ist, die für das erste Jahr gezahlten Prämien zu erstatten.

(3) Abweichend von § 33 Abs. 1 ist die einmalige oder die erste Prämie unverzüglich nach Ablauf von 30 Tagen nach Zugang des Versicherungsscheins zu zahlen.

---

[1] § 9 Abs. 2 angef. mWv 1.5.2013 durch G v. 24.4.2013 (BGBl. I S. 932).

5. Kapitalanlagengesetzbuch (KAGB)

Vom 4. Juli 2013
(BGBl. I S. 1981)
FNA 7612-3
Zuletzt geändert durch Art. 6 G vom 20.9.2013 (BGBl. I S. 3642)

§ 305 Widerrufsrecht

(1) [1]Ist der Käufer von Anteilen oder Aktien eines offenen Investmentvermögens durch mündliche Verhandlungen außerhalb der ständigen Geschäftsräume desjenigen, der die Anteile oder Aktien verkauft oder den Verkauf vermittelt hat, dazu bestimmt worden, eine auf den Kauf gerichtete Willenserklärung abzugeben, so ist er an diese Erklärung nur gebunden, wenn er sie nicht innerhalb einer Frist von zwei Wochen bei der Verwaltungsgesellschaft oder einem Repräsentanten im Sinne des § 319 schriftlich widerruft; dies gilt auch dann, wenn derjenige, der die Anteile oder Aktien verkauft oder den Verkauf vermittelt, keine ständigen Geschäftsräume hat. [2]Bei Fernabsatzgeschäften gilt § 312g Absatz 2 Nummer 8 des Bürgerlichen Gesetzbuchs entsprechend.

(2) [1]Zur Wahrung der Frist genügt die rechtzeitige Absendung der Widerrufserklärung. [2]Die Widerrufsfrist beginnt erst zu laufen, wenn dem Käufer die Durchschrift des Antrags auf Vertragsabschluss ausgehändigt oder eine Kaufabrechnung übersandt worden ist und in der Durchschrift oder der Kaufabrechnung eine Belehrung über die Widerrufsrecht enthalten ist, die den Anforderungen des Art. 246 Absatz 3 Satz 2 und 3 des Einführungsgesetzes zum Bürgerlichen Gesetzbuch genügt. [3]Ist der Fristbeginn nach Satz 2 streitig, trifft die Beweislast den Verkäufer.

(3) Das Recht zum Widerruf besteht nicht, wenn der Verkäufer nachweist, dass
1. der Käufer kein Verbraucher im Sinne des § 13 des Bürgerlichen Gesetzbuchs ist oder
2. er den Käufer zu den Verhandlungen, die zum Verkauf der Anteile oder Aktien geführt haben, auf Grund vorhergehender Bestellung gemäß § 55 Absatz 1 der Gewerbeordnung aufgesucht hat.

(4) Ist der Widerruf erfolgt und hat der Käufer bereits Zahlungen geleistet, so ist die Kapitalverwaltungsgesellschaft, die EU-Verwaltungsgesellschaft oder die ausländische AIF-Verwaltungsgesellschaft verpflichtet, dem Käufer, gegebenenfalls Zug um Zug gegen Rückübertragung der erworbenen Anteile oder Aktien, die bezahlten Kosten und einen Betrag auszuzahlen, der dem Wert der bezahlten Anteile oder Aktien am Tag nach dem Eingang der Widerrufserklärung entspricht.

(5) Auf das Recht zum Widerruf kann nicht verzichtet werden.

(6) Die Vorschrift ist auf den Verkauf von Anteilen oder Aktien durch den Anleger entsprechend anwendbar.

(7) Das Widerrufsrecht in Bezug auf Anteile und Aktien eines geschlossenen Investmentvermögens richtet sich nach dem Bürgerlichen Gesetzbuch.

(8) [1]Anleger, die vor der Veröffentlichung eines Nachtrags zum Verkaufsprospekt eine auf den Erwerb eines Anteils oder einer Aktie eines geschlossenen Publikums-AIF gerichtete Willenserklärung abgegeben haben, können diese innerhalb einer Frist von zwei Werktagen nach Veröffentlichung des Nachtrags widerrufen, sofern noch keine Erfüllung eingetreten ist. [2]Der Widerruf muss keine Begründung enthalten und ist in Textform gegenüber der im Nachtrag als Empfänger des Widerrufs bezeichneten Verwaltungsgesellschaft oder Person zu erklären; zur Fristwahrung reicht die rechtzeitige Absendung. [3]Auf die Rechtsfolgen des Widerrufs ist § 357a des Bürgerlichen Gesetzbuches entsprechend anzuwenden.

Sachverzeichnis

Die fetten **Zahlen** und **Texte** verweisen auf **Paragraphen** des BGB, die **Einführung** sowie die **Teile** der Kommentierung; die mageren Zahlen verweisen auf die Randnummern dort.

Abschnittsfinanzierung **491**, 144 f.; 96; **493**, 4, 8
Abtretung 491, 69 ff.; **493**, 12; **495**, 398, 402, 412, 458; **496**, 4, 6; 11; **506**, 90, 91, 93, 94
Abschrift 492, 46
Abzahlungsgeschäft s. *Teilzahlungsgeschäft*
Abzinsung 498, 46 ; **501**, 12
Änderungsvertrag 491, 44
Änderungsvoraussetzungen 491, 187; **492**, 89, 119, 128; **494**, 74; **506**, 95; **507**, 35
Aliud 495, 169, 370
Allgemeine Geschäftsbedingungen 492, 38; 122a–g; **494**, 13; **495**, 48, 116, 135, 348, 372; **496**, 4; **498**, 6
 – Entgelt für
   – P-Konto **504**, 45
 – Berechnung Vorfälligkeitsentschädigung **502**, 26
 – Kontoführung **492**, 120
 – Kreditvergabe, Bearbeitung **492**, 122a ff. 5
 – Restwertgarantie **506**, 84
Allgemein-Kreditvertrag Einf. 13a; **491** 96a, 96b, 137a, 158 ff.; **499** 2b, 20; **504** 4, 30 ff.; **506** 12a
Anfechtung 494, 41; **495**, 30, 256, 421, 436
Annuitätendarlehen 491, 107c; **498**, 46
Annuitätenmethode 492, 84; **498**, 46; **501**, 13
Anpassungsklausel 492, 90
Anschrift 492, 77; **495**, 108, 137
Ansparvertrag 506, 28; **510**, 42
Anwendungsbereich
 – Fernabsatz **495**, 40 ff., 58, 359; **506**, 33; **507**, 8
 – Fernunterrichtsvertrag **506**, 45 ff.
 – internationaler **3. Teil**, 1; **4. Teil**, 44 ff.
 – persönlicher **491**, 9 ff., 169; **495**, 36; **504**, 14 ff.; **506**, 45; **4. Teil**, 48
 – sachlicher **491**, 91 ff.; **506**, 10 ff.
 – Versandhandel **507**, 8
 – wiederkehrende Leistungen **510**, 29
 – zeitlicher **Einf.**, 4 ff., 57 ff.
Arbeitgeberdarlehen 491, 168 ff.
Arbeitnehmer Einf., 33, **491**, 52

Arbeitnehmerähnliche Person 491, 55, 170
Art des Darlehens 492, 78
Aufenthaltsort 3. Teil, 15, 17; **4. Teil**, 51
Aufklärungspflichten 495, 300, 303, 424 ff., 433, 438; **496**, 11; **498**, 38 ff.; 655c, 12, 27
Aufrechnung 495, 191, 208, 216
Aufsichtsbehörde 492, 135
Aufspaltungsrisiko 495, 249, 378, 381 f.; **498**, 19
Aufwendungsersatz
 – Kreditvermittler **492**, 122; **655a**, 9 f.
 – Rückabwicklung **495**, 244, 218, 375; **508**, 20
 – verbundenes Geschäft **495**, 375
 – Verzinsung **508**, 22
 – Verzug **497**, 37
Aushändigung einer Abschrift 492, 46; **495**, 129; **655b**, 16
Auskunftsanspruch 495, 383; **498**, 38 ff.; **500**, 8 aE
Außergeschäftsraumvertrag s. *Haustürgeschäft*
Auszahlungsbedingungen 492, 116
Avalvertrag 491, 112

Bagatellgrenze 491, 155, 158, 164; **495**, 312, 462; **506**, 129, **512**, 24
Barzahlungspreis 495, 372; **496**, 35; **498**, 9; **506**, 105; **507**, 11, 43
Bausparkassen 491, 96b, 107
Bauvertrag Einf. 26a, **506** 11,43
Bearbeitungsentgelt 492, 122a ff.
Bedenkzeit 491a, 28b
Bedingung
 – Rücktritt **508**, 7, 44
 – Widerruf **495**, 22, 24
Beispiel 491a, 19
Beleihungsgrenze 491 96c; **495**, 439
Beratung
 – Datenerhebung **511**, 7
 – Empfehlung **511**, 4
 – Erläuterungspflicht **491a**, 30
 – Fremdwährungskredit **493**, 11d
 – Geschäftsbesorgung **511**, 3 ff.

919

Sachverzeichnis

- Immobiliar-Kreditvertrag **511**, 3 ff.
- Kreditvermittler **655a**, 35
- Überziehung
  - eingeräumte **504a** 9 ff.
  - geduldete **505** 17a–17d
- vorvertragliche Information **491a**, 21i

s. auch Kreditwürdigkeitsprüfung

Beweislast
- Absendung, Widerruf **495**, 174
- Arbeitgeberdarlehen **491**, 175
- Aushändigung einer Abschrift **492**, 53
- Ausnahmetatbestände **491**, 157
- Barkauf **506**, 62; **507**, 29
- CISG **3.** Teil, 26
- Darlehenshingabe **491**, 98
- Darlehensvertrag **491**, 106
- Darlehensvermittlung **655c**, 8; **655d**, 7 f., 10
- doppelter Zweck **491**, 60, 136; **4.** Teil, 46
- Einwendungsdurchgriff **495**, 466
- Entgeltlichkeit **491**, 106; **506**, 31 f.
- Existenzgründer **491**, 59 f.; **513**, 7, 9, 19
- Fälligkeit **498**, 12
- Fehlschlagen **495**, 471
- Fristbeginn für Widerruf **495**, 171
- Grundstückserwerb **495**, 305 f.
- Heilung **494**, 47; **507**, 24
- Hingabe des Darlehens **491**, 98, 106
- institutionalisiertes Zusammenwirken **495**, 427
- konkrete Beweisführungslast **495**, 427
- Koppelungsgeschäft **492a**, 15; **492b**, 14
- Kreditvolumen **513**, 19
- Kreditwürdigkeitsprüfung **499**, 25
- Kündigung des Darlehens **498**, 12, 15, 21; **499**, 4, 25
- Listenpreis **506**, 109
- Marktwechselkurs **503**, 16
- Nebenentgelte **655d**, 7 ff.
- Prüfung der Beschaffenheit **495**, 230
- Ratenlieferungsvertrag **510**, 37
- Rückabwicklung **495**, 246, 218
- Rückforderungsdurchgriff **495**, 383
- Scheck *s. Wechsel*
- Scheinkaufmann **491**, 66
- Teilnichtigkeit **494**, 23, 27
- Tilgung **498**, 15
- überwiegend **491**, 60, 136; **4.** Teil, 46
- Unterrichtung über Abtretung **496**, 12
- Verwendungszweck **491**, 44, 59 ff.
- Verzugsschaden **497**, 26, 37, 39
- Wechsel **496**, 27, 35
- Wert des Gebrauchsvorteils **495**, 224
- Widerruf **495**, 169 ff., 246
- wirtschaftliche Einheit **495**, 305
- zeitlicher Anwendungsbereich Einf., 56

- Zinstitulierung **497**, 64, 66
- Zugang
  - der Mahnung **498**, 21
  - des Widerrufs **495**, 174
  - der Widerrufsbelehrung **495**, 171
- Zuständigkeit, internationale **4.Teil**, 51

Blankounterschrift 492, 21; **655b**, 5
Bürgschaft 491, 26, 119, 122, ; **492**, 15, 140; **494**, 11, 27; **495**, 125, 448; **496**, 8; **497**, 15; **498**, 29; **508**, 24
Bundesbankdiskontsatz *s. Basiszinssatz*

CISG 513, 14; **3.** Teil, 23
Culpa in contrahendo 494, 34, 42; **495**, 30, 410, 450; **498**, 38, 43; **655b**, 28; **655c**, 27

Darlehen Einf., 41; **491**, 96 ff.; **506**, 38, 86
- Arbeitgeberdarlehen **491**, 101, 168 ff.
- Aufstockung **491**, 160
- Bagatellgrenze **491**, 158; **512**, 24
- Baudarlehen **491**, 96c, 101, 178
- Dispositionskredit **491**, 101; **504**, 6
- Existenzgründung **513**, 1 ff.
- Fernabsatz **492**, 28; **495**, 40 ff., 158, 325; **507**, 8 ff.
- Kreditkarte **491**, 103
- Kreditvermittlung **655a**, 1 ff.
- Rückzahlungsobliegenheit **500**, 6
- Sachdarlehen **491**, 105
- Schriftform **492**, 10 ff.; **506**, 99 ff.
- Tilgungsrecht **500**, 11
- Überziehung **491**, 101; **495**, 181; **504**, 5 ff.
- Verzug **497**, 22; **498**, 12
- Widerruf **495**, 51 ff., 332 ff.

Darlehensvermittlung *s. Kreditvermittlung*
Dauerschuldverhältnis 506, 39; **510**, 47
Dienstleistungsfreiheit 3. Teil, 22
Dienstleistungskredit 491, 18, 129; **495**, 2, 236, 359; **498**, 7; **506**, 27, 56; **507**, 23
Digitale Signatur 492, 29
Disagio 492, 92, 107; **494**, 62; **501**, 10
Diskontkredit 491, 101; **496**, 3, 39 f.
Dissens 494, 41
Distanzgeschäft *s. Fernabsatz*
Doppeltätigkeit des Maklers 655a, 8, 10
doppelter Zweck *s. gemischte Verwendung*
Doppelwirkung 495, 30
Dreimonategrenze 491, 165; **496**, 3; **504**, 30; **506**, 59; **512**, 24

Effektengeschäft 491, 101
Effektiver Jahreszins 492, 79 ff.
- AIBD-Methode **492**, 81

Sachverzeichnis

- Arbeitgeberdarlehen **491**, 174
- Heilung **494**, 3, 42, 61, 85 ff.; **507**, 30
- Leasing **506**, 100; **4. Teil**, 21
- Mahnverfahren **4. Teil**, 5, 21, 23, 27, 35
- PreisangabenVO **492**, 85
- Protokoll **491**, 185
- Überziehung **504**, 27
- unrichtige Angabe **494**, 62, 85; **507**, 36 ff.
- Vermittlung **655c**, 26
- Werbung **491a**, 37

Einmalkosten 492, 121; **495**, 463; **498**, 17
Einmalzahlung 492, 108; **506**, 58
Einrede der Widerruflichkeit 495, 19
Einrede gegen Valutierung 499, 8, 9; **504**, 40
Einreichervertrag 655c, 12
Einwendungsdurchgriff 495, 405 ff.
- aliud **495**, 472
- Ersatzlieferung **495**, 469
- Forderungsdurchgriff *s. Rückforderungsdurchgriff*
- Gewährleistung **495**, 441 ff., 469; **506**, 7, 90
- Leasing **506**, 7, 91
- Mängeleinrede **495**, 447
- Minderung **495**, 446
- Nacherfüllung **495**, 469
- Nichtigkeit **495**, 417
- Produkthaftung **495**, 410 f., 453
- Subsidiarität **495**, 408, 414, 468
- Verjährung **495**, 409; **508**, 25

Einwendungsverlust 495, 168; **496**, 10, 28, 37; **4. Teil**, 18
Einwendungsverzicht 496, 2, 4, 8; **508**, 24
Einzelbetrachtung 491, 31, 123
Elektronische Form 492, 29
Energielieferung 506, 39; **510**, 44
Engste Verbindung 3. Teil, 4
Entgeltlichkeit 491, 97, 142; **506**, 29 ff.
- Kreditvermittlung **655a**, 18
- nachträgliche Kreditierung **491**, 142

Erbfolge 491, 87 ff.
Erfolgsprovision 655a, 14
Erläuterungspflicht 491a, 29, 41
Erwerbsverpflichtung 506, 6, 73, 83
ESIS-Merkblatt 491, 137a; **491a**, 21b
Eurokredit 491, 101
Existenzgründung 491, 60; **513**, 1 ff.; **655e**, 2
- Aufgabe, Ausweitung **513**, 5
- Ausnahmetatbestand **513**, 11
- Beweislast **513**, 9, 19
- Franchise **506**, 53
- gemischte Verwendung **491**, 129

- Höchstgrenze **497**, 43; **513**, 11
- IPR **3. Teil**, 11
- Kreditvermittlung **655a**, 12, **655e**, 2
- Kündigung **500**, 10
- Leasing **513**, 17
- Lizenz **506**, 43
- Mahnverfahren **4. Teil**, 32
- Unternehmenskauf **506**, 43
- verbundenes Geschäft **495**, 282
- Vermittlungsprovision **655d**, 4
- Verzug **497**, 43, 50
- Widerruf **495**, 63
- wiederholte **513**, 7

Exponentielle Verzinsung 492, 81; **501**, 13

Factoring 491, 101
Fälligkeit 491, 96, 139; **497**, 22, 44; **498**, 12; **506**, 15, 17, 27, 65, 92
- Aushändigungsanspruch **491a**, 26 f. **492**, 48; **495**, 117, 155; **655b**, 5
- Gesamtfälligkeit *s. dort*
- Rückgewähr **495**, 190 f.
- Verzug **497**, 22, 44; **498**, 12
- vorzeitige Zahlung **500**, 3, 8; **501**, 11
fehlerhafte Gesellschaft 495, 310, 401, 404, 433
Fernabsatz Einf., 17; **491**, 94; **491a**, 22 f.; **495**, 40 ff., 144, 158, 165 f.; **506**, 33; **507**, 8 ff.
- von Finanzdienstleistungen **Einf.**, 17; **492**, 29, 34; **495**, 42,143, 165, 167, 236
Fernunterrichtsvertrag 495, 33, 146; **506**, 45 ff.; **510**, 59
Fertighausvertrag 491 96h; **506**, 43; **510**, 36
Festkredit 491, 101
Fiktion des Rücktritts *s. Rücktrittsvermutung*
Finanzdienstleistung 495, 42
- Anwendung von Verbraucherkreditrecht **492**, 34; **495**, 167; **506**, 35
- Finanzierungsleasing **506**, 35, 74
- Widerrufsrecht **495**, 42, 167
Finanziertes Geschäft *s. Verbundenes Geschäft*
Finanzierungshilfe 506, 9, 18
- Leasing **506**, 67
- Mietkauf **506**, 78
- nachträgliche **491**, 139; **495**, 258, 465; **506**, 60
Finanzierungsleasing *s. Leasing*
Finanzinstrumente 495, 323, 464
Förderdarlehen 491 176, 192; **491a**, 21j, **506**, 141
Forderungsdurchgriff 495, 360, 376, 406, 418

921

Sachverzeichnis

Forderungsgarantie **491**, 122
Forfaitierung **491**, 101
Forward-Darlehen **491**, 101
Franchise **491**, 55; **495**, 214, 282; **506**, 53; **510**, 57; **512**, 26; **513**, 16
Freiberufler **491**, 18, 49; **513**, 5; **655a**, 13
Fremdwährungskredit **492**, 153a; **493** 11d; **494** 81a; **503** 1
Gebrauchsüberlassung *s. Leasing; Mietvertrag*
Gebrauchsvorteile **495**, 224 ff.; **508**, 15 ff., 18, 23
Gefahrtragung **495**, 207
Gemischte Verwendung Einf. 48 ff.; **491**, 10, 129 ff.; **506**, 24; 3. Teil, 9
Gemischter Vertrag **491**, 129 ff.; **495**, 24, 315; **506**, 24, 54
– Fallgruppen **491**, 129
– gemischte Verwendung *s. dort*
– mehrere Verträge **491**, 131
– mietvertragliche Elemente **491**, 132
– Ratenlieferungsvertrag **491**, 131
– Verwendungszweck **491**, 135
Gerichtsstand **495**, 37; **496**, 31; 4. Teil, 43 ff.
Gesamtbetrag des Kredits **491** 89; **491a**, 18; **492**, 102; **494**, 62; **497** 40; **506**, 95, 96, 100; **514**, 3
Gesamtfälligkeit **496**, 37; **498**, 11 ff.; **508**, 3
– Fälligkeitsabrede **498**, 10
– Kostenermäßigung **501**, 12
– Nachfrist **498**, 21
– Scheck **496**, 37
– Tilgungsfreiheit **498**, 9
– Vergleich **498**, 36
– Verzug **498**, 12, 34
– Zahlungsrückstand **498**, 13 ff.
Gesamtschuld
– Anwendbarkeit des Gesetzes **491**, 25, 115; **506**, 23
– asymetrische Zweckbindung **495** 268
– Einwendungsverzicht **496**, 8
– gleichgründige **491**, 25, 124; **494**, 27, 28, 39; **495**, 63, 122, 268; **498**, 27; **508**, 51
– Gesamtfälligkeit **498**, 27
– Ratenlieferungsvertrag **510**, 56
– Schriftform **492**, 15; **494**, 11
– Sicherungsgesamtschuld **491**, 115; **494**, 11, 30, 40; **495**, 63, 355, 449; **498**, 28; **508**, 81
– verbundenes Geschäft **495**, 268, 449
– Widerruf **495**, 63
Geschäftsführer **491**, 54

Gesellschaft bürgerlichen Rechts **491**, 18, 32 ff.; **495**, 309f., 404, 433; **513**, 6; **655a**, 13
– Franchise **506**, 53; **510**, 57; **512**, 26
Gesetzlicher Zinssatz **494**, 62; **497**, 4, 43, 54; **508**, 23; **655d**, 4
Gesetzlichkeitsfiktion **495**, 92, 132; **506**, 101
Gesetzwidrigkeit Einf., 52; **492**, 65; **495**, 30; **496**, 24, 28; **497**, 71; **655b**, 1; **655d**, 7; *s. auch Rechtsberatungsmissbrauch*
Gestaltungsrecht *s. Widerrufsrecht*
Getränkebezug **510**, 54
Gewährleistungsansprüche *s. Einwendungsdurchgriff*
Gewerbeordnung **491**, 101; **506**, 140
Gewerbetreibender *s. Unternehmer; Existenzgründung*
Gewinnerzielungsabsicht **491**, 18, 21, 178
Girokonto **491**, 101; **504**, 5 ff., 13, 45; **512**, 24
GmbH **491**, 54
Good will **506**, 43
Großkredit **494**, 78; **506**, 102; **513**, 15
Grundpfandrecht **491**, 96h, 122; **492**, 141
Grundstückskaufvertrag **495**, 289 ff.; **506**, 42; *s. auch Schrottimmobilien*
gutgläubig-einredefreier Erwerb **491**, 96i

Handelsvertreter **495**, 282; **655a**, 13
Handwerker **491**, 20
harmonisierter Bereich *s. Vollharmonisierung*
Haustürgeschäft
– Abwicklung **495**, 184
– Anwendbarkeit Verbraucherkredit **491**, 155; **492**, 25
– IPR 3. Teil, 19
– Widerruf **495**, 39
Häusliche Gemeinschaft **491**, 28
Heilung **494**, 5 ff.; **507**, 19 ff.
– Bürgschaft **491**, 126
– Darlehen **494**, 55
– Erfüllungsverlangen durch Verbraucher **495**, 153
– Kreditsicherheiten **494**, 24, 27, 76; **507**, 34
– Kreditvermittlung **655b**, 8
– Leasing **494**, 5; **506**, 112
– Schuldbeitritt **491**, 126
– Teilnichtigkeit **494**, 23
– Tilgungsplan **494**, 71 f.; **506**, 100; **507**, 31

Sachverzeichnis

- Übergabe **507**, 20
- unrichtige Angaben **494**, 44
- Versandhandel **507**, 8
- Vollmacht **492**, 66; **494**, 8, 52
- Widerrufsbelehrung **495**, 50, 74
- Widerrufsrecht **494**, 31, 38; **495**, 50, 153

Herstellungsvertrag 506, 43; **510**, 59
Hinsendekosten 495, 205
Höchstgrenzen
- Darlehen **492**, 98a; **512**, 24; **513**, 15
- Kontokorrent **492**, 94
- Kreditsicherung **494**, 79
- Überziehungskredit **504**, 20
- Verzugsschaden **497**, 46

Immobiliar-Kreditvertrag
Einf., 13a; **495**, 289 ff.
- Abgrenzung Realkredit **491** 96c
- Abhängigkeit **491** 96c
- Bedenkzeit **495** 183a; **506** 115a
- Beleihungsgrenze **491** 96c
- Finanzierungshilfe **491** 96b; **506** 12a, 42, 63a, 85a, 98a
- Förderdarlehen **491** 192
- Reallast **491** 96i
- Stundung einer Forderung **491** 96j; **506**, 63b
- Überziehungskredit **504** 4, 21
- Verzug **498** 3, 16, 19a
- Vorfälligkeitsentschädigung **502** 8, 19
- vorzeitige Rückzahlung **500** 4, 15a
- weitere Angaben **494** 18a
- Widerrufsrecht **495** 83; **495** 78, 93 95, 164
- wirtschaftliche Einheit **495** 289 ff.
- verbundenes Geschäft **495**, 289 ff.
- Verzug **503**, 33 f.

Index 492, 165
Information 492, 19; **498**, 38; **512**, 14
- Abtretung **493**, 12; **496**, 12
- Anschrift **492**, 77
- Art des Darlehens **492**, 78
- Aufsichtsbehörde **492**, 135
- Auszahlungsbedingungen **492**, 116
- Barzahlungspreis **506**, 105; **507**, 29
- Beispiel **491a**, 19, 39
- **Beratungsleistungen 491a**, 21i
  Disagio **492**, 107
- Erläuterungspflicht **491a**, 29
- Effektiver Jahreszins **491a**, 37; **492**, 79; **497**, 62, 85; **507**, 17
- Einmalzahlungen **492**, 108
- Fernabsatz von Finanzdienstleistungen **491a**, 22; **492**, 34; **495**, 42, 158
- Form **491a**, 13
- **Förderkredit 491a**, 21j
  Gesamtbetrag **492**, 102; **506**, 100
- Höchstbetrag **492**, 92

- Kommunikationsmittel **491a**, 22
- Kontoführung **492**, 150; **494**, 21
- Kosten **492**, 117; **494**, 65, 74
- Kreditsicherheit **491a**, 28; **492**, 140; **494**, 76
- Kreditvermittlung **655a**, 21
- Kreditwürdigkeitsprüfung **491a**, 21a
  Kündigung **492**, 137; **494**, 81
- Lebensversicherung **492**, 125, 147
- Muster **491a**, 14
- Nachholung **492**, 155
- Nebenleistung **492**, 109; **655a**, 29
- Nennbetrag **492**, 105
- Nettodarlehensbetrag **491a**, 37; **492**, 92; **494**, 62
- Notarkosten **492**, 139
- Pflichtangaben **492**, 10, 72 ff.
- Restschuldversicherung **492**, 124, 145; **494**, 19
- Sollzinssatz **491a**, 37; **492**, 95; **494**, 62
- Teilzahlungen **492**, 108; **494**, 71
- Telefon **491a**, 22
- Tilgungsplan **492**, 136
- Umschuldung **491a**, 21h
  Vergütungsanspruch **655a**, 24
- Vergütungsverpflichtung **655a**, 23
- Versicherungskosten **492**, 93; **494**, 66
- Vertragsbedingungen **492**, 138; **494**, 14
- Vertragsende **493**, 8
- Vertragsinhalt **492**, 10 ff.
- Vertragslaufzeit **492**, 97; **494**, 81
- Verzugszins **492**, 128
- Vorfälligkeitsentschädigung **491a**, 20; **492**, 133; **502**, 20
- vorvertragliche **491a**, 12 ff.; 21a ff.; **655a**, 23
- Warnhinweis **492**, 129
- Werbung **491a**, 34 ff.
- Widerrufsrecht **492**, 130; **494**, 31, 46, 82; **495**, 76 ff.
- Zeitpunkt **491a**, 13
- Zinsen **492**, 89, 106; **494**, 62
- Zinsbindung **493**, 4; **494**, 74
- Zusatzleistungen **491a**, 24; **492**, 151; **494**, 18

institutionalisiertes Zusammenwirken 495, 424 ff., 452; **498** 40
Internationale Zuständigkeit 4. Teil, 44
Internationales Privatrecht 512, 2; **3. Teil**, 1 ff.
Inzahlungnahme (Auto) 508, 13

Juristische Person 491, 14, 18; **512**, 31; **513**, 6
- Verein **491**, 23
- Vor-GmbH **513**, 6

923

Sachverzeichnis

Kapitallebensversicherung **491**, 101; **492**, 109, 125; **494**, 68; **495**, 271
Kapitalverkehrsfreiheit **3. Teil**, 22
Kaufmann **491**, 20, 49, 65; s. auch Existenzgründung
Kilometerabrechnungsvertrag **506**, 75
Kommunikationsmittel **491a**, 22
Konditionenanpassung **491**, 146f.
Konsumentenratenkredit **Einf.**, 52; **491**, 46, 109; **492**, 94; **495**, 255; **497**, 17; **4. Teil**, 4, 21
Kontoführungsvertrag **491a**, 24; **492**, 120, 150; **494**, 21
Kontokorrent **491**, 159; **492**, 94; **497**, 47; **504**, 5
– Überziehungskredit s. dort
Kosten des Kredits **491** 97; **492**, 109, 117; **494**, 65; **495**, 443; **497**, 6, 53; **501**, 10; **514**, 8; **4. Teil**, 3, 9
Kostenermäßigung **501**, 8; **507**, 43
Kreditähnlicher Vertrag s. Ratenlieferungsvertrag
Krediteröffnungsvertrag **491**, 104; **504**, 12
Kreditgeber s. Unternehmer
Kreditinstitut **491**, 13, 20; **497**, 25; **504**, 15
Kreditkarte **491**, 103; **492**, 94; **504**, 12
Kreditlinie **504**, 45
Kreditsicherung
– Anwendbarkeit des Gesetzes **491**, 107 ff.
– Bürgschaft s. dort
– Eigentumsvorbehalt **507**, 34; **508**, 3, 25
– Fernabsatz **507**, 11
– Gesamtfälligkeit **498**, 6
– Information **491a**, 20; **492**, 140
– Nachbesicherung **492**, 142
– Realkredite **491** 96c
– Rücktritt **508**, 24
– Schriftform **492**, 140; **494**, 16, 17, 76; **507**, 34
– Schuldbeitritt s. dort
– Überziehungskredit **504**, 20
– verbundenes Geschäft **495**, 281, 394, 448f.
– Versandhandel **507**, 11
– Widerruf **495**, 245, 219, 393, 448
Kreditvermittlung
– Anreize **655a**, 27a
Auskunft **655c**, 8
Auslagen **655d**, 3 ff.
– Begriff **655a**, 4 ff.
– Beratungsleistung **655a**, 35; **655d**, 9a
Dritter **655a**, 30
Elektronische Form **655b**, 1
Entgeltlichkeit **655a**, 18
– Erfolgsprovision **655a**, 14, 23; **655c**, 1 ff.

– Gemeinkosten **655d**, 2
– Information **491a**, 20a; **655a**, 21 ff.: 30a; 33
– IPR **3. Teil**, 19
– Makler **655a**, 13
– Nebenentgelte **655a**, 29
– Packing **655a**, 25; **655c**, 12
– Provision **655c**, 1 ff.
– Schriftform **655b**, 1 ff.
Transparenz **655a**, 23
– Umgehung **512**, 24
– Umschuldung **655c**, 9 ff.
– verbundenes Geschäft **495**, 279; **655b**, 2, 14
– Vergütungsanspruch **655a**, 24 ff.; **655c**, 1 ff.
– Vergütungsverpflichtung **655a**, 23a
– Vollmacht **655b**, 1, 7
– Vorkenntnis **655c**, 3
– Vorschuss **655d**, 4
– Werbung **655a**, 34
Widerruf **655b**, 2; **655c**, 4
Zusätzliche Informationen **655a**, 30a ff.; **655b**, 9
Kreditvertrag **Einf.**, 41; **491**, 7, 92; **506**, 9, 13 ff.
– Beweislast **491**, 65; **506**, 31
– Bezugsverpflichtung **506**, 53; **510**, 53
– Bürgschaft **491**, 112, 119
– Energielieferung **506**, 40
– Fälligkeit **506**, 16
– Fernunterricht **506**, 46 ff.; **510**, 36, 59
– Fertighaus **506**, 43; **510**, 36
– Form **492**, 10 ff., 18 ff., 31; **506**, 99; **507**, 7 ff.
– Franchise **495**, 282,; **506**, 53 ; **510**, 57
– IPR **3. Teil**, 1 ff.
– Kapitalanlage **491**, 50 f. **495**, 38, 264, 318 ff.
– Krediteröffnung **491**, 104
– Kreditkarte **491**, 103
– Kreditsicherung **491**, 107ff.
– Leasing s. dort
– Lizenz **506**, 43; **510**, 59
– Miete **506**, 43, 65, 66
– Mietkauf **506**, 78
– Rechtskauf **506**, 43
– Schuldanerkenntnis **496**, 10
– Software **506**, 43
– Sukzessivlieferung **510**, 39
– Transport **506**, 40
– Überziehung **504**, 17 ff.
– Unternehmenskauf **506**, 43
– Unterricht **506**, 44 ff.
– verbundenes Geschäft **495**, 272 ff., 353; **655b**, 2
– Versicherungsvertrag **495**, 34, 43; **506**, 39

Sachverzeichnis

- Verzug **497**, 22 f.; **498**, 1, 3 f., 12; *s. auch Darlehen*
- **Kreditvollmacht 492**, 56; *s. auch Vollmacht*
- **Kreditwürdigkeitsprüfung 491a**, 21a; **499**, 20; **505a ff.**
  - Anwendungsbereich **505a**, 4
  - Aufstockung **505a**, 10
  - Beweislast **505d**, 10
  - Datenschutz **505b**, 12
  - Dokumentation 505b, 10
  - Durchführung **505b**, 3 ff.
  - Erläuterungspflicht **491a**, 29
  - Falschangaben **505d**, 14
  - Freistellung **505d**, 12
  - Immobilienbewertung **505c**, 2
  - Prüfungspflicht **505a**, 5
  - Rechtsfolgen **505d**, 3 ff.
  - Schadensersatz **505d**, 15
  - Sonderkündigungsrecht **505d**, 9
  - Verbot **505a**, 7
  - Verstoß **505d**, 3 ff.
  - Vertragsabschluss **505a**, 7
  - vorvertragliche Information **491a**, 21a
  - Zinsermäßigung **505d**, 4
- **Kündigung**
  - Darlehensgeber **499**, 3 ff., 20
  - Darlehensnehmer **500**, 5 ff.
  - Fernunterrichtsvertrag **506**, 52
  - Gelddarlehen **Einf.**, 36; **491**, 144; **495**, 50, 54; **498**, 6, 24 f.; **499**, 3 ff., 62
  - Gesamtfälligkeit **498**, 3, 11 ff.; **501**, 6 ff.
  - Leasing **506**, 100, 120 ff.
  - Makler **655a**, 9
  - Rücktritt **508**, 10
  - Überziehung **504**, 27
  - Umschuldung **655c**, 18 f.
  - Verfahren **492**, 137
  - Verzug **497**, 34
  - Vorlaufzeit **504**, 21 ff.
  - vorzeitige Zahlung **500**, 4, 8; **506**, 144
  - Widerruf **495**, 50, 54
- **Künstler 491**, 55

- **Landwirt 491**, 49
- **Leasing 506**, 13, 64 ff.
  - Abtretung Gewährleistungsansprüche **506**, 91, 93, 94
  - Allgemeine Geschäftsbedingungen **492**, 38
  - Amortisation **506**, 68, 76
  - Anwendbare Vorschriften **506**, 89, 112, 113, 119, 124, 134, 137, 142, 144
  - Aufklärung **498**, 38
  - Bestelleintritt **506** 91
  - elektronischer Geschäftsverkehr **506**, 8
  - Erlasskonformität **506**, 70

- Erwerbsverpflichtung **506**, 67, 74, 81, 83
- Existenzgründung **513**, 17
- Finanzdienstleistung **506**, 35, 74
- Finanzierungsleasing **506**, 64 ff.
- gemischter Vertrag **491**, 132
- Gesamtfälligkeit **506**, 119
- Händlerleasing **506**, 75
- Heilung **506**, 112
- Kilometerabrechnung **506**, 75
- Kündigung **506**, 119, 120, 121; **508**, 5
- Mietkauf **506**, 78
- Null-Leasing **506**, 75
- Operatingleasing **506**, 66
- Restwertgarantie **506**, 81, 84
- Revolvingleasing **510**, 58
- Richtlinienkonformität **506**, 74, 81
- Rücktritt **506**, 119
- Sachmängelhaftung **506** 91, 93, 97
- Sale and lease back **506**, 75
- Schriftform **506**, 99, 100
- Schuldbeitritt **491**, 118
- Sittenwidrigkeit **506**, 77
- Sperrfunktionstheorie **506**, 70
- Steuerrecht **506**, 70, 71
- Substanzverzehr **506**, 68, 76
- Substituierbarkeit **506**, 67
- Teilprivilegtheorie **506**, 70
- verbundenes Geschäft **506**, 89 ff., **512**, 26
- Verzug **497**, 12; **506**, 94, 119
- Vollprivilegtheorie **506**, 71
- vorzeitige Zahlung **506**, 122
- **Lebensversicherung 492**, 125
- **Listenpreis 506**, 105, 109
- **Lizenzvertrag 506**, 43; **510**, 59

- **Mahnung 497**, 23, 43; **498**, 12, 34; **508**, 3; **512**, 27
- **Mahnverfahren**
  - Angaben **4. Teil**, 8, 26, 36
  - Beschwerde **4. Teil**, 41, 42
  - Erinnerung **4. Teil**, 41
  - Existenzgründung **4. Teil**, 32
  - Kreditvermittlung **4. Teil**, 17
  - Nebenforderungen **4. Teil**, 9, 20
  - Rechtskrafteingrenzung **4. Teil**, 2, 25
  - Schlüssigkeitsprüfung **4. Teil**, 1, 30 ff.
  - Verjährung **4. Teil**, 38
  - Vordrucke **4. Teil**, 29
  - Zustellung **4. Teil**, 39
- **Makler** *s. Kreditvermittlung*
- **Marktpreis 494**, 2; **506**, 105; **507**, 32
- **Marktzins 491**, 174; **495**, 227, 240; **507**, 43; **4. Teil**, 21
- **Maschinelle Bearbeitung 492**, 44
- **Mietkauf 506**, 78
- **Mietpool 495** 430; **498** 40

925

Sachverzeichnis

Mietvertrag 491, 129, 132; 506, 41, 65, 78
Minderjährige 491, 24; 495, 41, 127
Mindestharmonisierung Einf., 4, 32
Mischformen, -nutzung *s. Gemischter Vertrag*
Mithaftung *s. Gesamtschuld*
Muster 491a, 14; 492, 34, 131
Nachbesicherung 492, 141
Nachbelehrung 495 120
Nachholung von Informationen 492, 157; 495, 99, 160
Nachholung von Pflichtangaben 494 84; 495 118, 160, 164
Nachträgliche Kreditierung 491, 138 ff.
– Abschnittsfinanzierung 491, 145
– Beweis 506, 32
– Drittfinanzierung 491, 140
– Entgeltlichkeit 491, 142
– Heilung 494, 58
– Konditionenanpassung 491, 146; 494, 7, 75
– Prolongation 491, 139; 494, 58
– Stillhalteabkommen 491, 143
– verbundenes Geschäft 495, 258

Name 492, 77
Nebenabreden 492, 35; 494, 14, 26; 655b, 1
Nebenberuf 491, 58
Nebenleistungen 491a, 33a; 492, 109
Nennbetrag 492, 105; 498, 17, 19; 514, 19
Nettodarlehensbetrag 491a, 18, 37; 492, 92; 495, 374, 372; 498, 7, 16; 514, 19
Neue Medien 492, 29; 495, 40
Normalpreis 506, 30
Notarkosten 491a, 20; 492, 139
Null-Prozent-Finanzierung Einf 13d; 491 97a, 162a; 495 45a, 113, 115, 120, 164, 177a, 260, 312, 327, 336a, 343, 351, 353, 359, 406, 465; 497 12, 40a; 498 20a; 506 20, 29, 75, 117, 119b; 514 3; 515 1; 3. Teil 3, 8
Nutzungsvergütung 495, 35a, 217, 224; 508, 15

Öffentliche Hand 491, 21
OHG 491, 18, 25, 32 f.
OLGVertrÄndG Einf., 23 ff.

Packing 655a, 19, 25; 655c, 12
Pacta sunt servanda Einf., 44; 495, 15
Partnerschaftsvermittlung 495, 209; 506, 45
Personengesellschaft 491, 32

Pfandleiher 491, 163
Pflichtangaben 492, 10, 72 ff.
P-Konto 504 45
Postbank 504, 15
Postbeförderung 495, 171
Präklusion 495, 168; 4. Teil, 18
Preisangabe 492, 79; 494, 49; 506, 30, 100
– Leasing 506, 100
– Mahnverfahren 4. Teil, 23
Privatautonomie Einf., 44
Produkthaftung 495, 410, 453
Prolongation 491, 96j, 139; 494 58 ; 506 63d, 63e, *s. auch Nachträgliche Kreditierung*
Protokoll
– gerichtliches 491, 182, 188
– notarielles 491, 190; 495, 179; 496, 10
Provision 492, 106; 498, 42
Prozessvollmacht 492, 60, 69

Ratenkredit 491, 101; 494, 71; 497, 65
Ratenlieferungsvertrag 491, 154; 496, 3; 498, 8; 506, 66; 508, 5; 510, 1 ff.; 4. Teil, 23
– Beweislast 510, 37
– Darlehen 491, 134; 510, 55
– Kündigungsrecht 498, 8
– verbundenes Geschäft 495, 260
Realkredit 491 96c 655c, 20; *s. auch Immobiliarkreditvertrag*
Reallast 491 96i
Rechtsberatungsmissbrauch 492, 65; 495, 401
Rechtsfortbildung Einf., 31; 495, 274 f.
Rechtsmissbrauch
– Formmangel 492, 27; 494, 32 f.
– Rückabwicklung 495, 388
– Rücktritt 498, 14; 508, 7
– Widerruf 494, 26, 31; 495, 30, 153; 510, 54
Rechtsnachfolge 491, 67 ff.; 494, 12; 495, 66; 512, 25
Rechtsschein 491, 66; 492, 25
Rechtsverfolgungskosten 497, 31, 53
Rechtswahl 3. Teil, 3 ff.
Referenzzins 492, 165
Refinanzierungskosten *s. Schadensberechnung, konkrete*
Relevanz 499 23
Renovierungsdarlehen 491 96b, 137a
Rentenschuld 491 96h, 96i
Restschuldversicherung 492, 93, 124, 146; 494, 67; 495 270, 340; 506, 103
Restwertgarantie 506, 81, 84
Richtlinienkonformität Einf., 27; 491, 185; 492, 103; 494, 52; 495, 187, 408, 468; 509, 8; 512, 12; 514, 6

Sachverzeichnis

Rückforderungsdurchgriff 495, 360, 376 ff., 380, 406, 418 ff.
Rückgaberecht 495, 28; **Rückgewähr**
– Aufrechnung 495, 216; 508, 23
– Erfüllungsinteresse 495, 227
– Erfüllungsort 495, 192 ff.
– Rücktritt 508, 11, 23
– Unmöglichkeit 495, 470.
– verbundenes Geschäft 495, 386; 508, 49
– Verkaufswert 508, 42
– Verrechnung 495, 421
– Widerruf 495, 186, 360, 376, 412 ff., 418 ff., 385
Rücktritt 495, 23, 31 50, 214; 496, 32; 498, 33
– Autokauf 508, 13
– Erfüllungsinteresse 508, 14
– Erklärung 508, 7, 28
– Fernunterricht 506, 46
– Gebrauchsvorteile 508, 15 f., 23
– Leasing 508, 5
– Rechtsfolgen 508, 11 ff.
– Rücktrittsvermutung s. dort
– Sachmangel 495, 213, 406, 413 f., 418, 441 ff., 446 ff.
– Überlassungsvergütung 508, 15 f.
– Verhältnis zur Kündigung 508, 6
– Verjährung 508, 25
– Voraussetzungen 508, 8, 46, 30
– Widerruf 495, 31, 214; 508, 26 f.
– Zinsen 508, 16, 22, 23
Rücktrittsvermutung 496, 37; 508, 75 ff.
– Rücktrittsvoraussetzungen 508, 3
– teilweise Drittfinanzierung 508, 48
– verbundenes Geschäft 508, 47, 55
– Vereinbarung 508, 46
– Verkaufswert 508, 42 f., 51
– Wertersatz s. dort
– Widerruf 508, 34 f.
– Wiederansichnehmen 508, 38 ff.
– Zwangsvollstreckung 508, 40

Schadensberechnung
– abstrakte 497, 24 ff.
– Bruttosollzins 497, 37
– Fälligkeitszinsen 497, 42
– geschuldeter Betrag 497, 31; 498, 23
– gewerblicher Kredit 497, 14, 20
– Immobilardarlehen 497, 29
– Kondiktionsverzug 497, 16
– konkrete 497, 36 ff.
– Kontoführung 497, 47
– Kontokorrent 497, 47 f.
– Kreditinstitut 497, 17
- Mahnpauschale 495 190
– Mahnung 497, 23, 54
– Pflichtangabe 495 83, 432

– Realkredit 497, 29
– Rücktritt 508, 19
– Schlüssigkeit 497, 48
– Verjährung 497, 57 f.
– Verteidigung 497, 26, 39
– Verzug 492, 104, 495 190; 497, 1, 4, 17, 21 ff., 55; 508, 19
– Widerrufsbelehrung 495 117, 432
– Zinsen 497, 45, 63, 68
Scheck
– Aufrechnung 495, 216; 496, , 4 23
– Begebungsvertrag 496, 24
– Beweislast 496, 37
– Dreimonategrenze 496, 3, 18
– Dritte 496, 33
– erfüllungshalber 495, 370
– Heilung 494, , 55
– Herausgabe 496, 26
– Indossament 496, 19
– Prozess 496, 30
– Ratenlieferungsvertrag 496, 3;
– sicherungshalber 496, 18, 23, 38
– Sperre 496, 29
– Tilgungsplan 496, 37
– Überziehungsvertrag 504, 5; 505, 10
– verbundenes Geschäft 495, 253, 383
– vorzeitige Tilgung 500, 13
– Wahlrecht 496, 21, 34 ff.
– Wertstellung 495, 370, 383
– zahlungshalber 496, 18; 500, 13
– Zweckvereinbarung 496, 24, 37
Scheinkaufmann 491, 66; 512, 18; 512, 30; 3. Teil, 5
Scheinselbständigkeit 491, 45, 56 f.; 512, 30; 3. Teil, 5
Schlüsselgewalt 491, 29, 124, 128; 492, 15; 495, 63
Schlüssigkeit
– Mahnverfahren 4. Teil, 14, 30 f.
– Rechtskrafteingrenzung 4. Teil, 2, 25
– Schadensberechnung 497, 60; 498, 45
– Tilgungsverrechnung 497, 81
Schriftform 492, 18; 506, 99; 507, 19
– Bürgschaft 491, 125; 492, 15
– Elektronische Form 492, 29 f.
– Fernabsatz 507, 8
– Fernunterricht 510, 59
– Heilung 494, 5 ff.; 495, 74; 507, 19
– Kartellrecht 492, 17; 494, 41
– Kreditvermittlung 655b, 1
– Kreditvollmacht s. Vollmacht
– Leasing 506, 99
– Mitdarlehensnehmer 491, 28
– Nebenabreden 492, 35; 494, 14, 26, 36
– Schuldbeitritt 491, 125; 492, 15
– Stundung 491, 139
– Überziehung 504, 5; 505, 19
– unrichtige Angaben 494, 42

927

Sachverzeichnis

- Versandhandel **507,** 8
- Vollmacht **492,** 56 f.; **506,** 126
- Widerruf **495,** 57
- Widerrufsbelehrung **495,** 91, 129
- wiederkehrende Leistung **510,** 8

Schrottimmobilien 492, 65; **495,** 415, 424

Schuldanerkenntnis 496, 10, 32

Schuldbeitritt 491, 107, 118, 125
- Form **491,** 125; **492,** 15
- Gesamtfälligkeit **498,** 3, 30
- Hauptvertrag **491,** 123
- Heilung **491,** 126; **494,** 11
- internationaler Vertrag **3. Teil,** 19
- Rückgewähr **495,** 245
- Rücktritt **508,** 8
- verbundenes Geschäft **491,** 126; **495,** 355, 449
- Verkäufer **491,** 127; **495,** 392
- Verzug **497,** 15

Schuldturm 497, 1, 8, 30, 50 ff.

Schuldübernahme 491, 72; **492,** 15; **495,** 66, 381

Schwebende Unwirksamkeit Einf., 17; **495,** 14

Schwebende Wirksamkeit 494, 31; **495,** 16 ff.

Selbständigkeit 491, 46, 49, 55; **513,** 5; **3. Teil,** 11

Sicherheiten s. *Bürgschaft, Gesamtschuld, Kreditsicherung, Schuldbeitritt*

Sicherungsvertrag 491, 6, 122; **492,** 140; **494** 18, 76; **495,** 63, 125, 219, 293 f.; **498,** 28; **506,** 102; **507,** 34

Signatur 492, 29

Sittenwidrigkeit Einf., 40; **494,** 41; **495,** 30, 255, 417; **496,** 4; **497,** 16; **655c,** 15; **4. Teil,** 4, 6, 21

Skonto 506, 30, 108; **507,** 40

Software 506, 43

Sollzinssatz 492, 96

Sparvertrag 491a, 25

Spekulationsgeschäft 491, 50; **495,** 183, 319–323

Stellvertretung s. *Vertretung*

Stillhalteabkommen 491, 143

Streitwert 495 176a

Stundung
- einer Forderung **491** 96c, 97, 142; **506** 63c–63e

s. *auch Zahlungsaufschub*

Subsidiarität s. *Einwendungsdurchgriff*

Sukzessivlieferung 510, 39; **512,** 24

Tausch 506, 19

Teilleistungen 497, 50, 69; **500,** 9; **510,** 35 ff., **512,** 24

Teilnichtigkeit
- Darlehensvermittlung **655b,** 1
- Franchise **495,** 214; **506,** 53
- Gemischter Vertrag **491,** 129 ff.
- Heilung **494,** 23, 26
- Rücktritt **508,** 7
- Scheck **496,** 24
- Sicherheiten **494,** 36, 76 f.; **506,** 102
- wiederkehrende Leistungen **510,** 5, 54

Teilverzug 498, 14

Teilzahlungsgeschäft 491, 92; **506,** 37, 55 ff.; **508,** 3; **655a,** 17
- Bagatellgrenze **491,** 158; **500,** 10; **506,** 129
- Begriff **506,** 56, 57
- Beweislast **506,** 33 f., 62
- Heilung **506,** 112; **507,** 20 ff.
- Rücktritt **508,** 3
- Schriftform **506,** 99
- Tilgungsrecht **500,** 4; **506,** 121
- verbundenes Geschäft **496,** 40; **506,** 88
- Wechsel **496,** 37

Teilzahlungspreis (Gesamtbetrag) 491, 89; **497,** 40; **506,** 96, 100

Teilzeitwohnrecht 495, 44

Telefax 492, , 28; **495,** 62 ff.

Telefon 491a, 22 f.

Teleshopping s. *Fernabsatz; Neue Medien*

Textform 491a, 13, 21d; **495,** 58, 129, 158

Tilgungsplan 492, 54, 136

Tilgungsrecht
- Erfüllungswille **500,** 11
- Fälligkeit **498,** 11 ff.; **500,** 8
- Information **493,** 11 f
- Kreditvermittlung **655c,** 14, 18
- Kündigung **499,** 9; **500,** 4
- Rückvergütung **502,** 6
- Teilleistung **500,** 9

Tilgungsstreckung 655c, 9; s. *auch Nachträgliche Kreditierung*

Tilgungsverrechnung 497, 6, 50 ff.
- gemischter Titel **497,** 71, 74
- Hauptschuld **497,** 6, 50, 71
- Kosten des Kredits **497,** 6, 53
- Rechtsverfolgungskosten **497,** 1, 53
- Tilgungsbestimmung **497,** 50, 56
- Titulierungsverbot **497,** 65, 68
- verbundenes Geschäft **495,** 445
- Verjährung **497,** 7, 57 ff.
- Verzug **497,** 50
- Zinstitulierung **497,** 63

Transportvertrag 506, 40

Treuhänder 491, 49

Truckverbot 491, 101; **506,** 140

＃ Sachverzeichnis

Übergabe der Sache 507, 20, 22
– Überlassungsvergütung 508, 17
Übernahmevertrag 491, 79
Übergangsvorschriften Einf 57 ff.
Überwiegende Zweckbestimmung
 Einf. 48–50; 491, 49, 64, 129 ff., 134, 135
Überziehungskredit 491, 101, 161, 101; 504, 5
– Beratungspflicht 504a 2 ff.; 505 17a
– Duldung 505, 3, 7
– Form der Informationen 504, 22
– Immobiliarkredit 504 4a
– Kontokorrent 504, 11
– Kreditkarte 504, 12
– Scheckeinlösung 505, 11
– Überziehungsvertrag 495, 181; 504, 17, 30, 41
– Überweisung 492, 120; 505, 10
– verbundenes Geschäft 504, 13
– Verzug 497, 13
– Wettbewerbsrecht 504, 44
– Widerruf 495, 181
Umgehungsgeschäft
– Auslegung 512, 23
– Kreditkarte 512, 24
– Kreditvermittlung 512, 24; 655d, 2
– Leasing 512, 26
– Rechtsnachfolge 491, 78, 80, 86
– Rücktritt 508, 3, 7
– verbundenes Geschäft 495, 245
– Verkaufswert 508, 43
– Verzugsklauseln 497, 19
– Wille 512, 23
Umschuldung 491a, 21h; 495, 177; 512, 27; 655c, 10 ff.
Umwandlung 491, 90
Umwandlungsrecht 493 11d; 494 81a; 503 4 ff.
Unabdingbarkeit
– einseitige Willenserklärung 497, 56; 512, 9
– Kompensation 512, 2
– Unentgeltlichkeit 514 26; 515 12; 3. Teil 2, 8
– Verzicht 512, 11
Unentgeltlichkeit s. Null-Prozent-Finanzierung
Uniformmethode 492, 84, 501, 13
UN-Kaufrecht 513, 14; 3. Teil, 23 ff.
Unmöglichkeit
– Herausgabe 495, 210
Unternehmensberater 491, 20
Unternehmenskauf 506, 43
Unternehmer Einf., 42 ff.; 491, 10, 15, 16 ff., 49, 65; 513, 2 ff.; 655a, 13
Unterrichtsvertrag 506, 44 ff.; 507, 23

Unterschrift 492, 21, 28, 34
Unwirksamkeit
– Doppelmangel 495, 398
– Fernabsatz 495, 40
– Fernunterricht 506, 46
– Heilung s. dort
– Kreditvermittlung 655b, 8 f.; 655d, 1
– Nichtigkeit 494, 13; 495, 30, 402, 402, 417
– schwebende Einf., 17; 495, 14, 17
– Wechselbegebung 496, 25
– Widerruf 495, 30

Verbraucher
– Arbeitnehmer 491, 52
– arbeitnehmerähnliche Person 491, 55
– Geschäftszufuhr 491, 54
– Gewerbeordnung 491, 47
– Konsumentenkredit Einf., 42, 52; 491, 47
– Leitbild Einf., 43
– Rolle und Status Einf., 38, 42 ff.
– relativer Begriff 491, 53
– Scheinselbständigkeit 491, 56
– Strohmann 491, 49
– Vermögensverwaltung 491, 50
– Verwendungszweck 491, 46
– Wettbewerbsrecht Einf., 42
Verbraucherbauvertrag s. Bauvertrag
Verbrauchervertrag 491, 92a, 100; 514, 6
Verbundenes Geschäft 495, 249
– A-B-C-Geschäft 495, 251 ff.
– Aufspaltungsrisiko 495, 249, 279; 498, 19
– Effektengeschäft 495, 318, 279
– effektiver Jahreszins 507, 39
– Einheitstheorie 495, 249, 263
– Einwendungsdurchgriff 495, 405 ff.
– Fernabsatz 495, 359
– Fernunterricht 495, 33; 506, 50
– Forderungsdurchgriff 495, 376, 418, 420, 454, 431
– Franchise 495, 282
– Gesamtfälligkeit 498, 10, 22
– Gesamtschuld 495, 355, 449
– Großkredit 512, 22
– Grundstück 495, 277, 438
– Handelsvertreter 495, 284
– Immobilien 495, 277, 289 ff., 277.
– Kreditkarte 495, 285
– Leasing 495, 283; 506, 89
– Maklerprovision 495, 279; 655b, 2
– Mithaftender 491, 116 ff.; 495, 355, 449
– Mobilfunkvertrag 506, 91
– Nichtigkeit 495, 254, 402 f., 406, 417

929

Sachverzeichnis

- Protokoll **491**, 182
- Ratenlieferungsvertrag **510**, 30
- Realkredit **491** 96c; **655a** 20
- Regress der Bank **495**, 387
- Rückgewähr **495**, 360 ff.; **508**, 24
- Rücktritt **495**, 406
- Rücktrittsfiktion **508**, , 47 ff.
- Schuldbeitritt **495**, 355, 449
- Sicherheiten **495**, 448
- Teilzeitwohnrecht **495**, 359
- Tilgungsplan **495**, 427
- Überziehungskredit **504**, 13
- Verbindungselemente **495**, 279
- Verjährung **495** 257, 398a, 409, 435
- Wandlung s. *Rücktritt*
- Wechsel **496**, 12
- Wettbewerbsrecht **492**, 91; **495**, 147
- Widerruf **495**, 325; **508**, 24 f., 33
- Zweckbindung **495**, 265 ff., 291

Verein 491, 40
Verfügungsvertrag 491, 79, **496** 4; **506**, 23
Vergleich 498, 1, 36
Verkaufsprospekt 507, 9, 10
Verhandlungsabbruch 491a, 21g
Verjährung 494, 73; **495**, 208, 257,398a, 409, 435; **497**, 57 ff.; **498**, 35, 44; **506** 93, 94; **508**, 25; 4. Teil, 25, 38, 40a
Vermögensverwaltung 491, 50
Versandhandel 507, 9
- effektiver Jahreszins **507**, 13
- Fernabsatz **495**, 38; **507**, 9, 10
Versandkosten 495, 203, 209
Versicherungskosten 492, 93, 108 f., 145; **494**, 65; **501**, 11; **506**, 103; *s. auch Restschuldversicherung*
Versicherungsvertrag 491a, 24; **495**, 34, 43; **499**, 4, ; *s. auch Restschuldversicherung*
Vertragsabschrift 492, 46
Vertragsentwurf 491a, 26, 28a
Vertragslaufzeit 492, 97
Vertragsparität, gestörte Einf., 44
Vertragsübernahme 491, 79; **492**, 15; **495**, 66; **510**, 56
Vertragsurkunde 492, 10
Vertragsvorschlag 491a, 21d, 28a
Vertragszins (Sollzins) 492, 106, 95; **497**, 4, 25, 33, 55; **501**, 12; **512**, 8; 4. Teil, 5
Vertretung 491, 41; **495**, 64, 127 f., 435; *s. auch Vollmacht*
Verwendungszweck 491, 42, 46, 59, 129, 135; **492**, 36, 52, 72; **506**, 19
- Angabe **492**, 52, 72
- gemischte Verwendung **491**, 64, 134; **495**, 266;
- Immobiliardarlehen **495**, 291 f.; **503**, 9

- Überziehungskredit **504**, 12
- verbundenes Geschäft **504**, 13; **495**, 263, 291 f.
- Zeitpunkt **491**, 64

Verwirkung
- des Kündigungsrechts **498** 14
- des Widerrufsrechts **495** 26a, 78

Verzicht
- auf Einwände **496**, 4; **513**, 12, 14
- auf Kündigung **498** 14
- auf Verbraucherschutz **513**, 10
- auf Widerrufsrecht **513**, 9 ff.;
- auf Zugang **492**, 20; **513**, 12

Verzug s. *Schadensberechnung*
VKRiLUG Einf., 3d; **492**, 155 ff.; **494**, 83, 84; **495**, 44, 67, , 85, 92, 99, 107, 160, 164, 248, 359; **502**, 17; **506**, 101; **655a**, 6,
Vollamortisation 506, 67, 81
Vollharmonisierung Einf., 4, 32 ff.; **491**, 163, 171; **495**, 177, 179, 325, 408
Vollmacht
- des Kreditgebers **492**, 59
- des Verbrauchers **492**, 56 ff.; **494**, 8
- Form **492**, 56; **506**, 126
- für Teilzahlungsgeschäft **506**, 126
- Gesetzesverstoß **492**, 65
- Heilung **492**, 65; **494**, 8, 52
- Kreditvollmacht **492**, 56
- Prozessvollmacht **492**, 60, 69
- Widerrufsrecht **495**, 64

Vollstreckungsgegenklage 495, 168; **497**, 67, 70; 4. Teil, 3; *s. auch Präklusion*
Vorfälligkeit 498, 11; **500**, 8; **501**, 8
Vorfälligkeitsentschädigung 491a, 20; **492**, 104, 91f, 134a; **497** 33, 39a; **502**, 5; **504**, 23; **505**, 19; **506**, 144; **507**, 44
Vorleistung 491, 139; **506**, 27
vorzeitige Rückzahlung s. *Tilgungsrecht*

Wahlrecht bei Rückabwicklung 494, 37, 72; **495**, 381, 403; **507**, 31
Wandlung s. *Rücktritt*
Warenverkehrsfreiheit 3. Teil, 22
Warnhinweis 492, 129
Wechsel s. *Scheck*
Werbung 491a, 34; *s. auch Wettbewerbsrecht*
Werklieferungsvertrag 506, 43; **510**, 6, 59
Wertersatz 495, 226 f., 234, 236, 374, 377; **496**, 32; **508**, 11, 18, 43; **655b**, 12
Wertstellung 495, 370
Wettbewerbsrecht Einf., 43; **492**, 74; **494**, 42; **495**, 147; **506**, 53; **507**, 18
- Fernabsatz **492**, 74; **507**, 18
- Kreditvermittlung **655b**, 15; **655d**, 10
- Pflichtangaben **492**, 74

Sachverzeichnis

- Preisangaben **504**, 44
- Überziehungskredit **504**, 44
- Vergleichsgespräch **498**, 36
- Versandhandel **507**, 18
- Werbung **491a**, 42
- Widerrufsbelehrung **495**, 147
Widerrufsbelehrung
- Adressat **495**, 121 ff.
- Anspruch auf Erteilung **495**, 117
- Fernabsatz **495**, 164
- Formulare **495**, 55
- Frist **495**, 76 ff., 118
- Kreditvermittlung **655b**, 2; **655c**, 4
- Mitteilung **495**, 91, 118, 129 ff.
- Musterbelehrung **495**, 132
- Musterinformation **Einf.**, 11; **495**, 92
- Nachbelehrung **495** 120
- Nachholung **494**, 84; **495**, 118, 160, 164
- Pflichtangabe **492**, 130
- Pflichtenteilung **495**, 354
- Unterschrift des Verbrauchers **495**, 57f.
- verbundenes Geschäft **495**, 350 ff.
- Vertragswirksamkeit **495**, 17, 149
- Wettbewerbsrecht **495**, 147
Widerrufsinformation 495, 76a ff.
- Adressat **495**, 53, 88
- Anspruch auf Erteilung **495**, 83
- Ein-Urkunden-Modell **495**, 69, 85
- Fernabsatz **495**, 72, 158
- Frist **495**, 84
- Hinweis auf Rückabwicklung **495**, 105
- Mitteilung **495**, 91
- Musterinformation **Einf.**, 11; **495**, 92 f.
- Nachholung **494**, 84;
- Nichtbestehen des Widerrufsrechts **495**, 111
- Pflichtenteilung **495**, 354
- verbundenes Geschäft **495**, 107 f., 109 f., 350 ff.
- Vertragsunwirksamkeit **495**, 149
Widerrufsrecht
- Auslandsinvestition **495**, 38, 321
- Bedingung **495**, 22, 24
- CISG **3. Teil**, 25
- Einrede **495**, 19
- Erfüllungsanspruch **495**, 17, 150 ff.
- Erlöschen **495**, 164 ff.
- ewiges **495** 78, 120, 164, 165; **514**, 14
- Fernabsatz **495**, 41, 150
- Fernunterrichtsvertrag **495**, 33, 146
- Finanzdienstleistung **495**, 158
- Finanzierungsleasing **506**, 113
- Finanzinstrument **495**, 318 ff., 323
- Form **495**, 57 ff.
- Formular **495** 55
- Frist **494**, 84; **495**, 67 ff., 154, 158, 171 ff.

- gemischter Vertrag **495**, 46, 266
- Gestaltungsrecht **495**, 21, 168; **4. Teil**, 18
- Heilung **494**, 31, 82 f.; **495**,153; **507**, 20
- Immobiliarkreditvertrag *s. dort*
- Investmentanteil **495**, 38, 323
- Kapitalanlagegesellschaft **495**, 38
- konkludentes Handeln **495**, 47, 331
- Nichtbestehen **495**, 111
- Nichtigkeit des Vertrags **495**, 30, 152
- Präklusion **495**, 168; **496**, 10; **4. Teil**, 18
- Rechtsmissbrauch **495**, 25, 143, 153
- Rechtsnatur **495**, 21, 51
- Rückabwicklung **495**, 184 ff., 360 ff.
- Rücknahme **495**, 54
- Rücktritt **495**, 23, 31; **508**, 26, 29
- Teilwiderruf **491**, 132; **495**, 24
- Teilzeitwohnrecht **495**, 44
- Überziehungskredit **495**, 181; **504**, 29; **505**, 19
- Umdeutung **495**, 50
- UN-Kaufrecht **3. Teil**, 23
- Unwirksamkeit, schwebende **495** 17;
- verbundenes Geschäft **495**, 143, 307, 325 ff., 486 ff.
- Vermittlung **655c**, 4
- Versandhandel **495**, 40, 150
- Versicherungsvertrag **495**, 34, 43; **506**, 39
- Verzicht **512**, 9
- Widerrufsbelehrung **495**, 112 ff., 160, 350 ff.
- Widerrufsinformation **495**, 77, 84
- zeitliche Geltung **Einf.** 57 ff.
Widerspruchsrecht 495 26c, 35a
Wiederanlagezins 497, 17, 25
Wiederansichnehmen *s. Rücktrittsvermutung*
Wiederkehrende Leistungen 510, 47; **512**, 24
Wohnungseigentümergemeinschaft 491, 30, 39, 50

Zahlungsaufschub 506, 4, 15 f., 27
- laufzeitunabhängige Kosten **491**, 142
- nachträglicher **491**, 138; **495**, 258, 465; **506**, 61
- Stundung einer Forderung **491** 96j; **506** 63c–63e
zeitliche Geltung Einf. 57 ff.
Zeitschriftenabonnement 510, 42
Zinsanpassung 491, 142, 147; **492**, 115, 493, 10 ff.; **494**, 74; **504**, 24; **506**,110
Zinsbindung 493, 4; **502**, 7 ff.
Zinsen *s. Basiszinssatz; Gesetzlicher Zinssatz; Marktzins; Schadensberechnung; Vertragszins; Wiederanlagezins*

931

Sachverzeichnis

Zinseszins 497, 2, 25, 41 ff., 52
Zinsrückvergütung 492, 106; **495,** 215; **501,** 8, 12
Zufluss der Valuta 495, 370, 383
Zugang
– Rücknahmeverlangen **508,** 38
– Verzicht **492,** 20, 53; **512,** 9
– Widerruf **495,** 53, 91, 129, 163, 171, 175
Zurückbehaltungsrecht 492, 48; **494, 495,** 191, 208, 396, 399 f., 406, 460, 472; **496,** 27, 30, 36; **508,** 31

Zurechnung 495, 256, 424, 431
zusammenhängender Vertrag 495, 339 ff.
Zusatzleistung 491a, 24; **492,** 151c; **494,** 17 ff.; **495,** 86, 90
Zwangsvollstreckung 492, 60; **495,** 168, 197; **504,** 45; **508,** 40; **4. Teil,** 18
Zweck, doppelter *s. gemischte Verwendung*
Zweckbestimmung Einf., 48; **491,** 42, 46, 52, 64, 134 f.; **4. Teil,** 45
Zweckbindung 495, 265, 268; **504,** 13